3., vollständig überarbeitete Auflage

David Abram, Nick Edwards, Mike Ford,
Devdan Sen, Gavin Thomas, Beth Wooldridge

INDIEN

STEFAN LOOSE
TRAVEL HANDBÜCHER

- Reiseziele und Routen
- Traveltipps von A bis Z
- Land und Leute
- Delhi
- Rajasthan
- Uttar Pradesh
- Uttarakhand
- Madhya Pradesh
- Himachal Pradesh
- Ladakh
- Haryana und Punjab
- Gujarat
- Mumbai
- Maharashtra
- Goa
- Kolkata und Westbengalen
- Bihar
- Sikkim
- Der Nordosten
- Orissa
- Andhra Pradesh
- Andamanen
- Tamil Nadu
- Kerala
- Karnataka

Indien

1 Meherangarh Fort, Jodhpur

Hoheitsvoll wacht die mächtige Bergfestung über die Blaue Stadt. S. 258

Die Highlights

2 Jaisalmer
Weltferne, romantische Stadt mitten in der Wüste Thar. S. 267

3 Taj Mahal
Eines der schönsten Bauwerke der Welt. S. 316

4 Varanasi
Mittelpunkt der hinduistischen Glaubenswelt. S. 351

5 Rishikesh
Stadt der Gurus und Ashrams. S. 385

Highlights

6 Khajuraho
Sinnliche Steinmetzkunst erster Güte.
S. 445

7 Manali-Leh Highway
Auf der zweithöchsten Straße der Welt in die Wildnis Ladakhs. S. 531

8 Zanskar
Durch eine faszinierende Mondlandschaft zu einsamen Klöstern wandern.
S. 567

9 Amritsar
Der strahlende Goldene Tempel der Sikhs steht allen Menschen offen. S. 580

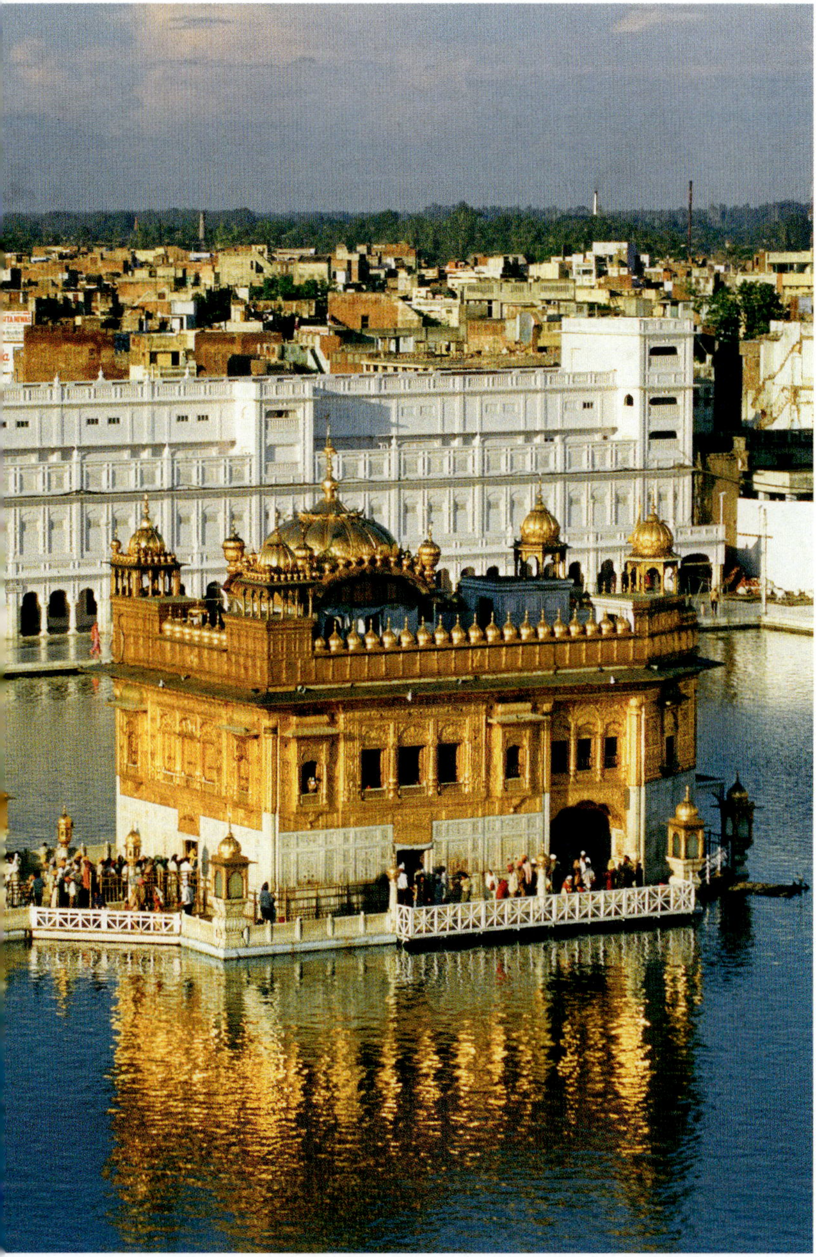

10 Bollywood

Ein Kinobesuch im Herzen der indischen Filmindustrie. S. 676

11 **Die Höhlen von Ellora**
Außergewöhnliche religiöse Monumente, von Hand aus dem Felsen gemeißelt. S. 703

12 **Palolem**
Ein Strand wie aus dem Bilderbuch. S. 794

13 Kaziranga NP

Wie ein Mahout auf dem Rücken eines Elefanten durch die wechselnde Landschaft streifen. S. 907

14 | Konark
Der berühmte Sonnentempel ist einer der Höhepunkte hinduistischer Architektur. S. 966

15 | Mamallapuram
Eine Vielzahl überragender Tempel und Felsenreliefs lockt Besucher vom Strand weg. S. 1048

16 Madurai

Der überreich verzierte Meenakshi-Sundareshwarar-Tempel zieht Tag für Tag einen Strom von Pilgern an. S. 1089

17 Varkala

Rote Klippen, weißer Sandstrand, tiefblaues Meer. S. 1136

18 Backwaters

Ein Labyrinth aus kleinen Kanälen, Flüssen und Seen, gesäumt von dichter tropischer Vegetation. S. 1149

19 Hampi/Vijayanagar

Verlassene Tempel und Paläste in einer kargen Landschaft von geradezu unwirklicher Schönheit. S. 1248

Inhalt

Highlights	2
Reiseziele und Routen	27
Klima und Reisezeit	48
Reisekosten	51

Traveltipps — 53

Anreise	54
Botschaften und Konsulate	54
Elektrizität	59
Essen und Trinken	59
Feste und Feiertage	66
Fotografieren	67
Frauen unterwegs	67
Geld	70
Gepäck	72
Gesundheit	74
Informationen	78
Internet und E-Mail	80
Kinder	80
Medien	81
Post	82
Reisende mit Behinderungen	83
Schwule und Lesben	83
Sicherheit	84
Sport	86
Telefon	87
Transport	88
Übernachtung	97
Verhaltenstipps	101
Versicherungen	103
Visa	105
Zeitverschiebung	106
Zoll	106

Land und Leute — 107

Fauna	108
Geschichte	112
Religionen	139
Sprachen	151
Musik	153
Film	158

Delhi — 161

New Delhi	166
Old Delhi (Shahjahanabad)	171
South Delhi	174

Rajasthan — 203

Jaipur und Umgebung	208
Jaipur	208
Amber	223
Samode	224
Sanganer	225
Nördlich von Jaipur: Shekhawati	225
Geschichte	225
Transport	226
Nawalgarh	226
Dundlod und Parasrampura	230

Jhunjhunu	230
Mandawa	232
Östlich von Jaipur	234
Alwar	234
Sariska-Tigerreservat	237
Bharatpur und Keoladeo-Nationalpark	238
Ranthambore-Nationalpark	241
Zentral-Rajasthan	245
Ajmer	245
Pushkar	250
Jodhpur	257
Die Umgebung von Jodhpur	265
Der Westen Rajasthans	267
Jaisalmer	267
Die Umgebung von Jaisalmer	277
Bikaner	279
Die Umgebung von Bikaner	285
Der Süden Rajasthans	286
Udaipur	286
Die Umgebung von Udaipur	297
Ranakpur	298
Kumbalgarh	299
Mount Abu	300
Chittaurgarh	305
Bundi	309

Uttar Pradesh 313

Agra	314
Fatehpur Sikri	333
Mathura und Vrindavan	336
Jhansi	340
Lucknow	342
Allahabad und Umgebung	347
Varanasi	351
Sarnath	365
Gorakhpur	367
Kushinagar	369

Uttarakhand 371

Garhwal	372
Dehra Dun	373
Mussoorie	377
Haridwar	381
Rajaji-Nationalpark und Umgebung	384
Rishikesh und Umgebung	385
Wanderung nach Yamunotri	390
Uttarkashi	391
Gangotri und Umgebung	391
Die Route nach Kedarnath	393
Kedarnath und Wanderungen in der Umgebung	394
Joshimath	395
Auli	396
Badrinath	396
Hemkund und das Valley of the Flowers	398
Nanda Devi Sanctuary	398
Gwaldam	399
Kumaon	399
Nainital	399
Corbett-Tigerreservat	404
Almora und Umgebung	407
Binsar und Jageshwar	410
Kausani und Umgebung	410
Pithoragarh	411

Madhya Pradesh 413

Zentral-Madhya Pradesh	416
Bhopal	416

Sanchi	424
Udaigiri und Besnagar	430
Bhimbetka	431
Pachmarhi	431
Der Norden von Madhya Pradesh	434
Gwalior	435
Orchha	441
Khajuraho	445
Panna-Nationalpark	455
Der Osten von Madhya Pradesh	456
Jabalpur und Umgebung	456
Marble Rocks	459
Kanha-Nationalpark	460
Bandhavgarh-Nationalpark	463
Der Westen von Madhya Pradesh	465
Indore	466
Mandu	470
Ujjain	474
Omkareshwar	479

Himachal Pradesh 481

Shimla und Umgebung	486
Shimla	486
Sarahan	493
Der Nordwesten	494
Dharamsala und McLeod Ganj	494
Dalhousie	505
Chamba	506
Das Kullu-Tal	508
Kullu	510
Das Parvati-Tal	512
Naggar	513
Manali und Umgebung	516
Lahaul und Spiti	526
Lahaul	527
Spiti	528
Von Manali nach Leh	531

Ladakh 535

Leh	543
Südöstlich von Leh	554
Stok	555
Shey	555
Tikse	556
Hemis	557
Tso Moriri	557
Westlich von Leh	558
Spitok	559
Likkir	559
Alchi	560
Lamayuru	562
Mulbekh	563
Kargil	563
Das Suru-Tal	566
Panikhar	566
Padum	568
Die Umgebung von Padum	569

Haryana und Punjab 571

Chandigarh	574
Amritsar	580

Gujarat 589

Ahmedabad	595
Die Umgebung von Ahmedabad	605
Nord-Gujarat	607
Mehsana	607
Modhera	607
Patan und Anhilawada Patan	608
Der Jain-Tempel von Taranga	608
Kutch	609
Bhuj	610
Dörfer rund um Bhuj	613
Mandvi	614
Saurashtra	614
Rajkot	615
Die Umgebung von Rajkot	617
Jamnagar	617
Dwarka	620
Porbandar	620
Junagadh und Umgebung	622
Veraval und Somnath	627
Gir-Nationalpark	628
Diu	630
Bhavnagar	635
Velavadar Blackbuck-Nationalpark	638
Shatrunjaya und Palitana	639
Südost-Gujarat	640
Vadodara (Baroda)	640
Pavagadh und Champaner	644
Daman	645

Mumbai 649

Colaba	654
Downtown Mumbai	657
Marine Drive und Chowpatty Beach	660
Zentral-Mumbai: Mahalakshmi bis Byculla	662
Crawford Market und Basare	664
Elephanta	665

Maharashtra 691

Nord-Maharashtra	694
Aurangabad	695
Daulatabad (Deogiri)	700
Khuldabad (Rauza)	702
Ellora	703
Ajanta	709
Jalgaon	715
Süd-Maharashtra	717
Matheran	717

Lonavala und die Höhlen von Karla, Bhaja und Bedsa	721
Pune (Poona)	724
Mahabaleshwar	731
Pratapgadh	732
Kolhapur	733

Goa 735

Panjim und Zentral-Goa	741
Panjim	741
Old Goa	749
Ponda und Umgebung	753
Dudhsagar-Wasserfälle	754
Nord-Goa	754
Mapusa	755
Candolim und Fort Aguada	756
Calangute	759
Baga	762
Anjuna	766
Vagator	771
Chapora	774
Der hohe Norden	776
Morjim	776
Aswem	778
Mandrem	779
Arambol (Harmal)	780
Terekol	783
Süd-Goa	784
Margao (Madgaon) und Umgebung	784
Chandor	787
Colva	787
Benaulim	788
Der tiefe Süden: Canacona	792
Agonda	793
Palolem	794
Südlich von Palolem: Colom, Patnem und Rajbag	798
Cotigao Wildlife Sanctuary	802

Kolkata und Westbengalen 803

Kolkata und Umgebung	806
Das Gebiet um Maidan, New Market und Park Street	810
Kolkatas Zentrum	812
Kolkatas Norden	813
Howrah und der Fluss Hooghly	814
Kolkatas Süden	815
Die Umgebung von Kolkata	835
Südlich von Kolkata: Die Sunderbans	836
Sajnekhali und Sunderbans Tiger Reserve	836
Am Ufer des Hooghly entlang zum Meer	837
Zentralbengalen	838
Shantiniketan und Umgebung	838
Tarapith	840
Murshidabad	841
Der Norden von Westbengalen	841
Siliguri und New Jalpaiguri	841
Gorumara und Jaldapara	845
Darjeeling	846
Die Umgebung von Darjeeling	854
Kalimpong und Umgebung	855

Bihar 859

Patna	862
Die Umgebung von Patna	866
Vaishali	866
Die Straße nach Nepal	867
Gaya	867
Bodhgaya	869
Rajgir	873
Nalanda	874

Sikkim 875

Gangtok und Umgebung	880
Gangtok	880
Die Umgebung von Gangtok	887
Rumtek	887
Phodong und Labrang	889
Süd- und West-Sikkim	889
Ravangla	889
Jorethang	890
Ghezing	891
Pemayangtse	891
Pelling und Umgebung	892
Khecheopalri Lake	893
Yoksum	894
Tashiding	895
Nord-Sikkim	895

Der Nordosten 897

Reisen durch den Nordosten	900
Assam	900
Guwahati	900
Die Umgebung von Guwahati	907
Nord-Assam	908
Majuli	910
Sibsagar und Umgebung	911
Dibrugarh und Umgebung	912
Dibru-Saikhowa-Nationalpark	913
Silchar	913
Meghalaya	914
Shillong und Umgebung	914
Cherrapunjee	918
Arunachal Pradesh	919
Itanagar	919
Bomdila	920
Tawang	921
Zentral-Arunachal	922
Ost-Arunachal	923
Nagaland	924
Kohima und Umgebung	925
Khonoma und Tuophema	927
Dimapur	927
Mon und Umgebung	928
Mokokchung und Umgebung	928
Mizoram	928
Aizawl	929
Tripura	931
Agartala und Umgebung	932
Udaipur	934
Neermahal	935
Manipur	935
Imphal und Umgebung	936
Loktak Lake	938

Orissa 939

Bhubaneswar und Umgebung	943
Bhubaneswar	943
Die Höhlen von Udaigiri und Khandagiri	952
Dhauli	953
Pipli	954
Ratnagiri, Udayagiri und Lalitigiri	954
Puri	955
Konark	966
Der Norden von Orissa	969
Bhitarkanika Wildlife Sanctuary	969
Similipal-Nationalpark	970
Der Süden von Orissa	972
Chilika Lake	972
Gopalpur-on-Sea	973

Die Andamanen 999

South Andaman: Port Blair und Umgebung	1004
Port Blair	1006
Viper Island und Ross Island	1012
Corbyn's Cove und Chiriya Tapu	1013
Wandoor und Mahatma Gandhi National Marine Park	1013
Mount Harriet	1013
Inseln nördlich von Port Blair	1014
Neill	1015
Havelock	1017
Long Island	1020
Middle Andaman	1020
Interview Island	1022
North Andaman	1022
Weitere Inseln	1024
Cinque Island	1024
Little Andaman	1024

Andhra Pradesh 975

Hyderabad und Secunderabad	978
Sehenswürdigkeiten	978
Die Umgebung von Hyderabad	989
Warangal	989
Nagarjunakonda	990
Das östliche Andhra Pradesh	991
Vijayawada und Umgebung	992
Amaravati	993
Das südliche Andhra Pradesh	993
Tirupati und Tirumala Hill	993
Puttaparthy	996

Tamil Nadu 1025

Chennai (Madras)	1030
Fort St. George	1031
George Town	1034
Government Museum	1034
St. Andrew's Kirk	1036
Marina Beach	1036
Mylapore	1036

Der Hauptsitz der Theosophical Society	1038
Der Nordosten	1048
Mamallapuram (Mahabalipuram)	1048
Die Umgebung von Mamallapuram	1057
Kanchipuram	1058
Vedanthangal	1061
Tiruvannamalai	1061
Puducherry (Pondicherry) und Auroville	1063
Zentral-Tamil-Nadu: Im Herzen des Chola-Reichs	1070
Chidambaram	1070
Kumbakonam	1073
Darasuram und Swamimalai	1076
Thanjavur	1078
Tiruchirapalli (Trichy) und Umgebung	1084
Der Süden	1089
Madurai	1089
Rameshwaram	1100
Kanyakumari	1102
Die Ghats	1104
Kodaikanal	1105
Indira Gandhi (Anamalai) Wildlife Sanctuary	1109
Coimbatore	1109
Udhagamandalam (Ootacamund)	1111
Mudumalai Wildlife Sanctuary	1116

Kerala 1117

Thiruvananthapuram und Umgebung	1121
Thiruvananthapuram	1121
Kovalam und die Strände	1129
Nördlich von Kovalam: Pozhikkara	1134
Südlich von Kovalam: Vizhinjam bis Poovar	1134
Padmanabhapuram	1135
Varkala	1136
Zwischen Kollam und Cochi	1140
Kollam (Quilon)	1140
Auf dem Landweg nach Alappuzha	1142
Alappuzha (Alleppey)	1143
Kottayam und Umgebung	1147
Kumarakom	1148
Aranmula	1153
Ettumanur	1154
Periyar Wildlife Sanctuary und Cardamom-Berge	1154
Kumily	1155
Periyar Wildlife Sanctuary	1157
Munnar und Umgebung	1160
Kochi / Ernakulam und Umgebung	1163
Kochi (Cochin)	1164
Thrissur und Umgebung	1178
Thrissur	1178
Irinjalakuda	1181
Cheruthuruthy	1182
Kozhikode (Calicut)	1184
Wayanad	1186
Der hohe Norden	1188
Kannur (Cannanore)	1189
Parassinikadavu	1190

Karnataka 1191

Bengaluru (Bangalore) und Umgebung	1195
Bengaluru	1196
Die Umgebung von Bengaluru	1209
Mysore und Umgebung	1210
Mysore	1211
Srirangapatnam	1219
Somnathpur	1220
Die Nationalparks Bandipur und Nagarhole	1221

Hassan	1223	Aihole	1261
Halebid	1225	Pattadakal	1261
Belur	1226	**Bijapur und der äußerste Norden**	1262
Sravanabelagola	1227	Bijapur	1262
Kodagu (Coorg)	1229	Gulbarga	1268
Madikeri (Mercara)	1230	Bidar	1269
Mangalore und Umgebung	1233		
Die Küste nördlich von Mangalore	1238	**Anhang**	**1273**
Udipi	1238		
Jog Falls	1240	Bücher	1274
Gokarna	1241	Reisemedizin zum Nachschlagen	1281
Hubli	1245	Sprachführer	1287
Hampi und Umgebung	1246	Glossar	1296
Hospet	1246	Index	1303
Hampi (Vijayanagar)	1248	Bildnachweis	1317
Chalukya-Bauten	1257	Impressum	1318
Badami	1258	Kartenverzeichnis	1319

Themen

Kashmir	28	Die Felsenhöhlen im nordwestlichen Dekkan	706
Indiens heilige Landschaft	33		
Themen	25	Die Technik der Höhlenmalerei	711
Paan	62	Osho	727
Ayurvedische Medizin	77	Die goanische Küche	746
Drogen	86	Der heilige Franz Xaver	752
Die indische Eisenbahn in Zahlen	90	Howrah-Brücke	815
Der indische Tiger – kurz vor dem Aussterben?	109	Mutter Teresa	817
		Rabindranath Tagore	838
Das Mahabharata	114	Darjeeling Himalayan Railway oder Toy Train	845
Das Ramayana	117		
Der Kashmirkonflikt	137	Darjeeling-Tee	848
Götter und Göttinnen des Hinduismus	140	Lalu und die Kastenkriege: Politik in Bihar	860
Indisches Englisch	153	Naturschutz im Kanchenjunga-Nationalpark	894
Musikinstrumente	157		
Zehn Bollywoodklassiker	160	Spannungen im Nordosten	910
Delhis Schlepper und ihre Tricks	201	Volksgruppen in Arunachal Pradesh	919
Die Havelis der Shekhawati-Region	227	Die Naga	925
Die Urs Mela	245	Sicherheit in Tripura	931
Brahma, Savitri und Gayitri	251	Feste in Orissa	942
Kartika Purnima und der Kamelmarkt von Pushkar	255	Die Tempel von Orissa	944
		Orissas Kunst und Künstler	960
Jaisalmer in Gefahr	270	Der Odissi-Tanz	967
Die geheime Symbolik des Taj Mahal	320	Shri Satya Sai Baba	997
Die Witwen von Vrindavan	338	Nach dem Tsunami	1002
Die Giftgaskatastrophe von Bhopal	419	Indigene Völker der Andamanen und Nikobaren	1004
Stupas	427		
Die erotische Kunst Khajurahos	449	Der Tsunami und Tamil Nadu	1030
Der „Toy Train" des Vizekönigs	487	Chennai oder Madras?	1031
Blutopfer in Sarahan	493	Von Filmstars und Ministern	1035
Verschwunden im Parvati-Tal	512	Die Tempel von Tamil Nadu	1052
Tschörten und Mani-Mauern	546	Chola-Bronzen	1081
Godhra und die Ausschreitungen in Gujarat	594	Meenakshi, die fischäugige Göttin	1094
Kunsthandwerk aus Kutch	609	Die Nilgiri Blue Mountain Railway	1115
Rekordregen	654	Der Ayappa-Kult	1160
Bombay Duck	657	Rituelles Tanztheater in Kerala	1182
Dabawallahs	661	Theyyam	1188
Die Türme des Schweigens	662	Rückschläge in Bengaluru	1198
Dharavi: der 1,4-Milliarden-Dollar-Slum	664	Das Dussehra-Fest von Mysore	1212
Lach-Yoga	679	Die Kodavas	1231
„Super-dense Crush Load"	682	Bidri	1271

Reiseziele und Routen

Die verschiedenartigen Regionen Indiens – vom schneebedeckten Himalaya bis zum üppig-grünen Kerala, vom heiligen Ganges bis zum Golf von Bengalen – bilden zusammen einen einzigartigen kulturellen und religiösen Schmelztiegel. Hinduismus, Islam, Buddhismus, Jainismus, Sikhismus und Christentum: Sie alle sind hier zu Hause und haben Indien im Laufe der Jahrhunderte ihren Stempel aufgedrückt. Dass diese Wiege der Kultur mit ihren religiösen Zentren, prächtigen Baudenkmälern, farbenfrohen Festen und Basaren seit langem Menschen aus Ost und West anzieht, verwundert daher nicht. Weniger bekannt ist, dass es in Indien auch einige bedeutende Tierschutzgebiete gibt, in denen Tiger, Löwen, Antilopen, seltene Vogelarten und Elefanten leben. Der Subkontinent hält für jeden Besucher aber noch weit mehr Überraschungen bereit – Mysterien, die es zu entdecken gilt; Gegensätze, die verwirren oder aufwühlen; und exotische Ansichten, die bezaubern.

Reiseziele

Die Highlights des Nordens

Die meistbesuchte Gegend, die sowohl spektakuläre Baudenkmäler als auch die fruchtbaren Tiefebenen umfasst, ist das sogenannte Goldene Dreieck im Norden: die Kolonialhauptstadt **Delhi** (S. 161), die Heimstatt des Taj Mahal, **Agra** (S. 314), in Uttar Pradesh und die „rosarote Stadt" **Jaipur** (S. 208) in Rajasthan, dem mit seiner Wüstenlandschaft und den imposanten Festungen und Palästen von **Jaisalmer** (S. 267), **Jodhpur** (S. 257), **Udaipur** (S. 934) und **Bundi** (S. 309) bei Reisenden wahrscheinlich beliebtesten Bundesstaat.

Von Delhi fließt der heilige Ganges nach Osten durch eine der am dichtesten bevölkerten Regionen Indiens und durch die allerheiligste Hindu-Stadt **Varanasi** (S. 351), auch Benares genannt, an deren *ghats* (Badestellen) tagtäglich uralte Rituale vollzogen werden. Noch weiter östlich liegt die Metropole **Kolkata** (Kalkutta), einst die Hauptstadt des britischen Raj (S. 806).

Die meisten Reisenden folgen dem ausgetretenen Ganges-Pfad nach Nepal, meist nicht ahnend, dass der indische Teil des **Himalaya** genauso hervorragende Trekkingmöglichkeiten und eine traumhafte Landschaft bietet.

Seitdem Kashmir aufgrund der politischen Spannungen kein Touristenziel mehr ist (s. Kasten S. 136/137), haben sich Himachal Pradesh – insbesondere **Dharamsala** (S. 494), der Zufluchtsort des Dalai Lama und vieler anderer Exiltibeter – und die Provinz **Ladakh** mit ihrer geheimnisvollen Mondlandschaft zu begehrten Gebirgsreisezielen entwickelt. Hier lassen sich nicht nur buddhistische Klosteranlagen wie jene von **Tikse** (S. 556) besuchen, sondern auch atemberaubend schöne Täler und Hochgebirgsseen. Treks führen in die abgeschiedene, baumlose Wildnis von **Zanskar** (S. 567). Von der Hauptstadt Ladakhs, **Leh** (S. 543), führt die zweithöchste Straße der Welt in die indische Flitterwochenhauptstadt **Manali** (S. 516). An Himachal Pradesh grenzt der Punjab, der überwiegend von Sikhs bevölkert wird. Ihr spirituelles Zentrum ist der berühmte Goldene Tempel von **Amritsar** (S. 580).

Uttarakhand, an der Grenze zu Nepal, ist eine Landesecke, in der sich einige der höchsten Berge Asiens befinden. Für hinduistische Pilger ist sie besonders bedeutsam, da sie mehrere wichtige Wallfahrtstempel beherbergt, darunter **Gangotri** (S. 391), die Quelle des heiligen Ganges. Ausländer pilgern meist lieber nach **Rishikesh** (S. 385), in die Stadt der Yogis und Ashrams. **Sikkim** (S. 875), am anderen Ende der Gebirgskette ist ein noch kaum für den Tourismus erschlossenes Wandergebiet. Südlich grenzt Sikkim an den Nordostzipfel Bengalens. Hier verkehrt eine alte Schmalspurbahn ins Zentrum des Teeanbaus nach Darjeeling (S. 845), eine klassische Hill Station (Luftkurort) aus viktorianischer Zeit. Die durch eine Landenge mit Ost-Indien verbundenen, kaum erforschten **Northeast Hill States** warten mit einer unglaublichen landschaftlichen Vielfalt auf. Das herausragendste Beispiel dafür ist der **Kaziranga-Nationalpark** (S. 907), in dem das seltene Panzernashorn zu Hause ist.

> **Kashmir**
>
> Wohl kein Bürgerkrieg hat jemals vor einem idyllischeren Hintergrund stattgefunden als der gegenwärtige Krieg in Kashmir. Als der hinduistische Maharadscha im Zuge der Teilung von 1947 die Zukunft der überwiegend moslemischen Einwohner seines Tals mit Indien statt mit dem benachbarten Pakistan verknüpfte, pflanzte er die Saat für einen Konflikt, der mit voller Stärke erst vierzig Jahre später zwischen militanten, von Pakistan gesteuerten Moslems und dem indischen Staat ausbrach.
> Seit 1989 starben rund 68 000 kashmirische Separatisten, indische Armeeangehörige und unbeteiligte Zivilisten in Auswüchsen entsetzlicher Gewalt, die beide Nuklearmächte mehrfach an den Rand des kompromisslosen Krieges brachten. Dank Friedensgesprächen in den letzten Jahren (S. 135) hat sich die Situation ganz erheblich verbessert. Jetzt wagt sich schon der eine oder andere Tourist wieder nach Srinagar, doch die Lage ist immer noch prekär und kann sich jederzeit ändern. Wer Kashmir besuchen möchte, sollte unbedingt vorher die aktuelle Sicherheitslage checken. Nähere Informationen S. 136.

Sozusagen auf der anderen Seite, im Nordwesten Indiens, liegt der ehemals reichste Bundesstaat **Gujarat** (S. 589), der 2001 von einem verheerenden Erdbeben heimgesucht wurde. Er umfasst die Kutch-Region, die für ihre einzigartige Kultur und Handwerkstradition berühmt ist.

Einige der größten Sehenswürdigkeiten Indiens liegen tief im Landesinneren – z. B. die mit erotischen Darstellungen geschmückten Tempel von **Khajuraho** (S. 445) und die Paläste von **Orchha** (S. 441) in Madhya Pradesh.

Die Highlights des Südens

Je nachdem, mit wem man spricht, verlaufen Südindiens Grenzen unterschiedlich: Während einige den Krishna-Fluss, die nördliche Grenze von Indiens letztem Hindu-Reich, als die wahre Nord-Süd-Grenze betrachten, bildet für andere der Godavari oder aber die Vindhya Hills noch weiter nördlich am Rande der Ganges-Ebene die kulturelle Trennlinie.

Viele Touristen beginnen ihre Reise in **Mumbai** (Bombay, S. 649), einer heißen, chaotischen Stadt, in der die meisten internationalen Flüge landen. Wer eine Weile bleibt, erlebt die Realität des modernen Indiens, von den Entbehrungen der städtischen Slums bis zum Glitzer und Glamour der Bollywoodfilme. Nordöstlich von hier sind die größten Schätze des Bundesstaates Maharashtra zu finden: die mit buddhistischen Skulpturen verzierten **Höhlen von Ajanta und Ellora** (S. 709 und S. 703).

Südlich von Mumbai bieten die von Palmen gesäumten, weißen Sandstrände **Goas** (S. 735) Abwechslung. Viele Traveller erliegen hier ganz den Sinnesfreuden, die warmes Meerwasser, ununterbrochener Sonnenschein und billige Drinks bieten, und können sich kaum von der Küste losreißen.

An Goa schließt sich der Bundesstaat Karnataka an. Ein beliebtes Touristenziel ist neben dem Pilger- und Badeort **Gokarna** (S. 1241) die Stadt **Mysore** (S. 1210) mit ihrem prächtigen Maharadschapalast, bunten Märkten und angenehmem Klima. Über ein riesiges, von Granitfelsen übersätes Hochland verstreut liegen religiöse Meisterwerke, wie die reich verzierten Hoysala-

Die von Palmen gesäumten Strände Goas ziehen viele Traveller an

Tempel von **Belur** (S. 1226) und **Halebid** (S. 1225) oder das ungewöhnliche Jain-Riesenstandbild in **Sravanabelagola** (S. 1227). Zu den anderen herausragenden Sehenswürdigkeiten dieser Region gehören die Mausoleen, Moscheen und Paläste persischen Stils in **Bijapur** (S. 1262), das oft das „Agra des Südens" genannt wird. Fast unübertroffen sind jedoch das Ehrfurcht gebietende Ausmaß und der verblasste Glanz der Vijayanagar-Ruinen in **Hampi** (S. 1248) am Fluss Tungabhadra. Bevor der Ort 1565 von verbündeten moslemischen Sultanaten geplündert wurde, war dies die prächtige Hauptstadt des letzten südindischen Hindu-Reiches, das den größten Teil der Halbinsel einnahm.

Der Reiz des benachbarten Kerala liegt weniger in seinen religiösen Bauten, von denen viele für Nicht-Hindus verschlossen sind, sondern in seiner ansteckend unbeschwerten, tropischen Atmosphäre. Dieser einen langen Küstenstreifen umfassende und von einer steilen Hügelkette begrenzte Bundesstaat ist der feuchteste und am dichtesten besiedelte Staat des Südens. Mit seiner ganz eigenständigen Kultur hebt er sich deutlich von seinen Nachbarn ab. Seine surrealistische Form des ritualisierten Theaters, Kathakali, südostasiatisch angehauchte Architektur und allgegenwärtigen kommunistischen Graffiti (Kerala war der erste Ort der Welt, in dem eine kommunistische Regierung auf demokratischem Wege gewählt wurde) sind vielleicht die sichtbarsten Kennzeichen dieses Unterschieds. Wer ein paar Tage damit zubringt, die Gewürzmärkte in den kleinen Gassen des alten **Kochi** (S. 1164), die Dschungel der Cardamom Hills um das **Periyar Wildlife Sanctuary** (S. 1154), den spektakulären Strand von **Varkala** (S. 1136) oder die verborgene Wasserwelt der **Backwaters** (S. 1149) an der Küste zu erkunden, begreift schnell, weshalb viele Traveller hier viel länger bleiben als geplant.

Neben Mumbai ist das andere wichtige Eingangstor nach Südindien **Chennai** (Madras, S. 1030), die Hauptstadt von Tamil Nadu. Sie ist ebenfalls eine große, aus allen Nähten platzende Metropole, aber unter der Oberfläche verbergen sich einige kulturelle Kostbarkeiten. Chennai ist mit seiner regelmäßigen Flug- und Schiffsverbindung nach Port Blair auch das wichtigste Sprungbrett für die **Andamanen** (S. 999), ein von Korallenriffen und kristallklarem Wasser umgebener abgeschiedener Archipel 1000 km östlich des Festlandes im Golf von Bengalen.

Südlich von Chennai liegt die alte Hafenstadt **Mamallapuram** (S. 1048), die von verwitterten Baudenkmälern übersät ist, darunter der berühmte Ufertempel. Um die ausgetretenen Pfade zu verlassen, braucht man sich nur ins Landesinnere nach **Kanchipuram** (S. 1058) zu begeben, dessen unzählige Hindu-Schreine das goldene Zeitalter des berühmten Chola-Königreichs umspannen. Oder nach **Tiruvannamalai** (S. 1061), wo einer der mächtigsten Tempelkomplexe der Region eindrucksvoll vom Sockel eines heiligen Berges aufragt.

An der Küste findet sich die ehemalige französische Kolonie **Pondicherry** (S. 1063), die gallisches Flair bewahrt hat, besonders die Restaurants, in denen man *coq au vin* und schweren Burgunder bestellen kann, bevor man über die Promenade bummelt. Das **Kaveri (Cauvery)-Delta** weiter im Süden beherbergt eine erstaunliche Fülle an Monumenten, von denen sich einige der beeindruckendsten um **Thanjavur** (Tanjore, S. 1078), die einstige Hauptstadt der Cholas, befinden. Beherrscht wird der Ort von dem Ehr-

---

Unbedingt probieren!

Appam keralische Reismehlpfannkuchen

Bhel puri typischer Straßensnack in Mumbai

Biryani authentisch in Hyderabad

Dhal bati churma traditionelles Rajasthani-Gericht aus gebackenen Weizenmehlbällchen mit *dhal* (Linsen) und *churma* (eine süße Mehlspeise)

Kulfi die indische Antwort auf Eiscreme

Rasgullah (sehr) süßes Dessert aus Bengalen

Rogan josh Lamm-Curry, ein klassisches Mughlai-Gericht

Tandoori Tikka Hähnchen-Spieße, im Tandoor (Tonofen) gebacken

Vindaloo traditionelles Schweinefleischcurry aus Goa

Abenteuer Eisenbahn

Indiens Eisenbahnen, die täglich Millionen von Pendlern, Pilgern, Tieren und Paketen von einem Ende des Subkontinents zum anderen befördern, werden oft als das größte Vermächtnis der Briten an ihre ehemalige Kolonie bezeichnet. Dabei hat sich das Eisenbahnnetz mit seinem hierarchisch geordneten Heer von Schalterangestellten, Köchen, Kulis, Trägern, Schaffnern, Bahnhofsvorstehern und -geistlichen längst zu einer **urtypisch indischen Institution** entwickelt.

Eisenbahnfahrten durch Indien – ob ganz spartanisch in der spottbilligen Holzklasse oder feudal mit gestärkten Baumwolllaken und warmen Mahlzeiten in klimatisierten Wagen – gehören oft zu den denkwürdigsten Erlebnissen einer Indienreise. Schon die rund um die Uhr geöffneten Bahnhöfe sind ideale Orte, um das Alltagsleben zu beobachten: Hier tummeln sich zu jeder Tages- und Nachtzeit Hunderte von Menschen aus allen Schichten der Gesellschaft, die essen und schlafen, kaufen und verkaufen. Alles untermalt von einem der unvergesslichsten Klänge des Subkontinents: den monotonen Rufen des *chai-wallah*, der heißen, süßen Tee ausschenkt. Infos zum Bahnfahren s. S. 88.

---

furcht einflößenden Brihadishwara-Tempel. Im wasserreichen Hinterland der Stadt sind Bronzegießerdörfer, bröckelnde Ruinen und vergessene heilige Stätten verstreut. Weiter südlich in **Madurai** (S. 1089), der Stadt mit der stärksten Atmosphäre der Region, umgibt den imposanten Meenakshi-Sundareshwar-Tempel ein typisch tamilisches, sprühendes Leben.

Die beiden anderen großen Anziehungspunkte in Tamil Nadu sind die Insel **Rameshwaram** (S. 1100), deren Haupttempel eine große Einfriedung mit Säulengängen aufweist, und **Kanniyakumari** (S. 1102), der verheißungsvolle südlichste Zipfel Indiens, wo der Golf von Bengalen, der Indische Ozean und das Arabische Meer zusammenfließen. Die dunklen Schatten, die von hier aus am Horizont zu erkennen sind, markieren die **Süd- und Westghats** (S. 1104), die sich in einer praktisch ununterbrochenen Kette über 1000 km bis nach Mumbai erstrecken und so eine steile Barriere zwischen Tamil Nadu und dem benachbarten Kerala bilden. Die von ausgedehnten Wäldern und windgepeitschtem Grasland bedeckten Berge ragen auf der indischen Halbinsel zu den höchsten Gipfeln auf. Deren Flanken werden von terrassenförmigen Tee- und Kaffeeplantagen und Kardamomhainen geprägt. Die Bergstationen **Udhagamandalam** (nach wie vor besser bekannt unter dem Namen "Ooty", S. 1111) und **Kodaikanal** (S. 1105), von Indiens ehemaligen Kolonialherrschern als Sommerluftkurorte gegründet, ziehen Scharen regenhungriger indischer Besucher an, im Winter aber auch viele ausländische Touristen.

Der nördliche Nachbarstaat von Tamil Nadu ist Andhra Pradesh mit der Hauptstadt **Hyderabad** (S. 978), deren Wahrzeichen der Charminar und die Festung Golconda sind. Andhras weitere Attraktionen liegen abseits der ausgetretenen Pfade. Nur wenige westliche Besucher machen sich auf den Weg dorthin, obwohl **Puttaparthy** (S. 996), der Ashram von Indiens berühmtestem lebenden Heiligen Sai Baba, und **Tirupati** (S. 993), dessen Tempel mehr Pilger sieht als jeder andere Ort der Welt, bedeutende Reiseziele für Südinder darstellen.

Die größten Attraktionen im Bundesstaat Orissa sind **Konark** (S. 966), wo der berühmte Sonnentempel steht, und **Puri** (S. 955) mit dem Tempel zu Ehren des Gottes Jagannath, um den sich das pompöse Wagenfest dreht.

Unterwegs zu den Göttern

Für die meisten Inder ist die Anwesenheit des Göttlichen im Alltag eine unbestrittene Tatsache. Es gibt kaum eine Straße auf dem Subkontinent ohne eigenen Schrein oder Tempel, und auch zahlreiche Naturerscheinungen gelten als heilig, von einem bestimmten Baum im Dorf bis zu ganzen Bergen und Flüssen. Laut einer Schätzung besitzt das Land fast 2000 wichtige Tempel und andere Orte von spiritueller Bedeutung.

> Hinduistische Tempel sind keine reinen Gebetshäuser, sondern selbst Objekte der Verehrung

Die indische Tradition der **Wallfahrt** geht mindestens bis in die Zeit des *Mahabharata* zurück und ist bis heute populär – quer durch alle Schichten der Gesellschaft, von wandernden Hindu-Sadhus und Jain-Mönchen, die ihr Leben lang barfuß von Heiligtum zu Heiligtum ziehen und sich ihr Essen unterwegs zusammenbetteln, bis zu modernen Pilgern, die in gecharterten Videobussen von einem Tempel zum nächsten flitzen und das im Schnellverfahren erworbene religiöse Verdienst mit Sightseeing und Shopping verbinden.

Hindus bezeichnen heilige Stätten mit dem Sanskrit-Wort *tirtha*. Es bedeutet wörtlich „Furt", im übertragenen Sinne aber auch einen spirituellen Übergangspunkt, an dem sich Erde und Himmel berühren, die Götter auf die Erde herabsteigen und Menschen sich aus dem Samsara (s. S. 142) lösen und zu den Göttern aufsteigen können. Der Akt der Wallfahrt wird *tirtha-yatra* genannt, das heißt *tirtha* besuchen, um das Göttliche zu finden, *darshan* (S. 144) zu erfahren und religiöse Verdienste zu erlangen.

Die Tradition des Wallfahrens ist auch bei den **Jain** sehr weit verbreitet. Man kann oft Jain-Mönche und -Nonnen sehen, die zu Fuß zwischen wichtigen Heiligtümern wie Sravanabelagola in Karnataka und den Jain-Tempeln in Rajasthan unterwegs sind.

Buddhisten besuchen die vier Orte, die am engsten mit Buddha assoziiert werden: Bodhgaya, Sarnath, Kushinagar und Lumbini (gleich hinter der Grenze in Nepal).

Für **Moslems** ist die wichtigste Pilgerfahrt natürlich die Hadsch nach Mekka. Wer nicht so weit kommt, kann das Manko durch sieben Pilgerfahrten zum Grab von Khwaja Muin-ud-din Chishti in Ajmer wettmachen.

Berühmte Pilgerorte

Varanasi (UP)
Shivas heilige Stadt ist Indiens berühmtester Wallfahrtsort. Viele Inder kommen nach Varanasi, um hier zu sterben und sich einäschern zu lassen. S. 351

Haridwar (UTT)
Wörtlich die Tür (*dwar*) Gottes (*Hari*): der Ort, an dem der Ganges aus dem Himalaya in die Ebene hinabströmt, und einer der vier Veranstaltungsorte des Kumbh-Mela-Festes. S. 381

Allahabad (UP)
Die Stadt am Zusammenfluss der beiden heiligsten Flüsse Indiens – Ganges und Yamuna – ist Schauplatz der Maha Kumbh Mela, des größten religiösen Festes der Welt, das 2001 unglaubliche 17 Mio. Besucher anzog. S. 347

Shatrunjaya (GUJ)
Die heiligste Pilgerstätte der Jain: Über 900 Tempel drängen sich auf dem Berg, auf dem der erste Jain-*tirthankara*, Adinath, Erleuchtung fand. S. 639

Indiens heilige Landschaft

Indiens unzählige religiöse Stätten werden nach Kategorien geordnet, von denen die meisten nur bestimmte Regionen, andere aber auch das ganze Land umfassen. An der Spitze der spirituellen Rangordnung liegen die **Sieben Heiligen Städte** oder *Sapta Puri* (Ayodhya, Mathura, Haridwar, Varanasi, Kanchipuram, Ujjain und Dwarka), die nach hinduistischem Glauben jedem, der in ihren Grenzen stirbt, *moksha* garantieren, und die **Vier Göttersitze** oder *Char Dham* (Rameshwaram, Puri, Dwarka und Badrinath) an den vier „Kompassspitzen" des Landes (nicht zu verwechseln mit den „kleinen" *Char Dham*: Badrinath, Kedarnath, Gangotri und Yamunotri in Uttarakhand).

Außerdem hat jede Hauptgottheit (mit Ausnahme von Brahma) ihre spezielle Pilgerroute mit eigenen Heiligtümern. **Shiva** ist mit drei großen Tempelgruppen vertreten: zwölf *jyotrilinga*-Tempel, fünf *bhuti-linga*-Tempel und 68 *svayambhu-linga*-Tempel. Ebenso gibt es ausgedehnte Tempelrundreisen zu Ehren von Mahadevi und Vishnu sowie in Südindien regionale Gruppen von Heiligtümern, die **Murugan** geweiht sind. Dazu kommen Heiligtümer, die mit den Planeten assoziiert werden (die *Nava Graha Sthalas*), und Orte in der Natur von spiritueller Bedeutung wie die vier Schauplätze des **Kumbh-Mela-Festes** (Allahabad, Haridwar, Ujjain und Nasik).

Puri (OR)
Die östliche der vier Char-Dham-Städte beherbergt den gewaltigen Tempel von Jagannath, zu dessen Ehren alljährlich das große Rath Yatra, Indiens berühmtestes „Wagenfest", stattfindet. S. 955

Tirupati (AP)
Dieser Vishnu geweihte Schrein in spektakulärer Gebirgslage in Andhra Pradesh zieht angeblich mehr Pilger an als Rom oder Mekka. S. 993

Sabarimala (KER)
Der Sri Ayappa geweihte Schrein in einer entlegenen Ecke von Kerala soll der nach Tirupati beliebteste Wallfahrtsort der Welt sein. Er wird jährlich von mehr als einer Million Menschen besucht. S. 1160

Tiruvanamalai (TN)
Einer der zwölf dem Gott Shiva geweihten *bhuti linga*-Tempel und Ort seiner berühmten Manifestation als Feuer-Lingam. Heute steht hier einer der ältesten, größten und meistbesuchten Tempel Südindiens. S. 1061

Srirangam (TN)
Diese größte Tempelanlage Indiens ist das wichtigste der insgesamt 108 bedeutenden Vishnu-Heiligtümer im Land. Im Tempel befindet sich ein hoch verehrtes Bildnis des auf dem Rücken der Schlange Adisesha ruhenden Gottes. S. 1086.

Rameshwaram (TN)
Einer der schönsten Tempel Südindiens und zugleich einer der berühmtesten der zwölf dem Gott Shiva geweihten *jyotir-linga*-Tempel. S. 1100

Bewegung für Körper und Geist

Yoga, Meditation und Ashrams

Indien, die Wiege des Yoga und Heimat der berühmtesten Meditationsschulen der Welt, bietet unzählige Gelegenheiten für spirituelle Erfahrungen, von Grundkursen in Yoga und Pranayama bis zu ausgedehnten Retreats. **Yoga** wird praktisch überall in Indien gelehrt. Darüber hinaus gibt es mehrere international bekannte Yogazentren, wo man sich zum Yogalehrer ausbilden lassen kann. **Meditation** wird ebenfalls im ganzen Land praktiziert, und besondere Kurse werden in Tempeln, Meditationszentren, Klöstern und Ashrams abgehalten. **Ashrams** sind Gemeinden, in denen Menschen zusammen leben, arbeiten und lernen, angetrieben von einem gemeinsamen (gewöhnlich spirituellen) Ziel.

Näheres zu Yoga- und Meditationskursen sowie Ashrams findet sich in den jeweiligen Ortskapiteln im Buch. Die beliebteren Zentren (S. 36, Kasten) müssen rechtzeitig gebucht werden.

Yoga

„Yoga" bedeutet wörtlich „vereinen" und hat das Ziel, dem Yoga Praktizierenden zu helfen, das individuelle Bewusstsein mit dem Göttlichen zu vereinen. Dies wird erreicht, indem das Selbst-Bewusstsein durch spirituelle, geistige und körperliche Übungen und Disziplin gefördert wird. **Hatha-Yoga**, die im Westen beliebteste Form, basiert auf Körperhaltungen, Asanas genannt, die nicht nur die Muskeln dehnen, an- und entspannen, sondern auch die inneren Organe massieren. Sie sind zwar unterschiedlich schwierig, aber wer kontinuierlich übt, wird bald positive Wirkungen spüren. Für Fortgeschrittene ist Hatha-Yoga allerdings lediglich der erste Schritt hin zu subtileren Stufen der Meditation, die beginnen, sobald die Körperenergien durch Dehnen und Entspannen geweckt und sensibilisiert worden sind. Andere Formen von Yoga sind **Raja-Yoga**, das moralische Disziplin einschließt, und **Bhakti-Yoga**, das Yoga der Hingebung, das die Bindung an einen Guru oder Lehrer erfordert. **Jnana-Yoga**, das Yoga des Wissens, beruht auf den philosophischen Grundlagen des Hinduismus.

Rishikesh in Nordindien (Uttarakhand) ist die Hauptstadt des Yoga. Hier gibt es eine ganze Reihe von Ashrams, die alle möglichen Kurse anbieten (Näheres s. S. 386). Die berühmtesten Lehrer des Landes sind allerdings weiter im Süden ansässig.

Iyengar-Yoga ist derzeit eine der angesagtesten Richtungen, benannt nach dem Begründer dieser Schule, B. K. S. Iyengar (ein Schüler des großen Yogalehrers Sri Tirumalai Krishnamacharya). Das Zentrum dieser Richtung, das **Rama-**

mani Iyengar **Memorial Yoga Institute**, befindet sich in Pune, Maharashtra.

Meditation

Meditation wird oft nach einer Yoga-Sitzung praktiziert, wenn die Körperenergie erwacht ist. Sie ist ein wesentlicher Bestandteil hinduistischer wie buddhistischer Religionsausübung und wird als mächtigstes Werkzeug zum Verständnis des wahren Natur des Geistes und des Selbst begriffen – als ein bedeutender Schritt auf dem Weg zur Erleuchtung.

Vipassana-Meditation ist eine Technik, die ursprünglich von Buddha gelehrt wurde. Dabei lernen die Schüler, sich körperlicher Empfindungen und geistiger Vorgänge stärker bewusst zu werden. Die Kurse dauern mindestens zehn Tage und sind anstrengend – Aufstehen um 4 Uhr früh, etwa zehn Stunden Meditation täglich, kein festes Essen nach 12 Uhr, Geschlechtertrennung und keine Gespräche (außer natürlich mit den Kursleitern). Für alle neuen Schüler sind die Kurse kostenlos, damit jeder die Chance hat, die Technik zu lernen und von ihr zu profitieren. Vipassana wird in über 25 Zentren in ganz In-dien gelehrt, darunter in Bodhgaya (S. 869), Jaipur (S. 208), Bangalore (S. 1195), Chennai (S. 1030) und Hyderabad (S. 978).

Weltweit im Vormarsch ist die **tibetisch-buddhistische Meditation**. Der tibetische Buddhismus kennt eine ungeheure Vielfalt an Meditationspraktiken, darunter auch Vipassana, in Tibet *shiné* genannt. Mit seiner großen tibetischen Diaspora hat sich Indien inzwischen zu einem der wichtigsten Schulungszentren für tibetischen Buddhismus und tibetisch-buddhistische Medizin entwickelt. An oberster Stelle steht Dharamsala in Himachal Pradesh, die Zufluchtsstätte des Dalai Lama und der tibetischen Exilregierung. Interessenten können bei den dort lebenden tibetischen Mönchen und Nonnen Einzelunterricht nehmen. Ein weiteres großes tibetisches Zentrum ist Darjeeling in West-Bengalen. Einzelheiten zum Kursangebot sind den entsprechenden Ortskapiteln im Buch zu entnehmen.

Wandern und Bergsteigen

Trekking ist in Indien zwar längst nicht so kommerzialisiert wie im benachbarten Nepal, aber in den Himalaya-Gebieten von Ladakh und Zanskar mit ihren über 5000 m hohen Bergpässen hat das Land zwei der spektakulärsten Reviere der Welt zu bieten. Nicht alle Wanderwege im Himalaya sind erfahrenen Wanderern vorbehalten. Relativ einfach zu bewältigende Kurzstrecken gibt es z. B. in den bewaldeten Gebirgsausläufern von Sikkim, und auch die ausgetretenen Pilgerpfade von Garhwal erfordern keine Spitzensportlerkondition. Vor allem auf schwierigen, seltener begangenen Routen (wo es schwerwiegende Folgen haben kann, wenn man sich verirrt oder die Verpflegung zur Neige geht) ist es ratsam, einen ortskundigen **Führer** mitzunehmen, der sich auch als Koch betätigt. **Träger** (mit oder ohne Pony) machen die Tour weniger beschwerlich und können auf längeren Routen, wenn Proviant für eine Woche oder länger mitgenommen werden muss, sogar unentbehrlich sein. In Orten, die als Ausgangspunkt für bestimmte Routen dienen, werden Touristen meistens von Männern angesprochen, die ihre Dienste anbieten. Dabei kann es schwierig werden, den üblichen Preis herauszufinden, und Feilschen gehört ohnehin zum Geschäft.

Wer keine Lust hat, seine Tour in Eigenregie zu planen, kann sich auch an einen **Trekking-Veranstalter** werden. Derartige Agenturen in Orten wie Manali, Leh, Darjeeling und Gangtok werden in den jeweiligen Regionalkapiteln detailliert beschrieben.

Am besten auf Wanderer eingestellt ist der Bundesstaat **Himachal Pradesh**. **Uttarakhand** ist in Trekkerkreisen weniger bekannt, bietet aber zahlreiche Möglichkeiten, die ausgetretenen Pfade der Pilger zu verlassen, oder sich diesen auf dem Weg zu den heiligen Stätten Badrinath, Gangotri, Joshimath und Kedarnath anzuschließen. Auch in den alten buddhistischen Königreichen **Ladakh** und **Zanskar** gibt es wunderbare Hochgebirgspfade verschiedener Länge, für die man 4–10 oder noch mehr Tage braucht. **Darjeeling**, am Ostende des Himalaya, eignet sich hervorragend als Ausgangsbasis für Abstecher in die Berge der Umgebung. Die größten Höhenunterschiede – von schwülheißen Flusstälern bis zum dritthöchsten Bergmassiv der Welt – weist das benachbarte **Sikkim** auf. Kürzere Wanderungen lassen sich in den **Ghats**

Kurse und Ashrams

Ashrams variieren in ihrer Größe von einem halben Dutzend Schülern bis zu mehreren tausend, und die Regeln sind sehr unterschiedlich. Während einige Unterbringung im Ashram bieten, erfordern andere, dass man im nächstgelegenen Ort oder Dorf wohnt. Manche verlangen westliche Preise, andere ortsübliche, wieder andere gründen sich auf Spenden. Viele Ashrams haben ein festes Tagesprogramm, andere lassen dagegen mehr Raum zur eigenen Entfaltung und bieten nur Führung und Unterweisung, wenn man darum bittet. Folgende bekannte Einrichtungen nehmen regelmäßig ausländische Besucher auf:

Ashtanga Yoga Research Institute, 235 8th Cross, 3rd stage, Gokulam, Mysore, 570002 Karnataka, ⌨ www.ayri.org. Geführt von Pattabhi Jois, einem der großen Erneuerer des Yoga in Indien. Gelehrt wird dynamischer Yoga in Verbindung mit Kampfsportarten. Die Kurse dauern mindestens einen Monat und müssen vorgebucht werden. S. 1218.

Divine Life Society, PO Shivanandanagar, Muni ki Reti, Rishikesh, District Tehri Garhwal, Uttarakhand, ☎ 0135-43 00 40, ⌨ www.sivan andadlshq.org. Der ursprüngliche Ashram von Guru Sivananda; gut durchorganisiert, ziemlich institutionalisiert, mit mehreren Meditationsräumen und Kursen zu allen Themen und Spielarten des Yoga. Näheres S. 386, Kasten.

International Society for Krishna Consciousness (ISKCON), 3c Albert Rd, Kolkata, ☎ 033-247 3757, Bhaktivedanta Swami Marg, Raman Reti, Vrindavan, ☎ 0565-44 24 78, ⌨ www.iskcon.com. Große, gut gemanagte internationale Organisation mit Zentren in mehreren großen Städten in Indien und Übersee. Lehrt Bhakti-Yoga durch die Ausübung guter Taten, rechte Lebensführung und rezitierende Gesänge – im Grunde ein Programm für ein ganzes Leben, nicht nur für einen Schnellkurs.

Mata Amritanandamayi Math (Amritapuri), Vallikkavu, Kerala, ⌨ www.amritapuri.org. Der Ashram des weiblichen Guru Amma, bekannt als „Hugging Saint", wird jedes Jahr von Hunderttausenden ihrer Anhänger besucht. Sie kommen zum *darshan* und um von der lächelnden Amma umarmt zu werden, deren Wohltätigkeit ihr im Süden einen beinahe göttlichen Status verliehen hat. S. 1142.

Osho Commune International, 17 Koregaon Park, Pune, Maharashtra 411 001, ☎ 020-612 6655, ⌨ www.osho.com. Gegründet von dem enigmatischen Osho, der sich einer zahlenstarken Gemeinde westlicher und indischer Anhänger erfreut. Das Zentrum inmitten einer herrlichen Anlage bietet unterschiedliche Kurse in Selbsterfahrung, Heilmethoden und Meditation. Näheres s. S. 727. Es gibt noch zahlreiche andere Osho-Zentren in Indien und im Ausland.

(S. 1104) und den **Nilgiri Hills** (S. 1116) in Südindien unternehmen.

Eine gute **Ausrüstung** ist unabdingbar für einen Trek; sie sollte alles Notwendige umfassen, aber möglichst wenig wiegen. In manchen Orten, z. B. Leh und Darjeeling, wird Trekking-Ausrüstung vermietet, aber ansonsten muss alles gekauft oder von zu Hause mitgebracht werden. Vor dem Aufbruch sollte alles (z. B. Reißverschlüsse) auf Tauglichkeit hin überprüft werden. Die Kleidung sollte möglichst wenig wiegen und angesichts der zu erwartenden Temperaturunterschiede in Schichten getragen werden können.

Bergsteigen ist eine schwierigere Angelegenheit, die eine umfangreiche Planung und Organisation erfordert. Für Anfänger ist das Himalaya-Gebirge absolut ungeeignet. Die Mountaineering Institutes in Darjeeling, Uttarkashi und Dharamsala führen Bergsteigerkurse durch. Das Institut in **Uttarkashi** in Uttarakhand, ⌨ www.uttarkashi. nic.in/nim/courses. htm, ist bei Ausländern besonders beliebt. Hier erwerben die Teilnehmer Fertigkeiten im Fels- und Eisklettern sowie Fachwissen über Expeditionen für einen Bruchteil der Kosten, die in westlichen Ländern üblich sind. Der vierwöchige Bergsteiger-Grundkurs wird von Veteranen

Prasanthi Nilayam, Puttaparthy, Andhra Pradesh, ✆ 08555-87236; 🖥 www.saionline.org, s. S. 996. Der Ashram von Sai Baba, einem der meistverehrten und beliebtesten indischen Gurus mit einer weltweiten Anhängerschaft, die in die Millionen geht, liegt 4–5 Busstunden von Bangalore entfernt. Besucher stören sich manchmal an dem strengen Sicherheitspersonal und den rigiden Vorschriften. Billige Unterkünfte in Schlafsälen oder "Wohnungen" für vier Personen sind vorhanden. Man braucht nicht im Voraus buchen, sollte aber anrufen, um sich zu vergewissern, dass Plätze frei sind. Sai Baba hat auch einen kleineren Ashram in Bangalore und einen in Kodaikanal. S. 1105.

Root Institute for Wisdom Culture, Bodhgaya, Bihar, ✆ 0631-40 07 14, 🖥 www.rootinstitute.com. Veranstaltet regelmäßig von Oktober bis März 7–10-tägige Kurse zu tibetischem Buddhismus und Meditation und hat Einrichtungen für individuelle Retreats. Längere Aufenthalte sollten möglichst früh gebucht werden. Näheres s. S. 870.

Saccidananda Ashram, Thanneepalli, Kullithalai nahe Tiruchirapalli, Tamil Nadu, ✆ 04323-22260, 🖥 www.bedegriffiths.com, auch als **Shantivanam** ("Friedenswald" in Sanskrit) bekannt. Dieser Ashram liegt am Ufer des heiligen Flusses Cauvery. Er wurde von Pater Bede Griffiths gegründet, einem visionären Benediktinermönch, um eine harmonische Verbindung von Christentum und Hinduismus zu entwickeln. Besucher können an den Gottesdiensten und Zeremonien teilnehmen oder sich einfach nur erholen. Die Unterbringung erfolgt in einfachen, über das Gelände verstreuten Hütten; gemeinsame Mahlzeiten. Zu den wichtigen christlichen Festen sehr viel Betrieb.

Sivananda Yoga Vedanta Dhanwantari Ashram, Thiruvananthapuram, Kerala, ✆ 0471/227 3093, 🖥 www.sivananda.org. Ableger der Divine Life Society, ein Yoga-orientierter Ashram, wo Yogastellungen (Asanas), Atemtechniken (Pranayama) und Meditation gelehrt werden. Führt auch vierwöchige Yogalehrer-Kurse durch (rechtzeitig buchen!) und besitzt u. a. Filialen in Delhi und Uttarkashi. Einzelheiten auf der Website.

Tushita Meditation Centre, McLeod Ganj, Dharamsala 176219, Himachal Pradesh, ✆ 01892-21866, 🖥 www.tushita.info. Veranstaltet verschiedene tibetische Meditationskurse. Ein 10-tägiger Kurs kostet ca. Rs3500. So früh wie möglich buchen!

Vipassana International Academy, rund 25 Zentren in ganz Indien. Führt eine Vielzahl von 3- bis 45-tägigen Kursen in Vipassana-Meditation durch. Näheres auf ihrer Website 🖥 www.dhamma.org.

---

der indischen Armee ausgerichtet, die auf dem Siachen-Gletscher stationiert waren, und kann daher äußerst anstrengend sein.

Eine **Bergsteigererlaubnis** muss mindestens sechs Monate im Voraus bei der Indian Mountaineering Federation, Anand Niketan, Benito Juarez Rd, New Delhi 110021, ✆ 011/2411 1211, 🖥 www. indmount.org, beantragt werden. Die **Gipfelgebühren** betragen je nach Höhenlage US$1500 bis US$4000, und jeder Expeditionstrupp muss von einem IMF-geprüften Bergführer begleitet werden. Die IMF kann auch eine Liste indischer Bergsteigerclubs zur Verfügung stellen; wer Kontakt mit einem dieser Clubs aufnimmt, lernt einheimische Bergsteiger kennen und erhält Permits für die Erstürmung ansonsten unzugänglicher Gipfel.

Rafting

Auf den Flüssen Chenab und Beas in **Himachal Pradesh**, Rangit und Teesta in **Sikkim**, Zanskar und Indus in **Ladakh** sowie dem Ganges in **Uttarakhand** kann man nicht nur hervorragende Wildwasserfahrten unternehmen, sondern auch eine wunderbare Landschaft kennenlernen. Einige der größten Rafting-Zentren sind Kullu, Manali, Leh, Gangtok und Rishikesh. Die Gebühren beginnen bei rund Rs500 pro Tag inkl. Verpflegung, aber ein Preisvergleich bei mehreren Anbietern lohnt sich. Näheres in den jeweiligen Regionalkapiteln.

Höhlenwandern

Von allen indischen Bundesstaaten bietet **Meghalaya** die besten Möglichkeiten zum Höhlenwandern. Die drei Hauptgegenden sind das östliche Khasi-Gebirge, die südlichen Garo-Berge und die Jaintia-Berge (wo sich das längste Höhlensystem auf dem asiatischen Festland befindet: die 21,4 km lange Krem Kotsati-Umlawan-Höhle). Näheres s. S. 917.

Tauchen und Schnorcheln

Für Individualtouristen sind die **Andamanen** (S. 999) im Golf von Bengalen, etwa 1000 km östlich vom Festland, das lohnendste Ziel zum Tauchen und Schnorcheln. Dieser abgeschiedene Archipel, Teil einer unterseeischen Bergkette, die sich von Sumatra im Norden bis zur Küste von Birma (Myanmar) erstreckt, wird von riesigen Korallenriffen umgeben. Im kristallklaren Wasser wimmelt es von tropischen Fischen und anderen Meeresbewohnern. Angesichts der hohen Kosten für Tauchkurse beschränken die meisten Besucher sich aufs Schnorcheln, aber wenn man bereits ein PADI-Zertifikat hat, lohnt es sich, bei einer der drei Tauchschulen der Inselgruppe eine Ausrüstung zu leihen. Wer einen Kurs im offenen Meer absolvieren möchte, sollte ihn rechtzeitig im Voraus buchen, da es in der Hochsaison zwischen Dezember und Februar zu Engpässen kommen kann.

Qualifizierte Taucher sollten ihren gültigen Tauchschein und/oder ihr Logbuch mitnehmen. Wer keinen absolvierten Tauchgang innerhalb der letzten zwölf Monate nachweisen kann, muss unter Umständen eine kurze Prüfung ablegen, die um Rs300 (7 €) kostet.

Websites zur Tierwelt Indiens

🖳 www.savethetigerfund.org
Hier erfährt man alles, was man jemals über Tiger wissen wollte – und noch mehr.

🖳 www.webindia123.com/wildlife/index.htm
Reportagen, Safariberichte und die neuesten Nachrichten über die Tierwelt aus dem ganzen Land.

🖳 www.camacdonald.com/birding/asiaindia.htm
Vorstellung der besten Orte zur Vogelbeobachtung sowie von Informationsquellen im Netz und in gedruckter Form, mit zahlreichen schönen Bildern und Berichten über kürzliche Erkundungstouren von Vogelfreunden.

🖳 www.wpsi-india.org
Website der 1994 gegründeten Wildlife Protection Society of India, die sich vor allem dem intensiven Kampf gegen die Wilderei verschrieben hat.

🖳 www.wwfindia.org
Homepage des indischen World Wildlife Fund, der sich dem Tier- und Umweltschutz auf dem Subkontinent widmet.

Ausflüge in die Tierwelt

Man kann davon ausgehen, dass man am Rande von Ortschaften und Dörfern auf viele der unter „Fauna" (s. S. 108) beschriebenen Tierarten stößt. Aber ein Ausflug in das eine oder andere Naturreservat bietet die beste Chance, Tiere in freier Wildbahn zu beobachten. Die größeren, leichter zugänglichen Tierreservate verfügen über eine passable Infrastruktur, und Besucher werden im Geländewagen, Minibus, Bus oder manchmal auch im Boot herumgefahren. Man sollte aber nicht erwarten, mit diesen von der Parkverwaltung organisierten Standardbeförderungsmitteln viel zu sehen zu bekommen. Die meisten selteneren Tiere halten sich von Gruppen lautstarker Ausflügler weise fern. Wenn möglich, sollte man versuchen, **Wandersafaris** mit einem zuverlässigen, anerkannten Guide im Wald zu organisieren. Bevor man Geld für einen Guide ausgibt, sollte man jedoch einen Blick in die Empfehlungsbücher werfen.

Beurteilungen der angebotenen Unterkünfte finden sich bei der Beschreibung der einzelnen, im Regionalteil dieses Führers vorgestellten Parks, zusammen mit genauer Angabe der Anfahrt.

Tempeltänze und Touristen

Zu den schönsten Erlebnissen einer Südindienreise gehört der Besuch einer Tanzdarbietung, die im kulturellen Leben der Region eine ungeheuer wichtige Rolle spielt. Indiens vorherrschender klassischer Tanzstil, Bharatanatyam, hat seinen Ursprung im Süden und füllt in tamilischen Städten immer noch ganze Konzertsäle. Andere Formen des rituellen Theaters, wie Kathakali, Kuttiyattam und Teyyattam, sind Bestandteil der Tempelandacht in Kerala.

Eine authentische Darbietung an Ort und Stelle zu sehen, ist ein unvergessliches Erlebnis. Die Ausdauer der Darsteller und der Anblick eines Publikums, das die ganze Nacht aufbleibt, um im Morgengrauen das Finale eines Tanzdramas zu sehen, sind einfach überwältigend.

Tanzvorführungen finden den ganzen Winter über statt. Ihren Höhepunkt erreichen sie im April und Mai vor der Monsun-Pause (Juni, Juli und August). Um sie aufzuspüren, braucht man etwas Ausdauer und Glück, aber die Mühe lohnt.

Der **Bharatanatyam** wird von Frauen getanzt und geht auf die Devadasi genannten Tänzerinnen zurück, die früher in Tempeln als Teil ihrer religiösen Pflichten tanzten. Heute werden diese Tänze in den meisten großen Städten des Südens in Konzerthallen aufgeführt. Darüber hinaus ist der Bharatanatyam auf den jährlichen Tanzfestivals in Mamallapuram (S. 1052, Kasten), Hampi (S. 1248) und Thiruvananthapuram (S. 1122) vertreten. Es lohnt sich in jedem Ort, im Tourist Office nachzufragen. Wenn man in Chennai ist, sollte man die Veranstaltungsseiten der regionalen Presse wie *The Hindu* lesen.

In Kerala kauft man am besten die auf Malayalam erscheinende Tageszeitung *Mathrabhumi* und bittet jemanden, den Veranstaltungskalender durchzusehen. Tempelfeste, die mit Sicherheit ein lohnendes Schauspiel sind, werden in jedem Fall angekündigt.

Kathakali ist ein Tanztheater, aufgeführt von ausschließlich männlichen Tänzern. Dargestellt wird die Welt der Götter und Dämonen, wie sie in den großen hinduistischen Epen erscheint. Für Touristen wird Kathakali in Kochi (S. 1168) geboten, aber um authentische Aufführungen zu erleben, sollte man Schauspielschulen wie Thiruvananthapurams Margi (S. 1122) und Cheruthurthys Kerala Kalamandalam aufsuchen (S. 1182). An beiden arbeiten **Kutiyattam-Darsteller**, ebenso wie im Kulturzentrum Natana Kairali in Irinjalakuda (S. 1181).

Eine gute Infoquelle zu obskureren keralischen Ritualen, Festivals und Tänzen ist der privat betriebene Tourist Desk an der Main Boat Jetty in Ernakulam (S. 1174).

Der **Kaziranga-Nationalpark** (S. 907) im Nordosten Indiens ist berühmt für seine Panzernashörner, die aber leider immer noch von Wilderern bedroht sind; ⏰ Nov–Anfang April. Ebenfalls im Nordosten beherbergt der **Namdapha-Nationalpark** (S. 923) an der Grenze zu Myanmar Tiger, Nebelparder, Schneeleoparden, Elefanten, Kleine Pandas (Katzenbären), Hirsche und den gefährdeten Hulock-Gibbon; ⏰ Okt–April.

Das berühmteste Vogelschutzgebiet Indiens ist der **Keoladeo-Nationalpark** (S. 238) bei Bharatpur in Rajasthan; ⏰ ganzjährig.

Wer Tiger in freier Wildbahn sehen möchte, sucht am besten den **Ranthambore-Nationalpark** (S. 241) in Rajasthan auf; ⏰ Okt–Juni. Mit etwas Glück lassen sich Tiger auch im **Kanha-Nationalpark** (S. 460; ⏰ 1. Nov bis zum Beginn der Monsunzeit Ende Juni) und – vom Elefantenrücken aus – im **Bandhavgarh-Nationalpark** (S. 463; ⏰ Nov–Ende Juni), beide in Madhya Pradesh, entdecken. Alle diese Parks beherbergen ebenso wie das berühmte **Corbett-Tigerreservat** in Uttarakhand (S. 404; ⏰ 15. Nov–15. Juni) natürlich nicht nur Tiger, sondern auch jede Menge andere Tiere, darunter Rotwild, Elefanten, Affen und Vögel. Im **Sunderbans Tiger Reserve** (S. 836) hat der Tiger sich an seine feuchte Umwelt angepasst und legt weite Strecken schwimmend zurück. Den Park erkundet man per Boot; beste Zeit: Winter und Frühjahr.

Noch seltener als der Tiger ist der Asiatische Löwe. Er kommt in Indien in freier Wildbahn nur noch im Gir Forest in Gujarat vor, wo er im **Gir-Nationalpark** (S. 628) geschützt wird; ◷ Mitte Okt oder Nov–Mitte Juni.

Der **Eravikulam-Nationalpark** in Kerala (S. 1161) im Schoß der Westghats ist für seine wachsende Population von Nilgiri-Tahr berühmt, einer seltenen Bergziegenart, die nur hier, im hohen Grasland vorkommt. Man kann sie am besten während der (anstrengenden) Besteigung des Anamudi, Südindiens größtem Berg, beobachten. Beste Zeit: Jan–April.

Das **Indira Gandhi (Anamalai) Wildlife Sanctuary** (S. 1109) in den südlichsten Ausläufern der Cardamom Hills in Tamil Nadu umschließt einige wunderschöne Berglandschaften und beherbergt eine reiche Fauna. Beste Zeit: Jan–März.

Eines der am leichtesten zu erreichenden Reservate im Süden ist das **Mudumalai Wildlife Sanctuary** (S. 1116), ebenfalls in Tamil Nadu. Es liegt 1140 m hoch in den Nilgiri Hills und bietet eine große Bandbreite an Unterkünften und Wanderwegen. Die riesigen, geschützten Waldgebiete beherbergen u. a. Elefanten, Wildhunde und Gaur. Beste Zeit: Jan–März.

Eines der größten und meistbesuchten Reservate Indiens ist das **Periyar Wildlife Sanctuary** (S. 1157) in Kerala um einen künstlichen See hoch oben in den Cardamom Hills. Gelegentlich werden Tiger gesichtet, wahrscheinlicher ist es jedoch, Elefanten zu begegnen. Günstig gelegen für Ausflüge in die Berge und zu Teeplantagen. Beste Zeit: Okt–März.

Mit einem Ausflugsboot erreicht man den **Mahatma Gandhi National Marine Park** der Andamanen (S. 1013). Die kleinen Inseln dieses Reservats, die von lebenden Korallenriffen umgeben sind, ragen aus dem kristallklaren Wasser, in dem es von tropischen Fischen, Schildkröten und anderen Meereslebewesen wimmelt. Beste Zeit: Jan–März.

Reiserouten

Jede der folgenden Routen ist gut mit öffentlichen Verkehrsmitteln zu schaffen. Natürlich können die Routen nach Belieben ergänzt oder auch in umgekehrter Richtung gefahren werden.

Route 1: Indien für Eilige

■ 3–4 Wochen

Wer Nord- und Südindien in nur drei bis vier Wochen bereisen möchte, ist auf das Flugzeug angewiesen. Die hier vorgestellte Route verbindet den Besuch bedeutender Sehenswürdigkeiten mit geruhsamen Badetagen.

Der erste Teil der Reise führt durch das sogenannte „Goldene Dreieck" mit einigen der großartigsten Kulturdenkmäler Nordindiens. Ausgangspunkt ist die indische Hauptstadt **Delhi** (S. 161) mit ihrem Roten Fort, der Jami Masjid und anderen eindrucksvollen islamischen Bauwerken sowie schöner Kolonialarchitektur. Mit einem der schnellen Züge geht es nach **Agra** (S. 314, 2 Std.), wo den Reisenden mit dem Taj Mahal bereits einer der Höhepunkte Indiens erwartet. In nur einer Stunde gelangt man von hier mit dem Bus nach **Fatehpur Sikri** (S. 333), einer Geisterstadt, die von Akbar gegründet, aber bald wieder verlassen wurde. Nach einer weiteren Stunde ist **Bharatpur** (S. 238) mit seinem großartigen Vogelschutzgebiet erreicht. Anschließend steht **Jaipur** (S. 208, 4 1/2 Std.), die Hauptstadt Rajasthans mit ihrer rosaroten Altstadt, auf dem Programm. Sehr zu empfehlen ist ein etwa zweitägiger Abstecher von hier mit dem Mietwagen (mit Fahrer) in das angrenzende Gebiet von **Shekhavati** (S. 225) mit seinen alten Kaufmannshäusern, den Havelis. Von Jaipur gelangt man mit der Bahn in 4–5 Std. wieder nach Delhi.

Nun folgt ein großer Sprung mit dem Flugzeug (Indian Airlines, Jet Airways) nach **Chennai** (Madras, S. 1030), dem geeigneten Ausgangspunkt für eine Rundfahrt durch Südindien. Als erstes Ziel bietet sich das 60 km südlich gelegene **Mahabalipuram** (S. 1048, 2–3 Std.) an, das mit seinem Strand, aber auch den berühmten Felstempeln ein beliebtes Ziel des Backpacker ist.

Zur nächsten Station, der Tempelstadt **Kanchipuram** (S. 1058), eine der sieben heiligsten Städte des Landes, ist es nicht weit (ca. 2 Std.). Zahlreiche historische Heiligtümer erwarten den Besucher, darunter der mächtige Ekambareshvara-Tempel und der bis auf das 8. Jh. zurückreichende Kailasanatha-Tempel. Die Stadt gilt auch als Zentrum der Seidenindustrie und empfiehlt sich somit zum Einkaufsbummel.

Das 100 km weiter südlich liegende **Tiruvannamalai** (S. 1061) gehört ebenfalls zu den wichtigsten Stätten hinduistischen Glaubens, wird von Touristen aber kaum besucht. Einer der größten Tempel Indiens hat hier seinen Platz. Vom angrenzenden Hügel, den Pilgerscharen unablässig umrunden, hat man einen großartigen Blick über den Ort. Die tiefe Religiosität ist hier fast mit Händen zu greifen.

Wer die ehemalige französische Enklave **Pondicherry** (S. 1063) am Golf von Bengalen besucht (etwa 3 Busstunden von Tiruvannamalai), kommt wohl vor allem wegen des legendären, aber auch umstrittenen Ashrams von Sri Aurobindo.

Nur knapp 60 km Richtung Süden sind es von hier nach **Chidambaram** (S. 1070), dem Zentrum der Shiva-Verehrung, der hier als Herr des kosmischen Tanzes, Nataraja, in Erscheinung tritt und durch einen repräsentativen Tempel und spektakuläre Wagen-Feste geehrt wird.

Vor allem an Kunst interessierte Reisende sollten auf dem Weg nach Thanjavur, dem nächsten größeren Ziel, einen Stopp im ca. 75 km südwestlich von Chidambaram liegenden **Kumbakonam** (S. 1073) einlegen, um die großartigen Skulpturen im Nageshwara Swami-Tempel zu bewundern und weitere Glanzstücke südindischer Tempelbaukunst in den nahe gelegenen Orten **Darasuram** (S. 1076) und **Swamimalai** (S. 1076). Dort kann man überdies traditionell arbeitenden Bronzegießern über die Schulter schauen.

Von Kumbakonam sind es nur noch knapp 40 km nach **Thanjavur** (S. 1078), der alten Hauptstadt des Chola-Reichs, beherrscht vom majestätischen Brihadishwara-Tempel, der zum Unesco-Welterbe zählt.

Die Reise führt weiter nach **Tiruchirapalli** (S. 1084), kurz Trichy genannt (knapp 1 1/2 Std.) Die Stadt wird von einem Fels dominiert, den ein Ganesh-Tempel krönt. Aber auch die anderen Heiligtümer lohnen einen Besuch.

Madurai, die Königin unter den Tempelstädten Südindiens, ist das nächste Ziel (ca. 3 Std.). Vor allem der abendliche Besuch des Sri Meenakshi-Tempels dürfte für jeden zum unvergesslichen Erlebnis werden.

In etwa 8 Stunden gelangt man von hier mit dem Bus nach **Kochi** (Cochin, S. 1164), das mit seiner kolonialen Altstadt, den chinesischen Fischernetzen und dem einheimischen Kathakali-Tanz als lebendiges Beispiel früher Globalisierung gelten kann. Südlich der Stadt beginnt das Labyrinth der **Backwaters**, das sich dem Besucher erst auf dem Wasserweg erschließt, entweder mit lokalen Fähren zwischen Alappuzha (Allepey, S. 1143) und Kottayam (S. 1147, ca. 2 1/2 Std.) oder den „Touristenschiffen" zwischen Kollam (Quilon, S. 1140) und Alappuzha (lange 8 Std.). Mit gut gefülltem Geldbeutel kann man sich auch ein Hausboot mieten und damit die schmalen Kanäle erkunden.

Mit dem Flugzeug (Kingfisher) ist es von Kochi nur ein kleiner Sprung nach **Goa** (S. 735), wo man den Indienurlaub mit einigen Badetagen ausklingen lassen kann, ehe man wieder zurück nach Delhi fliegt.

Route 2: Von Delhi nach Mahabalipuram

■ 5–6 Wochen

Diese für indische Verhältnisse recht kurze Route beginnt in **Delhi** (S. 161), eines der Eingangstore zum Subkontinent. Zunächst geht es mit der Bahn oder dem Bus nach **Jaipur** (S. 208) mit der ganz in Rosa gehaltenen, noch vollständig von Mauern umschlossenen Altstadt.

Vor den Toren Jaipurs liegt im Norden die bislang relativ wenig besuchte Region von **Shekhavati** (S. 225) mit ihren bunt bemalten ehemaligen Kaufmannshäusern, den Havelis. Man kann die einzelnen Orte (Dundlod, Mandawa u. a.) mit lokalen Bussen erreichen, am einfachsten jedoch mit dem Mietwagen (mit Fahrer) auf einer etwa zweitägigen Rundreise ab Jaipur.

Nach Jaipur zurückgekehrt führt die Reise als Nächstes nach **Bharatpur** (5 Std. mit dem Bus, S. 238), dem von der Unesco zum Welterbe erklärten Vogelpark. In nur einer Stunde gelangt man von hier zur Geisterstadt **Fatehpur Sikri** (S. 333), die von Akbar gegründet, aber bald darauf wieder verlassen wurde.

Dann steht einer der Höhepunkte auf dem Programm: **Agra** (S. 314) mit dem großartigen Taj Mahal (ca.1 1/2 Std. mit dem Bus).

Mit der Bahn geht es von hier über **Gwalior** (S. 435), das eine sehenswerte gewaltige Fes-

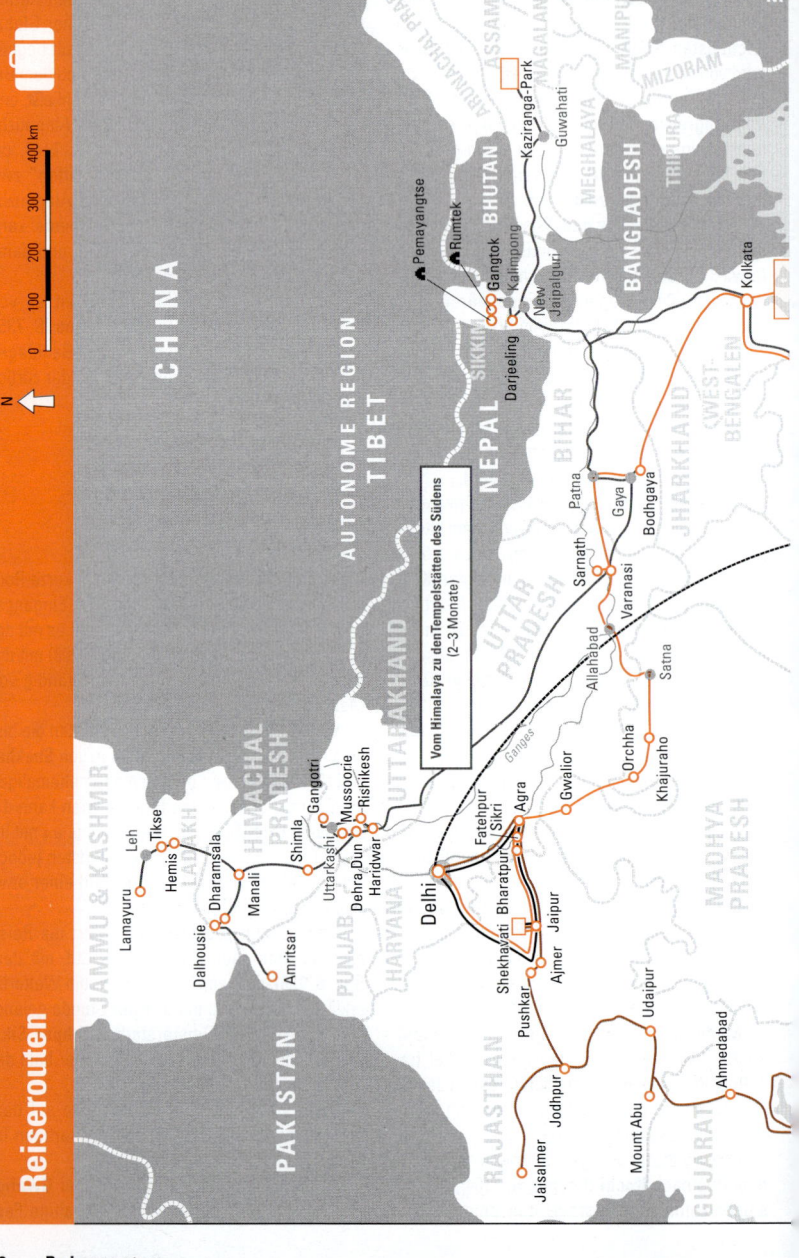

Reiserouten

Reiseziele und Routen

Vom Himalaya zu den Tempelstätten des Südens (2-3 Monate)

Reiseziele und Routen

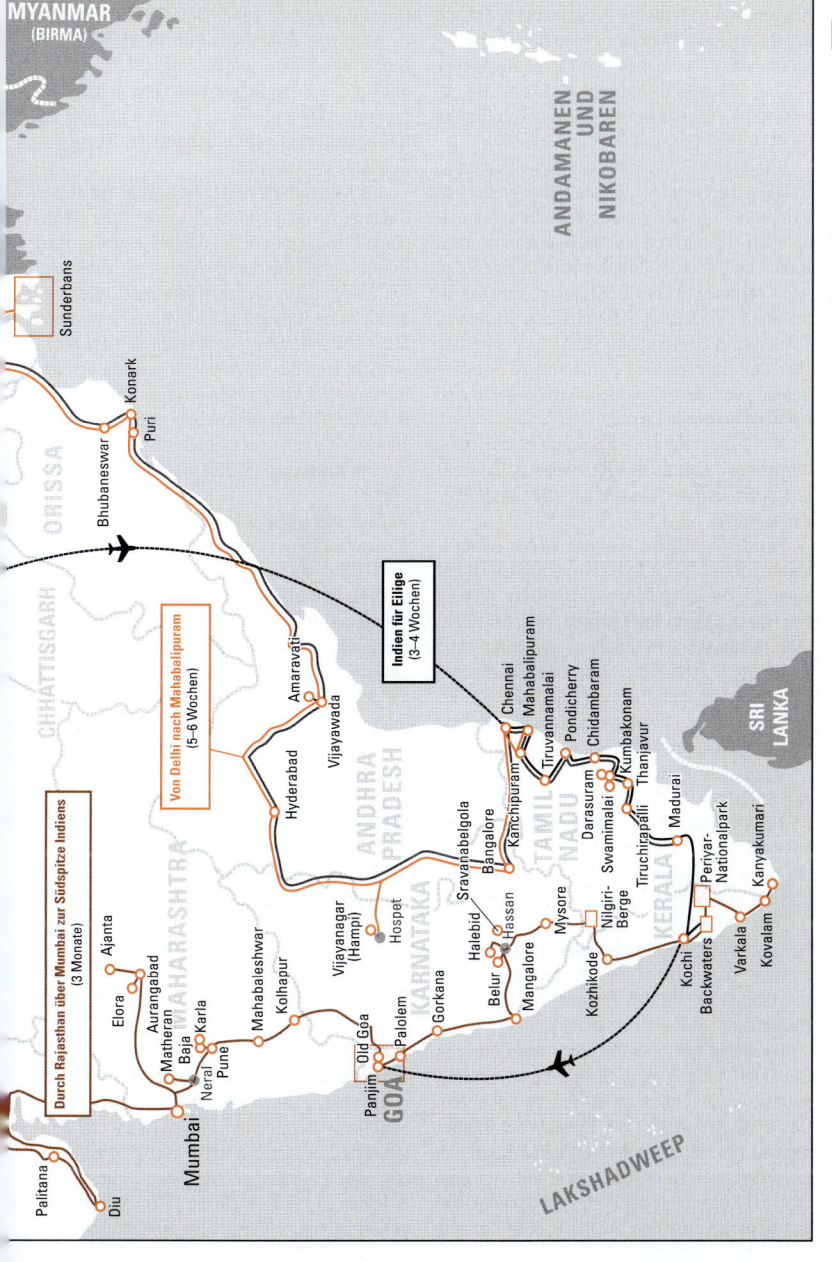

Durch Rajasthan über Mumbai zur Südspitze Indiens (3 Monate)

Von Delhi nach Mahabalipuram (5–6 Wochen)

Indien für Eilige (3–4 Wochen)

MYANMAR (BIRMA)

Sunderbans

ANDAMANEN UND NIKOBAREN

CHHATTISGARH

ORISSA
- Bhubaneswar
- Puri
- Konark

ANDHRA PRADESH
- Amaravati
- Hyderabad
- Vijayawada

TAMIL NADU
- Chennai
- Mahabalipuram
- Tiruvannamalai
- Pondicherry
- Chidambaram
- Kumbakonam
- Kanchipuram
- Darasuram
- Swamimalai
- Thanjavur
- Tiruchirapalli
- Madurai

SRI LANKA

KARNATAKA
- Sravanabelgola
- Bangalore
- Vijayanagar (Hampi)
- Hospet
- Halebid
- Hassan
- Belur
- Mysore
- Mangalore
- Nilgiri-Berge

KERALA
- Kozhikode
- Kochi
- Backwaters
- Varkala
- Kovalam
- Periyar-Nationalpark
- Kanyakumari

MAHARASHTRA
- Ajanta
- Elora
- Aurangabad
- Matheran
- Karla
- Baja
- Neral
- Pune
- Mahabaleshwar
- Kolhapur

GOA
- Panjim
- Old Goa
- Palolem
- Gorkana

Mumbai

Palitana
Diu

LAKSHADWEEP

Reiserouten 43

tungsanlage beherbergt, nach Jhansi (5 Std. mit der Bahn). Bevor man dort in den Bus nach Khajuraho steigt, sollte man den kurzen Abstecher von nur 15 km bis zur kleinen, abseits der Hauptreiserouten liegenden Palastanlage von **Orchha** (S. 441), nicht auslassen.

Khajuraho (5 Std. mit dem Bus von Jhansi, S. 445) gehört nicht nur wegen seiner erotischen Skulpturen zu den sehenswertesten Tempelanlagen Indiens. Von hier gelangt man mit dem Bus nach Satna (5 Std.), wo man in einen Zug nach **Varanasi** (9 Std., S. 351) steigt, eine der ältesten und heiligsten Städte Indiens. Unzählige Tempel und Badetreppen (Ghats) säumen das Ufer des Ganges. Eine Bootsfahrt zu Sonnenaufgang vor der einzigartigen Kulisse sollte sich niemand entgehen lassen.

Nur 8 km entfernt liegt **Sarnath** (S. 365), eine der heiligen Stätten des Buddhismus, hat Buddha doch hier im Gazellenhain seine erste Predigt gehalten.

Patna (S. 862), die Hauptstadt des Bundesstaates Bihar (ca. 5 Std. von Varanasi), ist vor allem als Zwischenstopp von Interesse, da man von hier aus leicht **Bodhgaya** (S. 869), die Hochburg buddhistischen Glaubens, erreichen kann (ca. 5 Std.). Zahlreiche Klöster buddhistischer Länder haben sich hier, wo Buddha seine Erleuchtung erfuhr, niedergelassen und verleihen dem Ort eine tiefreligiöse Note.

Dann rückt **Kolkata** (mit der Bahn ca. 8 Std. von Bodhgaya, S. 806), früher Kalkutta genannt, ins Blickfeld, eine Millionenmetropole, die zwiespältige Gefühle hinterlässt. Für manche ist sie die Hölle auf Erden, andere wiederum verzaubert sie durch ihr reiches kulturelles Schaffen. Um der Menschenmassen zu entgehen, ist ein Bootsausflug in die **Sunderbans** (S. 836) ratsam, das über 200 km breite, von Mangroven gesäumte Mündungsdelta des Ganges, nach wie vor Heimat einer größeren Tigerpopulation.

Die Reise geht nun die Küste des Golfs von Bengalen entlang nach Süden. Kaum ein Reisender wird achtlos an Orissa vorbeifahren. Das erste Ziel ist hier die Tempelstadt **Bhubaneswar** (S. 943) mit ihren herrlichen Bauten in unverwechselbarem regionalem Stil. Auf dem Weg zur Küste führt der Weg am Sonnentempel von **Konark** vorbei (ca. 3 Std., S. 966), der zum Unesco-Welterbe zählt. Nur noch 25 km sind es dann zum Strand von **Puri** (S. 955), ein von Globetrottern gern aufgesuchter Ort mit zahlreichen preiswerten Unterkünften und netten Restaurants. Wer im Sommer kommt, kann hier die Rath Jatra, eines der prachtvollsten Feste des Subkontinents miterleben.

Die Küstenroute zwischen Bhubaneswar und Chennai ist lang und ohne touristische Höhepunkte, sodass es sich anbietet, einen großen Bogen durch das Landesinnere zu schlagen. Am Wege liegt zunächst **Hyderabad** (S. 978), das durch seine Bauwerke, lebendigen Basare und Museen den Umweg rechtfertigt. Von der Küste erreicht man die Stadt am schnellsten von der Handelsstadt **Vijayawada** aus (ca. 5 Std. mit der Bahn, S. 992), von der aus man auch noch einen kleinen Abstecher zu den buddhistischen Relikten von **Amaravati** (S. 993) unternehmen könnte (60 km).

Statt von Hyderabad auf demselben Weg zurückzukehren oder direkt nach Chennai zu fahren (15 Std. mit der Bahn), sollte man einen Zug nach Hospet (ca. 12 Std.) nehmen, um den nahe gelegenen Tempelruinen von **Hampi** (Vijayanagar, S. 1248) einen Besuch abzustatten. Von Hospet geht es weiter nach **Bangalore** (ca. 10 Std. mit dem Hampi-Express, S. 1195), wo sich Hightech und Tradition unmittelbar begegnen. Von Bangalore bestehen gute Anschlüsse nach **Chennai** (5–6 Std., S. 1030).

Nur 60 km südlich von Chennai liegt **Mahabalipuram** (S. 1048), bekannt für seine großartigen Felsreliefs, aber auch seine entspannte Atmosphäre, die es zum überaus beliebten Ziel der Backpacker hat werden lassen.

Route 3: Vom Himalaya zu den Tempelstätten des Südens

■ 2–3 Monate

Die nordöstliche Grenze Indiens wird in fast ihrer gesamten Länge von der Kette des Himalaya begrenzt, unterbrochen nur von Nepal und Bhutan, wodurch sich die Route in zwei Abschnitte teilt, einen westlichen und einen östlichen. Ihr zu folgen und vielleicht in die Täler vorzudringen, gehört zu den schönsten Reiseerlebnissen, die

Indien zu bieten hat. Zu beachten sind allerdings die klimatischen Bedingungen: Während der Monsunzeit (Juni–Sep) empfangen die Berge sintflutartige Niederschläge, und im Winter sind die Hochtäler nicht erreichbar.

Ausgangspunkt der Tour ist die noch im Tiefland liegende Stadt **Amritsar** (S. 580) nahe der pakistanischen Grenze mit ihrem einzigartigen Goldenen Tempel der Sikh-Gemeinde (von Delhi aus 5 1/2 Std. Zugfahrt). In gemäßigten Höhen folgt die kurvenreiche Straße nun den Himalaya-Ausläufern und berührt die „Hill Stations", die ehemaligen Luftkurorte der Engländer, zunächst **Dalhousie** (ca. 7 Std., S. 505), gefolgt von **Dharamsala** (ca. 6 Std., S. 494), das als Exil des Dalai Lama große Anziehungskraft auch für westliche Reisende besitzt. In Mandi, etwa 100 km weiter südlich, zweigt eine Straße nach **Manali** (ca. 10 Std. von Dharamsala, S. 516) ins bezaubernde Kullu-Tal ab. Im Sommer bietet sich von Manali aus auch Gelegenheit zu einem Abstecher nach Ladakh mit seinen zahlreichen buddhistischen Tempeln wie **Tikse** (S. 556), **Hemis** (S. 557) und **Lamayuru** (S. 562) – Busfahrt jeweils 2 Tage – und großartigen Trekkingmöglichkeiten.

Als Nächstes reiht sich **Shimla** (ca. 10 Std. von Manali, S. 486), ehemals Sommerresidenz der Briten und heute ausgesprochen beliebt bei Indern, in die Kette der Hill Stations ein. Den Abschluss bilden **Dehra Dun** (ca. 10 Std. von Shimla, S. 373) und das über 2000 m hoch gelegene **Mussoorie** (ca. 2 Std. von Dehra Dun, S. 377), von wo aus man bereits einen großartigen Blick auf die Sechs- und Siebentausender der Himalaya-Hauptkette werfen kann.

Wer in der richtigen Jahreszeit unterwegs ist, kann über die heilige Stadt **Haridwar**, (7 Bahnstunden von Dehra Dun, S. 381), wo der Ganges aus den Bergen in die Ebene tritt, und **Rishikesh** (S. 385), Zentrum der Meditation, bis zu den Quellen des heiligen Stroms in über 4000 m vordringen, so etwa von **Gangotri** (S. 391) aus, das noch mit dem Bus erreichbar ist (von Rishikesh in 12 Std. bzw. Uttarkashi in ca. 6 Std) Von hier steigt man in zwei Tagen zu Fuß steil bergauf zum „Kuhmaul", einem Gletschertor, aus dem ein Arm des Ganges seinen Weg ins Tiefland antritt.

Ins Tiefland zurückgekehrt hat man gute Verbindungen von Haridwar aus nach **Varanasi**, der heiligsten Stadt am Ganges (S. 351). Nach dem sehr empfehlenswerten Besuch der buddhistischen Klöster von **Bodhgaya** (S. 869, siehe auch Route 2) hat man Gelegenheit, sich wieder dem Himalaya zu nähern. Dazu fährt man nach Patna, steigt in den Zug nach New Jaipalguri (8 Std.) und fährt von dort mit dem Bus (ca. 5 Std. oder 8 Std. mit dem unter Denkmalschutz stehenden, allerdings sehr unbequemen „Toy Train") nach **Darjeeling** (S. 845) hinauf, berühmt für seine ausgezeichneten Tees und die fast zum Greifen nahe Kette des Kanchenjunga-Massivs. Überdies ist Darjeeling eine ideale Region für Trekkingtouren.

Von Darjeeling geht es nordwärts in den Bundesstaat Sikkim. Man kann direkt mit dem Jeep-Taxi über Kalimpong nach **Gangtok** (S. 880) fahren (ca. 4 Std.). In der Stadt lassen sich verschiedene gute Trekkingtouren organisieren. Außerdem kann man von hier aus einige der vielen Klöster Sikkims besuchen, darunter **Rumtek** (S. 887), ein Zentrum der tibetischen Schwarzhut-Schule, und **Pemayangtse** (S. 891) hoch über dem Fluss Rangit.

Die Himalayas setzen sich noch weiter Richtung Osten fort, sind hier aus politischen Gründen teilweise aber nur mit Sondergenehmigung zu bereisen, insbesondere die sich nach Südosten hin anschließenden so genannten **Northeast Hill States**. Sie sind dank ihrer Völkervielfalt und der teilweise großartigen Landschaften ein lohnendes Ziel. Einige sind für Touristen völlig geschlossen, andere nur mit einem teuren Permit oder im Rahmen einer Gruppenreise zugänglich. Einigermaßen problemlos kann man den **Kaziranga-Park** (S. 907) zu Füßen der Himalaya-Ausläufer im Bundesstaat Assam besuchen, in dem die bedrohten Panzernashörner ein geschütztes, aber dennoch von Wilderern bedrohtes Refugium haben. Man sollte sich zuvor über die aktuelle Sicherheitslage in Assam informieren. Zunächst geht es von New Jaipalguri nach Guwahati, der Hauptstadt Assams (am einfachsten mit dem Kanchenjunga Express, ca. 10 Std.). Von Guwahati erreicht man den Park in ca. 6 Std. mit dem Bus.

Um die Reise Richtung Südindien fortzusetzen, führt der Weg zwangsläufig über **Kolkata** (S. 806, von Guwahati mit dem Kamrup Express, ca. 24 Std.) und anschließend, wie unter Route 2 beschrieben, über Orissa nach Chennnai und in das bei Globetrottern und Kunstliebhabern gleichermaßen beliebte **Mahabalipuram** (2 Std., S. 1048) mit seinen einzigartigen Felstempeln und dem gewaltigen Relief „Erdenfahrt des Ganges". Ein breiter Sandstrand, gute Hotels und gemütliche Dachrestaurants nach westlichem Geschmack runden das Bild ab und lassen so manchen länger verweilen als geplant.

Ab hier folgt die Reise der Route 1 über die Tempelstädte **Kanchipuram** und **Tiruvannamalai**, die ehemalige französische Enklave **Pondicherry**, das Zentrum der Shiva-Verehrung **Chidambaram**, **Kumbakonam** mit dem Nageshwara Swami-Tempel, die alte Hauptstadt des Chola-Reichs **Thanjavur** und **Tiruchirapalli**, kurz Trichy genannt, nach **Madurai** (S. 1089), der Königin unter den Tempelstädten Südindiens. Sie ist der Endpunkt dieser Route. Vor allem der abendliche Besuch des Sri Meenakshi-Tempels dürfte für jeden zum unvergesslichen Erlebnis werden.

Route 4: Durch Rajasthan über Mumbai zur Südspitze Indiens

- 3 Monate

Die Reise beginnt in Delhi mit der Fahrt nach **Agra** (2 Std. mit der Bahn, S. 314) zum wohl berühmtesten Bauwerk der Welt, dem Taj Mahal. Nur 1 1/2 Stunden benötigt der Bus von Agra nach **Fatehpur Sikri**, der schon lange verlassenen, vorzüglich restaurierten einstigen Residenz Kaiser Akbars aus dem 16. Jh.

Der Weg führt anschließend nach **Jaipur** und in die bislang relativ wenig besuchte Region von **Shekhavati** (siehe Route 2). Als nächster Stopp von Jaipur aus entlang der Hauptbahnlinie empfiehlt sich **Ajmer** (S. 245), eines der Zentren des Islam in Nordindien (ca. 2 Std. mit der Bahn). Von hier ist es nur ein Katzensprung (45 Busminuten) nach **Pushkar** (S. 250), berühmt nicht nur für den Kamelmarkt im November. Die autofreie, sich um einen heiligen See gruppierende Ortschaft ist eines der beliebtesten Ziele der Backpacker auf dem Subkontinent überhaupt.

Von Pushkar aus gibt es Busverbindungen (ca. 9 Std.) zu der sich wie eine Fata Morgana aus der Wüste Thar erhebenden Festungsstadt **Jaisalmer** (S 267). Nach der obligatorischen längeren oder kürzeren Kamelsafari steht **Jodhpur** (S. 257, Bahn oder Bus jeweils ca. 6 Std.), eine lebendige, von einer mächtigen Festung beherrschte Großstadt, auf dem Programm.

Einen längeren Aufenthalt lohnt das zauberhaft an einem See gelegene **Udaipur** (S. 286, ca. 5 1/2 Std. mit dem Bus von Jodhpur) mit seinem "schwimmenden" Palasthotel und der verschwenderischen Residenz des Maharana von Mewar. Auch zu den herrlichen Tempeln in der Umgebung wie Ranakpur und Nagda sollte man einen Ausflug machen, um dann die Reise nach **Mt. Abu** fortzusetzen (5 Busstunden, S. 300). Hier wartet mit dem Dilawara-Tempel nicht nur ein exquisites Jain-Heiligtum auf Besucher, die Höhenlage von 1200 m bringt auch wohltuende Erfrischung von der Hitze der Ebenen.

In Reichweite liegt **Ahmedabad** (S. 595, mit dem Bus von Mt. Abu ca. 6 1/2 Std., mit der Bahn von Abu Road ca. 4 1/2–6 Std.), eine vom Smog geplagte, aber mit ihren zahlreichen islamischen Bauwerken dennoch faszinierende Millionenstadt.

Von hier aus führt der Weg nach Süden zur Kleinstadt **Palitana** (5 Std. von Ahmedabad und 1 1/2 Std. von Bhavnagar, S. 639), an deren Rand der den Jains heilige Berg von Shatrunjaya mit hunderten von Tempeln liegt.

An der Küste lockt die vorgelagerte Insel **Diu** (5 Std. von Bhavnagar, S. 630), nicht nur wegen des preiswerten Alkohols (in Gujarat herrscht ansonsten Alkoholverbot!), sondern auch wegen der schönen Strände.

Von Diu gibt es direkte Deluxe-Busverbindungen (ca. 23 Std.) zur Wirtschafts- und Filmmetropole **Mumbai**, besser bekannt unter dem alten Namen Bombay (S. 649). Weiter geht es nach **Aurangabad** (ca. 10–12 Std., S. 695), Ausgangspunkt für den Besuch der einzigartigen Höhlentempel von **Ellora** (30 km, S. 703) und **Ajanta** (ca. 110 km, S. 709) aus der Frühzeit des Buddhismus.

Statt nun direkt die verlockenden Strände von Goa anzusteuern, empfiehlt sich eine kleine Reise durch den wenig besuchten Süden Maharashtras, obwohl man dazu wieder ein Stück zurück in Richtung Mumbai fahren muss. Zunächst geht es mit dem Bus nach **Pune** (ca. 5 Std. von Aurangabad, S. 724), bekannt durch seinen Ashram der Osho-Gemeinde. In rund 1 1/2 Std. kann man von hier mit einem der vielen Züge Richtung Mumbai bis Lonavala fahren und von dort den faszinierenden Höhlen von **Karla** (11 km, S. 721) und **Bhaja** (3 km von den Karla-Höhlen, S. 721) einen Besuch abstatten. Noch ein Stück weiter Richtung Mumbai (1 1/2 Std. von Lonavala) erreicht man mit dem Zug die kleine Station Neral, von wo Anschluss an die Schmalspurbahn nach **Matheran** besteht (ca. 2 Std., S. 717). Von diesem 800 m hoch in den Sahyadri-Bergen gelegenen Ort lassen sich herrliche Wanderungen mit spektakulären Fernsichten unternehmen.

Nun geht es direkt weiter nach Süden über Pune (am besten mit dem Zug) und von dort mit dem Bus (ca. 4 Std.) nach **Mahabaleshwar** (S. 731), einer weiteren Hill Station in 1300 m Höhe, wo es sich herrlich ausspannen lässt. **Kolhapur** (ca. 7 Busstunden, S. 733) mit seinem hübschen alten Mahalakshmi-Tempel empfiehlt sich als Stopover auf dem Weg zu den Stränden des Südens. In weiteren acht Stunden ist Goa erreicht, *das* Urlaubsziel am Indischen Ozean.

Erster Anlaufpunkt und Einfallstor nach Goa ist die Stadt **Panjim** (S. 741), die sich auch gut als Standort für den Besuch von **Old Goa**, der ehemals portugiesischen Metropole, eignet (30 Min. mit dem Bus). Nach ein paar erholsamen Tagen am traumhaften Strand von **Palolem** (S. 794) geht die Fahrt weiter auf der landschaftlich besonders schönen Küstenstraße NH 17 über **Gokarna** (S. 1241, ca. 3 Std.) mit ebenfalls herrlichem Strand nach **Mangalore** (ca. 6–7 Std.; S. 1233), das vor allem als Verkehrsknotenpunkt von Bedeutung ist. Statt weiter die Küste hinunter zu fahren, sollte man von hier den Bogen ins Landesinnere nach Hassan (ca. 4 Std. von Mangalore) schlagen, Ausgangspunkt für den Besuch der berühmten Tempelanlagen von **Belur** (S. 1226) und **Halebid** (S. 1225) sowie **Sravanabelgola** (S. 1227) mit seiner riesigen Jain-Statue.

Von Hassan erreicht man problemlos **Mysore** (S. 1210), das einen großartigen Maharadschapalast beherbergt (ca. 3 Std. mit der Bahn).

Der südlich angrenzende Bundesstaat Kerala gehört zu den sehenswertesten Regionen Südindiens. Eines der Highlights sind die bis auf über 1000 m ansteigenden, sich über die Grenze in den Bundesstaat Tamil Nadu ausdehnenden **Nilgiri-Berge** (ca. 5 Std. von Mysore nach Ootacamund) mit ihren Teeplantagen und dichten Wäldern.

Von hier geht es wieder hinab zur Küste nach **Kozhikode** (S. 1184), das alte Calicut, wo Vasco da Gama 1498 erstmals indischen Boden betrat. Leider hat die Stadt ihren alten Charme längst eingebüßt. Ganz anders **Kochi** (S. 1164), ehemals Cochin (ca. 6 Std. mit der Bahn Richtung Süden), das eine einzigartige Mischung keralischer Kultur bietet. Südlich der Stadt beginnt das faszinierende Labyrinth der **Backwaters**, das sich dem Besucher erst auf dem Wasserweg erschließt (vgl. Route 1).

In Kottayam sollte man die Küste verlassen, um dem in den Bergen liegenden **Periyar Wildlife Sanctuary** (S. 1157) mit seinen wilden Elefanten einen Besuch abzustatten (ca. 4 Std.). Zurück zur Küste kann man den Weg nach Kollam (ca. 6 Std.) finden. Nun ist wieder Badeurlaub angesagt, am besten in **Varkala** (S. 1136), ein Stück südlich von Kollam (ca. 45 Min. mit der Bahn), obwohl hier die Strömungen sehr gefährlich sind. Weitaus bekannter, aber vom Massentourismus geprägt, ist **Kovalam** (S. 1129), etwa 70 km weiter südlich vor den Toren der Metropole Trivandrum, die selbst wenig zu bieten hat.

Von hier ist das Ziel **Kanyakumari** (S. 1102), die Südspitze Indiens (Cape Comorin), nur noch einen Katzensprung entfernt: Nur zwei Stunden benötigt der Zug von Trivandrum.

Klima und Reisezeiten

Bei der Planung einer Indienreise ist es wichtig, die sehr unterschiedlichen klimatischen Bedingungen zu berücksichtigen. Das Wetter auf dem Subkontinent wird in erster Linie von der Regenzeit, dem **Monsun**, bestimmt. Die Regenfälle setzen Ende Mai an der Küste von Kerala im Südwesten der indischen Halbinsel ein und ziehen während der folgenden anderthalb Monate in nordöstlicher Richtung über das Land.

In der Regenzeit wird die Hitze durch ergiebige, in mehr oder weniger regelmäßigen Abständen niedergehende Wolkenbrüche gemildert, und ab und zu dringen Sonnenstrahlen durch die Wolkendecke, doch insgesamt herrscht eine drückend hohe Luftfeuchtigkeit. Insbesondere in den Dschungelregionen im Nordwesten und im bengalischen Tiefland kann es in dieser Zeit zu verheerenden **Überschwemmungen** kommen, und am Fuße des Himalaya sind **Erdrutsche** dann keine Seltenheit.

Anfang, Mitte September ist der Norden überwiegend regenfrei, aber es vergehen noch weitere zwei Monate, bis auch über dem südlichen Dekkan und Kerala alle Wolken abgezogen sind. Die Ostküste von Andhra Pradesh und Tamil Nadu sowie der Südzipfel von Kerala erleben zwischen Oktober und Dezember aufgrund des Nordwest-Monsuns noch eine zweite Regenzeit. Im Dezember jedoch ist der Himmel über dem Subkontinent überwiegend klar und die Temperaturen sind relativ erträglich.

Wenn es langsam Frühling wird, heizt sich das Zentrum des Landes erneut auf, und gegen Ende März liegen die Durchschnittstemperaturen im Gangesdelta und auf dem Dekkan-Plateau bei 33 °C. Am heißesten wird es im Mai und Anfang Juni. Die **beste Reisezeit** für den überwiegenden Teil des Landes ist daher die kühle, trockene Jahreszeit zwischen November und März. In Delhi, Agra, Varanasi, Rajasthan und Madhya Pradesh herrscht dann ein sehr angenehmes Klima. Von Ende März an kann ein Abstecher in das Himalaya-Gebiet in Erwägung gezogen werden; die **beste Trekking-Zeit** ist im August und September, wenn der übrige Subkontinent im Regen versinkt.

Klima und Reisezeiten

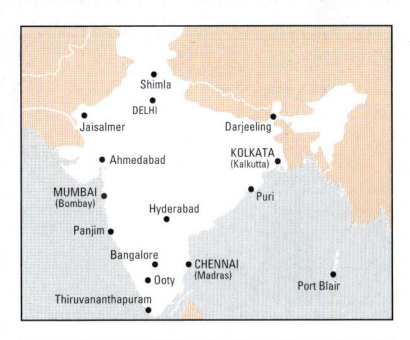

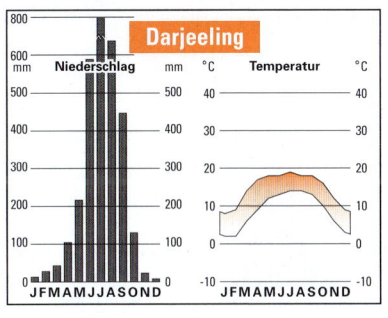

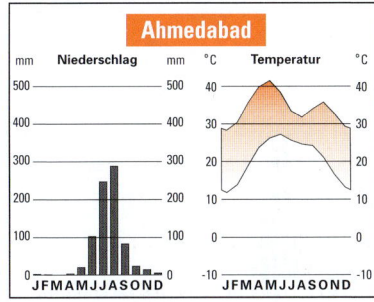

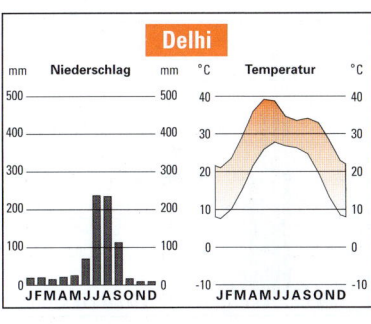

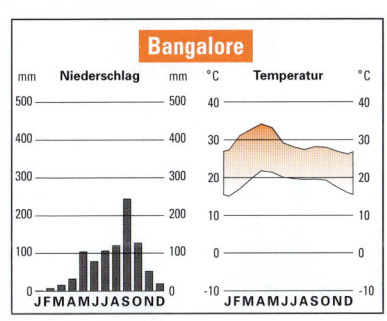

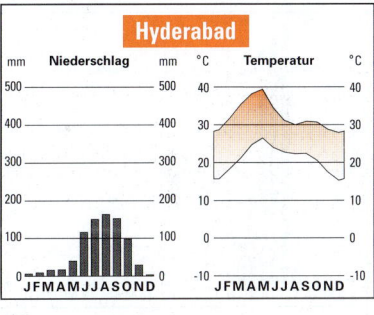

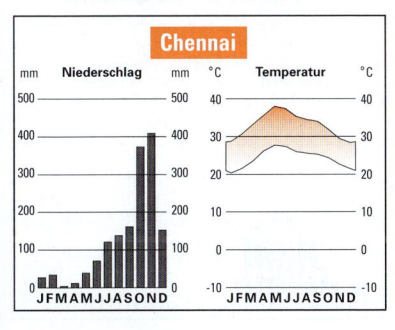

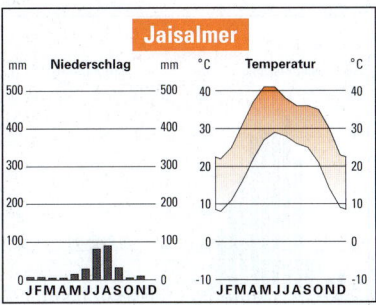

Reiseziele und Routen

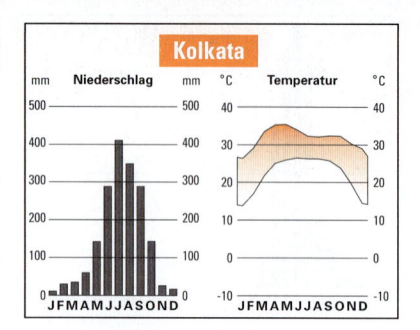

Klima und Reisezeiten

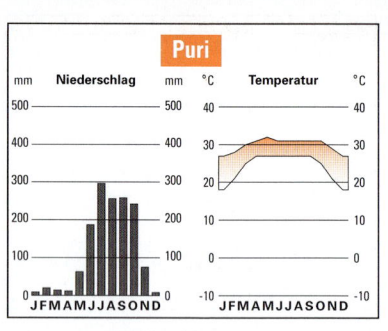

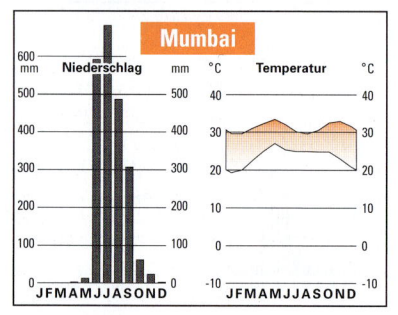

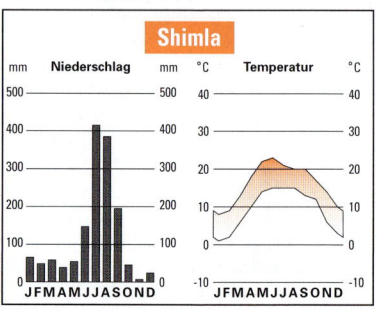

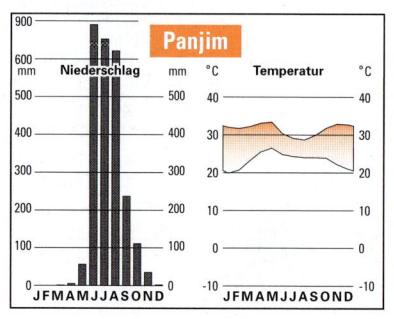

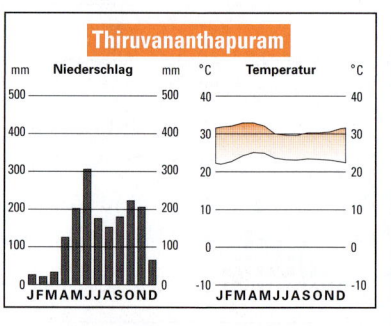

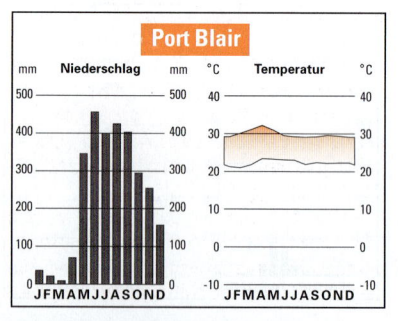

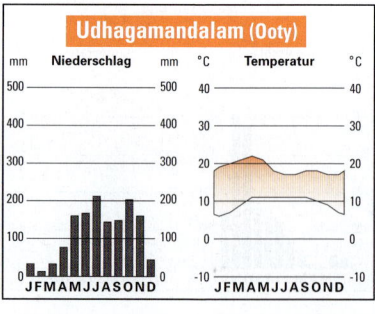

Kolkata
Niederschlag (mm) / Temperatur (°C) — monatlich J F M A M J J A S O N D

Puri
Niederschlag (mm) / Temperatur (°C) — monatlich J F M A M J J A S O N D

Mumbai
Niederschlag (mm) / Temperatur (°C) — monatlich J F M A M J J A S O N D

Shimla
Niederschlag (mm) / Temperatur (°C) — monatlich J F M A M J J A S O N D

Panjim
Niederschlag (mm) / Temperatur (°C) — monatlich J F M A M J J A S O N D

Thiruvananthapuram
Niederschlag (mm) / Temperatur (°C) — monatlich J F M A M J J A S O N D

Port Blair
Niederschlag (mm) / Temperatur (°C) — monatlich J F M A M J J A S O N D

Udhagamandalam (Ooty)
Niederschlag (mm) / Temperatur (°C) — monatlich J F M A M J J A S O N D

Reiseziele und Routen

Reisekosten

Für westliche Besucher ist Indien immer noch eines der billigsten Reiseländer der Welt. Mit wenig ausländischer Währung kommt man oft sehr weit. Das bedeutet, dass man fast immer etwas Anständiges für sein Geld kriegt, egal ob man sehr sparsam oder eher luxuriös reist.

Wir geben zwar ungefähre Beträge an, mit denen gerechnet werden muss, aber man sollte nicht schon zu Beginn einer langen Reise die strenge Vorgabe haben, dass das mitgebrachte Geld eine bestimmte Anzahl von Wochen oder Monaten reichen muss. Es ist zwar möglich, tagelang sehr wenig auszugeben, aber wer sich über einen längeren Zeitraum nicht angemessen ernährt und ausruht, tut sich keinen Gefallen.

Für Ausländer liegen die Eintrittspreise zu Museen und historischen Sehenswürdigkeiten in Indien höher aus für Einheimische (s. Kasten), ebenso zahlen sie in exklusiven Hotels und für Flugtickets mehr und in Dollar.

Das zu veranschlagende **Tagesbudget** hängt natürlich davon ab, wo man hinfährt, wo man absteigt, wie man herumkommt, was man isst und einkauft. Mit ca. 10 € (Rs500) pro Tag kommt hin, wer in lokalen *dhabas* isst und nicht viel umherreist. Die meisten Rucksackreisenden geben heutzutage aber mindestens das Doppelte aus. Rs1000 pro Tag reichen für ein relativ komfortables Hotel der mittleren Preisklasse, Mahlzeiten in kleineren Restaurants, Rikscha- oder Taxifahrten und Eintrittsgelder für Sehenswürdigkeiten. Wer ein Budget von ca. 40 € (Rs2000) pro Tag zur Verfügung hat, kann in noblen Hotels absteigen, in vornehmen Restaurants speisen und im Zug in der 1. Klasse sitzen. Wenn es von allem nur das Beste sein soll, kann man eine Menge Geld loswerden, zumal sich inzwischen zahlreiche Hotels finden, die US$500 pro Nacht oder manchmal noch weit mehr verlangen.

Allerdings gibt es immer noch sehr preiswerte Budgetunterkünfte. Ein billiges DZ kostet normalerweise ab Rs250 (5 Euro) pro Nacht, ein einfaches vegetarisches Essen in einem durchschnittlichen Restaurant in der Regel nicht mehr als Rs100. Reisen über lange Entfernungen erfreuen durch ein phänomenal gutes Preis-Leistungs-Verhältnis, solange man sich an staatliche Busse und die normale 2. Klasse der nicht klimatisierten Züge hält. Es wird aber schnell teurer, wenn man sich z. B. für die AC-Klasse in einem Intercity entscheidet. So liegt beispielsweise der Preis für die 200 km lange Strecke von Delhi nach Agra irgendwo zwischen Rs79 (1,80 €) in der 2. Klasse ohne Reservierung und bis zu Rs756 (16 €) in der 1. Klasse mit AC.

Es macht auch einen Unterschied, wo man sich aufhält: Mumbai ist für teure Unterkünfte bekannt, während an den Stränden von Goa die starke Konkurrenz die Übernachtungspreise

---

ASI-Eintrittsgebühren

Der Archeological Survey of India (ASI), der viele von Indiens renommiertesten Denkmälern verwaltet, hat in allen seinen Sehenswürdigkeiten ein zweigleisiges Eintrittspreissystem eingeführt, bei dem ausländische Besucher, inklusive nicht im Land lebende Inder, mehr (manchmal viel mehr) bezahlen müssen als indische Bürger. Zur Zeit der Recherche war es noch möglich, entweder in Dollar oder in Rupien zu bezahlen, aber offenbar wird der ASI bald nur noch Rupien annehmen.

Was kostet wie viel?

(Wechselkurs: 1 € = Rs 60)

Getränke
1 l Wasser	ca. 0,20 €
1 kl. Flasche Coca Cola	0,20 €
1 Flasche Bier (0,65 l)	1–1,65 €
1 Tasse Tee	0,10 €

Mahlzeiten
Einheimisches Frühstück	um 0,50 €
Einheimisches Mittagessen	um 0,50 €
Abendessen a) einfach	um 0,50 €
b) teuer	um 10 €

Unterkunft
Billigunterkunft DZ mit Gemeinschaftsbad	3,50 €
Mittelklassehotel DZ mit Privatbad	ab 7–10 €
Gehobener Standard DZ	ab 30 €
Luxusklasse	ab 100 €

Unterwegs
Fernbus, 100 km	ab 1,50 €
Kleiner Mietwagen pro Tag, inklusive Fahrer	40 €
Motor-Rikscha	ab 0,50 €
1 l Diesel/Normal/Superbenzin	0,60/0,65/0,70 €
Leihfahrrad pro Tag	0,20–0,80 €

Sonstiges
Eintritt große Museen	4 €
1 Std. Internet (Mumbai)	0,30–1 €
Ferngespräch nach Deutschland pro Min.	0,10 €
Ortsgespräch	0,05 €
Handygespräch landesweit pro Min.	ab 0,10 €

niedrig hält. Doch was bei der Unterkunft eingespart wird, muss vielleicht beim Essen wieder ausgegeben werden, denn das ist in den Travellercafés der Touristenorte meistens teurer als in den *dhabas*. In der tiefsten Provinz – und fern von anderen Touristen – wird man die Preise hingegen oft unglaublich niedrig finden, dafür ist das Angebot natürlich sehr begrenzt.

Einige Individualreisende haben ihre helle Freude daran, eine geradezu wettbewerbsmäßige Pfennigfuchserei zu betreiben, was Inder eher abstoßend finden (sie wissen, wie viel ein Flugticket nach Delhi kostet und haben eine ungefähre Vorstellung davon, wie viel ein Europäer verdient). Man sollte zwar, wo angebracht, feilschen, aber niemandem ein paar hart erarbeitete Rupien missgönnen, sondern bedenken, wie viel man für die gleiche Leistung zu Hause zahlen müsste und wie viel wertvoller das Geld für diese Person als für einen selbst ist. Selbst wenn man bei jeder Rikschafahrt den Höchstpreis zahlt, wird es die Ausgaben für die Reise nur minimal erhöhen. Andererseits sollte man nicht übertrieben viel für etwas zahlen, dessen üblichen Preis man kennt. Gedankenlose Verschwendung kann vor allem in abgeschiedenen Gebieten, die von unverhältnismäßig vielen Touristen aufgesucht werden, zur Inflation beitragen und so selbst Grundnahrungsmittel und -dienstleistungen für die Einheimischen unerschwinglich machen.

Traveltipps

Anreise S. 54
Botschaften und Konsulate S. 54
Einkaufen S. 56
Elektrizität S. 59
Essen und Trinken S. 59
Feste und Feiertage S. 66
Fotografieren S. 67
Frauen unterwegs S. 67
Geld S. 70
Gepäck S. 72
Gesundheit S. 74
Informationen S. 78
Internet und E-Mail S. 80
Kinder S. 80

Medien S. 81
Post S. 82
Reisende mit Behinderungen S. 83
Schwule und Lesben S. 83
Sicherheit S. 84
Sport S. 86
Telefon S. 87
Transport S. 88
Übernachtung S. 97
Verhaltenstipps S. 101
Versicherungen S. 103
Visa S. 105
Zeitverschiebung S. 106
Zoll S. 106

Anreise

Da die meisten Landrouten nach Indien durch krisenanfällige Gebiete führen oder an geschlossenen Grenzübergängen enden (der Weg über Nepal ausgenommen), reist die Mehrzahl der Touristen mit dem Flugzeug an.

Direktflüge aus Europa führen in der Regel nach Delhi oder Mumbai (Bombay), aber auch Kolkata, Chennai und Bangalore werden angeflogen. Die reine Flugzeit von Deutschland beträgt etwa acht Stunden. Tickets kosten zwischen 550 und 1200 €. Wer Geld sparen möchte, sollte einen Flug mit Umsteigen wählen: Es gibt mehrere Flüge über europäische Städte oder die Golfstaaten.

In jedem Fall sollte man sich vor dem Kauf eines Tickets umhören, denn die Preise unterscheiden sich mitunter erheblich.

Lufthansa, 🖳 www.lufthansa.de. fliegt täglich von Frankfurt und München nach **Delhi** und **Mumbai** sowie 3x wöchentlich ab Frankfurt direkt nach **Kolkata**. Air India, 🖳 www.airindia.com, fliegt täglich von Frankfurt nach Mumbai. British Airways, 🖳 www.britishairways.com, startet jeden Tag von London nach Delhi und Mumbai, Air France, 🖳 www.airfrance.de, täglich von Paris und Austrian Airlines, 🖳 www.austrianairlines.co.at, fünfmal wöchentlich von Wien.

Darüber hinaus fliegt Lufthansa täglich von Frankfurt und British Airways zweimal wöchentlich von London nach **Chennai** (ab 780 €). Direktflüge nach **Bangalore** mit Lufthansa ab Frankfurt (6x wöchentl.) sind um einiges teurer (ab 830 €). Günstiger ist es über London mit Umsteigen in Delhi oder Mumbai. Teuer sind auch die Direktflüge mit Condor, 🖳 www.condor.de, von München nach **Goa** (nur in der Hochsaison). Emirates, 🖳 www.emirates.com, bietet gute Verbindungen ab Dubai nach **Trivandrum**, **Kochi**, Chennai und Bangalore.

Normalerweise ist die Geltungsdauer von Billigtickets auf zwölf Monate begrenzt. Für die Umbuchung des Rückflugs müssen mindestens 150 € bezahlt werden. Dennoch sollte man keine *open date tickets* kaufen, da zu manchen Zeiten Flüge von und nach Indien Monate im Voraus ausgebucht sind.

> **Flüge online buchen**
>
> Um Flüge online zu buchen, muss man kein Reiseexperte sein. Allerdings ist die Zahl der Anbieter kaum noch zu überschauen. In Tests gut abgeschnitten haben:
>
> 🖳 www.weg.de
> 🖳 www.opodo.de
> 🖳 www.travelchannel.de
> 🖳 www.expedia.de
> 🖳 www.flyloco.de
> 🖳 www.kayak.com

Botschaften und Konsulate

Indische Vertretungen im Ausland

Bangladesh
House No. 2, Road No. 142
Gulshan-1, Dhaka
📞 02/988 9339,
🖳 www.hcidhaka.org
Konsulat:
House no. 2, B-@, Road No. 1
Kulshi, Chittagong, 📞 031/654148

Bhutan
India House Estate, Thimphu
📞 09752/22162,
✉ loplg@druknet.net.bt

China
Ri Tan Dong Lu, Beijing
📞 01/65321908,
🖳 www.indianembassy.org.cn
Konsulat:
1008, Shanghai International Trade Centre
2201 Yan An Xi Lu (West) Rd, Shanghai
📞 021/62758885,
🖳 www.indianembassy.org.cn

Deutschland
Tiergartenstr. 17, 10785 Berlin
📞 030/257950, 📠 25795102
✉ dcm@indianembassy.de

Weniger fliegen – länger bleiben! Reisen und Klimawandel

Der Klimawandel ist vielleicht das dringlichste Thema, mit dem wir uns in Zukunft befassen müssen. Wer reist, erzeugt auch CO_2: Der Flugverkehr trägt mit einem Anteil von bis zu 10 % zur globalen Erwärmung bei.

Wir sehen das Reisen dennoch als Bereicherung: Es verbindet Menschen und Kulturen und kann einen wichtigen Beitrag für die wirtschaftliche Entwicklung eines Landes leisten. Reisen bringt aber auch eine Verantwortung mit sich. Dazu gehört darüber nachzudenken, wie oft wir fliegen und was wir tun können, um die Umweltschäden auszugleichen, die wir mit unseren Reisen verursachen.

Wir können insgesamt weniger reisen – oder weniger fliegen und länger bleiben, den Zug nehmen (wenn es einen gibt), Nachtflüge meiden (da sie mehr Schaden verursachen). Und wir können einen Beitrag an ein Ausgleichsprogramm wie 🖥 **www.atmosfair.de** leisten. Dabei ermittelt ein Emissionsrechner, wie viel CO_2 der Flug produziert und was es kostet, eine vergleichbare Menge Klimagase einzusparen. Mit dem Betrag werden Projekte in Entwicklungsländern unterstützt, die den Ausstoß von Klimagasen verringern helfen.

nachdenken • klimabewusst reisen
atmosfair

🖥 www.indianembassy.de
🕐 Mo–Fr 9–13, 13.30–17.30
Generalkonsulate:
Friedrich-Ebert-Anlage 26, 60325 Frankfurt
📞 069/1530050, 📠 554125,
✉ consulgeneral@cgifrankfurt.de
🖥 www.cgifrankfurt.de
Graumannsweg 57, 20487 Hamburg
📞 040/338036, 📠 323757,
✉ cgihh@aol.com
Widenmayer Str. 15, 80538 München
📞 089/2102390, 📠 21023970
✉ cgimun02@t-online.de

Nepal
336 Kapurdhara Marg, Kathmandu
📞 01/4410900,
🖥 www.south-asia.com/embassy-india

Österreich
Kärntner Ring 2, 1015 Wien
📞 01/5058666, -69, 📠 5059219
✉ indemb@eoivien.vienna.at
🖥 www.indianembassy.at
Konsulat:
Opernring 1, 1010 Wien
📞 01/5850795, 📠 5850805

Pakistan
High Commission:
G-5, Diplomatic Enclave, Islamabad
📞 051/814371
Konsulat:
3 Fatima Jinnah Rd, Karachi
📞 021/522275

Schweiz
Kirchenfeldstr. 28, 3005 Bern 6
📞 031/3511110, 📠 3511557
✉ india@spectraweb.ch,
🖥 www.indembassybern.ch
Konsulat:
Rue du Valais 9, 1202 Genève
📞 022/9068686, 📠 9068696
Sonnenbergstrasse 50, 8032 Zürich
📞 043/3443214, 📠 3443211
✉ jhmakwana@makwana.com

Sri Lanka
High Commission:
36-38 Galle Rd, Colombo 3
📞 011/232 7587,
🖥 www.hcicolombo.org
Konsulat:
31 Rajapihilla Mawatha, Kandy
📞 081/2224563

Thailand
46 Soi 23, Sukhumvit Rd, Bangkok 10110
📞 02/2580300
🖥 www.indianembassy.gov.in/bangkok
Konsulat:
113 Bumruangrat Rd, Chiang Mai 50000
📞 053/243066

Diplomatische Vertretungen in Indien

Deutschland
6/50-G Shanti Path, Chanakyapuri,
New Delhi 11 00 21
☎ 011/44199199, 📠 26873117
✉ info@new-delhi.diplo.de,
🖥 www.new-delhi.diplo.de
Generalkonsulate:
Hoechst House, 10th floor, Nariman Point
193 Backbay Reclamation, Mumbai 400 021
☎ 022/22832422, 📠 22025493
✉ info@mumbai.diplo.de,
🖥 www.mumbai.diplo.de
Boat Club Road 9, Chennai
☎ 044/24301600, 📠 24349293
✉ info@germanconsulatechennai.org,
🖥 www.chennai.diplo.de
1 Hastings Park Rd, Alipore, Kalkutta
☎ 033/24791141, 📠 24793028
✉ gerconsu@vsnl.com,
🖥 www.kalkutta.diplo.de

Österreich
EP-13, Chandra Gupta Marg
Chanakyapuri, New Delhi 110 021
☎ 011/24192700, 📠 26889170
✉ new-delhi-ob@bmaa.gv.at
🖥 www.aussenministerium.at/newdelhi
Konsulate (ohne Passbefugnis):
26 Maker Chambers VI
Nariman Point, Mumbai 400021
☎ 022/22874758,
✉ tamara_valladares@jasubhai.com
Salgaocar House, Dr. F. Louis Gomes Rd
Vasco da Gama, Goa 403 802
☎ 0832/2513816, ✉ auscom@sancharnet.in
115 Mahatma Gandhi Salai, Chennai 600 034
☎ 044/28334501,
✉ auscon_chen@yahoo.co.in
Industry House, 12th Floor
10 Carnac St, Kolkata 700017
☎ 033/22835660
✉ ausconkol@manjushreeinfotech.com

Schweiz
Nyaya Marg, Chanakyapuri, New Delhi 110 021
☎ 011/26878372, 📠 26870652
✉ ndh.visa@eda.admin.ch,
🖥 www.eda.admin.ch/newdelhi
Generalkonsulat:
102 Maker Chambers IV, 10th Floor
222 Jamnalal Bajaj Marg, Nariman Point,
Mumbai 400 021
☎ 022/228845-63 bis -65, 📠 228845-66
✉ vertretung@mum.rep.admin.ch
🖥 www.eda.admin.ch/mumbai

Einkaufen

In Indien findet man so viele schöne, exotische Souvenirs, dass man manchmal gar nicht weiß, was man zuerst kaufen soll. Auch sind viele Dinge hier wesentlich günstiger als zu Hause (etwa maßgeschneiderte Kleidung). Also: Das Gepäck wird bestimmt schwerer – es sei denn, man schickt etwas per Post nach Hause.

Wo einkaufen?

In Indien wimmelt es von etwas aufdringlichen **Straßenhändlern** (meist Kinder). Wer kein Interesse hat, sollte das deutlich zeigen. Manchmal aber bieten die Verkäufer vernünftige Souvenirs unter Ladenpreis an oder lassen mit sich handeln.

Praktisch alle Landesregierungen betreiben **Kunsthandwerksläden** *(emporia)*. Die meisten haben Filialen in Großstädten wie Delhi, Mumbai, Chennai und Kolkata. In diesen vier Städten gibt es auch **Central Cottage Industries Emporiums**. Die Waren in diesen Läden sind in der Regel von guter Qualität, dafür sind die (festen) Preise etwas hoch. Ein Besuch lohnt auch, um sich ein Bild davon zu machen, welche Art von Kunsthandwerk erhältlich ist und wie viel es in etwa kostet.

Handeln
Außer beim Kauf von Essen, Haushaltswaren und Zigaretten wird fast immer erwartet, dass man um den Preis feilscht. Wie, das ist vor allem eine Frage des Stils. Feste Regeln gibt es nicht.

Der Preis, den ein Händler am Anfang nennt, hat nicht viel zu sagen. Manche Leute raten, etwa ein Drittel dieser Summe zu zahlen, aber auch das ist nur eine Daumenregel. Wer zu wenig bietet, wird vielleicht aus dem Laden geschoben, weil er einen „beleidigenden" Preis geboten hat. Aber das ist Teil des Spiels. Wenn man am nächsten Tag wiederkommt, wird man wie ein alter Freund begrüßt.

Hat man einen Preis geboten, ist man auch verpflichtet, ihn zu zahlen. Also niemals um etwas feilschen, das man gar nicht haben will, oder eine Summe nennen, die man nicht zu zahlen bereit ist.

Manchmal halten Riksha-*wallahs* und Taxifahrer unaufgefordert bei Geschäften, die ihnen eine Provision für die Vermittlung potenzieller Käufer bezahlen. In Städten wie Jaipur und Agra, wo diese Praxis weit verbreitet ist, einigen sich Touristen und Fahrer manchmal sogar darauf, bei fünf Geschäften anzuhalten und sich die Provision zu teilen. Schließlich kosten die Fahrtunterbrechungen beide Seiten Zeit. Wer von einem Schlepper oder Fahrer in einen Laden gelotst wird und dort etwas kauft, bezahlt einen Preis, der etwa 50 % über dem normalen liegt. Wer nicht in der Stimmung ist, sich auf derlei Spielchen einzulassen, sollte darauf bestehen, sofort ans Ziel gebracht zu werden. Ein gutes Geschäft lässt sich nur ohne ungebetene Begleitung machen.

Öffnungszeiten

Geschäfte in Indien haben normalerweise Mo–Sa von 9.30–18 Uhr geöffnet. Die meisten großen Läden halten sich an diese Zeiten, während die Öffnungszeiten kleinerer Geschäfte von Ort zu Ort und Religion zu Religion variieren, aber meist länger sind.

Die staatlichen **Tourist Offices** haben Mo–Fr von 9.30–17, Sa von 9.30–13 Uhr geöffnet und jeden 3. (manchmal auch jeden 2.) Sa im Monat geschlossen. Die Tourist Offices der Bundesstaaten haben in der Regel Mo–Fr von 10–17 Uhr geöffnet.

Was einkaufen

Kein anderes Land produziert eine so große Auswahl an Kunst und Kunsthandwerk wie Indien. Jeder Landesteil hat seine speziellen Produkte – in Rajasthan sind es Textilien, in Karnataka Metallarbeiten, in Kashmir Teppiche. Aber auch viele andere schöne Sachen warten nur darauf, gekauft zu werden. Und das zu unschlagbar günstigen Preisen.

Gemälde

Die meisten tibetischen **Thangkas** (buddhistische Gemälde auf Seidenbrokat) sind moderne Massenware, auch wenn der Verkäufer etwas anderes behauptet. Aber selbst aus der billigsten Version spricht noch der komplexe buddhistische Symbolismus dieser Kunstform. Man findet *thangkas* im Norden, wo es tibetische Gemeinden gibt.

Miniaturen, auf Baumwolle, Seide oder Papier gemalt, haben eine lange Tradition in Rajasthan. Sie werden dort in fast jedem Touristenzentrum verkauft. Manche sind sehr erlesen und kostspielig. Am anderen Ende der Preisskala gibt es aber auch ursprünglich aus dem südindischen Kerala stammenden Malereien auf Baumblättern. Sie sind superbillig und oft in Form von Grußkarten zu haben, die man postwendend nach Hause schicken kann.

Metallarbeiten

Es gibt wunderschöne Tabletts, Teller, Aschenbecher, Tassen und Schüsseln aus **Messing und Kupfer**. Im Norden, vor allem in Rajasthan, sind Einlegearbeiten aus Emaille *(meenakari)* weit verbreitet. Toll sind auch **Bidri**-Arbeiten aus Karnataka, eine Rotgusslegierung, die mit feinen Mustern in Messing oder Silber eingelegt und dann mit Salmiaksalz geschwärzt wird, so dass nur die Einlegearbeit glänzt. Besonders gut gearbeitet sind Bidri-Schmuckkästchen, -Geschirr und -Wasserpfeifen aus Karnataka und Andhra Pradesh. In Orissa lassen sich filigrane **Tarakashi** kaufen.

Besonders im Süden werden immer noch **Bronzestatuen** hinduistischer Götter gegossen. Dabei wird zunächst ein Modell aus Bienenwachs geformt, dann mit Ton verkleidet und schließlich gebrannt. Das Wachs schmilzt und hinterlässt eine Tonform mit Hohlraum. In diesen wird flüssiges Metall gegossen. Nach dem

Erkalten wird die Tonform zerschlagen und das Gussteil bearbeitet.

Teppiche

Kashmir-Teppiche zählen zu den strapazierfähigsten der Welt. Mit etwas Vorsicht und Sachverstand lässt sich in Indien für relativ wenig Geld ein kostbares Stück kaufen (wer nicht aufpasst, kann auch arg übers Ohr gehauen werden). Ein echter Kashmir-Teppich trägt auf der Rückseite ein Etikett, das den Herkunftsort Kashmir nennt sowie Angaben zum Material (Wolle, Seide oder „silk touch" – Wolle mit etwas Baumwolle und Seide, um dem Teppich etwas Glanz zu verleihen). Es ist wichtig, das Teppichgeschäft sehr sorgfältig auszuwählen. Wer sicher gehen will, dass das gute Stück auch wirklich sein Ziel erreicht, nimmt es am besten im Gepäck mit oder bringt es eigenhändig zur Post.

Dhurries (Web- oder Kelim-Teppiche), traditionellerweise aus reiner Wolle entstammen einer älteren Kunsthandwerkstradition und sind billiger. Sie werden hauptsächlich in Uttar Pradesh, insbesondere in Agra und Mirzapur hergestellt, aber auch in Rajasthan, Gujarat, im Punjab und in Andhra Pradesh.

Tibetische Teppiche sind in Gebieten mit einem hohen tibetischen Bevölkerungsanteil erhältlich, etwa in Himachal Pradesh.

Lederwaren

Lederwaren können sehr preiswert und gut gearbeitet sein, werden aber natürlich normalerweise nicht aus Rindsleder gemacht. Rajasthanische *mojadi* (**Slipper**) aus Kamelleder sind recht bequem, doch *chappals* (**Sandalen**) – und darunter besonders die Slipper-ähnlichen *kolhapuri* aus Maharashtra – müssen vor dem Tragen aufgeweicht werden (es müsste reichen, sie eine Minute lang in Wasser zu tauchen). Spitze *jootis*, populär in der Umgebung von Delhi und im Punjab, müssen ebenfalls erst mal eingetragen werden.

Gürtel und **Taschen** aus Büffelleder lassen sich – verglichen mit den im Westen für Rindsleder üblichen Preisen – ebenfalls günstig erstehen – am besten in Chennai und Pondicherry. Elegantere Geschäfte bieten eine gute Auswahl an hochwertigen und bezahlbaren Lederwaren, von Portemonnaies bis zu Handtaschen.

Kleidung und Stoffe

Textilien sind so sehr ein Teil der indischen Kultur, dass Gandhi ein Spinnrad auf der Nationalfahne haben wollte. Was er im Sinn hatte, war der einfache weiße hausgesponnene Stoff namens *khadi*, der indienweit in den staatlichen Geschäften (*Khadi Gramodyog*) verkauft wird. Die Färbe- und Druckmethoden reichen von der Abknüpf-Technik *(bandhani)* aus Rajasthan bis zu von Hand oder im Siebdruckverfahren gemusterten Kaliko/Kattun-Baumwoll- und Seidenstoffen (abgeleitet von der Stadt Calicut – jetzt Kozhikode – in Kerala).

Saris für den Alltagsgebrauch werden normalerweise aus Baumwolle hergestellt. Für besondere Anlässe wird **Seide** verwendet. Seide aus Varanasi ist zwar weltberühmt, doch die beste indische Seide kommt heutzutage aus Südindien: aus Kanchipuram und Madurai in Tamil Nadu, berühmt für ihre leuchtend bunten Saris, und aus Mysore in Karnataka, wo die Seide einen ganz eigenen, besonderen Glanz aufweist.

Die mit zahlreichen winzigen Spiegeln bestickten Kleiderstoffe aus Rajasthan sind kostbar und wunderschön, aber längst nicht die einzigen kunstvoll bestickten Textilien, die in Indien hergestellt werden.

Der herrliche bengalische **Seidenbrokat** namens *baluchari* wird mit Szenen aus der indischen Mythologie verziert. Außerdem gibt es **Ikat-** und **Batikstoffe** aus Orissa, Madhya Pradesh und Gujarat, warme tibetische **Pullover** aus Darjeeling, und *salwar kameez*, die elegante, von moslemischen Frauen getragene Kombination aus **Pluderhose** *(pyjamas)* und langem **Oberteil**. Bedruckte **Bettlaken** sind nicht nur nützlich, sondern machen sich auch als Wandschmuck sehr gut, ebenso die im Punjab üblichen *phulkari* (ursprünglich Hochzeitslaken) und Lunghis aus dem Süden (sowohl Laken als auch Kleidungsstück).

Aber jede Region besitzt ihre eigenen Stoffe, Färbemethoden und Macharten – die Auswahl ist unbegrenzt.

Elektrizität

Die Stromspannung in Indien beträgt 220 V 50 Hz Wechselstrom. Es gibt aber auch Gleichstrom, deshalb checken, bevor man den Stecker hineinsteckt.

Die meisten Steckdosen haben drei runde Buchsen und nehmen europäische Stecker mit zwei runden Kontaktstiften an. Stromausfälle und Stromschwankungen sind keine Seltenheit; beim Gebrauch von empfindlichen Geräten wie Laptops sollten daher konstante Spannungsstabilisatoren eingesetzt werden.

Essen und Trinken

Die indische Küche gilt als eine der besten der Welt, allerdings unterscheidet sich die südindische stark von der nordindischen. Typisch für **nordindisches Essen** (das normalerweise die Karten indischer Restaurants im Ausland prägt) sind reichhaltige Fleisch- und Gemüsegerichte in einer sämigen Soße auf der Basis von Tomaten, Zwiebeln und Joghurt, begleitet von fluffigem Brot. **Südindisches Essen** ist dagegen fast ausschließlich vegetarisch, mit Chili- und Kokosnussgeschmack und viel Reis, oft in Form eines der verschiedenen südindischen Pfannkuchen wie *dosa*, *iddli* und *uttapam*.

Besonders für **Vegetarier** ist indisches Essen ein Traum: Einige der leckersten Gerichte des Subkontinents sind fleischlos, und selbst überzeugte Fleischesser werden mit Begeisterung köstliche Linsen- und Gemüse-Currys verdrücken. Die meisten religiösen Hindus und die große Mehrheit der Menschen im tiefen Süden essen weder Fleisch noch Fisch. Einige orthodoxe Brahmanen und Jains verzehren weder Zwiebeln noch Knoblauch, da diese angeblich niedere Instinkte wecken. Jains sind noch strenger und meiden auch Tomaten, die sie an Blut erinnern. Veganismus ist hingegen nicht verbreitet, daher müssen **Veganer** wachsam sein, denn Milchprodukte sind in allen möglichen Gerichten enthalten.

Viele Restaurants weisen darauf hin, ob sie vegetarisch kochen oder nicht und wir erwähnen das ebenfalls in unseren Restaurantangaben. Man sieht auch Werbung für rein vegetarische Küche *(pure veg)*, was bedeutet, dass weder Eier noch Alkohol serviert werden.

Als Fleischesser sollte man in Indien vorsichtig sein: Selbst wenn es **Fleisch** gibt, kann die Qualität zu wünschen übrig lassen, vor allem in den größeren Städten. Die Portionen sind ohnehin klein – besonders in den billigeren Lokalen, wo es dem Essen nur etwas Aroma verleihen soll. Zu beachten ist, dass es sich bei „mutton" (Hammelfleisch) in Wirklichkeit um Ziegenfleisch handelt. Hindus essen selbstverständlich kein Rindfleisch und Moslems kein Schweinefleisch, deshalb findet man beides nur in einigen wenigen christlichen Enklaven, wie den Strandgebieten von Goa, und in tibetischen Gemeinden.

Restaurants

Es gibt im Wesentlichen drei Arten von Lokalen: schlichte, billige **Cafés** *(dhabas, bhojanalayas* oder *udipis* genannt), indische **Restaurants**, die auf etwas betuchtere Inder ausgerichtet sind, und **Touristenrestaurants**.

Dhabas und *bhojanalayas* servieren einfache, aber oft gute Küche. Das Angebot besteht aus Gemüse-Curry, *dhal* (eine Art sämige Linsensuppe), Reis oder – vor allem im Norden – indisches Brot und manchmal Fleisch. *Dhabas* liegen oft am Rand von Schnellstraßen und verköstigen traditionell Lastwagenfahrer. *Bhojanalayas* sind einfache Lokale in Nord- und Zentral-Indien, die sich meist in der Umgebung von Bahnhöfen und Busbahnhöfen befinden. Sie kochen in der Regel vegetarisch, besonders die, die als „Vaishno" ausgeschildert sind. Sowohl *dhabas* als auch *bhojanalayas* können extrem schäbig sein. Anders verhält es sich häufig mit den sogenannten *udipi*-Restaurants, dem Äquivalent in Südindien: Diese Lokale bieten billige und köstliche Snacks wie *masala dosa*, *iddli*, *vadai* und Reisgerichte an, die stets frisch zubereitet sind.

Viele indische **Restaurants**, ob vegetarisch oder nicht, richten sich an indische Geschäftsleute und Familien aus der Mittelschicht. Hier bekommt man zuverlässig gutes Essen zu günstigen Preisen. Die teureren indischen Restaurants, wie die der 5-Sterne-Hotels, sind für lokale Verhältnisse teuer, bieten dafür aber die seltene Gelegenheit, klassische indische Küche von Top-Qualität zu probieren – und das zu einem weit niedrigeren Preis als zu Hause.

Touristenrestaurants richten sich vor allem an Ausländer mit weniger abenteuerlustigem Gaumen oder Heimweh. Hier gibt es Pfannkuchen, Gebäck, Omelettes, Pommes, Müsli, Obstsalat und ein paar Currys. Sie sind meistens relativ teuer und es ist eher Glückssache, ob das Essen schmeckt oder nicht – indische Spaghetti Bolognaise, Enchiladas und Chicken chow mein können ziemlich eigenartig ausfallen. In größeren Städten ist auch Fastfood zu haben, darunter Burger (normalerweise mit Huhn oder Lamm) und Pizza. Hinweise zum Wasser s. S. 75, ein Glossar zur indischen Küche s. S. 1289.

Indisches Essen

Was im Westen gemeinhin **Curry** heißt, umfasst eine Vielzahl von Gerichten mit einer jeweils anderen *masala* oder Gewürzmischung. Currypulver gibt es in Indien nicht – am nächsten kommt ihm die nördliche *garam masala* („scharfe Mischung"), eine Kombination aus **Gewürzen**, die dem Essen zugefügt wird, wenn es schon fast fertig ist. Zu den häufig verwendeten Gewürzen gehören Pfeffer, Kardamom, Gewürznelken, Zimt, Chili, Kurkuma, Knoblauch, Ingwer, Koriander (sowohl Blatt als auch Samen), Kreuzkümmel und Safran. Manche (besonders Kardamom und Gewürznelken) werden unzermahlen benutzt – also aufpassen und nicht draufbeißen.

Chili ist ein weiterer unverzichtbarer Bestandteil, aber die weit verbreitete Meinung, dass indisches Essen durchweg höllisch scharf sei, hat mit der Wirklichkeit nichts zu tun. Vor allem nordindisches Essen ist normalerweise sehr mild gewürzt und oft noch milder als in indischen Restaurants im Ausland. Südindische Gerichte können dagegen schärfer ausfallen. Wer nichts Scharfes mag, hält sich an milde Gerichte wie *korma* und *biriyani*, wobei Fleisch oder Gemüse mit Reis zusammen gekocht wird. Inder mildern den Effekt von Chili oft durch Chutneys, *dahi* (reinem Joghurt) oder *raita* (Joghurt mit Pfefferminzblättern und Gurken oder anderen Kräutern und Gemüsesorten) ab. Bier ist nach scharfem Chiligenuss zum Nachspülen mit am besten; die wichtigsten Öle, die das Brennen verursachen, lösen sich nämlich in Alkohol, nicht aber in Wasser auf. Vegetarische Currys werden normalerweise (auch auf englischen Speisekarten) unter den Hindi-Bezeichnungen ihrer wichtigsten Zutaten wie *paneer* (Käse), *alu* (Kartoffeln), *chana* (Kichererbsen) oder *muttar* (Erbsen) aufgeführt. Bei Fleisch-Currys findet man oft nähere Angaben, etwa *korma* (mit Joghurtsoße, mild) oder *dopiaza* (mit Zwiebeln, mittelscharf), aus denen die verwendete *masala*-Mischung oder die Zubereitungsart ersichtlich ist.

Nordindische Küche

Die nordindische Küche wurde stark von den verschiedenen moslemischen Invasoren aus Zentralasien und Persien beeinflusst. Sie bereicherten die Küche um viele der beliebtesten Gerichte und Beilagen, wie das biryani oder das naan, und sorgten dafür, dass im Norden mehr Fleisch gegessen wird als im Süden.

Eine typisch nordindische Mischung aus einheimischen und zentralasiatischen Einflüssen ist die sogenannte **Mughlai-Küche**, die während der Mogul-Dynastie entstand. Sie ist überwiegend mild und nicht-vegetarisch. Beliebte Zutaten sind Sahne, Mandeln, Sultaninen und Safran – berühmtestes Beispiel ist die klassische *korma*-Soße.

Die andere weit verbreitete Zubereitungsart im Norden ist **Tandoori**. Der Name bezieht sich auf den Lehmofen *(tandoor)*, in dem das Essen gebacken wird. Im Falle von *Tandoori chicken* wird das Hähnchen vor dem Garen in einer Mischung aus Joghurt, Kräutern und Gewürzen mariniert. Kleine Fleischstücke ohne Knochen, die auf dieselbe Art mariniert und gebacken werden, heißen *tikka*; sie werden möglicherweise in einer mäßig scharfen *masala (tikka masala)*, in einer mit Mandeln *(pasanda)* angereicherten, oder aber in einer sämigen Buttersoße *(murg makhani* oder *butter chicken)* gereicht. Auch Brote, wie *naan* und *roti,* werden im *tandoor* gebacken.

Ein Hauptgericht – ob Curry, Kebab oder Tandoori-Gericht ohne *masala* – wird normalerweise mit *dhal* (Linsen) und Brot serviert (*chapati* oder *naan*). Reis gilt in Nordindien als Extrabeilage und muss gesondert bestellt werden. In vielen Restaurants gibt es auch **Tagesmenüs**, *thalis* genannt. Sie bestehen aus verschiedenen kleinen Gerichten, darunter einige Currys, ein Chutney und eine Süßspeise, die auf einem Tablett aus rostfreiem Stahl auf den Tisch kommen. In der Mitte befinden sich ein Brot und normalerweise eine Portion Reis. In vielen Lokalen gehen Kellner herum und füllen das Tablett solange auf, bis der Gast abwinkt.

In der nordindischen Küche gibt es verschiedene **Brote**. *Chapati* ist eigentlich der Oberbegriff, bezieht sich aber meist auf die einfachste, flache Sorte, für gewöhnlich aus Weizenmehl. Auch der Name *roti* steht für mehrere Sorten: Ein *roti* kann genau dasselbe sein wie ein *chapati*, bezeichnet aber oft ein dickeres, im Tandoor gebackenes Brot. *Naan* ist ein dickes, fluffiges Brot, das auf jeden Fall im Tandoor gebacken wurde. Es wird besonders gern in nichtvegetarischen Restaurants gereicht, weil es ausgezeichnet zu Fleischgerichten passt. Es gibt auch frittierte Brote: beim *paratha* (oder *parantha*) wird der Teig vor dem Frittieren mehrmals ausgerollt, mit *ghee* bestrichen, zusammengefaltet und wieder ausgerollt, und oft mit etwas gefüllt, zum Beispiel mit Kartoffeln (*alu paratha*). Letzteres wird gern zum Frühstück gegessen. *Puris* sind kleine, luftig frittierte Teigbällchen. *Poppadam (papadam)* ist eine knusprige Waffel, die aus Linsenmehl gemacht und normalerweise als Vorspeise gereicht wird.

Die **regionalen Unterschiede** innerhalb der nordindischen Küche sind enorm: Bengalen lieben Fisch und kochen abgesehen von köstlichen *mangsho*-Currys (Fleisch) auch Gemüsegerichte. Die Essgewohnheiten der Tibeter und Bhotias aus dem Himalaya sind dagegen sehr einfach, mit *thukpa* (Fleischsuppe), *momo* (Fleischknödel) und einem salzigen Tee, der entweder mit ranziger Yakbutter (sofern erhältlich) oder normaler Butter zubereitet wird.

Im Punjab und in großen Teilen Nordindiens wird meist *dhal* und Gemüse gegessen, zusammen mit *roti* (Brot). Reis ist hier nicht so beliebt wie in Bengalen. Das überwiegend vegetarische Essen in Gujarat wird oft mit etwas Zucker gekocht.

Einige traditionelle Gerichte werden nur zu bestimmten Jahreszeiten gegessen, im Punjab und in anderen Teilen Nordindiens etwa *makki ki roti* (frittiertes Maisbrot) mit *sarson ka sag* (Senfblättern). *Baingan bharta* (pürierte Auberginen) verzehrt man üblicherweise mit ungewürztem Joghurt und Brot. In der guten moslemischen Küche des Nordens gibt es zu deftigen Fleisch- und Hühnergerichten oft hauchdünnes *rumali roti* („Taschentuchbrot").

Südindische Küche

Das Essen in Südindien unterscheidet sich himmelweit von dem im Norden. In der südindischen Küche werden vollkommen andere **Gewürze** verwendet, darunter Kokosnuss, Tamarinde, Curryblätter und verschiedene getrocknete rote und frische grüne Chilies. Außerdem beherrscht **Reis** alles: Er wird nicht nur in seiner natürlichen Form gegessen, sondern auch als *iddli* (gedämpfte Reiskuchen), *dosa* (Reispfannkuchen) und *masala dosa* (ein mit Kartoffelcurry gefüllter knuspriger Reispfannkuchen). Die sättigenden *naans, parathas, rotis* und anderen Brote, die ein wichtiger Bestandteil des nordindischen Speiseplans sind, findet man hier für gewöhnlich nicht, abgesehen von den fluffigen kleinen *puri*. **Fleisch** wird vergleichsweise wenig gegessen.

Weit verbreitet in Südindien sind auch **Tagesmenüs**, schlicht „meals" genannt. In der Regel besteht ein solches Tagesgericht aus einem Berg Reis, umgeben von verschiedenen Gemüse-Currys, *sambar dhal*, Chutney und Joghurt. Dazu gibt es meistens *puris* und *rasam*, eine dünne, scharfe, pfeffrige Suppe. „Meals" werden üblicherweise auf einem Metallteller oder *thali* (auch in Nordindien gebräuchlich) mit einer Vertiefung für jede Beilage serviert, manchmal aber auch auf einem Bananenblatt. In den meisten traditionellen Restaurants kann man essen, so viel man möchte, und Kellner gehen mit Schüsseln für den „Nachschlag" herum. Vor allem im Süden gehört es zum guten Ton, mit den Fingern zu essen – es kann sein, dass es überhaupt kein Essbesteck gibt. Man sollte stets nur mit der rechten Hand essen, da die Linke als unrein gilt, und sich zuvor die Hände waschen. Zum Essen nur die Fingerspitzen benutzen, damit das Essen nicht auf dem Handteller landet!

Snacks

In Indien gibt es zahllose Snacks. *Chana puri,* ein Kichererbsen-Curry mit *puri* (oder einem anderen Brot) zum Stippen, sehr beliebt im Norden, lässt sich nur im Sitzen verzehren. Das südindische Gegenstück ist *iddli sambar* – eine Linsen-Gemüse-Soße mit Reiskuchen zum Tunken.

Zum **Fingerfood**, das auf der Straße angeboten wird, gehören *bhel puris* (eine Mumbai-Spezialität aus einer Mischung aus Puffreis, frittierten Reisnudeln, Kartoffeln und knusprigen *puri* mit Tamarindensoße), *pani puris* (die gleichen *puris* in pfeffrig-scharfe Soße getaucht – nur etwas für Abgehärtete), *bhajis* (frittierter Gemüsekuchen in Kichererbsenmehl), *samosas* (Fleisch oder Gemüse in einer gebratenen Teigtasche) und *pakoras* (Gemüse oder Kartoffel, in Kichererbsenmehl gewendet und frittiert). Im Süden werden überall *vada* angeboten, gut gewürzte frittierte Linsenküchlein, die aussehen wie Doughnuts.

Kebabs sind im Norden und um Hyderabad verbreitet, vor allem *shish kebab*, Lammhackfleisch, das auf einem Spieß gegrillt wird, aber auch *shami kebab*, kleine, in Öl gebratene Lammhackbällchen. Kebab in *kathi*, also in einem in der Pfanne gebackenen Brot, ist ein Snack, der in Kolkata erfunden wurde, inzwischen aber auch in anderen Städten erhältlich ist.

Für alle Snacks von der Straße gilt, dass sie Keime anziehen, wenn sie lange herumliegen – also darauf achten, dass das Essen frisch zubereitet wurde.

Mit besonderer Vorsicht sind Snacks zu genießen, die mit Wasser (z. B. *pani puris*) oder mehrfach wieder verwendetem Speiseöl zubereitet werden. Es ist ratsam, sich langsam an indische Verhältnisse zu gewöhnen, bevor man Snacks von der Straße isst.

In Indien herrscht kein Mangel an würzigen **Nüssen** und **Kernen**, die oft als *channa chur* bezeichnet werden. Geröstete Jackfruit-Kerne werden manchmal als pikanter Snack verkauft, sind aber eher mild.

Äußerst günstig bekommt man Cashewnüsse. Erdnüsse, auch als „monkey nuts" oder *mumfuli* bekannt, werden meist geröstet und ungeschält angeboten.

Andere Küchen

Chinesisches Essen ist in den großen Städten weit verbreitet. Es wird meist von indischen Köchen zubereitet und ist nicht eben authentisch, außer in den wenigen indischen Städten mit einer großen chinesischen Gemeinde, vor allem Kolkata. Dort kann man ausgezeichnet chinesisch essen.

Landesweit bieten Touristenrestaurants und Backpackercafés eine ganz ordentliche Auswahl an **westlichen Gerichten** an – von einfachen kleinen Bäckereien, wo Kuchen und Sandwiches

---

Paan

Für manchen ist es vielleicht beruhigend zu wissen, dass das rote Zeug, das die Leute überall auf der Straße ausspucken, kein Blut ist, sondern ein Saft, der durch das Kauen von *paan* produziert wird. *Paan* fördert die Verdauung (wird folglich gewöhnlich nach den Mahlzeiten konsumiert) und wirkt überdies leicht stimulierend. Am weitesten verbreitet und von durchschlagendster Wirkung ist *paan* im Nordosten.

Ein *paan* besteht aus gehackten Nüssen (die immer als Betelnüsse bezeichnet werden, obwohl es sich tatsächlich um die Nuss der Arekapalme handelt); sie werden in ein Blatt (das wiederum wirklich vom Betelbaum stammt) gewickelt. Hinzu kommen Zutaten wie *katha* (eine rote Paste), *chuna* (weißer Löschkalk), *mitha masala* (eine Mischung süßer Gewürze, die auch hinuntergeschluckt werden kann) und *zarda* (Kautabak, der auf keinen Fall verschluckt werden darf, vor allem nicht, wenn er mit *chuna* kombiniert wird). Das so entstandene dreieckige Päckchen wird in die Wange gestopft und langsam gekaut, und im Falle von *chuna* und *zarda paans* wird der Saft im Gehen ausgespuckt.

Auf den Geschmack von *paan* kommt man erst mit der Zeit. Anfänger sollten die süße und harmlose *mitha*-Variante versuchen, die ohne Probleme hinuntergeschluckt werden kann – und möglichst dabei bleiben.

verkauft werden, bis zu schicken Restaurants, in denen auf kerzenbeleuchteten Terrassen italienische Gourmetküche kredenzt wird. Westliches Essen ist aber oft relativ teuer, und die Qualität ist nicht immer gewährleistet.

Delhi und Mumbai warten außerdem mit einer Auswahl von Tex-Mex-, thailändischer, japanischer, italienischer und französischer Küche auf, oftmals aber nur in den Restaurants der Luxushotels.

Zusätzlich zu diesen Lokalen gibt es auch internationale **Fastfood-Ketten** mit sehr niedrigen Preisen. In immer mehr indischen Städten finden sich Filialen von Pizza Hut, Domino's, KFC und McDonald's und zunehmend auch Filialen von Wimpy, indischen Ketten wie Nirula's und Kwality und unabhängige Fastfood-Cafés.

Süßigkeiten

Die meisten Inder sind echte Süßschnäbel. Indische Süßigkeiten, die meist aus Milch zubereitet werden, können extrem süß sein. Von der festeren Sorte ist **barfi**, eine Art Fondant, der aus eingekochter und kondensierter Milch zubereitet wird. Man bekommt *barfi* in verschiedenen Geschmacksrichtungen und Farben, von schlichtem, cremigem Weiß bis zu hellgrüner *pista* (Pistazie), oft mit Blattsilber bedeckt (das man isst). Zu den vielen anderen Süßspeisen, die aus eingekochter Milch zubereitet werden, zählen das weniger klumpige, runde *penda* und die dünnen, rautenförmigen *kaju katri*, außerdem feuchtes *sandesh* und das härtere *paira* – beide vor allem in Bengalen sehr beliebt.

Das knusprigere **mesur** wird aus Kichererbsen hergestellt. Zu den zahlreichen Arten von gallertartiger **halwa** – ganz anders als die nahöstliche Variante – gehört die gehaltvolle *gajar ka halwa* aus Karotten und Sahne.

Zu den weicheren und klebrigeren Süßigkeiten zählen **jalebis**, die orangefarbenen, von Sirup triefenden Röhrchen in den Schaufenstern der Süßwarenläden. Sie werden aus frittierter Melasse hergestellt und sind so unbekömmlich wie sie aussehen. **Gulab jamuns**, frittierte, in Sirup getauchte lockere Teigbällchen sind auch nicht viel gesünder. Sowohl im Norden als auch im Süden verbreitet ist **ladoo**: Bällchen aus Grieß, Rosinen und Zucker. Eine Spezialität unter den bengalischen Süßigkeiten, die weithin als die besten gelten, ist **rasgulla**, in Sirup schwimmende, mit Rosenwasser durchsetzte Käsebällchen. **Ras malai**, in Nordindien verbreitet, ist ganz ähnlich, nur wird statt Sirup Sahne verwendet.

Indische **Schokolade** wird zunehmend besser, und auch Cadbury's- und Amul-Riegel sind überall erhältlich. Aber keine der einheimischen Imitationen schweizerischer oder belgischer Schokolade, die auf den Märkten angeboten werden, ist die Ausgabe wert.

Die besten der großen Hersteller von **Speiseeis**, deren uniformierte Verkäufer Eiswägelchen durch die Straßen schieben, sind Kwality (jetzt im Besitz von und angeboten als Walls), Vadilal's, Gaylord und Dollops. Sie haben viele, in der Regel leicht erkennbare Nachahmer. Manche kennen keinerlei hygienische Bedenken – deshalb Wassereis meiden. Eisdielen fabrizieren kunstvolle Gebilde, unter denen vor allem Eisbecher mit Früchten sehr beliebt sind; Connaught Circus in Delhi hat eine recht gute Auswahl. Eine Kostprobe wert ist **kulfi**, eine gefrorene Süßigkeit mit Pistazien-, Mango- und Kardamom-Geschmack, die indische Antwort auf Eiscreme. *Bhang kulfi*, zum Holi-Fest beliebt, enthält eine Prise Cannabis und hat eine interessante Wirkung, ist aber mit Vorsicht zu genießen.

Obst

Welches Obst erhältlich ist, hängt von der Region und der Jahreszeit ab, aber es gibt immer eine gute Auswahl. Man sollte möglichst jedes Obst, auch Äpfel *(sev)*, schälen oder 30 Minuten lang in eine starke Jod- oder Kaliumpermanganat-Lösung tauchen. Straßenverkäufer bieten oft mundgerecht geschnittenes Obst an, das sie mit Salz oder *masala* bestreuen. Man sollte aber nichts kaufen, was so aussieht, als hätte es schon eine Weile herumgelegen.

Mangos *(aam)* sind fast immer im Angebot, doch nicht alle sind süß genug, um ganz frisch gegessen zu werden – manche werden für Pickles oder Currys verwendet. **Bananen** *(kela)* unterschiedlicher Sorten gibt es das ganze Jahr über zu kaufen. **Orangen** und **Mandarinen** sind leicht zu finden, ebenso **Honigmelonen** und Durst löschende **Wassermelonen**.

In Nordindien unterscheidet sich das Ernteobst nicht allzu sehr von dem in Europa. Je nach Jahreszeit gibt es dort Erdbeeren, Aprikosen und sogar Äpfel, die aber ziemlich weich sind.

Von den weniger bekannten Früchten ist die **Chiku** erwähnenswert. Sie sieht aus wie eine Kiwi und schmeckt ein bisschen nach Birne. Ein kulinarisches Glossar befindet sich im Anhang, S. 1289.

Getränke

Tee, Kaffee und Soft Drinks

In Indien scheint sich manchmal alles um **Tee** (*chai*) zu drehen; er wird in Darjeeling, Assam und den Nilgiri Hills angebaut und von *chaiwallahs* an fast jeder Ecke verkauft.

Normalerweise wird indischer Tee zubereitet, indem man zerriebene Teeblätter, Milch und Wasser in einem Topf aufkocht, die Mischung in eine Tasse oder ein Glas mit viel Zucker gießt und dann zum Abkühlen von einer Tasse in die andere kippt. Oft wird Ingwer und/oder Kardamom hinzugefügt. Wer aufpasst, kann verhindern, dass zu viel Zucker hineingetan wird. Manchmal, vor allem in Touristenorten, bekommt man vielleicht ein Kännchen Tee europäischen Stils *("tray" tea)* – gewöhnlich ein Teebeutel in lauwarmem Wasser.

Pulverkaffee *(kofi)* erfreut sich zunehmender Beliebtheit und ist stellenweise verbreiteter als Tee, besonders im Süden. In Nordindien ist fast nur Pulverkaffee erhältlich, aber immer mehr Cafés und Restaurants schaffen sich jetzt ordentliche Kaffeemaschinen an. Immerhin hat in den Großstädten die Kaffeekultur Einzug gehalten, und in Delhi und Mumbai finden sich einige angesagte Coffeeshops, wo richtiger Cappuccino und Espresso serviert werden.

Einer der besten Orte, um eine anständige Tasse südindischen Kaffees zu bekommen, ist die Kette India Coffee House, die in jeder südlichen und auch in der einen oder anderen nördlichen Stadt vertreten ist. Mit dem Trinken des milchigen keralischen Kaffees ist ein ganzes Ritual verbunden: Er wird zum Abkühlen in ausladenden, schwungvollen Bewegungen von einem hohen Glas in ein anderes gegossen.

Soft Drinks sind allgegenwärtig: Coca Cola und Pepsi sind erst in den frühen 90er-Jahren nach Indien zurückgekehrt, nachdem sie 17 Jahre lang verbannt waren. Inzwischen haben sie größtenteils ihre alten indischen Konkurrenten wie Campa Cola und Thums Up verdrängt, aber die lecker nach Limonen schmeckende Limca (soll Gerüchten zufolge zwielichtige Verbindungen zu italienischen Firmen unterhalten und Zusätze enthalten, die dort verboten sind) ist noch auf dem Markt. Alle enthalten eine Menge Zucker und nicht viel mehr: Indische Soft-Drink-Unternehmen haben sogar schon mit dem Slogan „Absolut keine natürlichen Zutaten!" geworben. Keines dieser Getränke wird lange den Durst löschen.

Empfehlenswerter ist **Wasser** in behandelter, gekochter oder abgefüllter Form (Hinweise s. S. 75). Des Weiteren gibt es Trinkpäckchen von Frooti Jumpin, Réal und ähnlichen Fruchtsaftherstellern in den Geschmacksrichtungen Mango, Guave, Apfel und Limone. Wenn die Packung alt und nicht mehr einwandfrei aussieht, sollte man sie besser nicht anrühren, da sie möglicherweise wiederverwertet wurde.

Auf den Bahnsteigen größerer Bahnhöfe befindet sich meistens ein Stand, der Himachal-Apfelsaft verkauft. Noch besser ist die Milch der **grünen Kokosnüsse**. Diese werden in den Küstenregionen vor allem im Süden von Straßenverkäufern angeboten, die die Kokosnuss mit einer Machete „köpfen" und einen Strohhalm für die Flüssigkeit dazu reichen (danach löffelt man das Fleisch aus). An manchen Straßenständen gibt es auch frisch gepressten **Zuckerrohrsaft** zu kaufen. Er schmeckt köstlich und ist gar nicht so süß, wie man annehmen möchte. Aber gesund ist er natürlich auch nicht.

Indiens tollstes kaltes Getränk, **Lassi**, wird aus geschlagenem Joghurt gemacht und entweder mit Salz, Zucker oder Obst getrunken. Die Qualität reicht von köstlich bis zu fade und wässerig. Verkauft wird es quasi in jedem Café,

Restaurant und Imbiss. Frisch zubereitete Milchshakes sind ebenfalls verbreitet; man bekommt sie an Ständen mit Mixern. Diese verkaufen auch Fruchtsaft, der gewöhnlich aus Obst, Wasser und Zucker (oder Salz) besteht.

Auch Straßenverkäufer, die **Obstsäfte** in nicht eben hygienischen Verhältnissen feilbieten, neigen dazu, dem Saft Salz und *garam masala* beizufügen! Bei allen mit Wasser zubereiteten Getränken darauf geachtet werden, wo das Wasser herstammt. Und es gilt: keine Eiswürfel.

Alkoholische Getränke

Das einst in Indien weit verbreitete **Alkoholverbot** ist heute nur noch in Gujarat und in einigen der Hill Stations im Nordosten wirklich in Kraft. Die meisten Inder trinken Alkohol, um so schnell wie möglich betrunken zu werden. Diese Neigung hat schreckliche Auswirkungen auf das Familienleben, vor allem unter den Arbeitern und Bauern. Deshalb haben Politiker auf der Jagd nach Stimmen immer mal wieder auf die Alkoholverbotskarte gesetzt. In „trockenen" Bundesstaaten können sich Alkohol-Nischen zu ausgesprochenen Säufertreffs entwickeln. Gute Beispiele sind Daman und Diu in Gujarat. Eine **Alkohol-Sondererlaubnis** *(liquor permit)* – kostenlos bei indischen Botschaften, Konsulaten und Fremdenverkehrsämtern im Ausland und bei Tourist Offices in Delhi, Mumbai und Kolkata (Kalkutta) und sogar bei der Ankunft an internationalen Flughäfen zu beantragen – verschafft Reisenden die Möglichkeit, bestimmte Einschränkungen in Gujarat zu umgehen.

Bier ist fast überall erhältlich, für indische Verhältnisse allerdings teuer. Die Preise unterscheiden sich von Bundesstaat zu Bundesstaat, aber man muss mit etwa Rs60–100 für eine 650-ml-Flasche rechnen. Kingfisher, King's Black Label und Fosters sind die Marktführer. Daneben gibt es viele weitere. Alle Lagerbiere (die meist chemische Zusätze wie Glyzerin enthalten) sind in der Regel nicht schlecht, wenn man sie kühl bekommt.

Eine billigere und oft gut schmeckende Alternative zu Bier ist **Palmwein** *(toddy),* der in Bengalen aus der Dattelpalme gewonnen wird und dort *taddy* heißt. Frisch gezapft ist der Palmsaft

Rauchen

Einer der allgegenwärtigen Gerüche Indiens ist der nach *beedi,* der billigsten Zigarette. Sie wird aus leichtem Tabak gemacht, der in ein einziges *tendu*-Blatt eingewickelt und mit einem kleinen Stück bunten Fadens zusammengebunden wird. *Beedis* sind zwar frei von chemischen Zusätzen, enthalten aber dreimal mehr Karbonmonoxid und Nikotin als normale Zigaretten – und fünfmal mehr Teer. *Beedis* gibt es eigentlich überall, wo Zigaretten verkauft werden. Auch *Paan-wallahs* haben manchmal einen Vorrat.

süß und alkoholfrei, er fermentiert aber innerhalb von zwölf Stunden. Die tibetischstämmigen Bhotia im Himalaya trinken *chang,* ein Hirsebier, und eines der ausgefallensten Getränke überhaupt: *tumba.* Dafür wird fermentierte Hirse in ein Bambusfläschchen gegeben, mit heißem Wasser übergossen und durch ein dünnes Bambusrohr aufgesaugt.

Spirituosen kursieren meist als „Indian Made Foreign Liquor" (IMFL), wenngleich die vor kurzem zugelassene ausländische Alkoholindustrie rasch expandiert. Manche Scotch-Sorten wie Seagram's Hundred Pipers werden inzwischen in Indien abgefüllt und stehen hoch im Kurs. Smirnoff-Wodka und weitere bekannte Marken sind ebenfalls erhältlich. Manche indischen Whiskeysorten sind nicht übel und vergleichsweise erschwinglich. Gin und Brandy können ziemlich herb sein, während indischer Rum süß und eigenartig schmeckt.

In Acht nehmen sollte man sich vor illegal gebranntem *Arak,* der oftmals Methanol und andere Gifte enthält. Lizenzierter, einheimischer Schnaps, der in verschiedenen Bundesstaaten unter Namen wie *bangla* verkauft wird, ist gewöhnungsbedürftig.

Leider lässt die Qualität indischen **Weins** – trotz der Anstrengungen von einigen Pionier-Winzereien wie Grovers (nahe Bangalore) – immer noch zu wünschen übrig. Die Importweine, die in schicken Restaurants und Luxushotels kredenzt werden, sind sündhaft teuer.

Feste und Feiertage

Praktisch jeder Tempel in jedem Ort oder Dorf des Landes feiert sein eigenes Fest. Zu den größten und aufwendigsten zählen das im Juni oder Juli stattfindende Rath Yatra in Puri, das ebenfalls im Juni oder Juli abgehaltene Hemis in Ladakh, die Kamelmesse in Pushkar im November, Dussehra in Kullu, und die drei jährlichen Feste in Madurai und natürlich die Kumbh Mela, die in Allahabad, Haridwar, Nasik und Ujjain begangen wird. Die meisten sind religiöser Natur, aber Ausgelassenheit ist eher angesagt als Feierlichkeit, und Zuschauer sind in der Regel willkommen. Wer das Glück hat, ein lokales Fest mitzuerleben, für den könnte es sich als das Highlight der Reise entpuppen. In den Regionalkapiteln werden die wichtigsten lokalen Feste genannt, für die wichtigsten nationalen und regionalen Feierlichkeiten s. Kasten.

Feste der Hindus, Sikhs, Buddhisten und Jains richten sich nach dem **indischen Mondkalender**, weshalb die Termine sich von Jahr zu Jahr verschieben. Im Mondkalender wird alle zwei oder drei Jahre ein zusätzlicher Monat eingeschoben, damit der Kalender in Übereinstimmung mit den Jahreszeiten bleibt. Moslemische Feste richten sich nach dem **islamischen Kalender**, dessen Jahr kürzer ist und deshalb gegenüber dem gregorianischen Kalender jährlich elf Tage „verliert".

Wer Glück hat, kommt in Indien in den Genuss, zu einer **Hochzeit** eingeladen zu werden. Obwohl offiziell verboten, zahlt die Familie der Braut normalerweise eine hohe Mitgift an den Bräutigam, die Ursache von Streitigkeiten sein kann. Arme Familien sehen sich oft gezwungen, jahrelang zu sparen, um ihre Töchter verheiraten zu können.

Die wichtigsten Feste

Indien hat vier nationale Feiertage: Tag der Republik (26.01.), Tag der Unabhängigkeit (15.08.), Gandhis Geburtstag (02.10.) und Weihnachten (25.12.). Zusätzlich hat jeder Bundesstaat auch eigene gesetzliche Feiertage. Die meisten Geschäfte schließen außerdem an den großen Feiertagen ihrer Religion.

Da die meisten aufgeführten Feste hinduistisch sind, haben wir in Klammern die Monatsnamen des hinduistischen Kalenders angegeben.

Abkürzungen
B = buddhistisch
C = christlich
H = hinduistisch
J = jainistisch
M = moslemisch
N = nicht religiös
P = Parsi
S = Sikh

Jan–Feb (Magha–Phalguna)

H **Ganga Sagar**: Aus dem ganzen Land strömen Pilger nach Sagar Dwip an der Mündung des Hooghly, 150 km südlich von Kolkata, um während Makar Sankranti zu baden.

H **Vasant Panchami** (5. Magha): Eintägiges Frühlingsfest zu Ehren von Saraswati, der Göttin der Gelehrsamkeit. Man lässt Drachen steigen, trägt gelbe Saris und lässt die Schulbücher und Stifte der Schüler von der Göttin segnen.

N **Tag der Republik** (Republic Day, 26. Jan.): In Delhi findet eine Militärparade statt, gefolgt von der „Beating the Retreat"-Zeremonie vor dem Präsidentenpalast in Delhi am 29. Jan.

N **Elephanta Music and Dance Festival** in Mumbai.

Feb–März (Phalguna)

B **Losar** (1. Phalguna): Tibetisches Neujahrsfest in tibetischen Gemeinden und unter Buddhisten im Himalaya, vor allem in Dharamsala (HP).

H **Shivratri** (10. Phalguna): Jahrestag von Shivas *tandav* (Schöpfungs-) Tanz und sein Hochzeitstag. Beliebtes Familienfest, aber auch ein Sadhu-Fest der Pilgerfahrt und des Fastens, vor allem in wichtigen Shiva-Tempeln.

Fotografieren

In allen größeren Städten und touristischen Zentren lassen sich **Digitalfotos** herunterladen und auf CD brennen, entweder in Fotogeschäften oder (zunehmend) in Internet-Cafés. Auch **Speicherkarten** sind weithin erhältlich.

Filme sind zu durchschnittlichen westlichen Preisen fast überall in Indien zu bekommen – das Datum auf der Schachtel beachten (es werden oft alte Filme in neuer Verpackung verkauft – Konica hat deshalb damit begonnen, seine Schachteln mit Hologrammen zu versehen). Es ist selten ein Problem, Filme entwickeln zu lassen, allerdings ist die Qualität der Bilder nicht immer so gut wie vielleicht zu Hause. Die Labors von Konica und Kodak sind in der Regel zuverlässig.

Diafilme, normale und hoch empfindliche Filme bekommt man in den großen Städten, spezielle Marken wie Velvia sind hingegen nicht erhältlich, und kaum ein Fotogeschäft bewahrt Filme in einer Kühltruhe auf. Nicht vergessen, die Kameraausrüstung vor Staub zu schützen – es ist fast unmöglich, in Indien einen Fachmann zu finden, der eine teure Kamera reparieren kann.

Es ist verboten, strategisch wichtige Objekte wie Flughäfen, Militäranlagen, aber auch Brücken, Bahnhöfe und Autobahnen zu fotografieren. Wer Menschen ablichten möchte, sollte um Erlaubnis fragen, obwohl wahrscheinlich ist, dass sie freiwillig fürs Foto posieren.

Frauen unterwegs

Indien ist kein Land, das allein reisenden Frauen große Steine in den Weg legt. Kleinere Ärgernisse sind eher an der Tagesordnung. Dennoch ist es ratsam, sich ein etwas dickes Fell zuzulegen.

H **Holi** (15. Phalguna): Wasserfest, wird während Dol Purnima (Vollmond) abgehalten, um den Frühlingsanfang zu feiern. Es ist besonders in Nordindien beliebt; man muss damit rechnen, mit Wasser, Farbe, farbigem Pulver und anderen Gemischen torpediert zu werden; manchen daraus resultierenden Flecken ist mit keinem Waschmittel beizukommen, daher an diesem Tag die Sonntagskleider im Koffer lassen!

N **Khajuraho Dance Festival** (Madhya Pradesh). Vor der Kulisse der berühmten erotischen Tempelskulpturen treten die besten Tänzer und Tänzerinnen des Landes auf.

März–April (Chaitra)

H **Gangaur** (3. Chaitra): Rajasthani-Fest (wird auch in Bengalen und Orissa begangen) zu Ehren von Parvati; mit Tänzen und Gesängen.

H **Ramanavami** (9. Chaitra): Ramas (Held des Ramayana) Geburtstag wird mit Lesungen des Epos und Vorträgen über Ramas Leben und Lehren begangen.

C **Ostern**: Feier der Wiederauferstehung Jesu. Karfreitag wird besonders gefeiert.

P **Pateti**: Parsisches Neujahr, auch als No Ruz bekannt; gefeiert wird die Schöpfung des Feuers. Festessen, Gottesdienste und Geschenkaustausch.

P **Khorvad Sal** (eine Woche nach Pateti): Geburtstag von Zarathustra (alias Zoroaster). Wird in den Parsi-Feuertempeln und mit Festessen in der Familie gefeiert.

H **Chittirai**, Madurai (Tamil Nadu): von Elefanten angeführte Prozession.

April–Mai (Vaisakha)

HS **Baisakhi** (1. Vaisakha): Für Hindus ist es das Neujahr des Sonnenjahres, das mit Musik und Tanz in ausgelassener Fröhlichkeit begrüßt wird. Für die Sikhs ist es der Jahrestag der von Guru Gobind Singh begründeten Khalsa (der Sikh-Bruderschaft); im Anschluss an Lesungen aus den Granth Sahib-Schriften finden Prozessionen statt.

J **Mahavir Jayanti** (13. Vaisakha): Geburtstag von Mahavira, dem Begründer des Jainismus. Das bedeutendste Jain-Fest des Jahres wird besonders in Rajasthan und Gujarat mit

Die wichtigsten Feste

Besuchen heiliger Jain-Stätten und Geschenken begangen.

B **Buddha Jayanti** (16. Vaisakha): Buddhas Geburtstag. Am gleichen Tag gelangte er auch zur Erleuchtung und ins Nirvana. Wird besonders intensiv in Sarnath (UP) und Bodhgaya (Bihar) gefeiert.

Mai–Juni (Jyaishtha)

H **Ganga Dussehra** (10. Jyaishtha): Mit einem Badefest wird das Herabsteigen der Göttin des Ganges auf die Erde gefeiert.

Juni–Juli (Ashadha)

H **Teej** (3. Ashadha): Fest zu Ehren von Parvati, mit dem der Monsun begrüßt wird (besonders in Rajasthan).

B **Hemis Festival**, Leh (Ladakh): Spektakuläres, irgendwann zwischen Ende Juni und Mitte Juli abgehaltenes Fest, bei dem *chaam* (Lama-Tänze) vorgeführt werden, die den Sieg des Buddhismus über das Böse versinnbildlichen.

Juli–Aug (Shravana)

H **Naag Panchami** (3. Shravana): Schlangenfest zu Ehren der naga-Schlangengötter. Wird vor allem in Rajasthan und Maharashtra gefeiert.

H **Raksha Bandhan/Narial Purnima** (16. Shravana): Fest zu Ehren des Meeresgottes Varuna. Brüder und Schwestern tauschen Geschenke aus, die Schwester bindet eine *rakhi* genannte Schnur um das Handgelenk ihres Bruders. Brahmanen tauschen nach einem Fastentag die heilige Schnur, die sie tragen, aus.

N **Tag der Unabhängigkeit** (15. Aug): Indiens größte weltliche Feier, zum Jahrestag der Unabhängigkeit von Großbritannien.

Aug–Sep (Bhadraparda)

H **Ganesh Chaturthi** (4. Bhadraparda): Ganesh gewidmetes Fest, wird vor allem in Maharashtra gefeiert. In Mumbai werden in riesigen Prozessionen Abbilder des Gottes zum Meer getragen und versenkt.

H **Janmashtami** (23. Bhadraparda): Krishnas Geburtstag, ein Anlass zum Schlemmen und Feiern, vor allem in Vaishnava-Zentren wie Agra, Mathura und Vrindaban (alle in UP) und Mumbai.

Sep–Okt (Ashvina)

H **Dussehra** (1.–10. Ashvina): 10-tägiges Fest (i. A. 2 öffentliche Feiertage), steht in Verbindung mit dem Triumph über Dämonen, besonders Ramas Sieg über Ravana im Ramayana und Durgas über den büffelhäuptigen Mahishasura (wird besonders aufwendig in West-Bengalen gefeiert, wo es Durga Puja heißt). Dussehra-Feiern beinhalten Vorführungen des Ram Lila (Leben Ramas). Mit am erlebenswertesten in Mysore (Karnataka), Ahmedabad (Gujarat) und Kullu (Himachal Pradesh). Durga Puja ist am interessantesten in Kolkata und dort Anlass für den Austausch von Geschenken.

N **Mahatma Gandhis Geburtstag** (2. Okt.): Feierliches Gedenken an den Gründer des unabhängigen Indien.

Indische Straßen werden fast ausnahmslos von Männern dominiert, woran man sich vielleicht erst einmal etwas gewöhnen muss, vor allem an das ständige Angestarrtwerden und die „anerkennenden" Pfiffe. Meist reicht es, die Blicke zu ignorieren und schnell weiterzugehen. Die meisten Mitreisenden in Zügen und Bussen sind Männer, die unter Umständen höchst unwillkommene Gespräche über Sex, Scheidung und die lockeren Beziehungen im Westen beginnen. Das lässt sich zwar meist nicht verhindern, aber wenn eine Touristin zu große Begeisterung für derartige Diskussionen bekundet, könnte der Eine oder Andere auf die Idee kommen, sie habe eine lockere Einstellung gegenüber Sex, und die Situation könnte bedrohlich werden. Das kann nerven und lässt sich bis zu einem gewissen Grad vermeiden, indem man sich an öffentlichen Orten zu anderen Frauen gesellt.

Okt–Nov (Kartika)

H **Diwali** (Deepavali) (15. Kartika): Das Lichterfest und größte Fest Indiens feiert Ramas und Sitas im Ramayana beschriebene Rückkehr. Zu den Feierlichkeiten gehört das Anzünden von Öllampen und Knallern, außerdem werden Süßigkeiten und Geschenke verteilt. Diwali überschneidet sich mit Kali Puja, das vor allem in Bengalen in den Tempeln begangen wird, der grausamen Göttin Kali geweiht sind, oft von rituellen Ziegenopfern begleitet.

J **Jain-Neujahr** (15. Kartika): Fällt mit Diwali zusammen, sodass Jains gleichzeitig mit Hindus feiern.

S **Nanak Jayanti** (16 Kartika): Der Geburtstag von Guru Nanak wird mit Gebeten und Prozessionen begangen, insbesondere in Amritsar und dem übrigen Punjab sowie in Patna (Bihar).

Nov–Dez (Margashirsha oder Agrahayana)

H **Sonepur Mela**, Sonepur (Bihar): die größte Viehausstellung der Welt.

N **Pushkar** (Rajasthan): Kamelmarkt. Anlässlich des riesigen Viehmarkts am Rand der Thar-Wüste werfen sich die Kameltreiber ordentlich in Schale.

Dez–Jan (Pausa)

CN **Weihnachten** (25. Dez.): Das Fest ist besonders in den christlichen Regionen von Goa, Kerala und in großen Städten beliebt.

N **Posh Mela** (27. Dez.), Shantiniketan nahe Kolkata: Ein für ausgezeichnete *baul*-Musik bekanntes Festival.

Bewegliche Feste

H **Kumbh Mela**: Großes, alle drei Jahre in einer der vier heiligen Städte Nasik (Maharashtra), Ujjain (MP), Haridwar (UP) oder Allahabad/Prayag (UP) abgehaltenes Fest. Die Maha Kumbh Mela oder „Große" Kumbh Mela, die größte religiöse Zusammenkunft in Indien, wird alle 12 Jahre in Allahabad veranstaltet; das nächste Fest soll dort 2013 stattfinden. (27. Jan bis 25. Feb; Hauptbadetag: 10. Feb).

M **Ramadan**: Der Beginn des Monats, in dem Moslems von Sonnenauf- bis Sonnenuntergang nicht essen, trinken und rauchen dürfen und sexuell abstinent sein sollten. Ungefähre künftige Daten: 21. Aug bis 19. Sep 2009; 11. Aug bis 8. Sep 2010; 1. bis 29. Aug 2011.

M **Id ul-Fitr**: Feier zum Ende des Ramadan. Das Datum richtet sich danach, wann der Neumond gesichtet wird, deshalb lässt es sich nicht genau vorhersagen. Ungefähre Daten (sie können sich um einen oder zwei Tage verschieben): 20. Sep 2009; 9. Sep 2010 und 30. Aug 2011.

M **Id ul-Zuha**: Pilgerfest, um Abrahams Bereitschaft, seinen Sohn Ismail zu opfern, zu gedenken. Man schlachtet und verzehrt ein Schaf. Ungefähre Daten: 1. Dez 2009; 20. Nov 2010 und 9. Nov 2011.

M **Muharram**: Der islamische Monat Muharram ist der zweitheiligste im muslimischen Kalender (nach dem Ramadan). Fest zum Gedenken an das Martyrium des (schiitischen) Imam, Enkel des Propheten und beliebten Heiligen Hussain. Den Höhepunkt bildet Ashura, der 10. Tag im Monat. Ungefähre Daten: 7. Dez bis 4. Jan 2010 und 26. Nov bis 24. Dez 2011.

Die Begleitung eines männlichen Travellers macht einen Riesenunterschied. In diesem Fall kann eine Frau davon ausgehen, dass indische Männer sich an ihn wenden (den sie natürlich für den Ehemann halten – was von Vorteil sein kann).

Nordindische Männer fallen eher dadurch auf, dass sie die Rechte der Frau missachten, als südindische, und die Gefahr eines sexuellen Übergriffes ist im Tiefland von Uttar Pradesh und in Bihar größer als anderswo. Mit der Zeit lernt frau, eine Situation richtig einzuschätzen. Manchmal erregt eine allein herumspazierende Frau so viel Aufmerksamkeit, dass es vielleicht besser ist, ins Hotelzimmer zurückzukehren oder in ein Café zu verschwinden, bis die Verehrerschar das Weite gesucht hat.

Es ist am besten, in der Öffentlichkeit keine (für indische Verhältnisse) gewagte Kleidung zu tragen – ein *salwar kamise* (langes Hemd und Pluderhose) oder schlabberige Kleider und

Hosen sind ideal – und weder zu rauchen noch Alkohol zu trinken. Auf eine unerwünschte Berührung mit einem Abwehrschlag zu reagieren ist völlig in Ordnung. Es lenkt auch die Aufmerksamkeit anderer auf die Situation, sodass vielleicht jemand hilft oder sich zumindest mit dem Übeltäter befasst – ein Mann, der die gesellschaftlichen Regeln missachtet, stößt in jedem Fall auf Missbilligung.

Sexuelle Übergriffe auf Touristinnen sind zwar sehr selten, aber die Zahl gemeldeter Vergewaltigungen nimmt zu. Zu den Vorsichtsmaßnahmen gehören: Nachts einsame, schwach beleuchtete Straßen und Wege meiden; hat man am Tage einen vertrauenswürdigen Rikscha- oder Taxifahrer gefunden, sollte man ihn für die Abendfahrten behalten und nach Möglichkeit jemanden finden, der einen zum Hotel begleitet. Während Inderinnen sich noch immer scheuen, eine Vergewaltigung anzuzeigen – sie wird als Schande für Täter und Opfer betrachtet –, sollten Europäerinnen nie zögern, die Straftat der Polizei zu melden und vor der Weiterreise andere Touristen sowie Einheimische darüber zu informieren, in der Hoffnung, dass Druck seitens der Gemeinde den Täter vielleicht ans Licht und schließlich vor Gericht bringt. Zurzeit gibt es keine Anlaufstelle für Touristinnen, die Opfer eines sexuellen Übergriffs wurden. Die meisten Betroffenen suchen Unterstützung von anderen Reisenden oder fahren nach Hause.

Allein reisende Frauen machen aber in Indien auch durchaus positive neue Erfahrungen. Zum Beispiel nehmen Busfahrer und -schaffner sie nicht selten unter ihre Fittiche, und bei vielen Gelegenheiten stoßen sie auf besondere Freundlichkeit. Frauen sind in einigen Privathäusern willkommener als westliche Männer und lernen am Lehmofen der Familie vielleicht die Feinheiten der indischen Küche kennen.

Auf Busbahnhöfen und Bahnhöfen werden Frauen oft bevorzugt behandelt, denn sie können eine separate „ladies' queue" bilden, sich also einfach an den wartenden Männern vorbeischlängeln. Auch gibt es oft einen Wartesaal nur für Frauen, und in Nachtzügen geschlossene Frauenabteile, die eine Oase der Ruhe darstellen – sofern sie nicht mit lauten Kindern gefüllt sind.

In Hotels sollte man nach „Gucklöchern" in der Tür (und in den Gemeinschaftsbädern) Ausschau halten und beim Umziehen oder Schlafengehen die Vorhänge zuziehen. Und nicht vergessen, Tampons von zu Hause mitzubringen, da sie außerhalb der indischen Städte nur schwer zu bekommen sind.

Geld

Indiens Landeswährung ist die **Rupie**, meist „Rs" abgekürzt, die sich in 100 Paise unterteilt. Es gibt fast nur Papiergeld, und zwar im Wert von 5, 10, 20, 50, 100, 500 und 1000 Rupien. Münzen beginnen bei 10 Paise, dann folgen 20, 25 und 50 Paise sowie 1, 2 und 5 Rupien. Da die Ein- oder Ausfuhr von Rupien offiziell verboten ist (obwohl sie in fast jeder Wechselstube im Ausland erhältlich sind), ist es besser, erst bei der Ankunft Geld zu wechseln.

Banknoten, vor allem mit niedrigerem Nennwert, können sehr mitgenommen aussehen. Nicht akzeptieren sollte man Geldscheine, die eingerissen sind, denn niemand wird sie einem wieder abnehmen. Man kann sie jedoch bei der Reserve Bank of India und in größeren Filialen anderer großer Banken eintauschen. Man sollte sie aber nicht Bettlern geben, da diese nichts damit anfangen können – es wäre eine Beleidigung.

Große Scheine können ein Problem darstellen, da die wenigsten Leute über Wechselgeld verfügen. Viele Inder können es sich nicht leisten, viel Geld herumliegen zu haben. Auch von Ladenbesitzern und Rikschafahrern kann man nicht unbedingt erwarten, dass sie große Scheine wechseln können (und wenn sie Wechselgeld haben, rücken sie es ebenso ungern heraus wie

Wechselkurse

1 €	=	60 Rs	100 Rs	=	1,65 €
1 sFr	=	40 Rs	100 Rs	=	2,40 sFr
1 US$	=	50 Rs	100 Rs	=	2,00 US$

Aktuelle Wechselkurse unter
www.xe.com.

> **Sicher bezahlen mit der Kreditkarte**
>
> Die Kreditkarte darf beim Bezahlen nicht aus den Augen gelassen werden, damit kein zweiter Kaufbeleg erstellt werden kann, auf dem später die Unterschrift gefälscht wird. Sie darf auch niemals in einem Safe, der auch anderen zugänglich ist, verwahrt werden. Schon einige Reisende mussten zu Hause den Kontoauszügen entnehmen, dass während ihrer Abwesenheit hemmungslos eingekauft worden war.

der Fahrgast selbst). Wenn man ein paar Lebensmittel mit einem 100-Rupien-Schein bezahlt, kann es passieren, dass man warten muss, bis der Laufbursche von seiner Runde durch den Ort auf der Suche nach Wechselgeld wieder zurückkehrt. Größere Scheine sind allerdings leichter zu verstauen; sie können in Hotels oder Banken in kleinere umgetauscht werden. Achtung: Der 500-Rupien-Schein ist dem 100-Rupien-Schein täuschend ähnlich.

Kreditkarten und Reiseschecks

Am leichtesten kommt man mit der Kreditkarte an Geld. Alle namhaften Banken in den größeren Städten und Touristenorten haben **Geldautomaten**. Allerdings berechnet der heimische Kartenaussteller wahrscheinlich eine Gebühr fürs Abheben und die indische Bank schlägt auch noch etwas drauf (normalerweise um Rs25). Der Höchstauszahlungsbetrag an Geldautomaten liegt normalerweise bei Rs15 000 pro Tag (etwa 250 €).

Kreditkarten werden in teuren Hotels und Restaurants, einigen Geschäften und bei Fluggesellschaften akzeptiert, sonst aber so gut wie nirgendwo. Am bekanntesten sind American Express, MasterCard und Visa.

Da die Karte leicht verloren gehen oder gestohlen werden kann, ist es sinnvoll, immer ein bisschen Bargeld als Reserve und im Verlustfall die Telefonnummer für die Kartensperre dabeizuhaben. Man sollte sich den Eingang der Verlustmeldung mit Datum und Uhrzeit bestätigen lassen, da ab diesem Moment die Verantwortung für einen etwaigen finanziellen Verlust beim Kreditkarteninstitut liegt.

Notrufnummern und Websites
American Express:
☎ 0049/(0)69/97972000
🖥 www.americanexpress.com/germany
MasterCard:
☎ 000/800/1001087
🖥 www.mastercard.de
Visa: ☎ 000/800/1001219
🖥 www.visa.de

Es ist ratsam, außer Bargeld und Karte auch ein paar **Reiseschecks** (Travellers Cheques) mitzunehmen. Sie sind gegen eine geringe Provision bei jeder Bank erhältlich. Beim Einlösen wird noch einmal eine kleine Gebühr in der Fremdwährung fällig. Reiseschecks haben aber den großen Vorteil, dass sie bei Verlust oder Diebstahl im nächsten Vertragsbüro ersetzt werden.

Wichtig ist, dass für den Nachweis die Kaufabrechnung an einer anderen Stelle aufbewahrt wird als die Schecks, und eine Aufstellung aller bereits eingelösten Schecks, denn diese werden natürlich nicht ersetzt. Allerdings akzeptieren nicht alle Banken Reiseschecks, und wenn, dann zumeist bekannte Namen wie Thomas Cook und American Express.

Banken und Wechselstuben

Bei regulären **Banken**, vor allem staatlichen wie der State Bank of India (SBI), Geld zu wechseln kann zeitraubend sein, da man Formulare ausfüllen und an verschiedenen Schaltern anstehen muss. Deshalb: am besten immer gleich eine größere Summe wechseln.

US-Dollars sind am einfachsten einzutauschen, an zweiter Stelle rangieren Euro und britische Pfund. In Touristengebieten und großen Städten werden auch Schweizer Franken problemlos eingetauscht. Wer mit mehr als US$10 000 oder der entsprechenden Summe in einer anderen Währung nach Indien einreist, muss eine Devisenerklärung ausfüllen.

In größeren Städten und Touristenzentren gibt es **Wechselstuben** (forex bureaux), deren

Kurse meist nicht so günstig sind wie die der Banken. Dafür kann man dort wesentlich unkomplizierter Geld tauschen. Die Höhe der Gebühren ist unterschiedlich – die meisten Banken verlangen einen bestimmten Prozentsatz, viele Wechselstuben verlangen keine und manche eine Pauschalgebühr.

Außerhalb der regulären Öffnungszeiten der Banken (Mo–Fr 10–14 oder 16 Uhr, Sa 10–12 Uhr) wechseln große **Hotels** möglicherweise Geld, normalerweise zu schlechten Kursen. Wechselstuben sind länger geöffnet als Banken. Thomas Cook in Delhi, in der New Delhi Station, hat 24 Std. geöffnet.

Wechselquittungen *(encashment certificates)* sollte man aufbewahren. Sie werden verlangt, wenn man vor Verlassen des Landes übrig gebliebene Rupien zurücktauschen möchte und wenn man mit Rupien Flugtickets kauft oder Zugbetten reserviert.

Überweisungen

Viele größere Postämter sind Vertragspartner von **Western Union**, 🖳 www.westernunion.com. Die Repräsentanten von **Moneygram**, 🖳 www.moneygram.com, sind Trade Wings, Indusind Bank und Thomas Cook. American Express, 🖳 www.americanexpress.com/india, und Thomas Cook, 🖳 www.thomascook.iin, haben Büros in Delhi und Vertretungen in Agra und Jaipur.

Bakschisch

Von vermeintlich reichen Sahibs oder Memsahibs wird wie von wohlhabenden Indern auch Großzügigkeit bei der Gabe von Bakschisch erwartet. Es gibt drei Hauptformen von Bakschisch. Die häufigste ist das **Trinkgeld**, eine kleine Belohnung für einen kleinen Dienst, die jeder – vom Kellner über den Pförtner bis zu der Person, die Passagieren Gepäck auf das Dach eines Busses hievt oder ein Privatfahrzeug bewacht – gern entgegennimmt; Rs10 sind in den genannten Fällen ausreichend. Taxifahrer und das Personal in billigeren Hotels und Restaurants rechnen nicht unbedingt mit einem Trinkgeld, aber wissen es natürlich zu schätzen.

Teurer als Trinkgelder kommt Bakschisch, das man zahlt, um **Gesetze** zu **beugen**, die scheinbar zu eben diesem Zweck eingerichtet worden sind. Zum Beispiel kann es darum gehen, eine historische Sehenswürdigkeit außerhalb der Öffnungszeiten besichtigen zu dürfen, einen Platz oder eine Liege in einem „vollen" Zug zu bekommen oder eine bürokratische Prozedur zu beschleunigen.

Bei der dritten Art von Bakschisch handelt es sich um **Almosen**. In einem Land ohne Wohlfahrtssystem ist dies ein wichtiger gesellschaftlicher Brauch. Die traditionellen Empfänger sind Menschen mit Behinderungen und verstümmelten Gliedern. Es ist sicher richtig, es den Einheimischen gleich zu tun und ihnen Kleingeld zu geben. Bettelnde Kinder sind dagegen ein anderer Fall, denn sie wenden sich ausschließlich an Touristen. Wenn sie einem einen kleinen Dienst erweisen, ist es nur fair, dass sie etwas Geld, einen Kugelschreiber oder Ähnliches bekommen. Erfüllt man aber jede Bitte, werden die Kinder dazu ermutigt, jeden Touristen zu bedrängen.

Gepäck

Die meisten Dinge sind auch problemlos in Indien zu finden, noch dazu billiger als zu Hause. Generell sollte der Rucksack nicht zu schwer werden. Eine Packhilfe gibt es auf S. 73.

Gepäckaufbewahrung

Die meisten Bahnhöfe in Indien verfügen über eine Gepäckaufbewahrung („cloakrooms", manchmal auch „parcel offices" genannt). Sie sind sehr praktisch, wenn man einen Ort besichtigen und noch am selben Tag weiterreisen möchte.

Theoretisch muss man ein aktuelles Zugticket oder einen Indrail Pass vorweisen, um Gepäck zu lagern, aber danach wird nicht immer gefragt. Es kann allerdings sein, dass die Annahme verweigert wird, wenn das Gepäck nicht abzuschließen ist. Verliert man den Gepäckschein,

Gepäck-Checkliste

Kleidung
- [ ] **Feste Schuhe** (für Trekkingtouren reichen Turnschuhe meist aus)
- [ ] **Gummi-** oder **Trekkingsandalen**
- [ ] **Hosen / Röcke** aus Baumwolle, nicht zu eng sitzend
- [ ] **Shorts** (nur für Strände, zum Baden und in Touristenorten)
- [ ] **Hemden oder Blusen**
- [ ] **T-Shirts**
- [ ] **Allwetterjacke** (für die An- und Abreise, kühle Nächte in den Bergen und AC-Busse)
- [ ] **Pullover**
- [ ] **Sonnenschutz**: Hut/Brille (in unzerbrechlicher Box)/Sonnencreme mit hohem Lichtschutzfaktor (in Indien schwer zu finden)
- [ ] **Socken** (für den Abend dichte, nicht allzu kurze Socken als Moskitoschutz)
- [ ] **Unterwäsche** (aus Baumwolle); für Frauen BH
- [ ] **Badekleidung**, für Frauen außerhalb der Touristenzentren einteiliger Badeanzug

Hygiene und Pflege
- [ ] **Zahnbürste**
- [ ] **Zahnpasta** in stabiler Tube
- [ ] **Shampoo**
- [ ] **Nagelschere** und **Nagelfeile**
- [ ] **Nassrasierer**
- [ ] **Kosmetika**
- [ ] **Feuchties** (zur Hygiene unterwegs und wo es kein Wasser gibt)
- [ ] **Tampons**
- [ ] **Kondome**
- [ ] **Nähzeug**

Für einfache Unterkünfte
- [ ] **Seife** im bruchsicheren Behälter
- [ ] **Handtücher**, die schnell trocknen
- [ ] **Waschmittel** in der Tube für alle, die selbst Wäsche waschen
- [ ] **Plastikbürste** zum Schrubben von Wäsche und Schuhen
- [ ] **Kordel** als Wäscheleine oder zum Aufspannen des Moskitonetzes
- [ ] **Klebeband**, um zu packen und Löcher im Moskitonetz zu verschließen
- [ ] **kleine Nägel** oder **Reißzwecken** zum Befestigen des Moskitonetzes
- [ ] **Vorhängeschloss** und **kleine Schlösser** fürs Gepäck)
- [ ] **Moskitonetz**
- [ ] **Schlafsack** (Leinenschlafsack, Bettbezug oder 2 dünne Tücher); so braucht man sich nicht um den Zustand der Bettwäsche im Hotelzimmer zu sorgen
- [ ] **Kopfkissenbezug**

Sonstiges
- [ ] **Adapter**
- [ ] **Reisewecker** oder Handy mit Weckfunktion
- [ ] **Taschenlampe**
- [ ] **Taschenmesser**
- [ ] **Reiseapotheke** (s. S. 76)
- [ ] **Multivitamin-** und **Mineraltabletten**
- [ ] **Ohrenstöpsel** (gegen Straßenlärm im Hotelzimmer und Musik im Bus)
- [ ] **Notizbuch** und **Stifte**
- [ ] **Adressbuch** und **E-mail-Adressen**
- [ ] **MP3-Player**
- [ ] **Handy** und **Ladegerät**
- [ ] **Reisepass**
- [ ] **Impfpass** (oder zumindest eine Kopie davon)
- [ ] **Führerschein**
- [ ] **Geld**
- [ ] **Flugtickets**
- [ ] **Visum**
- [ ] **Reiseführer, Landkarten, Reiselektüre**

gibt es Schwierigkeiten. Bei der Abgabe des Gepäcks sollte man sich vergewissern, dass die Gepäckaufbewahrung geöffnet ist, wenn man es wieder abholen möchte. Die **Standardgebühr** beträgt Rs10 für 24 Std.

Wäsche waschen

In Indien geht niemand in die Wäscherei. Wenn Inder ihre Wäsche nicht selbst waschen, geben sie sie einem **dhobi-wallah**. In jedem Ort gibt es entweder einen *dhobi-wallah* in der Unterkunft oder in deren Nähe. Der *dhobi-wallah* bringt die schmutzige Wäsche zu einem *dhobi ghat*, einem öffentlichen Kleiderwaschbereich (z. B. ein Flussufer), wo sie einem altmodischen Prozess unterzogen wird: Sie wird getrennt, eingeseift und ordentlich in die Mangel genommen, um den Dreck herauszuschlagen. Anschließend wird sie zum Trocknen in die Sonne gehängt und später zu Bügelschuppen getragen, wo jedes Teil mit messerscharfen Bügelfalten versehen und dank geheimnisvoller, versteckter Zeichen seinem rechtmäßigen Besitzer zugeordnet wird. Der *dhobi-wallah* bringt die Kleidung absolut makellos zurück, allerdings macht die raue Behandlung die Wäsche kaputt: Knöpfe gehen verloren, und der Stoff scheuert durch. Wer seine maßgeschneiderten Designerklamotten lieber nicht der Gnade eines *dhobi-wallah* aussetzt, findet in großen Städten auch **chemische Reinigungen**.

Gesundheit

Die medizinische Vorbereitung auf die Reise sollte früh beginnen. Aktuelle Informationen erhält man von einem Reisemediziner, den Landesimpfanstalten und den Universitätsinstituten für Tropenmedizin. Ein Überblick über mögliche Risiken findet sich auf S. 1281

Impfungen

Gesetzlich sind für Indien keine Impfungen vorgeschrieben (nur wer aus einem Gelbfiebergebiet nach Indien einreist, muss eine entsprechende Impfbescheinigung vorlegen), aber es gibt Empfehlungen. Tropeninstitute raten neben den üblichen Vorsorgeimpfungen (**Tetanus**, **Diphtherie**, **Polio**) zu einer Impfung gegen **Hepatitis A**, einer **Malariaprophylaxe** und bei längeren Reisen während der Trockenzeit (Nov–Mai) eine Schutzimpfung gegen **Meningitis**.

Alle Impfungen können notfalls in Delhi, Mumbai und anderen Großstädten vorgenommen werden, man sollte sich aber vergewissern, dass die Nadel steril ist. Impfungen gegen Mumps, Masern, Tbc und Röteln sind für jeden zu empfehlen, der nicht als Kind dagegen geimpft wurde. Krankheiten, für die man keine Impfung benötigt, sind: Pocken (jetzt in Indien praktisch ausgerottet), Cholera (weil die Impfung kaum schützt) und Gelbfieber (nur erforderlich für Afrika).

Reisemedizin im Internet

Wer sich vor dem Besuch beim Reisemediziner schon mal über die Gesundheitsrisiken in Indien kundig machen möchte, findet auf den folgenden Websites Informationen:
Auswärtiges Amt
💻 www.auswaertiges-amt.de
Robert-Koch-Institut
💻 www.rki.de
Centrum für Reisemedizin
💻 www.crm.de
Deutsche Gesellschaft für Tropenmedizin
💻 www.dtg.org
Dt. Ges. für Reise- und Touristik-Medizin
💻 www.drtm-online.de
Die Reisemedizin
💻 www.die-reisemedizin.de
Reisemedizinische Beratung Freiburg
💻 www.tropenmedizin.de
Tropeninstitut Hamburg
💻 www.gesundes-reisen.de
Fit for Travel
💻 www.fit-for-travel.de

Tropenmedizinische Institute
Deutschland
Berlin Spandauer Damm 130, Haus 10, 14050,
📞 030-301166
Dresden Friedrichstr. 39, 01067,
📞 0351-4803801
Düsseldorf Moorenstr. 5, 40225,
📞 0211/8117031
Göttingen Werner-von-Siemens-Str. 10, 37077,
📞 0551-307500
Hamburg Bernhard-Nocht-Str. 74, 20359,
📞 040/428180
Heidelberg Im Neuenheimer Feld 324, 69120,
📞 06221/562905
Leipzig Philipp-Rosenthal-Str. 27, 04129,
📞 0341-9894505

München Leopoldstr. 5, 80802,
📞 089-21803517
Rostock Ernst-Heydemann-Str. 6, 18057,
📞 0381-4940
Tübingen Keplerstr. 15, 72074,
📞 07071-2982365
Ulm, Robert-Koch-Str. 8, 89081,
📞 0731-5024427
Würzburg Salvatorstr. 7, 97074,
📞 0931-7912825

Österreich
Wien Zimmermanngasse 1a, 1090,
📞 01-4038343

Schweiz
Basel Socinstr. 57, 4051
📞 061-2848111.
Telefonische Auskunft vom Band unter
📞 0900-573010 (1,49 sFr./Min.)

Tipps für die Reise

Es kursieren zahlreiche Schauergeschichten über schlimme Krankheiten, die man sich auf einer Indienreise einfangen kann. In Wahrheit sind schwere Erkrankungen eher die Ausnahme als die Regel. Der Standard der **Hygiene** und der sanitären Anlagen hat sich in den vergangenen zehn Jahren erheblich verbessert. Trotzdem ist es natürlich wichtig, die Abwehrkräfte zu stärken und sich der Risiken durch unbehandeltes Wasser, Moskitostiche und offene Wunden bewusst zu sein.

Entscheidend ist, was man isst: Eine einseitige Ernährung schwächt das Immunsystem. Man sollte ein ausgewogenes Maß an Proteinen, Kohlenhydraten, Vitaminen und Mineralien zu sich nehmen. Da man sehr viel schwitzt, sollte man darauf achten, nicht zu viel **Salz** zu verlieren. Es kann auch nicht schaden, täglich Multivitamin- und Mineraltabletten einzunehmen. Vor allem muss man genug essen und für ausreichend Schlaf und Ruhe sorgen.

Der Hygienemangel in Indien wird oft betont. Wer sich aber ständig Sorgen macht, verliert die Freude an der Reise. Gesunder Menschenverstand und bestimmte Vorsichtsmaßnahmen

Was ist mit dem Wasser?

In Indien sollte man generell kein Wasser aus der Leitung trinken. Nicht, weil es besonders verunreinigt wäre (in großen Städten ist es normalerweise gechlort), sondern weil es viele Mikroorganismen enthält, an die Europäer nicht gewöhnt sind und die Verdauungsbeschwerden verursachen können. Allerdings ist es fast unmöglich, unbehandeltes Wasser ganz zu meiden: Es wird zur Herstellung von Eiswürfeln benutzt, die ungebeten in Getränke getan werden, Lassis werden damit gemacht, Küchengeräte damit gewaschen und so weiter.

In Flaschen **abgefülltes Wasser** ist fast überall erhältlich. Es scheint auf den ersten Blick die einfachste und günstigste Lösung zu sein, hat aber auch Nachteile: Zunächst ist das Wasser nicht so sicher, wie es scheint: 2003 wurden bei unabhängigen Tests in Mineralwasserproben führender indischer Marken Rückstände von Pestiziden gefunden, die bis zu einhundervierzigmal höher als die EU-Norm waren. Am schlimmsten verunreinigt waren die Produkte der Top-Abfüller Kinley, Bisleri und Aquaplus. Der zweite große Nachteil von abgefülltem Wasser ist der Plastikmüll. Man muss sich nur die vielen Flaschen vorstellen, die man pro Tag konsumiert, und diese millionenmal multiplizieren. Das Ergebnis sind riesige Berge an nicht abbaubarem Deponiemüll, die Jahr für Jahr allein von Touristen produziert werden.

Die beste Lösung unter den Gesichtspunkten Gesundheit und Umwelt besteht darin, das Wasser selbst zu sterilisieren. Die chemische **Entkeimung** ist dabei die billigste Methode. Jod ist für lange Reisen nicht zu empfehlen, aber Chlortabletten sind sehr effektiv, schnell und preiswert, wobei sich der unangenehme Nachgeschmack mit neutralisierenden Tabletten oder Zitronensaft vermeiden lässt.

Als Alternative kann man sich auch einen **Reinigungsfilter** mit chemischer Entkeimung zulegen, um auch kleinste Viren abzutöten. Immer mehr kompakte und leichte Modelle sind an Ständen und in großen Apotheken erhältlich, wobei sich Schwangere und Menschen mit Schilddrüsenproblemen vergewissern sollten, dass kein Jod als Entkeimungsmittel verwendet wird.

☒ Tipps für eine Reiseapotheke

Basisausstattung
- [ ] Verbandzeug (Heftpflaster, Leukoplast, Blasenpflaster, Mullbinden, elastische Binde, sterile Kompressen, Verbandpäckchen, Dreiecktuch, Pinzette)
- [ ] sterile Einmalspritzen und -kanülen in verschiedenen Größen (mit ärztlicher Bestätigung, dass sie medizinisch notwendig sind, damit man nicht für einen Fixer gehalten wird)
- [ ] Fieberthermometer
- [ ] Kondome
- [ ] Lärmstopp (gegen Lärmbelästigung)
- [ ] Beipackzettel

Malaria-Prophylaxe
- [ ] Chloroquin (z. B. Resochin*, nur für gefährdete Gebiete)
- [ ] Paludrine* (zusätzlich zu Chloroquin, nur für gefährdete Gebiete)
- [ ] Lariam* oder Malarone* zur Standby-Therapie
- [ ] Mückenschutz

Schmerzen und Fieber
- [ ] keine acetylsalicylsäurehaltigen Medikamente, Benuron, Dolormin
- [ ] Buscopan (gegen krampfartige Schmerzen)
- [ ] Antibiotika* gegen bakterielle Infektionen (in Absprache mit dem Arzt)

Magen- und Darmerkrankungen
- [ ] Imodium akut (gegen Durchfall, v.a. vor längeren Fahrten)
- [ ] Elotrans (zur Rückführung von Mineralien; Kinder: Oralpädon Pulver)
- [ ] Dulcolax Dragees, Laxoberal Tropfen (gegen Verstopfung)
- [ ] Talcid, Riopan (gegen Sodbrennen)

Erkrankungen der Haut
- [ ] Desinfektionsmittel (Betaisodona Lösung, Hansamed Spray, Kodan Tinktur)
- [ ] Tyrosur Gel, Nebacetin Salbe RP (bei infizierten oder infektionsgefährdeten Wunden)
- [ ] Soventol Gel, Azaron Stift, Fenistil Tropfen (bei Juckreiz nach Insektenstichen oder allergischen Erkrankungen)
- [ ] Soventol Hydrocortison Creme, Ebenol Creme (bei starkem Juckreiz oder stärkerer Entzündung)
- [ ] Cortison- und antibiotikahaltige Salbe gegen Bläschenbildung nach Quallenkontakt
- [ ] Wund- & Heilsalbe (Bepanthen)
- [ ] Fungizid ratio, Canesten (bei Pilzinfektionen)
- [ ] Berberil, Yxin (Augentropfen bei Bindehautentzündungen)

Erkältungskrankheiten
- [ ] Olynth Nasenspray, Nasivin
- [ ] Dorithricin, Dolo Dobendan (bei Halsschmerzen)
- [ ] Silomat (Hustenstiller)
- [ ] Acc akut, Mucosolvan, Gelomyrtol (zum Schleimlösen)

Kreislauf
- [ ] Korodin, Effortil (kreislaufanregend)

Reisekrankheit
- [ ] Superpep Kaugummis, Vomex

Sonnenschutz mit UVA- und UVB-Filter
- [ ] Ladival Milch bzw. Gel, Ilrido ultra Milch
- [ ] Sonnenschutzstift für die Lippen

Bitte bei den Medikamenten Gegenanzeigen und Wechselwirkungen beachten und sich vom Arzt oder Apotheker beraten lassen.
(* rezeptpflichtig in Deutschland).

---

sind aber angebracht, denn Bakterien verbreiten sich in tropischem Klima sehr schnell, und Europäer sind gegen viele indische Keime nicht immun.

Näheres zum Wasser S. 75, Kasten.

Was das **Essen** anbelangt, so ist besondere Vorsicht bei vorgekochten, wieder aufgewärmten Gerichten geboten – sie waren unter Umständen schon eine ganze Weile der Hitze und den Fliegen ausgesetzt. Das, was in Gegenwart

Ayurvedische Medizin

Ayurveda, ein 5000 Jahre altes, ganzheitliches medizinisches System, wird in Indien vielerorts praktiziert. Ayurvedische Ärzte und Kliniken in größeren Städten behandeln auch Ausländer, und manche Apotheken haben sich auf die Herstellung ayurvedischer Mittel spezialisiert, darunter auch Toilettenartikel wie Seifen, Shampoos und Zahnpasta.

Das Wort *ayurveda* stammt aus dem Sanskrit und bedeutet **"Wissen von der Verlängerung des Lebens"**. Die Lehre geht von der grundsätzlichen Gleichheit von Selbst und Natur aus. Insofern ist Ayurveda ein Verwandter der Wissenschaft des Yoga, die aus derselben Periode der vedischen Philosophie stammt. Er legt großen Wert auf die Harmonie von Geist, Körper und Seele und sieht hinter vielen Krankheiten psychosomatische Ursachen. Anders als die allopathische Medizin des Westens, die darauf basiert, herauszufinden, wo das Leiden liegt, und es dann zu vernichten, betrachtet Ayurveda den ganzen Patienten: Krankheit wird als Symptom für ein Ungleichgewicht angesehen, deshalb wird dieses Ungleichgewicht behandelt, nicht die Krankheit.

Die ayurvedische Theorie besagt, dass der Körper von drei *doshas* (Kräften) kontrolliert wird, die sich ihrerseits aus den fünf Grundelementen Raum, Feuer, Wasser, Erde und Luft zusammensetzen. Beim gesunden Körper befinden sich alle drei Kräfte im für den jeweiligen Typ richtigen Verhältnis zueinander. Um ein Ungleichgewicht zu diagnostizieren, fragt der ayurvedische Arzt *(vaid)* nicht nur nach den körperlichen Beschwerden, sondern auch nach dem familiären Hintergrund, alltäglichen Gewohnheiten und emotionellen Zügen.

Ungleichgewichte werden typischerweise mit Kräuterheilmitteln behandelt, die darauf abzielen, jene der drei Kräfte, die gestört ist, zu verändern. Für gewöhnlich gehört dazu auch die Anwendung von Ölen oder die Einnahme eigens zubereiteter Heilmittel. Die **ayurvedischen Mittel** werden nach traditionellen Rezepten aus einheimischen Pflanzen hergestellt und sind daher billiger als Markenprodukte oder importierte Medikamente. Eine traditionelle, streng vegetarische Diät wird ebenfalls für langfristige Heilerfolge empfohlen. Außerdem verschreibt der Arzt möglicherweise verschiedene Yoga-Reinigungsmethoden, damit der Körper Abfallprodukte los wird. Für Uneingeweihte klingen diese Techniken eher unangenehm – etwa das stückweise Schlucken eines langen Stoffstreifens, den man anschließend wieder herauszieht, um Schleim aus dem Magen zu entfernen.

Ayurvedische **Massagen** mit Kräuterölen, die Linderung für eine Vielzahl von Beschwerden bringen sollen, werden vor allem in Kerala angeboten.

---

des Gastes gekocht oder gebraten (und damit entkeimt) wird, ist in der Regel unbedenklich. Allerdings kann Fleisch manchmal nicht einwandfrei sein, vor allem in Orten, in denen es häufig Stromausfälle (Kühlschrankausfälle) gibt.

Verderbliche Lebensmittel, die einige Zeit ungekühlt draußen gelegen haben, sind auf jeden Fall verdächtig. Kein rohes, ungeschältes Obst und Gemüse essen, auch keinen Salat, bei dem man nicht sicher ist, dass er in eine Jod- oder Kaliumpermanganat-Lösung getaucht wurde. Strohhalme sollte man meiden, da sie meist staubig und gebraucht sind. Als Faustregel gilt: Hält man sich an Cafés und Restaurants mit flottem Service, wo das Essen frisch zubereitet wird, gibt es meist keine unangenehmen Folgen.

Von großer Bedeutung ist auch die **persönliche Hygiene** (häufig die Hände waschen, vor allem vor dem Essen). Alle Wunden müssen sauber gehalten, zum Schutz vor einer Infektion mit Jod oder einem Antiseptikum behandelt und bedeckt werden. Man sollte weder Getränke noch Zigaretten mit Fremden teilen. Ebenfalls nicht ratsam ist es, barfuß herumzulaufen. Am besten trägt man Flipflops, auch in der Dusche.

Ratschläge, wie man sich am besten vor **Moskitostichen** schützt, stehen unter Malaria (S. 1285). Wer dennoch gestochen wird, sollte versuchen, sich nicht zu kratzen. Das fällt zwar schwer, aber andernfalls kann es zu einer Infektion und tropischen Geschwüren kommen. Tiger Balm und auch getrocknete Seife können den Juckreiz lindern.

Medizinische Hilfe vor Ort

Bei kleineren gesundheitlichen Problemen können **Apotheken** weiterhelfen. Die meisten indischen Ärzte sprechen Englisch, und viele Hotels stellen einen Arzt. Die Grundmedikamente werden nach den Standards von Indian Pharmacopoea (IP) hergestellt. Die meisten sind ohne Rezept erhältlich – auf das Verfallsdatum achten!

Der Standard der **Krankenhäuser** ist unterschiedlich. Private Kliniken und Missionskrankenhäuser sind oft besser als staatliche, verfügen aber mitunter nicht über die gleichen Einrichtungen. Krankenhäuser in Großstädten, darunter Universitätskliniken, sind recht gut; Städte wie Delhi, Mumbai und Bangalore bieten eine erstklassige medizinische Versorgung, die allerdings recht kostspielig ist.

Viele Krankenhäuser verlangen von den Patienten (selbst in Notfällen), dass sie das notwendige Material wie Medikamente, Gipsverbände und Impfstoffe selbst kaufen und für Röntgenaufnahmen zahlen, bevor die Ärzte mit der Behandlung beginnen. Allerdings liegen die Kosten für Privatbehandlungen hier erheblich niedriger als im Westen (unbedingt alle Originaldokumente und Quittungen aufbewahren, um ggf. die Unkosten von der Versicherung zu Hause zurückzufordern). Demgegenüber nehmen staatliche Krankenhäuser alle chirurgischen Eingriffe und Nachbehandlungen kostenlos vor, und in den meisten anderen staatlichen medizinischen Einrichtungen sind die Kosten in der Regel so niedrig, dass die Ausgaben für einfache Behandlungen geringer sind als jene für die Auslandskrankenversicherung.

Man ist im Krankenhaus auf die Hilfe eines Freundes angewiesen oder muss eine Abmachung mit einer der Reinigungskräfte treffen, denn normalerweise haben sich Verwandte um den Patienten zu kümmern, ihn zu waschen und ihm Essen zu geben.

Vorsicht ist in Touristenorten wie Agra geboten, denn Berichten zufolge werden Reisende dort mitunter von dubiosen Ärzten über Gebühr zur Kasse gebeten und sogar absichtlich krank gemacht (S. 327).

Adressen der ausländischen Vertretungen (die im Notfall Rat geben) und von Kliniken und Krankenhäusern finden sich unter den praktischen Tipps der jeweiligen Städte.

Informationen

Fremdenverkehrsämter

Die indische Regierung unterhält eine Reihe von Fremdenverkehrsämtern im Ausland, die zahlreiche Broschüren bereithalten. In Indien selbst betreiben sowohl die Bundesstaaten als auch die Kommunen **Touristeninformationen**, die Reisehinweise geben und viel Material vorrätig haben, von Stadtplänen bis zu Hochglanzbroschüren.

Das indische Ministerium für Tourismus, 🖥 www.incredibleindia.org, dessen Hauptbüros sich in New Delhi, 88 Janpath, und in Mumbai gegenüber dem Bahnhof Churchgate befinden, unterhält in den meisten regionalen Hauptstädten eigene Informationsbüros. Diese operieren jedoch unabhängig von den bundesstaatlichen Infoschaltern, den **State Tourism Development Corporations**, die im Allgemeinen unter ihren Initialen bekannt sind (RTDC in Rajasthan, KTDC in Kerala usw.) und eine große Bandbreite an Serviceleistungen anbieten, darunter geführte Touren, Autovermietung und eigene Hotels.

Für zusätzliche Verwirrung sorgt, dass die Tourismusbehörde der indischen Regierung ein eigenes Unternehmen gegründet hat. Die **ITDC** (India Tourism Development Corporation) ist verantwortlich für die Ashok-Hotelkette und bietet einen Tour- und Reiseservice, der oft mit dem der bundesstaatlichen Stellen konkurriert.

Indien-Informationen jeglicher Art sind im **Internet** zu finden – die besten Webseiten sind an den relevanten Stellen im Buch angegeben. Eine besonders gute allgemeine ist 🖥 www.indiamike.com, ein beliebtes Travelforum, das der indophile Mike Szewczyk von seinem Wohnzimmer in New Jersey aus organisiert. Hier finden sich Chat Rooms, Bulletin Boards, Fotoarchive und Reiseberichte von Mitgliedern.

Indisches Fremdenverkehrsamt
India Tourism Frankfurt
Baseler Str. 48, 60329 Frankfurt
069/242949-0, 069/242949-77
info@india-tourism.com
www.india-tourism.com

Landkarten und Stadtpläne

Im Land selbst gute Karten über Indien zu bekommen ist schwierig. Die Regierung verbietet den Verkauf detaillierter Karten von Grenzregionen, wozu die gesamte Küstenlinie und besonders die Grenzgebiete zu Tibet und Pakistan zählen. Streng genommen ist der Besitz einer solchen Landkarte verboten, weshalb man sie nicht in aller Öffentlichkeit zu Rate ziehen sollte. Man bekommt sie aber außerhalb Indiens, und für Wandertouren z. B. in Ladakh, Spiti, Sikkim und Garhwal sind sie nützlich.

Es ist sinnvoll, eine Übersichtskarte von zu Hause mitzubringen, etwa die Karte **Indian Subcontinent** von Bartholomew / Collins im Maßstab 1:4 000 000, die farbig abgestufte Höhenlinien hat und eine zuverlässige Routenkarte für das ganze Land ist. Hildebrand's **Travel Map India, Nepal** im gleichen Maßstab ist ebenfalls gut.

In Zusammenarbeit mit dem World Mapping Project veröffentlicht der britische Reiseverlag Rough Guides eine Regionalkarte von **Südindien** im Maßstab von 1:1 200 000. Die übersichtlich gestaltete und auf reißfestem, wasserbeständigem Plastikpapier gedruckte Karte wurde von den Autoren dieses Buches in der Praxis getestet. **Nelles** deckt mit regionalen Karten im Maßstab 1:1 500 000 Teile des Landes ab. Diese Karten sind hervorragend, mit farbig abgestuften Höhenlinien, Entfernungsangaben und eingefügten Stadtplänen, und weisen sogar die kleinsten Orte aus. Sie können einzeln gekauft werden – das komplette Set kostet ein Vermögen. Auf ihrem Himalaya-Faltplan sind die Straßen und einige Details eingezeichnet, für Trekkingtouren ist diese Karte jedoch nicht ausreichend. **Ttk**, eine Firma mit Sitz in Chennai, publiziert einfache Karten zu den Bundesstaaten, die in Indien fast überall erhältlich sind. Sie sind schlecht gezeichnet, aber immerhin lassen sich aus ihnen die Entfernungen zwischen zwei Orten entnehmen.

Bei der Planung von Zugreisen ist die Karte von Indian Railways auf der Rückseite ihrer Broschüre *Trains at a Glance* (S. 90) hilfreich.

Wer Stadtpläne in einem größeren Maßstab als jenem benötigt, den die Pläne in diesem Buch haben, bekommt sie manchmal von den Tourist Offices. Sowohl Ttk als auch das offizielle indische Landesvermessungsamt Survey of India, Janpath Barracks A, New Delhi 110 001, 011/2332 2288, haben **Stadtpläne** im Maßstab 1:10 000 und 1:50 000, die aber alles in allem weniger akkurat und aktuell sind als die ausgezeichneten A-Z-Stadtatlanten der Eicher-Reihe (nur Delhi, Mumbai, Kolkata, Chennai und Bangalore), die in Indien produziert und in allen guten Buchhandlungen verkauft werden.

Die in den 60er-Jahren vom US Army Map Service produzierten **Trekking-Karten** im Maßstab 1:250 000 sind topografisch immer noch korrekt, weisen aber natürlich die seither gebauten Straßen nicht auf. Auf diesen Landkarten basieren die meisten anderen im Handel erhältlichen. Die Karten des Map Service zu Kanchenjunga, Leh, Palampur (inkl. Bara Bangal, Manali und Lahaul), Tso Moriri (inkl. Tabo, Kaza und Kibber) sowie zu Chini (inkl. Kinnaur und Baspa-Tal) zählen zu den besten überhaupt. Noch besser ist allerdings die hervorragende Karte der Schweizer Stiftung für Alpine Forschung zum Sikkim-Himalaya im Maßstab 1:150 000. Der Survey of India hat ebenfalls eine Sikkim-Karte herausgebracht, die jedoch nicht sehr genau ist.

Die Leomann Maps (Maßstab 1:200 000) zu Srinagar, Zanskar, West-Ladakh, Leh und Umgebung, Dharamsala, Kullu mit Lahaul und Spiti, Garhwal und Kumaon helfen bei der Planung und allgemeinen Orientierung, taugen aber kaum als zuverlässige Wanderkarten, da sie keine Höhenlinien aufweisen. Die für Himalaya-Trekker in Uttaranchal vom Survey of India im Maßstab 1:250 000 publizierten Karten sind sehr vereinfachte Versionen ihrer weitaus detailgetreueren, für militärische Zwecke gedachten Pläne, an die kein Normalsterblicher herankommt.

Internet und E-Mail

In allen großen Städten und Touristenzentren gibt es jetzt mindestens ein paar, wenn Dutzende öffentliche Internet- und E-Mail-Einrichtungen, in der Regel Internet-Cafés, aber auch viele Hotels und Telefonbüros (STD) bieten diesen Service. Die Gebühr liegt typischerweise zwischen Rs20 und Rs60 pro Std. Leider sind die Verbindungen in vielen Lokalen noch ziemlich schlecht, mit uralten Computern und langsamen, unzuverlässigen Leitungen, so dass es schwierig ist, umfangreichere Webseiten herunterzuladen oder Online-Transaktionen (wie die Reservierung einer Bahnfahrkarte) zu tätigen.

Kinder

Inder sind Kindern gegenüber sehr tolerant, deshalb kann man sie praktisch überall hin mitnehmen. Und Kinder helfen oft, das Eis zwischen Fremden zu brechen.

Die Anreise per Flugzeug ist immer beschwerlich, muss aber nicht zum Stress werden. Am lästigsten sind die Wartezeiten auf den Flughäfen. Diese lassen sich allerdings sehr gut nutzen, um sich und die Kinder in den überall vorhandenen Wasch- oder Mutter-und-Kind-Räumen in Ruhe zu waschen, die Zähne zu putzen und die Kleidung zu wechseln, was in den beengten Flugzeugtoiletten nur mit Mühe zu bewerkstelligen ist.

Der Komfort im Flugzeug selbst variiert je nach Fluggesellschaft. Die renommierten bieten „schwebende" Kinderbettchen für Säuglinge, Kinder-Menüs, die vor denen für Erwachsene ausgegeben werden, damit man den Kindern beim Essen behilflich sein kann. Meist gibt es Spiele, Bastelmaterial oder Ähnliches. Es kann aber passieren, dass es weder Milch noch eine Möglichkeit, sie zu erwärmen, gibt, von Babynahrung ganz zu schweigen. Besonders mit einem Kind unter 2 Jahren, das noch keinen Anspruch auf einen Sitzplatz hat, sollte nur eine der großen Fluggesellschaften in Betracht gezogen werden. Der Service ist ungleich besser, und Erwachsene mit Kindern werden beim Aus- und Einsteigen bevorzugt behandelt, was bei Billiganbietern nicht unbedingt üblich ist. In jedem Fall empfiehlt sich eine Ausrüstung mit Windeln, Babynahrung und Wechselwäsche wie für eine Dreitagereise, um für einen unvorhergesehenen Aufenthalt gewappnet zu sein.

Man sollte das Kind vor der Reise gründlich untersuchen lassen und darauf achten, dass es alle erforderlichen Impfungen – einschließlich gegen Kinderkrankheiten – besitzt. Vor allem Kleinkinder müssen besonders vor Sonne, unsauberem Trinkwasser und Hitze geschützt werden, und das ungewohnte Essen kann – auch für ältere Kinder – ein Problem darstellen. Durchfall, der für Erwachsene nur lästig ist, kann bei Kindern lebensgefährlich sein: Eine Elektrolytlösung (S. 1282) ist dann sehr wichtig. Unbedingt erforderlich ist auch, dass das Kind über die Gefahren der Tollwut Bescheid weiß und sich von Tieren fern hält. Evtl. ist eine Tollwutimpfung ratsam. Hinweise zur Malariaprophylaxe S. 1285.

Wer mit einem Baby reist, findet Windeln in den meisten größeren Städten zu ähnlichen

---

☒ Nicht vergessen

- ☐ Reisepass (Kinder jeglichen Alters brauchen für Indien einen eigenen)
- ☐ Impfpass
- ☐ SOS-Anhänger mit allen wichtigen Daten
- ☐ Kleidung – möglichst strapazierfähige, leichte Sachen
- ☐ Wegwerfwindeln
- ☐ Babynahrung
- ☐ Fläschchen für Säuglinge
- ☐ MP3-Player
- ☐ Spiele und Bücher
- ☐ Fotos von wichtigen Daheimgebliebenen gegen Heimweh
- ☐ Kuscheltier (muss gehütet werden wie ein Augapfel, denn ein verloren gegangener Liebling kann allen den Rest der Reise verderben – reiseerprobte Kinder beugen vor, indem sie nur das zweitliebste Kuscheltier mitnehmen)
- ☐ Sonnencreme mit hohem Lichtschutzfaktor
- ☐ Kopfbedeckung

Preisen wie im Westen. Es ist jedoch ratsam, eine Extra-Packung für Notfälle mitzunehmen. Wird das Baby nicht gestillt, gehört auch Trockenmilch ins Gepäck; es gibt sie zwar überall in Indien, aber sie schmeckt dort u. U. anders. Für den Notfall sollte man auch ein paar Päckchen Trocken-Babynahrung im Gepäck haben, die in heißem, abgekochtem Wasser aufgelöst werden kann – zu bekommen in jedem Café oder bei einem *chai-wallah*.

Für Touren, Wanderungen und Spaziergänge sind Babyrückentragen ideal; es gibt sie mittlerweile auch mit integriertem Moskitonetz. Es sollte nur so viel Gepäck wie unbedingt nötig mitgenommen werden. Wenn das Kind noch klein ist, sollte man auch einen zusammenklappbaren Buggy einpacken, vor allem, weil es darin schlafen kann, solange die Erwachsenen mit Essen etc. beschäftigt sind. Kinder unter zwei Jahren zahlen im Flugzeug 10 % (ohne Anspruch auf einen Sitzplatz) und Kinder unter 12 Jahren 50 % des Erwachsenentarifs.

Medien

Indien produziert für seine gut über eine Milliarde Einwohner mit einer Alphabetisierungsrate von mehr als 60 % sage und schreibe 4700 Tageszeitungen in über 300 Sprachen und weitere 39 000 Zeitschriften. Es gibt eine große Zahl von **englischsprachigen Tageszeitungen**. Die bekanntesten nationalen sind *The Hindu, The Statesman, Times of India, The Independent, Economic Times* und *Indian Express* (in der Regel am regierungskritischsten). *Asian Age,* die gleichzeitig in Indien, London und New York erscheint, ist eine konservative Boulevardzeitung. Alle großen indischen Zeitungen haben **Websites** (s. Kasten), wobei die der *Times of India*, der *Hindustan Times* und der *The Hindu* die aktuellsten und ausführlichsten Nachrichten liefern.

Die indische Presse ist die freieste Asiens. Die Regierung wird oft unverblümt angegriffen. Dennoch sind die meisten Zeitungen, wie im Westen auch, Teil des politischen Establishments und drucken kaum etwas, was den „nationalen Konsens" in Gefahr bringen könnte.

Nachrichten online

www.guardian.co.uk/india
Hochwertige Beiträge zeichnen diesen „Special Report"-Teil der preisgekrönten Webseite des Guardian, die auch Links zu ihrem Archiv mit indischen Artikeln und ein exzellentes Dossier zu Kashmir bietet. Zugang kostenlos.

indiatoday.digitaltoday.in
Die Homepage des meistverkauften indischen Nachrichtenmagazins.

www.samachar.com
Eine der besten Nachrichtenseiten, enthält Schlagzeilen und Links zu führenden indischen Zeitungen.

www.tehelka.com
Alternatives Nachrichtenmagazin, berühmt/berüchtigt für die Aufdeckung von Korruptionsskandalen in der Regierung.

timesofindia.indiatimes.com
www.hinduonline.com
www.hindustantimes.com
www.deccanherald.com
Die vier Websites der wichtigsten indischen Tageszeitungen haben ausführliche landespolitische Teile.

Es gibt auch eine Reihe von **Nachrichtenmagazinen** im Stil von *Time* und *Newsweek*. Die besten sind das unabhängige *India Today* und das von *The Hindu* herausgegebene *Frontline*.

Filmfan- und -klatschblätter sind sehr beliebt (*Screen* und *Filmfare* sind die besten.)

Ausländische Veröffentlichungen wie die *International Herald Tribune, Time, Newsweek, The Economist* und die internationale Ausgabe des *Guardian* sind in den großen Städten erhältlich (die meisten Zeitungen haben aber auch Internet-Seiten, wo die Tagesausgabe kostenlos gelesen werden kann). **Deutsche Zeitungen und Zeitschriften** findet man im Goethe-Institut in Mumbai (Adresse siehe im Ortskapitel).

Die **Deutsche Welle** ist in Indien auf verschiedenen Frequenzen, vor allem in den Abendstunden, über Kurzwelle zu empfangen. Aktuellen Frequenzen unter www.dwelle.de. Von lokalen Sendern und in vielen Hotels werden

Teile der DW-Hörfunk- und Fernsehprogramme per Satellit ausgestrahlt.

Die staatliche **Fernsehgesellschaft** Doordarshan, die anspruchsvolle Programme sendet, muss mit dem plötzlichen Massenzugang zu **Kabel- und Satelliten-TV** konkurrieren und verliert seitdem zunehmend an Boden. Die Hauptanbieter auf Englisch ist Rupert Murdochs Star TV, zu dem der BBC World Service und Zee TV, das einen Mix von Hindu-Klatschgeschichten, Film-, Nachrichten- und Musikprogrammen bietet, gehören. Weitere Sender sind CNN, National Geographic, MTV, der Discovery Channel, der ungemein populäre Channel V, der von spärlich bekleideten Models aus Mumbai und DJs moderiert wird, und eine wachsende Zahl annehmbarer Spielfilmkanäle wie Star Movies, HBO und AXN.

Post

Post kann zwischen drei Tagen und vier Wochen von oder nach Indien unterwegs sein, je nach dem, wo man sich aufhält. Im Durchschnitt braucht sie 10 Tage. Briefmarken sind nicht teuer: Aerogramme und Postkarten kosten, egal wohin, das Gleiche. Am besten lässt man die Post vor den eigenen Augen abstempeln. Die meisten **Postämter** haben Mo-Fr von 10-17 und Sa von 10-12 Uhr geöffnet, aber die Hauptpostämter in den großen Städten, wo sich normalerweise der Poste-restante-Schalter befindet, haben längere **Öffnungszeiten** (Mo-Fr 9.30-18, Sa 9.30-13 Uhr). Briefmarken kann man auch in großen Hotels kaufen.

Poste-restante-Service (postlagernd) ist im ganzen Land recht zuverlässig, allerdings legen die einzelnen Postämter nach eigenem Gutdünken fest, wie lange sie Briefe aufbewahren. Bei Zeiträumen von über einem Monat ist es daher sinnvoll, auf dem Brief das voraussichtliche Ankunftsdatum des Adressaten zu vermerken. Briefe werden alphabetisch geordnet. In größeren Postämtern geht man sie selbst durch. Um eine falsche Ablage zu vermeiden, muss der Name leserlich geschrieben sein: Familienname in Großbuchstaben und unterstrichen, dennoch vorsichtshalber auch unter dem Vornamen nachgucken. Briefe sollten folgendermaßen adressiert sein: Name, c/o Poste Restante, GPO (wenn das Hauptpostamt gewünscht wird), der Name der Stadt und des Bundesstaates. In Delhi ist es wahrscheinlich ratsam, „GPO, New Delhi" anzugeben, denn mit „GPO, Delhi" ist das Hauptpostamt von Old Delhi gemeint, das für die meisten Touristen eher ungünstig liegt. Manchmal sind die örtlichen Touristeninformationen praktischer als das GPO, z. B. in Kolkata (Kalkutta). Nicht vergessen, zur Abholung den Pass mitzunehmen!

American-Express-Büros bewahren ebenfalls Post für Inhaber von Amex-Reiseschecks oder -Kreditkarten auf.

Pakete sollte man sich nicht nach Indien schicken lassen – die Gefahr besteht, dass sie verloren gehen. Wenn es sich nicht vermeiden lässt, sollte man sie sich wenigstens per Einschreiben schicken lassen.

Ein Paket von Indien aus zu verschicken ist sehr aufwendig: Zunächst muss man es auf der Post vom Zoll abfertigen lassen (er kümmert sich oft nicht darum, aber man sollte sich besser vergewissern). Anschließend bringt man es zu einem Schneider und macht einen Preis aus, damit er es in billigen Baumwollstoff hüllt (den man unter Umständen selbst besorgen muss), zusammennäht und mit Wachs versiegelt. In den GPOs der großen Städte warten meistens Personen vor dem Haupteingang, die so etwas erledigen. Als Nächstes bringt man das Paket zum Postamt, füllt die erforderliche Zollerklärung aus (am besten kreuzt man an, dass es sich um ein Geschenk handelt, und gibt einen Wert von unter Rs1000 oder „no commercial value" an, um bürokratische Verwicklungen zu vermeiden), klebt sie auf, kauft die Briefmarken und lässt sie abstempeln. Dann ist das Paket versandfertig. Pakete sollten nicht mehr als 1 m lang und nicht schwerer als 20 kg sein. Auf dem Seeweg ist das Porto unglaublich billig, und das Paket ist durchschnittlich drei Monate unterwegs – es kann aber auch nur halb so lange oder aber viermal so lange dauern. Es ist eine gute Möglichkeit, Übergepäck und Souvenirs loszuwerden, doch man sollte auf diesem Weg nichts Zerbrechliches versenden.

Bücher und Zeitschriften können billiger als **Drucksache** („book post") verschickt werden, wenn der Umschlag oder das Päckchen nicht verschlossen ist oder durch einen Packpapierstreifen zusammengehalten wird. Als Alternative zur Post gibt es zahlreiche **Kurierdienste**, die jedoch nicht so zuverlässig sind, wie sie sein sollten, und es hat Beschwerden über verloren gegangene Pakete gegeben. Am sichersten ist es, auf international bekannte Unternehmen wie DHL zurückzugreifen. Luftpostpakete sind teuer. Nicht vergessen, dass alle Pakete aus Indien zu Hause wahrscheinlich Verdacht erregen und durchsucht oder geröntgt werden: also nichts Riskantes schicken!

Reisende mit Behinderungen

Behinderungen sind in Indien weit verbreitet. Viele sind die Folge von Krankheiten, die im Westen heilbar wären wie etwa der grauer Star, aber auf dem Subkontinent zu lebenslanger Behinderung führen, weil die Betroffenen sich keine medizinische Behandlung leisten können. Behinderte haben kaum Chancen, einen Job zu bekommen. Meist haben sie nur die Wahl, von der Familie versorgt zu werden oder auf der Straße um Almosen zu betteln.

Für behinderte Reisende hat das durchaus positive Auswirkungen, denn Inder reagieren auf Behinderungen nicht mit derselben Verlegenheit wie manche Westler. Andererseits findet man so gut wie nie einen Rollstuhl neuerer Technik oder eine Behindertentoilette (die großen Flughäfen verfügen meist über beides, allerdings ist die Toilette nicht immer in einem benutzbaren Zustand), und die Straßen sind voller Hindernisse, die ein Blinder oder ein Rollstuhlfahrer allein kaum bewältigen kann. Der Bordstein ist oft hoch, das Pflaster uneben und von Müll übersät, und Rampen gibt es nicht, dafür Schlaglöcher und offene Abwasserkanäle. Manche der teureren Hotels besitzen Rampen für Gepäck und Lieferungen, die sich manchmal auch für Rollstühle eignen.

Gehbehinderte werden mit den vielen voll gestellten, holprigen Gehwegen und steilen Treppen in Indien zu kämpfen haben. Ein weiteres Problem sind die vielen Menschen, die einem etwas verkaufen wollen (und die nur schwer abwimmeln kann, wer z. B. an Krücken geht). Das viele Anstehen und die Hitze kosten viel Energie, daher kann ein leichter Klappstuhl von unschätzbarem Wert sein.

Inder sind aber in der Regel sehr hilfsbereit, wenn jemand etwa nicht allein in den Bus einsteigen kann oder nicht die Treppe hochkann. Taxis und Rikschas sind preiswert und flexibel, und einem behinderten Fahrgast, der eines für den ganzen Tag mietet, hilft der Fahrer bestimmt beim Ein- und Aussteigen. Wer einen Führer einstellt, kann ebenfalls damit rechnen, dass dieser bei Treppen und Hindernissen hilft.

Völlige Unabhängigkeit ist ein Ding der Unmöglichkeit, doch in Begleitung eines nicht behinderten Reisepartners ist eine Indienreise durchaus machbar. Es gibt auch einige Pauschalreiseveranstalter, die sich speziell an Behinderte wenden. In jedem Fall ist es sehr wichtig, vor der Buchung mit dem Veranstalter genau abzuklären, welche Bedürfnisse man hat. Außerdem sollte man sicher gehen, dass ein Versicherungsschutz besteht.
Nähere Informationen über Behindertenreisen bekommt man über die unten stehenden Organisationen. Eine gute **Suchmaschine** für Menschen mit Handicap ist 🖳 www.metareha.de. Ebenfalls hilfreich: die amerikanische **Datenbank** 🖳 www.access-able.com.

Nationale Koordinationsstelle Tourismus für Alle (NatKo)
Kirchfeldstr. 149, 40215 Düsseldorf
📞 0211/3368001, ✆ 3368760
✉ info@natko.de, 🖳 www.natko.de

Mobility International Schweiz (MIS)
Froburgstrasse 4, 4600 Olten
📞 062/2068835, ✆ 2068839
✉ info@mis-ch.ch, 🖳 www.mis-ch.ch

Schwule und Lesben

Homosexualität wird in Indien eigentlich nicht akzeptiert und findet meist im Geheimen statt. Die homosexuelle Szene geriet 1998 mit der

Schwul-lesbische Kontaktadressen

Bombay Dost, 🖥 www.bombaydost.com
Unterhält landesweite Kontakte und publiziert auch die Vierteljahreszeitschrift *Bombay Dost* (Rs50) mit Nachrichten und nützlichen Informationen zu schwulen und lesbischen Themen.

Gay Bombay, 🖥 www.gaybombay.org
Unbürokratische Hilfe, Chat, Hintergrundinfos und Adressen für Gays in Mumbai.

Good As You,
🖥 www.geocities.com/goodasyoubangalore
Gaysupportgruppe in Bengaluru (Bangalore). Unterhält auch eine Helpline: ☎ 080/22230950 (geschaltet Di und Fr 19–21 Uhr).

Humrahi, 🖥 www.geocities.com/WestHollywood/Heights/7258
Forum für Schwule in New Delhi.

Humsafar Trust, 🖥 www.humsafar.org
Eigentlich eingerichtet, um für Safer Sex unter Schwulen zu werben, aber auf der Webseite finden sich auch zahlreichee Links und aktuelle Infos.

Indian Dost, 🖥 www.indiandost.com
Indirnweite Kontakte und Infos.

Queer India, 🖥 queerindia.blogspot.com
Interessanter Blog zu indischen Schwulenthemen.

Sangini, 🖥 members.tripod.com/~dating_service/sangini.html
In New Delhi beheimatete Lesbenhilfsgruppe; Informationen und Unterstützung, auch eine Helpline: ☎ 011/26851970; Di 18–20 Uhr.

Sappho, ☎ 033/24419995, 🖥 sappho.shoe.org
Lesbenhilfsgruppe in Kolkata.

Timeless India Delhi, ☎ 011/2617 4205, 🖥 www.timelessexcursions.com
In Delhi ansässiger Tourveranstalter, der eine gay-freundliche Rundfahrt durch Rajasthan und Kreuzfahrten durch die Backwaters von Kerala anbietet.

---

indienweiten Ausstrahlung des höchst umstrittenen Films *Fire* von Deepa Mehta ins Rampenlicht. Da der Film das traditionelle heterosexuelle Familienleben in Frage stellt, verursachte er großen Aufruhr und wurde in einigen Bundesstaaten verboten.

Für Lesben wird es eher schwierig sein, mit Gleichgesinnten in Kontakt zu kommen. Selbst die indische Frauenbewegung (Indian Women's Movement) behandelt lesbische Liebe nicht als ein Thema, für das es sich einzusetzen gilt. Die einzigen öffentlichen Vertreter einer versteckten Szene sind die unten aufgeführten Organisationen und einige wenige nationale Frauenvereinigungen.

Männliche Homosexualität beschränkt sich inzwischen nicht mehr nur auf die Alternativszene von Schauspielern und Künstlern und wird in der städtischen Mittel- und Oberschicht zunehmend akzeptiert.

Wer sich in den größeren Städten umhört, vor allem in Bengaluru (Bangalore) und Mumbai, findet schnell heraus, welche Clubs und Bars zur Szene gehören. Auch bei den im Kasten gelisteten Organisationen ist Näheres zu Gay-Eents und -Partys zu erfahren.

Sicherheit

Trotz der erdrückenden Armut und der Kluft zwischen Arm und Reich ist Indien alles in allem ein sicheres Reiseland. Touristen sind jedoch eine beliebte Zielscheibe von Dieben (unter denen sich möglicherweise auch einige Traveller befinden).

Vorsicht ist an bevölkerten Orten wie Bussen oder Zügen angebracht, wo **Taschendiebe** leichtes Spiel haben – an manchen gehört das Aufschlitzen von Taschen fast schon zum Alltag. Nicht selten werden Neuankömmlinge auch mit Juckpulver eine Weile außer Gefecht gesetzt. Und natürlich darf man keine Wertsachen unbeaufsichtigt am Strand lassen, wenn man schwimmen geht. Rucksäcke in Schlafsaalunterkünften sind ebenfalls begehrte Beute. Dasselbe gilt für Gepäck auf dem Dach von Bussen. Selbst **Affen** müssen hier erwähnt werden – es ist nicht ungewöhnlich, dass sie Dinge aus Hotelzimmern mit geöffneten Fenstern stehlen oder sogar nichts ahnenden Spaziergängern Taschen von der Schulter reißen.

Budgettraveller tun gut daran, ein **Vorhängeschloss** dabeizuhaben – geeignet zum Abschließen der Zimmertüren in billigen Hotels. Zusammen mit einer längeren Kette kann man damit das Gepäck auch an Sitze oder Gepäckhalter in Zügen ketten. Wertsachen auf Busfahrten oder Flügen nicht im Gepäck verstauen, sondern immer bei sich tragen! Befindet sich das Gepäck auf dem Dach eines Busses, sollte man sich vergewissern, dass es gut gesichert ist. Die Zeit kurz vor dem Aussteigen ist in Zügen und Bussen die günstigste Zeit für Diebe. Deshalb muss man dann besonders gut auf seine Sachen und auf Ablenkungsmanöver achten; Gepäck auch nie in die Nähe offener Fenster stellen! Nicht vergessen: Beliebte Touristenstrecken sind auch beliebte Diebesstrecken! In seltenen Fällen werden Ausländer mit Drogen betäubt und anschließend ausgeraubt. Es ist daher ratsam, von Mitreisenden oder Zufallsbekanntschaften angebotene **Lebensmittel und Getränke höflich abzulehnen**. Es sei denn, man konnte sich selbst davon überzeugen, dass diese sich unbeschadet das Gleiche einverleibten.

Trotz allem sollte man nicht überängstlich werden, sondern immer ruhig bleiben und dem gesunden Menschenverstand vertrauen. Die Kriminalitätsrate in Indien ist weitaus niedriger als in westlichen Ländern. Gewaltverbrechen gegen Touristen sind extrem selten. Die wenigsten Menschen, die sich einem auf der Straße nähern, hegen böse Absichten. Die meisten wollen etwas verkaufen (auch wenn das nicht immer sofort erkennbar ist), ihr Englisch ausprobieren, eine ausländische Frau kennen lernen, eine europäische Anschrift in ihrem Adressbuch stehen haben oder ein Foto mit einem Ausländer drauf machen.

Wer sich irgendwie bedroht fühlt, sollte unverzüglich Hilfe suchen. Deutlich erkennbare Schalter der **Touristenpolizei** *(tourism police)* befinden sich in Hauptbahnhöfen, vor allem in ausgesprochenen Touristenzentren – dort ist die Touristenpolizei auch am zentralen Busbahnhof vertreten. Auch vor den Toren manch vielbesuchter Sehenswürdigkeit findet sich mitunter ein gut gekennzeichneter Stand der Touristenschützer.

Vorsicht vor **Kreditkartenbetrügereien**; eine Kreditkarte kann dazu benutzt werden, Duplikate anzufertigen, so dass dann Beträge für fiktive Transaktionen vom Konto abgebucht werden. Deshalb sollte man darauf bestehen, dass die Karte vor den eigenen Augen durchgezogen wird und sie keinen Augenblick unbeaufsichtigt in fremden Händen lassen.

Es ist ratsam, etwa 100 Euro getrennt vom Rest der Reisekasse aufzubewahren, zusammen mit der Quittung für Reiseschecks, der Versicherungs- und Telefonnummer für evtl. Forderungen und eine Kopie der Reisepassseiten, die die persönlichen Angaben und das Indienvisum enthalten. Das ist eine große Hilfe, falls man alle Wertsachen verliert.

Wenn es zum Schlimmsten kommt und man ausgeraubt wird, sollte man zunächst so schnell wie möglich die örtliche **Polizei** informieren. Es ist höchst unwahrscheinlich, dass sie die gestohlenen Sachen wieder auftreibt, aber man braucht ihren Bericht, um später die Reiseversicherung in Anspruch nehmen zu können. Man sollte sich adrett anziehen und auf eine zähe Verhandlung gefasst sein – vor allem Stadtpolizisten sind meist von den vielen Reisescheck- und Versicherungsbetrügereien schon abgestumpft.

Der **Verlust des Reisepasses** bereitet echt Ärger, bedeutet aber nicht unbedingt das Ende der Reise. Man meldet den Verlust unverzüglich der Polizei, die daraufhin die immens wichtige Bescheinigung über eine Strafanzeige *(complaint form)* ausstellt, die man braucht, um herumzureisen und in Hotels einzuchecken und um irgendwelche Ausgaben für die Beschaffung neuer Papiere später bei der Versicherung geltend zu machen. Mit der *complaint form* kann man aber kein Geld und keine Reiseschecks wechseln.

Wer pleite ist, bittet am besten den Hotelmanager um ein Darlehen (das Personal wird den Pass beim Einchecken gesehen haben, und die Nummer wird im Fremdenbuch stehen). Als Nächstes ruft man die Botschaft oder das nächste Konsulat in Indien an (S. 54).

Drogen

Future is black if sugar is brown
(Indisches Antidrogenplakat)

Indien ist ein Zentrum für den Anbau von **Cannabis** und in weniger großem Umfang von **Opium**, und Derivative dieser Drogen sind leicht zu bekommen. *Charas* (Haschisch) wird überall im Himalaya angebaut. Der Konsum von Cannabis wird von ehrbaren Indern missbilligt – wenn einer in einem Film eine *chillum* raucht, handelt es sich mit Sicherheit um den Bösewicht. Sadhus hingegen ist es gesetzlich erlaubt, *ganja* (Marihuana) als Teil ihrer religiösen Hingabe an Shiva, der dessen narkotische Wirkung ursprünglich entdeckt haben soll, zu rauchen.

Bhang (ein Mittel, das aus Marihuanablättern zubereitet wird und angeblich manchmal halluzinogene Beigaben wie Stechapfel enthält) ist legal und überall in *bhang shops* erhältlich. Es wird benutzt, um Süßigkeiten und Getränke wie das für seine Stärke berüchtigte *bhang lassi* zuzubereiten, das schon so manchen unvorsichtigen Touristen umgehauen hat. *Bhang shops* verkaufen oft auch *ganja,* minderwertiges *charas* und Opium *(chandu),* hauptsächlich aus Rajasthan und Madhya Pradesh. Auch die Opiumderivate Morphium und Heroin sind relativ leicht erhältlich. „Brown sugar", der Touristen nicht selten auf der Straße angeboten wird, ist drittklassiges **Heroin**. In den Städten steigt unter der armen Bevölkerung die Zahl der Drogensüchtigen bedrohlich an. Varanasi gilt inzwischen als die Stadt mit dem größten Heroinproblem. Der Konsum anderer, illegaler Drogen wie LSD, Ecstasy und Kokain beschränkt sich weitgehend auf Touristen in Partyorten wie Goa.

Alle genannten Drogen mit Ausnahme von *bhang* werden vom indischen Gesetzgeber scharf überwacht. Wer mit weniger als 5 g Cannabis erwischt wird und nachweisen kann, dass es für den eigenen Konsum bestimmt war, bekommt eine Haftstrafe von maximal sechs Monaten, aber es dauert manchmal Jahre, bis der Fall vor Gericht verhandelt wird (zwei Jahre sind die Regel, acht Jahre schon vorgekommen).

Polizeirazzien sind besonders in den folgenden Orten und Transportmitteln gang und gäbe: in Manali, im Kullu-Tal und in Almora sowie in Bussen, die von diesen Orten nach Delhi fahren, vor allem zur Erntezeit; in Bussen und Zügen, die bestimmte Bundesstaatsgrenzen überqueren, besonders jene zwischen Gujarat und Maharashtra; in Budgethotels im Viertel Paharganj in Delhi; an den Stränden von Goa und um Idukki und Kumily in Kerala. „Gleich eine Strafe zahlen" wird eventuell bei der Festnahme akzeptiert – es bedeutet allerdings wahrscheinlich, dass man alles vorhandene Geld abgeben muss. Sitzt man aber erst einmal auf der Wache ein, ist kaum noch etwas zu retten. Eine kleine Zahl der in indischen Gefängnissen Schmachtenden sind wegen Drogenbesitzes einsitzende Ausländer.

Normalerweise muss man Pässe persönlich beantragen und abholen, aber wenn man festsitzt, ist es gewöhnlich möglich, die erforderlichen Formulare per Post zugeschickt zu bekommen. Zur Abholung muss man allerdings selbst zur Botschaft oder zum Konsulat gehen.

„Behelfspässe" sind der billigste Ersatz, aber in der Regel sind sie nur für die wenigen Tage der Rückreise gültig. Wer nicht sicher ist, wann er Indien verlässt, muss den kostspieligeren „vollwertigen Pass" beschaffen. Dieser kann nur von den Botschaften in Delhi und größeren Konsulaten in Mumbai ausgestellt werden, nicht von jenen in Chennai, Kolkata oder Panjim.

Sport

Kaum jemand assoziiert mit Indien wahrscheinlich sofort Sport – bei den Olympischen Spielen 2004 in Athen gewann Indien nur eine einzige Medaille. Doch **Kricket**, Hockey und Fußball haben hier alle ihren angestammten Platz. Kricket ist mit Abstand am beliebtesten und ein schönes Beispiel dafür, wie etwas Urenglisches zu etwas Urindischem wurde.

Pferderennen können für einen Tagesausflug unterhaltsam sein, besonders wenn man Tumult und Aufregung mag. Am begehrtesten ist die

Pferderennbahn von Kolkata, die oft mehr als 50 000 Besucher anlockt, vor allem am Neujahrstag. Weitere Rennbahnen gibt es im ganzen Land, überwiegend in großen Städten wie Mumbai, Delhi und Pune. Lokalzeitungen und jedes Stadtmagazin geben bekannt, wann Pferderennen stattfinden.

Ein weiterer (hauptsächlicher) Zuschauersport ist **Polo**, das ursprünglich aus dem nördlichen Kashmir stammt, sich aber von den Briten übernommen zu einem der Symbole des Raj entwickelte. Die Prinzen von Rajasthan galten in den 30er-, 40er- und 50er-Jahren als die besten Polospieler der Welt. Heutzutage spielt in erster Linie die Armee Polo. Der beste Ort, um einen Wettkampf zu sehen, ist der Delhi Gymkhana im Winter. Mehr oder weniger in seiner ursprünglichen Form wird Polo noch in Ladakh auf kleinen Bergponys gespielt; das Anfang September in Leh abgehaltene Ladakh Festival ist eine Möglichkeit, das Spiel in seiner traditionellen Form zu verfolgen.

Nach Jahren der Flaute feiert **Hockey**, das Indien regelmäßig olympische Medaillen beschert hatte, ein Comeback. Die große Ausbeute an Medaillen hatte in den 60ern ein Ende, als der internationale Hockey Kunstrasen einführte, der für Indien ein ungewohnter Boden war (und immer noch ist). Dennoch ist Hockey nach wie vor sehr beliebt, vor allem in Schulen und Colleges.

Die Situation der **Leichtathletik** verbessert sich ständig, so dass Indien heutzutage mit Sprinterinnen der Weltklasse aufwarten kann. **Volleyball** ist ein in ganz Indien beliebter Volkssport, und Mitspieler sind fast immer willkommen. **Fußball** ist ähnlich populär, vor allem zur heiß umkämpften nationalen Meisterschaft. Die besten Mannschaften sind in Kolkata ansässig und umfassen drei legendäre Vereine: Mohan Bagan, East Bengal und Mohamadan Sporting, von denen jeder seine begeisterten Fans hat. Im Unterschied zu den meisten anderen beschäftigen diese Teams professionelle Spieler, darunter sogar ausländische, die überwiegend aus Afrika kommen.

Tennis ist in Indien schon immer ein Sport der Mittelklasse gewesen und erfreut sich in dem Maße, in dem diese Klasse sich ausdehnt, zunehmender Beliebtheit. Das Land kann mit ein oder zwei Weltklassespielern aufwarten, z. B. dem Duo Bhupati und Paes, die im Männerdoppel 1999 für kurze Zeit den ersten Platz auf der Weltrangliste einnahmen.

Golf ist äußerst beliebt – wiederum in der Mittelklasse – und in Indien relativ preiswert. Der zweitälteste Golfplatz der Welt befindet sich in Kolkata und einer der am höchsten gelegenen bei Shimla.

Kabadi, ein Spiel, bei dem zwei Mannschaften à sieben Spieler versuchen, die Gegner auf einem eingegrenzten Spielfeld unter unaufhörlichen „kabadikabadikabadi"-Rufen zu „fangen", ist ein traditionelles indisches Freizeitvergnügen. Es ist zwar bislang ein Amateursport, wird aber sehr ernst genommen und in bundesstaatlichen und nationalen Meisterschaften ausgetragen. Inzwischen ist Kabadi sogar Teil der Asian Games. In Südindien ist diese Sportart nicht so beliebt wie im Norden.

Indisches Ringen, auch *kushti* genannt, ist der Lieblingssport der Anhänger des Affengottes Hanuman. Die als *pahalwaans,* das heißt „starke Männer", bezeichneten Ringkämpfer kann man zum Beispiel an den *ghats* von Varanasi oder Kolkata frühmorgens beim Training beobachten.

Telefon

Nationale und internationale Telefongespräche lassen sich einfach und schnell bei jedem der unzähligen privaten Telefonbüros führen. Es gibt sie selbst im kleinsten Dorf, erkennbar am „STD/ISD"-Schild *(standard trunk dialling/international subscriber dialling)*. Viele bieten auch Fax- und E-Mailservice an. Manche haben rund um die Uhr geöffnet.

Sowohl nationale als auch internationale Verbindungen werden selbst gewählt. Wenn

Internationale Vorwahlen	
Indien	0091
Deutschland	0049
Österreich	0043
Schweiz	0041

man **ins Ausland telefonieren** möchte, wählt man die „00", die Landesvorwahl, die Ortsvorwahl (ohne die Anfangsnull) und die gewünschte Rufnummer. Nach dem Gespräch zahlt man – abgerechnet wird nach Sekunden. Die Preise unter den privaten Anbietern variieren, sind aber normalerweise etwas höher als bei den offiziellen Telekommunikationsbüros. Telefongespräche vom Hotel aus sind in der Regel teurer. Von Mo–Sa 8–19 Uhr sind die Verbindungen sehr teuer, sonntags, feiertags und täglich von 7–8 und 19–20.30 Uhr kosten sie nur noch die Hälfte. Nach 20.30 Uhr wird es noch billiger.

Inzwischen kann man in Indien von fast allen öffentlichen Telefonzellen aus ein **Gespräch per Kreditkarte** oder ein **R-Gespräch** über einen Operator herstellen (Home Country Direct Service). Wenn das Telefon keine Home-Country-Direct-Taste hat, wählt man gebührenfrei „000", dann die Landesvorwahl und die Zahl „17".

Mobiltelefone

Da die Gebühren für Gespräche vom und ins **Mobilnetz** in Indien wesentlich günstiger sind als in westlichen Ländern, melden sich viele ausländische Touristen für die Zeit ihrer Reise bei einem lokalen Netzbetreiber an. Dazu muss man in einem Mobiltelefonladen eine indische SIM-Karte kaufen, die ca. Rs150 kostet, hinzu kommen Gebühren für eine Zusatzkarte (Rs150–500). Die Verkäufer beraten über die verschiedenen Mobilfunkanbieter und helfen beim Aufbau der Verbindung. Hauptanbieter in den einzelnen Bundesstaaten ist jeweils eine der großen Gesellschaften Airtel, BPL oder !dea (früher AT&T). Wer sich innerhalb der Netzabdeckung seines Anbieters bewegt, kommt bei den Gebühren für SMS und Gespräche billig davon. Außerhalb jenes Netzbereichs muss dagegen zusätzlich eine Roaming-Gebühr bezahlt oder bei einer Reise in einen anderen Bundesstaat jedes Mal eine neue SIM-Karte gekauft werden. Es ist zu beachten, dass beim Roaming sowohl für den Anrufer als auch für den Angerufenen Gebühren fällig werden.

Indischen Handynummern sind zehnstellig und beginnen mit 9. Wer von außerhalb des Staates, in dem das Mobiltelefon angemeldet wurde, anruft (aber nicht vom Ausland aus), muss davor noch eine Null wählen.

Transport

Die Verkehrsverbindungen zwischen den Städten sind in Indien vielleicht nicht die schnellsten oder bequemsten, aber sie sind billig, reichen mehr oder weniger in jeden Winkel und lassen einem oft die Wahl zwischen Zug und Bus, manchmal Flugzeug und seltener sogar dem Schiff. Der Nahverkehr ist sogar noch vielfältiger, und reicht etwa in Kolkata von Rikschas, die noch von barfüßigen Männern gezogen werden, bis zu einem nagelneuen U-Bahnnetz.

Egal ob man den Land- oder Schienenweg, öffentliche oder private Verkehrsmittel bevorzugt – Indien bietet die Chance, einige echte Klassiker auszuprobieren: Schmalspurbahnen, Dampflokomotiven, Ambassador-Wagen und Enfield-Bullet-Motorräder. Manche Leute kommen sogar nur ihretwegen nach Indien!

Eisenbahn

Eine Bahnfahrt zählt zu den klassischen Erfahrungen einer Indienreise. Das **Schienennetz** überzieht fast das ganze Land. Nur einige wenige Gebiete wie die gebirgigen Regionen von Sikkim, Ladakh, Uttarakhand und der Großteil von Himachal Pradesh lassen nicht sich mit der Bahn erreichen. Auch wenn das Bahnsystem

---

Net2phone

Einige Internet-Cafés in den größeren Städten bieten den sogenannten Net2phone-Service an, mit dem man unglaublich billig internationale **Telefongespräche über das Internet** führen kann. Ein Gespräch nach Europa oder in die USA kostet nur Rs3. In den Regionalkapiteln sind Net2phone-Anbieter aufgeführt, aber es werden ständig mehr, sodass es sich lohnt, Ausschau nach dem Logo zu halten.

chaotisch erscheint: Es funktioniert und zwar in der Regel besser als erwartet.

Natürlich haben die Züge oft Verspätung, manchmal um Stunden, aber sie fahren. Und wenn der Zug, auf den man gewartet hat, in den Bahnhof rollt, wird sich die Reservierung, die man am anderen Ende des Landes einige Wochen zuvor getätigt hat, auf der an den Waggon geklebten Liste finden.

Bedenken sollte man, dass die Fahrten nicht selten zwölf Stunden oder länger dauern und man mit einem Nachtzug Hotelkosten spart. Wer nachts fährt, sollte aber stets sein Gepäck am Bett anschließen. Zu diesem Zweck befindet sich normalerweise unter der unteren Liege ein Kettenschloss. Die Website von **Indian Railway**, 🖳 www.indianrail.gov.in, ist eine ausgezeichnete Infoquelle für aktuelle Preise, Fahrpläne und die Verfügbarkeit von Schlafwagenplätzen.

In Indien gibt es drei grundsätzliche Arten von Passagierzügen. Touristen benutzen es am ehesten **Fernzüge** („Express" oder „Mail" genannt) und die flinkeren klimatisierten **Schnellzüge** („superfast" genannt), darunter die verschiedenen Rajdhani Express Trains, die Delhi mit Städten im ganzen Land verbinden, und die Shatabdi Express Trains. Letztere verkehren tagsüber zwischen größeren Städten, die nicht weiter als acht Fahrstunden voneinander entfernt liegen. Daneben gibt es auch furchtbar langsame **Regionalzüge**, die überall halten, man aber nur für abgelegene Ziele braucht. Zusätzlich zu diesen Zugtypen sind auch noch ein paar reine Touristenbahnen und andere Spezialzüge im Einsatz, etwa der berühmte *Palace on Wheels* und die Spielzeugeisenbahn nach Darjeeling (Näheres dazu S. 845).

Bahnklassen

Indian Railways unterscheidet zwischen nicht weniger als **sieben Klassen** von Passagierzügen. Die verschiedenen Züge haben unterschiedliche Waggons, allerdings hat man auf den Hauptstrecken meist nur die Wahl zwischen vier Arten.

Die einfachste und billigste Klasse, in der die meisten Inder reisen, ist die **2. Klasse ohne Reservierung** (oder „second seating"). Diese Klasse hat sehr einfache Waggons mit harten Holzbänken und kann tagsüber unglaublich voll werden – auf einer kurzen Strecke am Tag lässt sich das aushalten. Für längere Strecken und Nachtfahrten eignet sie sich nicht. Immerhin sind die Tickets so billig, dass die Fahrt praktisch nichts kostet.

Angenehmer und nur um die Hälfte teurer ist die Fahrt im **2. Klasse-Schlafwagen** („sleeper class"). Hier gibt es offene Abteile mit sechs gepolsterten Liegen, die sich tagsüber in Sitze verwandeln lassen. Die Plätze müssen reserviert werden, auch für Tagesfahrten, deshalb sind diese Züge nicht so hoffnungslos überfüllt wie die in der 2. Klasse ohne Reservierung. Trotzdem ist meist ziemlich viel los dank der Verkäufer, Musikanten, Bettler und Putzleute, die durch jedes Abteil kommen. Für Nachtfahrten ist diese Klasse aber okay.

Die Züge der **1. Klasse** haben bequeme, wenn auch etwas mitgenommene, nicht klimatisierte Abteile mit zwei bis vier Betten. Allerdings soll diese Klasse abgeschafft werden und kommt nur noch in wenigen Zügen vor.

Die anderen vier Klassen haben alle AC (es gibt sie ausschließlich in Fern- und Schnellzügen). Klimatisierte **Waggons mit Sesseln** (oft als "CC" bezeichnet für *chair car*) findet man eigentlich nur in Schnellzügen. Die bequemen, verstellbaren Sitze sind nur für Tagesfahrten geeignet, da sie sich nicht in Liegen verwandeln lassen. Normalerweise sind sie in Nachtzügen auch gar nicht vorhanden. Die Shatabdi-Expresszüge bestehen ausschließlich aus CC-Waggons (klimatisierten *ordinary chair cars* und, zum doppelten Preis, klimatisierten *executive chair cars*).

Es gibt drei Klassen klimatisierter Schlafwagen: Die billigste, die **3. Klasse AC**, hat offene Abteile mit Dreierliegen – im Grunde dasselbe wie der Schlafwagen 2. Klasse, aber mit Klimaanlage. Etwas mehr Platz bietet die weit verbreitete **2. Klasse AC**, die über vier Pritschen verfügt. Am komfortabelsten ist die **1. Klasse AC** mit Privatabteilen für 2 oder 4 Personen, Teppichboden und relativ präsentablen Bädern – allerdings kann eine Fahrkarte fast soviel kosten wie ein Flugticket.

In den meisten AC-Zügen wird das Bettzeug ohne Aufpreis gestellt. Und im Fahrpreis der Rajdhani- und Shatabdi-Züge sind Trinkwasser, Snacks und einfache Mahlzeiten enthalten.

Die indische Eisenbahn in Zahlen

Indien hat mit einem Schienennetz von mehr als 60 000 km Länge das zweitlängste Eisenbahnnetz der Welt. 14 000 Lokomotiven sorgen täglich für den Transport von etwa 12 Mio. Fahrgästen. Mit rund 1,6 Mio. Beschäftigten ist die indische Eisenbahn der größte Arbeitgeber der Erde. Leider gibt es auch ein paar Zahlen, auf die das indische Verkehrsministerium weniger stolz sein kann: Jährlich passieren nämlich 400 bis 500 **Unfälle** (mit 700–800 Todesopfern). Damit gilt die indische Eisenbahn weltweit als die gefährlichste. Zugreisende können sich aber trösten: Es ist wesentlich sicherer, die Bahn als den Bus zu nehmen, denn laut offizieller Statistik sterben auf den Straßen des Landes jeden Tag durchschnittlich 233 Menschen (85 000 im Jahr).

Frauenabteile *(ladies' compartments)* gibt es in allen Nachtzügen. sie sind meist eng, aber Touristinnen bieten sie Zuflucht vor unerwünschten Männerblicken. Außerdem sind sie eine gute Gelegenheit, mit Inderinnen ins Gespräch zu kommen. Manche Bahnhöfe haben auch Wartesäle nur für Frauen.

Fahrpläne und Tickets

Am einfachsten lassen sich Fahrpläne, Preise und freie Plätze im Internet checken: 🖥 www.indianrail.gov.in. Ansonsten enthält aber auch *Trains at a Glance* (Rs30), das von Indian Railways herausgegeben und zweimal jährlich aktualisiert wird, die Fahrpläne aller Fern- und Schnellzüge. Die Broschüre ist an den Informationsschaltern und Zeitungsständen aller Hauptbahnhöfe erhältlich.

Alle **Fahrpreise** werden genau nach der Strecke berechnet. In *Trains at a Glance* ist eine Tabelle mit Preisen pro Kilometer abgedruckt, außerdem sind die Entfernungen der Bahnhöfe entlang der Routen angegeben. Man kann den Grundfahrpreis also selbst ausrechnen. Eine Preisübersicht findet sich auch im Internet. Als Anhaltspunkt: Die derzeitigen Preise einer Bahnfahrt von Delhi nach Agra (195 km) sind Rs79 (2. Klasse ohne Reservierung), Rs121 (2. Klasse Schlafwagen), Rs266 (Chair Car), Rs311 (3. Klasse AC), Rs427 (2. Klasse AC) und Rs756 (1. Klasse AC).

Reservierungen

Es ist wichtig, Zugfahrten im Voraus zu planen, da die Nachfrage es oft unmöglich macht, am geplanten Abfahrtstag noch ein Ticket für eine längere Strecke zu bekommen (wenngleich das neue Tatkal-Quotensystem die Sache ein wenig einfacher macht). Traveller mit wenig Zeit kaufen die Fahrkarten für die Weiterreise gleich nach der Ankunft, um nicht noch einmal zum Bahnhof marschieren zu müssen. In den meisten großen Bahnhöfen werden auch Tickets für Fahrten verkauft, die in einem anderen Ort beginnen. Indian Railways hat leider keine Vertretung mehr in Deutschland, es gibt aber die Möglichkeit der Online-Buchung (S. 91).

Wer ein **Ticket reservieren** möchte, muss zuerst im Buchungsbüro ein kleines Formular ausfüllen: Name, Alter und Geschlecht, vorgesehenes Reisedatum und gewünschter Zug (unter Angabe des Zugnamens und der Zugnummer, die normalerweise deutlich sichtbar in der Reservierungshalle des Bahnhofs angeschrieben stehen). In den meisten Bahnhöfen werden die Reservierungen per Computer erledigt, und man erfährt sofort, ob Plätze frei sind oder nicht.

Die **Reservierungsbüros** der großen Bahnhöfe sind in der Regel Mo–Sa 8–20 und So 8–14 Uhr geöffnet. In größeren Städten haben die Hauptbahnhöfe spezielle **Touristenabteilungen** mit hilfsbereitem, Englisch sprechendem Personal eingerichtet, um die Warteschlangen für Ausländer zu verkürzen. Anderswo kann der Kauf eines Tickets längere Wartezeiten bedeuten. Frauen können sie oft umgehen, indem sie einfach an die Spitze der Schlange gehen und dort eine eigene „ladies' queue" aufmachen. Einige Bahnhöfe haben ein Wartenummernsystem, so dass man sich einen Tee holen oder den Fahrplan studieren kann, bis die gezogene Nummer aufgerufen wird. Eine gute Idee ist es auch, den Ticketkauf einfach von jemand anderem erledigen zu lassen. Viele Reisebüros bieten diesen Service gegen eine annehmbare Gebühr (meistens um Rs30–50). Oder man fragt in der Unterkunft, ob jemand behilflich sein kann.

Die Website 🖳 www.irctc.co.in bietet neuerdings die Möglichkeit, Bahnfahrkarten **online zu reservieren**. Die Seite ist gut, wenn auch langsam, und nur während der indischen Büroöffnungszeiten zugänglich. Es werden Reservierungen bis zu 60 Tage im Voraus angenommen. Ist die Fahrt gebucht, kann man sein E-Ticket ausdrucken (oder mehrere, für diverse Fahrten). Beim Einsteigen ist das Tickte zusammen mit dem Reisepass vorzuzeigen.

Sind für den gewünschten Zug keine Plätze mehr vorhanden, hat man verschiedene Möglichkeiten: Zum einen werden einige Sitzplätze und Betten für Touristen zurückgehalten – beim Touristenschalter oder Stationsvorsteher nach der „**tourist quota**" fragen! Diese Plätze sind gewöhnlich nur in den großen oder den Ausgangsbahnhöfen erhältlich. Klappt es damit nicht, gibt es noch andere spezielle Quoten, wie eine für „Notfälle" *(emergencies)*, die erst am Abfahrtstag bekannt gegeben werden und möglicherweise ungenutzt bleiben. Eine weitere Alternative mit Zuschlag ist das sogenannte Tatkal-Ticket (S. 92).

RAC-Tickets („Reservation Against Cancellation") verschaffen ein Vorrecht auf einen Schlafwagenplatz, falls einer storniert wird. Mit einem RAC-Ticket darf man in den Zug steigen und einen Sitzplatz besetzen, bis der Schaffner einem einen Liegewagenplatz zuweist.

Die ungünstigste Variante ist ein Wartelisten-Ticket (zu erkennen an dem Buchstaben „W" vor der Passagiernummer), mit dem man zwar in den Zug darf (ausgenommen Shatabdi- und Rajdhani-Züge), aber nicht in den reservierten Bereich. In diesem Fall sucht man so schnell wie möglich den Schaffner auf. Man kann ihn vielleicht überreden, einen freien Platz (so vorhanden) für einen zu finden. Ansonsten besteht, vor allem in den Ausgangsbahnhof, als letzter Ausweg noch die Möglichkeit, den Schaffner mit etwas Bakschisch dazu zu be-

Indrail-Pässe

Indrail-Pässe, die Ausländer und im Ausland lebende Inder kaufen können, beinhalten alle Fahrt- und Reservierungskosten für einen Zeitraum von einem halben bis zu 90 Tagen. Selbst wenn man viel reist, sind sie wesentlich teurer, als wenn man die Tickets einzeln kauft (vor allem in der 2. Klasse). Dafür sparen sie einem das Schlangestehen und ermöglichen es, problemlos und kostenfrei Reservierungen zu tätigen oder zu stornieren.

Ein Railpass verschafft einem aber auch leichter einen Sitzplatz oder ein Bett in einem „vollen" Zug. So haben Passinhaber ein Vorrecht auf „tourist quota"-Plätze. Indrail-Pässe sind in Indien gegen US-Dollar an den Touristenschaltern der Hauptbahnhöfe erhältlich.

	1. Kl. Schlafwagen oder Chair Car		1. Klasse oder AC		2. Klasse	
	Erw.	Kind	Erw.	Kind	Erw.	Kind
4 Tage*	220	110	110	55	50	25
7 Tage	270	135	135	68	80	40
15 Tage	370	185	185	95	90	45
21 Tage	396	198	198	100	100	50
30 Tage	495	248	248	125	125	63
60 Tage	800	400	400	200	185	95
90 Tage	1060	530	530	265	235	120

Preise in US-Dollar
*Nur außerhalb Indiens erhältlich. Kinder unter 5 Jahren fahren umsonst.

wegen, einem einen nicht reservierten Platz zu „reservieren".

Eine andere Möglichkeit ist, ein **Tatkal-Ticket** zu ergattern. Unter diesem Programm wird eine Quote von 10 % der Plätze in den meistfrequentierten Fernzügen zurückbehalten, die in allen Büros mit Computersystem gebucht werden können. Die Tickets werden fünf Tage vor Abfahrt des Zuges ab 8 Uhr ausgestellt, mit einem Zuschlag von Rs150 für *sleeper* oder *chair car* und Rs300 für 1. Klasse oder AC-Schlafwagen. Der Haken ist, dass der gesamte Preis der Verbindung bezahlt werden muss – auch wenn man nur eine Teilstrecke fährt. Tatkal lohnt sich also nicht, wenn man etwa mit dem Guwahati–Kanniyakumari Express nur von Trichy nach Madurai fahren will. Wer dagegen einen Großteil der Strecke zurücklegen möchte, bekommt mit an Sicherheit grenzender Wahrscheinlichkeit auch kurzfristig noch eine Fahrkarte, besonders wenn man sich schon am Tag vor der Abreise darum kümmert, denn vielen Einheimischen sind diese Tickets zu teuer.

Eine der Strecken, auf denen sich Tatkal für Reisende aus dem Ausland anbietet, ist die Route **Mumbai–Goa** mit der Konkan Railway, denn die Standardtickets sind bereits Wochen im Voraus ausgebucht und daher für gerade in Indien eingetroffene Touristen erhältlich (sofern man sie nicht bereits im Heimatland zu Höchstpreisen bei einer Vertretung von Indian Railways gebucht hat).

Die einzige Alternative zur Reservierung ist, ein Ticket für die 2. Klasse *unreserved* zu kaufen, in den Zug einzusteigen und den Schaffner zu fragen, ob irgendwo noch ein Platz frei ist. Das ist natürlich reine Glückssache und für längere Fahrten nicht zu empfehlen, auf kürzeren Strecken aber machbar. Man muss aber auf jeden Fall im Besitz irgendeines gültigen Tickets sein, bevor man in den Zug steigt, sonst ist eine Strafe fällig. Und wer eine Fahrkarte für einen *unreserved*-Zug gekauft hat, aber im Schlafwagen reist, muss Rs60 Strafe und die Differenz zahlen, selbst wenn der Schlafwagen nicht voll besetzt ist.

Tourist Trains und andere Sonderzüge

Nach dem Vorbild des Orientexpress bietet Indian Railways zu exorbitanten Preisen Pauschalreisen in zwei luxuriösen Touristenzügen an. Das Aushängeschild ist der **Palace on Wheels**, ein mit allen Annehmlichkeiten versehenes Märchen aus Tausendundeiner Nacht. Die einwöchige Fahrt (1x wöchentl. von Sep–April) führt von Delhi über Jaipur, Jodhpur, Jaisalmer und Udaipur via Agra zurück nach Delhi und kostet alles inklusive rund US$4680 p. P. für die gesamte Strecke. Außerhalb der Saison (Sep und April) gibt's Preisnachlass. Der ähnliche *Heritage on Wheels* unternimmt eine viertägige Fahrt durch Jaipur, Shekhawati und Bikaner (Sep–April; ab US$880).

Die von der ältesten Dampflok der Welt gezogene *Fairy Queen* fährt zwei Tage lang für rund US$1660 pro Tag von Okt–Feb 2x monatlich durch Ost-Rajasthan nach Alwar und zum Sariska-Tigerreservat. Eine Fahrt im herrlich altmodischen *Royal Orient* von Delhi durch Süd-Rajasthan nach Gujarat (Okt–März) ist ebenfalls für US$1660 pro Tag zu haben.

Eine Fahrt im *Palace on Wheels* und *Heritage on Wheels* kann bei RTDC, Bikaner House, Pandara Road, New Delhi, ✆ 011/23381884, gebucht werden; die Fahrt in der *Fairy Queen* beim Tourism Directorate, Rail Bhawan, New Delhi, ✆ 011/23383000; und die Fahrt im *Royal Orient* beim Tourism Corporation of Gujarat, II Floor, A–6, State Emporia Complex, Baba Kharak Singh Marg, New Delhi, ✆ 011/23364724. Online-Buchung unter 🖥 www.indiarailtours.com.

Es gibt auch einige **Schmalspurbahnen** (oft als „toy train" bezeichnet), besonders in die Hill Stations Darjeeling (inzwischen eine Weltkulturerbe-Linie), Shimla, Matheran und Ootacamund.

Flüge

Wegen der großen Entfernungen innerhalb des Landes gerät man leicht in Versuchung, das Flugzeug zu nehmen, ungeachtet der damit verbundenen Kosten. Ein Flugzeug braucht für die Strecke Delhi–Chennai nur 2 1/2 Std., die Bahn dagegen 36 Std.

Verspätungen und Ausfälle können den Zeitvorteil zwar relativieren (vor allem auf Kurzstrecken), aber wer wenig Zeit hat und trotzdem große Entfernungen zurücklegen möchte, kann das nur mit dem Flugzeug. Außerdem sind in den letzten Jahren etliche private Fluggesellschaften auf dem indischen Markt aufgetaucht, so dass jetzt mehr Flugzeuge auf mehr Strecken verkehren als je zuvor.

Einen Flug zu buchen kann zeitraubend sein. Deshalb ist es sinnvoll, die Reservierung von einem Hotel oder Reisebüro erledigen zu lassen – Adressen zuverlässiger Veranstalter sind im Buch gelistet. Wer keinen bestätigten Sitzplatz hat, sollte so früh wie möglich am Flughafen erscheinen. Selbst wer einen hat, muss ihn auf jeden Fall 72 Stunden vor Abflug bestätigen. Die Fluggesellschaften unterhalten in allen Orten, die sie anfliegen, Büros oder offizielle Vertretungen, auch diese sind im Buch genannt. Kinder unter zwölf Jahren zahlen die Hälfte, Kinder unter zwei Jahren (je eines pro Erwachsenem) 10 % des vollen Preises.

Es gibt so viele Fluggesellschaften, dass es praktisch unmöglich ist, generelle Angaben bezüglich der Preise zu machen. Ein Flug auf begehrten Strecken kann extrem günstig sein. Billigairlines wie Air Deccan bieten Flüge von Delhi nach Mumbai schon für rund US$50. Am besten erkundigt man sich bei möglichst vielen Gesellschaften.

Auf dem indischen Flugmarkt passiert derzeit so viel, dass einige der hier genannten Gesellschaften vielleicht schon nicht mehr existieren. Die Situation wird noch komplizierter durch die Fusion der beiden großen staatlichen Gesellschaften Air India und Indian Airlines (mit ihren jeweiligen Töchtern, Air-India Express und Alliance Airways). Zwar haben beide schon im August 2007 fusioniert, aber es wird angenommen, dass es mindestens bis Ende 2009 dauern wird, bevor sämtliche Unternehmeszweige verschmolzen sind. Auch die beiden führenden privaten Gesellschaften Kingfisher und Air Deccan hegen Fusionspläne.

Fluggesellschaften

Air Deccan, 🖳 www.airdeccan.net
Indiens erste Billigfluglinie. Sie hat den Preiskampf eröffnet, indem sie Flüge ohne jegliche Extras einführte. Fliegt 35 Ziele in Indien an, oft zu Schnäppchenpreisen.

Air India, 🖳 www.airindia.com
Das indische Aushängeschild auf dem internationalen Flugmarkt bietet auch ein paar Flüge zwischen Mumbai und Delhi, Kolkata, Bangalore, Chennai und Thiruvananthapuram an.

Air-India Express, 🖳 www.airindiaexpress.in
Der Billigableger von Air India hat eine begrenzte Zahl von Inlandsflügen im Angebot.

Go Air, 🖳 www.goair.in. Billigfluglinie mit guten Verkehrsverbindungen in Südindien.

Indian Airlines, 🖳 www.indian-airlines.nic.in
Die staatliche indische Inlandfluggesellschaft bedient landesweit über 140 Strecken.

IndiGo, 🖳 book.goindigo.in
Eine der neueren und kleineren privaten Gesellschaften, fliegt landesweit 14 Destinationen an.

Jet Airways, 🖳 www.jetairways.com.
Die größte private Airline verkehrt auf vielen der wichtigeren Routen von Indian Airlines und hat in der Regel einen effizienteren, aufmerksameren Service als die staatliche Fluggesellschaft.

JetLite (ehemals Air Sahara),
🖳 www.jetlite.com
Gehört inzwischen Jet Airways. In Delhi beheimatet, operiert aber landesweit.

Kingfisher Airlines, 🖳 www.flykingfisher.com
Indiens Antwort auf Virgin Atlantic, im Mai 2005 vom Bierbaron Vijay Mallya gegründet. Kingfisher verspricht ein ausgefalleneres Flugerlebnis als die Konkurrenz. Seine Flugzeuge heißen „Funliners" und sind mit Designerpolstern ausgestattet; es werden nur Stewardessen eingesetzt, sogenannte „flying models".

Spicejet, 🖳 www.spicejet.com
In Delhi beheimatet; niedrige Preise statt kleiner Aufmerksamkeiten.

Busse

Züge sind zwar das Haupttransportmittel in Indien und oft komfortabler als Busse, aber es gibt Orte, in die gar keine Züge fahren (wie in die meisten Täler des Himalaya) oder die auf dem

Schienenweg nur mühsam zu erreichen sind (wie der Großteil von Rajasthan). Busse fahren fast überall hin und verkehren häufiger als Züge (allerdings fast immer tagsüber). Wer den Bus nimmt, spart sich für gewöhnlich auch die umständliche Ticketreservierung.

Die Busse unterscheiden sich ganz erheblich in Preis und Ausstattung. Die staatlichen sind ziemlich heruntergekommen und bis zum Dach mit Menschen, Kleinvieh und Gepäck gefüllt. Sie decken aber die meisten Strecken ab, sowohl lange als auch kurze. Auf viel befahrenen Routen zwischen großen Städten und Urlaubsorten gibt es in der Regel zusätzlich private Busunternehmen, die mehr Beinfreiheit, getönte Fensterscheiben und verstellbare Sitze bieten. Kleinere private Busgesellschaften sind aber manchmal nur halblegal und im Falle einer Panne völlig hilflos.

Einen Hinweis auf den Grad an Komfort gibt die Bezeichnung des Busses. **„Ordinary"** haben meist kaum gepolsterte, nicht verstellbare, harte Sitze. **„Deluxe"** oder **„Luxury"** sind ziemlich austauschbare Begriffe. Manchmal steht „Deluxe" für einen Bus, der sein Verfallsdatum längst überschritten hat. Der eine oder andere Bus wird auch als ein „2 by 2" angepriesen, was bedeutet, dass es sich um einen Luxusbus mit jeweils nur zwei Sitzen beiderseits des Ganges handelt. Auf staatliche Busse bezogen, bedeuten diese Bezeichnungen jedoch nicht unbedingt einen Unterschied zu den „Ordinary"-Bussen. Private Busse dieses Namens sollten allerdings einen weicheren, verstellbaren Sitz haben. Man kann das bei der Buchung herausfinden und sollte auch fragen, ob der Bus über eine Musikanlage und einen Videorekorder verfügt – wenn ja, ist an Schlaf nicht zu denken. Auf den hinteren Plätzen spürt man übrigens schlechte Straßen stärker. Aus Sicherheitsgründen sollte man möglichst im mittleren Bereich des Busses sitzen.

Das **Gepäck** wird bei privaten Bussen im Bodenraum verstaut – gegen eine „Sicherheitsgebühr" von Rs5–10. In staatlichen kann man es in der Regel in eine Ecke des Busses stopfen, wo es nicht stört, allerdings wird man manchmal gebeten, es auf das Dach zu packen. Dann sollte man sich vergewissern, dass es gesichert ist (am besten schließt man es selbst an oder schaut zu, wie es befestigt wird) und nicht in Gefahr ist, total zusammengequetscht zu werden. Ein kleines Bakschisch für denjenigen, der es oben für einen verstaut, ist angebracht.

Ein **Busticket** ist leichter zu besorgen als ein Zugticket, auch wenn es in großen Busbahnhöfen manchmal mehr als 20 Schalter gibt, von denen jeder für eine andere Strecke zuständig ist. Beim Kauf des Tickets erfährt man das Kennzeichen des Busses und bekommt manchmal eine Platznummer. Wie in Bahnhöfen auch können Frauen eine separate, schnellere „ladies' queue" bilden. In einen normalen staatlichen Bus darf man auch ohne Fahrkarte steigen, und in Busbahnhöfen außerhalb der großen Städte kann man gewöhnlich ohnehin erst im Bus zahlen. Express- und private Busse können meist und sollten auch reserviert werden, und es empfiehlt sich, vorher genau zu klären, wo der Bus abfährt. Man kann notfalls auch bei privaten Unternehmen erst im Bus zahlen, aber die Aussichten auf einen Sitzplatz sind dann geringer.

Schiffe

Abgesehen von Flussfähren verkehren innerhalb Indiens nur wenige Schiffe. Von Kolkata (Kalkutta) und Chennai fahren Schiffe zu den Andamanen, und auch zwischen den Inseln der Andamanen gibt es einen Schiffsverkehr. In Kerala fahren einige reguläre Passagierboote von Alappuzha und Kollam aus, darunter der beliebte „Backwatertrip" zwischen den beiden Städten. Nur auf dem Wasserweg erreichbar sind die Sunderbans im Ganges-Delta südlich von Kolkata.

Autos

Es ist weitaus üblicher, dass Touristen in Indien herumgefahren werden, als dass sie selbst fahren. Autovermietungen stellen in der Regel Autos mit Chauffeur, und Taxis sind zu günstigen Tagessätzen zu haben.

Ein über die Tourist Offices vermitteltes **Auto mit Fahrer** einer Autovermietung vor Ort oder Filiale von Hertz, Budget oder Europcar kostet um 38 € pro Tag. Bei längeren Reisen schläft der Fahrer im Auto. Die großen internationalen Firmen sind die beste Wahl für Selbstfahrer. In Indien verlangen sie etwa 30 % weniger als mit Chauffeur, wobei eine Kaution von Rs1000 hinterlegt werden muss. Zahlt man den Wagen schon zu Hause, kann es weitaus teurer werden.

Autofahren in Indien ist nichts für Anfänger. Wer selbst fährt, sollte immer auf das Unerwartete gefasst sein. In Indien herrscht Linksverkehr, aber kaum jemand hält sich an Verkehrsregeln. Ein ungeschriebenes Gesetz lautet: Der Stärkere hat immer Recht.

In den Städten herrscht Verkehrschaos: Fahrzeuge scheren ohne Warnung ein und aus; Fußgänger, Radfahrer und Kühe bewegen sich sorglos mitten auf der Straße. Auf dem Land sind die Straßen eng, stark reparaturbedürftig und voll von überladenen Tata-Lastern, die niemandem ausweichen; auch Ochsenkarren oder Ziegenherden können die gesamte Straße blockieren. Um zu überholen, hupt man – der Fahrer vor einem gibt ein Signal, wenn es sicher ist. Wenn nicht, bewegt er seine Hand mit der Innenfläche nach unten rauf und runter. Zahllose Schlaglöcher verhindern eine gemütliche Fahrt. Während des Monsun können die Straßen überflutet werden: Flüsse treten über die Ufer und Brücken werden weggeschwemmt. Bevor man losfährt, sollte man daher Einheimische um Rat fragen, sehr vorsichtig fahren und möglichst auf den Hauptstraßen bleiben.

Für Indien ist ein **internationaler Führerschein** erforderlich. Der Abschluss einer Versicherung ist zwingend, aber nicht teuer. In den meisten Städten besteht keine Gurtpflicht (das Anschnallen ist inzwischen aber Pflicht in Delhi, Mumbai und einigen anderen Orten), aber man sollte trotzdem unbedingt den Gurt anlegen. **Unfälle** sind häufig, weshalb man stets wachsam sein sollte. Sehr gefährlich sind Nachtfahrten – nicht alle schalten die Lichter an, und Ochsenkarren haben ohnehin keine. Wenn man einen Unfall hat, ist es besser, den Schauplatz schnell zu verlassen und den Schaden sofort der Polizei zu melden, denn im Nu kann sich ein Mob ansammeln, vor allem wenn Fußgänger oder Kühe beteiligt sind.

Benzin ist recht preiswert, dafür verlangt der Straßenzustand seinen Tribut. Auf Kfz-Mechaniker kann man sich nicht immer verlassen, deshalb ist es von Nutzen, wenn man ein bisschen über die **Wartung von Fahrzeugen** weiß. Auch eine häufige Überprüfung des Wagenzustands ist ratsam. Erfreulicherweise finden sich fast überall Reifenpannen-*wallahs*.

Für den **Import eines Autos oder Motorrades** nach Indien benötigt man ein *carnet de passage,* ein Dokument, das sicherstellen soll, dass man das Fahrzeug nicht illegal verkauft. Man bekommt es von ausländischen Automobilclubs wie dem ADAC. Es lohnt sich, ein paar Ersatzteile mitzubringen, da ausländische in Indien manchmal schwer zu finden sind. Allerdings gibt es fast überall Imitationen minderer Qualität.

Das klassische indische Auto ist der Hindustan Ambassador (im Grunde ein Morris Oxford), der heutzutage weitgehend von moderneren Fahrzeugen wie dem Maruti Suzuki verdrängt wird. Wenn man ein Auto mietet, hat man vermutlich die Wahl zwischen diesen beiden oder ein paar anderen, darunter der Tata Sumo, eine Art Landrover, der vor allem in Bergregionen beliebt ist. Wer daran interessiert ist, einen Wagen zu kaufen, sollte wissen, dass der Ambassador nicht gerade berühmt für modernen Komfort oder niedrigen Verbrauch ist, dafür aber Stil und historischen Wert hat. Spätere Modelle lohnen sich nicht, da der Preis höher und die Qualität schlechter ist als im Westen.

Motorräder

Indienrundreisen mit dem Motorrad kommen bei ausländischen Besuchern zunehmend in Mode, haben aber ihre Tücken. Abgesehen von den furchtbaren Straßenverhältnissen und den daraus folgenden Strapazen, ist das Motorradfahren in Indien auch insofern nicht unproblematisch, als Pannen keine Seltenheit sind. Falls man irgendwo im Nirgendwo liegen bleibt, muss man versuchen, einen leeren Lkw anzuhalten, der das Motorrad zur Reparatur in den nächsten Ort transportiert. In einigen Touristenorten gibt es **Motorradvermietungen**, was für Touren in der Gegend nützlich ist, allerdings ist der Zustand der Motorräder Glückssache. Es ist ratsam, einen Helm von zu Hause mitzubringen.

Der **Kauf eines Motorrads** in Indien ist überlegenswerter. Wer hinter einem alten britischen Klassiker her ist, für den ist die Enfield Bullet (350er-Modell), die am billigsten in Pondicherry an der Küste von Tamil Nadu zu haben ist, das Richtige. Wer hingegen mehr Wert auf einen niedrigen Preis und praktischen Nutzen legt, sollte ein kleineres Modell, vielleicht sogar ein Moped oder einen Motorroller, wählen. Viele japanische Motorräder werden inzwischen in Indien hergestellt, ebenso wie Vespas und Lambrettas.

Motorräder verschiedenen Typs können problemlos neu oder gebraucht gekauft werden. Am besten schaut man sich zunächst bei Tankstellen und Reparaturwerkstätten um, z. B. in Delhi im Viertel Karol Bagh. Natürlich muss man um den Preis feilschen – ein Motorrad in passablem Zustand kann man etwa für die Hälfte bis Zweidrittel des ursprünglichen Preises bekommen. Wer geschickt im Handeln ist, kann es am Ende der Reise zu einem ähnlichen Preis wieder verkaufen – vielleicht an einen anderen Ausländer, indem man in Hotels und Restaurants dafür wirbt.

Ein gewisser bürokratischer Aufwand lässt sich bei der Besitzübertragung eines Fahrzeugs nicht umgehen, aber Werkstätten können einem in der Regel einen Makler („auto consultant") vermitteln, der, einem gegen eine geringe Gebühr (um Rs500) hilft, einen Käufer oder Verkäufer zu finden, und den nötigen Papierkram erledigt. Ein Motorrad wird zum Preis eines 2.-Klasse-Tickets im Gepäckwagen eines Zuges befördert (man holt sich am Gepäckschalter ein Formular und zahlt dort eine geringe Gebühr).

Um sicher zu gehen, dass man keinen Schrott angedreht bekommt, sollte man sich ein wenig auskennen. Wer selbst keine Ahnung hat, sollte jemanden mitnehmen, der einen Blick auf Motor, Gabel, Bremsen und Federung wirft. Nicht vergessen, dass ein bequemer Sitz für eine angenehme Fahrt entscheidend ist.

Wer sich nicht traut, allein mit dem Motorrad in Indien herumzufahren, kann sich einer organisierten Motorradtour anschließen. Anbieter sind **Blazing Trails**, ✆ 0044/1293/533338, 🖥 www.blazingtrailstours.com, **H-C Travel UK**, ✆ 0044/1256/ 770775, 🖥 www.hctravel.com, **Himalayan Roadrunners**, USA, ✆ 802/7386500, 🖥 www.ridehigh.com, und **Classic Bike Adventure**, Indien, Goa, ✆ 0832/2268467, 🖥 www.classic-bike-india.de.

Fahrräder

In vielerlei Hinsicht ist ein Fahrrad das ideale Transportmittel, denn es bietet völlige Unabhängigkeit und Kontakt zu Einheimischen. Man kann draußen campen, es gibt aber fast in jedem Dorf auch eine billige Unterkunft (das Fahrrad mit aufs Zimmer nehmen!). Wer müde wird, kann das Rad auch als Gepäckstück auf den Bus laden oder im Zug transportieren.

Um ein **Fahrrad von zu Hause** mitzubringen, braucht man keine besonderen Papiere, aber indische Ersatzteile und Zubehör unterscheiden sich in Größe und Norm, so dass man eventuell improvisieren muss. Deshalb sollte man die wichtigsten Ersatzteile, Werkzeuge und eine Luftpumpe dabeihaben.

Der **Kauf eines Fahrrads** in Indien ist supereinfach. In den meisten Städten gibt es Fahrradläden und sogar ganze Fahrradmärkte. Der Vorteil eines einheimischen Rades ist, dass Ersatzteile leicht zu bekommen sind. Außerdem zieht es keine Menschenmenge an, wenn man es abstellt. Der Nachteil ist, dass die indischen Räder meist schwerer sind als ausländische und nicht dem neuesten Stand der Technik entsprechen. In größeren Städten werden zunehmend auch Mountainbikes angeboten, aber deren Kauf lohnt nicht, da die Qualität zu wünschen übrig lässt. Ein Fahrrad wieder zu verkaufen dürfte kein Problem sein: Man wird zwar kein Bombengeschäft machen, kann es aber vielleicht privat oder an einen Fahrradverleih verkaufen.

Leihfahrräder sind in den meisten Städten zu finden. In der Regel sind sie nur für den örtlichen Gebrauch bestimmt: Das ist eine gute Möglichkeit, um herauszufinden, ob die eigenen Beine und der Hintern ein indisches Rad aushalten, bevor man sich eines anschafft. Die Kosten liegen bei Rs10–50 pro Tag; als Sicherheit muss man manchmal eine Kaution oder den Pass hinterlegen.

Der **International Bicycle Fund** in den USA, ✆ 206/7670848, 🖥 www.ibike.org, veröffentlicht

Informationen, gibt Ratschläge zu Fahrradreisen rund um den Globus und hat eine nützliche Webseite.

Cycle Federation of India, C-5A/262, DDA Flats, Janak Puri, New Delhi 110058, ✆ 011/2553006, ist der wichtigste Radsportverband in Indien.

Nahverkehr

In den Städten stehen verschiedene öffentliche Verkehrsmittel zur Verfügung. **Stadtbusse** können unglaublich voll werden, deshalb Vorsicht vor Taschendieben und Grabschern. Das Gleiche gilt für **Vorortzüge** in Mumbai (der einzige andere Ort, in dem man eventuell Züge im Nahverkehr benutzen möchte, ist Chennai). In Delhi oder Kolkata erwartet Besucher eine angenehme Überraschung: die einzigen U-Bahnen Indiens. Sie sind sauber und funktionieren einwandfrei.

Man kann auch **Taxis** nehmen. Meist sind es ziemlich klapperige Ambassadors (in großen Städten schwarz und gelb) und Maruti-Transporter. Manchmal ist der Fahrer bereit, den Zähler einzuschalten. Theoretisch kann man die Polizei rufen, wenn er es nicht tut, aber der übliche Kompromiss besteht darin, vor dem Einstieg einen Fahrpreis auszuhandeln. Natürlich ist es von Vorteil zu wissen, wie viel die Strecke in etwa kosten sollte, allerdings sollten die Angaben in diesem oder in anderen Büchern nur als ganz grobe Richtlinie genommen werden. An Orten wie Hauptbahnhöfen findet man vielleicht Leute, die sich ein Taxi ins Zentrum mit einem teilen. Viele Bahnhöfe und die meisten Flughäfen betreiben Taxistände mit Vorauszahlungssystem, das heißt man zahlt vor Abfahrt eine feste Summe. Es gibt auch teurere vorausbezahlte Limousinen.

Die **Motor-Rikscha**, das Indien-typischste aller Fahrzeuge, besteht aus der vorderen Hälfte eines Motorrollers mit ein paar Sitzen hinten. Motor-Rikschas sind billiger als Taxis, wendiger im Verkehr und gewöhnlich mit einem Zähler ausgestattet (allerdings muss man den Preis oft trotzdem vorher aushandeln, denn nur wenige Fahrer sind bereit, ihn tatsächlich einzuschalten). Sie sind etwas instabil und die Fahrer oft ziemlich leichtsinnig. Aber das gehört zum Vergnügen einer Motor-Rikscha-Fahrt dazu.

In größeren Touristenzentren bedrängen Rikscha-*wallahs* Touristen sehr, und ist man erst einmal eingestiegen, kann es passieren, dass sie an mehreren Läden Halt machen, bevor sie zum gewünschten Ziel fahren. Außerdem hindert auch eine Einigung über den Preis vor der Fahrt den Rikscha-*wallah* nicht unbedingt daran, unterwegs oder am Ziel eine neuerliche Diskussion um den Fahrpreis zu entfachen. In der Regel ist es besser, selbst eine Rikscha anzuhalten, anstatt eine aufgedrängte zu nehmen, und die vor teuren Hotels wartenden zu meiden.

In einigen Städten gibt es auch eine größere Variante von Motor-Rikschas, **Tempos** oder **Vikrams** genannt, mit sechs bis acht Sitzen hinten, die gewöhnlich feste Strecken zu Einheitspreisen abfahren. Hier und da stößt man auch auf Pferdekutschen, so genannte **Tongas**. Diese von unterernährten Pferden gezogenen Gefährte sind bei Touristen am unbeliebtesten.

Noch langsamer und billiger sind **Fahrrad-Rikschas**. Ausländischen Touristen ist oft nicht wohl dabei, sie zu benutzen, denn außer in großen Touristenzentren sind die Fahrrad-Rikschafahrer meist ausgemergelte, auf der Straße lebende Männer, die einen erbärmlichen Lohn für ihre Mühsal bekommen. Andererseits: Nimmt man sie nicht in Anspruch, geht es ihnen noch schlechter, und an Ausländern verdienen sie mehr als an Einheimischen.

Wer eine Reihe von Orten in der Umgebung sehen möchte, sollte erwägen, ein Taxi oder eine Motor-Rikscha für den Tag zu mieten. Am besten sucht man einen einigermaßen gut Englisch sprechenden Fahrer und handelt mit ihm vorher einen Preis aus. Es ist wahrscheinlich billiger, als man vermutet, denn der Fahrer wird sich unweigerlich als Führer betätigen und als Quelle lokalen Wissens erweisen – ein Trinkgeld ist angebracht.

Übernachtung

Das ganze Jahr über bereisen mehr Inder als ausländische Touristen das Land – auf Urlaubs-, Pilger- oder Geschäftsreise. Entsprechend riesig ist die Zahl der Hotels und Gästehäuser. Alles in allem bieten die Unterkünfte, wie so vieles in Indien, ein gutes Preis-Leistungs-Verhältnis. Die Preise für Luxusherbergen mit westlichem Komfort und Service liegen vor allem in Großstädten auf internationalem Niveau.

Budgethotels

Obwohl die Zimmerpreise in Indien allgemein steigen, gibt es immer noch eine Vielzahl an preiswerten **Hotels** und **Hostels**, die auf Rucksacktouristen und weniger wohlhabende Inder ausgerichtet sind. Die meisten verlangen Rs200–300 für ein Doppelzimmer, außerhalb der großen Städte und Touristenzentren ist vielleicht auch

Preiskategorien

Die Preiskategorien beziehen sich auf ein **Doppelzimmer**. Bei Schlafsälen geben wir den Preis pro Bett in Rupien an. Die meisten Mittelklasse- und alle Luxushotels berechnen eine Luxussteuer von 10–15 % und eine Gemeindesteuer von 5 %. Die Steuern sind in unseren Kategorien berücksichtigt.

Indien hat keine eigentliche Touristensaison, deshalb bleiben die Preise in den meisten Unterkünften das ganze Jahr über gleich. Bestimmte Resorts und einige Orte an bekannten Routen nehmen etwas höhere Preise oder lassen nicht mit sich handeln, wenn die Nachfrage groß ist. Das betrifft die Hill Stations im Sommer (April–Juli), Rajasthan, Goa und andere Badeorte im Süden im Winter (Dez–Jan), vor allem um Weihnachten und Neujahr. Wo angebracht, weisen wir in den Übernachtungskapiteln auf derartige Preisschwankungen hin.

❶	bis Rs200
❷	Rs200–300
❸	Rs300–500
❹	Rs500–1000
❺	Rs1000–1500
❻	Rs1500–2000
❼	Rs2000–3000
❽	Rs3000–5000
❾	über Rs5000

eines für weniger als Rs150 zu haben. Am billigsten ist normalerweise ein Schlafsaalbett in einer Jugendherberge oder einem Hotel. Manchmal ist schon eines für lächerliche Rs50 bekommen. Noch günstiger sind Gästebetten in religiösen Einrichtungen und Pilgerherbergen, den sogenannten **Dharamshalas** (S. 100).

Budget-Unterkünfte reichen von schmuddeligen Bruchbuden bis zu gemütlichen Gästehäusern und sind natürlich billiger, je weiter man sich von den ausgetretenen Touristenpfaden entfernt. Am teuersten sind sie in Delhi und Mumbai, wo die Preise mindestens doppelt so hoch liegen wie für gleichwertige Unterkünfte in den meisten anderen Städten.

Die billigsten Zimmer haben normalerweise Gemeinschaftsduschen und -WCs und kaltes Wasser, aber zunehmend mehr Unterkünfte bieten Zimmer mit Bad (in Indien „attached rooms" genannt) und Warmwasser, entweder aus dem Wasserhahn oder in einem Eimer. Es ist jedoch auf jeden Fall ratsam, den Zustand der Bäder und Toiletten zu kontrollieren, bevor man eincheckt. Auch nach Bettwanzen und Moskitos sollte man Ausschau halten – Blutflecken um das Bett herum und an den Wänden sind verräterisch.

Wenn ein **Taxi- oder Rikschafahrer** behauptet, die vom Fahrgast genannte Unterkunft sei voll, geschlossen oder umgezogen, will er wahrscheinlich ein Hotel ansteuern, von dem er eine Provision kassiert (die nicht selten auf die spätere Rechnung aufgeschlagen wird). In vielen Touristenzentren agieren gewerbsmäßige Schlepper. Sie können nerven, aber manchmal lohnt es, etwas mehr zu zahlen, vor allem wenn man nachts alleine irgendwo ankommt.

Mittelklassehotels

Selbst wer auf einen gewissen Komfort nicht verzichten mag, braucht dafür kein Vermögen auszugeben. Ein großes, sauberes Zimmer mit frisch bezogenen Betten und sauberem Bad mit fließend Warm- und Kaltwasser kann schon für Rs400 (7 €) zu haben sein. Extras, die den Preis in die Höhe treiben können, sind Gemeindesteuern, TV, Moskitonetze, Balkon und vor allem Klimaanlage.

Letztere (in Indien „a/c" abgekürzt) bietet nicht zwangsläufig den Nutzen, den man sich davon verspricht – in manchen Hotels zahlt man das Doppelte für eine Klimaanlage, die so verstaubt, schwerfällig und laut ist, dass man lieber darauf verzichten möchte. Manche bieten auch *air-coolers* anstelle von AC – sie können ebenfalls laut sein und sind nicht so effektiv wie eine ordentliche Klimaanlage, aber immer noch erheblich besser als ein Ventilator. Die sind eh nur in trockeneren Landstrichen anzutreffen, da sie in Gegenden mit hoher Luftfeuchtigkeit wie an der südindischen Küste und dem Golf von Bengalen nicht funktionieren. Darüber hinaus haben viele Mittelklassehotels ein Restaurant und bieten Zimmerservice.

Die meisten Landesregierungen betreiben eigene Hotels, manchmal als **Tourist Bungalows** bezeichnet, die Mittelklassehotels vergleichbar sind, teilweise aber auch billigere Schlafsäle haben. Meist sind sie ihr Geld wert, auch wenn der Standard von Bundesstaat zu Bundesstaat und sogar innerhalb eines Bundesstaates variiert. In diesem Buch haben wir den staatlichen Unterkünften das Kürzel des staatlichen Betreibers vorangestellt – zum Beispiel MPTDC Palace (für Madhya Pradesh Tourist Development Corporation). Reservierungen für staatliche Hotels können über staatliche Touristeninformationen im ganzen Land erfolgen.

Luxushotels

Die meisten indischen Luxushotels fallen unter eine der beiden folgenden Kategorien: Bei ausländischen Touristen am beliebtesten sind die indischen **Heritage Hotels**, normalerweise in alten Festungen, Palästen, Havelis und anderen Gebäuden untergebracht. Ihnen haftet noch der verblichene Glanz des Raj an. Hier können die Gäste jede Menge Kolonialatmosphäre schnuppern und das alte Indien „erleben" – Pagen mit Turban und vorsintflutliche Automobile eingeschlossen. Heritage Hotels gibt es überall im Land, aber die mit Abstand dichteste Konzentration findet sich in Rajasthan, wo es von geschichtsträchtigen Bauten nur so wimmelt: von ultra-luxuriösen Etablissements wie dem Rambagh Palace und Umaid Bhawan Palace in Jaipur bis zu baufälligen alten Festungen, in denen noch die originale Einrichtung, der Anstrich und die Abwasserrohre von vor hundert Jahren erhalten sind. Entsprechend unterschiedlich sind auch die Preise. Die Spanne reicht von schlappen US$40 pro Nacht bis zu US$500 oder mehr – relativ teuer für indische Verhältnisse, aber verglichen mit dem, was in Europa für eine ähnliche Unterkunft hingelegt werden muss, noch günstig.

In den größeren Städten und Touristenresorts gibt es auch moderne Hotels der bekannten **internationalen Ketten** wie Sheraton und Hilton und indischen Ketten wie Indian Taj und Oberoi. Sie sind meist eher schick und geschäftsmäßig als unvergesslich. Allerdings besitzen sowohl die Kette Oberoi als auch Aman eine Reihe wundervoller moderner Anlagen, die im traditionellen Stil erbaut sind und das zeitgenössische Indien von seiner märchenhaftesten Seite zeigen – bei einem Zimmerpreis von US$1000 pro Nacht darf man das auch erwarten.

Viele Tophotels bieten übrigens erhebliche **Preisnachlässe** bei einer Buchung über ihre Internetseite. Sonderangebote finden sich auch bei Reiseveranstaltern wie der Travel Corporation of India, die für bestimmte Luxushotels je nach Saison bis zu 60 % Ermäßigung gewährt.

Sonstige Unterkünfte

Viele Bahnhöfe bieten sogenannte „**Retiring Rooms**", in denen Passagiere schlafen können: schlichte Privatzimmer mit Bett und Bad (in manchen Bahnhöfen gibt es auch Schlafsäle). Diese Zimmer sind vor allem dann praktisch, wenn man früh morgens einen Zug erwischen muss. Normalerweise gehören sie zu den billigsten Unterkünften überhaupt, können aber auch laut sein. *Retiring Rooms* können nicht reserviert werden – also einfach hingehen und fragen, ob ein Zimmer frei ist.

Die Touristenbüros in Rajasthan, Mumbai und Kerala haben sogenannte *paying guest* oder *homestay schemes* eingerichtet, die Besuchern die Möglichkeit bieten, gegen Bezahlung bei einer **Gastfamilie** zu wohnen. Die internationale

Praktisches zur Übernachtung

Check-out-Zeit ist in den teureren Hotels 12 Uhr mittags. Man sollte sich aber gleich bei der Ankunft danach erkundigen, denn viele erwarten, dass man das Zimmer bereits um 8 Uhr morgens verlässt. In den meisten Unterkünften der unteren bis mittleren Preisklasse gilt ein 24-Stunden-System, das heißt, man muss zur gleichen Uhrzeit, zu der man das Zimmer belegt hat, wieder auschecken. Manche Unterkünfte gestatten noch nach der offiziellen Check-out-Zeit die Nutzung ihrer Einrichtungen, manchmal gegen eine geringe Gebühr, während einige wenige nicht einmal das Gepäck aufbewahren, sofern man nicht für eine weitere Nacht bezahlt. Leider bieten nicht alle Hotels **Einzelzimmer**. Daher ist die Reise oft teurer, wenn man allein unterwegs ist. In Hotels, die keine Einzelzimmer haben, kann man aber manchmal einen kleinen Preisnachlass erzielen. Zimmer mit drei oder vier Betten sind hingegen keine Seltenheit – sie sind für Familien und kleine Gruppen sehr preiswert.

In billigen Hotels und Jugendherbergen braucht man keine **Extragebühren** auf der Rechnung zu befürchten. Aber je höher die Hotelklasse (über US$200–300), desto wahrscheinlicher ist es, dass Steuern und Servicegebühren sich in die Rechnung einschleichen. Manchmal erhöhen sie den ursprünglichen Preis bis um ein Drittel. Die **Servicegebühr** beträgt in der Regel 10 %, die **Steuern** werden dagegen von den Landesregierungen festgelegt und variieren von Staat zu Staat.

Wie viele andere Dinge in Indien, lässt sich der Zimmerpreis durchaus **verhandeln**. Wenn der Preis zu hoch erscheint oder alle Hotels in der Stadt leer sind, kann man feilschen. Vielleicht erreicht man nichts. Aber wer nicht wagt, der nicht gewinnt.

Organisation SERVAS vermittelt ebenfalls indische Gastfamilien. Weitere Infos unter 🖥 www.indiaservas.org.

Camping ist ebenfalls möglich, allerdings leuchtet kaum ein, weshalb sich jemand nachts in ein Zelt einschließen möchte, wenn man für ein paar Rupien auf einem kühlen *charpoi* (eine Art einfaches Bett) auf einer Dachterrasse schlafen kann.

YMCAs und **YWCAs** finden sich nur in großen Städten. Sie sind gepflegter und kostspieliger als Mittelklassehotels. In der Regel sind sie das Geld wert, aber oft ausgebucht und manche nehmen nur Männer oder nur Frauen auf.

Offizielle und nicht offizielle **Jugendherbergen**, einige davon unter staatlichem Management, liegen planlos über das Land verstreut. Mit einem JH-Ausweis bekommt man einen Preisnachlass, aber auch Besucher ohne Ausweis werden selten abgewiesen. Für gewöhnlich schließen sie tagsüber nicht. Die Preise entsprechen denen der billigsten Hotels. Auch einige religiöse Einrichtungen, besonders die *gurudwaras* der Sikhs, bieten Pilgern und Besuchern Unterkunft und nehmen eventuell auch Touristen auf. Oft wird eine Spende erwartet – willkommen ist sie immer. Einige der größeren Institutionen verlangen einen minimalen Festbetrag. Pilgerstätten, vor allem die, die weit von anderen Unterkünften entfernt liegen, verfügen meist auch über **Dharamshalas** (Pilgerherbergen). Sie sind sehr billig und sehr einfach und fast immer mit einfachen Gemeinschaftsbädern ausgestattet. Einige bieten aber auch Zimmer mit Bad. *Dharamshalas* bieten ebenso wie *gurudwaras* Unterkunft gegen eine Spende oder einen winzigen Unkostenbeitrag, der manchmal nicht höher als Rs20 ausfällt.

Jugendherbergswerke

DJH Service GmbH
Bismarckstr. 8, 32754 Detmold
📞 05231/74010, ✆ 740149
✉ service@djh.de
🖥 www.jugendherberge.de

Junge Hotels Austria
Helferstorferstr. 4, 1010 Wien
📞 01/5331833, ✆ 533183385
✉ office@jungehotels.at
🖥 www.jungehotels.at

Schweizer Jugendherbergen
Schaffhauserstr. 14, 8042 Zürich
📞 044/3601414, ✆ 3601460
✉ bookingoffice@youthhostel.ch
🖥 www.youthhostel.ch

Verhaltenstipps

Kulturelle Unterschiede betreffen alle möglichen Kleinigkeiten. Auch wenn Ausländern gegenüber gewöhnlich Nachsicht geübt wird, brauchen Besucher, die mit den indischen Gepflogenheiten nicht vertraut sind, dennoch ein paar Hinweise, um niemanden zu beleidigen oder sich nicht zu blamieren. Wer unsicher ist, sollte einfach darauf achten, wie sich die Inder benehmen.

Essen und die Rechte-Hand-Regel

Am häufigsten tritt man beim Essen ins Fettnäpfchen. Gegessen wird normalerweise mit den Fingern, was einige Übung erfordert. Die oberste Regel lautet: **Nur mit den Fingern der rechten Hand essen!** In Indien wie in ganz Asien wird die linke Hand zum Poabwischen, Füßewaschen und andere weniger appetitliche Aufgaben gebraucht (man zieht auch die Schuhe mit der linken Hand an und aus). Die rechte Hand wird zum Essen, Händeschütteln usw. benutzt.

Wie streng der Einzelne das sieht, ist unterschiedlich. Brahmanen (die am oberen Ende der Hierarchie stehen und eine der beiden „rechtshändigen Kasten" sind) und Südländer sind im Allgemeinen am rigorosesten. Während man eine Tasse oder ein anderes Utensil auch in der linken Hand halten darf und es normalerweise kein Drama ist, wenn man die linke Hand dazu benutzt, ein Stück vom *chapati* abzureißen, sollte man damit nicht essen, Essen weiterreichen oder sich den Mund abwischen. Am besten hält man sie außer Sichtweite unter dem Tisch.

Diese Regel geht über das Essen hinaus. Man darf niemandem etwas mit der linken Hand reichen oder damit auf jemanden zeigen. Im Allgemeinen sollte man auch Dinge nur mit der rechten Hand entgegennehmen – obwohl es ein Zeichen von Respekt ist, dazu beide Hände zu benutzen.

Die andere Regel, die man beim Essen und Trinken beachten sollte, besagt, dass die Lippen nicht das Essen von anderen berühren dürfen – *jhuta* (besudeltes Essen) ist absolut tabu. Deshalb zum Beispiel nicht vom *chapati* abbeißen und es dann weiterreichen. Wenn man mit anderen gemeinsam aus einer Tasse oder Flasche trinkt, sollte man eine Berührung mit den Lippen meiden und stattdessen das Getränk in den Mund gießen. Dieser Brauch schützt im Übrigen auch vor Krankheiten wie Hepatitis. Es ist üblich, sich vor und nach dem Essen die Hände zu waschen.

Toiletten

Westliche Toiletten sind in Indien mittlerweile verbreitet, es gibt aber immer noch einige traditionelle Hocktoiletten – im Grunde einfach ein Loch im Boden. Papier, wenn verwendet, wird meist in einen Eimer neben dem Klo geworfen, nicht in die Toilette. Inder benutzen einen Krug Wasser und ihre linke Hand anstelle von Klopapier, eine Methode, die man früher oder später vielleicht ebenfalls bevorzugt.

Wer **Toilettenpapier** bevorzugt, sollte stets einen Vorrat dabeihaben. In manchen Unterkünften wird Papier gestellt, aber längst nicht in allen. Es ist auch ratsam, sich damit einzudecken, bevor man die Touristenpfade verlässt, denn es wird nicht überall verkauft. Besonders schwierig stellt sich die Situation für Frauen dar, denn vor allem auf Bus- und Autoreisen finden sie höchst selten zumutbare sanitäre Einrichtungen am Straßenrand vor. Die Toiletten in den klimatisierten Eisenbahnwaggons sind dagegen meistens einigermaßen sauber, ebenso jene in Restaurants der mittleren und oberen Preisklasse. Die meisten Hotels in Touristengebieten, selbst die billigsten, verfügen über WC, wie sie auch im Westen üblich sind. Eine jüngste Errungenschaft stellen die Tourist Toilets bei allen auf dem üblichen Sightseeing-Plan stehenden historischen Stätten dar. Die Benutzung kostet Rs2. Dafür werden saubere Sitzklos, Toilettenpapier, Wasser und Spiegel geboten.

Religiöse Stätten

Religion wird in Indien sehr ernst genommen. Es ist daher wichtig, religiösen Gebäuden, Schreinen, Bildern und Betenden immer den gebührenden Respekt zu zollen. Vor dem Betreten eines **Tempels** oder einer **Moschee** zieht man die Schuhe aus und lässt sie vor dem Eingang stehen (Socken sind in Ordnung und schützen die Füße vor den brennend heißen Steinen). Manche Tempel – vor allem die der Jains – erlauben nicht, dass man Lederwaren an oder mit sich trägt und verbieten menstruierenden Frauen den Zutritt. Man sollte sich konservativ kleiden und sich möglichst unauffällig verhalten.

In eine Moschee wird man normalerweise zu den Gebetszeiten nicht eingelassen, und Frauen ist der Zutritt manchmal generell untersagt. In einem Hindu-Tempel darf man das innere Heiligtum meist nicht betreten; und einen buddhistischen Stupa oder ein buddhistisches Monument sollte man immer im Uhrzeigersinn umschreiten (mit dem Stupa zur Rechten). Hindus sind sehr abergläubisch, was das Fotografieren von Götterbildern und im Inneren von Tempeln anbelangt; im Zweifelsfall lieber darauf verzichten. Von Beerdigungen oder Verbrennungen sollte man generell keine Fotos machen.

Trauerfeiern sind sehr private Angelegenheiten und sollten nicht gestört werden. Bei hinduistischen Beisetzungen wird der Leichnam gewöhnlich schon wenige Stunden nach dem Tod von in weiße Tücher gehüllten Verwandten (Weiß ist die Farbe der Trauer) zum Verbrennungsort getragen. Der älteste Sohn, dem die Aufgabe obliegt, den Scheiterhaufen anzuzünden, muss beim Tod eines Elternteils seinen Kopf kahl rasieren und Weiß tragen. Wer in Varanasi oder an einem anderen Ort eine Leichenverbrennung sieht, sollte sich diskret im Hintergrund halten und auf gar keinen Fall den Fotoapparat zücken.

Kleidung

Inder haben über angemessene Kleidung sehr konservative Vorstellungen. Von **Frauen** wird erwartet, dass sie sich sittsam kleiden und Beine und Schultern bedecken. Hosen sind akzeptabel, aber Shorts und Miniröcke sind für viele anstößig. **Männer** sollten nicht mit freiem Oberkörper herumlaufen und außer in den großen Strandresorts möglichst keine Shorts tragen (Zeichen für eine niedere Kaste). Diese Regeln gelten erst recht in Tempeln und Moscheen. Wer einen *dargah* (Sufi-Schrein) oder einen Sikh-*gurudwara* betritt, muss den Kopf mit einer Mütze oder einem Tuch bedecken; Besucherinnen sind angehalten, Arme und Beine bedeckt zu halten. Doch auch von Männern wird erwartet, dass sie keine nackten Beine zeigen. Nicht selten werden Kopfbedeckungen (und manchmal auch Tücher, um die Extremitäten zu bedecken) für Besucher kostenlos ausgeliehen.

Der Anblick von Jains im Adamskostüm oder *naga sadhus* sollte nicht zu der Annahme verleiten, **FKK** würde in Indien gebilligt.

Die meisten Inder verstehen nur schwer, weshalb reiche Leute aus dem Westen in zerlumpten Kleidern herumrennen oder die niedrigsten Schichten der indischen Gesellschaft nachahmen, die liebend gern etwas Anständiges zum Anziehen hätten. Eine gepflegte Garderobe verbessert den Eindruck, den man auf die Einheimischen macht, und verringert für Frauen außerdem die Gefahr sexueller Belästigungen.

Weitere Fettnäpfchen

Küsse und Umarmungen werden in Indien als sexuelle Handlungen angesehen, die in der Öffentlichkeit nichts zu suchen haben. In konservativeren Gegenden (also außerhalb der vom Westen beeinflussten Viertel der großen Städte) sollten Pärchen nicht einmal Händchen halten, obwohl man manchmal Männer Hand in Hand sieht, was ein Zeichen von „Brüderlichkeit" ist.

Auf die **Füße** achten! Beim Betreten eines Privathauses zieht man normalerweise die Schuhe aus (dem Beispiel des Gastgebers folgen), und beim Sitzen sollte man vermeiden, dass die Fußsohlen auf jemanden zeigen. Eine versehentliche Berührung mit dem Fuß erfordert immer eine Entschuldigung.

Das **indische Englisch** kann sehr förmlich sein. Inder sprechen einen nicht selten mit „Sir" oder „Madam", vielleicht sogar mit „Good Lady" oder „Kind Sir" an. Deshalb erscheint ihnen das Englisch der Touristen unter Umständen als unhöflich. Besonders Fluchen erregt Anstoß, und der Gebrauch des F- oder S-Wortes wird Inder wahrscheinlich schockieren.

Persönliche Kontakte

Menschen aus der westlichen Welt genießen in Indien ein zwiespältigen Status. In gewisser Hinsicht repräsentiert der Besucher den reichen Sahib, dessen Kultur die Welt beherrscht. Insofern halten einen manche Inder für „besser" als sich selbst. Andererseits ist man als Nicht-Hindu ein Ausgestoßener und befleckt mit seiner Anwesenheit theoretisch einen orthodoxen Hindu oder einen Angehörigen der hohen Kasten. Angehörigen jedweder Religion sind überdies die Moralvorstellungen und Normen spiritueller wie körperlicher Reinheit des Westens suspekt.

Als Traveller trifft man ständig auf Leute, die mit einem ins **Gespräch** kommen möchten. Da Englisch nicht ihre Muttersprache ist, wissen sie vielleicht nicht, wie man im Westen für gewöhnlich eine Unterhaltung beginnt, deshalb kann ihre Einleitung etwas abrupt und zugleich sehr förmlich wirken. „Excuse me good gentleman, what is your mother country?" ist eine typische erste Frage. Es ist auch die erste einer ganzen Reihe von Fragen, die indische Männer alle aus dem gleichen Lehrbuch auswendig gelernt zu haben scheinen, um westliche Touristen kennen zu lernen. Manche Fragen mögen zunächst etwas befremden – „What is your qualification?" (Was für eine Ausbildung haben Sie?), „Are you in service?" (Haben Sie eine Arbeitsstelle?). Andere fragen nach westlichen Gepflogenheiten oder dem Grund der Reise, aber vor allem interessieren die Familie und die Arbeit.

Man mag es merkwürdig und sogar aufdringlich finden, dass völlig Unbekannte so etwas wissen wollen, aber in Indien sind diese Themen unter Fremden Bestandteil höflicher Konversation und helfen dabei, die gesellschaftliche Stellung des Gegenübers zu bestimmen. Familie, Arbeit und Einkommen gelten in Indien nicht als Privatangelegenheit, weshalb es völlig in Ordnung ist, Leute danach zu fragen. Neugierig zu sein ist in Indien im Gegensatz zum Westen keine negative Eigenschaft.

Dinge, die Inder wahrscheinlich merkwürdig finden, sind: Atheist zu sein (man könnte sich für die Reise eine Religion zulegen), allein zu reisen, die Familie allein zu lassen, um nach Indien zu fahren, ein unverheiratetes Paar zu sein (die Leute denken zu lassen, dass man bald zu heiraten beabsichtigt, kann das Leben erleichtern), in der 2. Klasse zu reisen oder in billigen Hotels abzusteigen, obwohl man als Tourist doch relativ reich ist. Wahrscheinlich wird man immer wieder verschiedenen Leuten die gleichen Dinge erklären müssen. Andererseits kann man selbst auch unbegrenzt Fragen über Indien stellen. Englisch sprechende Inder, besonders Angehörige der Mittelschicht, sind in der Regel äußerst gut informiert und gebildet und wissen bestens über das Weltgeschehen Bescheid.

Versicherungen

Auslandskrankenversicherung

Eine Auslandskrankenversicherung mit Rücktransport gehört auf jeden Fall ins Gepäck. Die meisten Versicherer zahlen einen Rücktransport allerdings nur, wenn er „medizinisch notwendig" ist. Bei einigen genügt es, wenn der behandelnde Arzt den Transport in die Heimat für sinnvoll hält. Weitere Einschränkungen gibt es bei Zahnbehandlungen (nur Notfallbehandlung) und chronischen Krankheiten (Bedingungen durchlesen).

Im Krankheitsfall muss der Kranke Geld vorgestrecken, denn die Kosten werden meist von den Versicherungen erst später erstattet. Manche internationalen Krankenhäuser können bei ernsten Erkrankungen und teuren Behandlungen direkt mit der Versicherung abrechnen. Ist die **Rechnung** später bei der Versicherung einzureichen, sollte sie folgende Angaben enthalten:

- Name, Vorname, Geburtsdatum, Behandlungsort und -datum
- Diagnose
- erbrachte Leistungen in detaillierter Aufstellung (Beratung, Untersuchungen, Behandlungen, Medikamente, Injektionen, Laborkosten, Krankenhausaufenthalt)
- Unterschrift des behandelnden Arztes
- Stempel

Kurze **Einzelversicherungen** werden ab einem Preis von 8,50 € p. P. oder 17 € ab Eintrittsalter 60 angeboten, **Jahresversicherungen** ab etwa 6–10 € pro Jahr, allerdings decken die meisten nur Reisen von jeweils bis zu 42 Tagen, manche acht Wochen, ab. Zu den Anbietern gehören ADAC, Debeka, DKV, Europäische, HUK-Coburg, HanseMerkur, Signal Iduna, Universa und Victoria. Bei **Langzeitreisen** muss ein etwas teurerer Schutz in Anspruch genommen werden. Für Frauen empfiehlt sich die TAS (Assekuranz), mit monatlich gestaffelten Tarifen. Auch die ISA (International Service Assekuranz) bietet Tarife für Langzeitreisende. Diese sind recht günstig. Für Studenten bis 35 Jahre gibt es Rabatt. Sowohl die TAS als auch die ISA können vom Ausland aus verlängert werden. Informationen unter 🖥 www.isa-office.de.

Reisegepäckversicherung

Viele Versicherungen bieten die Absicherung des Verlustes von Gepäck an, oft als Teil eines Pakets. Die Bedingungen sind immer sehr eng gefasst. Die Stiftung Warentest rät von einer Gepäckversicherung ab, da sich die Versicherer meist auf die Unachtsamkeit des Reisenden berufen und nicht zahlen.

Bei vielen Versicherungen ist etwa das Gepäck in unbewacht abgestellten Autos zu keinem Zeitpunkt versichert. Kameras oder Fotoapparate dürfen wegen möglicher Mopedräuber nicht über die Schulter gehängt werden, sondern müssen am Körper befestigt sein. Ohnehin sind diese Geräte oft nur bis zu einer bestimmten Höhe oder einem bestimmten Prozentsatz des Neuwertes versichert. Auch Schmuck unterliegt Einschränkungen, Bargeld ist nie versichert. Wer eine wertvolle Fotoausrüstung mitnimmt, kann eine Zusatzversicherung abschließen.

Tritt ein Schadensfall ein, muss der Verlust sofort bei der Polizei gemeldet werden. Eine zuvor angefertigte **Checkliste**, auf der alle Gegenstände und ihr Wert eingetragen sind, ist dabei hilfreich. Alles, was nicht ausreichend versichert ist, sollte im Handgepäck transportiert werden.

Eine Reisegepäckversicherung mit einer Deckung in Höhe von etwa 2000 € kostet für 24 Tage etwa 30 €, ein Jahresvertrag 60–70 €.

Reiserücktrittskostenversicherung

Bei einer Pauschalreise ist manchmal eine Reiserücktrittskostenversicherung im Preis inbegriffen (nachfragen). Wer individuell plant, muss sich selbst darum kümmern. Einige Reisebüros bieten Versicherungen an oder vermitteln den Abschluss. Viele Reiserücktrittskostenversicherungen müssen kurz nach der Buchung abgeschlossen werden (in der Regel bis 14 Tage danach).

Auch bei Krankheit oder Tod eines Familienmitglieds oder Reisepartners ersetzt die Versicherung die Stornokosten der Reise. Eine Reiseunfähigkeit wegen Krankheit muss ärztlich nachgewiesen werden. Die Kosten der Versicherung liegen meist bei 23–90 € pro Person.

Versicherungspakete

Diese Rundum-Pakete sind auf maximal fünf bis acht Wochen begrenzt und beinhalten neben der Reisekrankenversicherung eine Gepäck-, Reiserücktrittskosten- und Reisenotruf- oder Rat&Tat-Versicherung. Letztere bietet eine Notrufnummer zur Soforthilfe während der Reise. Außerdem werden Krankenhauskosten sofort von der Versicherung beglichen und bei ernsthaften Erkrankungen der Rücktransport übernommen. Wenn der Versicherte nicht transportfähig ist und länger als zehn Tage im Krankenhaus bleiben muss, darf auf Kosten der Versicherung eine nahestehende Person einfliegen. Auch beim Verlust der Reisekasse kann man über den Notruf einen Vorschuss erhalten. Versicherungspakete lassen sich über das Reisebüro abschließen, wobei sich die Kosten nach Dauer und Wert der Reise richten.

Da bei längeren Reisen bis zu einem Jahr nur Einzelversicherungen zugelassen sind und der Versicherungsschutz teurer wird, sollten in diesem Fall die Leistungen verschiedener Unternehmen verglichen werden. Optimale Sicherheit bieten separate Versicherungen. Bei häufigen Auslandsreisen können die einzelnen Versicherungen oder das Paket auch für ein ganzes Jahr abgeschlossen werden.

Visa

Deutsche, Schweizer und Österreicher benötigen für die Einreise nach Indien ein Visum. Wer geschäftlich oder zu Studienzwecken nach Indien fährt, muss ein Geschäfts-/Studentenvisum beantragen, ansonsten genügt ein **Touristenvisum**. Es ist ab Ausstellungsdatum (*nicht ab dem Einreisetag*) **sechs Monate gültig**, berechtigt zur mehrfachen Einreise, ist nicht verlängerbar und kostet derzeit 50 €/80 sFr.

Visa stellen die indischen Vertretungen aus (Adressen s. S. 54). Man reicht zwei Passfotos, den noch mindestens sechs Monate gültigen Reisepass und das Antragsformular ein, das man per Post oder bei der Botschaft erhält. Es ist auch möglich, sich das Formular von der **Website der indischen Botschaft**, 🖥 www.indianembassy.de, 🖥 www.indianembassy.de oder 🖥 www.indembassybern.ch, herunterzuladen. Wer das Visum per Post beantragt, muss auch den Zahlungsbeleg über die Visagebühr beifügen (mit Stempel des Finanzinstitutes).

Das Visum wird in der Regel recht zügig ausgestellt. Botschaften in den Nachbarländern Indiens lassen einen hingegen oft lange warten und verlangen Empfehlungsschreiben von der Botschaft des Antragstellers (kostenpflichtig) oder erheben eine zusätzliche Gebühr für die Übersendung des Visum-Antrags nach Delhi. Touristenvisa sind auf dem Postweg erhältlich. Man sollte sich vergewissern, dass das Visum die Unterschrift eines Botschaftsangehörigen trägt, sonst kann es passieren, dass man nicht ins Land gelassen wird.

Visaverlängerung

Visaverlängerungen sind in Indien nicht mehr möglich, obwohl in bestimmten Fällen manchmal eine Ausnahme gemacht wird. Die meisten Leute, deren sechsmonatiges Touristenvisum ausläuft, fahren nach Bangkok oder in die Hauptstadt eines Nachbarstaates, wie Colombo in Sri Lanka oder Kathmandu in Nepal, um dort ein neues Visum zu beantragen. Allerdings ist das ein etwas riskantes Unternehmen, denn manchen Touristen wurde ohne ersichtlichen Grund die erneute Einreise verweigert. Man sollte sich möglichst bei anderen Touristen nach der aktuellen Lage erkundigen und unbedingt einige Zeit vor Ablauf des Visums ins Nachbarland reisen, damit man notfalls mit dem alten Visum wieder einreisen und den Rückflug nach Hause antreten kann, falls der Antrag abgelehnt wird.

Wer das Land erst nach mehr als 180 Tagen verlässt, muss eine Bescheinigung über eine **Steuerbefreiung** *(tax clearance certificate)* besorgen, die es in der Ausländerabteilung der Steuerbehörde *(income tax department)* in jeder größeren Stadt gibt. Sie ist kostenlos, aber man sollte Bankbelege vorlegen, die beweisen, dass man legal Geld gewechselt hat. Diese Bescheinigung wird zwar selten verlangt, aber man kann nie wissen.

Sondergenehmigungen

Zusätzlich zum Visum benötigt man für eine Reise in bestimmte Regionen eine **Sondergenehmigung**, darunter Sikkim, Teile von Ladakh, die Andamanen, Lakshadweep, der äußerste Westen der Thar-Wüste jenseits von Jaisalmer, die Randzonen von Kutch in Gujarat nahe der pakistanischen Grenze und die nordöstlichen Bergstaaten Meghalaya und Manipur. Details zu den verschiedenen Genehmigungen sind in den jeweiligen Landeskapiteln aufgeführt. Manche Landstriche wie Teile von Sikkim und die Grenzregion zwischen Indien, Pakistan und China in Jammu-Kashmir sind ganz für Touristen geschlossen.

> **Achtung: Indische Feiertage!**
>
> Wer ein Visum für Indien beantragt, sollte beachten, dass die diplomatischen Vertretungen im Ausland (High Commissions, Botschaften und Konsulate) an indischen Feiertagen geschlossen sein können. Daher besser vorab telefonisch oder per Internet die Öffnungszeiten klären.

Wer es schafft, ein **Visum für Bhutan** zu bekommen, benötigt überdies eine Transiterlaubnis für das Grenzgebiet, erhältlich beim indischen Ministerium für Ausländische Angelegenheiten (Ministry of External Affairs).

Zeitverschiebung

Indien hat eine einzige Zeitzone, und zwar das ganze Jahr über: MEZ + 4 1/2 Std., zur Sommerzeit + 3 1/2 Std. In Indien wird die Zeit als IST (Indian Standard Time) gemessen, was Spötter mit „Indian stretchable time" übersetzen.

Zoll

Jede Person über 17 Jahren darf 1 US Quart Spirituosen (0,95 l – aber niemand wird wegen 5 ml mehr Probleme bekommen) oder eine Flasche Wein plus 250 ml Spirituosen einführen; außerdem 200 Zigaretten oder 50 Zigarren oder 250 g Tabak. Eventuell wird man aufgefordert, alle Wertsachen in das Formular *Tourist Baggage Re-export Form* einzutragen, damit man sie ohne Schwierigkeiten wieder mit nach Hause nehmen kann, und eine Devisenerklärung auszufüllen, sofern man mehr als US$10 000 oder die entsprechende Summe in einer anderen Währung einführt.

Land und Leute

Fauna S. 108
Geschichte S. 112
Religionen S. 139
Sprachen S. 151
Musik S. 153
Film S. 158

Die Republik Indien mit Hauptstadt New Delhi hat gemeinsame Landesgrenzen mit Pakistan im Westen, Afghanistan, China, Nepal und Bhutan im Norden sowie Bangladesh und Myanmar (ehemals Birma) im Osten.

Das siebtgrößte Land der Welt erstreckt sich über eine Fläche von über 3 Mill. Quadratkilometer und wird in der Bevölkerungsstatistik mit 1,1 Milliarden Einwohnern nur von China übertroffen. 80 % der Bevölkerung sind Hindus, 13 % Moslems, außerdem gibt es Millionen von Christen, Sikhs, Buddhisten und Jains. Es werden 23 Hauptsprachen sowie über 1000 Regionalsprachen und Dialekte gesprochen. 40 % der Bevölkerung sprechen als Muttersprache Hindi; Englisch ist weit verbreitet.

Das Kastensystem, ein integraler Bestandteil des hinduistischen Glaubens, durchdringt alle Bereiche des öffentlichen Lebens und wirkt sich auch auf Angehörige anderer Religionsgemeinschaften aus. Dieses hierarchisch gegliederte Sozialsystem wird besonders in ländlichen Gegenden streng beachtet und kann vorschreiben, wo ein Mensch wohnt und welchen Beruf er ausübt.

Die Alphabetisierungsrate der Gesamtbevölkerung beträgt 61 %. Diejenige der Männer liegt bei 73 %, die der Frauen bei 48 %.

Fauna

In der Vielfalt der Lebensräume Indiens – von den ariden Hochflächen des Himalaya und den Sümpfen Bengalens über die Wüsten Rajasthans bis zu den tropischen Backwaters von Kerala – spiegelt sich zugleich der Artenreichtum des Landes. Es wurden rund 65 000 Tierarten nachgewiesen, darunter 1200 Vogelarten und 340 Säugetierarten. Indien ist zudem das einzige Land der Welt, in dem sowohl wilde Löwen als auch wilde Tiger leben.

Im Norden des Landes, in den tiefer gelegenen Teilen des Himalaya, streifen Bären und Hirschziegenantilopen durch üppige Zedern- und Rhododendrenwälder, während der geheimnisvolle Schneeleopard und der Yak in den höheren Bergregionen leben. In den Hügeln und Wäldern des Nordostens kämpfen der Tiger und das Indische Panzernashorn in schönen (aber selten besuchten) Naturreservaten ums Überleben. In der flachen Gangesebene schaffen das warme Klima, die Wälder sowie viele Flüsse und Seen ideale Lebensräume für zahlreiche Vogelarten. Der Ganges fließt im Herzen Indiens durch Wälder, die zusammen mit zahlreichen Seen und Flüssen die Heimat einer großen Vogelvielfalt bilden. Die Sunderban-Mangrovensümpfe im Osten sind berühmt sind für ihren Bestand an schwimmenden Tigern (sehr ungewöhnlich). In Rajasthans Wüste Thar leben sowohl wilde als auch domestizierte Kamele. Hier im Westen bietet das trockene Klima auch die besten Umweltbedingungen für den Axishirsch und den berühmten Gujarat-Löwen in seiner letzten Bastion im Gir-Nationalpark. Weiter südlich ist das dicht mit Sandelholzwäldern überzogene, trockene Dekkan-Plateau die Heimat wilder Elefanten, und in den Westghats ist die Zibetkatze zu Hause. An der Südspitze Indiens teilen sich so unterschiedliche Tiere wie Elefanten, Schmetterlinge und schillernde Vögel die Lebensräume unter dem Laubdach der Teak- und Rosenholzwälder.

Säugetiere

Der **Asiatische Elefant** (*Elephas maximus indicus*), untersetzter und mit wesentlich kleineren Ohren versehen als sein afrikanischer Verwandter, wird vielerorts im Lande als Lasttier eingesetzt. Schon seit 3000 Jahren werden Elefanten in Indien gezähmt und zu Arbeitszwecken eingesetzt, doch erst durch die legendären Schlachten des 16. und 17. Jhs. erwarben sie sich ihren Ruf als loyale und stoisch ruhige Reittiere in den kaiserlichen Armeen der Mogulherrscher. Elefanten besitzen auch religiöse Bedeutung (der beliebte Hindugott Ganesh, S. 140, hat sogar einen Elefantenkopf) und sind aus Tempelprozessionen und Zeremonien nicht wegzudenken.

In freier Wildbahn lebt noch eine recht große Population von ungefähr 10 000 bis 15 000 Elefanten, die Hälfte davon allerdings in entlegenen Gegenden des Nordostens. Elefanten wurden inzwischen in das Artenschutzabkommen auf-

Der indische Tiger – kurz vor dem Aussterben?

Wenige Tiere üben eine solche Faszination auf den Menschen aus wie der Tiger, der gefürchtet und bewundert und in Mythen unsterblich gemacht wird. Noch bis Anfang des 20. Jhs. durchstreiften bis zu 100 000 Tiger den Subkontinent, obwohl die Tigerjagd seit langem der „Sport der Könige" war. Es waren jedoch die schießwütigen Briten, die die **Tigerjagd** zum Exzess trieben. Selbst Prinz Philip, ein ehemaliger Präsident des Worldwide Fund for Nature, konnte nicht widerstehen, bei einer Visite einen Tiger zur Strecke zu bringen.

In den Jahren nach der Unabhängigkeit brachte die demographische Entwicklung den indischen Tiger dem Aussterben gefährlich nahe. Da die Bevölkerung in ländlichen Bezirken wuchs, wurden mehr und mehr Wälder für den Ackerbau abgeholzt – wodurch große Fleischfresser ihrer Hauptnahrungsquelle und der Deckung, die sie zum Jagen brauchen, beraubt wurden. Gezwungen, als Alternative Vieh zu reißen, gerieten die Tiger in direkten Konflikt mit dem Menschen. Manche Tiere wurden aus schierer Verzweiflung sogar zum Menschenfresser und griffen Siedlungen an.

Die **Wilderei** hat einen noch höheren Tribut gefordert. Auf dem Schwarzmarkt sind schon immer hohe Preise für tote Tiere – ein Tigerfell kann in Indien weit über US$100 000 einbringen – und für verschiedene Körperteile, die magische Kräfte oder medizinische Wirkung haben sollen, gezahlt worden. Das Fleisch wird benutzt, um Schlangen fern zu halten, das Hirn, um Akne zu heilen, die Nase, um die Geburt eines Sohnes herbeizuführen, und das Nierenfett – das großzügig auf das betroffene Organ geschmiert wird – als Mittel gegen Impotenz.

Bis in ganz Indien mit dem Wildlife Protection Act 1972 ein Verbot der Tigerjagd verhängt wurde, waren die Zahlen auf unter 2000 gesunken. Als drastische Reaktion, die darauf abzielte, die Öffentlichkeit aufzurütteln, wurde im folgenden Jahr das Projekt Tiger aus der Taufe gehoben. Bauerngemeinschaften wurden dafür umgesiedelt und entschädigt und bewaffnete Ranger eingestellt, um Wilderern das Handwerk zu legen. Die Nachfrage nach Tigerprodukten ließ jedoch mit dem „Projekt Tiger" nicht nach, sodass die Wilderer weiter ihrem Geschäft nachgehen, unterstützt von organisierten Schmugglerbanden. Unglaublich, aber wahr: Im Jahr 2005 wurde festgestellt, dass die gesamte „geschützte" Großkatzenpopulation des Sariska Tiger Reserve auf mysteriöse Art und Weise verschwunden war. Dahinter steckten höchstwahrscheinlich Wilderer (die noch immer nicht gefasst wurden). Gut organisierte Guerilla-Gruppen operieren praktisch ungestraft in abgelegenen Nationalparks, wo wenige unzureichend bewaffnete und schlecht bezahlte Ranger allenfalls symbolischen Widerstand leisten. Dabei wird es aufgrund des zunehmenden Einsatzes von Gift immer schwieriger, den Wilderern auf die Schliche zu kommen. Die Offiziellen vom „Projekt Tiger" geben verständlicherweise nur ungern zu, dass immer weniger Tiger gesichtet werden, damit der lukrative Fremdenverkehr nicht gefährdet wird, doch in Wirklichkeit ist die Prognose sehr düster. Obwohl es inzwischen 23 Project-Tiger-Stellen gibt, wird die Zahl der Tiger ständig kleiner. Offizielle Statistiken geben optimistisch eine landesweite Population von 3000–3500 an. Unabhängige Untersuchungen sind dagegen pessimistischer und kommen auf rund 1500 Tiere.

Schätzungen zufolge fällt in Indien jeden Tag ein Tiger Wilderern zum Opfer. Die pessimistischsten Experten behaupten sogar, dass Indiens exotischstes Tier bei der gegenwärtigen Vernichtungsrate schon gegen Ende des nächsten Jahrzehnts oder noch früher in der freien Wildbahn ausgestorben sein könnte.

genommen. Aufgrund der rapide geschrumpften Wälder – ihrem natürlichen Lebensraum – bringt die Suche nach Nahrung und Wasser die Elefanten oft in Konflikt mit ländlichen Gemeinden.

Ein anderer Dickhäuter, das schwerfällige einhörnige **Indische Panzernashorn**, hat in äußerst gefährdeten Beständen im Nordosten des Landes bis in die Gegenwart überlebt. Die Population war in den 1960er-Jahren auf unter 100 Tiere gesunken: einerseits durch die Abholzung der Wälder, andererseits durch Wildern zu „medizinischen" Zwecken. Inzwischen ist ihre Zahl wieder gestiegen, und im Manas Wildlife Sanctuary sowie im Kaziranga-Nationalpark in Assam stehen rund 1100 Tiere unter Schutz.

Die Zahl der indischen **Tiger**, die in freier Wildbahn leben, hat drastisch abgenommen, dennoch bestehen reelle Chancen, einem der königlichen Tiere in einem Nationalpark zu begegnen. Zuverlässige Berichte über regelmäßige Sichtungen liegen vor aus: Kanha und Bandhavgarh in Madhya Pradesh (S. 460 und 463), Ranthambore in Rajasthan (S. 241), Corbett in Uttaranchal (S. 404) sowie Manas und Kaziranga in Assam (S. 907).

Anderen Großkatzen ist es noch schlechter ergangen als den Tigern. Der einstige König der indischen Tierwelt, der **Asiatische Löwe** (auch: Gujarat-Löwe oder Persischer Löwe, S. 629, Kasten), lebt heute nur noch in einem einzigen kleinen Rückzugsgebiet in Gujarat. Der geisterhafte, grau und schwarz gefleckte **Schneeleopard** (*Uncia uncia*) der Himalaya-Region ist inzwischen so selten geworden, dass er schon fast legendenhaften Charakter besitzt. Nur der in den Ebenen siedelnde **Leopard** ist noch so weit verbreitet, dass Begegnungen in bewaldeten Gebieten in der Nähe menschlicher Siedlungen, wo er auf domestizierte Tiere lauert, nichts Außergewöhnliches sind.

Sehr verbreitet sind die Beutetiere der Großkatzen, zu denen Rotwildarten und Antilopen gehören. Die größte Rotwildart ist der überwiegend einzelgängerisch lebende **Sambarhirsch** (*Cervus unicolor*), der bis zu 300 kg wiegen und dessen Geweih 120 cm lang werden kann. Kleiner und geselliger ist der **Axishirsch** (*Axis axis*, auch: Chital), der sich häufig in Herden in der Nähe von Languren-Kolonien und von menschlichen Siedlungen herumtreibt, um nach weggeworfenen Obst- oder Gemüseresten zu stöbern. In Tigerreservaten sind mitunter der hohe Schrei des Axishirsches und die raue bellende Antwort von Languren zu hören, die einander auf diese Weise vor lauernden Raubtieren warnen. Zu den anderen Rotwildarten gehören der selten zu sichtende **Indische Muntjak** (*Muntiacus muntjak*), der sich bevorzugt im Gebirge bewegt, und der **Schweinshirsch**, der jährlich in großer Zahl den Überschwemmungen im niederen Grasland zum Opfer fällt. Indiens kleinste Rotwildart ist mit kaum 30 cm Körpergröße der nachtaktive **Fleckenkantschil** (*Tragulus memina*). Äußerst selten zeigt sich der **Zackenhirsch** (auch *Barasingha*), während der **Kashmir-Rotducker** und das **Moschustier** inzwischen sogar zu den gefährdeten Arten gehören.

Zur Familie der **Antilopen** zählen die Nilgau-Antilope, die gefährdete Hirschziegenantilope (verehrt und geschützt von den Bishnoi, die Randgebiete der Wüste Thar bei Jodhpur in Zentral-Rajasthan besiedeln) sowie die im Wald lebende einzigartige Vierhornantilope (*Chausingha*), die ihren Namen ihren zwei Hornpaaren verdankt und die erst im letzten Augenblick vor der Ausrottung bewahrt werden konnte.

Zu den Affen mit dem größten Verbreitungsgebiet gehören der streitsüchtige **Rhesusmakake** (auch: Indischer Rhesusaffe), der durch sein rotes Hinterteil auffällt, sowie der schwarzgesichtige **Hanuman-Langur** (auch: Hulman), die beide nicht selten auf Tempelgelände anzutreffen sind. Affen genießen besonderen Schutz, denn im hinduistischen Glauben haben sie einen überirdischen Status als noble Diener der Götter (S. 141, Kasten). Der **Assam-Makake** und der **Schweinsaffe** bevorzugen als Lebensraum die Berge des Nordens, während der **Hutaffe** in den dunstigen tropischen Dschungeln des Südens zu Hause ist. Scheu und in freier Wildbahn selten anzutreffen ist der struppige **Lippenbär** (*Melursus ursinus*), dem man jedoch häufig in der Nähe touristischer Stätten begegnet, wo gefangene Tiere an belebten Straßen zum Tanzen gezwungen werden. Außerdem leben in Indien **Schwarz- und Braunbären**.

Häufig anzutreffen sind die Aas fressende **Streifenhyäne** und der sich von Schädlingen ernährende **Bengalfuchs**. Der in den Ebenen und Wüsten lebende **Pallipeswolf** (*Canis Lupus pallipes*) ist von der Ausrottung bedroht, da der Mensch ihm energisch nachstellt, um Haustiere zu schützen.

Der **Wilde Wasserbüffel** ist genetisch sehr eng mit dem gewöhnlichen Hauswasserbüffel verwandt – wilde Bullen ziehen gar die Paarung mit domestizierten Kühen vor. Zu den exotischeren Mitgliedern der Rinderfamilie gehören der im Bergland heimische **Gaur** (*Bos gaurus*, Indisches Wildrind), der über 2 m Schulterhöhe erreichen kann, sowie der erstaunlich gewandte **Yak** (auch: Grunzochse), der nur in großen Höhen vorkommt. Asiens Version des Gürteltiers ist das **Vorderindisch-Ceylanische Schuppentier** (*Manis crassicaudata,* auch: Pangolin), das an einen gepanzerten Ameisenbär denken lässt, weil seine robusten Schuppen die gesamte Länge seines Rückens und Schwanzes überziehen. Da leider der Aberglaube kursiert, dass der Panzer magische Heilkräfte besitze, stellen Jäger dem Schuppentier nach.

Im städtischen Umfeld gehört das **Dreistreifen-Palmenhörnchen** (*Funambulus palmarum*), dessen Streifenmarkierung angeblich auf einen sanften Schlag Ramas zurückgeht, zum Alltagsbild. Vor allem in der Nähe von Varanasi tummeln sich häufig **Flussdelfine** (auch: Schnabeldelfine) in den Fluten des Ganges.

Reptilien

Zu Indiens 238 Schlangenarten (darunter 50 giftige) gehören so unterschiedliche Arten wie die nur 10 cm lange Gewöhnliche Blindschlange (*Ramphotyphlops bramina*), die Nester bauende Königskobra (*Naja* bzw. *Ophiophagus hannah*) und die meterlange Python. Die Kobras und Pythons, die sich schlaff und träge um den Hals des Schlangenbeschwörers ringeln, sind zahm und ungiftig, doch in der Wildnis sind Begegnungen mit **Giftschlangen** nicht auszuschließen. Zu den gefährlichen Arten gehören die Indische Brillenschlange (*Naja naja*), die gelb-braune Kettenviper (*Viperi russeli*), die besonders häufig in Südindien vorkommende kleine Bungar und Krait (*Bungarus caeruleus*) und die Sandrasselotter oder Efa (*Echis carinatus*).

Weit verbreitet sind **Eidechsen** und **Warane**. In nahezu jedem Hotelzimmer tummeln sich Geckos, die den Raum von lästigen Insekten befreien. In ganz Indien sind die farbenprächtige Gartenagame und Sita-Agame anzutreffen. **Krokodile** sind auf dem gesamten Subkontinent weit verbreitet.

Vögel

Man muss kein Ornithologe sein, um an Indiens reicher Vogelwelt Gefallen zu finden. Wenn man die Region bereist, sind immer wieder bunte Vögel auf Oberleitungen an der Straße zu erspähen. Der Reichtum an heimischen Arten ist in erster Linie auf die Vielzahl an unterschiedlichen Klimazonen und Lebensräumen der indischen Halbinsel zurückzuführen. Aber dank seiner geografischen Lage zieht Indien auch viele Zugvögel aus den kälteren, weiter nördlich gelegenen Ländern an, die hier überwintern.

Drei Arten von **Eisvögeln** sind häufig in den Reisfeldern und Feuchtgebieten der Küstenebene zu sichten, wo sie sich von kleinen Fischen und Kaulquappen ernähren. Andere verbreitete, bunt gefiederte Vögel sind die grasgrünen, blauen und gelben **Bienenfresser** (*Merops*), der eindrucksvolle **Pirol** (*Oriolus oriolus*) und die **Hinduracke** (*Coracias bengalensis*), die für ihre strahlend blauen Schwungfedern und ihre ausgelassenen Kunstflugstücke zur Paarungszeit berühmt ist. **Wiedehopfe** (*Upupa epops*), erkennbar an ihrer eleganten schwarz-weißen Haube, dem hellbraunen Gefieder und dem typischen „hupopo"-Ruf, streichen ebenfalls über Felder und Dörfer, ebenso wie mehrere Arten von **Bülbüls**, **Drosseln** und **Drongos**, darunter der Trauerdrongo (*Dicrurus adsimilis*) – ein Wintergast, der oft auf Telegrafenmasten sitzt. Mit etwas Glück erhascht man vielleicht einen Blick auf den weit verbreiteten **Hainparadiesschnäpper** (*Terpsiphone paradisi*). Mit seiner schwarzblauen Kopfkappe und den langen hellen Schwanzfedern gehört er zu den hübschesten Vögeln des Subkontinents.

In der Umgebung von Reisfeldern, Teichen und Salzsümpfen wimmelt es von Wasservögeln. Am häufigsten anzutreffen ist der schneeweiße **Kuhreiher** (*Bubulcus ibis*), der gewöhnlich überall dort zu sehen ist, wo Kühe und Rinder weiden, da er sich von auf diesen lebenden Maden, Insekten und anderen Parasiten ernährt. Ausschau halten sollte man auch nach dem grau-braunen **Paddyreiher** (*Ardeola grayii*), Indiens häufigster Reiherart. Der sich durch seine hellgrünen Beine, die gefleckte Brust und kauernde Haltung hervorhebende Vogel steht stundenlang bewegungslos im Wasser, um auf Fische oder Frösche zu warten.

Greifvögel wie der **Brahminenweih** (*Haliastur indus*) – zu erkennen an seiner weißen Brust und kastanienbraunen Kopfzeichnung – und der **Schwarzmilan** (*Milvus migrans*) – ein dunkelbrauner Bussard mit gabeltem Schwanz – sind um kleinere Ortschaften und Fischerdörfer herum häufig zu sehen, wo sie mit Scharen von krächzenden **Glanzkrähen** (*Corvus splendens*) und **Dohlen** (*Corvus monedula*) um Speisereste wetteifern. Riesige rosaköpfige **Königsgeier** (*Sarcogyps clavus*) und der **Bengalengeier** (*Gyps bengalensis*), der eine weiße Krause um seinen kahlen Hals und Kopf hat, zeigen sich immer dann, wenn es Kadaver auszunehmen gibt, doch ein mysteriöses Virus hat ihre Zahl in den vergangenen Jahren deutlich dezimiert.

Zu Indiens zahllosen **Waldvögeln** gehört eine Art, die jeder Vogelfreund zu erspähen hofft, der **Nashornvogel**, dessen riesiger gelber Schnabel einen langen, gebogenen Hornaufsatz trägt.

Einige **Spechtarten** leben ebenfalls im Inneren der Wälder, darunter der seltene indische schwarze Waldspecht, der zwischen Dezember und März laute Trommelgeräusche an Baumstämmen produziert.

Ein Vogel, dessen Ruf regelmäßig in den Wäldern der Westghats zu vernehmen ist, vor allem in den Teakbaumregionen, ist der des wilden Vorfahren des Haushuhns – des Bankivahuhns. Die am stärksten vertretene Art ist das schwer zu entdeckende, farbenfrohe, rote **Bankivahuhn** (*Gallus gallus*) mit goldenen Halsfedern und einem metallisch-schwarzen Schwanz. Am ehesten zu sehen sind diese Vögel, wenn sie am Rande von Waldwegen nach Futter stöbern.

Eine ausgezeichnete Website ist Birding Hotspots, 🖥 www.camacdonald.com/birding/asia-india.htm. Hier finden sich Beschreibungen der besten Vogelsichtplätze Indiens, außerdem Dutzende Fotos, aktuelle Berichte von Vogelbeobachtungstrips und Links zu verwandten Themen.

Geschichte

Die Geschichte Indiens ist so komplex und turbulent, wie von einem derart riesigen, dicht bevölkerten und multikulturellen Land nicht anders zu erwarten. Indien ist Heimat einer der frühesten Zivilisationen und Geburtsort von vier Weltreligionen, außerdem hat es mehr Dynastien, Herrscher und Königreiche hervorgebracht, als selbst der gründlichste Historiker nachverfolgen und aufzählen kann. Grob gesagt, lässt sich die Geschichte Indiens in zwei Teile aufspalten: die Geschichte des arischen Nordens, entscheidend geprägt durch aufeinander folgende Wellen von Eindringlingen aus Zentralasien, und die viel eigenständigere Geschichte des dravidischen Südens.

Frühgeschichte

Die frühesten menschlichen Spuren auf dem indischen Subkontinent führen zurück in die Alt-, Mittel- und Jungsteinzeit (400 000–200 000 v. Chr.). Damals wurde das Land zum ersten Mal von halbnomadischen **Jägern und Sammlern** besiedelt – Fundstücke aus allen drei Perioden sind an vielen Stellen im Land aufgetaucht.

Die ersten Spuren **agrarischer Siedlungen** auf dem Subkontinent (gefunden in Mehrgarh in der Ebene westlich des Indus in Baluchistan, dem heutigen Pakistan) gehen auf ungefähr 7000 v. Chr. zurück. In den nächsten vier Jahrtausenden entwickelten sich im Industal dörfliche Siedlungen, in denen die Einwohner Kupfer und Bronze zu verarbeiten begannen, Tiere domestizierten, die Töpferei entwickelten und Handel mit ihren Nachbarn aufnahmen.

Terrakotta-Figurinen von Göttinnen und Bullen sowie phallische Embleme erinnern an Fruchtbarkeitskulte und die Verehrung von Muttergöttinnen der frühen Ackerbaugesellschaften des Mittleren Ostens und der Mittelmeerregion, weisen aber auch Elemente auf, die später im religiösen Alltag Indiens wieder auftauchen.

Die Industal-Kultur

Gegen 2500 v. Chr. hatten die Dorfsiedlungen im Industal (im heutigen Pakistan) begonnen, sich zu einer der frühesten Zivilisationen der Menschheit zu entwickeln – ungefähr gleichzeitig mit der der Sumerer und der alten Ägypter.

Diese erste große Kultur des Subkontinents, Industal-Kultur oder Harappa-Kultur genannt, breitete sich über einen beträchtlichen Teil des heutigen Südpakistan und die Peripherie Westindiens aus. Die genaue Natur der Industal-Kultur ist nach wie vor ein Rätsel (selbst ihre Sprache konnte bislang nicht entschlüsselt werden. Vieles von dem, was wir über diese Zivilisation wissen, stammt aus den Überresten zweier großer Städte am Indus: **Harappa** im Norden und **Mohenjo Daro** im Süden. Die beiden im Schachbrettmuster angelegten Städte besaßen große, aus gleichförmigen Backsteinen erbaute Häuser, ein ausgeklügeltes, geschütztes Bewässerungssystem (die erste urbane Sanitäranlage der Welt) und gewaltige Kornspeicher. Da an beiden Orten keine königlichen Paläste, wohl aber eine große Anzahl religiöser Figurinen gefunden wurden, liegt die Vermutung nahe, dass es sich bei der Industal-Kultur um einen theokratischen Staat von Priestern, Kaufleuten und Bauern handelte.

Um diese Zeit hatten die **Bauern** verschiedene Tiere domestiziert, zu denen Buckelrinder (Zebus), Hausrinder, Wasserbüffel und Haushühner gehörten. Auch bauten sie Weizen, Gerste, Erbsen und Sesam an und waren wahrscheinlich die ersten, die **Baumwolle** züchteten und daraus Kleidung herstellten. Bei Ausgrabungen in **Lothal** in Gujarat wurde ein Hafen freigelegt. Die dortigen Kaufleute pflegten mit Sicherheit intensive Handelsbeziehungen zu Lande und zur See. Sie führten Gold, Silber, Kupfer und Halbedelsteine aus Zentralasien ein und Baumwollgarn oder -stoffe aus.

Die zahlreichen **Siegel**, die in den Indus-Städten entdeckt wurden, lassen vermuten, dass jeder Kaufmann oder jede Familie ein eigenes Siegel besaß. Sie tragen Inschriften, die bis heute nicht entziffert sind, obwohl fast 400 verschiedene Schriftzeichen und Embleme identifiziert werden konnten. Eine der bemerkenswertesten Darstellungen zeigt eine gehörnte Gottheit im Schneidersitz, die von mehreren Tieren umgeben ist. Es scheint sich um einen Fruchtbarkeitsgott zu handeln; in der Forschung wurde er aufgrund seiner Ähnlichkeit mit Pashupati, dem Herrn der Tiere (einer Erscheinungsform des Hindugottes Shiva), als **Proto-Shiva** bezeichnet. Andere Siegel bezeugen, dass bestimmten Bäumen gehuldigt wurde (besonders dem Pipal-Baum), was deren heiligen Status in der hinduistischen und buddhistischen Religion vorwegnimmt. Es wurden auch zahllose Terrakottastatuen einer Muttergöttin entdeckt – man nimmt an, dass diese Göttin in fast jedem Wohnhaus des einfachen Volkes verehrt wurde.

Die Industal-Kultur war erstaunlich langlebig: Sie hielt sich tausend Jahre. Ihr plötzlicher Untergang im letzten Viertel des 2. Jahrtausends v. Chr. geht wahrscheinlich auf eine Reihe heftiger Überschwemmungen zurück, die um 1700 v. Chr. von tektonischen Plattenbewegungen verursacht wurden.

Das vedische Zeitalter (1500–600 v. Chr.)

Die schriftlich dokumentierte indische Geschichte beginnt mit der Invasion indo-europäischer und arischer Stämme, die mit Streitwagen anrückten und der Industalkultur den Todesstoß versetzten. Mit der Ankunft der Arier begann das sogenannte vedische Zeitalter, benannt nach den frühesten literarischen Texten Indiens, den **Veden** (S. 142).

Die **Arier** gehörten zu den verschiedenen Nomadenstämmen, die sich Anfang des 2. Jahrtausends v. Chr. aus den weiten Steppen zwischen Polen und Zentralasien aufmachten, um Raubzüge durch Europa, den Nahen Osten und den indischen Subkontinent zu unternehmen und diese Gebiete schließlich zu kolonisieren. Es wird angenommen, dass sie im Laufe einiger hundert Jahre in mehreren Schüben auf dem Weg über den Iran im Punjab eintrafen; die friedfertigen Bauern des Industals hatten ihren von Pferden gezogenen Streitwagen wahrscheinlich nichts entgegenzusetzen. Die arische Kultur war der Industalkultur diametral entgegengesetzt; in der vedischen Literatur wird berichtet, wie ihr Kriegsgott Indra hunderte Siedlungen zerstörte. Als die Arier erstmals in die Region zwischen Kabul und Thar-Wüste vordrangen, waren sie noch halbnomadische Jäger und Hirten. Während sie sich weiter nach Osten in die Doab-Ebene zwischen dem oberen Ganges und der Yamuna ausbreiteten, übernahmen sie nach und nach die

Das Mahabharata

Das Mahabharata, achtmal so umfangreich wie die Ilias und Odyssee zusammen, ist das beliebteste aller Hindu-Werke. Geschrieben um 400 n. Chr. berichtet es von einer sich befehdenden Kshatrya-Familie im nördlichen Indien (Bharata) im 4. Jahrtausend v. Chr. Wie alle Götterepen erzählt das Mahabharata eine spannende Geschichte, wobei die Charaktere unterschiedliche moralische Werte verkörpern. Im Wesentlichen versucht es, die Stellung der Kriegerkasten, der Kshatrya, zu erhellen und zu zeigen, dass sie ebenso wie die Brahmanen religiöse Erfüllung erlangen können.

Die Hauptfigur ist **Arjuna**, ein hervorragender Bogenschütze, der mit seinen vier Brüdern – Yudhishtra, Bhima, Nakula und Sahadeva – den **Pandava-Clan** vertritt, Verteidiger der Rechtschaffenheit und ausgezeichnete Kämpfer. Arjuna gewann seine Frau **Draupadi** in einem Bogenschützenwettkampf, aber damit keine Eifersucht aufkommt, willigt sie ein, die Frau aller fünf Brüder zu werden. Die Pandavas werden von ihren Vettern, den bösen Kauravas, unter dem Anführer Duryodhana, dem ältesten Sohn von Dhrtarashtra, Herrscher des Kuru-Königreiches, gehasst.

Als **Dhrtarashtra** sein Königreich den Pandavas übergab, waren die Kauravas alles andere als erfreut. Duryodhana forderte Yudhishtra (bekannt für seine Muskeln, aber nicht für sein Hirn) zu einem Wettspiel heraus. Die Würfel waren manipuliert; Yudhishtra verspielte nicht nur seinen Besitz, sondern auch sein Königreich und seine mit den Brüdern geteilte Frau. Die **Kauravas** boten an, das Königreich zurückzugeben, wenn es den Pandavas gelänge, mit ihrer Frau 13 Jahre unerkannt im Exil zu leben. Die Pandavas waren – trotz zahlreicher Intrigen – erfolgreich, mussten bei ihrer Rückkehr jedoch feststellen, dass die Kauravas nicht gewillt waren, sich an die Abmachung zu halten.

So kam es zur großen **Schlacht des Mahabharata**, von der im 6. Buch, der Bhagavad Gita – als unabhängige Erzählung ungemein beliebt – berichtet wird. Vishnu steigt als Krishna auf die Erde hinab und greift als Arjunas Wagenlenker in die Schlacht ein. Die **Bhagavad Gita** schildert den fantastischen Kampf der Cousins, die einander mit magischen Waffen und roher Gewalt bekämpfen. Arjuna befindet sich in einem Dilemma, da er das Töten seiner eigenen Verwandten im Streben nach einem rechtmäßigen Königreich für sich und seine Brüder nicht zu rechtfertigen vermag. Krishna tröstet ihn, indem er ihn daran erinnert, dass seine Hauptaufgabe, sein Dharma, die eines Kriegers ist. Und was noch wichtiger ist, er weist ihn darauf hin, dass die Seele eines Jeden unsterblich ist und von einem Körper zum anderen wandert, deshalb brauche Arjuna den Tod seiner Cousins nicht zu bedauern. Krishna überzeugt Arjuna, dass er durch die Erfüllung seines Dharma nicht nur Gesetz und Ordnung hütet, indem er das Königreich aus den Händen unrechtmäßiger Herrscher befreit, sondern im Geist der Hingabe (bhakti) auch den Göttern dient, und garantiert ihm so die ewige Vereinigung mit dem Göttlichen in dem seligen Zustand von Moksha.

Die Pandavas gewinnen schließlich die Schlacht, und Yudhishtra wird zum König gekrönt. Später erbt Arjunas Enkel **Pariksit** den Thron und die Pandavas ziehen zum Berg Meru, dem mythischen Zentrum des Universums und Aufenthaltsort der Götter, wo Arjuna den ihm von Krishna verheißenen Moksha findet.

Methoden des Feldbaus der von ihnen unterworfenen Völker. Die einzelnen Stämme begannen sich zu Dorfgemeinschaften zu organisieren, die von Stammesräten und Kriegsherren angeführt wurden. Gleichzeitig sollten die Opferzeremonien des Oberpriesters ihren Wohlstand sichern und kriegerische Erfolge gewährleisten.

Die in den Veden festgehaltenen arischen Hymnen beschreiben die für jene Epoche typischen Konflikte zwischen den arischen Volksstämmen, zeugen aber auch von einer unterschwelligen Solidarität miteinander, die gegen die Ureinwohner gerichtet war. Letztere wurden von den Ariern „Dasa" genannt. Dieses Wort stand ursprünglich für „Feinde", doch mit der Zeit wurde es zur Bezeichnung für „Untergebene" – Menschen, die auf dem sich ständig ausdehnenden Land der Arier lebten und von ihnen kolonisiert wurden. Die Dasa wurden als Phallus-Anbeter beschrieben, die viel Vieh besaßen und in befestigten Städten oder Dörfern wohnten.

Als die Arier sich in Nachbarschaft zu den dunkelhäutigen Ureinwohnern niederließen, begannen sie die Bedeutung „reinen Blutes" zu glorifizieren und verschärften ihre Klassenunterscheidung zwischen ranghohem Adel und einfachen Stammesangehörigen, um diese auszugrenzen. Zur selben Zeit erhoben die Priester aufgrund ihrer Kenntnisse der Religion und der heiligen Rituale Anspruch auf besondere Privilegien.

Die arische Gesellschaft hatte sich in **vier Klassen** oder *varna* (wörtlich „Farbe") gespalten: Priester (Brahmanen), Krieger (Kshatrya), Bauern (Vaishya) und Diener (Shudra), eine Teilung, die noch bis zum heutigen Tag besteht. Die ersten drei machten die Haupt-Gesellschaftsschichten innerhalb der arischen Stämme aus, während die Dasa und andere nicht-arische Personen zu Shudra wurden, die den drei oberen Schichten zu dienen hatten.

In der spätvedischen Periode zwischen 1000 und 600 v. Chr. verschob sich das Zentrum der arischen Kultur und Macht langsam vom Punjab ostwärts nach Doab und ins traditionelle Kernland Nordindiens zwischen Ganges und Yamuna. In dieser Zeit entstanden die Sama-, Yajur- und Atharva-Veden, die Brahmanas und die Upanishaden (S. 142), und auch die berühmten epischen Werke **Mahabharata** und **Ramayana** (s. links u. S 117) sollen sich auf jene Epoche beziehen. Die große Schlacht von **Kurukshetra** z. B. – zentrales Thema des Mahabharata – ist historisch belegt und fand irgendwann im 9. oder 8. Jh. v. Chr. in der Nähe des heutigen Delhi statt. Zur Zeit Kurukshetras waren die Arier bereits bis in die Mitte des Gangestals vorgedrungen, wo sie das Reich **Kosala** mit der Hauptstadt **Ayodhya** gründeten, das dem *Ramayana* zufolge das Königreich des Heldengottes Rama war. Mit der territorialen Ausdehnung erlebte die arische Zivilisation auch auf anderen Gebieten bedeutende Veränderungen. Bei der Ankunft in Indien beschränkten sich die Kenntnisse der Arier über Metallurgie auf Gold, Kupfer und Bronze, doch später finden in der vedischen Literatur auch Zinn, Blei, Silber und Eisen Erwähnung. Die Nutzung von Eisen und die Kunst der Elefantenzähmung erleichterten nachrückenden Siedlern die rasche Rodung von Wäldern. Unterdessen hatten die arischen Bauern auch den Anbau einer Vielzahl von Nutzpflanzen, darunter Reis, erlernt. Handel und Handwerk blühten auf, während Kaufleute erneut Handelsbeziehungen zu Mesopotamien knüpften. Diese waren nach dem Zusammenbruch der Industalkultur unterbrochen worden.

Die vedische Kultur und Gesellschaft veränderte sich durch den Kontakt von Ariern und Einheimischen. Gegen Ende des vedischen Zeitalters lebten die arischen Stämme in festgefügten kleinen **Königreichen**, die eine eigene Hauptstadt besaßen. Die Herrschaft des Königs wurde absoluter und nur noch durch den Einfluss der Priesterschaft beschränkt. Damit waren die Grundlagen für die bedeutungsvolle Beziehung zwischen weltlicher und geistlicher Macht gelegt. Die von der Priesterschaft verfassten Brahmanas enthalten Richtlinien für die Durchführung von Opferhandlungen, die enge symbolische Zusammenhänge mit der königlichen Macht aufweisen und so den Glauben an die Verbindung zwischen Königswürde und Göttlichkeit stützen. In der spätvedischen Epoche machte sich in der arischen Zivilisation mit der Auflösung der Stammesidentität eine gewisse Verunsicherung breit.

Sie brachte Nonkonformisten und Asketen hervor, deren neue religiöse Lehren in Werken wie den Upanishaden (S. 142) niedergelegt wurden. Sie formulierten die Grundlagen für die verschiedenen philosophischen Systeme, die sich in späteren Epochen entwickelten.

Um 600 v. Chr. waren im Norden Indiens mindestens sechzehn Republiken und Monarchien entstanden, die unter dem Namen **Maha-janapadas** („Clan-Territorien") zusammengefasst werden. Das Erbschaftsprinzip und das Konzept des Königtums nach göttlicher Vorsehung machten die Monarchien zu starren Gebilden, während die Republiken Raum für die Entwicklung unorthodoxer Sichtweisen boten. Die Begründer der neuen Religionen **Buddhismus** und **Jainismus** wurden in solchen kleinen Republiken geboren.

Die Konsolidierung der *maha-janapada* basierte auf dem Wachstum einer stabilen Agrargesellschaft und der steigenden Bedeutung des Handels, die zur Einrichtung eines Münzwesens und zur Entwicklung der Brahmi-Schrift führten, aus der die heutigen Schriftsysteme Indiens, Sri Lankas, Tibets, Javas und Myanmars hervorgegangen sind. Der steigende Wohlstand aber gab Anlass zu Konflikten, und im 5. Jh. v. Chr. hatten sich die verstreuten Kleinstaaten im nördlichen Indien zu fünf großen Königreichen zusammengefunden: Magadha, Kashi, Koshala, Vatsa und die Republik Vrijji. Schließlich erkämpfte **Magadha** unter Bimbisara (543–491 v. Chr.) die Oberherrschaft. Laut Überlieferung war Magadha auch ein persönlicher Freund und Gönner des fast gleichaltrigen Buddha. Bimbisaras Sohn und Nachfolger **Ajatashatru** (491–461 v. Chr.) verlegte die Hauptstadt Magadhas nach Pataliputra (Vorgänger des heutigen Patna) und vernichtete bzw. unterwarf die anderen Königreiche im Gangestal, um die Kontrolle über den Handel entlang des Ganges und über dessen reiche Vorkommen an Kupfer und Eisen zu erlangen.

Mitte des 4. Jhs. v. Chr. usurpierte die Dynastie der **Nanda** den Thron von Magadha. Mahapadma Nanda eroberte Kalinga (Orissa und den nördlichen Küstenstreifen von Andhra Pradesh) und gewann die Kontrolle über Teile des Dekkans. Nach seinem Tode brachen Kämpfe um die Thronfolge aus, und gleichzeitig ereigneten sich entscheidende Dinge im Nordwesten; in dieser bewegten Zeit wurde das erste indische Großreich geboren.

Das Reich der Maurya (320–184 v. Chr.)

Der wachsende Wohlstand der nordindischen Staaten zog langsam das Interesse ehrgeiziger zentralasiatischer Herrscher auf sich – etwas, das sich im Laufe der folgenden tausend Jahre in der indischen Geschichte regelmäßig wiederholen sollte. Dareios I., der dritte archämenidische Kaiser von Persien, hatte schon gegen 520 v. Chr. das Königreich Gandhara (im heutigen Nord-Pakistan und Ost-Afghanistan) erobert. Sehr viel bedeutsamer jedoch war die spätere Invasion von **Alexander dem Großen**, der den letzten Achämeniden Dareios III. schlug, 326 v. Chr. den Indus überquerte und dann den Punjab überrannte. Er hielt sich nur zwei Jahre in Indien auf, und obwohl er Garnisonen hinterließ und Satrapien (Provinzen) gründete, waren diese Gebiete nach seinem Tod im Jahre 323 nicht zu halten. **Chandragupta Maurya**, der Herrscher von Magadha, der um 320 v. Chr. die letzte Nanda-Dynastie von Magadha gestürzt hatte, nutzte das politische Vakuum im Anschluss an Alexanders kurze Einmischung zu seinem eigenen Vorteil.

Chandragupta soll Alexander den Großen getroffen und sich womöglich von dessen Eroberungszügen inspirieren haben lassen. Jedenfalls radierte sein 500 000 Mann starkes Heer die griechischen Garnisonen im Nordwesten aus und annektierte alles Land östlich des Indus. Als Alexanders General Seleucus Nicator versuchte, die Kontrolle über die makedonischen Provinzen in Indien wiederzuerlangen, wurde auch er von Chandragupta geschlagen und gezwungen, Ländereien im heutigen Afghanistan abzutreten.

Ungefähr ab 297 v. Chr. dehnte Chandraguptas Sohn Bindusara das Reich bis nach Mysore im Süden aus, bevor um 269 v. Chr. sein Sohn **Ashoka** die Thronfolge antrat. In den ersten acht Jahren seiner Herrschaft kümmerte er sich um die Absicherung seiner Macht, bevor er um 260 v. Chr. das Stammeskönigreich Kalinga (Orissa) angriff und unterwarf – seine letzte gewaltsame militärische Eroberung.

Als er zweieinhalb Jahre später, offenbar zutiefst erschüttert angesichts des entsetzlichen Massakers, das während seiner Eroberung von Kalinga angerichtet worden war, zum Buddhismus übertrat, bekannte er sich zur Gewaltlosigkeit und zum **Gesetz der Rechtschaffenheit** (*dharma*). Die berühmten **Edikte**, mit denen er die Prinzipien dieses Gesetzes erläuterte, wurden in Brahmi-Schrift in achtzehn große Felsen und dreißig polierte Sandsteinsäulen graviert, die sich an strategischen Punkten im gesamten Reich fanden.

Ashokas Hinwendung zum Buddhismus änderte jedoch nichts an seinem kaiserlichen Pragmatismus. So festigte er trotz seiner Gewissensbisse nach dem Kalinga-Feldzug die Herrschaft über die eroberten Gebiete, behielt die

Das Ramayana

Das Epos Ramayana erzählt die Geschichte von **Rama**, der siebten von Vishnus acht Inkarnationen. Obwohl Rama möglicherweise auf einer historischen Gestalt beruht, wird er eher als eine Verkörperung der Eigenschaften Vishnus angesehen.

Rama war der älteste von vier Söhnen, die Dasaratha, dem König von Ayodhya, von seinen drei Frauen geboren wurden, und der Thronfolger. Als Rama gekrönt werden soll, sorgt Dasarathas eifersüchtige dritte Frau Kaikeyi dafür, dass an seiner Stelle ihr eigener Sohn Bharata gekrönt und Rama für 14 Jahre in die Wälder verbannt wird.

Rama akzeptiert in einem beispielhaften Beweis von Kindesgehorsam den Thronverlust und verlässt die Stadt zusammen mit seiner Frau **Sita** und seinem Bruder **Laksmana**. Eines Tages erspäht Suparnakhi, die Schwester des Dämonen **Ravana**, Rama in den Wäldern und verliebt sich in ihn. Als tugendhafter und treuer Ehemann weist Rama sie zurück und Laksmana schneidet ihr zur Strafe Nase und Ohren ab. Daraufhin lässt Ravana Sita entführen und zu einem von Ravanas Palästen auf der Insel Lanka bringen.

Entschlossen, Sita zu finden, nimmt Rama die Hilfe **Hanumans**, des Affenkönigs, in Anspruch. Rama und Laksmana machen sich auf die Suche nach Sita und finden heraus, dass sie auf der Insel Lanka gefangen gehalten wird. Hanuman springt über die Meerenge und schleicht sich in Ravanas Palast, wo er hört, wie der böse König versucht, Sita zur Heirat zu überreden. Er lässt ihr die Wahl zwischen dem Vollzug der Ehe und dem Gefressenwerden – „Meine Köche sollen Eure Glieder mit Schwertern zerhacken und mir Euch zum Morgenmahl servieren." Hanuman berichtet Rama von dem Gehörten, woraufhin dieser ein Heer zusammenstellt und sich auf den Angriff vorbereitet. Diesmal bilden die Affen eine Brücke über die Meerenge, sodass das Heer auf die Insel hinübergelangt, und nach harten Kämpfen ist Sita gerettet und mit dem siegreichen Rama wieder vereint.

Auf der langen Reise zurück nach Ayodhya kommen Zweifel an Sitas Ehre auf. Um ihre Unschuld zu beweisen, bittet sie Laksmana, einen Scheiterhaufen zu errichten. Während sie die Flammen durchschreitet, betet sie zu **Agni**, dem Feuergott. Agni führt sie durch das Feuer zu einem entzückten Rama. Sie ziehen in Ayodhya ein, geleitet von einem Lichterzug der Bevölkerung. Dieses erleuchtete Nachhausekommen wird seitdem als Diwali gefeiert – das Fest der Lichter.

Das Epos endet damit, dass Ramas jüngerer Bruder freudig auf den Thron verzichtet und zulässt, dass Rama als rechtmäßiger König gekrönt wird.

Größe seiner Armee bei und drohte unbotmäßigen Stammesangehörigen in deutlicher Weise mit Gewaltanwendung.

Am Ende seiner Herrschaft erstreckte sich Ashokas Reich von Assam bis Afghanistan und von Kashmir bis Mysore. Nur die drei dravidischen Königreiche Chola, Chera und Pandya am südlichsten Zipfel des Subkontinents waren noch unabhängig. Ashokas Bedeutung wurde noch über zweitausend Jahre später gewürdigt, als Jawaharlal Nehru das Löwenkapitell der Säule von Sarnath zum Staatsemblem des jungen unabhängigen Indiens auserkor.

Nach Ashokas Tod im Jahre 232 v. Chr. begann das Reich zu zerfallen. Während Prinzen noch um den Thron stritten, erklärten Provinzgouverneure ihre Unabhängigkeit. Regionale Machtkämpfe und Invasionen aus Zentralasien trugen zur Verschärfung der Situation bei. 184 v. Chr. wurde der letzte Maurya-Herrscher Brihadratha von einem seiner Generäle ermordet. Dies bedeutete das Ende der fast 140 Jahre dauernden Maurya-Herrschaft.

Das Zeitalter der Invasionen (184 v. Chr.–320 n. Chr.)

Die 500 Jahre im Anschluss an den Zusammenbruch der Maurya-Herrschaft waren die ereignisreichsten in der Geschichte des Subkontinents. Sie sind geprägt von politischer

Zerrissenheit und einer erneuten, scheinbar endlosen Welle von Invasionen aus dem Nordwesten. Diese Epoche wird manchmal als das „Finstere Zeitalter" Indiens bezeichnet. Doch obwohl eine Zentralmacht fehlte, war es auch ein Zeitalter ökonomischer und kultureller Blüte.

Die ersten Invasoren waren die baktrischen **Griechen** von Gandhara, Bewohner des riesigen, von Alexander dem Großen eroberten Territoriums, das unter seinem Nachfolger Seleucus Teil des Seleukiden-Reichs geworden war.

Um 180 v. Chr. verkündeten die baktrischen Griechen ihre Unabhängigkeit vom Seleukiden-Reich und kamen kurz darauf zurück nach Indien, um sich einige kleine Grafschaften zu sichern. Sie besetzten den Punjab und dehnten ihre Kontrolle bis nach Mathura in Uttar Pradesh aus.

Die griechische Vorherrschaft in Baktrien war jedoch schnell durch Neuankömmlinge aus Mittelasien bedroht. Massive Vorstöße zentralasiatischer Nomaden namens **Yüe-Chi** hatten die Abwanderung der Skythen (indisch: Shaka) aus dem Schwarzmeer- und Aralseegebiet bewirkt, die ihrerseits die Parther (Pahlavas) aus dem Iran verdrängten. Diese wiederum entrissen den Griechen die Macht über Baktrien. Daraufhin verwalteten die Griechen ihre indischen Territorien von einer neuen Hauptstadt (Kabul) aus. Die genauen Einzelheiten dieser verschiedenen Völkerwanderungen sind bis heute ungeklärt, und vielleicht handelte es sich eher um Migrationen als um Invasionen. Wie dem auch sei – sowohl die Yüe-Chi als auch die **Shaka** wanderten langsam weiter Richtung Indien, wo sie schließlich im 1. Jh. n. Chr. ankamen. Die Ersten waren die Shaka; sie siedelten sich bis zur Ankunft der Kuschan im Nordwesten Indiens an. Die Kuschan, eine Untergruppe der Yüe-Chi, vertrieben dann im 1. Jh. n. Chr. die Shaka weiter nach Gujarat und Malwa (bei Ujjain), wo diese sich endgültig niederließen und indisiert wurden. Nachdem sie die Shaka vertrieben hatten, gründeten die **Kuschan** im Nordwesten eine neue Dynastie.

Der dritte und bedeutendste Kuschan-Herrscher **Kanishka**, der um 100 n. Chr. von Purushpura (dem heutigen Peshawar in Pakistan) aus über zwanzig Jahre regierte, dehnte seinen Machtbereich nach Osten bis Varanasi und nach Süden bis Sanchi aus. Sein Reich gelangte durch die Kontrolle über die Handelswege zwischen China, Indien und dem Westen zu Wohlstand, und sein Hof zog Künstler, Musiker und Kaufleute an.

Handel und Gesellschaft

Trotz des Niedergangs der Maurya-Dynastie und der Ausbreitung einander bekämpfender Königreiche war die Zeit zwischen 200 v. Chr. und 300 n. Chr. eine Periode des wirtschaftlichen Wohlstands und der kulturellen Entwicklung auf nie zuvor erreichtem Niveau. Die wachsende Bedeutung des Handels zog die Entwicklung des monetären Systems nach sich und stimulierte in ganz Indien das Wachstum urbaner Zentren. Kaufleute und Handwerker organisierten sich in Gilden (*shreni*), die wie die herrschenden Dynastien ihre eigenen Münzen prägten.

Der Außenhandel führte zu Lande und zu Wasser zur Erschließung von Verkehrswegen zu anderen Weltteilen. Die wichtige Anbindung von Pataliputra an Taxila (in Nord-Pakistan) verschaffte Indien Anschluss an die alte **Seidenstraße**, die China über Zentralasien mit dem Mittelmeerraum verband. Der Seehandel breitete sich über die Häfen an den Küsten von Südindien über Gujarat bis nach Südarabien aus, und in ganz Südasien wuchsen Handelsniederlassungen indischer Kaufleute aus dem Boden.

Der Zustrom so vieler fremder Völker, die aufblühende Wirtschaft und die Verstädterung hatten gemeinsam beträchtliche Auswirkungen auf die gesellschaftlichen Strukturen: Ausländische Eroberer und Händler mussten in das *varna*-Kastensystem integriert werden, die Vaishya-Kaste der Händler und Handwerker gewann zunehmend an Bedeutung, und der städtische Liberalismus übte wachsenden Einfluss auf die Gesellschaft aus. Im Versuch, auf die veränderten Verhältnisse zu reagieren und die sozialen, wirtschaftlichen und gesetzlichen Rechte neu zu definieren, entstanden in jener Epoche die *Dharma Shastra* genannten Gesetzbücher. Selbst an Indiens Religionen gingen die sozio-ökonomischen Veränderungen nicht spurlos vorbei. Möglicherweise war der gesellschaftliche Aufstieg der Vaishya für radikale Spaltungen innerhalb des Buddhismus und Jainismus verantwortlich, und auch die vedische Religion, die bis dahin ausschließlich auf Brahmanen und Kshatrya beschränkt war, erhielt durch fundamentale Veränderungen eine breitere Basis.

ins 9. Jh. n. Chr. eine Vormachtstellung im Süden und waren damit eine der am längsten regierenden Dynastien in der indischen Geschichte.

Der Aufstieg des Südens

In der Zwischenzeit ließ das erste große Königreich des südlichen Indiens seine Muskeln spielen. Zwischen dem 2. Jh. v. Chr. und dem 2. Jh. n. Chr. erlangte die Andhra- oder Satavahana-Dynastie, die ihren Ursprung in der Region zwischen den Flüssen Godavari und Krishna (dem heutigen Andhra Pradesh und Maharastra) hatte, nach und nach die Kontrolle über einen Großteil von Süd- und Zentral-Indien, beherrschte den nordwestlichen Dekkan und errichtete die Hauptstädte Paithan am Godavari und Amaravati am Krishna. Der Wohlstand des Reichs beruhte auf dem Handel. Seine Handelsbeziehungen reichten bis nach Rom und Südostasien, hielten aber nur bis Mitte des 3. Jhs. an. Dann verleibten rivalisierende Dynastien sich die Territorien ein, darunter die Pallava (S. 976), die die Kontrolle über das Gebiet von Andhra Pradesh übernahmen.

Weiter südlich hatten sich drei Königreiche praktisch völlig unabhängig vom nördlichen Indien entwickelt: die Chera an der Malabarküste im Westen, die Pandya im zentralen Südzipfel der Halbinsel und die Chola an der Ostküste von Coromandel – was zusammen einen großen Teil des heutigen Tamil Nadu und Kerala ausmachte. Ihre Gesellschaften waren in Gruppen unterteilt, die sich dadurch unterschieden, ob sie in den Bergen, Ebenen, Wäldern, Wüsten oder an der Küste lebten, und weniger durch Klasse oder *varna*, allerdings genossen die Brahmanen einen besonders hohen Status. Landwirtschaft, Viehzucht und Fischfang waren die Haupteinnahmequellen, aber die Gewürz-, Gold- und Edelsteinhandel mit Rom und Südostasien brachte der Region zusätzlichen Wohlstand.

Ab Mitte des 1. Jhs. v. Chr. gab es allerdings verstärkt Auseinandersetzungen zwischen den drei Staaten. Geschwächt durch endlose Scharmützel wurden sie angreifbar. Zu Beginn des 4. Jhs. n. Chr. überrannten die Pallava die Chola-Hauptstadt Kanchipuram, und gegen 325 n. Chr. gehörte ihnen Tamil Nadu. Die Pallava hielten bis

Die Gupta (320–650)

Im 4. Jh. n. Chr. entwickelte sich im Norden ein zweites großes indisches Reich, das der Gupta. Die Parallelen mit dem frühen Maurya-Reich sind verblüffend: Beide wurden im Jahr 320 (v. Chr. bzw. n. Chr.) von einem König namens Chandragupta (der Name des späteren Königs wird allerdings meistens in zwei Worten geschrieben: Chandra Gupta) gegründet, und beide entstanden aus dem berühmten alten Königreich Magadha. **Chandra Gupta** (reg. 320–335 n. Chr.) scheint der Herrscher eines kleinen Fürstentums innerhalb des alten Magadha-Königreichs gewesen zu sein, der durch Einheirat in das berühmte alte Geschlecht der Licchavi zu umfangreichen neuen Territorien gekommen war. Der Licchavi-Clan war 600 Jahre zuvor einer der größten Feinde der Maurya gewesen. Chandra Gupta war nun also Herrscher eines mächtigen Königreichs in der Gangesebene, das die wichtige Ost-West-Handelsroute kontrollierte. Sein Sohn und Nachfolger **Samudra Gupta** (reg. 335–376) dehnte die Grenzen seines Reichs vom Punjab bis nach Assam aus und schuf die Grundlagen für das zweitgrößte Reich im vormittelalterlichen Indien. Dieses erreichte seinen Höhepunkt unter Samudras Nachfolger **Chandra Gupta II.** (reg. 376–415), der gegen Ende des 4. Jhs. die Shaka in Gujarat unterwarf, um sich den Zugang zum Westküstenhandel zu sichern. Er vereinte den ganzen Norden Indiens, mit Ausnahme des Nordwestens.

Die Ära dieser drei Gupta-Reiche gilt, zusammen mit der nachfolgenden Herrschaft von Harsha Vardhana (606–647) aus Kanauj (s. u.), als das Klassische Zeitalter der indischen Geschichte, eine Zeit kultureller und künstlerischer Blüte, religiösen Eifers und politischer Stabilität.

Die weltliche **Sanskrit-Literatur** erreichte in den Werken des größten indischen Poeten und Dramatikers **Kalidasa** ihren Höhepunkt, der Mitglied des Hofstaats von Chandra Gupta II. war. Die berühmten Höhlenmalereien von **Ajanta** und **Ellora** inspirierten buddhistische Künstler in ganz Asien. In der **Bildhauerei** verkörpern die Buddhabildnisse von Sarnath und Mathura den schlichten heiteren Stil des Klassizismus. In der Gupta-Epoche entstand auch ein neuer Baustil des **Hindutempels**, der zur klassischen indischen Architekturform wurde.

Die Ära der Gupta brachte nicht zuletzt große Denker hervor. Es entstanden sechs Systeme der **Philosophie** (Nyaya, Vaisheshika, Sankhya, Yoga, Mimamsa und Vedanta), die ihre Stimmen gegen den Buddhismus und Jainismus erhoben. **Vedanta** ist bis zum heutigen Tage in Indien die Basis aller philosophischen Studien geblieben. Im 5. Jh. stellte der berühmte **Astronom Aryabhata** die These auf, dass sich die Erde um ihre eigene Achse drehe, während sie rund um die Sonne kreise, und erweiterte die schon sehr fortgeschrittene indische Rechenkunst um das Dezimalsystem.

Der chinesische buddhistische Mönch Fa Hsien, der Indien zur Zeit der Herrschaft Chandra Guptas II. besuchte, berichtet über die Paläste und kostenlose Krankenbehandlung in Pataliputra und merkt an, dass alle Inder, die etwas auf sich hielten, Vegetarier wären. Er erwähnt auch Diskriminierungen gegen die „Unberührbaren", die andere Passanten mit Gongschlägen vor ihrer verunreinigenden Gegenwart warnen mussten, doch überwiegend beschreibt er das Reich als wohlhabend, glücklich und friedfertig. Die Gupta vollzogen vedische Opferhandlungen, um ihre Herrschaft zu legitimieren und förderten populäre Glaubensformen des Hinduismus, wie z. B. die Bhakti-Bewegung und die Verehrung von Vishnu-, Shiva- und Shakti-Abbildern in Tempeln, die in jener Epoche zunehmend mehr Gläubige anzogen. Doch auch der Buddhismus breitete sich frei aus; Fa Hsien berichtet von Tausenden Mönchen in Mathura und Hunderten in der Hauptstadt Pataliputra selbst.

Während der langen Regierungszeit von **Kumara Gupta** (reg. 415–455), dem Nachfolger von Chandra Gupta II., ging es im Gupta-Reich relativ friedlich zu, aber um die Zeit, als **Skanda Gupta** (reg. 455–467) den Thron bestieg, wurde das westliche Indien wieder einmal von Invasionen aus Zentralasien bedroht, diesmal von den **Hunnen**, einem Nomadenvolk zentralasiatischen Ursprungs, das sich schon in Baktrien niedergelassen hatte. Skanda konnte die Angriffe der Hunnen zurückschlagen, doch nach seinem Tod führte die Lahmlegung des zentralasiatischen Handels durch die Feinde im Norden zur ernsthaften Destabilisierung des Reiches.

Ende des 5. Jhs. hatten die Hunnen den Punjab unter ihre Kontrolle gebracht, und weitere Eroberungsfeldzüge im 6. Jh. bedeuteten den endgültigen Todesstoß für das Gupta-Reich, von dem um 550 nichts mehr übrig war. Nach dem Sturz der Gupta-Dynastie zerfiel Nordindien erneut in rivalisierende Königreiche, doch als **Harsha Vardhana** im Jahre 606 den Thron bestieg, hatten die Pushpabhuti von Shanvishvara (Thanesvar, nördlich von Delhi) bereits die Vorherrschaft in der Region erlangt. Harsha regierte 41 Jahre lang über ein Reich, das sich von Gujarat bis Bengalen erstreckte und den Punjab, Kashmir und Nepal umfasste. Im Zuge von Eroberungsfeldzügen im Osten verlegte er seine Hauptstadt nach **Kanauj** (nordwestlich von heutigen Kanpur in Uttar Pradesh). Bis zum Emporkommen von Delhi im 13. Jh. blieb nun Kanauj die strategisch wichtigste Stadt in Nordindien. Harsha war ein fähiger, unermüdlicher Herrscher, der neben seinen kriegerischen Leistungen und dauernden Reisen drei Dramen schrieb und die Zeit fand, eine Vorliebe für Philosophie und Literatur zu entwickeln. Als Harsha 647 ohne Thronerbe starb, zerfiel Nordindien einmal mehr in eigenständige Königreiche.

Königreiche in Zentral- und Südindien (500–1250)

In Zentral- und Südindien ereigneten sich unterdessen Bedeutsames. Elemente der Arier-Kultur flossen in die dravidische Kultur ein, und so entstand eine eigenständige tamilische Synthese aus diesen beiden Kulturen. Die Geschichte jener Periode wird von drei wichtigen Königreichen diktiert: den **Pallava**, die im 4. Jh. die Satavahana aus der Andhra-Region vertrieben und Kanchipuram zu ihrer Hauptstadt gemacht hatten; den **Pandya** von Madurai, die im 6. Jh. ihr eigenes regionales Königreich errichtet hatten, und den **Chalukya** von Vatapi (Badami in Mysore), die in der Mitte des 6. Jhs. bis in den

Dekkan vorgedrungen waren. Alle drei Reiche bekriegten sich immer wieder, aber ihre militärische Stärke war so ausgewogen, dass keines definitiv die Oberhand gewinnen konnte.

Die Chalukya wurden schließlich 753 von einem gewissen Dantidurga besiegt, dem Begründer des **Rashtrakuta**-Königreichs, dessen Herrscher ebenfalls ihr Glück im Norden versuchten. Sie bemächtigten sich kurzzeitig der Stadt Kanauj und erlangten die Kontrolle über die Ganges-Handelsrouten, doch letztendlich waren ihre Staatskassen durch die Eroberungszüge erschöpft. Die Pallava überlebten ihre Erzfeinde um knapp hundert Jahre, bevor sie sich einem gemeinsamen Angriff der Pandya und Chola geschlagen geben mussten. Die **Chola** stellten eine neue Macht in Tamil Nadu dar. Sie eroberten im 9. Jh. die Thanjavur-Region und vertrieben 907 die Pandya aus Madurai, ehe sie in der Mitte des 10. Jhs. von den Rashtrakuta besiegt wurden, die ihrerseits im Jahr 973 den wiederauferstandenen Chalukya weichen mussten.

Als Nutznießer des ganzen Hin und Her erwiesen sich die Chola, denen es im 11. und 12. Jh. gelang, verlorene Territorien zurückzugewinnen und sich weiter auszubreiten. Die großen Chola-Könige **Rajaraja I.** (985–1014) und **Rajendra I.** (1014–1044) unternahmen eine Reihe von Feldzügen gegen die Chera, Pandya und Chalukya und schickten sogar Truppen übers Meer nach Sri Lanka, Südostasien und zu den Malediven. Sie drangen auch nach Norden vor, bis ans Ufer des Ganges, konnten ihre erorberten Gebiete aber nicht lange halten. Gegen Ende des 11. Jhs. hatte die Chola im Süden das Sagen, aber die ständigen Eroberungszüge hatten ihre Reserven erschöpft. Die Ironie der Geschichte wollte, dass ihr Sieg über die Chalukya den Grundstein für ihren eigenen Untergang legte. Ehemalige Chalukya-Fürsten wie die **Yadava** von Devagiri im nördlichen Dekkan und die **Hoysala** aus der Gegend des heutigen Mysore, errichteten ihre eigenen Königreiche. Letztere griffen die Chola von Westen her an, während die Pandya von Süden her eine Offensive starteten. Um das 13. Jh. herum waren die Pandya an die Stelle der Chola getreten und bildeten die größte Macht in Südindien. Und die Yadava und Hoysala kontrollierten bis zur Ankunft der Delhi-Sultane im 14. Jh. den Dekkan.

Trotz konstanter politischer und militärischer Konflikte war jene Epoche in vielerlei Hinsicht das Klassische Zeitalter des Südens. Den Aufstieg der Chola begleitete die Herauskristallisierung der Tamil-Kultur, und die religiösen, künstlerischen und institutionellen Muster jener Periode dominierten die Kultur des Südens und beeinflussten die Entwicklungen in anderen Teilen der Halbinsel. Auf dem Gebiet der Religion zum Beispiel hatten sowohl die großen Philosophen Shankara und Ramanuja als auch die tamilischen und maharashtranischen Heiligen entscheidenden Einfluss auf den Hinduismus in Nordindien.

Königreiche in Nordindien (650–1250)

Nordindien erlebte nach Harshas Tod ein Jahrhundert der Wirren, in dem verschiedene Reiche um die Kontrolle des Gangestals stritten. Als Hauptrivalen kristallisierten sich schließlich die **Pratihara**-Gurjara aus dem westlichen Indien sowie die **Pala** aus Bihar und Bengalen heraus.

Der Pala-König Dharmapala (770–810) erlangte die Kontrolle über die strategisch wichtigste Stadt, Kanauj, doch schon kurz nach seinem Tod eroberten die Pratihara die Stadt zurück. Im 9. Jh. erreichten sie den Höhepunkt ihrer Macht, wurden dann aber ihrerseits von den **Rashtrakuta** vom Dekkan bedrängt, die 916 vorübergehend Kanauj einnahmen.

Der bittere Kampf um Kanauj nagte an den finanziellen Mitteln der drei konkurrierenden Mächte und führte letztendlich zu ihrem fast gleichzeitigen Zusammenbruch. Derweil erlangten im 12. Jh. benachbarte feudale Königreiche wie Nepal, Kamarupa (Assam), Kashmir und Orissa politische Unabhängigkeit und Einheit. Sie etablierten den königlichen Kult von Jagannath (Vishnu) mit seinem gigantischen Tempel in Puri und ließen im 13. Jh. den faszinierenden, dem Sonnengott Surya gewidmeten Tempel in **Konarak** errichten.

Im Westen tauchten inzwischen die berühmten **Rajputen** als ein neues Element innerhalb der indischen Gesellschaft auf. Ihr Ursprung ist nach wie vor Gegenstand aller möglichen Spekulationen. Aber wahrscheinlich stammten sie von den verschiedenen Invasoren ab, die zwischen dem 3. und 6. Jh. nach Indien kamen, darunter die Pratihara-Gurjara, die Hunnen und Shaka und vielleicht auch noch andere. Woher auch immer sie stammten, sie verschafften sich beeindruckende Hindu-Genealogien und erlangten den Kshatrya-Status. Bereits im 10. Jh. hatten die wichtigsten Rajputen-Clans wie die Chauhan von Ajmer, die Chalukya von Kathiawar, die Guhila von Chittaurgarh, die Chandella von Bundelkhand (die die herausragenden Tempelgruppen von Khajuraho bauten) und die Tomara von Haryana (die 1060 das heutige Delhi gründeten) alle ihre eigenen kleinen Königreiche auf einem Gebiet errichtet, das das heutige Rajasthan, Gujarat, Madhya Pradesh und andere Teile des Nordens umfasste.

Die verschiedenen Rajputen-Clans befehdeten einander unablässig und unterschätzten deshalb die Bedeutung eines neuen Machtfaktors, der sich Anfang des 11. Jhs. in die nordindische Politik einmischte. Der türkische Clanführer **Mahmud von Ghazni** (971–1030), der im afghanischen Ghazni das mächtige Ghaznaviden-Reich gegründet hatte, unternahm zwischen 1000 und 1027 insgesamt siebzehn Raubzüge in die indischen Ebenen. Dabei wurden u. a. Mathura, Kanauj und Somnath geplündert.

Fast zwei Jahrhunderte später lagen die drei damals mächtigsten Rajputen-Clans Nordindiens immer noch im Krieg miteinander. Da trat **Mohammed von Ghor** (1162–1206) in Mahmuds Fußstapfen, indem er Ende des 12. Jhs. den Punjab eroberte und anschließend seine Aufmerksamkeit auf die reichen Landstriche im Osten richtete. Der legendäre Erbe der Chauhan von Ajmer, **Prithviraja III.**, zimmerte eine Allianz zusammen, die den türkischstämmigen Kriegsherrn 1191 in **Tarain** (nördlich von Delhi) in seine Schranken verwies, doch schon im folgenden Jahr rückte Mohammed mit einer stärkeren Streitmacht erneut an. Er besiegte die Rajputen, ließ Prithviraja hinrichten und betraute vor der Heimkehr seine Generäle mit weiteren Eroberungsfeldzügen.

Die Delhi-Sultanate (1206–1526)

Als Mohammed von Ghor im Jahre 1206 ermordet wurde und das Reich rasch zu zerfallen begann, fiel die Macht unversehens dem türkischen General und ehemaligen Sklaven **Qutb-ud-din-Aiback** zu. Er wurde zum autonomen Herrscher über die indischen Territorien und zum Begründer der sogenannten „Sklavendynastie". Sie war der Grundstein der sogenannten Delhi-Sultanate, die bis ins frühe 16. Jh. die stärkste politische Kraft Nordindiens werden sollten. Die Sultanate stellten einen wichtigen Meilenstein in der indischen Geschichte dar. Plötzlich war der Islam, nicht mehr der Hinduismus, die Religion der Herrscher des Landes, und anstelle von Kanauj oder Pataliputra wurde Delhi die wichtigste Stadt im Norden.

Qutb-ud-din-Aiback regierte nur vier Jahre. Nach seinem Tod übernahm sein Schwiegersohn **Iltutmish** (1211–36) die schwierige Aufgabe, die zerbrechliche Herrschaft des Sultanats über Nordindien zu sichern. Als er 1236 starb, hatte er das Territorium des Sultanats vom Sind bis nach Bengalen ausgedehnt, doch nun folgte eine chaotische Zeit, mit fünf verschiedenen Herrschern in nur sechs Jahren, darunter eine der seltenen Herrscherinnen Indiens, Sultana Raziyya, die immerhin vier Jahre lang an der Macht blieb, ehe sie abgesetzt und dann ermordet wurde. Erst als **Ghiyas-ud-din Balban**, ein ehemaliger Palastwächter, 1246 die Staatsgeschäfte in die Hand nahm, stabilisierte sich die Lage wieder – und dies trotz wiederholter Drohungen von Seiten schon wieder neuer Eindringlinge, den **Mongolen**, die seit ungefähr 1220 Raubzüge ins westliche Indien unternommen hatten und unermüdlich die Grenzen der Sultanate angriffen.

Auf Balbans Tod im Jahr 1287 folgte die unvermeidliche Periode der Nachfolgewirren, die erst 1290 ihr Ende fand, als Aibacks Sklavendynastie durch die **Khalji-Dynastie** ersetzt wurde. Die Khalji-Familie war unter Mohammed von Ghor nach Indien gekommen und hatte sich anschließend ein eigenes moslemisches Fürstentum in Bengalen und Bihar erobert. Der erste Khalji-Sultan, der nicht mehr ganz junge Feroz Shah I., wurde schon bald von **Ala-ud-din-Khalji** (1296–1315) beseitigt, einem der unbeugsamsten aller indischen Herrscher. Als harter Mann in harten Zeiten sah sich Ala-ud-din sofort mit einer Reihe weiterer Mongolen-Angriffe konfrontiert. Delhi wurde zweimal belagert und die Umgebung geplündert, bevor die Angreifer eine handfeste Niederlage erlitten, die ihnen der neue Sultan 1300 beibrachte. Danach ließen sie ihn in Frieden. Nachdem er mit den Mongolen aufgeräumt hatte, unternahm Ala-ud-din zwischen 1299 und 1311 mehrere Feldzüge, um Gujarat und die mächtigsten Rajputen-Festungen (darunter Ranthambore und Chittaurgarh) zu erobern, bevor er seine Aufmerksamkeit auf den Dekkan und den Süden richtete. Im Grunde ging es ihm dabei aber mehr darum, Tribute zu erheben und die Staatskasse aufzubessern, als darum, ein stabiles Großreich aufzubauen.

Für frische Impulse sorgte ab 1320 die **Tughluq-Dynastie**. Unter **Mohammed bin Tughluq** (1325–51) erreichte das Sultanat seine weiteste Ausdehnung – fast so groß wie das Herrschaftsgebiet Ashokas. Allerdings provozierten die heftigen Steuern, die er seinen Untertanen auferlegte, um seine Feldzüge zu finanzieren, einen Bauernaufstand im Doab. Noch unglücklicher verlief sein (schnell wieder aufgegebener) Versuch, seine Hauptstadt von Delhi ins zentraler gelegene Deogiri (in Daulatabad umbenannt) im Dekkan zu verlagern. Weitere Revolten folgten, und das neue Hindu-Königreich **Vijayanagar** nutzte die Schwäche des Sultanats aus, um seinen Einfluss auszudehnen. Ab der Mitte des 14. Jhs. beherrschte Vijayanagar von seiner Hauptstadt Hampi aus die Region südlich der Flüsse Krishna und Tungabhadra, bis es 1565 von einer Allianz moslemischer Reiche zu Fall gebracht wurde.

Firoz Shah Tughluq (1351–88) konnte den Untergang des Sultanats durch seine relativ milde Regentschaft vorübergehend aufhalten. Durch die Rückkehr zu einem dezentralisierten Verwaltungssystem aber ermöglichte er den Machtgewinn und Aufstieg halbwegs unabhängiger Kriegsherren, die unter dem letzten Tughluq-Herrscher eine zunehmend gegnerische Haltung einnahmen.

Das Sultanat wurde nach Firoz Shahs Tod im Jahre 1388 durch familiäre Thronfolgestreitigkeiten weiter geschwächt und unter seinen Nachfolgern immer verwundbarer gegen längst auf der Lauer liegende Feinde. Kurz nachdem der zentralasiatische Despot **Timur** (auch: Tamerlan) 1398 Delhi erobert hatte, erhoben sich in Jaunpur, Malwa und Gujarat autonome Sultanate, während in Rajasthan die hinduistischen Fürstentümer ihre Unabhängigkeit erklärten. Gegen Ende des 14. Jhs. war das Delhi-Sultanat endgültig nur noch eines von mehreren miteinander wetteifernden moslemischen Reichen in Nordindien.

Das völlig geschwächte Sultanat wurde nun von dem aus Afghanistan stammenden **Khizr Khan** (1414–21) unterworfen, dessen **Sayyiden-Dynastie** bis 1444 herrschte, und dann von den Lodi übernommen. Unter der rührigen Herrschaft der Lodi erlebte das Sultanat einen bescheidenen Aufschwung, besonders unter **Sikander Lodi** (1489–1517), der Jaunpur und Bihar annektierte. Doch seinem Nachfolger Ibrahim gelang es nicht, Differenzen mit den afghanischen Lehnsgebieten zu regeln. Eines von ihnen wandte sich mit der Bitte um Schutz an **Babur**, den Herrscher von Kabul, der daraufhin Ibrahims Lodi-Dynastie 1526 mit dem Sieg in der Schlacht von Panipat endgültig stürzte.

Indien hatte im Verlauf seiner Geschichte zahlreiche fremde Völker assimiliert und sich politisch, sozial und kulturell gegen Griechen, Skythen, Parther und Hunnen behauptet. Das Delhi-Sultanat aber brachte eigene Theologen und soziale Institutionen mit. Der **Islam** führte eine neue Lebensweise ein, die sich nicht ohne weiteres an das hinduistische Sozialsystem anpassen ließ. Dennoch erfolgte ein langsamer Assimilationsprozess. Trotz des bilderstürmerischen Eifers der Moslems konnte der Hinduismus sich mit verschiedenen Aspekten des Islam, besonders mit dem Sufi-Mystizismus, anfreunden. **Kabir** (1440–1518) stritt sogar sämtliche Gegensätze zwischen moslemischen und hinduistischen Gottesvorstellungen ab, predigte soziale Gleichheit und wurde von Angehörigen beider Religionen verehrt. Die Ersetzung des Sanskrit durch Persisch als offizielle Amtssprache förderte die Entstehung von Regionalsprachen. Aus der Verschmelzung von Hindi und Persisch entstand das in arabischer Schrift geschriebene **Urdu**. Die Kunststile verschmolzen auch in der Architektur, die später ihre höchste Blüte unter den Moguln erreichte und Indien einige seiner berühmtesten Baudenkmäler bescherte.

Das frühe Mogulreich (1526–1605)

Für **Babur** – den Begründer der ruhmreichsten Dynastie Indiens, der Moguln – schien die Herrschaft über Indien so etwas wie ein Zufallsprodukt gewesen zu sein. Babur, ein direkter Nachkomme von Timur und entfernter Verwandter von Dschingis Khan, wurde im Fergana-Tal im heutigen Usbekistan geboren und verbrachte den größten Teil seines Lebens in Afghanistan, wo er die Macht über Kabul ergriff. Er war schon relativ alt, als er von der militärischen Schwäche der Lodi erfuhr und beschloss, Indien anzugreifen.

Seinen kampferprobten Streitkräften war es ein Leichtes, 1526 den allerletzten Delhi-Sultan Ibrahim Lodi in der Schlacht von Panipat zu besiegen. Dadurch erlangte er die Kontrolle über Delhi und Agra, doch seine Position konsolidierte sich erst, nachdem seine Truppen 1527 südlich von Agra in der Schlacht von Kanwaha ein sehr viel stärkeres Rajputen-Heer unter dem Kommando von Rana Sanga von Mewar geschlagen hatte, und anschließend auch noch die alliierten Streitkräfte von afghanischen Clanführern, die sich 1529 unter der Leitung des Sultans von Bengalen vereinigt hatten. Kurz darauf zwang ihn seine schwindende Gesundheit zum Rückzug nach Lahore, wo er 1530 starb.

Babur war ein sehr vielseitiger Mensch – ein herausragender Stratege, geschickter Diplomat, Poet und Gelehrter. Nur vier Jahre benötigte er zur Errichtung eines locker zusammengeknüpften Großreichs, das von Kabul bis an die Grenzen Bengalens reichte. Seine sehr lesenswerten Memoiren gewähren Einblicke in die Seele einer großen Persönlichkeit mit Feingefühl, Geschmack und Humor sowie besonderen Vorlieben für Musik, Dichtkunst, Sport und die Schönheit der Natur.

Sein Sohn und Nachfolger **Humayun** hingegen war ein launischer Mensch, der sich ständig zwischen Phasen von Geschäftigkeit und Trägheit bewegte. Er unterwarf Malwa und Gujarat, doch nur um sie wieder zu verlieren, weil er sich in Agra „dem Vergnügen hingab". Bald stellte sich der afghanischstämmige **Sher Shah Sur** (auch Sher Khan oder Sher Khan Sur genannt) aus Süd-Bihar an die Spitze der afghanischen Opposition, und nach zwei schweren Niederlagen musste Humayun 1539 in Persien um Asyl bitten. Sher Shah, ein wesentlich klügerer Politiker als der hitzköpfige Humayun, sicherte umgehend seine territorialen Gewinne im Nordwesten und richtete seinen Verwaltungssitz in Delhi ein, von wo aus er gewagte, aber erfolgreiche Feldzüge gegen den Punjab und Sind unternahm. Später zwang er mehrere Rajputen-Reiche in die Knie. Bei der Belagerung seiner Feinde in Kalinjar aber kam der Afghane 1545 ums Leben, als bei einem Angriff ein Feuergeschoss von den Festungswänden zurückprallte und einen Munitionsstapel neben ihm in die Luft sprengte.

Der Nachfolger von Sher Shah war sein Sohn **Islam Shah Sur**, doch als dieser 1553 verstarb, herrschte in den Sur-Territorien das Chaos, denn es gab drei verschiedene Thronanwärter. Humayun beschloss, dass dies der richtige Moment zur Rückkehr wäre, und führte seine Truppen zurück nach Indien. Im Jahr 1555 vernichtete sein Heer bei Sirhund im Punjab das von Sikander Sur, dem mächtigsten der drei Anwärter, und marschierte anschließend praktisch ungehindert in Delhi ein. Ein Jahr später starb Humayun nach einem Sturz in der Festung Purana Qila in Delhi und hinterließ die Thronnachfolge seinem 13-jährigen Sohn **Akbar**. Dieser hatte das Glück, dass ihm als Leibwache und Reichsverweser Humayuns erfahrener General Bairam Khan zur Seite stand, der ihn durch die schwierigen Anfangsjahre seiner Regierung führte. Bairam besiegte 1556 in der zweiten Schlacht von Panipat zunächst den aufständischen Hindu-General Hemu, eroberte Gwalior und Jaunpur zurück und übergab Akbar 1560 ein konsolidiertes nordindisches Reich.

Akbars erste eigene Militäraktionen richteten sich gegen die **Rajputen**. Binnen eines Jahrzehnts hatte er mittels einer klugen Mischung aus Diplomatie und Druck alle rajputischen Herrschaftsgebiete außer Mewar (Udaipur) unterworfen. Damit aber nicht genug: 1576 hatte er die reichste Provinz, Bengalen, unter seine Kontrolle gebracht, und am Ende seiner Regentschaft im Jahre 1605 herrschte er über das gesamte riesige Gebiet nördlich des Flusses Godavari vom Golf von Bengalen bis nach Kandahar in Afghanistan.

1565 hatte Akbar die kleine, von Sikander Lodi in Agra erbaute Festung abreißen und durch das wunderbare neue Agra Fort ersetzen lassen, dem Herzstück einer wiederbelebten Stadt, die künftig Delhi den Rang als wichtigstes Zentrum der Mogul-Macht streitig machen sollte. Das reichte ihm aber nicht aus: Anfang der 1570er-Jahre begann er mit dem Bau einer völlig neuen Stadt, der bemerkenswerten, aber kurzlebigen Stadt Fatehpur Sikri, die eine Weile Hauptstadt des Reichs war.

Akbar war nicht nur ein erfolgreicher General, sondern auch ein kluger Politiker und Administrator. Er bezog nicht nur hinduistische Landbesitzer und Adlige in das wirtschaftliche und politische Leben ein, sondern betrieb mit dem Ziel, seine Machtbasis auszuweiten, auch eine bewusste Politik der **religiösen Toleranz**. Insbesondere schaffte er die verhasste Kopfsteuer für Nicht-Moslems (*jizya*) und die Wegegelder für hinduistische Pilgerfahrten ab. Nach einer mystischen Erfahrung, die er um das Jahr 1575 machte, führte er in seinem berühmten Diwan-i-Khas in Fatehpur Sikri Diskussionen mit orthodoxen moslemischen Gelehrten (*ulama*), portugiesischen Priestern aus Goa, hinduistischen Brahmanen, Jain und Parsen. Akbar war ein liberaler Patron der **Künste**, dessen eklektizistische Einstellung zum moslemisch-hinduistischen Dialog ermutigte.

Die späteren Moguln (1605–1761)

Die Regierungszeit von **Jahangir** (1605–27) war eine Zeit wirtschaftlicher und territorialer Expansion, höchster Entfaltung von Kunst und Architektur und ausschweifender höfischer Genusssucht.

Jahangir war eine widersprüchliche Persönlichkeit: ein Alkoholiker und Sadist, aber auch ein feinsinniger Kunstkenner. Durch seine Förderung wurde die Kunst der mogulischen Miniaturmalerei zur Perfektion gebracht. Legendär ist Jahangirs Liebe zu seiner berühmten Gemahlin Nur Jahan, die das wunderschöne Itimad-ud-Daulah in Agra in Auftrag gab. Außerdem war er ein fähiger Feldherr, der es schaffte, die Grenzen des ohnehin schon beträchtlich großen Reichs, das Akbar ihm hinterlassen hatte, noch zu erweitern.

Jahangirs Sohn **Shah Jahan** (1628–57) kam 1628 an die Macht, nach dem inzwischen schon zur Tradition gewordenen militärischen Tauziehen zwischen rivalisierenden Brüdern. Das Blutbad, das normalerweise der Krönung eines neuen Herrschers voranging, stellte zumindest sicher, dass nur die Stärksten überleben und den Mogul-Thron für sich beanspruchen konnten, und in dieser Hinsicht bildete Shah Jahan – der sich schon während der Regierungszeit seines Vaters als hervorragender Feldherr ausgezeichnet hatte – keine Ausnahme. Er wies die traditionellen Mogul-Qualitäten auf: eine geschickte Hand in Verwaltungsdingen und militärischen Elan. Der Nachwelt wird Shah Jahan aber wahrscheinlich als größter Förderer der Architektur aller Zeiten in Erinnerung bleiben. 1648 verlegte er die Mogul-Hauptstadt von Agra zurück nach Delhi und feierte dies mit dem Bau der neuen Stadt Shahjahanabad (heute besser als Old Delhi bekannt) einschließlich des riesigen **Roten Forts** und der **Jama Masjid**. Sein bemerkenswertestes Zeugnis hinterließ er jedoch in Agra: die unzähligen Verzierungen an der Stadtfeste und vor allem das **Taj Mahal**, ein spektakuläres Mausoleum für seine Lieblingsfrau Mumtaz und eines der schönsten Bauwerke der Welt.

Während der Regierungszeit von Shah Jahan hielt eine neue Macht Einzug in die indische Geschichte: die Marathen, eine Militärmacht aus Zentralindien. Die Marathen, eine Gruppe militanter Hindus aus Maharastra, hatten unter ihrem fähigen Führer Shivaji ein eigenes Königreich aufgebaut und richteten bald ihr Augenmerk auf das Gebiet weiter nördlich. Shah Jahan reagierte auf die Bedrohung durch die Marathen, indem er seinen dritten Sohn, einen ambitionierten jungen Prinzen namens Aurangzeb, in den Dekkan schickte, um die Mogul-Interessen in der Region zu vertreten. Aber seine militärischen Erfolge wurden regelmäßig von Shah Jahans ältestem Sohn und bevorzugten Erben Dara Shikoh unterminiert, der darin eine Bedrohung seiner eigenen Stellung sah. Der sich abzeichnende Bruderkrieg brach aus, als Shah Jahan 1657 plötzlich schwer erkrankte. Er erholte sich wieder, doch Aurangzeb hatte sich inzwischen mit Dara Shikoh entzweit und dessen Armee nach mehreren Gefechten zerschlagen. Die dreißigjährige Herrschaft des kränkelnden Shah Jahan endete schmählich: Aurangzeb kerkerte ihn im Fort von

Agra ein, wo er seine letzten Lebensjahre damit verbrachte, sehnsüchtig auf das Mausoleum seiner geliebten Mumtaz zu schauen.

Aurangzeb (reg. 1658–1707) besaß zwar nicht das Charisma eines Babur oder Akbar, doch hatte er eine eigene Ausstrahlung und erwies sich als standhafter und fähiger Administrator, der sein zunehmend unsteter werdendes Reich bis zu seinem Tod im Alter von 88 Jahren nicht aus der Hand gab. Im Gegensatz zum Luxusleben der anderen Mogulherrscher pflegte er einen frommen und disziplinierten Lebensstil. Sein religiöser Dogmatismus entfremdete ihn jedoch mit der Zeit von der Hindu-Gemeinde, mit deren Führern Akbar früher so sorgfältig Freundschaft gepflegt hatte. Wieder wurden Hindu-Tempel entweiht, die *jizya*-Steuern für Nicht-Moslems wieder eingeführt und Hindu-Kaufleuten alle möglichen Steine in den Weg gelegt.

Die hauptsächliche Bedrohung des Mogulreiches in dieser Epoche ging vom Marathen-Herrscher **Shivaji** aus, der ein überschaubares und gut organisiertes Königreich im westlichen Indien aufgebaut hatte. Die benachbarten moslemischen Königreiche Bijapur und Golconda hatten sich mit Shivaji zusammengetan, um Aurangzebs imperialistischen Ambitionen die Stirn zu bieten. Unterdessen wurde **Guru Tegh Bahadur**, das Oberhaupt der wichtigen neuen Sikh-Religion, im Jahr 1675 hingerichtet, weil er nicht zum Islam übertreten wollte. Sein Sohn Guru Gobind formte aus der religiösen Gemeinschaft eine militante Gruppe, die zunehmende Macht im Punjab gewann. Konflikte gab es auch mit den Rajputen: 1678 kam es zum Krieg und in dessen Folge zur Abkehr der meisten seiner Rajputen-Verbündeten vom Mogulreich.

Doch Aurangzebs Aufmerksamkeit galt immer mehr dem Süden. 1681 machte er sich an die Expansion des Reiches und verlagerte seine Basis in den Dekkan, wo er in seinen noch sehr zahlreichen restlichen Lebensjahren ein waches Auge auf die unterworfenen Reiche Bijapur und Golconda hielt und die zunehmend rebellischen Marathen in Schach zu halten versuchte.

1689 gelang es ihm, Shivajis Sohn gefangen zu nehmen und zu exekutieren, und gegen 1698 hatten die Moguln fast die gesamte Halbinsel besetzt. Die Marathen waren zwar unterdrückt worden, kehrten aber im 18. Jh. unter Peshwa-Führerschaft wieder zurück, um die Überreste der Mogulherrschaft zu attackieren und sogar den politischen Ambitionen der Briten die Stirn zu bieten.

Aurangzebs Sohn **Bahadur Shah** trat 1707 die Thronfolge an, regierte aber nur fünf Jahre. Sein Tod im Jahre 1712 war der Anfang vom Ende der Moguln, denn in der Folge zerfiel ihr Reich. In den 1720er-Jahren waren der Nizam von Hyderabad und die Nawab von Avadh und Bengalen faktisch unabhängig. 1738 riss Maratha die reiche Provinz Malwa an sich. Überall rebellierten hinduistische Landbesitzer. **Nadir Shah** von Persien versetzte dem Ansehen des Mogulreichs einen empfindlichen Schlag, als er nach Indien eindrang, die Mogularmee besiegte und 1739 Delhi brandschatzte.

1750 hatte sich Maratha über Zentralindien bis nach Orissa ausgebreitet, Bengalen angegriffen und sich in Delhis Politik einzumischen begonnen. Als Delhi 1757 erneut eingenommen wurde – diesmal von einer unabhängigen afghanischen Streitmacht unter Ahmad Shah Abdali –, waren die Mogulminister gezwungen, Maratha um Hilfe zu bitten. Die Marathen trieben die Afghanen bis in den Punjab zurück, doch 1761 rückte Ahmad Shah weiter vor und siegte in der dritten **Schlacht von Panipat**. Seine Träume vom Kaiserthron zerplatzten jedoch, als die Soldaten wegen rückständiger Soldzahlungen meuterten.

Die East India Company (1600–1857)

Indiens Handelspotenzial hatte schon seit 1498, als **Vasco da Gama** an der Malabarküste (Kerala) landete, in Europa Interesse geweckt. Im nächsten Jahrhundert hatten Portugiesen, Holländer, Engländer, Franzosen und Dänen Handelsniederlassungen an Indiens Küsten gegründet, die Textilien, Zucker, Indigo und Salpeter in die Heimat exportierten.

Die britischen Interessen in Indien fanden ihren Ausdruck in der Gründung der **East India Company**, die 1600 von Queen Elizabeth I. ihre Konzession erhielt. Die Vertreter der Gesellschaft kamen 1608 in Surat in Gujarat an und richteten in kurzer Zeit 27 Handelsposten im ganzen Land ein, u. a. Fort George und Fort William (die späteren Städte Madras und Kalkutta) sowie die junge Siedlung Bombay. 1701 räumte Aurangzeb der Kompanie in Anerkennung ihrer wachsenden Bedeutung für die bengalische Wirtschaft das Recht auf Steuereintreibung ein, und im Jahr 1717 gelang es der Kompanie schließlich, den Mogulherrscher Farrukhsiyar zum Ausstellen eines königlichen Dekrets zu bewegen, das ihr die **Handelsrechte** im Land sicherte.

Es war im Süden, wo die europäischen Handelsinitiativen zuerst eine politische Bedeutung erlangten, nach dem Ausbruch des Österreichischen Erbfolgekriegs im Jahr 1740. Die bewaffneten Auseinandersetzungen zwischen französischen und englischen Handelskompanien entlang der südindischen Küste wuchsen sich bald zu einem kleinen Krieg über die Nachfolge des Nizam von Hyderabad aus. Die sporadischen Kampfhandlungen dauerten bis zum Ende des Siebenjährigen Krieges in Europa und dem Vertrag von Paris im Jahr 1763 an, der den französischen Ambitionen in Indien ein Ende bereitete. Inzwischen war durch die Niederlage, die Robert Clive 1757 dem rebellischen jungen Nawab von Bengalen in Plassey beigebracht hatte, die Macht der Briten gestärkt worden, und 1765 erkannte der Mogulherrscher der Company rechtlich an, indem er ihr die Steuerhoheit über Bengalen, Bihar und Orissa verlieh.

Während der nächsten dreißig Jahre begnügten sich die Briten in Indien damit, weitere Handelswege zu erschließen und indische Offensiven gegen ihre drei wichtigsten Niederlassungen in Kalkutta, Bombay und Madras abzuwehren, doch am Ende des 18. Jhs. führten die Niederlage von **Tipu Sultan** von Mysore, dem am besten organisierten und resolutesten Feind der Kompanie, und die Unterwerfung des Nizam von Hyderabad zur Annektierung großer Gebiete. Nahezu alle anderen indischen Herrscher erkannten bis 1805 die **britische Oberherrschaft** an.

Eine lange Reihe von Konflikten zwischen den Briten und Marathen (die sogenannten drei „Marathenkriege", 1774–1818) führte schließlich dazu, dass die Marathen aufhörten, eine ernstzunehmende militärische Bedrohung darzustellen.

Nachdem sie die Marathen ausgeschaltet hatten, schlossen die Briten eine Reihe von Verträgen mit den Herrschern von Rajasthan – bzw. Rajputana, wie es während der Kolonialzeit genannt wurde. Diese Verträge garantierten den verschiedenen Königreichen von Rajputana eine relative Autonomie und militärischen Schutz im Gegenzug für ihre Loyalität zur britischen Krone und bestimmter politischer, merkantiler und finanzieller Zugeständnisse. Ähnliche Vereinbarungen wurden mit den meisten anderen noch übrig gebliebenen indischen Königreichen getroffen, den sogenannten „Prinzenstaaten", von Hyderabad im Süden bis Kashmir im Norden. Obwohl einige nach und nach dem von den Briten beherrschten Indien einverleibt wurden, überlebten viele bis zur Unabhängigkeit. Die krisengeschüttelte Stadt Delhi, die traditionelle Hauptstadt Nordindiens, hatte weniger Glück, denn die Briten erkoren die aufblühende neue Stadt Kalkutta zu ihrer Hauptstadt. Erst 1911 gewann Delhi den Status als wichtigste Stadt des Nordens zurück.

Der Aufstand von 1857

Durch die unaufhörlichen Konflikte im vorangegangenen Jahrhundert stand die neue britische Kolonie vor dem gesellschaftlichen und wirtschaftlichen Zusammenbruch.

Die kontroverse „Doctrine of Lapse", unter der autonome Staaten allmählich annektiert wurden, sorgte weithin für Unzufriedenheit. Überdies interpretierte man die von der Company ab 1835 unternommenen Anstrengungen zur Verbreitung europäischer Literatur und Wissenschaft (wobei Englisch das Persische als offizielle Amtssprache ersetzte), die Unterdrückung lokaler Bräuche wie *sati* und Kinderhochzeit sowie den Einsatz indischer Truppen in Übersee (dabei wurden die Kastenschranken aufgehoben) zunehmend als Teil eines verschleierten, aber systematischen britischen Versuchs, die religiösen und kulturellen moslemischen und hinduistischen Traditionen zu beseitigen.

Was schließlich das Fass zum Überlaufen brachte und einen Generalaufstand der indischen Armee auslöste, war die Ausrüstung der Truppen mit neuen Enfield-Gewehren, deren Patronen mit

Kuh- und Schweinefett (das für Hindus wie Moslems unrein ist) eingeschmiert waren. Die daraus resultierende Revolte von 1857 (von den Briten traditionell als die „Indische Meuterei" oder „Sepoy-Rebellion" und von indischen Historikern als der „Erste Unabhängigkeitskrieg" bezeichnet), begann mit einer Rebellion indischer Truppen (*sepoys*) in **Meerut** am 10. Mai 1857. Am nächsten Tag fiel Delhi. Der letzte Mogulherrscher, Bahadur Shah in Delhi, der besitzlose Hof in Lucknow und die im Exil lebenden Mitglieder des Marathen-Hofs in Kanpur unterstützten den Aufstand (wenn auch vielleicht nicht ganz freiwillig), doch die Sikh-Regimenter im Punjab schlugen sich auf die Seite der Briten. Die Revolte ergriff schnell Besitz von einem Großteil Zentral-Nordindiens, wo die Aufständischen Lucknow und Kanpur einnahmen und Agra bedrohten, dessen auf der Seite der Rebellen stehende Bürger die europäischen Bewohner dazu zwangen, Schutz in der Stadtfestung zu suchen. Die Briten hatten mit diesem Aufstand nicht gerechnet, übernahmen aber schrittweise wieder die Kontrolle. Delhi und Kanpur wurden im September zurückerobert, Agra kurz darauf, und der Fall von **Lucknow** im März 1858 besiegelte das Scheitern der Revolution.

Raj und indischer Nationalismus (1857–1947)

Der Aufstand hatte jedoch weitreichende Konsequenzen für die weitere Herrschaft der Briten auf dem Subkontinent. Die Regierungsbefugnisse der East India Company wurden abgeschafft, und noch im selben Jahr übernahm die britische Krone die direkte Verwaltung über Indien. Ab sofort wurde Britisch-Indien nicht mehr als Handelsbasis betrachtet, sondern als ein dem britischen Empire zugehöriges Königreich, **Raj**, ein Begriff, der im Laufe der Zeit die Herrschaft der britischen Vizekönige über den indischen Subkontinent bezeichnete.

Indien spielte nicht zuletzt aufgrund Großbritanniens Rivalität zu Frankreich und Russland eine Schlüsselrolle in der Politik des **britischen Imperialismus**. Indiens Armee wurde zum Instrument der britischen Außenpolitik: In den Afghanischen Kriegen sollte sie die Errichtung eines Pufferstaates bewirken, um Russlands Vordringen in Zentralasien zu hemmen, und in den Anglo-Birmanischen Kriegen versuchte sie, die weitere Ausdehnung Frankreichs in Indochina zu unterbinden. Sie wurde auch fernab des Subkontinents zum Schutz der britischen Interessen eingesetzt, z. B. in Abessinien und Hongkong.

Als britische Kolonie gewann Indien einen neuen Stellenwert in der Weltwirtschaft. Im Handel profitierte das Land von der britischen Entwicklung des Eisenbahnnetzes, und indische Geschäftsleute begannen in diverse Industrien zu investieren, darunter die Textil-, Eisen- und Stahlindustrie. In erster Linie stützte Indien die britische Wirtschaft jedoch als billige Rohstoffquelle und Absatzmarkt für Fertigprodukte, während die eigene Wirtschaft und Landwirtschaft unterentwickelt blieben. Die höheren Verwaltungsebenen wurden von britischen Beamten dominiert, die ihre westlichen Fortschrittsbegriffe und kulturellen Traditionen auf die indische Sozialstruktur übertrugen. Gleichzeitig führten die Verbreitung der englischen Sprache und der damit verbundene Zugang zu westlichem Wissen zur Entstehung einer neuen Mittelschicht aus Beamten, Grundbesitzern und Fachleuten, die immer lauter über die nationale Identität nachdachten.

Öffentliche Demonstrationen zwangen die Briten 1885 schließlich, ihren Segen zur Gründung der Partei **National Congress** (normalerweise schlicht „Congress" genannt) zu geben, und schon 1905 hatte sich die Kongresspartei die Selbstregierung zum politischen Ziel gemacht, ermutigt durch den radikalen Führer **Bal Gangadhar Tilak**.

Bedenken gegen die vorwiegend von Hindus dominierte Kongresspartei führten 1906 zur Gründung der **Islamischen Liga Indiens**, die fortan als Repräsentantin der moslemischen Bevölkerung fungierte.

Unterdessen machte sich Unruhe im ganzen Land breit. Im Jahr 1906 stießen die Pläne von Vizekönig Lord Curzon, den Staat Bengalen in eine östliche und westliche Hälfte zu teilen, auf breiten Widerstand. Die Oppositionsbewegung stand größtenteils hinter Bal Gangadhar Tilak, der dazu aufforderte, keine Steuern mehr zu zahlen und britische Erzeugnisse zu boykottieren.

Einige extremere bengalische Gruppen verübten Bombenanschläge und Mordanschläge sowohl gegen Briten als auch Inder.

1909 ebneten die Morley-Minto-Reformen den Weg für indische politische Teilhabe auf Provinzebene und eine separate moslemische Vertretung. 1911 wurde die Hauptstadt nach **Delhi** zurückverlegt und zur Feier dieses Ereignisses eine weitere Regierungsstadt gegründet, das sogenannte „New" Delhi (die Stadt wurde aber erst 1931 fertiggestellt und offiziell eingeweiht). Ein paar Jahre später gaben die Briten mit der Königlichen Proklamation von 1917 die Zusage auf eine allmähliche Hinführung zur Eigenverwaltung. Zwei Jahre später wurde mit den Montagu-Chelmsford-Reformen der Versuch unternommen, diese Erklärung umzusetzen.

Nun nahm ein in England ausgebildeter Rechtsanwalt, **Mohandas Karamchand Gandhi**, besser bekannt als Mahatma („Große Seele"), die Dinge in die Hand. Er vertrat eine politische Philosophie, deren Grundpfeiler die Gewaltlosigkeit und das Eintreten für die Unberührbaren, die er in „Kinder Gottes" (Harijan) umbenannte, waren. Gandhi fing an, indienweite eintägige Streiks und Protestmärsche zu organisieren, gegen die die Regierung mit brutaler Gewalt vorging. Der verheerendste Vorfall ereignete sich in **Amritsar**, wo General Dyer 1919 eine Demonstration auf dem Jallianwalla Bagh auseinander sprengte, indem er Befehl gab, in die unbewaffnete Menge zu schießen; 379 Menschen wurden getötet und 1200 verletzt.

1928 forderte die Kongresspartei die uneingeschränkte Unabhängigkeit Indiens. Die Regierung bot Gespräche an, doch der radikalere Flügel der Kongresspartei war unter der Führung des jungen **Jawaharlal Nehru** in Konfrontationsstimmung. Gandhi dagegen brach zu einem Fußmarsch („Salzmarsch") von über 400 km Länge auf, der ihn von seinem Ashram in Sabarmati nach Dandi in Gujarat führte, um illegal (ohne Steuern zu zahlen) Salz zu gewinnen – ein symbolischer Angriff auf die besonders verhasste britische Salzsteuer. Seine Demonstration des **gewaltfreien zivilen Ungehorsams** (satyagraha) hinterließ einen derart tiefen Eindruck im Volk, dass bis zum Ende des Jahres Protestmärsche und Streiks an der Tagesordnung waren, die Massenverhaftungen zur Folge hatten. Dies wiederum führte 1935 zum **Government of India Act** (Gesetz über die Regierungsform Indiens), das jedoch keine ausreichende Grundlage für die uneingeschränkte Unabhängigkeit bot. Die Kongresspartei begegnete den britischen Vorschlägen mit Argwohn und lehnte trotz Gandhis Fürsprache die Forderungen der Moslems nach einer eigenen politischen Vertretung ab.

Der Rechtsanwalt aus Bombay **Mohammed Ali Jinnah**, der 1935 an die Spitze der Islamischen Liga getreten war, befürwortete anfangs die moslemisch-hinduistische Kooperation, verzweifelte jedoch letztendlich an der Haltung der Kongresspartei. Die Liga forderte daher 1940 in einer Resolution offiziell die Schaffung eines unabhängigen Pakistan.

Ein weiteres Problem, das sich auf dem Weg zur Unabhängigkeit stellte, war die Frage, was mit den zahlreichen, über Indien verteilten Prinzenstaaten geschehen sollte (die meisten davon in Rajputana), die offiziell immer noch unabhängig und autonom waren. Diese Staaten nahmen immerhin zwei Fünftel der Landesfläche ein und stellten ein gewaltiges potenzielles Hindernis für die künftige Unabhängigkeit dar, sollten sich ihre Herrscher (von denen die meisten der Kongresspartei äußerst skeptisch gegenüber standen) dafür entscheiden, dem neuen, unabhängigen Land nicht beizutreten. Dieses Problem wurde nie zufriedenstellend gelöst, und selbst am Unabhängigkeitstag hatten die Herrscher mehrerer einflussreicher Staaten noch nicht entschieden, welchem Land sie sich anschließen würden (was schlimme Folgen für Kashmir hatte).

Die Fronten zwischen Regierung, Kongresspartei und Islamischer Liga weichten auch im Zweiten Weltkrieg nicht auf, obwohl 1942 die zunehmend auf indische Truppen angewiesenen Briten versprachen, Indien nach dem Krieg in die Unabhängigkeit zu entlassen (ein Angebot, das Gandhi mit einem „nachträglich ausgestellten Scheck einer bankrotten Bank" verglich). Als Mahatma Gandhi den Slogan *Quit India* („Briten, verlasst Indien") formulierte und eine neue Welle des zivilen Ungehorsams ankündigte, reagierte die Regierung prompt, indem sie alle Teilnehmer einer Arbeitssitzung der Partei in Pune verhaften ließ. Derweil propagierte Jinnah seine „Theorie der zwei Nationen" und sicherte sich durch eine rhetorische Kampagne gegen eine „Hinduisierung" die Unterstützung der moslemischen Öffentlichkeit. In einer Welle terroristischer Anschläge im ganzen Land wurden 1000 Menschen getötet und 60 000 Verdächtige verhaftet. Erst nach Kriegsende akzeptierte London, dass die uneingeschränkte Unabhängigkeit Indiens nicht länger aufgeschoben werden konnte.

Die britische Suche nach einer Lösung, ein vereintes Indien in die Unabhängigkeit zu entlassen und zugleich die Ängste der Moslems auszuräumen, war angesichts der auf beiden Seiten verhärteten Fronten leider zum Scheitern verurteilt. Ganz allmählich setzte sich die Einsicht durch, dass die Teilung – die sogenannte „Partition" – Indiens in zwei separate Staaten, einen moslemischen und einen hinduistischen, unvermeidbar war. Als Jinnah 1946 durch seinen Ruf nach einem „Tag direkter Aktionen" Ausschreitungen in Kalkutta provozierte, reagierten die Hindus mit Übergriffen gegen Moslems in Bihar und Uttar Pradesh. Mahatma Gandhi versuchte verzweifelt, die eskalierende Gewalt zwischen Hindus und Moslems zu verhindern und einen Weg zur Schaffung eines vereinten Indiens zu finden, während Nehru den Standpunkt vertrat, dass ein separates Pakistan immer noch besser sei als Anarchie und eine absehbare Mordwelle.

Das britische Kabinett ernannte **Lord Mountbatten** zum Vizekönig und betraute ihn mit den Vorbereitungen für die Machtübergabe. Am 15. August 1947 erfolgte die **Teilung** (Partition) des Subkontinents. Damit war der Staat Pakistan geboren, doch mehrere Fürstentümer konnten noch entscheiden, welcher der beiden neuen Nationen sie sich anschließen wollten. Die neuen Grenzen durchschnitten Bengalen und den Punjab. Langjährig benachbarte Sikhs, Moslems und Hindus wurden über Nacht zu Feinden. Es setzte eine Völkerwanderung ein, in deren Rahmen 5 Mio. Hindus und Sikhs aus Pakistan und eine ähnlich hohe Zahl Moslems aus Indien flohen. Rund 500 000 Menschen kamen in den Unruhen ums Leben. Mahatma Gandhi, der sich dem Ziel verschrieben hatte, der Gewalt nach der Teilung ein Ende zu setzen, wurde im Januar 1948 wegen seiner liberalen religiösen Haltung von einem hinduistischen Extremisten erschossen. Indien hatte seine „Große Seele" verloren, doch zumindest trug der Schock über den Tod Gandhis zur zeitweiligen Verminderung der Gewalt bei.

Indien unter Nehru (1947–1964)

Jawaharlal Nehru, Indiens erster und am längsten amtierender Ministerpräsident, war in seiner 17-jährigen Amtszeit ein dynamischer, fähiger und äußerst beliebter Staatsführer. Er legte die Grundlagen für eine demokratische, säkulare Nation, die er durch die ersten Phasen seiner agrarischen und industriellen Entwicklung führte. Nehrus wichtigste Aufgabe aber war die Konsolidierung der Union.

Sein fähiger Vize-Premierminister **Sardar Vallabhai Patel** wurde mit der Aufgabe betraut, die 562 Fürstenterritorien in die föderative Union einzugliedern. Der Nizam von **Hyderabad** leistete Widerstand, obwohl die Mehrheit seiner Bevölkerung hinduistisch war, und ließ sich erst durch eine Invasion indischer Truppen überzeugen. Indiens neue **Verfassung** wurde am 26. Januar 1950 gesetzlich verankert. Da allen volljährigen Staatsbürgern das Wahlrecht zugesprochen wurde, war Indien mit 173 Mio. Stimmberechtigten bei der Wahl von 1951 die **größte Demokratie der Welt**. Hindi wurde zur „Amtssprache der Union" erkoren, aber insbesondere Südindien widersetzte sich dieser Regelung, und Nehru ließ mehrere Staatsgrenzen nach linguistischen Gesichtspunkten neu ziehen. Einige Teile des Subkontinents behielten ihre Unabhängigkeit länger. Die französischen Enklaven Pondicherry und Chandernagar wurden erst in den 1950er-Jahren aufgenommen. Die Portugiesen weigerten sich, Goa abzutreten, bis Nehru 1961 schließlich die Armee schickte, um es zu annektieren. Im gleichen Jahr wurde das Volk der Naga als der Staat Nagaland in die föderale Union aufgenommen. Der Bundesstaat der Punjabi sprechenden Sikhs wurde dagegen erst 1966 vom überwiegend hinduistischen Haryana abgetrennt.

Das schwerste Erbe der Partition wurde jedoch dem Himalaya-Staat Kashmir aufgebürdet. Zum Zeitpunkt der Unabhängigkeit hatte der kashmirische Hindu-Maharadscha Hari Singh noch nicht entschieden, zu welchem der beiden neuen Länder er gehören wollte. Jinnah ging natürlich davon aus, dass Kashmir sich Pakistan anschließen würde, da drei Viertel seiner Bewohner Moslems waren. Nehru (ein Hindu aus Kashmir) dagegen war entschlossen, Kashmir Indien zuzuschlagen. Der Maharadscha kam zu keinem Entschluss. Im Oktober 1947 überschlugen sich plötzlich die Ereignisse, als unvermittelt islamische Partisanen aus pakistanischen Stammesgebieten im Kashmir-Tal auftauchten, um den Maharadscha dazu zu bewegen, Pakistan beizutreten. Hari Singh befürchtete, dass er abgesetzt werden sollte, und beschloss auf der Stelle, sich stattdessen Indien anzuschließen. Kurz darauf wurden indische Truppen ins Tal eingeflogen und begannen gegen die moslemischen Eindringlinge zu kämpfen. Obwohl es nie eine offizielle Kriegserklärung gab und keine regulären Pakistani-Militäreinheiten beteiligt waren, werden diese Kampfhandlungen normalerweise als der Erste Indo-Pakistanische Krieg bezeichnet. Als die Uno 1948 einen Waffenstillstand erreichte, hatten sich die pakistanischen Invasoren ein beträchtliches Stück kashmirischen Territoriums gesichert, das bis heute von Pakistan einbehalten wird.

An die Kastenzugehörigkeit gebundene Benachteiligungen beseitigte Nehru 1955 durch die **Abschaffung der „Unberührbarkeit"**, und er verbesserte den sozialen Status der Frauen. Die Alphabetisierungsrate stieg, und der Zugang zu kostenloser Grundschulbildung wurde erleichtert. In der Wirtschaft stellte Nehru die ersten drei **Fünfjahrespläne** auf. Deren Ziel war es, die landwirtschaftliche Produktion zu steigern und dem Land eine solide industrielle Basis zu geben, einschließlich eines Atomenergieprogramms. Nehrus Ideal einer asiatischen Einheit und seine Außenpolitik der blockfreien friedlichen Koexistenz wurden jedoch immer wieder durch die Aggression **Chinas** bedroht. Dessen Invasion in Tibet im Jahr 1950 brachte die Chinesen direkt an die indische Grenze (und eine Flut von Flüchtlingen nach Indien selbst, darunter 1959 der Dalai Lama). 1961 entdeckte man, dass das chinesische Militär eine Straße durch ein entlegenes indisches Gebiet in Nord-Kashmir gebaut hatte. Daraufhin kam es zu bewaffneten Zusammenstößen in Ladakh und Assam; 1962 überrannten chinesische Truppen die indischen Grenzposten und marschierten auf Assam zu.

Diese „Invasion" (auch wenn es sich eher um eine Machtdemonstration handelte) endete am 21. November 1962, als die Chinesen beschlossen, abzuziehen. Aber die beschämende Unfähigkeit der indischen Armee, die Eindringlinge aufzuhalten, führte dazu, dass Nehru umgehend einen Verteidigungspakt mit den USA schloss und einen Elite-Grenzschutz einrichtete. China verleibte sich kleine indische Landstücke in Kashmir und Assam ein, die es bis heute nicht zurückgegeben hat.

Indira Gandhi (1966–1984)

Die gesamte Nation, die während der Chinakrise geschlossen hinter Nehru gestanden hatte, betrauerte 1964 den Tod des beliebten Ministerpräsidenten, der nicht mehr Zeuge der Wiederherstellung von Indiens militärischem Prestige im **Zweiten Indo-Pakistanischen Krieg** von 1965 wurde. Der Pakistani-Führer General Ayub Khan provozierte eine Reihe von Scharmützeln in umstrittenen Gebieten von Gujarat – vielleicht, um die Reaktion des neuen indischen Premiers Lal Bahadur Shastri zu testen – und unternahm anschließend Versuche, Kashmir zu infiltrieren und einen pro-pakistanischen Aufstand zu provozieren. In Kashmir und weiter südlich kam es zu Kriegshandlungen. Die indische Armee drängte die pakistanischen Streitkräfte bis auf 5 km an das faktisch wehrlose Lahore zurück, bevor ein Waffenstillstand vereinbart wurde und beide Seiten sich hinter ihre alten Grenzlinien zurückzogen. Lal Bahadur Shastri starb kurz darauf, im Januar 1966, und nun etablierte sich Nehrus Tochter Indira Gandhi als neues Oberhaupt der Kongresspartei.

Die 49-jährige Indira oder „Mrs. Gandhi", wie sie oft genannt wird (es besteht keine Verwandtschaft mit dem Mahatma; sie erhielt ihren famosen Nachnamen durch die Ehe mit einem Parsi namens Feroze Gandhi, der 1960 starb), wurde ursprünglich von den Kongressparteibonzen ausgesucht, weil sie sie für ein populäres, aber leicht manipulierbares Aushängeschild hielten. Doch Indira hatte andere Pläne. Sie machte sich sofort daran, ihre eigene Machtposition zu sichern, und führte – nachdem ihr Mandat bei den Neuwahlen von 1971 konsolidiert worden war – die Kongresspartei auf einen populistischen, sozialistischen Weg. Sie nationalisierte die Banken, schaffte die Privatschatullen und Privilegien der früheren Maharadschas ab und brachte neue Gesetzesvorlagen zu Firmenprofiten und Erträgen aus Grundbesitz ein.

Zu der Zeit erlebte Indien ein erhebliches industrielles Wachstum und hatte zudem gerade im Rahmen der **Grünen Revolution** durch Einführung hochwertiger Getreidesorten spektakuläre Erfolge in der Landwirtschaft erzielt. Mrs. Gandhi musste sich mit der zunehmend chaotischen Situation in **Ostpakistan** (dem heutigen Bangladesh) befassen, das 1971 seine Unabhängigkeit von (West-) Pakistan erklärt hatte. Pakistanische Truppen waren entsandt worden, um die Ostpakistani zur Raison zu rufen. Das löste eine Massenflucht nach Indien aus: Im April 1971 strömten täglich rund 60 000 bengalische Flüchtlinge über die Grenze nach Indien. Indira Gandhi wartete klug ab, bis sie die moralische Unterstützung der internationalen Gemeinschaft hinter sich wusste, und gab am 4. Dezember den Befehl zum gleichzeitigen Angriff auf West- und Ostpakistan. Am 15. Dezember kapitulierten die pakistanischen Streitkräfte in Bangladesh.

An der Heimatfront war Mrs. Gandhi weniger erfolgreich. Nachdem 1974 gewaltige Unruhen den Agrar- und Industriesektor erschüttert hatten und in der Kongresspartei Proteste gegen Inflation und Korruption laut geworden waren, verkündete Gandhi am 26. Juni den **Notstand**, der alle Bürgerrechte außer Kraft setzte und die Stimmen der echten oder eingebildeten Opposition durch rund 20 000 Inhaftierungen und eine strikte Pressezensur verstummen ließ.

Der „Notstand" dauerte achtzehn Monate. Indira Gandhi befahl in dieser Zeit die Zwangssterilisierung von Männern mit zwei oder mehr Kindern und die rücksichtslose Beseitigung von Slums in Delhi, die ihr Sohn **Sanjay** beaufsichtigte. Nachdem sie im Januar 1977 schließlich den Notstand aufhob und ihre politischen Gegner auf freien Fuß setzte, erlitt sie im März eine empfindliche Wahlniederlage. Die nachrückende Janata-Koalition unter **Morarji Desai** zerbrach allerdings innerhalb von zwei Jahren. Schon im Januar 1980 rückte Indira Gandhi, die ihre Kongress-(I)-Partei in der Zwischenzeit mit Sanjays Hilfe neu geordnet hatte, wieder an die Spitze der Nation. Nur wenige Monate danach kam Sanjay bei einem Flugzeugabsturz ums Leben.

Vier Jahre später beging Indira Gandhi den zweiten großen Fehler ihrer Karriere, der ihr fatales Ende nach sich zog: Anfang 1984 verschanzte sich eine Rebellengruppe im **Goldenen Tempel von Amritsar**, organisierte von dort eine Kampagne der Gewalt und forderte für die Gemeinschaft der **Sikh** eine unabhängige Nation Khalistan. Im Juni 1984 schickte Indira Gandhi ihre Panzer los, doch eine zweitägige Schlacht entweihte den heiligsten Schrein der Sikhs und brachte Khalistans erste Märtyrer hervor. Im Oktober desselben Jahres wurde Mrs. Gandhi aus Rache von ihren langjährigen Sikh-Leibwächtern in ihrem Haus in Delhi umgebracht.

Daraufhin ereigneten sich überall in der Stadt massive Ausschreitungen, bei denen aufgebrachte Hindu-Gruppen in ganz Delhi systematisch Sikhs ermordeten – laut einiger Berichte stöberten sie ihre Opfer mit Hilfe von Wahllisten auf, die ihnen von den Politikern der Kongresspartei zur Verfügung gestellt wurden.

Kommunaler Konflikt (1984–1995)

Nach Indira Gandhis Tod war es an ihrem einzigen noch lebenden Sohn **Rajiv Gandhi** (einem ehemaligen Piloten), die Führung der Kongresspartei zu übernehmen. Sein Ruf als „Saubermann", noch verstärkt durch die Gaskatastrophe von Bhopal nur zwei Wochen vor den Wahlen, sicherte ihm schnell die Sympathie des Volkes, doch seine Schonzeit war nur von kurzer Dauer. Die politischen Beziehungen zum Punjab, zu Assam und Mizoram verschlechterten sich und mündeten in bewaffnete Konflikte, eine zweijährige „Friedensmission" der indischen Armee zur Entwaffnung von Sri Lankas tamilischen Guerillas scheiterte, und Korruptionsvorwürfe trübten das Image des Präsidenten. Ende der 80er-Jahre hatte sich eine Opposition unter Führung von **V. P. Singh** formiert. Dessen Janata-Partei konnte in den Dezemberwahlen 1989 zwar keine Mehrheit erringen, doch gelang es ihm, mit

Unterstützung der von **L. K. Advani** angeführten radikal-hinduistischen **Bharatiya Janata-Partei (BJP)** eine Koalitionsregierung zu bilden.

Singh sah sich umgehend mit Problemen im Punjab und in Kashmir konfrontiert, doch wesentlich gravierender war, dass er sich die Empörung der höherkastigen Hindus einhandelte, weil er ankündigte, 60 % der Arbeitsplätze im öffentlichen Dienst für Angehörige der unteren Kasten und ehemals „Unberührbare" zu reservieren. Es war allerdings ein noch emotionaler besetztes Ereignis, das seine Regierung in weniger als einem Jahr zum Scheitern brachte: Advanis populistische BJP forderte, die von Babur im 16. Jh. errichtete Babri-Moschee in **Ayodhya** solle durch einen Hindutempel ersetzt werden, da die Moschee an der Geburtsstätte Ramas, des vergöttlichten Helden aus dem Ramayana, stehe. Der weltoffene Singh versuchte zu retten, was zu retten war, doch Advani ließ sich nicht beirren und brach im Oktober 1990 nach Ayodhya auf, wo er in Begleitung von Tausenden gläubiger Hindus durch die Straßen zog und die Absicht kundtat, die Moschee zerstören zu wollen. Als Singh daraufhin Advani verhaften ließ, führte der unvermeidbare Austritt der BJP aus der Regierungskoalition zum Misstrauensvotum. Rajiv Gandhi wies ein Angebot, eine Interimsregierung zu bilden, in der Hoffnung zurück, dadurch die Wahlchancen seiner Partei verbessern zu können. Alle Zeichen standen auf Sieg für die Kongresspartei, als Rajiv im Mai 1991 bei einer Wahlkampagne in Tamil Nadu von den Tamil Tigers aus Rache für Indiens militärischen Widerstand gegen ihren „Freiheitskampf" in Sri Lanka ermordet wurde.

P. V. Narasimha Rao übernahm es, die Kongresspartei durch den Wahlkampf zu steuern und bildete eine neue Koalitionsregierung, die sofort ein weitreichendes Programm ökonomischer Liberalisierung in Angriff nahm, Handelsbarrieren abschaffte und zum ersten Mal in der Geschichte Indiens multinationalen Konzernen wie Coca Cola, Pepsi und KFC Zugang zum indischen Markt gewährte.

Advani wurde Oppositionsführer und erhielt wachsende Zustimmung im Volk für den Neubau des Rama-Tempels in Ayodhya. V. P. Singh reagierte, indem er einen Protestmarsch von 500 Säkularisten nach Ayodhya organisierte, doch inzwischen hatte die BJP die Landesregierung in Uttar Pradesh und damit die Verantwortung für Recht und Ordnung übernommen, sodass diesmal Singh derjenige war, der verhaftet wurde.

Im Dezember 1992 war die Situation in Ayodhya schließlich unhaltbar geworden. Die Zentralregierung konnte nicht verhindern, dass Extremisten die fanatische Menge dazu aufstachelten, die Moschee niederzureißen. Die **Zerstörung der Babri-Moschee** zog in vielen Landesteilen (besonders in Bombay und Gujarat) gewalttätige Ausschreitungen gegen moslemische Familien und Geschäfte nach sich. Ein paar Monate später fegte eine Welle von **Bombenattentaten** durch Bombay, bei denen 260 Menschen getötet und einige der wichtigsten kommerziellen Gebäude der Stadt zerstört wurden. Niemand erklärte sich dafür verantwortlich, aber es wurde angenommen, dass die Attentate auf das Konto islamischer Gruppen gingen, als Vergeltung für Gewalttaten von Hindus gegen Moslems.

Einmal mehr führte die allgemeine Verunsicherung zu einer Stärkung der fundamentalistischen Hinduparteien des rechten Flügels. Die BJP machte sich Machtkämpfe innerhalb der Kongresspartei zunutze, um regionale Stützpunkte zurückzugewinnen. Ihr neues Motto lautete **Swadeshi** – eine Kampagne gegen das **wirtschaftliche Liberalisierungsprogramm** der Kongresspartei und insbesondere gegen die Aktivitäten neu auf dem Markt erscheinender Unternehmen wie Coca Cola, Pepsi und KFC.

Der Aufstieg der BJP (1996–1999)

Die allgemeinen Wahlen im Mai 1996 veränderten die politische Landschaft. Mit 194 von 534 Sitzen im Unterhaus und als somit stärkste Partei machte sich die BJP an die Regierungsbildung, doch gelang es ihr nicht, eine Mehrheitsregierung auf die Beine zu stellen. Zwei Wochen später wurde sie von der hastig zusammengewürfelten Koalitionspartei Unified Front (VF) ausgebootet, die anfangs von H. D. Deve Gowda und später von **I. K. Gujral** angeführt wurde, der gute Beziehungen zu den USA unterhielt und die indische Wirtschaft vom Sozialismus wegführte.

Die Vereinte Front hielt sich bis zur Niederlage bei den allgemeinen Wahlen im März 1998, aus denen die **BJP** als stärkste Macht einer neuen konservativen Koalitionsregierung unter **Atal Behari Vajpayee** hervorging. Diesmal blieb die Partei dreizehn Monate lang im Amt – eine enorme Steigerung im Vergleich zu den dreizehn Tagen ihrer vorherigen Regierungsperiode. Eine der ersten Amtshandlungen der BJP, die lauthals Veränderungen und die Restauration des indischen Nationalstolzes versprochen hatte, war die Durchführung von fünf unterirdischen **Atomtests** im Mai 1998, die Pakistan provozierten und es in derselben Weise antworten ließen. Weltweit wurden Proteste laut, und beide Nationen wurden unter Federführung der USA mit finanziellen **Sanktionen** belegt. Nach Ansicht vieler Leute bewirkten die Tests eine Verschärfung des Kaschmir-Konflikts – diesmal mit einer möglichen nuklearen Dimension. Trotz der drastisch verschärften Sicherheitslage reiste Vajpayee im März 1999 als erster indischer Ministerpräsident seit über einem Jahrzehnt zu einem offiziellen Besuch nach Pakistan. Die scheinbare Entspannung in den Beziehungen beider Länder wurde jedoch ad absurdum geführt, als Indien eine **Agni-II-Rakete** testete, die atomare Sprengköpfe bis nach Pakistan tragen kann. Auch diesmal antwortete Pakistan nach wenigen Tagen mit Tests eigener Langstreckenraketen, die Nuklearsprengköpfe transportieren können.

Nach den verlorenen Wahlen von 1998 erstarkte die Kongresspartei erst wieder, als **Sonia Gandhi**, die in Italien geborene Witwe des früheren Ministerpräsidenten Rajiv Gandhi, das Heft in die Hand nahm. Die Partei tat sich mit Jayalalithas AIADMK zusammen, um die BJP im April 1999 zu stürzen (S. 1035, Kasten), doch sie brachten keine Koalitionsregierung zusammen, und so wurde die Bevölkerung zum dritten Mal innerhalb weniger Jahre zu allgemeinen Wahlen aufgerufen.

Das neue Jahrtausend

Indiens politische Probleme wurden vorübergehend von mehreren **Naturkatastrophen** in den Hintergrund gedrängt. In den ariden Zonen Rajasthans und Gujarats blieb nach einem ungewöhnlich heißen Mai im Jahr 2000 zum dritten Mal in Folge der Monsun aus, was arme Bauernfamilien zu Zehntausenden aus ihren angestammten Gebieten vertrieb, um nach Tierfutter und Wasser zu suchen. Auch diesmal musste sich die Regierung Trägheit und Versäumnisse vorhalten lassen. Noch schlimmeres Unheil brach über Millionen Gujaratis herein, als am Morgen des 26. Januar 2001 – dem indischen Tag der Republik – ein gewaltiges **Erdbeben** der Stärke 7,9 auf der Richterskala weite Gebiete des Nordwestens von Gujarat zerstörte.

In Delhi erhöhten mittlerweile mehrere **Korruptionsskandale** den Druck auf die von der BJP geführte Koalition, die NDA (Nationaldemokratische Allianz). Journalisten von der Website **Tehelka.com** war es 2001 gelungen, als Waffenhändler getarnt Verteidigungsminister George Fernandes sowie mehrere hohe Armeeoffiziere und Staatsbeamte zu bestechen. Der Präsident der BJP wurde auf frischer Tat ertappt, wie er vor laufender Kamera Bargeld in seinen Schreibtisch schaufelte. Der Premierminister zeigte sich peinlich berührt von dem Skandal, entließ Fernandes von seinem Posten und ordnete die Bildung einer Untersuchungskommission an.

Vajpayees Partei musste sich erneut heftige Kritik gefallen lassen, als sie weitere Zugeständnisse an ihre regionalistischen Koalitionspartner machte und der Premierminister die Gründung der **drei neuen Bundesstaaten** Jharkhand, Chhattisgarh und Uttaranchal (inzwischen in Uttarkhand umbenannt) ankündigte – abgelegene Regionen, die aus Bihar, Madhya Pradesh und Uttar Pradesh ausgegliedert wurden.

In Südindien ereignete sich unterdessen um die Jahrtausendwende die **Hightech-Revolution**, in deren Mittelpunkt die Städte Bangalore und Hyderabad stehen. Den Anfang hatte Bangalore in den frühen 1980er-Jahren gemacht; Mitte der 90er spielte es bereits eine tragende Rolle auf dem internationalen Softwaremarkt. An der Wende zum neuen Jahrtausend wurde ihm jedoch die Vormachtstellung durch den noch spektakuläreren Boom von Hyderabad (das schnell den Spitznamen „Cyberabad" bekam) abspenstig gemacht, das dank massiver staatlicher Vergünstigungen führende internationale Hersteller anzog, darunter Microsoft und Dell. Die arme bäuerliche Bevölkerung Südindiens sah allerdings wenig von diesem neuen Wohlstand, der den Graben zwischen Arm und Reich – von Kommentatoren jetzt ironisch als „digital divide" bezeichnet – noch vertiefte.

Im Spätsommer 2001 rückten die **indisch-pakistanischen Beziehungen** und der **Kashmir-Konflikt** erneut in den Blickpunkt, und für Indien sollte eine der brisantesten Perioden seiner jüngeren Geschichte beginnen. Nach einem steten Abflauen des patriotischen Eifers, der nach den Atomtests und der militärischen Auseinandersetzung bei Kargil entbrannt war, schien die Popularität des Premierministers und der BJP einen neuen Schub zu erhalten, als es im Frühjahr 2002 im Bundesstaat Gujarat zu **gewalttätigen Auseinandersetzungen** zwischen Hindus und Moslems kam. Auslöser war ein Massaker in **Godhra**, als eine Gruppe randalierender Moslems einen mit Hindu-Aktivisten besetzten Zug in Brand setzte, der sich auf der Rückfahrt von dem umstrittenen Ayodhya-Tempel befand. 38 Menschen wurden getötet und 74 verletzt. Diese Zahlen verblassten allerdings angesichts der nachfolgenden Vergeltungstaten, bei denen etwa 2000 Menschen (größtenteils Moslems) den Tod fanden. Der BJP-Ministerpräsident von Gujarat, Narendra Modi, musste sich schwere Vorwürfe gefallen lassen, als ans Licht kam, dass seine Polizeikräfte allem Anschein nach eine Strategie der Nicht-Intervention verfolgt und in mehreren Fällen tatenlos zugeschaut hatten, wie aufgebrachte Hindus grausame Massaker an Moslems verübten.

Nur einen Monat nach den Ereignissen von Godhra wurden die anti-moslemischen Tendenzen in Indien erneut angeheizt, als ein islamistisches Selbstmordkommando mit einem gestohlenen Reisebus die indische Kaserne **Kaluchak** bei **Jammu** angriff. 30 Menschen wurden getötet, darunter mehrere Frauen und zehn Kinder, bevor die Terroristen von indischen Sicherheitskräften erschossen wurden.

Nur vier Monate nach dem Angriff auf das Parlament in Delhi und direkt nach einem weiteren Versprechen Pakistans, härter gegen jenseits der Grenze operierende Extremisten vorzugehen, rief dieser Anschlag erneut große Entrüstung in Delhi hervor. Vajpayee befahl einen massiven Truppenaufmarsch an der pakistanischen Grenze, doch auch diesmal gelang es der US-Diplomatie, die Krise zu entschärfen, und gegen Ende der Monsunzeit wurden die Armeen wieder abgezogen.

Nach einer Runde von Friedensgesprächen kam 2003 schließlich Bewegung in die Bemühungen zur Lösung des Kashmir-Konflikts, doch die Beziehungen zwischen Hindus und Moslems blieben in einigen Teilen Indiens so gespannt wie zuvor. Als die ersten Fälle von Leuten, die angeklagt wurden, im Anschluss an die Massaker von Godhra Gräueltaten verübt zu haben, dem Gericht von Ahmedabad vorgetragen wurden, legte der Archeological Survey of India seinen lang erwarteten **Ayodhya-Bericht** vor. Nachdem extremistische Hindus 1992 die Moschee Babri Masjid zerstört hatten, war eine Debatte darüber entbrannt, ob sich unter der Moschee tatsächlich jemals ein Rama-Tempel befunden hatte. Es kam alles andere als überraschend, dass die „Expertenkommission" des ASI (ernannt von der rechten BJP-Regierung, die die Zerstörung der Babri Masjid durch Hetzkampagnen einiger ihrer prominenten Politiker mitzuverantworten hatte) zu dem Schluss kam, es lägen Beweise für die Existenz eines ehemaligen Tempels vor, was mit einer stillschweigenden Rechtfertigung für die Zerstörung der Moschee gleichzusetzen war.

Da die Herrschenden wenig unternahmen, um die Spannungen nach dem Godhra-Vorfall zu entschärfen, brachen alte Wunden wieder auf; und als am 25. August 2003 (dem Tag nach der Veröffentlichung des Ayodhya-Abschlussberichts) zwei **Bomben** in der Innenstadt von Mumbai explodierten, wurde das sofort mit dem Streit um die Babri Masjid in Zusammenhang gebracht. Eine explodierte in einem Taxi neben dem **Gateway of India**, dem wichtigsten Touristenzentrum Mumbais, und forderte 107 Menschenleben.

Niemand hat je die Verantwortung für die Anschläge übernommen, doch schon bald nach der Tat wurden vier Verdächtige festgenommen, denen Verbindungen zu militanten islamischen Gruppen vorgeworfen wurden.

www.stefan-loose.de/indien

Geschichte

Der Kashmirkonflikt

Der wichtigste Grund für die bittere Feindschaft zwischen Indien und Pakistan ist der Himalayastaat **Kashmir**. Die Wurzeln des Konflikts gehen auf die Unabhängigkeit zurück, als der regierende hinduistische Maharadscha den Anschluss seines Territoriums an Indien statt an Pakistan beschloss. Seither hat das geopolitische Tauziehen um den Staat die Beziehungen zwischen den beiden Ländern schwer belastet.

Der Konflikt in Kashmir hat zwei Erscheinungsformen: erstens die einer **militärischen Konfrontation** zwischen der pakistanischen und indischen Armee entlang der De-facto-Grenze (mit Kriegen 1947, 1965 und 1999) und zweitens die von **Gewalttätigkeiten und Bürgerkrieg** seit 1989, einer Zeit, in der sowohl kashmirische als auch ausländische moslemische Kämpfer zahlreiche indische militärische und zivile Ziele innerhalb Kashmirs angriffen, was zu gleichermaßen blutigen Vergeltungsmaßnahmen von Seiten der indischen Sicherheitskräfte führte.

Die Ursprünge des Problems

Die Umstände, unter denen der kashmirische Maharadscha Hari Singh 1947 beschloss, sich Indien anzuschließen, und der daraus resultierende Erste Indo-Pakistanische Krieg werden auf S. 130 erläutert. Als dieser Konflikt beigelegt war, erhielt **Pakistan** rund ein Drittel von **Kashmir** und Indien zwei Drittel, aber beide Länder waren davon überzeugt, dass der gesamte Staat zum eigenen Hoheitsgebiet gehörte. Die Vereinten Nationen verabschiedeten daraufhin eine Resolution, in der Indien aufgefordert wurde, eine Volksabstimmung abzuhalten, damit die Bewohner Kashmirs über ihre politische Zukunft selbst entscheiden könnten. **Indien** weigerte sich aber standhaft, dieser Forderung nachzukommen, mit der Begründung, dass sich Kashmir 1948 auf rechtmäßige Art und Weise Indien angeschlossen hat. Pakistan dagegen stellte die Legitimität von Hari Singhs Entscheidung, Kashmir mit Indien zu vereinigen, in Frage und verlangte, dass die Volksabstimmung durchgeführt würde.

Einige Kashmiri-Gruppierungen, darunter die Jammu and Kashmir Liberation Front und die All Party Hurriyat Conference, verfolgen einen ganz eigenen, separatistischen Weg und kämpfen für einen unabhängigen Staat, der weder mit Pakistan noch mit Indien das Geringste zu tun hat.

Nach dem Ende der Auseinandersetzungen im Jahr 1948 wurde die sogenannte **Demarkationslinie** die eigentliche Grenze zwischen Indien und Pakistan. Während eines Konfliktes im Jahr 1962 (S. 131) verlor Indien ein weiteres Stück kashmirischen Territoriums an China, danach kam es zu einer Wiederholung der kriegerischen Auseinandersetzungen mit Pakistan im **Zweiten Indo-Pakistanischen Krieg** von 1965 (S. 131). Auch diesmal stand Kashmir im Mittelpunkt, doch bei Kriegsende kehrten beide Seiten auf ihre ursprüngliche Position zurück. Die 1972 unterzeichnete **Vereinbarung von Simla** verpflichtete beide Seiten zum gegenseitigen Gewaltverzicht, der Respektierung der Demarkationslinie und der De-facto-Grenze zwischen den beiden Staaten.

Aufstand und Bürgerkrieg

Die unterschwellige Unzufriedenheit der Kashmiri mit der indischen Regierung und der politischen Einmischung Delhis in der Region, die eigentlich für ihren Anschluss an Indien völlige Autonomie erhalten sollte, verwandelte sich gegen 1989 in **bewaffneten Widerstand**. Den Ausschlag aber gab das Massaker im Jahr 1990 an rund hundert unbewaffneten Demonstranten, die auf der **Gawakadal-Brücke** in der Hauptstadt Srinagar von indischen Sicherheitskräften unter Beschuss genommen wurden.

Ein Jahr später herrschte Gewalt, und Menschenrechtsverletzungen waren an der Tagesordnung, sowohl im Kashmir-Tal als auch weiter südlich, in der Umgebung von Jammu. Partisanen aus mindestens neunzehn islamischen Ländern, in Libyen und Pakistan militärisch ausgebildet und mit Waffen versehen, strömten nach Kashmir, um eine Schlacht zu schlagen, die nun als *jihad*, **Heiliger Krieg**, angesehen wurde. Nächtliche Ausgangssperren wurden Routine, Tausende Verdächtige sahen sich ohne Verhandlung inhaftiert, und zahllose Anschuldigungen sprechen von Folterungen, systematischen Vergewaltigungen kashmirischer Frauen durch indische Armeeangehörige, dem Verschwinden unzähliger Jungen und Männer sowie massenhaften Hinrichtungen. Der Konflikt dauerte die gesamten 1990er-Jahre an. Die ehemals blühende Tourismusindustrie der Region brach völlig zusammen, als die extremistische moslemische Gruppe Al-Faran fünf Touristen entführte und mindestens einen von ihnen enthauptete.

Da beide Länder inzwischen Nuklearstaaten sind, ist Kashmir einer der gefährlichsten geopolitischen Brennpunkte der Welt geworden. Im Mai 1999 schlichen sich mindestens 800 von Pakistan unterstützte Mudschaheddin über die Waffenstillstandslinie oberhalb der Srinagar-Leh-Straße bei **Kargil** und besetzten indisches Territorium. Zwar fielen auf beiden Seiten Hunderte Soldaten, aber schließlich beugte sich Pakistan dem internationalen Druck und zog seine Truppen zurück, ein Kriegsausbruch wurde verhindert.

Das neue Millennium brachte keine sofortige Verbesserung der Situation. Indiens Premierminister Vajpayee und der pakistanische Präsident Musharraf trafen sich im Juli 2000 in Agra zu einem Gipfeltreffen bezüglich Kashmir, aber die Gespräche wurden schnell wieder abgebrochen. Obwohl die pakistanische Regierung wiederholt das Gegenteil versicherte, infiltrierten von Pakistan unterstützte Mudschaheddin weiterhin und in immer größerer Zahl das Kashmir-Tal. Das ganze Ausmaß der Problematik wurde deutlich, als ein **Selbstmordattentäter** im Oktober 2001 am helllichten Tage mit einer Autobombe das Regionalparlament von Srinagar in die Luft sprengte. Im Dezember desselben Jahres stürmten bewaffnete islamische Kommandos das indische Parlamentsgebäude in New Delhi. Im Jahr 2002 nahmen die Spannungen zu, und die beiden Länder drifteten auf einen zweiten Krieg innerhalb von drei Jahren zu. Im Mai standen sich eine Million Soldaten an der indisch-pakistanischen Grenze gegenüber. Ein offener Kriegsausbruch konnte gerade noch verhindert werden, indem der US-Abgesandte Colin Powell starken Druck auf beide Seiten ausübte. In Kashmir wurden lang etablierte Organisationen wie die Jammu and Kashmir Liberation Front und die All Party Hurriyat Conference, die traditionell einen säkularen und nationalistischen Standpunkt vertraten, zunehmend von militanten islamischen und pro-pakistanischen Gruppierungen wie Lashkar-e-Toiba und Jaish-e-Mohammad unterwandert.

Weg zum Frieden?

Weitere Gespräche folgten, wurden aber im März 2003 von indischer Seite eingestellt, nachdem Islamabad Tests seiner mit nuklearen Sprengköpfen ausgerüsteten Shaheen-Raketen verkündet hatte, die über eine Reichweite von 750 km (also bis nach Delhi) verfügen. Im Mai 2003 wurden die **Verhandlungen** wiederaufgenommen, als Vajpayee den indischen Willen zum Frieden bekundete und die Freilassung von Hunderten von Pakistani ankündigte, die seit dem Kargil-Krieg in indischen Gefängnissen festgehalten wurden. Pakistans Premierminister Mir Zafarullah Khan Jamali reagierte mit der Ankündigung, dass Pakistan die Handelsbeziehungen und Reisemöglichkeiten erleichtern würde. Das waren die wichtigsten **Zugeständnisse**, die beide Seiten seit Jahren gemacht hatten. 2004 und 2005 führten die indische und pakistanische Regierung auch zum ersten Mal Gespräche mit den kashmirischen Separatisten der Hurriyat Conference und erarbeiteten einen Friedensfahrplan für den Fortschritt der Region. Eine weitere Runde indo-pakistanischer Gespräche folgte auf die Ernennung von Manmohan Singh zu Indiens neuem Premierminister. Daraus resultierten kleine Zeichen eines Fortschritts. Als Symbol dafür stand die im April 2005 erfolgte Einrichtung einer **Busverbindung** zwischen Srinagar und Muzaffarabad im von Pakistan kontrollierten Kashmir. Inzwischen zeigte der pakistanische Präsident Musharraf die Bereitschaft, die in Pakistan beheimateten militanten Kashmiri zu zügeln, während Indien den ersten einer Reihe von versprochenen **Truppenrückzüge** aus der Region verwirklichte.

Indien hat vorgeschlagen, aus der Demarkationslinie eine permanente Grenzlinie zu machen, Pakistan dagegen favorisiert eine neue Grenzziehung entlang der kommunalen Linien – allerdings hat Musharraf Ende 2006 überraschend erklärt, dass Pakistan bereit sein könnte, sämtliche Ansprüche auf Kashmir fallenzulassen, falls Indien den Kashmiri irgendeine Form von Selbstregierung zugesteht. Kashmirs Zukunft sieht jetzt erfreulicher aus, doch die zunehmend kritische politische Situation in Pakistan, könnte den Fortschritt der vorhergegangenen vier Jahre wieder zunichte machen.

Die Rückkehr der Kongresspartei

Da Indien trotz anhaltender sektiererischer Probleme einen nie da gewesenen Boom zu verzeichnen hatte und in Kashmir endlich Frieden möglich schien, versuchte Premierminister Vajpayee mit seiner von der BJP geführten Koalition Kapital aus der positiven Stimmung im Land zu schlagen, indem er im Mai 2004 **vorgezogene Wahlen** ansetzte. Doch der Wahlkampf sollte sich als böser Bumerang erweisen. Ein Grund dafür war die Unterschätzung des Faktors, dass der wirtschaftliche Boom im Wesentlichen dem Technologiesektor zu verdanken war, zu dem die große Mehrheit der Bevölkerung überhaupt keinen Zugang hat. Die Spitzenkandidatin der Kongresspartei, **Sonia Gandhi**, ging direkt bei der armen Landbevölkerung auf Stimmenfang. Außerdem hatte sie noch einen weiteren Trumpf im Ärmel: Sie bezog ihren Sohn Rahul und ihre Tochter Priyanka in den Wahlkampf ein, um auf diese Weise die jüngere Wählerschaft anzusprechen (die Hälfte der Wahlberechtigten in Indien sind unter 35 Jahre alt).

Anstatt des erwarteten Ausbaus der Mehrheit für Vajpayee und seine Regierung kam es zu einer politischen Wende, die zu den spektakulärsten der jüngeren Geschichte zählt: Die Kongresspartei erhielt beim Urnengang überraschend die meisten Stimmen, und Sonia Gandhi wurde folgerichtig mit der Bildung einer neuen Regierung beauftragt. Doch zur Verblüffung aller verzichtete Gandhi auf den Posten der Premierministerin und kündigte stattdessen ihren Rücktritt an. Schließlich sprang der 71-jährige ehemalige Finanzminister **Manmohan Singh** in die Bresche und stellte sich als Premierminister zur Verfügung. Singh ist der erste Sikh an der Spitze einer indischen Regierung.

Als Urheber der wichtigen **Wirtschaftsreformen** während der Regierungszeit von P. V. Narasimha Rao in den frühen 1990ern schien Manmohan Singh der perfekte Kandidat, um Indiens fortschreitendes ökonomisches und technologisches Wachstum zu managen. Im April 2007 zündete das Land seine erste kommerzielle Weltraumrakete, und im Mai verkündete die Regierung die höchsten Wirtschaftswachstumsraten (beachtliche 9,4 %) seit 20 Jahren. Indiens technologische und ökonomische Verwandlung schreitet fort. Inzwischen ist das Land der größte Exporteur von Software nach den USA, mit einer Verkaufszahl von rund 1 Mrd. Dollar im Jahr. Der Löwenanteil wird in den südindischen Städten Bangalore und Hyderabad erwirtschaftet, in denen sich auch zahllose internationale Callcenter niedergelassen haben.

Auf die arme ländliche Bevölkerung hat diese spektakuläre Entwicklung aber kaum Auswirkungen. Im Versuch, die Kluft zwischen der immer reicher werdenden Mittelklasse und der restlichen Landesbevölkerung zu verringern, verabschiedete Manmohans Koalitionsregierung im Februar 2006 das bislang umfangreichste Programm zur Schaffung von Arbeitsplätzen auf dem Lande, mit dem Ziel, rund 60 Mio. Familien aus der Armut zu holen. Auch hinsichtlich der nuklearen Drohung ist ein Fortschritt zu verzeichnen. Im März 2006 unterzeichneten die USA und Indien einen **Nuklearvertrag**, in dem die USA Indien Zugang zur zivilen Nutzung von Atomtechnologie verschafften und Indien sich bereit erklärte, sein Nuklearprogramm internationalen Beobachtern offenzulegen. Im Februar 2007 wurde außerdem eine Vereinbarung mit Pakistan getroffen, die darauf abzielte, das Risiko eines unbeabsichtigten Atomkriegs zu verringern.

Das Land leidet weiterhin unter **extremistischen Anschlägen**, darunter viele, die den Friedensprozess in Kashmir untergraben sollen. Im Oktober 2005 töteten Bomben 62 Menschen in Delhi, im Februar 2007 kosteten Bombenexplosionen in einem Zug auf dem Weg von New Delhi nach Lahore 68 Passagiere (überwiegend Pakistani) das Leben, im November 2008 gab es eine Serie von Explosionen an mehreren Orten im Mumbai, darunter bekannte Hotels, in denen auch Geiseln genommen wurden – 174 Menschen starben. Am schlimmsten aber waren die Bombenexplosionen, die sich am 11. Juli 2006 fast gleichzeitig in sieben Zügen in Mumbai ereigneten und 209 Tote und über 700 Verletzte hinterließen. Sie wurden offenbar von militanten Islamisten als Vergeltung für die Ermordung von Moslems in Kashmir und Gujarat gezündet. Die Gewaltbereitschaft von Separatisten hat auch im **Nordosten** zugenommen, wo ethnische Spannungen seit jeher die Gefahr von Rebellionen heraufbeschwören. Selbst das so friedliche Darjeeling wurde in den vergangenen Jahren von Unruhen geplagt, da verschiedene Gurkha-Gruppierungen um die Macht rangeln. In Assam kamen im Oktober 2008 bei Bombenanschlägen 61 Menschen ums Leben und hunderte wurden verletzt.

Auch **Naturkatastrophen** suchten das Land wieder heim. Die schrecklichste ereignete sich völlig unerwartet 2004 in Form des Tsunami. Das Epizentrum des verheerenden indonesischen Seebebens Ende des Jahres war zwar 2000 km von Indien entfernt, doch ein großer Küstenabschnitt im Südosten des Landes lag direkt auf der Route des durch das Beben ausgelösten Tsunami. Am Morgen des 26. Dezember 2004 krachten nacheinander drei riesige Flutwellen, jede über 10 m hoch, auf die Strände am Golf von Bengalen. Teile von Tamil Nadu, Kanniyakumari, den Andamanen und Nikobaren sowie ein kleiner Küstenstreifen in Kerala wurden verwüstet. Offiziellen Schätzungen zufolge fanden etwa 11 000 Menschen den Tod, bis zu zehn Mal so viele wurden obdachlos. Die wirkliche Zahl der Opfer liegt aber wahrscheinlich sehr viel höher.

Im Juli 2005 wurden bei Überschwemmungen und Erdrutschen in Mumbai und Maharashtra mehr als tausend Menschen getötet, und im Oktober desselben Jahres forderte ein Erdbeben mit Epizentrum im pakistanischen Kashmir tausend Menschenleben auf der indischen Seite.

Delhis Stellenwert als politisches und wirtschaftliches Zentrum der Nation hat mit der schleichenden Hinwendung zum Regionalismus in den vergangenen Jahren deutliche Kratzer erlitten. Durch ihre Unfähigkeit, die weit verbreitete **Korruption** einzudämmen, hat die Hauptstadt sehr viel an Respekt und wirtschaftlicher Macht eingebüßt. Auch die chronische politische Instabilität hat ihren Tribut gefordert. Durch das Fehlen einer konstanten Politik sind Großunternehmen und die Oberschicht zunehmend auf sich selbst gestellt und suchen daher ihren eigenen Vorteil, was die Kluft zwischen Besitzenden und Besitzlosen deutlich vergrößert hat. Sie ist nur zu schließen (oder wenigstens zu verkleinern), wenn Politiker für eine stabile Regierung sowie den Abbau der Korruption sorgen. Immerhin wurde die Regierung der Kongresspartei 2009 bestätigt, was auf etwas Kontinuität hoffen lässt.

Unterdessen wächst Indiens Stellung in der Welt: Das Atomabkommen mit den USA ist besiegelt, und kurz zuvor startete Indiens erste unbenannte Mondmission – keine Frage: Indien hat sich einiges vorgenommen.

Religionen

Vier von fünf Indern sind Hindus, und der hinduistische Glaube durchdringt jeden Bereich des Lebens, von den selbstverständlichen Dingen des Alltags bis hin zur Politik. Nach den Hindus stellen die Moslems die größte religiöse Gruppe. Da sie seit dem 12. Jh. ein integraler Bestandteil der indischen Gesellschaft sind, gehören Moscheen ebenso selbstverständlich zum Stadtbild wie Tempel. Zwar gibt es in Indien nur noch wenige Jains und Buddhisten, doch ihr Einfluss ist weiterhin spürbar und ihre prächtigen Tempelanlagen gehören zu den kunstvollsten architektonischen Hinterlassenschaften des alten Indiens. Zu den kleinen Religionsgemeinschaften gehören die Zoroastrer oder Parsen, die ihren Ursprung im Iran haben, sowie die Christen, die bereits seit dem 1. Jh. auf dem Subkontinent anzutreffen sind.

Hinduismus

Der Hinduismus ist das Ergebnis einer mehrere tausend Jahre langen Evolution und Assimilation. Er umfasst hunderte von Göttern und Göttinnen, Glaubensvorstellungen und -praktiken sowie die verschiedensten Bräuche und Philosophien. Manche werden nur in zwei oder drei Dörfern befolgt, andere sind auf dem gesamten Subkontinent verbreitet. Hindus nennen ihren Glauben und ihre religiösen Bräuche *dharma*, was natürliche wie moralische Gesetze umfasst, die einen Weg vorgeben, ein Leben in Harmonie mit der natürlichen Ordnung bei gleichzeitiger Erreichung persönlicher Ziele und Erfüllen der Anforderungen der Gesellschaft zu führen.

Frühe Entwicklungen

Die Ursprünge des Hinduismus gehen auf die Ankunft der Arier zurück, einem halbnomadi-

Götter und Göttinnen des Hinduismus

Vishnu: Die Hauptaufgabe Vishnus, des „Durchdringers", ist es, die Ordnung der Welt zu bewahren, zu erhalten, wiederherzustellen und zu schützen. Vishnu hat vier Arme, die ein Muschelhorn, eine Wurfscheibe, eine Lotusblüte und eine Keule halten, und eine blaue Hautfarbe. Er wird oft mit einer Schlange und mit seinem Halb-Mensch-halb-Adler-Vahana (Fahrzeug) Garuda abgebildet.

Die Vaishnavas, die oft an zwei vertikalen, mit Paste gezogenen Strichen auf ihrer Stirn zu erkennen sind, sehen Vishnu als obersten Gott an und glauben, dass er sich neunmal auf der Erde gezeigt habe. Vishnus zukünftige Herabkunft auf die Erde als Kalki, der Retter, der kommen wird, um die Reinheit wiederherzustellen und das Böse zu vernichten, wird sehnsuchtsvoll erwartet.

Die wichtigsten Avatars (Inkarnationen) sind **Rama**, Held des Ramayana-Epos (S. 117), und **Krishna**. Krishna ist der Held der Bhagavad Gita, in der er drei Wege zur Erlösung (Moksha) verkündet: Selbstlosigkeit (*karma yoga*), Wissen (*jnana*) und Hingabe zu Gott (*bhakti*), und erklärt, dass Moksha in diesem Leben erlangt werden kann, selbst ohne Askese und Verzicht. Dies sprach alle Kasten an, da es die Notwendigkeit des Rituals und der Dienste brahmanischer Priester bestritt, und entwickelte sich schließlich zum **Bhakti-Kult**, der die fromme Gottesliebe als Mittel zur Erlangung von Moksha betrachtet und in gefühlvollen Liedern, in denen das Streben nach der Vereinigung mit dem Göttlichen besungen wird, zum Ausdruck kommt. Durch Bhakti wurde Krishnas Rolle erweitert, und er nahm verschiedene Gesichter an: Am verbreitetsten ist er als der verspielte Kuhhirte, der mit Hirtenmädchen (*gopi*) tanzt und sie verführt, jeder vortäuschend, sie sei seine einzige Geliebte. Wie Vishnu ist Krishna von blauer Farbe und wird oft tanzend und Flöte spielend abgebildet. Der Überlieferung zufolge wurde Krishna in **Mathura** geboren, das heute ein bedeutendes Pilgerzentrum ist, und mit den *gopi* soll er im nahen Vrindavan gespielt haben. Außerdem wird ihm die Gründung eines Königreichs in Dwarka an der fernen Westküste von Gujarat zugeschrieben.

Shiva: Der Shaivismus, der Shiva-Kult, wurzelt ebenfalls in Bhakti. Er verlangt vom Gläubigen auf der Suche nach der göttlichen Vereinigung selbstlose Liebe, doch ist Shiva nie in menschlicher Gestalt auf der Erde erschienen. Er hat viele verschiedene Formen, z. B. als Nataraja, Herr des Tanzes, Mahadev, Großer Gott, und Maheshvar, Göttlicher Herr, Quelle allen Wissens. Obwohl er auch in mehreren Furcht erregenden Formen erscheint, geht seine Rolle über die des Zerstörers hinaus, und er wird als der Ursprung des gesamten Universums verehrt.

Shiva wird oft mit vier oder fünf Gesichtern, einem Dreizack in der Hand, Schlangen um den Körper und einem dritten Auge auf der Stirn gezeigt. In Tempeln wird er mit dem Lingam (Phallussymbol) identifiziert, der in der das weibliche Geschlecht repräsentierenden *yoni* ruht. Sowohl in Form einer Statue als auch eines Lingam wird Shiva von dem Stier Nandi und oft von einer Gefährtin begleitet, die ebenfalls verschiedene Formen annimmt und als die Schöpfungskraft *shakti*, die ihm Macht verleiht, betrachtet wird. Ihre erotischen Handlungen waren zwischen dem 9. und 12. Jh. ein beliebtes Thema in der Bildhauerei. Ihren kunstfertigsten Ausdruck fanden sie in den erotischen Steinmetzarbeiten an den Tempeln von Khajuraho in Madhya Pradesh. Shiva wird in ganz Indien verehrt. In Gestalt des schrecklichen **Bhairav** verehren ihn insbesondere die shaivitischen Asketen. Sie lehnen familiäre und Kastenbindungen ab und greifen auf extreme meditative und yogische Praktiken zurück. Viele, wenngleich nicht alle, rauchen *ganja*, Shivas bevorzugtes Kraut. Einige asketische Praktiken gehören in den Bereich des **Tantrismus**, in dem die Konfrontation mit allem Unreinen, wie Alkohol, Tod und Sex, benutzt wird, um das Heilige mit dem Profanen zu verschmelzen und zur tiefen Erkenntnis zu gelangen, dass Shiva allgegenwärtig ist.

Ganesh: Der rundliche, lächelnde, elefantenköpfige Ganesh ist der erste Sohn von Shiva und

Parvati. Er wird vor jeder Unternehmung (außer Bestattungen) angerufen. Er sitzt auf einem Lotusthron, und sein Bild wird oft über Tempeleingängen, in Geschäften und Häusern aufgestellt. In seinen vier Armen hält er eine Muschel, einen Diskus, eine Schale Süßigkeiten (oder eine Keule) und eine Wasserlilie. Er wird stets von seinem Reittier, einer Ratte begleitet. Ganesh wird von vielen als der Gott des Wissens, des Erfolgs, des Wohlstands und Friedens angesehen.

Durga: Durga, die schrecklichste der weiblichen Gottheiten, ist ein Aspekt von Shivas Gefährtin Parvati (auch als Uma bekannt), die sich nur durch Schönheit und Treue auszeichnet. Unter Durgas vielen Formen – jede eine Furcht erregende Göttin, begierig darauf, Dämonen zu töten – sind Chamunda, Kali und Muktakeshi, aber in all ihren Erscheinungen ist sie Mahadevi (Große Göttin). Statuen zeigen sie mit zehn Armen, den Kopf eines Dämonen, einen Speer und andere Waffen tragend; sie trampelt auf Dämonen herum oder tanzt auf Shivas Körper. Eine Schädelkette ziert ihren Hals, und die blutige Zunge hängt ihr aus dem Mund – ein besonders grausiger Anblick auf Darstellungen von Kali. Besonders hohe Verehrung genießt Durga in Bengalen. In all ihren Tempeln sind Tieropfer ein wichtiger Bestandteil der Andacht, um ihre Gier nach Blut zu befriedigen und ihren erbarmungslosen Zorn im Zaum zu halten.

Lakshmi: Die hübsche Göttin Lakshmi wird meist auf einer Lotusblüte sitzend oder stehend dargestellt und manchmal auch Padma (Lotus) genannt. Sie verkörpert Schönheit, Anmut und Liebreiz und ist die Göttin des Glücks und Reichtums. Als Vishnus Gefährtin erscheint sie in verschiedenen Formen neben jedem seiner *avatar;* die wichtigsten sind Sita, die Frau von Rama, und Radha, Krishnas bevorzugte *gopi*. In vielen Tempeln wird sie in der Form von Lakshmi Narayan als weiblich-männliche Einheit mit Vishnu gezeigt.

Karttikeya: Obwohl er manchen Legenden zufolge der Sohn von Ganga oder sogar Agni ist, wird allgemein geglaubt, dass Karttikeya der zweite Sohn von Shiva und Parvati ist. Er ist in erster Linie ein Kriegsgott und war unter den nördlichen Guptas, die ihn als Skanda verehrten, und den südlichen Chalukyas, für die er Subrahmanya war, beliebt. Dargestellt wird er üblicherweise mit sechs Gesichtern, Pfeil und Bogen in den Händen und aufrecht stehend. Karttikeya wird gewöhnlich von Gläubigen angerufen, die sich männliche Nachkommen wünschen.

Hanuman: Indiens größter Affengott, Hanuman, taucht im **Ramayana** als Ramas wichtigster Verbündeter im Kampf gegen den Dämonenkönig von Lanka auf. Hanuman, als ein Riesenaffe mit einer Keule in der Hand dargestellt, ist der Gott der Akrobaten und Ringer, wird aber auch als Ramas und Sitas größter Anhänger sowie als Verfasser der sanskritischen Grammatik angesehen. Affen finden als seine Vertreter in Tempeln in ganz Indien Schutz.

Saraswati: Die schönste Hindu-Göttin – mit ihrem makellosen, milchigen Teint – und Frau von Brahma sitzt oder steht auf einer Wasserlilie oder einem Pfau und spielt die Laute, Sitar oder Vina. Sie wird mit dem im **Rigveda** erwähnten Fluss Saraswati in Verbindung gebracht und als Göttin der Musik, Kreativität und des Wissens verehrt.

Kamdhenu: Erwähnt werden muss hier auch die heilige Kuh, Kamdhenu. Ihr wird gehuldigt, indem allen Kühen, die ungestört durch Straßen und Tempel in ganz Indien trotten, Respekt entgegengebracht wird. Der Ursprung der Heiligkeit der Kuh ist ungewiss; einige Mythen berichten, dass Brahma Kühe und Brahmanen gleichzeitig schuf, um *ghee* (Butterschmalz) zur Verwendung in priesterlichen Zeremonien zur Verfügung zu haben. Bis heute werden Kuhdung und -urin benutzt, um Häuser zu reinigen (tatsächlich hält der Urin Insekten fern), und das Töten oder Verletzen von Kühen durch einen Hindu ist ein schlimmes Vergehen. Die Kuh wird oft als Mutter der Götter bezeichnet, und jeder Teil ihres Körpers ist bedeutsam: Ihre Hörner symbolisieren die Götter, ihr Gesicht die Sonne und den Mond, ihre Schultern Agni (den Feuergott) und ihre Beine den Himalaya.

schen Volk, das sich im 2. Jahrtausend v. Chr. im Nordwesten Indiens niederließ und mit der einheimischen dravidischen Bevölkerung verschmolz. Die Arier glaubten an Götter, die mit den Elementen in Zusammenhang stehen, darunter **Agni**, der Gott des Feuers, **Surya**, der Sonnengott, und **Indra**, der Hauptgott. Die meisten dieser Gottheiten verloren in späterer Zeit an Bedeutung, doch Indra wird noch immer als der Vater aller Götter betrachtet. Surya, verewigt in seinem prächtigen Tempel in Konarak (Orissa), wurde bis ins Mittelalter weithin verehrt und ist bis heute eine wichtige Gottheit in Rajasthan.

Die arischen Glaubensvorstellungen wurden erstmalig in vier aufeinander folgenden Büchern festgehalten, den **Veden** (nach dem Sanskrit-Wort *veda,* d. h. „Wissen"). Die Anhänger des Hinduismus glauben, dass Gott dieses Wissen zu Beginn des derzeitigen Weltenzyklus´ verschiedenen erleuchteten Weisen enthüllte. Die Veden wurden jahrhundertelang mündlich überliefert und schließlich zwischen 1000 v. Chr. und 500 n. Chr. in Sanskrit niedergeschrieben. Die wichtigste der vier Veden, die **Rig Veda**, enthält mehr als tausend Hymnen für unterschiedliche Gottheiten. In den anderen drei (Yajur Veda, Sama Veda und Atharva Veda) stehen weitere Gebete, Lieder und Instruktionen für die Durchführung komplexer Opferrituale, die während der Frühzeit der vedischen Religion üblich waren.

Auf die Veden folgten weitere religiöse Texte, darunter die **Brahmana**, eine Reihe von Kommentaren zu den Veden mit Anweisungen für die Priester (Brahmanen), und die noch wichtigeren **Upanishaden**, die in wunderschönen Versen die mystische Erfahrung der Einheit der Seele (*atman*) mit Brahma, dem Schöpfer des Universums, beschreiben. Diese Einheit wird am besten durch Askese, Abkehr von weltlichen Dingen und Meditation erreicht. In den *Upanishaden* wurde das Konzept von **Samsara**, einem Zyklus von Tod und Wiedergeburt, der durch Leiden gekennzeichnet ist und sich durch Verlangen fortsetzt, und **Moksha**, der Befreiung von Samsara, fest verankert. Diese beiden grundlegenden Aspekte der hinduistischen Weltanschauung werden heute von nahezu allen Hindus akzeptiert, zusammen mit dem Glauben an **Karma**, der Überzeugung, dass die gegenwärtige Stellung eines Menschen in der Gesellschaft die Folge seiner Handlungen in diesem und in früheren Leben ist.

Die hinduistische Gesellschaftsstruktur

Die Vielschichtigkeit der hinduistischen Gesellschaft geht auf die **Dharma Sutra** zurück, eine weitere Reihe von Schriften, die ungefähr zur gleichen Zeit wie die späteren Veden niedergeschrieben wurden. Sie legten vier hierarchische Klassen oder **Varna** (von *varna,* d. h. „Farbe", vielleicht ein Hinweis auf den äußerlichen Unterschied zwischen den hellhäutigeren Ariern und den dunkelhäutigen indigenen Dravidern) fest. Jeder Varna waren bestimmte religiöse und gesellschaftliche Pflichten zugeordnet. Als höchste Gesellschaftsschicht galten die **Arier**.

Die Varnas sind in absteigender Rangfolge: **Brahmanen** (Priester und Lehrer), **Kshatryas** (Herrscher und Krieger), **Vaishyas** (Händler und Landwirte) und **Shudras** (Diener). Die ersten drei Klassen, als die „zweifach Geborenen" bekannt, kennzeichnet eine heilige Schnur, die von der Initiation an getragen wird. Ihnen sind die religiösen Texte und Rituale ohne Einschränkung zugänglich. Außerhalb der Kastengesellschaft stehen als „**Unberührbare**" klassifizierte Gruppen, deren berufliche Tätigkeiten sie mit Schmutz oder mit dem Tod in Berührung bringen (z. B. Leichenbestatter, Gerber und Straßenreiniger). Obwohl die Diskriminierung der Unberührbaren inzwischen – z. T. dank Gandhis Kampagnen – strafbar ist, ist die unterste Schicht der Gesellschaft keineswegs verschwunden. Der politisch korrekte Begriff, wenn von dieser Gesellschaftsschicht die Rede ist, lautet heutzutage **Dalit**.

Innerhalb der vier Varnas wird der soziale Status eines Menschen in der Hindu-Gesellschaft durch die sogenannte **Jati** näher definiert, d. h. jedes Individuum wird nach seiner familiären Abstammung und Berufstätigkeit klassifiziert (ein Vaishya kann z. B. Schmuckverkäufer, Tuchhändler, Kuhhirte oder Bauer sein). Die Jati legt einem Hindu Einschränkungen in allen Aspekten des Lebens auf, von der Nahrungsaufnahme über religiöse Pflichten und Kontakte zu anderen Kasten bis zur Wahl des Ehepartners.

Im Allgemeinen tendieren Hindus immer noch dazu, innerhalb ihrer Kaste zu heiraten – wer einen Angehörigen einer anderen Kaste ehelicht, wird nicht selten von seiner Familie und Kaste ausgegrenzt, sodass das Ehepaar in einer Gesellschaft, in der die Kastenzugehörigkeit vor allen anderen Aspekten der Identität rangiert, auf sich allein gestellt ist. Es gibt fast 3000 Jati; die Abgrenzungen und Beschränkungen, die sie erzwingen, bildeten immer wieder den Mittelpunkt von Reformbewegungen und eine Zielscheibe für Kritiker.

Ein Hindu hat drei Ziele im Leben: die Pflichten gegenüber der Gesellschaft und Religion zu erfüllen (**Dharma**), hinsichtlich Arbeit und Verhalten dem richtigen Pfad zu folgen (**Karma**) und zu materiellem Wohlstand (**Artha**) zu gelangen. Diese Ziele sind mit den vier traditionellen Lebensabschnitten verbunden. Den ersten durchlebt man als Kind und Schüler, indem man mit Hingabe von den Eltern und dem Guru lernt. Als Nächstes kommt der Abschnitt als Hausvorstand, der für die Familie sorgen und Kinder großziehen soll. Hat er/sie dies vollbracht, steht es ihr oder ihm frei, im Zölibat zu leben, sich in den Wald zur Meditation zurückzuziehen und schließlich auf jeglichen Besitz zu verzichten, um ein heimatloser Asket zu werden, in der Hoffnung, so das höchste Ziel, **Moksha**, zu erreichen.

Einige wenige Hindus, darunter auch in ein paar Frauen, folgen diesem Lebensideal und erreichen das letzte Stadium als in safranfarbene Tücher gekleidete **Sadhus**, die um Essen bettelnd durch Indien wandern und sich in abgeschiedene Höhlen, Wälder und auf Hügel zur Meditation zurückziehen. Sie sind in den meisten indischen Städten kein ungewöhnlicher Anblick. Viele halten sich über längere Zeiträume in bestimmten Tempeln auf. Nicht alle haben zuvor eine Familie gegründet: Manche wählen diesen Lebensweg schon in jungen Jahren als ein *chella*, Schüler eines älteren Sadhu.

Die wichtigsten Gottheiten

Neben den Veden und Upanishaden sind die wichtigsten religiösen Hindutexte die **Purana**, lange, mythologische Geschichten, die sich um die vedischen Götter drehen, sowie die beiden größten Epen des Hinduismus: das **Mahabharata** und das **Ramayana** (s. Kasten S. 114 bzw. 117), von denen angenommen wird, dass sie im 1. Jh. n. Chr. fertiggestellt, später aber bei zahlreichen Gelegenheiten und in verschiedenen Regionalsprachen neu erzählt, modifiziert und ausgeschmückt wurden. Die Puranas und die beiden Epen halfen bei der Herausbildung der bis heute bestehenden Grundfesten des hinduistischen Glaubens, basierend auf einem Triumvirat von Gottheiten.

Brahma, dem ursprünglichen arischen Obergott oder „Schöpfer", wurden zwei Götter zur Seite gestellt, die bei der Entwicklung des hinduistischen Weltbildes zunehmende Bedeutung erlangt hatten: Vishnu, „der Erhalter", galt als die Kraft, die für das kosmische Gleichgewicht verantwortlich war, sobald dieses von zerstörerischen Kräften bedroht war. Er erschien in neun Inkarnationen auf der Erde, in verschiedenen Tier- und Menschengestalten, oder Avataren, um die Mächte des Bösen und des Chaos zu bekämpfen. Seine berühmtesten Erscheinungsformen sind die von Rama (dem Gott-Helden, dessen Taten im Ramayana beschrieben werden) und Krishna (der im Mahabharata auftaucht). Shiva, „der Zerstörer" (eine Weiterentwicklung des arischen Gottes Rudra, der in den Veden eine untergeordnete Rolle spielt), bekam die Aufgabe, das Universum in periodischen Intervallen zu vernichten und wieder aufzubauen.

Seine Kräfte sind aber nicht nur destruktiv. Shiva wird in zahllosen Erscheinungsformen und mit verschiedenen Attributen verehrt (s. Kasten S. 140).

Diese drei höchsten Götter werden oft als Trinität, *trimurti*, dargestellt, doch mit der Zeit verlor Brahma an Bedeutung, während Shiva und Vishnu die Lieblingsgottheiten wurden. Der berühmte Brahma-Tempel von Pushkar ist heute einer der wenigen in Indien, die Vishnu, diesem ehrwürdigen, aber ziemlich esoterischen Gott, geweiht ist.

In ganz Indien werden bis heute noch weitere Gottheiten verehrt, die in der Mythologie der *Purana* zu Leben erwachten. Sie werden als menschliche oder halbmenschliche Gestalt dargestellt und von einem Reittier („Fahrzeug") begleitet. Flussgöttinnen, Ahnen, Wächter über bestimmte Orte und Beschützer vor Krankheiten und Naturkatastrophen sind ebenso wichtig für das Dorfleben wie die Hauptgötter.

Philosophische Entwicklungen

Das recht komplizierte hinduistische Konzept des Kosmos provozierte natürlich viele philosophische Debatten und führte schließlich zur Gründung von sechs geistigen Schulen, die **Darshana** genannt werden. Die führendste war die Advaita-Schule („Nicht-Dualität") des religiösen Lehrers und Reformators **Shankara** (788–850 n. Chr.), der den Hinduismus als reinen Monotheismus interpretierte. Shankara lehrte, dass die menschliche Seele untrennbar mit Gott verbunden ist (wie in Wasser aufgelöstes Salz; so steht es in den Upanishaden) und dass alles andere – die Götter, die Welt und alles in ihr – eine von Gott geschaffene Illusion (*maya*) ist. Diese geistige Schule lässt sich in dem berühmten Satz *tat tvam asi*, „das seid ihr" zusammenfassen, der das Eins-Sein der menschlichen Seele mit Gott ausdrückt.

Eine weitere bedeutende Darshana legt ihren Schwerpunkt auf die jahrhundertealte Praxis des **Yoga** (wörtlich „sich mit einem anderen verbinden", entweder der Geist mit dem Körper oder die Seele mit Gott), erläutert von **Patanjali** (2. Jh. v. Chr.) in seinen Yoga-Sutren. Die gebräuchlichste Form von Yoga im Westen ist Hatha-Yoga, wobei der Körper und dessen Lebensenergien durch Körperhaltungen und Atemtechniken unter Kontrolle gebracht werden. Zu den anderen Praktiken zählen Mantra-Yoga, das Rezitieren von Formeln und Meditation über mystische Diagramme (Mandalas), Bhakti-Yoga (Hingabe), Jnana-Yoga (Wissen) und Raja-Yoga (königlich), die höchste Form des Yoga, wenn der Geist sich mit Gott vereinigt.

Von den verschiedenen Yoga-Techniken wurde Bhakti-Yoga besonders wichtig in der hinduistischen Theorie und Praxis und wird vielerorts praktiziert, besonders in Südindien. Laut Bhakti besteht der Weg zu Moksha darin, sich durch Anbetung und Hingabe Gott anzuvertrauen, eine Aussage, die besonders populär unter den Anhängern von Krishna (S. 140) ist, sowohl in Indien als auch in anderen Ländern.

Religiöse Bräuche

Das Hauptanliegen der meisten Hindus ist es, durch ein redliches und mildtätiges Leben innerhalb der von Kaste und Kult auferlegten Einschränkungen schlechtes Karma zu verringern und Verdienste (*punya*) zu erwerben, in der Hoffnung, bei der Wiedergeburt einen höheren sozialen Status zu erlangen.

In den meisten hinduistischen Wohnungen wird täglich einer selbst ausgewählten Gottheit gehuldigt. Außerhalb der eigenen vier Wände finden Kulthandlungen in Tempeln statt. Sie bestehen aus **Puja**, der Hingabe zu Gott – manchmal ein einfaches Gebet, häufiger jedoch ein komplexer Vorgang, bei dem das Götterbild umschritten wird, ihm Blumen, Reis, Zucker und Räucherstäbchen geopfert werden und es mit Wasser, Milch oder einer Sandelholzmasse gesalbt wird (meist führt ein Tempelpriester, *pujari*, dies für den Gläubigen aus). Das Ziel der Puja-Zeremonie ist **Darshan** – Gott zu erblicken – und so seinen oder ihren Segen zu bekommen. Unabhängig davon, ob die Gläubigen die Gottheit einfach mit einem Gebet ehren oder aber um etwas bitten – eine gute Ernte, einen Sohn etc. –, sie verlassen den Tempel stets mit *prasad*, d. h. mit einem Schälchen Essen oder mit Blumen aus dem Heiligtum, einem Geschenk der *pujari*.

Tempelzeremonien werden von *pujari* auf Sanskrit durchgeführt. Die *pujari* dienen dem Götterbild in täglichen Ritualen, mit denen der Gott symbolisch geweckt, gebadet, gefüttert und gekleidet wird, und bereiten ihn am Ende jedes Tages für die Nacht vor. In vielen Dörfern sind *devatas* (Dorfgottheiten) gewidmete Schreine wichtiger als Tempel, da diese Götter das Dorf schützen.

Jeder der großen Lebenseinschnitte – Geburt, Initiation (wenn Söhne der drei „zweifach geborenen" Varna die heilige Schnur erhalten, Heirat, Tod und Einäscherung – ist Anlass für Gebete und Feiern. Das bedeutendste Ereignis im Leben eines Hindus ist die **Heirat**. In der Regel erstrecken sich die Festessen, das Tanzen und Singen über mindestens eine Woche vor und nach der Hochzeit. Die eigentliche Hochzeit ist vollzogen, nachdem das Brautpaar siebenmal ein heiliges Feuer umschritten hat. Dabei liest der die Trauung vornehmende Brahmane heilige Verse.

Obwohl seit 1961 verboten, wird von der Familie der Braut nach wie vor eine **Mitgift** verlangt, die abgesehen von traditionellen Gaben wie Schmuck und Geld auch Fernseher und Autos umfassen kann. Selbst in der heutigen Zeit werden immer noch Frauen, deren Mitgift die Erwartungen nicht erfüllte, ermordet – die Opfer werden normalerweise mit Kerosin übergossen und verbrannt, damit der Tod als „Küchenunfall" deklariert werden kann.

Es herrschen strenge Regeln hinsichtlich Reinheit und Verunreinigung; die offensichtlichsten darunter verlangen von Hindus hoher Kasten, den Kontakt zu Angehörigen von möglicherweise verunreinigenden niedrigeren Kasten gering zu halten. Alle Körperausscheidungen sind verunreinigend (von daher die seltsamen Blicke, die Leute aus dem Westen ernten, wenn sie sich die Nase putzen und das Taschentuch dann wieder in die Tasche stecken). Das oberste Mittel der Reinigung ist Wasser. Es wird zur Waschung vor dem Gebet benutzt und in allen Flüssen verehrt, besonders im Ganga (Ganges). Ghats, bis ins Wasser führende Stufen, finden sich in allen Orten, die an einem Fluss oder See liegen. Hier wird gebadet, Kleidung gewaschen, und hier werden auch religiöse Rituale durchgeführt.

Feste und Wallfahrten

Indien ist reich an Pilgerstätten – heiligen Flüssen oder Bergen oder Orten, die durch ihre Verbindung mit Göttern, Wundern oder herausragenden Lehrern verehrungswürdig sind. Sie alle werden von Gläubigen besucht, die Darshan und religiöses Verdienst erlangen wollen. Hindu-Gruppen (besonders Sadhus) wandern oft noch zu Fuß von Stätte zu Stätte, obwohl moderne Transportmittel die Wallfahrt inzwischen einfacher machen, und jeder Staat organisiert Pilgerreisen, bei denen Busse voller Familien von einem Tempel zum anderen brausen. An vielen Wallfahrtsstätten finden auch große Feste statt.

Näheres zur Wallfahrt s. S. 33, Reiseziele und Routen.

Islam

Moslems – etwa 13 % der Bevölkerung – bilden in fast jeder Stadt und jedem Dorf eine bedeutende Minderheit. Der Glaube an einen einzigen Gott, Allah, die Verurteilung der Götzenanbetung, die Einhaltung strenger Diätvorschriften und das Feiern spezieller Feste heben Moslems von ihren hinduistischen Nachbarn ab. Solche Unterschiede führten häufig zu Spannungen zwischen den verschiedenen Bevölkerungsgruppen, insbesondere 1947 während der Teilung, 1993 bei den Ausschreitungen als Folge der Zerstörung der Moschee Babri Masjid in Ayodhya durch Hindu-Aktivisten und 2002 nach dem Massaker an hinduistischen Pilgern in Godhra (Gujarat).

Der **Islam**, „die Unterwerfung unter Gott", wurde von **Mohammed** (570–632 n. Chr.) gegründet. Er wird als letzter einer Reihe von Propheten angesehen, die der Menschheit Gottes letzte und vollendete Offenbarung durch die göttlich übersandte „Rezitation", den **Koran** (Qur'an), übermittelten. Der Koran enthält die Grundlagen des islamischen Glaubens.

Die Geburt des Islam wird auf das Jahr 622 n. Chr. datiert, als Mohammed und seine Anhänger, die aus Mekka vertrieben worden waren, die *hijra* (Wanderung) nordwärts nach Medina, „Stadt des Propheten", unternahmen. Die Hijra markiert den Anfang des islamischen Mondkalenders: Das gregorianische Jahr 2009 ist für Moslems das Jahr 1430 AH (Anno Hijra).

Von Medina aus befehligte Mohammed Überfälle auf nach Mekka ziehende Karawanen und führte seine Gemeinde in Schlachten gegen die Mekkaner an. Als sich **Mekka** 630 ohne Blutvergießen Mohammed ergab, ließ er die Götzenbilder aus dem heiligen Schrein, der Kaaba, entfernen und erklärte ihn zum Pilgerzentrum des Islam.

Mohammeds Nachfolger als Anführer der *umma*, der islamischen Gemeinschaft, war **Abu Bakr**. Es kam jedoch bald zu einer Spaltung, als einige Moslems es vorzogen, sich unter die Führerschaft von Ali, Mohammeds Schwiegersohn, und dessen Nachfolgern zu begeben. Diese neue Gruppierung nannte sich **Shia**, „Partisanen" von Ali. Ungefähr 10 % der indischen Moslems sind Shiiten.

Bis zum 2. Jh. nach der Hijra (9. Jh. n. Chr.) hatte der orthodoxe oder **sunnitische Islam** die Form angenommen, in der er noch heute besteht. Eine Sammlung von Überlieferungen über den Propheten, **Hadith**, wurde die Quelle der **Sunna** (Bräuche) Mohammeds. Vom Koran und der Sunna wurden sieben Hauptglaubenssätze aufgestellt: der Glaube an einen einzigen Gott, an Engel als seine Boten, an Propheten (einschließlich Jesus und Moses), an den Koran, an die Doktrin der Vorherbestimmung durch Gott, das Jüngste Gericht und die leibhaftige Wiederauferstehung aller Menschen an diesem Tag. Unter dem islamischen Gesetz, der **Sharia**, wurde mit den **Fünf Säulen des Islam** auch die Religionsausübung vereinheitlicht. Die erste „Säule" ist das Glaubensbekenntnis, *shahada*: „Es gibt keinen Gott außer Allah und Mohammed ist sein Prophet". Die anderen vier sind das Gebet (*salat*) fünfmal täglich, Almosengeben (*zakat*), Fasten (*saum*), insbesondere im Monat Ramadan, und, wenn möglich, die Hadsch (*haj*), die Pilgerreise nach Mekka, das höchste Ziel eines jeden praktizierenden Moslems.

Der Islam in Indien

Die ersten Moslems, die sich in Indien niederließen, waren Händler, die im 7. Jh. an der südwestlichen Küste landeten, wahrscheinlich auf der Suche nach Holz für den Schiffsbau. Später, 711, kamen Moslems nach Sind, im Nordwesten, um gegen Hindu-Piraten vorzugehen, und vertrieben dabei die hinduistische Regierung. Ihre Gegenwart war jedoch nur von kurzer Dauer. Weitaus bedeutender war die Invasion Nordindiens, zunächst unter dem Türken **Mahmud von Ghazni**, der auf der Suche nach Tempelschätzen in den Punjab einfiel und im Geiste des *jihad* einen Krieg gegen Ungläubige und Götzenanbeter führte. Weitere zentralasiatische Raubzüge folgten im 12. Jh. und führten zur Kolonisierung Indiens, und Moslems etablierten sich in Delhi als Sultane.

Viele Moslems, die sich in Indien niederließen, heirateten Hindus, Buddhisten und Jain, sodass die Gemeinde sich ausdehnte. Ein weiterer Wachstumsfaktor war die missionarische Arbeit von **Sufis**, die göttliche Erkenntnis durch Meditation und mystische Erfahrungen versprachen. Ihr Einsatz von Musik (insbesondere *qawwali*-Gesängen) und Tanz, der von orthodoxen Moslems abgelehnt wird, gefiel den Hindus, für die *kirtan* (Singen) eine wichtige Rolle in der Religionsausübung spielte.

Religiöse Bräuche

Moslems sind dazu aufgefordert, fünfmal täglich zu beten, wobei eine bestimmte Abfolge von Formeln und Körperhaltungen gilt. Sie können dies zu Hause oder in einer **Moschee** tun – Letztere füllt sich jeden Freitag zum gemeinschaftlichen Mittagsgebet. (Nur die Drusen in Mumbai halten ihr Gemeinschaftsgebet am Donnerstag ab.) Die Moscheen sind durch Zwiebeltürme und hohe Minarette, von denen ein Muezzin die Gläubigen zum Gebet ruft, gekennzeichnet. Sie enthalten stets einen *mihrab*, eine Nische, die die Gebetsrichtung (nach Mekka) anzeigt. In manchen finden sich außerdem ein *mimbar* (Kanzel), von dem die Freitagspredigt gelesen wird, eine Wasserquelle für die Waschungen und ein Raum für Frauen.

Indiens größte Moschee ist die Jama Masjid („Freitagsmoschee") in Delhi, doch herausragende Beispiele islamischer Architektur, darunter auch Mausoleen, Schulen und Ruinen von Städten, finden sich in ganz Nordindien und im Dekkan.

Ein viel diskutiertes Thema ist die **Stellung der Frau** im Islam. Es ist üblich, dass Frauen verschleiert sind. In streng orthodoxen Gemeinden tragen die meisten eine *burqa*, gewöhnlich schwarz, die sie von Kopf bis Fuß verhüllt. In größeren Städten bedecken viele Frauen hingegen ihr Haar nicht. Wie andere Inderinnen auch sind die moslemischen Frauen den Männern im öffentlichen Leben nicht gleichgestellt. Im Haus hingegen, wo sie oft in einem Innenhof den Blicken der Männer verborgen sind, üben sie großen Einfluss aus. Theoretisch ist Bildung Jungen und Mädchen gleichermaßen zugänglich, aber Mädchen verzichten meist mit 16 Jahren auf eine weitere Schulausbildung. Sie werden stattdessen dazu ermuntert, die traditionelle Rolle der Ehefrau und Mutter anzunehmen.

Zur Hochzeit bekommen Frauen von ihrem Mann eine „Morgengabe" als finanzielle Absicherung und als Zeichen des ihr entgegengebrachten Respektes. Anders als allgemein angenommen ist die Polygamie nicht weit verbreitet. Sie kommt zwar vor (Mohammed selbst hatte mehrere Ehefrauen), viele Moslems bevorzugen jedoch die Monogamie und mehrere Sekten heben sie sogar als Pflicht der Moslems hervor.

Buddhismus

Der Buddhismus entstand auf dem indischen Subkontinent. Er entwickelte sich aus dem – und als Reaktion auf den – Hinduismus, mit dem er viele Anschauungen teilt. Eine Zeitlang war er die dominierende Religion des Landes, insbesondere unter dem berühmten buddhistischen Herrscher Ashoka (S. 116), doch ungefähr ab 4. Jh. n. Chr. an wurde er langsam vom neu erstandenen Hinduismus verdrängt (dieser machte sich auf clevere Art und Weise Buddha zu eigen, indem er ihn als eine Inkarnation von Vishnu präsentierte). Bald darauf erreichte der Islam den Subkontinent und bereitete dem Buddhismus mehr oder weniger ein Ende. Heute sind die Buddhisten nur noch eine winzige religiöse Minderheit; abgesehen von den zahlreichen tibetischen Flüchtlingscamps in Nordindien weisen lediglich Ladakh und Sikkim noch eine nennenswerte buddhistische Prägung auf. Doch an die einstige Bedeutung dieser Glaubensrichtung erinnern noch prächtige Baudenkmäler wie die Höhlen von Ajanta und Ellora in Maharashtra und der bemerkenswerte Stupa von Sanchi in Madhya Pradesh.

Der Begründer des Buddhismus, **Siddhartha Gautama**, bekannt als **Buddha** („der Erweckte"), wurde um 566 v. Chr. als Sohn einer wohlhabenden Kshatrya-Familie in Lumbini, nördlich der Ganges-Ebene im heutigen Nepal, geboren. Als Prinz in Luxus aufgewachsen, heiratete er in jungen Jahren, entsagte aber mit dreißig dem Familienleben. Unzufrieden mit den Erklärungen, die die religiösen Gurus für das Leiden auf der Welt boten, und davon überzeugt, dass Askese nicht zu spiritueller Erkenntnis führt, verbrachte Siddhartha Jahre damit, durch das alte Königreich (*janapada*) von Magadha zu wandern und zu meditieren. Seine Erleuchtung soll unter einem Bodhi-Baum in **Bodhgaya** (Bihar) gekommen sein. Bald darauf hielt er in **Sarnath** nahe Varanasi, heute eine wichtige Pilgerstätte, seine erste Predigt. Den Rest seines Lebens verbrachte er damit zu lehren, indem er **Dharma**, die wahre Natur der Welt, des Menschen und der spirituellen Erkenntnis darlegte. Vor seinem Tod (ca. 486 v. Chr.) in Kushinagara (Uttar Pradesh) gründete er den **Sangha**, eine Gemeinschaft von Mönchen und Nonnen, die seine Lehre weiterführten.

Buddhas Weltanschauung griff die hinduistischen Vorstellungen von Samsara, Karma und Moksha auf, das die Buddhisten **Nirvana** (wörtlich: „kein Wind" oder „Verlöschen") nennen. Der wichtigste Gedanke, den Buddha darlegte, besagt, dass alle Dinge unabwendbar der **Vergänglichkeit** unterliegen und es aufgrund des Zusammenhangs aller Dinge **kein Selbst**, kein dauerhaftes Ego gibt; des Menschen Ego ist das größte Hindernis auf seinem Weg zur Erleuchtung.

Theravada und Mahayana

Buddha maß der Kaste und der priesterlichen Dominanz in den Ritualen keinerlei Bedeutung bei, sondern formulierte eine für jedermann offene Lehre. Er lud seine Anhänger ein, in den sogenannten „**drei Kostbarkeiten**": Buddha, Dharma und Sangha, Zuflucht zu suchen. Buddhas ursprüngliche Lehre wurde als **Theravada**, „Lehre der Ordensältesten", bekannt. Den Mittelpunkt seiner Lehre bilden die **Vier Edlen Wahrheiten**. Sie besagen, dass alles Leiden aus dem Verlangen nach Dingen resultiert, die vergänglich und veränderlich sind, dass jedoch dieses Verlangen – und das damit verbundene Leiden – überwunden werden kann. Buddha stellte auch einen schlichten moralischen Verhaltenskodex auf, als der **Erhabene Achtfache Pfad** bekannt – rechte Erkenntnis, rechtes Denken, rechte Rede, rechtes Handeln, rechter Lebenserwerb, rechte Anstrengung, Achtsamkeit und Sammlung. All das zielt darauf ab, das Verhaftetsein im Irdischen und die Selbstsucht zu reduzieren und selbstkritischer zu werden.

Es war unvermeidlich, dass sich diese relativ einfachen Theravada-Lehren im Laufe der folgenden Jahrhunderte verkomplizierten und veränderten. Besonders die hingebungsvolle Komponente des Buddhismus, die dem ursprünglichen *bhakti*-Hinduismus fremd ist, wurde immer stärker betont, und konzentrierte sich im Kult um die **Bodhisattvas**. Ein Bodhisattva ist ein künftiger Buddha, dem die Erleuchtung gewiss ist, der aber, von selbstlosem Mitleid angetrieben, seinen Eingang ins Nirvana zurückgestellt hat, um ein Lehrender zu werden und die Unerleuchteten auf dem Weg ins Nirvana zu begleiten.

Die Bedeutung des Bodhisattva-Ideals begründete eine neue Schule, das **Mahayana**

("Großes Fahrzeug"), die sich ungefähr im 2. Jh. n. Chr. als die führende buddhistische Schule Indiens herauskristallisiert hatte und die alte Theravada-Schule etwas abschätzig in **Hinayana** („Kleines Fahrzeug") umbenannte.

Der Theravada-Buddhismus besteht heute in Sri Lanka, Myanmar (Birma), Thailand, Laos und Kambodscha fort. Der Mahayana-Buddhismus breitete sich von Indien nach Nepal und Tibet und von dort weiter nach China, Korea und Japan aus. In vielen Orten kamen in der Folge magische Methoden, esoterische Lehren und der volle Einsatz der Sinneserfahrung hinzu, um eine spirituelle Umwandlung zu bewirken. Dies führte zu einer eigenen Schule, die als **Vajrayana** bekannt ist und die sich auf *tantra* genannte Texte stützt. Vajrayana befürwortet die Meditation mit Hilfe von Mandalas (symbolischen Diagrammen, die den Kosmos und innere spirituelle Fertigkeiten symbolisieren), sexueller Bildersprache und mitunter Geschlechtsverkehr als Mittel zur Steigerung der Energie und zur Bewusstseinserweiterung für spirituelle Ziele.

Tibetischer Buddhismus

Der Buddhismus wurde im 7. Jh. in Tibet eingeführt, wo er sich bis zu einem gewissen Grade mit dem einheimischen **Bön-Kult** verband, bevor er als ein Glaube auftrat, der Elemente von Hinayana, Mahayana und Vajrayana umfasste. Der überwiegend in Ladakh und Teilen von Himachal Pradesh und Sikkim praktizierte tibetische Buddhismus verehrt den historischen Buddha zusammen mit anderen Buddhas und einer Reihe von Bodhisattvas und Schutzgottheiten. Er erfordert die Durchführung komplizierter Rituale mit Musik und Tanz.

Besonderer Wert wird auch den Lehrern (*lama*) und wiedergeborenen Lehrern (*tulku*) beigemessen. Der **Dalai Lama**, das Oberhaupt des tibetischen Buddhismus, ist der 14. in einer Reihe von wiedergeborenen Bodhisattvas, der Vertreter von Avalokitesvara (dem Bodhisattva des Mitleids) und der Anführer der Exiltibeter, deren Hauptsitz sich in **Dharamsala** (Himachal Pradesh) befindet. Da sich über 100 000 tibetische **Flüchtlinge** in Indien aufhalten, darunter der Dalai Lama und die tibetische Exilregierung, ist der tibetische Buddhismus die blühendste und zugänglichste buddhistische Schulrichtung in Indien.

In tibetischen Buddhisten-Gemeinden ist es üblich, Gebetsfahnen aufzuhängen, Gebetsmühlen zu drehen und Steine, in die Mantras (mystische Silben) gemeißelt sind, in Flüssen auszusetzen, damit das Wort Buddhas mit dem Wind und Wasser in alle Erdteile gelangt. Gebet und Gesang werden oft von Hörnern, Trommeln und Becken begleitet.

Jainismus

Obwohl die Jain heute in Indien nur eine relativ kleine Minderheit ausmachen – weniger als 1 % der Bevölkerung –, waren sie mindestens 2500 Jahre lang äußerst einflussreich. Den höchsten jainistischen Bevölkerungsanteil verzeichnet Gujarat, doch sind Jain vorwiegend als Händler und Kaufleute in ganz Indien tätig. Ähnlichkeiten zum Hinduismus, die gemeinsame Achtung vor der Natur und das Bekenntnis zur Gewaltlosigkeit haben dazu geführt, dass viele Jain zum Hinduismus übergetreten sind; es besteht jedoch keine Feindseligkeit zwischen den beiden Religionsgemeinschaften.

Die an das Gebot des **Ahimsa** („Nicht-Verletzen") gebundenen Jain folgen einer strengen Disziplin, um zu vermeiden, den **Jiva** („Seelen"), die Menschen, Tieren, Pflanzen, Wasser, Feuer und Luft innewohnen, zu schaden. Die Jain glauben, dass jede Jiva rein, allwissend und in der Lage ist, die Befreiung von der Existenz in diesem Universum zu erlangen. Allerdings sind die Jiva dem Karma unterworfen, einer Art feiner Materie, die sich an die Seele heftet, aus der Handeln geboren wird und die die Jiva an die körperliche Existenz bindet.

Für die meisten orthodoxen Jain besteht die einzige Möglichkeit, das Karma von der Jiva zu lösen und so dem Kreislauf von Tod und Wiedergeburt zu entkommen, darin, dem Weg der Askese und Meditation zu folgen, Leidenschaft, die falsche Sichtweise, Anhaften, Nachlässigkeit und unreine Handlungen abzulehnen.

Die Jain-Lehre basiert auf den Lehren von **Mahavira** („Großer Held"), dem letzten einer Reihe von 24 **Tirthankara** („Furtbereiter"), die alle

300 Mill. Jahre auf der Erde erscheinen sollen. Mahavira (ca. 599–527 v. Chr.) wurde als Vardhamana Jnatrputra nahe dem heutigen Patna in Nordostindien in eine Kshatrya-Familie geboren. Wie sein Fast-Zeitgenosse Buddha entsagte er mit 30 Jahren dem Familienleben und verbrachte Jahre als Wanderasket. Auf jedweden Besitz verzichtend versuchte er, das Anhaften an weltliche Werte zu überwinden, wandte sich strikt gegen Opferriten und Kastenwesen und begann, andere zu unterrichten. Er lehrte nicht über vedische Götter und göttliche Helden, sondern über die wahre Natur der Welt und die Mittel und Wege zur Erlösung von einem unendlichen Zyklus der Wiedergeburt.

Mahaviras Lehren wurden nach seinem Tod niedergeschrieben, und der Jainismus blühte unter dem Schutz von Königen wie Chandragupta Maurya (3. Jh. v. Chr.) in ganz Indien. Wenig später kam es jedoch zu einer Spaltung. Die **Digambara** („luftgekleidet") auf der einen Seite glaubten, dass Nacktheit wesentlich zur Weltentsagung gehörte und dass Frauen unfähig seien, die Befreiung vom weltlichen Dasein zu erreichen. Die **Svetambara** („weiß gekleidet") hingegen sahen vom Extrem der Nacktheit ab, integrierten Nonnen in Mönchsgemeinschaften und erkannten sogar einen weiblichen Tirthankara an.

Heutzutage beten die beiden Sekten in verschiedenen Tempeln, die Zahl der nackten Digambara ist jedoch minimal. Viele Svetambara-Mönche und -Nonnen tragen einen Mundschutz, um keine Insekten einzuatmen, und haben einen „Fliegen-Besen" dabei, den sie manchmal gebrauchen, um den Weg vor sich zu fegen; keiner benutzt öffentliche Verkehrsmittel, und oft verbringen sie Tage oder Wochen damit, barfuß zu einer Pilgerstätte zu wandern.

Jain-Tempel sind wundervoll verziert; in die Säulen, Konsolen und Spitztürme haben Bildhauer sinnliche Mädchen, Musiker, Heilige und sogar Hindu-Gottheiten gemeißelt. Das Swastika-Symbol, das sich gewöhnlich in den Marmorböden findet, ist von zentraler Bedeutung im Jainismus: Es symbolisiert die vier Stadien der Wiedergeburt als Götter, Menschen, „Höllenwesen" oder Tiere und Pflanzen. Die Andacht im Tempel besteht aus Gebeten und *puja* vor den Bildern der Tirthankara. Es ist üblich, viermal im Monat an heiligen Tagen (dem 8. und 14. Tag des zu- und abnehmenden Mondes) zu fasten. Es verringert einerseits das Anhaften an den Körper, kann aber andererseits mit dem Tod durch Fasten (während der Meditation), *sallekhana* genannt, enden, dem von Jain-Bettelmönchen als endgültige Verwerfung des Anhaftens akzeptierten Weg, das weltliche Leben zu verlassen.

Pilgerstätten sind als **Tirtha** bekannt. Eine der bedeutendsten Svetambara-Tirtha, **Shatrunjaya**, liegt in Gujarat (Nordindien). Der erste Tirthankara Rishabha soll die Stätte persönlich besucht haben. Sie gilt als der Ort, an dem Rama, Sita und die Pandava-Brüder (die in die Jain-Tradition integriert wurden) Erlösung vom Zyklus der Wiedergeburten fanden.

Sikhismus

Der Sikhismus, Indiens jüngste „Religion", bleibt im Punjab vorherrschend, auch wenn seine Anhänger sich in ganz Nordindien verbreitet haben und außerdem in Großbritannien, den USA und Kanada mehrere Gemeinden entstanden sind.

Der Gründer der Bewegung war **Guru Nanak** (1469–1539). Er wurde als Sohn einer orthodoxen hinduistischen Kshatrya-Familie in Talwandi, einem kleinen Dorf westlich von Lahore (im heutigen Pakistan) geboren. Er war einer von vielen Dichterphilosophen des 16. Jhs., die Kulte begründeten, wobei sie sowohl Elemente aus dem Hinduismus als auch dem Islam entlehnten. Nanak verkündete: „Gott ist weder Hindu noch Moslem, und der Weg, dem ich folge, ist Gottes Weg". Er betrachtete die vielen Gottheiten einfach als verschiedene Namen für einen allerhöchsten Gott und forderte seine Anhänger auf, den religiösen Schwerpunkt vom Ritual auf die Meditation zu verlegen.

Ebenso wie die Hindus glaubte Nanak an einen Kreislauf von Tod und Wiedergeburt (Samsara), aber er behauptete, dass die Erlösung (Moksha) von allen Frauen und Männern in diesem Leben erreichbar sei, unabhängig von ihrer Kastenzugehörigkeit, und dass die religiöse Praxis in den Alltag integriert werden könnte und sollte. Nanak vertrat ebenso wie die Hindus,

Buddhisten und Jain die Überzeugung, dass die Beziehung der Menschen zu Gott durch übermäßiges Anhaften an vergängliche, weltliche Dinge gestört wird, was zu immer neuen Wiedergeburten führt. Nach dem Glauben der Sikh sind die einzigen Menschen, die die von Gott verkörperte letzte Wahrheit erkannt haben, die Sikh-Gurus.

Nach dem Tod Guru Nanaks 1539 führte **Guru Angad** die Gemeinde der Sikh ("Jünger"), **Sikh Panth** genannt, an. Er schrieb seine eigenen sowie die Hymnen Nanaks in einem neuen Werk namens **Gurumukhi** nieder, das heute die Vorlage des geschriebenen Punjabi ist.

Nach Guru Angads Tod 1552 leiteten nacheinander acht Gurus die Sikh Panth und machten aus dem Sikhismus mit der Zeit eine mächtige, unabhängige religiöse Bewegung. Guru Ram Das (1552–74) gründete die heilige Stadt **Amritsar**. Sein Nachfolger **Guru Arjan** sammelte die Hymnen der Gurus in dem Buch *Adi Granth* und errichtete den Goldenen Tempel in Amritsar als dessen Aufbewahrungsort. Er wurde zum ersten Märtyrer des Sikhismus, als Jahangir ihn hinrichten ließ. Im gesamten Verlauf ihrer Geschichte mussten die Sikh für ihren Glauben kämpfen, besonders unter den Mogulen. Als Guru Teg Bahadur 1675 von Aurangzeb enthauptet wurde, begann die Ära seines Sohnes und Nachfolgers **Guru Gobind Singh**, der die gesamte Bewegung revolutionierte. Er war der letzte Führer und bestimmte maßgeblich das Gesicht der heutigen Sikh-Gemeinde. 1699 gründete er die **Khalsa-Bruderschaft**. Ihren Mitgliedern sind der Konsum von Tabak, *halal*-Fleisch sowie sexuelle Beziehungen mit Moslems untersagt, und es wird von ihnen die Annahme der **fünf Ks** gefordert: *kangha* (Kamm), *kirpan* (Schwert), *kara* (Stahlarmband), *kachcha* (kurze Hosen) und *kesh* (ungeschorenes Haar). Dank Letzterem sind Sikh-Männer normalerweise sofort an ihren langen Bärten und Turbanen zu erkennen. Guru Gobind Singh ersetzte die traditionellen Kastennamen durch Singh ("Löwe" – allerdings ist dieser Name nicht den Sikh vorbehalten, sondern auch ein gebräuchlicher Hindu-Nachname) für Männer und Kaur ("Prinzessin") für Frauen. Forderungen nach einem eigenen Sikh-Staat – **Khalistan** – und Kämpfe im 18. Jh. sowie im Anschluss an Indiens Unabhängigkeit haben die Sikh in den Ruf militärischer Aktivisten gebracht. Aufgrund ihrer Tapferkeit und kriegerischen Tradition stellen sie auch heute noch einen beträchtlichen Teil der indischen Armeeangehörigen. Dennoch gilt unter ihnen der Tod im Kampf für die religiöse Freiheit zwar als Weg zur Erlösung, die Gewaltanwendung wird offiziell aber nur unterstützt, wenn andere Methoden versagt haben.

Religiöse Bräuche

Die Hauptpflichten eines Sikh bestehen darin, die fünf Versuchungen zu meiden (Wollust, Begierde, Bindung an Weltliches, Ärger und Stolz), den Namen Gottes immer gegenwärtig zu haben, sich den Unterhalt auf redliche Weise zu verdienen und wohltätig zu sein. Dienst an der Gemeinde wird als Zeichen für Gottgehorsam betrachtet.

Die Sikh-Andacht findet in einem **Gurudwara** ("Tür zum Guru") oder zu Hause statt, vorausgesetzt, ein Exemplar des *Adi Granth* ist vorhanden. Es gibt keine Priester und keine festen Zeiten für die Andacht, die Gemeinde trifft sich jedoch oftmals morgens und abends und immer am 11. Tag jedes Mondmonats sowie am ersten Tag des Jahres. Die egalitäre Natur des Sikhismus wird nirgends besser veranschaulicht als im **Goldenen Tempel** in Amritsar, dem bedeutendsten aller Sikh-Heiligtümer: Die vier Tore sind zu den vier Himmelsrichtungen hin offen, um sowohl gläubige Sikh als auch Angehörige anderer Religionsgemeinschaften willkommen zu heißen.

Zoroastrismus

Die Wahrscheinlichkeit, dass westliche Besucher auf Parsen treffen – oder diese erkennen – ist sehr gering, denn sie haben keine eigene Kleiderordnung und wenige Gotteshäuser. Die meisten leben in Mumbai, wo sie als **Parsi** (Parsen, von "Perser") bekannt sind und im Handel, dem Bildungswesen und der Politik aktiv sind. Die Zahl der Parsen (etwa 90 000) nimmt rapide ab, was auf eine sinkende Geburtenrate und Verschmelzung mit anderen Glaubensgemeinschaften zurückzuführen ist (nur Kinder von Eltern, bei denen sowohl Mutter als auch Vater Parsen sind, werden als Parsi anerkannt). Kinder aus gemischten Verbindungen werden von der Parsen-Gesellschaft ausgeschlossen).

Der Religionsstifter **Zarathustra** (Zoroaster), der im 6. oder 7. Jh. v. Chr. in Persien lebte, war der erste Prophet, der eine dualistische Philosophie auf der Grundlage der gegensätzlichen Kräfte von Gut und Böse entwickelte. Ihm zufolge liegt der absolute, ganzheitlich gute und weise Gott, **Ahura Mazda**, zusammen mit seinem heiligen Geist und den sechs in der Erde, dem Wasser, dem Himmel, in Tieren, Pflanzen und dem Feuer anwesenden Emanationen ständig im Streit mit einer bösen Macht, **Angra Mainyu**, die von **Daevas**, bösen Geistern, unterstützt wird.

Christentum

Der **Apostel Thomas** soll 54 n. Chr. – nach dem Tod Jesu – in Kerala eingetroffen sein, um reisende jüdische Händler, die im aufstrebenden Hafen Muziris lebten, zu bekehren. Im Volksglauben ist die Kirchengemeinde des heiligen Thomas die älteste christliche Gemeinde der Welt, aber die Belege für christliche Aktivitäten auf dem Subkontinent reichen nur bis ins 6. Jh. zurück, als Einwanderer aus Syrien per königlichem Dekret das Recht zur Ansiedlung erhielten. Im Süden wird gemeinhin geglaubt, dass der heilige Thomas am 21. Dezember 72 n. Chr. in **Mylapore** bei Madras (was von dem altsyrischen Wort *madrasa* kommt und „Kloster" heißt) den Märtyrertod starb. Das Grab ist seitdem ein wichtiger Wallfahrtsort, weshalb die Portugiesen Ende des 19. Jhs. an dieser Stelle die gotische San Thome-Kathedrale errichteten. Da das Christentum offiziell kein Kastendenken kennt, kann es für Menschen, die den sozialen Aufstieg suchen, attraktiv sein – von den zwei Millionen Christen im heutigen Indien sind die meisten Adivasi (Stammesangehörige) und Dalit (Unberührbare). Vielen galt Mutter Teresa als Inbegriff des Christentums in Indien. Die in Albanien geborene römisch-katholische Nonne erhielt für ihre Pionierarbeit unter den Ärmsten von Kalkutta weltweite Aufmerksamkeit und 1979 den Friedensnobelpreis. Nach ihrem Tod im Jahr 1997 wurde sie posthum von Papst Johannes Paul II. heilig gesprochen.

Auch das Christentum wurde in Indien vom Hinduismus beeinflusst. So sind die christlichen Feste in Tamil Nadu in hohem Maße nach „Kasten"-Rängen strukturiert, und ebenso wie ihre Hindubrüder essen die hiesigen Christen kein Rind- oder Schweinefleisch, da es als unrein gilt. Im Gegensatz dazu verzehren die Christen in Goa sowohl Rind- als auch Schweinefleisch – ein Merkmal ihres portugiesischen Erbes. In vielen Kirchen sieht man Gläubige, die als Opfergabe den hinduistischen *arati*-Teller mit Kokosnüssen, Süßigkeiten und Reis darbringen, und die Frauen tragen einen *tilak*-Punkt auf der Stirn.

Die Christen bringen auch Teller mit Essen zu den Gräbern ihrer Vorfahren, um sie an ihrem Todestag zu ehren, ganz ähnlich wie Hindus es zu tun pflegen. Ebenso wie Hindus und Moslems die Pilgerfahrt für einen integralen Bestandteil der Lebensreise halten, besuchen indische Christen gern Kirchen, in denen eine Reliquie aufbewahrt wird, z.B. ein Fingerknochen des heiligen Thomas. Die meisten Kirchen in Kerala und Goa beherbergen mindestens ein Körperteil dieses Heiligen. An hohen Festtagen werden die Reliquien, in ein Körbchen gebettet, der Öffentlichkeit gezeigt, und die Gläubigen treten sich gegenseitig auf die Füße, um einen Blick darauf zu erhaschen.

Zur Weihnachtszeit sind die bunt bemalten Papiersterne und kleinen Darstellungen von Christi Geburt, die in christlichen Gebieten in Südindien an Häusern, Schulen, Geschäften und Kirchen leuchten und blinken, nicht zu übersehen.

Sprachen

In Indien werden nicht weniger als achtzehn verfassungsmäßig anerkannte Hauptsprachen gesprochen. Daneben gibt es noch zahlreiche Sprachen kleinerer Bevölkerungsgruppen und über tausend Dialekte. Als Indien nach der Unabhängigkeit neu strukturiert wurde, zog man die Bundesstaatsgrenzen größtenteils nach linguistischen Regionen.

Die Hauptsprachen im Norden (einschließlich jener im abgelegenen Osten und Westen) sind ausnahmslos indo-arisch, gehören also der östlichsten Untergruppe der indo-europäischen Sprachfamilie an, die ihren Ursprung Jahrtausende vor der Zeitenwende irgendwo zwischen Europa und Zentralasien haben soll und sich auffächerte, als damalige Stämme in alle Himmelsrichtungen aufbrachen. Die älteste erhaltene Sprache des Subkontinents ist **Sanskrit**, zusammen mit Latein und Griechisch eine der drei „großen Schwestern", auf deren Grundlage Philologen das Modell der proto-indoeuropäischen Sprache erstellt haben. Sanskrit wurde im frühen 2. Jahrtausend v. Chr. gesprochen, jedoch erst viel später niedergeschrieben. Alle heiligen Texte des Hinduismus sind in Sanskrit verfasst, das bis 1000 n. Chr. die Sprache der gebildeten Schicht blieb. Bis zu einem gewissen Grade wird es noch heute von der Priesterklasse gesprochen, im Laufe der Jahrhunderte entwickelte es sich jedoch zu den modernen Sprachen des heutigen Nordindiens: Hindi, Urdu, Bengali, Gujarati, Marathi, Kashmiri, Punjabi und Oriya.

Nordindien

Hindi ist die vorherrschende Sprache im Norden, die Muttersprache von über 200 Millionen Nordindern, und die hauptsächlich gesprochene Sprache in den Staaten Uttar Pradesh, Madhya Pradesh, Rajasthan, Haryana, Bihar und Himachal Pradesh. Außerdem ist es die Zweitsprache in anderen Staaten. Hindi ist auch eng verwandt mit **Urdu**, der Hauptsprache Pakistans. Sowohl Hindi als auch Urdu entwickelten sich während der Festigung der moslemischen Herrschaft Anfang des zweiten Jahrtausends nebeneinander in den Märkten und Heerlagern von Delhi (der Begriff Urdu ist vom türkischen Wort für „Lager" abgeleitet). Während das Hindi später eine Hinwendung zu den sanskritischen Wurzeln erlebte und sich der klassischen **Devanagari-Schrift** bediente, verband sich das Urdu kulturell mit dem Islam und benutzte die persisch-arabische Schrift.

Das Vokabular beider Sprachen ist von den jeweiligen kulturellen und religiösen Beziehungen geprägt. Vom Devanagari wurden u. a. die Schriften des Punjabi, Bengali und Gujarati abgeleitet, was durch diverse Ähnlichkeiten deutlich zum Ausdruck kommt.

Weitere wichtige, in Nordindien gesprochene Sprachen sind u. a. Bengali (West-Bengalen und Tripura), Nepali (West-Bengalen und Sikkim), Gujarati (Gujarat), Punjabi (Punjab, Delhi), Kashmiri und Dogri (Kashmir), Assamesisch und Bodo (Assam), Oriya (Orissa) und Maithili (Bihar).

Südindien

Die vier meistgesprochenen Sprachen Südindiens: **Tamil** (Tamil Nadu), **Telugu** (Andhra Pradesh), **Kannada** (Karnataka) und **Malayalam** (Kerala) gehören alle der dravidischen Sprachfamilie an, der viertgrößten Sprachgruppe der Welt. Im Laufe tausender von Jahren entwickelten sich diese und verwandte, unbedeutendere Sprachen mehr oder weniger unabhängig voneinander unter den nicht-arischen Völkern im Süden Indiens.

Die Sprachpolitik seit der Unabhängigkeit

Nachdem Indien unabhängig geworden war, beschloss die Regierung in Delhi, Hindi zur Amtssprache des neu gegründeten Landes zu machen. Interessanterweise stand die Einführung des **Hindustani** als offizielle Landessprache nie zur Debatte, obwohl diese jüngere Sprache, eine Mischung aus Hindi und Urdu, von Gandhi und anderen Freiheitskämpfern bevorzugt gesprochen worden war, um das Gemeinschaftsgefühl im Volk zu stärken. So wurde in allen Schulen Hindi gelehrt, und heute beherrscht über die Hälfte der indischen Bevölkerung diese Sprache mehr oder weniger perfekt. In bestimmten Regionen aber rührte sich permanent starker **Widerstand gegen die Einführung des Hindi**, besonders im tamilisch dominierten dravidischen Süden, und die große Mehrheit der südlich des Dekkan-Plateaus beheimateten Inder ist dieser Sprache kaum oder gar nicht mächtig. Hier tritt **Englisch**, die Sprache der ehemaligen Kolonisten, als wichtiges Kommunikationsmittel in Erscheinung. Angesichts der Sprachenvielfalt Indiens ist es nicht weiter verwunderlich, dass es nach wie vor die *lingua franca* vieler Inder ist

(s. Kasten). Nicht selten unterhalten sich Inder aus verschiedenen Landesteilen auf Englisch, und Reisende können sich nicht nur mit Studenten und Geschäftsleuten, sondern oft auch mit *chai-wallahs* und Schuhputzern erstaunlich gut auf Englisch verständigen.

Indisches Englisch

Das indische Englisch entwickelte seine Charakteristika, die sich bis heute erhalten haben, während der Zeit des Raj, der britischen Kolonialherrschaft. Viele indische Begriffe fanden Eingang ins Englische (und Deutsche!) – z. B. Veranda, Bungalow, Sandale, Pyjama (im indischen Kontext eine Hose, kein Schlafanzug), Shampoo, Turban, Kaste, Chili oder Yoga. Indienreisende werden sich schnell an andere Wörter gewöhnen, die außerhalb des Subkontinents weniger verbreitet sind, z. B. *dacoit, dhoti, panchayat, lakh* und *crore,* um nur einige wenige zu nennen. Weitere Ausdrücke S. 1296, Glossar.

Die eigentümlichen Intonationsmuster sind, ebenso wie die manchmal verwirrende Sprechgeschwindigkeit, auf Einflüsse einheimischer indischer Sprachen zurückzuführen. Auch die Artikulation einiger Vokale – z. B. die fehlende Unterscheidung zwischen langem und kurzem o-Laut („cot" und „caught" werden gleich ausgesprochen) – und die retroflexe Aussprache der Konsonanten „d", „t" und „r" (die Zungenspitze berührt dabei den weichen Gaumen) basieren auf lokalen indischen Sprachgewohnheiten.

Der vielleicht charmanteste Aspekt des indischen Englisch liegt in seinem Beharrungsvermögen: Ausdrücke und Redewendungen, die in Großbritannien als sehr altmodisch gelten, werden in Indien weiterhin benutzt. So wird man nicht selten mit „Good sir" angesprochen, oder man wird gefragt: „May I know your good name?" Auch die Zeitungssprache bedient sich solch blumiger Ausdrücke, weshalb die Schlagzeilen der weit verbreiteten englischsprachigen Zeitungen auf den nüchternen Briten manchmal unfreiwillig komisch wirken.

Musik

Indien besitzt eine überwältigende Vielfalt heimischer Musiktraditionen, von den archaischen Ritualgesängen der Hindus bis zu den modernen Kreationen der Bollywood-Filmmusik. Bei uns kennt man am ehesten die klassische nordindische Musik mit schwirrender Tanpura-Begleitung und komplexen Tabla-Rhythmen, die zu den schönsten und unverwechselbaren Musikklängen der Welt gehört. Ebenso faszinierend, wenn auch weniger bekannt, ist die südindische Variante, die sogenannte karnatische Musik. Dazu kommt eine Fülle verschiedenartiger Volksmusik, von den mystischen Weisen der wandernden bengalischen Baul-Musikanten über Rajasthans Fiedelmusik bis zum Banghra der Punjabi. Bollywoods unerschöpfliches Reservoir an Filmi-Musik wiederum bietet einen faszinierenden Querschnitt durch die wechselnden Musikstile der letzten fünf Jahrzehnte – aus ureigener indischer Perspektive.

Klassische indische Musik: *raga* und *tala*

Die Melodiestruktur der klassischen indischen Musik basiert auf dem *raga* (vom Sanskrit-Wort für „Farbe"). Vereinfacht gesagt ist ein *raga* so etwas Ähnliches wie eine Tonleiter oder Tonart, die vorgibt, welche Töne in einem Stück verwendet werden können. Zugleich ist jedem *raga* eine bestimmte musikalische und emotionale Stimmung zugeordnet, mit charakteristischen melodischen Phrasen, Ausschmückungen und Haupttönen.

Allein die klassische Musik Nordindiens kennt über 200 Haupt-*raga.* Sie werden in der klassischen Tradition nie gemischt – jedes Stück richtet sich nach einem einzigen *raga.* Manche werden mit bestimmten Jahreszeiten assoziiert; so gibt es einen *raga* für Regen und einen für den Frühling. *Raga* können männlich oder weiblich sein. Außerdem wird jeder *raga* einer bestimmten Tageszeit zugeordnet, die seinen spirituellen und emotionalen Eigenschaften am besten entspricht. Puristen hören *raga* selbst von Tonträgern nur zur passenden Tageszeit.

> **Indische Musik im Internet**
>
> 🖥 www.artindia.net Internet-Portal für Indiens darstellende Künste
> 🖥 **www.themusicmagazine.com** Online-Musikmagazin mit unglaublicher Themenvielfalt – von Bob Dylan bis *ghazal*
> 🖥 www.sruti.com Online-Ausgabe einer sehr informativen und anspruchsvollen Musik- und Tanzzeitschrift

Der *raga* gibt einen festen Rahmen für das Musikstück vor. Herausragende Musiker der indischen Klassik zeichnen sich durch ihr fantasievolles Improvisationsvermögen innerhalb dieser strengen Grenzen aus.

Außerdem gehört zur klassischen indischen Musik die Begleitung durch einen gleichbleibenden Dauerton (*bordun*), der meist auf dem Tanpura (s. S. 157) gespielt wird. Dieser konstante Begleitton und die feste Struktur des *raga* verleihen der klassischen indischen Musik ihre charakteristische, hypnotische Beharrlichkeit, mit der sie immer wieder um einen Punkt zu kreisen scheint, den sie von allen Seiten erforscht.

Das *tala* wiederum gibt die rhythmische Struktur eines Musikstücks vor. Ein *tala* ist ein Zyklus aus einer bestimmten Anzahl von Schlägen, die sich durch eine Kombination aus rhythmischem Muster und Klangfarbe definieren. Es gibt Hunderte von *tala*, aber die meisten Schlagzeuger beschränken sich auf einige besonders beliebte Varianten. Am gebräuchlichsten ist das *tala* mit 16 Schlägen (vier „Takte" zu je vier Schlägen). Besonders ungewohnt ist für unsere Ohren, dass ein Zyklus nicht mit seinem letzten Schlag, sondern mit dem ersten Schlag des folgenden endet, sodass eine fortlaufende Überlappung entsteht.

Die Darbietung eines *raga* folgt einem festen Muster. Sie beginnt mit dem *alap*, einer langsamen, getragenen Einleitung im freien Rhythmus, die den gewählten *raga* charakterisiert und seine Töne nacheinander vorstellt. Er kann sich über mehrere Stunden erstrecken, dauert aber heute meist nur noch wenige Minuten – ältere Musikkenner behaupten, das liege an der kurzen Aufmerksamkeitsspanne der modernen Zuhörer. Zumindest im Studio ist aber seit dem Siegeszug der CD mit ihrer größeren Aufnahmekapazität wieder ein Trend zu längeren Darbietungen erkennbar.

Nach dem *alap* wird der *raga* in den Abschnitten *jor*, *jhala* und *gat* (das ist der Hauptteil) weiterentwickelt. Hier kommen dann auch Schlaginstrumente – normalerweise Tabla oder (in Südindien) Mridangam – zum Einsatz. Solist und Schlagzeuger wechseln zwischen Improvisation und feststehenden „Kompositions"-Elementen.

Lehrer und Schüler

Nordindien hat hervorragende Musiker sowohl hinduistischer wie auch moslemischer Herkunft hervorgebracht. Namhafte Hindu-Musiker nehmen normalerweise den Titel *pandit* an, während sich ihre moslemischen Kollegen *ustad* („Meister") nennen. Ein Meister lehrt nicht nur sein eigenes Fach oder Instrument; oft unterrichten z. B. Sitar-Meister ihre Schüler auch in Sarod oder Gesang.

Traditionell werden indische Musiker im Einzelunterricht ausgebildet, oft durch den Vater oder andere Familienangehörige. Selbst ohne Verwandtschaftsverhältnis entsteht durch den Musikunterricht eine enge persönliche und spirituelle Beziehung zwischen Lehrer und Schüler. In Indiens Musikwelt dominiert eine Reihe führender Musikerfamilien, die teils bis auf die Mogul-Ära zurückgehen. Auch der berühmte indische Sitar-Musiker Ravi Shankar, der schon die Beatles in indischer Musik unterrichtete, hat der Welt mit seinen Töchtern Anoushka Shankar und Norah Jones weitere bekannte Musiktalente beschert.

Musikstile und -traditionen werden außerdem durch regionale Schulen, die *gharana*, weitergereicht. Das sind nicht so sehr Institutionen als vielmehr Generationen umspannende Gruppierungen, die eine bestimmte Philosophie oder einen bestimmten Darbietungsstil vertreten. Sie werden normalerweise von herausragenden Musikern begründet und später durch weitere Musiktalente um neue Stile und Ausdrucksformen bereichert. Es gibt heute auch einige *gharana* im Ausland, wie die des Sarod-Spielers Ali

Akbar Khan in Kalifornien; andererseits zieht es viele westliche Ausländer nach Indien, die sich der Disziplin einer *gharana* unterwerfen.

Früher war der Musikerberuf mehr oder weniger erblich; die wohlhabenden und gebildeten Klassen betrachteten die Karriere eines Berufsmusikers als ihrer unwürdig. Inzwischen finden sich aber immer mehr gebildete Inder unter den Musikern und Komponisten, und auch Instrumentalistinnen setzen sich im traditionell männlich dominierten Musikgeschäft zunehmend durch – ein Beispiel ist Anuradha Pal, Indiens erste professionelle Tabla-Spielerin.

Klassische Vokalmusik

Die menschliche Stimme gilt in der indischen Musik als das vollendetste aller Musikinstrumente. Die beiden wichtigsten klassischen Gesangstraditionen sind Dhrupad und Khyal. „Leichtere" klassische Formen sind z. B. Thumri und Ghazal sowie Qawwali, die religiöse Musik der Sufis.

Dhrupad und Khyal

Dhrupad ist die älteste und strengste Form der klassischen nordindischen Musik. Eine Dhrupad-Darbietung besteht aus einer langen Einleitung (*alap*), in der der Sänger eine Abfolge von Silben (nach einem Mantra) vokalisiert, gefolgt von einem viel kürzeren, schnelleren Gesangsabschnitt zur Begleitung der Pakhawaj – normalerweise eine Hymne auf eine Hindu-Gottheit. Diese Musik, die hohe Ansprüche an Sänger und Publikum stellt, wird heute nur noch selten dargeboten.

Im 18. Jh. setzte sich stattdessen der viel extravagantere **Khyal** – der „Belcanto der indischen Musik" – durch, der den Sängern weniger Beschränkungen auferlegt und ihnen mehr Gelegenheit gibt, ihre Virtuosität zu demonstrieren. Er wird üblicherweise von Tabla und Harmonium sowie einem Streichinstrument wie Sarangi oder Geige begleitet und besteht ebenfalls aus einem längeren langsamen und einem kürzeren schnellen Abschnitt.

Thumri und Ghazal

Thumri sind im Grunde aus der weiblichen Perspektive verfasste Liebeslieder. Sie basieren auf einer bestimmten Auswahl von *raga* und stehen in enger Verbindung mit dem Kathak-Tanz, dessen graziöse Bewegungen mit dem gefühlvollen Charakter der Musik harmonieren. Klassische Instrumentalisten spielen im Konzert oft einen Thumri zur Erholung von der Intensität des reinen klassischen Stils, doch normalerweise wird der Thumri gesungen, und zwar in *Braj Basha*, einem literarischen Dialekt des Hindi. Begleitet wird er stets von der Tabla, unterstützt durch Tanpura, Sarangi oder Surmandal und mitunter auch Geige oder Harmonium.

Eine noch ausgeprägtere Liedform hat der **Ghazal** – sozusagen das Urdu-Pendant zum Thumri. Er wurde von persischen Moslems nach Indien eingeführt und war von Haus aus eher eine Gedicht- als eine Musikform. Seit dem frühen 18. Jh. spielt er eine wichtige Rolle in der indischen, pakistanischen und afghanischen Kultur und gehörte früher zu den obligatorischen Fertigkeiten der Kurtisanen. Manche, aber nicht alle Ghazal-Melodien folgen dem *raga*-System. Die *tala* stammen unverkennbar aus der Volksmusik; der Übergang zum anspruchsvollen Pop ist fließend. Im Gegensatz zum Thumri schildert der Ghazal Gefühle fast immer aus der männlichen Perspektive.

Die karnatische Musik

Die klassische südindische Musik, auch karnatische Musik genannt, ist mit der stärker moslemisch beeinflussten Hindustani-Musik eng verwandt, unterscheidet sich aber in vielen Details von ihr. Für das westliche Ohr klingt die karnatische Musik geradliniger und dynamischer – frei von vielen Beschränkungen, die die nordindische Musik prägen. Das fängt schon mit den fantasievollen Ausschmückungen der *alap*-Einleitung an.

Zentrales Element der südindischen Musik ist der Gesang; selbst reine Instrumentaldarbietungen basieren auf Liedformen. Die Texte sind mehrheitlich religiös, und Konzerte finden häufig in Tempeln statt.

Typische Instrumente der karnatischen Musik sind die Vina, die einem Sitar ähnelt, aber keine Resonanzsaiten hat; die beidseitig bespannte Mridangam-Trommel und die Nagaswaram, eine Art überdimensionierte Oboe von fast 1 m Länge,

Indien besitzt eine Vielzahl ganz eigener Musikinstrumente. Besonders typisch sind Saiteninstrumente wie Sitar (und die südindische Variante Vina), Surbahar, Sarod, Tanpura und Sarangi, außerdem die Bambusflöte Bansuri und Trommeln wie die allgegenwärtige Tabla sowie Pakhawaj und Mridangam.

Saiteninstrumente

Das bekannteste indische Instrument ist der mit einem Plektrum gespielte **Sitar**, der im 13. Jh. von Amir Khusrau erfunden wurde. Von seinen sechs oder sieben Hauptsaiten werden vier als Melodiesaiten gespielt; die übrigen zwei bis drei liefern den Bassbegleitton oder einen rhythmischen Ostinato (*chikari*). Zusätzlich gibt es 11–19 frei mitschwingende Resonanzsaiten. Die beiden Saitenarten laufen über verschiedene Stege. Die 20 Messingbünde auf dem langen, hohlen Hals sind verschiebbar, um der Tonart des jeweiligen *raga* angepasst zu werden. Durch ihre Krümmung kann der Spieler die Tonhöhe einer Saite verändern, indem er sie seitwärts über den Bund zieht, um so die für die indische Musik so typischen Glissandi zu erzeugen.

Die **Surbahar** („Frühjahrsmelodie") ist eine Art Basssitar mit tiefem, vollem Klang. Ihr Hals ist breiter und länger als der des Sitar, und ihre Bünde sind nicht verschiebbar. Das Instrument wurde von Sahibdad Khan entwickelt, Urgroßvater von Vilayat und Imrat Khan, dem bedeutendsten lebenden Surbahar-Spieler.

Die **Sarod** hat sich aus dem afghanischen Rebab entwickelt. Sie ist kleiner als der Sitar und hat zwei Resonanzkörper. Der größere besteht aus Teakholz mit Ziegenhautbespannung, der kleinere, am anderen Ende des Metallgriffbretts, aus Metall. Zehn der 25 Metallsaiten werden mit einem Stückchen Kokosnussschale gezupft. Vier davon sind Melodiesaiten, die anderen dienen der rhythmischen Begleitung. Alle übrigen sind Resonanzsaiten, die unterhalb der Hauptsaiten mitschwingen. Die Sarod wurde von Ustad Allaudin Khan wesentlich verbessert, dessen Schüler Ustad Ali Akbar Khan und Ustad Amjad Ali Khan die heute bekanntesten Sarod-Spieler sind.

Die **Sarangi** ist eine bundlose Kurzhalsfiedel mit sehr breitem Griffbrett. Der gesamte Korpus des Instruments – Bauch und Griffbrett – ist aus einem einzigen Holzblock geschnitzt; über den Hohlraum ist eine Hautdecke gespannt. Die Sarangi hat drei oder vier Melodiesaiten aus Darm und bis zu 40 metallene Resonanzsaiten. Manche behaupten, sie sei das schwierigste Musikinstrument der Welt. Sie wird mit einem Bogen gestrichen, während die Saiten nicht mit den Fingerspitzen, sondern mit den Fingernägeln der linken Hand niedergedrückt werden. Ihr umfangreiches Spektrum unterschiedlicher Klangfarben hat große Ähnlichkeit mit der menschlichen Stimme, weshalb die Sarangi vor allem als Begleitinstrument zum Gesang eingesetzt wird. In neuerer Zeit hat sie aber auch den Rang eines Soloinstruments erlangt – vor allem durch das Wirken von Sultan Khan und Pandit Ram Narayan.

Die **Santur** ist eine Art mit Schlegeln gespieltes Hackbrett. Das ursprünglich persische Instrument wurde erst in neuerer Zeit in das Instrumentarium der klassischen indischen Musik aufgenommen. Seine über 100 Saiten sind die häufig bei Tempelzeremonien zum Einsatz kommt. Dazu gesellen sich eine leicht abgewandelte Form der Geige und immer häufiger auch die Mandoline. Kadri Gopalnath hat auch das Saxofon sehr erfolgreich in die südindische Klassik eingeführt.

Die Schlaginstrumente spielen eine besonders wichtige Rolle; neben der Mridangam ist auch der Ghatam sehr verbreitet, ein mit großem Elan geschlagenes Tongefäß, das manchmal sogar vor Begeisterung in die Luft geworfen wird.

Indische Volksmusik

Es gibt viele Arten indischer Volksmusik (Desi); zu den wichtigsten regionalen Stilen gehören die aus Rajasthan, dem Punjab und Bengalen. Von

paarweise über Stege gespannt und werden mit zwei gebogenen Schlegeln angeschlagen. Der berühmteste Santur-Meister ist Pandit Shiv Kumar Sharma.

Das **Surmandal**, manchmal Swarmandal geschrieben, ähnelt einer Zither. Sänger verwenden es, um sich selbst zu begleiten, meist mit einem gleichbleibenden Dauerton (Bordun), mitunter aber auch durch Zupfen der Grundmelodie.

Der **Tanpura** ist ein bescheidenes, aber unentbehrliches Instrument der indischen Musik – eine Art bundlose Laute mit vier bis fünf Metallsaiten. Er liefert den unverkennbaren schwirrenden Begleitton der klassischen indischen Musik. Traditionell spielt ein fortgeschrittener Schüler des Hauptinterpreten den Tanpura, was als besonders ehrenvolle Aufgabe gilt.

Blasinstrumente

Als **Bansuri** werden verschiedene Flötentypen aus Bambus (*banse*) bezeichnet. Dabei kann es sich um Längsflöten, aber auch um Querflöten wie die berühmte *murli* des Hindu-Gottes Krishna handeln. Trotz eines Tonumfangs von weniger als zwei Oktaven wird die Bansuri heute auch als Solo-Konzertinstrument eingesetzt, vor allem dank des unermüdlichen Wirkens des führenden Bansuri-Virtuosen Hariprasad Chaurasia.

Die **Shehnai**, mit der traditionell bei Hochzeiten aufgespielt wird, ist ein oboenähnliches Instrument mit Doppel-Rohrblatt und bis zu neun Fingerlöchern. Um das Instrument auf einen bestimmten *raga* zu stimmen, werden einige der Löcher mit Wachs verstopft. Es erfordert meisterliche Beherrschung der Zirkular- oder Kreisatmung. Eine zweite Shehnai steuert einen gleichbleibenden Begleitton bei.

Trommeln und andere Schlaginstrumente

Tabla nennt man ein Paar kleine Trommeln, die mit Handflächen und Fingerspitzen geschlagen eine unglaubliche Klangvielfalt hervorbringen. Der Name ist eine Abkürzung von *tabla-bayan* – die Tabla ist die rechte, die Bayan („links") die linke Trommel. Der Schallkörper der Tabla besteht aus Holz, der der Bayan in der Regel aus Metall; beide sind mit Haut bespannt.

Ein noch älterer Trommeltyp ist die fast 1 m lange **Pakhawaj**. Sie wurde traditionell aus Ton gefertigt, besteht aber heute meist aus Holz. Ihre beiden Enden sind mit Haut bespannt; diese beiden „Felle" werden mit seitlich angebrachten Stimmklötzchen auf verschieden hohe Töne gestimmt. Ihr tiefer, weicher Klang dient als Begleitung zu Dhrupad-Gesang und Kathak-Tänzen. Eine kleinere Variante der Pakhawaj, die **Mridangam**, ist in der südindischen Musik sehr gebräuchlich.

Neben den Trommeln gibt es in Indien auch verschiedene gestimmte Schlaginstrumente. Besonders beliebt ist das **Jaltarang**, eine Art Wasserxylofon: Es besteht aus Porzellanschalen unterschiedlicher Größe, die mit einer vorgegebenen Wassermenge gefüllt werden. Sie werden meist mit einem Stöckchen angeschlagen; manchmal fährt der Spieler stattdessen mit einem angefeuchteten Finger über den Rand der Schalen. Außerdem gibt es eine Vielzahl von Schellen und Gongs; am bekanntesten sind die kleinen, gewölbten Zimbeln aus Messing, die man **Manjira** oder **Tala** nennt.

---

den Sprachunterschieden abgesehen, haben die Volkslieder jeder Region ihre eigenen rhythmischen Strukturen und typischen Instrumente.

In **Rajasthan** gehört Musik zu Hochzeiten und Theaterdarbietungen, Marktveranstaltungen und Volksfesten. Es gibt eine ganze Kaste von Berufsmusikern und verschiedene Saiteninstrumente von kraftvollem Klang wie Kamayacha und Ravanhata, eine schlichte, zweisaitige Geige, die in den Händen eines fähigen Spielers wunderbar eindringliche Melodien hervorbringt.

Die **Satara**, das traditionelle Instrument der Schafhirten in der Wüste, ist eine Doppelflöte aus zwei verschieden langen Rohren: Auf einem wird die Melodie gespielt, auf der anderen der gleichbleibende Begleitton – fast wie ein Dudelsack ohne Sack. Kassetten mit dieser Musik sind in kleinen Geschäften überall in Rajasthan erhältlich.

Die bekannteste bengalische Musik ist die der **Baul**. Diese umherwandernden Mystiker und Musiker bringen ihre spezielle Mischung aus Sufi- und Hindu-Bhakti-Glauben vor allem durch Gesang zum Ausdruck, meist begleitet von der Ektara, einem einsaitigen Bordurinstrument, und weiteren Instrumenten wie Zimbeln, Bambusflöten und der mehrsaitigen Dotara. Die Baul-Musik war eine wichtige Inspirationsquelle für den bengalischen Literatur-Nobelpreisträger Rabindranath Tagore (1861–1941), der außer Gedichten, Bühnenstücken und Romanen auch über 2000 Lieder im Thumri-Stil schrieb, die heute noch populär sind.

Der **Punjab** wird vor allem mit dem **Bhangra** assoziiert: Der Volkstanz, der traditionell bei Erntedankfesten zur Begleitung von Dhol- und Dholki-Trommeln, Ektara und Tumbi (einer Art einsaitiger Gitarre) getanzt wurde, ist seit den 1980er-Jahren zum internationalen Pop-Phänomen avanciert – in seiner herkömmlichen Form wie auch als Element moderner Dance-, House- und Hiphop-Kreationen, mit denen sich vor allem asiatische Musiker in Großbritannien hervortun.

Filmimusik und Indi-Pop

Die indische Popmusik kann nicht losgelöst von der gigantischen Filmindustrie des Landes betrachtet werden. Musik spielt eine zentrale Rolle in allen Bollywood-Produktionen (s. S. 159), und bis in die 1990er-Jahre hinein bestand die indische Popmusik praktisch nur aus „Filmi-Musik". Das Auffälligste an den Filmi-Songs ist ihre unglaubliche Bandbreite. Anfangs bediente sich die Filmmusik meist bei der indischen Volksmusik und Klassik, doch ab den 1960er-Jahren bezogen Bollywood-Komponisten wie der berühmte R. D. Burman eine ungeheure Vielfalt musikalischer Einflüsse in ihr Werk ein, von Bigband-Rock'n'Roll bis zu den Techno- und Elektronik-Kreationen des innovativen A. R. Rahman, der u. a. das Musical *Bombay Dreams* komponierte. Die Filmi-Songs werden von unsichtbaren Sängerinnen und Sängern gesungen, während die Filmstars nur die Lippen zum Playback bewegen. Viele dieser Gesangstalente sind inzwischen selbst zu Starruhm gelangt, so die legendäre Asha Bhosle (Ehefrau von R. D. Burman) und ihre Schwester Lata Mangeshkar oder auch die Sänger Kishore Kumar und Mohammed Rafi.

Der Hindi- oder Indi-Pop ist noch dabei, sich aus Bollywoods erdrückender Umschlingung freizukämpfen. Die meisten bekannten jüngeren Musiker, wie Sonu Nigam, Sunidhi Chauhan und der Komponist und Sänger Himesh Reshamiyya, sind immer noch ebenso oft auf Soundtracks wie mit eigenen Alben vertreten. Hier und da finden sich aber auch unkonventionellere, unabhängige Künstler wie die populäre Fusion-Band Indian Ocean, der Sänger und Songwriter Rabbi Shergill (dessen Inspirationsmix von religiöser Punjabi-Musik bis zu Bruce Springsteen reicht) und Demonic Ressurection, Indiens führende Black-Metal-Band. Zu den interessanten regionalen Varianten gehört etwa Goas Konkani-Pop, ein eigenwilliger Mischmasch aus Volksweisen und Calypso-Rhythmen, mit schmachtendem Gesang zur Begleitung von E-Gitarren, Keyboards, Background-Sängerinnen und Blaskapellen.

Film

Indien besitzt eine gewaltige Filmindustrie. Das Land produziert mehr Filme als jedes andere auf der Welt (rund 1200 im Jahr), und die Tatsache, dass es immer noch viele indische Haushalte ohne Fernseher gibt, garantiert ein zahlenstarkes, begeistertes Kinopublikum. Den traditionellen indischen Film, eine melodramatische Mischung aus Musiksequenzen mit altmodischer Choreografie, Gesang, bei dem die Mundbewegungen nicht mit dem Ton übereinstimmen, Mord und Totschlag und durchnässten Saris gibt es zwar immer noch, aber die modernen indischen Filme setzen sich zunehmend gegen diese Stereotypen durch und können sich hinsichtlich Schauspielkunst, Drehbücher und Produktionsqualität ohne weiteres mit im Westen gedrehten Filmen messen.

Bollywood

Obwohl manchmal für sämtliche Filme indischer Machart benutzt, steht der Name Bollywood

Von allem etwas: Komik, Romantik, Action und viel Musik – das ist das Rezept für einen guten Bollywoodfilm.

streng genommen nur für Hindi-sprachige, in Mumbai gedrehte Leinwandstreifen. In den dortigen Studios werden jährlich rund 900 Filme produziert. Es gibt zwar zahlreiche andere regionale Filmzentren in Indien, an erster Stelle die riesige Tamil-sprachige, in Chennai beheimatete Filmindustrie („Kollywood" genannt; s. Kasten S. 1035), aber nur die Bollywoodfilme kommen landesweit – und weltweit – beim Publikum richtig gut an. Sie werden Schätzungen zufolge von 3,6 Milliarden Menschen rund um den Globus gesehen – Hollywoodfilme von 2,5 Milliarden.

Musik und Masalas

Bollywoodfilme funktionieren traditionell nach dem sogenannten **Masalarezept** (dem Hinduwort für eine Gewürzmischung), d. h. einer bunten Mischung aus romantischen Verstrickungen, spannungsgeladener Action und beschwingter Komödie. Die Hauptpersonen sind für gewöhnlich korrupte Politiker, hinterhältige Schurken und unsterblich Verliebte. Auch **Musik** spielt in den meisten Bollywoodfilmen eine wichtige Rolle, und es kommen darin zahlreiche Gesangseinlagen (oder *filmi*, s. S. 158) und hinreißende Tanzszenen vor – der Erfolg vieler Filme steht und fällt in erster Linie mit der Qualität der musikalischen Einlagen.

In den letzten Jahren hat sich die traditionelle Bollywood-Masala-Formel aber stark verändert, oft hin zum Mainstream-Hollywood-Modell. Es erscheinen aber auch immer häufiger mutigere Filme, die sich mit den neu entstehenden Gesellschaftsschichten in Indien beschäftigen, z. B. verwestlichten städtischen Jugendlichen und in Übersee lebenden Indern. Auch wird zunehmend freizügiger mit dem Thema Sexualität umgegangen – obwohl das berühmte Tabu bezüglich Kuss-Szenen auf der Leinwand nach wie vor meistens eingehalten wird.

Bollywood-Schauspieler

In Indien kann man so gut wie keine Zeitschrift oder Zeitung aufschlagen, ohne dass einem die

Zehn Bollywoodklassiker

Devdas (1955). Klassische Bollywoodgeschichte über eine tragische Liebe. In der Hauptrolle der großartige Dilip Kumar als unglücklich Liebender Devdas.

Dil Chahta Hai (dt. „Das Herz wählt", 2001) Stilvoller und avantgardistischer Film, der das (Liebes-)Leben der neuen, gut betuchten indischen städtischen Elite zum Thema hat.

Dilwale Dulhania Le Jayenge (dt. „Wer zuerst kommt, kriegt die Braut", 1995) Einer der größten Bollywoodhits aller Zeiten. Zeigt den Herzensbrecher Shahrukh Khan in einer bewegenden, in London handelnden Liebeskomödie – einer der ersten Bollywoodfilme, die in Übersee spielen.

Lagaan (2001) Herzergreifendes Drama aus der Raj-Ära. Einige verarmte Dörfler versuchen, die britischen Gutsherren im Cricketspiel zu schlagen. Wenn sie gewinnen, werden ihnen Steuern erlassen, die sie wegen des Ernteausfalls nicht leisten konnten.

Mother India (1957) Klassische Geschichte aus dem bäuerlichen Indien. Zeigt auf dramatische Weise das Elend und die Anstrengungen einer indischen Mutter, die in einem verarmten Dorf der Gnade des ausbeuterischen Geldverleihers und ihres eigenen Sohnes, der ein Bandit geworden ist, ausgeliefert ist.

Mr India (1987) Brillanter Actionfilm. Mr India (Anil Kapoor), eine Art indischer Sciencefiction-Superheld mit Anlehnungen an James Bond, bekämpft den Erzschurken Mogambo.

Mughal-e-Azam (1960) Einer der spektakulärsten Historienstreifen überhaupt. Die Dreharbeiten zu Mughal-e-Azam dauerten neun Jahre, und der Film ist bis heute die eindrucksvollste Beschreibung von Kabale und Liebe am Hof des Großmoguls Akbar.

Munna Bhai M.B.B.S. (dt. Munna Bhai M.B.B.S. – Lachen macht gesund, 2003) Beschwingte Komödie, in deren Mittelpunkt der liebenswerte „böse Junge" Sanjay Dutt als schelmischer Mumbai-Gangster Munna Bhai steht. Der zweite Teil, Lage Raho Munna Bhai (2006), war ebenfalls ein großer Erfolg.

Salaam Bombay! (1988) Berührender Film über das Leben von Straßenkindern in Mumbai.

Sholay (1975) Wird als bester Bollywoodfilm aller Zeiten gehandelt. Die Hauptperson in dieser bewegenden Geschichte einander bekriegender Outlaws ist der junge Amitabh Bachchan, einer der größten lebenden Schauspieler Bollywoods.

---

neuesten Nachrichten und Fotos der Bollywood-Prominenz ins Auge springen. Dazu zählen zum Beispiel der ehrwürdige **Amitabh Bachchan**, Bollywoods ältester amtierender Staatsmann, oder die auch schon gut über 40 Jahre alten Ikonen **Shahrukh Khan**, Held unzähliger romantischer Blockbusters, und der gut aussehende **Salman Khan**, der regelmäßig zum begehrtesten Junggesellen Indiens gewählt wird und inzwischen im Londoner Wachsmuseum von Madame Tussauds verewigt ist. Derweil füllen die Kapriolen junger männlicher Herzensbrecher wie **John Abraham**, **Hrithik Roshan** und **Emraan Hashmi** oder ihrer weiblichen „Gegenspieler" **Rani Mukerji**, **Kareena Kapoor** und **Preity Zinta** unermüdlich die Klatschspalten, ganz zu schweigen von den jüngsten „Heldentaten" des berühmtesten Prominentenpaares Indiens, des Schauspielstars **Abhishek Bachchan** (Sohn des legendären Amitabh) und seiner Frau **Aishwarya Rai**, selbst eine unerhört erfolgreiche Bollywood-Schauspielerin und ehemalige Miss World.

Die Faszination ist umso größer, als viele Bollywoodstars ein Hauch von Skandal und Verruchtheit umweht. Der Schauspieler **Sanjay Dutt** z. B. machte seinem Böser-Junge-Image alle Ehre, als er 2002 wegen illegalen Waffenbesitzes verurteilt wurde, und auch Salman Khan hatte wegen verschiedener Delikte Schwierigkeiten mit Polizei und Presse.

Delhi

Stefan Loose Traveltipps

Rajpath   Die breite Promenade ist das Herzstück von Lutyens New Delhi und der Inbegriff der britischen Kolonialherrschaft. S. 166

National Museum   Das schönste Museum des Landes bewahrt indische Kultur aus mehr als 5000 Jahren. S. 169

Rotes Fort   Die beeindruckende Festungsanlage aus rotem Sandstein ist ein Erbe der pompösen Mogul-Architektur. S. 171

Jama Masjid   Von den Minaretten der riesigen Moschee Shah Jahans bietet sich ein guter Ausblick über das alte und neue Delhi. S. 172

Humayun-Mausoleum   Die herrliche Gartenanlage dieses eleganten Vorläufers des Taj Mahal aus rotem Sandstein ist ein willkommener Zufluchtsort vor der Hitze. S. 174

Hazrat Nizamuddin   Der Sufi-Schrein liegt in einem moslemischen Viertel, in dem jeden Donnerstag hypnotische qawwali-Musik erklingt. S. 175

Qutb Minar   Die Siegessäule von Qutb Minar aus dem 12. Jh. ragt aus den Ruinen der ersten Stadt Delhis empor. S. 177

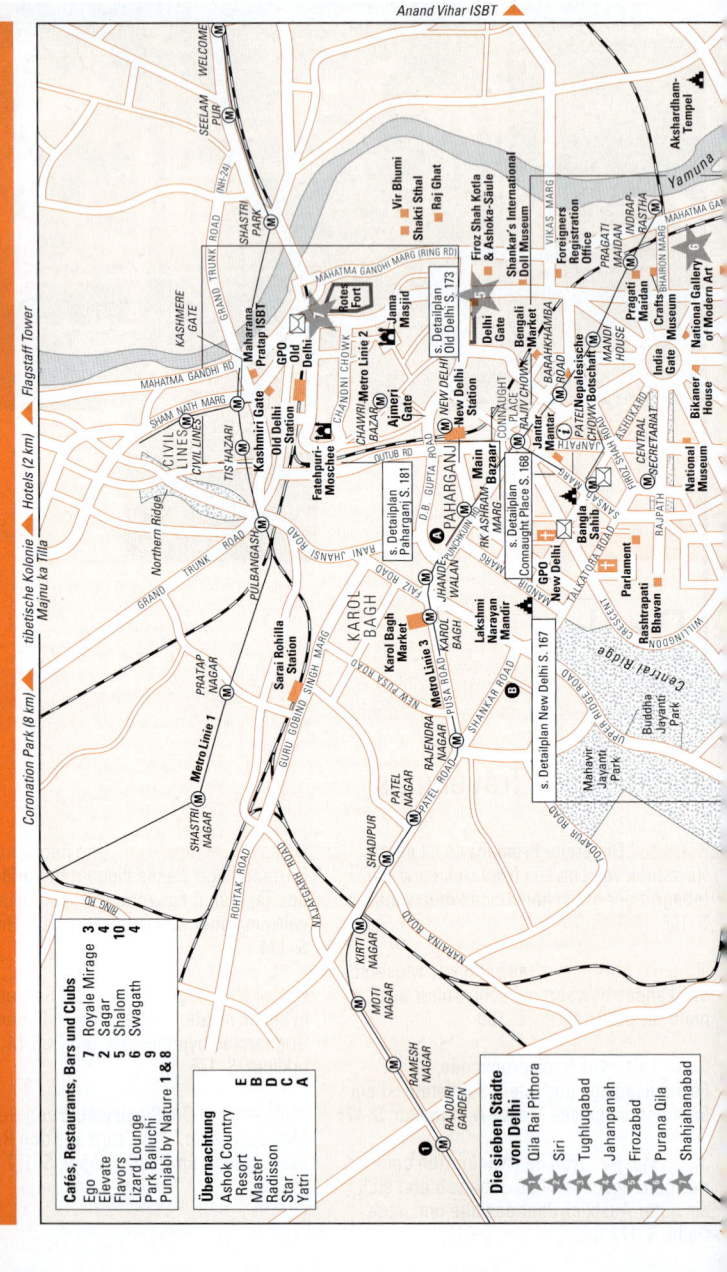

Delhi

Cafés, Restaurants, Bars und Clubs

Ego	7
Elevate	2
Flavors	5
Lizard Lounge	6
Park Balluchi	
Punjabi by Nature	1 & 8
Royale Mirage	3
Sagar	4
Shalom	10
Swagath	4

Übernachtung

Ashok Country Resort	E
Master	B
Radisson	D
Star	C
Yatri	A

Die sieben Städte von Delhi

★ Qila Rai Pithora
★★ Siri
★★★ Tughluqabad
★★★★ Jahanpanah
★★★★★ Firozabad
★★★★★★ Purana Qila
★★★★★★★ Shahjahanabad

162 Delhi

www.stefan-loose.de/indien

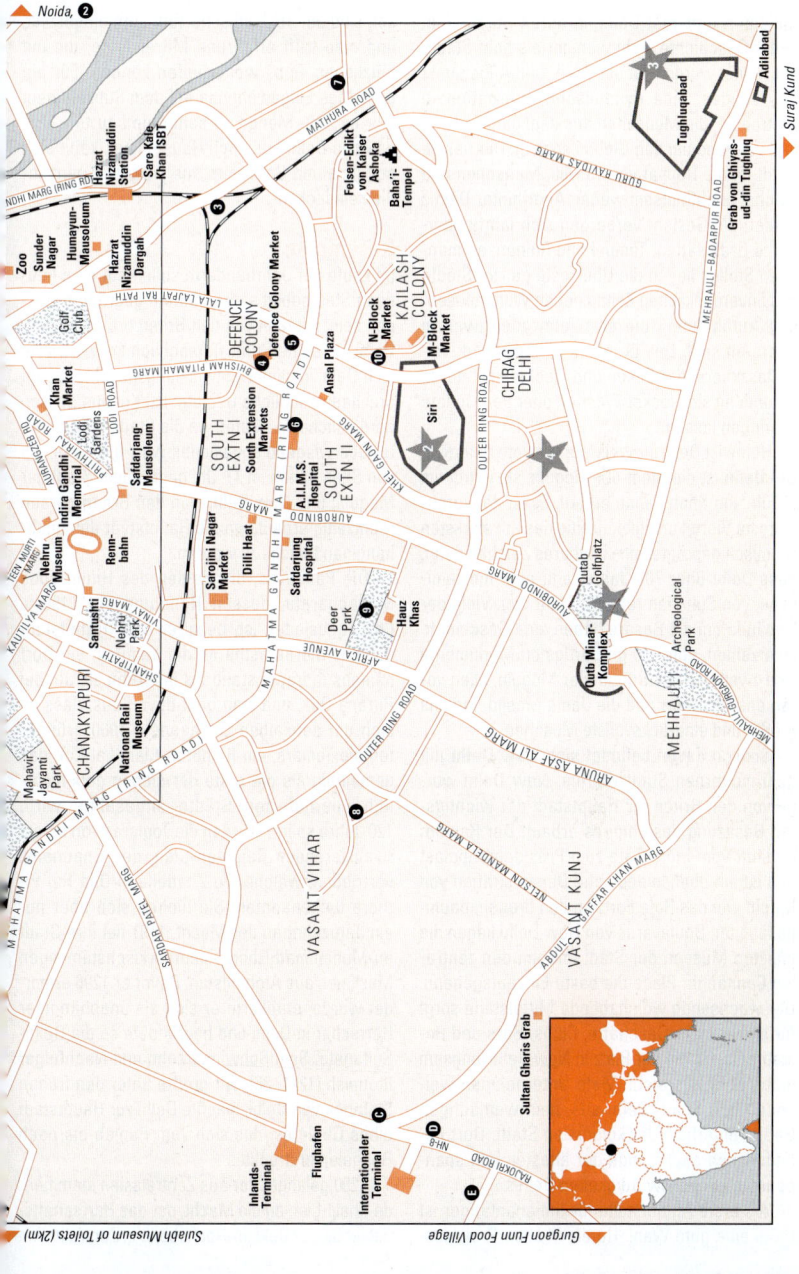

New Delhi

Indiens Hauptstadt Delhi, in deren Stadtgebiet in der Geschichte nicht weniger als acht Städte gegründet wurden, ist der Dreh- und Angelpunkt des Landes, eine dynamische internationale Metropole, die Menschen aus dem ganzen Land und von rund um den Globus anzieht. Die riesige Stadt ist die Heimat von 13 Mill. Menschen und wächst unaufhaltsam weiter. Aber hinter Delhis modernem Gesicht verbergen sich jahrhundertealte Grabstätten, Tempel und Ruinen; an manchen Stellen liegen die Überreste ganzer Städte aus unvordenklichen Zeiten neben Wohnhäusern und Autobahnen, die erst zehn oder zwanzig Jahre alt sind. Das Ergebnis ist eine Stadt voller faszinierender Ecken und Flecken, mit deren Erkundung sich locker Wochen oder gar Monate zubringen lassen.

Heute ist Delhi in zwei Hauptgebiete unterteilt. **Old Delhi** ist die Stadt der Moguln; sie wurde im 17. Jh. von Shah Jahan erbaut. Es ist das turbulenteste Viertel und gleichzeitig das am stärksten islamisch geprägte, ein sichtbares Zeichen dafür, dass Delhi über 700 Jahre lang eine moslemische, von Sultanen regierte Stadt war. Viele der Gebäude um die Basare haben eine Geschichte zu erzählen, aber die großartigsten Monumente sind zweifellos die Bauten der Moguln, allen voran das Rote Fort und die Jama Masjid, Indiens größte und eindrucksvollste Moschee.

Südlich davon befindet sich **New Delhi** mit dem modernen Stadtzentrum. New Delhi wurde von den Briten als Hauptstadt der wichtigsten Besitzung des Empires erbaut. Der Rajpath verläuft vom India Gate zum Präsidentenpalast und ist ein ebenso deutliche Demonstration von Macht wie das Rote Fort. An den breiten, baumgesäumten Boulevards von New Delhi liegen die meisten Museen der Stadt und um den zentralen Connaught Place die beste Einkaufsgegend. Der wachsende wohlhabende Mittelstand sorgt für immer mehr Geschäfte, Clubs, Bars und Restaurants, für die der Platz in New Delhi langsam nicht mehr ausreicht. Viele Unternehmen weichen nach South Delhi aus, dem weitläufigen Gebiet unterhalb der kolonialen Stadt. Dort befinden sich auch einige der ältesten und spannendsten Sehenswürdigkeiten Delhis.

Als erste Anlaufstelle für Indienanfänger ist Delhi eine gute Wahl. Hotels in allen Preisklassen sind auf ausländische Touristen eingestellt, und man trifft erfahrene Mitreisende, die mit nützlichen Tipps weiterhelfen können. Für ein paar Tage Eingewöhnung auf dem Subkontinent gibt es jede Menge zu sehen und zu tun. Und wer von Delhi aus nach Hause fliegt, kann sich noch mal mit Souvenirs aus praktisch ganz Indien eindecken.

Geschichte

Im Laufe der Jahrhunderte sollen auf dem heutigen Stadtgebiet sieben Städte gegründet worden sein, mit dem von den Briten erbauten New Delhi als achte Stadt. Tatsächlich konzentrierte sich Delhi in seiner Entwicklungsgeschichte auf drei hauptsächliche Gebiete: Lal Kot und dessen nordöstliche Ausläufer, wo die Stadt im Mittelalter überwiegend angesiedelt war; Old Delhi, die von Shah Jahan im 17. Jh. gegründete Stadt der Moguln; und New Delhi, von den Briten gerade rechtzeitig erbaut, um die Hauptstadt des unabhängigen Indiens zu werden.

Die Pandavas, die Helden des Hindu-Epos Mahabharata, dessen Handlung um 1450 v. Chr. angesiedelt ist, besaßen eine Hauptstadt namens Indraprastha an der Yamuna; ein Dorf namens Indrapat stand bis ins frühe 20. Jh. bei Purana Qila, und man geht davon aus, dass es sich um denselben Ort handelt. 1060 gründeten die Tomars, ein Rajputen-Clan, Lal Kot, das gemeinhin als die erste der sieben geschichtlich überlieferten Städte angesehen wird. 120 Jahre später wurden die Tomars von einem rivalisierenden Rajputen-Clan, den Chauhans, vertrieben, welche die Zitadelle in Qila Rai Pithora umbenannten. Sie hielten sich aber nur ein Jahrzehnt an der Macht. 1191 fiel ihre Stadt an Muhammad Ghor, einem türkischstämmigen Muslimen aus Afghanistan. Bevor er 1206 ermordet wurde, etablierte er sich als unabhängiger Herrscher in Delhi und begründete so die Delhi-Sultanate. Sein Schwiegersohn und Nachfolger Iltutmish (1211–36), der größte unter den frühen Sultanen von Delhi, machte Delhi zur Hauptstadt eines Gebietes, das sich vom Punjab bis nach Bengalen erstreckte.

1290 gelangte der aus Zentralasien stammende Khalji-Clan an die Macht, der das Herrschaftsgebiet bis zur Dekkan-Hochebene in Zentralindien erweiterte. 1303 entstand unter ihrem berühmtesten Sultan, Ala-ud-din Khalji (1296–1316), Siri, Delhis zweite Stadt, ein florierendes Wirtschaftszentrum, erbaut aus dem für diese Zeit charakteristischen Marmor und roten Sandstein.

Ghiyas-ud-din Tughluq ließ in Tughluqabad, 8 km östlich von Qutb, eine neue Stadt-Festung erbauen: Delhis dritte Stadt. Von 1321–26 war sie besetzt, bis die Hauptstadt unter großen menschlichen Opfern 1100 km weiter südlich nach Daulatabad in Maharashtra verlegt wurde. Wasserknappheit trieb die Tughluqs 1327 schließlich zurück nach Delhi, wo sie die vierte neue Stadt errichteten: Jahanpanah.

Der folgende Sultan Firoz Shah wurde völlig davon in Anspruch genommen, Rebellionen zu unterdrücken. Historische Bedeutsamkeit erlangte er dadurch, dass er die Edikt-Säulen Ashokas von Meerut und Topra in die neue Hauptstadt, die fünfte Stadt von Delhi, bei Firozabad, schaffen ließ. Die 1354 am Fluss erbaute Niederlassung sollte offenbar das Kernstück einer neuen Stadt werden, doch reichte die Bebauung nie über die Zitadelle hinaus.

1398 nahm Timur der Lahme (Tamerlaine), ein zentralasiatischer Türke, Delhi ein und bereitete somit der Dynastie der Tughluqs ein Ende. Seine Nachfolger, die Sayyiden (1414–44), mussten ihrerseits vor Buhlul Lodi fliehen, der die Dynastie begründete, von der die prächtigen Gräber und Moscheen im heutigen Lodi-Park stammen. Mit dem Tod von Ibrahim Lodi im Jahre 1526 ging auch die Lodi-Dynastie unter. Der Sultan starb in einer Schlacht gegen den brillanten und geheimnisvollen Feldherrn Babur, dem Begründer der Mogul-Dynastie.

Baburs Sohn Humayun verlor den Großteil der Gebiete, die sein Vater erobert hatte, darunter auch Delhi, an den afghanischen König Sher Shah Suri, den Erbauer der „sechsten Stadt Delhi" Purana Qila. Humayun eroberte Delhi 1555 zurück, verstarb aber ein Jahr später. Sein Sohn Akbar verlegte die Hauptstadt nach Agra, doch Akbars Enkel Shah Jahan machte dies 1638 wieder rückgängig und schuf Delhis „siebte Stadt" Shahjahanabad, das heutige Old Delhi.

Nach dem Tod von Shah Jahans Sohn Aurangzeb im Jahre 1707 war Delhi das Opfer mehrerer Invasionen. 1739 plünderte Nadir Shah, der Herrscher Persiens, die Stadt und tötete etwa 15 000 Stadtbewohner. Dieses Massaker beschleunigte den Niedergang der Moguln. Am Ende des 18. Jhs. waren sie nach einer Welle von Invasionen durch Jats, hinduistische Marathen und Afghanen nur noch Marionettenkönige, die in verfallenden Palästen residierten.

1803 fanden die Briten, die sich bereits in Kalkutta, Madras und Bombay etabliert hatten, Delhi als abgelegenen Außenposten eines abgehalfterten Reiches vor, das den Einfällen gesetzloser Horden ausgeliefert war. Schnell gewannen die Briten die Kontrolle über die Stadt, überließen dem Mogul-Herrscher Bahadur Shah II. zwar seinen Palast, nicht aber die Macht. Im nächsten Jahrzehnt mussten die britischen Streitkräfte eine Reihe von Angriffen der Marathen abwehren und stießen 1857 erneut auf heftigen Widerstand, als der Aufstand (der Erste Unabhängigkeitskrieg, S. 127) ausbrach. Bahadur Shah wurde im Roten Fort zum Hindustani-Herrscher ausgerufen, und es kostete viel Blutvergießen, bevor die Briten in Delhi wieder das Sagen hatten.

Zwar bewahrten sie sich ihre Macht über Delhi, regelten die Staatsgeschäfte jedoch von ihrer Hauptstadt Kalkutta aus. Als König George V. 1911 auf den Subkontinent kam, um zum Kaiser von Indien gekrönt zu werden, wurde Delhi erneut zur Hauptstadt des Landes. Es folgte eine hektische Errichtung von Bungalows, Parlamentsgebäuden sowie öffentlichen Einrichtungen. 1931 wurde Delhi offiziell zur Hauptstadt von Großbritanniens wichtigster kolonialer Besitzung gekürt.

Als 1947 endlich die Unabhängigkeit kam, war Delhi der Ort, wo die Briten die Macht an die erste demokratisch gewählte Regierung unter Jawaharlal Nehru übergaben. In den Nachwirren der Landesteilung eskalierten die Übergriffe von Hindus gegen die moslemischen Bewohner Delhis, von denen fast die Hälfte nach Pakistan flüchtete. Das war das Ende einer jahrhundertelangen moslemischen Vorherrschaft in der Stadt. Im Gegenzug setzte eine Zuwanderung von Hindu- und Sikh-Flüchtlingen aus den pakistanischen Sektoren des Punjab und aus Bengalen ein. Ihre Zahl war so hoch, dass neue Stadtviertel geschaffen werden mussten, um ihnen ein Obdach zu bieten.

Die größte Veränderung der letzten Jahre besteht im phänomenalen Zuwachs, den Delhis Mittelschicht zu verzeichnen hat, darunter eine steigende Zahl relativ gutbetuchter Fachkräfte, insbesondere in South Delhi.

Orientierung

Delhi wirkt abschreckend und bezaubernd zugleich und ist eine schier endlos wuchernde Metropole mit viel Verkehr, Schmutz und Lärm, aber auch einem erstaunlichen Reichtum an alter Architektur. Die Orientierung fällt zunächst nicht ganz leicht, doch es dauert nicht allzu lange, und man bekommt ein Gefühl für die Geografie der Stadt. Die Bauwerke aus Sandstein und Marmor, die sich in recht unterschiedlichen Stadien der Renovierung befinden, sind über die ganze Stadt verteilt, viele findet man in **Old Delhi** und in südlichen Enklaven wie **Hauz Khas**. Das von den Briten erbaute moderne Delhi konzentriert sich um den **Connaught Place** am Nordrand von **New Delhi**. Von hier lässt sich – per Taxi, Bus, Motor-Riksha oder Metro – jede andere Ecke der Stadt gut erreichen.

New Delhi

Das moderne Gebiet von Central New Delhi mit seinen breiten, baumbestandenen Straßen und seiner geballten Kolonialarchitektur ist seit 1931 Sitz der Zentralregierung. Mittendrin verläuft die Prachtstraße **Rajpath** vom palastartigen **Rashtrapati Bhavan** im Westen bis zum Kriegsdenkmal **India Gate** im Osten. Ihre breiten Grünstreifen sind ein beliebter Treffpunkt für Familien, Liebespaare und Picknickgruppen. Das National Museum befindet sich südlich der zentralen Kreuzung. Am nördlichen Ende von Central New Delhi liegt das blühende Geschäftszentrum **Connaught Place**, wo Neonreklamen für Restaurants, Bars und Banken die Flachdächer zieren und dessen weiße Gebäude einen fast perfekten Kreis um den zentralen Platz bilden.

Rashtrapati Bhavan und Rajpath

Nachdem George V., König von England und Kaiser von Britisch Indien, 1911 erließ, dass Delhi Kalkutta als Hauptstadt Indiens ablösen sollte, wurde der englische Architekt **Edwin Lutyens** damit beauftragt, das neue Regierungsviertel zu planen. Rashtrapati Bhavan, die offizielle Residenz des indischen Präsidenten und eines der größten und prächtigsten Raj-Bauwerke, wurde zwischen 1921 und 1929 von Lutyens und Sir Herbert Baker errichtet. Trotz seiner klassischen Säulen, der indischen Filigranarbeiten sowie seiner Kuppeln und *chhatris* im Mogul-Stil trägt das gesamte Gebäude eine unverkennbar englische Handschrift. Vom India Gate im Osten hat man den besten Blick auf seine majestätischen Proportionen – zumindest bei klarer Sicht. Während die Zimmer in dem Gebäude rein privaten Zwecken dienen, werden die **Gärten** an der Westseite des Rashtrapati Bhavan jedes Jahr im Februar zwei Wochen lang für die Allgemeinheit geöffnet, Eintritt frei. Sie sind ganz wie die klassischen Vergnügungsparks der Moguln angelegt.

Direkt vor dem Rashtrapati Bhavan liegt der Vijay Chowk, Ausgangspunkt der breiten und schnurgeraden, von Parks und Brunnen gesäumten Prachtstraße **Rajpath**. Alljährlich finden hier die Feierlichkeiten zum Republic Day (26. Januar) statt. Im Osten endet der Rajpath am **India Gate**, das 1921 von Lutyens entworfen wurde. Der hohe Bogen, der dem Arc de Triomphe in Paris stark ähnelt, erinnert an die 90 000 indischen Soldaten, die im Ersten Weltkrieg für die Briten ihr Leben ließen.

Connaught Place

Stadtplan s. S. 168.

Dreh- und Angelpunkt von New Delhi ist der Connaught Place (oder kurz „CP"), benannt nach einem Mitglied des englischen Königshauses. Drei Ringstraßen werden von acht strahlenförmig abgehenden Straßen gekreuzt und in die Blöcke A–N unterteilt. Die Bezeichnung Connaught Place bezog sich ursprünglich auf die innere Ringstraße (inzwischen umbenannt in Rajiv Chowk, nach Rajiv Gandhi), die äußere hieß Connaught Circus (jetzt Indira Chowk, nach Rajivs Mutter). CP wimmelt von Restaurants, Bars, Geschäften, Kinos, Banken und Fluggesellschaften (es gibt ein gutes Verzeichnis auf 🖳 www.connaughtplacemall.com).

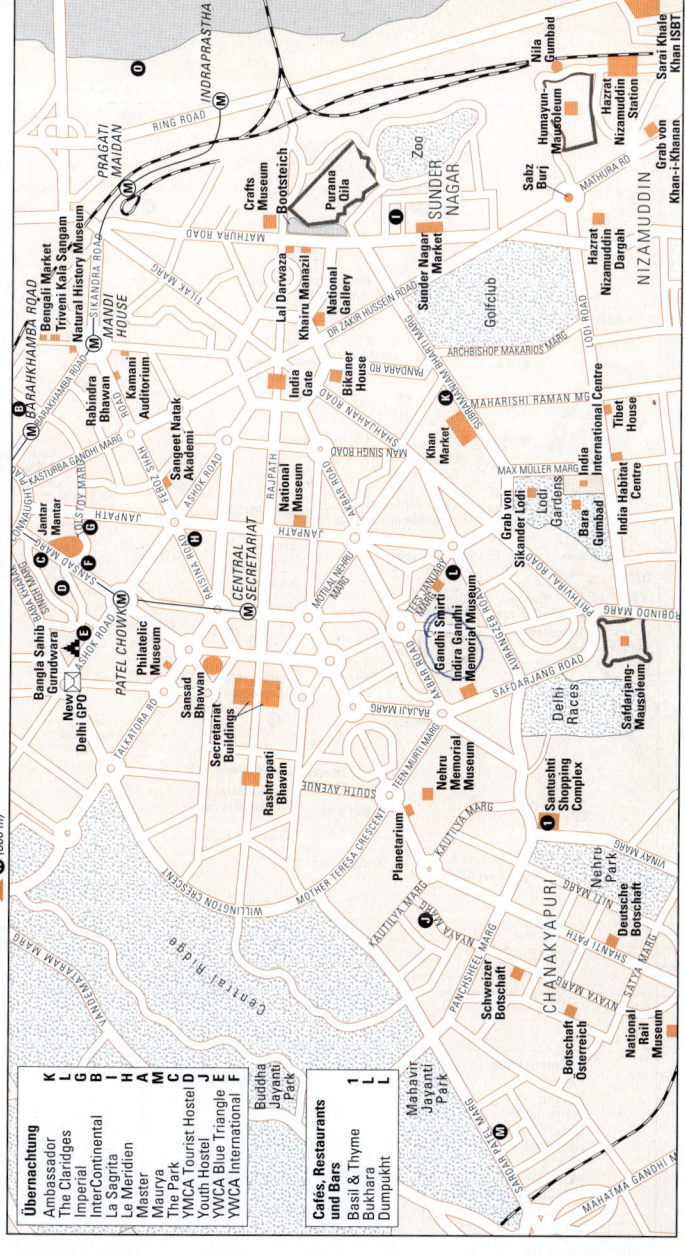

New Delhi

Übernachtung
- Ambassador **K**
- The Claridges **L**
- Imperial **G**
- InterContinental **B**
- La Sagrita **I**
- Le Meridien **H**
- Master **A**
- Maurya **M**
- The Park **C**
- YMCA Tourist Hostel **D**
- Youth Hostel **J**
- YWCA Blue Triangle **E**
- YWCA International **F**

Cafés, Restaurants und Bars
- Basil & Thyme **1**
- Bukhara **L**
- Dumpukht **L**

Delhi

New Delhi 167

Connaught Place

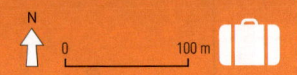

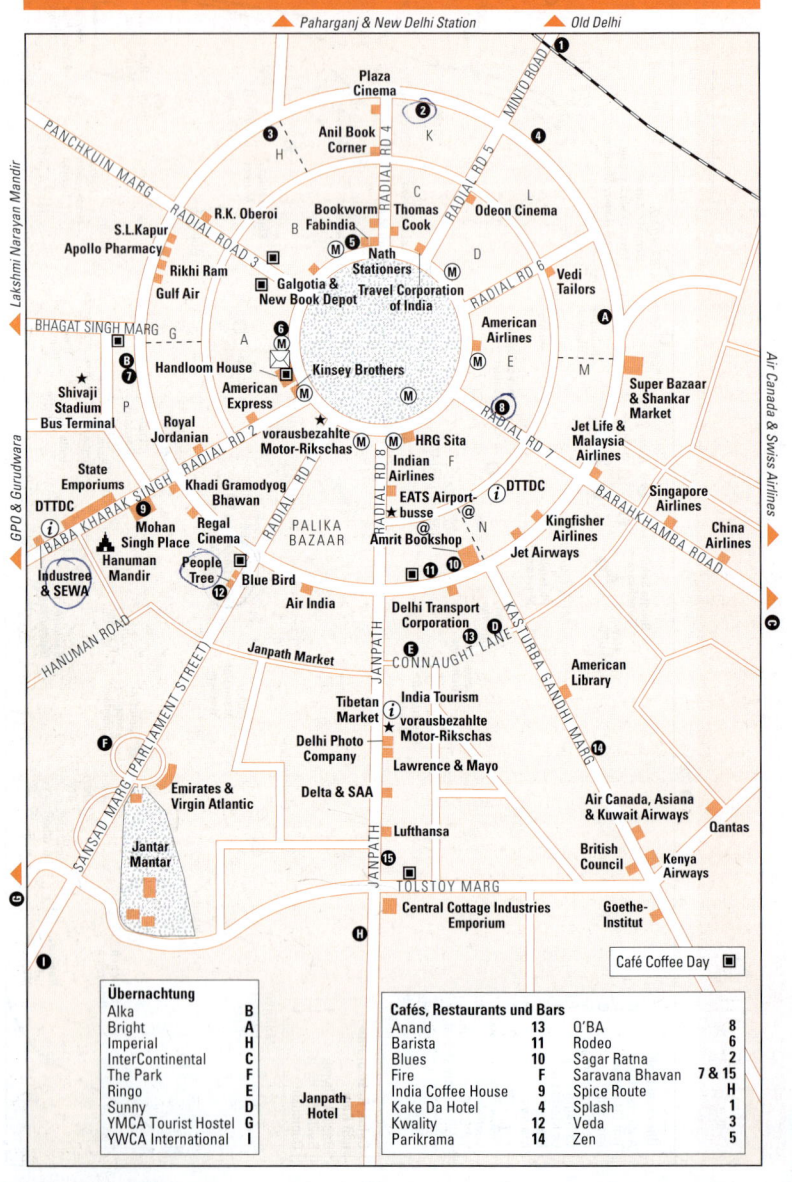

N 0 — 100 m

▼ Paharganj & New Delhi Station   ▼ Old Delhi

Delhi

Lakshmi Narayan Mandir
PANCHKUIN MARG
RADIAL ROAD 3
Plaza Cinema
Anil Book Corner
RADIAL ROAD 4
MINTO ROAD
R.K. Oberoi
S.L. Kapur
Apollo Pharmacy
Rikhi Ram
Gulf Air
Bookworm Fabindia
Nath Stationers
Galgotia & New Book Depot
Travel Corporation of India
Thomas Cook
RADIAL ROAD 5
Odeon Cinema
Vedi Tailors
BHAGAT SINGH MARG
Handloom House
American Express
Kinsey Brothers
American Airlines
RADIAL ROAD 6
Super Bazaar & Shankar Market
Air Canada & Swiss Airlines
Shivaji Stadium Bus Terminal
Royal Jordanian
vorausbezahlte Motor-Rikschas
RADIAL ROAD 2
HRG Sita
Indian Airlines
RADIAL ROAD 7
Jet Life & Malaysia Airlines
GPO & Gurudwara
State Emporiums
DTTDC
BABA KHARAK SINGH
Khadi Gramodyog Bhawan
RADIAL ROAD 8
EATS Airport busse
DTTDC
BARAKHAMBA ROAD
Singapore Airlines
China Airlines
Mohan Singh Place
Regal Cinema
PALIKA BAZAAR
Amrit Bookshop
Kingfisher Airlines
Jet Airways
Hanuman Mandir
Industree & SEWA
People Tree
Blue Bird
Air India
Delhi Transport Corporation
HANUMAN ROAD
JANPATH
Janpath Market
KASTURBA GANDHI MARG
CONNAUGHT LANE
American Library
Tibetan Market
India Tourism
vorausbezahlte Motor-Rikschas
Delhi Photo Company
Lawrence & Mayo
Delta & SAA
SANSAD MARG (PARLIAMENT STREET)
Emirates & Virgin Atlantic
Lufthansa
Air Canada, Asiana & Kuwait Airways
Qantas
Jantar Mantar
British Council
Kenya Airways
JANPATH
TOLSTOY MARG
Central Cottage Industries Emporium
Goethe-Institut
Café Coffee Day

Übernachtung	
Alka	B
Bright	A
Imperial	H
InterContinental	C
The Park	F
Ringo	E
Sunny	D
YMCA Tourist Hostel	G
YWCA International	I

Janpath Hotel

Cafés, Restaurants und Bars			
Anand	13	Q'BA	8
Barista	11	Rodeo	6
Blues	10	Sagar Ratna	2
Fire	F	Saravana Bhavan	7 & 15
India Coffee House	9	Spice Route	H
Kake Da Hotel	4	Splash	1
Kwality	12	Veda	3
Parikrama	14	Zen	5

168   New Delhi   www.stefan-loose.de/indien

Jantar Mantar

Südlich vom Connaught Place befindet sich in der Sansad Marg die Sternwarte Jantar Mantar, das erste von fünf Open-air-Observatorien und Vorgängerin der größeren in Jaipur (S. 212), die der Raja von Jaipur, Jai Singh II., errichten ließ. Seit ihrem Bau 1725 hat sich die Sternwarte kaum verändert: Riesige rote und weiße Steingebilde stehen schräg zwischen Palmen und Blumenbeeten – anhand ihres Schattenwurfs bestimmten die Menschen früher mit bewundernswerter Genauigkeit die Zeit, Sonnen- und Mondkalender sowie astrologische Bewegungen. ⏲ tgl. von Sonnenauf- bis Sonnenuntergang, Eintritt Rs100.

Paharganj

Stadtplan s. S. 181.

Paharganj, nördlich des Connaught Place und unmittelbar westlich der New Delhi Railway Station mit dem **Main Bazaar** im Zentrum des Viertels, ist für viele Budgetreisende die erste Begegnung mit dem Subkontinent. Hier finden sich unzählige billige Hotels, Restaurants, Cafés und *dhabas,* hinzu kommt ein geschäftiger Obst- und Gemüsemarkt auf halbem Weg den Main Bazaar hinunter. Das Viertel ist ein Mekka für Schnäppchenjäger auf der Suche nach flippiger Kleidung, Taschen und duftenden Ölen.

Paharganj hat aber auch eine Schattenseite: die Straßenkinder. Die meisten sind aus schwierigen Elternhäusern weggelaufen, oft hunderte von Kilometern entfernt, schlafen auf der Straße und schnüffeln Klebstoff, um ihren Schmerz zu betäuben. Eine hiesiges Hilfsprojekt hat den **Salaam Baalak Trust**, 🖥 www.salaambaalaktrust.com, ins Leben gerufen und organisiert Rundgänge durch Paharganj. Die Stadtführer sind ehemalige Straßenkinder; sie zeigen den Besuchern auch die verborgenen Seiten des Viertels. Die Touren dauern zwei Stunden, beginnen normalerweise um 10 Uhr und kosten Rs200. Reservierung unter ☏ 09873/130383 oder ✉ sbttour@yahoo.com. Aus den Erträgen werden Unterkünfte, Schulbildung und medizinische Hilfe für die Straßenkinder finanziert.

National Museum

Das National Museum, 11 Janpath, 🖥 www.nationalmuseumindia.gov.in, direkt südlich des

Besucher willkommen

Südwestlich des Connaught Place nahe dem GPO an der Ashoka Road, erhebt sich der riesige weiße Marmorbau des **Bangla Sahib Gurudwara**, Delhis größtem Sikh-Tempel. Seine goldene, zwiebelförmige Kuppel ist schon von weitem sichtbar. Der Tempel wurde 1664 anlässlich eines Delhibesuchs des achten Sikh-Gurus Hare Krishan erbaut und steht Besuchern offen; die Schuhe müssen im Informationszentrum nahe dem Haupteingang deponiert werden. Hier kann man sich auch in die Liste für eine kostenlose Führung eintragen. Zugang aber nur mit Kopfbedeckung und „ordentlicher" Kleidung. Der gesamte Komplex wird von den Klängen religiöser Musik erfüllt (Priester singen, spielen Harmonium und *tabla*), und jedermann ist eingeladen, dreimal täglich an den einfachen Mahlzeiten, bestehend aus *dhal* und *chapatis*, teilzunehmen.

Der **Lakshmi Narayan Mandir** nordwestlich der Hauptpost und direkt westlich des Connaught Place in der Mandir Marg ist ein großer, moderner Tempel, der ebenfalls Besuchern zugänglich ist. Er hat weiße, cremefarbene und rote Ziegelkuppeln und wurde von der wohlhabenden Kaufmannsfamilie Birla gestiftet (daher wird er auch Birla Mandir genannt). Der Hauptschrein des Tempels ist Lakshmi, der Göttin des Wohlstands (rechts) und ihrem Gemahl Narayana, alias Vishnu, dem Bewahrer des Lebens (links, mit einer Muschel in der Hand) gewidmet. Hinten sind in einem winzigen, mit farbigen Steinen und Spiegeln geschmückten Raum, der Krishna gewidmet ist, religiöse Gesänge zu hören. An den Wänden hängen Zitate aus Hindu-Schriften; viele auf Englisch.

⏲ tgl. 4–13.30 und 14.30-21 Uhr. Kameras, Schuhe und Handys müssen am Eingang abgegeben werden.

Rajpath, vermittelt einen guten Überblick über Kultur und Geschichte Indiens. In der Eintrittsgebühr für Ausländer ist eine Audiotour enthalten, dafür muss ein Pass, Führerschein, eine Kreditkarte oder Rs2000 (bzw. US$40/40 €) als Sicherheit hinterlegt werden. Im Schnellverfahren lässt sich das Museum in zwei Stunden besichtigen, aber wer wirklich etwas davon haben will, sollte sich mindestens einen halben Tag Zeit nehmen.

Die bedeutendsten Stücke befinden sich im Erdgeschoss; Ausgangspunkt der Besichtigung ist Saal 4, der sich mit der **Harappa**-Kultur beschäftigt. Die **Gandhara**-Skulpturen in Saal 6 weisen einen deutlichen griechisch-römischen Einfluss auf. In Saal 9 stehen ein paar sehr schöne Bronzen. Besondere Beachtung verdienen die aus der **Chola**-Periode (Südindien, 9.–13. Jh.) sowie eine aus dem 15. Jh. stammende Devi-Statue aus Vijanaraya in Südindien (links an der Wand). Saal 12 ist den **Moguln** vorbehalten, insbesondere ihren Miniaturmalereien. Bei näherer Betrachtung lassen sich zwei Bilder zu einem Thema ausmachen, das in diesem Kontext überrascht – die Geburt Christi.

Es lohnt sich, einen Abstecher ins Obergeschoss zu den **Textilien** zu machen, und im 2. Stock gibt es eine hervorragende Sammlung von **Musikinstrumenten**. Auf dem Weg nach draußen sollte man noch dem riesigen Tempelwagen aus Tamil Nadu einem Blick gönnen, einem beeindruckenden Stück Holzschnitzerei in einer Glasvitrine gleich beim südlichen Eintrittstor.

⏲ Di–So 10–17 Uhr; Führungen auf Englisch tgl. 10 Uhr; Eintritt Rs300, Fotoerlaubnis Rs 300.

Gedenkmuseen

Das **Nehru Memorial Museum** in der Teen Murti Marg ist im einstigen Wohnhaus von Indiens erstem Ministerpräsidenten Jawaharlal Nehru untergebracht. Eine seiner Passionen war die Astronomie, auf dem Gelände steht ein Planetarium (Rs2; 40-minütige Astronomie-Shows auf Englisch Di–So 11.30 und 15 Uhr, Rs15). ⏲ Di–So 9–17.30 Uhr; Eintritt frei.

Trotz ihrer drastischen Maßnahmen während der Zeit des Notstands 1975–77 (S. 132) erinnern sich viele Menschen an Nehrus Tochter Indira Gandhi immer noch mit Respekt und Zuneigung. Das **Indira Gandhi Memorial Museum**, 1 Safdarjang Rd, ist in dem Haus untergebracht, wo sie 1984 von ihren Sikh-Bodyguards ermordet wurde. Zu den Ausstellungsstücken zählt ihr chemisch konservierter, blutbefleckter Sari. Eine Abteilung befasst sich mit ihrem Sohn Rajiv und zeigt ebenfalls die Kleidung, die er trug, als auch er ermordet wurde: 1991 wurde er von tamilischen Separatisten aus Sri Lanka umgebracht. ⏲ Di–So 9.30–16.45 Uhr; Eintritt frei.

Noch tragischer als die Todesumstände von Rajiv und Indira war die Ermordung des „Vaters der Nation", Mahatma Gandhi, der denselben Familiennamen trug, aber nicht mit ihnen verwandt war. Das **Gandhi Smriti**, 5 Tees January Marg, ist das Haus, in dem Gandhi seine letzten Tage verlebte. Er war nach Delhi gekommen, um beschwichtigend auf die Ausschreitungen einzuwirken, die die Landesteilung begleiteten. Die Hindu-Extremisten hassten ihn, weil er sich schützend vor die Moslems stellte, und einer von ihnen erschoss ihn am 30. Januar 1948. Eine Ausstellung ist seinem Leben gewidmet. ⏲ Di–So 10–17 Uhr; Eintritt frei.

National Gallery of Modern Art

Wo früher der Maharadscha von Jaipur residierte, befindet sich heute die umfangreiche National Gallery of Modern Art. In dem Gebäude nahe dem India Gate wird eine abwechslungsreiche Sammlung zeitgenössischer indischer Kunst präsentiert, wobei der Schwerpunkt auf der Zeit nach den 30er-Jahren liegt. Die ständige Ausstellung umfasst viele von Indiens besten Werken, z. B. die der „bengalischen Renaissance"-Künstler Abanendranath Tagore und Nandalal Bose, des großen Poeten und Malers Rabindranath Tagore sowie von Jamini Roy, dessen Arbeit an Modigliani erinnert und den Einfluss indischer Volkskunst reflektiert. In den Galerien im Erdgeschoss werden wechselnde Ausstellungen mit zeitgenössischen Werken vom gesamten Subkontinent gezeigt. ⏲ Di–So 10–17 Uhr, Eintritt Rs 150.

Crafts Museum

Unmittelbar nördlich vom Purana Qila bietet das Crafts Museum in der Bhairon Marg einen Einblick in indisches Kunsthandwerk. In den Ausstellungsräumen sind verschiedene Textilien, Schnitzereien, Keramiken, Gemälde und Metallarbeiten aus ganz Indien zu sehen. Der Dorfkomplex veranschaulicht die Bautraditionen verschiedener Regionen. Bei den Vorführungen sind einige Kunsthandwerker bei der Arbeit zu sehen und es werden Arbeiten aus unterschiedlichen Landesregionen verkauft. ⏲ Di–So 10–17 Uhr; Eintritt frei.

Old Delhi (Shahjahanabad)

Das im 17. Jh. von dem Mogul-Herrscher Shah Jahan erbaute Shahjahanabad ist eigentlich nicht Delhis ältester Stadtteil. Trotzdem wird es gemeinhin Old Delhi genannt.

Mit dem Bau der Stadt wurde 1638 begonnen, und innerhalb von elf Jahren war sie im Grunde fertig gestellt und von einer Stadtmauer mit 14 Haupttoren und einer Länge von mehr als 8 km umschlossen. Shahjahanabad besaß eine herrliche zentrale Hauptstraße, **Chandni Chowk**, eine imposante Zitadelle, das **Rote Fort** (Lal Qila) sowie eine wunderschöne Freitagsmoschee, die **Jama Masjid**. Mittlerweile liegt die Stadtmauer größtenteils in Trümmern und von den 14 Toren sind nur noch vier erhalten. Wer in das faszinierende Treiben eintauchen will, braucht eine Portion Unerschrockenheit, Geduld und einige Chai-Pausen, um die Menschenmengen und den dichten Verkehr zu ertragen. In Old Delhi gibt es drei U-Bahnstationen: Chandni Chowk, Chawri Bazaar und New Delhi.

Das Rote Fort (Lal Qila)

Old Delhis größtes Bauwerk ist Lal Qila (Rotes Fort), das dem Fort von Agra nachempfunden wurde. Sein englischer Name «Red Fort» erklärt sich aus dem roten Sandstein, aus dem es erbaut wurde. In Auftrag gegeben wurde es 1638 von Shah Jahan; es sollte ihm als Residenz dienen. Die Festung ist mit allem ausgestattet, was von dem Machtzentrum einer Mogul-Regierung erwartet werden darf: Audienz-Hallen, Marmorpaläste, luxuriöse Privaträume, eine Moschee und kunstvoll angelegte Gärten. Die Festungsmauern haben eine Gesamtlänge von 2 km und zwei Tore – das **Lahori Gate** im Westen, das gleichzeitig das Eingangstor ist, und das **Delhi Gate** im Süden. Shah Jahans Sohn Aurangzeb ließ an beiden Toren Wachttürme anbringen. Damals verlief die Yamuna entlang der Westmauer und speiste sowohl den Burggraben als auch einen „Strom des Paradieses", der durch jeden Pavillon floss. Mit dem Ende des Mogul-Reiches war das Fort dem Verfall preisgegeben. 1739 wurde es vom persischen Herrscher Nadir Shah und 1857 von den britischen Soldaten überfallen und geplündert. Trotzdem ist das Rote Fort noch immer ein beeindruckendes Zeugnis der Mogul-Zeit. Besucher sollten ihre Eintrittskarte aufbewahren, denn sie muss immer wieder mal vorgezeigt werden (z. B. um in die Museen zu kommen).

Hinter dem Haupttor, dem Lahori Gate, liegt der **Chatta Chowk**, ein passagenartiger Basar, wo früher die besten Kunsthandwerker ihrer Zunft – Juweliere, Teppichknüpfer, Goldschmiede und Silberweber – ihrer Arbeit nachgingen, heute sind hier Souvenirverkäufer untergebracht. Am Ende der Straße geht links ein Pfad zum Museum of the Struggle for Independence (Museum für den Unabhängigkeitskampf) ab, das sich mit dem Widerstand gegen das britische Kolonialregime beschäftigt.

Jenseits der **Naubhat Khana** (Galerie der Musiker) verläuft ein Weg zwischen breiten Rasenflächen zur **Diwan-i-Am**, der öffentlichen Empfangshalle, wo der Herrscher dem gemeinen Volk Audienz gewährte und Hof hielt.

Die Pavillons entlang der Ostmauer des Forts grenzen an eine ausgedehnte Gartenanlage und überblicken das Ufer der Yamuna. Unmittelbar östlich des Diwan-i-Am liegt der **Rang Mahal** (Palast der Farben), in dem die Frauen und Konkubinen des Herrschers wohnten. Die Decke war ursprünglich mit Gold und Silber überzogen und spiegelte sich im Marmorboden des zentralen Brunnens wider. Der Palast wurde schwer in Mitleidenschaft gezogen, als die Briten ihn nach dem Aufstand von 1857 als Offiziersmesse benutzten. Ähnlich gestaltet ist der **Mumtaz Mahal**, südlich der großen *zenana* (Frauenquartiere) gelegen und einst vermutlich von den Prinzessinnen bewohnt. Heute ist hier ein archäologisches Museum untergebracht.

Der marmorne **Khas Mahal** an der Nordseite des Rang Mahal barg die Privatgemächer des Herrschers: Bet-, Schlaf- und Wohnbereiche. Die Nordwand des Südzimmers, des Tosh Khana (Ankleidezimmer), ziert ein filigraner Wandschirm aus Marmor unter einem Relief, das die Waage der Justitia darstellt. An die Ostwand des Khas Mahal grenzt ein achteckiger Turm, von dem aus sich der Herrscher täglich der Menschenmenge zeigte.

Der große **Diwan-i-Khas** (private Audienzhalle) nördlich des Khas Mahal ist das prächtigste Gebäude der gesamten Anlage. Die mächtigen

> **Ton- und Lichtshows**
>
> Jeden Abend außer Mo finden im Roten Fort Ton- und Lichtshows statt: Die Paläste werden spektakulär beleuchtet und aus blechernen Lautsprechern ertönt ein historischer Kommentar. Beginn der Shows ist nach Sonnenuntergang, sie dauern eine Stunde (Shows auf Englisch: Feb–April und Sep–Okt 20.30 Uhr, Mai–Aug 21 Uhr, Nov–Jan 19.30 Uhr; Eintritt Rs50; 011/2327 4580). Die Moskitos sind so lästig, dass zur abendlichen Grundausstattung unbedingt ein Insektenschutzmittel gehört. Im Sommer können die Shows durch den heftigen Monsunregen behindert werden.

Säulen im Innern des marmornen Pavillons sind mit exquisiten Einlegearbeiten aus Halbedelsteinen geschmückt. An der Nord- und Südwand lässt sich noch immer die Inschrift eines auf Persisch verfassten Reims entziffern, die Shah Jahans Premierminister zugeschrieben wird: „Gibt es auf Erden hier ein Paradies, so ist es dies, oh ist es dies, oh ist es dies." Es handelt sich nicht nur um ein Lobgedicht, sondern das Verspaar bezieht sich auf die Gärten der Festung und den Koran, der den Himmel als Garten beschreibt.

Etwas weiter nördlich befindet sich der **Hammam** (Bäder). Die Einlassungen im Marmorboden sind mit wunderbaren Edelsteinen verziert. Durch die Buntglasfenster wird alles in ein zauberhaftes Licht getaucht. Im westlichen Zimmer befanden sich die heißen Bäder, die östlichen Räume schmückten Brunnen mit Rosenwasser; sie wurden als Ankleidezimmer genutzt. Neben dem Hammam steht die gefällige **Moti Masjid**, oder Pearl Mosque. Die „Perlenmoschee" mit ihren drei Kuppeln ließ Aurangzeb 1659 anbauen. Leider ist sie derzeit für die Öffentlichkeit geschlossen.

⏰ Di–So von Sonnenauf- bis Sonnenuntergang, Museen 10–17 Uhr; Eintritt Rs100.

Jama Masjid

Die rot-weiße Jama Masjid, ein herrliches Beispiel für Mogul-Pomp, ist die größte Moschee Indiens. Im Innenhof finden bis zu 25 000 Gläubige Platz. Der Entwurf stammt von Shah Jahan selbst, erbaut wurde die Moschee zwischen 1644 und 1656 von rund 5000 Arbeitern. Das ursprünglich Masjid-i-Jahanuma genannte Gotteshaus („Moschee, die einen Blick auf die Welt gewährt") steht auf dem Bho Jhala, einem der beiden Hügel von Shahjahanabad, und bietet einen Blick auf das Rote Fort und die bevölkerten Straßen von Old Delhi. Breite, rote Treppen aus Sandstein führen zu den Eingangstoren auf der Ost-, Nord- und Südseite, wo Besucher ihre Schuhe ausziehen müssen. ⏰ 8–12.15 und 13.45 Uhr bis eine halbe Stunde vor Sonnenuntergang, im Sommer ab 7 Uhr, nachmittags für 30 Min. zum Gebet geschlossen; Eintritt frei; Fotoerlaubnis Rs200, Shorts, kurze Röcke und ärmellose Oberteile sind tabu.

Im Innenhof wird der Blick sofort auf die drei zwiebelförmigen Kuppeln aus Marmor gelenkt, welche die **Hauptgebetshalle** auf der Westseite (in Richtung Mekka) krönen. Angrenzend verläuft eine Reihe hoher, spitz zulaufender Bögen, unter denen sich der *mihrab* befindet, eine Nische, die anzeigt, in welche Richtung die Gebete gesprochen werden müssen. Das Wasserbecken in der Mitte des Hofes dient rituellen Waschungen. An jeder Ecke des Hofes strebt ein schlankes, von einer Marmorkuppel gekröntes Minarett gen Himmel. Es lohnt sich, den **Turm** südlich des Hauptheiligtums zu besteigen (Eintritt Rs20, Frauen haben nur in männlicher Begleitung Zutritt), um den Ausblick über Delhi zu genießen. In der nordöstlichen Ecke beherbergt ein weißer Schrein von Rosenblättern bedeckte Reliquien des Propheten Mohammed, darunter seine Sandalen, ein Barthaar und sein „Fußabdruck", der auf wundersame Weise in eine Marmorplatte geprägt ist.

Raj Ghat

Als Shah Jahan 1638 seine Stadt gründete, grenzten deren östliche Ausläufer an den Fluss Yamuna, an dessen Ufern man eine Reihe von Treppen *(ghats)* eingebaut hat. Raj Ghat, östlich des Delhi Gate – eigentlich mehr ein Park als eine Treppe – ist die Stelle, wo Mahatma Gandhi 1948, einen Tag nach seiner Ermordung, eingeäschert wurde. Auf der *samadhi* (Urnengrabstätte) von Mahatma, einem niedrigen schwarzen Sockel, sind seine letzten Worte eingraviert: „Hai

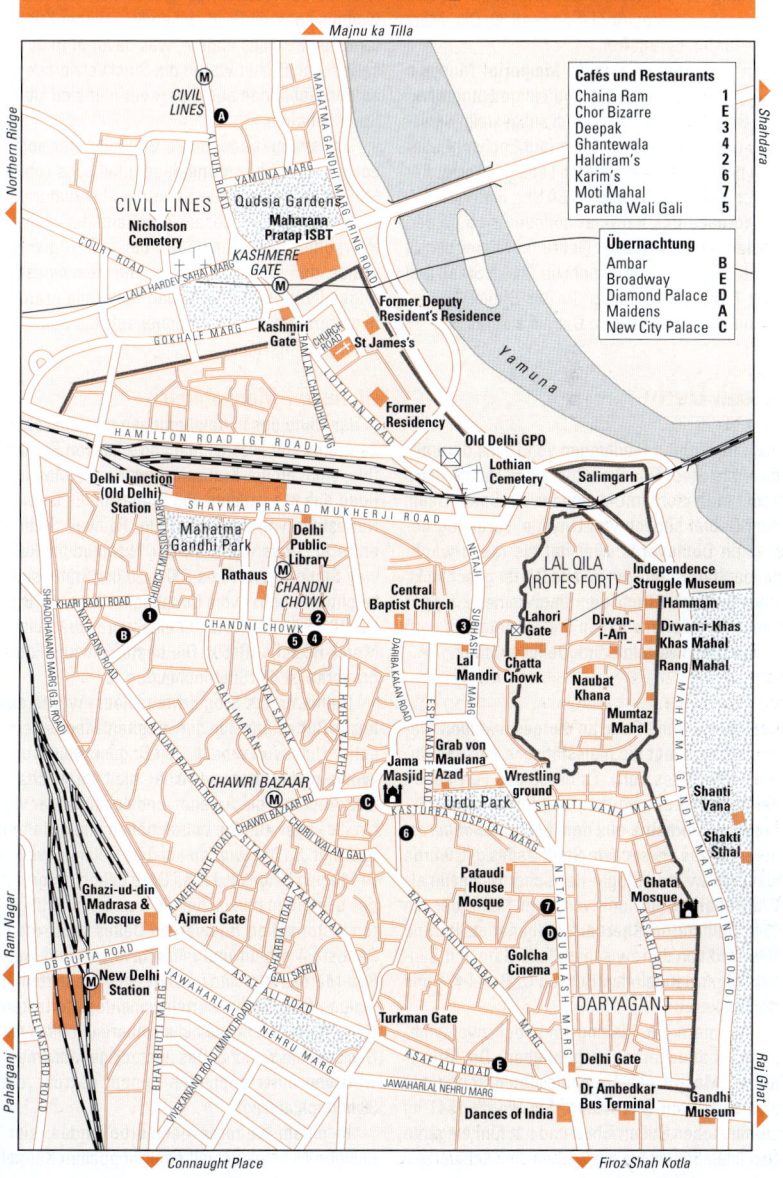

Old Delhi

Cafés und Restaurants	
Chaina Ram	1
Chor Bizarre	E
Deepak	3
Ghantewala	4
Haldiram's	2
Karim's	6
Moti Mahal	7
Paratha Wali Gali	5

Übernachtung	
Ambar	B
Broadway	E
Diamond Palace	D
Maidens	A
New City Palace	C

www.stefan-loose.de/indien

Old Delhi (Shahjahanabad) 173

Ram" („O Gott"). Jeden Freitag um 17 Uhr sowie an seinem Geburtstag (2. Oktober) und seinem Todestag (30. Januar) werden hier für ihn Gebete gesprochen. ⏰ tgl. April–Sep 5–19.30, Okt–März 5.30–19 Uhr, Eintritt frei.

In dem kleinen **Gandhi Memorial Museum** gegenüber der Raj Ghat sind einige Fotografien und Schriftstücke von Ghandi ausgestellt. Samstags um 16 Uhr laufen Filme (auf Englisch) über sein politisches und privates Leben. ⏰ tgl. außer Mo und jeden 2. So 9.30–17.30 Uhr; Eintritt frei.

Nördlich des Raj Ghat befinden sich an den Stellen, wo Jawaharlal Nehru (in Shanti Vana), seine Tochter Indira Gandhi (in Shakti Sthal) und sein Enkel Rajiv Gandhi (in Vir Bhumi) eingeäschert wurden, weitere Gedenkstätten.

Marmor verziert sind. Die geometrischen Muster und geschnitzten arabischen Schriftzeichen rund um den Haupteingang sprechen von einem weitaus höheren Grad an handwerklicher Kunstfertigkeit als alles andere, was davor in Delhi zu sehen war. Früher waren die Stuckverzierungen an den Gebäuden aus Gips, aber hier sind sie in Stein gehauen.

Das zweite bedeutende Gebäude, der achteckige Turm Sher **Mandal**, ebenfalls aus rotem Sandstein, diente Sher Khan als Observatorium und Bibliothek. In diesem Turm fand der Mogul-Herrscher Humayun (1520–56) auf tragische Weise den Tod, als er dem Ruf des *muezzin* folgend zum Gebet eilte und die steile Treppe hinunterstürzte. ⏰ tgl. Sonnenauf- bis Sonnenuntergang; Rs100.

South Delhi

Viele der frühen Siedlungen von Delhi, darunter die erste Stadt Qila Rai Pithora (um Qutb Minar), findet man nicht in Old, sondern in South Delhi, dem Gebiet südlich von Lutyens' sorgfältig geplanten Boulevards. Hier hat die rasch wachsende Stadt schon einige alte Dörfer geschluckt. Und da im Zentrum der Platz immer knapper wird, werden neue Läden und Restaurants gern in den Wohnvierteln South Delhis eröffnet.

Purana Qila

Östlich des India Gate, an der geschäftigen Mathura Road, liegt die majestätische Festung Purana Qila (Altes Fort). Es heißt, das Fort sei an der Stelle erbaut worden, wo sich die Pandava-Stadt **Indraprastha** aus dem Epos *Mahabharata* befand. Was als sechste Stadt Delhis gilt, wurde von dem zweiten Mogul-Herrscher Humayun als **Din-Panah** erbaut und von Sher Khan, der ihn 1540 ablöste, in **Shergarh** umbenannt. Purana Qila wird von den zwischen Delhi Gate und Sunder Nagar pendelnden Bussen (z. B. Nr. 423 und 438) bedient.

Im Innern der Festung sind noch zwei wichtige Gebäude erhalten geblieben. Die **Qila-i-Kuhna Masjid** gilt als eines der prächtigsten Bauwerke von Sher Khan. Sie wurde 1541 im afghanischen Stil errichtet und hat fünf elegante Sandsteinbögen, die mit weißem und schwarzem

Humayun-Mausoleum

In der Nähe des mittelalterlichen moslemischen Zentrums von Nizamuddin und 2 km von Purana Qila, steht an der Kreuzung Lodi Road / Mathura Road das Mausoleum von Humayun. Es ist eine Haltestelle von der New Delhi Railway Station entfernt. Aussteigen an der Nizamuddin Railway Station, von wo es 500 m zu der Stätte sind. Leicht erreichbar vom Connaught Place per Bus (Nr. 181, 966 und 893) oder einer vorausbezahlten Motor-Rikscha (Rs50). Die beste Zeit zum Fotografieren ist der Spätnachmittag.

Delhis erstes Mogul-Mausoleum wurde als letzte Ruhestätte für den zweiten Mogul-Herrscher Humayun erbaut. Haji Begum, Humayuns Witwe und Mutter von Akbar, hielt ein wachsames Auge auf die Arbeiten und schlug sogar vor Ort ihr Lager auf. Sie wurde neben ihrem Gatten beerdigt. Später wurden auf dem Gelände weitere Moguln beigesetzt. Das Grab gehört aufgrund des eleganten persischen Stils zu den prächtigsten historischen Bauwerken Delhis. Aus rotem Sandstein erbaut und mit schwarzen und weißen Marmorintarsien verziert, steht es mitten in einem *charbagh* (in Viertelsegmente unterteilten Garten) auf einem weithin sichtbaren Podium mit Blick auf die Yamuna. Das achteckige Monument wird von einer doppelten Kuppel gekrönt, die 38 m hoch aufragt.

In einem weiteren beeindruckenden, viereckigen Mausoleum mit einer doppelten Kuppel und zwei mit Koranschriften verzierten Gräbern soll Humayuns Barbier bestattet sein. Er galt als wichtiger Mann, denn er genoss das Vertrauen des Herrschers und durfte ihm sein Rasiermesser an die Kehle setzen.

In der Nähe, aber außerhalb des Geländes (wer einen näheren Blick darauf werfen will, muss also darum herum gehen), erhebt sich **Nila Gumbad** („blaue Kuppel"), eine achteckige Grabstätte mit einer blau gekachelten Kuppel. Sie soll von einem Adligen Akbars erbaut worden sein, um einen treuen Diener zu ehren, aber vielleicht stammt sie auch aus der Zeit vor dem Humayun-Mausoleum. ⏱ tgl. Sonnenauf- bis Sonnenuntergang, Eintritt Rs250.

Nizamuddin

Gegenüber dem Humayun-Mausoleum, jenseits der Mathura Road, liegt umgeben von Hauptverkehrsachsen und vornehmen Vierteln das *mahalla* (Dorf) Nizamuddin. Hier verläuft das Leben in ganz gemächlichen Bahnen; es gibt keinen Verkehr, sondern alte Moscheen und Grabstätten, und das unterscheidet sich dermaßen von der Stadt ringsum, dass der Besuch einer Zeitreise in die Vergangenheit gleicht. Im Zentrum des Gassengewirrs mit Geschäften und Marktständen liegt einer der bedeutendsten Schreine des Sufismus, der **Hazrat Nizam-ud-din Dargah**, der Gläubige von nah und fern anzieht.

Der marmorne *dargah* ist die Grabstätte von Scheich Nizam-ud-din Aulia (1236–1325), dem 4. Heiligen des Chishtiya Sufi-Ordens (Anhänger der Khwaja Muin-ud-din Chishti von Ajmer; S. 245). Zum eigentlichen Grab im Inneren des Heiligtums haben Frauen keinen Zutritt. Scheich Nizam-ud-dins Schüler, der Dichter und Chronist **Amir Khusrau** – der offiziell als erster Urdu-Poet und Gründer der *khyal* gilt, der bekanntesten Form klassischer nordindischer Musik – liegt in einem roten Sandsteingrab vor dem Mausoleum seines Lehrers begraben.

Religiöse Gesänge und Musik spielen bei den Chishtiyas, ebenso wie bei mehreren Sufi-Orden, eine wichtige Rolle, und abends (besonders donnerstags und an Festtagen) kommen *qawwals* (Barden) zusammen, um gemeinsam zu singen.

Das älteste Bauwerk des Geländes, die rote Sandstein-Moschee **Jamat Khana Masjid**, liegt westlich der Grabstätte. Ihr Bau wurde 1325 von Khizr Khan, dem Sohn des Khalji-Sultans Ala-ud-din, in Auftrag gegeben. Neben Amir Khusraus Mausoleum befindet sich das von marmornen Wandschirmen umgebene **Grab von Prinzessin Jahanara**, der Lieblingstochter Shah Jahans. Gemäß dem Wunsch der Prinzessin bedeckt nichts als Gras ihr Grab.

Unmittelbar östlich des *dargah*-Geländes steht das elegante, auf 64 Säulen ruhende, aus weißem Marmor erbaute **Chausath Khamba**. Das Mausoleum wurde für die Familie eines Mogul-Politikers erbaut, der Gouverneur von Gujarat gewesen war. Entsprechend trägt es in seiner niedrigen, breiten Bauweise und mit den eleganten Marmorschirmen unverkennbare Gujarati-Einflüsse. Das Mausoleumsgelände ist normalerweise abgeschlossen, aber meistens ist der Wächter irgendwo in der Nähe und schließt auf, wenn jemand Interesse bekundet.

Lodi Gardens

Der gepflegte Lodi-Park, 2 km westlich von Nizamuddin an der Lodi Road, ist Teil eines Gürtels von Natur- und Baudenkmälern aus dem 15. und 16. Jh. Eine Fahrt in der Motor-Riksha vom Connaught Place zum Park kostet Rs40. Die Anlage liegt heute inmitten von Golfplätzen, großen Bungalows und exklusiven Wohnanlagen. Im Park ist es besonders am frühen Morgen und Abend viel los, wenn die Fitness-Enthusiasten zum Walken oder Laufen hierher kommen. Innerhalb des Parks liegt auch der **National Bonsai Park**. Am besten besucht man die Anlage bei Sonnenuntergang, dann ist das Licht am schönsten, und die Grabstätten sind beleuchtet.

Nahe beim Parkzentrum befindet sich die beeindruckende **Bara Gumbad** („große Kuppel"), eine quadratisch angelegte Grabstätte aus dem späten 15. Jh. Eine ähnliche Grabstätte 50 m weiter nördlich, **Shish Gumbad** („verglaste Kuppel"), zeigt noch immer Reste der blauen Ziegel, die großzügig für die Friese unterhalb des Gesims und oberhalb des Eingangs verwendet wurden. Die Stuckarbeiten im Innern zieren wieder kunstvolle Koraninschriften.

300 m südwestlich der Bara Gumbad liegt das achteckige **Grab von Muhammad Shah** (1434–44) aus der Sayyiden-Dynastie. 300 m nördlich und

eingeschlossen von hohen Mauern ruht **Sikandar Lodi** (1517–18). In der nordwestlichen Ecke des Parks stößt man auf Athpula („acht Pfeiler"), eine verzierte Brücke aus dem 16. Jh. ⏰ tgl. 5–20 Uhr, Eintritt frei.

Safdarjang-Mausoleum

Das Grab von Safdarjang, dem Mogul-Vizekönig von Avadh unter Muhammad Shah (1719–48), steht an der Kreuzung Lodi Road / Aurobindo Marg, 5 km südwestlich vom Connaught Place. Zu erreichen vom Ajmeri Gate oder Connaught Place (Kasturba Gandhi Marg), oder vom Connaught Place mit einer vorausbezahlten Motor-Riksha (Rs50). Der doppelgeschossige, mit Marmorintarsien verzierte Bau aus rotem Sandstein erhebt sich auf einer Plattform mit Blick auf den benachbarten Delhi Flying Club. Das Grab – das letzte von Indiens großen Gartengräbern der Moguln – wurde zwischen 1753 und 1774 errichtet, nach der blutigen Invasion und Plünderung der Stadt durch Nadir Shah. Zu dieser Zeit war das Reich nur noch ein Schatten seiner selbst und viele der vormals großartigen Gebäude der Hauptstadt waren nurmehr Ruinen. Mit seiner wuchtigen Kuppel und einem mit allerlei Verzierungen und verschnörkeltem Stuck völlig überladenen Inneren ist das Mausoleum Stein gewordener Ausdruck der Dekadenz, die die Endphase der Mogul-Herrschaft kennzeichnete.

⏰ tgl. Sonnenauf- bis Sonnenuntergang, Eintritt Rs100.

Baha'i-Tempel

Der 1986 erbaute Baha'i-Tempel, eine Ikone moderner Architektur, wird oft mit der Oper von Sydney verglichen. Während jene von Apfelsinenspalten inspiriert wurde, gleicht der Baha'i-Tempel einer sich öffnenden Lotusknospe und wird daher auch **Lotustempel** genannt. 27 überdimensionale Blütenblätter aus weißem Marmor symbolisieren die neun spirituellen Pfade der Baha'i-Glaubensphilosophie; in jeder der durch ein Blütenblatt geformten Nischen befindet sich ein Auszug aus den heiligen Baha'i-Schriften. Der Tempel inmitten einer großen Grünanlage zeigt sich bei Sonnenuntergang von seiner faszinierendsten Seite. ⏰ Di–So April–Sep 9–19, Okt–März 9.30–17.30 Uhr. Es kann sein, dass man gebeten wird, kurz draußen zu warten, um die Andachten nicht zu stören, die jeweils zur vollen Stunde von 9–12 und 15–17 Uhr abgehalten werden.

Die Fahrt mit einer vorausbezahlten Motor-Riksha vom Connaught Place hierher kostet Rs75, man kann aber auch Bus Nr. 440 vom Bahnhof New Delhi (Gate 1) nehmen oder vom Connaught Place (der Haltestelle an der Kasturba Gandhi Marg) zur Outer Ring Road beim Kalkaji Bus Depot, das eine kurze Fußstrecke vom Tempel entfernt ist.

Felsen-Edikt von Kaiser Ashoka

Nordwestlich des Baha'i Temple, gleich bei der Raja Dhirsain Marg, befindet sich das Edikt von Ashoka, eine zehnzeilige Inschrift in der alten Brahmi-Schrift auf einem Felsblock. Den Stein, der inzwischen überdacht in einem eigenen Minipark steht, benutzten die Kinder der Nachbarschaft bis 1966 als Rutsche. Dann entdeckten die Anwohner die alte Inschrift, die unter dem Maurya-Kaiser Ashoka dem Großen im 3. Jh. v. Chr. üblich war und beweist, dass ganz in der Nähe eine bedeutende Niederlassung gewesen sein muss. Die Inschrift besagt, dass des Kaisers Bemühungen um die Verbreitung der buddhistischen Lehre die Menschen den Göttern näher gebracht habe.

Tughluqabad

15 km südöstlich vom Connaught Place an der Straße von Mehrauli nach Badarpur (der Eingang befindet sich 1 km östlich der Kreuzung mit der Guru Ravidas Marg), erhebt sich auf einem Felsvorsprung die verfallene Festungsanlage der dritten Stadt von Delhi, Tughluqabad. Sie entstand während der kurzen Regentschaft von Ghiyas-ud-din Tughluq (1320–24) und wurde nach dem Tod des Königs wieder aufgegeben, vermutlich wegen Wassermangels.

Der interessanteste Teil ist die von hohen Mauern umgebene Zitadelle im Südwesten der Anlage, von der heute nurmehr ein langer unterirdischer Gang, die Überreste mehrerer Hallen sowie ein Turm zu sehen sind. Vom einstigen Palast im Westen ist kaum noch etwas übrig, aber das Schachbrettmuster der Straßen ist noch zu erkennen.

Das südlichste der 13 Tore geht auf einen Dammweg hinaus, der von der heutigen Straße durchbrochen ist und die Festung mit dem Grab von Ghiyas-ud-din Tughluq verbindet. Das außergewöhnliche Mausoleum mit seiner Marmorkuppel thront hinter einem mächtigen roten Sandsteintor auf einem hohen Sockel. Zu den hier bestatteten Toten gehören Ghiyas-ud-din, seine Ehefrau, ihr Sohn Muhammad Shah II. und sogar Ghiyas-ud-dins Lieblingshund. Blickt man von hier gen Südosten, so erkennt man auf einem Hügel die Ruinen des von Muhammad Shah II. erbauten Forts Adilabad (Eintritt frei), das weitestgehend im selben Stil wie die Festung des Vaters konstruiert wurde.

Nach Tughluqabad fahren die Busse Nr. 34, 525 und 717 auf der Mehrauli–Badarpur Road von Lado Sarai unweit des Qutb Minar, und Nr. 430 vom Kalkaji in der Nähe des Baha'i-Tempel. Vom Connaught Place gelangt man am leichtesten mit einer vorausbezahlten Motor-Riksha hin (rund Rs100). Die beste Busverbindung vom Bahnhof New Delhi (Gate 1) oder Connaught Place (Haltestelle in der Kasturba Gandhi Marg) ist Linie 440 bis zur Kreuzung der Guru Ravidas Marg mit der Mehrauli–Badarpur Road in Hamdard Nagar, von dort geht es entweder zu Fuß (1 km) weiter oder mit einem der Busse, die auf der Mehrauli–Badarpur Road nach Osten fahren.

🕓 tgl. Sonnenaufgang bis -untergang, Eintritt Rs100.

Qutb Minar-Komplex

Die ersten Bauwerke des moslemischen Indiens, heute bekannt unter der Bezeichnung Qutb Minar-Komplex, befinden sich auf einem gepflegten Gelände 13 km südlich vom Connaught Place, abgehend von der Aurobindo Marg. Es lässt sich leicht erreichen: per Bus Nr. 505 vom Ajmeri Gate, Connaught Place (Super Bazaar) oder der Kasturba Gandhi Marg, bzw. mit einer vorausbezahlten Motor-Riksha vom Connaught Place (Rs70). Erbaut wurden sie auf den Trümmern von **Lal Kot**, der „ersten Stadt von Delhi", die im 11. Jh. von den Tomar-Rajputen gegründet wurde. Heute findet sich hier eines von Delhis berühmtesten Wahrzeichen: der spitz zulaufende, rote Sandsteinturm des Qutb Minar. Inmitten von Ruinen strebt er knapp über 72 m hoch in den Himmel und ist mit herrlichen Ornamenten und Koranversen verziert. In früheren Zeiten galt der Turm als eines der „Wunder des Orients", das auf der Rangliste gleich nach dem Taj Mahal kam. Der Historiker John Keay hingegen gab den Kommentar ab, der Turm habe unglücklicherweise eine starke Ähnlichkeit mit einem Fabrikschornstein.

Das **Minarett** wurde 1202 als Siegesturm von Qutb-ud-din Aibak errichtet. Man feierte damit den Beginn der moslemischen Vorherrschaft über Delhi und weite Teile des Subkontinents. Für Qutb-ud-Din, der vier Jahre nach seiner Machtergreifung starb, markierte das Bauwerk die östlichste Grenze des islamischen Glaubens und warf den Schatten Gottes über Ost und West. Zugleich diente der Turm als Minarett, von dem der *muezzin* die Gläubigen zum Gebet rief. Qutb-ud-dins kurzer Regierungszeit wird nur das erste Stockwerk zugeschrieben, die anderen vier gehen auf seinen Nachfolger Iltutmish zurück. Firoz Shah ließ das oberste Stockwerk 1369 mit Marmor restaurieren.

An den Turm angrenzend befinden sich die Ruinen von Indiens erster Moschee, **Quwwat-ul-Islam** („die Macht des Islam"). Sie wurde im Auftrag von Qutb-ud-din aus den Überresten von 27 Hindu- und Jaintempeln und unter Mitarbeit von hinduistischen Steinmetzen erbaut. Ihr Einfluss kommt in der traditionellen Kragtechnik zum Ausdruck, in der Architrave, Konsolen und Pfeiler die vorherrschenden Elemente sind. Treppen führen zu einem beeindruckenden Innenhof, der von Säulengängen flankiert wird. Die Säulen stammen eindeutig von einem Hindu-Tempel und wurden den strengen islamischen Gesetzen, die jegliche figürliche Darstellung verbieten, angepasst. Von den Gesichtern der eingehauenen, dekorativen Figuren ist nichts mehr zu erkennen.

Besonders schön verzierte Bögen sind von der einstigen Gebetshalle erhalten geblieben. Die Westfassade der Moschee (in Richtung Mekka) schmücken kunstvolle Reliefs, die die Kalligraphie des Korans mit dem Motiv der indischen Lotusblüte verbinden. Iltutmish und seine Nachfolger erweiterten die Moschee. Sie vergrößerten die Gebetshalle und die Säulengänge und führten geometrische Muster, Kalligraphie, glasierte Ziegel und Stützbogen ein.

Der Khalji-Sultan Ala-ud-din ließ die Moschee nach Norden hin erweitern und wollte einen Turm bauen, der noch höher als der Qutb Minar sein sollte, aber sein Alai Minar gedieh nie über das erste Stockwerk hinaus. Es steht immer noch und gilt als Symbol für die Sinnlosigkeit eitlen Strebens. Ala-ud-din gab auch das **Alai Darwaza** in Auftrag, ein elegantes, mausoleumartiges Tor mit steinernen Fenstergittern neben dem Qutb Minar.

Einen Kontrast zu der überwiegend islamischen Gestaltung bietet die Eisensäule auf dem Gelände von Qutb-ud-dins originaler Moschee, deren Sanskrit-Inschriften aus der Gupta-Zeit (4. Jh.) darauf hindeuten, dass sie zu Ehren von König Chandragupta II. (375–415) aufgestellt wurde. Oben auf der Säule soll einst ein Bildnis des hinduistischen Vogelgottes Garuda geprangt haben. Dass sie gegen Rost resistent ist gab Metallurgen ein Rätsel auf. Offenbar wirkte der enthaltene Phosphor als chemischer Katalysator, so dass sich eine schützende Verbindung aus Eisen, Sauerstoff und Wasserstoff um das Metall gelegt hat. Alles weist darauf hin, dass der Pfeiler von den Tomars hierher geschafft wurde, aber man weiß nicht, von woher.

Das Gebiet südlich vom Qutb Minar-Komplex, auf dem sich Überbleibsel aus allen möglichen historischen Perioden befinden, wurde zu einem **archäologischen Park** erklärt, ⏲ tgl. Sonnenaufbis Sonnenuntergang, Eintritt frei.

Akshardham-Tempel

Am Ostufer der Yamuna, zu erreichen über die Nizamuddin Bridge (Rs60 mit einer vorausbezahlten Motor-Riksha vom Connaught Place) liegt der opulente Akshardham-Tempel, Delhis neueste Touristenattraktion, und – was die Besucherzahlen angeht – eine der größten. Der 2005 von der in Gujarat beheimateten Shri Swaminarayan-Sekte erbaute Tempel ist ein faszinierendes Kunstwerk mit wundervollen Schnitzereien, die unter Verwendung alter Techniken hergestellt wurden.

Kameras, Handys, Spiegel und sämtliche Elektroniksachen, auch USB-Sticks, sind verboten und müssen draußen in der Garderobe bleiben. Besuchern in Shorts oder Röcken, die oberhalb des Knies enden, ist der Zutritt verwehrt. Rings um den Haupt-Schrein verläuft ein rosafarbenes Sandsteinrelief (im Uhrzeigersinn herumgehen), das Elefanten zeigt; wilde, gezähmte und mythische. Das zentrale Objekt der Verehrung ist eine 3 m hohe goldene Statue des Sektengründers Bhagwan Shri Swaminarayan. Dahinter befinden sich Gemälde mit Szenen aus seinem Leben und auch einige persönliche Dinge, darunter seine Sandalen und sogar abgeschnittene Haare und Fingernägel. Die vier Nebenschreine sind Hindu-Gottheiten gewidmet. ⏲ tgl. April–Sep 9–19, Okt–März 9–18 Uhr, Eintritt frei; 🖥 www.akshardham.com.

Übernachtung

Delhi bietet eine immense Vielfalt an Übernachtungsmöglichkeiten, von spottbilligen Unterkünften bis zu extravaganten internationalen Hotels. Reservierungen für gehobene Hotels können an den Schaltern der Touristeninformation in den Flughäfen oder Bahnhöfen vorgenommen werden; Budgetreisende müssen sich selbst eine Unterkunft besorgen.

Die Hotels in **Connaught Place** decken alle Preiskategorien ab, liegen günstig zu Banken, Restaurants und Geschäften und verfügen über gute Verkehrsverbindungen zu allen wichtigen Sehenswürdigkeiten. Nördlich vom Connaught Place befinden sich das geschäftige Marktviertel **Paharganj** und das daran angrenzende Ram Nagar, nahe der New Delhi Railway Station, mit der besten Auswahl an preisgünstigen Hotels. In Paharganj wird es immer preiswerte Unterkünfte geben – gegenteiligen Aussagen sollte man auf keinen Fall Glauben schenken. Außerdem sind alle von Schleppern empfohlenen Hotels in Karol Bagh zu meiden (S. 201, Kasten). Die größte Jugendherberge liegt im **Süden**, wo auch die meisten Luxushotels sind. In der tibetischen Flüchtlingssiedlung **Majnu Ka Tilla**, 15 Minuten mit der Motor-Riksha nördlich von Old Delhi gelegen, befinden sich ebenfalls einige gute Unterkünfte. Für diejenigen, die frühmorgens am Flughafen sein müssen, sind hier auch einige verlässliche Hotels nahe dem **internationalen Flughafen** aufgelistet.

Connaught Place und Central Delhi

Karte „Connaught Place" s. S. 168

Wer direkt am Connaught Place absteigen möchte, zahlt einen Aufschlag für die Lage. Weiter südlich auf und um den **Janpath** sowie entlang der **Sansad Marg** gibt es Luxushotels und solche, die hauptsächlich auf Geschäftsleute und Touristengruppen ausgerichtet sind, darunter einige sehr gute. Die meisten haben Nobelrestaurants und Pools – manche verlangen von ausländischen Gästen, in fremder Währung zu zahlen. Von den billigen Travellerherbergen, die sich in den Gassen am nördlichen Ende der Janpath drängten, konnten sich nur noch ein paar halten; sie sind oft voll, man muss also frühzeitig reservieren.

Alka, 16/90 P-Block, Connaught Place, ✆ 011/2334 4000, 🖳 www.hotelalka.com. Wirbt mit dem Spruch: „The best alternative to luxury," aber die Zimmer, obwohl mit AC und Teppichboden, sind recht bescheiden – die billigeren haben nicht einmal Fenster. Spiegel sollen den Eindruck von mehr Raum erwecken – die Angestellten dagegen bringen nicht einmal ein Lächeln zustande, um den Eindruck von Freundlichkeit zu erwecken. Pluspunkte sind das vegetarische Restaurant und eine Dependance im Block M für den Fall, dass das Haupthaus ausgebucht ist. DZ ab US$110. ❽

Bright, M-85, Connaught Place, ✆ 011/4151 7766, ✉ hotelbright@hotmail.com. Das leicht mitgenommene, aber durchaus annehmbare Hotel im Stadtzentrum hat unterschiedliche Zimmer, manche mit Bad. Das beste ist Nr. 11, geräumig und mit großen Fenstern. Andere sind eher grenzwertig, also vorher zeigen lassen. Das **Blue**, eine Treppe höher, ✆ 011/2341 6666, ✉ hotelbluedelhi@hotmail.com, erfreut sich einer Terrasse und ist eine gute Ausweichmöglichkeit. ❺

Imperial, Janpath, in der Nähe von Connaught Place, ✆ 011/2334 1234, 🖳 www.theimperialindia.com. Luxushotel (DZ ab US$636) im Art-déco-Stil, erbaut 1933, in einer großen Gartenanlage mit Palmen; mehrere ausgezeichnete Restaurants. ❾

InterContinental, Seitenstraße der Barakhamba Rd und Tolstoy Marg, südöstlich vom Connaught Place, ✆ 011/2341 1001, 🖳 www.intercontinental.com. S. auch S. 167, Karte New Delhi. Luxushotel (DZ ab US$565) mit komfortablen Zimmern, Geschäften, Restaurants, Bars und einer Disco. Wenn das Haus nicht voll ist, geben die Preise nach. ❾

Le Meridien Windsor Place, Raisina Rd, ✆ 011/2371 0101, 🖳 www.starwoodhotels.com/lemeridien. Futuristisches 5-Sterne-Hotel mit großen, komfortablen Zimmern (DZ ab US$427) und gläsernen Aufzügen. Die Hotelanlage verfügt über einen Pool, Fitnessclub sowie eine Reihe von Restaurants und Bars. Das ganze Haus ist mit Rollstuhlrampen versehen, ein Zimmer ist rollstuhlgerecht eingerichtet. ❾

The Park, 15 Sansad Marg, ✆ 011/2374 3000 oder 1800-117 275, 🖳 www.theparkhotels.com. Schicker geht's kaum noch, von der super-coolen Lobby bis zu den ultra-modernen Zimmern mit LCD-TV. Top-Service, entspannte Atmosphäre, sämtliche Annehmlichkeiten vorhanden, darunter eine Bar, ein gutes Restaurant und ein Pool. Fünf Sterne mit dem gewissen Extra. DZ ab US$455. ❾

Ringo, 17 Scindia House, Connaught Lane, ✆ 011/2331 0605, ✉ ringo_guest_house@yahoo.co.in. Alte und zu Recht beliebte Backpacker-Unterkunft; einfache, akzeptable EZ und DZ, einige mit Bad; zentrale Terrasse. ❸

Sunny, 152 Scindia House, Connaught Lane, ✆ 011/2331 2909, ✉ sunnyguesthouse123@hotmail.com. Ebenfalls eine ehemalige Dorm-Unterkunft, bietet jetzt billige, aber handtuchgroße EZ und DZ, manche mit Bad; Warmwasser nach 20 Minuten Voranmeldung. ❸

Dachterrasse mit Familienanschluss

Master, R-500 New Rajendra Nagar, ✆ 011/2874 1089, 🖳 www.master-guesthouse.com. Nettes, entspanntes Gästehaus mit einer ruhigen Dachterrasse am Rand des Grüngürtels: In dem kleinen Familienbetrieb wohnt man komfortabel und sicher. 4 AC-Zimmer, jeweils 2 teilen sich ein Bad. Nur 10 Min. Motor-Rikschafahrt vom Connaught Place (oder Bus Nr. 910 vom Shivaji Terminal hinter Block P) und nicht weit von der U-Bahnstation Karol Bagh. Vegetarisches Essen erhältlich. Reservieren. ❻

YMCA Tourist Hostel, Jai Singh Marg, südwestlich vom Connaught Place, ☏ 011/2336 1915, 🖳 www.newdelhiymca.org. Etwas sterile Unterkunft mit guten Restaurants, großem Pool (nur April–Okt) und einladenden Gärten. Große, einfache Zimmer mit Du/WC und AC. Preis inkl. Frühstück und Abendessen. ❼

YWCA Blue Triangle, Ashok Rd, südwestlich vom Connaught Place, ☏ 011/2336 0133, 🖳 www.ywcaindia.org. Die Zimmer (sowohl für Frauen als auch Männer) sind hübsch, groß und mit geräumigen Bädern ausgestattet. Die ganze Anlage ist sauber und ruhig und hat Rasenflächen zum Relaxen. Zimmer können reserviert werden, die Dormbetten (Rs410) werden von Tag zu Tag je nach Verfügbarkeit vergeben; Gruppen haben Vorrang. Frühstück inkl. ❻–❼

YWCA International, 10 Sansad Marg, südwestlich vom Connaught Place, ☏ 011/2336 1561, 🖳 www.ywcaindia.org. Saubere und luftige Zimmer mit AC und Bad, aber nicht so hübsch wie das Blue Triangle und teurer. Tagesmenüs *(set meals)* im hauseigenen Restaurant. Frauen haben Vorrang, aber Männer können auch bleiben. Preise inkl. Frühstück. ❻–❼

Paharganj

Karte „Paharganj" s. S. 181

Das Viertel Paharganj erstreckt sich westlich der New Delhi Railway Station und liegt nördlich vom Connaught Place 10 Min. zu Fuß entfernt. Paharganj ist *das* Backpackerviertel und bekannt für seine große Anzahl an Hotels der unteren und mittleren Preisklasse. Einige sind gemütlich und bieten wirklich viel fürs Geld, andere bieten sehr wenig für wenig Geld, in den meisten geht es hoch her mit Türenknallen und Geschrei bis zum frühen Morgen (besonders wenn die Fenster zum Gang gehen). Wer also Ruhe braucht, sollte seine Unterkunft mit Bedacht wählen. Manche Hotels in dieser Gegend funktionieren nach dem 24 Std. Checkoutsystem, d. h., es wird zur gleichen Uhrzeit ausgecheckt zu der man eingecheckt hat.

Ajay, 5084-A Main Bazaar, ☏ 011/2358 3125, 🖳 www.anupamhoteliersltd.com/html/ajay.htm. Gut geführte Unterkunft, versteckt in einer Gasse; Marmordekor und saubere Zimmer, einige mit AC, die meisten mit Bad und TV, aber einige ohne Fenster. Billardtische, Internet-Zugang, eine durchgehend geöffnete Bäckerei und daneben eine Cafeteria für Frühstück oder Snacks. 24 Std.-Checkout. ❸

Camran, 1116 Main Bazaar, ☏ 011/3297 4474, ✉ subhashthakur@yahoo.com. Kleine Unterkunft in einer Moschee aus der späten Mogul-Ära; besitzt einen gewissen Charme und eine Dachterrasse mit Panoramablick. Die billigsten EZ haben Schuhkartonformat, die DZ ein eigenes Bad. Auch Dormbetten für Rs90. ❷

Downtown, 4583 Main Bazaar, ☏ 011/4154 1529, ✉ ltctravel@rediffmail.com. Die freundliche Unterkunft unweit des Main Bazaar ist hell und luftig und recht preiswert, doch es lohnt sich, nach einem Zimmer mit Fenster nach draußen zu fragen. Schlafsaal vorhanden (Rs60). Minuspunkte gibt's für den obligatorischen Checkout um 11 Uhr. ❷

Hare Krishna, 1572–1573 Main Bazaar, ☏ 011/4154 1341, 🖳 www.anupamhoteliersltd.com/html/hare.htm. Freundlich und recht heimelig, mit einem netten Café-Restaurant auf der Dachterrasse. Unterschiedliche Zimmer, die besten sind geräumig, die meisten haben Bad (Warmwasser), alle sind sauber, aber die in den unteren Stockwerken können ganz schön laut sein. 24 Std.-Checkout. ❸

Rama, T-298, am Main Bazaar, ☏ 011/3536 1301 oder 2, ✉ hararema_2000@hotmail.com. Ordentliche, saubere Zimmer mit Bad hat dieses gut besuchte, preisgünstige Hotel in einer Gasse, die vom Main Bazaar abgeht. 24 Std.-Checkout. ❸

Metropolis, 1634 Main Bazaar, ☏ 011/2358 5766, 🖳 www.metropolistravels.com. Das teuerste und komfortabelste Hotel im Main Bazaar ist sein Geld nicht ganz wert. Ein paar DZ haben große Fenster und Badewanne; andere sind fensterlos. Alle besitzen AC, TV und Kühlschrank. Es gibt ein gutes Restaurant plus Bar und Sitzgelegenheiten unten oder auf der Dachterrasse. ❺–❻

Namaskar, 917 Chandiwalan, Main Bazaar, ☏ 011/2358 2233, ✉ namaskarhotel@yahoo.com. Beliebtes Hotel in Familienbesitz:

Paharganj

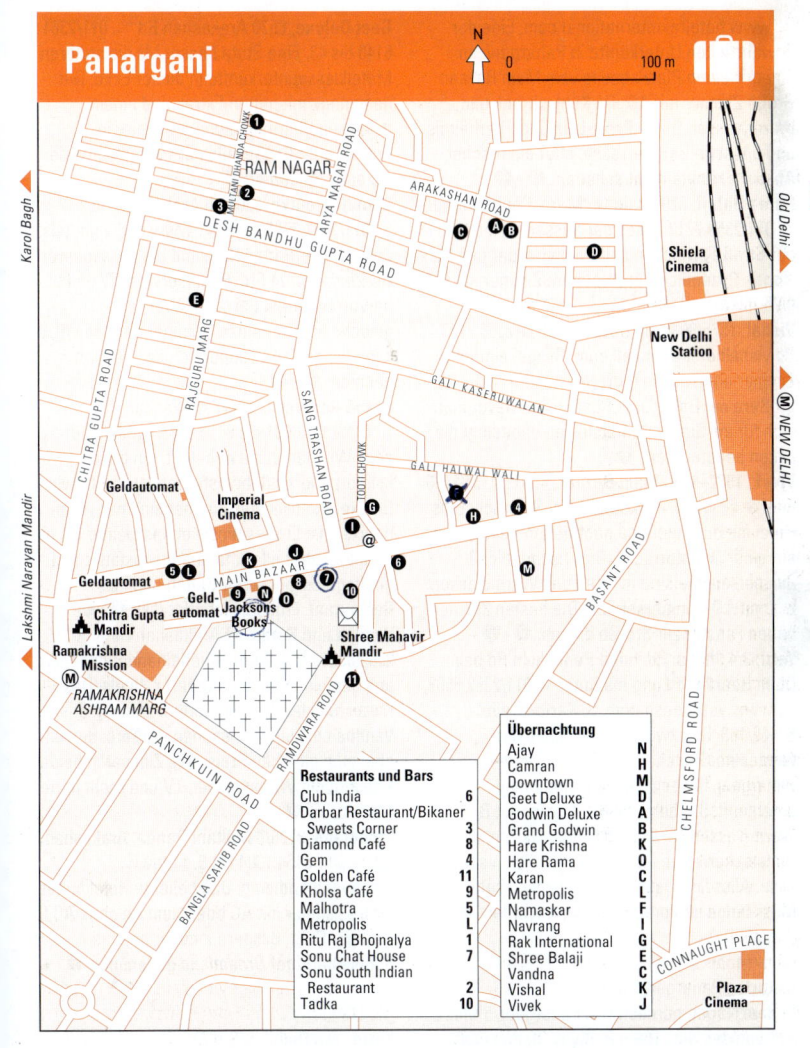

Restaurants und Bars
Club India	6
Darbar Restaurant/Bikaner Sweets Corner	3
Diamond Café	8
Gem	4
Golden Café	11
Kholsa Café	9
Malhotra	5
Metropolis	L
Ritu Raj Bhojnalya	1
Sonu Chat House	7
Sonu South Indian Restaurant	2
Tadka	10

Übernachtung
Ajay	N
Camran	H
Downtown	M
Geet Deluxe	D
Godwin Deluxe	A
Grand Godwin	B
Hare Krishna	K
Hare Rama	O
Karan	C
Metropolis	L
Namaskar	F
Navrang	I
Rak International	G
Shree Balaji	E
Vandna	C
Vishal	K
Vivek	J

unterschiedliche Zimmer mit Bad, manche mit AC, aber von den billigeren besitzen nicht alle warme Duschen oder Fenster nach draußen. Die Mitarbeiter sind sehr hilfsbereit, nur versuchen sie manchmal mit zu viel Nachdruck ihre Touren zu verkaufen. ❸
Navrang, Tooti Chowk, 820 Main Bazaar, ☎ 011/2352 1965. Hat mehr von einer schlichten Absteige in der Provinz als von einem städtischen Hotel mitten in Delhi, ist aber sehr freundlich und für den Preis völlig okay. Manche Zimmer haben ein Bad, jedoch kein fließend Warmwasser (für Rs20 wird ein Eimer voll gebracht). ❶
Rak International, Tooti Chowk, 820 Main Bazaar, ☎ 011/2358 6508,

🌐 www.hotelrakinternational.com. Eine der bewährtesten Unterkünfte in Paharganj, an einem kleinen Platz abseits vom Main Bazaar. Große Zimmer mit AC, TV, Kühlschrank und Warmwasser. Gutes Preis-Leistungs-Verhältnis und hübsche Dachterrasse, aber ein frischer Anstrich könnte nicht schaden. ❸–❹

Shree Balaji, 2204 Rajguru Marg, Chuna Mandi, ☎ 011/2353 2212. Eines der besseren Hotels in der Straße zwischen dem Main Bazaar und Ram Nagar. Ordentliche und saubere Zimmer mit Bad (Warmwasser). ❷

Vishal, 1575/80 Main Bazaar, ☎ 011/2356 2123, ✉ vishalhotel@hotmail.com. Billige, einfache Zimmer ohne sowie teurere, bessere und größere mit Bad; gutes Restaurant. Bevor man sich für ein Zimmer entscheidet, unbedingt die Laken begutachten. ❸

Vivek, 1534–1550 Main Bazaar, ☎ 011/4154 1435 oder 6, 🌐 www.vivekhotel.com. Sehr beliebtes Hotel mit durchgehend geöffnetem Restaurant auf einer Dachterrasse. Durchschnittliche Zimmer, die meisten mit Bad und Warmwasser, z. T. mit AC, Zimmerservice. Die besten Zimmer haben Fenster zur Straße hinaus. ❷–❸

Yatri, 3/4 Jhansi Rd, nahe Punchkuin Rd beim Delhi Heart and Lung Institute, ☎ 011/2362 5563, 🌐 www.yatrihouse.com. S. Karte „Delhi" S. 162/163. Das zwischen Wohnhäusern versteckte Gästehaus, 10 Fußmin. von Paharganj, fühlt sich an wie eine Privatunterkunft. Saubere, ruhige Zimmer mit Bad, Warmwasser, TV und ein kleiner Garten, wo man frühstücken oder einfach nur gemütlich sitzen kann. Allerdings ist der Preis ziemlich saftig. Muss lange im Voraus reserviert werden. ❾

Ram Nagar

S. **Karte** „Paharganj" S. 181

In Ram Nagar, nördlich von Paharganj, 5 Min. zu Fuß von der New Delhi Railway Station und nahe der Überführung Desh Bandhu Gupta Road, befinden sich zahlreiche Hotels und ein paar Restaurants. Das Viertel ist nicht weit vom Main Bazaar entfernt, aber erfreulicherweise ohne den unaufhörlichen Lärm und den Kommerz. Die Unterkünfte kosten meist etwas mehr als in Paharganj, dafür sind die Zimmer in aller Regel größer, heller und sauberer.

Geet Deluxe, 8570 Arakashan Rd, ☎ 011/2361 6140 bis 43. Eine Stufe besser als die anderen Mittelklasseunterkünfte in dieser Ecke. Gut gemanagt, mit netten Extras und einem gewissen Charme. Saubere Zimmer in ordentlicher Größe, alle mit TV und entweder AC oder *air-cooler*. ❹

Godwin Deluxe, 8501/15 Arakashan Rd, ☎ 011/2351 3795 bis 8, 🌐 www.godwinhotels.com. Gut geführtes Hotel mit hellen, sauberen AC-Zimmern, 24 Std. Roomservice, TV und hervorragendem Personal. Wem ein gewöhnliches „deluxe" Zimmer nicht reicht, der kann die größere „super deluxe" Version nehmen. ❹–❺

Grand Godwin, 8502/41 Arakashan Rd, ☎ 011/2354 6891 bis 8, 🌐 www.godwinhotels.com. Wie der Name nahelegt, ein etwas komfortableres Schwesterhotel vom Godwin Deluxe. Die billigsten Zimmer sind nur „semideluxe" (im Erdgeschoss; etwas kleiner als die übrigen), aber alle sind gut ausgestattet und gepflegt. Es gibt sogar Suiten und ein Restaurant. Frühstücksbuffet inkl. ❺–❼

Vandna und **Karan**, 47 Arakashan Rd, ☎ 011/2362 8821 bis 3. Zwei nebeneinander liegende und gemeinschaftlich geführte Hotels. Das Karan hat kleinere, einfachere Zimmer, das Vandna ein kleines bisschen größere, derzeit aber zum gleichen Preis. Alle Zimmer in beiden Häusern mit Warmwasser, TV und recht harten Matratzen. ❸

Woodland, 8235/6 Multani Danda, Arakashan Rd, ☎ 011/5154 1304 bis 6, 🌐 www.hotelwoodland.com. Das beliebte Hotel bietet große Zimmer mit AC oder kleinere ohne AC für weniger Geld. Billigere Zimmer hat das Schwesterhotel *Dreamland* gegenüber. ❸

Old Delhi

Karte „Old Delhi" s. S. 173

Nur wenige Touristen übernachten in Old Delhi: zu laut, zu voll, zu schmutzig, nicht so zentral wie Connaught Place und die Hotels eher auf indische Besucher eingestellt. Von den Hotels rund um den Bahnhof Old Delhi kann man nur abraten. Am Rand des Viertels gibt es aber einige Empfehlungen der oberen Kategorie und um die Jama Masjid anständige Budgethotels.

Kolonialer Luxus

Maidens, 7 Sham Nath Marg, Civil Lines; Metro Civil Lines, ✆ 011/2397 5464, 🖥 www.maidenshotel.com, (s. S. 162/163, Karte „Delhi"). Ein Fall für das Extra-Verwöhn-Budget: stilvolles Luxushotel in einem herrschaftlichen Kolonialbau; ruhig und erholsam. Komfortable Zimmer im Kolonialstil, große Bäder, schöner Garten, Pool und gutes Restaurant. DZ ab $285. ❾

Und von allen Stadtvierteln ist dies natürlich das bunteste, mit jeder Menge Atmosphäre.
Ambar, 6477 Katra Bariyan, ✆ 011/2382 2059. Ausländischen Gästen gegenüber aufgeschlossenes Hotel – eines der besseren in der Gegend um die Fatehpuri-Moschee; Warmwasser gibt es nur in Eimern; alle Zimmer mit Fenstern nach innen. ❸
Broadway, 4/15A Asaf Ali Rd, ✆ 011/2327 3821 bis 25, ✉ broadway@vsnl.net. Am südlichen Rand von Old Delhi, nahe dem Delhi Gate gelegenes, Hotel der mittleren Kategorie; exzellentes Restaurant mit Spezialitäten aus Kashmir und 2 Bars. Etwas klein geratene Zimmer, die aber sauber und ordentlich ausgestattet sind, einige bieten Blick auf die Jama Masjid; Zimmerpreis inkl. Frühstück. Man kann Touren durch Old Delhi buchen. ❼–❽
Diamond Palace, 3696 Netaji Suhaj Marg, ✆ 011/2324 3786 oder 7, ✆ 011/2314 3789. Gemütliche Zimmer mit Teppichboden und AC, oberhalb der betriebigen Netaji Subhaj Marg im Osten von Old Delhi. 24 Std.-Checkout. ❹
New City Palace, 726 Jama Masjid Motor Market, ✆ 011/2327 9548, ✉ newcitypalace@hotmail.com. Sauberes, preiswertes Hotel hinter der Jama Masjid; warme Duschen, die besten Zimmer mit AC und Blick auf die Moschee, die billigeren ohne Fenster nach außen. 24 Std.-Checkout. ❸–❹

South Delhi

S. **Karte** „New Delhi" (S. 167)
Die meisten Übernachtungsmöglichkeiten **südlich vom Connaught Place** gehören zur Luxuskategorie, aber es gibt auch ein paar Gästehäuser in Sunder Nagar, die üblichen Mittelklassehotels inmitten von Wohngebieten und eine moderne Jugendherberge ganz in der Nähe des exklusiven Diplomatenviertels Chanakyapuri.
Ambassador, Sujan Singh Park, Seitenstraße der Subramaniam Bharti Marg, ✆ 011/2463 2600, 🖥 www.tajhotels.com. Unauffällig, gut geführt und stilvoll; freundliche Unterkunft mit großen Zimmern und riesigen Bädern (DZ ab US$375); gute Restaurants; wer hier wohnt, darf den Pool und das Fitness Center vom Hotel Taj Mahal gratis mitbenutzen. ❾
The Claridges, 12 Aurangzeb Rd, ✆ 011/4133 5133, 🖥 www.claridges-hotels.com/delhi. Eines der ältesten und prächtigsten Etablissements von Delhi (DZ ab US$395) im Stil der 30er-Jahre; mit Tennisplätzen, Restaurants und Pool. ❾
La Sagrita, 14 Sunder Nagar, ✆ 011/2435 9541, 🖥 www.lasagrita.com. Kleines Gästehaus, versteckt in einer ruhigen Seitenstraße und gegenüber von einem kleinen Park in einer exklusiven Gegend weit weg vom Lärm Central Delhis; gemütliche und hübsch eingerichtete Zimmer mit Bad, Teppich und AC. Es gibt auch einen kleinen Garten. ❽–❾
Maurya, Sardar Patel Marg, Chanakyapuri, ✆ 011/2611 2233, 🖥 www.itcwelcomgroup.in. Supernobles Hotel am Rand von Chanakyapuri, gegenüber dem Ridge Forest, mit Luxuszimmern und einer der besten Küchen Delhis (s. S. 187). Hier steigen regelmäßig Staatsoberhäupter ab, Bill Clinton und Jacques Chirac haben z. B. im Maurya genächtigt. Die offiziellen Preise beginnen bei US$612, aber oft gibt es Sonderpreise. ❾
Youth Hostel, 5 Nyaya Marg, Seitenstraße der Kautilya Marg, Chanakyapuri, ✆ 011/2611 6285, 🖥 www.yhaindia.org. Ultramoderner, ökologisch orientierter Bau außerhalb des hektischen Zentrums. Vorzeigestück und Verwaltungssitz des indischen Jugendherbergsverbandes. Dorms (AC Rs270; ohne AC Rs90), EZ und DZ mit und ohne AC. Um hier zu übernachten (max. 7 Tage), muss man Mitglied sein oder die Mitgliedschaft vor Ort erwerben (Rs250). Frühstück inkl. ❸–❹

Majnu Ka Tilla

Wer dem Trubel entfliehen oder mal was Anderes als indische Kultur und Küche erleben möchte, findet in der tibetischen Kolonie in Majnu Ka Tilla nördlich von Old Delhi einige Hotels: Für relativ wenig Geld bekommt man hier blitzsaubere Zimmer, die viel hübscher sind als die zum gleichen Preis in Paharganj. Es ist ein relativ ruhiger Bezirk mit tibetischem Essen, Internet-Cafés und Banken, aber etwas ab vom Schuss (zum Connaught Place geht's in 15 Min. für Rs80 per Motor-Rikscha, zur Metrostation Vidhan Sabha für Rs20 per Riksaha). Rechtzeitig buchen, denn die Hotels sind oft voll. Alles spielt sich entlang der Hauptstraße ab, daher findet man sich schnell zurecht.

Lhasa House, 16 New Camp, gleich östlich der Hauptstraße, ✆ 011/2393 9777, ✉ lhasahouse@rediffmail.com. Die Zimmer sind ein bisschen kleiner und einfacher als im Wongdhen House nebenan, aber alle haben Bad, TV und Ventilator. Die billigsten Zimmer liegen im obersten Stock. ❶–❷

White House, 44 New Camp, ✆ 011/2381 3544 oder 3644, ✉ whitehouse02@radiffmail.com. In der Hauptstraße des tibetischen Viertels, 100 m nördlich der anderen beiden hier erwähnten Hotels. Die Zimmer sind ziemlich groß, mit Bad und TV, und gut in Schuss, aber die Matratzen sind ein bisschen hart. ❸

Wongdhen House, 15-A New Camp, gleich östlich der Haupt-Action neben dem Lhasa House, ✆ 011/6415 5330, ✉ wongdhenhouse@hotmail.com. Das freundliche Gästehaus hat unterschiedliche Zimmer, manche mit Bad, einige mit Blick auf die Yamuna. Es gibt eine Dachterrasse und ein gutes Restaurant. ❷–❹

Nahe dem IGI Airport

Karte „Delhi" s. S. 162/163
Wer einen längeren Zwischenstopp vor sich hat, aber nicht in die Stadt hinein fahren möchte, sollte eines der Hotels in Mahipalpur, 4 km vom internationalen Flughafen, aufsuchen. Hier findet man auch einige gute *dhabas* und das *Radisson*, *das* über eine Konditorei, sieben Cafés, Bars und Restaurants verfügt.

Ashok Country Resort, Rajokri Rd, Kapashera, ✆ 011/2506 4590 bis 99, 🖥 www.ashokcountryresort.com. Elegante, stilvolle Unterkunft (ab US$232 inkl. Frühstück) in weitläufigem Garten; Pool und durchgehend geöffnetes Restaurant. In Anbetracht der Preise könnte der Service besser sein. ❾

Radisson, NH-8, Mahipalpur, ✆ 011/2677 9191, 🖥 www.radisson.com. Das luxuriöseste Hotel in der Gegend (ab US$481). WLAN, Fitnessclub, Pool, Bars sowie ein italienisches, ein chinesisches und ein indisches Restaurant. Flughafentransfer gratis. ❾

Star, A-288 NH-8, Mahipalpur ✆ 011/2678 4092 bis 5, 🖥 www.indiamart.com/hotelstar. Professionell gemanagt, sauber und gut in Schuss – dies ist das beste der Mittelklasse-hotels in diesem Straßenabschnitt. Alle Zimmer haben AC. ❻–❽

Essen

Essen wird in Delhi groß geschrieben. Die Stadt hat genug zahlungskräftige Genießer, um mit einer großen Zahl an Restaurants sowie verschiedenen internationalen Küchen aufwarten zu können. Es gibt aber auch weniger raffinierte Lokale, wo Büroangestellte in der Mittagspause oder nach der Arbeit für wenig Geld satt werden können. Es gibt also etwas für jedes Budget, ausgezeichnetes Essen in bescheidenen *dhabas* und unscheinbaren Lokalen sowie umwerfende indische und ausländische Küche in Delhis renommiertesten Restaurants.

Die meisten Restaurants schließen gegen 23 Uhr, nur die mit einer Bar bleiben bis Mitternacht geöffnet. Wer danach noch Hunger hat, hat mehrere Möglichkeiten: eines der Restaurants in den Top-Hotels aufsuchen, die durchgehend geöffneten Coffeeshops im Le Meridien, Intercontinental, The Park oder The Claridges, oder die Marina am G-59 Connaught Place; in einem der rund um die Uhr geöffneten Dachterrassen-Cafés von Paharganj einen Snack zu sich nehmen oder den Pandara Road-Markt aufsuchen (südlich vom India Gate, ⏱ bis 1.30 Uhr). Auch am Bahnhof Old Delhi finden sich zwei rund um die Uhr geöffnete Lokale.

Connaught Place

Karte „Connaught Place" s. S. 168
Am Connaught Place („CP") überwiegen schicke Restaurants und Fastfood-Läden im westlichen Stil, aber es gibt auch ein paar nette, preiswerte

> **Curry-Klassiker**
>
> **Kake Da Hotel**, 74 Municipal Market, Outer Ring, Connaught Place. Eine Institution, berühmt für geradlinige, aber zuverlässig gute Punjabi-Currys, meist fleischhaltig, z. B. *butter chicken* oder *sag meat (palak mutton)* für rund Rs60. Klein und eng, auch Take-away. (Die Bezeichnung „Hotel" hat nichts mit Unterkunft zu tun)

Esslokale. Eine gute Adresse für süße Sachen und Snacks ist der Bengali Market in der Tansen Marg, abseits der Barakhamba Road.
Anand, Connaught Lane, drei Haustüren vom Sunny Guest House. Gute, billige nichtvegetarische Gerichte, darunter leckere *biryanis*. Rs80–85 pro Portion *(thali* Rs95).
Barista, N-18 Connaught Place. Beliebte Coffeebar, die erste einer inzwischen landesweiten Kette, die laut Eigenwerbung den besten Espresso in India braut, dazu Kuchen und Muffins. Die Konkurrenzkette **Café Coffee Day** hat zahlreiche Filialen in CP (fast in jeder Straße).
Fire Park Hotel, 15 Sansad Marg, ✆ 011/2374 3000. Tolles, aber teures modernes Restaurant, dessen zeitgenössische indische Küche starken europäischen Einfluss aufweist. Das Angebot richtet sich nach der Jahreszeit: im Sommer leichter, im Winter deftiger. Nicht-vegetarisch. Abends kosten Hauptgerichte Rs625–1000, Mittagsangebote Rs550–900. Reservierung ratsam.
Kwality, 7 Regal Building, Sansad Marg. Wurde ursprünglich im 2. Weltkrieg zur Verpflegung von amerikanischen GIs eingerichtet. Eines der besseren Mittelklasselokale in CP (nichtvegetarische Hauptgerichte Rs175–300), mit Spiegeln und Kronleuchtern elegant eingerichtet (man hat aber auch schon mal eine Maus über den Fußböden huschen sehen). Eine gute Wahl sind z. B. *chicken tikka* mit grünen Bohnen und *mutton shahi kurma*.
Parikrama, Kasturba Gandhi Marg, ✆ 011/2372 1616. Ausgefallene und teure indische (hauptsächlich *Tandoori*) und chinesische Küche in Drehrestaurant mit herrlicher Aussicht über Delhi; eine Umdrehung dauert 90 Min. Hauptgerichte Rs170–310 (Specials Rs480). Zu den Spezialitäten zählen *murg pasandey parikrama* (Hühnerbrust, gefüllt mit gehacktem Hühnchenfleisch und Nüssen, in Cashewnuss-Soße) und *murg tikka parikrama* (*chicken tikka* in scharfer Cashewnussmarinade). Reservierung empfohlen.
Q'BA, E-42/3 Connaught Place. Cool und stylish: schickes Bar-Restaurant auf zwei Etagen und zwei Terrassen mit Blick auf CP. Die Karte bietet einen Mix aus indisch, italienisch und thailändisch: Pizza, Pasta, grünes und rotes Curry sowie Spezialgerichte wie *Q'BA raan* (Lamm vom Holzkohlengrill mit Kräutern) und *fish tikka methi malai* (Tandoori-Fischkebabs in einer Marinade mit Ingwer und Bockshornklee). Hauptgerichte Rs300–500.
Sagar Ratna, K-15 Connaught Place. Die CP-Filiale des berühmten Restaurants Defence Colony hat köstliche *vadas*, *dosas* und ein südindisches vegetarisches *thali* (Rs100). Hauptgerichte Rs45–90.
Saravana Bhavan, P-15 Connaught Place und 46 Janpath. Hervorragende, preiswerte südindische Snacks und Gerichte, darunter *thalis* (Rs98) und schnelle Mittagsgerichte (Rs72), aber auch die üblichen *dosas*, *iddlis* und *uttapams*. Ein *mini tiffin* (Rs72) besteht aus einer Kostprobe von allem.
Spice Route, Hotel Imperial, Janpath. Wunderschönes Restaurant, vielleicht etwas teuer (nicht-vegetarische Hauptgerichte Rs650–775), spezialisiert auf scharfe südostasiatische und Kerala-Küche. Wer in der CP-Gegend gut speisen möchte, ist hier an einer der besten Adressen.
Veda, H-27 Connaught Place, ✆ 011/4151 3535. CPs schickstes Restaurant, legt viel Nachdruck auf „Ambiente" (schummriges Licht, viel Rot und Schwarz) und lässt sich das bezahlen – wobei das Essen wirklich nicht schlecht ist. Hauptgerichte wie Peshawari-Kebabs und *malai fish tikka* für Rs200–300; gemischter Teller Rs495, vegetarisch Rs375.

Paharganj und Ram Nagar
Karte „Paharganj" s. S. 181
In Delhi gibt es so gute Restaurants, dass es eine Schande wäre, in Paharganj zu essen, selbst

wenn man hier abgestiegen ist. Die meisten Restaurants im Main Bazaar sind auf ängstliche ausländische Geschmacksknospen eingestellt und servieren schlechte „westliche" Kost und lasche Currys. Die meisten Cafés haben Frühstück mit Toast, Porridge, Müsli und Omelett, aber auch *paratha*. In Ram Nagar ist das Essen authentischer. Wer sich für eine der *dhabas* gegenüber der New Delhi Station entscheidet – besonders für eine mit Kundenfängern vor der Tür – und die in Hindi verfasste Preisliste nicht lesen kann, sollte unbedingt vor dem Bestellen nach dem Preis fragen, sonst wird mit ziemlicher Sicherheit zu viel berechnet.

Club India, 4797 Main Bazaar. Restaurant im 1. Stock und auf dem Dach mit bestem Ausblick auf das Zentrum von Paharganj. Das übliche Traveller-Frühstück plus israelische, japanische, tibetische und sogar Tandoori-Gerichte – mit Musik. Nicht-vegetarische Hauptgerichte Rs90–175, *thalis* und gemischte Teller Rs100–275.

Darbar Restaurant und **Bikaner Sweets Corner**, 9002 Multani Dhanda Chowk, gleich beim DB, Gupta Rd, ☏ 011/2351 6666. Im 1. St. ein schlichtes vegetarisches Restaurant mit moderaten Preisen: leckere *thalis* (Rs85) und Punjabi-Currys (Rs38–78); auch Take-away und Lieferservice ab Rs100 im Umkreis von 1 km. Im Erdgeschoss ein Süßigkeitenparadies mit allerhand buntem bengalischem und rajasthanischem Konfekt.

Diamond Café, 5069 Main Bazaar. Klein, freundlich, Backpacker-Essen, Frühstück (Rs60–80), nicht-vegetarische Hauptgerichte (Rs80–150), *thalis* (Rs60–100); im Hintergrund spielt indische und Fusion-Musik.

Das **Kholsa Cafe**, ein Stück weiter die Straße runter, Hausnr. 5024, ist ganz ähnlich, aber ein bisschen billiger und öffnet früher.

Golden Café, 1 Nehru Bazaar, Ramdwara Rd, gegenüber Sri Mahavir Mandir. Billig und freundlich; chinesisches, europäisches und koreanisches Essen; Gerichte für Rs30–100.

Malhotra, Laksmi Narain Rd. Eines der besseren Restaurants in Paharganj, passables indisches (Tandoori und Mughlai) Essen zu moderaten Preisen. Im Basement sowie einen Stock höher mit AC. Zwei Häuser weiter eine vegetarische südindische Filiale.

Metropolis, 1634 Main Bazaar, im Erdgeschoss des gleichnamigen Hotels. Das gemütliche AC-Restaurant ist Paharganjs teuerstes Lokal, in dem man ein komplettes Frühstück, gute Currys, Tandoori-Spezialitäten sowie westliche Gerichte und Bier, Schnäpse, Cocktails und nicht-alkoholische „Mocktails" bekommt. Hauptgerichte Rs250–375, vegetarisch Rs150–225.

Ritu, Raj Bhojnalya Arakashan Rd, unterhalb vom Delhi Continental Hotel. Billige und beliebte *dhaba*; leckeres indisches Frühstück, einfache vegetarische Currys und südindische Snacks (Rs20–50).

Sonu Chat House, 5046 Main Bazaar. Versorgt die Backpacker-Kundschaft mit Nudeln, Suppe, Samosas, Currys und sogar *masala dosa*. Frühstück Rs60–80, nicht-vegetarische Hauptgerichte Rs65–120. Beliebt, billig und sauber.

Sonu South Indian Restaurant, 8849/2 Multani Dhanda Chowk, unweit DB Gupta Rd, Ram Nagar. Einfache südindische Sachen (*masala dosa, iddlis, vadas* usw.) für wenig Geld (Rs25–60 pro Teller, oder Rs50–65 für ein *thali*).

Tadka, 4986 Ramdwara Rd (Nehru Bazaar), ☏ 011/3291 5216. Hat das beste Essen in Paharganj: ein sauberes, helles, modernes kleines Restaurant mit preiswerten indischen vegetarischen Gerichten (Hauptgerichte Rs40–60, *thalis* Rs55–75). Lieferservice an jede Adresse im Umkreis von 2 km.

Old Delhi

Karte „Old Delhi" s. S. 173

In den bevölkerten Straßen von Old Delhi befinden sich zahlreiche einfache Imbissstuben, die sehr gute, höllisch scharfe indische Gerichte für gerade mal Rs20 auf den Tisch bringen. Daneben hat der Stadtteil auch ein paar teurere Restaurants, die ganz genauso gut sind wie die noblen Lokale in South Delhi. Und die süßen Sachen und Snacks von Old Delhi sind unübertroffen.

Chaina Ram, 6499 Fatehpuri Chowk, neben der Fatehpuri-Moschee. Der kleine Laden, der 1901 in Karachi eröffnet wurde und 1947 umziehen musste, genießt einen prima Ruf für seine Süßwaren nach Sindhi-Art. Die köstliche, duftende Karachi-Halwa mit Mandeln und Pistazien ist die beste der Stadt.

Chor Bizarre, Hotel Broadway, 4/15 Asaf Ali Rd. Ausgezeichnete indische Küche; darunter auch eine gute Auswahl an Kaschmir-Gerichten. Schräges Inventar mit Himmelbett und einer aus einem 1927er-Fiat umfunktionierten Anrichte. Nicht-vegetarische Hauptgerichte Rs255–395. Spezialität des Hauses ist eine gemischte Kashmir-Platte *(tarami)*.

Deepak, Chandni Chowk. Eine *dhaba* in dem Bazaar gegenüber dem Jain-Tempel. Preiswerte südindische Snacks *(iddli sambar, dosas, uttapams* für Rs15–50) und *thalis* (Rs28–32).

Ghantewala, 1862-A Chandni Chowk. Diese renommierte, 1790 eröffnete Confiserie versorgte die letzten Mogul-Herrscher mit süßem Naschzeug; ihr *ladoo* war schon im 19. Jh. berühmt und die Cashew-Leckereien sind himmlisch. Die Spezialität ist aber eine nussige Süßigkeit namens *sohan halwa*.

Haldiram's, 1454 Chandni Chowk. Hygienisch einwandfreie, preiswerte Snackbar und Take-away; Süßigkeiten und Samosas im Untergeschoss, Getränke und Snacks (Rs26–48) einen Stock höher, darunter hervorragende *puris, lassis, kulfis* und *thalis* (Rs74–102). Wer noch nie einen probiert hat, sollte *raj kachori* bestellen (Rs38), eine knusprige Teigtasche, gefüllt mit Kichererbsencurry und Joghurtsoße.

Moti Mahal, Netaji Subhash Marg. Beliebt vor allem wegen der Tandoori-Hühnchen. Das Restaurant mittlerer Preisklasse ist ein weiterer Favorit der Einheimischen – eines der ersten Punjabi-Restaurants der Stadt. Es hat Tische drinnen und in einem großen Innenhof. Hauptgerichte Rs125–275, Die Spezialität des Hauses, *murg musallam* (mit Hackfleisch gefülltes Hühnchen), kostet Rs370.

Kebabs und Currys

Karim's, Gali Kababian. Bewährter Delhi-Favorit in einer Passage an einer Gasse, die gegenüber dem Südtor der Jama Masjid abgeht. Vier Lokale mit gemeinsamer Küche bieten die beste Auswahl an Fleischgerichten in der alten Stadt: köstliche frische Kebabs, warmes Brot und tolle Mughlai-Currys. Hauptgerichte Rs100–400, auch halbe Portionen.

Paratha Wali Gali, in einer Seitengasse der Chandni Chowk, gegenüber der Central Bank in diese kleine Gasse einbiegen, die hinter das Gebäude mit dem *Kanwarji Raj* Kumar Sweet Shop (auch sehr gut), führt. Hier gibt es *parathas,* gefüllt mit allen erdenklichen Zutaten von *paneer* und *gobi* bis *muttar* und *mooli*, die mit einer kleinen Auswahl an Currys für rund Rs30 gereicht werden. Die drei *paratha-wallahs* in der Gasse sind alle gut, aber den besten Ruf hat der erste, Pandit Babu Ram.

South Delhi

Karte „Delhi" s. S. 162/163

Die verschiedenen Bezirke des riesigen Gebiets von South Delhi haben ein riesiges Essensangebot und zu den meisten schicken Shoppingzentren (Hauz Khas, Defence Colony, Ansal Plaza usw.) gehören mehrere gute Restaurants. Im Dilli Haat, dem Touristenmarkt in Safdarjang (S. 191), stehen 25 Essensstände zur Wahl, die Gerichte aus fast allen Regionen Indiens anbieten. Die Restaurants und Snackbars im Pandara Road Market, gleich südlich vom India Gate, haben bis 1.30 Uhr geöffnet.

Basil & Thyme, Santushti-Shoppingkomplex (s. Karte New Delhi S. 167). Bistroähnliches mediterranes Lokal mit Gerichten wie Shitake-Risotto, Lammcouscous und Spargeltarte und Desserts, darunter Blaubeercrêpes oder Tiramisu, Hauptgerichte Rs285–345. Schließt leider schon um 18 Uhr; So Ruhetag.

Bukhara, Maurya Hotel, Sardar Patel Marg, Chanakyapuri, ✆ 011/2611 2233. (s. Karte New Delhi S. 167). Delhis Top-Restaurant, Spezialität sind Tandoori-Kebabs, die auf der Zunge zergehen. Die Speisekarte ist kurz, aber erlesen, und durch eine Glasscheibe kann man den Köchen bei der Arbeit zusehen. Das *murgh malai* (Hähnchen in Sahne) ist wundervoll, ebenso der „express platter" mit drei verschiedenen Kebabs (Rs2000). Die meisten nicht-vegetarischen Hauptgerichte kosten Rs1250. Auch im Maurya Sheraton ist das **Dum Pukht** (außer am Wochenende nur abends geöffnet), das auf die Schmorgerichte der *dum*-Küche von Avadh (Uttar Pradesh) spezialisiert ist. Nicht-vegetarische Hauptgerichte sind für Rs975–1250 zu haben.

Nordindisch für Feinschmecker

Punjabi, beim Nature Priya Cinema Complex, Basant Lok, Vasant Vihar, ℡ 011/4151 6666. Die fantastische Punjab- und nordindische Küche genießt unter den Feinschmeckern Delhis einen ausgezeichneten Ruf. Das *fish tikka* à la Amritsar ist köstlich und die Tandoori-Garnelen (Rs595) sind ein Traum, aber wer was ganz Besonderes kosten möchte, bestellt *raan-e-Punjab* (Lammkeule, Rs695). Die meisten Hauptgerichte kosten Rs295–515 – und sind das Geld definitv wert. Ziemlich weit von der Innenstadt entfernt (Rs100 mit einer vorausbezahlten Motor-Riksha vom CP). Inzwischen hat eine leichter erreichbare Filiale aufgemacht: TF-06, 3. Stock, Square Mall, Raja Garden, ℡ 011/4222 5656 oder 5757, beim U-Bahnhof Rajaouri Garden.

Ego, 4 Community Centre, Friend's Colony, Mathura Rd. Authentischer und kreativer Italiener mit gutem Bier, Cocktails und lauter Musik. Hauptgerichte um Rs300. Ganz in der Nähe, unter Hausnr. 53, gibt es auch eine sehr gute Filiale mit Thai-Essen, das **Ego Thai**.

Flavours, C-52 Defence Colony. Eines der allerbesten italienischen Lokale Delhis, auf dessen Speisekarte u. a. Risotto und Tiramisu stehen. Pizza, Pasta und andere Hauptgerichte kosten Rs300–500.

Sagar, 18 Defence Colony Market. Köstliches, günstiges südindisches vegetarisches Essen (Hauptgerichte Rs43–70) mit *vadas, iddlis, ravas* und *dosas,* plus hervorragende *thalis* (Rs85). Besitzt inzwischen auch ein nordindisches Restaurant ein paar Häuser weiter in der Hausnr. 24 und Filialen in der ganzen Stadt, aber das Original ist immer noch am besten.

Unterhaltung

Delhis Nachtleben ist ordentlich in Bewegung, und immer mehr Pubs und Nachtclubs schießen aus dem Boden. Unter der Woche sind die Lounges und Dancebars die beste Anlaufstelle, aber am Wochenende ist in den Diskos am meisten los. Der junge Jetset vergnügt sich gern in den Diskos der Luxushotels. Viele erlauben keinen „stag entry" (Männer ohne Begleitung) und sind damit für Frauen sehr viel angenehmer, aber wer ein Mann und allein ist, hat Pech. Die einzige Ausnahme ist Elevate – Delhis Club für Partyprofis. Am Rajpath und India Gate treffen sich jeden Abend massenhaft Leute, zum Schlendern und Eisessen. Frauen ohne Begleitung müssen sich hier jedoch auf Belästigungen einstellen.

In allen Fünf-Sterne Hotels gibt es schicke und teure Bars, viele mit Tanzflächen. Loungebars mit chilliger Musik sind sehr beliebt; ein paar gute befinden sich in den südlichen Vororten. Alkohol darf in Delhi erst ab 25 getrunken werden, aber das Alter soll auf 21 gesenkt werden.

Bars

Blues, N-17 Connaught Place. S. Karte S. 168. Todschicke Bar und Restaurant mit einer kunterbunten Auswahl an lauter Musik (Do ist Rocknight, So Retro angesagt). Die Barkeeper sind durch die Bank Profis, was das Mixen extravaganter Cocktails angeht. Happy Hour 16–20 Uhr, danach Rs200 Eintritt und kein Zutritt für Männer ohne weibliche Begleitung.

Gem, 1050 Main Bazar, Paharganj. S. Karte S. 181. Praktisch für Leute, die in Paharganj übernachten und für ein Bier keine langen Wege zurücklegen wollen. Frauen ohne Männerbegleitung werden sich hier allerdings nicht wohlfühlen. Wer in Paharganj einen zahmeren Ort für eine Drink sucht, kann ins Metropolis Hotel (S. 180) gehen.

Lizard Lounge, E-5, 1st Floor, South Extension II. (s. Karte "Delhi" S. 162/163). Loungemusik (was sonst?) und Wasserpfeifen (21 Geschmacksrichtungen) gehören zur Grundausstattung dieser bewährten, aber immer noch angesagten Loungebar mit Mittelmeer- und Orient-Küche.

Rodeo, 12 A-Block, Connaught Place. S. Karte S. 168. Bar im Stil eines Wildwest-Saloons mit guter Stimmung, großer Auswahl an Drinks und mexikanischen Snacks.

Shalom, N-18, N-Block Market, Greater Kailash Part I, ℡ 011/5163 2280 oder 2283. Angesagte Lounge-Bar im mediterranen Stil mit entspannender Musik sowie spanischem und libanesischem Essen; v. a. am Wochenende reservieren.

Splash, Minto Rd (Viveknand Marg), gleich nördlich der Eisenbahnbrücke. S. Karte „Connaught Place" S. 168. Ziemlich zivilisierte Bar nur einen Steinwurf vom Connaught Place, in der Essen und Bier zu annehmbaren Preisen zu haben sind. Oft finden Dancepartys statt.

Clubs

Karte „Delhi" s. S. 162/163
Elevate, 6. Stock, Center Stage Mall, Sector 18, Noida, ✆ 0120/251 3904, 🖥 www.elevateindia.com. Der auf der anderen Seite des Flusses gelegene Club ist der größte und angesagteste der Stadt. Er hat drei Etagen (Tanzfläche, Chillout und VIP) und Dachterrasse. Indische und internationale DJs legen je nach Wochentag Bhangra, Filmi, Hip-hop, Trance oder Techno auf. ⊕ Mi–Sa bis 3.30 Uhr (Programm s. Website), „stag entry" erlaubt.
Royale Mirage, Crowne Plaza Surya, New Friends Colony, ✆ 011/2683 5070. Seit langem etablierter Club mit französisch-arabischem Thema (als Snack u. a. Hummus); Abendessen, Tanzpodien, hypermoderne Lightshow, hippes junges Publikum.
⊕ Fr und Sa 21.30–1 Uhr.

Kinos

Bollywood-Filme laufen z. B. im **Plaza**, ✆ 011/4151 3787, und **Regal**, ✆ 011/2336 2245, am Connaught Place, außerdem im **Shiela**, ✆ 011/2352 2100, in der DB Gupta Road in der Nähe der New Delhi Railway Station, oder im **Imperial**, ✆ 011/3130 7111, in der Rajguru Marg in Paharganj. Die Eintrittspreise sind unterschiedlich – in einem kleinen Kino wie dem Imperial betragen sie Rs20–25, in einem Kinopalast wie dem Plaza Rs125–200. Die Filmsprache ist normalerweise Hindi und es gibt keine Untertitel. In letzter Zeit hat sich so etwas wie eine jüngere, gestyltere Bollywood-Filmszene entwickelt, die Filme auf Englisch produziert – und auch Sexszenen zeigt. In den Stadtteilkinos laufen eher US-Produktionen. Darüber hinaus veranstalten viele der Kulturzentren (s. u.) in hin und wieder internationale Filmfestivals. Hindi-Filme mit englischen Untertiteln gibt es auf DVD z. B. bei Blue Bird (S. 191) zu kaufen.

Kulturzentren und Büchereien

British Council, 17 Kasturba Gandhi Marg, südöstlich vom Connaught Place, ✆ 011/2371 1401. S. Karte „Connaught Place" S. 168. Vorträge, Filmvorführungen und Konzerte sowie eine gute Bibliothek mit Leseraum.
Delhi Public Library, SP Mukherjee Marg, gegenüber der Old Delhi Station und mit Filialen in der ganzen Stadt, ✆ 011/2396 2682, 🖥 www.dpl.gov.in. S. Karte „Old Delhi" S. 173. Die Lesesäle stehen jedermann offen. ⊕ tgl. 8.30–20 Uhr.
India International Centre, 40 Max Mueller Marg, nahe Lodi Gardens, ✆ 011/2461 9431, 🖥 www.iicdelhi.nic.in. S. Karte „New Delhi" S. 167. Ausstellungen, Lesungen, Filme und eine Bücherei.
Lalit Kala Galleries, Rabindra Bhawan, 35 Firoz Shah Rd, nahe Mandi House Chowk, ✆ 011/2338 7241 bis 3. S. Karte „New Delhi" S. 167. Delhis älteste Kunstakademie. Große Sammlung von Gemälden, Skulpturen, Fresken und Zeichnungen; auch Filmabende, Seminare und Fotoausstellungen.
Max Mueller Bhavan, 3 Kasturba Gandhi Marg, ✆ 011/2332 9506. S. Karte „Connaught Place" S. 168. So heißt das **Goethe-Institut** in Indien. Es gibt eine Bibliothek, Konzertveranstaltungen und Ausstellungen (auch indische Künstler).
Sahitya Akademi, Rabindra Bhawan, 32 Firoz Shah Rd, nahe Mandi House Chowk, ✆ 011/2338 7246. S. Karte „New Delhi" S. 167. Hervorragende Bibliothek, die sich in erster Linie der indischen Literatur aller Epochen widmet; auch einige Bücher und Zeitschriften auf Englisch.
Tibet House, 1 Institutional Area, Lodi Rd, ✆ 011/2461 1515, 🖥 www.tibet.net/tibethouse/eng. S. Karte „New Delhi" S. 167. Bibliothek zu allen Aspekten tibetischer Kultur, außerdem ein kleines Museum mit tibetischen Ausstellungsstücken. ⊕ Mo–Fr 10–17.30 Uhr, Eintritt Rs10.

Tanz und Theater

Dances of India, Parsi Anjuman Hall, Bahadur Shah Zafar Marg, nahe Delhi Gate, ✆ 2623 4689 oder 2642 9170. S. Karte „Old Delhi" S. 173. Exzellente Tanz-Vorführungen. Jeden Abend

werden 6–7 Tänze aus verschiedenen Regionen Indiens vorgestellt, wie Bharatnatyam, Kathakali, Bhawai und die graziösen Tänze des nordöstlichsten Staates Manipur. ⏰ tgl. 18.45 Uhr; Rs200.
India Habitat Centre, Lodi Rd, ✆ 011/2468 2001 bis 9, 🖥 www.indiahabitat.org. S. Karte „New Delhi" S. 167. Tanz-, Musik- und Theateraufführungen sowie Diskussionen und Ausstellungen.
India International Centre, 40 Max Müller Marg, Lodi Estate, ✆ 011/2461 9431 (s. Karte New Delhi S. 167). Tgl. Filme, Vorträge, Konzerte und Tanzaufführungen.
Kamani Auditorium, Copernicus Marg, ✆ 011/2338 8084. S. Karte S. 167. Aufführungen von Bharatnatyam (klassischer indischer Tanz) und anderen Tänzen.
Sangeet Natak Akademi, Rabindra Bhavan, 35 Feroz Shah Rd, ✆ 011/2338 7246 bis 8, 🖥 www.sangeetnatak.com. Delhis wichtigster Veranstaltungsort der darstellenden Künste.
Triveni Kala Sangam, 205 Tansen Marg, direkt südlich des Bengali Market, ✆ 011/2371 8833. S. Karte S. 167. Bharatnatyam-Tanzshows und Kunstausstellungen.

Einkaufen

Klassischerweise geht man zum Shoppen in das Viertel um den **Connaught Place** (dort insbesondere der unterirdische Palika Bazaar) und zum **Chandni Chowk**, doch auch einige der neueren Bezirke entwickeln sich zu beliebten Einkaufsgegenden. Der beste Ort um Preise und Qualität von traditionellem Kunsthandwerk zu vergleichen, sind die **State Emporiums** in der Baba Kharak Singh Marg.
Im Unterschied zu den Märkten in Old Delhi akzeptieren die meisten Geschäfte in New Delhi Kreditkarten. Vorsicht vor Schleppern, die Touristen in falsche „government shops" locken, um Provision zu kassieren. In allen Basaren und auf Straßenmärkten wird **gefeilscht**.

Bücher

Rund um den **Connaught Place** sind zahlreiche gute Buchläden angesiedelt, darunter **Amrit**, N-21, **Galgotia & Sons**, B-17, **New Book Depot**, (B-18), **Bookworm** (B-29) und **Rajiv Book House**, 30 Palika Bazaar.

RS Books & Prints, A-40 South Extension II, ✆ 011/2625 7095, verkauft antiquarische Bücher sowie interessante alte Karten und Drucke. Secondhandbücher hat z. B. **Jacksons**, 5106 Paharganj Main Bazaar, gegenüber dem Vishal Hotel, und **Anil Book Corner**, beim Plaza Cinema am Connaught Place; sonntags auch auf dem Daryaganj Market beim Delhi Gate in Old Delhi.

Kunst, Antiquitäten, Kunsthandwerk und Schmuck

Eine gute Adresse zum Kauf von Kunst, Antiquitäten und Schmuck ist der **Sunder Nagar Market** in einem wohlhabenden Wohngebiet nahe Purana Qila und dem Zoo; die Läden Nr. 5, 7, 9, 14 und 26 haben vermutlich die größte Auswahl. Auch im **Hauz Khas Village** finden sich interessante Kunst- und Antiquitätenläden und Galerien. An dieser Stelle noch ein wichtiger Hinweis für Käufer: Es dürfen keine Kunstgegenstände außer Landes geführt werden, die älter als 100 Jahre sind.
Noch immer beliebt bei Touristen ist der **Tibetan Market** am nördlichen Ende der Janpath, auch wenn nur noch wenige der Verkaufsstände in tibetischer Hand sind. Verkauft werden Statuen, Räucherstäbchen, Halstücher, Gemälde und tibetisches Kunsthandwerk, u. a. Schmuck und Halbedelsteine. Man sollte den Unterschied zwischen Silber und Weißmetall kennen und kräftig feilschen.
Eine Ansammlung von **State Emporiums** mit festen, aber fairen Preisen gibt es in der Baba Kharak Singh Marg nahe dem Connaught Place, wo Kunsthandwerker ihre Arbeiten verkaufen.
Central Cottage Industries Emporium, Jawahar Vyapar Bhawan, Janpath, gegenüber dem Imperial Hotel, ✆ 011/2372 5035, 🖥 www.cottageemporiumindia.com. Gut besuchter, mehrstöckiger Komplex unter staatlicher Leitung mit Kunsthandwerk, Teppichen, Lederwaren und nachgemachten Miniaturen zu festen (wenngleich teilweise hohen) Preisen. Das Schmucksortiment reicht von traditionellem Knöchelschmuck aus Silber über Edelsteine bis hin zu Modeschmuck.
Cottage of Arts and Jewels, 50 Hauz Khas Village. Interessante, exzentrische Mischung aus Schmuck, Raritäten und Gegenständen aus

Pappmaché. Die besten Stücke aus der Sammlung von Mrs. Jain, darunter Miniaturen und Edelsteine, befinden sich allerdings nicht in der Auslage: Man muss danach fragen.
Dilli Haat, Aurobindo Marg, Safdarjang, 🖥 www.dillihaat.org. Der Markt kostet Rs15 Eintritt, dafür bleiben Bettler und Schlepper draußen. An zahlreichen Ständen ist Kunstgewerbe aus dem ganzen Land zu haben – Bandbreite und Qualität sind hervorragend. Der Markt ist ziemlich touristisch, aber toll für Souvenirs und Kostproben der vielen Küchen Indiens.
Neemrana Shop, 12 Khan Market, Obergeschoss, New Delhi, ✆ 011/2462 0262. Unter Leitung der bekannten Hotelgruppe gleichen Namens. Elegante Kundschaft, große Auswahl an Möbeln und Dekosachen sowie einige Antiquitäten und Kunstobjekte.
Plutus, 10 Hauz Khas Village, ✆ 011/2653 6898, 🖥 www.plutusexports.com. Geschmackvoller Laden, der Repliken von Antiquitäten, Bronzestatuen sowie Silber- und Goldschmuck im Angebot hat.
Ethnic Silver, zwei Türen weiter in Nr. 9A, bietet eine nette Auswahl an Schmuck und Silbergegenständen.

Musikinstrumente, Kassetten und CDs

In Delhi kann man gut klassische indische Musikinstrumente kaufen, auch Musik auf CDs und Kassetten. Es gibt eine Riesenauswahl an Adressen, einige verlässliche sind u. a.:
Blue Bird, 9 Regal Building, Sansad Marg, Connaught Place, ✆ 011/2334 2805. Hat ein ausgezeichnetes Sortiment an klassischer und moderner indischer Musik auf CD und Kassette, außerdem Hindi-Filme auf DVD.
Lahore Music House, Netaji Subhash Marg, Old Delhi, neben dem Restaurant Moti Mahal, ✆ 011/2327 1305, 🖥 www.lmhindia.com. Alteingesessener Musikinstrumentenbauer, der für die hohe Qualität seiner nordindischen Instrumente bekannt ist.
Rikhi Ram, G-8, Outer Circle, Connaught Place, ✆ 011/2332 7685, 🖥 www.rikhiram.com. Einst die Sitar-Bauer für Kunden wie Ravi Shankar und noch immer mit einer exklusiven Aura umgeben. Sehr interessante Sammlung selbst entworfener Musikinstrumente.

The Music Shop, 18 Khan Market, ✆ 011/2461 7797. Große Auswahl an CDs, Kassetten und Videos. Hilfsbereite und gut informierte Mitarbeiter.

Stoffe und Kleidung

Delhis **Textilienläden** verkaufen Stoffe und Kleidung – von hochwertiger Seide, handgesponnenen Baumwollstoffen, Saris, Schals und Halstüchern aus Kaschmir, traditionellen Kurta (weite, über einer Baumwollhose getragene Hemden) und Saris bis hin zu bunten Batik-Shirts und anderen Hippieklamotten ist alles zu haben. T-Shirts und Batikkleidung (und Chillums) finden sich in Paharganj oder auf dem Tibetan Market. Billige westliche Kleidung gibt's im Export-surplus Market in Sarojini Nagar (s. Karte „Delhi" S. 162/163). Die Straßenstände hinter dem Tibetan Market, in den Seitenstraßen der Janpath, verkaufen üppig bestickte und mit kleinen Spiegeln verzierte Decken aus Rajasthan und Gujarat. Nach den wunderschönen Seiden- und Baumwollstoffen sucht man am besten in einem der staatlichen **Warenhäuser** der Regierung in der Baba Kharak Singh Marg.
Anokhi, 5 und 6 Santushti-Shoppingkomplex und 9 und 32 Khan Market, ✆ 011/2462 8253, 🖥 www.anokhi.com. Kleidung aus anschmiegsamer Baumwolle und Rohseide, Teppiche und Gardinen. Besonders bekannt für seine im Handdruckverfahren hergestellten, bunten Baumwollstoffe, die traditionelle und moderne Muster vereinen.
Fabindia, 5, 7, 9 und 14-N, N-Block Market, Greater Kailash, ✆ 011/2923 2183, 🖥 www.fabindia.com. Erstreckt sich über mehrere Läden im Markt und bietet Einrichtungsgegenstände (Teppiche, Gardinen etc.), schicke Baumwollbekleidung für Männer, Frauen und Kinder sowie schöne bedruckte Baumwollstoffe aus allen möglichen indischen Dörfern, außerdem Bio-Gewürze, Maniok und Pickles. Filialen überall in der Stadt, darunter im Khan Market (zentrale Halle, über den Nummern 20 und 21) und B-28 Connaught Place.
Handloom House, A-9 Connaught Place, ✆ 011/2332 3057. Reihenweise Ballen aus

Anzüge nach Maß

Vedi Tailors, M-60 Connaught Place, ☎ 011/2341 6901. Seit 1926 (ursprünglich in Rangoon) fertigt dieser Herrenschneider Maßanzüge für Rs4500–20 000, je nach Schnitt und Material. Für Rs1500 extra kann man das gute Stück 24 Std. später abholen, normalerweise dauert es eine Woche. S.L. Kapur in G-7 hat einen ähnlich guten Ruf.

handgewebten Baumwoll- und Seidenstoffen, auch Baumwoll- und Leinenhemden sowie Seidensaris.

Khadi Gramodyog Bhawan, 24 Regal Building, Sansad Marg, Ecke Connaught Place, ☎ 011/2336 0902, 🖥 www.kvic.org.in. Staatlicher, toller Laden für robuste, aber leichte Reisekleidung; außerdem traditionelle indische Sachen auf Bestellung, z. B. *salwar kamise* (Pluderhose und Hemd), wollene Westen, Schals und Mützen sowie Wandteppiche, Stoffe, Tischdecken, Weihrauch und Karten. Passable Preise.

People Tree, 8 Regal Building, Sansad Marg, Connaught Place, ☎ 011/2334 0699, 🖥 www.peopletreeonline.com. Interessante Auswahl alternativer Designs, mit Schwerpunkt auf T-Shirts, ethnischer Bekleidung und Schmuck.

SEWA Trade Facilitation Centre, 5 Rajiv Gandhi Bhawan, zwischen den beiden State Emporium-Gebäuden, Baba Kharak Singh Marg, ☎ 011/3948 9374, 🖥 www.sewa.org. Wunderschöne Kleidung, Accessoires und Möbel, hergestellt von einer Frauen-Kooperative. Die meisten Frauen arbeiten zuhause und ihre Produkte werden in diesem Laden verkauft.

Sonstiges

Apotheken

Praktisch jeder Markt hat eine Apotheke. **Apollo**, G-8 Connaught Place, sowie die Apotheke im **All India Medical Institute**, Ansari Nagar, Aurobindo Marg, ☎ 011/2696 7546, sind 24 Std. geöffnet.

Autovermietungen

Für Stadtrundfahrten und Ausflüge in die Umgebung bietet sich ein **Auto mit Fahrer** an. Besonders preisgünstig wird dies für Gruppen von drei bis vier Personen. Viele Budgethotels vermitteln Autos und Fahrer; ebenso das **DTTDC**-Transportbüro in der Aurobindo Marg Höhe Kidwai Nagar West, beim Dilli Haat, ☎ 011/2467 4153, sowie die Stände am südlichen Ende des Tibetan Market am Janpath. Beim DTTDC muss man mit Rs955 (inkl. 80 Freikilometern; mit AC Rs1972) pro Tag (8 Std.) innerhalb Delhis rechnen.

Außerdem gibt's den **Kumar Tourist Taxi Service**, K-14 Connaught Place, ☎ 011/2341 5390). Autofahren in Delhi kann gefährlich sein; sich selbst ans Steuer zu setzen ist deshalb nicht ratsam.

Botschaften und Konsulate

Vor einem Besuch sollte man sich telefonisch nach den Öffnungszeiten erkundigen.

Bangladesh, E-39, D Radha Krishan Marg, Chanakyapuri, ☎ 011/2412 1389.

Deutschland, 6/50-G Shanti Path, Chanakyapuri, New Delhi 11 00 21, ☎ 011/44199 199, ✉ info@new-delhi.diplo.de, 🖥 www.new-delhi.diplo.de.

Myanmar, 3/50-F Nyaya Marg, Chanakyapuri, ☎ 011/2688 9007.

Nepal, Barakhamba Rd, am Mandi House Chowk, südöstlich vom Connaught Place, ☎ 011/2332 9969.

Österreich, EP-13, Chandra Gupta Marg, Chanakyapuri, New Delhi 110 021, ☎ 011/2419 2700, ✉ new-delhi-ob@bmeia.gv.at, 🖥 aussenministerium.at/newdelhi.

Schweiz, Nyaya Marg, Chanakyapuri, New Delhi 110 021, ☎ 011/2687 8372, 678 9132, 📠 687 3093, ✉ vertretung@ndh.rep.admin.ch.

Sri Lanka, 27 Kautilya Marg, Chanakyapuri, ☎ 011/2301 0201 bis 3.

Thailand, 56-N Nyaya Marg, Chanakyapuri, ☎ 011/2611 8103 oder 4.

Fotogeschäfte

Delhi Photo Company, 78 Janpath.
Kinsey Brothers, unterhalb der Büros von *India Today*, 2-A Block, Connaught Place.

Geld

Am internationalen Flughafen gibt es die **State Bank of India** (24 Std.) und **Thomas Cook**.

Der Geldwechsel ist relativ einfach, da es viele Geldautomaten gibt, die Visa- und Mastercard annehmen. Man findet sie in fast jedem Block am Connaught Place, in Metro-Bahnhöfen und entlang der Chandni Chowk und Asaf Ali Road in Old Delhi.

Ein Geldautomat steht gegenüber vom Metropolis Hotel am Paharganj Main Bazaar, einer ein Stück westlich vom Metropolis und weitere gibt's an der Rajguru Marg unterhalb vom Roxy Hotel.

American Express, A-1 Connaught Place, ☎ 011/2332 7602; ⏰ Mo–Fr 9–16, Sa 10–13 Uhr.

Thomas Cook, C-33 Connaught Place, 1. Stock, ☎ 011/2345 6585; ⏰ Mo–Fr 9.30–18, Sa 10–17.30 Uhr. Filiale an der New Delhi Station, zum Ajmeri Gate hin (beim VIP-Parkplatz nahe Plattform 12), ☎ 011/2321 1819; ⏰ tgl. 10–17 Uhr.

Geldtausch ist auch möglich im Büro von **DTTDC**, Middle Circle, Connaught Place, auch in den zahlreichen autorisierten Wechselstuben am Connaught Place und in Paharganj (wer Reiseschecks eintauscht, sollte sich vor dem Unterschreiben nach den Bedingungen erkundigen) sowie in allen größeren Hotels.

Überweisungen können bei allen Agenturen von **Western Union** vorgenommen werden, darunter einige Postämter. Die am günstigsten gelegenen sind die GPOs in Old Delhi und New Delhi, aber wer sich Geld auf ein Postamt überweisen lässt, muss den Namen korrekt angeben („Delhi GPO" bedeutet Old Delhi GPO, aber um ganz sicher zu gehen, sollte „Old Delhi" angegeben sein, und außerdem der Straßenname: Lothian Rd). Western Union-Agenturen sind u. a. auch die Bank of Baroda, B-3 und M-9 Connaught Place, und die Centurion Bank of Punjab, L-40 und N-47.

Agenturen für **Moneygram** sind alle Filialen von Thomas Cook (z. B. im Hotel Imperial, in der New Delhi Station oder in C-33 Connaught Place) sowie die South Indian Bank, z. B. im 22 Regal Building, Connaught Place.

Gepäckaufbewahrung

Die Gepäckaufbewahrung in den Zugbahnhöfen kostet Rs10–15 pro Tag. Die meisten Hotels in Paharganj bieten ebenfalls Gepäckaufbewahrung.

Informationen

Touristenbüros gibt es am internationalen und nationalen Flughafen sowie in den Zug- und Busbahnhöfen. **India Tourism**, 88 Janpath, südlich vom Connaught Place, ☎ 011/2332 0005 oder 8, ⏰ Mo–Fr 9–18, Sa 9–14 Uhr, bietet gute Infos zu historischen Sehenswürdigkeiten, Stadtrundfahrten, Shopping und kulturellen Veranstaltungen. Außerdem sind hier kostenlose Stadtpläne erhältlich.

DTTDC (Delhi Tourism and Transport Development Corporation), ☎ 011/2336 5358, 🖥 delhitourism.nic.in, hat ein Büro im Coffee House, 1 Annexe, Emporium Complex, Baba Kharak Singh Marg, gegenüber Hanuman Mandir, ⏰ tgl. 7–21 Uhr. DTTDC unterhält auch einen Kiosk ein Stückchen weiter an derselben Straße und andere im Bahnhof New Delhi, ⏰ Mo–Sa 9.30–17.30 Uhr; ☎ 011/2374 2374; in der Hazrat Nizamuddin Station, ⏰ Mo–Sa 9.30–17.30 Uhr, ☎ 011/6547 0605, und am Flughafen.

Ausstellungen und Veranstaltungen sind der Lokalpresse wie dem **Delhi Diary** (erscheint alle zwei Wochen) und dem **First City** (erscheint 1x monatlich) zu entnehmen. Beide werden in Buchläden und an Straßenkiosken verkauft. *Delhi Diary* liegt manchmal auch kostenlos in großen Hotels oder im GOI Touristenbüro aus.

Internet

Verlässliche Adressen sind u. a.:
Sunrise, N-9/II Connaught Place (Rs35/Std.);
Shivam, 651 Tooti Chowk, gleich beim Main Bazaar, Paharganj (Rs20/Std.);
Kesri, 5111 Main Bazaar, Paharganj (nahe Kholsa Café; Rs20/Std.).

Delhi im Netz

DTTDC 🖥 delhitourism.nic.in
India for You 🖥 www.indfy.com/delhi.html
Delhi City Government 🖥 delhigovt.nic.in/page.asp
Veranstaltungstipps: 🖥 www.delhi-india.net oder 🖥 www.delhilive.com

Medizinische Hilfe

All India Institute of Medical Sciences (AIIMS), Ansari Nagar, Aurobindo Marg, ✆ 011/2658 8500; 24 Std. Notaufnahme, gute ärztliche Behandlung. Ebenso im **Lok Nayak Jai Prakash Hospital**, Jawaharlal Nehru Marg, Old Delhi, ✆ 011/2332 2400, nahe Delhi Gate.

East West Medical Centre, B-28 Greater Kailash Part 1, ✆ 011/2629 3701 bis 3. Eine von mehreren Privatkliniken.

Dr Ram Manohar Lohia Hospital, Baba Kharak Singh Marg, ✆ 011/2336 5525; staatliches Krankenhaus.

Mother Teresa Hostels

Das von Mutter Teresa initiierte Waisenhaus nahe Qudsia Gardens nördlich von Old Delhi freut sich über freiwillige Helfer beim Unterrichten; vorherige Kontaktaufnahme erwünscht bei: **Missionaries of Charity**, 12 Commissioner's Lane, Shishu Bhavan, Delhi 110054, ✆ 011/2251 8457.

Optiker

Lawrence & Mayo, 76 Janpath; **R.K. Oberoi**, 14-H Connaught Place.

Visaverlängerungen und Permits

Wer sein Visum verlängern lassen möchte, muss zuerst zum **Ministry of Home Affairs**, Foreigners Division, Jaisalmer House, 26 Man Singh Rd, ⊙ Mo–Fr 10–12 Uhr. Hier werden auch die Genehmigungen für Landesteile mit Einreisebeschränkung *(restricted areas)* beantragt. Soll der Indien-Aufenthalt länger als 6 Monate dauern, ist die Anlaufstelle das **Foreigner's Regional Registration Office** (FRRO), East Block 8, Level 2, Sector 1, Ramakrishna Puram, ⊙ Mo–Fr 9.30–13.30 und 14–16 Uhr; ✆ 011/2671 1348. Die Formulare können unter 🖥 www.immigrationindia.nic.in heruntergeladen werden.

Polizei

✆ 100 (nationale Nummer). Wer die Hilfe der Polizei benötigt, wendet sich am besten an die Hotelrezeption oder an das **Government of India Tourist Office**, die einen an die entsprechende Stelle vermitteln; Delhi hat eine eigene Touristen-Polizei.

Reisebüros und Veranstalter

Die **Rajasthan Tourism Development Corporation**, Bikaner House, Pandara Rd, ✆ 011/2338 3837 oder 6069, organisiert Pauschaltouren, darunter Safaris und Fahrten mit den Zügen Palace on Wheels und Heritage on Wheels.

Die **Delhi Tourism and Transport Development Corporation** (DTTDC), N-36, Bombay Life Building, Middle Circle, Connaught Place, ✆ 011/5152 3073, veranstaltet Tagesausflüge nach Agra (Rs950) und 3-tägige „Golden Triangle"-Exkursionen nach Agra, Ajmer, Bharatpur und Jaipur (Rs3200).

Ashok Travels, Janpath Hotel, Janpath, ✆ 011/2334 8745, ✉ travel@attindiatourism.com. Das Unternehmen der India Tourism Development Corporation verkauft Ausflüge und Flugtickets. Bewährte Reisebüros, die auf **Flugtickets** (Inland und international) spezialisiert sind: **HRG Sita**, F-12 Connaught Place, ✆ 011/2331 1409; **STA Travel**, G-55 Connaught Place, 1. Stock, ✆ 011/2373 1480, 🖥 www.statravel.co.in; **Travel Corporation of India**, C-35 Connaught Place, ✆ 011/2341 6082 bis 5; 🖥 www.tcindia.com.

Aa Bee Travel, in der Lobby des Hare Rama Guest House, ✆ 011/2356 2171 oder 2117, ✉ aabee@mail.com, in T-298 abseits des Main Bazaar, Paharganj, ist eine zuverlässige Adresse für preisgünstige Flug- und Privatbustickets.

Student Travel Information Centre, STIC Travels, 1. Stock, West Wing, Chandralok Building, gegenüber Imperial Hotel, 36 Janpath, ✆ 011/2332 1487, 🖥 www.stictravel.com. Ausstellung und Verlängerung des internationalen Studentenausweises **ISIC**.

Auf keinen Fall sollte man Flüge oder Touren bei einem Veranstalter buchen, der Schlepper einsetzt. Und erst recht nicht bei einem Reisebüro, das sich als offizielle Touristeninformation ausgibt.

Post

Einen Poste-Restante-Service gibt es beim **GPO** (oder **Gole GPO**) an der Kreuzung Baba Kharak Singh Marg und Ashoka Rd, ⊙ Mo–Sa 10–17 Uhr, sowie beim nahen **Foreign Post Office**, Bhai

Vir Singh Marg, 5 Min. vom Connaught Place. Zur Abholung muss man seinen Pass mitbringen und checkt am besten auch gleich die Liste eingegangener Pakete. Briefe mit der Aufschrift „Poste Restante, Delhi" – anstatt „New Delhi" – landen im GPO von Old Delhi, nördlich der Bahnlinie in der Mahatma Gandhi Road. Günstig gelegen ist die Postfiliale in A-6 Connaught Place, ⏲ Mo–Sa 8–19.30 Uhr.

Nahverkehr

Trotz des neuen U-Bahnnetzes ist das öffentliche Verkehrsnetz angesichts der Bevölkerungszahl und Ausdehnung der Stadt unzureichend, und das Verkehrschaos wird noch durch eine wachsende Anzahl von stolzen Autobesitzern vergrößert. Kühe wurden aus der Delhier Innenstadt größtenteils verbannt, nicht aber aus den traditionelleren Bezirken. Um die Luftverschmutzung zu vermindern, wurden alle städtischen Busse, Taxis und Motor-Rikschas von Benzin und Diesel auf Biogas *(compressed natural gas,* CNG) umgerüstet, aber in den meisten innerstädtischen Hauptverkehrsstraßen hängen immer noch Abgaswolken.

Metro

New Delhis neue U-Bahn, im Dezember 2002 eröffnet, kann bis zu 200 000 Passagiere pro Tag befördern. Die Bauarbeiten werden sich in mehreren Phasen bis zum Jahr 2021 erstrecken. Es gibt drei Linien: die rote Linie (Linie 1) führt von Barwala im Nordwesten über den Yamuna nach Shahdara; die gelbe Linie (Linie 2) verläuft von Vishwa Vidyalaya im Norden zum Central Secretariat, kreuzt sich dabei mit der roten Linie am Kashmere Gate (beim Hauptbusbahnhof der Inter-state-Busse) und führt weiter zu den Bahnhöfen Old Delhi (Chandni Chowk) und New Delhi und zum Connaught Place (Rajiv Chowk). Die blaue Linie (Linie 3) beginnt in Dwarka im Südwesten und endet in Indrapastha nahe Purana Qila; sie kreuzt die gelbe Linie am Rajiv Chowk. Alle drei Linien sollen bald an beiden Enden verlängert werden. Aktuelle Infos bei den Tourist Offices (S. 193) oder unter 🖳 www.delhimetrorail.com. Zurzeit kostet der billigste Fahrschein Rs6, die längste Fahrt vom Zentrum aus Rs15. Die Metro hat Rollstuhlrampen, und in jedem U-Bahnhof sollte eigentlich ein Geldautomat stehen. Kinder unter einer Größe von 90 cm und in Begleitung eines Erwachsenen fahren kostenlos. Fotografieren in der Metro ist streng verboten!

Busse

Da Fahrrad- und Motor-Rikschas so zahlreich vorhanden und überdies billig sind, werden sich wohl nur besonders hartgesottene Touristen mit Delhis verwirrendem Bussystem auseinandersetzen und sich in die überfüllten Busse zwängen wollen. Für Touristen ganz nützlich ist Linie 505, die vom Ajmeri Gate und Connaught Place (Super Bazaar, Ecke Kasturba Gandhi Marg) zum National Museum, Safdarjang's Tomb, Hauz Khas und Qutb Minar fährt. Die Busrouten finden sich unter 🖳 delhigovt.nic.in/dtcbusroute/dtc/Find_Route/getroute.asp, aber auf der Liste der

Touren in Stadt und Umland

Das **DTTDC Tourist Office** (S. 194), organisiert tgl. außer Montag Touren in AC-Bussen durch New Delhi (9–13.30 Uhr; Rs150) und Old Delhi (14.15–17.45 Uhr; Rs150), plus eine Ganztagstour durch beide (9–17.45 Uhr; Rs250). Alle beginnen draußen vor dem DTTDC-Büro gegenüber dem Hanuman-Tempel an der Baba Kharak Singh Marg. Hier ist auch die Abfahrtsstelle der DTTDC-Tour „Delhi by Evening" (Di–So; Rs150), bei der u. a. die Sound and Light-Show beim Roten Fort besucht wird, und ein Tagesausflug nach Agra (Mi, Sa und So; Abfahrt 7 Uhr, Rückkehr 22 Uhr; Rs950).
Die **Delhi Transport Corporation**, ✆ 011/2331 7445, unternimmt Tagestouren ab New Delhi Rail Station um 9.15 Uhr, Scindia House am Connaught Place (Ecke Janpath) um 9.30 Uhr oder vom Roten Fort um 9.45 Uhr (Rs100).
Alle 5-Sterne-Hotels bieten ihre eigenen Touren von Haustür zu Haustür, und viele Hotels in Paharganj und Umgebung, z. B. Namaskar und Metropolis, können Stadtrundfahrten mit dem Taxi für Rs500–600 organisieren – sehr preisgünstig für eine Gruppe von drei bis vier Personen.

Bushaltestellen stehen nicht immer die Ortsnamen, die Touristen geläufig sind (die Haltestellen am Connaught Place z. B. werden individuell als „Regal Cinema", „Super Bazaar" usw. angegeben).

Motor- und Fahrrad-Rikschas

Motor-Rikschas („autos") sind das effizienteste Transportmittel in Delhi, obwohl die Fahrer äußerst chaotisch sind. Einige *auto-wallahs* bieten an, ein Taxameter einzuschalten, aber normalerweise vereinbart man einen Fahrpreis, bevor man einsteigt, und hält am besten passendes Kleingeld bereit. Die Fahrpreise für Ausländer hängen stark vom Verhandlungsgeschick des Kunden und der Laune des Fahrers ab. Als Richtschnur gilt: Für eine Fahrt vom Connaught Place nach Old Delhi sollte man mit Rs40 rechnen. Der beste Ort um eine Motor-Riksccha zu nehmen sind die *auto stands*, die es überall in der Stadt gibt; man kann aber auch eine auf der Straße anhalten.
Fahrrad-Rikschas sind rund um den Connaught Place sowie in Teilen von New Delhi nicht zugelassen, aber praktisch für kurze Wege in Außenbezirken und in Paharganj. In Old Delhi kommt man damit außerdem schneller voran als mit einem motorisierten Fahrzeug. Der Fahrpreis beträgt ungefähr die Hälfte von dem für Motor-Rikschas.
Motor- und Fahrrad-Riksccha-*wallahs* versuchen ab und zu, von Ausländern überhöhte Preise zu verlangen, aber man darf nicht vergessen, dass insbesondere die Fahrrad-Rikschafahrer zu den ärmsten Bewohnern der Stadt gehören. Zähes Handeln ist hier also eher fehl am Platz. Die meisten Touristen stellen sich einfach darauf ein, dass sie ein bisschen mehr bezahlen werden als die Einheimischen. Und wer sieht, wie schwer ein Rickshaw-*wallah* schuftet, gibt vielleicht eher noch ein Trinkgeld obendrauf.

Taxis

Delhis Taxis (weiß oder gelb und schwarz) verlangen etwa 50 % mehr als eine Motor-Riksccha. Im Allgemeinen sind sie sicher und verlässlich. Die Fahrer warten an Taxiständen, wo man Buchungen vornehmen und die Preise aushandeln kann. Wer an der Straße ein Taxi heranwinkt, muss sich auf ein ziemliches Geschachere einstellen. Zwischen 23 und 5 Uhr wird ein Zuschlag von etwa 25 % erhoben.
Mega Cabs, ℡ 1929, hat einen rund um die Uhr funktionierenden Taxiruf für Fahrzeuge mit AC (zumindest im Sommer) und unbestechlichen digitalen Taxametern, verlangen aber ein wenig mehr als die anderen Taxis.

Transport

Delhi ist Indiens Dreh- und Angelpunkt für Reisen von und nach Übersee sowie für Reiseziele im Land. Es dauert selten mehr als einen Tag, um die Weiterreise zu organisieren – Flüge, Züge und Busse fahren in alle Richtungen.

Busse

Delhi ist Mittelpunkt eines ausgedehnten Busnetzes, das die benachbarten Bundesstaaten abdeckt. Am ehesten wird man den Bus für Strecken in gebirgige Regionen nutzen, in die keine Züge fahren, auf kürzeren Strecken kann der Bus auch schneller sein als der Zug. Bei längeren Distanzen besteht normalerweise die Wahl zwischen den klapprigen staatlichen und den komfortableren Bussen privater Anbieter – die manche Leute jedoch für gefährlicher halten, weil sie schneller und oft auch bei Nacht fahren.
Auskunft über Busse:
Haryana Roadways, ℡ 011/2386 1262;
Himachal Roadways, ℡ 011/2386 3473;
Punjab Roadways, ℡ 011/2386 7842;
Rajasthan Roadways, ℡ 011/2386 3469;
UP Roadways, ℡ 011/2386 8709.
Delhi Transport Corporation, ℡ 011/2386 8836, hat die Telefonnummern für andere staatliche Busunternehmen.
Die **staatlichen Busse** sammeln sich am **Maharana Pratap Inter-State Bus Terminal** (ISBT), ℡ 011/2386 8836, in Old Delhi. Von hier benötigen Motor-Rikschas nach New Delhi oder Paharganj rund 15 Min. (um Rs50 plus Rs5 pro Gepäckstück), Fahrrad-Rikschas doppelt solange (und kosten um Rs30). Am Busbahnhof gibt es einen Schalter mit Tickets für Motor-Rikschas (Rs60 vom Connaught Place), und außerdem eine Metrostation (Kashmiri Gate). Wer von hier abfährt, sollte mindestens 1 Std.

vorher eintreffen, um in Ruhe den richtigen der etwa 30 Schalter zu finden und sein Ticket zu kaufen. Am besten lässt man sich sowohl die Nummer des Abfahrtssteigs als auch des Fahrzeugschilds geben, damit man auch wirklich in den richtigen Bus steigt.

Private Busse aus allen Teilen Indiens halten vor der New Delhi Railway Station; manche lassen ihre Passagiere auch am Connaught Place aussteigen. Einige Busse aus Uttar Pradesh und Uttarakhand haben ihre Endhaltestelle am **Anand Vihar ISBT**, auf der anderen Seite der Yamuna Richtung Ghaziabad in Ost-Delhi, wo es ebenfalls einen Schalter mit Tickets für Motor-Rikschas gibt (Rs75 zum Connaught Place, plus Rs5 pro Gepäckstück). Von hier fahren die Buslinien 70 und 85 zum Connaught Place. Busse aus Agra und einige aus Rajasthan nehmen ihre Fahrgäste manchmal auch am **Sarai Kale Khan ISBT** beim Bahnhof Hazrat Nizamuddin ab (über die Fußgängerbrücke geht es zu den Motor-Rikschas). Busse aus Jaipur, Ajmer, Jodhpur und Udaipur halten vielleicht am **Bikaner House** in der Nähe des India Gate, Rs30 vom Connaught Place per Motor-Rikscha.

Die einzige **internationale** Busverbindung führt nach Lahore in Pakistan. Abfahrt im **Dr Ambedkar Terminal** in der Jwaharlal Nehru Marg unweit vom Delhi Gate am Di, Mi, Fr und Sa um 6 Uhr. ☏ 011/2331 8180; 🖥 dtc.nic.in/lahorebus.htm.

Verbindungen staatlicher Busse

A = Anand Vihar ISBT in Ost-Delhi
B = Rajasthan Roadways Terminal beim Bikaner House
M = Maharana Pratap ISBT am Kashmiri Gate
S = Sarai Kale Khan ISBT in Nizamuddin
Rajasthan: AJMER (B 3x tgl., M 8x tgl., S 10x tgl.; 9 Std.);
JAIPUR (B 28x tgl., M alle 20 Min., S alle 45 Min.; 6 Std.);
JODHPUR (B 1x tgl., S 2x tgl.; 12 Std.);
UDAIPUR (B 1x tgl.; M 3x tgl., 20 Std.);
Uttar Pradesh und Uttarakhand: AGRA (S stdl.; 5 Std.);
ALMORA (A 3x tgl.; 12 Std.);
DEHRA DUN (M alle 1/2 Std.; 7 Std.);
HARIDWAR (M alle 1/2 Std.; 6 Std.);
MUSSOORIE (M 2x tgl.; 9 Std.);
NAINITAL (A 6x tgl.; 9 Std.);
RAMNAGAR, zum Corbett-Nationalpark (A stdl.; 7–8 Std.);
RISHIKESH (M stdl.; 6 1/2 Std.);
Punjab und Himachal Pradesh: AMRITSAR (M alle 20–40 Min.; 8–10 Std.);
CHANDIGARH (M alle 15–30 Min.; 5–6 Std.);
DHARAMSALA (M 10x tgl.; 11–12 Std.);
MANALI (M 15x tgl.; 14 Std.);
SHIMLA (M 25x tgl.; 8–9 Std.).

Eisenbahn

Delhi hat zwei Hauptbahnhöfe. Die **New Delhi Station** befindet sich am östlichen Ende des Paharganj Main Bazaar, in Spazierweite von vielen der Budgethotels in dieser Ecke. Sie hat zwei Ausgänge: Der Ausgang Paharganj führt zum Connaught Place und in den Süden der Stadt, der Ausgang Ajmeri Gate nach Old Delhi. Fahrrad-Rikschas arbeiten sich durch den geschäftigen Hauptbasar in Richtung Connaught Place, dürfen den Platz selbst – nur 800 m weiter – aber nicht befahren. Motor-Rikschas zum Connaught Place kosten ab Rs20 oder Rs35 nach Old Delhi – der Preis sollte vor dem Einsteigen ausgehandelt werden.
Von der **Old Delhi Station** (offizieller Name: Delhi Junction), westlich des Roten Forts, bestehen ebenfalls gute Verbindungen mit Taxis, Motor- und Fahrrad-Rikschas in die Stadt; es gibt einen Schalter mit Festpreis-Tickets für Motor-Rikschas – Rs45 zum Connaught Place, plus Rs5 pro Gepäckstück.
Auf beiden Bahnhöfen sind Diebstähle an der Tagesordnung: das Gepäck darf keine Sekunde aus den Augen gelassen werden. Es gibt auch U-Bahnstationen, mit großem Gepäck darf man allerdings nicht in die Metro.
Die anderen Fernbahnhöfe sind **Hazrat Nizamuddin**, südöstlich der Innenstadt. Hier fahren die Züge nach Agra (außer dem Shatabdi Express) ab. Vom **Sarai Rohilla**, westlich der Old Delhi Station, fahren einige Züge nach Rajasthan. Am Hazrat Nizamuddin gibt es einen Schalter mit Festpreis-Tickets für Motor-Rikschas; die Fahrt zum Connaught Place kostet

Rs50, vom Sarai Rohilla ungefähr gleich viel. Theoretisch kann man man mit einem Nahverkehrszug nach New Delhi hinein fahren, aber diese Züge sind normalerweise voll bis unters Dach, und eine Fahrkarte zu kaufen kann stressig sein.

Im 1. Stock der Hauptabfahrtshalle der New Delhi Station gibt es speziell für ausländische Touristen ein **Reservierungsbüro**, ⏱ Mo–Sa 8–20, So 8–14 Uhr. Hier bekommt man Tipps für die besten Zugverbindungen und kann einen Sitzplatz oder ein Bett im Schlafwagen für alle Züge (auch die, die von anderen Bahnhöfen abfahren) reservieren lassen. **Allein reisende Frauen** sollten nach einem Bett im Frauenschlafwagen in der 2. Klasse fragen. Normalerweise bekommt man ohne weiteres einen Sitzplatz oder ein Bett im Schlafwagen. Ausländer müssen für die Buchung ihren Pass vorzeigen. Das Ticket ist in Fremdwährung oder in Rupien (dann aber nur in Verbindung mit einem Beleg über einen offiziellen Geldwechsel) zu zahlen. Die Ratschläge Fremder, ein Ticket woanders zu kaufen, sollte man ignorieren. Es lohnt nicht, sich den Warteschlangen vor dem allgemeinen Reservierungsgebäude in der gleichen Straße auszusetzen. Auch Behauptungen, das Tourist Booking Office sei umgezogen oder geschlossen, sollte man keinen Glauben schenken. Weiteres zum Thema Schlepper und ihre Tricks S. 201.

Züge nach
Zentralindien

BHOPAL (12–17x tgl.; 7 Std. 50 Min.–13 Std. 5 Min.);
GWALIOR (17–20x tgl.; 3 Std. 16 Min.–6 Std. 5 Min.);
INDORE (2x tgl.; 13 Std. 25 Min.–17 1/2 Std.);
JHANSI (13–18x tgl.; 4 Std. 28 Min.–7 Std. 50 Min.).

Osten

BHUBANESHWAR (2–4x tgl.; 24 Std. 20 Min.–40 Std. 5 Min.);
CUTTACK (2–4x tgl.; 22 Std. 5 Min.–39 Std. 15 Min.);
GAYA (4–7x tgl.; 7 Std. 26 Min.–17 1/2 Std.);
GUWAHATI (4–5x tgl.; 27 Std. 20 Min.–43 Std. 40 Min.);
KOLKATA (Howrah/Sealdah) (3–5x tgl.; 16 Std. 55 Min.–35 Std. 25 Min.);
PURI (2–3x tgl.; 30 3/4–41 Std. 50 Min.);
VIJAYAWADA (4–7x tgl.; 22 Std. 20 Min.–33 Std. 50 Min.).

Gujarat und Maharashtra

AHMEDABAD (3–7x tgl.; 14 Std. 5 Min.–18 Std. 55 Min.);
MUMBAI (10–11x tgl.; 16 Std. 5 Min.–30 Std. 20 Min.);
PUNE (2–3x tgl.; 25 1/2–28 1/4 Std.).

Punjab und Himachal Pradesh

AMRITSAR (10–14x tgl.; 5 Std. 55 Min.–12 Std. 5 Min.);
CHANDIGARH (6–7x tgl.; 3 Std. 7 Min.–5 Std. 10 Min.);
KALKA nach Shimla (5x tgl.; 4 Std.–6 3/4 Std.);
PATHANKOT (3–6x tgl.; 9 Std. 40 Min–11 Std. 55 Min.).

Rajasthan

ABU ROAD (3–4x tgl.; 10 Std. 20 Min.–14 Std.);
AJMER (4–6x tgl.; 6 Std. 50 Min.–8 3/4 Std.);
BHARATPUR (8–9x tgl.; 2 1/2–4 Std.);
BIKANER (4x wöchentl.; 12 Std. 5 Min.);
CHITTAURGARH (2x tgl.; 9 Std. 40 Min.–13 Std. 20 Min.);
JAIPUR (6–9x tgl.; 4 Std. 35 Min.–6 Std.);
JODHPUR (2x tgl.; 11 Std. 10 Min.–12 Std. 5 Min.);
KOTA (10–14x tgl.; 4 Std. 25 Min.–9 1/2 Std.);
SAWAI MADHOPUR (8–10x tgl.; 4 Std. 33 Min.–6 Std. 25 Min.);
UDAIPUR (1x tgl.; 12 Std.).

Süden

BENGALU (Bangalore) (1–2x tgl.; 36 Std. 25 Min.–40 Std. 25 Min.);
CHENNAI (2–3x tgl.; 32 Std. 40 Min.–35 Std. 35 Min.);
ERNAKULAM (2x tgl.; 46 Std. 5 Min.–49 Std. 40 Min.);
HYDERABAD / SECUNDERABAD (2–3x tgl.; 24 Std. 10 Min.–30 Std. 40 Min.);
THIRUVANANTHAPURAM (1x tgl.; 50 Std. 50 Min.);
VASCO DA GAMA (1x tgl.; 39 1/2 Std.).

Uttar Pradesh und Uttarakhand
Agra (14–18x tgl.; 2–4 Std.);
ALLAHABAD (16–23x tgl.; 6 Std. 47 Min.–14 Std. 20 Min.);
GORAKHPUR (8–9x tgl.; 13 Std. 25 Min.–17 1/4 Std.);
HARIDWAR (6–7x tgl.; 4 Std.–9 Std. 25 Min.);
KANPUR (16–20x tgl.; 4 Std. 35 Min.–8 1/2 Std.);
LUCKNOW (15–19x tgl.; 6 1/4 Std.–10 Std. 55 Min.);
MATHURA (15–19x tgl.; 1 Std. 20 Min.–3 Std. 25 Min.);
VARANASI / MUGHAL SARAI (19–27x tgl.; 8 3/4–18 Std.).

Empfohlene Zugverbindungen ab Delhi

Hier auf einen Blick die schnellsten und/oder bequemsten Verbindungen. Sofern nicht anders vermerkt, sind diese Züge täglich im Einsatz.

Zielort	Name	Nummer	Von	Abfahrt	Fahrtzeit
Agra	Shatabdi Express*	2002	ND	6.15 Uhr	2 Std. (außer Fr)
	Taj Express	2180	HN	7.15 Uhr	3 Std.
	Mangala Express	2618	HN	9.20 Uhr	3 Std.
	Kerala Express	2626	ND	11.30 Uhr	2 Std. 50 Min.
Ahmedabad	Ashram Express	2916	OD	15.05 Uhr	16 Std. 35 Min.
	Rajdhani Express	2958	ND	20 Uhr	14 1/2 Std. 5 Min. (außer Di)
Ajmer	Shatabdi Express*	2015	ND	6.10 Uhr	6 1/2 Std. 50 Min. (außer Mi)
	Ahmedabad Mail	9106	OD	22.40 Uhr	8 3/4 Std.
Chandigarh	Shatabdi Express*	2011	ND	7.40 Uhr	3 1/4 Std. 20 Min.
	Paschim Express	2925	ND	11.10 Uhr	4 Std. 35 Min.
	Shatabdi Express*	2005	ND	17.15 Uhr	3 1/4 Std. 7 Min.
Chennai	Tamil Nadu Express	2622	ND	22.30 Uhr	32 Std. 40 Min.
	Sampark Kranti	2652	HN	7.30 Uhr	34 Std. 23 Min. (nur Di und Do)
	Chennai Rajdhani	2434	HN	15.30 Uhr	28 1/2 Std.1/2 (nur Mi und Fr)
Haridwar	Shatabdi Express*	2017	ND	6.50 Uhr	4 Std. 35 Min.
	Mussoorie Express	4041	OD	12.15 Uhr	7 1/2 Std.
Jaipur	Shatabdi Express*	2015	ND	6.10 Uhr	4 1/4 Std. 35 Min. (außer Mi)
	Ashram Express	2916	OD	15.05 Uhr	5 Std. 20 Min.
Jhansi	Shatabdi Express*	2002	ND	6.15 Uhr	4 3/4 Std. 28 Min.
Kolkata	Kolkata Rajdhani*	2302	ND	17 Uhr	16 Std. 55 Min. (außer Fr)
	Sealdah Rajdhani*	2306	ND	16.45 Uhr	17 1/2 Std.
	Howrah–Poorva Express	2304	ND	16.25 Uhr	24 1/2 Std. (Mi, Do, Sa, So)
	Kalka Mail	2304	OD	7.30 Uhr	23 Std. 50 Min.
Mumbai	Rajdhani Express*	2952	ND	16.30 Uhr	16 1/2 Std. 5 Min.
Udaipur	Mewar Express	2963	HN	19 Uhr	12 Std.
Varanasi	Varanasi Special	2458A	OD	18.15 Uhr	11 1/4 Std.
	Shiv Ganga Express	2560	ND	18.30 Uhr	11 Std.
Vasco da Gama	Goa Express	2780	HN	15 Uhr	39 1/2 Std.

OD Old Delhi; **ND** New Delhi; **HN** Hazrat Nizamuddin; **SR** Sarai Rohilla
* nur mit AC

Flüge

Der **Indira Gandhi International Airport** (kurz IGI) liegt 15 km südwestlich des Zentrums. **Inlandsflüge** starten und landen am Terminal 1, ✆ 011/2566 1000. **Internationale Flüge** am Terminal 2, ✆ 011/2566 2000. Ein kostenloser Shuttlebus pendelt halbstündlich (man kann auch ein vorausbezahltes Taxi nehmen). Internationale Flugauskunft ✆ 011/2569 6021, Flugauskunft Inland ✆ 011/2567 5181, 🖥 www.newdelhiairport.in.

Obwohl das Netz an Inlandsflügen ständig ausgebaut wird, empfiehlt es sich, so früh wie möglich zu buchen. Vor allem vor Feiertagen (wie z. B. Diwali) ist die Nachfrage sehr groß. Wer noch kein Ticket für den Weiterflug von Indien hat, findet leicht eins, außer zwischen Dezember und März, wenn es auf die Schnelle problematisch werden kann. Tickets sind zwar direkt bei den Fluggesellschaften erhältlich (Adressen s. S. 202), aber Zeit und Wege sparender ist es, bei einem Reisebüro (S. 194) zu buchen. Und nicht vergessen: die meisten Fluggesellschaften verlangen, dass der Flug eine Woche bis 72 Stunden vor Abflug rückbestätigt wird.

Im Flughafen gibt es keine **Geldautomaten** (das könnte sich bald ändern), aber in den Zweigstellen der Punjab National Bank und von Thomas Cook in der Ankunftshalle besteht rund um die Uhr die Möglichkeit zum Geldwechsel (Kleingeld für Taxi- und Rikschafahrten geben lassen). Wer eine Unterkunft sucht, kann sich ebenfalls rund um die Uhr an die offiziellen Informationsschalter von Indian Tourism (ITDC) oder Delhi Tourism (DTTDC) wenden, die Listen empfehlenswerter Hotels ausliegen haben und Reservierungen vornehmen.

Flughafentransport

Die einfachste Transportmöglichkeit vom internationalen Flughafen ins Zentrum ist per **Taxi**. Taxis bieten sich ganz besonders dann als Transportmittel an, wenn man spät am Abend ankommt. In dem abgegrenzten Gebiet vor der Ankunftshalle befinden sich Vorverkaufsschalter *(prepaid kiosk)* für die Taxis; eine Fahrt ins Zentrum kostet etwa Rs250 (zwischen 23 und 5 Uhr wird ein Aufschlag von 25 % erhoben). Die Preise sind von Schalter zu Schalter unterschiedlich, es lohnt sich also, bei mehreren nachzufragen. Allerdings kann es passieren, dass selbst diese Taxifahrer ihre Fahrgäste davon zu überzeugen versuchen, dass sie unbedingt in einem anderen als dem von ihnen angegebenen Hotel übernachten sollten.

Es gibt aber auch einen **Bus** (Rs50; 40 Min.), der stündlich zum Maharana Pratap ISBT in Old Delhi fährt (er ist aber nur für Leute praktisch, die in der tibetischen Kolonie Majnu ka Tilla Quartier beziehen möchten; allerdings könnte der Busfahrer von EATS sich breitschlagen lassen, Passagiere am Connaught Place aussteigen zu lassen). Tickets gibt's an den Schaltern von DTC und EATS in der Ankunftshalle; die Busse halten auch am Inlandsterminal.

Die **Motor-Rikschas** an der Abflughalle sind zwar billiger als Taxis (Rs100–150), aber zugleich die gefährlichste und unzuverlässigste Transportform, insbesondere bei Nacht. Viele Hotels, darunter auch einige der Budgethotels in Paharganj, bieten einen **Abholservice** vom Flughafen an. Dies ist der bequemste Transport in ein Hotel. Die Preise sind aber sehr unterschiedlich. Sie beginnen bei ungefähr Rs250, betragen jedoch oft das Doppelte oder mehr.

Derzeit wird eine Airport Express Link-U-Bahnlinie gebaut, die 2010 fertig sein soll. Sie wird ihre Passagiere in nur 16 Minuten ins Zentrum von New Delhi befördern. Die meisten Touristen, die einen Nachtflug gebucht haben, reservieren über ihr Hotel ein Taxi zum Flughafen (rund Rs250; 30–60 Min.). Ansonsten fahren 3x tgl. EATS Airportbusse vom Block F am Connaught Place, beim Büro von Indian Airlines ab (Rs50, plus Rs10 pro Gepäckstück; 45 Min.); Abfahrt um 15.30, 19 und 21 Uhr. Die Fahrkarte kann in dem kleinen Büro neben Indian Airlines reserviert werden, ✆ 011/2331 6530.

Flugverbindungen von Delhi:
(AI = Air India, IC = Indian Airlines, IT = Kingfisher, DN = Air Deccan, SG = SpiceJet, S2 = JetLite, 9W = Jet Airways, 6E = IndiGo, G8 = Go Air)

Delhis Schlepper und ihre Tricks

Für Indienneulinge kann Delhi anstrengend sein, vor allem wegen der Massen von Schleppern, die sich einem an die Fersen heften. Einer ihrer (buchstäblich) schmutzigen Tricks ist es, Dreck auf die Schuhe von Touristen zu schmieren und dann die Reinigung der Schuhe anzubieten – gegen Bezahlung. Taxifahrer und Schlepper behaupten gern, dass das **Hotel**, das man gewählt hat, ausgebucht, oder geschlossen sei, und bringen den Fahrgast dann zu einer Unterkunft, die ihnen Provision zahlt. Manche bieten sogar an, sich selbst per Telefon von der Wahrheit der Aussage zu überzeugen. Sie wählen eine Telefonnummer und die „Rezeption" bestätigt dann die Story oder behauptet, niemals eine Reservierung erhalten zu haben. Um das Risiko, in eine derartige Falle zu tappen, zu verringern, notiert man sich am besten ganz demonstrativ das Kennzeichen des Taxis und besteht darauf, ohne Zwischenstopp zu dem gewählten Hotel gefahren zu werden.

Bei einer Fahrt nach Paharganj wird der Taxifahrer mit großer Wahrscheinlichkeit versuchen, die Touristen zu einem Hotel *seiner* Wahl zu fahren. Um jede Auseinandersetzung zu vermeiden, kann man sich an der New Delhi Railway Station absetzen lassen und von dort zu Fuß zum Hotel gehen. Eine weitere Falle sind falsche „Türsteher", die behaupten, dass das Hotel ausgebucht sei – dies sollte man sich drinnen von der Rezeption bestätigen lassen! Selbst wenn diese Behauptung stimmt, sollte man niemals dem Schlepper zu einem von ihm empfohlenen Hotel folgen.

Probleme dieser Art lassen sich vermeiden, indem man **ein Zimmer reserviert**. Viele Hotels holen Gäste vom Ankunftsort abholen.

Vor allem in der **New Delhi Station** kann man davon ausgehen, dass jeder (selbst Uniformierte), der dort Touristen seine Hilfe anbietet, etwas anderes im Schilde führt. Die meisten versuchen Touristen zu selbst ernannten „**Tourist Offices**" gegenüber dem Paharganj-Eingang zu bringen, wo man für Fahrkarten weit überhöhte Preise bezahlt. Auch die gern erzählte Geschichte, die Buchungshalle für Ausländer *(foreigners' booking hall)* sei geschlossen, ist frei erfunden. Am Connaught Place und entlang der Janpath wimmelt es von unechten „Tourist Information Offices" und Reisebüros, also Vorsicht. Ebenso hält man man sich besser von allen Büros an der Janpath fern, die fälschlicherweise behaupten, „government authorized" zu sein – manche sind sogar mit GOI-Werbepostern geschmückt. Zur Erinnerung: India Tourism befindet sich in der 88 Janpath und das DTTDC in Block N, Middle Circle.

Zudem sollte man immer im Hinterkopf behalten, dass Taxi-, Rikscha- und Mietwagenchauffeure eine Provision bekommen, wenn sie bestimmten Geschäften Kunden heranschaffen. Letztlich wird dieses Geld natürlich dem ahnungslosen Touristen berechnet, der sich zu einem Kauf hat hinreißen lassen.

Man sollte ein **Taxi** oder eine **Motor-Rikscha** immer selbst anheuern, statt sich ansprechen zu lassen.

Flüge nach
AHMEDABAD (IC, DN, SG, 9W, G8; 10x tgl.; 1 Std. 25 Min.);
ALLAHABAD (S2; 3x wöchentl.; 2 Std. 20 Min.);
AMRITSAR (AI, IC, DN, 9W: 3–4x tgl.; 50 Min.);
AURANGABAD (IC; 1x tgl.; 3 Std. 40 Min.);
BAGDOGRA (nach Siliguri und Darjeeling) (IC, DN, 9W; 2–3x tgl.; 1 Std. 50 Min.–3 Std. 55 Min.);
BENGALURU (Bangalore) (IC, IT, DN, SG, S2, 9W, 6E, G8; 30–31x tgl.; 2 1/2 Std.–4 Std. 10 Min.);
BHOPAL (IC, DN, 9W; 3–4x tgl.; 1 Std. 40 Min.–3 Std.);
BHUBANESHWAR (IC, DN, S2; 4x tgl.; 2 Std.);
CHANDIGARH (IC, DN, 9W; 3x tgl.; 40–45 Min.);
CHENNAI (IC, IT, DN, SG, S2, 9W, 6E, G8; 20x tgl.; 2 1/2 Std.–7 Std. 5 Min.);
COIMBATORE (IC, SG, S2; 3x tgl.; 4 Std.–4 3/4 Std.);
GOA (IC, IT, DN, SG, S2, 6E, G8; 9–10x tgl.; 2 Std. 20 Min.–4 1/2 Std. 5 Min.);
GORAKHPUR (S2; 3x wöchentl.; 1 1/2 Std. 20 Min.);
GUWAHATI (IC, DN, SG, S2, 9W, 6E; 7–8x tgl.; 2 1/4 Std.–3 1/2 Std.);

www.stefan-loose.de/indien

GWALIOR (DN; 1x tgl.; 50 Min.);
HYDERABAD (IC, IT, DN, SG, 9W, 6E; 17–18x tgl.;
2 Std.–3 Std. 55 Min.);
IMPHAL (IC, 6E; 1–2x tgl.; 3 Std. 35 Min.);
INDORE (IC, DN, S2, 9W; 4–5x tgl.;
1 Std. 20 Min.–2 Std. 55 Min.);
JAIPUR (IC, IT, DN, S2, 9W, G8; 6x tgl.;
40–45 Min.);
JABALPUR (DN; 1x tgl.; 2 Std.–2 3/4 Std.);
JAISALMER (IC; 1x tgl.; 1 Std. 10 Min.);
JODHPUR (IC, DN, 9W; 2–3x tgl.; 1 Std. 20 Min.–
2 Std. 25 Min.);
KHAJURAHO (IC, 9W; 1–2x tgl.; 1 Std. 5 Min.–
2 Std. 45 Min.);
KOZHIKODE (IC; 1x tgl.; 5 Std. 55 Min.);
KOCHI (IC, SG, S2, 6E, G8; 9x tgl.; 3 Std.
05 Min.– 5 Std. 25 Min.);
KOLKATA (IC, IT, DN, S2, 9W, 6E; 18x tgl.;
2 Std.–9 Std. 40 Min.);
KULLU (IC, DN; 1–2x tgl.; 1 Std. 10 Min.–
1 1/4 Std.);
LEH (IC, DN, 9W; 1–4x tgl.; 1 1/4 Std.–1 1/2 Std.);
LUCKNOW (AI, IC, DN, S2, 9W; 8–9x tgl.;
55 Min.–1 Std. 25 Min.);
MUMBAI (AI, IC, IT, DN, SG, S2, 9W, 6E, G8;
65x tgl.; 1 Std. 55 Min.–4 Std. 10 Min.);
NAGPUR (IC, S2, 9W, 6E; 4x tgl.; 1 Std. 25 Min.–
2 Std. 55 Min.);
PATHANKOT (DN; 1x tgl.; 1 Std. 20 Min.);
PATNA (IC, DN, S2; 4x tgl.; 1 Std. 25 Min.–3 Std.
5 Min.);
PUNE (IC, IT, DN, SG, S2, 9W, 6E; 9–12x tgl.;
1 Std. 55 Min.–5 Std.);
RAIPUR (IC, DN und 9W; 3–4x tgl.;
1 1/2 Std. 40 Min.–1 1/2 Std. 50 Min.);
RANCHI (IC, DN, S2; 3–4x tgl.; 1 1/2 Std.
35 Min.–1 3/4 Std.);
SHIMLA (DN; 1x tgl.; 1 Std. 15 Min.); Surat
(IC; 1x tgl.; 1 1/2 Std.);

THIRUVANANTHAPURAM (IC, DN, S2, 9W;
5x tgl.; 4 Std. 10 Min.–4 Std. 50 Min.);
TIRUPATI (IC; 1x tgl.; 3 Std. 50 Min.);
UDAIPUR (IC, DN, 9W; 3–4x tgl.; 1 Std. 10 Min.–
2 Std. 25 Min.);
VADODARA (IC, 9W, 6E; 4x tgl.; 1 Std. 25 Min.–
2 1/4 Std.);
VARANASI (IC, IT, SG, S2, 9W; 5–6x tgl.; 1 Std.
10 Min.–2 Std. 40 Min.).

Fluggesellschaften

Air France, Flughafen, ℡ 95124/272 0272
von Delhi oder ℡ 0124/272 0272 von
außerhalb.
Air Deccan, G-11, G Block Market, Hauz Khas,
℡ 011/3900 8888 oder 080/4114 8190 bis 99.
Air India, 2nd Floor, Tower-1, Jeevan Bharati
Building, 124 Connaught Circus bei Sansad
Marg, ℡ 1800/227722 von Delhi oder
℡ 0124/234 8888 von außerhalb.
American Airlines, E-9 Connaught Place,
℡ 1800/180 7300 oder 011/2341 6930.
Asiana Airlines, 2 Ansal Bhawan,
Erdgeschoss, 16 Kasturba Gandhi Marg,
℡ 011/2331 5631.
British Airways, DLF Plaza Tower, DLF Qutab
Enclave, Gurgaon, Haryana, ℡ 95124/412 0747
von Delhi oder ℡ 0124/412 0747 von außerhalb.
Indian Airlines, Malhotra Building, Janpath,
F-Block Connaught Place, ℡ 1800/180 1407
oder 011/1407.
KLM, Tower 8-C, Cyber City, DLF Phase Pt 2,
Gurgaon, Haryana, ℡ 95124/272 0272 von Delhi
oder ℡ 0124/272 0272 von außerhalb.
Lufthansa, 56 Janpath, ℡ 011/2372 4200.
Singapore Airlines, 9. Stock, Ashoka Estate
Building, Barakhamba Rd, ℡ 011/2332 6373.
Swiss, 5. Stock, World Trade Tower, New
Barakhamba Lane, ℡ 011/2341 2929.

Rajasthan

Stefan Loose Traveltipps

Keoladeo-Nationalpark, Bharatpur Das herrliche Naturschutzgebiet mit seinen Seen und Sümpfen wird jeden Winter nicht nur von Scharen seltener Vögel, sondern auch von unzähligen Vogelbeobachtern aus Asien und Europa aufgesucht. S. 238

Ranthambore National Park Das renommierteste Tierschutzgebiet Indiens ist dank seiner keineswegs scheuen Großkatzen einer der besten Orte der Welt, um Tiger in freier Wildbahn zu sehen. S. 241

Savitri-Tempel, Pushkar Den schönsten Ausblick auf den berühmten See und die weiß getünchte heilige Stadt hat man bei Sonnenuntergang. S. 251

1 Meherangarh Fort, Jodhpur Die eindrucksvollste Festung Rajasthans gewährt großartige Ausblicke auf die blaue Altstadt. S. 258

2 Jaisalmer Die größte Attraktion dieser Wüstenstadt ist die Festung aus gelbem Sandstein, in der noch immer mehr als zweitausend Menschen wohnen. S. 267

Kameltrekking Auf dem Kamelrücken lassen sich kurzweilige Ausritte durch die Wüste Thar unternehmen. S. 272/273

Udaipur Ein Märchen aus Seen, schwimmenden Palästen und verschwenderischer Rajputen-Architektur. S. 286

Der Bundesstaat Rajasthan entstand nach der Teilung aus 22 feudalen Fürstentümern, die zur britischen Kolonialzeit **Rajputana** („Land der Könige") hießen. Er erstreckt sich von Mount Abu im Südwesten unweit der Grenze zu Gujarat bis in die Nähe der Ruinen des antiken Delhi im Nordosten. Die riesige **Wüste Thar** im Westen des Bundesstaates ist von wandernden Sanddünen geprägt.

Rajasthans extravagante **Paläste**, mächtige **Festungen** und kunstfertig verzierte **Tempel** bilden eine der größten Ansammlungen architektonischer Denkmäler in Indien. Die exotischen Bauwerke aber sind bei weitem nicht das einzige Erbe aus der wehrhaften Geschichte der Region.

In erster Linie sind es das erhaltene Traditionsbewusstsein und der Stolz auf die Vergangenheit, die Rajasthan zu einem verlockenden Reiseziel für auswärtige Besucher machen. Prachtvoll gezwirbelte Schnurrbärte, schwere silberne Fußspangen, mächtige rote, gelbe oder orangefarbene Turbane, plissierte Schleier und Saris mit Spiegelintarsien mögen Zeichen für die Zugehörigkeit zu einer bestimmten Kaste sein, doch für die meisten Außenstehenden sind sie einfach der Inbegriff indischer Exotik.

Nach Farben unterscheiden sich auch Rajasthans bedeutendste Touristenstädte. **Jaipur**, die chaotisch wirkende Hauptstadt des Bundesstaates, trägt wegen der rötlichen Farbe ihrer reich verzierten Fassaden und Paläste den schmückenden Beinamen „Rosarote Stadt". **Jodhpur**, die „Blaue Stadt", konzentriert sich um Indiens imposanteste Bergfestung, die auf eine labyrinthartige Altstadt mit zahllosen himmelblau gestrichenen kubischen Häusern hinabblickt. Weiter im Westen erreicht man inmitten der faszinierenden Wüste die „Goldene Stadt" **Jaisalmer** mit Mauern aus Sandstein. Das weiter südlich gelegene **Udaipur** trägt offiziell noch keinen farblichen Prägestempel, doch oft ist von der „Weißen Stadt" die Rede, da die Paläste und Havelis weiß getüncht sind.

Die Straßenverbindung zwischen diesen vier Städten wurde als Erweiterung des „Goldenen Dreiecks" Delhi–Agra–Jaipur zur meistbefahrenen Touristenstrecke Indiens, aber es ist leicht, zu Zielen abseits der Hauptrouten auszuweichen. In der Wüstenregion **Shekhawati** nordwestlich von Jaipur gibt es zahlreiche stimmungsvolle Marktstädtchen, deren reich bemalte Havelis, Burgen und Mausoleen eine wachsende Zahl von Besuchern anziehen, und auch die Wüstenstadt **Bikaner** lohnt wegen ihrer schönen Festung, Havelis und des einzigartigen „Ratten-Tempels" im nahe gelegenen Deshnok einen Besuch. Dasselbe gilt für **Bundi** im fernen Süden des Bundesstaates, für die eindrucksvolle Festung im benachbarten **Chittaurgarh** und für die freundliche Hill Station und die denkwürdigen Jain-Tempel von **Mount Abu**.

Eine weitere Attraktion Rajasthans sind die wundervollen **Naturreservate**, deren berühmtestes unbestritten das Tigerschutzgebiet im **Ranthambore-Nationalpark** ist. Mit Überfluss gesegnet und unübertroffen in Südasien ist der an der Straße nach Agra gelegene **Keoladeo-Nationalpark** bei **Bharatpur** an Rajasthans Ostgrenze mit seinem unglaublichen Vogelreichtum.

Reisen in Rajasthan

Das **Wetter** in Rajasthan ist von den Extremen des Wüstenklimas geprägt. Von Mai bis Juni können die Temperaturen auf über 45 °C klettern, bevor die Wolken über Zentral- und Ostrajasthan heftige Monsunregen bringen. Sie beginnen im Juli und dauern bis September (jedenfalls in der Theorie; in Wirklichkeit sind die Regenfälle in den letzten Jahren immer weniger vorhersehbar). Die unbarmherzige Sommerhitze hält sich bis Mitte September oder Anfang Oktober, wenn die Temperaturen nachts erheblich zu fallen beginnen. Beste Reisezeit sind die Monate November bis Februar, in denen die Tagestemperatur selten 30 °C übersteigt. Noch mitten im Winter lässt sich mittags gut ein Bad in einem Pool nehmen (falls man einen findet, der geöffnet ist), aber abends ist im Freien ein dicker Pullover notwendig.

Der **Transport** ist in der Regel unproblematisch, doch lange, ermüdende Etappen gehören zu einer Reise durch Rajasthan einfach dazu. Die staatliche Busgesellschaft **RSTDC** unterhält fahrplanmäßige Verbindungen zwischen den Städten, **private Anbieter** sind aber oft schneller und komfortabler. Die **Eisenbahn** bietet Verbindungen zwischen allen wichtigen Städten und zu vielen kleineren Zielen.

In ganz Rajasthan sind Luxus-**Unterkünfte** zum großen Geschäft geworden. Die hiesigen Maharadschas machen ihr vornehmes Erbe zu Geld, indem sie ihre privaten Häuser als „Heritage Hotel" oder Palasthotel betreiben. Am anderen, unteren Ende der Skala bietet das lobenswerte Programm „Paying Guest Scheme" Übernachtungen mit Frühstück bei Familien und die großartige Gelegenheit, die Lebensweisen indischer Familien kennenzulernen. Infos im Internet unter 🖥 www.rajasthantourism.gov.in.

Geschichte

Rajasthans turbulente Geschichte, die von Hofintrigen und Kriegen mit benachbarten Gebieten geprägt ist, beginnt im 6. und 7. Jh. n. Chr., als sich mehrere kriegerische Sippen erhoben, deren berühmteste die Sisodia, Chauhan, Kuchwaha und Rathore sind – die **Rajputen** („Königssöhne"). Obwohl sie niemals mehr als 8 % der Gesamtbevölkerung stellten, herrschten sie jahrhundertelang über die verschiedenen Fürstentümer von **Rajputana**. Durch ihren Ehrenkodex und die weit verbreitete Überzeugung, dass sich ihre Herkunft auf Sonne und Mond zurückführe, erhoben sie sich über die restliche Gesellschaft, was ihnen jedoch keine übermäßige Feindschaft eintrug. Denn die Rajputen gaben ihren Untertanen Land, Beschäftigung und Handelsmöglichkeiten und genießen deshalb in manchen Gegenden noch heute eine nahezu göttliche Verehrung.

Die kriegerische Tradition der Rajputen, die aus endlosen Sippenkonflikten und Familienfehden entstand, ließ sie unerschrocken und vehement gegen die Invasion der Moslems aufbegehren. **Mahmud von Ghazni** – der 1024 als erster moslemischer Herrscher seine Truppen gegen Rajasthan ins Feld führte –, konnte zwar den erbitterten Widerstand der Chauhan-Rajputen von Ajmer brechen, doch erst der Erfolg des zweiten großen Ansturms unter Muhammed von Ghori (1192) legte den Grundstein für die Gründung des Delhi-Sultanats. In den folgenden 350 Jahren gerieten weite Gebiete Zentral-, Ost- und Westindiens unter die Kontrolle der Sultane, doch trotz aller Anstrengungen gelang es den Moslems nicht, Rajputana zu unterwerfen.

Muhammeds Nachfolger wurden 1483 durch Babur, den Begründer der Moguldynastie, aus Delhi vertrieben. Sein Enkel **Akbar**, der 1556 den Thron bestieg, war sich bewusst, dass er gegen die Rajputen mit Gewalt nichts ausrichten konnte, und so wählte er den Weg friedlicher Verhandlungen und heiratete eine Prinzessin der Kuchwaha-Familie aus Amber, Rani Jodha Bai. Als Folge dieser Eheschließung fanden Rajputen Zugang zum Mogulhof, was tief greifende Auswirkungen auf Kunst und Architektur hatte: Bis zum heutigen Tage zeigt sich der Mogul-Einfluss unverkennbar an Palästen, Moscheen, Lustgärten und Tempeln im gesamten Bundesstaat.

Als ab 1658 nach der gewaltsamen Machtübernahme durch **Aurangzeb** der Niedergang des Mogulreichs einsetzte, begann auch die Macht der Rajputen zu zerfallen. Aurangzeb verbündete sich mit den aufstrebenden Marathen, die rajputische Ländereien plünderten und selbst mächtigen Fürstentümern enorme Summen an Schutzgeldern abnötigten. Schließlich wandten sich die Rajputen an die größten Gegenspieler der Marathen, die **Briten**, um Hilfe und schlossen mit ihnen Bündnisverträge. Obwohl die Residenten, die als Repräsentanten der britischen Amtsgewalt fungierten, theoretisch in allen Fürstentümern nur neutrale Positionen besetzen sollten, übten sie schon bald größere Macht als die rajputischen Prinzen aus, doch da der königliche Status der Rajputen nie in Abrede gestellt wurde, verliefen die Beziehungen insgesamt so freundlich, dass nur wenige Rajputen am Sepoy-Aufstand von 1857 teilnahmen. Die Zölle der Handelswege bescherten ihnen Reichtümer, durch die sie ihre Paläste mit Seide, Teppichen, Juwelen und Möbeln ausstatten konnten, deren Pracht die Vorstellungskraft der meisten Durchschnittsbürger bei weitem überstieg. Die äußerst wohlhabenden Marwari-Kaufleute des Nordwestens bauten Herrenhäuser, Tempel und Versammlungshallen mit äußerst stilvollem Dekor.

Der landesweite Ruf nach **Unabhängigkeit** in den Jahren vor 1947 erwies sich jedoch letztendlich als stärker als die rajputische Loyalität. Mit dem Ende der britischen Herrschaft über Indien blickten die Rajputen einer ungewissen

Zukunft entgegen, doch durch Überzeugungsarbeit der neuen indischen Regierung, zu der unter anderem das Angebot von „Privatschatullen" gehörte, schlossen sich die lokalen Herrscher einer nach dem anderen der Indischen Union an.

Im Jahre 1949 wurden die 22 rajputischen Fürstentümer zum Bundesstaat Rajasthan zusammengeschlossen.

Seit den ersten demokratischen Wahlen im Jahre 1952 war Rajasthan mit Ausnahme von drei kurzen Jahren, in denen die Janata stärkste Partei war, eine Domäne der Kongresspartei. Ab 1994 aber gewann die BJP zunehmend an Einfluss. Nach der Zentralisierung der Verwaltung wurde aufgedeckt, in welchem Maße die früheren Machthaber die großen Landbesitzer *(jagirdars)* begünstigt und die Interessen der einfachen Bevölkerung vernachlässigt hatten. Ab sofort wurden alle Entscheidungen über lokale Angelegenheiten in den Verantwortungsbereich neu eingesetzter Dorfräte *(panchayat)* überstellt.

Mehrere Universitäten wurden gegründet, und seit 1991 hat sich die Alphabetisierungsrate der männlichen Bevölkerung verdreifacht, womit Rajasthan weit vor allen anderen Bundesstaaten liegt – allerdings stellt sich die Situation für Rajasthans Frauen weitaus weniger günstig dar.

Neue Industrien zogen Nutzen aus der stark verbesserten Stromversorgung, und ausgeklügelte Bewässerungsmethoden förderten den Nutzpflanzenanbau in dieser notorisch trockenen Region. Doch von Ende der 90er-Jahre bis 2004 wurde der gesamte Bundesstaat durch eine **Dürreperiode** um Jahre zurückgeworfen. Hunderttausende Menschen sahen sich gezwungen, ihren Grund und Boden aufzugeben, und sogar der berühmte Lake Pichola in Udaipur trocknete aus. Der Wassermangel ist eines der dringlichsten Probleme in ganz Rajasthan.

Trotz der Verbesserungen bleibt Rajasthans Modernisierung eine Herausforderung, denn der Bundesstaat gehört nach wie vor zu Indiens ärmsten und konservativsten Regionen. Die Rajasthani betonen gerne: „Delhi door ast" („Delhi ist weit weg").

RAJASTHAN

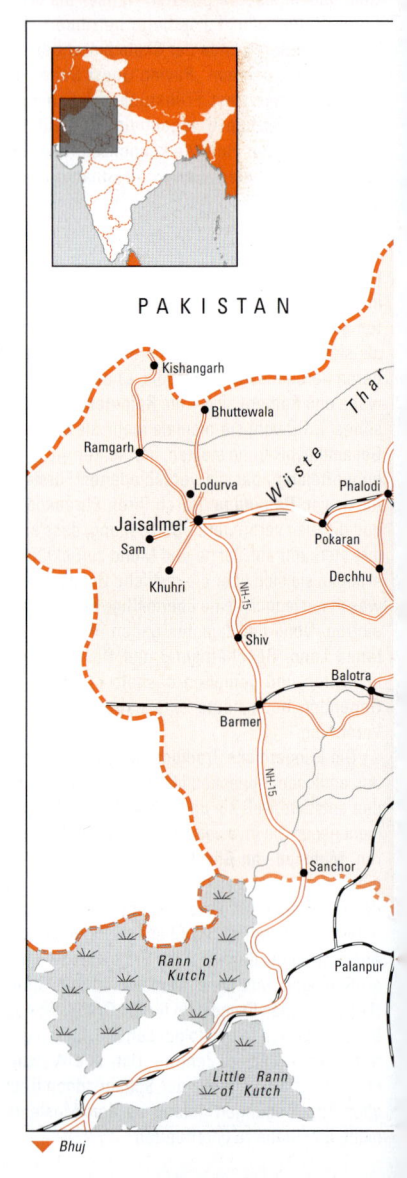

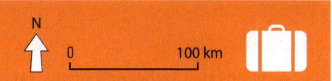

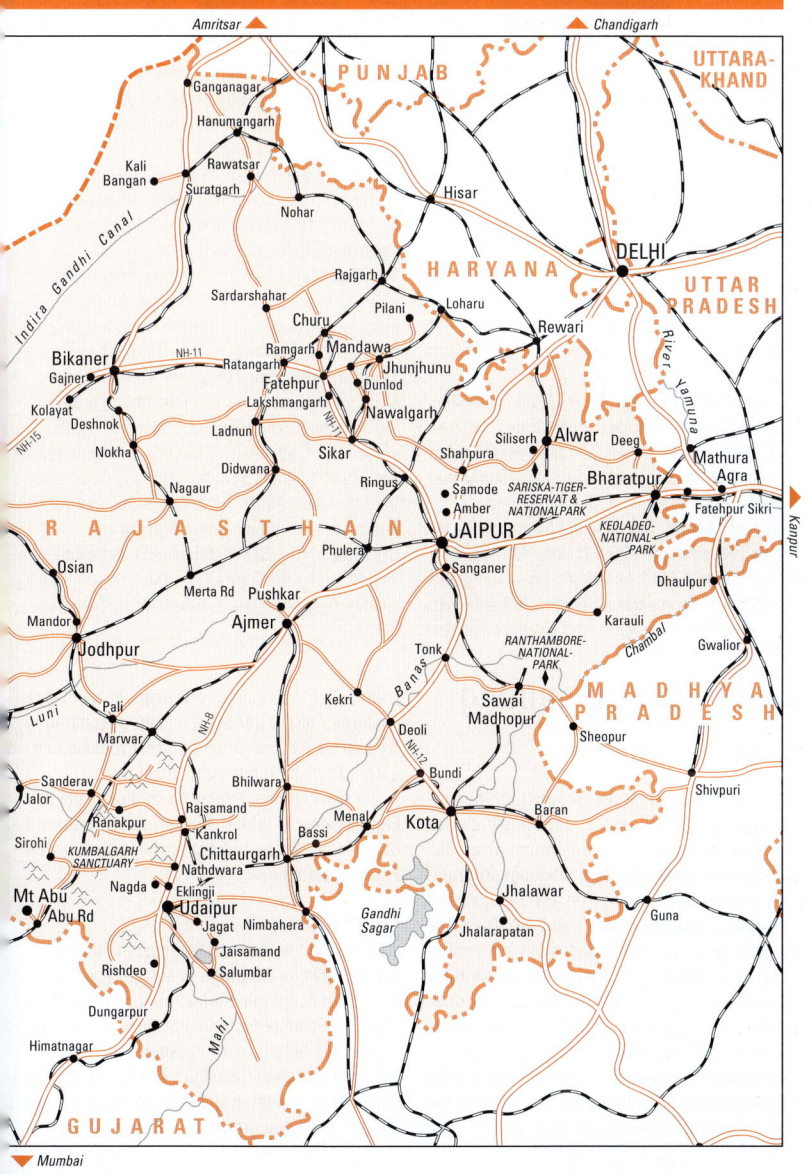

Rajasthan – Geschichte

Feste in Rajasthan

Rajasthans ohnehin farbenprächtige Trachten wirken zu den lokalen Festen des Bundesstaates noch aufregender und schillernder als im Alltag. Die meisten Feste sind an den traditionellen Mondkalender geknüpft. Die Touristeninformationen klären über die genauen Daten großer Feste oder Veranstaltungen auf.

Wüstenfest (Feb) – Zweitägiges Fest in Jaisalmer; stark darauf ausgerichtet, Touristen anzulocken und das lokale Kunsthandwerk zu fördern. Näheres S. 275.

Elefantenfest (März) – Geschmückte und bunt bemalte Elefanten paradieren durch Jaipurs Straßen bis zum Stadtpalast. Das Ereignis endet mit dem spektakulären Tauziehen „Elefanten gegen Mahouts".

Mewar-Fest (März–April) – In Udaipur wird das Frühlings- und Farbenfest Holi mit dem Entzünden eines heiligen Feuers, traditionellen Tänzen lokaler Stämme und der Musik des berühmtesten Dudelsackorchesters der Stadt begangen.

Gangaur (April) – Bei diesem Fest beten Rajasthans verheiratete Frauen für ihre Männer, und unverheiratete Mädchen bitten um einen guten Ehepartner. Am spektakulärsten in Jaisalmer, wo der dortige Raja, von zahllosen Kamelen umgeben, eine Prozession anführt, und in Mount Abu, wo Bildnisse des idealen Paares Gauri (Parvati) und Isa (Shiva) durch die Straßen getragen werden.

Nagaur Cattle Fair (Ende Jan/Anfang Feb). Tausende Viehzüchter überschwemmen mit rund 70 000 Stieren, Kühen und Ochsen den Ort Nagaur, südlich von Bikaner.

Pushkar Camel Fair (Nov). Zu Rajasthans größtem und farbenprächtigstem Fest kommen bis zu 200 000 Menschen und 50 000 Kamele zusammen. Näheres S. 255.

Rani Sati Mela (Aug). In Jhunjhunu (Nord-Shekhawati) versammeln sich riesige Menschenmengen zu Gebeten und Tänzen im Gedenken an eine Kaufmannswitwe, die hier 1595 *sati* beging.

Tilwara Cattle Fair (14-tägige Viehauktion im März oder April). Einer von Rajasthans größten Viehmärkten wird in Tilwara, 93 km südwestlich von Jodhpur, abgehalten. Die hier angebotenen rund 80 000 Ziegen, Schafe, Kamele, Pferde und Rinder ziehen Käufer und Verkäufer aus ganz Rajasthan und benachbarten Staaten an.

Urs Mela (Okt) – Zu Zehntausenden versammeln sich Moslems am Dargah in Ajmer zum größten islamischen Fest des Subkontinents. Näheres S. 245.

Jaipur und Umgebung

Jaipur

Jaipur, ein extravagantes Schaustück der rajasthanischen Architektur, gehört als dritter Eckpfeiler von Indiens „Goldenem Dreieck" längst zu den gängigen Besichtigungsprogrammen im Norden Indiens. Im Herzen Jaipurs liegt die „Rosarote Stadt", das nordöstliche ummauerte Altstadtviertel, dessen planmäßig angelegter **Basar** zu den lebendigsten Handelsplätzen in ganz Asien zählt. Zum traditionellen Kunsthandwerk gehören vor allem Textilien und Schmuck. Trotz aller Farbenpracht aber mindern der starke Verkehr, die Menschenmassen und übereifrige Händler die Lust an Entdeckungstouren. Wer jedoch dem städtischen Gewusel gewachsen ist, wird das moderne Äußere der Stadt und ihr geschäftiges Treiben als interessanten Kontrast zu vielen anderen Orten im Bundesstaat empfinden.

Im März lohnt ein Besuch von Jaipur, um das **Elefantenfest** (s. oben) mitzuerleben, in dessen Rahmen eine von Indiens farbenprächtigsten Paraden stattfindet.

Geschichte

Jaipur gehört zu Rajasthans jüngsten Städten. Es wurde 1727 von **Jai Singh II.** aus der Familie der Kachchwaha gegründet und nach ihm benannt. Von der Familienfestung im nahe gelegenen Amber aus beherrschte er einen ansehnlichen Teil des nördlichen Rajasthan. Die Kachchwaha-Rajputen verbündeten sich 1561 als Erste mit den Mogulen und gelangten dank des freien Waren-,

Kunst- und Ideenaustauschs in der Folge zu großem Wohlstand.

Nach Jai Singhs 43 äußerst fruchtbaren Regierungsjahren gab es unvermeidliche Auseinandersetzungen um seine Nachfolge. Das Fürstentum versank im Chaos und verlor weite Teile seines Territoriums an Maratha und Jat, und auch die Briten waren rasch zur Stelle, um das interne Rajputen-Gerangel zum eigenen Machtgewinn zu nutzen. Im Gegensatz zu den Nachbarn in Delhi und Agra hielten Jaipurs Herrscher in den Aufständen von 1857 den Briten die Treue. Nach der Unabhängigkeit verschmolz Jaipur mit den Fürstentümern von Mewar, Bikaner, Jodhpur und Jaisalmer und wurde 1956 schließlich zu Rajasthans Hauptstadt. Heute hat Jaipur rund 2,5 Mill. Einwohner und ist als fortschrittlichstes Handels- und Wirtschaftszentrum der wohlhabendste Stadt des Bundesstaates – laut einiger Statistiken zählt sie mit einem jährlichen Bevölkerungswachstum von mehr als 3,5 % zu den 25 am schnellsten wachsenden Städten der Welt. Mehr als anderswo in Rajasthan zeigen sich in Jaipur aber auch die Widersprüche von Indiens Entwicklung: Während für die neue Mittelschicht schicke neue Einkaufszentren errichtet werden, überschwemmen die Armen aus den Elendsvierteln die Straßen, und die ganze Stadt erstickt im Verkehr, der während der morgendlichen und abendlichen Rushhour oft beinahe zum Erliegen kommt.

Die Stadt

Jaipurs Sehenswürdigkeiten verteilen sich auf drei unterschiedliche Gebiete. Mitten im Zentrum liegt die geschichtsträchtige Rosarote Stadt mit dem schönen Stadtpalast und unzähligen Basaren. Im viel grüneren und weniger hektischen Viertel südlich der Rosaroten Stadt befinden sich die Ram Niwas Gardens und das Central Museum, während die Stadtrand mit sehenswerten Relikten aus königlichen Zeiten übersät ist; die berühmtesten sind das Fort von Nahargarh, die Kenotaphe in Royal Gaitor sowie die Tempel (und Affen) von Galta.

Die Rosarote Stadt

Das Herzstück von Jaipur bildet die von Jai Singh erbaute Stadt, bekannt unter dem Namen Rosarote Stadt. Ihre mächtigen Mauern und Tore, die sie gegen feindliche Angriffe schützen sollten, heben sie deutlich von den modernen Stadtvierteln ringsum ab. Was an der Rosaroten Stadt besonders auffällt, ist ihr gitterförmig angelegtes Netz aus breiten, schnurgeraden Straßen, die einander im rechten Winkel kreuzen und sich an großen Kreuzungen zu weitläufigen Plätzen verbreitern. Die Stadt wurde entsprechend den Vorgaben der antiken hinduistischen Architekturwerke *Vastu Shastra* gestaltet, wobei sich das Gesamtergebnis wie eine Art Mandala oder heiliges Diagramm lesen lässt. Das zweite auffallende Merkmal, die **rosarote Farbe**, sollte einfach nur die schlechte Qualität des Originalbaumaterials verbergen. Die durchgängige Farbgebung wurde nur in den 1860er-Jahren einmal kurz verändert, dann aber wieder ins ursprüngliche Rosarot zurückverwandelt. Dies hat zu der weithin verbreiteten irrigen Annahme geführt, die Farbe sei erst im 19. Jh. eingeführt worden und nicht schon im Originalanstrich so gewesen.

Der Stadtpalast

Der prächtige Stadtpalast ist für die Öffentlichkeit als **Sawai Man Singh Museum** zugänglich und steht von hohen Mauern umschlossen mitten im Stadtzentrum. Der Palast wurde von Jai Singh in den 1720er-Jahren erbaut und hat nichts von seinem ursprünglichen Prunk und Glanz verloren. Alle Türen und Tore sind mit reichen Ornamenten verziert, alle Kronleuchter unversehrt, und vor allen Sälen stehen Wächter mit stolzen Turbanen und in voller königlicher Livree. So wird Besuchern der Eindruck von einer kontinuierlichen und lebendigen fürstlichen Präsenz vermittelt.

Noch heute bewohnen Nachfahren der Rajas einen Teil des Palasts, und bei formellen Anlässen durchschreiten Familienangehörige in einer aufwendigen Prozession das große **Tripolia Gate** im Zentrum der südlichen Mauer. Weniger hochrangige Besucher betreten den Palastbereich durch das **Udaipol Gate** im Nordosten des Komplexes. Offizielle Führer stehen am Kartenschalter und bieten einstündige Touren für Rs150 für bis zu 4 Personen an. Jenseits des Udaipol-Tors liegt der kleine Hof **Diwan-i-Am**, wo in einer Ecke alte Kutschen zu sehen sind.

Jaipur

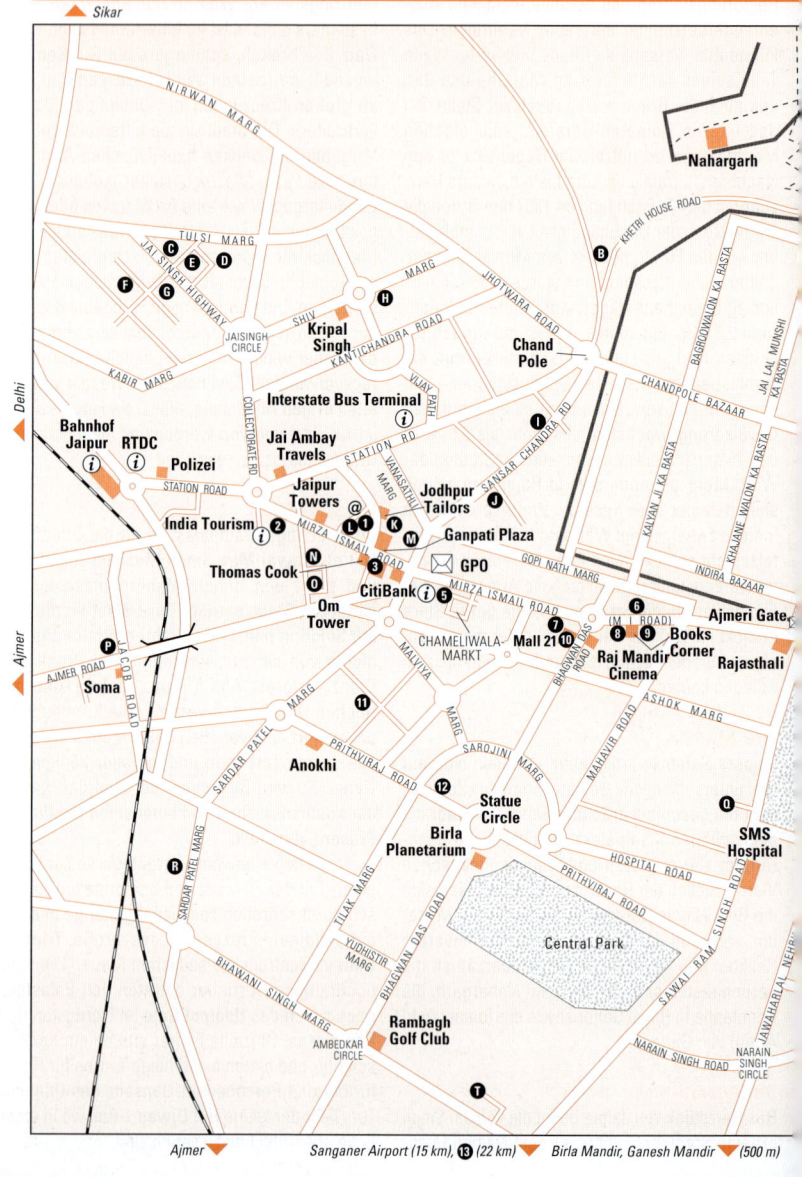

▲ Sikar

Nahargarh

NIRWAN MARG

TULSI MARG
JAI SINGH HIGHWAY
JAISINGH CIRCLE
KABIR MARG

KHETRI HOUSE ROAD
JHOTWARA ROAD

Kripal Singh

SHIV MARG
KANTICHANDRA ROAD

Chand Pole

CHANDPOLE BAZAAR

COLLECTORATE RD.
VIJAY PATH

Interstate Bus Terminal

Bahnhof Jaipur — **RTDC**
Polizei
STATION ROAD

Jai Ambay Travels
STATION RD.

SANSAR CHANDRA RD.

Jaipur Towers
VANASTHALI MARG

Jodhpur Tailors

KALYAN JI KA RASTA
KHAJANE WALON KA RASTA

India Tourism

MIRZA ISMAIL ROAD

Ganpati Plaza

GOPI NATH MARG

Thomas Cook
CitiBank
GPO
MIRZA ISMAIL ROAD

INDIRA BAZAAR

Om Tower

CHAMELIWALA MARKT
Mall 21
Raj Mandir Cinema
Books Corner
Ajmeri Gate
Rajasthali

JACOB ROAD
AJMER ROAD
Soma

MALVIYA MARG
BHAGWAN DAS ROAD
ASHOK MARG

SARDAR PATEL MARG
PRITHVIRAJ ROAD
SAROJINI MARG

Anokhi

Statue Circle
Birla Planetarium
MAHAVIR MARG

SMS Hospital
HOSPITAL ROAD

TILAK MARG
YUDHISTIR MARG
BHAGWAN DAS ROAD
PRITHVIRAJ ROAD

Central Park

SAWAI RAM SINGH ROAD

BHAWANI SINGH MARG
AMBEDKAR CIRCLE

Rambagh Golf Club

NARAIN SINGH ROAD
NARAIN SINGH CIRCLE
JAWAHARLAL NEHRU MARG

▼ Ajmer ▼ Sanganer Airport (15 km), ⑬ (22 km) ▼ Birla Mandir, Ganesh Mandir ▼ (500 m)

210 Jaipur

Rajasthan

◀ Delhi
◀ Ajmer

www.stefan-loose.de/indien

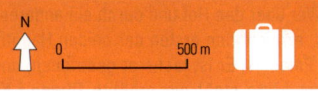

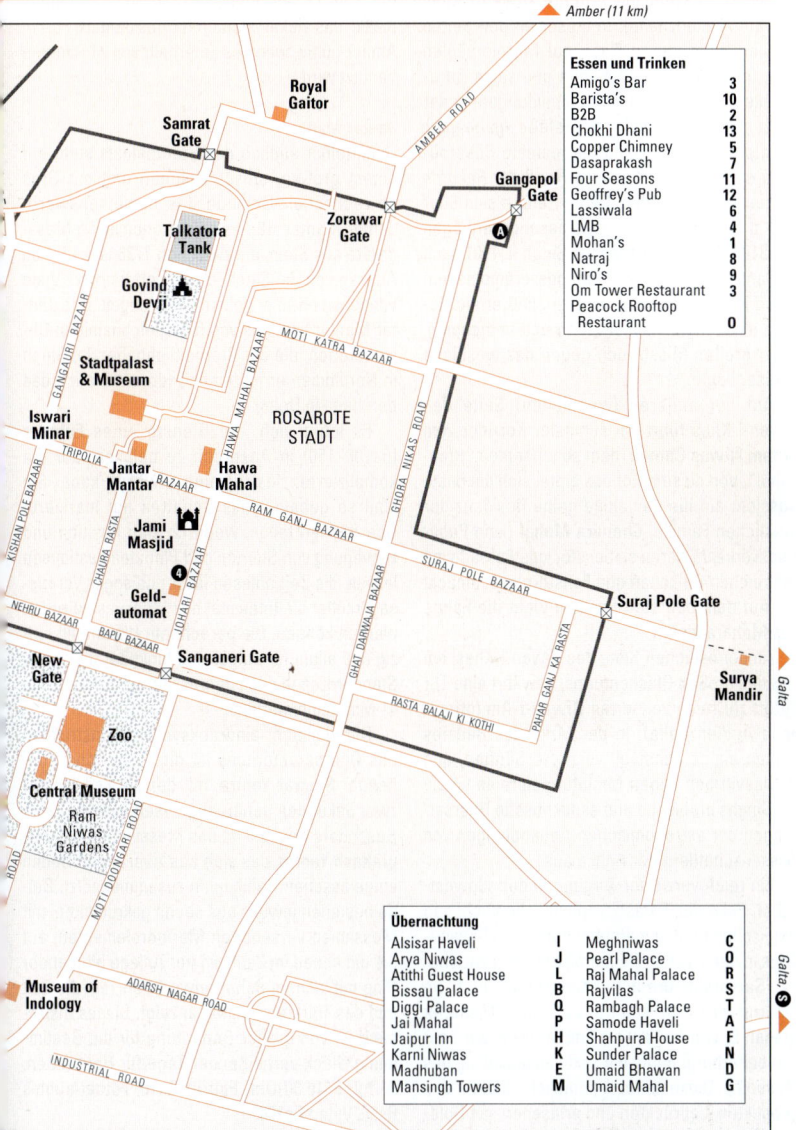

▲ Amber (11 km)

Essen und Trinken

Amigo's Bar	3
Barista's	10
B2B	2
Chokhi Dhani	13
Copper Chimney	5
Dasaprakash	7
Four Seasons	11
Geoffrey's Pub	12
Lassiwala	6
LMB	4
Mohan's	1
Natraj	8
Niro's	9
Om Tower Restaurant	3
Peacock Rooftop Restaurant	0

Rajasthan

Royal Gaitor
Samrat Gate
AMBER ROAD
Gangapol Gate
Zorawar Gate
Talkatora Tank
Govind Devji
GANGAURI BAZAAR
MOTI KATRA BAZAAR
Stadtpalast & Museum
HAWA MAHAL BAZAAR
ROSAROTE STADT
GHORA NIKAS ROAD
Iswari Minar
TRIPOLIA
Jantar Mantar BAZAAR **Hawa Mahal**
KISHAN POLE BAZAAR
CHAURA RASTA
RAM GANJ BAZAAR
Jami Masjid
JOHARI BAZAAR
GHAT DARWAJA BAZAAR
SURAJ POLE BAZAAR
Geldautomat
NEHRU BAZAAR
BAPU BAZAAR
Suraj Pole Gate
New Gate
Sanganeri Gate
PAHAR GANJ KA RASTA
RASTA BALAJI KI KOTHI
Surya Mandir
Galta
Zoo
Central Museum
Ram Niwas Gardens
MOTI DOONGARI ROAD
Galta
Museum of Indology
ADARSH NAGAR ROAD
INDUSTRIAL ROAD

Übernachtung

Alsisar Haveli	I	Meghniwas	C	
Arya Niwas	J	Pearl Palace	O	
Atithi Guest House	L	Raj Mahal Palace	R	
Bissau Palace	B	Rajvilas	S	
Diggi Palace	Q	Rambagh Palace	T	
Jai Mahal	P	Samode Haveli	A	
Jaipur Inn	H	Shahpura House	F	
Karni Niwas	K	Sunder Palace	N	
Madhuban	E	Umaid Bhawan	D	
Mansingh Towers	M	Umaid Mahal	G	

www.stefan-loose.de/indien

Jaipur 211

Wer über den Hof und durch ein anderes Tor geht, erreicht den ersten der beiden Haupthöfe des Palastes. Er ist lachsrot gestrichen, und in seiner Mitte steht die erhöhte **Diwan-i-Khas** (private Audienzhalle). In dieser an den Seiten offenen Halle, deren Dach auf Marmorsäulen ruht, trafen der Maharadscha und seine Berater alle wichtigen Staatsentscheidungen. In der Halle stehen zwei silberne Gefäße *(gangajali)*, die als größte per Hand hergestellte Silberobjekte der Welt ins *Guinness-Buch der Rekorde* aufgenommen wurden. Beide Gefäße sind über 1,50 m hoch und haben ein Fassungsvermögen von 8182 Litern. Bevor Madho Singh II. 1901 nach England reiste, um der Krönungszeremonie von König Edward VII. beizuwohnen, ließ er die Gefäße mit Gangeswasser füllen und mitnehmen, da er großes Misstrauen gegen das westliche Wasser hegte.

Auf der anderen (westlichen) Seite des Diwan-i-Khas führt ein schmaler Korridor zum **Pritam Niwas Chowk**, dem sogenannten „Pfauenhof". Von diesem Hof aus bietet sich die beste Aussicht auf die gewaltige gelbe Residenz der fürstlichen Familie, **Chandra Mahal** (kein Publikumsverkehr), deren siebenstöckige Fassade mit zahlreichen Balkonen und Fenstern geschmückt ist. Auf dem obersten Pavillon weht die Fahne des Maharadscha.

An der östlichen Seite des Diwan-i-Khas, am Fuß des großen Glockenturms, gewährt eine Tür Zutritt zur reich verzierten **Diwan-i-Am** (öffentliche Audienzhalle). In der Mitte des Raumes stehen einige kunstvoll verzierte Sänften, und in Glasvitrinen liegen Miniaturmalereien sowie Jai Singhs arabische und sanskritische Übersetzungen der astronomischen Abhandlungen von Wissenschaftlern der Antike aus.

Ein reich verzierter Torgang in der südwestlichen Ecke des Palastkomplexes, bewacht von zwei schönen Steineelefanten, führt vom Diwan-i-Khas in den zweiten Haupthof, den rot gestrichenen **Sarvatabhadra** mit gelben Ornamenten. Im Zentrum des Hofs steht der elegante **Mubarak Mahal**. Er wurde 1899 als Empfangshalle erbaut und beherbergt heute die Textiliensammlung des Museums. Diese umfasst königliche Kleider aus gebatikten, bedruckten und erlesenen, mit Goldfäden durchwirkten Stoffen. An der Nordseite des Hofs befindet sich über mehrere Räume verteilte die **Waffensammlung** des Museums. ⏱ tgl. 9.30–17 Uhr, Eintritt Rs180, Videoerlaubnis Rs200; das Ticket ist auch für das Jaigarh Fort in Amber gültig, wenn es innerhalb von 24 Stunden benutzt wird.

Jantar Mantar

Unmittelbar südlich des Stadtpalasts steht auf einem großen, umschlossenen und mit Gras bewachsenen Gelände das bemerkenswerte Jantar Mantar: 18 riesige astronomische Messgeräte aus Stein, die zwischen 1728 und 1734 im Auftrag von Jai Singh konstruiert wurden. Viele von ihnen hatte er selbst ausgeklügelt. Das Jantar Mantar ist eines von fünf gleichnamigen Observatorien, die der Sternenliebhaber Jai Singh in Nordindien errichten ließ (darunter auch das berühmte in Delhi).

Es lohnt sich, die Dienste eines **Führers** (Rs100–150) in Anspruch zu nehmen, der die komplizierten Instrumente erklären kann. Sie sind so gebaut, dass Schatten auf markierte Oberflächen fallen, wodurch sich Position und Bewegung von Sternen und Planeten bestimmen lassen, die Zeit ablesen lässt und sogar Voraussagen über die Intensität des Monsuns getroffen werden können. Die berechnete Uhrzeit gilt einzig und allein für Jaipur und hinkt der indischen Standardzeit je nach Jahreszeit zwischen 10 und 41 Minuten hinterher.

Die vielleicht eindrucksvollste Konstruktion des Oberservatoriums ist die 27 m hohe Sonnenuhr **Samrat Yantra**, mit der die Zeit bis auf zwei Sekunden genau abgelesen werden kann. Besonders originell ist das Messinstrument **Jaiprakash Yantra**, das sich aus zwei in den Boden eingelassenen Halbkugeln zusammensetzt. Beide bestehen jeweils aus sechs gekrümmten, mit Messlinien versehenen Marmorelementen, auf die ein genau im Zentrum der Anlage hängender Ring mit seinem Schattenwurf den Tag, die Zeit und das Tierkreiszeichen anzeigt. Dieses Instrument ist von großer Bedeutung für die Bestimmung Glück verheißender Tage für Hochzeiten. ⏱ tgl. 9–16.30 Uhr, Eintritt Rs10, Fotoerlaubnis Rs50, Video Rs100.

Hawa Mahal

Jaipurs berühmtestes Wahrzeichen, der sich nach oben verjüngende Hawa Mahal („Palast der Winde"), erhebt sich östlich des Stadtpalastes, wo er im Lichtschein der aufgehenden Sonne in zartem Rot-Orange erglüht. Er wurde 1799 gebaut, damit die Hofdamen unbeobachtet die Straßenprozessionen sehen konnten. Die fünfstöckige Fassade besitzt Hunderte kunstfertig vergitterte Fenster und Balkone und lässt das Gebäude wesentlich größer erscheinen, als es in Wirklichkeit ist. Um in den Palast zu gelangen, ist es erforderlich, fünf Minuten um die Rückseite des Bauwerks herumzugehen, die Gasse entlang, die vom Tripolia Bazaar nach Norden führt. Im Inneren kann man zu den vergitterten Nischen an der Rückwand hochsteigen, von denen aus die Hofdamen früher auf das Treiben hinabschauten. Auch heute noch bietet sich von hier aus eine unvergleichliche Aussicht auf Jaipur. ⊙ tgl. 9–16.30 Uhr; Eintritt Rs5, Fotoerlaubnis Rs30, Video Rs70.

Central Museum

Unmittelbar südlich der Rosaroten Stadt führt die Straße hinter dem New Gate durch die üppig grünen **Ram Niwas Gardens**, benannt nach ihrem Auftraggeber, Maharadscha Ram Singh (1835–1880). Das Kernstück des Parks bildet die **Albert Hall**, die 1867 in einer abenteuerlichen Mischung aus venezianischem und Mogul-Stil erbaut wurde. In diesem auffälligen Bauwerk ist das städtische Central Museum untergebracht. Bei dem Museum handelt es sich unverkennbar um ein Überbleibsel aus der Kolonialzeit, angefangen vom verblichenen viktorianischen Dekor bis hin zu den vergilbten Ausstellungsstücken, die aussehen, als wären sie seit dem 19. Jh. nicht mehr abgestaubt worden.

Im Erdgeschoss befinden sich Ausstellungsstücke zu verschiedenen ethnischen Rajasthani-Gruppen sowie Beispiele der reichen kunsthandwerklichen Tradition der Region. In der Bücherei im ersten Stock gibt es eine gute Sammlung von Miniaturen. Von hier führt eine Treppe auf die wunderbar gestaltete Dachterrasse, von der sich Ausblicke auf die Grünanlagen ringsum eröffnen. ⊙ tgl. außer Fr 10–16.30 Uhr; Rs30; innerhalb des Museums ist das Fotografieren verboten, aber gegen Rs30 dürfen vom Dach aus Fotos geschossen werden.

Sehenswürdigkeiten außerhalb der Stadt

In den felsigen Hügeln im Norden und Osten von Jaipur gibt es eine Reihe von spektakulär gelegenen Festungen und Tempeln. Alle sind über steile Pfade von der Stadt aus erreichbar. Weniger Sportliche nehmen die längeren Straßen, die hinter den Bergen herum führen.

Nahargarh

Am Rande eines Höhenzugs nördlich von Jaipur thront die „Tigerfestung" Nahargarh, ⊙ 24 Std., Eintritt frei. Singh II. ließ das ungewöhnliche Bauwerk 1734 errichten. Hauptgrund für den Abstecher ist jedoch die wunderbare Aussicht auf Jaipur. Die Festungsmauern ziehen sich fast 1 km weit am Abhang hin, aber die einzige Sehenswürdigkeit im Inneren sind die Palastwohnungen (⊙ tgl. 10–17 Uhr; Rs5, Fotoerlaubnis Rs30, Video Rs70), die Madho Singh II. zwischen 1883 und 1892 in der alten Festung einbauen ließ – ein Liebesnest, in dem er einige seiner Lieblingskonkubinen unterbrachte, in respektvoller Entfernung von den missbilligenden Blicken seiner Höflinge und seiner vier offiziellen Gemahlinnen.

Fahrzeuge aller Art erreichen die Festung nur über eine Straße, die von der Amber Road abzweigt. Die Entfernung von Jaipur beträgt 15 km. Einfacher ist es, den steilen Pfad zum Fort zu nehmen, der von der Nordseite der Innenstadt hoch führt. Der Aufstieg dauert 15–20 Minuten, aber der Ausgangspunkt des Wegs ist schwierig zu finden, deshalb ist es nicht verkehrt, sich von einer Riksche hinbringen zu lassen. Am oberen Ende des Pfads geht man durch ein erstes Tor und dann nach links die Stufen gegenüber einem großen Badeteich hoch und durch ein zweites Tor ins Palastgelände hinein. Dort geht es weiter nach links zum Palast. Es ist nicht ratsam, am späten Nachmittag noch hinauf oder in der Dunkelheit zurück zu gehen – das Fort ist ein Treffpunkt krimineller Jugendlicher und anderer zwielichtiger Typen, und selbst tagsüber kann die Atmosphäre ein bisschen beklemmend sein. Im Palastkomplex sind ein paar Cafés angesiedelt.

Royal Gaitor

Der am Nordrand der Innenstadt gelegene, ummauerte Begräbniskomplex Royal Gaitor (◷ tgl. 9–16.30 Uhr; Eintritt frei, Fotoerlaubnis Rs10, Video Rs20) ist Sitz der stattlichen Marmormausoleen *(chhatris)* von Jaipurs Herrscherfamilie. Er besteht aus zwei Haupthöfen, in denen sich imposante Denkmäler drängen. Der erste (und modernere) Hof wird von dem grandiosen, aus dem 20. Jh. stammenden **Kenotaphen von Madho Singh II.** (gest. 1922) beherrscht. Seine vier Gattinnen und schätzungsweise 50 Konkubinen schenkten ihm insgesamt „ungefähr 125" Kinder; zwei der Ehefrauen sowie 14 Kinder wurden in kleineren *chhatris* direkt hinter seinem Grabmal bestattet. Links des Kenotaphs von Madho Singh II. liegt der von Man Singh II. (gest. 1970).

Die alles überragende Grabstätte im zweiten, älteren Hof ist das **Grab von Jai Singh II.** (gest. 1743), dem Gründer von Jaipur und ersten Herrscher, der in Gaitor begraben wurde. Es ist das schönste der *chhatris:* seinen Sockel zieren fein geschnitzte Elefanten- und Löwenjagdszenen. In der Nähe befinden sich die Grabstätten von Ram Singh II. (gest. 1880), Madho Singh I. (gest. 1768), Pratap Singh (gest. 1803) und Jagat Singh (gest. 1819).

Auf dem Hügelkamm oberhalb von Gaitor (und von dort über einen steilen Pfad erreichbar) steht der **Ganesh Mandi**r, der zweite der beiden wichtigsten Ganesh-Tempel der Stadt – ein mächtiges Bauwerk, unschwer an der riesigen Swastika zu erkennen, die eine der äußeren Seitenwände ziert.

Galta

Pittoresk in ein schroffes Tal 3 km östlich von Jaipur gebettet, liegen die 250 Jahre alten Tempel auf Galta. Die Stätte verdankt ihren heiligen Status der größten Teil einer Süßwasserquelle, die unablässig durch die Felsen des ansonsten trockenen Tals sickert und zwei Becken mit Wasser füllt. Die faulig riechenden Becken sind inzwischen die Domäne von mehr als 5000 Makaken, die Galta den Spitznamen „Affen-Palast" eingebracht haben. ◷ tgl. von Sonnenaufgang bis -untergang; Eintritt frei, Fotoerlaubnis Rs30, Video Rs70.

Per Fahrzeug lässt sich Galta am besten erreichen, indem man rund 10 km auf der Straße um die Hügel östlich von Jaipur zurücklegt. Man kommt auch in einer guten halben Stunde zu Fuß hinauf: auf dem steilen Pfad, der hinter dem Suraj Pol in der Ostecke der Rosaroten Stadt zum Surya Mandir hoch führt.

Übernachtung

Jaipur hat eine große Bandbreite an Unterkünften, überwiegend westlich vom Stadtzentrum, an (oder unweit) der MI Road und im schicken Vorort Bani Park. Der Standard ist hoch, ebenso die Preise. Überall sollte man vorab buchen, was besonders für die Zeit des Elefantenfestes (erste Märzhälfte) und des Pushkar Mela (Anfang Nov) gilt. Die meisten Unterkünfte bieten kostenlose Abholung vom Bahnhof bzw. Busbahnhof – beim Reservieren nachfragen. Alle nachstehend genannten haben Internet-Zugang.

Untere bis mittlere Preisklasse

Arya Niwas, Sansar Chandra Rd, ✆ 0141/237 2456, 🖥 www.aryaniwas.com. Bewährtes altes Hotel um zwei kleine Höfe und eine weite Rasenfläche, umgeben von einer Veranda. Die ganze Anlage strahlt einen gewissen verblichenen Charme aus, obwohl einige Zimmer (DZ mit AC, EZ mit Ventilator) ziemlich nichtssagend sind und das Haus-Cafeteria eher einer Kantine gleicht. Beliebt bei Reisegruppen. ❺

Atithi Guest House, 1 Park House Scheme, nahe MI Rd, ✆ 0141/237 8679, ✉ atithijaipur@hotmail.com. Nach wie vor eine der hübscheren Budget-Unterkünfte. Einladende, makellos saubere, gekachelte Zimmer (Ventilator und AC), gemütliche Dachterrasse und ein kleiner Garten. ❹

Diggi Palace, SMS Hospital Rd, ✆ 0141/237 3091, 🖥 www.hoteldiggipalace.com. Gehört zu den preiswertesten Heritage Hotels der Stadt, ein charaktervolles altes Haveli zwischen gepflegten Gärten in günstiger, zentraler Lage. Die teureren Zimmer (mit AC) sind nett möbliert. Die Budget-Zimmer *(air-cooled)* sind kleiner und schlichter, angesichts der zauberhaften Lage aber ihren Preis wert. ❹ – ❼

Jaipur Inn, Shiv Marg, Bani Park, ✆ 0141/220 1121, 🖥 www.jaipurinn.com. Eine der ältesten Unterkünfte der Stadt; hat von der kürzlichen Renovierung mächtig profitiert. Komfortable Zimmer mit TV und AC – immer noch relativ teuer, aber wer auf AC verzichtet, kann vielleicht eine Ermäßigung rausschlagen. ❺
Karni Niwas, C-5 Motilal Atal Rd (hinter dem Neelam Hotel), ✆ 0141/236 5433, 🖥 www.hotelkarniniwas.com. Eines der alteingesessensten Gästehäuser von Jaipur. Das einfache kleine, gemütliche Hotel hat gemeinschaftliche Sitzgelegenheiten auf Balkonen mit Aussicht auf ein Gärtchen und ordentliche Zimmer mit AC oder *air-cooler* – allerdings sind sie nicht ganz so hübsch oder preiswert wie andere in der Nähe. ❹–❻
Madhuban, D-237 Behari Marg, Bani Park, ✆ 0141/220 0033, 🖥 www.madhuban.net. Weniger umwerfend als die anderen Heritage Hotels (hat mehr von einer überwucherten Vorstadtvilla mit einem Palast), aber preisgünstiger als die meisten. Viele nette Rajputen-Schmuckelemente und attraktiv eingerichtete Zimmer sowie ein schöner Garten und ein kleiner Pool. ❺–❽
Sunder Palace, Sanjay Marg, Hathroi Fort, Ajmer Rd, ✆ 0141/236 0178, 🖥 www.sunderpalace.com. Zusammen mit dem Pearl Palace ist dieses neue Gästehaus die beste Wahl für Preisbewusste. Die geräumigen, sauberen, modernen Zimmer (*air-cooler* und AC) sind supergünstig; es gibt ein Restaurant im Garten und eins auf dem Dach, und die beiden freundlichen Brüder, die das Hotel leiten, könnten ihre Sache nicht besser machen. Reservierung empfohlen. ❸–❹
Umaid Bhawan, D1-2A, abseits der Bank Rd, Bani Park, ✆ 0141/220 6426 oder 231 6184, 🖥 www.umaidbhawan.com. Ein Heritage Hotel mit verschwenderischen Schmuckelementen, darunter Wandgemälde, antike Holzmöbel und andere typische Rajasthani-Stücke. Die Zimmer (alle mit AC) sind groß und kühl; Pool, WLAN im Foyer und ein Dachgartenrestaurant. ❻–❽
Umaid Mahal, C-20/B-2 Bihari Marg, Bani Park, ✆ 0141/220 1952, 🖥 www.umaidmahal.com. Extravagant ausgestatteter Palast rund um ein schönes, überdachtes kleines Atrium, praktisch gänzlich mit traditionellen Wandgemälden ausgemalt. Die großzügig geschnittenen Zimmer haben AC und hübsche alte Holzmöbel. WLAN, Pool und Bar. ❻–❼

Die Perle unter den Gästehäusern

Pearl Palace, Hari Kishan Somani Marg, Hathroi Fort, ✆ 0141/237 3700, 🖥 www.hotelpearlpalace.com. Vielleicht das beste Gästehaus in Rajasthan. Wunderschönes regionales Kunsthandwerk schmückt jede verfügbare Oberfläche und die modernen Zimmer, manche mit AC, sind geräumig, makellos und super preiswert. Es gibt auch ein Dorm (Rs100). Die gut ausgebildeten Mitarbeiter kümmern sich ausgezeichnet um die Gäste, zudem gibt's eine praktische, rund um die Uhr zugängliche Geldwechselmöglichkeit und ein ausgezeichnetes Dachgartenrestaurant (S. 217). Meist schon früh am Tag voll belegt, daher Reservierung empfohlen. ❷–❹

Obere Preisklasse

Alsisar Haveli, Sansar Chandra Rd, ✆ 0141/236 8290, 🖥 www.alsisar.com. Eine überraschend schicke Enklave in einem schäbigen Teil der Stadt, untergebracht in einem großen, geschmackvoll modernisierten, 100 Jahre alten Haveli. Nicht unbedingt das Heritage Hotel mit der meisten Atmosphäre, aber angenehm und gut geführt, und der Pool (Besucher Rs100/Std.) gehört zu den schönsten der Stadt. ❽
Bissau Palace, Khetri House Rd, ✆ 0141/230 4371, 🖥 www.bissaupalace.com. Das in einem etwas heruntergekommenen Stadtviertel versteckte, attraktive Heritage Hotel ist nicht so nobel wie manch andere, besitzt aber viel Atmosphäre aus längst vergangenen Zeiten, besonders der prächtige Sheesh Mahal und die antike Bücherei. Recht großer Pool und Jacuzzi. Im Sommer 50 % Preisnachlass. ❼–❽
Jai Mahal, Jacob Rd, Civil Lines, ✆ 0141/222 3636, 🖥 www.tajhotels.com. Eine der vornehmsten Adressen der Stadt. Die palastartige ehemalige Residenz des jaipurischen Premierministers ist ein glänzendes Beispiel fürstlicher Eleganz. Das

Hotel besteht aus roten und gelben, zwischen gepflegten Grünanlagen verteilten Gebäuden mit elegant eingerichteten Zimmern (ab ungefähr US$390). U. a. Wellnessbereich, Pool (nur für Hausgäste) und Yoga-Stunden. ❾

Mansingh Towers, Sansar Chandra Rd, ☏ 0141/237 8771, 🖥 www.mansinghhotels.com. Modernes Hotel in einem schönen roten Sandsteingebäude mit gemütlichen Zimmern in zentraler Lage. Gäste können den Pool, Fitnessclub und Wellnessbereich im benachbarten Mansingh Hotel benutzen. Preise ab US$200. ❾

Meghniwas, C-9 Sawai Jai Singh Highway, Bani Park, ☏ 0141/220 2034, 🖥 www.meghniwas.com. Kleines modernes Hotel mit geräumigen AC-Zimmern (z. T. etwas laut), einem netten kleinen Pool und Garten. Sehr angenehm, aber vergleichsweise teuer. ❼–❽

Raj Mahal Palace, Sardar Patel Marg, ☏ 0141/510 5665, 🖥 www.royalfamilyjaipur.com. Der elegante ehemalige Palast von Jai Singhs Lieblingsfrau verströmt die Atmosphäre glanzvoller Zeiten. Nobler Speisesaal, holzvertäfelte Bibliothek und großzügige Rasenflächen plus mittelgroßer Pool (Nicht-Gäste Rs150). Die Zimmer (alle mit AC) sind groß, altmodisch und ein bisschen verblichen, doch angesichts der derzeitigen Preise ihr Geld wert. ❽

Rajvilas, Goner Rd, 7 km vom Stadtzentrum, ☏ 0141/268 0101, 🖥 www.oberoihotels.com. Die märchenhafte, gepflegte Hotelanlage besteht aus einem wunderschönen Pseudo-Rajasthani-Fort, umgeben von Teichen und Pavillons. Die Unterbringung erfolgt entweder in prächtigen Zimmern (US$750) mit privaten Ziergärten oder in Luxuszelten wie aus 1001 Nacht (US$870) mit AC und Teakholzboden. Es sind sämtliche Einrichtungen vorhanden, die man bei diesen Preisen erwarten darf, darunter auch ein herrliches Spa. ❾

Samode Haveli, Gangapole, ☏/📠 0141/263 2407, 🖥 www.samode.com. Wunderbares altes Haveli am nordöstlichen Rand der Rosaroten Stadt, rund um einen idyllischen Hof gebaut und mit dem schönsten Pool der Stadt (nur für Hausgäste). Die Zimmer sind sehr unterschiedlich: Manche sind funktional, modern und ziemlich charakterlos; andere sind reine Museumsstücke, und wieder andere sind ein bisschen von beidem – bevor man sich entscheidet, sollte man sich mehrere zeigen lassen. Zimmer kosten ab ungefähr US$190. Im Sommer (Mai–Sep) sehr preiswert, dann gibt es Preisnachlässe bis zu 40 %. ❾

Shahpura House, Devi Marg, Bani Park, ☏ 0141/220 3392, 🖥 www.shahpurahouse.com. Das charaktervollste der Heritage Hotels in dieser Ecke der Stadt, mit erlesenen Wandgemälden überall und architektonischen Rajputen-Finessen. Alle Zimmer haben AC, Minibar und Badewanne und sind mit schönen alten Holzmöbeln eingerichtet. Kleiner Pool vorhanden. ❽

Erstklassiger Palast

Rambagh Palace, Bhawani Singh Marg, ☏ 0141/221 1919, 🖥 www.tajhotels.com. Das unbestritten beste Palasthotel Jaipurs, wenn nicht ganz Indiens. Weitläufiger Komplex in einem knapp 200 000 m² großen, schönen Garten, traumhafte Zimmer mit Rajasthani-Kunsthandwerk, Reproduktionen antiker Möbel und sämtlichen Annehmlichkeiten. Auch wenn man sich kein Zimmer leisten kann, lohnt sich ein Besuch, um bei ausgezeichneter Sitar-Musik einen Tee (um Rs300) zu trinken. DZ ab US$530. ❾

Essen

Jaipur hat die beste Auswahl an hervorragenden vegetarischen wie nicht-vegetarischen Restaurants von ganz Rajasthan, doch die Preise sind höher als anderswo.

Barista's, Das Rd, gegenüber vom Kino Raj Mandir. Gediegenes Kaffeehaus, das hervorragenden, frisch gemahlenen Kaffee aufbrüht, bei begüterten Einheimischen ebenso beliebt wie bei Ausländern. Ein zusätzlicher Bonus ist der dazugehörige, gut sortierte kleine Buchladen.

Chokhi Dhani, 22 km südlich von Jaipur an der Tonk Rd, ☏ 0141/277 0554. Der Rajasthani-Themenpark mit Restaurant zieht Mengen betuchter Jaipuris an, v. a. am Wochenende, wenn hier der Bär tanzt. Im Eintrittspreis von

Rs270 sind ein Abendessen sowie die Benutzung zahlreicher Attraktionen enthalten (bei vielen wird aber ein Trinkgeld erwartet) – Elefantenritte, Tanz- und Musikdarbietungen, Puppenspiel und eine tolle Zaubershow, um nur einige zu nennen. Ist das Vergnügen ausgekostet, geht's in das Restaurant mit Lehmwänden, wo man einen Sitzplatz auf dem Boden und authentisches (leider ziemlich salziges) dörfliches Rajasthani-*thali* bekommt, das nichts mit dem gemein hat, was in Jaipurs Restaurants serviert wird, und mit vielen köstlichen Dorfspezialitäten daherkommt. Alles ein bisschen kitschig, aber lustig. Funk-Taxi hin und zurück Rs600 inkl. Wartezeit. Motor-Riksha Rs300. ⏲ Mo–Sa 18–23, So ab 11 Uhr.

Copper Chimney, MI Rd. Schickes Restaurant mit Glasfront und einer guten Auswahl an nordindischen Standardgerichten (manchmal mit ein bisschen zu viel Öl und Gewürzen), außerdem regionale Spezialitäten wie *laal maans* (ein süßes Rajasthani-Hammelgericht) und *gatta* (Kichererbsenklößchen) sowie ein paar chinesische und europäische Speisen. Hauptgerichte Rs85–205. Schanklizenz.

Dasaprakash, MI Rd. Unprätentiöses AC-Restaurant, tischt verschiedene leckere klassische südindische vegetarische Gerichte auf – *iddlis, vadas, uttapams, upuma, thali* und nicht weniger als 17 Arten von *dosa*, dazu viele bunte Eisbecher. Hauptgerichte ab Rs80.

Four Seasons, Bhagat Singh Marg. Das bei den Einheimischen populärste vegetarische Restaurant der Stadt hat hervorragende *dosas* und *uttapams*, außerdem eine Großauswahl an nordindischen Currys und ein paar chinesische Speisen. Große Portionen, geschmacklich auf einheimische Gaumen abgestimmt und vielleicht etwas scharf.

Lassiwala, gegenüber Niro's, MI Rd. Berühmt für ausgezeichnete Lassis, die im traditionellen Stil in hygienischen Tonkrügen serviert werden. Seine Beliebtheit hat dazu geführt, dass sich zwei Konkurrenten gleich rechts (von vorn aus gesehen) davon angesiedelt haben. ⏲ nur 8–16 Uhr.

LMB, Johari Bazaar. Das einzige echte Restaurant in der Rosaroten Stadt und rein äußerlich das stilvollste von Jaipur, mit viel

Schlemmen wie im Märchen

Peacock Rooftop Restaurant, Pearl Palace Hotel, Hari Kishan Somani Marg, Hathroi Fort. Das schnuckelige kleine Dachgartenrestaurant läuft den angesagteren Restaurants mühelos den Rang ab. Die märchenhafte Ausgestaltung ist an sich schon einen Besuch wert, außerdem gibt's eine umfangreiche Speisekarte mit vegetarischen und nicht-vegetarischen Currys (Rs40–80), ein paar chinesischen Gerichten, westlichen Snacks und Pizza, dazu kaltes Bier. Alles Obst und Gemüse wird mit gereinigtem Wasser gewaschen.

Chrom und buntem Glas. Das Essen (Hauptgerichte ab Rs90) ist aber leider nichts Besonderes und außerdem übermäßig gewürzt, und die Bedienung ist irritierend aufdringlich.

Mohan's. Gemütliches, schlichtes kleines vegetarisches Restaurant, dank des guten und sehr preiswerten Essens eine Lieblingsadresse der Einheimischen; fast alle Gerichte unter Rs60.

Natraj, MI Rd. Etabliertes, rein vegetarisches Restaurant mit vielen nordindischen Standardgerichten sowie *thalis, dosas* und sündhaft leckeren süßen Sachen in der Vitrine neben der Tür. Hauptgerichte Rs110–160.

Niro's, MI Rd. Hat mit das beste nicht-vegetarische Essen in Jaipur, darunter Rajasthani-Spezialitäten wie *sula* (Lamm), *lal maans* (Hammel) und *gatta,* überdies viele verschiedene *tandooris, tikkas* und andere Fleisch- und vegetarische Currys, plus westliche und chinesische Speisen. Hauptgerichte Rs110–200. Alkoholausschank.

Om Tower Restaurant, Om Tower, MI Rd. Rajasthans erstes rotierendes Restaurant, im 14. Stock des Om Tower. Hauptattraktion ist natürlich die atemberaubende Aussicht, aber die Gerichte (nur vegetarisch) sind ganz annehmbar: gute Auswahl an typisch nordindischen Sachen zu etwas überhöhten Preisen (Hauptgerichte um Rs160–190), aber kein Alkohol.

Unterhaltung

Amigo's Bar, im 9. Stock des Om Tower, ist ein beliebter Treffpunkt für einen Drink. Für die

etwas schäbige Einrichtung entschädigt die tolle Aussicht auf die Stadt und eine ordentliche Getränkekarte (ein paar Cocktails inkl.).
Geoffrey's Pub, im Hotel Park Plaza in der Prithviraj Rd. Nette Kneipe im Stil eines englischen Pub mit Eichentheke und Sport-Andenken und einer guten Auswahl an Bieren sowie Spirituosen.
B2B, im Country Inn in der MI Rd, kommt in Jaipur einem Club nach europäischem Verständnis am nächsten und zieht mit seinen coolen Live-DJs und der umfangreichen Getränkekarte viele Einheimische und Ausländer an. Eintritt Rs1000 (davon Rs700 Verzehrbon). ⏱ Fr und Sa 20.30–2 Uhr; Eintritt nur für Paare.
Außerdem gibt's noch das angesagte, sehr viel teurere **Steam** im Rambagh Palace Hotel, das in einer ausgedienten Lokomotive eingerichtet wurde.

Einkaufen

Sieht man im Ausland indische Kunsthandwerksgegenstände oder Kleidungsstücke, so ist es nicht unwahrscheinlich, dass sie in Jaipur eingekauft wurden. Ausländische Einkäufer und Großhändler, die mit Stoffen, Kleidung, Schmuck und Töpferwaren handeln, zieht es in Scharen in die Stadt. Für den Durchschnittstouristen ist es nicht einfach, die besten Waren zu finden, doch in ganz Indien gibt es keinen besseren Einkaufsort für Souvenirs – vielleicht mit Ausnahme von Delhi. Gemäß Maharadscha Jai Singhs ursprünglicher Stadteinteilung sind die einzelnen Straßenzüge jeweils bestimmten Waren vorbehalten.
Stoffe und Kleidungsstücke, darunter Jaipurs berühmte Handdrucke und im Abbindeverfahren hergestellte Batiken namens *bandhani*, kauft man am besten im Bapu Basar im Süden der Rosaroten Stadt, der seit kurzer Zeit Fußgängerzone ist. Am gegenüberliegenden Ende der Stadt bieten in der Amber Road unmittelbar hinter dem Zorawar Gate zahlreiche „Emporien" prachtvolle Patchwork-Wandbehänge und Stickereien an. Da im Rahmen des organisierten Tourismus vorwiegend wohlhabende Touristen zu diesen Geschäften gefahren werden, muss man hartnäckig um angemessene Preise feilschen.

Schmuck und Edelsteine in Jaipur

Die beiden besten Orte zum Kauf von Silberschmuck sind der Johari Bazaar (die breite Straße in der Rosaroten Stadt, die vom Sanganeri Gate nach Norden verläuft) und der Chameliwala Market, unweit der MI Road im Gässchengewirr hinter dem Restaurant Copper Chimney. Letzterer hat auch die beste Edelstein-Auswahl, doch ist **Vorsicht vor aalglatten betrügerischen Händlern** geboten, die im örtlichen Jargon *lapkar* heißen. Es handelt sich gewöhnlich um junge Männer, die schicke Kleidung tragen und ausgezeichnet Englisch sprechen. Nach Angeboten von Ausflügen zu den örtlichen Sehenswürdigkeiten folgt unvermeidlich ein Aufenthalt im Art Studio, Töpferladen oder Teppichgeschäft eines „Verwandten", wo im Falle eines Verkaufs per Kreditkarte versucht wird, Blankobelege zu ziehen.
Beim Kauf von Edelsteinen ist höchste Vorsicht geboten, und zwar vor allem dann, wenn jemand eine Adresse im Heimatland des Kunden nennt, unter der man die Steine angeblich mit hohem Profit wieder verkaufen kann. Dies ist natürlich Unsinn, doch so manchem geht erst ein Licht auf, wenn er sich Tausende Meilen entfernt über die mysteriösen Einträge auf der Kreditkartenrechnung wundert. Wer Schmuck oder Edelsteine in Jaipur mit Kreditkarte bezahlt, sollte Letztere niemals außer Sichtweite lassen.

Die berühmten blauen **Keramikwaren** der Stadt, unter anderem Vasen im alten persischen Stil, Kacheln, Teller und Kerzenhalter, findet man in den Läden entlang der Amber Road oder in der Werkstatt des verstorbenen Kripal Singh (S. 219). Zu berücksichtigen ist jedoch, dass Jaipurs blaue Keramiken rein dekorativen Zwecken dienen – was manche Ladenbesitzer anders darstellen – und deshalb nicht für heiße Speisen geeignet sind, da die Glasuren brüchig und giftig sind.
Anokhi, 2nd Floor, KK Square Mall, Prithviraj Rd, 🖥 www.anokhi.com. Das Geschäft wurde von einer britischen Designerin gegründet und ist vor einiger Zeit in einen geräumigen neuen

Laden umgezogen. Es ist die beste Adresse zum Einkauf qualitativ hochwertiger indischer Abendkleidung, *salwar kameez* und Hemden. Das Angebot umfasst außerdem hübsche Bettüberwürfe, Tischdecken und Kissenbezüge. ⊙ tgl. 9.30–20 Uhr.

Jodhpur Tailors, hinter dem Neelam Hotel nahe Ganpati Plaza, direkt bei der MI Rd. Eine der besten Schneidereien der Stadt, wo kein Geringerer als der Maharadscha höchstselbst einkauft. Handgenähte Anzüge kosten ab Rs7500 aufwärts, man kann aber auch ein Hemd (ab Rs700), eine Hose (Rs1200) oder *jodhpurs* (Rs1400) kaufen. ⊙ Mo–Sa 10.30–21.30, So 14–18 Uhr.

Kripal, Kumbh Shiv Marg, nahe dem Jaipur Inn. Die ehemalige Werkstatt und gleichzeitig Wohnung von Jaipurs berühmtestem Töpfer, dem verstorbenen Kripal Singh, steht voller attraktiver und erschwinglicher Stücke aus traditioneller blau-weißer Jaipuri-Keramik. ⊙ tgl. 9.30–20 Uhr.

Rajasthali, MI Rd, direkt südlich vom Ajmer Gate. In dem großen, staatlichen Kaufhaus lässt sich sehr gut ein Überblick über die Bandbreite an Kunsthandwerk und die zu erwartenden Preise gewinnen – allerdings finden sich in den Basaren der Rosaroten Stadt vielleicht ähnliche Stücke zu günstigeren Preisen. ⊙ Mo–Sa 11–19.30 Uhr.

Soma, 5 Jacob Rd, nahe dem Hotel Jai Mahal, 💻 www.somashop.com. Ähnliches Angebot wie Anokhi, aber ein bisschen billiger. ⊙ Mo–Sa 10–20, So 10–18 Uhr.

Sonstiges
Bücher

Bookwise, im Mall 21, gegenüber vom Kino Raj Mandir, hat eine hervorragende Auswahl an englischen Titeln, auch zu indischen Themen; im selben Gebäude gibt es auch einen praktischen kleinen Bücherstand, der zum Kaffeehaus Barista gehört. **Books Corner**, ganz in der Nähe in der MI Road (zwei Häuser westlich vom Restaurant Niro's), kleiner Laden mit einer passablen Auswahl an Büchern zum Thema Indien. Östlich von hier, an der Südseite der MI Road Richtung Ajmer Gate, gibt es zahlreiche **Zeitungsstände**.

Fotoausrüstung

Sentosa Colour Lab, Ganpati Plaza, (zur MI Rd hin), ⊙ tgl. 10–20 Uhr, und **Goyal Colour Lab**, neben Lassiwala, in der MI Rd, überspielen Digitalfotos auf CD und entwickeln Filme.

Geld

In der Stadt, besonders entlang der MI Road, finden sich zahlreiche **Geldautomaten**. Es gibt auch viele private Wechselstuben, die ungefähr dieselben Kurse einräumen wie die Banken, z. B. **Thomas Cook**, mit zwei Filialen in der MI Road: im Erdgeschoss des Jaipur Tower und gegenüber vom Ganpati Plaza, in denen es Bargeldvorschuss auf Kreditkarten gibt. ⊙ beide Mo–Sa 9.30–17.30 Uhr.

Viele der ab S. 214 gelisteten **Gästehäuser und Hotels** wechseln Geld (manchmal zu schlechtem Kurs); im Pearl Palace Hotel gibt es einen 24 Std. geöffneten Geldwechselschalter.

Informationen

Das **RTDC** unterhält mehrere über die Stadt verteilte Büros. Die am günstigsten gelegenen sind das auf Bahnsteig 1 im Bahnhof, ☎ 0141/231 5714, ⊙ tgl. 24 Std.; das im Tourist Hotel, MI Rd, gegenüber der Hauptpost, ☎ 0141/237 5466, ⊙ tgl. 8–20 Uhr, und das auf Bussteig 3 des staatlichen Busbahnhofs, ⊙ 9.30–17 Uhr. Ein weiteres, schwieriger zu findendes, liegt in der Station Road, ☎ 0141/511 4768, an der Nordseite des Kreisverkehrs direkt vor dem Bahnhof (die schmale Straße hinuntergehen, die am Hotel Chitra Palace vorbei führt); ⊙ tgl. 10–17 Uhr; hier muss herkommen, wer eine Zugfahrkarte für den *Palace on Wheels* und den *Fairy Queen* reservieren möchte. RTDC-Touren (S. 220) können in jedem dieser Büros gebucht werden. Ein **India Tourism Office**, ☎ 0141/237 2200, befindet sich im Hotel Khasa Kothi. Es hat zahlreiche Broschüren und landesweite Infos auf Lager. ⊙ Mo–Fr 9–18, Sa 9–14 Uhr. Wertvolle Hinweise auf aktuelle Ereignisse findet man im Monatsmagazin **Jaipur City Guide** (Rs 30), erhältlich in manchen Hotels, Buchläden und an Zeitungskiosken.

Internet
Die meisten o. g. Hotels sind online, doch wer in seiner Unterkunft (oder in einem anderen Gästehaus) keinen Zugang bekommt, kann es im **iWay Internet-Café** Rs40/Std.) in der Nähe vom Atithi Guest House probieren, ⏱ tgl. 9–23 Uhr.

Kino
Wer nur ein einziges Mal in ein indisches Kino gehen möchte, sollte sich für das **Raj Mandir** in der Bhagwan Das Rd (Seitenstraße der MI Rd) mit seiner wunderschönen Art-déco-Lobby und 1500 Sitzplätzen entscheiden. Die meisten Filme werden 4x tgl. gezeigt (normalerweise um 12.30, 15.30, 18.30 und 21.30 Uhr). Karten (Rs39–93) mindestens eine Stunde vorab besorgen, da die Schlangen immer lang sind.

Meditation
Dhamma Thali Vipassana Centre, ✆ 0141/268 0220, 🖥 www.dhamma.org. Das inmitten einer schönen Landschaft an der Straße nach Galta gelegene Zentrum ist eines von 50 weltweit, in denen Vipassana-Meditation (S. 30) praktiziert wird. Die Kurse (3–45 Tage; Programm s. Website) sind kostenlos, aber eine Spende wird erwartet.

Medizinische Hilfe
Das beste Krankenhaus für Notfälle ist das regierungseigene **SMS Hospital**, Sawai Ram Singh Rd, ✆ 0141/256 0291; normalerweise ist die Behandlung für Ausländer kostenlos. Das beste private Krankenhaus ist das **Santokba Durlabhji Memorial Hospital (SDMH)**, Bhawani Singh Marg, ✆ 0141/256 6251.

Polizei
Zentrale in der Station Rd gegenüber vom Bahnhof, ✆ 0141/220 6324.

Post
Schalter für poste restante im **Hauptpostamt** in der MI Rd, ⏱ Mo–Sa 10–18 Uhr. Päckchen und Einschreiben werden in der Sortierstelle hinter den Hauptschaltern ausgehändigt.
Aufzugebende Pakete und Päckchen muss man vor dem Haupteingang einnähen lassen.

Ein **DHL**-Büro befindet sich in der Vinobha Marg, die gleich westlich vom Restaurant Dasaprakash von der MI Rd nach Süden abgeht. Wer Geld sparen möchte, geht ins Hotel Pearl Palace (S. 215), dessen Besitzer DHL-Agent ist und auf Standardpreise 10 % Rabatt gibt.

Reisebüros
Am einfachsten ist es normalerweise, im Hotel oder Gästehaus etwas arrangieren zu lassen. Zwei zuverlässige Alternativen sind **Rajasthan Travel Service**, im Erdgeschoss des Ganpati Plaza an der MI Rd, ✆ 0141/238 9408, 🖥 www.rajasthantravelservice.com, und **Travel-Care** (s. Fluggesellschaften, S. 223).

Stadtrundfahrten
Auf sehr preiswerte, aber auch sehr gehetzte Art und Weise lernt man Jaipurs wichtigste Sehenswürdigkeiten mit einer der beiden Stadtrundfahrten des **RTDC** kennen (5-stündige Halbtagstour Rs120; 9-stündige Ganztagstour Rs170; Eintrittsgebühren nicht inkl.), bei denen die meisten Sehenswürdigkeiten der Stadt abgehakt werden. RTDC hat auch eine „Pink City by Night"-Tour inkl. Dinner im Nahargarh Fort im Angebot (18.30–22.30 Uhr; Rs200). Buchungen in jeder der o. g. RTDC-Filialen.

Schwimmen
Der hübscheste, auch Nicht-Hausgästen geöffnete **Hotelpool** in Jaipur ist derzeit der des Alsisar Haveli (Rs100).

Yoga
Rajasthan Swasth Yoga Parishad, New Police Academy Rd, ✆ 0141/239 7330; **Rajasthan Yoga Centre**, 2 km nördlich vom Bani Park in Shastri Nagar; **Madhavanand Ashram**, ✆ 0141/220 0317, im Bani Park.

Nahverkehr
Jaipur ist sehr weitläufig. Zwar lässt sich die Rosarote Stadt (trotz der Menschenmengen) zu Fuß erkunden, doch braucht man eventuell ein Transportmittel, um vom Hotel aus überhaupt erst einmal hinzugelangen. Die morgendlichen und abendlichen Stoßzeiten sollte man besser meiden, besonders in der Rosaroten Stadt.

In der ganzen Stadt wimmelt es von **Motor-Rikschas**, die aber recht hohe Preise verlangen. Es gibt auch **Fahrrad-Rikschas**, doch die brauchen in dem Gewimmel oft sehr lang bis zum Ziel.

Taxis mit gelbem Dach und ohne Taxameter haben einen Stand in der MI Rd vor dem RTDC-Touristenbüro; Funk-Taxis verlangen Rs8–10/km, und nach einer telefonischen Bestellung muss man selten länger als 10 Min. warten; gut ist **Pink City**, ☏ 0141/222 5000.

Ein **Auto mit Fahrer** lässt sich in den meisten Unterkünften oder in jeder RTDC-Filiale organisieren. Die zu erwartenden Preise liegen bei ungefähr Rs375–Rs400 nach Amber und zurück oder Rs675–Rs700 nach Samode und zurück.

Minibusse, **Busse** und **Tempos** nach SANGANER (darunter Tempo Nr. 11 und Nr. 55 sowie Bus Nr. 210 und Nr. 404) fahren an verschiedenen Stellen in Jaipur ab, z. B. am Chand Pol, am Bahnhof und Ajmeri Gate. Sie verkehren ungefähr alle 10–15 Min.

Transport

Jaipur ist Rajasthans wichtigster Verkehrsknotenpunkt mit täglichen Flug-, Bus- und Zugverbindungen zu den meisten großen Städten Indiens. Relativ nahe Ziele wie Agra, Bharatpur, Ajmer (für Pushkar) und die Shekhawati-Städte erreicht man am besten per Bus; eine Ausnahme bildet Sawai Madhopur, das Sprungbrett für den Ranthambore-Nationalpark, das man am bequemsten mit dem Zug erreicht.

Busse

Die **staatlichen RSRTC-Busse** aus ganz Rajasthan und weiter entfernten Gebieten verkehren vom Interstate Bus Terminal in der Station Rd. Ankommende Busse aus Delhi und Agra fahren am südlichen Rand der Stadt entlang, wo sie kurz am Verkehrsknotenpunkt Narain Singh Circle halten. Dort verkünden Rikschafahrer lauthals, oft mit Unterstützung der Busfahrer, es sei die Endstation („bus going to yard") – was nicht stimmt; es ist nur eine Masche, Reisende in ihre Rikscha zu locken und zu Unterkünften zu fahren, von denen sie Provisionen beziehen.

Für schnellere, jedoch seltener verkehrende „Deluxe"-Busse auf Langstrecken werden Sitzplätze garantiert. Anfragen nach „Deluxe"-Bussen unter ☏ 0141/511 6031; Reservierungen bis zu 24 Std. im Voraus unter ☏ 0141/220 5790. Für Expressbusse spricht man einfacher persönlich an den Buchungsschaltern des Busbahnhofs vor (Ziele stehen draußen an den Kabinen). Eigener Bereich für Deluxe-Busse hinter Bahnsteig 3 (⏱ 24 Std.). Nach PUSHKAR fährt tgl. um 13 Uhr ein RTDC-Bus; eine andere Möglichkeit besteht darin, mit einem der regulären Busse nach Ajmer zu fahren und dort umzusteigen, oder aber einen privaten Bus zu nehmen.

Privatbusse sind geringfügig billiger, dafür jedoch häufig überfüllt und legen unterwegs furchtbar viele Teepausen ein. Tickets bei den Agenten in der Station Rd, doch sollte man die unbequemen Videobusse meiden.

Eine zuverlässige Gesellschaft für Direktbusse nach PUSHKAR ist **Jai Ambay Travels** in der Station Rd, nahe der Kreuzung mit der MI Rd, ☏ 0141/220 5177, deren komfortable Deluxe-Busse um 9.30 Uhr abfahren. Tickets (Rs120, AC-Bus Rs180) bis unmittelbar vor der Abfahrt, doch sicherer ist es, sie vorab zu kaufen (telefonische Reservierung möglich). Dasselbe Unternehmen bedient AJMER (6x tgl., 2 1/2 Std., Rs70), JODHPUR (3x tgl., inkl. Nachtbus um 22.30 Uhr, 6–7 Std., Rs160, oder Rs210 im Bus mit Liegesitzen), JAISALMER (1x tgl., 11 Std., Rs250), UDAIPUR (1x Nachtbus, 9 Std., Rs150, Rs220 im Bus mit Liegesitzen) und AGRA (alle 1–2 Std., aber viele Stopps, 5 1/2 Std., Rs100).

Busse nach:
AGRA (alle 1–2 Std.; 5 Std.);
AHMEDABAD (1x tgl.; 16 Std.);
AJMER (8x tgl.; 2–2 1/2 Std.);
ALWAR (stdl.; 4 Std.);
BHARATPUR (alle halbe Std.; 4 1/2 Std.);
BIKANER (11x tgl.; 7 1/2 Std.);
CHITTAURGARH (2x tgl.; 7 1/4 Std.);
DELHI (alle 3/4–1 Std.; 6 Std.);
GWALIOR (1x nachts; 7 Std.);
JAISALMER (1x nachts; 13–15 Std.);
JHUNJHUNU (alle 30 Min.; 5 Std.);
JODHPUR (7x tgl.; 7–8 Std.);

KOTA (4x tgl.; 6 Std.);
MOUNT ABU (1x tgl.; 11 Std.; 1x nachts; 12 Std.);
NAWALGARH (alle 30 Min.; 3 Std.);
PUSHKAR (1x tgl.; 3 1/2–4 Std.);
SAWAI MADHOPUR (2x tgl.; 4 1/2 Std.);
SHIMLA (1x nachts; 15 Std.);
UDAIPUR (5x tgl.; 10 Std.).

Eisenbahn

Jaipurs **Hauptbahnhof** liegt 1,5 km westlich der Rosaroten Stadt. In den vergangenen Jahren waren diverse Strecken wegen Gleisbauarbeiten gesperrt, sodass Umwege erforderlich wurden – daher aktuelle Abfahrts- und Ankunftszeiten erfragen! Fahrkarten mindestens einen Tag vorher in der computerisierten Reservierungshalle direkt am Hauptbahnhof, ✆ 0141/220 1401, ⏲ Mo–Sa 8–20, So 8–14 Uhr, reservieren. Es gibt einen speziellen Schalter für „Foreign Tourist and Freedom Fighter".

Züge nach:
ABU ROAD (4–6x tgl.; 5 1/2–8 Std.);
AGRA (4–5x tgl.; 4–5 1/2 Std.);

Empfohlene Zugverbindungen ab Jaipur

Folgende Züge sind die schnellsten und praktischsten:

Zielort	Name	Abfahrt	Ankunft
Abu Road	Aravalli Express 9708	(tgl.) 8.45 Uhr	16.50 Uhr
Ajmer	Shatabdi Express 2015	(tgl. außer Mi) 10.50 Uhr	13 Uhr
	Aravali Express 9708	(tgl.) 8.45 Uhr	11.15 Uhr
Agra	Gwalior Intercity 2987	(tgl.) 6.10 Uhr	10.15 Uhr
	Marudhar Express 4864/4854	(tgl.) 15.50 Uhr	21.10 Uhr
Alwar	Jammu Tawi Express 2413	(tgl.) 16.35 Uhr	18.56 Uhr
	Shatabdi Express 2016	(tgl. außer Mi) 17.45 Uhr	19.26 Uhr
Bikaner	Bikaner Intercity Express 2468	(tgl.) 15.50 Uhr	22.45 Uhr
	Bikaner Express 4737	(tgl.) 22.10 Uhr	6.55 Uhr
Chittaurgarh	Udaipur Express 2965	(tgl.) 22.25 Uhr	5.20 Uhr
Delhi	Jaisalmer Express 4060	(tgl.) 5 Uhr	11.10 Uhr
	Shatabdi Express 2016	(tgl. außer Mi) 17.45 Uhr	22.45 Uhr
Jaisalmer	Jaisalmer Express 4059	(tgl.) 23.57 Uhr	13 Uhr
Jodhpur	Marudhar Express 4853	(Mo, Mi, Sa) 11.50 Uhr	18.20 Uhr
	Ranthambore Express 2465	(tgl.) 17.40 Uhr	23 Uhr
	Delhi Express 4059	(tgl.) 23.57 Uhr	5.50 Uhr
Kota	Mumbai Superfast 2956	(tgl.) 14.10 Uhr	17.25 Uhr
	Dayodaya Express 2182	(tgl.) 17.25 Uhr	21.10 Uhr
Sawai Madhopur	Mumbai Superfast 2956	(tgl.) 14.10 Uhr	16 Uhr
	Intercity Express 2466 (für den Ranthambore National Park)	(tgl.) 10.55 Uhr	13.15 Uhr
Udaipur	Udaipur Express 2965	(tgl.) 22.25 Uhr	7.45 Uhr
Varanasi	Marudhar Express 4864/4854	(tgl.) 15.50 Uhr	8.15 Uhr/9.30 Uhr

AHMEDABAD (3–4x tgl.; 9–13 1/2 Std.);
AJMER (5–8x tgl.; 2–2 1/2 Std.);
ALWAR (8–10x tgl.; 1 3/4–4 Std.);
BIKANER (3–5x tgl.; 6 3/4–11 Std.);
CHITTAURGARH (2x tgl.; 7 3/4–8 1/4 Std.);
DELHI (8–10x tgl.; 5–6 1/2 Std.);
JAISALMER (1x tgl.; 13 Std.);
JODHPUR (5–8x tgl.; 5 1/2–9 1/4 Std.);
KOTA (6–8x tgl.; 3 1/4–5 1/2 Std.);
MUMBAI (2x tgl.; 17 1/2–22 Std.);
SAWAI MADHOPUR (6–8x tgl.; 1 3/4–3 Std.);
UDAIPUR (1x tgl.; 9 1/2 Std.).

Flüge

Jaipurs moderner **Sanganer Airport** liegt 15 km südlich des Zentrums. Flughafenbus in die Stadt Rs30, Rikscha Rs150, Taxi Rs250–300. Flüge nach Jaisalmer sind geplant; es ist also möglich, dass die Flugverbindung schon besteht, wenn dieses Buch in den Handel kommt.

Flüge nach:

AHMEDABAD (SG, S2; tgl.; 1 Std. 10 Min.);
DELHI (DN, AI, 9W, S2, IT; tgl.; 40 Min.–1 Std.);
HYDERABAD (6E; tgl.; 1 3/4 Std.);
JODHPUR (DN, IT; tgl.; 55 Min.–1 Std.;
KOLKATA (6E; tgl.; 2 1/4 Std.);
MUMBAI (DN, AI, 6E, IT, SG; tgl.; 1 Std. 5 Min.–1 Std. 50 Min.);
PANJIM (IT; tgl.; 2 Std. 20 Min.);
UDAIPUR (DN, 9W, IT; tgl.; 1 Std. 5 Min.).

(AI = Indian Airlines, IT = Kingfisher Airlines, 9W = Jet Airways, 6E = IndiGo, DN = Air Deccan, SG = SpiceJet, S2 = JetLite)

Fluggesellschaften

In den Jaipur Towers an der MI Rd befinden sich Dutzende Büros von Airlineagenten, von denen aber längst nicht alle vertrauenswürdig sind. Die empfehlenswerteste Adresse ist **Travel-Care** im Erdgeschoss des rechten Gebäudeteils, ✆ 0141/237 1832, 🖥 www.travelcareindia.com, das die Vertretung von fast jeder einheimischen und den meisten großen internationalen Fluglinien hat, darunter Air India, BA, Air France, KLM, Lufthansa, Thai Airways, Singapore Air und Gulf Air. ⏱ 24 Std.

Amber

Die 11 km nördlich von Jaipur hoch oben auf einem mächtigen Felsen thronende Festung Amber (oder Amer), gesichert durch natürliche Bergketten, hohe Schutzwälle und hintereinander angeordnete Tore, war von 1037 bis 1727, als Jai Singh seine neue Stadt Jaipur gründete, die Hauptstadt der Kachchwaha-Rajputen. Ambers Paläste sind weniger beeindruckend als die von Jaipur (oder manch anderem Ort in Rajasthan), doch die Lage der Stadt ist atemberaubend.

Der Palastbereich

Vom Dorf führt der Pfad hoch zum **Suraj Pol** („Sonnentor") und dem großen Hof **Jaleb Chowk** am Eingang zum Hauptpalastkomplex. Hier befindet sich der Kartenverkaufsschalter, wo auch die offiziellen Guides warten, die Führungen für rund Rs200 anbieten. Der **Shri Sila Devi-Tempel** in der linken Ecke des Hofs ist Sila geweiht, einer Erscheinungsform der Göttin Kali. Die Statue von Sila Devi im Inneren des Tempels gehört zu den meistverehrten in Jaipur.

Neben dem Shri Sila Devi-Tempel geht es auf steilen Stufen zum **Singh Pol** („Löwentor") hinauf, dem Eingang zum Hauptpalast. Architektonisch präsentiert er sich als typisches rajasthanisches Bauwerk, doch ist klar ersichtlich, dass auch Mogul-Konzepte die Gestaltung beeinflusst haben. Zum Beispiel ist die Auskleidung der Wände mit Spiegelmosaiken ein typisches Merkmal der Mogul-Architektur. Hinter dem Singh Pol öffnet sich der erste der drei Hauptplätze des Palasts. Dort steht die 1639 erbaute **Diwan-i-Am** (öffentliche Audienzhalle). Der an den Seiten offene Pavillon weist deutliche bauliche Übereinstimmungen mit den Mogul-Audienzhallen in Delhi und Agra auf.

Schräg gegenüber bietet das mit vorzüglichen Malereien versehene **Ganesh Pol** Zugang zu einem zweiten Hof, dessen rechte Seite ein Garten mit Miniaturspringbrunnen einnimmt. Dahinter liegen die Säle des **Sukh Mahal**. Seine Marmorzimmer wurden durch Wasser gekühlt, das durch kleine Öffnungen in den Wänden herabfloss – eine frühe und sehr effiziente Klimaanlage.

An der gegenüberliegenden Hofseite beherbergt der wunderschöne **Sheesh Mahal** die einstigen privaten Gemächer des Maharadscha und seiner Frau. Spiegel- und Buntglasscherben bilden ein kompliziertes Mosaik, das die Innen- und Außenwände sowie die Decken der Räume vollständig überzieht. Am Hofende hinter dem Sheesh Mahal führt ein schmales Treppenhaus zu dem kleinen Innenraum **Jas Mandir** hoch, den ähnliche Mosaiken zieren. Durch kunstvoll gestaltete Marmortrennwände wird er vor grellem Sonnenlicht geschützt.

An der Rückseite des Sheesh Mahal geht es durch einen schmalen Korridor in einen weiteren großen Innenhof im Zentrum des **Palastes von Man Singh I.**, den ältesten Teil der Palastanlage. Verglichen mit den späteren Bauten sind diese hier ausgesprochen schlicht, müssen ursprünglich aber kostbar verziert und möbliert gewesen sein. Der von Säulen getragene Bereich im Zentrum des Hofs *(baradari)* war einst der Treffpunkt der Maharanis, die durch wallende Vorhänge vor Männerblicken geschützt waren. ⏱ tgl. 8–18 Uhr, Eintritt Rs100, Video Rs200.

Am unteren Ende des Wegs zum Palast befindet sich eine kleine **Touristeninformation**, ⏱ tgl. 8–16 Uhr; von hier aus sind es 15–20 Min. zu Fuß hoch zum Palast. Man kann auch einen Jeep nehmen (Rs200 hin und zurück, inkl. 1 Std. Wartezeit) oder auf dem Rücken eines Elefanten hoch reiten (Rs550 für bis zu 2 Pers.).

Jaigarh

Das mächtige Amber Fort (Jaigarh) wurde im Jahre 1600 gebaut. Es ragt stolz auf dem Bergrücken hinter dem Amber-Palast auf und bietet unglaubliche Ausblicke über die Berge und Ebenen. Da die Kachchwahas in freundschaftlichen Beziehungen zu den Moguln standen, erlebte die Festung keine nennenswerten Schlachten.

Im Mittelpunkt der Festung wurde ein kleines **Museum** eingerichtet. Es zeigt eine ziemlich staubige Sammlung alter Landkarten und Fotos sowie ein paar kleinere Kanonen von 1588 – Jaigarh war ein wichtiges Zentrum für die Herstellung dieser begehrten Waffen. Keine davon kann sich aber mit der mächtigen Jaivana-Kanone messen, der größten ihrer Art in Asien, die majestätisch auf dem höchsten Punkt der Festung thront, fünf Minuten zu Fuß vom Museum entfernt. Um sie abzufeuern, bräuchte man 100 kg Schießpulver. Angeblich hat sie eine Reichweite von 35 km – genau weiß man es aber nicht, da sie niemals zum Einsatz kam. ⏱ tgl. 9–17 Uhr, Eintritt Rs50; das Ticket ist auch für den Stadtpalast von Jaipur gültig, wenn es innerhalb von 24 Stunden benutzt wird.

Die meisten Besucher wandern vom Amber-Palast zum Fort hinauf, ein steiler, 15- bis 20-minütiger Anstieg. Der Pfad zur Festung beginnt direkt unterhalb vom Palasteingang und zweigt in der Nähe des oberen Endes der Zickzackstraße ab (derjenigen, die von den Elefanten benutzt wird; nicht vom Fußpfad). Wer mit dem Pkw oder Jeep herkommen möchte, muss ins Tal hinabfahren und der wesentlich längeren Straße folgen, die sowohl nach Jaigarh als auch Nahargarh führt. Jeeps für die Hin- und Rückfahrt zur Festung werden im Dorf Amber vermietet (Rs400, inkl. 2 Std. Wartezeit). Wer zu Fuß hochgewandert ist, kommt am Awani Gate an – das Museum liegt links hinter dem Tor. Wer ein Fahrzeug genommen hat, landet an der entgegengesetzten Seite des Forts, in der Nähe der Jaivana-Kanone; dort finden sich auch ein paar Cafés.

Transport

Vor dem Hawa Mahal in JAIPUR fahren regelmäßig öffentliche Linienbusse ab (alle 5–10 Min.; 20–30 Min.), die in Amber in der Hauptstraße unterhalb der Palastanlage halten. Es ist ratsam, frühmorgens herzukommen, noch vor den Busladungen voller Touristgruppen.

Samode

Versteckt in den Aravalli-Hügeln liegt am Rande der Shekhawati-Region das Dorf Samode, dessen Schmuckstück ein tadellos restaurierter **Palast** (eigentlich ein Haveli) aus dem 18. Jh. ist. Der Palast ist inzwischen ein preisgekröntes Heritage Hotel, das **Samode Palace**,

☏ 01423/240014, 🖥 www.samode.com; ab US$300, ❾, von Mai–Sep gibt es einen Preisnachlass von 30 %.

Man erreicht den Ort leicht im Rahmen eines Tagesausflugs vom 42 km südöstlich gelegenen Jaipur, doch mit entsprechendem Geldbeutel lohnt sich eine Übernachtung in einem der romantischen Zimmer des Palastes mit Wandmalereien, verspielten Steinmetzarbeiten und stilvollen Antiquitäten. Auswärtige Gäste zahlen stolze Rs500 (innen gegen Speisen und Getränke einzutauschen), doch allein schon der wunderschöne **Sheesh Mahal** im Südflügel des Bauwerks ist das Geld wert. Vom Palast führen 300 Stufen zu einer **Festung** hinauf, von der sich schöne Ausblicke auf die Umgebung eröffnen. Die Besitzer des Samode Palace betreiben auch das **Samode Bagh**, 3 km südöstlich von Samode, eine luxuriöse Anlage mit 50 komfortabel eingerichteten Zelten (um US$200 pro Doppelzelt; ❾) und Pool.

Sanganer

16 km südlich von Jaipur liegt Sanganer, das lebendigste Zentrum der Region für **handgefertigte Textilien** und der beste Ort, traditionell arbeitenden Blockdruckern bei der Arbeit zuzuschauen. Es gibt einige größere Fabriken, doch die meisten Drucke entstehen in Heimarbeit. Die Handwerker von Sanganer – Männer und Frauen – bemalen auch **Töpferwaren** im typisch rajasthanischen Stil mit floralen Mustern in Weiß oder dunklem Meergrün auf traditionell tintenblauer Glasur. Ein großer Teil der Waren, die in Sanganer hergestellt werden, wird auf den Märkten und in den Läden von Jaipur verkauft.

Zu den Sehenswürdigkeiten gehören verfallende Paläste und mehrere elegante Jain-Tempel, deren bemerkenswertester der **Shri Digamber-Tempel** in der Nähe des Tirpolia Gate ist.

Minibusse, Busse und Tempos (z. B. Tempo Nr. 11 und 55 sowie Bus Nr. 210 und 404) fahren von verschiedenen Stellen in Jaipur aus alle 10 bis 15 Minuten nach Sanganer, u. a. vom Chand Pol, Bahnhof und Ajmeri Gate.

Nördlich von Jaipur: Shekhawati

Nördlich von Jaipur erstrecken sich die östlichsten Ausläufer der Wüste Thar, mit sandumwehten kleinen Städten, die zwischen den Dünen und über die weiten, ausgedörrten Flächen verstreut liegen. Durch diese unter dem Namen Shekhawati bekannte Region verliefen früher bedeutende Karawanenwege, die Delhi und Sind (im heutigen Pakistan) mit der Küste von Gujarat verbanden. Die kaufmännischen Marwari und die Landbesitzer der *thakur*-Kaste, die in den kleinen Marktstädten lebten, wurden durch Handel und Wegezölle reich und bauten im Wettstreit miteinander stolze, prunkvoll dekorierte **Havelis** (s. Kasten S. 227), von denen viele erhalten geblieben sind und die gemeinsam eines der reichsten künstlerischen und architektonischen Vermächtnisse Indiens darstellen. Die vielen Herrenhäuser, Paläste und Kenotaphen sind innen und außen mit äußerst kunstvollen bunten Wandmalereien übersät, die zwischen den 70er-Jahren des 18. Jhs. und den 30er-Jahren des 20. Jhs. entstanden.

Geschichte

Historisch mischten sich in Shekhawati moslemische und Rajputeneinflüsse. Die größte Stadt des Bezirks, Jhunjhunu, wurde zuerst von den rajputischen **Chauhans** von Ajmer regiert, bis sie 1450 in die Hände der moslemischen Nawabs des **Khaimkani**-Clans fiel, die sich auch des nahe gelegenen Fatehpur bemächtigten. Die Khaimkanis herrschten fast 300 Jahre lang, und Teile der Region, insbesondere bestimmte Viertel von Jhunjhunu, weisen immer noch eine islamische Prägung auf. Ungefähr um dieselbe Zeit, als die Khaimkanis die Macht über Jhunjhunu ergriffen, eroberte sich **Rao Shekhaji** (1433–1488), ein Enkel des Kachchwaha-Maharadscha von Amber, sein eigenes kleines Königreich und nannte es Shekhawati. Nach dem Tod des letzten Nawab wurde das moslemische Jhunjhunu 1730 von **Sardul Singh** dem rajputischen Shekhawati einverleibt. Zwei Jahre später konsolidierte er die

Shekhawat-Herrschaft, indem er seinem Bruder half, das moslemische Fatehpur zu erobern.

Besondere Berühmtheit erlangte Shekhawati seiner **Marwari-Kaufleute** wegen, denen die wunderbaren Havelis zu verdanken sind, die jede Stadt in der Region schmücken. Selbst als viele Marwaris später nach Bombay, Madras und vor allem Kalkutta zogen, schickten sie Geld nach Shekhawati und sorgten so dafür, dass die Stadt weiterhin blühte. Nach der Unabhängigkeit kauften zahlreiche Marwaris britische Firmen auf, und bis heute sind Marwari-Namen wie Birla und Poddar im indischen Geschäftsleben allgegenwärtig. Inzwischen haben viele Kaufmannsfamilien der Shekhawati-Region den Rücken gekehrt, mit dem Ergebnis, dass ihre schönen alten Villen dem Verfall preisgegeben wurden. In jüngster Zeit hat allerdings das aufkommende Interesse von Touristen am kulturellen Erbe der Region dazu geführt, dass einige Hausbesitzer damit begonnen haben, ihre großartigen Havelis zu restaurieren. Angesichts des Reichtums an traditioneller Kunst und der unmittelbaren Nähe der Region zu Jaipur ist es verblüffend, dass ein Großteil der Shekhawati-Region immer noch mehr oder weniger abseits der Touristenpfade liegt.

Transport

Mitten durch die Shekhawati-Region verläuft eine wichtige Eisenbahnlinie, doch die Verbindungen sind hoffnungslos langsam und unzuverlässig. Man ist daher besser beraten, die Region mit **Bussen** zu erkunden, die relativ regelmäßig zwischen den wichtigeren Städten verkehren, jedoch immer überfüllt sind.

Auch **Jeeps**, in denen so viele Passagiere wie möglich zusammengepfercht werden, verkehren zwischen kleineren und größeren Orten. Ansonsten vermitteln die meisten Hotels und Unterkünfte der Region einen **Miet-Jeep** oder ein **Taxi**.

Nawalgarh

Im Zentrum der Shekhawati, umgeben von Wüste und *khejri*-Gestrüpp, liegt das Marktstädtchen Nawalgarh – zusammen mit dem nahe gelegenen Mandawa der angenehmste Ausgangspunkt für eine Erkundung der Region.

Die Stadt

Ausgangspunkt einer Besichtigung von Nawalgarh ist das prächtige Anandi Lal Poddar Haveli an der Ostseite der Stadt, in dem jetzt das **Dr Ramnath A. Poddar** Haveli Museum untergebracht ist. Es wurde 1920 erbaut und dient heute gleichzeitig als Schule. Es ist eines der wenigen Havelis in Shekhawati, deren alte Pracht wiederhergestellt wurde, und darf sich der lebendigsten Wandgemälde der Stadt rühmen. Dazu zählt die Darstellung eines Stierkopfes, der sich in einen Elefantenkopf verwandelt, wenn der Betrachter von links nach rechts geht. In dem Haveli sind auch einige ganz nette Ausstellungsstücke zu verschiedenen Aspekten des Lebens der Rajasthani zu sehen. ⏲ tgl. 8.30–17.30 Uhr; Rs100, Fotografiererlaubnis Rs30.

Ein kurzes Stück weiter nördlich liegt das schöne **Moraka Haveli**, dessen Haupthof Wandgemälde schmücken, auf denen Shiva, Parvati und Krishna zu sehen sind. Die Bögen des wunderschönen zweiten Hofs sind mit Fresken ausgemalt, die u. a. Szenen aus dem Ramayana zeigen. ⏲ tgl. 8–18.30, Winter bis 17.30 Uhr; Rs40. Direkt gegenüber vom Moraka Haveli befindet sich der eindrucksvolle, aus der Mitte des 18. Jhs. stammende **Krishna Mandir** mit seinen zierlichen *chhatris*.

Rund 200 m östlich vom Moraka Haveli sind im nicht restaurierten, 150 Jahre alten **Bhagton ki Choti Haveli** (keine festen Öffnungszeiten, aber der *chowkidar* sitzt normalerweise auf der Türschwelle; Rs40) ungewöhnliche Wandgemälde zu sehen, darunter ein Engel im europäisch-christlichen Stil und Queen Victoria (über den Bögen rechts von der Haupttür) zusammen mit Krishna und Radha auf einer Schaukel. Ein Bild auf der linken Seite zeigt sieben Frauen in der Gestalt eines Elefanten. Auf anderen Gemälden sind Rad fahrende Europäer, ein Dampfer und eine Eisenbahn dargestellt.

Westlich von hier, nördlich des Nansa Gate, stehen Seite an Seite zwei weitere sehenswerte, noch bewohnte Havelis. Das erste, das **Khedwal Haveli**, kann normalerweise nur von außen betrachtet werden; durch den Haupteingang lässt

Die Havelis der Shekhawati-Region

Die Havelis von Shekhawati folgen in der Regel alle einem ähnlichen Muster. Von der Straße aus führt ein großes, überdachtes **Portal** mit geschnitzten Türen in den Innenbereich. Manchmal befindet sich das Portal am Ende einer Rampe, die breit genug war, um bei gegebenem Anlass auch auf einem Elefanten Einzug halten zu können. Im Inneren der meisten Havelis gibt es zwei Haupthöfe. Zunächst betritt man den ersten Hof, den *mardana* oder **Männerhof**. Besucher werden normalerweise im hiesigen *baithak* empfangen, einem säulenbestandenen „Wohnzimmer", für gewöhnlich links hinter dem Haupteingang. Vom *mardana* führt ein zweites Tor (meistens das prächtigste des ganzen Haveli und immer von einer Ganesh-Figur gekrönt) in den zweiten Haupthof, den *zenana* oder **Frauenhof**. Hier lebten die Damen des Hauses, vor unliebsamen Blicken von der Straße geschützt, doch ein vergittertes Fenster neben dem Hofeingang erlaubte es ihnen, die Vorgänge im *mardana* zu verfolgen. In manchen Havelis gibt es auch eine für Frauen reservierte Galerie über dem Männerhof, von der aus sie zuschauen konnten, was im *baithak* unten passierte. Im *zenana* befand sich auch die Küche des Haveli, wie oft am rauchgeschwärzten Pflaster zu erkennen ist. Die Mehrzahl der Havelis hat nur diese beiden Haupthöfe, aber einige der nobleren besitzen vier oder gar sechs.

Wandgemälde

Die prächtigen Wandgemälde, die für gewöhnlich sowohl die Innen- als auch die Außenwände der Shekhawati-Havelis zieren, haben fast immer sowohl religiöse als auch weltliche Themen zum Inhalt. Religiöse Motive, vor allem Episoden aus dem Leben Krishnas, sind vielerorts über den Stürzen der Haupteingangstore, aber auch an den Innenwänden der Havelis zu sehen. Was die Wandmalereien der Shekhawati-Region jedoch von allen anderen indischen Malereien abhebt, sind die unvermuteten, oft anrührend naiven Darstellungen von Maschinen, Ereignissen und bestimmten Modeerscheinungen, von Dampflokomotiven bis zu edwardianischen Memsahibs mit großen Hüten.

Was heute reizend altmodisch anmutet, waren zu ihrer Entstehungszeit Abbildungen des Modernsten und Exotischsten, das die große weite Welt zu bieten hatte – eine Welt, die die Frauen und ärmeren Leute der Shekhawati-Region nie zu sehen bekamen. Die Künstler übrigens auch nicht: Die meisten schufen die neumodischen europäischen Wunderdinge, die sie bildlich darstellen sollten, höchstwahrscheinlich nach Erzählungen anderer oder nach (unscharfen) Zeitungsfotos.

Ein Besuch in den Havelis von Shekhawati

Einige wenige Havelis sind inzwischen restauriert und in ein Museum verwandelt worden. Die meisten jedoch befinden sich in einem malerischen Stadium des Verfalls. Manche sind immer noch bewohnt, andere dagegen wurden aufgegeben und stehen leer, abgesehen von einem einsamen *chowkidar* (Hausmeister/-wächter). In manchen Havelis sind Besucher gegen ein kleines Trinkgeld (Rs10–20) willkommen, in anderen nicht. Wer sich nicht sicher ist, steckt den Kopf durch die Eingangstür und fragt nach. Aber nicht vergessen, dass es sich um Privatwohnungen handelt, in die man nicht ohne Erlaubnis hineinmarschiert.

sich ein Blick auf die hübschen Spiegelverzierungen (und eine gemalte Eisenbahn) in der Galerie des Haupthofs werfen. Das **Kulwal Haveli**, ein paar Meter weiter nördlich, kann gegen ein kleines Bakschisch besichtigt werden. Die Vorhalle zieren Bilder von Gandhi und Nehru, und über der Haupttür sitzt eine europäische Frau, die Lippenstift aufträgt.

Das Fort und die östlichen Havelis

Das Zentrum von Nawalgarh besitzt mit seinen vielen kleinen Geschäften und Straßenhändlern jede Menge altmodischen Kleinstadtcharme. Das **Fort** (Bala Qila) im Herzen der Stadt jedoch wird beinahe von einer Ansammlung moderner Gebäude erdrückt. Diese umgeben einen zentralen Hof, in dem jetzt der farbenfrohe städtische

Gemüsemarkt untergebracht ist. Das baufällige Haus in der äußersten linken Ecke des Hofs (bei der Bank of Baroda) enthält den großartigen Spiegelsaal **Sheesh Mahal**, der früher einmal als Ankleidezimmer der Maharani von Nawalgarh diente und zu dessen Deckenmalereien ein Plan von Nawalgarh und Jaipur gehört. Wer ihn besichtigen möchte, muss die üblichen Rs10–20 Bakschisch hinlegen; wenn niemand anwesend ist, wendet man sich an die Süßwarenfabrik auf der gegenüberliegenden Hofseite.

Die Havelis in der Osthälfte von Nawalgarh sind nicht ganz so überwältigend wie die in der Westhälfte, aber dafür ist dieser Stadtteil insgesamt ruhiger. Wer nach Westen durchs **Nansa Gate** (verwirrenderweise als „Rambilas Podar Memorial Gate" ausgeschildert) geht und der darum herum führenden Straße folgt, gelangt zum sogenannten **Aath Haveli** („Acht Havelis", erbaut von acht Brüdern, allerdings wurden nur sechs fertiggestellt), einem Komplex von verschwenderisch verzierten Villen, die Wandgemälde mit dem typischen Mischmasch aus alt und modern aufweisen. Das gegenüberliegende **Muraka Haveli** besitzt eine reich verzierte Fassade, auf der u. a. Elefanten, Pferde und Miniaturen zu sehen sind, die Szenen aus dem Leben von Krishna darstellen.

Weitere Havelis liegen in den Straßen südlich und südwestlich des Nansa Gate, darunter das **Surajmal Chhauchharia Haveli**. Eine seiner Wandmalereien zeigt Europäer im Heißluftballon, wobei der Maler bezüglich der Funktionsweise seine Fantasie spielen ließ: Die beiden Passagiere blasen in den Ballon, um ihm Auftrieb zu geben.

Übernachtung und Essen

In Nawalgarh findet sich eine ordentliche Auswahl an Unterkünften, von denen einige auch gutes vegetarisches Bio-Essen aus der eigenen Küche bieten. Restaurants gibt es dagegen keine, abgesehen von den üblichen *dhabas* der Innenstadt, weshalb die meisten Besucher sich dafür entscheiden, in ihrer Unterkunft zu essen.

Ramesh Jangid Tourist Pension. Am westlichen Stadtrand, gleich nördlich vom Maur Hospital, 01594/224060, www.apanidhani.com.

Vorbildlich

Apani Dhani, am nordwestlichen Stadtrand in der Hauptstraße nach Jhunjhunu, 01594/222239, www.apanidhani.com. Das hübsche kleine Öko-Resort besteht aus einer Ansammlung einladender, nachgebauter Rajasthani-Dorfhütten mit Lehmwänden und ist ein vorbildliches Beispiel für nachhaltigen regionalen Tourismus. Die Zimmer (besonders die in der ein wenig teureren *superior category*) besitzen eine Menge rustikalen Charme, außerdem gibt es ausgezeichnete Biokost, Batik- und Kochkurse sowie Touren (S. 229). Reservierung erforderlich. ❹

Gemütliches Gästehaus mit einfachen, aber einwandfreien, preiswerten Zimmern im einladenden Wohnhaus einer brahmanischen Familie. Die teureren Zimmer haben solarerwärmtes Wasser und schöne Wandgemälde. Zudem ausgezeichnetes, rein vegetarisches Essen, Internet, Jeeptouren, Batik-, Koch- und Hindi-Kurse. ❸–❹

Roop Niwas, 1 km östlich der Innenstadt, 01594/222008, www.roopniwaskothi.com. Dieses verschachtelte koloniale Herrenhaus ist die einzige Unterkunft in Nawalgarh, die an ein Hotel der gehobenen Kategorie heranreicht. Die Zimmer sind altmodisch, und alles versprüht eine romantisch verblichene Eleganz – die Matratzen könnten allerdings weicher sein. Auf Wunsch Ausritte mit Pferd oder Kamel (S. 229). ❼–❽

Shekhawati Guest House, 1 km östlich der Innenstadt, 200 m südlich vom Roop Niwas, 01594/224658, www.shekhawatirestaurant.com. Nettes, von einer Familie geführtes Guesthouse. Unterbringung entweder in den sauberen, eher langweiligen Zimmern im Haupthaus oder in den hübscheren Gartenhäuschen. Das ausgezeichnete Essen (vegetarisch und nicht-vegetarisch) wird aus frischen, organischen Zutaten bereitet, und Gäste können kostenlos kochen lernen. ❹

Thikana, 100 m westlich des Bhagton ki Haveli, 01594/222152, heritagethikana@rediffmail.com. Nettes Hotel mitten in der Stadt mit freundlichem Management und herrlicher

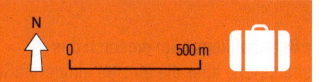

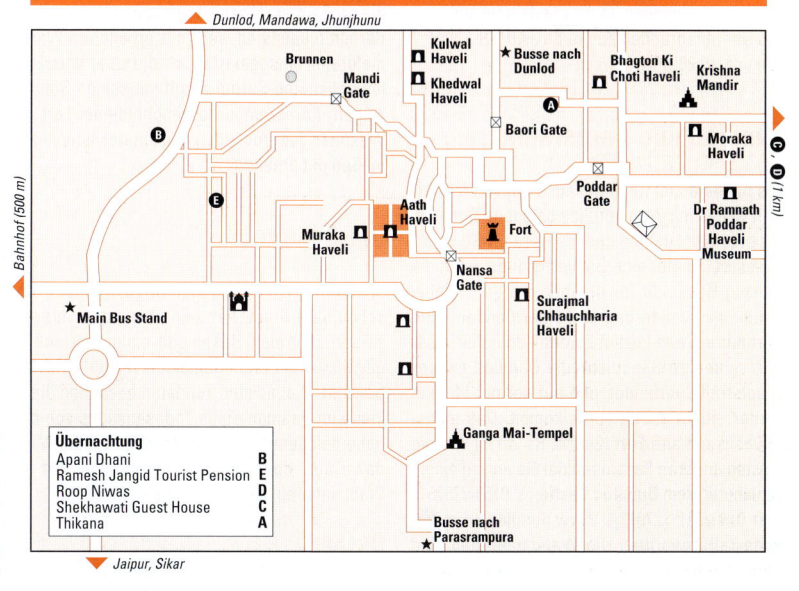

Nawalgarh

Dunlod, Mandawa, Jhunjhunu

Jaipur, Sikar

Übernachtung

Apani Dhani	B
Ramesh Jangid Tourist Pension	E
Roop Niwas	D
Shekhawati Guest House	C
Thikana	A

Aussicht von der Terrasse im Obergeschoss. Allerdings verdient das etwas schäbige moderne Gebäude nicht die Bezeichnung „Heritage Hotel", die es sich selbst verliehen hat. ❹–❺

Touren

Für Ausflüge in die Umgebung kann man einen der billigen, überfüllten Jeeps nehmen, die von Dorf zu Dorf fahren. Alternativ lässt sich über **Apani Dhani** oder bei der **Ramesh Jangid Tourist Pension** (S. 228) ein Fahrzeug mieten. Die Besitzer dieser beiden Gästehäuser organisieren auch sozial verträgliche Touren durch Shekhawati sowie das restliche Rajasthan und Indien (Näheres s. 🖳 www.apanidhani.com), darunter Jeeptouren in die nahe gelegenen Städte und zu anderen interessanten Orten (Rs1500–2000). Außerdem Stadtspaziergänge durch Nawalgarh (Rs350 p. P.) und Touren im Kamelkarren (Rs1500/Tag). Das Hotel **Roop Niwas** organisiert kurze Ausflüge auf dem Rücken von Kamelen (Rs400/Std.) oder Pferden (Rs450/Std.) und führt darüber hinaus längere Pferde- und Kamelsafaris in der Region durch – Näheres s. 🖳 www.royalridingholidays.com.
Fahrräder kann man im Apani Dhani und in der Ramesh Jangid Tourist Pension mieten (Rs50 pro Tag).

Transport

Busse

Nawalgarhs **Bus- und Jeepstation** liegt rund 2 km westlich der Stadt und bietet Busverbindungen nach JHUNJHUNU (alle 30 Min.; 1 Std.) via DUNDLOD (15 Min.), MANDAWA (alle 30 Min.; 45 Min.) und AJMER (tgl. um 10 Uhr; 5 Std.). Nach JAIPUR fahren RSRTC-Busse alle 15 Min. (3 1/2 Std.) und ein Deluxe-Bus um 8 Uhr. Es verkehren auch einige Privatbusse, die ihre Passagiere aber 5 km außerhalb der Innenstadt von Jaipur absetzen. Vormittags fahren stdl. Busse nach DELHI (8 Std.).

Eisenbahn

Der **Bahnhof** liegt 1 km westlich des Busbahnhofs, aber die einzige einigermaßen nützliche Verbindung ist die mit dem tgl. um 6.06 Uhr abfahrenden Zug nach JAIPUR (Ankunft 10.20 Uhr).

Dundlod und Parasrampura

Das nächste Ziel für Tagesausflüge von Nawalgarh ist das nur 7 km nördlich gelegene **Dundlod**, das eine alte Festung und mehrere große Havelis besitzt. Es gibt eine Busverbindung, doch die meisten Besucher bevorzugen die gemütliche, 2-stündige Wanderung an Feldern entlang. Sie führt nur auf den letzten beiden Kilometern über eine schlechte Sandpiste, die Dundlod mit der Hauptstraße verbindet, und auf der nur hin und wieder ein Fahrzeug vorbeikommt. Die moosbewachsene alte **Fort** (Eintritt Rs 20) ist wie die meisten anderen Festungen der Region zu einem Luxushotel, dem **Dundlod Castle**, ✆ 01594/252519 oder 0141/221 1276, 🖥 www.dundlod.com, ❼, umgestaltet worden. Die Wandmalereien sind nur mittelmäßig, und die wenig liebevoll restaurierten Zimmer schäbig.

Ausgehend von den südöstlichen Festungsmauern führen die Dorfstraßen zu einigen interessanten Havelis, deren Malereien aus dem späten 19. und frühen 20. Jh. stammen, sowie zum zierlichen **Chhatri des Ram Dutt Goenka**, einem Kenotaphen aus dem Jahre 1888, dessen Kuppel mit kraftvollen Friesen verziert ist.

Eine größere Zahl bemalter Gebäude verteilt sich über den abgelegenen Weiler **Parasrampura**, der 20 km südöstlich von Nawalgarh inmitten von wellenförmigen, mit Janti-Bäumen bestandenen Hügeln liegt, einer der anziehendsten Wüstenlandschaften Rajasthans. Busse fahren ungefähr jede halbe Stunde, doch der Ort ist auch mit dem Fahrrad zu erreichen (Achtung: längere Wegabschnitte führen durch weichen Sand). Zu den Sehenswürdigkeiten gehören der **Gopinath-Tempel** aus dem Jahre 1742, dessen Wandmalereien die Höllenstrafen (ein verbreitetes Thema im 18. Jh.) und Bilder des örtlichen Rajputen-Herrschers Sardul Singh mit seinen fünf Söhnen zeigen. Manche Malereien sind unvollendet, weil die Künstler zur Ausschmückung des **Chhatri von Rajul Singh** abgezogen wurden, der im selben Jahr starb. Zwölf Säulen tragen die große Kuppel seines erlesenen Kenotaphen, der mit lebendigen, sehr gut erhaltenen Wandmalereien ausgestattet ist, die ebenfalls Höllenmotive und Sardul Singh mit seinen Söhnen zeigen. Parasrampuras bescheidenes **Fort** am Westufer des trockenen Flussbettes ist einigermaßen gut erhalten.

Jhunjhunu

Jhunjhunu ist eine geschäftige, ziemlich unscheinbare Stadt, hat sich aber einen interessanten zentralen Basar und einige mit außergewöhnlichen Wandgemälden verzierte Havelis bewahrt. Die meisten Touristen besuchen Jhunjhunu im Rahmen eines Tagesausflugs von den nahe gelegenen Städten Nawalgarh oder Mandawa aus, doch wer bleiben möchte, hat die Wahl unter ein paar guten Unterkünften.

Die Stadt

In den Gässchen hinter dem Hauptbasar verbirgt sich das eindrucksvollste Gebäude von Jhunjhunu, das **Khetri Mahal**, Baujahr 1760 (Eintritt Rs20). Der zu den Seiten hin offene Sandsteinpalast mit seinen Bögen im islamischen Baustil kann sich durchaus mit den wunderbaren indoislamischen Bauten von Fatehpur Sikri messen. Das leer stehende Gebäude wirkt viel zu elegant für die bescheidenen Straßen im Zentrum von Jhunjhunu. Eine überdachte Rampe führt zum Dach hoch, wo sich weite Ausblicke über die Stadt und hinüber zu den massiven Mauern des Badalgarh Fort (derzeit für Besucher geschlossen) oben auf einem Hügel bieten.

Östlich vom Khetri Mahal erstreckt sich Jhunjhunus Hauptbasar, mit dem **Futala Market** im Mittelpunkt, ein faszinierendes (und hoffnungslos verwirrendes) Gewirr aus Gassen voller winziger, wunderbar altmodischer Kaufmannsläden, viele davon im Besitz der zahlenstarken moslemischen Stadtbewohner. Am Nordrand des Basars, beiderseits des kleinen Platzes Chabutra Chowk, stehen sich die beiden **Modi Havelis** gegenüber, jedes natürlich mit Wandgemälden geschmückt

– das sehenswertere ist das auf der Ostseite des *chowk*, das über eine majestätische, 3 m hohe Auffahrt (für die Havelis in Jhunjhunu durchaus typisch) betreten wird.

Am Nehru Basar

Jhunjhunus spektakulärste Havelis sind rund um den unmittelbar östlich des Hauptbasars gelegenen Nehru Basar angesiedelt. Wer sich nach Osten wendet, erreicht zuerst das herrliche **Kaniram Narsinghdas Tibrewala Haveli** aus dem Jahr 1883, in dem einige hervorragende Gemälde zu sehen sind (der Eingang befindet sich hinter dem Haus). Weiter östlich am Nehru Basar entlang liegt das **Mohanlal Ishwardas Modi Haveli** mit seinen lustigen, naiven Portrait-Wandgemälden. Der bezaubernde kleine **Bihari-Tempel** gleich nördlich davon besitzt einige der ältesten Wandmalereien der Region. Sie wurden 1776 mit schwarzen und braunen Pigmentfarben aus Gemüse gemalt und zeigen u. a. im Hauptgewölbe die Szene aus dem Ramayana, in der Hanumans Affenarmee gegen die Streitkräfte des vielköpfigen Dämonenkönigs Ravana antritt.

Sehenswürdigkeiten in der Umgebung

Westlich des Khetri Mahal, am Fuß des felsigen Nehara Pahar, liegt die malerische Grabstätte *(dargah)* von **Kamaruddin Shah**. Dazu gehören eine Moschee und eine Madrasa, die um einen schönen Hof mit einigen Original-Wandgemälden herum gebaut sind. In der Mitte des Hofes befindet sich der verzierte Dargah des Sufi-Heiligen Kamaruddin Shah.

Nördlich der Innenstadt befindet sich einer der eindrucksvollsten Stufenbrunnen der Region, der **Mertani Baori**. Weiter östlich liegt der außergewöhnliche **Rani Sati Mandir**, der an den Feuertod einer Kaufmannsfrau erinnert, die 1595 *sati* beging. Der Tempel gilt nach Tirupati in Andhra Pradesh als landesweit reichster seiner Art (dasselbe wird allerdings auch vom Nathdwara-Tempel bei Udaipur behauptet), denn alljährlich spenden ihm Hunderttausende Pilger mehrere Millionen Rupien. Seine enorme Popularität gibt Zeugnis von der enormen Ehrfurcht, die man **Satis** – Frauen, die rituellen Selbstmord begehen, indem sie sich zusammen mit der Leiche ihres Mannes verbrennen lassen – in diesem Bundesstaat entgegenbringt.

1829 verboten die Briten diesen Brauch, doch die Erinnerung daran ist in Teilen des ländlichen Rajasthan bis heute wach geblieben. Seit der Unabhängigkeit sind vierzig Sati-Fälle bekannt geworden – der letzte war der von Roop Kanwar, einem achtzehnjährigen Rajputen-Mädchen, das sich 1987 im Dorf Deorala bei Jaipur opferte.

Übernachtung und Essen

Nachstehend die besten der dünn gesäten **Unterkünfte** von Jhunjhunu. Gute **Restaurants** sucht man vergeblich, weshalb man mit ziemlicher Sicherheit im Hotel essen wird, es sei denn, man wagt sich in eine der einfachen *dhabas* beim staatlichen Busbahnhof.

Fresco Palace, Paramveer Path, abseits der Station Rd, ✆ 01592/395233. Modernes Hotel mit angenehmen Zimmern (alle mit AC und TV) und einem gemütlichen Gartenrestaurant. Das Hotel Shekhawati Heritage nebenan hat ähnliche Preise, ist aber nicht so hübsch. ❺

Jamuna Resort, Delhi–Sikar Rd, ✆ 01592/232871, 🖳 www.shivshekhawati.com. Das malerische Feriendorf am Ostrand der Stadt besteht aus einer Ansammlung von strohgedeckten Ferienhäuschen (mit AC und TV) auf einem weitläufigen Grundstück mit Pool und Gartenrestaurant. Die teuren Zimmer sind mit erlesenen Kunstwerken dekoriert. Es werden indische Koch- und Kunstkurse sowie kostenlose Yoga-Stunden veranstaltet. Auch ein guter Ort zum Arrangieren von Touren. ❹–❼

Sangam, Paramveer Path, gegenüber vom staatlichen Busbahnhof, ✆ 01592/232544. Billigherberge mit großen, aber kahlen und ein bisschen schäbigen Zimmern – man sollte sich eines geben lassen, das nicht an der lauten Hauptstraße liegt. ❷–❸

Shiv Shekhawati, Khemi Shakti Rd, nahe Muni Ashram, ✆ 01592/232651 oder 32651, 🖳 www.shivshekhawati.com. Das gepflegte, moderne Schwesterhotel vom Jamuna Resort hat geräumige, saubere Zimmer (mit AC und TV), Restaurant und Internet-Zugang. ❹–❺

Piramal Haveli, Bagar Village, 15 km nordöstlich von Jhunjhunu, ✆ 01592/221220, 🖳 www.neemranahotels.com. Intimes, nach eigener Aussage „non-hotel" mit nur 8 Zimmern in einer ungewöhnlichen Rajasthani-Villa aus den 1920er-

Jahren mit italienischem Touch. In friedlicher, ländlicher Umgebung. Die Zimmer sind einfach, aber bequem, und zum Haus gehört ein schöner Garten. ❻–❼, 20–40 % Preisnachlass von Mai–Aug.

Informationen

Tourist Reception Centre, ✆ 01592/232909, im RTDC Tourist Bungalow auf dem Mandawa Circle im Westen der Stadt. ⏱ Mo–Sa 10–17 Uhr, jeden 2. Sa geschl.

Nahverkehr

Es kann ermüdend sein, die recht ausgedehnte Stadt zu Fuß zu erkunden. **Rikschas** fungieren als Taxis und nehmen so viele Passagiere wie möglich mit. An einem Stand vor dem Busbahnhof warten **Taxis**, die rund Rs4/km kosten. **Laxmi Jangid**, der Besitzer vom Jamuna Resort (S. 231), bietet Tagestouren durch die Shekhawati per Pkw oder Jeep für Rs2000 und kürzere Kameltouren (2 Std.; Rs600 p. P.).

Transport

Busse

Vom **staatlichen Busbahnhof** im Süden der Stadt fahren Busse nach NAWALGARH (alle 30 Min.; 1 Std.) und in alle anderen Shekhawati-Städte sowie nach BIKANER (stdl.; 5 1/2 Std.), JAIPUR (alle 30 Min.; 4–4 1/2 Std.) und DELHI (stdl.; 7 1/2 Std.). Busse nach MANDAWA (alle 30 Min.; 45 Min.) halten kurz am Mandawa Circle, unweit vom RTDC Tourist Bungalow. Die Station der **Privatbusse** befindet sich östlich des Hauptbasars. Zwischen beiden Abfahrtspunkten verkehren Tempos und motorisierte Sammelrikschas via Gandhi Chowk.

Eisenbahn

Der **Bahnhof** liegt am südlichen Stadtrand; tgl. treffen 2 Züge aus SIKAR via NAWALGARH ein (einer davon, der Shekhawati Express, kommt aus JAIPUR).

Mandawa

Aus einer flachen Landschaft ohne nennenswerte Konturen erhebt sich auf halbem Wege zwischen Jhunjhunu und Fatehpur das 1755 von den Shekhawat gegründete Städtchen Mandawa, das inzwischen einer der touristischsten Orte der Shekhawati-Region ist. Die Souvenirverkäufer, Schlepper und selbst ernannten Führer können allerdings kaum von der Schönheit der Bauwerke ablenken.

Geführte Touren beginnen normalerweise mit dem **Naveti Haveli** (jetzt State Bank of Bikaner & Jaipur) am Hauptbasar im Stadtzentrum. Wer sich durch das Metalltor links von der Bank windet (keine Eintrittsgebühr), kann einen Blick auf Mandawas witzigste Wandmalereien werfen, darunter die Darstellung einer primitiven Flugmaschine, eines telefonierenden Jungen und eines starken Mannes, der ein Auto hinter sich her zieht.

Zehn Minuten zu Fuß westlich von hier befinden sich ein paar interessante Gebäude im Umkreis des **Nand Lal Murmuria Haveli**. Die Wandgemälde hier datieren aus den 1930er-Jahren und zeigen u. a. verschiedene Ansichten von Venedig, Nehru auf dem Rücken eines Pferdes und den legendären Marathen-Krieger Shivaji.

Das verblichene **Goenka Double Haveli** eine Tür weiter umfasst das Vishwanath Goenka Haveli und Tarkeshwar Goenka Haveli (nicht zu verwechseln mit einem der anderen Goenka Havelis in der Nähe). Es ist eines der größten und elegantesten Havelis in Mandawa, mit zwei separaten Eingängen und kunstvollen Bildern von Elefanten und Pferden auf der Fassade. Im gegenüberliegenden **Thakurji-Tempel** gibt es ein schauriges Wandgemälde (auf der rechten Seite der Vorderfront). Es zeigt Soldaten, die vor Kanonenmündungen gespannt und in die Luft geschossen werden – eine beliebte britische Exekutionsmethode für Sepoys während des Aufstands von 1857.

Das **Gulab Rai Wadia Haveli**, südlich vom Hauptbasar, gehört zu den schönsten der Stadt. Besonders interessant ist die nach Süden weisende Außenwand. Dort befinden sich (sittsam kleine) Gemälde, auf denen u. a. eine Kamasutra-ähnliche Szene in einem Zugabteil dargestellt ist. Ins Innere des Haveli gelangt man über eine elegante Rampe, und über der kunstvoll geschnitzten Tür, die in den Zenana-Hof führt, sind Verzierungen aus belgischem Glas eingelassen.

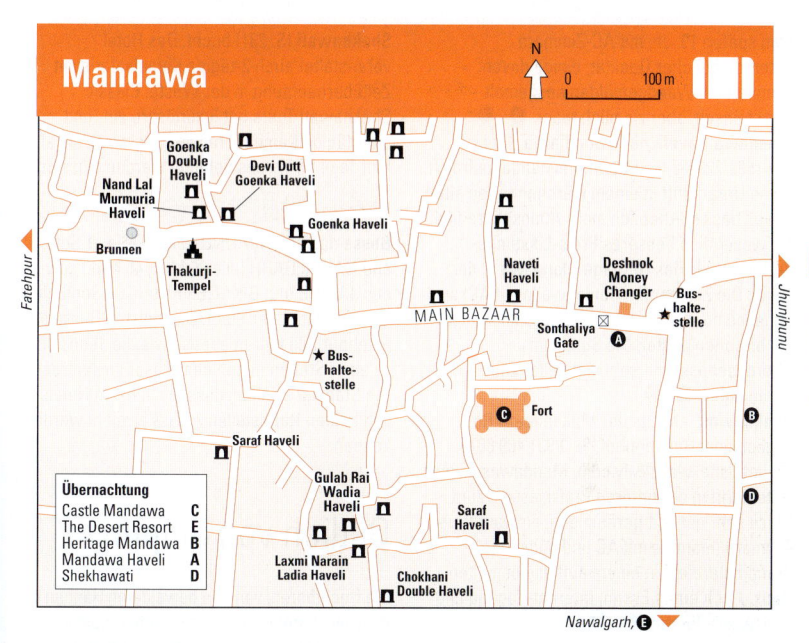

Mandawa

Übernachtung
Castle Mandawa	C
The Desert Resort	E
Heritage Mandawa	B
Mandawa Haveli	A
Shekhawati	D

Unmittelbar südlich davon steht das fast ebenso exquisite **Laxmi Narain Ladia Haveli**. Den hiesigen Zenana zieren naive Abbildungen eines Flugzeugs und eines Dampfschiffs, außerdem eine von Pferden gezogene Kanone und ein Tiger, der einen Zentaur angreift. Rund 100 m weiter südlich befindet sich das ungewöhnlich große **Chokhani Double Haveli** (Rs10). Es besteht aus zwei getrennten Flügeln, die für zwei Brüder erbaut wurden. Besondere Beachtung verdienen die sich einander gegenüberstehenden unglücklich dreinschauenden britischen Soldaten und der *chillum* rauchende Sadhu in der Mitte der Fassade.

Übernachtung und Essen

Mandawa hat die beste Hotelauswahl von Shekhawati, aber die Preise sind gesalzen, und es gibt nur eine einzige Budget-Unterkunft. Die meisten Hotels und Gästehäuser servieren Mahlzeiten, oft begleitet von touristischen Puppenspiel- und Tanzaufführungen. Wer auswärts essen möchte, kann sich ins **Hotel Shekhawati** begeben, wo preiswertes, leckeres Essen und kaltes Bier zu haben sind. Und auf der romantischen Dachterrasse des **Mandawa Haveli** werden überdurchschnittlich gute Buffets aufgebaut.

Castle Mandawa, 01592/223124, www.castlemandawa.com. Mandawas nobelste Herberge in der alten Stadtfestung mit einem reizvollen Gebäudemischmasch rings um einen sandigen Hof. Jedes Zimmer ist anders, deshalb sollte man sich mehrere anschauen. Wellnessbereich, Fitnessraum, Pool (nur für Gäste) und ausgedehnte Grünflächen. ❽–❾

The Desert Resort, Mukandgarh Rd, 1,5 km von Mandawa, 01592/223151, www.mandawahotels.com. Das am Stadtrand gelegene, angenehm rustikale – aber verblüffend kostspielige – kleine Resort besteht aus Lehmhütten im traditionellen Rajasthani-Dorfstil inmitten einer friedlichen Landschaft. Die Cottages (alle mit AC) sind hübsch eingerichtet, nur ein bisschen dunkel. Pool vorhanden. ❽–❾

Heritage Mandawa, abseits der Mukandgarh Rd südlich vom Busbahnhof, 01592/223742, www.hotelheritagemandawa.com. Villa aus

dem späten 19. Jh. mit AC-Zimmern unterschiedlicher Qualität, einige davon komplett mit Wandgemälden ausgemalt – ganz hübsch, aber ziemlich teuer. ❺–❼
Mandawa Haveli, nahe Sonthaliya Gate, ✆ 01592/223088, 🖳 http://hotelmandawa.free.fr. Diese Unterkunft in einem märchenhaften alten Haveli besitzt erheblich mehr Atmosphäre und ein wesentlich besseres Preis-Leistungs-Verhältnis als das Heritage Mandawa in der Nähe. Die Zimmer (im Sommer alle mit AC) sind anheimelnd, im Untergeschoss allerdings ein bisschen düster. Die Suiten im Obergeschoss sind sehr viel heller und geräumiger. ❻–❽
Shekhawati, abseits der Mukandgarh Rd südlich vom Busbahnhof, ✆ 0/931 469 8079, ✉ hotelshekwati@sify.com. Mandawas einzige Unterkunft in der unteren Preisklasse – zum Glück sehr gut, mit geräumigen, einwandfreien Zimmern (manche mit AC und hübschen Wandmalereien) in einem auffällig bemalten Haus. Auch gutes Essen, Internet-Zugang und preiswerte Touren. ❷–❹

Sonstiges
Geld und Internet
Deshnok Money Changer, gegenüber vom Hotel Mandawa Haveli, am Hauptbasar, wechselt Bargeld und Reiseschecks und gibt Cash auf Visa und MasterCard. Außerdem Internet-Zugang für Rs50/Std. ⏱ 24 Std.

Touren
Um die Havelis von Mandawa zu besichtigen, empfiehlt es sich, an einer Stadtführung teilzunehmen; ein Guide lässt sich übers Hotel kontaktieren, oder man wendet sich an **Classic Shekhawati Tours**, ✆ 01592/223144, ✉ classic shekhamnd@yahoo.co.in, beim Eingang zur Festung (Rs200–250 für einen 2–3-stündigen Spaziergang). Die meisten Gästehäuser und Hotels können auch Touren in die Wüste arrangieren, entweder per Jeep, auf dem Rücken eines Pferdes oder Kamels oder in von Kamelen gezogenen Wagen. Die verlangten Preise für all diese Aktivitäten sind sehr unterschiedlich, aber am preiswertesten kommt normalerweise weg, wer beim **Hotel Shekhawati** (S. 231) bucht. Das Hotel veranstaltet auch 2-tägige Kamelsafaris mit Zeltübernachtung in der Wüste. Classic Shekhawati Tours hat luxuriösere ein- und mehrtägige Kameltouren im Programm, die aber fünf Tage im Voraus gebucht werden müssen.

Transport
Busse aus JHUNJHUNU (alle 30 Min.; 1 Std.) und NAWALGARH (alle 30 Min.; 45 Min.) sowie aus JAIPUR und BIKANER halten am Sonthaliya Gate im Osten der Stadt. Die meisten Busse aus Fatehpur Siki fahren ebenso wie die Jeeps bis zu einer Station neben dem Basar im Zentrum. Die Stadt ist so klein, dass die meisten Hotels von beiden Haltestellen zu Fuß erreicht werden können.

Östlich von Jaipur

Die fruchtbaren, von den bewaldeten Hängen der Aravalli-Hügel durchsetzten Gebiete östlich von Jaipur weisen eine interessante Mischung aus historischen Städten und Naturschutzgebieten auf. Die befestigte Stadt **Alwar** im Nordosten ist Ausgangspunkt für Exkursionen zum **Sariska-Tigerreservat und -Nationalpark**. Weiter östlich liegen die ehemalige Prinzenstadt **Bharatpur** sowie Indiens schönstes Vogelschutzgebiet, der **Keoladeo-Nationalpark**. Der **Ranthambore-Nationalpark** in einer idyllischen Landschaft südöstlich von Jaipur bietet die besten Chancen in Indien einen Tiger in freier Wildbahn zu beobachten.

Alwar

Alwar liegt rund 140 km nordöstlich von Jaipur an der Strecke Richtung Delhi in einem Tal zu Füßen einer der mächtigsten und eindrucksvollsten Festungen Ost-Rajasthans, deren massive Mauern sich über einen hohen und schroffen Grat nach Nordwesten ziehen. Nicht immer war Alwar so ruhig. Das nördliche Eingangstor nach Rajasthan litt durch seine strategische Position an der rajputischen Grenze vom 10. bis zum 17. Jh. ständig unter Fehden zwischen den Jat

Alwar

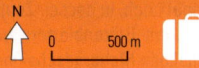

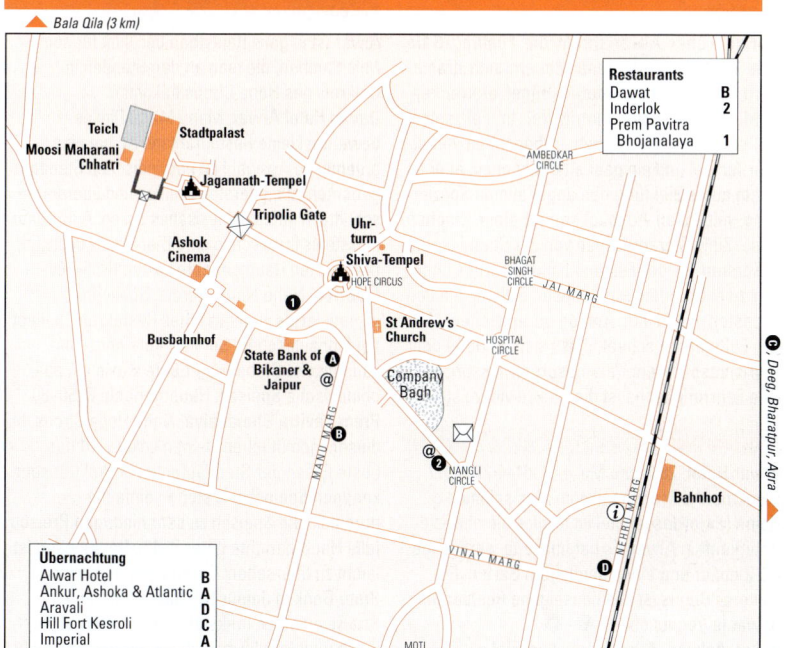

▲ Bala Qila (3 km)

Map labels:
- Teich
- Moosi Maharani Chhatri
- Stadtpalast
- Jagannath-Tempel
- Tripolia Gate
- Ashok Cinema
- Uhrturm
- Shiva-Tempel
- AMBEDKAR CIRCLE
- HOPE CIRCUS
- BHAGAT SINGH CIRCLE
- JAI MARG
- St Andrew's Church
- Busbahnhof
- State Bank of Bikaner & Jaipur
- HOSPITAL CIRCLE
- Company Bagh
- MANU MARG
- NANGLI CIRCLE
- VINAY MARG
- NEHRU MARG
- Bahnhof
- MOTI DOONGRI
- ▶ Deeg, Bharatpur, Agra

▼ Sariska-Tigerreservat

Restaurants	
Dawat	B
Inderlok	2
Prem Pavitra Bhojanalaya	1

Übernachtung	
Alwar Hotel	B
Ankur, Ashoka & Atlantic	A
Aravali	D
Hill Fort Kesroli	C
Imperial	A

von Bharatpur und den Kachchwahas von Amber. **Jai Singh**, der extravagante und exzentrische Urgroßvater des heutigen Maharadschas, war in der britischen Ära für sein ungeheuerliches Auftreten berüchtigt. Offizielle Berichte aus den 1930er-Jahren berichten von seinen Marotten: So ließ er seine ausländischen Luxuskarossen begraben, sobald er ihrer überdrüssig war, übergoss einmal beim Polo sein Lieblingspony mit Benzin und zündete es an und hatte Gerüchten zufolge eine Vorliebe für junge Knaben.

Alwars größte Attraktion ist der weitläufige, malerische Stadtpalast **Vinai Vilas Mahal**. Die zahlreichen, üppig verzierten Palastgebäude mit ihren endlosen Reihen von Balkonen sind leider im Verfall begriffen. Mit dem Bau des Schlosses wurde unter Bhaktawar Singh begonnen, dem Nachfolger von Pratap Singh. Heute dienen die unzähligen Räume als Verwaltungsbüros, und auf dem Hof vor dem Palast haben Dutzende von Schreibern und Rechtsanwälten ihr Lager aufgeschlagen. Das **Museum** im Obergeschoss des Stadtpalastes präsentiert eine zusammengewürfelte Sammlung höfischer Memorabilien, darunter Musikinstrumente, Waffen und ausgestopfte Tiere. ⏲ tgl. außer Fr 10–16.30 Uhr; Eintritt Rs3.

Wer die Stufen am linken Rand der Hauptfassade hoch geht, kommt zu dem großen Teich, der den Palast auf dieser Seite begrenzt. Ein wunderschönes Fleckchen, eingerahmt von *ghats* und Pavillons. Auf der Terrasse mit Blick auf das Wasserbecken steht das **Moosi Maharani Chhatri**. Es wurde zum Gedenken an Bhaktawar Singhs Geliebte errichtet, die ihrem Leben auf seinem Verbrennungshaufen ein Ende setzte. Stufen (Schuhe ausziehen) führen zu dem Marmordenkmal hoch, in dessen Zentrum zwei Paar marmorne, mit Blütenblättern bestreute Füße den ehemaligen Maharadscha und seine Geliebte repräsentieren.

Hoch über Alwar thront die Festung **Bala Qila**, deren gut erhaltene Mauern sich dramatisch über die bewaldeten Hügel erstrecken. ◴ Mo–Fr 10–17 Uhr, Eintritt frei. Im Fort selbst gibt es nicht viel zu sehen – abgesehen von einem Tempel und ein paar alten Kanonen, aber es ist ein gutes Ziel für einen angenehmen Spaziergang, mit tollen Ausblicken und einer frischen Brise. Zu Fuß braucht man von der Stadt bis zum äußersten Tor der Festung hin und zurück ungefähr zwei Stunden; rund doppelt so lang, um den höchsten Punkt der Anlage zu erreichen. Wer den Fußmarsch scheut, muss sich im Hotel oder Tourismusbüro ein Taxi besorgen lassen – für eine Fahrradriksche ist die Straße viel zu steil.

Übernachtung

Alwar Hotel, 26 Manu Marg, ✆ 0144/270 0012, ✉ ukrustagi@rediffmail.com. Das schmucke kleine Mittelklassehotel ist fraglos die netteste Unterkunft in Alwar. Es hat hübsche, geräumige AC-Zimmer und einen gepflegten Garten. Ein weiterer Bonus ist das hauseigene Restaurant Dawat (s. rechts oben). ❺–❻

Ankur, Ashoka, Atlantic und **Imperial**, vier an einer Ecke der Manu Marg, 5 Gehminuten vom Busbahnhof nebeneinander gelegene und kaum von einander zu unterscheidende Hotels, die einfache, aber billige, ausreichend saubere Zimmer mit Ventilator und AC bieten; es gibt immer genügend freie Betten. ❶–❹

Aravali, gleich südlich vom Bahnhof in der Nehru Marg, ✆ 0144/233 2883. Die einzige echte Budget-Alternative zur Ankur-Hotelgruppe. Hat definitiv schon bessere Tage gesehen, und die unterschiedlichen Zimmer (Ventilator, *air-cooler* oder AC) sind alle ziemlich abgerissen, wenn auch einigermaßen sauber. Bar, Internet und Pool (nur für Hausgäste) im Sommer. ❷–❼

Hill Fort Kesroli, ✆ 01468/289352, 💻 www.neemranahotels.com. 12 km östlich von Alwar, ist Indiens ältestes Heritage Hotel. Es hat ein originalgetreu restauriertes Fort aus dem 15. Jh. bezogen, das einen üppig grünen Innenhof besitzt. Die Zimmer sind angenehm rustikal und erlauben eine schöne Aussicht auf das Dorf Kesroli und die Umgebung. ❼–❾

Essen

Alwar ist in ganz Rajasthan berühmt für seine Milchkuchen, die man an den Ständen im Umkreis des Hope Circus bekommt.

Dawat Hotel Alwar, Manu Marg. Dieses bewährte kleine Restaurant mit AC hat eine ordentliche Auswahl an nordindischen Standardgerichten zu moderaten Preisen und überdurchschnittlich gutes chinesisches Essen. Außerdem müsste es inzwischen eine Bier-Lizenz besitzen. Die meisten Hauptgerichte kosten Rs55–100.

Inderlok. Nahe Nangli Circle. Schlichtes, klimatisiertes vegetarisches Restaurant, beliebt bei Einheimischen. Serviert gute nord- und südindische Standardgerichte sowie ein paar chinesische Speisen. Hauptgerichte Rs50–80.

Prem Pavitra Bhojanalya. Nahe Hope Circus. In diesem gemütlichen kleinen Lokal wird das beste Essen der Stadt aufgetischt. Auf der sehr knappen Speisekarte stehen einfache nordindische Speisen zu sehr niedrigen Preisen (alle Hauptgerichte unter Rs40). Der Eingang ist leicht zu übersehen: Schräg gegenüber der State Bank of Jaipur & Bikaner führt eine Straße an einer Tankstelle vorbei nach oben. Nach ungefähr 50 m ist das Restaurant erreicht, es liegt auf der linken Straßenseite.

Sonstiges

Geld

Die **State Bank of Bikaner & Jaipur** im Stadtzentrum wechselt Banknoten und Reiseschecks. Ein paar Häuser östlich davon gibt es zwei **Geldautomaten**, einen von der ICICI und einen von der Dena Bank.

Informationen

Touristeninformation, nicht weit südlich vom Bahnhofsausgang, ✆ 0144/234 7348. Die Mitarbeiter können eine Transportmöglichkeit arrangieren (Ganztagstour in den Sariska für Rs1000). ◴ Mo–Sa 10–17 Uhr.

Internet

Cyberland, an der Südseite des Company Bagh, gut ausgestattet, ◴ tgl. 8–20 Uhr; Rs20/Std.

Manish Cyber, in der Manu Marg, ⏱ tgl. 8.30–22 Uhr; Rs20/Std.

Transport
Busse
Alwars **Busbahnhof** liegt günstig mitten in der Stadt. Es ist wichtig zu wissen, dass es in der Stadt kaum Motor-Rikschas, dafür aber jede Menge Fahrrad-Rikschas gibt.
Nach BHARATPUR via Deeg (alle 15 Min.; 4 Std.), DELHI (alle 30 Min.; 5 Std.), JAIPUR (stdl.; 4 Std.) und SARISKA (alle 30 Min.; 1–1 1/2 Std.).

Eisenbahn
Der **Bahnhof** liegt rund 1,5 km östlich der Innenstadt. Züge fahren nach Delhi, Jaipur, Jodhpur, Ajmer und Ahmedabad (aber nicht nach Bharatpur). Die beste Verbindung nach JAIPUR bietet der Ajmer Shatabdi (Nr. 2015; tgl. außer Mi, Abfahrt 8.37 Uhr, Ankunft. 10.45 Uhr). Zwei der schnelleren Züge nach DELHI sind der Jaisalmer–Delhi Express (Nr. 4060; tgl.; Abfahrt. 7.37 Uhr, Ankunft 11.10 Uhr) und der Ajmer Shatabdi (Nr. 2016; tgl. außer Mi; Abfahrt. 19.28 Uhr, Ankunft 22.45 Uhr).

Sariska-Tigerreservat

Alwar ist der Ausgangspunkt für Ausflüge zum 35 km südwestlich gelegenen Sariska-Tigerreservat und -Nationalpark, das ehemalige Jagdrevier eines Maharadschas, das seit 1979 dem Projekt Tiger unterstellt ist. Das Sariska-Reservat, bislang immer im Schatten des berühmteren Ranthambore-Nationalparks stehend, sorgte im Jahre 2005 für negative Schlagzeilen, als entdeckt wurde, dass sein Bestand an Tigern, der zwei Jahre zuvor noch auf 28 Tiere geschätzt wurde, nahezu ausgerottet worden war. Nachdem das Gerücht laut wurde, dass ein bekannter Tierpräparator mit Hilfe korrupter Parkaufseher eine Massenvergiftung durchgeführt hatte, ordnete Premierminister Manmohan Singh eine umfassende polizeiliche Untersuchung an. Wer auch immer der Schuldige ist – die Dezimierung von Sariskas Tigern ist einer der größten Umweltskandale Indiens.

Ein positiver Effekt der Affäre ist, dass die Anzahl der Besucher des Reservats signifikant zurückgegangen ist, sodass die echten Naturliebhaber im Sariska-Reservat die Ruhe vorfinden, die der Ranthambore-Nationalpark mit seiner hektischen Betriebsamkeit schon seit geraumer Zeit vermissen lässt.

Das 881 km² große Reservat umfasst ausgedehnte Waldgebiete, Heimat zahlreicher wilder Tiere, darunter Nilgai-Antilopen, Sambar- und Axishirsche, Wildschweine, Mungos, Affen, Pfauen und viele andere Vogelarten. Im Park gibt es auch einige geschichtsträchtige Ruinen, darunter das alte **Kankwari Fort**, wo der Mogulherrscher Aurangzeb seinen Bruder und Thronrivalen, Dara Shikoh, einsperren ließ, sowie einen beliebten **Hanuman-Tempel**. Samstags und dienstags ist im Park richtig viel los, denn dann werden Tempelbesucher kostenlos eingelassen.

⏱ tgl., Juli–Mitte Sep 8–15, April–Juni und Mitte Sep–Okt 6–16; Nov–März 7–15.30 Uhr, Eintritt Rs200 p. P. plus Rs125 pro Fahrzeug; wer eine Video-Kamera mitbringt, zahlt Rs200 extra.

Übernachtung

Die meisten Besucher entscheiden sich dafür, in Alwar zu übernachten, aber in der Nähe des Reservats befinden sich auch zwei Unterkünfte.
RTDC Hotel Tiger Den, direkt neben dem Parkeingang, ✆ 0144/284 1342; attraktiv, aber ziemlich übertuert. Geräumige, altmodische Zimmer mit Ventilator oder AC und ein hübscher Vorgarten. Der Service lässt jedoch mitunter sehr zu wünschen übrig. ❻
Sariska Palace, ein paar Fahrminuten weiter unten an der Hauptstraße, ✆ 0144/284 1322, weitaus eleganter, aber ebenfalls viel zu teuer (ab US$125). Die ehemalige Maharadscha-Residenz besitzt eine Menge Atmosphäre, doch die Zimmer im Hauptgebäude sind angesichts des Preises enttäuschend, und die in den verschiedenen modernen Anbauten auf dem Gelände sind kahl und langweilig. Pool, und große, gepflegte Rasenflächen. ❾

Touren

Jeeps mit Guide können am Eingang gemietet werden. Ein Diesel-Jeep kostet für eine 3-stündige Parkrundfahrt Rs700, ein Benziner-

Jeep Rs800 (letztere sind leiser und verschrecken daher die Tiere weniger), für die längere Fahrt zu den Ruinen des Kankwari Fort, tief im Park, Rs1300/1500 (Diesel/Benzin). Da der Sariska nur wenige Besucher sieht, müssen sich Individualreisende auf eine lange Wartezeit einstellen, falls sie sich ein Fahrzeug mit anderen Leuten teilen wollen. Die Guides des Reservats bieten auch geführte Wanderungen in der Umgebung des Eingangs an (Rs100/Std.).

Transport
Sariska liegt an der Hauptstraße von Jaipur nach Alwar; **Expressbusse** zwischen den beiden Städten halten auf Wunsch kurz an, um Passagiere am Hotel Sariska Palace, 5 Gehminuten vom Park entfernt, abzusetzen oder aufzunehmen.
Taxis zum Park können in der Touristeninformation in Alwar (S. 236) gebucht werden und kosten Rs500 halbtags oder Rs1000 ganztags.

Bharatpur und Keoladeo-Nationalpark

Die befestigte Stadt **Bharatpur** liegt 150 km östlich von Jaipur nur einen Steinwurf von der Grenze zu Uttar Pradesh entfernt. Bis zu Akbars verlassener Hauptstadt Fatehpur Sikri sind es nur 18 km. Die Erkundung macht Spaß, denn traditionelle Märkte, Moscheen, Tempel und eine mächtige Festung sorgen für Abwechslung.

Der Hauptgrund für einen Aufenthalt aber ist Indiens berühmtestes Vogelschutzgebiet, der nur wenig südlich der Stadt gelegene **Keoladeo-Nationalpark**.

Die Stadt
Die Gründung von Bharatpur geht auf den Jat-Herrscher Surajmal zurück, der 1732 im Herzen der Stadt das nahezu uneinnehmbare **Lohagarh Fort** bauen ließ. Das östliche Eingangstor nach Rajasthan entwickelte sich rasch zu einem geschäftigen Marktzentrum. Während der originale Wassergraben, 45 m breit und bis zu 15 m tief, noch immer den Stadtkern umgibt, ist von der 11 km langen dicken Schutzmauer kaum noch etwas vorhanden. Die Briten versuchten 1805 vier Monate lang vergeblich, sie zu stürmen, bevor sie ihre schwerste Niederlage in Rajasthan erlitten.

Die meisten Besucher betreten die Festung von Süden her, aber es lohnt sich, quer durch die Anlage bis zum mächtigen **Ashtdhatu**-Tor zu gehen. Es erhielt seinen Namen („Acht Metalle") nach den offenbar acht verschiedenen Arten von Metall, die zum Bau seiner extrem widerstandsfähigen Türen verwendet wurden.

Das Fort besitzt drei Paläste in unterschiedlichen Stadien des Verfalls, die zwischen 1730 und 1850 unter den Jats erbaut wurden. Der am besten erhaltene ist der große, orangefarbene **Kamra Khas Mahal** an der Westseite der Festung, in dem das halbwegs unterhaltsame städtische **Museum** untergebracht ist. Es beherbergt eine Reihe kunstvoll geschnitzter Skulpturen, ein erlesenes kleines, marmorverkleidetes Hammam (Dampfbad) und außerdem der üblichen fürstlichen Besitztümer wie Miniaturen, Waffen usw. ◷ tgl. außer Fr 10–16.30 Uhr; Rs3, Fotoerlaubnis Rs10, Video Rs20.

Wer am Museumsausgang nach links abbiegt und der schmalen Straße folgt, die um die Ecke des Palastes herum nach oben führt, gelangt zur luftigen **Jawahar Burj**. Auf dieser kleinen, erhöhten Plattform stehen vier kunstvoll verzierte Pavillons und ein ungewöhnliches Eisentor, auf dem der Familienstammbaum der Maharadschas von Bharatpur eingraviert ist. Das eigentliche Highlight aber ist die wunderbare Aussicht über das Fort und die Stadt.

Unmittelbar südlich des Forts liegt der sehenswerte **Ganga Mandir**, ein großer Hindu-Tempel. Er ist der Schutzgöttin von Indiens heiligstem Fluss geweiht. Das kunstvoll gestaltete Sandsteingebäude gleicht jedoch mehr einem französischen Schlösschen als einem indischen Tempel. Dahinter schlängeln sich Gassen Richtung Südwesten durch Bharatpurs malerisches Basarviertel zur ehrfurchtgebietenden **Jama Masjid**, die einen bemerkenswerten Torbogen hat und hoch über dem Straßengewimmel thront.

Keoladeo-Nationalpark
Der Keoladeo-Nationalpark ist das namhafteste Vogelschutzgebiet Indiens. Dank seiner ausgedehnten Feuchtgebiete (die sich inzwischen

Bharatpur

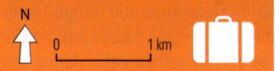

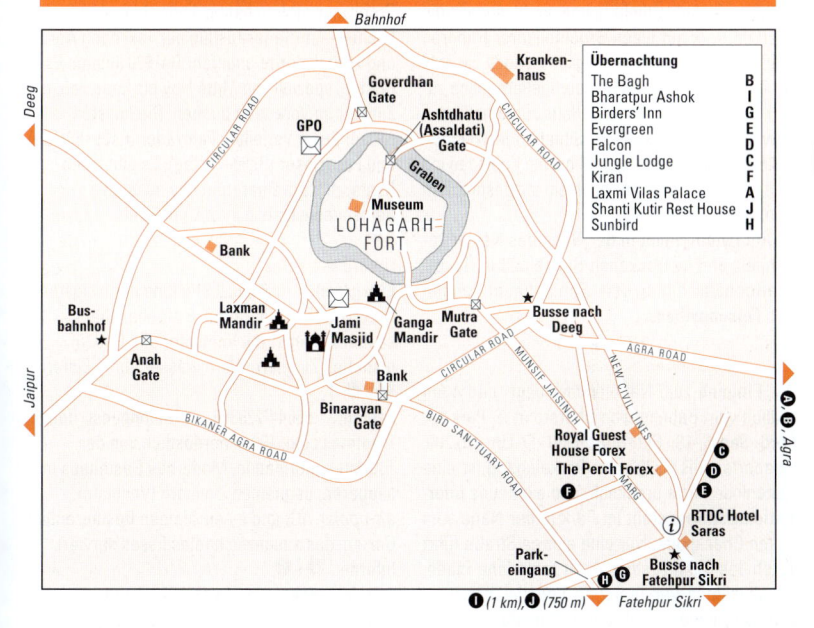

Übernachtung

The Bagh	B
Bharatpur Ashok	I
Birders' Inn	G
Evergreen	E
Falcon	D
Jungle Lodge	C
Kiran	F
Laxmi Vilas Palace	A
Shanti Kutir Rest House	J
Sunbird	H

allerdings stark reduziert haben) und der günstigen, unterschiedlichster Vögel an. Auch wer kein Hobby-Ornithologe ist, wird begeistert sein.

Der Keoladeo-Nationalpark (auch Keoladeo-Ghana genannt – *ghana* bedeutet „dichter Wald") war zwar 60 Jahre lang hoheitliches Jagdgebiet, doch die Vogelpopulation blieb erhalten. Nachdem das Gelände bereits 1956 unter Naturschutz gestellt wurde, erklärte man es 1982 zum Nationalpark und 1985 zum Unesco World Heritage Site. Heute zählen Keoladeos über 29 km², darunter Seen und Sümpfe, zu den wichtigsten Brut- und Zugvogelgebieten der Welt, obwohl das Gelände vergleichsweise klein ist.

Rund 375 Vogelarten sind hier ausgemacht worden. Die über 200 indischen Vogelarten, die im Park heimisch sind, erhalten Gesellschaft von rund 150 weiteren Arten, die zur Überwinterung aus so weit entfernten Gebieten wie Tibet, China, Sibirien und sogar Europa kommen.

Am berühmtesten ist der Keoladeo vielleicht für seine unglaubliche Vielzahl von Wasservögeln, die sich nach der Ankunft des Monsuns im Juli in Massen über die Feuchtgebiete des Parks verteilen. Zu ihnen gehören der majestätische **Saruskranich** sowie die verblüffende Zahl von 2000 **Buntstörchen**, deren Nistgeschrei die Wanderer ständig begleitet. Zu beobachten sind außerdem Schlangenhalsvögel, Löffelreiher, Flamingos, Weiße Ibisse und Graupelikane.

Ein zusätzlicher Bonus sind die zahlreichen großen **Säugetiere**, die im Park leben. Die Chancen stehen gut, am Rande der Wege Wildschweine, Mungos, Sambarhirsche, Axishirsche und Nilgau-Antilopen, Hyänen, Schakale, Otter und vielleicht sogar scheue Dschungelkatzen beobachten zu können.

Die beste Zeit für einen Besuch ist im Anschluss an den Monsun (ca. Okt– März), wenn es nicht mehr regnet, die Seen aber noch viel Wasser haben und die Zugvögel noch anwesend sind (im Dezember und Januar kann Nebel die Sicht erschweren). Leider hat die Dürreperiode, unter der Rajasthan zehn Jahre lang litt, auch vor dem Keoladeo nicht haltgemacht, sodass die Seen im Park auf einen Bruchteil ihrer früheren Größe geschrumpft sind. Folglich ist auch die Zahl der im Park lebenden Wasservögel erheblich zurückgegangen. Dank eines Plans zur künstlichen Bewässerung hat sich die Situation inzwischen vielleicht verbessert. Aber selbst ein Keoladeo mit wenig Wasser ist immer noch ein ausgesprochen lohnendes Besuchsziel.

Am Python Point in der Nähe des Keoladeo-Tempels und im trockenen Buschland in Hauptstraßennähe hinter dem Schlagbaum sonnen sich **Felsenpythons**.

Praktische Hinweise

Der **Eingang** zum Nationalpark liegt rund 4 km südlich vom Bahnhof von Bharatpur; ⏱ Park tgl. April–Sep 6–18, Okt–März 6.30–17 Uhr; Rs200, Videoerlaubnis Rs200. Am Parkeingang ist eine kostenlose **Karte** erhältlich, und ein neues **Informationszentrum** steht im Park in der Nähe vom ersten Checkpoint. Nur eine einzige Straße führt durch das Schutzgebiet, doch zahlreiche Pfade, die glänzende Verstecke für Vogelbeobachtungen sind, winden sich durch Sümpfe, an Seen und Tümpeln vorbei. Wer möchte, kann am Eingang einen **Führer** anwerben (Rs70/Std. für bis zu fünf Pers.), der vielleicht ein Fernglas mitbringt. Sehr zu empfehlen sind Rundfahrten per **Fahrrad**. Wer kein Rad in der Unterkunft ausgeliehen hat, kann eines am Eingang mieten (Rs25), oder sich per **Fahrrad-Rikscha** (Rs50/Std.) herumfahren lassen. Die Rikschafahrer werden von der Parkverwaltung ausgebildet und kennen sich gut aus.

Im Winter ist die Fahrt mit den Gondel-artigen **Booten** zu empfehlen (Rs100). Sofern genügend Wasser vorhanden ist, sind diese kurzen Ausflüge eine ausgezeichnete Möglichkeit, die Vogelwelt aus der Nähe zu beobachten. Im Bahratpur Ashok Hotel (S. 236) am nördlichen Parkende gibt es etwas zu essen und zu trinken.

Übernachtung und Essen

Alle besseren Hotels und Gästehäuser liegen in der Nähe vom Eingang zum Keoladeo-Nationalpark, rund 3 km südlich vom Stadtkern. Bharatpurs Ruf, eine freundliche Touristenoase zu sein, hat dazu geführt, dass sich viele Reisende, die Agra und das Taj Mahal auf ihrem Programm stehen haben, lieber hier eine Bleibe suchen – ein Tagesausflug per Taxi nach Agra und zurück dürfte ungefähr Rs1000 kosten. Es ist ratsam, speziell von Mitte Nov bis Ende Feb, ein Zimmer im Voraus zu buchen. Die meisten Gästehäuser verleihen Fahrräder (Rs25–50/Tag) und Ferngläser (Rs50–70/Tag). Es gibt keine Restaurants in Bharatpur; die meisten Reisenden essen in ihrer Unterkunft.

Untere Preisklasse

Evergreen, ✆ 05644/225917. Eine der billigsten Unterkünfte in Bharatpur. Einfache, aber saubere Zimmer mit Ventilator und Bad (in manchen Zimmern Warmwasser nur in Eimern). ❶–❷

Falcon, ✆ 05644/225306, ✉ falconguest_house@hotmail.com. 100 m nordöstlich von der Touristeninformation. Modernes Gästehaus mit sauberen, bequemen Zimmern (Ventilator, *air-cooler,* AC) und einem kleinen Restaurant im Garten, das ausgezeichnetes Essen serviert. Internet. ❶–❺

Jungle Lodge, ✆ 05644/225622, 🖳 www.junglelodge.dk. Hat unterschiedliche, saubere und geräumige moderne Zimmer (Ventilator, *air-cooler,* AC) mit Blick auf einen Blumengarten. Freundlich und gut geführt von einem kundigen Naturfreund. Mit seinem hübschen kleinen Terrassenrestaurant und dem abendlichen Kaminfeuer (im Winter) ein Ort zum Wohlfühlen; es gibt Fahrräder und Ferngläser zu mieten. Internet. ❶–❹

Kiran, ✆ 05644/223845, 🖳 www.kiranguesthouse.com. Von zwei ausgesprochen freundlichen und hilfsbereiten Brüdern geführt. Saubere, einladende Zimmer mit Ventilator, *air-cooler* oder AC zu unschlagbaren Preisen. Kostenloses Abholen/Absetzen vom/am Bahnhof oder Busbahnhof; Fernglasverleih und kleine Bibliothek. ❶–❹

Mittlere / obere Preisklasse

The Bagh, Agra Rd, 1 km hinter Laxmi Vilas Palace, ✆ 05644/228333, 🖳 www.thebagh.com. Das schicke, idyllische Hotel besteht aus einer

Nicht nur für Vogelfreunde

Birders' Inn, ✆ 05644/227346, 🖥 www.thebirders inn.com. Das einladendste Plätzchen der Stadt, meist mit Hobby-Ornithologen belegt, die abends im gemütlichen, strohgedeckten Restaurant ihre Checklisten vergleichen. Die Zimmer (alle AC) sind groß, gepflegt und ausgesprochen preisgünstig. Internet-Zugang. ❺

Ansammlung niedriger, pinkfarbener Gebäude in einer Gartenanlage, in der mehr als 50 Vogelarten leben. Die Zimmer sind kühl, geräumig und geschmackvoll möbliert; Pool und Fitnessraum. Ab US$165. ❾
Bahratpur Ashok (ehemals Bharatpur Forest Lodge), 1 km im Park, ✆ 05644/222760. Das verschlafene Hotel in schöner Waldumgebung (für jede hier verbrachte Nacht muss die tgl. Parkeintrittsgebühr bezahlt werden) hat geräumige, bequeme, altmodische Zimmer mit Balkon und von dort Blick auf das Schutzgebiet, einen netten Garten und ein passables Restaurant. Relativ teuer, aber die Lage ist einzigartig. ❼
Laxmi Vilas Palace, Agra Rd, ✆ 05644/223523, 🖥 www.laxmivilas.com. Früherer Prinzenpalast mit großem Grundstück östlich der Stadt. Ein bisschen kitschig, aber fraglos romantisch; charmante, erschwingliche AC-Zimmer mit Himmelbett. Weitere Pluspunkte gibt's für das altmodische Restaurant (mit ausgestopftem Tigerkopf) und den Pool (nur für Hausgäste). ❽
Sunbird, ✆ 05644/225701, 🖥 www.hotelsunbird. com. Attraktives Hotel der mittleren Preisklasse und eine prima Alternative, falls das benachbarte Birder's Inn ausgebucht ist. Verschiedene moderne, sehr gut ausgestattete Zimmer mit Ventilator oder AC. ❹–❻

Sonstiges
Geld / Internet
The Perch und **Royal Guest House Forex**, beide in New Civil Lines, in der Nähe der Touristeninformation, wechseln Bargeld und Reiseschecks und bieten Internet-Zugang (Rs40/Std.). Bei The Perch gibt´s auch Bargeld auf Kreditkarten. ⏱ beide bis gegen 22, 23 Uhr.

Informationen
Die **Touristeninformation**, ✆ 05644/222542, 🖥 www.bharatpur.nic.in, befindet sich an der Kreuzung nahe dem Parkeingang, wo die Busse aus Fatehpur Sikri eintreffen. ⏱ Mo–Sa 10–17 Uhr.

Transport
Busse
Bharatpurs **Busbahnhof** befindet sich im Westen der Stadt. Wer von Fatehpur Sikri her kommt, sollte schon vorher aussteigen, an der Kreuzung im Osten der Stadt nahe den Parktoren, da die Gästehäuser von dort besser (und ohne Rikschafahrt) zu erreichen sind – Ausschau nach dem unübersehbaren staatlichen Rajasthan-Touristenbüro direkt an der Kreuzung oder dem großen RTDC Hotel Saras gegenüber halten!
Busse nach:
AGRA (stdl.; 1 1/2–2 Std.),
DELHI (alle 30 Min.–1 Std.; 5 Std.),
FATEHPUR SIKRI (alle 30 Min.–1 Std.; 30–45 Min.),
JAIPUR (alle 30 Min.; 4 Std.).

Eisenbahn
Der **Bahnhof** liegt 2 km nordwestlich der Innenstadt, an der Hauptstrecke Delhi–Mumbai. Der Transport zum/von Keoladeo-Nationalpark und den Unterkünften nahe beim Park kostet Rs40–50. Es gibt vier Verbindungen tgl. nach AGRA FORT (am praktischsten ist der Jaipur–Gwalior Intercity Nr. 2987; tgl.; Abfahrt 9.05 Uhr, Ankunft 10.15 Uhr); acht Züge nach SAWAI MADHOPUR (am besten ist der Golden Temple Mail Nr. 2904; tgl.; Abfahrt 10.45 Uhr, Ankunft 13.05 Uhr) und vier zeitlich ungünstige Verbindungen nach JAIPUR, deshalb dorthin besser den Bus nehmen.

Ranthambore-Nationalpark

Eine Garantie auf Tigersichtungen gibt es in keinem indischen Naturreservat, doch nirgends stehen die Chancen so gut wie im Ranthambore-Nationalpark. Dies ist weniger auf die Größe der dortigen Population zurückzuführen (die durch

Wilderei gefährlich geschrumpft ist), als auch den Umstand, dass sich die dortigen Tiger auffallend wenig an Menschen stören, im hellen Tageslicht jagen und auch wenig Scheu vor Kameras und Jeepladungen voller Touristen zeigen. Die Gelassenheit der Großkatzen kombiniert mit der Nähe des Parks zum „Goldenen Dreieck" Delhi–Agra–Jaipur sind der Grund, weshalb Besucher in solchen Mengen nach Ranthambore finden.

Wer die Ruhe der Tigerreservate von Madhya Pradesh kennt, wird angesichts der Besuchermassen im Ranthambore-Nationalpark unangenehm berührt sein. Es ist eines der beliebtesten Reservate Indiens und empfängt über 80 000 Besucher im Jahr. In den kühlen Wintermonaten, besonders um die Feiertage wie Diwali und Neujahr herum, treten sich die Leute fast gegenseitig auf die Füße, so voll wird es. In den Sommermonaten, von April bis Juni, ist es viel ruhiger, aber natürlich sehr heiß.

Der Ranthambore wurde die meiste Zeit seiner Existenz von den Rajputen kontrolliert und diente den Herrschern von Jaipur als Jagdgebiet. Kurz nach der Unabhängigkeit wurde das Gelände zum Schutzgebiet und 1972 unter dem *Project Tiger* zu einem offiziellen Nationalpark erklärt. Derzeit leben ungefähr 28 ausgewachsene Tiger und zehn Tigerjunge im Park, außerdem zahlreiche Axishirsche, Nilgai-Antilopen, Schakale, Panther und Dschungelkatzen sowie unzählige Vogelarten.

Selbst ohne die wilden Tiere wäre das Gebiet einen Besuch wert, denn Ranthambores Landschaften bestechen durch ihre Schönheit. Durch eines der letzten Buschlandgebiete Indiens von ansehnlicher Größe fließen mehrere Flüsse, deren Eindämmung zur Bildung von **Seen** führte. Unversehens erblickt man in der Landschaft zierliche Pavillons und verfallene, von Kletterpflanzen umrankte Rajputen-Paläste, die besonders bei Sonnenaufgang und in den frühen Morgenstunden eine unwirkliche, entrückte Atmosphäre schaffen, zumal sich die auf einer schroffen Klippe stehenden Ruinen des **Chauhan-Forts** aus dem 10. Jh. über das Walddach erheben – eine Szenerie wie aus Rudyard Kiplings *Dschungelbuch*.

Das Fort wurde 1031 von den Armeen des Ala-ud-din Khalji und 1569 von den Heerscharen Akbars des Großen erobert, doch größtenteils unterstand Ranthambore der Kontrolle der Rajputen. Die Herrscher von Jaipur schätzten die Ländereien als Jagdrevier. Nachdem das Gebiet bereits kurz nach Erklärung der Unabhängigkeit unter Naturschutz gestellt worden war, wurde es 1972 im Rahmen des **Projekt Tiger** (S. 101, „Land und Leute") zum Nationalpark erklärt. Alsbald gelangte Ranthambore zu Weltruhm durch seine „freundlichen Tiger". Der Ruf als Flaggschiff des „Projekt Tiger" war jedoch dahin, als ein Jahrzehnt später durchsickerte, dass einige von Ranthambores eigenen Wächtern an **Wilderei** beteiligt waren, die den Tigerbestand auf einstellige Ziffern reduzierte. Offiziellen Verlautbarungen zufolge sollen rigorosere Maßnahmen das Problem unter Kontrolle gebracht haben. Der derzeitige Bestand wird auf 41 Tiere beziffert.

Das Fort gehört zu den besten Plätzen für eine Vogelpirsch. Dort oben befindet sich auch ein **Ganesha-Tempel**; Menschen aus dem ganzen Land schicken dem Gott mit dem Elefantenkopf Einladungen zu ihrer Hochzeit.

Achtung: Der Ranthambore ist alljährlich vom 1. Juli bis 30. September geschlossen; die **beste Reisezeit** sind die trockenen Monate Okt–März, in denen die größeren Tiere wegen Wasserknappheit zu den Seeufern kommen, während sie in der Monsun- und unmittelbaren Nachmonsunzeit tiefer in den Wäldern bleiben. Weitere Informationen sind der ausgezeichneten Broschüre *The Ultimate Ranthambore Guide* zu entnehmen, die für Rs200 in örtlichen Souvenirläden verkauft wird.

Praktische Hinweise zum Parkbesuch

Die Eintrittsbestimmungen scheinen sich alle paar Jahre zu ändern, es ist also möglich, dass die hier gegebenen Informationen schon bald nicht mehr stimmen. Zurzeit wird die Zahl der in den Park eingelassenen Fahrzeuge streng kontrolliert. Während der Öffnungszeit am Vormittag und Nachmittag werden jeweils maximal rund 17 **Jeeps** mit sechs Plätzen (auch „Gypsys" genannt) und 20 **Canters** (offene Lastwagen mit 20 Sitzen) zugelassen. Natürlich bevorzugen die meisten Besucher die viel kleineren und ruhigeren Jeeps, aber die Nachfrage übersteigt normalerweise das Angebot, und zahlreiche Touristen müssen sich mit einem Platz auf einem Canter begnügen. Safaris werden tgl. vor- und nachmittags durchgeführt und dauern rund drei Stunden. Die morgendlichen **Abfahrtszeiten** hängen davon ab, wann die Sonne aufgeht, also zwischen 6.30 und 7 Uhr. Nachmittags geht es zwischen 15 und 15.30 Uhr los. Es ist ratsam, mehrere Schichten Kleidung übereinander zu tragen: morgens kann es überraschend kalt sein.

Offiziell kostet ein Platz in einem Canter Rs460 und in einem Jeep Rs566 (beide Preise schließen die Park-Eintrittsgebühr von Rs200 für Ausländer ein). Eine Videoerlaubnis kostet Rs200. Wer einen Sitzplatz buchen möchte, tut das am besten online unter 🖥 www.rajasthantourism.gov.in. Die Alternative besteht darin, sich unter die Menschenmenge im oft chaotischen **Tourist Reception Centre** im RTDC Hotel Vinayak zu mischen, rund 7 km vom Park entfernt an der Ranthambore Road, wo Karten für am gleichen Tag stattfindende Touren verkauft werden. ⏱ Ticketbüro 5–6.30 und 12–13 Uhr. Es ist aber sehr schwierig, dort einen Platz in einem Jeep zu ergattern, denn die werden normalerweise schon im Voraus von Hotels und Safariveranstaltern aufgekauft.

Viel einfacher ist es, einen Platz in einem Jeep oder Canter über ein Hotel oder einen lokalen Tourveranstalter **reservieren** zu lassen. Das kostet eine zusätzliche Gebühr, die zwischen mindestens Rs75 für einen über ein Budget-Guesthouse gebuchten Canter-Platz und bis zu Rs2000 für einen über ein Luxushotel gebuchten Jeep-Platz liegen kann. In der Praxis ist ein Platz im Canter normalerweise für rund Rs540 zu haben, während die Preisspanne für einen Jeep-Platz sehr groß ist (von Rs750 bis Rs1200 und mehr). Wer einen Tag im Voraus bucht, müsste eigentlich problemlos einen Platz in einem Canter bekommen (außer vielleicht an den Sonntagen zwischen dem 1. Okt und 15. April, wenn sechs Canters für die Passagiere des *Palace on Wheels* reserviert sind). Wer die Fahrt in einem Jeep machen möchte, sollte am besten eine Weile im Voraus reservieren, kann aber Glück haben, vor allem von ungefähr April bis Juni, wenn die Besucherzahlen merklich nachlassen. Ganz schlecht stehen die Chancen um Diwali, Neujahr und andere öffentliche Feiertage.

Übernachtung und Essen

Die meisten der zahlreichen Hotels und Gästehäuser der Gegend befinden sich an der 14 km langen Straße zwischen Sawai Madhopur und dem Nationalpark; manche der besseren werden unter 🖥 www.hotelsranthambhore.com vorgestellt. Trotz der heftigen Konkurrenz liegen die Zimmerpreise in Ranthambore erheblich über dem Durchschnitt. Feilschen ist überall empfohlen.

Das Essen in Ranthambore ist mittelprächtig, es sei denn, man legt viel Geld hin und begibt sich in eins der Luxuslokale wie das bezaubernde Vanyavilas oder die Sawai Madhopur Lodge (Mittags- und Abendbuffet für Rs600). Wer billig satt werden möchte: Das Dachgartenrestaurant im Hotel Tiger Safari ist preiswert, gar nicht schlecht und meistens gut besucht.

Untere und mittlere Preisklasse

Aditiya Resort, Ranthambore Rd, 3 km nördlich der Stadt, ✆ 0/941 472 8468. Derzeit eine der besten Budgetunterkünfte in Ranthambore. Einfache, aber saubere, moderne Zimmer (z. T. mit Gemeinschaftsbad) mit Warmwasser und TV. ❶–❸

Ankur Resort, Ranthambore Rd, 2 km außerhalb der Stadt, ✆ 07462/220792, ✉ ankurresort@yahoo.com. Viele verschiedene Zimmer, von ziemlich schäbigen und billigen im Hauptgebäude bis zu hübschen Cottages im Garten dahinter; die billigeren mit Ventilator und *air-cooler* sind ihr Geld eher wert als die teureren Cottages und Zimmer mit AC. Kleiner Pool und passables Restaurant. ❸–❼

Hammir Wildlife Resort, Ranthambore Rd, 7 km außerhalb der Stadt, ✆ 0/941 449 6566, 🖥 www.nivalink.com/hammir. Begehrt bei indischen Touristen und eine der Unterkünfte mit realistischeren Preisen (das Preis-Leistungs-Verhältnis der Zimmer ist allerdings wesentlich besser als das der Garten-Cottages). Pool (Besucher Rs100) und Geldwechselservice. ❺–❼

Raj Palace Resort, Ranthambore Rd, 2 km außerhalb der Stadt, ✆ 07462/224793, 🖥 www.hotelraj-palace.com. Eines der preiswertesten Hotels in Ranthambore. Geräumige und saubere (aber ziemlich kahle) moderne Zimmer mit TV (manche auch mit AC) sowie ein paar etwas gemütlichere Cottages mit AC hinten im Garten; Pool. ❷–❸

Tiger Safari, Ranthambore Rd, 2,5 km außerhalb der Stadt, ☎ 07462/221137, 🖥 www.tigersafari resort.com. Das beste von Ranthambores billigeren Hotels. Hilfsbereite Mitarbeiter, gut möblierte Zimmer (alle mit TV, manche mit AC) und geräumige Cottages im Garten hinter dem Haupthaus. Internet, Pool, kostenloser Transport vom/zum Bahnhof und ein gutes Dachgartenrestaurant. ❹–❺

Obere Preisklasse

Nahargarh. 2 km südlich vom Parkeingang, Khilchipur Village, Ranthambore Rd, ☎ 07462/252281, 🖥 www.alsisar.com. Im Stil eines alten Rajputen-Palastes erbautes Hotel. Verschwenderisch ausgestattete Zimmer; großer Pool. Zimmerpreise ab US$200. ❾

RTDC Castle Jhoomar Baori, auf einer Anhöhe 7 km außerhalb der Stadt, ☎ 07462/220495, 🖥 www.hotelsranthambhore.com. Frühere königliche Jagdlodge in großartiger Lage im Park, mit wunderbarer Aussicht von der Dachterrasse über Waldgebiete und Hänge. Große Zimmer mit viel Atmosphäre, aber ein bisschen verwohnt. VP. ❼–❽

Sawai Madhopur Lodge, Ranthambore Rd, 1,5 km außerhalb der Stadt, ☎ 07462/220541, 🖥 www.tajhotels.com. Stilvolle Jagdlodge aus den 1930er-Jahren, luxuriöses Heritage Hotel mit jeder Menge Charme, üppig grünem Garten und reizenden Zimmern im Kolonialstil (ab ungefähr US$270). Pool (Besucher Rs750) und attraktives Restaurant. ❾

Vanyavilas, Ranthambore Rd, ca. 7 km außerhalb der Stadt, ☎ 07462/223999, 🖥 www. oberoihotels.com. Wunderbar stilvolles (und kostspieliges) Dschungelresort, das echten Glanz ins staubige Ranthambore bringt. Das Herzstück der Anlage ist ein verschwenderisch verziertes Gebäude nach Art eines königlichen Jagdschlosses. Die Gäste werden in wunderschön eingerichteten Zelten mit AC und Holzfußboden auf dem Gelände untergebracht. Auch wer nicht hier absteigt, kann auf der Terrasse ein romantisches Dinner (Rs1000) genießen. Zimmer ab US$960. ❾

Sonstiges

Geld

Geldwechsel ist in vielen Hotels und in der **State Bank of Bikaner & Jaipur** in Sawai Madhopur möglich.

Informationen

Die **Touristeninformation** im Bahnhof, ☎ 07462/220808, ist sehr hilfreich und händigt kostenlose Stadtpläne aus. ⏱ Mo–Sa 10–17 Uhr.

Internet

An der Hauptstraße Richtung Park haben sich zahlreiche Internetlokale angesiedelt, darunter einige unweit des Hotel Ankur. Die Preise sind sehr unterschiedlich, aber die Verbindungen überall irritierend langsam.

Transport

Zum Ranthambore-Nationalpark gelangt man über das Städtchen Sawai Madhopur. Hier halten die Züge der Hauptstrecke Mumbai–Delhi, daher ist der Nationalpark von Bharatpur, Agra, Jaipur und Delhi aus leicht erreichbar. Der Bahnhof liegt mitten in der Stadt, in der Nähe des Busbahnhofs. In Ranthambore gibt es so gut wie keine Rikschas, folglich muss der Transport vom/zum Bahnhof oder Busbahnhof über das Hotel arrangiert werden.

Busse

Die ehemals schrecklichen Straßen in der Umgebung von Ranthambore werden nach und nach ausgebessert, deshalb ist eine Busfahrt inzwischen nicht mehr so langsam und unbequem wie früher, dennoch ist für die meisten Ziele die Bahn zu bevorzugen. Es bestehen Verbindungen nach JAIPUR (alle 90 Min.; 4–5 Std.), BUNDI (4x tgl.; 4–5 Std.) und AJMER (2x tgl.; 8 Std.). Die Busse fahren an einer der beiden dicht beieinander liegenden Haltestellen mitten in Sawai Madhopur ab. Wer die Stadt verlässt, sollte sich beim Transport zum Bus vergewissern, dass es auch die richtige Haltestelle ist.

Eisenbahn

Sawai Madhopur liegt an der Haupteisenbahnlinie zwischen Delhi und Mumbai und ist bequem per Bahn zu erreichen.

Täglich fahren Züge nach: JAIPUR (7, 10.20, 10.45 und 15.05 Uhr; 2 1/4 Std.–2 3/4 Std.); BHARATPUR (12.40 Uhr; 2 1/2 Std.); JODHPUR (15.05 Uhr; 8 Std.) und KOTA (13.10, 13.30, 16.10, 18.05 Uhr; 1 Std. 20 Min.–1 1/2 Std.). Die günstigste Verbindung nach BUNDI ist per Bahn nach Kota und von dort mit dem Bus, oder gleich mit einem Direktbus (s. „Busse").

Zentral-Rajasthan

Ajmer

Der Nag Pahar („Schlangenberg"), ein steiler, schroffer Höhenzug der Aravalli-Kette westlich von Jaipur, bildet einen malerischen Hintergrund für Ajmer, die Heimat des berühmten Sufi-Heiligen **Khwaja Muin-ud-din Chishti**, Begründer des Chishti Sufi-Ordens. Bis zum heutigen Tag gehört sein Grabmal, die **Dargah Khwaja Sahib**, zu den heiligsten moslemischen Wallfahrtsorten der Welt. Besonders zu Muharram (dem islamischen Neujahr), an Id und am Geburtstag des Heiligen, **Urs Mela** (s. rechts unten, Kasten), strömen unzählige Pilger und Derwische herbei, denn nach islamischem Glauben kommen sieben Besuche in Ajmer einer Wallfahrt nach Mekka gleich.

Für Hindu-Pilger und ausländische Reisende ist Ajmer in erster Linie das Sprungbrett für einen Abstecher nach Pushkar, das nach einer zwanzigminütigen Busfahrt über den Nag Pahar erreicht ist. Es stellt aber umgekehrt auch ein lohnendes Ziel für einen Tagesausflug von Pushkar dar. Als eine Bastion des Islam ist es im von Hindus dominierten Rajasthan einzigartig.

Geschichte

Der lokale Rajputen-Führer Ajay Pal Chauhan errichtete die Festung bei Ajmer im 10. Jh. Von hier aus regierte er ein Territorium, das sein Clan der Chauhan erobert hatte. Die Chauhans übernahmen mit der Zeit die Oberhoheit im östlichen Rajasthan, wurden aber 1193 von Muhammad von Ghor (S. 122), der aus Afghanistan einmarschiert war, besiegt. Die Delhi-Sultane ließen die Chauhans als Tributpflichtige weiter regieren, aber 1365, als Delhi seine regionale Machtposition verlor, fiel Ajmer an das Königreich Mewar (Udaipur).

Im 16. Jh. wurde die Stadt zum Zankapfel zwischen Mewar und dem benachbarten Königreich Marwar (Jodhpur). Die Marwaris bemächtigten sich 1532 der Stadt, aber nur 27 Jahre später marschierten Akbars Streitkräfte ein. Für die moslemischen Moguln war Ajmer von besonderer Bedeutung, da sich hier der Khwaja Muin-ud-din Chishti Dargah befand. Die Moguln herrschten mehr als 200 Jahre in Ajmer, doch als ihr Reich zu zerfallen begann, liebäugelten die Rajputen-Königreiche der Nachbarschaft erneut mit der Herrschaft über die Stadt. 1770 wurde diese schließlich von den Marathen übernommen, die sie 1818 für 50 000 Rupien an die East India Company verkauften. So kam es, dass der überwiegend, von Hindus beherrschte Teil Rajasthans während des Raj seine innere Unabhängigkeit bewahrte, Ajmer jedoch eine kleine, von den Briten regierte moslemische Enklave blieb und sich erst wieder mit Jodhpur und Udaipur, seinen ehemaligen Oberherrschern, vereinigte, als es 1956 Rajasthan angegliedert wurde.

Die schmalen Gassen, die sich durch Basar und Wohnviertel rings um den Dargah Khwaja Sahib ziehen, haben fast mittelalterlichen Charakter. Reihenweise bieten Stände als Op-

---

Die Urs Mela

Die Urs Mela, die am 6. Tag des islamischen Monats Rajab (ungefähr 29. Juni 2009, 18. Juni 2010) abgehalten wird, ist in erster Linie eine religiöse Feier zu Ehren des aus Ajmer stammenden Sufi-Heiligen Khwaja Muin-ud-din Chishti (s. oben links) am Jahrestag seines Todes. Dann strömen Wallfahrer in die Stadt, um den Heiligen mit *qawwali* (Sufi–Gesängen) zu ehren. Im Dargah wird in riesigen Schüsseln *kheer* (Reispudding) gekocht und an die Besucher verteilt. Nachts finden religiöse Zusammenkünfte, sogenannte *mehfils*, statt. Es ist eigentlich nur ein Fest für Gläubige, aber in der Stadt herrscht dann eine festliche Stimmung, denn schon eine Woche vorher füllt sich Ajmer mit Pilgern vom ganzen Subkontinent und aus anderen Teilen der Welt.

fergaben dienende Rosenblätter, grüne Seidenbahnen mit Goldbordüre, Holzperlenschnüre und Gebetsteppiche an. Die Hauptportale der Altstadt bezaubern durch ihre eleganten Torbögen im Mogulstil, und das zerbröckelnde Fort **Taragarh**, über Jahrhunderte Indiens wichtigste strategische Festung, schaut auf Kuppeln und Moscheeminarette hinab.

Dargah Khwaja Sahib

Der hochverehrte Sufi Khwaja Muin-ud-din Chishti, der 1236 in Ajmer verstarb, wurde in einem kleinen Grab aus Ziegelsteinen beigesetzt, das heute von einem ausgedehnten Grabbezirk namens Dargah Khwaja Sahib oder Dargah Sharif (www.dargahajmer.com) schier verschluckt wird. Der im 13. Jh. gegründete Dargah wurde unter diversen moslemischen Herrschern mit architektonischen Elementen ihrer jeweiligen Epoche versehen. Doch erst durch die Schirmherrschaft der drei großen Mogulkaiser Akbar, Jahangir und Shah Jahan wurde die Anlage zu Indiens wichtigstem moslemischen Wallfahrtsort. tgl. 5–24 Uhr; im Inneren keine Kameras erlaubt.

Nach Betreten des Dargah durch das **Nizam Gate** wird der Besucher in der Regel von streng aussehenden jungen Männern aufgehalten, die sich als „offizielle Führer" ausgeben, in Wirklichkeit aber khadim sind: Männer mit ererbtem Priesteramt, die Pilger gegen Spendengelder durch die notwendigen Rituale im heiligen Bezirk führen. Ihre Dienste sind nicht obligatorisch, doch wer einen anheuert, sollte im Voraus einen Preis abmachen und, falls der geforderte Betrag zu hoch erscheint, sich nicht scheuen, das zu sagen. Außerdem muss man darauf gefasst sein, dass an verschiedenen Stellen innerhalb des Heiligtums weitere Spenden gefordert werden.

Gleich hinter dem Nizam Gate befindet sich ein kleinerer Durchgang, das vom Mogulherrscher Shah Jahan in Auftrag gegebene **Shajahani Gate**. Es führt in einen Hof, wo auf der rechten Seite eine kleine Treppe zur **Akbari Masjid** hoch führt. Die Moschee wurde vom Herrscher Akbar gespendet. Er hatte den Dargah besucht, um die Geburt eines Sohnes zu erflehen, und als sein Gebet mit der Geburt von Salim (dem späteren Herrscher Jahangir) erhört wurde, ließ Akbar aus Dankbarkeit diese Moschee erbauen.

Gleich hinter dem Shajahani Gate steht ein drittes Tor, das imposante, blaugrüne **Darwaza**. Dahinter stehen zwei riesige **Kessel** auf Plattformen. Pilger werfen Geld hinein, das an die Armen verteilt wird. Der Kessel rechts, der größere, wurde 1567 von Akbar gestiftet; der andere war ein Geschenk von Jahangir, im Anschluss an seine Thronbesteigung im Jahr 1605. Hinter den khanas liegt ein Hof mit einem Mausoleum, das aus Marmor erbaute **Mazar Sharif**, in dem sich das Grab von Khwaja Sahib befindet. Im Hof werden nachts qawwali gesungen, begleitet von Harmonium- und Trommelmusik, die die Teilnehmer in einen tranceartigen Zustand versetzt – der Wunsch, in persönliche Kommunikation mit Gott zu treten, ist ein zentraler Bestandteil des Sufismus. Das Grab innen (Fr–Mi 15–16 und Do 14.30–15.30 Uhr geschlossen) ist von einem silbernen Zaun umgeben und wird von einer großen vergoldeten Kuppel gekrönt. Die Besucher werden gesegnet, leicht mit Pfauenfedern gestrichen und erhalten kurz – gegen eine angemessene Spende – Gelegenheit zur Berührung des Tuchs auf dem Grab.

Islamische Monumente

Die wenig beachtete **Adhai-din-ka-Jhonpra** („Zweieinhalb-Tage-Hütte") ist das älteste erhaltene Bauwerk der Stadt und unbestritten eines der besten Beispiele mittelalterlicher Architektur in ganz Rajasthan. Das Bauwerk wurde 660 als Jain-Tempel errichtet und 1153 in eine hinduistische Lehranstalt verwandelt. Vierzig Jahre später wurde es von Muhammad von Ghor zerstört, der es jedoch später als Moschee wieder aufbauen ließ. Der Überlieferung zufolge soll ihr Name auf die Geschwindigkeit des Wiederaufbaus hinweisen, der tatsächlich jedoch 15 Jahre dauerte und unter Verwendung von Materialien aus geplünderten Hindu- und Jain-Tempeln erfolgte. Der Name stammt in Wahrheit von einem Fakir-Fest, das im 18. Jh. hier regelmäßig abgehalten wurde; eine jhonpra (Hütte) war die Unterkunft eines Fakir (Sufi-Bettelheiliger). Hindu-Motive mit verblichenen Gesichtern sind an Säulen und Decken noch deutlich zu erkennen. Das schönste Merkmal der Moschee aber sind die kalligraphischen Bänder mit Koraninschriften an den sieben Kragbögen der Fassade. Das Denk-

Ajmer

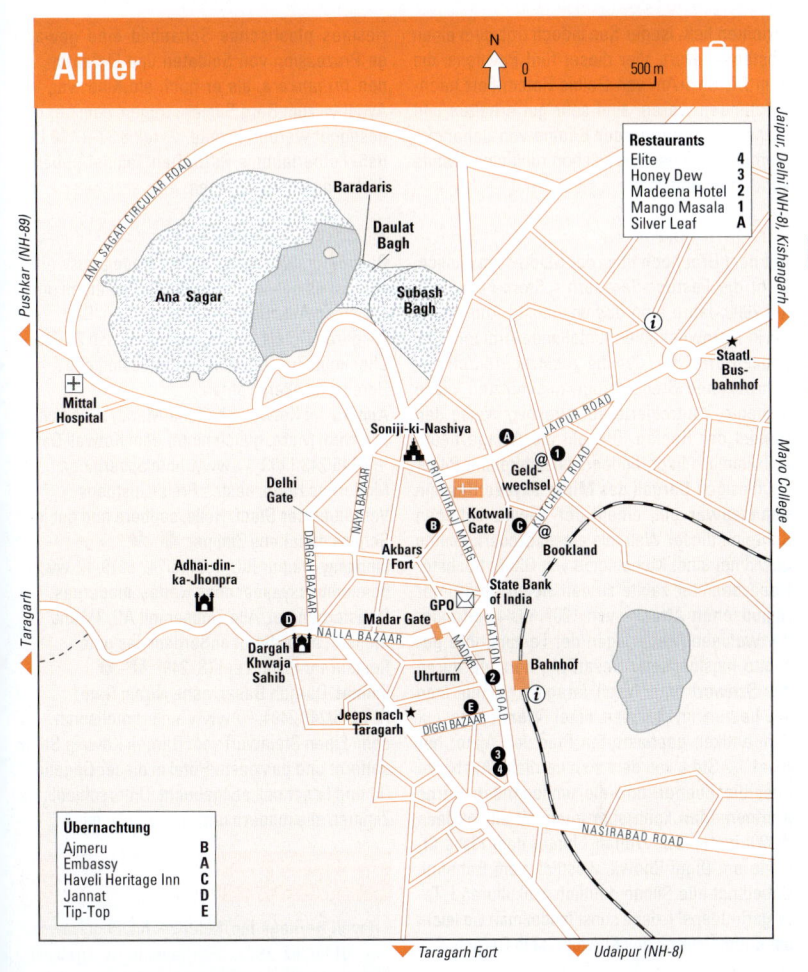

Restaurants
Elite	4
Honey Dew	3
Madeena Hotel	2
Mango Masala	1
Silver Leaf	A

Übernachtung
Ajmeru	B
Embassy	A
Haveli Heritage Inn	C
Jannat	D
Tip-Top	E

mal liegt rund 400 m westlich des Dargah und ist über eine kleine, leicht zu übersehende Gasse zu erreichen, die vom Hauptbasar abzweigt; wenn rechter Hand die Mauern des Schreins auftauchen, ist man schon am Eingang vorbei spaziert.

Ein jüngeres islamisches Erbe ist das kleine, aber hübsche Fort von Akbar, das einen rechteckigen Pavillon aus goldfarbenem Sandstein umschließt, der von Akbar und seinem Sohn Jahangir genutzt wurde. Heute beherbergt er ein kleines **Museum**, das vorwiegend Hindu- und Jain-Statuen, darunter eine faszinierende, aus dem 12. Jh. stammende Skulptur von Varaha (Vishnu in seiner Inkarnation als Eber), präsentiert. ⏱ tgl. 10–16.30 Uhr; Rs3; Fotoerlaubnis Rs10, Video Rs20.

Der künstliche See **Ana Sagar** nordwestlich der Stadt wurde im 12. Jh. angelegt und war ursprünglich wesentlich größer, ist aber heute nicht viel mehr als ein Teich. Wegen der **Baradaris** genannten, eleganten weißen Marmorpavillons, die Shah Jahan am Südwestufer errichten ließ, ist der See jedoch trotzdem einen Abstecher wert. Vier dieser fünf Pavillons, die dem Diwan-I-Am von Delhis Rotem Fort nachempfunden waren, sind sehr gut erhalten und stehen im Schatten der Bäume von Jahangirs Ziergarten – besonders schön rund eine Stunde vor Sonnenuntergang.

Taragarh Fort

Auf dem Grat hoch über der Stadt, 3 km südlich, steht die Festung Taragarh („Stern-Festung"), die 2000 Jahre lang das wichtigste Angriffsziel für in Nordwestindien einfallende Armeen war. Jeder Herrscher, der die zusätzlich durch abschreckende Steilabhänge geschützten Wälle einnahm, kontrollierte auf effektive Weise den Handel der Region. Obwohl die Anlage heute in Trümmern liegt, finden sich zahlreiche Pilger am hiesigen **Dargah des Miran Sayeed Hussein Khangsawar** ein, einem der gewiss seltenen Schreine dieser Welt, die einem Steuerbeamten gewidmet sind. Muhammed von Ghors höchster Finanzbeamter zählte zu den vielen Opfern der rajputischen Attacke von 1202, als nach einer der wenigen Niederlagen der Festung ihre gesamte moslemische Besatzung den Tod durch das Schwert fand. Nach Taragarh gelangt man am besten im Rahmen einer **Wanderung** auf dem antiken gepflasterten Pfad von Ajmer her (ca. 1 1/2 Std.), von dem sich herrliche Ausblicke über die Ebenen und die umliegenden Berge eröffnen. Man kann aber auch mit einem **Jeep** (Rs20) hinfahren – Abfahrt hinter dem Plaza Cinema am Diggi Chowk, westlich vom Bahnhof. Unbedingt alle Silben deutlich artikulieren („Ta-ra-garh-Jeeps"), denn sonst landet man vielleicht am Haupteingang des Khwaja Sahib Dargah.

Soniji-ki-Nashiya

Zu Ajmers bizarrsten Sehenswürdigkeiten gehört der Spiegelsaal Soniji-ki-Nashiya neben dem Jain-Tempel. Wegen der Farbe des Sandsteins wird er auch „Roter Tempel" genannt. Die in den 1820er-Jahren im Auftrag eines Diamantenmagnaten aus Ajmer errichtete Halle erinnert an das Leben des Rishabha (auch Adinath), des ersten *tirthankara* der Jains, der zahlreiche Zeitalter durchlebt haben soll. Der das Auge blendende Saal, der eine Tonne Gold enthält, zeigt wie ein riesiges plastisches Schaubild eine gewaltige Prozession von Soldaten und Elefanten, die den *tirthankara*, als er noch ein Kind war, von Ayodhya zum Berg Sumeru trugen, damit er dort gesegnet werden konnte. ⏰ tgl. 8.30–17.30 Uhr; Rs5, Fotoerlaubnis Rs15. Den Tempel nebenan dürfen nur Jains betreten.

Übernachtung

Da die Hotels in Ajmer nicht gerade preiswert sind, ist es besser, in Pushkar abzusteigen und nur einen Ausflug hierher zu machen. Die billigeren Hotels haben normalerweise 24-Std.-Checkout. Zur Urs Mela platzen sämtliche Hotels aus allen Nähten.

Ajmeru, im Kotwali Khailana-Markt, abseits der Prithviraj Marg, gleich hinter dem Kotwali Gate, ✆ 0145/243 1103, 🖥 www.hotelajmeru.com. Modernes Hotel; bestes Preis-Leistungs-Verhältnis der Stadt. Helle, saubere und gut in Schuss gehaltene Zimmer. ❹–❺

Embassy, Jaipur Rd, ✆ 0145/242 5519, 🖥 www.hotelembassyajmer.com. Nettes, modernes Dreisternehotel. Alle Zimmer mit AC, TV und Minibar; beherbergt außerdem das gute Restaurant Silver Leaf (S. 249). ❺–❼

Jannat, Dargah Basar, nahe Nizam Gate, ✆ 0145/243 2494, 🖥 www.ajmerhoteljannat.com. Einen Steinwurf vom Dargah Khwaja Sahib entfernt und das beste Hotel in dieser Gegend. Do und Fr schnell ausgebucht. Unterschiedliche Zimmer, alle modern und sauber, z. T. mit AC.

Historie und Hausmannskost

Haveli Heritage Inn, Kutchery Rd, Phul Nawas, ✆ 0145/262 1607, ✉ haveliherit_ageinn@hotmail.com. In einem alten Haus aus den 1870er-Jahren, das einst als Hauptquartier der Kongresspartei diente – sowohl Nehru als auch Ghandi haben sich hier aufgehalten. Es handelt sich aber eher um eine Pension als um ein Haveli. Die eigentliche Attraktion sind die friedliche Atmosphäre und die gastfreundliche Familie, die das Hotel führt. Die Zimmer (*air-cooler* und AC) sind hell, geräumig und hübsch möbliert, außerdem gibt es köstliche Hausmannskost. ❹–❻

Auch gutes Restaurant und freundlicher Service. ❹–❺

Tip-Top, Cinema Rd, unweit des Diggi Basar, ✆ 0145/510 0241 oder 1241. Das beste Hotel im Umkreis des Busbahnhofs, in einer belebten Marktgegend. Für Ajmer-Verhältnisse preiswert; Zimmer mit oder ohne AC, alle mit Bad. ❷–❹

Essen

Neben kleineren Garküchen am Dargah Basar und am Delhi Gate, die Snacks und Obstsäfte anbieten, gibt es noch einige größere Restaurants. In keinem der nachstehend genannten wird Alkohol ausgeschenkt; wer etwas Alkoholisches möchte, muss einen Bottle Shop suchen oder es über den Zimmerservice im Hotel probieren.

Elite, Station Rd. Zuverlässiges vegetarisches Restaurant, serviert bezahlbare Currys und *thalis* (meist um Rs40–50), dazu ein paar vegetarische chinesische und südindische Gerichte. Das Essen wird entweder im Speisesaal oder an einem Tisch im Garten serviert. Das ein paar Häuser weiter nördlich gelegene Restaurant **Honey Dew** ist ganz ähnlich.

Madeena Hotel, Station Rd. Moslemisches Lokal, in dem sehr leckere nicht-vegetarische Mogul-Currys zubereitet werden, meistens mit „mutton" (d. h. Ziegenfleisch), in großen oder kleinen Portionen (Rs30–55) mit frisch gebackenem Brot aus dem Tandoor. Auch Hühnchen-, Eier- und vegetarische Gerichte.

Mango Masala, Sardar Patel Marg. Angesagtes Lokal, serviert Pizza, Snacks, vegetarische Burger, Salate, Mixgetränke, aber auch vegetarische Menüs und *thalis* sowie viele *paneer*-Currys. Hauptgerichte Rs45–95.

Silver Leaf Embassy Hotel, Jaipur Rd. Ruhiges vegetarisches Restaurant mit einer großen Auswahl an Currys (die meisten um Rs50–75) sowie einer Reihe chinesischer und westlicher Gerichte, Snacks und Frühstücksgedecke.

Sonstiges

Geld

Es gibt einen Geldautomaten der **State Bank of India** gegenüber vom GPO in der Prithviraj Marg, einen Automaten der **Bank of Baroda** zwischen den Restaurants Elite und Honey Dew sowie **ICICI**- und **HDFC**-Geldautomaten an beiden Enden der Sardar Patel Marg (die Straße, in der sich das Restaurant Mango Masala befindet). **UAE Money Exchange**, 10 Sardar Patel Marg, wechselt Bargeld und Travellerchecks und übernimmt auch Geldtransfers von MoneyGram. ⏲ Mo–Sa 9–13.30 und 14–18 Uhr.

Gepäckaufbewahrung

Eine 24 Std. geöffnete Gepäckaufbewahrung befindet sich direkt gegenüber der Touristeninformation im Bahnhof.

Informationen

RTDC-Touristeninformationen gibt es in der Nähe der Haltestelle der staatlichen Busse neben dem RTDC Hotel Khadim, ✆ 0145/262 7426, ⏲ Mo–Sa 10–17 Uhr; und am Bahnhof, gleich hinter dem kleineren, südlich gelegenen Eingang; kein Telefon, ⏲ tgl. 9–17 Uhr.

Internet

Satguru, 61 Kutchery Rd, nahe Haveli Heritage Inn; Rs20/Std., ⏲ tgl. 9–22 Uhr; und 10 Sardar Patel Marg; Rs15/Std.: ⏲ tgl. 11–21 Uhr.

Medizinische Hilfe

Mittal Hospital, Pushkar Rd, ✆ 0145/260 3600. Gut ausgestattet; rund um die Uhr geöffnete Notaufnahme.

Post

Am südlichen Ende der Prithviraj Marg, ⏲ Mo–Sa 10–18, So 10–16 Uhr.

Transport

Busse

Der staatliche Busbahnhof mit Verbindungen zu zahlreichen Zielen liegt an der Jaipur Road, ✆ 0145/242 9398, rund 2 km nordöstlich der Innenstadt. Zwischen beiden verkehren Tempos und Motor-Rikschas für rund Rs30.

Busse nach PUSHKAR (30 Min.) fahren hier bis gegen 21 Uhr ungefähr viertelstündlich ab.

Empfohlene Züge zur Weiterfahrt von Ajmer

Folgende Züge sind die schnellsten und/oder zeitlich günstigsten zu bestimmten Städten.

Ziel	Name	No.	Abfahrt	Ankunft
Abu Road	Ahmedabad Mail	9106	7.40 Uhr (tgl.)	12.43 Uhr
	Aravali Express	9708	11.25 Uhr (tgl.)	16.50 Uhr
Chittaurgarh	Udaipur Express	2992	15.55 Uhr (tgl.)	18.55 Uhr
	Ratlam Express	9654	13.10 Uhr (tgl.)	17.25 Uhr
Jaipur	Shatabdi Express	2016	15.50 Uhr (außer Mi)	17.35 Uhr
	Ajmer–Jaipur Intercity	9652	6.40 Uhr (tgl.)	9.45 Uhr
	Aravali Express	9707	16.15 Uhr (tgl.)	18.45 Uhr
Jodhpur	fast passenger train	2JA	15 Uhr (tgl.)	22 Uhr
New Delhi	Shatabdi Express	2016	15.50 Uhr (außer Mi)	22.45 Uhr
	Rajdhani Express	2957	12.35 Uhr (außer Di)	7.35 Uhr
Udaipur	Udaipur Express	2992	15.55 Uhr (tgl.)	21.20 Uhr

Sitzplätze in Privatbussen – oft mit Anschlussverbindungen von Pushkar – kann man bei den Reisebüros in der Kutchery Rd, Richtung Prithviraj Marg, reservieren.

Busse nach:
AGRA (9x tgl; 9 Std.),
BIKANER (15x tgl; 7 Std.),
BUNDI (stdl.; 4–5 Std.),
CHITTAURGARH (stdl.; 5 Std.),
DELHI (alle 30–45 Min.; 9 Std.),
JAIPUR (alle 30 Min.; 2 1/2 Std.),
JAISALMER (2x tgl, 1x nachts; 11 Std.),
JODHPUR (halbstdl.; 5 Std.),
KOTA (halbstdl.; 6 Std.),
UDAIPUR (stdl.; 7 Std.).

Eisenbahn

Ajmers **Bahnhof**, ✆ 0145/243 2535, befindet sich mitten im Stadtzentrum. Ajmer liegt an der Eisenbahnlinie Delhi–Ahmedabad.
Die Fahrzeiten der hier durchkommenden Züge unterscheiden sich aber ganz erheblich; Empfehlungen s. oben.
Im 1. Stock des Südflügels des Bahnhofs gibt es eine computerisierte Reservierungshalle. Man muss früh dort sein, um langes Anstehen zu vermeiden. Gegen einen geringen Aufpreis besorgen auch Reisebüros die Fahrkarten.

Pushkar

Nach der Überlieferung wurde das 15 km nordwestlich von Ajmer gelegene Pushkar geboren, als der Schöpfergott Brahma eine Lotusblüte *(pushpa)*, die er in seinen Händen *(kar)* hielt, fallen ließ. An den drei Stellen, wo die Lotusblätter zu Boden fielen, entsprang wundersamerweise mitten in der Wüste Wasser, das drei kleine blaue Seen bildete. Daraufhin berief Brahma am Ufer des größten Sees eine Versammlung von 900 000 himmlischen Wesen ein – das gesamte hinduistische Pantheon. Der von weiß getünchten Tempeln und Badeghats umgebene See ist heute eine von Indiens heiligsten Stätten. Da das Seewasser während der Glück verheißenden Vollmondphase im Okt/Nov (Jahrestag des Göttertreffens) die Seele von sämtlichen Befleckungen reinigen soll, strömen an diesen Tagen unzählige Pilger aus dem gesamten Land zusammen.

Überdies nehmen die rajasthanischen Landbewohner das religiöse Fest zum Anlass, ihr Zuchtvieh nach Pushkar zum größten **Kamelmarkt** *(unt mela)* der Welt zu treiben, bei dem über 150 000 Händler, Schaulustige und Touristen die Dünen westlich des Sees belagern.

Die schöne Wüstenlandschaft und die mitreißende religiöse Atmosphäre haben Pushkar schon seit den 1960er-Jahren zu einem Reiseziel ausländischer Touristen gemacht. Dank der Budgethotels und Cafés, die damals für sie eröffnet wurden und die teilweise immer noch in Betrieb sind, liegt es seither unverändert auf dem Backpackertrail.

Der Hauptbasar besteht mittlerweile aus einer 1 km langen Zeile mit Geschäften, in denen Hippie-Schnickschnack verkauft wird, Geldwechsel- und Internet-Läden, und Straßencafés, die *banana pancakes,* Pizza und *bhang*-gewürzte „special lassis" zubereiten.

Tempel

In Pushkar und der näheren Umgebung gibt es über 500 Tempel. Viele von ihnen mussten wieder aufgebaut werden, nachdem sie unter der Herrschaft des Mogulkaisers Aurangzeb (1656–1708) geplündert und zerstört worden waren; andere wurden erst in jüngerer Zeit errichtet. Manche, beispielsweise der prächtige, bei der Anfahrt von Ajmer rechts gelegene **Vishnu Mandir** dürfen ausschließlich von Hindus betreten werden. Die Hauptkammer von Pushkars wichtigstem Tempel **Brahmaji Mandir**, einem der wenigen Brahma geweihten Tempel Indiens, beherbergt eine viergesichtige Brahma-Statue. Die erhöht auf einer Terrasse im Zentrum des Hofes stehende Kammer wird auf drei Seiten von kleineren Nebenschreinen umringt, von deren Flachdächern der Blick westwärts über die Wüste zum auf einem nahen Hügel gelegenen **Savitri Mandir** wandert. Der einstündige Aufstieg zum Gipfel dieses Hügels, den man am besten abends unternimmt, um zum Sonnenuntergang oben zu sein, wird durch unvergleichliche Ausblicke auf die ringsum von Wüste umgebene Stadt belohnt. Der Tempel an sich ist modern, aber die Statue von Savitri soll aus dem 7. Jh. stammen. Auch vom **Gayitri-Tempel** (Pap Mochini Mandir) auf einem Hügel im Osten der Stadt, bietet sich ein herrlicher Blick, vor allem bei Sonnenaufgang.

Der See und die Ghats

Der Pushkar-See wird von 52 *ghats* (Treppen) gesäumt – eine für jeden rajasthanischen Maharadscha, der sich vor Ort ein eigenes Ferienhaus bauen ließ. Jede *ghat* ist nach einem Ereignis oder einer Person benannt, und drei von ihnen haben besondere Bedeutung. Die zuweilen als

Brahma, Savitri und Gayitri

Obwohl Brahma, der Schöpfer, zusammen mit Vishnu, dem Bewahrer, und Shiva, dem Zerstörer, zum Triumvirat der wichtigsten Hindu-Gottheiten gehört, ist seine Bedeutung seit der vedischen Ära geschwunden. Die Geschichte, die hinter dem Brahmaji-Tempel in Pushkar steht, bietet eine Erklärung dafür und unterstreicht zugleich die Bedeutung der beiden hiesigen, nach Brahmas Gemahlinnen **Savitri und Gayitri** benannten Tempel.

Laut dieser Geschichte wollte Brahma eine Flussgöttin namens Savitri heiraten, und zwar anlässlich eines Opferrituals, genannt *yagna*, das zu einem ganz bestimmten, astrologisch günstigen Zeitpunkt zelebriert werden musste. Aber Savitri war so sehr damit beschäftigt, sich für die Zeremonie hübsch zu machen, dass sie nicht rechtzeitig erschien. Da der Schöpfergott aber ohne Frau das *yagna* nicht im Glück verheißenden Moment vollziehen konnte, musste er sich eine andere Gemahlin suchen. Die einzige unverheiratete Frau, die man finden konnte, war ein Hirtenmädchen namens Gayitri aus der Kaste der unberührbaren Gujar. Die Götter unterzogen sie einem Reinigungsritual, indem sie sie „durch den Mund einer Kuh" schickten *(gaya* bedeutet „Kuh", *tri* heißt „hat durchschritten").

Als das Ritual begonnen hatte, traf plötzlich Savitri ein, und da darüber, dass Brahma eine andere Frau geheiratet hatte, so erzürnt war, dass sie ihn mit dem Fluch belegte, fortan einzig und allein in Pushkar Verehrung genießen zu dürfen. Außerdem verkündete sie, dass die Angehörigen der Gujar-Kaste nach dem Tode nur noch dann Erlösung finden würden, wenn ihre Asche im Pushkar-See verstreut würde – ein Glaube, der bis heute Bestand hat. Danach sie sich auf den höchsten Berg über der Stadt zurück. Um Savitri zu besänftigen, wurde ausgemacht, dass sie ihren eigenen Tempel dort oben bekommen sollte, Gayitri dagegen auf dem niedrigeren, gegenüberliegenden Berg am Ostufer des Sees, und dass Savitri immer vor Gayitri die Ehre erwiesen werden sollte. Und genau so machen es die Pilger bis heute: Zuerst wird der Tempel von Savitri besucht, dann der von Gayitri.

Main Ghat bezeichnete **Gau Ghat** ist die Stätte, an der die Asche Mahatma Gandhis, Jawaharlal Nehrus und Shri Lal Bahadur Shastris in den See gestreut wurde.

An der **Brahma Ghat** soll Brahma selbst ein Opferritual vollzogen haben, und an der größeren **Varaha Ghat** in der Nähe des Marktplatzes soll Vishnu in Form der dritten seiner neun irdischen Inkarnationen erschienen sein, nämlich als *varaha* (Wildschwein). An allen *ghats* müssen Besucher aus Gründen des Respekts in angemessener Entfernung zum See die Schuhe ablegen und sollten weder rauchen noch fotografieren.

Brahmanische Priester halten sowohl Inder als auch westliche Touristen dazu an, am See die **Pushkar Puja** zu vollziehen. Dazu gehören die wiederkehrende Rezitation von Gebetsformeln, das Ausstreuen von Rosenblättern in den See und nicht zuletzt eine Spende, die in den Tempelfonds fließt oder Priestern zugute kommt, die von Spendengeldern leben. Als sichtbares Zeichen für die Ableistung der *puja* nimmt ein Tempeldiener ein rotes Tempel-Band, das er dem Wallfahrer ums Handgelenk bindet. Dieser „Pushkar-Pass" stellt sicher, dass man nicht länger von aufdringlichen Priestern angesprochen wird, sondern ungehindert an den *ghats* entlangspazieren kann.

Ausländische Touristen sollten Rs51 geben. Ein beliebter Trick schlitzohriger Priester besteht darin zu fragen, wie viel der Besucher bezahlen möchte, und daraufhin einen Segen für bestimmte Familienmitglieder zu sprechen. Dann aber reicht der angegebene Betrag plötzlich für die restlichen Familienmitglieder nicht mehr. Von solchen Tricks sollte man sich aber nicht dazu verleiten lassen, einen überhöhten Preis zu bezahlen.

Übernachtung

Die Hotels erhöhen zu Kartika Purnima manchmal ihre Preise schon mindestens vierzehn Tage vor Vollmond, trotzdem sind sie schnell voll. Reservierungen sollten also so früh wie möglich erfolgen. Die Preise steigen zum Kamelmarkt bis auf das Fünffache an. Besonders in Budgethotels wird dann meist eine Vorauszahlung für die gesamte Dauer des geplanten Aufenthalts gefordert und damit gedroht, andernfalls die Buchung zu stornieren.

Wer sich darauf einlässt, wird allerdings sein Geld nicht zurückbekommen, falls der Aufenthalt früher als geplant beendet wird. RTDC stellt **Zeltlager** bereit, in denen man die Wahl zwischen Mehrbettunterkünften (Rs300), Luxuszelten ❾ oder Hütten mit Du/WC ❹ hat. Man sollte rechtzeitig bei **RTDC** in Jaipur, ☏ 0141/511 4768, ✉ cro@rajasthantourism.gov.in, buchen oder ihre Website checken, 🖥 www.rajasthantourism.gov.in. Zusätzliche Luxuszelte mit Teppichen, Möbeln, fließendem Wasser und westlichen Toiletten bieten das **Royal Camp** des Maharadscha von Jodhpur (Reservierung über WelcomHeritage, ☏ 0291/257 2321, 🖥 www.welcomheritagehotels.com), ❾, und das **Royal Desert Camp**, ❾ (Reservierung über das Hotel **Jagat Palace**).

Untere Preisklasse

Amar, Holika Chowk (Hintereingang am Main Bazaar), ☏ 0145/277 2809, ✉ amar-hotel@yahoo.com.in. Sehr zentral, aber angenehm ruhig, mit Zimmern rund um einen großen Garten. Bleibt auch während des Kamelmarkts bei angemessenen Preisen. ❶–❸

Bharatpur Palace, Main Bazaar, ☏ 0145/277 2320, ✉ bharatpurpalace_pushkar@yahoo.co.in. Ein bisschen mitgenommen und fürs Gebotene zu teuer, aber in wundervoller Lage direkt am See. Aus einigen Zimmern Blick auf die *ghats*. Die billigeren Zimmer haben Gemeinschaftsbad. ❶–❹

Lake View, Main Bazaar, ☏ 0145/277 2106, 🖥 www.lakeviewpushkar.com. Ziemlich einfache und übertuerte Zimmer (selbst die mit AC und Bad), aber traumhafte Aussicht über den See von der Terrasse und vom Dachterrassen-Restaurant (das zum Sonnenuntergang meist voll ist). ❶–❹

Milkman, Maili Mohalla, ☏ 0145/277 3452. Kleines Hotel in Familienbesitz, versteckt in einer Nebenstraße gelegen. Gemütliche, gepflegte Zimmer (Ventilator und *air-cooler*; z. T. mit Gemeinschaftsbad), hüsches Dachgartencafé und Terrasse. ❶–❹

Navratan Palace, nahe dem Brahma-Tempel, ☏ 0145/277 2145, 🖥 www.pushkarnavaratanpalace.com. Eher für indische Gäste gedacht.

Pushkar

Nagaur, Bikaner, Jodhpur (NH-89)

Rajasthan

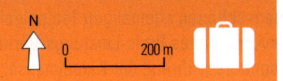

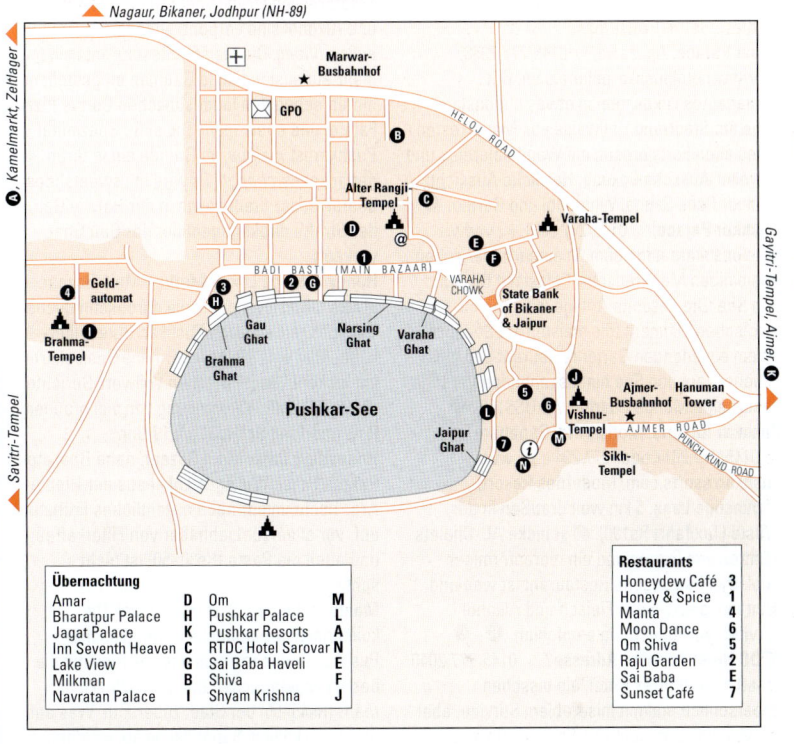

Übernachtung			
Amar	D	Om	M
Bharatpur Palace	H	Pushkar Palace	L
Jagat Palace	K	Pushkar Resorts	A
Inn Seventh Heaven	C	RTDC Hotel Sarovar	N
Lake View	G	Sai Baba Haveli	E
Milkman	B	Shiva	F
Navratan Palace	I	Shyam Krishna	J

Restaurants	
Honeydew Café	3
Honey & Spice	1
Manta	4
Moon Dance	6
Om Shiva	5
Raju Garden	2
Sai Baba	E
Sunset Café	7

Modernes Hotel mit tadellosen Zimmern (z. T. mit AC), gepflegten Grünanlagen und einem der besten Pools der Stadt (Besucher Rs50). Ausgezeichnetes Preis-Leistungs-Verhältnis. ❸–❹

Om, Ajmer Rd, ✆ 0145/277 2672, ✉ om_deepak2004@yahoo.com. Angenehm ruhiges Hotel mit einer großen Auswahl unterschiedlicher Zimmer (alle mit Bad, z. T. mit TV) und einem Garten mit Hängematten. Der Pool ist allerdings ungefähr so einladend wie der See. ❶–❹

Sai Baba Haveli, abseits Varaha Chowk, ✆ 0145/510 5161. Von einem französisch-indischen Paar geführt. Unterschiedliche Zimmer (z. T. mit Gemeinschaftsbad) in einem reizenden alten Haus mit einem gemütlichen Innenhof. Beherbergt auch ein gutes Restaurant (S. 255). ❷–❹

Shiva, abseits Varaha Chowk, ✆ 0145/277 2120. Freundliche, bewährte kleine Unterkunft mit hellen, sauberen und sehr preiswerten Zimmern (die billigsten mit Gemeinschaftsbad) rings um einen kleinen Hof mit einem *champa*-Baum und fünf Schildkröten. Keine Reservierungen. ❶

Shyam Krishna Guest House, Main Bazaar, Nähe Vishnu-Tempel, ✆ 0145/277 2461. Attraktives, ruhiges Gästehaus mit unterschiedlichen Zimmern (z. T. mit Gemeinschaftsbad) rund um einen Garten, auf einem schönen ehemaligen Tempelgelände. Hervorragendes Preis-Leistungs-Verhältnis, besonders während der Kamelmesse. ❶–❸

Mittlere/obere Preisklasse

Jagat Palace, Ajmer Rd, 0145/277 2953, www.hotelpushkarpalace.com. Gut gemanagtes Luxushotel in etwas ungünstiger Lage am Stadtrand. Teilweise aus Mauerresten eines alten Forts erbaut, mit Wandmalereien und stilvoller Ausschmückung. Herrliche Aussicht, riesiger Pool, Sauna, Whirlpool und Garten. ❽

Pushkar Palace, 0145/277 3001, www.hotelpushkarpalace.com. In einem malerischen ehemaligen Maharadscha-Palast mit Blick auf den See. Die gesamte Anlage mit ihren altmodischen Zimmern (die meisten mit Seeblick), einem einladenden Gartenrestaurant und einer schönen, auf den See hinausgehenden Veranda besitzt eine Menge Charme. Ab US$140. ❾

Pushkar Resorts, Motisar Rd, Ganehara, 0145/277 2017 oder 277 2944, www.pushkarresorts.com. Modernes Resort, ungünstige Lage, 5 km weit draußen in der Wüste (Taxifahrt Rs100). 40 schicke AC-Chalets inmitten von Gärten und ein nierenförmiger Pool. Das hauseigene Restaurant ist weit und breit das einzige, das Fleisch und Alkohol serviert. Vorabbuchung empfohlen. ❽–❾

RTDC Hotel Sarovar, Adresse? 0145/277 2040. Staatlich geführtes Hotel, ein bisschen unpersönlich und mit miserablem Service, aber in hübscher Lage am See. Schöner Garten und Pool, geräumige Zimmer (Ventilator, *air-cooler* oder AC; die billigsten mit Gemeinschaftsbad). ❷–❺

Die Mischung macht's

Inn Seventh Heaven, Chhoti Basti, 0145/510 5455, www.inn-seventh-heaven.com. Schönes Hotel in einem eleganten alten Haveli. Eine gelungene Mischung aus traditionellen und zeitgenössischen Stilen, mit von Weinblättern umrankten Balkonen rund um einen weitläufigen Hof und einer Reihe liebevoll möblierter Zimmer. Ausgezeichnetes Preis-Leistungs-Verhältnis. ❸–❻

Essen

Da Pushkar dem Schöpfergott Brahma geweiht ist, sind alle Speisen innerhalb der Stadtgrenzen streng vegetarisch: Fleisch, Eier und Alkohol sind verpönt, ebenso alle Drogen außer *bhang*. Die meisten Restaurants sind mehr auf ausländische Gaumen eingestellt und bieten neben den landesüblichen Currys Pizza, Falafel und *chow mein*. Die süße Spezialität von Pushkar ist *malpua*, im Grunde als in Sirup gebackenes *chapati*. Es wird in „sweetshops" überall in der Stadt sowie in der Halwai Gali, der Straße direkt gegenüber der Gau Ghat, verkauft.

Honey & Spice Laxmi Market, Main Bazaar. Etwas fantasievoller als die durchschnittlichen Backpackercafés von Pushkar. Guter Filterkaffee und eine kleine, aber feine Speisekarte mit leckeren vegetarischen Vollwert-Gerichten (Rs45–65) unter Verwendung von viel braunem Reis und Tofu. Schließt um 19 Uhr.

Honeydew Café, Main Bazaar, nahe Bharatpur Palace Hotel. Winziges Lokal aus der Hippie-Ära. Tischt immer noch ordentliches Frühstück auf, vor allem für Liebhaber von Filterkaffee, und auch die Pasta (Rs30–50) ist nicht schlecht.

Manta, nahe dem Brahma-Tempel. Die kulinarische Anlaufstelle vieler indischer Pushkar-Besucher, denn hier werden mit die besten vegetarischen Currys (Rs25–50) und *thalis* (Rs45–55) der Stadt zubereitet. Was auf den Tisch kommt, hängt davon ab, welches Gemüse gerade Erntezeit hat, aber die Auswahl ist immer gut. Nicht mit dem Restaurant Mamta eine Tür weiter zu verwechseln.

Moon Dance, gegenüber vom Vishnu-Tempel. Nettes Gartenrestaurant plus Bäckerei, Hier gibt es Pizza, Pasta, chinesische und zahlreiche indische Gerichte (Hauptgerichte Rs30–110).

Om Shiva, in der Gasse, die von der Main Bazaar zum Pushkar Palace führt. Hat ein preisgünstiges Buffet (Frühstück, Mittag- und Abendessen) für Rs50 – ein Preis, der seit über 10 Jahren nicht erhöht wurde.

Raju Garden, Main Bazaar, nahe Ram Ghat. Überdurchschnittlich gutes indisches, chinesisches und westliches Essen in

Kartika Purnima und der Kamelmarkt von Pushkar

Das ganze Jahr über kommen Hindus nach Pushkar, um in dem heiligen See zu baden, doch nur am Vollmondtag *(purnima)* des Monats Kartika (meistens im November) wäscht ein Tauchbad die Gläubigen von allen Sünden rein und befreit sie aus dem endlosen Kreislauf von Tod und Wiedergeburt: An den fünf Tagen vor und zum Vollmond selbst finden sich Tausende Gläubige ein, die am Seeufer und im Brahma-Tempel die vorgeschriebenen Rituale vollziehen. Das turbulente Treiben wird noch gesteigert durch den zur selben Zeit in den Sanddünen westlich der Stadt stattfindenden großen, einwöchigen **Kamelmarkt**, zu dem sich Herdenbesitzer aus ganz Rajasthan zusammenfinden, um Handel zu treiben, ihre Tiere vorzuführen oder an Wettrennen teilnehmen zu lassen. Zu Beginn der Handelsaktivitäten werden Kamele und Rinder akribisch gestriegelt und zur Versteigerung ausgelobt, während Frauen in bespiegelten Kleidern und leuchtenden Tüchern reich bestickte Stoffe, prunkvollen Schmuck sowie Töpfe und Zierrat neben den Herden ausbreiten. Es gibt Preisgerichte für Rinder, Geflügel, Schafe und Ziegen, und auch für die schönsten Arrangements von Obst- und Gemüseauslagen werden Preise vergeben. Wo abseits des größten Trubels dichte Staubwolken aufwirbeln, finden Kamelrennen statt, bei denen Glücksritter ihr Geld aufs Spiel setzen.

Abgesehen vom überwältigenden Ausmaß des Kamelmarktes ist nach ausländischer Sichtweise vor allem bemerkenswert, dass ebenso viele Frauen wie Männer an dem Ereignis teilnehmen. Nachdem die Ernte sicher eingebracht und das überzählige Vieh verkauft worden ist, haben die Landbewohner in diesen kurzen Tagen endlich einmal ein wenig Geld übrig, um sich zu amüsieren, was eine unbeschwerte und heitere Stimmung schafft, die auf anderen Tiermärkten Rajasthans gewöhnlich nicht zu spüren ist.
Wenn man die Kamele und traditionellen Trachten der Einheimischen sehen möchte, empfiehlt es sich, schon in der Woche vor dem letzten Tag des Marktfestes zu kommen, denn da am Vollmondtag die Geschäfte geschlossen sind, machen sich die Landbewohner bereits auf den Heimweg.

Termine der nächsten Kamelmärkte:
25. Okt–2. Nov 2009, 13.–21. Nov 2010.

---

wunderbarer Lage am See. Besonders berühmt für seinen vegetarischen *Shepherd's pie* und Backkartoffeln, serviert aber auch eine ordentliche Auswahl an vegetarischen Currys. Hauptgerichte Rs35–75.

Sai Baba Haveli, abseits Varaha Chowk. Hat die üblichen vegetarischen Currys (Rs36–60), tolle Pasta und die beste Pizza in Pushkar (der Tandoor dient gleichzeitig als Pizzaofen). Es gibt Tische vorm Haus und im Garten, wo es sich angenehmer sitzt. Samstags um 20 Uhr werden Rajasthani-Tänze aufgeführt, dann gibt es ein ausgezeichnetes Buffet für Rs150.

Sunset Café, am Ostufer des Sees in der Nähe des Pushkar Palace. Ein idealer Platz zum Genießen des legendären Sonnenuntergangs über dem See, dann meist voll. Serviert eine beachtliche Auswahl an Säften, Lassis, Shakes und sogar alkoholfreies Bier sowie organischen Tee, außerdem Pizza und Kuchen. Hauptgerichte Rs50–100.

Sonstiges
Einkaufen
Auch wenn Pushkar kein eigentliches Kunsthandwerkszentrum ist, lassen sich hier gute Souvenirs einkaufen, und die Geschäfte liegen nahe beieinander im Main Bazaar. Abgesehen von Hippie-Klamotten, T-Shirts und Silberschmuck werden auch Rajasthani-Textilien, Räucherstäbchen usw. angeboten. Neue und gebrauchte Bücher gibt es in einigen Läden im Main Bazaar, gleich südlich des Varaha Chowk.

Fahrräder
Malakar Bicycle Shop, beim Ajmer-Busbahnhof (das pinkfarbene Geschäft ohne Schild neben EKTA Travels), vermietet einfache Fahrräder für Rs25/24 Std.

Geld

Sehr praktisch ist der **Geldautomat** der State Bank of Bikaner & Jaipur in der Nähe des Brahma-Tempels. Bargeld oder Reiseschecks tauschen Dutzende von Wechselstuben im Hauptbasar ein, dort gibt es auch Bargeld auf Kreditkarten. Zwei bewährte Adressen sind das Büro von **Thomas Cook** gegenüber vom Gästehaus Shyam Krishna, ⊙ Mo–Sa 9.30–18.30 Uhr, und **NL Forex** im Laxmi Market, beim Café Honey & Spice, ⊙ tgl. 9.30–19 Uhr.

Informationen

Die **Touristeninformation**, ✆ 0145/277 2040, befindet sich in günstiger Lage gleich im Haupteingangsbereich des RTDC-Hotels Sarovar, nicht weit vom Ajmer-Busbahnhof, ⊙ tgl. 10–17 Uhr, während des Kamelmarkts 24 Std.

Internet

Die zahlreichen kleinen, über die Stadt verteilten Internet-Lokale verlangen Rs20–30 pro Std. Einige liegen nah beieinander in der Straße in der Nähe des Old Rangji-Tempels, darunter das gut ausgestattete **KK Internet**, Rs20/Std., ⊙ tgl. 9.30–23 Uhr.

Kamelsafaris

Zahlreiche Veranstalter in der Stadt bieten Kamelsafaris in die Wüste rings um Pushkar an. **Maharaja Camel Safari**, in der Straße gleich vor dem Restaurant Om Shiva, ✆ 0/982 827 3366, führt 3-stündige (Rs250) und ganztägige (Rs350) Touren durch und kann auch längere Safaris sowie Ausflüge mit Kamelwagen (Rs300/3 Std.) und Reitpferden (Rs250/Std.) arrangieren.

Medizinische Hilfe

Government Hospital, gegenüber dem GPO in der Nähe des Marwar-Busbahnhofs, ✆ 0145/277 2029.

Motorräder

Bhagwati, am Ajmer-Busbahnhof, hat Motorräder für Rs100–200/Tag.

Polizei

Neben dem GPO, ✆ 0145/277 2046.

Post

GPO, im Norden der Stadt in der Nähe des Marwar-Busbahnhofs, ⊙ Mo–Sa 9–17 Uhr.

Reisebüros

EKTA Travels hat die Vertretung von Indian Railway in Pushkar und kann gegen eine Gebühr von Rs40 Fahrkarten für die Abfahrt von jedem Bahnhof in Indien besorgen sowie Flugtickets buchen, stornieren oder rückbestätigen. Büros am Marwar-Busbahnhof, ✆ 0145/277 2131, und am Ajmer-Busbahnhof, ✆ 0145/277 2888.

Wäschereien

Chhotu, unweit des Varaha Chowk. Wer die Wäsche früh herbringt, kann sie noch am selben Tag wieder abholen. ⊙ tgl. 7–21 Uhr.

Transport

Pushkar besitzt keinen Bahnhof. Die meisten Langstreckenreisen müssen über Ajmer erfolgen, selbst per Bus, obwohl es auch Direktbusse von Delhi, Jaipur, Jodhpur und Bikaner gibt. Empfehlenswerte Zugverbindungen von Ajmer s. S. 250.

Busse

Der **Ajmer-Busbahnhof** im Osten der Stadt wird von Regionalbussen aus Ajmer bedient, während Anreisende aus ferneren Zielen wie Delhi, Jaipur, Jodhpur und Bikaner (die meisten dieser Busse halten unterwegs in Ajmer), am **Marwar-Busbahnhof** im Norden der Stadt eintreffen. Wer ohne Begleitung zur Unterkunft geht, muss sich bei der Ankunft genau vergewissern, an welchem Busbahnhof der Bus gehalten hat, um sich nicht zu verlaufen, denn da in Pushkar so gut wie keine Rikschas zur Verfügung stehen, muss man zu Fuß zum Hotel gehen. Es gibt aber immerhin Handkarren für den Gepäcktransport.

Staatliche und private Intercity-Busse fahren vom Marwar-Busbahnhof, ✆ 0145/242 9398, nach:
BIKANER (9x tgl.; 6 1/2 Std.),
BUNDI (2x tgl. oder stdl. von Ajmer),
DELHI (5x tgl., darunter 2 Nachtbusse mit Liegesitzen; 9 Std.),
JAIPUR (8x tgl.; 3 1/2 Std.),

JODHPUR (3x tgl.; 5 Std.)
UDAIPUR (1x nachts oder 2x tgl. von Ajmer; 7 1/2 Std.).
Nach JAISALMER geht es nur mit einem Bus von AJMER aus (2x tgl. und 1x nachts; 11 Std.). Nach Ajmer (30 Min.) fahren alle halbe Stunde Busse vom Ajmer-Busbahnhof. Weitere Abfahrten von Ajmer s. S. 250. Von dort gibt es auch Anschlussbusse, aber es kommt oft vor, dass Leute, die eine Fahrkarte in einem Reisebüro in Pushkar gekauft haben, feststellen müssen, dass ihre Sitzplätze doppelt belegt wurden, wenn sie in Ajmer in den entsprechenden Bus steigen. Daher sollte man möglichst erstmal nur bis Ajmer fahren und dort die Weiterreise buchen. Vor allem Sitzplätze nach Delhi sind oft Tage im Voraus ausgebucht.

Jodhpur

Jodhpur, nach der Farbe seiner Altstadthäuser „blaue Stadt" genannt, erstreckt sich am Ostrand der Wüste Thar über arides Terrain, über das die mächtige Festung Meherangarh Fort wacht, deren Schutzmauern sich auf einem jäh abfallenden Sandsteinfelsen erheben. Genau dort befand sich einst das Zentrum von Marwar, Rajputanas größtem Fürstentum. Heute hat die Stadt rund eine Million Einwohner.

Die meisten Touristen bleiben nur einen Tag in Jodhpur, um vor der Weiterreise nach Jaisalmer im Westen oder Jaipur im Osten eine Stippvisite im Fort ins Programm zu schieben. Doch es ist eine Schande, im Eiltempo durch die Stadt zu hasten. Wenn man sich durch das blaue Labyrinth der Altstadt treiben lässt, steht man unversehens vor moslemischen Färbern, Marionettenbauern und traditionellen Gewürzmärkten, und vor allem zum Sonnenuntergang ist Jodhpurs berühmte kubische Dachlandschaft ein Traum für Fotografen. Nicht zuletzt gibt es in den weiten Wüstengebieten ringsum zahlreiche kleine Siedlungen, die das Gedränge vergessen lassen und Einblicke in traditionelles rajasthanisches Leben gewähren.

Geschichte

Die Entstehung des Königreichs Marwar geht auf das Jahr 1381 zurück, als Rao Chanda, Oberhaupt des Rajputenclans der Rathore, die Festung von Mandor (S. 265) überfiel und deren Herrscher, die Parihars, vertrieb. 1459 verlegte **Rao Jodha** die Hauptstadt Marwars vom wenige Kilometer entfernten ungeschützten **Mandore** an einen Ort, über dem ein massiver schroffer Felsen thronte, und benannte die neue Hauptstadt nach sich selbst. Das hoch gelegene Fort mit den mächtigen Befestigungsmauern erwies sich als nahezu unverwundbar, und schon bald sammelte die Stadt großen Reichtum durch den Handel an. Die Moguln schielten mit gierigen Blicken nach Jodhpur, doch da sie rasch erkannten, dass schlechte Aussichten auf eine Übernahme bestanden, entschlossen sie sich zu Friedensverhandlungen und untermauerten die neuen freundschaftlichen Bande 1561 durch die Verheiratung der Schwester des Marwar-Herrschers Udai Singh mit Akbar dem Großen.

Das 18. Jh. erlebte trotz der gemeinsamen Front gegen die Moguln viele blutige Schlachten zwischen Marwar, Mewar (Udaipur) und Jaipur. Gegen Ende des Jahrhunderts sah Maharadscha Man Singh sich von dem expandierenden Marathen-Reich im Süden bedroht und wandte sich schließlich 1818 hilfesuchend an die Briten. Der Vertrag, den er mit ihnen schloss – nicht unähnlich dem alten Arrangement von Marwar mit den Moguln –, sicherte dem Königreich seine innere Unabhängigkeit, es musste jedoch einen jährlichen Tribut an die East India Company entrichten.

An den letzten Maharadscha vor der Unabhängigkeit, **Umaid Singh**, erinnert der mächtige Palast Umaid Bhawan. 1930 einigte der Maharadscha sich mit den Briten darauf, Marwar in ein unabhängiges Indien einzugliedern. Als es schließlich soweit war, trug sein Sohn und Nachfolger **Hanuwant Singh** bei der Unabhängigkeitszeremonie einen schwarzen Turban. „Heute," erklärte er, „geht die 500 Jahre lange Regierungszeit meiner Familie zu Ende, deshalb trage ich Trauer." Dennoch haben seine Erben einen großen Teil ihrer Reichtümer behalten und genießen überdies in Jodhpur nicht nur eine Menge Einfluss, sondern auch echten Respekt.

Orientierung

In Jodhpur spielt sich das Leben rund um die **Festung** ab, die die ummauerte Altstadt beherrscht. Der blaue Anstrich so vieler Häuser, die sich tief unter ihr zusammenkauern, war ursprünglich das Kennzeichen von Wohnungen hochkastiger Brahmanen und geht darauf zurück, dass der weißen Kalktünche Indigo beigemischt wurde, was als Schutz der Gebäude gegen Insekten und Sonneneinstrahlung im Sommer gedacht war. Die auffällige Farbe wurde zum Markenzeichen der Stadt, und heute gibt es sogar eine blau getünchte Moschee an der Straße vom Jalori Gate westlich des Forts.

Die **Basare** der Stadt, in denen die jeweiligen Branchen ihnen zugeordnete Bezirke haben, erstrecken sich von dem 1910 erbauten Sardar-Markt mit seinem hohen Uhrturm – einem ausgezeichneten Orientierungspunkt – in alle Richtungen. Die meisten Befestigungsanlagen auf der Südseite der Altstadt sind abgerissen worden, sodass die beiden Stadttore **Jaloti Gate** und **Sojati Gate** heute einen ziemlich traurigen Anblick bieten.

1 HIGHLIGHT

Meherangarh Fort

Das Meherangarh Fort vermittelt eine Vorstellung von dem unaufhörlichen Kreislauf aus Krieg, Ehre und Extravaganz, der untrennbar mit Rajputana verbunden ist. In seiner ganzen imposanten Größe dominiert es die Stadt, doch im Gegensatz zur Festung von Jaisalmer ist diese Befestigungsanlage unbewohnt.

Der Aufstieg von der Altstadt zum Fort ist ziemlich steil, aber man erreicht das Fort auch per Taxi oder Motor-Riksha über die Zufahrtsstraße vom Nagauri Gate her. Die großartige Audio-Tour dauert rund zwei Stunden. Man betritt die Festung durch das 1806 erbaute **Jai Pol**, das erste von sieben Verteidigungstoren auf dem Weg hoch zu den Wohnquartieren des Forts. Die sechste der sieben Tore, das **Loha Pol**, weist eine scharfe Biegung und noch schärfere Eisennägel auf, um das Eindringen von Kriegselefanten zu verhindern. An der Torwand prangen die Handabdrücke der Witwen des Maharadschas Man Singh. In Befolgung des rajputischen Ehrenkodexes starben sie 1843 auf dem Verbrennungshaufen ihres Ehemannes – die letzte Massen-*sati* von Frauen eines Marwari-Maharadscha.

Hinter dem letzten Tor, dem gewaltigen **Suraj Pole**, liegt der Krönungshof (Shangar Chowk), in dem die Maharadschas auf einem speziellen Marmorthron gekrönt werden. Vom Hof aus nach oben bietet sich eine gute Sicht auf die fantastischen *jali* (durchbrochenes Steinwerk), die nahezu alle Sandsteinwände überziehen. Die auf den Hof hinausgehenden Wohnräume wurden in ein **Museum** verwandelt, wo silberne *howdahs* (Elefantensättel), Sänften und Waffen zu sehen sind. Eine Treppe höher befinden sich ein paar wertvolle Miniaturen aus der Marwari-Schule. Der am reichsten geschmückte Raum ist der **Phool Mahal** (Blumenpalast) von 1724 mit seinen Buntglasfenstern und der blattgoldverzierten Decke. Hier ließen sich die Maharadschas Musik oder Gedichte vortragen oder Tänze vorführen. Maharadscha Takhat Singh hingegen bevorzugte seine eigene, im 19. Jh. errichtete Wohnung **Takhat Vilas**, von deren Decke riesige Weihnachtskugeln hängen und deren Wände mit Malereien bedeckt sind, die an jene in Shekhawati (S. 225) erinnern. Im **Jhanki Mahal** (Palast der Königin) sind die Wiegen früherer Herrscher ausgestellt, und im **Moti Mahal** (Perlenpalast) fanden die Ratssitzungen statt. Die fünf Alkoven in der Wand gegenüber vom Eingang sind in Wirklichkeit versteckte Balkone, von denen aus die Frauen der Maharadschas heimlich das Geschehen verfolgen konnten. Hinter dem Moti Mahal befindet sich der **Zenana**, der Frauenbereich. Von hier geht es zum Tempel von Chamunda hinab, dem ältesten Tempel der Stadt. Er ist der Schutzgöttin Jodhpurs gewidmet, einer Inkarnation von Durga. ⏱ tgl.: im Sommer 8.30–17.30, im Winter 9–17 Uhr; Eintritt Rs250 inkl. Audio-Tour bei Hinterlegung eines Ausweises, einer Kreditkarte oder einer Kaution; Fotoerlaubnis Rs50, Video Rs200; Aufzugbenutzung Rs15; Guide Rs100; 🖥 www.mehrangarh.org.

Jaswant Thanda

Vom Fort führt eine Straße 500 m Richtung Norden zum mit Säulen versehenen Marmorbau Jaswant Thanda, der Gedenkstätte für den populären Herrscher Jaswant Singh II. (1878–95), der Jodhpur von Banditen säuberte, Bewässerungssysteme

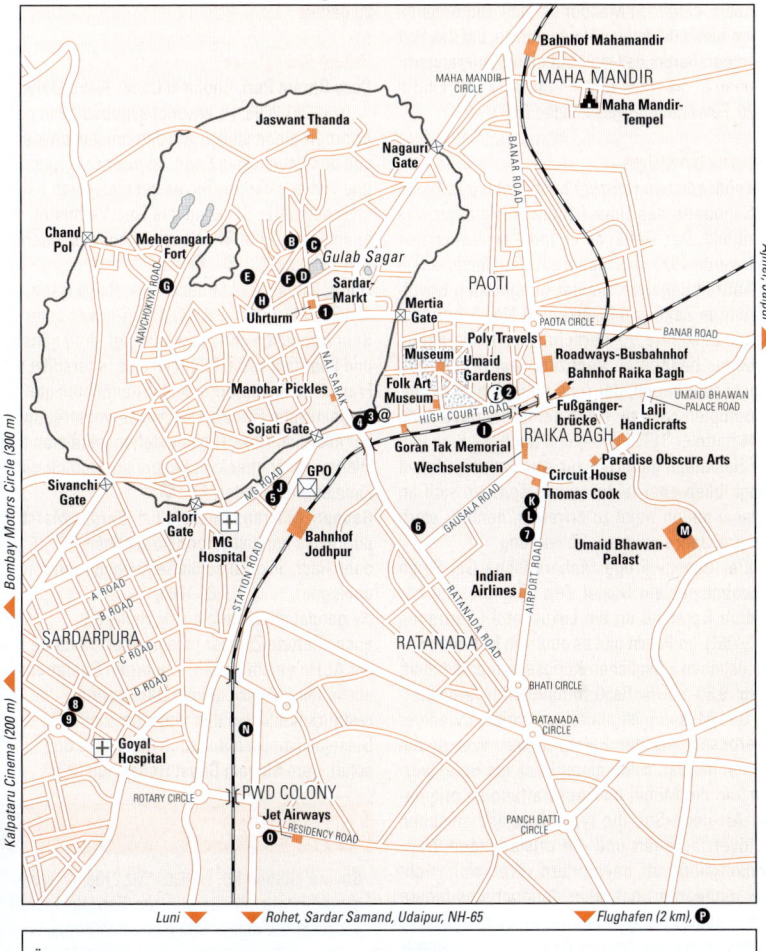

Jodhpur

Rajasthan

Übernachtung		Krishna Prakash		Restaurants		On the Rocks	7
Ajit Bhawan	L	Heritage Haveli	B	15 AD Cake Shop	9	Pokar Sweets	4
Bal Samand	A	Pal Haveli	D	Bollygood	6	Shri Parashnath	
Cosy	G	Ranbanka	K	Chirmi Bar	2	Ice-Cream	3
Durag Niwas	I	Shahi	E	Fort View	J	The Pillars	M
Ganpati	C	Shivam	F	Gypsy	8	Trophy Bar	M
Govind	J	Taj Hari Mahal	O	Jodhpur Sweets	8		
Haveli Inn Pal	D	Umaid Bhawan		Marwar	0		
Indrashan	P	Palace	M	Midtown	5		
Inn Season	N	Yogi's	H	Mishri Lal	1		

www.stefan-loose.de/indien

anlegen ließ und die Wirtschaft ankurbelte. Auf demselben Gelände befinden sich Kenotaphe von Mitgliedern der königlichen Familie, die nach Jaswant verstorben sind. An vor ihm Verstorbene erinnern *chhatri* in Mandor (S. 265). Die Gedenkstätte bietet die besten Perspektiven, um das Fort zu fotografieren, das stolz auf dem Meherangarh-Plateau in die Höhe ragt. ⏰ tgl. 9–17 Uhr, Eintritt Rs20, Fotoerlaubnis Rs25, Video Rs50.

Umaid Bhawan

Am südöstlichen Horizont bestimmt die kolossale Silhouette des Umaid Bhawan-Palastes das Stadtbild. Das Gebäude im indo-sarazenischen Stil wurde 1929 von Maharadscha Umaid Singh in Auftrag gegeben, um der hungernden Bevölkerung in Zeiten von Dürre und Not Arbeit und damit Einkünfte zu verschaffen. Dreitausend Arbeiter benötigten sechzehn Jahre, um den Palast zu erbauen, der rund neuneinhalb Millionen Rupien kostete. Nach seiner Fertigstellung 1944 hatte er 347 Zimmer, und auch ein Kino und ein Hallenbad gehörten zur Ausstattung. Umaid Singh blieb aber leider wenig Zeit, um sich an seinem neuen Heim zu erfreuen, denn er starb nur drei Jahre nach der Vollendung.

Der gegenwärtige Maharadscha Gaj Singh bewohnt nur ein Drittel des Palastes und hat andere Bereiche an ein Luxushotel übertragen (s. S. 261). Im Palast gibt es auch ein **Museum**, das die üblichen königlichen Kuriositäten präsentiert; ⏰ tgl. 9.30–17 Uhr; Rs50; fotografieren verboten.

Das Museum ist allerdings weitaus weniger interessant als der Palast selbst. Wer schon einmal hier ist, sollte einen Blick ins Hotel werfen, um die Möbel und Ausstattung im originalen Art-déco-Stil, die typisch rajasthanischen Goldverzierungen und die ausladenden Treppenaufgänge zu bewundern. Wer sich nicht hier einquartiert hat, aber dennoch das Innere des Palastes sehen möchte, muss mindestens Rs2000 in der Bar oder im Restaurant des Hotels hinblättern (S. 263).

Übernachtung

Jodhpur hat viele Unterkünfte aller Kategorien, doch die Motorriksha-*wallahs* finden unweigerlich einen Weg, Fahrgäste nur in ein Hotel zu bringen, das ihnen eine Provision bezahlt. Manche Unterkünfte bieten kostenlose Abholung; eine andere Möglichkeit besteht darin, sich in die Nähe der gewünschten Unterkunft bringen zu lassen und dann zu Fuß zu gehen.

Untere Preisklasse

Cosy Bhram Puri, Chuna ki Choki, Navchokiya, ✆ 0291/261 2066, 🖥 www.cosyguesthouse.com. Erfordert einen steilen Anstieg (ausgeschildert) von der Navchokiya Road, ist aber sehr nett, und von den oberen Terrassen bietet sich ein märchenhafter Blick auf das Fort. Vermietet auch billige Zelte ❶, die allerdings reserviert werden müssen. ❶–❸

Durag Niwas, 1 Old Public Park, Raika Bagh, ✆ 0291/251 2385, 🖥 www.durag-niwas.com. Sehr freundlich und gut gemanagt, preisgünstig und überdies sozial engagiert: es unterstützt ein Freiwilligenhilfsprogramm für benachteiligte einheimische Frauen. Die Wasserversorgung hat allerdings ihre Tücken, daher sollte man das Warmwasser checken, bevor man sich für ein Zimmer entscheidet. ❷–❹

Ganpati, Makrana Mohalla (am Sardar-Markt durch das nördliche Tor hinausgehen, dann nach links, anschließend nach rechts abbiegen), ✆ 0291/263 1686, ✉ ganpatigh@yahoo.co.uk. Helle, gut ausgestattete Zimmer (alle mit Bad, manche mit AC) in einem netten, modernen Gästehaus mit schöner Aussicht vom Dachgartenrestaurant und von den teureren Zimmern. Dieselbe Familie leitet auch das ältere und schäbigere **Shivam Guest House**, ein Stück

Altbewährt und gut

Govind, Station Rd, ✆ 0291/262 2758, 🖥 www.govindhotel.com. Bewährter Travellerfavorit mit prima Zimmern in hübschen Farben, einem sauberen Dorm (Rs90), gutem Dachgartenrestaurant (S. 260) und sehr hilfsbereitem Eigentümer. Da er keine Provision bezahlt, weigern sich die Motor-Riksha-*wallahs*, Fahrgäste herzubringen, aber das Haus ist leicht zu finden – nach den Bäumen vor dem Haus Ausschau halten. ❸–❹

weiter die Straße entlang, das ein bisschen billigere Zimmer hat. ❷–❹

Yogi's, Manak Chowk, Nayabas (rund 50 m die Straße lang, vor dem Krishna Prakash Haveli), ✆ 0291/264 3436, 🖥 www.yogiguesthouse.com. Mitten in der Altstadt gelegen und eines der kostspieligeren Gästehäuser von Jodhpur. Dafür in exzellenter Lage mit angenehmen Zimmern (z. T. mit AC) und hervorragender Aussicht auf das Fort von der Dachterrasse aus, eine der besten Anlaufstellen in ganz Rajasthan zum Ausspannen. ❸–❺

Mittlere Preisklasse

Haveli Inn Pal, in der Nähe des Gulab Sagar Lake (durch das nördliche Tor des Sardar-Marktes hinausgehen, dann nach rechts und an der ersten Abzweigung nach links abbiegen), ✆ 0291/261 2519, 🖥 www.haveliinnpal.com. Große Zimmer (alle mit AC und TV; manche mit Blick auf Fort oder See) in einem Haveli aus dem 18. Jh. Reservierung empfohlen. ❼

Indrashan, 593 High Court Colony, 3 km südlich der Stadt, ✆ 0291/244 0665, 🖥 www.rajputanadiscovery.com. Acht supergemütliche Zimmer bei einer Familie. Veranstaltet hervorragende Kochkurse, die von Hobbyköchen aus der ganzen Welt besucht werden. Nach telefonischer Voranmeldung können auch Besucher, die nicht hier abgestiegen sind, zum Abendessen kommen (Rs350). ❹–❺

Inn Season, PWD Rd, ✆ 0291/261 6400, 🖥 www.innseasonjodhpur.com. Boutiquehotel, dessen Art-déco-Zimmer die Liebe des Besitzers zu Oldtimern spiegeln. Nachteil: Während der Heiratszeit (ungefähr Okt–März) ist es laut, denn gleich nebenan befindet sich das Hochzeitsgelände. Vorbuchen. ❺–❽

Krishna, Prakash Nayabas (am Shivam Guest House vorbei geradeaus die Straße hoch), ✆ 0291/982 924 1547, 🖥 www.kpheritage.com. Ein Heritage Hotel in einem wunderbar gelegenen Haveli direkt unterhalb der Festungsmauern. Das Gebäude an sich ist nicht überwältigend, aber die Zimmer (fast alle mit AC und TV) sind hübsch möbliert und erschwinglich. ❺–❼

Pal Haveli, nahe dem Gulab Sagar-See, ✆ 0291/329 3328, 🖥 www.palhaveli.com. Auf dem gleichen Gelände wie das Haveli Inn Pal und im Besitz derselben Familie, aber eleganter – eher ein Heritage Hotel mit niedrigen Preisen als ein Guesthouse. ❼–❽

Shahi, Gandhi St, City Police District, unweit des Katla-Basars gegenüber vom Narsingh-Tempel, ✆ 0291/262 3802, ✉ shahigh@rediffmail.com. Gastfreundliches, von einer Familie geführtes Gästehaus, untergebracht in einem 350 Jahre alten Haveli tief im Labyrinth der Gassen unterhalb der südwestlichen Festungsmauer und mit atemberaubender Aussicht vom Dach. Die 6 Zimmer (*air-cooler* und AC) haben jede Menge Atmosphäre, Wandgemälde und jede Menge Nippes. Wegbeschreibung telefonisch erfragen. ❹–❺

Obere Preisklasse

Ajit Bhawan, Airport Rd, ✆ 0291/251 1410, 🖥 www.ajitbhawan.com. Resort im Stil eines Dorfes mit kleinen runden Häuschen oder konventionelleren Zimmern und entspannter Atmosphäre; Swimming Pool mit Wasserfall (Besucher Rs500), strohgedecktes Garten-Restaurant, Wellness-Center. Zimmerpreise ab US$140. ❾

Ranbanka, Airport Rd, ✆ 0291/251 0162, 🖥 ranbankahotels.com. Im selben Palast wie das Ajit Bhawan, authentischer (die Zimmer befinden sich tatsächlich innerhalb des Palastes), aber weniger professionell gemanangt und ein bisschen altersschwach, trotz hübschem Pool (Besucher Rs500), Wellnessbereich und Gartenrestaurant. ❽–❾

Taj Hari Mahal, 5 Residency Rd, knapp 1 km südlich der Stadt, 🖥 www.tajhotels.com, ✆ 0291/243 9700. 5-Sterne-Taj-Hotel mit guten Restaurants und einem großen Pool, jedoch ohne den Charme der Heritage- und Boutiquehotels. Ab US$210. ❾

Umaid Bhawan Palace, südöstlich des Zentrums, ✆ 0291/251 0101 oder 1600/111 825, 🖥 www.tajhotels.com. Das Lieblingsprojekt des Maharadschas von Jodhpur gehört zu den besten Hotels der Welt und zählt viele Prominente zu seinen Gästen. Allerdings scheinen sich manche in den überdimensionalen Suiten, prächtigen Salons und dunklen, mit Marmor getäfelten Korridoren etwas verloren zu

Heritage Hotels in der Region Jodhpur

Bal Samand Lake Palace, 8 km nördlich von Jodhpur, ℡ 0291/257 2321, 🖳 www.welcom heritagehotels.com. Eines der attraktivsten Heritage Hotels im ganzen Bundesstaat, umgestalteter Sommerpalast des Maharadschas am Seeufer. Die Standardzimmer sind nichts Besonderes, aber die neun Suiten im Hauptgebäude sind groß, luftig und exquisit möbliert. ❾

Fort Chanwa Luni, Luni (36 km südlich von Jodhpur), ℡ 02931/284216, 🖳 www.fortchanwa.com. In einem 1895 aus rotem Sandstein erbauten Fort, mit sämtlichen Annehmlichkeiten eines Luxushotels. Die Standardzimmer sind aber nicht so stimmungsvoll, deshalb lohnt es sich, ein bisschen mehr Geld auszugeben, um etwas wirklich Einmaliges zu bekommen. ❽–❾

Fort Khejarla, Khejarla (84 km östlich von Jodhpur), ℡ 02930/258311, 🖳 www.nivalink.com/fort khejarla. Eine imposante Festung mit viel rotem Sandstein, geschmackvoll möblierten Zimmern und weiten Ausblicken. Die besten Zimmer sind die in den Türmchen. ❼–❽

Jhalamand Garh, Jhalamand (7 km südlich von Jodhpur), ℡ 0291/274 0481. Dieser aus dem 18. Jh. stammende Palast der *thakurs* (Barone) des Dorfs Jhalamand liegt so nahe bei Jodhpur, dass die Stadt von hier aus zu sehen ist. Das ganze Gebäude ist ziemlich elegant; das Foyer war früher die Diwan-i-Am (Audienzhalle) des *thakur*. ❽

Khimsar Fort, Khimsar (80 km nordöstlich von Jodhpur), ℡ 01585/262345, 🖳 www.nivalink.com/khimsar. In diesem ehemaligen Fort aus dem 16. Jh. gibt es Zimmer in unterschiedlichen Stilrichtungen – manche traditionell, manche im Art déco – sowie einen Pool, Tennisplätze, einen Krocket-Rasen und Möglichkeiten zum Golfspielen. ❾

Rohet Garh, Rohet (39 km südlich von Jodhpur), ℡ 02936/268231 oder 531, 🖳 www.rohetgarh.com. Dieses schicke Palasthotel bietet kühle, geräumige Zimmer, Candlelight-Dinners am Pool, fürstliche Picknicks mit livrierten Dienern, Gourmet-Kochkurse, Reitpferde und Vogelbeobachtungstouren. ❽–❾

Sardar Samand Palace, Pali (65 km südöstlich von Jodhpur), ℡ 02960/245001 bis 3, 🖳 www.welcomheritagehotels.com. Art-déco-Liebhaber werden dieses 1930 für den Maharadscha von Jodhpur erbaute Jagdschloss lieben. Der auf dem höchsten Punkt in der Landschaft errichtete Palast mit traumhaftem Panorama hat sich viel von seinem ursprünglichen Ambiente bewahrt. Zu den angebotenen Aktivitäten zählen Vogelbeobachtung, Naturwanderungen und Village-Safaris. DZ ab Rs5100. ❾

fühlen und beklagen sich über die unbehagliche Atmosphäre. Ab US$850. ❾

Essen

Jodhpurs Restaurants haben für jeden Geschmack und Geldbeutel etwas zu bieten. Zu den örtlichen Spezialitäten gehören *mirchi bada*, eine große, mit Kartoffeln und Masala gefüllte Chilischote in einem Teigmantel, die in schwimmendem Fett gebacken wird. Zu den typischen Jodhpur-Süßspeisen, oft mit *mawa* (Dickmilch) zubereitet, zählen *makhan wada* (aus Weizenmehl, Grieß und Zucker, in *ghee* gebacken) und *mawa kachori* (mit *mawa* gefüllte und mit Sirup besprenkelte *kachori*). Bars sind Mangelware in Jodhpur, aber die meisten der nachstehend genannten Restaurants haben eine Alkohollizenz. Wer keine Rs2000 hinlegen möchte, um die **Trophy Bar** des Umaid Bhawan Palace Hotels besuchen zu dürfen, kann sich in die langweilige, aber ruhige **Chirmi Bar** im RTDC Hotel Goomar neben der Touristeninformation begeben oder in die spärlich beleuchteten, überwiegend von Männern besuchten Kneipen in der Umgebung des Restaurants Midtown in der Station Road.

Bollygood, Khaas Bagh, Ratanada. Ein lustiges Film-Themenrestaurant mit Tischen drinnen und im Garten; vegetarische und nicht-vegetarische Speisen. Am begehrtesten sind die Tandoori-Gerichte. Hauptgerichte um Rs100–150.

Fort View, Govind Hotel, Station Rd. Eine Spur besser als die üblichen Touristenrestaurants.

Gute, vegetarische Currys und *thalis* zu angemessenen Preisen (Rs55–110), regionale Spezialitäten wie *gulab jamun* (nicht die bengalische Süßspeise, sondern ein köstliches Rajasthani-Gericht, das mit *mawa* zubereitet wird), außerdem ein paar chinesische Speisen und gutes Frühstück inkl. echtem Kaffee. WLAN. Gut geeignet, um die Zeit bis zur Bus- oder Zugabfahrt zu verbringen (Gepäckaufbewahrung möglich).

Gypsy, C Rd, Sardarpura. Im Erdgeschoss befindet sich ein Imbiss, der südindische, chinesische und westliche Snacks (Rs30–60) verkauft. Eine Treppe höher gibt's ein blitzsauberes Restaurant, wo nur eine einzige Speise zubereitet wird: köstliche vegetarische *thali* (Rs90) bis zum Abwinken. Filiale in der PWD Rd, neben dem Hotel Inn Season.

Marwar, im Hotel Taj Hari Mahal, ✆ 0291/243 9700. Kostspielig, aber das beste Lokal der Stadt, um traditionelle Marwari-Küche zu probieren, z. B. *Jodhpuri mas* (würziges Hammelgericht). Hauptgerichte Rs210–400.

On the Rocks, neben dem Hotel Ajit Bhawan, Airport Rd, ✆ 0291/230 2701. Einladendes Gartenrestaurant, spezialisiert auf Kebabs und Tandoor-Speisen. Abends verwandelt es sich in einen unterhaltsamen Nachtclub; zum Mittagessen kommen allerdings meist Reisegruppen. Vegetarische Hauptgerichte Rs75–110, sonst Rs120–200.

The Pillars, Umaid Bhawan Palace Hotel, ✆ 0291/251 0101. Ein Besuch dieses Veranda-Café-Restaurants bietet den Vorwand für einen Streifzug durch den prunkvollen Art-déco-Innenbereich des Hotels. Außerdem ein herrlicher Ort für einen Sundowner. Sandwiches sind den ganzen Tag über zu haben; ab 19.30 Uhr gibt es ein überwiegend westliches Abendessen. Man kann auch auf einem Elefantenfuß-Barhocker Platz nehmen und sich an der Trophy Bar einen Drink genehmigen: Mindestverzehr Rs2000, am Eingang zu entrichten.

Sonstiges

Bücher

Sarvodaya Bookstall, gegenüber vom Raj Ranchodji-Tempel, in derselben Nebenstraße

Vielseitig und freundlich

Midtown, in einer Nebenstraße der Station Rd, die gegenüber vom Bahnhof zum Raj Ranchodji-Tempel führt. Hell, sauber und freundlich. Bereitet köstliche, rein vegetarische Currys (Rs55–100), südindische Gerichte, Gujarati- und Rajasthani-*thalis* (Rs70–100) und andere Rajasthani-Spezialitäten zu, außerdem Pizza und Pasta.

der Station Rd, in der sich auch das Restaurant Midtown befindet.

Krishna Book Depot, im Obergeschoss von Krishna Art and Export im Sardar-Markt, unmittelbar östlich des Nordtors.

Fahrräder

Hind Silk Store, 30 m westlich vom Restaurant Midtown in der Station Rd, ✆ 0291/261 2953, vermietet Fahrräder für Rs25–35 pro Tag.

Feste

Jodhpurs jährliches, zweitägiges **Marwar Festival** findet bei Vollmond im Hindu-Monat Ashvina statt (3.–4. Okt 2009, 21.–22. Okt 2010, 10.–11. Okt 2011). Es handelt sich um ein Kulturfestival, bei dem überwiegend Musik und Tanz vorgeführt werden.

Geld

Geldautomaten in der 151 und 157 Nai Sarak; in der MG Rd 100 m östlich vom Sojati Gate; in der kleinen Straße, die gegenüber dem Sojati Gate von der MG Rd abgeht; in der Station Rd nahe beim Govind Hotel und neben der Touristeninformation. **Wechselstuben** finden sich nördlich des Uhrturms im Sardar-Markt und in der Hanwant Vihar gleich nördlich vom Circuit House (es gibt auch ein Thomas Cook-Büro in der Airport Rd).

Informationen

Die **Touristeninformation** im RTDC Goomar Hotel in der High Court Rd, ✆ 0291/254 5083, kennt die Abfahrtszeiten der Privatbusse und führt Listen über Familien, die Privatunterkünfte anbieten. Veranstaltet auch Dorfbesichtigungen *(village*

safaris; S. 266) und Ausflüge nach Osian. ⏰ Mo–Sa 10–17 Uhr, jeden 2. Sa im Monat geschlossen.
Die beiden Websites 💻 jodhpur.nic.in und 💻 www.maharajajodhpur.com stecken voller interessanter Hintergrundinformationen über die Stadt.

Internet
Internet-Zugang (normalerweise Rs30–40 pro Std.) wird selbst im mittelalterlichen Labyrinth der Altstadt vielerorts angeboten. Günstig gelegene Lokale sind z. B. **The Net** in der High Court Rd bei Shri Parashnath Ice-Cream, Rs25/Std., ⏰ tgl. 9–22 Uhr; das Internetbüro im **Govind Hotel** in der Station Rd, ⏰ tgl. 24 Std., und **Sify I-Way**, gegenüber dem Nordtor des Sardar-Markts, Rs30/Std., ⏰ tgl. 9–23 Uhr.

Medizinische Hilfe
Das beste private Krankenhaus ist das **Goyal** in der Residency Rd, Sindhi Colony, 2 km südlich der Stadt, ☎ 0291/243 2144.

Motorräder
Jodhpur Travels, Station Rd (ein paar Türen südlich vom Govind Hotel), vermietet Motorräder und Mopeds für Rs200–500/Tag.

Polizei
☎ 0291/265 0777. Beim Uhrturm im Sardar-Markt gibt es einen Kiosk der Touristenpolizei.

Post
GPO, Station Rd, gegenüber dem Govind Hotel. Briefmarken werden in dem Raum hinter dem Eingang auf der rechten Seite verkauft, ⏰ Mo–Sa 9–17, So 11–16 Uhr. Poste restante und Paketpost befinden sich hinter dem linken Eingang, ⏰ Mo–Fr 9–13 und 14–15, Sa 9–13 Uhr.

Transport
In Jodhpur laufen Rajasthans Haupt-Touristenrouten zusammen: Richtung Nordosten nach Pushkar, Jaipur und Delhi, Richtung Süden nach Udaipur und Ahmedabad sowie Richtung Westen nach Jaisalmer. Busse sind meist schneller als Züge.

Busse
Private Busse zu den meisten Zielen fahren am Kalpataru Cinema ab, 4 km südwestlich der Stadt, zu erreichen mit einer Motor-Riksha für Rs50; private Busse nach Jaisalmer (ein Dutzend pro Tag) fahren in der Nähe, bei Bombay Motors Circle, am Westende der Sardarpura, ab. Fahrscheine für private Busse lassen sich in den meisten Reisebüros und in vielen Hotels (gegen eine Gebühr von Rs50) reservieren. **Staatliche Busse** fahren am Roadways-Busbahnhof ab, am östlichen Stadtrand. Informationen über aktuelle Abfahrtszeiten kann man vom Hotel oder Gästehaus telefonisch erfragen lassen: ☎ 0291/254 4686. Es gibt Silver- und Gold Line-Busse nach Delhi, Agra, Ajmer, Jaipur und Udaipur.
Busse nach:
ABU ROAD (alle 30 Min.–stdl.; 6–9 Std.),
AGRA (3x tgl.; 14 Std.),
AJMER (halbstdl.; 5 Std.),
BHARATPUR (2x tgl.; 10 Std.),
BIKANER (alle 30 Min.–stdl.; 6 Std.),
BUNDI (3x tgl.; 10 Std.),
CHITTAURGARH (3x tgl.; 9 Std.),
DELHI (6x tgl.; 11–12 Std.),
JAIPUR (alle 30 Min.–stdl.; 7 Std.),
JAISALMER (alle 30 Min.–stdl.; 5 1/2 Std.),
MOUNT ABU (1x tgl.; 6–9 1/2 Std.),
OSIAN (alle 30–45 Min.; 2 Std.),
PUSHKAR (3x tgl.; 4 1/2–6 1/2 Std.),
RANAKPUR (5–6x tgl.; 4–5 Std.),
UDAIPUR (stdl.; 7–9 Std.).

Eisenbahn
Jodhpurs **Hauptbahnhof** liegt in der Station Road, 300 m südlich vom Sojati Gate. Gleich nördlich vom Bahnhof, hinter der Hauptpost, befindet sich ein computerisiertes Reservierungsbüro, ⏰ Mo–Sa 8–20 Uhr, So 8–14 Uhr. Zahlende Gäste des Restaurant Fort View im Govind Hotel (S. 260) dürfen ihr Gepäck kostenlos abstellen und die Toiletten benutzen, während sie auf den Zug warten. Empfohlene Verbindungen s. Kasten S. 265. 1x wöchentl. fährt der Thar Express nach KARACHI in Pakistan (Fr um 23.30 Uhr; 25 Std.).

Empfohlene Zugverbindungen ab Jodhpur

Alle genannten Zügen fahren – sofern nicht anders angegeben – täglich. Wichtig: Es gibt keine Direktverbindung nach Udaipur oder Chittaurgarh.

Ziel	Name	Nr.	Abfahrt	Ankunft
Abu Road	Ahmedabad Express	9224	6.35 Uhr	11.25 Uhr
	Ranakpur Express	4707	15 Uhr	20 Uhr
Agra	Howrah Superfast	2308	19.45 Uhr	6.35 Uhr
Ajmer	Fast Passenger Train	1JA	7.15 Uhr	12.35 Uhr
Alwar	Jaisalmer–Delhi Express	4060	22.30 Uhr	7.35 Uhr
Bikaner	Ranakpur Express	4708	10.05 Uhr	16 Uhr
	Barmer-Kalka Express	4888	10.30 Uhr	16.20 Uhr
	Bhatinda Passenger Train	340	14.05 Uhr	21.20 Uhr
Delhi	Mandor Express	2462	7.30 Uhr	6.20 Uhr
	Jaisalmer-Delhi Express	4060	22.30 Uhr	11.10 Uhr
Jaipur	Jaipur Intercity Express	2466	5.55 Uhr	10.47 Uhr
	Marudhar Express	4854	9.15 Uhr (nur Mo, Do, Sa)	15.30 Uhr
Jaisalmer	Delhi-Jaisalmer Express	4059	6.20 Uhr	13 Uhr
	Jaisalmer Express	4810	23.25 Uhr	5.30 Uhr
Sawai Madhopur	Intercity Express	2466	5.55 Uhr	13.15 Uhr
	Bhopal passenger train	492	7.25 Uhr	20.25 Uhr

Züge nach:
ABU ROAD (3x tgl.; 5 Std.),
AGRA (1–2x tgl.; 12 Std.),
AHMEDABAD (3x tgl.; 9–10 Std.),
BIKANER (5x tgl.; 5–7 1/4 Std.),
DELHI (2x tgl.; 11–13 Std.),
JAIPUR (5–8x tgl.; 5 1/2–9 Std.),
JAISALMER (2x tgl.; 6–6 3/4 Std.).

Flüge
Eine Motor-Rikscha vom 4 km südlich gelegenen **Flughafen** in die Stadt kostet Rs80, Taxis verlangen Rs220.

Flüge nach:
DELHI (AI, 9W; tgl.; 55 Min.–1 1/2 Std.);
JAIPUR (DN, IT; tgl.; 1 Std.);
MUMBAI (AI, 9W; tgl.; 1 Std. 50 Min.–2 Std. 25 Min.);
UDAIPUR (AI, 9W, IT; tgl.; 50 Min.–1 Std. 10 Min.).
AI = Indian Airlines
IT = Kingfisher Airlies
9W = Jet Airways
DN = Air Deccan

Fluggesellschaften
Indian Airlines, East Patel Nagar, Airport Rd, 0291/251 0758; **Jet Airways**, Osho Apartments, Residency Rd, 0291/510 3333.

Die Umgebung von Jodhpur

Mandor
Die fürstlichen **Kenotaphe** von Mandor, 9 km nördlich der Stadt, befinden sich in einem kleinen Park voller Affen und sind mit den Minibussen Nr. 1, 5 und 7 vom Sojati Gate aus zu erreichen. Vom 6.–14. Jh. war Mandor die Hauptstadt der Parihar-Rajputen, die 1831 durch Rao Chauhan vom Clan der Rathore verdrängt wurden. Dessen Nachfolger verlegte die Hauptstadt 1459 nach Jodhpur, doch sobald die verstorbenen Rathore eingeäschert worden waren, errichtete man ihre Kenotaphe in Mandor. Die Grabmäler aus dunkelrotem Sandstein, die zum Gedenken an Jodhpurs Herrscher errichtet wurden, nahmen mit der wachsenden Macht der Rathore an Größe und

Pracht zu. Der letzte und größte erinnert an den 1763 verstorbenen Ajit Singh. Seine sechs Ehefrauen sowie Geliebten, Konkubinen, Dienerinnen und Gesellschaftsdamen – insgesamt 84 Frauen – begingen *sati*. ⏰ 24 Std., Eintritt frei.

Am Ende der Parkanlage, hinter den *chhatris*, steht der achteckige **Ek Thamba Mahal** („Ein-Säulen-Palast"), ein dreistöckiges Gebäude, das zu Beginn des 18. Jhs. erbaut wurde, damit die Damen des Hofes öffentliche Veranstaltungen beobachten konnten, ohne ihre *purdah* zu brechen. Dahinter befindet sich ein kleines **Museum**, mit ein paar langweiligen Skulpturen und Gemälden, ⏰ tgl. außer Fr 10–16 Uhr; Rs3. Sehr viel interessanter sind die umfangreichen Überreste des **Mandor Forts**. Zu der einstigen Zitadelle der Parihar und später der Rathore-Rajputen führen hinter dem Museum Stufen hinauf.

Wer in Mandor übernachten möchte, kann sich im angenehm ländlichen kleinen **Mandore Guest House** einquartieren, unweit der Parkanlage in der Dadawari Lane, ☎ 0291/254 5210, 💻 www.mandore.com; ⑤. Es ist eigentlich eher ein Mini-Resort als ein Gästehaus; für die Unterbringung stehen unterschiedliche Zimmer mit *air-cooler* und AC sowie (ziemlich dunkle) runde Hütten in einem Garten mit Bäumen bereit.

Die Bishnoi-Dörfer

Die Umgebung von Jodhpur kann im Rahmen von organisierten „Village Safaris" erkundet werden. Diese bringen kleine Touristengruppen ins ländliche Rajasthan und halten gewöhnlich in vier oder fünf Dörfern der Bishnoi. Dort kann man traditionelle Speisen probieren, Opium-Tee trinken und beim Spinnen oder Teppichknüpfen zuschauen.

Die Bishnois – eher eine Religionsgemeinschaft als eine ethnische Gruppe im herkömmlichen Sinn – gehören zu den frühesten Baumschützern der Welt. Ihr Ursprung geht auf eine Dürrezeit im Jahr 1485 zurück. Ein Guru namens **Jambeshwar Bhagavan** hatte herausgefunden, dass die Trockenheit in erster Linie durch die Abholzung der Wälder hervorgerufen worden war, und stellte daraufhin 29 Regeln für ein Leben in Harmonie mit der Natur und Umwelt auf. Seine Anhänger heißen Bishnoi, nach dem Marwari-Wort für 29. Abgesehen von der Forderung nach striktem Vegetariertum verbieten Jambeshwars Regeln das Töten von Tieren und das Fällen von lebenden Bäumen.

1730 begannen Arbeiter, die der Maharadscha von Marwar geschickt hatte, im Dorf **Khejadali** *khejri*-Bäume zu fällen, um daraus Kalkstein für einen Palast zu brennen. Der *khejri*-Baum war den Bishnoi besonders heilig. Eine Frau mit Namen Amrita Devi legte daher ihre Arme um einen Baum und erklärte, dass sie ihr erst den Kopf abschneiden müssten, bevor sie den Baum fällen könnten. Der Aufseher der Arbeiter ließ sie enthaupten, woraufhin ihre drei Töchter dem Beispiel der Mutter folgten; auch sie wurden geköpft. Nun kamen Bishnoi aus der ganzen Region zusammen, um die Bäume zu verteidigen – 363 von ihnen kamen dabei ums Leben. Als die Nachrichten den Maharadscha erreichten, ließ er das Fällen einstellen und verbot den Holzeinschlag und Jagen auf Bishnoi-Territorium. Heute steht an der Stelle, wo das alles passierte, ein kleiner Tempel, und auf dem Gelände wachsen zum Gedenken an die Märtyrer 363 *khejri*-Bäume.

Es ist zwar möglich, per Bus nach Khejadali zu gelangen, aber dort findet sich kaum jemand, der Englisch spricht, und es ist viel besser, sich einer Tour anzuschließen, die auch noch andere Dörfer besucht. Die meisten halten zum Mittagessen in Khejadali. Darauf folgt normalerweise eine Opium-Zeremonie, bei der Opium-Tee aufgegossen und anschließend aus einer Handfläche getrunken wird. Streng genommen ist das gesetzeswidrig, aber bei diesem traditionellen Opiumgebrauch drücken die Behörden beide Augen zu, obwohl Opiumabhängigkeit im ländlichen Rajasthan tatsächlich ein Problem darstellt.

Gute und preiswerte Touren in die Bishnoi-Dörfer werden von mehreren Gästehäusern in Jodhpur veranstaltet, darunter Durag Niwas, Govind Hotel und Yogi's Guest House. Die Preise beginnen bei etwa Rs600 für 2 Pers. (in größeren Gruppen billiger).

Osian

Rajasthans größte Gruppe früher Jain- und Hindutempel liegt 64 km nördlich von Jodhpur vor den Toren der Kleinstadt Osian. RSTDC-Busse setzen Passagiere an der Bushaltestelle in der

Hauptstraße unmittelbar südlich der Stadt ab. Die Tempel stammen aus dem 8. bis 12. Jh., als Osian ein regionales Handelszentrum war. Der Herrscher der Stadt und die Bevölkerung konvertierten anscheinend im 11. Jh. zum Jainismus, und der Ort ist immer noch ein wichtiges Jain-Pilgerzentrum.

Den Mittelpunkt der Stadt bildet der imposante **Sachiya Mata-Tempel** aus dem 12. Jh., der von seiner erhöhten Position auf einem Hügel ganz Osian überschaut. Der Hauptschrein auf dem Gipfel ist Sachiya (einer Inkarnation Durgas) geweiht. Er weist ungewöhnliche, bunte Glasverzierungen und zahlreiche dekorative Steinmetzarbeiten auf.

Nur fünf Minuten zu Fuß vom Sachiya Mata-Tempel entfernt liegt das schönste Bauwerk von Osian, der **Mahavira Jain-Tempel** (Rs5, Fotoerlaubnis Rs40, Video Rs100; kein Leder im Innenbereich, kein Zutritt während der Menstruation). Der Tempel wurde im 8. Jh. erbaut, im 10. Jh. renoviert und nicht allzu langer Zeit restauriert. Zwanzig Säulen mit kunstfertigen Bildhauerarbeiten tragen den Hauptvorbau. In der Nähe liegen drei kleinere Tempel: zwei Surya-Tempel und der ungewöhnliche Peeplaj-Tempel, sowie ein beeindruckender **Stufenbrunnen** aus der Pratihara-Epoche.

Direkt südlich der Bushaltestelle befindet sich die älteste Tempelgruppe mit Bauwerken für **Vishnu** und **Harihara**, die auf die Pratihara-Epoche des 8. und 9. Jh. zurückgehen. An allen drei Tempeln sind zahlreiche dekorative Steinmetzarbeiten erhalten.

Die meisten Besucher übernachten im sehr einfachen, aber freundlichen **Priest Bhanu Sarma Guesthouse**, ✆ 0/941 444 0479, ❸, gegenüber vom Mahavira-Tempel. Es wird von dem (Hindu-) Priester geführt, der sich um den (Jain-) Tempel kümmert, Auskünfte gibt und auch Touren zu Bishnoi-Dörfern vermittelt.

Eine Alternative für Reisende mit gut gefülltem Geldbeutel ist das luxuriöse **Camel Camp** auf einer Sanddüne am Stadtrand; Vorabbuchungen via Safari Club in Jodhpur, ✆ 0291/243 7023, 🖥 www.camelcamposian.com, ❾. Das Camp hat mit Teppichen ausgelegte Zelte und einen Pool. Im Tagespreis von etwa US$225 sind drei Mahlzeiten und eine Kamelsafari inbegriffen.

Der Westen Rajasthans

2 HIGHLIGHT

Jaisalmer

Im weltfernen westlichen Zipfel Rajasthans liegt die Wüstenstadt *par excellence* – Jaisalmer, deren sandgelbe Befestigungswälle sich wie ein Bild aus Tausendundeiner Nacht aus der Wüste Thar erheben. Eine zügellose Vermarktung setzt dieser romantischen Vision zwar einen Dämpfer auf, doch trotzdem übertrifft die Zahl der Dorfbewohner aus abgelegenen Weilern, die knallrote und orangefarbene *odhni* (gewaltige Turbane) tragen, die Zahl der ausländischen Besucher noch immer bei Weitem, und die erlesene Sandsteinarchitektur der „Goldenen Stadt" sucht in ganz Indien ihresgleichen.

Rawal Jaisal vom Clan der Bhati gründete die Stadt 1156 als Ersatz für seine schwieriger zu verteidigende Hauptstadt Lodurva. Ständig kam es zu kriegerischen Auseinandersetzungen mit den moslemischen Sultanen von Delhi. 1298 endete eine 7-jährige Belagerung der Festung durch die Streitkräfte von **Ala-ud-din Khalji** (S. 122) damit, dass die Männer der Stadt in den Tod hinaus ritten und die Frauen *johar* (freiwilliger Heldentod) begingen. Doch da es danach niemanden mehr gab, der Ala-ud-dins Truppen mit Lebensmitteln hätte versorgen können, mussten diese die Belagerung aufgeben, und bald übernahmen die Bhatis wieder die Herrschaft. 1326 wurde die Stadt erneut von den Heeren des Sultanats belagert, und wieder endete es tragisch mit *johar*, aber dank Gharsi Bhatis Verhandlungsgeschick wurde sein Königreich ein Vasallenstaat von Delhi, und auch danach blieb es in den Händen der Bhati.

1570 verheiratete der Herrscher von Jaisalmer eine seiner Töchter mit Akbars Sohn und festigte so die Allianz zwischen Jaisalmer und dem Mogulreich, dennoch blieb Jaisalmer den Moguln tributpflichtig. Dank seiner Lage an der Überlandroute zwischen Delhi und Zentralasien wurde es zu einem wichtigen Umschlagplatz für Güter wie Seide, Opium und Gewürze, und die

Stadt gelangte zu beträchtlichem Wohlstand. Doch mit dem Aufstieg von Bombay und Surat als große Hafenstädte ging der Überlandhandel zurück und damit auch der Reichtum Jaisalmers. Der Todesstoß kam mit der Teilung Indiens, als Jaisalmers lebenswichtige Versorgungsroute von der neuen, hoch explosiven pakistanischen Grenze gekappt wurde.

Die geografische Lage aber verschaffte Jaisalmer eine neue strategische Bedeutung während der indo-pakistanischen Kriege von 1965 und 1971. Heute ist die Stadt ein wichtiger **militärischer Vorposten**, über dessen Befestigungswällen immer wieder das Getöse von Kampfjets zu hören ist.

Jaisalmer Fort

Alle Teile des Forts von Jaisalmer, angefangen mit den äußeren Befestigungswällen bis hin zu den Palästen, Tempeln und Häusern des Innenbereichs, sind aus weichem gelbem jurassischem Sandstein erbaut. Feinsinnig gemeißelte Sandsteinfassaden säumen die verschlungenen schmalen Gassen, und von den runden Bastionen, auf denen zum Teil noch Kanonen stehen, öffnen sich gute Ausblicke auf die dicken Mauern, die fast 100 m tief zur Stadt hin abfallen. 2000 Menschen leben innerhalb der Festung, von denen 70 % Brahmanen und die restlichen 30 % überwiegend Angehörige der Rajputen-Kaste sind.

Zum Hauptplatz der Festung hinauf windet sich eine abschnittsweise von vier gewaltigen Toren unterbrochene Pflasterstraße – oben auf den Festungsmauern liegen große runde Steine, die im Falle eines Angriffs auf die feindliche Armee hinabgeworfen werden konnten. Im Haupt-*chowk* haben sich im 14. und 15. Jh. entsetzliche Szenen von *johar* abgespielt. Wenn ihre Männer auf dem Schlachtfeld besiegt wurden, zogen die Frauen des Palastes für sich und ihre Kinder den Tod der Entehrung vor. Dann ließen sie im Hof einen großen Scheiterhaufen anzünden und warfen sich von den Mauern des Palastes hinunter.

Den Platz beherrscht der alte **Maharawal-Palast**, der ins **Fort Palace Museum** verwandelt wurde. Seine fünfstöckige Fassade mit Balkonen und Fenstern gehört zu den prachtvollsten Steinmetzarbeiten Jaisalmers. Links vom Palasteingang steht der große, reich verzierte Marmorthron, von dem aus der Herrscher (in Jaisalmer Maharawal, nicht Maharadscha genannt) zu den Truppen sprach und seine Anweisungen erteilte. Das Museum wirft ein interessantes Schlaglicht auf das Leben der Jaisalmer-Herrscher im Laufe der Jahrhunderte. Von der Dachterrasse eröffnet sich ein unschlagbarer Blick über die Stadt und darüber hinaus. ⊙ tgl.; Sommer 8–18, Winter 9–18 Uhr; Rs250 inkl. Audiotour, wenn man einen Ausweis, eine Kreditkarte oder einen Geldbetrag als Sicherheit hinterlegt; Video Rs150.

Hindu- und Jain-Tempel

Im Fort gibt es diverse Hindu-Tempel, darunter den altehrwürdigen **Laxminath-Tempel** von 1494, der Laxmi geweiht ist. Aber keiner ist so eindrucksvoll wie der Komplex aus sieben **Jain-Tempeln**. Sie wurden zwischen dem 12. und 15. Jh. aus jurassischem Sandstein errichtet und bestechen durch ihre gelben und weißen Marmorschreine. Wände, Decken und Säulen sind mit wundervollen bildhauerischen Motiven verziert, und schmale Korridore und Treppengänge verbinden die Tempel miteinander. Zwei der sieben Tempel sind zwischen 7 und 12 Uhr geöffnet; die anderen fünf nur von 11 bis 12 Uhr, dann wird es sehr voll. Deshalb ist es am besten, die ersten beiden Tempel vor 11 Uhr zu besichtigen, und später zurückzukommen, um die übrigen zu sehen. Rs20, Fotoerlaubnis Rs50, Video Rs100, Handy-Fotoerlaubnis Rs30.

Die Havelis

Jaisalmers Straßen werden von zahllosen honigfarbenen Fassaden gesäumt, die mit Gitterwerk und floralen Mustern verziert sind, doch die eigentlichen Prunkstücke der Stadt sind die Havelis, die im 18. und 19. Jh. von reichen Kaufleuten in Auftrag gegeben wurden.

Das gleich nördlich der Bhatia Bazaar gelegene **Nathmalji-ki-Haveli** (die Gasse zwischen dem Ajanta Photo Studio und Dev Handicrafts nehmen) wurde 1885 für den Premierminister Jaisalmers errichtet, und zwar von zwei Steinmetz-Brüdern, von denen der eine die linke, der andere die rechte Hälfte baute; das Resultat sind zwei leicht unterschiedliche Seiten.

Der noch prächtiger verzierte große **Patwa Haveli** im Norden der Stadt wurde in der ersten

Jaisalmer

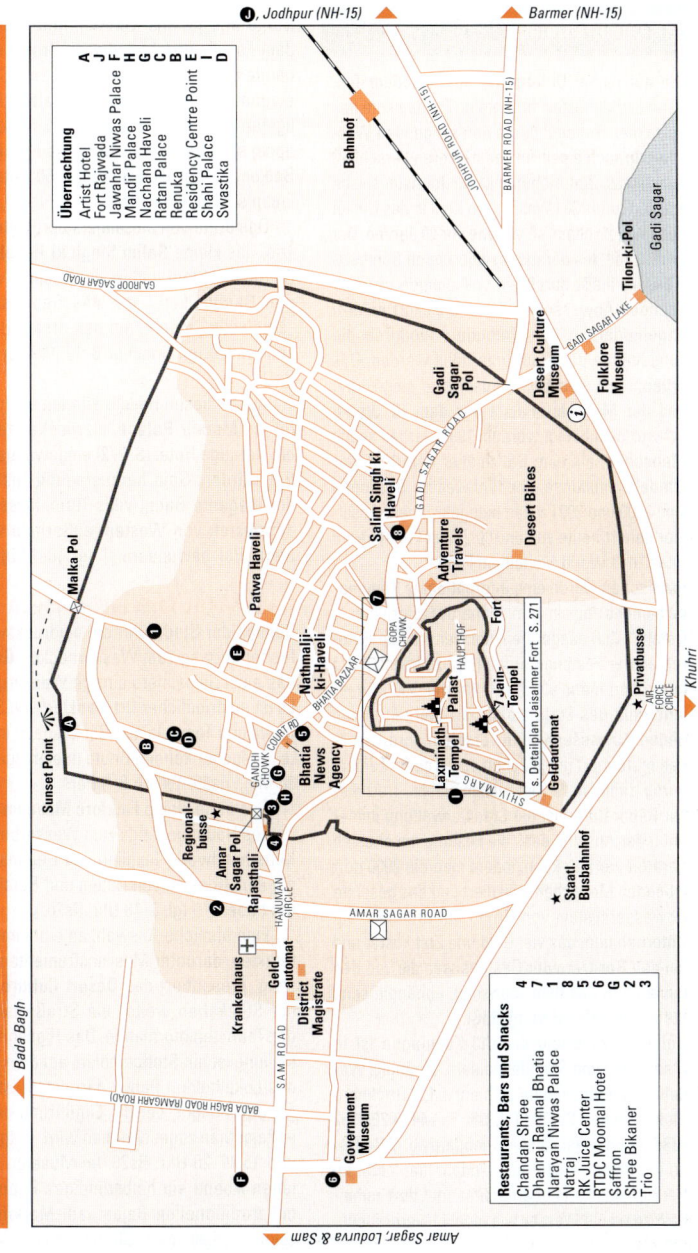

Übernachtung
- Artist Hotel — A
- Fort Rajwada — J
- Jawahar Niwas Palace — F
- Mandir Palace — H
- Nachana Haveli — G
- Ratan Palace — C
- Renuka — B
- Residency Centre Point — E
- Shahi Palace — I
- Swastika — D

Restaurants, Bars und Snacks
- Chandan Shree — 4
- Dhanraj Ranmal Bhatia — 7
- Narayan Niwas Palace — 1
- Natraj — 8
- RK Juice Center — 5
- RTDC Moomal Hotel — G
- Saffron — 6
- Shree Bikaner — 2
- Trio — 3

Rajasthan

Jaisalmer in Gefahr

Die auf einem Untergrund aus weichem Ton, Sand und Sandstein errichteten Fundamente des Jaisalmer Fort sind durch den steigenden **Wasserverbrauch** einem immer stärkeren Verschleiß ausgesetzt. Zum Höhepunkt der Touristensaison werden rund 120 l Wasser pro Kopf in das Gebiet gepumpt, zwölfmal so viel wie vor 20 Jahren. Der größte Teil des daraus resultierenden Schmutzwassers fließt durch ein vollkommen unzureichendes Abwassersystem und sickert nahezu ungehindert in den Erdboden, wodurch die Fundamente der Stadt unterhöhlt werden. Das Ergebnis ist disaströs: Häuser sind eingestürzt und der Maharani-Palast aus dem 16. Jh. ist schwer beschädigt worden. 1998 starben sechs Menschen, als eine Stützmauer unterhalb der Zitadelle einstürzte, und fünf weitere Bastionen sind 2000 und 2001 zusammengebrochen. Jaisalmer gehört heute zu den 100 „Most Endangered Sites" des World Monument Fund.

Inzwischen wurde eine **internationale Kampagne** namens Jaisalmer in Jeopardy („Jaisalmer in Gefahr", JiJ) ausgerufen, um weitere Reparaturen an der Festung durchführen zu können. **JiJ** hat schon mehr als die Hälfte der 350 Häuser innerhalb des Forts stabilisiert und mit einem neuen Abwassersystem versehen, ihre Fassaden restauriert und Flächen aus grauem Zement durch traditionelle Materialien ersetzt. Trotz dieser Reparaturen ist die Stadtverwaltung immer noch der Ansicht, dass die Festung am ehesten gerettet werden kann, indem man die 2000 dort lebenden Menschen evakuiert und das gesamte Abwassersystem von Grund auf erneuert, ein Unternehmen, das viel Geld und Zeit kostet und bei den Besitzern der Gästehäuser, die von den Einnahmen aus dem Tourismus abhängig sind, auf wenig Begeisterung stößt.

Der weitere Erfolg der JiJ-Kampagne ist in erster Linie von Spendengeldern abhängig. Wer helfen möchte, wende sich an: JiJ, 3 Brickbarn Close, London SW10 0UJ, UK, +44 (0)20/7352 4336, www.jaisalmer-in-jeopardy.org. Beiträge im Kleinen leistet man, indem man nicht im Bereich des Forts übernachtet oder dort zumindest so wenig Wasser wie möglich verbraucht.

Hälfte des 19. Jhs. von den fünf Brüdern einer Jain-Familie errichtet, die mit Brokat und Opium handelte. In manchen Räumen sind Spuren von eleganten Wandmalereien erhalten. Die auffälligsten Merkmale des Bauwerks aber sind die üppig skulpturierten *jharokha*, die vorkragenden Balkone. tgl. 8–16.30 Uhr, Rs50, Fotografiererlaubnis Rs20, Video Rs40.

Das dritte von Jaisalmers berühmtem Haveli-Trio, das kleine **Salim Singh ki Haveli**, steht im Ostteil der Stadt und ist dank seines vorkragenden Dachbalkons, der das Gebäude seltsam „kopflastig" macht, auf den ersten Blick zu erkennen. tgl. Sommer 8–19, Winter 8–18 Uhr; Rs15.

Außer diesen Havelis können auch Abschnitte des **Mandir Palace**, inzwischen teilweise in ein Heritage Hotel (S. 272) umgewandelt, besichtigt werden. Sein herausragendstes Merkmal, der elegante Badal Vilas-Turm, lässt sich aber am besten von Westen, außerhalb vom Amar Sagar Pol, bewundern. tgl. 10–17 Uhr; Rs10.

Gadi Sagar Tank und Museen

Südlich der Stadt führt ein eindrucksvoller dreifacher Torweg zum Wasserbecken **Gadi Sagar**, das einst Jaisalmers einzige Wasserquelle war. Es ist ein friedlicher Ort, flankiert von Sandstein-*ghats* und Tempeln, mit Blick hinaus in die Wüste. Besucher können Boote mieten: tgl. 8–21 Uhr; 30 Min., Rs50–100 für 2–4 Pers.

Das nette kleine **Folklore Museum** in der Nähe des Haupteingangs zum Wasserbecken zeigt Kunsthandwerk, Textilien und Gegenstände, die mit dem Konsum von Opium und Betelnüssen zu tun haben. tgl. 8–18 Uhr; Rs20.

Eine ähnliche Auswahl an einheimischen Artefakten, darunter Musikinstrumente und Werkzeug, präsentiert das **Desert Culture Museum**, ein Stückchen weiter die Straße lang, neben der Touristeninformation. Das Highlight der Ausstellung ist ein Stoffgemälde, auf dem das Leben des Lokalhelden Pabuji dargestellt ist, einer legendären Figur, der die Einführung des Kamels in Rajasthan zugeschrieben wird. tgl. 10–13.30 und 15.30–20 Uhr; Rs20. Im Museum wird auch jeden Abend ein halbstündiges Puppentheater mit traditionellen Rajasthani-Marionetten gezeigt. 18.30 und 19.30 Uhr; Rs30.

Jaisalmer Fort

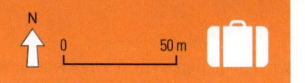

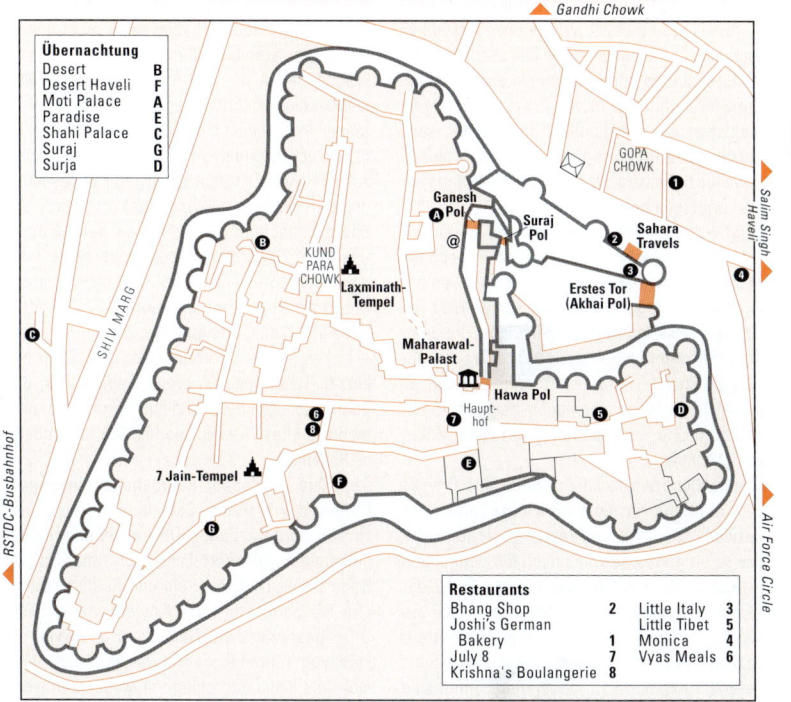

Übernachtung	
Desert	B
Desert Haveli	F
Moti Palace	A
Paradise	E
Shahi Palace	C
Suraj	G
Surja	D

Restaurants			
Bhang Shop	2	Little Italy	3
Joshi's German Bakery	1	Little Tibet	5
		Monica	4
July 8	7	Vyas Meals	6
Krishna's Boulangerie	8		

Übernachtung

Nahezu alle Hotels bieten Kamelsafaris an, die sich in Qualität und Preis stark unterscheiden.

Im Fort

Desert, ℡ 02992/250602, ✉ ajitdeserthotel@hotmail.com. Kleines, freundliches, wenn auch etwas mitgenommenes Gästehaus mit billigeren Zimmern (z. T. mit Gemeinschaftsbad) im Untergeschoss und helleren, luftigeren Zimmern im Obergeschoss. ❶–❸

Desert Haveli, ℡ 02992/251555. Einfache, aber beliebte Budget-Adresse. Unterschiedlich große Zimmer mit Bad und Steinwänden. Kostenlose Abholung vom Bahnhof oder Busbahnhof. Ausgezeichnetes Preis-Leistungs-Verhältnis. ❶–❹

Moti Palace, ℡ 02992/254693, ✉ kailash_bissa@yahoo.co.uk. Freundliche Budget-Unterkunft mit herrlichem Blick auf das Haupttor; hat eine Reihe preisgünstiger Zimmer (alle mit Bad). ❶–❹

Paradise, ℡ 02992/252674, 🖥 www.paradiseonfort.com. Pittoreskes altes Haveli mit grünem Hof und einer großen Bandbreite an Zimmern, von billigen im Untergeschoss mit Gemeinschaftsbad bis zu liebevoll ausgestalteten im Obergeschoss mit AC. ❶–❺

Kamelsafaris

Nur wenige Reisende, die den weiten Weg nach Jaisalmer zurücklegen, verzichten auf ein Kameltrekking und damit auf die unwiderstehlich romantische Gelegenheit, die öde sandige Weite zu durchqueren und unter einem der prächtigsten Sternenhimmel dieser Erde zu nächtigen. Sieht man über gelegentliche Sandstürme, wund gescheuerte Pobacken und ungeniert rollende Kamelfürze hinweg, so kann man die Safaris nur als Vergnügen bezeichnen.

Zwar werden auch bis zu zweiwöchige Kamelsafaris von Jaisalmer nach Bikaner angeboten, doch normale Treks haben eine **Dauer** von nur ein bis vier Tage und kosten Rs400–1500 pro Nacht. Für die meisten Reisenden ist die unter dem Sternenhimmel verbrachte Nacht der Höhepunkt der Safari, und somit scheint es ausreichend, wenn man nachmittags um 15 Uhr aufbricht und am nächsten Tag gegen Mittag zurückkommt.

Unglücklicherweise ist die Höhe des Preises kein Maßstab für die Qualität des gebotenen Service. Die Safariveranstalter richten ihre **Preise** oft ganz willkürlich nach der vermuteten Finanzkraft ihrer potenziellen Kunden. Einige der besten Treks kosten nicht mehr als Rs500 pro Nacht. Es lohnt sich also, zuerst andere Reisende nach ihren Erfahrungen zu fragen und mit den Safariveranstaltern zu verhandeln. Unten sind ein paar verlässliche Veranstalter aufgelistet, doch die Liste ist längst nicht komplett, und die angebotenen Touren haben auch nicht immer denselben **Standard**. Sehr viel hängt von der Freundlichkeit der Führer, der Gruppengröße und der eigenen Erwartungshaltung ab.

Man sollte unbedingt darauf achten, dass genügend Decken mitgeführt werden (es kann nachts sehr kalt werden), ein Lagerfeuer angezündet und nur mit Mineralwasser gekocht wird. Bei überdurchschnittlichen Preisen gehört auch Obst zum Gebotenen. Vorsorglich sollte man die vereinbarten Leistungen schriftlich fixieren: Maximale Gruppengröße, genaue Art der Verpflegung, Transportmittel, etc. Bei Tagestouren entfallen solche Überlegungen, doch auch bei kurzen Treks sind ein breitkrempiger Hut, ein Sonnenschutzmittel mit hohem Schutzfaktor und mehrere Liter Wasser unerlässlich, besonders im Sommer.

Aufgrund staatlicher **Routenbeschränkungen** führen die meisten Safaris von Jaisalmer zu den verschiedenen Dörfern westlich von Jaisalmer, typischerweise nach Amar Sagar, Bada Bagh, Lodurva, Sam und Kuldera. Manche Besucher sind der Ansicht, dass diese Orte, besonders die Dünen bei Sam, viel zu sehr von Touristen überlaufen und nicht viel mehr als malerisch gelegene Müllhalden sind.

Suraj, ✆ 02992/251623, ✉ hotelsuraj jaisalmer@hotmail.com. Prächtig gestaltetes Sandstein-Haveli, eines der schönsten im Fort; familiäre Atmosphäre; alte Zimmer mit Charakter (darunter eines mit sehr hübschen Wandmalereien), faszinierender Blick vom Dach auf die Jain-Tempel.
❹–❺

Surja, ✆ 0/941 439 1149. Eine Reihe schlichter Zimmer mit Ventilator und Bad – die ohne Aussicht sind erheblich preiswerter – und einer Dachterrasse mit einem der besten Ausblicke der Stadt. Nicht zu verwechseln mit dem weniger einladenden Surya nebenan.
❶–❹

In der Stadt

Artist Hotel, Manganyar Colony, ✆ 02992/252082, ✉ artisthotel@yahoo.com. Von einem Österreicher als Kooperative für Mitglieder der Manganyar-Kaste (Minnesänger, Spielmänner) geführt, die hier fast jeden Abend auftreten. Die recht rustikalen Zimmer mit Steinwänden sind in Ordnung, wenn auch ein bisschen verwohnt, und es gibt ein nettes Dachgartenrestaurant.
❸–❹

Mandir Palace, Gandhi Chowk, ✆ 02992/252788, 🖥 www.welcomheritagehotels.com. Das Hotel nimmt einen Teil des exquisiten Mandir Palace (S. 270) ein, kann sich aber nicht ganz mit der Umgebung messen. Die Zimmer sind modern und komfortabel, aber erstaunlicherweise ohne

Es werden aber auch mehrtägige Ausritte durch die Wüste ohne Aufenthalt an den meistbesuchten Sehenswürdigkeiten angeboten. Wer am Ausgangspunkt oder Endpunkt einen Jeep mietet, kann mit weniger Zeitaufwand größere Entfernungen zurücklegen. Immer mehr Reisende beginnen ihre Safari in Khuhri (S. 278), und auch längere Treks nach Jodhpur oder Bikaner genießen zunehmende Popularität (S. 280). Bei Safaris in nur beschränkt zugängliche Gebiete sollte man unbedingt prüfen, ob die Agentur alle erforderlichen Genehmigungen eingeholt hat.

Grundsätzlich sollte man keine **Buchungen** vornehmen, bevor man in Jaisalmer angekommen ist. In den Zügen von Jodhpur versuchen Schlepper, Touristen zu ködern, doch ebenso wie das Heer von selbst ernannten Agenten in den Straßen von Jaisalmer bieten sie in der Regel nur die fragwürdigen Dienste der kleinen Budget-Hotels nördlich des Forts an. Als Gegenleistung für eine Safaribuchung werben sie mit unglaublich billigen Zimmern, doch die schwarzen Bretter der Gästehäuser (von unseren Leserbriefen ganz zu schweigen) sind voll mit Geschichten von Reisenden, die zutiefst bedauern, sich darauf eingelassen zu haben. Als Faustregel gilt: Um jedes Unternehmen, das Schlepper zum Kundenfang einsetzt – und das gilt auch für Hotels –, einen großen Bogen machen!

Empfehlenswerte Veranstalter
Adventure Travel, nicht weit südlich vom First Fort Gate, ☏ 0/941 414 9176, 🖥 www.adventurecamels.com, wird von Touristen am meisten gelobt: Es werden abgelegene Gegenden besucht, zur Ausrüstung gehören richtige Matratzen und Bettlaken, und die Preise sind niedrig.
Sahara Travels, am Gopa Chowk gelegen, ☏ 02992/252609, 🖥 www.mrdeserjaisalmer.com. Etwas billiger, jedoch nicht minder zuverlässig und geleitet vom unverkennbaren „Mr. Desert", einem ehemaliger LKW-Fahrer, Fotomodell und Filmstar.

Unter den Hotels, die Kamelsafaris organisieren, genießt das **Shahi Palace** einen verdientermaßen guten Ruf; es garantiert, dass man keine anderen Safarigruppen sieht, allerdings sind seine Preise Schwankungen unterworfen.

Unter den Budget-Anbietern hat das freundliche **Hotel Renuka** ein ausgezeichnetes Preis-Leistungs-Verhältnis. Es bietet schon seit über einem Jahrzehnt Treks zu den Wanderdünen südlich von Sam an, wozu nur wenige Agenturen die Genehmigung besitzen.

Atmosphäre, der Service lässt oft zu wünschen übrig, und alles macht den Eindruck, als ob sich hier niemand für den Erfolg des Hotels zuständig fühlt. Angesichts der Lage sind die Preise aber überraschend niedrig. ❽
Nachana Haveli, Gandhi Chowk, ☏ 02992/252110, ✉ nachana_haveli@yahoo.com. Das von einem Cousin des Maharadschas geleitete, altehrwürde Haveli ist eines der besten seiner Klasse. Die Zimmer im Erdgeschoss (alle mit AC) besitzen praktisch keine Fenster, sind aber geschmackvoll mit Antiquitäten eingerichtet; die Suiten im Obergeschoss sind heller. Zum Haveli gehört das gute Dachgartenrestaurant Saffron (S. 275). ❼–❽

Ratan Palace, Seitenstraße des Gandhi Chowk, ☏ 02992/252757, ✉ hotelrenuka@rediffmail.com. Eine der besten Billigunterkünfte in diesem Stadtteil, freundlicher Besitzer, geräumige und sehr saubere Zimmer mit großem Bad. Veranstaltet gute Kameltreks und hat auch noch billigere Zimmer ❶–❸ (z. T. mit Gemeinschaftsbad) im etwas älteren **Renuka** auf der gegenüberliegenden Straßenseite. ❸–❹

Residency, Centre Point Khumbara Para, ☏ 0/941 476 0421. Kleines, von einer Familie geführtes Gästehaus in einer Gasse in der Nähe des Patwa Haveli und Nathmalji-ki-Haveli. Die Zimmer (2 mit AC) sind bequem und preiswert, außerdem gibt es hausgemachtes Essen und

Außergewöhnlich

Shahi Palace, unweit der Shiv Marg, ✆ 02992/255920, 🖥 www.shahipalacehotel.com. Versteckt gelegenes kleines Hotel direkt westlich des Forts in einem stilvollen, modernen Sandsteingebäude mit umwerfender Aussicht vom Dachgartenrestaurant und makellosen, hinreißend dekorierten Zimmern. Der einzige Nachteil ist, dass die billigeren Zimmer ein bisschen klein ausfallen – es lohnt sich, etwas mehr Geld für eines der ausgezeichneten größeren Zimmer (die auch über AC und TV verfügen) hinzulegen. Dieselbe Familie managt auch das **Oasis Haveli** und das **Star Haveli**, beide in der Nähe, mit Zimmern ähnlichen Standards. ❸–❻

schöne Ausblicke vom Dach. Reservierung empfohlen. ❸–❹
Swastika, abseits des Gandhi Chowk, ✆ 02992/252152, ✉ swastikahotel@yahoo.com. Altbewährtes Budgethotel, hat einfache, moderne Zimmer mit Ventilator oder AC, aber nicht dasselbe gute Preis-Leistungs-Verhältnis wie das nahe gelegene Ratan Palace. ❷–❹

Außerhalb
Fort Rajwada, abseits der Jodhpur Rd, 3,5 km östlich der Stadt, ✆ 02992/253233 oder 533, 🖥 www.fortrajwada.com. Bestes der Resort-Hotels am Stadtrand. Sein Foyer aus Marmor zieren Sandsteinblöcke, die aus den Havelis der Altstadt stammen. Besitzt alle Einrichtungen eines 5-Sterne-Hotels (Pool, Bar, gutes Restaurant, toller Coffeeshop). DZ ab US$200. ❾
Jawahar Niwas Palace, 1 Bada Bagh Rd, ✆ 02992/252208 oder 288. Königliches Gästehaus aus dem späten 19. Jh. mit Sandstein-Türmchen, großen, hübschen Zimmern und einem guten Pool (Rs250 für Besucher). ❻–❼

Essen

Jaisalmers Touristenrestaurants, normalerweise auf einem Dach mit Aussicht auf das Fort angesiedelt, servieren neben indischen Gerichten auch Pizza, Pfannkuchen, Apfelstrudel und allerlei Gebäck, und manche sind richtig gut. In den meisten wird auch Bier verkauft. Der **Narayan Niwas Palace**, zwischen dem Nathmlji-ki-Haveli und Malka Pol, beherbergt eine der besseren Bars der Stadt. Die Bar im **RTDC Moomal Hotel** am westlichen Stadtrand ist weniger elegant, aber billiger. Die Bar in den ehemaligen Stallungen des **Nachana Haveli** am Gandhi Chowk müsste inzwischen ihre Pforten geöffnet haben. Sofern nicht anders angegeben, sind alle genannten Lokale auf der Jaisalmer-Karte S. 269 eingezeichnet.

Restaurants
Chandan Shree, Restaurant an der Außenseite der Stadtmauer, direkt südlich vom Amar Sagar Pol. Beliebtes Lokal mit preiswerten vegetarischen Currys (Rs20–75) und *thalis* (Rs50–100) sowie Rajasthani-Spezialitäten.
July, 8 Main Chowk, im Fort, s. Karte S. 271. Empfehlenswert wegen des privilegierten Blicks von der Terrasse auf das lebhafte Treiben auf dem Haupthof, weniger der Küche wegen. Hat aber eine gute Auswahl an Smoothies, Lassis und Säften sowie indische, italienische und chinesische Hauptgerichte (Rs50–85). Ein schöner Ort zum Frühstücken.
Little Italy, hinter dem ersten Festungstor, s. Fort-Karte S. 271. Das italienische Restaurant hat leckere Pastagerichte (Rs90–120) in großen Portionen zu angemessenen Preisen (die Pizza gibt sich alle Mühe, authentisch zu sein, schafft es aber nicht). Schöne Terrasse direkt gegenüber der Festung – ein traumhafter Anblick nachts, wenn sie angestrahlt wird.
Little Tibet, im Fort, s. Karte S. 269. Traveller-Café unter Leitung von freundlichen jungen Tibetern. Serviert alle üblichen indischen und chinesischen Gerichte plus Enchiladas, Pasta und tibetisches Essen. Auch ein nettes Plätzchen zum Frühstücken. Hauptgerichte Rs55–85.
Monica, in der Nähe des ersten Festungstors, s. Fort-Karte S. 271. Rajasthani- und Tandoorigerichte zu moderaten Preisen, außerdem köstliche vegetarische und andere rajasthanische *thalis* (Rs125/175). Hauptgerichte Rs70–140.

Natraj, gegenüber vom Salim Singh Haveli. Freundliches, nicht-vegetarisches Dachgartenrestaurant, berühmt für mild gewürzte *Mughlai chicken, malai kofta* und andere indische Speisen (Hauptgerichte Rs65–130).
Saffron, Nachana Haveli, Gandhi Chowk, ✆ 02992/251910. Etwas nobleres Restaurant mit erlesenen Tandoori- und Mughlai-Speisen, einigen westlichen und chinesischen Gerichten (Hauptgerichte Rs50–140) und abends Live-Musik.
Shree Bikaner, nördlich vom Hanuman Circle, nahe Geeta Ashram. Vegetarische Punjabi-Currys (Rs35–80), verschiedene rajasthanische, gujaratische und bengalische *thalis* (Rs50–90) und wundervolles *dal bati churma* (traditionelles Rajasthani-Gericht aus gebackenen Weizenmehlbällchen mit *dhal* und süßer *churma-S*auce; Rs90), das so lange nachgefüllt wird, bis der Gast satt ist.
Trio, Gandhi Chowk, ✆ 02992/252733. Berühmt für sein hervorragendes Tandoori-Essen (die meisten Hauptgerichte um Rs130), außerdem einige Rajasthani-Spezialitäten wie *gatta* (Grießknödel) und *lal maas* (in Chili mariniertes Lamm). Die besten Tische mit Blick auf den Mandir Palace und die Zitadelle sollte man frühzeitig reservieren lassen.
Vyas Meals, im Fort in der Nähe der Jain-Tempel, s. Fort-Karte S. 271. Winziges Restaurant unter Leitung eines älteren Paars, das köstliche vegetarische *thalis* und Snacks zu unschlagbaren Preisen (Rs20–40) zubereitet. Man kann das Essen im Lokal verzehren oder mitnehmen, muss aber in beiden Fällen mit einer langen Wartezeit rechnen.

Getränke und Snacks

Bhang Shop, Gopa Chowk, s. Fort-Karte S. 271. Eine der besten Adressen des Landes für *bhang*-Liebhaber. Hier gibt's eine Karte mit lauter verschiedenen *bhang*-Getränken und -Süßigkeiten und die Wahl unter mehreren Stärkegraden.
Joshi's German Bakery, Gopa Chowk, s. Fort-Karte S. 271. Verkauft köstliche frisch gebackene Kuchen, Torten, Croissants und Gebäck, besonders am Morgen. Dazu gibt's leider nur Pulverkaffee.

Krishna's, Bistro im Fort, nahe den Jain-Tempeln, s. Fort-Karte S. 271. Günstig gelegen für eine Atempause während der Besichtigung. Ausgezeichneter Kaffee, ordentliche Kuchen und herzhaftere Sachen, darunter Pizza.
RK Juice Center, Bhatia Bazaar. Herrliche, frisch gepresste Säfte, z. B. Ananas und Banane oder Karotte und Ingwer. Verwendet weder Eis noch Leitungswasser.

Einkaufen

Jaisalmer ist einer der besten Orte in Indien, um Souvenirs zu kaufen. Die Preise sind zwar vergleichsweise hoch, und die Händler feilschen zäh, aber die Auswahl ist hervorragend. Gute Mitbringsel sind, abgesehen von bestickten Patchworkteppichen und anderen Rajasthani-Textilien, gewebte Jacken, Batikstoffe, Marionetten, Holzschachteln, Kamelleder-Sandalen und westliche (bzw. hippieartige) Kleidungsstücke aus indischen Stoffen mit indischen Mustern.
Rajasthali, das offizielle staatliche rajasthanische Kunsthandwerkskaufhaus außerhalb vom Amar Sagar Pol, ist ziemlich langweilig und lieblos eingerichtet und hat nicht immer die allerbeste Qualität, aber immerhin kann man sich hier einen guten Preisüberblick verschaffen.

Sonstiges

Bücher
Bhatia News Agency, Court Rd, nicht weit vom Ghandi Chowk. Außerdem zahlreiche Bücherstände im Fort.

Fahrräder
Naran Thaker, in der Straße direkt gegenüber dem Hotel Nachana Haveli (kein Schild auf Englisch; 75 m links hoch, bis zur Straßenbiegung), vermietet Fahrräder für Rs5/Std.

Feste
Jaisalmers **Wüstenfest** findet drei Tage lang bei Vollmond im Mondmonat Magha statt (28.–30. Jan 2010, 16.–18. Feb 2011). Bei diesem lustigen Fest werden Volkstänze, Schnurrbart-Wettbewerbe, Kamelrennen und Kamel-Polo-Wettkämpfe ausgetragen. Die wichtigsten

Veranstaltungen finden auf dem Dedansar Polo Ground statt. Um diese Zeit sind die Hotels meistens ausgebucht, verlangen aber normalerweise keine höheren Preise. Das aktuelle Programm müsste unter 🖥 jaisalmer.nic.in zu finden sein.

Geld

Ein **Geldautomat** befindet sich direkt im Amar Sagar Pol, ein weiterer gleich gegenüber dem Tor draußen, einer beim Büro des District Magistrate in der Sam Road und einer am Shiv Chowk südlich vom Shahi Palace Hotel. Am Ghandi Chowk gibt es mehrere **Wechselstuben**.

Informationen

Die **RTDC-Touristeninformation**, ✆ 02992/252406, südöstlich der Stadt in der Nähe des Gadi Sagar Pol, ist wenig hilfreich, und die Veranstalter, die von den Mitarbeitern „empfohlen" werden, müssen für dieses Privileg bezahlen. ⏱ Mo–Sa 10–17 Uhr. Online lohnt sich ein Blick auf 🖥 www.jaisalmer.org.uk und 🖥 jaisalmer.nic.in.

Internet

Internet-Zugang wird vielerorts angeboten, ist aber meist langsam. Die **Chai Bar** im Fort, nicht weit vom Ganesh Gate, hat noch die besten Terminals (Rs40/Std.). In der Nähe, langsamer und billiger (Rs20/Std.): **Joshi Cyber Café** in Joshi's German Bakery.

Medizinische Hilfe

Dr. S. K. Dube, ✆ 02992/251560, spricht gut Englisch; berechnet Rs500 pro Konsultation. Das kleine, private **Maheshwari Hospital**, ✆ 02992/250024, abseits der Sam Road gegenüber dem Gericht und dem Büro vom District Magistrate, ist das beste Krankenhaus der Stadt.

Polizei

Amar Sagar Rd, ✆ 02992/252322.

Post

Das **Hauptpostamt** mit *poste restante* liegt in der Amar Sagar Rd, 200 m südlich vom Hanuman Circle, ⏱ Mo–Sa 9–15.30 Uhr; ein kleineres befindet sich gegenüber der Festungsmauer hinter dem Gopa Chowk, ⏱ Mo–Sa 10–17 Uhr.

Nahverkehr

Die **Regionalbusse** nach Lodurva, Khuhri und Sam fahren an der Haltestelle nordöstlich vom Hanuman Circle ab, allerdings soll diese Haltestelle an einen anderen Ort weiter draußen, an der Hauptstraße nördlich vom Hanuman Circle, verlegt werden – den aktuellen Stand der Dinge bitte in der Unterkunft erfragen.

Transport

Die Stadtverwaltung erhebt von allen ausländischen Besuchern eine Touristensteuer von Rs20 (plus Rs10 pro Auto). Diese Gebühr muss bei der Ankunft bezahlt werden, entweder an der Bushaltestelle, im Bahnhof oder im Fahrzeug, sofern jemand in einem privaten Transportmittel anreist.

Busse

Beide Busbahnhöfe liegen direkt südlich der Altstadt. Der **staatliche Busbahnhof** befindet sich am Südende der Amar Sagar Road, ✆ 02992/251541, während die **privaten Busse** am Air Force Circle abfahren. Tickets für die privaten Busse verkauft jedes der zahlreichen Reisebüros der Stadt – z. B. Swagat Travels oder Hanuman Travels, unmittelbar nördlich vom Hanuman Circle.
Busse nach:
AJMER (3x tgl.; 10 Std.),
BIKANER (9x tgl.; 7–8 Std.),
JAIPUR (3x tgl.; 12–15 Std.),
JODHPUR (10x tgl.; 5 1/2 Std.),
LODURVA (4x tgl.; 40 Min.),
MOUNT ABU (1x tgl.; 13 Std.),
UDAIPUR (1x tgl.; 12–14 Std.).

Eisenbahn

Jaisalmers **Bahnhof** liegt östlich der Stadt an der Straße nach Jodhpur; eine Motor-Rikschafahrt aus der Stadt kostet rund Rs40. In den Nachtzügen kann es übrigens sehr kalt werden – im Winter sinken die Temperaturen manchmal bis fast auf den Gefrierpunkt. Schleppern und Rikschafahrern ist der Zutritt zum Bahnhof verboten. Reisende ohne

Reservierung können sich in Ruhe unter den hochgehaltenen Hotelschildern am Parkplatz umschauen. Die meisten Unterkünfte bieten kostenlosen Transfer; ansonsten zahlt man für eine Motor-Rikschafahrt in die Stadt Rs20–30. Der Zug Nr. 4060, der Jaisalmer–Delhi Express, fährt tgl. um 16 Uhr ab und hält in POKARAN (17.28 Uhr), PHALODI (18.46 Uhr), OSIAN (20.01 Uhr), JODHPUR (22 Uhr), JAIPUR (4.50 Uhr) und DELHI (11.10 Uhr). Der Nachtzug Nr. 4809, der Jaisalmer–Jodhpur Express, fährt um 23.15 Uhr ab und erreicht JODHPUR um 5.30 Uhr. Zwei Züge fahren nach BIKANER, Abfahrt um 11 Uhr und 22.45 Uhr, Ankunft um 17.20 Uhr bzw. 4.40 Uhr.

Flüge

Jaisalmers neuer **Flughafen**, 9 km westlich der Stadt, soll 2009 eröffnet werden. Dann wird es Flüge nach Jaipur, Delhi, Udaipur und Mumbai geben. Die aktuelle Situation bitte bei der Tourismusinformation oder im Gästehaus erfragen.

Die Umgebung von Jaisalmer

In der kargen Sandöde rings um Jaisalmer trifft man unversehens auf Bauwerke, die aus der rajputischen Ära stammen, also aus einer Zeit, in der noch belebte Karawanenstraßen durch dieses Gebiet führten. Hin und wieder rumpelt ein Linienbus über die staubigen Pisten, und auch mit einem über RTDC oder übers Hotel gemieteten Jeep lassen sich die wichtigsten Sehenswürdigkeiten erkunden, doch am authentischsten ist der Besuch dieser Dörfer und verlassenen Städte ohne Straßenanbindung im Rahmen von **Tagestouren** auf dem Rücken eines Kamels (s. Kasten S. 280). Aufgrund der Nähe zur pakistanischen Grenze sind die Landstriche westlich des NH-15 **Sperrgebiet**. Ohne Sondergenehmigung dürfen Touristen zurzeit Amar Sagar, Sam, Bada Bagh, Lodurva und Khuhri besuchen, doch für alle weiter entfernten Ziele werden Passierscheine benötigt, die man beim **District Magistrate's Office**, ✆ 02992/252201, unmittelbar westlich vom Hanuman Circle in Jaisalmer beantragt, ⊙ Mo–Fr 10–17 Uhr.

Bada Bagh, Amar Sagar und Lodurva

In der fruchtbaren Gegend von **Bada Bagh**, 6 km nördlich von Jaisalmer, stehen zusammengedrängt auf einem Hügel und umgeben von modernen Windmühlen zahlreiche Kenotaphe zum Gedenken an frühere Jaisalmer-Herrscher. ⊙ tgl.: Sommer 6–19/20 Uhr; Rs50, Kamera oder Video Rs50. Aus der sich zu ihren Füßen ausbreitenden grünen Oase stammt das meiste Obst und Gemüse der Region.

7 km nordwestlich von Jaisalmer liegt an einem großen, künstlich angelegten See (der in der Trockenzeit leer ist) die friedliche Kleinstadt **Amar Sagar**. Hier stehen der aus dem 18. Jh. stammende Amar Singh-Palast und drei Jain-Tempel (Eintritt Rs10, Fotoerlaubnis Rs50), darunter der Adeshwar Nath-Tempel, der 1928 im Auftrag eines Mitglieds derselben Familie errichtet wurde, die das Patwa Haveli in Jaisalmer erbauen ließ.

Lodurva, die ehemalige Hauptstadt der Bhati-Rajputen, liegt 10 km nordwestlich von Amar Sagar. Die Bhatis herrschten hier vom 8. bis ins 12. Jh., bis Lodurva von Muhammed von Ghor geplündert wurde. Danach verlegten die Bhatis ihre Hauptstadt nach Jaisalmer. Heute sind nur noch ein paar Jain-Tempel, die im 17. Jh. wiederaufgebaut wurden, erhalten. Den Parshvanath geweihten Haupttempel ziert ein kunstvoll geschnitzter, 8 m hoher *toran* (Bogengang), der sich gleich hinter dem Eingang zum Hauptgelände befindet und vielleicht der erlesenste seiner Art in Rajasthan ist. Beachtung verdienen auch die detaillierten Steinmetzarbeiten an den Außenwänden. ⊙ tgl. 6–20 Uhr; Rs20, Fotoerlaubnis Rs50, Video Rs100.

Täglich fahren vier **Busse** von Jaisalmer nach Lodurva, aber bequemer ist die Fahrt mit einem **Taxi** (Rs400 hin und zurück, inkl. Halt in Amar Sagar und Bada Bagh). Oder man fährt mit dem Fahrrad.

Kuldara

Südlich der Straße nach Sam, rund 25 km westlich von Jaisalmer, liegt das Geisterdorf Kuldara. Es war eines von 84 Dörfern, die aus unerfindlichen Gründen alle gleichzeitig eines Nachts im Jahr 1825 von der brahmanischen Paliwal-Gemeinde, die hier seit dem 13. Jh. ansässig war, verlassen wurden. Von dem Fleiß und der Ordnungsliebe der Paliwals zeugen ihre Wohnhäuser, jedes mit Wohn- und Schlafzimmern, Gästezimmer, Küche und Ställen sowie einer Stelle, um ein Kamel anzubinden. Besucher können einen Spaziergang zum Tempel im Dorfkern machen und die Atmosphäre auf sich wirken lassen. ⏲ tgl. Sonnenauf- bis Sonnenuntergang; Rs50, Fahrzeuge Rs50.

Sam

Die gewaltigen Wanderdünen 40 km westlich von Jaisalmer heißen Sam, obwohl dies streng genommen der Name eines weiter westlich gelegenen kleinen Dorfes ist. Die Dünen sind die Top-Attraktion für Touristen, die in Scharen herkommen, um den Sonnenuntergang zu genießen. Allerdings wird die romantische Stimmung durch Getränkeverkäufer, Musiker, Kamelkarawanen, Busladungen mit Touristen und haufenweise Müll getrübt. Hier werden auch Kamelritte angeboten (Rs80/30 Min., dazu Rs70 für einen Kameltreiber und Rs10 Steuer). Die Zufahrt ins Dünengelände mit einem Jeep kostet Rs20.

Die meisten Kamelsafaris schlagen hier ihr Lager auf, aber es gibt auch ein paar Übernachtungsmöglichkeiten im Dorf selbst: Am zuverlässigsten ist das schlichte **RTDC Hotel Sam Dhani** ❺, Reservierung über das RTDC Moomal Hotel in Jaisalmer, ✆ 02992/252392. Vier **Busse** fahren täglich von Jaisalmer nach Sam (1 1/2 Std.). Alternativ lässt sich über die Touristeninformation eine Mitfahrgelegenheit in einem Auto oder Jeep (Rs150 p. P.) organisieren.

Khuhri

Ein weniger bekannter Ort, um den Sonnenuntergang hinter den Dünen zu genießen, ist das Dorf Khuhri, 42 km südlich von Jaisalmer. Doch selbst dieses früher friedliche Dörfchen zieht mittlerweile beachtliche Besuchermengen an. Die meisten Safaris legen ihre Ankunft zeitlich so, dass die Teilnehmer die farbenfroh gekleideten Frauen zu Gesicht bekommen, die immer zu einer bestimmten Zeit an den nach Kasten getrennten Brunnen Wasser holen. Das Dorf ist auch ein sympathisches Plätzchen zum Übernachten. Viele Häuser sind noch aus Lehm gebaut und mit Stroh gedeckt, und die Außenwände sind mit weißen Malereien verziert. Wer das Glück hat, eines der Häuser betreten zu dürfen, wird kunstfertig modellierte Lehmregale und Feuerstellen mit Glimmer- und Spiegelintarsien sehen.

Vier **Busse** fahren täglich vom Regionalbusbahnhof in Jaisalmer nach Khuhri (1 1/2 Std.). Man kann auch einen Jeep (Rs500 hin und zurück) oder ein Taxi (Rs250 hin und zurück) nehmen.

Das **Mama**, ✆ 935014/274042, ✉ gajendra_sodha2003@yahoo.com, ❹–❺, mitten im Dorf, hat Cottages mit AC und Bad und viel einfachere Zimmer mit Gemeinschaftsbad und Warmwasser in Eimern. Auf der anderen Straßenseite liegt das friedliche **Badal House**, ✆ 935014/274120; ❸, eine Unterkunft mit Familienanschluss, gut geeignet, um ein paar Tage auszuspannen und das Dorfleben kennenzulernen. 1 km außerhalb liegt das **Fort Khuhri** (kein echtes Fort, sondern eine festungsähnliche Anlage), ✆ 935014/274123; ❻, wo die Zimmer mit Bad und Warmwasser versehen sind, manche auch mit AC. Von hier aus hat man einen unverstellten Blick auf die Dünen. Jeweils im Preis inbegriffen sind Abendessen und Frühstück. Alle aufgeführten Unterkünfte können Kamelsafaris organisieren. Zu beachten ist, dass die Telefonvorwahl für Khuhri von Jaisalmer aus ✆ 953014 lautet, von allen anderen Orten dagegen ✆ 03014.

Pokaran

Rund 110 km östlich von Jaisalmer an der Straßen- und Bahnschienenkreuzung zwischen Jodhpur, Bikaner und dem Westen liegt die Kleinstadt Pokaran. Sie machte im Mai 1998 internationale Schlagzeilen, als Indien 20 km nordwestlich der Stadt drei unterirdische Nukleartests durchführte und damit seinen Beitritt zum Verein der Atommächte erklärte.

Trotz dieses kurzen, ungebetenen Auftritts auf der Weltbühne ist Pokaran immer noch eine Art Außenposten der Zivilisation, allerdings mit einer ausgezeichneten Unterkunft in seinem **Fort** aus dem 16. Jh., ✆ 02994/222274, 🖥 www.fortpokaran.com, ❼–❽, einem wundervollen alten Sandsteingebäude –besonders authentisch, da nur teilweise restauriert. Die State Bank of Bikaner and Jaipur in der Stadtmitte besitzt einen **Geldautomaten**.

Phalodi und Keechen

Highway und Eisenbahntrasse verlaufen östlich von Jaisalmer parallel durch die Wüste, bis sie sich auf nahezu halber Strecke zwischen Jaisalmer und Bikaner in der kleinen Ortschaft **Phalodi** trennen. Die kleine Salzgewinnungskolonie verdiente keinerlei Erwähnung, wäre sie nicht der Ausgangspunkt für eines der schönsten Naturerlebnisse in ganz Rajasthan.

Das rund 6 km östlich von Phalodi gelegene Dorf **Keechen** ist die zeitweilige Wahlheimat einer 4000 Tiere zählenden Schar **Jungfernkraniche**, die jeden Winter von ihren Brutstätten in Zentralasien herkommen. Die Einheimischen ermutigen die im lokalen Jargon kurja heißenden Vögel zur Rückkehr, indem sie zweimal täglich eigens für die Tiere gespendetes Futter ausstreuen – eine Sitte, die seit mindestens 150 Jahren gepflegt wird. Zu den Fütterungszeiten (5–7 und 5–18 Uhr) findet sich die riesige Vogelschar auf einem umzäunten Areal vor dem Dorf ein, wo man die Tiere aus der Nähe sehen kann.

Von Phalodi gelangt man am besten mit dem Fahrrad nach Keechen (Verleih an einem der Stände in der Nähe des Busbahnhofs) – eine angenehme Fahrt auf meist flachem Gelände über gut befestigte Straßen. Man kann aber auch eine Motor-Riksha (Rs100) oder ein Taxi (Rs200) nehmen (vor dem Bahnhof warten stets Ambassador-Taxis). Die beste Budget-Unterkunft ist das **Hotel Chetnya Palace**, ✆ 02925/223945, ❷-❹, neben der Haltestelle der Busse nach Jaisalmer. Es hat ein ordentliches Restaurant und alle möglichen Zimmer; die billigeren sind aber etwas verwohnt. Die andere Unterkunft ist das **Lal Niwas**, ✆ 02925/ 223813, 🖥 www.lalniwas.com; ❼-❽, ein 300 Jahre altes Haveli aus rotem Sandstein, das in ein schlichtes Heritage Hotel verwandelt wurde. Die mit AC ausgestatteten Zimmer sind nicht mehr ganz taufrisch, aber es gibt einen Pool und ein kleines Museum mit einer hübsch präsentierten, aber nicht sonderlich aufregenden Sammlung von Münzen, Manuskripten und Miniaturen, 🕓 tgl. 10.30–19 Uhr; Rs50.

Wer nur einige Stunden bleiben will, sollte vor dem Abstecher nach Keechen die Abfahrtszeiten überprüfen, denn die Verkehrsverbindungen sind nicht ganz zuverlässig. Rein theoretisch fahren fast stündlich **Busse** nach Jaisalmer und Bikaner. **Züge** nach Jaisalmer fahren um 8.58 Uhr und 9.55 Uhr; nach Jodhpur um 18.51 Uhr und nach Bikaner (Lalgarh Junction) um 14.20 Uhr.

Bikaner

Die Smog geschwängerte Handelsstadt Bikaner hat nicht die Anziehungskraft seiner Nachbarn Jaisalmer, Jodhpur oder Jaipur, besitzt jedoch ein sehenswertes Fort und eine Altstadt mit zahlreichen Havelis sowie eine staatliche Kamelzuchtfarm ganz in der Nähe. Die Stadt ist außerdem der Ausgangspunkt für einen Besuch des außergewöhnlichen Rattentempels von Deshnok.

Bikaner wurde 1486 von **Rao Bika**, einem der vierzehn Söhne des Rathore-Herrschers und Gründer Jodhpurs, Rao Jodha, gegründet. In den frühen 1900er-Jahren verhalfen die Modernisierung der Landwirtschaft, ein verbessertes Bewässerungssystem, eine vernünftige Stadtplanung und die Eisenbahnanbindung an Delhi der Stadt zu wirtschaftlichem Fortschritt. Längst ist Bikaner über die alten Stadtmauern hinausgewachsen: Die Einwohnerzahl hat sich seit 1947 mehr als verdreifacht und beträgt jetzt über 600 000.

Bikaners Hauptsehenswürdigkeit ist das Junagarh Fort, aber Besucher sollten sich auch Zeit für einen Spaziergang durch die Altstadt mit ihren prächtigen Havelis aus dem frühen 20. Jh. nehmen.

Junagarh Fort

Bikaners Junagarh Fort ist auf den ersten Blick weniger imposant als Rajasthans andere mächtige Befestigungsanlagen, denn es liegt ebenerdig und wird nur von hohen Mauern und einem breiten Graben geschützt, doch sein verschwenderisch verziertes Inneres kann sich mit allen anderen messen. Im Eintrittspreis ist eine einstündige, obligatorische Führung inbegriffen, aber es ist leicht, sich von den anderen abzusetzen und auf eigene Faust herumzuwandern.

Das Fort wurde zwischen 1587 und 1593 unter der Regentschaft von Rai Singh erbaut. Spätere Herrscher verschönerten es und fügten eigene luxuriöse Räumlichkeiten, Tempel und vornehme Hofbereiche hinzu. Die Bastion wurde niemals

Kamelsafaris von Bikaner

Auch wenn Bikaner nicht dieselbe Wüstenatmosphäre wie Jaisalmer ausstrahlt, sind von hier aus unternommene Kamelsafaris genauso lohnend wie dort. Der östliche Teil der Wüste ist landschaftlich ebenso faszinierend wie der westliche, und da die Zahl der Touristen bislang eher klein geblieben ist, sind die Einwohner der kleinen Dörfer an der Strecke längst nicht so kommerziell orientiert wie in der Umgebung von Jaisalmer. Auch die Tierwelt ist erstaunlich reichhaltig, u. a. gibt es zahlreiche Schwarzböcke, Nilgai-Antilopen und Wüstenfüchse.

Die Auswahl an Veranstaltern ist relativ begrenzt, dennoch gelten dieselben Empfehlungen, die unter Jaisalmer im Kasten zu den Kamelsafaris (S. 272/273) aufgelistet werden. Die meisten Veranstalter arbeiten mit einem bestimmten Führer, der aus den besuchten Dörfern stammt.

Den besten Namen für die Durchführung von Safaris hat sich bislang Vijay Singh Rathore (der „Camel Man") gemacht, der über das **Vijay Guest House**, 5 km außerhalb der Stadt an der Jaipur Rd, ✆ 0151/223 1244, 🖳 www.camelman.com, zu erreichen ist. Die Einzelheiten sowie die Preise seiner verschiedenen Treks finden sich auf seiner Website; eine Ganztagssafari kostet Rs900 p. P.

Ähnlich preiswert und verlässlich ist **Thar Camel Safari**, c/o Hotel Meghsar Castle oder ✆ 9351 206093.

Eine Alternative sind die vom **Vinayak Guest House** (S. 283) arrangierten Safaris. Sie werden von Jitu Solanki geführt, einem studierten Zoologen, dessen Exkursionen einen faszinierenden Einblick in die Fauna und die Lebensbedingungen in der Wüste vermitteln; er begleitet auch Ausflüge zu abgeschiedenen Bishnoi-Dörfern.

---

erobert, hatte aber nichtsdestotrotz mehrmals Angriffe von Heeren aus Marwar (Jodhpur) abzuwehren. Im Mauerwerk nahe dem zweiten Tor **Daulat Pol** erinnern Handabdrücke an den freiwilligen Opfertod *(Sati)* hoheitlicher Frauen, deren Männer in der Schlacht gefallen waren.

Der sich zum Haupthof öffnende **Karan Mahal**, dessen Säulen und Wände mit Blattgoldgemälden verziert sind, wurde im 17. Jh. zur Erinnerung an einen Sieg über den Mogulkaiser Aurangzeb errichtet. Der **Anup Mahal** (Diwan-i-Khas) ist der edelste Raum im Palast, mit wunderbaren roten und goldenen Malereien und einem von Glas und Spiegeln eingerahmten Satin-Thron. Der riesige Teppich wurde von Insassen des Gefängnisses von Bikaner geknüpft.

Nach so viel verschwenderischer Pracht erscheint der Mitte des 19. Jhs. für Maharadscha Sardar Singh (1851–72) erbaute **Badal Mahal** („Wolkenpalast"), ausgemalt mit einem blauen Himmel und Wolken, angenehm schlicht. In einem Saal im Obergeschoss sind mit Nägeln beschlagene Betten, Schwertblätter und Speerspitzen zu sehen, mit denen die Sadhus ihre Schmerzunempfindlichkeit demonstrierten. Auf der anderen Seite der Terrasse, im Gaj Mandar, stehen das Einzelbett des Maharadschas und das bequeme Doppelbett der Maharani.

Der aus dem 20. Jh. stammende **Ganga Niwas**, der unter Maharadscha Ganga Singh (1887–1943) errichtet wurde, lässt sich entweder über einen langen Korridor vom Gaj Mandar aus oder, schneller, vom Vikram Vilas-Hof zu erreichen. Hier sind u. a. deutsche Maschinengewehre zu sehen, die im 1. Weltkrieg erbeutet wurden, als Truppen aus Bikaner an der Seite der Briten in Europa kämpften. Eine Tür weiter nimmt ein Flugzeug aus dem 1. Weltkrieg, ein Geschenk der Briten an die Streitkräfte von Bikaner, fast den gesamten **Diwan-i-Am** ein.

Innerhalb der Festung befindet sich auch das **Prachina Museum**, 🖳 www.prachina-museum.com. Seine hübsche Sammlung (darunter Geschirr und Spazierstöcke) zeigt den zunehmenden europäischen Einfluss auf die Lebensweise in Rajasthan zu Beginn des 20. Jhs. Ein ganzer Salon von ca. 1900 wurde nachgestellt, und außerdem sind interessante rajasthanische Textilien zu sehen. ⏲ tgl. 9–18 Uhr, Rs50, Fotoerlaubnis Rs20, Video Rs75. ⏲ tgl. 10–16.30 Uhr, Eintritt Rs100, Fotoerlaubnis Rs30, Video Rs100.

Die Altstadt

Bikaners labyrinthartige Altstadt ist für ihren Reichtum an ungewöhnlichen Havelis berühmt,

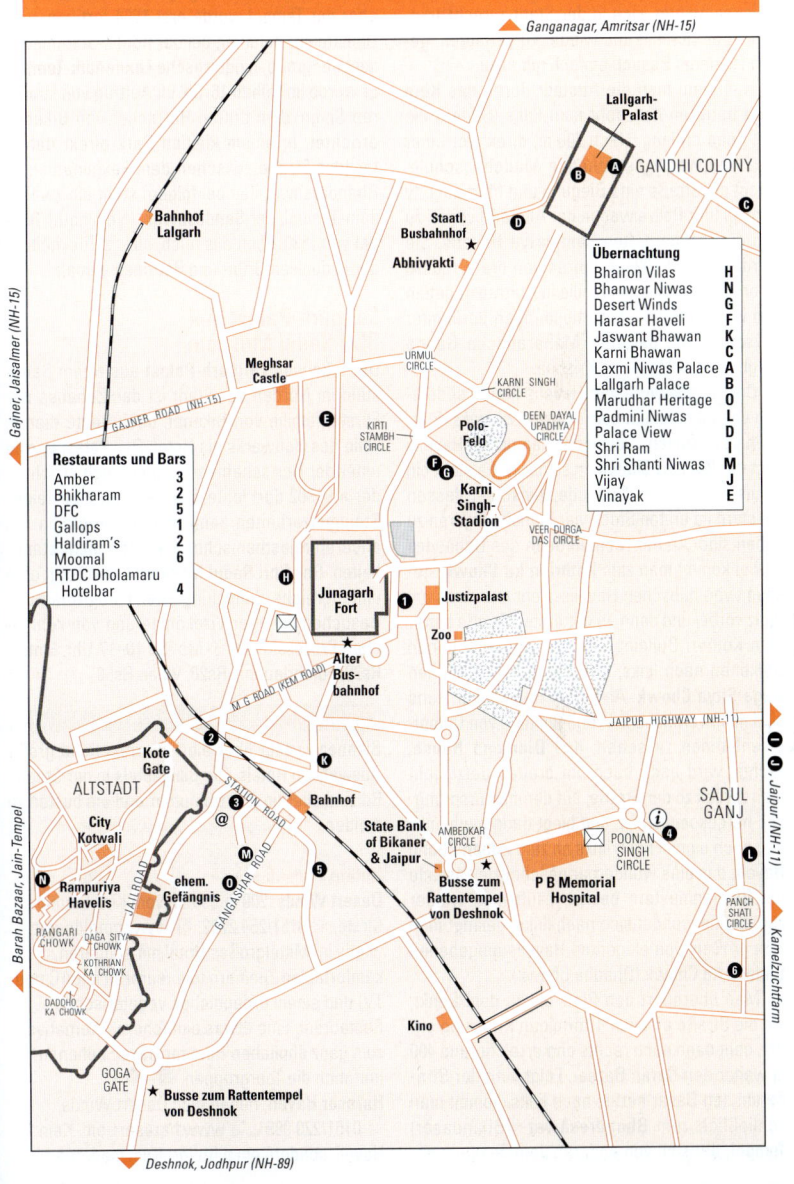

Bikaner

Ganganagar, Amritsar (NH-15)

Lallgarh-Palast
GANDHI COLONY

Bahnhof Lalgarh

Staatl. Busbahnhof
Abhivyakti

Übernachtung	
Bhairon Vilas	H
Bhanwar Niwas	N
Desert Winds	G
Harasar Haveli	F
Jaswant Bhawan	K
Karni Bhawan	C
Laxmi Niwas Palace	A
Lallgarh Palace	B
Marudhar Heritage	O
Padmini Niwas	L
Palace View	D
Shri Ram	I
Shri Shanti Niwas	M
Vijay	J
Vinayak	E

Meghsar Castle

URMUL CIRCLE
KARNI SINGH CIRCLE
KIRTI STAMBH CIRCLE
DEEN DAYAL UPADHYA CIRCLE
Polo-Feld
Karni Singh-Stadion
VEER DURGA DAS CIRCLE

Restaurants und Bars	
Amber	3
Bhikharam	2
DFC	5
Gallops	1
Haldiram's	2
Moomal	6
RTDC Dholamaru Hotelbar	4

Junagarh Fort
Justizpalast
Zoo
Alter Busbahnhof

JAIPUR HIGHWAY (NH-11)

M.G. ROAD (KEM ROAD)

Kote Gate
ALTSTADT
City Kotwali
Rampuriya Havelis
RANGARI CHOWK
DAGA SITYA CHOWK
KOTHRIAN/KA CHOWK
DADDHO KA CHOWK

Bahnhof
STATION ROAD
ehem. Gefängnis
GANGASHAR ROAD

State Bank of Bikaner & Jaipur
AMBEDKAR CIRCLE
Busse zum Rattentempel von Deshnok

SADUL GANJ
POONAN SINGH CIRCLE
P B Memorial Hospital
PANCH SHATI CIRCLE

GOGA GATE
Kino
★ Busse zum Rattentempel von Deshnok

Deshnok, Jodhpur (NH-89)

Gajner, Jaisalmer (NH-15)
Barah Bazaar, Jain-Tempel
Jaipur (NH-11)
Kamelzuchtfarm
Rajasthan

www.stefan-loose.de/indien

die eine äußerst gewagte Mischung aus einheimischer Sandsteinarchitektur und britischen Stadtbauten der Wende zum 20. Jh. darstellen. Es ist schwierig, sich in der Stadt zurechtzufinden, aber sich hin und wieder zu verlaufen, gehört zu einem Besuch einfach mit dazu.

Nachdem man die Altstadt durch das **Kote Gate** betreten hat, geht man links (Süden) die Jail Road entlang. Nach 300 m, direkt vor einer rosa und weiß gestrichenen Mädchenschule, macht die Straße eine Biegung und führt am City Kotwali (der Polizeiwache der Altstadt) vorbei zu den drei zauberhaften **Rampuriya Havelis**. Sie wurden in den 1920er-Jahren von drei Brüdern einer Jain-Kaufmannsfamilie in Auftrag gegeben und weisen Reliefs mit Abbildungen berühmter Personen auf, darunter Maharadscha Ganga Singh, Queen Mary und Krishna.

Die sehenswertesten Havelis liegen südöstlich von hier, um ein paar winzige *chowks* (Plätze) herum. Gleich südlich der Rampuriya Havelis liegt der **Rangari Chowk**. In seiner Mitte steht ein komisches kleines Gebäude, zwischen dessen Fenstern im ersten Stock vier bemalte Figuren zu sehen sind. An der rechten Seite des Gebäudes vorbei kommt man zum **Kothrion ka Chowk**, gesäumt von hübschen Havelis. Geht man links am Platz vorbei und dann an der ersten Straße hinter dem Kothari Building mit fünf wunderschönen Balkonen nach links, erreicht man den kleinen **Daga Sitya Chowk**. An einem Haus linker Hand sind noch verblichene Wandgemälde von Dampfeisenbahnen zu sehen; das **Diamond House**, rechts, wird nach oben hin breiter. Jetzt geht man zurück zu der Straße, auf der man ursprünglich hergekommen ist, und biegt dann nach links und noch einmal nach links ab zum **Punan Chand Haveli**, das eine wunderbar geschnitzte Fassade mit Blumenmustern besitzt. Läuft man wieder zurück und wendet sich nach links, gelangt man zum großen, von eleganten Havelis umgebenen **Daddho ka Chowk** (Dhadha Chowk).

Man überquert den Platz bis zu dem Punkt, wo die Straße an einer T-förmigen Kreuzung endet, geht dann nach rechts und erreicht rund 400 m weiter den Barah Bazaar. Folgt man der Straße um den Basar herum nach links, kommt man schließlich zum **Bhandreshwar**- (Bhandasar) **Tempel**, der sich von anderen Jain-Tempeln dadurch unterscheidet, dass er mit Gemälden übersät ist. Mit dem Bau wurde 1468 begonnen, noch bevor Bikaner selbst gegründet worden war, aber der Tempel wurde erst 1504 fertiggestellt. Unmittelbar dahinter, bei der hohen Stadtmauer, liegt der große, hinduistische **Laxminath-Tempel**. Er wurde im frühen 16. Jh. im Auftrag von Lunkaran Singh, dem dritten Herrscher von Bikaner, errichtet. In einem kleinen Park direkt dahinter (der Straße zwischen dem Laxminath- und Bhandreshwar-Tempel folgen) steht ein zweiter Jain-Tempel, der **Sandeshwar**- (Neminath) **Tempel** von 1536, ebenfalls reich, aber zurückhaltender in dunklen Grün- und Rottönen bemalt.

Lallgarh-Palast und Shri Sadul Museum

Der mächtige **Lallgarh-Palast** aus rotem Sandstein im Norden der Stadt ist das Zuhause der Fürstenfamilie von Bikaner, doch heute dienen Teile des Bauwerks als Hotel. Der Palast wurde unter der Herrschaft von Ganga Singh errichtet, der ab 1902 dort lebte. Trotz einiger sehr feiner Steinmetzarbeiten kann er dem Vergleich mit anderen rajasthanischen Palästen nicht standhalten. Das **Shri Sadul Museum** beherbergt eine umfangreiche Sammlung alter Fotografien von Besuchen diverser Vizekönige und von königlichen Prozessionen; ⏲ Mo–Sa 10–17 Uhr, Eintritt Rs20, Fotoerlaubnis Rs20, Video Rs50.

Übernachtung

Bikaner verfügt über eine überraschend große Auswahl an Hotels. Die Billighotels in der Station Rd sind allerdings unzumutbar und am besten zu meiden.

Untere Preisklasse

Desert Winds, 200 m östlich vom Kirti Stambh Circle, ✆ 0151/254 2202, 🖳 www.hoteldesertwinds.in. Mittelgroßes Hotel mit sauberen, komfortablen Zimmern (die teureren mit AC und TV) und einem ordentlichen vegetarischen Restaurant. Eine etwas einfachere Alternative zum ganz ähnlichen Harasar Haveli nebenan, nur ohne die Tourgruppen. ❸–❺

Harasar Haveli, neben dem Desert Winds, ✆ 0151/220 9891, 🖳 www.harasar.com. Kein Haveli, sondern ein mittelgroßes, modernes

Hotel mit hellen, bequemen und blitzsauberen Zimmern (die teureren mit AC und TV). Dachgarten- und Terrassenrestaurants, die gutes vegetarisches und anderes Essen servieren. Beliebt bei Reisegruppen. ❷–❺

Marudhar Heritage, Gangashahar Rd, ✆ 0151/252 2524, ✉ hmheritage2000@yahoo.co.in. Freundliches, ruhiges Hotel in der Nähe vom Bahnhof. Unterschiedliche Zimmer, teils mit *air-cooler*, teils mit AC, alle mit Bad. Kostenlose Abholung. ❸–❹

Shri Shanti Niwas, Gangashahar Rd, ✆ 0151/252 4231. Das sauberste der superbilligen Unterkünfte in der Nähe des Bahnhofs. Unter den Zimmern gibt es auch ein paar sehr billige EZ (Rs80) mit Gemeinschaftsbad. Die DZ haben alle Bad. 24-Std.-Checkout. ❶–❹

Vijay, gegenüber der Sophia School, 5 km östlich des Zentrums am Jaipur Highway, ✆ 0151/223 1244, 🖥 www.camelman.com. Etwas exzentrischer, nicht ganz reinlicher, aber preiswerter Familienbetrieb. Nur 8 Zimmer mit Bad. Es gibt auch einen Platz zum Zelten sowie einen hübschen Garten und kostenlosen Fahrradverleih. ❶–❹

Vinayak, Old Ginani, ✆ 0151/220 2634, ✉ vinayakguesthouse@gmail.com. Versteckt in einer der Gassen nördlich vom Fort; einladendes kleines Gästehaus. Wird von einer Familie geführt und hat billige DZ mit Bad (Warmwasser aus dem Eimer). Kostenlose Abholung. ❶–❸

Mittlere Preisklasse

Bhairon Vilas, neben dem Junagarh Fort, ✆ 0151/254 4751, 🖥 hotelbhaironvilas.tripod.com. Stilvolles Heritage Hotel in einem alten, fürstlichen Haveli, mit Familien-Erbstücken und Antiquitäten eingerichtet und von einem hübschen Garten umgeben. Die Zimmer (alle mit AC) sind unterschiedlich: die billigeren ziemlich schäbig, die teureren geräumig und mit viel Atmosphäre. ❹–❻

Jaswant Bhawan, Alakhsagar Rd (im Bahnhof den Hinterausgang nehmen), ✆ 0151/254 8848, 🖥 www.hoteljaswantbhawan.com. Gemütliches Hotel in einem netten alten Haus ganz in der Nähe des Bahnhofs. Angesichts der Lage erstaunlich ruhige, komfortable Zimmer mit Ventilator, *air-cooler* oder AC. ❹–❺

Padmini Niwas, 148 Sadul Ganj, abseits der Jaipur Rd, 1,5 km östlich der Innenstadt, ✆ 0151/252 2794, ✉ padmini_hotel@rediffmail.com. Ein bisschen abgelegen, aber ruhig und preiswert. Zimmer mit Teppich (z. T. mit AC, alle mit TV), Pool. ❸–❹

Palace View, Lallgarh Palace Campus, ✆ 0151/254 3625, ✉ hotelpalaceview@gmail.com. Einladendes Gästehaus in ruhiger Lage. Angenehme, reizend altmodische Zimmer (teils mit AC), gemütlicher kleiner Speiseraum und Aussicht auf den Lallgarh-Palast. ❹–❺

Shri Ram, Sadul Ganj, 1,5 km vom Stadtzentrum, ✆ 0151/252 4267, 🖥 www.hotelshriram.com. Dieses Gästehaus in der Vorstadt ist gleichzeitig Bikaners Jugendherberge. Die Zimmer im Obergeschoss sind besser als die kleineren nach hinten hinaus. Auch Dorms mit 5 Betten (Rs100). ❹–❺

Obere Preisklasse

Bhanwar Niwas, Altstadt, ✆ 0151/220 1043, 🖥 www.bhanwarniwas.com. Bikaners protzigstes Haveli, Ende der 1920er-Jahre für einen Textilmagnaten errichtet. Oldtimer im Foyer, ungemein kitschige Zimmer und hübsches Fin-de-siècle-Restaurant. ❽–❾

Karni Bhawan Palace, Gandhi Colony, 1 km östlich vom Lallgarh-Palast, ✆ 0151/252 4701 bis 5 oder 1800/180 2933 oder 2944, 🖥 www.hrhindia.com. Das Äußere macht nicht viel her, aber das Innere ist stilvoll, mit wunderschönen (wenn auch übertreuerten) Art-déco-Suiten im Hauptgebäude. Dagegen kann man die Standardzimmer im Anbau getrost vergessen. ❼–❽

Laxmi Niwas Palace, Lallgarh-Palast, ✆ 0151/220 2777, 🖥 www.laxminiwaspalace.com. Das bessere und ruhigere der zwei luxuriösen Hotels im Lallgarh-Palast; geräumige Zimmer mit alten englischen Möbeln, das beste ist Nr. 108, in dem schon mehrere englische Könige und Königinnen wohnten. Zimmerpreise ab US$190. ❾ Die Zimmer im benachbarten **Lallgarh Palace Hotel** ❽ kosten fast halb so viel und sind weniger beeindruckend, haben aber immer noch jede Menge Kolonialambiente.

Essen

Restaurants sind in Bikaner Mangelware, deshalb speisen die meisten Besucher der Stadt in ihrem Hotel. Wer etwas Alkoholisches trinken möchte, kann die **Bar** des RTDC Dholamaru Hotel am Pooran Singh Circle oder die teurere im Lallgarh Palace Hotel aufsuchen. Bikaner ist berühmt für seine **Süßigkeiten**, z. B. *kaju katli*, mit Cashewnüssen gemacht, und *tirangi*, ein dreifarbiges Konfekt, das aus Cashews, Mandeln und Pistazien hergestellt wird.

Amber, Station Rd. Einfach, aber sauber und ein beliebter Treffpunkt westlicher Touristen. Hat eine breite Auswahl an indischen vegetarischen Standardgerichten und ein paar Snacks. Die meisten Hauptgerichte kosten Rs50–70.

Bhikharam, Chandmal Bhujiawala, abseits der Station Rd an der Straße zum Kote Gate (das englische Schild ist sehr klein und leicht zu übersehen). Hervorragender Süßwarenladen, berühmt für seine ausgezeichneten bengalischen und rajasthanischen Süßigkeiten, hat aber auch eine ansehnliche Auswahl an leckeren kleinen Gerichten.

DFC (Dwarika Food Cuisine), Station Rd, bei der Silver Square Mall. Sauberes, freundliches Restaurant, bietet eine lange Liste vegetarischer Hauptgerichte (die meisten Rs50–65), *thalis* (Rs40–75) und sogar *train tiffins* (Proviantpakete; Rs60).

Gallops, Court Rd. Das ziemlich schicke Restaurant gegenüber vom Fort hat gutes vegetarisches und anderes Essen. Zur Mittagszeit ist es normalerweise voll mit Tourgruppen, aber abends geht es meist ruhiger zu. Hauptgerichte Rs90–175. Alkohollizenz.

Moomal, Panch Shati Circle. Restaurant mit weißen Tischdecken, beliebt bei begüterten Einheimischen. Serviert köstliches südindisches vegetarisches Essen – schon für das Moomal Special mit Cashewnüssen und Kirschen lohnt sich die Reise nach Bikaner. Hauptgerichte um Rs90–180.

Einkaufen

Bikaner ist berühmt für hervorragende Lackwaren und Kunsthandwerk, das im Basar zu einem Bruchteil von Jaisalmers „Touristenpreisen" verkauft wird, und für seine handgewebten wollenen *pattu* (eine Art Umhang/Decke). Der beste Ort, um Letztere einzukaufen, ist der Kunstgewerbeladen **Abhivyakti**, Ganganar Rd, nahe dem Busbahnhof. Der Geschäftsführer kann auch Besuche in Dörfern arrangieren, wo man Frauen beim Weben zusehen kann.

Vichitra Arts, im Bhairon Vilas, verkauft alte fürstliche Gewänder und Miniaturen.

Sonstiges

Fahrräder

Eine Reihe von Buden gleich südlich vom Hauptpostamt, gegenüber der Südwestecke des Forts, vermieten einfache Räder für Rs3/Std.

Geld

Geldautomaten befinden sich direkt gegenüber vom Bahnhof, außerdem 100 m weiter südlich; in der Station Rd schräg gegenüber der Straße vom Kote Gate; ungefähr auf halber Länge der MG Rd an der Südseite und zwischen dem RTDC Hotel Dhola Maru und Panch Shati Circle. In der Lallgarh Palace Rd, zwischen dem Fort und dem Kirti Stambh Circle, gibt es mehrere Wechselstuben, darunter **LKP Forex**, wo auch Cash auf Kreditkarte zu haben ist; ⏲ tgl. 9–20 Uhr. **Thomas Cook**, im Eingang zur Festung, wechselt ebenfalls Bargeld und gibt Cash auf Kreditkarten; ⏲ Mo–Sa 9–18 Uhr.

Informationen

Die hilfreiche **Touristeninformation** im RTDC Dholamaru Hotel am Pooran Singh Circle, ☎ 0151/222 6701, ⏲ tgl. 10–17 Uhr, vermittelt auch Homestays. Weitere nützliche Informationen unter 🖳 www.realbikaner.com.

Internet

Internet-Zugang ist in vielen Lokalen für rund Rs20/Std. zu haben, aber die Verbindung ist meist langsam. Es gibt zahlreiche Internetlokale in der Umgebung des Kirti Stambh Circle, außerdem **New Horizons**, hinter dem Amber Restaurant in der Station Rd, Rs20/Std., ⏲ tgl. 9–21 Uhr.

Medizinische Hilfe

PB Memorial Hospital, beim Ambedkar Circle, ☎ 0151/222 6334.

Empfohlene Züge von Bikaner

Der Sampark Kranti Express Nr. 2464A zur Sarai Rohilla Station in **Delhi** fährt nur am Di, Do und So. An den anderen Tagen muss man den Howrah Superfast Nr. 2308 bis Merta Road nehmen (an 21.40 Uhr) und dort bis 0.10 Uhr auf den Jaisalmer–Delhi Express Nr. 4060 warten, der um 11.05 Uhr in Old Delhi einläuft. Es gibt keine Direktverbindungen nach **Ajmer**, aber wer den Jaipur Intercity Nr. 2467 um 5 Uhr nimmt, kann in Phulera (an 10.45 Uhr) in den Link Express Nr. 2414A umsteigen, der um 11.11 Uhr nach Ajmer abfährt, Ankunft 12.45 Uhr. Nach **Sawai Madhopur**, **Kota** und **Chittaurgarh** nimmt man den Zug Nr. 2467 und steigt in Jaipur um.

Ziel	Name	Nr.	Abfahrt	Ankunft
Abu Road	Ranakpur Express	4707	9.45 Uhr (tgl.)	20 Uhr
	Ahmedabad Express	9224	0.55 Uhr (tgl.)	11.25 Uhr
Agra	Howrah Superfast	2308A	18.30 Uhr (tgl.)	6.35 Uhr
Delhi (SR)	Sampark Kranti Express	2464A	17.20 Uhr (Di, Do, So)	5.40 Uhr
Jaipur	Jaipur Intercity	2467	5 Uhr (tgl.)	11.40 Uhr
Jaisalmer	Lalgarh Express	4704	6.55 Uhr (tgl.)	13.45 Uhr
	Jaisalmer Express	4702	23.25 Uhr (tgl.)	6.10 Uhr
Jodhpur	Ranakpur Express	4707	9.45 Uhr (tgl.)	14.45 Uhr
	Kalka–Barmer Express	4887	11.30 Uhr (tgl.)	16.50 Uhr
	Ahmedabad Express	9224	0.55 (tgl.)	6.20 Uhr

Polizei
Police Station Rd, ✆ 0151/252 2225.

Post
GPO, unmittelbar westlich vom Fort, ⊙ Mo–Fr 10–15, Sa 10–13 Uhr.

Transport

Busse
RSTRC-Busse fahren am staatlichen Busbahnhof nördlich des Zentrums in der Nähe vom Lallgarh-Palast ab, ✆ 0151/252 3800. Busse nach Deshnok und Nagaur fahren ebenfalls hier ab, lassen Passagiere aber auch am Ambedkar Circle und Goga Gate Circle zusteigen.
Privatbusse werden von einer Hand voll Gesellschaften betrieben, von denen die meisten ein Büro am alten Busbahnhof südlich des Forts besitzen – einfach so lange herumfragen, bis man den günstigsten Bus gefunden hat.
Busse nach:
AJMER (15x tgl.; 7 Std.),
CHITTAURGARH (1x tgl.; 10 1/2 Std.),
DELHI (6x tgl.; 10 Std.),
FATEHPUR (14x tgl.; 3 1/2–4 Std.),
JAIPUR (11x tgl.; 7 1/2 Std.),
JAISALMER (8x tgl.; 7 Std.),
JODHPUR (8x tgl.; 6 Std.),
PUSHKAR (12x tgl.; 6 1/2 Std.),
UDAIPUR (4x tgl.; 12 Std.).

Eisenbahn
Der **Bahnhof** liegt zentral in der Station Road, gleich östlich der Altstadt. (Achtung: Der neue Lalgarh Express Nr. 4703 von Jaisalmer hält am Bahnhof Lalgarh, in der Nordostecke der Stadt). Manche Motorriksha-*wallahs* wenden alle möglichen Tricks an, um Fahrgäste nicht zu einem Hotel zu bringen, das ihnen keine Provision zahlt. Eine Fahrt durch die Stadt vom staatlichen Busbahnhof zum Bahnhof dürfte ungefähr Rs30 kosten.

Die Umgebung von Bikaner

In der Wüste 10 km südlich der Stadt liegt die angeblich größte **Kamelzuchtfarm** Asiens, das National Research Centre on Camels. Die Hin- und Rückfahrt mit einer Motor-Riksha kostet inklusive 30 Minuten Wartezeit um Rs80. Bikaners

Kamele gelten seit jeher als besonders robust, und das Kamelcorps war im Ersten Weltkrieg ein von den Türken gefürchteter Verbündeter der Engländer. Inzwischen haben allerdings motorisierte Fahrzeuge das „Wüstenschiff" als Transportmittel weitgehend verdrängt. Am besten schließt man sich einer Tour an und versucht, um 15.30–16 Uhr hier zu sein, wenn 300 Staub aufwirbelnde Kamele aus der Wüste zu ihrer täglichen Fütterung herangaloppieren. Das kleine Museum hat wenig zu bieten, aber im Laden daneben werden alle möglichen Produkte auf der Basis von Kamelmilch verkauft, z. B. Lassis und *kulfi*. ◐ tgl. 14–17 Uhr, Eintritt Rs10, Fotoerlaubnis Rs20, Kamelritt Rs40, Führung Rs 100.

Der 30 km südlich von Bikaner gelegene **Karni Mata-Tempel** in **Deshnok** ist eine der ausgefallensten Sehenswürdigkeiten Indiens. Der Besucher, der das Eingangstor aus italienischem Marmor durchschritten hat, sieht plötzlich überall Ratten herumlaufen, *kabas* genannt. Diese werden von den Gläubigen als wiedergeborene Seelen betrachtet, die vor dem Zorn des Totengottes Yama bewahrt blieben.

Der Schrein ist der historischen Gestalt Karniji geweiht. Der rustikale innere Schrein aus unbearbeitetem Gestein und dem Holz des heiligen *jal*-Baumes, in dem das gelbe Marmorbildnis *(pratima)* der Karniji steht, wird von einem wesentlich größeren Marmorgebäude umschlossen, das Rao Bikas Enkel nach einem Sieg über die Moguln errichten ließ.

Pilger bringen Essen mit, das die Nagetiere im Hauptschrein verspeisen. Es gilt als glücksbringend, die Überreste aufzuessen, nachdem die *kabas* daran geknabbert haben. Ein gutes Omen ist es auch, wenn eine Ratte über jemandes Füße rennt (ein Weilchen stillstehen – am besten in der Nähe von etwas Essbarem). Wer hingegen (auch nur versehentlich) auf eines der Tiere tritt, muss das Goldmodell einer Ratte spenden, um die Gottheit zu besänftigen. Die Schuhe müssen am Tor ausgezogen werden, d. h. die Besucher spazieren barfuß oder in Socken zwischen den Rattenkötteln herum.

◐ tgl. 6–22 Uhr, Eintritt frei; Fotoerlaubnis Rs20, Video Rs50; 🖥 www.karnimata.com. **Busse** von Bikaner nach Deshnok fahren rund alle 15 Minuten (40 Min.) vom Hauptbusbahnhof ab und halten an der Ostseite des Ambedkar Circle in der Nähe des PB Memorial Hospital sowie gleich südlich vom Goga Gate Circle in der Nähe der Südostecke der Altstadt. Es verkehren auch **Züge**; Abfahrt um 9.45 Uhr und 11.30 Uhr, Rückfahrt von Deshnok um 14.59 und 15.39 Uhr.

Der Süden Rajasthans

Udaipur

Der erste Blick auf Udaipur ist unvergesslich: Mit seiner Lage am Ufer des malerischen Pichola-Sees und der majestätischen Kulisse grüner Hügel, seinen weiß gestrichenen Havelis und spitzen *shikhara*-Tempeltürmen, die von den fein verzierten Balkonen und Kuppeln des Stadtpalastes überragt werden, ist es eine der romantischsten Städte Indiens. Doch ganz so ungetrübt, wie die Tourismuswerbung glauben machen möchte, ist die Idylle der Stadt nicht. Die Dürreperiode, die noch bis vor einiger Zeit dafür verantwortlich war, dass der Pichola-See mehrere Jahre lang trocken lag, ist zwar zum Glück vorbei, und der Wasserspiegel hat inzwischen wieder seine alte Höhe erreicht, aber die unsensible Bebauung des Seeufers, der höllische Verkehr und die Massen von Touristen sorgen dafür, dass die Stadt keineswegs unberührt ist. Trotzdem bleibt Udaipur ein äußerst lohnendes Reiseziel, und obwohl sich die meisten seiner Sehenswürdigkeiten in ein paar Tagen besichtigen lassen, bleiben viele Leute mindestens eine Woche, um die Stadt und ihre wunderschöne Umgebung zu erkunden.

Geschichte

Für indische Verhältnisse ist Udaipur eine relativ junge Stadt. Sie wurde Mitte des 16. Jhs. von **Udai Singh II.** aus der Familie der Sisodia gegründet, den Herrschern des Staates **Mewar**, der einen Großteil des heutigen Süd-Rajasthan ausmachte. Die Sisodias gelten traditionell als die beständigste aller Rajputen-Dynastien. Der gegenwärtige Herrscher ist der 76. einer ununterbrochenen Abfolge von Mewar-Fürsten, was das Haus Mewar zur vielleicht ältesten bestehenden Dynastie der Welt macht.

Der Staat Mewar wurde im Jahre 568 von **Guhil**, dem ersten Sisodia-Maharana, gegründet. Seine Nachfolger richteten ihre Hauptstadt zunächst in **Nagda** ein und dann im mächtigen Fort Chittaurgarh (Näheres s. S. 305), von wo aus sie die Macht über einen großen Teil des heutigen Süd-Rajasthan ergriffen.

Als **Udai Singh II.** 1537 die Thronfolge in Mewar antrat, zeichnete sich jedoch bereits das Ende Chittaurgarhs ab. Udai begann Ausschau nach einem geeigneten Standort für eine neue Stadt zu halten, die Udaipur heißen sollte. Schließlich wählte er das sumpfige Gebiet am Pichola-See, das zu allen Seiten von Ausläufern des Aravalli-Gebirges geschützt war. Der Mogulherrscher Akbar nahm 1568 nach einer langen Belagerung Chittaurgarh ein, aber um diese Zeit hatte sich Udai schon fest in seiner neuen Hauptstadt eingerichtet, wo er ungestört bis zu seinem Tod 1572 schaltete und waltete. Sein Sohn, der heldenhafte **Pratap Singh**, verbrachte den größten Teil seiner Regentschaft damit, hartnäckig die Freiheit seines Königreichs gegen das übermächtige Heer der Moguln zu verteidigen.

Nach Akbars Tod kehrte endlich Frieden ein – bis Mewar sich 1736 dem ersten einer Reihe von Angriffen der Marathen gegenübersah, die die Stadt nach und nach in den Ruin trieben und erst aufhörten, als die Marathen im frühen 18. Jh. ihrerseits von den Briten vertrieben wurden. Daraufhin verbündeten sich die Sisodias mit den Briten und behielten ihre Unabhängigkeit bis 1947, als der berühmte alte Staat Mewar schließlich in der neu gegründeten Nation Indien aufging.

Orientierung

Die ursprüngliche Siedlung Udaipur erstreckte sich um den großen **Stadtpalast** am Ostufer des Pichola-Sees. Unmittelbar im Norden des Palastes beginnt das Gassengewirr der **Altstadt**. Nördlich davon liegt der zweite große See von Udaipur, der **Fateh Sagar**. Zu den etwas weiter entfernten Sehenswürdigkeiten zählen das Kunsthandwerksdorf Shilpgram und der sogenannte „Monsun-Palast" in Sajjangarh.

Pichola-See

Udaipurs idyllischer Pichola-See bildet einen wunderbaren Rahmen für die majestätischen Bauten des Stadtpalastes, die Havelis, *ghats,* Tempeltürme und unzähligen anderen Gebäude, die sein Ostufer säumen – das Gesamtgebilde lässt sich am besten bei einer Bootsfahrt auf dem See würdigen. Die beiden Insel-Paläste gehören zu den berühmtesten Wahrzeichen von Udaipur. Der **Jag Niwas**, das heutige Lake Palace Hotel (S. 302), wurde in einer Mischung aus Rajputen- und Mogul-Architektur unter der Regentschaft Jagat Singhs (1628–52) als Sommerpalast errichtet. Den **Jag Mandir** auf der weiter südlich gelegenen Insel umgibt ein großer, von steinernden Elefanten bewachter Garten. Das Hauptgebäude hier ist das **Gol Mahal**, unter dessen Kuppeldach eine kleine Ausstellung zur Geschichte der Insel zu sehen ist. In seiner Jugend war Shah Jahan einmal hier zu Besuch, und offenbar beeindruckte ihn das Gebäude so sehr, dass er es als eines der Modelle für seinen Taj Mahal benutzte; die Ähnlichkeit ist jedoch nur mit Mühe auszumachen.

Bootsrundfahrten beginnen an der Anlegestelle am Südende des Palastgeländes. Man hat die Wahl zwischen einer schnellen, 30-minütigen Rundfahrt (Rs200) mit oder ohne Landgang am Jag Mandir (Rs300). Beide starten jeweils zur vollen Stunde zwischen 10 und 18 Uhr. Im Boot sollte man auf der dem Palast zugewandten Seite sitzen (Fahrtrichtung erfragen; gewöhnlich entgegen dem Uhrzeigersinn). Es werden hier auch Boote für individuelle Rundfahrten vermietet (Platz für

Eintritt zum Stadtpalast

Es ist wichtig zu wissen, dass in bestimmten Bereichen des Stadtpalastes, darunter die Hotels Fateh Prakash Palace und Shiv Niwas, die Durbar Hall, Crystal Gallery und an der Anlegestelle der Boote, die über den Pichola-See und hinüber zum Hotel Lake Palace fahren, Rs25 für eine Eintrittskarte zum Stadtpalast-Komplex fällig werden. Wer nur das Palastmuseum oder den Hof besichtigt, oder aber in einem der genannten Hotels wohnt, braucht diese Karte nicht zu kaufen.

bis zu 7 Pers., Kostenpunkt Rs2000). Eine andere Möglichkeit besteht darin, eines der Tret- oder Motorboote auszuleihen, die am Ufer zwischen den Havelis Jaiwana und Kankarwa angeboten werden (2-Sitzer Rs75/20 Min., 4-Sitzer Rs150/20 Min., Motorboote ab Rs450/20 Min.).

Der Stadtpalast

Udaipurs faszinierender Stadtpalast aus weichem gelbem Stein steht auf einem Felsvorsprung am Nordostufer des Pichola-Sees. Auf einem fensterlosen Fundament erheben sich mehrere Etagen mit reich verzierten Balkonen sowie zierliche Türme. Insgesamt elf *mahal* (Paläste), die aufeinander folgende Maharanas in den drei Jahrhunderten nach Udaipurs Gründung im Jahre 1559 errichten ließen, bilden den größten hoheitlichen Baukomplex von ganz Rajasthan.

Teile des Palastes beherbergen heute ein **Museum**, das man durch das **Toran Pol** von einem großen Hof aus betritt, in dem einst in die Schlacht ziehende Elefanten inspiziert wurden. ⏲ tgl. 9.30–16.30 Uhr, Eintritt Rs50, Fotoerlaubnis Rs200, Video Rs200, Audioguide Rs250, geführte Rundgänge Rs100–150.

Enge Passagen mit niedrigen Decken verbinden die einzelnen *mahal* und Höfe miteinander und erfüllen gleichzeitig den Zweck, ein überraschendes Eindringen bewaffneter Feinde zu verhindern. Für heutige Besucher ist der Weg aber deutlich ausgeschildert. Der Eingang zum Museum befindet sich auf der gegenüberliegenden Seite des Moti Chowk (einen Blick lohnt die große, tragbare Tigerfalle in der Mitte des Hofs).

Die drei großen Pfaue *(mor)* in den Mauern des **Mor Chowk** aus dem 17. Jh., die Sajjan Singh 200 Jahre nach der Palastgründung anbringen ließ, bestehen aus jeweils 5000 grün, golden und blau schillernden Glasteilen. Die von Säulen getragenen Wohnräume gegenüber vom Mor Chowk sind mit Szenen aus dem Leben Krishnas geschmückt. Korridore führen in den vollkommen mit Spiegelmosaiken verzierten Raum **Kanch-ki-Burj** und zum „Mondhof" **Chandra Chowk**, der einen eigenen Garten auf einem Hügel im Herzen des Palastes umschließt.

Weitere Korridore führen zu den Frauengemächern des **Zenana Mahal**, die mit ihren Alkoven, Balkonen, bunten Fenstern, gekachelten Wänden und gefliesten Böden die prächtigsten Räume des gesamten Palastes sind. Der mit Miniaturen gefüllte Wohnbereich **Krishna Vilas** erinnert an eine udaipurische Prinzessin aus dem 19. Jh., die sich vergiftete, um dem Dilemma zu entkommen, einen Ehemann aus den rivalisierenden Häusern von Jodhpur oder Jaipur erwählen zu müssen.

Jagdish-Tempel und Bagore-ki-Haveli

Der unmittelbar nördlich des Stadtpalastes an einer Kreuzung stehende **Jagdish-Tempel** ist das Zentrum beständiger Aktivitäten. Der Tempel wurde 1652 errichtet und ist Jagannath, einer Erscheinungsform Vishnus, geweiht. Die Außenwände und der sich hoch aufschwingende *shikhara*-Turm sind über und über mit Vishnu-Darstellungen, Szenen aus dem Leben Krishnas und tanzenden *apsaras* (Nymphen) verziert. Die geräumige Mandapa führt ins zentrale Heiligtum,

Übernachtung

Amet Haveli	O
Dream Heaven	K
Fateh Prakash Palace	P
Gangaur Palace	A
Grand Laxmi Vilas Palace	H
Jagat Niwas	F
Jaiwana Haveli	E
Kankarwa Haveli	F
Kumbha Palace	Q
Lake Corner Soni	G
Lake Palace	S
Lake Pichola Hotel	N
Lalghat Guest House	D
Mewar Haveli	C
Panorama	L
Shikarbadi	T
Shiv Niwas	R
Udai Bagh	J
Udai Kothi	M
Udai Niwas	B
Udaivilas	I

Restaurants

Ambrai	O
Edelweiss	2
The Gallery (in Fateh Prakash Palace)	P
Jagat Niwas	F
Kankarwa Palace	F
Lake Palace	S
Natraj	4
Queen Café	3
Savage Garden	1
The Whistling Teal	5

Udaipur

N 0 — 500 m

▲ Eklingji, Mount Abu

- Chand Pol.
- ❶ Raiba House
- Fußgänger-brücke
- Gangaur Ghat
- ❷ Ⓐ
- Bagore-ki Haveli
- Heera Cycle Store
- Mewar International
- Ⓒ
- Ⓓ
- Jagdish-Tempel
- Ⓔ
- Ⓕ
- Mayur Book Paradise
- Ⓖ
- Lalghat
- Geldautomat
- Stadtpalast
- Pichola-See

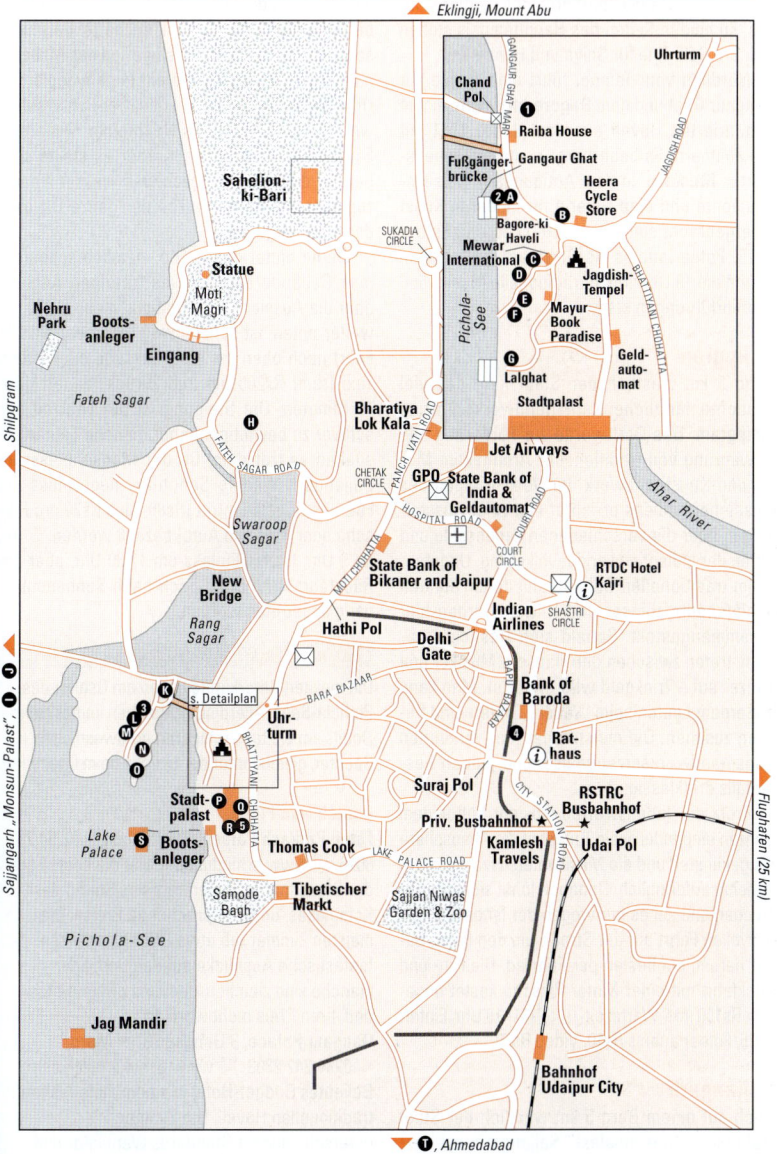

Sahelion-ki-Bari

Nehru Park

Statue — Moti Magri

Boots-anleger

Eingang

Fateh Sagar

SUKADIA CIRCLE

◀ Shilpgram

Ⓗ

Bharatiya Lok Kala

FATEH SAGAR ROAD

PANCH VATI ROAD

Jet Airways

CHETAK CIRCLE

GPO — State Bank of India & Geldautomat

HOSPITAL ROAD

Swaroop Sagar

New Bridge

Rang Sagar

State Bank of Bikaner and Jaipur

COURT CIRCLE

RTDC Hotel Kajri

Hathi Pol

Delhi Gate

Indian Airlines

SHASTRI CIRCLE

◀ Sajjangarh „Monsun-Palast", ❶, ❸

Ⓚ
❸ Ⓛ
Ⓜ s. Detailplan
Ⓝ Uhrturm
Ⓞ

Bank of Baroda

BARA BAZAAR

BAPU BAZAAR

❹

Rat-haus

Ⓟ Stadt-palast Ⓡ ❺

BHATTIYANI CHOHATTA

Suraj Pol

RSTRC Busbahnhof ★

Priv. Busbahnhof

Lake Palace

Ⓢ Boots-anleger

Thomas Cook

LAKE PALACE ROAD

Kamlesh Travels

Udai Pol

CITY STATION ROAD

Samode Bagh

Tibetischer Markt

Sajjan Niwas Garden & Zoo

Pichola-See

▶ Flughafen (25 km)

Jag Mandir

Bahnhof Udaipur City

▼ ❶, Ahmedabad

Rajasthan

www.stefan-loose.de/indien   **Udaipur**   289

in dem ein mit Blumen überschüttetes schwarzes Jagannath-Bildnis sitzt, während draußen vor dem Tempel ein kleiner erhöhter Schrein einen bronzenen Garuda beherbergt, das Reittier Vishnus. Zu beiden Seiten des Haupttempels stehen kleinere Schreine für Shiva und Hanuman.

Nördlich vom Tempel führt eine Gasse zur **Gangaur Ghat** und dem **Bagore-ki-Haveli**, einem restaurierten Haveli aus dem Jahre 1751 mit 138 Zimmern. Es beherbergt heute ein sehenswertes **Museum**, in dem Antiquitäten, Musikinstrumente und eine Galerie für moderne Kunst untergebracht sind. ⏱ tgl. 10–17.30 Uhr, Eintritt Rs25, Fotoerlaubnis Rs10, Video Rs50. Jeden Abend um 19 Uhr finden traditionelle Musik- und Tanzvorführungen statt.

Shilpgram

Rund 5 km westlich der Stadt liegt das viel besuchte ländliche Kunsthandwerkszentrum Shilpgram. Das Dorf wurde zur Förderung und Bewahrung von traditioneller Architektur, Musik und Kunsthandwerk der Volksgruppen des westlichen Indiens errichtet und zeigt Ausstellungen über die verschiedenen Lebensstile und Sitten der indischen Landbevölkerung. Ungefähr 30 im traditionellen Stil verschiedener Staaten nachgebaute Häuser und Hütten wurden hier zusammengestellt. Sobald sich Besucher nähern, treten zwischen den Häusern Musiker und Tänzer auf – Trinkgeld wird erwartet. Man kann außerdem Leuten beim Weben, Töpfern und Sticken zusehen. Die meisten der hier verkauften Kunsthandwerkserzeugnisse sind jedoch bestenfalls drittklassig.

Trotz der lobenswerten Absicht hinter dem Ganzen empfinden viele Touristen die Atmosphäre als gekünstelt und die Musikanten usw. als unangenehm aufdringlich. Dennoch lohnt sich der Abstecher, und sei es nur wegen der landschaftlich reizvollen Fahrt auf der Straße um den Fateh Sagar herum, am besten per Fahrrad. Die Hin- und Rückfahrt mit einer Motor-Rikscha kostet ungefähr Rs100 inkl. Wartezeit. ⏱ tgl. 11–19 Uhr, Eintritt Rs25, Fotoerlaubnis Rs10, Video Rs50.

Sajjangarh

Hoch auf einem Berg 5 km westlich der Stadt steht der „Monsunpalast" Sajjangarh, mit dessen Bau 1883 im Auftrag des Maharana Sajjan Singh begonnen wurde. Das Sommerhaus sollte ein neunstöckiges Oberservatorium bekommen, von dem aus die königliche Familie auf die vorbeiziehenden Monsunwolken hätte herunterschauen können. Der vorzeitige Tod des Maharana nur ein Jahr später bereitete dem geplanten Observatorium leider ein Ende. Der Palast selbst wurde zwar von Singhs Nachfolger Maharana Fateh Singh fertiggestellt, aber es stellte sich heraus, dass es unmöglich war, Wasser hinaufzupumpen. Deshalb wurde der ganze Ort bald darauf aufgegeben.

Heute bietet das große, ziemlich schmucklose Gebäude einen etwas traurigen Anblick, aber die Aussicht über Udaipur, mehr als 300 m weiter unten, ist schlichtweg märchenhaft. Die Fahrt nach oben mit einer Riksha oder einem Taxi (rund Rs200 hin und zurück) dauert gute 15 Minuten. Die Steigung ist per Fahrrad nur schwer zu bewältigen, aber manche Leute versuchen es trotzdem. Da der Monsunpalast im Sajjangarh Wildlife Sanctuary liegt, muss am Fuß des Hügels Eintritt (Rs80, plus Rs20 pro Rikscha oder Rs65 pro Auto) bezahlt werden. ⏱ tgl. ab 9 Uhr, letzter Einlass um 17.30 Uhr, aber die Rückfahrt kann auch noch nach Sonnenuntergang angetreten werden.

Übernachtung

Die meisten Unterkünfte liegen am Ostufer des Pichola-Sees. Allerdings entstehen immer mehr Hotels am weitaus ruhigeren nordwestlichen Seeufer, gleich hinter der Brücke beim Chand Pol.

Östlich vom Pichola-See

Fateh Prakash Palace, Stadtpalast, ☏ 0294/252 8016, 💻 www.hrhindia.com. Hat die beste Lage der Stadt, mitten im Zentrum des Stadtpalast-Komplexes, und entsprechende Preise. Die meisten Zimmer (ab etwa US$380) besitzen fantastische Ausblicke auf den See, aber manche sind ziemlich klein und charakterlos und ihren Preis nicht wert. ❾

Gangaur Palace, 3 Gangaur Ghat Marg, ☏ 0294/242 2303, 💻 www.ashokahaveli.com. Beliebtes Budget-Hotel in einem malerischen traditionellen Haveli. Hat Zimmer unterschiedlicher Standards (Ventilator und

Der Stadtpalast von Udaipur – über drei Jahrhunderte gewachsen

Hier stimmen Preis und Leistung

Jaiwana Haveli, 14 Lalghat, ☎ 0294/241 1103, 🖥 jaiwanahaveli.com. Preisgünstige Haveli-Unterkunft am See mit einwandfreien, modernen Zimmern; manche haben AC und die teuren herrlichen Seeblick, ebenso wie das empfehlenswerte Dachgartenrestaurant. ❸–❻

AC), darunter einige mit Seeblick, aber die Preise für die schöneren Zimmer fallen ein bisschen zu hoch aus – vielleicht lassen sie sich herunterhandeln. Bietet u. a. Malkurse und eine deutsche Bäckerei. ❷–❺

Jagat Niwas, 23-25 Lalghat, ☎ 0294/242 2860, 🖥 www.indianheritagehotels.com. Schön restauriertes Haveli aus dem 17. Jh. direkt am See. Komfortable AC-Zimmer (z. T. mit Seeblick) und ein gutes Restaurant (S. 294), aber weder so ruhig noch mit so gutem Preis-Leistungs-Verhältnis wie die nahe gelegenen Havelis Kankarwa und Jaiwana. Beliebt bei Reisegruppen. ❺–❾

Kumbha Palace, 104 Bhatiyani Chohatta, ☎ 0294/242 2702, ✉ kumbha01@hotmail.com. Freundliches, angenehm ruhiges Hotel mit holländischem Besitzer, versteckt unterhalb der östlichen Mauern des Stadtpalastes. Einfache, aber saubere Zimmer (ein paar mit AC). ❷–❹

Lake Corner Soni Paying Guest House, Lalghat, ☎ 0294/252 5712. Dieses einfache kleine Gästehaus, geführt von einem charmanten älteren Paar, bietet einige der billigsten Zimmer in Udaipur. Die Zimmer (z. T. mit Gemeinschaftsbad) sind einfach, aber sauber und ruhig, und von der Dachterrasse sowie von einigen Zimmern eröffnet sich ein schöner Seeblick. ❶

Lalghat Guest House, Lalghat, ☎ 0294/252 5301, ✉ lalghat@hotmail.com. Eines der ältesten Gästehäuser in Udaipur, in traumhafter Uferlage und mit günstigen Preisen. Unterschiedliche Zimmer (alle mit Bad, z. T. mit AC und einige mit Seeblick) sowie ein überdurchschnittlicher 10-Personen-Dorm (Rs100 p. P.). ❸–❺

Mewar Haveli, 34–35 Lalghat, ☎ 0294/252 1140, 🖥 www.mewarhaveli.com. Gut geführtes, modernes Mittelklassehotel in sehr zentraler Lage. Die Zimmer (manche mit AC und Seeblick) sind kitschig, aber gemütlich, und vom attraktiven Dachgartenrestaurant ist – ebenso wie von den Zimmern – der See zu sehen. ❺–❻

Shiv Niwas, City Palace, ☎ 0294/252 8016, 🖥 www.hrhindia.com. Dieses luxuriöse Heritage Hotel lässt sich seine wunderbare Lage innerhalb des Palastkomplexes gut bezahlen. Es verfügt über gepflegte Gemeinschaftsanlagen, einen bezaubernden Pool (Besucher Rs300) und einen neuen Wellnessbereich. Die Standard („Palace")-Zimmer sind angesichts des Preises von US$325 enttäuschend klein und gewöhnlich; die Suiten (ab etwa US$650) dagegen sind erheblich reizvoller, mit viel Atmosphäre und märchenhaftem Ambiente. Im Sommer 20 % Preisnachlass. ❾

Udai Niwas, Gangaur Ghat Marg, ☎ 0294/241 4303, 🖥 www.hoteludainiwas.com. Modernes Hochhaushotel mit einer Reihe hübscher Zimmer in verschiedenen Preislagen (die teureren mit AC). Allerdings sorgt die in unregelmäßigen Abständen per Lautsprecher übertragene Musik aus dem nahe gelegenen Jagdish-Tempel dafür, dass man hier nicht gerade ungestört ist. ❷–❹

Für verwöhnte Romantiker

Lake Palace, Lake Pichola, ☎ 0294/252 8800, 🖥 www.tajhotels.com. Eines der berühmtesten und romantischsten Hotels Indiens. Es schwimmt in märchenhafter Isolation auf seiner eigenen Insel inmitten des Pichola-Sees. Die Unterbringung erfolgt in Zimmern und Suiten, die von rundum luxuriös bis zu märchenhaft opulent reichen. Zu den Annehmlichkeiten zählen ein Spa, Pool, Butlerservice und Miet-Limousinen. Auch wer nicht hier wohnt, kann auf ein kostspieliges Mittag- oder Abendessen reinschauen (S. 294). Die Zimmerpreise beginnen bei US$850, aber auf der Webseite finden sich Sonderangebote. ❾

Nordwestlich vom Pichola-See

Amet Haveli, Chand Pol, ☎ 0294/243 4009, ✉ amethaveli@sify.com. Das elegante alte weiße Haveli liegt auf einem der besten Ufergrundstücke der Stadt. Alle Zimmer sind liebevoll mit traditionellen Gegenständen geschmückt und haben AC, TV und Seeblick. Wer etwas mehr Geld ausgibt, kann sich in einer der wunderschönen Suiten mit großen Fenstern, die direkt aufs Wasser hinausgehen, einquartieren. Beherbergt auch das ausgezeichnete Restaurant Ambrai (S. 294). ❽

Dream Heaven, Chand Pol, ☎ 0294/243 1038, ✉ deep_rg@yahoo.co.uk. Eine gute Alternative zum Hotel Panorama in der Nähe. Hat eine ansehnliche Auswahl an sauberen, billigen und ihren Preis werten Zimmern. Manche bieten Seeblick, genau wie das Dachterrassen-Restaurant. ❶–❹

Lake Pichola Hotel, Chand Pol, ☎ 0294/243 1197, 🖥 www.lakepicholahotel.com. Einen Schönheitswettbewerb würde dieses alteingesessene Hotel nicht gewinnen, aber die Lage am See und die Aussicht auf den Stadtpalast sind fast perfekt und die Preise erschwinglich. Die „economy"-Zimmer ohne Ausblick sind ihr Geld allerdings nicht wert. Alle Zimmer mit AC und TV. ❻–❾

Udai Kothi, Chand Pol, ☎ 0294/243 2810, 🖥 www.udaikothi.com. Makelloses, modernes Hotel im traditionellen Stil, mit verspielten architektonischen Details. Alle Zimmer haben TV und AC; Pool (Besucher Rs300) und hübscher Garten. ❽–❾

Außerhalb des Stadtzentrums

Grand Laxmi Vilas Palace, abseits der Fateh Sagar Rd, ☎ 0294/252 9711, 🖥 www.thegrandhotels.net. Erhöht gelegenes Luxushotel in einem Haus aus dem 19. Jh. mit Blick auf den Fateh Sagar. Verfügt über alle erdenklichen Annehmlichkeiten, gut ausgestattete Zimmer und einen großen Pool, lässt allerdings ein bisschen die Atmosphäre vermissen, die in den ähnlich kostspieligen Hotels im Stadtpalast herrscht. Zimmer ab US$380, aber auf der Website finden sich Sonderangebote. ❾

Das beste Budget-Hotel in Udaipur

Panorama, Chand Pol, ☎ 0294/243 1027, ✉ krishna2311@rediffmail.com. Sehr effizient geführt. Billige, gemütliche und ausgesprochen preiswerte Zimmer (manche mit Fernblick auf den See; ein paar mit AC). Hat auch ein nettes Dachgartenrestaurant mit herrlicher Aussicht auf den See und überdurchschnittlich guter Küche. Reservieren. ❶–❹

Udaivilas, ☎ 0294/243 3300, 🖥 www.oberoihotels.com. Udaipurs märchenhaftestes Hotel nimmt ein ausgedehntes Palastgelände ein, mit Unmengen von Marmor und einem Pool, der wie ein Schlossgraben rund um das Hauptgebäude angelegt ist. Zu jeder Suite gehört ein eigener Pool und privater Butler, und das Spa ist schlichtweg paradiesisch. Zimmerpreise ab etwa US$700. ❾

Umgebung von Udaipur

Devi Garh, Delwara Village, 25 km nördlich von Udaipur, ☎ 02953/289211, 🖥 www.deviresorts.com. Versteckt in den Aravalli-Bergen, 40 Autominuten nördlich von Udaipur gelegenes Luxushotel, untergebracht im zauberhaften Devi Garh-Palast aus dem 17. Jh., der auf sehr gelungene Art prunkvolle traditionelle Rajasthani-Eleganz mit zeitgenössischem Stil vereinigt. Verfügt u. a. über ein wunderbares Spa und einen spektakulären Pool. Zimmer ab US$540; April–Sep 20 % Ermäßigung. ❾

Shikarbadi, Goverdhan Vilas, 5 km südlich von Udaipur an der NH-8, ☎ 0294/258 3201, 🖥 www.hrhindia.com. Ehemaliges königliches Jagdhaus mit eigenem Pool, See, Rotwildpark und Gestüt. Weniger großtuerisch (und erheblich billiger) als die Paläste in der Stadt. Die Suiten im Block aus den 1930er-Jahren sind stilvoller als die neueren Zimmer mit AC. Zimmerpreise ab etwa US$160. ❾

Essen und Unterhaltung

Im Bagore-ki-Haveli (S. 288) finden jeden Abend Tanzvorführungen statt, und in Shilpgram (S. 290) treten oft Künstler von außerhalb auf. Viele von Udaipurs Backpacker-Cafés zeigen

Kaffee und Kuchen

Edelweiss, 71 Gangaur Ghat Marg, neben dem Gangaur Palace. Ausgezeichnete, winzige Bäckerei und Konditorei. Immer gut besucht, dank des leckeren, selbstgebackenen Apfel- und Schokokuchens und frisch gemahlenen Kaffees. Es gehört einem Deutschen, der seit kurzem auch ein Gästehaus gegenüber betreibt, das The Tiger, 33 Gangaur Ghat, ☎ 2420430, 🖳 www.thetigerudaipur.com, Rs2500-3500, mit indischem Restaurant und Wellnessbereich.

übrigens allabendlich (normalerweise um 19 Uhr) kostenlos den James-Bond-Film *Octopussy*, der teilweise in Udaipur gedreht wurde.

Restaurants und Cafés

Ambrai, Amet Haveli Hotel, Chand Pol. Eines der wenigen Restaurants am See, dessen Küche der einmaligen Lage gegenüber vom Stadtpalast gerecht wird. Das Angebot umfasst eine große Auswahl an nordindischen vegetarischen und anderen Gerichten (darunter erstklassige *tandooris*) sowie ein paar chinesische und europäische Speisen. Man kann aber auch einfach für einen Drink herkommen und dabei den Sonnenuntergang über dem See genießen. Hauptgerichte ab Rs140.

The Gallery, Stadtpalast. Im Inneren des Fateh Prakash Palace Hotels verborgen (der halbe Spaß besteht schon darin, es überhaupt ausfindig zu machen). Die renommierteste Adresse in Udaipur für einen klassischen englischen Nachmittagstee (tgl. 15–18 Uhr), der entweder auf einer sonnigen Terrasse oder in der prächtigen Durbar Hall (S. 287) serviert wird. Es wird aber auch ganz normaler Tee oder Kaffee ausgeschenkt.

Jagat Niwas, im gleichnamigen Hotel, 23–25 Lalghat. Beliebtes Restaurant mit leckeren nordindischen Standardgerichten (Hauptgerichte um Rs100), schönem Seeblick von seinen bequemen Sitzgelegenheiten am Fenster und dezenter Live-Sitar-Musik.

Lake Palace, Pichola-See, ☎ 0294/252 8800. Wenn man es sich nicht leisten kann, im legendären Lake Palace Hotel abzusteigen, sollte man wenigstens einen Tisch zum Mittagessen (Rs2800) oder zum 4-Gänge-Menü à la carte (Rs3375) im Hotelrestaurant reservieren (mindestens einen Tag im Voraus), das zu den bezauberndsten der Welt gehört.

Natraj, New Bapu Bazaar, hinter dem Ashok Cinema. Seit weit über 20 Jahren Udaipurs beste *thali*-Küche, doch abseits der Touristenpfade. Sehr schwer zu finden (zum Suraj Pol gehen und den Weg erfragen). Hat mit Abstand das beste billige Essen der Stadt – nur Rs50 für unbegrenzte Portionen von fünf verschiedenen Gemüsen.

Queen Café, Chand Pol. Dieses gemütliche und schlichte kleine Café stellt eine erfrischende Alternative zu Udaipurs Touristenrestaurants dar. Es bietet echtes vegetarisches indisches Essen an, so wie es in den Küchen indischer Familien zubereitet wird, z. B. Currys mit Banane, Mango, Kürbis und Kokosmilch. Dazu superbillig: Die meisten Hauptgerichte kosten um Rs45.

Savage Garden, Chand Pol. Stilvolles Restaurant in einem alten Haveli mit ansprechender, moderner Einrichtung. Das Essen ist überwiegend indisch (teils vegetarisch), außerdem ein paar europäische Sachen, darunter gute Pasta, Salate und Suppen. Hauptgerichte Rs110–210.

The Whistling Teal, Raj Palace Hotel, 103 Bhattiyani Chohatta. Attraktives Gartenrestaurant unter einem Zeltdach, serviert leckere nordindische und rajasthanische vegetarische und sonstige Gerichte ab Rs115 – etwas teurer als der Durchschnitt, aber das Geld wert. Hat auch eine ordentliche Auswahl an *shishas* (Rs250) und einwandfreien Kaffee.

Sonstiges

Bücher

Mayur Book Paradise, in einer kleinen Seitenstraße hinter dem Jagdish-Tempel, ist besonders gut.

Der **Buchladen** im Haupthof vor dem Stadtpalast (keine Eintrittskarte erforderlich) hat eine große Auswahl an Titeln mit Bezug zu Indien.

Mewar International, Lalghat, hinter dem Jagdish-Tempel, kauft und tauscht Secondhandbücher.

Einkaufen

Udaipur ist eine der besten Shoppingadressen in Rajasthan, denn hier gibt es wunderschönes Kunsthandwerk aus der Gegend und aus anderen Bundesstaaten. Die Spezialität der Stadt ist die **Miniaturmalerei**: Zahlreiche Geschäfte verkaufen traditionelle Miniaturen im Mewari-Stil auf Papier und Seide. Udaipur ist auch berühmt für seinen **Silberschmuck** – entsprechende Läden finden sich in der Jagdish St, im Bara Bazaar und Moti Chohatta, im Umkreis des Uhrturms.

Fahrräder / Mopeds

Heera Cycle Store, 86 Gangaur Ghat Marg, beim Jagdish-Tempel, ✆ 0/982 852 0466, vermietet einfache Fahrräder für Rs25/Tag und Mountainbikes für Rs50/Tag, Mopeds (Rs150–200/Tag), 150cc Vespas (Rs300/Tag) und 350cc Enfield Bullets (Rs400/Tag). ⏲ tgl. 7.30–21 Uhr.

Fotoausrüstung

Mewar International, an der Lalghat hinter dem Jagdish-Tempel, brennt CDs und DVDs, verkauft Speicherkarten und kann Fotos von den meisten Digitalkamera-Fabrikaten herunterladen; bietet auch Backup und Fotowiederherstellung *(photo recovery)* von defekten Speicherkarten.

Geld

Geldautomaten gibt es überall in der Neustadt, außerdem besonders praktische, 24 Std. zugängliche, in der zum Stadtpalast führenden Straße. Zahlreiche Möglichkeiten zum Geldwechseln finden sich rund um den Jagdish-Tempel.

Mewar International, am Lalghat, tauscht Cash und alle Arten von Reiseschecks und gibt außerdem Bargeld auf Visa und MasterCard, ⏲ tgl. 8–23 Uhr.

Thomas Cook, Lake Palace Rd, wechselt Bargeld und sämtliche gängigen Reiseschecks. ⏲ Mo–Sa 9–18 Uhr.

Informationen

Die **Touristeninformation**, ✆ 0294/241 1535, liegt ungünstig im Osten der Stadt. ⏲ Mo–Sa 10–17 Uhr. Eine Broschüre namens *GO Udaipur*, 🖥 www.gocitzguides.com, mit guten Infos erscheint monatlich für nur Rs15 oder sogar gratis.

Internet

In der Umgebung von Lalghat und Gangaur Ghat gibt es Dutzende von Internet-Lokalen. Der zurzeit übliche Preis liegt bei Rs30 pro Std. Zwei der am besten ausgestatteten sind **Mewar International**, an der Lalghat in der Nähe des Jagdish-Tempels, und das **Cybercafé** im Erdgeschoss des Hotels Udai Niwas.

Kochkurse

Gut sind z. B. die im **Panorama Guest House** (S. 293; Rs400 für 3 Std.) und, etwas teurer, im gemütlichen kleinen **Queen Café** (S. 294; Rs900 für 4 Std.).

Medizinische Hilfe

Aravalli Hospital (privat), 332 Ambamata Rd, ✆ 0294/242 0222 oder 241 8787.

Musik

Sitar- und Tabla-Unterricht bietet der enthusiastische Rajesh Prajapat, Kontakt via **Prem Musical Instrument Shop** gegenüber vom Hotel Gangaur Palace, ✆ 0294/243 0599. Er berechnet Rs250 für 90 Min. Er kann auch Flötenunterricht bei seinem Bruder organisieren.

Post

Pakete verschickt man am besten vom **GPO** am Chetak Circle, ⏲ Mo–Fr 10–16 und Sa 10–13 Uhr. Poste restante wird beim Postamt am Shastri Circle aufbewahrt, nicht im GPO.

Reisebüros / Touren

RTDC im RTDC Hotel Kajri am Shastri Circle arrangiert preiswerte Stadtrundfahrten und Touren nach Ranakpur, Kumbalgarh, Nathdwara und Eklingji. Ähnliche Touren sowie Mietwagen (normalerweise um Rs1200 pro Tag für bis zu 300 km) bieten einige der zahlreichen Reisebüros in der Innenstadt an.

Fast jedes Geschäft und Gästehaus rund um den Jagdish-Tempel scheint Bus- und Bahnfahrkarten (Näheres S. 296) zu verkaufen. Zu den zuverlässigen Agenturen gehören **Mewar International**, an der Lalghat hinter dem

Jagdish-Tempel; **Gangaur Tour 'n' Travels**, ganz in der Nähe an der Gangaur Ghat Marg; und das Reisebüro im **Hotel Udai Niwas**.

Yoga

Ashtanga Yoga Ashram („Raiba House"), Chand Pol, ✆ 0294/252 4872. Veranstaltet tgl. 90-minütige Hatha-Yoga-Kurse für alle Stufen um 8/8.30 Uhr und 17/18 Uhr (von Aug–März auch um 22.30 Uhr). Kostenlos, aber Spenden sind willkommen – sie gehen an einen lokalen Tierschutzverein. Auch Einzelunterricht möglich.

Nahverkehr

Das gängige Transportmittel in der Stadt sind **Motor-Rikschas**; man kann aber auch ein Fahrrad mieten (s. o.). **Regionalbusse** zu Orten wie Nagda, Eklingji, Nathdwara und Kankroli fahren tagsüber in regelmäßigen Abständen am staatlichen Hauptbusbahnhof ab.

Transport

Busse

Staatliche Busse nutzen den RSTRC-Hauptbusbahnhof im Osten der Innenstadt, am Udai Pol (Riksha von der Stadtpalastgegend Rs20–30). **Private Busse** fahren direkt gegenüber ab und bedienen ähnliche Destinationen wie die staatlichen, dazu Jaisalmer und Pushkar. Private Busse sind oft schneller und bequemer als die staatlichen und für längere und (besonders) Übernachtfahrten vielleicht die bessere Wahl – die meisten Nachtbusse haben Liegesitze, und es gibt auch schnelle *super-deluxe sleeper*-Busse mit AC nach Mumbai, Delhi und Jaipur. Am einfachsten ist es, Tickets für private Busse von einem der zahlreichen Reisebüros in der Stadt buchen zu lassen (normalerweise gegen die geringe Gebühr von rund Rs20). Wer das lieber selbst erledigen möchte, muss eine Reservierung bei einem der Büros der verschiedenen Gesellschaften rings um das Udai Pol vornehmen – als zuverlässig hat sich **Kamlesh Travels** erwiesen, ✆ 0294/248 5823.

Busse nach:
AGRA (3x tgl.; 14 Std.),
AHMEDABAD (stdl.; 4–6 Std.),
AJMER (stdl.; 7 Std.),
BIKANER (1x nachts.; 13 Std.),
BUNDI (10x tgl.; 7 1/2 Std.),
CHITTAURGARH (stdl.; 3–3 1/2 Std.),
DELHI (6x tgl.; 13–15 Std.),
JAIPUR (stdl.; 7–10 Std.),
JAISALMER (1x nächtl.; 12 Std.),
JODHPUR (14x tgl.; 6–10 Std.),
MOUNT ABU (10x tgl.; 5–7 Std.),
MUMBAI (3x tgl.; 14–15 Std.),
PUSHKAR (1x nächtl.; 6 1/2 Std.),
RAJKOT (1x nächtl.; 9 Std.).

Eisenbahn

Züge halten am Bahnhof **Udaipur City Station** südöstlich des Stadtzentrums – nicht an der viel weiter nördlichen Udaipur Station aussteigen! Die Bahnverbindungen von Udaipur aus sind erstaunlich dürftig; die nachstehend gelisteten sind darunter noch die besten. Es ist wichtig zu wissen, dass es **keine Direktverbindung** nach Jodhpur, Bundi (einen Bus nach Chittaurgarh und dort den um 14.15 Uhr oder 14.55 Uhr abfahrenden Zug nehmen) oder Mumbai (in

Empfohlene Züge von Udaipur

Die nachstehend genannten Züge sind die schnellsten und/oder praktischsten.

Ziel	Name	Nr.	Abfahrt	Ankunft
Ahmedabad	Ahmedabad Fast Passenger	431	9.20 Uhr (tgl.)	20.55 Uhr
	Ahmedabad Express	9943	19.45 Uhr (tgl.)	4.20 Uhr
Ajmer	Ajmer Express	2991	7.05 Uhr (tgl.)	12.30 Uhr
Chittaurgarh	Mewar Express	2964	18.35 Uhr (tgl.)	20.30 Uhr
Delhi (HN)	Mewar Express	2964	18.35 Uhr (tgl.)	6.10 Uhr
Jaipur	Jaipur Superfast Express	2966	21.40 Uhr (tgl.)	7.10 Uhr
Kota	Mewar Express	2964	18.35 Uhr (tgl.)	23.40 Uhr

Ahmedabad umsteigen) gibt. Zwei Züge fahren nach Sawai Madhopur und Kota, aber zu unmöglichen Zeiten. Wer sich den Abstecher zum Bahnhof zwecks Fahrkartenreservierung ersparen möchte, kann sich an eines der zahlreichen Reisebüros (S. 295) wenden (Bearbeitungsgebühr Rs50–75).

Züge nach:
AHMEDABAD (2x tgl.; 8 1/2–13 1/2 Std.),
AJMER (1x tgl.; 5 1/2 Std.),
CHITTAURGARH (3x tgl.; 2 Std.),
DELHI (1x tgl.; 12 Std.),
JAIPUR (1x tgl.; 9 1/2 Std.),
KOTA (2x tgl.; 5 Std.).

Flüge

Der **Dabok Airport**, ✆ 0294/265 5453, liegt 25 km östlich von Udaipur. Taxis vom Flughafen in die Stadt kosten rund Rs350.

Flüge nach:
DELHI (AI, 9W; tgl.; 2–2 1/4 Std.);
JAIPUR (DN, 9W, IT; tgl.; 1 Std.–1 Std. 20 Min.);
JODHPUR (AI, IT; tgl.; 50 Min.);
MUMBAI (AI, 9W, IT; tgl.; 1 Std. 10 Min.).
(AI = Indian Airlines, IT = Kingfisher Airlines, 9W = Jet Airways, DN = Air Deccan)

Fluggesellschaften
Indian Airlines, LIC-Gebäude, Delhi Gate, ✆ 0294/241 0999, ⏲ Mo–Sa 10–17 Uhr,
Jet Airways, Blue Circle Business Centre, 1C Madhuban, ✆ 0294/256 1105, ⏲ Mo–Sa 9.30–18, So 10–15 Uhr,
Kingfisher Airlines, Flughafen, ✆ 0294/510 2468.

Die Umgebung von Udaipur

Nördlich der Stadt befinden sich die bedeutenden Tempel von Nagda, Eklingji, Nathdwara und Kankroli, und im Nordwesten, an der Strecke nach Jodhpur, liegen die herrlichen Jain-Tempel von Ranakpur und die weitläufige Festungsanlage Kumbalgarh. Es fahren zwar Busse, doch mit einem Auto oder Motorrad lässt sich Zeit sparen.

Nagda und Eklingji

An einem See 20 km nordöstlich von Udaipur stehen nur wenige Kilometer vor Eklingji die verfallenen Überreste der antiken Mewar-Hauptstadt **Nagda**, die auf das Jahr 626 zurückgehen. Busse aus Udaipur, die auf der Hauptstraße nach Eklingji verkehren, setzen Passagiere am Abzweig nach Nagda ab, neben einem kleinen Fahrradladen (Verleih Rs5/Std.). Nagda liegt 1 km weiter an dieser Landstraße. Die meisten Gebäude hier wurden entweder von mogulischen Eiferern zerstört oder versanken im See, dessen Pegel über die Jahrhunderte hinweg auf natürliche Weise stieg. Erhalten geblieben ist jedoch ein majestätisches Paar von Vishnu-Tempeln aus dem 10. Jh., das den Namen **Saas-Bahu** trägt: „Schwiegermutter" und „Schwiegertochter". Der eindrucksvollere Schwiegermuttertempel hat seinen *shikhara* (Turm) verloren, sich aber im Inneren einen verblüffenden Skulpturenreichtum bewahrt. In der Mandapa kennzeichnen vier Säulen mit Bildnissen der Gottheiten, denen Neuvermählte huldigen müssen, den Heiratsbereich.

Zurück an der Hauptstraße gibt es zwei Möglichkeiten, nach **Eklingji** zu gelangen: Entweder folgt man einfach weiter der Straße oder man lässt sich im Fahrradladen den Pfad zeigen, der hinter den alten Schutzwällen bergab führt. Der Gott Eklingji, eine Erscheinungsform Shivas, war seit dem 8. Jh. die Schutzgottheit der Herrscher von Mewar. Noch heute besucht der Maharana von Udaipur jeden Montagabend den Komplex mit seinen 108 Tempeln. (In ganz Indien ist der Montag der heilige Tag Shivas.) Der milchigweiße Haupttempel aus Marmor mit einer von Steinelefanten bewachten zweistöckigen Mandapa beherbergt einen schwarzen Marmor-Lingam mit vier Gesichtern. Am Hauptbusbahnhof von Udaipur fahren regelmäßig **Busse** nach Eklingji ab, die Passagiere in der Nähe des Tempelkomplexes aussteigen lassen. ⏲ tgl. 10.30–13.30 und 17.15–19.45 Uhr.

Nathdwara

Der Nath (d. h. Krishna, der beliebtesten Inkarnation Vishnus) geweihte Tempel in Nathdwara – dem „Tor zu Gott" – soll nach Tirupati in Andhra Pradesh Indiens reichster Tempel sein (dasselbe wird aber auch vom Rani Sati Mandir in Jhunjhunu behauptet) und kann an großen religiösen Feiertagen unglaublich voll werden. Der Tempel geht auf das 17. Jh. zurück, als ein mit einem Bildnis von Krishna beladener Wagen 26 km nördlich von Eklingji im Matsch stecken blieb. Die Statue befand sich auf dem Weg von Mathura nach Udaipur, denn man wollte sie vor der ansonsten sicheren Zerstörung durch Aurangzeb retten. Ihre Träger deuteten das Vorkommnis als göttliches Zeichen, dort, wo sie aufgehalten wurden, den neuen **Shri Nathji-Tempel** zu errichten.

Der Tempel liegt rund 1 km südlich der Bushaltestelle des Ortes, umgeben von einem faszinierenden Gewirr schmaler Gassen, wo in den Vitrinen der Geschäfte Räucherstäbchen, Gebetsschnüre, Duftstoffe und kleine Krishna-Statuen ausgestellt sind. Der Tempel öffnet achtmal täglich seine Tore für Gläubige anlässlich von Zeremonien, mit denen das Bildnis geweckt, gewaschen, angekleidet, gespeist und zu Bett gebracht wird. Nähere Beachtung verdienen die strahlenden *pichwai*-Malereien im Haupttheiligtum, die mit kräftigen Gemüsepigmentfarben auf handgesponnenes Tuch gemalt sind.

Ranakpur

Der **Jain-Tempelbereich** in Ranakpur, 90 km nördlich von Udaipur, ist der größte seiner Art in ganz Indien. Die Marmorskulpturen der vier Tempel können sich durchaus mit denen der berühmteren Dilwara-Schreine in Mount Abu (S. 300) messen. Die Tempel liegen in einem schönen, bewaldeten Tal tief in den Aravallis verborgen, einem Gelände, das Rana Kumbha, der hinduistische Herrscher von Mewar, im 15. Jh. der Jain-Gemeinde schenkte.

Die Tempel

Der **Haupttempel** wurde 1439 erbaut; seine Maße folgen strengen Regeln, in denen die Zahlen 4 und 72 (das Alter, in dem der Gründer des Jainismus, Mahavira, Nirvana erlangte) die Hauptrolle spielen. Der Tempel, dessen verschiedene Bereiche bis zu vier Stockwerke hoch sind, steht auf einer Plattform, die 72 x 72 m misst, und wird von 1440 (20 x 72) Säulen getragen, die einzigartig skulpturiert sind. Im Inneren stehen 72 verzierte Schreine, die zum Teil oktagonal sind. Das Bildnis der Hauptgottheit im zentralen Heiligtum stellt Adinath, den ersten *tirthankara*, mit vier Gesichtern dar. An den Wänden zeigen Friese Darstellungen aus dem Leben der *tirthankaras*, und aus den Stützbalken zwischen Pfeilern und Decke wurden Musiker und Tanzgruppen modelliert. ⏱ tgl. 12–17 Uhr; Eintritt frei, Fotoerlaubnis Rs50, Video Rs100.

In der Nähe stehen zwischen Bäumen drei kleinere Tempel. Der eindrucksvollste ist der **Parshwanath-Tempel**, rund 100 m vom Haupttempel entfernt. Er besitzt einen kleinen, kunstvoll geschnitzten Schrein. 100 m weiter liegt der schlichtere **Neminath-Tempel**. Nicht weit von hier (ein kurzes Stück zu Fuß über den Parkplatz) befindet sich ein moderner **Hindutempel** für Surya.

Übernachtung und Essen

Die billigste Unterkunft bietet der Tempelbereich, wo man gegen eine Spende von Rs10 zusammen mit den Pilgern übernachten kann; der Komfort beschränkt sich auf eine Matratze auf kaltem Zementfußboden. Von dieser Möglichkeit abgesehen, sind die Unterkünfte im Dorf relativ kostspielig. Sämtliche Restaurants befinden sich in den Hotels und Gästehäusern.

Aranyawas, 11 km von Ranakpur an der Straße nach Kumbalgarh, ☏ 0294/258 3148, 🖥 www.aranyawas.com. Kleine Dschungel-Lodge mit rustikal-eleganten Zimmern und Cottages. Alle bieten Ausblick auf eine Wasserstelle, zu der auch Leoparden kommen – ein idealer Ort zum Ausspannen in totaler Abgeschiedenheit. ❼

Fateh Bagh, 4 km südlich der Tempel, ☏ 02934/286186, 🖥 www.hrhindia.com. Ranakpurs luxuriöseste Unterkunft, ein 200 Jahre alter Palast, der ursprünglich 50 km entfernt stand, in seine Einzelteile zerlegt und hier wieder aufgebaut wurde. Die Zimmer sind komfortabel und stilvoll. Pool, Spa und Ayurveda-Zentrum. Zimmer ab ca. US$160. ❾

Maharani Bagh Orchard, 3,5 km südlich der Tempel, ☏ 02934/285105, 🖥 www.nivalink.com/maharanibagh. Unprätentiöses Resort mit geschmackvoll möblierten Zimmern (alle mit AC) in Cottages aus rotem Backstein rings um Ziergärten. Pool vorhanden. ❽

Ranakpur Hill Resort, 3 km südlich der Tempel, ✆ 02934/286411, 🖥 www.ranakpurhillresort.com. Pinkfarbenes kleines Resort mit Zimmern (*air-cooler* und AC) unterschiedlichen Standards und einigen weniger einladenden Zelten (nur Okt–März). Recht großer Pool, kleines Ayurveda-Zentrum und halbtägige Ausritte. Zimmer ❻–❼, Zelte ❻
Shivika Lake Hotel, 2 km südlich der Tempel, ✆ 02934/285078. Die einzige preiswerte Option in Ranakpur, obgleich die billigeren Zimmer angesichts des Preises enttäuschend einfach ausfallen; die teureren (z. T. mit AC) sind schon eher ihr Geld wert. Trekkingtouren (Rs300 p. P.) und Jeepsafaris (Rs600 p. P.) auf Wunsch. ❸–❺

Transport

Linienbusse von UDAIPUR (rund 6x tgl.) benötigen für die holprige Strecke nach Ranakpur 3 Std., außerdem fahren Busse von JODHPUR (5–6x tgl.; 4–5 Std.) über die Marktstadt Falna (der nächste Bahnhof) am NH-14 hierher. Es gibt auch mehrere Expressbusse nach ABU ROAD (5–6 Std.). Von der Bushaltestelle zu den Hotels im Ort zu kommen, kann schwierig werden. Die Busse halten direkt vor den Jain-Tempeln, 2–4 km von den Hotels entfernt. Wer Glück hat, findet an der Haltestelle eine Riksha oder einen Jeep vor; wenn nicht, bleibt nichts anderes übrig, als im Hotel anzurufen und um Abholung zu bitten oder (schlimmstenfalls) zu Fuß zu gehen.

Ranakpur kann auch im Rahmen eines Tagesausflugs von Udaipur aus besucht werden, entweder allein oder in Verbindung mit dem nahe gelegenen KUMBALGARH; die Autofahrt hin und zurück dürfte etwa Rs1200 kosten. Wenn Kumbalgarh ebenfalls auf dem Reiseplan steht, empfiehlt sich eine Wanderung zwischen beiden Orten, die durch einen schönen, unverdorbenen Teil der Aravallis führt. Da Kumbalgarh oben auf der Höhe liegt, ist die Wanderung von dort hinab nach Ranakpur die leichtere Alternative, doch alle (oben aufgelisteten) Hotels vermitteln auch Führer für den 6-stündigen Aufstieg in entgegengesetzter Richtung.

Kumbalgarh

Die abgelegene Bergfestung Kumbalgarh, 80 km nördlich von Udaipur, ist die wehrhafteste von 32 Anlagen, die Rana Kumbha von Chittaurgarh im 15. Jh. errichten ließ. Die von mächtigen Wällen und Bastionen geschützte Festung wurde nur einmal erfolgreich gestürmt, als ein von Akbar geführtes Heer den Wassernachschub der Sisodia-Rajputen vergiftete. Abgesehen von den eindrucksvollen Befestigungsanlagen und den antiken Bauwerken, die sie umschließen, gehört die idyllische Landschaft der Aravallis zu den guten Gründen für einen Besuch.

Das eindrucksvollste Panorama bietet sich vom ziemlich schlichten **Kumbalgarh-Palast** aus, dem höchsten Punkt der Festung, ⏱ tgl. 9–18 Uhr; Eintritt Rs100. Von hier schweift der Blick über zahlreiche Jain- und Hindutempel, die sich am Haupttor drängen und über die Hänge weiter unten verstreut sind. Die ältesten von ihnen sollen aus dem 2. Jh. stammen. Im Osten sind die **Grabstätten** des großen Rana Kumbha und seines Enkels Prithviraj zu sehen. Auf einer Länge von 36 km ziehen sich zinnenbewehrte Befestigungsmauern um den Hügel, und es ist möglich, innerhalb von zwei Tagen bequem an ihnen entlangzuwandern und ungefähr auf halber Strecke die Nacht im Freien zu verbringen. Ein Führer ist nicht notwendig, wohl aber genügend Essen und Wasser.

Westlich vom Fort sieht man tief unten die Wälder des **Kumbalgarh Wildlife Sanctuary**, eines Schutzgebiets für Wölfe und Leoparden, das man mit einem Führer leicht in vier bis fünf Stunden bis nach Ranakpur durchwandern kann. Eintritt Rs80, Fotoerlaubnis Rs200. Ausländer benötigen ein Permit, das vom District Forest Officer im nahe gelegenen **Kelwara** ausgestellt wird. Das Permit kann auch von einem der örtlichen Führer besorgt werden, die man über die (unten aufgelisteten) Hotels kontaktieren kann und die Rs600–1000 für die Wanderung verlangen.

Übernachtung

In Kumbalgarh gibt es keine Billigunterkünfte.
Aodhi, 1 km unterhalb der Festung, ✆ 02954/242341, 🖥 www.hrhindia.com. Ruhiges und freundliches Heritage Hotel mit stilvoll

möblierten Zimmern in einladenden, strohgedeckten Granithäuschen. Großer Pool und Jeepsafaris zu Dörfern der Umgebung. Zimmer ab etwa US$160. ❾

Kumbalgarh Fort Hotel, 5 km auf der Straße nach Kelwara, ✆ 02954/242057, 🖳 www.hotelhilltoppalace.net. Schickes, modernes Hotel mit grandioser Aussicht von der Gartenterrasse und vom Pool; Zimmer mit Marmor und AC. ❼–❽

Kumbhal Castle, 1, 5 km unterhalb der Festung, ✆ 02954/242171, 🖳 www.nivalink.com/kumbhalcastle. Angenehmes, modernes Hotel mit großen, liebevoll eingerichteten DZ mit *aircooler* und AC. Pool vorhanden; Jeep- und Pkw-Vermietung kann organisiert werden. ❺–❼

Transport

Kumbalgarh und Ranakpur lassen sich gut innerhalb eines (ziemlich langen) Tagesausflugs per **Taxi** von UDAIPUR besuchen (rund Rs1200 hin und zurück). Zurzeit fährt vom RSRTC-Busbahnof in Udaipur auch ein **Direktbus** um 12.45 Uhr ab und kommt gegen 17 Uhr beim Hotel Aodhi in Kumbalgarh an. Es verkehren außerdem **Jeeps** und langsame **Regionalbusse** (ungefähr stdl.), entweder vom RSRTC-Busbahnof in Udaipur oder vom Chetak Circle zur Stadt KELWARA, 7 km weiter die Straße lang; von dort aus müsste es möglich sein, einen Jeep oder eine Riksha nach Kumbalgarh aufzutreiben.

Mount Abu

Als einziger echter Höhenkurort Rajasthans, der sich über die Grenzen eines bewaldeten Beckens hinaus erstreckt, ist Mount Abu (1220 m ü. d. M.; 30 000 Einwohner) vor allem bei Hochzeitsreisenden beliebt, die zur winterlichen Heiratssaison (November bis März) in Scharen aus dem benachbarten Gujarat eintreffen. Der kommerzialisierte Ferienort spricht zwar in erster Linie indische Mittelstandsurlauber an, doch wissen auch ausländische Touristen die frische, kühle Luft und die schönen Ausblicke zu schätzen.

Die Stadt spielt auch eine wichtige Rolle in der Rajputengeschichte, denn hier fand im 8. Jh. die berühmte Feuerzeremonie *yagna agnikund* statt, der mythologische Ursprung aller Rajputen.

Zu beachten ist, dass sich in der Hochsaison von April–Juni und um fast alle wichtigen Feiertage herum (vor allem um Diwali im November) die Bevölkerungszahl vervielfacht, die Zimmerpreise ins Unendliche steigen und es mit der Ruhe dann vorbei ist.

Orientierung

Im Stadtzentrum liegt der **Nakki-See**, an dem man sich nachmittags trifft, um auf Ponys zu reiten und Tretboot zu fahren. Der beliebteste von mehreren Aussichtspunkten am Stadtrand ist der **Sunset Point** – angesichts der Flitterwöchner und Straßenverkäufer aber auch der unromantischste. Spektakuläre Ausblicke auf die Ebene bieten sich jedoch zu jeder Tageszeit von den ruhigeren Aussichtspunkten **Honeymoon Point** (oder „Ganesh Point" in Anspielung auf den benachbarten Tempel) und **Anadhra Point** (besonders ab ca. 16 Uhr).

Die Dilwara-Tempel

Die Dilwara-Tempel, 3 km nordöstlich von Mount Abu, gehören zu den schönsten Jain-Schreinen in Indien. Alle Tempel sind aus reinem Marmor errichtet und mit einer skulpturellen Ornamentik versehen, die an Feinheit ihresgleichen sucht. Die Tempel dürfen nur im Rahmen einer Führung besichtigt werden – Besucher müssen warten, bis genügend Leute für eine Gruppe zusammengekommen sind –, aber drinnen ist es nicht schwierig, sich selbstständig zu machen. ⏱ tgl. 12–18 Uhr, Eintritt frei, aber Spende wird erwartet; fotografieren verboten.

Der älteste Tempel, der **Vimala Vasahi**, wurde nach dem Minister aus Gujarat benannt, der den Bau im Jahre 1031 stiftete, und ist dem ersten *tirthankara* Adinath geweiht. Die Außenseite des Tempels wirkt schlicht, genau wie das aller anderen Tempel hier, doch innen ist kein Bereich einer Wand, Säule oder Decke unverziert. Fast 2000 Arbeiter und Bildhauer benötigten 14 Jahre für die Vollendung des Bauwerks. Acht der 48 Säulen in der Vorderhalle bilden ein Achteck, das eine gewölbte Decke trägt, die in elf konzentrischen Kreisen gestaltet und mit Tänzern, Musikern, Elefanten und Pferden verziert ist. Rings herum stehen 57 kleinere Schreine. Vor dem Eingang zum Tempel befindet sich die sogenannte „Elefantenzelle" (nach der Fertigstellung des Tempels hinzugefügt), in der zehn mächtige steinerne Dickhäuter stehen. Ein bescheideneres Paar bemalter Elefanten sowie sehenswerte *tirthankaras* flankieren das Tor des winzigen **Mahaveerswami-Tempels**, Baujahr 1582, der sich ebenfalls beim Eingang zum Vimala Vasahi befindet.

Der zweite der beiden großen Tempel von Dilwara, der 1231 errichtete **Luna Vasahi-Tempel**, ist Neminath gewidmet, dem 22. *tirthankara*. Er ist nach einem ähnlichen Muster erbaut wie der Vimala Vasahi: Ein zentraler Schrein, umgeben von einer langen Reihe kleinerer Schreine (hier sind es nur 48). Die Steinmetzarbeiten sind womöglich noch detailreicher, insbesondere in der Kuppel über der Eingangshalle.

Die übrigen zwei Tempel, beide aus dem 15. Jh., sind weniger spektakulär. Im **Bhimasah Pittalhar-Tempel** steht eine riesige vergoldete Statue des ersten *tirthankara*, Adinath. Sie wurde 1468 in den Tempel gebracht, ist über 2,40 m hoch und wiegt rund 4,5 Tonnen. Der große, dreistöckige **Khartar Vasahi-Tempel** (in der Nähe des Eingangs zum Tempelgelände) wurde 1458 erbaut und ist Parshvanath geweiht. Der Tempel wird von einem hohen grauen Steinturm gekrönt und besitzt ein paar feine Skulpturen, ist jedoch insgesamt nur ein schwacher Abklatsch der früher erbauten Tempel.

Charter-Jeeps nach Dilwara (Rs50 einfach, Rs150 hin und zurück) fahren an der Ecke beim Restaurant Jodhpur Bhojnalaya ab. Ein Platz in einem Sammeljeep kostet Rs5, Abfahrt vor dem großen Chacha Museum (übrigens ein Geschäft, kein Museum), ein paar Türen vom Restaurant Veena entfernt. Ein Spaziergang (1 Std.) hinauf zu den Tempeln ist nicht sehr beschwerlich, doch viele Leute ziehen es vor, ihre Kräfte für die bergab führende Wanderung zurück in die Stadt aufzusparen.

Hindu-Tempel

An der Nordseite der Stadt, an der Strecke zu den Dilwara-Tempeln, führt eine Treppenflucht von mehr als 400 Stufen hinauf zum der Göttin Durga geweihten **Adhar Devi-Tempel**. Der kleine Schrein ist aus dem felsigen Bergkamm herausgeschnitten. Wer ihn betreten möchte, muss unter einem sehr tiefhängenden Felsvorsprung hindurch kriechen. Von der Terrasse oben, wo sich ein weiterer kleiner, aus dem Felsen gehauener Schrein befindet, eröffnen sich zauberhafte Ausblicke. Das milchfarbene Wasser des **Doodh Baori-Brunnens** am Fuße der Stufen gilt als Quelle purer Milch *(doodh)* für Götter und Heilige.

8 km nordöstlich liegt der Tempelkomplex **Achalgarh**, dominiert vom Achaleshwar Mahadeo-Tempel, dessen Gründung dem Volksglauben zufolge darauf zurückgeht, dass Shiva seinen Zeh auf diese Stelle setzte, um ein Erdbeben zu beenden. Im innersten Heiligtum wird einer *yoni* gehuldigt, die eine Öffnung besitzt, die angeblich bis hinab in die Unterwelt reicht. Der **Jamadagni Ashram** in der Nähe ist der Ort des *yagna agnikund,* wo der Weise Vashishtha das Feuerritual überwachte, aus dem die vier Rajputenclans (die Parmars, Parihars, Solankis und Chauhans) hervorgingen.

7 km südlich des Marktes steht der von Touristen verhältnismäßig wenig besuchte **Gaumukh-Tempel**, der über 750 steil nach oben führende Stufen zu erreichen ist. Der kleine Teich auf dem Tempelgelände – der selbst in Zeiten der Dürre mit Wasser gefüllt ist – soll Wasser aus dem heiligen Sarawati-Ganges enthalten.

Zu Mount Abus wichtigen hinduistischen Pilgerstätten gehört der Tempel **Atri Rishi** in **Guru Shikar**, 15 km nordöstlich der Stadt, der auf dem höchsten Punkt Rajasthans (1772 m) steht. Schöne Ausblicke auf die Umgebung eröffnen sich nicht erst oben am Tempel selbst, sondern schon unten an den Treppenstufen, wo kalte Getränke angeboten werden. Da keine öffentlichen Transportmittel hierher fahren, muss ein Jeep gemietet werden (rund Rs400).

Übernachtung

Aufgrund des steten Stroms von Pilgern und Hochzeitsreisenden stehen in Mount Abu zahlreiche Unterkünfte zur Verfügung. Viele Hotels bieten für frisch Vermählte luxuriöse „couple rooms" an. In der Hauptsaison (April–Juni und Nov–Dez) schnellen die Preise in die Höhe. Die teuerste Zeit sind die Tage um Diwali (Okt oder Nov). Die angegebenen Preiskategorien gelten für die Hochsaison.

Cama Rajputana, Adhar Devi Rd, ✆ 02974/238205, 🖥 www.camahotelsindia.com. Attraktive Hotelanlage in einem sorgfältig restaurierten ehemaligen Kolonialgebäude mit weitläufigem Garten. Die Zimmer (alle mit AC) sind kühl und geräumig. U. a. Fitnessraum, Massagen und großer Pool (nur für Hausgäste). Beliebt bei Reisegruppen ❽–❾

Chandravati Palace, 9 Janta Colony, ✆ 02974/238219. Ausgezeichnetes, sehr preiswertes kleines Gästehaus in einer ruhigen Seitenstraße der Nakki Lake Rd. Die kleinen, makellos sauberen Zimmer sind hell, haben große Balkone und Blick auf die Berge. ❷

Connaught House, Rajendra Rd, ✆ 02974/238560, 🖥 www.welcomheritagehotels.com. Mount Abus eindrucksvollste Unterkunft, untergebracht in einer Ferienresidenz aus der britischen Kolonialzeit inmitten eines Gartens voller Blumen mit weiten Ausblicken. Die Zimmer (alle mit AC) im alten Haus sind wunderbar erhalten und mit Gegenständen aus der Kolonialzeit eingerichtet; jene im modernen Block am Hang darüber haben sehr viel weniger Atmosphäre. ❽

Jaipur House, südlich vom See, ✆ 02974/235176, 🖥 www.nivalink.com/jaipurhouse. Dieser elegante alte Sommerpalast auf einem Hügel über der Stadt vermietet geschmackvoll eingerichtete Suiten, die zu den besten Unterbringungsmöglichkeiten der Stadt zählen. Die sogenannten „deluxe"-Zimmer dagegen, in einem hässlichen modernen Block auf halber Höhe der Zufahrt, sind langweilig und überteuert. ❽

Kesar Bhavan Palace, Sunset Rd, ✆ 02974/238647, 🖥 www.kesarpalace.com. Eher ein funktionales, modernes Hotel als der versprochene „Palast", aber die Zimmer (z. T. mit AC) sind erfreulich geräumig und sonnig und bieten von ihren großen Veranden Blick über die Baumkronen. Die Zimmer im neuen Anbau (gleiche Preise) sind dunkler und weniger einladend. ❼–❽

Kishangarh House, Rajendra Rd, ✆ 02974/238092, 🖥 www.royalkishangarh.com. Nicht so spektakulär wie das benachbarte Connaught House, aber trotzdem mit einem gewissen kolonialen Charme. Unterbringung in

Einfach, aber gut

Shri Ganesh, südwestlich vom Polo-Feld, nahe Sophia High School, ✆ 02974/237292, ✉ lalit_ganesh@yahoo.co.in. Mit Abstand das beste Budget-Hotel der Stadt und das einzige, das auf ausländische Rucksackreisende ausgerichtet ist. Hat viele einfache, saubere Zimmer mit TV (z. T. mit Gemeinschaftsbad) sowie Schlafsaalbetten (Rs60–100 p. P.). Der Besitzer und seine irische Frau bieten indische Kochkurse (Rs150) und geführte Wanderungen; zuverlässiger Internet-Anschluss. Kostenlose Abholung vom Busbahnhof. ❷–❹

hübsch möblierten Zimmern (die meisten mit AC) im alten Gebäude oder in billigeren, aber ziemlich langweiligen „Cottage"-Zimmern in einem Neubau. ❼–❽

Lake Palace, Nakki Lake Rd, ✆ 02974/237154, 🖥 www.savshantihotels.com. Eines der besten Mittelklassehotels im Ort in reizvoller Lage mit Blick auf den Nakki-See. Guter Service und gepflegte, moderne Zimmer (alle mit AC, die teureren mit Seeblick und Balkon). Angemessene Preise, besonders in der Nebensaison. ❺–❻

Sudhir, gegenüber Connaught House, Rajendra Rd, ✆ 02974/235120. Modernes Hotel mit hellen, geräumigen Zimmern: die der Kategorie „semi-deluxe" sind ziemlich kahl, die der „deluxe"-Klasse erheblich hübscher. Während der Hochsaison (Mai–Juli und Okt–Dez) ziemlich teuer, zu anderen Zeiten aber preiswert. ❺–❼

Essen

Mount Abus Besucher entstammen vorwiegend dem Gujarat-Mittelstand und sind hinsichtlich des Essens recht wählerisch. Die zahlreichen Restaurants an der Nakki Rd haben sich mit hoher Qualität und niedrigen Preisen darauf eingestellt. Fleisch gibt es in Mount Abu kaum, allenfalls im Basar, wo sich zwei Punjabi-Restaurants befinden.

Arbuda, Nakki Lake Rd. Sehr gut besuchtes Lokal mit beachtlicher vegetarischer Speisekarte, die Pizza, Burger und Sandwiches,

Mount Abu

Achalgarh, Guru Shikar

Übernachtung	
Cama Rajputana	A
Chandravati Palace	F
Connaught House	D
Jaipur House	G
Kesar Bhavan Palace	H
Kishangarh	E
Lake Palace	C
Shri Ganesh	I
Sudhir	B

Restaurants	
Arbuda	1
Jodhpur Bhojnalaya	3
Kanak Dining Hall	4
Veena	2

Dilwara-Tempel
Adhar Devi-Tempel
DILWARA ROAD
PILGRIM ROAD
Anadhra-Ganesh-Tempel
The Crags
CRAGS ROAD
Honeymoon Point
Om Shanti Bhawan
SUBHASH ROAD
GANESH ROAD
Nakki-See
Toad Rock
St Saviour's Church
Raghunath-Tempel
RAJENDRA ROAD
Nilkanth-Tempel
Polo-Feld
NAKKI LAKE ROAD
s. Detailplan
Sunset Point
Staatl. Busbahnhof
SUNSET POINT ROAD
LAKE RESIDENCY
PILGRIM ROAD

Rajasthan

Gaumukh-Tempel   Abu Road (28 km)

Union Bank of India
MARKT
Boote
Privatbusse
NAKKI LAKE ROAD
Bank of Baroda
RAJENDRA ROAD
Buchungsbüro der Bahn
NAKKI LAKE ROAD
Jeeps nach Dilwara
Brahma Kumaris Museum
Polo-Feld
Taxis
Gujarat Travels
Jeeps nach Abu Road
Staatl. Busbahnhof
Ponyvermietung

Nakki Lake Road und Umgebung

0 100 m

www.stefan-loose.de/indien   Mount Abu 303

Köstliches zum Sattessen

Kanak Dining Hall, Nakki Lake Rd. Freundliches Lokal, serviert angeblich die besten Gujarati-*thali* der Stadt – eine ausgezeichnete Zusammenstellung zurückhaltend gewürzter vegetarischer Köstlichkeiten für sehr günstige Rs60 p. P. Viel Hunger mitbringen – der Nachschlag ist unbegrenzt. Auch eine große Auswahl an nord- und südindischen vegetarischen sowie ein paar chinesische Gerichte.

aber auch chinesische und indische Gerichte sowie gute frische Obstsäfte umfasst. Blitzschnelle, freundliche Bedienung und eine luftige Terrasse.

Jodhpur Bhojnalaya, Nakki Lake Rd. Einziges Lokal der Stadt mit unverfälschter Rajasthani-Küche, zu empfehlen für alle, die *ghee* und Gewürze mögen. Tipp: *dhal bati churma* (gebackene Weizenmehlklöße mit *dhal* und süßer *churma*-Sauce). Hat außerdem aber auch die übliche lange Liste vegetarischer nord- und südindischer Gerichte.

Veena, Nakki Lake Rd, offener Sitzbereich an der Hauptstraße. So kitschig wie Mount Abu nur sein kann (grelles Licht und aktuelle *filmi*-Hits), aber unschlagbares Fast Food und abends auf der Terrasse oft ein Feuer. Lecker sind auch die *dosas*, die einem auf der Zunge zergehen.

Sonstiges

Geld
Die beste Adresse für das Wechseln von Reiseschecks ist die **Union Bank of India**, im Basar gleich hinter dem Postamt versteckt. Vor der Touristeninformation gibt es einen praktischen **Geldautomaten** der State Bank of India; ⏱ 24 Std.; Visa und MasterCard.

Informationen
Die **Touristeninformation** liegt gegenüber vom Hauptbusbahnhof, ⏱ Mo–Sa 10–13.30 und 14–17 Uhr. Online-Informationen unter 🖥 www.mountsabu.com.

Internet
Internet-Zugang hat z. B. das Guesthouse **Shri Ganesh**, das **Yani-Ya Cyber Zone** unmittelbar südlich der Post und das **Shree Krishna Cybercafe** in der Gasse gleich hinter dem Yani-Ya (alle Rs30/Std.).

Post
Das **GPO** befindet sich an der Kreuzung nordwestlich des Polo-Feldes.

Touren
Touren können über das Guesthouse **Shri Ganesh** organisiert werden, dessen Besitzer Jeeptouren (Halbtagsausflug Rs350 für das Fahrzeug) zu Orten wie Achalgarh und Guru Shikar vermittelt.

Empfohlene Züge von Abu Road

Die nachstehend genannten Züge sind die schnellsten und/oder praktischsten.

Ziel	Name	Nr.	Abfahrt	Ankunft
Ajmer	Aravali Express	9707	9.58 Uhr (tgl.)	16.05 Uhr
	Haridwar Mail	9105	14.05 Uhr (tgl.)	20.10 Uhr
Ahmedabad	Ahmedabad Express	9224	11.45 Uhr (tgl.)	16.10 Uhr
	Ahmedabad Mail	9106	12.48 Uhr (tgl.)	17.35 Uhr
Delhi	Ashram Express	2915	21.20 Uhr (tgl.)	10.15 Uhr
Jaipur	Aravali Express	9707	9.58 Uhr (tgl.)	18.45 Uhr
	Haridwar Mail	9105	14.05 Uhr (tgl.)	22.45 Uhr
Jodhpur	Jammu Tawi Express	9223	15.27 Uhr (tgl.)	20.15 Uhr
Mumbai	Ajmer–Mumbai Express	2990	00.25 Uhr (nur Mi, Fr, So)	13.05 Uhr

Wandern auf dem Mount Abu

Unten am Markt ist kaum etwas von der märchenhaften Landschaft rund um die Stadt zu erahnen, doch nach nur wenigen Minuten Aufstieg über schmale Pfade ins zerklüftete Gestein und Unterholz, welches das Plateau zu allen Seiten umringt, wird deutlich, warum die Gegend schon über Jahrhunderte hinweg Weise, Heilige und Pilger angezogen hat.

Leider ist das Wandern auf eigene Faust nicht zu empfehlen, denn einige zwielichtige Gestalten haben sich darauf verlegt, unbegleitete Besucher auszurauben – die Touristenpolizei schickt jeden zurück, der sich allein auf den Weg macht. Es besteht auch eine geringe, aber nicht zu unterschätzende Gefahr, Bären und Leoparden zu begegnen.

Zwei zuverlässige ortsansässige Guides sind **Lalit Kanojia** im Shri Ganesh Hotel, der jeden Morgen 5-stündige Treks anführt (Rs100 p. P.), und **Mahendra Dan**, besser bekannt als „Charles", 🖥 www.mount-abu-treks.blogspot.com, der verschiedene halbtägige (Rs300) und ganztägige (Rs450) Wanderungen mit Schwerpunkt auf Dorfleben, Tierbeobachtung und regionalen Heilpflanzen leitet und auch Camping-Ausflüge anbietet. Er ist über das Hotel Lake Palace oder unter ✆ 0/941 415 4854 bzw. ✉ mahendradan@yahoomail.co.in zu erreichen.

Nahverkehr

Busse nach Abu Road fahren stdl. bis 21 Uhr. **Jeeps** fahren gegenüber dem Busbahnhof los, sobald sie voll sind. Auch **Taxis** stehen zur Verfügung (Abfahrt an der Kreuzung im Südosten des Polo-Feldes, rund Rs250 pro Wagen).

Transport

Mount Abu ist nur auf dem Straßenweg zu erreichen. Der am nächsten gelegene Bahnhof ist Abu Road, von dort fahren Busse in 45 Min. nach Mount Abu hoch. Der Zugang nach Mount Abu kostet eine Gebühr von Rs10 (mit dem eigenen Fahrzeug Rs21).

Busse

Staatliche Busse fahren am staatlichen Busbahnhof in der Nakki Lake Road ab. **Private Busse** werden von verschiedenen Gesellschaften unterhalten, die Büros entlang der Nakki Lake Road, westlich des staatlichen Busbahnhofs, haben (ein bewährtes Unternehmen ist Gujarat Travels).
Busse nach:
AJMER (1x nachts; 7 Std.),
AHMEDABAD (3x tgl.; 6 Std.),
CHITTAURGARH (1x tgl.; 10 Std.),
JAIPUR (1x nachts; 11 Std.),
JODHPUR (1x tgl.; 6 Std.),
UDAIPUR (4x tgl.; 5 Std.).

Eisenbahn

Ein computerisiertes Buchungsbüro befindet sich im Obergeschoss der Touristeninformation. ⏱ tgl. 8–14 Uhr. Busse nach **Abu Road**, dem am nächsten gelegenen Bahnhof, fahren in Mount Abu stdl. bis 21 Uhr ab; Jeeps fahren gegenüber vom Busbahnhof ab, sobald sie voll sind, und wer mit dem Taxi fahren möchte, kann eines für Rs250 an der Ecke beim Restaurant Jodhpur Bhojnalaya nehmen.

Chittaurgarh

Von allen rajputischen Hauptstädten war das 115 km nordöstlich von Udaipur gelegene Chittaurgarh (auch Chittor) die stärkste Bastion des hinduistischen Widerstands gegen die moslemischen Invasoren. Im Laufe der Jahrhunderte entschieden sich die Bewohnerinnen der Festung dreimal für den rituellen Massenselbstmord *jauhar*.

Noch immer schwebt ein Hauch von Schwermut über der honigfarbenen alten Zitadelle. Nur Jodhpurs Meherangarh Fort ist ein ähnlich eindrucksvolles Symbol für rajputische Ritterlichkeit und Wehrhaftigkeit.

Manche Besucher kommen im Rahmen eines Tagesausflugs oder auf einen Abstecher auf dem Weg zwischen Bundi und Udaipur hierher, doch eine Übernachtung bietet die Gelegenheit, das Fort eingehender zu erkunden.

Geschichte

Die genaue Entstehungszeit der Festung von Chittor liegt im Dunkeln, geht aber wahrscheinlich auf das 7. Jh. zurück. 734 wurde sie von Bappa Rawal, dem Begründer der Mewar-Dynastie, eingenommen und blieb für die nächsten 834 Jahre, abgesehen von ein paar kurzen Unterbrechungen, die Hauptstadt des Mewar-Reichs. Doch trotz seiner majestätischen Lage und imposanten Erscheinung war Chittor keineswegs uneinnehmbar. Im Laufe der Jahrhunderte wurde die Stadt dreimal geplündert: von Ala-ud-din-Khalji (1303), Sultan Bahadur Shah (1535) und Akbar (1568). Der letzte dieser Überfälle bewegte den damaligen Herrscher von Mewar, Udai Singh, dazu, seine Hauptstadt an einen abgeschiedeneren und leichter zu verteidigenden Ort zu verlegen: nach Udaipur. 1616 wurde Chittaurgarh zwar den Rajputen zurückgegeben, aber inzwischen hatte sich die königliche Mewar-Familie längst in Udaipur niedergelassen und kam nie wieder zurück. Heute leben in der Festung, die einmal Heimat von vielen Tausenden war, nicht mehr als ein paar hundert Menschen.

Das Fort

Die gesamte Festung ist 5 km lang und 1 km breit, und es lässt sich leicht ein ganzer Tag damit zubringen, die unzähligen Ruinen zu erforschen. Die meisten Besucher begnügen sich jedoch mit einigen Stunden.

Man kann eine Rikscha (Rs200 für rund 3 Std.) bis zum Eingang des Forts nehmen und dann in der Festung herumwandern oder aber (vielleicht schöner) in dem Geschäft an der von der Kreuzung vor dem Bahnhof nach Westen führenden Staße ein Fahrrad leihen. Der Anstieg zum Fort ist steil, doch oben sind die Wege überwiegend eben. ⏱ tgl. 7–18 Uhr, Eintritt Rs100, plus Rs5 pro Riksha.

Der Aufstieg zum Fort, das von massiven Bastionen geschützt wird, beginnt am **Padan Pol** im Osten der Stadt und führt über Kurven bergauf durch weitere sechs Tore. Die Wohnhäuser der wenigen Menschen, die noch das Fort bewohnen, stehen in der Nähe des letzten Tores **Rama Pol**, wo man Eintritt bezahlt.

Nach dem Betreten der Festung erreicht man zuerst den langsam verfallenden **Palast des Rana Kumbha** (reg. 1433–68) aus dem 15. Jh., der von dem Herrscher errichtet wurde, der Mewar zu seiner größten Blüte brachte. Das Hauptgebäude erhebt sich immer noch fünf Stockwerke hoch, aber es ist schwierig, aus dem Durcheinander von halbverfallenen Mauern und Türmen schlau zu werden. Gegenüber vom Palast befindet sich der kunstvoll verzierte **Shingara Chauri Mandir** aus dem 15. Jh., ein kleiner, aber zauberhaft ausgestalteter Jain-Tempel, der dem 16. tirthankara Shantinath geweiht ist. Der benachbarte moderne **Fateh Prakash-Palast**, ein großes, schmuckloses Gebäude, wurde in den 1920er-Jahren für den Maharana erbaut und beherbergt heute ein kleines **Archäologisches Museum**, in dem eine schöne Sammlung von Jain- und Hindu-Skulpturen zu sehen ist, die an verschiedenen Orten in der Umgebung der Festung vor dem Verfall gerettet wurden; ⏱ tgl. außer Fr 10–17 Uhr, Eintritt Rs3. Rund 200 m weiter steht der imposante **Kumbha Shyama-Tempel**, der von Rana Kumbha erbaut (und nach ihm benannt) wurde. In einem eigenen Pavillon vor dem Schrein befindet sich eine schwarze Statue von Garuda, und ein Bildnis von Varaha, Vishnus Inkarnation als Eber, ziert eine Nische an der Rückseite. In der Nähe steht ein ummauerter zweiter Schrein. Er ist **Meerabai** geweiht, einer Prinzessin und Poetin aus Jodhpur, die für ihre Krishna-Verehrung bekannt war.

Der Vijay Stambh und Umgebung

Die Hauptstraße innerhalb der Festung führt zum zentralen **Vijay Stambh**, dem „Siegesturm", den Rana Kumbha zur Erinnerung an seinen Sieg von 1440 über den moslemischen Sultan Mehmud Khilji von Malwa errichten ließ. Mit seinen neun Stockwerken erreicht er eine Höhe von 36 m, und seine Wände sind üppig mit mythologischen Szenen und Bildnissen aus allen indischen Religionen verziert, und auch arabische Inschriften zur Lobpreisung Allahs fehlen nicht. Der Aufstieg bis zur Spitze erfolgt über eine dunkle schmale Treppe (Eintritt frei).

Das Gelände um den Vijay Stambh ist übersät mit einer großen Zahl weiterer Bauten, darunter zwei monumentale Eingangstore und einige malerische Tempel. Einer davon ist der wunderbare **Samiddhesvara-Tempel**, dessen Schrein ein

Chittaurgarh

Übernachtung
Bassi Fort Palace	A
Chetak	C
Meera	D
Pratap Palace	B

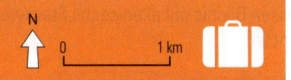

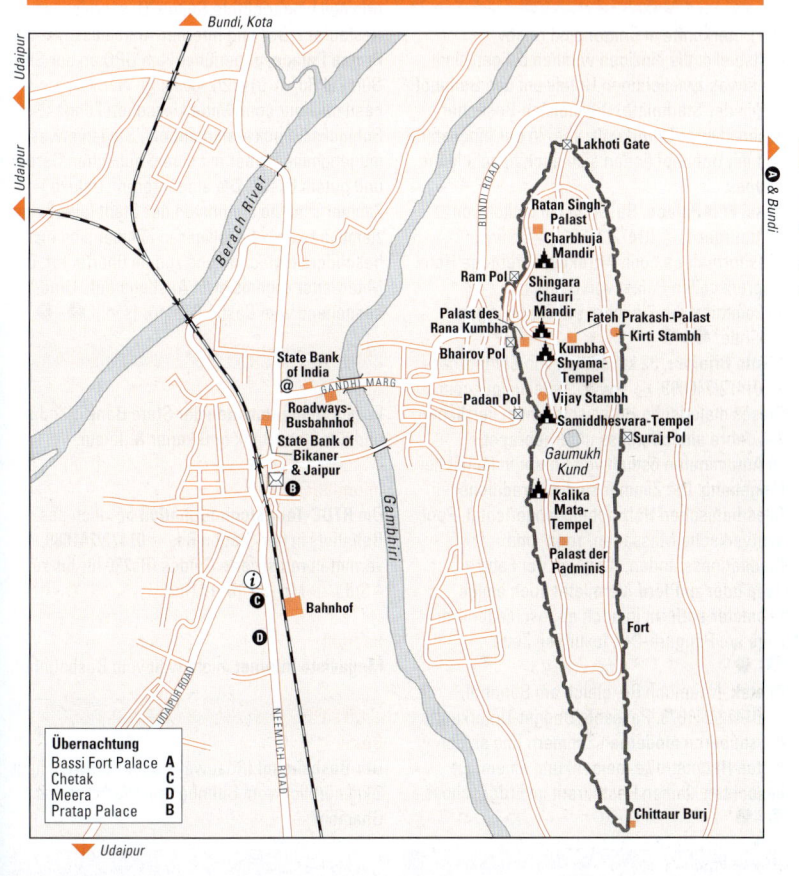

Bildnis der *trimurti* beherbergt, das dreiköpfige Abbild von Shiva, Brahma und Vishnu in einem. Ein Pfad führt von hier hinab zum großen Wasserbecken **Gaumukh Kund**, das von einem unterirdischen Wasserlauf gespeist wird, der sich durch die bildhauerisch gestalteten Münder *(mukh)* von Kühen *(gau)* ins Becken ergießt. Hier eröffnen sich herrliche Blicke auf die Ebene.

Zu den Gebäuden weiter südlich gehören der **Kalika Mata-Tempel** und der **Palast der Padmini**, deren ziemlich kahle Bauten eine Reihe hübscher kleiner Gärten umschließen, die an einem Turm mit Blick auf einen kleinen See enden. Die Straße führt nach Süden zu der Stelle, an der einst Verräter in den Tod gestürzt wurden, und anschließend über den östlichen Kamm mit herrlicher Aussicht nach Norden zurück zum **Suraj Pol**. Mehrere Tempel säumen die Strecke, doch das eindrucksvollste Bauwerk ist **Kirti Stambh**, das Vorbild für den Siegesturm. Digambaras errichteten diesen kleineren „Ruhmesturm" als Monument für den ersten *tirthankara* Adinath, dessen Bildnis auf allen sechs Stockwerken präsent ist.

Übernachtung und Essen

Die Unterkünfte in Chittor sind relativ kostspielig; die einzigen wirklich billigen sind die etwas zwielichtigen Hotels um den Bahnhof und in der Stadtmitte. Die meisten Besucher essen in ihrer Unterkunft, aber in der Innenstadt und am Bahnhof finden sich auch bescheidene *dhabas*.

Bassi Fort Palace, Bassi, 24 km östlich von Chittaurgarh, ✆ 01472/225321, 🖳 www.bassifortpalace.com. Attraktives Heritage Hotel im prunkvollen Palast von Bassi, mit 16 komfortablen Zimmern auf weitläufigem Gelände. ❼–❽

Castle Bijaipur, 32 km östlich von Chittaurgarh, ✆ 01472/240099, 🖳 www.castlebijaipur.com. Dieses malerische Hotel ist in einem herrlichen, 350 Jahre alten Schloss untergebracht, 45 Autominuten östlich von Chittor in ländlicher Umgebung. Die Zimmer sind mit traditionellen rajasthanischen Holzmöbeln eingerichtet. Pool, ayurvedische Massagen, Yoga- und Meditationsstunden; Ausflüge per Fahrrad, Jeep oder zu Pferd. Vermietet auch einige Kilometer entfernt in noch abgeschiedenerer Lage am Pangarh-See luxuriöse Zelte. ❽–❾

Chetak, Neemuch Rd, gleich am Bahnhof, ✆ 01472/241679. Passable Budget-Unterkunft mit sauberen modernen Zimmern (die an der lauten Hauptstraße meiden) und einem gut besuchten kleinen Restaurant im Erdgeschoss. ❸–❺

Meera, Neemuch Rd, ✆ 01472/240266. Die beste Budget-Option in der Stadt. Breite Auswahl an Zimmern mit Ventilator oder AC und originell eingerichtete Suiten. U. a. preiswertes Restaurant, Bar und Internet-Anschluss. ❸–❺

Pratap Palace, gegenüber vom GPO an der Shri Gurukul Rd, ✆ 01472/240099, 🖳 www.castlebijaipur.com. Mittelklassehotel ohne Schnickschnack – an manchen Stellen etwas mitgenommen, aber mit einem hübschen Garten und gutem Essen. Die eleganteren „Deluxe"-Zimmer sind die schönsten der Stadt (allerdings ziemlich teuer); die billigeren Zimmer sind nicht besonders einladend und zudem überteuert. Die Mitarbeiter organisieren Ausflüge aufs Land, ausgehend vom Castle Bijaipur (s. o.). ❻–❼

Sonstiges

Geld
Es gibt **Geldautomaten** der State Bank of India und der State Bank of Bikaner & Jaipur.

Informationen
Die **RTDC-Touristeninformation** nördlich des Bahnhofs in der Station Rd, ✆ 01472/241089, vermittelt registrierte Guides (Rs230 für bis zu 4 Std.). 🕐 Mo–Sa 10–17 Uhr.

Internet
Megavista Internet, nicht weit vom Busbahnhof.

Transport

Busse
Der **Busbahnhof** (Roadways oder Kothwali) liegt 2 km nördlich vom Bahnhof am Westufer des Ghambiri.

Empfohlene Züge von Chittaurgarh

Ort	Name	Nr.	Abfahrt (tgl.)	Ankunft
Ajmer	Udaipur–Ajmer Express	2991	9.20 Uhr	12.30 Uhr
	Ratlam–Ajmer Express	9653	10.10 Uhr	14.30 Uhr
Bundi	Nimach–Kota Express	9019A	14.55 Uhr	17.10 Uhr
Delhi (HN)	Mewar Express	2964	20.50 Uhr	6.10 Uhr
Jaipur	Jaipur Superfast	2966	23.50 Uhr	7.10 Uhr
Kota	Nimach–Kota Express	9019A	14.55 Uhr	18 Uhr
Udaipur	Mewar Express	2963	5 Uhr	7 Uhr
	Jaipur–Udaipur Express	2965	5.40 Uhr	7.45 Uhr

Busse nach:
AJMER (stdl.; 5 Std.),
BUNDI (4x tgl.; 5 Std.).
UDAIPUR (stdl.; 3–3 1/2 Std.).

Eisenbahn

Chittaurgarhs **Bahnhof** liegt im Westen der Stadt. Für die Weiterfahrt von Chittor sind Züge normalerweise schneller als Busse – die nützlichsten s. Kasten S. 308.

Bundi

Die ummauerte Stadt Bundi, 37 km nördlich von Kota, liegt im Norden des früheren Territoriums von Hadaoti und wird im Norden, Osten und Westen von der Vindhya-Bergkette geschützt. Hier befand sich die Hauptstadt der Hadachauhans, doch obwohl der Ort bereits im Jahre 1241 gegründet wurde, war er nie mehr als ein bescheidenes Marktzentrum und ist bis zum heutigen Tag relativ unberührt von modernen Entwicklungen geblieben. Schon der **Palast** lohnt dank seiner spektakulären Wandgemälde die Reise nach Bundi und macht zusammen mit der gut erhaltenen **Altstadt** voller verwitterter Havelis eines der reizvollsten Ziele im südlichen Rajasthan aus – eine Tatsache, die sich auch bei ausländischen Touristen herumgesprochen hat.

Der Palast

Der im 16. und 17. Jh. in authentischem Rajputen-Stil errichtete Palast war einer der wenigen fürstlichen Wohnsitze Rajasthans, die ohne Mogul-Einfluss erbaut wurden. Angesichts der häufigen Erweiterungen, die über die Jahre erfolgten, ist die Erscheinung des Bauwerks erstaunlich homogen. ⊙ tgl. 7–17 Uhr, Eintritt Rs60, Fotoerlaubnis Rs50, Video Rs100. Ein extrem kenntnisreicher Führer ist Keshav Bhati, ✆ 0/941 439 4241, ✉ bharat_bhati@yahoo.com. Er berechnet um Rs200 für eine Führung durch den gesamten Palast und bietet auch Touren zu nahe gelegenen Felsmalereien an.

Ein kurzer steiler Pfad windet sich zum Haupttor **Hathi Pol** hinauf, das von Elefantenstatuen flankiert wird. Dahinter liegt der Haupthof des Palastes. Rechter Hand führen Stufen zur Ratan Daulat hoch, der **Diwan-i-Am** (öffentliche Audienzhalle) aus dem 17. Jh., eine offene Terrasse, die den Haupthof überschaut und auf der ein einfacher Marmorthron steht. Über eine Treppe am hinteren Ende der Ratan Daulat geht es zum Hof **Chhatra Mahal** hoch. Durch den säulenbestandenen türkisfarbenen Pavillon an der Südseite des Hofs und den dahinter liegenden Raum gelangt man zum kleinen Vorzimmer (oder „Ankleidezimmer"), das vollständig mit Wandmalereien aus den 1780er-Jahren bedeckt und mit Gold- und Silberblättchen verziert ist. Die gegenüberliegende Seite des Hofs flankiert ein Pavillon mit Säulen, die auf den Rücken schwarzer Elefanten ruhen. An seiner Rückseite befindet sich eine gut erhaltene alte Hocktoilette, die wahrscheinlich die beste Aussicht von allen öffentlichen Toiletten Rajasthans bietet.

Vom Chhatra Mahal führen schmale Stufen zu einem noch kleineren Hof hoch, der vom spektakulären **Phool Mahal** gesäumt wird. Dieser wurde 1607 erbaut, aber die Wandgemälde – darunter eine lange Prozession von Soldaten in europäischen Uniformen und ein Kamelkorps – stammen aus den 1860er-Jahren. Über weitere Treppenstufen geht es hoch zum **Badal Mahal** („Wolkenpalast"), von dem oft gesagt wird, dass er die prächtigsten Gemälde im ganzen südlichen Rajasthan enthalte. Ein farbenfroher Kreis von Krishnas und Radhas tanzt um den höchsten Teil des Gewölbes herum; die angrenzenden Wandgemälde zeigen Krishna, der von Ganesh zu seiner Hochzeit gefahren wird, und den aus Sri Lanka nach Ayodhya zurückkehrenden Rama.

Weitere faszinierende Malereien sind im **Chittra Shala** gleich oberhalb des Palastes zu sehen, ⊙ Sonnenaufgang–Sonnenuntergang; Rs60. Im Innern führen Stufen in der hinteren linken Ecke des Gartens zu einem kleinen, höher gelegenen Hof. Er ist mit Wandgemälden verziert, die in ungewöhnlichen changierenden Farbtönen von Türkis, Blau und Schwarz gehalten ist. Die meisten zeigen Szenen aus dem Leben Krishnas.

Die überwältigendste Aussicht über Bundi, den Palast und die Landschaft ringsherum hat man oberhalb des Chittra Sala von der von Affen bevölkerten **Festung Taragarh** aus. Der dafür erforderliche 20-minütige Anstieg ist aber steil.

Die restliche Stadt

Mitten in der Stadt steht das noch relativ neue **Maharao Raja Bahadur Singh Museum**. Es zeigt eine Sammlung von höchst schmeichelhaften Porträts sämtlicher Maharadschas von Bundi. Außerdem gibt es eine Galerie mit ausgestopften Tigern und anderen traurigen Tieren. Das Eintrittsgeld ist anderweitig besser angelegt. ⏰ tgl. 9–13 und 14–17 Uhr; Rs100, Fotoerlaubnis Rs50.

In der Südhälfte der Stadt befindet sich der sehr viel sehenswertere **Raniji-ki-Baori** (keine festen Öffnungszeiten), einer der spektakulärsten Stufenbrunnen Rajasthans. Der 1699 errichtete Brunnen ist über eine von mehreren Ebenen unterbrochene und mit prächtigen Säulen geschmückte Treppenflucht zu erreichen. Besondere Beachtung auf dem Weg hinab verdienen die herausragenden Steinmetzarbeiten an den Seitenwänden, die Vishnus zehn Inkarnationen zeigen.

Nordöstlich von Bundi, am Südufer des Wasserbeckens Jait Sagar, steht der schöne, aber ziemlich vernachlässigte **Sukh Mahal** – Rao Raja Vishnu Singhs Sommerpalast, wo Rudyard Kipling (der einige Monate lang die Gastfreundschaft des Raja genoss) *Kim* und Teile des *Dschungelbuchs* schrieb. Das Gebäude ist für Besucher geschlossen, aber man kann zu beiden Seiten des Palasts ein Stückchen am Ufer entlangspazieren.

Rund 1,5 km weiter am See befinden sich im **Shar Bagh** 60 im Verfall begriffene Kenotaphe. Wenn die Tür verriegelt ist, kann man in der Hütte des *chowkidar* nach dem Schlüssel fragen; sie liegt rund 100 m nördlich der Kenotaphe, jenseits der Hauptstraße gleich hinter dem Eingangstor links. Die Hin- und Rückfahrt per Motor-Riksha zum Sukh Mahal kostet ungefähr Rs60 und zum Shar Bagh Rs100.

Übernachtung und Essen

Die meisten Unterkünfte in Bundi sind umgestaltete alte Havelis mit sehr unterschiedlicher Ausstattung und Preisen. Die meisten Besucher essen in ihrem Hotel. Wer zum Essen ausgehen möchte, bekommt im

---

Wohnen mit Stil

Bundi Haveli, ☎ 0/941 493 5209, 🖳 www.hotelbundihaveli.com. Traditionelles, liebevoll modernisiertes Haveli mit wunderschön möblierten Zimmern (die meisten mit AC), einem empfehlenswerten Restaurant, Internet-Zugang und Geldwechsel. Ausgezeichnetes Preis-Leistungs-Verhältnis. ❺–❽

Haveli Braj Bhushanjee, ☎ 0747/244 2322, 🖳 www.kiplingsbundi.com. 150 Jahre altes Haveli mit viel Atmosphäre; Original-Wandgemälde, Antiquitäten und Kunstgewerbe, die praktisch sämtliche Flächen zieren. Auch die Zimmer (z. T. mit AC und TV) sind ausgebaut und überdies hervorragend in Schuss. Allerdings gibt es kaum Verpflegung und weder Alkohol noch Fleisch. ❹–❽

Bundi Haveli schmackhafte vegetarische und andere indische Speisen (Hauptgerichte Rs70–150) und echten Kaffee in stilvollem Ambiente. Von der Terrasse des **Royal Retreat** hat man eine schöne Aussicht auf die Stadt.

Haveli Elephant Stables, ☎ 0/992 815 4064. Nur drei Zimmer (2 DZ und 1 EZ) in den ehemaligen Elefantenställen des Palastes; hübsch und sehr ruhig unterhalb der Festungsmauern gelegen. Die Zimmer sind schlicht, aber bei dem Preis und in dieser Lage kann man sich darüber wirklich nicht beschweren. Ein paar teurere Zimmer müssten inzwischen fertiggestellt sein. ❶

Haveli Katkoun, ☎ 0747/244 4311, 🖳 havelikatkoun.free.fr. Das begehrteste Budget-Gästehaus wurde inzwischen renoviert. Die billigsten Zimmer sind die im Erdgeschoss; die neuen Zimmer (etwas überteuert) im Obergeschoss haben AC, herrlichen Ausblick und Warmwasser im Bad, die im Stockwerk darunter sind ohne AC, aber mit Bad. ❷–❻

Haveli Riya, ☎ 0/925 259 0312. Freundliches Gästehaus in Familienbesitz mit einer kleinen Auswahl an ordentlichen, gemütlichen Zimmern zu sehr günstigen Preisen und einem netten kleinen Dachgartencafé. ❶–❷

Kasera Paradise, ☎ 0747/244 4679, 🖳 www.kaseraparadise.com. Das einladende Gästehaus

Bundi

Map labels:
- Jait Sagar
- Shar Bagh
- Taragarh
- Sukh Mahal
- Palast
- Nawal Sagar
- Ayurvedisches Krankenhaus
- Pandey Forex
- Maharao Raja Bahadur Singh Museum
- Basar
- Chogan Gate
- Geldautomat
- Geldautomat
- Azad Park
- Raniji-ki-Baori
- Stufenbrunnen
- Meera Gate
- Bushaltestelle
- Geldautomat
- Chittaurgarh
- Bahnhof (3 km)
- Kota

Übernachtung
Bundi Haveli	C
Haveli Braj Bhushanjee	F
Haveli Elephant Stables	I
Haveli Katkoun	D
Haveli Riya	B
Kasera Heritage	J
Kasera Paradise	H
Lake View	E
RN Haveli	K
Royal Retreat	G
Shivam Guest House	A

Rajasthan

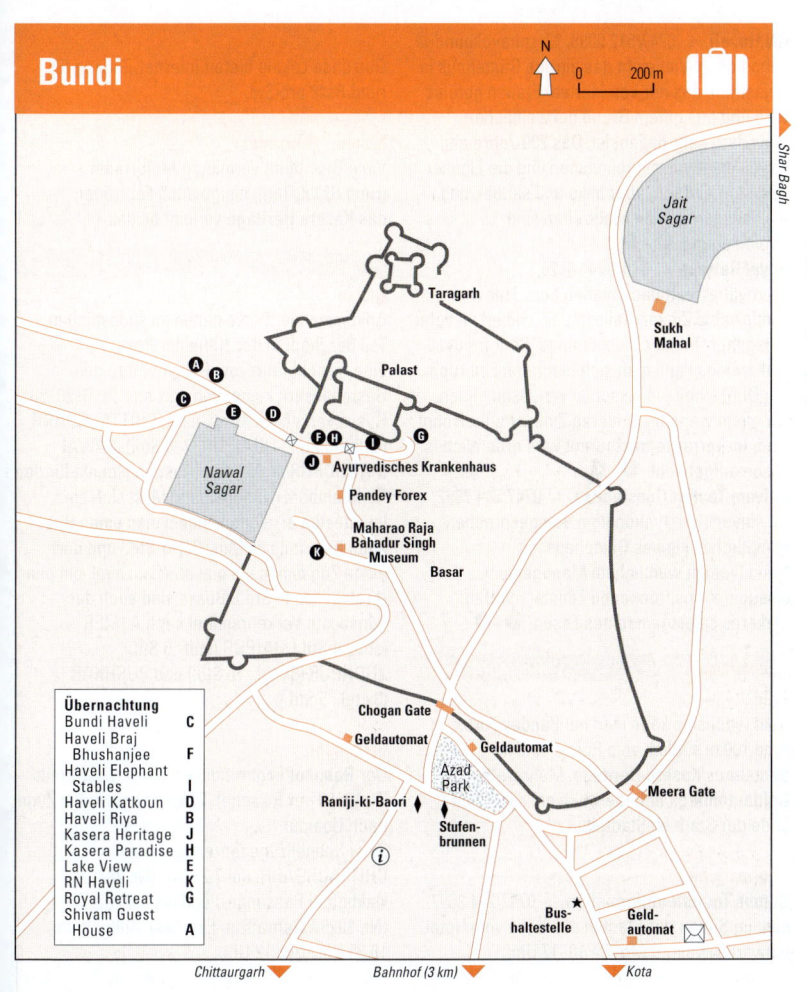

in einer stillen Gasse direkt hinter dem Braj Bhushanjee ist in einem originalgetreu restaurierten Haveli aus dem 16. Jh. untergebracht. Die Zimmer zu unterschiedlichen Preisen sind alle hübsch eingerichtet und mit traditionellen Wandgemälden verziert. Ähnliche Zimmer für etwas weniger Geld vermietet derselbe Besitzer im **Kasera Heritage** ❹–❽ auf der gegenüberliegenden Straßenseite. ❻–❽

Lake View, ☎ 0747/244 2326, ✉ lakeviewbundi_@yahoo.com. Leicht baufälliges Gästehaus in einem alten Haveli am See. Nicht gerade das sauberste Haus am Ort, aber dafür billig und mit einer netten, auf den Nawal Sagar hinausgehenden Terrasse. Die Gartenzimmer sind ziemlich kahl; die teureren im Haveli selbst besitzen verblichene alte Wandgemälde und Seeblick. ❶–❸

RN Haveli, ☎ 0747/512 0098, ✉ rnhavelibundi@yahoo.co.in. Vielleicht das einzige Gästehaus in Rajasthan, das nur von (netten) Frauen geführt wird und aus gutem Grund bei weiblichen Travellern sehr beliebt ist. Das 200 Jahre alte Haveli ist etwas mitgenommen und die Zimmer sind sehr einfach, aber billig und sauber, und die hausgemachten Mahlzeiten sind hervorragend. ❶–❷

Royal Retreat, ☎ 0747/244 4426, ✉ royalretreatbundi@yahoo.com. Nur vier komfortable Zimmer (alle mit *air-cooler*) im tiefer gelegenen Teil der Palastanlage. Sehr friedvoll – allerdings kann man sich hier nach Einbruch der Dunkelheit ein bisschen verlassen fühlen, vor allem wenn die anderen Zimmer unbewohnt sind. Im Terrassenrestaurant wird ordentliches Essen aufgetischt. ❷–❹

Shivam Tourist Guesthouse, ☎ 0747/244 7892, ✉ shivam_pg@yahoo.com. Ausgesprochen gemütliches kleines Gästehaus mit freundlichem weiblichem Management. 6 saubere, ansprechende Zimmer mit Bad; leckeres selbstgemachtes Essen. ❶–❹

Sonstiges

Geld

Geld wechseln kann man bei **Pandey Forex**, rund 100 m südlich vom Palast, und im Gästehaus **Kasera Heritage**. Mehrere **Geldautomaten** befinden sich am südlichen Ende der Stadt (s. Stadtplan).

Informationen

Bundis **Touristeninformation**, ☎ 0747/244 3697, liegt im Süden der Stadt in der Nähe vom Hotel Ishwari Niwas; ⏰ Mo–Sa 10–17 Uhr.

Internet

Dutzende Lokale bieten Internet-Zugang für rund Rs40 pro Std.

Motor- / Fahrräder

Viele Geschäfte vermieten Motorräder (rund Rs250/Tag), einige auch Fahrräder; das **Kasera Heritage** verleiht beides.

Transport

Busse

Ankommende Busse halten im südöstlichen Teil der Stadt in der Nähe der Post. Eine Rikschafahrt zum Palast und zu den Gästehäusern kostet von dort aus ca. Rs20–30. Busse verkehren 4x tgl. nach CHITTAURGARH (4–5 Std.) und UDAIPUR (7–8 Std.). SAWAI MADHOPUR im Norden (Ausgangspunkt für den Ranthambore-Nationalpark) lässt sich am leichtesten erreichen, indem man einen Bus nach Kota nimmt (alle 30 Min.; 3/4–1 Std.) und dort einen Zug nimmt. Es gibt aber auch tgl. ein paar Direktbusse (4 Std.). Busse sind auch das günstigste Verkehrsmittel nach AJMER (stdl.; 4 Std.), JAIPUR (stdl.; 5 Std.), JODHPUR (3x tgl.; 10 Std.) und PUSHKAR (3x tgl.; 5 Std.).

Eisenbahn

Der **Bahnhof** liegt rund 5 km südlich der Stadt (Rs40–50 per Rikscha). Es verkehren keine Züge nach Udaipur.
Zwei Schnellzüge fahren tgl. nach CHITTAURGARH: um 7.21 Uhr (Nr. 282 Haldighati Passenger) und um 9.38 Uhr (Nr. 9020A Dehra Dun Express), Ankunft um 10.35 Uhr bzw. 12 Uhr.

Uttar Pradesh

Stefan Loose Traveltipps

3 Taj Mahal Shah Jahans Denkmal einer großen Liebe am Ufer des Flusses Yamuna wird einfach allen Erwartungen gerecht. S. 316

Akbar-Mausoleum, Sikandra Die großartige Mogul-Grabstätte inmitten von Ziergärten sieht noch genauso aus wie auf alten Miniaturen dargestellt. S. 324

Fatehpur Sikri Die prachtvolle, lange verlassene Palastanlage steht auf einer kargen Anhöhe nahe der Grenze zu Rajasthan. S. 333

4 Varanasi Eine Bootsfahrt auf dem Ganges, während über der ältesten und heiligsten Stadt Indiens die Sonne aufgeht, ist ein unvergessliches Erlebnis. S. 351

Sarnath Den Ort, an dem Buddha seine erste Predigt hielt, kennzeichnen eindrucksvolle Ruinen. S. 365

Uttar Pradesh, „der nördliche Bundesstaat" – früher United Provinces genannt, aber stets UP abgekürzt – ist das Herzland des Hinduismus. Die Geschichte dieses Bundesstaates, der sich über eine weite Gangesebene erstreckt, hat praktisch die des ganzen Landes beeinflusst, und seine Tempel und Baudenkmäler – buddhistische, hinduistische und moslemische – zählen zu den eindrucksvollsten des Subkontinents.

Das an Delhi grenzende westliche UP lag immer nahe am indischen Machtzentrum. In seiner bedeutendsten Stadt, Agra, die einst Hauptstadt des Mogulreichs war, steht das Taj Mahal, eines der berühmtesten Bauwerke der Welt. Nicht weit davon entfernt hat sich die verlassene Mogul-Stadt Fatehpur Sikri in der Wüsten-Luft hervorragend erhalten. Und nördlich davon erstreckt sich, von den Wellen moslemischer Eroberung verschont, Braj, das legendäre Land der Hindus mit den Zentren Mathura und Vrindavan, in dem der Gott Krishna seine Kindheit verbracht haben soll.

Große Teile im Zentrum von UP mit den fruchtbaren Schwemmebenen von Doab gehörten einst zum Königreich **Avadh**. Es war das letzte Reich unabhängiger Moslemherrschaft in Nordindien, ehe die Briten es übernahmen. Damit schürten sie den Groll, der zum Aufstand von 1857 führte, in dem die Hauptstadt Lucknow (heute Bundeshauptstadt von UP) eine wichtige Rolle spielte. Heute ist Zentral-UP eine Hochburg der Hindus. Allahabad, am Zusammenfluss von Ganges und Yamuna, ist eine ihrer heiligsten Stätten und Schauplatz der alle zwölf Jahre stattfindenden Kumbh Mela, des größten religiösen Festes der Welt.

Bundelkhand – das Gebiet nördlich der zerklüfteten Vindhya-Berge, die sich im Nordosten von Madhya Pradesh erstrecken – war Teil eines Königreichs, das die Chandella-Rajputen im 9. Jh. schufen. Zu diesem Reich gehörte auch Khajuraho in Madhya Pradesh (s. S. 445). Ein günstiger Ausgangspunkt für Reisen dorthin ist Jhansi, dessen Festung aus dem 19. Jh. bis heute ein Symbol des Kampfs um die Unabhängigkeit ist.

UP war früher einmal ein blühendes Zentrum islamischer Rechtsprechung und Kultur, doch während der blutigen Jahre im Anschluss an die Unabhängigkeit ergriffen zahlreiche Moslems die Flucht. Heute beträgt der Anteil der moslemischen Bevölkerung nur noch 16 %. Als Herzland des sogenannten „Cow Belts" wurde UP einige Zeit von der sektiererischen Hindu-Partei BJP beherrscht. Der Bundesstaat steht in dem unerfreulichen Ruf, Kernpunkt heftiger kommunaler Spannungen zu sein, besonders seit der Zerstörung der Babri-Moschee in **Ayodhya** östlich von Lucknow, nahe Faizabad, 1992 (s. S. 115). In jüngerer Zeit wurde die Politik durch zwei weitgehend regionale Linksparteien bestimmt. Eine davon, die sozialistische Samajwadi Party (SP), hat die Regierungsmacht 2007 an die von den niederen Kasten unterstützte Bahujan Samaj Party (BSP) verloren. Welche Auswirkungen dies auf die Religions- und Kasten-Politik in UP haben wird, bleibt abzuwarten.

Dank des nicht übermäßig luxuriösen, aber effizienten **Verkehrsnetzes** staatlicher Busse sowie der ausgezeichneten Bahnverbindungen lässt sich UP (mit Ausnahme von Bundelkhand im Süden) recht gut bereisen. Die wichtigsten Touristenziele Agra und Varanasi sind schon seit Jahrhunderten auf Besucher und Pilger eingestellt und verfügen über alle erforderlichen Einrichtungen für Reisende. UP Tourism, 🖳 www.up-tourism.com, hat Büros in den meisten größeren Städten.

Agra

Agra – unter den Moguln die Metropole ganz Indiens und Stadt des Taj Mahal – gehört zusammen mit Delhi, 204 km nordwestlich, und Jaipur in Rajasthan zum „Goldenen Dreieck", liegt also auf der beliebtesten Indien-Reiseroute. Allerdings kann Agra selbst für erfahrene Indienbesucher ein hartes Pflaster darstellen. Jahrelange politische Misswirtschaft und Vernachlässigung haben die Infrastruktur der Stadt zum Erliegen gebracht: Verschmutztes Wasser und offene Gullys sind allgegenwärtig, Stromausfälle keine Seltenheit und Smog die Regel (an so manchem Morgen ist die Sonne hinter den Abgaswolken kaum zu erkennen). Darüber hinaus müssen Touristen bei den weltberühmten Sehenswürdigkeiten auf Menschenmassen, unerhört hohe Eintrittspreise und selbst für asiatische Verhältnisse penetrant hartnäckige Schlepper und

UTTAR PRADESH

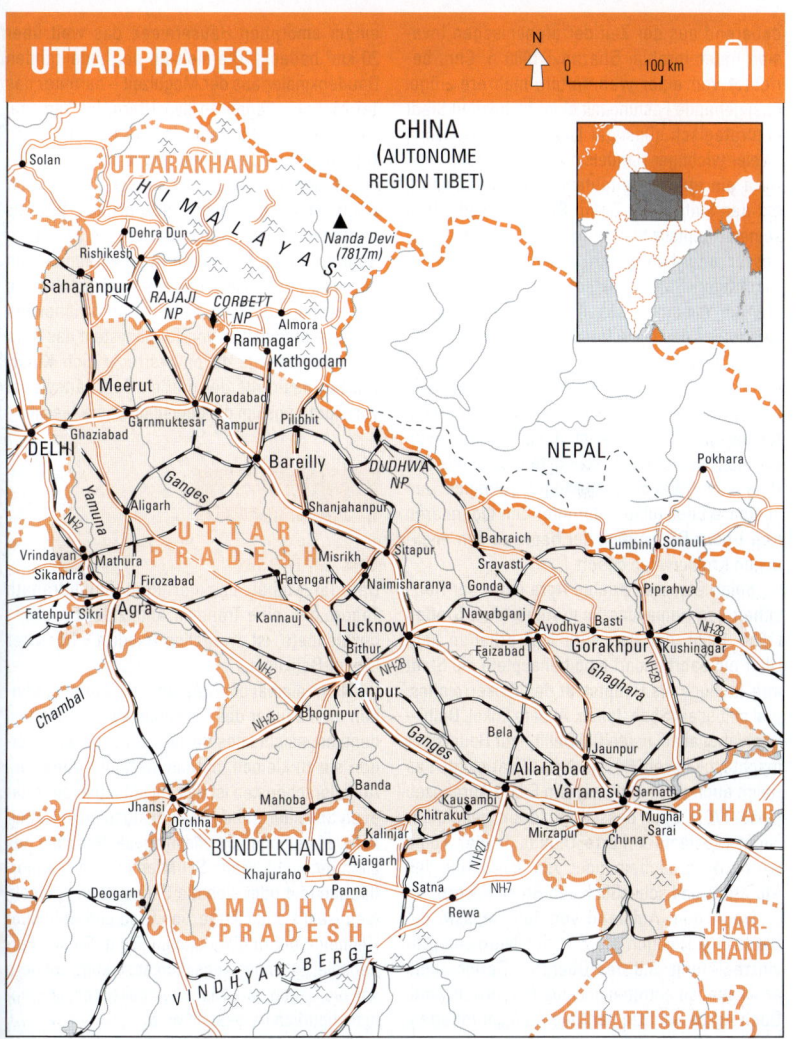

Rikscha-*wallahs* gefasst sein. Durch all das sollte man sich aber nicht abschrecken lassen. Es ist zwar möglich, Agra von Delhi aus einen Tagesbesuch abzustatten, doch schon allein das Taj verdient sehr viel mehr Zeit – ein Kurzbesuch wird den zwischen Sonnenauf- und Sonnenuntergang kontinuierlich wechselnden Facetten des Bauwerks nicht gerecht. Und die weiteren Sehenswürdigkeiten der Stadt sowie Fatehpur Sikri können mehrere Tage füllen.

Geschichte

Über die vorislamische Geschichte Agras ist wenig bekannt. Eine der frühesten Chroniken, datierend aus der Zeit der afghanischen Invasion unter Ibrahim Ghaznavi 1080 n. Chr., berichtet von einer wehrhaften, mehrere Hügel überziehende Festung mit einer blühenden Stadt in strategisch günstiger Lage an der Kreuzung zweier wichtiger Handelsstraßen. Dennoch blieb Agra ein eher unbedeutender Verwaltungsort, bis der Sultan von Delhi, **Sikandar Lodi**, 1504 seinen Hauptsitz hierher verlegte, um sein Reich besser unter Kontrolle zu haben. Die Ruinen der prächtigen Sultanatsstadt sind noch am Ostufer der Yamuna zu sehen. Nachdem **Babur**, der Begründer des Mogulreiches, den letzten Lodi-Sultan, Ibrahim Lodi, 1526 bei Panipat geschlagen hatte, entsandte er seinen Sohn **Humayun** mit dem Auftrag, Agra einzunehmen. Zum Dank für die großzügige Behandlung, die Humayun ihnen zukommen ließ, schenkte die Familie des Raja von Gwalior dem Mogul Schmuck und kostbare Edelsteine – darunter den legendären **Koh-i-noor-Diamanten**, der heute zu den englischen Kronjuwelen gehört.

Seine Glanzzeit erlebte Agra unter der Herrschaft von Humayuns Sohn **Akbar dem Großen** (1556–1605), der das Agra Fort erbauen ließ. Über ein Jahrhundert lang behauptete die Stadt ihre Stellung als Hauptstadt des Kaiserreiches, und selbst als **Shah Jahan**, Akbars Enkel, Delhi – Shahjahanabad, heute Old Delhi – zur Hauptstadt machte, blieb sein Herz in Agra. Zwar blühte das Reich auch noch unter seinem Erben Aurangzeb (1658–1707), doch dessen Intoleranz gegenüber Nicht-Moslems schürte Unmut. In der Folge wurde Agra nacheinander von den Jaten, den Marathas und schließlich den Briten besetzt.

Nach dem Aufstand von 1857 musste die Stadt ihre Position als Sitz der Nordwestprovinzregierung und des Obersten Gerichtshofs an Allahabad abtreten und ihre Macht schwand. Doch Agras Schätze der Mogulzeit garantierten, dass die Stadt nicht in der Bedeutungslosigkeit versank, und heute ist sie ein wohlhabendes Industrie- und Handelszentrum sowie ein begehrtes Touristenziel.

Orientierung

Agra ist riesengroß und unübersichtlich. Es hat kein wirkliches Zentrum, sondern besteht aus mehreren eigenständigen Basarvierteln in einem amorphen Häusermeer, das weit über 20 km² bedeckt. Die meisten der bedeutenden Baudenkmäler aus der Mogulzeit – darunter das Taj Mahal – liegen an den Ufern der Yamuna, am östlichen Stadtrand. Im Gassengewirr von **Taj Ganj** beim Taj Mahal findet man die meisten Billighotels und Backpacker-Cafés. Rund 2 km westlich, jenseits des grünen Viertels **Cantonment**, liegt Sadar Bazaar. Es ist mit Taj Ganj durch die Fatehabad Road verbunden, an der viele der besseren Hotels sowie zahlreiche Restaurants und Geschäfte mit Kunsthandwerk liegen. Nordwestlich von Taj Ganj steht das **Agra Fort** und jenseits davon erstreckt sich **Kinari Bazaar**, das dritte der großen Geschäftsviertel von Agra rings um die gewaltige Jama Masjid.

3 HIGHLIGHT

Das Taj Mahal

Das Taj Mahal, das der Poet Rabindranath Tagore als „eine Träne im Antlitz der Ewigkeit" bezeichnete, ist zweifellos Ausdruck höchster Mogul-Baukunst.

Nicht einmal die Massen von Touristen können den Zauber des Grabmals etwas anhaben, denn angesichts des riesigen Mausoleums werden sie zu kleinen, herumwuselnden Ameisen. Am allerschönsten ist das Taj jedoch in der relativen Stille der frühen Morgenstunden, in Nebelschwaden eingehüllt und in ein sanftes rötliches Licht getaucht. Wenn Schatten auf die Marmorflächen fällt oder sich die Sonne darin spiegelt, wechseln sie die Farbe, von Grau und Gelb über Hellbeige bis zu blendendem Weiß. Dieses Farbenspiel ist keineswegs unbeabsichtigt, sondern soll die Gegenwart Allahs symbolisieren, der niemals figürlich dargestellt wird.

Das Taj Mahal, mit Blick auf die Yamuna, steht am Nordende eines ausgedehnten, von Mauern umgebenen Gartens. Die Anlage repräsentiert, einem islamischen Prinzip folgend, das Paradies, doch handelt es sich in erster Linie um das Denkmal einer großen Liebe. **Shah Jahan** ließ es als Grabmal für seine Lieblingsfrau, Arjumund Bann Begum, besser bekannt unter ihrem offiziellen Palasttitel **Mumtaz Mahal** („Erwählte

Agra

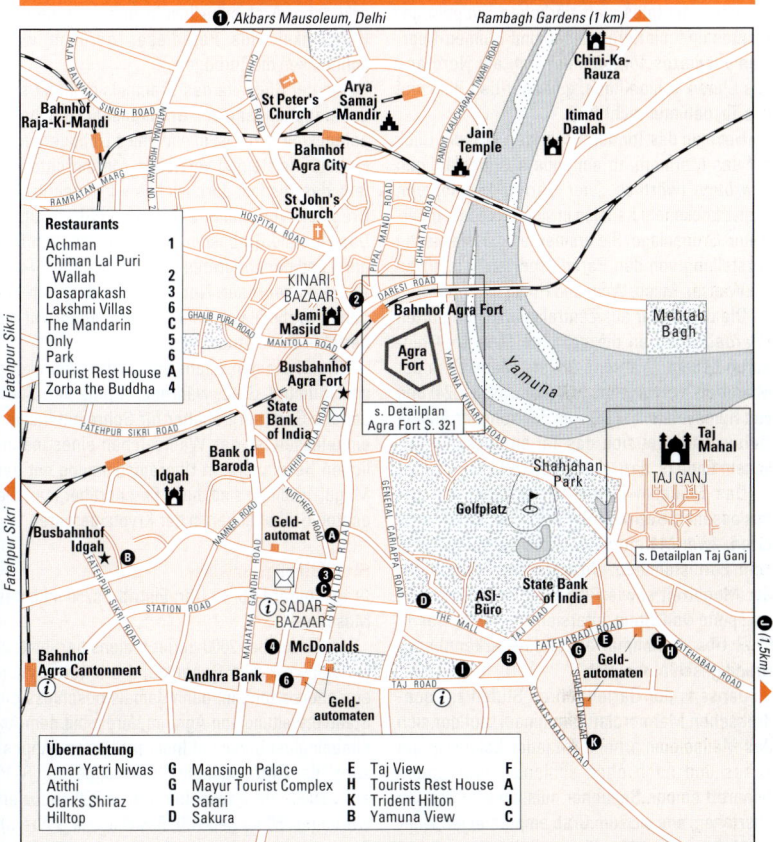

Restaurants	
Achman	1
Chiman Lal Puri Wallah	2
Dasaprakash	3
Lakshmi Villas	6
The Mandarin	C
Only	5
Park	6
Tourist Rest House	A
Zorba the Buddha	4

Übernachtung					
Amar Yatri Niwas	G	Mansingh Palace	E	Taj View	F
Atithi	G	Mayur Tourist Complex	H	Tourists Rest House	A
Clarks Shiraz	I	Safari	K	Trident Hilton	J
Hilltop	D	Sakura	B	Yamuna View	C

des Palastes") erbauen, die 1631 kurz nach der Geburt ihres 14. Kindes starb. Die große Kinderzahl beweist bereits, wie wichtig sie dem Herrscher war, dem doch so viele Frauen und Konkubinen zur Verfügung standen. Er war von ihrem Tod erschüttert und errichtete ihr ein Denkmal, wie es die Welt noch nicht gesehen hatte. Sein Name „Taj Mahal" ist nur eine Abkürzung für Mumtaz Mahal. Die Arbeiten an dem Mausoleum begannen 1632 und dauerten bis 1653. Ungefähr 20 000 Arbeitskräfte aus ganz Asien waren daran beteiligt. Der Marmor wurde bei Makrana nahe Ajmer in Rajasthan gebrochen, und die Halbedelsteine – Onyxe, Amethyste, Lapislazuli, Türkise, Jade, Kristalle, Korallen und Perlmutt – stammen aus Persien, Russland, Afghanistan, Tibet, China und dem Indischen Ozean.

Shah Jahans Sohn Aurangzeb ließ seinen Vater im Agra Fort einsperren und übernahm selbst die Macht. Shah Jahan starb schließlich im Januar 1666 und wurde im Taj an der Seite seiner Lieblingsfrau begraben.

Die Anlage

Süd-, Ost- und Westeingang führen alle auf den Vorhof Chowk-i-Jilo Khana. Der Haupteingang, ein monumentales, von zierlichen Kuppeln gekröntes und mit Koranversen und Blumen-Intarsien verziertes Tor, befindet sich am Nordrand des Chowk-i-Jilo Khana, gibt aber den Blick auf das Taj dahinter nicht frei.

Hat man das Tor durchschritten, fällt der Blick auf das Marmorgrab am Ende des weitläufigen *charbagh* (wörtlich „vier Gärten"), einer von (meist trockenen) Kanälen in vier Segmente unterteilten Grünanlage. Sie erinnert an die islamische Vorstellung von den Paradiesgärten, wo Flüsse mit Wasser, Milch, Wein und Honig fließen.

Die von Babur aus Zentralasien eingeführten *charbaghs* waren die gesamte Mogulzeit hindurch beliebt. Während andere Mausoleen der Mogulzeit – etwa jenes von Akbar (s. S. 324) und von Humayun (s. S. 316) – im Zentrum der Anlage stehen, befindet sich das Taj an dessen nördlichem Ende (s. dazu Kasten S. 320).

Das Museum in der Westmauer des geschlossenen Bezirks zeigt sehr kostbare Miniaturen, zwei Marmorsäulen, die vermutlich aus dem Fort stammen, Porträts von Herrschern der Mogulzeit sowie Pläne des Taj Mahal und Beispiele von Stein-Intarsien. ☉ tgl. außer Fr 9–17 Uhr, manchmal aber ohne erkennbaren Grund geschlossen; Rs5.

Jenseits der Gärten führen Stufen zur quadratischen Marmorplattform hinauf, auf der sich das Mausoleum erhebt. An jeder Ecke ragt ein hohes und nach oben schlanker werdendes Minarett empor. Besucher müssen ihre Schuhe ausziehen, ehe sie zum Grab emporsteigen, oder diese bedecken (Ausländer bekommen daher mit der Eintrittskarte entsprechende Überzieher). Westlich des Grabmals steht eine Moschee aus rotem Sandstein und östlich eine nachgebaute *jawab*. Sie diente vermutlich als Gästebau, vor allem aber zur Vollendung der architektonischen Symmetrie. Als Moschee kann sie jedenfalls nicht dienen, da sie von Mekka weg weist.

Das Grabmal selbst ist weitgehend quadratisch, mit Spitzbogen an den Seiten und überwölbt von einer mächtigen, 55 m hohen Zentralkuppel. Ihre Höhe wird noch durch eine fast 17 m hohe Messingspitze unterstrichen.

Die ganze Erhabenheit des Bauwerks und die Details der mit Halbedelsteinen verzierten Gravuren lassen sich erst aus nächster Nähe erkennen. Arabische Inschriften, in denen die Herrlichkeit des Paradieses gerühmt wird, schmücken die Torbögen.

An der Südseite des Grabmals befindet sich der Haupteingang zur **Grabkammer**: Der hohe, achteckige Raum ist in ein fahles Licht getaucht. Ein mit Edelsteinen verziertes Marmorgitter, so fein, dass es fast durchsichtig wirkt, schützt die Grabmale von Mumtaz Mahal und Shah Jahan. Das zentrale Grab ist in einer Linie mit dem Eingang und der entfernten Pforte zum Chowk-i-Jilo Khana angeordnet. Nur das dicht daneben liegende Grabmal von Shah Jahan durchbricht die perfekte Symmetrie.

Die 99 Namen Allahs zieren die Abdeckung von Mumtaz' Grab, während in jene von Shah Jahans Grab ein Behälter für Schreibutensilien eingelassen ist, das Wahrzeichen eines männlichen Herrschers. In Übereinstimmung mit der Mogul-Tradition sind diese Ehrengräber leer; die echten Gräber liegen in der Krypta darunter.

Besichtigungshinweise

☉ tgl. außer Fr 6–19 Uhr; Eintritt Rs750 inkl. des Museums.

Im Dezember 2000 geriet Indiens berühmtestes Bauwerk zum Gegenstand erbitterter Auseinandersetzungen, denn damals beschloss die Stadtverwaltung von Agra im Verein mit dem Archaeological Survey of India (ASI) eine „Anpassung" der **Eintrittsgebühr** für Ausländer von Rs15 auf Rs960, die inzwischen auf Rs750 reduziert wurde (Rs250 für den ASI, Rs500 lokale Steuern). Das nächste Ärgernis folgte im Januar 2001: die Ankündigung, das Taj werde ab sofort am **Freitag geschlossen** sein (statt wie bisher am Montag) – ein Schlag ins Gesicht der moslemischen Einwohner Agras, von denen viele am islamischen Feiertag zum Gebet ins Taj kommen. Nur wenige in der Tourismusbranche Tätige schenken der Beteuerung, die zusätzlichen Gelder würden für „dringend erforderliche Renovierungsarbeiten" eingesetzt, Glauben. Agra ist in ganz Indien für seine korrupten Stadtväter bekannt, und es ist sehr zweifelhaft, ob der Löwenanteil an den Einnahmen tatsächlich in die Erhaltung des Taj oder

Taj Ganj

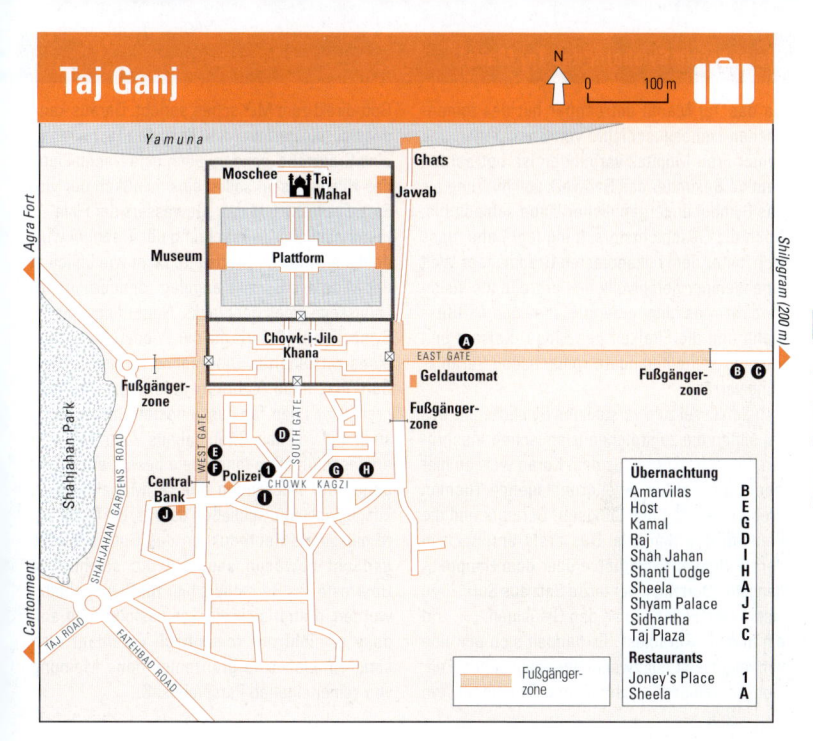

Übernachtung	
Amarvilas	B
Host	E
Kamal	G
Raj	D
Shah Jahan	A
Shanti Lodge	H
Sheela	A
Shyam Palace	J
Sidhartha	F
Taj Plaza	C

Restaurants	
Joney's Place	1
Sheela	A

eines der insgesamt 3606 Denkmäler, die landesweit vom Verfall bedroht sind, fließen wird.

Trotzdem weigern sich nur wenige Besucher, den hohen Eintrittspreis zu entrichten, und die Zahl derer, die nach der Besichtigung meinen, das Geld sei schlecht angelegt gewesen, ist noch geringer. Allerdings belassen es die meisten ausländischen Touristen nun bei einem einzigen Besuch.

Es gilt zu beachten, dass keine Lebensmittel mitgenommen werden dürfen (drinnen gibt es auch keine zu kaufen), kein Handy und kein Reiseführer. Diese Gegenstände können in Schließfächern an den Eingängen deponiert werden. Ausländer erhalten kostenlos eine Flasche Wasser und Überzieher für die Schuhe. Die Eintrittskarte erspart beim Besuch einiger anderer Sehenswürdigkeiten am gleichen Tag die Steuer – Rs50 beim Agra Fort, Rs10 bei Sikandra, Itimad-ud-daulah und Fatehpur Sikri.

Das Taj erstrahlt besonders nach Einbruch der Dunkelheit, wenn seine Fassade im Mondlicht schimmert, in seiner ganzen Pracht. In **Vollmondnächten** sowie jeweils zwei Tage davor und danach kann es jeweils für eine halbe Stunde besucht werden (20.30–21 Uhr und 21–21.30 Uhr, außer Fr und während des Ramadan). Tickets (Rs750) müssen am Vortag beim Büro des Archeological Survey of India, 22 Mall Rd, ℅ 0562/222 7261, ⏰ Mo–Sa 10–17 Uhr, erworben werden. Bei diesen nächtlichen Besuchen darf man nicht frei umhergehen, sondern ist auf eine Aussichtsplattform beschränkt.

Die einzige Möglichkeit, das Taj **kostenlos** zu sehen, besteht darin, entweder auf das Dach eines Hotels in Taj Ganj zu klettern, oder – noch besser – sich nach Mehtab Bagh am anderen Ufer der Yamuna zu begeben. Dort bietet sich ein atemberaubender Blick auf das Taj, vor allem bei Sonnenaufgang. Von den *ghats* gleich

Die geheime Symbolik des Taj Mahal

Da das Taj Mahal untrennbar mit der romantischen Liebesgeschichte von Shah Jahan und seiner Frau Mumtaz verbunden ist, betrachten heutige Besucher das Bauwerk voll Rührung als das Symbol unvergänglicher Liebe schlechthin. Doch die Geschichtsforschung legt nahe, dass sich hinter dem bekanntesten Grabmal der Welt eine weniger gefühlvolle und ergreifende Vision verbirgt – nämlich eine, die den Größenwahn und die Eitelkeit des Mogul-Kaisers und weniger seine legendäre romantische Veranlagung verrät.

Den Schlüssel zum versteckten Symbolismus des Taj bilden die zahlreichen islamischen Inschriften. Vierzehn Suren aus dem Koran werden hier zitiert, die sich um zwei grundlegende Themen drehen: den Tag des Jüngsten Gerichts und die Freuden des Himmels. Das erste erscheint in der herrlichen Kalligraphie über dem Haupteingangstor. Dort steht der letzte Satz aus Sure 89 zu lesen, eine Einladung an die Gläubigen: „... tritt ein in mein Paradies". Es handelt sich um eine von insgesamt nur zwei in der islamischen Religionsschreibung beschriebenen Situationen, wo Gott direkt zum Menschen spricht. Daraus kann geschlussfolgert werden, dass das Taj nicht nur eine Grabstätte, sondern auch eine Nachbildung des Himmels sein sollte, einschließlich der vier Paradiesflüsse und des „Gewässers der Fülle".

In erstaunlicher Missachtung der Tradition wurde die eigentliche Grabstätte nicht wie üblich in der Mitte des Gartens angelegt, sondern an der Längsseite eines Rechtecks. Neuerdings hat die Symbolismus-Theorie mit der Wiederentdeckung eines rätselhaften Diagramms in einem alten **Sufi-Text** neue Nahrung gefunden. Das Diagramm, das den Tag des Jüngsten Gerichts darstellt und von dem Shah Jahans Vater Jahangir erwiesenermaßen eine Kopie besaß, entspricht genau der Anordnung der Taj Mahal-Anlage. Einige Fachleute schließen daraus, die Grabstätte müsse als Reproduktion des Gottesthrones gedacht gewesen sein. Da die sterblichen Überreste des Herrschers hier zur Ruhe gebettet wurden, drängt sich die Schlussfolgerung auf, dass er nicht nur romantisch veranlagt war, sondern auch eine grenzenlos hohe Meinung von seiner eigenen Person besaß.

östlich des Taj fahren bei Tagesanbruch **Boote** zum anderen Ufer ab. Die Bootsleute verlangen für die Beförderung jeden Preis zwischen Rs100 und Rs1000. Man kann für den Ausflug aber auch einen Riksha-*wallah* anheuern oder ein Fahrrad mieten und über die Brücke nördlich des Agra Fort fahren. Am Ufer biegt man nach rechts auf die Straße ab, die nach Katchpura führt. Im Dorf verwandelt sich die Straße in einen Holperpfad, der bei einem kleinen Dalit-Schrein am Fluss endet, direkt gegenüber dem Taj und gleich beim Eingang zum **Mehtab-Garten** (⊙ tgl. von Sonnenaufgang bis -untergang, Eintritt Rs100). Man sieht das Taj vom Flussufer außerhalb des Gartens genauso gut wie von den mit Flutlichtanlagen versehenen Fußwegen innerhalb.

Agra Fort

An einer Biegung der Yamuna, 2 km nordwestlich des Taj Mahal, ragen die hohen Festungswälle aus rotem Sandstein des Agra Fort empor. Akbar ließ diese majestätische Anlage, erbaut zwischen 1565 und 1573 in Form eines Halbmonds, auf den Überresten einer früheren Rajputen-Befestigung errichten. Die „Rote Festung" diente über Generationen hinweg als Sitz und Machtzentrum des Mogulreichs. Unter Akbar entstanden die Mauern und Tore, unter seinem Enkel Shah Jahan die meisten der Hauptgebäude und unter Aurangzeb die Schutzwälle.

Nur eines der riesigen Tore ist derzeit für Besucher geöffnet, das **Amar Singh Pol**. Der ursprüngliche, wesentlich pompösere Haupteingang aber war der im Westen über **Delhi Gate** und **Hathi Pol** oder „Elefantentor", heute flankiert von zwei Türmen, früher aber von kolossalen Steinelefanten bewacht, die Aurangzeb 1668 zerstören ließ.

Viele Teile der Festung dürfen nicht betreten werden und sind hier daher auch nicht beschrieben. ⊙ Sonnenauf- bis Sonnenuntergang; Eintritt Rs300, Video Rs25.

Agra Fort

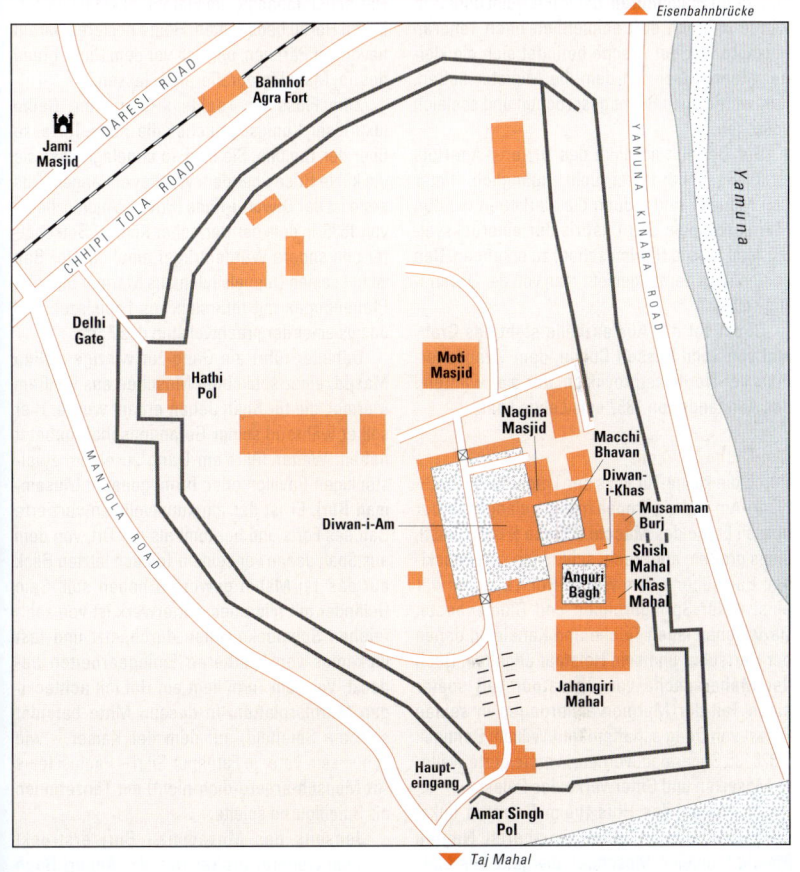

Eisenbahnbrücke ▲

▼ *Taj Mahal*

Achtung: Innerhalb des Forts kann man keine Getränke kaufen. Wer nicht an den Wasserhähnen anstehen will, sollte Wasser mitnehmen.

Diwan-i-Am

Das Fort betritt man durch das Amar Singh Pol. Es besteht aus drei im rechten Winkel zueinander angeordneten Toren, um potenzielle Angreifer zu verwirren und keinen Platz für Rammböcke etc. zu lassen. Dahinter steigt eine Rampe sanft aufwärts. Sie ist von hohen Mauern gesäumt, die ebenfalls der Verteidigung dienten. Hinter dem zweiten Tor folgt ein Hof mit einer baumbestandenen Rasenfläche, auf der sich die prachtvolle Diwan-i-Am (Audienzhalle) erhebt. Die an drei Seiten offene, von Pfeilern getragene Halle wurde 1628 unter Shah Jahan erbaut. Wenn der Herrscher Audienz hielt, war die Halle mit Brokatvorhängen, Teppichen und Baldachinen geschmückt.

Die reich verzierte Thronnische bietet Zugang zu den dahinter liegenden Königsgemächern. Sie beherbergte ursprünglich den mit Edelsteinen übersäten **Pfauenthron**, der nach Delhi gebracht wurde und von dort schließlich nach Teheran gelangte. Vor der Nische befindet sich ein kleiner Marmortisch, an dem die Minister saßen. Hier wurde auch Recht gesprochen und sogleich vollzogen.

Der Bereich nördlich des Diwan-i-Am-Hofs ist für Besucher leider nicht zugänglich. Hinter den Mauern sind jedoch die zierlichen weißen Marmorkuppeln und Chattris der eindrucksvollen Moti Masjid (Perlmoschee) zu erkennen. Den besten Blick darauf genießt man von der Diwan-i-Am selbst.

Direkt vor der Audienzhalle steht das **Grabmal von John Russell Colvin**, dem Vizegouverneur der Nordwestprovinzen, der hier während des Aufstands von 1857 ums Leben kam.

Königliche Pavillons

Durch die kleine Tür links der Thronnische im Diwan-i-Am und die Treppe hinauf gelangt man zur oberen Etage des **Macchi Bhavan** (Fischpalast), eines großen, aber recht schlichten, zweistöckigen Baus über einem weiten Hof. Letzterer war einst voller Springbrunnen und Blumenbeete. Dazwischen lagen Teiche und Kanäle, in denen der Herrscher und sein Hofstaat angelten. Doch der Maharadscha von Bharatpur ließ später einen Teil der Marmorverzierungen in seinen Palast von Deeg schaffen. Und William Bentinck (1828–35 Generalgouverneur) versteigerte weitere Mosaiken und Gitterwerke des Palasts.

Im Norden des Hofs (beim Betreten links) führt eine kleine Tür zur kostbaren **Nagina Masjid** (Juwelen-Moschee), die ganz aus Marmor besteht. Der Bau mit drei Kuppeln, den man über einen Marmorhof erreicht, wurde von Shah Jahan für seine Damen des *zenana* (Harems) in Auftrag gegeben. Rechts hinten befindet sich ein kleiner Balkon mit einem filigranen Gitterwerk. Von dort aus konnten die Haremsdamen – ohne selbst gesehen zu werden – alle Kostbarkeiten (Seide, Schmuck, Brokat) begutachten, die Händler im Hof darunter ausgebreitet hatten.

Die erhöhte Terrasse auf der dem Ufer zugewandten Seite des Macchi Bhavan zieren zwei Throne: einer aus schwarzem Schiefer, der andere aus weißem Marmor. Auf dem weißen saß Shah Jahan, auf dem schwarzen der spätere Herrscher Jahangir, um Elefantenkämpfe im östlichen Hof zu beobachten. Heute posieren darauf bevorzugt Pärchen, um sich vor dem Hintergrund des Taj Mahal fotografieren zu lassen.

Zum Fluss hin rechts krönen eine Reihe luxuriöser Königsgemächer die hohe Terrasse über der Yamuna. Sie sind so angelegt, dass sie die kühle Brise über dem Wasser einfangen. Das erste ist der **Diwan-i-Khas** (Private Audienzhalle) von 1635, in dem der Herrscher Könige, Botschafter und andere Würdenträger empfing. Der Bau ist mit seinen Doppelsäulen aus Marmor und den Pfauenbogen mit Intarsien aus Lapislazuli und Jaspis einer der prachtvollsten des Forts.

Dahinter führt ein Gang zur winzigen **Mina Masjid**, einer schlichten Moschee aus weißem Marmor, die für Shah Jahan erbaut wurde. Hier soll er während seiner Gefangenschaft gebetet haben. Weiter führt ein Gang zu einem zweistöckigen Pavillon oder Turm, genannt **Musamman Burj**. Er ist der am kunstvollsten verzierte Bau des Forts und berühmt als der Ort, von dem aus Shah Jahan vor seinem Tod den letzten Blick auf das Taj Mahal geworfen haben soll. Sein Geländer mit filigranem Gitterwerk ist von zahlreichen Schmucknischen durchsetzt und fast lückenlos von kostbaren Einlegearbeiten bedeckt. Vor dem Turm liegt ein Hof mit achteckigen Marmorplatten. In dessen Mitte befindet sich ein Spielfeld, auf dem der Kaiser – wie schon sein Vater in Fatehpur Sikri – Pachisi (eine Art Mensch-ärgere-dich-nicht) mit Tänzerinnen als Spielfiguren spielte.

Jenseits des Musamman Burj erstreckt sich ein weiterer großer Hof, der **Anguri Bagh** (Traubengarten), ein Charbagh in Miniaturausgabe. An seiner Ostseite liegt der Marmorbau des **Khas Mahal** (Privatpalast), vermutlich einst Ankleidezimmer oder Schlafgemach des Herrschers. Er wird von zwei sogenannten **Goldenen Pavillons** flankiert, deren geschwungene Dächer an die Reetdächer der Dorfhäuser in Bengalen erinnern. Vor dem Khas Mahal führen Treppen hinunter zur nordöstlichen Ecke des Anguri Bagh und zum **Shish Mahal** (Glaspalast). Dort badeten die Damen der Königsfamilie im weichen Licht der Lampen, das die Spiegelmosaiken an Wänden und Decke reflektierten. Leider ist das Gebäude derzeit nicht zugänglich, sodass man nur einen Blick durch die Fenster werfen kann.

Das Jahangiri Mahal

Gleich hinter dem Shah Jahani Mahal erhebt sich der gewaltige Jahangir Mahal (Jahangirs Palast). Der Name ist allerdings irreführend, da der Palast tatsächlich für Jahangirs Vater errichtet wurde. Vermutlich diente er auch nicht als Königspalast, sondern als Harem. Im Gegensatz zur reinen Mogul-Architektur der umliegenden Bauwerke zeigt dieser wuchtige Sandsteinbau eine Mischung aus hinduistischen Elementen, traditionellem Mogulstil und islamischen Motiven.

Vom zentralen Hof führt ein Torweg durch das Hauptportal in den Palast. Seine eindrucksvolle Fassade zeigt eine typische Mischung von indischen und Mogul-Motiven: islamische Spitzbögen und Einlegemosaiken, kombiniert mit hinduistisch geprägten Dachüberhängen, die auf reich verzierten Konsolen ruhen. Direkt vor dem Palast befindet sich **Jahangirs Hauz** (Jahangirs Becken), eine riesige Wanne, die 1611 aus einem einzigen Porphyrblock gehauen wurde, mit persischen Inschriften und Stufen außen und innen. Sie wurde für das kaiserliche Bad mit Rosenwasser gefüllt. Es heißt, Jahangir habe sie sogar auf seinen Reisen durch das ganze Reich mitführen lassen, was allerdings angesichts ihrer Maße und ihres Gewichts wenig glaubhaft scheint.

Jami Masjid und Basare

Gegenüber vom Fort erhebt sich hinter dem Bahnhof die Hauptmoschee der Stadt, die hoch aufragende **Jami Masjid** (Freitagsmoschee) von 1648. Sie war ursprünglich durch einen langen Hof mit dem Haupttor der Festung (Delhi Gate) verbunden. Doch die Briten bauten zwischen beiden eine Bahnlinie, sodass die Moschee plötzlich im Niemandsland jenseits der Schienen stand.

Sie wird von drei großen Sandsteinkuppeln mit charakteristischen Zickzackbändern aus Marmor gekrönt. Fünf mächtige Bögen führen in die Hauptgebetshalle, die meisterhafte Einlegearbeiten mit abstrakten Blumenmustern zieren.

Den Mihrab im Inneren umgeben kunstvoll verschnörkelte, schwarz eingelegte Inschriften mit Texten aus dem Koran, wie sie auch den Hauptgang zieren.

Rings um die Moschee erstreckt sich der belebte, aber angenehm stressfreie **Kinari Bazaar**, ein faszinierendes Gewirr von Gassen voller Läden und Stände, in dem man jedoch wegen der zahllosen Menschen, Roller, Rikschas und Kühe nur langsam vorankommt. Gegenüber der Nordostecke stehen *petha-wallahs,* Straßenhändler, die Agras berühmteste Süßigkeit verkaufen (s. S. 326).

Itmad-ud-Daulah

Am Ostufer der Yamuna, 3 km nördlich des Agra Fort, erhebt sich das prachtvolle Grabmal von Mirza Ghiyas Beg, dem Wesir (Erster Minister) und Schwiegervater von Kaiser Jahangir, der ihm den Titel Itimad-ud-daulah („Säule des Staates") verlieh. Unter den Riksha-*wallahs* von Agra ist das Grab als „Baby Taj" bekannt. Es ist zwar kleiner und nicht ganz so harmonisch proportioniert wie das berühmtere Taj Mahal, kann aber als dessen Vorläufer gelten, da es das erste Bauwerk im Agra der Mogulzeit war, das ganz mit Marmor verkleidet und mit reichen Einlegearbeiten an den Fassaden verziert wurde.

Wie üblich befindet sich das Grab im Zentrum eines *charbagh*-Gartens, den man allerdings von Osten und nicht wie sonst von Süden betritt – vermutlich um die Lage am Ufer der Yamuna zu betonen. Auch dieses Stilelement wurde beim Taj Mahal wieder aufgegriffen. Auf dem Dach befindet sich anstelle der üblichen Kuppel ein etwas zu klein geratener Pavillon mit untersetzten Minaretten an den vier Ecken. Doch diese kleinen Unvollkommenheiten werden überstrahlt von den prachtvollen Einlegearbeiten, die praktisch den gesamten Bau bedecken – eine unfassbare Flut geometrischer und floraler Muster in gedämpften Rot-, Orange-, Braun- und Grautönen. Elegante Einlegearbeiten mit typisch persischen Motiven wie Weinkrügen, Bäumen und Geißblattranken zieren auch die vier Eingangsbögen. Die Innenwände bedecken leider stark abgeblätterte und schlecht restaurierte Ornamente mit weiteren Gefäßen, Blumen und Zypressen. ⏰ tgl. von Sonnenauf- bis Sonnenuntergang, Eintritt Rs110.

Chini-ka-Rauza

Rund 1 km nördlich des Itmad-ud-Daulah liegt das Chini-ka-Rauza, das zwischen 1628 und 1639 als Mausoleum für Afzal Khan erbaut wurde. Dieser persische Dichter aus Shiraz war einer von Shah Jahans Ministern. Der Herkunft von Afzal Khan entsprechend, ist das Grab ganz im persischen Stil gehalten und das einzige Bauwerk dieser Art in Agra.

Wiederum 1 km nördlich des Chini-ka-Rauza erstrecken sich mitten im staubigen Norden von Agra die **Rambagh-Gärten**. Sie sind eines der letzten erhaltenen Zeugnisse in Indien, die noch von Babur stammen, dem Gründer der Mogul-Dynastie. Sie wurden 1526 nach dem persischen *charbagh*-Muster angelegt und zum Vorbild für alle späteren Mogul-Gärten auf dem indischen Subkontinent. Heute gibt es allerdings nicht mehr viel zu sehen. ◐ tgl. von Sonnenauf- bis Sonnenuntergang; Eintritt Rs100.

Akbars Mausoleum: Sikandra

Angesichts der Bedeutung, die prachtvolle Grabmäler in der Mogulzeit besaßen, überrascht es nicht, dass das Mausoleum des berühmtesten Mogulherrschers zugleich eines der stolzesten Bauwerke seiner Zeit war. Es befindet sich an der Hauptstraße nach Mathura bei der Ortschaft Sikandra, 10 km nordwestlich von Agra. Rikschas kosten hin und zurück mindestens Rs120. Man kann aber auch vom Busbahnhof Agra Fort einen Bus in Richtung Mathura nehmen.

Den Komplex betritt man durch das gigantische **Buland Darwaza** (Großes Tor), das von vier Minaretten überragt wird und mit Marmor und farbigen Kacheln in geometrischen Mustern verkleidet ist. Letztere tragen die aus dem Koran stammende Inschrift: „Dies ist der Garten Eden, tritt ein und lebe ewiglich." Dahinter erstrecken sich weitläufige, parkartige Gärten, die von erhöhten Sandsteinstegen in vier gleiche Quadrate geteilt werden, wie es für die *charbagh*-Gärten der Mogulzeit typisch ist. Auf den Wegen sieht man Languren, und durch das hohe Gras streifen Hirsche – genau wie auf den Miniaturen aus der Mogulzeit, als das Grabmal gebaut wurde. All das verleiht dem Ort eine wundervoll friedliche Atmosphäre.

Das eigentliche Mausoleum, im Zentrum des *charbagh* und direkt vor dem Buland Darwaza, ist eines der ungewöhnlichsten Bauwerke aus dem Agra der Mogulzeit. Seine quadratische Basis wird nicht wie sonst von einer Kuppel überwölbt, sondern von einem dreistöckigen, offenen Sandsteinbau, den ein wuchtig wirkender Marmorpavillon krönt. Dieses Durcheinander der Stile ist vermutlich Jahangir zuzuschreiben, der während der Bauzeit Änderungen im Plan des Mausoleums anordnete. Akbar selbst hatte keine fertigen Pläne hinterlassen. Gemessen an anderen Mogulbauten Indiens ist das Grabmal architektonisch misslungen. Es hat aber dennoch seinen eigenen, sonderbaren Reiz, und die Einlegearbeiten am unteren Stockwerk sind zum großen Teil meisterhaft.

Ein hohes Marmorportal in der Südfassade gibt den Blick frei auf ein kunstvolles Gitterwerk. Dahinter verbirgt sich eine kleine Vorhalle, die mit meerblauen Fresken und Koransprüchen bemalt ist. Von hier aus geht es über eine Rampe in die große, schlicht gehaltene Gruft hinab, die nur durch eine Öffnung in der Decke beleuchtet wird. In ihrer Mitte befindet sich Akbars Grab, verziert mit der Federschachtel, dem Symbol der männlichen Herrscher, die auch am Grab von Shah Jahan im Taj Mahal zu sehen ist. ◐ tgl. von Sonnenauf- bis Sonnenuntergang; Eintritt Rs110.

Gleich nördlich von Sikandra liegt das weit bescheidenere **Grab von Mariam**, das Mausoleum von Akbars Frau und Jahangirs Mutter Mariam Zamani. ◐ tgl. von Sonnenauf- bis Sonnenuntergang; Eintritt Rs100.

Übernachtung

Die meisten Budgetreisenden steigen in **Taj Ganj** ab, dem Gewirr schmaler Gassen unmittelbar südlich des Taj. Die dortigen Gästehäuser sind zwar zum Teil sehr einfach, aber mit ihrem herrlichen Ausblick vom Dach, ihren gemütlichen Cafés und günstigen Preisen oft eine sehr gute Wahl. Modernere und teurere Unterkünfte säumen die **Fatehabad Road**, südwestlich von Taj Ganj. Die grünere Gegend von **Cantonment** und das angrenzende **Sadar Bazaar** bieten Zimmer in jeder Preiskategorie sowie eine günstige Lage.

Taj Ganj

Die nachstehend aufgeführten Hotels und Gästehäuser befinden sich in der Nähe des Taj Mahal; s. Karte S. 319.

Amarvilas, East Gate, ☎ 0562/223 1515, 🖳 www.oberoihotels.com, mit Abstand das schönste (und teuerste) Hotel in Agra. Ein wahres Kunstwerk in einer gelungenen Mischung aus maurischem und Mogul-Stil rings um einen prachtvollen Garten, der besonders nachts zauberhaft ist. Die meisten Zimmer haben Blick aufs Taj Mahal und in den Suiten blickt man selbst von der Badewanne aus durch große Panoramafenster auf das Mausoleum. Das Hotel hat einen großen Pool, idyllische Terrassengärten, zwei noble Restaurants und eine sehr hippe Bar. Zimmer ab US$780. ❾

Host, West Gate, ☎ 0562/233 1010. Sieht renovierungsbedürftig aus, aber die Zimmer sind sauber und komfortabel, wenngleich klein und oft fensterlos; alle haben Kabel-TV, viele *air-cooler,* und vom Dach bietet sich ein schöner Blick auf das Taj. ❷–❸

Kamal, Chowk Kagzi, South Gate, ☎ 0562/233 0126, ✉ hotelkamal@hotmail.com. Mitten im Zentrum des Geschehens von Taj Ganj; gepflegte Zimmer (die billigsten ohne warme Dusche) und tolle Aussicht vom Dachrestaurant. ❷–❹

Raj, 2/26 South Gate, Mobil ☎ 09358 107023, behauptet zu Recht, sein Dachrestaurant biete den besten Blick aufs Taj; die Zimmer sind einfach, aber für den Preis nicht schlecht und haben alle fließend Warmwasser. ❷–❸

Shah Jahan, Chowk Kagzi, ☎ 0562/320 0240. Sieht auf den ersten Blick etwas düster aus, doch die Zimmer sind sauber und haben alle warme Duschen; Dachrestaurant und guter Internet-Zugang unten. ❶–❸

Shanti Lodge, Chowk Kagzi, South Gate, ☎ 0562/233 1973, ✉ shantilodge2000@yahoo.co.in. Beliebte Backpacker-Herberge mit herrlichem Blick auf das Taj vom Dachrestaurant; die Zimmer (z. T. mit AC und Blick aufs Taj) sind sehr verschieden: die im Altbau sind schäbig und nicht sehr zu empfehlen, die im neuen Anbau größer und besser. ❸–❹

Sheela, East Gate, ☎ 0562/233 1973, 🖳 www.hotelsheelaagra.com. Große, saubere Zimmer mit Ventilator, *air-cooler* oder AC rund um einen hübschen, kleinen Garten, die billigsten haben warmes Wasser nur in Eimern; nettes Personal und gutes Restaurant. ❸–❹

Shyam Palace, West Gate, ☎ 0562/233 1599, 🖳 www.hotelshyampalace.com. Diese etwas abgenutzte Unterkunft hat große, aber recht schäbige Zimmer und einen schönen Garten, der zugleich als einfaches Restaurant dient. ❸–❹

Sidhartha, West Gate, ☎ 0562/233 0901, 🖳 www.hotelsidhartha.com. Größere und bessere Zimmer als die anderen Billighotels in Taj Ganj, die billigsten jedoch ohne fließendes Warmwasser; Restaurant in einem grünen Innenhof mit Mauerresten aus der Mogulzeit. ❸–❹

Taj Plaza, East Gate, ☎ 0562/223 2515, 🖳 www.hoteltajplaza.com. Das kleine, moderne Hotel ist eine etwas teurere Alternative zu den nahen Gästehäusern von Taj Ganj; saubere, helle Zimmer mit AC und Kabel-TV, die teureren mit schönem Blick aufs Taj; die Preise sind etwas hoch, doch Rabatte sind möglich. ❺–❼

Cantonment und Sadar Bazaar

Siehe Karte Agra, S. 317.

Clarks Shiraz, 54 Taj Rd, ☎ 0562/222 6121, 🖳 www.hotelclarksshiraz.com. Großes 5-Sternehotel in angenehmer Lage mit kleinen, aber netten Zimmern, die teureren mit Blick auf das weit entfernte Taj. Zwei internationale Restaurants, Bar, Swimmingpool, einfacher Fitnessraum, Dampfbad, Jacuzzi und Schönheitssalon. Zimmer ab US$137. ❾

Hilltop, 21 The Mall, ☎ 0562/222 6836, ✉ hotelhilltopagra@yahoo.com. Sehr heruntergekommen, aber die Zimmer sind nicht so schlecht; alle DZ haben fließendes Warmwasser, die billigsten sind recht verwohnt, doch die besseren zu empfehlen. Es gibt ein paar sehr einfache, zellenartige EZ ohne Bad für nur Rs60, und für Rs100 kann man zelten. ❷–❹

Sakura, nahe dem Idgah-Busbahnhof, ☎ 0562/242 0169, 🖳 www.hotelsakuraagra.com. Gepflegtes und empfehlenswertes Guesthouse

> **Das Original**
>
> **Tourists Rest House**, Kutchery Rd, Baluganj, ☎ 0562/246 3961, ✉ dontworrychickencurry@hotmail.com. Eines der besten Billighotels der Stadt mit hellen Zimmern (alle mit fließend Wasser) um einem ruhigen, grünen Innenhof; Telefonzelle, Internet, Generator und kostenlose Abholung von Bus und Bahnhof, wenn man sich einen Tag vorher meldet. Vorsicht: Rikscha-Fahrer bringen einen gern zu anderen Hotels mit ähnlichem Namen. ❷–❸

im Westteil der Stadt. Die Zimmer (alle mit Luftkühlern) sind groß, hell und schön ausgestattet; der hilfsbereite Besitzer ist eine Fundgrube für Infos über die Region. Einziger Nachteil ist die ungünstige Lage: nicht schlecht für Bus und Bahnhof aber etwas weit von allem Übrigen. ❷–❹

Yamuna View, 6B The Mall, ☎ 0562/246 2989, 🖥 www.hotelyamunaviewagra.com. Zentral gelegenes, aber recht durchschnittliches 5-Sternehotel; noble, wenn auch etwas abgenutzte Zimmer; Pool, Bar und zwei gute Restaurants, darunter das todschicke Mandarin (s. S. 328). DZ ab US$116. ❾

Fatehabad Road und Umgebung

Siehe Karte Agra S. 317.

Amar Yatri Niwas, Fatehabad Rd, ☎ 0562/223 3030, 🖥 www.amaryatriniwas.com. Empfehlenswertes Mittelklasse-Hotel mit gepflegten Zimmern (die billigen sind klein, aber komfortabel) und internationalem Restaurant. ❺–❼

Atithi, Fatehabad Rd, ☎ 0562/233 0880, 🖥 www.hotelatithiagra.com. Relativ große Zimmer, nicht luxuriös, aber gut ausgestattet; Pool im Garten dahinter. Etwas unpersönlich, doch die Angestellten sind hilfsbereit. ❻–❼

Mayur Tourist Complex, Fatehabad Rd, ☎ 0562/233 2302, ✉ mayur268@rediffmail.com. Schmuddelige Häuschen mit Bad im Pagodenstil um einen großen Garten (meist ruhig, aber von Nov–Jan viele Hochzeiten); Restaurant mit multikultureller Speisekarte, schmuddelige Bar, Pool. ❻

Safari, Shaheed Nagar, Shamsabad Rd, ☎ 0562/248 0106, ✉ hotelsafari@hotmail.com. Freundliches, entspanntes Hotel im Süden der Stadt. Zimmer (mit Ventilator, *air-cooler* oder AC) sind recht alt, aber sauber und sehr gepflegt; vom Dachcafé Blick aufs Taj. Etwas abgelegen, aber sonst zu empfehlen. ❸–❹

Taj View, Fatehabad Rd, ☎ 0562/223 2400, 🖥 www.tajhotels.com. Der kastenförmige, kleine Bau sieht von außen nicht nach viel aus, ist aber sehr geschmackvoll ausgestattet; die in freundlichem Orange-Weiß gestalteten Zimmer (einige mit Blick auf das ferne Taj) gehören zu den attraktivsten der Stadt. Lobby etc. sind luxuriös und es gibt die übliche 5-Sterne-Ausstattung; DZ ab US$198. ❾

Trident Hilton, Tajnagri, Fatehabad Rd, ☎ 0562/233 2400, 🖥 www.trident-hilton.com. Ruhiges 5-Sternehotel mit freundlichen Zimmern (zwei sind behindertengerecht) in flachen Bauten um einen weitläufigen Garten mit großem Pool, Kinderclub und internationalem Restaurant. DZ ab US$186. ❾

Essen

Agra ist berühmt für seine traditionelle, von Persien beeinflusste Mogul-Küche. Sie ist geprägt von gehaltvollen Soßen auf Sahne- und Joghurtbasis, Nan- und Tandoori-Brot, das im Erdofen gebacken wird, Pulao-Reisgerichten und süßen Milchspeisen wie *kheer*. Mogul-Spezialitäten werden in vielen besseren Restaurants der Stadt serviert. Die meisten davon liegen in der Gegend von Sadar Bazaar und in der Fatehabad Road. In **Taj Ganj** gibt es zahllose sehr schlichte, kleine Traveller-Cafés, allerdings mit zweifelhafter Hygiene, meist fantasieloser Küche und langsamer Bedienung. Das große Plus dieses Viertels sind seine Dachcafés, von denen viele tagsüber und in Vollmondnächten einen herrlichen Blick auf das Taj Mahal bieten – den besten hat man von den Gästehäusern Kamal und Shanti Lodge. Zu den **Spezialitäten** von Agra gehört *petha* (eine Süßspeise aus geriebenem Kürbis). Am besten ist jene von Panchi, die man vielerorts in Agra bekommt, besonders in den *petha*-Läden des Kinari Bazaar, nordöstlich der Jami Masjid (jenseits des Cafés Chiman Lal Poori Wale). Probieren sollte man auch *ghazak* (ein steinhartes Konfekt mit Nüssen) und *dalmoth* (eine knusprige Mischung mit schwarzen Linsen).

Die Restaurants der Stadt – selbst die namhafteren – sind leider nicht immun gegen den grassierenden Missbrauch von **Kreditkarten** (s. S. 71). Am besten ist es, gar nicht mit der Karte zu bezahlen (außer in den 5-Sterne-Lokalen) oder zumindest die gesamte Prozedur sorgfältig im Auge zu behalten.

Außer dem Sheela und Joney's Place, die sich auf der Karte von Taj Ganj (S. 319) befinden, sind alle unten aufgeführten Lokale auf der Agra-Karte (S. 317) eingezeichnet.

Achman, Agra–Delhi Highway (NH-2), Dayal Bagh, 5 km außerhalb. Wird unter Insidern vor allem für sein *navratan korma* (mild gewürzte Mischung aus Nüssen, Trockenobst und *paneer*), *malai kofta* und Kichererbsen-Masala gelobt, außerdem für sein exzellentes, gefülltes Nan. Weit ab der Touristenpfade im Norden der Stadt gelegen, aber ideal zum Abendessen auf dem Rückweg von Sikandra (etwa auf halber Strecke). Hauptgerichte Rs55–105.

Chiman Lal Puri Wallah, gegenüber der Nordostmauer der Jami Masjid. Seit fünf Generationen eine Institution in Agra; kleines Café-Restaurant, sieht von außen eher schäbig aus, serviert aber z. B. köstliche *puri-thalis* für nur Rs25. Ideale Anlaufstelle nach der Besichtigung der Jami Masjid.

Dasaprakash Meher, Theatre Complex, 1 Gwalior Rd, nahe dem Tourists Rest House. Filiale des berühmten Restaurants in Chennai, kleine Auswahl hervorragender südindischer Gerichte und Großauswahl an Eiscremes; Hauptgerichte meist Rs65–95, Thalis Rs80–180.

Joney's Place, Chowk Kagzi, Taj Ganj. Das älteste und beste der Traveller-Cafés in Taj Ganj besteht seit 1978 und öffnet bereits um 5 Uhr. Das indische Frühstück (*puris*, Kichererbsen-Curry, *jalebi* und Tee) ist recht gut. Außerdem gibt es Spaghetti, Makkaroni, vegetarische und nicht-vegetarische Currys

Uttar Pradesh

Vorsicht: Essen mit bösen Folgen

Agra ist seit langem für seine kleinen Gauner bekannt, doch Ende der 90er-Jahre sind ein paar miese Geschäftemacher in Taj Ganj auf einen dermaßen gemeinen Trick verfallen, dass falsche Polizisten und Verkäufer von wertlosen „Edelsteinen" dagegen harmlos erscheinen. Dass etwas faul ist, erkennt man daran, dass einem Gast nach dem Essen in einem Café in **Taj Ganj** plötzlich sehr übel wird. „Zum Glück" steht ein Rikscha-*wallah* bereit, der den Kranken ins Hotel bringt, wo eine andere scheinbar hilfsbereite Person, vielleicht der Hotelmanager, „zufällig" einen „guten Arzt" ganz in der Nähe kennt, der auch gleich kommt und eine Diagnose stellt. Der Patient wird in die „Privatklinik" dieses Arztes eingeliefert und bekommt ein paar Pillen. Während er noch würgend am Tropf hängt, schreibt der Arzt eine gepfefferte Rechnung über die täglichen Verpflegungs- und Behandlungskosten. Der Tourist weiß natürlich nicht, dass die verabreichten Medikamente ihn noch tagelang krank halten und der „Arzt" sowohl mit dem Rikscha-Fahrer als auch mit dem Restaurantbesitzer sowie dem Hotelangestellten unter einer Decke steckt.

Im November 1998 wurden Dutzende sogenannter „Kliniken" durchsucht, nachdem sich ein britisches Paar, das vergiftet worden war, an eine Zeitung in Agra gewandt hatte. Die Skandalgeschichte wurde schnell von anderen indischen Tageszeitungen aufgegriffen und eine Untersuchung eingeleitet. Einige Ärzte und ihre Komplizen wurden verhaftet, doch bislang wurde kein Schuldiger verurteilt. Seitdem sind zwar keine neuen Fälle bekannt geworden, dennoch sollte man die Restaurants in Taj Ganj besser meiden (mit Ausnahme der unter „Essen" aufgeführten). Allerdings wurden einige Touristen sogar in ihrem Hotelrestaurant vergiftet. Wer krank wird, sollte auf jeden Fall ein renommiertes Krankenhaus (S. 329) aufsuchen und keine zwielichtige Kurpfuscherklinik.

und gelegentlich sogar Hummus und Falafel. Hauptgerichte Rs25–50.

Lakshmi Villas, 50-A, Sadar Bazaar. Schlichtes, aber zu Recht beliebtes südindisches Café im Herzen von Sadar Bazaar; bietet das typische *iddli-dosa-uttapam*-Menü plus einige Thalis – eine gute und deutlich billigere Alternative zum Dasaprakash; die meisten Gerichte kosten nur Rs30–66.

The Mandarin, Yamuna View Hotel. Eins der besten nicht-indischen Restaurants der Stadt; das ziemlich schicke chinesische Lokal bietet eine willkommene Abwechslung zu Mogul-Currys und Masala Dosas. Die recht umfangreiche Karte umfasst eine gute Auswahl an köstlich zubereiteten (wenngleich teuren) Gerichten wie gebratenes Gemüse in Mandelsoße und Hühnchen in Chili und Honig. Nicht-vegetarische Hauptgerichte Rs325–375 (Garnelen Rs550).

Only, The Mall, Ecke Taj Rd. Eines der beliebtesten nordindischen Restaurants der Stadt, normalerweise voll mit einheimischen Familien und Touristengruppen; bekannt für seine gut zubereiteten Tandoori- und Mogul-Gerichte, bietet aber auch eine große Auswahl an nordindischen vegetarischen und anderen Standardgerichten sowie ein paar chinesische und europäische Speisen; abends hat man die Wahl zwischen einem Tisch im klimatisierten Speisesaal und Sitzplätzen in einem angenehmen Innenhof; nicht-vegetarische Hauptgerichte Rs110–400.

Park Restaurant, Taj Rd, Sadar Bazaar. Seit langem bei Einheimischen und Touristen gleichermaßen beliebtes, einfaches Restaurant mit AC und einem ausgezeichneten Angebot an klassischen Mogul-Hühnchengerichten, Tandooris und vegetarischen wie anderen Currys mit köstlichem Nan-Brot, außerdem eine kleine Auswahl von europäischen und chinesischen Spezialitäten. Hauptgerichte Rs70–170.

Sheela, East Gate, Taj Ganj. Das zuverlässigste und angenehmste Lokal in der Nähe des Taj mit schmalem Gästeraum und Tischen im schattigen Garten. Gute Auswahl an einfachen, meist vegetarischen indischen Gerichten sowie Drinks und Snacks. Die Frucht-*lassis* sind schon mehr ein Nachtisch als ein Getränk. Hauptgerichte Rs40–70.

Tourist Rest House, Balugani. Stimmungsvolles Gartenlokal mit kleiner Auswahl an Frühstücksgedecken, indischen vegetarischen Gerichten, insbesondere *malai kofta;* preiswert und beliebt bei Rucksackreisenden. Alle Hauptgerichte unter Rs50.

Zorba the Buddha, E-19, Shopping Arcade, Sadar Bazaar. Das nett gestaltete kleine Lokal ist ganz auf ausländische Touristen ausgerichtet, obwohl auch Inder hier essen. Auf der Karte stehen neben vegetarischen indischen Gerichten auch ausgefallene Spezialitäten wie „Hawaiian Spree" (Gemüse und Ananas in Ananas-Soße) oder „Fiesta" (Gemüse in Tomaten-Cashew-Soße) für Rs90–150, die lecker zubereitet und hübsch präsentiert werden. Im Juni geschlossen.

Einkaufen

Agra ist bekannt für seine mit Blumenmotiven verzierten und mit Halbedelsteinen eingelegten Tischplatten, Vasen und Tabletts aus Marmor. Außerdem kann man hier ausgezeichnet Lederwaren einkaufen, ebenso Teppiche und **Dhurries** (derbe Baumwollstoffe als Bodenbelag) sowie traditionelle Stickereien. In der Stadt gibt es mehrere große Kaufhäuser, z. B. **Cottage Industries Exposition** in der Fatehabad Rd, das gut ausgestattet, aber viel zu teuer ist. In solche Läden werden Touristen üblicherweise von Provisionsjägern gelotst. Die Geschäfte in den großen Hotels sind auch nicht billig, aber Qualität und Service sind dort meistens besser.

Einer von mehreren staatlichen Läden beim Taj ist z. B. **UP's Gangotri** (feste Preise). In der Nähe des East Gate liegt **Shilpgram**, ein „Künstlerdorf" mit Kunst- und Kunstgewerbegegenständen aus ganz Indien. Manchmal finden hier auch Live-Musik- und Tanzvorstellungen statt.

Ein Einkaufsbummel durch The Mall, die MG Rd und Munro Rd, den Kinari Bazaar bei der St. John's Church, Sadar Bazaar und Taj Mahal-Komplex macht viel Spaß, aber man sollte schon wissen, was man sucht, und darauf gefasst sein, zu handeln. Sachen zu kaufen und nach Hause schicken zu lassen, ist nicht ratsam. Besondere Vorsicht ist beim Bezahlen mit Kreditkarte geboten: Die Karte nie aus den Augen lassen und darauf achten, dass sämtliche Angaben korrekt und vollständig sind. In Agra hat es zahlreiche Fälle schweren **Kreditkartenbetrugs** gegeben, sogar in einigen der meistbesuchten Touristenrestaurants. Die Hauptdienststelle der städtischen Polizei führt eine Liste all jener Gewerbebetriebe, gegen die eine Anzeige vorliegt.

Sonstiges
Fotoausrüstung
Eine Reihe von Geschäften in Taj Ganj kann digitale Bilder laden und auf CD brennen oder ausdrucken, z. B. **Moonlight Studio**, West Gate, Ecke Chowk Kagzi.

Geld
Es gibt zwei **Geldautomaten** im Bahnhof Cantonment sowie einige weitere an verschiedenen Orten der Stadt (s. Karte S. 317). **State Bank of India**, gleich südlich der Taj Rd im Cantonment, wechselt keine Amex-Reiseschecks.
Geldwechsel auch bei der **Allahabad Bank** im Hotel Clarks Shiraz.
Es gibt mehrere private Wechselstuben in Taj Ganj, in der Tourist Complex Area sowie in der Umgebung der Hotels Amar Yatri Niwas und Mansingh Palace – **LKP Forex** gegenüber dem Amar Hotel an der Fatehabad Rd ist schnell und zuverlässig.

Informationen
Agra hat zwei Touristeninformationen:
India Tourism, 191 The Mall, ✆ 0562/222 6368, ⊙ Mo–Fr 9–17.30, Sa 9–14 Uhr, und
UP Tourism, 64 Taj Rd, ✆ 0562/222 6378; ⊙ Mo–Sa 10–17 Uhr.
Außerdem gibt es einen Infoschalter im Bahnhof Cantonment, ✆ 0562/242 1204, ⊙ tgl. 8–21 Uhr.

Internet
Internet-Zugang bieten zahlreiche Lokale in Agra, besonders in Taj Ganj. Die Preise liegen um Rs30–40/Std. Viele Hotels und Gästehäuser haben ihren eigenen Internet-Zugang (z. B. das Tourists Rest House und das Shah Jahan).

Medizinische Hilfe
Sauber und vertrauenswürdig, mit Englisch sprechenden Ärzten:
Essar, Namner Cross Rd, ✆ 0562/226 5587,
GG Nursing Home, 106/2 Sanjay Place, ✆ 0562/285 3952,
Pushpanjali, Delhi Gate, ✆ 0562/252 7566-8.

Polizei
Polizeiwachen gibt es an der Chowk Kagzi in Taj Ganj, ✆ 0562/233 1015, und an der Mahatma Ghandi Road in Sadar Bazaar, etwas südlich der Kreuzung mit der Fatehpur Sikri Rd, ✆ 0562/222 6561.

Post
Hauptpost: The Mall, in der Nähe des Büros von India Tourism; der Service für postlagernde Sendungen hat dort einen sehr schlechten Ruf.

Schwimmen
Die Hotelpools sind meist den Gästen vorbehalten, doch einige akzeptieren gegen Eintritt auch Tagesbesucher; derzeit z. B. **Amar** (nahe Amar Yatri Niwas; Rs250), **Mansingh Palace** (Rs400), **Yamuna View** (Rs350), **Mughal Sheraton** (Rs450) und **Clarks Shiraz** (Rs500).

Touren
UP Tourism organisiert (tgl. außer Fr) eine Rundtour durch Agra mit festen Haltepunkten, zugeschnitten auf Tagesausflügler von Delhi. Sie beginnt um 9.45 Uhr beim Büro von India Tourism und hält um 10.20 Uhr am Bahnhof Agra Cantonment, passend für den Taj Express von Delhi (Ankunft 10.07 Uhr). Die ganztägige Tour kostet Rs1700 inkl. aller Gebühren für Eintritt und Führungen. Sie umfasst eine Stippvisite beim Taj Mahal, Agra Fort und in Fatehpur Sikri und endet gegen 18 Uhr, rechtzeitig für den Taj Express zurück nach Delhi (Abfahrt 18.55 Uhr). Man kann aber auch nur nachmittags an der Besichtigung von Fatehpur Sikri (Rs550) teilnehmen. Reservierungen sind sowohl über UP Tourism als auch über India Tourism möglich.

Nahverkehr

Agras Sehenswürdigkeiten liegen zu weit auseinander, um sie zu Fuß zu erkunden. Egal wo man übernachtet, man wird in jedem Fall einige Zeit in Rikschas oder Taxis zubringen. Von einem Stadtteil in den andern zu gelangen, kann bei dem dichten Verkehr sehr zeitraubend sein, zumal die Straßen in miserablem Zustand sind. Besonders problematisch ist die Überquerung der Yamuna, da beide Brücken im Zentrum extrem überlastet und vernachlässigt sind.

Fahrrad-Rikschas, mit denen sich einige der ärmsten Bewohner der Stadt ihren Lebensunterhalt verdienen, eignen sich für kürzere Strecken. Für längere Strecken sind sie jedoch nervtötend langsam. Noch lästiger sind ihre Fahrer, die einem überall hartnäckig hinterher rennen. In der Gegend von Taj Ganj gibt es auch einige **Tongas** (Pferdekutschen), die etwa den gleichen Preis verlangen wie Fahrrad-Rikschas. Doch beim Anblick der abgemagerten und halblahmen Pferde traut sich kaum einer, sie zu benutzen.

Motor-Rikschas sind schneller und die Preise (inkl. Wartezeit) günstig, wenn man feilscht. Üblicherweise zahlt man ab Taj Ganj: Rs30–40 nach Sadar Bazaar, Rs50–60 zum Bahnhof Agra Cantonment und Rs15–20 zum Fort.

Taxis empfehlen sich für längere Fahrten, etwa nach Sikandra oder Fatehpur Sikri. Den Preis vor Beginn der Fahrt aushandeln. Es gibt Taxistände an den Bahnhöfen, und das Hotel kann ein Taxi rufen.

In jedem Fall muss um den Fahrpreis erbittert gefeilscht werden, denn angesichts der Massen „frischer" Touristen verlangen die Fahrer unverschämt hohe Preise. Wird ein überhöhter Preis verlangt, ist es am besten, einfach weiterzugehen. Dann laufen die Fahrer einem meist hinterher und nennen realistischere Preise. Viele Rikscha- und Taxifahrer halten auch bei allen möglichen Geschäften, um eine Provision zu ergattern – die im Endeffekt der Käufer/Passagier bezahlt.

Zwischen dem Fort und dem Westtor des Taj Mahal verkehrt ein billiger und umweltfreundlicher **Elektrobus** (Rs5); allerdings kann es 20–30 Min. dauern, ehe einer kommt.

Für Ausländer, die mit dem Verkehrschaos und den schlechten Straßen nicht vertraut sind, ist **Radfahren** stressig und gefährlich.

Ein kleiner Bereich zu beiden Seiten des Taj Mahal ist für Kfz gesperrt, um das Bauwerk vor Luftverschmutzung zu bewahren. Die Straßen in diesem Bereich sind angenehm ruhig, aber wer dort sein Hotel hat, muss ein kurzes Stück zu Fuß gehen.

Transport
Busse

Agra hat zwei Busbahnhöfe, Idgah und Agra Fort. **Idgah**, nahe dem Bahnhof Cantonment im Südwesten der Stadt, bietet Verbindungen nach Fatehpur Sikri, Delhi, Jhansi, Madhya Pradesh und Rajasthan. Für Ziele in Rajasthan jenseits von Jaipur nimmt man den Bus nach Jaipur (via Bharatpur) und steigt dort um (eine Ausnahme bildet Ajmer, das man direkt erreicht). Luxus- und AC-Busse nach JAIPUR fahren am Hof vor dem Hotel Shakpura, nahe dem Busbahnhof, ab. Die Fahrt nach KHAJURAHO (Abfahrt 5 Uhr, 12 Std.) ist recht anstrengend – bequemer ist es, mit dem Zug bis JHANSI (3 Std.) zu fahren und dort den Bus zu nehmen (5 Std.).

Der chaotische **Busbahnhof Agra Fort** gleich westlich des Forts hat Verbindungen zu Städten innerhalb von UP wie Lucknow und Varanasi sowie nach Mathura, Haridwar, Rishikesh und Dehra Dun. Außerdem halten einige der Busse aus Delhi vor dem Tor der Festung, wo es kein Problem ist, eine Rikscha zu bekommen.

Hotels und Reiseagenturen reservieren Plätze für **Busse privater Unternehmen** nach Delhi, Gwalior, Khajuraho, Lucknow und Nainital. Wenn Busse nach Agra bereits in den Vororten (etwa 6 km vom Busbahnhof Idgah) halten, um Einheimische aussteigen zu lassen, kommen oft Rikscha-Fahrer (manchmal in Absprache mit den Busfahrern) und behaupten, dies sei die Endstation, an der alle aussteigen müssten. Doch solange noch andere Passagiere im Bus sind, sollte man bis Idgah sitzen bleiben.

Eine Busfahrt, insbesondere auf der Grand Trunk Road Richtung DELHI und auf dem NH-11 nach JAIPUR ist sehr viel nervenaufreibender als eine Bahnfahrt auf derselben Strecke, denn es passieren erschreckend viele Verkehrsunfälle.

Busse nach:
AJMER (stdl.; 10 Std.);
BHARATPUR (stdl.; 2 Std.);
DELHI (stdl.; 5–6 Std.);
DEHRA DUN (8x tgl., 13 Std.);
FATEHPUR SIKRI (alle 30 Min; 1–1 1/2 Std.);
GWALIOR (15x tgl.; 3 1/2 Std.);
HARIDWAR (8x tgl.; 10 Std.);
JAIPUR (alle 20 Min.; 5–6 Std.);
JHANSI (8x tgl.; 5 1/2 Std.);
KHAJURAHO (1x tgl.; 12 Std.);
LUCKNOW (stdl.; 9 1/2 Std.);
MATHURA (stdl.; 1 1/2 Std.);
RISHIKESH (1x tgl., 12 Std.);
VARANASI (1x tgl.; 14 Std.).

Eisenbahn

Agra besitzt sechs Bahnhöfe; für Touristen sind davon aber nur zwei interessant. Der meistfrequentierte ist der **Agra Cantonment (Cantt)** im Südwesten mit Verbindungen nach Delhi, Gwalior, Jhansi und Zielorten weiter südlich. Er verfügt über einen Touristeninformationsschalter und liegt in der Nähe der meisten Hotels. Züge aus Rajasthan halten unweit der Jami Masjid am Bahnhof **Agra Fort** (einige auch im Bahnhof Agra Cantt). Agra Cantt liegt günstiger für die Hotels um Sadar Bazaar; der Bahnhof Agra Fort befindet sich etwas näher bei Taj Ganj. Beide sind recht weit von den Hotels an der Fatehabad Road entfernt. Am Bahnhof Agra Cantonment gibt es einen Schalter für vorausbezahlte **Motor-Rikschas und Taxis** (Rs50/150 zu jedem Ort in der Stadt). Manche Fahrer versuchen Touristen vorher abzufangen, um höhere Preise oder eine Provision zu kassieren. Fahrrad-Rikschas warten im Vorhof, brauchen aber lange, falls man zur Fatehabad Road oder nach Taj Ganj will. Wie üblich versuchen Riksha- und Taxifahrer eine Provision zu verdienen, indem sie ihre Fahrgäste zu bestimmten Hotels bringen. Sie behaupten dann vielleicht (fälschlich), das Hotel, zu dem der Fahrgast will, sei geschlossen.

Bahnfahrkarten, vor allem in die Hauptstadt, sollten so früh wie möglich in den Bahnhöfen Agra Cantonment oder Agra Fort gekauft werden. Beide verfügen über Reservierungscomputer und separate Touristenschalter. Die Züge nach DELHI fahren vom Bahnhof Cantonment ab. Der schnellste und teuerste ist der voll klimatisierte Shatbadi Express Nr. 2001 (Abfahrt 8.30 Uhr außer Fr; 2 Std.); in der entgegengesetzten Richtung fährt er als Nr. 2002 (Abfahrt 8 Uhr außer Fr) nach GWALIOR (1 1/4 Std.) und weiter nach JHANSI (2 1/2 Std.), von wo Busse nach KHAJURAHO fahren. Ein praktischer aber relativ langsamer Frühzug nach New Delhi ist der Intercity Express Nr. 4211 (Abfahrt 6 Uhr; 4 Std.); der schnellste Mittagszug ist der Kerala Express Nr. 2625 (Abfahrt 10.03 Uhr; 3 1/4 Std.)

Züge nach:
AHMEDABAD (1x wöchentl.; 25 3/4 Std.),
BHOPAL (13–16x tgl.; 5 3/4–10 Std.),
BHUBANESHWAR (1–2x tgl.; 28 1/2–36 3/4 Std.),

Empfohlene Zugverbindungen ab Agra

Folgende Züge sind die schnellsten und praktischsten:

Zielort	Name	Abfahrt	Ankunft
Jaipur*	Jaipur Intercity Nr. 2988	18.20 Uhr (tgl.)	22.20 Uhr
	Marudhar Express Nr. 4863	6.15 Uhr (Mo, Mi, Fr und Sa)	11.30 Uhr
Jodhpur	Howrah–Jodhpur Express Nr. 2307	19.35 Uhr (tgl.)	7.20 Uhr
Kolkata*	Jodhpur–Howrah Express Nr. 2308	6.45 Uhr (tgl.)	4 Uhr
Lucknow*	Avadh Express Nr. 9037	22 Uhr (Mo, Mi, Do und Sa)	6.25 Uhr
Varanasi	Marudhar Express Nr. 4854	21.15 Uhr (tgl.)	9.30 Uhr
Vasco	Goa Express Nr. 2780	17.50 Uhr (tgl.)	am übernächsten Tag um 7.30 Uhr

* ab Agra Fort

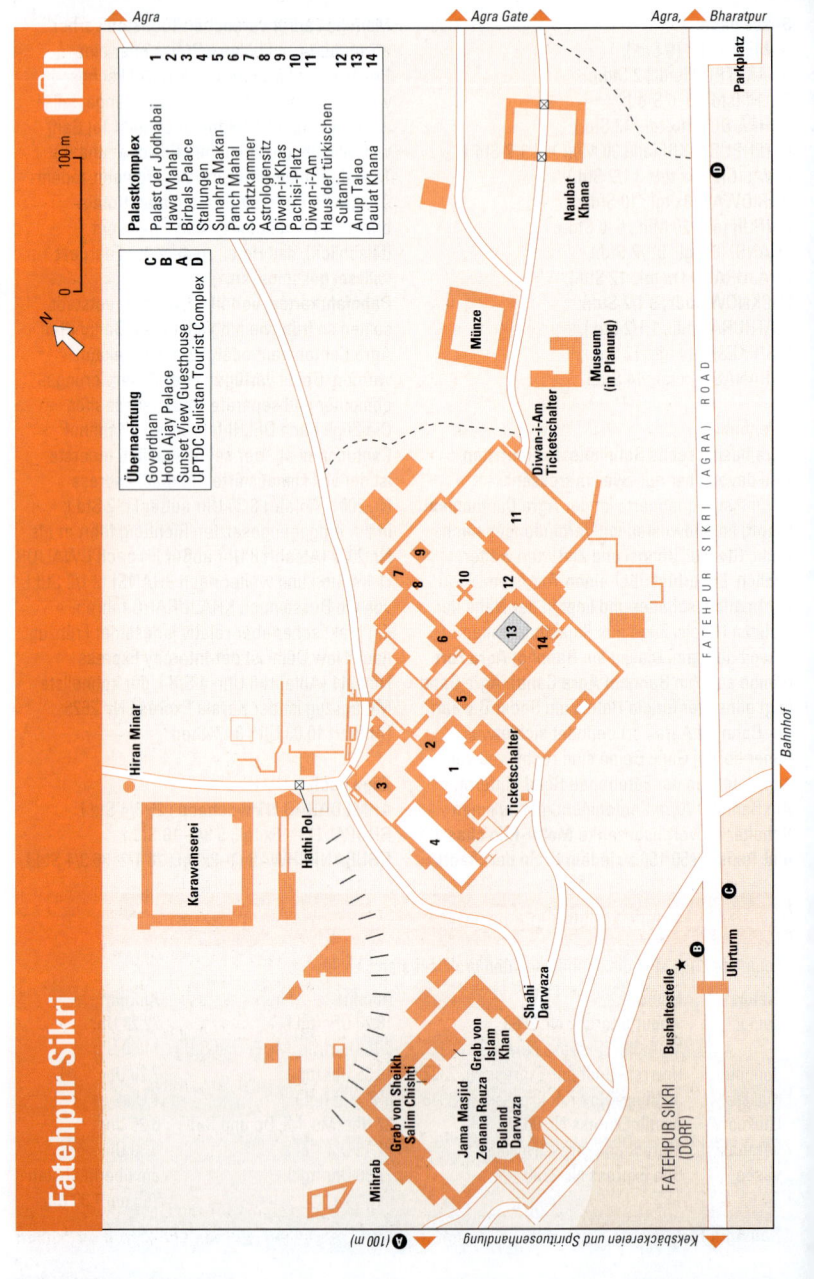

Fatehpur Sikri

Uttar Pradesh

Palastkomplex
1. Palast der Jodhabai
2. Hawa Mahal
3. Birbals Palace
4. Stallungen
5. Sunahra Makan
6. Panch Mahal
7. Schatzkammer
8. Astrologensitz
9. Diwan-i-Khas
10. Pachisi-Platz
11. Diwan-i-Am
12. Haus der türkischen Sultanin
13. Anup Talao
14. Daulat Khana

Übernachtung
- C Goverdhan
- B Hotel Ajay Palace
- A Sunset View Guesthouse
- D UPTDC Gulistan Tourist Complex

0 100 m

N

Agra • Agra Gate • Agra, Bharatpur

Parkplatz

Naubat Khana

Münze

Museum (in Planung)

Diwan-i-Am Ticketschalter

FATEHPUR SIKRI (AGRA) ROAD

Bahnhof

Ticketschalter

Hiran Minar

Karawanserei

Hathi Pol

Mihrab

Grab von Sheikh Salim Chishti
Jama Masjid
Zenana Rauza
Grab von Islam Khan
Buland Darwaza

Shahi Darwaza

Uhrturm

Bushaltestelle

FATEHPUR SIKRI (DORF)

▼ Keksbäckereien und Spirituosenhandlung A (100 m)

332 Agra – Transport

www.stefan-loose.de/Indien

DELHI (14–18x tgl.; 2–6 Std.),
GWALIOR (15–19x tgl.; 1 1/4–2 Std.),
HARIDWAR (1–2x tgl.; 9 1/2 Std.),
INDORE (1–2x tgl.; 13 1/2–14 Std.),
JAIPUR (1x tgl.; 4 3/4 Std.),
JALGAON (4x tgl.; 13 1/2–18 1/4 Std.),
JHANSI (12–16x tgl.; 2 1/2–3 1/2 Std.),
JODHPUR (1–3x tgl.; 10 3/4–12 Std.),
KANPUR (2–6x tgl.; 4–6 1/2 Std.),
KOLKATA (3–4x tgl.; 21 1/4–30 1/4 Std.),
LUCKNOW (10x wöchentl..; 5 1/2–8 1/2 Std.),
MATHURA (15–19x tgl.; 1/2–1 Std.),
MUMBAI (3–4x tgl.; 19 1/2–25 3/4 Std.),
PURI (1x tgl.; 38 1/2 Std.),
SATNA (1x tgl.; 11 1/4 Std.),
UJJAIN (1–2x tgl.; 11 1/2–12 1/2 Std.),
VARANASI (8x wöchentl.; 11–13 Std.),
VASCO DA GAMA (1x tgl.; 37 3/4 Std.).

Flüge
Der Flughafen Kheria liegt 7 km außerhalb der Stadt. Derzeit gibt es von hier aus keine Passagierflüge – aber es hat sie gegeben und wird sie möglicherweise wieder geben
Indian Airlines, Hotel Clarks Shiraz,
✆ 0562/222 6821;
Jet, Hotel Clarks Shiraz, ✆ 0562/222 6527.

Fatehpur Sikri

Die Geisterstadt Fatehpur Sikri, ehemalige Reichshauptstadt des Großmoguls Akbar, liegt auf einem Felsenhügel 40 km südwestlich von Agra. Sie wurde zwischen 1569 und 1585 erbaut. Anlass war die Begeisterung des Moguls für den islamischen Heiligen Sheikh Salim Chishti. Es mag aber auch eine Rolle gespielt haben, dass Akbar die Menschenmassen satt hatte und eine neue Hauptstadt schaffen wollte, die seine Macht zum Ausdruck bringen sollte. Die Verschmelzung hinduistischer und islamischer Traditionen in der Architektur der Stadt sagt viel über die religiöse und kulturelle Toleranz unter Akbars Herrschaft.

Die Vorherrschaft von Fatehpur Sikri unter den Städten des Mogulreichs war jedoch nur von kurzer Dauer. Nach 1585 diente es nie wieder als Residenz eines Mogulherrschers. Die Gründe für die Aufgabe der Stadt sind bis heute unklar. Die bisherige Theorie, dass die Wasserversorgung für die wachsende Bevölkerung nicht ausreichte, scheint zweifelhaft. Selbst nachdem die Stadt verlassen war, hatte der nordwestlich von ihr gelegene See noch einen Umfang von 20 km und lieferte gutes Trinkwasser. Wahrscheinlicher ist, dass die wechselnde militärische Lage den Ausschlag gab. Kurz nach Einweihung der neuen Hauptstadt wurde das Reich durch Unruhen im Punjab bedroht. Um die Gefahr zu bannen, verlegte Akbar seine Residenz in das strategisch günstiger gelegene Lahore. Dort blieb er gezwungenermaßen mehr als ein Jahrzehnt – und im Anschluss daran entschied er sich aus unerfindlichen Gründen dafür, nach Agra statt nach Fatehpur Sikri zurückzukehren.

Die meisten Besucher kommen per Tagesausflug von Agra. Doch wenn man weiter nach Bharatpur, Alwar oder auch Jaipur will, kann es sinnvoll sein, hier zu übernachten, anstatt die recht mühsame und mehr als einstündige Busfahrt zurück nach Agra in Kauf zu nehmen.

Königspalast
Akbar verwarf die hinduistische Tradition, Städte nach den Himmelsrichtungen zu orientieren, und passte seine neue Hauptstadt lieber dem Gelände an. Daher weisen die Hauptachsen, die Stadtmauern und viele der wichtigsten Gebäude nach Südwesten oder Nordosten. Die Moschee und die meisten privaten Wohnhäuser folgen jedoch nicht dieser Ausrichtung, sondern blicken gemäß islamischer Tradition in westliche Richtung gen Mekka.

Der Palast erhebt sich auf dem höchsten Punkt des Bergrückens. Er hat zwei Eingänge. Einzelreisende benutzen meist den an der Westseite beim Palast der Jodhabai, Tourgruppen den an der Ostseite beim Diwan-i-Am. Offiziell zugelassene Führer findet man beim Reservierungsbüro für Rs50–100. Innerhalb der Anlage darf man nicht picknicken und es werden keine Getränke verkauft (Wasser mitnehmen).

🕓 tgl. Sonnenauf- bis Sonnenuntergang; Eintritt Rs260, Video Rs25.

Diwan-i-Am
Als Ausgangspunkt für die Besichtigung bietet sich der Diwan-i-Am an, wo wichtige Festlich-

keiten stattfanden und Petitionen eingereicht werden konnten. Im Gegensatz zu den verzierten Säulenbauten des Diwan-i-Am der Forts in Agra und Delhi ist dies im Grunde ein großer Hof, umgeben von einem Säulengang im hinduistischen Stil. Er wird nur von einem kleinen, von *jali*-Gittern flankierten Pavillon unterbrochen, in dem der Kaiser zu sitzen pflegte. Die Position der Plattform zwang seine Untertanen dazu, sich dem Herrscher in unterwürfiger Haltung von der Seite zu nähern.

Diwan-i-Khas

Eine Pforte an der Nordwestecke des Diwan-i-Am führt ins Innere des *mardana* (Männerbezirk): eine große Einfriedung mit einer eindrucksvollen Mischung verschiedenster Bauten. An ihrem jenseitigen (nördlichen) Ende erhebt sich der hohe **Diwan-i-Khas** (Private Audienzhalle), gekrönt von vier Chattris und geschmückt mit reich verzierten Konsolen, Dachvorsprüngen und Bögen, die für die Architektur von Fatehpur Sikri typisch sind. Das Innere besteht aus einer einzigen, hohen Halle (nicht zwei Stockwerke, wie man von außen meint) mit einer kunstvoll verzierten Säule im Zentrum, die als „Thronsäule" bekannt ist. Sie trägt einen kanzelartigen Thron, von dem vier Brücken ausgehen. Auf diesem Thron pflegte der Kaiser zu sitzen und mit Vertretern verschiedener Religionen zu diskutieren, in der Hoffnung, die Religionen Indiens in einer Synthese vereinen zu können. Diese Bestrebung unterstreicht die Säule mit ihren Motiven aus Hinduismus, Buddhismus, Islam und Christentum.

Neben dem Diwan-i-Khas befindet sich die aus drei Räumen bestehende **Schatzkammer**. Ihre Tragsäulen zieren mythische Seeungeheuer als Wächter der Schätze der Tiefe. Sie wird auch Ankh Michauli genannt, nach dem gleichnamigen Versteckspiel, das hier angeblich gespielt wurde. Tatsächlich sind wohl beide Namen frei erfunden und der Bau hat vermutlich einst verschiedenen Zwecken gedient. Daran angefügt ist der sogenannte **Astrologensitz**, ein kleiner Pavillon, den prachtvolle Jain-Bildwerke schmücken.

Im Zentrum des Hofs, zwischen dem Diwan-i-Khas und den Gebäuden auf der gegenüberliegenden (südlichen) Seite des Komplexes, befindet sich der **Pachisi-Platz**, ein riesiges steinernes Spielfeld für *pachisi* (ähnlich Mensch-ärgere-dich-nicht). Akbar soll ein fanatischer Spieler gewesen und Sklavenmädchen als lebende Spielfiguren eingesetzt haben.

Haus der türkischen Sultanin

Schräg gegenüber des *pachisi*-Feldes steht das Haus der türkischen Sultanin (auch **Anup Talao-Pavillon** genannt). Der Name rührt daher, dass man gern glaubt, es sei der Palast einer von Akbars Lieblingsfrauen, der Sultanin Ruqayya Begum. Das scheint jedoch eher unwahrscheinlich, da das Gebäude inmitten der Männerwohnungen steht. Vermutlich haben Führer im 19. Jh. sich den Namen ausgedacht, um die Fantasie früher Touristen anzuregen. Vermutlich handelt es sich eher um einen Vergnügungspavillon. Üppige geometrische und florale Muster sowie einige teils beschädigte Tierskulpturen schmücken seine Steinwände.

Südlich davon liegt der **Anup Talao** („Makelloser Teich"), ein hübscher kleiner Teich, unterteilt von vier Dämmen, die zu einer kleinen „Insel" in der Mitte führen.

Daulat Khana und Panch Mahal

Auf der anderen Seite des Gartens, mit Blick auf das Haus der türkischen Sultanin, liegt Akbars einstiger Privatpalast, der **Daulat Khana** („Ort des Glücks"). Die mit Nischen versehenen Räume im Erdgeschoss beherbergten die Bibliothek des Kaisers. Hier ließ er sich etwas aus seinen rund 50 000 Manuskripten vorlesen (er selbst war Analphabet). Hinter der Bibliothek befindet sich das kaiserliche Schlafgemach, das **Khwabgah** („Haus der Träume"), in dessen Mitte ein riesiges Bett steht.

Nordwestlich davon erhebt sich eines der berühmtesten Bauwerke von Fatehpur Sikri, der **Panch Mahal** oder fünfstöckige Palast. Er kennzeichnet den Beginn der *zenana* (Frauenbereich), die die gesamte Westseite des Palastkomplexes einnimmt. Der Bau verjüngt sich zu einer einzigen Turmkammer hin und wird von 176 unterschiedlichen Säulen getragen; das Erdgeschoss weist 84 Pfeiler auf – eine bedeutungsvolle Zahl in der Hindu-Astrologie. Zwischen den Säulen befand sich früher Gitterwerk, sodass die Damen sehen konnten, was darunter im Hof des *mardana* vor sich ging, ohne selbst gesehen zu werden.

Frauengemächer
Direkt hinter dem Panch Mahal war ein Hofgarten dem Harem (*zenana*) vorbehalten. Hier beginnt der abgeschlossene Frauenbereich des Hofes. Im angrenzenden **Sunahra Makan** soll die Mutter des Kaisers, Mariam Makani, oder aber eine von Akbars Frauen gelebt haben. Ihn zieren verblassende Wandmalereien, Zeilen eines Gedichts von Abu'l Fazl, das auf blauen Bändern rund um die Decke verläuft, und kleine Reliefs an dem Dachträgern.

Den Haremskomplex beherrscht der **Palast der Jodhabai**, der Hauptharem. Die Residenz einiger der ranghöchsten Gemahlinnen des Kaisers ist ein imposanter Bau und der wohl großartigste und größte der ganzen Stadt. Er ist den Rajputen-Palästen von Gwalior und Orchha nachgebildet.

An der Nordseite des Palasts befindet sich der **Hawa Mahal** („Palast der Winde"), ein kleiner Turm mit durchbrochenem Mauerwerk und einer kunstvoll gestalteten Kammer, der dazu diente, die Abendbrise einzufangen. Ein erhöhter und überdachter Fußweg, gesäumt von fünf großen *chattris*, führt von hier zu der Stelle, an der sich einst ein See befand.

Nordwestlich des Jodhabai-Palasts steht ein dritter Frauenpalast, der als **Birbals Palast** bekannt ist. Doch auch hier dürfte der Name irreführend sein, denn Birbal, einer von Akbars bevorzugten Höflingen, wäre als Mann mitten im Harem sicher höchst unwillkommen gewesen. Vermutlich war es eher die Residenz von zwei ranghohen Frauen Akbars.

Jama Masjid
Im Südwesten des Palastkomplexes steht die Jama Masjid oder Dargah-Moschee (⊙ tgl. Sonnenauf- bis Sonnenuntergang) mit dem Dorf Fatehpur Sikri zu ihren Füßen. Sie ist eine der schönsten Moscheen Indiens, doch leider wimmelt es dort von selbsternannten „Führern" (Rs20 pro Führung), die es praktisch unmöglich machen, den Bau in Ruhe zu genießen. Die Moschee war vermutlich bereits 1571 vollendet, noch ehe die Arbeit am Palast begann – ein Beleg für die religiöse Bedeutung, die der ganze Ort für Akbar besaß. Diese rührte von seiner Verbindung zu dem Sufi-Heiligen Sheikh Salim Chishti her, der hier bestattet wurde. Er spielte eine maßgebliche Rolle bei der Gründung von Fatehpur Sikri, denn er hatte dem Kaiser die Geburt eines Sohnes prophezeit. Zu Ehren des Weisen wurde schließlich die Hauptstadt Fatehpur Sikri erbaut.

Das **Buland Darwaza** („Große Pforte"), ein gewaltiges Tor mit einer eindrucksvollen Treppe, ist um 1576 zur Erinnerung an Akbars Feldzug in Gujarat angefügt worden. Die zahlreichen Hufeisen, die hier in die Türen geschlagen sind, stammen aus dem frühen 20. Jh. und sind ein seltsames Zeugnis britischen Aberglaubens an diesem islamisch geprägten Ort.

Das Tor führt zu einem riesigen Hof, der weit größer ist als bei jeder früheren Moschee Indiens. Die Gebetshalle links (westlich) ist das Herzstück der Moschee. Ins Auge sticht vor allem das kostbare **Grabmal von Sheikh Salim Chishti**, direkt vor einem, wenn man den Hof betritt. Ursprünglich wurde es weitgehend aus rotem Sandstein errichtet und erst später mit Marmor verkleidet. Das prachtvolle Gitterwerk – ein Bauelement, das vermutlich aus Gujarat stammte und später charakteristisch für die Mogulbauweise wurde – ist ungewöhnlich fein gearbeitet, und die Dachvorsprünge ruhen auf eindrucksvollen Konsolen mit Schlangenmustern.

Übernachtung und Essen
Goverdhan, Buland Gate Rd, östlich der Bushaltestelle, ✆ 05613/282643, 🖥 www.hotelfatehpursikriviews.com, hat eine gute Auswahl alter, aber großer und gepflegter Zimmer mit Ventilator, *air-cooler* oder AC rund um einen Rasen. Serviert gutes Essen, das mit gefiltertem oder Mineralwasser zubereitet wird, da das Grundwasser hier recht salzig ist. ❷

Ajay Palace, im Dorf, ✆ 05613/282950, etwas einfacher; recht kleine, aber sehr saubere Zimmer (warmes Wasser nur in Eimern) sowie eine nette Dachterrasse ❷

Sunset View, 100 m westlich der Jama Masjid, ✆ 0123 84416, bietet saubere und ordentliche Zimmer, darunter einige sehr billige (Rs75) ohne

Bad, und einen herrlichen Blick auf die Moschee und die Landschaft dahinter. ❶–❸
Gulistan Tourist Complex, 1 km außerhalb an der Agra Rd, ✆ 05613/282490, ist etwas nobler; der moderne Flachbau aus rotem Sandstein sieht eher wie ein Studienzentrum aus und bietet passable Zimmer, ein Restaurant, und eine kleine Bar. ❸–❹

Wer nicht im eigenen Hotel isst, kann das Goverdhan oder das Restaurant im Ajay Palace Hotel probieren. Die leckeren **Kekse** von Fatehpur Sikri sollte man sich nicht entgehen lassen – sie werden in den Bäckereien entlang der Gasse zwischen dem Basar und der Jami Masjid abends frisch aus dem Ofen verkauft.

Transport

Busse zum Palast fahren von der Haltestelle im Zentrum des Orts ab, können aber auch außerhalb an der Abzweigung der Umgehungsstraße wenige hundert Meter jenseits des Agra Gate angehalten werden (vom Dorf ca. Rs10 per Tonga). Dort ist der beste Ort, um einen Bus nach BHARATPUR oder JAIPUR zu nehmen, darunter auch Busse auf der Durchfahrt von AGRA. Wer es eilig hat, kann an der Bushaltestelle für Rs400–500 einen **Jeep** nach Agra nehmen. **Tongas** (Pferdekutschen) sind das wichtigste Verkehrsmittel im Dorf (derzeit gibt es keine Rikschas). Sie kosten etwa so viel wie sonst eine Fahrrad-Rikscha. Die Bahnverbindungen sind nicht sehr nützlich, aber im **Bahnhof** gibt es ein Reservierungsbüro, in dem man selten Schlange steht.

Mathura und Vrindavan

Das heilige Land Braj im Südwesten des Ganges-Tals ist die mythische Region, in der Krishna (Vishnus achte Inkarnation und eine wichtige Gestalt des *Mahabharata*, s. S. 114) seine glückliche Kindheit verbrachte. Frühe Texte erwähnen nur seinen Geburtsort Mathura, das Waldgebiet Vrindavan, den Berg Govardhan und den Fluss Yamuna. Doch im 16. Jh. meinten Krishna-Anhänger, die geografischen Merkmale und Grenzen des heiligen Gefildes dieses Gottes „wiederentdeckt" zu haben.

Mathura

Die weitläufige Stadt Mathura, 141 km südlich von Delhi und 58 km nordwestlich von Agra, ist als Geburtsort Krishnas bekannt. Sie liegt am Ufer der Yamuna, die in den Geschichten über Krishnas Kindheit eine herausragende Rolle spielt. Will man der Hindu-Mythologie Glauben schenken, so wurde die Stadt von Shatrugna gegründet, dem jüngsten Bruder von Rama – Held des *Ramayana* und eine frühere Inkarnation der Gottheit Vishnu. Die frühesten geschichtlichen Erwähnungen von Mathura reichen rund 2500 Jahre zurück. Buddha höchstselbst gründete hier Klöster, an dem Ort, der bei den Griechen später als Madoura ton Theon („Mathura der Götter") bezeichnet wurde. Der chinesische Pilger Fa Hian berichtete, dass es hier im Jahr 400 n. Chr. zwanzig buddhistische Klöster mit rund 3000 Mönchen gab.

Der Reichtum dieser an einer belebten Handelsstraße gelegenen Stadt zog Abenteurer wie den Afghanen Mahmud von Ghazni an, der Mathura im Jahr 1017 plünderte und verwüstete und damit dem Buddhismus den Todesstoß versetzte. Sikandar Lodi aus Delhi wütete im Jahr 1500 in der Stadt, ebenso Aurangzeb.

In den letzten Jahren ist Mathura schnell gewachsen und umfasst die wimmelnde Altstadt mit ihren zahlreichen Krishna-Stätten, ein großes britisches Militärviertel namens Civil Lines im Süden und wild wuchernde Industrieanlagen am Stadtrand.

Sein wichtigster Orientierungspunkt ist das aus Sandstein erbaute **Holi Gate** am Eingang zur Altstadt, umgeben von schmuckvollen Tempeln. Die Uferpromenade im Osten, mit den Tempeln auf den *ghats*, ist eine Miniaturausgabe jener von Varanasi. Am nördlichen Flussufer liegen die spärlichen Überreste von **Kans Qila**, einer von Raja Man Singh aus Jaipur erbauten und unter Akbar erneuerten Festung.

Die farbenfrohe **Vishram Ghat** im Südteil der Stadt ist die „ghat der Erholung"; hier soll Krishna sich nach der Tötung seines bösen Onkels Kamsa ausgeruht haben. Vor Betreten des Tempels oder der *ghats* (auch wenn sie noch so schlammig sind) müssen die Schuhe ausgezogen werden. Hier kann man Boote für Flussfahrten (Rs100 pro Boot) mieten.

Mathura und Vrindavan

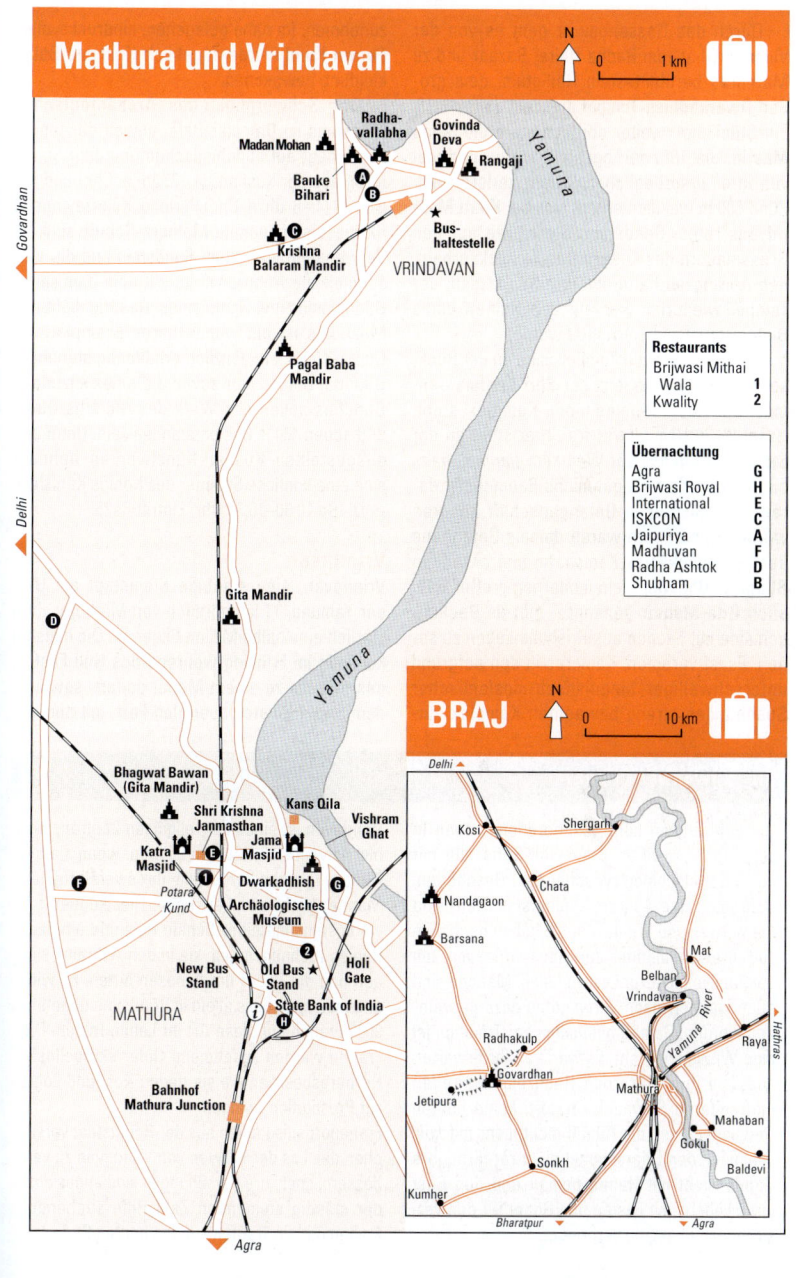

N 0 — 1 km

VRINDAVAN

- Madan Mohan
- Radha-vallabha
- Govinda Deva
- Rangaji
- Banke Bihari
- A
- B
- Krishna Balaram Mandir — C
- ★ Bushaltestelle
- Pagal Baba Mandir
- Gita Mandir

Govardhan ◄
Delhi ◄

Yamuna

Restaurants
Brijwasi Mithai Wala	1
Kwality	2

Übernachtung
Agra	G
Brijwasi Royal	H
International	E
ISKCON	C
Jaipuriya	A
Madhuvan	F
Radha Ashtok	D
Shubham	B

Uttar Pradesh

MATHURA

- Bhagwat Bawan (Gita Mandir)
- Shri Krishna Janmasthan
- Kans Qila
- Vishram Ghat
- Katra Masjid — E
- Jama Masjid
- Dwarkadhish — G
- F
- Potara Kund
- Archäologisches Museum
- New Bus Stand ★
- Old Bus Stand ★
- 2
- Holi Gate
- i — State Bank of India — H
- Bahnhof Mathura Junction

Agra ▼

BRAJ
N 0 — 10 km

Delhi ▲
- Kosi
- Shergarh
- Nandagaon
- Chata
- Barsana
- Mat
- Belban
- Vrindavan
- Radhakulp
- Govardhan
- Jetipura
- Mathura
- Raya
- Sonkh
- Mahaban
- Gokul
- Baldevi
- Kumher

Yamuna River
Hathras ►
Bharatpur ▼   *Agra ▼*

www.stefan-loose.de/Indien

Mathura und Vrindavan   337

Durch das Gassengewirr geht es von der Vishram Ghat zum Radha Dhiraj Bazaar und zu Mathuras berühmtestem Heiligtum, dem großen **Dwarkadhish-Tempel** aus dem Jahre 1815. Ein Stückchen weiter nördlich steht die **Jama Masjid**, die 1661 fertiggestellt wurde und viel von ihrer ursprünglichen Pracht verloren hat. Rund 500 m westlich erhebt sich die **Katra Masjid** aus rotem Sandstein. Sie wurde auf den Grundmauern des Kesava Deo-Tempels erbaut, den Aurangzeb hatte niederreißen lassen; der Tempel wiederum war auf den Ruinen eines Buddhistenklosters errichtet worden.

Spuren des Hindu-Tempels sind an der Rückseite zu finden, wo jetzt der **Shri Krishna Janmasthan** oder Janmabhoomi-Komplex steht, tgl. 3–20 Uhr; Eintritt frei. Hier steht an der Stelle, wo Krishna zur Welt kam *(janmasthan)*, ein Schrein. Der käfigartige Raum weist darauf hin, dass er in Gefangenschaft geboren wurde: Seine Eltern waren damals Gefangene des Tyrannenkönigs Kamsa. Im angrenzenden **Bhagwat Bhawan** – ein moderner, großer Bau, auch **Gita Mandir** genannt – gibt es Deckengemälde mit Szenen aus Krishnas Leben zu sehen. Es ist verboten, Kameras in den aufgrund unterschwelliger hinduistisch-moslemischer Spannungen streng bewachten Komplex mitzunehmen. Im nahe gelegenen, eindrucksvollen **Potara Kund** wurde angeblich Krishnas Babykleidung gewaschen.

Der Schwerpunkt des **Archäologischen Museums** im Dampier Park, unweit der Innenstadt, liegt auf buddhistischen und Jain-Skulpturen aus der Kushan- (1.–3. Jh. n. Chr.) und der Gupta- (4.–6. Jh. n. Chr.) Periode. Kennzeichnend für diese so genannte **Mathura-Schule** sind die Verwendung von rotem Sandstein und die Verschmelzung früherer Kulte mit dem Jainismus, Buddhismus und Hinduismus. Das Highlight des Museums ist ein wunderbares Exemplar von Gupta-Kunst, ein gänzlich erhaltener, stehender Buddha. Diese Figur sowie die eines sitzenden Buddhas sollen das Werk des Mönchs Dinna und gegen 434 n. Chr. entstanden sein. Unter den ausgestellten Kushan-Kunstwerken befindet sich eine kopflose Skulptur des Königs Kanishka. Di–Sa 10.30–16.30 Uhr; Eintritt Rs25.

Vrindavan

Vrindavan, eine staubige Kleinstadt am Ufer der Yamuna, 11 km nördlich von Mathura, zieht jährlich eine halbe Million Pilger an. Die meisten kommen im Frühling während des Holi-Festes, das hier bis zu einem Monat dauert, sowie zu dem zwei Monate dauernden Fest, mit dem die

---

Die Witwen von Vrindavan

Die zahlreichen kahl geschorenen Frauen in zerlumpten, weißen Baumwoll-Saris, die mit ihren Bettelschalen zwischen den Geschäften, Schreinen und Ashrams umherschlurfen, sind die Witwen von Vrindavan. Sie haben nach dem Tod ihrer Ehemänner das Haus verlassen, um der Familie nicht zur Last zu fallen. Manche sind auch von herzlosen Verwandten dazu gezwungen worden. Gemäß hinduistischer Tradition ist eine Witwe verflucht. Es wird von ihr erwartet, dass sie ihre gläsernen Hochzeits-Armreifen und anderen Schmuck zerstört, keine bunten Gewänder trägt, die Augen nicht mehr mit *kohl* schminkt, den Haarscheitel nicht rot färbt, die Hände nicht mit Henna bemalt und den Rest ihres Lebens mit Fasten und Gebet für den verstorbenen Ehemann verbringt.

Vrindavan ist eines der religiösen Zentren, wohin Witwen sich flüchten können, wenn sie die Feindseligkeiten der Familie ihres verstorbenen Mannes nicht mehr ertragen. Hier können sie wenigstens mit einer Schale Reis und ein paar Rupien rechnen, indem sie in den Ashrams singen und die Pilger um Almosen bitten. Es wird angenommen, dass allein in Vrindavan ungefähr 9000 Frauen auf diese Art ihr Leben fristen. Die Frauen werden zunehmend Opfer skrupelloser Herbergsbesitzer, die sie gegen Kost und Logis zur Prostitution zwingen.

Frauenorganisationen aus der Hauptstadt versuchen das Los der Witwen von Vrindavan zu verbessern, doch ihre Bemühungen sind angesichts der ständig steigenden Zahl Hilfe suchender Frauen nur ein Tropfen auf den heißen Stein.

Geburtstage von Krishna und seiner Gefährtin Radha begangen werden und das im August beginnt.

Theoretisch ist Vrindavan eine *tirtha*, eine heilige Furt, an der Yamuna, doch in Wirklichkeit zieht sich der Fluss immer weiter von der ursprünglichen, 2 km langen Uferpromenade zurück und nur fünf der 38 *ghats* liegen jetzt noch am Wasser. Auch von den Wäldern aus der Krishna-Sage ist kaum noch etwas zu sehen. Dennoch finden sich viele ältere Vaishnavas ein, die glauben, dass hier zu sterben sofortige *moksha* (Erlösung) bringt. Abgesehen von zahlreichen *dharamshalas* gibt es in Vrindavan mehrere **Witwenhäuser**, unterhalten von wohlhabenden Gläubigen, in denen Witwen Unterkunft und Verpflegung finden (siehe Kasten).

Viele der zahlreichen Schreine in der Stadt sind inzwischen völlig vernachlässigt oder von Affenhorden bewohnt. In der Nähe der Innenstadt, an der Hauptstraße Mathura–Vrindavan, steht **Govinda Deva**, vor Ort „Govindji" genannt, eines der beeindruckendsten mittelalterlichen Hindu-Bauwerke Nordindiens. Der Hauptturm soll sieben Stockwerke hoch gewesen sein, doch nur drei Etagen haben das Wüten von Aurangzeb überstanden. Erst viel späteren Datums ist der im 19. Jh. wiederaufgebaute **Banke Bihari**, www.bankeybihari.info, unweit des Purana Bazaar. Er ist der meistbesuchte Tempel der Stadt, bekannt für die beeindruckende Ausschmückung des Innenraums; im Winter 8.45–13 und 16.30–20.30 Uhr, im Sommer 7.45–12 und 17.30–21 Uhr; Eintritt frei.

Übernachtung
Mathura
Mathura bietet nur begrenzte Übernachtungsmöglichkeiten.

Agra, Bengali Ghat, 0565/240 3318. Kleines, recht heruntergekommenes Hotel von 1930, in der Altstadt mit Blick auf den Fluss. Einige Zimmer mit AC. ❸–❹

Brijwasi, Royal State Bank Crossing, Station Rd, 0565/240 1224-6, www.brijwasiroyal.com. Modernes Hotel mit gut ausgestatteten Zimmern, alle mit AC und TV, sowie mit Bar, internationalem vegetarischem Restaurant und Zimmerservice rund um die Uhr. ❻–❽

International Guest House, Shri Krishna Janmasthan, 0565/242 3888. Großes Gebäude in herrlicher Gartenanlage neben dem Tempel. Sehr preisgünstig und sauber; gutes vegetarisches Café. Vorhängeschloss mitbringen. ❶

Madhuvan, Krishna Nagar, 0565/242 0064. Das 3-Sternehotel in der Innenstadt hat recht große AC-Zimmer, die etwas abgenutzt, aber ganz o.k. sind. ❻

Radha Ashok, Masani By-Pass Rd, 0565/253 0395, www.mathura-vrindavan.com/radhashok. Schickes, dennoch gemütliches Hotel, 4 km nordöstlich an der Straße nach Delhi; AC-Zimmer, Garten und Pool. ❽

Vrindavan
Neben zahlreichen *dharamshalas* bieten mehrere Ashrams preiswerte Unterkunft zu festen Preisen sowie Verköstigung. Viele stehen allerdings nur indischen Pilgern offen.

Jaipuriya Guest House (kein Schild in lateinischer Schrift), im Zentrum bei Ahir Para, 0565/244 2388, hat saubere, helle und luftige Zimmer um einen schönen Gartenhof. ❹

ISKCON's Guest House, gleich hinter dem ISKCON-Tempel (International Society of Krishna Consciousness), 0565/254 0023 oder 4, ganpati.gkg@pamho.net, füllt sich schnell, weshalb man zeitig reservieren sollte. Das vegetarische Restaurant serviert gutes Essen für den westlichen Gaumen (Hauptgerichte Rs40–60, *thali* Rs95). ❸–❹

Shubham, Vidyapeeth Crossing, 0565/244 3011, sauberes, wenngleich etwas unpersönliches Hotel mit einigen AC-Zimmern und Restaurant. ❹

Essen
Die meisten Restaurants und Cafés in **Mathura** servieren nur vegetarisches Essen. Abgesehen von den Hotelrestaurants, die alle akzeptabel sind, bieten die zahlreichen Süßwarengeschäfte und *dhabas* in der Umgebung des Holi Gate und des Shri Krishna Janmasthan Snacks und *thalis*.

Brijwasi Mithai Wala bietet eine große Auswahl an frischen Süßwaren und Snacks

in sauberer Umgebung und hat Filialen beim Shri Krishna Janmasthan, am Holi Gate sowie an vielen anderen Orten der Stadt.
Kwality, nahe dem Old Bus Stand. Renovierungsbedürftig, aber umfangreiche Speisekarte und gutes Essen; Hauptgerichte Rs25–45.

Sonstiges

Geld
Geldautomaten findet man an verschiedenen Stellen von Mathura; die **State Bank of India** ist in der Station Rd.

Informationen
Das Tourist Office im Rahi Tourist Bungalow von **UP Tourism** in der Station Rd von Mathura, 0565/250 5351, hat nicht viel zu bieten.
Mo–Sa 10–17 Uhr.

Nahverkehr

In Mathura wimmelt es von Fahrrad- und Motor-Rikschas, außerdem gibt es Tempos und Tongas.
Zwischen Vrindavan und Mathura verkehren Busse, Sammel-Tempos und Taxis zu Rs10 pro Kopf für die einfache Fahrt. Auf derselben Strecke fahren täglich fünf Nahverkehrszüge.

Transport

Busse
Mathura hat zwei Busbahnhöfe. Vom **Old Bus Stand** in der Nähe des Holi Gate fahren stdl. Busse nach AGRA und GOVARDHAN, 25 km westlich von Mathura; vom **New Bus Stand**, ein Stück weiter westlich, nach Delhi und Jaipur, Bharatpur, Deeg und ebenfalls Agra.

Eisenbahn
Der Hauptbahnhof **Mathura Junction**, 4 km südlich des Zentrums, liegt an der Hauptstrecke zwischen Delhi und Agra. Verbindungen nach NEW DELHI (1 1/4 Std.) bietet der um 7.47 Uhr abfahrende Mumbai Rajdhani Nr. 2951 (in der Gegenrichtung hält er nicht in Mathura; aber der Bhopal Shatabdi Nr. 2002 fährt um 6.15 Uhr in New Delhi ab und ist genauso schnell). Zahlreiche Züge gehen zum Bahnhof AGRA (Cantonment) und brauchen meist eine Stunde. Derzeit gibt es keine Direktzüge nach JAIPUR, aber 8–10 Verbindungen pro Tag nach SAWAI MADHOPUR (für den Ranthambore-Nationalpark) und MUMBAI.

Jhansi

Der Verkehrsknotenpunkt Jhansi liegt in einem seltsamen Ausläufer von UP, der südwärts nach Madhya Pradesh hineinragt. Trotz seines Forts hat der Ort nicht viel zu bieten. Die meisten nehmen hier nur den Zug nach **Khajuraho**, 175 km weiter südöstlich in Madhya Pradesh. Wie Avadh (s. S. 342) war Jhansi ein unabhängiger Staat, bis die Briten es 1854 annektierten. Hier war daher die Unterstützung für den Aufstand von 1857 besonders groß, und Rani Lakshmibai, die Witwe des letzten Herrschers, wurde zu einer der großen Heldinnen dieses Aufstands.

Wie viele ehemalige britische Städte besteht auch Jhansi aus zwei unterschiedlichen Teilen: den von Bäumen gesäumten, breiten Straßen, schattigen Gärten und Villen von **Cantonment** und **Civil Lines** im Westen und dem Gewirr der Gassen, Minarette und *shikharas* der **Altstadt** im Osten.

Über allem thront das **Jhansi Fort**. Es wurde 1613 von einem der Orchha-Rajas, Bir Singh Joo Deo, erbaut und lohnt einen Besuch vor allem der Aussicht wegen. Rstgl. von Sonnenauf- bis Sonnenuntergang; Eintritt Rs100, Video Rs25.

Zwei Minuten zu Fuß vom Kreisverkehr unterhalb der Festung liegt das **Rani Lakshmi Mahal**, der ehemalige Palast der Rani von Jhansi. Es handelt sich um eine kleine Villa im „Bundela-Stil", für den zahlreiche verzierte Balkone und Kuppeldächer kennzeichnend sind. Hier richteten britische Soldaten 1858 ein Blutbad an, indem sie sämtliche Bewohner mit Bajonetten durchbohrten (insgesamt ermordeten sie 5000 Menschen). Heute dient das Gebäude als Gedenkstätte und archäologisches Aufbewahrungslager, und der hübsche Patio ist mit Fragmenten antiker Steinstatuen übersät. tgl. 9.30–17.30 Uhr; Eintritt Rs100, Video Rs25, Fotografieren verboten.

Auf dem Gelände eines Priesterseminars in Cantonment, zwischen Hauptpost und Bahnhof, befindet sich eine der wichtigsten katholischen

Wallfahrtsstätten Indiens, der **St. Jude's Shrine**. In den Grundmauern der schlichten, grau-weißen Kirche soll ein Knochen des Apostels Judas ruhen. Er gilt als der Nothelfer in hoffnungslos erscheinenden Fällen, und an seinem Namenstag, dem 28. Oktober, bitten Tausende von Pilgern um seinen Beistand.

Übernachtung

Da Orchha ganz in der Nähe ist, übernachten nur Wenige in Jhansi. Die meisten Unterkünfte bieten 24 Std. Check-out.
Jhansi, Shastri Marg, gegenüber der Hauptpost, ✆ 0517/247 0360, ✉ jhansihotel@sancharnet.in. Ehemaliges Domizil britischer Burra-sahibs mit einer gut bestückten und stimmungsvollen Kolonialzeit-Bar, einem Restaurant und einem kleinen Garten. ❹
Dreamland, Station Rd im Distrikt Civil Lines, ✆ 0510/233 3088, bietet nette, einfache Bungalow-Zimmer, z. T. mit AC, um einen kleinen Garten. Nicht weit vom Bahnhof. ❸–❹

Essen

Mit Ausnahme der Billigunterkünfte verfügen fast alle Hotels über ein Restaurant. Preiswertes Essen (frische *thalis* zu Rs22 und Frühstück) gibt es in den **Railway Refreshment Rooms** im Bahnhof.
Holiday, Shastri Marg. Schickes, aber gar nicht so teures, klimatisiertes Lokal mit gedämpftem Licht, Tischdecken, aufmerksamer Bedienung und guter indischer sowie westlicher Küche (nicht-vegetarische Hauptgerichte Rs75–120).
Nav Bharat, Shastri Marg ein paar Häuser weiter, bietet vegetarische und andere *thalis*, *dosas*, Currys und Burger (nicht-vegetarische Hauptgerichte Rs70–100; Di geschl.).
Sharma Sweets, Shastri Marg, neben dem Nav Bharat, verkauft leckere *mithai* (Süßigkeiten) – besonders köstlich ist das nussige *ladoo* aus Trockenfrüchten.

Sonstiges
Autovermietungen

Mietwagen organisieren die großen Hotels sowie die hilfsbereite Agentur **Baghel Travels**, ✆ 0510/244 1255, gegenüber vom Dunro Cinema, an der belebten Kreuzung Elite Cross im Zentrum.

Geld

Es gibt zwei **Geldautomaten** beim Dunro Cinema; die **State Bank of India** befindet sich 200 m weiter östlich in der Jhokan Bagh Rd.

Informationen

UP und MP Tourism haben Informationskiosks im Bahnhof auf Bahnsteig 1. Der von MP Tourism, ✆ 0517/244 2622, ◷ Mo–Sa 10–17 Uhr, hat Infos zum Transport nach Khajuraho.
Das **Regional Tourist Office** in der Stadt, im Hotel Veerangana, Shivpuri Rd, ✆ 0517/244 1267, bietet Informationen über Bundelkhand und die Strecke nach Khajuraho; ◷ Mo–Sa 10–17 Uhr.

Transport
Busse / Tempos

Busse nach KHAJURAHO fahren vom Busbahnhof 3 km östlich ab. Private Busse (6x tgl.; 4 1/2 Std.; Rs98) sind schneller und bequemer als die staatlichen (3x tgl.; 5 1/2 Std.; Rs90). Sammel-Tempos nach ORCHHA (3/4 Std.; Rs10) warten am Busbahnhof; ein Taxi dorthin kostet Rs100.
Weitere Busse nach AGRA (8x tgl.; 5 1/2 Std.); KHAJURAHO (9x tgl.; 4 1/2–5 1/2 Std.); LUCKNOW (5x tgl.; 8 Std.).

Eisenbahn

Züge der beiden Central Railway-Schienenstränge, die sich in Jhansi kreuzen, halten am Bahnhof im Westen der Stadt, nahe dem Viertel Civil Lines. Es ist der günstigste Bahnhof für die Fahrt nach Khajuraho, Orchha und Deogarh.
Vor dem Bahnhof gibt es einen Schalter für vorausbezahlte Taxis; die Fahrt zum Fort kostet dort Rs30, zum Busbahnhof Rs40.
Züge nach:
AGRA (20–26x tgl.; 3–4 3/4 Std.),
DELHI (13–17x tgl.; 5–8 Std.),
INDORE (1x tgl.; 10 1/2 Std.),
KALYAN für Mumbai (5–6x tgl.; 17 3/4–22 Std.),
KOLKATA (1x wöchentl.; 22 Std.),
MUMBAI (6x tgl.; 19–24 1/2 Std.),
ORCHHA (3x tgl.; 15 Min.),
UJJAIN (1–2x tgl.; 8 3/4–11 1/4Std.),
VASCO DA GAMA (Goa) (1x tgl.; 33 1/2 Std.).

Lucknow

Die Bundesstaatshauptstadt Lucknow ist vor allem bekannt wegen der fünf Monate dauernden **Belagerung** der Residency im Ersten Unabhängigkeitskrieg 1857. Einer der entscheidenden Auslöser für den Aufstand war die Absetzung von Wajid Ali Shah, dem letzten *nawab* von Avadh 1856.

Avadh trennte sich Mitte des 18. Jhs. vom Mogulreich, nachdem sein *nawab* Safdarjang in Delhi sein Amt verloren hatte, weil er Schiite war. Mit dem Niedergang des Mogulreichs wurde Avadh das Zentrum islamischer Macht. Die letzten *nawabs* wurden zum Inbegriff von Dekadenz, doch unter ihrer Herrschaft blühten die Künste. Lucknow, die Hauptstadt von Avadh, zog Künstler in Scharen an. Kurtisanen wurden zu Dichterinnen, Sängerinnen und Tänzerinnen, und unter der Protektion des letzten *nawab* entstand hier die als *thumri* bekannte Liedform (s. S. 155). Außerdem war die Stadt ein bedeutendes Zentrum schiitischer Kultur und islamischer Rechtsprechung. An ihre Schule Farangi Mahal kamen Studenten aus ganz Zentralasien und China.

Unter dem Einfluss der schiitischen *nawabs* entstanden auch neue Formen der Religionsausübung – besonders bei den Muharram-Prozessionen zum Gedenken an das Martyrium von Mohammeds Enkel Hussein (dem zweiten schiitischen Imam) in Karbala im Irak. Sie entwickelten sich zu einer aufwändigen Feier, die bis heute zahlreiche indische Schiiten anlockt.

Die meisten Baudenkmäler befinden sich am oder in der Nähe des Südufers des Gomti, eines von Pflanzen überwucherten Flusses, der bei Monsun anschwillt und dann von Fischerkanus wimmelt. In der Nähe der großen Brücke im Stadtkern liegt das moderne Geschäftsviertel Hazratganj und nördlich davon, in Flussnähe, die Shah Najaf Imambara. Weiter westlich, hinter den Ruinen der **Residency**, führt die Straße an der majestätischen **Bara Imambara** vorbei durch das große Tor **Rumi Darwaza** zur **Hussainabad Imambara**. Südöstlich von Hussainabad und westlich von Hazratganj befindet sich das alte Stadtviertel **Aminabad**, ein Gewirr aus belebten Straßen und faszinierenden Märkten.

Hussainabad

Im Westen der Stadt, in der Nähe der das „alte" Lucknow begrenzenden Hardinge Bridge, liegen die traurigen Überreste mehrerer von den *nawabs* von Avadh errichteter Bauten, darunter mehrere *imambara* („Häuser der Imame"), Grabbauten für Imame. Am sehenswertesten ist die Große oder **Bara Imambara** aus dem 18. Jh., die eine der größten Gewölbehallen der Welt aufweist – 50 m lang und 15 m hoch. Das Bauwerk erreicht man durch ein Tor, das früher äußerst prächtig gewesen sein muss, inzwischen jedoch dem Einsturz nahe ist. Von den Toren geht es durch zwei Innenhöfe zur eigentlichen Imambara. Eine Treppe führt zu einem Gewirr aus Kammern, dem sogenannten *bhulbhulaiya* („Labyrinth") hoch. ⏱ tgl. außer während Muharram 6–18 Uhr, Eintritt Rs300 (gilt auch für die Hussainabad Imambara und die Muhammad Ali Shah Art Gallery in der Taluqdar's Hall).

An die Bara Imambara genzt die auf zwei Plinthen erbaute **Asaf-ud-daula-Moschee**. Die von zwei Minaretten flankierte Moschee darf nur von Moslems betreten werden, kann jedoch von den westlich des Gebetshauses gelegenen Victoria Gardens aus betrachtet werden. ⏱ tgl. außer Fr von Sonnenauf- bis Sonnenuntergang, Eintritt frei.

Die Hauptstraße westlich der Haupteingangstore überspannt der kolossale, im Verfall begriffene **Rumi Darwaza**, ein Triumphbogen nach dem Vorbild der Hohen Pforte in Istanbul. Stufen führen zu offenen Räumen mit Ausblick auf die Baudenkmäler von Hussainabad.

Ein Stückchen weiter westlich befindet sich die **Hussainabad Imambara**, auch Chhota („kleine") Imambara oder Palast der Lichter genannt, denn wenn sie zu besonderen Anlässen geschmückt und illuminiert wird, gleicht sie einem Märchenschloss. In der Mitte der mit Minaretten, kleinen Zwiebeltürmen und Torbögen sowie einer Miniaturausgabe des Taj Mahal versehenen Anlage erhebt sich eine vergoldete Kuppel. Die Imambara wurde 1837 von Muhammad Ali Shah (1837–42) erbaut und beherbergt einen versilberten Thron sowie die Gräber hochrangiger Avadh-Persönlichkeiten. Westlich der Imambara, umgeben von Ruinen, stehen die beiden Minarette und die drei Kuppeln der

Lucknow

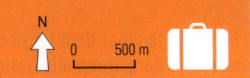

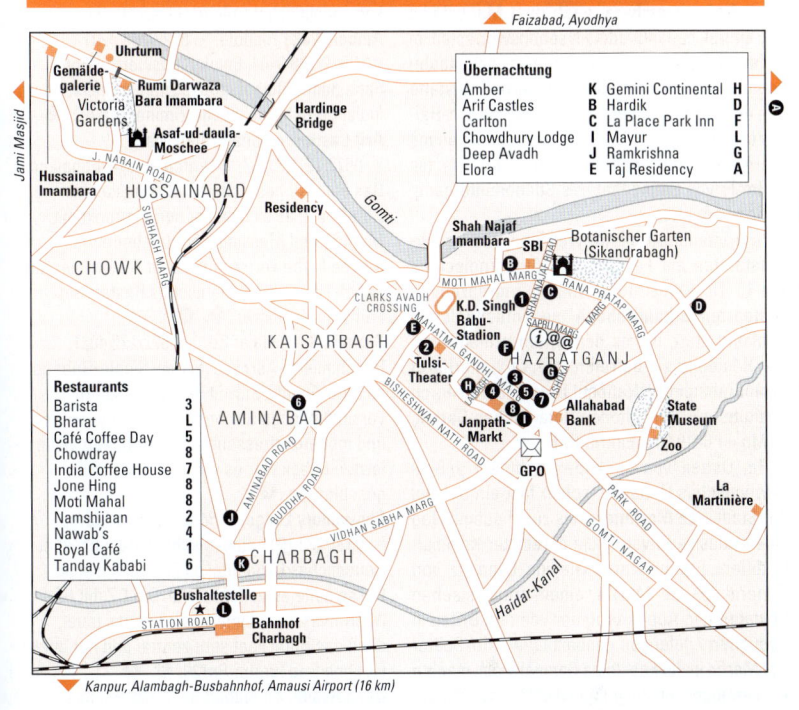

Faizabad, Ayodhya

Übernachtung

Amber	K	Gemini Continental	H
Arif Castles	B	Hardik	D
Carlton	C	La Place Park Inn	F
Chowdhury Lodge	I	Mayur	L
Deep Avadh	J	Ramkrishna	G
Elora	E	Taj Residency	A

Restaurants

Barista	3
Bharat	L
Café Coffee Day	5
Chowdray	8
India Coffee House	7
Jone Hing	8
Moti Mahal	8
Namshijaan	2
Nawab's	4
Royal Café	1
Tanday Kababi	6

Kanpur, Alambagh-Busbahnhof, Amausi Airport (16 km)

Jami Masjid (kein Zutritt für Nicht-Moslems), die nach dem Tod Muhammad Ali Shahs fertiggestellt wurde.

The Residency

Die Ruinen der britischen Residenz liegen inmitten einer Parkanlage südöstlich der Hardinge Bridge. Sie wurde genauso belassen, wie sie aussah, nachdem die monatelange Belagerung am 17. November 1857 durch das Eingreifen von Sir Colin Campbell schließlich ein Ende fand. Ihr von einer Kanonenkugel zerschmetterter Turm wurde zum Wahrzeichen des Durchhaltevermögens der Briten in Indien.

Während der Belagerung wurde jedes Gebäude des Komplexes zu Verteidigungszwecken genutzt. Die **Schatzkammer (Treasury)**, erreichbar durch das **Baillie Guard Gate**, diente als Waffenarsenal, die **Banqueting Hall**, gleich westlich davon, als Krankenstation und das weitläufige, einstöckige **Dr Fayrer's House** zur Unterbringung der Frauen und Kinder.

In der Residenz befindet sich ein kleines Museum. Der Model Room im Erdgeschoss, der einzige Raum mit intaktem Dach, beherbergt ein großes Modell der Verteidigungsanlagen und der Residenz sowie eine interessante kleine Bildersammlung, darunter einige Zeichnungen, auf denen zu sehen ist, wie Einschusslöcher mit Billardtischen verbarrikadiert wurden. ⏱ Museum: Di–So 9–16.30 Uhr, Eintritt Rs5, Tickets am Residency-Haupteingang; ⏱ Residency: tgl. von Sonnenauf- bis Sonnenuntergang; Eintritt Rs100, Video Rs25.

Hazratganj

Am Fluss, gegenüber dem Carlton Hotel in der Rana Pratap Marg, thront die riesige Kuppel der **Shah Najaf Imambara**, nach dem Mausoleum Alis im Irak benannt und am sehenswertesten im Lichterglanz während Muharram. In den staubigen Innenräumen liegt die versilberte Grabstätte des dekadenten, lasterhaften Ghazi-ud-din-Haidar (Regierungszeit 1814–27), der zusammen mit drei seiner Ehefrauen begraben wurde. ⊕ tgl. außer Fr von Sonnenauf- bis Sonnenuntergang; Spende erwartet.

Die Imambara diente während des Sepoy-Aufstandes als Festung der Aufständischen. Am 16. November 1857 fand im angrenzenden Lustgarten **Sikandrabagh** die entscheidende Schlacht statt, die es den Briten ermöglichte, die Residency zu befreien. Heute beherbergt Sikandrabagh das National Botanical Research Institute und den schönen **Botanischen Garten**, ⊕ Mo–Fr 6–19 Uhr; Eintritt Rs1.

Im Ostteil von Lucknow steht ein außergewöhnliches Gebäude, schon fast ein Symbol der Stadt – **La Martinière**, bis zum heutigen Tag eine exklusive Privatschule in reinster Kolonialtradition. Erbaut wurde sie als Landsitz von General Claude Martin, einem französischen Soldaten und Abenteurer, der von den Briten in Puducherry gefangen genommen wurde. Später trat Martin in die East India Company ein, machte ein Vermögen mit Indigo und diente sowohl unter den Briten als auch den *nawabs* von Avadh.

In der Nähe des Zentrums von Hazratganj, auf einem mit Avadh-Ruinen übersäten Gelände, liegt der kleine **Zoo**, der gleichzeitig als Vergnügungspark dient. ⊕ Di–So 8.30–17.30 Uhr; Eintritt Rs15. Durch den ausgedehnten Park des Zoos erreicht man das **State Museum** mit seinen erlesenen Sandsteinskulpturen der Mathura-Schule aus der Kushana- und Gupta-Periode (1.–6. Jh. n. Chr.). Außerdem gibt es Terrakotta-Gegenstände, eine ägyptische Mumie und in der Avadh Gallery Musikinstrumente, Gemälde und alte Trachten zu sehen. ⊕ Di–So 10.30–16.30 Uhr; Eintritt Rs100, Fotoerlaubnis Rs20.

Übernachtung

Hotels unterer und mittlerer Preisklasse finden sich im Viertel Charbagh, im Umkreis von Busbahnhof und Bahnhof sowie entlang der Vidhan Sabha Marg, der Hauptverkehrsader. Ein paar günstige Unterkünfte gibt es auch im kosmopolitischeren Viertel Hazratganj.

Amber, Naka Hindola, ☎ 0522/268 3201, ℻ 0522/268 3404. Empfehlenswertes Hotel nahe dem Bahnhof; große Zimmer und saubere, indische Toiletten, einige Zimmer mit AC. ❸–❹

Arif Castles, 4 Rana Pratap Marg, ☎ 0522/221 1313-7, ✉ arifcastles@hotmail.com. Das hellblau gestrichene „Businessclass Hotel", wie es sich selbst nennt, prunkt mit Marmor und Messing, könnte aber etwas frische Farbe vertragen; es hat AC-Zimmer mit Kabel-TV und ein italienisches Restaurant. Frühstück inklusive. ❼–❽

Carlton, Shah Najaf Rd, ☎ 0522/222 4021. Renommierte Adresse, Fin-de-Siècle-Gebäude im Euro-Avadhi-Stil mit großen Zimmern, vorsintflutlichen Strom- und Wasserleitungen und mottenzerfressenen Jagdtrophäen; beim letzten Check war es wegen Renovierung geschlossen. ❽

Chowdhury Lodge, 3 Vidhan Sabha Marg, ☎ 0522/222 1911. Etwas schmuddeliges, aber freundliches Billighotel im Zentrum in einer Gasse nahe einer Tankstelle. Die DZ mit Bad (Warmwasser in Eimern) sind etwas teurer, doch das Hotel liegt sehr zentral und hat auch EZ ohne Bad für nur Rs120. ❸–❹

Deep Avadh, Aminabad Rd, Naka Hindola, ☎ 0522/268 4381-7, ✉ deepavadh@sify.com. Große Auswahl an Zimmern: von spartanisch bis AC; zwei Restaurants, Bar und Reisebüro; in einem interessanten Viertel unweit des Bahnhofs, am Rand des Gewimmels von Aminabad. Check-out 24 Std. ❸–❻

Elora, 3 Lalbagh, ☎ 0522/221 1307. Freundliche, beliebte Unterkunft; saubere Zimmer mit Kabelfernsehen, einige mit AC; 24 Std. Zimmerservice, Restaurant. ❸–❺

Gemini Continental, 10 Rani Laximbai Marg, ☎ 0522/401 1111, 🖥 www.geminicontinental.com. Zentrales Hotel mit großen, modernen Zimmern: schöne Aussicht, Minibar, Kabelfernsehen und AC; 24 Std. Zimmerservice. DZ ab US$145 inkl. Frühstücksbuffet. ❾

Hardik Guest House, 16 Rana Pratap Marg, nahe Jopling Road Crossing, ☎ 0522/220 9497.

Sauberes, gemütliches Familien-Gästehaus; freundliches Personal, gutes Essen. ❹–❼

La Place Park Inn, 6 Shah Najaf Rd, Hazratganj, ✆ 0522/400 4040, 🖳 www.sarovarhotels.com. Kleines, aber schickes, modernes und super-effizientes Businesshotel mit WLAN und Businesscenter, aber ohne Pool. ❽

Mayur, Subhash Marg, Ecke Station Rd, Charbagh (über dem Bharat Restaurant), ✆ 0522/245 1824. Gegenüber vom Bahnhof. Die billigen Zimmer sind schäbig, die teureren dagegen haben ein gutes Preis-Leistungs-Verhältnis. ❸–❹

Ramkrishna, Ashok Marg, ✆ 0522/228 0099. Sehr empfehlenswertes Billighotel in der Gegend von Hazratganj, aber leider oft ausgebucht – ebenso wie das ähnliche Hotel **New Ram Krishna**, ✆ 0522/262 4225, gleich nebenan. ❷–❹

Taj Residency, Vipin Khand, Gomti Nagar, ✆ 0522/239 3939, 🖳 www.tajhotels.com. Elegantestes Hotel der Stadt, im Avadhi-Stil erbaut (DZ ab US$198); Pool und mehrere Restaurants, allerdings 3 km außerhalb. ❾

Essen

Leckere Gerichte aus der traditionellen Lucknavi-Küche – Mughlai-Gerichte wie *shami kebab, mughlai paratha, sheekh kebab, chicken musallam, boti kebab* und *biryani*, Süßigkeiten wie *phirni* und *dum pukht* (Dampftopf)-Spezialitäten, die nach der Bezeichnung für den Topf manchmal auch *handi* genannt werden – gibt es an **Essenständen** überall in der Stadt, z. B. im Shami Avadh Bazaar, unweit des K.D. Singh Babu-Stadions, im Chowk, in Aminabad und hinter dem Tulsi-Theater in Hazratganj. Auf den Märkten bekommt man Lucknows beliebte Frühstücksspezialität *paya-khulcha*, eine scharfe Hammelfleischsuppe, serviert mit warmem Brot. Standardrestaurants mit AC findet man überwiegend in Hazratganj, und ausgezeichnetes, aber kostspieliges Essen bieten die **Hotelrestaurants** des Clarks Avadh und des Taj Residency.

Bharat, Subhash Marg, Ecke Station Rd, Charbagh. Billiges Straßenlokal gegenüber dem Bahnhof. Gute *dosa* und Currys (vegetarisch Rs35–60, andere Rs40–160).

Chowdray, MG Marg, Hazratganj. Beliebtes Lokal (Hauptgerichte Rs38–70), serviert ausgezeichnete Lucknavi-Küche.

India Coffee House, Ashoka Marg. Ehemaliger Treffpunkt der politischen Avantgarde von Lucknow; inzwischen völlig heruntergekommen; serviert immer noch Filterkaffee und billige, südindische Frühstück-Snacks. Ein paar Häuser weiter liegt das coolere **Café Coffee Day** und nur 100 m weiter die MG Marg hinunter das **Barista**.

Jone Hing, MG Marg, Hazratganj. Chinesisches Restaurant mit süß-sauren Standardgerichten, Chopsuey, Chowmein und Spezialitäten wie Ingwer-Huhn oder Mandschurischer Fisch. Hauptgerichte mit Fleisch Rs60–75, mit Fisch Rs105, mit Garnelen Rs195.

Moti Mahal, MG Marg, Hazratganj. Der Süßwarenladen im vorderen Teil hat hervorragendes Sahnekonfekt, darunter auch zuckerfreies. Das Familienrestaurant im oberen Stock serviert leckere Gemüse-Currys (Rs50–110).

Namshijaan, China Gate. Eines von mehreren Freiluftlokalen in dieser kleinen Straße beim UP Press Club mit Kebabs, Tandoori-Hühnchen, Biryanis und örtlichen Spezialitäten wie *dum pukht* mit Huhn. Hauptgerichte Rs40–120.

Nawab's, im Capoor's Hotel, MG Marg, Hazratganj. Gehobenes Restaurant, abends mit *qawwali*-Musik (außer Di). Top-Tipp sind Gerichte mit *murg nawabi*, ein mildes, sahniges Hühnergericht mit Cashew-Butter, und *tikka masala* mit Pilzen. Nicht vegetarische Hauptgerichte Rs100–250.

Royal Café, Shahmajaf Rd. Bei Einheimischen beliebt; hier gibt es nicht-vegetarische Mogul-Gerichte für Rs90–160 und Biryanis zu Rs105–135. Filiale beim Capoor's Hotel in der MG Marg.

Gut und günstig

Tanday, Kababi Naaz, Cinema Rd, gleich am Hauptmarkt von Aminabad. Dieses beliebte und günstige Lokal (das beste in der Straße) bietet authentische Avadhi-Küche. Tandoori-Huhn sowie Kebab mit Schaf- und (tatsächlich!) Rindfleisch werden draußen zubereitet und drinnen serviert; Hauptgerichte Rs30–60.

Einkaufen

Chikan heißt eine alte, traditionelle Lucknavi-Stickerei: filigrane Bordüren mit Blumenmustern, die die Ränder von Saris und Halsausschnitte von *kurtas* säumen. Entsprechende Werkstätten gibt es im Chowk, der Marktgegend im alten Teil von Lucknow, und Geschäfte finden sich in Hazratganj (besonders im Janpath-Markt), Nazirabad und Aminabad. **Gangotri**, das bundesstaatliche Kaufhaus in der MG Marg in Hazratganj (einen Block westlich von Lalbagh), hat feste Preise, die etwas über denen der Marktstände liegen, dafür ist die Qualität gewährleistet und man braucht nicht zu feilschen.

Lucknow ist auch für *ittar* (oder *attar*) bekannt, konzentriertes **Parfüm**, das in kleinen Fläschchen verkauft wird – ein kostspieliges Vergnügen. Kleine Baumwollbällchen werden mit dem Parfüm getränkt und in die Ohrmuschel gesteckt. Musiker glauben, der Geruch schärfe ihre Sinne. Beliebte *ittar* sind *ambar* aus Amber, *khus* aus der Blüte einer Pflanze und *ghulab* aus Rosen. Ein etablierter Händler ist **Sugandhco**, D-4 Janpath Market, an der Südseite des Markts.

Sonstiges
Autovermietungen
Mietwagen verleihen z. B. **Hotel Clarks Avadh**, 8 MG Marg, ℡ 0522/261 6500, und **UP Tours** im Hotel Gomti; ℡ 0522/261 2659.

Geld
Allahabad Bank, Park Rd, Hazratganj, und **State Bank of India**, Moti Mahal Marg. Es gibt zahlreiche **Geldautomaten** in der ganzen Stadt, z. B. am Bahnhof, am Busbahnhof, in der MG Road und gleich mehrere in der Shah Najaf Road.

Informationen
Das **UP Tourism Office** ist im Hotel Gomti, 6 Sapru Marg, ℡ 0522/261 2659; ⏰ Mo–Sa 10–17 Uhr.

Internet
i-way, im 2. Stock des Gebäudes neben dem UP-Büro, Sapru Marg, und **Meeting Point**, 100 m östlich nahe der Kreuzung mit der Ashok Marg.

Reisebüros
Bus-, Bahn- und Flugtickets verkaufen z. B. **Travel Corporation of India**, 13-A Jopling Rd, ℡ 0522/220 7554, und das effiziente, freundliche **UP Tours**, Hotel Gomti, 6 Sapru Marg, ℡ 0522/221 2659.
Wer nach Uttarakhand reisen möchte, findet in Lucknow Büros von **GMVN**, 4-7-RF Khushnuma Complex, Bahadur Marg, ℡ 0522/220 7844, und **KMVN**, 3. Stock, Sarang Menor, Shah Nzaf Rd, ℡ 0522/223 9434, die Touren nach Garhwal und Kumaon sowie Unterkünfte dort organisieren.

Touren
Gute Stadtrundfahrten (Rs520), die im Voraus bei UP Tours gebucht werden müssen, starten ab fünf Teilnehmern tgl. vom Hotel Gomti um 9.30 Uhr und enden dort um 14.30 Uhr. Auch Abholung am Bahnhof (um 9 Uhr) und von verschiedenen Hotels. Guide und Eintrittsgebühren, außer für die Residency (Rs100), sind im Preis enthalten.

Nahverkehr

Mehrsitzige Tempos und Vikrams haben die Stadtbusse mehr oder weniger verdrängt und verkehren auf festen Strecken, z. B. zwischen Charbagh und der Hauptpost; Sammelstellen befinden sich beim Janpath-Markt, Clarks Avadh Crossing und dem Chowk. Um das Verkehrschaos noch zu vergrößern, gibt es unzählige Fahrrad-Rikschas.

Transport
Busse
Alle Busse verkehren vom Busbahnhof Alambagh, 3 km südwestlich des Bahnhofs (Rs50 per Motor-Riksha von Hazratganj).
Busse nach:
AGRA (3x tgl.; 10 Std.);
ALLAHABAD (alle 45 Min; 4 1/2 Std.);
DELHI (2x tgl.; 9 Std.);
DEHRA DUN (1x tgl., 10 1/2 Std.);
HARIDWAR (1x tgl.; 10 Std.);
SONAULI (2x tgl.; 12 Std.);
VARANASI (6x tgl.; 8 Std.).

Eisenbahn

Der **Hauptbahnhof** Charbagh mit vernetztem Reservierungsbüro liegt 4 km südwestlich vom zentralen Viertel Hazratganj (Rs25–35 per Riksha oder Motor-Riksha).

Züge nach DELHI fahren meist nachts: Der Lucknow Mail Nr. 2229, Abfahrt 22 Uhr, ist einer von vier Abendzügen nach NEW DELHI (Ankunft 7 Uhr). Nach OLD DELHI fährt der Kaifiyat Express Nr. 2225 um 23 Uhr (Ankunft 6.50 Uhr). Der Marudhar Express Nr. 4863 nach AGRA fährt nur Mo, Mi, Fr und Sa (bzw. So, Di, Do und Fr nachts) um 0.05 Uhr und erreicht Agra Fort um 6.10 Uhr. Der Pushpak Express Nr. 2533 ist die beste Verbindung nach MUMBAI (tgl. 19.45 Uhr; 23 Std.). Die schnellste tägliche Verbindung nach KOLKATA ist der Amritsar–Howrah Mail Nr. 3006 (Abfahrt 10.55 Uhr, Ankunft 7.30 Uhr am nächsten Tag).

Der Kashi–Vishwanatha Express Nr. 4258 fährt um 23.15 Uhr nach VARANASI und kommt dort um 5.50 Uhr an. Am Tag verkehrt der Amritsar–Howrah Mail Nr. 3006 (Abfahrt 10.55 Uhr, Ankunft 16.45 Uhr). Der Varanasi–Dehra Dun Express Nr. 4265 um 20.15 Uhr nach DEHRA DUN (Ankunft 9.40 Uhr) via HARIDWAR (Ankunft 7.10 Uhr) bietet die beste Verbindung nach Uttarakhand, besonders da einige Wagen auch nach RAMNAGAR (Ankunft 6 Uhr) gehen. Ebenfalls nach Uttarakhand fährt der Bagh Express Nr. 3019 (Abfahrt 0.41 Uhr) und erreicht KATHGODAM (mit Anschlusszügen nach NAINITAL) um 9.30 Uhr. Der Chitrakoot Express Nr. 5009 um 17.30 Uhr für KHAJURAHO erreicht SATNA nachts um 4.15 Uhr, zeitig genug, um einen Bus für die Weiterreise zu erwischen.

Nach **Nepal** fahren täglich Nachtzüge mit Ziel GORAKHPUR – von wo Busse zur Grenze bei SONAULI gehen und dann weitere Busse nach KATHMANDU und POKHARA – u. a. der Amritsar–Katihar Express Nr. 5708 (Abfahrt 0.55 Uhr, Ankunft 5.50 Uhr) und der Kushinagar Express Nr. 1015 (Abfahrt 1.55 Uhr, Ankunft 7.25 Uhr). Es gibt auch Direktbusse nach SONAULI, was aber eine anstrengende 12-Stunden-Reise ist.

Weitere Züge:
AGRA (12x wöchentl.; 6–7 3/4 Std.),
DELHI (13–20x tgl.; 6 1/2–10 Std.),
DEHRA DUN (2–3x tgl.; 11 1/2–13 1/2 Std.),
GORAKHPUR (14–18x tgl.; 4 3/4–7 1/4 Std.),
HARIDWAR (2x tgl.; 10–11 Std.),
KANPUR (13–20x tgl.; 1–2 1/4 Std.),
KOLKATA (4–5x tgl.; 18–30 1/4 Std.),
Kathgodam für NAINITAL (1x tgl.; 8 3/4 Std.),
MUMBAI (2–6x tgl.; 23 3/4–30 3/4 Std.),
PATNA (3–6x tgl.; 10–14 1/2 Std.),
VARANASI (13–17x tgl.; 4 1/4–10 1/2 Std.).

Flüge

Vom Amausi Airport, 16 km südlich an der Kanpur Rd, kostet eine Taxifahrt in die Innenstadt rund Rs350.
Indian Airlines, 9 Rani Laxmi Bai Marg (beim Gemini Continental Hotel), ☏ 0522/262 0927;
Air India, FF-7 Chintels House, 16 Station Rd, ☏ 0522/263 8700;
Jet Airways und **JetLite**, 6 Park Rd, ☏ 0522/223 9612.

Flüge nach:
DELHI (AI, IC, DN, S2, 9W; 8–9x tgl.; 1 Std.);
KOLKATA (S2; 1x tgl.; 2 1/4 Std.);
MUMBAI (IC, S2; 3x tgl.; 2–4 Std.);
PATNA (S2; 1x tgl.; 1 Std.).
(AI = Air India, IC = Indian Airlines, DN = Air Deccan, S2 = JetLite, 9W = Jet Airways)

Allahabad und Umgebung

Die Verwaltungs- und Industriestadt Allahabad, 135 km westlich von Varanasi und 227 km südöstlich von Lucknow, wird auch **Prayag** („Zusammenfluss") genannt, denn sie liegt an dem Punkt, an dem sich die Yamuna und der Ganges mit dem mythischen Fluss Saraswati vereinen. Der den Hindus heilige **Sangam** (bedeutet ebenfalls „Zusammenfluss") östlich der Stadt ist einer der wichtigsten Wallfahrtsorte Indiens. Während der *melas* (religiöse Feierlichkeiten) strömen zahllose Besucher nach Allahabad: Die **Magh Mela** findet jedes Jahr statt (Jan/Feb), die prächtige **Maha Kumbh Mela** hingegen nur alle zwölf Jahre (das nächste Mal im Jahr 2013).

Die Eisenbahnschienen führen mitten durch das Zentrum und schneiden Allahabad in zwei Teile: Die chaotische **Altstadt** oder **Chowk**

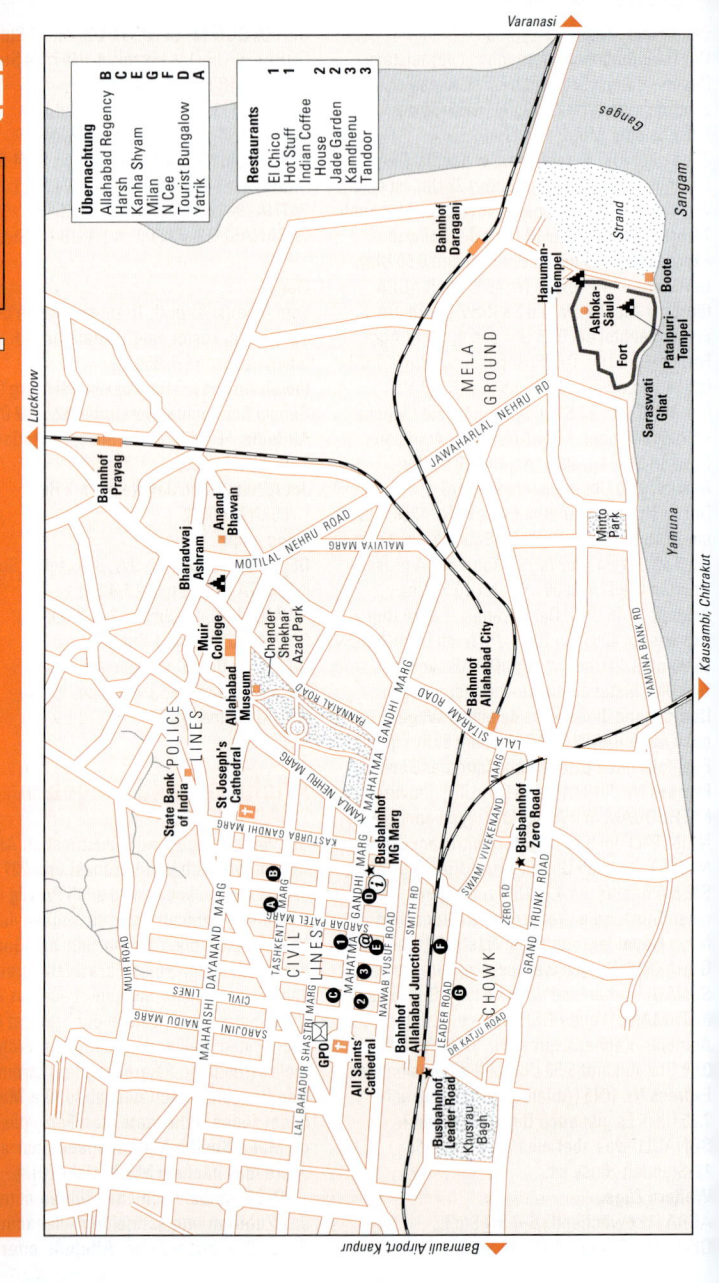

Allahabad

Uttar Pradesh

Übernachtung	
Allahabad Regency	B
Harsh	C
Kanha Shyam	E
Milan	G
N Cee	F
Tourist Bungalow	D
Yatrik	A

Restaurants	
El Chico	1
Hot Stuff	1
Indian Coffee House	2
Jade Garden	2
Kamdhenu	3
Tandoor	3

348 **Allahabad und Umgebung**   www.stefan-loose.de/Indien

liegt südlich des Hauptbahnhofs und das wohlgeordnete Straßennetz von **Civil Lines** nördlich davon.

Am Rande des hübschen **Chandra Shekhar Azad Park**, gleichfalls in Civil Lines, liegt das mit alten Skulpturen übersäte Gelände des **Allahabad Museums**. Die Ausstellungsstücke umfassen frühe Terrakotta-Gegenstände, Skulpturen aus dem 18. Jh., die in der buddhistischen Stätte Kausambi gefunden wurden, und eine wunderbare, aus dem 12. Jh. stammende Darstellung von Shiva und Parvati. Außerdem gibt es eine umfassende Galerie moderner indischer Werke, naive Malereien des russischen Künstlers Nicholas Roerich und Arbeiten des Tibetologen Lama Anagarika Govinda. In einer naturkundlichen Abteilung sind ausgestopfte Tiere zu sehen und in einer anderen Fotos und Dokumente aus der Zeit des Unabhängigkeitskampfes. ⏱ Di–So 10.15–16.30 Uhr, jeden So nach dem 2. Sa im Monat geschlossen; Eintritt Rs100.

Nördlich des Museums stehen die aus dem 19. Jh. stammenden Sandsteingebäude der **Allahabad University** und das gotische **Muir College**, Baujahr 1870, dessen 61 m hoher Turm zwischen blau gekachelten Kuppeln und eleganten Torbögen emporragt. Gleich hinter dem College, inmitten einer wunderbaren Anlage rund 1 km nordöstlich des Museums, befindet sich das **Anand Bhawan**. Das reich verzierte viktorianische Gebäude war das Elternhaus des ersten indischen Premierministers nach der Unabhängigkeit, Jawaharlal Nehru. Es wurde in ein Museum verwandelt. Schlangen von Besuchern spähen durch Glasscheiben in die prunkvollen Wohnräume und verschaffen sich einen Eindruck davon, wie gut es der „First Famliy" ging. Nehrus Tochter Indira Gandhi wurde hier geboren, und der mit der Familie nicht verwandte Mahatma Gandhi wohnte hier, wenn er die Stadt besuchte. ⏱ Di–So 9.30–17 Uhr (von 12.45–13.30 Uhr kein Kartenverkauf); Erdgeschoss: Eintritt frei, 1. Stock: Rs5.

Das längste Stück der Uferpromenade Allahabads liegt entlang der Yamuna, nach Süden hin, wo Frauen abends an der **Saraswati Ghat** *arati* (Lichtopfer) ausführen, indem sie kleine, *diya* genannte Öllämpchen flussabwärts treiben lassen.

Östlich der Saraswati Ghat, in der Nähe des Sangam, sind die Kanonen des **Forts** zu erkennen – am eindrucksvollsten von einem Boot aus. Da die Festung noch zu Militärzwecken dient, dürfen Besucher nur das Gelände rund um den **Patalpuri-Tempel** betreten, das man durch eines der drei massiven Festungstore erreicht.

An einer *ghat* östlich der Festung fahren die Boote zum Sangam ab. Weiter landeinwärts, links des Sangam, am Fuße der Anlage, führt eine Straße an Ständen vorbei zum farbenfrohen **Hanuman-Tempel**. Ungewöhnlich ist, dass der Affengott im Tempelinnern nicht stehend, sondern liegend dargestellt wird; angeblich steigt während der jährlichen Überschwemmungen das Wasser so lange, bis es die Füße des Gottes berührt, und geht dann wieder zurück.

Übernachtung

Allahabad hat Unterkünfte für fast jeden Geldbeutel. Die billigeren befinden sich überwiegend im alten Chowk-Viertel, die teureren im Stadtteil Civil Lines.

Allahabad Regency, 16 Tashkent Marg, ✆ 0532/261 1110, 🖳 www.hotelallahabadregency.com. Kolonialhotel aus dem 19. Jh. mit komfortablen AC-Zimmern, gutem Gartenrestaurant, Sauna, Jacuzzi, Pool und Fitnessraum. ❽

Harsh, 118/116 MG Marg, ✆ 0532/242 7897. Schäbiger Kolonialbungalow, aber die beste Billigunterkunft in dieser Gegend; große, abgewohnte Zimmer mit Bad; die nach vorne raus haben kleine Kamine und öffnen sich auf einen Rasen. ❶

Kanha, Shyam Strachey Rd, Civil Lines, ✆ 0532/256 0123-32, 🖳 www.hotelkanhashyam.com. Nobles 4-Sternehotel mit ziemlich edlen Zimmern in Burgunderrot und mit dunklem Holz, das allerdings etwas abgenutzt ist. Pool (im Bau), Bar, Café und Dachrestaurant mit Blick über die Stadt. ❽

Milan, 46 Leader Rd, ✆ 0532/240 3776 oder -7, 🖳 www.milanhotels.in. Etwas besser als die anderen Hotels südlich des Bahnhofs und eine gute Wahl in der mittleren Preislage. Die billigeren Zimmer sind etwas verwohnt und die Matratzen ziemlich hart, aber es gibt auch bessere und etwas teurere AC-Zimmer. ❹–❺

N Cee, 108 Leader Rd, ☎ 0532/240 1166. Beliebtes Budgethotel südlich der Bahnschienen im betriebsamen Basarviertel. Kleine Zimmer, aber freundliche Atmosphäre. 24 Std. Check-out. ❷

Tourist Bungalow (Ilawart), 35 MG Marg, ☎ 0532/260 1440, ✉ rahiilawart@up-tourism.com. Die Zimmer im komfortableren neuen Flügel unweit des Busbahnhofs auf ihren Lärmpegel hin testen – die mitgenommeneren im alten Block sind ruhiger. Es gibt auch einen Schlafsaal (Rs125), ein Restaurant mit langsamer Bedienung, aber guter Küche und eine beliebte Bar. Gemanagt von UP Tourism. ❹–❺

Yatrik, 33 Sardar Patel Marg, ☎ 0532/226 0921-6, 🖥 www.hotelyatrik.com. Das beste der teureren Hotels, hat weniger Serviceangebote, aber mehr Ambiente als das Kanha. Einladender Garten mit Pool; manchmal voll mit Reisegruppen. 24 Std. Check-out. ❼

Bootsfahrt zum Sangam

Rund 7 km von Civil Lines befindet sich der heilige Zusammenfluss, der Sangam. An der Stelle, wo sich der braune Ganges und die grünliche Yamuna vereinigen, drängen sich *pundas* (Priester) auf kleinen Plattformen, um *puja* durchzuführen und den Gläubigen bei der rituellen Reinigung im flachen Wasser behilflich zu sein. Die Strände und *ghats* sind mit den abgeschnittenen Haaren der Pilger bedeckt, die hier für ihre verstorbenen Eltern eine Trauerzeremonie durchführen, und Frauen verkaufen Häufchen aus leuchtend rotem und orangefarbenem *tilak*-Puder.

Boote, die Pilger und Touristen zum Sangam befördern, fahren an der *ghat* östlich des Forts ab. Der staatlich empfohlene Preis für die Überfahrt beträgt pro Person Rs25, doch die meisten Wallfahrer zahlen ungefähr Rs50, und manchmal werden bis zu Rs150 verlangt. Der offizielle Preis für eine ganze Bootsmiete liegt zwischen Rs100 und Rs120, kann aber bei starkem Andrang auf über Rs250 und bei den *melas* sogar bis zu Rs1000 steigen.

Essen

Die meisten besseren Cafés und Restaurants liegen in Civil Lines um die MG Marg. Am frühen Abend gibt es an den Essensständen in der MG Marg alle möglichen Leckerbissen.

El Chico, 24 MG Marg. Gutes, schickes Lokal; leckere indische, chinesische und westliche Gerichte; nicht-vegetarische Hauptgerichte Rs165–260.

Hot Stuff, 21 Sardar Patel Marg. Beliebter Treff der Stadtjugend, serviert Burger, Milchshakes, chinesisches Essen und Eiscreme; Hauptgerichte Rs50–100.

Indian Coffee House, MG Marg, etwas von der Straße zurückversetzt. Allahabads Filiale dieser südindischen Kette serviert ausgezeichneten Filterkaffee und einfache Snacks (max. Rs30).

Jade Garden, MG Marg. Kleines Gartenlokal, überwiegend chinesische Küche wie Chopsuey, Chowmein und Süßsaures sowie vegetarische und andere indische Gerichte (Hauptgerichte Rs90–150).

Kamdhenu, 37 MG Marg. Bekannter Süßwarenladen, wo man köstliche örtliche Spezialitäten bekommt.

Tandoor, MG Marg. Etwas teureres, nicht-vegetarisches Restaurant und eines der besten für indische Küche mit allen Tandoori-Klassikern wie Huhn oder Fisch-Tikka, Kebab und Mogul-Currys. Hauptgerichte Rs65–100.

Sonstiges

Autovermietungen

Mietwagen vermitteln Reisebüros wie **Varuna**, Maya Bazaar, beim Tandoor Restaurant an der MG Marg, ☎ 0532/242 7259, ✉ varunatravels@hotmail.com; die Preise liegen bei Rs550 pro Tag plus gefahrene Kilometer.

Geld

Es gibt mehrere **Geldautomaten** in der MG Marg; die **State Bank of India**, Kutchery Rd, Police Lines, liegt ungünstig.

Informationen

Tourist Information Office im Tourist Bungalow, 35 MG Marg, Civil Lines, ☎ 0532/260 1873;

sehr hilfsbereit, bietet nützliche Infos, vor allem während der *melas*. ⓧ Mo–Sa 10–17 Uhr.

Internet
Angelica Cyber Point, gegenüber vom Hotel Sangam in einer Nebenstraße der MG Marg, und **Vishal Net** in Maya Bazaar, neben dem Restaurant Tandoor, haben relativ schnelle Terminals und berechnen Rs15–20 pro Std.

Post
Die **Hauptpost** (GPO oder HPO genannt) liegt an der Sarojini Naidu Marg, unweit der All Saints' Cathedral in Civil Lines.

Nahverkehr
Taxis findet man in der Umgebung des Hauptbahnhofs, doch die üblichsten Fortbewegungsmittel sind Fahrrad- und Motor-Rikschas; eine Fahrt zum Sangam von der großen Kreuzung in Civil Lines kostet ca. Rs35 (mit dem Fahrer einen Zeitpunkt für die Rückfahrt ausmachen).

Transport
Busse
Am Busbahnhof **Leader Road** halten die Busse aus westlich gelegenen Städten wie Agra, Lucknow, Kausambi und Delhi. Er liegt direkt vor den Südausgängen des Hauptbahnhofs. Der kleinere Busbahnhof **Zero Road**, zuständig für die im Süden gelegenen Städte Mahoba, Satna und Chitrakut – Ausgangspunkte nach Khajuraho – befindet sich 1 km weiter südöstlich.

Busse von überall her und vor allem aus Städten im Osten, darunter Varanasi, laufen den Busbahnhof **MG Marg** an, neben der Touristeninformation, ca. 1 km östlich von Civil Lines.

Eisenbahn
Allahabad besitzt vier Bahnhöfe (darunter Prayag, City und Daraganj), doch die wichtigsten Züge der Strecke Delhi–Kanpur–Kolkata halten am Hauptbahnhof **Allahabad Junction**. Die meisten Unterkünfte liegen ganz in der Nähe; beim Verlassen des Bahnhofsgebäudes darauf achten, den Ausgang zu nehmen, der zur angestrebten Hotelgegend führt.

Flüge
Der Bamrauli Airport liegt 18 km westlich der Stadt an der Straße nach Kanpur. **JetLite**, mit Büro im Flughafen, ☏ 0532/258 0796, fliegt nach DELHI (3x wöchentl.; 2 1/2 Std.).

4 HIGHLIGHT

Varanasi

Das Flussufer der Hindu-Stadt Varanasi in der Ganges-Ebene, auch **Banaras** oder **Benares** genannt, wird kilometerweit von steinernen *ghats* gesäumt, an denen tagtäglich Tausende Pilger und Anwohner ihre rituellen Waschungen durchführen. Das von Gläubigen **Kashi**, die Erleuchtete – die von Shiva gegründete Stadt des Lichtes – genannte Varanasi ist eine der ältesten ununterbrochen bewohnten Städte der Welt. Seit dem 6. Jh. v. Chr. steht sie im Mittelpunkt der hinduistischen Glaubenswelt und einer religiösen Geografie, die von der im Himalaja gelegenen Höhle Amarnath in Kashmir nach Kanniyakumari, der Südspitze Indiens, von Puri im Osten und Dwarka im Westen reicht.

Varanasi zählt zu den heiligsten aller *tirthas* (S. 149) und zieht seit jeher Wallfahrer, Sinnsuchende und Sannyasins an, darunter heilige Männer wie Buddha, Mahavira, Gründer des Jainismus, und der große hinduistische Reformer Shankara. Jeder, der in Varanasi stirbt, erlangt sofort *moksha*, d. h. Erlösung, und viele ältere Menschen kommen zum Sterben hierher.

Ghats
Die von Villen, Palästen und Tempeln aus dem 18. und 19. Jh. gesäumten Flussufer Varanasis sind mit einer Reihe steinerner Treppen versehen – den *ghats*. Jede der etwa 100 kleineren oder größeren *ghats* besitzt einen Lingam und nimmt in der religiösen Geografie der Stadt ihren speziellen Platz ein. Manche sind im Zerfall begriffen, andere dagegen genießen hohen Zulauf.

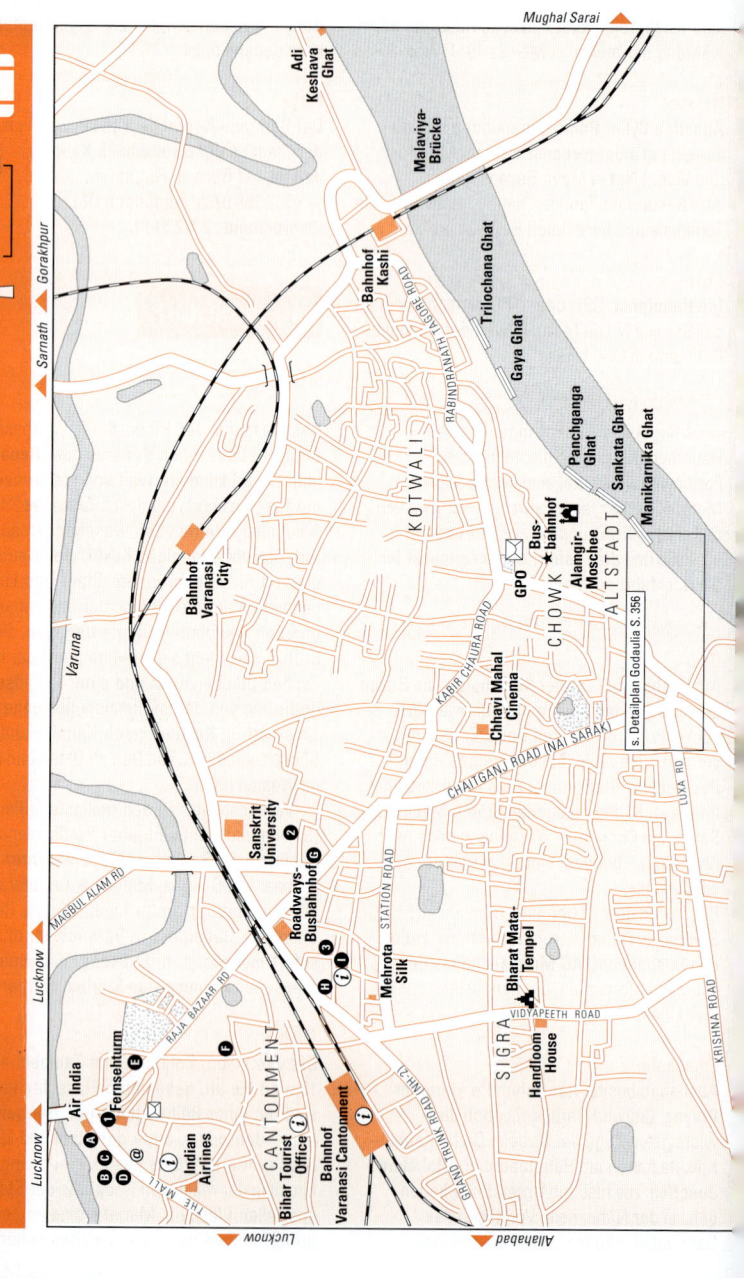

Varanasi

Uttar Pradesh

0 — 500 m

N

Mughal Sarai ►

◄ *Sarnath / Gorakhpur*

◄ *Lucknow*

◄ *Lucknow*

▼ *Lucknow*

▼ *Allahabad*

Adi Keshava Ghat
Malaviya-Brücke
Trilochana Ghat
Gaya Ghat
Panchganga Ghat
Sankata Ghat
Manikarnika Ghat

Bahnhof Kashi
Bahnhof Varanasi City
Bahnhof Varanasi Cantonment

Varuna

KOTWALI
CHOWK
ALTSTADT
CANTONMENT
SIGRA

RABINDRANATH TAGORE ROAD
KABIR CHAURA ROAD
CHAITGANJ ROAD (NAI SARAK)
STATION ROAD
VIDYAPEETH ROAD
LUXA RD
KRISHNA ROAD
MAGBUL ALAM RD
RAJA BAZAAR RD
THE MALL
GRAND TRUNK ROAD (NH-2)

GPO
Bus-bahnhof
Alamgir-Moschee
s. Detailplan Godaulia S. 356
Chhavi Mahal Cinema
Sanskrit University
Roadways-Busbahnhof
Mehrota Silk
Bharat Mata-Tempel
Handloom House
Air India
Fernsehturm
Indian Airlines
Bihar Tourist Office

352 Varanasi
www.stefan-loose.de/Indien

Varanasi

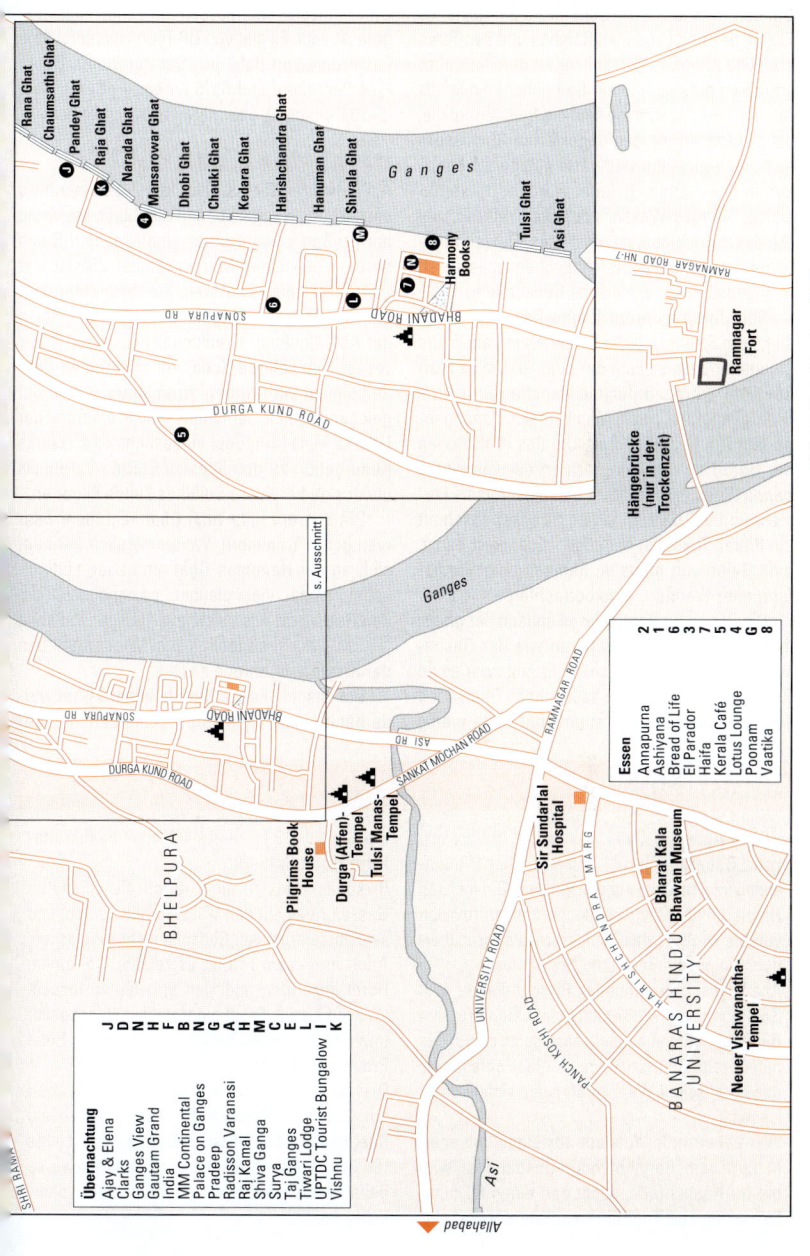

Ganges (Ausschnitt oben):
- Rana Ghat
- Chaumsathi Ghat
- Pandey Ghat
- Raja Ghat
- Narada Ghat
- Mansarower Ghat
- Dhobi Ghat
- Chauki Ghat
- Kedara Ghat
- Harishchandra Ghat
- Hanuman Ghat
- Shivala Ghat
- Tulsi Ghat
- Asi Ghat

Harmony Books
SONAPURA RD
BHADANI ROAD
DURGA KUND ROAD
RAMNAGAR ROAD NH.7
Ramnagar Fort
Hängebrücke (nur in der Trockenzeit)
Ganges
s. Ausschnitt

Übernachtung
- Ajay & Elena J
- Clarks D
- Ganges View N
- Gautam Grand H
- India F
- MM Continental B
- Palace on Ganges N
- Pradeep G
- Radisson Varanasi A
- Raj Kamal H
- Shiva Ganga M
- Surya C
- Taj Ganges E
- Tiwari Lodge L
- UPTDC Tourist Bungalow I
- Vishnu K

Essen
- Annapurna 2
- Ashiyana 1
- Bread of Life 6
- El Parador 3
- Haifa 7
- Kerala Café 5
- Lotus Lounge 4
- Poonam G
- Vaatika 8

BHELPURA
SHRI RAM...
SONAPURA RD
BHADANI ROAD
DURGA KUND ROAD
Pilgrims Book House
Durga (Affen-)Tempel
Tulsi Manas-Tempel
Sankat Mochan Road
Asi Rd
Ramnagar Road
Sir Sundarlal Hospital
Bharat Kala Bhawan Museum
HARISHCHANDRA MARG
UNIVERSITY ROAD
PANCH KOSHI ROAD
BANARAS HINDU UNIVERSITY
Neuer Vishwanatha-Tempel
Asi
Allahabad

Uttar Pradesh

www.stefan-loose.de/Indien

Varanasi 353

Bei den Hindus gilt der Ganges als *amrita*, jenes Elixier, das den Lebenden Reinheit und den Toten Erlösung bringt. In Wirklichkeit ist der Fluss aber stark verunreinigt und ein Bad daher keinesfalls ratsam. Das Schlimmste sind die Schwermetalle, die zusammen mit den ungeklärten Abwässern aus den weiter flussaufwärts gelegenen Fabriken in den Ganges geleitet werden. Ob sterilisiertes Ganges-Wasser noch die Kraft hat, von Sünden zu reinigen, ist umstritten. Derzeit überwiegt die Meinung, dass Abkochen zulässig ist, nicht jedoch eine chemische Behandlung.

Seit Jahrhunderten folgen Pilger ganz bestimmten Strecken unter Einbeziehung am Wege gelegener Tempel. Eine der populärsten ist **Panchatirthi Yatra**, zu der die *pancha* (fünf) *tirthi* (Übergänge) Asi, Dash, Manikarnaka, Panchganga und Adi Kesh gehören. Um das Wohlwollen der Götter zu erlangen, rezitiert der von einem *panda* (Priester) begleitete Gläubige fromme Formeln und vollzieht an jedem Streckenabschnitt ein Ritual. Touristen begnügen sich meist damit, eine Reihe von *ghats* im Rahmen einer Bootsfahrt oder Wanderung zu betrachten.

Die Preise für **Bootsfahrten** entlang der *ghats*, insbesondere der wichtigeren wie der Dashaswamedh, sind weit überhöht. Es gibt zwar einen Polizeiposten an der Dashaswamedh Ghat, doch Touristen erfahren von staatlicher Seite wenig Unterstützung und müssen auf zähes Feilschen gefasst sein. Es gibt von UP Tourism empfohlene Festpreise von Rs50 pro Std. für kleine Boote (1–4 Personen) und Rs75 für ein größeres Boot (5–10 Personen), aber daran hält sich keiner.

Von der Asi Ghat zur Kedara Ghat

Am Lehmufer der **Asi Ghat**, am Zusammenfluss von Asi und Ganges, baden die Pilger, bevor sie am großen Lingam unter einem *peepal*-Baum beten. Ein kleiner Marmortempel unweit der *ghat* birgt einen weiteren, viel besuchten Lingam namens **Asisangameshvara**, den „Herrn der Asi-Mündung". Traditionell wanderten Pilger weiter zum **Lolarka Kund**, der „Zitternden Sonne", einem über Stufen erreichbaren, 15 m tief gelegenen Teich, der hauptsächlich während der Lolarka Mela (Aug/Sep) aufgesucht wird. Lolarka Kund gehört zu den ältesten Stätten Varanasis und lockte bereits zu Buddhas Zeiten Pilger an.

Die angrenzende **Tulsi Ghat** liegt mehr oder weniger in Trümmern. Weiter nördlich befindet sich an der **Hanuman Ghat** ein neuer, südindischer Tempel. Viele glauben, es handle sich um den Geburtsort des Vaishnava-Heiligen Vallabha (15. Jh.), der maßgeblich zum Wiederaufleben der Krishna-Verehrung beitrug.

Die anschließende **Harishchandra Ghat** wurde nach einem legendären König benannt, der

Nepper und Schlepper

Wie in Agra und Delhi wimmelt es in Varanasi von „Bauernfängern", und vor allem Neuankömmlinge müssen auf der Hut sein. Die meisten Hotels zahlen Kundenschleppern eine Provision von bis zu 80 % des Zimmerpreises (pro Übernachtung) – auf Rechnung des Gastes.

Alle Englisch sprechenden Rikscha-Fahrer sind Schlepper und äußerst hartnäckig. Wer am Bahnhof Cantonment ankommt, sollte zuerst das hilfsbereite Tourist Office (S. 363) aufsuchen, das Hotel seiner Wahl anrufen und sich abholen lassen.

Wer lieber in der Altstadt absteigen will, marschiert vom Bahnhof oder Busbahnhof weg bis zur Hauptstraße, sucht dort einen Rikscha-Fahrer, der kein Englisch kann, und gibt als Fahrziel Godaulia, 3 km südöstlich an – die Rikscha-Fahrt kostet Rs15–20.

Rikschas kommen nicht durch die schmalen Gassen rings um den Vishwanatha-Tempel und sind im Zentrum von Godaulia nicht zugelassen. Auch in diesem Fall ist es ratsam, bei einem Hotel anzurufen und sich abholen zu lassen. Wer auf eigene Faust ein Hotel sucht, bekommt unweigerlich einen Begleiter, der dann im Hotel Provision verlangt.

Die einzigen Hotels in der Altstadt, die sich auf diesen Handel nicht einlassen, sind Vishnu Rest House, Shanti Guesthouse und Yogi Lodge (S. 358, Kasten), daher wird üblicherweise behauptet, sie seien „abgebrannt" oder „überschwemmt".

großmütig sein Reich verschenkte. Sie ist eine der beiden *ghats* Varanasis, an denen Tote eingeäschert werden, und ist daher unschwer an den Rauchschwaden zu erkennen.

Noch weiter nördlich folgt die **Kedara Ghat**, welche die hinduistische Mythologie mit Shivas Heimat Kedarnath im Himalaya verbindet. Pilger auf der Panchatirthi Yatra besuchen sie nicht, doch vor allem im heiligen Monat Shravana (Juli/Aug.), mitten in der Monsunzeit, herrscht hier großer Trubel. Der hiesige rot-weiß gestreifte Tempel beherbergt den **Kedareshvara Lingam**.

Von der Chauki Ghat zur Chaumsathi Ghat

Das herausragendste Merkmal der weiter nördlich gelegenen **Chauki Ghat** ist ein gewaltiger Baum, in dessen Schatten kleine, den *nagas* (Wasserschlangen-Gottheiten) geweihte Schreine liegen. An der unverkennbaren **Dhobi** (Wäscher) **Ghat** werden immer noch Kleidungsstücke gewaschen.

An kleineren *ghats* wie der nach dem heiligen See in Tibet benannten **Manasarowar Ghat** sowie der **Narada Ghat** vorbei, gelangt man zur **Chaumsathi Ghat**, wo Steinstufen zum kleinen Tempel der **Chaumsathi Yogini** (64 weiblichen Yogi) hochführen. Die Bildnisse von Durga im Tempelinneren repräsentieren eine Entwicklungsstufe, in der eine Reihe von Göttinnen nunmehr als verschiedene Erscheinungsformen dieser mächtigen Göttin betrachtet wurden.

Dashaswamedh Ghat

Dashaswamedh ist die meistbesuchte, am leichtesten zugängliche Bade-Ghat Varanasis und die zweitwichtigste der fünf *tirthas* am Panchatirthi Yatra-Pilgerweg. Der hiesige Brahmeshvara Lingam soll von dem Gott Brahma selbst aufgestellt worden sein. Südlich davon birgt ein flacher Bau den zu allen Jahreszeiten gut besuchten **Shitala-Schrein**.

Von der Man Mandir Ghat zur Lalita Ghat

Die **Man Mandir Ghat** ist in erster Linie für ihre im 18. Jh. unter dem Maharadscha von Jaipur erbaute Sternwarte bekannt. Pilger besuchen zuerst den Lingam von Someshvara, dem Herrn des Mondes, und gehen dann an der **Tripurabhairavi Ghat** vorbei zur **Mir Ghat** und zum **Neuen Vishwanatha-Tempel**. Der Tempel wurde von konservativen Brahmanen erbaut, die behaupteten, der alte Vishwanatha-Lingam sei unrein geworden, als Harijans („Unberührbare") 1956 Zugang zu diesem Heiligtum erhielten. **Dharma Kupa**, der Dharma-Brunnen, umgeben von untergeordneten Schreinen und dem Lingam **Dharmesha**, ist der Ort, wo Yama, dem Herrn des Todes, das Recht zugesprochen wurde, über die Verstorbenen der ganzen Welt zu richten – außer über jene von Varanasi. Nördlich liegt die **Lalita Ghat**, berühmt für den Vishnu gewidmeten Schrein **Ganga Keshava** und den **Nepalesischen Tempel** (⏰ tgl. 5–20 Uhr; Eintritt Rs10), in dem sich ein Bildnis von **Pashupateshvara** befindet – einer Inkarnation Shivas.

Manikarnika Ghat

Nördlich der Lalita Ghat befindet sich das wichtigste Krematorium Varanasis, die Manikarnika Ghat. Normalerweise liegen die Verbrennungsstätten im Verborgenen irgendwo am Stadtrand, doch die gesamte Stadt Shivas gilt als **Mahashamshana**, Großes Krematorium. An der *ghat* finden ständig Einäscherungszeremonien statt, und die **Doms**, die „unberührbaren" Totenwärter sind ununterbrochen damit beschäftigt, die Glücklichen, denen es erlaubt war, hier zu sterben, auf ihre Reise ins Totenreich zu schicken. Die meisten ausländischen Besucher fasziniert der Anblick einer öffentlichen Leichenverbrennung, aber Fotografieren ist natürlich absolut tabu, und es sollte auch keine Kamera zu sehen sein, will man keinen Anstoß erregen.

Die Manikarnika Ghat liegt im Zentrum der fünf *tirthas* und symbolisiert sowohl Schöpfung als auch Zerstörung, was sich in dem heiligen Brunnen **Manikarnika Kund** ausdrückt. In der hinduistischen Mythologie gab es den Manikarnika Kund schon vor dem Ganges; sein Ursprung liegt tief im Himalaja. Vishnu grub den *kund* mit seinem Diskus und füllte ihn auf Geheiß Shivas mit dem Schweiß, den er bei der Schöpfung der Erde vergossen hatte. Als Shiva vor Begeisterung zitterte, fiel sein Ohrring in diesen Teich, der als Manikarnika – „juwelenbesetzter Ohrring" – die erste *tirtha* der Welt wurde. Jedes Jahr, nachdem der Flusspegel gesunken und der *kund* nur noch mit Schlamm gefüllt ist, wird er wieder

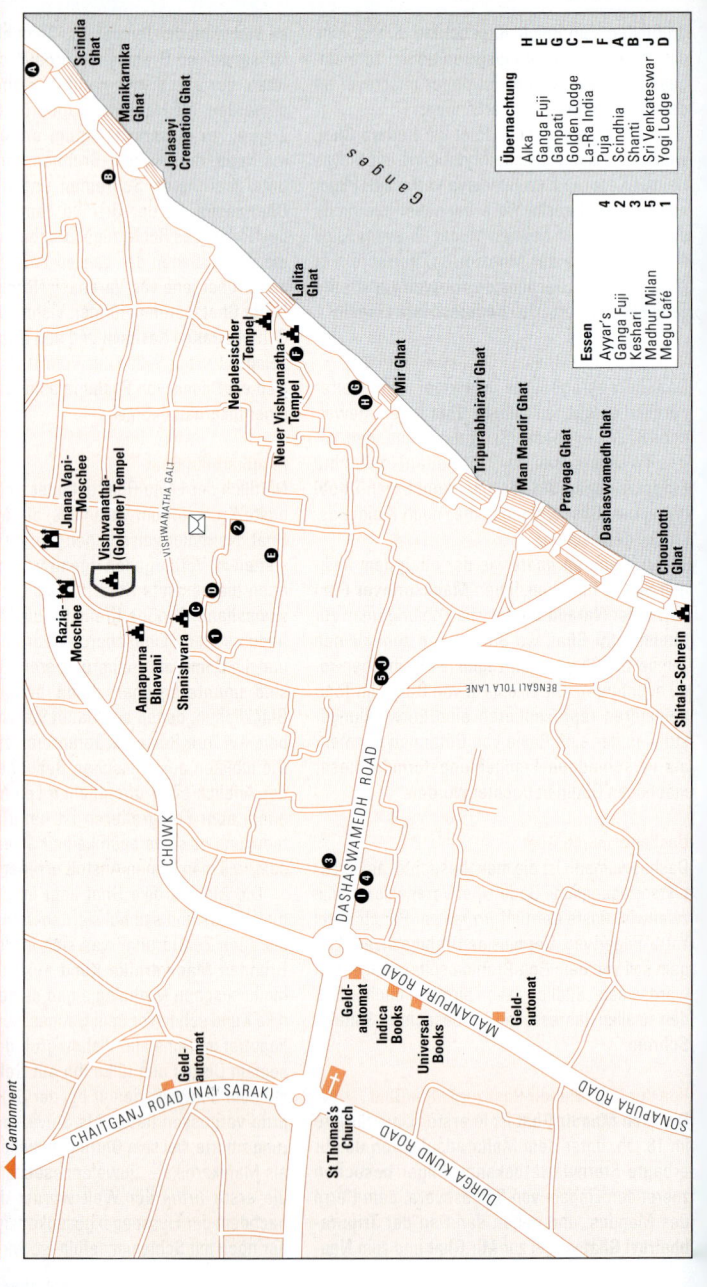

Godaulia

Uttar Pradesh

Übernachtung	
Alka	H
Ganga Fuji	E
Ganpati	G
Golden Lodge	C
La-Ra India	I
Puja	F
Scindhia	A
Shanti	B
Sri Venkateswar	J
Yogi Lodge	D

Essen	
Ayyar's	4
Ganga Fuji	2
Keshari	6
Madhur Milan	3
Megu Café	1

Scindia Ghat
Manikarnika Ghat
Jalasayi Cremation Ghat
Ganges
Lalita Ghat
Nepalesischer Tempel
Neuer Vishwanatha-Tempel
Mir Ghat
Tripurabhairavi Ghat
Man Mandir Ghat
Prayaga Ghat
Dashaswamedh Ghat
Choushotti Ghat
Shitala-Schrein

Jnana Vapi-Moschee
Vishwanatha-(Goldener) Tempel
VISHWANATHA GALI
Razia-Moschee
Annapurna Bhavani
Shanishvara

CHOWK
DASHASWAMEDH ROAD
BENGALI TOLA LANE

Geldautomat
Indica Books
Universal Books
Geldautomat
MADANPURA ROAD
St Thomas's Church
DURGA KUND ROAD
SONAPURA ROAD
CHAITGANJ ROAD (NAI SARAKI)
Geldautomat
◀ Cantonment

N 0 100 m

356 Varanasi
www.stefan-loose.de/Indien

neu ausgegraben. Die Umgebung wird gesäubert und mit farbenfrohen Darstellungen der hier verehrten Göttin **Manikarni Devi** bemalt.

Von der Panchganga Ghat zur Adi Keshava Ghat

Hinter der Lakshmanbala Ghat liegt eine der umstrittensten *ghats*, die **Panchganga Ghat**, die von der mächtigen **Alamgir-Moschee**, von den Anwohnern Beni Madhav-ka-Darera genannt, überragt wird. Die Moschee steht auf den Ruinen des **Bindu Madhava**, eines Vishnu-Tempels, dessen Anlage sich von der Panchganga bis zur Rama Ghat erstreckte, bevor er von Aurangzeb zerstört und durch die Moschee ersetzt wurde. Panchganga zeugt aber auch von freundschaftlicheren Beziehungen zwischen Hindus und Moslems, denn hier fand die Initiation des mittelalterlichen Sufi-Heiligen Kabir statt, Sohn eines moslemischen Webers, der von Hindus und Moslems gleichermaßen verehrt wird.

Die Altstadt

Im Herzen Varanasis, zwischen der Dashaswamedh Ghat und Godaulia im Süden und Westen und der Manikarnika Ghat im Norden, liegt die Altstadt (oder Vishwanatha Khanda), ein Labyrinth aus verwinkelten Gässchen, das zum Erkunden einlädt. In jeder Ecke taucht ein Tempel oder Lingam auf, und es herrscht ein buntes Treiben. Ein guter Orientierungspunkt für den wahrscheinlichen Fall, dass man sich verläuft, ist der Fluss.

Über die Gasse **Vishwanatha Gali** lässt sich der Tempelkomplex **Vishwanatha** oder **Visheshwara** erreichen, wegen seines vergoldeten *shikhara* (Turms) auch **Goldener Tempel** genannt. Die hinter einer Mauer verborgene Anlage darf nur von Hindus betreten werden, alle anderen müssen sich mit einem Blick von umliegenden Gebäuden begnügen.

Seine schlichten weißen Kuppeln überragen den **Jnana Vapi** („Weisheitsbrunnen"), umgeben von einer offenen, 1828 erbauten Bogenhalle, in dem Shiva nach der Fertigstellung des Vishwanatha seinen Lingam kühlte. Neben dem Tempel steht, von bewaffneten Polizisten gegen Überfälle hinduistischer Fanatiker geschützt, die **Jnana Vapi-Moschee**, auch die Große Moschee von Aurangzeb genannt.

Der **Annapurna Bhavani-Tempel** nahe dem Vishwanatha ist Shakti gewidmet, der göttlichen weiblichen Energie. Sie manifestiert sich in zahlreichen Erscheinungsformen, darunter die der grausamen Göttinnen Kali und Durga mit ihren Waffen und Girlanden aus Totenschädeln, doch hier zeigt sie sich als Nahrungsspenderin und trägt einen Kochtopf. In der Nähe befindet sich eine eindringliche Darstellung von **Shani** oder Saturn. Ein Stückchen weiter nördlich, auf der anderen Seite der Hauptstraße, befindet sich die im 13. Jh. auf den Trümmern eines noch früheren, unter den Sultanaten zerstörten Vishwanatha-Tempels erbaute **Razia-Moschee**.

Südlich der Altstadt

Der im 19. Jh. erbaute **Durga-Tempel** – bei Rucksackreisenden wegen seiner aggressiven Affen als Monkey Temple bekannt – liegt hinter Mauern verborgen 4 km südlich von Godaulia, nicht weit von der Asi Ghat entfernt. Seine Bauweise ist typisch nordindisch, mit einem aus fünf Stockwerken bestehenden, die Elemente symbolisierenden *shikhara* und kunstvoll verzierten Stützpfeilern. Der Tempel ist Durga geweiht, der Furcht einflößenden Erscheinungsform von Shivas Gefährtin Parvati und eine Verkörperung von *shakti,* der weiblichen Energie. Der gezinkte Pfahl im Hof wird bei Festen dazu verwendet, Opfertiere (Ziegen) zu enthaupten.

Nicht-Hindus dürfen zwar den Hof, nicht aber das Allerheiligste des Tempels betreten. Der Zugang zum angrenzenden **Tulsi Manas-Tempel** steht hingegen allen offen. Der Tempel wurde 1964 aus Marmor erbaut; seine Wände zieren Inschriften mit Versen des Verfassers des *Ramcharitmanas*, dem Hindi-Äquivalent des in Sanskrit verfassten *Ramayana*. ⏰ tgl. 5–12 und 16–24 Uhr.

Das weiter südlich gelegene und zur Benares Hindu University gehörende Museum **Bharat Kala Bhawan** zeigt eine faszinierende Sammlung von Miniaturen, Skulpturen, zeitgenössischer Kunst und Bronzen. In einer der Stadt Varanasi gewidmeten Abteilung sind archäologische Fundstücke von neueren Ausgrabungen an der Raj Ghat und alte Stadtskizzen zu sehen. Neben buddhistischen und hinduistischen Skulpturen gibt es auch Galerien mit Werken ausländischer

Künstler, die von Indien inspiriert wurden, wie Nicholas Roerich und Alice Boner. Auch zahlreiche Arbeiten des bengalischen Renaissancekünstlers Jamini Roy sind vertreten. ⓒ Mai und Juni Mo–Sa 7.30–13, Juli–April 10.30–16.30 Uhr; Eintritt Rs100, Fotoerlaubnis Rs50.

Ramnagar Fort

Das Ramnagar Fort, die Residenz des Maharadscha von Varanasi, ragt südlich der Asi Ghat auf der anderen Seite des Ganges empor. Der Anblick der Festungsanlage ist am späten Nachmittag besonders eindrucksvoll. Um ans jenseitige Flussufer zu gelangen, nimmt man die vom Universitätsgelände nach Südosten führende Straße und überquert dann eine Hängebrücke. Während des Monsuns wird die Brücke eingezogen und durch eine Fähre ersetzt.

Das Innere der Festung zeugt vom Wohlstand und anhaltenden Einfluss des Maharadschas. In dem staubigen, vernachlässigten **Museum** sind Erinnerungsstücke aus prunkvollen Zeiten zu sehen: Pferdekutschen, mit Gold und Silber verzierte *howdahs* (Elefantensänften), *hookahs* (Wasserpfeifen) und verblichene Seidenstoffe, eine Rüstung, eine Sammlung winziger Elfenbeinschnitzereien und Jagdtrophäen. Eine Abteilung auf der gegenüberliegenden Seite des Hofes dreht sich um die **Ram Lila**-Prozessionen und Feierlichkeiten, die während des Dussehra-Festes (Okt) abgehalten werden. Das Ram Lila von Varanasi, in dessen Verlauf überall in der Stadt Episoden aus dem Ramayana nachgespielt werden, ist besonders berühmt. Die drei Wochen andauernden Festakte werden vom Maharadscha finanziell kräftig unterstützt. ⓒ tgl. 10–17 Uhr; Eintritt Rs12.

Übernachtung

Die meisten besseren, teureren Hotels liegen an der Peripherie in Cantonment im Norden oder in der Umgebung der Cantonment Station Road. Ein wirkliches Gefühl für die Stadt bekommt aber nur, wer in der Nähe der *ghats* und der Altstadt absteigt. Die kleinen Gästehäuser hier waren ursprünglich für Budget-Reisende gedacht, bieten jedoch zunehmend komfortablere Zimmer; die besten sind normalerweise die luftigeren im

Trittbrettfahrer

Die Yogi Lodge (beim Vishwanatha-Tempel), das Vishnu Rest House (mit Flussblick) und das Shanti Guest House (unweit der Manikarnika Ghat) sind drei der ältesten und bewährtesten Unterkünfte in der Altstadt. Doch leider wird ihnen rücksichtslos Konkurrenz gemacht: von anderen Hotels, die sich die gleichen Namen zulegen und Riksha-wallahs dafür entlohnen, dass sie ahnungslose Gäste „umleiten". So gibt es inzwischen vier weitere „Vishnu"-Trittbrettfahrer: Old Vishnu Lodge, Vishnu Guest House, Real Vishnu Guest House und New Vishnu Guest House. Verschiedene andere „Shanti"- und „Yogi"-Herbergen bedienen sich derselben Praxis. Zwischen einigen dieser „Namensvettern" werden Rechtsstreitigkeiten ausgetragen, doch deren Ausgang ist ungewiss, denn es gibt keinen Urheberschutz für so universell gebräuchliche indische Wörter wie „Yogi", „Vishnu" und „Shanti". Wir führen hier natürlich nur die Originale auf.

Obergeschoss. Einige der Unterkünfte sind während und kurz nach dem Monsun nur mit Mühe zu finden, denn dann ist der Wasserpegel des Ganges so hoch, dass sie vom Uferweg her nicht zugänglich sind. UP Tourism vermittelt auch **Zimmer bei Gastfamilien** – Infos erteilt das Büro am Bahnhof.

Die nachstehend unter Godaulia aufgeführten Hotels sind auf der Karte von Varanasi Godaulia eingezeichnet, s. S. 356; alle anderen erscheinen auf der großen Varanasi-Karte S. 352/353.

Godaulia

Alka, D-3/23 Mir Ghat, ☏ 0542/239 8445, ✉ hotelalka@hotmail.com. Empfehlenswertes Mittelklasse-Hotel am Fluss mit einer großen Auswahl an guten, gepflegten Zimmern, einer Terrasse und einem hübschen, kleinen Rasen mit Flussblick; oft mit Pauschalgruppen belegt. ❶–❹

Ganga Fuji, D-7/21 Sakarkand Gali, ☏ 0542/232 7333, ✉ raj327333@yahoo.com. Gut geführtes Familien-Gästehaus nahe dem

Goldenen Tempel mit geschmackvoll eingerichteten Zimmern, z. T. mit AC, sauberem Bad und heißer Dusche; alles tadellos sauber trotz der Lage in einer schmutzigen Gasse. ❶–❹

Ganpati, D-3/24 Mir Ghat, ☎ 0542/239 0059, ✉ gghouse@satyam.net.in. Zimmer mit Aussicht auf den Ganges, andere rund um einen Hof; Restaurant und Gemeinschaftsbalkon mit Flussblick. Ungünstig ist der Check-out bis spätestens 10 Uhr. ❷–❺

Golden Lodge, D-8/35 Kalika Gali, ☎ 0542/239 8788, ✉ thegoldenlodge@yahoo.co.in. Freundliche, kleine Unterkunft; Zimmer mit und ohne Bad und AC, die besten liegen ganz oben; gutes Restaurant. ❶–❸

La-Ra India, Dashaswamedh Rd, ☎ 0542/245 1805, 🖥 www.hotellaraindia.com. Nettes, aber etwas abgenutztes Mittelklasse-Hotel mitten in Godaulia; hauptsächlich indische Gäste. Restaurant mit regionaler Küche. ❸–❹

Puja, D1/45 Lalita Ghat, ☎ 0542/240 5027, 🖥 www.pujaguesthouse.com. Hässliches Betongebäude mit Dachrestaurant und herrlicher Aussicht. Von den unterschiedlichen Zimmern sind die mit AC und Balkon ganz am oberen Ende der steilen Treppe die besten. ❶–❹

Scindia, Scindia Ghat, ☎ 0542/242 0319. Nahe der Manikarnika Ghat, bei Ebbe leicht zu finden, bei Flut schwierig, da der Uferweg dann gesperrt ist. Saubere Zimmer, z. T. mit Balkon und Blick auf den Fluss. ❸–❺

Shanti, Ck 8/129 Garwasi Tola, nahe Manikarnika Ghat, ☎ 0542/239 2568, ✉ varanasishanti@yahoo.com. Alter Traveller-treff in der Nähe der Verbrennungsghats. Großes Gebäude mit zahlreichen, meist sauberen Zimmern mit Du/WC. Könnte einen Neuanstrich vertragen, bietet aber die billigsten Schlafsaalbetten der Stadt (Rs50). Gut besuchtes Dachrestaurant mit überwältigendem Ausblick. ❶–❹

Sri Venkateswar, D-5/64 Dashaswamedh Rd, ☎ 0542/239 2357, ✉ venlodge@yahoo.com. Einfach, sauber, unweit der *ghats* und des Vishwanatha-Tempels; luftige Zimmer, schöner Innenhof; freundliches Personal; keine Drogen erlaubt. ❷

Yogi Lodge, D-8/29 Kalika Gali, ☎ 0542/239 2588, ✉ yogilodge@yahoo.com. Bewährte Traveller-Unterkunft mitten in der Altstadt; hervorragende Leitung, Safe. Makelloses Restaurant, saubere Zimmer und Schlafsäle (Rs60). ❶

Südlich von Godaulia, in Flussnähe

Ajay und **Elena**, D-21/11, Rana Ghat, ☎ 0542/245 0970, ✉ hotel_elena_vns@yahoo.com. Zwei benachbarte Hotels (zwischen denen nur ein großer Banyanbaum steht), mit Zimmern von Budget bis zu AC, aber alle tadellos und zum Teil mit Blick über die *ghats*. ❶–❹

Ganges View, Asi Ghat, ☎ 0542/231 3218, 🖥 www.hotelgangesview.com. Herrliche Veranda mit Flussblick und angenehmes Ambiente, daher oft ausgebucht; kleine, aber geschmackvoll eingerichtete Zimmer; etwas teurere im oberen Stock mit besserer Aussicht. ❸–❼

Palace on Ganges, B-1/158 Asi Ghat, ☎ 0542/231 5050, ✉ palaceonganges@indiatimes.com. Das einzige Luxushotel am Fluss; 22 individuell eingerichtete Zimmer mit AC, TV und Minibar; Dachterrassen-Restaurant, Tour-Buchung. ❽

Shiva Ganga, B-3/155 Niranjani Akhara, Shivala Ghat, ☎ 0542/227 7755. Ruhiges Haus mit schlichten Zimmern, Veranda und Garten. Neben dem Shiva-Tempel; Flussblick. ❶

Tiwari Lodge, Asi Ghat, ☎ 0542/231 5129. Freundliches, von einer Familie geleitetes Haus, überwiegend für Langzeitgäste. Einfache, aber große und blitzsaubere Zimmer; deutsche Bäckerei im Haus. ❶

Vishnu Rest House, D-24/17 Pandey Ghat, ☎ 0542/245 0206. Eine der nettesten Unterkünfte am Fluss; Zimmer, Schlafsäle (Rs50), hübscher Patio und Café mit Blick auf den Ganges; beliebt und oft ausgebucht. Am besten über die *ghats* erreichbar – südlich von der Dashaswamedh. ❶–❹

Cantonment und Stadtrand

Clarks, The Mall, Cantonment, ☎ 0542/234 8501, 🖥 www.clarkshotels.com. Hat nicht wirklich 5-Sterne-Standard, sondern ist stellenweise etwas abgenutzt und hat scheußliche

Laminatböden in den Zimmern, bietet aber Pool, Bar, Restaurant und Café. DZ ab US$132. ❾

Grand Holiday, Gautam Grand Parade Kothi, Cantonment, ✆ 0542/220 8288. Neues Hotel und besser als die teureren Nachbarn in der Straße am Bahnhof; die Zimmer (z. T. mit AC) sind nicht groß, aber recht gepflegt und alle mit Balkon; 24 Std. Zimmerservice und freundliches Personal. ❸–❹

Dhoopchandi, Jagatganj, ✆ 0542/234 3792. Nahe der Sanskrit University. Gemütliches, kleines, preiswertes Hotel mit großen, sauberen Zimmern; hübscher Garten, Hausmannskost; 24 Std. Check-out. ❸–❹

India, 59 Patel Nagar, ✆ 0542/250 7593. Recht schickes 3-Sternehotel; schöne, moderne Zimmer mit Bad, AC und hellem Holz (selbst der Laminatboden ist gar nicht so übel); Fitnesscenter, Dachgartenbar und 4 Restaurants, darunter das ausgezeichnete Palm Springs. ❼–❽

MM Continental, The Mall, Cantonment, ✆ 0542/250 0172, 🖳 www.hotelmmcontinental.com. Hinter dem Clarks versteckt. Standard- und Deluxe-Zimmer mit und ohne Bad. Nicht übermäßig gepflegt, aber mit Restaurant und Coffeeshop auf dem Dach. ❼

Pradeep, Kabir Chaura Rd, Jagatganj, ✆ 0542/7231 oder 2, 🖳 www.hotelpradeep.com. Gut ausgestattet, beliebt bei Pauschalgruppen, in erreichbarer Nähe der *ghats*. Ausgezeichnetes multikulturelles Restaurant. ❺–❼

Radisson Varanasi, The Mall, Cantonment, ✆ 0542/250 1515, 🖳 www.radisson.com/varanasiin. Eines der empfehlenswertesten Luxushotels der Stadt (DZ ab US$172); schöne, gut ausgestattete, aber nicht sehr große Zimmer, Pool, zwei Restaurants, Bar und Coffeeshop; üppiges Frühstücksbuffet inkl. ❾

Raj Kamal, Parade Kothi, Cantonment, ✆ 0542/220 0071.. Preiswerte, anspruchslose Zimmer in günstiger Bahnhofsnähe, gleich vor den Toren des Tourist Bungalow, aber oft voll. ❷

Surya, S-20/51, A5 The Mall, Cantonment, ✆ 0542/250 8465 oder 6, 🖳 www.hotelsuryavns.com. Gut geführtes, komfortables Hotel um einen schönen Garten mit akzeptablem Restaurant; kleine, aber tadellose Zimmer mit modernem Bad, viele mit Balkon. Internet-Service, Tour-Buchung,Geldwechsel und Pool (Hausgäste Rs100, Tagesbesucher Rs200. Camping für Rs150 p. P. ❹–❺

Taj Ganges, Nadesar Palace Grounds, Raja Bazaar Rd, Cantonment, ✆ 0542/250 3001-19, 🖳 www.tajhotels.com. Das nobelste Haus der Stadt liegt auf einem riesigen Gelände (zu erkunden per Buggy oder bei einem Spaziergang zur Vogelbeobachtung); luxuriöse Zimmer, gehobene Küche, Pool und Fitnesscenter sowie Yoga-Kurse. DZ ab US$198. ❾

UPTDC Tourist Bungalow, Parade Kothi, Cantonment, ✆ 0542/220 8413, ✉ rahitbvaranasi@up-tourism.com. Hotelkomplex mit Garten, Bar, Restaurant; unterschiedliche Zimmer. Auch Schlafsaal (Rs75). In der Nähe des Bahnhofs und Busbahnhofs. ❷–❹

Essen

Die meisten Cafés in der Altstadt servieren nur Vegetarisches und keinen Alkohol. Im Viertel Cantonment dagegen gelten weniger strenge Vorschriften, und in einigen der teureren Hotels gibt es sogar eine Bar.

Magen-Darm-Erkrankungen sind in Varanasi fast an der Tagesordnung, daher sollten Besucher nur Mineralwasser aus fest verschlossenen Flaschen bzw. abgekochtes/gereinigtes Wasser trinken und bei der Lebensmittel- und Restaurantauswahl äußerst vorsichtig sein. Näheres dazu s. S. 327, Agra. Es gibt in Varanasi nichtsdestotrotz ein paar hervorragende Lokale, und die Hotelrestaurants müssten einigermaßen sicher sein, schon allein deshalb, weil ein ganzes Haus voller sterbenskranker Gäste Verdacht erregen könnte. Im Vishnu Rest House an der Pandey Ghat gibt es ausgezeichnete *thali*, im Shanti Guest House eine Großauswahl an Gerichten und in der Yogi Lodge beim Vishwanatha-Tempel die wahrscheinlich sauberste Küche der Altstadt.

Die nachstehend unter Godaulia aufgeführten Lokale sind auf der Karte von Varanasi Godaulia eingezeichnet, s. S. 356; alle anderen auf der großen Varanasi-Karte S. 352/353.

Godaulia

Ayyar's, Dashaswamedh Rd. An der Rückseite einer Einkaufspassage gelegenes, kleines, billiges Café; südindische Küche (Rs15–30), gutes *masala dosa*, ausgezeichneter Filterkaffee und köstliche Milchshakes.

Ganga Fuji, D5/8 Kalika Gali, Dashaswamedh. Nettes kleines Restaurant nahe dem Vishwanatha-Tempel, bietet multikulturelle Küche (vegetarische Hauptgerichte Rs60–80, andere Rs100–150) und abends klassische indische Live-Musik ab 19.30 Uhr.

Madhur Milan, Dashaswamedh Rd, gleich hinter der Vishwanatha Lane. Billiges und sehr beliebtes Café mit köstlichen Dosas, Süßspeisen, *kachoris* und *samosas* (man kann draußen zusehen, wie sie gebraten werden, und sie dann ganz frisch mitnehmen). Hauptgerichte Rs20–50, *thalis* Rs35–90.

Megu Café, D-8/1 Kalika Gali, an der Straße zur Golden Lodge und Yogi Lodge. Kleines Lokal eines japanisch-indischen Paars (am Eingang Schuhe ausziehen) mit einer kleinen Auswahl japanischer Köstlichkeiten wie vegetarischen Sushi, Tempura und Ingwer-Hühnchen (Hauptgerichte Rs60–80). So geschl.

Andere Stadtteile

Annapurna, J-12/16A Ramkatora, ☎ 0542/220 0151. Sieht von außen nicht vielversprechend aus, ist aber innen tipptopp. Bietet europäische, indische und chinesische Vegetarierküche (Hauptgerichte Rs45–100); auch Lieferservice. Gute Auswahl an *thalis* (Rs75–110) und Snacks (Rs65).

Ashiyana, Major Singh Place, Lt Rohan Marg, Cantonment. Chinesische und indische Gerichte, Snacks und Drinks, serviert in der AC-Lounge oder auf dem recht lauten Rasen; nicht-vegetarische Hauptgerichte Rs45–120, u. a. *nargisi kofta* (Hackfleisch mit Eiern) und *chicken tikka masala*.

Bread of Life, B3/322 Sonapura Rd. Die Backstube liefert dunkles Brot, süße Brötchen und Gebäck; das kleine, saubere Restaurant serviert westliche Gerichte (Hauptgerichte Rs80–120); der Erlös kommt einer gemeinnützigen Einrichtung zugute, aber die Bedienung ist langsam.

> **Hier schmeckt alles**
>
> **Keshari**, D-14/8, Teri Neem, nahe Dashaswamedh Rd. Bietet eine riesige Auswahl vegetarischer Currys zu Rs45–80; zu den Spezialitäten zählen Paneer-Tomaten und Pilz-Masala, aber auch sonst schmeckt alles gut.

El Parador, Maldahia Rd. Bemerkenswertes Restaurant um die Ecke vom Tourist Bungalow; hervorragendes Essen, von mexikanisch über griechisch und französisch bis italienisch, in Bistro-Atmosphäre; die Pasta ist hausgemacht; Hauptgerichte Rs165–225.

Haifa, 1/108 Asi Rd. Lokal mit entspannter Atmosphäre und nahöstlicher Küche wie Hummus, frischem Pitta und Falafel sowie den üblichen indischen Gerichten. Hauptgerichte Rs45–70, Frühstück Rs50–70. Sehr zu empfehlen sind die „Middle Eastern Thali" (eine Auswahl von Vorspeisen mit Pitta) zu Rs70.

Kerala Café, Durga Kund Rd, Bhelpura Thana. Sehr beliebtes südindisches Restaurant mit guten Snacks (*dosas, vadas, uttapams* etc. zu Rs20–30) und Zitronenreis, Tamarindenreis, Sambharreis oder Joghurtreis zu Rs30.

Lotus Lounge, 14/21 Manasarowar Ghat. Keine Lounge, sondern ein angenehmes Terrassenrestaurant über den *ghats* mit einer bunten Mischung internationaler Gerichte wie Chicken Satay, thailändischem Red Curry und Moussaka; außerdem Pasta und Salate; Hauptgerichte Rs70–140.

Poonam, Hotel Pradeep, Kabir Chaura Rd, Jagatganj. Gute, kostspielige Mughlai-Küche (Rs150–225) in angenehmem, klimatisiertem Ambiente.

Sindhi, Durga Kund Rd, Bhelpura Thana. Eines der beliebtesten Restaurants der Stadt, 1,5 km von Godaulia; die köstlichen vegetarischen Gerichte sind die Rikscha-Fahrt (Rs10–15) unbedingt wert.

Vaatika, Asi Ghat. Schattiges Terrassenrestaurant direkt an der *ghat,* gute Pizza (Rs65–100) und Pasta (Rs50–70), dazu köstliche, frisch gepresste Säfte und Salate (alles Gemüse wird mit Permanganat sterilisiert und das Wasser gefiltert und abgekocht).

Einkaufen

Angesichts der Schlepper und Riksha-Fahrer, die ganz wild darauf sind, Touristen gegen Provision in bestimmte Geschäfte zu lotsen, kann ein Einkaufsbummel in Varanasi zum Horrortrip werden. Es gibt jedoch ein paar lohnende Geschäfte: z. B. im **Thatheri Bazaar** (Messinggegenstände) oder um die Jnana Vapi-Moschee und im **Tempelbasar** in der Vishwanatha Gali in Godaulia (Seidenbrokatstoffe und Schmuck).

Bundesstaatliche Kaufhäuser in Godaulia, Lahurabir und Chowk – die drei UP Handloom-Filialen in Lahurabir und Neechi Bag sowie Mahatex in Godaulia – verkaufen nur qualitativ hochwertige Waren zu festen Preisen.

CIE, untergebracht in einem ehemaligen Palast gegenüber dem Taj Ganges Hotel in Cantonment, hat ein umfangreiches Angebot, ist jedoch trotz des offiziell klingenden Namens Ableger einer unheimlich teuren, exklusiven Kashmiri-Ladenkette.

Open Hand Café and Shop, B1/128-3 Dumraun Bagh, Colony Asi, nahe dem Haifa Restaurant und der Tiwari Lodge, ist ein von der Gemeinde betriebenes Projekt. Es verkauft Bettwäsche, Kleider, Taschen sowie Karten und dient zugleich als Café, sodass man beim Einkauf nebenher Filterkaffee und Schokoladenkuchen genießen kann.

Am hartnäckigsten gefeilscht (und gern betrogen) wird um Gegenstände aus Seide. **Qazi Sadullahpura**, in der Nähe des Chhavi Mahal Cinema, liegt mitten in einem moslemischen Viertel, das sich der Seidenproduktion verschrieben hat.

Upica, staatliches Kaufhaus, das Filialen in Godaulia sowie gegenüber dem Taj Ganges Hotel unterhält.

Maßgeschneidertes

Mehrotra Silk Factory, 21/72 Englishia Lane, an der Station Rd nahe dem Bahnhof, ist sehr zu empfehlen. Man kann sich ein Hemd maßschneidern und ins Hotel liefern lassen oder fertige Schals, Umhänge oder Betttücher kaufen.

Handloom House, D64/132K Sigra, ebenfalls eine von der Regierung unterstützte Kette.

In der Nähe ist **Paraslakshmi Exports**, 71 Chundrika Colony, mit einem sehr großen Angebot an Seidenprodukten zu festen Preisen.

Sonstiges

Apotheken

Die **Singh Medical Pharmacy** befindet sich in der Nähe des Prakash Cinema, Lahurabir, 2 km nördlich von Godaulia, und hat lange geöffnet.

Die Apotheke im **Apollo Hospital** in Sigra ist sogar rund um die Uhr geöffnet.

Autovermietungen

Mietwagen um Rs2000–3000 pro Tag inkl. Fahrer bieten:
Travel Corporation of India (s. „Reisebüros" und **India Tourism** (s. Informationen), ℡ 0542/250 1784.

Bücher

Indica Books, D40/18 Madanpura Rd, Godaulia; gute Auswahl an Büchern zum Thema Religion und Philosophie, und man kann hier Pakete abschicken.

Universal Book Company, liegt ein paar Häuser weiter, bietet Romane, Sach- und Kunstbücher.

Pilgrims Book House, Durgakund Rd, ist spezialisiert auf Bücher über Buddhismus und Hinduismus.

Harmony, B1/158 Asi Ghat; große Auswahl an Titeln über Indien sowie Belletristik und Philosophie.

Geld

In der ganzen Stadt gibt es zahlreiche **Geldautomaten** (z. B. am Godaulia-Kreisverkehr). Auch einige der Hotels wechseln Geld, ebenso **NL Forex** in der Dashaswamedh Rd und beim Taj Ganges Hotel. Die **State Bank of India** beim Hotel Surya in Cantonment wechselt ebenfalls Bargeld und löst Reiseschecks ein, ⓘ Mo–Fr 10–16, Sa 10–13 Uhr.

Thomas Cook liegt praktisch gleich daneben

im Sridas Foundation Building beim Radisson Hotel.

Informationen

Das **UP Tourism Office** befindet sich im Tourist Bungalow an der Parade Kothi, 500 m südwestlich vom Cantonment-Bahnhof, ✆ 0542/220 6638, ⏲ Mo–Sa 9–17.30 Uhr, doch der Schalter im Cantonment-Bahnhof, ✆ 0542/250 6670, ⏲ tgl. 7–19 Uhr, ist die eigentliche Infostelle – der dortige Chef, Uma Shankar, ist äußerst hilfsbereit und scheint sich das Wohl und Weh von Touristen zu seiner persönlichen Herzensangelegenheit gemacht zu haben.

Das heruntergekommene **Bihar Government Tourist Office** am Englishia Market, Sher Shah Suri Marg, Cantonment, ✆ 0542/234 3821, ist nützlich für Besucher, die ostwärts nach Bihar reisen.

Das **India Tourism Office** liegt bei The Mall an der Stranger Rd im Vorort Cantonment, weit von der Altstadt und den *ghats* entfernt. Es informiert in erster Linie über ganz Indien, doch die Angestellten helfen auch bei Hotelreservierungen und der Vermittlung von Mietwagen und bewahren postlagernde Sendungen auf. ⏲ Mo–Fr 9–17.30, Sa 9–14 Uhr. Das Tourist Office unterhält auch einen Schalter am Flughafen, geöffnet bei ein- und ausgehenden Flügen.

Wer die *ghats* bei Sonnenaufgang oder das friedliche Sarnath erleben möchte, nimmt am besten Abstand von den geführten Touren und organisiert den Besuch auf eigene Faust. Wenn die Zeit sehr begrenzt ist, vermittelt das India Tourism-Büro offizielle **Fremdenführer** (Rs600 pro Tag für bis zu 5 Pers.; bei größeren Gruppen geringfügig mehr).

Die örtliche Stelle des **National Informatics Centre** hat auf ihrer Website 🖥 www.varanasi.nic.in einige interessante Infos über Varanasi; außerdem gibt es die kommerzielle Site 🖥 www.visitvaranasi.com.

Internet

Eine Surfstunde in einem der Internet-Cafés in der Umgebung der Kachauri Lane und der Bengali Tola Lane in Godaulia kostet Rs20–25.

In Cantonment, z. B. gegenüber vom Taj Ganges Hotel, bezahlt man Rs30–50/Std.

Medizinische Hilfe

Sir Sunderlal Hospital, Benares Hindu University, ✆ 0542/230 7565;
Shiv Prasad Gupta Hospital (staatlich), Kabir Chaura, ✆ 0542/221 4720-3;
Marwari Hospital, Godaulia, ✆ 0542/239 2611;
Ram Krishna Mission Hospital, Luxa, ✆ 0542/245 1727.

Motorräder

Gibt es in Jagatganj, nahe der Sanskrit University zu mieten. In dieser Ecke befinden sich auch zahlreiche auf Enfields spezialisierte Werkstätten.

Musik

International Music Ashram, D33/81 Kalishpura, Old City, ✆ 0542/245 2302, ✉ keshvaraonayak@hotmail.com, ist ein ausgezeichneter Ort, um ein paar Stunden Tabla- oder Sitarunterricht zu nehmen.

Post

Die Hauptpost befindet sich in der Altstadt an der Kabir Chaura Rd, nahe der Kotwali-Polizeizentrale am nördlichen Rand von Chowk. Das Postamt von Cantonment liegt in der Raja Bazaar Rd, nahe dem großen Fernsehmast. Weitere Filialen gibt es im Clarks Hotel in Cantonment, in der Dashaswamedh Rd nahe dem Fluss und in der Sakarkand Gali nahe dem Ganga Fuji Restaurant.

Reisebüros

Nova International, Shubhash Nagar, nahe Parade Kothi, ✆ 0542/220 8361;
Travel Corporation of India, Sridas Foundation Building, 4 The Mall (beim Radisson Hotel), ✆ 01542/250 0310, 🖥 www.tcindia.com.

Yoga

Es gibt ein Yogainstitut in der Benares Hindu University, doch zentraler liegt die **Yoga Ashram Academy**, Ganesha Guest House, D5/4 Saraswati Phatak, ✆ 0542/240 2814, in Godaulia. Weitere Anbieter:

Yogi Rakesh Pandeep, b-4/35 Hanuman Ghat, ✆ 09415 817882, und
Swami Shwam Yogacharya, K-4/35 Lal Ghat, ✆ 0542/243 6006.

Nahverkehr

Das einfachste Mittel der Fortbewegung in Varanasi sind **Fahrrad-Rikschas**, die oft todesmutig Verkehrsstaus umgehen, indem sie einfach auf der falschen Straßenseite fahren; eine Fahrt von Godaulia zum Bahnhof Cantonment kostet Rs30. **Motor-Rikschas** sind angesichts des Verkehrsaufkommens auf kurzen Strecken kaum schneller und sollten für die gleiche Strecke nicht mehr als Rs50 verlangen.

Transport

Busse

Die meisten ankommenden Busse halten ein paar hundert Meter östlich des Cantonment-Bahnhofs an der Hauptstraße (Grand Trunk Rd) und am Roadways-Busbahnhof. Die Busse aus Nepal werden hier von der Rikscha-Mafia in Empfang genommen (S. 354, Kasten Nepper und Schlepper).
UPSRTC, ✆ 0542/220 3476, unterhält Morgen- und Abendbusse, darunter Nachtbusse, die vom Cantonment-Busbahnhof via Gorakhpur zur nepalesischen Grenze bei SONAULI (10 Std.) fahren. Es gibt auch gute, regelmäßige Verbindungen (alle 20 Min; 3 Std.) nach ALLAHABAD (besser als der Zug).
Nach BIHAR fahren hingegen nur noch wenige Busse (nach PATNA 1x tgl.; 8 Std.) und die Straßen sind schlecht, weshalb man besser den Zug nimmt.
Außerdem Busse nach AGRA (1x tgl.; 14 Std.); JAUNPUR (15x tgl.; 2 Std.); KANPUR (14x tgl.; 10 Std.) und LUCKNOW (6x tgl.; 8 Std.).

Eisenbahn

Varanasi liegt an der wichtigsten Ost-West-Schienenachse zwischen Delhi und Kolkata und besitzt zwei Bahnhöfe: **Varanasi Cantonment** in der Stadt selbst und **Mughal Sarai**, 17 km östlich der Stadt. Der Bahnhof Cantonment liegt am günstigsten, doch je nachdem, wo man herkommt, kann es passieren, dass man am Mughal Sarai landet: Dort gibt es allerdings Retiring Rooms; und Nahverkehrsbusse sowie Taxis verkehren ständig auf der Strecke zum Varanasi Cantonment (45 Min.), schneller ist jedoch ein Zug.
Die meisten der superschnellen Züge zwischen Delhi und Kolkata, z. B. der Rajdhani, fahren an Varanasi vorbei, halten jedoch in Mughal Sarai.
Die **Fahrzeiten** sollte man stets vor Abreise überprüfen: 🖥 www.indianrail.gov.in.
Am Cantonment-Bahnhof gibt es einen **Reservierungsschalter**, ✆ 0542/234 3404, 🕙 Mo–Sa 8–13.50 und 14–20, So 8–14 Uhr.
Die schnellste Verbindung nach AGRA und JAIPUR bietet der tägliche Howrah–Jodhpur Express Nr. 2307, der von Mughal Sarai um 9.50 Uhr abfährt und Agra um 19.25 Uhr, Jaipur um Mitternacht und JODHPUR um 7.20 Uhr am nächsten Morgen erreicht.
Es gibt aber auch dreimal die Woche einen Nachtzug von Varanasi Cantonment, den Marudhar Express Nr. (Mo, Mi und Sa 17.20 Uhr, Ankunft in Agra 6.10 Uhr, Jaipur 11.30 Uhr, Jodhpur 18.20 Uhr).
Die günstigsten Züge nach DELHI fahren von Varanasi Cantonment, z. B. der Shiv Ganga Express Nr. 2559 (Abfahrt 19.15 Uhr, Ankunft in New Delhi um 7.25 Uhr); es gibt aber auch zwei Rajdhanis, die gegen 1 Uhr nachts durch Mughal Sarai fahren. Der beste Zug tagsüber, der Neelachal Express Nr. 2875 (Abfahrt 7.38 Uhr, Ankunft in New Delhi 21.40 Uhr) fährt nur Mo, Mi und Sa.
Zu den günstigen Nachtzügen nach KOLKATA zählt der Howrah Mail Nr. 3006, der Varanasi um 17 Uhr verlässt und um 7.30 Uhr in Howrah einläuft. Schnellere Verbindungen gibt es ab Mughal Sarai (der Rajdhani Nr. 2302 um 1.55 Uhr braucht nur 8 Std.).
Der Mahanagri Express Nr. 1094 ist der schnellste Zug nach MUMBAI (Abfahrt 11.30 Uhr, Ankunft in Kalyan 12.55 Uhr am folgenden Tag).
Der günstigste Zug nach PATNA ist der Vibhuti Express Nr. 2334, der um 18 Uhr abfährt und Patna um 22.20 Uhr erreicht. Die früher abfahrenden Züge sind langsamer. Die beste Bahnverbindung nach GAYA bietet der Doon

Express Nr. 3010, Abfahrt 16.25 Uhr, Ankunft 21.40 Uhr.
Nach DEHRA DUN in Uttarakhand ist der Doon Express Nr. 3009 (Abfahrt 10.35 Uhr, Ankunft um 7.10 Uhr am folgenden Tag) die beste Option. Der Dehra Dun Express Nr. 4265 (Abfahrt 8.30 Uhr) hält auch in RAMNAGAR (Ankunft 6 Uhr am nächsten Morgen).
Für KHAJURAHO nimmt man den Zug nach SATNA (den 4x wöchentl. verkehrenden Lokmanyatilak Express Nr. 1062, Abfahrt Mo, Mi, Fr und So 23.15 Uhr, Ankunft 6.15 Uhr; oder den tgl. verkehrenden Mahanagri Express Nr. 1094 um 11.30 Uhr, der um 18.15 Uhr ankommt); von Satna fahren staatliche Busse regelmäßig in 4 Std. nach Khajuraho.
Weitere Züge von Mughal Sarai nach NEW JALPAIGURI (3–5x tgl.; 7 1/4–16 Std.) – für Siliguri und Darjeeling – und nach PURI (1–2x tgl.; 18–18 1/2 Std.).

Flüge
Ein vorausbezahltes Taxis vom **Babatpur Airport**, 22 km nordwestlich der Innenstadt, kostet Rs350, eine Motor-Riksha verlangt für die gleiche Strecke Rs175. Für die Fahrt zwischen Altstadt und Flughafen muss man mindestens 90 Min. einplanen.

Flüge nach:
DELHI (AI, IC, IT, SG, S2, 9W; 6–7x tgl.; 1 1/4–2 1/2 Std.);
KATHMANDU (IC; 4x wöchentl.; 1 Std.);
KHAJURAHO (IC, 9W; 3–4x tgl.; 40 Min.);
KOLKATA (IT; 1x tgl.; 4 3/4 Std.);
MUMBAI (IC, SG, S2; 3x tgl.; 2 1/4–4 1/4 Std.).
(AI = Air India, IC = Indian Airlines,
IT = Kingfisher, DN = Air Deccan,
SG = SpiceJet, S2 = JetLite, 9W = Jet Airways)

Fluggesellschaften:
Air India, Sridas Foundation Building, 4 The Mall (beim Radisson Hotel), Cantonment, ✆ 0542/250 9195;
Indian Airlines, 52 Jadunath Marg, nahe The Mall, Cantonment ✆ 0542/250 2527-29;
Jet Airways und **JetLite**, am Flughafen, ✆ 0542/262 2795.

Sarnath

Sarnath, 10 km nördlich von Varanasi, ist ein buddhistischer Wallfahrtsort und mittlerweile ein beliebtes Tagesausflugsziel von Varanasi-Besuchern, die auf den Rasenflächen zwischen den Ruinen und Tempeln ihr Picknick verzehren. Hier predigte Buddha 530 v. Chr., nach fünf Wochen nach seiner Erleuchtung, zum ersten Mal. Nach buddhistischem Glauben setzte er dadurch das **Rad der Lehre** *(dharmachakra)* in Bewegung.

Während der Regenzeit, wenn Buddha und seine Anhänger sich von ihren Missionsreisen zu erholen suchten, zogen sie sich nach Sarnath zurück. Der Ort ist auch unter der Bezeichnung **Rishipatana**, Ort der Weisen *(rishis)* oder Heiligen, oder auch **Mrigadaya** (Hirschpark) bekannt.

Jahrhundertelang war Sarnath ein florierendes Zentrum buddhistischer Kunst und Lehre, insbesondere des **Hinayana-Buddhismus**. Im 7. Jh. zählte der chinesische Reisende Xuan Zhang hier dreißig Klöster, bewohnt von rund 3000 Mönchen.

Hauptanlage und Dhamekh-Stupa
Die Ausgrabungsarbeiten der Hauptstätte finden innerhalb eines gepflegten, von dem Dhamekh-Stupa überragten Parks statt. Wenn man die Anlage von Südwesten her betritt, sind direkt nördlich die Überreste des **Dharmarajika-Stupa** zu sehen. Er soll die Stelle markieren, an der Buddha seine erste Predigt hielt, und wurde wahrscheinlich im 3. Jh. v. Chr. unter Ashoka erbaut, jedoch noch sechs Mal erweitert.

An den Dharmarajika-Stupa schließen die Ruinen des **Hauptschreins** an, wo Ashoka meditiert haben soll. Westlich davon steht der untere Teil einer **Ashoka-Säule**. Auf dem Gelände befinden sich auch die Überreste von vier **Klöstern**, datierend aus dem 3. bis 12. Jh.; alle weisen einen von Klosterzellen umgebenen Zentralhof auf.

Das beeindruckendste Bauwerk ist der **Dhamekh-Stupa**, auch **Dharma Chakra-Stupa** genannt, von dem ebenfalls behauptet wird, er stünde an dem Ort, an dem Buddha zum ersten Mal predigte. Sein zylinderförmiger Turm ist 33,5 m hoch und ruht auf einem Steinsockel, verziert mit Basreliefs aus Blattwerk und geometrischen Formen. Die acht Bogennischen in

Uttar Pradesh

Sarnath

0 — 200 m

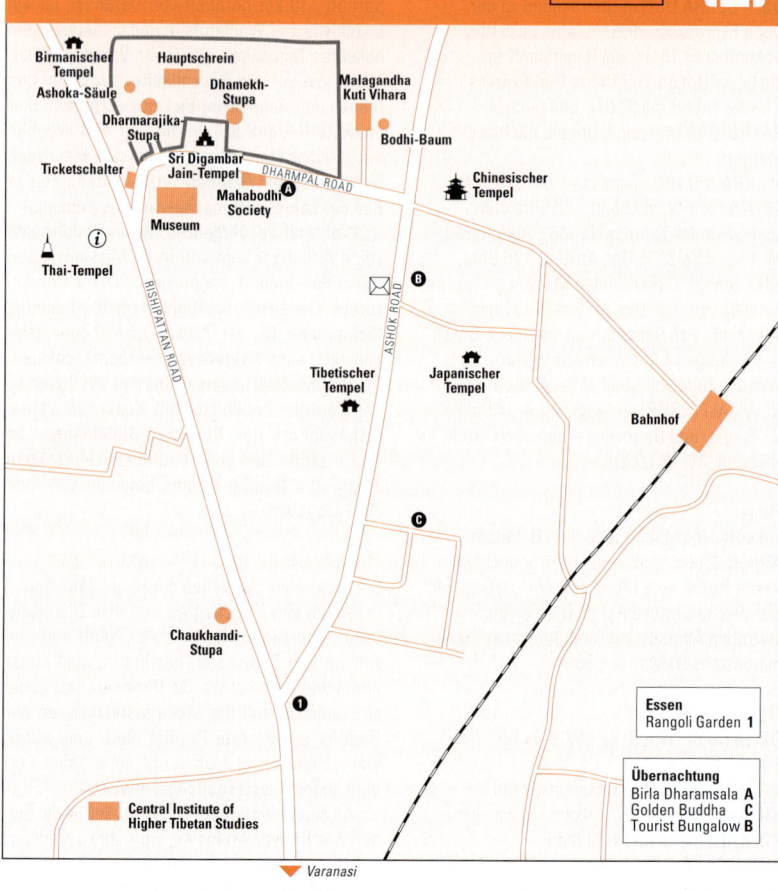

Map labels:
- Birmanischer Tempel
- Hauptschrein
- Ashoka-Säule
- Dhamekh-Stupa
- Malagandha Kuti Vihara
- Dharmarajika-Stupa
- Sri Digambar Jain-Tempel
- Bodhi-Baum
- Ticketschalter
- DHARMPAL ROAD
- Mahabodhi Society **A**
- Chinesischer Tempel
- Museum
- Thai-Tempel
- RISHIPATTAN ROAD
- ASHOK ROAD **B**
- Tibetischer Tempel
- Japanischer Tempel
- Bahnhof
- **C**
- Chaukhandi-Stupa
- **1**
- Central Institute of Higher Tibetan Studies
- Varanasi

Essen
Rangoli Garden 1

Übernachtung
Birla Dharamsala A
Golden Buddha C
Tourist Bungalow B

Uttar Pradesh

---

halber Höhe beherbergten vielleicht Buddha-Statuen. Der Stupa stammt aus der Gupta-Zeit, weist aber frühere Maurya-Elemente auf, und manche Archäologen sind der Ansicht, der obere, aus Backstein gemauerte Teil des Stupa sei ursprünglich verputzt gewesen. ⏰ tgl. Sonnenauf- bis -untergang; Eintritt Rs100, Video Rs25.

Museum

Gegenüber den Eingangstoren zur Hauptanlage steht das im Stil eines *vihara* (Kloster) erbaute Museum, dessen kleine, aber erlesene Sammlung an buddhistischen und brahmanischen Antiquitäten überwiegend Skulpturen aus Chunar-Sandstein umfasst. Das renommierteste Ausstellungsstück ist das **Löwenkapitell**, das von der Ashoka-Säule stammt. Es wurde von Ashoka (273–232 v. Chr.) entworfen, dem berühmten Maurya-Kaiser, der sich zum Buddhismus bekehrte, und diente als Vorbild für das heutige indische Staatswappen: Vier Löwen bewachen die Kardinalpunkte einer runden Plattform. Aus dem 1. und 2. Jh. n. Chr. stammen zwei lebensgroße Figuren stehender Bodhisattvas, und unter den zahlreichen Skulpturen aus dem 5. Jh. befindet sich die eines sitzenden Buddha mit dem Rad der Lehre. Unter späteren Werken, aus dem 10. bis 12. Jh., befindet sich eine ungewöhnlich fein ziselierte Darstellung des Bodhisattvas **Avalokiteshvara** mit einer Lotusblüte und eine von **Lokeshvara** mit einer Schale. ⏱ tgl. außer Fr 10–17 Uhr; Eintritt Rs2 (Kameras und Handys in Schließfächern am Eingang deponieren).

Mulagandha Kuti Vihara und moderne Stätten

Nordöstlich des Dhamekh-Stupa steht das 1931 mit Spenden der internationalen buddhistischen Gemeinde erbaute **Mulagandha Kuti Vihara**. Das von der Mahabodhi Society geleitete Kloster ist einer der größten Anziehungspunkte Sarnaths, sowohl für Pilger als auch Touristen. Die Eingangshalle ziert eine riesige Glocke – ein Geschenk aus Japan – und das Innere eine vergoldete Reproduktion der berühmten, im Museum untergebrachten Buddha-Figur, umgeben von Wandfresken, auf denen Szenen aus seinem Leben dargestellt sind.

Ein Stück weiter östlich steht Sarnaths **Bodhi-Baum**, ein Ableger des Baumes von Bodhgaya in Bihar, unter dem Buddha die Erleuchtung zuteil wurde. Buddhistische Gemeinden aus anderen Teilen der Welt sind in Sarnath gut vertreten. Außer der altansässigen **Mahabodhi Society** bietet das **Central Institute of Higher Tibetan Studies**, ☎ 0542/258 5242, 🖥 www.cihts.ac.in, außerhalb Richtung Varanasi, Zertifikatskurse in tibetischer Philosophie und der uralten Sprache Pali. In der Nähe des Postamts befindet sich der **Tibetische Tempel**, der eine Sammlung von *thangkas* (tibetisch-buddhistische Gemälde) beherbergt. Der **Chinesische Tempel** liegt 200 m östlich des Haupteingänge und weiter nordwestlich der **Birmanische Tempel**. Hinter dem Tourist Bungalow befindet sich der **Japanische Tempel** unter Leitung der Mrigdayavana Mahavihara Society.

Übernachtung und Essen

Burmese Vihara, eines der gastfreundlichen Klöster, nordwestlich der Hauptstätte, bietet gegen eine Spende einfache Zimmer. ❶

Birla Dharamsala, ☎ mobil 09839 245096, direkt vor den Toren der Mahabodhi Society, sehr zentral, aber auch sehr einfach. ❶

Hotel Golden Buddha, ☎ 0542/258 7933, 🖥 www.goldenbuddhahotel.com, etwas außerhalb, 10 Min. zu Fuß südlich vom Japanischen Tempel; die komfortabelste Unterkunft der Gegend, schöne Zimmer und ein gutes Restaurant. ❹–❺

Tourist Bungalow, südöstlich vom Park, ☎ 0542/259 5965, ✉ rahimrigdava@up-tourism.com, von UPTDC geleitet, bietet annehmbare Zimmer und einen Schlafsaal (Rs125). ❹

Außerhalb der Haupttore, in der Nähe des Mulagandha Kuti Vihara, gibt es ein paar schlichte Cafés und Restaurants und im Tourist Bungalow ein Restaurant, das *thali* serviert.

Das **Rangoli Garden Restaurant**, wenn man von Varanasi kommt, gleich an der Kreuzung jenseits des Chukhandi Stupa, ist beliebt für seine preiswerten indischen Gerichte und hat Plätze im Freien.

Sonstiges

Informationen

UP Tourist Bureau im Tourist Bungalow, ⏱ Mo–Sa 10–17 Uhr.

Post

Die Hauptpost liegt direkt gegenüber vom Tourist Bungalow und der Touristeninformation südöstlich des Parks.

Transport

Blaue **Busse** nach Sarnath fahren regelmäßig vor dem Cantonment-Bahnhof in VARANASI ab (Rs8), sind aber manchmal sehr voll.

Eine **Motor-Rikscha** von Varanasi kostet Rs60–75 einfach. In Sarnath angekommen, kann man die Sehenswürdigkeiten bequem zu Fuß besuchen.

Gorakhpur

Gorakhpur, rund 230 km nördlich von Varanasi, ist bekannt als Station auf der Pilgerstrecke zwischen Kushinagar (dem Ort von Buddhas Erleuchtung) und Lumbini (seinem Geburtsort, auf der anderen Seite der Grenze in Nepal). Heute dient es in erster Linie als Durchreisestation nach Nepal. Die Stadt wurde nach dem shaivitischen Yogi **Gorakhnath** benannt und besitzt einen großen, ihm geweihten Ashram und Tempel. Die meisten Touristen und Wallfahrer halten sich hier so kurz wie möglich auf – dafür sorgen schon die Fliegen- und Moskitoschwärme.

Übernachtung und Essen

Gorakhpur hat zahlreiche Hotels, von Budgetunterkünften in Bahnhofsnähe bis zu Mittelklassehäusern im Geschäftsviertel Golghar, 1 km südwestlich. Billige dhabas findet man in der Umgebung des Bahnhofs. Ansonsten gibt es das beste Essen in den teureren Hotels und im Restaurant **Bobis** in Golghar (vegetarische Hauptgerichte Rs40–90, andere Rs80–130). Fast alle unten aufgeführten Hotels haben 24 Std. Check-out.

Bobina, Nepal Rd, Niyamachak, 1,5 km westlich des Bahnhofs, ℡ 0551/233 6663, ✉ bobina@ndb.vsnl.net.in. Hat gute AC-Zimmer, ein ordentliches Restaurant mit Bar und sogar einen Pool. ❺–❼

Elora, Station Rd, gegenüber dem Bahnhof, ℡ 0551/220 0647. Eines der besten Hotels in Bahnhofsnähe; unterschiedliche Zimmer, einige mit AC; am besten sind die nach hinten gelegenen. ❷–❹

Ganges, Tarang Cinema Crossing, Richtung Gorakhnath-Tempel, Niyamachak, 2 km westlich des Bahnhofs, ℡ 0551/329 5091. Nicht gerade geschmackvoll eingerichtet, aber sämtliche Annehmlichkeiten, darunter zwei gute Restaurants, und freundliches Personal. ❹–❺

Ganges Deluxe, Cinema Rd, Golghar, ℡ 0551/233 6330. Ableger des Ganges Hotels; ausschließlich AC-Zimmer, alle groß und makellos, sowie Bar und Restaurant. ❹

Marina, Golghar, ℡ 0551/233 7630. Hinter dem President Hotel versteckt; älter, angenehmer und informeller; saubere Zimmer, einige sogar mit AC. ❸–❹

Retiring Rooms, Gorakhpur Bahnhof; preiswerte Zimmer ohne AC sowie Schlafsaalbetten (Rs75). ❶–❸

Upvan, Nepal Rd, Niyamachak, 1,5 km westlich des Bahnhofs, ℡ 0551/233 8003. Saubere Zimmer mit Warmwasser und AC, Innenhof mit Garten; hier kann man auch sehr spät nachts noch einchecken. ❹

Yark Inn, M.P. Building, Golghar, ℡ 0551/233 8233. Eine von mehreren ähnlichen, preiswerten Unterkünften an diesem verkehrsreichen Straßenabschnitt; saubere, gepflegte Zimmer mit TV. ❷–❹

Sonstiges

Geld

Geldautomaten gibt es in Golghar (1 km südwestlich des Bahnhofs) und direkt vor dem Bahnhof (bei Railtel Cyber Express); die **State Bank of India**, Bank Rd, wechselt Reiseschecks.

Internet

Railtel Cyber Express bietet Internet-Zugang für Rs23/Std.

Post

Die Hauptpost ist in Golghar.

Nahverkehr

Das üblichste Verkehrsmittel in der Stadt sind Fahrrad-Rikschas, da nur wenige Hotels mehr als 2 km vom Bahnhof entfernt sind. Vor Schleppern und dem schlechten Service der Reisebüros gegenüber vom Bahnhof sollte man sich in Acht nehmen.

Transport

Busse

Es gibt drei Busbahnhöfe: den beim Bahnhof für Busse von der nepalesischen Grenze bei Sonauli und Kushinagar; den Kacheri-Busbahnhof, 1 km südwestlich vom Bahnhof, wo Busse aus Allahabad, Lucknow und Varanasi halten; und den Hauptbusbahnhof für Busse nach VARANASI (6 Std.), 2 km südöstlich vom Bahnhof in Pedleyganj. Einer oder zwei der Busse von Varanasi halten aber am Bahnhof.

Eisenbahn

Gorakhpur bietet tägliche Verbindungen mit dem Gorakdam Express Nr. 2555 um 16.30 Uhr nach LUCKNOW (Ankunft 21.45 Uhr) und NEW DELHI (5.45 Uhr) sowie mit dem Gorakhpur–Lokmanyatilak Express Nr. 5018

Transport nach Nepal

Gorakhpur ist ein sehr günstiger Ausgangspunkt für die Weiterfahrt ins westliche Nepal, denn hier gibt es Verbindungen nach Pokhara und sogar nach Kathmandu. Die **Direktbusse von oder nach Kathmandu und Pokhara** sind nicht besonders vorteilhaft – besser nimmt man einen Bus nach Sonauli, geht zu Fuß über die Grenze und fährt dann auf der anderen Seite weiter. **Busse nach Sonauli** (3 Std.) fahren am Busbahnhof unweit des Bahnhofs von Gorakhpur zwischen 4.30 und 21 Uhr ab. Deluxe-Busse fahren direkt vor dem Bahnhofsgebäude los. Wer noch bei Tageslicht einen Anschlussbus nach Pokhara oder Kathmandu (je 10 Std.) bekommen und die Landschaft sehen möchte, muss früh aufstehen; es verkehren aber auch Nachtbusse. Private Busse verlassen Sonauli morgens zwischen 5 und 11 Uhr fast stündlich. Nach Kathmandu fahren die meisten Reisenden am liebsten mit dem Bus, der in **Bhairawa**, 4 km weiter in Nepal, abfährt; das Reservierungsbüro befindet sich in Bhairawa in der Nähe des Yeti Hotel. **Jeeps** befahren die 24 km lange Strecke zwischen Bhairawa und Lumbini (Nepal).

Wer eine Übernachtungspause einlegen möchte, kann im UPTD Hotel Niranjana ❷–❹ in Sonauli absteigen, 1 km vor der Grenze. Es hat Zimmer mit AC und einen Schlafsaal (Rs100). Umfangreicher ist das Angebot jenseits der Grenze in Nepal. Beliebte Hotels in Bhairawa sind das Yeti und das Himalayan Inn.

Visa für Nepal (für 1 Monat gültig) gibt es an der Grenze zum Preis von US$30. Auf der indischen Seite steht eine State Bank of India; die Geldwechsler auf der nepalesischen Seite tauschen auch Reiseschecks. Vorsicht: indische Rs500-Scheine sind in Nepal illegal und können „konfisziert" werden.

---

um 5.45 Uhr nach MUMBAI (Ankunft in Kayan um 17.30 Uhr am nächsten Tag) via VARANASI (11 Uhr); eine weitere Verbindung nach Varanasi bietet der Gorakhpur–Manduadih Nachtzug Nr. 549 (mit Schlafwagen), der um 23.10 Uhr abfährt und um 6.10 Uhr ankommt. Im Bahnhof gibt es angenehme *retiring rooms*, ein einfaches Restaurant und eine **Tourist Information**, ⏱ theoretisch Mo–Sa 9–17 Uhr, aber meistens geschlossen.

Flüge

Der Flughafen liegt 7 km östlich von Gorakhpur Richtung Kushinagar. Er wird derzeit nur von JetLite angeflogen. Es gibt Flüge nach ALLAHABAD (3x wöchentl.; 1/2 Std.) und DELHI (3 wöchentl.; 2 1/2 Std.).
Taxis in die Stadt kosten Rs100.

Kushinagar

Der idyllisch gelegene Weiler Kushinagar, 53 km westlich von Gorakhpur, wird als Buddhas **Mahaparinirvana** verehrt, seine Todesstätte, wo er die endgültige Erlösung von dem Kreislauf aus Tod und Wiedergeburt erlangte. Zu Buddhas Lebzeiten war **Kushinara**, wie es damals hieß, ein kleines, von Wäldern umgebenes Königreich der Mallas. Der Ort geriet in Vergessenheit und wurde erst Ende des 19. Jhs. von Archäologen wiederentdeckt und ausgegraben – auf der Grundlage von Schriften chinesischer Pilger des 7. Jhs.

In einem schattigen Park mitten in Kushinagar steht der aus der Regierungszeit Kumaraguptas I. (413–455 n. Chr.) stammende **Mahaparinirvana-Tempel** (oder Nirvana-Stupa), der 1927 von birmanischen Buddhisten restauriert wurde. Im angrenzenden Tempel befindet sich die vergoldete Statue eines **ruhenden Buddha**. Der **Matha Kunwar-Schrein** an einer Kreuzung unmittelbar südwestlich birgt eine vergoldete Buddha-Statue aus blauem Schiefer. Er ist meist abgeschlossen (dann bleibt nur ein Blick durchs Fenster), aber manchmal schließt einem der Aufseher auch auf. Gleich um die Ecke ist ein „Bauddha Museum" mit einer mäßig interessanten Sammlung alter buddhistischer Skulpturen, die aber nicht alle antik sind; ⏱ Di–Sa und meist So 10.30–16.30 Uhr; Eintritt Rs4. Rund 1,5 km südöstlich der Hauptanlage steht der verfallene

Ramabhar Stupa, bei dem es sich wahrscheinlich um den ursprünglichen Mukutabandhana-Stupa handelt, der an der Stelle errichtet wurde, wo Buddhas Leichnam eingeäschert wurde.

Heute ist Kushinagar ein internationales buddhistisches Zentrum und beherbergt mehrere Klöster, die von Buddhisten aus Tibet, Birma, Thailand, Sri Lanka und Japan finanziert wurden. Der wunderbar schlichte **Japanische Tempel** besteht nur aus einem einzigen runden Raum mit einer herrlichen, goldenen Buddha-Statue. In starkem Kontrast dazu steht das erst kürzlich erbaute **Thai-Kloster**, eine große Anlage mit Tempeln und Schreinen im üppigen traditionellen Stil.

Übernachtung und Essen

Die meisten Tempel stellen gegen eine Spende (Rs200) Zimmer für Pilger bereit. Der chinesische **Linh Son-Tempel**, ✆ 09936 132062, hat große, saubere Zimmer mit Bad und Warmwasser.
Shree Birla, gegenüber, ✆ 05564/273090) und das **International Buddhist Guest House**, neben dem tibetischen Gompa, sind recht schlicht.
Pathik Niwas, ✆ 05564/273045, ✉ rahipathikniwas@up-tourism.com, der relativ teure staatliche Tourist Bungalow hat u. a. Zimmer mit AC, luxuriöse Cottages, „American Huts" genannt, Schlafsaalbetten (Rs100) und ein einfaches Restaurant. ❹–❻
Lotus Nikko, ✆ 05564/272250, 🖥 www.lotusnikkohotels.com, neben dem Japanischen Tempel, ist ein 3-Sterne-Hotel mit AC-Zimmern und Geldwechselschalter, aber oft von Reisegruppen ausgebucht. ❽

Nicht nur zum Frühstück

Yama Café, nahe dem chinesischen Linh Son-Tempel, ist sauber und einladend und das einzige gute Restaurant im Ort; hausgemachte indische, tibetische und chinesische Gerichte (Hauptgerichte Rs30–50). Es öffnet zum Frühstück und schließt gegen 20 Uhr.

Essenstände an der Kasia-Kreuzung servieren preiswerte Snacks.

Sonstiges

Geld
Eine Wechselstube gibt es im **Yama Café**; auch im **Lotus Nikko Hotel** kann man Geld wechseln.

Informationen
UP Tourism unterhält ein Büro beim Birla Dharamshala, ⏲ Mo–Sa 10–17 Uhr.
Sowohl India Tourism als auch UP Tourism führen interessante Touren entlang des gesamten „Buddhist Circuit" von Uttar Pradesh durch; zu buchen entweder in Kushinagar oder in Delhi.

Touren
Das **Yama Café** organisiert einen halbtägigen Spaziergang von 9 km zu den umliegenden Dörfern und religiösen Stätten.

Transport
Von Kushinagar gibt es regelmäßige Busverbindungen nach GORAKHPUR (2 Std.).

Uttarakhand

Stefan Loose Traveltipps

Char Dham Der Pilger-Rundgang um die vier Heiligtümer von Garhwal zeigt einen Querschnitt der eindrucksvollsten Landschaft des indischen Himalaya. S. 372

5 Rishikesh Das Pilgerzentrum am Ufer des türkisfarbenen Ganges ist ein führendes Yoga- und Meditationszentrum. S. 385

Gangotri Hoch in den Bergen zieht es die Pilger zur heiligen Quelle des Ganges. S. 392

Valley of the Flowers Das abgeschiedene Tal, dessen saftige Wiesen der Traum aller Botaniker sind, wurde erst 1931 von Europäern entdeckt. S. 398

Curzon Trail Eine zehntägige Wanderung über den Kuari-Pass bietet atemberaubende Ausblicke auf den Himalaya. S. 400

Corbett-Tigerreservat Das in den 30er-Jahren geschaffene Naturreservat ist vor allem wegen seiner (leider stark gefährdeten) Tiger berühmt. S. 404

Nordöstlich von Delhi, an der Grenze zu Nepal und Tibet erheben sich aus den fruchtbaren Ebenen am Fuße des Himalaya die Bergregionen Garhwal und Kumaon. Zusammen bilden sie den Bundesstaat Uttarakhand, der nach jahrelangen Unruhen erst im Jahr 2000 von der Tiefland-Region Uttar Pradesh abgetrennt wurde. Bis 2007 war er unter dem Namen Uttaranchal bekannt. Die Region weist ganz eigene Sprachen und Kulturen auf. Tiefe Flusstäler beheimaten faszinierende Mikro-Zivilisationen, in denen sich Hinduismus, Animismus und Buddhismus vermischen. Die schneebedeckten Gipfel dieser Gegend sind zwar nicht so hoch wie die weiter östlich gelegenen Giganten in Nepal oder der Karakorum, zählen aber zu den schönsten Bergen des Mittleren Himalaya. Sie bilden eine fast durchgehende Bergkette, die im **Nanda Devi** gipfelt, dem mit 7816 m höchsten Berg Indiens.

Geschichte

Die ersten bekannten Bewohner von Garhwal und Kumaon waren die **Kuninda** im 2. Jh. v. Chr., die offenbar eng mit der zeitgenössischen indo-griechischen Zivilisation verbunden waren, eine frühe Form des Shivaismus praktizierten und mit Tibet Salzhandel trieben. Etwa im 4. Jh. n. Chr. unterlagen die Kuninda schließlich den **Gupta**, die im Gebirge aber keinen nachhaltigen Einfluss gewannen. Zwischen dem 7. und dem 14. Jh. beherrschten die shivaitischen **Katyuri** Gebiete von unterschiedlicher Größe. Ihr Hauptsitz war das Katyur-Baijnath-Tal in Kumaon, wo ihre Steintempel noch heute zu sehen sind. Unter ihrer Herrschaft war **Jageshwar** ein bedeutendes Pilgerzentrum, und die brahmanische Kultur blühte. Ost-Kumaon erlebte unter den **Chandra** vom 13. bis zum 15. Jh. einen Aufschwung. In dieser Zeit nahmen Kunst und Bildung neue Formen an, und die **Garhwal-Schule der Malerei** entwickelte sich. Im 19. Jh. beendete die britische Annexion die westliche Expansion des Gurkha-Reiches.

Nach der Unabhängigkeit wurden Garhwal und Kumaon Teil von Uttar Pradesh, aber da die Regierung in Lucknow es versäumte, die Region zu fördern, wurden die **Forderungen nach einem unabhängigen Staat** schließlich immer lauter. Das separatistische Anliegen wurde von der BJP aufgegriffen, als diese im März 1998 an die Macht kam, und so wurde im November 2000 der neue Bundesstaat gegründet.

Die Gründung dieses neuen Staates ging alles andere als reibungslos vonstatten, denn zwischen Garhwal und Kumaon liegt eine tiefe kulturelle Kluft, und beide Regionen wollten die neue Hauptstadt in ihrem Landesteil haben. In Haridwar – kulturell gesehen Teil des Tieflands – gingen die Bauern auf die Straße und forderten, dass alles bleiben solle, wie es war. Die Kumaonis hingegen waren wütend, dass **Dehra Dun**, eine Stadt in Garhwal, zur Hauptstadt erklärt wurde. Die neue Regierung hat außerdem mit ernsthaften Umweltproblemen zu kämpfen. Durch die Abholzung geht urbares Land im Vorgebirge verloren, und in den höheren Regionen gehen infolge der globalen Erwärmung die Gletscher mit beängstigender Geschwindigkeit zurück – was weiter unten zu Wasserknappheit führt.

Garhwal

Als heiliges Land, in dem die mächtigen Flüsse Ganges und Yamuna entspringen, bildete Garhwal schon im 9. Jh. das Herz der Hindu-Identität. Damals integrierte der Reformer Shankara viele der alten Bergheiligtümer in den Hinduismus. Tief im Innern des Himalaya gründete er die vier wichtigsten *yatra* (Wallfahrts)-Tempel, **Char Dham** genannt – **Badrinath**, **Kedarnath**, sowie die weniger häufig besuchten **Gangotri** und **Yamunotri**. Jedes Jahr zwischen Mai und November, sobald der Schnee geschmolzen ist, dringen Ströme von Pilgern hoch in die Berge vor und passieren dabei **Rishikesh**, die Stadt der Yogis und Ashrams.

Mehr als ein Jahrtausend lang kamen die *yatri* (Pilger) zu Fuß. In den letzten Jahren jedoch hat sich das alljährliche Schauspiel verändert: Die Straßen, die das Militär während des Kriegs gegen China in den 60er-Jahren sprengte, sind jetzt die Adern einer neuen, motorisierten Form von *yatra*. Insbesondere das östliche Garhwal ist dabei, reich zu werden, und das Gesellschaftsgefüge in den Bergen verändert sich rasant. Besucher, die das ursprüngliche Garhwal kennen lernen möchten, sollten daher zumindest einen Teil ihrer Zeit weitab der großen *yatra*-Routen verbringen. Daneben etabliert sich das Bergland zunehmend auch als Zentrum für **Abenteuersport**: Trekking, Wildwasserfahrten, Paragliding, Skifahren und Klettern.

Garhwal ist eine echte Herausforderung für jeden Reisenden: Lange und oft nervenaufreibende Bus- und Jeepfahrten sind an der Tagesordnung. Die Belohnung dafür sind spektakuläre Blicke auf schneebedeckte Gipfel zwischen bunt bemalten Garhwali-Dörfern in tiefen Tälern.

Alle Touristen-Bungalows werden von **Garhwal Mandal Vikas Nigam (GMVN)** betrieben. Die meisten ballen sich entlang der Pilger-Routen, doch das Netzwerk weitet sich zunehmend sowohl auf die entlegeneren Gebiete als auch auf neue Ziele, etwa das Skigebiet Auli, aus. Es gibt keinen einheitlichen Standard, aber die meisten Bungalows bieten eine Reihe von Einzel- und Mehrbettzimmern in unterschiedlichen Preislagen sowie ein Restaurant. *GMVN* organisiert auch Char Dham-**Touren** (oft übertuert und wenig lohnend) und bietet teure **Mietwagen** an. Der GMVN-Hauptsitz ist in Dehra Dun, ✆ 0135-274 6817, nützlicher ist allerdings das Büro in Delhi, ✆ 011-2335 0481. Zuständig für Trekking und Bergsteigen ist das Büro in Rishikesh, ✆ 01364-243 0799, ✉ mountdivision@gmvnl.com.

Dehra Dun

Das im Jahr 2000 zur Hauptstadt von Uttarakhand gekrönte Dehra Dun liegt 255 km nördlich von Delhi in angenehmer Höhe von knapp 700 m, sodass es im Sommer nie zu heiß wird und im Winter selten schneit. Die Stadt befindet sich in der Mitte des 120 km langen **Doon Valley** *(dun* oder *doon* heißt wörtlich übersetzt „Tal"), das für seinen Basmati-Reis berühmt ist. Sie wird im Westen von der Yamuna und im Osten, bei Rishikesh, vom Ganges begrenzt. Nacheinander wurde sie von den Sikhs, den Moguln und den Gurkhas besetzt – doch am augenscheinlichsten ist der britische Einfluss.

Die meisten der lebendigen Märkte liegen rund um den hohen viktorianischen **Uhrturm**, von wo aus die Rajpur Road, die Verbindungsstraße nach Mussoorie, sich nach Norden erstreckt. 4 km weiter gelangt man zur riesigen, grünen Siedlung, wo der **Survey of India** beheimatet ist. Gegründet im Jahr 1767 war es sein größtes Verdienst, die Höhe des Mount Everest zu ermitteln und ihn nach dem Vermesser und Offizier Sir George Everest zu benennen.

Anschließend überquert die Kaulagarh Road das Bett des nur in der Regenzeit Wasser führenden Bindal Rao und führt Richtung Nordwesten an der besten Privatschule von Dehra Dun, der **Doon School**, vorbei bis zum ausgedehnten Gelände und schlossähnlichen Gebäude des **Forest Research Institute**, das sich der Erhaltung der gefährdeten Wälder Indiens widmet. Ein großes und durchaus sehenswertes Museum zeigt Holzarten, Insekten, Möbel, Tierembryos und Ähnliches. ⏲ Mo–Fr 9.30–17 Uhr, Rs10.

Übernachtung

In Dehra Dun gibt es zahlreiche Hotels mittlerer Preisklasse. Viele von ihnen reihen sich im nördlichen Teil der Rajpur Rd (Richtung Mussoorie) aneinander. Die wenigen billigen Übernachtungsmöglichkeiten befinden sich zwischen Bahnhof und Uhrturm – oder man steigt in den altmodischen *retiring rooms* des Bahnhofs ab.

Ashrey, 10 Tyagi Rd, ✆ 0135-262 3388, 🖥 www.ashrey.com. Südlich vom Princes Chowk, 3 Min. zu Fuß, in ruhiger, doch immer noch zentraler Lage; große, saubere und gut eingerichtete Zimmer zu angemessenen Preisen. ❹–❺

Great Value, 74-C Rajpur Rd, 2,5 km nördlich vom Uhrturm, 🖥 www.greatvaluehotel.com, ✆ 0135-274 4086. Großes, gut geführtes Hotel einer Kette (DZ ab US$45) mit vielen Annehmlichkeiten, u. a. einem schönen Garten, Bar und Internet-Anschluss im Zimmer (Rs 100 pro Stunde). ❽–❾.

Madhuban, 97 Rajpur Rd, ✆ 0135-274 00-66, -77, 🖥 www.hotelmadhuban.com. Großes, imposantes und exklusives Hotel mit beliebtem Restaurant, Bar, Sauna und Fitnesscenter. Gilt als Dehra Duns bestes und teuerstes Hotel (US$80–160); im Comfort-Inn-Anbau gibt es aber auch billigere Zimmer. ❼–❾

UTTARAKHAND

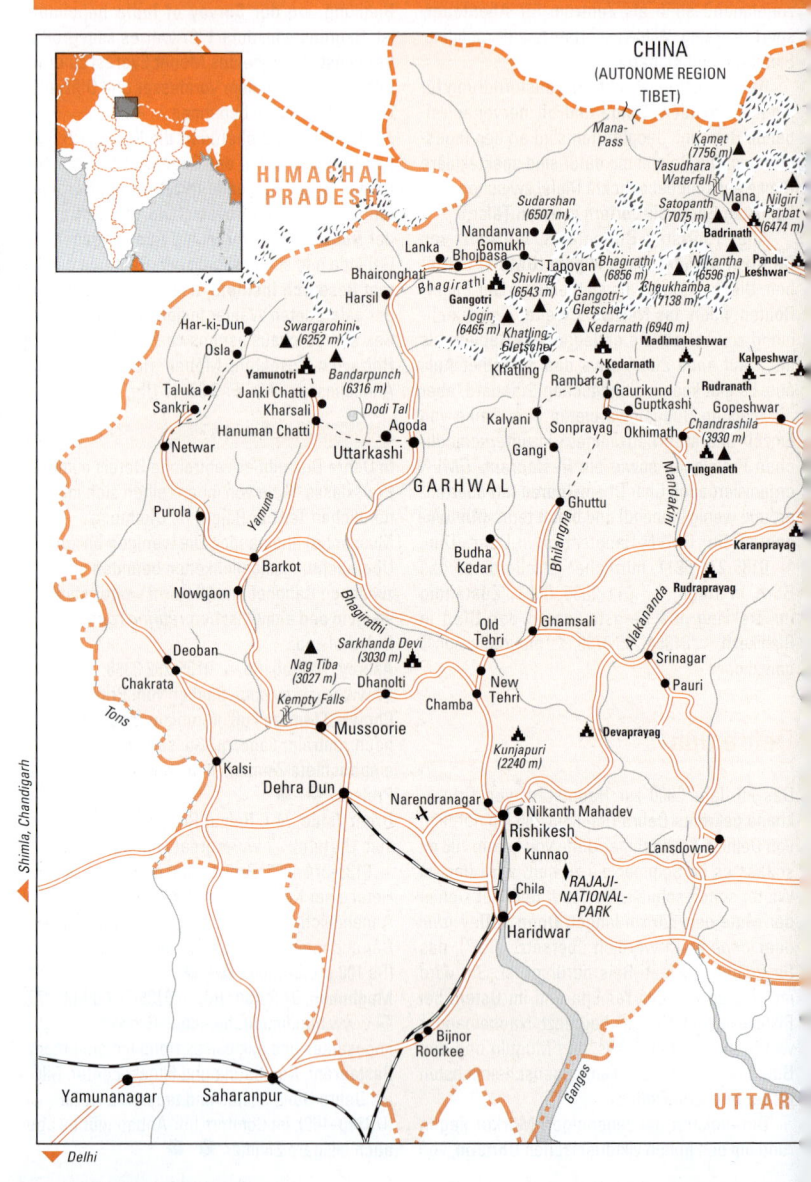

Dehra Dun 375

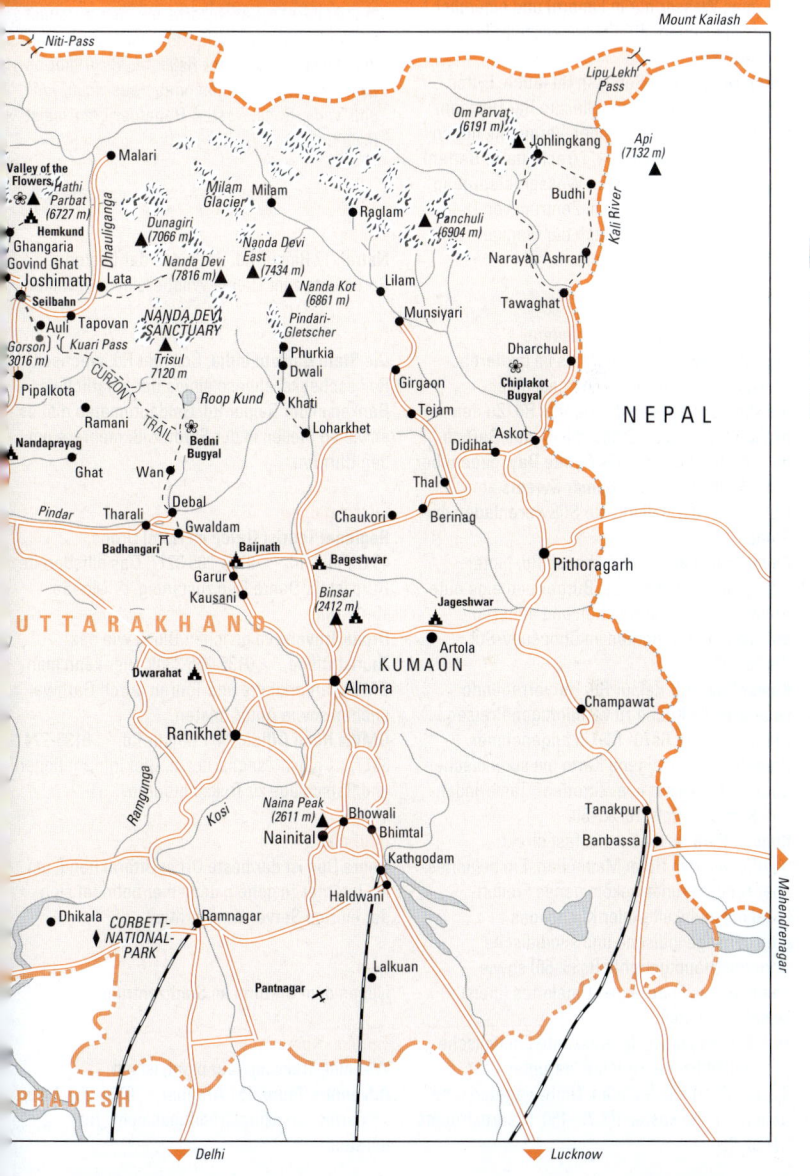

Victoria, 70 Gandhi Rd, ✆ 0135-262 3486. Einfache Unterkunft in Bahnhofsnähe, die 1936 gegründet wurde. Alles andere als luxuriös (warmes Wasser nur in Eimern) und eigentlich etwas überteuert, aber mit gewissem Boheme-Charme. ❷.

White House, 15/7 Subhash Rd (auch: Lytton Rd), 0135-265 2765. Reizvolle alte Raj-Residenz nahe Astley Hall mit riesigen Veranden, hohen Decken, schweren Möbeln (recht harte Betten) und einer unzuverlässigen Wasserversorgung. Ein friedlicher Ort, um dem Zentrum von Dehra Dun zu entfliehen, und doch nur wenige Minuten zu Fuß davon entfernt. ❸

Essen

Es gibt in Dehra Dun verschiedene empfehlenswerte Restaurants im mittleren Preisbereich und eine Reihe passabler günstigerer Cafés an der Gandhi Rd. Zu den besseren Espresso-Cafés zählen das **Barista** beim Kumar Veg und das **Coffee Day**, gegenüber vom Madhuban Hotel. **Kumar Sweets** am Uhrturm ist der beliebteste Süßwarenladen der Stadt.

Countdown Fast Food, Subhash Rd, hinter Astley Hall, bietet Pizzas, Burger und eine gute Auswahl von vegetarischen und anderen chinesischen Gerichten im Chopsuey-Stil (Rs 35–70).

Kumar Veg, 15B Rajpur Rd. Hervorragende vegetarische Küche zu vernünftigen Preisen (Hauptgerichte Rs70–130) in angenehmer Umgebung. Eine eigene Karte mit südindischen Spezialitäten listet u. a. Zitronen-, Tamarinden- und Sambhar-Reis. Rs 50–60.

Kundan Palace, Rajpur Rd, fast direkt gegenüber vom Hotel Madhuban. Ein beliebtes, aber recht heruntergekommenes Freiluft-Lokal mit multikultureller Küche, das preisgünstige indische und südindische Gerichte (Hauptgerichte Rs30–50) sowie Sandwiches, Snacks und Omelettes (meist fleischlos) bietet.

Yeti, 55A Rajpur Rd. Interessante chinesische und thailändische Gerichte, darunter Spezialitäten aus Sichuan. Nicht-vegetarische Hauptgerichte kosten RS 75–150, Meeresfrüchte Rs120–250.

Kulinarisches Multikulti

Tirupati, 27B Rajpur Rd. Sauber und freundlich; multikulturelle Speisekarte mit Schwerpunkt auf südindischer Küche. Ein nord- oder südindisches *thalis* kostet Rs99; für Rs90 gibt es eine südindische Kombination aus *dosa*, *iddli* und *vada*. Sonst kosten Hauptgerichte meist Rs65–100.

Sonstiges
Bücher
Natraj, 17 Rajpur Rd. Hat eines der besten Sortimente zum Thema Wildtiere in ganz Indien.

Geld
Die **State Bank of India**, Convent Rd, wechselt Reiseschecks; ebenso einige der staatlichen Banken in der Rajpur Rd. Geldautomaten gibt es an vielen Stellen in der Stadt; z. B. mehrere um den Uhrturm.

Informationen
Regional Tourist Office im Hotel Drona, 45 Gandhi Rd, ✆ 0135-265 3217. Das hilfsbereite Büro ist für Dehra Dun zuständig. ⊙ Mo–Sa 10–17 Uhr.

Drona Travels, im gleichen Block wie das Tourist Office, ✆ 0135-265 3309. Hier kann man GMVN-Unterkünfte und Touren durch Garhwal buchen sowie Autos mieten.

GMVN Head Office, 74/1 Rajpur Rd, ✆ 0135-274 6817, ✉ gmvn@sacharnet.in. Gibt Informationen und Ratschläge zu Trekkingtouren.

Internet
Dehra Dun ist der beste Ort in Uttarakhand, um ins Internet zu gehen, denn hier befindet sich der einzige Server von Garhwal.

Post
Neben dem Uhrturm im Stadtzentrum.

Touren / Ausrüstung
Wer eine Trekking-Tour plant, ist mit **Adventure Tours**, 151 Araghar ✆ 0135-267 7769, ✉ garhwaltrekking@rediffmail.com, gut beraten.

Die besten Adressen der ganzen Region zum Kauf von Wander- und Bergsteiger-Ausrüstung sind **Paramount**, 16 Moti Market, am Paltan Bazaar und **Mountain Equipment**, 53 Moti Market, 200 m weiter südlich gegenüber von **Cliff Climbers**.

Transport
Busse
Der moderne **Interstate Bus Terminal (ISBT)** liegt 5 km südwestlich der Stadt an der Gandhi Rd. Er ist von Princes Chowk oder vom Uhrturm mit einer Motor-Riksha für Rs50 zu erreichen oder per Sammel-Vikram Nr. 5 für Rs4. Vom ISBT fahren stündlich Busse nach MUSSOORIE (1 1/2 Std., Rs23) mit Stopp am alten Busbahnhof und am Bahnhof; ein Deluxe-Bus nach DELHI (7 Std.) kostet ca. Rs200.

Busse nach:
DELHI (alle 30 Min., 7 Std.),
HARIDWAR (alle 30 Min., 1 1/4 Std.),
KULLU/MANALI (2x tgl., 14 Std.),
NAINITAL (5x tgl., 12 Std.),
RISHIKESH (alle 30 Min., 1 Std.),
SHIMLA (3x tgl., 9 Std.).

Eisenbahn
Der **Bahnhof** befindet sich an der Gandhi Rd, südlich von der Post. Von hier gibt es günstige Verbindungen nach DELHI: Nach Old Delhi geht der Mussoorie Express Nr. 4042 (Abfahrt 21.30 Uhr, Ankunft 7.20 Uhr), nach New Delhi der klimatisierte Shatabdi Express Nr. 2018 (Abfahrt 17 Uhr, Ankunft 22.45 Uhr) und der Janshatabdi Express Nr. 2056 (Abfahrt 5.10 Uhr, Ankunft 11.15 Uhr). Der Doon Express Nr. 3010 (Abfahrt 20.25 Uhr) ist die günstigste Verbindung nach LUCKNOW (Ankunft 8.15 Uhr), VARANASI (Ankunft 16.10 Uhr) und KOLKATA. Der Ujjaini Express Nr. 4310 fährt nur Di und Mi nach AGRA (Abfahrt 6 Uhr, Ankunft 16.55 Uhr).

Mussoorie

Mussoorie, das sich über 15 km eines hohen, zerklüfteten Bergkamms erstreckt, ist die Delhi am nächsten gelegene Hill Station: Es liegt nur 278 km nördlich der Hauptstadt und 34 km nördlich von Dehra Dun. In einer Höhe von 2000 m gewährt der Ort Besuchern, die aus dem Tiefland kommen, einen ersten Blick auf die schneebedeckten Himalaya-Gipfel des westlichen Garhwal sowie eine herrliche Aussicht auf das darunter gelegene Dehra-Dun-Tal. Das 1832 von einem gewissen Captain Young gegründete Mussoorie wurde schnell zu einem typisch viktorianischen Erholungsort, dessen Herzstück die lange Promenade – **The Mall** – mit einer anglikanischen Kirche, einer Bücherei und einem Club bildet.

Heutzutage ist Mussoorie ein beliebtes Wochenendziel. Das Zentrum ist übersät mit Souvenirläden, aber man kann den Basaren leicht entfliehen und durch das stimmungsvolle Cantonment Landour spazieren oder einen Ausflug in die umliegenden Wälder unternehmen. Die meisten ausländischen Besucher kommen nach Mussoorie, um in der hervorragenden Landour Language School Hindi zu lernen, aber die Stadt ist auch ein sehr guter Ausgangspunkt für **Trekkingtouren** nach Westen, in das Innere von Garhwal. Mussoories Bergpanorama mit dem langen Bandarpunch-Massiv (6316 m) und dem Swargarohini (6252 m) im Nordosten und der Gangotri-Gruppe im Osten mag nicht so spektakulär sein wie das einiger anderer Hill Stations, aber es bildet eine angenehme Kulisse für die belebte Urlaubsstadt.

Die Gipfel in der Ferne sieht man am besten von dem flachen **Gun Hill** aus, der sich wie ein Vulkan aus dem Zentrum Mussoories erhebt. Erklimmen lässt er sich entweder zu Fuß oder per Pony auf einem Reitweg, der sich von der Mall aus nach oben windet. Die Alternative ist eine an der Mall beginnende, 400 m lange Fahrt mit einer **Drahtseilbahn** (Rs55 hin und zurück). Doch auch ein gemütlicher Spaziergang oder Ritt auf der 3 km langen **Camel's Back Road** bietet einen schönen Bergblick. Die Straße durchquert den nördlichen Teil von Gun Hill und passiert den auffälligen Felsen Camel's Rock sowie einen alten britischen Friedhof (für Besucher geschlossen). Ein weiterer Aussichtspunkt – der höchste in der unmittelbaren Umgebung – ist **Childer's Lodge** 5 km östlich der Mall, oberhalb von Landour.

Am östlichen Ende der Mall, hinter dem **Kulri Bazaar**, windet sich die steile Straße 5 km weit durch den farbenfrohen Markt von **Landour**. Die Geschäfte hier sind überreiche Fundgruben für Raj-Relikte, Silberschmuck und Bücher. Oberhalb des Landour-Marktes befindet sich ein Platz mit vielen Cafés, in denen sich Traveller wie einheimische Intellektuelle treffen. Ganz in der Nähe lädt die hübsch bewaldete Region **Sister's Bazaar** zu wunderschönen Spaziergängen ein, z. B. zum **Haunted House**, einer verlassenen Villa aus der Raj-Ära, oder rund um die berühmte **Landour Language School** (s. unter Sonstiges).

Übernachtung

Mussoories Zimmerpreise variieren je nach eher vage definierter Saison: Nachsaison (Jan–März und Juli–Sep, während der Regenfälle), Nebensaison (Weihnachten, April und die „Bengali-Saison" im Okt und Nov) und Hochsaison (Mai–Anfang Juli), während der sich die Preise teilweise vervierfachen und selbst spartanische Zimmer Rs1000 kosten können. Die Stadt leidet gelegentlich unter **Wasserknappheit**, was auch manche der billigeren Hotels betrifft. Checkout ist hier um 10 Uhr.

An den Busbahnhöfen in Library und Kulri stehen Träger, die für unter Rs50 Gepäck zu den meisten Hotels in der Mall tragen.

Broadway, Camel's Back Rd, ℡ 0135-263 2243. Riesiges altes Gästehaus am Rande des Kulri-Basars, mit hübschen bunten Blumenkästen, einem schönen Ausblick und freundlicher Atmosphäre. Gutes Preis-Leistungs-Verhältnis für kleine Budgets und in der Saison das einzige Billighotel. Nur das **Hotel Deep** nebenan, ℡ 0135-263 2470, ✉ deephotel@hotmail.com, ist in der Nachsaison noch günstiger. ❷–❸

Darpan, Landour Rd, nahe Picture Palace, Kulri, ℡ 0135-263 2483. Preiswert und sauber; heiße Dusche, Bergblick von einigen Zimmern und einem guten vegetarischen Gujarati-Restaurant. ❹–❼

Dev Dar Woods, Sister's Bazaar, ℡ 0135-263 2644, ✉ anilprakash56@yahoo.com. Altes, abgenutztes Hotel in abgeschiedener Lage. Wegen der Nähe zur Sprachschule ist es oft voll, daher empfiehlt sich eine frühzeitige Reservierung – dann wird man evtl. sogar vom Bus abgeholt. Frühstück inkl. ❺

Kasmanda Palace, The Mall, ℡ 0135-263 2424, 🖥 www.welcomeheritage.com. Ein kurzer, aber sehr steiler Anstieg führt zum Sommerpalast eines ehemaligen Maharadschas, der jetzt als historisches Hotel geöffnet ist. Komfortabel und ruhig mit herrlichem Garten. In der Saison einen Monat im Voraus buchen. ❽–❾

Neelam International, Kulri ℡ 0135-263 2195. Zentral gelegen und selbst in der Saison noch preisgünstig. Sieht etwas abgerissen aus, hat aber saubere und gemütliche Zimmer. ❺

Padmini Nivas, Library, ℡ 0135-263 1093, 🖥 www.hotelpadmininivas.com. Gleich unterhalb der Mall gelegen; mit schönem Rosengarten und Obstbäumen plus herrlichem Ausblick und schönen, hellen Zimmern meist mit Veranda. Es wurde um 1840 von einem britischen Offizier gegründet und diente später als Residenz für eine Gujarati-Königin (Padmini), daher der Name. ❼

Savoy, The Mall, ℡ 0135-263 2010. Eine lange Straße führt zu diesem baufälligen viktorianischen Haus oberhalb von Library. Zweifellos sehr stimmungsvoll und geschichtsträchtig. Agatha Christie wob ihren ersten Roman, *Das fehlende Glied in der Kette*, um einen berühmten Giftmord, der hier verübt wurde. ❾

Valley View, The Mall, ℡ 0135-263 2324. Freundliche, saubere Unterkunft über der Mall, mit Sonnenterrassen zum Doon Valley und einem guten Restaurant. ❹–❼

Kolonialer Chic

Carlton's Plaisance, Happy Valley Rd, ℡ 0135-263 2800, 🖥 www.geocities.com/carlton hotels_india. Reizvolles altes Haus aus der Raj-Ära sowie ein moderner Anbau, beide mit vielen historischen Erinnerungsstücken. Schöner Garten. Idealer Ausgangspunkt für Kurz-Ausflüge aus der Stadt. In der Saison zwei Wochen vorher reservieren. ❼–❽

Mussoorie

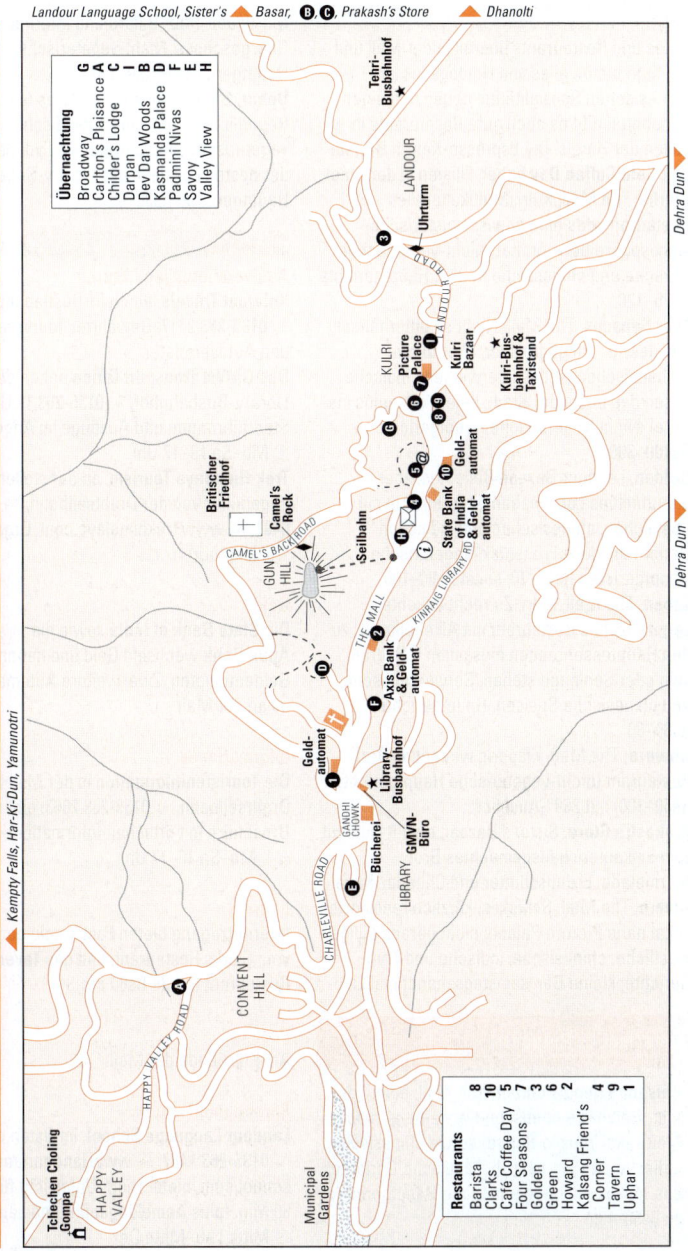

Übernachtung
- Broadway G
- Carlton's Plaisance A
- Childer's Lodge I
- Darpan B
- Dev Dar Woods D
- Kasmanda Palace F
- Padmini Nivas E
- Savoy H
- Valley View H

Restaurants
- Barista 8
- Clarks 10
- Café Coffee Day 5
- Four Seasons 7
- Golden 3
- Green 6
- Howard 2
- Kalsang Friend's Corner 4
- Tavern 9
- Uphar 1

◄ Landour Language School, Sister's ▲ Basar, B, C, Prakash's Store ▲ Dhanolti

◄ Kempty Falls, Har-Ki-Dun, Yamunotri

Tchechen Choling Gompa
HAPPY VALLEY
HAPPY VALLEY ROAD
CONVENT HILL
CHARLEVILLE ROAD
Municipal Gardens
GANDHI CHOWK
Bücherei
LIBRARY
GMVN-Büro
Library-Busbahnhof
Geldautomat
Axis Bank & Geldautomat
THE MALL
GUN'S HILL
Seilbahn
CAMEL'S BACK ROAD
Camel's Rock
Britischer Friedhof
KINRAIG LIBRARY RD
State Bank of India & Geldautomat
Geldautomat
KULRI
Picture Palace
Kulri Bazaar
Kulri-Busbahnhof & Taxistand
LANDOUR ROAD
Uhrturm
Tehri-Busbahnhof

▶ Dehra Dun
▶ Dehra Dun

Uttarakhand

Essen

Cafés und Restaurants überall in der Mall und um Kulri bieten alles von Hotdogs bis zu chinesischen Spezialitäten; neben den unten genannten gibt es auch gute Restaurants in vielen der Hotels. Die Espresso-Ketten **Barista** und **Café Coffee Day** haben Filialen in der Stadt.

Clarks, The Mall, Kulri. Multikulturelles Restaurant, das eine gewisse historische Atmosphäre bewahrt hat. Nicht-vegetarische indische und chinesische Küche. Hauptgerichte Rs75–120.

Four Seasons, The Mall. Nicht so unterhaltsam wie das Tavern gegenüber, aber für die Einheimischen ist das überwiegend indische Essen das beste der Stadt; liefert kostenlos ins Hotel. Nicht-vegetarische Hauptgerichte zu Rs100–300.

Golden, Landour Bazaar. Beliebtes, aber unauffälliges Lokal neben dem Uhrturm mit tibetischen, chinesischen und indischen Gerichten sowie Frühstück. Vegetarische Hauptgerichte Rs40–70, sonst Rs80–100.

Green, The Mall, Kulri. Zu recht beliebtes vegetarisches Restaurant mit Alkohollizenz; zu den Hauptessenszeiten muss man früh dran sein oder Schlange stehen. Serviert indische und chinesische Speisen. Hauptgerichte Rs60–80.

Howard, The Mall. Klapprig wirkendes Dreh-Restaurant (nicht-vegetarische Hauptgerichte Rs50–100) mit 360°-Ausblick.

Prakash's Store, Sister's Bazaar, eignet sich gut zum Einkaufen: hausgemachtes Brot, Marmelade, Erdnussbutter und Cheddar-Käse.

Tavern, The Mall. Schickes, kürzlich renoviertes Lokal nahe Picture Palace; nicht gerade billige westliche, chinesische, indische und Thai-Gerichte; kleine Bar, samstags manchmal Live-Musik und Tanz, Billard und Internetcafé im Obergeschoss. Nicht-vegetarische Hauptgerichte Rs150–260.

Uphar, Gandhi Chowk. Sauberes und freundliches nord- und südindisches vegetarisches Restaurant mit Eisdiele; eines der besten Lokale in der Library-Gegend. Hauptgerichte Rs30–80.

Asiatisches Potpourri

Kalsang Friend's Corner, The Mall, beim Postamt. Herzhafte tibetische Küche (u. a. *momo*-Klöße und *thukpa*-Suppe) sowie chinesische, indische und ein paar thailändische Gerichte; alle lecker. Nicht-vegetarische Hauptgerichte zu Rs50–100.

Sonstiges

Autovermietungen / Touren

Kulwant Travels, am Kulri-Busbahnhof, ✆ 0135-263 2717. Bewährter Tourveranstalter und Autovermieter.

Das **GMVN Transport Office** neben dem Library-Busbahnhof, ✆ 0135-263 1281, hat Stadtführungen und Ausflüge im Angebot. ⏰ Mo–Sa 10–17 Uhr.

Trek Himalaya Tourism, an der steilen Straße gegenüber von der Drahtseilbahn, ✆ 0135-263 0491, 🖥 www.trekhimalaya.com. Organisiert Trekkingtouren.

Geld

Die **State Bank of India** sowie die **Apex Bank** wechseln Geld und haben Geldautomaten. Zwei weitere Automaten gibt es an der Mall.

Informationen

Die **Touristeninformation** in der Mall bei der Drahtseilbahn, ✆ 0135-263 2863, gibt eine Broschüre mit örtlichen Informationen aus. ⏰ Mo–Sa 10–17 Uhr.

Internet

Internetzugang bieten **Fast Track**, gegenüber vom Clarks Restaurant, und das **Tavern Restaurant** (beide Rs60 pro Std.).

Post

Am Kulri-Ende der Mall.

Sprachunterricht

Landour Language School, im Osten der Stadt, ✆ 0135-263 1487, 🖥 www.landourlanguageschool.com, bietet Hindi-Unterricht für Rs275 je 50 Min. (plus Anmeldegebühr und Lehrbuch). ⏰ Mitte Feb–Mitte Dez.

Nahverkehr

An den Busbahnhöfen stehen Sammeltaxis und Autos bereit, während Ponys und handgezogene Wagen die Mall selbst entlang fahren. Fahrrad-Rikschas verkehren meist nur im flachen Library-Bezirk. Ponys bringen einen auch zur Camel's Back Rd.

Transport

Da Mussoories 2 km lange Mall während der Tourismus-Saison für den Verkehr gesperrt ist, dienen ihre beiden Enden – der Library-Bezirk am westlichen und der Kulri-Bezirk am östlichen Ende – als Transportzentren.

Das **Taxiunternehmen** gegenüber von Kulwant Travels (s. Autovermietungen) bietet u. a. Verbindungen nach DEHRA DUN (Rs 400), DELHI (Rs 4000), GANGOTRI und YAMUNOTRI (beide Rs5000).

Busse (Rs 28) und Sammeltaxis (ca. Rs100) aus DEHRA DUN (alle halbe Std.; 1 Std.), dem Tiefland und dem restlichen Garhwal kommen entweder am **Library-Busbahnhof** in Gandhi Chowkh oder am **Kulri-Busbahnhof** (auch Masonic-Lodge-Busbahnhof genannt) an.
Im kleineren **Tehri-Busbahnhof** östlich von Landour, 5 km von der Mall entfernt, laufen Busse aus NEW TEHRI und CHAMBA (5x tgl., 2 1/2 Std.) ein. Auf Fahrten zwischen Mussoorie und UTTARKASHI muss man hier umsteigen. Busse nach DELHI (2x tgl., 9 Std.).

Haridwar

In Haridwar – dem „Tor (*dwar*) Gottes" *(Hari)* –, 214 km nordöstlich von Delhi, kommt der Ganges nach seinen letzten Stromschnellen hinter den Shivalik-Bergen zum Vorschein, um seine lange, langsame Reise quer durch Nordindien zum Golf von Bengalen anzutreten. Haridwar erstreckt sich über rund 3 km entlang eines schmalen Landstreifens zwischen den bewaldeten Hügeln im Westen und dem Fluss im Osten, und wird besonders von Hindus verehrt. Für sie kennzeichnet die **Har-ki-Pairi** (wörtlich: „Fußstapfen Gottes") **Ghat** genau die Stelle, an der die Fluss die Berge verlässt. Wer von hier aus das ausgedehnte Doon-Tal entlang in Richtung Norden blickt, erkennt die schwachen Umrisse des Himalaya-Vorgebirges, das sich in der Ferne oberhalb von Rishikesh abzeichnet. Haridwar selbst blickt nach Osten, über den Fluss zum Rajaji-Nationalpark. Die Stadt ist ein Verkehrsknotenpunkt, sowohl für den Straßen- als auch für den Schienenverkehr: Sie verbindet die Ganges-Ebene mit den Bergen von Uttarakhand und den heiligen *yatra*- (Pilger) Stätten. Neben Nasik, Ujjain (S. 474) und Prayag in Allahabad (S. 347) ist Haridwar eine der vier heiligen *tirtha* oder „Flussübergänge", die den Mittelpunkt des gigantischen **Kumbh Mela-Festes** bilden. Alle zwölf Jahre (z. B. 2010 und 2022) kommen Tausende von Pilgern herbei, um in einem bestimmten, gottgewollten Moment im Fluss rund um Har-ki-Pairi zu baden.

Der **Ganges** wird im Norden von Haridwar durch eine Talsperre in zwei Wasserarme geteilt, die in südwestlicher Richtung durch die Stadt fließen. Zwischen beiden liegt ein langer, schmaler Landstreifen. Der natürliche Fluss liegt im Osten, der Kanal, an dem sich die *ghats* und Ashrams befinden, im Westen. Die wichtigsten *ghats* und die religiösen Aktivitäten konzentrieren sich rund um den **Har-ki-Pairi-Tempel**. Metallketten im Fluss sollen verhindern, dass die Badenden von der schnellen Strömung davongerissen werden.

Der **Uhrturm** gegenüber vom Har-ki-Pairi Ghat bietet eine hervorragende Aussicht auf das Geschehen. In der Dämmerung lockt die spektakuläre tägliche **Ganga Arati-Zeremonie** – die Verehrung der Leben spendenden Göttin Ganga – Tausende auf die Inseln und Brücken. Lichter schwimmen den Fluss hinunter und Priester schwingen zur Begleitung von Gongs und Musik Fackeln. Sobald sie geendet haben, füllt sich der Fluss mit Menschen, die nach Münzen suchen, die von den Gläubigen ins Wasser geworfen wurden.

Haridwars wimmelndes Netzwerk von **Märkten** ist eine Attraktion. Der **Bara Bazaar** im Nordosten der Stadt bietet gute Gelegenheit, einen *danda* (Bambusstab) für Treks in den Bergen zu kaufen.

Die Stände im farbenfrohen **Moti Bazaar** in der Jawalapur Rd im Zentrum der Stadt verkaufen alles von Kleidung bis zu Gewürzen.

Auf einem Bergkamm hoch über Haridwar ragt der strahlend weiße *shikhara* des **Mansa Devi-Tempel** über Stadt und Tal auf. Der Tempel ist mit einer **Drahtseilbahn** leicht zu erreichen; die Seilbahnstation liegt abseits der Upper Rd in der Stadtmitte (⏲ tgl. April–Okt 7.30–19 Uhr, Dez–März 8.30–17 Uhr, Rs48 hin und zurück). Allerdings ist der 1,5 km lange, steile Anstieg früh morgens auch ein sehr schöner Spaziergang. Keiner der Schreine und Tempel auf dem Gipfel ist architektonisch sonderlich interessant, aber dafür ist der Blick auf den Fluss sehr schön.

Ein ausgefeiltes Warteschlangen-System leitet die Pilger zum *darshan* von Mansa Devi – einem Bildnis der Göttin Durga (Fotografieren verboten).

Übernachtung

Obwohl es keine Luxushotels gibt, bietet Haridwar Übernachtungsmöglichkeiten für so ziemlich jedes Budget. Im Vergleich mit Rishikesh, 24 km nördlich, schneiden die hiesigen Unterkünfte jedoch nicht so gut ab. Die unten genannten Preiskategorien können nur Anhaltspunkte sein: je nach Saison und Verhandlungsgeschick gibt es Preisnachlässe.

Aarti, Railway Rd, ✆ 01334-226365. Renovierungsbedürftig, aber in der Nähe von Bahnhof und Busbahnhof, einige Zimmer mit AC. Außerhalb der Saison 50 % Nachlass. ❹–❺

Alaknanda, Belwala, auf der Hauptinsel, ✆ 01334-226379, ✉ alaknanda@up-tourism.com. Die Unterkunft ist etwas nüchtern, mit Linoleum-Fliesen in den Zimmern und nicht sehr sauber, aber es ist ruhig und hat einen hübschen Garten am Fluss. ❺–❽

Haveli Hari, Ganga 21, Ramghat, ✆ 01334-265207, 🖥 www.haveliahriganga.com. Ein schönes *haveli*, das 1917 von zwei Brüdern gegründet und jetzt zu einem reizvollen historischen Hotel umgebaut wurde. DZ für Ausländer ab US$200. ❾

Inder Kutir Guest House, Sharwan Nath Nagar, ✆ 01334-226336. In Flussnähe; kleine Zimmer und harte Betten, Dachterrasse mit Aussicht, angenehme Atmosphäre und heißes Wasser in Eimern. Günstigste Unterkunft dieser Preisklasse. ❷

Kailash, Railway Rd, ✆ 01334-227789. Zentral gelegenes Hotel mit verschiedenen Zimmern, einige davon klimatisiert; außerhalb der Saison bis zu 50 % Rabatt. ❸–❺

Midtown, in einer Gasse, die von der Upper Rd abzweigt, gegenüber vom Restaurant Chotiwallah, ✆ 01334-227507, ✉ hotelmidtown@gmail.com. Bietet das beste Preis-Leistungs-Verhältnis der mittleren Preisklasse, saubere Zimmer und freundliche Mitarbeiter. Die Zimmer nach vorn haben Balkon. ❹

Prem Nagar Ashram, Jawalapur Rd, 2 km westlich vom Bahnhof, ✆ 01334-266344, 🖥 www.manavdharam.org. Sehr ruhig und friedlich, wenn auch weit außerhalb (Rs5 per Sammel-Vikram). Das Personal ist nett und die Zimmer sind sauber und günstig (Rs75 pro Person). ❶

Shiv Vishram Grah Lodge, Upper Rd, nahe Har-ki-Pairi, ✆ 01334-227618, 🖥 www.svgl.co.in. Die billigen Zimmer sind luftgekühlt und recht groß, die besseren bieten TV und Balkon; sonniger Hof mit Parkplätzen; sehr zentrale Lage. ❹

Suvidha, Sharwan Nath Nagar, hinter dem Kino Chitra Talkies, ✆ 01334-227023. Bequem und luxuriös, in angenehmer Lage in Flussnähe, abseits des Trubels der Basare und Hauptstraßen; Zimmer mit und ohne AC. ❺–❼

Essen

Als heilige Stadt ist Haridwar rein vegetarisch und alkoholfrei.

Big Ben, Railway Rd, neben dem Hotel Kailash. Hotel-Restaurant mit guter Auswahl an vegetarischen Currys (Rs60–100), Menüs (Rs100–125), Frühstücksgerichten (Rs85–115) und ein paar chinesischen und europäischen Spezialitäten wie Käsesteak und vegetarisches Steak (gemeint sind eher „Schnitzel").

Chotiwala, Upper Rd. Das 1937 eröffnetes Restaurant ist ein gemütliches Lokal mit gedämpfter Beleuchtung und guter indischer Küche (Hauptgerichte Rs40–75), Frühstück (Tee, Kaffee, Toast und dergleichen) sowie einigen südindischen und chinesischen Gerichten.

Hoshiyarpuri, Upper Rd. Sehr beliebtes *dhaba*-Lokal in der Nähe der Har-ki-Pairi Ghat. Gut besucht und freundlich mit köstlichem indischen

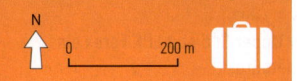

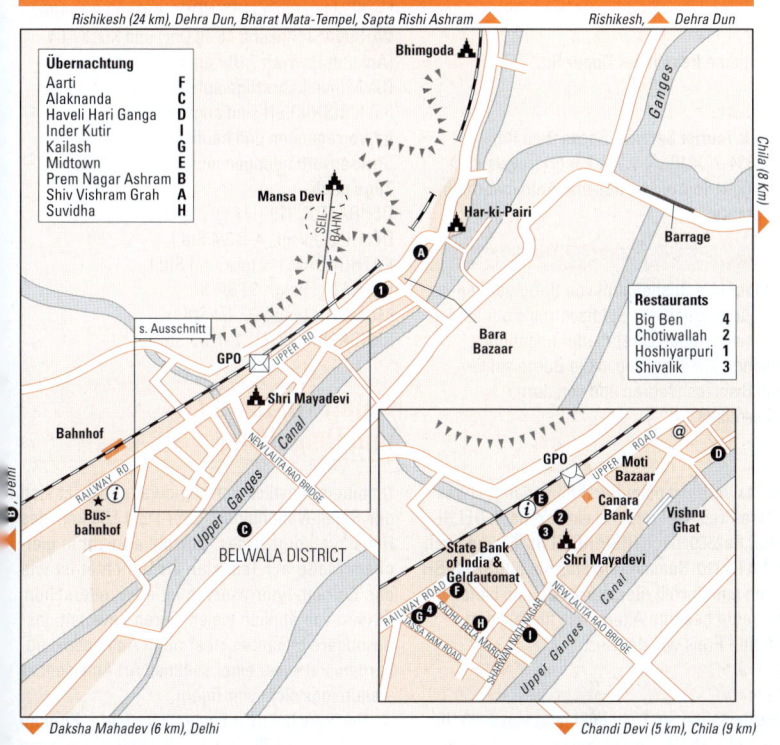

Haridwar

Übernachtung
Aarti	F
Alakananda	C
Haveli Hari Ganga	D
Inder Kutir	I
Kailash	G
Midtown	E
Prem Nagar Ashram	B
Shiv Vishram Grah	A
Suvidha	H

Restaurants
Big Ben	4
Chotiwallah	2
Hoshiyarpuri	1
Shivalik	3

Essen (besonders Punjabi) und chinesischen Hauptgerichten (Rs22–70) sowie leckerem *kheer* (sahniger Reispudding).
Shivalik, Railway Rd. Ein kleines Hotel-Restaurant. Mäßige Auswahl an chinesischen Gerichten und leckere südindische Snacks, u. a. *dosas*. Hauptgerichte Rs40–100, Frühstück Rs70–120, *thalis* Rs80–100.

Sonstiges
Geld
Bargeld wechselt die **State Bank of India**, Railway Rd, Sadhu Bela Marg, die auch den zentralsten Geldautomaten hat. Die **Canara Bank**, Railway Rd, wechselt Bargeld und Reiseschecks. Sie hat ebenfalls einen Geldautomaten. An der Upper St gibt es zwei weitere Geldautomaten.

Informationen
Der Touristeninformationsschalter im Bahnhof ist nur bedingt hilfreich,
⏲ tgl. 8–14.30 Uhr.
Besser ist das **GMVN Tourist Office** in der Nähe der Lalita Rao Bridge, Upper Rd, ✆ 01334-224240.
Eine weitere Möglichkeit bietet das **staatliche Fremdenverkehrsamt** im Rahi Motel, bei der Busstation an der Railway Rd, ✆ 01334-265304.
⏲ alle Mo–Sa 10–17 Uhr.

Internet
In der Upper St bietet LPK Forex ein Internetbüro.

Post
Es gibt eine **Post** in der Upper Rd.

Reisebüros
Konark Tourist Service, Jassa Ram Rd, ✆ 01334-227210, 🖥 www.konarktravels.com. Arrangiert Touren mit Bus und Auto innerhalb des Staates.

Transport
Bahnhof und Busbahnhof von Haridwar liegen sich südwestlich des Stadtzentrums auf beiden Seiten der Hauptverkehrsader gegenüber. Reisende auf dem Weg in die Berge sollten nach Rishikesh fahren und von dort weiterreisen.

Taxis
Der Taxiverband beim Bahnhof verlangt etwas höhere Preise als andere; ein Taxi nach DELHI kostet Rs2500, nach RISHIKESH Rs450 und nach CHILA Rs310. Sammel-Vikrams nach RISHIKESH fahren am Shivalik-Restaurant ab und bieten eine recht beengte Alternative für fast den gleichen Preis wie der Bus.

Busse
Die **Busstation** am Bahnhof bietet von 4–23 Uhr jede halbe Stunde Verbindungen nach DELHI (6 Std.) und RISHIKESH (1/2 Std.) und von 5–19.30 Uhr auch halbstündlich nach DEHRA DUN (1 1/4 Std.).
Busse nach:
AGRA (8x tgl., 10 Std.),
NAINITAL (6x tgl., 10 Std.),
SHIMLA (6x tgl., 10 Std.).

Eisenbahn
Zu den wichtigsten Zügen, die durch Haridwar kommen, zählen der Mussoorie Nachtexpress Nr. 4042 nach DELHI, Abfahrt in Haridwar um 11.20 Uhr, Ankunft in Old Delhi 7.20 Uhr. Der klimatisierte Janshatabdi Express Nr. 2056 (Abfahrt 6.20 Uhr) erreicht NEW DELHI um 11.15 Uhr. Nach AGRA fährt der Kalingautkal Express Nr. 8478 (tgl. 6 Uhr) und erreicht Agra Cantonment um 16 Uhr. Der The Doon Express Nr. 3010 (Abfahrt 22.15 Uhr) ist die beste Verbindung nach LUCKNOW (Ankunft 8.15 Uhr), VARANASI (Ankunft 16.10 Uhr) und KOLKATA (Ankunft Howrah 7 Uhr am zweiten Morgen). Die Nahverkehrszüge auf der Nebenstrecke nach RISHIKESH sind angesichts der hervorragenden und häufigeren Straßenverbindungen nicht sehr nützlich.
Züge nach:
DEHRA DUN (10–11x tgl., 1 1/4–2 1/4 Std.),
DELHI (6–8x tgl., 4–8 3/4 Std.),
KATHGODAM (1x tgl., 7 1/4 Std.),
KOLKATA (1x tgl., 32 3/4 Std.),
MUMBAI (1x tgl., 37 1/4 Std.),
RISHIKESH (6x tgl., 1–1 1/2 Std.).

Rajaji-Nationalpark und Umgebung

Unmittelbar östlich von Haridwar erstreckt sich der Rajaji-Nationalpark über rund 830 km^2 des Himalaya-Vorgebirges. Obwohl er nicht in gleichem Maße auf Touristen ausgerichtet ist wie das Corbett-Tigerreservat, ist er wunderschön. Er wird von ähnlich vielen Tieren bewohnt, insbesondere Elefanten, aber auch Antilopen, Leoparden und sogar einer seltenen Art Ameisenbär – allerdings nicht von Tigern.

Der Park hat acht Eingangstore, u. a. **Kunnao** in der Nähe von Rishikesh und den Haupteingang in **Chila** (s. S. 385), das von Haridwar aus 9 km auf der Straße Richtung Osten, jenseits des Ganges liegt. Übernachtungsmöglichkeiten innerhalb des Parks gibt es in neun **Forest Rest Houses**, die über das **Rajaji National Park Office**, 5/1 Ansari Marg, Dehra Dun, ✆ 0135-262 1669, gebucht werden können. Es ist jedoch nicht unbedingt nötig, so tief ins Innere des Parks vorzudringen, um den Dschungel zu erleben. Man kann den Park auch von Chila oder Rishikesh aus besuchen oder über die Straße zwischen diesen beiden Städten, die parallel zum Kanal entlang der Grenze des riesigen Waldes verläuft.

Eintritt Rs350 für 3 Tage, Rs175 für jeden weiteren Tag plus Rs100–500 pro Fahrzeug; Fotoerlaubnis Rs100; 🖥 www.rajajinationalpark.in.

Chila

Nach Chila kommt man von Haridwar aus am besten mit einem der Busse, die zwischen 7 und 14 Uhr stündlich vom GMOU-Büro am Busbahnhof abfahren. Man kann auch ein Taxi (ca. Rs300–350 einfach, Rs500–600 hin und zurück) nehmen oder sogar zu Fuß gehen – Chila ist von Haridwar aus bereits zu sehen, und wenn man eine Abkürzung von Har-ki-Pairi über die Flussbetten und eine Brücke nimmt, ist es nur ein 4 km langer Marsch Richtung Osten. Die Stadt selbst ist weder attraktiv noch interessant, aber ein guter Ausgangspunkt zum Erkunden des Parks, und der **Chila Beach**, der gelegentlich von großen Weichschildkröten aufgesucht wird, liegt nur einen Waldspaziergang entfernt – dem Ganges 1 km flussaufwärts folgen! **Elefantenritte** von hier kosten rund Rs300 p. P. für zwei Stunden.

Unterkunft bietet der große GMVN Chila Tourist Bungalow, ℡ 0138-266678 ❺–❻, mit einem übersteuerten Schlafsaal (Rs 150), Standard- und Luxuszimmern, Hütten und einem Campingplatz; kann auch über GMVN in Haridwar gebucht werden.

5 HIGHLIGHT

Rishikesh und Umgebung

Rishikesh liegt 238 km nordöstlich von Delhi und 24 km nördlich von Haridwar, an dem Punkt, wo die bewaldeten Berge von Garhwal sich abrupt aus dem tiefen Grund des Tals erheben und der Ganges ins Flachland stürzt.

Es ist das Zentrum für alle Sorten von New Age- und Hindu-Aktivitäten, und seine vielen Ashrams ziehen immer noch Anhänger aller möglichen seltsamen und wunderbaren Gurus an. Das große **Shivananda Ashram** ist als Yoga-Zentrum besonders bekannt. Darüber hinaus entwickelt sich Rishikesh zu einer Hochburg des Abenteuersports wie Wildwasserfahrten, Trekking und Bergsteigen.

Rishikesh hat einen oder zwei alte Schreine, war aber schon immer in erster Linie eine Wegstation für Sannyasins, Yogis und Sadhus auf dem Weg in den Hohen Himalaya. Die bei weitem beste Zeit für einen Besuch ist der Winter oder Frühling, wenn die Bergtempel wegen des Schnees geschlossen sind. Ohne all das *yatra*-Remmidemmi kann man die friedliche Ruhe erahnen, die den ursprünglichen Reiz dieses Ortes ausmachte.

Verwirrenderweise bezieht sich der Name Rishikesh nicht nur auf die Stadt, sondern auf eine lose Ansammlung von fünf Orten zu beiden Seiten des Flusses: **Rishikesh** selbst, der kommerzielle Angelpunkt, die rasch wachsende Vorstadt **Muni-ki-Reti**, **Shivananda Nagar**, gleich nördlich der Stadt, die diversen Ashrams in **Swarg Ashram** auf der Ostseite des Flusses und die Ufertempel von **Lakshmanjhula**, noch etwas weiter nördlich.

Die meisten Pilger, die auf dem Weg zu den Himalaya-Heiligtümern, den Char Dham, durch Rishikesh kommen, pausieren für ein kurzes Bad und eine *puja* an der **Triveni Ghat** in der Nähe des Stadtzentrums. Der Fluss sieht während der *arati* (Abendandacht), wenn die *diya*-Lichter auf dem Wasser schwimmen, besonders eindrucksvoll aus. In der Nähe steht mit dem **Bharat Mandir** der älteste Tempel von Rishikesh. Das hiesige schwarze Steinbildnis von Vishnu soll im 9. Jh. von dem großen hinduistischen Erneuerer Shankara geweiht worden sein.

Der dichte Komplex aus Cafés, Geschäften und Ashrams gegenüber dem Shivananda Ashram wird **Swarg Ashram** genannt. Er erstreckt sich nach hinten bis auf die bewaldeten Hügel, wo immer noch Sadhus in Höhlen wohnen. Der Fluss kann an dieser Stelle entweder auf der Ramjhula-Brücke überquert werden oder mit **Fähren**, die je nach Nachfrage zwischen 8 und 19 Uhr verkehren (Rs5 einfach, Rs8 hin und zurück). Einer der auffälligsten Ashram-Tempel ist **Parmarth Niketan**, dessen großer Hof voller prächtig gekleideter Göttinnen- und Götterfiguren steht. Der **Gita Bhavan Ashram** daneben betreibt etwas weiter eine ayurvedische Apotheke (⏲ Di–So 10–12 Uhr; die ersten drei Tage gibt es Medizin umsonst) und verkauft Bücher und *khadi*, handgewebte Stoffe.

Etwa 2 km nördlich von Swarg Ashram säumt ein Pfad das Ostufer des Flusses. An diesem Weg nach **Lakshmanjhula** liegen schöne, von großen Felsen geschützte Sandstrände. Ein Steg

Ashrams, Yoga und Meditation

Aufgrund eines andauernden Disputs mit der Regierung ist der wunderschön gelegene Ashram von **Maharishi Mahesh Yogi**, in dem die Beatles 1968 wohnten, zurzeit geschlossen. Er steht leer auf einer bewaldeten Klippe über dem Fluss. Auch den **Yoga Niketan Ashram** sollte man meiden, da von dort Diebstähle und Schlimmeres gemeldet wurden. Leider gibt es auch ziemlich viele Beschwerden über Diebstahl und Belästigung in anderen Ashrams. Es gibt jedoch zahlreiche angesehene und seriöse Ashrams in Rishikesh, die Yoga-Schüler aufnehmen und Kurse von unterschiedlicher Dauer – von einem Tag bis zu mehreren Monaten – und zu unterschiedlichen Preisen anbieten.

Ananda Spa, ✆ 01378-227500, 🖥 www.anandaspa.com. Kein Ashram, sondern ein Luxusresort am Rand von Rishikesh, das Yoga, Spa und ayurvedische Anwendungen bietet; Zimmer, Suiten und Villen zu US$530–1855 pro Nacht.

Dayanand Ashram, ✆ 0135-243 0769. In der Nähe des Swiss Cottage Guesthouse; bietet unregelmäßig Vedanta-Kurse und Yoga-Unterricht.

Parmarth Niketan Ashram, ✆ 0135-244 00-77, -88, 🖥 www.parmarth.com, organisiert in Zusammenarbeit mit Uttarakhand Tourism eine Yoga-Woche Ende Feb/Anfang März mit Unterkunft in verschiedenen Hotels in Rishikesh.

Shivananda Ashram, ✆ 0135-243 0040, 🖥 www.divinelifesociety.org. Große Institution mit Niederlassungen in der ganzen Welt; Betreiber ist die Divine Life Society. Der Ashram wurde vom 1963 verstorbenen Swami Shivananda gegründet. Es gibt eine gut ausgestattete Bibliothek, eine Waldhütte und ein karitatives Krankenhaus. Hier finden fortlaufend Meditations- und Yogakurse sowie weitere Aktivitäten statt. Um einen längerfristigen Aufenthalt zu vereinbaren, sollte man bereits zwei Monate vorher mit dem Sekretariat Kontakt aufnehmen: Divine Life Society, PO Shivanandanagar 249192, Tehri District, Garhwal, Uttarakhand.

Ved Niketan Ashram, ✆ 0135-243 0279. Auf der anderen Flussseite, südlich von Swarg Ashram. Monatelange Yogakurse, geleitet von dem charismatischen Swamiji Dharmanandam, und tgl. Hatha-Yoga-Kurse 8–9.30 und 16–17.30 Uhr.

Yoga Study Centre, ✆ 0135-243 3837. Angesehene Schule für die *Iyengar*-Form des Hatha Yoga, 1 km südlich des Stadtzentrums von Rishikesh in Ganga Vihar.

überquert den Fluss, der sich hier seine letzten Meter durch felsige Berglandschaft bahnt. Dies ist der reizvollste Teil von Rishikesh, obwohl hier der riesige, protzige **Kailashananda Ashram** steht.

Die schöne Landschaft und der türkisfarbene Fluss lassen sich am besten vom Devraj Coffee Corner am Westufer aus würdigen, wo Besucher ganze Tage verbringen, um den Affen beim Herumtollen auf der Brücke zuzusehen.

Übernachtung

Es gibt zahlreiche Hotels im Ortsteil Rishikesh, doch die Gegend ist laut und schmutzig. Muniki-Reti ist nicht weit von hier und ein bisschen angenehmer. Die meisten New Age-Anhänger wohnen in Swarg Ashram oder am Ostufer des Flusses – fern des Lärms und nahe der Ashrams –, während Rucksackreisende eher die billigen kleinen Gästehäuser von Lakshmanjhula ansteuern.

Hinweis: Die Telefonvorwahl für Rishikesh ist üblicherweise ✆ 0135; wenn man aber innerhalb eines Umkreises von 75 km anruft, muss man ✆ 95135 vorwählen.

Bombay Guest House, Lakshmanjhula, ✆ 0135-325 0038. Schlichte Unterkunft mit Gemeinschaftsbad rund um einen grünen Hof. Beliebt bei Hippies und praktisch, um den unberührten oberen Teil dieses Flussabschnitts zu erkunden. ❶

Ganga View, Lakshmanjhula, ✆ 0135-244 0320. Ein guter Tipp unter den zahlreichen, sich ähnelnden kleinen Billighotels in dieser Gegend. Es hat schöne Zimmer (alle mit Bad und Warmwasser) und liegt halbwegs ruhig etwas abseits. ❶

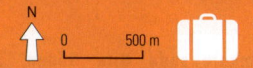

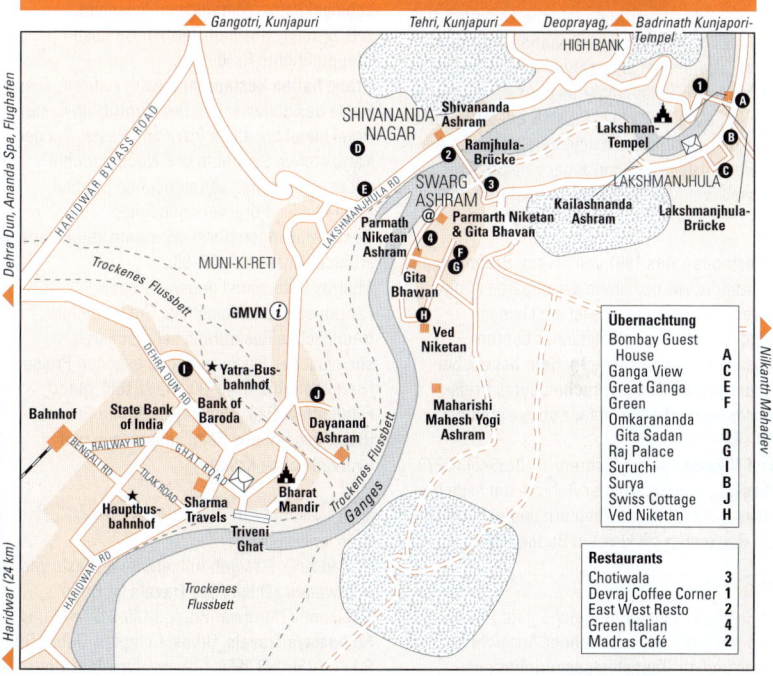

Rishikesh

Gangotri, Kunjapuri — Tehri, Kunjapuri — Deoprayag, — Badrinath Kunjapori-Tempel

HIGH BANK

SHIVANANDA NAGAR — Shivananda Ashram
Ramjhula-Brücke
Lakshman-Tempel
LAKSHMANJHULA
SWARG ASHRAM
Parmath Niketan & Gita Bhavan
Kailashnanda Ashram
Lakshmanjhula-Brücke
Parmath Niketan Ashram
MUNI-KI-RETI
Gita Bhawan
GMVN
Ved Niketan
Yatra-Busbahnhof
Bahnhof
State Bank of India
Bank of Baroda
Dayanand Ashram
Maharishi Mahesh Yogi Ashram
Hauptbusbahnhof
Sharma Travels
Bharat Mandir
Triveni Ghat
Trockenes Flussbett
Ganges

Haridwar (24 km)
Nilkanth Mahadev
Uttarakhand

Übernachtung

Bombay Guest House	
Ganga View	A C
Great Ganga	E
Green	F
Omkaranonda Gita Sadan	D
Raj Palace	G I
Suruchi	B
Surya	I
Swiss Cottage	J
Ved Niketan	H

Restaurants

Chotiwala	3
Devraj Coffee Corner	1
East West Resto	2
Green Italian	4
Madras Café	2

The Great Ganga, Lakshmanjhula Rd, Shivananda Nagar, ℡ 0135-244 2243, 🖥 www.thegreatganga.com. Es lohnt sich, die steile und recht düstere Gasse zu erklimmen, um dieses komfortable und teurere Hotel zu erreichen. Die frischen Zimmer haben Balkone zum Fluss hin und eine schöne Aussicht. Außerdem gibt es ein gutes Restaurant. Wer sich etwas wirklich Exklusives gönnen will, nimmt eine Executive Suite für US$110. ❼

Green, Swarg Ashram, ℡ 0135-243 1242. Beliebtes kleines Traveller-Hotel hinter dem Gita Bhavan Ashram; alle Zimmer mit Bad (meist mit fließend Warmwasser); Dachterrasse und Restaurant, das zurückhaltend gewürzte indische und italienische Speisen serviert. Das Hotel **Green View** hinter dem Green ist etwas teurer, aber ebenfalls empfehlenswert. ❶–❺

Raj Palace, Swarg Ashram, hinter Parmarth Niketan, ℡ 0135-244 0079. Gut geführtes Hotel, beliebt bei Yoga-Schülern; Dachterrassencafé; bis zu 50 % Rabatt in der Nebensaison. ❷–❻

Suruchi, Yatra Bus Stand, ℡ 0135-243 2602. Freundliches aber etwas ungepflegtes Hotel. Praktisch, um die Busse nach Char Dham zu erreichen. ❶–❸

Surya, Lakshmanjhula Rd, ℡ 0135-243 3211, ✉ hotelsurya@hotmail.com. Saubere DZ mit Marmorfußböden. Die besten und teuersten Zimmer mit Flussblick liegen vorn mit Flussblick; die weniger Hellen liegen nach hinten und sind dafür ruhiger. Mit Dach-Restaurant. ❶–❷

Swiss Cottage, Chandra Bhaga, ℡ 0135-243 5012, ✉ shivgangamylove@rediff.mail.com. Nahe der Brücke und durch namenlose Gassen Richtung Fluss liegt Rishikeshs ältestes

Spirituelles Wohnen

Omkarananda Gita Sadan, Lakshmanjhula Rd, Shivananda Nagar, ☏ 0135-243 634-6, -7, 🖥 www.omkarananda-ashram.org/gita_sadan.htm. Das zauberhafte Gästehaus des gleichnamigen Ashram hat eine entspannte Atmosphäre, schlichte, aber geräumige und makellos saubere Zimmer, eine herrliche Aussicht auf den Fluss und sogar eine Suite für vier Personen. Aber man muss reservieren. ❺

Guesthouse, das 1961 von Swami Brahmananda gegründet wurde, einem der engsten Jünger Swami Shivanandas. Es ist ein kleiner, friedlicher Ruhepunkt mit einer bunten Ansammlung von Zimmern. Sehr beliebt bei Dauergästen. Ausgesprochen gutes Preis-Leistungs-Verhältnis, daher oft ausgebucht. ❶–❸

Ved Niketan, Swarg Ashram, ☏ 0135-243 0279. Riesiger, orangefarbener Ashram am östlichen Flussufer mit billigen Zimmern und sehr beliebt bei Reisenden mit kleinem Budget. ❶

Essen

In Rishikesh gibt es zahlreiche gute Restaurants und *dhabas*, viele mit schöner Aussicht auf den Fluss und auf Touristen ausgerichteten Speisekarten, allerdings alle rein vegetarisch.

Chotiwala, Swarg Ashram. Zwei benachbarte Restaurants mit demselben Namen wetteifern um Kunden. Der Service im näher am Fluss gelegenen Chotiwala ist etwas besser, außerdem hat es eine gemütliche Dachterrasse. Beide Restaurants sind groß, gut besucht und ab 7 Uhr morgens zum Frühstück geöffnet. Auf den umfangreichen Speisekarten (Hauptgerichte Rs35–85) stehen unter anderem Eiscreme, Süßigkeiten und kalte Getränke.

Devraj Coffee Corner, Lakshmanjhula, gleich an der Brücke. Hier wird man mit Kaffee und köstlichem Kuchen, mit Pizzas, vegetarischen Bratlingen, Currys, Veggieburgern und gelegentlich sogar mit mexikanischen Gerichten verwöhnt, während man den Ganges und die Pilger vorbeiströmen sieht. Die meisten Gerichte kosten um Rs50–100.

East West Resto, direkt gegenüber der Fähranlegestelle, Ramjhula. Winziges, billiges Café, wo man starken Kaffee und gesundes, schmackhaftes Mittagessen bekommt, z. B. brauner Basmati-Reis mit Gemüse (Hauptgerichte Rs40–90).

Green Italian Restaurant, Swarg Ashram. Diese Filiale des italienischen Restaurants im Green Hotel bietet vor allem Pizza und Pasta. Auf der Karte stehen Spaghetti und Nudelgerichte mit verschiedenen vegetarischen Saucen, Cannelloni mit drei verschiedenen Gemüsefüllungen (Rs80–95) sowie verschiedene Frühstücksmenüs (Rs35–90).

Madras Café, direkt gegenüber der Fähranlegestelle, Ramjhula. Gut besuchtes, freundliches Restaurant, sehr leckeres südindisches Essen zu angemessenen Preisen (Hauptgerichte Rs40–90, *thali* Rs60), guter Filterkaffee. Das „Himalayan Health Pullao" (Rs75) besteht aus Gemüsesprossen und ayurvedischen Kräutern.

Sonstiges
Autovermietungen / Taxis

Zu den zuverlässigen Anbietern von Taxis und Mietwagen zählen **Ajay Travels** im Hotel Neelkanth, Haridwar Rd, ☏ 0135-243 0644 und **Mahamaya Travels**, Urvasi Complex, Dehra Dun Rd, ☏ 0135-243 2968, 🖥 www.himalayantour.com.

Geld

Es gibt mehrere Banken in der Stadt, u. a. die **Bank of Baroda**, 70 Dehra Dun Rd, und die **Apex Bank** ganz in der Nähe; beide mit Geldautomat. Weitere **Geldautomaten** findet man an der Haridwar Rd, Ecke Ghat Rd, an der Lakshmanjhula Rd beim GMVN Trekking-Büro und auf dem Ostufer nahe der Ramjhula Bridge. Auch einige Reiseagenturen in Lakshmanjhula wechseln Bargeld und Reisechecks. ⏱ tgl. 9–21 Uhr.

Informationen / Touren

Das **Uttarakhand Tourist Office** und das **GMVN Yatra Office** an der Haridwar Bypass Rd bieten regionale Infos. Doch das Letztere beschränkt sich in der Praxis darauf, seine eigenen Touren zu verkaufen oder Buchungen für seine Lodges entgegenzunehmen.

Die GMNV-Abteilung für **Bergsteigen und Trekking**, Lakshmanjhula Rd, Muni-ki-Reti, ✆ 0135-243 0799, vermietet jedoch einfache Ausrüstung, vermittelt Führer und organisiert Skiausflüge nach Auli (S. 396).

Die meisten etablierten Flusscamps am Ganges oberhalb von Rishikesh sind von Ende Sep–Mitte Dez und von Mitte Feb–Ende April in Betrieb. Die **Rafting**-Exkursionen reichen von halbtägigen Trips bis zu längeren Camping-Expeditionen. Der Halbtages-Trip kostet um Rs700 pro Person, die dreitägige Tour Rs4500 alles inbegriffen. Leider gibt es immer mehr unzuverlässige Anbieter, sodass man etwas vorsichtig sein muss. Vertrauenswürdig ist die örtliche Firma **Red Chilli** an der Lakshmanjhula Rd in High Bank, ✆ 0135-243 4021, 🖥 www.redchilliadventure.com.

Internet

Es gibt zahlreiche Internetcafés; eines der besten ist **Blue Hill Travel and Cyber Café** im Ortsteil Swarg Ashram nahe dem Parmarth Niketan, das Rs20 pro Std. berechnet; das Reisebüro selbst hat aber einen schlechten Ruf.

Post

Die **Hauptpost** ist an der Ghat Rd. Filialen gibt es in Lakshmanjhula und nahe der beiden Enden der Ramjhula-Brücke.

Reisebüros

Man sollte im Hotel oder bei der Touristeninformation nach empfehlenswerten und seriösen Reiseveranstaltern fragen. Langstrecken-Reisen können bei **Triveni Travels**, Shop No 1, gegenüber der Punjab National Bank, Haridwar Rd, ✆ 0135-243 0989, gebucht werden.

Nahverkehr

Fahrrad- und Motor-Rikschas sowie Sammel-Vikrams verbinden die wichtigsten Stadtteile miteinander; der Fahrpreis von Rishikesh nach Lakshmanjhula beträgt Rs25 (Rs5 im Sammel-Vikram). Es gibt auch Sammel-Vikrams nach Haridwar.

Transport

Jeeps

Jeden Morgen gegen 5 Uhr startet eine Flotte von Jeeps in die Berge, um die Zeitungen auszuliefern. Sie fahren an der Haridwar Rd vor Nagar Palika Parashad (unmittelbar südlich der Tilak Rd) ab und dienen auch als **Sammeltaxis**. Zumindest einige davon kann man auch vorher reservieren, und zwar bei **Sharma Travels** (alias Kaushik Telecom), 86 Haridwar Rd, beim Akash Ganga Hotel, ✆ 0135-243 0364. Sie sind teurer als der Bus (z. B. Rs300 nach JOSHIMATH), sind aber viel schneller. Wenn man vorher reserviert und westlich des Flusses übernachtet, holen sie einen manchmal sogar am Hotel ab.

Busse

Der Hauptbusbahnhof, **Main Bus Stand**, Bengali Rd, in der Nähe des Stadtzentrums, wird von staatlichen Bussen aus HARIDWAR (alle halbe Std., 1/2 Std.) und DEHRA DUN (alle halbe Std., 1 1/2 Std.) sowie von Bussen von DELHI angefahren.

Busse in Richtung der Garhwal-Berge, z. B. nach JANKI CHATTI (für Yamunotri, 4x tgl., 10 Std.), fahren vom **Yatra-Busbahnhof** auch bekannt als **Tehri-Busbahnhof** abseits der Dehra Dun Rd ab.

Busse nach:
JOSHIMATH (3x tgl., 10 Std.),
NAINITAL (1x tgl., 9 Std.),
UTTARKASHI (5x tgl., 7 Std.).

Eisenbahn

Rishikesh liegt am Ende einer kleinen Nebenstrecke der Bahn von Haridwar. Alle Züge von Rishikesh fahren nach HARIDWAR (6x tgl., 1/2 Std.), aber die Fahrt per Bus oder Vikram ist bequemer. Der Zug Nr. 372 um 7 Uhr fährt sogar weiter nach DELHI. Er ist allerdings sehr langsam, sodass man besser den Bus nach Haridwar nimmt und dort um 23.20 Uhr den Mussoorie Nachtexpress. Reservierungen sind am Bahnhof von Rishikesh möglich, aber es werden dort nur wenige Plätze vergeben.

Wanderung nach Yamunotri

Der Tempel von Yamunotri (3291 m), 223 km nordöstlich von Rishikesh, schmiegt sich in eine tiefe Felsspalte im Schoß des Bandarpunch. Der Tempel markiert die Quelle der Yamuna – nach dem Ganges der zweitheiligste Fluss Indiens. Er ist der am wenigsten spektakulär gelegene, aber der hübscheste und ursprünglichste der vier *dhams* (Wallfahrtstempel) von Garhwal. Mit dem Ausbau der Straße ist auch die Anreise einfacher geworden (möglich nur zwischen Mitte April und Anfang November mit jährlichen Schwankungen). Vom Ende der Straße in **Janki Chatti** sind es nur noch 5 km. Der Weg folgt dem turbulenten, eisblauen Fluss durch reizvolle Landschaften mit schneebedeckten Gipfeln in der Ferne.

Janki Chatti und Umgebung

Das zauberhafte Dorf Janki Chatti liegt am Ende einer befahrbaren Straße und ist mit einem Bus von Dehra Dun, Mussoorie oder Rishikesh aus zu erreichen. Manche Verbindungen erfordern ein Umsteigen in **Barkot**, eine 4-stündige Busfahrt von Mussoorie (Rs100) entfernt, wo es einen **GMVN Tourist Bungalow**, ✆ 013752-24236, ❸–❹, gibt, aber kaum etwas zu essen.

Jeeps und Busse (Rs40) brauchen ab Barkot weitere 2 1/2 Std. bis zur kleinen, an der Yamuna gelegenen Siedlung **Hanuman Chatti**, das einen ausgezeichneten **GMVN Tourist Bungalow**, ✆ 01375-223 3371, ❺, der Zimmer mit Flussblick und einen komfortablen Schlafsaal (Rs150) bietet.

Eine neue Straße führt am Ortsrand über eine Brücke und windet sich weiter durch die Berge, bis sie nach 9 km Janki Chatti erreicht. Hier gibt es ein **GMVN Tourist Rest House**, ✆ 013752-235639, ❺, Dormbett Rs150, und eine **Travellers' Lodge** ❹. Das **Ganga Yamuna**, ✆ 01375-223 3301, ❸ und der **Arvind Ashram** ❷ liegen ebenfalls am Rande des Haupt-Wanderwegs. Eine Reihe anständiger Restaurants bietet *thalis*, kalte Getränke und Snacks.

Während des Aufenthalts in Janki Chatti lohnt sich der Abstecher von 1 km über den Fluss ins traditionelle Garhwali-Dorf **Kharsali**, in dem die *pandas* (Priester der Pilger) von Yamunotri leben. Inmitten der Gebäude mit ihren schön geschnitzten Holzbalken steht ein einzigartiger, dreistöckiger Shiva-Tempel zu Ehren von Someshwar, dem Gott des Mondes und des mythischen Rauschmittels Soma. Wer tagsüber nach **Gangotri** reisen möchte (eine Fahrt von 11 Std.), nimmt am besten den ersten Bus um 5.30 Uhr, wenngleich auch der zweite um 7 Uhr noch am selben Abend in Gangotri ankommen sollte. Die Busse fahren gewöhnlich an der Station Hanuman Chatti ab, doch manche halten auch bei Janki Chatti.

Yamunotri

Kurz hinter Janki Chatti wird der Weg sehr steil, aber dafür auch immer schöner und eindrucksvoller. In der Nähe des Flusses rund um drei siedend heiße Schwefelquellen steht der neue, architektonisch uninteressante **Yamunotri-Tempel**. Der größte Schrein ist Teil der oberen Quelle und wird als Ursprung des Flusses verehrt. Er enthält ein kleines silbernes Abbild der Göttin Yamuna. Sie ist die Tochter von Surya, der Sonne, und Sangya, dem Bewusstsein, und die Zwillingsschwester von Yama, dem Gott des Todes. Wer in ihrem Wasser badet, dem bleibt ein schmerzvolles Ende erspart, und Essen, das in dem Wasser gekocht wird, ist eine *prasad* (göttliche Opfergabe). Die meisten Pilger nehmen auch ein Bad bei den warmen Quellen, wo Becken für Männer und Frauen gebaut worden sind (Eintritt frei).

Wer in Yamunotri übernachten will, findet im **GMVN Tourist Bungalow** in der Nähe des Tempels einen einfachen Schlafsaal (Rs150). Die beste der Hand voll *dharamshalas* ist der **Ramananda Ashram** ❷, der einen schönen Panoramablick vom Berg oberhalb des Tempels bietet; der Besitzer ist der oberste Priester. Einfache Mahlzeiten lassen sich über die Ashrams und den Bungalow organisieren.

Genau genommen ist der Gletschersee **Saptarishi Kund** die Quelle der Yamuna. Ihn erreicht man nach einer anstrengenden 12 km langen Wanderung, die dem Fluss folgend geradewegs den Berg hinaufführt, bis der Weg vor Kalinda Parbat etwas weniger steil wird. Für diesen Trek sind mindestens ein Tag Akklimatisierung, angemessene Kleidung und Vorräte sowie ein Führer unerlässlich.

Uttarkashi

Uttarkashi, die größte Stadt im Inneren Garhwals, liegt im flachen, fruchtbaren Flusstal des Bhagirathi und dient den meisten Pilgern und Touristen als Zwischenstopp auf der langen Reise zwischen Rishikesh, 148 km weiter südlich, und Gangotri, 100 km weiter nordöstlich.

Uttarkashis gut bestückter **Markt** ist ideal zum Einkaufen von Vorräten für Wanderungen in die Berge. Darüber hinaus ist die Stadt ein guter Ort, um erfahrene Bergführer zu finden – die meisten sind Absolventen des hiesigen, hoch angesehenen **Nehru Institute of Mountaineering**, ✆ 01374-222123, 🖥 www.nimindia.org. Die Preise liegen zurzeit bei etwa Rs200 für einen Träger und Rs300–500 für einen Führer. Einer der spezialisierten **Tour-Veranstalter** ist Mount Support, PO Box 2, B.D. Nautial Bhawan, Bhatwari Rd, ✆ 01374-222419, ✉ mountsupport@rediffmail.com, in der Hauptstraße; hier kann man auch Ausrüstung und Führer mieten.

Übernachtung und Essen

Bandhari, ✆ 01374-222203, an der Hauptstraße, hat Zimmer z. T. mit Warmwasser und TV. ❷–❸. Ein neuer Ableger desselben Hotels, ✆ 01374-222384, liegt 300 m die Straße hinauf auf der linken Seite, ist heller und sauberer und hat Balkone mit Blick über die Straße. ❸–❹ In den Gassen am Markt findet man das schlichte aber gepflegte **Amba**, ✆ 01374-222150, ❶ und den **GMVN Tourist Bungalow**, ✆ 01374-222271, mit großen Zimmern und einem Schlafsaal (Rs150) um eine kleine Wiese. ❹

In der Stadt isst man am besten im Restaurant des Bandhari Hotel, das Frühstück und einfache Gemüse-Currys zu Rs30–50 serviert.

Ideal für Trekker

Monal Tourism Home, ✆ 01374-222270, ✉ monal22270@rediffmail.com, 2 km vom Zentrum, bietet mit Abstand die besten Unterkünfte und das beste Essen. Wer anruft, wird vom Busbahnhof abgeholt; viele Trekking-Informationen. ❹

Sonstiges

Einen **Geldautomaten** gibt es zwei Häuser vom Bandhari-Hotel entfernt. Verteilt über die Stadt gibt es **Internet**, aber der Zugang ist teuer (Rs60 pro Std.).

Transport

Alle **Busse** von und nach Uttarkashi – von wo aus zwischen Mai und November regelmäßig Busse nach Gangotri (bis 14 Uhr) und Rishikesh abfahren – halten zurzeit an der Hauptstraße im Zentrum. Nach Mussoorie nimmt man einen Bus in Richtung Rishikesh und steigt in Chamba um. Taxis findet man rund um den Markt. Ein Platz in einem Sammeljeep nach GANGOTRI kostet Rs100 pro Person.

Gangotri und Umgebung

Gangotri liegt in 3140 m Höhe inmitten hoher *deodar*-Kiefernwälder am Kopf der Bhagirathi-Schlucht, 248 km nördlich von Rishikesh. Es ist der abgeschiedenste der vier *dhams* (Wallfahrtstempel) von Garhwal und von Anfang November bis Mitte April nicht zugänglich. Den Hindus gilt Gangotri als spirituelle Quelle des Ganges. Die physische Quelle ist die Eishöhle **Gomukh** auf dem Gangotri-Gletscher, 14 km taleinwärts. Hier beginnt der **Bhagirathi** seinen wilden Lauf durch eine Reihe riesiger Schluchten, wobei er tiefe Gräben in die Felsen schneidet und in Wasserbecken schäumt.

Von Uttarkashi fahren Busse, Taxis und Jeeps in kurzen Abständen nach Gangotri hinauf. Sammeljeeps (3 1/2 Std.) sollten um Rs100 pro Person kosten. Busse machen viele Zwischenstopps und brauchen mehr als 5 Std.

Teile der Straße hinter **Gangnani**, beim riesengroßen, fruchtbaren Überschwemmungsgebiet des Bhagirathi, das für seine Apfelgärten berühmt ist, wurden durch das Erdbeben von 1992 beschädigt. Riesige Felsbrocken haben den Fluss nahezu vollständig blockiert und einen See geschaffen. 10 km hinter dem Dorf Harsil, bei **Lanka**, durchquert die Straße die tiefe Bhagirathi-Schlucht über eine spektakuläre Brücke, die angeblich zu den höchsten der Welt zählt.

Dies ist Militärgebiet – also keine Fotos machen! Beim Dörfchen **Bhaironghati**, 3 km weiter und 11 km vor Gangotri, kommt der Rudragaira aus seiner Schlucht zum Vorschein und mündet in den Bhagirathi. Ein kleiner Tempel steht inmitten hoch aufragender *deodar*-Wälder, und es gibt ein paar Teebuden sowie einen selten genutzten **GMVN Tourist Bungalow** ❸–❹.

Gangotri

Zwar wird der Blick auf die meisten schneebedeckten Gipfel durch die schroffen, kahlen Berge, die unmittelbar über Gangotri aufragen, versperrt, doch die Stadt selbst, die von Hindu-Pilgern und ausländischen Wanderern bevölkert wird, verströmt den Duft des Hohen Himalaya. Ihr bescheidener **Tempel**, der gleich hinter einem kleinen Markt am rechten Ufer den Fluss überblickt, wurde Anfang des 18. Jhs. vom Gurkha-General Amar Singh Thapa erbaut. Das vergoldete Dach ziert ein *shikhara*, den vier kleinere Repliken umgeben. Der Tempel erinnert an die Legende, derzufolge König Bhagirath mit Bußübungen die Göttin Ganga auf die Erde lockte, damit sie sein Volk wieder zum Leben erwecke. Im Inneren des Tempels steht ein silbernes Bildnis der Göttin, während eine Steinplatte neben dem Tempel als **Bhagirath Shila** – Platz, an dem der König meditierte – verehrt wird. Stufen führen hinunter zur wichtigsten *ghat* am Fluss, wo die Gläubigen im eiskalten Wasser des Flusses baden, um sich von Sünden zu reinigen.

Auf der anderen Seite des Flusses führt eine lose Ansammlung von Ashrams und Gästehäusern im Schatten hoch emporragender Felsen und riesiger Bäume hinunter zur **Dev Ghat**, oberhalb der Mündung des Kedar Ganga. Nur ein kurzes Stück weiter, am eindrucksvollen, von einem Wasserfall gespeisten Teich **Gaurikund**, liegt der Anfang der 20 km langen Schlucht. Wunderschöne Waldwege führen durch dunkle *deodar*-Wälder und über eine Brücke am Rand der Schlucht entlang zu einer wackeligen Seilbrücke, die einen fantastischen Blick auf den wilden Strom darunter bietet.

Den **GMVN Tourist Bungalow**, ✆ 013772-22221 ❸–❺, mit Zimmern und einem relativ günstigen Schlafsaal (Rs150) findet man, wenn man von der Bushaltestelle aus die kleine Fußgängerbrücke überquert. Neben der Auslegerbrücke liegt das große, populäre **Ganga Niketan**, ✆ 013772-22219 ❹, mit Café, Geschäft und Blick auf den Fluss. Das **Himalaya Sadan** (kein Tel.) ❶–❷ am Flussufer gegenüber dem Tempel ist eine einfache, freundliche Unterkunft mit fantastischer Aussicht über das Tal auf die schneebedeckten Gipfel. Eine Reihe von *dhabas* und Cafés auf beiden Seiten des Flusses servieren *thalis*, gutes Frühstück und wohltuenden *chai*.

Gomukh und der Gangotri-Gletscher

Eine Treppe neben dem Tempel von Gangotri führt zu einem Reitpfad, der sanft ansteigt und fantastische Panoramablicke auf die Berge um den Gangotri-Gletscher bietet – einen der schönsten und am besten zugänglichen Gletscher des Mittleren Himalaya. Bedauernswerterweise weicht er jährlich um mehrere hundert Meter zurück. Nach einer Strecke von 2 km muss man an einem Wald-Checkpoint Rs150 Parkeintritt (gilt für drei Tage, dann Rs150 für jeden weiteren Tag) bezahlen; der Rucksack wird durchsucht und jeglicher Plastik-Müll konfisziert.

Wenn man sich der Oase **Chirbasa**, 7 km von Gangotri, nähert, dominieren zauberhafte Felsvorsprünge und glasartige Felswände das Panorama. Den Höhepunkt bilden die Bergspitzen des Bhagirathi 3 (6454 m) und Bhagirathi 1 (6856 m). Chirbasa besteht aus nicht mehr als ein paar *chai*-Läden, bei denen Wanderer außerdem ein Dach über dem Kopf und einfache Mahlzeiten finden. Anschließend klettert der Weg bis über die Baumgrenze und folgt dem breiter werdenden Tal bis zu einer hohen Bergwüste. Gleich hinter Chirbasa kommt ein Steilhang; der schmale Pfad ist hier in sehr schlechtem Zustand, und durch Windstöße können Steine herabgefegt werden – daher ist größte Vorsicht geboten. Kurz nachdem er einen Fluss überquert hat, umrundet der Weg einen Felsvorsprung und eröffnet bei **Gomukh** („Kuhschnauze") einen ersten Blick auf die Gletscherzunge, die allgegenwärtigen Bhagirathi-Gipfel und den riesigen, 23 km langen und bis zu 4 km breiten Gangotri-Gletscher.

Darunter, auf dem Talboden, 5 km von Chirbasa, kauert das kalte, graue Dörfchen **Bhojbasa** im Schatten des wunderschönen **Shivling Peak**

(6543 m) – hier verbringen die meisten Besucher die Nacht, bevor sie ihren Weg nach Gomukh und darüber hinaus fortsetzen. Wer weiter als bis Gomukh wandern will, sollte hier Halt machen, um sich zu akklimatisieren. Im **GMVN Tourist Bungalow** (kein Telefon) gibt es einen Schlafsaal (Rs250) aber keine Zimmer. Abends drängen sich die Gäste in dem netten kleinen Café, das auch der richtige Anlaufpunkt ist, um einen Bergführer für die Gletscherüberquerung zu engagieren. Eine weitere Übernachtungsmöglichkeit bietet der **Lal Baba's Ashram** (kein Telefon) ❷, dessen Komfort sich auf Bettlaken und Matratzen auf dem Boden beschränkt, dafür sind Mahlzeiten im Preis inbegriffen. Wer ein eigenes Zelt hat, findet am Fluss einen guten Campingplatz.

Nach einer Übernachtung in Bhojbasa sollte man sich von der Kälte nicht abschrecken lassen und einen frühen Spaziergang nach Gomukh machen, um den Sonnenaufgang zu beobachten. Die schöne Wanderung ist 5 km lang. In zwei nahe gelegenen *chai*-Läden findet man Essen und einfache Unterkunft, und es gibt viele flache Stellen, an denen man zelten kann.

Tapovan und Nandanvan

Die Campingplätze Tapovan und Nandanvan, 6 km hinter Gomukh auf leicht voneinander abweichenden Gletscherrouten, sind beliebte Ziele für Trekking- und Bergsteiger-Touren mit leichtem Gepäck. Führer hierfür verpflichtet man am besten in Gangotri oder Bhojbasa.

Ein recht schwieriger Weg führt am letzten Teelokal von Gomukh vorbei und dann die Moräne am linken Gletscherrand hinauf, dem er etwa 1 km folgt. Dann kreuzt er den Gletscher diagonal in Richtung auf einen Gipfelpunkt in der Mitte, der auf einer Höhe mit dem Shivling liegt. Je nach Jahreszeit kann dieser Teil des Treks unklar und gefährlich sein, denn manchmal verdeckt Schnee Gletscherspalten oder die Steinhaufen, die den Weg markieren. Vom Gipfelpunkt aus sieht man einen Fluss den gegenüberliegenden hohen Abhang hinunterfließen. Ihn kann man als Anhaltspunkt nehmen. Links von ihm verläuft ein extrem steiler und schwieriger Weg auf unsicherem Untergrund. Er endet schließlich auf der grünen Wiese von **Tapovan**, wo Wanderer vom fantastischen Anblick des Shivling (6543 m) begrüßt werden. Die Wiese bildet mit ihren fast zahmen Herden grasender *bharal* (Bergziegen) und dem sanft dahinplätschernden Fluss einen wunderbaren Kontrast zu dem darunterliegenden Eismeer.

Viele Trekker kommen ohne Campingausrüstung nach Tapovan und hoffen, in einem der beiden Ashrams unterzukommen. Doch obwohl Mataji, ein weiblicher Sadhu, die hier das ganze Jahr über lebt, und Shimla Baba tatsächlich kleine Katen mit Decken haben und bereit sind, Besuchern Essen zu machen, sind ihre Mittel doch sehr begrenzt. Ob man bei ihnen wohnt oder nicht, man sollte auf jeden Fall Vorräte dabei haben, die hier immer willkommen sind, und Zelte sowie Gaskocher mitbringen, wenn man vorhat, länger als einen oder zwei Tage zu bleiben.

Nandanvan liegt auf einer ähnlichen, aber weniger häufig besuchten Wiese am Fuße der Bhagirathi-Gipfel, wo der Gletscher namens Chaturang Bamak in den Gangotri-Gletscher strömt. Dieser Ort bietet einen fantastischen Panoramablick auf Bhagirathi, Shivling und das riesige Massiv des **Kedar Dome** (6831 m). Die Route nach oben folgt von Gomukh aus dem gleichen Pfad, führt aber dann statt diagonal in Richtung Tapovan weiter über den Raktaban-Gletscher, um dann dem linken Rand des Gangotri-Gletschers zu folgen. Wer sich verläuft und aus Versehen in Nandanvan landet, gelangt auf einem unauffälligen 3 km langen Pfad über den Gangotri-Gletscher zurück nach Tapovan.

Die Route nach Kedarnath

Kedarnath, 223 km nordöstlich von Rishikesh nahe der Quelle des Mandakini, liegt in atemberaubender Lage 3583 m hoch über dem Meeresspiegel und wird von steil abfallenden Gletschern und riesigen Vorsprüngen aus Eis, Schnee und Fels überragt. Kedarnath – das „Feld" *(kedara)*, wo die Saat für *moksha* (Erlösung) gesät wird – ist der bedeutendste Schrein des Himalaya und zählt zu den wichtigsten Shiva-Tempeln in ganz Indien.

Laut den *Puranas* (Hindu-Sagen) suchten die Pandavas Shiva, damit er ihnen die Absolution erteile. Es gelang ihnen, ihn in Kedarnath aufzuspüren, wo er die Gestalt eines Stiers annahm und sich in einer Rinderherde verbarg. Einer der Brüder, Bhima, stellte sich mit gegrätschten Beinen über das Tal und ließ die Herde unter ihm vorbeiziehen, da er annahm, dass der einzige Stier, der dies verweigern würde, Shiva sein musste. Als Shiva entlarvt war, tauchte er kopfüber in den Boden ein, Bhima griff ihn von hinten und hielt ihn fest. Doch alles, was von dem Gott blieb, war sein Hinterteil. Diverse andere Körperteile tauchten dafür in der Umgebung auf und werden in den **Panch Kedar-Tempeln** verehrt.

Kedarnath ist die dritte der heiligen Char Dham-Stätten, und als eine von Indiens zwölf *jyotrilinga* – Licht-Lingams – zieht der Schrein in den Sommermonaten Scharen hinduistischer Pilger *(yatri)* an, ist aber von Anfang November bis Anfang April geschlossen. Die saftigen grünen Hänge, die hübsch angelegten Bergterrassen und die zahlreichen Apfelbaumgärten bieten eine erfrischende Abwechslung von den öden, felsigen Tälern des westlichen Garhwal. Darüber hinaus ist Kedarnath ein guter Ausgangspunkt für kurze Wanderungen zu den schönen Bergseen Vasuki Tal und Gandhi Sarovar.

Gaurikund

Gaurikund ist eine freundliche Kleinstadt oberhalb von Sonprayag, wo die Straße endet. Zurzeit ist sie der Ausgangspunkt für die Wanderung zum **Kedarnath-Tempel**, es gibt jedoch Pläne, die Straße bis nach Rambara auszubauen.

Direktbusse fahren die ganze Strecke von Gaurikund nach Rishikesh, aber die meisten Besucher kommen mit Nahverkehrsbussen oder Taxis vom größeren Busbahnhof in **Guptkashi**, 29 km weiter talwärts. Dieser wird von Rudraprayag, das auf der viel befahrenen Route Rishikesh–Joshimath–Badrinath 109 km weiter südlich liegt, sowie von Gopeshwar, 138 km südöstlich, aus angefahren.

Es gibt mehrere günstige *dharamshalas* und **Hotels** in Gaurikund selbst, u. a. die **Vijay Tourist Lodge**, ✆ 01364-269242 ❷, die in der Hauptstraße des Basars liegt und saubere, wenn auch einfache Zimmer hat. Das gegenüberliegende **Annapurna**, ✆ 01364-269209 ❷, bietet große DZ mit Teppich und sonnigen Balkons sowie Schlafsäle. Im **GMVN Tourist Bungalow**, ✆ 01364-269202 ❹, gibt es teurere, aber gemütliche DZ, einen billigen Schlafsaal (Rs150) und ein Restaurant, wo man Suppen und Salate bekommt.

Die Wanderroute von Gaurikund

Kedarnath ist ein dermaßen populärer Bestandteil der *yatra*-Route, dass der Pfad, der von Gaurikund aus bergauf führt, langsam seiner Vegetation beraubt wird – verbraucht als Brennstoff oder als Futter für die Ponys der wohlhabenderen Pilger. Ein Pferd für die Tour kann für Rs300 gemietet werden.

Der breite Reitweg von Gaurikund herauf ist von *chai*-Läden gesäumt. Er führt durch die sterbenden Bergwälder zum 7 km höher gelegenen Dorf **Rambara**, auf halber Strecke nach Kedarnath, das die Baumgrenze und den Beginn der alpinen Zone markiert. Hier finden sich viele Cafés und Rest Houses. Während der Weg steil nach **Garur Chatti** emporsteigt, sieht man mehrere augenfällige Abkürzungen den Hang verunstalten. Erst etwa 1 km vor Kedarnath wird es ebenerdiger. Dann plötzlich, nach einer Kurve, steht man vor dem atemberaubenden Südhang des Kedarnath (6940 m) am Ende des Tals. Am Fuße des Berges liegt, in der Entfernung kaum auszumachen, die Tempelstadt.

Kedarnath und Wanderungen in der Umgebung

Kedarnath selbst ist nicht sehr attraktiv – und auf dem Höhepunkt der Pilgersaison (Mai, Juni und Sept) sogar fast unerträglich. Die Stadt ist sehr grau und besteht im Grunde nur aus einer 500 m langen Hauptstraße zwischen Tempel und Brücke, die von Rest Houses und *dharamshalas*, Pilgergeschäften und Verwaltungsbüros gesäumt wird, doch kann man ihr leicht entfliehen, um die einzigartige Hochgebirgslandschaft zu erkunden.

Der imposante **Tempel** ist ein relativ simpel konstruiertes Stein-Bauwerk mit einer großen Mandapa, in der ein beeindruckendes Steinbildnis von Shivas Stier Nandi steht. Im inneren Heiligtum, das auch Nicht-Hindus zugänglich ist, sitzen *pandas* (die Priester der Pilger) um einen Felsen herum, bei dem es sich der Legende nach um Shivas Hintern handelt – er blieb hier zurück, als Shiva kopfüber in die Erde eintauchte.

Von der Hauptbrücke der Stadt führt ein Pfad über den Mandakini zur linken Seite des Tals und endet 4 km weiter am **Gletscher**. Der See daneben, **Chorabari Tal**, ist auch als **Gandhi Sarovar** bekannt, seit ein Teil von Mahatma Gandhis Asche hier verstreut wurde. Nur rund 800 m entfernt entspringt der Mandakini: Er sprudelt aus einem Loch in der Moräne. Der Boden ist hier extrem unsicher und sollte auf keinen Fall betreten werden. Man kann den Fluss auch auf einer kleinen Brücke hinter dem Tempel überqueren und die von Steinen übersäte Moräne hochklettern, um zum Hauptpfad zu gelangen.

Östlich der Stadt führt ein gut markierter Pfad diagonal den Hang hinauf zu den Gebetsflaggen, die über einem kleinen Schrein für **Bhairava**, die zornige Erscheinung von Shiva, wehen.

Übernachtung und Essen

GMVN Tourist Bungalow, ✆ 01364-263218. Neu und zentral, große DZ und Schlafsaal (Rs150). ❸–❻

Bharat Seva Ashram, ✆ 01364-263213. Sauber und bequem; ein großes, rotes Gebäude hinter dem Tempel auf der linken Seite. ❸

Modi Bhavan (kein Tel.). Schön gelegener Bungalow, hinter bzw. oberhalb des Tempels, der große Zimmer mit Kitchenettes bietet. ❹

Das Essen in den **Cafés** in der Hauptstraße von Kedarnath ist einfach, aber teuer, denn alle Vorräte müssen auf Pferden aus dem Tal hochgebracht werden.

Kedar Mishthan Bhandar ist das einzige, das sich auf westlichen Geschmack eingestellt hat und passable Salate und Kartoffelgerichte auftischt. Die Kantine des Tempel-Komitees, **Shri Badrinath Kedarnath Mandi Samiti**, hinter dem Tempel, serviert Currys und *aloo paratha*.

Joshimath

Die weit verstreute Verwaltungsstadt Joshimath, 250 km nordöstlich von Rishikesh, schmiegt sich an die Seite eines tiefen Tals und bietet eine faszinierende Aussicht: Hoch über ihr erheben sich die schneebedeckten Gipfel, und wer nach unten blickt, sieht bei Vishnu Prayag, der Mündung des Dhauli Ganga, die Straße in einer dunklen Schlucht verschwinden. Nur wenige der abertausend Pilger, die auf dem Weg nach Badrinath hier vorbeikommen, bleiben eine Weile. Joshimath ist eng mit **Shankara**, dem Reformer des 9. Jhs. verbunden: Hier, unter einem Maulbeerbaum, wurde er erleuchtet, bevor er **Jyotiramath** gründete, eines der vier Pilgerzentren des Hinduismus in den vier Haupthimmelsrichtungen. Im Winter, wenn Badrinath geschlossen ist, residiert der Rawal, der oberste Priester von Badrinath und Kedarnath, hier in Joshimath.

Joshimath besteht aus einem lang gezogenen oberen Basar und, vom Main Square aus rund 1 km der Straße nach Badrinath folgend, einem unteren Basar, der die farbenprächtigen Tempel **Narsingh**, **Navadurga**, **Vasudev** und **Gauri Shankar** beherbergt.

Übernachtung und Essen

GMVN Tourist Rest House, ✆ 01389-222118, am nördlichen Ende des oberen Basars eine kurze Gasse hinauf; finstere Unterkunft, u. a. mit Schlafsaal (Rs150); ein Café serviert einfache Mahlzeiten. ❹

Der Neubau, ✆ 01389-222226, direkt oberhalb des alten Gästehauses, zu erreichen über eine Gasse gegenüber vom GMOU-Büro, ist wesentlich besser, aber dennoch nicht besonders preisgünstig (Schlafsaal Rs150). ❹

Hotel Sriram, ✆ 01389-222332, neben dem alten GMVN-Gästehaus; preiswerte Zimmer, z. T. mit TV und Warmwasser. ❸

Dronagiri, weiter südlich des Zentrums, ✆ 01389-222254. Das komfortabelste Hotel der Stadt, sehr schöne Aussicht, sauberes Restaurant und Satelliten-TV. ❺–❼

Für Freunde guter Küche sind die Möglichkeiten in Joshimath äußerst begrenzt; am besten sind noch die Restaurants der Hotels Dronagiri und Sriram. Das **Marwari** am Marktplatz ist ein gut besuchtes und preisgünstiges vegetarisches *dhaba*, und das **New Star**, am oberen Basar nahe dem GMVN-Gästehaus und Sriram, öffnet früh zum Frühstücken.

Sonstiges
Informationen
Tourist Office, ✆ 01389-222181, beim neuen GMVN-Block, ⏰ Mo–Fr und meist auch Sa 10–17 Uhr.

Internet
Internetzugang bieten **Eskimo Adventure Company** (Rs100 pro Std.) und **KCE Uniyal Infotech** (Rs60 pro Std.), am oberen Basar bei der Badrinath Jeep-Haltestelle.

Trekking
Eskimo Adventure Company, ✆ 01389-222864, ✉ aeskimoadventures@rediffmail.com, gegenüber vom Hotel Sriram, geleitet von zwei Absolventen des Nehru Institute of Mountaineering, erteilt Ratschläge zu Trekking- sowie Skitouren und organisiert Treks, Felsklettern, Skifahren und Wildwasserfahrten inkl. Genehmigungen, Führer und Ausrüstung.

Transport
Die meisten **Busse** und **Jeeps** halten im oberen Basar.

Auli

Von Joshimath windet sich eine holprige Straße durch den *deodar*-Wald ins 15 km entfernte Auli, das zum **Skiresort** entwickelt wurde. Abgesehen von der Straße erreicht man Auli auch, indem man entweder geradewegs 4 km den Berg hinaufwandert oder die Drahtseilbahn nimmt. Die höchste und längste Seilbahn Indiens, gebaut in Österreich, verbindet Joshimath (1906 m) mit **Gorson** (3016 m) oberhalb von Auli, eine Fahrt von 22 Min. Die **Ropeway**, wie sie in der Region genannt wird, verkehrt alle 25 Minuten von 8–17 Uhr; Rs400 hin und zurück. Man kann auch einen Jeep mieten (Rs600). Skifahrer zieht es meist zum nahen **Gorson Top**, der im Sommer ein lohnendes Wanderziel darstellt mit fantastischer Aussicht auf die Gipfel von Nanda Devi, Kamet und Dunagiri.

Als Skiresort hat Auli eigentlich wenig zu bieten: eine kurze Saison von Januar bis März, nur einen Sessellift (Rs200 hin und zurück) und wenige Kilometer Piste. Wer am Skifahren interessiert ist, wendet sich an **GMVN**, 🖥 www.gmvnl.com, die verschiedene Pauschalangebote haben, z. B. ein 7-Tage-Kurs für Rs10 000. Ausrüstung kann man bei Eskimo Adventure Company in Joshimath mieten. Aktuelle Auskünfte erteilt **GMVN Mountaineering and Trekking Division** in Rishikesh, ✆ 0135-243 0799.

Das **Cliff Top Club Resort**, ✆ 01389-223217, 🖥 www.nivalink.com/clifftop, bei der Bergstation bietet große, holzgetäfelte Zimmer mit Bad und Kochnische sowie Ski-Arrangements (US$425 für zwei Personen und drei Nächte). Das Essen zu Rs1200 ist völlig übertenert. ❽–❾

Das **GMVN Tourist Centre**, ✆ 01389-223305, nicht weit von der Talstation des Sessellifts, hat nette, aber abgenutzte DZ und schlichte Hütten sowie zwei Schlafsäle mit abschließbaren Spinden (Rs150). Die freundlichen Mitarbeiter des Speisesaals geben ihr Bestes, man darf jedoch keine Après-Ski-Aktivitäten erwarten. ❹–❺

Badrinath

Der meistbesuchte der vier Haupt-Pilgertempel von Garhwal ist Badrinath, „Gott der Beeren", 298 km nordöstlich von Rishikesh und nur 40 km von der Grenze zu Tibet entfernt. Im 9. Jh. von Shankara gegründet, ist der Tempel eine der heiligsten Stätten des Hinduismus. Er liegt unweit der Quelle des Alaknanda, dem Haupt-Zufluss des heiligen Ganges. Obwohl der Tempel vor einer fantastischen Kulisse liegt, tief unten in einem Tal am Fuße der steilen, schneebedeckten Pyramide des Nilkantha (6558 m), ist die Stadt, die um ihn herum gewachsen ist, grau, schmutzig und unattraktiv. Alle Fahrzeuge von Joshimath – und während der Yatra-Saison verkehren hier viele Busse – müssen in Konvois verkehren. Schranken im Abstand von jeweils 24 km kontrollieren den Verkehr in beiden Richtungen; die erste Etappe ist die zwischen Joshimath und Pandukeshwar, die zweite von Pandukeshwar bis Badrinath. Täglich verlassen mehrere Konvois Joshimath; der erste um 6.30 Uhr und der letzte um 16.30 Uhr. Nachts ist die Straße gesperrt und Badrinath selbst bleibt von Mitte November bis Anfang April geschlossen.

Badrinath steht immer noch ein Brahmane aus Kerala vor – der Rawal, der gleichzeitig als oberster Priester für Kedarnath fungiert. Der Legende nach lagen die beiden Tempel einst so nahe beieinander, dass die Priester an einem Tag in beiden beten konnten. Der **Tempel** selbst, der auch als **Badri Narayan** bekannt ist, ist Vishnu geweiht, der einst im mythischen Badrivan („Wald der Beeren"), der früher die Berge von Uttarakhand bedeckte, Buße getan haben soll. Ungewöhnlicherweise ist der Tempel aus Holz. Jedes Jahr im Mai, wenn der Schnee geschmolzen ist und der Tempel für die Saison öffnet, wird die gesamte Fassade neu gestrichen. Aus der Entfernung erinnern seine hellen Farben, die einen markanten Kontrast zu den Betongebäuden, den verschneiten Gipfeln und dem tiefblauen Himmel bilden, an ein tibetisches *gompa*. Es gibt Debatten darüber, ob der Tempel früher ein buddhistischer Schrein war. Im Inneren, wo Fotografieren absolut tabu ist, sitzt das schwarze Steinbildnis von **Badri Vishal** wie ein Bodhisattva in der Lotusposition (Hindus betrachten Buddha als Inkarnation von Vishnu).

Der Standort am Westufer des turbulenten Alaknanda mag wegen seiner schwefelhaltigen heißen Quellen **Tapt Kund** auf der Böschung gleich unterhalb des Tempels, ausgewählt worden sein. Sie werden für rituelle Bäder benutzt. Unmittelbar südlich des Tempels steht immer noch das alte Dorf Badrinath, dessen traditionelle Steingebäude und kleiner Markt wie Relikte aus einer vergangenen Ära wirken. Die Hauptstraße nördlich von Badrinath führt in grenznahe und damit militärisch sensitive Gebiete, aber Besucher können in der Regel mit örtlichen Bussen und Taxis noch 4 km weiter fahren, wo am Ende der Straße das faszinierende Bhotia-Dorf **Mana** liegt (die aktuelle Situation sollte vorher geklärt werden).

Mana ist auch zu Fuß erreichbar (neben der Straße verläuft ein Pfad). Das Dorf selbst besteht aus einem Labyrinth kleiner Straßen und Gebäude, die buchstäblich übereinander gestapelt wurden. Seine Bewohner sind Bhotia, Buddhisten tibetischer Herkunft, die ursprünglich über den hohen Mana-Pass hinweg Handel trieben und jetzt Vieh und Ponys züchten und Yak-Fleisch sowie bunt gefärbte, handgemachte Teppiche verkaufen.

Vom Dorf führt ein Pfad über eine natürliche Felsenbrücke und das linksseitige Flussufer hinauf in Richtung des Berges Satopanth (7075 m), an der Grenze zwischen den Regionen Mana und Gangotri, zum Fuß des beeindruckend hohen **Vasudhara-Wasserfalls**. Er stürzt von einem Hang in ein Tal hinab und wird als Quelle des Alaknanda betrachtet, als Ort, wo dieser vom Himmel fällt. Die Gehzeit beträgt zwar nur 1 1/2 Std., doch sollte man Getränke und Wegzehrung mitnehmen, da es keine Teestände an der Strecke gibt.

Übernachtung und Essen

Badrinath hat unzählige spartanische und von Flöhen heimgesuchte Billighotels, die meisten liegen an der Hauptstraße:
Gujarat Bhavan, ☏ 01381-22266, mit Blick auf den Fluss und den Tempel (dessen lärmende Lautsprecher stören), ist noch am wenigsten unangenehm. ❺
GMVN Devlok, ☏ 01381-22212, hinter der Post, ist eine bessere Wahl; mit angenehmen Zimmern, Restaurant und vielen Informationen. ❹–❺
Yatri Niwas (auch Tourist Hotel) hat 500 Schlafsaalbetten (Rs80), und die **Travellers Lodge** bietet gemütliche DZ mit Teppich. ❸
Hotel Narayan Palace, ☏ 01381-22380, ist nicht schlecht, aber angesichts abgetretener Teppiche und fehlender Heizung ist der Preis nicht ganz gerechtfertigt. ❻–❼
Sarovar Portico, ☏ 01381-222267, 🖳 www.sarovarhotels.com. Ganz neu und das luxuriöseste Hotel der Stadt. ❽
Die besten **Cafés** und *chai*-**Lokale** findet man in der alten, stimmungsvollen Gegend rund um den Tempel, aber am kommerzielleren Ostufer gibt es neben zahlreichen *dhabas* auch ein paar anspruchsvollere, moderne Restaurants mit Neonlicht, wie z. B. **Laxmi** und **Saket**, doch ist keines davon etwas Besonderes.

Transport

Der Verkehr zurück nach JOSHIMATH, einschließlich der normalen Linienbusse, bewegt sich im gleichen Konvoi-System fort wie auf dem Weg hierher; der letzte Konvoi verlässt Badrinath um 15.30 Uhr. Langstreckenbusse fahren, mit einem Übernachtungs-Stopp, direkt nach RISHIKESH – dem nächsten Bahnhof – und nach GAURIKUND bei Kedarnath (14 Std.); Buchungen im Büro des Busbahnhofs oberhalb der Stadt.

Hemkund und das Valley of the Flowers

Beim Dörfchen **Govind Ghat**, 28 km südlich von Badrinath auf der Straße nach Joshimath (Busse halten hier auf Anfrage), beginnt ein bedeutender Pilgerpfad, der sich über 21 steile Kilometer zum **Hemkund-See** (4329 m) hinauf windet. Im heiligen Buch der Sikh, dem *Guru Granth Sahib*, erinnert sich Govind Singh daran, wie er an einem See meditierte, der von sieben hohen Bergen umgeben war. Erst im 20. Jh. stellte sich heraus, dass es sich bei dem See um Hemkund handelte. Ein großer *gurudwara* (Sikh-Tempel) und ein kleiner Schrein zu Ehren von Lakshmana, dem Bruder von Rama, Held des Ramayana, stehen jetzt nebeneinander. Um den *deodar*-Wald zu schützen, können Besucher jedoch nicht mehr die Nacht hier verbringen.

Stattdessen dient der überwachsene Ort **Ghangaria**, 6 km unterhalb von Hemkund, Besuchern als Basis für Tages-Wanderungen. Hier gibt es mehrere *chai*-Läden, eine kleine Touristeninformation, einfache Lodges, *gurudwaras* und einen **GMVN Tourist Bungalow** mit Schlafsaalbetten zu Rs150 (◷ von Mitte Apr–Anfang Nov).

Ein anderer Weg biegt hinter Ghangaria links ab und führt 5 km bergauf zu den Berg-*bugyals* des Bhyundar-Tals – dem **Valley of the Flowers**, das auf einer Höhe von 3352 m beginnt. Es wurde 1931 vom Visionär und Bergsteiger Frank Smythe entdeckt, der es wegen der Unmengen von wunderschönen, seltenen Pflanzen und Blumen „Tal der Blumen" taufte. Die Wiesen sind gegen Ende der Monsun-Zeit, Anfang September, am schönsten. Auch sie haben unter den Füßen der Besucherscharen gelitten, daher ist Zelten hier ebenfalls verboten. Damit ist es unmöglich, das 10 km lange Tal vollständig zu erkunden – Wanderer müssen mit dem zufrieden sein, was sie auf einer Tageswanderung von Ghangaria aus zu sehen bekommen. Ausländer müssen am Eingang zum Tal Rs350 Eintritt bezahlen (gültig für 3 Tage).

Nanda Devi Sanctuary

Östlich von Joshimath und von Auli aus bereits sichtbar, beherrschen die majestätischen Zwillings-Gipfel von Nanda Devi – mit 7816 m der höchste Berg, der sich vollständig in Indien befindet – einen großen Teil des nordöstlichen Garhwal und Kumaon.

Die Göttin, die dem Berg ihren Namen gab, ist für alle, die in ihrem Schatten leben, die wichtigste Gottheit von allen – ein Fruchtbarkeitssymbol, das auch als Erscheinung von Durga gilt, der bösartigen Form von Shakti. Umgeben von einem scheinbar undurchdringlichen Ring von Bergen, galt der Nanda Devi lange Zeit als unbezwingbar. Als den Bergsteigern Eric Shipton und Bill Tilman 1934 schließlich der Aufstieg durch die schwierige Schlucht **Rishi Gorge** gelang, sah man darin eine Befleckung des heiligen Bodens. Eine Serie von Katastrophen folgte: Erst 1976 endete ein Versuch von Willi Unsoeld und seiner Tochter Nanda Devi in einer Tragödie: Nanda Devi starb unterhalb des Gipfels, nach dem sie benannt worden war.

Die wunderschöne Wildnis rund um den Berg bildet jetzt das Schutzgebiet **Nanda Devi Sanctuary**. Es liegt im Zentrum des 5860 km² großen Nanda Devi-Nationalparks. Seit 1982 ist das innere **Schutzgebiet** aus Umweltschutzgründen gesperrt. Nur eine begrenzte Zahl von Wanderern wird zwischen Mai und Oktober in den **Nationalpark** eingelassen und es gibt nur eine zugelassene Route. Sie führt vom Dorf **Lata** am Ende der Straße bis zum Dharansi-Pass, der einen fabelhaften Ausblick auf den Nanda Devi bietet.

Die **GMVN Mountaineering and Trekking Division** in Rishikesh, ✆ 0135-243 0799, organisiert neuntägige Treks für Rs24 150 pro Person alles inklusive. Die Gruppen haben nur drei bis fünf Teilnehmer. Weitere Informationen über Permits erteilt das Forestry Office in Joshimath (links vom Dronagiri Hotel zwei Treppen hinauf und dann rechts).

Gwaldam

Auf einem Pass zwischen Garhwal und Kumaon liegt 61 km östlich von Karnaprayag das friedliche, von Kiefernwäldern umgebene Dörfchen Gwaldam. Es blickt hinunter auf das hübsche Tal des Pindar und scheint von den hektischen *yatra*-Pfaden Welten entfernt zu sein. Dieser malerische Ort mit großartiger Sicht auf den dreigipfligen **Trisul** (7120 m) war ursprünglich eine Teeplantage. Heute bildet er dank seiner Lage an der Hauptstraße nach Almora, 90 km südöstlich, einen idealen Ausgangspunkt für Wanderungen. Hier beginnt auch der 10-tägige **Curzon Trail** (S. 400, Kasten) über die Hochgebirgs-*bugyals* des nordöstlichen Garhwal und den **Kuari-Pass** nach Tapovan und Joshimath.

Der bescheidene, kleine buddhistische **Khamba-Tempel** oder **Drikung Kagyu Lhundrup Ling** steht neben Obstgärten in der Mitte einer tibetischen Siedlung, etwa 1,5 km von Gwaldams größter Kreuzung.

Auf dem Bergrücken oberhalb des Dorfes ehrt der kleine Schrein **Badhangari** die Göttin Durga, und nicht weit davon entfernt stehen die Überreste eines Chand Forts aus Stein. Von hier aus hat man einen fantastischen Blick auf die Gipfel von Kumaon und Garhwal. Um hierher zu gelangen, fährt man 4 km mit dem Bus zum Ort **Tal** und wandert dann noch einmal 4 km durch Rhododendron-Wälder – ein Teil der Strecke ist sehr steil.

Das **GMVN Tourist Rest House**, ✆ 01363-274 244 ❷–❹, liegt oberhalb der Kreuzung in Gwaldam und besteht aus einem alten Landhaus mit zwei außergewöhnlich komfortablen Suiten sowie einem neuen Gebäude mit durchschnittlichen Zimmern und Schlafsälen (Rs100); Essen ist nur begrenzt erhältlich.

Eine Alternative ist das preisgünstige, freundliche **Trishul**, ✆ 09412-117721 ❶–❷, wo von einer sonnigen Terrasse aus die schneebedeckten Gipfel zu sehen sind. Der hilfsbereite Besitzer betreibt auch das nahe Mid Point Sweet and Fast Food Centre, wo man gut essen und ein Bier trinken kann.

Baijnath, 20 km südöstlich, hat mindestens ebenso gute Unterkünfte und bietet einen noch besseren Ausblick auf den Trisul.

Kumaon

Die Shivaiten-Tempel von Kumaon werden weniger leidenschaftlich verehrt als ihre Pendants in Garhwal. Dafür gibt es hier deutlich weniger Touristen-Verkehr, die Dörfer bleiben weitgehend unverdorben und die Trekkingrouten leiden weniger unter Müll.

Kumaon Mandal Vikas Nigam, abgekürzt **KMVN**, 🖳 www.kmvn.org, ist in Kumaon für den Tourismus zuständig und bietet einen ähnlichen (und ähnlich lückenhaften) Service wie GMVN in Garhwal. Kumaons Stomversorgung ist unzuverlässig, Ausfälle gehören zur Tagesordnung. Ebenfalls wichtig zu wissen ist, dass Nainital (abgesehen von Geldautomaten) die einzige Möglichkeit bietet, Geld zu tauschen. Reiseschecks werden auch in Ranikhet und Almora eingelöst.

Nainital

Der spektakuläre, erdnussförmige Kratersee Nainital *(tal)* heißt „See") liegt auf einer Höhe von 1938 m in einer Senke, 277 km nördlich von Delhi. Nach ihm wurde die größte Stadt Kumaons benannt. Im Jahre 1841 durch einen reichen Zuckerhändler namens Barron für die Europäer entdeckt, wurde **Nainital** schnell zu einem beliebten Zufluchtsort, um der Sommerhitze des Tieflands zu entgehen, und ist bis heute eine der bedeutendsten Hill Stations Indiens geblieben. Das ganze Jahr über, aber ganz besonders zwischen März und Juli, bevölkern Horden von Touristen und Flitterwöchnern **The Mall**, die Promenade, die **Mallital** („Kopf des Sees"), den älteren, kolonialen Teil von Nainital am Nordende, mit **Tallital** („Fuß des Sees") verbindet.

Nainitals Lage in atemberaubender Sichtweite des Mittleren Himalaya – die Gipfel sind von Aussichtspunkten oberhalb des Zentrums zu sehen – macht die Stadt zu einer guten Basis für Erkundungstouren durch Kumaon: Das Corbett-Tigerreservat und Almora sind von hier aus mühelos zu erreichen. Wenn der Kommerz der Stadt ein bisschen zu viel wird, kann man jederzeit in die schöne Landschaft der Umgebung entfliehen – zu Seen wie dem **Sat Tal**, wo das

Kuari-Pass und Curzon Trail

Die lange Route über den **Kuari-Pass** (4268 m) belohnt mit atemberaubenden Bergpanoramen. Sie ist als Curzon Trail bekannt, nach dem britischen Vizekönig, der Teile davon gewandert ist. Nach der Unabhängigkeit erhielt sie den offiziellen Namen Nehru Trail. Der 10-tägige Trek beginnt in **Gwaldam** an der Grenze zu Kumaon, oberhalb des Flusses Pindar, überquert die hohen Bergketten, ohne dabei die Grenze des ewigen Schnees zu überschreiten, und endet rund 150 km weiter nördlich an den heißen Quellen von **Tapovan** im Dhauli Ganga-Tal bei Joshimath. Es gibt zahlreichen Alternativen und kürzere Pfade zum Pass, darunter eine 24 km lange Route ab Auli. Die ganze Route ist neben anderen Wanderungen auf der *Leomann*-Karte von Kumaon-Garhwal eingezeichnet (Blatt 8 in der Indien-Reihe). Die beste Zeit für die Treks ist zwischen Mai und Juni und von Mitte September bis November.

Der Trail über den Kuari-Pass ist ideal für Besucher, die keine Ausrüstung für die Besteigung von Gletschern haben: Er führt über Bergwiesen, überquert mehrere große Flüsse und streift das äußere Westende des Nanda Devi-Nationalparks. Die Wanderung belohnt mit großartigen Blicken auf den dreizackigen Trisul (7120 m), auf den Nanda Ghunti (6309 m) und den zahnförmigen Changabang (6864 m), während sich weit im Norden, an der Grenze zu Tibet, die unverwechselbare Pyramide von Kamet (7756 m) erhebt.

Gwaldam, das an einer Haupt-Busroute zwischen Karnaprayag und Almora liegt und angenehme Unterkünfte bietet, bildet eine gute Basis für den Beginn der Wanderung. Camping-Ausrüstung ist auf jeden Fall erforderlich, vor allem auf dem Pass. Hier oder an unterschiedlichen Punkten auf dem Weg können auch Führer engagiert werden. Man kann entweder öffentliche Verkehrsmittel von Gwaldam nehmen, z. B. die Sammeljeeps via Tharali, oder durch den schönen Kiefernwald wandern, den Fluss Pindar überqueren und nach 8 km in **Debal**, wo es ein Rest House im Wald und eine Tourist Lodge gibt, rasten. Motorisierte Transportmittel bringen einen von Debal nach **Bagrigadh**, gleich unterhalb des hübschen Dörfchens **Lohajung**, das eine nette Tourist Lodge hat. Hier steht auch der Lohajung-Schrein: Eine verrostete, an einer Zypresse hängende Eisenglocke wird jedesmal geläutet, um die Ankunft der Wanderer dem *devta*, dem hier ansässigen Geist, mitzuteilen.

Dem Fluss Wan ab Debal 10 km weit folgend, führt der Weg schließlich zum großen Ort **Wan**, wo es mehrere Übernachtungsmöglichkeiten gibt, u. a. einen GMVN Tourist Bungalow (Schlafsaal Rs80) und ein Forest Rest House. Das kleine Dorf **Sutol** liegt 14 km von Wan entfernt, zu erreichen über einen Weg durch hübschen Zypressen- und *deodar*-Wald. Von Sutol nach **Ramani** führt ein sanfter, 10 km langer Weg durch mehrere Dörfer. Hinter Ramani klettert ein steiler Pfad 4 km lang durch dichten Wald zum Pass von **Sem Kharak**, bevor er weitere 9 km bergab zum kleinen Dorf **Jhenjhenipati** führt. Von hier aus geht es über einen unebenen Pfad, vorbei am schönen **Gauna-See**, zum 12 km entfernten Ort **Panna**. Von Panna aus führt ein erbarmungslos steiler Trail 12 km bergauf zum **Kuari-Pass** (4298 m), der die Grenze zum Hohen Himalaya bildet und mit einer herrlichen Aussicht auf den Nanda Devi und den Trisul belohnt.

Es ist mehr als empfehlenswert, den Kuari-Pass als Basis zu benutzen, um den Gipfel des **Pangerchuli** (5183 m) zu besteigen – 12 km hin und zurück. Von dort oben sieht man beinahe die gesamte Route und kann das wirklich atemberaubende Bergpanorama genießen. Obwohl man beim Aufstieg auf Schnee treffen kann, sind weder Bergsteigertechniken noch eine spezielle Ausrüstung erforderlich – außer einem guten Stock. Von Kuari aus führt ein mörderischer, in die Knie gehender Abstieg über 22 km direkt in den kleinen Ort **Tapovan**, der das Dhauli Ganga-Tal überblickt und einen von heißen Quellen gespeisten Teich hat. Von hier aus verkehren Busse ins 11 km entfernte Joshimath, von wo es diverse Verbindungen zurück nach Karnaprayag und Rishikesh gibt. Ein alternativer Abstieg vom Kuari-Pass ist die lange, aber malerische Route durch den Wald, die über Chitrakantha zum Skiort **Auli** führt (24 km) und auf der man den drastischen Höhenunterschied nach Tapovan umgehen kann.

Nainital

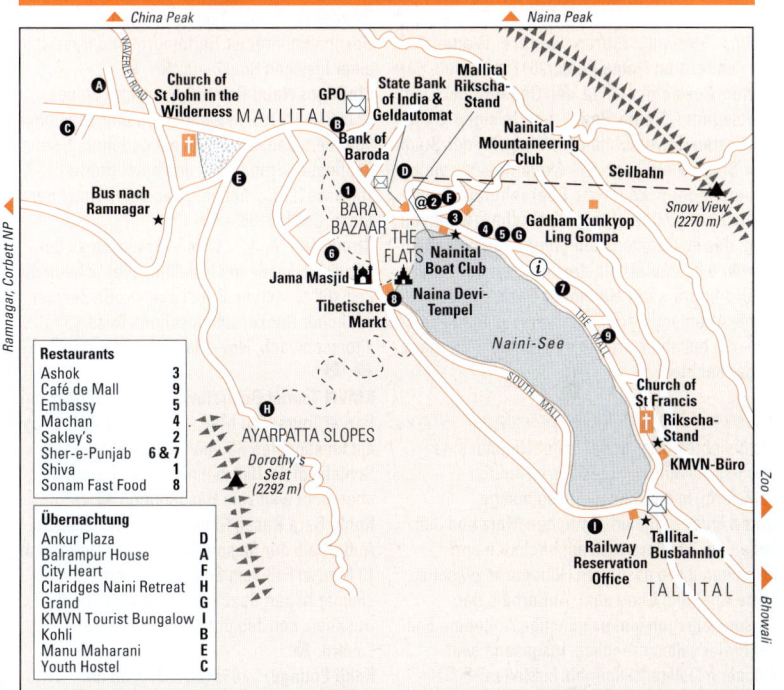

Restaurants
Ashok	3
Café de Mall	9
Embassy	5
Machan	4
Sakley's	2
Sher-e-Punjab	6 & 7
Shiva	1
Sonam Fast Food	8

Übernachtung
Ankur Plaza	D
Balrampur House	A
City Heart	F
Claridges Naini Retreat	H
Grand	G
KMVN Tourist Bungalow	I
Kohli	B
Manu Maharani	E
Youth Hostel	C

Vorgebirge nach Süden hin steil zum Flachland abfällt, oder zu den bewaldeten Höhenzügen rund um **Kilbury**.

Der Großteil der Aktivitäten in Nainital spielt sich auf der 1,5 km langen **Mall** ab, die von Restaurants, Hotels und Souvenirgeschäften gesäumt wird. Fahrrad-Rikschas bringen einen zum Festpreis von Rs5 von einem Ende zum anderen (Tickets in den Büros bei Parvat Tours und beim Ashok Restaurant). **Boote** können ab Rs85 pro Std. im Boat Club am Nordostufer des Sees in Mallital gemietet werden, die Preise steigen im Sommer jedoch bis auf Rs200 pro Std. Der Boat Club steht auf einer großen Ebene, „The Flats", die 1880 durch einen gewaltigen Erdrutsch entstand, der das Victoria Hotel mit 150 Personen unter sich begrub. Heute finden hier Sportveranstaltungen und ein **tibetischer Markt** statt.

Oberhalb der Stadt, vom Südende der Mall 1,5 km zu Fuß bergauf, liegt der exzellente **Hochgebirgszoo**, der Sibirische Tiger, Tibetische Wölfe, Leoparden und Himalaya-Bären beheimatet. ⏲ Di–So 10–16.30 Uhr, Eintritt Rs25, Fotoerlaubnis Rs25.

Eine Seilbahn (Sommer tgl. 7–19 Uhr, Winter tgl. 10–17 Uhr) verkehrt zwischen dem Restaurant Mayur auf der Mall zum **Snow View** (2270 m); das Ticket für Hin- und Rückfahrt (Rs70) gilt für einen einstündigen Aufenthalt oben. Die Alternative ist ein 2 km langer Fußmarsch auf einem von vielen steilen Wegen. Für Rs200 trägt einen ein Pony hier herauf. Auf dem Gipfel, der in der Hochsaison völlig überfüllt ist, gibt es eine

Promenade, Cafés und einen Aussichtspunkt. Früh am Morgen hat man die besten Chancen, dass der Blick auf die schneebedeckten Gipfel frei ist.

Von hier aus führen weitere Wege zum 5 km entfernten **Naina Peak** (2611 m), einem der besten Aussichtspunkte der Gegend, und zum abgelegenen **China Peak**, dem felsigen Gipfel im Westen. Etwa auf halbem Weg von der Stadt zum Snow View liegt das wegen seiner vielen Gebetsflaggen kaum zu übersehende kleine tibetische *gompa* (Kloster) **Gadhan Kunkyop Ling**, das im traditionellen *gompa*-Stil umgebaut wurde. 3 km außerhalb der Stadt an der Straße nach Almora steht **Hanuman Garh**, ein Tempel voller Affen und herumalbernden, jungen Priester – ein beliebter Ort, um den Sonnenuntergang zu beobachten.

Übernachtung

Als beliebtes Urlaubsziel bietet Nainital eine reiche Auswahl an Hotels. Es ist jedoch schwierig, in der Saison preisgünstige Unterkünfte zu finden. Zwischen März und Juli liegen die Zimmerpreise am höchsten und erreichen ihren absoluten Höhepunkt zwischen Mitte April und Mitte Juni. Außerhalb der Saison hingegen gibt es günstige Angebote und die Preise fallen erheblich. Insgesamt sind Zimmer in Tallital billiger als in Mallital.

Ankur Plaza, Mallital, bei der Seilbahn-Station, ☏ 05942-235448, ✉ ankurplaza@yahoo.co.in. Während der Saison ist es zwar teuer, hat aber ein freundliches Management. Außerhalb der Saison eine der besten Billigunterkünfte mit günstigen Angeboten. Die Zimmer sind nett und die Plastikblumen beweisen Liebe zum Detail, wenn auch nicht unbedingt guten Geschmack. ❻–❽

Balrampur House, Waverley Rd, Mallital, ☏ 05942-236236 oder 011-2338 4495, ✉ balrampurhouse_ntl@rediffmail.com. Alte, stilvolle Villa, die dem Maharadscha von Balrampur gehört und trotz Laminatböden einen Hauch von Adel hat. Das Essen ist gut, aber die Zubereitung kann lange dauern. Die Preise (US$185–238) sind inkl. Halbpension. ❾

City Heart, am Rikschastand in Mallital, ☏ 05942-235228, 🖥 www.cityhearthotel. netfirms.com. In der Hauptsaison teuer, aber ansonten akzeptabel. Es bietet den besten Seeblick der Stadt, besonders von den oberen Zimmern und vom Dachrestaurant. Der Geschäftsführer ist Tierfotograf und Bassist in einer hiesigen Rockband. ❺–❼

Claridges Naini Retreat, Ayarpatta Slopes, ☏ 05942-235105. In wunderschöner Lage hoch über dem See, mit einem ausgedehnten, sehr gepflegten Grundstück und einer großen Terrasse für Barbecues. Das beste Hotel der Stadt (US$158–383). ❾

Grand, The Mall, ☏ 05942-235406. Eines der ältesten Häuser von Nainital – hier scheint die Zeit still zu stehen. Gute Lage, große Zimmer mit hoher Decke, einige schon etwas altersschwach; Nov–März geschlossen. ❼–❽

KMVN Tourist Bungalow, Tallital, buchbar bei Parvat Tours, The Mall, ☏ 05942-235656. Lodge mit funktionalen Räumen und billigem Schlafsaal (Rs100) in einer ruhigen Gegend, aber nicht weit vom Busbahnhof. ❺

Kohli, Bara Basar, Mallital, ☏ 05942-236368. Außerhalb der Saison eine Budget-Unterkunft, 10 Min. zu Fuß vom See. Die oberen Zimmer haben Seeblick; am Morgen heiße Duschen, den Tag über heißes Wasser in Eimern. ❺

Kohli Cottage, ☏ 05942-233279, an der Straße zum Zoo, ist ein neuer Ableger des Hotels Kohli. ❺

Manu Maharani, Grasmere Estate, ☏ 05942-237341. Luxushotel mit modernen Zimmern mit Heizung, Klimaanlage und Flachbild-TV. Es hat eine Bar, eine Discothek und gute Sichuan-Küche im Restaurant Lotus Garden. Ein hervorragendes Frühstücksbuffet ist in den Zimmerpreisen ab US$132 inbegriffen. ❾

Youth Hostel, Mallital, ☏ 05942-236353. Jugendherberge mit 50 Betten (Rs40 für Mitglieder, sonst Rs60) an einem hübschen, abgeschiedenen Fleck 1,5 km oberhalb von Mallital, mit schönem Garten. In der Regel ist sie entweder menschenleer oder völlig überfüllt mit Schulkindern. Freundliches Personal und sehr gutes Preis-Leistungs-Verhältnis, allerdings ohne Generator.

Essen

Zum Essen bietet Nainital eine reiche Auswahl sowohl an Restaurants als auch an Touristen orientierten Fast-Food-Läden entlang der Mall (manche davon sind außerhalb der Hauptsaison geschlossen). Außerdem servieren die alltäglichen *dhabas* in den Basaren an beiden Enden der Stadt billiges und leckeres Fisch-Curry.

Ashok, The Mall, Mallital. Gutes und günstiges vegetarisches *dhaba*. Hauptgerichte (Rs35–70) werden mit *malai kofta*, Gemüse-*korma* und *paneer* Butter Masala serviert, aber auch die Angebote zum Frühstück sind gut (Toast und Omelette oder Samosa und Kichererbsen).

Café de Mall, The Mall, 🖳 www.cafedemall.com. Eher ein Restaurant als ein Café, obwohl es auch so etwas wie Kaffee (instant) anbietet. Es hat eine Terrasse mit Seeblick. Serviert werden südindische Snacks, Pizzas und Pfannengerichte sowie *thalis* (Rs 90–110). Nicht-vegetarische Hauptgerichte kosten Rs70–130.

Embassy, The Mall, Mallital. Eins der besseren Restaurants von Nainital, mit holzgetäfeltem Inneren; serviert Pizza (Rs72–105) und Gebratenes (Rs120–180), die Mughlai-Küche (Rs80–100) ist jedoch am besten.

Machan, The Mall, gleich westlich des Embassy. Gut geführtes Restaurant in einem Obergeschoss mit schickem „Bronzezeit-Dekor" und gutem Service; sehr gut zum Beobachten der Leute auf der darunter liegenden Promenade. Ausgezeichnete indische Küche und einige chinesische Gerichte (nicht-vegetarische Hauptgerichte Rs80–120).

Sakley's, The Mall, Mallital. Recht nobles und teures internationales Restaurant (Hauptgerichte Rs175–350); u. a. Fischgerichte wie gedämpfter Fisch und scharfe Tigergarnelen. Aber man kann auch einfach Tee und Gebäck bestellen.

Sher-e-Punjab, The Mall. Gutes nicht-vegetarisches indisches Essen wie Chicken *sagwala*, *karahi*, *handi* und natürlich Butterhühnchen (Rs 60–90). Eine zweite, größere Filiale in der Nähe des Bara Basars ist genauso gut und sehr beliebt bei Einheimischen.

Shiva, Bara Basar, Mallital. Billiges, gutes und sehr populäres *dhaba* im Basar. Hier gibt es neben anderen vegetarischen Speisen auch leckere *paneer*- und Pilzgerichte (Rs 36–75).

Sonam Fast Food, Tibetischer Markt, Mallital. Kleines Café an einer Marktgasse, das vegetarische *momos* (gedämpfte Klöße), Nudeln und *thukpa* (Suppe), alles für rund Rs20, verkauft. Kaum Sitzgelegenheiten.

Sonstiges

Autovermietungen

Autos vermieten neben Parvat Tours in Tallital (s. u.) mehrere Anbieter auf der Mall, z. B. **Hina Tours**, ✆ 05942-235860.

Geld

Auf der Mall und in Mallital gibt es eine Handvoll **Geldautomaten**. Die **State Bank of India** und die **Bank of Baroda** wechseln Geld und lösen Reiseschecks ein. Wer in die Berge reist, sollte das hier erledigen, denn weiter nördlich gibt es keine Bank mehr, die Bargeld wechselt.

Informationen

Bei **Parvat Tours** in Tallital auf der Mall, ✆ 05942-235656, das KMVN repräsentiert, kann man Touren buchen, Autos mieten und Übernachtungen in allen KMVN Lodges reservieren.

Das **Uttarakhand Tourist Office** befindet sich am Mallital-Ende der Mall, ✆ 05942-235337, 🕘 Mo–Sa 10–17 Uhr.

Bessere Informationen sind online unter 🖳 www.nainitaltourism.com zu finden. Professionelle Ratschläge zum Trekking erteilt der **Nainital Mountaineering Club**, CRST Inter College Building, gegenüber vom City Heart Hotel, ✆ 05942-235119.

Internet

Am besten ist **Cyberia**, am Weg zur Seilbahn (Rs30 pro Std.).

Transport

Die meisten Jeeps und Busse kommen in Tallital an. Eine **Rikscha** von hier am See entlang die Mall hinauf bis Mallital, wo die meisten Hotels stehen, kostet Rs5. Tickets gibt es im Büro von Parvat Tours am Anfang der Mall. Die Busse von Ramnagar kommen meist an einer Station in Sukhatal, nördlich der Stadt, an. Von dort kostet das Taxi nach Mallital Rs50; ansonsten ist es ein langer Fußmarsch, der jedoch bergab führt.

Busse

Die meisten Busse fahren von der **Tallital-Station** ab. Für einige Orte in Kumaon (z. B. Ranikhet und Almora) muss man einen der Busse (7–18 Uhr, alle 30 Min.) oder einen Sammel-Jeep nach **Bhowali** nehmen und von dort weiterfahren (häufige Busse und Jeeps nach Almora). Die Busse nach RAMNAGAR fahren meist von der Station in **Sukhatal**, westlich von Mallital, ab. Ein Bus am Morgen startet aber auch von der Tallital-Station. Außerdem fährt ein Direktbus von Bhowali nach SONG – dem Ausgangspunkt der Route zum Pindari-Gletscher.
Busse nach:
ALMORA (1x tgl., 3 Std.),
BHOWALI (alle 30 Min., 1/4 Std.),
DEHRA DUN (8x tgl., 10 Std.) via HARIDWAR (8 1/2 Std.),
DELHI (4x tgl., 8 Std.),
KATHGODAM (alle 30 Min, 1 1/2 Std.),
PITHORAGARH (1x tgl., 8 Std.),
RAMNAGAR (4x tgl., 3 Std.).

Eisenbahn

Das **Railway Reservation Office**, ✆ 05942-231010, befindet sich beim Busbahnhof Tallital, ⏲ Mo–Sa 9–12 und 14–17, So 9–14 Uhr. Der nächste Bahnhof ist der von **Kathgodam**, 3 Std. von Nainital, wohin Busse von Tallital (5–19 Uhr, alle 30 Min.) verkehren. Einige der Züge kommen allerdings mitten in der Nacht an: z. B. der Raniket Express Nr. 5014, der um 20.40 Uhr nach OLD DELHI (2x tgl., 6 1/4–7 1/2 Std.) startet (Ankunft 4.10 Uhr) und der Dehra Dun Express Nr. 4119 um 19.40 Uhr nach HARIDWAR (Ankunft 2.20 Uhr) und DEHRA DUN (Ankunft 4.20 Uhr). Günstigere Ankunftszeiten hat der Kathgodam–Howrah Express Nr. 3020 um 21.55 Uhr nach LUCKNOW (Ankunft 5.55 Uhr; 1x tgl., 8 Std.), GORAKPUR (Ankunft 12.40 Uhr) und KOLKATA (Ankunft Howrah 12.40 Uhr am folgenden Tag).

Corbett-Tigerreservat

Das Corbett-Tigerreservat bei **Ramnagar**, 250 km nordöstlich von Delhi und 63 km südwestlich von Nainital, ist eines der besten Wildreservate Indiens. 1936 von Jim Corbett, einem legendären Jäger von Menschen fressenden Tigern, Fotografen, Naturschützer und Schriftsteller, zunächst als Hailey-Nationalpark gegründet und später ihm zu Ehren umbenannt, war Corbett der erste Nationalpark Indiens und ist jetzt eines der letzten unberührten Gebiete des indischen Himalaya. Fast der gesamte 1288 km^2 große Park im Vorgebirge Kumaons ist von einer Pufferzone aus gemischten Laubbäumen und gigantischen *sal*-Wäldern umgeben, die einen undurchdringlichen Schutzschild für die hier lebenden Tiere bilden. Der Hauptteil des 520 km^2 großen Kerngebiets in seinem Inneren ist unzugänglich, und Safaris zu Fuß sind nur in den äußeren Wäldern erlaubt.

Corbett ist vor allem für seine Großkatzen berühmt – ganz besonders für **Tiger**: Hier wurde mit dem „Projekt Tiger" 1973 erstmals ein Tiger-Reservat eingerichtet. Allerdings sind die 112 Tiger extrem menschenscheu. Es ist daher eher unwahrscheinlich, dass man einen zu Gesicht bekommt. Aber das Reservat beheimatet auch eine Vielzahl anderer Tierarten. Die 627 **Elefanten** des Parks sind innerhalb seiner Grenzen gefangen, seit ihre Wanderroute, die früher bis zum 200 km westlich von hier gelegenen Rajaji-Nationalpark reichte, durch den Ramganga-Stausee blockiert ist. Sie sind am besten rund um das malerische Dhikala Camp in der Nähe des Stausees zu beobachten, besonders im Frühling, wenn der Wasserspiegel sinkt und die Tiere mehr Bewegungsfreiheit haben. Im Stausee leben **Gaviale** (auch Ghariale), langschnäuzige, Fisch fressende Krokodile, Sumpfkrokodile sowie andere Reptilien. Es gibt zahlreiche Schakale, und abends rennen Wildschweine durch die Camps. Im Grasland rund um Dhikala leben Rotwildarten wie der **Axishirsch** (Chital), **Schweinshirsch** und der größere **Sambar**. Rhesusaffen und Languren, die beiden wichtigsten indischen Affenarten, kommen beide sehr häufig vor. Die hier lebende Vogelwelt reicht von Wasservögeln wie dem Graufischer

Safaris im Corbett-Tigerreservat

Safaris im Corbett-Tigerreservat werden morgens (ca. 6.30–9.30 Uhr) und nachmittags (13.30–17.30 Uhr) angeboten. Von Ramnagar aus sind halb- oder ganztägige Safaris in die Randgebiete des Parks möglich (um Jhirna oder Bijrani), doch wenn man den Kernbereich des Parks um Dhikala (am besten für Wildbeobachtungen) besuchen will, muss man eine Unterkunft reservieren. Das sollte man mindestens 30 Tage vorher durch das **Reception Centre** in Ramnagar, ✆ 05947-251489, erledigen, ⏱ tgl. 6–8 und 11–16 Uhr. Dort bekommt man ein **Permit** (Rs450 für drei Tage und zwei Übernachtungen plus Rs200 für jeden weiteren Tag) und kann die Gebühren für Fahrzeug und Fahrer sowie den Führer bezahlen. Eine Liste des Zentrums informiert über alle Preise.

Jeeps sind die beste Art, sich innerhalb des Parks fortzubewegen; sie können nur in Ramnagar gemietet werden und kosten Rs1500 für bis zu fünf Personen. Girish im **Restaurant Govind**, ✆ 05947-251615, kann Jeeps organisieren. Weitere Anbieter findet man an der Busstation. Darauf achten, was alles im Preis inbegriffen ist (Treibstoff, Unterkunft für den Fahrer und eine festgelegte Zahl dreistündiger Touren sollten enthalten sein).

Alle Jeepsafaris müssen von einem **Führer** begleitet werden (Rs150 pro Tag), der mehr oder weniger kompetent ist und vom Reception Centre jedem Jeep nach einem Rotationssystem zugeteilt wird. Wer einen gut ausgebildeten Führer sucht, wendet sich einen Monat im Voraus brieflich an: Field Director of Corbett Tiger Reserve, Ramnagar 244715, Nainital, Uttarakhand, ✆ 05947-251489.

Der Park ist (bis auf das Gebiet um Jhirna) vom 16. Juni bis zum 14. November geschlossen. In dieser Zeit lässt der Monsun den Fluss über die Ufer treten und blockiert die nicht sehr festen Straßen.

Wer all diese bürokratischen Hürden umgehen will, kann in einem Waldgebiet außerhalb des Parks auf Safari gehen – z. B. bei Sitabani. Auch das arrangiert Girish im Restaurant Govind. Außerdem kann man dann seinen Führer selbst wählen.

---

bis hin zu **Raubvögeln**, z. B. Schlangenweihe und dem Graukopf-Seeadler.

Das nächstgelegene der verschiedenen **Eingangstore** zum Park ist das 1 km vom Zentrum Ramnagars gelegene **Amdanda Gate**, an der Straße zum 11 km entfernten **Bijrani Camp**, das eine gute Basis für Tagesausflüge ist. 18 km weiter bietet das **Dhangarhi Gate**, an der Straße nach Norden Richtung Ranikhet, Zugang zum nördlichen und nordwestlichen Teil des Parks, entlang des Ramganga-Flusstals, und zum Hauptcamp **Dhikala**.

Ramnagar

Die Marktstadt Ramnagar im reichen Landwirtschaftsgürtel des Terai, am südöstlichen Rand der großen Wälder, fungiert als Verwaltungszentrum für das Corbett-Tigerreservat. Das Reception Centre, wo man seine Besuchserlaubnis erhält, liegt 100 m nördlich vom Busbahnhof auf der anderen Straßenseite (s. Kasten oben).

Außer zum **Angeln** (1. Okt bis 30. Juni; Angelscheine beim Reception Centre des Parks) lädt die Gegend um Ramnagar jedoch nicht zu vielen Aktivitäten ein. Im 15 km weiter nördlich gelegenen Lohachaur am Fluss Kosi haben Angler die Chance, den legendären *mahseer* zu fangen, einen gewaltigen Flusskarpfen. Die meisten Resorts organisieren auch All-inclusive-Angelausflüge.

Die Mehrheit der Touristen reist sofort nach Dhikala im Park weiter, doch auch Ramnagar bietet einige **Übernachtungsmöglichkeiten**. Die KMVN Tourist Lodge, ✆ 05947-251225 ❹, neben dem Reception Centre bietet einen Schlafsaal (Rs100) und spartanische Doppelzimmer.

Auf der Hauptstraße 200 m weiter südlich, in einer Gasse gegenüber vom Restaurant Govind steht das einfache **Everest**, ✆ 05947-251099 ❶, mit sonnigen Balkonen und Zimmern mit Bad, aber ohne fließendes Warmwasser.

Noch etwas weiter befindet sich in einem recht netten Bau mit Verandas das etwas teure-

CORBETT-TIGERRESERVAT

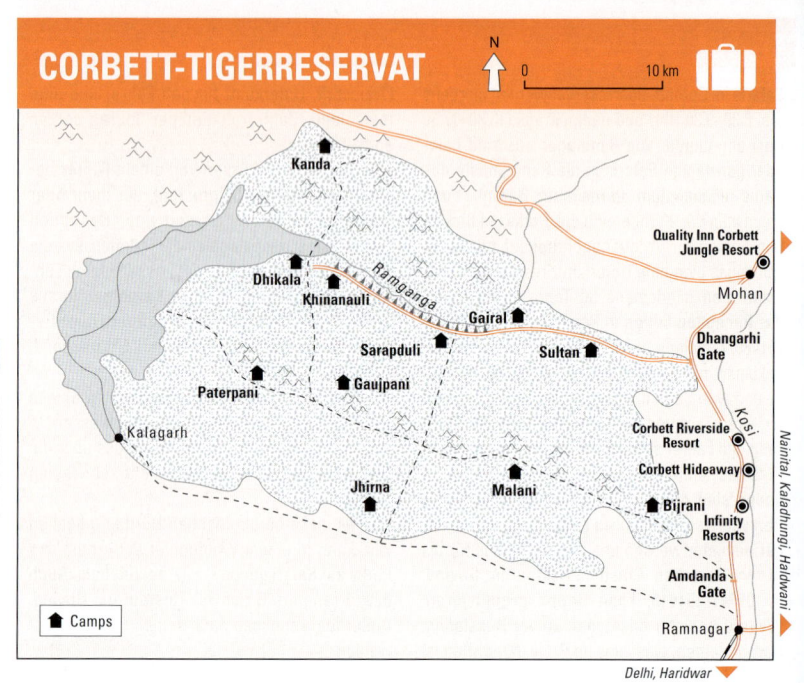

re **Rameshwaram**, ✆ 05947-252664, ❷–❸ mit besseren Zimmern, von denen einige eine eigene Dusche haben.

Das tadellose **Corbett Kingdom**, 400 m weiter südlich an der Hauptstraße, ✆ 05947-251601, 🖥 www.corbettkingdom.com ❼, ist das beste Hotel der Stadt.

100 m südlich der Busstation befindet sich an der Hauptstraße das **Govind**, ein gutes Restaurant, das zwar nicht rein vegetarisch ist, aber eine besonders gute Auswahl vegetarischer Gerichte bietet, wie z. B. gefüllte Tomaten oder Paprika (Hauptgerichte Rs30–150). Das **Green Valley**, 300 m südlich des Govind, bietet gute Küche und Plätze im Freien (Hauptgerichte Rs45–120).

Mehrere **Geldautomaten** findet man 200 m südlich des Govind auf der anderen Straßenseite. Die Konditorei **Anuradha** 100 m weiter südlich wechselt Euro und einige andere Währungen. In der Umgebung der Geldautomaten gibt es einige **Cybercafés**; meist sind sie etwas langsam und berechnen Rs40 pro Std.

Von Ramnagar gibt es **Bahnverbindungen** nach: DELHI (1x tgl., 6 1/2 Std.), LUCKNOW (1x tgl., 11 1/4 Std.) und VARANASI (1x tgl., 22 Std.).

Dhikala

Das Hauptcamp für Corbett-Expeditionen, Dhikala, 49 km nordwestlich von Ramnagar, liegt sehr schön, mit Blick auf den Ramganga-Stausee und die bewaldeten Berge dahinter. Da man nur auf dem Rücken eines Elefanten oder in einem Auto bzw. Jeep außerhalb der Grenzen des Camps umherstreifen kann, erinnert die Atmosphäre ein wenig an ein Militärlager.

Die **Übernachtungsmöglichkeiten**, zu buchen im Reception Centre in Ramnagar, rangieren von den 24 recht unbequemen Etagenbetten der **Log Huts** (Rs200) bis zu etwas komfortableren Bungalows und Cabins für jeweils zwei Personen ❺–❼. Indisches und westliches **Essen** gibt es im vom KMVN geführten Restaurant Parvat, das auch einen Leseraum hat und Tierfilme (in

Resorts rund um Corbett

Eine Reihe von Selbstversorger-Resorts ist rund um Corbett entstanden. Die Resorts bieten anspruchsvolle Übernachtungsmöglichkeiten – zu anspruchsvollen Preisen – sowie Expeditionen in den umgebenden Wald, auf denen man mit ein bisschen Glück ebenso viele Tiere sieht wie im Park und mehr Bewegungsfreiheit hat.

Corbett Hideaway, Garija, Ramnagar, ☏ 05947-284132 oder 011-4652 0000, 🖥 www.corbetthideaway.com. Luxuriöse, terrakottafarbene Hütten (US$152–192) mit allem modernen Komfort in einem schönen Garten, auf einem Steilhang über dem Fluss; versucht vergeblich, rustikal zu wirken. Organisiert Safaris und die üblichen Touren. ❾

Corbett Riverside Resort, Garija, Ramnagar, ☏ 05947-284125, 🖥 www.corbettriverside.com. In malerischer Lage 10 km nördlich von Ramnagar, mit Blick auf die baumbestandenen Felsen hinter dem Fluss Kosi. Die Suiten am Fluss haben eine Veranda direkt über dem Ufer. Vollpension US$142–198; Preisnachlässe in der Nebensaison. ❾

Infinity Resorts, Garija, Ramnagar, ☏ 05947-284103, 🖥 www.infinityresorts.com. Das prunkvollste Resort von Corbett, überblickt den Kosi und die bewaldeten Hügel dahinter. Große, komfortable Zimmer (US$210–263), eine Bücherei, eine gut sortierte Bar und ein Swimming Pool. Zu den angebotenen Aktivitäten zählen Wanderungen mit einem zum Resort gehörenden Naturforscher, Dschungelritte, Angeln, Trekking und Filme. ❾

Quality Inn Corbett Jungle Resort, Kumeria Reserve Forest, Mohan, ☏ 05947-287820, 🖥 corbettjungleresort.net. Holzgetäfelte Steinhäuschen (US$132 mit Vollpension) in einem üppigen Mango-Garten oberhalb des Kosi; 29 km nördlich von Ramnagar an der Straße Richtung Ranikhet, 9 km hinter dem Dhangarhi Gate. Elefantenritte in den Wald und Safaris in den eigentlichen Park; gute Preisnachlässe in der Nebensaison. ❾

Hindi) zeigt. Genauso gutes Essen bekommt man deutlich billiger in dem *dhaba* am anderen Ende des Camps, wo die Park-Mitarbeiter und Fahrer essen.

Normalerweise kann man schon vom **Aussichtsturm** neben einem Restaurant, 1 km vom Camp entfernt, viele Tiere und Vögel beobachten. Im savannenartigen Grasland *(chaur)*, das sich hinter dem Camp in Richtung Süden erstreckt, finden Chital, Sambar und mehrere andere Hirscharten Unterschlupf, und manchmal finden sich sogar Tiger auf der Suche nach Beute hier ein. Dieses Grasmeer kann man auf zweistündigen **Elefantenritten** vom Camp aus erkunden (Rs250 p. P.; funktioniert nach dem Prinzip „Wer zuerst kommt, mahlt zuerst"). Sie führen selten weit in den dahinterliegenden tiefen Dschungel hinein, aber man kann versuchen, den *mahout* (Elefantenführer) zu überzeugen, es doch zu tun.

Auf dem Weg vom Dhangarhi Gate nach Dhikala führt die Straße durch fantastischen Wald – wer ein eigenes Auto hat, sollte unbedingt am Aussichtspunkt **High Bank** Halt machen und versuchen, Krokodile oder sogar Elefanten am darunterliegenden Fluss zu erspähen.

Man kann auch in einem der folgenden **Forest Rest Houses** übernachten: Sultan ❹, Gairal ❺ und Sarapduli ❺, die im Reception Centre gebucht werden müssen. Die Bungalows sind von dichtem Wald umgeben, und man darf sich zu Fuß nicht uneingeschränkt bewegen. Man sieht also nur Tiere, die in die Nähe der Häuser kommen.

Alle halbe Stunde fahren **Busse** nach DELHI; neun pro Tag fahren nach HARIDWAR und DEHRA DUN und vier nach NAINITAL.

Vom **Bahnhof** (1,5 km südlich der Stadt – beim Corbett Kingdom Hotel rechts und bei der Tankstelle 100 m danach wieder rechts) fährt der Corbett Park Link Express Nr. 5014A um 21.40 Uhr nach OLD DELHI (Ankunft 4.10 Uhr). In **Moradabad** (7x tgl.) kann man in schnellere Züge und Züge zu anderen Zielen umsteigen.

Almora und Umgebung

Almora, 67 km nördlich von Nainital und auf einer angenehmen Höhe von 1646 m gelegen, wurde 1560 von der Chand-Dynastie gegründet und nacheinander von den Gurkhas und den Briten besetzt, ist bis heute eine wichtige Marktstadt und gilt als kulturelle Hauptstadt der Region.

Obwohl der Großteil von Almoras offiziellen Geschäften auf der **Mall** abgewickelt wird, ist das **Marktviertel**, oberhalb der Mall entlang des Bergrückens, wesentlich interessanter. Wer hier durch die gut sortierten Basare und die von kunstvoll geschnitzten Holzfassaden gesäumten Straßen streift, fühlt sich manchmal in eine weit zurückliegende Vergangenheit versetzt. Waren, die es sich zu kaufen lohnt, sind u. a. *khadi* (Stoffe aus handgesponnener Baumwolle) und fertige Kleidungsstücke aus dem Khadi Bhawan, gleich westlich des Boshi-Sen-Uhrturms, Schals von Panchachuli auf der Mall beim Hotel Shikhar sowie regionale Wollwaren von Kumaon Woollens, weiter westlich beim Hotel Himsagar. Die wichtigste Lokaltradition ist jedoch die Herstellung von *tamta*, Töpfen aus Kupfer, die anschließend versilbert werden. Man findet sie im belebten Lala Bazaar und in Chowk, am nordöstlichen Ende des Marktes.

Zum oberen Ende der Stadt hin, hinter Chowk, steht eine Gruppe von **Stein-Tempeln** aus der Chand-Periode. Der wichtigste, ein flacher, einstöckiger Bau, ist der Berggöttin **Nanda Devi** gewidmet. Typischer für die Tempelarchitektur von Kumaon sind jedoch die zwei größeren Shivaiten-Tempel aus bemaltem Stein mit ihren *amalaka* (Turmbekrönung in Form einer Frucht) und schirmartigen Holzdächern. Im September findet hier ein Volksfest zu Ehren von Nanda Devi statt.

Übernachtung

Die Übernachtungsmöglichkeiten in Almora selbst konzentrieren sich weitgehend auf die Mall. Man kann jedoch auch ins Leben der Einheimischen eintauchen und in der Region um Kasar Devi (von den Dorfbewohnern „Hippieland" genannt, per Sammel-Jeep für Rs20 ab Bharat-Tankstelle, gleich westlich des Hotel Shikhar, zu erreichen) für längere Zeit in einem der Dorfhäuser wohnen. Die *chai*-Läden informieren über solche Zimmer.

Bansal, Lala Bazaar, ✆ 05962-230864. Am Ende der Gasse gegenüber Hotel Shikhar; einfache, saubere Zimmer mit Bad (heißes Wasser aus Eimern), großartige Aussicht von der Dachterrasse, sehr freundlicher Manager. Keine saisonbedingten Preisschwankungen. ❷

Deodar Holiday-Inn, Sister Nivedita Cottage, The Mall, ✆ 05962-231295. Hier wohnten Swami Vivekananda und sein Jünger Nivedita von 1890 bis 1898 – seit dieser Zeit scheint sich hier nicht viel verändert zu haben. Die Räume sind einfach, einige haben Warmwasser und TV, es gibt eine hübsche sonnige Terrasse, und der Innenhof, in dem nachts ein Lagerfeuer brennt, ist angenehm ruhig. Keine saisonbedingten Preisschwankungen. ❸–❹

Kailas, The Mall, oberhalb der Hauptpost, ✆ 05962-230624, ✉ jawaharlalshah@india.com. Es ist durchaus ernst gemeint, wenn Leute diesen baufälligen Steinhaufen als „einzigartiges Hotel" preisen. Einerseits ist es ein wahrer Müllplatz, andererseits ein reizvolles, altes Haus, inspiriert von Nek Chands Steingarten in Chandigarh (s. S. 574). Geleitet wird es von dem zauberhaften Mr Shah, der seine Gäste gern mit Geschichten aus alten Zeiten unterhält. ❸–❹

Savoy, Police Line, oberhalb der Hauptpost, ✆ 05962-230329. Ruhiges Hotel, abseits des Lärms der Mall, aber trotzdem zentral gelegen, mit schönem Garten, Veranda und gutem Restaurant; große, etwas dunkle Zimmer, fließend Warmwasser oben, heißes Wasser in Eimern unten. ❸

Shikhar, The Mall, ✉ hotelshikar@rediffmail.com, ✆ 05962-230253. Man sollte sich von der äußeren Erscheinung und dem teuren Ruf des Wahrzeichens von Almora nicht abschrecken lassen: Das große Angebot umfasst auch einige Zimmer zu sehr günstigen Preisen, die meisten mit Balkon. Das freundliche Restaurant serviert gutes Frühstück. Generator, Internetcafé (Rs30 pro Std.) und keine saisonalen Preisschwankungen. ❷–❹

Essen

Viele Cafés und Restaurants säumen die Mall, besonders rund um den Basar. In der Region angebauter Kumaon-Reis und schwarze *dhal* sind besonders lecker. Hotels wie das Savoy können ein Festmahl aus Kumaoni-Speisen bereiten, wenn man es rechtzeitig vorher bestellt.

Bansal Expresso Bar, Lala Bazaar. Trotz des Namens gibt es hier zwar nur Instant-Kaffee, aber dafür die besten Lassi und Shakes der Stadt – besonders die Bananen-Lassis sind legendär. Dass es schon vor 6 Uhr Frühstück gibt, ist praktisch, wenn man einen frühen Bus nehmen muss.

Glory, beim Hotel Shikhar, The Mall. Café-Restaurant mit multikultureller Küche; serviert sehr gute nordindische Küche (vegetarische Gerichte Rs35–60, nicht-vegetarische Rs70–100) und gutes Frühstück.

New Dolma, Kasa Devi, 5 km westlich der Stadt. Von Tibetern geführtes Café, in schöner Lage mit Blick auf den Himalaya. *Momos*, *thukpa*-Reis und *chow mein* zu Rs25–50 pro Portion; außerdem Frühstück und Gästezimmer (Rs300).

New Soni Dhaba, The Mall, nahe der Busstation. Ausgezeichnetes, von Sikhs geleitetes *dhaba*, das für seine Gerichte mit Huhn berühmt ist (Rs120, aber es gibt auch halbe Portionen); manchmal sehr voll.

Sonstiges

Geld

Auf der Mall gibt es vier **Geldautomaten**. Die **State Bank of India** wechselt Reiseschecks (bevorzugt Amex), ⏱ Mo–Fr 10–13 Uhr. Die nächste Stadt, in der man Bargeld tauschen kann, ist Nainital.

Informationen

Uttarakhand Tourism betreibt eine hilfsbereite **Touristeninformation** neben dem Savoy Hotel oberhalb des GPO, ✆ 05962-230180, ⏱ Mo–Sa 10–17 Uhr.

Das **KMVN-Büro**, ✆ 05962-230706, befindet sich im Stockwerk (keine englische Beschilderung) über den Geschäften östlich des Boshi-Sen-Uhrturms, gegenüber der Gandhi-Statue an der Mall, ⏱ Mo–Sa 10–17 Uhr.

Internet

Auf der Mall gibt es viele Internetcafés (Rs30 pro Std.), aber alle schließen gegen 20 Uhr.

Medizinische Hilfe

Dr. Gusain, ✆ 05962-231423, in einem grau-weißen Gebäude auf der Mall 100 m westlich des Boshi-Sen-Uhrturms (Schild nur in Hindi) berechnet pro Konsultation Rs50, ⏱ tgl., im Sommer 9–16 und 17.30–19.30 Uhr, im Winter 9.30–15.30 und 16.30–18.30 Uhr.

Aktivitäten

Die besten Adressen, um sich über Treks zu informieren oder Ausrüstung zu leihen und Führer zu verpflichten, sind **Discover Himalaya**, ✆ 05962-231470, ✉ discoverhimalaya@indiatimes.com, und **High Adventure**, ✆ 05962-232277, beide auf der Mall beim Hotel Kailas.

Discover Himalaya bietet auch **Yoga-Unterricht** (ab Rs300 pro Tag) in seinem Feriencamp in Jalna 25 km östlich von Almora und Kurse im **Felsklettern**.

Transport

Ein Großteil des Zentrums, einschließlich des Marktviertels, ist für den Fahrzeugverkehr gesperrt. Die meisten Busse verkehren von der **Station** an der Mall auf der Mitte der Hauptstraße von Almora, in deren Nähe es auch einen Taxistand gibt. **Bustickets** für Dehra Dun, Haridwar und Delhi werden in einem Büro 50 m östlich der Busstation – bei Deewan's Sweets einige Stufen hinunter – verkauft. Auch Lion Tours, ein paar Häuser vom KMVN-Büro, ✆ 05962/232922, fährt gelegentlich mit einem Luxusbus nach Delhi. Eine zweite Busstation bei Dharanaula, an der Bypass Rd jenseits des Markts oberhalb der Mall, ist für Busse in Richtung Osten zuständig, z. B. nach Munsiyari und Pithoragarh. Im KMVN-Hotel Holiday Home an der Mall, 1 km westlich des Zentrums, befindet sich ein Reservierungsbüro der Bahn, ⏱ Mo–Sa 9–12 und 14–17 Uhr.

Busse nach:
BHOWALI (für NAINITAL) (6.30–14.30 Uhr alle 30 Min., 2 1/2 Std.),
DEHRA DUN (3x tgl., 12 Std.),
DELHI (4x tgl., 11 Std.),
KATHGODAM (6.30–14.30 Uhr alle 30 Min., 3 Std.),
MUNSIYARI (1x tgl., 11 Std.),
PITHORAGARH (3x tgl., 6 Std.),
RANIKHET (7x tgl., 2 Std).

Binsar und Jageshwar

Sowohl Binsar als auch Jageshwar sind von Almora aus leicht zu erreichen und können in einem Tagesausflug besucht werden (rund Rs450 für ein Taxi hin und zurück). Beide Orte sind jedoch so hübsch, dass sich auch eine Übernachtung lohnt. Der **Binsar**, in der Region auch als Jhandi Dhar (Berggipfel) bekannt, ist der abgelegene, von Wald bedeckte Berg, der sich 34 km nördlich von Almora zu einer beeindruckenden Höhe von 2412 m erhebt. Eine steile Straße führt von der Hauptstraße zwischen Almora und Bageshwar rund 11 km bergauf zu einer **Touristenanlage** kurz vor dem Gipfel, ✆ 05962-280176 ❹, die komfortable Zimmer bietet. Hier befand sich einst die Sommer-Hauptstadt der Chandras, der Könige Kumaons, aber davon ist heute außer dem steinernen Shiva-Tempel **Bineshwar**, 3 km unterhalb des Gipfels, nur noch wenig zu sehen. Die meisten Besucher kommen, um das 300 km weite Panorama der Himalaya-Gipfel am nördlichen Horizont zu bewundern, wo u. a. (von Westen nach Osten) Kedarnath, Chaukhamba, Trisul, Nandaghunti, Nanda Devi, Nandakot und Panchuli emporragen. Wessen Blick genug in die Ferne geschweift ist, kann ruhige Waldspaziergänge durch die Eichen- und Rhododendronwälder genießen. Der vor kurzem zum Naturreservat erklärte Binsar ist reich an alpiner Flora, Farnen, Bartflechten und Wildblumen.

Jageshwar, 34 km nordöstlich von Almora, ist das eigentliche Herz von Kumaon, ein Ort, wo Sprache und Sitten jeder Veränderung getrotzt zu haben scheinen. Von der Hauptstraße von Artola (Rs30 mit dem Bus von Almora) schlängelt sich ein idyllischer kleiner Fluss zwischen dunklen Kiefern hindurch, bis er nach 3 km einen Komplex aus 124 altertümlichen Schreinen und Tempeln zu Füßen hoher und altehrwürdiger *deodar*-Bäume erreicht. Das Dorf Jageshwar konnte sich einen Großteil seines traditionellen Charmes erhalten: Mit Steinen gepflasterte Straßen führen vorbei an kunstvoll geschnitzten Holztüren und in Grün, Türkis und anderen leuchtenden Farben gestrichenen Fenstern.

Übernachtungsmöglichkeiten bieten der große, bequeme KMVN Tourist Bungalow, ✆ 05962-263028 ❹, der auch einen Schlafsaal (Rs 60) hat, und Tara Guesthouse, ✆ 05962-263068 ❶. Auch einfache *dhabas* gibt es überall in Jageshwar.

Reizvolle **Wanderungen** durch die Region sind u. a. der steile, 3 km lange Aufstieg durch schöne Kiefernwälder nach **Vriddha** oder **Briddh Jageshwar** (Alt-Jageshwar), einem kleinen Dorf mit einigen Steintempeln, von wo man einen weiten Panoramablick von den Bergen Garhwals bis zum Massiv in West-Nepal genießen kann. Von hier aus folgt man dem wellenförmigen Bergkamm bis ins 12 km entfernte Binsar, um beim Steintempel **Bineshwar** schließlich den Wald zu verlassen.

Kausani und Umgebung

Das Dorf Kausani, 52 km nordwestlich von Almora, erstreckt sich von Osten nach Westen über einen schmalen, kiefernbewachsenen Bergkamm und bietet einen spektakulären Panoramablick auf den Himalaya. Diese Reize haben den Ort zu einem beliebten Urlaubsziel werden lassen. Von Almora aus ist er mühelos in einem Tagesausflug zu erreichen, allerdings ist der Blick auf die Gipfel – Nanda Choti, Trisul, Nanda Devi und Panchol – während des Morgengrauens und der Abenddämmerung am eindrucksvollsten, weshalb es sich lohnt, über Nacht zu bleiben.

Außer neuen Hotels und Restaurants gibt es mehrere **Ashrams**, von denen eines 1929 Mahatma Gandhi beherbergte, der hier dreißig Jahre vor dem Bau der Straße zu Fuß ankam. Die Gegend bietet eine große Auswahl an kurzen Tageswanderungen durch die Wälder und Täler rund um Kausani wie auch an längeren Exkursionen zu den bedeutenden Pilgerstätten Baijnath und Bageshwar.

Übernachtung

Die angegebenen Preiskategorien gelten für die Hochsaison (15. Apr–15. Juni und 1. Okt –15. Nov) und können sonst um bis zu 50 % fallen. Zimmer mit Aussicht sind wesentlich teurer als solche ohne.

Anashakti Ashram, oberhalb der Mall in der Snow View Rd, ✆ 05962-258028. Gäste, die bereit sind, sich an die Ashram-Regeln zu halten, z. B. an gemeinsamen Gebeten teilzunehmen und nicht zu rauchen, sind in Gandhis ehemaligem Ashram, der angenehm, aber spartanisch ist, willkommen. Auch wenn man nicht hier wohnt, lohnt sich ein Besuch der Gebetshalle, die nebenher als Gandhi-Museum (⊙ tgl. 8–18 Uhr) fungiert. Schöne Aussicht, aber kein Generator. ❶

Hotel Uttarkhand, ✆ 05962-258012. Vom Busbahnhof Richtung Norden einige Stufen hinauf. Auf ausländische Touristen spezialisierte Unterkunft, wo man Trekking-Informationen bekommt; saubere DZ und eine fantastische Terrasse mit Blick auf den Himalaya. Die Zimmer im 2. Stock mit Satelliten-TV und WC bieten das beste Preis-Leistungs-Verhältnis. ❹–❻

Krishna Mountview, ✆ 05962-258008, 💻 www.kumaonindia.com. Großes Hotel neben dem Gandhi Ashram; komfortable Zimmer, herrlicher Garten, Fitnessraum, teures Restaurant und netter Manager; herrlicher Blick auf die Schneeberge. ❼–❽

Essen

Ashok Restaurant, nicht weit vom Snow View Point, ist ein preiswertes, multikulturelles Lokal; (Rs35–60) inklusive lokaler Kumaoni-Spezialitäten und fantastischem *kheer*.

Hill Queen Café, in der Nähe vom Snow View Point, verkauft Snacks und hat **Internet**-Anschluss (Rs30 pro Std.) sowie ein Teleskop, um die Berge und Sterne zu betrachten.

Sonstiges und Transport

Die State Bank of India hat einen **Geldautomaten**.

Kausani unterhält Bus- und Sammel-Jeep-Verbindungen mit Almora und Gwaldam.

Pithoragarh

Pithoragarh, die Hauptstadt des östlichsten Distrikts von Kumaon, liegt im schönen **Sore Valley**, 188 km nordöstlich von Nainital. Die belebte Verwaltungs- und Marktstadt fungiert als Tor zu den dahinterliegenden Bergen. Während die Stadt selbst nicht sonderlich attraktiv ist und einen Zwischenstopp eigentlich nur zum Aufstocken der Vorräte lohnt, ist ihre unmittelbare Umgebung sehr reizvoll: Die Terrassenfelder in rund 1650 m Höhe gestatten einen ersten Blick auf den **Panchuli** und die Berge des westlichen Nepal in der Ferne.

Oberhalb von Pithoragarh, an den kiefernbestandenen Hängen der **Lepramission** in Chandag, 7 km weiter nördlich, überblickt ein großes Kreuz das Tal – von hier aus sind die Gebirgsmassive Saipal und Api in West-Nepal zu sehen. Vom Tourist Bungalow aus ist es ein schöner Spaziergang hier herauf, alternativ kann man auch einen der Busse Richtung Bans nehmen.

Trotz Pithoragarhs Nähe zu Nepal liegt der nächste offizielle Grenzübergang für Ausländer eine 4-stündige Fahrt entfernt im südlichen **Banbassa**; hier bekommt man für US$30 ein 60-Tage-Visum und findet öffentliche Verkehrsmittel für die Fahrt über die Grenze.

Übernachtung und Essen

Die Übernachtungsmöglichkeiten sind sehr einfach, und dieses eine Mal schneidet die zwischen Bäumen verborgene **KMVN Tourist Lodge**, ✆ 05964-225434, in der Chandag Rd, 1,5 km oberhalb des Basars, am besten ab; auch Schlafsaalbetten für Rs100. ❷–❹

Das zentraler gelegene **Ulka Priyadarshani**, ✆ 05964-222596, im oberen Basar zwischen Roadways-Busbahnhof und BRO-Kreisverkehr, ist ein recht ordentliches, sauberes Budget-Hotel. ❸

Ein paar Häuser weiter liegt **Shagun**, das beste Restaurant der Stadt, das schmackhaftes indisches Essen serviert.

Meghna, im Simalgair Bazaar, ist eine große, laute und sehr beliebte Snackbar, die auf Süßigkeiten und *masala dosa* spezialisiert ist.

Sonstiges

Einkaufen

Obwohl die Stadt für Touristen nicht viel bietet, lohnt es sich, auf den Märkten von Pithoragarh nach **Trekking-Bedarf** zu stöbern.

Informationen

Die bescheidene **Touristeninformation** von Uttarakhand Tourism im oberen Teil der Stadt, in Siltham, ✆ 05964-225527, hilft mit Informationen zu den aktuellen Trekking-Beschränkungen weiter. ⓘ Mo–Sa 10–17 Uhr.

Transport

Busse und Sammeltaxis in die Berge halten am wichtigsten Busbahnhof der Stadt, dem Roadways Bus Stand, in Zentrumsnähe unterhalb des Basars.
Der kleinere **KMOU-Busbahnhof** liegt 1 km weiter nördlich, von dort aus fahren ebenfalls Busse und Sammeltaxis Ziele in den Bergen an. Private Busunternehmen und USRTC-Busse verbinden die Stadt mit NAINITAL (1x tgl., 8 Std.) und ALMORA (3x tgl., 6 Std.) sowie mit den Bahnhöfen TANAKPUR, 151 km südlich, und KATHGODAM, 212 km südöstlich.

Madhya Pradesh

Stefan Loose Traveltipps

Sanchi Der schön restaurierte, buddhistische Stupa-Komplex besitzt kunstvoll gestaltete Tore. S. 424

Pachmarhi Zentralindiens einzige Hill Station lädt zu Wanderungen auf einen heiligen Shiva-Gipfel und zu prähistorischer Felskunst ein. S. 431

Orchha Hier zeigt sich Madhya Pradesh von seiner exotischsten Seite – verfallene Gräber an Flüssen, reich verzierte Rajputen-Paläste und Scharen grüner Papageien. S. 441

Khajuraho Die mit unzähligen erotischen Skulpturen verzierten Tempel lagen jahrhundertelang im dichten Dschungel verborgen. S. 445

Kanha und Bandhavgarh-Nationalpark
Urtypisches Kipling-Land mit faszinierender Tierwelt und der Chance, Tiger in freier Natur zu sehen. S. 460 und 463

Mandu In der mittelalterlichen Festung vergnügte sich der Großmogul in seinem riesigen Harem, im Theater, in den Dampfbädern oder Pavillons. S. 470

Das heiße und staubige Madhya Pradesh ist eine riesige Binnenregion aus Hügeln, die von Strauchwerk überwuchert werden, ausgedörrten Ebenen und einem Drittel der indischen Waldbestände. Madhya Pradesh erstreckt sich vom Oberlauf des mächtigen Flusses **Narmada** bis zu den Ausläufern der Westghats und bildet eine klimatische Übergangszone zwischen der Ganges-Tiefebene im Norden und dem hohen, trockenen **Dekkan-Plateau** im Süden.

Trotz zahlreicher Sehenswürdigkeiten – von antiken Tempeln über Bergfestungen bis hin zu einigen der besten Tigerreservate Indiens – verzeichnet Madhya Pradesh nur einen Bruchteil der Touristenzahlen, die sich auf Delhi, Agra, Varanasi und den Süden verteilen. Wer die Mühen der Reise durch einen touristisch weniger erschlossenen Bundesstaat nicht scheut, wird hier ein Juwel entdecken, das zahlreiche kulturelle Höhepunkte zu bieten hat und noch größtenteils frei von der anderswo üblichen Hektik ist. Obwohl der organisierte Tourismus zunimmt, sind der Palast von Orchha, die berühmte Tempelstätte Khajuraho sowie die Tigerreservate Kanha und Bandhavgarh die einzigen Orte, an denen der Besucher mehr als eine Hand voll Touristen antrifft.

Die ältesten Zeugnisse menschlicher Besiedlung in Madhya Pradesh sind die 10 000 Jahre alten Malereien in den einsamen Hügeln von **Bhimbetka**, einen Tagesausflug südlich der Hauptstadt **Bhopal**. Die Ureinwohner schufen diese Felskunst auch noch während der Ausbreitung des Buddhismus unter dem Maurya-Kaiser Ashoka im 2. Jh. v. Chr. Das beeindruckendste Zeugnis dieser Ära legen in dieser Region die makellos restaurierten Stupas von **Sanchi** ab, die zu den künstlerisch wertvollsten Hinterlassenschaften aus der Frühzeit des Buddhismus in ganz Asien gehören. In **Udaigiri** erinnern die aus Fels gehauenen Jain- und Hindu-Höhlen an die Nachfolge-Dynastien der Maurya – von den Andhra bis hin zu den Gupta im 4. Jh.

Ende des ersten Jahrtausends war Zentralindien in mehrere Königreiche unterteilt. Die Paramaras, deren Herrscher Raja Bhoj die Stadt Bhopal gründete, kontrollierten die südlichen und zentralen Gebiete, bekannt als **Malwa**, während die **Chandella**, auf die einige der herausragendsten Tempel des Subkontinents zurückgehen, über den Norden herrschten.

Unter den **Briten** war Indiens Mitte zu den Zentralprovinzen („Central Provinces") zusammengefasst, die von Nagpur (heute in Maharashtra) und der Sommerhauptstadt **Pachmarhi** bei Bhopal, der höchsten Hill Station des Bundesstaates, verwaltet wurden. Madhya Pradesh, kurz **MP**, entstand in seiner politischen Form erst nach der Unabhängigkeit, als die Zentralprovinzen mit mehreren kleinen Fürstentümern vereint wurden. Seitdem erwies sich der Staat, in dem über 90 % der vorwiegend ländlichen und Stammesbevölkerung Hindus sind, als stabiler als seine Nachbarstaaten Uttar Pradesh und Bihar. Nur der Ostzipfel, der mangels Sehenswürdigkeiten in diesem Buch nicht näher beschrieben ist, wurde im November 2000 als neuer Bundesstaat **Chhattisgarh** abgetrennt. Wirtschaftlich hat sich diese Stabilität allerdings nicht ausgezahlt: Madhya Pradesh bleibt einer der ärmsten indischen Bundesstaaten, und dass ungeachtet seiner florierenden Automobil-, Zement- und Sojabohnenindustrie. Neben Bihar und Jarkhand hat Madhya Pradesh landesweit die höchste Quote unterernährter Kinder. Auch die weibliche Analphabetenquote liegt über dem ohnehin schon deprimierenden Landesdurchschnitt.

Die Regierung setzt auf Tourismusförderung, um die wirtschaftliche Situation des Bundesstaats zu verbessern. Madhya Pradesh ist nicht nur stolz auf seine historischen Stätten, sondern auch auf seine **Tierreservate**. Die einsamen Savannen im dünn besiedelten Osten sind ideale Lebensräume für Rotwild und Indische Büffel (Gaur), während schattige Salwälder, Sumpfgebiete und die ausgedehnten *maidan* (hügelige Wiesenflächen) größeren Raubtieren wie dem **Tiger** ideale Deckung bieten. Von den hiesigen Nationalparks ist **Kanha** zu Recht berühmt. Bessere Chancen, die Großkatzen zu sichten, verspricht allerdings der **Bandhavgarh-Nationalpark** weiter nördlich. Der reizvolle **Panna-Nationalpark** wiederum ist nicht so überlaufen wie die bekannteren Parks.

Orientierung

Wer Madhya Pradesh ohne eigenes Fahrzeug bereist, muss sich auf anstrengende Fahrten in

MADHYA PRADESH UND CHHATTISGARH

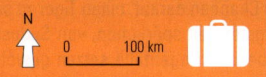

klapprigen Bussen einstellen, die überwiegend der staatlichen Transportgesellschaft MPSRTC gehören. Auf den wichtigsten Touristenstrecken verkehren inzwischen aber auch einige Deluxe-Busse. Bei längeren Strecken ist stets die Eisenbahn die bessere Wahl. Die Central Railway, bedeutendste Breitspurlinie zwischen Mumbai und Kolkata, führt quer durch den Bundesstaat und verzweigt sich in **Itarsi**, von wo eine Strecke nordwärts nach Bhopal, Jhansi, Gwalior und Agra führt, während die anderen nach Varanasi im Nordosten und via Jabalpur nach Ostindien verlaufen. Im Westen bestehen in Indore und der heiligen Stadt **Ujjain** Anschlüsse an die Western Railway, die durch Ost-Rajasthan nach Bharatpur und Delhi führt.

Die **beste Reisezeit** für Madhya Pradesh sind die relativ kühlen Wintermonate zwischen November und Februar. Von April–Juni ist die Region der reinste Backofen und das Thermometer klettert häufig auf über 40 °C, doch in diesen Monaten bestehen in den Nationalparks die besten Chancen darauf, einen Tiger zu sehen. Die in jüngster Zeit spärlichen, von Südosten heraufziehenden Regenfälle setzen gewöhnlich Ende Juni oder Anfang Juli ein.

Madhya Pradesh Tourism (allgemein als MP Tourism oder auch MPSTDC bezeichnet) betreibt im ganzen Bundesstaat verstreute **Hotels**, **Lodges** und vereinzelt **Hostels** von unterschiedlicher Qualität, aber oft in ausgezeichneter Lage. Diese Unterkünfte sind nicht nur in allen MP-Tourism-Büros, sondern auch online unter www.mptourism.com oder direkt vor Ort buchbar.

Zentral-Madhya Pradesh

Alle Straßen, die Zentral-Madhya Pradesh durchziehen, führen in die Hauptstadt **Bhopal**. Die wachstumsstärkste Stadt des Bundesstaats steht nicht nur für die tragische Giftgaskatastrophe von 1984, sondern hat sich seitdem auch zu einem bedeutenden Kulturzentrum entwickelt. Mit seinen Museen und Galerien, der islamischen Architektur des 19. Jhs., Parkanlagen, Seen und Märkten bietet sich Bhopal als idealer Zwischenstopp auf der langen Reise zwischen Indiens Norden und Süden an.

Nur wenige Stunden von der Stadt entfernt befindet sich eine der berühmtesten historischen Sehenswürdigkeiten Indiens, der Komplex buddhistischer Stupas von **Sanchi**, und in der Umgebung verstreut gibt es noch viele andere antike Monumente. Die berühmten Höhlen von **Bhimbetka** mit prähistorischen Wandmalereien liegen 45 km südlich von Bhopal, und weiter südöstlich lädt die ebenso attraktive wie selten besuchte Hill Station **Pachmarhi** zu herrlichen Wanderungen durch zerklüftete Bergwelten und dichte Wälder ein, in denen antike Felskunststätten verborgen sind.

Bhopal

Die weit über eine Million Einwohner zählende Hauptstadt Madhya Pradeshs erstreckt sich am östlichen Ufer eines riesigen künstlichen Sees, ihre enge Altstadt ist von modernen Betonvorstädten und grünem Hügelland umgeben. Neben den **Moscheen** aus dem 19. Jh., Zeugnissen des moslemischen Erbes der Stadt, sind die überfüllten **Basare** in der ummauerten Altstadt sehenswert, und einige gute archäologische **Museen** zeigen riesige Sammlungen kostbarer antiker Skulpturen. Am Seeufer präsentiert das **Bharat Bhavan**, eines von Indiens herausragenden Zentren für darstellende und bildende Kunst, eine unvergleichliche Sammlung zeitgenössischer Malerei, Skulpturen und Adivasi-Kunst (Stammeskunst). Das **Museum of Man** in den Hügeln am Stadtrand zeigt in einer umfangreichen Freilicht-Ausstellung Häuser, Kultur und Technik der Adivasi.

Geschichte

Bhopals Name soll auf den Herrscher **Raja Bhoj** aus dem 11. Jh. zurückgehen, der von seinen Hoflehrmeistern die Weisung erhielt, den Mord an seiner Mutter durch die Verbindung der neun Flüsse seines Königreichs zu sühnen. Nachdem einer dieser Flüsse durch einen Damm *(pal)* gebändigt worden war, gründete der Herrscher an den beiden so entstandenen Seen seine neue Hauptstadt **Bhojapal**. Ende des 17. Jhs. eroberte der opportunistische Glücksritter, Ex-Soldat und ehemalige General Aurangzebs **Dost Mohammed Khan** den heute verlassenen Ort, um auf den Trümmern des Mogul-Reichs seinen eigenen Staat zu errichten. Seine moslemische Dynastie sollte zu einer der bedeutendsten Herrscherfamilien Zentralindiens werden, deren Angehörige unter Großbritanniens Vizekönigen zu den wenigen Auserwählten gehörten, die durch einen Salut mit 19 Schüssen geehrt wurden – in Anerkennung ihrer Unterstützung von General Goddard bei dessen Marsch auf Maratha im Jahr 1778. Im 19. Jh. hatte Bhopal größtenteils weibliche Herrscher. Frauen führten das Zepter hinter dem *purdah*, erfolgreiche Begumen polierten die Stadt mit noblen Bauprojekten auf, zu denen die drei **Moscheen** aus Sandstein gehören, die noch heute das Stadtbild prägen.

Immer noch trägt Bhopal an der Last der entsetzlichen, von der Fabrik Union Carbide verursachten **Giftgaskatastrophe** von 1984 (S. 419, Kasten), und die Bewohner werden nicht müde,

Bhopal

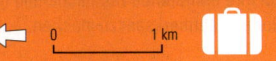

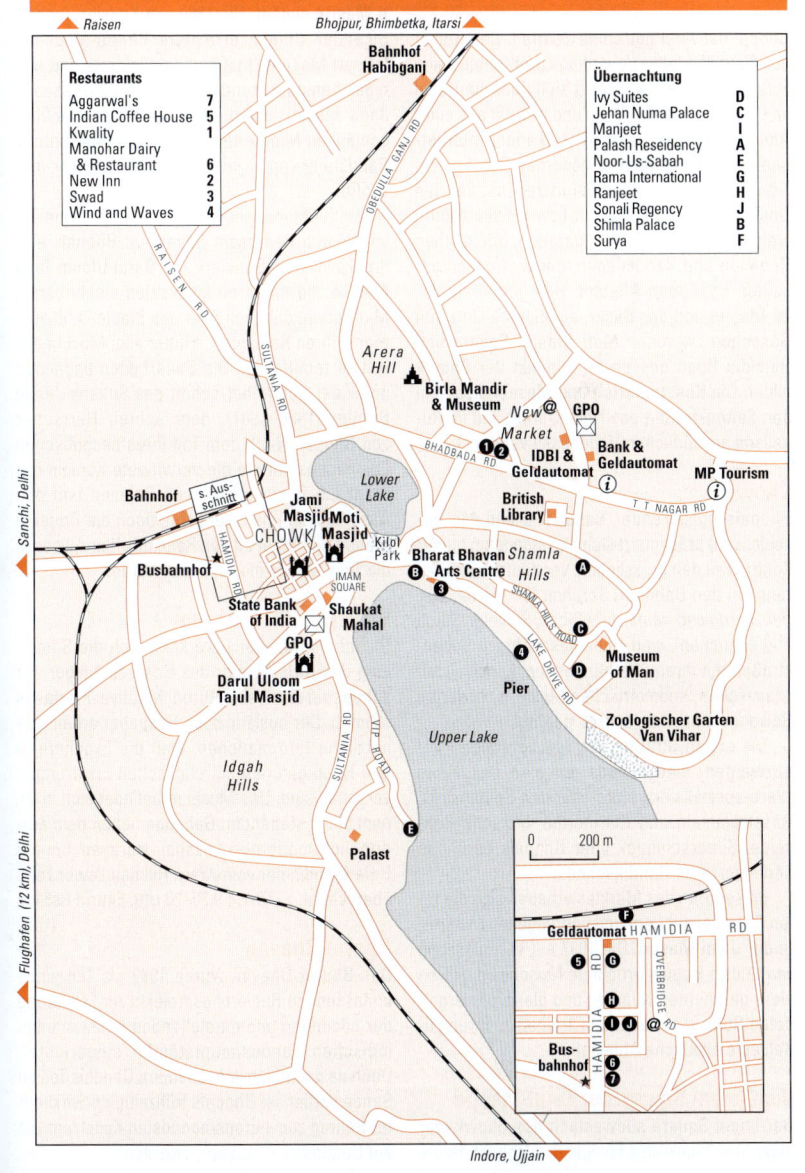

Restaurants	
Aggarwal's	7
Indian Coffee House	5
Kwality	1
Manohar Dairy & Restaurant	6
New Inn	2
Swad	3
Wind and Waves	4

Übernachtung	
Ivy Suites	D
Jehan Numa Palace	C
Manjeet	I
Palash Reseidency	A
Noor-Us-Sabah	E
Rama International	G
Ranjeet	H
Sonali Regency	J
Shimla Palace	B
Surya	F

Madhya Pradesh

Bhopal 417

www.stefan-loose.de/indien

auf ihre anhaltende rechtliche und medizinische Notlage aufmerksam zu machen.

Orientierung

Bhopal hat zwei getrennte Zentren. Das Gebiet des **New Market** – neuerdings größtenteils eine Fußgängerzone – erstreckt sich über die Hügel im Süden der beiden Seen und besteht aus einer Ansammlung von Geschäftsarkaden, Internet- und Eiscafés, Kinos und modernen Bürobauten. Nördlich des schmalen Landstreifens, der den Upper Lake vom kleineren Lower Lake trennt, weichen die breiten Hauptstraßen, öffentlichen Gebäude und Parkanlagen, der wesentlich geballter wirkenden **Altstadt**. Hier liegen die **Jami Masjid** und der **Basar**, ein dichtes Netz von Gässchen zwischen **Moti Masjid Square** und Hamidia Road dessen Mittelpunkt der **Chowk** bildet. Die **Kunstgalerien** und **Museen** liegen in den Seitenstraßen des New Market und im Hügelland am südlichen Upper Lake versteckt.

Chowk

Bhopals pulsierender Basar (So und Mo geschlossen) präsentiert sich als angenehm bunter Kontrast zu den grässlichen, verstopften Straßen rund um den Bahnhof. Berühmt für *„zarda, purdah, garda und namarda"* (Tabak, Schleier, Staub und Eunuchen), sind seine geschäftigen Seitenstraßen mit ihren überhängenden, kunstvoll mit islamischen, geometrischen Mustern verzierten Balkonen stark moslemisch geprägt.

Die engen Straßen, die vom zentralen Platz abzweigen, sind jeweils auf eine bestimmte Ware spezialisiert, etwa *chanderi*-Seidensaris, Basstrommeln und Klarinetten, indische Rohseide, Silberschmuck oder Bhopals berühmte perlenverzierte Handtaschen.

Im Zentrum des Marktes erheben sich die roten Sandsteinmauern und gedrungenen Minarette der **Jami Masjid**. Die 1837 auf Veranlassung von Kudsia Begum errichtete Moschee mit ihren weiß getünchten Kuppeln und glanzvoll vergoldeten Spitzen verleiht dem Treiben zu ihren Füßen eine exotische Atmosphäre.

Vom Imam Square zur Tajul Masjid

Der Imam Square südwestlich des Chowk war einst Mittelpunkt des königlichen Bhopal. Heute ist der Platz wenig mehr als eine vom Ruhm der Vergangenheit zehrende Verkehrsinsel, die nur zu einem Blick auf die im Osten stehende **Moti Masjid** einlädt. Die 1860 von Kudsias Tochter Sikander Begum errichtete Perlen-Moschee („Pearl Mosque") ist eine verkleinerte und weniger beeindruckende Kopie von Shah Jahans Jami Masjid in Old Delhi, weit mehr für ihre schlanken Minarette mit goldenen Spitzen und Sandsteinkuppeln bemerkenswert als für ihre Größe.

Ein fünfminütiger Spaziergang führt vom Tor im Westen des Imam Square zu Bhopals eindrucksvollstem Bauwerk, der **Darul Uloom Tajul Masjid**, die mit ihren kolossalen pinkfarbenen Minaretten, die hoch über das Stadtbild hinausragen, ihren Beinamen „Mutter aller Moscheen" vollauf rechtfertigt. Die Bauarbeiten begannen unter der Schirmherrschaft des Sultans Jehan Begum (1868–1901), dem achten Herrscher von Bhopal. Nach dem Tod ihres despotischen Ehemannes stiftete die verwitwete Königin der Stadt ein Postsystem, neue Schulen und den Anschluss an die Eisenbahn, doch die Projekte trieben den Staat an den Rand des Ruins, sodass die Tajul Masjid nie vollendet wurde.

Birla Mandir Museum

Östlich vom Lower Lake kann sich die Sammlung des Birla Mandir des Besitzes einiger der schönsten Steinsulpturen Madhya Pradeshs rühmen. Der ausländische Besucher erhält dort nützliche Informationen, weil die Exponate in den Hauptgalerien mit englischen Erklärungen versehen sind. Das Museum befindet sich in einem allein stehenden Gebäude neben dem aufdringlich modernen Lakshmi-Narayan-Tempel Birla Mandir, der vom Arera Hill den Lower Lake überschaut. ⏲ Di–So 9.30–20 Uhr, Eintritt Rs51.

Bharat Bhavan

Das Bharat Bhavan wurde 1982 als Teil eines umfassenden Regierungsprojekts zur Förderung der bildenden und darstellenden Kunst in allen indischen Landeshauptstädten eingerichtet. Doch da die Initiative nach Indira Gandhis Tod im Sande verlief, ist Bhopals frühzeitig verwirklichter Beitrag zum herausragendsten Kunstzentrum auf Bundesstaatsebene geworden.

Die Giftgaskatastrophe

In der Nacht vom 2. auf den 3. Dezember 1984 trat aus der riesigen Fabrik des US-amerikanischen Konzerns **Union Carbide** (UCIL) am Nordrand der Stadt eine Wolke von Methylisocyanat (MIC) aus. Die hochgiftige Chemikalie wird bei der Herstellung von Schädlingsbekämpfungsmitteln eingesetzt.

MIC ist hochreaktiv und muss unter konstantem Druck bei einer Temperatur von 0 °C gelagert werden. Kostenbewusste Manager hatten den Druck jedoch reduziert, um rund US$40 am Tag einzusparen. Als dann durch schlampig gewartete, lecke Ventile Wasser in den Tank 610 sickerte und mit dem MIC in Berührung kam, wurde eine **verheerende Kettenreaktion** in Gang gesetzt. Der Wind verteilte das austretende Gas in den dicht besiedelten Wohnvierteln und Slums. Weder Alarmsirenen noch Notfallmaßnahmen warnten die ahnungslosen Opfer, die in der dichten Wolke aus ätzendem Gas erblindeten oder erstickten. Offiziellen Angaben zufolge starben 1600 Menschen auf der Stelle und 7000–10 000 weitere an den unmittelbaren Nachwirkungen der Tragödie. Inzwischen summiert sich die **Zahl der Opfer** auf mind. 20 000 Personen. Rund ein Fünftel der über 500 000 Menschen, die dem Gas ausgesetzt waren, leidet heute unter chronischen und unheilbaren Krankheiten, die sich offensichtlich zum Teil weitervererben können. Fälle von Tbc, Krebs, Unfruchtbarkeit und grauem Star sind in den betroffenen Gebieten nach wie vor wesentlich häufiger als im nationalen Durchschnitt. Zu allem Übel ist das Leitungswasser in den betroffenen Wohngebieten mit giftigen Chemikalien kontaminiert, die auf dem heute verlassenen Fabrikgelände in den Erdboden sickern.

Die Offiziellen des Werks bekannten sich zur moralischen Verantwortung für den Unfall, doch als es um Schadenersatzforderungen ging, bezichtigten sie Indiens Regierung der Vernachlässigung ihrer Aufsichtspflicht und der unzureichenden Vorgabe notwendiger Sicherheitsstandards. Erst 1989 erklärte sich UCIL bereit, jedes erwachsene Opfer mit einer **Entschädigungszahlung** von Rs15 000 abzufinden – eine karge Summe, die noch nicht einmal die für medizinische Behandlungen aufgenommenen Kredite der ersten fünf Jahre abdeckte. In nur 6000 Fällen wurden die Angehörigen von Todesopfern entschädigt. Regierung und Werksverwaltung haben alles getan, um den Gesamtkatalog der Mängel und Fehler unter den Teppich zu kehren – amerikanische und indische Offizielle, denen so schwerwiegende Tatbestände wie Körperverletzung mit Todesfolge zur Last gelegt werden, sind bis heute einer Bestrafung entgangen.

Das Werk von Union Carbide steht heute verlassen und von Pflanzen überwuchert da, birgt aber nach Angaben von Aktivisten immer noch rund 170 t Giftmüll.

2005 leitete die Regierung auf anhaltenden Druck hin ein **Gerichtsverfahren** ein, um Geld von dem Unternehmen Dow Chemical zu erstreiten, das Union Carbide 2001 übernommen hat, aber alle weiteren Haftungsansprüche zurückweist. Bisher waren keine großen Fortschritte zu verzeichnen, aber die Bürger von Bhopal halten weiterhin regelmäßig Protestveranstaltungen und Demonstrationen ab, um ihre Sache nicht in Vergessenheit geraten zu lassen.

Informationen über die Katastrophe und für potenzielle freiwillige Helfer gibt es bei Sambhavna Trust, Bafna Colony, Berasia Rd, Bhopal ℡ 0755-273 0914, ✉ sambavna@sancharnet. in. Als eindringliche Lektüre zum Thema ist das Buch *Fünf nach zwölf in Bhopal* von Dominique Lapierre und Javier Moro (Hamburg 2004) empfehlenswert.

Die Anlage aus Betonkuppeln und strengem Ziegelmauerwerk beherbergt neben wechselnden Ausstellungen auch eine umfangreiche Sammlung mit Werken der modernen indischen Malerei und Skulptur. Eine Galerie des Bharat Bhavan ist ausschließlich der **Adivasi-Kunst** gewidmet – die Exponate wurden von Talentsuchern auf monatelangen Reisen durch abgelegene Gebiete zusammengetragen. Zu ihren berühmtesten Entdeckungen zählt der einem Gond-Stamm angehörende Maler **Jangarh Singh Shyam**. Einige seiner Werke sind hier zusammen mit einer bunten Sammlung von Masken, Terrakotten, Holzschnitzereien und rituellen Objekten ausgestellt. Das Fehlen von Hintergrundinformationen ist beabsichtigt, um die Objekte als Kunstwerke für sich selbst sprechen zu lassen, und nicht etwa als anthropologische Kuriosität.

Di–So Feb–Okt 14–20 Uhr, Nov–Jan 13–19 Uhr, Eintritt Rs10, Veranstaltungen Rs20–50.

Museum of Man

Die Geschichte von Indiens angestammten Minderheiten – Adivasi, wörtlich „ursprüngliche Bewohner" – klingt altbekannt: Von ihrem Land durch gewaltige „Entwicklungsprojekte" oder ausbeuterische Geldverleiher vertrieben, erlebten sie eine schleichende Aushöhlung ihrer traditionellen Kulturen. Von Bekehrungseifer beseelte Missionare und die jeweiligen Regierungen, die die Stammesgemeinschaften als Anachronismus oder sogar Störfaktor betrachteten, beschleunigten diesen Prozess noch. Das Museum of Man, dessen korrekter Name **Rashtriya Manav Sangrahalaya** lautet, ist ein annerkennenswerter Versuch der Wiedergutmachung.

Auf dem 80 ha großen Areal auf einem Hügel mit Blick auf New Market auf der einen und über die weite Fläche des Upper Lake auf der anderen Seite kann der Nachbau eines Küstendorfs aus Kerala besichtigt sowie ein verschlungener Mythologie-Pfad begangen werden, auf dem jede Stammesgruppe ihre Interpretation der Schöpfung darstellt. In einer großen Ausstellungshalle sind alle wichtigen Alltags- und Ritualgegenstände der Adivasi zu sehen. Botanische Lehrpfade führen durch Unterholz und lichten Wald, es gibt ein Forschungszentrum, und im zentralen **Tribal Habitat** zeigt eine permanente Freilichtausstellung traditionelle Adivasi-Häuser, Siedlungsformen und religiöse Schreine.

Das Museum ist nur mit eigenem Fahrzeug oder per Motor-Riksha zu erreichen. Am besten von vornherein einen angemessenen Pauschalpreis für Hin- und Rückfahrt einschließlich einer mindestens einstündigen Wartezeit aushandeln (ca. Rs150). Di–So März–Aug 11–18.30 Uhr, Sep–Feb 10–17.30 Uhr, Eintritt Rs 10, Fahrzeug Rs10, Video-Erlaubnis Rs50.

Übernachtung

Wer sich an Verkehrslärm und Abgasen nicht stört, findet in der geschäftigen Durchgangsstraße Hamidia Road zahlreiche Hotels in bequemer Nähe zu Hauptbahnhof und Busbahnhof. Wirklich billige Quartiere sind aber dünn gesät: Selbst die schäbigsten Absteigen erheben 10 % „Luxussteuer" (und oft auch noch einen Bedienungszuschlag). Die meisten Top-Hotels stehen in schöner Lage in den Shamla Hills am Upper Lake, eine 15-minütige Fahrt vom Bahnhof entfernt.

Jehan Numa Palace, 157 Shamla Hills Rd, ☏ 0755-266 1100, 🖳 www.hoteljehanumapalace.com. Bhopals bestes historisches Hotel residiert in einem Palastbau rund um einen Innenhof mit von Bougainvillea überwucherten Säulengängen. Die luxuriösen Zimmer genügen hohen Ansprüchen. Unter den drei fabelhaften Restaurants (Rs600/Abendessen) ragt vor allem die Trattoria heraus. ❼–❾

Manjeet, 3 Hamidia Rd, ☏ 0755-267 9039, ✉ hmanjeet@sancharnet.in. Zimmer mit Teppichböden, warmes Dekor in Orange- und Pfirsichtönen und Kabel-TV: alles in allem eine solide, wenn auch nicht besonders aufregende Unterkunft. ❸–❹

Palash Residency, TT Nagar, nahe New Market, ☏ 0755-255 3006, ✉ palash@mptourism.com. Eine Stufe vornehmer als die meisten Unterkünfte von MP Tourism. Die Zimmer sind schick und zur Ausstattung gehören Teebereiter/Kaffeemaschinen sowie Körbchen mit Toilettenartikeln. Dazu gibt es einen kleinen Garten. Frühstück ist im Preis inbegriffen, Reservierung ratsam. ❼

Noor-Us-Sabah, Palace Grounds, VIP Rd, ☏ 0755-522 3333, 🖳 www.noorussabah

Sympathisches Quartier mit Seeblick

Ivy Suites, A. Nadir Colony, Shamla Hills, ☏ 0755-423 4753, 🖳 www.ivysuites.in. Ansprechendes Gästehaus mit angenehm lockerer Atmosphäre in einer gehobenen Wohnsiedlung. 10 geräumige, anheimelnde Zimmer; im Obergeschoss mit efeuberankten Balkons und Blick auf den Upper Lake. Mahlzeiten im Preis enthalten. ❼

palace.com. Das „Morgenlicht" ist ein perfekt renovierter Begum-Palast aus den 1920er-Jahren auf einem Hügel am Upper Lake. Die feudalen Zimmer prunken mit eleganten Spiegeln, fürstlichem rotem Mobiliar und eigenen Balkons. Dazu gibt es einen Pool und ein gutes Restaurant. ❽–❾

Rama International, Hamidia Rd, ✆ 0755-253 5542. Recht ruhiges, verschachteltes Hotel, durch einen Hof von der Hauptstraße getrennt. Einfache und saubere Zimmer, einige mit AC. ❷–❹

Ranjeet, Hamidia Rd, Ranjeet Hamidia Rd, ✆ 0755-274 0500, ✉ ranjeethotels@sancharnet.in. Die grünmarmorne Lobby verströmt den Charme einer Gruft, aber die Zimmer sind hell genug und das Frühstück gibt's gratis dazu. Möglichst ein Zimmer nach hinten nehmen; die nach vorn sind sehr laut. ❸–❹

Shimla Palace, 31 Shimla Rd, ✆ 0755-266 1427. Das Hotel ist dringend renovierungsbedürftig, bietet aber immerhin einige Zimmer mit Seeblick. Dank seiner idyllischen Lage in den grünen Shamla Hills deutlich besser als vergleichbare andere Hotels in der Hamidia Road. ❸

Surya, Hamidia Rd, ✆ 0755-274 1701, ✆ 424 2503. Hinter der Lobby aus getöntem Glas verbirgt sich ein Businesshotel mit gutem Preis-Leistungs-Verhältnis. Die Zimmer nach vorn mit AC und Bad sind ziemlich laut; besser sind die mit giftgrünen Teppichen und braunledernen Sitzmöbeln ausgestatteten Standardzimmer nach hinten. ❸–❹

Essen

Die **Restaurants** in Bhopals größeren Hotels servieren einheitliche multikulturelle Küche. Die **Cafés** mit Neonbeleuchtung und Plastikeinrichtung gegenüber vom Busbahnhof tischen äußerst preiswert *thali*-Gerichte und gehäufte Portionen *subzi*, Reis und *dhal* auf. Die Einheimischen essen zum Frühstück *poha*, einen leichten, gedämpften Reiskuchen, der kochend heiß an jeder Straßenecke in Zeitungspapier verpackt angeboten wird. Dazu gibt es *katchori* (in Öl gebackener, mit Linsen gefüllter Snack) und Tee.

Topservice zum kleinen Preis

Sonali Regency, in einer Seitenstraße der Hamidia Rd, ✆ 0755-274 0880, 🖳 www.sonalihotel.com. Ruhiger als andere Hotels der Gegend. Die eher klein geratenen Zimmer versöhnen mit Marmorboden, Kabel-TV und Mini-Sofa. Das Hotel hebt sich mit netten Extras wie Gratis-Zeitungen, Reiseschalter und hervorragendem Service von der Konkurrenz ab. ❸–❹

Aggarwal's, Hamidia Road. Freundliche lokale Institution mit beschwingter Hindi-Musik, blinklichtgeschmückten religiösen Schreinen und einem gigantischen vegetarischen *thali* zum Schnäppchenpreis von Rs30.

Indian Coffee House, Hamidia Rd. Großes Frühstückslokal mit stilvoll servierten südindischen Snacks, Eiern und Filterkaffee zu Spottpreisen (Rs20–70).

Kwality, New Market. Verlässliches Kettenlokal mit Tischen im Freien, geschäftigem Kantinenbereich und einem ruhigeren Speisesaal mit AC. Geboten wird eine große Auswahl an Snacks wie *bhel poori*, Pizza sowie chinesische und indische Hauptgerichte (Rs30–70).

Manohar Dairy & Restaurant, Hamidia Rd. Glamourös gestyltes und bei Familien beliebtes Fastfood-Lokal, in dem Kellner in gelben Hemden südindische Snacks wie *dosas*, vegetarische Bratlinge, Pizza, Gebäck und Eiscreme auftragen (Rs20–50). Probierenswert ist *cholle bhatura*, ein Leibgericht der Nordinder: ofenheiße Brottaschen mit pikant gewürzter Kichererbsenfüllung.

New Inn, Bhadbhada Rd, New Market. Trotz der großen Glasfront – mit ziemlich unpassender gelb-grüner Drachendeko – wirkt die Fassade eher trist. Aber das Essen ist top, vor allem die Hammel- und Hühnchen-Kebabs (Hauptgerichte Rs50–90).

Swad, Bharat Bhavan Arts Centre. Zieht mit seinen *samosas*, *pakodas* und leichten Gerichten zu zivilen Preisen (Rs3–30) ein erfrischend gemischtes Publikum aus Studenten, Künstlern und Touristen an. Die Terrasse ist ein ideales Fleckchen, um den

Sonnenuntergang zu beobachten, aber das Mückenschutzmittel nicht vergessen.
Wind and Waves, Lake Drive Rd. Speisekarte nach gängigem MP-Tourism-Muster (Hauptgerichte Rs60–120), aber in besonders schöner Seeuferlage in der Nähe der Museen und des Bootsverleihs.

Sonstiges
Bibliothek
Das **British Council** hat eine Bibliothek im GTB-Komplex, Roshanpura Naka, New Market, wo auch Nicht-Mitglieder in englischen Zeitungen und Zeitschriften schmökern dürfen. Zur Zeit der Recherche gab es allerdings umstrittene Pläne, sie zu schließen. ⏱ Di–Sa 11–19 Uhr.

Bücher
Variety Book House am oberen Ende der Bhadbada Rd, New Market, und **Book's World** gleich gegenüber führen eine große Auswahl an englischsprachigen Taschenbüchern und Zeitschriften zu günstigen Preisen.

Einkaufen
Der **Chowk** ist der beste Platz für Seide und Silber; Basar G Mo–Sa. In der New-Market-Gegend finden sich größere Geschäfte wie **Mrignayani** mit Kunsthandwerk, Baumwollhemden für Männer, *salwar kamises*, Batiken, *dokra*-Metallarbeiten, *khadi*-Kleidung, Tagesdecken und seidenen Saris, allerdings zu stolzen Festpreisen. Das **MP State Emporium**, Hamidia Rd, bietet ähnliche Waren ebenfalls zum Festpreis an. Schnäppchen findet man eher bei den **Straßenständen** in der Overbridge Rd.

Geld
Neben den großen Hotels wechseln nur die großen Banken in New Market Geld. Die Bankautomaten der IDBI-Bank akzeptieren **Visa** und **Mastercard**. Einen Bankautomaten hat auch die ICICI-Bank in Chowk bei der Tankstelle an der Ecke der Hamidia Rd. Die **State Bank of India** befindet sich neben dem Postamt (GPO).

Informationen
MP Tourism betreibt hilfreiche **Touristeninformationen** in der Ankunftshalle des Bahnhofs (Ausgang Gleis 1, ☏ 0755-274 6827, ⏱ tgl. 10–17 Uhr) und am Flughafen (öffnet für ankommende Flüge). Das **Hauptbüro**, ☏ 0755-277 8383, ✉ info@mptourism.com, liegt ziemlich weitab vom Schuss in Paryatan Bhawan, Bhadbhada Road, 2 km südlich von New Market, ⏱ Mo–Sa 10–17 Uhr. Hier gibt es Tickets für Jet Airways und Indian Airlines, aber keine Landkarten oder Stadtpläne.

Internet
Chowk, New Market, Hamidia Road und Umgebung wimmeln nur so von Internetcafés: z. B. **Surfing Point** in der Overbridge Rd (Rs15 pro Std.) oder **Hub**, gegenüber der State Bank of India in New Market (Rs20 pro Std.).

Medizinische Hilfe
Hamidia Hospital, ☏ 0755-254 0222, Sultania Rd, zwischen Imam Square und Darul Uloom Tajul Masjid. Sehr gut ist das kleine private **Hajela Hospital**, TT Nagar, ☏ 0755-277 3392. Die besseren Hotels vermitteln **Ärzte**.

Post
Hauptpostamt am TT Nagar, New Market. Nebenstelle in der Sultania Rd nahe Darul Uloom Tajul Masjid. Zuschriften zeitig an „poste restante" im Hauptpostamt richten lassen, Nebenstelle unzuverlässig.

Touren
Im Hauptbüro von MP Tourism kann man Autos mit Fahrer mieten (Rs5,5/km, Minimum 250 km, plus Rs250 für eine Übernachtung) und eine Stadtrundfahrt ab Palash Residency (Di–So 11–15 Uhr, Rs60) sowie Touren nach Sanchi, Bhojpur und Bhimbetka buchen. Der **Boat Club** von MP Tourism veranstaltet Speedboat-Fahrten (Rs35/5 Min.) und Schiffsrundfahrten (Rs75/45 Min.) auf dem Upper Lake.

Nahverkehr
Bhopals interessanteste Sehenswürdigkeiten liegen so weit voneinander entfernt, dass **Motor-Rikschas** mit Taxameter das

empfehlenswerteste Nahverkehrsmittel sind. Vor allen besseren Hotels warten Taxis, Bestellungen tätigen MP Tourism oder Privatunternehmen wie **Garuda Travels**, ✆ 0755-254 0609. Taxis und Motor-Rikschas, die an einem Schalter im Voraus bezahlt werden, warten an einem eigenen Stand vor dem Bahnhof in der Hamidia Rd.

Transport
Busse
Der zentrale **Busbahnhof**, an dem die Überlandbusse aus Indore, Jabalpur, Pachmarhi, Sanchi und Ujjain eintreffen und abfahren, liegt zu Fuß zehn Minuten südwestlich vom Hauptbahnhof an der Hamidia Road. Züge sind zwar meist schneller, es gibt aber auch günstige Busverbindungen, besonders nach Indore, das mit einem der häufigen staatlichen Busse oder den schnelleren Expressbussen von MP Tourism (5x tgl., 4 Std.) erreichbar ist. Wer nach Ujjain will, steigt in Dewas für die restlichen 37 km in einen Nahverkehrsbus um.

MP Tourism betreibt auch einen täglichen Bus nach Pachmarhi (6.30 Uhr, 5 Std.). Alle MP-Tourism-Busse fahren vom Palash Residency ab, wo man auch die Tickets reservieren kann. Vom staatlichen Busbahnhof in der Hamidia Rd verkehren alle halbe Stunde Busse nach Sanchi (1 1/2 Std.).

Busse nach:
INDORE (alle 30 Min., 4–6 Std.),
JABALPUR (3–4x tgl., 8–10 Std.),
NAGPUR (2–3x tgl., 7–10 Std.),
PACHMARHI (4–5x tgl., 5–8 Std.),
SANCHI (alle 30 Min., 1 1/2 Std.),
UJJAIN (stdl., 5–6 Std.),
VIDISHA (alle 30 Min., 2–2 1/2 Std.).

Eisenbahn
Der **Hauptbahnhof** liegt in bequemer Gehdistanz nahe dem Zentrum. Zu den Hotels gelangt man über den Ausgang an Gleis 4 oder 5, von wo man rasch die Ecke der geschäftigen Hamidia Rd erreicht. Von Süden eintreffende Züge halten meist kurz am weit außerhalb des Zentrums gelegenen Bahnhof **Habibganj Station** an – nur dann aussteigen, wenn man eines der teuren Hotels in den Shamla Hills oder in New Market beziehen will.

Bhopal liegt an einer Hauptstrecke zwischen Delhi und Mumbai. Richtung **Norden** via Jhansi (für Orchha/Khajuraho), Gwalior oder Agra gibt es etwa 12 reguläre Verbindungen und den superschnellen Shatabdi Express Nr. 2001, der tgl. um 14.40 Uhr abfährt und schon 7 Std. 50 Min. später in Delhi ankommt. Vermeiden sollte man nur den superlangsamen Dadar–Amritsar-Express Nr. 1057.

In die andere Richtung nach **Mumbai** ist der Punjab Mail Nr. 2138 am besten (Abfahrt 17 Uhr, 12 1/2 Std.).

Nach **Jabalpur** fährt der Narmada Express Nr. 8233, Abfahrt 23.35 Uhr, Ankunft 6.25 Uhr – rechtzeitig, um eine Busverbindung nach Kanha zu erreichen. Ein anderer Zug nach Jabalpur ist der ausgezeichnete Shatabdi Express Nr. 2061 (AC), Abfahrt tgl. 17.40 Uhr, Fahrzeit 5 1/4 Std., der von der Habibganj Station abfährt und auch in **Itarsi Junction**, 92 km südlich, hält, wo es Zugverbindungen nach Kolkata und Varanasi gibt.

Züge nach:
AGRA (15–19x tgl., 5 1/4–9 1/2 Std.),
CHENNAI (3–7x tgl., 19 1/2–32 Std.),
DELHI (18–21x tgl., 8–14 Std.),
GOA (2x tgl., 34–40 1/2 Std.),
GWALIOR (17–21x tgl., 4–6 3/4 Std.),
INDORE (3–6x tgl., 5–8 1/4 Std.),
JABALPUR (2–6x tgl., 6–7 1/4 Std.),
JALGAON (2–3x tgl., 7–9 Std.),
JHANSI (22–26x tgl., 3–5 3/4 Std.),
MUMBAI (6–12x tgl., 15–18 Std.),
NAGPUR (12–15x tgl., 5 1/2–8 1/2 Std.),
PUNE (2x tgl., 16–17 Std.),
SANCHI (3x tgl., 40–55 Min.),
UJJAIN (3–6x tgl., 3–5 Std.),
VIDISHA (3–4x tgl., 40–50 Min.).

Flüge
Bhopals **Flughafen** liegt rund 12 km nördlich der Stadt. Fahrt ins/vom Zentrum mit Taxi (Rs350) oder Motor-Riksha (Rs150–200).

Indian Airlines, Gangotri-Komplex, TT Nagar Rd, New Market, ⊕ Mo–Sa 9–17 Uhr, So 9–12 Uhr, ✆ 0755-255 0480; Buchungsschalter am Flughafen.

Jet Airways, Ranjit Towers, MP Nagar,
☏ 0755-276 0371; Buchungsschalter am
Flughafen, ☏ 0755-264 5676.
Air Deccan, Buchungsschalter am Flughafen,
☏ 0755-264 5676.
Flüge nach Delhi kosten ab U$130, nach Indore
ab U$90, nach Mumbai U$150 und nach Gwalior
U$90.
Flüge nach:
DELHI (IC, 9W, 3x tgl., 1 1/4–2 Std.),
GWALIOR (IC, 4x wöchentl., 1 Std.),
INDORE (IC, 9W, 3x tgl., 1/2 Std.),
MUMBAI (9W, 1–2x tgl., 2 Std.).
(DN = Air Deccan, IC = Indian Airlines, 9W = Jet Airways)

Sanchi

Aus der Entfernung wirkt das glattseitige, halbkugelförmige Objekt, das 46 km nordöstlich von Bhopal oberhalb der Eisenbahntrasse auf einer Anhöhe in Sanchi erscheint, wie das surrealistische Bild einer umgestülpten Satellitenschüssel. In Wirklichkeit aber legt der gigantische Steinhügel Zeugnis von wesentlich früheren Kommunikationsversuchen mit dem Kosmos ab. Der **Große Stupa** ist nicht nur das prächtigste buddhistische Monument Indiens, sondern zugleich eines der ältesten religiösen Bauwerke des gesamten Subkontinents. Er überragt ein Areal mit Tempel- und Klosterruinen, die gemeinsam eine reichhaltige und ungebrochene Dokumentation der buddhistischen Kunst und Architektur darstellen, von der Ausbreitung des Glaubens in Zentralindien im 3. Jh. v. Chr. bis zu seiner Verdrängung durch das Wiederaufkeimen des Brahmanismus im Mittelalter.

Ein Aufenthalt in Sanchi ist aber keineswegs ein trockener Anschauungsunterricht in südasiatischer Kunstgeschichte. Der Hauptstupa ist von einigen der denkbar kostbarsten und besterhaltenen antiken **Skulpturen** umgeben, und die Stätte hat sich insgesamt eine friedliche Ruhe bewahrt, die bereits die ersten frühen Bewohner unwiderstehlich angezogen haben wird. Die meisten Besucher verwenden nur wenige Stunden auf die Erkundung der Ruinen, doch man könnte alleine schon Tage damit verbringen, sich in die Skulpturenvielfalt der vier wundervollen **Torana** (Eingangstore) zu versenken, die den Stupa umgeben. Gepflasterte Pfade und Treppen führen um die auf dem Hügel stehende ummauerte Ruinenstätte. Entlang des Rundwegs geben Tafeln detaillierte Auskunft, und die Bäume spenden Schatten vor der zuweilen äußerst drückenden Hitze. ⊙ tgl. 8–18 Uhr, Eintritt Rs250, Video-Erlaubnis Rs25, Auto Rs10.

Die Eintrittskarten sind an einem Schalter vor dem **Museum** erhältlich. Von dort läuft man einen gewundenen Weg nach rechts und erreicht nach rund 10 Minuten den Haupteingang. Hier beginnt dann der Hauptweg, auf dem man am neuen srilankischen Buddhisten-Tempel und Ständen mit kalten Getränken entlang zum Großen Stupa gelangt.

Geschichte

Im Gegensatz zu anderen berühmten buddhistischen Zentren Ostindiens und Nepals steht Sanchi in keiner überlieferten Beziehung zum Buddha selbst. Es wurde erst zum Pilgerort, als der Maurya-Kaiser Ashoka, der eine Frau aus dem nahen **Besnagar** heiratete, Mitte des 3. Jh. v. Chr. eine glatt geschliffene Steinsäule und einen Stupa aus Ziegeln und Mörtel errichten ließ. Unter den folgenden Dynastien wurde das Areal beständig vergrößert, doch nach dem Niedergang des Buddhismus fiel Sanchi dem Verfall und der Überwucherung anheim, bis General Taylor von der Bengalischen Kavallerie es 1818 wieder entdeckte. In den folgenden Jahren fielen Schwärme von Amateurschatzsuchern über die Stätte her, um die „gigantischen Steineier" zu knacken und sich mit den erhofften wertvollen Inhalten aus dem Staub zu machen. Der Einzige, der mehr als nur Trümmer und Schutt fand, war der Forscher Sir Alexander Cunningham. 1851 förderte er zwei Reliquienbehälter aus Speckstein zutage. Sie enthielten Knochenfragmente und trugen die Namen zwei der bekanntesten Gefährten Buddhas: Sariputasa und Maha-Mogalanasa. Wie der Autor John Keay schrieb: „Es war, als hätte man die Gräber von Petrus und Paulus entdeckt." Unter dem Archäologen John Marshall und dem buddhistischen Gelehrten Albert Foucher wurde der Dschungel ab 1912 gerodet, die wichtigsten

Stupas und Tempel wurden wieder aufgebaut, Rasenflächen angelegt, Bäume gepflanzt, und ein Museum wurde für die verbliebenen Skulpturen errichtet, die nicht nach Delhi oder London geschafft worden waren. Das jahrhundertelang vergessene Sanchi wurde auf diese Weise plötzlich wieder zum buddhistischen Pilgerziel. Die Reliquienbehälter selbst werden einmal im Jahr, gegen Ende November, im srilankischen Buddhisten-Tempel ausgestellt.

Der Große Stupa

Stupa 1, der Große Stupa, erhebt sich auf einem ebenen Stück Land am westlichen Rand des Plateaus. Die Fragmente des originalen Bauwerks aus dem 3. Jh. v. Chr., das wesentlich kleiner als die heutige Konstruktion war und von Ashoka errichtet wurde, liegen noch unter der dicken äußeren Schicht aus Kalkverputz verborgen. Die **Shunga** fügten den erhöhten Balkon für die Prozessionen und die beiden eleganten Treppen hinzu, die ausgehend von dem gepflasterten Pfad in sanftem Schwung den Stupa umlaufen. Auf sie gehen auch der scheinbar schwebende *chhattra* und die viereckige Umfriedung zurück, die den Erdwall nach oben hin abschließen. Die vier kunstvoll gearbeiteten Tore entstanden im 1. Jh. v. Chr. unter den **Satavahana**, lange vor den vier Ruhe verströmenden **Meditations-Buddhas**, die den Besucher an den Haupteingängen empfangen. Die aus dem örtlichen Sandstein gemeißelten Figuren wurden um das Jahr 450 in der Gupta-Epoche aufgestellt, als sich figurative Darstellungen des Buddha durchgesetzt hatten (anderswo in Sanchi wird Buddha symbolhaft in Form eines leeren Throns, eines Rades, eines Fußabdruckpaares oder eines Schirms verehrt).

Mit zunehmender Nähe zum Stupa rückt der außerordentliche Skulpturenreichtum der **Torana** immer stärker in den Mittelpunkt. Bei ihrer Betrachtung ist die Vermutung der Archäologen leicht nachzuvollziehen, dass Elfenbeinschnitzer diese Arbeiten schufen. Die gesamte Oberfläche, der acht Meter hoch aufragenden Pfeiler und der drei gekrümmten Querstreben, wimmelt nur so von zierlichen Darstellungen von Menschen, Halbgöttern, Göttern, Vögeln, Säugetieren und Glück verheißenden Symbolen. Einige der größeren Reliefs stellen Szenen aus den Leben des Gautama Buddha und seiner sechs Vorgänger dar, den Manushi, während andere von Ashokas Verbreitung des Glaubens berichten. Daneben gibt es zahlreiche rein dekorative Felder und Darstellungen des Himmels, die die Gläubige erinnern sollen, auf Erden ein verdienstvolles Leben zu führen. Es empfiehlt sich, die Besichtigung am südlichen Torana zu beginnen und den Stupa im Uhrzeigersinn zu umrunden, wie es an buddhistischen Bauwerken vorgeschrieben ist.

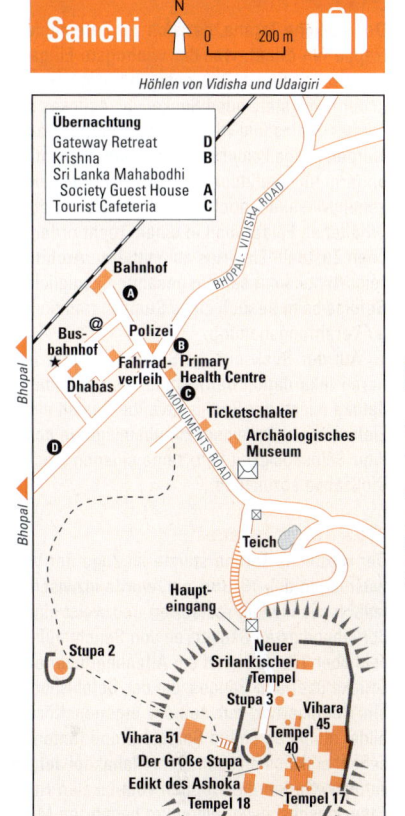

Südlicher Torana

Der südliche Torana, der sich zur Zeremonientreppe hin öffnet, war der wichtigste Eingang zum Großen Stupa. Dies geht eindeutig aus dem in der Nähe stehenden Sockel von Ashokas originaler Steinsäule hervor. Im Laufe der Jahre wurden einige Felder mit den besten Skulpturen entfernt (und befinden sich jetzt im angeschlossenen Museum), doch die auf den Querstreben erhaltenen Felder sind in einem recht ordentlichen Zustand. Ein Fries am mittleren **Architrav** zeigt Ashoka mit seinem gesamten königlichen Gefolge beim Besuch eines Stupa in traditioneller Verehrungshaltung.

Auf der Rückseite ist Buddha in einer früheren Inkarnation dargestellt. Als **Chhaddanta Jataka** nimmt der Bodhisattva die Gestalt eines Elefanten an, der einem Elfenbeinjäger in absoluter Selbstlosigkeit hilft, seine eigenen (sechs) Stoßzähne abzusägen.

Westlicher Torana

Der westliche Torana stürzte im Zuge der Verwüstungen des 19. Jhs. ein, wurde inzwischen jedoch sachkundig restauriert und weist einige der lebendigsten Skulpturen von Sanchi auf. Im Feld oben rechts hastet ein Affenheer über eine Brücke über den Ganges, die der Befehlshaber, ein Bodhisattva, mit seinem eigenen Körper bildet, damit es einem Soldatentrupp (unten zu sehen) entkommen kann. Dem **Mahakapi Jataka** zufolge wurden die Truppen vom lokalen Herrscher ausgeschickt, um einen begehrten Mangobaum an sich zu reißen, von dem die Affen sich ernährten.

Mit ein wenig Mühe entdeckt man auch die abschließende Szene, in welcher der Bodhisattva dem reuigen König unter einem Pipalbaum eine scharfe Rüge erteilt.

Auf dem linken Pfeiler zeigen mit Blickrichtung zum Stupa die ersten beiden Felder eine der am häufigsten dargestellten Episoden aus Buddhas Leben. In der **Versuchung durch Mara** ignoriert Buddha, der den Eid geleistet hat, bis zur Erleuchtung unter dem Bodhibaum zu bleiben, alle Versuche der bösen Dämonin Mara, ihn durch Gewaltandrohung oder durch ihre verführerischen Töchter von seinem Weg abzubringen.

Nördlicher Torana

Der von einem unvollständigen Rad des Gesetzes und zwei Dreizacken, die Buddhas Trinität symbolisieren, gekrönte nördliche Torana ist das künstlerisch wertvollste und am besten erhaltene der vier Tore. Die überreich auf seine beiden Pfeiler gezwängten Szenen zeigen u. a. den schwebenden Buddha bei einem Spaziergang – eines von vielen Kunststücken, mit denen er die Häretiker beeindruckte – und einen Affen, der seinem Herrn eine Schale Honig anbietet.

Zwischen beiden Säulen zeigt ein Flachrelief auf der untersten Querstrebe das **Vessantara Jataka**, das von einem Bodhisattva-Prinzen erzählt, der von seinem Vater verbannt wurde, weil er einen magischen Elefanten weggab, der Regen herbeizaubern konnte. Einen besseren Blick auf den inneren, nach Süden ausgerichteten Teil der Tafeln hat man vom Balkon der erhöhten Stupa-Terrasse. Beachtung verdient das kleine Tableau ganz rechts, das die mühsam durch den Dschungel ziehende Königsfamilie zeigt: Der Sohn des Prinzen hält die Hand des Vaters, während sich die Tochter an die Hüfte der Mutter klammert.

Östlicher Torana

Sanchis berühmteste Skulptur ist die zierlich gestaltete **salabhanjika** (Waldnymphe), die sich vom rechten Kapitell des östlichen Torana sinnlich in den Raum hinauslehnt. Die sinnliche Fruchtbarkeitsgöttin ist eine von mehreren Figuren, die einst den Gläubigen, die das Gelände des Großen Stupa betraten, Segen spendeten. Nur wenige von ihnen befinden sich noch an ihrem originalen Platz, die anderen sind heute in Museen in Los Angeles und London.

Die Felder auf der Innenseite der Säule zeigen unterhalb der *salabhanjika* Szenen aus Buddhas Leben, darunter auch die Empfängnis, bei der ein Bodhisattva in Form eines weißen Elefanten, der rittlings auf einem Halbmond dargestellt ist, in den Leib seiner Mutter Maya eindringt. Die Vorderseite des mittleren Architravs nimmt die Geschichte Jahre später auf, als der junge Buddha in Form eines Pferdes **Abschied** vom elterlichen Palast nimmt, um fortan das Leben eines Wanderasketen zu führen. Auf der Rückseite sieht man den erleuchteten Buddha, nun symbolisiert durch einen leeren Thron, dem

Stupas

Zu den frühesten Kultobjekten in Indien zählen als Stupas bekannte halbkugelförmige Hügel, die seit dem 6. Jh. v. Chr., als **Buddha** selbst den ersten Prototyp entwarf, für die buddhistische Andacht eine wichtige Rolle spielen. Von einem seiner Schüler nach einem Symbol gefragt, das helfen würde, seine Lehren nach seinem Tod zu verbreiten, nahm der Meister seine Almosenschüssel, seinen Lehrstock und einen Streifen Stoff – seine einzigen weltlichen Besitztümer – und bildete daraus die Form eines Stupa, indem er den Stoff als Grundlage, die umgedrehte Schüssel als Kuppel und den Stock als Turmspitze nahm.

Ursprünglich waren Stupas einfache Grabhügel aus Erde und Stein, die **Reliquien** Buddhas und seiner Anhänger beherbergten. Als sich die Religion verbreitete, vermehrten sich die Grundkomponenten jedoch und erhielten eine symbolische Bedeutung. Die Hauptkuppel (anda) – die den heiligen Berg oder die Himmel und Erde miteinander verbindende „Weltenachse" darstellt – wurde größer, während die sie umgebende hölzerne Umzäunung (vedika) durch eine massive aus Stein ersetzt wurde. Hinzugefügt wurde eine erhöhte Terrasse (medhi), zusammen mit zwei Treppen und vier Zeremonialeingängen, die mit Bedacht nach den Himmelsrichtungen ausgerichtet sind. Die krönende Spitze des Stupa entwickelte sich zu einem dreistufigen Schirm (chhattra), der die Drei Kostbarkeiten des Buddhismus symbolisiert: Buddha, das kosmische Gesetz und die Mönchsgemeinschaft (sangham).

Der chhattra, gewöhnlich von einem niedrigen quadratischen Steinkasten (harmika) umschlossen – eine Reminiszenz an jene Tage, als heilige Bodhi-Feigenbäume umzäunt wurden –, bildete die Spitze der Achse, direkt über dem Reliquienschrein im Herzen des Stupa. Die Reliquienschreine, die von in Stoff gehüllten Knochenstücken bis zu schönen Kästchen aus Edelmetallen, Kristall und verziertem Stein reichten, waren die „Samen" und die sie schützenden Hügel das „Ei". Ausgrabungen der geschätzten 84 000 über den Subkontinent verstreuten Stupas haben gezeigt, dass die Innenräume manchmal auch als kunstvolle Mandalas angelegt wurden – symbolische Muster, die einen wohltuenden Einfluss auf den Stupa und alle, die ihn umschritten, ausübten. Das **Ritual der Umwandlung** (pradakshina), das es dem Gläubigen ermöglichte, ein magisches Kräftefeld zu betreten und vom weltlichen ins göttliche Reich getragen zu werden, wurde stets im Uhrzeigersinn von Osten aus vollzogen, in Nachahmung der „Sonnenbewegung" (eigentlich der Erdumdrehung).

Von dem halben Dutzend oder mehr großen Stupa-Arealen, die im alten Indien verstreut lagen, ist nur **Sanchi** erhalten geblieben. Um jedoch ein aktives buddhistisches Zentrum zu sehen, muss man den Spuren von Ashokas Missionaren südwärts nach Sri Lanka, nordwärts zum Himalaya und zum tibetischen Plateau oder über den Golf von Bengalen nach Südostasien folgen, wo die Stupas heute noch als „dagoba", „chorten" und „chedi" verehrt werden – als Horte der heiligen Energie.

---

zahlreiche himmlische Wesen und Dschungeltiere ihren Respekt erweisen.

Andere Sehenswürdigkeiten des Stupa-Komplexes

Von den Dutzenden anderen nummerierten Ruinen entlang der 400 m langen Ummauerung lohnen nur wenige eine ausgiebigere Erkundung. Der kleinere, schlichtere und mit nur einem Zeremonientor ausgestattete **Stupa 3** steht makellos restauriert unmittelbar nordöstlich von Stupa 1 und hat dem geringfügig älteren Bruder nur in einer Hinsicht etwas voraus: 1851 wurden tief in der Mitte des Erdhügels zwei kostbare Reliquienschreine aus glattem, Marmor ähnliche Steatit entdeckt, die sterbliche Überreste von zwei der engsten Schüler Buddhas enthielten. Einer der Schreine enthielt Knochenreste sowie Perlen, Kristalle, Amethyste, Lapislazulis und Gipsfragmente, und der Deckel trug den Anfangsbuchstaben des Heiligen Sariputasas, dem sie zugeordnet werden.

Nachdem die Gegenstände mit anderen aus Sanchi entwendeten Kostbarkeiten lange im Londoner British Museum ausgestellt waren, werden sie nun im neuen buddhistischen Tempel außerhalb der Stupa-Ummauerung aufbewahrt und jedes Jahr gegen Ende November einen Tag lang für die Öffentlichkeit ausgestellt (nähere Informationen bei allen MP-Tourism-Büros). An diesem Tag verwandelt sich Sanchi von einem beschaulichen Freilichtmuseum zu einer betriebsamen Pilgerstätte, die auch Gläubige aus anderen Ländern wie Sri Lanka oder Japan anzieht.

Von Stupa 3 führt der Weg durch ein Gewirr aus Säulen, kleinen Stupas und freigelegten Tempelfundamenten zu einem weitläufigen Bereich mit untereinander verbundenen Terrassen am **östlichen Rand** der Stätte. Das am besten erhaltene Kloster der gesamten Anlage, **Vihara 45**, stammt aus dem 9. oder 10. Jh. und weist den üblichen Grundriss mit einem zentralen Hof, um den die Zellen angeordnet sind, auf. Ursprünglich erhob sich ein kolossaler, reich verzierter Turm über das Gelände, doch er stürzte ein und ließ das innere Heiligtum nach oben hin offen. Zu den kunstfertig gestalteten Figuren, die den Eingang des Heiligtums flankieren, gehören die Flussgottheiten Ganga und Yamuna, was die steigende Popularität des Brahmanismus am Anfang des Mittelalters bezeugt. Im Inneren aber nimmt Buddha den höchsten Rang ein: Er thront auf einer Lotusblüte und berührt mit der rechten Hand den Boden, um die Erde als Zeugin des Augenblicks seiner Erleuchtung anzurufen.

Die aus dem 10. Jh. stammende östliche **Begrenzungsmauer** ist der beste Ort, um Sanchis **Panorama** zu genießen, besonders bei Sonnenuntergang. Im Nordosten erhebt sich ein mächtiger, jäh abfallender Felsen in Vidisha nahe der Stätte der antiken Stadt, welche die Geldmittel für die Klöster stiftete (Spuren des **Pilgerpfads** zwischen Besnagar und Sanchi sind unten am Berg noch erhalten). Im Süden des Berges erstreckt sich eine weite Fläche mit gut bewässerten Getreidefeldern, die von Mango- und Palmenhainen unterbrochen werden, bis hin zu den winkeligen Sandsteinkämmen des Steilhangs Raisen, der am fernen Horizont zu sehen ist.

Südlicher Bereich

Im südlichen Bereich des ummauerten Bezirks stehen einige der interessantesten Tempel Sanchis. Die im Fundament von **Tempel 40** gefundenen verkohlten Holzreste beweisen, dass der heutige apsidiale buddhistische Tempel *(chaitya)* auf den Mauern eines älteren Baus errichtet wurde, der wahrscheinlich zeitgleich mit Stupa 1 zur Maurya-Zeit entstand. **Tempel 17** ist ein vorzügliches Beispiel der frühen Gupta-Architektur und Vorläufer des klassischen Hindu-Stils, der sich später in Orissa und Khajuraho entwickelte. In das kleine, Flachdach-Heiligtum gelangt man durch eine seitlich offene Vorhalle, die von vier sorgfältig gestalteten Säulen mit Löwenkapitellen getragen wird.

Vor dem Verlassen des ummauerten Bezirks lohnt ein kurzer Blick auf den Stumpf der **Ashoka-Säule** rechts vom südlichen Torana von Stupa 1. Der Maurya-Kaiser ließ in seinem ganzen Reich solche Säulen errichten, um heilige Stätten und Pilgerpfade zu kennzeichnen (S. 116, Indien und seine Bewohner). Ursprünglich krönte das prachtvolle Löwenkapitell, das heute nebenan im Museum aufbewahrt wird, den fein geschliffenen Säulenschaft, der wie alle Ashoka-Säulen aus dem Chunar-Sandstein (nach einem Steinbruch am Ganges bei Varanasi) gestaltet wurde. Eine umlaufende Inschrift verkündet unten in Brahmi-Schrift Ashokas Edikte in Pali, der frühen buddhistischen Sprache und Vorläuferin des Sanskrits.

Der westliche Hang

Neben Stupa 1 führt eine Treppenflucht den westlichen Hang der Sanchi-Anhöhe hinab zum Dorf. Unterwegs gelangt man zu zwei beachtenswerten Bauten: Die unteren Teile der dicken Steinmauern von **Vihara 51** wurden sorgfältig restauriert, um den Grundriss der 22 Zellen um einen gepflasterten zentralen Hof zu veranschaulichen. Weiter unten steht **Stupa 2** aus dem 2. Jh. v. Chr. auf einem künstlichen Sockel. Seine Lage unterhalb des ummauerten Hauptbereichs lässt darauf schließen, dass er von geringerer Bedeutung als Stupa 1 und 3 war. Der Steinzaun hat nicht die Qualität der oberen Beispiele, doch die Lotusblüten und mythischen Tiere (darunter einige bizarre pferdeköpfige Frauen) sind äußerst beachtenswert. Die Schlaufen, die von den Sätteln mancher Reiter herabbaumeln, dürften Hinweise auf die frühesten Steigbügel Indiens geben.

Archäologisches Museum

Sanchis kleines archäologisches Museum, das sich links von der Straße befindet, die auf die Anhöhe führt, beherbergt eine übersichtliche Sammlung von Skulpturen, Schmuck, Keramik, Waffen und Werkzeugen, die im Rahmen der sukzessiven Ausgrabungen zu Tage gefördert wurden. Die eindrucksvollsten Stücke stehen in der **Haupthalle**, darunter das berühmte Löwenkapitell der Ashoka-Säule (s. S. 428) und zwei beschädigte *salabhanjika* von den Toren des Stupa 1. Beachtung verdienen auch die charakteristischen roten Mathura-Sandstein-Buddhas, die vermutlich aus Gandhara im fernen Nordwesten (Ursprungsgebiet der ersten figürlichen Darstellungen Buddhas) nach Sanchi geschickt wurden. ⊙ tgl. außer Fr 10–17 Uhr, Eintritt Rs5.

Übernachtung

Gateway Retreat von *MP Tourism*, an der Hauptstraße Bhopal-Vidisha, ✆ 07482-266723. Die vornehmste Unterkunft in Sanchi bietet leicht überteuerte, weiß getünchte Zimmer mit Bad in einer gepflegten Gartenanlage. Hier gibt es auch einen computergestützten Bahnkarten-Reservierungsservice und ein neues Meditationszentrum. Oft ausgebucht, deshalb rechtzeitig reservieren. ❹–❻
Krishna, über der Jaiswal-Drogerie an der Hauptstraße Bhopal–Vidisha, ✆ 07482-266610. Der freundliche Familienbetrieb ist der beste Tipp für Traveller: saubere, gefliese Zimmer, Warmwassereimer und Dachterrasse mit Blick auf die Stupas. ❷
Sri Lanka Mahabodhi Society Guest House, vor dem Bahnhof, ✆ 07482-266699. Die preiswerte Unterkunft ist vor allem auf buddhistische Pilger ausgerichtet, aber auch Touristen sind herzlich willkommen. Zur Wahl stehen spartanische Zimmer mit Gemeinschaftsbad und Blick auf einen schattigen Garten oder komfortablere Zimmer mit Teppich und eigenem Bad. ❶–❸

Tourist Cafeteria von *MP Tourism,* an der Straße zum Museum, ✆ 07482-266743. Zwei einfache Doppelzimmer mit Du/WC. ❹

Essen

Die **Tourist Cafeteria** von MP Tourism serviert einfallslose, aber ordentlich zubereitete Kost wie Suppen, Tandoori-Huhn, China-Küche, Fish'n' Chips (Rs40–130) in einem lauschigen Garten mit Blick auf die Stupas. Das **Gateway Retreat** bietet genau dieselbe Speisekarte, ist aber fürs Abendessen die bessere Wahl, da sich hier auch Sanchis einzige Bar findet. Im Restaurant des **Krishna** werden Pfannkuchen, Sandwiches, Nudeln und diverse Hauptgerichte (Rs25–50) serviert. Bei den *dhabas* und Essensständen am Busbahnhof gibt es preiswerte *thalis, puri, sabzii* und *jalebi*. Eine leckere lokale Spezialität sind die süßen *nariyal samosas* (Teigtaschen mit Kokosfüllung).

Sonstiges
Einkaufen

Sanchis winziger Basar besteht aus einer Handvoll hölzerner Buden rund um den Busbahnhof. Die niedrigen, weiß getünchten Häuser des eigentlichen Dorfs drängen sich auf der anderen Seite der Hauptstraße unterhalb des Stupa-Hügels.

Elektrizität

Da Stromausfälle in Sanchi an der Tagesordnung sind, gehört eine Taschenlampe ins Reisegepäck.

Fahrräder

Ein kleiner Schuppen im Basar vermietet Fahrräder für ca. Rs5 pro Std – ein gutes Transportmittel für einen Ausflug zu den nahen Udaigiri-Höhlen.

Informationen

Eine eigene Touristeninformation gibt es nicht, aber die eine oder andere Info bekommt man vom Personal des **Gateway Retreat**.

Internet

Eine Internet-Bude (Rs20 pro Std.) findet sich im Basar.

Transport
Busse
Von Bhopals Hauptbusbahnhof fahren alle 30 Minuten Busse nach Sanchi ab. Die Fahrt dauert 90 Minuten. Wer zurück nach BHOPAL will, wartet gegenüber vom Gateway Retreat (s. S. 429), wo man vorbeifahrende Busse per Handzeichen anhalten kann.

Eisenbahn
Von Bhopal nach Sanchi verkehren tgl. 3 Züge (erste Abfahrt 8.10 Uhr, 3/4 Std.). Der erste Zug von Sanchi zurück nach BHOPAL fährt um 10 Uhr.

Der nächste größere Bahnhof befindet sich im 10 km nordöstlich gelegenen **Vidisha**, von wo es zahlreiche Busverbindungen nach Sanchi gibt. Von dort fahren täglich Züge nach MUMBAI und DELHI.

Udaigiri und Besnagar

Im nur 6 km westlich von Vidisha gelegenen Udaigiri gibt es mehrere Tempelruinen und Höhlen aus dem 5. Jh. Die Ausschmückungen vieler Höhlen in dem langen schmalen Sandsteinfelsen, der sich inmitten eines Flickenteppichs aus Weizenfeldern erhebt, gehen auf hinduistische und jainistische Bettelmönche zurück. Es ist eine angenehme Gegend, die sich prima für Ausflüge z. B. mit einer der Pferdedroschken *(tonga)*, die an Vidishas Busbahnhof warten (Rs40–50 hin und zurück), oder für eine gemütliche Fahrradtour ab Vidisha (Radverleih am Basar) eignet, oder aber man wandert von Sanchi aus los (1–2 Std.). Unbedingt Proviant und Wasser mitnehmen, da es außerhalb von Vidisha keine Einkaufsmöglichkeit gibt.

Hinter Vidisha führt nach Überquerung des Flusses Betwa eine Linksabbiegung zunächst auf eine hügelige, 2–3 km lange Allee, die kurz vor Erreichen der Bergflanke erneut einen scharfen Linksknick macht und ins Dorf führt. In dieser Kurve am Fuß eines nahezu senkrechten Felsens führt eine steile Treppe hinauf zu **Höhle 19**, an deren Eingang verwitterte, jedoch sehr schöne Reliefs Götter und Dämonen zeigen. Am nördlichen Rand des Hangs steht ein **jainistischer Höhlentempel**. In der Regel ist ein Aufseher in der Nähe, der die Höhlen aufschließt.

Prunkstück der Anlage ist ein vier Meter hohes Bildnis des wildschweinköpfigen Varaha in **Höhle 5**. Vishnu nahm die Gestalt dieses langschnäuzigen Urtieres an, um die Erdgöttin Prithvi (sie sitzt auf einem Lotus neben seiner rechten Schulter) aus dem schäumenden urzeitlichen Ozean zu retten. Varahas linker Fuß ruht auf einem Naga-König, den eine Haube aus dreizehn Kobraköpfen schützt, während zu beiden Seiten die Flussgöttinnen Ganga und Yamuna Wassergefäße halten. Im Hintergrund sind Brahma, der vedische Feuergott Agni sowie diverse Heilige und Musiker zu sehen. Die auch in vielen zeitgenössischen hinduistischen Monumenten dargestellte Szene gilt als Allegorie für die Eroberung Nordindiens durch Kaiser Chandra Gupta II.

Die Ruinen des antiken **Besnagar**, das bei den Einheimischen den Namen **Khambaba** trägt, liegen 5 km hinter der Abzweigung nach Udaigiri in einem kleinen Dorf an der Hauptstraße von bzw. nach Vidisha versteckt. Unter der Herrschaft der Maurya und Shunga im 3. und 1. Jh. v. Chr. überschaute hier eine blühende Provinzhauptstadt das Zusammenfließen von Bes und Betwa. Der spätere Kaiser Ashoka war dort einst Gouverneur und heiratete die Tochter eines örtlichen Geldverleihers. Nur wenige Erdhügel und verstreute Steinmetzarbeiten sind von den einstigen Häusern, Stupas, Tempeln und Straßen übrig geblieben, doch die **Säule des Heliodorus** macht den Abstecher zu einer lohnenden Unternehmung. Gemäß der Inschrift rund um den Fuß des 16-seitigen Sockels wurde die in einem umschlossenen Hof stehende Säule 113 v. Chr. von einem baktrisch-griechischen Gesandten des Hofes aus der Gandhara-Hauptstadt Taxila (heute Pakistan) gestiftet, der im Laufe seines langen Aufenthalts hier ein Anhänger des örtlichen Vishnu-Kultes wurde. Der Krishnas Vater Vasudeva geweihte Schaft wurde ursprünglich durch eine Statue von Vishnus Reittier Garuda gekrönt. Die meisten anderen archäologischen Funde – einschließlich des kolossalen Fruchtbarkeitsgottes Kubera Yaksha – befinden sich heute im Museum in Vidisha und im Archäologischen Museum von Gwalior.

Bhimbetka

Kurz nachdem der NH-12 von der Hauptstraße Bhopal–Hoshangabad, 45 km südöstlich der Hauptstadt, abzweigt, erscheint im Westen eine lange Reihe von Felsblöcken hoch oben auf einem von Gestrüpp überwucherten Kamm. Die dortigen Höhlen, Überhänge und Felsspalten, die sich über Jahrmillionen im weichen Sandstein bildeten, beherbergen eine der reichsten Sammlungen **prähistorischer Felskunst**. Das 1957 zufällig von dem indischen Archäologen Dr. V. S. Wankaner entdeckte Bhimbetka ist Ziel eines faszinierenden Tagesausflugs, für den man allerdings einen Mietwagen benötigt und genügend Proviant und Trinkwasser mitbringen sollte. Von Bhopal führt der NH-12 zur Marktstadt Obaidullaganj, hinter der nach 7 km ein Schild mit indischer Aufschrift und der Entfernungsangabe „3.2" nach links weist. 3 km vor den Höhlen führt die Straße über die Eisenbahntrasse.

Von den bislang auf einer Länge von 10 km nahezu tausend katalogisierten **Nischen** ist ungefähr die Hälfte mit Felsenzeichnungen versehen, die aus drei unterschiedlichen Epochen mit jeweils eigenen Stilen stammen. Die ältesten Malereien unterscheiden sich nach zwei Motivkategorien: grüne Konturzeichnungen menschlicher Figuren und große rote Tierbilder. Die Hämatitklumpen, die bei den tiefsten Ausschürfungen der Stätte freigelegt wurden und aus denen die rote Pigmentfarbe gewonnen wurde, konnten durch die C-14-Methode auf die Altsteinzeit und ein Alter von rund 10 000 Jahren datiert werden. Die fruchtbarere zweite Phase, die den größten Teil von Bhimbetkas Felskunst hervorbrachte, fällt in die **Mittelsteinzeit** zwischen 8000 und 5000 v. Chr. Ihre Felsbilder zeigen Jagdszenen mit wilden Tieren, Initiationsriten, Begräbnisse, Maskentänze, sportliche und kriegerische Aktivitäten, Schwangere, ein Arsenal mit unterschiedlichen Waffen und offenbar sogar ein Trinkgelage.

Scherben von Töpferwaren, die im aufgeschütteten Gesteinsschutt gefunden wurden, beweisen eindeutig, dass Bhimbetkas dritte und letzte Phase der Entstehung von Felsmalereien in einer vorgeschichtlichen Epoche stattfand, nachdem die Höhlenbewohner bereits Handel mit sesshaften Ackerbauern trieben. Ihre stilisierten geometrischen Figuren ähneln in verblüffender Weise der Kunst, die noch heute von den Adivasi der Region hervorgebracht wird.

Vom Parkplatz auf der Anhöhe windet sich ein gepflasterter Pfad durch die Felsen mit den interessantesten und am leichtesten zugänglichen Malereien. Einige der Felsmalereien können schwierig zu finden bzw. zu erkennen sein; aber am Eingang sitzen *chowkidars*, die sich für ein Trinkgeld als Führer anheuern lassen. Der Rundgang führt zu grünen paläolithischen Skizzen, wundervollen mit Kreuzschraffierungen und komplexen geometrischen Mustern ausgemalten Tierfiguren sowie wiederkehrenden Darstellungen eines Bullen, der eine menschliche Figur und eine Krabbe verfolgt. Vermutlich symbolisiert dieses Motiv den Kampf zwischen den Helden dreier verschiedener Stämme. ⊙ Sonnenauf- bis Sonnenuntergang, Eintritt Rs10.

Pachmarhi

Die **Mahadeo-Berge** gehörten zu den letzten Gebieten Zentralindiens, die von den Briten vermessen wurden. Sie wurden erst 1857 erforscht, als der Großwildjäger Captain J. Forsyth inmitten der Wildnis ein idyllisches Plateau in der Form einer Untertasse entdeckte, das mit riesigen Geröllblöcken und ganzjährig fließenden, klaren Wasserläufen durchsetzt war.

Fünf Jahre später wurde eine Straße vom Bahnhof **Piparia** hinauf in die Berge gebaut, und Ende des Jahrhunderts war Pachmarhi bereits die Sommerhauptstadt der gesamten Zentralprovinzen, versehen mit Militärkrankenhaus, Kirchen, Clubhäusern, Pferderennbahn und Polofeld.

Abgesehen von der verblichenen Raj-Atmosphäre und Wanderungen zu Wasserfällen und Aussichtspunkten ist der Hauptgrund einer Reise nach Pachmarhi, hier im Wald umher zu streifen und nach **prähistorischer Felskunst** zu suchen. Der nahe **Satpura-Nationalpark** bietet zahlreichen Tierarten Lebensraum; zu ihnen gehören Gaur, Sambarhirsche, Barasingha (Zackenhirsche), Schakale, Wildhunde und einige sich selten zeigende Tiger und Leoparden.

Beste **Reisezeit** für das auf mehr als 1000 m Höhe gelegenen Pachmarhi sind die Monate zwischen Oktober und März. Zu den wenigen Anlässen, die der ansonsten verschlafenen Hill Station rege Betriebsamkeit bescheren, gehört das Jahresfest **Shivratri Mela** (Feb/März), zu dem Tausende von Pilgern *(yatri)* in die Täler und Berge ziehen, um die versteckten antiken Schreine zu besuchen. Auf den ausgetretenen Pfaden, die zum Gipfel des **Berges Chauragarh** führen, begegnet man in diesen Tagen zahlreichen Sadhus. Doch auch zu anderen Zeiten eignet sich die Strecke für eine schöne **Tageswanderung** von der Stadt aus.

Praktische Wandertipps

Das Netz der Waldwege und Pilgerpfade, die zu den weit verstreuten archäologischen und religiösen Stätten des Plateaus führen, bietet exzellente Voraussetzungen für Wanderungen. Kaum ein Pfad ist in Englisch ausgeschildert; wer ausgedehntere Touren machen will als die unten beschriebenen, nimmt sich besser einen örtlichen Führer. Eine verlässliche Agentur ist **Tola Trekking Club**, ✆ 07578-252256, geleitet von Vinay Sahu vom Hotel Saket, der Tageswanderungen ab Rs200 p. P. organisiert. Die **Führer** sind ausnahmslos Stammesangehörige, die sich hervorragend in der Gegend auskennen. Die Einnahmen fließen direkt den Führern und ihren Dörfern zu. Eine andere verlässliche Informationsquelle fürs Trekking und über die lokale Fauna und Flora ist **Kamal Dhoot** vom Hotel Kachnar, ✆ 07578-252547.

Alternativ kann man die Ausgangspunkte der Trekkingtouren auch mit dem **Fahrrad** erreichen. Radverleih im Basar oder in der Radwerkstatt an den Government Gardens (rund Rs30 pro Tag). Unbedingt Kette und Schloss mitnehmen und die Räder während des Trekkings sorgfältig im Gebüsch verstecken, damit sie nicht geklaut werden.

Der 524 km² große Satpura-Nationalpark mit den imposanten, zerklüfteten Mahadeo-Bergen liegt rund 3 km südwestlich der Stadt und ist einen Besuch wert, um die hiesige Tierwelt zu sehen. Die Chance, einen der wenigen Tiger oder Leoparden zu Gesicht zu bekommen, ist allerdings gering. **Zugangsgenehmigungen** (Rs200 pro Tag, Fahrzeug Rs40, Video-Erlaubnis Rs300) gibt es beim Büro des Direktors der „Forestry Commission" (⏱ Mo–Sa 10–17 Uhr) neben dem Amaltas-Hotel. Für Übernachtungen in den Waldgebieten braucht man eine zusätzliche Genehmigung – genauere Infos hierzu beim Büro erfragen. Dem Büro ist ein kleines **Museum** angeschlossen, das eine gute Einführung in die Flora und Fauna des Nationalparks bietet. ⏱ Mo–Sa 9–13 und 15–19 Uhr.

Pachmarhi Hill und Jatashankar-Höhle

Zwei beliebte Kurzwanderungen können ohne Führer unternommen werden. Dazu gehört erstens der 15-minütige Aufstieg vom moslemischen Heiligtum im Stadtgebiet Babu Lines, 1 km südwestlich des Busbahnhofs, zum Gipfel des **Pachmarhi Hill**, der mit schönen Ausblicken auf die Stadt und zur anderen Seite auf das dicht bewaldete Tal **Jambu Dwip** belohnt wird. Eine zweite, diesmal 30-minütige Wanderung, führt auf einem leicht ersichtlichen Weg vom Busbahnhof nördlich des Basars durch eine schmale Schlucht mit schroffen Steilwänden hinauf zur heiligen Höhle **Jatashankar**, die zu den Wallfahrtsorten *(yatra)* des Shivratri Mela gehört.

Am Wege, nur ein kurzes Stück vom Pfad entfernt liegt zwischen einigen anderen prähistorischen Höhlenwohnungen die **Harper's Cave**, deren Name von einer natürlich geformten, sitzenden Figur eines Harfe spielenden Mannes abgeleitet ist. Ein Stück weiter liegt dann die Jatashankar-Höhle am Fuß einer langen steinernen Treppenflucht. Der Legende zufolge soll Shiva von hier durch eine geheime Passage unter der Mahadeo-Kette hindurch dem Dämon Bhasmasur entkommen sein. Der Name der Grotte, dessen wörtliche Übersetzung „Shivas Haartracht" bedeutet, bezieht sich auf eine Steinformation, die einen natürlichen Felslingam auf dem Höhlenboden umschließt und der üppigen Rastalocken-Frisur der Gottheit ähneln soll.

Chauragarh

Der 23 km lange Aufstieg zum heiligen Gipfel Chauragarh am Südrand des Plateaus folgt dem Hauptpilgerpfad, den auch die Gläubigen während des Shivratri Mela abschreiten. Die ersten

8 km sind mit dem Fahrrad zu bewältigen. Vom Basar führt die Strecke südwärts am See vorbei zur Kreuzung vor dem **Amaltas Hotel**. Von dort führt die Straße zur **Mahadeo-Höhle,** vorbei an einem Aussichtspunkt über der engen Schlucht **Handi Kho**. Vor dem ersten starken Gefälle der Straße an der Abzweigung nach **Priyadarshini**, auch „Forsyth's Point", müssen die Fahrräder sorgfältig im Gebüsch versteckt werden.

Der eigentliche **Wanderweg** beginnt unten im Tal, nachdem die Straße durch einige Haarnadelkurven an Höhe verloren hat. Vor dem Aufstieg führt ein kurzer Abstecher hinter dem modernen **Tempel** zur Mahadeo-Höhle, wo Pilger ein reinigendes Tauchbad im kühlen Quellwasser nehmen, das ganzjährig durch den pechschwarzen Innenraum fließt. Von dort führt ein anstrengender zweistündiger Aufstieg über uralte Pfade, auf denen sich zum Shivratri Mela Zehntausende von Pilgern drängen, auf den Gipfel des heiligen Berges, wo ein Tempel, den übeaus mächtigen Chauragarh-Lingam beherbergt. Erhaben ist der Blick über den sattgrünen Satpura-Nationalpark bis hinab in die Ebenen und zu den in der Ferne schwindenden flachen Bergzügen.

Übernachtung

Zur Zeit der Feste *(melas),* über Weihnachten und Neujahr sowie in den Monaten **Mai/Juni** kann es schwierig sein, eine Unterkunft zu finden; zu diesen Zeiten rechtzeitig reservieren. Außerhalb dieser Zeiten lassen sich fast überall nennenswerte Rabatte aushandeln. Die meisten Billigunterkünfte liegen einen kurzen Fußweg den Hügel hinauf im Basar oder in der Nähe des Busbahnhofs. Einige der komfortableren **MP-Tourism-Hotels** (davon gibt es hier insgesamt acht) liegen auf der anderen Seite des Sees, in der Nähe der Militärkaserne Tehsil, und sind in 5 Min. mit dem Jeep oder einer Motor-Riksha erreichbar.

Amaltas, nahe Tehsil, ✆ 07578-252098, ✉ amaltas@mptourism.com. Hotel von MP Tourism in einem historischen britischen Gebäude mit 10 großzügigen, minimalistisch eingerichteten Doppelzimmern. Besonders nett ist das Zimmer Nr. 5 mit runden Wänden, Marmorkamin und weitläufiger Privatveranda. ❺

Sympathische Kolonialherberge

Evelyn's Own, in der Nähe des Satpura Retreat, ✆ 07578-252056, ✉ evelynsown@gmail.com. Bungalow aus der Kolonialära mit gemütlichen Zimmern (von unterschiedlichem Niveau; am besten lässt man sich mehrere zeigen), Spielezimmer, Pool und Tennisplatz. Das ganz große Plus sind aber die Inhaber, Ex-Armeeoberst Bunny Rao und seine Frau Pramila, die mit Informationen jeder Art aushelfen und mit ihren Gästen Golf und Tennis spielen. ❺–❼

Golf View, 2 km vom Busbahnhof, mit Blick auf den Golfplatz, ✆ 07578-252115, 🖥 www.welcomheritagehotels.com. Pachmarhis teuerste Unterkunft (US$125–175) vermietet 15 Suiten mit Mobiliar im Stil der 1920er-Jahre, Kamin und modernen Extras wie Whirlpool-Badewannen. Zur Anlage gehören penibel gepflegte Rasenflächen, Mangobäume und – etwas unerwartet – eine Aschenbahn. ❾

Hotel Highlands, nahe SADA Barrier, rund 600 m vom Busbahnhof entfernt, ✆ 07578-252099. Das erschwinglichste unter den MP-Tourism-Hotels bietet einfache Cottages mit eigener Veranda und kleinem Garten. Die dazugehörigen Badezimmer sind im Winter allerdings lausig kalt. ❹

Rock End Manor, nahe Tehsil, ✆ 07578-252079, ✉ rem@mptourism.com. Das MP-Tourism-Haus in einem vorzüglich restaurierten britischen Kolonialbungalow mit hochherrschaftlichem Flair ist mit seinen traditionell eingerichteten Zimmern ein etabliertes Lieblingshotel der Prominenz. Veranden mit Bergpanorama und Blick auf den Blumengarten. ❽

Saket, Patel Marg, ✆ 07578-252165. In der Nähe der *State Bank* of India im Herzen des Basars, 5 Min. vom Busbahnhof entfernt. Freundlich, sauber und sehr preiswert; die teureren Zimmer haben AC und Badewanne. ❶–❹

Essen

Die Restaurants aller MP-Tourism-Hotels servieren die gleichen uninspirierten, aber verlässlichen indischen und chinesischen Gerichte zu zivilen Preisen. Im charmanten Rock

End Manor findet man noch etwas von der Atmosphäre der Raj-Epoche. Wesentlich billiger sind die *dhaba* an der Hauptstraße, die üppig bemessene *thali*-Gerichte servieren, doch die Hygiene lässt mancherorts zu wünschen übrig.

China Bowl, nahe Panchvati. Gute Hammel-, Huhn, *paneer*- und *kofta*-Gerichte; zusätzlich Suppen, *Chop Suey* und *Chow Mein* (Hauptgerichte Rs30–90).

Indian Coffee House, gemütliches Café an der Hauptstraße gleich vor dem Busbahnhof. Dieses Lieblingslokal der Einheimischen tischt ab 8.30 Uhr *masala dosa*, guten Kaffee und zum Mittagessen südindisches „Fast Food" auf (Hauptgerichte Rs20–70).

Khalsa, Nebenstraße am unteren Basar. Preiswerte, leckere Punjabi- und chinesische Gerichte für Rs40–130; drinnen oder etwas ruhiger draußen im Garten. Bierausschank in einem Nebenraum.

Mrignayani, Gandhi Chowk. Die sauberste unter den billigen *thali*-Garküchen im Basar serviert Riesenportionen höllisch scharfer vegetarischer Currygerichte und ofenheißes *roti* für Rs5–40.

Sonstiges
Geld
Die **State Bank of India** hat einen Geldautomaten, aber keinen Geldwechselservice.

Informationen
Am Busbahnhof gibt es ein **Informationsbüro** von MP Tourism, ✆ 07578-252100, das extrem ungenaue Landkarten verteilt, aber auch Wagen mit Fahrern vermietet und Touren organisiert (s. u.) ◷ Mo–Sa 10–17 Uhr

Internet
Bagri Internet Centre, gegenüber vom *Khalsa Restaurant*, berechnet Rs40 pro Std., aber die Verbindung ist sehr unzuverlässig.

Touren
Autos mit Fahrer (ca. Rs850 pro Tag) gibt es beim MP-Tourism-**Informationsbüro** am Busbahnhof (s. o.) oder in den größeren Hotels zu mieten. Das MP-Tourism-Büro bietet außerdem eintägige Busrundfahrten (Rs100) zu den Hauptsehenswürdigkeiten von Pachmarhi an.

Transport
Busse
Am einfachsten erreicht man Pachmarhi mit dem **MP-Tourism-Expressbus**, der täglich um 6.30 Uhr von Bhopal abfährt, mit Zwischenstopp im betriebsamen Marktort PIPARIA (5 Std.). Rückfahrt von Pachmarhi nach Bhopal um 14.30 Uhr.
Staatliche Busse verbinden Pachmarhi mit:
BHOPAL (6–7x tgl., 6–8 Std.),
CHHINDWARA (2x tgl., 4–5 Std., Weiterfahrt nach NAGPUR),
INDORE (2x tgl., 12 Std.).

Eisenbahn
Der nächste Bahnhof befindet sich 52 km nordöstlich in **Piparia** und ist mit dem Bus in einer Stunde zu erreichen (zahlreiche Verbindungen). Piparia liegt an der Hauptstrecke Mumbai–Howrah (via ALLAHABAD, VARANASI und ITARSI). Wer aus Bhopal oder aus südlicher Richtung kommt, muss an der **Itarsi Junction** in einen Bus (3 Std.) oder Zug (mehrmals tgl., 1–2 Std.) nach Piparia umsteigen. Der letzte Bus nach Pachmarhi fährt um 19.30 Uhr, aber Sammeltaxis (Jeeps) verkehren bis zum späten Abend. Das **Tourist Motel** von MP Tourism, ✆ 07576-222299, ❸, hinter dem Bahnhof ist die einzige anständige Übernachtungsmöglichkeit in Piparia.

Der Norden von Madhya Pradesh

Die Abgeschiedenheit der berühmten Tempel von **Khajuraho** mit ihren meisterhaften erotischen Skulpturen bringt es mit sich, dass viele Reisende große Teile des nördlichen Madhya Pradesh nur durchqueren, ohne Station zu machen. Gar nicht weit von den ausgetretenen Touristenpfaden entfernt aber gibt es durchaus einige lohnende Sehenswürdigkeiten, wie **Gwalior** und **Orchha**.

Die wichtigsten Straßen und Eisenbahnlinien verlaufen nördlich von Bhopal nach **Jhansi**, dem Verkehrsknotenpunkt in einem schmalen Zipfel des benachbarten Uttar Pradesh, und von dort weiter nach Agra und Delhi. Die Central Railway verbindet die Landeshauptstadt mit **Satna** im Osten, dem nächsten Bahnhof zu Khajuraho, und führt von dort weiter nordöstlich in Richtung Varanasi und zur Gangesebene.

Gwalior

Gwalior, an der Eisenbahnlinie Delhi–Mumbai gelegen, ist die größte Stadt im Norden Madhya Pradeshs und Standort einer der spektakulärsten Bergfestungen Indiens. Die alte Sandstein-Zitadelle mit Tempeln und Palästen blickt vom Rand eines schroff abfallenden Tafelbergs auf den Dunstschleier der Benzinabgase, geschäftige Straßenzüge und würfelförmige Betonbauten hinab. Die andere Hauptsehenswürdigkeit der Stadt ist der überaus extravagante **Jai-Vilas-Palast**, der sich im Besitz der ansässigen Herrscherfamilie Scindia befindet. Ihr Einfluss ist überall in der Stadt spürbar – vom großen Krankenhaus über die **Chhatri** (Gedenkpavillons) nördlich des Jiyaji Chowk bis hin zum ausgezeichneten Museum **Sarod Ghar**, das die lange Tradition der fürstlichen Schirmherrschaft über die klassische Musik erhellt.

Eine Reiseunterbrechung in Gwalior lohnt sich insbesondere Ende November/Anfang Dezember, wenn mit dem viertägigen **Tansen Festival** auf dem Gelände der alten **Mogul-Gräber** im Moslemviertel, eins von Indiens bedeutendsten klassischen Musikfestivals stattfindet.

Geschichte

Einer Inschrift zufolge, die in einem nicht mehr existierenden Sonnentempel freigelegt wurde, eroberten im 6. Jh. v. Chr. hunnische Eindringlinge aus dem Norden Gwalior. Die örtliche Legende aber schreibt die Grundsteinlegung des Forts dem Kuchwaha-Prinzen **Suraj Sen** zu, der im 10. Jh. von dem Einsiedler **Gwalipa**, nach dem die Stadt benannt ist, von Lepra geheilt wurde. Die den Kuchwaha nachfolgende Parihar-Dynastie wurde 1232 nach elfmonatiger Belagerung durch **Iltutmish** gestürzt. Bevor die Festung in die Hände der moslemischen Angreifer fiel, begingen die rajputischen Frauen kollektiven Selbstmord.

Eine dritte Rajputen-Dynastie, die **Tomar**, eroberte Gwalior 1398 zurück und führte die Stadt in ihr „goldenes Zeitalter". Unter **Man Singh**, der 1486 den *gadi* (Thron) der Tomar bestieg, erhielt die Festung ihre herrlichen Paläste und stolzen Befestigungen, die ihr den Beinamen „Perle in der Halskette der Hindu-Burgen" eintrugen. Scharmützel mit den Nachbarmächten belasteten die Rajputen-Herrschaft, bis die **Lodi** von Delhi die Festung 1517 zum zweiten Mal belagerten und Man Singh getötet wurde. Danach stand Gwalior unter der Herrschaft mehrerer moslemischer Oberherren, darunter Babur, Humayun, Sher Shah und schließlich Akbar.

Nach dem Niedergang der Mogul-Herrschaft wurde Gwalior 1754 zur Basis der **Scindia**, des mächtigsten der vier Marathen-Clans. 26 Jahre später eroberten Truppen der britischen Ostindienkompanie das Fort in einem kühnen, nächtlichen Überfall. Innerhalb weniger Stunden befand sich die Zitadelle in ihrer Gewalt, und Gwalior wurde zu einem britischen Lehnsgebiet, über das eine Abfolge von Marionettenkönigen herrschte. Der berühmteste von ihnen, der unermesslich reiche **Jayaji Rao Scindia** (1843–86), wahrte im Sepoy-Aufstand von 1857 die Loyalität zu den Briten und wuchs rasch wieder in seine Rolle als Gastgeber der opulentesten vizeköniglichen Gelage, königlichen Besuche und Tigerjagden hinein, welche die Zeit des Raj jemals erlebte. Auch nach der Unabhängigkeit bewahrten die Scindia von Gwalior aus ihren politischen Einfluss: Der letzte Maharadscha war Minister der Kongress-Partei.

Das Fort

Gwaliors beeindruckendes Fort erstreckt sich nördlich der modernen Stadt über einen 3 km langen Tafelberg aus Sandstein. Die mächtigen Brustwehren und Türme umschließen sechs Paläste, drei Tempel, mehrere Wasserbecken und Zisternen sowie eine renommierte öffentliche Schule und einen Sikh-*gurudwara* (Tempel).

Zwei Routen winden sich nach oben. Von Westen führt ein befahrbarer Weg von der Gwalior Rd durch die steile Schlucht des **Urwahi-**

Tals zum Urwahi Gate hinauf, vorbei an mehreren aus dem Fels gehauenen Jain-Statuen. Das einfacher zu erreichende Gwalior Gate liegt im Nordosten des Felsmassivs am Ende eines langen, mit Stufen versehenen Anstiegs. Beide Wege lassen sich gut kombinieren. Man nimmt zunächst eine Motor-Riksha vom Stadtzentrum zum Urwahi Gate, wandert dann nach oben über das Plateau, bewundert das Fort und seine diversen Sehenswürdigkeiten und kann anschließend zum Gwalior Gate hinabmarschieren, wo leicht eine Riksha oder ein Tempo zurück in die Stadt zu bekommen ist.

Offizielle **Führer** (Rs200/3 Std.) warten am Urwahi Gate und beim Getränkeladen am Eingang des Palastkomplexes auf Kundschaft. Über die Geschichte des Forts informiert tgl. eine 45-minütige **Ton- und Lichtshow** im Man Mandir (die englische Version beginnt um 20.30 Uhr, Rs100). ⊙ tgl. Sonnenauf- bis Sonnenuntergang, Eintritt Rs100.

Nordöstlicher Zugang und Museum

Gleich hinter dem Gwalior Gate kommt man zum bescheidenen **Gujuri Mahal**, den Man Singh errichten ließ, um ein einfaches Bauernmädchen zu umwerben, das seine spätere Lieblings-Rani Mrignayani wurde. Der elegante Sandsteinpalast beherbergt heute Gwaliors **Archäologisches Museum**, dessen umfangreiche Ausstellung von Skulpturen, Inschriften und Malereien trotz der wenig informativen Beschriftungen einen Besuch wert ist. Zu den Höhepunkten gehören zwei Ashoka-Löwenkapitelle aus Vidisha in Galerie 2 und das erotische Flachrelief in Galerie 9, das einen Prinzen zeigt, der zärtlich das Oberteil des Saris seiner Geliebten öffnet. Das berühmteste Stück aber ist die kostbare **Salabhanjika** – eine kleine, kunstfertig gemeißelte weibliche Figurine, die in den Ruinen des Tempels in Gyaraspur gefunden und wegen ihrer sinnlichen Kurven und ihres erhabenen Gesichtsausdrucks oft „Indiens Mona Lisa" genannt wird. ⊙ Di–So 10–17 Uhr, Eintritt Rs30.

Man-Singh-Palast

Das **Hathiya Paur** („Elefantentor") mit seinen Zwillingstürmen und blauen Zierkacheln bildet den Zugang zum Man-Singh-Palast, den der Forscher Sir Alexander Cunningham im 19. Jh. zum „vortrefflichsten Beispiel der Hindu-Wohnarchitektur im nördlichen Indien" erklärt hatte. Er wurde zwischen 1486 und 1517 vom Tomar-Herrscher Man Singh erbaut und trägt wegen der Keramik-**Mosaike**, die seine Fassade zieren, auch den Namen Chit Mandir („geschmückter Palast"). Die am besten erhaltenen Kachelfragmente an der Südseite sind gut vom Erdwall, links des Hathiya Paur, aus zu sehen. Auf den üppigen Bändern in Türkis, Smaragdgrün und Gelb entdeckt man im reich verzierten Mauerwerk Tiger, Elefanten, Pfauen, Bananenstauden, Krokodile und Blumen.

Das Innere des vierstöckigen Palastes ist hingegen sehr karg ausgestattet. Es gibt allerdings ein paar Jali-Trennwände aus kunstvollem steinernem Gitterwerk, hinter denen die Frauen des Palastes saßen und von der anderen Seite aus Unterricht von Gwaliors besten Musiklehrern erhielten. Die runden Kammern in den unteren Etagen dienten als Kerker.

Teli-ka-Mandir und Suraj Kund

Der 30 m hohe Teli-ka-Mandir im Süden des Tafelberges stammt aus dem 8. Jh. und ist das älteste erhaltene Bauwerk der Anlage. Der mächtige rechteckige Turm hat ein in ungewöhnlicher Weise gewölbtes Bogendach, dessen Pipalblattform von den *chaitya*-Fenstern wesentlich älterer buddhistischer Felsenhöhlen abgeleitet ist. Nach dem indischen Aufstand von 1857 funktionierten die Briten den Vishnu-Tempel zu einer Sodafabrik um. Zurzeit nimmt der Archaeological Survey of India umfangreiche Restaurationsmaßnahmen vor.

Abseits der Straße nördlich des Teli-ka-Mandir liegt am Kopf der Urwahi-Schlucht das 100 m lange Becken Suraj Kund, dessen magisches Wasser angeblich im 10. Jh. den Herrscher Suraj Sen (später Suraj Pal) von der Lepra heilte.

Sasbahu Mandir und Sikh-Tempel

Die beiden Sasbahu Mandir-Tempel („Mutter und Schwiegertochter") überschauen die Stadt vom östlichen Rand des Tafelbergs, nahe dem unansehnlichen TV-Mast. Die dreistöckige Mandapa (Versammlungshalle) des größeren der beiden Tempel wird von vier reich verzierten Säulen

Gwalior

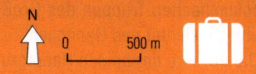

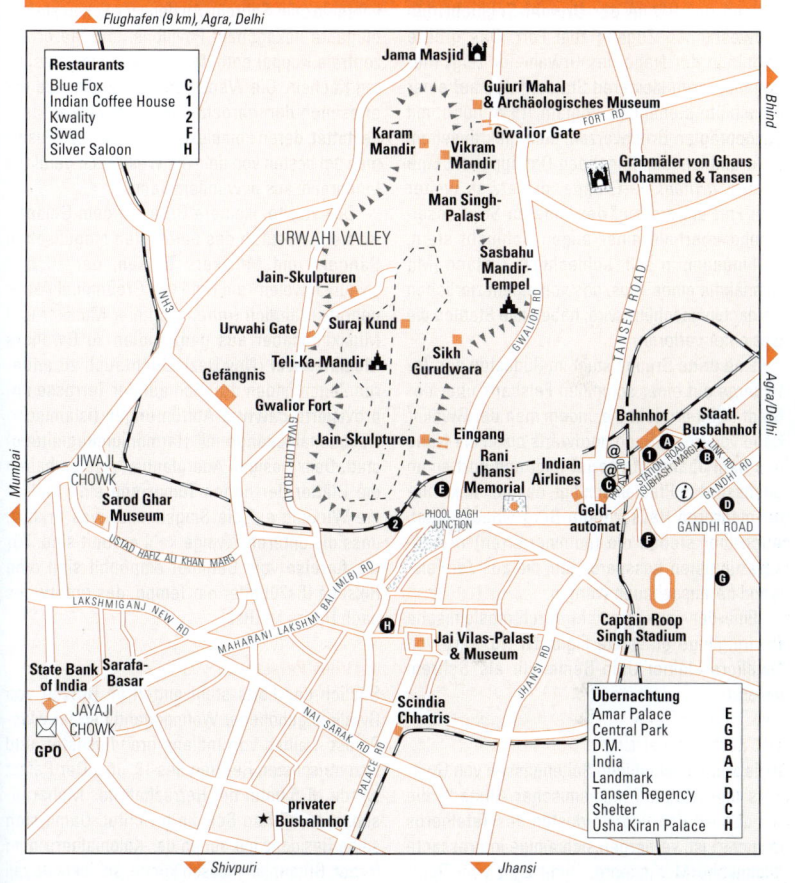

Restaurants

Blue Fox	C
Indian Coffee House	1
Kwality	2
Swad	F
Silver Saloon	H

Übernachtung

Amar Palace	E
Central Park	G
D.M.	B
India	A
Landmark	F
Tansen Regency	D
Shelter	C
Usha Kiran Palace	H

Madhya Pradesh

getragen, während das kleinere Bauwerk durch eine seitlich offene Vorhalle und ein pyramidenförmiges Dach auffällt. Beide Tempel stammen aus dem späten 11. Jh. und sind Vishnu geweiht. Der Weg führt dann weiter zum *gurudwara* (Tempel) der Sikh-Gemeinde.

Jain-Skulpturen

In den schroffen Sandsteinklippen unterhalb des Forts befinden sich imposante aus dem Felsen gehauene Jain-Skulpturen. Die meisten Statuen, die zwischen dem 7. und 15. Jh. entstanden, sind große honigfarbene Bildnisse der 24 Lehrer und Erlöser des Jainismus – *tirthankara* (wörtlich „Furt-Bereiter" oder „Furt-Macher"). Sie sind in ihren charakteristischen Posen dargestellt: stehend mit fest in die Hüften gestemmten Armen oder im Schneidersitz mit nach oben gerichteten Handflächen, versonnen in die Ferne blickend. Viele Statuen verloren 1527 beim Ansturm der ikonoklastischen Truppen des Großmoguls Babur ihre Gesichter und Genitalien.

Die größere der beiden Hauptgruppen säumt entlang der Hänge der **Urwahi**-Schlucht den südwestlichen Zugang zum Fort. Das größte Bildnis in der Nähe des Urwahi-Tor zeigt (neben mehreren kleineren Statuen) den auf einer Lotusblüte stehenden Adinath, 19 m hoch, mit ausgeprägten Brustwarzen, dicht gekräuseltem Haar und langen hängenden Ohrläppchen. Eine andere *tirthankara*-Gruppe, die etwas weiter vom Fort entfernt auf der anderen Straßenseite und oberhalb einer engen Schlucht steht, ist hingegen in sehr schlechtem Zustand. Mit Ausnahme eines Trios, das von einem zierlichen Baldachin geschützt wird, haben alle Statuen die Gesichter verloren.

Eine dritte Gruppe steht im Südosten des Tafelbergs auf einer schmalen Felsbank über der Stadt. Man erreicht sie, indem man der Gwalior Road von Phool Bagh nordwärts bis in die Nähe des **Rani Jhansi Memorial** folgt und dort einen gepflasterten Pfad einschlägt, der sich links hinter mehreren Häusern den Berg hinaufwindet. Auch hier stehen die (nummerierten) *tirthankaras* in tiefen Aussparungen, die aus der Felswand herausgehauen wurden.

Eine der wenigen nicht durch moslemische Eindringlinge entstellte Figur, **Nr. 10**, wird von Gwaliors kleiner Jain-Gemeinde als Schrein verehrt.

Altstadt und südlich des Forts

In den engen, staubigen Seitengassen von Gwaliors überwiegend moslemischer Altstadt, die um den Norden und Nordosten des Tafelbergs gruppiert ist, verbergen sich einige interessante islamische Monumente. Nicht weit vom Gujuri Mahal entfernt steht die **Jama Masjid** in der Nähe des Haupteingangs zur Festung. Die 1661 von Mohammad Khan unter Verwendung des Sandsteins vom Tafelberg errichtete hübsche Moschee ist gut erhalten und hat zwei schlanke Minarette sowie drei Zwiebeltürme mit goldenen Spitzen.

Das berühmteste moslemische Bauwerk der Stadt aber steht 1 km weiter östlich inmitten kahler Rasenflächen. Das aus dem 16. Jh. stammende **Grabmal des Ghaus Mohammed**, eines afghanischen Prinzen, der Babur bei der Erstürmung des Forts half, ist ein schönes Beispiel der frühen Mogul-Architektur und ein beliebter lokaler Schrein. An den vier Ecken stehen elegante hexagonale Pavillons, und die große zentrale Kuppel enthält Reste von blau glasierten Kacheln. Die Wände des Grabmals sind mit erlesenen durchbrochenen Steinwänden ausgestattet, deren komplexe geometrische Muster man am besten von dem mit Weihrauch gefüllten Innenraum aus bewundern kann.

Das zweite, kleinere Grab auf dem Gelände ist die Ruhestätte des berühmten mogulischen Sängers und Musikers **Tansen**, der zu den „Neun Juwelen" am Hofe von Großmogul Akbar gehörte. Jährlich treffen sich hier Musiker und Musikliebhaber aus ganz Indien zu Gwaliors **Musikfestival** (Nov/Dez). Doch auch zu anderen Zeiten finden draußen auf der Terrasse improvisierte *qawwali*-Aufführungen (islamische Devotionalgesänge mit Harmoniumbegleitung) statt. Dem hiesigen Aberglauben zufolge haben die Blätter der nahen **Tamarinde** eine heilsame Wirkung auf die Singstimme, was erklärt, dass die unteren Zweige kahl gerupft sind. Für die **Anreise** vom Bahnhof empfiehlt sich eine Riksha (Rs20) oder ein Tempo, das unterwegs nach Hazira ist (Rs2).

Jai Vilas-Palast

Südlich des Forts steht mitten im Herzen von Gwaliors gehobener Wohngegend der Jai Vilas-Palast – eines von Indiens grandiosesten und exzentrischsten Relikten des 19. Jhs. Der Palast wurde 1875 unter der Herrschaft des Maharadschas Jayaji Rao Scindia errichtet. Damit sich seine Residenz mit denen der Kolonialherren im fernen Britannien messen könne, schickte Jayaji Rao Scindia seinen Freund Colonel Michael Filose auf eine Reise quer durch Europa, um dort Anregungen zu sammeln. Das Ergebnis ist eine unglaubliche Mischung aus dorischer, toskanischer und korinthischer Architektur.

Die Scindia, die noch immer einen Teil des Palastes bewohnen, haben zwei Flügel für die Öffentlichkeit geöffnet. Um ein Gefühl familiärer Atmosphäre zu vermitteln, haben sie Fotografien von prunkvoll gekleideten Familienmitgliedern auf jeder zur Verfügung stehenden freien

Fläche im ersten Flügel aufgehängt. Dieser Teil dient heute als **Museum**, das die wertvolleren und exzentrischeren Kunstwerke präsentiert, die Gwaliors Herrscher angesammelt haben. In Dutzenden von Räumen und knarrenden Korridoren mit Holzböden befinden sich zahllose Mogul-Gemälde, persische Teppiche, Gold- und Silberwaren sowie antikes Mobiliar, das ursprünglich zum Besitzstand von Ludwig XVI. vor der Französischen Revolution gehörte. An anderer Stelle sieht man eine Kristallschaukel aus venezianischem Glas, welche die Königsfamilie für die Feier von Krishnas Geburtstag nutzte. Ein Raum im Obergeschoss ist der **erotischen Kunst** vorbehalten.

Ein noch extravaganterer Flügel des Palastes aber liegt auf der anderen Hofseite. In der **Durbar-Halle** empfing der Maharadscha wichtige Ehrengäste, darunter auch den Prince of Wales (später Edward VII.), der 1875 mit einem Gefolge von tausend Personen nach Gwalior kam. In der Banketthalle im Erdgeschoss ist die silberne Spielzeugeisenbahn zu sehen, mit der Jayaji Rao Scindia nach dem Essen Brandy und Zigarren an seine Gäste verteilte. An Anwesenden, die weniger in seiner Gunst standen, steuerte er die Elektrolok einfach vorbei. Eine ausladende Treppe aus belgischem Kristall führt von der Lobby zur riesigen Versammlungshalle im Obergeschoss, an deren Decke die größten **Kronleuchter** der Welt hängen. Angesichts des Gewichts von über 3,5 Tonnen pro Stück wurde die Tragfähigkeit der Decke zunächst mit acht an ihr in die Höhe gezogenen Elefanten getestet. Dieses Unterfangen erforderte u. a. die Errichtung einer 500 m langen Erdrampe. Auch der Teppich hat gewaltige Dimensionen: Er wurde von Insassen des Gefängnisses von Gwalior gewebt, die 12 Jahre zur Fertigstellung des 40 m langen Stückes benötigten. Er ist der längste handgefertigte Teppich Asiens. ◷ tgl. außer Mi 10–17.30 Uhr, Eintritt Rs200, Fotoerlaubnis Rs30, Video Rs80; Führer ca. Rs50 pro Rundgang.

Sarod Ghar Museum

Versteckt im Westen der Stadt liegt das Sarod Ghar Musik-Museum in der Ustad Hafiz Ali Khan Marg, Jiwaji Ganj. Man gelangt direkt mit der Rikscha oder einem Tempo (Rs3) via Jiwaji hin. Zu Fuß sind es fünf Minuten vom Jayaji Chowk (Kreisverkehr) nach Norden. Das Museum befindet sich in dem schönen angestammten Haus der Familie Bangash mit seinen rosafarbenen Sandsteinmauern, die in perfekter Symmetrie gestaltet und mit schönen skulpturellen Details verziert sind. Im marmorierten Hof finden regelmäßig Konzerte statt (Informationen in der Tageszeitung oder beim Touristenbüro). Die Vorfahren der Bangash waren afghanische Pferdehändler, die sich in Indien niederließen und eine Dynastie musikalischer Virtuosen hervorbrachte, von denen vor allem **Ustad Hafiz Ali Khan** und sein Sohn **Ustad Amjad Ali Khan** Berühmtheit erlangten.

Das Museum stellt Gwaliors reiches **musikalisches Erbe** vor – von Tansen, der am Hof des Großmoguls Akbar auftrat, bis zum von Gulam Ali Khan Bangash erfundenen Instrument **Sarod**.

Die Ausstellung gipfelt in einer Sammlung von klassischen indischen Instrumenten, die berühmte Musiker gestiftet haben. Außerdem gibt es einen kleinen Museumsladen. ◷ Di–So 10–13 und 14–16 Uhr, 🖥 www.sarod.com.

Übernachtung

Die Standards in der unteren Preisklasse sind sehr niedrig, die Norm sind enge fensterlose Zellen. Die unten aufgeführten Unterkünfte haben Zimmer mit Bad (nicht alle mit Heißwasser) und Checkout um 12 Uhr. Die meisten mittelklassigen bis teuren Hotels erheben zusätzlich jeweils 10 % „Luxussteuer" und Bedienungszuschlag.

Amar Palace, Phool Bagh Junction, ✆ 0751-232 5843. Die schlichten Zimmer sind eher winzig, haben aber immerhin Marmorböden und Telefon. Gegen Aufschlag gibt es auch einen kleinen Balkon – teils mit Blick aufs Fort – und AC. ❸–❹

Central Park, Stadtzentrum, in einer Seitenstraße der Ghandi Rd, ✆ 0751-223 2440, 🖥 www.thecentralpark.net. Das ausgezeichnete Business-Hotel lockt mit schicken Bädern und bequemen Betten sowie WLAN-Zugang. Frühstück ist im Preis mit drin. Außerdem gehören eine Bäckerei, ein Restaurant, Fitnesscenter und Pool zum Hotel. ❼–❽

D.M., nahe dem staatlichen Busbahnhof, ✆ 0751-234 2083. Die Zimmer sind arg klein geraten, dafür aber sauber und ruhig; die billigeren haben nur Hockklos. ❸–❹
India, Station Rd, ✆ 0751-234 1983. Sehr beliebte schlichte Unterkunft unter Leitung der „Indian Coffee Workers Co-op". Sauber, doch an der lauten Hauptstraße; nur die De-luxe-Zimmer haben westliche Toiletten. ❷–❹
Landmark, Manik Vilas, ✆ 0751-401 1271, 🖥 www.hotellandmarkgwalior.com. Die 42 Zimmer mit zentraler AC sind komfortabel, aber mit ihrer mattbraunen Ausstattung etwas deprimierend. Rund um die Uhr geöffneter Coffeeshop sowie Restaurant und Bar. ❻
Shelter, Padav Rd, ✆ 0751-232 6209, 🖥 www.hotelsheltergwalior.com. Hinter der Pseudo-Holzfassade verstecken sich große, blitzsaubere DZ mit AC und Badewanne sowie ein Pool und ein gutes Restaurant (s. u.). ❻
Tansen Residency, 6A Gandhi Rd, ✆ 0751-234 0370. Großes, gut geführtes Hotel von MP Tourism in Bahnhofsnähe mit Gartenanlage und gut ausgestatteten, aber etwas unterdimensionierten Zimmern. Gutes Restaurant und Bar. Sehr gefragt, also rechtzeitig reservieren. ❺
Usha Kiran Palace, Jayendraganj, Lakshar, ✆ 0751-232 3993, 🖥 www.tajhotels.com. ✆ 751-244 4000, 🖥 www.tajhotels.com. Der romantische, 120 Jahre alte königliche Palast in 3,5 ha großer Parkanlage bietet charmante De-luxe-Zimmer (US$150–200) mit indischen Diwanen, Mobiliar im Stil der 1930er-Jahre und Seidenkissen. Außerdem im Angebot: Pool, Wellness-Bereich sowie Koch-, Yoga- und Aerobic-Kurse. ❾

Essen

Mit wenigen Ausnahmen beschränken sich Gwaliors beste Restaurants auf die **Hotels** der mittleren und oberen Kategorie. Einfache und billige *dhal-*, *subzi* und *roti*-Mahlzeiten auf rostfreien Stahltellern sind an den *dhabas* in Bahnhofsnähe erhältlich. Zu empfehlen sind die **Saftbars** in Bahnhofsnähe oder am Jayaji Chowk im Westen der Stadt, die erfrischende, frisch gepresste Obstsäfte anbieten (besser ohne Eis bestellen!).

Schlemmen wie ein König

Silver Saloon, Usha Kiran Palace. Wer sich das Hotel nicht leisten kann, sollte sich vielleicht mit dem Besuch seines vorzüglichen Restaurants trösten: Indische, nepalesische und internationale Gourmetküche in stimmungsvollem Ambiente mit perfektem Service. Fürs Abendessen sind um die Rs550 einzukalkulieren.

Blue Fox, Hotel Shelter. Das mitteilsame Personal reicht herzhafte Mahlzeiten in moderner Umgebung. Gemütliche Essnischen laden zum Genuss von Hühnchen-Schaschlik, Masala-Chips und süßen *falooda*-Getränken (Hauptgerichte Rs60–150).
Indian Coffee House, Station Rd. Bescheidenes Esslokal, dessen Kellner weiße Turbane tragen und die Gäste zuverlässig mit Toast und Cornflakes, südindischen Snacks und sättigenden Komplettmahlzeiten versorgen (Rs20–70).
Kwality, MLB Rd. Leider fehlt auf der ellenlangen Speisekarte *cholle bhatura*, jener Snack, der die Restaurantkette so berühmt gemacht hat. Aber sonst gibt es hier eine leckere Auswahl an vegetarischen und nicht-vegetarischen Gerichten (Rs50–100); besonders zu empfehlen sind die Spezialitäten mit *paneer*.
Swad, Hotel Landmark. Außer schmackhafter Mogul- und Südindienküche bekommt man hier auch internationale „Hausmannskost" wie gebackene Bohnen auf Toast, Porridge (Haferbrei) und French Toast (Rs90–200).

Sonstiges
Geld
Einige der besseren Hotels bieten einen Geldwechselservice an; ansonsten steht die **State Bank of India** im Herzen des Basarviertels am Jayaji Chowk in der Nähe der Post zur Verfügung. Neben dem Hotel Shelter gibt es einen ICICI-Geldautomaten.

Informationen
Das hilfreiche **Informationsbüro** von MP Tourism, ✆ 0751-223 4557), ⏱ Mo–Sa 10–17 Uhr,

befindet sich in der Tansen Residency, knapp zehn Fußminuten südlich vom Bahnhof in der Gandhi Road. U. a. bietet es Touren zu den Hauptsehenswürdigkeiten in einem gelben Oldtimer-Bus an (tgl. 10–13 und 16–19 Uhr; Rs75). Außerdem gibt einen **MP-Tourism-Schalter** im Bahnhof auf Bahnsteig 1, ✆ 0751-407 0777, ◷ Mo–Sa 9.30–15 Uhr. Zu den autorisierten Agenturen, die Unterkünfte, Tickets für die Weiterfahrt oder Flüge buchen, gehören das **Travel Bureau**, 220 Jiwaji Chowk, ✆ 0751-234 0103, und der **Touraids Travel Service**, Moti Palace, südöstlich von Phool Bagh Junction, ✆ 0751-242 3293.

Internet

Es gibt mehrere Internetcafés in der Nähe vom Hotel Shelter, u. a. **Gwala's Cyber Zone** (Rs10/Std.) und **R.J. Cyber Zone** (Rs30/Std.).

Transport
Busse

Der staatliche Busbahnhof, von dem regelmäßig Busse nach Agra, Jhansi und Shivpuri (alle 2 1/2–3 Std. Fahrzeit) verkehren, ist nur eine Straßenecke vom Hauptbahnhof entfernt. Ungünstiger am Südwestrand der Stadt gelegen ist der private Busbahnhof.

Busse nach:
AGRA (alle 30 Min., 3–3 1/2 Std.),
DATIA (alle 30 Min., 1 1/2–2 Std.),
DELHI (4x tgl., 8 Std.),
JHANSI (alle 30 Min., 3 Std.),
KHAJURAHO (4–5x tgl., 7–9 Std.),
Kolkata/Kalkutta (1–3x tgl., 23–29 1/2 Std.),
SHIVPURI (alle 30 Min., 2 1/2 Std.),
UJJAIN (3x tgl., 12 Std.).

Eisenbahn

Gwaliors **Hauptbahnhof** mit Anschlüssen nach Delhi, Agra, Jhansi und Bhopal in dem schnellen Shatabdi Express liegt im Osten der Stadt. Die meisten ordentlichen Unterkünfte sind von hier bequem zu Fuß zu erreichen. Zu entfernteren Zielen im Westen fahren Motor-Rikschas über die belebte MLB (Maharani Lakshmi Bai) Rd. Wer mit leichtem Gepäck unterwegs ist, spart Geld durch Nutzung der billigen Tempo, die über die Station Rd pendeln.

Züge nach:
AGRA (20–28x tgl., 1 1/4–2 1/2 Std.),
CHENNAI (2–3x tgl., 28–40 Std.),
DELHI (18–22x tgl., 3 1/2–6 1/2 Std.),
GOA (2x tgl., 30–37 Std.),
INDORE (3x tgl., 13 Std.),
JABALPUR (2x tgl., 11 1/4–13 1/4 Std.),
JALGAON (2–3x tgl., 12 1/2–16 1/2 Std.),
JHANSI (22–26x tgl., 1 1/4–2 3/4 Std.),
KALKUTTA/KOLKATA (4x wöchentl., 24 1/4 Std.),
MUMBAI (5–6x tgl., 20–25 Std.),
PUNE (2–3x tgl., 21–24 Std.),
SATNA (1–2x tgl., 10 Std.),
UJJAIN (1–2x tgl., 11 Std.),
VIDISHA (5–6x tgl., 4 1/2–6 Std.).

Flüge

Der **Flughafen** liegt 9 km nördlich der Stadt.
Indian Airlines, ✆ 011-2463 1337, fliegt 4x wöchentl. nach BHOPAL und DELHI.
Air Deccan, ✆ 0751-247 9851, hat tägliche Verbindungen nach INDORE und DELHI.

Orchha

Orchha, wörtlich „versteckter Ort", trägt seinen Namen zu Recht, auch wenn es inzwischen zu einem wichtigen Zwischenstopp für Touristen auf dem Weg nach Khajuraho geworden ist. Denn der Ort liegt 18 km südöstlich von Jhansi inmitten eines gestrüppreichen *dhak*-Waldgebietes. Die verlassene mittelalterliche Stadt, frühere Hauptstadt der Bundela-Rajas, ist trotz ihres vernachlässigten Zustands noch immer ein architektonisches Juwel, wo mit Vogeldreck befleckte *shikhara*-Türme, verlassene Paläste, Haveli und mit Unkraut überzogene Sandstein-Kenotaphe die Ufer des ruhigen Flusses Betwa überragen.

Das verschlafene Dorf am Fuße der exotischen Ruinen mit seinen hübsch gestrichenen Häusern, Marktbuden und einigen attraktiven Hotels ist hervorragend geeignet, um sich nach den hektischen Städten des Nordens zu entspannen.

Geschichte

Nachdem die **Bundela** von mehreren Generationen von Delhi-Sultanen aus verschiedenen Hauptstädten in Zentralindien vertrieben worden waren, zogen sie sich Ende des 15. Jhs. in die alte Malwa-Festung von Orchha zurück. Unter Raja **Rudra Pratap** begannen die Arbeiten an Orchhas großartigen Befestigungsanlagen, Palästen und Tempeln, die bis zu seinem Tod (angeblich bei dem Versuch, eine Kuh aus den Fängen eines Tigers zu befreien) im Jahre 1531 fortgeführt wurden. In der Folgezeit hingen Orchhas Geschicke vom Wohlwollen der mächtigen Nachbarn ab, der **Moguln**. Nach einer verlorenen Schlacht gegen Akbar, besiegelte der stolze und fromme **Madhukar Shah** um ein Haar das Todesurteil gegen seine Sippe, indem er mit einem roten *tilak* auf der Stirn am Hof des Großmoguls erschien – einem Zeichen, das dieser ausdrücklich verboten hatte. Doch die wagemutige Geste trug ihm Akbars Respekt ein, und zwischen beiden entwickelte sich eine Freundschaft.

Die neue Allianz wurde in den folgenden Jahren durch Orchhas schillerndsten Herrscher **Bir Singh Deo** noch untermauert. Während seiner 22-jährigen Herrschaft errichtete er insgesamt 52 Festungen und Paläste, zu denen die Zitadelle von **Jhansi**, der verschachtelte Nrsing Dev in **Datia** und zahlreiche Prachtbauten von Orchhas gehören.

1627 wurde er von Wegelagerern ermordet, als er sich gerade auf dem Rückweg aus dem Dekkan mit einer Kamel-Karawane und reicher Beute befand. Nach seinem Tod verschlechterten sich die Beziehungen zu den Moguln rapide. Es kam zu Angriffen durch die Armeen Shah Jahans, Aurangzebs und der Marathen, und nach den wiederholten Aufständen der Jat-Bauern im 18. Jh. sahen sich die Bundela gezwungen, aus Orchha ins relativ sichere **Tikamgarh** zu fliehen. Abgesehen vom Sheesh Mahal, der heute ein kleines Hotel ist, blieben die großartigen Bauwerke seitdem mehr oder weniger dem Verfall überlassen.

Die Monumente

Englisch sprechende Führer können am Haupteingang zum Fort für eine kurze Tour durch die Festung angeheuert werden (etwa Rs100); eine Halbtagestour durch Orchha sollte nicht mehr als Rs200–250 kosten. ◐ tgl. 7.30–18 Uhr, Tagespass für alle Monumente Rs250, Fotoerlaubnis Rs25.

Raj Mahal und Rai Praveen Mahal

Das erste Bauwerk hinter Orchhas mittelalterlicher Granitbrücke ist die noch relativ gut erhaltene Ruine des Raj Mahal (unbeschränkt zugänglich), dessen Bau unter Rudra Pratap begonnen und von seinem unbeugsamen Nachfolger Madhukar Shah vollendet wurde. Am Ende der Brücke führt der Weg nach links zum Haupteingang und dann nach rechts zum Sheesh-Mahal-Hotel. Der zweite innere rechteckige Hof, den einst die Bundela-Ranis nutzten, ist der auffälligere von beiden. Er ist von opulenten herrschaftlichen Wohnquartieren, erhöhten Balkonen, ineinander verschachtelten, auf allen vier Seiten symmetrisch nach oben führenden Wandelgängen sowie Kuppelpavillons und Türmen geprägt. Die an das Viereck im Erdgeschoss angrenzenden Wohnbereiche gehörten den Lieblingsfrauen. Beim Rundgang sollte man auf die Reste von Spiegelintarsien und lebensnahen **Malereien** an den Wänden und Decken achten. Einige bemerkenswert gut erhaltene Friese zeigen Vishnu in verschiedenen exotischen Inkarnationen, Hof- und Jagdszenen sowie lebendige Feste mit Tänzern, Musikern und Jongleuren. Der ansässige *chowkidar* ist ein exzellenter Führer.

Über einen Pfad, der vom Raj Mahal um die Nordseite des Hügels führt, gelangt man zu dem kleinen zweistöckigen Ziegelgebäude Rai Praveen Mahal, das Raja Indramani Mitte des 17. Jhs. für seine Konkubine errichten ließ. Die begabte Dichterin, Musikerin und Tänzerin Rai Praveen bezauberte den Großmogul Akbar, dem sie zum Geschenk gemacht wurde. Sie wurde aber schließlich nach Orchha zurückgeschickt, um dort ihren Lebensabend zu verbringen. Das Haus steht auf dem gut bewässerten Rasen des **Anand-Mahal-Gartens** (unbeschränkt zugänglich) und verfügt über eine Versammlungshalle im Erdgeschoss, in der die Musik- und Tanzdarbietungen stattfanden, ein Boudoir im Obergeschoss sowie kühle Räumlichkeiten im Untergeschoss.

Jahangir Mahal

Bir Singh Deo ließ Orchhas meistbewunderten Palast Jahangir Mahal im 17. Jh. als Willkommensgeschenk für einen offiziellen Besuch des Großmoguls errichten. Jahangir kam, um seinem alten Verbündeten das Schwert seines ärgsten Feindes Abdul Fazal zu überreichen, den Bir Singh einige Jahre zuvor hatte töten lassen. Die nach Osten gerichtete Hauptfassade hinter dem kunstvoll gestalteten Zeremonientor ist noch mit den türkisfarbenen Kacheln bedeckt. Zwei Elefanten aus Stein neben dem Treppenaufgang halten Glocken mit den Rüsseln, um die Ankunft des Rajas anzukündigen, und drei Etagen mit eleganten Hängebalkonen, Terrassen, Wohnbereichen und Zwiebeltürmen umschließen einen zentralen Hof. Doch wirkt dieser Palast durch seine zahllosen Fenster und die durchbrochenen Steinwände, die den Blick auf Orchhas exotisches, westliches Stadtbild freigeben, insgesamt leichter als der Raj Mahal.

Sheesh Mahal

Der lange vor Orchhas Niedergang im frühen 8. Jh. errichtete „Spiegelsaal" Sheesh Mahal diente als exklusiver Landsitz des lokalen Rajas Udait Singh. Nach der Unabhängigkeit ging das Gebäude in den Staatsbesitz über und wurde zum Hotel umgestaltet. Der recht kompakt wirkende Palast steht zwischen Raj Mahal und Jahangir Mahal am hinteren Ende eines seitlich offenen Hofes. Nachdem der Palast weiß getüncht und die meisten persischen Teppiche und Antiquitäten fortgeschafft worden sind, ist wenig vom ehemaligen Glanz erhalten geblieben. Von den oberen Terrassen und Türmen jedoch hat man eine schöne Aussicht in die Umgebung.

Die Umgebung des Dorfes

In Dorfnähe stehen unterhalb der Anhöhe verschiedene andere interessante Monumente. Der **Ram Raja Mandir** befindet sich am Ende des kleinen Basars in einem kühlen, mit Marmor ausgekleideten Hof. Der Legende nach ließ Madhukar Shah das Bauwerk als Palast für seine Frau Rani Ganesha bauen. Zum Tempel wurde es, als die Herrscherin dort eine Rama-Statue aus ihrer Heimatstadt Ayodhya aufstellen ließ, die sich fortan nicht mehr von der Stelle bewegen ließ; die Statue steht heute noch da und ist eine beliebte Pilgerstätte.

Der ursprünglich für die Rama-Statue vorgesehene **Chatturbuj Mandir** mit seinen hoch über das Dorf aufragenden *shikhara*-Türmen wäre aber ebenfalls ein angemessener Aufenthaltsort für die Gottheit gewesen. Mit seinem kreuzförmigen Grundriss, der den vierarmigen Vishnu repräsentiert, den sieben Stockwerken und den weiten, von gewölbten Balkonen umgebenen Höfen verkörpert er den prunkvollen, von den Moguln beeinflussten Bundelkhand-Stil – mit rajputischen, persischen und europäischen Elementen. Die spärlichen Verzierungen und die großzügige Einbeziehung des Raums machen ihn zu einem eher ungewöhnlichen Hindu-Tempel – vielleicht sollte er Anhänger des **Bhakti**-Kults aufnehmen, bei dem eine größere Menschenmenge zur Andacht zusammenkommt als die sonst übliche kleine Gruppe von Priestern. Zwischen den Stockwerken führen schmale Treppen hinauf bis zum Dach, wo sich in den Nischen der verzierten *shikhara*-Spitze nistende Geier niedergelassen haben.

Gegenüber vom Ram Mandir führt ein Pfad durch den im Mogul-Stil angelegten Ziergarten **Phool Bagh** hinüber zum großen Pavillon **Hardaul ka Baithak**, in dem einst Bir Singh Deos zweiter Sohn Hardaul, ein Verbündeter Jahangirs und ein romantischer Ästhet, Hof hielt. Heute gehen Frischvermählte dort hin, um Hardauls Segen zu erbitten. Die hohen Türme, die sich wie zwei einsame Brückenpfeiler über den Garten erheben, sind sogenannte *dastgir* („Windfänger"): nach persischem Vorbild gebaute Kühltürme, die dem Nachbarpalast Palkhi Mahal kühle Luft zuführten. Sie sind vermutlich die einzigen ihrer Art erhaltenen in ganz Indien.

Lakshmi Narayan Mandir

Der einsame Lakshmi-Narayan-Tempel steht auf einem kleinen Hügel 1 km westlich des Dorfes Orchha am Ende eines gepflasterten Weges. Vom Platz hinter dem Ram Raja Mandir bietet ein gemütlicher 15-minütiger Spaziergang schöne Panoramen und am Ziel ausgezeichnete Malereien aus dem 17. und 19. Jh. Gegen ein kleines Trinkgeld führt der *chowkidar* Besucher durch die Galerien im Inneren des Tempels.

Übernachtung

Amar Mahal, Bypass Rd, 200 m südlich vom Markt, ℡ 07680-252202, 🖥 www.amarmahal.com. Auf Mogulstil getrimmte Zimmer mit gefliesten Böden, dunklem Holzmobiliar und kunstvoll bemalten Decken (teils sogar mit Kronleuchtern). Pool, Bar, Café und ein teures Restaurant komplettieren das Angebot. ❼–❽

Betwa Retreat, in einer Seitenstraße der Tikamgarh Rd, zehn Gehminuten südlich des Stadtzentrums, ℡ 07680-252618, ✉ betwa@mptourism.com. Die Lodge von MP Tourism besteht aus einer Reihe von Cottages in Lachsrosa und komfortablen Zelten mit AC – alle mit TV, Kühlschrank und Marmorbad – in einer ruhigen Gartenanlage am Fluss. ❹–❺

Orchha Resort, in einer Seitenstraße der Tikamgarh Rd, in der Nähe des Betwa Retreat ℡ 07680-252677, 🖥 www.orchharesort.com. Attraktive, wenn auch etwas grell bemalte Hotelanlage am Fluss mit allem modernen Komfort, inkl. Geldwechselservice, Pool, Tennis- und Badmintonplätzen. Die Luxuszelte mit AC sind erschwinglicher. ❺–❽

Sheesh Mahal, Jehangir Mahal Rd, neben dem Raj Mahal, ℡ 07680-252624, ✉ smorchha@mptourism.com. Der einstige Landsitz des hiesigen Raja im Herzen des Forts ist heute ein stimmungsvolles Hotel mit einer Hand voll Zimmer und sehr persönlicher Atmosphäre. Auf die Glücklichen, die sich eine romantische Nacht in der fürstlichen Suite leisten können, warten Extras wie ein Candlelight-Dinner auf der Privatveranda, eine riesige Marmorbadewanne und das ultimative Örtchen mit Panoramablick. Reservierung ratsam. ❺–❾

Zimmer mit Aussicht

Ganpati, Hauptstraße, ℡ 07680-252765, ✉ ganpati_vinod@yahoo.com. Eine große Auswahl an makellos sauberen, frisch gestrichenen Zimmern mit schicken Bädern rund um einen kleinen Garten, von dem man eine spektakuläre Aussicht auf die alten Befestigungen genießt. Die teureren Zimmer haben AC und eigenen Panoramablick. ❷–❹

Shri Mahant Guesthouse, am Markt, ℡ 07680-252715. Die Backpacker-Herberge wird von denselben Leuten betrieben wie das Hotel Shri Mahant. Ziemlich winzige Zimmer, in der einfachsten Ausführung nur mit Hocktoiletten, aber für ein paar Rupien mehr gibt es schon *air-cooler*, TV und Sitztoilette. ❶–❷

Shri Mahant Hotel, Lakshmi Narayan Temple Rd, 200 m nordwestlich vom Markt, ℡ 07680-252341. Das einladende, familienfreundliche Hotel vermietet großzügige Zimmer in Blassrosa mit Plastikblumen-Deko, blitzblanken Bädern (teils mit Badewanne) und Balkonen. ❹

Essen

Ein einladender Ort zum Essen und zugleich eine attraktive Adresse für abendliche Gesellschaft ist der säulengeschmückte Speisesaal des Hotels **Sheesh Mahal**, der abends oft Live-Musik bietet und einen Mix aus vegetarischen und nicht-vegetarischen Genüssen auftischt; mittags gibt es Tandoori-Tagesspecials (Rs40–140). Das **Betwa Retreat** bietet dieselbe Speisekarte in weniger stimmungsvollem Ambiente.

An der Straße zur Festungsbrücke liegen drei beliebte Traveller-Treffs (Hauptgerichte bei allen drei Rs20–80). **Bhola**, der erste davon, beköstigt seine Kundschaft mit einer wilden Mischung aus chinesischer, koreanischer, israelischer und indischer Küche und – ganz wichtig – Bananenpfannkuchen. Noch näher an der Brücke liegt das **Milan**, ein gutes Frühstückslokal mit Bratkartoffeln *(hash browns)* und Haferbrei *(porridge)*. Gleich nebenan schockt das **Ram Raja** mit rosaroten Wänden zu gelber Plastikbestuhlung das Auge. Hier gibt es Omeletts, chinesische Küche, mäßige Pastagerichte und eine unglaublich süße Kreation mit dem surrealen Namen „Hello to the Queen". In allen drei Läden sind am ehesten die indischen vegetarischen Gerichte zu empfehlen.

Betwa Tarang, ebenfalls an der Festungsbrücke, eignet sich bestens für einen Drink; über die Qualität des Essens lässt sich jedoch streiten. Wer von den internationalen Speisekarten die Nase voll hat, kann zu **Neeraj** ausweichen, einem beliebten Imbiss-Stand gleich westlich des Markts, dessen *thalis* zu Rs40 reißenden Absatz finden. Die köstliche lokale Spezialität *kalakand* (Milchkuchen) gibt es bei den kleinen Buden gegenüber vom Shri Mahant Guesthouse zu kaufen.

Sonstiges

Geld

Travellers Cheques wechselt die **Canara Bank** am Hauptplatz. Ein **Geldautomat** der State Bank of India ist in der Tikamgarh Road, zehn Minuten südlich des Markts, zu finden.

Fahrräder

AR Tours and Travel, Tikamgarh Road, vermietet Fahrräder (unterschiedlicher Qualität) für Rs50 pro Tag.

Informationen und Touren

Das **Informationsbüro** von MP Tourism, ℡ 07680-252624, befindet sich im Hotel Sheesh Mahal, ⌚ tgl. 6–22 Uhr. Es vermietet Wagen mit Fahrer als schnellste Transportmöglichkeit nach Khajuraho (Rs1400/eine Strecke) und veranstaltet Rafting-Touren auf dem Fluss (Rs1200/90 Min., Rs3000/3 Std. inkl. Mittagessen).

Internet

Es gibt mehrere Internet-Cafés im Ort. Das **Cyber Café** (Rs30/Std.) neben dem Restaurant Bhola brennt auch Digitalfotos auf CD und bietet Skype-Telefonie an (Rs70/Std.). Bei allen Internet-Cafés in Orchha sollte man das Versprechen einer „schnellen Internetverbindung" nicht allzu wörtlich nehmen.

Nahverkehr

Voll besetzte **Tempos** fahren regelmäßig vom Busbahnhof in Jhansi zur wichtigsten Kreuzung von Orchha. Fahrtzeit je nach Häufigkeit der Stopps 20–40 Min., Rs10, Gepäck Rs10. Eine **Motor-Riksha** vom Hauptbahnhof oder Busbahnhof Jhansi kostet rund Rs150, ein Taxi Rs350; abends ist beides teurer. Auf der Hauptstraße von **Khajuraho** kommend, kann man sich an der Abzweigung nach Orchha absetzen lassen und die restlichen 7 km mit einem Tempo zurücklegen.

Transport

Busse

5x tgl. fahren Busse die 18 km lange Strecke von JHANSI nach Orchha. Fahrtzeit 20–40 Min., Rs10.

Wer nach KHAJURAHO weiterfahren will, sollte sich lieber nicht darauf verlassen, am Highway einen der privaten Expressbusse (6x tgl., 4 Std.) anhalten zu können, da die Fahrzeuge meistens voll sind. Besser, man ist früh genug am Hauptbahnhof in Jhansi, von wo sie losfahren, um sich ein Ticket zu sichern, bevor die Züge aus Delhi/Agra einrollen. Wahlweise fahren vom **Busbahnhof** Jhansi auch staatliche Busse (3x tgl., 5–6 Std.) nach Khajuraho.

Eisenbahn

Von Jhansi gibt es Zugverbindungen u. a. nach BHOPAL (22–26x tgl., 3–5 3/4 Std.), GWALIOR (22–26x tgl., 1 1/4–2 3/4 Std.), INDORE (1x tgl., 11 1/2 Std.) und DELHI.

6 HIGHLIGHT

Khajuraho

Die prachtvollen Hindu-Tempel von Khajuraho standen knapp ein Jahrtausend verlassen und verwahrlost da, bis man sie minutiös restaurierte. Sie dürfen auf keiner Rundreise zu Indiens historischen Monumenten fehlen. Die Tempel, die v. a. für die zierliche Sinnlichkeit und unverblümte Erotik ihrer Skulpturen berühmt sind, entstanden zwischen dem 10. und 12. Jh. als größte architektonische Leistung der **Chandella**-Dynastie. Wiederholte Angriffe afghanischer Eroberer beschleunigten allerdings den Niedergang der Chandellas und schon kurz nach dem Bau der Tempel, zogen sie sich in sicherere Regionen zurück. Die Tempel wurden nach und nach aufgegeben und vom Dschungel überwuchert, bis im 16. Jh. nichts mehr von ihnen zu sehen war.

Erst nach der Wiederentdeckung durch die Briten 1838 erhielten diese Meisterwerke die gebührende nationale und internationale Würdigung.

Obwohl Khajuraho auf den Landkarten des Subkontinents sehr zentral liegt – 400 km südöstlich von Agra und etwa dieselbe Entfernung zu Varanasi –, sind die Tempel noch heute so weit von den Hauptverkehrslinien entfernt wie zur Zeit ihrer Entstehung. Dieser Umstand ersparte ihnen zumindest die Verwüstungen durch Plünderer, Eroberer und religiöse Eiferer, die so viele andere alte Hindu-Stätten trafen. Keine Eisenbahnlinie durchschneidet die ausgedehnte Schwemmlandebene, hinter der die zerklüfteten Dantla Hills aufragen, sodass Besucher, die nicht mit dem Flugzeug anreisen, eine lange Busfahrt von einem der beiden nächsten Bahnhöfe auf sich nehmen müssen.

Die hohe Kunstfertigkeit der **Tempel**, deren spektakulärste **Kandariya Mahadeva**, **Vishvanatha** und **Lakshmana** sich in der **Westgruppe** befinden, wurde erst durch den weichen rötlich braunen Sandstein möglich, der zu ihrem Bau verwendet wurde. In Anbetracht der Anfälligkeit des Gesteins gegen Witterungseinflüsse haben die Skulpturen den Lauf der Zeit bemerkenswert gut überstanden. Große Teile der feinen **Skulpturen** an den Tempelwänden sind in einem nahezu dreidimensional wirkenden Hochrelief gearbeitet, und pinkfarbene Maserungen im Gestein verleihen den Figuren dezente fleischfarbene Tönungen. Die beeindruckende Geschicklichkeit der Künstler ist in jeder Arbeit ersichtlich. Friese mit einem Maß von nur 10 cm sind reich versehen mit naturalistischen Details wie Schmuck, Zierrat, Frisuren und sogar manikürten Fingernägeln.

Die Pracht der Tempel lässt die Existenz des **Dorfes Khajuraho** fast vergessen, in dem angesichts der täglichen Touristenströme eine Flut von Hotels und Souvenirläden entstanden ist. Doch wer ein oder zwei Nächte hierbleibt, lernt auch das beschauliche Dorfleben schätzen, besonders abends, wenn auf dem Markt und in den Freiluft-Restaurants eine äußerst gesellige Atmosphäre herrscht.

Das Dorf

Die Einrichtungen für Besucher konzentrieren sich in den verkehrsarmen Straßen des kleinen Dorfes Khajuraho. Unmittelbar am Eingang zur westlichen Tempelgruppe befindet sich der

> **Vorsicht vor Abzocke**
>
> Von den lästigen Hotelschleppern abgesehen, müssen sich Besucher Khajurahos besonders vor Kindern in Acht nehmen, die ihnen unbedingt ihre Schule oder ihr Dorf zeigen wollen – solche Besuche enden regelmäßig mit Geldforderungen.

Hauptplatz, umgeben von Budget-Hotels, Cafés und Souvenirläden, in denen man sich auf aggressive Verkaufsmethoden einstellen muss. Das **Khandariya Art and Cultural Centre**, 1 km südlich des Zentrums, ist dagegen ein gehobenes Geschäft mit Waren von guter Qualität zu Festpreisen; hier werden auch tgl. Tanzaufführungen gezeigt (19 und 20 Uhr, Rs300). Die bemerkenswerteste Skulptur des kleinen **Archäologischen Museums** an der Südseite des Hauptplatzes ist ein dickbäuchiger tanzender Ganesha; ⊙ tgl. außer Fr 10–17 Uhr, Eintritt Rs5.

Das **Adivart State Museum of Tribal and Folk Art** im Chandella Cultural Complex hütet eine kleine, aber interessante Sammlung von Malereien, Skulpturen und anderer Kunst der vielen Stammesgruppen von Madhya Pradesh. Besonders interessant sind die kunstvoll geschnitzten Holztüren und die feinen Terrakotta-Arbeiten. ⊙ Di–Sa 10–17 Uhr, Eintritt Rs50.

Khajuraho verwandelt sich während Phalguna (Feb/März) in ein betriebsames Zentrum, denn das Fest **Maha Shivratri** zieht Pilger aus der gesamten Region an, um Shivas Hochzeitstag zu feiern – viele glauben, dass Khajurahos erotischer Skulpturenschmuck die Vereinigung von Shiva und Parvati darstellt. Das **Khajuraho Festival of Dance** gehört zu Indiens wichtigsten Tanzereignissen, auf dem alle Formen des klassischen Tanzes in mehreren Aufführungen u. a. vor dem grandiosen Hintergrund der Westgruppe gezeigt werden; die besten Veranstaltungen aber finden im gediegenen Chandella Cultural Complex statt. Da die genauen Termine des Festivals in der Regel spät bekannt gegeben werden, sollte man rechtzeitig Erkundigungen bei der staatlichen Tourismusbehörde einziehen. Eintrittskarten zu den einzelnen Veranstaltungen kosten Rs40–200.

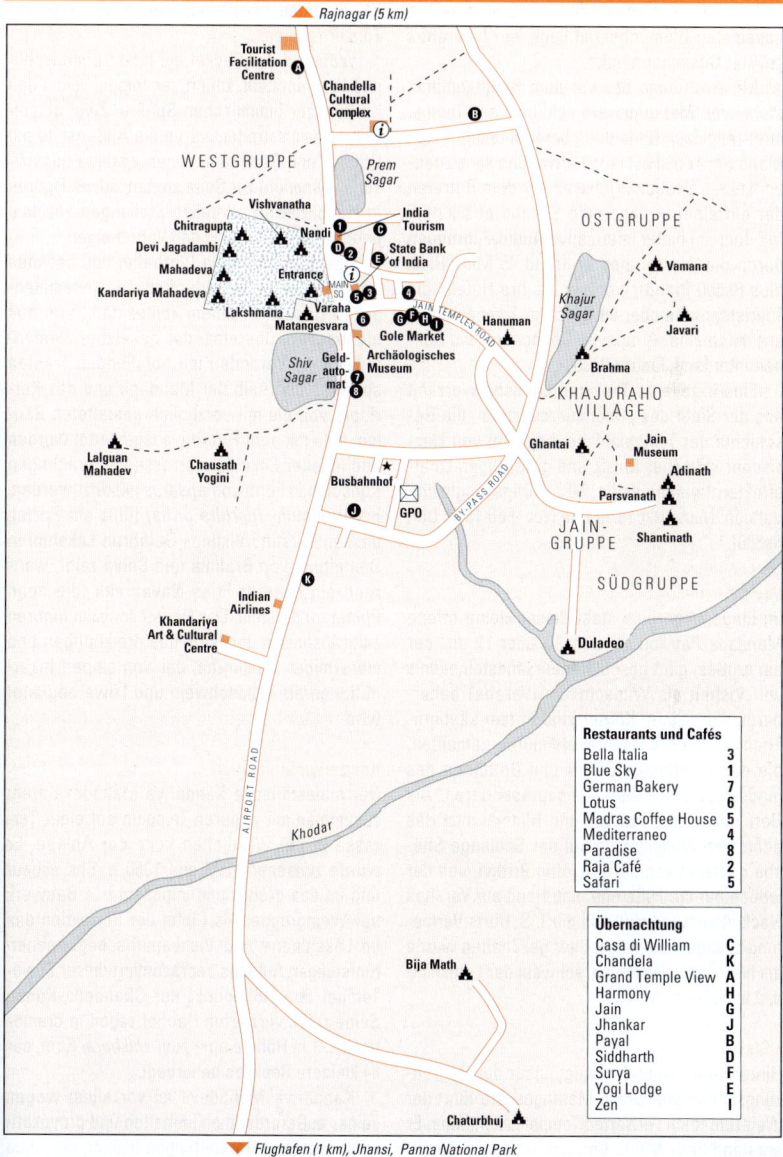

Khajuraho

N · 0 — 500 m

▲ Rajnagar (5 km)

WESTGRUPPE
- Tourist Facilitation Centre — A
- Chandella Cultural Complex
- Vishvanatha
- Chitragupta
- Nandi
- Devi Jagadambi
- Mahadeva
- Entrance
- Kandariya Mahadeva
- Lakshmana
- Varaha
- Matangesvara
- India Tourism
- State Bank of India
- Prem Sagar
- Shiv Sagar
- Geldautomat
- Gole Market
- Archäologisches Museum

OSTGRUPPE
- Vamana
- Khajur Sagar
- Javari
- Hanuman
- Brahma
- KHAJURAHO VILLAGE
- Ghantai
- Jain Museum
- Parsvanath
- Adinath
- Shantinath

JAIN-GRUPPE
SÜDGRUPPE
- Duladeo

- Lalguan Mahadev
- Chausath Yogini
- Busbahnhof
- GPO
- Jhankar — J
- Indian Airlines
- Khandariya Art & Cultural Centre — K
- Bija Math
- Chaturbhuj

BY-PASS ROAD · AIRPORT ROAD · Khodar

Madhya Pradesh

Restaurants und Cafés
Bella Italia	3
Blue Sky	1
German Bakery	7
Lotus	6
Madras Coffee House	5
Mediterraneo	4
Paradise	8
Raja Café	2
Safari	5

Übernachtung
Casa di William	C
Chandela	K
Grand Temple View	H
Harmony	G
Jain	A
Jhankar	J
Payal	B
Siddharth	D
Surya	F
Yogi Lodge	E
Zen	I

▼ Flughafen (1 km), Jhansi, Panna National Park

www.stefan-loose.de/indien

Die Westgruppe

Die westliche Tempelgruppe, die wie eine gestrandete Schiffsflotte aus Stein zwischen makellosen Rasenflächen und mit Bougainvillea gesäumten Blumenbeeten liegt, ist Khajurahos größter Besuchermagnet.

Mit Ausnahme des vor dem Hauptkomplex stehenden **Matangesvara** scheinen alle Tempel ihrer religiösen Bedeutung beraubt und nur zum Maha Shivratri-Fest (s. o.) erwachen sie zu neuem Leben. Besucher müssen vor dem Betreten der einzelnen Anlagen die Schuhe ausziehen. MP Tourism bietet informative **Audio-Führungen** durch die Westgruppe an (rund 45 Min., Rs60 plus Rs500 Pfand), die über all ihre Hotels, die Touristenbüros oder im Büro der Tempelanlage erhältlich sind. ⏱ tgl. von Sonnenauf- bis Sonnenuntergang, Eintritt Rs250.

Eine exzellente **Ton- und Lichtshow** erzählt aus der Sicht des „Bildhauermeisters" die Geschichte der Tempelanlage, begleitet von klassischer indischer Musik und großartigen Lichteffekten (allabendliche, 50-minütige englische Version: März–Okt 19.30 Uhr, Nov–Feb 18.30 Uhr, Rs300).

Varaha

Im Eingangsbereich steht dieser kleine offene Mandapa-Pavillon aus dem 10. oder 11. Jh., der ein großes, glatt geschliffenes Sandsteinbildnis von **Vishnu** als Wildschwein (Varaha) beherbergt. Auf seinen Körper sind in fein säuberlichen Reihen 674 Flachrelief-Figuren gemeißelt, die die wichtigsten Götter und Göttinnen des hinduistischen Pantheons repräsentieren. Als Herr über Erde, Wasser und Himmel sitzt das achtsame Wildschwein auf der Schlange Shesha begleitet von der Erdgöttin **Prithvi**, von der jedoch nur die Füße und eine Hand auf Varahas Nacken erhalten sind und die T. S. Burts Vermutung zufolge niemals schöner geschaffen wurde als hier. Über dem Bildnis schwebt der Lotushimmel in Reliefform.

Lakshmana

Hinter Varaha und dem gegenüber der Begrenzungsmauer stehenden Matangesvara führt der Weg zum reich verzierten Tempel Lakshmana. Er entstand etwa 950 n. Chr. und ist damit das älteste Bauwerk der Westgruppe. Er erhebt sich auf einem hohen Sockel, dessen Friese Prozessionen mit Pferden, Elefanten und Kamelen neben Soldaten, häuslichen Szenen, Musikern und Tänzern zeigen.

Während der Sockel die niedere menschliche Welt darstellt, knüpft der Tempel selbst den Kontakt zur himmlischen Sphäre. Zwei gemeißelte Gesimsstreifen zieren die Außenseite mit Göttern und Göttinnen, denen *apsaras* (himmlische Nymphen) zur Seite stehen, sowie Figuren in komplizierten sexuellen Stellungen auf dem unteren Streifen und in den Vertiefungen.

Über der Mandapa (Vorhalle) und Veranda erheben sich aufeinander folgende, pyramidenartige Dächer zu einem kompakten Turm aus identischen, übereinander gesetzten Elementen. Kleine Veranden mit abfallenden Traufen springen oberhalb der Mandapa und des Korridors vor, die mit vorzüglich gestalteten Säulen, jede mit acht Figuren, ausgestattet wurden und in jeder Ecke der Terrasse von prächtigen Konsolen in Form von *apsaras* gestützt werden. Ins Heiligtum *(garbha griha)* führt ein Portal, dessen Türsturz Vishnus Gefährtin **Lakshmi** in Begleitung von **Brahma** und **Shiva** zeigt, während ein anderer Fries **Navagraha** (die neun Planeten) darstellt. Das Hauptbildnis im Inneren zeigt Vishnu in der Form des dreiköpfigen und vierarmigen Vaikuntha, der von seinen Inkarnationen als Wildschwein und Löwe begleitet wird.

Kandariya Mahadeva

Der majestätische Kandariya Mahadeva steht zusammen mit anderen Tempeln auf einer Terrasse in der westlichen Ecke der Anlage. Er wurde zwischen 1025 und 1050 n. Chr. erbaut und ist das größte und imposanteste Bauwerk der Westgruppe. Als Gipfel der Perfektion des im Lakshmana und Vishvanatha begonnenen fünfstufigen Aufbaus, repräsentiert dieser Shiva-Tempel den Höhepunkt der Chandella-Kunst. Seine reich verzierten Dächer ragen in dramatische 31 m Höhe empor zum *shikhara*-Turm, der 84 kleinere Repliken beherbegt.

Kandariya Mahadeva ist vor allem wegen seiner außerordentlich lebhaften und provokativen **erotischen Darstellungen** beliebt, die seine

Die erotische Kunst Khajurahos

Seit ihrer Wiederentdeckung im Februar 1838 fasziniert oder entrüstet Khajurahos ungenierte erotische Skulpturenpracht die Betrachter. Der junge britische Offizier der Bengal Engineers T. S. Burt war – aufmerksam geworden durch die Erzählungen der Träger seiner *palki* (Sänfte) – von seiner geplanten Route abgewichen und erreichte die von dichtem Dschungel überwucherten antiken Tempel. Die freimütige Darstellung von Oralsex, Masturbation, Sodomie und derlei Dingen mag unter den Chandella des 10. Jhs. nicht anstößig gewesen sein, doch sie entsprach, wie Burt erzählt, kaum den moralischen Vorstellungen von Queen Victorias aufrechten Offizieren:

„Ich fand ... sieben Hindu-Tempel, die von der künstlerischen Ausfertigung her wunderschön und meisterhaft gehauen waren, doch die Steinmetze hatten ihre Motive nur allzu häufig leidenschaftlicher gestaltet, als dazu irgendeine Notwendigkeit bestanden hätte. Tatsächlich waren so manche Skulpturen extrem unsittlich und Anstoß erregend, was mich zunächst sehr erstaunte, da ich sie doch in Tempeln fand, die Göttern zu Ehren aus hehren Motiven errichtet werden und zur Huldigung der Religion."

Burt fand an den Stufen des Vishvanatha-Tempels eine Inschrift, die es den Historikern ermöglichte, die Stätte den Chandella zuzuschreiben und ihre Entstehungsgeschichte zu rekonstruieren. Die erotischen Darstellungen lösen noch heute vehemente Kontroversen und Debatten unter Akademikern wie neugierigen Touristen aus. Die Aufgabe, eine schlüssige Erklärung für ihren Sinn und Zweck abzugeben, wird durch die Tatsache erschwert, dass selbst die Chandella die Tempel in ihrer Literatur kaum erwähnten, und auch der Name „Khajuraho" mag in die Irre führen, weil er sich möglicherweise nur auf das nahe Dorf bezieht.

Zu den Erklärungsansätzen für den sexuellen Bezug der Skulpturen gehörten Spekulationen über Verbindungen zu tantrischen Kulten, in denen sexuelle Handlungen zentrale Bedeutung in der Götterverehrung haben. Andere Stimmen vermuten, dass die Inspirationen auf das Kamasutra zurückgehen und als Leitfaden für die Liebe dienen, während wiederum andere Thesen anführen, dass die Skulpturen die Götter unterhalten, ihren Zorn zerstreuen und so die Tempel gegen Naturkatastrophen schützen sollten.

Die sechzehn großen Täfelungen, die an den nördlichen und südlichen Fassaden der drei Haupttempel – Kandariya Mahadeva, Lakshmana und Vishvanatha – sexuelle Vereinigung zeigen, thematisieren dies überwiegend in Verbindung der männlichen und weiblichen Elemente der Tempel, Mandapa (Vorhalle) und *garbha griha* („Mutterschoß"). Vielleicht sind sie deshalb als optischer Symbolismus zu deuten, dem alle künstlerischen Freiheiten zugebilligt waren.

drei Stufen schmücken und nahezu jede Fläche der Außenseite bedecken. Bewundernde Blicke erntet stets das besonders schön gestaltete Bildnis eines in *mithuna* (sexueller Vereinigung) verbundenen Paares, das zu beiden Seiten von Frauengestalten zur Sinnlichkeit ermutigt wird. Es gehört zu Khajurahos bekanntesten Motiven und scheint sich über die Natur hinwegzusetzen, denn die männliche Gestalt hängt kopfüber nach unten, und erst wenn man die Szene wie aus der Vogelperspektive betrachtet, machen die geschmeidig ineinander verschlungenen Glieder Sinn.

Ein kunstvoll aus einem Stein gearbeitetes Blumengewinde dient über dem Tempelportal als *torana*, zeremonielles Eingangstor für eine Hochzeitsprozession. Innen wie außen feiern üppig und feinsinnig gestaltete Götter, Göttinnen, Musiker und Nymphen den Anlass. Drinnen führt eine dunkle Passage ins *garbha griha*, in dessen Mitte ein Shivalingam verehrt wird.

In den Nischen an der Außenseite befinden sich Bildnisse von **Ganesha**, **Virabhadra** und den **Sapta Matrika** („sieben Mütter"), die für das Einkleiden des Bräutigams Shiva verantwortlich sind.

Devi Jagadambi

Nördlich des Kandariya Mahadeva schließt sich auf derselben Terrasse der ältere Tempel Devi Jagadambi an. Er weist eine einfachere Struktur auf und hat keine versetzten Balkone an den Außenwänden. Die auffällige Vorhalle, des ursprünglich Vishnu geweihten, Bauwerks ist von einem kompakten Pyramidendach gekrönt. Drei *bhanda* („Gürtel") umschließen den *jangha* („Leib, Rumpf"), der mit feinen sinnlichen Steinmetzarbeiten versehen ist. Die erotischen Darstellungen des dritten *bhanda* gelten als die vollendetsten von Khajuraho. Überall erscheint Vishnu auf den Friesen, die auch geschmeidige Nymphen, Götter und Göttinnen (teils in liebender Umarmung) zeigen. Die Fachwelt vertritt unterschiedliche Meinungen zum Bildnis im Inneren des Heiligtums: Die einen halten es für eine stehende Parvati, die anderen für die schwarze Göttin Kali, die den Ortsnamen Jagadambi trägt.

Zwischen Kandariya Mahadeva und Devi Jagadambi beherbergen die Reste des Tempels **Mahadeva** einen meterhohen Löwen, den eine Gestalt mit undefinierbarem Geschlecht begleitet. Der meist stark stilisierte Löwe ist in Khajuraho ein stets wiederkehrendes Motiv. Hier richtet er sich über einem knienden Krieger mit gezogenem Schwert auf, möglicherweise ein Emblem der Macht der Chandella.

Chitragupta

Am Ende der Terrasse steht der restaurierte, wuchtige und stellenweise unförmige Tempel Chitragupta, der seinem südlichen Nachbarn Devi Jagadambi ähnelt. Ungewöhnlich ist, dass er dem Sonnengott **Surya** geweiht wurde. Die schönen Darstellungen auf den Friesen zeigen Jagdszenen, Nymphen und Tanzmädchen nebst Prozessionen, und im Süden fällt das Bildnis eines besonders energischen Vishnu auf, das alle zehn Inkarnationen vereint. In der inneren Kammer sieht man den hitzigen Surya auf einem Wagen, der von sieben Pferden gezogen wird.

Der kleine, relativ unbedeutende Tempel vor dem Chitragupta ist ebenfalls rundum restauriert und heute **Parvati** geweiht. Ursprünglich mag es sich um einen Vishnu-Tempel gehandelt haben, wenngleich er ein interessantes Bildnis der auf einem Krokodil reitenden Göttin Ganga beinhaltet.

Vishvanatha

Der auf einer Ebene mit dem Lakshmana stehende Tempel Vishvanatha im Nordosten der Umfriedung ist der dritte der drei Hauptschreine der Westgruppe. Er kann präzise auf das Jahr 1002 n. Chr. datiert sowie der Herrschaft Dhangadevas zugeordnet werden. Der Vishvanatha war, im Gegensatz zu anderen Tempeln Khajurahos, in denen die residierenden Gottheiten wechselten, stets ein Shiva-Tempel. Dies belegt der offene Pavillon der Vorhalle vor dem Haupttheiligtum, wo ein riesiger, sitzender **Nandi** folgsam wartet. Die großen Tafeln zwischen den Balkonen zeigen auch hier *mithuna*, Paare in liebender Umarmung zwischen sinnlichen Nymphen.

Matangesvara

Die Schlichtheit des außerhalb der Tore stehenden Tempels Matangesvara weist ihn als eines der ältesten Bauwerke Khajurahos aus. Er entstand im frühen 10. Jh. und dient noch heute als Tempelstätte. Das runde Heiligtum hat mehrere tiefe Balkone. Wie eine Säule erhebt sich im Innern als zentrales Heiligtum ein Shivalingam auf einer als Sockel dienenden *yoni*, die Vulva – wiederkehrendes Symbol der Unität Shivas. Während des jährlichen Shivratri-Festes, der prachtvollen Hochzeit von Shiva und Parvati, wird der Schrein zum Mittelpunkt aufwendiger Aktivitäten: Zahlreiche Pilger zieht er an, hier ihre Zeremonien zu feiern, die tief in der Vergangenheit Khajurahos verankert sind.

Chausath Yogini

Südwestlich des Badebeckens Shiv Sagar stehen die Überreste des seltsamen Tempels Chausath Yogini – „Die 64 *yogini*". Das Bauwerk aus dem 9. Jh. besteht aus 35 kleinen Granitschreinen, die sich um ein Rechteck gruppieren. Ursprünglich gab es 64 solcher Schreine, in deren Mitte der Tempel der residierenden Göttin stand. In ganz Indien gibt es nur 14 weitere Tempelanlagen (alle im Norden), die jenen zornigen und blutrünstigen Begleiterinnen der wilden Göttin Kali geweiht sind. Rund 1 km westlich befinden sich die Ruinen des kleinen Tempels **Lalguan Mahadev**, der Shiva geweiht ist.

Die Ostgruppe

Die zwei getrennten Tempelbereiche, die Cunninghams Ostgruppe bilden, sind über die beiden Verzweigungen der vom Zentrum ostwärts führenden Straße zu erreichen: der eine besteht aus den dicht beieinander stehenden **Jaina-Tempeln**, der andere aus mehreren weiter nördlich stehenden Schreinen sowie den beiden größeren Tempeln Vamana und Javari, die beide aus dem späten 11. Jh. stammen. ⏱ tgl. Sonnenaufgang bis -untergang, Eintritt frei.

An der Nordseite der Jain Temples Rd steht ein modernerer Tempel, der eine zwei Meter hohe Statue des Affengottes **Hanuman** beherbergt. Sie ist vermutlich älter als sämtliche Tempel und Schreine Khajurahos. Von dort, wo der Weg am Dorfrand nach links zum Ostufer des trüben Wasserbeckens Khajur Sagar abzweigt, führt er zu den Ruinen eines Tempels mit nur einer Kammer, der irrtümlich als **Brahma**-Tempel bezeichnet wird. In der Literatur häufig auch mit Vishnu in Verbindung gebracht, handelt es sich in Wirklichkeit um ein Shiva-Heiligtum, was deutlich am *chaturmukha*, dem „vierköpfigen" Shivalingam ersichtlich ist. Während die östliche und die westliche Front freundliche, gütige Züge tragen und die Nordseite die Milde von Shivas weiblicher Manifestation Uma zeigt, ist die grausame Südseite mit Darstellungen von Tod und Vernichtung überzogen.

Die staubige Straße führt weiter zum kleinen Tempel **Javari**. Das Bauwerk ist nicht so reich verziert wie andere Tempel, weist aber einige sehr schöne Skulpturen auf, von denen vor allem die Nymphen im klassischen Khajuraho-Stil Beachtung verdienen.

Der größte Tempel des Dorfes Khajuraho, **Vamana**, steht abgesondert in einem Gebiet 200 m weiter nördlich. Das etwas früher als der Javari, im bereits voll entwickelten Chandella-Stil, errichtete Bauwerk besitzt einen schlichten *shikhara*-Turm. Zu den Statuen gehören verführerische himmlische Nymphen, die zu zwei Bändern geformt den Tempelrumpf *(jangha)* umschließen. Ins Innere des Heiligtums, das Vishnus Inkarnation Vamana geweiht ist, führt ein prächtiges Portal. Richtung Jain-Gruppe führt der Weg an den Überresten des Tempels **Ghantai** aus dem späten 10. Jh. vorbei, dessen schöne Säulen mit Glocken *(ghantai)*, Blumengewinden und anderen Motiven verziert sind.

Der Tempel **Parsvanath**, der den ummauerten Bezirk der **Jain-Gruppe** dominiert, ist angesichts seines relativ einfachen Grundrisses wahrscheinlich älter als die Haupttempel Khajurahos. Er untersteht der gemeinsamen Verwaltung des Archaeological Survey of India und der Jain-Gemeinde. Vielleicht war er einst ein Hindu-Tempel, der später der sich ansiedelnden Jain-Gemeinde überlassen wurde. Auf jeden Fall ist Khajurahos lebenssprühende Skulpturenkunst auf den beiden horizontalen Bändern, welche die Mauern umlaufen, sehr gut repräsentiert. Das obere Band ist von hinduistischen Göttern in den bekannten innigen Darstellungen übersät. Zu den besten Arbeiten Khajurahos gehören hier ein Brahma mit Gemahlin, ein schöner Vishnu, ein seltenes Bildnis des Liebesgottes **Kama**, der seine Gesellin **Rati** umarmt, zwei anmutige weibliche Gestalten, von denen die eine ihre Augen mit Kajal umrandet, während die andere einen Dorn aus ihrem Fuß zieht. Auf einem schmalen Streifen über den beiden Hauptbändern sind Girlanden tragende himmlische Musikanten *(gandharva)* dargestellt, die Zimbeln, Trommeln, Saiteninstrumente und Flöten spielen. Im Inneren, hinter einer reich verzierten Halle, ist ein schwarzer Monolith dem Jain-Heiligen Parsvanath geweiht, der erst 1860 an die Stelle eines anderen *tirthankara*, Adinath, trat.

Die Südgruppe

Khajurahos Südgruppe besteht aus drei weit auseinander liegenden Tempeln. Am nächsten zur Stadt liegt 1,5 km vom Stadtzentrum entfernt der **Duladeo**, zu dem ein staubiger Pfad südlich der Jain-Gruppe führt. Er entstand im frühen 12. Jh. und legt Zeugnis vom allmählichen Verfall der Tempelarchitektur in der späten Chandella-Epoche ab. Vor allem den Skulpturen fehlt die kennzeichnende Geschmeidigkeit des Khajuraho-Stils.

Jenseits des Flusses Khodar und südlich zweigt eine schmale Straße links von der Airport Rd ab, die zu dem unverhältnismäßig großen, sich nach oben verjüngenden Tempel **Chaturbhuj** führt. Sein über die Baumwipfel hinausragender *shikhara*-Turm ist kilometerweit zu sehen. Das um 1100 entstandene Bauwerk hat eine gewisse Ähnlichkeit zum Javari-Tempel der Ostgruppe und ist ein Vorläufer des Duladeo, insgesamt jedoch schlichter als dieser und bar jeder Erotik. Im inneren Heiligtum steht eine 2,7 m hohe Vishnu-Statue.

Der Weg zum dritten Tempel **Bija Math** führt zunächst zurück zur Häusergruppe vor dem Chaturburj und dann über einen staubigen Pfad rechts durch den kleinen Ort. Bis 1998 lag er unter einem verdächtig großen Erdhügel *(tela)* verborgen, bis der ASI ein Ausgrabungsprojekt startete, bei dem die fein gestaltete Plattform entdeckt wurde. Der Tempel selbst ist leider gänzlich verfallen. Nur einzelne, ehemals schmuckvolle Skulpturen liegen weit um die Stätte verstreut.

Übernachtung

Für Besucher, die aus anderen Teilen von Madhya Pradesh anreisen, können Khajurahos Touristenschlepper und das mit ihnen verbundene Provisionssystem ein ziemlicher Schock sein. Am besten nie mit Taxi- oder Motor-Riksha-Fahrern zusammen in die Hotels gehen und nachdrücklich darauf beharren, sich die Unterkunft selbst auszusuchen. Das riesige Hotelangebot sorgt für heftige Konkurrenz und hohe Unterbringungsstandards in allen Preiskategorien. Bei etwas Verhandlungsgeschick sind kräftige Preisnachlässe drin, vor allem, wenn man mehrere Nächte bleibt oder in der flaueren Sommersaison hier ist.

Casa di William, in einer kurzen Seitenstraße der Main Rd, ✆ 07686-274244, ✉ hotelcasediwilliam@hotmail.com. Die zwanglose Unterkunft vermietet eine Hand voll pieksauberer Zimmer mit Bad zu sehr entgegenkommenden Preisen: absolut o.k., wenn auch nicht besonders aufregend. ❸

Chandela, an der Straße zum Flughafen, ✆ 07686-272355, 🖥 www.tajhotels.com. Elegante Cottages mit Bad (US$95–150) in einer gepflegten, 4,5 ha großen Gartenanlage mit allen Annehmlichkeiten der Taj-Gruppe: Minigolf, Tennis, Krocket, Fitness-Center, Pool

Luxusoase mit Verwöhnprogramm

Grand Temple View, Main Rd, ✆ 07686-272111, 🖥 www.thegrandhotels.net. Der Toptipp, wenn Geld keine Rolle spielt. Die luxuriösen Zimmer (ab US$330) blicken auf einen geschwungenen Pool und Grüppchen schattiger *mahua*-Bäume. Am tollsten ist aber das Wellness-Angebot, u. a. mit Yoga, Ayurveda-, Thai- und Reflexzonen-Massage und Meditation. Wer nicht aufpasst, vergisst darüber glatt die Tempelbesichtigung. ❾

(für Nicht-Gäste Rs300), Café, Bar und zwei Restaurants. ❽–❾

Harmony, Jain Temples Rd, ✆ 07686-274135, 🖥 www.hotelharmonyonline.com. Das mediterrane Styling verleiht dem Hotel ein angenehm großzügiges Flair. Es bietet eine Auswahl an luftigen, supersauberen Zimmern der unteren und mittleren Preisklasse, einen Hof voller Vögel und ein Restaurant. ❷–❺

Jhankar, By-Pass Rd, ✆ 07686-274063, ✉ jhankar@mptourism.com. Das propere MP-Tourism-Hotel in sicherer Entfernung vom Touristen- und Schlepper-Gewimmel rund um die westliche Tempelgruppe ist zu Recht beliebt, vor allem bei indischen Touristen. Bei den Doppelzimmern mit Bad und AC ist das Frühstück inklusive. Die winzige Bar hat von 15–19 Uhr Happy-Hour mit 20 % Rabatt. ❺

Payal, hinter den Feldern nordöstlich des Zentrums, ✆ 07686-274064, ✉ payal@mptourism.com. Das billigere der MP-Tourism-Hotels hat triste Standardzimmer und bessere AC-Doppelzimmer, deren Veranden auf eine hübsche Gartenanlage blicken. Plätze auf dem benachbarten Campinggelände sind ebenfalls an der Rezeption zu buchen. ❹–❺

Siddharth, gegenüber der westlichen Tempelgruppe, ✆ 07686-274627, ✉ hotelsiddharth@rediffmail.com. Anständiges Mittelklasse-Hotel mit freundlichem Personal und ansprechenden Zimmern, deren Einrichtung etwas mehr Pep vertragen könnte. Das Deluxe-DZ mit AC hat herrlichen Tempelblick. Die indischen Gerichte des Restaurants gehören zum Besten, was vor Ort zu haben ist. ❹–❺

Surya, Jain Temples Rd, ✆ 07686-274145, 🖵 www.hotelsuryakhajuraho.com. Kompetent geführtes Hotel mit 40 tadellosen Zimmern verschiedener Preislagen, üppig grünem Garten, Yoga- und Massage-Angebot und Restaurantbereich im Freien. ❶–❹

Yogi Lodge, in einer kleinen Sackgasse zwischen den Läden hinter dem Raja Café, ✆ 07686-274158, ✉ yogi_sharm@yahoo.com. Ziemlich spartanische, blassrosa Zimmer mit Bad zum unschlagbaren Preis, zumal Yoga und Meditation gleich inklusive sind. ❶

Zen, Jain Temples Rd, ✆ 07686-274228, ✉ oshozen62@hotmail.com. Preiswerte Zimmer rund um einen friedlichen Zen-Garten mit Lotosteich. Die teureren Zimmer sind größer und in mutigeren Farben ausgestattet. Achtung: Wenn der Inhaber zum Essen in sein Heim einlädt, erwartet er dafür eine Bezahlung. ❷–❺

Essen

In Khajuraho herrscht kein Mangel an Restaurants; die Auswahl reicht von einfachen, preiswerten Lokalen bis zu teuren internationalen und italienischen Restaurants. Hotels wie Chandela, Holiday Inn, Jass Trident und Grand Temple View haben Restaurants der oberen Kategorie, die exquisite Küche zu angemessenen Preisen offerieren. Vorsicht: Viele Dachterrassen-Restaurants versprechen zum Essen zugleich Blick auf die abendlichen Ton- und Lichtshows, während in Wirklichkeit nur Lichtflackern und gedämpfte Sprachfetzen bis zu ihnen heraufdringen.

Bella Italia, Jain Temples Rd. Gute und erschwinglichere Alternative zum Mediterraneo (s. u.) mit hausgemachter Pizza und Pasta, hygienisch einwandfrei zubereiteten Salaten und Crêpes. Am frühen Abend versammeln sich in den Bäumen gegenüber Hunderte von Papageien, die einen Riesenlärm veranstalten, bevor sie sich gegen 20 Uhr zur Ruhe begeben. Hauptgerichte Rs95–190.

Blue Sky, Main Rd. Das Dachterrassen-Restaurant hat ein einmaliges Esserlebnis zu bieten: einen Tisch im Baumhaus hoch über den anderen Gästen (mit Glocke, um die Bedienung zu rufen). Doch selbst für nicht schwindelfreie

Mediterraner Schlemmertempel

Mediterraneo, Jain Temples Rd, ✆ 07686-272246. Echte Pizza mit dünnem Knusperboden aus dem Holzofen, handgemachte Pasta, selbst gebackenes Vollkornbrot mit Marmelade aus eigener Herstellung, Schokoladenkuchen, Muffins und unvergleichlicher Cappuccino machen das charmante Lokal zur besten kulinarischen Adresse der Stadt. Reservierung ratsam. Hauptgerichte Rs150–260.

Esser sind die *thalis*, chinesischen Spezialitäten und brauchbaren Gnocchi- und Risottogerichte einen Besuch wert. Und das Erfrischungsgetränk *jeevan rakshak ghol* (Mineralwasser, Limonensaft, Zucker und Salz) ist an heißen Tagen kaum zu toppen. Hauptgerichte Rs45–130.

German Bakery, Main Rd. Winziger Laden mit vier Plastikhockern, einem wackeligen Tischchen und verführerischem, hausgemachtem Gebäck: Croissants, *pain au chocolat*, Brötchen, Plätzchen und *brownies* (kleine Schokoladenkuchen) – alle für etwa Rs10–30; dazu gibt es Filterkaffee. Abenteuerlustigere Esser können auch die Sandwiches mit nepalesischem Yakmilch-Käse probieren.

Lotus, Jain Temples Rd. Zwangloses Dachterrassen-Lokal mit knallroten Tischdecken, guten Frühstücksgerichten wie *aloo paratha* sowie indischen und chinesischen Klassikern für den Rest des Tages. Hauptgerichte Rs60–150.

Madras Coffee House, Jain Temples Rd. Schlichter Kantinenbetrieb mit südindischen Gerichten wie *dosas*, *vadas* und *uttapams* zu nordindischen (sprich: höheren) Preisen (Rs30–80).

Paradise, Airport Rd. Typische Pfannkuchen- und dezent gewürzte *thali*-Gerichte (Rs35–100). Kleine Tische und Laternen auf Dachterrasse mit Blick auf den Seerosenteich Shiv Sagar.

Raja Café, Main Square. Khajurahos boomender Laden für alles: neben offiziellen Führern, Internetzugang und Buchladen bietet das Raja auch Röstis, Bœuf Stroganoff, Gulasch und

zeitlos beliebtes *southern fried chicken* sowie indische und chinesische Küche und kaltes Bier. Hauptgerichte Rs60–100.
Safari, Jain Temples Rd. Populäre Adresse unter Rucksackreisenden. „Chicken and Chips", ausgiebiges Frühstück und vielfältige *lassi*-Kombinationen zu den Klängen von Bob Marley. Hauptgerichte Rs50–100.

Sonstiges

Fahrräder

Auf den nahezu leeren Straßen ist das **Fahrrad** das bei Weitem angenehmste Fortbewegungsmittel. Mohammad Bilal, an der Jain Temples Rd, verleiht Räder für Rs50/Tag.

Geld

Geld wechselt die **State Bank of India** am zentralen Main Square. Mo–Fr 10.30–16.30, Sa 10.30–13.30 Uhr. Sie betreibt außerdem einen Geldautomaten gegenüber vom Shiv-Sagar-Teich.

Informationen

Das kompetente **Informationsbüro** von India Tourism befindet sich am Main Square, 07686-272348), Mo–Sa 9.30–18 Uhr. Das Büro von **MP Tourism**, im Chandella Cultural Complex, 07686-274051, kann Unterkünfte und Mietwagen vermitteln. Mo–Sa 10–5 Uhr, am 2. und 4. Sa des Monats geschlossen.
Außerdem gibt es noch ein brandneues **Tourist Facilitation Centre** neben dem Hotel Grand Temple View mit mehreren Touristeninformationen und anderen Serviceangeboten für Reisende.

Internet

Internetzugang (Rs40/Std.) gibt es beim **Raja Café** und in der Umgebung der Jain-Tempel.

Polizei

Für den Fall ernsthafter Probleme – z. B. mit lästigen Schleppern und Abzockern – betreibt die **Touristenpolizei** einen Kiosk an der Main Road.

Post

Postamt in der Nähe vom Busbahnhof.

Touren

Zu den empfohlenen und sehr erfahrenen **Führern**, die Besuchern Khajuraho näher bringen, gehören Ganga, der Eigentümer des Hotel Harmony, der beliebte D. S. Rajput, Mr. Mama und Mr. Chandel, die alle drei über das Raja Café zu kontaktieren sind, und Raghuvir Singh, der über das Tour-Aids-Büro (s. u.) zu erreichen ist.
Die behördlich festgelegten Honorare für Führer betragen Rs350 für 1–5 Personen pro halben Tag und Rs500 für den ganzen Tag. Bei Führungen in anderen Sprachen als Hindi und Englisch erfolgt ein Zuschlag von Rs180.

Nahverkehr

Khajuraho setzt sich aus mehreren Dörfern zusammen, die **kein öffentliches Verkehrsnetz** haben. Doch es gibt verschiedene Möglichkeiten:
Taxis und **Mietwagen** sind am zentralen Main Square zu kriegen; ebenso über das *Raja Café* oder bei Agenturen wie *Sanjay Jain* im Hotel Jain, *Khajuraho Tours,* 07686-272343, im Maqbara-Gebäude, *Tour Aids,* 07686-274060, im Khandariya Art and Cultural Centre oder dem *Travel Bureau,* 07686-274037, in der Jain Temples Rd, nahe dem Main Square. Ein Taxi nach Orchha kostet um die Rs1500, nach Satna Rs1200 und zum Panna National Park Rs1500. Forderungen der Fahrer nach horrenden *„road tolls"* (Straßengebühren) geflissentlich ignorieren und vor Fahrtantritt einen festen Preis vereinbaren.
Fahrrad-Rikschas kosten ca. Rs40 pro Std. für Fahrten vom zentralen Main Square zur Ost- oder Südgruppe Rs40 und für eine Rundfahrt zu allen Tempeln Rs100, **Motor-Rikschas** für den halben Tag Rs150 und für ganztägige Tempelrundfahrten Rs250.

Transport

Busse

Alle Busse steuern den knapp 1 km südöstlich vom zentralen Main Square gelegenen **Busbahnhof** an, der sich in Laufweite zu den

meisten zentralen Hotels befindet. Fahrrad-Rikschas zum Zentrum kosten Rs10, Motor-Rikschas Rs15.
In den meisten Hotels in Khajuraho hängen Bus- und Zugfahrpläne aus.

Busse nach:
AGRA (1x tgl., 8 Std.),
BHOPAL (1x tgl., 12 Std.),
GWALIOR (4–5x tgl., 7–9 Std.),
JHANSI (privat betriebene Busse, 6x tgl., 4 Std.; staatliche Busse 3x tgl. 5–6 Std.; der Bus um 11 Uhr hat in Jhansi Anschluss an Nachtzüge nach Norden und Expresszüge nach Delhi/Agra oder Bhopal und Mumbai),
MAHOBA (11x tgl., 2 1/2–3 Std.),
SATNA (3x tgl., 3 1/2–4 Std.; mit Anschluss an Züge der Strecken Mumbai–Varanasi–Kolkata und Anschluss nach GORAKHPUR, von wo Busse zur nepalischen Grenze fahren),
VARANASI (3x wöchentl., 14 Std.); wer den Nachtbus ab Khajuraho um 16.30 Uhr nimmt, vermeidet die lange Wartezeit auf den Zug ab Satna. Alternativ fahren zwischen 6 und 22.30 Uhr tgl. elf Busse ins nördliche Mahoba (3 Std.), wo der Bundelkhand Express Nr. 1107 um 22.35 Uhr nach Varanasi abfährt (12 Std.).

Eisenbahn

Die beiden nächsten Bahnhöfe sind Jhansi im Nordwesten und Satna im Südosten. Von/zu beiden Zielen verkehren Busse. Am Busbahnhof gibt es ein computergestütztes Buchungsbüro für Zugtickets (tgl. 9–12 und 14–16 Uhr), durch dessen Nutzung sich die langen Schlangen in Jhansi, Mahoba oder Satna vermeiden lassen.

Von **Jhansi** fährt der superschnelle klimatisierte Shatabdi Express Nr. 2001 um 17.56 Uhr via GWALIOR und AGRA nach DELHI.
Von **Satna** fährt tgl. um 7.05 Uhr (7–8 Std.) und 19.50 Uhr (8 Std.) ein Zug nach VARANASI. Beste Verbindung von Satna nach JABALPUR ist der Mahanagiri Express Nr. 1094 um 17.55 Uhr (3 Std.).

Flüge

Am bequemsten ist die Anreise nach Khajuraho mit den häufig verkehrenden Fliegern von Indian Airlines oder Jet Airways. Der Flughafen liegt 5 km südlich vom Hauptplatz des Dorfs Khajuraho; eine Taxifahrt ins Ortszentrum kostet Rs100.

Bei allen Flügen ist die Buchungslage angespannt. Wer spät bucht, bekommt zwar oft noch eine Reservierungsbestätigung, aber diese kann noch bis kurz vor Abflug am Flughafen widerrufen werden.

Indian Airlines, ☎ 07686-274035, Flughafen ☎ 07686-274036, fliegt 6x wöchentl. nach VARANASI (40 Min.; US$140) und 3x wöchentl. nach DELHI (1 3/4 Std.; US$180).

Jet Airways, *Flughafen*, ☎ 07686-274407, fliegt tgl. über VARANASI nach DELHI.
In der Monsunzeit werden weniger Flüge angeboten.

Panna-Nationalpark

Der Panna-Nationalpark, 26 km südöstlich von Khajuraho, bietet sich als weniger überlaufene Alternative zu Madhya Pradeshs bekannteren Tigerreservaten an. Hauptattraktion des 543 km² großen Parks sind die Tiger, die sich häufig blicken lassen, außerdem leben hier aber auch Wölfe, Lippenbären, Pythons und 200 Vogelarten. ◷ Nov–Ende Juni tgl. 6.30–10.30 und 14.30–18 Uhr, Eintritt Rs2000 pro Fahrzeug mit bis zu 8 Pers. pro Safari, obligatorischer Führer Rs150 pro Safari, Elefantenritt Rs600.

Übernachtung und Essen

Ken River Lodge, ☎ 07732-275235, 🖳 www.kenriverlodge.com. Rustikale Hütten mit Betonbad und kleinem Ankleideraum sowie schickere Cottages auf einem 12 ha großen Gelände am Ken-Fluss. Die Lodge offeriert ein „Jungle Plan"- Pauschalpaket (US$100 für 2 Pers.) inkl. Unterkunft, Mahlzeiten und Safaris. ❽

Sonstiges

Das informative **Interpretation Centre** befindet sich 2 km westlich vom Parkeingang. ◷ tgl. 6–18 Uhr, Eintritt Rs50.

Transport

Mietwagen und Fahrer für die 37 km lange Anreise von Khajuraho kosten Rs700 für eine Strecke, Rs1800 als Tagestour. Alternativ fährt man mit dem **Bus** von Khajuraho nach Madla und von dort per **Sammeltaxi** (Jeep) weiter zum Park.

Der Osten von Madhya Pradesh

Der sogenannte „Tribal Belt" von Madhya Pradeshs Osten, Heimat der Adivasi-Minderheiten Gond und Barga, weist nur wenige historische Sehenswürdigkeiten auf, ist aber bekannt für seine **Nationalparks Kanha** und **Bandhavgarh**. Heute sind nur noch Reste von dem Waldgebiet vorhanden, das sich vor 150 Jahren noch über ganz Zentralindien erstreckte. Die Schutzgebiete zählen zu den letzten Rückzugsgebieten für zahlreiche gefährdete Vogelarten und Säugetiere, zu denen auch der **Tiger** gehört.

Zwei Haupt-**Eisenbahntrassen** durchziehen die Region. Die Central Railway verläuft von Bhopal durch das Tal des Narmada nach **Jabalpur**, dem Sprungbrett zum Kanha-Nationalpark, bevor sie nordwärts nach Satna (4 Std. bis Khajuraho) und zur Gangesebene abzweigt. Die Southeastern Railway säumt den Norden des Distrikts Bastar, den abgelegenen armen Süden des Bundesstaates, über den Anschluss nach Maharashtra, Andhra Pradesh und Orissa besteht, und verbindet im Osten die gesichtslosen Industriestädte Raipur und Bilaspur im oberen Chhattisgarh-Tal.

Jabalpur und Umgebung

Nachdem sie endlose Weiten mit Weizenfeldern und Stammesdörfern durchzogen haben, erreichen die Straße und die Eisenbahngleise, die Kolkata mit Mumbai verbinden, die größte Stadt im Osten Madhya Pradeshs: Jabalpur. Die 330 km östlich von Bhopal gelegene wichtige Provinzhauptstadt hat wenig zu bieten, ist aber als Ausgangspunkt für die **Marmorfelsen** am nahen Narmada-Fluss sowie für die Nationalparks und Tigerreservate Kanha und Bandhavgarh interessant, die beide etwa eine halbe Tagesreise entfernt im Osten liegen.

Drei Kilometer westlich in Richtung Marble Rocks streift der Highway eine ausgedehnte Moräne aus großen Granitfelsen, auf der die Ruinen des **Madan Mahal** (Originalaussprache: *M'den M'hel)* stehen, den der Gond-Herrscher Madan Shah 1116 als Festung und Lustschloss anlegen ließ. Einen Kilometer weiter westlich kommt man an eine eindrucksvolle Brücke über den Narmada.

Mehrere Schreine am Ufer kennzeichnen **Tilwara Ghat**, eine der heiligen Stätten, an denen ein Teil der Asche Mahatma Gandhis ausgestreut wurde. Die Abzweigung nach rechts führt zu den Marble Rocks.

Übernachtung

Die meisten Hotels Jabalpurs liegen in Busbahnhofsnähe und somit in bequemer Entfernung für frühe Busse nach Kanha. Achtung: Die teureren Unterkünfte erheben oft noch zusätzliche „Luxussteuern" und „Bedienungszuschläge".

Kalchuri Residency, Residency Rd, ✆ 0761-267 8491, ✉ kalchuri@mptourism.com. Das freundliche MP-Tourism-Hotel, vom Bahnhof gleich um die Ecke, hat verwohnte, aber großzügig bemessene Zimmer mit AC und ein einladendes Bar-Restaurant. ❺

Narmada Jacksons, Civil Lines, ✆ 0761-400 1122, ✉ info@narmadajacksons.com. Schmuckes, historisches Hotel mit modernen Zimmern, zentraler Klimaanlage, verlockendem Pool und der besten Bar von Jabalpur. ❼–❽

Kompetente Kooperative

India, in der Nähe des Karamchand Chowk, ✆ 0761-248 0093, ✉ icwcsltdjbp@rediffmail.com. Die Kooperative, die auch die Indian Coffee Houses betreibt, führt dieses Hotel mit der gleichen ruhigen Kompetenz. Die gut ausgestatteten, porentief reinen Zimmer mit Bad sind so neu, dass die Sessel noch Plastiküberzüge tragen. ❹–❺

Jabalpur

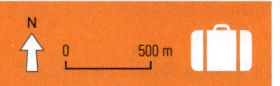

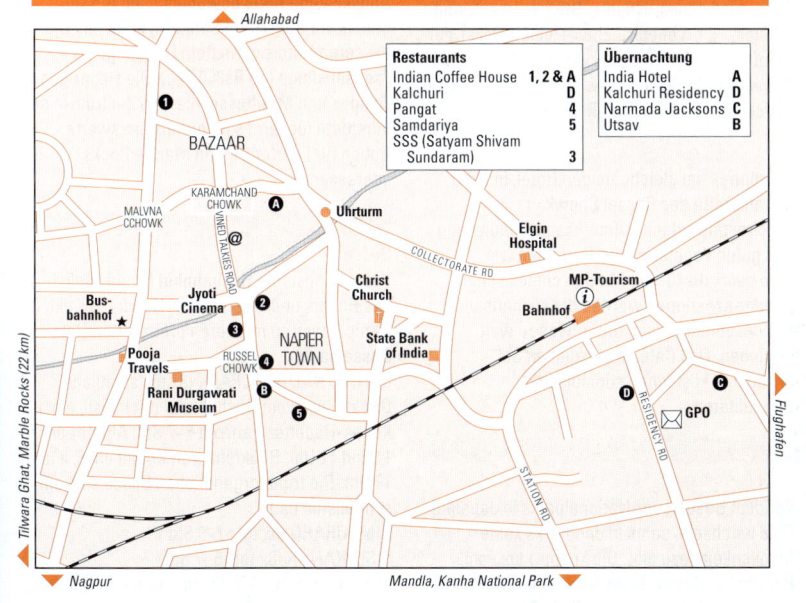

Restaurants
Indian Coffee House	1, 2 & A
Kalchuri	D
Pangat	4
Samdariya	5
SSS (Satyam Shivam Sundaram)	3

Übernachtung
India Hotel	A
Kalchuri Residency	D
Narmada Jacksons	C
Utsav	B

Utsav, Russel Chowk, ☎ 0761-401 7269, 🖥 www.hotelutsav.com. Schäbige Zimmer mit Bad und über 100 Kabel-TV-Kanälen zum kleinen Preis. Das Hotel liegt an einer verkehrsreichen Straßenecke mitten im Stadtzentrum; also unbedingt Ohrstöpsel mitbringen. ❷–❹

Essen

Indian Coffee Houses, drei Filialen: im Basar-Viertel, gegenüber vom Jyoti-Kino und im Hotel India. Alle servieren geldbeutelschonende südindische Frühstücksgerichte, Snacks und Mahlzeiten (Rs15–70) ohne viel Getue. Die Filiale im India ist schicker als die übrigen – mit coolen schwarzen Ledersesseln und Glaswänden.

Kalchuri Residency, im gleichnamigen Hotel. Das altbekannte MP-Tourism-Angebot – die üblichen Fleisch-, vegetarischen und chinesischen Gerichte für Rs50–100 – ist nicht weiter aufregend, aber abends empfiehlt sich das Kalchuri als nettes Plätzchen für ein kaltes Bier.

The Options, Vined Talkies Rd. Modisch gestyltes, klimatisiertes Lokal mit Mattglas zwischen den Sitznischen und fliegengeschmückten Kellnern. Der einladende Barbereich serviert leider nur alkoholfreie „Mocktails". Die vegetarischen *sizzlers* vom Grill, Pizzas und indischen Snacks (Rs30–60) sind alle gleichermaßen zu empfehlen.

Pangat, im Hotel Shikhar Palace, Russel Chowk. Orangefarbene Wände, Multicolor-Würfelleuchten und goldgesprenkelte Plastiktischdecken – ein Glück, dass dieses klimatisierte Restaurant nur gedämpft beleuchtet ist. Die Küche ist aber solide und serviert gut zubereitete, rein vegetarische nordindische und chinesische Kost (Rs30–75).

Fleischlos glücklich für wenig Geld

SSS (Satyam Shivam Sundaram), in der Nähe des Jyoti-Kinos, Naudra Bridge. Unaufdringliches, rein vegetarisches Lieblingslokal der Einheimischen mit hervorragenden *thalis*, *dhals* und Tagesspecials wie Pilz-Curry, alles zu unschlagbaren Preisen (Rs28–50).

Samdariya, im gleichnamigen Hotel, in einer Seitenstraße des Russel Chowk. Hotelrestaurant mit aufmerksamer Bedienung und guten vegetarischen Gerichten wie *aloo palak* (Rs40–80). Mit den chinesischen *paneer*-Kreationen werden die kulinarischen Fusionsbemühungen aber etwas zu weit getrieben. Das Café im westlichen Stil erfreut mit köstlichen südindischen Spezialitäten.

Sonstiges

Geld
Vor dem Besuch der Nationalparks in Jabalpur Geld wechseln, da es in den Parks keine Möglichkeit dazu gibt. Die knapp 1 km vom Bahnhof entfernte **State Bank of India**, und das gegenüber gelegene Hotel **Rishi Regency** (24 Std.) wechseln Reiseschecks.

Informationen
Das **Informationsbüro** von MP Tourism in der Ankunftshalle des Bahnhofs, 0761-267 7690, gibt die üblichen Prospekte aus.

Post
Fünf Minuten Fußweg vom Bahnhof Richtung Süden.

Touren
Pooja Travels, 0761-261 0118. Das seriöse Reisebüro des entgegenkommenden Mr. Jain vermietet Wagen (mit Fahrern); eine Tour nach Kanha kostet um die Rs2000. **MP-Tourism** bietet eine Bustour zu den Sehenswürdigkeiten der Stadt und den Marble Rocks an (10–18 Uhr, Rs200), die im Informationsbüro gebucht werden kann.

Nahverkehr
Zahlreiche **Motor- und Fahrrad-Rikschas** fahren die Straßen ab, während die wenigen Ambassador-**Taxis** gewöhnlich am Russel Chowk vor dem Hotel Samdariya warten. Die besseren Hotels vermitteln Fahrzeuge für Tagesausflüge (ab Rs800/Tag). Die klapprigen **Tempos** und **Minibusse**, die vom Zentrum in die Vorstädte tuckern, sind nur als preiswerte Option für Fahrten zu den Marble Rocks interessant.

Transport

Busse
Vom chaotischen **Busbahnhof** knapp südlich des Basars und westlich der Naudra-Brücke ist es nicht weit zu mehreren preiswerten Hotels.
Busse nach:
KANHA-NATIONALPARK (3x tgl. staatliche Direktbusse vom Busbahnhof nach Kisli, beim Khatia-Haupttor, Fahrzeit 5–7 Std. Abfahrt um 7, 11 und 12 Uhr, Rückfahrt von Khatia um 6, 8 und 13 Uhr. Die frühmorgendlichen Busse sind am schnellsten da.)
KHAJURAHO (5x tgl., 7–9 Std.),
KISLI/KANHA (3x tgl., 5–7 Std.),
KALKUTTA/KOLKATA (2x tgl., 19 1/2–27 3/4 Std.),
MANDLA (stdl., 3 Std.),
MURWARA (8–10x tgl., 2 Std.; zum Bandhavgarh-Nationalpark, s. Eisenbahn),
NAGPUR (10–12x tgl., 7 Std.),
SATNA (6–8x tgl., 8 Std.).

Eisenbahn
Die Züge der *Central Railway* bedienen Jabalpurs **Hauptbahnhof** 2 km östlich vom Zentrum. Motor-Rikschas benötigen ca. 5 Min. in die Stadt (Rs30).
Züge nach:
BANDHAVGARH-NATIONALPARK (4–6x tgl., 80 Min. nach Murwara; von dort mit Eastern Railway nach Umaria, wo Lokalbusse zum Park abfahren),
BHOPAL (2–6x tgl., 6–7 1/4 Std.),
CHENNAI (1–2x tgl., 23 3/4–32 Std.),
DELHI (2x tgl., 15 3/4–19 3/4 Std.; direkt mit dem Gondwana Express Nr. 2411: Abfahrt tgl. 15.55 Uhr, Ankunft 7.15 Uhr; oder mit dem klimatisierten Jan Shatabdi Express Nr. 2062,

Abfahrt tgl. 6.00 Uhr, nach Bhopal, Ankunft 11.35 Uhr, und von dort weiter mit dem Shatabdi Express Nr. 2001, Sa–Do Abfahrt 14.40 Uhr, Ankunft in Delhi 22.30 Uhr, Fr Abfahrt 14.55 Uhr, Ankunft 23.05 Uhr),
GWALIOR (2x tgl., 11 1/4–13 1/4 Std.),
INDORE (1x tgl., 15 1/2 Std.),
JHANSI (2x tgl., 8 3/4–11 Std.),
KHAJURAHO (mit einem der mehrmals tgl. verkehrenden Züge nach Satna, 3 Std., und von dort weiter mit staatlichen Direktbussen),
KALKUTTA/KOLKATA (2x tgl., 23–25 Std.),
MUMBAI (5–6x tgl., 18–20 Std.; die praktischste Verbindung bietet der Howrah–Mumbai Mail Nr. 2321: Abfahrt 17.50 Uhr, Ankunft 11.25 Uhr.)
NAGPUR (8x wöchentl., 9 1/4–10 1/2 Std.),
PATNA (2–4x tgl., 12 1/2–18 1/2 Std.; Sprungbrett nach Nepal),
SATNA (3–4x tgl., 3 Std.),
UJJAIN (2–3x tgl., 11–13 Std.),
VARANASI (4–6x tgl., 10 1/2–12 Std.; an der Hauptlinie Mumbai–Kolkata: die beste Verbindung ist der Varanasi Express Nr. 2165, Mo, Do und Fr, Abfahrt 21.20 Uhr, Ankunft 8 Uhr. Die anderen Züge fahren mitten in der Nacht ab oder bedeuten eine lange Tagesfahrt.).

Flüge
Kingfisher Airlines, ✆ 1800-233 3131, bietet eine tgl. Flugverbindung nach INDORE an.

Marble Rocks

In einem so hektischen, staubigen orientalischen Land sind der Liebreiz von Kühle und Frieden, der diesen reinen kalten Felsen und dem tiefen und blauen, doch klaren Gewässer innewohnt, gleichsam hinreißend.

Captain J. Forsyth,
The Highlands of Central India (1889)

Westlich von Jabalpur verengt sich der Narmada plötzlich, stürzt über eine Reihe von dramatischen Wasserfällen und zwängt sich durch eine Passage aus milchig-weißem Marmor, bis er seinen Lauf schließlich durch den Dekkan fortsetzt. Die 30 m hohen Felsen und gerundeten Formen, die das Wasser aus dem Gestein gewaschen hat, mögen nicht zu den Sieben Weltwundern der Natur gehören, doch an den Marmorfelsen **Bheraghat** (die örtliche Bezeichnung), lässt sich ein schöner Nachmittag verbringen.

Das **Dorf** Bheraghat selbst, das die Schlucht überschaut, ist ein kleiner verschlafener Flecken, in dem ausschließlich das Hämmern der Meißel in den Werkstätten der zahlreichen **Marmorbildhauer** den Alltag bestimmt. Der durchschimmernde weiße Marmor steht landesweit beim Bau neuer Tempel und Schreine hoch im Kurs.

Von der Hauptstraße führt eine Treppenflucht zum Fluss und zu den *ghats* hinab, von wo sich Besucher in **Ruderbooten** (Rs20 p. P.) durch die Schlucht fahren lassen können (nicht im Monsun von Juli–Mitte Oktober). Die Fahrten dauern je nach Wasserstand 20–30 Minuten. Wenn die Dämme weiter oberhalb geöffnet sind, kann die Strömung zu stark für die Boote sein. Vorsicht: Die Bootsmänner versuchen durchaus, 25 Personen in die Boote zu quetschen, doch viele Boote sind alt und zudem nur für 10 Personen gedacht.

Auf dem Wasser beginnen die Bootsmänner sofort, auf Hindi auf die interessanteren **Felsformationen** hinzuweisen. Die aufgeregten Reaktionen der indischen Mitreisenden gelten nicht etwa den „Fußstapfen des himmlischen Elefanten" oder der „Affensprungbrücke" (über die Hanuman im Ramayana nach Lanka gelangt), sondern jenen Orten, an denen Bollywood-Stars in bekannten Filmen auftraten. Auffallend sind die enormen **Bienennester**, die in den Felsspalten hängen. Am Abend sind die Felsformationen angestrahlt.

Bheraghat ist auch eine Art Wallfahrtsstätte. Von der Flussgabelung führen 107 Felsstufen zum **Mandapur-Tempel** aus dem 10. Jh. Berühmt sind die 64 fein gearbeiteten tantrischen Gottheiten, „Chausath Yogini", die der Rundbau beherbergt.

Weit hinter dem Tempel stürzt sich am Ende der Schlucht der Wasserfall **Dhuandhar** („Dunstkaskade") hinunter auf eine tiefere Ebene. Er wirkt besonders spektakulär, wenn er am Ende der Monsunzeit in Gischtschleier gehüllt ist. Man erreicht den Wasserfall über die Dorfhauptstraße oder den Ziegenpfad, der unterhalb vom MP-Tourism-Motel über die Höhen der Klippen führt. Oben werden an Ständen kleinere Marmorarbeiten angeboten.

Übernachtung und Essen

Motel Marble Rocks, an der Straße zu den Wasserfällen, ✆ 0761-283 0424, ✉ mmr@mptourism.com. Angenehme MP-Tourism-Unterkunft in einem umgebauten Bungalow aus der Kolonialzeit mit Veranda, gepflegtem Rasen, Sesseln und Blick vom Garten auf die Schlucht. Kleines **Restaurant** mit der üblichen Speisekarte. ❹–❺

Shagun Resorts, ✆ 0761-329 6061, gegenüber vom grell getünchten Jain-Tempel an der Hauptstraße (Namensschild in Hindi). Die geringfügig preiswertere Alternative. Kleine Hütten mit Du/WC, Veranda und Luftkühler sowie einfaches vegetarisches Restaurant in gestrüppreichem Garten. Beliebt bei jungen Paaren, die Zurückgezogenheit suchen. ❸–❹

Transport

Die rund 45-minütige Fahrt mit dem **Tempo** (Rs10) von Jabalpur, Abfahrt am Busbahnhof neben dem Museum, nach Bheraghat kann strapaziös sein. An der scharfen Linkskurve mit den Getränkebuden und Souvenirständen aussteigen. Eine **Motor-Rikscha** kostet für Hin- und Rückfahrt Jabalpur–Bheraghat rund Rs350. Ein **Privattaxi** für Rs500 ist bei jedem Hotel oder bei Pooja Travels (s. S. 458) zu buchen.

Kanha-Nationalpark

Der Kanha-Nationalpark, für viele Indiens großartigstes Tierreservat, erstreckt sich über rund 940 km² mit Laubwäldern, Savannengrasland, Hügeln und sanft mäandernden Flüssen. Er ist die Heimat von Hunderten Vogelarten und Säugetieren, zu denen auch Tiger gehören. Tigersichtungen sind natürlich nicht garantiert, aber selbst ein flüchtiger Blick auf eine der Großkatzen ist ein tolles Erlebnis. Und auch sonst ist der Park mit seiner vielfältigen Tierwelt und der urtypischen Kipling'schen Landschaft ein wunderbarer Ort für einen mehrtägigen Aufenthalt.

Das Kerngebiet des Kanha-Tals wurde bereits 1933 zum Tierreservat bestimmt. Zuvor befand sich dort ein riesiges Jagdareal des Vizekönigs, das ausschließlich hochrangigen britischen Armeeoffizieren und Staatsbeamten vorbehalten war, die Trophäen für ihre kolonialen Bungalows schießen wollten. Aber erst in den 1950er-Jahren erklärte die indische Regierung Kanha zum Nationalpark, nachdem ein besonders unersättlicher Jäger auf einer einzigen Jagd 30 Tiger geschossen hatte. Kanha gehörte zu den ersten Teilnehmern an Indira Gandhis **Project Tiger** (s. Kasten S. 101), das zur Erholung der Bestände beigetragen hat. Die Forstverwaltung spricht von über 130 Tigern, während Führer und Naturforscher eher von 50 ausgehen (bei den meisten indischen Tigerreservaten dürfte eine Halbierung der offiziellen Zahlen realistischer sein). Im Rahmen eines langfristig angelegten Projekts wurde der Park ausgeweitet, um eine größere Pufferzone zu schaffen – ein Schritt, der auf den Widerstand einiger Stämme traf, die Nahrung und Feuerholz aus dem Wald beziehen. Die Regierung hatte große Mühe, die Bedürfnisse der Einwohner mit denen des Naturschutzes und Tourismus in Einklang zu bringen.

Die Herausforderungen bleiben trotz aller Bemühungen groß: In den letzten Jahren ist die Wilderei wieder zum ernsten Problem geworden; selbst in der von Safaris besuchten „Touristenzone" des Parks wurden Fallen entdeckt. Auch der illegale Holzeinschlag ist problematisch, die Pufferzone wird immer weniger respektiert, und es gibt keine ernstlichen Bemühungen, den Bau neuer Hotels einzudämmen – ganz im Gegenteil gab es zur Zeit der Recherche sogar Pläne, ein drittes Tor zum Park zu öffnen, was die bauliche Erschließung noch weiter ankurbeln dürfte.

Im Park

Von den Haupttoren **Kisli** im Westen und dem 35 km entfernten **Mukki** im Süden führt ein Netz von befahrbaren Pisten quer durch die verschiedenen Geländeformen des Parks. Welche Tiere aus den offenen Jeeps zu sehen sind, hängt in erster Linie von der Gebietswahl des Führers ab. Kanha ist berühmt für seine weiten, wogenden Grasflächen, *maidan*, die sich an den Flusstälern entlangziehen und die bevorzugten Aufenthaltsorte von Rotwild sind. Zu den verschiedenen im Park lebenden Rotwildarten gehört der seltene **Barasingha-Zackenhirsch**, der in den 1960er-

Jahren vor der Ausrottung bewahrt werden konnte. Die **chital** (Axishirsche), Hauptbeute der Tiger, versammeln sich besonders zur Brunftzeit Anfang Juli hier in großen Scharen von bis zu 4000 Tieren.

Die **Forstgebiete**, die wie ein Teppich die Ausläufer der von Süden in die Kernzone hineinragenden Maikal Ridge überziehen, setzen sich neben Sal- und Teakbäumen auch aus feuchten Laubwäldern zusammen, die verblüffend stark an Nordeuropa erinnern. In Scharen turnen schwarzgesichtige Languren durch das Laubdach, während unten die **Gaur**, die größten Wildrinder der Welt, im herabgefallenen Blattwerk stöbern. In höher gelegenen Parkgebieten lassen sich zuweilen Rothunde (auch Dholes oder Asiatische Wildhunde genannt), Stachelschweine, Pythons, Lippenbären, Wildschweine, Zwerghirsche oder scheue Sambarhirsche, die bevorzugte Beute nachtaktiver Raubtiere, sehen. Sichtungen von **Leoparden** sind nicht auszuschließen, doch die scheuen Katzen halten sich im Allgemeinen von motorisierten Fahrzeugen fern.

Kanha ist außerdem die Heimat von exotischen **Vogelarten** wie indische Blauracken, Bienenfressern, Pirolen, Hainparadiesschnäppern, Silberreihern, seltenen **Nashornvögeln** sowie zahlreichen Eis- und Greifvögeln.

Die Jeepfahrer wissen, dass Khanhas **Tiger** die touristische Hauptattraktion sind und halten deshalb Ausschau nach Spuren auf den sandigen Pisten und horchen nach aufgeregten Alarmschreien naher Tiere.

Die besten Chancen auf eine Tigersichtung bieten die „Tiger Shows" (Rs600): Wenn ein sitzender oder schlafender Tiger entdeckt wird, werden die Besucher aus ihren Jeeps auf bereitgehaltene Elefanten umgeladen, um sich der Großkatze zu nähern. Manchen Besuchern ist dieses Erlebnis allerdings ein bisschen zu künstlich.

Wer unbedingt einen leibhaftigen Tiger sehen will, sollte mindestens drei Übernachtungen einplanen und auf mindestens fünf Exkursionen vorbereitet sein. Die Großkatzen werden meist im tarnenden Bambusdickicht oder hohen Elefantengras an Flüssen oder Wasserlöchern entdeckt.

🕓 1. Nov bis zum Beginn der Monsunzeit Ende Juni tgl. 6–12 und 15–17.30 Uhr; Eintritt Rs2000 pro Fahrzeug mit bis zu 8 Pers. pro Safari, Rs12 000 pro Fahrzeug mit 9–32 Pers. pro Safari, obligatorischer Führer Rs150 pro Safari. In der Hauptsaison (Nov–Feb) können die Nächte und frühen Tagesstunden sehr kalt sein, Frost ist möglich, also warme Kleidung mitbringen. Während der Hitzeperiode (März–Juni) sinken die Besucherzahlen, doch die Zahl der Tigersichtungen steigt, da der Durst die Katzen hinaus zu den Wasserlöchern und Flüssen treibt.

Übernachtung und Essen

MP Tourism hat zwei Lodges in Kisli in stimmungsvoller Lage innerhalb des eigentlichen Parks und eine in der Nähe des Mukki-Tors. Die Privatangebote vor dem Westtor in und um Khatia reichen von billigen Lodges bis zu 5-Sterne-Resorts. Vor allem in der Nähe von Mukki werden vorwiegend Unterkünfte der Spitzenkategorie angeboten. Alle sollten mindestens fünf Tage vor Ankunft (in der Hauptsaison bis zu drei Monate im Voraus) gebucht werden. Es lohnt sich aber immer, nach möglichen Preisnachlässen zu fragen.

Unbedingt vom Busfahrer am richtigen Ort absetzen lassen, denn die Hotels in Khatia und an den Toren des Parks liegen an einer 6 km langen Straße verstreut, auf der tagsüber kaum Verkehr herrscht. Wer ohne eigenes Fahrzeug von Khatia zu den Hotels von Mukki will, muss sich abholen lassen. Vermeiden sollte man einen Besuch rund um indische Feiertage wie Diwali und Holi – dann platzen die Hotels aus allen Nähten, und die Parkgebühren sind doppelt so hoch wie sonst.

Baghira Log Huts, Kisli, ☎ 07649-277227, ✉ blh@mptourism.com. Die MP-Tourism-Lodge im Herzen des Parks vermietet geräumige Chalets mit Bad (DZ mit Vollpension US$75–90). Nr. 1–8 bieten Blick auf eine Wiese, auf der mitunter Tiere grasen. Dazu gehört ein anständiges Bar-Restaurant. ❼

Tourist Hostel, Kisli, ☎ 07649-277227, ✉ thk@mptourism.com. Mit seinen 24 Schlafsaalbetten (Rs490, Vollpension) ist das ganz in der Nähe der Baghira Log Huts gelegene Hostel eine ausgezeichnete Alternative für sparsame Traveller. ❸

Kanha Safari Lodge, Mukki, ☎ 07637-226029, ✉ ksl@mptourism.com. Die baumbestandene MP-Tourism-Anlage auf der ruhigeren Seite des Parks lockt mit Flussblick und picobello gepflegten Zimmern mit blauen Bädern und teilweise auch AC. Preise inkl. Vollpension. ❼

Kipling Camp, 4 km südlich von Khatia, ☎ 07649-277218, 🖥 www.kiplingcamp.com. Das „Camp" unter britischer Leitung in einsamer Waldlage verspricht ein rustikales Wohnerlebnis mit 5-Sterne-Komfort. Schöne Cottages (US$175 p. P., inkl. Vollpension, Safaris und Führer) mit Holzbalken und eigener Veranda. ❾

Krishna Jungle Resort, 4,5 km südlich von Khatia, ☎ 07649-277 207, 🖥 www.jungleresort.in. Altbewährter und zu Recht zeitlos beliebter Komplex mit Zimmern im Kolonialstil, Pool, göttlichem Essen sowie äußerst engagiertem und naturkundigem Manager. Reine Zimmerpreise; es gibt aber auch B&B- und „Jungle Plan"-Angebote. ❻

Pug Mark Resort, Khatia, an einem gewundenen Weg 10 Gehminuten von der Hauptstraße, den Schildern folgen, ☎ 07649-277291, 🖥 www.pugmarkresort.com. Fröhliche Zimmer in Türkis und Grün in üppiger Gartenanlage rund um eine Lagerfeuerstelle, an der abends Naturkundler ihr Wissen vermitteln. Das attraktive Restaurant

Öko-Camp de luxe

Shergarh, Mukki, ☎ 07637-226215, 🖥 www.shergarh.com. Katie und Jehan Bhujwala führen dieses wunderbar gemütliche, umwelt- und sozialbewusste Camp mit sechs komfortablen Zelten, jedes mit schickem Naturstein-Marmor-Bad (durchgehende Warmwasserversorgung durch Flüssiggas-Anlagen) und eigener Veranda, auf der das Personal abends ein kleines Holzfeuer entfacht. Die Küche verwendet Bioprodukte aus dem Camp-Garten, der zugleich ein Schmetterlingsparadies ist. Der kleine Teich zieht Eisvögel und Kormorane an („Jungle Plan"-Paket für US$235 p. P.). ❾

ist mit Bildern indischer Tänzerinnen geschmückt und steht auch Nichthotelgästen offen. ❺–❻

Singinawa, Mukki, ☎ 07636-200031, 🖥 www.singinawa.in. Die brandneue Lodge kombiniert „plastikfreies" Öko-Bewusstsein mit exklusivem Ambiente: 12 Cottages, einige davon rollstuhlgerecht, 22 ha Gelände mit vielfältiger Tierwelt, umwerfender Pool und die faszinierende Gesellschaft von Naturfotograf und -filmemacher Nanda S.J.B. Rana und seiner Frau Latika, einer bekannten Naturkundlerin („Jungle Plan"-Paket US$360 p. P.). ❾

Van Vihar, 500 m neben der Hauptstraße am Khatia-Tor, ☎ 07649-277241, 📠 07649-277277. Der freundliche Familienbetrieb bietet eine breite Auswahl unterschiedlicher Zimmer, von extrem spartanisch bis zu Komfortzimmern mit Bad und AC, ein preiswertes Restaurant und auf Wunsch auch Jeeps/Führer. ❶–❺

Transport

Innerhalb des Parks

Wer kein „Jungle Plan"-Paket gebucht hat, in dem Unterkunft, Mahlzeiten und Safaris enthalten sind, muss zur Erkundung des Parks einen offenen **Jeep** – „Gypsy" genannt – mieten. Die Kosten liegen bei rund Rs14 pro km; pro Tag werden etwa 50–70 km zurückgelegt, die sich meist auf eine Vormittags- und eine Nachmittagssafari verteilen. Jeeps sind bei den meisten Hotels, privaten Anbietern in Khatia oder an den Haupteingängen des Parks zu mieten. Am besten schließt man sich zu einer Gruppe zusammen und bestellt das Fahrzeug mindestens einen Tag im Voraus. In die Jeeps passen (zusätzlich zu Führern/Fahrer) vier Personen bequem hinein; notfalls lassen sich auch bis zu acht hineinquetschen. Es gibt Pläne, auch Minibusse für bis zu 32 Personen einzusetzen, aber das Safarierlebnis dürfte nicht mit dem im Jeep vergleichbar sein. Angesichts des zunehmenden Besucheransturms auf Kanha – und Madhya Pradeshs andere Tigerreservate – ist in nicht allzu ferner Zukunft mit Fahrzeugbeschränkungen zu rechnen.

Es ist streng verboten, den Park zu Fuß zu betreten – im Dezember 2007 wurde ein Parkmitarbeiter, der zu Fuß unterwegs war, von einem Tiger getötet. Wer an abendlichen **Elefantenritten** durch den Park interessiert ist, kann bei den Toren nachfragen.

Vom / zum Park

Der geradlinigste Weg nach Kanha führt via JABALPUR, von wo **Eisenbahnanschluss** in andere Regionen besteht. Reisende aus Orissa fahren auf der Linie Mumbai–Kolkata bis KATNI, um dort in einen der vielen Züge umzusteigen, die nach Süden unterwegs sind, z. B. in den Howrah-Mumbai Mail Nr. 2321 (tgl. 16.20 Uhr; 80 Min.) nach Jabalpur, dem Bahnhof, der dem Park am nächsten liegt.

Die nächsten **Flughäfen** mit regelmäßigen Inlandsflügen befinden sich in Jabalpur und im 226 km entfernten Nagpur.

Von Jabalpur fahren täglich **Busse** um 7, 11 und 12 Uhr via MANDLA nach **KISLI** (5–7 Std.). Sie halten kurz an der Sperre in **Khatia** (4 km vor Kisli), wo man sich bei der Parkbehörde registrieren lassen muss. Die Busse zurück nach Jabalpur verlassen Khatia um 6, 8 und 13 Uhr. Außerdem verkehrt 1x tgl. ein Bus nach und von NAGPUR (6 1/2 Std.).

Mietwagen vermitteln das MP-Tourism-Büro in Jabalpur oder Pooja Travels (S. 458) (rund Rs2500 hin und zurück mit Übernachtung).

Bandhavgarh-Nationalpark

Mit Kanhas wachsender Popularität nimmt auch das touristische Interesse an Madhya Pradeshs zweitem Nationalpark Bandhavgarh zu. Das im gebirgigen Nordosten des Bundesstaates versteckte Schutzgebiet hat von allen Reservaten Indiens die größte relative Dichte an **Tigern** und bietet Gelegenheit zu Ausritten auf Elefantenrücken, die u. a. zu faszinierenden Ruinen führen.

Obwohl Bandhavgarh zu Indiens jüngeren Nationalparks gehört, blickt es auf eine lange Geschichte zurück. Die Überlieferung führt den Bau des **Forts** auf einer Anhöhe in die Zeit des Ramayana (um 800 v. Chr.) zurück, als „Affenarchitekten" für Rama einen Ort schufen, an dem er nach der Rückkehr aus der Schlacht gegen Lankas Dämonenkönig ausruhen konnte. Ausgrabungen in Höhlen unter dem Felsen förderten Inschriften zu Tage, die im 1. Jh. v. Chr. in Sandstein geritzt worden waren. Zu dieser Zeit wurde Bandhavgarh zur Basis von mehreren Dynastien, zu denen später auch die **Chandella** gehörten, auf die Khajurahos Tempel zurückgehen. Im 12. Jh. übernahmen die **Bhagel** die Macht über die Region, die bis heute in den Händen ihres direkten Nachfahren, des Maharadschas von Rewa, liegt. Der Hauptsitz der Dynastie wurde 1617 nach Rewa verlegt. Und als Bandhavgarh zum herrschaftlichen Jagdgelände wurde, eroberten sich Wald, Bambus und Grasland ihr Terrain zurück. 1968 beendete der derzeitige Maharadscha jedoch die Jagdtradition und übereignete das Gebiet dem Staat als Parkgelände. Seit die Kernzone 1986 um zwei Waldflächen erweitert wurde, hat der Nationalpark eine Fläche von 448 km^2.

Im Park

Obwohl sich im Süden flache grasige *maidan* erstrecken, ist der Bandhavgarh-Nationalpark überwiegend hügelig und zerklüftet. In den Tälern dominieren Salbäume, und in den höheren Bereichen spendet ein Mischwald der vielfältigen Vogelwelt Lebensraum. Das Hauptquartier des Parks befindet sich im kleinen Dorf **Tala**, nur einen Steinwurf vom nördlichen Haupttor entfernt. Der Ort ist durch eine 32 km lange Straße, die sich durch den schmalen Mittelteil des Parks zieht, mit Umaria im Südwesten verbunden. Jeepspuren winden sich unterhalb des zentralen **Forts** durch Wald und Grasland an Wasserlöchern und Flüssen vorbei, die gute Möglichkeiten zur Tierbeobachtung bieten.

Die meisten Jeepsafaris führen ins Kerngebiet, wo die Chancen auf die Sichtung eines der rund 50 **Tiger** hoch und Begegnungen mit Rotwild und Affen nahezu garantiert sind. Zu den Rotwildarten gehören scheue, aber lebhafte Gazellen, Muntjak (Bellhirsche), Nilgau-Antilopen und Axishirsche. Auch Lippenbären, Stachelschweine und Sambarhirsche leben im Wald verborgen, während sich Hyänen, Füchse und Schakale gelegentlich auch im offenen Gelände zeigen. Nur mit viel Glück erhascht man einen Blick auf einen Leoparden.

Ebenso lassen sich sehr exotische **Vögel** beobachten, darunter Bankivahuhn, Weißnackenspecht, Langschnabelgeier, Storch, Fischuhu, Sperlingskauz, Nashornvogel, Adler, Falke und Fliegenschnäpper. Die vielleicht unterhaltsamste Möglichkeit, die Tierwelt zu beobachten, bietet ein **Elefantenritt** in der diesigen Morgendämmerung.

Die Ruinen des **Forts** krönen eine Anhöhe im Zentrum des Parks, 300 m über dem umgebenden Gelände. Seine Wälle bieten schöne Ausblicke und die mit Abstand besten Voraussetzungen für Vogelbeobachtungen im Park. Unterhalb des Forts gibt es kleine Tempel, aus dem Fels geschlagene Mönchsklausen und Soldatenunterkünfte sowie einen großen steinernen Vishnu, der auf einer Kobra ruht, zu sehen.

Die beste **Reisezeit** für Tierbeobachtungen sind die heißeren Monate zwischen März und Juni, wenn der Durst Tiger und andere Raubtiere zu den Wasserlöchern und den drei ganzjährig Wasser führenden Flüssen treibt; allerdings kann das heiße Klima um diese Zeit sehr strapaziös sein. Angenehmer sind Aufenthalte in der kalten Jahreszeit, die immer noch gute Bedingungen zur Wildbeobachtung bietet.

⊙ Nov–Ende Juni Sonnenauf- bis Sonnenuntergang, Rs2000 pro Fahrzeug mit bis zu 8 Pers. pro Safari, Rs12 000 pro Fahrzeug mit 9–32 Pers. pro Safari, obligatorischer Führer Rs150 pro Safari.

Für besonders Wissbegierige stehen in Tala einige sehr erfahrene **Naturkundler** zur Verfügung, die über das Hotel kontaktiert werden können. S. K. Tiwari vom **Skay's Camp**, ☏ 07653-265355, ✆ 07653-265309, ist ein Spezialist für Naturfotografie und hat ein beeindruckendes Wissen über Indiens Fauna und Flora.

Übernachtung und Essen

Die meisten Hotels Bandhavgarhs (alle in und um Tala) richten sich an Reisende mit höheren Budgets und offerieren „Jungle Plan"-Pakete inklusive Unterkunft, Mahlzeiten und zwei Jeepsafaris p. P. Es gibt jedoch auch eine Hand voll Budgetunterkünfte und Mittelklassehotels. Einzige Option zum Essen außerhalb der Hotels sind die freundlichen und preiswerten *dhaba* an Talas Hauptstraße.

Bandhavgarh Jungle Lodge, in Flussnähe, ☏ 07627-265317, 🖥 www.welcomheritagehotels.com. Rustikale Lehmhütten mit Strohdächern (aber überaus anheimelndem Inneren) und die schöne Gartenanlage verleihen dieser Lodge reichlich Charakter, wozu der begeisterungsfähige Manager und die hauseigenen Naturexperten das Ihre beitragen („Jungle Plan"-Paket US$300 für 2 Pers.). ❾

Kum Kum Home, Umaria Rd, neben *White Tiger Forest Lodge*, ☏ 07653-265324. Das bei sparsamen Besuchern äußerst beliebte Gästehaus bietet herzlichen Empfang, extrem spartanische Zimmer mit Warmwassereimer und *thalis* mit unbegrenztem Nachschlag (Rs25), die am Lagerfeuer verzehrt werden. ❷–❸

White Tiger Forest Lodge, Umaria Rd, neben der Sperre, ☏ 07653-265308, ✉ wtfl@mptourism.com. Große Anlage von MP Tourism mit behaglichen Zimmern samt Bad, teils auch AC, die durch Stege verbunden sind und Bar-Restaurant. Zimmer Nr. 17–21 in Bungalows mit großen Veranden zum Fluss, an dem unzählige Vögel – im Hochsommer vereinzelt auch Tiger – zu beobachten sind. Preise (DZ US$65–90) inkl. Vollpension, aber ohne Safaris. ❼–❽

Tiger's Den Resort, Umaria Rd, ☏ 011-2704 9446, 🖥 www.tigerdenbandhavgarh.com. Die freundliche, kompetent geführte Lodge besteht

---

Baumhausidylle

Treehouse Hideaway, Ketkiya Village, ☏ 011-2588 9516, 🖥 www.treehousehideaway.com. Die fünf umwerfenden Baumhäuser aus örtlichen Baumaterialien, die sich nahtlos in den Dschungel einfügen, haben keinerlei Ähnlichkeit mit irgendwelchen Baumhütten aus Kindertagen, sondern kombinieren feudalen Komfort mit exotischem Abenteuerfeeling („Jungle Plan"-Paket US$450 für 2 Pers.; gibt auch Angebote mit Vollpension). Das erst vor Kurzem eröffnete Camp umfasst 8,5 ha Waldgelände mit einer Wasserstelle, die manchmal von Tigern besucht wird. ❾

aus einer Ansammlung hübsch eingerichteter Cottages mit Badewannen inmitten einer blumigen Gartenanlage („Jungle Plan"-Paket US$130 für 2 Pers.; es gibt auch Angebote mit Vollpension). ❾

Tiger Trails, 2,5 km hinter Tala; zu buchen über *Indian Adventures*, C257, SV Rd, Bandra West, Mumbai 400050, 🖳 www.indianadventures.com, ✆ 022-2640 8742. Die Cottages mit Bad, Ziegeldach und unverputzten Ziegelwänden bieten das beste Preis-Leistungs-Verhältnis in Tala. Das Freiluft-Restaurant liegt an einem kleinen See, an dem sich zahlreiche Vögel tummeln („Jungle Plan"-Paket US$125 für 2 Pers.). ❻

Transport

Innerhalb des Parks

Für Fahrten durch den Park stehen **Jeeps** bereit, die im Hauptquartier am Parktor (ca. Rs700 pro Safari) oder über das Hotel gebucht werden können. Bis zu fünf Personen können sich einen Jeep teilen, was die Kosten beträchtlich senkt. Die Parkbehörde oder die Hotels organisieren **Elefantenritte** (Rs600 pro Std.). Elefanten mit Mahouts stehen auch überall dort für Besucher bereit, wo ein oder zwei lauernde Tiger im Dickicht entdeckt wurden. Der Verlockung einer Spritztour mit einer nahezu garantierten Tigersichtung ist schwer zu widerstehen.

Vom / zum Park

Ohne eigenes Fahrzeug kann die Anreise problematisch sein. Die einfachste Option mit dem **Zug** besteht mit dem nächtlichen Narmada Express Nr. 8233 via Indore, Bhopal, Jabalpur und Bilaspur (von Orissa kommend) nach UMARIA, der nächstgelegenen Bahnstation. Von hier fahren regelmäßig Sammeljeeps (Rs15) und Taxis (Rs300) nach Tala (1 Std.).
Der Weg von Khajuraho oder Varanasi führt über SATNA an der Hauptlinie, von wo Züge direkt nach Umaria fahren. Derzeit verkehren keine Busse zwischen Satna und Umaria.
Beste Anreisemöglichkeit von DELHI oder AGRA ist der Utkal Express Nr. 8478, der Delhis Bahnhof Nizamuddin um 12.50 Uhr verlässt und Umaria früh am nächsten Morgen erreicht. In Gegenrichtung fährt er um 20.45 Uhr von Umaria ab.

Der Narmada Express Nr. 8233 fährt um 6.35 Uhr in Jabalpur ab und ist um 10.30 Uhr in Umaria. In Gegenrichtung Abfahrt von Umaria um 16.25 Uhr.
Die Fahrt mit dem **Leihwagen** von Khajuraho oder Jabalpur dauert rund 5 Std. und kostet hin und zurück ab Rs2500 plus Rs250–300 für jede Übernachtung.

Der Westen von Madhya Pradesh

Der Fluss Narmada bestimmt die Geografie von Madhya Pradeshs Westen. Er wälzt sich westwärts durch ein weites Schwemmlandtal, das im Süden vom Saptura-Gebirge und dem Bundesstaat Maharashtra begrenzt wird, während sich im Norden die zerklüftete Vindhya-Gebirgskette erhebt.

Der wichtigste Handelskorridor zwischen Gangesebene und Westküste, **Malwa**, war nahezu tausend Jahre lang ein unabhängiges Fürstentum, das von der gewaltigen Bergfestung in **Mandu** aus regiert wurde.

Die frühere Hauptstadt liegt heute verlassen da, doch mit ihren verfallenen Moscheen, Wasserbecken, Palästen und ihrem wunderschönen Rundblick ist sie die herausragende Touristenattraktion der Region.

Die meisten Besucher Mandus kommen über die Industriestadt **Indore**, um von dort später ins nordöstliche Bhopal oder südliche Jalgaon an der Hauptlinie Delhi–Mumbai weiterzureisen, dem Sprungbrett für die Höhlen von Ellora und Ajanta.

Die 55 km nördlich von Indore gelegene heilige Stadt **Ujjain** hat abgesehen von der reichen Auswahl moderner Hindu-Tempel wenig zu bieten. Sie eignet sich für eine Ruhepause auf der Reise mit der Western Railway, der direktesten Landverbindung mit Delhi, nach oder aus dem südlichen Rajasthan. Eine reizvolle Reisealternative bildet das weiter südlich am Narmada gelegene hinduistische Pilgerzentrum **Omkareshwar**.

Indore

Indore, Madhya Pradeshs wirtschaftlicher Motor, ist groß, modern, stark industrialisiert und ingesamt eher langweilig. Wer jedoch auf der Reise ins 98 km südwestlich gelegene Mandu Zeit übrig hat, findet zwischen dem Wirrwarr aus Eisenbetonüberführungen, Schnellstraßen und überfüllten Basaren einige lohnende Sehenswürdigkeiten.

Die am Zusammenfluss von Khan und Saraswati gelegene Stadt war jahrhundertelang nur eine Station an den Pilgerpfaden nach Omkareshwar und Ujjain. Im 18. Jh. aber stieg sie zur Hauptstadt der **Holkar**-Dynastie auf, deren Oberhaupt Malhar Rao den Marathen während ihres Nordfeldzugs gegen die Moguln einige Landstriche abgerungen hatte. Später übernahm Raos Schwiegertochter **Ahilya Bai** die Kontrolle über das Reich, das sich damals bis zum Ganges und Punjab erstreckte. Sie war eine Art zentralindische Queen Victoria, die abgesehen von der Gründung der modernen Stadt Indore in ihrem gesamten Herrschaftsgebiet Paläste, Tempel, *dharamshala* und wohltätige Einrichtungen errichten ließ. Nach ihrem Tod im Jahre 1795 wurde das Reich von einer Abfolge blutiger Auseinandersetzungen erschüttert, die erst 1818 ein Ende fanden, als sich die Dynastie ein kleines, aber reiches Dominion (sich selbst regierender Staat innerhalb des Britischen Reiches und Commonwealth) mit Indore als Hauptstadt sicherte. Im 19. Jh. blühte die Stadt durch ihren lukrativen Handel mit Baumwolle und Opium auf.

Heute ist Indore das größte Geschäfts- und Wirtschaftszentrum der Region. Das nahe Industriegebiet **Pithampur**, oft als „Indiens Detroit" gepriesen, ist Sitz zahlreicher Stahlgiganten und Automobilhersteller. Der daraus resultierende **Wohlstand** findet seinen Ausdruck in Satellitenschüsseln, Luxushotels und Shopping Malls nach amerikanischem Vorbild.

Die Stadt

Die meisten Sehenswürdigkeiten Indores liegen westlich der Eisenbahntrasse im und um den Basar. Die breiten Hauptverkehrsstraßen MG Rd und Jawahar Marg bilden die nördliche und südliche Grenze dieses berstenden und chaotischen Viertels, in dessen Osten Saraswati und Khan zusammenfließen.

Indores Wahrzeichen ist der alte Holkar-Palast **Raj Wada**, der einen von Palmen gesäumten Platz im Herzen der Stadt überragt und einen siebenstöckigen Treppenaufstieg hat. Die oberen vier Stockwerke waren ursprünglich aus Holz und sind durch Brände, zuletzt 1984, mehrheitlich zerstört worden. Erhalten geblieben sind nur die Fassade und der Familientempel im Inneren des Haupthofes.

Spaß macht ein Bummel durch die **Basare**, wo sich Reihen von Ständen und offenen Ladengeschäften unter den überhängenden Holzbalkonen malerischer vierstöckiger Häuser aneinander drängen. Etwas versteckt steht tief im Herzen des Basarviertels der jainistische **Kanch Mandir** („Spiegeltempel"), eines der exzentrischen religiösen Monumente der Stadt. Der Tempel einer für ihre Nüchternheit und Mäßigung bekannten Glaubensgemeinschaft überrascht durch sein Inneres, das über und über mit bunten **Glasmosaiken** ausgeschmückt ist. ⏱ tgl. 10–17 Uhr. Fotografieren verboten!

Der **Sarafa Bazaar** gleich um die Ecke ist eine gute Adresse für Gold- und Silberschmuck, und der Textilgroßmarkt ganz in seiner Nähe verkauft die Stoffe noch nach Gewicht. Einen Besuch wert sind auch die Geschäfte des Bajaj Khana Chowk, die traditionelle bestickte und mit Perlen besetzte Kleidung anbieten sowie der stimmungsvolle Obst- und Gemüsemarkt am Flussufer unterhalb der limonengrünen **Khala Ma-Moschee**.

Das **Central Museum** in der AB Road, 1929 gegründet, zeigt außer Schwertern, Schilden und Rüstungen aus der Holkar-Ära auch Terrakotta-Arbeiten, Münzen, Malereien und Inschriften aus dem ganzen Bundesstaat. ⏱ Di–So 10–17 Uhr, Eintritt Rs30.

Lal Bagh-Palast

Der am Ufer des Khan stehende Lal-Bagh-Palast ist ein Beispiel für die extravaganten neoklassizistischen Bauten, die eine Vorliebe der reichen Maharadschas des 19. und 20. Jhs. waren.

Man betritt den Palast durch grandiose schmiedeeiserne Tore, die denen des Buckingham Palace nachempfunden und mit dem Fami-

Indore

Madhya Pradesh

Übernachtung
- Fortune Landmark A
- Neelam C
- Payal C
- President D
- Surya B

Restaurants
- Ambrosia A
- Celebration 3
- Indian Coffee House 1
- Shreemaya 3
- Surya B
- Treasure Island 2

Map labels:
- Agra, Bhopal
- A B ROAD
- Indian Airlines
- MG ROAD
- Jet Airways
- RACE COURSE ROAD
- ICICI Bank & Geldautomat
- TUKOGANJ
- Thomas Cook
- YESHWANT NIWAS ROAD
- Nehru Park
- High Court
- Centurion Bank & Geldautomat
- RNT RD
- Dewas
- Regal Cinema
- Bushahnhof Sarawate
- MY HOSPITAL RD
- Nehru-Stadion
- Bahnhof
- SANYOGITA GANJ RD
- GPO
- A B ROAD
- Central Museum
- DEV GARUDA ROAD
- Khan
- NAVLAKHA RD
- Ujjain
- MG ROAD
- Khala-Ma-Moschee
- State Bank of Indore
- Raj Wada
- BAJAJ KHANA CHOWK
- JAWAHAR MARG
- SUBHASH MARG
- Bada Ganpati-Tempel
- Kanch Mandir
- Saraswati
- BHANWAR KUA RD
- Mumbai
- MANIK BAGH RD
- Chhatri Bagh
- Lal Bagh-Palast und Parkanlage
- BLC MARG
- Bushahnhof Gangawal
- Mandu, Dhar
- Flughafen (10 km)

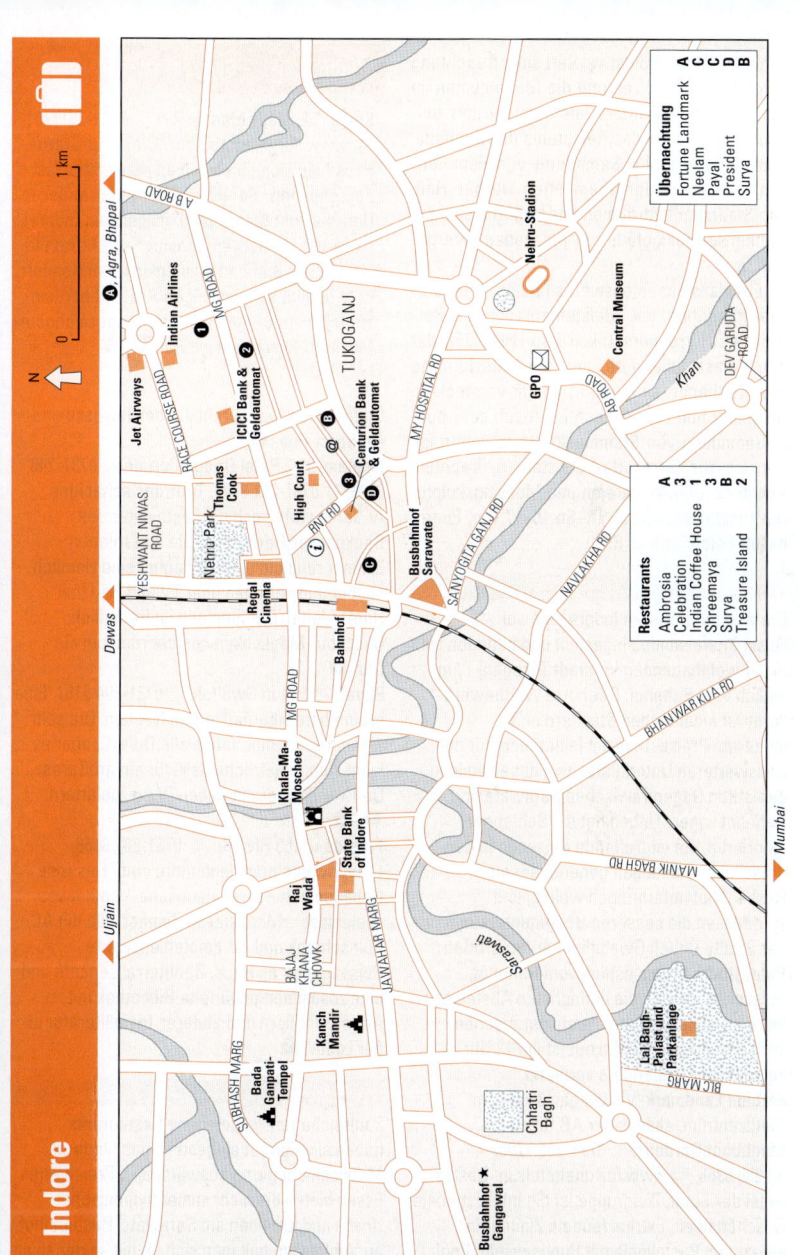

0 — 1 km

www.stefan-loose.de/indien

Indore 467

lienwappen der Holkar verziert sind. Beachtung verdienen der Weizen und die Mohnblumen im Hintergrund. Sie stehen als Symbole der beiden Hauptquellen des Reichtums der Dynastie. Eine umfangreiche Sammlung von Familienschätzen ist in der ehemaligen Durbar Hall, den Staatsbanketträumen und dem Ballsaal mit seinem speziell gefederten Tanzboden untergebracht.

Ebenfalls beachtenswert sind das im Billardsaal hängende, mit Edelsteinen verzierte Portrait des Herrschers Tukoji Rao (1902–25), der den Palast vollendete, und die Unterführung zum Küchenbereich, wo in einem versteckten Gewölberaum eine schlichte, jedoch sehr bunte Sammlung von **Stammeskunst** zu sehen ist, die sich aus Terrakotta-Votivstatuen, Trachten, Schmuck, Wandmalereien und Messingskulpturen zusammensetzt. ⏱ Di–So 10–17 Uhr, Eintritt Rs100, Fotoerlaubnis Rs10.

Übernachtung

Die meisten Hotels in Indore sind auf Geschäftsreisende eingestellt und befinden sich in der wohlhabenden Vorstadt Tukoganj 1 km östlich vom Bahnhof. Der harte Wettbewerb sorgt für einen hohen Standard und moderate Preise. Dies gilt leider nicht für die preiswerteren Unterkünfte, von denen viele in der lauten Gegend zwischen Sarawate und Bahnhof liegen. Unbedingt die Schlepper ignorieren, die eintreffende Reisende in den grässlichen Absteigen gegenüber vom Busbahnhof unterbringen wollen, und stattdessen die besseren Budgetunterkünfte in der Straße Chhoti Gwaltoli unter der großen Patel-Überführung, östlich vom Bahnhof, aufsuchen. Bis auf die einfachsten Absteigen kassieren alle anderen die obligatorischen 10 % Luxussteuer. Checkout ist um 12 Uhr, soweit hier nicht anders vermerkt.

Fortune Landmark, Vijaynagar, 3 km vom Stadtzentrum, abseits der AB Rd, nahe Meghdoot Gardens, ✆ 0731-255 7700, ✉ 255 5355, 🖥 www.fortunehotels.in. Bestes Hotel der Stadt, Zielgruppe ist die internationale Geschäftswelt. Extrem feudale Zimmer in elegantem Pastellgelb mit Ruhesesseln, Pool, Fitnessclub und mehrere Speiselokale, u. a. ein

Kleine Preise – Spitzenservice

Surya, 5/5 Nath Mandir Rd, ✆ 0731-2517701, 🖥 www.suryaindore.com. Dieses 3-Sterne-Haus hebt sich durch seinen exzellenten, sehr persönlichen Service gegenüber anderen Hotels seiner Klasse (und einigen von Indores teureren Herbergen) positiv ab. Attraktive Zimmer mit Bad und allem modernen Komfort (u. a. einem schnuckeligen Ankleidebereich). Tüpfelchen auf dem i ist das ausgezeichnete Multikulti-Restaurant mit Bar. ❹–❺

Open-Air-Grillrestaurant auf der Terrasse und ein Sport-Pub. ❸

Neelam, 33/2 Patel Bridge Corner, ✆ 0731-246 6001, ✉ 0731-251 8774. Trotz des schäbigen Äußeren wohl noch die beste unter den Backpacker-Herbergen. Die blassblauen Zimmer rund um einen Innenhof sind ziemlich sauber und verfügen über TV und Bad (mit Hocktoilette). Der Empfang ist freundlich; Checkout-Möglichkeit besteht rund um die Uhr. ❷

Payal, 38 Chhoti Gwaltoli, ✆ 0731-504 5151. Eine brauchbare Alternative zum Neelam. Die sehr einfachen Zimmer haben alle Du/WC, aber es lohnt sich, zusätzliche Rs50 für ein größeres De-luxe-Zimmer mit Kabel-TV hinzublättern. ❷–❸

President, 163 RNT Rd, ✆ 0731-252 8866, 🖥 www.hotelpresidentindore.com. Das rosa Gebäude beherbergt identische – und etwas seelenlose – Mittelklasse-Zimmer, alle mit AC, Kühlschrank und TV. Empfehlenswerte Reiseagentur im Haus, Dachterrassencafé und eine zusammengewürfelte Bibliothek mit Airport-Thrillern und anderer Trivialliteratur in der Lobby. ❺

Essen

Zahlreiche zentral gelegene Restaurants haben sich darauf eingestellt, dass Indores Mittelschicht gerne auswärts isst. Preiswertes Essen bieten die nicht immer hygienischen *dhaba* und Kantinen am Sarawate-Busbahnhof an. Am besten hält man sich an die, in denen am meisten los ist.

Ambrosia, *Fortune Landmark*. Der vornehme Speisesaal mit roten Polsterstühlen und kunstvoll gefalteten Servietten würde in eine hochherrschaftliche Privatvilla passen, und entsprechend gediegen ist die umfangreiche Auswahl an indischen, chinesischen und internationalen Gerichten. Besonders zu empfehlen: *rogan josh* mit Hammel. Der Name des Restaurants – „Götternahrung" – kommt der Wahrheit schon recht nah. Hauptgerichte Rs100–200.

Celebration, RNT Rd, im Nebengebäude rechts vom Hotel Shreemaya. Das Studentenlokal ist bekannt für süße Leckereien wie seinen kariesfördernden Schokoladenkuchen und herzhafte Snacks wie *samosa* (Rs10–20).

Indian Coffee House, neben Rampura Building in einer Seitenstraße der MG Rd. Die richtige Adresse für ein südindisches Frühstück (Rs20–70) – von Kellnern mit Turban und Kummerbund serviert – zur ausgiebigen Zeitungslektüre. Eine weitere Filiale befindet sich auf dem ruhigen Gelände hinter dem High Court.

Surya, im gleichnamigen Hotel. Die Küche passt sich dem hohen Anspruch des Hauses an und zaubert bemerkenswerte europäische Gerichte wie Gulasch oder Lammbraten, aber auch meisterliche Tandoori-Spezialitäten auf den Tisch (Rs80–125).

Treasure Island, MG Rd. Das weitläufige Shopping-Center befriedigt Fastfood-Gelüste aller Art: McDonalds, Pizza Hut und Baskin Robbins sind allesamt würdig vertreten; außerdem gibt es eine annehmbare Gastro-Halle und – in MP eine echte Seltenheit – ein Barista-Café mit richtig gutem Espresso.

Wo Kenner speisen

Shreemaya, im gleichnamigen Hotel, RNT Rd. Moderner Speisesaal in Pfirsichtönen mit geschwungener Art-déco-Decke, viel Mattglas und unwiderstehlich leckeres Essen. Dringend empfohlen: *bhuna* mit Hammel, *missi roti* und – falls noch Platz im Magen ist – Schokoladenküchlein (*brownie*) mit Eiscreme.

Sonstiges

Apotheken
Auf dem Gelände des MY Hospital an der AB Rd, ✆ 0731-252 8301. 24 Std. geöffnet.

Geld
Geldwechsel bei der **State Bank of Indore** gegenüber der Hauptstelle am Raj Wada. **ICICI Bank**, 576 MG Marg, ist eine effiziente Alternative und hat einen Geldautomat für Visa und Mastercard. Ein Geldautomat steht auch in der **Centurion Bank**, RNT Rd.

Informationen
Das hilfreiche **Informationsbüro** von MP Tourism befindet sich im Jhabua Tower, Rabindranath Tagore Rd (RNT Rd), ✆ 0731-252 8653. ⏱ tgl. 10–17 Uhr.

Internet
Internetcafés gibt es in Indore wie Sand am Meer; zu den besseren gehört **Taha Cyber City** in der Silver Mall (Rs15/Std.).

Touren
Thomas Cook betreibt ein Reisebüro in der Yeshwant Niwas Rd, ✆ 0731-254 2525. ⏱ Mo–Sa 9.30–18 Uhr.
President Travels im Hotel *President*, 163 RNT Rd, ✆ 0731-253 3472, ist ein weiteres zuverlässiges Reisebüro.
MP-Tourism (s. o.) vermietet Autos mit Fahrer für die 2-Tage-Tour nach Mandu und für Ausflüge nach Omkareshwar und Maheshwar (Rs50/Fahrtstunde plus Rs250 pro Übernachtung).

Nahverkehr

Die praktischsten Nahverkehrsmittel sind **Motor-Rikschas** mit Taxameter oder die billigeren, klapprigen **Tempos**.

Transport

Busse
Der **Hauptbusbahnhof** „Sarawate", ✆ 0731-246 5688, liegt nur einen kurzen Fußmarsch südlich von Gleis 1 des Hauptbahnhofs, jenseits der Hochstraßen-Überführung. Ungünstiger gelegen, nämlich 3 km hinaus Richtung

Flughafen, ist der Busbahnhof „Gangawal", 0731-248 0688.
Busse nach:
AGRA (1–2x tgl., 16 Std.),
AURANGABAD (3x tgl., 14 Std.),
BHOPAL (5x tgl., 4 Std., mit den „Luxusbussen" von MP Tourism, Abfahrt um 6, 8, 12, 13.30 und 18 Uhr; nur der erste Bus hat Anschluss an den tgl. Shatabdi Express nach Delhi um 14.50 Uhr),
CHITTAURGARH (1x tgl., 10 Std.),
DHAR (alle 30 Min., 2–3 Std.),
JAIPUR (3 Nachtbusse, 14–15 Std.),
KOTA (4x tgl., 8–9 Std.),
MANDU ((3x tgl., 3 1/2–4 Std.); tgl. mehrere Direktverbindungen vom Gangawal-Busbahnhof; alternativ fahren häufig Busse vom Gangawal-Busbahnhof nach Dhar (2 Std.), wo man in halbstündig verkehrende Busse nach Mandu (1 1/2–2 Std.) umsteigen kann. Ein paar Busse fahren auch von Sarawate nach Dhar,
MUMBAI (2x tgl., 16 Std.),
NAGPUR (2–4x tgl., 11–14 Std.),
OMKARESHWAR (3x tgl., 3–5 Std.),
UDAIPUR (5–6x tgl., 15 Std.),
UJJAIN (alle 15 Min., 1 1/2–2 Std.).

Eisenbahn

Züge halten am **Hauptbahnhof** im Stadtzentrum. Von Gleis 1 kommt man zu Fuß rasch zum südlich gelegenen Hauptbusbahnhof (unter der Überführung hindurch). Zwei Breitspur-Strecken der **Western Railway** verbinden Indore mit Nordindien.
Züge nach:
AGRA (1–2x tgl., 14 1/2–16 Std.),
AJMER (2x tgl., 13 1/2–16 Std.),
CHENNAI (1x wöchentl., 34 Std.),
CHITTAURGARH (2x tgl., 7 1/2–8 1/2 Std.),
DELHI (2–3x tgl., 13–19 1/4 Std.; schnellste Verbindung ist der tgl. Indore–Nizamuddin Express Nr. 2416 über Ujjain, Kota und Bharatpur, Abfahrt in Indore 16.20 Uhr, Ankunft in Delhi 5.40 Uhr; alternativ verkehrt tgl. um 12.25 Uhr der Malwa Express Nr. 2919 über Bhopal und dann auf der Central-Railway-Strecke via Jhansi, Gwalior und Agra nach New Delhi, Ankunft dort 4.55 Uhr),
JABALPUR (1x tgl., 15 1/2 Std.),
JAIPUR (1–2x tgl., 12–16 Std.),
JHANSI (1x tgl., 11 1/2 Std.),
KANHA, BANDHAVGARH und PENCH (1x tgl. um 17 Uhr mit dem Narmada Express Nr. 8233 nach Jabalpur, dort umsteigen),
KALKUTTA/KOLKATA (3x wöchentl., 34 Std.),
KOTA (1–2x tgl., 6 1/2–7 3/4 Std.),
MUMBAI (1x tgl., 14 1/2 Std.),
RAJASTHAN (1x tgl. mit dem Ranthambore Express Nr. 2465, Abfahrt 6.45, Ankunft in Jaipur 17.20 Uhr),
UJJAIN (4–6x tgl., 1 1/2–2 Std.).

Flüge

Indores **Flughafen**, 0731-241 1758, liegt 10 km außerhalb der Stadt. Es gibt keine Flughafenbusse, aber viele Taxis (Rs200) und Motor-Rikschas (Rs90).
Air Deccan, 0731-262 0047, bietet tgl. Flüge via GWALIOR (1 1/4 Std.) nach DELHI (2 1/4 Std.).
Indian Airlines, Büro in der Race Course Rd, 2 km nordöstlich vom Bahnhof, 0731-243 1595, fliegt tgl. nach DELHI (2 1/4 Std., US$155), BHOPAL (1/2 Std., US$75) und MUMBAI (2 Std., US$130).
Jet Airways, Büros am Flughafen und gegenüber vom Indian-Airlines-Büro in der Race Course Rd, 0731-262 0454, fliegt 2x tgl. nach BHOPAL (1/2 Std.) und MUMBAI (2 Std.).
Kingfisher Airlines, 1800-233 3131, hat tgl. Flugverbindungen nach AHMEDABAD (1 1/4 Std.), HYDERABAD, JABALPUR (1 Std.) und KALKUTTA/KOLKATA und fliegt 2x tgl. nach MUMBAI (2 Std.).

Mandu

Vor dem zerklüfteten Hintergrund des Vindhya-Gebirges liegt 98 km südwestlich von Indore die mittelalterliche Geisterstadt Mandu. Sie ist eine der stimmungsvollsten historischen Hinterlassenschaften Zentralindiens. Verfallene, elegante islamische Paläste, Moscheen und Mausoleen stehen neben mittelalterlichen Wasserbecken. Und zu ihren Füßen hinter den schroffen Schluchten erstreckt sich eine endlose ausgedörrte Ebene mit winzigen Dörfern gen Horizont. Mandus Bauwerke gehen auf eine einzigartige Schule islamischer Architektur zurück, die hier und in der früheren Hauptstadt Dhar zwischen 1400 und 1516 blühte. Die für ihre elegante Schlichtheit berühmten Gebäude sollen beträchtlichen Einfluss auf die Mogul-Architekten gehabt haben, die das Taj Mahal entwarfen.

Mandus 23 km² großes rechteckiges Plateau wird durch die „tiefe Schlucht" **Kakra Khoh** von den Höhenzügen im Norden getrennt. Ein schmaler Damm bildet eine natürliche Brücke über die Schlucht. Über ihn führt die Straße an einigen Nebentoren vorbei zum heutigen Haupteingang des Forts neben dem originalen und sehr mächtigen Delhi Gate.

Mandu ist in einem Tagesausflug von Indore aus zu erreichen, doch es lohnt sich, einige Nächte vor Ort einzuplanen. So bleibt genug Zeit, um die Ruinen zu erkunden und die denkwürdigen Sonnenuntergänge über dem Narmada-Tal genießen zu können.

Geschichte

Archäologische Spuren lassen vermuten, dass die abgelegene Höhe um das 6. Jh. erstmals befestigt wurde und damals Mandapa Durga (Durgas Vorhalle) hieß, woraus der Name „Mandu" entstand. 400 Jahre später gewann die Stätte strategische Bedeutung, als die mächtigen **Paramara** ihre Hauptstadt von Ujjain ins 35 km nördlich gelegene Dhar verlegten. Die naturgegebene Verteidigungsmöglichkeit des Plateaus reichte jedoch nicht aus, um die Attacken moslemischer Eindringlinge abzuwehren, und 1305 fiel die Festung schließlich an die Sultane von Delhi.

Als das Sultanat rund ein Jahrhundert später vollauf damit beschäftigt war, die Mongolen an seiner nördlichen Grenze abzuwehren, packte

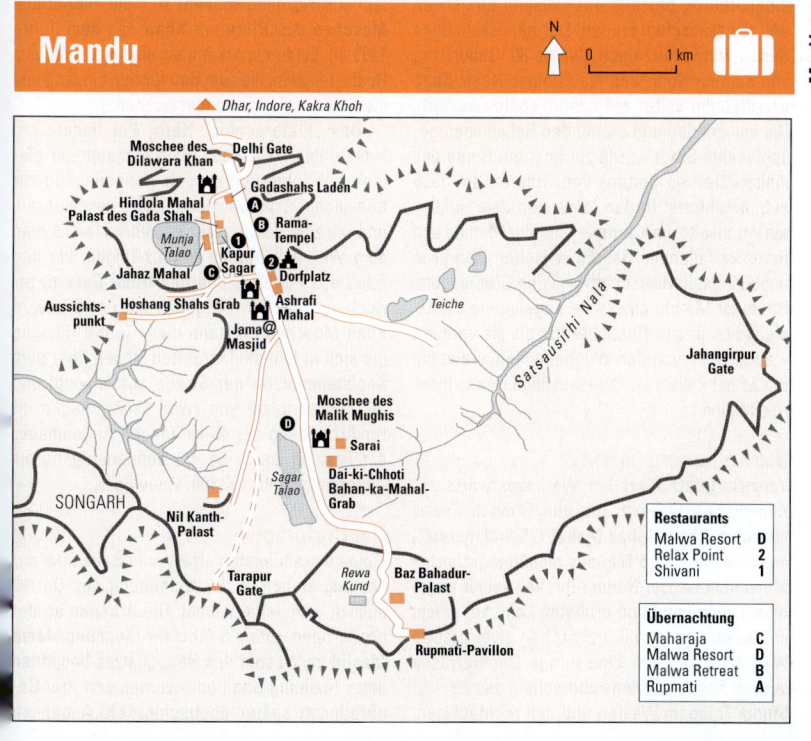

Malwas afghanischer Gouverneur **Dilawar Khan Ghuri** die Gelegenheit beim Schopf und gründete sein eigenes unabhängiges Reich. Als er nach vier Jahren verstarb, trat sein ehrgeiziger junger Sohn die Thronfolge an. Unter der schillernden 27-jährigen Herrschaft des **Hoshang Shah** stieg Mandu vom Sommersitz zur königlichen Hauptstadt auf und erhielt einige der herausragendsten islamischen Bauwerke Asiens.

Mandus goldenes Zeitalter setzte sich unter den **Khalji** fort, die 1436 die Ghuri-Dynastie ablösten, nachdem Mahmud Shah Khalji den Enkel Hoshang Shahs hatte vergiften lassen. Nach einem weiteren Bauschub und mehreren Kriegen erlebte Mandu unter **Ghiyath Shah** (1469–1500) eine von Frieden und Wohlstand geprägte Periode. Der für seine Liebe zur Kochkunst und zu schönen Frauen berühmte Ghiyath scharte einen Harem mit 15 000 Kurtisanen um sich, und seine Leibwache, die er im prachtvollen Jahaz Mahal einquartierte, bestand aus tausend türkischen und abessinischen Frauen. Der genusssüchtige Sultan wurde kurz nach seinem 80. Geburtstag von seinem Sohn und Nachfolger Nasir Shah vergiftet, der selbst zehn Jahre später verstarb. Die von Fehden und drohenden Rebellionen geschwächte Stadt wurde zur leichten Beute des militaristischen Sultans von Gujarat, der 1526 aufmarschierte. In den folgenden Jahrhunderten wechselte die Kontrolle über die Festung und rasch verfallenden Bauten zwischen mehreren unabhängigen Herrschern und dem Großmogul. Heute ist Mandu eine stille abgelegene Stätte, die weit weniger Besucher hat als sie verdient – abgesehen von den Wochenenden, wenn die Busse mit indischen Tagesausflüglern aus Indore einfallen.

Die Königliche Enklave

Vom Dorfplatz führt ein Weg westwärts zur Königlichen Enklave, die von Ghiyath Shahs majestätischem **Jahaz Mahal** („Schiffspalast") dominiert wird und Mandus meistfotografiertes Monument ist. Der Name rührt von seiner ungewöhnlichen Form und erhöhten Lage auf einem schmalen Landstreifen zwischen zwei großen Wasserbecken her. Eine luftige Dachterrasse mit vier Kuppelpavillons überschaut das Becken **Munja Talao** im Westen und den rechteckigen, von Steinen gesäumten **Kapur Sagar** im Osten. Vom nördlichen Balkon hat man einen guten Ausblick auf die geometrischen Badebecken aus Sandstein.

Das nächste Gebäude entlang des Weges ist der „Schwingende Palast", **Hindola Mahal**, dessen Name auf seine markant abgeschrägten Mauern zurückgeht, die hin und her zu schwingen scheinen. Diese Konstruktion war rein funktionell, denn die Mauern dienten als Stütze der anmutigen, jedoch schweren Steinbögen, welche die innere Decke tragen. Am Ende der T-förmigen Versammlungshalle konnten der Sultan und sein Gefolge das obere Stockwerk über eine Rampe auf dem Elefantenrücken erreichen.

Am Nordufer des Munja Talao stehen die verfallenen Reste eines zweiten königlichen Lustschlosses. Der Stufenbrunnen **Champa Baodi** zeichnet sich durch ein erfinderisch ausgeklügeltes Ventilations- und Wasserversorgungssystem aus. Nördlich schließt sich die ehrwürdige **Moschee des Dilawara Khan** aus dem Jahre 1405 an. Eindeutig erkennbar sind Elemente aus Hindu-Tempeln, die zum Bau für den Eingang und die Säulenhalle verwendet wurden.

Das „Elefantentor" **Hathi Pol** bildete mit seinem Paar kolossaler, halb enthaupteter Elefanten-Wächterfiguren den Haupteingang zur Königlichen Enklave. Heute ist es geschlossen, und um zum Basar zurückzukehren, muss man dem Weg aus Mandu heraus folgen, bis zum Rand des Plateaus und das **Delhi Gate** zu erreichen. Ungefähr zeitgleich mit der Dilawara Khan-Moschee entstand diese große Bastion, die sich in fünf skulpturierten Bögen über dem Kopfsteinpflaster der Straße aufschwingt und die imposanteste von zwölf Wehranlagen ihrer Art entlang der 45 km langen Außenmauer der Festung ist. ⏲ Sa–Do Sonnenaufgang bis -untergang, Eintritt Rs100, Video Rs25.

Die Dorfgruppe

Einige der am besten erhaltenen Bauwerke der Festung stehen in der Umgebung des Dorfes südlich vom Jahaz Mahal. Die Arbeiten an der großartigen roten Sandstein-Moschee **Jama Masjid** im Westen des Hauptplatzes begannen unter Hoshang Shah und wurden erst drei Generationen später abgeschlossen. Angeblich entstand das Bauwerk nach dem Vorbild der Großen Moschee von Damaskus. Es ruht auf einem gewaltigen erhöhten Sockel, der von Reihen winziger gewölbter Kammern durchzogen ist, die als Gästezimmer für Geistliche dienten. Hinter den kunstvoll durchbrochenen Gitterwänden *(jali)* und Bändern aus blau glasierten Kacheln, die den Torweg zieren, öffnet sich der große Hof mit einer Gebetshalle auf der gegenüberliegenden Seite, die von kunstvoll in Stein gemeißelten Koraninschriften geziert wird.

Prunkstück der Gruppe ist das direkt hinter der Moschee befindliche **Grabmal des Hoshang Shah** (ca. 1440), das im Zentrum einer rechteckig ummauerten Umfriedung auf einem niedrigen Sockel steht und von einer gedrungenen zentralen Kuppel sowie vier kleinen Eckkuppeln gekrönt wird. Das vollständig aus milchig weißem Marmor errichtete Bauwerk ist das erste dieser Art auf dem Subkontinent. Es ist von Schimmel und Kot befleckt, der aus den Fledermausnestern in den Dachgesimsen herausgewachsen wird. Das Innere des Grabmals ist sehr schlicht gehalten, mit Ausnahme der kunstvoll durchbrochenen Fenster aus Stein, die Hoshangs Sarkophag Licht spenden.

Der auf der anderen Seite des Platzes stehende **Ashrafi Mahal**, „Münzenpalast", war einst eine Koranschule *(madrasa)*, die der Herrscher Muhammad Shah in ein Grabmal umwandeln ließ. Zur Anlage gehörten ein riesiges Mausoleum aus Marmor und ein siebenstöckiges Minarett, der Siegesturm, von denen heute nur noch die Basis erhalten ist. ⏲ tgl. Sonnenaufgang bis -untergang, Eintritt Rs100, Video Rs25.

Die Umgebung von Sagar Talao

Richtung Rewa Kund-Gruppe stehen auf den Feldern östlich des Sees Sagar Talao weitere Monumente, deren ältestes die aus dem frühen 15. Jh. stammende **Moschee des Malik Mughis** ist. Auch hier wurde zu ihrem Bau antikes hinduistisches Mauerwerk verwendet. Beachtung verdienen die türkisen Kacheln und schönen islamischen Kalligrafien über dem Haupteingang. Das Gebäude mit hohen Mauern gegenüber war eine Karawanserei, in der Kaufleute mit ihren Kamelherden eine Rast auf den langen Wanderungen quer durch den Subkontinent einlegten.

Nur ein kurzes Stück in Richtung Süden erhebt sich das oktagonale Grab **Dai-ki-Chhoti Bahan-ka-Mahal** auf einem erhöhten Sockel über die umliegenden Felder. Noch sind große Streifen aus blauen Keramikkacheln erhalten, die einst fast alle der schönen afghanischen Kuppeln Mandus schmückten. Abends suchen auf dem Gelände junge Paare aus dem nahen Dorf ein wenig Zweisamkeit.

Rewa Kund-Gruppe

Die Straße zur Rewa Kund-Gruppe führt am morastigen Ufer eines Sees vorbei, wo mitunter Wasserbüffelherden grasen, und verläuft weiter durch einige Bhil-Dörfer zum Südrand des Plateaus. Stattliche alte Affenbrotbäume säumen den Weg. Rewa Kund selbst ist ein altes steinernes Becken, dessen Wasser Heilkräfte haben soll; es liegt 6 km südlich vom Hauptdorf. Das Wasser wurde früher in die Zisterne des nahen **Baz Bahadur-Palastes** gepumpt. Bahadur, der letzte unabhängige Malwa-Herrscher, zog sich nach Mandu zurück, um Musik zu studieren, nachdem er in einer Schlacht gegen Rani Durgavati verloren hatte.

Angeblich verliebte er sich in eine hinduistische Sängerin namens Rupmati, die er mit einem wunderschönen Palast zu seinem Wohnort hier oben lockte. Das Paar heiratete, wurde jedoch nicht glücklich. Denn als Akbar von Rupmatis Schönheit erfuhr, schickte er eine Armee nach Mandu, um sie zu entführen und nebenbei die längst begehrte Festung zu unterwerfen. Bahadur konnte in der Schlacht fliehen, doch seine Braut blieb im Palast und vergiftete sich, um den Angreifern nicht in die Hände zu fallen.

Der romantische **Rupmati-Pavillon**, den Bahadur für seine künftige Braut errichten ließ, steht noch hoch auf den Felsen über dem Rewa Kund. Unter seiner Terrasse fällt das Plateau schroff in das Narmada-Tal ab. Die Aussicht ist besonders bei Sonnenuntergang an einem klaren Tag atemberaubend, wenn der Blick über die im letzten Tageslicht glitzernden Flächen des heiligen Flusses schweift, der sich tief unten in die Richtung des Arabischen Meeres wälzt. ⏲ tgl. Sonnenaufgang bis -untergang, Eintritt Rs100, Video Rs25.

Übernachtung

Das Übernachtungsangebot ist sehr begrenzt.
Hotel Rupmati, am Nordende des Plateaus in der Nähe der Talsperre Nagar Panchayat, ✆ 07292-263270. AC-Zimmer mit Privatbalkon und Blick auf die Schlucht. Ordentliches Gartenrestaurant und Bar mit kühlem Bier. Die Busse halten am 1 km entfernten Hauptplatz, deshalb unterwegs absetzen lassen. ❹–❺
Maharaja, ✆ 07292-263288. Ziemlich schmuddelige Herberge; nur als Ausweichmöglichkeit für den Notfall erwägenswert. Das Restaurant ist eher eine Saufkneipe. ❷
Malwa Resort, 2 km südlich vom Hauptplatz, ✆ 07292-263235, ✉ mresortm@mptourism.com. Mandus beste und teuerste Adresse. Cottages mit AC und Privatveranda zum See. Rechtzeitige Reservierung ist ein Muss. ❺–❻
Malwa Retreat, ✆ 07292-263221, ✉ mretreatm@mptourism.com. Das zweite MP-Tourism-Hotel hat nicht ganz das Niveau des Malwa Resort, ist aber immer noch ein brauchbares Quartier. ❺

Essen

Das **Freiluft-Restaurant** im Fort tischt indische vegetarische Küche zu zivilen Preisen auf und gehört zu den ansprechendsten Adressen. Das Hotel **Shivani** auf halber Strecke zwischen Platz und Talsperre Nagar Panchayat serviert eine Auswahl an nord- und südindischen Gerichten.
Am Platz selbst offeriert **Relax Point** Tee, kalte Getränke, *samosa* und gehaltvolle *thalis* mit unbegrenztem Nachschlag. Fleisch und *paneer* sollte man überall meiden, denn wegen der häufigen Stromausfälle haben auch Lokale mit Kühlschrank Probleme, leicht verderbliche Lebensmittel frisch zu halten.

Sonstiges

Geld
Geldwechsel nicht möglich, nächste Bank in Indore.

Internet
Vinayak an der Main Rd bietet eine quälend langsame Internetverbindung (Rs10/Std.).

Post
Chaotisches Postamt an der Hauptstraße in der Nähe des Rama-Tempels, für „poste restante" nicht zu empfehlen.

Nahverkehr

Ohne eigenes Fahrzeug gelangt man am besten mit dem **Fahrrad** zu den im Festungsbereich weit verstreuten Monumenten, zu leihen bei einem der Läden in der Nähe vom *Shivani Restaurant* oder im Hotel für rund Rs30 pro 24 Std. Alternativ kann man sich in das altersschwache **Tempo** quetschen, das regelmäßig zwischen dem Dorfplatz und der Rewa Kund-Gruppe pendelt, oder eine **Motor-Rikscha** für eine Rundfahrt mieten (ca. Rs150).

Transport

Alle Hotels in INDORE (s. S. 468) vermitteln **Taxis** nach Mandu für rund Rs800 hin und zurück plus Rs250 für die Wartezeit über Nacht. Das ist im Allgemeinen etwas billiger als ein Leihwagen über das MP-Tourism-Büro in Indore.
Private Anbieter schicken tgl. einige **Busse** von Indore nach Mandu (3 1/2–4 Std.), doch ist es oft schneller, den Bus von Indore nach DHAR zu nehmen und dort in halbstündig verkehrende Busse zum Fort umzusteigen – die 35-km-Fahrt rüttelt alle Knochen durch und dauert über eine Stunde.

Ujjain

Ujjain, 55 km nördlich von Indore an den Ufern des heiligen Flusses Shipra gelegen, ist eine von Indiens sieben heiligsten Städten. Wie in Haridwar, Nasik und Prayag findet hier alle zwölf Jahre Indiens größte religiöse Versammlung statt: die **Kumbh Mela**. 2004 zogen rund 30 Millionen Pilger hierher zum heiligen Bad. Zu ihnen gehören nackte Sadhus, die in Scharen an der Wasserfront darauf warten, ihr in mehreren Leben angesammeltes schlechtes Karma wegzuwaschen. Zu anderen Zeiten ist Ujjain ein geeigneter Ort, Pilgern und Einheimischen bei ihren täglichen *puja*-Ritualen, Tempelbesuchen und Teezeremonien zuzusehen. In der Nähe

Ujjain

Übernachtung
- Ashray — E
- Atlas — C
- Avantika — F
- Grand Tower — A
- Rama Krishna — B
- Shipra Residency — D

Restaurants
- Angan — E
- Imbissbuden und Eisdielen — 1
- Indian Coffee House — 2
- Nauratan — D
- Zharokha — A

Madhya Pradesh

◄ Kalideh Mahal, Siddavath, Bhartrihari-Höhlen
◄ Chausath Yogini-Tempel
▼ Vedha Shala Observatorium
► P.D.V. Busbahnhof
► Dewas, Right Way Computers (200 m)
► Bhopal

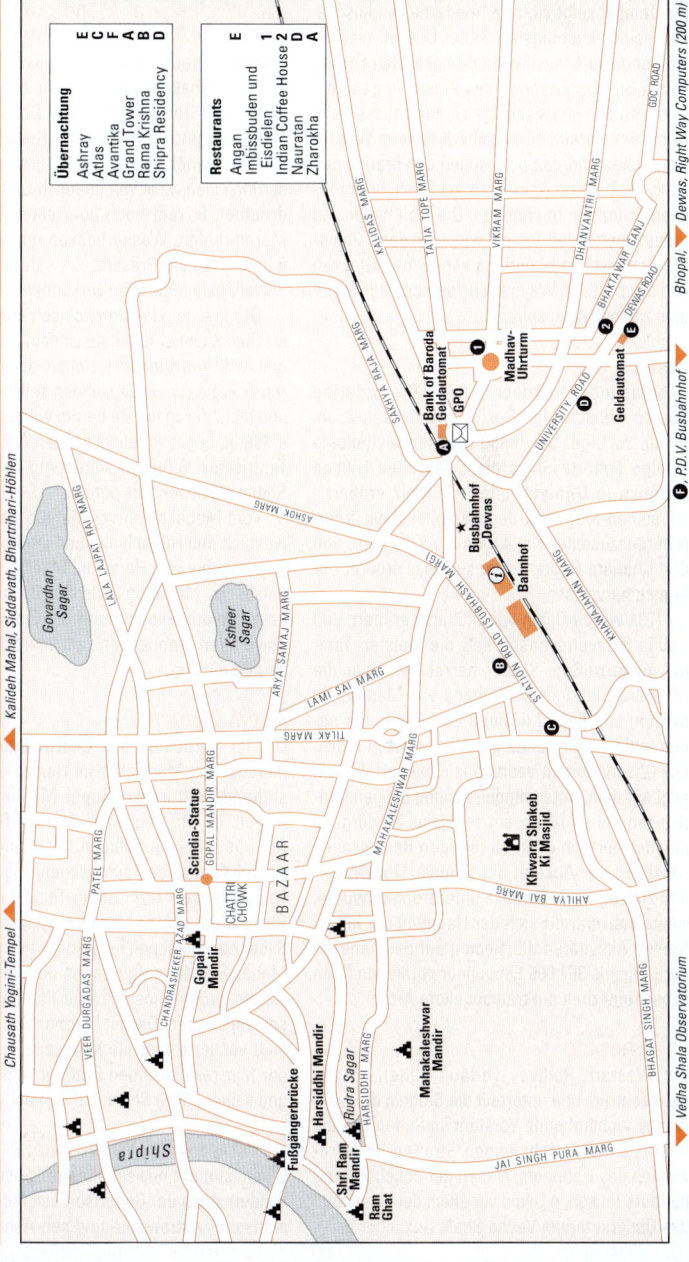

www.stefan-loose.de/indien

der Tempel zeigt sich der moderne Hinduismus von seiner kitschigsten Seite: Überall werden zeremonielle Utensilien in den grellsten Farben sowie Blumengirlanden aus Plastik angeboten. Unten an den *ghats* schlagen Frauen nasse Saris trocken, während eingeseifte Kinder im Wasser plantschen und *pujari* zwischen den orange und weiß getünchten Schreinen am Fluss ihren rituellen Aufgaben nachgehen. Die sich hinter den *ghats* erhebenden Tempel wirken in der Dämmerung majestätisch, und die klingenden Glocken und der Duft von Weihrauch verleihen der Stätte eine zeitlose Atmosphäre.

Geschichte

Ausgrabungen nördlich von Ujjain förderten Spuren menschlicher Besiedlung aus dem 8. Jh. v. Chr. zu Tage. Der hinduistischen Mythologie zufolge änderte Shiva einst den alten Namen Avantika in **Ujjaiyini** „der mit Stolz erobert", um seinen Sieg über den Dämonenkönig Tripuri herauszustellen. Im 4. und 5. Jh. regierte von dort Chandra Gupta II., der sich als Förderer der Künste hervortat.

1234 wurde Ujjain von Iltutmish erobert, und Delhis Sklavendynastie ließ die meisten Tempel niederreißen. Später herrschten über die Malwa-Hauptstadt die Sultane von Mandu, die Moguln und **Raja Jai Singh** aus Jaipur, der neben anderen Einrichtungen dieser Art in Indien das Observatorium Vedha Shala entwarf – Ujjain liegt auf dem ersten hinduistischen Längenmeridian. Im frühen 18. Jh. setzte Ujjains Niedergang ein, der nur von einer 60-jährigen Renaissance zwischen der Ankunft der Scindia 1750 und ihrem Umzug nach Gwalior unterbrochen wurde. Heute konzentriert sich der Hauptteil der industriellen Aktivitäten der Region auf das nahe Indore. Ujjains 367 000 Einwohner verdienen ihren Lebensunterhalt auf traditionellere Art.

Orientierung

Die Western Railway verläuft mitten durchs Stadtzentrum und unterteilt die Stadt in die weitläufige wohlhabende Vorstadt im Süden und die interessanteren lebendigen Straßen im Nordwesten des Bahnhofs. Neben der üblichen Tempelroute locken in Ujjain vor allem der Basar und das Observatorium Vedha Shala Besucher an.

Mahakaleshwar Mandir und Harsiddhi Mandir

Ujjains bedeutendste Sehenswürdigkeit, der Tempel Mahakaleshwar Mandir, bildet den Auftakt einer Stadtbesichtigung. Der riesige safranfarben getünchte Turm des Heiligtums wurde von den Scindias im 19. Jh. als Ersatz für den ursprünglichen, 1234 von Iltutmish zerstörten Turm errichtet. Er ragt hoch über einen Bereich mit Marmorhöfen, Wasserbecken und Springbrunnen auf, um die Präsenz eines der mächtigsten Shivalingam Indiens zu verkünden.

Der in einer klaustrophobisch engen, unterirdischen Kammer gehütete Lingam gehört zu Indiens zwölf **jyotrilingam** („Lingam des Lichts"), deren Energie *(shakti)* aus ihnen selbst hervorgeht und nicht durch um sie herum vollzogene Rituale entsteht. Er gilt vor allem bei den Anhängern des Tantrismus aufgrund seiner Ausrichtung nach Süden als besonders potent.

Vom Mahakaleshwar Mandir führt der Weg westlich den Hügel hinab und am Becken Rudra Sagar vorbei zum Harsiddhi Mandir, den die hinduistische Mythologie als den Ort ausweist, an dem Parvatis Ellbogen auf die Erde stürzte, als Shiva ihren brennenden Leib vom Sati-Scheiterhaufen forttrug.

Gopal Mandir

Der im Nordosten des **Chattri Chowk**, einem chaotischen Marktplatz im Herzen des Basars, stehende pittoreske Gopal Mandir wurde im frühen 19. Jh. von einer Scindia-Rani errichtet. Mit seiner auffälligen Mischung aus einer Mogul-Kuppel, den maurischen Bögen und dem hinduistischem Turm ist der Tempel ein schönes Beispiel der späten Maratha-Architektur. Die mit Silber beschlagenen inneren Portale wurden von Mahaji Scindia hergebracht, der sie aus Lahore rettete, wohin moslemische Plünderer sie verschleppt hatten. Die mit Marmor, Silber und Perlmutt verzierte zentrale Kammer enthält Statuen der hier residierenden Gottheit Gopal (Ganesh) und seiner Eltern Shiva und Parvati.

Observatorium Vedha Shala

Ujjain ist nicht nur ein altes religiöses Zentrum, sondern auch der Geburtsort von Indiens mathematischer Astronomie und seit Ashokas Zeiten ein Forschungszentrum für den Lauf der Sterne und Planeten. Später fixierten hinduistische Astronomen hier den **ersten Längenmeridian** und den Wendekreis des Krebses. Aus diesem Grund wählte Raja Jai Singh aus Jaipur, Gouverneur von Malwa unter dem Mogul-Herrscher Mohammad Shah, den Ort zur Stätte einer seiner surrealistisch anmutenden Freiluft-Sternwarten.

Das 1725 erbaute Observatorium Vedha Shala steht 1 km südwestlich vom Bahnhof an einer Flussbiegung des Shipra. Die Anlage ist bei weitem nicht so groß wie die berühmten Jantar Mantar in Delhi und Jaipur, doch sie ist in einem guten Zustand. Hervorzuheben sind ihre sehr kenntnisreichen Führer (kostenlos, aber ein Trinkgeld wird erwartet) und informativen Beschilderungen. Örtliche Astronomen benutzen noch immer die fünf Modelle *(yantra)*, um Ephemeriden – astronomische Tabellen, die den Stand der Planeten vorherbestimmen – aufzuzeichnen, die man vor Ort kaufen kann. Eine Motor-Riksha vom Stadtzentrum hier heraus kostet um die Rs30. ⏲ tgl. von Sonnenaufgang bis Sonnenuntergang, Eintritt Rs2.

Übernachtung

Da die meisten Unterkünfte in bequemer Gehdistanz zum Bahnhof liegen, kann man die Motor-Rikshafahrer, die nach der Ankunft über eintreffende Besucher herfallen, getrost ignorieren – es sei denn, man entscheidet sich für eine Unterkunft im Cantonment-Bezirk 2 km östlich vom Bahnhof. Auf Zimmerpreise über Rs100 werden 10–15 % Luxussteuer erhoben. Checkout ist – soweit nicht anders angegeben – lästigerweise schon um 9 Uhr. Bei längeren Besuchen kann man in einem **Ashram** wohnen – zu den besten gehört **Shri Ram Mandir** in der Nähe von Rudra Sagar ❶.

Ashray, 77 Devas Rd, ☎ 0734-251 9301, 🖥 www.hotelashray.com. Anständiges Mittelklassehotel; großzügig dimensionierte Zimmer mit langweiligen braunen Teppichen und Kabel-TV. Die teureren sind geradezu riesig und trumpfen mit Kühlschrank und Badewanne. ❸–❺

Atlas, Station Rd (Subhash Marg), Indore Gate, ☎ 0734-256 0473. Die Werbung mit „De-luxe"-Zimmern ist wild übertrieben, dafür sind die

Maurisches Ambiente

Shipra Residency, University Rd, ☎ 0734-255 1495, ✉ shirpa@mptourism.com. Die MP-Tourism-Herberge bietet richtig hübsche Zimmer mit Bad und reizenden gesteppten Bettdecken rund um einen friedlichen, weiß gefliesten Innenhof mit ausgeprägtem maurischem Flair. Preise inkl. Frühstück und Checkout um 12 Uhr – was will man mehr? ❺

etwas kitschigen Zimmer mit einigermaßen sauberen, rosa Bädern ziemlich erschwinglich, zumal die freundliche Hotelleitung sich auch auf Preisverhandlungen einlässt. ❸–❹

Avantika, Seitenstraße der Lal Bahadur Shastri Marg, ☎ 0734-251 1398, ✉ avantika@mptourism.com. Das etwas anstaltsmäßige MP-Tourism-Hotel liegt eher ungünstig 2 km außerhalb der Stadt, in der Nähe des Busbahnhofs nach Mandu. Das beste Angebot für Budget-Traveller ist der unterteilte Schlafsaal (Rs90) mit bequemen Betten und sauberen Laken; die 4 Privatzimmer sind dagegen übertreuert. Gutes Restaurant. ❹

Grand Tower, Vikram Marg, ☎ 0734-255 3699, ✉ hotelgrandtower@sancharnet.com. Das gut geführte, lindgrüne Hotel vermietet angenehme, wenn auch etwas nichtssagende Zimmer mit Bad, heller Holzausstattung und festen Matratzen und betreibt ein brauchbares Restaurant. ❹–❺

Rama Krishna, Station Rd (Subhash Marg), gegenüber vom Bahnhof, ☎ 0734-255 3017. Einen Tick besser als die übrigen Absteigen in Bahnhofsnähe; die großen, verwohnten Zimmer haben immerhin Bad mit Warmwasser und sind einigermaßen sauber – was man vom Bettzeug leider nicht sagen kann. Der Eingang ist leicht zu übersehen; auf das große „RK"-Emblem auf dem Dach achten. ❸

Essen

Da es in Ujjain nur wenige Restaurants gibt, essen die meisten Besucher im Hotel oder verpflegen sich bei der Ansammlung von Imbiss-Ständen östlich des Uhrenturms, die z. B. leckeren Kartoffelkuchen mit

Kichererbsen und Tomaten oder frittierte Süßkartoffelchips feilbieten. Wie bei den billigen *dhaba* gegenüber vom Bahnhof sollte man sich auch hier an die Imbiss-Buden mit den meisten Kunden halten. In der Nähe des Uhrenturms gibt es außerdem mehrere Eisdielen.

Angan, Hotel Ashray. Bietet außer den üblichen Tandoori-Spezialitäten und chinesischen Gerichten auch ein paar Überraschungen wie Fischstäbchen mit Remoulade. Extrem schleppende Bedienung, aber das kalte Bier (Rs100/Flasche) hilft, die Wartezeit zu vertreiben. Hauptgerichte Rs45–80.

Indian Coffee House, Durga Plaza, Dewas Rd. Bescheidenes Lokal mit *masala dosa* und leichten Mahlzeiten zu moderaten Preisen (Rs25–60). Das zur Frühstückszeit etwas überforderte Personal wird im Laufe des Tages merklich entspannter.

Nauratan, Shipra Residency. Typisches MP-Tourism-Angebot – Vegetarisches, Mogul-, Tandoori- und China-Küche und ein paar westliche Klassiker (Rs40–100) – in überdurchschnittlich nettem Ambiente und Ujjains größte Auswahl an alkoholischen Getränken.

Zharokha, Hotel Grand Tower. Abwechslungsreiche Speisekarte voller nordindischer Spezialitäten mit äußerst üppigen Saucen; dazu die obligatorischen chinesischen Gerichte (Rs40–60).

Sonstiges

Geld
Der nächste Ort zum Geldwechsel ist Indore. Geldautomaten gibt es bei der **IDIBI Bank**, University Rd, und der **State Bank of India**, Dewas Rd, in der Nähe des Uhrenturms.

Informationen
Das **Informationsbüro** von MP Tourism befindet sich im Bahnhof, 0734-256 1544. Mo–Sa 10–17 Uhr.

Internet
Internetzugang (Rs20/Std.) gibt es bei **Right Way Computers**, Dewas Rd.

Nahverkehr
Da sich die Stadt über ein weites Gebiet erstreckt, sind Motor-Rikschas oder ein geliehenes Fahrrad (Verleih gegenüber vom Dewas-Busbahnhof) die gängigsten Nahverkehrsmittel. Häufige Tempos Nr. 2 und 9 verbinden den Bahnhof mit dem Haupttempelbezirk. Bei der Taxivermittlung hilft das MP-Tourism-Büro im Bahnhof (s. o.).

Transport

Busse
Der Busbahnhof **Dewas** mit Verbindungen nach Gwalior, Agra, Rajasthan und Bhopal liegt nur zwei Gehminuten nordöstlich des Bahnhofs. Vom 2 km südlich der Stadt gelegenen **PDV-Busbahnhof**, neben dem *MP-Tourism-Hotel Avantika*, fahren Busse nach INDORE (alle 15 Min; 1 1/2–2 Std.), BHOPAL und MANDU ab.

Busse nach:
AGRA (2x tgl., 15 Std.),
DELHI (1x tgl., 21 Std.),
DHAR (5x tgl., 4 Std.),
GWALIOR (3x tgl., 12 Std.),
KOTA (8–10x tgl., 8 Std.),
MAHESHWAR (4x tgl., 5 Std.),
MUMBAI (1x tgl., 17 Std.),
OMKARESHWAR (3x tgl., 6–7 Std.).

Eisenbahn
Die Züge der beiden Breitspurtrassen der *Western Railway* rollen am Bahnhof im Stadtzentrum ein. Es gibt regelmäßige Intercity-Verbindungen nach Indore und Bhopal.

Züge nach:
AGRA (2–3x tgl., 12–16 Std.),
AHMEDABAD (1x tgl., 9 1/2Std.),
CHENNAI (6x wöchentl., 32 1/2–33 1/2 Std.),
DELHI (2–3x tgl., 12–21 1/2 Std.),
GWALIOR (1–2x tgl., 11 Std.),
INDORE (4–6x tgl., 1 1/2–2 Std.),
JABALPUR (1–2x tgl., 10 3/4–13 Std.),
JAIPUR (6x wöchentl., 8 3/4–10 Std.);
JHANSI (2–4x tgl.; 9–10 Std.),
KALKUTTA/KOLKATA (3x wöchentl., 32 Std.),
MUMBAI (1x tgl., 12 1/2 Std.),
NAGPUR (4x wöchentl., 12 Std.),
VARANASI (3x wöchentl., 31 1/2 Std.).

Omkareshwar

Östlich der Flussüberquerung in Barwah lenkt der Narmada seinen Lauf zunächst nach Süden, schwenkt im weiten Bogen zurück nach Norden und fließt dann um einen 2 km langen, keilförmigen Sandsteinfelsen. Von oben hat die Insel zwischen den tiefen Schluchten eine erstaunliche Ähnlichkeit mit dem „Om"-Symbol. Diese Tatsache und die Präsenz eines hoch verehrten Shivalingam an der jäh abfallenden Südseite der Insel haben das 77 km südlich von Indore gelegene Omkareshwar zu einer der heiligsten Hindu-Stätten Zentralindiens gemacht.

Seit jeher strömen Pilgerscharen zum *darshan* und zu einem heiligen Bad im Fluss. Wen die zahlreichen Chillum rauchenden Westler nicht stören, kann zwischen Tempelruinen, am Wegesrand stehenden Schreinen, Bade-*ghats* und durch alte Pilgerpfade verbundene Höhlen die authentische religiöse Atmosphäre des Ortes in sich aufnehmen.

Vom Busbahnhof am Dorfende führt Omkareshwars einzige Straße 400 m bergauf zu einem schäbigen Platz, wo sich die meisten *dharamshala* und Teestuben befinden und an einigen Ständen grausige *puja*-Utensilien verkauft werden.

Auf die Insel gelangt man entweder über die hohe betonierte Fußgängerbrücke oder mit einem der flachen Fährboote, die zwischen den *ghats* hin und her fahren. Auf der Insel selbst findet man ohne Schwierigkeiten zu der belebten schmalen Gasse, die zum Haupttheiligtum führt.

Der auffällige weiße *shikhara*-Turm des **Shri Omkar Mandhata Mandir** ist eine relativ junge Ergänzung im dichten Gewirr der Gebäude im Süden der Insel. Erst die kunstfertig gestalteten Säulen der unteren Versammlungshalle bezeugen das beträchtliche Alter des Tempels. Die Mythen, die sich um die Gottheit in diesem niedrigen Sanktuarium ranken, gehen bis ins 2. Jh. v. Chr. zurück.

Der hiesige **jyotrilingam** („Lingam des Lichts") soll den Hindus zufolge nach einem Kampf zwischen Brahma, Vishnu und Shiva spontan aus dem Erdboden gewachsen sein.

Übernachtung

Omkareshwar bietet einiges an Unterkünften. Asketen können in den billigen **Dharamshala** (Rs30–60) im Dorf auf dem Festland die Pilgerkultur aus erster Hand erleben. Deren Zimmer sind meist fensterlose Zellen, und die sanitären Anlagen beschränken sich auf Gemeinschaftstoiletten und eine Wasserzapfstelle im Hof (um die Gäste zu einem Bad im Fluss zu ermuntern):

Jat Samaj, rechts der Brücke am Fluss. Gehört zu den besten *dharamshala*. Nach der Figur auf dem Pferderücken auf dem Dach Ausschau halten.

Ahilya Bai, versteckt hinter dem Vishnu-Tempel, an der Straße zum Mamaleshwar-Tempel und den *ghats*. Populäre Adresse. Schöner Ausblick von Balkon und Dachterrasse auf die „Om"-Insel.

Tirole Kunbi Patel, gleich nebenan und genauso wie das Ahilya Bai.

Wer sich nicht auf ein *dharamshala* einlassen will, hat einige Alternativen:

Aishwarya, ✆ 07280-271325, direkt gegenüber vom Shri Omkar Mandhata Mandir. Das wohl beste Hotel am Platz bietet zweckmäßige, saubere DZ mit Bad und Warmwassereimer sowie ein Restaurant. ❷–❸

Ganesh Guest House, direkt hinter dem Tirole Kunbi Patel. Billige Zimmer ohne Schnickschnack. ❶

Gita Shri Guest House, ✆ 07280-271560, in der Nähe des Hauptmarktes. Preiswerte Zimmer mit Bad und Hocktoilette. ❶–❷

Yatrika Niwas, hinter dem Busbahnhof. Saubere, aber spartanische Zimmer mit Bad. Die Entfernung zu den *ghats* vermindert die Lärmbelastung durch die dort morgendlich ertönende Zeremonialmusik. ❷

Essen

Länger verweilende Besucher und Pilger kochen ihre Mahlzeiten in der Regel auf den Öfen im **Dharamshala** oder essen zu minimalen Preisen im Basar, wo auch persönliche Einkäufe getätigt werden können. Gute Alternativen sind das rein vegetarische Restaurant des **Hotels Aishwarya** und das Gartenrestaurant des **Ganesh Guest House**, das handfeste Traveller-Kost wie Pfannkuchen (ohne Ei), Pizza, Hummus und Falafel serviert.

Sonstiges

Geld
Die **State Bank of India** an der Hauptstraße hat einen Geldautomaten, wechselt aber nur US$ zu miserablen Kursen. Am besten vorher anderswo Geld tauschen. Die nächste Bank, die ausländische Währung wechselt, liegt in Indore.

Post
Kleines Postamt mit verlässlichem Poste-restante-Service an der Hauptstraße.

Transport

Busse
Staatliche Busse verbinden Omkareshwar mit INDORE (3x tgl.; 3–5 Std.) und MAHESHWAR (2 Std.).

Eisenbahn
Der nächste Bahnhof befindet sich an der Omkareshwar Road, wo nur Bummelzüge halten. Den nächsten Bahnhof an einer Hauptstrecke hat Barwah am Nordufer des Narmada.

Himachal Pradesh

Stefan Loose Traveltipps

Schmalspurbahn nach Shimla Durch traumhafte Berglandschaften rattert der Zug in die Sommerresidenz der Raj-Ära. S. 487

Dharamsala In die einstige Sommerresidenz und Heimat des Dalai Lama kommt man zum Innehalten, Meditieren und Wandern. S. 495

Heiße Quellen von Manikaran Die in Dampfwolken gehüllte Siedlung am Tor zum spektakulären Parvati-Tal ist Sikhs und Hindus gleichermaßen heilig. S. 512

Manali Die „Flitterwochenhauptstadt" lädt Reisende auf dem Weg nach Ladakh zum Genießen des majestätischen Himalaya-Panoramas ein. S. 516

Spiti-Tal Winzige tibetische Dörfer und herrliche weiße *gompas* finden sich in der Mondlandschaft von Spiti. S. 528

7 Von Manali nach Leh Die zweithöchste Straße der Welt bahnt sich ihren Weg durch eine gewaltige Wüste. S. 531

Zwischen dem Punjab und Tibet gelegen, ist Himachal Pradesh (HP) der beliebteste und am einfachsten zugängliche Bergstaat Indiens – geprägt von den Höhenzügen der Shivalik-Kette im Süden, den Gebirgsketten Pir Panjal und Dhauladhar im Nordwesten und dem Hohen Himalaya im Norden und Osten.

Das Tiefland mit Obstplantagen, subtropischen Wäldern und Maisfeldern geht allmählich in höher gelegene Regionen über, in denen sich Kiefern an steile Berghänge klammern, bis sich schließlich über Felsmassiven und gefährlichen Eisflächen schroffe Gipfel in bis zu 6000 m Höhe erheben.

Diese Berge bilden gemeinsam mit den tiefen Schluchten, die durch herabstürzende Flüsse aus dem Himalaya entstanden sind, die natürlichen Grenzen zwischen den einzelnen Distrikten des Bundesstaates. Jeder von ihnen ist durch eine eigene Baukunst geprägt – die Palette reicht von gemeißelten Schreinen und *shikhara*-Tempeln bis zu Kolonialvillen und buddhistischen Klöstern. Die Verbindungsstraßen zwischen den Städten und unzähligen abgelegenen Dörfern, die von halbnomadischen **Gaddi**- und **Gujjar**-Schafhirten bewohnt werden, sind ständig den Unbilden des Wetters ausgesetzt.

Die meisten Besucher steuern von Delhi aus zunächst das jenseits der grünen Täler von **Sirmaur** gelegene Hauptstadt **Shimla** an, der ehemalige Sommersitz der britischen Regierung. Von Shimla aus führt die Hauptstraße bis zum Distrikt **Kinnaur** im Osten. Die grüne Hochgebirgslandschaft im Westen von Kinnaur verwandelt sich weiter östlich in karges und unfruchtbares Land, das sich bis zum tibetischen Hochland erstreckt. Unterstrichen wird die Schönheit der Region durch die zierlichen Holzhäuser, Tempel und die im Wind flatternden Gebetsfahnen.

In nordwestlicher Richtung führt von Shimla eine Straße nach **Mandi**, einem wichtigen Durchgangsort des Bundesstaates. Nördlich davon befindet sich das **Kullu-Tal**: Terrassenfelder, Obstplantagen und Wälder werden von schneebedeckten Gipfeln bewacht. Zentrum ist die ständig wachsende Touristenstadt **Manali** inmitten einer idyllischen Landschaft. Jenseits des Rohtang-Passes im äußersten Norden des Distrikts Kullu erstrecken sich unterhalb gewaltiger schneebedeckter Gipfel und abgeschiedener Bergdörfer die Wüsten-Hochtäler von **Lahaul** und **Spiti** in einer von tibetischen *gompas* durchsetzten Landschaft.

Für die Reise nach Kinnaur sind **Genehmigungen** erforderlich, wohingegen **Ki**, **Kaza**, und **Tabo** frei zugänglich sind, ebenso wie die Straße durch Lahaul weiter nach Leh in Ladakh.

Besucher des dicht besiedelten **Kangra-Tals** westlich von Manali reisen in der Regel schnurstracks nach **Dharamsala**, wo der Dalai Lama in einer Gemeinschaft von Exiltibetern lebt. Trekking-Routen führen von hier gen Osten zum Teeanbaugebiet **Palampur** und gen Norden über die tückischen Pässe der Dhauladhar-Berge ins **Chamba-Tal**.

Führer und Träger für die **Treks** zu finden ist meist kein Problem. Im Westen dauert die Saison von Juni bis Ende November, im Norden und Osten nur bis Ende Oktober. Im Winter liegt der gesamte Staat mit Ausnahme des äußersten Südens unter einer dicken Schneedecke. In die Region nördlich von Manali gelangt man nur von Ende Juni bis Anfang Oktober, wenn die Straßen befahrbar sind. Selbst im Sommer, wenn die Tage heiß sind und die Sonne kräftig scheint, sind im nördlichen Teil von Himachal kalte Nächte keine Seltenheit.

Geschichte

Die ersten Bewohner des heutigen Gebietes von Himachal Pradesh waren die **Dasas**, die zwischen dem dritten und zweiten Jahrtausend v. Chr. aus der Gangesebene in die Bergregion einwanderten. Nachdem sich etwa 2000 v. Chr. die **Arier** zu ihnen gesellten, entstanden in verschiedenen Gebieten *janapadas*, Stammesrepubliken, die jeweils eigene kulturelle Traditionen pflegten.

Die Beschaffenheit des Territoriums machte es für einen einzigen Herrscher unmöglich, das gesamte Gebiet zu kontrollieren, wenngleich sich bis 550 n. Chr. hinduistische **Rajputen**-Familien bereits die Vormachtstellung über die nordwestlichen Distrikte Brahmour und Chamba gesichert hatten, zwei der vielen Fürstentümer, die zwischen dem 6. und 16. Jh. entstanden waren. Das mächtigste davon war **Kangra**, wo die Katoch-Rajputen zahlreiche Angriffe abwehrten, bevor im 16. Jh. schließlich die Moguln die Herrschaft übernahmen.

Während des Mittelalters nahmen die Täler **Lahaul** und **Spiti** eine gesonderte Rolle ein. Sie wurden nicht von Rajputen, sondern von den **Jos** tibetischer Herkunft beherrscht, die ihre Bräuche und Architektur aus Tibet mitbrachten. Nachdem sie eine Zeit lang Ladakh unterworfen waren, wurden Lahaul und Spiti später von den Rajas von **Kullu** beherrscht, einem zentralen Fürstentum, das im 17. Jh. seine Blütezeit erreichte. Weiter südlich war die Gegend um **Shimla** und **Sirmaur** in über dreißig unabhängig regierte *thakurais* aufgeteilt. Gegen Ende des 17. Jhs. stellte die wieder erstarkte **Sikh**-Gemeinde mit Sitz in **Paonta Sahib** (Sirmaur) neben den Moguln eine zusätzliche Bedrohung dar. Im 18. Jh. hielten die Sikhs unter **Maharadscha Ranjit Singh** bereits Stützpunkte in großen Teilen des westlichen Himachal und verfügten über eine enorme Macht in Kullu und Spiti.

Im Kampf gegen die Ausbreitung der Sikh gewann Amar Singh Tapur, der Führer der **Gurkha**-Armee, in den südlichen Shimla-Bergstaaten an Macht. Die *thakurai*-Oberhäupter baten die **Briten** um Hilfe und zwangen die letzten Gurkha 1815 zurück nach Nepal. Erwartungsgemäß ergriffen die Briten die Macht im Süden und drängten so die Sikh in den **Ersten Britischen Sikh-Krieg**. Mit der Unterzeichnung eines Abkommens 1846 annektierten die Briten überwiegende Teile des Südens und Westens des Staates und erklärten Shimla 1864 zum Sommersitz der Regierung.

Nach Erlangung der Unabhängigkeit wurden die an den heutigen Punjab grenzenden Gebiete zusammengefasst und Himachal Pradesh („Himalaya-Provinzen") genannt. 1956 wurde HP als Unionsterritorium anerkannt und zehn Jahre später zum Bundesstaat erklärt, mit Shimla als Hauptstadt.

Trotz der politischen Einheit ist Himachal Pradesh kulturell sehr vielfältig. Mehr als 90 % der Bevölkerung lebt außerhalb der großen Städte und viele Regionen sind während der langen Wintermonate nach wie vor total isoliert. Die verschiedenen Distrikte von Himachal sind durch unterschiedliche Bräuche, Architektur, Kleidung und landwirtschaftliche Methoden geprägt. Und obwohl der Hinduismus überwiegt, sind auch Sikh, Moslems und Christen zahlenmäßig stark vertreten. Darüber hinaus werden Lahaul, Spiti und Kinnaur schon seit dem 10. Jh. von tibetischen Buddhisten bewohnt.

Sperrgebiete und Inner Line Permits

Ausländer, die zwischen Sumdo in Spiti und Morang in Kinnaur unterwegs sind – wo die Straße ein Stück durch das westliche Tibet führt – benötigen **Inner Line Permits**, die zur einwöchigen Erkundung der Grenzgebiete berechtigen. Offiziell sind nur von Reisebüros organisierte Reisen in Gruppen von mindestens vier Personen erlaubt, aber wie streng diese Regelung gehandhabt wird, hängt davon ab, wo der Antrag gestellt wird.

Inner Line Permits gelten sieben Tage und sind in Shimla, Manali, Kullu, Rampur, Kaza und Rekong Peo erhältlich. Individualreisende stellen den Antrag am besten in Shimla (S. 486), Rekong Peo in Kinnaur oder Kaza (S. 529) in Spiti; dort kann man die erforderlichen Behördengänge selbst erledigen und bekommt die Genehmigung gegen eine geringe Gebühr von maximal Rs150 innerhalb weniger Stunden. In Manali, Kullu und Rampur bestehen die Beamten gewöhnlich auf Einhaltung der o. g. Vorschrift, und der Reiseveranstalter verlangt eine Gebühr von Rs150–200. Es ist grundsätzlich ratsam, drei Fotos und Kopien von Pass und Visum mitzubringen. Einige Beamte machen sie allerdings lieber selbst. Obwohl man sie kaum benötigen wird, sollte man mindestens vier Kopien von der Genehmigung machen, für den Fall, dass an den Kontrollposten entlang der Strecke eine Kopie einbehalten wird.

Bei Reisen durch Sperrgebiete keinesfalls Fotos von militärischen Einrichtungen oder sensiblen Orten wie z. B. Brücken machen. Hält man sich an den Hauptweg, sollte es eigentlich keine Schwierigkeiten geben.

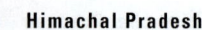

Himachal Pradesh

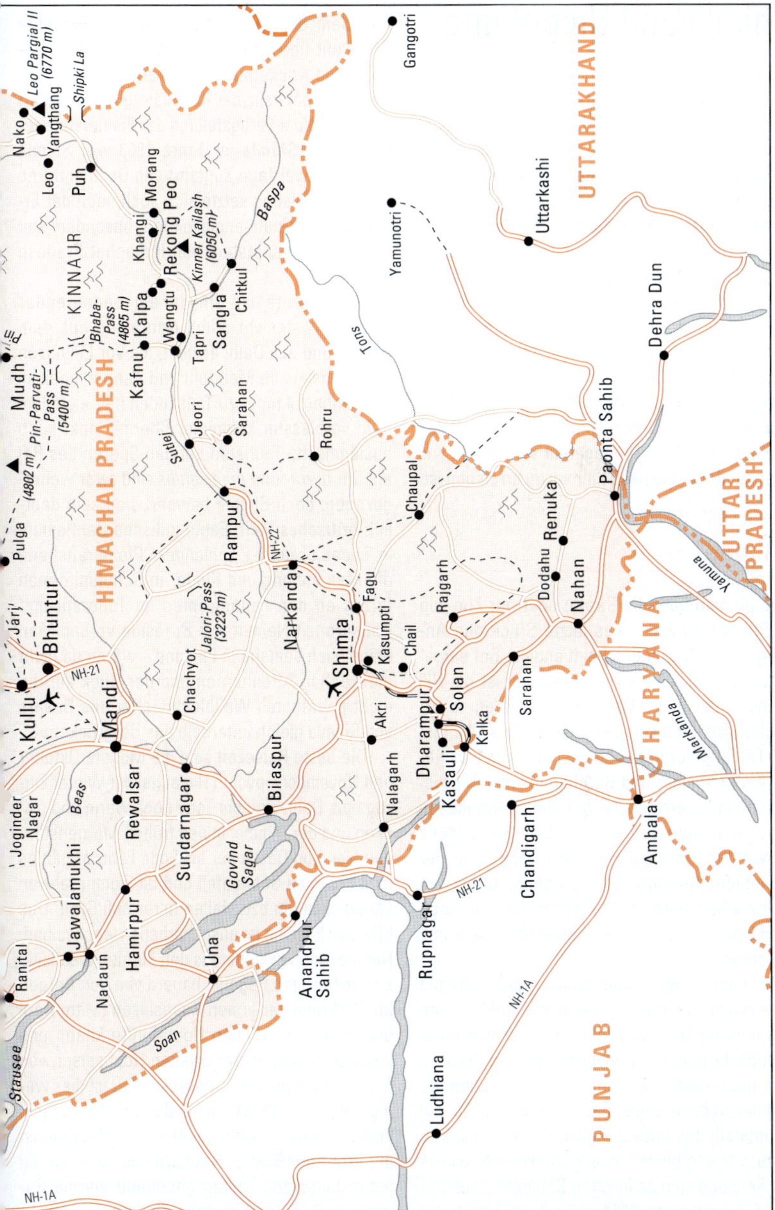

HIMACHAL PRADESH
UTTARAKHAND
UTTAR PRADESH
HARYANA
PUNJAB
KINNAUR
Leo Pargial II (6770 m)
Shipki La
Nako
Yangthang
Leo
Puh
Morang
Khangi
Rekong Peo
Kinner Kailash (6050 m)
Kalpa
Wangtu
Tapri
Sangla
Chitkul
Baspa
Bhaba-Pass (4865 m)
Kafnu
Mudh
Pin-Parvati-Pass (5400 m)
(4802 m)
Pulga
Jari
Bhuntur
Kullu
NH-21
Mandi
Jeori
Sarahan
Sutlej
Rampur
Rohru
NH-22
Narkanda
Jalori-Pass (3223 m)
Chachyot
Shimla
Fagu
Kasumpti
Chail
Chaupal
Rajgarh
Renuka
Dodahu
Nahan
Paonta Sahib
Dehra Dun
Tons
Yamunotri
Gangotri
Uttarkashi
Yamuna
Delhi
Solan
Dharampur
Kasauli
Kalka
Akri
Sarahan
Markanda
Nalagarh
Bilaspur
Sundarnagar
Rewalsar
Beas
Joginder Nagar
Jawalamukhi
Govind Sagar
Hamirpur
Nadaun
Ranital
Una
Anandpur Sahib
Rupnagar
Chandigarh
Ambala
Soan
Stausee
Ludhiana
NH-1A

Shimla und Umgebung

Shimla, die Hauptstadt von Himachal Pradesh, ist die größte und bekannteste Hill Station Indiens. Hier siedelte Rudyard Kipling den Großteil seines Kolonialklassikers *Kim* an. Während die Stadt bei indischen Familien und Hochzeitsreisenden sehr beliebt ist, lässt ihre wenig einladende Größe Westler, die auf ihrer Reise nach Manali häufig hier vorbeikommen, eher selten verweilen. Dabei ist sie nicht nur der perfekte Zwischenstopp auf dem Weg ins Kullu-Tal, sondern auch ein geeigneter Ausgangspunkt für Ausflüge in die entlegenen Gebiete von Spiti.

Nordöstlich von Shimla liegt vor einer prachtvollen Kulisse imposanter Himalaya-Gipfel **Sarahan** mit dem berühmten Bhimakali-Tempel, das in einer Zwei- bzw. Dreitagetour von Shimla aus oder auf der Reise nach Kinnaur zu erreichen ist.

Shimla

Egal ob man über die Straße oder per Zug von Süden her anreist – das letzte Stück des Anstiegs nach Shimla erscheint endlos. Tief eingebettet ins Vorgebirge des Himalaya, ist die Hill Station über einen kurvenreichen Weg zu erreichen, der sich von den Ebenen bei Kalka fast 100 km lang durch tief eingeschnittene Flusstäler, Kiefernwälder und Berghänge windet. Es ist unschwer zu erraten, warum die Briten diesen unzugänglichen Ort als ihre Sommerresidenz auswählten. In einer Höhe von 2159 m ist der mondsichelförmige Gebirgskamm, über den sich die Stadt verteilt, das ganze Jahr hindurch mit kühler Luft und einem herrlichen Panorama gesegnet.

Benannt nach seiner Schutzgöttin Shamla Devi (einer Erscheinungsform von Kali), wurde das winzige Dorf, das hier lag, 1817 von einer Gruppe britischer Landvermesser „entdeckt". Ihre begeisterten Berichte über die Schönheit und das Klima drangen nach und nach bis in die Hauptstadt des britisch-indischen Reiches, Kalkutta, vor und binnen zweier Jahrzehnte wurde die Siedlung zum schicksten Sommerurlaubsort des Subkontinents. 1864 schließlich erhielt der alljährliche Umzug einen offiziellen Hintergrund, nachdem Shimla – inzwischen eine elegante Stadt mit herrschaftlichen Wohnhäusern, Kirchen und Kricketplätzen geworden – zum offiziellen Sommersitz der Kolonialregierung erklärt wurde. Mit der Fertigstellung der **Eisenbahnstrecke Kalka–Shimla** im Jahre 1903 war Shimla nur noch zwei Tage Zugfahrt von Delhi entfernt. Und sein Aufstieg setzte sich auch nach der Erlangung der Unabhängigkeit fort, besonders seit es 1966 zur Hauptstadt von Himachal Pradesh wurde.

Noch heute ist Shimla ein bedeutender Urlaubsort, der vor allem Neureiche aus dem Punjab und aus Delhi anzieht, die vor Einsetzen des Monsuns im Mai/Juni und dann wieder im September/Oktober zu Tausenden hier einfallen. Sein verblasster kolonialer Charme lockt auch ausländische Touristen auf den Spuren des Raj an. Die *burra*- und *memsahibs* sind zwar weitergezogen, doch Shimla bewahrt sich sein deutlich **britisches Flair**: Echte indische Gentlemen, in Tweed gekleidet, schlendern Pfeife rauchend die Mall entlang und Kinder in Schuluniformen flitzen an den Ladenfronten im Tudorstil und Häusern mit Namen wie Braeside vorbei. Man wähnt sich beinahe in England – wären da nicht die frechen Affenhorden und der Blick auf die dicht gedrängten Wellblechdächer des **Basars** von Shimla gleich unterhalb des Bergrückens.

Die beste **Reisezeit** sind die Monate Oktober und November, bevor in Himachal der Winter Einzug hält. Dann sind die Tage noch warm und trocken und der Himmel in den frühen Morgenstunden klar. Von Dezember bis Ende Februar gibt es meist starken Schneefall und die Temperaturen schwanken um bzw. fallen unter null Grad. Das Klima im Frühling ist ausgesprochen wechselhaft: Heftige warme Winde aus den Ebenen wechseln sich mit eisigen Regenschauern von den Bergen ab. Während der ersten Hochsaison (Mitte April bis Ende Juni) können Unterkünfte knapp und kostspielig sein, in der zweiten Hochsaison von Mitte September bis Mitte November ist dies weniger der Fall. An Wochenenden und Feiertagen, insbesondere zu Weihnachten und Neujahr, ist mit größeren Besucherscharen zu rechnen. Zu jeder Jahreszeit sollten genügend warme Sachen im Gepäck sein, denn die Nächte können unerwartet kalt werden.

Orientierung

Obwohl sich Shimla und seine Satellitenbezirke über mindestens fünf Berghänge verteilen, ist das Zentrum überschaubar; es befindet sich um den weiten, „The Ridge" genannten Platz, von dem aus die sanften Hügel der Vorgebirge und am Horizont die zerklüfteten schneeweißen Gipfel des Pir Panjal und des Hohen Himalaya zu sehen sind. Die viktorianisch-gotische Turmspitze von **Christ Church** ist der hervorstechendste Punkt Shimlas. Die bunten Glasfenster waren die erlesensten von ganz Britisch-Indien und stellen (von links nach rechts) Glaube, Hoffnung, Barmherzigkeit, Stärke, Geduld und Demut dar. Am anderen Ende von The Ridge liegt **Scandal Point**, der Mittelpunkt des berühmten Nachmittagstreffs von Shimla, wo die Menschen zusammenkommen und den neuesten Klatsch austauschen.

Vom Ridge zieht sich ein Gewirr kleiner Straßen stufenförmig und jeweils durch Steintreppen miteinander verbunden hügelabwärts, um den südlichen Fuß des Hügels windet sich **The Mall**, die meistbesuchte Fußgängerzone. Flankiert von einer langen Reihe unverkennbar britischer Fachwerkhäuser, war die Haupteinkaufsmeile von Shimla bis zum Ersten Weltkrieg für alle „Eingeborenen", ausgenommen die Mitglieder des Königshauses und das Rikschapersonal, strengstens verboten. Heute sind Rikschas, ob mit Muskelkraft oder anders angetrieben, verboten und nicht-indische Gesichter als zu entdecken. Das durch und durch kolonialzeitliche **Gaiety Theatre** wurde zur Zeit der Recherche umfassend renoviert. Inzwischen sollte hier aber wieder die Shimla Amateur Dramatic Company auftreten.

Folgt man einer der vielen von der Mall herabführenden Gassen, taucht man in ein Labyrinth verschlungener Seitenwege ein. Im **Basar** von Shimla herrscht reges Treiben – wackelige Buden, hell erleuchtete Verkaufsstände und Minarette, die bis zum Rande der Cart Road reichen. Außer dass man hier authentische Souvenirs erwerben kann, ist dies auch einer der wenigen Orte der Stadt mit Himalaya-Flair: Neben den bunten Kopfbedeckungen aus Kullu *(topi)* tauchen auch fremde Gesichter aus Lahaul, Kinnaur und Tibet in der Menge auf.

Der „Toy Train" des Vizekönigs

Bis zum Bau der Eisenbahnstrecke Kalka–Shimla war Shimla nur auf der so genannten **Cart Road** erreichbar – einer langsamen und kurvenreichen Strecke, ausgetreten von den vielen duldsamen Trägern und von Pferden gezogenen Tongas. Als die 96 km lange Eisenbahnlinie 1903 fertig war, hatte man zwischen Shimla und der Endstation Kalka (26 km nordöstlich von Chandigarh) 103 Tunnel, 24 Brücken und 18 Bahnhöfe gebaut. Heute sind die Busse vielleicht schneller, eine Reise mit dem „Toy Train" aber ist unvergesslich – besonders wenn man erster Klasse in einem der **Wagen mit Panoramafenstern** reist. Gezogen von einer winzigen Diesellok rattert man gemächlich durch bezaubernde Landschaften, bis man nach 5 1/2–7 Stunden in Shimla eintrifft.

Entlang der Strecke tauschen die Zugbegleiter mit dem Personal auf den Bahnsteigen kleine Lederbeutel aus. Die Beutel, die sie zurückkommen, enthalten kleine Messingscheiben, die von den Lokführern in spezielle Maschinen eingelegt werden, um so durch Signale auf ihre Ankunft aufmerksam zu machen. Das von jeher zuverlässig arbeitende „Neal's Token System" garantiert, dass entgegengesetzt fahrende Züge auf den eingleisigen Abschnitten niemals aufeinander treffen. Informationen zu Fahrplänen und Fahrscheinbuchungen s. S. 492.

Das State Museum

Das Museum des Staates Himachal Pradesh liegt etwa 1,5 km Fußmarsch vom Zentrum entfernt, doch der Weg lohnt sich. Im Erdgeschoss der eleganten Kolonialvilla sind vor allem Tempelskulpturen ausgestellt, daneben gibt es eine Galerie mit herrlichen **Pahari-Miniaturen** – Beispielen der letzten großen Hindu-Kunstform, die in Nordindien ihre Blütezeit hatte, bevor im frühen 19. Jh. der Einfluss der westlichen Kultur einsetzte. Ihren Ursprung hat die Pahari-Schule in der Mogul-Malerei. Sie ist durch Szenen aus Hindu-Epen inspiriert worden und für ihre feinsinnige Darstellung romantischer Liebe berühmt.

Unter den **Gemälden** sind Dutzende Miniaturen aus der Mogulzeit und aus Rajasthan sowie

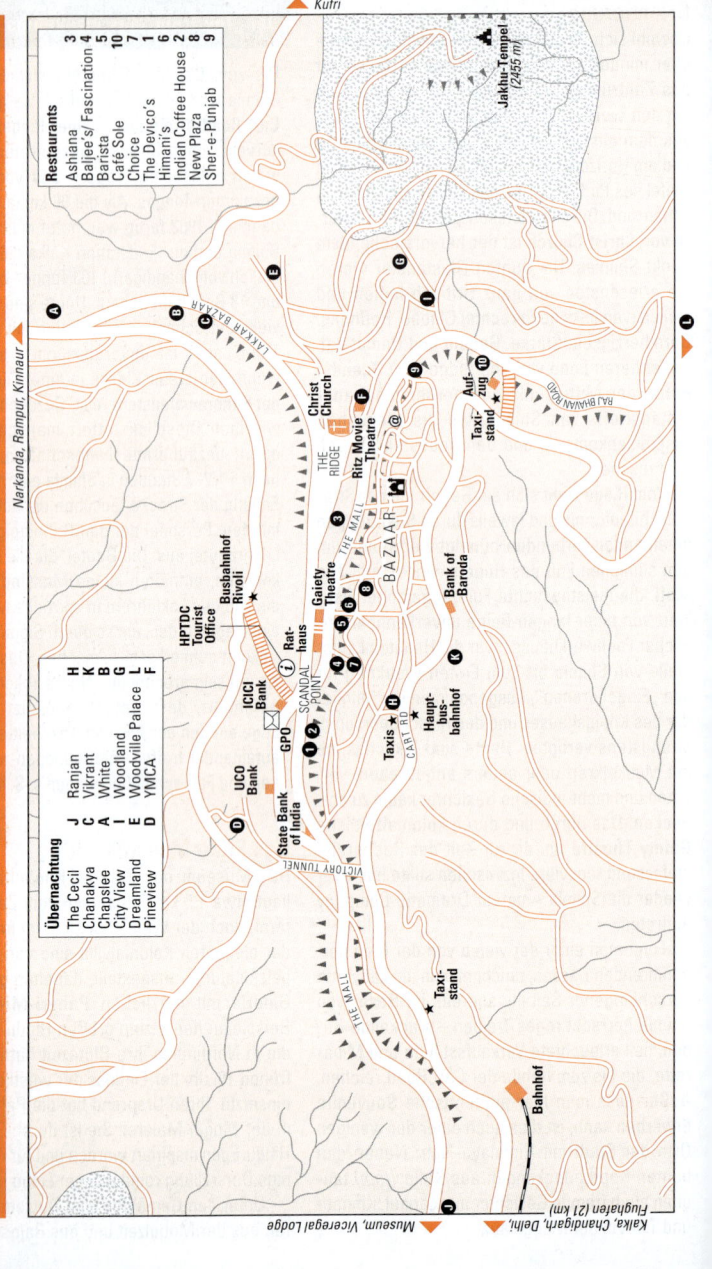

Shimla

Himachal Pradesh

488 Shimla

www.stefan-loose.de/indien

Übernachtung
- The Cecil — J
- Chanakya — C
- Chapslee — A
- City View — G
- Dreamland — E
- Pineview — D
- Ranjan — H
- Vikrant — K
- White — B
- Woodland — I
- Woodville Palace — L
- YMCA — F

Restaurants
- Ashiana — 3
- Baljee's/Fascination — 4
- Barista — 5
- Café Sole — 10
- Choice — 7
- The Devico's — 1
- Himani's — 6
- Indian Coffee House — 2
- New Plaza — 8
- Sher-e-Punjab — 9

ein paar schöne Aquarelle zu bewundern. Sie wurden von den Nachkommen der Mogul- und Pahari-Meister für die Souvenir-hungrigen Kolonialherren hergestellt und zeigen Fakire, umherziehende Sadhus und Bettler, die direkt aus den Geschichten von Kipling entsprungen scheinen. Ein Zimmer ist Mahatma Gandhi gewidmet; es zeigt Fotos von seiner Zeit in Shimla und ein paar amüsante Karikaturen über seine politische Beziehung zu den Briten. ⊙ Di–So 10–13 und 14–17 Uhr, am zweiten Samstag im Monat geschlossen, Eintritt Rs50, Kamera Rs50. Man gelangt dorthin, indem man der Mall folgt, hinter dem Postamt bergab geht, vorbei an den Hotels Dalziel und Classic. An der ersten Kreuzung nach rechts und an der zweiten nach links abbiegen, wo ein Schild den Weg zum letzten kurzen Anstieg weist.

Viceregal Lodge und Prospect Hill

Shimlas einziges und höchst eindrucksvolles Monument aus der Kolonialzeit ist die alte Viceregal Lodge, die bis in die 40er-Jahre der Sommersitz der britischen Regierung war und heute das Institute of Advanced Studies beherbergt. Sie ist in 15 Gehminuten vom Museum aus in westlicher Richtung zu erreichen. ⊙ tgl. 9–17 Uhr; Rs50, Führungen alle 30 Min. außer zwischen 13 und 14 Uhr.

Nirgendwo ist Shimla britischer als hier. Das prächtige Anwesen im elisabethanischen Stil mit einem Löwen und einem Einhorn über dem Eingangsportal ist umgeben von gepflegten Rasenflächen, Blumenbeeten und Kiefern. Im pompösen Innern sind nur einige Bereiche des Erdgeschosses der Öffentlichkeit zugänglich: eine gewaltige mit Teakholz verkleidete Eingangshalle, eine beeindruckende Bibliothek (einst der Ballsaal) und das Gästezimmer. Der **Konferenzraum** mit Fotos von Nehru, Jinnah und Gandhi war im Vorfeld der Unabhängigkeit ein Ort wichtiger Entscheidungen. Auf der Steinterrasse an der Rückseite des Gebäudes zeigt eine Tafel die Profile und Namen der in der Ferne sichtbaren Gipfel.

Der Besuch der Lodge lässt sich wunderbar mit einem Abstecher zum beliebten Picknickplatz **Prospect Hill** (2176 m) verbinden. Durch die Wälder westlich der Villa gelangt man zu der verkehrsreichen Kreuzung Boileauganj, von der aus ein Asphaltweg steil bergauf zu dem kleinen Schrein **Kamana Devi** führt. Vom Gipfel bietet sich ein wunderschöner Blick über die Südseite des Bergrückens von Shimla sowie die Berge und Täler des südlichen HP bis in die Ebenen des Punjab hinein.

Übernachtung

Im Mai und Juni sind die Übernachtungspreise besonders hoch und ohne Reservierung geht überhaupt nichts. Zu anderen Zeiten lässt sich möglicherweise ein bis zu 50 %iger Preisnachlass aushandeln.

Untere Preisklasse

Chanakya, Lakkar Bazaar, ✆ 0177/265 4465. Gemütlich, sauber und zentral. Die billigeren Zimmer sind kleiner, aber das Preis-Leistungs-Verhältnis stimmt, und in der Nebensaison sinken die Preise spürbar. ❷–❺

Ranjan, gleich oberhalb des Hauptbusbahnhofs, ✆ 0177/265 2818. Das große, weiße Gebäude, Baujahr 1907, ist nicht mehr ganz taufrisch. Die Zimmer mit Bad sind groß und schlicht, einige mit Originaleinrichtung. Sonniger Balkon. Gute Wahl, wenn man schwer bepackt den Aufstieg vom Busbahnhof in die Stadt nicht schafft. ❷

Vikrant, Cart Rd, Bahnhofsnähe, ✆ 0177/265 3602. Praktisch bei später Ankunft und früher Abreise. Großes Hotel mit sauberen DZ und einigen EZ. Die billigeren mit Gemeinschaftsbad und Warmwasser aus dem Eimer. Auch ein Dorm vorhanden (Rs100). ❷–❹

YMCA, The Ridge, ✆ 0177/280 4085, ✉ ymcashimla@yahoo.co.in. Über die Treppe links vom Kino Ritz erreichbar. Große Zimmer,

Sauber und günstig

Dreamland, The Ridge, ✆ 0177/280 6897, ✉ vinayakjishtu@hotmail.com, oberhalb der Kirche. In der Nebensaison sehr preiswert. Lauter saubere Zimmer mit warmer Dusche und Star-TV. Die billigeren haben Hocktoiletten, die teureren einen fantastischen Blick auf den Himalaya. Angenehmes Restaurant im Obergeschoss. Internet-Zugang. ❸–❻

sieben mit Bad. Speisesaal, Sonnenterrasse, Star-TV, Snookertische, Fitnessräume, Tischtennis und Internet-Café. Frühstück inkl., Nebensaisonpreise verhandelbar. ❷–❹

Mittlere Preisklasse

City View, US Club Rd, östlich der Christ Church, ℡ 0177/281 1666. Nicht besonders sauber, aber die Besitzer sind freundlich, haben gute Trekkingtipps parat und lassen bzgl. der Zimmerpreise mit sich reden. Alle Zimmer mit Bad, Warmwasser und Kabel-TV. Kleiner Balkon. ❹–❺

Pineview, Mythe Estate, ℡ 0177/265 7045. Gute Lage in einem Obstgarten mit Blick nach Norden auf den Victory Tunnel, viele komfortable Zimmer mit Bad. ❹–❺

White, Lakkar Bazaar, ℡ 0177/265 5276, 🖥 www.hotelwhiteshimla.com. Gut geführtes Hotel; helle Zimmer mit Sicht auf den Himalaya. Könnte manchmal sauberer sein. Ausgezeichnete Deluxe-Suite (Rs1700). Das ganze Jahr über Festpreise. ❹–❻

Woodland, Daisy Bank Estate, ℡ 0177/281 1002, ✉ woodlandshimla@yahoo.com. Ruhiges Hotel, in einem Beton-Dschungel oberhalb des östlichen Endes der Mall versteckt. Zuvorkommende Angestellte und saubere Zimmer, mit Badewanne etwas teurer. Hübscher Blick auf den Basar und nahe am Jakhu Peak. ❹–❺

Obere Preisklasse

The Cecil, The Mall, ℡ 0177/280 4848 oder 011/2436 3030 (Delhi), 🖥 www.oberoihotels.com. Gebäude aus der Raj-Ära, 1939 von der Oberoi Group gekauft und saniert, viel Luxus, aber wenig Charakter. An seine Vergangenheit erinnert eigentlich nur die Fassade. Zimmer US$290–620. ❾

Chapslee, Lakkar Bazaar, ℡ 0177/280 2542, 🖥 www.chapslee.com. Schönes altes Herrenhaus am Stadtrand, umgeben von Gärten und voller Antiquitäten. Fünf Luxussuiten, ein EZ, Bibliothek, (Karten) Spielzimmer, Tennisplatz und Krocketrasen. Buchung erforderlich. Mit Reservierung können hier auch Nicht-Gäste speisen. Vollpension US$230–290. ❾

Woodville Palace, Raj Bhavan Rd, ℡ 0177/262 3919, 🖥 www.woodlandpalacehotel.com. 20 Gehminuten südlich der Christ Church. Mit riesigen Zimmern, Stilmöbeln, Grünflächen und einem Badmintonplatz. Im oberen Bereich leben noch heute Mitglieder der ehemaligen Königsfamilie Shimlas. Zimmerpreise ab US$75; die Royal Suite ist das Glanzstück und kostet US$225. ❽–❾

Essen

Nur wenige Restaurants in Shimla haben das koloniale Ambiente bewahrt, das Niveau ist im Allgemeinen sehr niedrig und die Auswahl beschränkt. Da hier vorwiegend indische Besucher versorgt werden, ist die Küche stark Punjab-orientiert mit Schwerpunkt auf reichhaltiger, scharfer, nicht-vegetarischer Kost. Empfehlenswerte Spitzenrestaurants finden sich im **The Cecil** und **Clarks**, einem weiteren historischen Hotel am südlichen Ende der Mall. Hier servieren mehrere „Fast Food"-Restaurants *dosas*, chinesische Gerichte und Mughlai-Küche, während Schleckermäuler in den vielen **Bäckereien und Eisdielen** bestens bedient werden. Wirklich preiswerte und sättigende Mahlzeiten sind geröstete Kartoffelpastetchen *(tikki)* oder Kichererbsencurry mit Puris *(channa batura)*, die man in den **Snackbars** entlang der Stufen gegenüber dem Gaiety Theatre bekommt. Ansonsten gibt es auf dem Basar billige *dhabas*.

Ashiana, The Ridge. Restaurant der HPTDC in einem umgebauten Musikpavillon mit vorwiegend nicht-vegetarischer indischer Küche inkl. Chicken-*makhanwalla*, Pizza und

Zwei in einem

Baljee's, 26 The Mall. Kulinarisches und gesellschaftliches Wahrzeichen von Shimla. Besonders abends sind die Snacks, Süßigkeiten und das Eis in diesem Café sehr gefragt; Alkohol wird nicht ausgeschenkt. Das schicke Restaurant **Fascination** im oberen Stock serviert indische und chinesische Gerichte um Rs120–200, aber auch Würstchen, Eier und Pommes.

chinesischen Gerichten. Hauptgerichte um Rs100.
Barista, The Mall. Kaffeebar nach westlichem Vorbild mit ausgezeichneten Lattes, Muffins, Brownies und flotter Bedienung; vergleichsweise preisgünstig.
Café Sole, The Mall, Modernes Dachrestaurant und Café des Combemere Hotel. Günstige italienische und thailändische Gerichte um Rs150 sowie indische Standardgerichte und köstliche Backwaren.
Choice, Middle Bazaar. Winziges, nüchternes chinesisches Restaurant, umfangreiche Speisekarte, preiswerte und köstliche Gerichte.
Devico's, The Mall. Gut besuchter Fastfood-Laden im westlichen Stil mit südindischen Snacks, vegetarischen Burgern und Shakes. Fast alles unter Rs100. Eine Etage tiefer ist ein weiteres Restaurant und oben eine schicke Bar.
Himani's, 48 The Mall. Schicke Videospielhalle im Erdgeschoss, lebhafter Barbetrieb (fast nur Männer) im 1. Stock sowie ein Familienrestaurant und Billardzimmer eine Etage höher. Auf der Speisekarte stehen Tandoori (Rs120) und südindische Küche.
Indian Coffee House, The Mall. Betagtes Café mit Kolonialcharakter, für ein Coffee House übliches Angebot an Snacks und höflicher Service. Die Besucher sind überwiegend männlich.
New Plaza, 60/1 Middle Bazaar, die Treppe neben Himani's hinunter. Beliebtes Familienrestaurant. Preiswerte Speisen, darunter auch leckere Fleisch-*sizzler* für Rs100.
Sher-e-Punjab, Upper Bazaar. Bestes der *dhabas* gleich unterhalb der Mall. Große Portionen pikanter Bohnen, Kichererbsen und *dhal* für Rs40–60.

Touren

Das größte **Tourist Office** der HPTDC, 0177/ 265 2561, www.hptdc.gov.in, befindet sich an der Mall in der Nähe des Scandal Point. Es organisiert Sightseeing-Touren rings um Shimla (u. a. Kufri, Chail und Narkanda) und gibt Tipps zu Wanderungen im Umland.
Wer sich in entlegenere und schwierigere Regionen wie Kinnaur und Spiti vorwagen möchte, sollte sich bei den vielen Trekkingagenturen an der Mall informieren. Empfohlene Veranstalter S. 492.

Sonstiges
Apotheken
Indu Medical, The Mall, 9–20 Uhr.

Bücher
Maria Brothers, Antiquariat auf der Mall, alte Karten und Radierungen sowie eine begrenzte Auswahl neuer Bücher – Schnäppchen sind allerdings nicht zu erwarten. **Asia Bookhouse** und **Minerva**, ebenfalls auf der Mall, verkaufen Taschenbücher.

Geld
An der Mall gibt es ein halbes Dutzend Geldautomaten von **Citibank**, **UCO Bank** und **ICICI**. Reiseschecks können nur bei SBI eingelöst werden. Bargeld wechseln auch andere Banken und Wechselstuben mit längeren Öffnungszeiten und meist günstigen Kursen. Auszahlungen auf Visa-Karte bei der **Bank of Baroda** an der Cart Rd, 5 Min. Fußweg östlich des Hauptbusbahnhofs.

Genehmigungen
Inner Line Permits werden beim **Additional District Magistrate's Office**, 0177/265 7005, im 1. Stock des modernen Rathauses ausgestellt, eine Straße unterhalb der Mall, gegenüber von Sheel SJ Jewellers. Mo–Sa 10–17 Uhr, am 2. Sa im Monat geschlossen.

Internet
Es gibt mehrere Internet-Zugänge entlang der Mall, z. B. im Internet-Café **Mr Sood's** neben Sindh Tours, unterhalb der Kirche, und im **Dreamland Hotel**.

Medizinische Hilfe
Indira Gandhi Medical College Hospital, 0177/280 3073;
Deen Dayal Hospital, nahe dem ISBT-Busbahnhof, 0177/265 4071.

Post
GPO, grün gestrichenes Chalet im Schweizer Stil mit Poste-restante-Schalter, nahe Scandal Point auf der Mall. ⏱ Mo–Sa 10–18 Uhr.

Reisebüros
Zu den zuverlässigen Anbietern gehören **Band Box**, 9 The Mall, nahe Scandal Point, ☏ 0177/265 8157, ✉ bboxhv@satyam.net.in, spezialisiert auf maßgeschneiderte Reiserouten, und **Great Himalayan Travels**, ☏ 0177/265 8934, 🖥 www.ghtravels.com. **YMCA**, ☏ 0177/280 4085, und **Silver Dreams**, ☏ 09816 008180, organisieren ebenfalls Treks und Safaris.

Wäschereien
Snowhite und **Whiteway**, beide auf der Mall.

Nahverkehr
Egal wo man in Shimla ankommt, man wird immer von Trägern umlagert. Der größte Teil der Stadt besteht aus Fußgängerzonen und steilen Anstiegen, also wird so mancher über etwas Hilfe beim Tragen des Gepäcks froh sein. Man sollte aber bedenken, dass die meisten **Träger** gleichzeitig als Schlepper für die Unterkünfte fungieren und dafür Provision kassieren, wodurch die Kosten für die Unterkunft steigen.

Zu den teureren Hotels am Stadtrand kommt man am besten mit **Taxis**. Der größte Taxistand **Vishal Himachal Taxi Union**, ☏ 0177/265 7645, befindet sich 1 km östlich des Busbahnhofs am Fuße des Aufzugs (Rs7 pro Fahrt), der das östliche Ende der Cart Rd mit der Mall verbindet. Die dortige Fahrpreisliste gilt für die Hochsaison, zu anderen Zeiten kann man Preisnachlässe aushandeln. Ein zentralerer Taxistand befindet sich gleich oberhalb des Hauptbusbahnhofs an der **Cart Rd**.

Transport

Busse
Die von den großen Highways aus Chandigarh und Manali kommenden Busse fahren von Westen über die Cart Rd nach Shimla herein und halten an dem chaotischen **Hauptbusbahnhof** unterhalb des Basars, ☏ 0177/265 8765, nachdem sie den Berg halb umfahren haben. Hier fahren Busse nach Chandigarh, Delhi, Mandi, Kullu, Dharamsala, Manali usw. ab. Busse aus und nach Narkanda, Rampur, Ani, Sarahan und Kalpa (Richtung Kinnaur) kommen am **Busbahnhof Rivoli** (oder „Lakkar Bazaar") an, erreichbar auf dem Weg, der hinter der ICICI Bank am Scandal Point nach unten führt.

Reisende nach MANALI oder DELHI können zwischen folgenden Bussen wählen: Luxury mit AC, Deluxe ohne AC oder den staatlichen Klapperkästen. Für Erstere sollten die Fahrkarten einen Tag im Voraus bei den Reisebüros an der Mall gebucht werden, Tickets für die staatlichen Busse können draußen vor dem HPTDC Tourist Office nahe Scandal Point (⏱ Mo–Sa 10–16.30 Uhr) oder an den Schaltern des Hauptbusbahnhofs reserviert werden. Nach CHANDIGARH fahren die Busse so häufig, dass keine Reservierung nötig ist.

Busse nach:
CHANDIGARH (alle 15 Min., 4 Std.),
DALHOUSIE (1x tgl., 14–15 Std.),
DEHRA DUN (3x tgl., 9–10 Std.),
DELHI (stdl., 10 Std.),
DHARAMSALA (6x tgl., 10 Std.),
HARIDWAR (3x tgl., 10–11 Std.),
KALKA (alle 30 Min., 3 Std.),
KANGRA (8x tgl., 8 Std.),
KASAULI (stdl., 2 1/2 Std.),
KULLU (8x tgl., 7–8 Std.),
MANALI (8x tgl., 8–9 Std.),
MANDI (8x tgl., 5 Std.),
NARKANDA (stdl., 3 Std.),
PATHANKOT (4x tgl., 13 Std.),
RAMPUR (stdl., 6 Std.),
REKONG PEO (6x tgl., 9–10 Std.),
SARAHAN (2x tgl., 7–8 Std.).

Eisenbahn
Shimlas Bahnhof befindet sich 20 Gehminuten südwestlich des Busbahnhofs. Mit dem **Toy Train** gelangt man von hier nach KALKA, wo man in die große Breitspureisenbahn nach CHANDIGARH und NEW DELHI umsteigen kann. Nimmt man den Zug um 10.55 Uhr, kann man in Kalka entweder in den Himalayan Queen Nr. 4096 (Abfahrt 16.40 Uhr) oder in den schnelleren Shatabdi Express Nr. 2012 (Abfahrt 17.30 Uhr)

umsteigen. Beide erreichen New Delhi gegen 22 Uhr. Weitere Abfahrtszeiten des Toy Train: 11.35, 14.30, 17.30 und 17.45 Uhr; rund 5 Std. Fahrt bis Kalka, häufig jedoch länger. Reservierungen für die Weiterreise von Kalka sind auf dem Bahnhof von Shimla möglich, ✆ 0177/265 2915, Auskunft ✆ 131.

Flüge

Der Flughafen von Shimla liegt 21 km südöstlich der Stadt bei JUBARHATI an der Straße nach Mandi. Kleinflugzeuge von DELHI nach Shimla unterhalten Jagson Airlines (1 1/4 Std., tgl. außer So; Rs2600) – mit Weiterflug nach Kullu (ca. Rs1950) – und Air Deccan (tgl.; Preise schwanken je nach Nachfrage erheblich). Tickets sind bei verschiedenen Agenturen erhältlich.
Indian Airlines, **Air Sahara** und **Jagson Air**, c/o Ambassador Travels, The Mall, ✆ 0177/265 8014.

Sarahan

Das abgelegene Sarahan, einstige Sommerhauptstadt der Bhushar Rajas, thront auf einem in 2000 m Höhe gelegenen Bergrücken oberhalb des Flusses Sutlej. Vor einem atemberaubenden Hintergrund beherbergt das Dorf eine der exotischsten Sehenswürdigkeiten des nordwestlichen Himalaya – den **Bhimakali-Tempel**. Mit seinen beiden mehrstufigen Türmen, den elegant geschwungenen Schieferdächern und den goldenen glänzenden Turmspitzen ist er der erhabenste der frühen Holztempel des Sutlej-Tals – eines Gebietes, das für die Errichtung seiner Heiligtümer auf Holzplattformen bekannt ist. Obwohl das Bauwerk zum großen Teil aus dem frühen 20. Jh. stammt, nimmt man an, dass einige Teile über 800 Jahre alt sind.

Zwei kunstvoll verzierte Metalltüren führen in einen großen Innenhof, in dem sich ein kleiner steinerner **Shiva-Schrein** befindet. Die Besucher sollten Schuhe und jegliche Lederartikel in den Regalen ablegen, bevor sie die Treppen zu einem weiteren kleinen Hof hinaufsteigen. Hinter der nächsten goldenen, ebenfalls mit mythischen Szenen reich verzierten Tür befinden sich im Innersten der Anlage die beiden **Türme des Heiligtums**. In dem rechten sind Musikinstrumente, Fahnen und zeremonielle Waffen aufbewahrt, die bei religiösen Festen benutzt werden. Eine Auswahl ist in dem kleinen „Museum" in der Ecke des Hofes ausgestellt. Nicht-Hindus, die auf die Spitze des anderen, moderneren Turmes (fotografieren verboten) steigen möchten, um sich die Gottheit mit dem strahlend goldenen Gesicht anzusehen, müssen eine safrangelbe Kopfbedeckung tragen. Bhima Kali selbst wird in einem Schrein im Obergeschoss aufbewahrt – mit Blumengirlanden geschmückt und nicht, wie in Himachal sonst üblich, von gewöhnlichen Dorfbewohnern behütet, sondern von echten Brahmanen.

> ### Blutopfer in Sarahan
>
> Die Gottheit Bhima Kali, eine hiesige Erscheinungsform der dunkelgesichtigen und blutdürstigen Hindu-Göttin Kali (Durga), verband man jahrhundertelang mit **Menschenopfern**. Bevor die Briten dem Ritual im 19. Jh. ein Ende setzten, wurde hier alle zehn Jahre ein Mann getötet und der *devi* als Opfer dargeboten. In einer komplizierten Zeremonie wurde die Zunge der Göttin mit seinem frischen Blut benetzt, damit sie es trinken konnte. Anschließend wurde sein Körper in einen tiefen Brunnen auf dem Tempelgelände geworfen. Wenn kein Opfer gefunden werden konnte, so sagt man, ertönte ein furchtbares Gebrüll aus den Tiefen des Erdlochs, das mittlerweile verschlossen ist.
>
> Die Tradition des Blutopfers wird in Sarahan bis zum heutigen Tage aufrechterhalten, wenn auch in etwas abgemilderter Form. Während des alljährlichen **Astomi**-Festes, zwei Tage vor dem Höhepunkt der **Dussehra**-Feierlichkeiten, wird die reinste Menagerie von Tieren geschlachtet, darunter ein Wasserbüffelkalb, ein Schaf, eine Ziege, ein Fisch, ein Huhn, ein Krebs und sogar eine Spinne.
>
> Das blutige Spektakel zieht große Massen an und ist eine Alternative zur Dussehra-Prozession in Kullu, die etwa zur selben Zeit Mitte Oktober stattfindet.

Übernachtung und Essen

Srikhand, ✆ 01782/274234. Das HPTDC-Hotel ist ein Betonklotz, aber mit schönem Garten und einem Restaurant, auf dessen hübscher Terrasse gute vegetarische Gerichte serviert werden. Etwas überteuerte, saubere und komfortable Zimmer mit Warmwasser und Talblick. Außerdem ein Schlafsaal (Rs75) und ein preiswerterer Anbau. ❹–❻

Temple Guest House, ✆ 01782/274248, im Innenhof des Bhimakali, hat mehr Atmosphäre. Angenehme Zimmer und Schlafsaal im Erdgeschoss (Rs75). ❶–❷

Hotel Trehan's, ✆ 01782/274205, ✉ hotel-trehan47@rediffmail.com, bietet geräumige Zimmer mit Bad und TV.

Wenn die Tempelküchen einmal nicht ihre billigen und leckeren Mahlzeiten auftischen, sollte man es in den *dhabas* außerhalb versuchen, z. B. im **Dev Bhumi**.

Transport

Die Busse von SHIMLA nach SANGLA und REKONG PEO fahren durch das Städtchen JEORI, von wo aus täglich mehrere Busse und Taxis die 17 km lange Gebirgsstraße nach Sarahan hoch keuchen. Außerdem gibt es eine direkte Busverbindung von RAMPUR. Passionierte Wanderer bevorzugen vielleicht einen Spaziergang entlang des gut ausgetretenen Maultierpfads von Jeori nach Sarahan.

Der Nordwesten

Von Shimla aus schlängelt sich die Hauptstraße gen Nordwesten zu der am Fluss gelegenen Marktstadt Mandi, einem wichtigen Kreuzungspunkt zwischen dem Kullu-Tal und den Bergen im Nordwesten. Die sanft ansteigenden Vorgebirge auf dieser Seite des Bundesstaates sind zwar wärmer und leichter zugänglich als die östlichen Gebiete von Himachal, dafür aber auch weniger spektakulär und bedeutend niedriger. Tourismus gibt es kaum, wenn man von **Dharamsala** absieht.

Bestens geeignet ist Dharamsala als Ausgangspunkt für Treks über die rasch ansteigende Dhauladhar-Bergkette zum Chamba-Tal, wo man in **Chamba** Hindutempel von einzigartiger Bauart bewundern kann. Südlich von Chamba befindet sich außerdem die verblassende Hill Station **Dalhousie**, die sich einen gewissen Charme aus der Raj-Ära bewahrt hat. In den Sommermonaten kommen indische Touristen scharenweise hierher.

Dharamsala und McLeod Ganj

Dharamsala oder genauer gesagt, dessen oberer Stadtteil **McLeod Ganj** ist eines der reizvollsten Reiseziele von Himachal Pradesh. Die Stadt, Heimat des Dalai Lama und der tibetischen Exilregierung sowie Ausgangspunkt für herrliche Treks in den Hohen Himalaya, erstreckt sich über die bewaldeten Bergkämme unterhalb der kargen Felsen der Dhauladhar-Kette und besteht aus zwei unterschiedlichen, durch eine 10 km lange Haarnadelkurvenstraße voneinander getrennten Stadtteilen mit einem Höhenunterschied von fast 1000 m. Ursprünglich ein britischer Sommerort, hat sich McLeod Ganj durch den Zustrom **tibetischer Flüchtlinge** inzwischen gewandelt. Der tibetische Einfluss ist seither sehr stark. Zu den Errungenschaften der Tibeter zählen Tempel, Schulen, Mönchs- und Nonnenklöster, Meditationszentren sowie die umfangreiche Bibliothek der tibetischen Geschichte und Religion.

McLeod Ganj ist nicht nur Ziel für die Massen in- und ausländischer Touristen, sondern auch Pilgerstätte für Buddhisten und Interessierte aus der ganzen Welt. Viele Menschen kommen nach Indien, allein um diesen Ort zu besuchen, und seine entspannte und freundliche Atmosphäre lässt einen nicht so leicht wieder los.

Trotz heftigen Schneetreibens und niedriger **Temperaturen** zwischen Dezember und März empfängt McLeod Ganj seine Besucher das ganze Jahr über. Die Sommer bringen sintflutartige Regenfälle – schließlich ist dies der Ort mit der zweithöchsten Niederschlagsmenge Indiens. Die Tagestemperaturen mögen hoch sein, für die kühlen Nächte aber braucht man immer warme Kleidung.

Dharamsala und McLeod Ganj

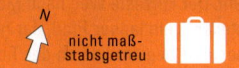

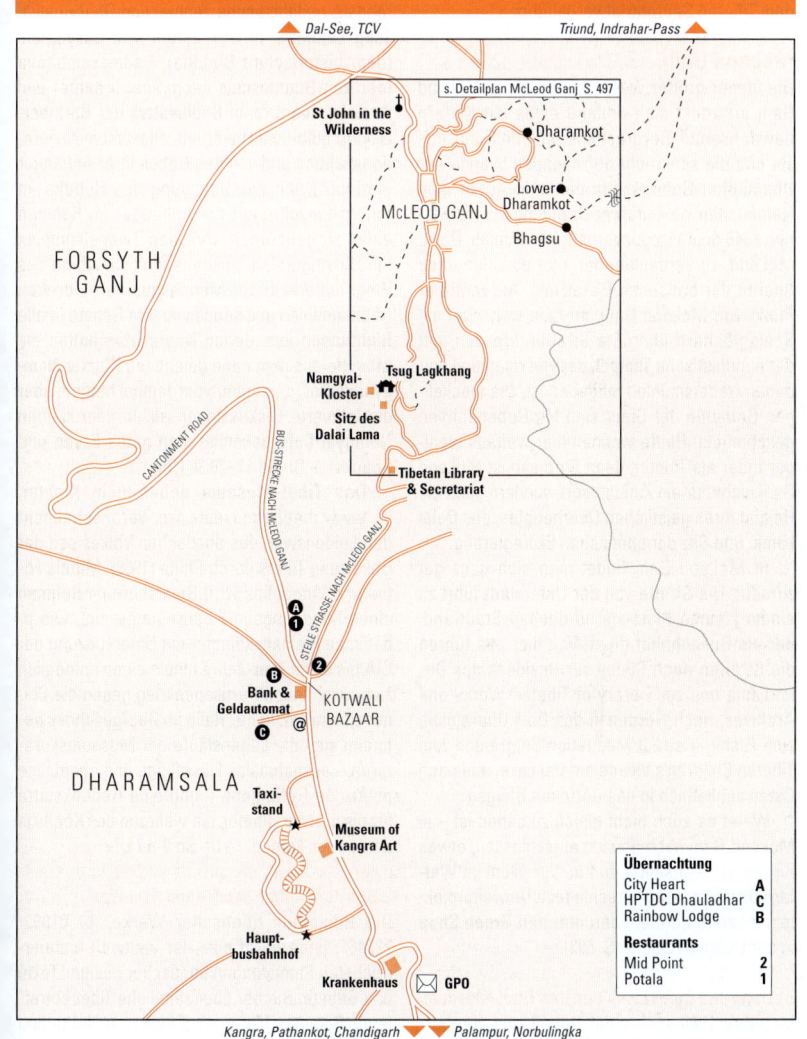

nicht maßstabsgetreu

Dal-See, TCV — Triund, Indrahar-Pass
s. Detailplan McLeod Ganj S. 497

St John in the Wilderness
Dharamkot
McLEOD GANJ
Lower Dharamkot
Bhagsu
FORSYTH GANJ
Namgyal-Kloster
Tsug Lagkhang
Sitz des Dalai Lama
Tibetan Library & Secretariat
CANTONMENT ROAD
BUS STRECKE NACH McLEOD GANJ
STEILE STRASSE NACH McLEOD GANJ
Bank & Geldautomat
KOTWALI BAZAAR
DHARAMSALA
Taxistand
Museum of Kangra Art
Hauptbusbahnhof
Krankenhaus
GPO

Kangra, Pathankot, Chandigarh — Palampur, Norbulingka

Übernachtung
City Heart — A
HPTDC Dhauladhar — C
Rainbow Lodge — B

Restaurants
Mid Point — 2
Potala — 1

Himachal Pradesh

Dharamsala

Warum die meisten Besucher das eigentliche Dharamsala, eine ungeordnete Ansammlung von Geschäften, Behörden und Häusern, umgehen, liegt auf der Hand. Von Interesse ist hier höchstens das **Museum of Kangra Art** mit seiner Sammlung von Kangra-Miniaturen und ein paar zeitgenössischen Kunstwerken, ⏱ Di–So 10–17

Uhr. Der kürzeste Weg nach McLeod Ganj ist ein steiler, 3 km langer Pfad, der hinter dem Gemüsemarkt beginnt und an der Tibetan Library und dem Tibetan Secretariat vorbeiführt.

McLeod Ganj

Die immer größer werdende Siedlung McLeod Ganj erstreckt sich entlang eines mit Kiefern bewachsenen Bergrückens mit Blick auf das Tal und die senkrecht aufragenden Wände der Dhauladhar-Gebirgskette dahinter. Außer dem Namen, den sie seit ihrer Gründung als Hill Station 1848 dem Vizegouverneur des Punjab, David McLeod, zu verdanken hat, gibt es kaum noch Spuren der britischen Besatzung. Als zentraler Punkt von McLeod Ganj, an dem sich zwei mit Schlaglöchern übersäte Straßen kreuzen, gilt der buddhistische **Tempel**, der von roten und goldenen Gebetsmühlen umgeben ist. Die wackeligen Gebäude der Stadt sind mit Gebetsfahnen geschmückt. Heute wohnen hier weitaus weniger Inder als Tibeter, denn für diese ist McLeod Ganj nicht nur ein Zufluchtsort, sondern auch die Heimat ihres geistlichen Oberhauptes, des Dalai Lama, und Sitz der tibetischen Exilregierung.

In McLeod Ganj findet man sich ganz gut zurecht. Die Straße von der Unterstadt führt zu einem kleinen Platz am nördlichen Stadtrand, der als Busbahnhof dient. Von hier aus führen die Straßen nach Süden zur Residenz des Dalai Lama und zur Library of Tibetan Works and Archives, nach Norden in das Dorf Dharamkot, zum Tushita Retreat Meditation Centre und zum Tibetan Children's Village am Dal Lake, und nach Osten schließlich in das Dörfchen Bhagsu.

Wenn es auch nicht gleich zu sehen ist – in McLeod Ganj hat man sich entschlossen, etwas für den Umweltschutz zu tun. Vor allem im **Welfare Office** hat man verschiedene Umweltprojekte ins Leben gerufen, darunter den **Green Shop** in der Bhagsu Road (s. S. 502).

Der Sitz des Dalai Lama und das Tibet-Museum

Im Jahre 1960 suchte der Dalai Lama vorübergehend Zuflucht in McLeod Ganj. Heute, nach rund 50 Jahren, ist er immer noch hier, und das Areal am südlichen Stadtrand ist zum Sitz der tibetischen Exilregierung geworden. Der von ihm genutzte Bereich ist eher bescheiden; der größte Teil des von einer hohen Mauer umgebenen Komplexes wird von Regierungsbüros eingenommen. Außerhalb der Anlage steht der bedeutendste buddhistische Tempel von Dharamsala, **Tsug Lakhang**, in dem Bilder von Sakyamuni (dem historischen Buddha), Padmasambhava (der den Buddhismus nach Tibet brachte) und Avalokitesvara (dem Bodhisattva der Barmherzigkeit) aufbewahrt werden, allesamt in Meditationshaltung und von den Gaben ihrer Anhänger umringt. Nach der Huldigung des Buddha im Innern umschreiten die Anhänger im Rahmen einer so genannten *kora* den Tempelkomplex (im Uhrzeigersinn, ausgehend vom Anfang des Wegs unterhalb der Mönchsquartiere), drehen Gebetsmühlen und senden so ihre Gebete in alle Richtungen aus. Jeden Nachmittag halten die Mönche aus dem nahe gelegenen **Kloster Namgyal** im Hof gegenüber vom Tempel heftige, aber diszipliniert geführte Diskussionen ab. In dem kleinen Namgyal Café bekommt man gutes Essen und Snacks, ⊙ Di–So 11–20.30 Uhr.

Das **Tibet-Museum** neben dem Kloster, 🖳 www.thetibetmuseum.org, veranschaulicht den Leidensweg des tibetischen Volkes seit der Besetzung Tibets durch China (1959). Mittels Fotos und Videoclips wird Besuchern im Rahmen eines Rundgangs in Eigenregie gezeigt, wie tibetische Freiheitskämpfer mit Unterstützung der CIA bis in die 70er-Jahre hinein einen unmöglich zu gewinnenden Partisanenkrieg gegen die Chinesen führten. In der Halle im Obergeschoss befinden sich die Lebensläufe der Museumskuratoren – ausnahmslos Flüchtlinge und ehemalige politische Gefangene – und eine Gedenkstätte für die 1,2 Mio. Tibeter, die während des Konflikts ums Leben kamen. ⊙ Di–So 9–17 Uhr

Library of Tibetan Works and Archives

Die Bibliothek tibetischer Werke, ✆ 01892/222467, beherbergt eine der weltweit umfangreichsten Sammlungen tibetischer heiliger Texte und Gebete, Bücher über sämtliche Tibet betreffende Belange, Material zur indischen Kultur und Architektur sowie ein großes Archiv historischer Fotografien. Sie ist im Tibetan Central Administration Complex am Südrand von McLeod Ganj untergebracht und mit leuchtenden tibetischen Motiven verziert. Werktags werden hier **Kurse** in

McLeod Ganj

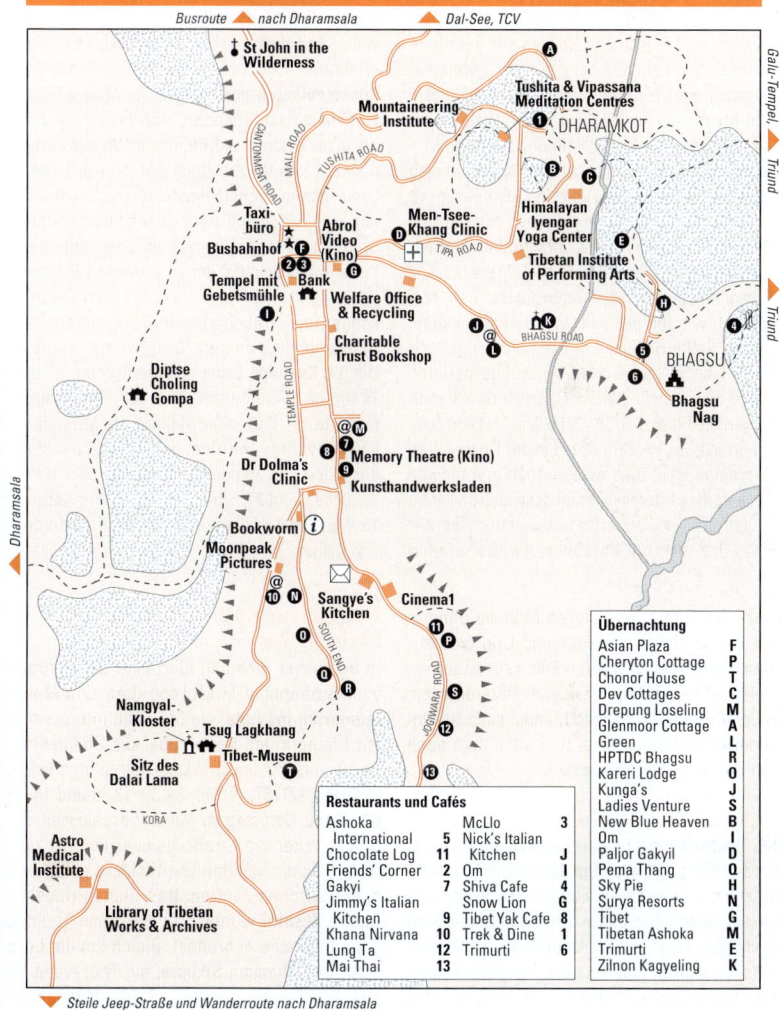

nicht maßstabsgetreu

Busroute ▲ nach Dharamsala ▲ Dal-See, TCV

▼ Steile Jeep-Straße und Wanderroute nach Dharamsala

Übernachtung

Asian Plaza	F
Cheryton Cottage	P
Chonor House	T
Dev Cottages	C
Drepung Loseling	M
Glenmoor Cottage	A
Green	L
HPTDC Bhagsu	R
Kareri Lodge	O
Kunga's	J
Ladies Venture	S
New Blue Heaven	B
Om	I
Paljor Gakyil	D
Pema Thang	Q
Sky Pie	H
Surya Resorts	N
Tibet	G
Tibetan Ashoka	M
Trimurti	E
Zilnon Kagyeling	K

Restaurants und Cafés

Ashoka International		McLlo	3	
Chocolate Log	11	Nick's Italian Kitchen	J	
Friends' Corner	2	Om	I	
Gakyi		Shiva Cafe	4	
Jimmy's Italian Kitchen		Snow Lion	G	
Khana Nirvana	9	Tibet Yak Cafe	8	
Lung Ta	10	Trek & Dine	1	
Mai Thai	13	Trimurti	6	

tibetischer Sprache und Philosophie abgehalten (s. S. 502, Aktivitäten). In dem kleinen **Museum** (Rs10) in der ersten Etage der Bibliothek sind buddhistische Statuen, kunstvoll geformte Bronzefiguren und Mandalas ausgestellt.

Ein Informationszentrum im **Tibetan Secretariat** neben dem Eingang zum Komplex liefert neuste Informationen über die tibetische Gemeinde in Tibet und der ganzen Welt. In dem kleinen **Astro Medical Institute** (🕐 tgl. 9–13 und

Ein Besuch bei Seiner Heiligkeit dem Dalai Lama

Der Dalai Lama ist sehr gefragt: Tibetische Flüchtlinge kommen zu ihm, um Segen und Kraft zu erbitten, Mönche und Nonnen aus ganz Indien und Nepal suchen bei ihm nach spiritueller Führung, und eine ständig wachsende Anzahl von Menschen aus der westlichen Welt kommt nach Dharamsala in der Hoffnung auf einen Moment seiner Aufmerksamkeit. Vor 20 Jahren mag es noch möglich gewesen sein, Seine Heiligkeit persönlich zu treffen, heute jedoch müssen sich Besucher mit einer seiner **öffentlichen Audienzen** begnügen. Dann begrüßt er mehrere hundert Menschen und schüttelt ihnen die Hand. Die Audienzen werden alle paar Wochen abgehalten, sofern Seine Heiligkeit in der Stadt ist, jedoch nach keinem festen Plan. Auskünfte darüber, wann die nächste stattfindet, erteilt das **Branch Security Office**, ✆ 01892/221560, in McLeod Ganj (oberhalb des Welfare Office in der Bhagsu Rd); allerdings weiß man es dort auch erst wenige Tage vorher. Interessierte müssen sich im Office registrieren lassen, erforderlich dafür sind der Pass und mehrere Passfotos; mit Wartezeiten ist zu rechnen. Näheres (Ort, Zeit, Thema) zu den **Public Teachings** (öffentlichen Vorlesungen) seiner Heiligkeit sind unter 🖳 www.tibet.com zu erfahren.

Privataudienzen sind nur wenigen Auserwählten vorbehalten und können nur arrangiert werden, wenn mindestens vier Monate im Voraus darum gebeten worden ist. Beim Sekretär des Dalai Lama gehen täglich Hunderte solcher Briefe ein, und jeder Fall wird gesondert beurteilt. Spirituelle Fragen werden an einen hiesigen Lama weitergeleitet, der zu speziellen Punkten Rat geben kann, Fragen zu tibetischen Themen können meist auch von den Sekretären und Gemeindeoberhäuptern beantwortet werden. Der 17. **Karmapa Lama** hält inzwischen tgl. um 14 Uhr im Gyuto-Kloster, 2 km vom Norbulingka Institute (S. 499), eine Audienz ab. Vorsichtshalber vorher anrufen, um sicherzugehen, dass er auch wirklich anwesend sein wird, ✆ 01892/236637, und zwecks Registrierung 15 Min. vor Beginn am Sicherheitsschalter erscheinen.

14–17 Uhr; Eintritt frei) stellen Mönche Diagnosen, indem sie Augen, Puls und Urin untersuchen. Verschrieben werden Pillen aus Kräutern, Edelsteinen und manchmal auch Tierprodukten, die in besonders günstigen Mondphasen zusammengestellt worden sind. Hier kann man auch sein Horoskop erstellen lassen.

Tibetan Institute of Performing Arts

Das Tibetische Institut der Darstellenden Künste, wurde 1959 gegründet, um die tibetische Identität im Exil zu bewahren. Etwa 150 Menschen leben auf diesem Campus in den Wäldern oberhalb von McLeod Ganj mit Blick auf Bhagsu, darunter Künstler, Lehrer, und Musiker. Die TIPA-Truppe führt traditionelle Lhamo-Opern auf und lässt das internationale Publikum an dem reichen kulturellen Erbe Tibets teilhaben. Informationen zu bevorstehenden Veranstaltungen und Tourneen sind im Büro erhältlich, 🖳 www.tibetanarts.org, ✆ 01892/221478, ⏲ Mo–Sa 9–12 und 13–17 Uhr, am 2. und 4. Samstag im Monat geschlossen.

Nördlich und östlich von McLeod Ganj

In nördlicher Richtung führt eine Nebenstraße vom Busbahnhof in McLeod Ganj zum **Mountaineering Institute**, wo Mr. Saini Interessierte mit Büchern und Karten über die Dhauladhar-Berge versorgt und Trekking-Touren organisiert. ✆ 01892/221787, ⏲ Mo–Sa 10–13.30 und 14–17 Uhr, am 2. Samstag im Monat geschlossen. Ein Stück weiter die Straße gelangt man zu zwei wunderschön inmitten von Wäldern gelegenen buddhistischen Zentren: Das Tibetan Buddhist Centre **Tushita** wurde 1972 von Lama Thubten Zopa Rinpoche gegründet. Gleich um die Ecke steht das **Dhamma Sikhara**, ein Theravada Vipassana-Zentrum (Kurse s. S. 503), Meditation). Von hier führt die Straße weiter zur kleinen Siedlung Dharamkot, dem Ausgangspunkt für Wanderungen nach **Triund** (2975 m) und Treks über die hohen Pässe zum Chamba-Tal.

Ein Pfad führt durch die bewaldeten Hänge von Dharamkot aus hinab zum kleinen, trüben

Dal-See, Schauplatz eines Viehmarkts und des Shaiviten-Festes im September. Er liegt hinter dem ausgedehnten Komplex des **Tibetan Children's Village** (TCV), das etwa 2000 Kindern eine schulische und handwerkliche Ausbildung gewährt. Viele der Kinder sind Waisen oder wurden von ihren nach Tibet zurückgekehrten Eltern hier in sichere Obhut gegeben.

Die Bhagsu Road erstreckt sich vom Hauptplatz von McLeod Ganj 2 km am Hang entlang gen Osten, bis sie das Dorf **Bhagsu** mit seinem alten Shiva-Tempel erreicht. Hier hat sich in den letzten Jahren mit dem Bau mehrerer vorwiegend auf indische Touristen ausgerichteter Hotels einiges verändert, und in Tempelnähe gibt es auch ein paar Cafés.

Hinter dem Tempel windet sich ein Pfad durch das mit Felsblöcken übersäte Ufer eines kleinen Flusses hoch zu einem **Wasserfall**. Das dort befindliche Shiva Café bietet Essen, Tee und einmal pro Woche einen die ganze Nacht dauernden Rave. Wer Tabla spielen lernen möchte, wendet sich an Ashoka im Trimurti Guest House (S. 501), er ist Leiter der **Trimurti International Music School**.

Vorsicht: In den letzten Jahren sind mehrere Frauen auf dem Weg zwischen Bhagsu und McLeod Ganj **überfallen** worden. Diesen Weg also keinesfalls allein gehen.

Südlich von McLeod Ganj: Das Norbulingka Institute

8 km (30 Min.) von Dharamsala, nahe dem Dorf Sidpur, befindet sich das **Norbulingka Institute**, www.norbulingka.org, 01892/246 402, – es hat sich der Bewahrung der tibetischen Literatur und Kunst verschrieben. Mo–Sa 8–17 Uhr. Die 1985 im tibetischen Stil errichteten Institutsgebäude liegen inmitten eines friedlichen japanischen Gartens und konzentrieren sich um den zweistöckigen **Deden Tsuglakhang-Tempel**, dessen obere Galerie 1173 Buddhabildnisse sowie Fresken der 14 Dalai Lamas beherbergt. Die vergoldete Kupferstatue von Sakyamuni in der Halle zu ebener Erde ist die größte ihrer Art außerhalb von Tibet. Im **Losel Doll Museum** auf dem Tempelgelände sind farbenfrohe Dioramen mit Puppen in traditionellen Kostümen zu sehen. Zum **Übernachten** steht das Norling Guest House im Garten bereit, 01892/246406 ❻–❼. Es ist sauber und nett eingerichtet. Auch wer nicht dort absteigt, kann im OG die 50 Zeichnungen betrachten, auf denen der Lebensweg des 14. Dalai Lama festgehalten ist.

Übernachtung

Die meisten Besucher übernachten in **McLeod Ganj**. Wenn man allerdings früh einen Bus bekommen muss oder spät eintrifft, empfiehlt sich eine Übernachtung in **Dharamsala**, obgleich der Standard der Unterkünfte dort niedriger und die Möglichkeiten begrenzt sind. Richtig knapp werden Betten während Losar, der tibetischen Neujahrsfeierlichkeiten (Feb/März). In den kleinen Ortschaften **Bhagsu** oder **Dharamkot**, 20 Min. zu Fuß nordöstlich bzw. östlich von McLeod Ganj, werden in Privathäusern einfache Zimmer auf Selbstversorgerbasis vermietet. Einfach in Geschäften und Teestuben nachfragen. Dharamkot ist, abgesehen von ein paar heißen israelischen Partytreffs, eher ruhig. Bhagsu wird dagegen im Eiltempo ausgebaut und beherbergt eine weniger angenehme Mischung von einheimischen Touristen und ausländischen Hippies.

In den Zimmern der Tibetan Library kommen ein paar Studenten unter, die hier Kurse belegen. Anhänger des Buddhismus finden immer einen Platz in einem Kloster.

Dharamsala

City Heart, abseits des Kotwali Bazaar, 01892/223761. Passable Zimmer mit Aussicht, eingezwängt zwischen einem gut besuchten Lokal mit Bierbar und einer „Party Hall". ❸

HPTDC Dhauladhar, abseits des Kotwali Bazaar, nahe der Bank, 01892/224926, dharamshala@hptdc.in. Hat Anstaltscharakter, aber geräumige Zimmer mit Bad, ständig Warmwasser und Balkon mit Blick über die Ebenen im Süden. Gutes Essen im Restaurant zu mittleren Preisen, Bar, Gartenterrasse. ❺–❼

Rainbow Lodge, neben Kotwali Bazaar, 01892/222647. Etwas schmuddelig, aber die oberen Zimmer haben Balkone mit schönem

Ausblick. Das billigste Zimmer hat kein Warmwasser. ❷

McLeod Ganj
Untere Preisklasse
Drepung Loseling Guest House, abseits der Jogiwara Rd, ☏ 01892/221087. Standard-Unterkunft, einfach und gut geführt mit schöner Aussicht von einer Dachterrasse. Die oberen Zimmer sind die besten, aber meist schnell vergeben. Unterbringung im 3-Bett-Dorm nur Rs40; das ganze Jahr über Festpreise. Sämtliche Einnahmen gehen an das gleichnamige tibetische Flüchtlingslager in Mundgod, Südindien. ❶

Green, Bhagsu Rd, ☏ 01892/221200. Breite Auswahl an komfortablen Zimmern, mit Talblick; gutes Restaurant und angrenzendes Internet-Café. Verdientermaßen beliebt. ❶–❷

Ladies Venture, Jogiwara Rd, ☏ 01892/221559, ✉ shantiazad@yahoo.co.in, hinterm Chocolate Log. Gut ausgestattete Zimmer unterschiedlicher Größe in einem freundlichen, von Tibetern geführten Hotel. Ruhige Umgebung, Garten und kleines Café, Schlafsaalbetten Rs80. Das ganze Jahr über feste Preise. ❷–❸

Om, nahe Busbahnhof, ☏ 01892/221322. Einfache, ruhige und überaus freundliche Lodge am Westrand der Stadt. Unterschiedliche Zimmer, die billigsten mit asiatischer Gemeinschaftstoilette und Gemeinschaftsdusche (Warmwasser). Auf der oberen Terrasse treffen sich Traveller gern zum Sundowner. ❶–❸

Paljor Gakyil, TIPA Rd, ☏ 01892/221443, ✉ ngapal@yahoo.co.in. Gepflegte Lodge,

> **Gut versorgt**
>
> **Kunga's**, Bhagsu Rd, ☏ 01892/221180, ✉ tenhin_dhonyo@yahoo.co.in. Sauber, zentral gelegen, mit vielfältiger Zimmerauswahl und einem tollen Sonnendeck. Die größeren Zimmer sind geräumig und hell mit großem Balkon. Der Besitzer Mr. Tenzin (alias Nick) tut alles für seine Gäste und betreibt eines der besten Restaurants im Ort. ❶–❸

Zimmer mit und ohne Teppich, Schlafsaalbetten (Rs40), toller Blick über McLeod Ganj. Zugang: Die Treppe zwischen den Gästehäusern Seven Hills und Kalsang hoch. ❶–❷

Tibetan Ashoka, Jogiwara Rd, ☏ 01892/221763. Freundlich, ansprechend und beliebt. Von winzigen Kammern mit Gemeinschaftsbad für Rs55 bis zu größeren Zimmern mit Warmwasserbad. Traumhafte Aussicht vom Balkon. ❶–❷

Zilnon Kagyeling Monastery, Bhagsu Rd, ☏ 01892/220581. Einfache, spottbillige EZ und DZ mit Gemeinschaftsbad in einem aktiven *gompa*. ❶

Mittlere und obere Preisklasse
Asian Plaza, Main Chowk, ☏ 01892/220685, 🖥 www.asianplazahotel.com. Schickes, neues Zentrumshotel mit liebevoll eingerichteten Zimmern und riesigen Suiten. Dachrestaurant. ❻–❽

Cheryton Cottage, Jogiwara Rd, Rezeption im Chocolate Log, ☏ 01892/221237. Hübsches und komfortables, zweistöckiges Gästehaus in schönem Garten. Die Zimmer im Obergeschoss sind heller und luftiger. Zimmer auf dem Dach kosten Rs350, außerdem ist ein Apartment für Rs1600 zu haben. Ganzjährig feste Preise. ❹–❻

Glenmoor Cottages, oberhalb der Mall Rd, ☏ 01892/221010, 🖥 www.glenmoorcottages.com. Fünf luxuriöse Ferienhäuser mit eindrucksvoller Holzvertäfelung und weniger kostspielige Zimmer im Hauptgebäude auf einem malerischen Waldstück etwa 1 km oberhalb des großen Basars. ❹–❽

HPTDC Bhagsu, South End, 250 m südlich des Information Centre, ☏ 01892/221091, ✉ dharamshala@hptdc.in. Großes Vorzeigehotel mit mittelmäßigem Management, aber komfortablen Zimmern mit Teppich (z. T. mit Bad) und kleinen Gärten in ruhiger Lage. ❺–❼

Kareri Lodge, South End, ☏ 01892/221132, ✉ karerihl@hotmail.com. Fünf makellose Zimmer, zwei mit fantastischer Aussicht vom Balkon, in ruhiger Umgebung. Dauergäste bevorzugt, für sie gibt es Preisnachlässe. ❹–❺

Traditionell tibetisch

Chonor House, nahe Thekchen Choeling Gompa, South End, ✆ 01892/221006, ✉ chonorhs@norbulingka.org. Gehört zum Norbulingka Institute for Tibetan Culture; von Künstlern gestaltete Zimmer in einer Mischung aus traditioneller tibetischer Einrichtung und modernem Komfort. Ausgezeichnetes Restaurant mit Tischen im Freien. Sämtliche Einnahmen dienen dem Institut. ❻–❼

Pema Thang, South End, ✆ 01892/221871, 🖥 www.pemathang.net. Das am besten geführte Hotel im South End. Alle Zimmer mit Heizung und Warmwasserdusche, die mit schöner Aussicht kosten mehr. Beliebt bei gut betuchten Besuchern aus dem Westen, die sich für den Buddhismus interessieren. ❹–❺
Surya Resorts, South End, ✆ 01892/221418, 🖥 www.suryaresorts.com. Eher unattraktives, großes Hotel mit einigen geräumigen Zimmern mit Glasfront und Blick nach Westen über die Ebenen; auf Geschäftsreisende und einheimische Touristen ausgerichtet. ❻–❽
Tibet, Bhagsu Rd, ✆ 01892/221587, ✉ htdshala@sancharnet.in. Ausgezeichnetes Hotel mit einem Spitzenrestaurant. Das beste Preis-Leistungs-Verhältnis bieten die Zimmer im Erdgeschoss mit Blick aufs Tal. Gut besucht, zentral gelegen. Ganzjährig Festpreise. ❹–❺

Dharamkot

Dev Cottages, in der Hauptstraße unterhalb der Teestube, ✆ 01892/221558. Geräumige, neue Häuschen, gut ausgestattet und mit tollem Talblick. ❻
New Blue Heaven, abseits der Hauptstraße unterhalb der Teestube, ✆ 01892/221005, ✉ sandeep74gill@yahoo.co.in. Zweistöckige Familienpension mit Terrasse und Garten. Einfache Zimmer, aber alle mit Bad. ❶–❷

Bhagsu

Sky Pie Guest House, an der Linkskurve kurz vor dem Tempel, ✆ 01892/220497, ✉ denisraaz8@gmail.com. Ansprechende und belebte Unterkunft mit Standardzimmern der unteren Preisklasse, z. T. mit Gemeinschaftsbad. ❷–❸
Trimurti Guest House, im oberen Teil von Bhagsu, in Richtung Dharamkot, ✆ 01892/221364, 🖥 www.trimurtimusic.com. Einige Zimmer in einer ruhigen Familienpension mit Rasen und einem farbenprächtigen Schrein. Der Besitzer leitet eine kleine Musikschule, s. S. 499. ❷–❸

Essen

McLeod Ganj gehört zu den Orten, in denen das Plaudern und Philosophieren in den Restaurants als Lieblingsbeschäftigung gilt. Neben chinesischen Eiernudeln, *chow mein* und gebratenem Allerlei werden tibetische Gerichte wie *thukpa* und *momos* serviert. Frisch gebackenes tibetisches Brot und Kuchen sind fast überall erhältlich, außerdem gibt es Omelettes, Pommes, Toast, vegetarische Burger und viele israelische Gerichte. Wer tibetisch kochen lernen möchte, kann in Sangye's Kitchen beim Postamt in der Jogiwara Rd an einem **Kochkurs** (So–Fr 11–13 und 17–19 Uhr; Rs150) teilnehmen. Über einen Mangel an Imbissen kann man sich in Dharamsala wirklich nicht beschweren, die Auswahl der Geschmacksrichtungen ist allerdings begrenzt. Die beste Bandbreite an indischen und westlichen Gerichten bieten **Mid Point** und **City Heart**. Typisch tibetisches Essen bekommt man auf dem Kotwali Bazaar im **Potala**, einem kleinen, sauberen Café mit einfachem Angebot.
In Dharamkot eignet sich das **Trek and Dine**, zehn Fußminuten oberhalb der Teestube an der Kreuzung, gut zur Verköstigung mit Pizza oder Pies. In Bhagsu serviert man im **Ashoka International** den auf Kissen sitzenden Gästen hervorragendes indisches Essen. Das preisgünstige **Trimurti** neben dem Tempel (nicht im gleichnamigen Guesthouse) ist ein ausgezeichnetes vegetarisches indisches Café mit Dachterrasse. Hinter dem Bhagsu Nag-Tempel schlängelt sich ein Pfad hoch zum populären **Shiva Café**.
Chocolate Log, Jogiwara Rd. Vorzügliche Kuchen, Pasteten und Trüffel; auch Pikantes wie

Nettes Café

Jimmy's Italian Kitchen, Jogiwara Rd. Gemütliches Café; gute Salate, Backkartoffeln, Milchkaffee und selbst gemachte Desserts. Die meisten Gerichte kosten Rs100–150. 30 m weiter in Richtung Tempel gibt es im oberen Stock eine brandneue Filiale mit Livemusik am Mi und Sa.

Spinatpizza. Man kann drinnen essen oder es sich im gepflegten Garten auf Liegestühlen bequem machen. Rs50–100. ⏲ tgl. außer Di.
Friends' Corner, Temple Rd. Beliebtes, gemütliches Lokal am Busbahnhof mit großer Auswahl an Speisen (rund Rs100) und Bier, guter Musikanlage und einer Rollerskating-Rampe im Obergeschoss.
Gakyi, Jogiwara Rd. Schlicht und gemütlich, mit guten tibetischen und westlichen vegetarischen Gerichten, zudem das beste Früchtemüsli der Stadt und tibetisches Brot. Alle Gerichte unter Rs100.
Khana Nirvana, Temple Rd. Toller Treffpunkt oberhalb von Stitches in Time, beliebt bei ausländischen freiwilligen Helfern. Herrlicher Ausblick; gesunde Tofuburger (Rs80) und frisch gepresste Säfte. Mi abends Jamsessions; Do Filmvorführungen.
Lung Ta, Jogiwara Rd. Japanisches vegetarisches Lokal mit tgl. wechselndem Menü, darunter meist Misosuppe, Sushi, Gemüsetempura und Tofusteak; Hauptgerichte rund Rs100. Der Gewinn kommt ehemaligen tibetischen politischen Gefangenen zugute. Im heimeligen, eine Tür weiter gelegenen koreanischen Restaurant **Dokebi Nara** werden brutzelnde Speisen im Gusseisentopf aufgetischt.
Mai Thai, Jogiwara Rd, am Südrand der Stadt. Gemütliches Lokal, das authentische Thai-Currys und andere südostasiatische Gerichte für rund Rs100 auftischt.
McLlo, Central Square. Riesiges neonbeleuchtetes Ungetüm mit Blick auf die Bushaltestelle. Große Auswahl guter westlicher Speisen (ab Rs100), außerdem gibt es eine echte Baskin-Robbins-Eisdiele und im 2. Stock eine Bar, die am frühen Abend ganz annehmbar ist, später aber sehr laut und unangenehm werden kann.
Nick's Italian Kitchen, Kunga's, Bhagsu Rd. Exzellente Pastagerichte (Rs80–120), traumhafte Brownies und Zitronenkäsekuchen. Sonnige Hinterhofterrasse.
Om, Om Hotel, nahe Busbahnhof. Freundliches, gemütliches Restaurant, das über den Hang hinausragt und die einzige nach Westen offene Dachterrasse der Stadt besitzt. Großzügige Portionen guter tibetischer und chinesischer vegetarischer Speisen sowie eine kleine Auswahl mexikanischer Gerichte. Rs60–100.
Snow Lion, Tibet Hotel, Bhagsu Rd. Eines der besten Lokale, das tibetische und chinesische vegetarische und andere Speisen serviert. Hauptgerichte über Rs100. Drinks gibt es auch in der angeschlossenen Dragon Bar.
Tibet Yak Cafe, Jogiwara Rd. Kleines und einfaches Restaurant, bei Einheimischen beliebt, gute tibetische Küche für Rs40–60.

Einkaufen

Die Stände und kleinen Läden entlang der Hauptstraßen bieten tibetischen Schnickschnack, preiswerte warme Kleidung, Räucherwerk, Gebetsglocken, Teppiche und Bücher an. Der große **Kunsthandwerksladen** in der Jogiwara Rd verkauft *thangkas* in allen Größen und Gebetsfahnen. Für ca. Rs600 plus Stoffpreis kann man sich hier *bakkus* (tibetisches Frauengewand) nähen lassen. Der **Green Shop** in der Bhagsu Rd verkauft handbemalte T-Shirts, Umweltliteratur und gefiltertes, abgekochtes Wasser für Rs5.

Aktivitäten

In McLeod Ganj kann man eine Vielzahl von Kursen belegen, darunter Tibetisch, Hindi, Yoga, Tabla, Tai Chi sowie indisch-vegetarische und tibetische Kochkunst. Weitere Angaben im Verzeichnis des Magazins Contact (s. S. 503).

Tibetischer Buddhismus

An den meisten Wochentagen gibt es in der **Library of Tibetan Works and Archives** von 11 bis 12 Uhr kostenlosen Unterricht zum Dharma. Außerdem erteilt die Bibliothek

Philosophieunterricht und dreimonatige Kurse in tibetischer Sprache (Beginn März, Juni, Sep). Beim Secretary for Tibetan Studies melden, ✆ 01892/222467.

Meditation und Yoga

Kurse zur tibetischen buddhistischen Meditation werden im **Tushita Meditation Centre** in Dharamkot, ✆ 01892/221866, 🖳 www.tushita.info, angeboten. Die Kurse umfassen 8–10-tägige Meditationseinheiten und intensive 3-monatige Retreats (Vajrasattva) im Sommer. Übernachten kann man in einfachen Zimmern und Schlafsälen, außerdem gibt es eine ausgezeichnete Bibliothek. Rechtzeitig buchen! ⏲ Mo–Sa 9.30–11.30 und 13–16.30 Uhr.
Das **Vipassana Centre**, gleich neben Tushita, folgt eher den Lehren des Theravada-Buddhismus. Hier erlernt man in 10-tägigen Kursen die stille Meditation. Persönliche Anmeldung Mo–Sa 16–17 Uhr, ansonsten ✆ 01892/221309, 🖳 www.sikhara.dhamma.org.
Yoga, Himalayan Iyengar Yoga Centre in Dharamkot, 🖳 www.hiyogacentre.com, bietet 5-tägige Hatha-Yoga-Kurse. Beginn immer Do.

Sonstiges
Bücher

Im **Tibetan Bookshop and Information Office** lässt es sich wunderbar in Büchern zum tibetischen Buddhismus stöbern, genau wie im **Charitable Trust Shop**, beide in der Jogiwara Rd auf dem großen Basar in McLeod Ganj. Gegenüber dem Tourismusbüro im South End befindet sich der kleine Laden **Bookworm**, dessen umfangreiches Angebot neben Secondhandbüchern vor allem Literatur zum Buddhismus umfasst.

Fotoausrüstung

Moonpeak Pictures, Temple Rd, ✆ 01892/220375, ✉ moonpeak@rediffmail.com, verkauft Diafilme und entwickelt Fotos. Auch Abzüge von Digitalkamerabildern und Brennen von CDs.

Geld

Punjab National Bank in McLeod Ganj nahe Busbahnhof, ⏲ Mo–Fr 10–14, Sa 10–12 Uhr, wechselt Reiseschecks und Bargeld, ebenso die obere Filiale der **State Bank of India** in Dharamsala; beide mit Geldautomat.
In McLeod Ganj gibt es mehrere autorisierte private Wechselstuben, wie **Thomas Cook** und **LKP Forex** in der Temple Rd, die Bargeld auf Kreditkarten geben.

Informationen

McLeod Ganjs **Tourist Office**, am South End gegenüber von Bookworm, hält ein paar Informationen zu Unterkünften und Verkehrsmitteln bereit, ⏲ Mo–Sa 10–17 Uhr. Einen guten Überblick über Veranstaltungen bietet das kostenlose Magazin Contact, das in Restaurants ausliegt.

Internet

In McLeod Ganj gibt es viele Internet-Cafés, vor allem in der Bhagsu Rd und Jogiwara Rd; außerdem in Hotels wie dem Green. Die meisten berechnen Rs30/Std. Etwas günstiger ist das im 1. Stock gelegene **Cyber World** in Dharamsala.

Medizinische Hilfe

Das **Tibetan Delek Hospital**, ✆ 01892/222053, oberhalb des Astro Medical Institutes, ist eines der besten Krankenhäuser im Bundesstaat und beschäftigt auch westliche Ärzte.

Post / Telefon

Das Postamt von McLeod Ganj in der Jogiwara Rd hat einen Poste-restante-Schalter, wo Briefe bis zu einem Monat lang aufbewahrt werden. Post, die nicht an McLeod Ganj, Upper Dharamsala, adressiert ist, landet in der Hauptpost (GPO) in der Unterstadt.

Reisebüros

Bei **Himalaya Travels**, Jogiwara Rd, ✆ 01892/221428, kann man örtliche und private Busse sowie Züge aus Pathankot und Inlandflüge buchen sowie internationale Flüge bestätigen bzw. umbuchen lassen.
Taxibuchungen für Reisen inner- und außerhalb von Himachal Pradesh sowie Informationen über Treks.
Ways Tours & Travels, Temple Rd, ✆ 01892/221910, gut organisiertes Reisebüro,

Trekking ab Dharamsala

Dharamsala zählt zu den beliebtesten Ausgangspunkten für Treks über die felsigen Kämme der **Dhauladhar-Gebirgskette**, die aus dem Kangra-Tal steil bis auf 4600 m ansteigt. Die Wege führen durch Wälder mit Himalaya-Zedern, Kiefern, Eichen und Rhododendren, über Bäche und Flüsse und winden sich schwindelerregend an Klippenrändern entlang, wobei sie gelegentlich an einem Wasserfall oder Gletscher vorbeikommen. Wenn man sich hier nicht sehr gut auskennt, braucht man unbedingt einen Führer, denn die Wege sind steil und die Gedenksteine zeugen von denen, die es nicht überlebt haben. Das **Mountaineering Institute** in der Dharamkot Road (S. 498) hilft bei der Suche nach Führern und Trägern und stellt Karten zur Verfügung. Es gibt zwar am Weg auch primitive Hütten und Höhlen, aber die beste Variante ist ein Zelt.

Die beste **Jahreszeit** zum Trekking hier sind die Monate September bis November, wenn die heftigste Zeit der Monsune vorüber ist und die Temperaturen noch nicht zu niedrig sind. Bergsteigen im Winter sollten sich nur erfahrene Kletterer vornehmen, die mit Eispickel und Steigeisen vertraut sind.

Von Dharamsala nach Chamba über den Indrahar-Pass

Die teilweise sehr anstrengende Route von Dharamsala zum Chamba-Tal über den Indrahar-Pass (4350 m) wird am häufigsten gewählt und von den meisten Trekkern in etwa fünf Tagen bewältigt. Der erste Abschnitt von Dharamkot aus führt 9 km durch dichte Wälder und steiles felsiges Gelände bis zu einem grasbewachsenen Plateau bei **Triund**. Von hier geht der Weg bergan bis nach **Laqa Got**, es folgt ein stark ansteigender Abschnitt hoch zum **Indrahar-Pass**, wo sich bei schönem Wetter phänomenale Aussichten eröffnen – im Süden über das Tiefland und im Norden über die verschneiten Gipfel des Pir Panjal und des Hohen Himalaya. Auch der Abstieg ist zum Teil beschwerlich und führt über die Gaddi-Dörfer Kuarsi und Channauta bis zur Hauptstraße, wo sich die Gelegenheit bietet, sich nach Brahmour oder Chamba mitnehmen zu lassen.

---

das internationale Flüge, individuell zugeschnittene Touren innerhalb Indiens und Geldwechsel anbietet.
Yeti Trekking, an der Straße zum Mountaineering Institute, ✆ 01892/221032, veranstaltet Trekkingtouren und verleiht jede Menge Ausrüstungsgegenstände.

Tibetische Siedlung

Anfragen zur tibetischen Siedlung bitte telefonisch an das **Welfare Office** in der Bhagsu Rd in McLeod Ganj oder direkt an das **Reception Centre** unterhalb des Postamts richten, wo Kleiderspenden, Bücher und Decken für Neuankömmlinge aus Tibet immer dankbar angenommen werden. Wertvolle Informationen bekommt man auch im **Tibetan Bookshop and Information Office** in der Jogiwara Rd in der Nähe von McLeod Ganjs Hauptbasar.

Nahverkehr

Zwischen Dharamsala und McLeod Ganj verkehren ab 7.45 Uhr zahlreiche **Busse** (40 Min.). Ein **Sammeltaxi** (Rs7) ist jedoch bedeutend schneller. Sowohl in McLeod Ganj als auch in Dharamsala gibt es ausgewiesene Festpreise. Ein **Taxi** von McLeod Ganj nach Dharamsala kostet Rs120. **Motor-Rikschas** verkehren häufig zwischen dem McLeod Ganj-Busbahnhof und Bhagsu (Rs30) sowie dem *chai shop* in Dharamkot (Rs40).

Transport

Busse

Staatliche Busse aus Shimla, Manali, Mandi, Pathankot, Kangra und Delhi halten am Haupt-Busbahnhof ganz im Süden der Unterstadt, einige wenige private und Deluxe-Busse aus Delhi und Manali fahren weiter nach McLeod Ganj.

Die HRTC betreibt zahlreiche Busse vom Haupt-Busbahnhof zu verschiedenen Reisezielen in Himachal Pradesh und darüber hinaus; u. a. halbstündlich verkehrende Flughafenbusse. Busse nach PATHANKOT, wo Zuganbindung besteht, fahren alle 30 Min. ab.
Pro Tag fahren drei Busse (6, 8 und 20 Uhr) nach MANALI und zwei nach DELHI (18 und 19 Uhr) via CHANDIGARH, bei erhöhter Nachfrage werden weitere eingesetzt. Zwei staatliche Busse fahren tgl. (8 und 12 Uhr) nach DALHOUSIE. Viele Touristen bevorzugen private „Deluxe"-Busse, die bei Anbietern in McLeod Ganj gebucht werden können. Vor allem die neuen Schlafbusse nach Delhi (Rs650) sind gefragt.

Busse nach:
BAIJNATH (stdl., 3 1/2 Std.),
CHAMBA (1x tgl., 8 Std.),
CHANDIGARH (8x tgl., 7–8 Std.),
DALHOUSIE (2x tgl., 6–7 Std.),
DELHI (6x tgl., 15–16 Std.),
DEHRA DUN (1x tgl., 14–15 Std.),
HARIDWAR (1x tgl., 16–17 Std.),
JAWALAMUKHI (8x tgl., 2 1/2 Std.),
KANGRA (alle 15 Min., 1 Std.),
KULLU (4x tgl., 8 Std.),
MANALI (3x tgl., 10 Std.),
MANDI (8x tgl., 6 Std.),
MCLEOD GANJ (alle 20 Min., 3/4 Std.),
PATHANKOT (alle 30 Min., 3 Std.),
SHIMLA (6x tgl., 10 Std.).

Flüge
Der Flughafen von Dharamsala liegt 11 km südlich bei Gaggal.

Dalhousie

Dalhousie verdankt seinen Namen Lord Dalhousie, dem Generalgouverneur des Punjab (1849–56), der aufgrund des angenehmen Klimas hier ein Sanatorium errichten ließ. Zu Beginn des 20. Jhs. bot der Ort eine beliebte Alternative zum überfüllten und teuren Shimla. Eine Reihe von Tibetern hat sich nach der chinesischen Invasion in Tibet 1959 hier niedergelassen. Heute gilt Dalhousie als beliebter Sommerurlaubsort für Erholungsuchende aus dem Punjab, während westliche Touristen nur selten kommen und höchstens 1–2 Tage verweilen.

Die Stadt erstreckt sich über eine Reihe von Bergen, durch die sich die Straßen schlängeln, die die beiden Kernbereiche, die Chowks, miteinander verbinden. Der **Gandhi Chowk** ist mit seinen Restaurants und dem Postamt der belebtere Teil. Von hier aus verlaufen die Mall und Garam Sarak abwärts und führen in einer Biegung 2 km weiter zum **Subhash Chowk** am oberen Ende des vornehmlich moslemischen Sadar Bazaar. Nördlich von hier markieren die Bushaltestelle und das Informationsbüro die wichtigste Ausfallstraße.

Übernachtung und Essen

Viele der Hotels bieten in der Nebensaison enorme Preisnachlässe.
Silverton, oberhalb des Circuit House, The Mall, ✆ 01899/240674, 🖥 www.heritagehotels.com/silverton, altes Herrenhaus mit großen Zimmern und gepflegten Rasenflächen inmitten eines privaten Waldgebietes. ❹–❼
Aroma-N-Claires, südlich des Subhash Chowk in der Court Rd, ✆ 01899/242199, ✉ 01899/242639, stimmungsvoller, etwas überladener 30er-Jahre-Bau mit einer Bibliothek und begrünten Innenhöfen. ❹–❻
Jugendherberge, ✆ 01899/242189, ✉ yh_dalhousie@rediffmail.com. Von der Bushaltestelle aus 5 Gehminuten hinter den *dhabas*. Schlafsaalbetten (Rs60) und DZ. ❷
Neben den Hotelrestaurants und verstreuten *dhabas* findet man die **Food Junction** am Busbahnhof, **Kwality's** am Gandhi Chowk und **Moti Mahal** sowie **Sher-e-Punjab** im Subhash Chowk.

Superfreundlich

Hotel Crags, 500 m auf einem Trampelpfad vom Subhash Chowk entfernt, in der Garam Sarak Rd, ✆ 01899/242124, ist ein ruhiges, außergewöhnlich freundlich geführtes Hotel mit großer Terrasse, leckerer Verpflegung und wunderschöner Aussicht ins Tiefland. ❸–❹

Sonstiges
Geld
Die **State Bank of India** an der Bushaltestelle bietet Geldwechsel und einen Geldautomaten.

Informationen
Tourist Information Office, ✆ 01899/242136, 50 m von der Bushaltestelle entfernt, gibt Auskünfte bzgl. Verkehrsverbindungen; ⌚ Mo–Sa 10–17 Uhr.

Internet
Eva's Cyber Café, am tibetischen Lhasa-Markt oberhalb des Busbahnhofs, bietet Internet-Zugang.

Transport
Die meisten Besucher kommen mit dem Bus aus dem 80 km südwestlich im Punjab gelegenen PATHANKOT (stdl., 3 Std.) oder dem 47 km östlich gelegenen CHAMBA (2 1/4 Std.) nach Dalhousie; die Fahrt durch die Vorgebirge des Himalaya von DHARAMSALA (2x tgl., 6–7 Std.) und SHIMLA (Flughafen; 1x tgl., 14–15 Std.) führt über Nurpur.

Die meisten Transportmittel nach CHAMBA (2 1/4 Std.) nehmen den Weg über Banikhet, aber es gibt auch vier Busse via KHAJJIAR (1 Std.). 1x tgl. verkehrt auch ein Bus nach Amritsar (6 Std.).

Vom Busbahnhof führt ein steiler Weg hoch zur Mall; wer nicht laufen möchte, kann eines der Maruti-Taxis nehmen (Rs50), die auf der Strecke verkehren.

Chamba

Im Zickzackkurs führt die Straße von Dalhousie in östlicher Richtung nach **Khajjiar**, einem bei Einheimischen beliebten Ausflugsort, bevor sie über terrassenförmige Berghänge nach **Chamba** hinabführt, das über dem reißenden Fluss Ravi thront.

Hier verläuft das Leben langsam und gemächlich, es gibt ein paar faszinierende Tempel und ein kleines Kunstmuseum. Chamba eignet sich gut als Ausgangspunkt für Treks in das abgeschiedene **Pangi-Tal**.

Von allen Seiten durch hohe Berge geschützt, wurde Chamba ein ganzes Jahrtausend lang von den königlichen Nachkommen des Raja Sahil Varma regiert, der es im Jahre 920 n. Chr. gegründet und nach seiner Tochter Champavati benannt hatte. Anders als die weiter südlich gelegenen Staaten von Himachal war es formal niemals der Mogulherrschaft unterstellt. Durch die Abgeschiedenheit hatte die dort ansässige Hindukultur Bestand, bis 1870 die ersten Straßen nach Dalhousie gebaut wurden. Mit der Entstehung des Staates Himachal Pradesh 1948 wurde Chamba Hauptstadt des gleichnamigen Distrikts. Heute kommen nur wenige Besucher her, um die einzigartigen Tempel zu besichtigen.

Die große Grünfläche *chaugan*, die für Sportveranstaltungen, Abendspaziergänge und Feierlichkeiten genutzt wird, bestimmt das Zentrum der Stadt, über dem der **Rang Mahal** thront, der heute als Regierungsgebäude dienende Palast. Das am Südrand des *chaugan* gelegene **Bhuri Singh Museum** beherbergt eine ganz passable Sammlung von einheimischer Kunst und Kunsthandwerksgegenständen. Kangra-Miniaturgemälde aus dem 18. und 19. Jh. stellen das Leben bei Hofe, amouröse Begegnungen sowie Männer und Frauen beim Rauchen kunstvoll gearbeiteter *hookahs* dar und sind bedeutend gewagter als ihre von der Mogul-Malerei inspirierten Entsprechungen aus Rajasthan. Das beste Stück des Museums ist sein kleiner Vorrat an *rumals*, gestickten Bildern mit Szenen aus Volksmythen, die seit dem 10. Jh. von Frauen gefertigt werden. Heute halten nur noch wenige Frauen an dieser Tradition fest, aber Ansätze zur Wiederbelebung dieser Kunst gibt es im Webzentrum im alten Palast. ⌚ Di–So 10–17 Uhr, Eintritt frei.

Die Tempel
Der Tempel-Komplex **Lakshmi Narayan** hinter dem Dogra Bazaar westlich des *chaugan* ist in einem Stil erbaut worden, der ausschließlich in Chamba und Brahmour anzutreffen ist. Drei seiner sechs erdbraunen Tempel sind Vishnu geweiht und drei Shiva, alle mit aufwändig geschnitzten Außenfassaden, eigenwillig geformten *shikharas*, überhängenden Vordächern aus Holz und goldenen Dachverzierungen, die 1678 hinzugefügt wurden – trotz Aurangzebs Befehl

zur Zerstörung sämtlicher Hindutempel in den Bergstaaten. In den Mauernischen sieht man Bilder von Gottheiten, doch viele sind auch leer. Einige Statuen wurden bei dem Erdbeben 1905 zerstört, andere später geraubt.

Beim Betreten der Anlage trifft man zuerst auf den größten und ältesten Tempel aus dem 10. Jh., der eine Marmorstatue von Lakshmi Narayan birgt. Die drallen Jungfrauen an den Seiten des Eingangs zum Altarraum tragen je ein Gefäß mit Wasser und repräsentieren die Göttinnen Ganga und Yamuna. Im Innenraum stellt ein Fries Szenen aus dem Mahabharata und dem Ramayana dar. Die Shiva geweihten Tempel befinden sich im dritten Hof. Wenn die Augen sich an das gedämpfte Licht im Inneren des Heiligtums gewöhnt haben, sind die soliden Messingbilder von Shiva, Parvati und Nandi mit Intarsien aus Silber und Kupfer aus den nahe gelegenen Minen zu erkennen. Außerhalb des Tempelkomplexes fertigen **Kupferschmiede** Trompeten für zeremonielle Anlässe und *hookahs* aus Messing an.

Unter den übrigen Tempeln von Chamba ist der **Chamunda Devi-Tempel** aus dem 10. Jh. der faszinierendste. Er thront hoch über der Stadt im Norden – der Aufstieg über die steilen Treppen beginnt in der Nähe der Bushaltestelle und dauert etwa eine halbe Stunde. Der komplett aus Holz erbaute und mit Hunderten schwerer Messingglocken geschmückte Tempel bietet einen wunderschönen Blick auf die Ravi-Schlucht. In seinem Innern wird ein Furcht einflößendes Bild der blutdürstigen Göttin Chamunda aufbewahrt.

In der Stadt südlich des *chaugan* nahe dem Postamt befindet sich der kleine, reich verzierte **Harirai-Tempel** aus dem 11. Jh. mit einem Messingabbild von Vaikuntha, der dreiköpfigen Erscheinung von Vishnu.

Übernachtung und Essen

In der Umgebung des Busbahnhofs im Norden der Stadt gibt es mehrere Lodges, von denen die etwas schäbige **Chamunda View**, unterhalb der Haltestelle, 01899/224067, die beste ist. ❸
Das **Hotel Iravati** der HPTDC, ✆ 01899/222671, an der nächstgelegenen Ecke des *chaugan* hat komfortable Zimmer mit Teppich und Bad. ❹–❺

Sein billigerer Anbau **Champak**, ✆ 01899/222774, hat ganz annehmbare DZ und einen Schlafsaal (Rs75). ❷
Das moderne **City Heart**, am anderen Ende des *chaugan*, ✆ 01899/225930, 💻 www.hotelcityheartchamba.com, ist das beste Hotel der Stadt. ❺–❻
Das beste Essen bekommt man im **Khaatir** im City Heart. Zwei ordentliche Alternativen dazu sind das **Rishi** im Dogra Bazaar und das **Park View** in der Museum Rd. Die hiesige Spezialität *madhra,* eine nahrhafte, ölige und leicht bittere Mischung aus Bohnen und Quark, sollte man sich nicht entgehen lassen.

Sonstiges

Geld
Die **Punjab National Bank** in der Hospital Rd kann zwar kein Geld wechseln, gibt aber Bargeld auf American Express-Reiseschecks.

Informationen
Das wenig hilfreiche **Tourist Office**, ✆ 01899/224002, gehört zum Iravati-Komplex. ⏰ Mo–Sa 10–17 Uhr.

Internet
Internet-Zugang bietet **Mani Mahesh Travels**.

Treks im Pangi-Tal nach Lahaul

Nur wenigen Trekking-Touristen gelingt es, in das spektakuläre, fast unzugängliche Pangi-Tal zwischen der Gebirgskette des Hohen Himalaya im Norden und der Äußeren Himalaya-Kette im Süden vorzudringen. Einige der Gipfel hier sind noch niemals erklommen worden, und die Wege führen weiter nach Kashmir, Lahaul und Zanskar. Für den **Trek von Traila nach Lahaul** (90 km nördlich von Chamba) braucht man 9–10 Tage über Satraundhi (3500 m), dann über den Sach-Pass nach Killar, Sach Khas und zur Endstation Purthi, wo man den Bus über Tindi nach **Udaipur** nehmen kann. Von dort fahren Busse nach Keylong (Hauptstadt von Lahaul) mit Anschluss nach Norden bis Leh und nach Süden über den Rohtang-Pass nach Manali.

Transport

Von Chamba fährt tgl. ein Bus nach DHARAMSALA (21.30 Uhr; 8–9 Std.) und zwei nach SHIMLA (4 und 17 Uhr; 15–16 Std.). Halbstündlich geht ein Bus nach BANIKHET, stdl. nach PATHANKOT (5 Std.) und 1x tgl. nach AMRITSAR (11 Uhr; 8 Std.).

Weitere Busse nach:
BRAHMOUR (7x tgl., 3 Std.),
DALHOUSIE (10x tgl., 2 1/2 Std.),
KHAJJIAR (4x tgl., 1 1/2 Std.),
MANDI (1x tgl., 14 Std.).

Das Kullu-Tal

Das majestätische Kullu-Tal liegt eingebettet zwischen dem Pir Panjal im Norden, der Parvati-Kette im Osten und der Barabhangal-Kette im Westen. Hier zeigt sich Himachal von seiner idyllischsten Seite: tosende Flüsse, bezaubernde Bergdörfer, Obstgärten und terrassenförmige Felder, dichte Kiefernwälder und schneebedeckte Gebirgskämme.

In alten Hindu-Schriften als **Kulanthapitha** oder das „Ende der bewohnbaren Welt" erwähnt, erstreckt sich das Kullu-Tal von der Mündung der steilen und engen **Larji-Schlucht** in der Nähe von Mandi über 80 km nördlich bis zum Fuße des **Rohtang-Passes**, dem Tor nach Lahaul und Ladakh. Jahrhundertelang bildete das Tal einen wichtigen Handelskorridor zwischen Zentralasien und der Gangesebene, und die regionalen Herrscher, die zunächst in **Jagatsukh** und später in **Naggar** und Sultanpur, dem heutigen **Kullu**, ihren Sitz hatten, konnten aus dem Durchgangsverkehr beachtliche Profite ziehen. Durch dieses Handelsmonopol wurde das Kullu-Tal jedoch auch zum begehrten Ziel für Invasoren, und so mussten sich die Rajas von Kullu im 18. und 19. Jh. der Angriffe des Raja von Kangra und der Sikh erwehren, bis ihr Land schließlich 1847 von den Briten annektiert wurde.

In den darauf folgenden Jahren kamen britische Familien aus Shimla über den Jalori-Pass und nutzten das Hochgebirgsklima des Tals zum Anbau von **Äpfeln**, der neben dem **Cannabis**-Anbau die Hauptstütze der heutigen Landwirtschaft darstellt. Die erste Straße, 1927 zunächst für den Obstexport gebaut, bedeutete das Ende der Ruhe und Abgeschiedenheit, weshalb viele Siedler ihre Sachen packten und die Gegend verließen – schon lange vor Erlangung der Unabhängigkeit. In den 50er- und 60er-Jahren nahm die Einwohnerzahl aufgrund des Zustroms **tibetischer Flüchtlinge** wieder zu.

Trotz der Veränderungen durch die Straßen, die Zuwanderung und den erst kürzlich aufgekommenen Massentourismus hat sich die Lebensweise des Kullu-Tals in unzähligen Dörfern aus Holz und Stein erhalten. Die *pahari* („Bergbewohner") genannten Einheimischen – hochkastige Thakurs mit Grundbesitz und ihre (niederkastigen) abgabepflichtigen Gutspächter – tragen wie eh und je die unverwechselbaren Kullu-typischen Kopfbedeckungen *(topi)*. Die Frauen tragen bunte Kopftücher und mit Silbernadeln und -ketten befestigte *puttoos*. Bei einem Ausflug zu den saftigen Wiesen oberhalb der Baumgrenze begegnet man auch nomadischen Gaddi-Schafhirten.

Die meisten Touristen fahren nach der zermürbenden Reise von Leh oder Delhi gleich weiter nach **Manali**, wo es neben einer Riesenauswahl an Hotels und Restaurants eine entspannte Atmosphäre und für jeden Geschmack etwas zu tun gibt. Nach wie vor ein beliebter Hippietreff, ist die Stadt außerdem bei indischen Hochzeitsreisenden die erste Wahl. Und nicht zuletzt wird sie der tollen **Trekking**-Möglichkeiten wegen – von Tagestouren in die Seitentäler *(nalas)* des Flusses Beas bis zu anspruchsvollen Langstrecken über hohe Pässe und Gletscher – gern von Outdoor-Enthusiasten besucht.

Der einzige Grund nach **Kullu-Stadt** zu kommen ist das alljährliche Dussehra-Fest im Oktober. **Flüge** von Delhi nach Bhuntur, unmittelbar südlich von Kullu, bieten eine willkommene, wenn auch wetterabhängige Alternative zu den langen nächtlichen Busfahrten. Weiter nördlich bieten das Schloss, die antiken Tempel und netten Gästehäuser von **Naggar** eine angenehme Abwechslung zum Betonstadtbild des modernen Manali, ebenso die heiligen heißen Quellen von **Manikaran** im fantastischen **Parvati-Tal**.

KULLU-TAL

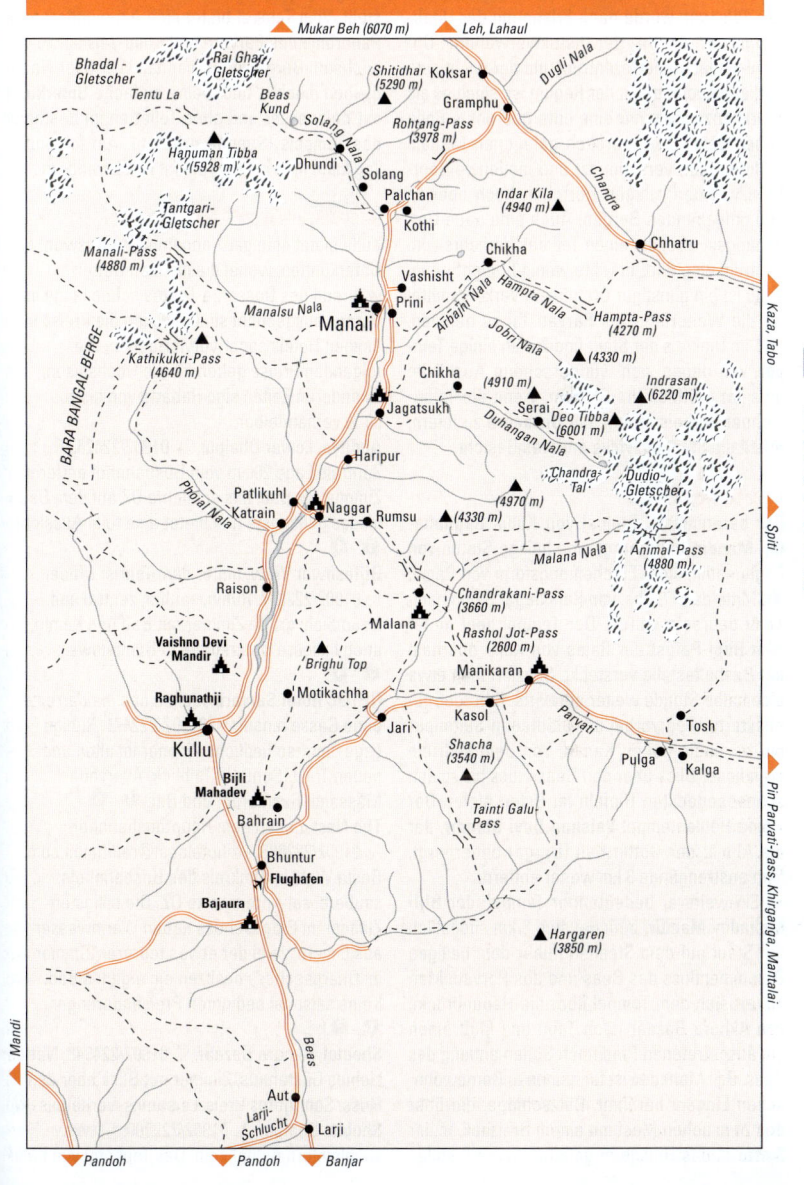

Kullu

Kullu, das seit Mitte des 17. Jhs. die Hauptstadt des Tals war, wurde nach Erlangung der Unabhängigkeit zum Sitz der Distriktverwaltung. Obwohl es das Handelszentrum und der wichtigste Verkehrsknotenpunkt der Region ist, spielt es als Touristenzentrum nur eine untergeordnete Rolle neben dem 40 km nördlich gelegenen Manali. Kullu ist laut, verschmutzt und meilenweit entfernt von den ruhigen Dörfchen hoch oben in den umgebenden Bergen. Auch eine neue Umgehungsstraße, die einen Teil des Verkehrs vom Zentrum wegführt, brachte wenig Erleichterung. Kullu ist ein günstiger Ort, um ein Verkehrsmittel für die Weiterfahrt ins Parvati-Tal zu nehmen, und im Umkreis der Stadt findet man einige **Tempel**, von denen sich wunderschöne Ausblicke aufs Tal eröffnen. Im Oktober, wenn die Talbewohner herbeiströmen, um **Dussehra** zu feiern, erhält die Stadt ein völlig anderes Gesicht.

Die Tempel

Der berühmteste Tempel von Kullu, **Raghunathji Mandir**, beherbergt eine heilige Statue von Raghunathji, einer Erscheinungsform von Rama, die Mitte des 17. Jhs. von Raja Jagat Singh nach Kullu gebracht wurde. Der Tempel liegt hinter dem **Rupi-Palast** der Rajas von Kullu oberhalb der Bushaltestelle versteckt. Spaziert man etwa eine halbe Stunde weiter aufwärts, führt der gepflasterte Weg vorbei am Städtchen Sultanpur bis zu einem hohen Kamm, von dem sich ein grandioser Blick über den Beas-Fluss bis zu den schneebedeckten Gipfeln im Osten bietet. Der kleine Höhlentempel **Vaishno Devi Mandir**, der ein Abbild der Göttin Kali (Durga) beherbergt, liegt anstrengende 3 km weiter entfernt.

Ein weiterer bedeutender Tempel, der **Bijli Mahadev Mandir**, befindet sich 8 km südöstlich der Stadt auf dem Steilhang über dem heiligen Zusammenfluss des Beas und des Parvati. Man nähert sich dem Tempel über die Hängebrücke von Akhara Bazaar nach Tapu und läuft einen gut ausgetretenen Pfad nach Süden entlang des Beas. Bijli Mahadev ist für seinen außergewöhnlichen **Lingam** berühmt. Blitzschläge, die über den 20 m hohen Mast mit einem Dreizack an der Spitze in das Heiligtum geleitet werden, sollen die Ikone in regelmäßigen Abständen zerstören, die sich später dann mit Hilfe der Bittgebete des hiesigen *pujari* wie durch ein Wunder wiederherstellt. Vom Tempel bietet sich ein wunderbares Panorama des Parvati- und Kullu-Tals sowie der höchsten Berge von Himachal. Wer über Nacht bleiben möchte, findet eine einfache **Unterkunft** mit Kaltwasser und ohne Toiletten im Rasthaus des Tempels (Spende erbeten). Am folgenden Tag kann man ins Parvati-Tal hinabwandern.

Übernachtung und Essen

Kullu bietet eine ganz annehmbare Auswahl an Unterkünften, wobei die meisten Betten während des Dussehra-Festes schon lange im Voraus ausgebucht sind und sich die Preise in einigen Hotels sogar vervierfachen. Die folgenden Preise gelten für die Hochsaison, zu anderen Zeiten sind Rabatte von bis zu 50 % verhandelbar.

Aaditya, Lower Dhalpur, ✆ 01902/224263. Zentrale Lage 200 m vom Busbahnhof entfernt. Zimmer mit Bad; das schlichte DZ auf dem Dach ist das günstigste und bietet eine tolle Aussicht. ❸–❹

Bijleshwar View, hinter dem Tourist Office, ✆ 01902/222677. Ruhig, sauber, zentral und freundlich; große Zimmer mit Bad und Kamin, auch billigere Unterkünfte in Bungalows. ❷–❹

HPTDC Hotel Sarvari, südlich des *maidan* eine enge Gasse hinauf, ✆ 01902/222471. Ruhige Lage, unterschiedliche Zimmer im alten und neuen Trakt. Schöner Talblick, Ayurveda-Massage, Restaurant und Bar. ❹–❻

The Nest, neben dem Hauptbusbahnhof, ✆ 01902/222685, ✉ hotelnest@rediffmail.com. Beste Wahl im Umkreis des Busbahnhofs; saubere, sehr preiswerte DZ. Die billigsten Zimmer im Erdgeschoss haben Warmwasser aus Eimern; zwei der etwas teureren Zimmer im Obergeschoss besitzen ein eigenes Bad. Keine saisonal bedingten Preisänderungen. ❶–❸

Sheetal, Akhara Bazaar, ✆ 01902/224548. Nettes kleines Gästehaus, Zimmer mit Blick über den Fluss. Sehr gutes Preis-Leistungs-Verhältnis. ❷

Shobla, Dhalpur, ✆ 01902/222800, 🖥 www.shoblainternational.com. Das Tophotel von Kullu wurde kürzlich umfassend renoviert. Große Zimmer, gutes Restaurant mit gemischtem Speisenangebot und Rasenflächen zum Ausspannen. ⑥–⑧

Die besten Lokale, abgesehen von den Hotelrestaurants, sind **Planet Food** und **Hot Stuff**, zwei Restaurants mit ähnlichen Preisen auf ihren gemischten Speisekarten, unweit des Tourismusbüros. **Sapna**, ein preiswerter Süßwarenladen im Akhara Bazaar, serviert auch südindische Gerichte, ebenso **Suruchi** an der Stadtseite der Fußgängerbrücke unweit vom **Radha**, dem saubersten *dhaba* von ganz Kullu.

Sonstiges

Informationen

Das **Tourist Office** der HPTDC, ☏ 01902/222349, liegt an der Westseite des Dhalpur Maidan. ⏱ tgl. 10–19 Uhr.

Im **District Commissioner's Office**, ☏ 01902/222727, kann man Inner Line Permits (S. 522) für Sperrgebiete in Spiti und dem oberen Kinnaur beantragen. ⏱ Mo–Sa 10–17 Uhr, am 2. Sa im Monat geschlossen.

Internet

Das am günstigsten gelegene Internet-Café befindet sich neben dem Hotel Aaditya.

Transport

Busse

Alle Fernbusse halten am **Hauptbusbahnhof** am Sarvari Bazaar am Nordufer des Sarvari River, der von Westen durch die Stadt fließt. Örtliche Busse Richtung Norden halten auch am oberen Ende des Dhalpur, unweit der meisten Hotels und Restaurants. Im **Tourist Office** kann man Tickets für die Deluxe-Busse der HPTDC nach Delhi, Shimla und Chandigarh buchen. Reisende nach **Naggar** nehmen einen der vielen Busse Richtung Manali, die auf der Hauptstraße in Richtung Norden an der Westseite des Tals entlangfahren, und steigen in Patlikuhl 5 km nördlich von Katrain aus. Von dort nimmt man für die restlichen 6 km ein Sammeltaxi oder einen örtlichen Bus. Es gibt auch direkte Busverbindungen über Naggar nach Manali, vom Ende der Tapu-Hängebrücke, über den Fluss vom Akhara Bazaar. Diese Verbindung (etwa stdl.) ist langsamer, aber landschaftlich sehr viel reizvoller.

Busse nach:
AMRITSAR (1x tgl., 16 Std.),
BHUNTUR (alle 10 Min., 1/2 Std.),
CHANDIGARH (stdl., 7–8 Std.),
DEHRA DUN (1x tgl., 13–14 Std.),
DELHI (8x tgl., 15 Std.),
HARIDWAR (1x tgl., 14–15 Std.),
MANALI (alle 10 Min., 1–2 Std.),
MANDI (alle 30 Min., 3 Std.),
MANIKARAN (6x tgl., 2 Std.),
NAGGAR (stdl., 1 1/2 Std.).

Flüge

Flüge nach Kullu von Delhi und Shimla landen in Bhuntur, 30 Min. Busfahrt südlich von Kullu. Taxis zum Flughafen (Rs200) sollten im **Union**

Kullu — Karte (N, 0–200 m)

Patlikuhl, Fußgängerbrücke, Manali ▲

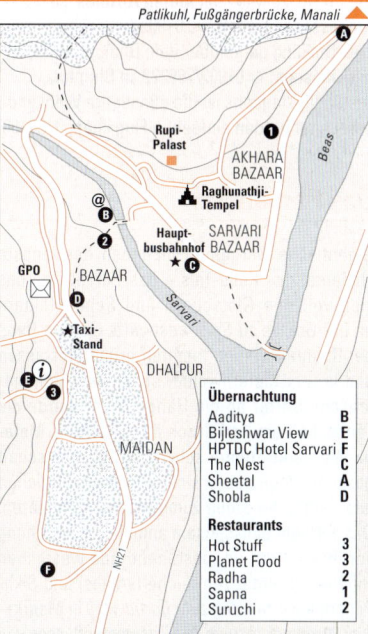

Rupi-Palast, AKHARA BAZAAR, Raghunathji-Tempel, Beas, Hauptbusbahnhof, SARVARI BAZAAR, Sarvari, GPO, BAZAAR, Taxi-Stand, DHALPUR, MAIDAN, NH21

▼ *Bhuntur Airport (10 km), Parvati-Tal, Mandi*

Übernachtung	
Aaditya	B
Bijleshwar View	E
HPTDC Hotel Sarvari	F
The Nest	C
Sheetal	A
Shobla	D

Restaurants	
Hot Stuff	3
Planet Food	3
Radha	2
Sapna	1
Suruchi	2

Office, ✆ 01902/222322, in der Hauptstraße in der Nähe des Tourist Office gebucht werden. Für One-Way-Flüge nach bzw. von DELHI (tgl., 1 Std. 20 Min.) mit **Indian Airlines**, sind **Ambassador Travels**, ✆ 01902/225286, im LAC-Building gegenüber dem Dhalpur Maidan, und **Jagsons**, ✆ 01902/265222, in Bhuntur, zuständig. Jagsons ist die günstigere Wahl und berechnet für den einfachen Flug knapp US$100.

Das Parvati-Tal

Gigantische Berggipfel umgeben das längste Nebental des Kullu-Tals – das Parvati-Tal, das sich von den Gletschern und Schneefeldern an der Grenze zu Spiti westwärts bis zum Beas bei Bhuntar windet. Inmitten grüner Terrassen und uralter Kiefernwälder schmiegen sich malerische Dörfer an die Hänge. Zwar wurde die Landschaft um **Jari** durch das unschöne **Malana-Wasserkraftwerk** schwer in Mitleidenschaft gezogen, doch geben sich die Verantwortlichen alle Mühe, die Stelle zumindest zu kaschieren. Das Tal zieht eine seltsam anmutende Mischung von Besuchern an, bestehend aus westlichen Hippies (darunter zahlreiche Israelis) und Sikh-Pilgern auf dem Weg zum *gurudwara* in **Manikaran**, 32 km nordöstlich des Zusammenflusses von Beas und Parvati. Diese uralte religiöse Stätte, die sowohl Hindus als auch Sikhs heilig ist, liegt auf dem Grunde einer düsteren Schlucht und ist berühmt für ihre **heißen Quellen**, die aus dem steinigen Boden hervorsprudeln.

Um die Landschaft am Parvati in ihrer märchenhaften Schönheit richtig genießen zu können, muss man **wandern**. Zwei beliebte Routen bahnen sich ihren Weg talaufwärts: Die eine führt vom faszinierenden Bergdorf **Malana** (s. S. 524/525, Kasten) nach Norden über den Chandrakani-Pass nach Naggar. Die andere folgt dem Lauf des Parvati gen Osten nach **Khirganga**, einer weiteren heiligen heißen Quelle und einem beliebten Aufenthaltsort für Sadhus. Von dort geht der Weg weiter nach **Mantalai** mit seinem Shiva-Schrein und weiter über den eindrucksvollen Pin–Parvati-Pass in 5400 m Höhe bis nach **Spiti**. Dieses nicht zu unterschätzende Schneefeld wird von Gletscherspalten durchzogen und seine Überquerung nimmt mehrere Stunden in Anspruch. Ein Führer ist absolut unverzichtbar (s. Kasten).

Verschwunden im Parvati-Tal

Seit gut einem Jahrzehnt sind im Parvati-Tal bis zu 30 Reisende auf mysteriöse Weise spurlos verschwunden. Die meisten sind nie wieder aufgetaucht; so auch der Israeli, dessen Fall im August 2005 durch die Presse ging. Es gibt verschiedene Theorien zur Erklärung, von drogenbedingten Unfällen auf den tückischen Bergpfaden über Angriffe von Bären und Wölfen bis hin zu Machenschaften der zahlreichen Cannabispflanzer der Gegend. Sogar von der Teilnahme der Verschwundenen an geheimen Kulten hoch oben in den Bergen war die Rede. Es weist jedoch alles auf Raubüberfälle aus purer Habgier hin, wobei die wilden Wasser des Parvati wohl zur Beseitigung der Leichen dienten. Allein Reisende sollten den Rat beherzigen und **Treks durch die Berge nur mit anerkannten Führern** unternehmen. Alleingänge sind tunlichst zu unterlassen – nicht einmal die relativ einfache Route über den Chandrakhani-Pass zwischen Naggar und Malana und die unkomplizierte Strecke zu den heißen Quellen bei Khirganga. Es gibt mehrere Trekkingagenturen in Kullu und Manali, die seriöse Führer vermitteln können.

Manikaran und Umgebung

Die unweit von Kasol aus dem felsigen Flussufer aufsteigenden Dampfwolken kündigen die Hauptattraktion des Parvati-Tals an. In der Hindu-Mythologie ist Manikaran als der Ort benannt, wo der Schlangenkönig Shesha die Ohrringe *(manikara)* von Parvati stahl, während sie und ihr Gemahl Shiva im Fluss badeten. Als die Schlange von den Göttern ins Kreuzverhör genommen wurde, prustete sie wütend die Ohrringe aus ihrer Nase heraus. Seither kommt hier heißes Wasser aus der Erde. Verehrt wird der Ort auch von den Sikh, die über der Quelle ein riesiges *gurudwara* aus Beton errichtet haben.

Manikaran liegt am Grund einer gewaltigen, steil abfallenden Schlucht und ist ein feuchter, dunkler und beengter Ort, an dem man nicht unbedingt mehr als eine Nacht verbringen möchte. Das Leben spielt sich hauptsächlich um die Quellen herum ab, die man auf der Straße von der Fußgängerbrücke aus durch das Dorf erreicht. Unterwegs sollte man den kunstvoll gemeißelten **Rama-Tempel** gleich hinter dem Hauptplatz beachten und die Pfannen mit Reis und *dhal*, die in den dampfenden Becken auf den Wegen kochen. Unten am **Shiva-Schrein** neben dem Fluss sitzen halbnackte **Sadhus** im siedenden Wasser und rauchen Chillums. Die Sikh-Pilger unterdessen gehen zum nahe gelegenen **Gurudwara**, wo sie ein kurzes, reinigendes Bad in dem unterirdischen Becken nehmen und ein Dampfbad in den heißen Höhlen, bevor sie sich oben versammeln, um den musikalischen Rezitationen aus dem heiligen Buch der Sikh, *Guru Granth Sahib*, zu lauschen. Bei einem Besuch sind Arme, Beine und Kopf zu bedecken, Tabakkonsum ist im gesamten Komplex verboten.

Übernachtung und Essen

Außer im Mai und Juni, wenn Urlauber aus dem Punjab nach Manikaran strömen, gibt es genügend preiswerte Unterkünfte. Die meisten der hier aufgelisteten Hotels verfügen über heiße Becken im Haus, allerdings verursacht der Dampf unangenehme Feuchtigkeit in vielen der Räume.
Hotel Shivalik, ✆ 01902/273817, an der Hauptstraße bei der Abzweigung zum Busbahnhof, hat große Zimmer, TV und Balkone mit Flussblick. ❸–❹
Country Charm, am Busbahnhof, ✆ 01902/273703, ist ein nettes Mittelklassehotel mit kitschigen Zimmern und einem heißen Becken. Überwiegend von Einheimischen besucht. ❹–❺

Jenseits der Fußgängerbrücke liegen zahlreiche billige Gästehäuser und begehrte, oft überfüllte Tempel-Dorms. Das erste ist das
Sharma Sardar Guest House, ✆ 01902/273703; heißes Becken und DZ mit dem besten Preis-Leistungs-Verhältnis der Stadt und herrlicher Aussicht auf den Fluss. ❷
Sharma Guest House, ✆ 01902/273742, am entlegenen Ende des Basars ist die bessere der beiden Unterkünfte beim *gurudwara*. ❶–❷

Das beste Restaurant ist **Holy Palace**, in der Hauptstraße zwischen dem Rama-Tempel und dem *gurudwara*. Unten an einem Sträßchen Richtung Brücke liegt das winzige **Iris Café**, ein Raucherttreff mit gutem Essen. Für *chai* und Snacks ist das **Sharma Sweets**, nahe dem Rama-Tempel, zu empfehlen.

Transport

Mindestens 1x stdl. verkehren Busse von BHUNTUR nach Manikaran (1 1/2 Std.). Der letzte Bus zurück nach KULLU über Bhuntur fährt gegen 18 Uhr.
Es ist auch möglich, ein Maruti-Taxi zu mieten.

Östlich von Manikaran

14 km hinter Manikaran führt die Teerstraße aus dem Tal nach oben bis kurz hinter **Barshani**, von wo aus es 30 Minuten Fußmarsch bis zu den vom anderen Flussufer aus schon sichtbaren Dörfern Tulga, Pulga und Kalga sind. Die gähnende Schlucht überspannt ein hässlicher Staudamm, der die ehemals unberührte Landschaft verunstaltet. Der Schönheit der drei Dörfchen tut dies jedoch wenig Abbruch.

Pulga, das westlichste des Trios, besteht aus steingepflasterten Gassen, gesäumt von windschiefen Holzhäusern, die fast alle das Schild „room for rent" aufweisen. Die verschwiegenste Unterkunft ist das Blue Diamond ❶–❷ auf der entlegenen Seite des Ortes am Waldrand. **Kalga**, oberhalb des Dammes, beherbergt inzwischen mehr Gäste- als Privathäuser; beliebt ist das von einem freundlichen Sadhu geführte Pink House ❶. In **Tulga**, im Grunde nur ein Weiler mit ein paar Häuschen zwischen den anderen beiden Dörfern, kann man im Peace Place Hotel ❶ zwischen Bäumen absteigen.

Naggar

Das landschaftlich reizvollste und am einfachsten zugängliche Gebirgsdorf zwischen Kullu und Manali ist das 6 km von der Hauptkreuzung bei Patlikuhl entfernte Naggar, das sich über grüne, terrassenförmig ansteigende Hänge erstreckt. Einst war diese Ansammlung von Häusern um ein altes Schloss die Hauptstadt der Region, ehe die einheimischen Rajas Mitte des 19. Jhs. ihre Zelte abbrachen und nach Kullu zogen. Etwa 100 Jahre später kamen dann die ersten europäischen Siedler.

Die antiken Tempel des Dorfes, seine ruhige Lage und entspannte Atmosphäre laden zum Verweilen ein. Auf zahlreichen Bergpfaden, die zu abgeschiedeneren Ortschaften hoch führen, lassen sich herrliche Wanderungen unternehmen.

Naggars Sehenswürdigkeiten und Unterkünfte befinden sich ein gutes Stück oberhalb des kleinen Basars, wo die Busse ankommen. Wer über ein eigenes Fahrzeug verfügt, kann bis zur Roerich-Galerie am oberen Ende des Ortes hochfahren.

Das Schloss

Seit es um 1700 von Raja Sidh Singh errichtet wurde, hat das zentrale Schloss von Naggar auf seinem Steilhang als Palast, koloniales Herrenhaus, Gerichtsgebäude und Schule gedient. Heute ist es ein vom Staat Himachal betriebenes Hotel, doch auch Nicht-Gäste können sich hier für Rs15 umsehen und die Aussicht von den Balkonen genießen. Im traditionellen, „erdbebensicheren" pahari-Stil aus Zedernholz und Stein erbaut, verfügt das Castle über einen zentralen Innenhof, einen kleinen Schrein sowie einen Kunsthandwerksladen im Erdgeschoss. Die gestaltlose Gottheit des **Jagti Patt-Tempels**, eine mit Rosenblättern und Rupien-Noten bestreute dreieckige Felsplatte, soll aus ihrer Heimat auf dem Gipfel des Deo Tibba von einem Schwarm wilder Bienen – die getarnten devtas des Tals – hierher getragen worden sein.

Die Nicholas Roerich-Galerie

Am oberen Rand des Dorfes thront die **Nicholas Roerich-Galerie**, 🖥 www.roerichtrust.org, mit einer Ausstellung von Gemälden und Fotografien zum Andenken an ihren früheren Besitzer, den russischen Künstler, Schriftsteller, Philosophen, Archäologen, Forscher und Mystiker. Roerichs stimmungsvolle Landschaftsmalereien und esoterischen Philosophien – eine geheimnisvolle Mischung aus östlichem Mystizismus und humanistischem Idealismus des Fin de Siècle – inspirierten zu Beginn des 20. Jhs. eine kultähnliche Anhängerschaft in Frankreich und den Vereinigten Staaten. Die Spenden seiner Verehrer versetzten Roerich in die Lage, seiner großen Leidenschaft nachzugehen: den Himalaya zu bereisen. 1929 setzte er sich in Naggar zur Ruhe, wo er 18 Jahre später starb. ⏱ Di–So: Mai–Aug 10–13 und 13.30–18 Uhr; Sep–März 10–13 und 13.30–17 Uhr, Eintritt Rs30, Fotoerlaubnis Rs25, Video Rs60.

Folgt man dem Weg oberhalb der Straße weiter aufwärts durch den Wald, so gelangt man nach etwa 100 m zum **Urusvati-Himalayan Folk Art Museum** (Eintrittskarte auch hier gültig). Das Museum wurde 1928 von Roerichs Frau gegründet und stellt eine Sammlung einheimischer Volkskunst und Gebräuche aus, daneben Gemälde von Roerich, einige Werke seiner russischen Anhänger und russische Volkskunst.

Die Tempel

Der größte und charakteristischste unter Naggars alten Hindu-Tempeln und -Schreinen ist der im Pagodenstil ganz aus Holz erbaute **Tripuri Sundri** in einer kleinen Anlage am oberen Ende des Dorfes, gleich unterhalb der Straße zur Roerich-Galerie. Ebenso wie der Dunghri-Tempel in Manali krönt ihn ein dreistufiges Dach, wobei das oberste rund ist. Sein devta steht im Mittelpunkt des alljährlichen mela (Mitte Mai), wenn die Gottheiten aus den umliegenden Dörfern in einem Umzug hergebracht werden, um ihm die Ehre zu erweisen.

Zehn Gehminuten bergan – die Steintreppen hinauf, die von der Straße nach rechts führen – liegt eine Lichtung, von wo aus der alte **Murlidhar** (Krishna) **Mandir** aus Stein auf Naggar herabschaut und sich eine bildschöne Aussicht über das Tal bis zu den verschneiten Gipfeln von Solang und zum Rohtang-Pass bietet. Das Heiligtum wurde auf den Ruinen der uralten Stadt Thawa erbaut und liegt in einem großen Innenhof. Nicht-Hindus ist der Zutritt strengstens verboten.

Schließlich sollte man in der Nähe der Bushaltestelle am unteren Teil des Dorfes einen Blick auf die kunstvoll gemeißelten Stein-shikharas des **Gaurishankar Mandir** werfen. Dieser Shiva-Tempel, der zu den ältesten seiner Art hier im Tal gehört, steht in einem gepflasterten Hof unterhalb des Schlosses. Besucher sollten vor dem Betreten die Schuhe ausziehen.

Übernachtung

Alliance Guest House, zwischen Dorf und Roerich-Galerie, ✆ 01902/248263. Beliebtes Gästehaus mit einfachen, sauberen Zimmern (2005 sind vier neue dazugekommen) und einer kleinen Leihbücherei; warmherzige Familienatmosphäre. ❷–❹

HPTDC Hotel Castle, ✆ 01902/248316, reizvolles Haus mit gut ausgestatteten DZ mit Bad (teils mit herrlicher Aussicht von den weitläufigen Holzbalkons) und Schlafsaalbetten (Rs75). Rechtzeitige Buchung bei einem HPTDC Tourist Office sichert eines der teureren Zimmer im Westflügel. ❸–❼

Karbo Shin Guesthouse, Ghourdor Village, ✆ 01902/248342, ✉ awhitecloud46@hotmail.com. Gästehaus mit holländischem Besitzer, 4 Zimmern, einem Gemeinschaftsbad mit Dusche und Warmwasser, ausgezeichneter Verpflegung und herrlichen Ausblicken. Hier werden auch längere und kürzere Treks organisiert. Zu erreichen auf der Waldstraße von Naggar zum Bijli Mahadev-Tempel; das Guesthouse liegt am Fuß des von der Straße her ausgewiesenen Pfades (10–15 Min.). ❶

Poonam Mountain Lodge, unterhalb des Schlosses, ✆ 01902/248248, 🖥 www.poonamlodge.com. Gemütliche DZ, drei davon mit Kamin für Aufenthalt im Winter, Internet-Zugang, hübsche Freiterrasse und ein gutes vegetarisches Restaurant mit lokalen Spezialitäten wie rotem Reis. Außerordentlich freundlicher und kenntnisreicher Besitzer. ❷

Sheetal Guest House, ✆ 01902/248250, ✉ sheetal_hotel_naggar@yahoo.com, besser als das nahe gelegene Castle: bietet preiswertere Zimmer mit vergleichbarem Standard, hat Balkone, ein Dachrestaurant und deutlich reduzierte Nebensaisonpreise. ❸–❺

Chanderlok Guest House, im angrenzenden Dorf Chanalti direkt unterhalb von Naggar, ✆ 01902/248213. Einfaches Gästehaus in ruhiger Lage. Zimmer mit Bad und ein koreanisches Restaurant. ❶–❷

Essen

Im **Cinderella Restaurant** über dem Sheetal Guest House wird gutes Essen serviert, inkl. gegrillter Forelle, die man ein paar Stunden im Voraus bestellen muss.

Zu den Alternativen zählt das **Mountain View Café**, am Anfang der Straße Richtung Roerich-Galerie. Es serviert indische und westliche Standardgerichte.

La Purezza, ganz in der Nähe, Hervorragende italienische Küche und Forellen-Spezialitäten. Serviert entweder in einem Kellerraum oder auf der wesentlich ansprechenderen Dachterrasse.

Touren

Wer am Trekking in der Umgebung von Naggar interessiert ist, sollte unbedingt einen Fremdenführer anheuern, insbesondere für die Überquerung des Chandrakani-Passes nach Malana (S. 524/525). **Himalayan Mountain Treks**, in der Poonam Mountain Lodge (s. links), stellt Ausrüstung zur Verfügung, vermittelt Träger und Führer und kann Jeep-Touren nach Lahaul und Spiti organisieren.

Es ist nicht schwierig, auch ohne Vermittlung einheimische Führer zu finden, aber man sollte sich dann unbedingt vergewissern, dass sie seriös sind.

Transport

Naggar liegt genau in der Mitte (je 21 km entfernt) zwischen KULLU und MANALI und wird von Bussen aus beiden Richtungen angefahren. Die Direktverbindungen, über die Ostseite des Tals, sind langsamer (von Manali oder Kullu je 1 1/2 Std.), aber landschaftlich reizvoller und unkomplizierter als die häufigeren Verbindungen auf dem großen Highway gegenüber auf der Westseite. Letztere machen in PATLIKUHL (6 km von Naggar) Halt, von wo aus Taxis, Motor-Rikschas und stündlich verkehrende Busse den Beas überqueren und nach NAGGAR hoch fahren. Wer bei Tageslicht ankommt und kein übermäßig schweres Gepäck hat, kann von Patlikuhl aus auch zu Fuß auf dem alten Maultierpfad entlangwandern (ca. 1 Std.).

Manali und Umgebung

Das touristische Zentrum von Himachal Pradesh ist Manali am Eingang des Kullu-Tals, 108 km nördlich von Mandi. Obwohl es im Herzen der höchsten Gebirgskette der Region liegt, ist es vom Tiefland aus über die Straße leicht erreichbar. Von Delhi dauert die Anreise 16 Stunden per Bus oder eine Flugstunde und eine kurze Fahrt auf der Straße – und schon blickt der Besucher von der Hotelveranda über die Apfelgärten und dichten Kiefernwälder auf die Schneefelder von Solang Nala, die nur einen verlockenden Steinwurf entfernt in nördlicher Richtung glitzern. Die anhaltenden Unruhen in Kashmir haben Manali zu größerer Popularität bei den einheimischen Touristen verholfen, sodass die bunte Mischung aus Flitterwöchnern, Urlaubern, Hippies, Trekking-Touristen und Händlern immer größer wird.

Das Manali, das in den 70er-Jahren die Travellerszene anzog, gibt es nicht mehr, obwohl die majestätische Berglandschaft, die Thermalquellen und das hochwertige *charas* nichts von ihrem Reiz verloren haben. **Old Manali** hat sich etwas von seinem Flair bewahrt und das Dorf **Vashisht** auf der anderen Seite des Tals, in dem immer mehr Gästehäuser und Cafés eröffnen, ist ein beliebter Ort zum raschen Ausspannen geworden. Für jene, die sich in die Berge vorwagen wollen, ist Manali eine ideale **Trekking-Basis** sowohl für kurze Touren als auch für schwierige Expeditionen; unzählige Agenturen können bei der Zusammenstellung der nötigen Ausrüstung behilflich sein. Die ruhigen Hotels am Rande von Manali und Dutzende geselliger Cafés und Restaurants um den **Basar** mit gutem Angebot eignen sich wunderbar zur Erholung von den Härten der Bergtouren. Mehr Informationen zu Treks um Manali und im Kullu-Tal auf S. 534/525.

Die Stadt

Die am Busbahnhof beginnende Hauptstraße **The Mall** ist, anders als ihre Namensvetterin in Shimla, laut und von geschäftigem Treiben erfüllt. Hier finden sich vor dem Busbahnhof mehrere Märkte, Reisebüros, Hotels und Restaurants. Es ist ein wunderbarer Ort, um das Treiben zu beobachten – Einheimische mit traditionellen Kopfbedeckungen, tibetische Frauen in makellosen, regenbogenfarbig gestreiften Schürzen, Träger aus Nepal, buddhistische Mönche, in wollene *gonchas* gehüllte Zanskaris, indische Touristen auf Souvenirjagd und westliche Besucher.

Manalis Zeiten als authentischer *pahari*-Basar waren vorbei, als die Tata-Trucks an die Stelle der Maultierkarawanen traten, aber zum **Einkaufen** von Souvenirs ist es immer noch bestens geeignet. Wollsachen sind hier die absoluten Favoriten, besonders die leuchtend gemusterten **Wolltücher**, für die das Kullu-Tal berühmt ist. Echte handgewebte Tücher aus reiner Wolle mit gestickten Borten fangen bei etwa Rs500 an, jene aus feinster Pashmina-Wolle kosten dagegen mehrere tausend Rupien. Also erst einmal umsehen und die Festpreise im Fabrikverkauf checken, um einen Überblick über das Angebot zu bekommen. Das von der Regierung unterstützte Unternehmen Bhutico in der Mall gegenüber dem Tourist Office, der Bodh Shawl Factory Shop neben der Mall südlich des Busbahnhofs und The Great Hadimba Shop & Factory neben dem Manu-Tempel in Old Manali sind zu empfehlen. Auch das NSC (New Shopping Centre) in der Nähe vom Busbahnhof hat ein gutes Sortiment.

Ansonsten gibt es auf dem Basar jede Menge Stände mit handgewebten Waren und *topis* aus Kullu. Die leuchtend bunten Exemplare mit den hochgeschlagenen Krempen und goldenen Kordeln sind typisch für das Tal, aber es gibt auch einfarbig grüne mit Samt an der Vorderseite, die vor allem bei den Kinnauri beliebt sind.

Zu den weiteren Spezialitäten von Manali gehören **tibetisches Kunsthandwerk** wie Gebetsmühlen, Amulette, *dorjees* (Donnerkeile), Masken, Musikinstrumente, Schmuck und *thangkas*. Nur wenige der als Antiquitäten angebotenen Sachen sind echt, aber es braucht schon einen Fachmann, um die Fälschungen zu erkennen. Dasselbe gilt für **Schmuck** aus Silber mit Intarsien aus Türkisen und Korallen, der trotzdem schön und relativ preiswert ist.

Der Hadimba-Tempel

15 Gehminuten nordwestlich des Basars steht auf einer großen steinernen Plattform der **Hadimba-Tempel**, Manalis ältester Schrein und Sitz von Hadimba (auch „Hirma Devi"), der Gemahlin von Bhima. In Zeiten des Unglücks betet

Manali und Vashisht

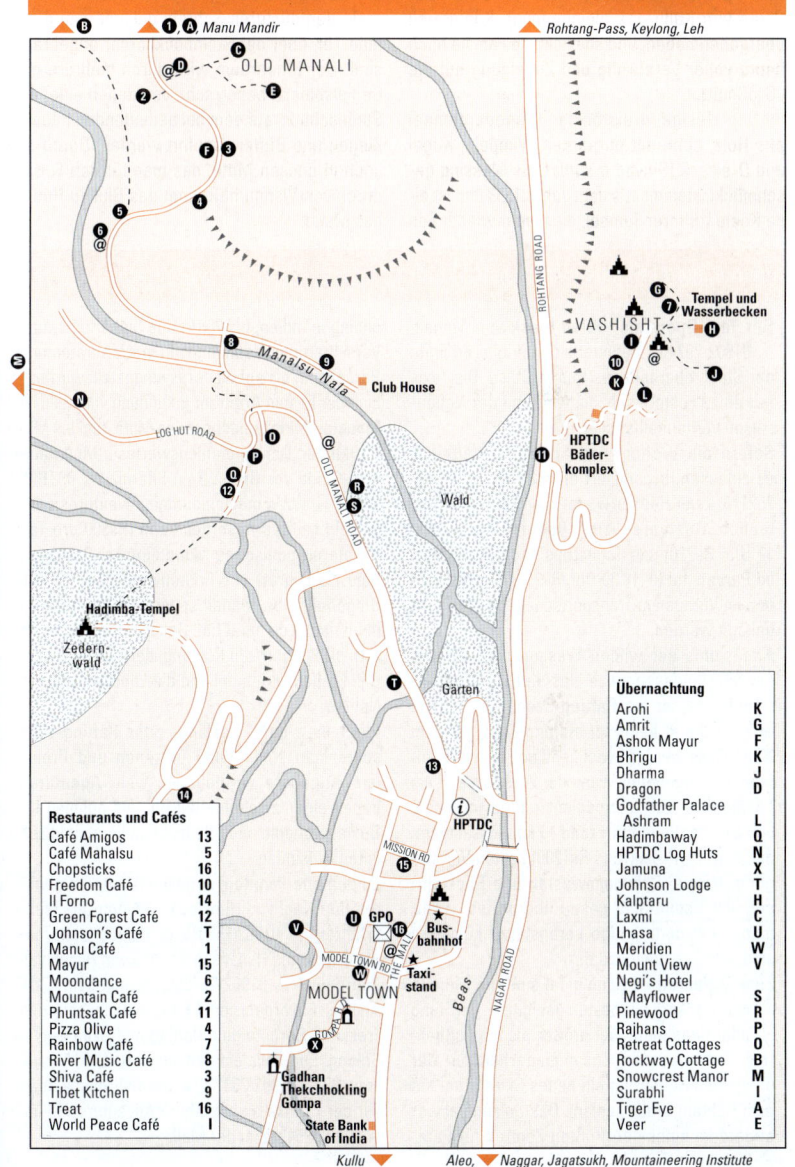

nicht maßstabsgetreu

N ↑

Manu Mandir

Rohtang-Pass, Keylong, Leh

OLD MANALI

Manalsu Nala

Club House

VASHISHT

Tempel und Wasserbecken

ROHTANG ROAD

LOG HUT ROAD

OLD MANALI ROAD

HPTDC Bäderkomplex

Wald

Hadimba-Tempel

Zedernwald

Gärten

HPTDC

MISSION RD.

GPO

Bus-bahnhof

Taxi-stand

MODEL TOWN

Gadhan Thekchhokling Gompa

State Bank of India

Beas

NAGGAR ROAD

Himachal Pradesh

Restaurants und Cafés	
Café Amigos	13
Café Mahalsu	5
Chopsticks	16
Freedom Café	10
Il Forno	14
Green Forest Café	12
Johnson's Café	T
Manu Café	1
Mayur	15
Moondance	6
Mountain Café	2
Phuntsak Café	11
Pizza Olive	4
Rainbow Café	7
River Music Café	8
Shiva Café	3
Tibet Kitchen	9
Treat	16
World Peace Café	I

Übernachtung	
Arohi	K
Amrit	G
Ashok Mayur	F
Bhrigu	K
Dharma	J
Dragon	D
Godfather Palace Ashram	L
Hadimbaway	Q
HPTDC Log Huts	N
Jamuna	X
Johnson Lodge	T
Kalptaru	H
Laxmi	C
Lhasa	U
Meridien	W
Mount View	V
Negi's Hotel Mayflower	S
Pinewood	R
Rajhans	P
Retreat Cottages	O
Rockway Cottage	B
Snowcrest Manor	M
Surabhi	I
Tiger Eye	A
Veer	E

Kullu ▼ Aleo, ▼ Naggar, Jagatsukh, Mountaineering Institute

www.stefan-loose.de/indien

Manali und Umgebung 517

man zu Hadimba, die als Inkarnation von Kali gilt und auch eine Schlüsselrolle beim Dussehra-Fest spielt. Hadimba soll den Vorfahren der Rajas von Kullu das gleichnamige Königreich übergeben haben, und so blickt die Familie noch heute voller Verehrung und Zuneigung auf die „Großmutter".

Der riesige dreistöckige Pagodentempel aus Holz, oben mit purpurnen Wimpeln, Kugel und Dreizack (Shivas *trishula*) aus Messing geschmückt, stammt aus dem Jahre 1553 und ist eine Kopie früherer Tempel, die immer wieder von Waldbränden zerstört wurden. Seine Fassade ist mit herrlichen Holzschnitzereien von Elefanten, Krokodilen und Volksgottheiten verziert.

In den düsteren Schrein gelangt man durch eine Tür, über der Steinbockhörner angebracht sind. Der Innenraum wird durch mehrere große Felsblöcke beherrscht, von denen einer den Stein trägt, auf dem bei bedeutenden Ritualen Ziegen und Büffel geopfert werden. Durch das Loch in dessen Mitte, das man für den Fußabdruck von Vishnu hält, rinnt das Blut zu Hadimbas Mund.

Touren und Aktivitäten um Manali

Der **Taxi Operators' Union Kiosk** von Manali, ☏ 01902/252450, befindet sich am oberen Ende der Stadt, oberhalb des Tourist Office. Die Taxis fahren zu Festpreisen, die während der Nebensaison verhandelbar sind.

Sofern die Wetter- und Straßenverhältnisse es zulassen, organisiert die **HPTDC**, ☏ 01902/252116, zwei Häuser weiter vom Tourist Office, täglich Bustouren zum **Rohtang-Pass** (10–17 Uhr, Rs220) und Tagestrips nach **Manikaran** im Parvati-Tal (9–18.30 Uhr, Rs250). Tickets können im Voraus am Transportschalter von HPTDC gekauft werden.

Angesichts der wilden Wasser, die während der Frühlingsschmelze das Kullu-Tal herunterdonnern, ist die **Rafting**-Szene von Manali überraschend begrenzt. Rafting-Trips auf dem Beas-Fluss werden zwischen Ende Mai und Anfang Juli angeboten, wenn der Wasserstand am höchsten ist. Die Tour beginnt in Piridi (oberhalb von Bhuntur) und führt rund 16 km flussabwärts bis Jhiri. Im Preis (rund Rs1200) sollten Verpflegung, Helme, Schwimmwesten und Rückfahrt enthalten sein, also genau überprüfen, wofür man zahlt, denn einige Veranstalter kümmern sich nicht um die Rückfahrt.

Zum **Skifahren** im Solang-Tal sind die Monate Januar bis April am besten geeignet – der Hang ist allerdings nicht viel größer als ein Fußballfeld. Derzeit ist in Zusammenarbeit mit der finnischen Regierung ein neues Skizentrum auf dem Rohtang-Pass geplant. Das Solang-Tal war außerdem eines der größten Zentren für Paragliding in Indien, bis 2004 neue Sicherheits- und Versicherungsbestimmungen in Kraft traten und Paragliding bis auf weiteres eingestellt wurde.

Eine der besten Arten zur Erkundung von Kullu ist **Mountainbiking**, machbar von Mitte Juni bis Mitte Oktober. Der empfehlenswerteste Mountainbike-Guide vor Ort ist Raju Sharma, ☏ 098160/56934, 🖥 www.magicmountainadventures.com, der ein Leihrad besorgen kann (Rs300 pro Tag für ein europäisches Mountainbike, Rs500 mit Raju als Führer) und Routenvorschläge für die Umgebung von Manali sowie für Expeditionen hoch nach Leh parat hat. Beliebte Strecken sind z. B. die Abfahrt von Rohtang, der Waldpfad zum Bijli Mahadev-Tempel und die Landstraße nach Naggar.

Plant man eine Trekking- oder Rafting-Tour, sollte man sich genau umsehen und Preise und Angebote vergleichen; viele **Agenturen** haben einen zweifelhaften Ruf und nehmen für Busfahrscheine nach Delhi, Chandigarh und Leh einen Aufschlag.

Zu den anerkannten, seriösen Anbietern gehören Rup Negi von Himalayan Adventurers (sehr erfahren), ☏ 01902/253050, gegenüber dem Tourist Office, und Himanshu Sharma von Himalayan Journeys, ☏ 01902/252365, neben dem Café Amigos. Sie organisieren Pauschalangebote zum Trekking, Bergsteigen, Rafting und Skifahren in Solang. Ebenfalls empfehlenswert sind Nirvana Travels, ☏ 01902/253222, in der Old Manali Road vor der Brücke und Northern Adventures Tours, ☏ 01902/254382, in der Mall.

Für das Wohl und die Unterhaltung der Besucher sorgen Getränke- und Souvenirstände sowie Anbieter von Yak-Ausritten. Im nahe gelegenen **Kullu Cultural Museum** (Rs10) sind detaillierte Modelle der im Tal befindlichen Tempel ausgestellt. Die meisten Agenturen unternehmen auch Jeep-Safaris in entlegene Regionen wie Spiti.

Old Manali

Das Dorf, von dem die heutige Stadt ihren Namen hat, liegt 2 km nördlich der Mall, auf der anderen Seite des Manalsu Nala. Die meisten Häuser von Old Manali sind im alten *pahari*-Stil erbaut und verfügen über schwere Steindächer und hölzerne Balkons, an denen Kräuter und Tabak trocknen. Im Gegensatz zu seinem wuseligen Ableger hat sich der Ort ein beschauliches, traditionelles Ambiente bewahrt – zumindest außerhalb der Saison. Im Sommer jedoch düsen Traveller auf röhrenden Enfields durch die Gassen, aus den Gästehäusern dröhnt Trancemusik, und in den Cafés kann man vor lauter *chillum*-Rauch kaum die Hand vor Augen sehen. Und im Gefolge der Touristen kommen die Kashmiris, Rajasthani-Schneider und andere Geschäftstüchtige, die noch einen Reibach machen wollen, bevor sie im Herbst nach Goa zurückkehren.

Nach Old Manali gelangt man, wenn man auf der Old Manali Road die nördliche Richtung einschlägt, sich an der Straßengabelung rechts hält und weiter durch den Kiefernwald bis zu der Eisenbrücke läuft, die über den Fluss führt.

Ein ordentlicher Fußmarsch führt ins eigentliche Dorf, das sich auf der Spitze eines steil abfallenden Felsvorsprungs auf einem ebenen Gelände über dem *nala* drängt. Es wird auch **Manaligarh** genannt, nach seiner alten Zitadelle – einem mittlerweile verfallenen Fort, das von einem Flickenteppich aus terrassierten Maisfeldern und dunkelgrünen Obstgärten umgeben ist. Manali selbst gilt als sicher, doch den Weg nach Old Manali sollten Frauen im Dunkeln lieber nicht alleine gehen, denn hier hat es in den vergangenen Jahren mehrere Vergewaltigungsversuche gegeben.

Die Gompas

In Manali leben die meisten **tibetischen Flüchtlinge** des Kullu-Tals, daher die Gebetsfahnen, die an den Zufahrtsstraßen zur Stadt im Wind flattern, und die beiden Klöster am südlichen Stadtrand.

Mit glänzend goldenen Ornamenten gekrönt, ist das unverwechselbare gelbe Wellblech-Pagodendach des **Gadhan Thekchhokling Gompa** ein auffallender Farbklecks inmitten des tibetischen Viertels. Das Kloster wurde 1969 erbaut und wird durch Spenden aus der hiesigen Gemeinde und den Verkauf handgewebter Teppiche aus der Tempelwerkstatt unterhalten. Wenn sie sich nicht um den Laden kümmern, drängen sich die jungen Mönche im Innenhof und spielen *cholo* – ein tibetisches Würfelspiel mit viel Geschrei und dem Aufknallen von *tsampa*-Holzbechern auf ledernen Untersetzern. Neben dem Haupteingang listet eine Ehrentafel die Namen der Tibeter, die bei den politischen Demonstrationen im China der späten 80er-Jahre ums Leben kamen.

Das kleinere und modernere der beiden Klöster ist näher am Basar in einem Garten, der im Spätsommer mit Sonnenblumen übersät ist. Sein wichtigstes Heiligtum wird von Dutzenden nackter Glühbirnen beleuchtet und von duftendem tibetischem Weihrauch erfüllt. Es beherbergt einen gewaltigen goldgesichtigen Buddha, den man am besten von dem kleinen Raum im ersten Stock aus betrachten kann.

Übernachtung

Budget-Unterkünfte für längere Aufenthalte konzentrieren sich in **Old Manali**, wo improvisierte, familienbetriebene Gästehäuser sowie eine Hand voll nicht ganz so einladender, moderner Hotels inmitten der Obstgärten auf Besucher warten. Viele sind zwar von einer *charas*-bedingten Trägheit geprägt, aber die Ruhe und die Gärten mit Aussicht lohnen den 2 km langen Fußmarsch (oder die Vikram-Fahrt für Rs30) von New Manali.

Die meisten der reizvollen, klassischen Hotels von Manali liegen in den nördlichen und westlichen Vororten, auf halbem Weg **zwischen Old Manali und der Mall**. Wenig attraktiv, aber in günstiger Lage versteckt sich in der Stadt hinter der Mall eine Ansammlung einförmiger Mittelklassehotels, die sich **Model Town** nennt; ausnahmslos alle Zimmer mit Warmwasser und TV. Außerhalb der Saison

(Juli, Aug und Nov–März) sind Rabatte bis zu 75 % möglich.
Während der Hochsaison (April–Juni und Sep–Okt) schießen die Zimmerpreise auch in Manali in die Höhe. Außerhalb dieser Zeit sind bei den teureren Hotels Preisnachlässe von 50 % auf die ausgewiesenen Preise an der Tagesordnung. Die wenigen Hotels, die auch im Winter geöffnet sind, werden dann hauptsächlich von Skifahrern bewohnt. Die folgenden Preisangaben gelten für die Hochsaison.

Old Manali

Ashok Mayur, ☎ 01902/252868. Kleines, schlichtes (fast schäbiges) und freundliches Gästehaus gegenüber dem Café Shiva mit morgens sonnenüberfluteten Balkons. ❶–❷

Dragon, ☎ 01902/252790, 🖥 www.dragontours.com. Neueres Hotel mit wenig attraktivem Äußeren, aber komfortablen und geräumigen Zimmern mit Bad, Warmwasser und Balkon. Im Obergeschoss gibt es ein paar hübsche 2-Zimmer-Apartments mit Holzfußboden für Rs800–1500. Außerdem Internet-Café und Reisebüro. ❸–❺

Laxmi Guest House, ☎ 01902/253569. Nette, kleine Unterkunft mit wackligen Holzmöbeln und Gemeinschaftsbad. Highlights sind der tolle Talblick und ein kleiner Garten. Auch in der Hauptsaison günstig. ❶

Rockway Cottage, 500 m entlang dem Weg, der vom Mahalsu Café wegführt, ☎ 01902/253428. Idyllische Umgebung. Angenehme Zimmer, einige mit Holzofen. Gutes Essen im Gartencafé oberhalb des Flusses. Lohnt die Anstrengung, aber Taschenlampe mitbringen. ❸–❹

Tiger Eye, in einer kleinen Dorfgasse verborgen, aber gut ausgeschildert, ☎ 01902/252718, ✉ tigereyeindia@yahoo.com. Ruhiges, neues Familiengästehaus, geführt von einem sympathischen indisch-holländischen Paar. Makellos saubere Zimmer mit Balkon und toller Aussicht. ❸

Veer, ☎ 01902/252410. Schlichte Unterkunft mit herrlichem Talblick aus einem grünen Garten mit gemeinschaftlicher Essecke. Zimmer z. T. mit Bad. ❶–❷

Nördliche und westliche Randbezirke

Hadimbaway, Log Huts Area, ☎ 01902/251552, ✉ hadimbaway@yahoo.co.in. Die preiswerteste der vielen Unterkünfte in dieser ruhigen, kleinen Enklave nahe dem Hadimba-Tempel. Die Zimmer im oberen Stock sind günstiger. ❹

HPTDC Log Huts, überschaut den Manalsu Nala, ☎ 01902/253225, ✉ manali@hptdc.in. Im Wald gelegene Ferienhäuser aus Holz; komfortabel, aber übertreuert, mit einem oder zwei DZ, Küchen und Annehmlichkeiten wie Star-TV. ❽

Johnson Lodge, Old Manali Rd, ☎ 01902/253023, 🖥 www.johnsonslodge.com. Altes Kolonialgebäude, große Zimmer mit Aussicht auf den Garten; die Zimmer im Untergeschoss mit Teppichboden sind teurer, verfügen aber über Holzöfen für kalte Winternächte. ❼–❽

Mayflower, Old Manali Rd, ☎ 01902/252104, ✉ negismayflower@sancharnet.in. Eines der angenehmsten Hotels von Manali. Große, moderne Zimmer, die im traditionellen Stil gestaltet sind und Blick auf Kiefernwald bieten. Auf dem Vorderbalkon kann man sich in der Nachmittagssonne aalen. ❻–❼

Pinewood, Old Manali Rd, ☎ 01902/250118. Kolonialvilla mit passendem Mobiliar, Kaminen und Garten. Alle Zimmer mit Balkon. Erhebliche Preisermäßigung in der Nebensaison. ❻

Rajans, nahe Old Manali Rd, ☎ 01902/252209, ✉ hotelrajhans@gmail.com. Stilvoller, neuer Ziegelbau mit vier Stockwerken. Alle Zimmer mit Bad und TV, die luxuriöseren in den oberen Stockwerken außerdem mit tollem Talblick. ❹–❻

Retreat Cottages, Log Hut Rd, ☎ 01902/252042, ✉ tibetemporium@hotmail.com. Makellose und geräumige Einheiten mit drei oder vier Schlafzimmern (Rs7000), Bad und Kochgelegenheit in einem geschmackvoll gestalteten Bau. Empfehlenswert für Gruppen von 6–8 Pers. Auf Wunsch auch Verpflegung. ❽

Snowcrest Manor, oberhalb der Log Huts, ☎ 01902/253351, ✉ snowcrestmanor@hotmail.com. Auf Geschäftsreisende ausgerichtetes Hotel. Luxuszimmer mit allen erdenklichen Annehmlichkeiten, Zentralheizung und großer Terrasse mit Talblick. ❼–❽

Model Town
Yamuna, Gompa Rd, ✆ 01902/252506. Altmodisches Hotel mit sauberen und relativ großen Zimmern. Günstigere wird man in Model Town kaum finden. ❸

Lhasa, nahe Model Town Rd, ✆ 01902/252134. Eine der angenehmeren und preiswerteren Unterkünfte der Gegend. Die Einrichtung ist nicht mehr die neueste, aber alle Zimmer haben Bad und TV. ❹

Meridien, Model Town Rd, ✆ 01902/250484, 🖥 www.hotelhollywoodmanali.com. Makelloses neues Hotel mit fünf Stockwerken. Etwas protzige Zimmer mit Bad und TV. Dachterrasse und internationales Restaurant. ❹–❻

Mount View, abgelegenes Ende der Model Town Rd, ✆ 01902/252465. Ansprechendes, von Efeu bewachsenes Gebäude in einer ruhigeren Ecke von Model Town. Geräumige DZ und eine Dachterrasse mit fantastischem Ausblick. ❸–❹

Essen

Die vielen unterschiedlichen Restaurants von Manali sind Ausdruck der bunten Mischung seiner Bewohner: Tibetische *thukpa*-Läden stehen dicht neben südindischen Coffeeshops, Gujarat-typischen *thali*-Bars und von Nepalesen geführten Konditoreien. Tatsächlich bieten die meisten Speisekarten jedoch eine ähnliche Mischung aus chinesischen und westlichen sowie nordindischen Gerichten und viele servieren ein Traveller-freundliches Frühstück mit Eiern, Porridge, Pfannkuchen, Toast und Marmelade.

Der starke Wettbewerb und die vielen einheimischen Touris und internationalen Backpacker halten die Preise niedrig. Die meisten Restaurants verlangen für ein Hauptgericht – sofern nicht anders angegeben – Rs60–100. Essen zu Tiefstpreisen bekommt man in den *dhabas* gegenüber der Bushaltestelle.

The Mall und Umgebung
Café Amigos, The Mall. Holztische, buntes Tongeschirr, coole Musik und eine Riesenauswahl an Kuchen und Gebäck, aber auch Hauptgerichte.

Indische Küche, schönes Ambiente

Mayur, Mission Rd, gleich neben der Mall. Spannendes und umfangreiches indisches Angebot mit Gerichten aus allen Ecken des Subkontinents – sehr zu empfehlen ist das exzellente *jalfrezi*. Kerzen, Servietten und klassische indische Musik sorgen für angenehmes Ambiente.

Chopsticks, The Mall. Sehr beliebtes, tibetisch geführtes Restaurant in angenehmer Atmosphäre und mit abwechslungsreichem Angebot. Filterkaffee, Müsli, Obst und Quark.

Green Forest Café, abseits der Log Hut Rd. Kleines indisches Esslokal, serviert für Rs40–50 die besten *momos* in Manali.

Il Forno, Hadimba Rd. Traditioneller Bau, der in ein italienisches Restaurant umgewandelt wurde, mit Pizza, Pasta, Salaten und Tiramisu vom Feinsten. Hauptgerichte Rs100–150. Schöne Aussicht.

Johnson's Café, Teil der Johnson Lodge. Ausgezeichnetes Café mit Gartentischen, bietet u. a. Bier, frische Forelle und Karamellpudding. Manche Speisen kosten über Rs200, sind ihren Preis aber wert.

Treat, The Mall. Gutes indisch-chinesisches Lokal mit großer Auswahl an Reis- und Nudelgerichten. Im 1. Stock, mit Blick auf das Straßengeschehen.

Old Manali
Café Mahalsu, beliebtes Restaurant mit Flussblick, gemischter Speisekarte und überdies Satelliten-Radio, englischsprachigen Zeitschriften und Internet-Zugang.

Manu Café, typisches Haus mit kleinem Café, neben dem üblichen Angebot für Touristen beste einheimische Spezialitäten. Fast alle vegetarischen Gerichte für Rs50 oder weniger.

Moondance, beliebtes Gartencafé und Treffpunkt oberhalb des Flusses mit bunt gemixter Speisekarte inkl. mexikanischer und italienischer Küche.

Mountain Café, abseits der meisten Gästehäuser, mit weitem Ausblick auf die umliegenden Berge. Einfache, aber abwechslungsreiche Speisen; in der Hochsaison oder bei großer Nachfrage rund um die Uhr geöffnet.

Pizza Olive, hat leckere Pizza und Snacks wie Bruschetta.

River Music Café, lässiges Lokal an der Brücke mit Tischen draußen und Sitzkissen auf dem Boden drinnen. Das übliche Angebot und gute Musikanlage.

Shiva Café, gesellige Terrasse, an den meisten Abenden offenes Feuer sowie chinesische, indische und Pasta-Gerichte, beliebt bei Budget-Travellern.

Tibet Kitchen, nahe Club House. Bequemes und beliebtes Restaurant, serviert verschiedenste Speisen, darunter tibetische Küche und einzelne japanische Gerichte.

Sonstiges

Geld

Geldwechsel ist in der **State Bank of India** in der Hauptstraße 250 m südlich der Mall möglich. Einige autorisierte Privatagenturen bieten diesen Service ebenfalls an, verlangen aber höhere Gebühren. In der Mall gibt es außerdem zwei **Geldautomaten** der SBI und einen der Uco Bank.

Informationen

In der Nähe des Busbahnhofs liegt das freundliche **Tourist Office**, ☏ 01902/252175, ⊙ in der Hauptsaison tgl. 8 – 20 Uhr, sonst 10–13.30 und 14–17 Uhr. Reservierungen für die staatlich betriebenen Hotels nimmt man in den zwei Türen weiter unten befindlichen Büros der HPTDC vor.

Inner Line Permits

Die meisten Leute beantragen die Genehmigung in Kaza (S. 529) oder auf der Süd-Nord-Route in Rekong Peo. Wer sie in Manali erwerben will, muss sich an ein registriertes Reisebüro wenden. Benötigt werden drei Fotos und eine Pass-Kopie sowie Angaben zum Visum.

Internet

In der Mall und in Old Manali gibt es zahlreiche Internet-Cafés mit Breitbandverbindung.

Post

Das Hauptpostamt abseits der Model Town Rd hat einen zuverlässigen Schalter für postlagernde Sendungen. ⊙ Mo–Sa 9–13 und 13.30–17 Uhr.

Taxis

Der Kiosk von Manalis **Taxi Operators' Union**, ☏ 01902/252450, liegt gleich neben dem Tourist Office. Die Taxis haben feste Preise, die jedoch außerhalb der Saison verhandelbar sind.

Transport

Die meisten aus Delhi kommenden Privatbusse halten an der Bushaltestelle 100 m südlich der State Bank of India am unteren Stadtrand; die staatlichen Busse halten am Busbahnhof von Manali in der Mitte der Mall, nicht weit vom Tourist Office.

Manali verfügt über gute Busverbindungen in andere Orte in Himachal Pradesh und die großen Städte im Tiefland. Die HPSRTC unterhält Luxury-, Deluxe- und Normalbusse, für die man die Tickets am Busbahnhof bucht. Im Sommer übersteigt die Nachfrage das Angebot, vor allem für die schnelleren Verbindungen, also so früh wie möglich buchen. Die zahlreichen Reisebüros der Stadt verkaufen auch Fahrscheine für private Deluxe-Busse nach DELHI, SHIMLA und DHARAMSALA. Der Rohtang-Pass am oberen Ende des Kullu-Tals ist nur von Juni bis Oktober offen, wenn Busse nach KEYLONG, in die Hauptstadt von Lahaul, verkehren. Die Buchung der Weiterreise von Keylong nach LEH kann allerdings schwierig werden, da die Busse dort fast immer schon voll ankommen, also rechtzeitig einen Platz buchen.

Es verkehren auch Busse über den Rohtang La nach KAZA, die Hauptstadt von Spiti, von wo man weiter nach SHIMLA reisen kann. Will man sich jedoch jenseits von Tabo bewegen, sind Genehmigungen erforderlich.

Fahrscheinverkauf bei **Harrisons Travels**, ☏ 01902/253519, **Monal Himalayan Travels**, ☏ 01902/254215, **Swagtam**, ☏ 01902/253990, sowie **Valleycon**, ☏ 01902/253776, am Busbahnhof und im Restaurant Mayur.

Weiterfahrt nach Leh

Es ist nicht schwierig, einen Einzelplatz in einem **Mini-Van oder Maruti Gypsy Taxi** zu buchen, mit denen man am bequemsten von Manali nach Ladakh gelangt. Die Fahrpreise beginnen bei Rs1200. Etwas teurer wird es in der ersten Reihe und zur Hauptsaison im Frühsommer. Mit einer Fahrzeit von 17–19 Stunden ist dies der schnellste Weg. Abfahrt ist allerdings um 2 Uhr nachts, was bedeutet, dass man von der herrlichen Landschaft am Anfang und Ende der Fahrt nichts mitbekommt. Außerdem gibt es regelmäßig Beschwerden über die Fahrer, die häufig übermüdet sind und in scharfen Kurven sowie auf den langen, ungeteerten Abschnitten unnötige Risiken eingehen. Viele Backpacker bevorzugen daher immer noch den **Bus** für die 485 km lange Strecke nach Leh – eine anstrengende, aber unvergessliche 2-tägige Tour mit Übernachtung im Zelt.

Der Super-Deluxe-Bus der HPTDC, für den Tickets beim Tourist Office erhältlich sind, fährt alle zwei Tage und kostet etwa Rs1600 inkl. Unterbringung und einer Mahlzeit in der Zeltkolonie in Keylong. Ansonsten bleiben nur die klapprigen Busse der HPSRTC und deren Äquivalent J&K.

Offiziell ist die Straße von Manali nach Leh (S. 531) nur von **Mitte Juni bis zum 15. September** befahrbar. Danach lehnen die Behörden jegliche Verantwortung ab und die Notfalldienste stehen für den zivilen Verkehr nicht mehr zur Verfügung.

Einige Privatunternehmen fahren dennoch weiter bis Ende September. Taxis mit Allradantrieb befahren die Route bis weit in den Oktober hinein, aber auch hier muss man unterwegs mit ein paar zusätzlichen Nächten in der Eiseskälte rechnen.

Wann und wie man auch reist, auf keinen Fall sollte man sich auf den unruhigen hinteren Sitzen des Busses niederlassen. Um das Risiko von **Dehydrierung und Höhenkrankheit** zu vermeiden, sollte man sich mit Essen und ausreichend Wasser eindecken (mindestens 2–3 Liter).

Busse nach:
AMRITSAR (1x tgl., 17 Std.),
CHANDIGARH (stdl., 8–9 Std.),
DEHRA DUN (1x tgl., 16 Std.),
DELHI (8x tgl., 16–17 Std.),
DHARAMSALA (3x tgl., 10 Std.),
HARIDWAR (1x tgl., 17 Std.),
KAZA (2x tgl., 12 Std.),
KEYLONG (8x tgl., 6 Std.),
KULLU (alle 10–15 Min., 1–2 Std.),
MANDI (alle 30 Min., 4 Std.),
MANIKARAN (alle 30 Min., 4 Std.),
NAGGAR (stdl., 1 1/2 Std.),
PATHANKOT (1x tgl., 12 Std.).

Vashisht

Das ständig wachsende Dorf Vashisht 3 km nördlich von Manali ist eine ungeordnete Ansammlung traditioneller Holzhäuser und moderner Betonklötze, dazwischen gepflasterte Höfe und schmale, unbefestigte Wege. Es ist berühmt für seinen Talblick und heiße Schwefelquellen. Vor allem aber ist der Ort ein Treffpunkt der Budget-Traveller-Szene mit vielen Gästehäusern und Cafés. Nur hin und wieder wird die ruhige und traditionelle Atmosphäre durch Partys in den Wäldern oder bei Schlechtwetter in einem Hotel unterbrochen.

Von Manali nach Vashisht gelangt man auf der Straße oder über einen Fußweg, der von der Hauptstraße abgeht und am **HPTDC-Bäderkomplex** vorbeiführt, der seit Jahren aufgrund von Streitigkeiten zwischen dem Dorf und der Regierung von Himachal Pradesh geschlossen ist. In der Zwischenzeit ist ein heißes Bad nur in den Becken des alten Tempels von Vashisht (kostenlos) möglich, wo es ohnehin viel stimmungsvoller ist. Es gibt getrennte Bereiche für Männer und Frauen, in denen eine bunte Mischung von Hindu-Pilgern, westlichen Hippies, halbnackten Sadhus und Kindergruppen anzutreffen ist.

Vashisht hat zwei alte **Tempel** aus Stein, die sich oberhalb des Hauptplatzes gegenüberstehen und dem hiesigen Schutzheiligen Vashista, dem Guru von Raghunathji, geweiht sind. Der kleinere von ihnen verfügt über einen teilweise überdachten Hof und ist mit kunstvoll gearbeiteten Holzschnitzereien verziert. Auch die im Inneren des Schreins über die Jahre durch Öl-

Treks im Umland von Manali und im Kullu-Tal

Die spektakuläre Hochgebirgslandschaft des Kullu-Tals macht die Gegend zu einem idealen Trekking-Gebiet. Die Wege sind lang und steil, aber die Anstrengungen werden durch großartige Ausblicke, eine mannigfaltige Pflanzenwelt und die Möglichkeit zum Besuch entlegener Hill Stations mehr als belohnt.

Mehrere der großen Trails beginnen in der Umgebung von Manali und so ist der Ort die wichtigste Basis für Trekking-Touren. Mit den **organisierten Trekkingtouren** (rund Rs1800 p. P./3 Tage, ab 4 Teilnehmern) der zahlreichen Agenturen vor Ort kann man zwar Zeit und Kraft sparen, aber mit Hilfe der Karten und Tipps vom Tourist Office und vom Mountaineering Institute am unteren Stadtrand kann man sich seine Tour auch relativ einfach selbst organisieren. Träger und Reiter lassen sich auf dem Platz hinter der Hauptstraße finden. Vor allem auf den weniger frequentierten Routen ist ein zuverlässiger **Führer** absolut unverzichtbar, denn auf die **Karten** ist nicht immer Verlass. Verschiedentlich haben Wanderer von Schwierigkeiten beim Abstieg vom Bara Bangal-Pass berichtet, wo die Karten nicht ganz mit dem Gelände übereinstimmten.

Als optimale **Trekkingsaison** gilt die Zeit unmittelbar nach dem Monsun (Mitte Sep–Ende Okt), wenn der Himmel klar und die Überquerung der Pässe einfacher ist. Von Juni bis August läuft man ständig Gefahr, von plötzlichen und möglicherweise verhängnisvollen Schneefällen überrascht zu werden oder sich die sagenhaften Aussichten von Wolken und Regen verderben zu lassen.

Von Manali zum Beas Kund

Der relative unkomplizierte Trek zum Beas Kund, einem Gletschersee am Beginn des Solang nala, ist die beliebteste Kurzwanderung der Gegend. Der vielbesuchte Campingplatz am See, der von einigen Fünftausendern umgeben ist, ist in zwei Tagen von Manali aus zu erreichen und stellt eine ideale Basis für weitere Wanderungen auf die umliegenden Gebirgskämme und Pässe dar. Von dem 30 Minuten Busfahrt nördlich von Manali gelegenen Dorf **Palchan** aus folgt man der Jeepstraße talaufwärts bis nach **Solang**, wo sich eine kleine Skistation, ein Rasthaus und die Blockhütten des Mountaineering Institute befinden. Dann geht es zwei Stunden durch Kiefernwälder und Wiesen zu einem Lagerplatz bei **Dhundi** (2743 m). Anstrengender ist die 5–6-stündige Tour am nächsten Tag bis zum **Beas Kund**. Die Wanderung hoch zum **Tentu La-Pass** (4996 m) und zurück kann man an einem Tag schaffen, ebenso wie den Abstieg nach Manali über Solang.

Von Manali nach Lahaul über den Hampta-Pass

Die Dreitagetour vom Kullu-Tal über den Hampta-Pass nach Lahaul auf der alten Karawanenroute nach Spiti ist ein Klassiker. Der Aufstieg auf 4330 m Höhe ist beachtlich; dabei sollte man sich unbedingt genügend Zeit zur **Akklimatisierung** lassen. Der **1. Tag** beginnt mit der einfachen Wanderung (4–5 Std.) vom Ausgangspunkt in Jagatsukh oder **Hampta** durch das Dorf Hampta bis zum Lagerplatz oberhalb von **Sethen**, die bewaldeten Hänge des Tals hinauf. Am **2. Tag** führt der Weg (5 Std.) nach **Chikha**, einer hoch gelegenen Gaddi-Weidefläche unterhalb des Passes; unbedingt einen Tag ausruhen, wenn sich hier schon die Auswirkungen der Höhe bemerkbar machen. Der Aufstieg (700 m) zum **Hampta-Pass** (4330 m) am **3. Tag** ist mörderisch, aber die Aussicht von oben – auf Indrasan und Deo Tibba im Süden und die Mondlandschaft von Lahaul im Norden – ist die vollendete Belohnung. 6–7 Stunden braucht man für das unablässige Springen über die Felsen und Überqueren von Bächen auf dem Weg nach **Chhatru** unten im Chandra-Tal. Von hier aus kann man gen Osten in Richtung Koksar und **Rohtang-Pass** gehen oder die westliche Richtung einschlagen und am größten Gletscher der Welt, dem **Bara Shigri**, vorbei bis nach **Batal** wandern.

lampen und *dhoop*-Rauch geschwärzten Schnitzereien sollte man nicht verpassen. Wer mehr unternehmen möchte, als sich nur mit einem *chillum* zurückzulehnen, begibt sich ins **Himalayan Extreme Centre**, ☏ 09816/174164, 🖥 www.himalayan-extreme-center.com, an der Straße

Von Naggar nach Malana über den Chandrakani-Pass und weiter

Die Tour vom 21 km südlich von Manali gelegenen Naggar aus nach Jari im Parvati-Tal ist der Inbegriff des Trekkings im Kullu-Tal, denn er führt durch traumhafte Landschaften und faszinierende Dörfer. Die Rundwanderung ist in drei Tagen zu schaffen, allerdings ist ein Aufenthalt in **Malana** mit Erkundung seiner Umgebung sehr verlockend.

Ein **Führer** ist aus mehreren Gründen unbedingt erforderlich: Zum einen führt die erste Etappe der Wanderung durch ein Gewirr von Weidepfaden, und zum anderen sollte man die kulturelle Sensibilität von Malana berücksichtigen und mit den hiesigen Bräuchen vertraut sein. Hinzu kommt, dass in den vergangenen Jahren mehrere Menschen im Parvati-Tal unter mysteriösen Umständen verschwunden sind (S. 512). Der Abstieg in das Parvati-Tal ist zu steil für Packpferde, aber in Naggar werden über die Gästehäuser Träger vermittelt, z. B. bei Himalayan Mountain Treks in der Poonam Mountain Lodge (s. S. 515).

Der Weg führt durch das Dorf Rumsu und schlängelt sich dann weiter durch wunderschöne, uralte Wälder zu einem Stück Weideland gleich oberhalb der Baumgrenze, das einen idealen Lagerplatz darstellt. Von hier führt ein 4 km langer Anstieg zum **Chandrakani-Pass** (3660 m), mit herrlichem Ausblick nach Westen in das obere Kullu-Tal und nach Norden zu den Ghalpo Mountains von Lahaul eröffnen. Manche ziehen es vor, den Fuß des Passes am ersten Tag zu erreichen und vor dem letzten Aufstieg noch einmal zu rasten.

Die Bewohner von Malana, an einem Steilhang 7 km unterhalb des Passes, sind für ihre kühle Zurückhaltung und strengen Traditionen bekannt und wehren sich mit aller Kraft gegen Pläne, wonach eine Teerstraße bis zu ihrem Dorf gebaut werden soll. Zwar hält man sich nicht mehr so streng an die Vorstellung von der **Kasten**-Verunreinigung wie früher, aber ein paar grundsätzliche „**Regeln**" sind in Malana unbedingt einzuhalten: das Dorf respektvoll und still betreten; sich niemals abseits der Wege aufhalten; sich vom Tempel fernhalten; und vor allem nichts und niemanden berühren, besonders keine Kinder oder Häuser. Macht man doch mal einen groben kulturellen Schnitzer, so wird Schadensersatz gefordert: normalerweise in Form einer Zahlung von Rs1000 für ein Lamm oder eine junge Ziege als Opfergabe an den Dorfgott **Jamlu**, einer der mächtigsten Götter des Kullu-Tals. Sein **Tempel** darf nur von hochkastigen Hindus betreten werden und ist mit anschaulichen Schnitzereien verziert, die u. a. Soldaten abbilden: Die Dorfbewohner sagen von sich, sie seien die letzten verbliebenen Abkömmlinge der Armee Alexanders des Großen.

Beliebte **Unterkünfte** sind z. B. das Renuka Guesthouse, ❶, das über Warmwasser verfügt, und das Himalaya Guesthouse ❶, das unter der Leitung des ehemaligen Dorfoberhauptes steht. Der Eigentümer des Santu Ram's, ❶, ist ein Experte, was die Wanderwege der Umgebung betrifft. Alle Gästehäuser bieten einfache Mahlzeiten. Der offizielle Lagerplatz liegt 100 m jenseits des Dorfbrunnens.

Die **letzte Etappe** des Treks führt die steilen, mit Gestrüpp bewachsenen Kalksteinhänge des Malana *nala* hinab zur Sohle des Parvati-Tals – über einen 12 km langen Steilhang, der teilweise durch eine kurvige Straße erschlossen ist. Für den weiteren Weg vom Dörfchen **Rashol** stehen drei Routen zur Wahl: nach Osten am rechten Ufer flussaufwärts nach **Manikaran**, der Südwestroute folgend zum heiligen **Bijli Mahadev Mandir** oder über die verbliebenen 3 km nach Jari hoch, von wo regelmäßig Busse nach Bhuntur, Kullu und Manali verkehren.

ins Dorf, wo Snowboarding, Kite-surfing und Felsklettern organisiert werden. Mit eigener Unterkunft. ❷–❸

Übernachtung

In Vashisht findet man massenweise Budget-Gästehäuser, vornehmlich alte Holzhäuser mit

> ### Zimmer mit Aussicht
>
> **Dharma**, 5 Gehmin. entlang der Gasse hinter den Tempeln, ✆ 01902/252354, 🖥 www.hotel dharma.com. Mit neuem Anbau. Toller Ausblick aus den meisten Zimmern und von der Marmor-Terrasse mit Hollywoodschaukeln. Kleiner Swimming Pool, gespeist von Wasser aus den heißen Quellen. ❸

breiten Veranden und ungestörtem Blick auf das Tal. Wer mit primitiven sanitären Einrichtungen, schmuddeligen Betten und dem Geruch von Dope leben kann, hat eine große Auswahl – außer in der Hochsaison (Mai–Juni und Sep–Okt), wenn selbst ein Plätzchen auf dem Boden kostbar ist. Am Stadtrand bieten ein paar größere Hotels gute Qualität in komfortablen Zimmern. Zur Lage der folgenden Unterkünfte s. Karte Manali und Vashisht auf S. 517.

Amrit, hinter dem Tempel, ✆ 01902/254209. Türkisfarbenes Holzhaus mit einfacher Ausstattung, z. B. Warmwasser aus dem Eimer. Schmuddelig, aber reizvoll, wackelige Balkons mit hübscher Aussicht. ❶

Arohi, direkt oberhalb vom Bhrigu, ✆ 01902/254421. Makellose Zimmer mit Kabel-TV, Intercom und Balkon mit Flussblick. Der Besitzer spricht ausgezeichnet Englisch und gewährt bis zu 50 % Preisnachlass außerhalb der Saison. ❹

Bhrigu Hotel, an der Hauptstraße ins Dorf, ✆ 01902/253414. Großes Hotel, dessen Zimmer auf der Westseite alle über Bad und Balkone mit toller Aussicht verfügen. ❸

Godfather Palace Ashram, 50 m vor dem Dorfplatz, an der Straße ausgeschildert, ✆ 01902/254069. Große Zimmer mit Warmwasserdusche; außerdem ein Kellergeschoss für Raves. ❷

Kalptaru, mit Blick auf Tempelbecken, ✆ 01902/253443. Dichter kommt man an die Bäder nicht heran – mit passablen Zimmern, alle mit Bad und Warmwasser aus Eimern. Kleiner Garten und Veranda mit Blick auf das Geschehen. ❶

Surabhi, in der Mitte der Hauptstraße, ✆ 01902/252796, 🖥 www.surabhihotel.com. Gut belüftete, große und saubere Zimmer im oberen Stock, alle mit Talblick. Die billigeren Erdgeschosszimmer sind kühler und dunkler. ❸–❺

Essen

Die vielen Cafés des Backpackerparadieses Vashisht bieten typische Traveller-Kost inkl. gebratenem Reis, Nudeln, Omelettes, Pfannkuchen und *lassis*, alles zu Durchschnittspreisen. Außerdem sorgen die Bäckereien für Vollkornbrot, Apfelkuchen und verschiedene Süßigkeiten. Die meisten Cafés sind beliebte Treffs, einige haben Terrassen mit Aussicht, große Unterschiede sind nicht auszumachen.

Freedom Café, in der Hauptstraße hinter dem Bhrigu Hotel. Sitzkissen auf dem Fußboden sowie grasbewachsene Veranda mit schöner Aussicht; mexikanische, tibetische und italienische Küche.

Phuntsok Café, außerhalb des Dorfs am Flussufer gelegenes Freiluftcafé, wo köstliches, nahrhaftes tibetisches Essen serviert wird. Eines der besten Lokale von Vashisht.

Rainbow Café und **Bakery**, nahe dem Kalptaru Hotel mit Ausblick von der Terrasse auf die Tempelbecken und Taveller-freundlichen Angeboten wie Pfannkuchen, Pasta und Frühlingsrollen.

World Peace Café, in der Hauptstraße oberhalb des Surabhi Hotels. Die Küche (indisch und westlich) ist eher durchschnittlich, dafür wird hier ein sehr guter türkischer Kaffee serviert und auch sonst einiges geboten: Filmvorführungen, Brettspiele und regelmäßige Liveauftritte. Außerdem gibt es eine schöne Dachterrasse.

Lahaul und Spiti

Es gibt nicht viele Orte auf der Welt, die eine so spektakuläre Veränderung der Landschaft markieren wie der **Rohtang-Pass**. Auf der einen Seite der Beginn des fruchtbaren Kullu-Tals und auf der anderen der überwältigende Blick auf karge, schokoladenbraune Berge, Gletscher und

Schneefelder, die im strahlenden Licht glitzern und nur tief unten im Tal hie und da von Pflanzen unterbrochen werden. Der größte Distrikt von Himachal, **Lahaul und Spiti**, ist nach seinen beiden Teilgebieten benannt, die trotz ihrer vielen geografischen und kulturellen Parallelen voneinander getrennte und grundverschiedene Regionen darstellen.

Lahaul

Lahaul, manchmal auch Chandra-Bhaga-Tal genannt, ist das Gebiet, das den Hohen Himalaya von der Pir Panjal-Gebirgskette trennt. Sein größter Fluss Chandra entspringt tief in den kargen Einöden unterhalb des Baralacha-Passes, eines bedeutenden Orientierungspunktes an der Straße von Manali nach Leh, von wo aus er nach Süden fließt, bis er sich bei Tandi mit dem Fluss Bhaga vereint. Der aus dem Zusammenfluss entstehende Chenab verlässt Himachal in nördlicher Richtung und fließt bis nach Kishtwar in Kashmir.

Das **Klima** in Lahaul ist mit dem in den nördlich angrenzenden Gebieten Ladakh und Zanskar vergleichbar. Es regnet sehr wenig, im Sommer brennt die Sonne heiß und die Nächte sind kalt. Zwischen Ende Oktober und Ende März versperrt der Schnee den Weg über die Pässe und schneidet die Region vom Rest der Welt ab. Trotzdem erarbeitet die Bevölkerung, sich aus Buddhisten und Hindus zusammensetzt, eines der höchsten Pro-Kopf-Einkommen des ganzen Subkontinents. Mit dem Schmelzwasser der Gletscher, das über uralte Bewässerungskanäle geleitet wird, schaffen es die Bauern aus Lahaul, auf ihren sorgfältig angelegten Terrassen Rekordernten von Saatkartoffeln einzufahren. Außerdem ist die Gegend der einzige Lieferant von Hopfen an die indischen Brauereien und erntet nebenher ungeheure Mengen von Wildkräutern zur Herstellung von Parfüm und Arzneimitteln. Große Teile der Verkaufsgewinne werden für prachtvollen Schmuck, vor allem Staubperlenketten und Silberschnallen mit Intarsien aus Korallen und Türkisen ausgegeben, die von den Frauen über den knöchellangen, roten oder braunen Wollkleidern getragen werden.

Die traditionellen Trachten und der Buddhismus von Lahaul sind ein Erbe des tibetischen Einflusses, der die Region von Osten her durchdrang. Staatliche **Busse** verkehren von Manali durch die Täler von Chandra und Bhaga hinauf nach Keylong und Darcha ab etwa Ende Juni, wenn der Rohtang-Pass befahrbar ist, bis Ende Oktober, wenn es wieder schneit. Sind Plätze frei, kann man auch mit privaten Bussen nach Leh durch Lahaul reisen.

Keylong

Der größte Ort und der Sitz der Distriktverwaltung von Lahaul liegt 114 km nördlich von Manali und bietet sich als Zwischenstopp auf der langen Reise nach Ladakh an. Das Dorf selbst ist weniger interessant, liegt aber inmitten einer zauberhaften Landschaft. An einem Tag kann man den Aufstieg zu drei buddhistischen Klöstern schaffen, von denen eines auf der gegenüberliegenden (Süd-) Seite des grandiosen Bhaga-Tals zu sehen ist. Ein paar **Geschäfte** auf dem belebten kleinen Markt verkaufen Trekking-Ausrüstung, für den Fall, dass man auf dem Weg nach Zanskar ist.

Für die Buddhisten von Lahaul besitzt die Umrundung des heiligen **Rangcha Mountain** (4565 m), der über dem Zusammenfluss von Bhaga und Chandra wacht, besondere Bedeutung. Diese **Rangcha Parikrama** genannte Umwanderung im Uhrzeigersinn kann man in einer langen Tagestour von Keylong aus auf einem viel genutzten Weg durch märchenhafte Landschaften schaffen, wobei man außerdem am großen **Khardung Gompa** vorbeikommt.

Über 1000 m Höhenunterschied sind vom Ausgangspunkt der Tour (3348 m) zu überwinden. Für Leute, die sich noch nicht an die Höhe gewöhnt haben, ist diese Tour ein harter Brocken. Es empfiehlt sich, ausreichend Verpflegung, Wasser und warme Kleidung mitzunehmen. Außerdem sollte man darauf vorbereitet sein, bei den ersten Anzeichen von Schwindelgefühl und/oder akuter Atemnot umzukehren. Eine holprige, aber befahrbare Straße führt zum Khardung Gompa (10 km), doch näher an Keylong und auf derselben Seite des Tals weit oben am Hang befinden sich zwei ruhige und pittoreske Gompas: das **Shasher Gompa** (3 km) und das **Gungshal Gompa** (5 km).

Übernachtung und Essen

Hotels findet man in Keylong an der Hauptstraße oberhalb der Stadt und entlang der Mall, die unterhalb der Fernverkehrsstraße durch den Basar führt. Von der Hauptstraße aus gibt es gleich hinter dem Busbahnhof einen Pfad steil abwärts zum Basar. Am Busbahnhof stehen einige verdreckte Hütten und dahinter das

Tashi Deleg, ✆ 01900/222450, an der Mall; saubere und komfortable Zimmer mit Warmwasser-Dusche. ❸–❹

Gyespa, an der Mall, ✆ 01900/222207; hat ebenfalls Zimmer mit Warmwasser-Dusche, auch Schlafsaal (Rs50). Kleiner *chorten* im Garten. ❸

Lamayuru, weiter unten an der Mall, ✆ 01900/222202; nur 4 Zimmer – angenehm und sauber mit Warmwasser-Dusche –, und das beste Restaurant der Stadt. ❷

HPTDC Chander Bhaga, zurück auf der Hauptstraße, 1 km in Richtung Darcha, ✆ 01900/222393; einfach und übderteuert, aber annehmbar. Schlafsaalbett Rs150. ❺–❻

Zu den Unterkünften um die Bushaltestelle zählt das

Nordaling, ✆ 01900/222294. Helle Zimmer mit Bad und TV. ❸

Alle diese Hotels bieten einen fantastischen Ausblick auf das Khardung Gompa.

Neben den *dhabas* servieren das **Chander Bhaga** und das Restaurant des Lamayuru Hotels in der Mall das beste Essen.

Sonstiges

Geld

Keine offizielle Möglichkeiten, doch das **Tashi Deleg** wechselt Geld, allerdings zu ungünstigen Kursen.

Internet

Der Service, den **Global Info Tech** und **Cyber Media Services** unten in der Mall anbieten, ist langsamer und teurer als in Manali.

Post

Das Postamt liegt in der Hauptstraße ein Stück hinter dem Busbahnhof.

Transport

Von Keylong verkehren tgl. 8 Busse nach MANALI, der erste um 5.30 Uhr und der letzte um 13.30 Uhr, und (im Sommer) auch private Busse in sämtliche Orte nördlich des großen Highway. Zu beachten ist, dass die Weiterreise nach LEH während der Hochsaison (Juli und August) schwierig werden kann, da die meisten Busse schon bei ihrer Ankunft hier voll besetzt sind. So kommt es nicht selten vor, dass Reisende mit dem Dach vorlieb nehmen oder per Anhalter mit einem der Trucks mitfahren müssen, die bei den *dhabas* am Straßenrand oberhalb des Dorfes halten: Das ist weder legal noch besonders sicher.

Spiti

Von seinem Quellgebiet unterhalb des **Kunzum-Passes** strömt der Fluss Spiti 130 km in südöstlicher Richtung bis kurz vor die Grenze zum chinesisch besetzten Tibet, wo er sich mit dem Sutlej vereint. Das Tal ist von mächtigen Gipfeln umgeben, liegt in durchschnittlich 4500 m Höhe und ist damit eine der höchstgelegenen und abgeschiedensten bewohnten Regionen der Erde – eine trostlose, öde Gegend, in der es neben vereinzelten winzigen Dörfern aus Holz und Lehm nur ein paar einsame Lamaklöster gibt.

Bis 1992 war Spiti für ausländische Touristen vollständig gesperrt. Heute fällt nur noch seine äußerste südöstliche Ecke in die **Inner Line** – damit ist das obere Spiti einschließlich der Distriktverwaltung **Kaza** von Nordwesten her über Lahaul frei zugänglich.

Wer unbedingt die gesamte Rundstrecke durch das eingeschränkt zugängliche Gebiet nach oder von Kinnaur bereisen möchte, benötigt eine **Genehmigung**. Letzte Haltestelle vor Erreichen der nicht frei zugänglichen Zone ist das berühmte **Tabo Gompa**, das einige der ältesten und erlesensten buddhistischen Kunstwerke der Welt beherbergt.

Im Sommer, sobald Rohtang La und Kunzum La (4550 m) schneefrei sind, verkehren täglich morgens zwei Busse von Manali nach Spiti. In Manali kann man auch **Jeeps** mieten (bei der HPTDC oder einem anderen Reisebüro).

Per Trekking erreicht man das Gebiet vom Kullu-Tal aus oder in südlicher Richtung vom Baralacha La. Bald nach der Überquerung des Kunzum La führt die Straße durch das kleine Dorf **Losar**, wo die Polizei einen Kontrollposten unterhält. Übernachten kann man in zwei einfachen Gästehäusern: dem Sam Song ❶–❷ und dem Serchu ❶. Von hier das Spiti-Tal entlang sind es nur noch 58 km bis nach Kaza. Ein Gutteil der Straße vom Rohtang La nach Kaza ist unbefestigt und damit holprig und strapaziös.

Kaza und Umgebung

Kaza, der Verwaltungssitz von Spiti, liegt 76 km südöstlich des Kunzum-Passes und 201 km von Manali entfernt, überblickt das linke Ufer des Flusses Spiti und ist als wichtigster Markt der Region der ideale Ausgangspunkt für eine Reihe von Zwei- bzw. Dreitagewanderungen zu Klöstern und abgelegenen Dörfern wie Kibber. Die Gebühren für Träger und Ponytreiber unterscheiden sich kaum von denen in Kullu (s. S. 524/525). Von hier aus kann man auch nach Dhankar (32 km) und weiter nach Tabo (43 km) wandern.

Wer weiter nach Kinnaur möchte, kann **Inner Line Permits** im Büro des Additional Deputy Commissioner im neuen Teil der Stadt bekommen. Erforderlich dafür sind drei Passfotos und Kopien der entsprechenden Seiten im Pass, außerdem ein Polizeistempel, erhältlich bei der Polizeidienststelle unten am Hang, vom DC-Büro Richtung Fluss (Ausschau nach dem grünen Dach in der Nähe des Stadions halten). Wird dort auf der Viererguppen-Regelung bestanden, kann man für etwa Rs150 bei Reisebüros wie Spiti Holiday Adventures, ✆ 01906/222711, ein Permit organisieren. Dort kann man auch Geld wechseln.

Übernachtung und Essen

Die meisten Unterkünfte bieten Aussicht über den (zumeist ausgetrockneten) Fluss, der das alte vom neuen Viertel trennt.
Sakya's Abode, an der Hauptstraße, ✆ 01906/222254; ein hübsches Plätzchen mit einer breiten Auswahl an Zimmern und billigen Schlafsaalbetten (Rs80). ❸–❹
Banjara Khunphen Retreat, ganz in der Nähe, auf dem Gelände des Sakya-Klosters, ✆ 01906/222236, hat 12 gut ausgestattete DZ und ein prima Restaurant. ❺
Phuntsok Palbar, im moderneren Ortsteil, ein paar Treppenstufen Richtung Flussbett hinab, ✆ 01906/222360. Die preiswerteste Unterkunft im Ort, mit sehr sauberen Zimmern und Eimer-Warmwasserduschen. Außerdem ein warmes Wohnzimmer, ein sonniger Hof und kostenlose Gepäckaufbewahrung.
In Old Kaza am jenseitigen Ufer, auf einem Fußweg durchs Flussbett erreichbar, gibt es noch einige weitere Budget-Unterkünfte, z. B. das **Zangchuk Guest House**, ✆ 01906/222510, mit einfachen Zimmern, aber toller Aussicht von der Hotelterrasse am Bach. ❶
Khangasar Hotel, ✆ 01906/222276. Etwas komfortabler. Schöne, große Zimmer mit Bad. ❸–❹

Die meisten Besucher essen in den Hotelrestaurants – das Banjara Khunphen Retreat und das neue Sanchen Kunga Nyingpo, nahe dem Busbahnhof, sind besonders gut – oder in einem der Touristencafés, wie **Little Italy** und **Echi Wan**, beide in Old Kaza. Die **German Bakery** am Dorfplatz bietet eine ganz brauchbare Internetverbindung.

Transport

2x tgl. (morgens und am frühen Abend) fährt ein Bus nach TABO (2 Std.), und einer (am späten Vormittag; Rückfahrt fast umgehend) nach MUDH im Pin-Tal (2 1/2 Std.). Die Abfahrtszeiten der Busse für diese Ziele doppelt und dreifach checken – sie ändern sich ständig. Es ist eine gute Idee, in Spiti – wo die Straßen gefährlich und die öffentlichen Verkehrsmittel unzuverlässig sind – einen Jeep zu mieten. Anbieter warten in der Nähe der Bushaltestelle; ungefähre Kosten: Rs1200 ins Pin-Tal und zurück, Rs700–800 nach Tabo, rund Rs4500 nach MANALI. Die Straße jenseits von Sumdo, die zur Inner Line gehört, wurde erneuert und umgeht nun die schlimmsten Erdrutschgebiete bei Malling. Wer mit dem eigenen Fahrzeug unterwegs ist, sollte sich dennoch vorher nach dem Zustand erkundigen.

Ki Gompa

Vor dem Hintergrund schneebedeckter Berge klammert sich das Ki Gompa an die steilen Hänge eines dem Wind ausgesetzten, kegelförmigen Hügels. Der Ort ist ein Bilderbuchbeispiel für tibetische Architektur und bietet eines der exotischsten Spektakel von ganz Himachal. Im 16. Jh. gegründet, ist Ki das größte **Kloster** im Spiti-Tal mit einer wachsenden Gemeinschaft von Mönchen, dessen Rinpoche, Lo Chien Tulku aus Shalkar nahe Sumdo, die derzeitige Inkarnation des „großen Übersetzers" Rinchen Zangpo sein soll. Ein Labyrinth von dunklen Gängen und Holztreppen verbindet den Gebets- mit dem Versammlungssaal, in dem eine Sammlung alter *thangkas*, Waffen, Musikinstrumente, Manuskripte und religiöser Bilder aufbewahrt wird (Fotografieren untersagt). Nach einem Erdbeben im Jahr 1975 sind viele der Räume neu gestaltet worden, und im Jahr 2000 wurde eine vom Dalai Lama gestiftete Gebetshalle hinzugefügt. Zum Neumond gegen Ende Juni / Anfang Juli richtet Ki ein großes Fest aus, mit dem die „Verbrennung des Dämons" gefeiert wird. Nach den *chaam*-Tänzen folgt eine Prozession, die sich ihren Weg hinab zum rituellen Platz unterhalb des Klosters bahnt, wo eine große Butterskulptur angezündet wird.

Das Dorf Ki liegt 12 km nordwestlich von Kaza an der Straße nach Kibber. Vom Ort führt ein steiler, 1 km langer Aufstieg zum Klostertor. Den schönsten Anblick der prachtvollen Südseite des Gompa genießt, wer den 7-Uhr-Bus von Kaza nach Kibber nimmt, in Ki Village aussteigt und das letzte Stück bis zum Kloster zu Fuß geht. Ansonsten macht aber auch der 9-Uhr-Bus aus Kibber auf seiner Strecke hinunter nach Kaza einen kleinen Umweg und hält beim Kloster. In Ki gibt es beschränkte Übernachtungsmöglichkeiten: Besucher können für Rs100 (inkl. Verpflegung) in den Mönchsquartieren absteigen oder im gastfreundlichen Tashi Khangsar Guesthouse, ✆ 019006/226277, ❶, hinter der ersten Straßenbiegung, gekennzeichnet mit einem grünen Schild.

Kibber

Kibber (4205 m) gilt als die höchstgelegene Siedlung der Welt, die über Straßenanbindung und Elektrizität verfügt. Die Jeeppisten, Satellitenschüsseln, das etwas abseits gelegene, mit einem Blechdach geschmückte Regierungsgebäude und die etwa 100 in der Gegend verstreuten alten Spiti-Häuser bieten einen eigentümlichen Anblick. Im Sommer von grünen Gerstenfeldern umgeben, befindet sich Kibber auch am Anfang eines Trails, der sich seinen Weg in nördlicher Richtung durch die Berge bahnt und über den hohen **Parang-Pass** (5578 m) nach Ladakh führt. Bevor man Straßen in das Spiti-Tal gebaut hatte, führten die Einheimischen ihre Pferde und Yaks hier entlang, um auf dem Basar in Leh Geschäfte zu machen. Ein paar Trekking-Veranstalter mit Sitz in Manali bieten einen 17-tägigen Trek von hier zum See **Tso Moriri** in Ladakh an (s. S. 549).

Der 7-Uhr-**Bus** von Kaza nach Kibber (1 Std.) hat oft Verspätung und wartet vor der Rückfahrt nur bis 9 Uhr. Man kann aber auch einen **Jeep** mieten, eine Mitfahrgelegenheit bei einer Reisegruppe ergattern oder sich auf Schusters Rappen verlassen und die 16 km auf Pfaden bewältigen, gegen Ende geht es allerdings fast nur noch bergauf. Dank seiner fantastischen Lage ist es toll, in Kibber zu übernachten, und so mancher Besucher bleibt länger als geplant in einem der einfachen und travellerfreundlichen **Gästehäuser**, alle mit Gemeinschaftsbad und Warmwasser in Eimern. Das Norling, ✆ 01906/226242, ❶, und das Rainbow, ✆ 01906/226309, ❶, liegen nebeneinander gegenüber der Schule am Dorfeingang. Das Norling sowie dessen Restaurant sind dem Nachbarbetrieb etwas überlegen. Das weiter im Dorf gelegene Sargong, ✆ 01906/226222, ❶, ist noch schäbiger, aber meistens ausgebucht.

Tabo

Einer der Hauptgründe, die mühsamen Straßen von Spiti in Angriff zu nehmen, ist ein Besuch des **Tabo Gompa** 43 km östlich von Kaza. Die aus Holz und Lehm erbauten Häuschen, die sich an das steile Nordufer des Flusses Spiti schmiegen, wirken zunächst unscheinbar, doch beherbergen sie mit ihren bunten Wandgemälden und Skulpturen aus Stuck einige der weltweit bedeutendsten antiken Kunstschätze des Buddhismus: das Verbindungsglied zwischen den Höhlenmalereien von Ajanta und der opulenteren tantrischen Kunst, die etwa fünf Jahrhunderte später in Tibet zu voller Blüte gelangte. Laut einer Inschrift in seiner Hauptversammlungshalle wurde das Kloster 996 n. Chr. errichtet, als Rinchen Zangpo den Dharma über den nordwestlichen Himalaya verbreitete. Außer den 158 buddhistischen Texten in Sanskrit, die er persönlich transkribierte, hatte der „große Übersetzer" auch ein Gefolge von Handwerkern aus Kashmir bei sich, die die Tempel schmücken sollten. Die einzig verbliebenen Beispiele ihrer außergewöhnlichen Arbeit findet man hier in Tabo, in Alchi in Ladakh sowie in den *gompas* von Toling und Tsaparang im chinesisch besetzten westlichen Tibet.

Umgeben von einer Mauer aus Ziegeln und Schlamm, befinden sich im **Chogskhar** („heilige Enklave") von Tabo acht Tempel und 24 Tschörten (Stupas). Der größte und älteste Bau der Gruppe, **Sug La-khang**, steht gegenüber dem Haupteingang. Gegen Ende des 10. Jhs. wurde die „Halle der Erleuchteten Götter" errichtet. Sie ist als dreidimensionales Mandala konzipiert, dessen Struktur und kunstvoll verziertes Inneres das mystische Modell des Universums mitsamt Gottheiten symbolisiert. Es gibt drei verschiedene Ebenen mit Darstellungen: Die Gemälde auf der unteren Ebene zeigen Episoden aus dem Leben Buddhas und seiner vorherigen Inkarnationen; darüber stellen Stuckarbeiten Götter und Göttinnen dar, und ganz oben in der Halle sind meditierende Buddhas und Bodhisattvas zu sehen. Wer die Wandmalereien eingehend betrachten möchte, sollte eine Taschenlampe mitbringen.

Die anderen Tempel stammen aus dem 15. und 18. Jh. Ihr Inneres veranschaulicht die Entwicklung der buddhistischen Ikonographie von ihren frühen indischen Ursprüngen bis zur chinesisch beeinflussten Opulenz des mittelalterlichen tibetischen Tantrismus, der heute in noch farbenprächtigerer Form in modernen Klöstern vorherrscht. Im neuen Gompa, das 1983 durch den Dalai Lama eröffnet wurde, wohnen rund 50 Mönche und ein paar *chomos* (Nonnen), von denen einige bei einem *geshe* (Lehrer) aus Osttibet Unterricht in traditioneller Maltechnik nehmen. Besucher sind zur tgl. um 6.30 Uhr stattfindenden *puja* willkommen und müssen sich von einem Mönch durchs *gompa* führen lassen (gewöhnlich nur morgens). Überdies lohnt sich ein Abstecher zu den **Höhlen** jenseits der Hauptstraße; eine der Höhlen beherbergt weitere Wandmalereien, doch wer sie sehen möchte, muss vom Gompa-Wärter eingelassen werden.

> **Übernachtung, Essen und Sonstiges**

Das freundliche und stimmungsvolle **Millenium Monastery Guest House**, ✆ 01906/223333, in Tabo, vor den Haupttoren des Klosters bietet Schlafsaalbetten (Rs70) sowie einfache Zimmer mit oder ohne Bad. ❶–❷
Tashi Khangsar Hotel, hinter dem Kloster beim Fluss, ✆ 01906/233346. Einladendes Hotel mit einfachen, preiswerten Zimmern. ❷
Im Zentrum gibt es drei Unterkünfte unter derselben Leitung: **Panma Guest House**, **Zion Café** und **Trojan**, ✆ 01906/223419. ❷–❹
Die Restaurants **Millennium Monastery** und **Tibetan Dish**, unten in der Gasse Richtung Bushaltestelle, bieten einfache tibetische und indische Gerichte. Ersteres hat auch Tipps zum Trekking, Radfahren und zu Ökoprojekten parat.

> **Transport**

Drei Busse fahren tgl. nach KAZA, der um 4 Uhr abfahrende geht sogar bis nach MANALI. Ein weiterer, gegen 11 Uhr vorbeikommender Bus bedient die Strecke zwischen Kaza und REKONG PEO in Kinnaur.

7 HIGHLIGHT

Von Manali nach Leh

Seit ihrer Freigabe für ausländische Touristen im Jahre 1989 hat die berühmte Straße von Manali nach Leh die alte Route Srinagar–Kargil als beliebteste Verbindung nach Ladakh abgelöst. Jeden Sommer setzt sich ein Strom von Fahrzeugen im Kullu-Tal in Bewegung, um die zweithöchste Straße der Welt, die die Schwindel erregende Höhe von 5328 m erreicht, zu bewältigen. Die Straße, deren Oberflächenbeschaffenheit große Unterschiede aufweist – von recht glattem Asphalt über Schlaglöcher verschiedenster Größe bis zu unbefestigten Abschnitten – durchquert eine unheimliche, faszinierend schöne Mondwüste.

Je nach Straßenzustand und Fahrzeug braucht man für die 485 km 17 bis 30 Stunden reine Fahrzeit. Alle Busfahrer halten bei einem der übertreuerten **Zeltlager** an der Route, wo man eine kurze und kalte Nacht verbringt. Die Zeltlager sind allerdings nach dem 15. September, wenn die Straße offiziell gesperrt wird, selten zu finden. In der Praxis bedeutet die Sperrung, dass vom Schnee Eingeschlossene eine Rettung aus der Luft von der indischen Regierung nicht zu erwarten haben, was jedoch einige Unternehmen nicht von der Fortsetzung des Betriebs abhält, bis der Pass Mitte/Ende Oktober vom Schnee blockiert wird. Weitere Informationen zur Beförderung zwischen Manali und Leh s. Kasten unten.

Von Manali nach Keylong

Hinter Manali nimmt die Straße den langen Anstieg zum **Rohtang-Pass** (3978 m) in Angriff. Bei Nässe kommt es nicht selten vor, dass man bereits nach einer Stunde auf einen festgefahrenen LKW trifft, der die Straße blockiert. In solchen Fällen sind unplanmäßige Wartezeiten von bis zu vier Stunden nicht ungewöhnlich. Die Busse halten zum Frühstück (oder Brunch) 17 km vor dem Pass an einer Reihe behelfsmäßiger *dhabas* in Marhi (3360 m). Obwohl der Rohtang für Himalaya-Verhältnisse gar nicht so hoch liegt, gehört er zu den tückischsten Pässen der Region.

Alle Jahre wieder werden Gaddi-Schafhirten und Bergsteiger von unerwarteten Wetterwechseln überrascht; daher der Name Rohtang, der wörtlich etwa „ein Haufen von Leichen" bedeutet.

Vom Rohtang führt die Straße wieder abwärts zur Sohle des **Chandra-Tals** und erreicht schließlich den Fluss bei **Koksar**, nicht viel mehr als eine Ansammlung von *chai*-Ständen und ein **Kontrollposten**, an dem Angaben aus dem Reisepass verlangt werden – einer von mehreren solcher Stopps auf dem Weg nach Leh.

Die nun folgenden Stunden werden zu den unvergesslichsten der ganzen Fahrt gehören. Am besten sitzt man auf der linken Busseite. Der Weg führt über die nördlichen Hänge des Tals durch die ersten buddhistischen Siedlungen, die von hoch aufragenden Gipfeln und hängen-

Auf zwei Rädern über den Manali–Leh Highway

Bei Motorrad- und Fahrradfahrern gilt die Strecke Manali–Leh als eine der spektakulärsten der Welt. Nachdem man die zweithöchste Straße der Welt hinter sich gebracht hat, erwartet einen nördlich von Leh die allerhöchste. Zwar sind die Steigungen selten besonders beschwerlich, doch die mühsame, lange Strecke, der schlechte Straßenzustand und vor allem die Höhe erfordern Wachsamkeit und etwas Vorbereitung. Ein voll beladenes Rad 50 km lang ununterbrochen den Berg hochzutreten, ist nicht jedermanns Vorstellung von einer angenehmen Freizeitbeschäftigung, erst recht nicht in über 5000 m Höhe, doch der Einsatz wird fürstlich belohnt – vor allem wenn man eine Campingausrüstung sowie genügend Wasser und Lebensmittel für die abgeschiedeneren Abschnitte im Gepäck hat. **Wichtig** sind wasserfeste Kleidung, eine warme Fleece-Jacke, eine Sonnenbrille und ein ordentlicher Vorrat an Schokoriegeln. Man sollte sich vergewissern, dass das Rad eine leicht zu betätigende Gangschaltung, gute Bremsbeläge und ordentliche Gepäcktaschen hat, wo die Habseligkeiten sicher verstaut sind. Bezüglich Kleidung sind locker sitzende Baumwollhosen und T-Shirts angenehmer als Lycra.

Die meisten Leute starten in Manali und benötigen acht bis zehn Tage für die 485 km, doch manche haben sie in nur vier Tagen hinter sich gebracht. Darüber, dass man selbst oder das Rad unterwegs vielleicht schlapp macht, braucht man sich keine allzu großen Sorgen zu machen – trotz der Abgeschiedenheit findet sich im Notfall tagsüber immer eine Mitfahrgelegenheit. Wer nicht auf eigene Faust losradeln möchte, findet auf S. 518 Adressen von Mountainbike-Tourveranstaltern in Manali. Weitere Infos unter 🖳 www.pocketsprocket.com.

den Gletschern eingerahmt sind, nach Keylong (S. 527). Die HPTDC-Super-Deluxe-Busse und einige andere Linien legen hier einen Übernachtungsstopp ein, um den größten Teil der Strecke am folgenden Tag hinter sich zu bringen.

Von Keylong nach Sarchu Serai

Hinter Keylong weitet sich das Bhaga-Tal, doch an seinen kahlen Hängen finden sich nur vereinzelte Dörfer. Bis man in **Darcha** ankommt, einem einsamen Haufen von Trockensteinhütten und schäbigen Zeltlagern, ist die Landschaft vollkommen kahl.

Sämtliche Busse halten hier, damit sich die Fahrgäste von den *dhabas* am Wegrand eine heiße Schüssel tibetischer *thukpa* holen können. Viel mehr kann man in Darcha auch nicht unternehmen, obwohl am Ortsrand der Shingo La Trailhead – Ausgangspunkt der wichtigsten Trekkingroute Richtung Norden nach Zanskar liegt.

Wenn man nicht in einem Bus sitzt, der von Manali nach Leh durchfährt, ist ein Zwischenstopp in **Jispa** 7 km südlich zu empfehlen, einem netten kleinen Dorf mit genügend Zeltmöglichkeiten am Fluss sowie dem schicken Hotel Jispa, ✆ 01900/233203 ❻, dessen Frühstück unter durchreisenden Fahrradtouristen einen legendären Ruf genießt. Das Hotel bietet auch Dormbetten für Rs200. Das 1 km vor dem Jispa gelegene Mountaineering Institute arrangiert im Sommer über Tourveranstalter in Manali Bergsteiger- und Bergrettungskurse und möglicherweise auch Unterbringung.

Von Darcha schlängelt sich die Straße in nordöstlicher Richtung zum Pass **Baralacha La**. Manche Busse halten über Nacht auf der anderen Seite in **Sarchu Serai**, wo im ziemlich schlichten Tent Camp der HPTDC ❸ dampfender Reis, *dhal* und Gemüse gereicht werden, ebenso wie in einigen ähnlich preiswerten *dhabas* in der Nähe. Es gibt noch ein paar teurere Camps an der Straße, die bis zu Rs800 p. P. inkl. Verpflegung verlangen.

Zu beachten ist, dass Sarchu Serai 2500 m höher als Manali liegt und Reisenden, die direkt von dort kommen, der Höhenunterschied zu schaffen machen könnte.

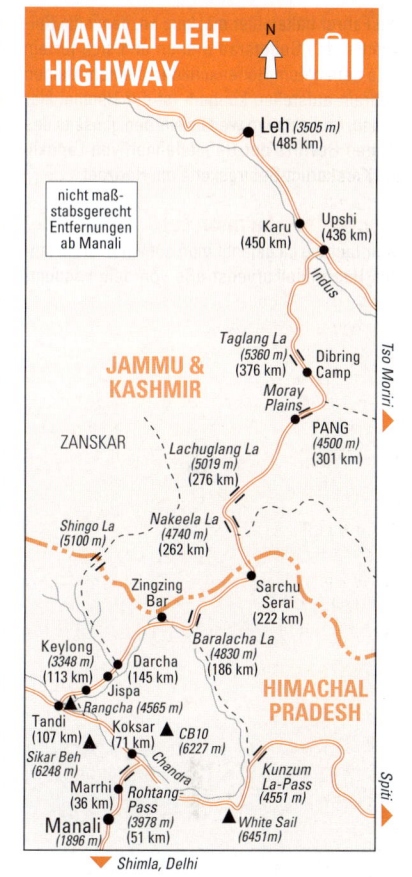

MANALI-LEH-HIGHWAY

nicht maßstabsgerecht Entfernungen ab Manali

- Leh (3505 m) (485 km)
- Karu (450 km)
- Upshi (436 km)
- Taglang La (5360 m) (376 km)
- Dibring Camp
- JAMMU & KASHMIR
- Moray Plains
- ZANSKAR
- PANG (4500 m) (301 km)
- Lachuglang La (5019 m) (276 km)
- Shingo La (5100 m)
- Nakeela La (4740 m) (262 km)
- Zingzing Bar
- Sarchu Serai (222 km)
- Baralacha La (4830 m) (186 km)
- Keylong (3348 m) (113 km)
- Darcha (145 km)
- HIMACHAL PRADESH
- Jispa
- Rangcha (4565 m)
- Tandi (107 km)
- Koksar (71 km)
- CB10 (6227 m)
- Sikar Beh (6248 m)
- Chandra
- Kunzum La-Pass (4551 m)
- Marrhi (36 km)
- Rohtang-Pass (3978 m) (51 km)
- Manali (1896 m)
- White Sail (6451 m)
- Shimla, Delhi

Von Sarchu Serai zum Taglang La

In Sarchu Serai endet die Saison am 15. September. Dann drängen die Busse, die nicht in Keylong Station gemacht haben, in Richtung Norden über den **Lachuglang La** (5019 m), den zweithöchsten Pass am Highway, zum Zeltcamp in **Pang** (4500 m), das länger geöffnet ist. Das bedeutet aber leider auch, dass die Fahrt durch einen der aufregendsten Abschnitte der Route, eine fantastische Schlucht, im Dunkeln stattfindet. Nördlich von Pang beginnt die Straße ihren Anstieg zum vierten und letzten Pass, dem **Taglang La**, dem allerhöchsten Punkt der Straße von Manali nach Leh auf atemberaubenden 5328 m.

Die Fahrer halten hier mal kurz an, damit die Reisenden das Gebetsrad drehen und sich für ein Foto neben dem Höhenschild und einem kleinen Schrein aufstellen können. Ist der Himmel klar genug, erblickt man weit im Norden, jenseits des bunten Gewirrs der Gebetsfahnen von Ladakh, die Karakorum-Gebirgskette am Horizont.

Von Taglang La nach Leh

Vom Taglang La gelangt man auf einer 40 km langen Haarnadelkurvenstraße von dem windumtosten Pass durch eine purpurfarbene Schlucht zu den Gerstenfeldern und weißen Tschörten der Ladakhi-Dörfer. In **Upshi** erreicht die Straße das spektakuläre Indus-Tal und folgt dem Flusslauf des **Indus**, vorbei an Armeecamps und alten Klöstern. Kurz vor **Choglamsar** nimmt das Verkehrsaufkommen zu, während man die letzten staubigen Kilometer nach **Leh** – vorbei am höchstgelegenen Golfplatz der Welt – durch die modernen Vororte bis zu den Verkaufsständen von Lehs Hauptbasar bewältigt.

Ladakh

Stefan Loose Traveltipps

Leh Mittelalterliche Straßen, ein Palast im tibetischen Stil und Basare vor der Kulisse schneebedeckter Gipfel. S. 543

Tikse Neben Lamayuru die eindrucksvollste Klosteranlage im indischen Teil des Himalaya. S. 556

Hemis Im größten Kloster von Ladakh finden traditionell im Hochsommer ein ritueller Maskentanz und das Entrollen der *thangka* statt. S. 557

Tso Moriri Hirtennomaden und seltene Zugvögel bevölkern den unglaublich schönen, von verschneiten Bergwüsten umgebenen Hochgebirgssee. S. 557

Alchi Hinter den schlichten Mauern dieses uralten Klosters verbergen sich wundervolle Wandmalereien und Stuckbilder. S. 560

8 Zanskar Die von hohen Himalaya-Gipfeln umgebene Wildnis ist im Winter nur über den zugefrorenen Fluss erreichbar. S. 567

Ladakh, der weitläufige Ostteil des unruhigen Bundesstaates Jammu und Kashmir, ist die abgelegenste und am dünnsten besiedelte Region Indiens. Die zwischen Karakorum und Himalaya eingebettete Hochgebirgs-Schneewüste wird kreuz und quer von unzähligen Gipfeln und Bergkämmen durchzogen. Für Tausende von Soldaten mit dem Auftrag, die heiklen Grenzen zu China und Pakistan zu sichern, ist die Abkommandierung in dieses öde Land eine harte und gefährliche Mission. Reisenden bietet diese Wildnis die Möglichkeit, eine einzigartige Landschaft und eine Kultur kennen zu lernen, in die bis 1974 nur ganz wenige, furchtlose Besucher aus dem Abendland Einblick erhielten.

Oft als „Klein-Tibet" oder „das letzte Shangri-La" beschrieben, ist **La-Dags** – das „Land der hohen Bergpässe" – eine der letzten Enklaven des Mahayana-**Buddhismus**. Die seit vielen hundert Jahren in Ladakh vorherrschende Religion wird heute in ihrem Mutterland Tibet von den Chinesen brutal unterdrückt. Außer an der Grenze zu Kashmir sind die äußerlichen Symbole des Buddhismus überall zu sehen: Reihen von bunten Gebetsfahnen flattern auf den Hausdächern, während glänzende Gebetsmühlen und weiß getünchte Tschörten (das regionale Äquivalent der Stupas, s. S. 427) die Eingänge selbst der kleinsten Siedlungen säumen. Noch eindrucksvoller und geheimnisvoller sind die mittelalterlichen **Klöster** von Ladakh. Meist auf felsigen Berggipfeln erbaut, sind *gompas* sowohl die Hüter uralten Wissens als auch lebendige religiöse Zentren. Ihre düsteren Gebetshallen und reich verzierten Schreine beherbergen bemerkenswerte Kunstschätze: gigantische Messingbuddhas, *thangkas*, Bibliotheken mit antiken tibetischen Manuskripten, bizarre Musikinstrumente und Wandgemälde voller grimmiger, tantrischer Gottheiten.

Die größte Ansammlung von Klöstern findet man im **Indus-Tal** nahe bei **Leh**, der Hauptstadt der Region. Umgeben von erhabenen Landschaften und übersät von Hotels, Gästehäusern und Restaurants ist diese stimmungsvolle kleine Stadt – einst Zwischenstation an der alten Seidenstraße – der Ankunftsort der meisten Besucher Ladakhs und ein guter Ausgangspunkt für Erkundungstouren. Nördlich von Leh, jenseits des **Khardung La**, des höchsten befahrbaren Gebirgspasses der Welt, liegt das **Nubra**-Tal, dessen Sanddünen mit den hoch aufragenden Felszacken der Karakorum-Gebirgskette kontrastieren. Es ist auch möglich, die Wildnis rund um den See **Tso Moriri** in **Rupshu**, südöstlich von Leh, zu besuchen, und von den Ufern des **Pangong Tso**, im äußersten Osten von Ladakh, einen Blick auf das ferne Tibet zu werfen. Für diese Gebiete benötigen Besucher jedoch eine Genehmigung (S. 537). Westlich von Leh, hinter den windumtosten Pässen **Fatu La** und **Namika La**, sind immer weniger buddhistische Gebetsfahnen zu sehen, je weiter man sich dem vorwiegend moslemischen Distrikt **Kargil** nähert.

Die zweitgrößte Stadt Ladakhs liegt am Ende des atemberaubend schönen **Suru-Tals** und auf halbem Wege von bzw. nach Srinagar. In Kargil steigt man aus, um **Zanskar** zu erkunden – die große Wildnis im äußersten Süden des Staates, die die Grenze zu Lahaul in Himachal Pradesh bildet.

Weitab vom Einflussbereich des Monsuns schneit es in Ladakh nur selten, vor allem in den Tälern, und noch seltener fällt Regen (nur gut 100 mm pro Jahr). Dem dünnen, sandigen Boden, der acht Monate im Jahr steinhart gefroren ist und den die restlichen vier Monate eine gleißende Sonne versengt, können die Einheimischen nur das Allernötigste abringen. Schmelzwasser wird durch ein kompliziertes System von Bewässerungskanälen auf die Felder geleitet wird, und

> ### Umweltschäden
>
> Umweltschäden sind in Ladakh zu einem immens wichtigen Thema geworden. Obwohl Plastiktüten in Leh offiziell verboten sind, weil sie die lebenswichtigen Flusssysteme, von denen der Staat so sehr abhängt, verstopfen, benutzen Ladenbesitzer sie immer noch. Mineralwasserflaschen aus Plastik stellen ein besonderes Problem dar, Besucher sollten also entweder eigene Wasserfilter mitbringen (S. 75) oder ihre Plastikflaschen in der Dzomsa Laundry vor Leh abgeben (S. 552). Man kann sie aber auch in einem Guesthouse mit gefiltertem Wasser füllen lassen. Besucher werden gebeten, alle unnötigen Verpackungen zurückzulassen, bevor sie nach Ladakh kommen.

zwischen Ende Juni und dem ersten Oktoberfrost gibt es nur eine einzige Ernte Gerste (die geröstet zum Hauptnahrungsmittel *ngamphe* verarbeitet wird). In den tieferen Lagen, wo akkurate Terrassenfelder frische, grüne Farbflecken zwischen nackten Felsen und glitzernden Geröllhängen bilden, wird der Speiseplan durch schnell wachsenden Weizen, Gartengemüse, Aprikosen und Walnüsse ergänzt. Weiter oben ist es wegen der erbarmungslosen Kälte und des steilen Geländes unmöglich, den Boden zu bewirtschaften, und die Dorfbewohner leben dort von der Viehzucht – Yaks, Ziegen, Schafe und *dzo* (eine Kreuzung aus Yak und heimischer Kuh). Wolle, Milch und Butter verkaufen oder tauschen sie gegen Getreide und Brennstoff. In den letzten Jahren hat die **globale Erwärmung** trockene Winter mit noch weniger Schnee gebracht. Der daraus folgende Mangel an Schmelzwasser erschwert die für den traditionellen Ackerbau unerlässliche Bewässerung und schürt die Angst vor Dürren.

Transport

Zwei große „Highways" verbinden Ladakh mit dem restlichen Indien. Wegen der Unruhen in Kashmir wird die legendäre Srinagar-Leh-Route jetzt weit weniger von Touristen befahren als die Straße, die vom knapp 500 km weiter südlich gelegenen **Manali** (S. 516) hochführt. Die beiden Highways sowie die unbefestigte Straße zwischen Kargil und Padum in **Zanskar** verbinden auch die meisten größeren Orte Ladakhs mit der Hauptstadt.

Die **Busverbindungen** entlang des großen Indus-Tal-Highways sind gut, die Busse verkehren häufig und zuverlässig. Dies gilt jedoch umso weniger, je weiter man sich von Leh entfernt. Wer einen Tagesausflug in abgelegenere

Sperrgebiete und Genehmigungen

Teile Ladakhs sind für den normalen Touristen immer noch unzugänglich. Seitdem die Spannungen im indisch-chinesischen Grenzgebiet abgenommen haben, wurden jedoch weite Teile dieses außergewöhnlichen Landes zugänglich, das einst hinter dem politischen Vorhang der „Inner Line" verborgen lag. Vor allem drei Regionen sind heute bei Travellern beliebt: das nördlich von Leh an die Karakorum-Bergkette grenzende **Nubra-Tal**, die Gegend um den **Pangong Tso**, den See östlich von Leh, und die Region **Rupshu** mit dem See **Tso Moriri** südöstlich von Leh. Sowohl indische als auch ausländische Besucher benötigen eine **Genehmigung** (Permit), um in diese Gebiete einreisen zu können. Offiziell wird sie nur für Gruppen von mindestens vier Personen in Begleitung eines Führers von einem der örtlichen **Tourveranstalter** ausgestellt. In der Praxis jedoch vergeben Reisebüros aber auch ohne Probleme Permits an Individualreisende, wobei einfach drei imaginäre Begleiter (in der Regel Leute, die zur gleichen Zeit einen Antrag stellen) auf dem Schein eingetragen werden, um die Statistik zu frisieren. Solange Name und Reisepassnummer auf dem Permit stehen, ist es den Wächtern an den Kontrollpunkten relativ gleichgültig, aus wie vielen Personen die Gruppe besteht. Die Genehmigungen werden zwar vom **District Magistrate's Office** in Leh ausgestellt, sind derzeit allerdings nur über einen der zahlreichen Tourveranstalter (S. 552) in Leh erhältlich. Diese erheben eine **Gebühr** – normalerweise rund Rs50–100 p. P. Da einige der betreffenden Regionen (z. B. Pangong Tso) nur schwer mit öffentlichen Verkehrsmitteln erreichbar sind, nehmen die meisten Besucher ohnehin die Dienste eines Tourveranstalters in Anspruch. In diesem Fall ist die Genehmigung meistens schon im Gesamtpaket enthalten. Benötigt werden zwei Fotokopien der relevanten Seiten aus Reisepass und Visum. Wer den Antrag morgens stellt, erhält die Genehmigung in der Regel noch am selben Tag. Sie ist normalerweise für maximal sieben Tage gültig. Es empfiehlt sich, mindestens fünf Kopien zu machen, denn die Kontrollpunkte behalten oft gerne eine Kopie, wenn man sich dort anmeldet. Mitunter ist auch das Original vorzuzeigen. Bei organisierten Gruppenreisen kümmert sich der Fahrer um alles und die Teilnehmer haben mit ihrem Permit meist gar nichts zu tun.

LADAKH

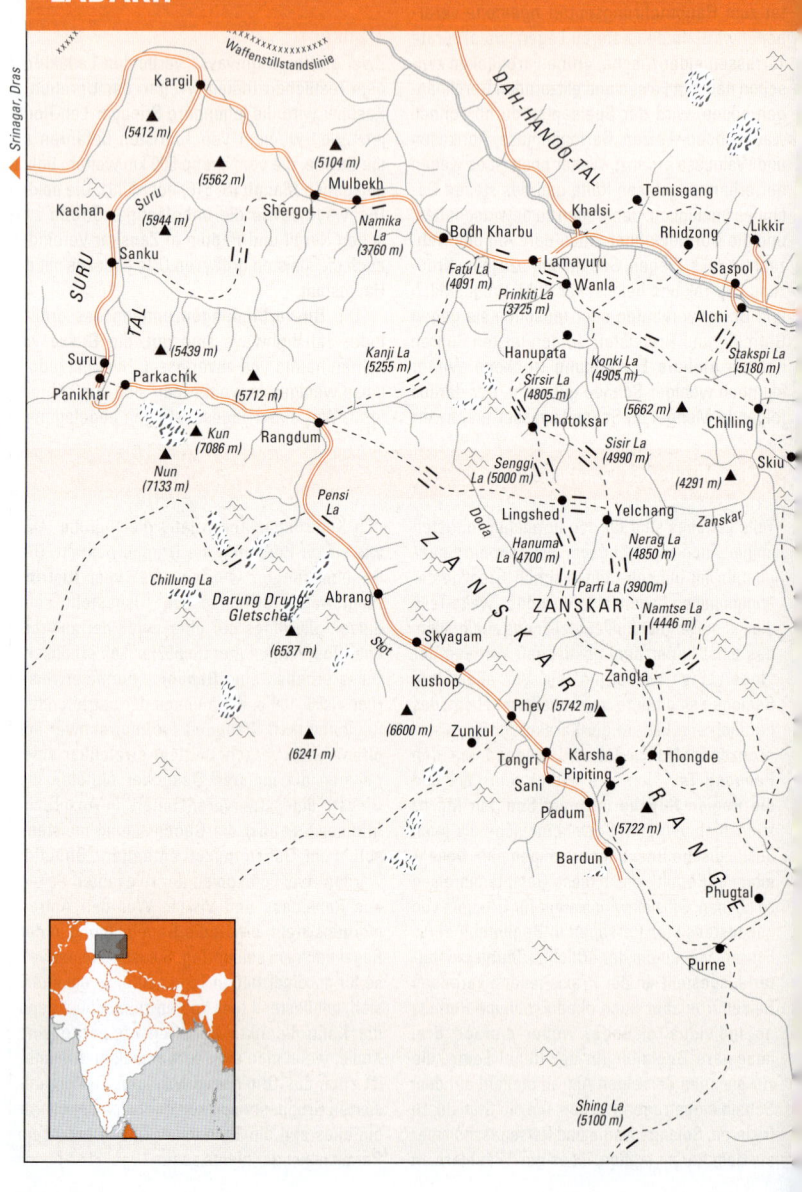

Ladakh

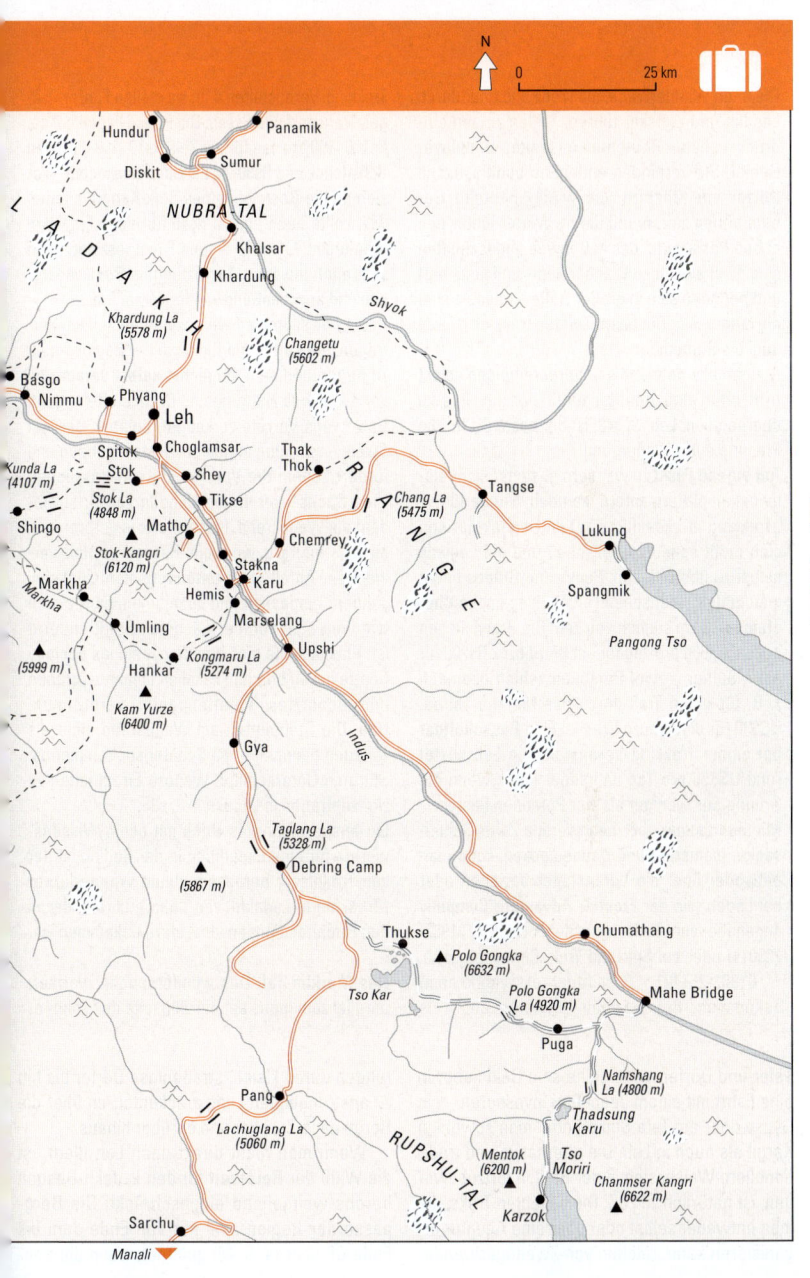

Map of Ladakh region

Locations shown on map:
- Hundur, Diskit, Sumur, Panamik
- NUBRA-TAL
- Khalsar, Khardung
- Khardung La (5578 m)
- Shyok
- Changetu (5602 m)
- Basgo, Nimmu, Phyang, Leh
- Spitok, Choglamsar
- Stok, Shey, Thak Thok
- Kunda La (4107 m)
- Stok La (4848 m), Tikse
- Shingo, Matho
- Stok-Kangri (6120 m)
- Chemrey, Chang La (5475 m), Tangse
- Markha, Stakna, Karu
- Hemis, Marselang, Lukung
- Umling, Upshi, Spangmik
- Kongmaru La (5274 m)
- Pangong Tso
- Hankar, (5999 m)
- Kam Yurze (6400 m)
- Gya
- Indus
- Taglang La (5328 m)
- (5867 m)
- Debring Camp
- Thukse, Polo Gongka (6632 m), Chumathang
- Tso Kar
- Polo Gongka La (4920 m), Mahe Bridge
- Puga
- Namshang La (4800 m)
- Pang
- Lachuglang La (5060 m)
- Thadsung Karu
- RUPSHU-TAL
- Mentok (6200 m), Tso Moriri
- Chanmser Kangri (6622 m)
- Sarchu, Karzok
- Manali

www.stefan-loose.de/indien

Trekking in Ladakh und Zanskar

Die alten Wanderwege, die kreuz und quer durch Ladakh und Zanskar führen, zählen zu den eindrucksvollsten Routen im gesamten Himalaya-Gebiet. Sie verbinden entlegene buddhistische Dörfer mit Klöstern, die windgebeutelte Gebetsfahnen zieren und die im Winter hinter den hohen Pässen von der Außenwelt abgeschnitten sind. Fast alle diese Wanderwege sind lang, hart und befinden sich in großer Höhe – aber sie sind nie langweilig. Die **beste Zeit** für Trekking ist von Juni bis September.

Ob man alle notwendigen Vorbereitungen selbst trifft oder eine Agentur dafür bezahlt, das zu übernehmen: **Leh** (S. 543) ist der beste Ort für die Planung einer Wanderung.

Auf eigene Faust zu wandern gestaltet sich relativ unkompliziert, sofern man den Wanderführer „Trekking in Ladakh" (s. u.) im Gepäck hat und sich nicht scheut zu feilschen und die Logistik selbst zu übernehmen. **Ponys** und **Guides** findet man in dem tibetischen Flüchtlingscamp in **Choglamsar**, 3 km südlich von Leh. Die Preise liegen bei ca. Rs300 pro Tag für ein Pferd bzw. Rs200 für ein Maultier – zwei Personen zahlen demnach z. B. für einen Trek durch das Markha-Tal ca. US$30 für eine ganze Woche. Eine **Pauschaltour** bei einem Trekking-Veranstalter in Leh kostet rund US$50 pro Tag und sogar mehr, wenn die Gruppe aus weniger als vier Personen besteht.

Mietausrüstung, z. B. hochwertige Zelte, Schlafsäcke, Isomatten und Daunenjacken, kann man entweder über die Veranstalter beziehen oder bei Läden wie der **Frontier Adventure Company** gegenüber vom Taxistand in der Fort Rd, ✆ 01982-253011) oder bei **Spiritual Trek**, Changspa Lane, ✆ 01982-251701, ✉ spiritualtrek@yahoo.com) bekommen. Beide Läden fungieren auch als Trekking-Veranstalter, d. h. sie stellen Führer, Träger, Transport und Essen. Die Preise liegen bei ca. Rs100–150 pro Tag für ein Zelt, Rs70–100 für einen Schlafsack und Rs30–40 für einen Gaskocher. Wer sich an die Besteigung des Stok-Kangri machen will, sollte noch einmal Rs40 für einen Eispickel drauflegen. Wer auf eigene Faust loszieht, kann sich auch indische Ausrüstung im Basar besorgen und anschließend wieder verkaufen.

Besucher sollten so weit wie möglich dazu beitragen, die Kultur und Ökologie der Region intakt zu halten und sich möglichst **selbst versorgen**, vor allem was Nahrung und Brennstoffe angeht. Unterwegs Vorräte zu kaufen, belastet das auf Selbstversorgung angelegte System unnötig und fördert zudem die Verbreitung von hässlichen „Tea Shops" (oft in den Händen von Ortsfremden) am Wegesrand. Immer Kerosin verbrennen, niemals die rare, wertvolle Ressource Holz verwenden. Abfall nicht unterwegs zurücklassen, sondern einpacken und mitnehmen, ganz gleich wie weit man von der nächsten Stadt entfernt ist. Plastik sollte man zum Recyceln ins Ecology Centre in Leh bringen. Fäkalien immer vergraben und benutztes Toilettenpapier verbrennen. Und: Die Steinhütten am Wegesrand nicht als Toiletten benutzen – die Schäfer suchen hier bei Stürmen Unterschlupf. Weitere Einzelheiten zu Umweltfragen in Ladakh s. S. 536.

Ein ausgezeichnetes **Buch** mit allem Wissenswerten für eine Expedition in der Region ist der von Trailblazer herausgegebene Wanderführer „Trekking in Ladakh" von Charlie Loram, der in den Buchhandlungen von Leh zu bekommen ist.

Das Markha-Tal: Das wunderschöne verläuft parallel zum Indus auf der Südseite des schnee-

Täler und Dörfer plant, sollte sein Geld lieber in eine Fahrt mit einem Jeep-**Taxi** investieren – ein Gypsy oder ein Tata Sumo findet man sowohl in Kargil als auch in Leh. Die alternative und traditionellere Weise, sich in der Region fortzubewegen, ist natürlich zu Fuß. Die beliebten Treks, die man entweder selbst oder über eine Agentur organisieren kann, reichen von Zweitageswanderungen durch kleine, straßenlose Dörfer bis hin zu anstrengenden Langstreckentouren über die Berge nach Zanskar und darüber hinaus.

Wenn man nicht direkt nach Leh fliegt, ist die Wahl der **Reisezeit** für den Ladakh-Besuch bereits weitgehend eingeschränkt: Die Bergpässe der Region sind nur von Ende Juni bis Ende Oktober (s. S. 48) geöffnet, wenn die Son-

bedeckten Stok-Kangri-Massivs, das von Leh aus zu sehen ist. Der gewundene Pfad führt durch das Tal über kultivierten Boden, hügelige Hochland-Wiesen und oftmals verschneite Pässe – so ermöglicht er Wanderern den Aufenthalt in einer Region ohne Straßen, ohne dafür wochenlang durch die Wildnis wandern zu müssen. Folglich ist er zu einer der meistgenutzten Routen in Ladakh geworden. Man sollte diesen Trek auf keinen Fall ohne angemessene, regen- und kältefeste Kleidung unternehmen: Schneestieben werden selbst im August über die höheren Lagen des Markha-Tals geweht. Der Rundgang dauert 6–8 Tage und verläuft in der Regel gegen den Uhrzeigersinn, beginnend im Dorf **Spitok** (S. 559), 10 km südlich von Leh. Der spektakulärere Weg über **Stok** (S. 555) gewährt unübertreffliche Blicke über das Indus-Tal bis zu den Bergketten von Ladakh und dem Karakorum. Allerdings führt er schon am zweiten Tag über den steilen **Stok La** (4848 m) und sollte daher nur von Wanderern gewählt werden, die sich bereits gut an die Höhe gewöhnt haben.

Von Likkir nach Temisgang: Die befahrbare Straße entlang der alten Karawanen-Route durch die Berge zwischen Likkir und Temisgang bietet sich für eine leichte, zweitägige Wanderung an. Man kommt an den drei großen Klöstern Likkir, Rhizong und Temisgang sowie einer Reihe idyllischer Dörfer vorbei. Die Tour gibt einen hervorragenden Vorgeschmack auf das Wandern in Ladakh und eignet sich perfekt, um sich zu akklimatisieren, wenn man längere und anspruchsvollere Routen plant. Ponys und Führer für den Trek lassen sich auf gut Glück in Likkir oder Temisgang arrangieren, in beiden Orten gibt es kleine Gästehaus und tägliche Busverbindungen nach Leh.

Von Lamayuru nach Alchi: Obwohl sie gemessen an ladakhischen Standards kurz ist, zählt die fünftägige Wanderung von **Lamayuru** nach **Alchi** zu den härtesten in der Region. Sie führt über hohe Pässe, durch eine Reihe von entlegenen Tälern und vorbei an einigen alten *gompas*. Sie bietet dabei fantastische Panoramablicke auf die Wildnis im Süden des Indus-Tals. Es ist sehr schwierig, sich auf dieser Strecke zurechtzufinden, Wanderer benötigen also unbedingt einen erfahrenen Führer, Ponys und ausreichend Vorräte für den Fall, dass sie sich verirren.

Von Padum nach Lamayuru: Der Trek über die schroffe Zanskar-Bergkette von Padum nach Lamayuru auf dem Highway Srinagar–Leh wird üblicherweise in zehn bis zwölf Tagen zurückgelegt und ist eine äußerst beliebte, aber sehr anspruchsvolle Langstreckenroute. Er sollte keinesfalls der erste Trekkingversuch sein und erfordert gebührende Vorbereitungen, Ponys und einen Führer.

Der Stok-Kangri: Der von Leh aus gut sichtbare Stok-Kangri (6120 m) steht in dem Ruf, der einfachste Sechstausender der Welt zu sein. Mehrere Veranstalter in Leh werben für fünftägige **Kletterexpeditionen** mit dem Ort Stok als Ausgangspunkt und einem technisch anspruchslosen Aufstieg für ca. US$40 p. P. bei einer 4er-Gruppe. Wer das Buch „Trekking in Ladakh" dabei hat, kann diese Tour auch allein in Angriff nehmen, wobei ausreichend Verpflegung für drei bis vier Tage mitzuführen ist.

ne am wärmsten ist und die Temperaturen am angenehmsten sind. Doch selbst zu dieser Zeit können die Nächte sehr kühl sein, so dass ein Schlafsack ratsam ist, auch wenn in den Unterkünften meist mehrere Decken zur Verfügung gestellt werden. Ab November fallen die Temperaturen sehr schnell, zwischen Dezember und Februar oft bis auf minus 40 °C. Dann führt der einzige Weg von und nach Zanskar über den zugefrorenen Fluss. Ein weiterer Grund, im Sommer hierher zu kommen, ist, eine der durchaus spektakulärsten Autostraßen der Welt zu befahren. Der stundenlange Flug über den Himalaya zum höchsten Flughafen weltweit mag unvergesslich sein, aber nur die mindestens zwei Tage dauernde Fahrt von Manali (S. 516) vermittelt auf eindrucksvolle Weise, wie entlegen und außergewöhnlich dieses einsame Bergreich wirklich ist.

Geschichte

Die ersten Bewohner Ladakhs waren vermutlich Nomadenhirten aus dem tibetischen Hochland und eine kleinere Gruppe früher buddhistischer Flüchtlinge aus Nordindien, die Mons. Irgendwann im 4. oder 5. Jh. wurden diese beiden Gruppen durch die **Dard** indisch-arischer Herkunft vereint.

Das erste unabhängige Königreich in der Region wurde im 9. Jh. von dem abtrünnigen Adligen Nyima Gon gegründet, der sich die chaotische Situation nach dem Zusammenbruch des Guge-Königreichs in Westtibet zunutze machte. Zwischenzeitlich hatte auch der **Buddhismus** seinen Weg von Indien über den Himalaya gefunden. Verbreitet von umherziehenden weisen Mönchen wie Padmasambhava (alias „Guru Rinpoche"), ersetzte der Dharma zunehmend den pantheistischen Schamanismus des Bön-Kults, der in den abgelegenen Dörfern nördlich von Khalsi, bei Lamayuru, bis heute verbreitet ist. Die Ausbreitung des Glaubens ostwärts in Richtung des tibetischen Plateaus setzte sich im 10. und 11. Jh. fort. Einer der wichtigsten Missionare war der „Große Übersetzer" **Rinchen Zangpo**, ein Gelehrter und Prediger, der an der Gründung von zahlreichen Klöstern in Ladakh und dem angrenzenden Spiti beteiligt war (s. S. 528).

Etwa im 14. Jh. durchlebte Ladakh ein finsteres Zeitalter, während dessen seine Herrscher aus bis heute unbekannten Gründen vom indischen zum tibetischen Buddhismus wechselten. Diese Glaubensform war tief mit esoterischen Praktiken verbunden, die sie aus den **Tantra**-Texten bezog, und möglicherweise durch die im Bön-Kult üblichen Festrituale beeinflusst (s. S. 148, Religion). Dieser Übergang fiel zeitlich mit der Machtübernahme **Tsongkhapas** (1357–1419) in Tibet zusammen, der als Gründer der **Gelug-pa** oder Gelbmützen-Schule gilt. Mit dem Dalai Lama als Führer ist Gelug-pa heute die populärste Glaubensschule Ladakhs. Unter **Tashi Namgyal** (1555–70), der das Königreich wieder vereinte, wurde Ladakh zu einer führenden Macht im Himalaya, und die Thronbesteigung des „Löwen" **Sengge Namgyal** im 17. Jh. signalisierte weitere territoriale Zugewinne. Sengges regelrechter Bauwahn schuf einige wundervolle Monumente, aber er schröpfte damit auch erheblich die Staatskassen ebenso wie der recht stattliche Tribut, der seit seiner Niederlage in Bodh Kharbu 1639 jährlich an die Moguln zu entrichten war. Die Finanzen wurden zusätzlich belastet, als Sengges Nachfolger Deldan mit dem verbündeten Tibet einen Streit vom Zaun brach. Der fünfte Dalai Lama entsandte eine Armee mongolischer Reiter, um ihm eine Lektion zu erteilen, und der dreijährige Konflikt endete erst, als der Mogulherrscher Kashmirs zugunsten von Ladakh eingriff. Diese Hilfe hatte jedoch ihren Preis: Aurangzeb verlangte höhere Abgaben, befahl den Bau einer Moschee in Leh und zwang den König von Ladakh, zum Islam zu konvertieren.

Die Handelsbeziehungen zu Tibet wurden im 18. Jh. wieder aufgenommen, aber Ladakh erreichte nie wieder seinen vorherigen Status. Geplagt von Stammesfehden und Attentaten sank das Königreich seinem endgültigen Abstieg entgegen und war leichte Beute für den **Dogra**-General Zorawar Singh, der es 1834 für den Maharadscha von Kashmir annektierte. Die Königsfamilie von Ladakh wurde in den Stok-Palast verbannt, wo ihre Nachkommen bis heute leben.

Im Jahre 1948, nach dem ersten der vier indisch-pakistanischen Kriege in der Region, wurde Ladakh Teil des Staates Jammu und Kashmir im unabhängigen Indien. Doch bis zum heutigen Tage sind weder die internationale Grenze noch die so genannte **Ceasefire Line** (Waffenstillstandslinie), die den oberen Teil von Jammu und Kashmir durchschneidet, anerkannt und daher ein ständiger Herd für Spannungen sowohl auf lokaler Ebene als auch zwischen Delhi und Islamabad. Die vereinzelten Scharmützel zwischen 1999 und 2002, gleich außerhalb von Kargil, hätten beinahe zu einem offenen Krieg geführt. Die Lage hat sich entspannt, doch beide Armeen beschießen sich immer wieder auf dem umstrittenen Siachen-Gletscher, 100 km weiter nördlich im Karakorum. Bedenkt man dabei die Nähe zu China – ein weiterer Erzfeind, der 1962 einen großen Teil von Ladakh annektierte –, wird deutlich, warum Ladakh die sensibelste Grenzregion Indiens ist.

Heute umfasst Ladakh zusammen mit Zanskar rund 70 % des Staates Jammu und Kashmir (J&K). Nach der jahrelangen Unzufriedenheit der Ladakhis mit der in Srinagar ansässigen Staatsregierung und den andauernden politischen Querelen, wurde im September 1995 schließlich das **Ladakh Autonomous Hill Development Council** (LAHDC) eingesetzt. Seither wird Ladakh – zumindest theoretisch – auch von Ladakh aus regiert. Nach wie vor unzufrieden mit der weiter vorherrschenden Zentralmacht, gründeten buddhistische und islamische Parteien Ladakhs 2002 eine neue Einheitspartei, die **Ladakh Union Territory Front**, mit dem Ziel der Abspaltung Ladakhs von Jammu und Kashmir und Anerkennung als Unionsterritorium von Seiten Delhis. Obwohl einige Moslemgruppen gegen die Spaltung von Jammu und Kashmir sind, hat die Front bei den Staatswahlen von 2005 einen großen Sieg errungen und 24 der 26 LAHDC-Sitze gewonnen. Dennoch hat die von der Kongresspartei geführte Regierung in Delhi alle Versuche abgewehrt, den Status als Union Territory zu revidieren. Die Kampagne dauert daher mit häufigen Protesten weiter an.

Leh

Die Hauptstadt von Ladakh erstreckt sich in einem kleinen Nebental, das im Norden bis an die erodierten, schneebedeckten Gipfel reicht, unterhalb einer tibetischen Palast-Ruine – ein Labyrinth aus Lehmziegeln und Beton, das auf einer Seite von Wüste und auf der anderen von saftigem, bewässertem Ackerland umrahmt wird.

Leh wurde erst im 17. Jh. zur Hauptstadt der Region, als Sengge Namgyal seinen Hof von Shey, 15 km südöstlich, hierher verlegte. Er wollte dem Beginn des Korridors zwischen Khardung La und Karakorum nach China näher sein. Der Umzug zahlte sich aus: Innerhalb nur einer Generation erblühte die Stadt zu einem der wichtigsten Märkte an der Seidenstraße. In den 20er und 30er-Jahren des 20. Jhs. kamen jeden Tag mehr als ein Dutzend Pony- und Kameltrosse auf dem großen Basar an, der bis heute das Herz der Stadt bildet.

Lehs Wohlstand war vor allem den sunnitischen Händlern zu verdanken, deren Nachkommen in der Altstadt von Leh, dem **Old Quarter** leben. Lehs Blüte fand ein abruptes Ende, als in den 50er-Jahren die chinesische Grenze geschlossen wurde. Erst nach den indisch-pakistanischen Kriegen von 1965 und 1971, als Indien den schon vergessenen strategischen Wert der Hauptstadt wieder entdeckte, wendete sich das Schicksal der Stadt wieder zum Guten. Heute sind die *jawans* (Soldaten) in ihren khakifarbenen Uniformen mit ihren Familien aus den nahe gelegenen Militär- und Luftstützpunkten die

---

Trinkwasser

Da Leh 3505 m über dem Meeresspiegel liegt, leiden manche Besucher, vor allem diejenigen, die mit dem Flugzeug aus Delhi ankommen, zunächst an leichter **Höhenkrankheit**. Am besten lassen sich die Symptome (anhaltende Kopfschmerzen, Schwindelgefühl, Schlaflosigkeit, Appetitlosigkeit und Kurzatmigkeit) vermeiden, indem man sich nach der Ankunft mindestens 48 Stunden lang ausruht. Weiterhin ist zu empfehlen, drei bis vier Liter Wasser pro Tag zu trinken, auf Alkohol zu verzichten und sich nicht zu überanstrengen.

Wer sich in den ersten Tagen übernimmt, fühlt sich danach möglicherweise eine ganze Woche lang unwohl.

Weitere Informationen s. S. 1284 oder beim SNM Hospital unter ✆ 01982-252014 oder 252360.

Ein gesundheitliches Problem, das weit mehr Touristen betrifft, ist Durchfall. Die Ursache ist **verschmutztes Wasser** – eine Folge des unzureichenden Abwassersystems, das mit den Touristenströmen des Sommers hoffnungslos überfordert ist. Besucher sollten die üblichen Vorsorgemaßnahmen hier besonders ernst nehmen und darauf achten, was sie trinken. Auf Salate und rohes Gemüse sollten sie besser verzichten. Viele Hotels filtern ihr Wasser aber so gründlich, dass es bedenkenlos getrunken werden kann, und Dzomsa Laundry verkauft Trinkwasser in recycelten Plastikflaschen.

wirtschaftliche Hauptstütze der Stadt, wenn im Winter nur noch wenige ausländische Besucher hierher kommen.

Den radikalsten Umschwung zog jedoch zweifellos die Entscheidung der indischen Regierung 1974 nach sich, Ladakh für ausländische **Touristen** zu öffnen. Von Anfang an trug Leh die Hauptlast der Invasion von Rucksacktouristen, die alljährlich mit dem Bus von Srinagar heraufkamen. Heute, gut dreißig Jahre später, ist Leh auf die doppelte Größe angewachsen und hat nicht mehr viel mit dem verschlafenen Himalaya-Städtchen der frühen 70er gemein. Die Lebensmittelläden und traditionellen Bekleidungsgeschäfte an der Hauptstraße wurden inzwischen größtenteils von kashmirischen Kunsthandwerksläden, Internet-Cafés und tibetischen Restaurants verdrängt. Die schnell zunehmende Zahl von Händlern aus Kashmir, die kaum eine andere Wahl haben, als ihren Geschäften außerhalb von Kashmir nachzugehen, hat in den letzten Jahren zu Unruhen im Basar von Leh geführt – die erste öffentliche Gewalt im ansonsten friedliebenden Ladakh.

Orientierung

Da der **Palast** als mächtiger Koloss die Stadt im Norden überragt, ist es praktisch unmöglich, in Leh die Orientierung zu verlieren. Der breite Basar verläuft von Norden nach Süden durch das Herz der Stadt und trennt die verwinkelte **Altstadt** und den nahe gelegenen Poloplatz von den grüneren, großzügigeren Wohnbereichen **Karzoo** und **Suki** im Westen. **Fort Road**, die zweite große Straße, zweigt von der Hauptstraße gen Westen ab und führt dann bergab, vorbei am Taxistand, vielen Hotels, Restaurants und Shops weiter in Richtung des Indian-Airlines-Büros am Südrand der Stadt.

Basar und Altstadt

Nachdem sie sich in einem Hotel oder einem der Gästehäuser eingemietet haben, verbringen die meisten Besucher ihren ersten Tag in Leh damit, die Atmosphäre des Basars in sich aufzunehmen. Vor etwa 80 Jahren war dieser geschäftige Boulevard der meistbesuchte Markt zwischen Yarkhand und Kashmir. Händler aus Srinagar und dem Punjab versammelten sich hier, um Pashmina-Wolle von den Nomadenhirten aus Westtibet und Rohseide, die mit Trampeltieren über die Karakorums transportiert worden war, zu kaufen oder zu tauschen. Auch heute, obwohl die Straße von kitschigen Antiquitäten- und Kunsthandwerksläden übersät ist, ist die typische zentralasiatische Atmosphäre hier noch deutlich zu spüren. Selbst wer nicht seine Trekkingvorräte aufstocken will, sollte in den **Provision Stores** an der Straße stöbern, wo rosa- und türkisfarbene sowie weinrote Kummerbunde in den Fenstern hängen.

Wer vom Basar genug gesehen hat, kann vorbei an der neuen, grün-weißen **Jama Masjid** ans obere Ende der Straße laufen und von dort einer der Gassen in die **Old Town** folgen. Außer einem Elektrokabel und einem Betonweg hier und da scheint sich nicht das Geringste verändert zu haben – vor allem nicht die Wasserleitungen: ein Labyrinth aus Flachdachhäusern, bröckelnden Tschörten und Mani-Mauern (S. 546, Kasten), das Ende des 16. Jhs. angelegt wurde. Ein Ort, der den Weg durch faulige Pfützen auf jeden Fall lohnt, ist der **Chamba-Tempel**. Er ist schwierig zu finden: Am besten fragt man in der zweiten Ladenreihe links hinter dem großen Bogen nach dem *gonyer*, der den Schlüssel hat und Besuchern den Weg zeigt. Der einräumige Schrein zwischen baufälligen Villen beherbergt ein riesiges Bildnis von Maitreya, dem künftigen Buddha, und einige wunderschöne, alte Wandmalereien.

Der Palast

Auf einem schroffen Granitfelsen sitzend überragt der verlassene **Palast** majestätisch die Stadt. Von hier aus regierte Sengge Namgyal im 16. Jh. sein Reich. Der Palast ist eine bescheidenere Version des Potala in Lhasa und ein Paradebeispiel für die mittelalterliche Architektur Tibets, mit gigantischen, schrägen Säulenwänden und vorspringenden Holzbalkonen, die hoch über den umliegenden Häusern hängen. Seit die Ladakher Königsfamilie den Palast in den 40er Jahren des 20. Jhs. verließ, hat der Schaden, den die kashmirischen Kanonen aus dem 19. Jh. angerichtet haben, große Teile zum Einsturz gebracht. Der Kartenschalter ist oft nicht besetzt; dann versuchen die Jungs von der Straße sich

Leh

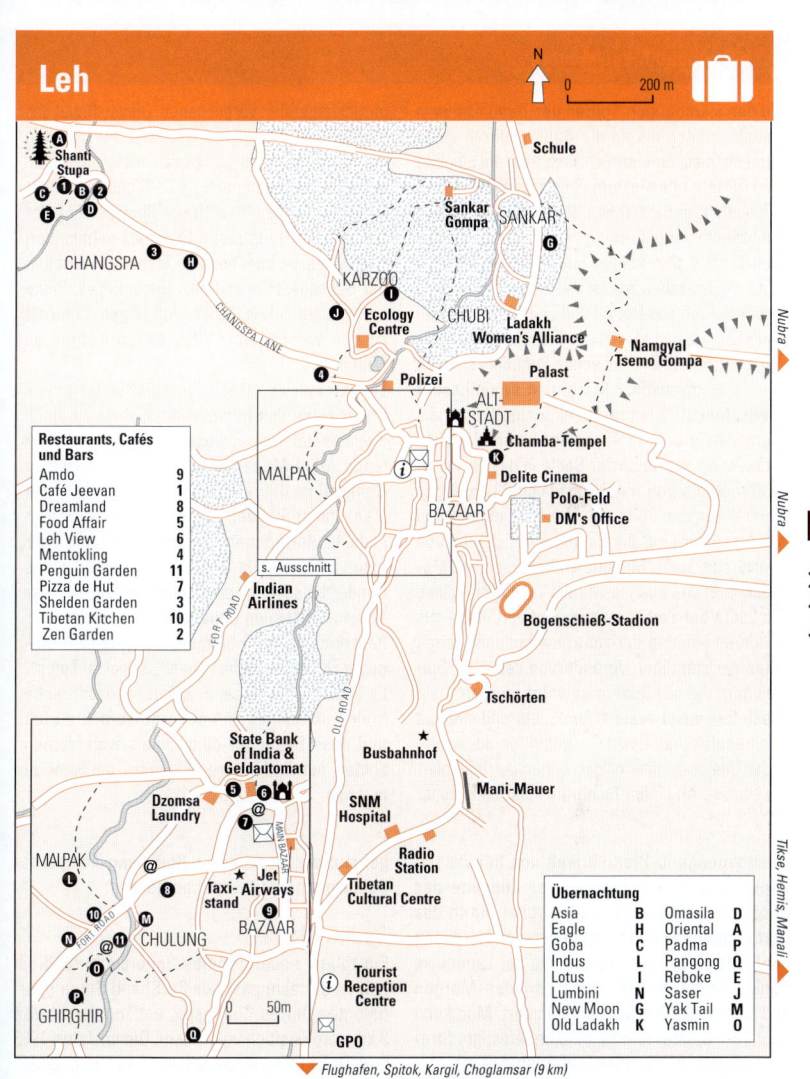

Restaurants, Cafés und Bars	
Amdo	9
Café Jeevan	1
Dreamland	8
Food Affair	5
Leh View	6
Mentokling	4
Penguin Garden	11
Pizza de Hut	7
Shelden Garden	3
Tibetan Kitchen	10
Zen Garden	2

Übernachtung			
Asia	B	Omasila	D
Eagle	H	Oriental	A
Goba	C	Padma	P
Indus	I	Pangong	Q
Lotus	L	Reboke	E
Lumbini	N	Saser	J
New Moon	G	Yak Tail	M
Old Ladakh	K	Yasmin	O

▼ Flughafen, Spitok, Kargil, Choglamsar (9 km)

ein Taschengeld zu verdienen, indem sie am Eingang Geld verlangen. ⏱ tgl. Sonnenauf- bis -untergang, Rs100.

Namgyal Tsemo Gompa

Sobald man sich an die Höhe gewöhnt hat, ist eine frühmorgendliche Wanderung zum **Namgyal Tsemo Gompa**, dem Kloster auf dem Schieferfelsen oberhalb des Palasts von Leh, eine wunderschöne, wenn auch anstrengende Art, den Tag zu beginnen. Zwei Wege führen hinauf zum „**Peak of Victory**", dem Siegesberg, dessen beide Gipfel durch lange Reihen farbenfroher Gebetsfahnen verbunden sind. Der erste und

Tschörten und Mani-Mauern

Zu den sichtbarsten Spuren des Buddhismus in Ladakh zählen die an die Bauernfiguren eines Schachspiels erinnernden Tschörten am Eingang von Dörfern und Klöstern. Sie sind das tibetische Äquivalent der indischen Stupa (S. 427): große, halbkugelförmige Grabhügel-Heiligtümer, die seit dem 3. Jh. v. Chr. Teil des buddhistischen Rituals sind. Sie bestehen aus Lehm und Stein (und neuerdings auch aus Beton) und wurden häufig von Ladakhs Adligen als Akt der Frömmigkeit errichtet. Ebenso wie ihre indischen Pendants stecken sie voller mystischer Kräfte und **symbolischer Bedeutung**: Die lange, kegelförmige Spitze, die normalerweise in 13 Abschnitte unterteilt ist, repräsentiert die Reise der Seele in das Nirwana, während die von einer Mondsichel umgebene Sonne auf der Spitze für die Vereinigung von Gegensätzen und die Einheit von Existenz und Universum steht. Manche enthalten heilige Manuskripte, die, ebenso wie die Tschörten selbst, im Laufe der Zeit verwittern und verfallen – als Widerspiegelung der zentralen buddhistischen Idee der ständigen Veränderung der Welt. Diejenigen, die in Klöstern bewahrt werden – sie bestehen meist aus solidem Silber und sind mit Halbedelsteinen besetzt – enthalten die Asche oder Überreste der heiligen *rinpoches* (inkarnierte Lamas). An einem Tschörten muss man immer im Uhrzeigersinn vorbei gehen: Dieses Ritual des Umrundens symbolisiert den Lauf der Planeten am Firmament und soll böse Geister abhalten. Die größte Ansammlung von Tschörten findet man in der Wüste östlich von **Shey** (S. 555), der ehemaligen Hauptstadt. Ebenfalls sehenswert ist das riesige, bunt bemalte Tschörten zwischen der Bushaltestelle und dem Basar in Leh. Seine rote Spitze bildet einen auffälligen Kontrast zu den verschneiten Stok-Kangri-Bergen im Süden.

Ein Stück weiter talwärts vom großen Tschörten, in der Nähe des Radiosenders, steht ein noch monumentaleres religiöses Symbol: eine 500 m lange **Mani-Mauer**, erbaut von König Deldan Namgyal im Jahre 1635. Solche Mauern findet man immer wieder an religiösen Stätten in Ladakh. Sie können nur wenige Meter oder einen Kilometer lang sein und bestehen aus Hunderttausenden von Steinen, von denen jeder einzelne mit einem Gebet oder heiligen Mantras beschrieben ist – normalerweise mit dem Bittgebet Om Mani Padme Hum: „Juwel im Lotus". Es bedarf wohl keiner Erwähnung, dass solche Steine auf keinen Fall entfernt werden dürfen und dass Besucher dem Impuls widerstehen sollten, auf die Mauern zu klettern, um Fotos zu machen.

---

meistbegangene Pfad verläuft von der Palaststraße aus im Zickzack an der Südseite des Berges hinauf, während ein zweiter durch das Dorf **Chubi** den etwas weniger steilen Nordhang hochführt. Dies ist die Route, die der Lama vom Sankar Gompa nimmt, der sich jeden Morgen und Abend um den Schrein kümmert. Man kann auch zum Kloster fahren, eine unbefestigte Straße zweigt 2 km nördlich des Busbahnhofs vom Highway nach Khardung La ab. ⏲ tgl. 7–9 und 17–20 Uhr.

Nähert man sich dem Kloster von Süden her, kommt man zuerst zum roten **Maitreya-Tempel**. Im Inneren dieses vermutlich aus dem 14. Jh. stammenden Schreins steht eine gigantische Buddha-Statue umgeben von Bodhisattvas. Die Wandmalereien sind jedoch modern und weniger interessant als die im **Gonkhang** (Tempel der Schutzgottheiten) weiter bergauf.

Shanti Stupa

Ein relativ neuer Teil des Panoramas rund um Leh ist der zahnpastaweiße Shanti Stupa oberhalb des Dorfes Changspa, entlang der Straße 3 km nordwestlich vom Basar. Die im Jahre 1983 vom Dalai Lama eingeweihte „Friedenspagode" ist eins von mehreren Monumenten, die die „Friedenssekte" japanischer Buddhisten errichtet hat. Ihre Seiten sind mit Goldtäfelchen verziert, die Szenen aus dem Leben Buddhas zeigen. Man kann sie entweder mit dem Auto erreichen oder die über 500 steilen Treppenstufen am Ende der Changspa Lane zu Fuß erklimmen. Das Café gleich unterhalb des Stupas bietet eine angenehme Verschnaufpause für alle, die nicht ganz fit oder akklimatisiert sind. Die große Terrasse ist ein ausgezeichneter Platz zum Beobachten des Sonnenaufgangs und wird am frühen Morgen bevorzugt von Yogis aufgesucht.

Ecology Centre

Einen fünfminütigen Fußmarsch nördlich vom Basar liegt das recht angestaubte und nicht immer besetzte Ecology Centre, ✆ 01982-253221, ⏰ Mo–Sa 10–16.30 Uhr, Hauptsitz der LEDeG (Ladakh Ecological Development Group). Die regionale Nichtregierungsorganisation (NGO) bekämpft die negativen Auswirkungen einer westlich orientierten „Entwicklung", indem sie wirtschaftliche Unabhängigkeit und den Respekt für die traditionelle Kultur fördert. Unterstützt werden u. a. Solarenergie, Landwirtschaft und biodynamische Kleinbetriebe. Aufklärung über soziale und Umweltthemen wird mit Hilfe von Theaterstücken, Workshops und Seminaren im Dorf geleistet. Im Garten der Organisation zeigt eine Ausstellung Solaranlagen, hydraulische Pumpen, Wassermühlen und andere Geräte, die in Ladakh bereits erfolgreich eingesetzt wurden. Darüber hinaus gibt es eine kleine **Bibliothek** und ein **Kunsthandwerksgeschäft**, das in der Region hergestellte Kleidung, *thangkas*, T-Shirts, Bücher und Postkarten verkauft. Sehr interessant ist das LEDeG-**Video** „Ladakh: the Forbidden Wilderness" (Vorführung Mo, Mi und Fr 16 Uhr; Rs50), ein gut gemachter Dokumentarfilm über den See Tso Moriri und die Menschen, Tiere und Pflanzen seiner Umgebung.

Ein Ableger des Ecology Centre befindet sich in Ribook, unmittelbar unterhalb des Shanti Stupa, ebenfalls mit Werkstatt, Ausbildungszentrum und einfacher, solarbeheizter Unterkunft; Einzelheiten unter ✉ ledeg@vsnl.net.

Helna Norberg Hodge, die schwedische Gründerin der LEDeG, steht auch hinter der Website der „International Society for Ecology and Culture" (ISEC), 💻 www.isec.org.uk, die sich für die Verwirklichung nachhaltiger Lebensbedingungen in „Entwicklungs-" und „entwickelten" Ländern einsetzt. In Ladakh beschäftigt die ISEC **Freiwillige** im Rahmen des sogenannten **Farm Project**, das einheimische Bauern bei der Aufrechterhaltung ihrer traditionellen Anbaumethoden unterstützt. In enger Zusammenarbeit mit dem Farm Project steht die in Chubi (nördlich des Zentrums von Leh) beheimatete Kooperative „Women's Alliance of Ladakh" (WAL), die sich für die Förderung traditioneller Ladakhi-Kultur einsetzt. Eine ihrer bemerkenswerteren Errungenschaften war die Durchsetzung eines Verbots von Plastiktüten in Leh im Jahr 1998. Heute hat die Allianz über 5000 Mitglieder in 100 Dörfern. Die beste Zeit für einen Besuch sind die von den Organisationen veranstalteten **Fêtes** mit Volkstänzen, Ständen für einheimische Erzeugnisse und Kunsthandwerk sowie Ausstellungen farbenfroher traditioneller Trachten. Es werden auch einige **Videos** gezeigt, darunter „Ancient Futures: Learning from Ladakh" (Vorführung Mo–Sa 15 Uhr), mit spannenden Einblicken in die ladakhische Kultur und die enormen Umwälzungen in den letzten 30 Jahren, von denen viele direkte Folgen des Tourismus sind.

Weitere Filme sind „Paradise with Side Effects" (Vorführungen Mo und Do 16.30 Uhr), eine Dokumentation über zwei Ladakhi-Frauen auf Reisen in London, „Local Futures" (Vorführung Di 16.30 Uhr) und „The Future of Progress" (unterschiedliche Vorführungszeiten), ein 30-minütiger Film mit Interviews mit führenden Globalisierungskritikern.

Norberg Hodge hat ein sehr gutes Buch über Ladakh geschrieben: „Ancient Futures", erhältlich bei der Women's Alliance und im Kunsthandwerksgeschäft des Ecology Centre. Wenn sie in der Stadt ist, leitet sie mittwochs die Diskussion nach der Ausstrahlung des Videos persönlich.

Sankar Gompa

Inmitten von schimmernden Pappelwäldchen und terrassenförmigen Gerstefeldern, die sich hinter Leh das Tal hinauf erstrecken, liegt Sankar Gompa. Nur 2 km nördlich des Stadtzentrums ist es eins der am leichtesten zugänglichen Klöster in Zentral-Ladakh. Die Öffnungszeiten für Touristen sind relativ beschränkt (⏰ tgl. 7–18 Uhr, Rs20). Man erreicht es entweder mit dem Auto oder zu Fuß, am Antelope Guesthouse links und dann rechts auf den Betonweg entlang des Flusses. Nach einem etwa 15-minütigen Fußmarsch erscheint Sankar, umgeben von sonnengebleichten Tschörten und einer hohen Lehmmauer. Man kann aber auch über die Felder hinter dem ständig wachsenden Touristengebiet von Karzoo gehen.

Das Kloster, ein kleines „Sub"-Gompa von Spitok, in dem zwanzig Mönche leben, ist die offizielle Residenz des **Kushok Bakula**, des ladakhischen Oberhaupts der Gelugpa-Schule. Seit dem Tod des hoch geachteten bisherigen Amtsinhabers im Jahre 2004, sucht man eifrig – aber bislang vergebens – nach der neuen Inkarnation des geistigen Führers.

Über der Dukhang (Hauptgebetshalle) steht die wichtigste Gottheit dieses Gompa: Tara in ihrer triumphierenden, 1000-armigen Form als Dukkar oder „Herrin des weißen Schirms". Sie dominiert einen hellen, luftigen Raum mit dem Schrein, dessen Wände mit einem tibetischen Kalender sowie einer Tafel mit den z. T. ausgesprochen geheimnisvollen Mönchsregeln bemalt sind. Eine weitere Treppe führt zur Kloster-**Bücherei** und schließlich zu einer Dachterrasse, von der aus man einen wunderschönen Blick auf die Nordseite des Namgyal Tsemo und das Tal im Süden hat.

Übernachtung

In Leh wimmelt es von Übernachtungsmöglichkeiten, von denen die meisten – dank strenger Vorschriften – angenehm sauber, ordentlich und ausgesprochen preiswert sind. Insbesondere Reisende mit kleinem Budget werden positiv überrascht sein. Die meisten der billigen Gästehäuser der Stadt sind makellos weiß getüncht, traditionelle Häuser am grünen Stadtrand – vor allem in der Gegend von **Changspa** im Westen. Sie haben meist gesellige Gartenterrassen, von denen aus man die saftigen Felder überblickt. Einfache Doppelzimmer ohne Bad sind selbst in der Hochsaison schon ab Rs150 zu haben; ab Rs300 mit Bad. Für ein bisschen mehr Geld findet man oft schon ein sonniges „Glaszimmer" mit Panoramablick.

Mehr am Puls der Stadt wohnt man in den Hotels, Lodges und umgebauten Wohnhäusern im Zentrum der überwiegend moslemischen **Old Town** unterhalb des Palastes von Leh. Die Zimmer der wenigen **Mittelklassehotels** bieten ein eigenes Bad und fließend heißes Wasser. Der Standard der teureren Unterkünfte hat sich gebessert, seitdem einige neue Hotels aufgemacht haben. Allerdings sind diese meist von Reisegruppen belegt. Die unten angegebenen Preiskategorien beziehen sich auf die Hochsaison; außerhalb der Saison können sie um bis zu 60 % fallen.

Privatzimmer in Dörfern außerhalb kosten einschließlich Abendessen und Frühstück Rs400 p. P. (Rs600 pro Paar). 10 % dieser Summe kommen der Dorfentwicklung zugute. Dieses Programm läuft derzeit in der Gegend zwischen Likkir und Temisgang, sowie zwischen Stok und Chilling. Weitere Infos erteilt Snow Leopard Trails, ☎ 01982-252188, 💻 www.snowleopardtrails.com, Hotel Kanglhachhen Complex bei der Fort Road.

Untere Preisklasse

Asia, Changspa Lane, ☎ 01982-253403. Großes Gästehaus am Fluss mit einem funkelnagelneuen Trakt. Gesellige Dachterrasse mit Café und Meditationsunterricht, allerdings keine großartige Aussicht. ❷–❹

Eagle, Changspa Lane, gegenüber vom Mahabodhi Centre, ☎ 01982-253074, ✉ ladakh_adv@yahoo.co.in. Der freundliche und hilfsbereite Besitzer Motuup leitet dieses nette Gästehaus mit großem Garten und arrangiert überdies ausgezeichnete Trekking-Touren. ❶–❷

Goba, an einer Nebengasse der Changspa Lane, ☎ 01982-253670. Gepflegtes traditionelles Haus mit makellosen Zimmern (die im Neubau haben eigenes Bad) und hübschem Garten. ❶–❸

Indus, Malpak, neben Fort Rd, ☎ 01982-252502. Billige EZ und wenige DZ, alle mit eigenem Bad, solarbeheiztes Wasser. Zentral gelegen, familiäre Atmosphäre; im Winter geöffnet. ❸–❹

Old Ladakh, Old Town, ☎ 01982-252951, ✉ oldladakh@rediff.com. Ladakhs allererstes Gästehaus. Gemütlich und zentral gelegen, bietet eine Reihe von unterschiedlichen Zimmern. Das kitschige Deluxe-Zimmer (pinkfarbene Kissen und tibetische Teppiche) ist ein echter Knüller. Die Preise für Trekking-Touren sollte man allerdings

Zimmer mit Aussicht

Oriental, unterhalb des Shanti Stupa, Changspa Lane, Changspa, ☏ 01982-253153, 🖥 www.oriental-ladakh.com. Angenehmes und äußerst beliebtes Gästehaus mit makellos sauberen Zimmern (jetzt meist mit eigenem Bad), solarbeheiztem Wasser, fantastischer Aussicht, hausgemachtem Essen und einem wirklich warmem Empfang selbst im Winter; im Sommer reservieren. ❶–❹

kritisch prüfen. Falls ausgebucht, kann man es im Tak in derselben Gasse versuchen. ❶–❸

Reboke, Changspa Lane, ☏ 01982-253230. Kleines, einfaches und freundliches Gästehaus, das auch ein paar Zimmer mit eigenem Bad hat. Am Ende einer engen Straße, vorbei am hässlichen Sun & Sand. Wenn es voll ist, die einfachen Zimmer im Chunka nebenan, ☏ 01982-253382, probieren. ❷

Saser, Karzoo, den Weg vom Ecology Centre hinauf, ☏ 01982-250162, ✉ nam_gyal@rediffmail.com. Modernes Hotel, das erfolgreich Elemente traditioneller Architektur mit einem schönen Garten und komfortablen Zimmern mit Bad kombiniert; außerhalb der Saison ein Schnäppchen. ❸–❹

Mittlere Preisklasse

New Moon Guest House, Sankar Rd, Chubi, ☏ 01982-250296, ✉ angchok@india.com. Neues Haus in traditionellem Stil mit großen Zimmern und günstiger Lage unterhalb des Namgyal Tsemo Gompa. ❹

Padma, Ghirghir, neben Fort Rd, ☏ 01982-252630, 🖥 www.padmaladakh.net. Das Hotel besteht aus zwei Teilen: einem traditionellen alten Gebäude mit blitzsauberen Zimmern, Gemeinschaftsbad, schöner Küche, Garten und Bergblick sowie einem modernen Anbau mit komfortablen DZ mit Privatbad und Restaurant auf der Dachterrasse. ❹–❼

Yak Tail, Fort Rd, ☏ 01982-252118. Großes zentral gelegenes Hotel mit 30 luxuriösen Zimmern, alle mit Kabel-TV, rings um einen Hof. ❻

Yasmin, abseits der Fort Rd, ☏ 01982-252405, 🖥 www.yasminladakh.com. Saubere, komfortable Zimmer in einem günstig gelegenen Gästehaus mit sonnigem Garten, das einer der literarischen Persönlichkeiten Ladakhs gehört und sich einer tadellosen Leitung erfreut. Gutes Preis-Leistungs-Verhältnis. ❹–❻

Obere Preisklasse

Lotus, Upper Karzoo, ☏ 01982-250265, ✉ hotellotus@vsnl.net. Dank des lockeren Personals und der Lage im Grünen eine entspannende und gastfreundliche Unterkunft im traditionellen Stil, wenngleich die Zimmer anderer Hotels besser sind. Die teureren Zimmer bieten Ausblick auf die Berge. ❼

Lumbini, Fort Rd, ☏ 01982-252528. Schön konzipiertes Gebäude mit netten, luftigen Zimmern und einem reizenden Innenhof, wo es sich herrlich ausspannen lässt. Eigentümer ist einer der Äbte von Phyang. ❼

Omasila, Changspa Lane, ☏ 01982-252119, 🖥 www.hotelomasila.com. Nettes, gastfreundliches Hotel mit 35 Zimmern, darunter fünf Suiten und sechs Zimmer mit Zentralheizung. Die große Terrasse bietet einen weiten Blick auf die Berge, und im reizenden Speisesaal werden ausgezeichnete Mahlzeiten mit Gemüse aus dem eigenen Garten serviert; 🕐 ganzjährig geöffnet. ❼–❽

Pangong, Chulung, ☏ 01982-254655, ✉ pangong@sancharnet.in, 🖥 www.pangongladakh.com. Angenehmes Hotel mit großzügigen, preisgünstigen Zimmern rund um einen Hofgarten und einladendem Balkon. ❼

Essen

Da sich Lehs blühende Restaurant- und Cafészene fest in den Händen der Flüchtlingsgemeinde befindet, ist **tibetisches Essen** allgegenwärtig. Außerdem findet man viele auf Touristen abgestimmte chinesische und europäische Speisen. Zu den tibetischen Spezialitäten gehören *momos*, sichelförmige Teigtaschen, gefüllt mit Fleisch, Käse oder Gemüse (manchmal mit Ingwer), gedämpft und mit heißer Suppe und scharfer Sauce serviert. Frittierte *momos* werden auch *kothays* genannt. *Thukpa* ist ebenfalls nahrhaft und lecker: eine Brühe mit frischen Nudeln, Fleisch und Gemüse. Diese Speisen und Dutzende Variationen stehen auf den Speisekarten der Touristenrestaurants und werden in den „Momo-Küchen" der Seitengassen serviert.

Die meisten Besucher **frühstücken** in ihren Hotels oder Gästehäusern, wo die Gastfamilie kleine, runde Laibe des ladakhischen Weizenmehlbrots *(tagi shamos)* serviert. Es wird heiß mit Butter und Honig oder Marmelade. Alternativ kann man auch in den Touristencafés essen. Wanderer und Radfahrer schätzen den langsamen Energiespender *tsampa*-Porridge, einen häufig mit Honig gesüßten Gerstenbrei, der ein hervorragendes Frühstück darstellt. Apfelkuchen und Schoko-Brownies gibt es in **Bäckereien**, von denen die meisten zu der von Sikhs geführten Kette **German Bakery** gehören; sie servieren an jeder zweiten Ecke der Stadt belegte Baguettes, Croissants und Müsli.

Bier ist in den meisten Touristenrestaurants von Leh erhältlich, während das einheimische Gerstengebräu **chang** schon schwieriger zu finden ist: am besten im Gästehaus fragen, ob sie welches besorgen können. Es gibt auch eine Handvoll Bars für Touristen, u. a. das **Ibex**, beim Taxistand in der Fort Road.

Amdo, Main Bazaar. Beliebtes tibetisches Restaurant mit frisch zubereiteten Speisen, die ausgezeichnet sind, aber manchmal eine Stunde auf sich warten lassen; Hauptgerichte Rs50–80. Die Filiale gegenüber bekommt Morgensonne und serviert herzhaften *tsampa*-Porridge.

Café Jeevan, Changspa Lane, modernes Sikh-Restaurant mit recht unterschiedlichen vegetarischen Spezialitäten um Rs60–100. Sowohl der Speiseraum unten als auch die teils geschlossene Dachterrasse sind schön gestaltet.

Dreamland, Fort Rd, unweit des gleichnamigen Hotels. Das zu den beliebtesten Nachtschwärmerlokalen zählende Restaurant bietet eine gemischte Speisekarte und verschiedene Biersorten. Empfehlung: Chicken Platter (Rs120).

Tibet kulinarisch

Tibetan Kitchen, in einer Seitengasse der Fort Rd. Viele, sowohl Einheimische als auch Touristen, halten es für das beste tibetische Restaurant der Stadt. Köstliche *thukpas* mit Lammfleisch für Rs60. Große Gruppen sollten reservieren.

Food Affair, Main Bazaar. Großes Open-Air-Café, serviert eine Mischung aus Backwaren und gekochten Speisen, besonders gut zum Frühstück und für einen Snack am Mittag um Rs50. Auf der gleichen Terrasse befindet sich das authentische
Ladakhi Kitchen, wo man für Rs30–40 essen kann.

Leh View Restaurant, Main Bazaar. Bester Panoramablick der Stadt aber eine entnervend langsame Bedienung, so dass man besser auf einen Drink kommt als zum Essen.

Mentokling, Changspa Lane, nahe der Missionsschule. Eins der besten Gartencafés auf dieser Straße mit guter Allround-Speisekarte, besonders lecker ist das indische Essen; Abendessen Rs80–120.

Norlakh, Main Bazaar, First Floor. Restaurant unter tibetischer Leitung mit ausgezeichneten *momos* und sättigendem *tsampa*-Porridge.

Penguin Garden Restaurant, Old Rd nahe Fort Rd. Im grünen Garten gibt es deutsche Backwaren und Mahlzeiten (Rs80–100). Schöner Ort für ein Bier.

Pizza de Hut, Main Bazaar, fast gegenüber von SBI. Frühstück oder ein Bier am Abend und großartiges Dachrestaurant mit Terrasse. Die gemischte Speisekarte beinhaltet Holzofenpizza und Tandoori-Gerichte (Rs100–150). Besser als **La Terrasse** nebenan.

Shelden Garden Restaurant, Changspa Lane. Spezialitäten sind köstliches Grillfleisch und Fisch um Rs150, serviert in einem netten Hof oder in einem Zelt, in dem jeden Abend eine DVD gezeigt wird.

Zen Garden, Changspa Lane. Während der Saison geöffnetes Open-Air-Restaurant mit Barbecue unter Weidenbäumen. Indisches, chinesisches und westliches Essen, darunter Pasta und israelische Gerichte.

Sonstiges
Apotheken
Het Ram Vinay Kumar, am oberen Ende des Basars, verkauft allopathische Pillen und Tropfen wie auch Batterien und Tampons.
LSTM Amchi Clinic, Changspa Lane. Führt tibetische Medizin. Das Personal spricht Englisch und verlangt Rs40 für eine Beratung unter Einsatz traditioneller Diagnosemethoden. ⊙ tgl. Juli–Sep 8–20, Okt–Juni 10–16 Uhr.

Bücher
Die hervorragende Bibliothek des **Ecology Centre** (Mo–Sa 10–16 Uhr) hat Bücher zu fast jedem Thema wie Landwirtschaft und Zen-Buddhismus sowie Zeitschriften und stapelweise Artikel über Ladakh und Entwicklungsthemen. Wer sich mit dem Buddhismus beschäftigt, sollte einen Blick in die Büchersammlung des **Chokhang Vihara Monastery** (gegenüber der State Bank of India) werfen und das südlich der Stadt gelegene **Tibetan Cultural Centre** aufsuchen.
Zwei der besten Buchhandlungen sind der **Ladakh Bookshop** im 1. Stock unter dem Leh View Restaurant im Hauptbasar und **Book Lovers Retreat** an der Changspa Lane. Beide haben eine gute Auswahl an Literatur, Nachschlagewerken und Souvenirbüchern.
Gebrauchte Taschenbücher verkauft oder tauscht **Parkash Stationers**, gegenüber vom Gemüsemarkt.
Fairdeal Stationers, nahe Jami Masjid, Main Bazaar, hat viele Zeitungen.

Fahrräder
Luna Ladakh Travel, Zangsti Rd (50 m von der Dzomsa Laundry), vermietet Mountainbikes für Rs250 pro Tag.

Fotoausrüstung
Sonu Color Lab, an der Hauptstraße neben dem Tibet Handicraft Emporium, verkauft Dia- und Print-Filme.

In vielen Internetlokalen kann man Digitalbilder auf CD brennen lassen.

Geld
Zwei Banken wechseln Geld: die **J&K Bank**, 1. Stock, Himalaya Shopping Complex, Main Bazaar und die **State Bank of India** auf dem Hauptmarktplatz, die auch einen Geldautomaten hat. Ein weiterer Geldautomat befindet sich bei der **Punjab National Bank**.
Die vielen lizenzierten Wechselstuben in Hotels und die Reisebüros rund um die Fort Rd und Changspa Lane haben immer etwas niedrigere Kurse, sind aber dafür auch abends und am Wochenende geöffnet.

Informationen
J&K Tourist Reception Centre, ✆ 01982-252094, 🖳 www.jktourism.org, 3 km entfernt vom Basar in der Flughafenstraße, liegt sehr weit außerhalb der Stadt und lohnt einen Besuch kaum, ⊙ Mo–Sa 10–16 Uhr.
Tourist Information Centre, Fort Rd im Basar, ✆ 01982-253462, etwas hilfreicher. ⊙ nur im Sommer Mai–Sep 10–16 Uhr

Internet
Seit es fast überall Satellitenanschluss gibt, schießen die Breitband-Internetcafés in der Gegend von Main Bazaar, Fort Road und Changspa Lane wie Pilze aus dem Boden. Preise ab Rs1,50 pro Min.

Meditation, Yoga und alternative Therapien
Mahabodhi Society, Changspa, ✆ 01982-253689, veranstaltet in der Hochsaison kleine Kurse mit Schwerpunkt Vipassana. Ihre große Niederlassung in Devachan bei Choglamsar, 3 km südlich von Leh, ✆ 01982-244155, 🖳 www. mahabodhiladakh.org, umfasst auch ein Meditationszentrum mit Kursen von 3–7 Tagen.
Das **Asia Guesthouse** in der Changspa Lane beherbergt ein von Deutschen betriebenes Vajrayana-Meditations- und Heilzentrum. Auf zahlreichen Plakaten und mit Prospekten wird für Kurse und Sitzungen in Yoga, Reiki, Shiatsu und anderen alternativen Therapien geworben.

Medizinische Hilfe

Das überlastete, schlecht ausgestattete **SNM Hospital**, ✆ 01982-252014, liegt 1 km südlich des Zentrums in der Hauptstraße. Wer dringend einen Arzt benötigt, sollte dies über die teureren Hotels veranlassen.
PT Alamdar Chemist & Clinic, am unteren Ende des Basars, ✆ 01982-252587, hat morgens ab 9 Uhr eine gute englische Sprechstunde.

Motorräder

Es gibt mittlerweile eine ganze Reihe von Motorradvermietungen, die für rund Rs800 pro Tag eine Enfield verleihen. Man sollte sich die Bikes jedoch vorher sehr genau ansehen. Die bei weitem zuverlässigste Agentur ist **Enntrax Tours**, ein paar Häuser hinter dem Khangri Hotel, ✆ 01982-250603. Ein Moped kostet dort Rs650 für 24 Std.

Paragliding

Indus Himalayan Explorers, Fort Rd, gegenüber vom Yak Tail Hotel, ✆ 01982-252788.

Polizei

✆ 01982-252018 oder 252200, Vermittlung ✆ 100.

Post

Das Postamt ist im Hauptbasar, ⌚ Mo–Sa 10–13 und 14–17 Uhr. Pakete gibt man beim GPO außerhalb der Stadt an der Straße zum Flughafen auf. ⌚ Mo–Sa 10–16.30 Uhr. Der unzuverlässige Poste Restante-Schalter liegt auf der Rückseite. Man kann sich Briefe auch zum Tourist Information Centre in der Fort Rd schicken lassen.

Sauna und Massage

Indian Vedyashala an der Changspa Lane, ✆ 09906-999502, bietet ayurvedische Massagen um Rs500–1000.

Touren

Es folgt eine Aufstellung der zuverlässigsten und empfohlenen Trekking- und Jeep-Safari-Veranstalter. Einige bieten auch Rafting auf dem Indus an.

Dreamland Trek & Tours, Fort Rd, ✆ 01982-250784, 🖥 www.dreamladakh.com.
Footprints, Fort Rd, ✆ 01982-251799, 🖥 www.footprintsindia.com.
Mountain Trails, 2 Hemis Complex, Zangsti Rd, ✆ 01982-254855)
Yama Adventures, Changspa Lane, ✆ 01982-250833, 🖥 www.yamatreks.com.
Einen persönlicheren Service bieten kleinere Agenturen wie **Oriental Travels** im **Oriental Guest House**, Changspa, ✆ 01982-253153.

Wäschereien

Dzomsa Laundry, günstig gelegen an einer Ecke zwischen Upper Thaka Rd und Old Fort Rd am Ende des Marktplatzes. Durch ökologiebewusstes Waschen mit biologisch abbaubaren Waschmitteln in sicherem Abstand zu den Wohngebieten leistet diese Einrichtung einen unentbehrlichen Beitrag zum Umweltschutz. Sie dient zudem als Kooperative für die des Lesens und Schreibens größtenteils unkundige Landbevölkerung. Dzomsa, was wörtlich übersetzt „Treffpunkt" bedeutet, serviert köstliche, frisch gepresste Aprikosen- und Sanddornsäfte, bei denen man gemütlich die Welt an sich vorbeiziehen lassen kann. Die Wäscherei ist auch Sammelpunkt für das Recycling von Plastikflaschen und Nachfüllen mit unbedenklichem Trinkwasser.

Nahverkehr

Ein Taxi vom **Flughafen** Leh, 5 km südwestlich der Stadt auf dem Highway nach Srinagar, bringt Besucher für einen Festpreis von Rs110 zum Basar oder für Rs150 nach Changspa im Nordwesten der Stadt, wo sich viele Hotels befinden. Staatliche und private **Busse** fahren den staubigen Busbahnhof der Stadt an, der 15 Min. zu Fuß bzw. eine kurze Taxifahrt (Rs50) entfernt südlich vom Basar und von den meisten Hotels gelegen ist. Busse aus Manali fahren bis zur Fort Rd in der Nähe des Hotel Dreamland.
Der **Taxistand**, ✆ 01982-253039 (tgl. 6–19 Uhr), liegt fast genau gegenüber dem Tourist Information Center. Jeder Fahrer hat eine Liste mit festen Fahrpreisen zu allen erdenklichen Zielen in Ladakh inkl. Wartezeiten,

Eintrittspreisen und Gebühren für Nachtfahrten. Diese Preise gelten nur in der Hochsaison, außerhalb dieser sind Preisnachlässe von bis zu 40 % möglich.

Da die Saison so kurz ist, sind die Preise hoch. Die Fahrer nehmen rund Rs60 nach Changspa, Rs420 nach Tikse, Rs900 nach Hemis und Rs4900 nach Pangong Lake, mit einem Zuschlag von RS300 bei Übernachtung.

Wer sich bei den Tourveranstaltern auf dem Basar ein wenig umschaut, wird für Langstreckenfahrten billigere Angebote finden, insbesondere, wenn man nichts gegen einen Maruti (Suzuki)-Gypsy hat, wodurch die Reise auf Ladakhs schlechten Straßen noch ein bisschen holpriger wird.

Transport

Wie es sich für die abgelegenste indische Stadt im Himalaya gehört, ist es ausgesprochen schwierig, Leh zu erreichen und noch schwieriger, wieder von hier wegzukommen. Die unzuverlässigen Straßen- und Flugverbindungen führen dazu, dass Besucher häufig festsitzen, bevor ein Pass wieder öffnet oder ein Flugzeug auftaucht. Welches Transportmittel man auch wählt, man sollte so früh wie möglich ein Ticket für die Weiterfahrt besorgen, auf Verspätungen gefasst sein, falls das Wetter umschlägt, und eine große Zeitspanne bis zum Anschlussflug einplanen.

Ab dem 15. Sept. ist die Straße von Manali nach Leh offiziell geschlossen. Die meisten anderen Straßen wie die von Leh nach Srinagar über Kargil bleiben bis Ende Oktober geöffnet. Trotz heftiger Schneefälle wird die Strecke von Leh ins Nubra-Tal über den extrem hohen Khardung La während des gesamten Jahres frei gehalten.

Busse / Geländewagen

Der Landweg nach MANALI in Himachal Pradesh (S. 516) ist offiziell bis zum 15. Sept. offen, doch gegen Ende der Saison setzt unweigerlich Panik ein, und einige Busunternehmen wie HPTDC stellen ihren Dienst früher ein. **Privatbusse** befahren die Straße noch bis Anfang Oktober, sofern das Wetter mitspielt – ebenso Gypsy-**Geländewagen** und Sumos. Die 485 km lange Fahrt über den Himalaya dauert in der Regel zwei Tage (unterwegs wird in einem Zeltlager übernachtet), doch nach mehreren Erdrutschen können auch schon mal drei oder vier Tage dabei draufgehen. Eine detaillierte Beschreibung der in Manali beginnenden Route findet sich auf S. 524/525. Tickets für die jeden zweiten Tag verkehrenden HPTDC „Super-Deluxe" Busse (Rs1600 inkl. einer Übernachtung und Mahlzeit in Keylong) können in deren Büro im oberen Stockwerk in der Fort Rd gebucht werden.

Nicht einmal halb so teuer sind die klapprigen Busse der **staatlichen Transportunternehmen** HPSRTC und J&KSRTC, die einen Tag vor Abfahrt beim Busbahnhof im Ort gebucht werden können.

Mehrere Büros an der Fort Road, darunter **Dreamland Trek & Tours**, ✆ 01982-250784, verkaufen Tickets für Privatbusse nach MANALI für Rs800–900. Sie können auch ein Sumo oder Gypsy 4WD Taxi nach Manali für Rs1100–1600 pro Person arrangieren. Das ist die mit Abstand komfortabelste Lösung, und wer dazu bereit ist, um 2 Uhr nachts zu starten, kommt meist noch am gleichen Tag in Manali an. Allerdings verpasst man dann einen Teil der spektakulären Landschaft und die Fahrer sollen oft wie die Berserker durch die Schlaglöcher der Bergstraßen brettern.

J&KSRTC-Busse nach SRINAGAR verkehren von Mitte Juni bis Ende Oktober. Sie legen einen Übernachtungsstopp in Kargil ein, bevor sie sich den öden Pass Zoji La (3540 m) hinaufquälen, der quasi die Grenze zwischen Ladakh und Kashmir bildet. Es folgt eine steile Abfahrt durch eine Berglandschaft mit Birken, Tannen und Blumen in das sagenumwobene Tal von Kashmir. Die landschaftlich schöne Route erfreut sich immer größerer Beliebtheit bei Travellern, doch es empfiehlt sich, vor Antritt der Reise genaue Erkundigungen über die aktuelle Situation im Krisengebiet einzuholen.

Die folgenden Businformationen gelten nur für die Touristensaison (1. Juli bis 15. Sep). Danach ist der Highway von Manali nach Leh offiziell geschlossen. Die meisten anderen Straßen, darunter auch der Highway von Leh nach Srinagar über Kargil, bleiben bis Ende Oktober geöffnet. Die Straße von Leh ins Nubra-Tal über den unglaublich hohen Pass Khardung La bleibt dagegen trotz ergiebiger Schneefälle ganzjährig geöffnet.

Von Leh nach:
ALCHI (1x tgl., 3 Std.),
DISKIT (Nubra) (2x wöchentl., 7–8 Std.),
HEMIS (2x tgl., 1 3/4 Std.),
KARGIL (2–4x tgl., 8–9 Std.),
LAMAYURU (2–4x tgl., 5 Std.),
MANALI (4x tgl., 2 Tage),
MATHO (3x tgl., 1 Std.),
PANAMIK und SUMUR (Nubra) (1x wöchentl., 8–9 Std.),
PHYANG (3x tgl., 1 1/4 Std.),
SHEY (stdl., 30 Min.),
SPITOK (alle 30–60 Min., 20 Min.),
SRINAGAR (1–2x tgl. außer sonntags; 2 Tage),
STOK (3x tgl., 40 Min.),
TIKSE (stdl., 3/4 Std.).

Flüge

Im Sommer gibt es bei gutem Wetter Flüge nach:
DELHI (IC, 9W, DN; 1–3x tgl.; 1 1/4–3 Std.);
JAMMU (IC; 2x wöchentl.; 50 Min.); SRINAGAR (IC; 1x wöchentl.; 3/4 Std.).
(AI = Indian Airlines, IT = Kingfisher Airlines, 9W = Jet Airways, 6E = IndiGo, DN = Air Deccan, SG = SpiceJet, S2 = JetLite, IC = Indian Airlines)
Während des restlichen Jahres sind die Flugverbindungen weniger häufig und zuverlässig.
Tickets können beim Büro von **Indian Airlines/Tushita Travels** in der Fort Rd, nicht weit von der Moschee, 01982-250999, www.jetairways.com, gebucht und rückbestätigt werden. Air Deccan Tickets müssen wie üblich über ein Reisebüro gebucht werden. Im Sommer gibt es einfache Tickets nach Delhi von unter US$100 bei Air Deccan bis zu über US$200 bei den anderen Anbietern zu Spitzenzeiten.
Die effizientere Niederlassung von **Jet Airways** befindet sich gegenüber vom Lehling Bookstore im Hauptbasar, www.jetairways.com, 01982-250999, Mo–Sa 10–17, So 10–15 Uhr.

Südöstlich von Leh

Südöstlich von Leh wird das Indus-Tal zu einem weiten, fruchtbaren Flussbecken. Imposante buddhistische Monumente säumen die Ränder der Talebene. Zu den berühmtesten zählen **Shey** mit seiner Palastruine und dem gigantischen Messingbuddha sowie das großartige Kloster **Tikse**. Beide liegen in Sichtweite der Straße und werden von den regulären Bussen angefahren.

Mit Ausnahme des **Stok-Palastes**, der Heimat der Königin von Ladakh, sind die Sehenswürdigkeiten auf der gegenüberliegenden, südlichen Seite des Indus mit der Hauptstraße lediglich durch eine selten benutzte und nur teilweise asphaltierte Straße verbunden und mit öffentlichen Verkehrsmitteln schwierig zu erreichen.

Das **Matho Gompa**, südlich von Stok, ist für seine winterlichen Orakelfestivals berühmter als für seine Kunstschätze, lohnt aber dennoch einen Besuch, allein schon wegen des fantastischen Ausblicks von der Dachterrasse. Noch weiter südlich kann man den Indus entweder überqueren, um wieder auf den Highway zu gelangen – mit einem Zwischenstopp beim **Stakna Gompa** –, oder dem Westufer bis **Hemis** folgen, dem reichsten Kloster von Ladakh und Schauplatz eines der wenigen religiösen Feste, die im Sommer stattfinden.

Wer anderen Touristen in Leh bei seinem Tagesausflug entgehen will, sollte das unglaublich schöne Nebental gegenüber von Hemis mit den Klöstern **Chemrey** und **Thak Thok** besuchen. Letzteres wurde um eine legendäre Meditationshöhle herum gebaut.

Weiter östlich und südlich hat die Aufhebung von Besuchersperren neue Gebiete geöffnet. Östlich von Thak Tok überquert die Straße den Chang La und biegt nach Osten zu dem hoch gelegenen Bergsee **Pangong Tso**, der größtenteils in Tibet liegt.

Wesentlich entspannender und einladender ist die riesige Wildnis von **Rupshu**, die an den Ufern des **Tso Moriri** zu Wanderungen einlädt. Für alle diese Gebiete sind Genehmigungen erforderlich. Weitere Informationen hierzu s. S. 537.

Stok

Gleich hinter dem tibetischen Flüchtlingscamp in **Choglamsar**, am Fuß einer enorm großen Geröllmoräne, steht im Schatten eines störenden Fernsehturms der elegante **Palast Stok**. Von dort streift der Blick über terrassierte Gerstefelder, die mit weiß getünchten Bauernhäusern durchsetzt sind. Anfang des 19. Jhs. vom letzten Herrscher oberhalb von Ladakh erbaut, ist Stok die offizielle Residenz der königlichen Familie von Ladakh, seit sie vor 200 Jahren aus Leh und Shey verdrängt wurde.

Die derzeitige Gyalmo oder „Königin" und ehemalige Parlamentsabgeordnete Deskit Angmo lebt während des Sommers immer noch hier, hat jedoch einen Flügel ihres 77-Zimmer-Palastes in ein kleines **Museum** verwandelt (⏱ tgl. 8–18 Uhr, Rs30). Die faszinierende Sammlung, die hier zu sehen ist, umfasst einige der wertvollsten Erbstücke der königlichen Familie, darunter exquisite *thangkas* aus dem 16. Jh., die mit Farben aus zerstoßenen Rubinen, Smaragden und Saphiren verziert wurden. Die *pièces de résistance* sind jedoch die *peraks* der Gyalmo. Dieser uralte Kopfschmuck – wahrscheinlich ursprünglich aus Tibet stammend – ist mit lupenreinen Türkisen, geschliffenen Korallen, Lapislazulis und Nuggets aus purem Gold besetzt und wird zu wichtigen Anlässen auch heute noch getragen.

Das **Stok Gompa** (⏱ Sonnenauf- bis -untergang, Rs20) liegt einen 20-minütigen Spazierweg durch das Tal entfernt und hat eine interessante Sammlung von Tanztheater-Masken und einige grell-moderne Wandgemälde von Lamas aus dem Lingshet Gompa in Zanskar. Dieselben Künstler haben die Maitreya-Statue in Tikse (S. 556) geschaffen.

Wer noch Zeit erübrigen kann, sollte das schöne Seitental hinter dem Dorf erkunden, das auch der Ausgangspunkt für die Wanderung durchs Markha-Tal ist (S. 540).

Übernachtung

Hotel Highland, ✆ 01982-242005, ✉ tangdul@yahoo.com.in. Palastartiges, zweistöckiges Haus, aus dessen hübsch möblierten Apartmentzimmern man einen schönen Ausblick hat. ❼

Hotel Skittsal, ca. 2 km die Straße hinunter Richtung Leh, ✆ 01982-242049, 🖥 www.skittsal.com. Imposantes Hotel mit Panoramablick über das Indus-Tal. ❼

Beide Hotels schließen Anfang September. Ganzjährig geöffnet bleibt dagegen das kleine, einfache **Kalden Guest House** am Fuße des Palastes, ✆ 01982-242057. ❷

Transport

Ein halber Tag in Stok reicht aus, um der Stadt und dem Seitental gerecht zu werden. Busse von LEH nach Stok (40 Min.) fahren um 8, 14, und 17 Uhr ab. Der letzte Bus zurück nach Leh geht um 17 Uhr.

Shey

Die ehemalige Hauptstadt von Ladakh, Shey, liegt 15 km südöstlich von Leh und ist heute praktisch verlassen, nachdem die königliche Familie Mitte des 19. Jhs. von den Dogras vertrieben wurde. Geblieben sind nur ein halb verfallener Palast, ein kleines Kloster und eine Fülle von Tschörten, rund um einen Felsausläufer gedrängt, der in das fruchtbare Indus-Tal hineinragt. Die Ruinen stehen oberhalb des Highways und sind mit Minibussen erreichbar, die sehr häufig zwischen dem Busbahnhof in Leh und Tikse verkehren. Vom Kloster Tikse aus kann man auch zu Fuß nach Shey laufen: Ein gewundener Pfad führt durch eines der größten Tschörten-Felder von Ladakh, vorbei an Hunderten von weiß getünchten Schreinen in den verschiedensten Größen, die über eine surreale Wüstenlandschaft verstreut liegen.

Der **Palast**, eine kleinere und verfallenere Ausgabe des Palastes in Leh, steht am Rande der Schlucht unterhalb einer alten Festung. Gekrönt von einer goldenen Tschörten-Spitze, ist sein ganzer Stolz der riesige, metallene Shakyamuni Buddha in den Tempelruinen (⏱ tgl. 6–9 Uhr, Rs20). Er wurde 1633 hier aufgestellt und enthält angeblich einen Schatz aus Edelsteinen, Mandalas und starke Zauberkräfte. Aus einer bemalten Vorkammer tritt man ein und blickt auf die riesigen Füße der Buddhastatue mit den nach oben weisenden Sohlen.

Von der umlaufenden Galerie im Obergeschoss lässt sich der gigantische Buddha in besserem Licht betrachten. Jahrhundertelang durch den dicken Ruß aus den Gebetslampen konserviert, gehören die mit Gold getönten Wandgemälde zu den kostbarsten Malereien im Tal.

Fünf Minuten zu Fuß vom Shilkhar Restaurant am Fuße des Palasts, an einer Gegend mit ummauerten Tschörten vorbei, steht ein **Tempel** mit einer weiteren riesigen Shakyamuni-Statue (◐ tgl. 7–9 und 17–18 Uhr). Er ist ein wenig älter als sein Cousin weiter oben und lässt sich am besten von der erhöhten Terrasse aus begutachten. Die Nachfahren der nepalesischen Metallarbeiter, die von Sengge Namgyal hierher gebracht wurden, um ihn zu erbauen, leben und arbeiten immer noch im abgeschiedenen Dorf **Chilling** (am Zanskar-Fluss), das für seine traditionellen Silberarbeiten berühmt ist.

Übernachtung und Essen

Besthang Hotel, ✆ 01982-252792, umgebautes, traditionelles Ladakhi-Haus mit Fremdenzimmern mit Bad, schönem Garten und einfacher Küche. ❸

Shilkhar Restaurant, wenige Gehminuten die von der Straße abzweigende Gasse hinunter, gegenüber dem zum Palast führenden Weg. Das einzige Restaurant in Shey bietet eine gemischte Karte mit indischen und westlichen Speisen.

Transport

Busse kommen stündlich aus LEH (30 Min.), der letzte gegen 18.30 Uhr. Für die Rückfahrt nach Leh kommen stdl. bis 18.15 Uhr Busse vorbei, man kann aber auch trampen.

Tikse

Das meistfotografierte und architektonisch eindrucksvollste Kloster in Ladakh befindet sich in Tikse, 19 km südöstlich von Leh. Es wurde im 15. Jh. gegründet, und seine weiß getünchten Tschörten und quaderförmigen Mönchsquartiere erstrecken sich über einen zerklüfteten Felsvorsprung. Gekrönt wird das Ganze von einem imposanten, ockerfarbenen und roten Tempelkomplex, dessen strahlende goldene Kreuzblumen in jede Richtung meilenweit zu sehen sind.

Genuss im Garten

Chamba Hotel, ✆ 01982-267005, bietet ordentliche Zimmer mit Bad zu günstigeren Preisen und hat ein gutes Gartenrestaurant mit abwechslungsreichen Speisen von tibetischem Essen bis zu Pfannkuchen sowie ein Buffet zu Rs220; ◐ April–Sep. ❷–❸

Die Wiedergeburt Tikses als Touristenattraktion hat zwei Seiten: Einerseits stören die konstanten Besucherströme im Sommer die friedliche Ruhe, die die Mönche zum Meditieren benötigen, andererseits haben die dadurch erzielten Gewinne umfangreiche Renovierungs- und Ausbauarbeiten ermöglicht, u. a. den Bau des **Maitreya-Tempels**, gleich oberhalb des Haupthofs. Der im Jahre 1980 durch den Dalai Lama geweihte Schrein wurde um eine gigantische, 14 m hohe Buddhastatue mit goldenem Gesicht gebaut. Der Buddha sitzt nicht, wie sonst üblich, auf einem Thron, sondern im Lotussitz.

Die leuchtenden Gemälde an der Wand dahinter wurden von Mönchen des Lingshet Gompa in Zanskar angefertigt und zeigen Szenen aus Maitreyas Leben.

Für die meisten ausländischen Besucher ist jedoch der Blick von der **Dachterrasse** der Höhepunkt ihres Ausflugs nach Tikse. Ein Flickenteppich aus Gerstefeldern erstreckt sich über das Tal, zu dessen Seiten sich kahle, schneebedeckte Berge und eine Reihe von Klöstern, Palästen und ladakhischen Dörfern erheben. Wer das beeindruckende Panorama genießen möchte – untermalt vom archaischen Klang der tibetischen Hörner, die zur *puja* um 7 Uhr auf dem Dach geblasen werden – muss hier übernachten oder in aller Frühe mit einem Jeep aus Leh anreisen.

Übernachtung und Essen

Zimmer gibt es hinter dem Klosterrestaurant, ✆ 01982-267005, 🖥 www.thiksey.com. Sie sind groß und sauber, haben aber kein eigenes Bad. ❸

Transport

Eine asphaltierte Straße führt von der Hauptstraße den Westhang des Berges hinauf zum kleinen Parkplatz des Klosters. Bei der Ankunft mit dem Minibus aus Leh (stdl. ab dem städtischen Busbahnhof) überquert man den Platz unterhalb des Gompa und folgt dem Fußweg durch die unteren Gebäude hindurch zum Haupteingang, wo Mönche Eintrittskarten verkaufen (Rs20).

Der letzte **Bus** zurück nach LEH fährt um 18 Uhr.

Hemis

Dank seines berühmten Festes – eines der wenigen, die im Sommer stattfinden, wenn die Pässe geöffnet sind – hat das 45 km südöstlich von Leh gelegene Hemis mehr Besucher zu verzeichnen als alle anderen Klöster in Ladakh. Jedes Jahr Mitte Juli gesellen sich Hunderte Ausländer zu den großen Massen Einheimischer, die anlässlich des farbenfrohen, zweitägigen Festzugs in ihren feinsten traditionellen Gewändern hierher strömen. Zu anderen Zeiten kann das weitläufige, stimmungsvolle Kloster aus dem 17. Jh. (tgl. 8–18 Uhr; Eintritt Rs30) jedoch enttäuschend ruhig sein. Obwohl Hemis zu den führenden Institutionen der Region zählt, leben hier außerhalb der Saison nur sehr wenige Mönche und Novizen.

Der Haupteingang des Klosters führt in einen großen Hof, wo während des Festes die **chaam**-Tänze aufgeführt werden. Begleitet von Zymbal-Schlägen, Trommelwirbeln und gelegentlichen Stößen aus den Tempelhörnern, findet das Fest seinen Höhepunkt am zweiten Tag in der wilden Zerstückelung einer Puppe – ein Akt, der die Zerstörung des menschlichen Egos und somit den Triumph des Buddhismus über die Ignoranz und das Böse symbolisiert.

Nur alle zwölf Jahre findet während des Hemis-Festes auch das rituelle Entrollen einer riesigen *thangka* statt. Sie ist der ganze Stolz des Klosters und bedeckt ausgerollt die gesamte Fassade des Gebäudes. Die Hände der Frauen, die sie gestickt haben, werden jetzt als heilige Relikte verehrt. Das mit Perlen und Edelsteinen verzierte Prunkstück war zuletzt im Jahre 2004 zu sehen.

In der Ecke des Hofes gibt es ein **Museum**, doch die bescheidene Sammlung von *thangkas*, Masken und Musikinstrumenten rechtfertigt den hohen Eintrittspreis kaum. 8–18 Uhr, Eintritt Rs100.

Übernachtung und Essen

Wer in Hemis übernachtet, hat die Möglichkeit, der *puja* um 7 Uhr beizuwohnen. Inzwischen gibt es auch eine größere Auswahl einfacher Zimmer mit Bad. Zelten kann man umsonst im nahe gelegenen Dorf Chomoling oder für Rs100 beim Hemis Restaurant, 01982-249072, unterhalb des *gompa*, das von jungen Mönchen geleitet wird. Dort gibt es auch einige sehr einfache Zimmer. ❶

Das neuere **Hemis Spiritual Retreat**, 01982-249011, hat etwas bessere Zimmer und serviert im Garten auch **Mahlzeiten**. ❶ Sowohl das **Hemis Restaurant** als auch das **Parachute Restaurant** in Chomoling bieten einfache Gerichte. Das Letztgenannte ist billiger, bietet eine Auswahl von Pancakes und dient als nützlicher Zwischenstopp auf dem Weg zum Markha-Tal für Wanderer, die sich hier mit aktuellen Informationen und dem Wetterbericht versorgen. Wer einen Tagesausflug macht, findet hier auch Führer zur Erkundung der Berglandschaft rund um Hemis.

Transport

Mit dem Auto ist Hemis bequem in einem Tagesausflug von Leh zu erreichen. Busse verkehren nur während des Festes häufig, ansonsten 2x tgl. ab LEH: um 9.30 Uhr (zurück um 12 Uhr) und um 16 Uhr (zurück erst am nächsten Tag um 7 Uhr). Aber es verkehren auch 10 Minibusse pro Tag (letzte Rückfahrt um 18 Uhr).

Tso Moriri

Der See Tso Moriri, 210 km südöstlich von Leh, ist berühmt für die großen Herden *kiang* (wilde Esel), die an seinen Ufern grasen. Er liegt in der dünn besiedelten Region **Rupshu**, für die eine

Reisegenehmigung erforderlich ist (s. S. 537, Kasten). Die meisten Besucher kommen im Rahmen einer Jeep-Safari von Leh.

Der 20 km lange See liegt in einem breiten Tal zu Füßen der höchsten Gipfel von Ladakh: dem **Lungser Kangri** (6666 m) und dem **Chanmser Kangri** (6622 m). Neben den *kiang* leben hier auch Schwärme wandernder *nangpa* (Streifengänse). Nur ab und zu durchbrechen große Herden Pashmina-Ziegen und die Lager der Nomadenhirten die Einsamkeit. **Korzok**, an den Ufern des Sees auf 4595 m Höhe gelegen und die einzige größere Ansiedlung dieser Gegend, ist ein freundlicher Ort mit einem kleinen Kloster. Um das empfindliche Ökosystem vor dem Zustrom der Touristen zu schützen, verbietet ein neues Gesetz den Bau von Wohnhäusern im Umkreis von 700 m um den See herum. Besucher sollten ihre eigenen Vorräte mitbringen und all ihren Müll wieder mitnehmen.

Die freien Flächen um den Tso Moriri eignen sich sehr gut zum **Wandern**, u. a. auf der relativ einfachen, 40 km langen, dreitägigen Route rund um den See – man sollte jedoch akklimatisiert sein. Ein anderer Wanderweg, der sich zunehmender Beliebtheit erfreut, führt von Rumtse bei Upshi über Tso Kar nach Tso Moriri. Manche Trekking-Agenturen in Manali und Leh bieten auch anspruchsvollere Routen an, z. B. den alten Handelsweg, der **Spiti** mit Tso Moriri und Leh via Kibber verbindet. Vierergruppen zahlen für den Trek ab US$40 pro Tag und Person. Dieser Preis schließt in der Regel Transport, Verpflegung und Zelte ein. Wer diese Region zu besuchen beabsichtigt, sollte sich zunächst das Video „Forbidden Wilderness" über Tso Moriri anschauen, das im Ecology Centre von Leh gezeigt wird (S. 547).

Übernachtung

Übernachtungsmöglichkeiten bieten einige Homestays in der Gegend, nach denen man sich möglicherweise vor Ort erkundigen muss.
Lake View, in unmittelbarer Nähe des Busbahnhofs von Korzok, von Betreibern aus Delhi geleitete, recht heruntergekommene Unterkunft. ❺
Ähnlich überteuert ist das Zeltlager, wo ein Bett saftige Rs1000 kostet.

Transport

Aus Leh fahren drei Busse nach Tso Moriri, und zwar am 10., 20. und 30. jedes Monats um 6 Uhr, Rückfahrt am Folgetag. Alternativen sind die Mitfahrgelegenheit auf einem Lkw oder Teilnahme an einer Jeep-Safari (Infos zu Tourveranstaltern in Leh s. S. 552), die ab ca. Rs7000 für zwei Tage kostet. Die Jeep-Safaris folgen normalerweise einer Rundstrecke über Upshi und die Mahe-Brücke nach Korzok. Die Tour führt weiter zum Highway zwischen Manali und Leh, vorbei am Tso Kar Lake und durch den kleinen Ort Thukse. Manche Taxis benutzen diese Strecke von Manali nach Leh, um den Tanglang La (5328 m) zu meiden, wenn Schnee liegt.

Westlich von Leh

Von den vielen über die Straße erreichbaren Klöstern westlich von Leh liegen nur zwei nahe genug an der Hauptstadt, um in bequemen Tagesausflügen besucht zu werden: **Spitok**, an einem Hang am Ende der Fluglandebahn, und **Phyang**, eines der malerischsten Dörfer von Ladakh. Die anderen wie **Likkir**, **Rhizong** und **Alchi**, einem Tempelkomplex mit wunderbar erhaltenen Wandmalereien aus dem 11. Jh., werden normalerweise auf dem Weg von oder nach **Kargil** besucht. Die 231 km lange Reise, die über mehrere Pässe und durch atemberaubend schöne Landschaften führt, lässt sich in einer einzigen, achtstündigen Fahrt zurücklegen (per Jeep etwas weniger). Es lohnt sich, hier mindestens ein paar Tage zu verbringen und kurze Streifzüge in die Seitentäler des Indus zu unternehmen, wo idyllische Siedlungen und Klöster zwischen Gerstefeldern und hohen Bergen ruhen.

Eines der großen Wahrzeichen auf der ehemaligen Karawanen-Route ist das Kloster **Lamayuru**. Nach einer beklemmenden Anzahl von Haarnadelkurven, in denen sich die Straße aus dem Indus-Tal zum **Fotu La** hinaufwindet, liegt Lamayuru nur noch einen kurzen Fußweg durch eine Art Mondlandschaft entfernt, am Beginn der Haupt-Trekkingroute nach Süden in Richtung Padum in Zanskar. Weiter westlich und jenseits des spektakulären Passes **Namika La** liegt **Mulbekh**, das letzte buddhistische Dorf. Ab hier weichen dann die Klöster den Moscheen mit Zwiebeldächern und die *gonchas* den fließenden *salwar kamises*.

Auf der schmalen und mit scharfen Kurven gespickten Bergstraße von Leh nach Kargil wird im Durchschnitt ein Verkehrsunfall pro Tag registriert. Am häufigsten betroffen sind Tata Trucks, und manchmal benötigen die Rettungsfahrzeuge aus Leh oder Kargil mehrere Stunden für die Anfahrt und Räumung der Fahrbahn. Im Sommer ist der **Verkehr** auf dem Highway problemlos; dann verkehren auch die klapprigen staatlichen und privaten Busse auf der Strecke. Es kann jedoch schwierig werden, zu den abgelegeneren Orten zu gelangen. Einige Reisende behelfen sich, indem sie für eine Fahrt in einem der zahllosen Lastwagen bezahlen oder per Anhalter vor einen Militärkonvoi aufspringen. Mit einer Gruppe einen **Jeep** in Leh zu mieten (s. S. 552), ist zwar relativ teuer, aber auch sicherer, spart Zeit und verschafft leichteren Zugang in die Seitentäler.

Spitok

Spitok, am Ende der Fluglandebahn, bietet sich für einen Halbtagesausflug von Leh an, denn der Ort liegt nur 10 km südwestlich von Leh im Tal oberhalb des Indus. Wer sich kein Taxi (um Rs100) leisten kann, läuft am besten zur Kreuzung oberhalb des GPO und des Tourist Reception Centre und hält dann einen der **Busse** an, die auf dem Srinagar-Highway in Richtung Westen fahren. Es ist nicht empfehlenswert, die gesamte Strecke zu laufen, denn sie ist erbarmungslos eintönig und führt vorbei an unansehnlichen, mit Stacheldraht umzäunten Militärbauten. Unterbrochen wird die Monotonie 2 km vor Spitok durch das **Museum of Ladakh, Culture and Military Heritage** (Rs20), eine teilweise selbstgefällige Darstellung der militärischen Errungenschaften Indiens in Ladakh. Eine Widmung gilt den heldenhaften Straßenarbeitern, die ihr Leben riskierten, um Ladakh für die Welt zu öffnen. Zwei Alibi-Räume beschäftigen sich mit den restlichen 2000 Jahren ladakhischer Geschichte.

Das malerische, aus dem 15. Jh. stammende **Kloster** erstreckt sich über einen steilen Hang hinunter bis zu einer Gruppe von Bauernhäusern und gut bewässerten Feldern. Man erreicht es von Norden über die Straße oder von Süden über einen Fußweg durch das Dorf Spitok, von dessen großen Dachterrassen aus man die ganze Gegend überblicken kann. Der Hauptkomplex ist weniger interessant als die **Kapelle Palden Lumo** auf einem Bergkamm oberhalb. Die Soldaten aus den nahe gelegenen Kasernen der indischen Armee verehren die Tempelgottheit als Kali Mata, während der Schlüsselverwalter den Besuchern versichert, dass die schwarzgesichtige, blutdürstige Hindu-Göttin des Todes und der Zerstörung in Wirklichkeit **Yidam Dorje Jigjet** ist. Bunte Lampen beleuchten die Kammer voller Spinnwebe, in der mehrere verschleierte Schutzgottheiten stehen, deren Furcht einflößende Gesichter nur einmal im Jahr gezeigt werden. Wer eine Taschenlampe hat, kann einen Blick auf die 600 Jahre alten Gemälde an der hinteren Wand der Kapelle werfen. Sie werden zum Teil von unheimlichen *chaam*-Masken verdeckt, die bei im Winter stattfindenden Festen hervorgeholt werden.

Likkir

Fünf Kilometer nördlich der Hauptverbindungsstraße zwischen Leh und Srinagar, kurz vor dem kleinen Ort Saspol, liegt das große, wohlhabende Kloster Likkir. Hier leben rund 100 Mönche. Es ist vor allem für seine 23 m hohe, gelbe Statue des zukünftigen Buddhas berühmt, die freundlich über die Terrassenfelder blickt. Das Dorf Likkir ist ein angenehmer Kontrast zum turbulenten Leh und bietet auch eine kleine, aber ausreichende Auswahl an Unterkünften an. Zusammen mit der absoluten Ruhe in der Umgebung zieht es viele Reisende an, die hier ein paar Tage bleiben.

Das vom Dorf aus 3 km talaufwärts gelegene Kloster wurde im 18. Jh. umfassend renoviert, doch heute deuten nur noch wenige Zeichen auf die lange religiöse Tradition dieser Stätte hin. Es liegt oberhalb des Ausgangspunkts für die beliebte zweitägige Wanderung über Rhizong nach

Temisgang, die einen vergleichsweise einfachen Einstieg in das Wandern in Ladakh bietet.

Das Dorf, 3 km südlich des Klosters, besteht im Wesentlichen aus Terrassenfeldern zwischen den Wasserläufen, die diese Oase speisen.

Übernachtung und Essen

Einfache Zimmer gibt es im Kloster selbst und in der benachbarten Mönchsschule. Beide bitten um eine Spende.

Gaph-Chow, ✆ 01982-252748, im unteren Teil des Dorfes. Angenehm und gut organisiert: einfache, aber bequeme Zimmer mit Bad. In dem hübschen Gemüsegarten kann man auch zelten, außerdem gibt es Internet-Anschluss, ein Gartencafé und traditionelle ladakhische Mahlzeiten. ❷

Norboo Spon, an der Straße zum Kloster. Der Besitzer erteilt seinen Gästen Unterricht in Holzschnitzerei und *thangka*-Malerei. Außerdem gibt er gute Ratschläge für Wanderungen anhand eines maßstabgetreuen Modells der Route von Likkir nach Temisgang in seinem Garten. Unterkunft mit Vollpension. ❸

Transport

Der direkte Minibus aus LEH (Abfahrt 16 Uhr, Rückfahrt 7 Uhr am nächsten Morgen, 3 Std.) fährt am Dorf vorbei und 3 km weiter durch das Tal bis zum Kloster. Sonst kann man sich von einem beliebigen Fahrzeug Richtung Westen mitnehmen und an der einsamen *chai*-Bude an der Strecke nach Kargil absetzen lassen. Von dort führt eine baumlose Straße ins 1 km entfernte Dorf, von wo man mit einem Taxi zum Kloster fahren kann.

Alchi

Wenn man auf dem nahe gelegenen Highway Srinagar–Leh daran vorbeifährt, ahnt man nicht, dass der faszinierende, weinrote Geröllhang von **Saspol** 3 km jenseits des Indus eine der bedeutendsten historischen Stätten Asiens verbirgt. Die niedrige Pagode *Chosk-hor* (religiöse Enklave) in Alchi liegt 70 km westlich von Leh am Fuße eines spektakulären, weinroten Geröllbergs. Sie beheimatet eine außergewöhnliche Fülle uralter Wandgemälde und Holzskulpturen, die in den fünf winzigen Lehmtempeln auf wundersame Weise neun Jahrhunderte überlebt haben. Die ältesten Wandmalereien von Alchi gelten als die am besten erhaltenen Beispiele eines Stils, der während der zweiten Verbreitung des Buddhismus im 10. und 11. Jh. (s. S. 147) in Kashmir dominierte. Nicht einmal eine Hand voll Klöster, die während dieser Zeit gegründet wurden, haben die moslemischen Plünderungen des 14. Jhs. überlebt. Alchi ist von diesen das eindrucksvollste, das am leichtesten zugängliche und das einzige, für dessen Besuch man keine Genehmigung benötigt. Hinzu kommt seine reizvolle Lage an einem Knick des schlammigen Indus inmitten einer atemberaubenden Landschaft. Der friedliche Ort bietet sich für eine Pause auf der langen Reise von oder nach Leh an.

Die Legende berichtet, dass Rinchen Zangpo, der „Große Übersetzer", auf dem Weg nach Chiling hier seinen Wanderstock in den Boden steckte, um auf dem Rückweg festzustellen, dass eine Pappel daraus gewachsen war – das verheißungsvolle Zeichen veranlasste ihn, an dieser Stelle einen Tempel zu errichten. Ein mit einem Schild versehener Baum in der Nähe des Eingangs zum *Chos-khor* erinnert an diese Begebenheit. Der Komplex selbst besteht aus fünf separaten Tempeln, diversen Wohngebäuden und einer verstreuten Ansammlung großer Tschörten. Allesamt sind sie umgeben von einer Mauer aus Lehm und Stein. Wer nur wenig Zeit hat, sollte sich auf die zwei ältesten Gebäude, den **Du-khang** und den **Sumtsek** konzentrieren, beide in der Mitte der Einfriedung. Der die *Chos-khor* verwaltende Lama verkauft **Eintrittskarten** (Rs30) und öffnet Besuchern die Tür. Die neu installierte Beleuchtung bedeutet, dass keine Taschenlampen mehr benutzt werden dürfen, um die lebhaften Farben der Gemälde von nahem zu inspizieren; auch Fotografieren ist nicht gestattet (auch nicht ohne Blitz).

Du-khang

Eine Inschrift besagt, dass der älteste Bau in Alchi, der Du-khang, Ende des 11. Jhs. errichtet wurde. Sein Herzstück ist ein Bildnis von Vairocana (der „Glanz Buddhas"), umrahmt von den vier großen Buddha-Manifestationen. Sie tauchen überall auf den Tempelwänden von Alchi und immer in ihren typischen Farben auf – Akshobya („Unerschütterlich", blau), Ratnasambhava („Geborenes Juwel", gelb), Amitabha („Unendlicher Glanz", rot) und Amoghasiddhi („Unfehlbarer Erfolg", grün). Die anderen Wände sind mit sechs kunstvollen Mandalas verziert und von aufwändigen Friesen durchsetzt.

Sumtsek

Links vom Du-khang markiert der Sumtsek den Höhepunkt der frühmittelalterlichen Kunst der indischen Buddhisten. Die Holzschnitzereien und Gemälde, die von leuchtenden Rot- und Blautönen dominiert werden, sind heute noch ebenso frisch und kraftvoll wie vor 900 Jahren, als der flache, dreistöckige Bau errichtet wurde.

Im Mittelpunkt des Schreins steht eine gigantische Statue **Maitreyas**, des zukünftigen Buddha. Sie ist so groß, dass ihr Kopf weit in den zweiten Stock hineinragt. Neben ihr stehen zwei ebenso große **Bodhisattvas**, deren Köpfe freundlich durch Öffnungen in der Decke blicken. Jede dieser Stuckstatuen trägt eine enge *dhoti* (Robe), die mit unterschiedlichen, haarfein detaillierten Motiven verziert ist: Die Robe von Avalokiteshvara (der Bodhisattva des Mitgefühls, auf der linken Seite) ist verziert mit Bildern von Pilgerstätten, Höfen, Palästen und Stupas in prämoslemischem Stil, während jene von Maitreya Episoden aus dem Leben des Gautama Buddha erzählt. Die *dhoti* von Manjushri (der Zerstörer der Falschheit, auf der rechten Seite) zeigt die 84 Tantra-Meister, die Mahasiddhas, die inmitten von ausdrucksstarken Viereckmustern komplizierte Yoga-Positionen einnehmen.

Unter den hervorragenden **Wandgemälden**, von denen manche im 16. Jh. ausgebessert worden sind, befindet sich auch die berühmte sechsarmige, grüne Göttin Prajnaparamita, die „Perfektion der Weisheit". Erstaunlicherweise fügen sich dieses und die zahlreichen anderen Bilder, die das Innere des Sumtsek bedecken, zu einem harmonischen Ganzen zusammen, wenn man sie von der Mitte des Schreins aus betrachtet.

Weitere Tempel

Die drei anderen Tempel des *Chos-khor* stammen aus dem 12. und 13. Jh. und sind nicht annähernd so beeindruckend wie ihre Vorgänger. Man muss dem Lama gut zureden, damit er sie aufschließt. Der **Manjushri La-khang**, der am Flussende des Tempelkomplexes versteckt liegt, ist eigentlich nur wegen seiner relativ neuen „Tausend Buddha"-Gemälde und der goldenen, viergesichtigen Manjushri-Ikone, die beinahe den gesamten Tempel ausfüllt, bemerkenswert. Nebenan befindet sich der **Lotsawa La-khang**, dessen Inneres von der Shakyamuni-Statue und dem Shakyamuni-Wandgemälde dominiert wird. Er ist einer der wenigen Tempel, die Rinchen Zangpo gewidmet sind; sein kleines Bildnis hängt rechts von Shakyamuni. Den kleinen, quadratischen Schrein **La-khang Soma** südlich vom Sumtsek zieren drei große Mandalas und diverse Figuren, darunter ein vollendeter *yab-yum:* das tantrische Bildnis der kopulierenden Gottheiten symbolisiert die Einheit von Gegensätzen auf materieller und spiritueller Ebene.

Übernachtung und Essen

Das Angebot von Gästehäusern in Alchi wächst ständig:
Potala, ✆ 09419-178747, ✉ angchok1@rediffmail.com, passables Hotel des *gompas*. ❸
Lotsava, ✆ 01982-227129, unterhalb des auf Gruppen ausgerichteten Alchi Resorts, wenn man sich dem Taxistand nähert; angenehme und einfache Unterkunft mit gutem Ausblick; die Wirtin serviert ein sättigendes Frühstück und Abendessen in ihrem kleinen Garten, wenn man ihr rechtzeitig Bescheid sagt. ❶–❷
Samdupling, ✆ 01982-221704, 100 m oberhalb des Taxistands, einfach hinter dem Potala Guesthouse dem Fluss folgen; Unterkunft der gehobenen Klasse. ❽
Zimskhang, ✆ 01982-227086, ✉ zimskhang@yahoo.com, zu beiden Seiten der zum Kloster führenden Gasse, zur Rechten ein modernes Hotel, zur Linken ein billigeres Gästehaus mit hübschem Garten. ❷–❺
Das einzige **Restaurant**, abgesehen von zwei billigen *dhabas* beim Taxistand, ist die **Golden Oriole German Bakery** gleich oberhalb des *gompas*, wo man die übliche Kombination westlicher und indischer Gerichte bekommt. Wer wirklich Hunger hat, kann das vegetarische Buffet im **Zimskhang** probieren.

Transport

Eine Alternative zum Taxi für die Anfahrt aus LEH ist der private Bus (Abfahrt 8 und 16 Uhr). Er benötigt rund 3 Std. für die 70 km lange Strecke und kehrt um 15.45 Uhr oder am nächsten Morgen um 7 Uhr zurück. Sonst kann man auch jedes Fahrzeug in Richtung Kargil nehmen und bei der eisernen Gitterbrücke westlich von Saspol aussteigen, über den Fluss gehen und die letzten 6 km zu Fuß zurücklegen.

Lamayuru

Wenn man Ladakh unter einer Sehenswürdigkeit subsumieren müsste, so wäre es das Lamayuru Gompa, 130 km westlich von Leh. Umrandet von einer Mondlandschaft aus geröllbedeckten Bergen steht das weiß getünchte mittelalterliche Kloster oberhalb eines baufälligen Grüppchens von Lehmziegelhäusern auf der Spitze eines fast vertikalen, bizarr zerklüfteten Steilhangs.

Das Kloster ist eines der großen Wahrzeichen der alten Seidenstraße und zählt zu den 108 (eine spirituell bedeutsame Zahl) Klöstern, die der Rinchen Zangpo im 10. und 11. Jh. gründete. Sein schroffer Standort soll Milarepa während seiner religiösen Odyssee über den Himalaya Schutz geboten haben, und vermutlich war er lange bevor der Buddhismus aufkam ein heiliger Ort, an dem die Menschen in dieser Region noch der schamanistischen Bön-Religion folgen (S. 148). Heute sind nur noch dreißig Mönche aus dem Brigungpa-Zweig der Kargyu-pa-Schule übrig geblieben – vor rund 100 Jahren waren es noch vierhundert. Kunstschätze hat das Lamayuru nur wenige zu bieten. Die meisten Besucher machen jedoch Halt an diesem Abschnitt der Straße von Srinagar nach Leh, weil sie das Kloster vom Tal aus fotografieren oder zum Pass Prikiti La wandern möchten, dem Zugang nach Zanskar.

Der steile Fußweg vom Highway oberhalb des Ortes führt zum nahe gelegenen Haupteingang des Klosters, wo man in den meisten Fällen den Mönch findet, der die Eintrittskarten (Rs20) verkauft und den Besuchern die Tür zum **Du-khang** aufschließt. Die neu renovierte Gebetshalle von Lamayuru beherbergt wenig Bemerkenswertes außer einer **Höhle**, in der Milarepas Lehrer Naropa meditiert haben soll, sowie eine Sammlung farbenfroher Skulpturen aus Yak-Butter. Wenn man Glück hat, wird man durch den Irrgarten enger Gassen unterhalb des Klosters zu einer winzigen **Kapelle** geführt. Die stark beschädigten Wandmalereien mit Mandalas und den Tathagata Buddhas stammen aus der gleichen Zeit wie jene in Alchi (S. 560).

Wie bei Muttern

Dragon Guest House, 01982-224510, 01982-252414, einladendes Familienhotel und die bei weitem beste Adresse. Eine Reihe unterschiedliche Zimmer inkl. einem begehrten „Glaszimmer" und einem netten Gartenrestaurant, in dem das beste Essen von Lamayuru serviert wird. ❶–❸

Übernachtung und Essen

Niranjana Hotel, 01982-224555, das vierstöckige Hotel im Kloster-Stil beherrscht die Silhouette am Gompa-Eingang. Die 20 schlichten Zimmer mit Betonfußboden haben Gemeinschaftsbäder mit fließend Warmwasser und bieten schöne Ausblicke auf die Täler der Umgebung. ❹

Transport

Lamayuru ist sowohl von Leh als auch von Kargil zu weit entfernt, um es in einem Tagesausflug besuchen zu können. Man muss also entweder auf der Fahrt zwischen den beiden Städten einen Zwischenstopp einlegen oder die Nacht in Lamayuru verbringen.

Der täglich zwischen LEH und KARGIL in beide Richtungen verkehrende **Bus** fährt in beiden Städten um 5.30 Uhr ab und passiert Lamayuru zwischen 9 und 10 Uhr. Er hält bei den Tee-Ständen im Zentrum. Am frühen Nachmittag kommen auch einige private Busse durch den Ort. Wer **wandern** möchte und auf der Suche nach zuverlässigen Guides und Ponys ist, kann im Dragon Guest House nachfragen. Oder man arrangiert sie im

Voraus bei ihrer Niederlassung in Leh, ✆ 01982-253164.

Mulbekh

Westlich von Lamayuru erklimmt die Hauptstraße zunächst die Spitze des **Fotu La** (4091 m), des höchsten Passes zwischen Leh und Srinagar, und dann den **Namika La** („Himmelssäule", 3760 m), so genannt wegen der zerklüfteten Felsnadel, die im Süden aufragt. Nachdem sie den windumtosten Berggrat überquert hat, fällt die Straße durch eine spektakuläre Landschaft aus zerfallenen, öden Felsen und steinigen Schluchten zum Dorf Mulbekh ab.

Die letzte größere buddhistische Siedlung an der Straße vor den moslemischen Purki-Ortschaften rund um Kargil verteilt sich an den Ufern des Flusses Wakha, das von Pappeln und Gärten voller Walnuss- und Aprikosenbäume gesäumt wird.

Mulbekh war einst ein Vorposten des Zangla-Königreichs in West-Ladakh und der abgesetzte König Nyima Norbu Namgyal Dey und Königin Tashi Deskit Angmo leben immer noch in einer baufälligen viergeschossigen Villa am Westrand des Ortes. Und wahrscheinlich wäre es heute nichts weiter als ein verschlafenes Dörfchen, wenn nicht endlose Konvois aus Trucks und Touristenbussen hier durchfahren würden, solange, wie die Pässe geöffnet sind. Wenn die Besucher überhaupt halt machen, bleiben sie gerade mal lange genug, um in der Straßen-*dhaba* einen Chai zu trinken und einen kurzen Blick auf die sieben Meter hohe **Maitreya-Statue** („Chamba" auf tibetisch) zu werfen, die in einen gigantischen Felsblock in der Nähe gemeißelt wurde. Der genaue Ursprung des wohlgeformten zukünftigen Buddhas mit den vier Armen ist nicht bekannt, aber eine Inschrift besagt, dass er zwischen dem 7. und 8. Jh. geschaffen wurde – lange bevor der Buddhismus in Tibet wirklich Fuß gefasst hat.

Das einräumige Kloster (Rs10) vor der Statue ist mit besonders schönen Wandmalereien verziert und dem 1000-armigen Chenrezig (Avalokiteshvara) gewidmet.

Übernachtung und Essen

Die Übernachtungsmöglichkeiten in Mulbekh selbst beschränken sich auf ein paar schäbige Zimmer über den einfachen Gaststätten, u. a. das **Paradise**, ✆ 01985-270010, ❶ und das **Tsomo Riri**, ✆ 01985-270013, an der Hauptstraße gegenüber der Chamba-Statue. Tagsüber werden *thukpa,* Dal, Reis, *momos* und Buttertee serviert, später verwandeln sich beide in billige Spelunken.
Maitreya Guest House, ✆ 01985-270035, 1 km westlich an der Hauptstraße, bietet komfortablere Zimmer mit Bad. ❹

Kargil

Obwohl die Umgebung von Kargil unglaublich schön ist, verbringen die meisten Besucher nicht mehr als ein paar Stunden in der Hauptstadt der auch als **„Klein Baltistan"** bezeichneten Region. Am Zusammenfluss von Suru und Drass gelegen, erscheint Kargil zunächst als eine ungeordnete Ansammlung von Wellblechdächern. Als Zwischenstopp auf halber Strecke zwischen Leh und Srinagar füllen sich die schäbigen Hotels abends mit matten Busreisenden, die um 4 Uhr wieder aufstehen, um noch vor Tagesanbruch weiterzufahren. Das Stadtgebiet erstreckt sich zwar mehrere Kilometer entlang des Flusses und die Ufer hinauf, doch das Zentrum um den Hauptbasar, der sich in einem Bogen nach Norden hinzieht, ist sehr kompakt und kann zu Fuß erkundet werden. Kargil selbst bietet nur wenige ausgemachte Sehenswürdigkeiten, ist aber ein stimmungsvoller Ort, um hier einen oder mehrere Tage zu verbringen und auf einen Bus nach Zanskar zu warten. Alte Männer mit Wollmützen und Bärten und geschniegelte Jugendliche bevölkern die Straßen mit ihren altmodischen Geschäften, die säckeweise Getreide, Gewürze und Büchsen mit geklärter Butter anbieten. Tibeter verkaufen Panasonic-Elektronikartikel, während die Fleischer abgetrennte Ziegenköpfe auf verstaubten Holzbrettern präsentierten. Die Atmosphäre der Stadt mutet eher pakistanisch als indisch an, die (fast ausschließlich männlichen) Gesichter und das Essen erinnern an Kashmir und Zentralasien. Touristen sind hier ein seltener Anblick, und Frauen aus dem Westen sollten Arme und Beine bedeckt halten. Wer als Frau allein durch die Straßen spaziert, muss sich auf kichernde Teenager und neugierige Blicke älterer Männer einstellen.

Die meisten der 8.000 Einwohner von Kargil sind Purki und strenge **Moslems**. Anders als die Sunniten in Kashmir sind die Purki jedoch orthodoxe **Schiiten**. Das erklärt nicht nur die allgegenwärtigen Fotos des Ayatollah, sondern auch die auffällige Abwesenheit von Frauen auf dem Basar. Hin und wieder trifft man auch auf einen Agha mit schwarzem Turban; die geistigen Führer von Kargil haben ein Verbot gemischt-geschlechtlicher gesellschaftlicher Aktivitäten (z. B. Tanzen) durchgesetzt und fahren auch heute noch auf Pilgerreisen zu heiligen Stätten im Iran.

Die Purki sind die Nachkommen von Siedlern und moslemischen Händlern aus Kashmir und Yarkhand. Sie sprechen den *Purig*-Dialekt, eine Mischung aus Ladakhi und Balti. Und wäre die Region während des indisch-pakistanischen Krieges 1948 nicht so waghalsig durch Indien wiedererobert worden, wäre Kargil heute tatsächlich ein Teil von Baltistan, der Region jenseits der Waffenstillstandslinie, die der Stadt so ähnelt.

Die Stadt liegt so nah an der Grenze und den pakistanischen Stellungen, dass sie im Krieg 1999 von Indien als logistisches Zentrum genutzt und wiederholt von pakistanischer Artillerie unter Beschuss genommen wurde. Abgesehen von einigen wenigen zerstörten Gebäuden kam Kargil jedoch relativ glimpflich davon, denn die Militärbasen und der Flugplatz liegen außerhalb der Stadt. Nach weiteren Konflikten im Sommer 2002 ist der Sturm spürbar abgeflaut, und dank der Fortsetzung des Kashmir-Dialogs zwischen Indien und Pakistan, steigen die Touristenzahlen wieder an. Dennoch ist es nach wie vor ratsam, sich vor einer Reise in diese Region über die aktuelle Lage zu informieren.

Übernachtung

Der Kashmir-Konflikt hat die Touristenzahlen stark zusammenschrumpfen lassen. Die Hälfte aller Hotels musste dicht machen, darunter fast alle preiswerteren Absteigen. Billigunterkünfte sind daher sehr knapp und im Juli und August, wenn die meisten Besucher kommen, explodieren die Zimmerpreise förmlich. Unten sind die Preise für die Hochsaison angegeben, zu anderen Zeiten lässt sich normalerweise ein Rabatt aushandeln.

Crown, neben dem Busbahnhof. Großes, altes Budgethotel, das schon bessere Tage gesehen hat, aber tatsächlich immer noch Rucksacktouristen anlockt. Manche Zimmer haben ein eigenes Bad, und es gibt einen superbilligen Schlafsaal (Rs20). Fließend Wasser auf Wunsch. ❷

Greenland, an der Straße, die zum Taxistand hinunter führt, ☎ 01985-232324. Ein bisschen teurer als die billigsten Budgethotels. Mit Restaurant und anständigen Zimmern (alle mit Bad). Die Zimmer im ersten Stock sind geräumiger. ❸

J&K Tourist Bungalow Unit No. 1, 5 Min. zu Fuß von der Kreuzung oberhalb des Busbahnhofs, ☎ 01985-232721. Saubere Zimmer, saubere Laken, friedliche Atmosphäre und ein kleiner Speisesaal. Mit Abstand das beste Budgethotel der Stadt. Man muss aber bei einem der J&K Büros reservieren. Die **Unit No. 2** im Tourist Office Komplex ist schäbiger, bietet aber Ausblicke auf den Fluss. ❶

Kargil Continental, neben dem Greenland, hinter der Touristeninformation, ☎ 01985-232304. Ganzjährig geöffnete Unterkunft mit großen, komfortablen Zimmern und einem schönen Garten, aber ein bisschen seelenlos und teuer. Für 2009 ist jedoch eine Renovierung geplant. ❹

Siachen, an einer Straße hinab zum Taxistand, ✉ hotel-siachen-kargil@rediffmail.com, ☎ 01985-233055. Groß, komfortabel und eines der besten Hotels in der Stadtmitte. Zimmer mit Bad, einige billigere im 1. Stock und ein gutes Restaurant. ❻–❼

Essen

Abgesehen von den teureren Hotels wie dem Siachen beschränken sich die Essensmöglichkeiten in Kargil mehr oder weniger auf die kleinen, auf Touristen ausgerichteten Straßencafés sowie *dhabas* im

Tibetische Leckereien

Tibetan Food Restaurant, Main Bazaar. Alle Lieblingsgerichte wie *momo* und *thukpa* um Rs40–60. Nettes Lokal im oberen Stock mit sehr authentischer Atmosphäre.

und um den Hauptbasar. Zum Frühstück sind alle Restaurants geschlossen, doch das Essen an den Straßenständen ist teilweise auch sehr lecker. Dort gibt es *chai*, Chapatis, Omelettes und warmes Kashmir-Brot mit Butter. Später am Tag wird scharfer Shishkebab für nur Rs10 serviert.

Karan Singh Punjabi Janata, am südlichen Ende des Hauptbasars. Eins der besseren *dhabas* der Stadt: scharfe indische Speisen mit viel Reis. Für Rs 50 kann man hier gut essen.

Las Vegas, in der Gasse vom Taxistand zum Main Bazaar. Eines der hygienischeren Lokale mit nicht-vegetarischen indischen, kashmirischen und chinesischen Gerichten für Rs80–100.

Rubby, am Südende des Main Bazaars. Beliebtes Restaurant, das regionale Spezialitäten serviert, u. a. *yakhani* (in Joghurt gekochtes Fleisch) und *gustaba* (Fleischbällchen), die beide nur für Gaumen zu empfehlen sind, die sich schon gut an die mittelasiatische Küche gewöhnt haben. Die meisten Gerichte kosten deutlich unter Rs50.

Zojila Bakery, Main Bazaar. Guter Anlaufpunkt für einen Morgentee oder für Brot und Kekse. Eines der wenigen Lokale, wo man gemütlich im Sitzen frühstücken kann.

Sonstiges

Geld
Die **J&K Bank** hat einen Geldautomaten und im Siachen Hotel kann man Dollars tauschen.

Informationen
J&K Tourist Reception Centre, im Ostteil der Stadt an der Flussseite des Taxistands, ✆ 01985-232721. Neben der üblichen Broschüre über Ladakh auch Verleih von norwegischen Trekkingausrüstungen, u. a. Ganzjahres-schlafsäcke, Zelte, Mäntel und Stiefel. ⏲ Mo–Sa 10–16 Uhr.

Internet
Kargil hat mehrere Örtlichkeiten mit Internetzugang (Rs80 pro Std.). Die beste Adresse befindet sich an der Ecke vom Main Bazaar und der Straße zur Station, an der die staatlichen Busse halten.

Transport

Busse
Die staatlichen Busse aus Leh, Srinagar und Padum in Kargil kommen in der kleinen Station gleich unterhalb und nahe dem Nordende des Basars an. Busse privater Unternehmen, Minibusse und Jeeps halten am größeren **Taxistand** weiter südlich und etwa 100 m vom Basar entfernt.

Busse nach MULBEKH fahren tgl. um 15, 15.30 und 16 Uhr ab. Morgens kann man mit etwas Dusel auch einen Matador-Minibus erwischen. Wer weiter nach Süden will, muss sein Glück mit einem der Privatbusse versuchen, denn die Regierung hat die Verbindung nach Padum in Zanskar auch weiter eingestellt. Privatbusse verkehren aber höchst unregelmäßig (in der Regel 3x wöchentl., aber nicht an festen Tagen) und sind infolge fehlender Alternativen meistens sehr voll. Wer sich nicht scheut, per Anhalter zu fahren, kann einen Bus nach Panikhar nehmen (7 und 14 Uhr) und sich am Hotel Kayoul hinstellen. Einfacher ist es natürlich, sich ein Taxi zu mieten; die einfache Fahrt nach Padum kostet Rs8000 (Rs1600 p. P.).

Nach LEH fahren täglich zwischen 4 und 5 Uhr mehrere Busse (Rs200), doch schneller und einfacher ist es, einen Tag vorher ein Ticket für einen der Tata Sumos (Rs500–600) zu buchen, die ebenfalls früh am Morgen abfahren.

Die unten stehenden Bus-Informationen gelten für die Touristensaison vom 1. Juli bis 15. Sep, wenn die Straße Manali–Leh offiziell geschlossen wird. Die meisten anderen Straßen wie die Strecke Leh–Srinagar über Kargil bleiben bis Ende Oktober geöffnet. Trotz heftiger Schneefälle wird die Strecke von Leh ins Nubra-Tal über den extrem hohen Khardung La während des gesamten Jahres frei gehalten.

Busse nach:
DRASS (2x tgl., 2 Std.),
LEH (2–4x tgl., 9 Std.),
MULBEKH (3x tgl., 1 1/2 Std.),
PADUM (3x wöchentl., 14–15 Std.),
PANIKHAR (2x tgl., 3 Std.),
SANKHU (3x tgl., 1 1/2 Std.),
SRINAGAR (1–2x tgl., 11–12 Std.).

Das Suru-Tal

Das Suru-Tal trennt zwei der atemberaubendsten Bergketten der Welt voneinander. Es erstreckt sich südlich von Kargil bis zum kargen Pensi La – dem Hauptzugang nach Zanskar. Die erste Teilstrecke, die gewöhnlich vor Sonnenaufgang mit dem Bus zurückgelegt wird, führt durch die weiten Niederungen des fruchtbaren Tals, wo sich zahlreiche moslemische Dörfer um die Metallkuppeln ihrer Moscheen drängen. Im weiteren Verlauf der Fahrt Richtung Süden tauchen am Horizont die unberührten, weißen Eisfelder und Gipfel des **Nun-Kun** (7077 m) auf. Dieses majestätische Bergmassiv dominiert die Landschaft während der gesamten Fahrt bis nach Zanskar, nur bei **Panikhar** verschwindet es kurz hinter den steilen Talwänden. Kurz hinter Panikhar windet sich der Suru in Richtung Osten um den Fuß des Nun-Kun, nur einen Steinwurf von dem großartigen **Gletscher Parkachik Gangri** entfernt. Nachdem die Straße ein scheinbar endloses, zu beiden Seiten von nackten Felswänden umschlossenes Geröllfeld durchquert hat, führt sie weiter durch sumpfiges Gelände, umgeben von schneebedeckten Gipfeln und fast senkrecht aufragenden Felswänden, die verschiedene Gesteinsschichten erkennen lassen. **Juldo**, eine winzige Siedlung, auf deren Hausdächern sich Essensvorräte stapeln und Gebetsfahnen flattern, markiert den Beginn des buddhistischen **Suru**.

Der Anstieg zum Pass des **Rangdum Gompa**, jenseits des flachen Flussbeckens von Juldo, ist atemberaubend. Ein funkelnder 6000-Meter-Gipfel nach dem anderen erscheint über einer Reihe von Nebentälern, viele von ihnen sind durchsetzt von riesigen Fels- und Eisfurchen. Den Höhepunkt der Fahrt bildet die Abfahrt vom **Pensi La** (4401 m): Die Straße windet sich in Schwindel erregenden Serpentinen hinab und gibt den Blick auf den kolossalen, S-förmigen **Darung Drung-Gletscher** frei, dessen milchiggrünes Schmelzwasser sich nach Südosten in das darunter sichtbare Stod-Tal ergießt.

Panikhar

Drei Busstunden südlich von Kargil liegt Panikhar. Es ist zwar keineswegs der größte Ort im Suru-Tal, bietet sich aber an, um die lange Reise nach Padum zu unterbrechen. Vor der Kashmir-Krise fungierte es als kleineres Trekkingzentrum am Ausgangspunkt des Trails Lonvilad Gali–Pahalgum. Heute zieht die verwahrloste Ansammlung von Straßenständen und armen Bauernhäusern aus Lehmziegeln selbst in der Hochsaison weit weniger Touristen an.

Der Hauptgrund, hier Halt zu machen, ist um zum nahe gelegenen **Parkachik La** zu wandern und den Panoramablick auf die von Gletschern geschliffene Nordwand des imposanten **Nun-Kun-Massivs** zu bestaunen. Der **Weg** zum Pass beginnt jenseits des Suru, den man 30 Minuten südlich des gleichnamigen Ortes auf einer Hängebrücke überquert. Es mag von Panikhar aus unkompliziert aussehen, aber die vier Stunden hinauf zum Bergrücken und wieder zurück sind vor allem in Gipfelnähe hart. Dies gilt besonders für Besucher, die nicht an die Höhe gewöhnt sind. Aber auch erfahrene Trekker werden sich von dem Anblick, der sich nach der Ankunft auf dem Gipfel erwartet, beeindruckt zeigen: Der Nun „schwebt" 3500 m über dem Talboden, von seinem umwölkten, pyramidenförmigen Gipfel weht ständig Schnee herab und riesige Gletscher zerfurchen seine Hänge. Links und rechts von ihm ragen seine Geschwister in die Höhe: der mehrgipflige Kun und der Sattelberg Barmal.

Übernachtung

Es gibt in Panikhar nur zwei Übernachtungsmöglichkeiten:
Kayoul Hotel & Restaurant, gleich gegenüber der Bushaltestelle, ✆ 01985-259080, ein paar

sehr einfache Zimmer, Klapp-*charpois* und Latrinen sowie ein baufälliges Café zur Straße. ❶
Ein bisschen mehr Komfort finden Besucher im bescheidenen **J&K Tourist Bungalow**, 100 m die Straße hinunter auf der linken Seite. Ein großes Apartmentzimmer mit fließendem Wasser kostet nur Rs80. ❶

Transport

Die **Busse** nach Kargil fahren um 7 und um 11 Uhr morgens vom Kayoul ab. Wer eine Mitfahrgelegenheit nach Padum sucht, sollte die Truckfahrer fragen, wenn sie nach dem Mittagessen aus dem *dhaba* kommen. Man zahlt bei ihnen für die einfache Fahrt etwa genauso viel wie im Bus (Rs200).

8 HIGHLIGHT

Zanskar

Die von hohen Himalaya-Gipfeln umschlossene Region Zanskar, wörtlich „Land des weißen Kupfers", übt bereits seit Jahrzehnten eine geradezu paradiesische Anziehungskraft auf Ladakh-Besucher aus. Die unglaubliche Abgeschiedenheit, das extreme Klima und die große Entfernung von den wichtigen Himalaya-Handelsrouten haben dafür gesorgt, dass Zanskar – im Gegensatz zum weiter nördlich gelegenen Indus-Tal – kaum unter den Einfluss von Erneuerung und Veränderung geraten konnte. Der jährliche Trekking-Strom und eine von Motorfahrzeugen befahrbare Straße haben das Tempo der Entwicklung sicherlich beschleunigt, doch abseits der größten Ansiedlung, **Padum**, hat sich der Alltag der Zanskaris kaum verändert, seit der weise Padmasambhava im 8. Jh. diese Gegend bereiste.

Den Kern der Region bildet ein Y-förmiges Gletschertalsystem, dessen Wasser in drei Hauptflüsse abfließt: Der **Stot** (oder Doda) fließt mit dem **Tsarap** (oder Lingit) zusammen und heißt im weiteren Verlauf nach Norden **Zanskar**. Da das Tal auf der Leeseite der Himalaya-Wasserscheide liegt, gibt es hier viel mehr Schnee als in Zentral-Ladakh. Selbst die niedrigsten Pässe sind sieben bis acht Monate im Jahr gesperrt, und die Temperaturen können in der Mitte des Winters auf beißende minus 40 °C sinken.

Rund vierzehntausend Menschen leben in diesem öden, baumlosen Terrain – eine der kältesten bewohnten Regionen auf unserem Planeten –, die Hälfte des Jahres eingemummelt in ihren rauchgefüllten, weiß getünchten Katen, auf deren Dächern sich die Nahrung für den ganzen Winter stapelt.

Bis Ende der 1970er-Jahre musste alles, was die erfindungsreichen Zanskaris nicht selbst produzieren konnten (u. a. Bauholz für ihre Häuser) über die 4–5000 m hohen Pässe in die Region transportiert werden. Im Winter konnten die benötigten Waren sogar nur von Nimmu, wo Indus und Zanskar zusammenfließen, über das gefrorene Eis des Zanskar getragen werden – in einer 10- bis 12-tägigen Tour hin und zurück, die heute die schnellste Route von Padum zur Straße Srinagar–Leh ist. Schließlich wurde 1980 ein befahrbarer Feldweg den Suru hinunter und über Pensi La ins Stod-Tal frei gesprengt. Von Erdrutschen und heftigen Schneestürmen einmal abgesehen – auf dem Pensi La kann selbst im August Schnee liegen –, kann die holprige Reise von Kargil nach Padum jetzt in nur 13 Stunden zurückgelegt werden.

Die meisten Besucher kommen nach Zanskar, um zu **wandern**. Zahlreiche Wege winden sich von Padum in Richtung Norden nach Zentral-Ladakh, in Richtung Westen nach Kishtwar und in Richtung Süden ins benachbarte Lahaul – allesamt lange und anstrengende Wanderrouten (S. 524/525, Kasten).

Wer in der Hoffnung hierher reist, die Distrikt-Hauptstadt als bequeme Basis für kurze Tagesausflüge nutzen zu können, wird enttäuscht. Nur eine Hand voll der weit verstreuten Klöster und Siedlungen in Zanskar liegt nahe genug an der Straße. Der Rest von ihnen ist versteckt in abgeschiedenen Tälern und erst nach tage- oder gar wochenlangen Fußmärschen zu erreichen.

Die verbesserte Kommunikation, als Konsequenz aus dem Bau der neuen Straße, könnte sich als zweischneidiges Schwert für Zanskar entpuppen. Zwar hat sie zweifellos einen gewissen Wohlstand nach Padum gebracht, jedoch zwingt sie dem Rest des Tals bedeutende Veränderungen auf. Am deutlichsten sichtbar wird dies an der drastischen Zunahme des Touristenverkehrs, dessen Langzeitfolgen für die zerbrechliche Ökologie und die traditionelle Kultur der Region noch gar nicht abzuschätzen sind.

Zumindest hat der Anstieg des Tourismus den Einheimischen bisher wenig finanzielle Vorteile gebracht, denn das Geld der Trekkinggruppen kassieren die Agenturen in Leh, Manali, Srinagar und selbst in Delhi.

Die Zanskaris sind es leid, ihre Region immer hinter Kargil, das zu demselben Verwaltungsbezirk gehört, anstehen zu sehen. Sie fordern schon seit mehreren Jahren mehr Autonomie für ihre Region, d. h. die Kontrolle über die Bautätigkeit und eine Straße entlang der Zanskar-Schlucht nach Nimmu. Das Straßenprojekt immerhin wurde durchgesetzt, kommt jedoch nur schmerzlich langsam voran. Außerdem nehmen die Sorgen der Buddhisten zu, angesichts der Misswirtschaft der Staatsregierung und gelegentlicher Konflikte mit ihren islamischen Nachbarn.

Padum

Nach einer unvergesslichen Wanderung oder Busfahrt ist Padum, 240 km südlich von Kargil, ein bisschen enttäuschend. Anstelle eines malerischen Zanskari-Dorfes, das man erwarten könnte, entpuppt sich die Verwaltungszentrale und Verkehrsachse als eine zusammenhanglose Ansammlung aus bröckelnden Lehm- und Betonquadern, verölten Lkw-Parkplätzen und Regierungsgebäuden mit Blechdächern.

Der einzige Reiz des Ortes liegt in seiner herrlichen Umgebung: An der südlichsten Spitze eines weiten, fruchtbaren Flussbeckens überragt Padum ein flaches, karomusterartiges Ackerland, das an drei Seiten von riesigen Geröllwänden und schneebedeckten Bergen umgeben ist.

Dank seiner Lage am Knotenpunkt mehrerer Langstreckenwanderwege dient Padum als wichtiges **Trekkingzentrum** und ist der einzige Ort in Zanskar, an dem der Tourismus bisher nennenswert Einzug gehalten hat. Während der kurzen Sommersaison sieht man beinahe ebenso viele wettergegerbte westliche Reisende über seine sandigen Straßen laufen wie Buddhisten und Sunniten. Dennoch sind die touristischen Einrichtungen nach wie vor sehr einfach: Sie beschränken sich auf ein kleines Touristikbüro und eine Hand voll Teashops und Gästehäuser sowie die allerorts vorhandenen kashmirischen Kunsthandwerksstände. Während man darauf wartet, dass die Blasen an den Füßen verheilen, gibt es in Padum nicht viel zu sehen. Die einzig erwähnenswerte Sehenswürdigkeit ist das kleine **Tagrimo Gompa**, 15 Gehminuten westlich der Stadt.

Übernachtung

Die Übernachtungsmöglichkeiten in Padum beschränken sich auf eine Hand voll recht mieser Gästehäuser und einige Privatzimmer bei Familien. In beiden Fällen gibt es nur Gemeinschaftsbäder und Latrinen. Aber es gibt auch Ausnahmen:

J&K Tourist Complex, ✆ 01983-245017. Einfach, aber komfortabel, gepflegte DZ mit fließend kaltem Wasser. ❶

Hotel Ibex, ✆ 01983-245012, mit seinen DZ rund um einen Hof ist eine der besseren Unterkünfte in Padum. ❸

Mont Blanc, nahe dem Busbahnhof. Freundliche Unterkunft unter französischer Leitung; Zeltplatz Rs50. ❷–❸

Chorala, nahe dem Busbahnhof, ✆ 01983-245035. Recht saubere und günstige DZ und ein Reiseschalter. ❶

Auch **Camping** ist möglich und kostet auf dem Platz in der Nähe des Tourist Reception Centre Rs50 pro Nacht. Es sollten keine Wertgegenstände im Zelt gelassen werden, denn in letzter Zeit wurde wiederholt von Diebstählen berichtet. Wanderer, die vom Shingo La ankommen, zelten auch manchmal neben dem Fluss im Tsarap-Tal.

Essen

Gegen Ende der Trekkingsaison wird Verpflegung in Padum zum Problem. Etwa Mitte Oktober gehen die Waren, die importiert werden müssen – nahezu alles außer Gerstenmehl und Yak-Butter – zur Neige, und selbst ein frisches Ei kann zu einem Festessen werden.
In der Zeit davor sorgen die Teashops und Cafés für ausreichend sättigende und preiswerte Mahlzeiten – das **Lhasa** ist zu empfehlen. Das beste Essen serviert das Restaurant im **Hotel Ibex**. Billiges chinesisches und tibetisches Essen gibt es im **Changthang** in der Nähe des **Tourist Complex** oder im **Gakyi Café** unweit der Post. Die meisten Gästehäuser bieten auch Halbpension an, wenn man frühzeitig darum bittet.

Sonstiges
Informationen

J&K Tourist Complex, ☏ 01983-245017, 1 km nördlich von dem Platz in Mane Ringmo, von der Hauptstraße ab und 2 Min. zu Fuß von der zweiten, größeren Ansammlung von Gästehäusern entfernt. Als nützliche Informationsquelle geeignet, vermietet aber keine Trekking-Ausrüstung. ⊙ Juli–Sep Mo–Sa 10–16 Uhr.

Post

Bisher gibt es in Padum keine Möglichkeit, Geld zu wechseln, aber von der Post kann man immerhin Briefe abschicken.

Touren

Einfache **Trekkingausrüstungen** werden in den kleinen Geschäften oberhalb des Busbahnhofs verkauft. Die Preise sind deutlich höher als anderswo. Es lohnt sich also, alles Notwendige aus Kargil mitzubringen. Die meisten Wanderer mieten **Ponys** bei der Touristeninformation oder bei den Gästehaus-Besitzern oder bei **Zanskar Trek**, ☏ 01983-245053, wo auch Führer (Rs500 pro Tag) vermittelt werden. Für ein Pony sind Rs200–300 pro Tag zu veranschlagen. Die Preise schwanken je nach Jahreszeit, denn Anfang September werden die Ponys während der Ernte zum Transport von Getreide eingesetzt. Wer Schwierigkeiten hat, einen Pferde-*wallah* in Padum zu finden, hat bessere Aussichten in einem der Nachbardörfer, z. B. in Pipiting (30 Min. zu Fuß über die Felder in Richtung Norden).

Transport

Bei der Ankunft in Padum mit dem Bus steigt man auf dem staubigen Platz aus, der sich ganz im Süden der Stadt in der Nähe vom Old Quarter und einiger preiswerter Gästehäuser befindet. Eine Busfahrkarte zurück nach KARGIL kostet ca. Rs250. Aufgrund der kurzen Saison und des eingeschränkten Fremdenverkehrs ist es teuer, in Padum einen Wagen zu mieten (über das Büro der Taxi-Union in Padum, in der Nähe des Busbahnhofs): Eine Fahrt nach KARSHA und zurück kostet mindestens Rs1000.

Die Umgebung von Padum

Öffentliche Verkehrsmittel im Zanskar-Tal sind so gut wie unberechenbar, aber mittwochs und freitags fährt ein Bus von Padum nach Zangla (morgens hin und am Nachmittag zurück, Rs35). Ansonsten bleibt nichts anderes übrig, als sich mit den maßlos übertriebenen Preisen der Taxi-Union in Padum abzufinden. Wer gut zu Fuß ist, kann auch über die Felder zum **Karsha Gompa** wandern, dem größten Gelug-pa-Kloster von Zanskar und lohnenswertesten Ziel in der näheren Umgebung.

Die Gruppe weiß getünchter Lehmquader an den felsigen Hängen des Bergs nördlich von Padum wurde zwischen dem 10. und 14. Jh. erbaut. Die eindrucksvollsten Gebetshallen sind der kürzlich renovierte Du-khang und Gonkhang am oberen Ende des Komplexes. Das kleine Chukshok-jal, das abseits des Klosters unter einer Festungsruine am Rande eines Kanals liegt, beheimatet Karshas älteste Wandgemälde. Sie stammen aus der gleichen Zeit wie die in Alchi (S. 560).

Der schnellste Fußweg nach Karsha führt von Padum aus Richtung Norden zur Seilbrücke über den Stod, unmittelbar unterhalb des Klosters. Man sollte früh morgens aufbrechen, denn die heftigen, eiskalten Stürme, die nachmittags vom Süden her über den Hohen Himalaya fegen, verwandeln die 90-minütige Wanderung über das offene Flussbecken in einen Härtetest.

Es ist wesentlich netter, in Karsha zu übernachten, als in Padum. Einige Dorfbewohner vermieten Zimmer an Touristen. Empfehlenswert sind Thuktan Thardots wundervolles „Glaszimmer" ❶ in Sharling Ward gleich unterhalb des Klosters und das schlichte **Lobzang Guesthouse**. ❶

Haryana und Punjab

Stefan Loose Traveltipps

Rock Garden, Chandigarh Der bizarre Skulpturengarten, den ein einheimischer Exzentriker scheinbar planlos aus Industrieabfall zusammengestellt hat, bietet einen kuriosen Kontrast zur ordentlichen Stadt. S. 576

9 Goldener Tempel, Amritsar Im spirituellen Zentrum der Sikhs erklingen den ganzen Tag über bis in die Nacht hinein *kirtan* (religiöse Gesänge). S. 580

Das Gebiet der wohlhabenden Staaten Haryana und Punjab erstreckt sich über die fruchtbaren Flussniederungen nordwestlich von Delhi bis hin zur pakistanischen Grenze. Dieses ehemals von den Briten verwaltete „Fünfstromland" wird von den fünf großen Nebenflüssen des **Indus** durchquert. Mit Erlangung der Unabhängigkeit wurde der Punjab zwischen Pakistan und Indien aufgeteilt. Daraufhin setzte ein von entsetzlichen Massakern begleiteter Exodus ein: Die indischen Moslems flohen in westlicher Richtung nach Pakistan und die Hindus gen Osten. Die Sikhs entschieden sich für Indien, das ihnen sicherer erschien als das moslemische Pakistan. 1966 gab Premierministerin Indira Gandhi dem Druck der Sikhs nach, ordnete die Punjab Hills Himachal Pradesh zu und teilte den Rest des Staates in zwei halb autonome Gebiete: den vorwiegend von Sikhs bevölkerten Punjab und Haryana, das zu 96 % von Hindus bewohnt wird. Regierungssitz für beide Staaten wurde die neu erbaute Hauptstadt Chandigarh.

Für Touristen gibt es in diesen beiden Bundesstaaten nicht viel Interessantes zu sehen – mit Ausnahme des wunderschönen Goldenen Tempels in **Amritsar** und des skurrilen Rock Garden von **Chandigarh**. Für die **Wirtschaft** des Landes hingegen ist die als „Brotkorb Indiens" bekannte Region von großer Bedeutung. Die Bauern des Punjab produzieren nahezu ein Viertel des indischen Weizens und ein Drittel der Milch und Molkereierzeugnisse. Nicht zuletzt durch die Geldsendungen von Millionen ausgewanderter Inder aus Großbritannien, den USA und Kanada beträgt das Pro-Kopf-Einkommen des Staates heute fast das Doppelte des nationalen Durchschnitts.

Wirtschaftliche Unabhängigkeit und enge Familienbindungen werden durch den Glauben der Sikhs gestärkt, und ihre *gurudwaras* (Tempel) stehen allen Menschen offen, gleich welcher Kaste oder Konfession. Die meisten Sikhs sind heute liberal, auch wenn in der Gegend um den Goldenen Tempel in der heiligen Stadt Amritsar noch vollbärtige orthodoxe *sardars* anzutreffen sind. Die als *sahajdharis* bekannten weniger eifrigen Angehörigen dieser Glaubensrichtung werden oft in das Klischee von Bonvivants gedrängt, und das nicht ganz zu unrecht: Der Punjab kann sich nicht nur der köstlichsten regionalen Küche Indiens rühmen, sondern auch dessen höchsten Pro-Kopf-Verbrauchs von Alkohol.

Die Region wird von Reisenden meist nur auf dem Weg nach Himachal Pradesh oder zur indisch-pakistanischen Grenze bei **Wagha** durchfahren. Den Goldenen Tempel in **Amritsar** und das städtebauliche Experiment von Le Corbusier, Chandigarh, sollte man sich jedoch nicht entgehen lassen.

Geschichte

Punjabs erste Siedlung, heute als **Harappa**-Zivilisation bekannt, geht bis ins 3. Jahrtausend v. Chr. zurück und wurde um 1700 v. Chr. von den Ariern überfallen. Im 3. Jh. v. Chr. wurde das Gebiet von den Maurya erobert. Zu einer Vielzahl weiterer Gefechte kam es, als verschiedene eindringende Mogulnheere auf ihrem Weg vom Khyber-Pass nach Delhi hier vorbeizogen. Darunter war auch Babur, der Ibrahim Lodi 1526 in der **Schlacht von Panipat** besiegte.

Unterdessen begann sich weiter nördlich unter der Führung von Guru Nanak (1469–1539) der **Sikhismus** zu entwickeln. Die Vision des Gurus von einer egalitären Gesellschaft ohne Kasten, die sich auf den Glauben an eine einzige gestaltlose Gottheit gründete, fand bei Hindus und Moslems gleichermaßen Zustimmung. Die Versuche des Großmoguls Aurangzeb zur Ausmerzung des Sikh-Glaubens führten auf lange Sicht eher zu dessen Stärkung. Sie veranlassten den militaristischen und streitbaren zehnten **Guru Gobind Singh**, eine neue Strenggläubigkeit in Form von **Khalsa** („Gemeinschaft der Reinen") und die fünf Ks einzuführen (s. S. 150).

Nachdem sie im 17. Jh. mehrfach afghanische Invasionen überstanden hatte, füllte die Sikh-Nation das Machtvakuum, das beim Zusammenbruch der Mogulherrschaft entstanden war. Erst in den 40er-Jahren des 19. Jhs., nach zwei blutigen Kriegen gegen die Briten, war der Khalsa-Armee geschlagen.

Danach spielten die Sikhs jedoch eine entscheidende Rolle im Raj und halfen bei der Niederschlagung des Aufstandes von 1857. Das Verhältnis wurde erst durch das **Massaker auf dem Jallianwalla Bagh** 1919 zerstört, als Hunderte friedlicher Demonstranten von britischen Sol-

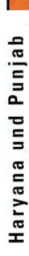

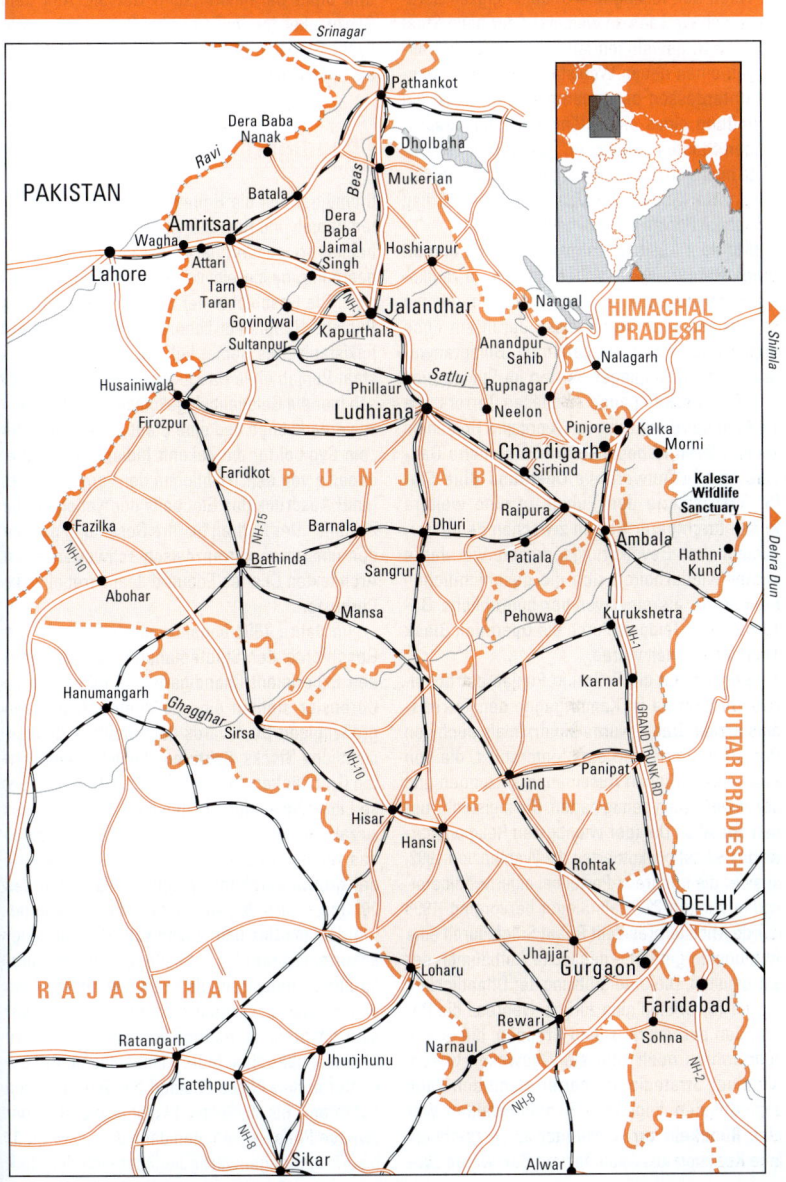

HARYANA UND PUNJAB

daten niedergemetzelt wurden. Damit wurde der Weg frei für den aufkommenden Radikalismus.

Nach der Teilung und Unabhängigkeit beruhigte sich die Lage so weit, dass der neue Staat auf seinen gewaltigen landwirtschaftlichen Erträgen einen neuen Wohlstand aufbauen konnte. Unterdessen begannen militante Sikhs, die Schaffung eines eigenständigen Punjabi-sprachigen Staates „Khalistan" zu fordern. 1966 einigte man sich auf einen Kompromiss. Die Hindu-Provinz Haryana und der von einer Sikh-Mehrheit bewohnte Punjab wurden nominell geteilt.

Mit dem Aufkommen einer von **Sant Jarnail Singh Bhindranwale** angeführten ultra-radikalen Separatistenbewegung wurden die ohnehin schon instabilen Verhältnisse durch ein noch unheilvolleres Element gefährdet. Bhindranwale und seine Anhänger führten im Punjab eine barbarische Kampagne religiösen Terrors, die 1984 mit der Besetzung von Amritsars Goldenem Tempel ihren Höhepunkt erreichte. Indira Gandhis brutale Antwort, die **Operation Blue Star** (S. 581), stürzte den Punjab in eine weitere Phase furchtbarer Gewalt zwischen den unterschiedlichen Bevölkerungsgruppen. Vier Jahre später wiederholten sich die geschichtlichen Ereignisse, als eine weniger bedrohliche Besetzung des Tempels durch die **Operation Black Thunder** vereitelt wurde.

Seitdem hat die Polizei in Punjab beträchtliche Fortschritte im Kampf gegen den Terrorismus erzielt. Dabei wurde sie erstmals auch von Punjabi-Bauern, den **Jats**, unterstützt, die von den unaufhörlichen Auseinandersetzungen und den vielen Toten genug hatten. Die meisten Gruppen der Akali Dal (der wichtigsten Religionspartei der Sikhs) boykottierten die Wahlen von 1992, aus der die Kongress-Partei bei einer Wahlbeteiligung von nur 22 % als Sieger hervorging. 1995 wurde Ministerpräsident **Beant Singh** durch eine Autobombe getötet – das letzte Aufbäumen der Extremisten. Die Unterstützung der Öffentlichkeit für die Terroristen ging zurück, während die Polizei den paramilitärischen Gruppen, die in den 80er-Jahren noch sehr stark gewesen waren, mit einer Strategie der harten Hand den Zahn zog. Bei den folgenden Regionalwahlen war eine **Rückkehr zur Normalität** zu verzeichnen. Eine Koalition aus Akali Dal und BJP wurde 2002 vom Kongress abgelehnt, errang jedoch 2007 die Macht, und dass bei normaler Wahlbeteiligung und ohne paramilitärische Gewalt. Aus dem Blickwinkel des Tourismus hat Punjab seine politische Stabilität zurückgewonnen und gilt wieder als relativ sicheres Reiseziel.

Chandigarh

Chandigarh ist die Hauptstadt der Bundesstaaten Punjab und Haryana, gehört aber keinem der beiden an, sondern ist selbst ein von der Bundesregierung in Delhi verwaltetes Unionsterritorium. Die Geschichte der Stadt beginnt 1947, als Punjabs Hauptstadt Lahore bei der Teilung auf pakistanisches Gebiet fiel und Indiens Bundesstaat Punjab ohne Hauptstadt zurückließ. Nehru sah hier die Gelegenheit gekommen, seine Vision zu verwirklichen und eine Stadt zu schaffen, die „ein Symbol für die Zukunft Indiens sein sollte, unbeirrt von den Traditionen der Vergangenheit [und] Ausdruck des Glaubens der Nation an die Zukunft". Der Auftrag für ihre Gestaltung ging an den umstrittenen französisch-schweizerischen Architekten Charles-Edouard Jeanneret alias **Le Corbusier**.

Im Jahre 1952 begann man mit dem in der Geschichte der Städteplanung bahnbrechenden Experiment Chandigarh. Die Pläne von Le Corbusier stellten ein geordnetes Raster von großzügigen Boulevards dar, geteilt in 29 übersichtliche Blocks, **Sektoren**, die mit ausgedehnten Grünflächen durchsetzt waren. Die Stadt bot seit ihrer Vollendung in den 60er-Jahren Anlass zu zahlreichen Kontroversen. Während die einen das Geistesprodukt von Le Corbusier als eine der größten architektonischen Leistungen des 20. Jhs. feiern, bezeichnen Kritiker die Gestaltung als maßlos und „unindisch". Le Corbusier schuf eine Stadt für schnelle, große Verkehrsströme zu einer Zeit, als kaum jemand ein Auto besaß, und seine quadratischen Betonhäuser sind im Sommer richtige Backöfen – nahezu unbewohnbar ohne teure Klimaanlagen. Am Ende der ersten Phase bestand die Stadt aus den Sektoren 1 bis 30 (Sektor 13 gibt es nicht). In der zweiten Phase entstanden dann die Sektoren 31 bis 47, und gegenwärtig befindet sich die Stadt

Chandigarh

Übernachtung
- Aroma — E
- Divyadeep & Satyadeep — F
- Panchayat Bhawan — H
- Pankaj — A
- Piccadilly — G
- Sunbeam — D
- Taj Chandigarh — B
- Transit Lodge — C

Restaurants
- Bhoj — F
- Chawla's — 7
- Chopsticks — 9
- Down Under — 5
- Hot Millions — 2 & 5
- Mehfil — 3
- Indian Coffee House — 1
- Sai Sweets — F
- Sindhi Sweets — 6
- Tehal Singh — 8
- Vinee — 4

Capital Complex
- Legislature Assembly
- Secretariat
- Open Hand Monument
- High Court

Sektor 1
- Rock Garden
- Sukhna Lake

Weitere Orte
- Sektor 2–44
- Golfplatz (Sektor 6)
- Natural History Museum
- Government Museum & Art Gallery
- City Museum
- General Hospital
- Rose Garden
- Reserve Bank
- EINKAUFS-KOMPLEX
- GPO
- Foreigners' Registration Office
- State Bank
- Air India
- Gurudwara
- Evangelische Kirche
- Katholische Kirche
- Unterführung
- Tourist Office
- Inter-state Bus Terminus (ISBT)

Straßen
- UTTAR MARG
- VIDHYAN PATH
- VIDYA PATH
- UDYAN PATH
- JAN MARG
- HIMALAYA MARG
- SAROVAR PATH
- MADHYA MARG
- SUKHRA PATH
- UDYOG PATH
- DAKSHIN MARG

Richtungen
- Manali
- Busbahnhof im Sektor 43
- Delhi, Flughafen
- Bahnhof
- Haryana und Punjab

0 — 500 m

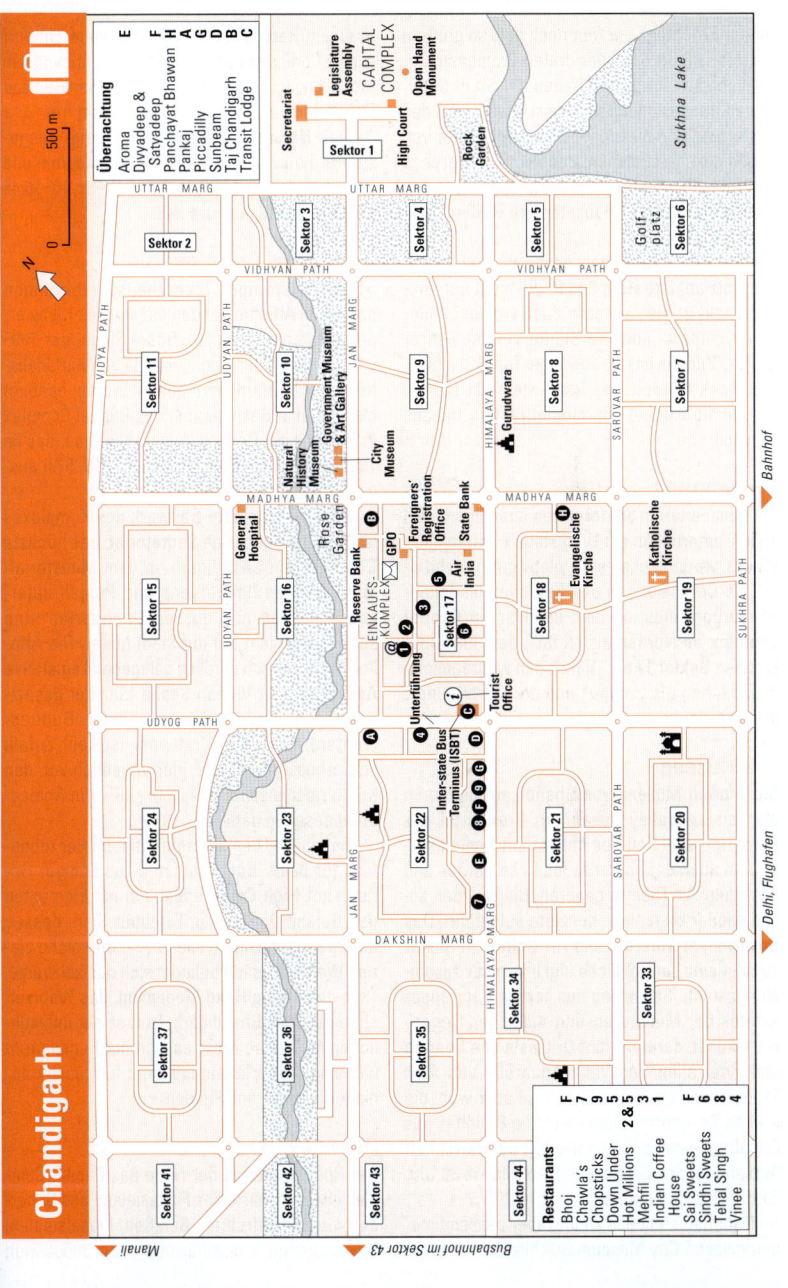

www.stefan-loose.de/indien

mit der Errichtung der (nur noch halb so großen) Sektoren 48 bis 61 in der dritten Bauphase. Zusätzlich sind auf beiden Seiten der Stadt Satellitenstädte aus dem Boden geschossen, die den Rasterplan und die sterile Betonarchitektur von Chandigarh nachahmen: Panchkula in Haryana und Mohali im Punjab. Sie bieten der Stadt den dringend benötigten Raum für ihre weitere Ausdehnung.

Trotz der Unzulänglichkeiten sind die Einwohner stolz auf ihre Hauptstadt, die nicht nur sauberer und grüner, sondern auch wohlhabender ist als andere indische Städte vergleichbarer Größe. Zudem besitzt sie eine Top-Attraktion, den **Rock Garden**, der (nach dem Taj Mahal) die meistbesuchte Touristenattraktion Indiens sein soll.

Orientierung

Die nummerierten **Sektoren** von Chandigarh sind weiter unterteilt in mit Buchstaben bezeichnete Blocks, wodurch man sich relativ gut zurechtfindet. Le Corbusier sah den Stadtplan als lebenden Organismus mit dem imposanten **Capital Complex** im Norden als „Kopf", dem Einkaufskomplex **Sektor 17** als „Herz", den weiträumigen Grünflächen als „Lunge" und dem Straßennetz als „Kreislauf".

Die Museen

Die großen Museen von Chandigarh liegen im als Leisure Valley bekannten Grüngürtel der Stadt und sind Teil des kulturellen Komplexes, zu dem auch der angrenzende Rose Garden und das Open-Air-Theater gehören. Hier werden hin und wieder kostenlose Konzerte aufgeführt. Das **Government Museum and Art Gallery** in Sektor 10 zeigt eine beträchtliche und informativ zusammengestellte Sammlung aus Textilien, Harappa-Artefakten, Miniaturen und indischer Gegenwartskunst, darunter fünf Originale von Roerich und zwei stimmungsvolle Aquarelle von A.N. Tagore. Am faszinierendsten sind aber wohl die uralten Skulpturen, allen voran die Buddhas aus Gandhara – ein Erbe aus der Zeit der Herrschaft Alexanders des Großen. ⏰ Di–So 10–16.30 Uhr, Eintritt Rs2, Kamera Rs5.

Nebenan steht das kleine, aber passend modernistische **City Museum** (Architekturmuseum). In einem Betonpavillon, der auf einem Entwurf von Le Corbusier basiert, illustriert es anhand von Modellen und Fotos die Planung und den Bau von Chandigarh. ⏰ Di–So 10–17 Uhr, Eintritt frei.

Das **Natural History Museum** zeigt ausgestopfte Tiere, versteinerte Mammutknochen und Dioramen früher Menschen. ⏰ Di–So 10–16.45 Uhr, Eintritt Rs2, Kamera Rs5.

Der Capital Complex

Aufgrund strenger Sicherheitsvorkehrungen nach dem Attentat auf den ehemaligen Ministerpräsidenten von Punjab, Beant Singh, der 1995 vor dem Versammlungsgebäude von nationalistischen Sikh-Hardlinern getötet wurde, benötigt man für eine Besichtigung des Capital Complex in Sektor 1 ein Genehmigungsschreiben, das im Tourist Office am Busbahnhof ISBT (S. 579) ausgestellt wird.

Das imposanteste Bauwerk des Komplexes ist das elfgeschossige **Secretariat**, das höchste Gebäude von Chandigarh, in dem Ministerialeinrichtungen für Haryana und Punjab untergebracht sind und dessen Dachgarten eine schöne Aussicht auf die Stadt bietet. Die Ähnlichkeit der gleich nördlich gelegenen **Legislative Assembly** oder Vidhan Sabha (Sitz der gesetzgebenden Versammlungen beider Bundesstaaten) mit einem Kraftwerk ist kein Zufall: Le Corbusier hatte sich hier angeblich von den Kühltürmen inspirieren lassen, die er in Ahmedabad gesehen hatte.

Gegenüber dem Secretariat steht der (ebenfalls für beide Bundesstaaten zuständige) Gerichtshof **High Court**, angeblich mit Elementen des Buland Darwaza in Fatehpur Sikri, dessen Innenräume riesige wollene Wandteppiche zieren. Weiter nördlich befindet sich das schwarze, 13 m hohe **Open Hand Monument**, das Wahrzeichen der Stadt Chandigarh. Trotz seiner unglaublichen 45 Tonnen dreht es sich auf Kugellagern wie eine Wetterfahne und steht für „post-koloniale Harmonie und Frieden".

Der Rock Garden

Der Rock Garden in der Nähe des Capital Complex bildet ein surreales Fantasieland aus Scherben, Leuchtstoffröhren, Gefäßen, Kieselsteinen, zerbrochenen Armreifen und allem möglichen urbanen und industriellen Müll. Die Freiluftausstellung ist das Lebenswerk von **Nek Chand**, einem pensionierten Straßeninspekteur des Public Works Department. Inspiriert von einem ständig wiederkehrenden Kindheitstraum, begann er 1965 heimlich mit dem Aufbau. Es sollte ursprünglich nur ein kleiner Garten werden, aber als er 1973 entdeckt wurde, nahm er – zum allgemeinen Erstaunen – bereits eine Fläche von 5 ha ein. Trotz seiner illegalen Existenz, würdigte der Stadtrat den Park als großes künstlerisches Werk und stellte Chand zur Weiterführung seiner Arbeit die nötigen finanziellen Mittel und 50 Helfer zur Verfügung. 1976 öffnete der inzwischen 10 ha große Garten mit mehreren Tausend Skulpturen seine Tore für die Öffentlichkeit. ⏱ April–Sep tgl. 9–19, Okt–März tgl. 9–18 Uhr, Eintritt Rs10.

Übernachtung

Aufgrund der Schwindel erregenden Immobilienpreise in Chandigarh ist die Übernachtung hier teuer. Das gilt besonders für die untere Qualitätskategorie, die nur wenig Auswahl bietet. Dafür gibt es viele ordentliche Hotels der mittleren Preisklasse, und auch die beiden Budget-Unterkünfte sind alles andere als schrecklich.

Aroma, Himalaya Marg, Sektor 22-C, ☏ 0172-270 00-47, -48, 🖥 www.hotelaroma.com. Die Einfahrt zu diesem attraktiven Hotel mit mehreren Bars und Restaurants wird von Oldtimern flankiert. Die Zimmer selbst enttäuschen jedoch mit ihren Laminatfußböden und abgenutzten Wänden. Dennoch eine vernünftige Alternative, falls das Sunbeam's ausgebucht ist. ❼

Divyadeep, Himalaya Marg, 1090–1 Sektor 22-B, ☏ 0172-270 1169. Angenehmes Budget-Hotel, von Anhängern Sai Babas geführt. Die Zimmer mit AC und fließend Warmwasser sind recht ordentlich, und es gibt eine große Dachterrasse, auf der allerdings kein Alkohol ausgeschenkt wird. Eine Ausweichmöglichkeit bei voller Belegung bietet das nahegelegene (und etwas günstigere) **Satyadeep**, 1102-03 Sektor 22-B, ☏ 0172-270 3103, unter gleicher Leitung. ❹

Panchayat Bhawan, Madhya Marg, Sektor 18, ☏ 0172-278 07-01, -02, ✉ pbhutchd@yahoo.co.in. Die billigste Unterkunft der Stadt erinnert an eine Jugendherberge, ist aber gepflegt. Nicht alle der großen, sauberen Zimmer haben fließend Warmwasser. Wer besonders knapp bei Kasse ist, findet hier auch einen Schlafsaal (Rs50). ❷–❹

Pankaj, Udyog Path, Sektor 22-A, ☏ 0172-270 9891, ✉ colharsharan@hotmail.com. Pieksaubere AC-Zimmer mit schicker Dusche. In der Kategorie „regular" allerdings nur im obersten Stock mit Fenstern; die größeren und besseren „deluxe" oder „super deluxe"-Zimmer bieten nicht nur alle Ausblick, sondern auch einen abgetrennten Sitzbereich. ❺–❼

Piccadily, Himalaya Marg, Sektor 22-B, ☏ 0172-270 75-71, -72, 🖥 www.thepiccadily.com. Recht feudale Unterkunft mit dicken Teppichen auf Fluren und Zimmern. Zentrale Klimaanlage, Nobelrestaurant, Bar und Café. ❼–❽

Sunbeam, Udyog Path, Sektor 22-B, gegenüber dem ISBT, ☏ 0172-270 81-00 bis -07, 🖥 www.hotelsunbeam.com. Hotel der gehobenen Klasse. Schickes Marmorfoyer und komfortable Zimmer, denen die Nachbargebäude allerdings viel Licht wegnehmen. ❼

Transit Lodge, im ISBT, Sektor 17, ☏ 0172-464 4485. Billige und heitere Unterkunft mitten im Busbahnhof. Etwas anstaltsähnlich, aber saubere Zimmer mit Bad und Warmwasser. Preise inkl. Frühstück und Abendessen, Dorm-Bett Rs175. ❹

Essen

Über einen Mangel an Lokalen und Imbissständen kann man sich in Chandigharh wahrlich nicht beschweren. Wie überall im Punjab ist auch hier Hähnchen die beliebteste Mahlzeit und wird auf vielerlei Art zubereitet.

Moderne Eleganz

Taj, Chandigarh Block 9, Sektor 17-A, ☏ 0172-661 3000, 🖥 www.tajhotels.com. Chandigarhs bei weitem vornehmstes Hotel. Der geschmackvolle Bau mit minimalistisch-moderner Einrichtung in kühlen, hellen Farben erinnert an eine elegantere und schönere Version der Wohnblocks von Le Corbusier. DZ ab US$214. ❾

Hähnchen-Braterei

Chawla's, Himalaya Marg, Sektor 22-C. Kleines Tandoori-Restaurant, berühmt für sein köstliches Cream Chicken (ganzes Hähnchen Rs220, aber die halbe Portion für Rs120 ist mehr als ausreichend).

Sai Sweets, unter dem Hotel Satyadeep in Sektor 22-B, und **Sindhi Sweets**, 110 Sektor 17-B gehören zu den besten Süßwarenläden der Stadt (Sai Sweets bietet außerdem ausgezeichnetes *chana puri*). Takeaways sind sehr beliebt – die meisten Restaurants bieten einen Lieferservice an. Alkohol bekommt man fast überall, und in der Gegend um Sektor 17 liegen viele Bars, in denen es Bier vom Fass oder aus der Flasche gibt. Es gibt eine Filiale von Delhis südindischem Restaurant **Sagar Ratna** (s. S. 185) in 47 Sektor 17-E und der Espresso-Kette **Café Coffee Day** im Aroma Hotel, Sektor 22-C.

Bhoj, Hotel Divyadeep, Nr. 1090–1, Sektor 22-B. Erstklassiges vegetarisches Lokal, das von Anhängern Sai Babas geführt wird und ausschließlich *thalis* serviert (Rs70 und Rs100).

Chopsticks, nicht weit vom Hotel Piccadilly, Himalaya Marg, Sektor 22. Vernünftiges chinesisches Restaurant mit Hauptmahlzeiten für Rs90–170, darunter auch einige Schweinefleischgerichte.

Hot Millions, Sektor 17-D (Obergeschoss). Filiale der erfolgreichen Fastfood-Kette, bietet alles von *dosas* bis Pizza. Gute Salatbar und Buffet am Mittag und Abend (vegetarisch Rs145, nicht-vegetarisch Rs175). Zum **Hot Millions 2** im Sektor 17-C nahe Mehfil gehört der beliebte Pub **Down Under**.

Indian Coffee House, Sektor 17-E. Billigkette mit begrenztem und vorhersehbarem Angebot inkl. *dosas,* Sandwiches und Kaffee. Alle Gerichte unter Rs35.

Mehfil, SCO 183–5, Sektor 17-C. Domäne der Schickeria von Chandigarh, der Ort, um die schmackhafte Mughlai- und Punjab-Küche in klimatisierter Atmosphäre zu genießen. Nicht-vegetarische Hauptgerichte für Rs160–200. Für ein Dessert bietet sich das gegenüberliegende **Baskin-Robbins** an.

Tehal Singh, Himalaya Marg, 1116–7 Sektor 22-B. Sehr beliebtes Tandoori-Restaurant (Hauptgerichte Rs60–130). Gleich nebenan sorgt **Singh's Chicken** für Konkurrenz.

Vinee, Udyog Path, Sektor 22-B, gegenüber vom Busbahnhof. Spezialität dieses Budget-Restaurants sind *karahi*-Gerichte (Huhn oder *paneer*), bei deren Zubereitung die Gäste durch eine Glasscheibe zuschauen können. Nicht-vegetarische Gerichte Rs65–125.

Einkaufen

In dem Einkaufskomplex in 27 Sektor 17 betreiben einige Bundesstaaten Warenhäuser mit Kunsthandwerksartikeln, so auch der Punjab, dessen **Phulkari Store** (Sektor 17-B) eine große Auswahl an bestickten Seidenwaren, Holzarbeiten und traditionellen spitzen Punjab-Schuhen bereithält. Qualitativ hochwertige handgewebte Produkte bekommt man gegenüber im **UP-Kaufhaus** (139–41 Sektor 17-C) oder in der Passage **Khadi Gramodyog** beim Hotel Shivalikview, westlich der Einkaufszone (28 Sektor 17-E). Beide bieten beste handbedruckte Baumwolltextilien, vor allem *salwar kamise*.

Sonstiges

Apotheken
Apollo Pharmacy, 1617 Sektor 34-A, ℡ 0172-260 4386, ⏰ 24 Std.

Bücher
Capital Book Depot, 3 Sektor 17-E.
English Bookshop, 30 Sektor 17-E.

Geld
Um den Bank Square am nordwestlichen Rand von Sektor 17 gibt es verschiedene Banken, die Geld wechseln, darunter **UCO Bank**, **Punjab National Bank** und **State Bank of India**. Auch Geldautomaten sind keine Mangelware. Es gibt u. a. einen am Bahnhof und zwei am Busbahnhof.

Gepäckaufbewahrung
Im Busbahnhof, ⏰ 24 Std., 12.30–13 und 20.30–21 Uhr geschlossen, Rs4 pro Tag.

Informationen

Tourist Office, am Busbahnhof ISBT, ✆ 0172-270 0054, 🖥 www.chandigarhtourism.gov.in. Das hilfsbereite und freundliche Personal informiert über Bus- und Zugfahrpläne sowie alles Weitere und stellt Genehmigungen für einen Besuch des Capital Complex aus. ⏲ tgl. 9.30–13 und 13.30–17.30 Uhr.

Der **Tour and Travel Wing**, CITCO (Chandigarh Industry and Tourism Development Corporation), ✆ 0172-270 7267, 🖥 www.citcochandigarh.com, befindet sich im selben Büro. ⏲ tgl. 8–19 Uhr.

Das **Büro für Himachal Pradesh**, ✆ 0172-270 8569, neben dem Tourist Office, hilft bei Buchungen von Touren der HP Tourist Development Corporation und Bussen mit Reisezielen in HP, wie z. B. Manali und Shimla. ⏲ Mo–Sa 10–17 Uhr.

Punjab Tourism, 3 Sektor 38-A, ✆ 0172-269 9140.
Haryana Tourism, 17–19 Sektor 17-B, ✆ 0172-270 2955.

Internet

e-net, Sektor 17-E, oberhalb des Indian Coffee House, Rs25 pro Std.

Medizinische Hilfe

General Hospital, Sektor 16, ✆ 0172-276 82-65, -66, ist aber nicht so gut wie das **PGI** in Sektor 12, ✆ 0172-274 6018.

Polizei

✆ 0172-274 1900.

Nahverkehr

Chandigarh ist zu groß, um zu Fuß erkundet zu werden. Dafür stehen viele **Fahrrad- und Motor-Rikschas** in den Straßen bereit. Da die Taxameter ausnahmslos kaputt sind, sollten die Preise im Voraus ausgehandelt werden. Fahrrad-Rikschas sind viel billiger, für die Fahrer sind die weiten Strecken zum nördlichen Stadtrand oder zum Bahnhof jedoch harte Arbeit, man sollte also viel Zeit einplanen. Der größte **Taxi**-Stand, ✆ 0172-270 4621, 24 Std. Bereitschaft, ist neben dem Vorauszahlungsschalter für Motor-Rikschas in der nördlichen Ecke des Busbahnhofs ISBT.

CITCO am ISBT organisiert Halb- und Ganztagestouren durch die Stadt und Umgebung und betreibt zudem einen **Sightseeing-Bus** (ganzer Tag Rs75, halber Tag Rs50, beliebiges Ein- und Aussteigen möglich), der stündlich auf einer Route mit lokalen Sehenswürdigkeiten verkehrt, darunter auch das Museum mit Kunstgalerie, Capital Complex und Rock Garden.

Am Flughafen, am Bahnhof und am ISTB gibt es Vorauszahlungsschalter für Motor-Rikschas mit Festpreisen. Mit Vorauszahlungsticket kostet eine Fahrt vom Flughafen zum Busbahnhof Rs83 (ein Taxi kostet ca. Rs200). Vom Bahnhof zum Busbahnhof Festtarif Rs51, vom Busbahnhof zum Rock Garden Rs29. Der ISBT hat außerdem einen Schalter zur Reservierung von Bahntickets. ⏲ Mo–Sa 8–14 und 14.15–20, So 8–14 Uhr.

Transport

Chandigarh ist ein wichtiger Knotenpunkt auf dem Weg nach **Shimla**. Dorthin kommt man mit dem Bus am schnellsten (4 Std.): entweder direkt mit dem normalen „Express"-Bus der Himachal Pradesh oder Haryana Roadways oder mit dem komfortableren Deluxe-Bus, der alle 15 Min. vom ISBT abfährt. Langsamer, aber sympathischer ist die Reise mit dem „**Toy Train**" von **Kalka**, 26 km in nordöstlicher Richtung, das häufige Zug- und Busverbindungen nach Chandigarh unterhält. Die 96 km lange Reise von Kalka nach Shimla durch reizvolle Landschaften dauert etwa 5 Std. (Abfahrt 4, 5.30, 6.30 und 12.10 Uhr). Abfahrtszeiten Shimla–Kalka s. S. 492.

Busse

Der **Interstate Bus Terminus (ISBT)** befindet sich am südlichen Rand des Haupthandels- und Einkaufsviertels in Sektor 17. Busse aus Punjab und Himachal Pradesh (ausgenommen Shimla) nutzen z. T. den Busbahnhof in Sektor 43, der – über den regelmäßig verkehrenden Stadtbus Nr. 8 – an den ISBT angeschlossen ist.
Tickets können vorab an den Schaltern im Erdgeschoss gebucht oder im Bus gekauft werden.

Busse nach:
AGRA (1x tgl., 10 Std.),
AMRITSAR (alle 10 Min., 5–6 Std.),
CHAMBA (3x tgl., 12 Std.),
DEHRA DUN (4x tgl., 4 Std.),
DELHI (43x tgl., 6 Std.),
DHARAMSALA (19x tgl., 7–8 Std.),
HARIDWAR (8x tgl., 6 Std.),
JAIPUR (8x tgl., 11 Std.),
KALKA (22x tgl., 3/4 Std.),
KULLU (10x tgl., 9 Std.),
MANALI (stdl., 10 Std.),
PATHANKOT (alle 30–40 Min., 6 Std.),
PINJORE (alle 20 Min., 30 Min.),
RISHIKESH (2x tgl., 6 Std.),
SHIMLA (alle 10 Min., 4–4 1/2 Std.),
SIRHIND (stdl., 1 1/2 Std.).

Eisenbahn
Der **Bahnhof** liegt 8 km südöstlich des Zentrums und bietet Direktverbindungen nach Delhi, Jodhpur, Mumbai, Kolkata und sogar 1x wöchentl. nach Chennai.
Der superschnelle **Shatabdi Express** fährt nach Delhi (Nr. 2006 und Nr. 2012, Abfahrt 7.10 und 18.20 Uhr). Ein Fahrschein 2. Kl. kostet Rs430 und ist damit viermal so teuer wie der Bus, aber der Zug ist wesentlich komfortabler und fast doppelt so schnell.
Weitere nützliche, tgl. verkehrende Züge: Himalayan Queen Nr. 4096 (Abfahrt 17.28 Uhr, Ankunft New Delhi 22.15 Uhr), der Kalka–AMRITSAR Express Nr. 4535 (Abfahrt 16.58 Uhr, Ankunft Amritsar 23.20 Uhr) und der Kalka–JODHPUR Express Nr. 4887 (Abfahrt 22.10 Uhr, Ankunft Jodhpur 17.55 Uhr am nächsten Tag).
Züge nach:
AMBALA, Richtung Amritsar (8–10x tgl., 3/4–1 Std.),
DELHI (6–8x tgl., 3 1/4–5 Std.),
JODHPUR (1x tgl., 18 1/4 Std.),
KALKA, Richtung Shimla (7x tgl., 3/4–1 Std.),
KOLKATA (1x tgl., 30 Std.),
MUMBAI (1–2x tgl., 20 1/4–27 Std.).

Flüge
Der **Flughafen** von Chandigarh liegt 11 km südlich des Stadtzentrums (Anfahrt vom ISBT per im Voraus bezahlter Motor-Rikscha Rs83, per Taxi Rs200). Indian Airlines fliegt nach Leh, Delhi (auch mit Jet Airways möglich) und Mumbai.
Flüge nach:
DELHI (IC, DN, 9W, 3x tgl., 3/4–1 Std.),
MUMBAI (IC, 9W, 1x tgl., 2–3 1/2 Std.).
(IC = Indian Airlines, DN = Air Deccan, 9W = Jet Airways)

Büros der Fluggesellschaften:
Air India, 107–8 Sektor 17-B, ✆ 0172-270 3510
Indian Airlines, SCO 162–4, Sektor 34, ✆ 0172-262 4943
Indus Air, Flughafen, ✆ 0172-265 0318
Jet, SCO 14–15, Madhya Marg, Sektor 9-D, ✆ 0172-274 1465
Bajaj Travels, 96–7 Sektor 17-C, ✆ 0172-270 8677.

9 HIGHLIGHT

Amritsar

Amritsar, heilige Stadt der Sikhs, ist die größte Stadt des Punjab: laut, schmutzig und hoffnungslos verstopft. Der einzige strahlende Lichtblick ist der legendäre Goldene Tempel, dessen Kuppeln sich über die überfüllten Straßen erheben. Für Reisende nach Pakistan ist Amritsar ein wichtiger Zwischenstopp auf dem Weg zum 29 km westlich gelegenen Grenzort Wagha (S. 587, Kasten).

Geschichte
Amritsar wurde 1577 von dem vierten Sikh-Guru **Ram Das** an einem für seine Heilkräfte gerühmten See gegründet. Das Land wurde den Sikhs von Mogul Akbar auf ewig übertragen. Als Kaufleute hierher kamen, um sich die strategisch günstige Lage an der Seidenstraße zunutze zu machen, wurde die Stadt schnell größer und bekam unter dem Sohn und Nachfolger von Ram Das **Guru Arjan Dev** einen prächtigen neuen Tempel. 1761 von den Afghanen geplündert, wurde das Heiligtum von dem bedeutendsten weltlichen Führer der Sikhs **Maharajah Ranjit**

Amritsar

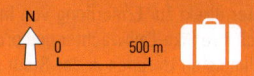

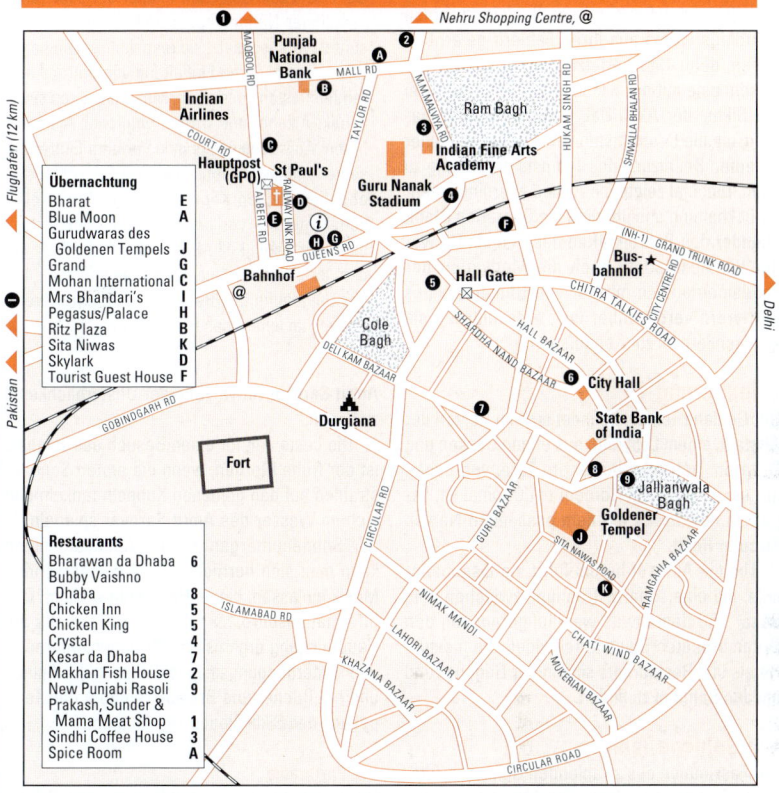

Übernachtung

Bharat	E
Blue Moon	A
Gurudwaras des Goldenen Tempels	J
Grand	G
Mohan International	C
Mrs Bhandari's	I
Pegasus/Palace	H
Ritz Plaza	B
Sita Niwas	K
Skylark	D
Tourist Guest House	F

Restaurants

Bharawan da Dhaba	6
Bubby Vaishno Dhaba	8
Chicken Inn	5
Chicken King	5
Crystal	4
Kesar da Dhaba	7
Makhan Fish House	2
New Punjabi Rasoli	9
Prakash, Sunder & Mama Meat Shop	1
Sindhi Coffee House	3
Spice Room	A

Singh wieder aufgebaut, der auch das beim Bau verwendete Gold stiftete.

Das 20. Jh. sollte durch entsetzliche **Massaker** für Amritsar zu einem der dunkelsten Kapitel seiner Geschichte werden. Das erste ereignete sich 1919, als Tausende unbewaffneter Zivilisten bei einer Demonstration auf dem **Jallianwalla Bagh** ohne Vorwarnung von britischen Truppen niedergeschossen wurden – diese Gräueltat gab den Anstoß zu Gandhis Non-Cooperation Movement. Auch nach dem Zusammenbruch des Raj musste Amritsar einige der schlimmsten Blutbäder in der Geschichte des Subkontinents über sich ergehen lassen. In den 80er-Jahren besetzten schwer bewaffnete Fundamentalisten unter dem kriegerischen Prediger **Sant Jarnail Singh Bhindranwale** den Akal Takht, ein Gebäude im Golden Temple Complex, das traditionell als Sitz der religiösen Sikh-Führung diente. Anfang Juni 1984 wurde der Belagerung ein Ende gemacht, als Premierministerin Indira Gandhi die **Operation Blue Star** anordnete. Bei diesem unverhältnismäßig brutalen Angriff auf den Tempel kamen neben Bhindranwale und 200 seiner Soldaten weitere 2000 Menschen ums Leben, unter ihnen viele Pilger.

Weithin als totale Katastrophe geächtet, führte die Operation Blue Star nur vier Monate später direkt zur Ermordung von Indira Gandhi durch ihre Sikh-Leibwächter und provozierte die schlimmsten Unruhen in der Stadt seit der Teilung (Partition). Die Kongress-Regierung schien allerdings wenig aus ihren Fehlern gelernt zu haben, denn 1987 verletzte Indiras Sohn Rajiv Gandhi eine mit der wichtigsten Religionspartei der Sikhs, der Akali Dal, getroffene Vereinbarung, die die Separatisten veranlasste, mit einer erneuten Besetzung des Tempels Vergeltung zu üben. Diesmal zeigte die Armee allerdings mehr Zurückhaltung und überließ die **Operation Black Thunder** den Polizeikräften des Punjab. Da weder die Ausrüstung noch die Motivation der Fundamentalisten mit der von Bhindranwales Märtyrern vergleichbar war, entschlossen sie sich schließlich zur Kapitulation.

Orientierung

Der Goldene Tempel befindet sich im Herzen der **Altstadt**, einem Labyrinth aus engen Gassen und Basaren. Achtzehn befestigte **Tore**, von denen nur ein einziges (im Norden) ein Original ist, liegen an der Straße mit dem passenden Namen **Circular Road**.

Um die Altstadt herum führt die Eisenbahnlinie, die eine scharfe Trennung zwischen dem Basar und dem etwas weitläufigeren, von den Briten erbauten Stadtviertel bildet. Die meisten Hotels und Restaurants sind in der Gegend rund um den **Bahnhof** zu finden.

Der Goldene Tempel

Der Faszination des strahlenden Goldenen Tempels von Amritsar, dem allen Menschen offen stehenden spirituellen Zentrum des Sikh-Glaubens, können sich selbst Besucher ohne religiösen Hintergrund nicht entziehen. Im späten 16. Jh. von Guru **Arjan Dev** erbaut, erhebt sich der prachtvoll vergoldete Tempel, der **Harmandir**, aus der Mitte eines künstlich angelegten rechteckigen Sees und ist durch einen schmalen Damm mit dem ihn umgebenden weißen Marmorkomplex verbunden.

Jeder Sikh versucht wenigstens einmal im Leben eine Pilgerfahrt hierher zu unternehmen, um den erhabenen musikalischen Rezitationen *(shabad kirtan)* aus dem *Adi Granth* zu lauschen und in dem reinigenden Wasser des Tempelsees

Goldene Regeln

Der Zutritt zum Goldenen Tempel ist Besuchern sämtlicher Nationalitäten und Religionen gestattet, vorausgesetzt sie respektieren ein paar Grundregeln, deren Einhaltung von patrouillierenden Posten kontrolliert wird. Zum einen sind Tabak, Alkohol und Drogen jeglicher Art verboten. Außerdem muss man vor dem Eintreten seine Schuhe an den kostenlosen Garderoben abgeben, seinen Kopf bedecken (Baumwollschals gibt es vor dem Haupteingang, oder man trägt einen Kullu-Hut) und sich die Füße in dem Becken unterhalb der Stufen waschen. In der Umgebung des Beckens ist **Fotografieren** erlaubt, im Innern des Heiligtums nicht.

Amrit Sarovar (etwa „See der Unsterblichkeit") zu baden.

Die beste Zeit für einen Besuch des Tempels ist der frühe Morgen, wenn die ersten Sonnenstrahlen auf den goldenen Kuppeln funkeln und sich im Wasser des Amrit Sarovar spiegeln. In der Sonnenuntergangs- und Abendstimmung kann man sich herrlich auf die wunderschöne Musik einlassen, die im Harmandir erklingt. Das Informationsbüro, ⊙ tgl. 7–20 Uhr, rechts am Haupteingang organisiert Führungen, informiert über Unterbringungsmöglichkeiten in der Anlage und hat Bücher und Broschüren über den Tempel und den Sikh-Glauben im Angebot.

Die Parikrama

Der nördliche Haupteingang zum Tempel führt unter einem viktorianischen **Uhrenturm** hindurch zu einer Treppe, von wo man den ersten flüchtigen Blick auf den Harmandir werfen kann, wie er auf der spiegelglatten Oberfläche des Amrit Sarovar zu treiben scheint. Als Erinnerung an die Gott entgegenzubringende Demut führen die Stufen abwärts und enden an der **Parikrama** aus glänzendem Marmor, dem Gang, der den See umgibt und dessen glatte weiße Steine die Namen derer tragen, die am Bau des Tempels beteiligt waren. In die Parikrama sind vier Kabinen mit gläserner Vorderseite integriert, in denen je ein Priester *(granthi)* sitzt, der Verse aus dem *Adi Granth* intoniert. Vorbeikommende Pilger berühren die Stufen vor den Kabinen mit dem Kopf und geben Geldspenden.

Vom östlichen Rand der Parikrama aus überblicken die beiden abgebrochenen **Ramgarhia Minars** – Wachtürme aus Backstein, deren Spitzen der Operation Blue Star zum Opfer fielen – den Guru-ka-Langar und die von Pilgern wimmelnden Badestellen *(ghats)*. Wenn man hier lange genug verweilt, bekommt man einen guten Querschnitt durch die moderne Sikh-Gesellschaft geboten: Jat-Bauernfamilien, Auslandsinder auf Reisen, die aus Großbritannien oder Nordamerika kommen, und grimmig dreinschauende Krieger mit Lanzen, Dolchen und langen Krummsäbeln, dunkelblauen knielangen Roben und safrangelben Turbanen. Diese ultraorthodoxen *nihangs* (wörtlich „Krokodile") sind Anhänger des militaristischen zehnten Gurus Gobind Singh.

Der Guru-ka-Langar

Für Sikhs ist eine Pilgerfahrt zum Goldenen Tempel erst dann vollendet, wenn sie den Guru-ka-Langar besucht haben. Diese riesige Gemeinschaftskantine mit Blick auf den östlichen Eingang zum Tempelkomplex bietet allen Ankommenden **freie Speisen**, ungeachtet ihrer Überzeugung, Hautfarbe, Kaste und ihres Geschlechts. Hinter den freien Mahlzeiten für jedermann steht die Absicht, eine der zentralen Lehren des Sikh-Glaubens zu untermauern: das Gleichheitsprinzip, mit dem der dritte Guru **Amar Das** im 16. Jh. das Kastensystem abschaffen wollte.

Etwa 10 000 *chapati* und *dhal*-Gerichte werden hier jeden Tag mit der den Sikhs eigenen Tüchtigkeit angerichtet. Von der Betriebsamkeit kann man sich selbst überzeugen, indem man sich in die Schlangen einreiht, die sich draußen vor der Halle (24 Std. geöffnet) bilden. Mehrere Tausend Pilger zwängen sich gleichzeitig hinein, um auf den langen Kokosmatten ihre Plätze einzunehmen. Die Mahlzeit beginnt erst, nachdem das Tischgebet von einem Freiwilligen gesungen worden ist, und dauert so lange, bis ein jeder sich satt gegessen hat. Wenn dann die Blechschüsseln eingesammelt sind und der Boden für die nächste Essensausgabe gewischt ist, drängen sich vor den Toren schon die nächsten Pilgerscharen, und das Ganze beginnt von neuem. Obwohl das Essen mit Geldern des Tempels finanziert wird, geben die meisten Besucher kleine Spenden in die dafür vorgesehenen Kästen draußen im Hof.

Der Akal Takht

Direkt gegenüber dem Zeremonieneingang zum Harmandir befindet sich der Akal Takht, die zweitheiligste Stätte des Tempelkomplexes. Dieses Symbol von Gottes Macht auf Erden wurde im 17. Jh. von Guru Hargobind erbaut und war später Sitz des 1925 gegründeten Shiromani Gurudwara Parbandhak Committee, der religiösen und politischen Sikh-Regierung.

Während der Belagerung von 1984 nutzten **Bhindranwale** und seine Armee dieses Gebäude mit den goldenen Kuppeln als Hauptquartier und befestigten es mit Sandsäcken und Maschinengewehrposten. Als die indischen Fallschirmjäger beim Sturm auf das Heiligtum den davor gelegenen Hof zu überqueren versuchten, wurden sie zu Hunderten niedergemäht: Das war der Grund dafür, dass die Armee zur Beendigung der Belagerung schließlich zu einer viel härteren Taktik griff.

Panzer schossen aus ihrer Stellung am anderen Ende des Amrit Sarovar eine Salve hochexplosiver Quetschkopfgeschosse in die feine Fassade und legten das Bauwerk in Sekundenschnelle in Schutt und Asche. Nichts an dieser ganzen Operation hat die Gefühle der Sikhs so sehr verletzt wie die Zerstörung des Akal Takht. Das Heiligtum wurde weitgehend wiederaufgebaut und sieht heute fast genauso aus wie vor dem 6. Juni 1984. Jeden Abend wird das *Adi Granth* in einem Palankin aus Gold und Silber aus dem Harmandir in das mit kunstvoll gearbeiteten Intarsien geschmückte Erdgeschoss des Gebäudes gebracht.

Der Jubi Tree

Der knorrige alte Jubi Tree nahe dem Haupteingang wurde vor 450 Jahren von dem ersten Hohepriester des Goldenen Tempels **Babba Buddhaya** gepflanzt und soll Wunderkräfte besitzen. So hängen kinderlose Frauen, die sich einen Sohn wünschen, Stoffstreifen an die Zweige. Traditionell werden in seinem Schatten Vereinbarungen über Eheschließungen ausgehandelt, die Glück bringen sollen – ein Brauch, den die moderne Tempelverwaltung missbilligend zur Kenntnis nimmt.

Der Harmandir

Einst von einem Guru mit „einem Schiff auf dem Ozean der Unwissenheit" verglichen, wurde der dreistöckige Harmandir („Goldener Tempel Gottes") von Arjan Dev als Herberge für das **Adi Granth** (Heiliges Buch) erbaut, das er aus den Lehren sämtlicher Sikh-Gurus zusammenstellte und das den Mittelpunkt des Sikh-Glaubens darstellt. Der Tempel hat vier Türen, die darauf hinweisen, dass er Menschen aller Glaubensrichtungen und aller vier Varna (Hauptkasten) der Hindu-Gesellschaft offen steht. Die große Kuppel und das Dach, die mit 100 kg Blattgold bedeckt sind, haben die Form einer umgekehrten Lotusblüte und symbolisieren die Sorge der Sikhs um weltliche wie spirituelle Belange.

Dem langen Steg **Guru's Bridge**, der von der Westseite des Amrit Sarovar zum Tempel führt, nähert man sich über einen prunkvoll verzierten Bogengang, den **Darshani Deorh**. Während man auf das Allerheiligste zugeht, sollte man sich auf keinen Fall die fantastischen Marmor-Einlegearbeiten im Mogul-Stil und die schönen vergoldeten Blumenmuster über den Türen und Fenstern entgehen lassen. Das Innere des Tempels – mit noch mehr Gold und Silber verziert, mit Elfenbeinmosaiken und kunstvoll geschnitzten Holzpaneelen geschmückt – wird von dem riesigen *Adi Granth* beherrscht, das auf einem prächtigen Thron unter einem mit Edelsteinen besetzten seidenen Baldachin ruht.

Guru Gobind Singh, der das *Adi Granth* überarbeitet hatte, verkündete vor seinem Tode 1708, dass er der letzte lebende Guru sei und das Buch sein Nachfolger würde – daher dessen vollständige Bezeichnung *Guru Granth Sahib*. Während die Andächtigen vorbeiziehen, intonieren von Sängern und Musikern begleitete *granthi* ununterbrochen Verse aus der Schrift, die über Lautsprecher in den ganzen Komplex übertragen werden. Das *Shri Akhand Path* genannte ununterbrochene Verlesen des gesamten *Adi Granth* erfolgt in Schichten zu je drei Stunden und dauert insgesamt etwa 48 Stunden.

Übernachtung

Die unzähligen Hotels von Amritsar sind in der ganzen Stadt verteilt. Die meisten bewegen sich in der mittleren Preisklasse und darüber, Budget-Unterkünfte sind dünn gesät. Eine Alternative bieten die *gurudwaras* des Goldenen Tempels.

Bharat, an der Bahnlinie, Link Rd, ☏ 0183-222 7536, ✉ bharat_hotel@yahoo.com. Sauber, preiswert und günstig in Bahnhofsnähe gelegen. Unterschiedlich große Zimmer, alle mit Bad (die besten mit Warmwasserdusche, die billigsten mit Warmwasser in Eimern). In dieser Straße muss man sich vor Schleppern in Acht nehmen, die einen in andere Hotels mit ähnlichem Namen locken wollen. ❷–❹

Blue Moon, The Mall, ☏ 0183-222 0759, ✉ hotelbluemoon@gmail.com. Freundlich, hilfsbereit, besseres Preis-Leistungs-Verhältnis als in manch einem teureren Hotel. Nettes Restaurant auch für Tagesgäste. ❺–❻

Grand, Queens Rd, gegenüber vom Bahnhof, ☏ 0183-256 2977, 🖥 www.hotelgrand.in. Sauber und ordentlich, gemütlich und zentral. Die Zimmer sind um einen schönen Garten im Innenhof gruppiert, allerdings gehen alle Fenster nach innen. Die angrenzende Bar ist mit Hollywood-Postern dekoriert. ❹–❺

Mohan International, Albert Rd, ☏ 0183-222 78-01, -02 bis -08, 🖥 www.mohaninternationalhotel.com. Eins der Nobelhotels von Amritsar, jedoch übertewert – allerdings mit AC, Zimmerservice, 24 Std. geöffnetem Café und Pool. Wird in der Saison (Nov–März) gern für Hochzeitsempfänge genutzt, die sehr farbenprächtig, aber auch sehr laut sind. Inkl. Frühstück. ❽

Mrs Bhandari's Guest House, 10 Cantonment, ☏ 0183-222 8509, 🖥 www.bhandari_guesthouse.tripod.com. Herrlich altmodische Zimmer mit Kaminen und Badewannen in einem Kolonialhaus mit Rasenflächen, Gärten und kleinem Pool. 3-Gänge-Menüs nach britischer Art, aber nicht ganz billig. Zelten für Rs170 p. P. möglich. Eine Institution in Amritsar, ebenso wie die über 100 Jahre alte Mrs Bhandari. ❻–❼

Pegasus/Palace, gegenüber vom Bahnhof, ☏ 0183-256 5111. Die Unterkunft hat schon

Die Gurudwaras

Die authentischsten Unterkünfte in Amritsar sind zweifellos die fünf Gurudwaras des Goldenen Tempels. In diesen eigentlich für Sikh-Pilger gedachten wohltätigen Einrichtungen sind auch ausländische Touristen willkommen, die aber manchmal nur maximal drei Nächte bleiben dürfen. In den Gurudwaras wohnt man gemäß Sikh-Brauch umsonst, Spenden werden aber erwartet.

Zu den Schattenseiten der Übernachtung in einem Gurudwara gehört – neben der teilweise spartanischen Ausstattung (*charpoi* und Gemeinschaftswaschbecken im zentralen Innenhof sind die Norm) – das mit unangenehmen Geräuschen verbundene, allgemein übliche Ausspucken am frühen Morgen. Auch die Sicherheit kann zum Problem werden. Bei Festen sind Zimmer und Betten sehr gefragt, als Tourist hat man dann kaum Chancen.

Guru Arjan Dev Niwas, das erste Gebäude auf dem Weg zu den an der Ostseite des Tempels liegenden Unterkünften. Hier befindet sich die Rezeption für alle Gurudwaras. Einfache, aber geräumige Zimmer. **Guru Hargobind Niwas**, das komfortabelste unter den fünf Gurudwaras. Neue, saubere Zimmer bei ausgezeichnetem Preis-Leistungs-Verhältnis.

Sri Guru Nanak Niwas ist das Gebäude, in dem sich Bhindranwale und seine Männer vor der Erstürmung des Goldenen Tempels 1984 verschanzt hatten.

bessere Tage gesehen, ist aber günstig gelegen und preiswert. Zimmer mit eigenem Bad, die besseren mit Boiler, die billigeren mit Warmwasser aus Eimern. Preisnachlässe im Winter. ❸–❹

Ritz Plaza, 45 Mall Rd, ☎ 0183-256 2836. Unaufdringliches, aber recht nobles Hotel, das allerdings sehr unterschiedliche Kritiken bekommt. Zentrale AC, geräumige Zimmer und entspannte Atmosphäre. Rasenflächen, Pool, Lounge-Bar, 24 Stunden geöffnetes Café und Restaurant mit internationaler Küche. Behindertenfreundlich mit einem rollstuhlgerecht eingerichteten Zimmer. ❽

Sita Niwas, 61 Sita Nawas Rd, ☎ 0183-254 3092, ✆ 256 2762. Beliebte Budget-Unterkunft mit gutem Preis-Leistungs-Verhältnis in der Nähe vom Guru Ram Das Niwas und Goldenen Tempel, mit unterschiedlichen Zimmern, meist mit Bad, 24 Std. Warmwasser. ❷–❹

Skylark, 79 Railway Links Rd, ☎ 0183-265 2053. Eine der besseren Unterkünfte in der Straße gegenüber vom Bahnhof. Riesige, etwas schäbige Zimmer, bequeme Betten und Warmwasser rund um die Uhr. ❹

Tourist Guest House, Hide Market, nahe Bhandari Bridge, GT Rd, ☎ 0183-255 3830, ✉ bubblesgoolry@yahoo.com. Die seit den Hippie-Zeiten bei Budget-Travellern beliebte Unterkunft bietet eine große Auswahl an Zimmern. Die billigsten sind eher schmuddelig und haben Gemeinschaftsbad, die mit eigenem Bad und Warmwasser sind recht hübsch und trotzdem preiswert. Ignorieren sollte man die auf Provision erpichten Rikscha-*wallahs*, die gern fabulieren, dass es ausgebucht ist. ❷–❸

Essen

Amritsar wartet mit einer Vielzahl klimatisierter Restaurants auf, die fast alle im modernen Teil der Stadt nördlich der Eisenbahnlinie zu finden sind. Auch die Espresso-Ketten **Barista** und **Café Coffee Day** sind hier zu finden. Wer günstiger essen möchte, sollte die einfachen vegetarischen *dhabas* in der Gegend um den Goldenen Tempel und den Busbahnhof ausprobieren, in denen preiswerte und leckere *puris* und *chana dhal* angeboten werden. Zu den hiesigen Spezialitäten gehören Amritsari-Fisch – in würziger Panade gebratene Flussfisch-Filets von Scholle (schmackhafter) oder *singara* (günstiger) – sowie *dal pinni* und *matthi*, aus Linsen hergestellte Süßspeisen, die man beispielsweise im Mahajan auf dem Hall Bazaar bekommt.

Bharawan da Dhaba, nahe City Hall. Eines der besten *dhabas* in Amritsar, mittlerweile ein vollwertiges Restaurant, serviert einfache und preiswerte, gute vegetarische Currys (Rs30–70).

Bubby Vaishno Dhaba, gegenüber dem Haupteingang zum Golden Temple. Günstig gelegen für vegetarische Currys (Rs20–70), *thalis* (Rs40–70) und Frühstück in Form von *parathas* oder *puris*, dazu einige südindische Gerichte.

Crystal, Crystal Chowk. Eines der beliebtesten Restaurants mittlerer Preisklasse mit indischen, chinesischen und westlichen Gerichten (nicht-vegetarische Hauptgerichte Rs150–200) in angenehmer Umgebung, die auch in Fastfood-Buden auf der Straße angeboten werden.

Chicken King und **Chicken Inn**, 1 Pink Plaza Market, vor der Hall Gate. Zwei gammlige und auf den ersten Blick wenig einladend wirkende *dhabas* und Trinkhöhlen. Das Essen wird außerhalb zubereitet. Saftiger Amritsari-Fisch (Rs80 für 250 g) und leckeres Tandoori-Hühnchen (Rs100 für einen Teller Hühner-*tikka*).

Kesar da Dhaba, zwischen Golden Temple und Durgiana Temple. Das seit 1916 bestehende Restaurant bietet eine begrenzte Speisekarte mit einfachen vegetarischen Currys (Rs20–60).

Makhan Fish House, Lawrence Rd. Ein kleines *dhaba* (als „alterühmt" proklamiert), das für Rs120 pro 250 g köstlichen Amritsari-Fisch *(singara)* auftischt.

New Punjabi Rasoli, unweit Jallianwalla Bagh. Indische Vegetarier-Gerichte, einige chinesische und internationale Spezialitäten zu vernünftigen Preisen (Rs40–65). Die meisten heimischen Speisen werden mit indischem Käse serviert (*paneer tomato* ist zu empfehlen), es gibt aber auch eine köstliche Pilz-*tikka*.

Prakash Meat Shop, **Sunder Meat Shop** und **Mama Meat Shop**, Maqbool Rd, 500 m nördlich der Mall Rd. Dieses *dhabas*-Trio ist eine lokale Institution und serviert, für Rs70 pro Portion, würziges Schafs-*tikka* oder (für die experimentierfreudigere Kundschaft) Hirn-Curry auf *tawas* (Kuchenblechen).

Sindhi Coffee House, gegenüber Ram Bagh. Getönte Scheiben und Tischdecken, umfangreiche Speisekarte mit *thalis*, *biryanis* und einigen Sindhi-Spezialitäten bei Preisen von Rs80–110.

Spice Room, Blue Moon Hotel, Mall Rd. Hauptsächlich scharf gewürzte chinesische Gerichte. Hauptgerichte Rs110–195.

Einkaufen

Tablas (Handtrommeln) und andere Musikinstrumente bekommt man in den Läden um den Goldenen Tempel, wo man außerdem preiswerte Kassetten mit den schön klingenden *kirtan* bekommt, die in dem Heiligtum zu hören sind. Andere beliebte Souvenirs sind die traditionellen Punjab-Lederslipper; sie werden an den Ständen östlich des Haupteingangs zum Tempel angeboten. Moderne Malerei verkauft die **Fine Arts Academy** in der M.M. Malviya Rd.

Sonstiges
Geld
Geldautomaten gibt es überall in der Stadt, u. a. zwei am Bahnhof und mehrere auf dem Jallianwalla Bagh. Gegenüber dem Bahnhof an der Railway Link Rd gibt es einige Devisenhändler, die z. T. pakistanische Rupien tauschen. Die **State Bank of India** befindet sich unweit des Goldenen Tempels, die **Punjab National Bank** neben dem Bharawan da Dhaba und in der Mall Rd, **ICICI** und **HFDC**, 100 m entfernt von der City Hall im Hall Bazaar.

Gepäckaufbewahrung
Für kurze Zeit in den *gurudwaras* des Goldenen Tempels möglich, sonst bei der Gepäckaufbewahrung im Bahnhof.

Informationen
PTDC Tourist Office, im Pegasus/Palace Hotel gegenüber vom Bahnhof in der Queens Rd, ✆ 0183-240 2452. Die freundliche Einrichtung bietet jede Menge Tourismusbroschüren, aber das Personal ist nicht immer optimal informiert, ⏱ Mo–Sa 9–17 Uhr.
Bessere Informationen bietet bisweilen die Belegschaft des nahe gelegenen Grand Hotel.

Internet
Railtel Cyber Express, vor dem Bahnhof (Rs25 pro Std.)

Medizinische Hilfe
Die besten Krankenhäuser der Stadt: **Kakkar Hospital**, Green Avenue, ✆ 0183-250 6075. **Munilal Chopra Hospital**, 361 Mall Rd, ✆ 0183-222 2072.

Schwimmen
Die Hotels **Mohan International** und **Ritz Plaza** erlauben die uneingeschränkte Nutzung ihrer Pools (Tagesgäste Rs130–200).

Nahverkehr
Amritsar ist eigentlich zu groß und labyrinthartig für eine Erkundung zu Fuß. Wenn man quer durch die Stadt will oder in Eile ist, empfiehlt sich eine **Motor-Rikscha**. Ansonsten kommt man mit **Fahrrad-Rikschas** am besten durch die engen und überfüllten Straßen der Altstadt.

Transport
Amritsar ist ein Hauptknotenpunkt für Verkehrsverbindungen Richtung Nordosten nach Jammu und Kashmir, Richtung Südosten nach Delhi und Chandigarh (Hauptausgangspunkt nach Shimla und Zentral-HP) und Richtung Westen zur pakistanischen Grenze bei Wagha.

Busse
Der chaotische **Busbahnhof** befindet sich an der GT Rd (NH-1) nördlich der Altstadt. Privatbusse, einschließlich der AC-Busse, fahren am Bahnhof oder an der Straße nördlich von Hall Hate/Gandhi Gate ab. Unternehmen vor dem Hall Gate und in der Queens Rd betreiben klimatisierte und Deluxe-Busse nach DELHI (8 Std.) und CHANDIGARH (4–5 Std.). Nach PATHANKOT (3 Std.) und zu anderen Reisezielen in Himachal Pradesh fahren nur staatliche Busse. Delhi ist vielen für eine Busreise zu weit entfernt (475 km), darum nehmen die meisten Reisenden den Zug.
Busse nach:
CHANDIGARH (alle 10 Min., 5–6 Std.),
DELHI (32x tgl., 8–10 Std.),
PATHANKOT (alle 15 Min., 3 Std.),
WAGHA/ATTARI (alle 20 Min., 3/4 Std.).

Reisen nach Pakistan
Wer weiter nach Pakistan möchte, nimmt ein Taxi oder einen Mietwagen oder einen der häufigen Busse nach **Attari**, von wo es nur noch 2 km bis zur Grenze bei Wagha sind. Zwischen Attari und **Wagha** verkehren Rikschas. Die Grenze nach Pakistan kann nur zu Fuß passiert werden – mit allen Formalitäten kann das bis zu zwei Stunden dauern. Je nach politischer Lage wird der grenzüberschreitende Zugverkehr manchmal eingestellt; wenn alles funktioniert, fährt der Amritsar–Lahore Samjhauta Express Nr. 4607 Mo und Do um 9.30 Uhr von Amritsar nach **Lahore** ab. Nach einem Zwischenstopp in Attari (10.10 Uhr), wo die indischen Grenzformalitäten erledigt werden, geht es um 11.30 Uhr auf pakistanischer Seite weiter. Planmäßige Ankunft in Lahore ist um 16.15 Uhr, mit Verspätungen muss jedoch gerechnet werden. In entgegengesetzter Richtung fährt der Lahore–Amritsar Express Nr. 4608 Di und Fr um 8.35 Uhr ab und erreicht Wagha um 21.10 Uhr mit geplanter Abfahrt von indischer Seite um 14.20 Uhr und Ankunft in Amritsar um 15 Uhr.

Eisenbahn
Der **Bahnhof** liegt günstig im Zentrum, nördlich der Altstadt. Die besten Züge nach DELHI sind die „superfast" Amritsar–New Delhi Shatabdis mit klimatisierten Salonwagen – Nr. 2014 (tgl. 5.10 Uhr, Ankunft 11.05 Uhr) und Nr. 2030 (tgl. 17 Uhr, Ankunft 22.50 Uhr). Wer lieber nachts fährt, nimmt den Golden Temple Mail Nr. 2904 (tgl. 21.35, Ankunft 7.10 Uhr), der weiterfährt bis MUMBAI (Ankunft 6.30 Uhr am Folgetag). Weitere Züge sind der 1x tgl. verkehrende Amritsar–Howrah Express Nr. 3050 (Abfahrt 18.15 Uhr) über Varanasi (Ankunft 19 Uhr am Folgetag) und der 2x wöchentl. abfahrende Amritsar–Jaipur Express: Nr. 9782 (Di & Do 18 Uhr) ist etwas schneller als Nr. 9772 (Mi & So 14.30 Uhr) – beide kommen um 9.35 Uhr in Jaipur an.
Züge nach:
AGRA (3–4x tgl., 11–17 Std.),
AMBALA, Richtung Chandigarh (12–18x tgl., 3 1/4–6 3/4 Std.),

DELHI (10–14x tgl., 5 3/4–12 Std.),
JAIPUR (2x wöchentl., 19 Std.),
KOLKATA (2x tgl., 36 3/4–45 1/2 Std.),
MUMBAI (3x tgl., 30–42 Std.),
PATHANKOT (2x tgl., 2 1/2–3 Std.),
VARANASI (2–3x tgl., 20 3/4–24 3/2 Std.).

Flüge

Der **Flughafen** liegt 12 km nordwestlich der Stadt. Hier landen neben Maschinen aus DELHI (1–3x tgl., 55 Min.) von Indian Airlines (Di, Mi, Fr und So) und Air India (Mi und So) auch einige internationale Flieger. Taxis (Rs200) und Motor-Rikschas (Rs100) fahren ins Zentrum.

Fluggesellschaften:
Air India, MK International Hotel, Ranjit Ave, ✆ 0183-250 81-22, -33,
Indian Airlines, 39 A Court Rd, ✆ 0183-221 33-92, -93,
Indus Air, Flughafen, ✆ 0183-221 4061,
Jet, Flughafen, ✆ 0183-250 80-03, -04.

Gujarat

Stefan Loose Traveltipps

Ahmedabad Zu den Sehenswürdigkeiten der Stadt und Umgebung gehören eine fantastische indisch-islamische Architektur, bunte Basare und Mahatma Gandhis Sabarmati Ashram. S. 595

Sonnentempel in Modhera Der schöne Tempel aus dem 11. Jh. in beschaulichen Gartenanlagen ist das herausragendste Beispiel der Solanki-Architektur. S. 607

Kutch Kunsthandwerk, Textilkunst und Kultur verschiedener Volksgruppen blühen nach wie vor in dieser unwirtlichen und entlegenen Region, die sich deutlich vom übrigen Gujarat unterscheidet. S. 609

Dwarkadish-Tempel Indiens westlichste heilige Stadt ist ein bedeutendes Pilgerziel und der Überlieferung zufolge die Hauptstadt Krishnas. S. 620

Sasan Gir Dieses Waldreservat ist der letzte verbleibende Lebensraum des seltenen Asiatischen Löwen. S. 628

Diu Westindiens schönstes Strandparadies; eine relaxte Insel mit charmanter Kolonialarchitektur im portugiesischen Stil. S. 630

Champaner Zu den Attraktionen dieser uralten moslemischen Stadt zählen eine Solanki-Festung sowie mehrere Jain-Tempel. S. 644

Der Bundesstaat Gujarat bildet die am weitesten nach Westen ragende Landmasse Indiens. Im Norden wird Gujarat von den brütend heißen Wüsten Pakistans und Rajasthans erhitzt, während im Süden die sanfte Brise des Arabischen Meeres für Abkühlung sorgt. Die topografische Vielfalt dieser Region – bewaldetes Bergland und fruchtbare Ebenen im Osten, riesige Marschlandflächen mit dem Salzsumpfgebiet des Rann of Kutch im Westen und eine felsige Küstenlinie – wird allenfalls noch von der Verschiedenartigkeit ihrer politischen und kulturellen Landschaften übertroffen. Als Heimat unterschiedlicher religiöser Bevölkerungsgruppen (Hindus, Jain, Moslems und Christen) sowie verschiedener Stämme und Nomadenvölker hat Gujarat dem Besucher auch ein vielfältiges Mosaik aus religiösen Stätten zu bieten, wobei den Hindu- und Jain-Tempeln zum Teil eine bedeutende Rolle in den hinduistischen Überlieferungen zukommt.

Gujarat ist die Heimat von **Mahatma Gandhi**, dem Vater der modernen indischen Nation. Gandhi wurde in Porbandar geboren und lebte viele Jahre in Ahmedabad. Die Gujaratis haben sein Credo der Unabhängigkeit verinnerlicht, und wenn es um die wirtschaftliche Leistungskraft geht, ist der Bundesstaat in sämtlichen Statistiken immer oben mit dabei und wie die Punjabis haben sich auch viele Gujaratis als Auswanderer in allen Teilen der Welt eine neue Existenz aufgebaut.

Der Wohlstand der Region geht bis ins 3. Jahrtausend v. Chr. zurück, als die **Harappas** mit Muschelschmuck und Stoffen zu handeln begannen. Bis heute ist die von den Jains dominierte Textilindustrie eine wichtige Einkommensquelle für den Staat. Gujarat ist Indiens am stärksten industrialisierter Staat und besitzt eine der größten Ölraffinerien des Subkontinents und ist ein bedeutendes Zentrum der Zement-, Chemie- und Pharma-Industrie. In Alang befindet sich eine ebenso gigantische wie lukrative Schiffsabwrackungsanlage. Kandla ist einer der **größten Häfen** Indiens und ein Großteil des Diamantschliffs und der Diamantpolitur Indiens wird in Zentren wie Surat, Ahmedabad, Bhavnagar und Palanpur vorgenommen. Im ländlichen Raum ist Armut jedoch nach wie vor ein ernstes Problem, und die Entwicklung in Gesundheitswesen und Bildung kann mit dem wirtschaftlichen Wachstum nicht mithalten.

An Ghandis wichtigstes Anliegen – politische Veränderung durch gewaltfreie Mittel zu erreichen – hat sich Gujarat nicht immer gehalten. Die Spannungen zwischen Moslems und Hindus entladen sich in zyklischer Regelmäßigkeit bei **gewalttätigen Auseinandersetzungen**. 2002 kam es zu den blutigsten Krawallen seit der Teilung, bei denen 2000 Menschen (vor allem Moslems) starben. Zuvor, im Januar 2001, hatte ein verheerendes **Erdbeben** bei Kutch ganze Städte dem Erdboden gleichgemacht. Durch diese traumatischen Ereignisse verschlimmerte sich die ohnehin schwierige Lage eines Staates, der unter ernsthafter **Wasserknappheit** und **Dürre** zu leiden hat.

Ungeachtet dessen hat Gujarat seinen Besuchern sehr viel zu bieten – und das ohne die aufdringliche Behandlung, die Touristen im berühmteren nördlichen Nachbarstaat Rajasthan häufig zuteil wird. Neben imposanten **Tempelstädten**, **Festungen** und **Palästen** locken in Gujarat auch kleine Gemeinden, die einzigartiges Kunsthandwerk herstellen und deren Lebensweise von den globalen Trends kaum berührt scheint.

Wie so oft in Indien spiegelt die architektonische Vielfalt des Staates den Einfluss seiner vielen unterschiedlichen Herrscher wider: Buddhistische Mauryas, hinduistische Könige und natürlich moslemische Herrscher, die ihre eigenen Fähigkeiten und ihren Geschmack mit der Geschicklichkeit der Hindus kombinierten und so bemerkenswerte Moscheen, Grabmäler und Paläste schufen. **Ahmedabad**, bis 1970 Hauptstadt von Gujarat und ein guter Ausgangspunkt für eine Tour durch den Bundesstaat, beherbergt die ersten Moscheen im ungewöhnlichen **indo-islamischen Baustil**. Von hier aus ist es nicht mehr weit zur alten Hauptstadt **Patan**, zum Solanki-Sonnentempel im nördlich gelegenen **Modhera** oder nach Süden zur Harappa-Fundstätte in **Lothal**. Die größtenteils karge Region **Kutch** im Nordwesten (deren riesige Flächen Sumpfland regelmäßig überflutet werden und sie vom Rest des Bundesstaats abschneiden) wurde von den ausländischen Invasoren, die nacheinander in Gujarat einfielen, übergangen und konnte sich daher eine einzigartige Kultur bewahren.

Das eigentliche Herz von Gujarat ist die Kathiawar-Halbinsel, auch als **Saurashtra** bekannt. Überall zeugen Tempel, Moscheen, Festungen und Paläste von den Jahrhunderten, in denen Buddhisten, Hindus und Moslems die Region beherrschten. Zu den architektonischen Höhepunkten zählen die fantastischen Jain-Tempel auf den Hügeln von **Shatrunjaya** bei Bhavnagar und dem **Mount Girnar** bei Junagadh. Der Küstentempel in **Somnath**, so heißt es, hat den Anbeginn der Zeit miterlebt, ebenso wie der Tempel von **Dwarka** am Ort der alten Hauptstadt Krishnas. In **Junagadh** gibt es Felsen mit 2000 Jahre alten Inschriften aus der Herrschaftszeit Ashokas. Darüber hinaus bietet sich die Halbinsel hervorragend zur **Tierbeobachtung** an: In den Wäldern des **Gir-Nationalparks** leben Asiatische Löwen, im **Velavadar-Nationalpark** Herden der seltenen Hirschziegenantilope und im **Little Rann Sanctuary** der kastanienbraune Indische Halbesel (Khur). Durch einen schmalen Streifen des Arabischen Meeres von der Südküste bei Delwada getrennt, lockt die Insel **Diu** (zum Union Territory und nicht zum Bundesstaat gehörig) mit herrlichen Stränden, grünen Palmenhainen und weiß getünchten Türmen portugiesischer Kirchen.

Die **beste Reisezeit** für Gujarat sind die warmen und trockenen Monate zwischen Oktober und Februar, wenngleich die Nächte um den Jahreswechsel recht kühl sein können. In dieser Periode finden auch zahlreiche Festivals mit traditionellen Musik- und Tanzdarbietungen statt. Dank eines gut ausgebauten Straßen- und Schienennetzes ist die **Fortbewegung** innerhalb des Staats problemlos, nur die Kommunikationsbarrieren können das Reisen ziemlich erschweren, denn es gibt kaum Fahrpläne auf Englisch, und die Verwendung von Gujarati-Zahlen macht die Suche nach Bahnsteigen und Bushaltestellen zu einer echten Herausforderung. Da die Straßen im Vergleich zu anderen Landesteilen zumeist breiter und besser ausgebaut sind, sind längere Reisen mit dem **Taxi** eine echte Option – der normale Preis für ein Fahrzeug mit Chauffeur liegt bei Rs1200–1600.

Außerhalb der Großstädte ist es nahezu unmöglich, ein Luxus-**Hotel** zu finden, doch nach dem Vorbild Rajasthans haben mehrere heimische Maharadschas und Nawabs ihre Familiensitze zu „Heritage Hotels" umgestaltet, die in der Regel ein gutes Preis-Leistungs-Verhältnis bieten. Zu **Essen** gibt es hier vorwiegend vegetarische Speisen und die berühmten und preiswerten regionalen *thalis*, die sich durch ihre Größe und Süße auszeichnen. In Gujarat herrscht **Alkoholverbot**, einwöchige Ausnahmegenehmigungen sind jedoch von größeren Hotels und Schnapsläden erhältlich. Auch in den Union-Territory-Enklaven Daman und Diu ist der Konsum legal.

Geschichte

Die ersten bekannten Siedler im heutigen Gujarat waren die **Harappas**, die um 2500 v. Chr. aus dem Pandschab hierher kamen. Trotz ihres handwerklichen Geschicks und ihrer guten Handelsbeziehungen zu Afrikanern, Arabern, Persern und Europäern begann um 1900 v. Chr. der Niedergang ihrer Zivilisation, was vor allem auf die verheerenden Überflutungen im Indus-Delta zurückzuführen war. Einige der ältesten Überreste sind bei Lothal zu besichtigen.

Die politische Geschichte Gujarats beginnt mit dem mächtigen, von Chandragupta gegründeten **Maurya-Reich** und dessen Hauptstadt Junagadh (später Girinagar). Unter Ashoka erreichte diese Ära ihre Blütezeit, nach seinem Tod im Jahre 226 v. Chr. schwand die Macht der Mauryas allmählich. Letzter bedeutender Herrscher war Ashokas Enkel Samprati, ein Jain, der an *tirthas* (Pilgerstätten) wie Girnar und Palitana grandiose Tempel errichten ließ.

Im 11. und 12. Jh. fiel Saurashtra schließlich in die Hände der **Solanki** (oder Chalukyan)-Dynastie. Es folgte ein goldenes Zeitalter, in dem die Herrscher prachtvolle Hindu- und Jain-**Tempel** und **Stufenbrunnen** erbauen ließen. Viele dieser Bauwerke erlitten 1027 während der moslemischen Beutezüge des Mahmud von Ghazni großen Schaden, doch erst mit der Eroberung von Khalji 1299 konnten die Moslems endgültig die Macht an sich reißen. Acht Jahre später formulierte Muzaffar Shah die Unabhängigkeitserklärung und gründete das **Sultanat Gujarat**, welches bis zur Eroberung durch den Mogul-Herrscher Akbar im 16. Jh. überdauerte. Dies war die Zeit, in der die Baustile der Moslems, Jains und Hindus miteinander verschmolzen

GUJARAT

N
0
50 km
Jaisalmer
Jaipur, Udaipur
RAJASTHAN
Mt Abu
Tharad
Deesa
Ambaji
Bhabhar
Palanpur
Taranga
Sabarmati
Khadbrahma
Patan
Siddhpur
Idar
Dungarpur
Radhanpur
Sami
Modhera
Mehsana
Himatnagar
Banswara
Modasa
Dasada
NH-8
Vatrak
Kalol
Mahi
Bajana
Viramgam
Gandhinagar
Adalaj Vav
Dhrangadhra
Sarkhej
Ahmedabad
Wadhwan
Surendranagar
Dholka
Nadiad
Godhra
Dohad
Indore
Dakor
NH-8A
Sayla
Limbdi
Bogodra
Anand
Champaner
Lothal
Halol
MADHYA PRADESH
Bhadar
Dhandhuka
Cambay
Vadodara
Bodeli
VELAVADAR-NATIONAL-PARK
Kavi
Dabhoi
Narmada
Gadhada
Velabhipur
Bhavnagar
Rajpipla
Suklatirth
Dahej
Bharuch
Ankleshwar
Palitana
Talisa
Alang
Shatrunjaya
NH-8
Talaja
Tapti
Surat
Vyara
Mahuva
Golf von Cambay
Navsari
Bilimora
Valsad
Pardi
Daman
NH-8
MAHARASHTRA
Vapi
Silvassa
DADRA & NAGAR HAVELI
Mumbai

Gujarat

Godhra und die Ausschreitungen in Gujarat

Als die BJP bei den Wahlen im Dezember 2002 mit ihrem erdrutschartigen Sieg über die rivalisierende Kongress-Partei ganz Indien schockte, benötigten die Analysten nur ein einziges Wort zur Erklärung des Ergebnisses: **Godhra**. Die Stadt war lediglich ein unbekannter Bahnhof bis am 27. Februar 2002 ein moslemischer Mob mehrere Eisenbahnwaggons in Brand setzte. In ihnen kamen 59 Hindu-Pilger, die sich auf der Rückfahrt vom umstrittenen Tempel in Ayodhya befanden, ums Leben. Das Ereignis löste in ganz Gujarat gewaltige **Unruhen** aus. Moslemische Viertel wurden in Brand gesteckt und mit Schwertern und Stöcken bewaffnete Hindus randalierten, plünderten und vergewaltigten, während die Polizei in vielen Fällen nur tatenlos zugeschaut haben soll. Nach offiziellen Angaben wurden in den Wochen nach dem Zwischenfall von Godhra über 1000 Menschen getötet, Menschenrechtsorganisationen schätzen die tatsächliche Zahl auf über 2000. Die meisten Opfer waren Moslems, Tausende weitere Menschen zogen in Flüchtlingslager, weil sie aus Angst nicht in ihre eigenen Häuser zurückkehren wollten.

Die Spirale der Gewalt fand auch ihr politisches Echo, als die Kongress-Partei die Regierung beschuldigte, nicht genug für die Sicherheit der moslemischen Bürger zu tun. **Narendra Modi**, seines Zeichens BJP-Ministerpräsident („Chief Minister") von Gujarat, musste sich wegen seiner passiven Haltung angesichts der fortschreitenden Gewalt und seiner mangelnden Unterstützung für die Überlebenden den Beinamen „Moslem Killer" gefallen lassen. Wenige Tage nachdem die in New York ansässige Menschenrechtsorganisation Human Rights Watch der Regierung von Gujarat vorgeworfen hatte, direkt an der Tötung von mehreren Hundert Moslems beteiligt gewesen zu sein und eine groß angelegte **Vertuschungsaktion** bei den Ausschreitungen organisiert zu haben, rang sich das Parlament zu einer Verurteilung des Vorgehens der BJP-Regierung durch. Nach einer 16-stündigen Marathondebatte entschuldigte sich Premierminister Atal Bihari Vajpayee schließlich für die Versäumnisse der Regierung und sagte eine Wiedergutmachung in Höhe von 31 Millionen US-Dollar zu.

Vor den anstehenden Wahlen im Bundesstaat intensivierte Modi seine *Hindutva*-Rhetorik und trat vehement dafür ein, ein weiteres Godhra zu verhindern. Obwohl er offene antimoslemische Aussagen vermied, war es offenkundig, dass der Ministerpräsident es darauf anlegte, inmitten der ethnischen Spannungen so viele Hindu-Stimmen wie möglich zu gewinnen. Doch erst mit dem Wahlergebnis vom 12. Dezember 2002, als er überraschend einen erdrutschartigen Sieg landete, wurde bestätigt, welchen Kultstatus er inzwischen bei breiten Bevölkerungsschichten Gujarats erlangt hatte.

Bei den Nationalwahlen 2004 kam es jedoch zu einer Wende, als die von der Kongress-Partei angeführte UPA-Koalition die Mehrheit errang und Manmohan Singh von der Kongress-Partei zum Ministerpräsidenten gewählt wurde. Die BJP wurde erneut stärkste politische Kraft in Gujarat, doch die Wahlen waren hart umkämpft. Nach Protesten gegen die passive Haltung und Voreingenommenheit der Behörden bei den Ausschreitungen fällte der oberste indische Gerichtshof die Entscheidung, die Fälle der von den Ereignissen betroffenen Familien zu deren Sicherheit an Gerichte in anderen Bundesstaaten zu überstellen und ordnete die Bildung einer Untersuchungskommission an. In Bezug auf den Eisenbahnbrand in Godhra führten die Ermittlungen bislang allerdings noch zu keinem abschließenden Ergebnis.

Während der Wahlen im Oktober 2007 veröffentlichte das angesehene Magazin *Tehelka* geheimes Filmmaterial, das die Beteiligung hoher Gujarati Hindu-Politiker, vor allem Mitglieder der BJP, an den Aufständen thematisierte. Gegen Modi wurde der Vorwurf erhoben, er habe die Gewalttaten gefördert, die Polizei angewiesen, sich auf die Seite der hinduistischen Aufrührer zu schlagen und diese vor dem Gesetz in Schutz genommen. Bislang gab es keinerlei Aufklärungsversuche – weder auf juristischer noch auf politischer Ebene – und im Dezember 2007 wurde Modi sogar wiedergewählt.

und beeindruckende indo-islamische Moscheen und Grabmäler hervorbrachten. Auch wenn die jüngsten religiös motivierten Gewalttaten, besonders in Ahmedabad, auf anderes hindeuten scheinen, so haben Islam, Hinduismus oder Jainismus jahrhundertelang Seite an Seite überlebt.

Im 16. Jh. wandten sich die **Portugiesen**, die zu dieser Zeit bereits in Goa ansässig waren, Gujarat zu – sie hatten das große Potenzial seiner Häfen erkannt. Daman wurde 1531 erobert, vier Jahre später folgte Diu. Festungen und typisch europäische Städte entstanden. Sogar gegen die arabischen und moslemischen Angriffe konnten sich die neuen Herrscher behaupten, doch um 1960 mussten sie sich Indien anschließen.

1613 errichtete die **Britische Ostindienkompanie** ihr Hauptquartier in Surat und gründete bald darauf die erste „Fabrik", ein in sich geschlossenes Dorf mit Häusern und Lagern für die Händler, das den Grundstein für eine prosperierende Textilindustrie darstellen sollte. Als 1818 die Ära der britischen Staatshoheit begann, kamen Generalgouverneure in einige der größeren Städte Gujarats, um Verträge mit rund 200 Fürstentümern und Kleinstaaten in Saurashtra zu unterzeichnen. Die britische Herrschaft führte Maschinen ein, um den Aufbau einer Textilindustrie zu fördern. Die Region kam damit zwar zu erheblichem Wohlstand, auf der anderen Seite wurden aber viele Handwerker aus dem Geschäft gedrängt. Für sie machte sich insbesondere der in Gujarat geborene **Mahatma Gandhi** stark, dessen Kampagnen für Unabhängigkeit und soziale Gleichstellung seinem Ashram in Ahmedabad internationale Aufmerksamkeit verschafften. Nach der Teilung schwappte eine gewaltige, von heftigen Kämpfen begleitete Migrationswelle über das Grenzgebiet; Hindus aus Sind strömten nach Gujarat und Moslems aus Gujarat nach Pakistan.

Sprachenkonflikte (viele Demonstranten forderten eine Anpassung der Staatsgrenzen an die sprachlichen Grenzen, so wie es im Süden geschehen war) führten 1960 zu einer Teilung des Staates Bombay und zur Gründung von Gujarat. Die portugiesischen Enklaven sowie Goa wurden von der indischen Regierung 1961 zwangsannektiert. Nach der Unabhängigkeit zeigte sich Gujarat als treuer Kongress-Anhänger, bis die Fundamentalisten der BJP 1991 die Kontrolle im Staat übernahmen. Die Ausschreitungen von 2002, die 1000 bis 2000 Opfer forderten, haben ein altes Kapitel der Auseinandersetzungen zwischen Moslems und Hindus wieder aufgeschlagen. Ominöserweise brach die Gewalt genau zu Beginn des Wahlkampfes in Gujarat aus. Theorien, nach denen die Ausschreitungen politisch gewollt waren, schienen sich zu bestätigen, als die BJP im Zuge einer spektakulären, von hinduistisch-fundamentalistischen Emotionen getragenen Welle mit 126 gegenüber 51 Sitzen einen erdrutschartigen Sieg über die Kongress-Partei davontrug. Die sechs Jahre andauernden Spannungen sind nicht ohne Auswirkungen geblieben; viele Wohnviertel sind nach Glaubensrichtung geteilt und die Moslems werden mehr und mehr zurückgedrängt.

Ahmedabad

Mit seinen Fabriken, Moscheen, Tempeln und Wolkenkratzern erstreckt sich die Großstadt Ahmedabad (alias Amdavad) als wirtschaftliches Zentrum von Gujarat entlang dem Sabarmati, rund 90 km bevor dieser in den Golf von Cambay mündet. Die mit 5 Mio. Einwohnern größte Stadt des Bundesstaates leidet an entsetzlicher Umweltverschmutzung und ist wegen ihrer unglaublich verstopften Straßen und der Ausbrüche ethnisch motivierter Gewalt berüchtigt. Wer sich und diesem Chaos jedoch ein wenig Zeit gibt, wird feststellen, dass die Mischung aus Mittelalter und Moderne eine besondere Faszination ausübt.

Ein Bummel durch die Basare und *pols* (Wohnbezirke) der geschäftigen **Altstadt** ist bereits ein Erlebnis für sich. Darüber hinaus fasziniert die Stadt durch ihre Vielfalt architektonischer Stile, die sich in über 50 Moscheen, Grabmälern, Hindu- und Jain-Tempeln und großartigen Stufenbrunnen *(vavs)* niederschlagen. Das **Calico Museum of Textiles** ist eines der besten Textilmuseen der Welt, und Gandhis **Sabarmati Ashram** ist ein Muss für jeden, der sich für den Mahatma und die indische Freiheitsbewegung interessiert.

Besonders bei Spaziergängen in der Altstadt ist es ratsam, Mund und Nase mit einem Tuch zu bedecken, um so wenig **Kohlenmonoxid** wie möglich einzuatmen. 2002 wurde ein umstrittenes **Kanalprojekt** umgesetzt, in dessen Rahmen nun Wasser aus dem Fluss Narmanda in den Sabarmati geleitet wird, der vorher außerhalb des Monsuns völlig trocken lag. Diese Maßnahme sorgte für eine etwas frischere Atmosphäre in der Stadt, bis man hier frei durchatmen kann ist es jedoch noch ein weiter Weg.

Mitte Januar findet hier das berühmte – und weltweit größte – **Internationale Drachenfestival** statt.

Geschichte

Als **Ahmed Shah** 1411 das Sultanat Gujarat erbte, verlegte er seine Hauptstadt von Patan nach Asawal, eine kleine Siedlung am Ostufer des Sabarmati. Die Stadt wuchs schnell, da fähige Kunsthandwerker und Händler zur Ansiedlung ermuntert wurden. Unter ihren Händen entstanden prächtige Moscheen, ganz klar darauf ausgerichtet, die Überlegenheit der Moslems zu demonstrieren. Diese Bauwerke waren die Vorreiter des neuen **indo-islamischen Architekturstils**, der in Ahmedabad zwar am deutlichsten hervortritt, aber auch sehr viele andere Städte Gujarats auszeichnet.

1572 wurde Ahmedabad in das wachsende Mogul-Reich eingegliedert und galt als schönste Stadt Indiens. Sie profitierte vom blühenden Textilhandel mit Samt, Seide und schimmernden Brokaten, die man bis nach Europa verkaufte. Schließlich führten zwei verheerende Hungersnöte und politische Instabilität zum allmählichen Niedergang der Stadt. Erst als die Briten fünf Jahre später die Steuern senkten und dadurch die Kaufleute zur Rückkehr bewegten, die während der Marathen-Herrschaft abgewandert waren, kam wieder Leben in die Stadt. Der Opiumhandel blühte und die modernen technischen Gerätschaften verhalfen Ahmedabad zu einem Wiederaufstieg als Textilzentrum.

In der Zeit vor der Unabhängigkeit, als **Mahatma Gandhi** mit der Wiederbelebung der bescheidenen Textilproduktion beschäftigt war, avancierte das „Manchester des Ostens" zu einem bedeutenden Sitz politischer Macht, und – da die Glaubensfrage in den Wahlkämpfen immer wieder ausgeschlachtet wurde – zu einer Brutstätte religiöser Spannungen. Die fortwährenden **Ausschreitungen**, insbesondere eine Reihe brutaler Zusammenstöße zwischen Hindus und Moslems, sowie Attacken auf die winzige christliche Minderheit, haben Ahmedabads Ansehen in den vergangenen Jahren besudelt.

Orientierung

Das historische Herz von Ahmedabad ist die **Altstadt**, eine Region von rund 3 km² am Ostufer des Flusses, die von den Hauptdurchgangsstraßen Relief Road (auch als Tilak Road bekannt) und Mahatma Gandhi (MG) Road durchschnitten wird und im Norden an das **Delhi Gate** grenzt. Der beste Ausgangspunkt für einen Stadtrundgang ist Lal Darwaja mit den gedrungenen Gebäuden der **Bhadra**-Zitadelle, **Moscheen** und Grabstätten der moslemischen Herrscher, geschäftigen Basaren und natürlich den *pols* – Labyrinthe aus hohen Holz-Havelis und engen Sackgassen, in denen noch immer Menschen der gleichen Kaste oder der gleichen Berufsgruppe auf einem Fleck leben. Im Norden der Stadt steht das lohnenswerte **Calico Museum of Textiles**.

Bhadra, Moschee Sidi Sayyid und Umgebung

Die massive, befestigte Zitadelle **Bhadra** wurde 1411 als erstes moslemisches Bauwerk in Ahmedabad errichtet und präsentiert sich im Vergleich zu späteren, ähnlichen Monumenten relativ schlicht. Heute befinden sich Büros in den Räumen des Palastes, dessen Innenhof Schreibkräfte und Anwälte als Büro unter freiem Himmel nutzen. Ein Großteil des Gebäudes ist leider nicht zugänglich, doch über eine Wendeltreppe gleich hinter dem Haupteingang kann man auf das Dach klettern und von den verwitterten Bastionen die darunter liegenden Straßen betrachten. Vor der Zitadelle liegt die in fröhlichem Grün und Weiß angemalte **Moschee Alif Shah**. Weiter östlich, hinter dem Fleischmarkt in **Khas Bazaar**, erhebt sich das **Teen Darwaja**, ein monumentales, dreiflügeliges Tor, das während der Herrschaft von Ahmed Shah erbaut wurde und einst in den Außenhof der königlichen Zitadelle führte. Ein Trio spitzer Gewölbebögen mit

Ahmedabad

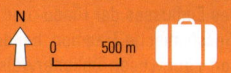

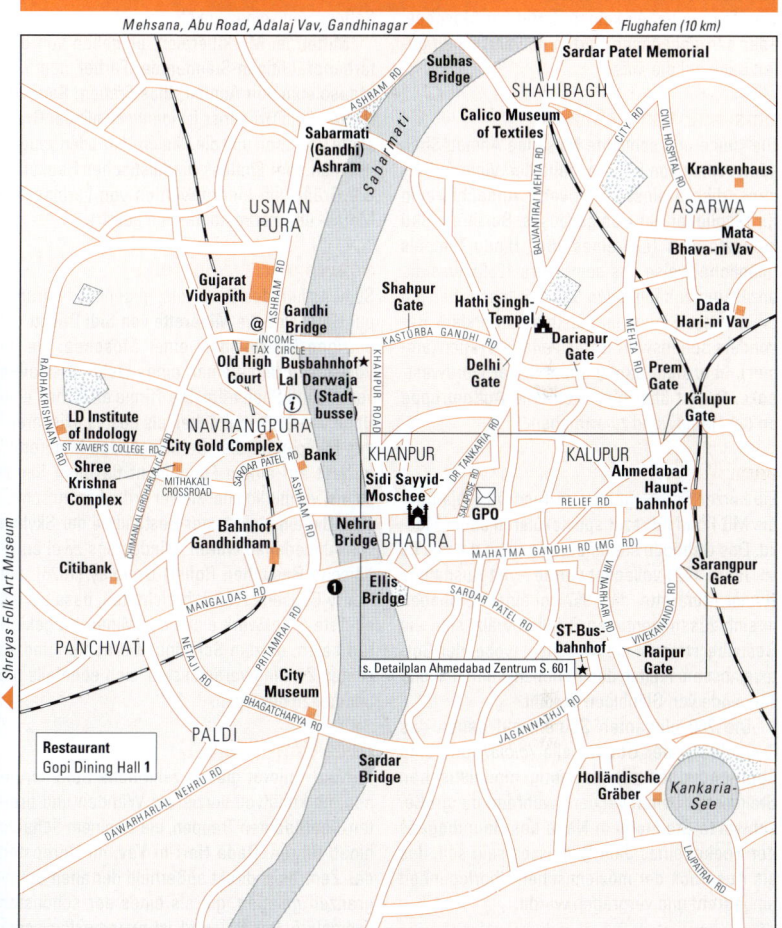

islamischen Inschriften und detailreichen Reliefs überspannt die belebte Straße und bietet Schustern und Bettlern Schutz.

Zu den beliebtesten Motiven für die Titelseiten von Stadtbroschüren gehört die **Moschee Sidi Sayyid** (Baujahr 1573), die mitten auf einem verkehrsreichen Platz östlich der Nehru Bridge steht. Ihre Berühmtheit verdankt sie hauptsächlich den zehn prachtvollen jalis (Steingittern) – am eindrucksvollsten sind die beiden halbkreisförmigen an der Westwand, die herrliche Blumenmotive besitzen. Sie wurden aus dem gelben Stein gemeißelt, den man auch für viele andere Moscheen Ahmedabads verwendete. Die Steinmetzarbeiten im Innern zeigen Helden und Tiere aus populären Hindu-Mythen, eine Folge des Einflusses der Hindu- und Jain-Künstler auf die islamische Tradition, bei der die Darstellung von Lebewesen üblicherweise nicht gestattet war. Frauen haben keinen Zutritt zur Moschee, aber der umliegende Garten gewährt einen guten Blick auf die *jalis*.

Moschee Ahmed Shah

Die kleine und schlichte Moschee Ahmed Shah südwestlich von Bhadra, nahe den Victoria Gardens, diente einst als privater Andachtsraum für Mitglieder des Königshauses. Bei ihrem Bau benutzte man Teile eines alten Hindu-Tempels (möglicherweise aus dem Jahre 1250), was die unzusammenhängenden Sanskrit-Inschriften auf einigen der Säulen im Sanktuarium erklärt. Besonders sehenswert ist die *zenana* (Frauenkammer), über dem Sanktuarium in der Nordwestecke. Sie ist über eine steinerne Außentreppe an der Hauptwand zu erreichen.

Jami Masjid

Ein kurzer Spaziergang vom Teen Darwaja über die MG Road führt zur spektakulären Jama Masjid. Das Gebäude steht heute noch so da, wie es im Jahre 1424 vollendet wurde – mit Ausnahme zweier Minarette, die 1957 bei einem Erdbeben in sich zusammenfielen. Täglich wälzt sich ein Besucherstrom in die Moschee, wobei der Gottesdienst am Freitag den Höhepunkt darstellt und Tausende von Gläubigen anzieht.

Die 260 eleganten Säulen, auf denen das Kuppeldach der Gebetshalle *(qibla)* ruht, sind über und über mit eindeutig hinduistischen Steinmetzarbeiten verziert, während die große, schwarze Steintafel in Nähe des Hauptbogens der Sockel eines Jain-Bildnisses sein soll, das als Ausdruck der moslemischen Überlegenheit umgedreht und vergraben wurde.

Manek Chowk

Östlich der Jama Masjid befindet sich der **Schmuck- und Textilmarkt** Manek Chowk mit Kunsthandwerkern, die zwischen frisch gefärbten und geschneiderten Stoffen ihrer Arbeit nachgehen. Hier geht es zu wie in einem Bienenstock. Unmittelbar vor dem Osteingang der Moschee erhebt sich die viereckige **Grabstätte von Ahmed Shah I.**, deren rundum laufende Veranden auf Säulen ruhen. Die Hauptkammer (kein Zutritt für Frauen) beherbergt die Gräber des 1442 verstorbenen Ahmed Shahs, seines Sohnes und seines Enkels.

Mitten im Marktbereich, umgeben von den farbenprächtigen Ständen der Färber, liegt das Mausoleum von Ahmed Shas Frauen, **Rani-ka-Hazira**. Sein Grundriss ist identisch mit der Grabstätte von Shah und die Säulen-Veranden zeugen deutlich vom Einfluss hinduistischer Baukunst. Die Gräber im Innern werden von verblassten Metall- und Perlmuttintarsien geziert.

Schwingende Minarette

Südwestlich des Bahnhofs, gegenüber Sarangpur Gate, sind die **Minarette von Sidi Bashir** die einzigen Überbleibsel einer Moschee, die im Volksmund den Namen eines Lieblingssklaven von Ahmed Shah trägt. Die Türme erreichen eine Höhe von 21 m und gelten als bestes existierendes Beispiel für die „Schwingenden Minarette" (erbaut auf einem Fundament flexiblen Sandsteins, vermutlich um sie vor Erdbeben zu schützen), die einst ein fester Bestandteil der Skyline von Ahmedabad waren. Mindestens zwei europäische Besucher, Robert Grindlay (1826) und Henry Cousens (1905), berichteten, dass sie ins oberste Stockwerk eines der Minarette geklettert seien, es zum Schwingen brachten und so seinen Zwilling veranlassten, sich ebenfalls hin und her zu bewegen.

Dada Hari-ni Vav

In Nord-Gujarat gibt es zahlreiche Stufenbrunnen mit kunstvoll verzierten Wänden und breiten, überdachten Treppen, die zu einem Schacht hinab führen. **Dada Hari-ni Vav**, im Nordosten des Zentrums, direkt außerhalb der alten Stadtgrenzen gelegen, gilt als eines der schönsten Exemplare. Das Bauwerk ist zwar moslemischer Herkunft, doch die Handwerker waren Hindus und ihr Einfluss lässt sich an den reichen, sinnlichen Reliefs auf Wänden und Säulen deutlich erkennen. Die beste Zeit für einen Besuch ist gegen 11 Uhr vormittags, wenn die Blumenmotive und hübschen Figurinen in Sonnenlicht getaucht sind. Westlich des Brunnens steht die **Moschee Bai Harir** mit einer von Gitterwerk umgebenen Grabstätte.

SEWA

Beinahe 90 % aller berufstätigen Frauen Indiens sind selbstständig und daher oft das Opfer skrupelloser Ausbeutung seitens der Banken oder privater Kreditgeber – nicht so in Ahmedabad. Zu Gandhis Zeit entwickelte sich hier eine Tradition der Selbsthilfe, die bis heute Bestand hat. Mit der Gründung der bahnbrechenden Frauenorganisation **Self-Employed Womens' Association** (SEWA), 079-2550 6444, www.sewa.org, Anfang der 1970er-Jahre wurde Ahmedabad weit über seine Grenzen hinaus bekannt. SEWA bietet Rechtsbeistand, Ausbildung, Betreuung und Unterricht für die Kinder der Mitglieder. Darüber hinaus war die genossenschaftliche Mahila Bank die Erste, die speziell für Frauen, Kredite zu niedrigen Zinsen, Spar- und Girokonten sowie Versicherungen anbot. SEWA betreut mittlerweile Projekte in Gujarat, Indien und Übersee. Der drastische Preissturz auf dem Textilmarkt 1984 zog rund 35 000 Familien ins Verderben, hauptsächlich Harijans und Moslems. Vielen blieb nichts anderes übrig, als sich ihren Lebensunterhalt durch das Sammeln von Lumpen und Papier zu verdienen. Dank SEWA konnten jedoch viele Frauen wenig später in der Textilbranche wieder Fuß fassen: Die Organisation stellte die nötige Maschinen zur Verfügung, unterrichtete die Frauen in Weben, Nähen, Färben und Drucken und schuf eine Verkaufsstelle für die fertigen Produkte. SEWA zählt 319 000 Mitglieder in ganz Indien (davon 206 000 in Gujarat) und bildet Frauen in vielfältigen Tätigkeiten aus, u. a. in Buchführung und Büroverwaltung. 1987 reichten 2000 Frauen einen Protest gegen Sati ein, und eine Kampagne für ein Verbot von mündlicher Scheidung und Polygamie führte zu einer Gesetzesänderung. SEWA macht sich außerdem gegen die Tests zur Geschlechtsbestimmung ungeborener Kinder stark (die Tötung weiblicher Föten ist vor allem in Gujarat eine weit verbreitete Praxis). SEWA betreibt zwei Kunsthandwerksläden, einen im Empfangszentrum der Organisation an der Ostseite der Ellis Bridge, der andere im Banascraft Chandan Complex in der C.G. Road. beide Mo–Sa 10–20, So 10–18.30 Uhr.

Den Stufenbrunnen erreicht man mit dem Bus Nr. 111 Richtung Asarwa; auf Anfrage halten die Fahrer in der Nähe, und den Rest der Strecke kann man entweder zu Fuß zurücklegen oder man nimmt statt des Busses eine Motor-Riksha. Eine Motor-Riksha von Lal Darwaja kostet ca. Rs50.

Calico Museum of Textiles

Niemand sollte aus Ahmedabad abreisen, ohne das Calico Museum of Textiles, 079-2786 8172, besucht zu haben. Es befindet sich in der Sarabhai Foundation gegenüber Shahibagh Underbridge, 3 km nördlich des Delhi Gate, und beherbergt schlichtweg die schönste Sammlung von Textilien, Kleidung, Möbeln und Kunsthandwerk des Landes. Zu den Höhepunkten der **Vormittagsführung** (tgl. 10.30–12.30 Uhr) zählen einige besonders exquisite Stücke, die für die Briten und Portugiesen angefertigt wurden. Aus den königlichen Haushalten Indiens stammen ein besticktes Zelt und die Roben von Shah Jahan. Sehenswert sind auch die *patola*-Saris aus Patan (S. 608) sowie extravagante *zari*-Arbeiten – mit üppigen Goldstickereien verzierte Saris, die bis zu neun Kilo wiegen können.

Weitere Ausstellungsräume beschäftigen sich mit Stickereien, *bandhani*-Knüpfbatiken, Textilien für den Export nach Übersee und Wollschals aus Kashmir und Chamba. Daneben gibt es spektakuläre Holz-Havelis aus Patan und Siddhpur in Nord-Gujarat Kunsthandwerksobjekte der einzelnen Stämme, darunter *mashru*-Webereien aus Seide und Baumwolle der Kutchi. Auf dem Programm der **Nachmittagsführung** (tgl. 14.45–16.45 Uhr) stehen Ausstellungsräume mit *pichwais* und anderen Tempelgemälden und -dekorationen, darunter auch Jain-Statuen in nachgebauten Haveli-Tempeln, jahrhundertealte Manuskripte und auf Palmblätter gemalte Mandalas. Unbedingt rechtzeitig zu den Führungen aufkreuzen, da sie schnell ausgebucht sind und die Besichtigung auf eigene Faust nicht möglich ist. Anfahrt mit Bus Nr. 101/1, 103 oder 105.

Sabarmati (Gandhi) Ashram

Am nördlichen Ende der Ashram Road steht der Sabarmati Ashram, wo der Mahatma von 1917 bis 1930 lebte und Versammlungen mit Webern und Harijans abhielt. Gandhis Ziel war es, ihnen zu neuer Sicherheit zu verhelfen und die manuelle Textilverarbeitung in Ahmedabad wieder einzuführen. In Übereinstimmung mit seinem Lebensstil präsentiert sich die Kollektion seiner persönlichen Besitztümer sehr bescheiden, aber ergreifend: Holzschuhe, weiße, nahtlose Kleidung und eine Nickelbrille. Der Ashram selbst ist nicht mehr in Betrieb, aber viele Menschen kommen zum Meditieren hierher. Außerdem gibt es regelmäßig abendliche **Filmvorführungen**. ⏲ tgl. 8.30–18.30 Uhr.

Weitere Museen

Im informativen **Shreyas Folk Art Museum** nahe der westlichen Stadtgrenze werden traditionelle Arbeiten der unterschiedlichen Stämme von Gujarat gezeigt. ⏲ Fr–Di 10–13.30 und 14–17.30 Uhr; Eintritt Rs45, Anfahrt mit Bus Nr. 34/2 oder 34/3 ab Lal Darwaja.

Das **Tribal Museum** in der nordwestlichen Ecke des Gujarat Vidyapith, nördlich vom Income Tax Circle in der Ashram Road gelegen, porträtiert die verschiedenen Völker des Staates und deren Bräuche. ⏲ tgl. außer Mo 11–17 Uhr.

Eine großartige Sammlung von Miniaturen aus ganz Indien birgt die **N.C. Mehta Gallery** im **LD Institute of Indology** im Westen der Stadt. Das im selben Komplex untergebrachte **Indology Museum** legt seine Betonung auf Jain-Skulpturen und Manuskripte. ⏲ Di–So: Mai–Juni 8.30–12.30, Juli–April 10.30–17.30 Uhr, Anfahrt mit Bus Nr. 52/1 ab Lal Darwaja.

Übernachtung

Die meisten Hotels liegen im Westteil der Altstadt, nur wenige Fußminuten von den Basaren, dem lokalen Busbahnhof und vielen Sehenswürdigkeiten entfernt. Weitere Übernachtungsmöglichkeiten findet man rund um den Bahnhof; die Hotels nördlich der Nehru Bridge im Viertel Khanpur gehören eher der edleren Kategorie an.

Zentrum

Balwas, 6751 Relief Rd, gegenüber Relief Cinema, ☎ 079-2550 7135, 📠 2550 6320. Ruhiges, modernes Hotel, dessen beste Zimmer in einem separaten Hintergebäude liegen. Die meisten Räume sind mit AC und TV ausgestattet, alle haben saubere Privatbäder mit Warmwasser. ❹

Cadillac, Advance Cinema Rd, unweit der Moschee Sidi Sayyid, ☎ 079-2550 7558. Bestes Billighotel mit kleinen, farbenfrohen Zimmern, z. T. mit eigenem Bad und einem Männer-Schlafsaal (Rs60). ❶–❷

Good Night, Dr Tankaria Rd, gegenüber der Moschee Sidi Sayyid, ☎ 079-2550 7181, 📠 2550 6998. Blitzsaubere Zimmer mit weiß gefliestem Bad und TV. Die Dreibett-Zimmer sind besonders preiswert. ❹

Um den Bahnhof

Mehul, an der Relief Rd, gegenüber Electricity House, ☎ 079-2550 6525. Rezeption mit getönten Scheiben, einfache aber annehmbare Zimmer mit winzigen Bädern. Unterschiedliche Qualität, also am besten mehrere Zimmer zeigen lassen. ❹

Volga, an der Relief Rd, gegenüber Electricity House, ☎ 079-2550 9497. Zuvorkommender Service, makellose, in Pastell-Tönen gehaltene, Zimmer mit TV und Telefon. Checkout-Schalter 24 Std. geöffnet. Erstaunlich ruhig für Lal Darwaja-Verhältnisse. ❹

Moti Mahal, Station Rd, Kapasia Bazaar, ☎ 079-212 1881, 📠 213 6132. Sehr gut geführtes, sauberes Hotel; Zimmer mit Bad und Kabelfernsehen. ❹

Wohnen mit Stil

House of Mangaldas, Dr Tankaria Rd, gegenüber der Moschee Sidi Sayyid, ☎ 079-2550 6946, 💻 www.houseofmg.com. Einst die Residenz eines wohlhabenden Industriellen, bietet dieses Heritage Hotel geräumige, individuell eingerichtete Zimmer (US$100) mit Himmelbetten. Die Innenhöfe sind mit historischer Einrichtung ausgestattet und alte Fotos erinnern an bedeutende Besucher des Familienanwesens, darunter auch Mahatma Gandhi. Zwei exzellente Restaurants, Hallenbad und Audio-Tour machen dieses Hotelerlebnis perfekt. Einziger Nachteil ist der Checkout um 9 Uhr früh. ❽

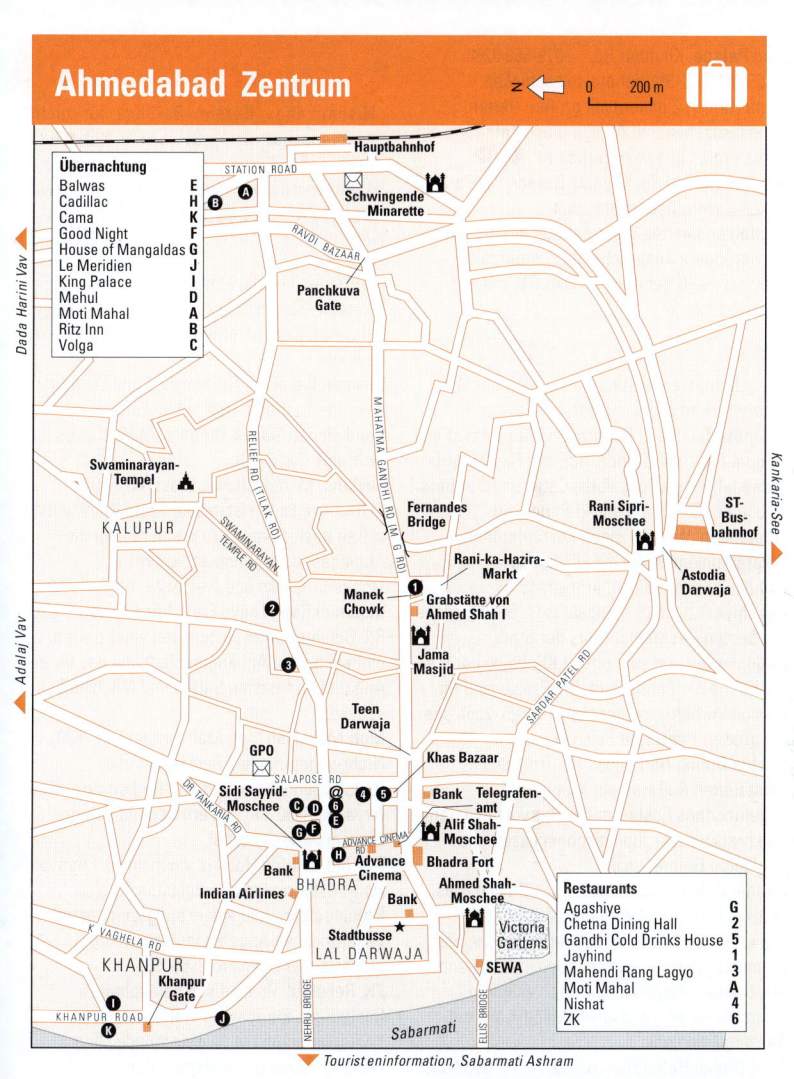

Ahmedabad Zentrum

Übernachtung

Balwas	E
Cadillac	H
Cama	K
Good Night	F
House of Mangaldas	G
Le Meridien	J
King Palace	I
Mehul	D
Moti Mahal	A
Ritz Inn	B
Volga	C

Restaurants

Agashiye	G
Chetna Dining Hall	2
Gandhi Cold Drinks House	5
Jayhind	1
Mahendi Rang Lagyo	3
Moti Mahal	A
Nishat	4
ZK	6

Khanpur

Cama, Khanpur Rd, ☏ 079-2550 1234,
🖥 www.camahotelsindia.com. Die großen
Zimmer (US$90–115) mit Blick auf den Sabarmati
sind etwas abgewohnt, Gartenterrasse, Pool,
Toprestaurant und ein 24 Std. geöffnetes Café
sind dafür jedoch eine angemessene
Entschädigung. Checkout um 9 Uhr. ❽–❾

Le Meridien, Khanpur Rd, ☏ 079-2550 5505,
🖥 www.starwoodhotels.com. Service
und Standard entsprechen den Erwartungen
an diese internationale Kette. Ausgezeichnetes
Restaurant, Hallenbad und Fitnessraum.
Zimmer mit Holzfußböden und
Ledermöbeln (US$195–280). Checkout
12 Uhr. ❾

King Palace, Khanpur Rd, ✆ 079-550 0280, ✆ 550 0275. 3-Sternehotel mit schicken, komfortablen Zimmern mit großen Betten, Kabelfernsehen und AC. Für diese Kategorie ein gutes Preis-Leistungs-Verhältnis. ❺–❻

Ritz Inn, Station Rd, Kapasia Bazaar, ✆ 079-2212 3842, 🖳 www.hotelritzinn.com. Empfehlenswertes 3-Sternehotel mit Art-déco Verzierungen. Ansprechende Zimmer mit schwarz-weiß gehaltenem Bad, TV und Schreibtisch. ❼

Essen

Die beliebtesten Restaurants von Ahmedabad konzentrieren sich um die Relief Rd, die Salapose Rd und in Badhra. Im Khas Bazaar gibt es gute Fastfood-Stände. Schicke Restaurants sowie lebendige Teesalons, Cafés und Saftbars sind in der C.G. Road und in Panchvati entstanden. Wer nur einen Kurzaufenthalt in Gujarat einlegt, sollte die köstlichen einheimischen *thalis* zu probieren.

Agashiye, House of Mangaldas (s. S. 600). Eines der besten Dachrestaurants der Stadt, Bodenkissen und eine offene Küche, in der man die Köche hantieren sieht. Die Preise sind für hiesige Verhältnisse gesalzen (Rs195–255), aber die großen *thalis* sind Spitzenklasse.

Chetna Dining Hall, Relief Rd. Trotz des verstaubten Äußeren ein beliebtes vegetarisches Restaurant mit hervorragendem und preiswertem südindischem Essen und opulenten Gujarat-*thalis*.

Gandhi Cold Drinks House, Khas Bazaar. Das winzige Restaurant wird bereits in dritter Generation geführt und serviert erfrischende Milchmixgetränke, darunter den indonesisch inspirierten „Royal Faluda", den es nur in Ahmedabad gibt, und *kesar*-Milchshake mit Safrangeschmack.

Gopi Dining Hall, Pritamrai Rd, ✆ 079-2657 6388. Das touristenfreundliche Restaurant auf der Westseite der Ellis Bridge serviert Gujarat- und Kathiawadi-*thalis* zu unschlagbaren Preisen (Rs40–65). Sehr beliebt, also reservieren oder Schlange stehen.

Green House, House of Mangaldas (s. S. 600). Ähnlich reizvoll wie das Agashiye, aber deutlich günstiger. Hier genießt man Snacks, leichte Mahlzeiten und die ungewöhnlichsten Eiscreme-Sorten (u. a. mit getrockneten Feigen) auf Holzbänken unter einem efeubewachsenen Pavillon.

Havmor, Relief Rd. Bei Familien und Teenagern beliebter Fastfood-Treff mit leckeren Sandwiches, *dosas*, Burgern, Milchshakes und Eiscreme (Rs15–70).

Jayhind, Manek Chowk. Dieser seit 1948 betriebene Laden ist mit die beste Wahl, um die süßen Köstlichkeiten zu probieren, für die Ahmedabads berühmt ist; *halwa* mit Trockenfrüchten und *kaju pista roll* (Rs5–30).

Mahendi Rang Lagyo Fruit Juice House, Relief Rd. Belebter Straßenstand mit einer treuen, einheimischen Anhängerschaft, die das breite Angebot an frischen Säften und Milchshakes schätzt.

Moti Mahal, im Moti Mahal Hotel (s. S. 600). Nicht-vegetarisches Restaurant und Süßspeisentempel, berühmt für hervorragende *biryanis* (Rs30–80) und erfrischend salziges Lassi mit Kreuzkümmel.

Ritz Inn, Ritz Inn Hotel (s. oben links). Friedvolles Hotelrestaurant mit Buntglasfenstern, Kronleuchtern und einem ausgezeichneten vegetarischen Angebot indischer und chinesischer Speisen (Rs65–90).

ZK, Relief Rd. Romantisch beleuchtetes Restaurant. Einrichtung in Rosa und Kastanienbraun mit einem altmodischen Aquarium. Das Durchblättern der umfangreichen Speisekarte (über 200 Gerichte) macht richtig Appetit: besonders zu empfehlen sind die Tandoori-Gerichte (Rs65–80).

> ### *Thalis*-Paradies
>
> **Nishat**, Khas Bazaar. Berühmt für nicht-vegetarisches *thalis* (Rs85) mit Hühnchen-*tikka*, Schaf-Curry und *biryani*. Betriebsamer Speisesaal im Erdgeschoss und ruhiges, etwas teureres AC-Lokal im Obergeschoss.

Sonstiges
Bücher

Crossword, im Shree Krishna Complex, nahe der Mithakali-Kreuzung. Die riesige Buchhandlung mit Café führt auch Karten und Reiseführer. Weitere gute Adressen sind **Sastu Kitab Ghar** in der Relief Rd, 100 m östlich der Salapose Rd, und **People's Book House**, 100 m weiter.

Fotoausrüstung
Gujarat Mercantile Co, 100 m südlich vom GPO in der Salapose Rd.
One Hour Photo, Ashram Rd, an der Nordwestecke des Income Tax Circle.
Sukruti, Jaldarshan Apartments, gegenüber Natraj Cinema. Die beste Adresse für Dias.

Geld
US-Dollar sowie Reiseschecks wechseln die **Bank of India** im Khas Bazaar, die **Central Bank of India**, gegenüber der Moschee Sidi Sayyid, und die **State Bank of India**, gegenüber dem Busbahnhof Lal Darwaja. ⏰ alle Mo–Fr 11–15, Sa 11–13 Uhr.
Barauszahlungen auf Visa-Karte gewährt die **Bank of Baroda** in der Ashram Rd, 300 m nördlich der Nehru Bridge.
Eine Filiale von **Thomas Cook** befindet sich in der Sakar III. Nr. 208, nahe Ashram Rd und dem alten Gerichtshof, ✆ 079-2550 5312.
Filiale von **CITIBank**: B/201 Fairdeal House, C.G. Rd, nahe Swastik Four Rd, Narampura.

Informationen
Obwohl sich die touristischen Attraktionen vornehmlich am Ostufer des Sabarmati abspielen, liegt das größte **Tourist Office** jenseits des Flusses im HK House, nahe Ashram Rd, 1 km nördlich der Nehru Bridge, ✆ 079-2658 9172, 🖥 www.gujarattourism.com, ⏰ Mo–Sa 10.30–13.30 und 14–18 Uhr, jeden 2. und 4. Sa im Monat geschlossen.

Internet
Relief Cyber Café, gegenüber dem Relief Road Cinema.
Wizard Online, 50 m in einer Gasse unmittelbar nördlich des Income Tax Circle, an der Westseite der Ashram Rd.

Kinos
Moderne Multiplex-Kinos, die Filme auf Englisch und Hindi zeigen, sind **City Gold Cinema**, über McDonald's nahe dem Tourist Office in der Ashram Rd, ✆ 079-2658 7782, **Fun Republic**, westlich der Stadt am Highway Sarkhej–Gandhinagar, ✆ 079-5530 0000, und das **Wide Angle** in der Nähe.

Medizinische Hilfe
VS General, Ellis Bridge, ✆ 079-657 7621; großes staatliches Krankenhaus.
Akhandanand Ayurvedic, Akhandanand Rd, ✆ 079-550 7796; für traditionelle Behandlungen.

Post
GPO, Salapose Rd, ⏰ Mo–Sa 10–20, So 10–16 Uhr.

Touren
Stadtrundfahrten beginnen am Busbahnhof Lal Darwaja. Wer Sehenswürdigkeiten wie Jama Masjid, Manek Chowk oder die nicht mit dem Bus erreichbaren *pols* besuchen möchte, kann sich dem informativen Stadtrundgang **Heritage Walk** der Municipal Corporation, ✆ 079-2539 1811, ✉ heritagewalkme@gmail.com, anschließen, der am Swaminarayan-Tempel in Kalupur beginnt. Abfahrt tgl. 8 Uhr, 2 1/2 Std.; Rs50.

Nahverkehr
Taxis und **Motor-Rikschas** (mit Taxameter) stehen überall bereit und mit beiden lässt sich gewöhnlich eine Tagespauschale aushandeln.
Stadtbusse nach Lal Darwaja fahren sowohl vom Bahnhof (Nr. 37, 56, 135, 122 und 133) als auch vom Busbahnhof (Nr. 13/1, 32 und 52/2) ab. Wer keine Zahlen in Gujarati lesen kann, erkundigt sich am besten an der Information. Hier werden auch City-Bustouren angeboten, ✆ 079-2550 7739.

Transport
Busse
Vom **ST-Busbahnhof** im Südosten der Altstadt werden hauptsächlich Nahziele angesteuert, darunter GANDHINAGAR (alle 15 Min., 1 Std.), DHOLKA (nach Lothal, alle 30 Min., 1 1/2 Std.), MEHSANA (alle 10 Min., 2 Std.) und DHRANGADHRA (alle 30 Min., 3 Std.), aber auch Rajasthan, Maharashtra und Madhya Pradesh.

Bequemer und teurer sind die Busse der **Privatgesellschaften,** die Destinationen in und außerhalb von Gujarat ansteuern. Agenturen finden sich am ST-Busbahnhof, am Bahnhof sowie westlich der Sardar Bridge in Paldi, von wo auch die meisten Busse nach Bhavnagar, Rajkot, Bhuj und Mumbai abfahren.

Busse nach:
ABU ROAD (5–6x tgl., 6 Std.),
AJMER (1x tgl., 14 Std.),
BHAVNAGAR (stdl., 5 Std.),
BHUJ (10–12x tgl., 8–9 Std.),
DIU (2–4x tgl., 11–12 Std.),
DWARKA (6x tgl., 11 Std.),
INDORE (1–2x tgl., 10 Std.),
JAIPUR (1x tgl., 16 Std.),
JAMNAGAR (stdl., 7 Std.),
JODHPUR (3x tgl., 12 Std.),
JUNAGADH (stdl., 8 Std.),
MUMBAI (2–3x tgl., 14 Std.),
PORBANDAR (4–5x tgl., 10 Std.),
RAJKOT (alle 15 Min., 5–6 Std.),
SURAT (alle 30 Min., 5 1/2 Std.),
UDAIPUR (stdl., 7–8 Std.),
UNA (4x tgl., 10 Std.),
VADODARA (alle 10 Min., 2 1/2 Std.),
VERAVAL (7x tgl., 10 Std.).

Eisenbahn

Der **Hauptbahnhof** liegt im Osten der Stadt, am Ende der Relief Rd. Der Bahnhof Gandhigram im Westen bedient Zielorte in ganz Saurashtra, einschließlich einer Direktverbindung nach Delwada (Ausgangspunkt für Diu). An beiden Bahnhöfen gibt es **Reservierungsbüros** mit Online-Anschluss an das nationale Buchungsnetz, ☉ Mo–Sa 8–20, So 8–14 Uhr. Als wichtige Station der Linie Delhi–Mumbai halten viele Züge in Ahmedabad. Die Stadt ist auch Ausgangspunkt für fast alle Ziele innerhalb Gujarats sowie in nördlicher Richtung für Mount Abu, Jodhpur und Udaipur in Rajasthan.

Züge nach:
ABU ROAD (7x tgl., 3 1/2–4 1/2 Std.),
AGRA (4x wöchentl., 27 3/4 Std.),
AJMER (4x tgl., 7–11 Std.),
BANGALORE (6x wöchentl., 36–37 3/4 Std.),
BHAVANGAR (2x tgl., 3 1/2–7 Std.),
CHENNAI (1x tgl., 37 1/2 Std.),
DELHI (2–4x tgl., 13–31 1/2 Std.),
DWARKA (1–2x tgl., 10 Std.),
JAIPUR (7x tgl., 9–14 Std.),
JAMNAGAR (4x tgl., 7 Std.),
JODHPUR (2x tgl., 9–10 Std.),
JUNAGADH (1–3x tgl., 8 1/4–10 Std.),
KOLKATA (1x tgl., 41 Std.),
MUMBAI (10x tgl., 7–12Std.),
PORBANDAR (1–2x tgl., 10 Std.),
RAJKOT (5–6x tgl., 4–5 1/2 Std.),
SURAT (11–14x tgl., 3 1/2–4 1/2 Std.),
THIRUVANANTHAPURAM (2x wöchentl., 40 1/4 Std.),
UDAIPUR (2x tgl., 8 3/4 Std.),
VADODARA (14–17x tgl., 1 1/2–2 1/2 Std.),
VARANASI (4x wöchentl., 41 Std.),
VERAVAL (3x tgl., 10 1/2–12 Std.).

Nützliche Züge von Ahmedabad

Zielort	Name des Zuges	Nr.	Ab	Reisedauer
Bhavnagar	Bhavnagar Express	2971	6 Uhr	5 1/2 Std.
Bhuj	Nagari Express	9115	11.25 Uhr	7 1/2 Std.
Delhi	Ashram Express	2915	17.45 Uhr	16 1/2 Std.
Dwarka	Saurashtra Mail	9005	5.30 Uhr	10 1/2 Std.
Jamnagar	Saurashtra	9005	5.30 Uhr	7 Std.
Jodhpur	Ranakpur Express	4708	12.25 Uhr	9 1/2 Std.
Mumbai	Shatabdi Express	2010	14.30 Uhr	7 Std.
	Gujarat Mail	2902	22 Uhr	8 3/4 Std.
Porbandar	Saurashtra Express	9215	20 Uhr	10 Std.
Udaipur	Udaipur City Express	9944	23.05 Uhr	8 1/2 Std.

Mehrere zuverlässige IATA-Reisebüros in der Ashram Rd und C.G. Rd übernehmen die Buchung.

Flüge

Der **internationale Flughafen** von Ahmedabad, ☏ 079-286 9266, liegt 10 km nördlich der Stadt. Ins Zentrum gelangt man mit Taxis (Rs250–300 am Vorauszahlungsschalter), Motor-Rikschas (Rs150) oder der Buslinie Nr. 101, die bis zum Busbahnhof Lal Darwaja in der Altstadt fährt, wo sich auch die meisten Hotels befinden. Tägliche Flüge nach DELHI (US$155) und MUMBAI (US$95) werden von Jet Airways und Indian Airlines angeboten. Letztere bedient außerdem BANGALORE (US$230), HYDERABAD (US$185) und VADODARA (US$60), während Jet Airways nach KOLKATA (US$250) fliegt, Air Deccan nach BANGALORE, MUMBAI und DELHI und Kingfisher Airlines nach BANGALORE, PUNE, DELHI, INDORE, JAIPUR, KOLKATA und NAGPUR. Alle angegebenen Preise beziehen sich auf einfache Flüge.

Ahmedabad gewinnt auch als internationaler Flughafen an Bedeutung. Es gibt Flüge nach New York, Paris, London, Shanghai, Bangkok und u. a. zu diversen Zielen im Mittleren Osten.

Flüge nach:
BANGALORE (2x tgl., 3 1/4 Std.),
DELHI (5–6x tgl., 1 1/2–2 1/2 Std.),
HYDERABAD (5x wöchentl., 1 3/4 Std.),
JAIPUR (1x tgl., 1 Std.),
KOLKATA (1x tgl., 2 1/4–3 1/2 Std.),
MUMBAI (6–7x tgl., 1 Std.),
VADODARA (1x tgl., 1/2 Std.).

Nationale Fluggesellschaften
Air Deccan, am Flughafen, ☏ 079-3092 5213;
Air Sahara, am Flughafen, ☏ 079-2285 8002, ansonsten 2285 8003 oder 5545 5969;
Indian Airlines, an der Straße zwischen Moschee Sidi Sayyid und Nehru Bridge, ☏ 079-2658 5382;
Jet Airways, Ashram Rd, gegenüber Gujarat Vidyapith, ☏ 079-2754 3304;
Kingfisher Airlines, am Flughafen, ☏ 01800-233 3131.

Internationale Fluggesellschaften
Air India, nahe Ashram Rd und Gerichtshof, ☏ 079-2658 5622;
Air France, Paduban House, nahe der Ellis Bridge-Stadthalle, ☏ 079-2644 6886;
Alitalia und **Kenya Airways**, hinter dem Kino City Gold nahe der Ashram Rd, ☏ 079-2658 5077;
British Airways, Centre Point Building, Panchwati Circle, C.G. Rd, ☏ 079-2656 5957;
Cathay Pacific, Ratnanabh Complex, gegenüber Gujarat Vidyapith, ☏ 079-2754 5421;
KLM, Shefali Centre, Paldi, ☏ 079-2657 7677;
Malaysia Airlines, C.G. Rd, nahe Ellis Bridge, ☏ 079-5561 3355;
Singapore Airlines, S.P. Nagar Rd, an der C.G. Rd, ☏ 079-5525 9933.

Die Umgebung von Ahmedabad

Ein klassischer Tagesausflug von Ahmedabad führt Richtung Norden nach **Adalaj**, wo es einen eindrucksvollen Stufenbrunnen zu besichtigen gibt. Südwestlich des Stadtzentrums bieten der See, die Pavillons und Mausoleen von **Sarkhej** einen stillen Zufluchtsort von der hektischen Metropole. Weiter im Süden ist **Lothal**, eine äußerst sehenswerte, 4000 Jahre alte Harappa-Ausgrabungsstätte, einen Besuch wert.

Adalaj Vav

Einer der spektakulärsten Stufenbrunnen von Gujarat, Adalaj Vav, liegt in liebevoll gepflegten Gärten an der Route nach Gandhinagar, 19 km nördlich von Ahmedabad (von der Bushaltestelle muss man noch etwa 1 km zu Fuß gehen).

Für einen Besuch des 1498 erbauten und heute stillgelegten Monuments, eignet sich am besten die Zeit zwischen 11 und 12 Uhr, wenn das Sonnenlicht bis auf den Grund des achteckigen, fünf Stockwerke tiefen Brunnenschachts fällt. Über eine Reihe von Plattformen, die mit Treppen verbunden sind und auf Säulen ruhen, gelangt man in die kühle Tiefe des Brunnens. Seine Wände, Säulen, Gesimse und Nischen sind bedeckt mit fantastischen, teilweise erotischen Skulpturen von tanzenden Jungfrauen, Musikern, Tieren und Shiva in seiner Furcht erregenden Form als Bhairava. Steinerne Elefanten, Pferde und mythische Tiere paradieren über die Wände des Schachts, in den grüne Papageien hinabtauchen, um der gleißenden Sonne für eine Weile zu entgehen. ⏲ tgl. 8–18 Uhr.

Sarkhej

Knapp 10 km südwestlich von Ahmedabad (Bus Nr. 31 ab Lal Darwaja) bietet Sarkhej einen künstlichen See mit einem Komplex sehr schöner Bauten. An der Südwestseite des Sees steht das größte Mausoleum Gujarats, die Grabstätte des als Heiligen verehrten Sheikh Ahmed Khattu, 1445 verstorbener Mentor von Ahmed Shah. Das Mausoleum wurde 1446 von Ahmed Shas Nachfolger Mohammed Shah erbaut.

Ein späterer Sultan, der 1511 verstorbene Mohammed Beghada, bewunderte Sheikh Ahmed so sehr, dass er der Stätte Paläste, einen Harem und einen riesigen See hinzufügte – und schließlich beschloss, auch seine eigene Grabstätte hier zu errichten. Sarkhej entwickelte sich zu einem Rückzugsort für die Sultane von Gujarat, die den prächtigen Komplex ihrerseits um Gärten, Pavillons und weitere Grabstätten erweiterten. Obwohl einige der Gebäude inzwischen fast in Ruinen liegen, besitzt dieser Ort durchaus Charme.

Lothal

An über 50 Stellen in Gujarat fand man Überreste der **Harappa-Kultur**, die ursprünglich aus dem Industal stammt und sich bis ins heutige Westindien und Ostpakistan ausbreitete. Die größte und bedeutendste Ausgrabungsstätte ist Lothal, nahe der Mündung des Sabarmati. Sie liegt nur rund 100 km südlich von Ahmedabad und ist per Bus (in Dholka umsteigen) oder Zug (3 Std.) leicht zu erreichen.

Grundmauern, Sockel, bröckelnde Wände und gepflasterte Böden sind die einzigen Überbleibsel der blühenden Seehandels-Gemeinde, die hier zwischen 2400 und 1900 v. Chr. lebte, bis eine Flut kurz vor 1900 v. Chr. die Siedlung fast gänzlich zerstörte. Bei einem Spaziergang um den **zentralen Grabhügel** stößt man auf die alten Straßen, die an den Häusern der Minister vorbei und durch die Akropolis – mit den Ruinen von zwölf Bädern und der Kanalisation – führen. Die heute nur noch aus vereinzelten Grundmauern und herumliegenden Steinen bestehende Unterstadt umfasste einst einen Basar, die Werkstätten von

Die Industal-Kultur

Bevor sich im 4. Jh. v. Chr. die Maurya-Dynastie durchsetzen konnte, galt die Industal-Kultur als größtes Reich Indiens. Gut organisierte, hoch entwickelte Siedlungen aus dem Jahre 2500 v. Chr. wurden erstmalig 1924 an den Ufern des Indus im heutigen Sind (Pakistan) an einem Ort namens **Mohenjo Daro** entdeckt. 1946 enthüllten weitere Ausgrabungen die Stadt **Harappa**, die aus der gleichen Zeit stammt und auf der das gesamte Wissen der Archäologen über die Industal-Kultur beruht. In ihrer Blütezeit breitete sich diese großartige Kultur von der heutigen Grenze zwischen dem Iran und Afghanistan bis nach Kashmir, Delhi und Süd-Gujarat aus. Die Industal-Kultur überdauerte bis 1900 v. Chr., als eine Reihe schwerer Überschwemmungen die Städte und Dörfer in den großen Flussdeltas von Sind, Saurashtra und Süd-Gujarat zerstörte.

Die Industal-Kultur stand unter einer bemerkenswerten, zentralistisch organisierten Führung und gilt als sehr gebildet und wohlhabend. Alle Städte sind nahezu identisch aus: Es gab separate Bezirke für die herrschende Elite und die „Arbeiter", und die Mauersteine sämtlicher Gebäude waren nach einem System bemessen, das demjenigen in den vedischen Shastras (den ersten Hindu-Schriften) auffällig ähnelt. Keine andere prärömische Zivilisation besaß solch eine komplexe Anlage zur Abwasserentsorgung. Aus so fernen Regionen wie Ägypten wurden Rohmaterialien importiert, das eigene Angebot bestand aus Schmuck, Juwelen und Baumwolle. **Lothal**, nahe dem Golf von Cambay in Süd-Gujarat, war ein bedeutender Hafen und zugleich die Quelle für die Muscheln, die von den Harappas zu Schmuck verarbeitet wurden. Obwohl vieles dieser komplexen Gesellschaft immer noch im Dunkeln liegt (nicht zuletzt ihre unergründliche Schrift), konnten frappierende Ähnlichkeiten zwischen der Industal-Kultur und dem heutigen Indien hergestellt werden. Wie bei den Hindus wurde einer Muttergöttin gehuldigt. Der Pipal-Baum wurde so verehrt wie es heute die Buddhisten tun, und es gibt Hinweise auf phallische Kulte, die bei den Shaiviten nach wie vor praktiziert werden.

Kupferschmieden, Perlenschmuckherstellern und Töpfern sowie ein Wohngebiet. Am östlichen Rand der Ausgrabungsstätte deuten rechteckig angeordnete Mauerreste auf die Existenz eines Docks hin – da dies das einzige seiner Art ist, das man entdeckt hat, wird angenommen, dass Lothal mehreren Harappa-Siedlungen als Hafen diente. ⏲ tgl. von Sonnenauf- bis Sonnenuntergang.

In Lothal wurden auch Hinweise auf eine noch ältere Zivilisation gefunden, wegen ihrer roten Keramik *Red Ware*-Kultur genannt, die möglicherweise schon im 4. Jahrtausend v. Chr. existierte. Stücke aus dieser Zeit sowie von der Industal-Kultur sind im sehr interessanten **Museum** ausgestellt. ⏲ tgl. außer Fr 10–17 Uhr, Eintritt Rs3.

Nord-Gujarat

Der Distrikt Mehsana, nördlich von Gandhinagar, war zwischen dem 11. und 13. Jh. der erste Herrschaftssitz der Solanki. Ein paar Überreste ihrer alten Hauptstadt – darunter der außergewöhnliche **Rani-ki-Vav** – sind in **Anhilawada Patan** zu finden. Die Stätte liegt direkt vor den Toren des modernen **Patan**, wo Gujarats letzte *patola*-Weber leben. Von **Mehsana** aus, einer Stadt im Zentrum der Provinz, bietet sich ein Ausflug zum gut erhaltenen Sonnentempel in **Modhera** an. Der Jain-Tempel in den Bergen von **Taranga** ist von Mehsana oder direkt von Ahmedabad gut zu erreichen.

Mehsana

Die 100 km nördlich von Ahmedabad gelegene Stadt Mehsana ist eines der größten Zentren der Milchindustrie in ganz Asien. Die einzige Sehenswürdigkeit der schmutzigen und weitläufigen Stadt ist der alte **Rajmahal-Palast**, der allerdings nicht zu besichtigen ist, sondern Regierungsbüros beherbergt.

Mehsana bietet sich für eine Übernachtung an, wenn Ziele im Norden Gujarats auf dem Reiseplan stehen.

Übernachtung und Essen

Die Budget-Unterkünfte der Stadt zählen zu den schlechtesten in Gujarat.
A-One Guesthouse, in Bahnhofsnähe, ✆ 02762-251394. Noch das kleinste Übel in dieser Gegend. ❶
Savera Guesthouse, ca. 3 km vom Bahnhof am Highway Ahmedabad–Palanpur, ✆ 02762-256710. Die beste Herberge der Stadt bietet recht saubere, geräumige DZ (teils AC, Warmwasser aus Eimern). Wer aus Modhera anreist, kommt auf der anderen Seite der Stadt an und nennt am besten einem Riksha-Fahrer das Fahrtziel „Highway". ❸–❹
Navjivan, gegenüber Savera Guesthouse. Rein vegetarische Speisekarte und ausgezeichnete süße Lassis.
Im nahe gelegenen **Supermarkt** Janta gibt es eine **Post** und drei **Banken**.

Transport

Das schnellere Transportmittel sind in der Regel Busse, zu deren Zielen Städte in Rajasthan und Gujarat einschließlich Bhuj gehören.
Züge verbinden Mehsana mit PATAN (6x tgl., 2 Std.), AHMEDABAD (2–3 Std.), ABU ROAD (2 Std.), AJMER (7 Std.) und JODHPUR (7 1/2 Std.).

Modhera

Wer nur eine Stadt im Norden Gujarats besucht, sollte sich für Modhera entscheiden. Der hiesige **Sonnentempel** aus dem 11. Jh. gilt als bestes Beispiel der Solanki-Architektur im ganzen Staat und hat Erdbeben und den moslemischen Bildersturm weitgehend unbeschadet überstanden.

Die Tempelgestaltung der Solanki-Könige wurde klar von Jain-Traditionen beeinflusst: Die sandbraunen Wände und Säulen werden von Göttern und ihren Gefährten, Tieren, kurvenreichen Mädchen und komplexen Friesen geziert. In der Mandapa, der säulengestützten Eingangshalle, repräsentieren zwölf *adityas* in Wandnischen die Verwandlung der Sonne über das Jahr hinweg – Darstellungen, die man nur in Sonnentempeln findet. Die eng mit der Sonne verbundenen *adityas* sind die Söhne von *Aditi*,

Göttin der Unendlichkeit und der Unsterblichkeit. Entsprechend der indischen Tradition ist der Sonnentempel von Modhera so positioniert, dass die Bildnisse im Allerheiligsten – die ansonsten in schummrigem Zwielicht liegen – bei den Äquinoktien von der aufsteigenden Sonne beleuchtet werden. ◷ tgl. 8–18 Uhr, Eintritt Rs100.

Per Bus benötigt man von Modhera rund 40 Minuten nach Mehsana und zwei bis drei Stunden nach Ahmedabad. Wer aus Ahmedabad anreist, kann sich an der Kreuzung am Mehsana Highway absetzen lassen und hier in einen der stündlichen Busse zum Tempel umsteigen, ohne erst in die Stadt hinein zu fahren. Die Rückfahrt mit dem **Taxi** kostet Rs300. Von Modhera besteht übrigens auch eine direkte Busverbindung nach Patan. Es gibt keine Übernachtungsmöglichkeiten in der Stadt, aber die staatliche Toran Cafeteria auf dem Tempelgelände verkauft Snacks.

Wer sich im Januar in Modhera aufhält, sollte sich nach dem **Tanzfestival** erkundigen. Es wird vor der Kulisse des Sonnentempels aufgeführt.

Patan und Anhilawada Patan

Die erst 1796 gegründete Stadt **Patan**, rund 40 km nordwestlich von Mehsana, besitzt nur wenige Sehenswürdigkeiten. Ein netter Bummel führt durch die älteren Viertel, wo die kunstvoll geschnitzten Balkone der moslemischen Havelis und die Marmorkuppeln der Jain-Tempel die Blicke auf sich ziehen. Im Stadtteil **Salvivad** kann man den komplizierten Webevorgang der seidenen *patola*-Saris beobachten, früher das bevorzugte Kleidungsstück von Königinnen und Aristokratinnen und ein bedeutender Exportartikel Gujarats, der heute nur noch von einer einzigen Großfamilie hergestellt wird. Jeder Sari (Verkaufspreis Rs50 000–70 000) erfordert für seine Herstellung vier bis sechs Monate Arbeit. Zwei **Züge** fahren täglich von Mehsana nach Patan und zurück (Abfahrt 8.30 und 13.45 Uhr, Rückfahrt 14.30 und 18 Uhr.

Patan liegt nur 2 km, und doch Welten von Gujarats alter Hauptstadt, **Anhilawada Patan** entfernt, die zwischen dem 8. und 12. Jh. von mehreren Rajputen-Dynastien, wie den Solankis beherrscht wurde, ehe es die Moguln annektierten. Der Niedergang von Anhilawada Patan nahm seinen Lauf, als Ahmed Schah 1411 die Hauptstadt nach Ahmedabad verlegte. Heute sind nur noch die Befestigungsanlagen erhalten und der fantastische **Rani-ki-Vav**, Gujarats eindrucksvollster Stufenbrunnen. Er wurde 1050 für die Solanki-Königin Udaimati erbaut und in den 80er-Jahren umfassend restauriert. Dabei wurden die verschwenderischen Verzierungen des Originals so weit wie möglich nachempfunden, von denen die auffälligsten am Brunnenschacht zu bewundern sind. In der Hauptsache handelt es sich um Bildnisse von Vishnu und seinen diversen *avatars* (Reinkarnationen). ◷ tgl. 8–18 Uhr, Eintritt Rs100.

Der Rani-ki-Vav ist vom Bahnhof aus per Rikscha zu erreichen (Rs30). Weniger als zehn Gehminuten vom Bahnhof befindet sich das **Gujary**, ✆ 02766-230244, ❸, eines der wenigen Hotels in diesem Viertel; es bietet vernünftige Zimmer (teils AC) mit Bad und ein Restaurant.

Der Jain-Tempel von Taranga

Abseits der Touristenpfade ist der auf einem Hügel thronende **Tempelkomplex** von Taranga aus der Solanki-Ära per Bus gut erreichbar.

Die auf einem Hügel erbauten Heiligtümer üben eine ganz besondere Faszination aus und sind besser erhalten als vergleichbare berühmtere Stätten wie Mount Abu, Girnar oder Shatrunjaya. Pilger und weiß gekleidete Mönche und Nonnen versammeln sich hier rund ums Jahr, um Segnungen zu erhalten und zu beten. Der **Haupttempel** aus Sandstein ist Ajitanath gewidmet, dem zweiten von 24 *tirthankaras*. Sein Bildnis mit den Juwelenaugen, die alle Jain-Statuen besitzen, blickt aus dem Haupttempel hervor, während der Rest des Tempels üppig verziert ist. Aus weichem Stein gehauene Darstellungen von Musikern und drallen Mädchen zieren Wände, Säulen und Decken.

Touristische Einrichtungen gibt es hier kaum, doch in den *dharamshalas* der Tempelanlage kann man sehr preiswert zu Mittag essen.

Kutch

Im Norden und Osten liegen Sumpfebenen, im Süden und Westen der Golf von Kutch und das Arabische Meer – Kutch (auch Kuchchh oder Kachchha) ist eine abgelegene, von ihren Nachbarn Saurashtra und Sind nahezu abgeschnittene Provinz, deren eintönige Landschaft nur von den Farben der reich bestickten Trachten der Einheimischen aufgeheitert wird. Die Legenden der Kutchi treten in den Motiven ihrer Skulpturen zutage, und ihre Traditionen sind bis heute in Kunsthandwerk, Kleidung und Schmuckdesign erhalten geblieben.

Nur wenige Touristen verirren sich in diese Gegend, diese aber sind ausnahmslos begeistert. Wer ein wenig Unternehmungsgeist besitzt, kann von der zentralen Stadt **Bhuj** zahllose Dörfer, alte Festungen, mittelalterliche Häfen und abgeschiedene Klöster erkunden. Das mittelalterliche Zentrum von Bhuj wurde von dem verheerenden Erdbeben 2001 schwer getroffen.

Die baumlosen Sümpfe im Norden und Osten, bekannt als **Great and Little Ranns of Kutch**, stehen während eines heftigen Monsuns teilweise komplett unter Wasser und verwandeln die Provinz in eine Insel. In dieser Region leben die seltenen Esel, und dies ist der einzige Ort in Indien,

Kunsthandwerk aus Kutch

Kutch ist bekannt für sein traditionelles Kunsthandwerk, vor allem Stickarbeiten, die von heimischen Volksgruppen gepflegt werden. Dazu zählen die hinduistischen Rabari und Ahir, die moslemischen Jath und Muthwa sowie Einwanderer aus Sind, darunter die Sodha Rajput und Meghwal Harijan. Traditionell besitzt jede dieser Gruppen ihre charakteristischen Stiche und Muster, wobei diese Unterschiede mit der Zeit allerdings immer geringer werden.

In den nördlichen Dörfern Dhordo, Khavda und Hodko findet man die letzten **Ledersticker**, die Taschen, Fächer, Zügel, Geldbeutel, Kissenbezüge und Spiegelrahmen mit Blumen-, Pfauen- und Fischmotiven verzieren, um sie in den Dörfern der Region zu verkaufen. Dhordo hat sich darüber hinaus mit seinen **Holzschnitzereien** einen Namen gemacht, während Khavda einer der letzten Orte ist, wo die Druckmethode **Ajrakh** praktiziert wird. Der langwierige Prozess, bei dem Textilien mit natürlichen Pigmenten gefärbt werden, funktioniert ähnlich wie Batik. Nur dass man statt Wachs eine Mischung aus Kalk und Gummi aufträgt, um bestimmte Teile des Stoffs beim nächsten Färbegang auszusparen. Die Frauen in Khavda widmen sich dem Bemalen von **Terrakotta**-Schalen mit Hilfe von Baumwolltüchern und Pinseln aus Bambusblättern.

Nur noch wenige Handwerker in Nirona, ebenfalls im nördlichen Kutch, pflegen die Kunst der **Rogan**-Malerei. Aus handgepresstem Rizinusöl wird bunte Farbe hergestellt, mit der man anschließend einfache geometrische Muster auf Kissenbezüge, Bettwäsche und Vorhänge malt. Außerdem produzieren einige Handwerker in Biber äußerst kunstvolle und melodische **Glocken** aus Kupfer und Messing, früher von den Schäfern zur Kommunikation benutzt.

Silberschmuck ist in Kutch weit verbreitet und Bestandteil der meisten traditionellen Kostüme, doch die seit eh und je in Bhuj beheimatete **Silbergravur** ist eine vom Aussterben bedrohte Kunstform. Die Fußkettchen, Ohrringe, Nasenringe, Armreifen und Ketten ähneln denen aus Rajasthan. Ein Großteil des Schmucks wird von den Ahir und Rabari hergestellt, die über beide Regionen verteilt leben. Zu den Hauptzentren der Silberkunst gehören Anjar, Bhuj, Mandvi und Mundra.

Kleidungsstücke aus Kutch zeichnen sich nicht nur durch ihre feinen Stickverzierungen aus, sondern auch durch ihr verwegenes Design. Die verbreitetste Form des Stoffdrucks ist eine Knüpfbatik namens **Bandhani**, die zwar in den meisten Dörfern zur Anwendung kommt, sich aber auf Mandvi und Anjar konzentriert. Typisch für die Region ist beispielsweise *mushroo (ilacha)*, eine Technik, die nur noch wenige Künstler beherrschen. Das verwendete Garn besteht aus sorgfältig gefärbter Seide, die zu einem gestreiften Grundmuster verwoben wird. Darüber legt man auf die gleiche Weise ein so detailliertes Muster, dass es gestickt zu sein scheint.

an dem sich Flamingos erfolgreich fortpflanzen – zur Brutzeit im Juli und August ein besonderes Erlebnis für Vogelbeobachter, die sich auf Kamelen durch die Sümpfe bewegen. Der südlichste Distrikt von Kutch, **Aiyar Patti**, gehörte einst zu den fruchtbarsten Regionen Indiens. Heute ist der Boden zwar trockener, lässt aber noch immer Baumwolle, Rizinuspflanzen, Sonnenblumen, Weizen und Erdnüsse gedeihen. Nord-Kutch, oder **Banni**, präsentiert sich dagegen als Halbwüste mit trockenem Treibsand und aridem Grasland. Die Bewohner der Region, die ohne ganzjährig Wasser führende Flüsse auskommen müssen, leben vor allem von Viehzucht und traditionellem Kunsthandwerk.

Geschichte

Funde aus dem 3. Jahrtausend v. Chr. im östlichen Kutch deuten darauf hin, dass Stämme aus dem Indus-Tal einst von Mohenjo Daro im heutigen Pakistan quer durch die Ranns nach Lothal im Osten Gujarats wanderten. Trotz seiner abgeschiedenen Lage waren auch in Kutch die Auswirkungen des buddhistischen Maurya-Reichs zu spüren. Später geriet das Gebiet unter die Kontrolle eines gräko-baktrischen Reiches und der mächtigen Guptas. Die arabische Invasion der Sind im Jahre 720 trieb Flüchtlinge in den Westen von Kutch, Stämme aus Rajputana und Gujarat überquerten seine östlichen Grenzen. Im 8. Jh. fiel die Region unter die Herrschaft der Gujarati-Hauptstadt Anhilawada (das heutige Patan), und bis zum 10. Jh. hatten die Samma-Rajputen, später bekannt als Jadeja, Kutch von Westen her infiltriert und sich an die Macht gebracht. Ihre Dynastie herrschte bis 1948. Dann wurde Kutch Teil der Indischen Union, bewahrte jedoch eigene Bräuche, Gesetze und eine blühende Seefahrertradition, die ihren Ursprung im Handel mit Malabar, Mokka, Muscat und der afrikanischen Küste hatte.

Bhuj

Die schmalen Straßen und alten Basare innerhalb der Stadtmauern von Bhuj, im Herzen von Kutch gelegen, konnten sich ihren mittelalterlichen Charme bewahren wie keine andere Stadt in Gujarat – bis zum **Erdbeben** vom Januar 2001, bei dem hier 20 000 Menschen ums Leben kamen und 1,2 Mio. Häuser zerstört wurden. Der Bereich unmittelbar hinter dem berühmten „Spiegelpalast" Aina wurde am schwersten getroffen und befindet sich bis heute im Wiederaufbau. Nach dem Erdbeben wurden ein neuer Flughafen, neue Bahnstrecken und eine Universität eröffnet und das Straßennetz ausgebaut. Das mehrere Millionen Dollar umfassende Projekt brachte der Stadt neue Arbeitsplätze und viele Firmen verlegten ihren Unternehmenssitz hierher. Die Einheimischen sehen die Veränderungen größtenteils positiv, obwohl der Prozess alles andere als reibungslos ablief. Zweifel bezüglich der Aufteilung von Spendengeldern verzögerten den Start des Wiederaufbaus und die Preise für Grundnahrungsmittel stiegen – z. T. dramatisch – an. Vielerorts gleicht die Stadt noch immer einer Baustelle, aber die Arbeiten gehen voran und sie scheint sich allmählich von der Tragödie zu erholen.

Bhuj wurde Mitte des 16. Jhs. von Rao Khengarji, einem Jadeja-Rajputen, zur Hauptstadt von Kutch erhoben. Seine Familie regierte die Stadt bis 1948 – mit Ausnahme einer kurzen Machtübernahme durch die Briten Anfang des 19. Jhs. Als die Staatsgewalt 1834 wieder an den rechtmäßigen Herrscher Maharao Desal überging, verbot dieser die Einfuhr von Sklaven aus Afrika und die Afrikaner fanden im Norden der Stadt eine neue Heimat. Mit Gründung der Stadt Gandhidham und des Hafens Kandla verlagerte sich der wirtschaftliche Schwerpunkt und Bhuj konnte seine Traditionen abseits der Modernisierungen des 20. Jhs. bewahren.

Im Osten der Stadt erhebt sich der **Bhujia Hill** mit einer zerfallenen Festung auf seiner Spitze. Die Gegend ist allerdings nicht für die Öffentlichkeit zugänglich, da es sich um militärisches Sperrgebiet handelt. Der riesige **Hamirsar Tank**, auf dessen Insel ein kleiner Park zum Entspannen einlädt, befindet sich südöstlich des Westrand von Bhuj. Die Überreste der **Altstadt** von Bhuj bilden ein enges Gassenlabyrinth rund um den **Palastkomplex**, dessen dicke Mauern und schwere Tore die Paläste Aina und Prag beschützen. Der **Aina Mahal** wurde im 18. Jh. während der Herrschaft von Maharao Lakho erbaut und später zu einem Museum umgestaltet, das den Reichtum der königlichen Dynastie zur Schau stellte. Der Palast wurde beim Erdbeben 2001 schwer beschädigt, als sein Dach einstürzte. Glücklicherweise blieb der berühmte **Spiegelsaal** weitgehend intakt und soll umfassend renoviert werden, sobald ein entsprechendes Finanzierungspaket geschnürt ist. ⊙ tgl. außer Sa 9–12 und 15–18 Uhr, Eintritt Rs10, Fotokamera Rs35, Videokamera Rs100.

Der federführende Architekt, Ram Singh Malam, war ein indischer Seefahrer, der 17 Jahre lang in Europa studiert hatte, nachdem er als Schiffbrüchiger vor der afrikanischen Küste von holländischen Seeleuten gerettet worden war. Sein Meisterstück ist ein gefliester Raum im Herzen des Palastes, wo der Maharadscha beim entspannenden Plätschern einer genial ausgetüftelten Springbrunnenanlage Gedichte zu schreiben und Musik zu hören pflegte. Unter den königlichen Erbstücken, die hier bewundert werden können, befinden sich zwei originale Hogarth-Gemälde, ein Porträt von Katharina der Großen und einige antike Stickarbeiten von unschätzbarem Wert.

Der nahe gelegene **Prag Mahal**, der in den 60er-Jahren des 19. Jhs. errichtet wurde und die architektonischen Stilrichtungen der Moguln, Briten, Kutchi und Italiener vereint, wurde durch das Erdbeben ebenfalls in Mitleidenschaft gezogen und so kann derzeit nur die Haupthalle besichtigt werden. Kinofans erkennen den Palast möglicherweise als einen der Drehorte für den 2001 entstandenen Erfolgsfilm *Lagaan* mit Amir Khan. Besucher werden nur in die Haupthalle vorgelassen. ⊙ Mo–Sa 9–12 und 15–18 Uhr, Eintritt Rs10, Fotokamera Rs30, Videokamera Rs100.

In der südwestlichen Ecke des Hamirsar Tank, steht der **Sharad Bagh-Palast**, der 1867 als Rückzugsort des letzten Maharao erbaut wurde. Die kleinen Gebäude sind fantasievoll aufgeteilt und beinhalten u. a. einen luxuriösen Salon voller Jagdtrophäen, Fotos und alter Uhren sowie einen Speisesaal, in dem Maharao Madansinjhis Sarg steht. Der attraktivste Teil des Palasts ist jedoch der liebevoll gepflegte Garten. ⊙ tgl. 9–12 und 15–18 Uhr; Eintritt Rs10, Fotoerlaubnis Rs20, Video Rs100.

Das **Kachchh Museum** an der Südostecke des Hamirsar Tank wurde zurzeit der Recherche renoviert, soll aber Ende 2009 wiedereröffnet werden. Unmittelbar südlich vom Hamirsar Tank, westlich der College Road, führt ein Pfad zu dem 250 Jahre alten, knochentrockenen **Ramkund Tank**, der im Schatten hoher Bäume liegt. Er besteht aus hartem, grauem Stein und ist mit kunstvollen Bildern von Kali, Vishnu, Naga und Ganesha verziert. In den kleinen Wandnischen funkelten früher Öllampen in der Dunkelheit, während die Gläubigen zur Abendandacht zusammenkamen. Nahebei steht eine Gruppe von Sati-Steinen aus dem 16. Jh.

Das private **Folk Museum** in der Mandvi Road, 100 m westlich vom Collectors' Office, beherbergt schöne Keramiken, Stickarbeiten, Spiele und Wandbehänge aus Kutch. ⊙ Mo–Sa 9–12 und 15–18 Uhr, Eintritt Rs10, Kamera Rs50.

Übernachtung

City Guest House, Langa St, nahe Shroff Bazar, ✆ 02832-221067. Ideal, wenn das Geld knapp ist: abgenutzte aber saubere Zimmer (z. T. mit Bad) um einen kleinen Hof. ❶

Garha Safari Lodge, 14 km nördlich von Bhuj mit Blick auf den Gorudra-Stausee, ✆ 98250-13392, in Ahmedabad ✆ 079-6579672, ✉ gbglad1@sancharnet.in. Eine gute Wahl für Gäste mit eigenem Fahrzeug. Das Camp hat 17 weiße Betonhütten im Stil traditioneller Häuser. ❼

Ilark, Station Rd, ✆ 02832-258999, 🖳 www.hotelilark.com. Brandneues Hotel mit hypermoderner Außenverglasung in rot und schwarz. Hier findet man die schicksten Zimmer der Stadt (alle mit Holzfußboden, großen Betten und protzigem Bad). Außerdem gibt es zwei gute Restaurants, eine kleine Buchhandlung und – etwas unerwartet – einen Baum in der Lobby. ❼–❽

KBN, Station Rd, östlich des Busbahnhofs, ✆ 02832-227251, 🖳 www.hotelkbn.com. Einfache Mittelklasse-Zimmer mit Holz-

Backpackers Heaven

Gangaram, hinter dem Aina Mahal in der Altstadt, ✆ 02832-222948. Sehr beliebtes Traveller-Hotel mit sauberen und gemütlichen Zimmern, Internetzugang und einem Restaurant. Der Betreiber, Rajesh Jethi, ist überaus zuvorkommend. ❸

einrichtung, TV und Safe, die teureren mit AC. Es gibt auch ein recht gutes Restaurant ❻
Prince, Station Rd, 450 m östlich vom Busbahnhof, ☏ 02832-220370, ✉ princad1@sancharnet.in. Alteingesessenes Mittelklasse-Hotel mit großen, geschmackvoll eingerichteten Zimmern und hilfsbereitem Personal. Geldwechsel, zwei Restaurants und Schanklizenz. ❹–❻

Essen

An der Station Rd finden sich zahlreiche Restaurants und Saftbars. Südwestlich des Busbahnhofs, an Hospital und Kalapataru Rd, konzentrieren sich günstige Imbiss-Stände und Snack-Bars. Wer eine Eisdiele sucht, ist 5 Gehminuten weiter nördlich am Jubilee Ground am besten aufgehoben. Die Station Rd bietet außerdem den beliebtesten lokalen Snack *dhabeli* (würzige Linsen und Erdnüsse in Brötchen), der um die Rs10 kostet. **Bharat Juice and Cold Drinks Shop**, 50 m östlich des Bahnhofs, und **Gopi's Parlour** auf der anderen Seite des Bahnhofs nahe dem VRP Guesthouse servieren erfrischende Milchshakes und Eiskaffee.

Station Road und Umgebung

Green Rock, gegenüber vom Busbahnhof. Das auf Familien ausgerichtete AC-Restaurant serviert köstliche Gujarat-*thalis* sowie Gerichte aus Punjab, südindische *dosas* und Pizza (Rs45–60).
Hotel Nilam, gegenüber vom Prince. Beliebtes vegetarisches Lokal mit einem großen, hellen Speisesaal, aufmerksamer Bedienung und vielseitigen Gerichten wie köstlichem Zuckermais-Curry (Rs30–70).
Jesal, Hotel Prince. AC-Restaurant mit passabler internationaler, und guter indischer Küche für Rs50–170.
Toral, Das zweite AC-Restaurant des Prince bietet unvergessliche *thalis*, von denen man für Rs100 so viele genießen kann wie man will.

Altstadt

Annapurna, Bhid Gate. Der schlichte Speisesaal ist ein beliebter Treffpunkt für Traveller, die hier mit Vorliebe Kutch-*thalis* (Rs45) verdrücken. Außerdem liegen Bildbände und Karten der Region aus. Die Betreiber sind freundlich und gut informiert.
Green Hotel, 200 m östlich des Palastes, verborgen in einem Gässchen unweit vom Shroff Bazaar, gegenüber vom Gemüsemarkt. Das entzückende Hotelrestaurant verwöhnt seine Gäste seit 1948 mit günstigen Speisen (Rs45).
Vijay, am Shroff Bazaar, 20 m vom Eingang des Aina Mahal entfernt. Der Inbegriff eines indischen Teesalons; hier sitzen Einheimische – vorwiegend Männer – an Metalltischen zusammen, trinken süßen Schaumtee aus winzigen Tässchen und diskutieren die aktuellen Themen des Tages.

Sonstiges

Fahr- und Motorräder

Assa Cycles, Shop 40, Station Rd, 100 m östlich vom VRP Guesthouse, vermietet Räder, Rs25 pro Tag.
MK Auto, unter dem VRP Guesthouse, ☏ 02832-250077, vermietet Motorräder (Rs300 pro 24 Std.), die sich sehr gut für die Erkundung der Dörfer von Kutch eignen. Es sei jedoch davor gewarnt, dass sie sich häufig in schlechtem Zustand befinden, vor allem was Bremsen und Beleuchtung angeht.

Geld

Die **State Bank of India** in der Hospital Rd und **ICICI** gegenüber wechseln Geld und Reiseschecks.

Informationen

Da Bhuj keine offizielle Touristeninformation besitzt, wendet man sich am besten an den Informationsschalter vom Aina Mahal, ☏ 02832-222004, ✉ pkumar_94@yahoo.com. ⏲ tgl. außer Sa 9–12 und 15–18 Uhr. Dort sitzt der freundliche und gut informierte Hausmeister Pramod Jethi, der in der Gegend um Bhuj auch Kulturführungen organisiert. ⏲ 8.30 – 13.30 Uhr, Rs500.

Internet

Die meisten Internet-Cafés liegen in der Hospital Rd, knapp 2 km südlich vom Busbahnhof:

Funworld, Jay Somnath Apartments, gegenüber dem Ganatra Hospital (Rs20 pro Std.).
Orbitt Cyber Shoppy, gegenüber vom PPC Club (Rs20 pro Std.).

Kunsthandwerk

Bhuj ist einer der günstigsten Orte in Westindien zum Einkaufen von Kunsthandwerk. In der ganzen Stadt gibt es entsprechende Läden, besonders im Shroff Bazaar und in Vaniyawad (am alten Bahnhof 1 km nördlich der Stadt).
Anand Handicrafts, Darbargadh Rd, nahe Aina Mahal, Altstadt. Verkauft bestickte Stoffe, Wollschals, Wandbehänge, Saris und *bandhani*-Knüpfbatiken.

Reisebüros

H.M. Menon & Sons, 200 m westlich vom Bahnhof, gegenüber Sagar Guesthouse, ✆ 02832-252286.

Transport
Busse

Der **Busbahnhof** befindet sich in der ST Station Rd am Südrand der Altstadt. Es fahren staatliche Busse nach Ahmedabad (8–9 Std.), Rajkot (6–7 Std.) und Jamnagar (8 Std.) sowie in näher gelegene Städte wie Mandvi und Mundra. Spärlichere Verbindungen bestehen mit einigen Dörfern im Norden von Kutch.
Fahrplaninformationen unter ✆ 02832-220002.
Die privaten Busunternehmen konzentrieren sich in der Station Rd.
Patel Tours and Travels, 100 m westlich vom Bahnhof, ✆ 02832-657781, betreibt zwei Nachtbusse nach Ahmedabad.
Ashapura Travels, gegenüber vom Busbahnhof, ✆ 02832-252491, fährt nach BARMER (Rajasthan), jeden zweiten Tag auch mit Anschluss nach JAISALMER (Rs240). Ein anderer Bus der Gesellschaft fährt nach AJMER (Anschluss nach Pushkar).
Busse nach:
AHMEDABAD (stdl., 8–9 Std.),
BHAVNAGAR (2x tgl., 8 Std.),
GANDHIDHAM (alle 30 Min., 1 Std.),
JAMNAGAR (5x tgl., 7 Std.),
PALANPUR (4–5x tgl., 8 Std.),
RAJKOT (8–10x tgl., 7 Std.).

Eisenbahn

Der **Bahnhof** befindet sich 1,5 km nördlich des Aina Mahal. Aktuelle Fahrplaninformationen unter ✆ 02832-251315.
Nach AHMEDABAD gelangt man am besten per Bahn: entweder man nimmt den Nagari Express Nr. 9116 (tgl. 22.30 Uhr, Ankunft 5.15 Uhr) oder den Kutch Express Nr. 9032 (tgl. 20 Uhr, Ankunft 2.45 Uhr) mit Anschluss nach Mumbai (um 11.45 Uhr).
Fünf Züge fahren tgl. nach GANDHIDHAM, doch für diese Strecke empfiehlt sich eher der Bus.

Flüge

Der **Flughafen** liegt 5 km (15 Min. per Motor-Rikscha) nördlich der Stadt. Jet Airways fliegt täglich nach MUMBAI (1 Std., ca. US$110). Buchung in der Geschäftsstelle nahe der Bank of Baroda, Station Rd, ✆ 02832-253671, oder am Flughafen, ✆ 02832-244101.

Dörfer rund um Bhuj

Bhuj eignet sich hervorragend als Ausgangspunkt für Besuche der entlegenen Kunsthandwerksdörfer. Die meisten Freiheiten bietet die Erkundung per **Taxi** oder **Motorrad**. Die öffentlichen Busse sind langsam und verkehren nicht allzu regelmäßig von Bhuj nach Nirona (8–9x tgl.), Dhordo (2x tgl.) und Khavda (7x tgl.).

Tipps, welche Dörfer besucht werden sollen, gibt Pramod Jethi im Aina Mahal Museum (s. S. 610). Er ist Herausgeber eines preiswerten kleinen Reiseführers über Kutch (Rs50, erschienen in Englisch und Französisch) und organisiert Touren (8.30–17 Uhr, Rs1300) durch die umliegenden Kunsthandwerksdörfer.

Die durch das Erdbeben verursachten Schäden waren in vielen Dörfern minimal, mit Ausnahme der eingestürzten Jain-Tempel in Bhadreswar. Für viele der abgelegenen Dörfer wird ein **Permit** benötigt, das beim District Superintendent der Polizeidienststelle, fünf Gehminuten südöstlich des Hamirsar Tank, kostenlos beantragt werden kann. Diese Prozedur dauert etwa eine Stunde; benötigt werden zwei Kopien von Ausweis und Visum sowie die Originale.

Mandvi

Mandvi, 60 km südwestlich von Bhuj am Golf von Kutch gelegen, unterstützt die rückläufige Schiffsbauindustrie. Händler, Seeleute und später die Briten ließen sich an diesem blühenden Hafen nieder, aber nur wenige blieben. Zeugen dieser Zeit sind prächtige Villen, ausgestattet mit Malereien und Schnitzereien, die eindeutig europäisch anmuten.

Mandvi verzaubert seine Besucher mit Gelassenheit und Charme. Im Westen der Meeresbucht reiht sich ein kleines Geschäft ans andere, und die **Märkte** quellen über vor Silber- und Knüpfbatikprodukten. Auf seiner Südseite wird der Meeresarm von Treibsand blockiert, was einen langen **Strand** schuf, an dem man herrlich baden oder bei Ebbe Flamingos und andere Watvögel beobachten kann. Am Meeresufer werden aus langen Holzbrettern *dhows* handgefertigt; die bis zu 1 m langen Nägel stammen von den hiesigen Schmieden. 50 Männer arbeiten zwei Jahre lang an jedem der Schiffe, von denen die größten rund US$500 000 kosten. Auftraggeber sind wohlhabende Araber aus den Golfstaaten, die sie als Vergnügungsdampfer, schwimmende Hotels oder Casinos einsetzen.

Der selten besuchte **Palast Vijay Vilas**, 8 km westlich der Stadt (nach 4 km links abbiegen), steht auf einem 2,5 km² großen Gelände und wurde in den 40er Jahren des 20. Jhs. als Sommerresidenz für den Maharao von Kutch erbaut. Heute ist er ein beliebtes Filmset. Im Innern des sandweißen, mit einer Kuppel gekrönten Gebäudes zieren Jagdtrophäen die Wände und europäische Möbel füllen die hohen Räume. Eine breite Treppe führt zu den Frauengemächern im ersten Stock. Zum Anwesen gehört auch ein Privatstrand (Eintritt Rs50), wo ein königlicher Pavillon den ungehinderten Blick aufs Meer ermöglicht. ⏲ tgl. 9–18 Uhr; Eintritt Rs15, Fotoerlaubnis Rs50, Video Rs200.

Übernachtung und Essen

Sahara, an der Stadtmauer, ca. 300 m westlich des Busbahnhofs, ☎ 02834-220272. Sauber, modern und das beste Gästehaus der Stadt. Übernachtung im Schlafsaal möglich (Rs50), Checkout 24 Std. ❸

Hotel Sea View, ST Rd, in Uferlage, ☎ 02834-224481. Heimelige Zimmer und fantastischer Ausblick. ❹–❺

Vijay Vilas Palace, 8 km westlich der Stadt, ☎ 02834-222543. Tolle Anlage mit Privatstrand und Uferrestaurant; hier hat man die Wahl zwischen etwas verwahrlosten Zimmern ❺ und dem etwas teureren Luxuscamp. ❽

Das beste **Essen** serviert das **Zorba the Buddha**, KT Shah Rd, westlich des Busbahnhofs hinter einem alten Stadttor. Außer den berühmten vegetarischen *thalis* (über 10 verschiedene Varianten) stehen frische Chutneys, Pickles und Süßspeisen zur Auswahl.

Transport

Zwischen BHUJ und Mandvi verkehren stündlich **Busse** (1 1/2 Std.), während die beengten **Sammeltaxis** dann starten, wenn sie voll sind (Rs25 p. P.).

Saurashtra

Der größte Teil von Gujarat wird von Saurashtra (oder der **Kathiawar-Halbinsel**) eingenommen, das sich von den Bergen und Sümpfen des Nordens bis zum Arabischen Meer im Süden erstreckt, im Osten begrenzt durch den Golf von Cambay und im Westen durch den Golf von Kutch. Dies ist Gujarat in seiner vielfältigsten Form: Viehzüchter teilen sich das Land mit Industriellen, moderne Stadtzentren existieren neben traditionellen Basaren, und die Architektur wurde von Hindus, Jains, Buddhisten und Moslems geprägt. Saurashtra rühmt sich nicht nur der großartigsten Jain-Tempelstadt Indiens, **Shatrunjaya** bei **Palitana**, sondern auch mehrerer Krishna-Tempel in **Dwarka** und **Somnath** sowie Ashokas Buddhistenhauptstadt **Junagadh**. Gandhis Geburtsstätte in **Porbandar** kommt nach wie vor große Verehrung zuteil, und seinem Andenken widmet sich ein Museum in **Rajkot**, wo er einige Jahre lang lebte. Im Nationalpark **Gir Forest** leben noch Asiatische Löwen, während im flachen Grasland des Nationalparks **Velavadar**, nördlich von Bhavnagar, die weltweit größte Herde von Hirschziegenantilopen lebt. Wer Sonne, Sand, Strand – und Bier – genießen möchte, findet hierfür kaum einen besseren Ort als die ehemals portugiesische Insel **Diu**, unmittelbar vor der Südküste Saurashtras gelegen.

Rajkot

Die im 16. Jh. gegründete Stadt Rajkot wurde von den Jadeja-Rajputen regiert, bis sie sich nach der Unabhängigkeit mit der Union von Saurashtra vereinigte. Die Stadt avancierte zu einem erfolgreichen Industriezentrum mit starker Mittelschicht und hatte folglich unter hoher Luftverschmutzung zu leiden.

Rajkot machte sich vor allem durch **Mahatma Gandhi** einen Namen. Außer seinem Familienhaus und einem Museum bietet die Stadt jedoch wenig, das Touristen anziehen würde. Dafür eignet sich Rajkots zentrale Lage hervorragend für Ausflüge in die ehemaligen Fürstenstädte der Umgebung.

Das attraktivste Viertel Rajkots ist die **Altstadt**, wo noch zahlreiche traditionelle Gujarat-Häuser mit Holzfassaden, Buntglasfenstern und durch komplizierte Schnitzarbeiten verzierten Fensterläden zu besichtigen sind. Gandhis Familie zog 1881 von Porbandar hierher: Sein Elternhaus **Kaba Gandhi no Delo** liegt versteckt zwischen schmalen Gassen in der Ghitaka Road, die rund 300 m östlich des Sanganwa Chowk von der Lakhajiraj Road abgeht (die Abzweigung ist zwar durch ein blaues Schild gekennzeichnet, das Haus ist aber dennoch nicht ganz leicht zu finden). Zu sehen ist eine kleine Ausstellung mit Artefakten und Fotos. ◐ Mo–Sa 9–12 und 15–17.30 Uhr.

Die zweite große Touristenattraktion der Stadt ist das **Watson Museum** im Jubilee Bagh, das in einem monumentalen Gebäude aus dem 19. Jh. residiert. Das Museum wurde nach Colonel Watson (britischer Politikunterhändler von 1886 bis 1893) benannt und zeigt ein buntes Sammelsurium an Ausstellungsstücken von 2000 v. Chr. bis zum 19. Jh., darunter Funde aus dem Indus-Tal, mittelalterliche Statuen und Manuskripte. ◐ 9–13 und 14–18 Uhr, So sowie jeden 2. und 4. Sa im Monat geschlossen, Eintritt Rs50.

Orientierung

Im Zentrum von Rajkot liegt der viel befahrene Sanganwa Chowk, von dem sternförmig drei Hauptstraßen abgehen: die **Dhebar Road** gen Süden, vorbei am 100 m entfernten ST-Busbahnhof; die **Lakhajiraj Road** gen Osten, einmal quer durch die Altstadt; und die **Jawahar Road** gen Norden, vorbei an der Alfred High School (Mahatma Gandhis ehemalige Schule, die mittlerweile offiziell seinen Namen trägt, der aber noch wenig gebräuchlich ist), den Jubilee Gardens, der 2 km entfernten **Rajkot Junction Station** (wer mit dem Zug ankommt, sollte lieber hier aussteigen als an der City Station) und dem 4 km nordöstlich gelegenen Flughafen.

Übernachtung

Rajkot besitzt eine Reihe von Hotels rund um den Busbahnhof. Da die billigsten Unterkünfte einiges zu wünschen übrig lassen, lohnen sich ein paar Euro mehr durchaus – zumindest entkommt man dann dem Lärm und Schmutz des Zentrums. Es ist zu beachten, dass die Zimmerpreise hier im Gegensatz zum restlichen Bundesstaat strikt festgelegt sind.

Bhabha Guest House, Panchnath Rd, nahe Jawahar Rd, nördlich der Alfred High School, ✆ 0281-222 0861, 💻 www.hotelbhabha.com. Preiswertes Billighotel mit kleinen EZ, DZ und 4-Bett-Zimmern. Die teureren Zimmer haben Badewanne, Teppiche und AC. Checkout 24 Std. ❸–❹

Galaxy, Jawahar Rd, 100 m nördlich des Sanganwa Chowk, im 3. Stock eines Einkaufszentrums (nur per Aufzug erreichbar), ✆ 0281-222 2905, 💻 www.thegalaxyhotelrajkot.com. Die Zimmer erinnern an ein düsteres B&B aus den 70er Jahren, sind jedoch sehr geräumig und relativ komfortabel. Das Hotel befindet sich im 3. Stock eines Einkaufszentrums und ist nur über einen knarrenden Lift zu erreichen. ❹–❺

Imperial Palace Hotel, Dr Yagnik Rd, ✆ 0281-248 0000, 💻 www.theimperialpalace.biz. Rajkots nobelstes Hotel, das gerne von Cricketspielern und Bollywood-Stars besucht wird. Die aufwändig gestalteten Zimmern (US$75–130) sind um ein Atrium angeordnet, es gibt ein ausgezeichnetes Restaurant, einen Schönheitssalon und ein Fitness-Center. ❾

Harmony, gegenüber Shastri Maidan, nahe Limda Chowk, ☎ 0281-224 0950, 🖥 www.hotelharmonyrajkot.com. Gehobenes, in warmen Apricot-Tönen gehaltenes Zentrumshotel. Zimmer mit Bad, Wanne, Kühlschrank und TV. Gutes Restaurant. Preise inkl. Frühstück. ❻–❼

Jyoti, Kanak Rd, 200 m nördlich des Busbahnhofs, ☎ 0281-222 5472. Dank der freundlichen Leitung noch die beste unter den gammeligen und winzigen Budget-Unterkünften. ❶

Kavery, Kanak Rd, ☎ 0281-223 9331, 🖥 www.hotelkavery.com. Mittelklasse-Hotel mit gepflegten Zimmern und farblosem Holzmobiliar. Kostenlose Abholung vom Flughafen und Minibar. ❻

Essen

Rajkot besitzt mehrere Restaurants, in denen die regionale *kathiawadi*-Variante der für Gujarat typischen *thalis* – mit Ingwer und Knoblauch – serviert werden. Rajkot ist wegen seiner auf Milchbasis produzierten Süßspeisen bekannt, z. B. *thabdi halwas* und mit Safran gewürzte *kesar pedas*, die man am besten bei einer der Jai-Siyaram-Filialen probiert.

Adingo, Limda Chowk, neben Hotel Harmony. Elegantes Lokal mit roten Tischen und Stühlen. Auf der Karte stehen Gerichte aus Gujarat und China; besonders zu empfehlen ist das *paneer tikka* (Rs45–80).

Bukhara, Kavery Hotel, Kanak Rd. Schickes Restaurant mit guten nord- und südindischen sowie mexikanischen Gerichten (ca. Rs80) und Gujarat-*thalis* zum Mittag.

City Fast Food, 37 Karanpura. Sauberes Café hinter dem Busbahnhof, das Mahlzeiten und südindische Snacks, u. a. wundervolle *masala dosas* serviert (Rs20–60).

Grand Regency, Debar Rd. Empfehlenswertes internationales Hotelrestaurant. Die verglaste Küche ist eine Attraktion für sich und ermöglicht den Gästen bei der Zubereitung indischer Brote (z. B. *naan*) zuzusehen (Rs80).

Havmor, Jawahar Rd, gegenüber der Alfred High School. Klimatisiertes Restaurant mit guten Speisen aus Punjab, China und dem Westen sowie einer eigenen Eiscrememarke. Köstliche Hühnchen-*tikkas*, aber die Snacks sind übeteuert (ein mickriges Hähnchen-Sandwich kostet Rs40).

Lord's Banquet, Kasturba Rd, gegenüber Dharam Cinema. Das effiziente, von Einheimischen hoch gelobte AC-Restaurant serviert hervorragende nordindische Speisen. Für westliche und chinesische Snacks gibt es einen Fastfood-Bereich im Nachbargebäude.

Sonstiges

Geld

State Bank of Saurashtra, nördlich des Sanganwa Chowk – nach dem blauen ATM-Schild Ausschau halten, da der Name der Bank nur auf Gujarati angeschrieben ist. ⏱ Mo–Fr 11–15 und 15.30–16.45 Uhr.

Informationen

Rajkots relativ überflüssige **Touristeninformation**, ☎ 0281-223 4507, liegt nördlich des Sanganwa Chowk hinter der State Bank of Saurashtra. ⏱ Mo–Sa 10.30–13.30 und 14–18 Uhr, 2. und 4. Sa im Monat geschlossen.

Internet

Mehrere Filialen der Kette **I-way** bieten in ganz Rajkot schnelle Verbindungen für Rs30 pro Std.

Post

GPO, Sadar Rd, nahe Jawahar Rd, gegenüber den Jubilee Gardens.

Transport

Busse

Regelmäßig verkehren staatliche Busse nach JAMNAGAR (2 Std.), JUNAGADH (2 Std.), PORBANDAR (5 Std.) und VERAVAL (5 Std.)

Eagle Travels, Ring Rd, gegenüber Adani Hyper Market, ☎ 0281-554444, unterhält komfortablere AC-Verbindungen nach Ahmedabad, Porbandar und Vadodara.

Busse nach:
AHMEDABAD (alle 15 Min., 5 Std.),
JAMNAGAR (alle 30 Min., 2 Std.),
JUNAGADH (stdl., 2 Std.),
PORBANDAR (10x tgl., 5 Std.),
UNA (6x tgl., 8 Std.),
VADODARA (12–16x tgl., 8 Std.),
VERAVAL (stdl., 5 Std.).

Eisenbahn
Der Hauptbahnhof **Rajkot Junction** liegt 2 km außerhalb des Zentrums.
Züge nach:
AHMEDABAD (5–6x tgl., 4–5 1/2 Std.),
JUNAGADH (4x tgl., 3 1/2–5 Std.),
PORBANDAR (2–3x tgl., 4 1/2–5 1/2 Std.),
VERAVAL (1x tgl., 5 1/4 Std.).

Flüge
Der **Flughafen** liegt 4 km nordwestlich der Stadt. Jet Airways, gegenüber Lord's Banquet, ✆ 0281-247 9623, fliegt tgl. nach MUMBAI (3/4–1 Std.).

Die Umgebung von Rajkot

Die Prinzen des Rajkot-Distrikts hinterließen ein reiches Erbe an prächtigen Villen, deren architektonische Stilrichtungen vom detailverliebten 17. Jh. bis hin zum Art déco der 30er-Jahre reichen. Die meisten Busse zwischen Rajkot und Ahmedabad halten in **Sayla**, 87 km östlich, wo verschiedenartiges Saurashtra-Kunsthandwerk zu besichtigen ist, darunter Perlen- und Webarbeiten. Die Stadt ist auch ein guter Ausgangspunkt für einen Abstecher nach **Wadhwan**, das für seine *bandhani*-Knüpfbatiken und Messingarbeiten bekannt ist. In Sayla wurde eine Villa aus der Kolonialzeit zu einem **Heritage Hotel** umgestaltet: Das **Old Bell Guest House**, ✆ 02755-280017, ℻ 280357, bietet große, komfortable AC-Zimmer und ein gutes Restaurant. Auf dem Gelände gibt es ein Riesen-Schachbrett und einen alten Tennisplatz. ❻

Wankaner

Im prunkvollen **Palast Ranjit Vilas** (Besuchserlaubnis rechtzeitig anfordern unter ✆ 02828-220000) in Wankaner, 39 km nordöstlich von Rajkot, leben bis heute die Nachkommen der einstigen Herrscher über den alten Staat gleichen Namens. Das zwischen 1899 und 1914 erbaute Gebäude liegt inmitten der Ebenen von Saurashtra und ist schon von weitem zu sehen. Aus der Nähe präsentiert sich die außergewöhnliche, bogenförmige Fassade als buntes Mischmasch architektonischer Stile, beeinflusst von den Mogulen sowie von italienischer, maurischer und viktorianischer Gotik – mit Buntglasfenstern, Türmen mit Kuppeldächern, Fluren mit Kronleuchtern und zahllosem Jagdtrophäen an den Wänden.

Unterkunft in prächtigem Art-déco-Ambiente bietet die nahegelegene Sommerresidenz der Familie, das **Royal Oasis**, unweit der in nordwestlicher Richtung nach Bhuj führenden Hauptstraße, ✆ 02828-220000, ℻ 220002 ❼. Im Preis enthalten sind eine Führung durch Familienmuseum, Ställe, Garage und Stufenbrunnen, Benutzung des sehr schönen Hallenbads und sämtliche Mahlzeiten.

Gondal

Gondal, 39 km südlich von Rajkot, wird alle 30 Min. von Bussen angesteuert (1 Std. Fahrzeit). Es gehörte einst zu den fortschrittlichsten Fürstentümern Saurashtras und wurde wegen seiner weit reichenden Bildungs- und Gesellschaftsreformen bekannt.

Die Nachkommen der Aristokratenfamilie leben immer noch im **Huzoor-Palast** und haben ihren Gästeflügel zu einem **Hotel** umgestaltet: Das **Orchard Palace**, ✆ 02825-224550, ✉ ssibal@ad1.vsnl.net.in ❾, ist eine herrliche Unterkunft mit Blick auf Obsthaine, großen Zimmern (US$125) mit hohen Decken, Himmelbetten, Antikmöbeln und schönen, heißen Duschen. Im Preis inbegriffen sind köstliche Mahlzeiten und Führungen durch den mit wunderschönen Verzierungen geschmückten Naulakha-Palast aus dem Jahr 1748, die Oldtimer-Sammlung der Maharadschas, den „Rail Saloon", die Pferdekutschen und die Seen und Graslandschaften des Anwesens mit ihrer reichen Vogelwelt.

Gondal ist ein Zentrum für Perlenstickerei, Handweberei, Silberwaren, handgemachte Messingbehälter *(pataras)* und ayurvedische Medizin. Gute Adressen zum **Einkaufen** sind der Markt in der Darbargadh Road und das Kaufhaus Udyog Bharati in der Nähe des Palasts.

Jamnagar

Nahe der Nordwestküste von Saurashtra birgt das hektische Jamnagar mehrere architektonische Überraschungen. Die im 16. Jh. am Ostufer des Ranmal Lake – in dessen Mitte sich das kreisrunde Lakhota-Fort erhebt – gegründete Stadt wurde Ende des 19. und Anfang des 20. Jhs. mehrere Jahre lang von **K.S. Ranjitsinhji** regiert, der auch ein für seine Eleganz berühmter Kricketspieler war. Unter seiner Führung verbesserten sich nicht nur die kommerziellen Kontakte der Stadt, sondern entstanden auch mehrere attraktive Gebäude, heute die Zeugen einer erfolgreichen Regierungsperiode. Jamnagar hat sich außerdem für seine hervorragende *bandhani* (Knüpfbatik) einen Namen gemacht, die man überall auf den Märkten in der Umgebung von Darbargadh erstehen kann.

Ranjitsinhjis bemerkenswertester Bau ist **Willingdon Crescent**, dessen schwungvolle Fassade die breiten Straßen des Chelmsford Market und den alten Palast **Darbargadh** überblickt. Im Herzen der Stadt, nahe der Ranjit Road und südwestlich des Bedi Gate, steht die aus dem späten 19. Jh. stammende **Ratan Bai-Moschee**. Diese riesige, überwölbte Gebetshalle – deren Sandelholztüren mit Einlegearbeiten aus Perlmutt verziert sind – bildet einen scharfen Kontrast zu den beiden benachbarten, prächtigen **Jain-Tempeln**, die jeweils mit außergewöhnlichen **Wandmalereien** versehen sind. Der spektakulärere der beiden Tempel, **Shantinath Mandir**, besticht mit seinem Irrgarten aus bunt bemalten Säulen. Die große Kuppel über dem **Adinath Mandir** dagegen schmückt sich mit einem bunten, golddurchsetzten Mosaik, und beide Tempel werden über ihrem Eingangsportal durch ein Muster aus Spiegeln verschönert. Die Tempel bilden gleichzeitig den Eingang zum **Chandni Bazaar**, einem fast kreisrunden Marktviertel, das durch Mosaike, Balkone und detailverliebte Schnitzereien an den Türen aufgewertet wird.

Ranmal Lake und **Lakhota-Palace** westlich der Altstadt waren das Ergebnis einer Arbeitsbeschaffungsmaßnahme in den 50er Jahren des 18. Jhs., als der Staat Jamnagar von einer schlimmen Dürre heimgesucht wurde. Der Palast ist in beiden Richtungen über einen Damm mit dem Festland verbunden, aber nur von Norden aus zugänglich. Beim Betreten der Anlage kommt man an einer Wachstube vorbei, in der Musketen, Schwerter und Pulverkolben zur Schau gestellt werden. Das Museum im oberen Stockwerk zeigt eine mittelmäßige Ausstellung von Gemälden, Skulpturen, traditioneller Kunst und Münzen. ⏱ 10.30–17.30 Uhr, Mi sowie jeden 2. und 4. Sa im Monat geschlossen, Eintritt Rs50.

Südlich des Sees erhebt sich das mächtige **Bhujia-Fort**, das beim Erdbeben von Jamnagar schwer beschädigt wurde und seitdem für Besucher geschlossen ist. Der **Tempel Bala Hanuman** am Rand der Altstadt ist Schauplatz von Gesängen („Shree Ram, Jay Ram, Jay Jay Ram"), die rund um die Uhr andauern und seit 1964 nicht mehr unterbrochen wurden, was dem Tempel eine Erwähnung im Guinnessbuch der Rekorde eingebracht hat.

Übernachtung

Passable Unterkünfte in Jamnagar sind dünn gesät. Die billigen Hotels im und um den New Super Market sind laut und liegen unter dem gewohnten Standard, während die teureren Hotels zwar ein besseres Preis-Leistungs-Verhältnis bieten, dafür aber meist etwas außerhalb des Zentrums liegen.

Aram, Nand Niwas, Pandit Nehru Marg, ☎ 0288-255 1701, 🖥 www.hotelaram.com. Palastartiges weißes Gebäude mit blauen Markisen, erinnert an ein britisches Seehotel. Große Zimmer verströmen Raj-Nostalgie und sind mit Antiquitäten aus Europa eingerichtet. ❹–❺

Ashiana, 3. Stock, New Super Market, ☎ 0288-255 9110, 📠 255 1155. Für ein Budget-Hotel gibt es recht geräumige Zimmer mit TV, Bad und Warmwasser. Zwei Kategorien: Deluxe mit Teppichen oder einfach und eher schmuddelig. ❸–❹

Dreamland, Teen Batti, ☎ 0288-254 2569, ✉ hoteldreamland@yahoo.co.uk. Preiswerte, moderne Zimmer mit Holzeinrichtung und Badewanne. Derzeit im Umbau. ❹

Gayatri Guest House, Sumer Club Rd, fünf Gehminuten südlich des Busbahnhofs, im 2. Stock gegenüber dem Rathi Hospital, ☎ 0288-256 4727. Recht gemütliche Zimmer, teilweise mit AC und TV. Günstige EZ und 24 Std. Checkout. ❸

President, Teen Batti, ☎ 0288-255 7491, 🖥 www.hotelpresident.in. Gut geführtes Hotel mit einfachen, weiß gestrichenen Zimmern und dunklen Holzmöbeln. Geldwechsel und ein gutes Restaurant. Die Rezeption organisiert auch Segeltörns. ❸–❺

Punit, Pandit Nehru Marg, unmittelbar nordwestlich vom Teen Batti, ✆ 0288-255 9275, ✉ 255 0561. Beliebte Unterkunft mit kleiner, charmanter Dachterrasse. Luftige, türkis gestrichene Zimmer mit Teppichen und etwas altmodischer Einrichtung. ❹

Nautisches Flair

7 Seas, Hotel President. Getreu dem nautischen Motto des Hotels hat das Restaurant eine bullaugenartige Tür und die Wände werden von Schiffsmalereien geziert. Hier gibt es einige der besten nicht-vegetarischen Gerichte der Stadt, z. B. das Schafs-Curry, oder Ananas-Lassi.

Essen

Brahmaniya Dining Hall, Teen Batti. Das düstere, aber kühle AC-Restaurant, serviert mit die besten Gujarat-*thalis* (Rs50) in Jamnagar. Sa abends geschlossen.

Fresh Point, in der Nähe vom Rathaus. Das bei Einheimischen beliebte AC-Restaurant serviert Punjab- und andere nordindische Gerichte (Rs30–70) in entspannter Atmosphäre.

Kalpana, Teen Batti. Alterndes Dekor, aber verlockende vegetarische Snacks: Burger, *dosas*, Milchshakes und Eiscreme (Rs20–50).

Madras, Teen Batti. Beengter Speisesaal mit abgetrenntem AC-Raum, aber großartige Punjabi-, südindische, Jain- und chinesische Küche wie das vegetarische *jalfrezi* (Rs20–65).

Sonstiges

Einkaufen

Lhasa Market, gegenüber vom Rathaus. Tibetflüchtlinge bieten hier günstige Kleidung und andere Waren feil.

Geld

State Bank of India, New Super Market. Tausch von Bargeld oder Reiseschecks.

Internet

Es gibt zahlreiche Internetcafés wie das **Venus** (Rs20 pro Std.) in einem Einkaufszentrum gegenüber dem Teen Batti Postamt.

Kurse

Jamnagar's Ayurvedic University, 1 km nordwestlich vom Teen Batti, ✆ T0288-277 0103, 🖥 www.ayurveduniversity.com). Hier werden 1-wöchige bis mehrmonatige Kurse – von Massage bis Schlammtherapie – abgehalten.

Reisebüros

Savetime Travel, Bedi Gate Rd, ✆ 0288-255 3137, verkauft Flugtickets und erteilt Reiseinformationen.

Transport

Busse

Vom staatlichen **Busbahnhof** sind es nur 2 km zu Fuß oder per Riksha gen Westen am Ranmal Lake vorbei zum Bedi Gate und New Super Market, dem inoffiziellen Stadtzentrum. Die Busse aus Rajkot fahren auf dem Weg zum Busbahnhof durch die Stadt, sodass die Möglichkeit besteht, sich am Bedi Gate absetzen zu lassen. Wer Richtung Rajkot abreisen möchte, kann den Bus vor dem President Hotel heranwinken. Staatliche Busse fahren regelmäßig nach RAJKOT (2 Std.), JUNAGADH (4 Std.), PORBANDAR (4 Std.) und DWARKA (3–4 Std.).

Einige **Privatbusse** fahren am Pancheshwar Tower nahe Teen Batti ab. **Patel Tours & Travels**, ✆ 0288-255 2419, bietet regelmäßige Verbindungen nach Ahmedabad, Gandhidham und Bhuj.

Eisenbahn

Vom **Hauptbahnhof** führt eine 6 km lange Fahrt Richtung Südosten in die Stadt, vorbei am großen Platz Teen Batti. Die meisten Züge halten auch am kleineren Bahnhof Gandhinagar, 2 km vom Zentrum entfernt.

Flüge

Der **Flughafen** liegt 8 km westlich vom Busbahnhof: Indian Airlines, Bhid Bhanjan Rd, ✆ 0288-255 0211, fliegt tgl. nach MUMBAI (1x tgl., 2 1/4 Std.).

Dwarka

Im äußersten Westen der Halbinsel bieten die fruchtbaren Weizen-, Erdnuss- und Baumwollfelder einen angenehmen Kontrast zu den dürren Ebenen des Inlands. Gemäß einer Hindu-Legende floh Krishna aus Mathura in diese Küstenregion und erkor Dwarka zu seiner Hauptstadt. So richtig erwacht Dwarka während der großen Hindufestivals zum Leben, von denen das Shivratri Mela (Feb/März – zu Ehren von Shiva) und Janmashtami (Aug/Sep – Krishnas Geburtstag) am ausgelassensten gefeiert werden.

Der kunstvoll verzierte Turm des aus dem 16. Jh. stammenden **Dwarkadish-Tempels** ragt 50 m über die Stadt empor. Der Zutritt ist auch Nicht-Hindus erlaubt, allerdings muss man zuvor unterschreiben, dass die Religion – wenn schon nicht ausgeübt – respektiert wird. Bei den Geldwechslern am Osteingang kann man sich Kleingeld für Spenden besorgen. ⏱ tgl. 9–12.30 und 17–21.30 Uhr.

Als Krishna mit dem Yadava-Clan nach Dwarka kam, machte er sich mit Prinzessin Rukmini auf und davon. Der kleine **Rukmini-Tempel** aus dem 12. Jh. liegt 1 km östlich der Stadt und ist architektonisch eindrucksvoller als der Dwarkadish-Tempel; all seine Wände werden von Elefanten, Blumen, Tänzern sowie Shiva in verschiedenen Erscheinungsformen geziert.

Ein großartiger **Ausblick** über die Stadt und das dahinter liegende Meer bietet sich von der Spitze des Leuchtturms in der Nähe von **Toran Guest House**, ⏱ tgl. 17–18.30 Uhr, Eintritt Rs6.

Übernachtung und Essen

Die Übernachtungsmöglichkeiten in Dwarka sind größtenteils billig.
Gurupreena, an der Zufahrtstraße vom Highway zum Busbahnhof, ☎ 02892-235512. Saubere und komfortable Zimmer mit Warmwasser. ❷
Hotel Rajdhani, Hospital Rd, zwischen Busbahnhof und Tempel, ☎ 02892-234070. Saubere, moderne und preiswerte Zimmer mit TV; die teureren mit AC. ❷
Meera, an der Zufahrtstraße ☎ 02892-234031. Einfache, saubere Zimmer und Speisesaal mit *thalis* für Rs30. ❶–❷

Sonstiges
Internet
Shreeji Cybercafe, gegenüber Hotel Uttam, ☎ 02892-234692, Rs40 pro Std.

Touren
Dwarka Darshan, im Gemüsemarkt, ☎ 02892-234093, veranstaltet jeweils um 8 und 14 Uhr 5-stündige Touren zum unterirdischen Jyotrilingam im Nageshwar-Tempel, 16 km von Dwarka entfernt (Rs40).

Transport
Busse
Vom **Busbahnhof** an der Straße nach Okha bestehen regelmäßig Verbindungen nach:
AHMEDABAD (6x tgl., 11 Std.),
JAMNAGAR (8x tgl., 3 Std.),
JUNAGADH (3x tgl., 5 Std.),
PORBANDAR (stdl., 2 1/2–3 Std.),
VERAVAL (stdl., 5–6 Std.).

Eisenbahn
Die Züge aus Jamnagar kommen am **Bahnhof** nördlich der Stadt an. In die Stadt und zum Tempel gelangt man mit Tongas (zweirädrige Pferdewagen).
Züge nach:
AHMEDABAD (1–2x tgl., 10 Std.),
JAMNAGAR (2–3x tgl., 2 1/4–4 3/4 Std.),
MUMBAI (1x tgl., 17 3/4 Std.),
RAJKOT (3–4x tgl., 4 3/4–7 1/2 Std.).

Porbandar

Porbandar, einst internationaler Hafen und Hauptstadt des Fürstentums, liegt zwischen Veraval und Dwarka. Bekannt ist die Stadt vor allem als Geburtsort von **Mahatma Gandhi**, sie wird aber auch eng mit der Legende von **Krishna** in Verbindung gebracht – früher hieß der Ort Sudampuri, nach einem von Krishnas Gefährten.

Die Hauptstraße Porbandars, die **Mahatma Gandhi (MG) Road**, verläuft von einem Brunnen im Osten (nordöstlich davon liegt der **Bahnhof**) zu einem **dreiflügligen Tor** im Westen, ganz in der Nähe von Gandhis Geburtshaus. Auf dem großen **Main Square** wird die MG Road von der

Arya Sumaj Road geschnitten, die im Norden zur Jubilee Bridge und im Süden zum **GPO** führt. Unmittelbar östlich davon liegt der **ST-Busbahnhof** (über die ST Road mit der MG Road verbunden) und im Süden Porbandars größter Strand.

Die Stadt bietet wenig Sehenswertes, natürlich abgesehen von **Gandhis Geburtshaus**, einer rührend einfachen Gedenkstätte zu Ehren der „Großen Seele". Im Innern des Gebäudes, im Westteil der Stadt, herrscht gähnende Leere – mit Ausnahme der Wände in den Lese- und Gebetszimmern der oberen Stockwerke, wo verblichene Spuren von Malereien zeugen. Kirti Mandir, eine in den 50er-Jahren des 20. Jhs. errichtete Gedenkstätte für den Mahatma und seine Ehefrau, beherbergt Fotografien und Artefakte aus dem deren Leben. 7.30–19.30 Uhr, Eintritt frei, die Führer erwarten jedoch eine Spende.

Die ehemaligen Maharadscha-Paläste befinden sich unweit des Chowpatty Sea Face. Der **Huzoor-Palast** wird noch von einer Familie mit aktuellem Wohnsitz in London genutzt, wenn sie sich auf Urlaub hier aufhält. Der **Palast Daria Rajmahal** unweit des Leuchtturms beherbergt heute ein College. Sehenswert ist auch der in der Nähe des Busbahnhofs gelegene Pavillon **Grishmabhawan** mit seinen Bögen und Schnitzarbeiten, der im 18. Jh. für den Dichter und Maharadscha Sartanji erbaut wurde. Der See von Porbandar ist ein ausgewiesenes Vogelschutzgebiet, doch mehr **Flamingos** als hier bekommt man an den kleinen Flüssen entlang der Küste zu Gesicht, wo auch die Schiffsbauer ihrer Arbeit nachgehen. Jahr für Jahr tummeln sich über 1000 Walhaie an den Küsten nahe Porbandar und Veraval. Der **Wildlife Trust of India**, 011-2632 6025, www.wildlifetrustofindia.org, organisiert mit örtlichen Fischern – die die Tiere einst wegen ihres Öls und Fleisches jagten – Walbeobachtungen, Tauchgänge (allerdings ohne Ausrüstung) und Fahrten auf Forschungsbooten.

Übernachtung

Indraprasth, nahe ST Rd, 0286-224 2681, www.hotelindraprasth.biz. Hinter einer rosa- und burgunderroten Fassade verbirgt sich ein geschmackvolleres Interieur mit originellen Wandgemälden einheimischer Künstler. Breites

Cool !

Natraj, MG Rd, nahe dem Moon Palace, 0286-221 5658, www.hotelnatrajp.com. Mit Abstand Porbandars bestes Hotel. Coole, minimalistisch eingerichtete Zimmer zum Schnäppchenpreis. Toprestaurant und Check-out um 12 Uhr. ❸–❹

Zimmerangebot mit allen Annehmlichkeiten und gutem Service. ❸–❻

Moon Palace, MG Rd, 100 m östlich vom Hauptplatz, 0286-224 1172 hmppbr@hotmail.com. Die Zimmer sind etwas düster aber sauber und komfortabel. Alle haben Bad und TV. ❷–❹

Silver Palace, Silver Complex, nahe MG Rd, 0286-225 2591, www.silverpalacehotel.com. Gutes Hotel, makellose Zimmer mit TV, Kühlschrank und allem möglichen Schnickschnack (z. B. Polsterstühle und kleine Tische). Am besten mehrere Zimmer zeigen lassen, da manche sehr grell gestrichen sind. ❹

Essen

Obwohl Porbandar in Gujarat für seine Meeresfrüchte bekannt ist, sind diese recht schwer zu finden. Generell gibt es wenige Restaurants, die nicht zu einem Hotel gehören. *Dhabas* wie Raghuvanshi und Natraj in der Umgebung der MG Road bieten dagegen leckere und billige Gujarat-Gerichte für nur Rs25–40 p. P. **Aarti Sweets** in der MG Road verkauft abgepackte Knabbereien und frisch hergestellte Süßspeisen.

Moon Palace, MG Rd. Das sehr beliebte Hotelrestaurant serviert Gujarat-*thalis* für Rs50–70, Punjab-Gerichte und westliche Snacks. Öffnet zeitig zum Frühstück und hat bis 23 Uhr geöffnet, *thalis* gibt es aber nur von 11.30–14.45 Uhr.

National, MG Rd. Dieses moslemische Restaurant serviert kleine, aber ultra-billige Fleischportionen oder vegetarisches Essen (Rs30–90). 11.30–15.30 und 18.30–23 Uhr.

Natraj, Natraj Hotel. Im selben Stil und mit gleicher Effizienz geführt wie das Hotel. Heller Speisesaal und vielseitiges Angebot indischer

und chinesischer Gerichte sowie leckere Pizza und Pastagerichte – letztere eine echte Seltenheit in Gujarat (RS40–80).
Swagat, MG Rd, 250 m östlich des Main Square. Schummrige Beleuchtung und hervorragende vegetarische Punjab- und Südindien-Küche (Rs20–80). Am Wochenende meist sehr voll.

Sonstiges
Geld
Die Banken in der MG Rd sowie Thankys Tours and Travels (s. unten) wechseln Bargeld und Reiseschecks.

Internet
Shiny the Cyber Hut und **Skyline**, beide unter dem Indraprasth Hotel, bieten Internet-Zugang für Rs25 p. Std.

Reisebüros
Eagle Travels, ✆ 0286-221 2089, betreibt Busse, u. a. nach Rajkot (5 Std.), Ahmedabad (10 Std.) und Junagadh (3 Std.); es verkehren aber auch langsamere staatliche Busse.
Thankys Tours and Travels, MG Rd, nahe Dreamland Cinema, ✆ 0286-224 4344, Buchung von Taxis, nationalen und internationalen Flügen und Fahrkarten für den Saurashtra Express Nr. 9216.

Transport
Busse
Busse nach:
AHMEDABAD (6x tgl., 10 Std.),
DWARKA (stdl., 3 Std.),
JAMNAGAR (stdl., 2 1/2 Std.),
RAJKOT (10x tgl., 5 Std.).

Eisenbahn
Der Saurashtra Express Nr. 9216 fährt um 20.10 Uhr ab, Ankunft in Ahmedabad um 6 Uhr und in Mumbai um 19.10 Uhr.
Züge nach:
AHMEDABAD (1–2x tgl., 10 Std.),
JAMNAGAR (2–3x tgl., 2 1/2–4 Std.),
MUMBAI (1x tgl., 23 1/2 Std.),
RAJKOT (2–3x tgl., 4 3/4–6 Std.),
SURAT (1x tgl., 16 3/4 Std.),
VADODARA (1x tgl., 13 1/2 Std.).

Flüge
Der **Flughafen** liegt 5 km außerhalb.
Flüge nach:
DIU (6x wöchentl., 30 Min.),
MUMBAI (tgl., 1 1/2 Std.).

Junagadh und Umgebung

Die Kleinstadt Junagadh (oder Junagarh) fasziniert bereits aus der Ferne mit ihrer Skyline aus Kuppeln und Minaretten. In den engen Straßen reiht sich ein Laden an den anderen. Die Schaufenster quellen förmlich über vor Gewürzen, die zu hohen Pyramiden aufgetürmt sind. Die bunten Basare laden zu einem Streifzug ein, und die vielen buddhistischen Bauwerke, Hindutempel, Moscheen, gotischen Torbögen und Villen – ganz zu schweigen von den großartigen Jain-Tempeln auf dem **Mount Girnar** – machen Junagadh zu einer aufregenden Stadt für alle, die ein gewisses Interesse an Architektur und Geschichte mitbringen.

Vom 4. Jh. v. Chr. bis zum Tod Ashokas (ca. 232 v. Chr.) war Junagadh die Hauptstadt von Gujarat und stand unter der Herrschaft der buddhistischen Mauryas. Die kurzen Regierungsperioden der Kshatrapas und der Guptas endeten, als die Stadt in die Hände der hinduistischen Chudasanas fiel. Sie mussten sich jedoch bald darauf den moslemischen Invasoren geschlagen geben, die bis zur Unabhängigkeit regierten. Unter dem Druck der gesamten Region wurde Junagadh nicht, wie ursprünglich geplant, Teil von Pakistan, sondern schloss sich der Indischen Union an.

Der heilige Mount Girnar 4 km außerhalb lässt das **Shivaratri Mela** (Feb/März) in Junagadh zu einem besonders großen Ereignis werden. Jedes Jahr kommen aus diesem Anlass Tausende in Safrangelb gekleidete Sadhus in die Stadt und kampieren in den Straßen. Neun Tage lang wird die Stadt beherrscht von Prozessionen, rituellen Klängen, Darstellungen bußfertiger, asketischer Praktiken, Feuerwerken, Volkstänzen, Bhawai-Theater und Chillum rauchenden Menschen. Mittlerweile nehmen jeden November bis zu 1 Mio. Menschen am Parikrama teil, einer 36 km langen, 5-tägigen Prozession um den Fuß des Girnar und die umliegenden Hügel. Touristen, die ihren Aufenthalt auf eine dieser Feierlichkeiten legen, ist ein unvergessliches Erlebnis sicher – allerdings nur bei frühzeitiger Zimmerreservierung.

Orientierung

Die recht kompakte Stadt konzentriert sich auf das quirlige Marktviertel rund um den **Chittakhana Chowk**. Richtung Nordwesten, in der Nähe des **Bahnhofs**, führen ruhige, breite Straßen an den majestätischen **Muqbara-Bauwerken** vorbei, während auf dem Circle Chowk und dem Janta Chowk im Südosten hektische Betriebsamkeit herrscht.

Der Circle Chowk wird von einer wunderschönen, halbkreisförmigen Terrasse zwischen mächtigen gotischen Toren dominiert und der Janta Chowk von der **Durbar Hall** mit ihrem bescheidenen Museum. In südöstlicher Richtung verläuft die MG Road zum **Kalwa Chowk**, einem weiteren Zentrum der Aktivitäten.

Die Stadt

Auf einem von dicken Mauern umgebenen Hügel erhebt sich die imposante Festung **Uperkot**, der von Adlern, Silberreihern und Eichhörnchen bevölkert wird. Der Legende nach stammt die Festung aus der Zeit der Yadavas (Krishnas Clan), die von Mathura nach Dwarka flohen; Historiker sind jedoch der Meinung, dass sie 319 v. Chr. von Chandragupta Maurya erbaut wurde. 976 n. Chr. von moslemischen Eroberern wieder entdeckt und instand gesetzt, gewann die Festung erneut an verteidigungsstrategischer Bedeutung und widerstand in den darauffolgenden 800 Jahren 16 Belagerungen.

Den Eingang zur Zitadelle bilden drei beeindruckende Durchgänge, die während der moslemischen Besatzung in soliden Felsen gehauen wurden. Hier beginnt ein gepflasterter Weg, der sich zum Gipfel der Festungsanlage schlängelt, wo die verlassene **Jama Masjid** steht. Die beiden Furcht einflößenden Kanonen gegenüber der Moschee wurden 1530 benutzt, um die Festung von Diu gegen die Portugiesen zu verteidigen, und erst 1538 an dieser Stelle aufgebaut. ◷ tgl. 6.30–18.30 Uhr, jeden 2. und 4. Sa im Monat geschlossen, Eintritt Rs2.

Nördlich der Jama Masjid gelangt man zu einem Komplex kleiner Zellen, die sich um mehrere Höfe formieren und ebenfalls in den nackten Fels geschlagen wurden. Diese **Buddhistenhöhlen** entstanden im 3. oder 4. Jh. n. Chr. und lassen auf ihren Säulen im unteren Bereich noch immer Spuren von Figurinen und Blattmotiven erkennen; ◷ tgl. 8–18 Uhr; Eintritt Rs100. Ganz in der Nähe führen mehr als 170 Stufen hinunter zum **Adi Chadi Vav**, aus dem 15. Jh. Der eindrucksvollere **Navghan Kuva** aus dem 11. Jh., südöstlich der Festung, besitzt eine wunderschöne Treppe, die sich rund um den Brunnenschacht bis zum kaum beleuchteten Wasser mehr als 52 m tiefer windet. Ein großes Bassin in der Nähe fängt das Wasser aus den umliegenden Bergen auf, um die Stadt mit dem kostbaren Nass zu versorgen.

Am Fuße der Südwand von Uperkot liegen die **Babupyara-Höhlen**, zwischen 200 v. Chr. und 200 n. Chr. aus dem Fels geschlagen, die bis zur Zeit Ashokas von den Buddhisten und dann von den Jains benutzt wurden. Eintritt Rs100. Die schlichteren und jüngeren **Khapra-Kodia-Höhlen** nördlich von Uperkot sind in relativ gutem Zustand und über Treppen, Säulengänge und Passagen miteinander verbunden.

Westlich des Haupteingangs zur Festung, auf dem Janta Chowk, beherbergt der ehemalige Palast der Nawabs (moslemische Landbesitzer) heute u. a. das **Durbar Hall Museum**. In der Halle stehen silberne Stühle säuberlich aufgereiht um einen großen Teppich, wertvolle Silberuhren verbergen gammelige ausgestopfte Vögel und von der Decke hängen riesige, bunte Kronleuchter herab. Die anderen Räume zeigen silberne *howdahs* (Elefantensättel), Waffen, Porträts sowie eine Textilsammlung. ◷ 9–12.15 und 15–18 Uhr, Mi sowie jeden 2. und 4. Sa im Monat geschlossen, Eintritt Rs5.

Junagadhs bedeutendstes moslemisches Bauwerk ist die reich verzierte **Maqbara** in der MG Road gegenüber dem Gerichtshof. Die flachen, quadratischen Mausoleen – nicht zu vergleichen mit anderen Grabmälern in Gujarat – stammen aus dem 19. Jh. und wurden für moslemische Herrscher erbaut. Zahlreiche große, bauchige Kuppeln krönen die Gebäude. Das prächtigste Mausoleum ist eindeutig das von Mahabat Khan I. aus dem Jahre 1892; den Preis für Auffälligkeit jedoch erhält das aufwändig gestaltete Grabmal des Wesirs Sahib Baka-ud-din Bhar, das vier Jahre später entstand und an jeder Ecke von hohen Minaretten mit Wendeltreppen begrenzt wird. Neben den Grabmälern steht eine Moschee, deren knallbunt bemalte Säulen und Wände fast ein wenig an Disneyland erinnern.

Der frühen moslemischen Landbesitzer wird mit einer Gruppe kleinerer Grabmäler aus dem 18. Jh. gedacht, die abgeschirmt von den Geschäften am Chittakhana Chowk auf einem ruhigen **Friedhof** stehen. Sowohl wegen ihrer Größe als auch wegen ihrer Bauart sind sie absolut sehenswert – feine Steinmetzkunst schmückt die Gräber und die steinernen Wände zeigen faszinierende Gitterarbeiten. Das Dach des Restaurants Amdavad bietet einen guten Überblick.

Ashokas Felsedikte

2 km östlich der Stadt, an der Straße nach Girnar, erinnert eines der buddhistischen Felsedikte Ashokas an Junagadhs berühmtesten Monarchen. Das Edikt steht seit dem 3. Jh. v. Chr. an dieser Stelle, allerdings leidet seine Ausstrahlung heute unter der modernen Betonplattform und Überdachung. Die im Prakrit-Dialekt in den Granit gemeißelten Verse preisen die buddhistische Lehre und die Gleichberechtigung, und rufen die unterschiedlichen religiösen Sekten dazu auf, in Harmonie miteinander zu leben und die Kriege zu bereuen. Durch ihre Lage an der Pilgerroute zum heiligen Berg Girnar, besaßen Ashokas Felsedikte bleibenden Einfluss – selbst im 7. Jh. n. Chr. gab es in Junagadh noch 3000 Buddhisten und über 50 Klöster. Auf dem gleichen Felsen sind übrigens auch ein paar Sanskrit-Inschriften zu erkennen, die während der Herrschaft von König Rudraman (150 n. Chr.) und Skandagupta (455 n. Chr.) hinzugefügt wurden. ⏲ tgl. 8–13 und 14–18 Uhr, Eintritt Rs100.

Mount Girnar

Der erloschene Vulkan Mount Girnar (Anfahrt mit Bus Nr. 4 oder 6 vom GPO oder per Motor-Riksha für Rs35), der 4 km östlich von Junagadh über 1100 m in die Höhe ragt, ist sowohl für Jains auch als für Hindus eine wichtige Pilgerstätte und galt bereits vor dem 3. Jh. v. Chr. als heilig. Es empfiehlt sich, deutlich vor 7 Uhr morgens loszulaufen, um der brennenden Sonne so weit wie möglich zu entgehen. Der Weg über 5000 ungleichmäßige Stufen steigt zunächst durch Eukalyptuswälder an und verläuft dann im Zickzackkurs über nackten Fels bis zur Spitze – zahlreiche Stände entlang der Strecke versorgen die müden Wanderer mit *chai* und Gebäck.

Nach etwa 90 Minuten erreicht man – noch unterhalb des Gipfels – ein Plateau mit ein paar malerischen Jain-Tempeln, die zwischen 1128 und 1500 erbaut und später renoviert wurden. Im marmornen **Neminath-Tempel** (der erste Tempel auf der linken Seite in der „Tempelstadt") ist der gleichnamige 22. *tirthankara* als schwarze Figur in der Lotusposition mit einer Muschel in der Hand dargestellt – er soll nach 700-jähriger Meditation und Askese auf dem Mount Girnar gestorben sein.

Allein der Aussicht wegen lohnt sich der Aufstieg über die letzten 2000 Stufen zum Gipfel des Mount Girnar. Oben erhebt sich ein der Hindu-Göttin **Amba Mata** gewidmeter Tempel, den sowohl Hindu- als auch Jain-Pilger besuchen. Insbesondere Frischverheiratete kommen hierher, um sich den Segen der Muttergöttin zu holen und für eine glückliche Ehe zu beten. Von diesem Tempel führen Stufen zunächst bergab und dann entlang einem schmalen Bergrücken zum **Gorakhnath Peak** hinauf, wo um die vermeintlichen Fußabdrücke des Pilgers Gorakhnath ein kleiner Schrein errichtet wurde. Folgt man dem Weg weiter, so wird ein dritter Gipfel erreicht, diesmal mit den Abdrücken von Neminaths Füßen unter einem schützenden Dach. Am entlegensten Punkt des Bergrückens steht ein Schrein zu Ehren der Furcht erregenden Hindu-Göttin **Kali** (eine Erscheinung Durgas). Dies ist ein Lieblingsplatz der fast nackten **Aghora-Asketen**, die ihrer absoluten Abkehr von der Welt Ausdruck verleihen, indem sie ihre eigenen Begräbnisse inszenieren, zwischen Leichen auf Grabfeldern leben und sich mit der Asche von frisch verbrannten Toten einreiben.

Übernachtung

Junagadhs Budget-Unterkünfte sind recht gut, während die Stadt für gehobene Ansprüche nur wenig Auswahl bietet.

Junagadh

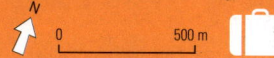

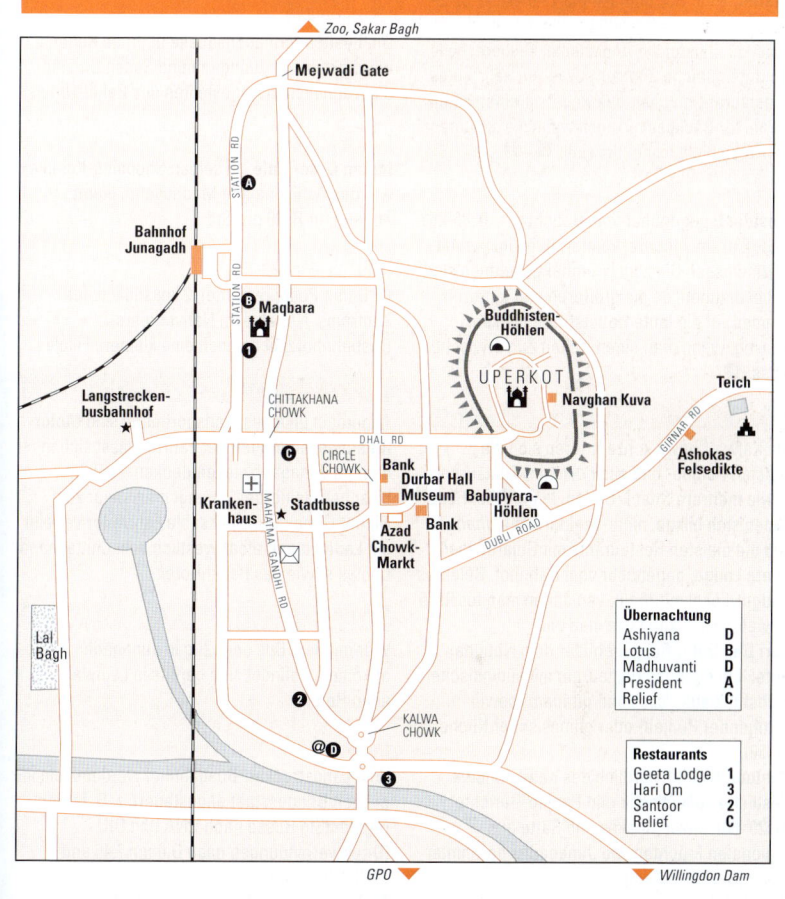

Zoo, Sakar Bagh
Mejwadi Gate
Bahnhof Junagadh
Maqbara
Langstreckenbusbahnhof
CHITTAKHANA CHOWK
Buddhisten-Höhlen
UPERKOT
Navghan Kuva
Teich
DHAL RD
CIRCLE CHOWK
Bank
Durbar Hall
Museum
Babupyara-Höhlen
Ashokas Felsedikte
Krankenhaus
Stadtbusse
Azad Chowk-Markt
Bank
DUBLI ROAD
MAHATMA GANDHI ROAD
GIRNAR ROAD
Lal Bagh
KALWA CHOWK
GPO
Willingdon Dam

Übernachtung

Ashiyana	D
Lotus	B
Madhuvanti	D
President	A
Relief	C

Restaurants

Geeta Lodge	1
Hari Om	3
Santoor	2
Relief	C

Gujarat

Ashiyana, Jayshree Rd, unmittelbar westlich des Kalwa Chowk, im 2. Stock eines Mini-Einkaufszentrums, ☎ 0285-262 4299. Einheitliche Zimmer mit Bad und TV. Sehr beliebt bei indischen Touristen, also unbedingt rechtzeitig buchen. ❷
Lotus, Station Rd, nahe dem Bahnhof, ☎ 0285-265 8500, 💻 www.thelotushotel.com. Dieses spritzige, neue Hotel ist das komfortabelste der Stadt. Kühle Zimmer, belebt von schwarz-weißen Marmorfußböden und beiger Einrichtung. Gegen Aufpreis gibt es Badewanne und Flachbild-TV. ❺–❻
Madhuvanti, Jayshree Rd, westlich des Kalwa Chowk, ein Stockwerk unterhalb des Ashiyana, ☎ 0285-262 0087. Gute Alternative zu seinem Nachbarn; Extrem schnörkellose Zimmer angeordnet um einen Innenhof. Ein Traum für Ordnungsfanatiker. ❶–❸

Junagadh und Umgebung

Bezahlbar und gemütlich

Relief, Dhal Rd, Chittakhana Chowk, ✆ 0285-262 0280, 🖥 www.reliefhotel.com. Freundliche und kenntnisreiche Angestellte, saubere, helle und gemütliche Zimmer sowie ein sehr gutes Restaurant machen das Relief zu einer guten Wahl für Backpacker, auch wenn die sanitären Anlagen nicht immer top sind. ❷–❹

President, gegenüber vom Bahnhof, ✆ 0285-262 5661. Extrem saubere, komfortable Zimmer mit Warmwasser. Die zum Innenhof gelegenen sind zu bevorzugen, da die größeren und teureren Zimmer auf die laute Hauptstraße blicken. Günstig, wenn man einen frühen Zug erwischen muss. ❹

Essen

Um Kalwa Chowk konzentrieren sich die meisten Punjab- und südindischen Restaurants sowie mehrere Snack-Buden. In der Dhal Road finden sich billige, nicht-vegetarische *dhabas* und die meisten Restaurants mit Gujarat-*thalis*.
Geeta Lodge, gegenüber vom Bahnhof. Beliebtes Budget-Lokal mit *thalis*, von denen man für Rs45 so viele essen kann wie man will.
Hari Om, Datar Rd, gegenüber dem National Hotel. Einladendes Restaurant mit südindischem Frühstück aus *dosas* und *uttapams* sowie sättigender Punjab- oder chinesischer Küche (Rs50).
Santoor, MG Rd, nördlich des Kalwa Chowk. Köstliche südindische und Punjab-Gerichte (Rs20–60), sowie Shakes und Säfte aus regionalen Früchten wie Junagadhs berühmter *kesar* (Safran-) Mango.
Relief, Relief Hotel. Frisch aufpoliertes Restaurant, in dem schicke Kellner mit Uniform und Fliege herausragende Gerichte mit Hühnchen und Schaf sowie Fisch-*tikka* auftischen (Rs60–100).

Sonstiges
Geld
Die **State Bank of India**, gegenüber dem Durbar Hall Museum, wechselt Bargeld. Reiseschecks akzeptieren die nahe gelegene **State Bank of Saurashtra** und die **Bank of Baroda**, beide im Azad Chowk Bazaar.

Informationen
Die beste Informationsquelle über die Sehenswürdigkeiten in Junagadh und Sasan Gir sind die freundlichen Angestellten des Relief-Hotels.

Internet
Indian Cyber Café, im selben Shopping-Komplex wie das Ashiyana und Madhuvanti, bietet Zugang für Rs20 pro Std.

Post
GPO (mit Poste restante), 2 km südlich des Zentrums. Neben dem Nahverkehrs-Busbahnhof gibt es noch eine kleinere Filiale.

Nahverkehr

Allgemein übliches Transportmittel sind **Motor-Rikschas**, aber auch per Fahrrad lässt sich in und um Junagadh viel entdecken – mit ein bisschen Beinarbeit gelangt man sogar zum Mount Girnar. Ganz passable **Fahrräder** verleiht ein Laden unmittelbar westlich vom Chittakhana Chowk sowie das Relief Hotel.

Transport

Wer mit dem Bus oder Zug in Junagadh ankommt, befindet sich bereits in Laufweite zu allen Hotels.

Busse
Vom Langstrecken-Busbahnhof werden Ziele im ganzen Bundesstaat angesteuert, z. B. fahren regelmäßig Busse nach UNA und DIU (Direktverbindungen nach Diu um 7.45 und 14.30 Uhr; 5 Std.).
Mahasagar Travels, unweit des Bahnhofs, ✆ 0285-262 6085, verkauft Tickets für Busse privater Gesellschaften, u. a. nach MUMBAI (18 Std.). Eine Filiale befindet sich am Kalwa Chowk, ✆ 0285-262 1913.
Busse nach:
AHMEDABAD (stdl., 8 Std.),
JAMNAGAR (stdl., 5 Std.),
PORBANDAR (10x tgl., 3 Std.),
RAJKOT (stdl., 2 1/2 Std.),
VERAVAL (alle 30 Min., 2 Std.).

Eisenbahn

Alle Züge nach Rajkot, Ahmedabad und zur Südküste halten in Junagadh. Der Jabalpur Express Nr. 1465 fährt um 11.45 Uhr (6 1/2 Std.) über Rajkot (Ankunft um 13.50 Uhr) nach AHMEDABAD. Es gibt auch tgl. Verbindungen nach VERAVAL, SASAN GIR und DELWADA (Richtung Diu). Busse zu den letzteren beiden Zielen sind zwar schneller, aber weniger komfortabel.

Züge nach:
AHMEDABAD (1–3x tgl., 8 1/4–10 Std.),
DELWADA (Richtung Diu) (1x tgl., 6 Std.),
RAJKOT (4x tgl., 3 1/4–5 Std.),
SASAN GIR (1x tgl., 2 1/2 Std.),
VERAVAL (3x tgl., 2–3 1/2 Std.).

Flüge

Regelmäßige Verbindungen nach MUMBAI (1x tgl., 2 1/4 Std.).

Veraval und Somnath

Der Fischerort **Veraval** liegt auf halber Strecke zwischen Porbandar und Diu. Die Stadt ist Ausgangspunkt für einen Besuch im 5 km entfernten Somnath, Heimat eines Tempels, der zu den zwölf *jyotrilingams* Shivas gehört. Seine Vishnu-Schreine und seine Verbindung mit Krishna – der zur Zeit des Mahabharata mit den Yadavas hier gelebt haben soll – machen den Ort außerdem zu einem bedeutenden Pilgerziel für die Vaishnaviten.

Somnath besteht aus nur wenigen Straßen und einem Busbahnhof, nicht einmal sein berühmter **Tempel** (◑ tgl. 6 – 21.30 Uhr, Fotografieren verboten) am Meer ist besonders faszinierend anzusehen – dafür gestaltet sich die damit verbundene Geschichte umso interessanter. Der Legende nach soll er früher als **Prabhas Patan** bekannte Stätte dem Saft einer Pflanze namens Soma gewidmet gewesen sein, die bei Ritualen verwendet und im *Rigveda* wegen ihrer erleuchtenden Kräfte (und ihrer halluzinogenen Effekte) hoch geschätzt wurde. Auf Geheiß des Sonnengottes entstand der Tempel zunächst aus Gold, der Mondgott soll ihn ein zweites Mal in Silber erschaffen haben, Krishna ordnete seine Errichtung in Holz an und schließlich wurde das Gebäude von Bhima, dem stärksten der fünf Pandava-Brüder aus dem *Mahabharata*, in Stein erbaut.

Die erste verlässliche Aufzeichnung datiert den Tempel jedoch auf das 10. Jh., als er dank großzügiger Spenden von Gläubigen zu Reichtum gelangte. Unglücklicherweise kam dieser Reichtum dem brutalen Bilderstürmer Mahmud von Ghazni zu Ohren, der das Heiligtum zerstörte und seine Reichtümer (inklusive der kunstvoll gearbeiteten Tore aus Sandelholz) nach Afghanistan entführte.

In den darauffolgenden sieben Jahrhunderten durchlebte das Bauwerk eine wechselvolle Zeit aus Wiederaufbau und Plünderung, lag nach dem letzten Raubzug von Aurangzeb jedoch 200 Jahre lang in Trümmern, bevor man 1950 mit dem jüngsten Wiederaufbau begann. Von seiner Originalstruktur ist heute leider nur wenig erhalten.

Obwohl der Tempel im Stil der Solanki-Architektur entworfen wurde, besteht er aus hässlichem modernen Stein. Gottesdienste werden jeweils um 7, 12 und 19 Uhr abgehalten.

Das **Architekturmuseum** nördlich des Tempels beherbergt zahlreiche architektonische Schätze aus dem Tempel, darunter Statuen, Türstürze, Teile der Deckensäulen, Friese und *toranas* aus dem 10. bis 12. Jh. ◑ tgl. außer Mi und 2./4. Sa im Monat 10.30–17.30 Uhr.

Das mit haufenweise seetüchtigen Artefakten bestückte **Museum** von Somnath ist in einem grässlichen Betonbau gegenüber vom Busbahnhof untergebracht. ◑ 10.30–17.30 Uhr, Mi sowie jeden 2. und 4. Sa im Monat geschlossen, Eintritt Rs50.

Vor dem Busbahnhof warten Tongas und Rikschas, um die Pilger zu den Tempelstätten östlich von Somnath zu bringen. Am bedeutendsten davon ist **Triveni Tirth** im Mündungsdelta der Flüsse Hiran, Saraswati und Kapil – ein friedlicher Ort, der allerdings nur mit ein paar unspektakulären neueren Tempeln aufwartet. Zuvor passiert die Straße den alten **Surya Mandir**, der aus der Solanki-Ära stammt, aber heute von einem neueren Tempel und nahe stehenden Betonhäusern fast erdrückt wird.

Übernachtung

Veraval

Veraval bietet ein größeres Angebot an Unterkünften als Somnath, Gestank und Dreck der Stadt schrecken Touristen allerdings ab.
Hotel Kaveri, Akar Complex, ST Rd, ✆ 02876-220842, ✆ 240140. Das beste Haus am Platz bietet saubere, komfortable und gut ausgestattete Zimmer (teils AC) mit TV und heißer Dusche. ❹–❺
Tourist Bungalow, College Rd, ✆ 02876-220488, am Stadtrand nahe der Küste und dem Leuchtturm, ✆ 02876-20488. Große Zimmer, ein Schlafsaal (Rs125) und ein halbwegs akzeptables Restaurant. Wenig besucherfreundliche Checkoutzeit um 9 Uhr. ❸–❹
Hotel Utsav, gegenüber dem Busbahnhof, ✆ 02876-22306. Nicht gerade sauber, aber eine Option, wenn man aufs Geld schauen muss. ❷–❹

Somnath

Shivam, versteckt in einer Seitenstraße unweit des Tempels, ✆ 02876-233086. Die beste Unterkunft vor Ort ist modern und bietet saubere Zimmer (teils AC). ❸–❹
Mayuram, südöstlich vom Busbahnhof mit einem Schild auf Gujarati, ✆ 02876-231286. Etwas bessere Preise als das Nandi. ❷–❸
Nandi, unweit des Architekturmuseums, ✆ 02786-231839. ❷–❸

Essen

Veraval

Das komfortable und klimatisierte **Sagar**, nahe dem Uhrenturm, bietet eine abwechslungsreiche vegetarische Speisekarte mit indischen, chinesischen und einigen kontinentalen Gerichten. In der Nähe serviert die **Prakash Dining Hall** leckere Gujarat-*thalis*.
Obwohl Veraval zu den größten Fischereihäfen Indiens zählt, haben nur wenige Restaurants Seafood im Angebot. Wer nicht auf guten Fisch verzichten möchte, begibt sich zum **Park Hotel**, an der Zufahrtstraße von Junagadh, das über ein vegetarisches und ein nicht-vegetarisches Restaurant verfügt. Anfahrt per Motor-Riksha von der ST Rd (Rs25).

Somnath

Die **Tempelstiftung** tischt in ihrem einfachen Speisesaal unweit des Parkplatzes vor dem Tempel günstige vegetarische *thalis* auf.

Transport

Busse

Der **Busbahnhof** von Veraval, ✆ 02876-221666, liegt zehn Gehminuten westlich der Stadt. Es bestehen gute Verbindungen nach Junagadh, Porbandar und Dwarka. Außerdem fahren Regionalbusse nach Diu, aber die Fahrzeuge sind langsam und die Straßen schlecht, sodass man mit einem Taxi wohl besser bedient ist. Busse nach SASAN GIR fahren ab 8 Uhr alle 2 Std. los (Fahrtdauer 1 Std.). Die Busse nach SOMNATH (alle 15–30 Min.) halten ein paar hundert Meter östlich des Shiva-Tempels.

Eisenbahn

Die Züge aus JUNAGADH (2 Std.), RAJKOT (5 Std.) und AHMEDABAD (12 Std.) kommen am **Bahnhof**, ✆ 02876-220444, 1 km nördlich der Stadt an. Wer von Veraval aus eine lange Zugreise antritt, erreicht sein Ziel am schnellsten mit Umsteigen in Rajkot. Der Zug nach Sasan Gir (2 Std.) fährt um 9.40 Uhr ab.

Gir-Nationalpark

Der **Asiatische Löwe** – durch die Jagd, die Abholzung der Wälder und die Wilderei im übrigen Indien bereits 1880 ausgerottet – kommt in freier Wildbahn nur noch auf rund 1150 km² des hügeligen Gir Forest vor. Allein im 260 km² großen **Gir-Nationalpark** leben um die 325 Asiatische Löwen. Sie teilen sich das Gebiet mit Viehzüchtern vom Stamm der Maldhari, deren Haupteinkommensquelle Büffelmilch ist. Viele Familien wurden inzwischen umgesiedelt – diejenigen, die nach wie vor innerhalb der Parkgrenzen leben, erhalten für jeden von den Löwen gerissenen Büffel Schadensersatz. Außerdem sind im Nationalpark etwa 200 **Leoparden** beheimatet, die man hier häufiger zu Gesicht bekommt als in jedem anderen indischen Park.

Ausgangspunkt für einen Besuch im Gir-Nationalpark ist **Sasan Gir**, 60 km südöstlich von

Der Asiatische Löwe

Der seltene Asiatische Löwe *(panthera leo persica)* ist heller und zotteliger als die verbreitere afrikanische Rasse; außerdem hat er eine längere Schwanzquaste, markantere Fellbüschel am Beingelenk und eine größere Bauchfalte. Vermutlich kamen die Löwen von Persien nach Indien und waren zu Zeiten Buddhas im indischen Flachland weit verbreitet. Um 300 v. Chr. bemühte sich Kautilya, der Minister von Chandragupta Maurya, um ihren Schutz, indem er bestimmte Gebiete zu abharaya aranyas („Wälder frei von Angst") erklärte. Später verbot **Ashoka** auf seinen Felsedikten das Jagen der majestätischen Tiere – sein Hoheitszeichen, das auf allen indischen Banknoten abgebildet ist, zeigt vier Asiatische Löwen, die mit dem Rücken zueinander stehen.

Im 19. Jh. wurde der Asiatische Löwe, Sinnbild der Macht, zum beliebtesten Jagdwild der indischen Herrscher und bereits 1913 – nicht lange nachdem der Nawab von Junagadh die Löwen zur geschützten Spezies erklärt hatte – gab es nur noch 20 Exemplare. 1969 ernannte man den Gir Forest zum Reservat und sechs Jahre später zum Nationalpark – seitdem ist die Zahl der Löwen wieder auf über 350 gestiegen, obwohl die Art nach wie vor sehr gefährdet ist. Im März 2007 wurden acht der Großkatzen von Wilderern erschossen und illegale Baumfällarbeiten sind immer noch üblich. Durch den Park verlaufen drei große Straßen und eine Eisenbahnlinie. Vier Tempel ziehen jährlich rund 80 000 Pilger an – natürlich resultiert daraus Lärm und Verschmutzung. Außerdem kommt es immer häufiger vor, dass die Tiere die Parkgrenzen überschreiten und Mensch und Tier attackieren, woraufhin die Dorfbewohner mit Giftködern reagiert haben.

Mittlerweile gibt es Pläne für ein zweites Reservat – möglicherweise in einem anderen Staat – das die Gefahr der Ausrottung der gesamten Gruppe durch Infektionskrankheiten ausschließen soll. Die Umsetzung ist allerdings noch nicht gesichert. Weitere Infos unter 🖳 www.asiatic-lion.org.

Junagadh und 45 km nordöstlich von Veraval. Der beste Anlaufpunkt, um sich mit Park und Einrichtungen vertraut zu machen, ist das hübsch präsentierte **Gir Orientation Centre**, zur Rechten des Eingangs zum ummauerten Hauptquartier des Parks. **Permits** werden im Park Information Centre ausgestellt, auf der anderen Straßenseite hinter dem Souvenirshop. ⏰ 9–18 Uhr; Der Eintritt beträgt Rs250, plus Rs250 pro Kamera. Des Weiteren wird man mit einem Rs500 teuren Permit für Fahrzeuge (drei Tage gültig) zur Kasse gebeten und entrichtet eine obligatorische **Führungsgebühr** von Rs500. Außerdem muss man für die 2 1/2- bis 3-stündige Tour am Orientation Centre einen Jeep mieten (Rs500, maximal 6 Passagiere).

Natürlich hat man nicht immer das Glück, einen Löwen zu erspähen. Da die Tiere jedoch inzwischen an menschliche Geräusche und die Jeeps gewöhnt sind, laufen sie normalerweise nicht weg. Die besten Chancen bieten sich im Sommer, wenn die Löwen zum Trinken an den Wasserlöchern zusammenkommen. In **Dewaliya**, einem teilweise umzäunten Parkabschnitt mit der Bezeichnung „Gir Interpretation Zone", bekommt man garantiert Löwen zu sehen: Der Bereich wird regelmäßig von in Sasan Gir abfahrenden Jeeps angesteuert (Rs200 hin und zurück). Minibusse fahren die Besucher dann vom Zentrum zu den zahmen Löwen. Überraschenderweise bekommt man einen recht guten Eindruck von ihrem Leben „in freier Wildbahn", denn auch hier müssen sie ihr Futter selbst erjagen – wenngleich die Hirsche nur wenig Platz zum Entkommen haben. ⏰ tgl. außer Mi 8–11 und 15–17 Uhr; Eintritt Rs250; Jeep Rs500; Führer Rs500.

Übernachtung und Essen

Sasan Gir selbst besteht aus wenig mehr als einer von Abfall übersäten Hauptstraße mit *chai*-Ständen und hässlichen Betonblocks. Es ist zu beachten, dass die in der Hochsaison (Dez) gültigen Hotelpreise in der Nebensaison (Juni/Juli) um bis zu 70 % fallen können. Nicht zu empfehlen ist die mittelmäßige und überteuerte **Sinh Sadan Forest Lodge** mit frisch gestrichenen, aber spartanischen Zimmern unter Verwaltung des Forest Department. Eine

> **Dschungel-Resort**
>
> **Anil Farmhouse**, an der Hauptstraße nach Junagadh, 4 km vom Sasan Gir entfernt, ✆ 02877-285590. Saubere und komfortable Zimmer mit Warmwasser und ein schöner Garten. Hervorragendes Preis-Leistungs-Verhältnis. Buffet-Mahlzeiten für Rs100 in einem schlichten Speisesaal. ❹

der besseren Billigunterkünfte ist das ganz in der Nähe gelegene **Umang**, ✆ 02877-285590, ❸–❹. Wer mit einem eigenen Fahrzeug unterwegs ist, kann eines der beiden Hotels in den Mango-Plantagen in der Umgebung des Parks in Betracht ziehen.
Gir Birding Lodge, am Bambaphor Gate des Schutzgebiets, ✆ 079-2630 2019, ✉ nwsafaris@hotmail.com. Zimmer im Hauptgebäude (US$85–95) und in Cottages. Zu den Extras zählen eine naturgeschichtliche Bibliothek und ein freundlicher Naturführer, der mit Gästen Wanderungen zur Vogelbeobachtung am Ufer des nahe gelegenen Flusses unternimmt. Das Restaurant serviert gute indische und westliche Speisen. ❾
Gir Lodge, in einer Gasse zur Rechten des Orientation Centre mit Rückseite zum Park, ✆ 02877-285521, ✉ sasan_gir@tajhotels.com. Das elegante, zur Taj-Kette gehörende Hotel ist die beste Unterkunft in der Nähe des Busbahnhofs. Die "Superior"-Zimmer (US$80–90) mit kleiner Veranda und Blick auf den Fluss, wo abends gelegentlich Löwen beim Trinken beobachtet werden können, sind den Aufpreis auf jeden Fall wert. ❾

> **Transport**
>
> Zwischen Sasan Gir und JUNAGADH (1 1/2–2 1/2 Std.) sowie VERAVAL (1 Std.) bestehen Verbindungen mit **Bus** und **Bahn**. Wer nach DIU möchte, fährt zunächst mit dem Bus nach UNA und steigt dort um (2 1/4 Std.).

Diu

Vor der Südspitze von Saurashtra liegt die weniger als 12 km lange und nur 3 km breite Insel Diu, die bis vor 40 Jahren der Kontrolle Portugals unterlag. Heute wird sie als Unionsmitglied zusammen mit Daman von Delhi aus regiert, und ihre entspannte Atmosphäre unterscheidet sie von jedem anderen Ort in Gujarat. Obwohl die kleinen Strände nicht so idyllisch sind wie in Goa, bleiben die meisten Besucher doch länger als ursprünglich geplant – sie vertreiben sich die Zeit in den Cafés, erkunden das Eiland per Rad oder machen Spaziergänge über die Klippen. Vielleicht hat die lockere Stimmung auch ein wenig damit zu tun, dass man überall auf der Insel Alkohol bekommt.

Dreh- und Angelpunkt des Eilands ist **Diu Town** im Osten; ein Labyrinth kleiner Gässchen mit hübschen portugiesischen Häusern bilden die **Altstadt** und über dem Golf von Cambay thront eine gebieterische **Festung**. An der Nordküste verläuft die Hauptstraße durch Salzbecken und Sumpfebenen, in denen Schwärme von Wasservögeln leben, darunter Flamingos, die zu Beginn des Frühlings hier eine Pause zur Nahrungsaufnahme einlegen. Die Route entlang der Südküste führt vorbei an Felsklippen und Stränden, von denen **Nagoa Beach** der beliebteste ist, und endet im äußersten Westen der Insel im Fischerdorf **Vanakbara**.

Geschichte

Die frühesten Aufzeichnungen über Diu stammen aus dem Jahre 1298, als die Insel von der Chudasana-Dynastie beherrscht wurde. Kurz danach fiel sie, wie ein Großteil von Gujarat, in die Hände der Moslems und wurde ab 1349 von Mohammed bin Tughluq regiert, der erfolgreich den Schiffsbau förderte. Diu blühte als Hafen von Gujarat und stand ab 1510 unter der Herrschaft des Ottomanen Malik Ayaz, dem es 1520 und erneut 1521 gelang, die Belagerung der **Portugiesen** abzuwehren. Diese waren sich jedoch der strategischen Position von Diu für den Handel mit Arabien und dem Persischen Golf bewusst und gaben nicht auf, zumal sie bereits in Daman Fuß gefasst hatten. Unter **Nuno da Cunha** versuchten sie 1531 ein weiteres Mal vergeblich,

DIU ISLAND

Übernachtung
- Ganga Sagar — B
- Radhika Beach Resort — C
- Resort Hoka — D
- Richie Rich — A

Club
- Footloose Disco — 1

die Insel zu erobern. 1535 wurde Sultan Bahadur von Gujarat ermordet, der sich für ein Friedensabkommen ausgesprochen hatte. Die Portugiesen übernahmen die Kontrolle und errichteten sofort eine Festung und eine starke Mauer rund um die Stadt.

Zwar lief der Handel unter den neuen Herrschern weiter, aber vielen Ortsansässigen widerstrebte es, mit ihren Steuern die Geldbeutel der Portugiesen weiter zu füllen. Sie unternahmen eine Reihe von Raubzügen auf portugiesische Schiffe, welche die Portugiesen ebenso abwehrten wie die Angriffe von Mogoln und Arabern. Erst 1961 wurden sie mit Bomben von der indischen Regierung vertrieben, die Diu in ihr Territorium eingliederte.

Diu Town

Das kleine Diu Town wird im Osten von der Festung und im Westen von einer Mauer geschützt. Mitten im Labyrinth enger Gassen des **Old Portuguese District** liegt in der Makata Road eine der schönsten Villen der Insel, **Nagar Seth's Haveli**.

Von hier kann man zum **Fischmarkt** gegenüber der Moschee spazieren, wo die Frauen der Fischer von der Nordküste den morgendlichen Fang auf Stofftüchern ausgebreitet zum Verkauf anbieten.

Zwar verschwindet die christliche Bevölkerung – und deren alte Sprache – allmählich, doch sind ein paar ihrer **Kirchen** nach wie vor in Benutzung. Unter den hohen Decken und bemalten Säulen der **St Paul's Church** werden Messen auf Portugiesisch abgehalten, während die **St Thomas's Church** jetzt als Museum und Gasthaus fungiert (🕐 tgl. 8–21 Uhr; Spenden erbeten) und die **St Francis of Assisi Church** teilweise vom örtlichen Krankenhaus belegt ist.

Dius **Festung**, die seit dem 16. Jh. der von drei Seiten heranrollenden Brandung trotzt, beheimatet inzwischen Vögel, Schakale und das Stadtgefängnis. Dank ihres breiten Burggrabens und ihrer Lage konnte sie sowohl Angriffen vom Land als auch vom Wasser widerstehen – nur den Luftangriff der indischen Regierung im Jahre 1961 hatte sie nichts zu entgegnen (man beachte das Loch über dem Kirchenaltar). Bei einem Streifzug durch die Anlage, die mehr oder weniger in den Händen der Natur liegt, stolpert man immer wieder über jahrhundertealte Kanonenkugeln und genießt einen wunderschönen Blick über das Meer und die Insel. Unmittelbar vor der Küste liegt das sonderbare, in Schiffsform konstruierte **Panikotha Fort**, das durch einen Tunnel mit dem Festland verbunden ist. Sie darf zwar nicht betreten werden, doch am Hafen kann man ein Fischerboot (Rs60) mieten, um die Festung von außen zu betrachten. ⊙ tgl. 8–18 Uhr.

Rund um die Insel

Klippen und natürliche Felsbecken dominieren die Südküste von Diu, nur ab und zu unterbrochen von einem Stück Strand. Unmittelbar südlich von Diu Town liegt der idyllische Sandstrand **Jallandhar Beach**, etwas weiter westlich, am Fuße eines Hügels und direkt vor den Stadtmauern, der größere **Chakratirth Beach**. Letzterer gilt in vielerlei Hinsicht als schönster Strand der Insel, zumal er meist menschenleer ist und man in Ruhe ein Bad nehmen kann, was besonders allein reisende Frauen zu schätzen wissen. Am nahen **Sunset Point** ist regelmäßig ein romantisches Spektakel zu sehen, wenn die Sonne wie eine goldene Scheibe in den Wellen versinkt. Der längste und einzige erschlossene Strand von Diu, **Nagoa Beach**, 7 km westlich der Stadt, verfügt über mehrere Hotels, Strände und ein paar Kamele, die Touristen als Reittiere angeboten werden; leider müssen sich Sonnenanbeter, das gilt insbesondere für Frauen, auf häufige Belästigungen einstellen. Busse fahren von Diu Town nach Nagoa, die Fahrzeiten ändern sich jedoch ständig und können beim Tourist Office erfragt werden.

Wer ein eigenes Fahrzeug hat, sollte unbedingt auch dem stets einsamen **Gomtimata Beach** zwischen Nagoa und Vanakbara einen Besuch abstatten.

Wenig außerhalb der Stadt führt eine Abzweigung von der Nagoa Rd nach **Fudam**, einem hübschen Dorf mit blassgelb und taubengrau getünchten Häusern im portugiesischen Stil. Hier wurde eine Kirche zu einem Krankenhaus umgestaltet, und in der Dorfmitte lädt eine von Palmwedeln beschattete **Bar** zur Rast ein. Folgt man der Nagoa Road weiter gen Westen, so kommt kurz vor dem Flughafen das **Muschelmuseum** (Shell Museum) ins Blickfeld. Es beherbergt die persönliche, über einen Zeitraum von 42 Jahren zusammengetragene Sammlung von Captain Fulbari, einem alten Seebären, der fast sein ganzes Leben auf den Weltmeeren verbrachte und von Stränden in allen Winkeln der Erde Muscheln mit nach Hause brachte. ⊙ tgl. 9–18 Uhr, Eintritt Rs10.

Übernachtung

Die nachfolgenden Preisangaben beziehen sich auf die Hochsaison. Zu besonderen Anlässen, vor allem Divali und Holi, muss mit Erhöhungen gerechnet werden, während die Preise in der Nebensaison um bis zu 70 % sinken. An Festtagen herrscht häufig eine streitsüchtige Stimmung, angeheizt durch den frei verkäuflichen Alkohol.

Diu Town

Apana, Fort Rd, ✆ 02875-252650, ✉ 252309. „Der Pfau" ist ein großes, professionell geführtes Hotel mit erheblichen Rabatten in der Nebensaison. Die besten Zimmer haben Balkon mit Meerblick, die billigeren befinden sich hinter dem Restaurant und haben Laminatfußboden und hohe Decken. ❹–❻

Cidade de Diu, nahe Collectorate Rd, hinter Samrat, ✆ 02875-254595, 🖥 www.cidadedediu.com. Diu Towns Tophotel wirkt von außen unheimlich kitschig: in pink, lila und weiß gehalten und nachts von blinkenden Neonlichtern erhellt. Zum Glück sind die Zimmer deutlich geschmackvoller und bieten allen Komfort. ❻–❼

Jay Shankar, Jallandhar Beach, ✆ 02875-252424. Das gesellige Restaurant und die gute Lage in Strandnähe machen es zu einem beliebten Traveller-Treff. Allerdings weisen die Zimmer mittlerweile deutliche Gebrauchsspuren auf. ❷–❸

Übernachtung in der Kirche

Sao Tome Retiro, St Thomas's Church, ✆ 02875-253137. Klassische Unterkunft mit gradlinigen Zimmern in einer stimmungsvollen alten portugiesischen Kirche. Ist alles belegt, kann man auf dem Dach übernachten (Rs100). Jeden zweiten Abend gibt es das legendäre *all-you-can-eat*-BBQ (Rs100), zu dem nicht nur Hotelgäste willkommen sind. ❷–❸

Diu Town

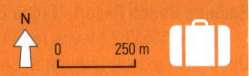

Una – GOGHLA

Panikotha

Gemüsemarkt
Hafen
MAIN SQUARE
FORT RD
Fischmarkt
GPO
Busbahnhof
Bank
St Thomas's Church
Hirschpark
Nagar Seths Haveli
OLD PORTUGUESE DISTRICT
St Paul's Church
Fort
Fahrradläden
St Francis of Assisi Church
Nagoa
Gangeshwar
Chakratirth Beach
Circuit House
Jallandhar Beach
ARABISCHES MEER

Restaurants und Bars
Apana	A
Dee Pee Bar	1
Casa Luxo	1
Heranca Goesa	5
O'Couqueiro	4
Shri Ram Vijay	2
Uma Shakti	3

Übernachtung
Apana	A
Cidade de Diu	E
Jay Shankar	G
Samrat	B
Sanman Palace	B
São Tome Retiro	F
Super Silver	D

Gujarat

Samrat, Collectorate Rd, ✆ 02875-252354, ✉ samrat_diu@yahoo.com.in. Gute Mittelklasse-Option für alle, die sich nicht am wild zusammengewürfelten Einrichtungsstil stören (z. B. orangefarbene Wände und Bettwäsche mit Schottenmuster) – vor allem da die Preise hier durchaus verhandelbar sind. ❺

Sanman Palace, Fort Rd, ✆ 02875-253031. Renovierte Kolonialvilla, deren antikes Äußeres sich leider nicht bis in die Zimmer fortsetzt. Diese sind dennoch komfortabel und das DZ mit AC ist ein echtes Schnäppchen. ❻

Super Silver, Super Silver Marketing Complex, ✆ 02875-252020, ✉ hotel_supersilver@rediff.com. Beliebt bei ausländischen Touristen. Saubere, preiswerte Zimmer – u. a. 3-Bett-Zimmer und beengte 4-Bett-Zimmer – alle mit TV, teils mit grellen blauen Streifen. Büchertausch und gemütliche Dachterrasse. ❷–❹

Übrige Insel
Ganga Sagar, Nagoa Beach, ✆ 02875-252249. Fantastische Uferlage, aber etwas abgenutzte, gefliese Billigzimmer. ❹

Radhika Beach Resort, Nagoa Beach, ✆ 02875-252553, 🖥 www.radhikaresort.com. Die beste Luxusunterkunft außerhalb von Diu Town. Zimmer mit Bad und teilweise Meerblick. Liebevoll angelegter Garten, Pool, kleines Fitness-Center und Restaurant/Bar. ❼–❽

Resort Hoka, nahe Nagoa Beach, ✆ 02875-253036, 🖥 www.resorthoka.com. Ansprechendes Hotel mit einladenden Zimmern. Gemeinschaftsräume mit Hängematten, Palmenhaine und ein Restaurant mit sehr guten Fischgerichten. ❻–❼

Richie Rich, Nagoa Beach, ✆ 02875-255355, 🖥 www.richirichresort.com. Flachbau-Resort mit etwas beengten Zimmern, Kabel-TV und heißen Duschen. ❺

Essen

In gastronomischer Hinsicht haben die Portugiesen leider nicht viel mehr als den freien Alkoholausschank hinterlassen. Snacks bekommt man den ganzen Tag über auf dem Main Square von Diu Town. Eine besondere Attraktion ist der mit Breakdance und Jonglierkünsten unterhaltende Lassi-*wallah*. Viele Bars schließen nachmittags sowie ab 22 Uhr, Restaurants haben häufig länger geöffnet. Für den einen oder anderen Drink empfehlen sich die von Minikanonen flankierte **Dee Pee Bar** und die benachbarte 60er-Jahre-Bar **Casa Luxo**. Dius einziger Nachtclub ist die **Footloose Disco** im Hotel Kohinoor mit einer winzigen Tanzfläche und Pop-Klassikern.

Apana, Apana Hotel, Fort Rd. Belebte Gartenterrasse mit Meerblick. Ganztägig warme Küche mit köstlichen Tandoori-Spezialitäten (Rs80–140).

Frühstück unter Palmen

O'Couqueiro, an der Straße hinter dem Hotel Cidade de Diu. Familienbetriebenes Gartenrestaurant mit Lampions und Palmen. Frühstück mit Müsli und Joghurt, Pastagerichte mit italienischem Olivenöl und Parmesan, sowie Fish'n' Chips (Rs90–140). Die Besitzer erlauben gerne, einen mitgebrachten MP3-Player an ihre Lautsprecher anzuschließen.

Herancca Goesa, nahe Diu Museum, ✆ 02875-253851. Gemütliches Lokal in einem Privathaus und eines der wenigen in Diu mit portugiesisch-goanischen Speisen wie dem Hühnchen-*peri peri* und schmackhaftem *bebinca pudding* (Rs40–100). Am besten reserviert man einen Tisch zum Dinner. Und wenn einen die familiäre Atmosphäre anspricht, steht auch ein lauschiges DZ ❽ zur Verfügung.

Shri Ram Vijay, nahe Main Square. Amerikanisches Kleinstadt-Feeling in einer Eisdiele mit selbstgemachter Eiscreme (Rs12–20 pro Kugel), Früchtebechern, Bananensplits und Shakes.

Uma Shakti, hinter dem Gemüsemarkt. Lockeres Dachrestaurant mit Blick über Diu Town. Leckeres Frühstück mit Pancakes und Cornflakes sowie deftigere Hauptmahlzeiten (Rs60–90).

Sonstiges

Fahr- und Motorräder

Babu vom **Apana Hotel** vermietet Motorräder und Roller für Rs125–200 pro Tag.

A–Z Tourist Centre, im Old Portuguese District, arrangiert Mietfahrzeuge, Mopeds und Fahrräder (rund Rs50 pro Tag) sowie Fahrkarten für Bus und Bahn oder Flugtickets.

Geld

Die **State Bank of Saurashtra** nahe Main Square, tauscht Geld und hat einen Geldautomaten.

Informationen

Touristeninformation, am Hafen gegenüber dem Main Square, ✆ 02875-252653, 🖥 www.diuindia.com. Bietet kaum etwas außer Kartenmaterial. ⏲ Mo–Sa 9–13.30 und 14.30–18 Uhr.

Internet

Zugang bieten u. a. das **A–Z Tourist Centre** im Old Portuguese District (Rs30 pro Std.) und das **Uma Cyber Café** unterhalb vom Uma Shakti Hotel und Restaurant (Rs40 pro Std.).

Post

GPO, auf der Westseite des Main Square, die Treppen hoch. ⏲ Mo–Sa 8–12 und 14–17 Uhr.

Reisebüros

Goa Travel, am Main Square, ✆ 02875-252180, günstige Adresse für die Buchung von Bus-, Bahn- und Flugtickets.
Panchmurthi Travels, ✆ 02875-252515, zuverlässiges Reisebüro für die Buchung von Busfahrkarten.

Nahverkehr

Taxis und **Motor-Rikschas** stehen in der ganzen Stadt zur Verfügung. Es gibt eine abendliche **Bootstour**, die während der Hauptsaison täglich um 19.30 Uhr beginnt (Rs110 inkl. Drink).

Transport

Normalerweise gelangt man von Goghla, einem kleinen Festland-Fischerdorf mit schlichten Hotels, über die neue Brücke direkt nach Diu Town. Wer aus dem Westen der Halbinsel anreist, nimmt möglicherweise die andere Brücke, die bei Tad auf die Insel trifft.

Busse

Der **Busbahnhof** befindet sich nahe der Brücke nach Goghla, keine zehn Minuten zu Fuß vom Zentrum. Von hier fahren staatliche Busse nach PORBANDAR, RAJKOT, JAMNAGAR und VERAVAL. Wer nach PALITANA möchte, nimmt den tgl. Bus nach Bhavnagar und steigt in Talaja um. Mehrere Privatunternehmen wie Shivshakti und Swaminarayan unterhalten Verbindungen mit komfortableren Bussen vom Hauptbusbahnhof nach Bhavnagar, Rajkot, Ahmedabad, Porbandar und Mumbai.
Busse von Diu Town nach:
AHMEDABAD (2–4x tgl., 11–12 Std.),
JUNAGADH (4x tgl., 5 1/2 Std.),
RAJKOT (4x tgl., 7 1/2 Std.),
UNA (alle 30 Min., 1/2–3/4 Std.),
VERAVAL (4x tgl., 3 Std.).

Eisenbahn

Tempos, Motor-Rikschas und Busse (alle 30 Min.) verbinden Diu Town mit dem nächstgelegenen Bahnhof in Delwada.
Züge von Delwada nach:
JUNAGADH (1x tgl., 6 Std.),
SASAN GIR (1x tgl., 4 Std.),
VERAVAL (1x tgl., 2 3/4 Std.).

Flüge

Jet Airways, Büro am Flughafen, ✆ 02875-253542, fliegt tgl. außer Sa via PORBANDAR (6x wöchentl., 1/2 Std.) nach MUMBAI (6x wöchentl., 2 3/4 Std; US$110).

Bhavnagar

Die Hafenstadt Bhavnagar wurde 1723 vom Gohil-Rajputen Bhavsinghji gegründet, dessen Vorfahren im 13. Jh. aus Marwar (Rajasthan) nach Gujarat gekommen waren. Die Stadt, ein wichtiges Handelszentrum mit Hauptexportware Baumwolle, hat zwar wenig Sehenswürdigkeiten, aber einen faszinierenden Basar in der Altstadt, und es bietet sich an, vor der Weiterreise Richtung Südwesten zum wundervollen Jain-Tempel von Palitana hier ein oder zwei Nächte zu verbringen.

Bhavnagar ist Ausgangspunkt für die ebenso gigantische wie umstrittene **Schiffabwrackungsanlage in Alang**, wo 20 000 hochbezahlte Arbeiter Schiffe mit bloßen Händen und mit Hilfe von Sprengstoff buchstäblich auseinanderreißen. Das Betreten der Anlage ist für Ausländer verboten, seitdem Greenpeace den Ort mit der roten Flagge für Umweltverschmutzung, Giftmüll und gefährliche Arbeitsbedingungen gebrandmarkt hat. Bhavnagar ist Saurashtras Kulturhauptstadt und hat eine Reihe berühmter Künstler und Schriftsteller hervorgebracht. Der bekannteste Sohn der Stadt ist der Poet Jhaverchand Meghani, der in der indischen Freiheitsbewegung eine tragende Rolle gespielt hat. Die Einheimischen behaupten außerdem, das grammatikalisch korrekteste (oder „reinste") Gujarati zu sprechen.

Hauptanziehungspunkt ist die Altstadt mit ihren quirligen Märkten, ihren kunstvoll geschnitzten Holzbalkonen und ihren vornehmen, säulengestützten Fassaden früherer Kaufmannshäuser. Zum typischen Kunsthandwerk der Region gehören *bandhani*-Knüpfbatiken und fabelhafte Perlarbeiten.

Der marmorne **Ganga Devi Mandir** beim Ganga Jalia Tank in der Stadtmitte besitzt eine große Kuppel und kunstvolles Gitterwerk an den Wänden, während der unspektakuläre **Takhteshwar-**

Tempel auf einem Berg südlich des Zentrums einen schönen Blick bis zum Golf von Cambay im Osten gewährt.

Südöstlich des Stadtzentrums, an der Straße zum Diamond Chowk, zeigt das **Gandhi Smriti Museum** alte Sepia-Fotos des Mahatma, der eine Zeitlang am hiesigen Shamaldas Arts College & Sir PP Science Institute studierte. Eine ihm gewidmete Gedenktafel steht im Vorhof des imposanten Gebäudes aus den 80er Jahren des 19. Jhs. Das **Baron Museum** eine Treppe tiefer zeigt planlos zusammengestellte buddhistische, hinduistische und Jain-Statuen, mittelalterliche Bronzen und Harappa-Keramik, Agrarwerkzeuge, Münzen aus den Fürstentümern Saurashtra und Kutch, Waffen sowie eine Sammlung von Kunsthandwerksobjekten aus ganz Indien. Der Laden **Khadi Gramodyog** im selben Gebäude führt eine gute Auswahl an Baumwollhemden aus Gujarat. ⏱ beide Mo–Sa außer 2./4. Sa im Monat 9–18 Uhr, Eintritt Rs3.

Bhavnagar besitzt ferner eine Vielzahl beeindruckender Gebäude – darunter das staatliche Krankenhaus mit seinen riesigen Kuppeln und Bögen –, mit denen die Maharadschas seinerzeit prominente Architekten wie Sir William Emerson beauftragten. Zu dessen Arbeiten zählen auch das Victoria Memorial und der Crawford Market in Mumbai.

Übernachtung

Apollo, ST Station Rd, gegenüber dem Busbahnhof, ✆ 0278-251 5655. Relativ schäbige Billigzimmer und AC-Zimmer mit besserem Preis-Leistungs-Verhältnis. Alle mit TV. Inkl. Frühstück. ❹

Bluehill, gegenüber Pil Gardens, ✆ 0278-242 6951, ✉ bluehilladl@sancharnet.in. Die Angestellten sind etwas gestresst, die Zimmer jedoch geräumig mit blauem Mobiliar, Badewanne und netter, separater Sitzecke. ❺

Jubilee, gegenüber den Pil Gardens, neben dem Bluehill, ✆ 0278-243 0045, ✆ 242 1744. Toller Blick auf die Störche im angrenzenden Park (wie aus dem Bluehill). Das Preis-Leistungs-Verhältnis ist gut, die Bäder (vor allem in den AC-Zimmern) allerdings etwas schäbig. ❸–❹

Mini, Station Rd, ✆ 0278-242 4415, ✉ mahipat_mini@yahoo.com. Etwas verwahrloste, aber geräumige Zimmer und eine freundliche Leitung machen es zur besten Wahl unter den Budget-Hotels. ❷

Nilambagh Palace, ST Station Rd, ✆ 0278-242 4241, ✆ 242 8072. 1859 von einem deutschen Architekten für den Kronprinzen erbaut, bietet Bhavnagars luxuriösestes Hotel riesige Zimmer und ruhige Gärten mit deutlich europäischem Einfluss in Gestalt von Kronleuchtern und antiken Möbeln. ❼–❽

Vrindavan, Darbargadh, ✆ 0278-251 8928. Verborgen in den hektischen Straßen um den Markt, bietet dieses Budget-Hotel sehr einfache, saubere Zimmer und ist keine schlechte Wahl, wenn im Mini nichts mehr frei ist. ❷

Sonnige Aussichten

Sun 'n' Shine, ST Station Rd, ✆ 0278-251 6131, ✆ 251 6130. Die Begrüßung durch einen Portier mit rotem Turban weckt hohe Erwartungen, die hier nicht enttäuscht werden: elegante Marmorlobby, schicke Zimmer mit Teppichen und Badewanne. Preise inkl. Frühstück und Flughafentransfer. ❺–❻

Essen

Westlich der Pil Gardens gibt es zahllose Stände mit einfachen vegetarischen Speisen. Wer an einem der Tische essen will, darf sich allerdings nicht am Straßenlärm stören.

Salzige Knabbereien wie *ganthias* und *farsans* und Süßigkeiten wie die berühmten *pedas* aus Bhavnagar verkaufen **Das** an der Zufahrtstraße aus Ahmedabad und **Khattri** in der Waghawadi Rd. Hinter dem Police Chowk in der Gandhi Rd gibt es ein hervorragendes, namenloses Restaurant, das ganztägig günstige einheimische *thalis* serviert.

Bluehill, Bluehill Hotel, gegenüber Pil Gardens. Hier gibt es zwei anspruchsvolle Hotelrestaurants: Im **Nilgiri** gibt's indische, chinesische und westliche Küche und im etwas günstigeren **Gokul** Gujarat-*thalis* (Rs50–90).

Bhavnagar

Restaurants	
Bluehill	C
Kayla	F
Nilambagh Palace	G
RGB	E
Tulsi	1

Übernachtung	
Apollo	F
Bluehill	C
Jubilee	D
Mini	A
Nilambagh Palace	G
Sun 'n' Shine	E
Vrindavan	B

Kayala, Apollo Hotel. Brandneues, in Orange gehaltenes Speiselokal. Teilweise mit Glaswänden zwischen den einzelnen Tischen

Königliche Küche

Nilambagh Palace, Nilambagh Palace Hotel. Ausgezeichnete und günstige Gerichte mit Huhn, Schaf, Fisch und Garnelen (Rs50–200). Das Besondere ist jedoch die friedvolle Atmosphäre im Speisesaal und in den Gärten, wo der Rummel der Stadt, Welten entfernt zu sein scheint.

und sehr interessanter Auswahl von nordindischen, Punjabi- und chinesischen Gerichten (Rs60–90).

RGB, Sun 'n' Shine Hotel. Ausgezeichnete vegetarische Speisen (Gujarati, Jain und chinesisch), Grillgerichte und Eiscreme (Rs60–110). Die Bedienung ist professionell und würzt gerne nach dem persönlichen Geschmack der Gäste.

Tulsi, Kalanala Chowk. Indische, chinesische und einige westliche Gerichte sowie Suppen und Salate (Rs40–70). Das ruhige, schummrig beleuchtete Restaurant bietet Erholung vom Trubel auf der Straße.

Sonstiges

Fahrräder
Knapp 100 m südlich des Mini Hotel in der Station Rd kann man Fahrräder für Rs5 pro Std. mieten.

Geld
Die **State Bank of Saurashtra** und die **Bank of India**, beide auf dem Amba Chowk, zwischen den Hotels Shital und Vrindavan, bieten Wechselservice an.

Internet
Einer der nicht sehr zahlreichen Anbieter ist das **Jupiter Cyber Café**, nahe der State Bank of Saurashtra (Rs15 pro Std.).

Post
GPO, neben dem Gerichtshof in der High Court Rd. Weitere Niederlassungen gibt es einen Block südlich des Bahnhofs sowie gegenüber der Südwestecke des Ganga Jalia Tank.

Reisebüros
Flugtickets verkaufen **Parag Travels**, im Madhav Hill Komplex bei der Abzweigung zum Takteshwar Temple, ✆ 0278-251 4700, **Tamboli Travels**, ✆ 0278-242 3400, und **Tikki Tours and Travels**, im Prithvi Complex, Kalanala, ✆ 0278-243 1477.

Transport

Busse
Der **ST-Busbahnhof** befindet sich in der ST Station Rd. Es gibt keine direkten Verbindungen nach Diu, aber nach UNA, von wo alle 30 Min. ein Bus nach DIU TOWN fährt. Es starten Busse nach PALITANA, aber täglich nur zwei Direktbusse nach VELAVADAR (1 Std.). Busse privater Gesellschaften, z. B. von Tanna Travels am Crescent Circle (✆ 0278/242 5218) und anderen in der Waghawadi Rd, fahren Ziele innerhalb des Bundesstaats an. Ein AC-Bus nach Ahmedabad benötigt 4, und nach Vadodara 5 Std. Für längere Reisen stehen auch teurere Nachtbusse (mit Schlafkojen) zur Auswahl.
Busse nach:
AHMEDABAD (stdl., 5 Std.),
BHUJ (2x tgl., 8 Std.),
JUNAGADH (5x tgl., 7 Std.),
MUMBAI (2x tgl., 17 Std.),
PALITANA (stdl., 1 1/4 Std.),
RAJKOT (14x tgl., 4 Std.),
UNA (5x tgl., 6 Std.),
VADODARA (8x tgl., 6 Std.).

Eisenbahn
Der **Bahnhof** liegt am oberen Ende der Station Rd. Es fahren mehrere Züge nach Ahmedabad, die meisten allerdings mit Abfahrt oder Ankunft in den frühen Morgenstunden.
Züge nach:
AHMEDABAD (2x tgl., 3 1/2–7 Std.),
VERAVAL (1x tgl., 9 Std.).

Flüge
Der **Flughafen** liegt 5 km südöstlich der Stadt. Eine Motor-Riksha ins Zentrum kostet Rs150.
Indian Airlines, nordwestlich des Ganga Jalia Tank, ✆ 0278-242 6503 fliegt 2–3x tgl. nach MUMBAI (2–3x tgl., 1–1 1/4 Std.).

Velavadar Blackbuck-Nationalpark

Außerhalb des winzigen Örtchens Velavadar, 65 km nördlich von Bhavnagar, beheimatet der 34 km² große **Blackbuck-Nationalpark** Indiens größte Population der indischen Hirschziegenantilope. Vor der Unabhängigkeit lebten hier rund 8000 dieser Tiere. Durch Jagd und den Wegfall natürlicher Lebensräume waren es 1966 gerade noch 200 Exemplare. Inzwischen hat sich der Bestand erholt und zählt nun über 3400 Antilopen.

Im Park leben außerdem der gefährdete Indische Wolf, Nilgai-Antilopen, Schakalfüchse, Wildkatzen und an der Peripherie auch der Indische Fuchs. Vogelliebhaber kommen bei seltenen Arten wie dem Wüstenbraunkehlchen *(Stoliczka's Bushchat)* und zahlreichen Höhlenweihen auf ihre Kosten. ⊙ Mitte Okt–Mitte Juni. Die Eintrittspreise betragen Rs250 p. P. zzgl. Rs250 pro Fahrzeug und Rs250 für eine Fotokamera. Zusätzlich muss man einen Guide nehmen (Rs250 pro Std.). Die wenigsten der Führer sprechen Englisch und sie haben es meist sehr eilig, zurück zum Ausgangspunkt zu kommen.

Übernachtung und Essen

Die Übernachtungsmöglichkeiten sind knapp. Im Park selbst gibt es nur vier einfache Zimmer ❸ im beige-braunen **Bahumaliya Multi-Storey Building**, Annexe F/10, unmittelbar westlich vom Busbahnhof. Reservierungen nehmen das **Bhavnagar Forest Office** und die Parkverwaltung entgegen (s. u. Informationen).

Informationen

Bhavnagar Forest Office, in dem beige-braunen Betonbau Bahumaliya Multi-Storey Building, Annexe F/10, unmittelbar westlich vom Busbahnhof, ✆ 0278-242 6425, ⊙ Mo–Fr 11–18 Uhr, 2. und 4. Sa im Monat geschlossen. Die Parkverwaltung ist auch direkt per Telefon unter ✆ 0278-288 0342 zu erreichen. Reservierungen sind zu empfehlen.

Transport

Da vor Ort keine Jeeps zur Verfügung stehen, empfiehlt sich die Anreise mit dem eigenen Fahrzeug (ein **Taxi** kostet rund Rs1000 für einen Tagesausflug von Bhavnagar). Die 23 km lange, westliche Zufahrtstraße zum Park führt über Velabhipur (an der Straße nach Ahmedabad), die 10 km lange östliche Zufahrt führt über die kleine Lkw-Raststätte Adelhai (an der Straße nach Vadodara).

Wer mit dem **Bus** kommt (2–3x tgl. ab Bhavnagar, 1 Std.), kann auf einen der Aussichtstürme in der Nähe des Eingangs klettern und den schönen Ausblick genießen, der sich nicht mit einer Tour durch den Park vergleichen lässt.

Shatrunjaya und Palitana

Für viele Besucher ist das Besteigen des heiligen Bergs **Shatrunjaya** (⊙ tgl. 6.30–19.45 Uhr; Fotoerlaubnis Rs40) der Höhepunkt ihrer Saurashtra-Reise. Indiens wichtigste Jain-Pilgerstätte liegt vor den Toren der farblosen Stadt **Palitana**, 50 km südwestlich von Bhavnagar, und wird von über 900 Tempeln – viele davon aus Marmor – gekrönt. Dieser Berg soll ein Ableger des mächtigen Himalaya-Gebirges sein, wo der erste *tirthankara* der Jains, Adinath, und sein erster Jünger die Erleuchtung erfuhren. Aufzeichnungen beweisen, dass der Hügel bereits im 5. Jh. ein *tirtha* (Pilgerstätte der Jains) war, aber die existierenden Tempel gehen nur bis ins 16. Jh. zurück – der Rest wurde von den Moslems im 16. und 17. Jh. zerstört.

Der Aufstieg über die breiten Treppen dauert etwa ein bis zwei Stunden. Wie bei allen Pilgerzentren dieser Art stehen jedoch für alle, die den Aufstieg nicht allein bewältigen können, *dholis* bereit – Sänften, die von vier Trägern geschultert werden. Schon beim Anstieg bieten sich überwältigende Ausblicke, immer wieder ragen hinter mächtigen Schutzmauern einzelne Turmspitzen heraus. Man sollte mindestens zwei weitere Stunden auf dem Berg einplanen, um wenigstens einen Bruchteil der Tempel zu sehen.

Die einzelnen *tuks* (befestigte Umfriedungen eines Jain-Tempels oder -Schreins) sind nach den Kaufleuten benannt, die sie einst gründeten. Zusammen bilden sie eine fantastische Stadt, die sich über beide Gipfel erstreckt und von dicken Mauern umschlossen wird. Jeder Tuk umfasst mehrere große, mit schwarz-weiß kariertem Marmor gepflasterte Höfe, und prächtig verzierte Tempel. Die Motive an den Wänden reichen von Heiligen über Vögel und andere Tiere bis hin zu Musikern, Tänzern und drallen Mädchen. Viele Tempel sind zwei oder sogar drei Stockwerke hoch und besitzen Balkone mit perfekt proportionierten Dächern.

Der größte Tempel ist Adinath geweiht und liegt im Khartaravasi-Tuk auf dem nördlichen Bergkamm. Er ist meistens voll von maskierten Svetambara-Nonnen und Mönchen, die an ihrer weißen Kleidung und ihren weißen Fliegenwedeln zu erkennen sind. Zum südlichen Bergkamm mit dem spektakulären Adishvara-Tempel gelangt man auf einem Weg, der am oberen Ende des Hauptpfades nach rechts abzweigt. An einem klaren Tag kann man vom Gipfel aus den Golf von Cambay im Süden, Bhavnagar im Norden und die Bergkette mit dem Mount Girnar im Westen überblicken.

Das **Museum** liegt 400 m vor den Treppen am Fuß des Hügels und zeigt eine Sammlung von

Jain-Artefakten, die zwar nur auf Gujarati beschriftet, aber dennoch ausgesprochen sehenswert sind. ⏲ tgl. 8–12 und 16–20.30 Uhr, Eintritt Rs5.

Übernachtung und Essen

Direkt am Shatrunjaya gibt es keine Übernachtungsmöglichkeiten, also muss man in Palitana absteigen – entweder in einer der vielen Pilgerherbergen in der Altstadt (die ihre Gäste zu strengem Vegetarismus verpflichten) oder in einem der Hotels nahe dem Busbahnhof. Abgesehen von den Hotels bietet das schlichte, gut besuchte und sehr billige **Restaurant Jagruti** ausgezeichnete einheimische Kost und Snacks. Es befindet sich in einer schmalen Gasse neben dem Hotel Shavrak.

Hotel Sumeru, Station Rd, ✆ 02848-252327, zwischen Busbahnhof und dem Bahnhof. Etwas vergammelte aber akzeptable Zimmer (z. T. mit AC) und Dorm-Betten (Rs90). Checkout um 9 Uhr. Das dazugehörige Restaurant serviert mittags *thalis* und überraschend leckere Pasta. ❸–❹

Hotel Shavrak, gegenüber vom Busbahnhof, ✆ 02848-252428. Angemessen große, saubere Zimmer mit 24-Std.-Checkout. Außerdem ein Männerschlafsaal (Rs100, Checkout um 9 Uhr). ❹

Vijay Vilas Palace Hotel, in Adpur, 4 km vom Busbahnhof, ✆ 02848-282371, ✉ ssibal@ad1.vsnl.net.in. Eine gute Alternative für Reisende mit prallem Geldbeutel und eigenem Fahrzeug (sonst kostet die einfache Motor-Riksha-Fahrt Rs50). Das Gästehaus in einem umgebauten Palast im europäischen Stil Baujahr 1906 wird von Yashpal geleitet, dem Urenkel des Erbauers, Fürst Vijay Singh von Palitana. Die Zimmer sind mit Himmelbetten, alten Kommoden und weiteren Erinnerungsstücken aus dem frühen 20. Jh. Ausgestattet, es gibt einen Tennisplatz und ein sehr gutes Angebot hausgemachter Speisen. ❽

Transport

Busse nach Palitana kommen aus BHAVNAGAR (stdl. 1–1 1/2 Std.), JUNAGADH (2x tgl., 6 Std.) und UNA (1x tgl. 5 Std.).

Motor-Rikshas (Rs30) und **Tongas** verkehren von Palitana zum Shatrunjaya (10 Min.).

Südost-Gujarat

Der selten besuchte Südosten Gujarats liegt zwischen Maharashtra und dem Arabischen Meer und bietet wenig, das zu einer Fahrtunterbrechung verleiten würde. Selbst Vadodara, die ehemalige Hauptstadt der Gaekwad-Rajputen, besticht allenfalls durch ihre Nähe zur alten moslemischen Stadt **Champaner** und zu den verfallenen Festungen und exotischen Jain- und Hindu-Tempeln auf dem **Pavagadh Hill**. Die Weidelandschaft weicht weiter südlich einem sumpfigen, malariaverseuchten Küstenstreifen, in dem Bananenplantagen, schimmernde Salzbecken und verschlammte Flüsse das Bild bestimmen. Der einzig wirklich interessante Ort im äußersten Süden von Gujarat ist das ehemals portugiesische Hoheitsgebiet **Daman**. Mit ihren kolonialen Geschwistern Goa und Diu kann die 12 km lange Enklave zwar nicht mithalten, aber auch sie wartet mit ein paar beeindruckenden Kolonialgebäuden auf.

Die Hauptverkehrsadern der Westküste, der NH-8 und die Western Railway verlaufen zwischen Ahmedabad und Mumbai fast parallel. Die Reise mit dem Zug ist in jedem Fall komfortabler, besonders von Ahmedabad nach Vadodara, denn der einspurige Highway gehört zu den haarsträubendsten Straßen ganz Indiens.

Vadodara (Baroda)

Landwirtschaft prägt die Gegend zwischen Ahmedabad und Vadodara (oder Baroda). Die Stadt selbst jedoch lebt von der Industrie und präsentiert sich dementsprechend. Immerhin gibt es eine Altstadt mit schönen Havelis und traditionellen Basaren, einige grüne Oasen und 100 000 Studenten der renommierten MS University, die für eine jugendliche Atmosphäre sorgen. Außerdem dient Vadodara als gute Basis für einen Ausflug zur Ruinenstadt **Champaner**. Wer während des **Navratri-Festivals** (Ende Sep/Anfang Okt) vor Ort weilt, kann sich ins Getümmel stürzen und Tausenden von farbenfroh gekleideten Frauen, Männern und Kindern dabei zusehen, wie sie bis in die frühen Morgenstunden tanzen.

Die Hauptattraktionen von Vadodara befinden sich im **Sayaji Bagh**, einem großen Park mit mehreren Museen, Planetarium, Zoo und historischer Spielzeugeisenbahn, dessen Haupteingang in der Tilak Road liegt. Ein bis zwei Stunden sollte man für den Besuch des indosarazenischen **Baroda Museum** in der University Road einplanen, das Kunst und Textilien aus aller Welt, archäologische Funde aus Gujarat und Mogul-Miniaturen ausstellt. ⊙ tgl. 10.30–17 Uhr, Eintritt Rs10.

Im Süden des Sayaji Bagh verläuft die Tilak Road gen Osten über den Fluss und passiert auf ihrem Weg in die Altstadt das **Kirti Mandir** (Mausoleum der Herrscher von Vadodara). Die Altstadt, deren Zentrum die MG Road ist, grenzt im Westen an das **Laheri Pura Gate** und den **Naya Mandir** („Neuer Tempel"), ein eindrucksvolles indo-sarazenisches Gebäude, das den Gerichtshof beherbergt. Am östlichen Ende der MG Road steht ein weiteres Tor, das **Pani Gate**, und ganz in der Nähe liegt der **Nazarbaug-Palast** aus dem späten 19. Jh. Den großen Platz an der MG Road schmückt das mächtige **Mandvi Gate**, das ursprünglich von den Mogul stammt, aber seither stark verändert wurde.

Im Westen der MG Road liegt, umgeben von prächtigen, bemalten Havelis, der künstliche **Sarsagar Tank**, auf dessen Insel in der Mitte eine riesige, moderne Shiva-Statue thront. Ein weiteres sehenswertes Monument ist der **Laxmi Niwas** im Süden der Stadt, Vadodaras extravagantester Palast. Wer einen Rundgang durch die beeindruckende Durbar Hall, das Waffenlager und die von Palmen gesäumten Mosaik-Innenhöfe (Rs100) machen möchte, begibt sich zum **Maharaja Fateh Singh Museum** auf dem Palastgelände. Das Museum selbst beherbergt eine Sammlung japanischer, chinesischer, indischer und europäischer Kunstgegenstände, die von den Maharadschas zusammengetragen wurde. ⊙ Di–So 10.30–17.30 Uhr, Eintritt Rs15.

Übernachtung

Vadodara hat Dutzende von Hotels (meist Mittelklasse), die allerdings, wenn in der Stadt eine Konferenz stattfindet, häufig ausgebucht sind: also zeitig reservieren. Budget-Hotels gibt es nicht viele und bei den meisten besteht dringender Handlungsbedarf in Sachen Sanierung. Die meisten Unterkünfte liegen in Sayaji Gunj, dem Bereich südlich des Bahnhofs.

Apsara, ✆ 0265-554 9600. Vermutlich noch das beste der Billighotels; altersschwache aber (einigermaßen) bewohnbare Zimmer und ein freundlicher Empfang. ❶–❷

Kalyan, Sayaji Gunj, ✆ 0265-236 2211, 🖥 www.kalyanhotel.com. Sehr sauberes, vorbildlich geführtes Hotel mit schönen und gut ausgestatteten Zimmern. Die Angestellten buchen auch Zug- oder Flugtickets. ❹

P.M. Regency, Sayaji Gunj, ✆ 0265-236 1616, ✉ pmregency@hotmail.com. Schicker, moderner mehrstöckiger Bau mit allen Annehmlichkeiten, gutem Preis-Leistungs-Verhältnis und 24 Std. Checkout. ❹–❺

Rahi Inn, Sayaji Gunj, gegenüber BBC Tower, ✆ 0265-222 6016, ✉ hotel_rahi_inn@yahoo.co.in. Neues Mittelklasse-Hotel mit großen Zimmern und vielen netten Details wie fantasievoll bemalten Türen, Leuchtsternen an der Decke und einer Elektro-Version des Lambada als Fahrstuhlmelodie. Gäbe es noch saubere Bettwäsche, wäre der Ort perfekt. ❸–❹

Valiant, 7th Floor BBC Tower, Sayaji Gunj, ✆ 0265-236 3480, ☏ 236 2502, Ein weiteres gutes – wenn auch etwas unpersönliches – Businesshotel; alle Zimmer mit Kabel-TV, Kühlschrank und sauberem Bad. ❹

WelcomHotel Vadodara, RC Dutt (Racecourse) Rd, ✆ 0265-233 0033, 🖥 www.itcwelcomgroup.in. Vadodaras einziges 5-Sternehotel mit entsprechend noblen und gut ausgestatteten Zimmern (US$125), Qualitätsrestaurant, Pool und sogar einem eigenen Astrologen. ❾

> **Schlichte Eleganz**
>
> **Surya Palace**, Sayaji Gunj, ✆ 0265-222 6000, 🖥 www.suryapalace.com. Die beste Wahl in dieser Ecke. Schicke Zimmer mit allen Annehmlichkeiten; gutes Reisebüro und kostenloser Internet-Zugang. Inkl. Frühstück. Reservierungen dringend empfohlen. ❻–❼

Essen

Dank der großen Zahl von Studenten und Geschäftsreisenden gibt es in Vadodara Restaurants jeder Preisklasse. Die billigsten Adressen zum Essen sind der Markt, der Dandia Bazaar, die *dhabas* in Bahnhofsnähe und die Einkaufszentren gegenüber dem Sar Sagar Tank.

Café Coffee Day, gegenüber der Sardar Patel Statue. Vadodaras Filiale dieser indischen Kette lockt ihre – vorwiegend jungen Besucher – mit Snacks, leichten Speisen und natürlich *pukka* Kaffee (Rs25–60).

Copper Coin, World Trade Centre, Sayaji Gunj. AC-Restaurant mit verblasstem Charme, einem Aquarium und guten Fleischgerichten wie köstlichem Butter-Hühnchen (Rs80–120).

Gokul, Koti Char Rasta. Kleine Snackbar mit hervorragenden südindischen Gerichten, *punjabi* und *gujarati thalis* und Eiscreme für wenig Geld (Rs20–60).

Havmor, Tilak Rd. Leckeres, aber relativ teures indisches, chinesisches und westliches Essen (Rs35–150), Klimaanlage und sehr guter Service. Tipp: Tandoori-Garnelen oder Schafs-Kebabs. Auf der anderen Seite der Hauptstraße gibt es einen Eissalon mit Saftbar.

Kalyan, Sayaji Gunj. Munterer Fastfood-Treff mit bunten Stühlen. Hier treffen sich die Studenten zu leckeren mexikanischen, chinesischen und indischen Snacks (Rs20–80).

Pizza Meo, Sayaji Guni. Wie die im Renaissance-Stil bemalte Decke, sind die Pizzas und Pastagerichte (Rs95–155) dieses Italieners gut aber eben nicht authentisch.

Rajputana, Sayaji Gunj. Betriebsames, rein vegetarisches Kutch-Rajasthan-Restaurant, das nach Meinung der einheimischen Gäste das beste Essen der Stadt serviert (Rs50–90).

Im siebten *dosas*-Himmel

Tropical Woodland, 139 Windsor Plaza. Eines der Toprestaurants der Stadt mit ausgezeichneten südindischen Speisen; ganze 17 *dosas*-Varianten, Hauptgerichte und Milchshakes (unser Tipp: die Geschmacksrichtung *chikoo*) (Rs70–125).

Surya, Surya Palace Hotel. Das Restaurant tischt ein herzhaftes Mittagsbuffet auf, das schicke Café serviert leichte Snacks (z. B. Wraps und Sandwiches) und die Konditorei bietet allerhand süße Leckereien (Rs20–160).

Sonstiges
Bücher

Book World, unweit der Sardar-Patel-Statue, führt nur eine kleine Auswahl.

Crossword, Annapurna Society in Alkapuri, westlich vom Zentrum, ist die beste Buchhandlung der Stadt.

Geld

Bargeld sowie Reiseschecks wechseln die **Bank of Baroda**, Sayaji Gunj, hinter dem Kadak Bazaar, die **Bank of South India**, direkt gegenüber, und die **State Bank of India**, RC Dutt Rd. Die Agentur von **Trade Wings**, hinter dem Hotel Amity, Sayaji Gunj, hat ebenfalls einen guten Wechselservice und ist länger geöffnet als die Banken.

Informationen

Gujarat Tourism, C-Block, Ground floor, Narmada Bhavan, Jail Rd, 2 km vom Bahnhof, ℡ 0265-242 7489. ◷ Mo–Sa 10.30–18 Uhr, 2./4. Sa im Monat geschlossen.

Internet

Es gibt zahlreiche Internet-Cafés, insbesondere im Viertel Sayaji Gunj. Das **New Speedy Cyber Café**, gegenüber dem Apsara Hotel, bietet neben Internet auch günstige Telefongespräche. (Rs25 p. Std.).

Mietfahrzeuge

Zuverlässig ist **Sweta Travels**, gegenüber dem Bahnhof, ℡ 0265-278 6917, wo man günstig Fahrzeuge mit Fahrer chartern kann.

Post

GPO, Raopura Rd, Stadtmitte.

Transport
Busse

Vom **ST-Busbahnhof** in der Station Rd fahren regelmäßig Busse in andere Städte Gujarats. 8 Busse fahren abends nach MUMBAI, aber

Vadodara

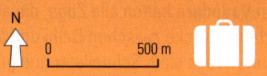

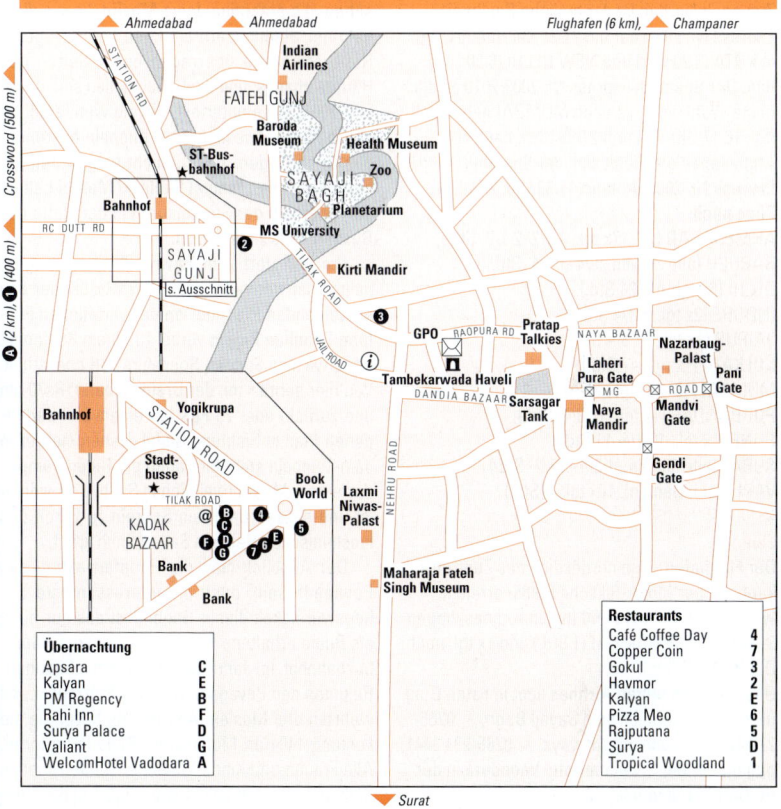

Übernachtung

Apsara	C
Kalyan	E
PM Regency	B
Rahi Inn	F
Surya Palace	D
Valiant	G
WelcomHotel Vadodara	A

Restaurants

Café Coffee Day	4
Copper Coin	7
Gokul	3
Havmor	2
Kalyan	E
Pizza Meo	6
Rajputana	5
Surya	D
Tropical Woodland	1

keiner davon startet in Vadodara, so dass sie oft schon bei ihrer Ankunft in der Stadt voll sind – eine bessere Option ist daher der Zug. Außerdem gibt es Busse nach INDORE und BHOPAL. Entlang der Station Rd verkaufen diverse Schalter Fahrkarten für **Privatbusse** nach Mumbai, Rajasthan und Madhya Pradesh.

Busse nach:
AHMEDABAD (alle 10 Min., 2 1/2 Std.),
BARUCH (alle 30 Min., 2 Std.),
INDORE (1–2x tgl., 12 Std.),
MUMBAI (7x tgl., 14 Std.),
PUNE (3x tgl., 14 Std.),
RAJKOT (12–16x tgl., 8 Std.),
SURAT (alle 30 Min., 3 Std.).

Eisenbahn

Im **Bahnhof** von Vadodara, ebenfalls in der Station Rd, ist meist die Hölle los und die Schlangen an den Fahrkartenschaltern können sehr lang sein (das Reservierungsbüro liegt im oberen Stockwerk). Diesem Stress kann man entgehen, indem man das Ticket für eine zusätzliche Gebühr von Rs20–30 beim **Yogikrupa Travel Service**, direkt gegenüber dem Bahnhof, ✆ 0265/279 4977, ⏱ tgl. 8.30–20.30 Uhr, kauft.

In Vadodara halten alle Züge, die auf der Hauptstrecke zwischen Delhi und Mumbai unterwegs sind. Schnellster und günstigster Zug nach Norden ist der tägliche Rajdhani Express Nr. 2951, der um 21.27 Uhr abfährt und in KOTA (3.20 Uhr) und NEW DELHI (8.30 Uhr) hält. Der Shatabdi Express Nr. 2009/2010 ist die beste Wahl wenn es nach MUMBAI gehen soll (tgl. 16.17 Uhr, Ankunft 21.35 Uhr); nach Ahmedabad empfiehlt sich der Shatabdi Express Nr. 2009 (Abfahrt 11.33 Uhr, 2 Std.)

Züge nach:
AHMEDABAD (14–17x tgl., 1 1/2–2 1/2 Std.),
BARUCH (alle 30 Min., 3/4–1 1/4 Std.),
DELHI (6x tgl., 12–24 Std.),
INDORE (2x tgl., 8 1/4 Std.),
JAIPUR (1x tgl., 11 3/4 Std.),
KOLKATA (1x tgl., 42 Std.),
MUMBAI (16–20x tgl., 7 Std.),
PORBANDAR (1x tgl., 13 3/4 Std.),
PUNE (1x tgl., 10 1/4–11 Std.),
SURAT (alle 30 Min., 1 3/4–2 1/2 Std.),
VAPI (nach Daman): 10x tgl., 4 Std.).

Flüge
Der **Flughafen**, 6 km nordöstlich des Zentrums, kann gut per Motor-Riksha (Rs35) erreicht werden. Jet Airways und Indian Airlines fliegen 3–4x tgl. nach MUMBAI (1 Std.) und 1x tgl. nach DELHI (1 1/2 Std.).

Das Büro von **Indian Airlines** liegt in Fateh Gunj, unmittelbar nördlich vom Sayaji Bagh, ✆ 0265-279 4747, das von **Jet Airways**, ✆ 0265-234 3441, gegenüber dem WelcomHotel Vadodara in der RC Dutt (Racecourse) Rd.

Pavagadh und Champaner

45 km nordöstlich von Vadodara erhebt sich der Pavagadh 820 m über die Ebene und überblickt die fast vergessene moslemische Stadt Champaner (⏲ tgl. 10–18 Uhr; Rs100), die inzwischen zum Weltkulturerbe erklärt wurde.

Heute strahlt **Champaner** eine eigenartige, der modernen Welt entrückte Atmosphäre aus. Innerhalb der massiven Stadtmauern mit ihren von Inschriften verzierten Toren liegen mehrere Häuser, sehr schöne Moscheen, moslemische Grabmäler sowie einige neuere Jain-Pilgerherbergen, in denen die Besucher Unterkunft und Verpflegung finden. Champaners größte Moschee, die prächtige **Jama Masjid**, liegt außerhalb der Stadtmauern am Fuße des Pavagadh. Hohe Minarette überragen beide Seiten des Haupteingangs, und die Gebetshallen sind durch fast 200 Säulen unterteilt, die ein wunderschön gearbeitetes, aus mehreren Kuppeln bestehendes Dach tragen. Tickets nicht wegwerfen, da sie auch für den **Tempel Shahr-ki Matchi** gelten, der innerhalb der Stadtmauern in der Nähe des Busbahnhofs zu finden ist.

Um von dort zum **Pavagadh** zu gelangen, nimmt man entweder einen Bus (Rs10) oder den ansteigenden Pfad, der an der verfallenen Festung **Chauhan Rajput** vorbei zu einem Rastpunkt führt, wo man Snacks, Souvenirs und *chai* erhält. Von hier geht es mit der Drahtseilbahn (Rs70 hin und zurück) oder zu Fuß auf einem viel begangenen Pfad in Richtung Gipfel. Neben mehreren Jain-Tempeln steht hier auch ein Hindu-Tempel, der einem Mataji (weiblicher Sadhu) gewidmet ist und dessen Dach ein Schrein zu Ehren des moslemischen Heiligen Sadan Shah krönt.

Der Ausblick mag die Hauptattraktion des Pavagadh sein, doch die interessanteste Sehenswürdigkeit dieser Gegend ist das nur noch als Ruine erhaltene **Fort** gegenüber vom Hauptbusbahnhof. Im Jahre 1297 erkoren die Chauhan-Rajputen den Pavagadh zu ihrem Stützpunkt und wehrten drei Moslem-Angriffe ab, bevor sie die Festung 1484 an Mohammed Begada verloren. Alle Frauen und Kinder begingen *johar* (rituellen Selbstmord durch Selbstopferung), und die überlebenden Männer wurden ermordet, als sie sich der Konvertierung zum Islam widersetzten. Nach der Eroberung begann Begada mit dem Bau von Champaner, der 23 Jahre dauerte. Bis zum Tod von Bahadur Shah im Jahre 1536 fungierte die Stadt als politische Kapitale von Gujarat. Danach siedelte der Hof nach Ahmedabad um und der Niedergang von Champaner nahm seinen Lauf.

Von Vadodara fährt stündlich ein Bus nach Champaner (via Halol, 1 1/2 Std.). Außerdem gibt es mehrere tägliche Verbindungen von und nach Ahmedabad, sowie Sammeltaxis.

Hotel Champaner, auf halbem Weg nach Pavagadh, ✆ 02676-245641, staatseigenes Hotel

> **Zu Haus bei Maharadschas**
>
> **Jambughoda Palace**, 25 km außerhalb von Champaner, ✆ 02676-241258, 🖳 www.jambughoda.com. Deutlich schickere Option. Sehr individuelle Zimmer und hausgemachte Speisen (Rs250–350) mit Biogemüse aus dem eigenen Garten. Der Familiensitz des ehemaligen Maharadscha überblickt das 130 km² große Jambughoda Wildlife Sanctuary, das Vögeln wie dem Paradiesschnäpper Lebensraum bietet. ❺

mit Schlafsaal (Rs75) und passablen Zimmern mit großartigem Blick über die weiten Ebenen. Im dazugehörigen Restaurant bekommt man gute vegetarische *thalis*. ❷–❹

Daman

Erkundigt man sich bei Gujaratis nach Daman, so hört man vermutlich zuerst, dass es dort Alkohol gibt. Als Mitglied des Union Territory ist die Stadt unabhängig von dem „trockenen" Staat, der sie umschließt, und rühmt sich liberaler Ausschankgesetze und einer niedrigen Alkoholsteuer. Dies macht die Enklave zu einem beliebten Wochenendziel für ganze Busladungen männlicher Gujaratis, die hemmungslos betrunken über die Hauptstraße torkeln. Unter der Woche geht es in der Stadt zwar wesentlich ruhiger zu, aber übermäßig hohe Erwartungen sollte man nicht haben. Die Atmosphäre lässt Assoziationen zu einer verschlafenen Grenzstadt aufkommen, und außer ein paar mittelmäßigen Stränden, ausgezeichnetem Seafood und einigen tadellos erhaltenen Kirchen, Häusern und Festungen im portugiesischen Stil wird hier kaum etwas geboten.

Durch seine Lage an der Mündung des **Damanganga**, der in der Sahyadri Range an der Dekkan-Hochebene entspringt, war Daman ein einladendes Ziel für die Portugiesen, die die Stadt 1531 vom Sultan von Gujarats äthiopischem Regenten Siddu Bapita eroberten. Damans wirtschaftlicher Niedergang wurde durch die britische Besetzung von Sind in den 30er-Jahren des 19. Jhs. heraufbeschworen, welche den schwungvollen **Opiumhandel** zum Stillstand brachte. Trotzdem überlebte die Kolonialherrschaft bis 1961, als Nehru die Geduld verlor und seine Truppen nach Daman schickte, anstatt weiterhin auf eine friedliche Übergabe der Portugiesen zu warten.

Heute wird Daman als Union Territory von New Delhi aus regiert, ebenso wie die nahe gelegenen ehemals portugiesischen Kolonien Diu, Dadra und Nagar Haveli. Die Stadt Daman besteht aus zwei separaten Teilen. Nördlich des Damanganga liegt **Nani Daman** („Klein Daman"), wo sich die meisten Hotels, Restaurants, Bars und Märkte befinden; **Moti Daman** („Groß Daman"), das alte portugiesische Viertel, dessen barocke Kirchen und Latino-Villen von imposanten Festungsmauern umgeben sind, breitet sich südlich des Flusses aus.

Die Stadt

Das Leben im Stadtteil Nani Daman spielt sich größtenteils in der **Seaface Road** ab, die vom Markt in westlicher Richtung, vorbei an Hotels, schäbigen Bars und IMFL-Läden (IMFL – *Indian Made Foreign Liquor*) bis zum Meer führt. Der triste **Strand** ist zu verschmutzt, um schön schwimmen oder sonnenbaden zu können und lohnt einen Besuch nur bei Sonnenuntergang. Die Gegend am **Flussufer** südlich des Zentrums wird von Fischdampfern und Märkten dominiert. Das ganze Geschehen lässt sich von den Befestigungsmauern des **St Jerome's Fort**, direkt hinter dem Kai, sehr gut beobachten. Die im 17. Jh. zum Schutz vor den Mogulen errichtete Zitadelle umschließt einen kleinen *maidan*, eine katholische Kirche, und einen gepflegten, von Mauern umgebenen portugiesischen Friedhof.

Die beeindruckendsten Bauten der Stadt liegen jenseits des Flusses im kolonialen **Moti Daman**, 2 km südlich der Seaface Rd. Innerhalb der stattlichen Mauern liegen elegante zweistöckige Villen mit geschwungenen Treppen, hölzernen Fensterläden, Veranden, bunt getünchten Fassaden und grünen Höfen. Heute als Regierungsbüros genutzt, waren dies einst die Residenzen portugiesischer Adliger oder *fidalgos* – die einzigen Menschen, die innerhalb der Festung leben durften.

Zu den schönsten Monumenten von Moti Daman gehören die **Kirchen**, darunter einige der

Daman

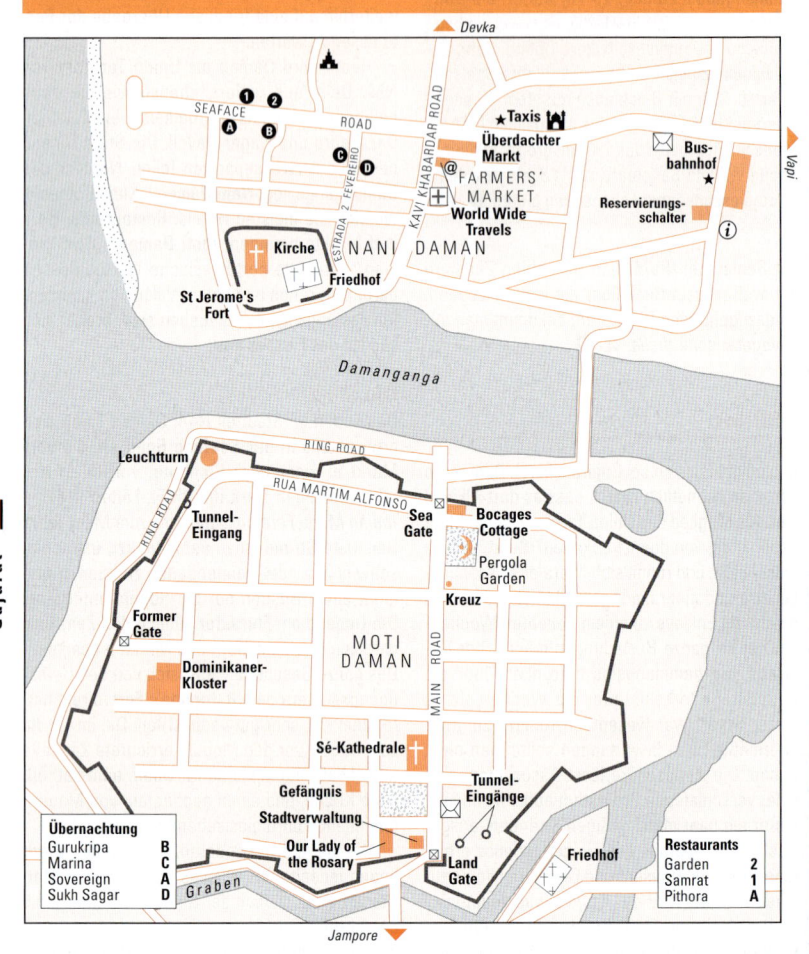

Übernachtung
Gurukripa	B
Marina	C
Sovereign	A
Sukh Sagar	D

Restaurants
Garden	2
Samrat	1
Pithora	A

ältesten und besterhaltenen christlichen Baudenkmäler Asiens. Am prächtigsten ist die 1603 erbaute **Kathedrale** nördlich des Hauptplatzes. Ihre gigantische Barockfassade öffnet sich zu einer erhabenen, überwölbten Halle. Auf der gegenüberliegenden Seite des Platzes erhebt sich die **Church of Our Lady of the Rosary**, die einige kunstvolle Holzarbeiten beherbergt – besonders bemerkenswert sind die Gemälde zum Leben Jesu beim Altar.

Die **Main Road** verbindet die beiden im Jahre 1580 nach einer Moguln-Invasion errichteten **Stadttore** miteinander. In dem kleinen Cottage neben dem nördlichen Sea Gate lebte im 18. Jh. der portugiesische Poet Bocage. Am anderen Ende der Main Road liegt auf der Bastion mit

Blick auf das Land Gate eine Zelle, in der die zum Tode Verurteilten zu Zeiten der Portugiesen ihre letzten Tage verbrachten.

Übernachtung

Fast alle Hotels von Daman liegen an oder nahe der Seaface Rd in Nani Daman. Wenn möglich, sollte man sich ein Zimmer im 1. Stock Richtung Westen geben lassen – hier kann man die abendliche Seebrise am besten genießen. Die meisten Unterkünfte geben unter der Woche bessere Preise. Die Resorts am Devka Beach sind generell teurer, was nicht unbedingt auf ihren Komfort, sondern eher auf ihre Lage zurückzuführen ist.

Gurukripa, Seaface Rd, ✆ 0260-225 5046, 🖥 www.hotelgurukripa.com. Das nobelste Hotel der Stadt; geräumige Zimmer mit Bad, AC und TV, außerdem eine Dachterrasse und ein gutes Bar-Restaurant (s. oben rechts). ❺–❻

Sovereign, Seaface Rd, ✆ 0260-225 0236. Nahe dem Gurukripa und unter derselben Leitung, aber billiger. Anständige AC-Zimmer mit Bad und Kabel-TV. ❹

Marina, Estrada 2 Fevereiro, ✆ 0260-225 4420. Langsam zerfallender und doch irgendwie stilvoller, portugiesischer Kolonialbau mit einfachen, preiswerten Zimmern, altmodischen Möbeln und bröckelndem Putz. ❹

Sukh Sagar, Estrada 2 Fevereiro, ✆ 0260-225 5089. Freundliches Hotel in einer ruhigen Straße; gute, saubere Zimmer und ein beliebtes Restaurant. ❸

Essen

Die unverhältnismäßig hohe Zahl an Restaurants in Daman ist auf die Alkoholgesetze der Stadt zurückzuführen: Wer Alkohol ausschenken will, muss auch Essen servieren. Viele „Bar-Restaurants" entlang der Seaface Rd sind so nur dem Namen nach Restaurants und eher zu meiden.

Daman ist für seine köstlichen **Meeresfrüchte** bekannt, die es – außer während der Monsunzeit – das ganze Jahr über gibt, die aber zwischen Ende September und Anfang November am leckersten schmecken – dann quillt der Fischmarkt über vor frischen Krabben, Garnelen und Hummern. Ebenfalls

Der leckerste Fisch

Gurukripa, Gurukripa Hotel. Die richtige Adresse für ein piekfeines Essen. Es stehen verschiedenste Meeresfrüchte auf der Karte. Highlights sind der mit Garnelen gefüllte Butterfisch und die Fischcurrys (Rs50–200) und zum Verdauen ein gehaltvoller *feni* (Kokosschnaps) aus Goa.

saisonabhängig (Jan–April) ist *papri*, ein Straßensnack aus Bohnen und Kartoffeln, die zusammen mit einer besonderen *masala* verkauft werden.

Garden, Seaface Rd. Terrassenrestaurant mit Tandoori-Butterfisch und Hummer sowie vegetarischen und nicht-vegetarischen Spezialitäten aus Goa und Daman zu vernünftigen Preisen (Rs40–200).

Samrat, Seaface Rd. Nettes Straßenrestaurant mit mehr als füllenden Gujarat-*thalis,* zu denen man *namkeens* (salzige Häppchen) serviert bekommt; außerdem verschiedene *dhals* und angenehm milde vegetarische Gerichte (Rs40–70); streng vegetarisch (sprich auch kein Alkohol).

Pithora, Souvereign Hotel. Südindische Snacks, *thalis*, chinesisches Essen und Biere werden entweder drinnen serviert oder auf einem luftigen, nach dem Vorbild des dörflichen Gujarat gestalteten Balkon (Rs40–90).

Sonstiges

Informationen

Touristeninformation, südlich des Busbahnhofs, rosafarbenes Gebäude, ✆ 02638-225 5104. ⊙ Mo–Fr 9.30–13.30 und 14–18 Uhr.

Internet

Net City, im Gebäude des Hotel Maharadscha, Kavi Khabardar Rd (Rs35 p. Std.).

Post

In Daman gibt es zwei Postämter: eines unmittelbar nördlich der Straßenbrücke über den Damanganga, das andere in der Main Rd von Moti Daman, schräg gegenüber der Gemeindeverwaltung.

Reisebüros
World Wide Travels, im Erdgeschoss des Hotel Maharaja, ✆ 02638-225 5734, ist die beste Adresse zum Buchen von Flügen und **Geld wechseln**, ⏲ 9–21 Uhr.

Transport
Busse
Damans Busbahnhof liegt am Ostrand von Nani Daman, bedient jedoch nur das 12 km entfernte VAPI (alle 30 Min.). Von dort gibt es zwar diverse Verbindungen in andere Städte, aber der Zug ist generell vorzuziehen.

Eisenbahn
Daman ist selbst nicht an das Schienennetz angeschlossen. Der nächste **Bahnhof** befindet sich im 12 km weiter östlich gelegenen **Vapi**, das zu den zehn am stärksten verschmutzten Städten der Welt zählt. Zugtickets sind dort am computerisierten Reservierungsschalter, gegenüber der Touristeninformation, erhältlich ⏲ tgl. 8 – 16 Uhr.

Sollte vor dem Bahnhof kein Sammeltaxi warten, läuft man am besten zur Hauptstraße, biegt hier rechts ein und versucht sein Glück an der nächsten großen Kreuzung nach etwa 500 m. In Daman (Rs10) halten die Taxis an der Seaface Rd, nahe den meisten Hotels. Alternativ dazu kann man auch einen Bus nehmen (s. o.).

Züge von Vapi nach:
AHMEDABAD (7x tgl., 6–7 Std.),
JAMNAGAR (1x tgl., 15 Std.),
MUMBAI (10x tgl., 3–4 Std.),
RAJKOT (1x tgl., 12 1/2 Std.),
SURAT (9–10x tgl., 1 3/4–3 Std.),
VADODARA (13–14x tgl., 4–5 Std.).

Mumbai

Stefan Loose Traveltipps

CS (Victoria) Terminus Das wunderbar exzentrische Bauwerk ist vielleicht der großartigste Bahnhof, den die Briten jemals gebaut haben. S. 651

Gateway of India Mumbais Wahrzeichen, *der* Ort für einen Abendspaziergang. S. 656

Chhatrapati Shivaji Museum Eine erlesene Sammlung indischer Kunst von unschätzbarem Wert – von uralten Tempelskulpturen bis zu Rüstungen der Moguln. S. 658

Oval Maidan Hier entkommt man dem Rummel der Stadt, kann Cricket spielen, gemütlich zu Mittag essen oder einfach nur relaxen. S. 660

Grabmal von Haji Ali Donnerstag abends versammeln sich am Inselgrab des Sufi-Mystikers Haji Ali moslemische Gläubige, um der Qawwali-Musik zu lauschen. S. 663

Elephanta Island Ein Boot bringt Besucher über den Hafen von Mumbai zu einem der schönsten, in den Fels gehauenen Shiva-Tempel. S. 665

10 Bollywood-Blockbuster Die neueste Hindi-Megaproduktion in einem der gigantischen Art-déco-Kinos im Stadtzentrum zu sehen, ist ein Erlebnis der besonderen Art. S. 676

Seit der Fertigstellung des Suez-Kanals 1869 ist Mumbai (früher Bombay) das Haupteingangstor zum indischen Subkontinent. Der Schriftsteller Aldous Huxley sagte einmal sinngemäß, dass keine der beiden Erdhalbkugeln eine entsetzlichere Stadt zu bieten habe. Viele Reisende betrachten ihren Aufenthalt in Mumbai als eine Erfahrung, bei der es eher um das nackte Überleben als ums Genießen geht. Doch als führende Wirtschafts-, Industrie- und Handelsmetropole des Landes und Quelle der verführerischsten Medienbilder ist die Hauptstadt von Maharashtra auch ein äußerst faszinierender Ort, in dem es sich durchaus umzusehen lohnt. Ob jemand diese Erfahrung auch genießen kann, hängt zum großen Teil davon ab, wie er mit der Hitze, der Feuchtigkeit, der Hektik, den Abgasen, den unglaublichen Menschenmassen und der erschreckenden Armut in der dynamischsten und am meisten „verwestlichten" Stadt Indiens zurechtkommt.

Der erste Eindruck von Mumbai wird oft von dem chronischen **Platzmangel** bestimmt, unter dem die Metropole leidet. Sie kauert auf einem schmalen, gekrümmten Landstreifen, der sich von der sumpfigen Küste ins Arabische Meer schiebt. In weniger als 500 Jahren hat sich Mumbai vom Eingeborenen-Fischerdorf zu einer Megalopolis mit über 16 Mill. Einwohnern entwickelt – und zum weltweit größten Siedlungsgebiet. Ob man von endlosen Strom der Pendler auf breiten Boulevards mitgeschwemmt oder in den von Menschen wimmelnden Basaren von Kulis und Handkarren-Ziehern eingekreist wird – Mumbai scheint immer und überall aus allen Nähten zu platzen.

Die Ursache der Überbevölkerung und der damit verbundenen Armut liegt – auch wenn es paradox erscheinen mag – in der unglaublichen Fähigkeit dieser Stadt, **Reichtum** zu produzieren. Mumbai allein erwirtschaftet fast ein Drittel von Indiens Steuereinnahmen, in seinem Hafen wird die Hälfte des indischen Außenhandels abgewickelt, und die hiesige Filmindustrie ist die größte der Welt. Wohlstandssymbole finden sich allerorten: von der Phalanx von Bürohochhäusern am Nariman Point („Maharashtras Manhattan") bis zu teuer gekleideten Teenagern, die in Colabas Szenediscos posieren.

Die Kehrseite der Erfolgsstory ist die hier herrschende, hinlänglich dokumentierte **Armut**. Tag für Tag strömen schätzungsweise 500 Wirtschaftsflüchtlinge aus dem Hinterland von Maharashtra nach Mumbai. Manche finden Arbeit und Obdach; die Mehrheit jedoch endet auf den ohnehin schon überfüllten Straßen oder lebt im Elend inmitten eines der größten Slums von ganz Asien, sammelt Lumpen oder bettelt an Verkehrsampeln die Autofahrer an, um zu überleben.

Man darf die Probleme keineswegs herunterspielen, andererseits ist Mumbai längst nicht die Horrorstadt, von der manche Traveller berichten. Hat man erst einmal den Stress der Hotelsuche bewältigt, lässt sich dem irren Treiben und der turbulenten, kosmopolitischen Atmosphäre durchaus etwas abgewinnen.

Geschichte

Mumbai bestand ursprünglich aus sieben **Inseln**, die von kleinen Koli-Fischergemeinden bevölkert wurden. Es wird angenommen, dass die Ortschaft Gharapuri auf **Elephanta** bis Anfang des 14. Jhs. die größte Siedlung der Region war. Als die damalige nordindische Hauptstadt durch die Khilji-Sultane von Delhi bedroht wurde, gründete Yadava-König Bhima auf der Nachbarinsel Mahim eine neue Hauptstadt.

1534 überließ Sultan Bahadur von Ahmedabad das Land den **Portugiesen**, die der Gegend nicht viel abgewinnen konnten und ihre Siedlungen lieber weiter nördlich in Vasai anlegten, das sie in Baçaim (heute Bassein) umbenannten. 1661 gelangte die größte Insel als Teil der Mitgift Catherinas von Bragança, der portugiesischen Prinzessin, die mit Charles II. den Bund der Ehe schloss, in die Hände der Engländer. Vier Jahre später erhielt Charles auch noch die restlichen Inseln sowie den Hafen. Die Stadt behielt den anglisierten Namen Bombay. Dies war das erste Stück Indiens, das wirklich als Kolonie bezeichnet werden konnte. Überall sonst auf dem Subkontinent hatte man den Engländern gerade einmal das Recht eingeräumt, Handelsposten zu errichten. Aufgrund seines geschützten Naturhafens und der strategisch günstigen Handelsposition bemühte sich die in Surat stationierte **East India Company** um den Erwerb dieses Erdfleckens. 1668 war der Handel perfekt, und

Charles überließ ihr Mumbai für eine lächerliche Summe.

Die Engländer gaben sich große Mühe, ihren Außenposten zu befestigen. Sie ließen sich in einem Gebiet nieder, das heute als das Fort bekannt ist. Doch sie hatten es nicht leicht. Malaria, Cholera Beri-Beri und Durchfallerkrankungen rafften viele der ersten Siedler dahin, und der Geistliche der Kolonie erklärte „zwei Monsunregen entsprechen der Dauer eines Menschenlebens". **Gerald Aungier**, der vierte Gouverneur (1672–77), plante eine Stadt, die wie er sagte „mit Gottes Hilfe gebaut werden soll". Anfang des 18. Jhs. war die Niederlassung tatsächlich die Hauptstadt der East India Company geworden. Auf Aungiers Initiative geht jenes Bevölkerungsgemisch zurück, das immer noch zum Erfolg der Stadt beiträgt, denn er ermutigte den Zuzug von Hindu-Händlern aus Gujarat, Goanern, islamischen Webern und geschäftstüchtigen **Parsen**.

1803 vernichtete eine Feuersbrunst einen Großteil der britischen Siedlung im alten Fort und erforderte einen umfassenden Wiederaufbau. Die Ankunft der **Great Indian Peninsular Railway** in den 50er-Jahren des 19. Jhs. brachte eine Verbesserung der Kommunikationswege und noch mehr Einwanderer aus allen Teilen Indiens. Die Vollendung dieser wichtigen Bahnstrecke fiel genau mit der amerikanischen Baumwollkrise nach dem Ende des Bürgerkrieges zusammen, sodass ein mächtiger Bombay-Baumwoll-Boom ausbrach, der die Stadt zu einer bedeutenden Industrie- und Handelsstadt machte. Nach der Eröffnung des Suez-Kanals 1869 und dem Bau riesiger Hafendocks wurde Bombays Einfluss auf die europäischen Märkte noch verstärkt. **Sir Bartle Frere**, von 1862 bis 1867 im Gouverneursamt, befehligte den Bau der aufsehenerregenden, kolonial-gotischen Stadtbauten. Der bombastischste aller steinernen Zeugen dieser aufstrebenden Epoche ist die **Victoria Terminus Railway Station**, heute offiziell Chhatrapati Shivaji Terminus oder CST.

Als wohlhabendste Stadt der Nation stand Bombay in der vordersten Front des Unabhängigkeitskampfes. Mahatma Gandhi benutzte hier drei Jahrzehnte lang ein Haus, inzwischen ein Museum, um den Widerstand zu organisieren.

Passenderweise verabschiedete die erste britische Kolonie das Raj endgültig in Mumbai: Im Februar 1948 marschierte das letzte Kontingent britischer Truppen durch das Gateway of India ab. Nach der Unabhängigkeit entwickelte Mumbai sich zur Handels- und Kulturhauptstadt Indiens. Die Einwohnerzahl verzehnfachte sich und stieg auf über 16 Mill. Die daraus resultierende Überbevölkerung hat auch zu den Spannungen zwischen den diversen Minderheiten beigetragen, die sich in den letzten beiden Jahrzehnten wiederholt in gewalttätigen Auseinandersetzungen unter den armen Schichten der Bevölkerung entluden. In den 80er und frühen 90er-Jahren wurde die Metropole wiederholt von Streiks und Unruhen lahmgelegt – vor dem Hintergrund, dass immer mehr Zuwanderer aus anderen Regionen des Landes in die Stadt strömten. Von der wachsenden Unzufriedenheit profitierte vor allem die rechtsextreme Maharashtria-Partei **Shiv Sena**. Sie wurde 1966 von dem ehemaligen Karikaturisten Bal „the Saheb" Thackery, laut Eigenaussage ein Bewunderer Hitlers, gegründet. Viele Menschen machen die Sena-Kader für die Gräueltaten an Muslimen verantwortlich, die der Zerstörung der Babri Masjid in Ayodhya (1992/93) folgten. Damals wurden mehrere tausend Moslems von randalierenden Horden getötet, während in der Stadt zehn Tage lang blanke Anarchie herrschte.

Nur wenige Monate später, am 12. März 1993, töteten zehn **Bombenexplosionen** 260 Menschen und zerstörten bedeutende Baudenkmäler. Man ging von einer Beteiligung des moslemischen Paten Dawood Ibrahim und des pakistanischen Geheimdienstes aus. Zehn Jahre später brachte ein weiterer blutiger Anschlag das Stadtleben zum Stillstand: Die Explosion im August 2003 riss 107 Besucher des Gateway of India in den Tod. Seither wird Mumbai immer wieder zur Zielscheibe von Terroristen, wie die Anschläge im Juli 2006 und im November 2008 beweisen.

Doch nach jeder dieser grauenhaften Detonationen kehrte die Stadt verblüffend rasch zum Alltag zurück. In seinen beliebtesten Fantasien identifiziert sich Mumbai statt mit Terroranschlägen lieber mit dem Glanz und Glamour seiner Film- und Fernsehindustrie. Bollywood-Starlets, VJs und als Playboys auftretende Industrieerben

Mumbai

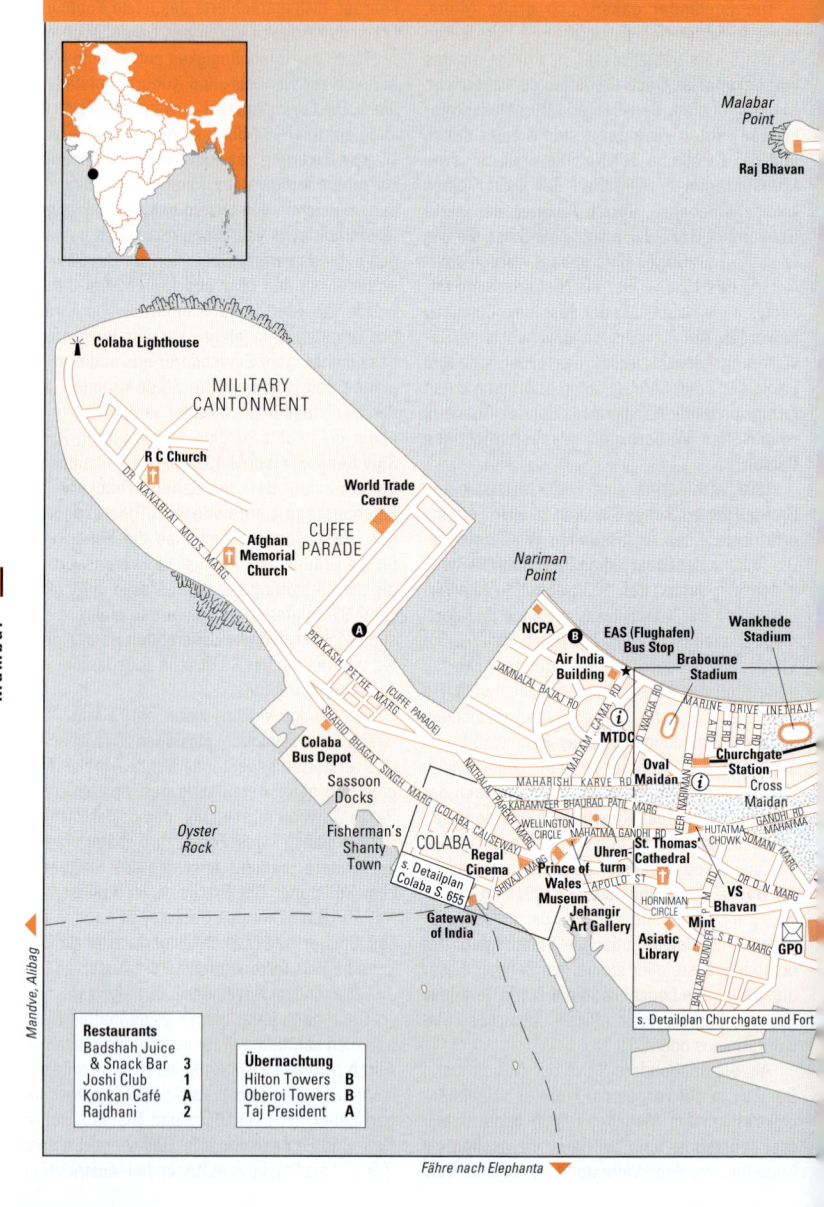

Restaurants
Badshah Juice & Snack Bar	3
Joshi Club	1
Konkan Café	A
Rajdhani	2

Übernachtung
Hilton Towers	B
Oberoi Towers	B
Taj President	A

Map of Mumbai

Labels visible on map:

- ARABISCHES MEER
- Banganga Tank
- Walukeshwar Temple
- WALUKESHWAR MARG
- N DABHOLKAR MARG
- Jain Temple
- JAGMOHANDAS MARG
- Malabar Hill
- PM (Hanging) Gardens
- Türme des Schweigens
- Breach Candy Hospital
- Crossword Bookshop
- BHULABHAI DESAI RD
- Mahalakshmi Temple
- Haji Ali's Tomb
- Kamla Nehru Park
- Bulbunath Mandir Temple
- KEMP'S CORNER
- BALBUNATH MARG
- SITARAM PATKAR MARG
- DR G DESHMUKH MARG
- Back Bay
- Chowpatty Beach
- PANDITA RAMBAI
- Mani Bhavan (Mahatma Gandhi Museum)
- S K BADODAWALA MARG
- VATSALABAI DESAI CHOWK
- LALA LAJPATRAI MARG
- NANAC CHOWK
- TARDEO RD
- Grant Rd Railway Station
- NAIK CHOWK
- TADDER MARG
- KASTHURI KHADE MARG
- Mahalakshmi Racecourse
- DR D BHADKAMKAR MARG
- Opera House
- Tarporevala Aquarium
- Mumbai Central
- Willingdon Golf Course
- Busse ins Zentrum
- Mumbai Central Inter-state Bus Stand
- DR ANANDRAO NAIR MARG
- Gymkhanas
- SUBHASH CHANDRA MARG
- MAHARISHI KARVE RD
- SADAR V PATEL
- Alfred Talkies
- MAULANA SHAUKATALI
- D S NIKKER MARG
- BOMAN BEHRAM MARG
- Red Light District
- Maratha Mandir Cinema
- DR GURJIT MARG
- SANE GURUJI MARG
- SANT GADGE MAHARAJ CHOWK
- Municipal Dhobi Ghats
- Bombay Hospital
- Metro Cinema (Busse nach Goa)
- Mumba Devi Temple
- Bhuleshwar Market
- JAGANNATH SHANKARSHETH MARG
- DR TANK RD
- Chor Bazaar
- MAULANA AZAD RD (NORTH)
- MAULANA AZAD RD (SOUTH)
- BAPURAO JAGTAP MARG
- Mahalakshmi Station
- Azad Maidan
- Zaveri Bazaar
- LALBADEVI RD
- MEMON ST
- ABDUL REHMAN ST
- JOHAR CHOWK
- MIRZA GALIB ST
- SIR J JEEJIBHOY RD
- RAMCHANDRA BHATT
- N M JOSHI MARG
- Crawford Market
- Jami Masjid
- Minara Masjid
- MOHAMMED ALI RD
- A MERCHANT MARG
- SADAR V PATEL
- Panjrapool Animal Sanctuary
- SHIVDAS CHAMPSI MARG
- DR BABASAHEB AMBEDKHAR MARG
- SANT SAVTA MARG
- DR N M ROAD
- Chatrapathi Shivaji Terminus (Victoria Terminus)
- NANDALAL JANI RD
- V PATEL RD
- MAYA
- DR S S RAO RD
- N KIDWAI RD
- V J B Udyan (Victoria Gardens)
- DR PANTANWALLA MARG
- Veermata Jeejamata (Victoria & Albert) Museum
- P D'MELLO RD
- NATH PAI MARG
- IREAY RD
- VICTORIA RD

→ Mumbai
→ Flughafen

S. 659

www.stefan-loose.de/indien

Mumbai 653

bilden das Grundnahrungsmittel für die Klatschkolumnen und Fanmagazine im ganzen Land, während in den Straßen und Vorstadtstudios von Mumbai Jahr für Jahr Hunderte Hindi-Blockbuster abgedreht werden.

Rajiv Gandhis Reformen der 1990er-Jahre haben Indien den Weg zur heutigen Konsumgesellschaft geebnet. Besonders begeistert wurde die wirtschaftliche Liberalisierung in Mumbai aufgenommen. Nach Jahrzehnten der Stagnation verdrängten IT-, Finanz- und Gesundheitssektor sowie Back-Office-Dienstleistungen die seit Jahrzehnten stagnierende Textilindustrie. Ganze Vororte mussten neu gebaut werden, um die Ströme neuer Mittelklassearbeiter aufzunehmen; natürlich mit glänzenden Einkaufszentren, Multiplexkinos und Autohändlern, damit sie ihr sauer Verdientes auch ausgeben konnten.

Mit diesem Boom konnte die Infrastruktur nicht mithalten. Ihr Zustand verschlechterte sich sogar, wie das Chaos nach der Überschwemmung von 2005 (s. Kasten) bewies. Die Korruption in Politik und Wirtschaft hat Investitionen in sozial schwächeren Gebieten verhindert. Während in Bandra Luxusappartements für eine halbe Million Dollar und mehr gehandelt werden, hausen schätzungsweise 7 bis 8 Million Menschen (knapp die Hälfte aller Bewohner Mumbais) auf 6 % der Stadtfläche zusammengedrängt in Slums ohne Sanitäreinrichtungen.

Orientierung

Nirgendwo wird deutlicher spürbar, dass man in Mumbai angekommen ist, als am **Gateway of India**, dem ultimativen Wahrzeichen der Stadt.

Nur fünf Gehminuten nördlich vom Anleger steht das **Prince of Wales Museum**, die nächste Hauptattraktion auf der Sightseeing-Liste. Dabei ist die ebenso extravagante wie eklektische Architektur genauso interessant wie die Kunstschätze im Innern. Das Museum liefert einen Vorgeschmack auf die Straßen der unmittelbaren Umgebung, wo man die architektonische Crème de la Crème von Bartle Freres Bombay bewundern kann, beispielsweise die Prachtbauten der Universität und den High Court mit den offenen Maidans auf der einen und den Boulevards von Fort auf der anderen Seite.

Rekordregen

Am 26. Juli 2005 verzeichnete Mumbai die heftigsten Regenfälle, die je in einer Stadt gemessen wurden: In 24 Stunden fielen unglaubliche 942 mm. Das Gewitter hinterließ schwere Verwüstungen: Erdrutsche und Hochwasser töteten an die hundert Menschen und machten weitere 150 000 obdachlos. Die mangelnde Infrastruktur ließ eine schnelle Bewältigung der Krise nicht zu, und es hagelte scharfe Kritik an der korrupten Stadtverwaltung.

Als Geschäftszentrum von Mumbai ist **Fort** ein hervorragendes Viertel, um sich ziellos treiben zu lassen. Zwischen viktorianischen Gebäuden zwängen sich zahlreiche altmodische Cafés, Kaufhäuser und Straßenstände.

Warum die Gründerväter Bombay damals *Urbs Prima in Indis* nannten, zeigt der weiter nördlich gelegene Bahnhof Chhatrapati Shivaji – früher **Victoria Terminus** –, das absolute Prunkstück der indischen Raj-Architektur.

Die wenigsten Besucher wagen sich bis zu den Basaren und Moslemvierteln jenseits des VT vor, dabei hat Central Mumbai einiges zu bieten. Hauptattraktion ist das kürzlich neu gestaltete **Dr Bhau Dadji Lad Museum** in Byculla.

Wer dem Stadtgetümmel entkommen möchte, hat zum Beispiel folgende Möglichkeiten: ein Abendspaziergang über den **Marine Drive** am westlichen Rand von Downtown, ein Besuch des moslemischen Grabmals von Haji Ali (besonders stimmungsvoll Donnerstag- und Freitagabends), Elephanta, eine Felshöhle mit antiken Kunstwerken vor dem Hafen von Mumbai, und die 1000 Jahre alten **Höhlen von Kanheri** an einem Waldhang in den Außenbezirken.

Colaba

Ende des 17. Jhs. war Colaba wenig mehr als die letzte einer Reihe von steinigen Inseln, die sich zu dem am südlichsten Punkt von Mumbai stehenden Leuchtturm hin erstreckte. Heute sind die ursprünglichen Konturen des Landvorsprungs (dessen Name von den frühesten hiesi-

Colaba

Übernachtung

Aga Bheg's & Hotel Kishan	H
Ascot	J
Bentley's	I
Fariyas	P
Garden	M
Godwin	L
Gordon House	C
Lawrence	A
Moti International	E
Red Shield	G
Regent	F
Sea Lord	O
Sea Palace	K
Sea Shore	O
Strand	N
Taj Mahal Palace & Tower	D
YWCA	B

Bars und Clubs

Café Mondegar	4
Indigo	8
Insomnia	D
Leo's Square	7
Polly Esther's	C
Voodoo Lounge	13

Restaurants und Cafés

All Stir Fry	C
Bademiya	5
Busaba	9
Café Samovar	3
Churchill	12
Indigo	8
Kailash Parbat ("KP's")	14
Kamat	11
Khyber	2
Leopold's	7
Olympia Coffee House	6
The Sea Lounge	10
Trishna	1

www.stefan-loose.de/indien

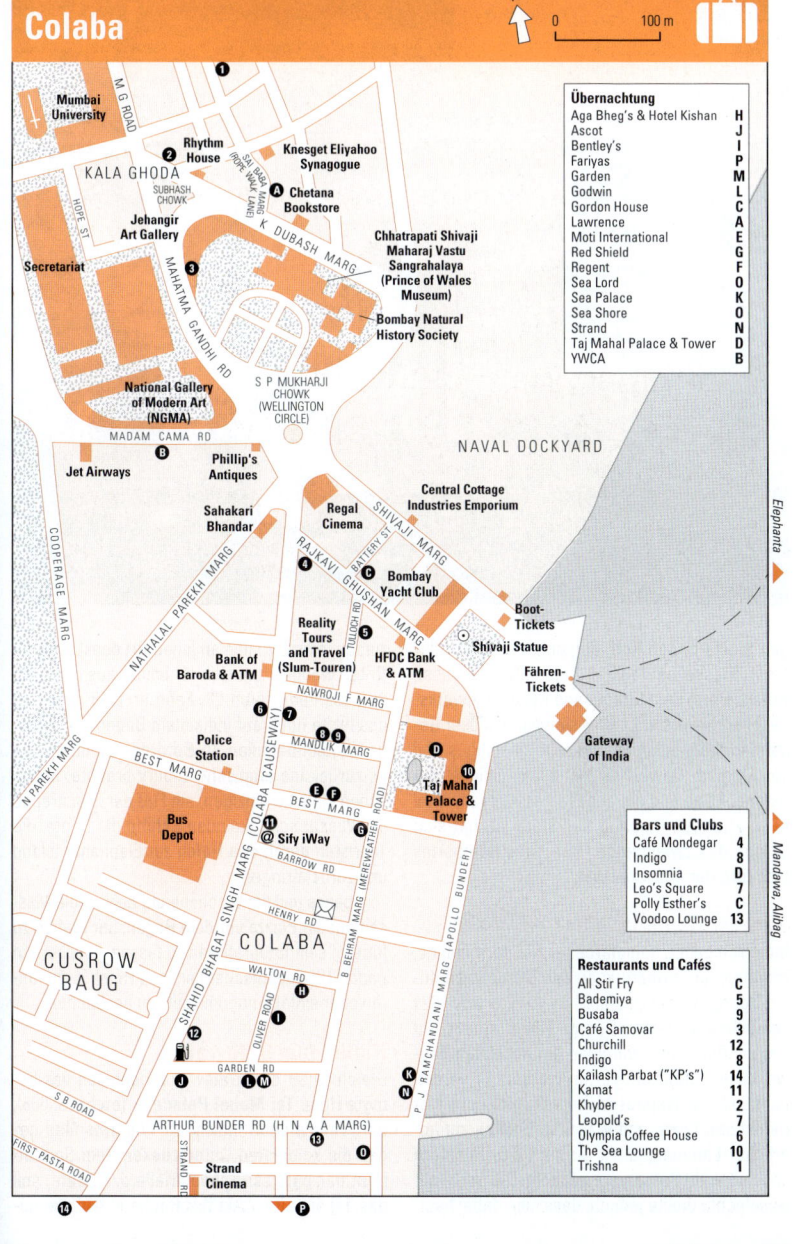

Colaba 655

Das Prachtstück der indischen Raj-Architektur: der Bahnhof Chhatrapati Shivaji, früher Victoria Terminus

gen Siedlern, den **Koli**, abgeleitet wurde) unter einer Masse baufälliger Kolonialwohnhäuser, Hotels, Bars, Restaurants und Kunsthandwerksgeschäften versteckt. Wer sich nur in dieser Gegend aufhält, bekommt ein sehr einseitiges Bild von Mumbai. Obwohl es die hauptsächliche Touristenenklave und ein angesagtes Ausgehviertel für die jungen Reichen der Stadt ist, hat sich Colaba das zwielichtige Flair jenes Hafenortes bewahrt, der er einmal war.

Gateway of India

Indiens eigener, honigfarbener Arc de Triomphe, errichtet zur Erinnerung an den Besuch von König George V. und Queen Mary 1911, wurde 1924 von dem Architekten George Wittet erbaut, auf dessen Reißbrett zahlreiche der nobelsten Bauwerke der Stadt entworfen wurden. Er vereint einheimische Gujarat-Motive mit großem viktorianischen Pomp und war ursprünglich als feierlicher Landungspunkt für mit P&O-Dampfern ankommende Passagiere gedacht. Die Ironie der Geschichte wollte jedoch, dass man dabei heutzutage in erster Linie an jenen Ort denkt, den die Briten wählten, um sich für immer aus Indien zu verabschieden: Am 28. Februar 1948 ging hier das letzte noch auf indischem Boden verbliebene Truppenbataillon an Bord des Schiffes, das es zurück ins englische Tilbury brachte. Inzwischen sind die einzigen, am Fuß der Steintreppe im Wasser schaukelnden Schiffe die Boote, die Touristen durch den Hafen zur Elephanta Island und zurückbringen.

Abends und am Wochenende zieht es die Massen auf die Piazza vor dem Bogen, um Tauben zu füttern, sich fotografieren zu lassen, in silbernen *gaddis* (Pferdekutschen) um das Hotel Taj zu fahren oder einfach nur um Leute zu beobachten.

Hinter dem Gateway

Gleich hinter dem Gateway erhebt sich das betagte Hotel **Taj Mahal Palace & Tower** (S. 668), ein Wahrzeichen indischen Widerstandes gegen die kolonialen Unterdrücker. Sein Schirmherr, der parsische Industrielle J. N. Tata, soll das Taj als einen Akt der Rache in Auftrag gegeben haben, nachdem ihm der Zutritt zum damals besten Hotel der Stadt, dem „whites only" Watson's verwehrt worden war. Sein zorniger Wunsch ging in Erfüllung: Watson's ist schon längst vom Erdboden verschwunden, aber das Taj thront noch immer majestätisch über dem Meeresufer und beherbergt Mumbais Jetset. Normalsterbliche dürfen hereinkommen, um ihr Geld in der Tea Lounge und in den Einkaufspassagen auszugeben. Das riesige, klimatisierte Foyer ist ein guter Ort zum Abkühlen, wenn einem die Hitze am Hafen zu Kopf steigt (am Gang links des Hauptschalters gibt es eine höchst feudale Toilette).

Auf dem Colaba Causeway nach Süden

Die Ende des 19. Jhs. dem Meer abgetrotzte Hauptdurchgangsstraße **Colaba Causeway** (ein Abschnitt der Shahid Bhagat Singh Marg) führt in südlicher Richtung zu einem Kasernenviertel, doch nur wenige Touristen verirren sich weiter als bis zu der klaustrophobischen, von Straßenhändlern beherrschten Zone am oberen Ende der Straße. Dabei würde es sich wirklich lohnen, und sei es nur, um über den **Obst- und Gemüsemarkt** zu schlendern (zwei Blocks südlich vom Kino Strand).

Von hier geht es zurück zur Hauptstraße, wo sich linker Hand der Eingang von Mumbais Fischgroßmarkt **Sassoon Docks** auftut. Am betriebsamsten präsentieren sich die Docks während der Stunden kurz vor und nach Sonnenaufgang, wenn die Kulis die nächtlichen Fänge in Körben mit zerstoßenem Eis über die Landungsbrücke ziehen, während sich die weiblichen Kulis um die Versteigerer drängen. Der penetrante Geruch ist genauso überwältigend wie der Krach und stammt überwiegend vom traditionellen Exportartikel der Stadt, Bombay Duck (s. Kasten). Es ist zu beachten, dass **Fotografieren** hier streng verboten ist, denn die Docks grenzen an einen sensiblen Standort der Kriegsmarine.

Man kann in jeden Bus steigen, der auf dem Colaba Causeway durch das Kasernenviertel nach Süden fährt (Nr. 3, 11, 47, 103, 123 und 125), und die **Afghan Memorial Church of St. John the Baptist** besuchen, die von 1847–54 zum Gedenken an die britischen Opfer des 1. afghanisch-britischen Krieges erbaut wurde. Mit ihrem

Bombay Duck

Anders als der Name vermuten lässt, handelt es sich hier nicht um ein Geflügelcurry sondern um einen Fisch – genauer: einen Eidechsenfisch *(Harpadon nehereus)*, der im Marathi-Dialekt „bummalo" heißt. Wie diese schlangenähnliche Meereskreatur zu ihrem englischen Namen kam, weiß niemand so genau. Am plausibelsten scheint die Theorie, dass der aus der Raj-Ära stammende Begriff auf das Hindi-Wort für Postzug *(dak)* zurückgeht. Der üble Geruch des getrockneten Fisches soll die Briten an den Kalkutta–Bombay-*dak* erinnert haben, dessen hölzerne Waggons nach drei Tagen und Nächten im Monsun ein stinkender Schimmel überzog.

hohen Turm würde die blassgelbe Kirche auch gut nach Mittelengland passen. Falls die Tür nicht abgeschlossen ist, kann man einen Blick ins Innere werfen. Auffällig sind die Marmortafeln zum Gedenken an die bei Feldzügen an der Nordwestgrenze gefallenen Offiziere.

Downtown Mumbai

Der Kritiker und Reiseschriftsteller Robert Byron, ein erklärter Bewunderer New Delhis, zeigte sich wenig beeindruckt von der Architektur in **Downtown Mumbai**, die er als „architektonisches Sodom" beschrieb.

Einige der schönsten Gebäude flankieren die Straßen unmittelbar nördlich von Colaba. Diese Gegend ist als **Kala Ghoda** („Schwarze Statue") bekannt und verdankt ihren Namen der großen Reiterstatue von König Edward VII., die einst dort stand, wo sich MG Road und Subhash Chowk sichelförmig schneiden. Der Bezirk wurde als Standort des bedeutendsten Museums der Stadt und einiger Kunstgalerien in den letzten Jahren zunehmend als Kulturviertel vermarktet, um seine zahlreichen historischen Gebäude zu erhalten und die modernen visuellen Künste zu fördern, die hier seit den 50er-Jahren florieren. Entlang der Fußwege des Viertels erläutern beeindruckende Edelstahltafeln die Sehenswürdigkeiten, und an Sonntagen im Dezember und Januar versammeln sich hier Porträtkünstler, Töpfer und *mehendi*-Maler zum **Kala Ghoda Fair**, um ihre Werke auf dem Parkplatz vor der Jehangir Art Gallery unter die Leute zu bringen.

Chhatrapati Shivaji Museum (Prince of Wales Museum)

Das Prince of Wales Museum of Western India, von der Shiv Sena Verwaltung kürzlich in den Zungenbrecher **Chhatrapati Shivaji Maharaj Vastu Sangrahalaya** umbenannt, gehört zu Mumbais bemerkenswertesten Gebäuden aus der Raj-Ära. Der von einer mächtigen weißen Kuppel im Mogul-Stil gekrönte Bau beherbergt auf drei Stockwerken eine der erlesensten Sammlung von Gemälden und Skulpturen. Das Gebäude wurde von George Wittet entworfen, der auch für das Gateway of India verantwortlich zeichnete. Es ist der Inbegriff des indo-sarazenischen Mischstils und galt seinerzeit als „aufgeklärte" Interpretation der Gujarati-Architektur des 15. und 16. Jhs., der die islamische Feinheiten mit der typisch englischen Ziegelbauweise vereint.

Im Eintrittspreis für Ausländer ist eine **Audiotour** enthalten, für die entsprechende Geräte im Eingangsbereich verteilt werden. Leider vermag der Kommentar die hochgesteckten Erwartungen nicht zu erfüllen. Auch die Hitze und Feuchtigkeit im Innern des Gebäudes stellen den Besucher auf eine harte Probe. Zur Erholung gibt es einen Tee- und Kaffee-Kiosk im Garten, der allerdings weniger zu empfehlen ist als das Café Samovar außerhalb des Geländes. Dabei ist darauf zu achten, dass die Eintrittskarte beim Verlassen des Museums im Eingangsbereich abgestempelt wird, damit man später wieder hineinkommt.

In der **Key Gallery**, der zentralen Ausstellungshalle im Erdgeschoss, ist eine kleine Auswahl der Museumsschätze ausgestellt, darunter mehrere 1909 von dem Archäologen Henry Cosuens ausgegrabene, buddhistische Stuckfiguren aus dem 5. Jh.

Im **Skulpturensaal** des Erdgeschosses sind weitere buddhistische Artefakte zu bestaunen, größtenteils aus der ehemaligen griechischen Kolonie Gandhara. Zu den bedeutenden Hindu-Skulpturen zählen ein aus dem 7. Jh. stammendes Chalukya-Basrelief, das den auf einer Lotusblüte sitzenden Brahma darstellt, und ein sinnlicher Torso von der Göttin Durga, die mit erhobenem Dreizack bereitsteht, den Büffel-Dämonen zu erledigen.

Die Hauptattraktion im ersten Stock ist die berühmte **Sammlung indischer Malerei**. Die kürzlich eröffnete **Karl & Meherbai Khandalavala Gallery** im renovierten Ostflügel dieses Stockwerks beherbergt feine mittelalterliche Miniaturgemälde neben Ghandara-Skulpturen von unschätzbarem Wert, einem herrlichen religiösen Wandbehang aus Nathdwara in Rajasthan, Chola-Bronzen und einigen der schönsten noch erhaltenen mittelalterlichen Gujarati-Holzschnitzarbeiten des Landes. Im Ostflügel der neuen Laxmi-Galerie stehen indische Münzen im Mittelpunkt, während im zweiten Stock eine riesige **Sammlung orientalischer Keramiken und Glasobjekte** gezeigt wird. Unter den **Waffen** und Rüstungen in einer kleinen Seitengalerie ganz oben im Gebäude sind ein Kürass mit Helm und Jade-Dolch besonders sehenswert, die – wie man erst kürzlich herausfand – keinem Geringeren als dem Großmogul Akbar gehört haben.

⊙ tgl. außer Di 10.15–18 Uhr, Eintritt Rs300, Kamera Rs30 – Stative und Blitzlichter sind nicht erlaubt.

Kala Ghoda Art Galleries

Praktisch auf demselben Gelände wie das Prince of Wales Museum, jedoch mit Eingang von weiter oben an der MG Rd, befindet sich die **Jehangir Art Gallery**, Mumbais älteste Galerie für zeitgenössische Kunst, bestehend aus fünf kleinen Ausstellungsräumen, die Kunst und Kunsthandwerk aus aller Welt gewidmet sind. Man weiß nie, was einen erwartet – die Ausstellungen dauern meistens nur eine Woche, und die Stücke sind oft käuflich zu erwerben. ⊙ tgl. 11–19 Uhr, Eintritt frei.

Auf der gegenüberliegenden Seite der MG Road steht mit Blick auf das Museum und den Mukharji Chowk die größere **National Gallery of Modern Art**. Die umgebaute Konzerthalle beherbergt auf drei Stockwerken eine Mischung aus dauerhaften und temporären Ausstellungen, anhand derer die Entwicklung der modernen indischen Kunst von ihren Anfängen in den 50er-Jahren des 20. Jhs. bis heute dokumentiert wird.

Churchgate und Fort

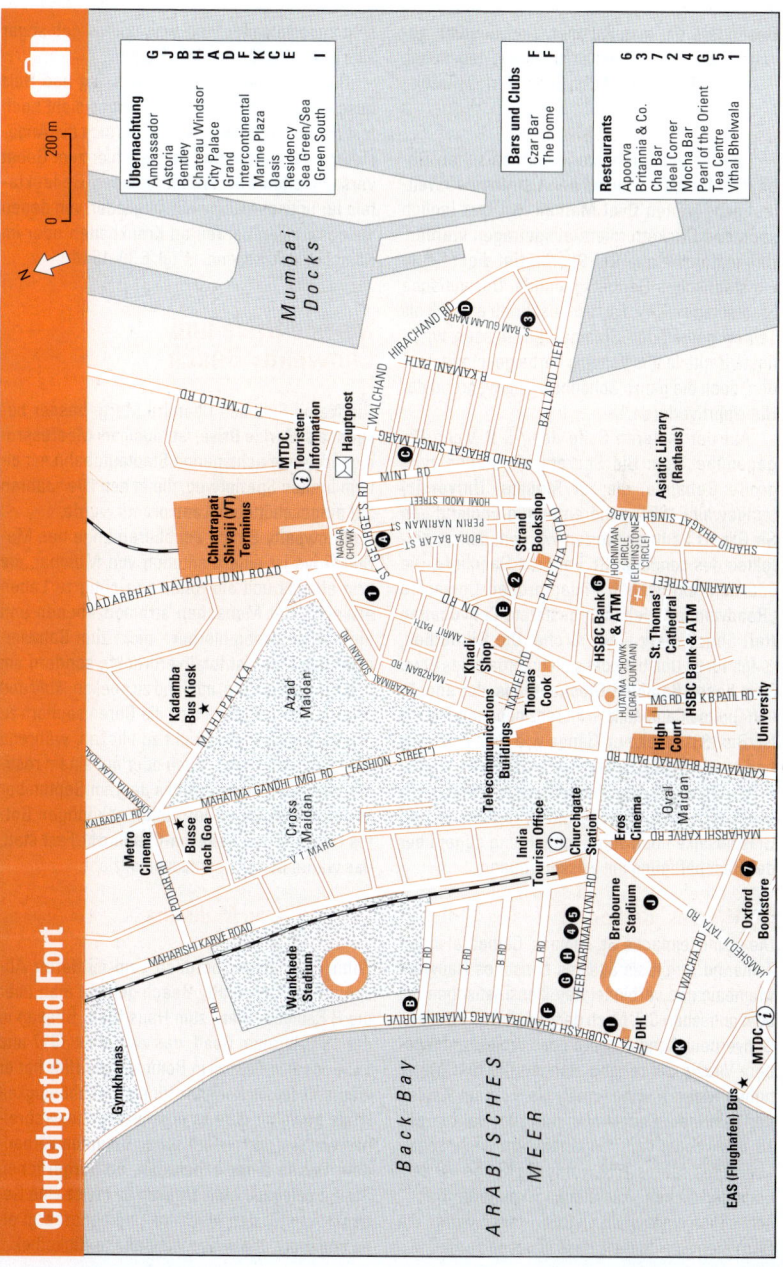

Übernachtung
- Ambassador — G
- Astoria — J
- Bentley — B
- Chateau Windsor — H
- City Palace — A
- Grand — D
- Intercontinental — F
- Marine Plaza — K
- Oasis — C
- Residency — E
- Sea Green/Sea Green South — I

Bars und Clubs
- Czar Bar — F
- The Dome — F

Restaurants
- Apoorva — 6
- Britannia & Co. — 3
- Cha Bar — 7
- Ideal Corner — 2
- Mocha Bar — 4
- Pearl of the Orient — G
- Tea Centre — 5
- Vithal Bhelwala — 1

Downtown Mumbai 659

www.stefan-loose.de/indien

Besonders die Installationen sind deutlich gewagter als die in der Jehangir-Galerie gegenüber. ⏰ NGMA; Di–So 11–17 Uhr, Eintritt Rs150 (Rs20).

Rund um den Oval Maidan

Einige der bedeutendsten viktorianischen Gebäude Mumbais säumen den Ostrand des weitläufigen, grünen **Oval Maidan**, wo fast täglich spontane Cricketturniere ausgetragen werden. Das mattgelbe alte **Old Secretariat** dient heute als städtisches Gerichtsgebäude. Der britische Staatsdiener G. W. Forrest beschrieb es 1903 als „einen gewaltigen Steinhaufen, dessen wichtigste Bauteile aus Venedig herbeigeschafft wurden, doch die ganze Schönheit ging während der Überfahrt verloren."

Auf der anderen Seite der AS D'Mello Rd, gegenüber dem Old Secretariat, stehen zwei große Gebäude, die zur **Mumbai University** (eingeweiht 1857) gehören und in England von Sir Gilbert Scott entworfen wurden, dem Architekten des Londoner St. Pancras-Bahnhofs. Die von dem parsischen Philanthropen Cowasjee „Readymoney" Jehangir gestiftete **Convocation Hall** ähnelt stark einer Kirche. Die **Bibliothek**, ⏰ tgl. 10–22 Uhr, befindet sich unterhalb des etwa 80 m hohen **Rajabhai-Glockenturms**, der angeblich Giottos Campanile in Florenz nachempfunden ist. Bis 1931 spielte er Klänge wie *Rule Britannia* und *Home Sweet Home*. Die prachtvolle Treppe führt vom Foyer zum wunderbaren Gewölbe des Lesesaals, dessen hohe gotische Fenster und Glasmosaike noch von Hochachtung gegenüber der Beschäftigung mit Wissen zeugen.

St. Thomas' Cathedral

Die kleine, einfache St. Thomas' Cathedral in der Tamarind St gilt als ältestes britisches Bauwerk Mumbais und verbindet den klassizistischen mit dem gotischen Stil. Nach dem Tod ihres Gründers, Gouverneur Aungier, wurde das Projekt aufgegeben. Vierzig Jahre lang standen die fünf Meter hohen Mauern unbeachtet, bis sich ein Kaplan der East India Company in den 20er-Jahren des 18. Jhs. wieder dafür erwärmte. Am Weihnachtsabend des Jahres 1718 wurde die Kirche mit dem unumgänglichen „kanonenkugelsicheren Dach" schließlich eingeweiht. In jenen Tagen waren die Sitzreihen so eingeteilt, dass niemand vergaß, wo sein angestammter Platz war, und es gab sogar eine Abteilung für „niedere Frauen".

Das weiß getünchte, mit Messing und Holz ausgestaltete Innere von St. Thomas sieht noch fast genau so aus wie damals, als sich die Angestellten der East India Company hier zum Gebet versammelten. Die Wände säumen Gedenktafeln für britische Gemeindemitglieder, von denen viele in jungen Jahren an Krankheiten oder im Kampf gestorben sind. ⏰ tgl. 6.30–18 Uhr

Marine Drive und Chowpatty Beach

Die Netaji Subhash Chandra Marg, besser bekannt als **Marine Drive**, ist Mumbais Meerespromenade, eine achtspurige Stadtautobahn mit einem breiten Spazierweg, die in den 20er-Jahren auf aufgeschüttetem Land erbaut wurde.

Chowpatty Beach am oberen Ende des Marine Drive ist eine Institution von Mumbai, die erst abends und am Samstag richtig zu Leben erwacht. Die Menschen strömen abends und an Wochenenden hierher - nicht zum Schwimmen (das Meer ist total verdreckt), sondern um herumzuschlendern, im Sand zu hocken, *kulif* und *bhel puri* zu genießen, sich die Ohren säubern zu lassen und über die Bucht zu blicken, während die Kinder auf Ponys reiten oder auf einem rostigen Karussell fahren. Jedes Jahr im September findet hier zu Ehren des elefantenköpfigen Gottes Ganesha das **Ganesha-Chathurthi**-Fest statt, das wahre Menschenmassen anzieht.

Mani Bhavan Mahatma Gandhi Museum

Zehn Gehminuten nördlich vom mittleren Abschnitt des Chowpatty Beach gelangt man über die P Ramabai Marg zum Haus Mani Bhavan in der 19 Laburnum Road, das zwischen 1917 und 1934 Gandhis Domizil in Bombay war. Hier hat er während seines Kampfes für die Unabhängigkeit lange gewohnt, Streiks organisiert, Rundschreiben verfasst und mit britischen Beamten verhandelt. Das in einer schattigen, gutbürgerlichen Straße gelegene Mani Bhavan ist heute eine Gedenkstätte für den Mahatma und beherbergt eine umfangreiche wissenschaftliche Bibliothek.

Dabawallahs

Mumbais Ausdehnung und die unpraktische Anlage der Stadt bescheren der arbeitenden Bevölkerung alle möglichen Unannehmlichkeiten – nicht zuletzt, weil sie Tag für Tag mehr als 4 Stunden in öffentlichen Verkehrsmitteln stecken muss, die sich nur im Schneckentempo bewegen. Über eines jedoch müssen sich die Pendler keine Sorgen machen: darüber, wie sie an ein billiges, sättigendes und hausgemachtes Mittagessen kommen. In einer Stadt, die für alles *wallahs* hat, findet das Essen zu den Hungrigen. Dafür sorgen die Mitglieder des **Nutan Mumbai Tiffin Box Suppliers Charity Trust** (NMTSCT), allgemein unter dem liebevoll gemeinten Begriff *dabawallahs* bekannt.

Jeden Tag bringen ungefähr 4500 bis 5000 *dabawallahs* frisch zubereitete Gerichte aus 175 000 bis 200 000 Vorstadtküchen in die Büros der Innenstadt. Jedes Lunchpaket wird in aller Frühe von einer liebenden Ehefrau oder Mutter zubereitet, während Ehemann oder Sohn die qualvolle Enge im Pendlerzug ertragen. Sie verteilt den Reis, *dhal*, *subzi*, Joghurt und *parathas* in zylindrische Aluminiumbehälter, steckt sie ineinander und verschließt das Essgeschirr mit einem ordentlichen kleinen Henkel. Diese einem schlanken Farbeimer nicht unähnliche *tiffin box* ist der Dreh- und Angelpunkt der gesamten Operation.

Wenn am Vormittag der Bote kommt, kennzeichnet er den Deckel mit einem bestimmten Farbcode, der ihm sagt, für wen das Mittagessen bestimmt ist. Am Ende seiner Runde bringt er sämtliches Geschirr zum nächsten Bahnhof und händigt es den anderen *dabawallahs* zwecks Beförderung in die Stadt aus. Auf dem Weg von der heimischen Küche zum Empfänger wandert die *tiffin box* durch mindestens ein halbes Dutzend Hände, wird auf Köpfen balanciert, baumelt an Schulterstangen oder Fahrradlenkern und schaukelt in den bunt gestrichenen Handkarren, die sich halsbrecherisch ihren Weg durch den Mittagsverkehr bahnen. So gut wie nie geht eine Büchse verloren – das amerikanische Wirtschaftsmagazin Forbes beschied Mumbais *dabawallahs* eine nahezu 100 % Zuverlässigkeit, d. h. nur eine von 6 Mill. *tiffin boxes* geht verloren. In puncto Effizienz befinden sich die des Lesens und Schreibens unkundigen *dabawallahs* damit auf Augenhöhe mit Hightechunternehmen wie Motorola.

Wer sie in Aktion sehen möchte, begibt sich am späten Morgen zum **Bahnhof CST** (VT) oder **Churchgate**, denn dann kommen die *tiffin boxes* im Stadtzentrum an. Das Geschehen begleitet ein Chor von „lafka! lafka!"(„schnell! schnell!")-Rufen, während die *dabawallahs* – zu erkennen an ihren weißen Nehru-Kappen und weiten Pyjamahosen – sich beeilen, das Mittagessen rechtzeitig zuzustellen.

Fast alle stammen aus einem kleinen Dorf bei Pune und sind miteinander verwandt. Sie kassieren von jedem Kunden Rs350–400, macht insgesamt rund Rs5000–6000 im Monat – kein schlechtes Einkommen für indische Verhältnisse. Der Preis ist einer der Gründe, dass sich dieses System noch immer gegen die starke Fast-Food-Konkurrenz behaupten kann. Da ein *daba*-Mittagessen immer noch ein gutes Stück billiger ist, sparen die Werktätigen der Mittelschicht, die sich dieses Systems bedienen, wertvolle Paise.

Einer der führenden Geschäftsmänner, die sich intensiver für das *dabawallah*-Phänomen interessiert haben, ist Sir Richard Branson. Der Gründer des Virgin-Imperiums und Ballonfahrer hat einen *tiffin*-Austräger einen Tag lang auf seiner Runde begleitet. Wer es ihm gleichtun will, kann mit dem NMTSCT Kontakt aufnehmen: Einfach auf der Website 🖥 www.mydabbawala.com den Link „Day with a Dabbawala" anklicken.

Die Wände des mit liebevoll polierten Holzmöbeln ausgestatteten Inneren zieren Fotos historischer Begebenheiten und Gegenstände aus dem Leben dieses ungewöhnlichen Mannes – besonders anrührend ist ein freundlicher Brief an Hitler mit der Bitte, den Weltfrieden zu wahren. Gandhis schlichter Wohn-Schlafraum befindet sich hinter Glas. ⓘ tgl. 9.30–18 Uhr. Die Laburnum Rd ist ein paar Straßen vom Konzertveranstaltungsort Bharatiya Vidya Bhavan an der KM Munshi Marg entfernt – wer per Taxi kommt, fragt am besten nach der nahe gelegenen Gamdevi Police Station.

Malabar Hill

Das Vorgebirge mit seinen grünen Flanken und atemberaubenden Wolkenkratzern, das den Chowpatty Beach im Norden von Back Bay umschließt, ist quasi schon seit der Gründung Mumbais das begehrteste Viertel der Stadt. Die Briten erkannten früh die Vorteile der frischen Brise und des weiten Blicks über das Meer. Sie errichteten Bungalows auf der Landspitze, die damals noch eine eigenständige Insel war. Der imposanteste Bau entstand in den 1820er-Jahren und dient heute als Amtssitz des Gouverneurs von Maharashtra, **Raj Bhavan**.

Auch wenn keine der Sehenswürdigkeiten von Malabar zu den Top-Highlights in Mumbai zählt, bilden seine Hindu-Schreine und Kolonialzeitgebäude einen interessanten Kontrast zur Moderne ringsum.

Die wichtigste Straße des Bezirks ist die Bal Gangadhar Kher Marg (früher Ridge Road). Sie führt von Mumbais wichtigstem **Jain-Tempel** (s. Karte S. 653) bis zur Spitze der Landzunge. Dort erhebt sich der berühmte Walukeshwar-Tempel, Mumbais ältestes noch erhaltenes hinduistisches Heiligtum. Dem *Ramayana* zufolge hat Rama hier einen Lingam aus Sand geformt, um Shiva zu verehren. Im Laufe der Jahrhunderte wurde daraus eines der wichtigsten Pilgerzentren Konkans.

Der heutige Tempel wurde 1715 errichtet, nachdem die Portugiesen den Vorgängerbau zerstört hatten. Er ist weniger imposant als der **Banganga Tank** unterhalb davon, ein rechteckiger See, gesäumt von steinernen *ghats* und zahlreichen zerfallenden Schreinen.

Zentral-Mumbai: Mahalakshmi bis Byculla

Zentral-Mumbai, jenseits des Malabar Hill, besteht größtenteils aus Arbeitervierteln: ein gigantisches Mosaik aus baufälligen Mietshäusern, Märkten und Industrieruinen – Überbleibsel des viktorianischen Baumwollbooms.

Die Türme des Schweigens

Hoch oben auf dem Malabar Hill, verborgen hinter einer hohen Mauer und dichter Vegetation, stehen die sieben Türme des Schweigens, auf denen die immer kleiner werdende zoroastrische Gemeinde der Stadt (besser bekannt als Parsen) ihre Toten beisetzt. Die Verunreinigung der vier heiligen Elemente (Luft, Wasser, Erde und – am allerheiligsten – Feuer) sind der größte Verstoß gegen die elementaren Gebote des 2500 Jahre alten Parsenglaubens, der nach Indien gelangte, als die Anhänger des Zoroastrismus aus dem sassanidischen Persien flohen, um der arabischen Verfolgung im 17. Jh. zu entgehen. Deshalb werden die Verstorbenen hier nicht verbrannt oder vergraben, sondern auf nach oben hin offene, zylindrische Türme – die sogenannten *dokhmas* – gelegt, damit Geier und Witterung ihre Gebeine säubern. Diese werden anschließend in der Beinkammer im Turminneren beigesetzt.

Die Zahl der Parsen, die diesen traditionellen Bestattungsritus praktizieren, ist in den letzten Jahrzehnten stark zurückgegangen. Ein Grund dafür ist das Verschwinden der Geier in Indien, das auf den Einsatz des entzündungshemmenden Mittels Diclofenac zurückzuführen ist. Es wird dem Futter der Rinder beigemischt, deren Kadaver eine wichtige Futterquelle der Aasfresser sind. Als Ersatz wurden nun in den Türmen Solarplatten installiert, die mithilfe von Sonnenstrahlen die Körper zersetzen. Auch die Haltung von Geiern wird neuerdings als Alternative in Erwägung gezogen. Besuchern ist der Zutritt zu den Türmen des Schweigens strengstens verboten.

Um dem Kessel der Großstadt zu entfliehen, pilgern die Anwohner Richtung Westen zum Strand und beten im **Mahalakshmi-Tempel** (wenn sie Hindus sind) oder am Inselgrab Haji Alis (wenn sie dem Islam angehören).

Beides sind lohnende Ausflugsziele ab Mumbai und lassen sich gut mit einem Besuch des kürzlich renovierten **Dr Bhau Dadji Lad Museum** in Byculla und einem Zwischenstopp an den **Dhobi Ghats** von Mahalakshmi kombinieren.

– einer der ungewöhnlicheren Attraktionen der Stadt.

Die Busse Nr. 83, 132 und 133 fahren von Colaba zum Grab von Haji Ali, einen Steinwurf vom Mahalakshmi-Tempel entfernt. Weiter ostwärts nach Byculla geht's am besten mit dem Taxi, aber Busse der Linie 124 fahren immerhin bis zu den **Dhobi Ghats**. Diese sind auch von Süd-Mumbai aus gut per Bahn oder Bus zu erreichen (s. unten).

Mahalakshmi-Tempel

Zum Mahalakshmi-Tempel an der Bhulabhai Desai Road führt eine Gasse, die von Straßenständen mit eindrucksvollen Blumenopfern und Heiligenbildern gesäumt ist. Die Gaben für Mumbais Lieblings-*devi*, **Lakshmi**, die Göttin der Schönheit und des Reichtums – die beiden Dinge, wonach die ganze Stadt am eifrigsten strebt – türmen sich so hoch, dass die *pujaris* des Tempels mit deren Wiederverkauf ein profitables Geschäft betreiben.

Auf einer winzigen Insel in der Bucht unmittelbar nördlich des Mahalakshmi-Tempels steht das Mausoleum des moslemischen Heiligen und afghanischen Mystikers **Haji Ali Bukhari**. Das Grabmal ist durch einen schmalen, zementierten **Dammweg**, der nur zu Ebbe begehbar ist, mit dem Festland verbunden. Sofern nicht überflutet, wird er auf seiner gesamten Länge von Bettlern gesäumt, die Verse des Koran zitieren. Die weißen Mogul-Kuppeln und Minarette des eigentlichen **Grabmals** wirken aus der Nähe sehr viel weniger exotisch als seine Silhouette bei Sonnenuntergang vom Arabischen Meer aus. Vor allem Donnerstag- und Freitagabends lohnt sich ein Besuch dennoch. Dann versammeln sich hier die Massen, um der Qawwali-Livemusik zu lauschen und den Sonnenuntergang zu beobachten. Nicht-Moslems sind willkommen, sollten jedoch angemessen gekleidet sein (Frauen mit Kopftuch).

Den traditionellen Ausklang für einen Ausflug zum Mausoleum bilden ein oder zwei Gläser Fruchtsaft im legendären Haji Ali Juice Centre, das sich gleich rechts am Beginn des Fahrdamms befindet. Die Gäste zwängen sich entweder in den winzigen Gastraum oder bestellen von ihrem Fahrzeug aus.

Mahalakshmi Dhobi Ghats

Irgendwie ist es schon etwas seltsam, extra einen Zwischenstopp einzulegen, nur um zu schauen, wie Mumbais Schmutzwäsche gewaschen wird. Dennoch sind die Dhobi Ghats nahe dem Vorortbahnhof von Mahalakshmi sehenswert genug, um auf der Fahrt durch die Stadt hier einen Halt zu machen. Jeden Morgen wird die Wäsche aus der ganzen Stadt hier gesammelt, in großen Betonbecken eingeweicht und von den Bewohnern des Viertels ausgewaschen. Ausländische Touristen fotografieren dieses typisch indische Spektakel von der Mahalakshmi-Straßenbrücke aus. 2005 fand sogar Bill Clinton Zeit für einen Kurzbesuch.

Am bequemsten gelangt man mit der S-Bahn von Churchgate nach Mahalakshmi. Vor dem Bahnhof geht's nach links über die Bahnschienen und dann immer der Straße nach, bis links unten die Ghats auftauchen (die Straßenhändler aus den nahegelegenen Slums weisen gern Weg). Auch der Bus Nr. 124 aus Colaba und Haji Ali lässt seine Fahrgäste hier aussteigen.

Dr Bhau Dadji Lad Museum

Der einzige Grund für einen Besuch des postindustriellen Ödlands von Byculla in Zentral-Mumbai ist ein Besuch des **Dr Bhau Dadji Lad Museums**, ⏲ tgl. außer Mi 10.30–16.30 Uhr; Eintritt Rs20, in der Ost-Byculla. Bei seiner Eröffnung 1872 hieß es noch **Victoria and Albert Museum** und galt als „eines der größten Geschenke der Briten an Indien" – ein elegantes Bauwerk im hoch-palladianischen Stil inmitten eines klassischen botanischen Gartens (heute ein eher deprimierender Zoo). Ein gutes Jahrhundert der Verwahrlosung ist nicht ohne Folgen geblieben. Seit seiner Renovierung strahlt das Gebäude nun aber wieder in altem Glanz. Die **Ausstellung** von Lithographien, Drucken, Dokumenten, Uniformen und Modellen zur Entstehung Bombays erfüllt nicht ganz die Erwartungen, die der aufwändige Gesamteindruck vermittelt, ist aber für jene interessant, die sich mit Kolonialgeschichte befassen. Im angrenzenden Garten thront der steinerne Dickhäuter, nach dem die Portugiesen Elephanta Island benannt haben, über einer Sammlung britischer Statuen, die während der Unabhängigkeit hier vor dem wütenden Mob in Sicherheit gebracht wurden.

Dharavi: der 1,4-Milliarden-Dollar-Slum

Beim Anflug auf den Airport Mumbai scheint das Fahrwerk der Flieger die Wellblechdächer des riesigen Slums – eine der größten Indiens – beinahe mitzureißen. In dem 2,2 km² großen Labyrinth aus heruntergekommenen Hütten und engen, stinkenden Gassen leben mehr als eine Million Menschen. Auf 15 000 Menschen kommt im Schnitt eine Toilette. Infektionskrankheiten wie Ruhr, Malaria und Hepatitis sind weit verbreitet – und Krankenhäuser gibt es nicht. Trotz alledem hat der britische *Observer* Dharavi kürzlich als „eines der vorbildlichsten Wirtschaftsmodelle Asiens" beschrieben: Inmitten der baufälligen Hütten und offenen Abwasserkanäle verbergen sich geschätzte 15 000 Minifabriken mit etwa einer Viertelmillion Arbeitern und einem Jahresumsatz von US$1,4 Mrd.

Die meisten dieser kleinen Unternehmen arbeiten in der Abfallverwertung: Jung und Alt sammeln die Abfallstoffe in der ganzen Stadt zusammen und transportieren sie in großen Bündeln zum Recyceln in die Slums. Hier werden Aluminiumdosen eingeschmolzen, Seifenreste von Schulen und Hotels in großen Behältern wiederverwertet, Lederwaren aufgearbeitet, alte Ölfässer restauriert und weggeworfene Plastikteile in neue Formen gegossen. Alleine im Plastiksektor sind etwa 10 000 Arbeiter beschäftigt. Die Monatseinkünfte liegen zwischen Rs3000–15 000 und damit über dem Landesdurchschnitt. Obwohl Dharavi keinerlei medizinische Einrichtungen hat, gibt es hier doch mehrere Banken und sogar Geldautomaten.

Das Wirtschaftswunder steht jedoch im Schatten eines viel größeren 40-Milliarden-Dollar-**Sanierungsprojekts** der Regierung und privater Geldgeber. Das Ziel ist, die Slums komplett niederzureißen, um dadurch mehr Platz für radikale Neuerungen in Zentral-Mumbai zu schaffen. Für die Räumung ihrer alten Domizile wurde den Bewohnern Dharavis pro Familie eine 21 m² große Wohnung in einem der neuen Hochhäuser zugesichert. Auch Schulen, Straßen, Krankenhäuser und andere Einrichtungen wurden ihnen versprochen. Dennoch ist der Entwurf für sie alles andere als überzeugend. Die Bewohner Dharavis sind der Ansicht, die Initiative sollte sich auf die Verbesserung der Lebensumstände in den Slums konzentrieren, anstatt in protzige neue Vororte zu investieren. Derzeit scheint das Projekt daher festgefahren.

Im Rahmen der von Reality Tours and Travels out of Colaba angebotenen „Slum Tours" können sich Touristen selbst ein Bild von Dharavi machen. Die fesselnden Führungen kosten Rs300 (inkl. Anreise). Für Rs600 gibt es eine längere und komfortablere Tour im AC-Fahrzeug.

Nähere Infos gibt's bei **Krishna Pujari**, nahe Colaba Causeway (SBS Marg), 1st Floor Akbar House Nawroji Fardonji Marg, gegenüber dem Laxmi Vilas Hotel (s. Karte S. 655 – ohne zusätzliche Anleitung allerdings kaum zu finden, da es hinter einem Geschäft verborgen liegt), ✆ 022-2283 3872 oder 09820-822253, 💻 www.realitytoursandtravel.com. ⏱ Mo–Fr 10.15–20.35, Sa 10.15–15.45 Uhr.

Crawford Market und Basare

Etwa 1 km nördlich des CST (VT) Bahnhofs, im verwirrenden Straßenlabyrinth jenseits der Lokmanya Tilak Road, liegt das zentrale Basarviertel von Mumbai. Mit seinem bunten Treiben bildet es einen faszinierenden Kontrast zu den breiten, westlich geprägten Straßen der Innenstadt. Der Tradition der Trennung nach Gilde, Kaste und Religion folgend, sind die meisten Straßen auf ein oder zwei Warenangebote spezialisiert. Wer sich verlaufen hat, fragt sich am besten bis zur **Mohammed Ali Road** durch, der verkehrsreichen, inzwischen mit einer gigantischen Überführung versehenen Durchgangsstraße, auf der man ein Taxi anhalten kann.

Der Crawford (alias Mahatma Phule) Market, zehn Minuten zu Fuß vom CST nach Norden, ist eine alte Markthalle im britischen Stil, in der so ziemlich alle erdenklichen frischen Lebensmittel und Haustiere verkauft werden.

Vor dem Betreten lohnt es sich, die **Friese** rings um die Außenfassade betrachten – eine viktorianische Darstellung rundlicher Bauern bei der Feldarbeit, entworfen 1865 von Rudyard Kiplings Vater Lockwood, damals Rektor der Bombay School of Art.

Die **Haupthalle** ist in verschiedene Sektoren gegliedert: Einen Gang entlang gibt es nur Pyramiden aus glänzend poliertem Obst und Gemüse, in einem anderen Säcke voller Nüsse oder Ölkanister mit Kräutern und Gewürzen. Im hinteren Bereich des Marktes, der **Großhandelsabteilung**, geht es hektischer zu. Hier rennen unter viel Geschrei Kulis herum, die riesige Bastkörbe hochhalten (wenn sie Arbeit suchen) oder auf dem Kopf tragen (wenn sie welche gefunden haben).

Vom Crawford Market nach Norden

Die von den blassgrünen Kuppeln und Minaretten der Jama Masjid (oder „Freitagsmoschee", erbaut ca. 1800) überragten Straßen unmittelbar nördlich des Crawford Market und westlich der **Mohammed Ali Road** sind ein einziger Riesenbasar. Die nördlich von der Moschee abgehende **Memon Street** wird vom Schmuckmarkt **Zaveri Bazaar** eingenommen, auf dem die Bewohner Mumbais sich mit Brautausstattung und Hochzeitskleidung eindecken.

Weiter nördlich erhebt sich der creme- und türkisfarbene Turm des **Tempels Mumba Devi** über einem Labyrinth verschlungener Gassen, eingerahmt von hohen, mit hölzernen Balkonen verzierten Gebäuden. Der Tempel zählt zu den wichtigsten Zentren der Devi-Anhänger Indiens und wurde zu Beginn des 19. Jhs. erbaut, als die Göttin Mumba Devi – der übrigens die Stadt ihren heutigen Namen verdankt – dem Bau der CST (VT) Station weichen musste.

Elephanta

Eine Stunde Fahrt von Colaba in nordöstlicher Richtung durch den Hafen liegt die Insel Elephanta, die beste Möglichkeit, der überfüllten Stadt zu entfliehen – jedenfalls solange man das Wochenende meidet, wenn die lärmenden Tagesausflügler hier in Massen einfallen. Die einzigen Bewohner sind die einer kleinen Fischersiedlung, die ursprünglich **Gherapura** („Stadt der Ghara-Priester") hieß, jedoch im 16. Jh. von den Portugiesen nach dem steinernen Elefanten umbenannt wurde, den sie im Hafen fanden. Er steht heute vor dem Dr Bhau Dadji Lad Museum (früher Victoria and Albert Museum) in Byculla. Die Hauptattraktion ist der einmalige **Höhlentempel**, dessen mächtige Trimurti (dreigesichtige) Shiva-Skulptur ein hervorragendes Beispiel hinduistischer Bildhauerkunst bildet.

„**Deluxe**"-**Boote** fahren am Gateway of India ab (⏲ Okt–Mai stündlich von 9–14.30 Uhr; Hin- und Rückfahrkarte inkl. Rundgang mit einem offiziellen Fremdenführer Rs100); zu buchen an den Kiosken in der Nähe des Gateway. Auf der Insel angekommen, fragt man nach dem Führer – der Rundgang dauert ungefähr eine halbe Stunde. **Normale Fähren** (Rs125 hin und zurück), Abfahrt ebenfalls am Gateway of India, stellen keinen Führer und sind meistens sehr voll. Mit beiden Schiffen dauert die Überfahrt ungefähr eine Stunde. ⏲ Okt–Mai, Di–Fr, stdl. 9–15 Uhr; Hin- und Rückfahrt; Rs125)

Die Höhle

Elephantas beeindruckende Höhle (8. Jh.) umfasst eine Fläche von ca. 5000 km². Über 100 Stufen, gesäumt von Souvenir- und Krambuden, führen den Hügel hinauf. Die wuchtigen, aus dem harten Felsen gehauenen Säulen im Inneren erwecken den Anschein, einer bestimmten Anordnung zu folgen. Hinter dem Eingang rechts ist auf einer Tafel **Nataraj** abgebildet, Shiva als kosmischer Tänzer. Die Tafel wurde zwar angeblich von den Portugiesen als Zielscheibe missbraucht, ist jedoch noch sehr gut erhalten. Shivas Gesichtsausdruck ist entrückt, und mit einer seiner beiden linken Hände lüftet er den Schleier der Unwissenheit. Gegenüber befindet sich eine stark beschädigte Darstellung von Lakulisha, Shiva mit einem Knüppel *(lakula)*.

Jeder der vier Eingänge zum einfachen, viereckigen Haupt-**Schrein** wird von zwei *dvarpala*-Wächtern bewacht (nur die an der Rückseite sind gut erhalten geblieben), die den Rachen weit aufsperren. Der große Lingam im Innern ist von Münzen und glimmenden Räucherstäbchen umgeben, die Gläubige hinterlassen haben. Eine Tafel mit Blick auf die Nordwand des Schreins zeigt Shiva, wie er den Dämonen **Andhaka** durchbohrt. Auf der Platte hinter dem Schrein, an der Rückwand, ist die Hochzeit von **Shiva und Parvati** dargestellt, aber das zentrale Meisterstück der Höhle ist eine atemberaubende, 6 m hohe Büste von **Trimurti**, dem dreigesichtigen Shiva, dessen Silhouette den Indern fast so vertraut ist wie das Taj Mahal.

Von Höhle Nr. 1 führt ein Teerweg um die Nordseite des Hangs zu einer Reihe begonnener Ausgrabungen, die die Entstehung der Höhlen dokumentieren. Wer genug Ausdauer hat, sollte dem Trampelpfad folgen, der vom Ende des Teerwegs in etwa 15 Minuten bis zum Gipfel vom Elephanta Hill führt. Neben rostigen, portugiesischen Kanonen bietet er einen fantastischen Ausblick über Mumbais Hafen und die dahinterliegende Stadt. ⏲ Di–So 9.30–17 Uhr, Eintritt Rs250.

Übernachtung

Bei der Ankunft in Mumbai kann es problematisch werden, ein preiswertes Zimmer zu finden. Vor allem Budget-Reisenden steht eine schwere Zeit bevor: Die billigsten Unterkünfte sind ganz erbärmlich und dennoch viel zu teuer.

Die besten der relativ preiswerten Unterkünfte sind gegen Mittag normalerweise ausgebucht. Unter Umständen muss man also lange in glühender Hitze herumlaufen, um am Ende nur ein überteuertes Flohnest zu bekommen. Daher sollte man unbedingt gleich bei der Ankunft (besser noch einige Zeit vorher) telefonisch ein Bett reservieren. Die Kosten der besseren Hotels sind für indische Verhältnisse sehr hoch und steigen ständig (pro Jahr um fast 50 %). Zusätzlich werden sie von der staatlichen **Luxussteuer** (je nach Zimmerpreis 4–30 %) und den vom Hotel erhobenen **Service Charges** in die Höhe getrieben. Beide Zuschläge wurden bei unseren Preis-Codes berücksichtigt.
Colaba, ganz unten an der Südspitze der Stadt, ist die erste Anlaufstelle der meisten ausländischen Besucher. Die Unterbringung am **Marine Drive**, in einer nicht allzu weit entfernten Ecke der Innenstadt, ist im Durchschnitt etwas teurer, aber freundlicher, denn die Back Bay und die Promenade liegen direkt vor der Tür. Wer per Bahn anreist und so kurz wie möglich bleiben möchte, sucht sich am besten ein Zimmer in der Nähe des **Bahnhofs CST** (VT).

Ansonsten gibt es in **Juhu**, weit oben im Norden bei den Flughäfen, eine ganze Reihe nobler Hotels sowie eine Handvoll nicht ganz so kostspieliger Unterkünfte am Strand. Wer einfach nur aus dem Flugzeug ins Bett fallen möchte, hat die Wahl unter einer Handvoll überteuerter Übernachtungsmöglichkeiten in den Vororten rings um die Flughäfen, eine kurze Taxifahrt von den Haupt-Terminals entfernt.

Colaba und Kala Ghoda

Das nur eine kurze Fahrt von den größten Geschäftszentren der Stadt, den Bahnhöfen und dem Tourist Office entfernte Colaba ist sehr praktisch zum Übernachten. Es bietet auch bessere Verpflegungs- und Unterhaltungsmöglichkeiten als die Nachbarbezirke, insbesondere entlang der belebten Hauptstraße, dem **Colaba Causeway** (Shahid Bhagat Singh – SBS – Marg). In den Straßen unmittelbar südlich und westlich des Gateway of India wimmelt es von Unterkünften, deren Bandbreite vom schäbigen Gästehaus bis zu Indiens berühmtestem 5-Sterne-Hotel, dem Taj Mahal Palace & Tower reicht. Unter allen Umständen meiden sollte man die namenlosen Absteigen in den Obergeschossen von an der Vorderfront mit Holz verkleideten Häusern in der **Arthur Bunder Rd** – hier hausen Schlepper, die auf die Kommission angewiesen sind, um ihre Heroinsucht zu finanzieren.

Die nachfolgend aufgeführten Hotels sind auf der Karte von Colaba (S. 655) verzeichnet, mit Ausnahme des Taj President, das auf der Hauptkarte von Mumbai zu finden ist.

Untere Preisklasse

Aga Bheg's & Hotel Kishan, ☏ 022-2284 2227 oder 022-2202 1534. Zwei von Moslems geführte Pensionen der unteren Preisklasse, auf 2 Stockwerken im selben Gebäude. Beide relativ laut und rustikal, aber recht sauber und mit die günstigsten Unterkünfte in Colaba ❹–❺

Lawrence, 3rd Floor, 33 Sri Sai Baba Marg (Rope Walk Lane), ☎ 022-2284 3618 oder 6633 6107. Lawrene liegt nahe der Jehangir Art Gallery und eigentlich im künstlerisch angehauchten Viertel Kala Ghoda und nicht in Colaba, aber es ist fraglos die beste unter den preiswerten Unterkünften in Süd-Mumbai. 6 sehr gepflegte DZ (und ein EZ) mit Ventilator und nicht sehr sauberem Du/WC auf der Etage. Frühstück inkl., Reservierung unerlässlich. ❹

Red Shield, Red Shield House, 30 Boram Behram (Mereweather) Rd, nahe Taj, ☎ 022-2284 1824 oder 2282 4613, ✉ redshield@vsnl.net. Sehr einfache Etagenbetten (Rs165) in überfüllten, staubigen Schlafsälen (Schließfächer vorhanden), auch größere, preiswerte DZ (Rs600/1000 ohne/mit AC), alle mit Bad. Der Übernachtungspreis beinhaltet 3 Mahlzeiten, die in der geselligen Traveller-Kantine serviert werden. Weibliche Gäste bevorzugt; Aufenthalt maximal eine Woche. ❶–❺

Sea Shore, 4th Floor, 1/49 Kamal Mansion, Arthur Bunder Rd, ☎ 022-2287 4237. Eine der besten Budget-Unterkünfte in Colaba. Die Zimmer mit Meeresblick und Fenster (Rs600) sind erheblich hübscher als die fensterlosen Räume zur Rückseite. Freundliches Management und sichere, kostenlose Gepäckaufbewahrung. Nur Gemeinschaftsbad, aber einige Zimmer mit AC. ❹–❺. Falls es belegt ist, kann man im selben Gebäude im heruntergekommenen India, ☎ 022-2283 3769, ❹–❻ oder im hygienisch nicht überzeugenden Sea Lord, ☎ 022-2284 5392, ❹–❻ nach einem freien Zimmer fragen.

Mittlere Preisklasse

Ascot, 38 Garden Rd, ☎ 022-6638 5566, 🖥 www.ascothotel.com. Eines der ältesten und komfortabelsten Hotels in Mumbai; aus den 1930er-Jahren, aber mit modernster Glas-und-Marmor-Ausstattung. Alle Zimmer mit Zentral-AC und CD-Player. Viel Platz zum Schnäppchenpreis. DZ ab Rs5500. ❾

Bentley's, 17 Oliver Rd, ☎ 022-2284 1474, 🖥 www.bentleyshotel.com. Zuverlässiger, alteingesessener Favorit in 4 verschiedenen Häusern aus der Kolonialzeit. Alle an begrünten Seitenstraßen, ruhig, sicher und geräumig, allerdings etwas verwohnt. Die Zimmer haben z. T. AC und einen kleinen Balkon mit Gartenblick. Die Preise sind jedoch eindeutig zu hoch. ❻–❼

Godwin, Jasmine Building, 41 Garden Rd, ☎ 022-2287 2050, 🖥 www.mumbainet.com/hotels/godwin. 3-Sterne-Hotel der Spitzenklasse. Zimmer nach internationalen Standards, mit großartigem Ausblick aus den oberen Stockwerken (bei der Buchung nach Zimmer 804, 805 oder 806 fragen). ❽

Garden, ☎ 022-2283 1330, ✉ gardenhotel@mail.com. Direkt nebenan; ähnlich, aber etwas schlechter. ❽

Moti International, 10 Best Marg, ☎ 022-2202 1654, ✉ hotelmotiinternational@yahoo.co.in. Ruhiges und sauberes, allerdings schon leicht abgewetztes Haus mit originalen Stuck- und Holzarbeiten aus der britischen Ära. Freundliches Management. Die Palette reicht vom DZ ohne Bad und AC (Rs1700) bis zum teureren Deluxe-3-Bett-Zimmer mit AC, Kühlschrank und TV. ❻–❼

Regent, 8 Best Rd, ☎ 022-2287 1854, ✉ hotelregent@vsnl.com. Schickes Hotel mit internationalem Standard. Besonders beliebt bei Arabern vom Golf. Gutes Preis-Leistungs-Verhältnis in dieser Kategorie; relativ kleine Zimmer mit Großbild-Kabel-TV, Kühlschrank und WLAN-Zugang. Inkl. Frühstück. ❽

Sea Palace, Kerawalla Chambers, 26 PJ Ramchandani Marg, ☎ 022-2284 1828, 🖥 www.seapalacehotel.com. Komfortables, frisch renoviertes Hotel an einem ruhigen Ende des Hafens. Alle Zimmer mit AC; die mit Meerblick sind teurer. Frühstück und Snacks auf der Sonnenterrasse erhältlich. ❽–❾

Strand PJ Ramachandani Marg (Apollo Bunder), ☎ 022-2288 2222, 🖥 www.hotelstrand.com. Beliebtes und gut geführtes Uferhotel in toller Lage. Einfache, gut belüftete Zimmer mit hohen Decken und ein paar Art-déco-Stücken. Die „Super-Deluxe"-Zimmer auf der Vorderseite bieten den besten Blick auf den Hafen. ❽

Günstige Alternative in Süd-Mumbai

YWCA, 18 Madam Cama Rd, ☎ 022-2202 5053, 🖥 www.ywcaic.info. Gemütliche, sichere und ruhige Herberge mit makellos sauberen Schlafsälen (frisch renoviert, mit Fenstern und TV) und einer Schnellwäscherei (am selben Tag zurück). Die Preise enthalten die Mitgliedschaft, Frühstück und Dinnerbüfett und sind für den Süden Mumbais sehr günstig. Reservierung erforderlich (per Geldanweisung). ❻

Obere Preisklasse
Fariyas, 25 Arthur Rd, ☎ 022-2204 2911, 🖥 www.fariyas.com. Kompaktes Luxushotel, auf einer Seite mit Blick auf die Koli-Fischergemeinde und insgesamt mit allem erdenklichen Komfort eines 5-Sterne-Hotels versehen, allerdings ohne die dazugehörige Grandesse. DZ ab US$255. ❾
Gordon House, 5 Battery ☎ 022-2287 1122, 🖥 www.ghhotel.com. Ultraschickes Designer-Boutiquehotel hinter dem Kino Regal mit thematisch unterschiedlichen Stockwerken: „Scandinavian" (am wohnbarsten), „Mediterranean" und „American Country"). CD-Player auf allen Zimmern, aber kein Pool. DZ ab US$275. ❾
Taj Mahal Palace & Tower, PJ Ramchandani Marg, ☎ 022-5665 3366, 🖥 www.tajhotels.com. Das stattlichste Tophotel Indiens (s. S. 656) und Treffpunkt von Mumbais Schickeria vereint unter einem Dach 546 Luxuszimmer, Einkaufspassagen, einen riesigen Pool unter freiem Himmel, 9 Bars und/oder Restaurants und eine der beliebtesten Diskotheken der Stadt (Insomnia; s. S. 675). Der Ausblick aus den Zimmern ist je nach Preis unterschiedlich. Wer es sich leisten kann, sollte nach einer Suite mit Meerblick im achten Flügel fragen (US$400–3300). Im Tower zahlt man etwa die Hälfte. ❾
Taj President, 90 Cuffe Parade, ☎ 022-5665 0808, 🖥 www.tajhotels.com. Modernes, auf Geschäftsleute ausgerichtetes 5-Sterne-Hotel in einem 18-stöckigen Wolkenkratzer unmittelbar südlich von Colaba. Wesentlich preisgünstiger als das Schwesterhotel Taj Mahal Palace & Tower, allerdings auch mit weniger Stil und Atmosphäre. Großer Pool unter freiem Himmel und Fitness-Center mit Sauna. Preis ab US$300–650. ❾

Marine Drive und Nariman Point
Am Westrand von Downtown erstreckt sich von den Wolkenkratzern am Nariman Point im Süden bis zum Chowpatty Beach im Norden die Netaji Subhash Chandra Marg oder **Marine Drive**. Entlang der Strecke stehen Nobelhotels, die sich das Privileg der Aussicht über die Back Bay und die Nähe zum Geschäftsviertel der Stadt teuer bezahlen lassen, aber es gibt auch ein paar preiswerte Gästehäuser für Besucher, die nicht in den billigen Unterkünften in Colaba absteigen möchten.
Die nachstehend aufgeführten Hotels sind auf der Karte Churchgate und Fort (S. 659) eingezeichnet, mit Ausnahme des Hilton Towers und des Oberoi, die auf der Karte S. 652 erscheinen.
Ambassador, VN Rd, ☎ 022-2204 1131, 🖥 www.ambassadorindia.com. Die unansehnliche Betonfassade und die schon leicht abgenutzten Möbel in diesem alternden 4-Sterne-Hotel werden durch die ausgezeichnete Lage nah am Meer und unweit der Haupteinkaufs- und Flaniermeile wieder wettgemacht. Auch wer nicht hier übernachtet, sollte sich einmal in das rotierende Restaurant Pearl of the Orient (s. S. 673) begeben, das einen unvergleichlichen Ausblick auf die Stadt bietet. DZ ab US$220. ❾
Astoria, Jamshedji Tata, ☎ 022-6654 1234, 🖥 www.astoriamumbai.com. Nobles Business-Hotel in einem renovierten Art-déco-Gebäude aus den 1930er-Jahren nahe dem Eros-Kino. Die Zimmer sind nicht so elegant wie es die Lobby vermuten lässt, bieten aber – so zentrumsnah – ein gute Preis-Leistungs-Verhältnis. DZ ab US$165–215. ❾
Bentley, 3rd Floor, Krishna Mahal, D Rd, Ecke Marine Drive, nahe dem Kricketstadion, ☎ 022-2281 5244. Nicht zu verwechseln mit dem Bentley's in Colaba. Die mit Marmor ausgekleideten Zimmer sind sauber und für ihren Preis recht komfortabel, die meisten haben jedoch nur Gemeinschaftsbäder. Preise ab Rs700 inkl. Frühstück. ❺

Logieren wie in den 50ern

Chateau Windsor, 5th Floor, 86 VN Rd, 022-2204 4455, www.chateauwindsor.com. Zentral gelegenes und tadellos sauberes Hotel mit überaus höflichem Personal. Preislich unterschiedliche Zimmer im Stil der 50er-Jahre, auf 3 Etagen, die ein alter Lift und ein enges Treppenhaus verbinden. Sehr beliebt, also lang im Voraus reservieren. ❽

Hilton Towers, Nariman Point, 022-6632 4343, www.hilton.com. Der einstige Nordflügel des Oberei wurde kürzlich von der Hilton Group übernommen und teilt sich mit dem benachbarten, ehemaligen Schwesterunternehmen den Rang als Top-Businesshotel. Es hat alles, was ein internationales 5-Sterne-Hotel haben sollte; dazu gehört auch eine gigantische Lobby und ein Pool mit Meerblick. Preis ab US$400. ❾

Intercontinental, 135 Marine Drive, 022-3987 9999, www.mumbai.intercontinental.com. Das ultraschicke Boutiquehotel zählt derzeit zu den stilvollsten modernen Hotels in ganz Indien. Die Zimmer haben Riesenfenster mit Meerblick und sind top ausgestattet (42-Zoll-Plasma-TV, DVD-Player, Safe mit Laptop-Ladestation und Breitband-Internet-Zugang). Der Pool auf dem Dach sowie die Bars und Restaurants (darunter das berühmte Dome; s. 675) zählen zum Schicksten, was Mumbai derzeit zu bieten hat. DZ ab US$450. ❾

Marine Plaza, 29 Marine Drive, 022-2285 1212, www.hotelmarineplaza.com. Nobles, aber kleines Luxushotel am Wasser mit Foyer und Atrium im (Pseudo-)Art-déco-Stil, einem Pool mit Glasboden auf dem Dach und den üblichen 5-Sterne-Einrichtungen. Zimmer ab ca. US$450–575. ❾

Oberoi Towers, Nariman Point, 022-2232 5757, www.oberoihotels.com. Indiens größtes Hotel in Top-Lage bietet Ausblick auf die Back Bay (die Aussicht aus dem 35. Stock ist überwältigend). Das glitzernde und prunkvolle Hotel ist – neben seinem jetzt von der Hilton Group geführten Nordflügel – die beliebteste Adresse für Geschäftsreisende, lässt aber den altehrwürdigen Charakter des Taj vermissen. US$450–3000 pro Nacht. ❾

Sea Green/Sea Green South, 145 Marine Drive, 022-6633 6525, www.seagreenhotel.com & 145A Marine Drive 022-2282 1613, www.seagreensouth.com. Zwei gemeinschaftlich geführte und seit langem beliebte Uferhotels mit grünem und weißem Anstrich. Die Zimmer mit abgewetzten Kokos-Teppichen und 30 Jahre alten Möbeln sind etwas überteuert, andererseits bieten aber beide Gebäudeteile einen tollen Ausblick auf die Bucht und vermitteln ein historisches Ambiente, wie kaum eine andere der Mittelklasseunterkünfte. ❻–❼

Umgebung des Chhatrapati Shivaji (Victoria) Terminus

Wer nach einer langen Bahnfahrt in Mumbai am **CST** (VT) ankommt, hat vielleicht nicht unbedingt Lust, in Colaba auf Zimmersuche zu gehen. Leider spricht kaum etwas für die Umgebung des Bahnhofs und des nahe gelegenen GPO, obwohl sie einigermaßen zentral liegen. Die meisten der Unterkünfte, die einen Versuch lohnen, sind Mittelklassehotels in der Umgebung der Straßenkreuzungen von P D'Mello (Frere) Rd, St George's Rd und Shahid Bhagat Singh (SBS) Marg, unmittelbar südöstlich des Postamtes (5 Min. zu Fuß vom Bahnhof). Im CST (VT) gibt es auch **Retiring Rooms** (Rs250), die allerdings gegen Mittag – häufig auch schon Tage im Voraus – belegt sind. Die unten angegebenen Hotels sind auf der Karte Churchgate und Fort (S. 659) eingezeichnet.

City Palace, 121 City Terrace, 022-2261 5515, www.hotelcitypalace.net. Großes, beliebtes Hotel direkt gegenüber dem Bahnhof. Die „ordinary"-Zimmer sind winzig und fensterlos, aber absolut sauber und mit AC ausgestattet. Von den teureren in den oberen Stockwerken kann man den Nagar Chowk aus der Vogelperspektive bestaunen. Zuverlässige Gepäckaufbewahrung für Gäste. ❻–❼

Grand, 17 Shri SR Marg, Ballard Estate, 022-6658 0506, www.grandhotelbombay.com. 3-Sterne-Hotel aus der britischen Ära unweit der alten Docks und des ehemaligen

Mitten im Fort-Viertel

Residency, 26 Rustom Sidhwa Marg DN Rd, ☏ 022-2262 5525, 🖥 www.residencyhotel.com. Ein tolles, kleines Mittelklassehotel und eines der wenigen empfehlenswerten im geschäftigen Fort-Viertel, nahe den besten Einkaufsgegenden und nur eine kurze Taxifahrt von Colaba entfernt. Die Zimmer (unterschiedliche Preisklassen aber alle mit Safe und Internetanschluss) bieten ein unschlagbares Preis-Leistungs-Verhältnis, besonders die einfachen „Standard"-Zimmer sind sehr günstig, müssen allerdings schon Wochen im Voraus gebucht werden. ❼

Finanzviertels. Das unlängst sanierte Haus bietet mit Zimmern ab Rs3700 mit das beste Preis-Leistungs-Verhältnis in der Innenstadt. ❽
Oasis, 276 SBS Marg, ☏ 022-3022 7886, 🖥 www.hoteloasisindia.com. Sehr günstig an der CST-Station gelegen, bietet es das beste Preis-Leistungs-Verhältnis in dieser Gegend; DZ ohne AC mit guten Betten, sauberen Laken und TV. Die bessere Aussicht von den „Deluxe"-Zimmern im oberen Stock rechtfertigt den höheren Preis. ❹–❺

Juhu und die Umgebung der Flughäfen

Die Hotels in der überfüllten Gegend um den internationalen und den nationalen Flughafen sind in erster Linie auf Transit- oder Geschäftsreisende und Flugzeug-Crews ausgerichtet und empfindlich teuer. Wer die 30-minütige Fahrt durch die Stadt nicht scheut und sich die hohen Übernachtungspreise leisten kann, sollte sich nach **Juhu** begeben, einem der schickeren Vororte Mumbais, der am Meer liegt und nicht so hektisch daherkommt.

Hyatt Regency, Airport Rd, Andheri (East), ☏ 022-6696 1234, 🖥 www.mumbai.regency-hyatt.com. Dieses superluxuriöse 5-Sterne-Hotel in unmittelbarer Flughafennähe berücksichtigt in Architektur und Design traditionell hinduistische Konzepte. Das Ergebnis ist sehr eindrucksvoll und einen Touch stilvoller als bei der Konkurrenz; großflächig eingesetztes malaiisches Teakholz, Fenster vom Boden bis zur Decke, Step-down-Duschen und dunkle, polierte Marmorböden. Preis US$440–550. ❾

ISKCON, Juhu Church Rd., Juhu, ☏ 022-2620 6860, 🖥 www.iskconmumbai.com. Eigenwilliges Hotel der International Society for Krishna Consciousness. Das Gebäude kombiniert ein Durcheinander pseudo-mogulischer, gujaratischer und westlicher Einflüsse. Die Zimmer sind – angesichts der Preise – überraschend geräumig, es gelten allerdings gewisse Vorschriften (kein Alkohol, kein Fleisch und kein Koffein). 40 Tage Vorausbuchung empfehlenswert. ❼

JW Marriott, Juhu Tara Rd, Juhu, ☏ 022-6693 3000, 🖥 www.marriott.com. Luxuriöser 5-Sterne-Komplex. Hinter hohen Mauern und einer besonderen Sicherheitszone verbergen sich 5 opulente Restaurants, drei Pools (ein Salzwasserbecken) und luxuriöse Zimmer mit Strandblick über Parks und Palmen. Preis ab ca. US$350. ❾

Lotus Suites, Andheri Kurla Rd, International Airport Zone, Andheri (East), ☏ 022-2827 0707, 🖥 www.lotussuites.com. Die umweltfreundliche Unterkunft bezeichnet sich selbst als „4-Sterne-Ökohotel zum 3-Sterne-Preis". Verwendete Baumaterialien, AC und Einbaugeräte sind umweltfreundlich. Auch die Deko ist ökologisch ausgerichtet (z. B. Topfpflanzen statt Schnittblumen), und in den Zimmer findet man Jute-Slipper und Wertstofftonnen. Sehr komfortable Zimmer für unter US$300 bei Online-Buchung. ❾

Midland, Jawaharlal Nehru Rd, Santa Cruz (East), ☏ 022-2611 0414, 🖥 www.hotelmidland.com. Zuverlässiges, gastfreundliches 2-Sterne-Hotel mit gut ausgestatteten Zimmern mit je 2 Einzelbetten. Preise ab Rs4400 inkl. Bustransfer und Frühstück. ❽

Orchid, 70-C Nehru Rd, Vile Parle (East), ☏ 022-2616 4040, 🖥 www.orchidhotel.com. Das preisgekrönte „5-Sterne-Ökohotel" wurde mit umweltfreundlichen oder recycelten Baustoffen unter Verwendung umweltschonender Farben und Lacke erbaut. Es werden alle Anstrengungen unternommen, um Ressourcen zu schonen, einschließlich Wasserwiederaufbereitungsanlage und eigener „Nullmüll-Politik". Zimmer ab ca. US$400. ❾

Essen

Wie es seinem Ruf einer kosmopolitischen Metropole entspricht, gibt es in Mumbai zahllose interessante Lokale zum Essen und Trinken. Im Süden der Stadt schöpfen Colabas Cafés, Bars und Restaurants nahezu alle gastronomischen Möglichkeiten aus. Die meisten – darunter die beliebten Traveller-Treffs Leopold's (S. 672) und Café Mondegar (s. S. 674) – säumen das Nordende des Causeways. Hitze und Verkehr sollten einen nicht davon abhalten, auch außerhalb Colabas essen zu gehen.
In Richtung Norden ist es zu Fuß oder mit dem Taxi nicht weit nach Kala Ghoda und Fort. Hier sind einige der besten Cafés und Restaurants Mumbais zu finden, z. B. das letzte traditionelle Parsen-Lokal, dessen Speisekarte und Einrichtung sich während der letzten 3 oder 4 Generationen kaum verändert hat.
Die nachfolgend aufgeführten Restaurants und Cafés sind nach Stadtbezirken aufgelistet. Es sei darauf hingewiesen, dass die teureren Restaurants **Service-Gebühren** erheben. Sofern nicht anders vermerkt, sind die Lokale in Colaba und Kala Ghoda auf der Karte S. 655 zu finden, die in Churchgate und Fort auf S. 659 und alle übrigen auf S. 652/653.

Colaba und Kala Ghoda

All Stir Fry, Gordon House Hotel. Wok-Gerichte, die sich der Gast selbst zusammenstellen kann. Frische veg. Zutaten, Fleisch, Fisch, Nudeln und Soßen werden vor den Augen der Gäste zubereitet (Rs275–375 pro Schüssel). Satay und Dim Sum sind besonders zu empfehlen.

Kebab auf der Motorhaube

Bademiya, hinter dem Taj, Tulloch Rd. Der Kebab-*wallah* ist eine Institution in Colaba, bekannt für knusprige Grillhähnchen, Lamm und Fischsteaks sowie für veg. Alternativen, die in hauchdünne, kochend heiße *rotis* eingewickelt und auf Bänken am Straßenrand verzehrt werden. Am Wochenende kommen reiche Familien aus den Villenvierteln, um auf den Motorhauben ihrer Autos zu essen, da drinnen nur wenige Tische und Stühle zur Verfügung stehen.

Modernes, minimalistisches Dekor, eisige Klimaanlage und ein flotter Service.
Busaba, 4 Mandlik Marg, ☏ 022-2204 3779. Die kultivierte Bar mit Restaurant ist auf fernöstliche Küche spezialisiert, darunter thailändische, koreanische, burmesische, vietnamesische und tibetische Hauptgerichte mit exotischen Salaten (grüne Mango und Glasnudeln). Eine der Adressen, um sich sehen zu lassen, wenn man es sich leisten kann, im Indigo nebenan zu essen. Mit Rs800–1400 p. P. ist zu rechnen.
Café Samovar, Jehangir Art Gallery, MG Rd, ☏ 022-2284 8000. Sehr nettes, ruhiges, halboffenes Café mit preiswertem Mittagstisch (Rs75) und Blick auf die Museumsgärten. Zur Auswahl stehen neben Pilau, gefüllten *parathas* und *biriyanis* auch zahlreiche Gerichte à la carte, darunter Garnelen-Curry, *roti kebabs*, knackige Salate und *dhansak*, dazu köstlicher gekühlter Guavensaft oder Bier (Rs120). Kein Alkoholausschank von 13–15 Uhr.
Churchill, 103 Colaba Causeway. Winziges Parsi-Lokal mit 26 Sitzplätzen und einer Schwindel erregenden Auswahl an Speisen, darunter Salate, Pasta und Burger, größtenteils auf Fleischbasis und mit milder Sauce, einem Klecks Kartoffelpüree und gekochtem Gemüse serviert – ideal, wenn man von scharf gewürzten Gerichten die Nase voll hat. Kein Alkoholausschank, Hauptgericht ca. Rs175–225.
Indigo, 4 Mandlik Marg, ☏ 022-2236 8999. Eines der schicksten Restaurants der Stadt und endlich mal eins, das den Hype rechtfertigt. Italienische Küche mit Konkan-Kerala-Note (z. B. Kochi-Austern mit Safran-Ravioli). *House flambée* ist extrem beliebt, nicht zuletzt wegen seiner belebenden Wirkung. 3-Gänge-Menü ab Rs1000, ohne Reservierung läuft nichts.
Kailash Parbat ("KP's"), 1 Pasta Lane, nahe dem Kino Strand. Sieht nicht viel versprechend aus, doch die *aloo parathas* zum Frühstück, die veg. Gerichte, scharfen Snacks und süßen Sachen (zum Mitnehmen) lohnen den Weg. KP's ist eine Institution von Colaba – besonders berühmt sind seine *makai-ka* (Mais) *rotis*.
Kamat, Colaba Causeway, Ecke Barrow Rd. Freundliches kleines Lokal, serviert fraglos das beste südindische Frühstück im ganzen Viertel,

dazu die übliche Palette an südindischen Snacks *(iddli, vada, sambar)*, köstliche Frühlings-*dosas* und einige *thalis* für Rs50–120. Die beste Option in der Gegend für Budget-Traveller mit Bärenhunger.

Khyber, gegenüber Jehangir Art Gallery, Kala Ghoda, ☎ 022-2267 3227. Überreiche Ausgestaltung im Stil von Tausendundeiner Nacht und hervorragende nordwestindische Gerichte, die von Kellnern mit schwarzer Krawatte serviert werden. Die Hühnchen-*tikka* ist legendär, aber auch die Tandoori-Gerichte und die Kebab-Platte sind vorzüglich. Mit Rs1000–1300 p. P. ist zu rechnen.

Konkan Café, Taj President Hotel, Cuffe Parade (s. Karte S. 652), ☎ 022-5665 0808. Der ideale Ort, um einmal richtig auf den Putz zu hauen. Das kultivierte 5-Sterne-Hotelrestaurant kredenzt feine regionale Gerichte aus Maharashtra, Goa, Karnataka und Kerala. Es besteht die Auswahl zwischen *thali*-Platten (Rs500–6500) und Speisen à la carte: Der Krebs in Butter, Pfeffer und Knoblauch ist zum Niederknien. Schlicht und ergreifend das köstlichste südindische Essen, das man jemals auf den Teller bekommt.

Leopold's, Colaba Causeway. Seit Jahrzehnten eine Institution in Mumbai und ein beliebter Treff für indienmüde Reisende aus dem Westen. An kleinen Tischen verspeisen sie übertauerte, größtenteils uninteressante Gerichte. Unter den weißen Besuchern könnte Gregory David „Shantaram" Roberts sein, der dem Lokal in seinem Bestseller-Roman Unsterblichkeit verliehen hat und immer noch gelegentlich vorbeischaut. Die Speisekarte listet 300 Angebote, von Rührei bis „chilly chicken"; kaltes Bier kostet Rs150. Eine Treppe höher gibt es noch eine düstere AC-Bar (für Frauen nicht zu empfehlen).

Olympia Coffee House, 1 Colaba Causeway. Iranisches Fin-de-Siècle-Café mit Marmortischplatten, holzgetäfelten Wänden, verrückten Spiegeln und einem Zwischengeschoss nur für Frauen. Kellner mit Peshwari-Käppis und *salwar kamises* servieren köstliche Kebabs und exzellente Dips auf Quarkbasis. Zum Frühstück mit „Hammelhack und Spiegelei" – nichts für Cholesterinbewusste – ist es hier immer sehr voll. Stammgäste trinken dazu leuchtend orangefarbenen *chai*. Durch und durch Bombay und dazu auch noch preiswert.

The Sea Lounge, Taj Mahal Hotel, 1. Stock. Geräumiges Lounge-Café im 30er-Jahre-Stil. Empfehlenswert zum Nachmittagstee oder für ein spätes Frühstück vor der Kulisse von Gateway und Hafen. Die Atmosphäre ist die Extra-Rupien wert (Kaffee und Tee Rs175–250; Gebäck Rs350–400; Frühstück Rs740). ⏱ 7–24 Uhr.

Saurabh, 136 SBS Marg (Colaba Causeway). Kleiner Upidi-Treff südlich des Colaba Causeway, 10 Fußminuten vom Haupt-Shoppingviertel entfernt. Eigentlich nicht weiter bemerkenswert, aber im Januar 2008 wurden Madonna, Noch-Ehemann Guy Richie und *Shantaram*-Autor Gregory David Roberts hier gesehen, nachdem sie die örtlichen Slums besucht hatten. Das brachte entsprechend Publicity. Das Essen – südindische Vegetariergerichte, *wada pao*, Gujarati- und Marathi-Spezialitäten – ist günstig, frisch und lecker.

Trishna, 7 Sai Baba Marg (Ropewalk Lane), Kala Ghonda, ☎ 022-2261 4991 oder 2270 3213. Schummriges Mangalore-Restaurant, versteckt in einem kleinen Seitensträßchen im Süden von Fort. Hier speisten durchreisende und einheimische Berühmtheiten, vom griechischen Präsidenten und Imran Khan bis zu Bollywood-Stars. Köstliche Fischkreationen in jeder erdenklichen Soße und der Kundschaft angemessene Preise (Hauptgericht ab Rs550). Aushängeschild ist der Krebs in Butter, Pfeffer und Knoblauch (nach Gewicht, durchschnittlich ca. Rs650–750), aber auch der mit grüner Masala gefüllte *pomfret* ist ausgezeichnet. Sehr klein, daher Reservierung empfohlen.

Downtown: Fort, CST (VT) und Dhobi Talao

Britannia & Co, gegenüber GPO, Sprott Rd, Ballard Estate. Das schrullige kleine Parsi-Restaurant ist ebenso berühmt für seine verschrobene altmodische Atmosphäre wie für seine iranische Vollwertkost. Die meisten Gäste bevorzugen das vorzügliche *berry pulao* (mit Hühnchen, Ziege oder Gemüse) mit köstlichen, sauren Trockenbeeren, die aus Teheran importiert werden (Rs180, aber

> **Authentisches Mangalore-Lokal**
>
> **Apoorva**, Vasta House (Noble Chambers), SA Brelvi Rd, ✆ 022-2287 0335. Derzeit das belebteste Mangalore-Restaurant der Stadt, versteckt in einer vom Horniman Circle abzweigenden Seitenstraße (bei dem mit bunten Lämpchen dekorierten Baum). Die Küche ist absolut authentisch, das in würziger Sauce auf Kokosbasis gekochte Seafood ist jeden Tag fangfrisch. Tipp: die nicht zu überbietende Bombay Duck, *surmai* (Königsmakrele) in Kokosnusssaft oder das überragende Garnelen-*gassi*. Bier und Spirituosen gibt's im Erdgeschoss; ein Stockwerk darüber liegt der weniger von Männern dominierte „family room" mit AC.

als gigantische Portion). Zum Dessert empfiehlt sich der hausgemachte Karamellquark *(caramel custard)*. Eines der kulinarischen Erlebnisse der Stadt, die sich niemand entgehen lassen sollte. ⏲ 11.30–15.30 Uhr.

Cha Bar, Oxford Bookstore, ✆ Dinsha Vaccha Rd, Churchgate. Das todschicke AC-Café in der besten Buchhandlung der Stadt ist vor allem bei gut situierten Studenten beliebt. Riesenauswahl an verschiedenen Teesorten, vom Darjeeling über *kawa* aus Kaschmir bis zum Buttertee aus Ladakh, außerdem ayurvedische Teesorten und hauseigene „Tee-Cocktails". Die verführerische, aber nicht billige Speisekarte bietet leichte Snacks und getoastete Sandwiches.

Ideal Corner, 12 F/G Hornby View, Gunbow St, ✆ 022-2262 1930. Ein weiteres parsisches Café mit Kultstatus, aber zentraler gelegen als das Britannia und nach kürzlicher Renovierung auch etwas moderner. Zu empfehlen sind die köstlichen parsischen Spezialitäten nach Hausmacherart: *kchchidi*-Garnele, Lamm-*dhansak* oder Hühnchen-*farcha*, abgerundet durch die legendäre Quarkspeise *lagan*. Hauptgericht ca. Rs50–75. Abends und So geschlossen.

Joshi Club, 31-A Narottamwadi, Kalbadevi Rd (s. Karte S. 652), ✆ 022-2205 8089.
Die exzentrische, auch als The Friends Union Joshi Club bekannte *thali*-Kantine serviert nach Aussage zahlreicher Fans die authentischsten und leckersten Gujarati-Marwari-Mahlzeiten der Stadt. Das Essen wird auf wenig verheißungsvollen Resopal-Tischen vor dem Hintergrund schmuddeliger Wände serviert. Für Rs70 gibt es unerschöpfliche Portionen mit 4 Gemüsesorten, *dhals* und bis zu 4 verschiedenen Broten und Bananen-Vanillepudding zum Dessert. Das Lokal ist nicht ganz leicht zu finden: Man läuft oder nimmt ein Taxi zum unteren Ende der Kalbadevi Rd (gegenüber Metro Kino), dann geht es in nördlicher Richtung über den Vardhaman Chowk und danach ca. 5 Min. die Kalbadevi Rd hinauf, bis zur Rechten unter einem Fenster im 1. Stock das Hinweisschild „Bhojanalaya" auftaucht.

Mocha Bar, VN Rd. Kühles Terrassencafé, in dem ganze Schwärme von „Rich Kids" aus dem Norden der Stadt amerikanischen Kaffee, mediterrane Vorspeisen und sündhaft teure Weine goutieren, während sie auf Polsterkissen Tabak mit Obstaroma aus Wasserpfeifen rauchen – Zeitgeist à la Mumbai.

The Pearl of the Orient, Ambassador Hotel, VN Road, ✆ 022-2229 1131. Rotierendes orientalisches Hotelrestaurant mit eher durchschnittlicher Küche (recht teuer bei ca. Rs750–1000 für 3 Gänge), aber der Blick auf die Stadt ist schon etwas Besonderes.

The Tea Centre, Resham Bhavan, 78 VN Rd. Ein weiteres Relikt aus der Kolonialzeit, das auch nach einer umfangreichen Renovierung seinen Charme aus der Raj-Ära bewahrt hat – mit Schaufelradventilatoren, gemütlicher Einrichtung und Kellnern in altmodischen „Eiswaffel"-*pugris*. Der feine Tee ist das Aushängeschild, es gibt aber auch köstliche westliche Snacks (Tipp: die schaumigen Käse-Omelettes) und Kuchen sowie ein „Executive Lunch" (Rs225), das den Preis allemal wert ist.

Vithal Bhelwala, 5 AK Naik Marg (Baston Rd), nahe CST (VT). Mumbais beliebteste Adresse für *bhel puri* existiert seit 1875 und läuft noch immer gut. Es werden nicht weniger als 25 verschiedene Sorten *bhel* angeboten, außerdem köstliche „Kartoffelschnitzel" mit knusprigem *puri* und Joghurt. Günstige Lage nahe Bahnhof und Kinos.

Crawford Market und Zentrale Basare

Badshah Juice and Snack Bar, gegenüber Crawford Market, Lokmanya Tilak Rd. Mumbais renommiertestes *falooda*-Lokal serviert auch köstliches *kulfi* (Eis) und eine Großauswahl frisch gepresster Obstsäfte. Der ideale Abschluss eines Marktbesuches, aber mit Wartezeit ist zu rechnen.

Rajdhani, Mangaldas Rd (im Seidenbasar gegenüber vom Crawford Market). Sagenhafte Gujarati-*thalis*, bis man platzt. Sehr beengt und etwas teurer als gewöhnlich (Rs175 an Wochentagen, Rs225 für das Spezialmenü am Sonntagmittag), aber die Ausgabe wirklich wert. Sonntagabend geschlossen.

Unterhaltung

In Mumbai herrscht eine ungewöhnlich lockere Einstellung gegenüber dem **Alkoholkonsum**. Der Sprung in die Kneipe auf ein Bier wird weithin akzeptiert (zumindest für Männer), selbst schon zur Mittagszeit. Im Mittelpunkt der Traveller-Szene steht der Colaba Causeway, insbesondere Leopold's (s. S. 672) und Café Mondegar, aber der Puls des städtischen Nachtlebens schlägt in Bandra und Juhu.

Die Clubszene von Mumbai ist die beste Indiens. Ende der 90er-Jahre begann der betuchte Jetset an den neuesten House-, Trance-, Fusion- und Funkklängen, die in Goa und im Westen Erfolge feierten, Gefallen zu finden, und es entstand eine coolere, aufgeschlossenere Szene.

Die meisten Discos und Clubs kassieren an der Tür Eintritt pro Paar (ein Teil davon kann für Getränke eingelöst werden), denn theoretisch sind meistens nur Pärchen zugelassen. In der Praxis werden aber normalerweise gemischte Gruppen und „ordentlich" aussehende Singles nicht abgewiesen. Die Discos exklusiver Hotels stehen dagegen manchmal nur Hotelgästen und Clubmitgliedern offen.

2005 führte die Stadtverwaltung eine Sperrstunde ein. Sie beschränkte das Nachtleben auf die Stunden vor 1.30 Uhr und hoffte so, die „entartete westliche Dekadenz" (wie es Shiv-Sena-Angehörige nennen) in den Griff zu bekommen. Die Auswirkungen waren sofort spürbar. Für viele kleine Nischenlokale mit experimenteller Musik bedeuteten die eingeschränkten Öffnungszeiten das Aus. Die größeren Clubs in Mumbais 5-Sterne-Hotels hingegen wurden durch Öffnungszeiten bis 3 Uhr begünstigt.

Klassische Musik und Tanzkunst

Mumbai ist ein kulturelles Zentrum ersten Ranges und zieht die begnadetsten Interpreten klassischer indischer Musik und Tanzkunst aus dem ganzen Land an. Zahlreiche Konzerte und Vorstellungen finden an folgenden Veranstaltungsorten statt: **Bharatiya Vidya Bhavan**, K M Munshi Marg, ☏ 022-2363 0224, Hauptquartier der internationalen (hinduistischen) Kulturorganisation; **National Centre for the Performing Arts** (NCPA), Nariman Point, 🖥 www.ncpamumbai.com.

Bars und Kneipen

Café Mondegar, Colaba Causeway (s. Karte S. 655). Import- und indische Biere vom Fass sowie köstliche, fruchtige Cocktails in einer kleinen Café-Bar. Die Atmosphäre ist entspannt, die Musik tendiert zu Rockklassikern, das Publikum besteht aus einer Mischung von Westlern und Studenten. Die Wandmalereien eines berühmten Cartoonisten aus Goa verleihen dem Lokal einen zusätzlichen lebensfrohen Touch.

Czar Bar, Hotel Intercontinental, 135 Marine Drive (s. Karte S. 659). Angesagte Wodka-Bar mit schickem, minimalistischen Dekor, raffinierter Beleuchtung und 24 Wodka-Sorten im Regal (ab Rs250 pro Glas), dazu große Auswahl an anderen Spirituosen und Cocktails. Bis 23 Uhr Lounge-Musik, danach wird es lebhafter. Unter der Woche relativ ruhig, aber am Wochenende gut gefüllt.

Indigo, 4 Mandlik Rd, Colaba (s. Karte S. 655). Die coolste Bar in Colaba. Beliebt bei jungen Medienleuten und Möchtegern-Weinkennern. Sein unkonventionell nacktes Dekor hat in der Stadt einen neuen Trend ausgelöst. Siehe auch S. 671.

Der perfekte Sundowner

Dome Hotel Intercontinental, 135 Marine Drive (s. Karte S. 659). Die Dachterrasse dieses eleganten Boutiquehotels ist ganz klar Süd-Mumbais beste Adresse für einen Sundowner. An der Front des gleichnamigen Rundbaus stehen vornehme, weiße Sofas und Sessel an kerzenbeleuchteten Tischen, dahinter ein atemberaubender, erhöhter Pool. Teilweise rechtfertigt die Aussicht über Back Bay die astronomischen Getränkepreise (Bier Rs350, Shooter und Mixgetränke Rs450). Die Gäste sind vorwiegend überbezahlte Auswanderer.

Leo's Square, 1st Floor, Leopold's, Colaba Causeway (s. Karte S. 655). Ähnliche Getränkekarte und Preise wie das Leopold's eine Treppe tiefer, aber mit AC, indirekter Beleuchtung und guter Anlage.
Olive, 4 Union Park Rd, Pali Hill.
Der angesagteste Promi-Treff der Bollywood-Stars. Wer Hrithik, Abhishek und Aishwarya, Preity und Shilpa treffen will, hat hier die besten Chancen, muss sich allerdings entsprechend herausputzen und eine dicke Brieftasche haben. Das Essen dient hier zwar mehr als Vorwand zum „Sehen-und-gesehen-werden", die mediterrane Küche ist aber sehr gut.

Clubs

Enigma, JW Marriott Hotel, Juhu Tara Rd. Hier amüsieren sich Hindi-Filmstars und die hippen, jungen Millionäre Indiens. Es bietet die erotischsten Outfits, die neusten Dance-Tracks (darunter viele *filmi*-Hits), das tollste Ambiente und die höchsten Eintrittspreise (Rs1500 für ein Paar).
Insomnia, Taj Mahal Palace & Tower (s. Karte. S. 655). Betuchte Yuppies und ihre Verwandten mit Wohnsitz im Ausland „posen" in diesem Labyrinth aus hell beleuchteten Bars, Hartholz-Dancefloors und Chill-out-Ecken zur Musik, die aus einer der fettesten Anlagen der Stadt dröhnt. Auch Nicht-Mitglieder haben Zugang, müssen aber top gekleidet sein. Eintritt Rs1000 pro Paar. Der Laden füllt sich langsam gegen 23 Uhr und bleibt meistens bis 3 Uhr geöffnet.
Polly Esther's, Gordon House Hotel, Battery St, Colaba (s. Karte S. 655). Retro-Club mit hellem Dekor im Stil der 80er- und 90er-Jahre und Ledersesseln. Donnerstags ist 90er-Jahre-Abend, an dem die Kellner verrückte Afro-Perücken tragen und am Wochenende ist Pop, Rock, Disco und Motown angesagt. Eintritt Rs900–1200 pro Paar.
Squeeze, 5th Rd, Khar. Ein sehr treffender Name für Bandras flippigstes Nachtlokal. Es ist die ganze Woche rappelvoll, und am Wochenende platzt es fast aus den Nähten. Hier überwiegt der Hindi-Pop nicht so sehr wie andernorts. Freitags wird eine House-Night veranstaltet, die erste und beste der Stadt, bei der auch Hip-Hop- und R&B-Klänge gespielt werden. Eintritt Rs1200–1500 pro Paar.
Voodoo Lounge, Arthur Bunder Rd, Colaba (s. Karte S. 655). Samstags ab 9 Uhr dient diese verrufene, kleine Spelunke am Colaba Causeway als Location für Mumbais einzigen Gay-Club (den Rest der Woche wird hier nichts geboten). Nach westlichen Standards geht es hier eher verhalten zu, aber die Atmosphäre ist ungezwungen, und Schwule sowie Hetero-Männer und -Frauen sind gleichermaßen willkommen. Die meisten Gäste kommen um Kontakte zu knüpfen. Eintritt Rs250–300 p. P.

Sport

Wie überall in Indien ist man auch in Mumbai verrückt nach Cricket. Andere Zuschauersportarten haben – neben den Pferderennen in Mahalakshmi, die an Derby-Tagen sehr viele Besucher anziehen – kaum eine Chance. Weiter unten auf der Beliebtheitsskala rangieren traditionelle Spiele wie *kabadi* und *kho kho*, die am Wochenende im Shivaji Park von Zentral-Mumbai ausgeübt werden. Alle Spiele werden auf den hinteren Seiten der Zeitungen *Times of India* und *Time Out Mumbai* angekündigt.

Cricket

Cricket ist in der Hauptstadt von Maharashtra ein ähnlich beliebter Zeitvertreib wie die Bollywood-Filme. Irgendwo läuft immer gerade ein Spiel, sei es eine improvisierte Spaßpartie

10 HIGHLIGHT

Bollywood, die Hindi-Filmhauptstadt

Menschen, die mit dem Fernsehen aufgewachsen sind, können sich kaum vorstellen, welche Faszination in Indien noch immer von Kinofilmen ausgeht. In jedem Dorf gibt es ein Kino, das zu Fuß erreichbar ist, und bei einer potenziellen Zuschauerzahl, die in die Hunderte von Millionen geht, ist die indische Filmindustrie die größte der Welt. Sie produziert jährlich rund 900 Streifen in voller Spielfilmlänge. Regionales Kino, das sich an bestimmte Sprachgruppen richtet (besonders das tamilische Kino von Chennai), ist zwar vor Ort populär, fällt aber auf nationaler Ebene kaum ins Gewicht. Nur dem Hindi-Film – ein Fünftel aller Filme indischer Produktion – ist es gelungen, die regionalen Grenzen weitgehend zu überschreiten, besonders im Norden. Die Heimat des Hindi-Blockbusters, des „all-India film", ist Mumbai, bekannt geworden als **Bollywood**.

Um Sprach- und Religionsbarrieren zu überwinden, folgt das Bollywood-Movie strikten Regeln: Wie in der Mythologie sind die Handlungen und das Schicksal der Protagonisten vorhersehbar. Das Wissen darum, wie die Geschichte ausgeht, muss sie nicht zwangsläufig weniger fesselnd machen. In der Tat schaut sich das indische Publikum ein und denselben Film oft mehrmals an. Im Gegensatz zum Hollywood-Schema, das für gewöhnlich jedes Drehbuch einem Genre zuordnet, verfährt der Hindi-Film nach dem sogenannten *masala format*, d. h. während der normalen Spieldauer von drei Stunden passiert ein wenig von allem: Auf jeden Fall kommen Liebe, Gewalt und Komik vor. Sehr oft dreht sich die Handlung um einen verarmten Helden, der tapfer gegen tausend Bösewichte und Widrigkeiten kämpft und zwischendurch der Liebe seines Lebens begegnet. Sexuelle Anspielungen beschränken sich auf durchnässte Saris und Szenen, in denen eng umschlungen getanzt wird, aber es herrscht strenges Kussverbot. Weitere typische Themen sind Männerbündnisse und Verrat, Familiendramen, Trennung und Versöhnung oder religiöse Hingabe. Eine Traumsequenz darf eigentlich nie fehlen, genauso wenig wie ein rauschendes Fest oder eine Feier – am besten eine Holi-Festivität, in deren Verlauf die Leute sich gegenseitig mit Farbe bespritzen –, eine komische Randfigur und eine üble, meist westliche Spelunke voller Schurken, in der der Alkohol in Strömen fließt und laszive Tänze aufgeführt werden.

Die jüngeren Blockbuster beinhalten als neuen Charakter den zurückkehrenden Emigranten und „NRI" (Non-Resident Indian), Teil eines Trends, mit dem große Studios das Hindi sprechende Publikum in Großbritannien, den USA und Kanada zu gewinnen versuchen. In Übersee kosten Kinokarten normalerweise zehnmal so viel wie in den prunkvollsten Lichtspielhäusern von Mumbai, und zudem sorgt der ausländische Markt durch Video- und DVD-Verkäufe für 40 % der Einnahmen der indischen Filmindustrie. Als Folge schießen die Budgets immer weiter in den Himmel, während die Filme zunehmend freizügiger werden. Mehr und mehr Filme zeichnen sich durch Locations im Ausland, immer kürzere Pailletten-Miniröcke und eine Choreographie im Stil von MTV aus.

Mumbai-Besuchern bieten sich jede Menge Gelegenheiten, in den Genuss klassischer oder moderner Hindi-Filme zu kommen. Die Auswahl erleichtert der Kauf des Magazins *Bombay*, das Besprechungen und Terminangaben bringt. Wer sich spontan zum Kinobesuch entschließt, hält am besten nach dem größten Reklameschild Ausschau und reiht sich in die Warteschlange ein. Ein Sitzplatz in einem bequemen Kino mit AC kostet um Rs50–75 – weniger, wenn man im vorderen Parkett sitzt (für Frauen nicht empfehlenswert).

Von den rund 200 **Kinos** zeigen nur acht regelmäßig Filme in **englischer Sprache**. Die am zentralsten gelegenen und einladendsten Kinos sind das Regal in Colaba, das herrliche Art-déco-Kino Eros gegenüber der Churchgate Station sowie Sterling, New Excelsior und New Empire, alle einen kurzen Fußmarsch westlich vom CST-Bahnhof (VT) gelegen.

am Chowpatty Beach oder ein offizielles Club-Match an den Gymkhanas entlang des Marine Drive. In Süd-Mumbai ist **Oval Maidan** der beste Ort, um – vor herrlicher Kulisse mit Kolonialbauten – einheimische Talente in Aktion zu erleben. Hier gibt es eine gewisse Rangordnung: Je weiter man sich vom Pfad durch das Zentrum des Parks entfernt, umso besser werden die Spiele.

An Orten wie diesem hat Mumbais Liebling, Sachin Tendulkar, seinen Sport erlernt. Der weltweit erfolgreichste Schlagmann (beim Eintags-Cricket) lebt noch heute in der Stadt und spielt regelmäßig für seinen Erstligaclub im **Brabourne Stadium**, nahe dem Marine Drive. 1 km weiter nördlich, im 45 000 Zuschauer fassenden **Wankhede Stadium**, finden in aufgeheizter, rauer und für Gäste eher einschüchternder Atmosphäre die wichtigen Testspiele statt.

Die indische Cricket-Saison läuft von Oktober bis Ende Februar. Tickets für die großen Spiele sind fast so schwer zu ergattern wie Sitzplätze in den Pendlerzügen. Teilweise gibt es für ausländische Besucher aber Quoten, durch die sie bei der **Mumbai Cricket Association**, 1. Stock des Wankhede, leichter an Karten kommen.

Pferderennen und Reiten

Die **Mahalakshmi-Rennbahn**, nahe dem Mahalakshmi Tempel nördlich von Malabar Hill, ist die Heimat des Royal Western India Turf Clubs – einem Überbleibsel aus britischen Zeiten – und einer der beliebtesten Treffpunkte der Oberschicht. Die Rennen finden zwischen November und März immer mittwochs und samstags statt. Große Veranstaltungen wie das **2000 Guineas** und das Derby locken bis zu 25 000 Schaulustige an. Für das öffentliche Gelände sind Tageskarten erhältlich. Die Logenplätze aus der Kolonialzeit mit üppigen Rasenflächen und dem exklusiven Restaurant Gallops sind den Mitgliedern vorbehalten. Rennpläne und Formulare sind im Sportteil der *Times of India* zu finden und können (zusammen mit einer Ausfüllanleitung) auf der Website 🖥 www.rwitc.com heruntergeladen werden.

An den rennfreien Tagen dient die Rennbahn als Reitgelände. Eine zeitlich begrenzte Mitgliedschaft im Amateur Riding Club of Mumbai, einer weiteren Bastion der städtischen Elite, berechtigt zu Reitstunden auf den Vollblütern des Clubs. Mehr Infos hierzu, sowie eine Liste der anstehenden Polospiele sind unter 🖥 www.arcmumbai.com zu finden.

Einkaufen

In Mumbai kann man toll einkaufen, seien es Souvenirs in letzter Minute oder Proviant und Ausrüstung für die lange, noch bevorstehende Reise. Vor allem der Kauf im Land produzierter Textilien und Exportüberschuss-Bekleidung sowie von Kunsthandwerk aus allen noch so entlegenen Landesteilen lohnt sich. Mit Ausnahme der Shopping-Arkaden in den Luxushotels übersteigen die Preise überraschenderweise kaum die anderer indischer Städte. In größeren Geschäften gelten Festpreise, und oft werden Kreditkarten angenommen; ansonsten jedoch lässt sich, insbesondere bei Straßenhändlern, durch Handeln meist ein besserer Preis herausschlagen. Die zentralen Basare der Innenstadt sind allerdings mehr zum Schauen als zum Einkaufen. Neue Schmuckstücke aus Gold und Silber kauft man am besten im Zaveri (Goldschmied) Bazaar gegenüber vom Crawford Market.

Bücher

Mumbais ausgezeichnete englischsprachige Buchhandlungen und Bücherstände bieten reichlich Literatur über Indien und eine gute Auswahl an Klassikern, Romanen und Reiseliteratur.

Crossword Bookstore, Mohammed Bhai Mansion, Huges Rd, Kemp's Corner, 10 Fußminuten nördlich von Chowpatty Beach, ☏ 022-2384 2001. Mumbais größter Buchhändler in einem schicken neuen AC-Gebäude mit eigener Kaffeebar. ⏱ Mo–Fr 10–20 Uhr, Sa und So 10–21 Uhr.

Nalanda, Ground Floor, Taj Mahal. Große Auswahl an Bildbänden und Taschenbüchern, allerdings zu Höchstpreisen.

Oxford Bookstore, Apeejay House, 3 Dinsha Vacha Rd, Churchgate. Nicht ganz so groß wie

Crossword, aber besser zu erreichen, wenn man in Downtown oder Colaba übernachtet; mit AC-Café: Cha Bar (s. S. 673).
Search Word, SBS Marg (Colaba Causeway). Colabas bester Buchladen mit Regalen, randvoll mit Führern und indischer Belletristik. Schnäppchenpreise, denen nur noch das Strand in Fort Konkurrenz machen kann. Gregory David „Shantaram" Roberts gehört zu den Standards.
Strand, neben der Canara Bank, abseits der PM Rd, Fort. Preiswerteste Buchhandlung im Zentrum, sämtliche Penguins und indische Literatur zu erstaunlichen Rabatten.

Kleidung

In Mumbai wird ein Großteil der indischen Bekleidung hergestellt, überwiegend von der leichten, hellen „shirtings and suitings"-Art, der bevorzugten Kleidung unzähliger gleich gewandeter Büro-*wallahs*. Billige westliche Kleidung kauft man am allerbesten an der endlosen Reihe von Ständen auf dem Bürgersteig der MG Rd, gegenüber der Sportanlage Mumbai Gymkhana. Diese sogenannte **Fashion Street** ist auf abgelehnte und überzählige Export-Klamotten aus den großen Fabriken spezialisiert, darunter T-Shirts, Jeans, Sommerkleider und Sweatshirts. Baumwollbekleidung höherer Qualität (oft schicke, nachgemachte Designer-Ware) gibt es in Geschäften am Colaba Causeway, z. B. bei **Cotton World**, unten an der Mandlik Marg. Wer sich für traditionellere indische Kleidung interessiert, begibt sich zum **Khadi Village Industries Emporium**, 286 Dr DN Marg, in der Nähe des Thomas Cook-Büros. Wie Whiteaway & Laidlaw stattete auch dieses unüberschaubare viktorianische Warenhaus die frisch angekommenen *burra-sahibs* mit Tropenhelmen, Khakishorts und Chinintabletten aus. Heutzutage türmen sich in den alten Holzregalen, Hemden- und Sockenschubladen Dutzende verschiedener, handgewebter Baumwoll- und Seidenstoffe, die vom laufenden Meter verkauft werden oder zu Westen, *kurtas* oder bedruckten *salwar kamises* verarbeitet worden sind. Außerdem gibt es hier die üblichen weißen Nehru-Kappen, *dhotis, lunghis* im Madras-Karomuster und herrliche Saris aus Seidenbrokat.

Kunsthandwerk

Regional hergestelltes Kunstgewerbe wird in verschiedenen staatlichen Geschäften im **World Trade Centre**, unten an der Cuffe Parade, und entlang der **Sir PM Rd** in Fort angeboten. Die Qualität ist durchweg hoch – die Preise aber auch, wenn man nicht gerade den Ferienausverkauf erwischt. Gleiches gilt für das Kaufhaus **Central Cottage Industries Emporium**, 34 Shivaji Marg, nahe dem Gateway of India in Colaba, das aufgrund seiner Größe und zentralen Lage der beste Ort für Souvenirs jeder Art ist. Im Erdgeschoss gibt es mit Einlegearbeiten verzierte Möbel, Holz- und Metallgegenstände, Miniaturgemälde und Schmuck, im Obergeschoss Spielwaren, Bekleidung und Textilien – applizierte Gujarati-Bettüberwürfe, handbemalte Kopfkissenbezüge und Rajasthani-Spiegel sowie Seidenschals und Morgenmäntel von Noel Coward. In der **Mereweather Rd (jetzt offiziell B Behram Marg)**, gleich hinter dem Taj, wimmelt es von kaschmirischen Volkskunstläden mit übberteuerten Gefäßen aus Pappmaché, Silberschmuck, wollenen Schals und Teppichen. Wer schlecht mit aufdringlichen Verkäufern umgehen kann, bleibt dieser Ecke besser fern.
Parfüm ist in Mumbai eine ausschließlich moslemische Domäne. Unten am Südende des Colaba Causeway, rings um die Arthur Bunder Rd, findet man viele Geschäfte mit Spiegelwänden und Regalen voller Kristallflaschen, gefüllt mit dickflüssigen, duftenden Ölen. **Räucherdüfte** werden an den umliegenden Bürgersteigen in Stäbchen, Kegeln und klebrigen Scheiben *(dhoop)* verhökert (darauf achten, dass die Schachteln voll sind und nicht schon die Hälfte fehlt). Großeinkäufe tätigt man günstiger im **Khadi Village Industries Emporium** an der Dr DN Marg. Dort werden ganze handgerollte Bündel Räucherstäbchen verkauft, außerdem gibt es eine Kunsthandwerksabteilung, die neben Möbeln, Gemälden und Ziergegenständen auch Glasperlen, bedruckte Bettüberwürfe und hölzerne Votivstatuen

anbietet, die in Handwerksdörfern in Maharashtria hergestellt werden.

Musik

Die bekanntesten der zahlreichen guten Läden für Musikinstrumente in Mumbai befinden sich in der Nähe des Kinos Moti an der SV Patel Rd im zentralen Basarviertel. **Haribhai Vishwanath**, **Ram Singh** und **RS Mayeka** sind 3 Geschäfte, die mit Sitars, Sarods, Tablas und Flöten handeln. Top Qualität mit Garantie verkauft Bhargava's Musik im Norden, 4/5 Imperial Plaza, 30th Rd in Bandra. Zum Kundenkreis gehören viele indische Topmusiker im Klassikbereich. **Rhythm House**, Subhash Chowk, neben Jehangir Art Gallery. Colabas mit Abstand beste Adresse für Kassetten und CDs ist eine veritable Aladin-Höhle mit einem Riesenangebot an klassischer, religiöser und populärer Musik aus ganz Indien, einer ordentlichen Auswahl an westlichen Rock-, Pop- und Jazztiteln und DVDs mit klassischen und zeitgenössischen Hindi-Filmen.
Planet M, 10 Fußminuten vom Rhythm House, an der DN Rd in Fort. Ein Megastore im Stil von Virgin/HMV. Unschlagbare Vielfalt an Musik-CDs und Computerspielen.

Sonstiges
Apotheken

Bombay Chemist, 39–40 Kakad Arcade, gegenüber dem Bombay Hospital, New Marine Lines, ✆ 022-2207 6171. ⏰ tgl. 8–23 Uhr.
Kemps im Hotel Taj Mahal ist bis spät geöffnet.

Geld

Der nächste Ort zum Geldwechseln bei der Ankunft in Mumbai ist der rund um die Uhr geöffnete Schalter der **State Bank of India** im Chhatrapati Shivaji International Airport. Der Wechselkurs ist der allgemein übliche, doch für ein *encashment certificate* (Umtauschquittung) muss man manchmal bezahlen – dieses ist unerlässlich, falls man vorhat, *ein tourist quota*-Eisenbahnticket (s. „Traveltipps von A bis Z" auf S. 91) oder einen Indrail-Pass (S. 91, Kasten) an Sonderschaltern in den Bahnhöfen Churchgate oder CST (VT) zu kaufen.
Alle großen staatlichen **Banken** in Downtown wechseln Fremdwährungen, ⏰ Mo–Fr 10.30–14.30, Sa 10.30–12.30 Uhr; manche (wie die Bank of Baroda) bieten auch **Kreditkartenservice**.
Ansonsten gibt es an vielen rund um die Uhr zugänglichen **Geldautomaten** Bargeld auf Kreditkarte. Von Colaba aus ist die Bank of Baroda am nördlichen Ende der SBS Marg (Colaba Causeway) am nächsten.
Thomas Cooks große Filiale an der Dr DN Marg, ✆ 022-2204 8556, zwischen dem Khadi-Shop und Hutatma Chowk, nimmt auch Geld-

---

Lach-Yoga

Getreu dem Motto „Lachen ist die beste Medizin" haben der Mumbaier Arzt Madan Kataria und seine Frau Madhuri – auch bekannt als die „Kichergurus" – eine völlig neue Therapieform entwickelt: *hasya*-(Lach-)Yoga. Mittlerweile gibt es in Indien über 300 Lacher-Clubs und viele weitere auf der ganzen Welt. Rund 50 000 Menschen nehmen jedes Jahr am ersten Sonntag im Mai an Mumbais Feierlichkeiten zum Laughter Day teil. Weltweit sind es Zehntausende.
Die 15-minütigen Unterrichtsstunden beginnen mit Atemübungen. Dann folgt ein „Ho ho ha ha"-Singsang, der übergeht in ein spontanes „herzliches Lachen" (beide Hände nach oben gestreckt, den Kopf nach hinten geneigt). Dann folgen „Milchshake-Lachen" (alle Teilnehmer lachen und machen dazu eine Geste, als würden sie einen Milchshake trinken), „schwungvolles Lachen" (die Teilnehmer stehen im Kreis und machen „aaii-uu-iii-uuu") und schließlich das geradezu Angst einflößende „Löwenlachen" (mit herausgestreckter Zunge, weit aufgerissenen Augen und Händen, die zu Klauen geformt werden, wird aus dem Bauch heraus gelacht). Am Ende der Sitzung halten sich die Teilnehmer an den Händen und singen den Slogan „Wir sind die Laughter Club Mitglieder ... JA!".
Die Clubtreffen finden an verschiedenen Orten der Stadt zwischen 6 und 7 Uhr statt; darunter Colaba Woods in Cuffe Parade und Juhu Beach.
Mehr Infos unter 💻 www.laughteryoga.org.

überweisungen aus Übersee entgegen.
⏱ Mo–Sa 9.30–19 Uhr.

Gepäckaufbewahrung
Wenn im Hotel keine Möglichkeit besteht, kann man sein Gepäck auch in einem der Flughäfen (s. S. 686) oder im Bahnhof CST (VT) deponieren. Alles, was hier abgegeben wird, auch Rucksäcke, muss mit einem Vorhängeschloss gesichert werden; Maximaldauer 1 Monat, Rs12 pro Tag.

Informationen
India Tourism, 123 M Karve Rd, gegenüber dem Ostausgang der Churchgate Station, ☎ 022-2203 3144, ✉ indiatoursim@vsnl.com. Die ausgezeichnete Einrichtung ist die beste Informationsquelle in Mumbai. Die Angestellten sind außergewöhnlich hilfsbereit und vergeben zahlreiche Broschüren, Kartenmaterial und Faltblätter sowohl für Mumbai als auch für ganz Indien. ⏱ Mo–Fr 8.30–18, Sa 8.30–14 Uhr.
Maharashtra State Tourism Development Corporation (MTDC), Madam Cama Rd, ☎ 022-2202 6731, 🖥 www.maharashtratourism.gov.in. gegenüber dem LIC Building in Nariman Point, reserviert Zimmer in MTDC-Resorts und verkauft Tickets für Stadtrundfahrten.
⏱ Mo–Sa 8.30–19 Uhr

Das Mumbai-Stadtmagazin *Time Out* (🖥 www.timeoutmumbai.net) ist die beste Quelle für ausführliche **Veranstaltungshinweise** und liefert alle Details. Alternativen sind die „Metro"-Seite des *Indian Express* und die Rubrik „Bombay Times" in der *Times of India*. Alle diese Zeitungen sind an Straßenständen in Colaba und in der Innenstadt erhältlich.

Internet
In Colaba gibt es, in der Nawroji F Marg, zwei enge, rund um die Uhr geöffnete Internetlokale (Rs40 pro Std.). Im Sify iWay, in der Nähe des Leopold's (s. Karte S. 655), zahlt man Rs5 mehr, hat aber eine schnellere Verbindung und deutlich mehr Komfort.

Konsulate
Die zahlreichen diplomatischen Vertretungen in Mumbai sind im Notfall ganz nützlich, falls man Reisedokumente verloren hat oder ein Visum beantragen möchte, doch die meisten Nachbarstaaten Indiens, darunter Bangladesh, Bhutan, Myanmar (Burma), Nepal und Pakistan, haben nur Konsulate in New Delhi und/oder Kolkata.
Dänemark, L & T House, Narottam Moraji Marg, Ballard Estate, ☎ 022-2261 4462; ⏱ Mo–Fr 10–12.45 Uhr.
Deutschland, 10th Floor, Hoechst House, Nariman Point, ☎ 022-2283 2422; ⏱ Mo–Fr 9–12 Uhr.
Niederlande, Forbes Bldg, Chiranjit Rai Marg, Fort, ☎ 022-2201 6750, ⏱ Mo–Fr 9–17 Uhr.
Österreich, 26 Maker Chambers VI, Nariman Point, ☎ 022-2287 4758.
Schweiz, 102 Maker Chambers IV, 10th Floor, 222 Jamnalal Bajaj Marg, Nariman Point, ☎ 022-2288 4563, ✉ swisscg.mumbai@bd.net.in, ⏱ Mo–Fr 8–10 Uhr.
Sri Lanka, Sri Lanka House, 34 Homi Modi St, Fort, ☎ 022-204 5861, ⏱ Mo–Fr 9–16.45 Uhr.

Kulturinstitute
Asiatic Society, SBS Marg, Horniman Circle, Ballard Estate, ⏱ Mo–Sa 10.30–19 Uhr.
British Council, A Wing, 1st Floor, Mittal Tower, Nariman Point. Britische Zeitungen und Magazine. ⏱ Di–Sa 10–18 Uhr
Max Mueller Bhavan (Goethe-Institut), K. Dubash Marg, Kala Ghoda, ☎ 022-22027710, ✉ info@mumbai.goethe.org.
Mumbai Natural History Society, Hornbill House, Shahid Bhagat Singh Marg, Fort, genießt internationales Renommee für seine Erforschung der indischen Tierwelt. Besucher können eine vorübergehende Mitgliedschaft erwerben, die den Zutritt zur Bibliothek, zur naturkundlichen Sammlung, manchmal auch zu Vorträgen und außerdem die Teilnahme an organisierten Wanderungen und Feldforschungsunternehmungen ermöglicht.
⏱ Mo–Fr 10–17, Sa 10–13 Uhr, am 1. und 3. Sa im Monat geschlossen.

Medizinische Hilfe
Bombay Hospital, New Marine Lines, unmittelbar nördlich des staatlichen Tourismus-büros an der M Karve Rd, ☎ 022-2206 7676, 🖥 www.bombayhospital.com. Das

Privatkrankenhaus ist das renommierteste Hospital der Stadt.
Breach Candy Hospital, Bhulabhai Desai Rd, in der Nähe des Schwimmbads, ✆ 022-2367 1888, 🖳 www.breachcandyhospital.org. Wird auch von ausländischen Botschaften empfohlen.

Polizei
Die Hauptwache in Colaba, ✆ 022-2285 6817 liegt an der Westseite des Colaba Causeway, in der Nähe der Kreuzung mit der Best Marg.

Post
Das **GPO** liegt gleich um die Ecke vom Bahnhof CST (VT), abseits des Nagar Chowk, 🕐 Mo–Sa 9–20, So 9–16 Uhr. Das Paketbüro befindet sich hinter dem Hauptgebäude im 1. Stock, 🕐 10–16.30 Uhr. Auf dem Bürgersteig draußen warten Paketpack-*wallahs* auf Kundschaft.
DHL, ✆ 022-2850 5050, hat 11 Büros in Mumbai; am günstigsten gelegen ist das 24 Std. geöffnete unter dem Sea Green Hotel am Südende des Marine Drive.

Reisebüros
Nachstehend einige bewährte Reisebüros für Buchungen nationaler und internationaler Flüge und privatgesellschaftlicher Überlandbusse.
Cox and Kings India, 271/272 Dr DN Rd, Fort, ✆ 022-2207 3065, 🖳 www.coxandkings.com;
Sita World Travels Pvt Ltd, 8 Atlanta Building, Nariman Point, ✆ 022-2286 0684, ✉ bom@sitaincoming.com;
Thomas Cook, 324 Dr DN Rd, Fort, ✆ 022-2204 8556, 🖳 www.thomascook.co.in.

Touren
Die „**City Tour**" von MTDC (Di–So 14–18 Uhr, Rs75 plus Eintrittsgelder) bietet eine gute Möglichkeit, die touristischen Highlights in Downtown Mumbai an einem halben Tag abzuhaken, darunter Prince of Wales Museum, Marine Drive, Chowpatty Beach, Hanging Gardens und Mani Bhavan. Die Tour beginnt an der Hauptniederlassung, vor dem **Gateway of India**, wo man auch im Voraus Tickets kaufen kann.
Eine entspanntere Alternative mit Schwerpunkt Architektur und Geschichte bieten die geführten Rundgänge der Mumbai Heritage Walks Society. Sie finden außerhalb der Monsunzeit an jedem letzten Sonntag im Monat statt, dauern 90 Min. und kosten für die Mindestteilnehmerzahl von 3 Pers. Rs1500 (Rs500 für jede weitere Pers.). Nähere Einzelheiten unter ✆ 022-2369 0992 bzw. 2683 5856 oder 🖳 www.bombayheritagewalks.com.
Reality Tours and Travels veranstaltet fesselnde Ausflüge in einen der größten Slums Asiens: Dharavi in Nord-Mumbai (s. Kasten S. 664).

Nahverkehr
Seit der Fertigstellung der riesigen Hochstraße, die jetzt von unmittelbar nördlich des CST-Bahnhofs mitten durch die Stadt führt, sind die Verkehrsstaus nicht mehr ganz so schlimm. Während der Rushhour sind Staus jedoch nach wie vor die Regel. Auch mit dem Taxi oder Bus muss man sich dann auf lange Wartezeiten an den Kreuzungen gefasst machen. Die Stadtbahn ist schneller, doch selbst außerhalb der Stoßzeiten stellt die Fahrt einen Härtetest dar.

Busse
BEST (Brihanmumbai Electric Supply und Transport), ✆ 022-2285 6262, 🖳 www.bestundertaking.com, unterhält ein undurchschaubares, aber komplexes Busnetz, das bis in die entlegensten Ecken der Stadt reicht. Die Busnummern zu Mumbais Sehenswürdigkeiten sind im Text vermerkt, können aber auch auf der BEST-Internetseite nachgeschaut werden. Dort gibt es eine ausgezeichnete „A nach B"-Suche (im Dropdown-Menü Start und Ziel wählen, dann wird die Busnummer angezeigt). Schwieriger ist es, die Nummern der Busse dann auf der Straße zu erkennen, denn die Zahlen sind auf Marathi angeschrieben (auf den Seiten allerdings in arabischen Ziffern). Wann immer möglich, sollte man einen „Limited"-Bus („Ltd") wählen, der seltener anhält, und um jeden Preis die Stoßzeiten meiden. Die Fahrkarte kauft man beim Busschaffner.

Stadtbahn
Mumbais Vorortzüge befördern jeden Tag rund 6,1 Mill. Pendler zwischen Downtown und den endlosen Vororten im Norden – landesweit

50 % aller Bahnfahrgäste (s. Kasten unten). Eine Bahnstrecke beginnt am CST (VT) und führt am Ostrand der Stadt entlang bis nach Thane hoch. Die andere folgt von Churchgate aus der Kurve der Back Bay bis Chowpatty Beach und fährt dann nordwärts über Mumbai Central, Dadar, Santa Cruz und Vasai, außerhalb der Stadtgrenze. Die Züge fahren von 5–24 Uhr alle paar Minuten und halten an Dutzenden kleiner Stationen. Praktisch die ganze Zeit über sind die Waggons voll bis unters Dach, und aus den offenen Türen hängen tollkühne Passagiere, die dem Gedränge drinnen entgehen wollen. Man sollte sich also mindestens 3 Stationen vor dem Ziel auf den Weg zum Ausgang machen. Am allerschlimmsten geht es während der Stoßzeiten zu (ca. 8.30–10 und 16–19 Uhr). Frauen sind ein kleines bisschen besser dran, für sie gibt es *ladies carriages*; nach den Trauben aus farbenfrohen Saris und *salwar kamises* am Ende des Bahnsteigs Ausschau halten!

„Super-dense Crush Load"

Die S-Bahn Mumbais ist ganz offiziell die überfüllteste weltweit. Keine andere Linie befördert so viele Passagiere und zwängt sie so eng zusammen. Zu Stoßzeiten kann es durchaus vorkommen, dass in einem Zug mit 9 Waggons – der offiziell 1700 Plätze hat – bis zu 4700 Personen fahren, was die Mitarbeiter der Bahngesellschaft in typisch lockerer Mumbai-Manier gerne als „Super-dense Crush Load" bezeichnen. Dabei kommen auf einen Quadratmeter 14 bis 16 stehende Passagiere, von denen natürlich nicht alle auf dem Boden stehen können. Etwa 10 % baumeln waghalsig an den offenen Türen.
Der am stärksten ausgelastete Abschnitt, die 60 km zwischen Churchgate Terminus und Virar in Nord-Mumbai, wird pro Jahr von 900 Mill. Menschen genutzt – das ist weltweiter Rekord. Tödliche Unfälle sind hier nur allzu häufig: Durchschnittlich sterben im Jahr 3500 Menschen auf den Gleisen. Sie stürzen aus den Türen, werden von vorbeifahrenden Zügen erfasst oder bei der Fahrt auf dem Dach von Stromleitungen getötet.

Taxis

Da Rikschas nur in den Vororten zugelassen sind, bewegt man sich am besten und schnellsten mit den massenhaft vorhandenen schwarz-gelben Taxis durch die Innenstadt. Theoretisch müssen alle mit Taxameter und einer aktuellen Preisliste (um die auf dem Taxameter angezeigte Kilometerzahl korrekt umzurechnen) versehen sein, doch in der Praxis, vor allem nachts oder frühmorgens, weigern sich viele Fahrer, sie zu benutzen. In dem Fall entweder ein anderes Taxi anhalten oder vorher einen Preis aushandeln. Als Faustregel gilt: ca. Rs10 pro km nach dem Grundpreis von rund Rs20, plus geringer Aufpreis für schweres Gepäck (Rs5–10 pro Stück). Die neueste Errungenschaft im hektischen Verkehrsgewühl ist das *cool cab*, ✆ 022-2824 6216, ein blaues Taxi mit Klimaanlage und getönten Scheiben, das rund 40% teurer ist.

Boote

Fährschiffe verlassen in regelmäßigen Abständen den Hafen von Mumbai. Sie verbinden die Stadt mit dem gegenüberliegenden Ufer und einigen der dazwischen liegenden Inseln. Die von Besuchern am meisten genutzte ist die Fähre nach **Elephanta**, Abfahrt am Gateway of India. Auch regelmäßige Boote über Mandawa nach Alibag, dem Verkehrsknotenpunkt für die selten benutzte Küstenstrecke nach Süden, fahren hier ab.

Transport

Viele Besucher möchten Mumbai so schnell wie möglich den Rücken kehren. Glücklicherweise gibt es in der Stadt „superschnelle" Unternehmen, die eine (zumindest für indische Verhältnisse) rasche und mühelose Weiterreise ermöglichen. Alle namhaften internationalen und nationalen Fluggesellschaften besitzen hier Büros, die Eisenbahnbetriebe unterhalten spezielle Touristenschalter in den Haupt-Reservierungssälen und Dutzende Reisebüros und Busgesellschaften verkaufen Busfahrkarten. Nur wer mit dem Zug in Mumbai am Chatrapathi Shivaji Terminus (der ehemaligen Victoria Station) ankommt, muss sich nicht auf eine

Großraum Mumbai

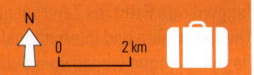

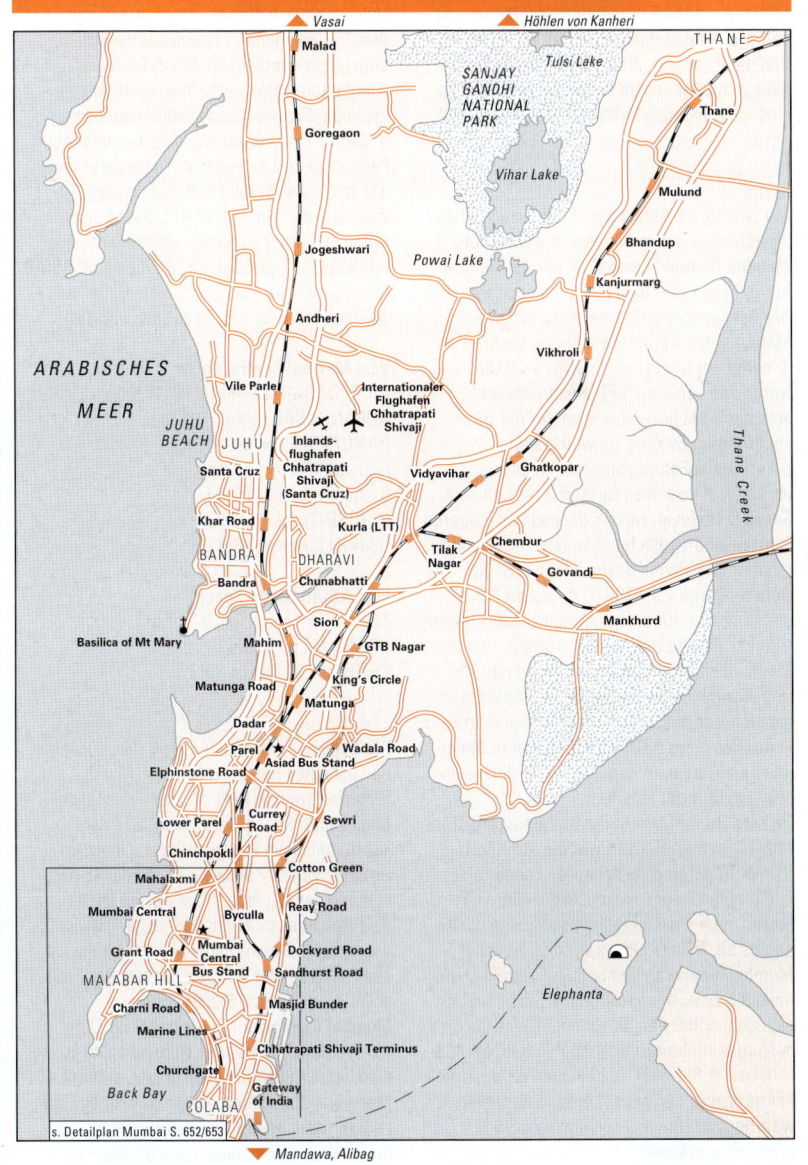

langwierige Fahrt ins Zentrum gefasst machen. Die nationalen und internationalen Flughäfen liegen dagegen weitab vom Schuss nördlich der Stadt und 90 Fahrminuten oder länger von den wichtigsten Hotelgegenden entfernt.
Und auch vom Hauptbahnhof Mumbai Central oder vom Busbahnhof steht dem Ankömmling eine anstrengende Fahrt quer durch die Stadt bevor.

Busse

Der wichtigste Abfahrtsort für die staatlichen Überlandbusse aus Mumbai ist der belebte **Mumbai Central Terminal** an der JB Behram Marg, gegenüber dem gleichnamigen Bahnhof. Die Busgesellschaften der Bundesstaaten Maharashtra, Karnataka und Goa besitzen Schalter am Busbahnhof. ⏰ tgl. 8–20 Uhr.
Nur in den seltensten Fällen ist – sofern man die Wahl hat – eine Busfahrt der Bahn vorzuziehen. Es kann schwierig sein, zuverlässige Fahrplaninformationen zu erhalten, in normalen Bussen lässt sich kein Sitzplatz reservieren, und die meisten längeren Fahrten sind ziemlich unbequeme Übernachtreisen. Ausnahmen davon bilden z. B. die **Deluxe-Busse** von MSRTC zwischen Pune und Kolhapur; für einen geringen Aufpreis gibt es mehr Beinfreiheit, weniger Stopps und die Möglichkeit einer vorherigen Reservierung. Das einzige Problem ist, dass sie – wie die meisten Busse aus dem Staat Maharashtra – in der Regel am **ASIAD-Busbahnhof in Dadar** (mit dem Auto oder Zug 30 Min. nördlich vom Mumbai Central) abfahren.
Private Busunternehmen bedienen größtenteils dieselben Routen wie die staatlichen. In aller Regel sind sie schneller, komfortabler und problemloser zu reservieren. Allerdings fahren auch ihre Überlandbusse ausnahmslos nachts ab. Tickets gibt es vor dem Bahnhof Mumbai Central an den Schaltern direkt an der belebten Dr Anadao Nair Marg. Sie befinden sich gegenüber dem Busbahnhof, jenseits der in Nordsüdrichtung verlaufenden Hauptstraße (s. Karte. S. 652/653). Zu beachten ist, dass die Fahrpreise zu den beliebten Touristenzielen während der Hauptsaison um bis zu 75 % angehoben werden.

Staatliche Überlandbusse nutzen die Haltestellen der Maharashtra State Road Transport Corporation (MSRTC). Private Unternehmen halten am Straßenrand nahe dem Hauptbahnhof, 2 Fußminuten westlich, gegenüber der belebten Dr AN Marg (Lamington Road). In die Innenstadt kommt man vom Mumbai Central entweder mit der S-Bahn – die, von der *mainline* aus, über eine Fußbrücke zu erreichen ist – oder mit einem der Taxis, die vor dem Bahnhof warten. Während die meisten MSRTC-Busse den Mumbai Central anfahren, kommen jene aus Pune (und Umgebung) am „Busbahnhof" **ASIAD** (eher ein großer Parkplatz), nahe Dadar, an. Auch von hier aus fahren S-Bahn und Taxi.

Vom Mumbai Central nach:
AHMEDABAD (12–16x tgl., 9–11 Std.),
AURANGABAD (2x tgl., 10 Std.),
BANGALORE (3x tgl., 24 Std.),
BIJAPUR (3x tgl., 12 Std.),
GOA (2x tgl., 18–19 Std.),
INDORE (2x tgl., 16 Std.),
UJJAIN (1x tgl., 17 Std.).

Vom ASIAD (Dadar) nach:
KOLHAPUR (4 – 6x tgl., 9–11 Std.)
NASIK (17x tgl., 5 Std.)
PUNE (alle 30 Min., 4 Std.)

Eisenbahn

Die Züge aus den meisten zentralen, südlichen und östlichen Regionen halten in Mumbai am **Victoria Terminus (VT)**, offiziell umbenannt in **Chhatrapati Shivaji Terminus (CST)**, dem Kopfbahnhof am Ende der Central Railway-Strecke. Von hier aus sind es 10 oder 15 Autominuten nach Colaba. Taxis warten an der belebten Haltestelle am Südausgang gegenüber der neuen Reservierungshalle. Man kann sie aber auch auf der Straße anhalten. Der Preis sollte bei etwa Rs175–200 liegen.
Mumbai Central, der Endbahnhof für Züge der Western Railway aus Nordindien, liegt eine halbe Autostunde von Colaba entfernt. Man kann entweder auf dem Vorplatz ein Taxi nehmen oder an der Hauptstraße eins heranwinken. Fast alle Züge nach Gujarat,

Rajasthan, Delhi und in den hohen Norden fahren von Mumbai Central ab.

Manche Züge aus Südindien halten an weniger bekannten Bahnhöfen. Wer an der **Dadar Station**, weit nördlich in den Industrievororten, landet und sich kein Taxi leisten möchte, geht über die Straßenbrücke der Tilak Marg Richtung Western Railway und nimmt einen Vorortzug in die Stadt (das Ticket ist vorab an einem Schalter auf Gleis 1 zu lösen). Am Bahnhof **Kurla** (auch Lokmanya Tilak Terminus oder **LTT**) unmittelbar südlich des nationalen Flughafens laufen einige Züge aus Bangaluru (Bangalore) ein. Von dort ist der Vorortzug nach Churchgate die einzige vernünftige Alternative zum Taxi. Fahrgäste, die an einem der beiden letztgenannten Bahnhöfe ankommen, sollten sich erkundigen, ob dort in nächster Zeit ein Fernzug nach Churchgate oder zum CST (Victoria Terminus) anhält – die Fahrt in einem Fernzug ist wesentlich angenehmer als in einem der viel überfüllteren Vorortzüge oder im Bus.

Wichtige Züge ab Mumbai

Hier nur die direktesten und/oder schnellsten Züge. Der Fahrplan ist keineswegs vollständig, und es gibt noch zahlreiche langsamere Züge, die auf kürzeren Strecken oft praktischer sind. Alle nachfolgend aufgeführten Informationen waren zur Zeit der Recherche korrekt, doch ist es ratsam, besonders die Abfahrtszeiten vor dem Kauf der Fahrkarte noch einmal zu verifizieren, z. B. über die Website von Indian Railways, www.indianrail.gov.in.

Ziel	Zug	Nummer	Von	Häufigkeit	Ab	Reisedauer
Agra	Punjab Mail	2137/38	CST	tgl.	18.25 Uhr	24 1/4 Std.
Ahmedabad	Shatabdi Express	2009	CST	tgl.	19.40 Uhr	7 Std.
Aurangabad	CSTM UMD Express	1005	CST	tgl.	22.20 Uhr	7 Std.
Bengaluru	Udyan Express	6529	CST	tgl.	8.05 Uhr	24 Std.
Bhopal	Punjab Mail	2137	CST	tgl.	19.40 Uhr	14 Std.
Chennai	Mumbai–Chennai Expr.	6011	CST	tgl.	14 Uhr	26 3/4 Std.
Delhi	Rajdhani Express	2951	MC	tgl.	16.40 Uhr	16 Std.
	Golden Temple Mail	2903	MC	tgl.	21.25 Uhr	21 1/2 Std.
Goa (Margao)	Mumbai–Madgaon Expr.	KR0111	CST	tgl.	23 Uhr	11 3/4 Std.
Hyderabad	Hussainsagar Express	2701	CST	tgl.	21.50 Uhr	14 1/2 Std.
Jaipur	Mumbai–Jaipur Express	2955	MC	tgl.	18.50 Uhr	18 Std.
Jodhpur	Ranakpur Express	4708	Bandra	tgl.	15 Uhr	19 1/2 Std.
Kochi (Cochin)	Netravati Express	6345	LTT	tgl. (via Kurla)	11.40 Uhr	26 1/2 Std.
Kolkata	Gitanjali Express	2859	CST	tgl.	6 Uhr	31 1/2 Std.
	Mumbai–Howrah Mail	2809	CST	tgl.	20.40 Uhr	33 3/4 Std.
Lonavala	Udyan Express	6529	CST	tgl.	20.40 Uhr	3 Std.
Mysore	Sharavathi Express	1035	Dadar	Di	21.30 Uhr	23 3/4 Std.
Pune	Udyan Express	6529	CST	tgl.	8.40 Uhr	3 1/2 Std.
Thiruvanantha- puram (Trivandrum)	Netravati Express	6345	LTT	tgl. (via Kurla)	11.40 Uhr	31 Std.
Udaipur	Saurashtra Express*	9215	MC	tgl.	8.20 Uhr	23 3/4 Std.
Varanasi	Mahanagiri Express	1093	CST	tgl.	0.10 Uhr	28 1/4 Std.

*umsteigen in Ahmedabad

Reisende sind am besten beraten, wenn sie ihre Reservierungen am effizienten Tourist Counter (Nr. 28) im 1. Stock der Western Railways Buchungshalle neben dem Government of India Tourist Office in Churchgate vornehmen: ✆ 022-2209 7577, ◷ Mo–Fr 9.30–16.30, Sa 9.30–14.30 Uhr. Dieser Schalter (ganz hinten am unteren Ende der Reservierungshalle) hat auch Zugang zu den speziellen *tourist quotas*, die einen Tag vor Abfahrt – sofern diese tagsüber erfolgt – oder am Morgen der Abfahrt – wenn der Zug nach 17 Uhr den Bahnhof verlässt – ausgegeben werden.

Wenn die Touristenquote *closed*, also nicht verfügbar oder schon erfüllt ist, muss man wie alle anderen am normalen Schalter Schlange stehen. Die Tage vor großen nationalen Festen und Feiertagen (vor allem zu **Diwali**, wenn halb Indien auf den Beinen ist) gilt es um jeden Preis zu meiden. Wer dennoch reisen muss, wenn anscheinend keine Fahrkarten mehr zu haben sind, bekommt für eine Zusatzgebühr möglicherweise noch ein spezielles *tatkal*-Ticket (Einzelheiten s. „Traveltipps von A bis Z" auf S. 92). Das ist eine gute Alternative, wenn man mit der Konkan Railway auf der oft ausgebuchten Route nach Goa fahren möchte. Der andere große Fahrkartenschalter für Touristen befindet sich im schicken, klimatisierten Buchungsbüro von Central Railway an der Rückseite des **CST** (VT; ◷ Mo–Sa 8–13.30 und 14–15, So 8–14 Uhr ✆ 022-2262 2859). Hier werden auch Indrail-Pässe verkauft; außerdem gibt es einen MTDC-Touristeninformationskiosk im Zentralrondell, falls man Hilfe beim Ausfüllen der Reservierungsformulare braucht.

Tickets für die Konkan Railway gibt es in den Reservierungshallen in Churchgate oder am CST. Für weitere Informationen zu den Zugverbindungen nach Goa s. S. 685.

Flüge

Der 30 km nördlich vom Zentrum gelegene **Chhatrapati Shivaji International Airport**, 🖳 www.csia.in, ist in zwei Terminals *(modules)* aufgeteilt, einen für Air-India-Flüge und einen für ausländische Fluggesellschaften. Hat man erst einmal den Zoll und die langwierigen Einreiseformalitäten hinter sich, gelangt man in die chaotische Ankunftshalle und zum 24 Std. geöffneten Wechselschalter und Geldautomaten der State Bank of India, dem ITDC- und dem bundesstaatlichen MTDC-Touristeninformationsschalter, zu Mietwagenkiosks, Cafés und einem Stand, an dem Taxigutscheine gekauft werden können. In der Haupthalle befindet sich auch ein **Reservierungsschalter von Indian Railways**, was für Besucher, deren nächstes Reiseziel schon feststeht, sehr praktisch ist, denn eine hier vorgenommene Reservierung erspart lange Wartezeiten in den Buchungsbüros der Innenstadt.

Wer mit einer der seltenen Maschinen ankommt, die nachmittags oder am frühen Abend landen – wenn die meisten Hotels schon belegt sind –, sollte am besten gleich am Hotelreservierungsschalter *(accommodation booking desk)* in der Ankunftshalle ein Zimmer buchen und bezahlen. Alle nationalen Fluggesellschaften besitzen Büros in der Vorhalle des Haupteinganges. Zum nahe gelegenen Parkplatz gehört eine praktische, rund um die Uhr geöffnete **Gepäckaufbewahrung** (*cloakroom*, Rs70 pro Tag, je nach Größe des Gepäckstückes; maximale Aufbewahrungszeit 90 Tage).

Die meisten der teureren Hotels, insbesondere jene in Flughafennähe, schicken kostenlose Shuttlebusse zur Abholung ihrer Gäste. **Taxis** sind nicht allzu kostspielig. Um dem Feilschen

---

Malariawarnung

Aufgrund der riesigen Slums und der stehenden Gewässer in der Umgebung der Flughäfen bergen sowohl der Chhatrapati Shivaji International Airport als auch der 4 km entfernte Chhatrapati Shivaji Domestic Airport ein erhebliches Malaria-Risiko. Ganze Wolken von Moskitos nehmen die Besucher vor den Terminals in Empfang. Es wird daher dringend geraten, sich vor Verlassen der Flughafengebäude mit einem wirksamen Insektenschutzmittel einzureiben.

und den privaten Taxis, die vor dem Flughafen warten, aus dem Weg zu gehen, ist es ratsam, nach der Landung in der Ankunftshalle am Vorauszahlungsschalter einen Fahrschein zu kaufen. Der verlangte Preis, der auf der Quittung steht, die man dem Fahrer nach Erreichen der gewünschten Adresse gibt, ist etwas höher als der auf dem Taxameter ausgewiesene (rund Rs375 nach Colaba oder Nariman Point bzw. Rs180 nach Juhu), aber auf diese Art wird man auf jeden Fall auf dem schnellsten Weg ans Ziel gebracht. Taxi-*wallahs* versuchen manchmal, den Fahrgast davon zu überzeugen, ein anderes als das angestrebte Hotel zu nehmen. Darauf sollte man sich nicht einlassen, denn ihre Kommission wird dem Gast auf den Zimmerpreis aufgeschlagen.

Inlandsflüge landen am nationalen Flughafen, der 26 km nördlich vom Zentrum und 2 km westlich vom internationalen Flughafen liegt. Zur allgemeinen Verwirrung heißt er offiziell ebenfalls **Chhatrapati Shivaji**, wird aber von den Einwohnern Mumbais auch mit seinem alten Namen **Santa Cruz** bezeichnet.

Er ist in 2 eigenständige Terminals unterteilt: den cremefarbenen (Module 1A) des Staatsunternehmens, Indian Airlines und den blau-weißen (Module 1B) der privaten Fluggesellschaften. Wer von hier aus direkt zum Weiterflug zum internationalen Flughafen muss, nimmt den kostenlosen „fly-bus", der alle 15 Min. zwischen beiden verkehrt; Infos am Transferschalter in der Transitlounge. In der Ankunftshalle gibt es sowohl einen ITDC als auch einen MTDC-Schalter, beide bieten Informationen rund um die Uhr. In der Nähe des Ausgangs zu ebener Erde verstecken sich ein Geldwechsel- und ein Hotelbuchungsschalter. Der offizielle Taxi-Vorauszahlungsschalter in der Ankunftshalle berechnet für eine Fahrt nach Colaba ca. Rs400. Auf keinen Fall sollte man in die Motor-Rikschas steigen und sich dabei auch nicht von den Billigangeboten der Schlepper vor dem Terminal beirren lassen. Sie sind in der Innenstadt nicht zugelassen und übergeben ihre Fahrgäste daher am Rande des übel riechenden Mahim Creek, der südlichsten Grenze des ihnen zugestandenen Gebietes, an skrupellose Taxifahrer.

Vom Chhatrapati Shivaji Domestic Airport nach:
AHMEDABAD (DN, AI, IA, 9W, 7–9x tgl., 1 Std.),
ALLAHABAD (S2, 3x wöchentl., 6 Std.),
AURANGABAD (AD, IC, 9W, 5x tgl., 45 Min.),
BENGALURU (BANGALORE) (DN, IC, AI, 6E, 9W, IT, S2, SG, 23–25x tgl., 1 1/2 Std.),
BHOPAL (IC, 9W, 2x tgl., 2 Std. 5 Min.),
BHUBANESWAR (DN, IC, S2, 3–4x tgl., 2 Std.),
BHUJ (IC, 9W, 2x tgl., 1 1/4 Std.),
CHENNAI (DN, AI, IC, 6E, 9W, IT, SG, 13–15x tgl., 1 3/4 Std.),
COIMBATORE (IC, IT, 9W, S2, SG, 5x tgl. 1 3/4–2 Std.),
GOA (DN, AI, G8, IC, 6E, 9W, S2, IT, SG, 14–15x tgl., 3/4–1 Std.),
GUWAHATI (IC, IT, S2, 4x tgl., 3 1/4 Std.),
HYDERABAD (DN, IC, 9W, S2, IT, SG, 14–21x tgl., 1 1/4 Std.),
INDORE (IC, 9W, S2, IT, 6x tgl., 1 Std.),
JAIPUR (DN, IC, 6E, 9W, IT, SG, 8x tgl., 1 1/2 Std.),
JODHPUR (IC, 9W, 2x tgl., 2 1/4 Std.),
KOCHI (DN, AI, IC, 6E, S2, IT, 5–7x tgl., 1 3/4 Std.),
KOLKATA; IC, AI, 6E, 9W, S2, IT, SG, 15–17x tgl., 2 3/4 Std.),
KOLHAPUR (DN, 1x tgl., 1 Std.),
MANGALORE (DN, 9W, IC, IT, 4–5x tgl., 1 1/4 Std.),
NAGPUR (DN, IC, 6E, 9W, 4x tgl., 1 1/4 Std.),
PATNA (2x tgl., 3 1/2–4 3/4 Std.),
PUNE (IC, 9W, S2, 5x tgl., 1/2 Std.),
SRINAGAR (S2, 1x tgl., 4 Std.),
THIRUVANANTHAPURAM (DN, AI, IC, 9W, 3–4x tgl., 2 Std.),
UDAIPUR (IC, 2–3x tgl., 1 1/4 Std.),
VARANASI (IC, S2, SG, 3x tgl., 2 1/2–5 Std.)
(**AI** = Air India Express, **DN** = Air Deccan, **G8** = Go Air, **IC** = Indian Airlines, **IT** = Kingfisher, **S2** = JetLite, **SG** = Spicejet, **6E** = IndiGo, **9W** = Airways)

Schiffe
Drei Gesellschaften bieten Schiffsverbindungen vom **Gateway of India Kai** zum Mandawa Pier, jenseits des Hafens von Mumbai. Von dort pendeln Busse zum nahen Alibag, dem

Transitreisen

Für Durchreisende, die in Mumbai lediglich in ein anderes Flugzeug umsteigen und sich die halbe Nacht um die Ohren schlagen müssen, dürfte es interessant sein, dass sich die 5-Sterne-Hotels Leela Kempinski und Royal Meridien beide nur eine kurze und kostenlose Busfahrt vom internationalen Flughafen entfernt am CST befinden. Ihre klimatisierten Restaurants, Cafés und Bars sind wesentlich angenehmer als die Abflughalle des schmuddeligen Flughafens – und auch die Toiletten sind um Klassen besser.

Der Inlandsflughafen wird nach und nach ausgebaut und seine neuen Ruheräume sind eine interessante Alternative, falls man zwischen zwei Flügen etwas schlafen will. Allerdings stehen sie meist nicht kurzfristig zur Verfügung. Auskünfte erteilt der Schalter im Ankunftsbereich der Terminals 1 und 2.

Verkehrsknoten für Routen südwärts entlang der Konkan-Küste. Die Schiffe verkehren etwa stündlich und reichen von primitiven Barkassen (Rs65) bis zu komfortablen, klimatisierten Katamaranen (Rs110). Tickets löst man vorab bei den Schaltern der Gesellschaften PNP, Ajanta und Maldar auf der Nordseite der Shivaji Marg, nahe dem MTDC Informationsbüro.

Transport nach Goa

Seitdem es immer mehr Billigfluglinien gibt, lassen sich die 500 km zwischen Mumbai und Goa am preiswertesten auf dem Luftweg zurücklegen. Bei den meisten Anbietern sind die Tickets nicht nur bequem online zu erwerben, sondern auch günstiger als die der Konkan Railway, die tgl. 2 Mal fährt. Auch wer aufs Budget achtet, sollte sich gründlich überlegen, ob er die höllische Übernacht-Busfahrt wirklich auf sich nehmen will.

Busse

Die Busfahrt Mumbai–Goa gehört zu den schlimmsten, die man in Indien unternehmen kann. In den Reisebüros wird Stein und Bein geschworen, dass sie 13 Stunden dauert, aber die geschundenen Fahrzeuge und der erbärmliche Straßenzustand auf der Küstenstrecke machen eine Fahrzeit von 18 Stunden wahrscheinlicher. Der Preis für eine Busfahrkarte beginnt bei ca. Rs320 für einen verstellbaren Sitz in einem ramponierten Bus des staatlichen goanischen Unternehmens **Kadamba** oder **MSRTC**. Tickets für diese Busse sind während der Reisesaison bei indischen Touristen äußerst gefragt, daher rechtzeitig im State Transport Terminal oder in den Kiosks von Kadamba an der Nordseite des Azad Maidan, in der Nähe des St. Xavier's College (gleich oberhalb der VT Station), ✆ 022-2262 1043, buchen. Es fahren auch einige **private Nachtbusse** nach Goa (ca. ein Dutzend tgl.). Für die Fahrt in einem einfachen Bus zahlt man Rs275/450 (Neben-/Hauptsaison), für einen etwas nobleren Volvo mit AC und Schlafabteil (das man seltsamerweise gelegentlich mit anderen Fahrgästen teilen muss) sind es Rs750/850. Fahrkarten sollte man mindestens einen Tag vorher bei einem renommierten Reisebüro oder direkt beim Busunternehmen kaufen. Der größte Anbieter für Fahrten nach Goa ist Paulo Travels, 🖥 www.paulotravels.com.

Eisenbahn

Auf der Strecke der Konkan Railway fahren tgl. Expresszüge von Mumbai nach Goa. Die **Preise** für die 12-stündige Fahrt vom CST beginnen bei Rs293 für den „Standard Sleeper" und reichen bis zu Rs1242 für 2. Klasse AC bzw. Rs2345 für die luxuriöse 1. Klasse AC. Allerdings sind die Tickets in den Reservierungshallen am CST und in Churchgate nicht immer kurzfristig verfügbar. Wer sich bezüglich seiner Reiseroute schon festgelegt hat (z. B., wenn man nach Mumbai fliegt und nach einem kurzen Aufenthalt mit dem Zug nach Goa weiterfahren möchte), kann unter 🖥 www.irctc.co.in auch **online buchen**. Das hat aber auch Nachteile: Gebucht werden können nur die relativ teuren *three-tier*-AC-Tickets (einfache Fahrt Rs1242), und die Buchung muss zwischen 7 und 2 Tagen vor dem Abfahrtstag erfolgen. Alles in allem ist die Online-Reservierung aber gegenüber dem Kauf nach der Ankunft in Mumbai eine wesentlich praktischere Alternative. Man kann die Reservierung auch durch einen Vertreter von Indian Railways im eigenen Land vornehmen lassen (s. „Traveltipps von A bis Z" auf S. 90). Auf keinen Fall zu empfehlen ist die Fahrt in der „nicht-reservierten" Klasse der Konkan-Züge, denn bis Ratnagiri (ungefähr auf der Hälfte der Strecke) herrscht qualvolle Enge. Am praktischsten ist der Nachtzug, der Mumbai–Madgaon Express. Der andere, der nur unwesentlich schnellere Mandovi Express Nr. KR0103, fährt um 6.55 Uhr am CST ab.

Flüge

Zwischen dem nationalen Flughafen Chhatrapati Shivaji (auch Santa Cruz genannt), 30 km nördlich der Stadt, und Dabolim gibt es täglich 15 bis 21 Flüge. Die preisgünstigsten Tickets bieten:
Kingfisher, 🖥 www.flykingfisher.com,
Air Deccan, 🖥 www.airdeccan.net,
IndiGo, 🖥 www.goindigo.in,
SpiceJet, 🖥 www.spicejet.com und
Go Air, 🖥 www.goair.in, auf deren Websites Flüge bereits ab Rs650 zu haben sind – wobei sich der Normalpreis aber eher bei ca. US$70–100 einpendelt.
Indian Airlines, 🖥 www.indian-airlines.nic.in,
Jet Lite, 🖥 www.jetlite.com, oder
Air India, 🖥 www.airindia.com, verlangen um die US$100, stellen aber der Konkurrenz der Billiganbieter mittlerweile ebenfalls ermäßigte Online-Angebote entgegen.

Um Diwali und Weihnachten/Neujahr herum ist die Nachfrage so groß, dass kurzfristig kaum noch ein Ticket zu bekommen ist. Zu normalen Zeiten findet sich dagegen fast immer ein Anbieter, mit dem man noch am gleichen Tag fliegen kann – allerdings nicht unbedingt besonders günstig.

Wer den Flug nicht gleich beim Kauf des Indien-Tickets zu Hause mitgebucht hat, sollte sich sofort nach der Ankunft bei den Fluggesellschaften nach einem freien Platz erkundigen. Tickets bekommt man in deren Büros (s. Liste), bei jeder seriösen Reiseagentur in Mumbai (hier allerdings häufig zu schlechten Wechselkursen), telefonisch oder über das Internet (wobei die Billiganbieter häufig keine ausländischen Kredit- und Debitkarten akzeptieren; mehr dazu in den „Traveltipps von A bis Z" auf S. 92).

Internationale Fluggesellschaften
Aeroflot, Ground Floor, 14 Tulsiani Chambers, Free Press Journal Rd, Nariman Point, ✆ 022-2285 6648;
Air France, 201/B Sarjan Plaza, 100 Dr Annie Besant Rd, Worli, Nordmumbai, ✆ 022-2346 6276;
Air India, Air India Bldg, Nariman Point, ✆ 022-2548 9999;
Alitalia, 5th Floor, CG House, Annie Besant Rd, Prabhadevi, Worli, Nordmumbai, ✆ 022-5663 0800;
British Airways, 4th Floor, CG House, Annie Besant Rd, Prabhadevi, Worli, Nordmumbai, Tm98925 77470;
Cathay Pacific, Bajaj Bhavan, 3rd Floor, 226 Nariman Point, ✆ 022-5657 2222;
Delta, Interglobe Enterprises limited, 12th Floor, Bajaja Bhavan, Nariman Point, ✆ 022-2826 7007;
Egypt Air, Oriental House, 7 J Tata Rd, Churchgate, ✆ 022-2283 3798;
Emirates, 228 Mittal Chambers, Nariman Point, ✆ 022-2879 7979;
Gulf Air, Ground Floor, Maker Chamber V, Nariman Point, ✆ 022-2202 1626;
Japan Airlines, 9th Floor, Raheja Centre, Nariman Point, ✆ 022-2283 3136;
KLM, 201-B Sarjan Plaza, 100 Annie Besant Rd, Worli, Nordmumbai, ✆ 1800 114777 (gebührenfrei);
Kuwait Airways, 901 Nariman Bhavan, 9th Floor Nariman Point, ✆ 022-6655 5655;
Lufthansa, 3rd Floor, Express Towers, Nariman Point, ✆ 022-6630 1940;
Qantas Airways, 2nd Floor, Godrej Bhavan, Home St, ✆ 022-2200 7440;
Qatar Airways, Bajaj Bhavan, Nariman Point, ✆ 0124-456 6000;
Saudi Air, 3rd Floor, Express Towers, Nariman Point, ✆ 022-2202 0199;
Singapore Airlines, Taj Mahal Palace & Tower, Apollo Bunder (PJ Ramachandani Marg), Colaba, ✆ 022-2202 8316;

Saudia, 3rd Floor, Express Towers, Nariman Point, ✆ 022-2202 0199;
South African Airways, Podar House, 10 Marine Drive, Churchgate, ✆ 022-282 3450;
Sri Lankan Airlines, 2nd Floor, Vaswani Mansion, 12 Dinshaw Vachha Rd, Churchgate, ✆ 022-282 3288;
Thai Airways, Ground Floor, Maker Chamber IV, Nariman Point, ✆ 022-5637 3737.

Maharashtra

Stefan Loose Traveltipps

Daulatabad Eine der spektakulärsten Bergfestungen Indiens wacht über eine eindrucksvolle Wüstenlandschaft voller Tafelberge. S. 700

11 Höhlen von Ellora Atemberaubende hinduistische, buddhistische und Jain-Höhlen, die aus dem massivem Vulkangestein gehauen wurden. S. 703

Höhlen von Ajanta Die Wandmalereien in einer abgelegenen Schlucht gelten als schönste „Kunstgalerie", die aus einer frühen Zivilisation erhalten geblieben ist. S. 709

Matheran Die zweistündige Fahrt mit der Schmalspurbahn zu dieser urtypischen britischen Hill Station gewährt fantastische Panoramablicke über die Westghats. S. 717

Maharashtra, der drittgrößte Bundesstaat Indiens, wurde 1960 aus den Marathi sprechenden Regionen des ehemaligen Staates Bombay geschaffen. Sobald man die überfüllte Hafenstadt **Mumbai** verlässt, taucht man in eine völlig neue Welt ein, die von ihrer eigenen Geschichte geprägt ist.

Die größten Schätze Maharashtras sind zweifellos seine einzigartigen Höhlentempel und -klöster. Die eindrucksvollsten von ihnen sind in der Nähe von **Aurangabad** zu finden. Die Stadt wurde nach dem Mogul-Herrscher Aurangzeb benannt und beheimatet bis heute eine beträchtliche moslemische Gemeinde. Die Handelsstadt dient vielen Besuchern als Basis für Touren zu den Höhlen von **Ajanta** mit ihren fantastischen Wandmalereien und den monolithischen Tempeln von **Ellora**, wo der hinduistische **Kailash-Tempel** zwar wie ein künstlich errichtetes Gebäude aussieht, tatsächlich aber komplett aus einem einzigen Felsen gehauen wurde. Ab dem 2. Jh. v. Chr. war diese Region ein bedeutendes Zentrum des Buddhismus. Künstliche Höhlen wurden geschaffen, um Mönchen Obdach zu gewähren, und die größten Künstler der Zeit meißelten kathedralenähnliche Hallen für das gemeinsame Gebet.

Ein charakteristisches Merkmal der Landschaft sind die zahlreichen Festungen. Als westliches Grenzland zwischen Nord- und Südindien waren Maharashtras Handelsrouten schon immer wichtig, wurden aber auch oft bedroht. Im Binnenland ragen – parallel zur Küste und nie weiter als 100 km von ihr entfernt – die mächtigen **Westghats** abrupt in den Himmel empor. Die wasserreichen Plateaus in den Bergen eigneten sich für den Bau von Festungen, in denen auch kleine Streitkräfte langwierigen Belagerungen großer Armeen widerstehen konnten. Heutige Besucher können solche windumtosten, befestigten Höhen bei **Pratapgadh** und **Daulatabad** erklimmen. Letztere löste Delhi im 14. Jh. kurzfristig als Hauptstadt ab, was sich allerdings als fatale Fehlentscheidung erwies.

Im 19. Jh. dienten die Berge dann einem anderen Zweck. Als der Sommer den Briten in Bombay zu heiß wurde, suchten sie Zuflucht in den nahe gelegenen **Hill Stations**. Die beliebteste von ihnen, **Mahabaleshwar**, zieht heute Scharen von indischen Urlaubern an. **Matheran**, 108 km südöstlich von Mumbai und 800 m höher gelegen, bietet eine ganz besondere Attraktion: eine klapprige Schmalspurbahn, die sich auf gewundenen Gleisen den Berg hinauf schlängelt. Am Rande der Ghats thront auf flachem Tafelland über gelben Weizenfeldern die moderne Stadt **Pune** – die Heimat des international bekannten, vom New-Age-Guru Bhagwan Rajneesh gegründeten **Osho Ashram**. Von hier aus erstreckt sich Maharashtra noch 900 km weiter nach Osten: über das Dekkan-Plateau bis zum geografischen Zentrum des Subkontinents, einem Gebiet, das vor allem von Angehörigen unterschiedlicher Stammesgruppen bevölkert wird.

Im Westen nimmt Maharashtra ca. 500 km der Konkan-Küste am Arabischen Meer ein. Dieser palmengesäumte Küstenstreifen zwischen Gujarat und Goa wird von zahllosen Meeresarmen, Höhenzügen und Tälern durchbrochen. Zahlreiche Festungen zeugen von seiner bewegten Vergangenheit. Im äußersten Süden des Bundesstaates, fast an der Grenze zu Karnataka, liegt die selten besuchte Stadt **Kolhapur**. Sie konnte sich ihren altmodischen Charakter bewahren und ist ein reizvoller Zwischenstopp auf der langen Reise nach Goa.

Den Bemühungen der Mogulen zum Trotz hat der Islam in Maharashtra nur wenige Spuren hinterlassen: 80 % der Bevölkerung sind Hindus. Sehenswerte islamische Architektur findet sich nur in und um Aurangabad.

Geschichte

Zwar wurden in Maharashtra einige altsteinzeitliche Überreste entdeckt, doch beginnt die Geschichtsschreibung dieser Region erst im 2. Jh. v. Chr. mit der Anlage der ersten buddhistischen Höhlen an friedlichen, landschaftlich reizvollen Orten. Sie hätten ohne den Wohlstand, den die Karawanenwege zwischen Nord- und Südindien der Region brachten, niemals geschaffen werden können.

Die ersten Hindu-Herrscher der Region traten im 6. Jh. auf den Plan und hatten ihren Sitz in Badami im Süden Maharashtras, doch erlangten erst die Rashtrakuta des 8. Jhs. größeren Einfluss. Bis zum 12. Jh. hatte der Hinduismus den Buddhismus im ganzen Land fast völlig ver-

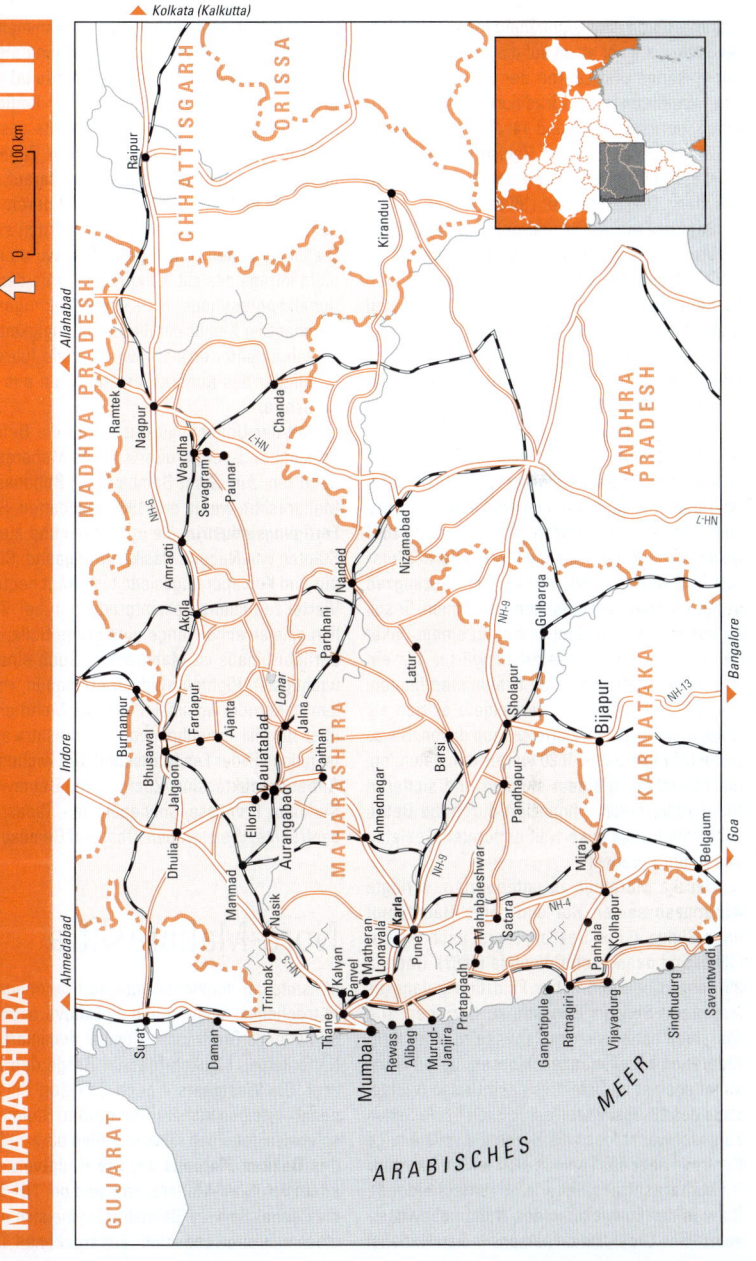

MAHARASHTRA

drängt – durch eine sogenannte friedliche Volksrevolution, die vor allem auf die Anziehungskraft der Gesänge und Lehren der Dichter-Heiligen zurückzuführen ist. Die Tradition, die sie begründeten, florierte im 13. und 14. Jh. weiter, selbst als sie vom Islam in den Untergrund gedrängt wurde. Ihren Höhepunkt erreichte sie mit **Ramdas**, dem „Diener Ramas" (1608–81).

Ramdas, ein Asket und politischer Aktivist, sorgte für die philosophische Untermauerung der Feldzüge des bedeutendsten Kriegers von Maharashtra, **Shivaji** (1627–80). Der stolze und unabhängige Marathen-Führer vereinte alle Kräfte der Region, um potenziellen Invasoren unüberwindliche Hindernisse in den Weg zu legen. Seine Guerilla-Taktik war so effektiv, dass er sich sogar gegen die mächtigen Moguln behaupten konnte. Während sich die Moguln, die 1633 bereits Daulatabad erobert hatten, in langwierigen Familienfehden verwickelten, kämpfte sich Shivaji nach und nach gen Norden vor. 1664 gelang es ihm, den wichtigen Hafen Surat (Gujarat) zu plündern. 1665 wurde er von **Aurangzeb** in Agra besiegt und gefangen genommen. Er soll entkommen sein, indem er sich in einem Paket versteckte, das die Gefängniswärter für ein Geschenk an die örtlichen Brahmanen hielten. Sobald er draußen war, verkleidete er sich als Bettelmönch und spazierte einfach davon. Bis zu seinem Tod im Jahre 1680 war es ihm gelungen, die Marathen in einem stabilen und sicheren Staat zu vereinen – finanziert durch die Beute seiner Raubzüge in so weit entfernten Gebieten wie Andhra Pradesh.

Um die Marathen zu unterwerfen, verlegte Aurangzeb seinen Hof und seine Hauptstadt nach Süden in den Dekkan, zuerst nach Bijapur (1686) und dann nach Golconda (1687). Doch in 25 Jahren unaufhörlicher Feldzüge gelang es ihm nicht, Shivajis Dynastie zu besiegen. Die Marathen hatten sich mittlerweile zu einer Konföderation zusammengeschlossen, deren Herrschaftsgebiet im Osten bis nach Orissa reichte. Ende des 18. Jhs. waren schließlich beide Seiten so geschwächt, dass die Briten die vollständige Kontrolle über das Land an sich reißen konnten.

Maharashtra spielte eine entscheidende Rolle in der Entwicklung des Nationalbewusstseins. Eine Organisation namens Indian National Union, die ursprünglich in Pune zusammentrat, hielt 1885 in Bombay eine Versammlung ab, der man später den Namen **Indian National Congress** gab. Dieser lose Verbund von Regionalpolitikern aus dem ganzen Land sollte das Gesicht der indischen Politik verändern. Zunächst beschränkte sich seine Zielsetzung darauf, eine nationale Plattform zu schaffen, mit deren Hilfe der Status der Inder verbessert werden sollte. Die Loyalität den Briten gegenüber wurde noch nicht infrage gestellt. Langfristig wurde der Nationalkongress jedoch zu einem wichtigen Instrument im Kampf um die Unabhängigkeit, die 62 Jahre später erreicht wurde. Viele führende Mitglieder des Kongresses stammten aus Maharashtra.

Mit der Unabhängigkeit wurde die Bombay Presidency, zu der große Teile von Maharashtra gehörten, zum Staat Bombay. Der Bundesstaat Maharashtra wurde erst 1960 geschaffen. Seine **Fertigungsindustrie**, die in Mumbai und auch in Städten wie Nagpur, Nasik, Aurangabad, Sholapur und Kolhapur angesiedelt ist, trägt heute ein Viertel zu Indiens Gesamtproduktion bei. Textilien spielen schon lange eine große Rolle, aber darüber hinaus ist Maharashtra auch eine der wichtigsten Hightech-Industrieregionen, vor allem im Korridor Mumbai–Pune. Die Mehrheit der über 100 Mill. Einwohner von Maharashtra arbeitet jedoch in der **Landwirtschaft**. Die wichtigsten Anbauprodukte sind Zuckerrohr, Baumwolle, Kurkuma, Erdnüsse, Sonnenblumen, Tabak, Hülsenfrüchte, Weintrauben, Obst und Gemüse.

Nord-Maharashtra

Jenseits der scheinbar endlosen Betonburgen, Petrochemie-Anlagen und moskitoverseuchten Sümpfe des Großraums Mumbai dominiert eine Kette kahler, bläulich-brauner Berge den Horizont. Die **Westghats** – auch Sahyadri Hills genannt – steigen in mehreren großen Stufen vom schmalen, feuchten Küstenstreifen bis zum Rand des **Dekkan-Plateaus** an. Die Hauptverkehrsadern von Nord-Maharashtra sind der NH-3 und die Central-Railway-Bahnstrecke, die sich durch diese schroffe Landschaft aus trockenen Tafelbergen winden – auf den Spuren einer uralten Handelsroute, die einst die Häfen des Westens mit den reichen Städten weiter im Norden verband. Im Laufe der Jahrhunderte entstand eine Reihe von Pilgerstätten, die von dem lukrativen Durchgangsverkehr profitierten und heute die sehenswertesten Orte der Region sind.

Die meisten ausländischen Besucher fahren direkt zur Regionalhauptstadt **Aurangabad**, um von hier aus die weltberühmten **Höhlen von Ellora und Ajanta** zu besuchen. Zu den sehenswerten islamischen Bauwerken der Region zählen die **Bibi-ka-Maqbara** – Aurangabads Antwort auf den Taj Mahal –, die spektakuläre Bergfestung **Daulatabad** und die winzige Gräberstadt **Khuldabad**, 5 km von Ellora, wo der letzte große Mogulherrscher, Aurangzeb, begraben liegt.

Aurangabad

Es ist leicht nachvollziehbar, warum viele Traveller Aurangabad lediglich als bequemen, aber nicht weiter interessanten Zwischenstopp auf dem Weg nach Ellora und Ajanta betrachten. Der erste Eindruck scheint diesen Ruf zu bestätigen. Bei genauerem Hinsehen bietet die größte Stadt von Nord-Maharashtra jedoch einiges, um ihre architektonischen Mängel wettzumachen. Die am Stadtrand verstreuten Ruinen von Festungen, Toren, Kuppeln und Minaretten – darunter **Bibi-ka-Maqbara**, die gewaltigste Mogul-Grabstätte im westlichen Indien – zeugen von ihrer illustren hegemonialen Vergangenheit, und die Handvoll faszinierender **buddhistischer Felsenhöhlen** in den Flanken der sandgelben Tafelberge im Norden erinnert an eine noch frühere Ansiedlung.

Die Stadt wurde Anfang des 16. Jhs. als **Khadke** („Großer Felsen") von **Malik Amber** gegründet. Der ehemalige abessinische Sklave brachte es bis zum obersten Minister des unabhängigen Moslem-Reichs der Nizam Shahi, dessen Zentrum das 112 km weiter nordwestlich gelegene Ahmadnagar war. Die Lage an den Ufern des Flusses **Kham**, in einem weiten Tal, das die damals bewaldete Sahyadri-Bergkette im Norden von den Satharas im Süden trennte, und an einer Kreuzung der wichtigsten Handelsrouten der Region machte Khadke zum idealen Standort für eine Provinzhauptstadt. Viele der Moscheen und Paläste, die Malik Amber erbauen ließ, sind noch erhalten, wenn auch als Ruinen.

Wirkliche Bedeutung erlangte der Ort jedoch erst gegen Ende des 17. Jhs., als **Aurangzeb** von Delhi hierher zog. Auf sein Geheiß wurden 1682 die imposanten Stadtmauern und -tore erbaut, um den beharrlichen Angriffen der Marathen zu widerstehen. Nach Aurangzebs Tod im Jahre 1707 wurde die Stadt zu seinen Ehren umbenannt. Den neuen Herrschern, den **Nizam von Hyderabad**, gelang es irgendwie, die Marathen fast 250 Jahre abzuwehren, bis die Stadt 1956 schließlich mit Maharashtra vereint wurde.

Mit inzwischen fast 900 000 Einwohnern ist das moderne Aurangabad eins der wachstumsstärksten Wirtschafts- und Industriezentren von ganz Indien. Seine wichtigsten Erzeugnisse sind Autos, Softdrinks und Bier. Die Stadt wirkt mit ihren zahlreichen interessanten Geschäften, Restaurants und Bars in der Altstadt ausgesprochen dynamisch. Die latenten Spannungen mit der großen moslemischen Minderheit scheinen der Vergangenheit anzugehören.

Die Stadt

Die alte ummauerte Stadt mit rechtwinkligem Straßennetz, die Malik Amber im 16. Jh. anlegen ließ, bildet noch heute den Kern von Aurangabads großem Basar-Bezirk. Am einfachsten erreicht man sie vom südlich gelegenen **Gulmandi Square**, indem man einer der diversen Straßen voller farbenfroher Geschäfte und Verkaufsstände folgt. Der Basar besitzt nicht den Charme der Basare in größeren indischen Städten, dafür herrscht hier eine angenehme Alltagsstimmung, und man wird nicht von allzu vielen eifrigen Verkäufern bedrängt.

Die nicht weiter bemerkenswerte **Shah Ganj Masjid** aus dem 18. Jh. überragt den Main Square gleich östlich vom City Chowk und ist auf drei Seiten von kleinen Geschäften umgeben; an der vierten liegt ein Kreisverkehr. Wer weitere Überreste von Aurangabads Mogul-Pracht sehen möchte, sollte die größte und eindrucksvollste Moschee der Stadt besuchen, die **Jama Masjid**, 1 km nordwestlich der Shah Ganj Masjid. Der Bau wurde von Malik Amber 1612 begonnen und fast ein Jahrhundert später von Aurangzeb fortgeführt. Östlich der Moschee liegen die Ruinen von Aurangzebs ehemaligem königlichen Hauptquartier, dem **Kila Arak**. Einst stand hier ein ganzer Komplex aus Palästen, Festungsmauern, Toren, Wasserreservoirs und Gärten – das Zuhause von drei Prinzen und einem großen Gefolge.

Jeden Donnerstag findet ein hervorragender **Wochenmarkt** statt: gleich westlich des Busbahnhofs, am anderen Ufer des Kham. Die Bewohner der umliegenden Dörfer strömen den ganzen Morgen über auf Ochsenkarren herbei, um Vieh und Frischwaren zu kaufen und verkaufen. Der Markt erreicht gegen 12 Uhr mittags seinen Höhepunkt und dauert etwa bis 17 Uhr.

Bibi-ka-Maqbara

Prinz Azam Shah widmete das im Jahre 1678 fertiggestellte Mogul-Mausoleum mit Gartenanlage dem Gedenken an seine Mutter **Begum Rabi'a Daurani**, Aurangzebs Frau. Mangel an Geldmitteln behinderte das 25 Jahre dauernde Projekt, und das Endresultat wurde den hohen Erwartungen nicht gerecht. Durch die stumpfen Minarette und den plumpen Eingangsbogen wirkt die Bibi-ka-Maqbara unproportioniert im Vergleich zur eleganten Höhe und Symmetrie des Taj, den Aurangzebs Vater 50 Jahre früher erbauen ließ. Der Gesamteindruck wird nicht gerade besser durch die Tatsache, dass der Marmor nach den ersten beiden Metern abrupt endet – angeblich eine Sparmaßnahme.

Eine riesige Tür mit Messingeinlagen führt in den typischen *char bagh* (rechteckigen Gartenkomplex). Sie ist mit persischer Kalligrafie verziert, die ihren Hersteller, das Jahr ihrer Fertigstellung und den Oberbaumeister nennt. Einer der beiden Eingänge zum eigentlichen Mausoleum führt auf den inneren Balkon, der andere durch eine weitere schöne Tür in die Gruft. Im Inneren umgibt eine achteckige Abtrennung aus kunstvollem weißem Marmor-Gitterwerk den Sockel mit dem Grab der Fürstin Rabi'a Daurani. Wie das ihres Ehemannes im nahe gelegenen Khuldabad ist es „offen", als Zeichen der Bescheidenheit. Das anonyme Grab daneben soll das ihrer Amme sein. Die Minarette dürfen nicht mehr bestiegen werden, seitdem sich ein lebensmüder Student von einem der Türme in die Tiefe stürzte. ⌚ tgl. 8 Uhr bis Sonnenuntergang, Eintritt US$2.

Die Höhlen

Direkt über der Bibi-ka-Maqbara wurden aus einem steilen Ausläufer der Sahyadri-Bergkette die Höhlen von Aurangabad geschlagen. Sie halten einem Vergleich mit denen im nahe gelegenen Ellora und in Ajanta nicht stand, aber ihre schönen **Plastiken** machen sie zu einer sehenswerten Einführung in die Felsarchitektur. Darüber hinaus sind die selten besuchten Höhlen ein friedlicher, angenehmer Ort mit einem wunderschönen Panoramablick über die Stadt und die umliegende Landschaft.

Die Höhlen selbst, alle buddhistischen Ursprungs, bestehen aus zwei Gruppen: der östlichen und der westlichen, und wurden vom Archäologischen Institut Indiens von 1 bis 9 nummeriert. Die Mehrzahl wurde zwischen dem 4. und dem 8. Jh. in den Felsen geschlagen, unter der Schirmherrschaft von zwei aufeinanderfolgenden Dynastien: den **Vakatka**, die von Nasik aus den westlichen Dekkan beherrschten, und den **Chalukya**, einer Herrscherfamilie aus Mysore, die im 6. Jh. ihre Macht nach Norden ausdehnte. Außer der wesentlich früher geschaffenen Höhle 4, einer *chaitya*-Halle, sind alle Höhlen dem *vihara*- (Kloster-)Typ zuzuordnen und gehören der Mahayana-Schule des Buddhismus an, ⌚ Di–So 8.30–17 Uhr, Eintritt US$2.

Mit dem Fahrrad, der Motor-Riksha oder dem Taxi kommt man am besten zu den Höhlen – es wird erwartet, dass man entweder für die Wartezeit oder für die Rückfahrt des Wagens bezahlt. Man kann auch zu Fuß bis zur Bibi-ka-Maqbara gehen und von dort mit einer Motor-Riksha zurück in die Stadt fahren.

Übernachtung

Die Nähe Aurangabads zu einigen der wichtigsten Sehenswürdigkeiten Indiens und ihr neuer Status als „Boomtown" sorgen für eine große Auswahl an Hotels. Im Großen und Ganzen ist der Standard hoch, und die Preise sind recht günstig, vor allem in den Budget-Hotels, die größtenteils in der Nähe von Busbahnhof und Bahnhof liegen. Sofern nicht anders angegeben, gilt in allen Hotels ein 24-Stunden-Checkout-System.

Ajanta Ambassador, Chikalthana, ✆ 0240-248 5211, 🖥 www.ambassadorindia.com. Luxuriöses

Aurangabad

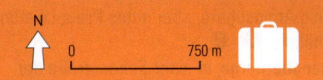

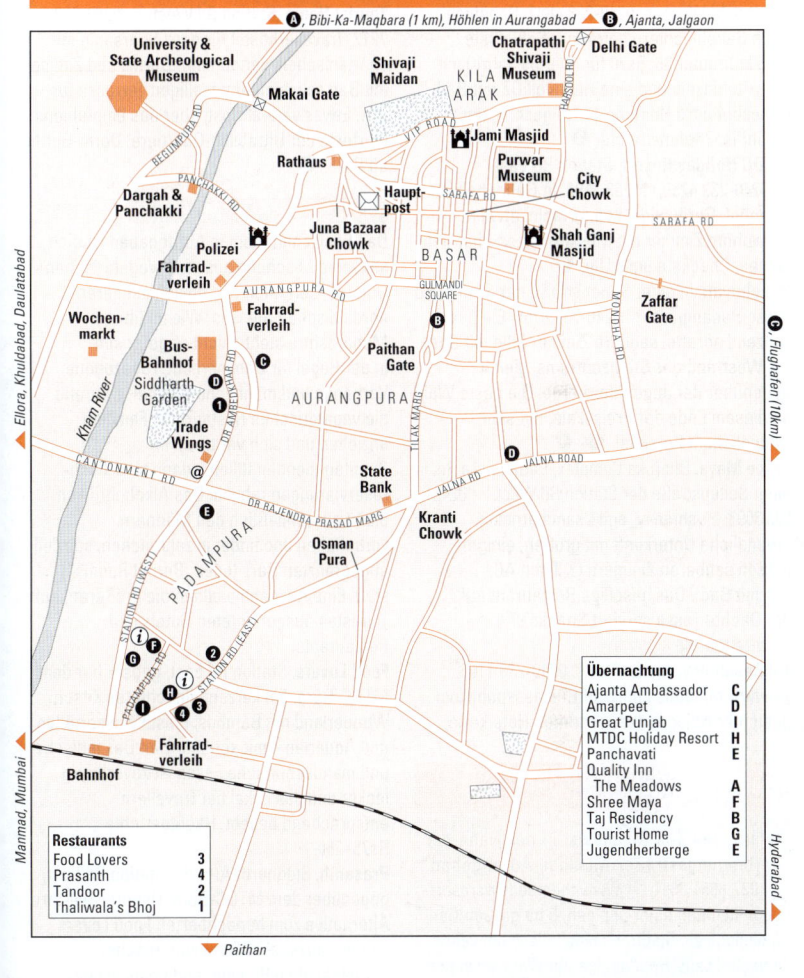

▲ Ⓐ Bibi-Ka-Maqbara (1 km), Höhlen in Aurangabad   ▲ Ⓑ Ajanta, Jalgaon

Restaurants
Food Lovers	3
Prasanth	4
Tandoor	2
Thaliwala's Bhoj	1

Übernachtung
Ajanta Ambassador	C
Amarpeet	D
Great Punjab	I
MTDC Holiday Resort	H
Panchavati	E
Quality Inn	
The Meadows	A
Shree Maya	F
Taj Residency	B
Tourist Home	G
Jugendherberge	E

5-Sterne-Hotel in Flughafennähe mit pseudotraditioneller Einrichtung und großzügigem Outdoor-Pool. DZ ab Rs5000. ⑨
Amarpeet, Jalna Rd, ✆ 0240-621 1133, 🖥 www.amarpeethotel.com. Vor Kurzem generalüberholte Mittelklasseherberge an einer Hauptstraße gleich südlich der Altstadt mit schicken, modernen Zimmern. Für das Komfortniveau recht preiswert; Online-Bucher bekommen Rabatt. ⑦
Great Punjab, Station Rd East, ✆ 0240-233 6482, ✆ 233 6131. Auf Geschäftsleute ausgerichtetes Hotel in unmittelbarer Bahnhofsnähe. Alle 42 Zimmer haben Bad, Balkon und Fernseher.

Wenig Atmosphäre, aber gutes Preis-Leistungs-Verhältnis. ❹–❺

Jugendherberge, in einer Seitenstraße der Station Rd West, ☏ 0240-233 4892. Schäbige, nach Geschlechtern getrennte Schlafsäle (Rs50 für unter 35, Rs70 für über 35 Jahre) mit Moskitonetzen, und eine Handvoll DZ mit Bad. Checkout um 9 Uhr (von 11–16 geschl.; um 22 Uhr ist Zapfenstreich). ❷

MTDC Holiday Resort, Station Rd East, ☏ 0240-233 4259, ☏ 233 1198. In Gehnähe zum Bahnhof. Geräumige, komfortable, etwas verwohnte Zimmer mit Moskitonetzen über den Betten. Checkout um 8 Uhr. ❺

Panchavati, in einer Seitenstraße der Station Rd West, Padampura. ☏ 0240-232 8755. Ein paar Dutzend adrette, saubere Zimmer (alle mit Bad) am Westrand des Stadtzentrums, gleich gegenüber der Jugendherberge. Die beste Wahl an diesem Ende der Preisskala, mit sehr freundlichem Personal. ❸–❹

Shree Maya, Bharuka Complex, Padampura Rd, in einer Seitenstraße der Station Rd West, ☏ 0240-233 3093, ✉ shrimay_agd@sancharnet.in. Freundliche Unterkunft mit großen, einigermaßen sauberen Zimmern (z. T. mit AC; alle mit Bad). Das gesellige Restaurant auf der Dachterrasse serviert Snacks und Mahlzeiten. ❸

Taj Residency, Ajanta Rd, ☏ 0240-238 1106, 🖳 www.tajhotels.com. Auf Businesspublikum geeichter Ableger der bekannten Hotelkette,

Grüne Luxusoase

Quality Inn The Meadows, in der Nähe der Verbindungsstraße Mumbai–Aurangabad. ☏ 022-6654 8361, 🖳 www.themeadowsresort.com. Inmitten einer üppigen, 5 ha großen Gartenanlage am Stadtrand bietet diese umweltbewusste Luxus-Hotelanlage die Wahl zwischen Chalets, Suiten und „Cottages" verschiedener Preisklassen – die elegantesten haben glänzende Marmorböden und Rattanmobiliar. Das Essen wird draußen am Pool serviert, umgeben von Vogelgezwitscher. Ab Rs4000 (Transport vom/zum Flughafen inbegriffen). ❽

3 km nördlich vom Delhi Gate. Großer Pool, Tennisplätze, Garten und Fitnesscenter. Ab US$250/Nacht. ❾

Tourist Home, Station Rd West, ☏ 0240-233 7212. Travellerhostel für ganz Sparsame mit spartanischen, verwohnten Dorms und Zimmern mit Bad sowie einer geselligen Terrasse für alle. Etwas verwahrlost, aber das empfehlenswerteste der Ultrabillig-Quartiere. Dorm-Betten ab Rs75. ❷

Essen

Das Speisenangebot in Aurangabad ist eine seltsame Mischung aus strikt vegetarischen Gujarati-Gerichten und fleischlastigeren nordindischen Speisen. Wie im übrigen Maharashtra steht „nicht-vegetarisch" in der Regel für Dämmerlicht, zugezogene Vorhänge und männliche Klientel, während die vegetarischen Restaurants Familien anziehen und sich vor allem an Sonntagabenden füllen – dann sind Tischreservierungen ratsam. Das Alkoholtrinken bleibt ausschließlich den Männern vorbehalten und findet in zahlreichen, speziell abgegrenzten Bars (oder „Permit Rooms") statt. Eine Ausnahme bilden die größeren, auf Touristen ausgerichteten Hotels und Restaurants.

Food Lovers, Station Rd East, gegenüber dem MTDC-Büro. Ein kerzenbeleuchtetes Kitsch-Wunderland mit Bambus, Plastikwasserfällen und Aquarien – mit seriöser Bar. Das indische und mandschurische Essen ist zuverlässig lecker und das Lokal bei Travellern entsprechend beliebt. Hauptgerichte Rs75–250.

Prasanth, Siddharth Arcade, Station Rd East, gegenüber dem MTDC-Büro. Die preiswertere Alternative zum benachbarten Food Lovers serviert ausschließlich Vegetarisches (hauptsächlich Punjabi- und chinesische Gerichte), entweder drinnen oder auf der Terrasse, und bombardiert ihre Gäste dazu mit Film-Musik und bunten Lichtern. Das Essen ist frisch zubereitet und sehr bezahlbar, die Bedienung manchmal etwas schleppend.

Schlemmen wie die Moguln

Tandoor, Shyam Chambers, Station Rd East
📞 0240-232 8481. Das feudale, klimatisierte Bar-Restaurant tischt unter dem strengen Blick einer imposanten Tutanchamun-Büste nicht-vegetarische Mogulkost auf, die zum Besten gehört, was die Stadt diesbezüglich zu bieten hat. Spezialität des Hauses sind Tandoori-Huhn und Hammelspieße. Den ganz großen Hunger stillt die *sizzling tandoori platter* („brutzelnde Tandoori-Platte") für Rs475; die reicht notfalls auch für 2. Hauptgerichte Rs80–225.

Thaliwala's Bhoj, Dr Ambedkhar Rd, gegenüber dem Hotel Kartiki. Alteingesessenes, rein vegetarisches Restaurant, das für seine sorgfältig zubereiteten Rajasthani- und Gujarati-*thalis* (Rs75) berühmt ist.

Sonstiges

Geld

Eine gut funktionierende, private Wechselstube ist **Trade Wings**, Dr Ambedkhar Rd; hier wird allerdings eine Kommissionsgebühr von Rs100 aufgeschlagen; 🕐 tgl. 9–19 Uhr.
Ein **Geldautomat** der ICICI Bank befindet sich gegenüber dem MTDC Holiday Resort an der Station Rd East.

Informationen

Ein zu den Flugankunftszeiten geöffneter Schalter am Flughafen gibt erste Infos. Detailliertere Auskünfte erteilt das **India Tourism Office** in der Station Rd West, 📞 0240-233 1217, 💻 www.india-tourism.com, 🕐 Mo–Fr 8.30–18, Sa 8.30–13.30 Uhr.
Die **MTDC** betreibt eine Touristeninformation in ihrem Holiday Resort in der Station Rd East, 📞 0240-233 1513, 💻 www.maharashtratourism.gov.in, 🕐 6–22 Uhr.

Internet

Es gibt ein kleines **Internetcafé** gegenüber von Trade Wings; schneller ist der Internetservice im **Shree Maya Hotel** (beide ca. Rs40/Std.).

Post

Das **GPO** befindet sich im Juna Bazaar Chowk, im Norden der Altstadt, 🕐 Mo–Sa 10–17 Uhr, Expressschalter 8–19 Uhr, Einschreiben und Pakete 10–14 Uhr.

Touren

Mehrere Unternehmen veranstalten tgl. geführte Touren durch Aurangabad und die Umgebung. Alle haben ähnliche Routen und Abfahrtszeiten und sind ziemlich gehetzt, nur die Preise variieren.
Die **Ellora- und City-Touren** umfassen normalerweise Bibi-ka-Maqbara, Panchakki, die Daulatabad-Festung, Aurangzebs Grab in Khuldabad und die Ellora-Höhlen (aber nicht die von Aurangabad).
Die **Ajanta-Touren** führen nur zu den Höhlen – eine ziemlich lange Hin- und Rückreise für einen Tag.
Classic Travel, 📞 0240-233 5598, 💻 www.aurangabadtours.com, gegenüber dem MTDC Holiday Resort, Station Rd East, ist der beste Tourveranstalter (Ellora & City Rs200, Ajanta Rs300). Die Firma setzt kleinere Fahrzeuge mit mehr Komfort ein; sie starten vom MTDC Holiday Resort.
Wer mehr Zeit bei den Ajanta-Höhlen verbringen möchte, kann in der MTDC-Unterkunft (s. S. 715) in Höhlennähe übernachten, sich in Fardapur eine Bleibe suchen (s. S. 715) oder nach Jalgaon weiterfahren (s. S. 716).

Nahverkehr

Die meisten Sehenswürdigkeiten von Aurangabad liegen zu weit auseinander, um sie zu Fuß besichtigen zu können. Doch die Stadt ist voll von Motor-Rikschas, von denen die meisten gern das Taxameter auslassen – längere Sightseeing-Touren sind wesentlich billiger, wenn man sich im Voraus auf einen Preis einigt (üblich sind Rs500–600).
Taxis kann man auf der Straße herbeiwinken, ansonsten findet man am Bahnhof immer welche.
Wagen mit Fahrer vermitteln Reisebüros wie **Classic Travel** (s. oben); der Preis liegt bei etwa Rs1000–2000 (je nach Größe und Ausstattung

des Wagens) für einen 8-Std.-Tag; für eine Übernachtung kommt eine Gebühr von rund Rs200 hinzu.

Die mit Abstand billigste und zufriedenstellendste Art, sich in der Stadt fortzubewegen, ist das **Fahrrad**. Zwar können die belebten Hauptstraßen und der Markt zuweilen haarsträubend sein, aber eine Radtour zu den Sehenswürdigkeiten im Norden der Stadt ist eine erfreuliche Alternative zu den öffentlichen Verkehrsmitteln. Die besten Fahrräder (Rs5/Std.) vermieten die beiden Stände nördlich des Busbahnhofs; ein weiterer Stand befindet sich am Bahnhof.

Transport

Busse

Alle staatlichen (MSRTC-)Busse fahren vom Central-Busbahnhof, 2,5 km nördlich des Bahnhofs ab, darunter tgl. preiswerte „Luxus"-Nachtbusse nach Mumbai. Für alle, die ein bisschen mehr Komfort möchten, bieten eine Reihe von Unternehmen teurere AC-Busse zu den meisten größeren Zielen an; die Tickets sind bei Reisebüros erhältlich. Nach Pune gelangt man problemlos mit dem MSRTC-Express. Eine Reihe von privaten Busunternehmen fährt nach Indore, Nasik, Pune, Udaipur, Ahmedabad und Jalgaon; auch diese Busse können bei den meisten Reisebüros gebucht werden.

Busse nach:
AHMEDABAD (1 Nachtbus, 14–15 Std.),
AJANTA (alle 30–60 Min., 3 Std.),
BIJAPUR (1x tgl., 12 Std.),
ELLORA (alle 30 Min., 3/4 Std.),
INDORE (2x tgl., 12 Std.),
JALGAON (alle 30–60 Min., 4 Std.),
LONAR (2x tgl., 4–5 Std.)
MUMBAI (6–8 Nachtbusse, 8–10 Std.),
NAGPUR (4x tgl., 12 Std.),
NASIK (8x tgl., 4 1/2–5 Std.),
PUNE (10x tgl., 5 Std.).

Eisenbahn

Der Bahnhof befindet sich am südwestlichen Rand des Stadtzentrums, nicht weit entfernt von den meisten Hotels und etwa 2,5 km entlang der Station Rd West vom Busbahnhof entfernt. Es verkehren nur sehr wenige Züge von und nach Aurangabad, denn die Stadt liegt nicht an der Hauptgleisstrecke. Von den 4 bis 5 Zügen, die tgl. nach MUMBAI (7 1/4–8 Std.) fahren, ist der praktischste der oft ausgebuchte Devgiri Express Nr. 7058. Er fährt um 23.30 Uhr ab und erreicht am nächsten Morgen um 7.10 Uhr Mumbais Fernbahnhof CST (VT). Der Zug hat aber oft erhebliche Verspätung, weil er aus dem fernen SECUNDERABAD kommt. Minimal zuverlässiger ist der Tapovan Express Nr. 7618, der tgl. um 14.40 Uhr in Aurangabad abfährt und um 22.05 Uhr im CST (Mumbai) einläuft. Einmal tgl. geht auch ein Zug nach DELHI (22 1/4 Std.)
Der nächstgelegene Bahnhof der Hauptgleisstrecke liegt in **Jalgaon**, 108 km nördlich. Von hier verkehren zahlreiche Züge u. a. nach Mumbai, Delhi, Agra, Bhopal, Kolkata (Kalkutta) und Chennai.

Flüge

Aurangabads **Flughafen Chikal Thana** liegt 10 km östlich der Stadt.
Indian Airlines, ☏ 0240-248 5421, und **Jet Airways**, ☏ 0240-244 1392, haben Büros in der Jalna Rd. **Kingfisher Airlines**, ☏ 1800 2333 131, und **Air Deccan**, ☏ 0240-3900 8888, betreiben Schalter am Flughafen.

Flughafentransfer
Vom und zum Flughafen gelangt man am einfachsten per **Taxi** (mit Taxameter, ca. Rs200 zur Station Rd East oder West). Auf die Gäste der nahen 5-Sterne-Hotels warten Gratis-Minibusse.

Flüge nach:
DELHI (IC) (1x tgl. über Mumbai, 3 1/2 Std.)
MUMBAI (DN, IC, 9W) (4x tgl., 3/4–1 Std.)
UDAIPUR (IT) (1x tgl.; 1 3/4 Std.)
(**IC** = Indian Airlines, **IT** = Kingfisher,
DN = Air Deccan, **9W** = Jet Airways)

Daulatabad (Deogiri)

13 km nordwestlich von Aurangabad erhebt sich am Horizont eine der imposantesten Festungen Indiens, Daulatabad. Die eindrucksvolle Zitadelle krönt den Gipfel eines mächtigen Vulkankegels,

dessen Seiten in 60 m hohe Granitwände verwandelt wurden. Akzentuiert wird die abschreckende Wirkung der Festung durch ein enormes Minarett, das aus den Ruinen der Stadt ragt. Allein für den Panoramablick vom Gipfel des Hügels lohnt es sich, hier auf dem Weg von oder nach Ellora eine Pause einzulegen.

Im 9. Jh. spielte die Stadt – damals bekannt als **Deogiri**, „Berg der Götter" – als Bastion und Hauptstadt eines Bündnisses von Hindustämmen eine große Rolle. Die **Yadavas** schürften die zerklüfteten unteren Flanken des Berges ab, um den steilen Felssockel der Festung und den 15 m tiefen Graben zu schaffen. Ihr Wohlstand erregte schließlich das Interesse der habgierigen Sultane von Delhi, die die Festung im Jahre 1294 stürmten.

Die moslemische Besatzung von Deogiri begann 1327 mit der Ankunft von Ghiyas-ud-din **Tughluq**. Der Sultan fand die Festung ideal als Stützpunkt für Feldzüge nach Süden und ließ seinen gesamten Hof von Tughluqabad, der „dritten Stadt" Delhis, hierher umsiedeln. Der 1100 km lange Marsch kostete Tausende von Leben. Die folgenden 17 Jahre waren von Dürre, Hungersnot und der wachsenden Gefahr einer Mogul-Invasion geprägt. Diese Schwierigkeiten zwangen den bedrängten Herrscher schließlich, nach Tughluqabad zurückzukehren. Sein Statthalter Zafar Khan ergriff die Gelegenheit, um eine Rebellion anzuzetteln und die **Bahmani-Dynastie** zu etablieren.

In der Folge fiel die Festung an eine Reihe unterschiedlicher Regimes, unter anderem 1633 an die **Moguln** unter Shah Jahan, bevor sie in der Mitte des 18. Jh. schließlich von den **Marathen** übernommen wurde.

Die Festung

Die labyrinthartige Festung von Daulatabad erstreckt sich um den **Chandminar**, den „Siegesturm", der von Ala-ud-din Bahmani erbaut wurde, um seine Eroberung der Festung im Jahre 1435 zu feiern.

Die persischen blauen und türkisfarbenen Kacheln, die ihn einst in komplexen geometrischen Mustern bedeckten, sind verschwunden, aber er bietet noch immer einen imposanten Anblick.

Die **Jama Masjid** direkt gegenüber ist das älteste islamische Bauwerk von Daulatabad. Die Sultane aus Delhi erbauten die Moschee 1318 an der Stelle alter Hindu- und Jain-Tempel; die 106 Säulen der gut erhaltenen Moschee wurden aus den ursprünglichen Tempeln geplündert. Vor Kurzem wurde die Moschee in einen Bharatmata-Tempel umgewandelt – sehr zum Leidwesen der hier ansässigen Moslems. Das große, von Steinen gesäumte „Elefanten"-Becken war früher eine zentrale Komponente des extensiven Bewässerungssystems der Festung. Zwei riesige Terrakotta-Rohre leiteten das Wasser aus den Bergen in die legendären Obst- und Gemüsegärten von Deogiri.

Sobald der Fußweg die offene Fläche rund um den Turm verlassen hat, führt er durch eine Reihe von ineinandergreifenden Basteien, Festungsmauern, Gräben und Zugbrücken, bevor er den **Chini Mahal** erreicht, den „chinesischen Palast". Die eindrucksvolle, mit einem Schafskopf verzierte Kanone **Kila Shikan** („Festungsbrecher") – ihr Name ist in Persisch auf ihr eingraviert – steht in der Nähe auf einer Steinplattform. Eine Abfolge von makabren Fallen erwarteten den unaufmerksamen Eindringling von hier an, darunter ein Wassergraben voller Menschen fressender Krokodile und ein Labyrinth aus Gängen mit Metallplatten, die erhitzt werden konnten, um giftige Dämpfe zu erzeugen.

Am Ende des letzten Tunnels führt eine in den Felsen gehauene Treppe hinauf zu einem schönen, von zwölf Säulen gestützten Pavillon. Der **Baradari** war vermutlich die Residenz einer Yadavi-Königin, wurde aber später vom Herrscher Shah Jahan bei seinen Besuchen in Daulatabad bewohnt. Der Ausblick vom flachen Dach des Gebäudes ist atemberaubend. Einen noch eindrucksvolleren Panoramablick bietet der Aussichtsposten auf dem Berggipfel. Hier findet man eine weitere alte Kanone und eine alte Felshöhle, die während der Mogul-Periode einen bekannten Hindu-Asketen beherbergte, ⏱ tgl. 6–18 Uhr, Eintritt US$2.

Zwar ist Daulatabad Teil der Touren von Aurangabad nach Ellora (S. 699), aber man hat mehr Zeit, die Festung zu genießen, wenn man in einem der stündlich zwischen Aurangabad und den Höhlen pendelnden Busse hierher kommt.

Von Daulatabad kommt man dann einfach mit einem anderen Bus weiter nach Khuldabad und Ellora. Die Busse halten gleich gegenüber vom Haupteingang zur Festung, neben einer Reihe von *chai-* und Souvenirständen und dem kleinen MTDC-Restaurant.

Wer nicht mit einer geführten Tour hierher kommt, sollte einen Führer engagieren, denn ansonsten sind die Festungsgänge stockdunkel und hoffnungslos verwirrend.

Khuldabad (Rauza)

Auf einem hohen Sattel, 22 km von Aurangabad und 4 km von Ellora entfernt, steht die alte, von Mauern umschlossene Stadt Khuldabad, auch bekannt als Rauza, die für ihre Kuppelgräber berühmt ist. Zu den moslemischen Berühmtheiten, die für würdig befunden wurden, auf diesem allerheiligsten Gräberfeld ihre letzte Ruhe zu finden (Khuldabad bedeutet „Himmlische Wohnstatt"), zählen Großmogul Aurangzeb, einige Nizams und ein paar *chisti-*Gründungsväter der Stadt – jene 700 Sufi-Missionare, die im 14. Jh. von dem Heiligen Nizam-ud-din Aulia entsandt wurden, um die Hindu-Bevölkerung schonend auf die Sultanats-Invasion vorzubereiten.

Khuldabad ist umgeben von hohen Festungsmauern aus Granit und sieben befestigten Toren, die Aurangzeb vor seinem Tod 1707 errichten ließ. Der letzte große Mogul liegt im berühmtesten *dargah* (Grabbau eines moslemischen Heiligen) der Stadt, dem **Dargah des Sayeed Zain-du-din**, auf halbem Weg zwischen Nord- und Südtor.

Das Grab selbst ist sehr bescheiden, die einzige Dekoration sind frische Blüten, die Besucher streuen. Auch ist es nicht in Stein eingemauert, sondern offen den Elementen ausgesetzt. Der fromme Herrscher bestand darauf, dass sein Grab nicht aus der königlichen Kasse bezahlt würde, sondern von dem Geld, das er in seinen letzten Lebensjahren mit dem Verkauf seiner handgesteppten weißen Kappen verdiente.

Die Abtrennung aus durchbrochenem Marmor und die Mauern, die diesen Ort umgeben, wurden erst viel später vom britischen Vizekönig Lord Curzon und dem Nizam von Hyderabad errichtet.

Aurangzeb wählte diesen Ort vor allem deshalb als letzte Ruhestätte, weil nebenan das Grab von Sayeed Zain-ud-din liegt. Das Mausoleum dieses moslemischen Heiligen belegt einen Innenhof, der Aurangzebs Grab von dem seiner Frau und seines zweiten Sohnes, Azam Shah, trennt. Die Stufen zum Mausoleum hinauf sind mit polierten Halbedelsteinen verziert – Spenden der moslemischen Wanderasketen oder Fakire, die einst hierher pilgerten.

Hinter einer kleinen Tür verschlossen liegt die am strengsten bewachte Reliquie von Khuldabad. Die **Robe des Propheten** Mohammed wird der Öffentlichkeit nur einmal im Jahr vorgestellt, am 12. Tag des islamischen Monats Rabi-ul-Awwal, dem Geburtstag des Propheten. Das Grab wird dann zum Mittelpunkt eines religiösen Festes, zu dem Gläubige aus ganz Indien herbeiströmen.

Direkt gegenüber von Zain-ud-dins Grab steht das **Dargah des Sayeed Burhan-ud-din**, eines *chisti-*Missionars, der 1334 hier begraben wurde. Der Schrein soll Haare vom Barte des Propheten Mohammed enthalten, deren Zahl sich jedes Jahr, wenn sie gezählt werden, auf wundersame Weise vermehrt hat. Als die Jünger des Heiligen gegen Ende des 14. Jhs. infolge einer Finanzkrise das Geld für den Unterhalt des *dargah* nicht mehr aufbringen konnten, soll wunderbarerweise ein Paar „Silberbäume" in dem zentralen Innenhof gewachsen sein. Der Aufseher zeigt Besuchern gern die beiden harmlos aussehenden Erhebungen im Pflaster, wo die legendären Bäume einst standen und die angeblich immer noch hin und wieder einen Tropfen Silber absondern.

MSRTC-Busse, die aus Aurangabad zu den Ellora-Höhlen ein Stück weiter bergab unterwegs sind, halten etwa alle 30 Minuten am kleinen Busbahnhof von Khuldabad, nur einen kurzen Fußweg westlich der Mauern.

Es gibt weder Übernachtungsquartiere in Khuldabad noch eine nennenswerte Verpflegungsmöglichkeit, also genügend Proviant mitbringen.

11 HIGHLIGHT

Ellora

Paläste werden zerfallen, Brücken einstürzen, und selbst der edelste Bau muss dem nagenden Zahn der Zeit weichen, während die Höhlentempel von Ellora ihre unzerstörbaren, uralten Häupter (…) heben, der Glanz vergangener Zeiten und Gegenstand der Bewunderung kommender Zeitalter.

Captain Seely, *The Wonders of Ellora*

Die meistbesuchte Sehenswürdigkeit von Maharashtra sind die Ellora-Höhlen, 29 km nordwestlich von Aurangabad. Sie haben zwar nicht die fantastische Lage ihrer älteren Verwandten in Ajanta, aber ihr unglaublicher bildhauerischer Reichtum gleicht dies mühelos aus. 34 buddhistische, hinduistische und Jain-Höhlen – die z. T. gleichzeitig in einer Art Wettbewerb geschaffen wurden – säumen den Fuß des 2 km langen Chamadiri-Steilhanges. Die Hauptattraktion von Ellora ist der gigantische **Kailash-Tempel**, der aus einer riesigen Aushöhlung im Fels emporragt, ein gigantischer Brocken soliden Basalts, aus dem eine spektakuläre Ansammlung miteinander verbundener Säulengänge, Hallen, Emporen und heiliger Schreine geschaffen wurde.

Der ursprüngliche Grund, warum dieser scheinbar so abgeschiedene Flecken zum Mittelpunkt religiöser und künstlerischer Aktivität wurde, war die belebte Karawanenroute zwischen den wohlhabenden Städten im Norden und den Häfen der Westküste, die hier vorbeiführte.

Eintrittsregelung

Das Betreten der Höhlen von Ellora, ⊙ Mi–Mo Sonnenauf- bis -untergang, kostet U$5 (Rs250). Die Eintrittskarten sind bei der Ankunft am Kiosk vor dem Kailash-Tempel zu erwerben. Achtung: Dienstags bleibt der Komplex geschlossen. Offizielle, mehrsprachige **Führer** stehen bereit, um Besucher durch die interessantesten Höhlen zu führen (1–4 Std.; Gruppen von bis zu 4 Pers. Rs650).

Die Profite aus dem lukrativen Fernhandel ermöglichten eine 500 Jahre andauernde, emsige Bautätigkeit. Der Höhlenbau begann etwa in der Hälfte des 6. Jhs. n. Chr., um die selbe Zeit, als Ajanta, 100 km nordöstlich, verlassen wurde und die buddhistische Ära in Zentral-Indien im Niedergang begriffen war – gegen Ende des 7. Jh. begann der Hinduismus wieder an Boden zu gewinnen. Der Wiederaufstieg der Brahmanen wurde während der nächsten 300 Jahre unter den Chalukya- und Rashtrakuta-Königen gefördert – diese beiden mächtigen Dynastien waren für den größten Teil der Arbeiten in Ellora verantwortlich, darunter der aus dem 8. Jh. stammende Kailash-Tempel. Eine dritte und letzte Blüte erlebte die heilige Stätte gegen Ende des 1. Jahrtausends n. Chr., nachdem die regionalen Herrscher vom Shaivismus zur Digambara-Sekte des Jain-Glaubens übergewechselt waren. Eine kleine Ansammlung von unauffälligeren Höhlen nördlich der Hauptgruppe zeugt heute noch von dieser Zeit.

Im Gegensatz zum abgeschiedenen Ajanta entging Ellora dem moslemischen Bildersturm im 13. Jh. nicht. Die schlimmsten Ausschreitungen ereigneten sich während der Herrschaft von **Aurangzeb**, der die Zerstörung der „heidnischen Symbole" in Ellora befohlen hatte. Obwohl die Stätte immer noch die Narben dieser Zeit trägt, sind einige der besten bildhauerischen Werke intakt geblieben. Die Tatsache, dass sie aus soldiem Felsen und außerhalb der Reichweite der Monsun-Regengüsse geschaffen wurden, hat die Höhlen in bemerkenswert gutem Zustand erhalten. Alle Höhlen sind in grob chronologischer Abfolge nummeriert. Die Höhlen 1 bis 12, am Südende des Geländes, sind die ältesten: Sie stammen aus der buddhistischen Vajrayana-Ära (500–750 n. Chr.). Die hinduistischen Höhlen, Nummer 13 bis 29, stammen von 600 bis 870 n. Chr. und überschneiden sich zeitlich mit den späteren buddhistischen Höhlen. Weiter im Norden liegen die Jain-Höhlen – Nummer 30 bis 34 –, die zwischen 800 n. Chr. und dem späten 11. Jh. geschaffen wurden. Die meisten Höhleneingänge liegen hinter offenen Höfen und großen, von Säulen gestützten Veranden oder Portalen.

Um die ältesten Höhlen zuerst zu sehen, sollte man beim Parkplatz, dort wo die Busse halten, links abbiegen und dem Hauptfußweg hinunter zu Höhle 1 folgen. Von hier aus arbeitet man sich langsam Richtung Norden vor und lässt Höhle 16, den Kailash-Tempel, aus: Ihn hebt man sich am besten bis zum späten Nachmittag auf, wenn die Busreisegruppen fort sind und die langen Schatten der untergehenden Sonne die außergewöhnlichen Steinarbeiten zum Leben erwecken.

Die buddhistische Gruppe

Die buddhistischen Höhlen säumen die Seiten einer sanften Einbuchtung im Chamadiri-Steilhang. Außer Höhle 10 sind sie alle *viharas*, Klosterhallen, die die Mönche früher zum Studium, für die Meditation, die gemeinsame Andacht oder für so profane Dinge wie Essen und Schlafen nutzten. Größe und Ausstattung der Höhlen werden im Laufe der Zeit immer eindrucksvoller. Experten führen dies auf den Aufstieg des Hinduismus zurück und auf die Notwendigkeit, mit den Ehrfurcht einflößenden hinduistischen Tempeln mitzuhalten, die ganz in der Nähe in den Fels geschlagen wurden.

Höhlen 1 bis 5

Höhle 1 war möglicherweise ein Kornspeicher – sie ist ein schlichtes, kahles *vihara* mit acht kleinen Zellen und nur sehr wenigen Skulpturen. In der wesentlich eindrucksvolleren **Höhle 2** stützen zwölf massive Säulen mit eckigem Sockel die große zentrale Kammer. Die Seitenwände sind von sitzenden Buddhastatuen gesäumt. Den Eingang zum Schrein flankieren zwei gigantische *dvarpalas*, Wächterfiguren: links ein ungewöhnlich muskulöser Padmapani, die Lotus tragende Erscheinungsform von Avalokitesvara, des Bodhisattva der Barmherzigkeit, und rechts ein reich mit Schmuck behangener Maitreya, der Buddha des nächsten Weltzeitalters. Beide haben ihre Gefährtinnen bei sich. Im Allerheiligsten selbst sitzt ein stattlicher Buddha auf einem Löwenthron. Er wirkt stärker und entschlossener als seine freundlichen Vorgänger in Ajanta. **Höhlen 3 und 4**, etwas älter und ähnlich strukturiert wie Höhle 2, sind in ziemlich schlechtem Zustand.

Höhle 5, das größte einstöckige *vihara* in Ellora, wird „Maharwada" genannt, weil die Mitglieder des Mahar-Stammes während des Monsuns hier Schutz suchten. Seine riesige, 36 m lange, rechteckige Versammlungshalle wurde wahrscheinlich von den Mönchen als Refektorium benutzt; zwei Reihen von Bänken wurden aus dem Steinboden gemeißelt. Der Buddha im zentralen Schrein sitzt auf einem Hocker, und seine rechte Hand berührt den Boden, eine Geste, die für das „Wunder der tausend Buddhas" steht, als Buddha sich zur Verwirrung einer Gruppe von Ketzern tausendfach vervielfältigte.

Höhle 6

Die nächsten vier Höhlen wurden etwa um dieselbe Zeit, im 7. Jh., gegraben und sind einfach nur Varianten ihrer Vorgänger. An den Wänden der Vorkammer am hinteren Ende der zentralen Halle von Höhle 6 stehen zwei der berühmtesten und kunstvollsten Figuren von Ellora. **Tara**, die Gefährtin des Bodhisattva Avalokiteshvara, steht links; ihr Blick ist intensiv und freundlich. Auf der gegenüberliegenden Seite ist **Mahamayuri**, die buddhistische Göttin der Gelehrsamkeit, mit ihrem Emblem, dem Pfau, dargestellt, während ein fleißiger Student an seinem Schreibtisch darunter als gutes Vorbild dient. Die Parallelen zu Mahamayuris Hindu-Äquivalent Saraswati sind offensichtlich (deren mythologisches Reittier ist ebenfalls ein Pfau) – ein deutliches Zeichen dafür, in welchem Maße der indische Buddhismus im 7. Jh. Elemente des rivalisierenden Glaubens übernahm, um seiner sinkenden Popularität entgegenzuwirken.

Höhlen 10, 11 und 12

Die Anfang des 8. Jhs. geschaffene **Höhle 10** ist eine der letzten und großartigsten der aus Fels geschlagenen *chaitya*-Hallen des Dekkan. Stufen führen von der linken Seite ihrer großen Veranda zu einem Balkon nach oben, wo eine dreiflügelige Tür – flankiert von himmlischen Nymphen und einem Fries mit Zwergen – zu einem Innenbalkon führt. Die steinernen Rippen, die aus der Decke gemeißelt wurden – Imitationen der Dachbalken in den früheren frei stehenden Holzbauten –, sind der Ursprung des Namens, den der Volksmund dieser Höhle gab: **Sutar Jhopadi**, „Zimmermanns-Werkstatt".

Höhle 11 ist immer noch als **Dho Tal**, zweistöckige Höhle, bekannt, obwohl 1876 der bis dahin verborgene Keller wiederentdeckt wurde. Das obere Stockwerk bildet eine lange, säulengestützte Versammlungshalle mit einem Buddha-Schrein und, an ihrer Rückwand, Bildnissen von Durga und Ganesha, dem elefantenköpfigen Sohn Shivas – ein Beweis, dass die Höhle nach dem Abzug der Buddhisten in einen Hindu-Tempel verwandelt wurde.

Nebenan steht mit **Höhle 12 – Tin Tal** („dreistöckig") – ein weiteres dreistöckiges *vihara*, das man über einen großen, offenen Hof betritt. Auch hier befinden sich die künstlerischen Höhepunkte im obersten Stockwerk. Die Wände des Schreinraums am Ende der Halle sind von fünf großen Bodhisattvas gesäumt; sieben Buddhas flankieren die beiden Seiten des Schreins – eine für jede frühere Inkarnation des Meisters.

Die hinduistische Gruppe

Die 17 hinduistischen Höhlen von Ellora liegen in der Mitte des Steilhangs, verteilt auf beide Seiten des majestätischen Kailash-Tempels. Sie wurden zu Beginn des brahmanischen Wiederaufstiegs im Dekkan geschaffen, während einer Zeit relativer Stabilität – wohl deshalb strahlen die Höhlentempel eine Lebendigkeit aus, die ihren zurückhaltenden buddhistischen Vorgängern fehlt.

Es gibt keine Reihen von Buddhas und Bodhisattvas mit schläfrigem Blick und gütigen Gesichtern mehr. Stattdessen schmücken riesige **Flachreliefs**, die dynamische Szenen aus den Hindu-Schriften darstellen, die Wände. Die meisten haben einen Bezug zu **Shiva**, dem Gott der Zerstörung und der Regeneration (der vorherrschenden Gottheit in allen hinduistischen Höhlen von Ellora), man trifft aber auch auf zahlreiche Bildnisse von Vishnu, dem Bewahrer, in seinen diversen Inkarnationen.

Es tauchen immer wieder die gleichen Szenen auf: Diese Wiederholungen boten den Künstlern von Ellora reichlich Gelegenheit, ihre Technik im Laufe der Jahre zu verfeinern, bis sie schließlich ihr großartigstes Werk schufen, den **Kailash-Tempel** (Höhle 16), der separat auf S. 707 beschrieben wird. Er ist zweifellos der Höhepunkt eines Besuchs in Ellora, aber man wird seine schönen Skulpturen um so mehr zu schätzen wissen, wenn man sich zunächst die früheren hinduistischen Höhlen ansieht.

Für Besucher mit wenig Zeit: Nummer 14 und 15 sind die schönsten von ihnen.

Die Felsenhöhlen im nordwestlichen Dekkan

Die Felsenhöhlen, die sich über die vulkanischen Berge des nordwestlichen Dekkan verteilen, zählen zu den außergewöhnlichsten religiösen Monumenten Asiens. Sie reichen von winzigen Klosterzellen bis hin zu kunstvoll gemeißelten Tempeln und beeindrucken vor allem deshalb so sehr, weil sie von Hand aus dem Felsen gemeißelt wurden.

Ihre Ursprünge liegen im 3. Jh. v. Chr.. Damals dienten sie offenbar als Unterschlupf für reisende buddhistische Mönche, die hier vor heftigem Monsunregen Schutz suchten. Sie wurden nach dem Vorbild älterer Holzbauten geschaffen und von Kaufleuten finanziert, für die der kastenlose neue Glauben eine attraktive Alternative zur alten, diskriminierenden Sozialstruktur bot. Ermutigt vom Beispiel des Maurya-Herrschers Ashoka wandten sich nach und nach auch die Machthaber der Region dem Buddhismus zu. Unter ihrer Schirmherrschaft wurden im 2. Jh. v. Chr. die ersten großen Höhlen-Klöster in **Karla**, **Bhaja** und **Ajanta** aus dem Fels gemeißelt. Um diese Zeit war die strenge **Hinayana-Schule** des Buddhismus die vorherrschende Religion Indiens. Die Felsenhöhlen aus dieser Zeit sind größtenteils einfache „Andachtshallen", *chaityas* – lange, rechteckige Kammern mit einer Apsis, Tonnengewölben und zwei schmalen Säulengängen, die sich im hinteren Teil um einen monolithischen Stupa bogen. Als Symbole für die Erleuchtung Buddhas bildeten die Stupas den Mittelpunkt der Andacht und Meditation; während der gemeinschaftlichen Rituale wurden sie von den Mönchen umkreist.

Im 4. Jh. n. Chr. verlor die Hinayana-Schule gegenüber der **Mahayana-Schule** an Einfluss. Deren Schwerpunkt lag auf einem ständig anwachsenden Pantheon von Gottheiten und Bodhisattvas (barmherzigen Heiligen, die ihren Übergang ins Nirwana aufschoben, um der Menschheit zur Erleuchtung zu verhelfen), was eine Veränderung des architektonischen Stils mit sich brachte. Die *chaityas* wurden verdrängt von Klosterhallen, *viharas*, in denen die Mönche sowohl lebten als auch den Göttern dienten, und das einst verbotene Buddha-Bildnis trat viel stärker in den Vordergrund. Die Ikone nahm den Platz in der Apsis am Ende der Halle ein, wo früher der Stupa stand, und wurde mit den 32 Merkmalen Buddhas, den *lakshanas*, ausgestattet (inklusive den langen Ohrläppchen, der hervorstehenden Stirn, den kurzen Locken, der Robe und dem Glorienschein).

Ihren Höhepunkt erreichte die Mahayana-Kunst gegen Ende der buddhistischen Ära. Die herrlichen **Wandgemälde** in Ajanta, die sich aus dem reichhaltigen Themen- und Bilderfundus uralter Schriften wie den *Jatakas* (Legenden über die früheren Inkarnationen Buddhas) bedienten, sollten möglicherweise den Enthusiasmus für den Glauben, der zu dieser Zeit in der Region bereits an Rückhalt verlor, wieder neu entflammen.

Die Versuche, ab dem 6. Jh. mit dem Wiederaufstieg des Hinduismus in Wettbewerb zu treten, führten schließlich zur Entwicklung einer anderen, esoterischeren Bewegung. Die **Vajrayana** („**Blitzschlag**")-**Sekte** betonte die schöpferische Kraft der Weiblichkeit, *shakti*, mit geheimnisvollen, magischen Ritualen. Letztendlich erwiesen sich aber auch solche Veränderungen als machtlos gegen den wachsenden Reiz des Brahmanismus.

Ellora ist das beste Beispiel für diesen Wandel. Während des 8. Jhs. wurden viele der alten *viharas* in hinduistische Tempel umgewandelt und enthielten nun glänzende *shivalinga* statt Stupas und Buddhas. Die hinduistische Höhlenarchitektur mit ihrer Vorliebe für Skulpturen aus der Mythologie gipfelte im fantastischen **Kailash-Tempel**, einem gigantischen Ebenbild der frei stehenden Tempelbauten, die bereits an die Stelle der Höhlentempel traten. Es war der Hinduismus, der im Mittelalter der ganzen Wucht des islamischen Bildersturms im Dekkan ausgesetzt war. Der Buddhismus war bereits lange vorher in die Sicherheit des Himalaya geflohen, wo er bis heute blüht.

Höhle 14

Die vom Anfang des 7. Jhs. stammende Höhle 14 zählt zu den letzten frühen Höhlen. Sie war ein buddhistisches *vihara*, bevor die Hindus sie als Tempel nutzten. Der Eingang zum Heiligtum wird von zwei beeindruckenden Flussgöttinnen bewacht, Ganga und Yamuna, während in einer Wandnische rechts hinten sieben **Sapta Matrikas**, vollbrüstige Fruchtbarkeitsgöttinnen, pausbäckige Babys auf ihrem Schoß wiegen. Der weibliche Aspekt von Shivas elefantenköpfigem Sohn Ganesha sitzt rechts von ihnen neben Kala und Kali, den Göttinnen des Todes. Fantastische Friese zieren die langen Seitenwände der Höhle.

Höhle 15

Wie ihre Nachbarhöhle begann auch die zweistöckige Höhle 15, zu der eine lange Treppe führt, ihr Dasein als buddhistisches *vihara*, wurde aber von den Hindus in Beschlag genommen und in einen Shiva-Schrein umgewandelt. Das relativ uninteressante Erdgeschoss muss man nicht gesehen haben, man kann stattdessen direkt nach oben gehen, wo einige der schönsten Arbeiten von Ellora zu finden sind. Der Name der Höhle, **Das Avatara**, leitet sich von der Reihe von Reliefs an der rechten Wand ab, auf der fünf von Vishnus zehn Inkarnationen *(avatars)* zu sehen sind.

Ein Relief in einer Nische rechts der Vorkammer zeigt Shiva aus einem Lingam auftauchend. Seine Rivalen Brahma und Vishnu stehen bescheiden und bittend vor der Erscheinung – ein Symbol für die damalige Überlegenheit des Shaivismus in der Region. Auf halber Höhe der (wenn man dem Schrein zugewandt steht) linken Wand der Kammer ist die eleganteste bildhauerische Leistung der Höhle zu sehen: Shiva als Nataraja in einer klassischen Tanzpose.

Höhlen 17 bis 29

Nur drei der hinduistischen Höhlen, die sich nördlich des Kailash-Tempels über die Berge erstrecken, lohnen einen Besuch. **Höhle 21** – die **Ramesvara** – wurde gegen Ende des 6. Jhs. in den Felsen geschlagen: Man hält sie für die älteste hinduistische Höhle in Ellora. Sie enthält einige sehr gut ausgeführte Bildhauereien, darunter zwei schöne Flussgöttinnen zu beiden Seiten der Veranda, zwei wundervolle Türwächter und einige sinnlich wirkende Paare, *mithunas*, die sich über die Wände des Balkons verteilen. **Höhle 25**, ein Stück dahinter, enthält ein faszinierendes Bildnis des Sonnengottes **Surya**, der in seiner Kutsche auf die Morgendämmerung zurast.

Von hier aus führt der Pfad an zwei weiteren Höhlen vorbei und fällt dann über einen nackten Felshang steil ab zu einer kleinen Schlucht. Unter einem nur in der Regenzeit vorhandenen **Wasserfall** hindurch führt der Weg auf der anderen Seite wieder hinauf zu **Höhle 29**, der **Dhumar Lena**. Sie stammt aus dem späten 6. Jh. und hat einen ungewöhnlichen, kreuzförmigen Grundriss – ähnlich wie die Elephanta-Höhle im Hafen von Mumbai. Löwen bewachen ihre drei Treppen, während die Innenwände von riesigen Friesen bedeckt sind. Links des Eingangs spießt Shiva den Andhaka-Dämonen auf. Auf dem danebenliegenden Relief hindert er den vielarmigen Ravana daran, ihn und Parvati von der Spitze des Berges Kailash hinunterzustürzen (man beachte den frechen Zwerg, der seinen Hintern entblößt, um den bösartigen Dämon zu verspotten). Auf der Südseite zeigt eine Würfelspiel-Szene, wie Shiva Parvati neckt, indem er ihren Arm festhält, als sie gerade würfeln will.

Der Kailash-Tempel (Höhle 16)

Höhle 16, der gigantische Kailash-Tempel, ist das Meisterwerk von Ellora. Hier ist das Wort „Höhle" nicht nur eine drastische Untertreibung, sondern eine komplette Fehlbezeichnung. Denn obwohl der Tempel wie die anderen Höhlen aus dem Fels gehauen wurde, erinnert er doch sehr stark an die früheren frei stehenden Bauwerke in Südindien. Der Monolith soll die Idee des Rashtrakuta-Herrschers **Krishna I.** (756–73) gewesen sein. Es brauchte aber 100 Jahre und vier Generationen von Königen, Architekten und Handwerkern, bis das Projekt vollendet war.

Seine Größe ist atemberaubend. Die Arbeiten begannen mit dem Ausheben von drei tiefen Gräben auf der Bergspitze. Pickel und Latten aus Holz wurden verwendet, die man mit Wasser tränkte und in enge Spalten steckte, um durch ihre Ausdehnung den Basalt zum Bröckeln zu bringen. Sobald auf diese Weise ein großer Brocken Fels freigelegt worden war, gingen die königlichen Bildhauer an die Arbeit. Man schätzt, dass insgesamt eine Viertelmillion Tonnen Bruchsteine aus den Felsen geschlagen wurden – ohne die Möglichkeit, Fehler zu korrigieren. Der Tempel wurde als gigantische Nachbildung der Wohnstatt von Shiva und Parvati im Himalaya betrachtet: des pyramidenförmigen **Berg Kailash** – eines Berggipfels in Tibet, der als göttliche Achse zwischen Himmel und Erde gilt. Heute ist die dicke Schicht aus weißem Kalkputz, die dem Tempel das Aussehen eines schneebedeckten Berges verlieh, bis auf ein paar Stellen abgeblättert; darunter ist die kunstvoll gemeißelte Oberfläche aus grau-braunem Stein sichtbar. An der Rückseite des Turms wurde diese Oberfläche durch jahrhundertelange Erosion gebleicht und abgeschliffen, so als würde das riesige Bauwerk in der sengenden Hitze des Dekkan allmählich dahinschmelzen.

Der **Haupteingang** des Tempels führt durch eine hohe steinerne Trennwand, die den Übergang vom profanen in den heiligen Bereich versinnbildlichen soll. Nachdem man zwischen den beiden Wache haltenden Flussgöttinnen Ganga und Yamuna hindurchgeschritten ist, gelangt man in einen engen Gang, der auf den Haupt-Vorhof führt. Hier zeigt ein Relief **Lakshmi**, die Göttin des Reichtums, wie sie von zwei Elefanten rituell gereinigt wird. Der Sitte nach müssen Pilger im Uhrzeigersinn um den Berg Kailash laufen, daher geht man von hier die Treppen nach links hinunter und überquert die vordere Seite des Hofs bis zur nächstgelegenen Ecke.

Von der Spitze der Betontreppe in der Ecke sind alle drei Hauptbereiche des Tempelkomplexes sichtbar. Oberhalb des Eingangs liegt zunächst der Schrein mit Shivas Reittier **Nandi**, dann folgt die Hauptversammlungshalle, Mandapa, auf deren Wänden immer noch Spuren des alten Putzes, der einst das ganze Gebäude bedeckte, zu sehen sind, und schließlich das Heiligtum selbst, das von dem 29 m hohen Pyramidenturm, *shikhara,* überragt wird (am besten von oben zu sehen). Alle drei Bauten stehen auf einer erhöhten Plattform, die von Dutzenden Lotus sammelnder Elefanten getragen wird. Der Tempel symbolisiert nicht nur den heiligen Berg Shivas, sondern zugleich auch einen gigantischen Wagen. Die Querschiffe, die aus den Seiten der Haupthalle hervortreten, sind die Räder, der Nandi-Schrein ist das Joch, und die zwei lebensgroßen, rüssellosen Elefanten im vorderen Hof (von moslemischen Plünderern beschädigt) sind die Zugtiere.

Die meisten Hauptattraktionen des Tempels sind auf seinen Seitenwänden zu finden, die von kraftvollen Plastiken bedeckt sind. Entlang der Treppe, die zur Nordseite des Mandapa führt, erzählt ein langes Relief Episoden aus dem Leben **Krishnas**. Dem Tempel weiter im Uhrzeigersinn folgend, gelangt man zu Reliefs, die größtenteils **Shiva** gewidmet sind. Auf der Südseite der Mandapa, in einer Wandnische, die aus dem vorstehenden Felsvorsprung gemeißelt wurde, befindet sich das Relief, das gemeinhin für die herausragendste bildhauerische Arbeit des Komplexes gehalten wird. Es zeigt, wie Shiva und Parvati vom vielköpfigen Dämon **Ravana** gestört werden, der im Inneren des heiligen Bergs eingekerkert wurde und mit seinen vielen Armen die Mauern seines Gefängnisses schüttelt. Shiva stellt daraufhin seine Überlegenheit unter Beweis, indem er das Erdbeben mit einem Stups seines Zehs zum Abklingen bringt. Parvati beobachtet die Szene gelassen auf ihre Ellbogen gestützt, während eine ihrer Dienerinnen panisch die Flucht ergreift.

An diesem Punkt kann man einen kleinen Abstecher zu der **Opferhalle** machen. An der unteren (südwestlichen) Ecke des Hofs läuft man die Treppen hinunter, wo ein faszinierender Fries die sieben Muttergöttinnen, die **Sapta Matrikas**, und ihre dämonenhaften Gefährtinnen Kala und Kali (dargestellt auf einem Leichenberg) zeigt. Die von 16 Säulen gestützte Versammlungshalle liegt in einem trüben Zwielicht, das es den Gläubigen erleichtern soll, sich auf die Gegenwart der Gottheit im Inneren zu konzentrieren.

Mit einer tragbaren Bogenlampe beleuchtet der *chowkidar* Fragmente von Malereien an der Decke, wo Shiva, der als Nataraja den Tanz des Todes vollführt, zu sehen ist. ⊕ tgl. außer Di 9–17.30 Uhr, Eintritt US$5.

Die Jain-Gruppe

Elloras kleine Gruppe von vier Jain-Höhlen liegt nördlich der Hauptgruppe, am Ende einer kurvigen Asphaltstraße. Man erreicht die Höhlen entweder von Höhle 29 aus, indem man bis zur T-Kreuzung absteigt und sich rechts hält, oder direkt vom Kailash-Tempel aus. So oder so sind die 2 km in der Hitze ein recht anstrengender Fußweg – eine Rikscha ist also zu erwägen.

Die zwischen dem 10. und 11. Jh. geschaffenen Jain-Höhlen sind die letzten Kunstwerke von Ellora. Im Vergleich zur Pracht des Kailash-Tempels wirken die kleinen und gedämpften Innenräume einfallslos, obwohl einige der Bildhauereien durchaus bemerkenswert sind. Nur eine Höhle aus dieser Gruppe sticht wirklich heraus: **Höhle 32**, die **Indra Sabha** („Indras Versammlungshalle"), ist eine Miniaturversion des Kailash-Tempels. Die untere ihrer beiden Ebenen ist schlicht und unvollständig, aber das obere Stockwerk quillt über vor kunstvollen Steinmetzarbeiten; besonders hervorzuheben sind die reich verzierten Säulen und die zwei *tirthankaras*, die den Eingang zum zentralen Schrein bewachen. Die nackte Figur des **Gomatesvara** auf der rechten Seite erfüllt im Wald ein Schweigegelübde. Er ist so tief in die Meditation versunken, dass Kletterpflanzen seine Beine hinauf gewachsen sind und Schlangen, Skorpione und andere Tiere um seine Füße krabbeln.

Grishneshwar Mandir

Der cremefarbene *shikhara* des Grishneshwar Mandir, der über dem kleinen Dorf westlich der Höhlen emporragt, kennzeichnet den Sitz einer der ältesten und heiligsten Gottheiten Indiens. Der Lingam im inneren Heiligtum des Tempels ist einer der zwölf **jyotrilinga** (Linga des Lichts), die vermutlich aus dem 2. Jh. v. Chr. stammen. Nicht-Hindus dürfen sich in die Schlange zum *darshan* einreihen, aber Männer müssen ihre Hemden ausziehen, bevor sie den Schrein selbst betreten dürfen.

Übernachtung

Hotel Kailas, ☏ 02437-245443,
🖳 www.hotelkailas.com, ist eine kleine Anlage mit Selbstversorger-Chalets, die etwas unsensibel gegenüber den Höhlen gebaut wurden. Außerdem gibt es hier einige billigere Zimmer an der Straße, ein Restaurant und eine klimatisierte Bar. ❺–❼

Essen

Das **MTDC-Ellora-Restaurant** serviert leckeres, preiswertes Essen. Zusätzlich zu den üblichen indischen Speisen (vegetarische und nicht-vegetarische) bietet es chinesische Gerichte, preiswerte Mittags-*thalis* und kaltes Bier – drinnen unter dem Ventilator oder draußen auf der schattigen Terrasse. Mahlzeiten und belegte Brötchen gibt es außerdem im etwas teureren **Heritage Restaurant** im Kailas, aber der Service ist langsam, besonders unter der Woche. Straßen-*dhabas* gegenüber vom Busbahnhof verkaufen *bhajis*, *pakoras* und andere Snacks sowie billige Reisgerichte.

Transport

Die meisten Besucher benutzen AURANGABAD als Ausgangspunkt für Tagesausflüge zu den Höhlen, entweder mit den halbstündlichen MSRTC-Bussen oder mit einer der beliebten MTDC-Touren. Diese Touren sind allerdings sehr gehetzt: Wer sich die Höhlen lieber in Ruhe ansehen und vielleicht auch noch nach Daulatabad hinauf will, sollte entweder in Ellora übernachten oder früh morgens in Aurangabad aufbrechen.

Ajanta

Die Felsenhöhlen von Ajanta wurden in die fast senkrechten Hänge einer hufeisenförmigen Schlucht gemeißelt. Vor weniger als zwei Jahrhunderten war dieser abgeschiedene Flecken Erde nur den hier ansässigen Angehörigen des Bhil-Volkes bekannt – die schattigen Eingänge zu den verlassenen Steinkammern lagen tief unter Schlingpflanzen und Dschungel vergraben. 1819 entdeckte ein kleiner Jagdtrupp der East India Company die Höhlen zufällig. Von einem jungen Späher zum Gipfel des steilen Felskliffs geführt, sahen die Jäger tief unter sich etwas aus dem dichten Blattwerk hervorstechen, was später als Fassade von Höhle 10 identifiziert wurde.

Die britischen Soldaten hatten einen der sensationellsten archäologischen Funde aller Zeiten gemacht. Weitere Erkundungen offenbarten insgesamt 28 säulengestützte Höhlen, gemeißelt aus den schokoladenbraunen und grauen Basaltfelsen, die den Fluss Waghora säumen. Noch bemerkenswerter waren die einwandfrei erhaltenen Gemälde, die alle Oberflächen in ihrem Inneren bedecken. Denn zusätzlich zu den Stein-Buddhas und anderen Bildhauereien in ihrem Inneren sind die Höhlen von Ajanta mit Wandmalereien verziert – die Motive reichen von Schlachtfeldern bis zu Segelschiffen und Straßenszenen, von üppigen Wäldern voller wilder Tiere bis hin zu schneebedeckten Berggipfeln. Selbst wer mit den Erzählungen, die sie illustrieren, nicht so vertraut ist, wird unschwer erkennen, warum diese Gemälde als die schönste erhaltene „Kunstgalerie" aus einer frühen Hochkultur gelten.

Trotz ihrer Abgeschiedenheit werden die Höhlen von Ajanta von außergewöhnlich vielen Menschen besucht. Wer diesen Ort in Ruhe erkunden will, sollte keinesfalls an einem Wochenende oder Feiertag hierher kommen, denn es erfordert überdurchschnittliche Fantasie, sich auszumalen, wie buddhistische Mönche hier einst zwischen den rohen Steinstufen wandelten, wenn gerade lärmende Schulkinder und Urlauber auf ihnen herumkraxeln.

Die **beste Zeit für einen Besuch** ist entweder während des Monsuns, wenn der Fluss anschwillt und die Schlucht vom Tosen der Wasserfälle widerhallt, oder während der kühleren Wintermonate zwischen Oktober und März. Während des restlichen Jahres kann die Sonne vom Dekkan, die erbarmungslos auf die nackten, nach Süden gewandten Felsen niederbrennt, eine Tour durch Ajanta zu einem wahren Härtetest machen. Wann auch immer man kommt, man sollte auf jeden Fall einen Hut, eine Sonnenbrille, eine Taschenlampe und ausreichend Trinkwasser mitbringen.

Eintrittsregelung

Das Betreten der Höhlen von Ajanta, ⏲ Di–So 9–17.30 Uhr, kostet US$ 5 (Rs250). Die Eintrittskarten sind am Haupteingang, hinter dem MTDC-Restaurant, zu erwerben. Achtung: Montags bleibt der Komplex geschlossen.

Es ist strikt verboten, die Malereien mit Blitzlicht zu knipsen, aber die Aufpasser drücken meist ein Auge zu, wenn Besucher halbwegs unauffällig mit Digitalkameras fotografieren (höhere ISO-Lichtempfindlichkeit wählen).

Geschichte

Ajanta war für die umherziehenden buddhistischen Mönche der Region der ideale Ort für die Gründung eines ihrer ersten festen Klöster: nahe genug an den großen Handelsrouten durch den Dekkan, um regelmäßig Almosen zu erhalten, und doch weit genug von der Zivilisation entfernt, um Ruhe und Frieden für Meditation und Gebete zu bieten. Spenden-Inschriften deuten darauf hin, dass die ersten Höhlen hier im 2. Jh. v. Chr. in den Fels geschlagen wurden.

In ihrer Glanzzeit beherbergten die Höhlen von Ajanta mehr als 200 Mönche sowie eine beträchtliche Anzahl von Malern, Bildhauern und Arbeitern, die damit beschäftigt waren, die Mönchszellen und Heiligtümer in die Felsen zu schlagen und zu verzieren. Irgendwann im 7. Jh. wurde die Stätte jedoch verlassen – ob wegen der wachsenden Beliebtheit der nahe gelegenen Höhlen von Ellora oder wegen des Wiederaufstiegs des Hinduismus, ist unbekannt. Bereits im 8. Jh. war der verlassene Komplex vergessen und wurde sogar von den moslemischen Bilderstürmern übersehen, die den anderen heiligen Stätten der Region während des Mittelalters solch verheerenden Schaden zufügten.

Frühe Versuche, die faszinierende Wiederentdeckung zu dokumentieren, verliefen so erfolglos, dass Ajanta seitdem mit einem düsteren Fluch assoziiert wird: Die gesamte Sammlung von Kopien der Höhlenmalereien, die der Künstler **Robert Gill** in 27 Jahren vor Ort angefertigt hatte, ging 1866 bei einem Brand des Crystal Palace in London verloren. Das gleiche Schicksal ereilte in den 70er-Jahren des 19. Jhs. einen weiteren Stapel von Kopien, der im Londoner Victoria and Albert Museum in Rauch aufging. Die Impressionen von Ajanta, die ein japanisches Team auf Reispapier festhielt, wurden durch ein Erdbeben vernichtet. Selbst **Restaurationen** standen unter einem schlechten Stern. 1920 beauftragte der Nizam von Hyderabad (damals Herrscher über die Region) italienische Experten, einige der stärker zerstörten Malereien auszubessern. Unglücklicherweise wurde der Lack, den sie benutzten, um die blättrigen Fragmente des Putzes auf den Höhlenwänden zu versiegeln, im Laufe der Zeit dunkler und bekam Risse, was weitere irreparable Schäden anrichtete.

Heute obliegt die Aufgabe der Restauration dem nationalen archäologischen Institut, dem Archeological Survey of India (ASI). Eine der Maßnahmen zur Minimierung der Schäden durch Hunderte von Besuchern täglich ist ein Verbot von Fotografieren mit Blitz und eine strenge Begrenzung der Zahl von Besuchern, die sich gleichzeitig in einer Höhle aufhalten dürfen – ein weiterer Grund, die Wochenenden zu meiden. Weitere Informationen zu den Felsentempeln des nordwestlichen Dekkan s. Kasten S. 706.

Die Höhlen

Vom Kartenschalter führt ein nicht zu übersehender Weg zu den großen Mahayana-*viharas*. Wer die Höhlen lieber in chronologischer Reihenfolge besichtigen will, muss dagegen mit der kleineren Hinayana-Gruppe von *chaitya*-Hallen weiter unten in der Flussbiegung beginnen (Höhlen 12, 10 und 9) und anschließend über Höhle 17 wieder nach oben kommen. Wer beim Erklimmen dieser Stufen Hilfe benötigt, findet vor den Ständen darunter Sänften-Träger, *dhooli-wallahs* (Rs150/Std.). Offizielle **Touristenführer** bieten zweistündige Touren an, die beim Eintrittskartenschalter gebucht werden können. Sie bereichern den Besuch durch interessante Geschichten (ohne Führer ist es schwer, den Geschichten auf den Wänden zu folgen) – allerdings hat man vielleicht das Bedürfnis, sich die Höhlen anschließend noch einmal in etwas ruhigerem Tempo anzusehen.

Höhle 1

Höhle 1 enthält einige der kunstvollsten und stilistisch am weitesten entwickelten Gemälde von Ajanta. Als die Arbeiten an der Höhle Ende des 5. Jh. begannen, dienten *viharas* den Mönchen nicht nur als Wohn- und Schlafbereiche, sondern auch als Stätten der Andacht. Wie in den meisten Mahayana-*viharas* bebildern die außergewöhnlichen Malereien auf Wänden und Decken Episoden aus den *Jatakas,* Geschichten über die Geburt und die früheren Leben Buddhas.

Die Technik der Höhlenmalerei

Die einfachen Malerei-Techniken, mit denen die Künstler von Ajanta die farblosen Steinwände in glanzvolle Farbkaleidoskope verwandelten, haben sich im Laufe der 800-jährigen Nutzungsdauer der Stätte, von 200 v. Chr. bis 650 n. Chr., überraschend wenig verändert. Zuerst wurden die rauen Felsoberflächen grundiert: mit einer sechs bis sieben Zentimeter dicken Paste aus Lehm, Kuhdung und Tierhaar, verstärkt mit Pflanzenfasern. Danach folgte eine dünne Schicht aus glattem, weißem Kalk. Bevor dieser trocken war, skizzierten die Künstler die Umrisse ihrer Bilder mit rotem Zinnober in diese Schicht hinein und füllten die Vertiefungen mit einem Belag aus Grünerde. Die **Farbpigmente** stammten alle aus natürlichen, wasserlöslichen Substanzen (Kaolin-Kalk für Weiß, Lampenruß für Schwarz, Glaukonit für Grün, Ocker für Gelb und importierter Lapislazuli für Blau); sie wurden mit Leim angedickt und erst aufgetragen, nachdem die Grundierung vollständig getrocknet war. Daher sind die Ajanta-Gemälde streng genommen keine Fresken (diese stets auf feuchte Oberflächen aufgetragen werden), sondern **Tempera-Malereien**. Nachdem sie getrocknet waren, wurden die Wandmalereien in mühevoller Kleinarbeit mit einem glatten Stein poliert, um ihren natürlichen Glanz herauszuarbeiten.

Die einzigen **Lichtquellen** der Künstler waren Öllampen und das Sonnenlicht, das sie mit Hilfe von Metallspiegeln und Wasser (die äußeren Höfe wurden eigens für diesen Zweck überflutet) in die Höhlen leiteten. Interessanterweise waren viele der Künstler nicht einmal Buddhisten, sondern Hindus, die von den Königshöfen engagiert wurden. Nichtsdestotrotz brachte ihre außergewöhnliche Beherrschung von Linienführung, Perspektive und Schattierung, mit der sie den Malereien von Ajanta ihre charakteristische, unirdische Stimmung verliehen, einen der großen maltechnischen Meilensteine der indisch-buddhistischen Kunst hervor.

Links vom Eingang zum Hauptschrein steht ein weiteres Meisterwerk: **Padmapani**, „Der einen Lotus Haltende", eine Erscheinungsform von Avalokiteshvara, umgeben von einer Entourage aus Gefolgsleuten, göttlichen Musikanten, Liebhaberinnen, Affen und einem Pfau. Gegenüber, auf der rechten Seite des Eingangs, steht **Vajrapani**, der im Buddhismus die „wahre Wirklichkeit" verkörpert. Gemeinsam repräsentieren diese beiden Bodhisattvas den dualen Aspekt des Mahayana-Buddhismus: Barmherzigkeit und Weisheit. Der wirkliche Mittelpunkt von Höhle 1 ist jedoch die gigantische sitzende Buddha-Skulptur im Schrein – die schönste von Ajanta. Mit tragbaren Scheinwerfern demonstrieren die Touristenführer mit Vergnügen, wie sich der Ausdruck auf dem kunstvoll gemeißelten Gesicht Buddhas mit dem Lichteinfallswinkel verändert.

Auf dem Weg nach draußen kann man einen Blick auf die dritte Säule von hinten werfen (wenn man vor dem Schrein steht): die Figuren der scheinbar vier einzelnen Gazellen teilen sich bei näherem Hinsehen alle denselben Kopf.

Höhle 2

Höhle 2, ein weiteres, ähnlich ausdrucksstarkes Mahayana-*vihara*, stammt aus dem 6. Jh. Komplizierte, florale Muster, darunter Lotus- und Medaillon-Motive, zieren die Decke, die sich wie ein Zeltdach zu senken scheint. Die Gestaltung ist offensichtlich an die antike griechische Kunst angelehnt – ein Erbe des Beutezugs, den Alexander der Große ein halbes Jahrtausend zuvor in den Subkontinent unternommen hatte. Die reliefartigen Friese im kleinen Nebenschrein rechts von der Hauptkapelle konzentrieren sich auf eine Fruchtbarkeitsgöttin mit üppigen Rundungen: **Hariti**, die berüchtigte, kinderfressende Kannibalin. Als Buddha drohte, es ihr mit gleicher Münze heimzuzahlen, indem er ihr Kind entführte, verfiel Hariti in Raserei (oben rechts), wurde aber durch die Lehre Buddhas von der Barmherzigkeit besänftigt (oben links). Unten ist eine Szene zu sehen, in der ein Lehrer seinen ungebärdigen Schülern mit dem Rohrstock droht.

Die Seitenwände zieren lebendige Bilder aus den *Jatakas* und andere Episoden aus der Mythologie. Ein Fries auf der linken Veranda zeigt die Geburt Buddhas – er kommt unter dem Arm seiner Mutter hervor – und seine Empfängnis – ein weißer Elefant erscheint ihr in einem Traum (unten links).

Höhlen 3 bis 9

Höhlen 3, 4 und 7 bieten nicht viel Interessantes, ein kurzer Blick in **Höhle 6** lohnt sich jedoch: ein zweistöckiges *vihara* mit einem fein gemeißelten Türpfosten oberhalb des Schreins sowie einige abblätternde Gemälde oberhalb der Eingänge zu den Zellen. Höhle 8 ist immer geschlossen: In ihr steht der Generator für die Beleuchtung.

Höhle 9, die aus dem 1. Jh. v. Chr. stammt, ist der erste *chaitya*, den man auf dem Fußweg erreicht. In ihr steht ein halbkugelförmiger Stupa im Zwielicht eines charakteristischen, wie ein Peepal-Blatt geformten Fensters. Er bildet mit seinem Reliquienschrein das religiöse Herzstück der 14 m langen Halle. Die erhaltenen Malerei-Fragmente, darunter eine Prozessionsszene an der linken Wand, wurden größtenteils über frühere Schlangen-Gottheiten, *nagarajas*, gemalt.

Höhle 10

Obwohl sie teilweise eingestürzt ist und von Drahtgittern, die der ASI zum Abhalten der Fledermäuse aufgestellt hat, verunziert wird, ist die Fassade von Höhle 10, einer *chaitya*-Halle aus dem 2. Jh. v. Chr. (in der Schlucht die älteste und eindrucksvollste ihrer Art) immer noch ein großartiger Anblick. Die großen Sehenswürdigkeiten dieser Höhle sind jedoch weitaus kleiner und unauffälliger. Wenn einer der Wärter mit einem Spiegel etwas Sonnenlicht hineinreflektiert, kann man mit etwas Mühe die verblassenden Farbspuren auf der linken Seite erkennen (jetzt hinter Glas geschützt). In einer Szene nähert sich ein Raja mit seinem Gefolge einer Gruppe von Tänzern und Musikern, die rund um einen geschmückten Bodhi-Baum stehen. Der Baum ist ein Symbol für Buddha, denn die Hinayana-Buddhisten stellten diesen nicht gern figürlich dar. Dies ist vermutlich das älteste erhaltene buddhistische Wandgemälde in ganz Indien. An der gleichen Wand sieht man auch das Gekritzel der britischen Soldaten, die die Höhlen im Jahre 1819 wiederentdeckten.

Die von drei Reihen achteckiger Säulen unterteilte und in einer Apsis endende Halle selbst wird von einem riesigen, monolithischen Stupa am hinteren Ende dominiert. Wenn keine anderen Besucher da sind, kann man die fantastische Akustik des *chaitya* ausprobieren.

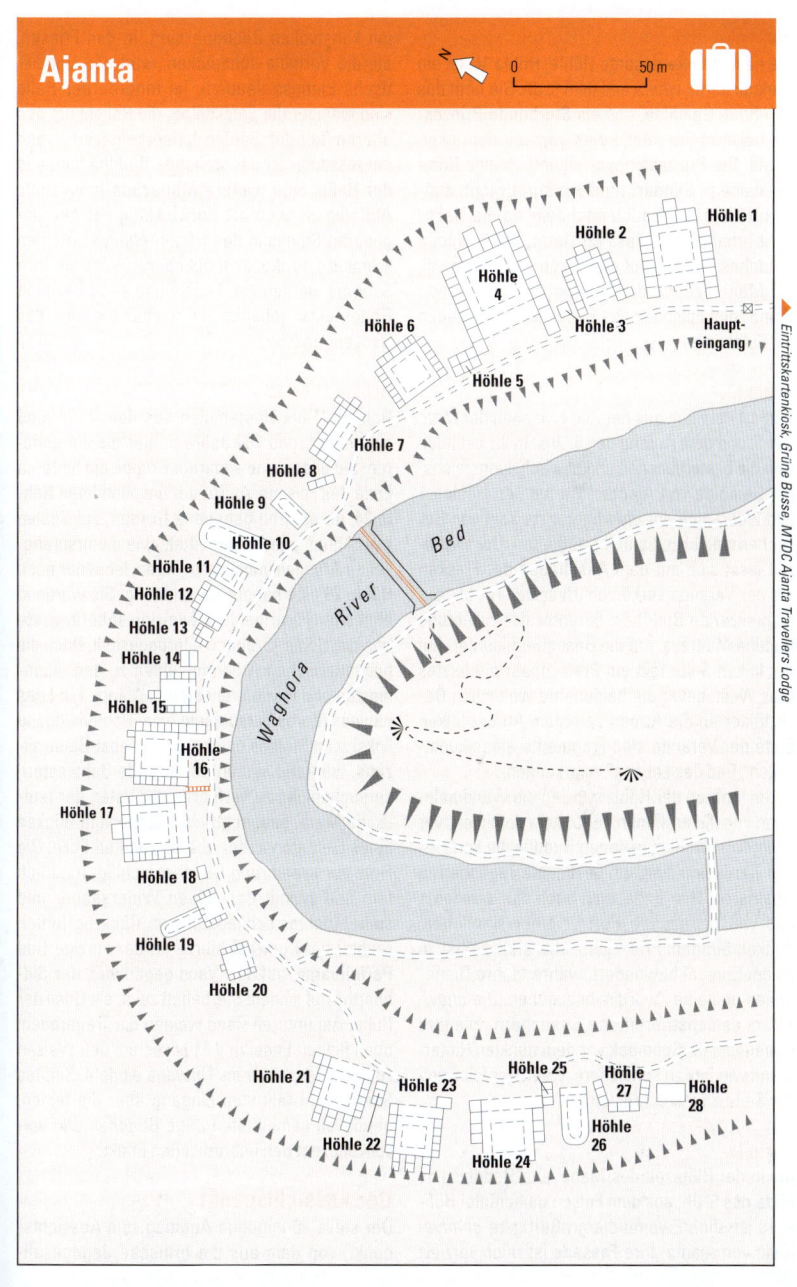

Ajanta

0 — 50 m

- Höhle 1
- Höhle 2
- Höhle 4
- Höhle 3
- Höhle 6
- Höhle 5
- Haupteingang
- Höhle 7
- Höhle 8
- Höhle 9
- Höhle 10
- Höhle 11
- Höhle 12
- Höhle 13
- Höhle 14
- Höhle 15
- Höhle 16
- Höhle 17
- Höhle 18
- Höhle 19
- Höhle 20
- Höhle 21
- Höhle 22
- Höhle 23
- Höhle 24
- Höhle 25
- Höhle 26
- Höhle 27
- Höhle 28

River Bed

Waghora River

Eintrittskartenkiosk, Grüne Busse, MTDC Ajanta Travellers Lodge

Maharashtra

Höhle 16

Die nächste interessante Höhle, Höhle 16, ist ein spektakuläres *vihara* aus dem 5. Jh. Sie birgt das berühmte Gemälde, das als **Sterbende Prinzessin** bekannt ist: relativ weit vorn an der linken Wand. Die Prinzessin war eigentlich eine Königin namens **Sundari**, und sie stirbt nicht, sondern fällt in Ohnmacht, nachdem sie die Nachricht erhalten hat, dass ihr Gatte, König Nanda (Buddhas Cousin), auf den Thron verzichten will, um Mönch zu werden. Die gegenüberliegende Wand zeigt Episoden aus Buddhas frühem Leben als Siddhartha.

Höhle 17

Höhle 17 stammt aus der Zeit zwischen der Mitte des 5. und dem Anfang des 6. Jhs. In ihr befinden sich die besterhaltenen und abwechslungsreichsten Gemälde von Ajanta. Wie bei den Höhlen 1 und 2 darf sich nur eine begrenzte Zahl von Besuchern gleichzeitig in ihr aufhalten. Die Wartezeit lässt sich mit dem Anschauen der Fresken auf der Veranda verkürzen. Über der Tür blicken acht sitzende Buddhas, darunter der zukünftige Buddha Maitreya, auf die Besucher hinunter. Auf der linken Seite teilt ein Prinzenpaar ein letztes Glas Wein, bevor die beiden ihre weltlichen Besitztümer an die Armen verteilen. An der linken Seite der Veranda sind Fragmente eines kunstvollen „Rad des Lebens" zu erkennen.

Im Inneren der Höhle werden die Wandmalereien von Illustrationen der *Jataka* dominiert, vor allem von solchen, in denen Buddha die Form eines Tieres annimmt, um bestimmte Tugenden zu illustrieren. Hier findet sich auch das exzellente und viel gepriesene Porträt einer sinnlichen, dunkelhäutigen Prinzessin, die sich selbst in einem Spiegel bewundert, während ihre Dienerinnen und eine Zwergin ihr zusehen. Die *chowkidars* demonstrieren den Besuchern, wie ihre Augen und ihr Schmuck vor dem dunklen Hintergrund wie Perlen schimmern, wenn der Fries von der Seite angeleuchtet wird.

Höhle 19

Die in der Blütezeit des Mahayana-Buddhismus Mitte des 5. Jh. aus dem Felsen gemeißelte Höhle 19 ist ohne Zweifel die großartigste *chaitya*-Halle von Ajanta. Ihre **Fassade** ist reich verziert mit kunstvollen Bildhauereien. In den Friesen, die die Vorhalle schmücken, wird der hinduistische Einfluss deutlich. Im Inneren der Halle sind weniger die Fresken als die Reliefs um den oberen Teil der Säulen bemerkenswert. Noch interessanter ist der stehende Buddha hinten in der Halle, eine weitere Mahayana-Innovation. Auffällig ist auch die Entwicklung der gedrungeneren Stupas in den frühen *chaityas* (Höhlen 9 und 10) zu dieser länglicheren Version. Ihre Schirme werden von Engeln und einer Vase mit Götternektar gehalten und reichen bis unter das Deckengewölbe.

Höhlen 21 bis 26

Höhlen 21 bis 26 stammen aus dem 7. Jh. und sind damit rund 200 Jahre jünger als die anderen. Sie bilden eine separate Gruppe am hinteren Ende des Felsens. Außer der unvollendeten **Höhle 24**, deren grob gehauene Gräben und Säulen eine Ahnung davon vermittelt, wie die ursprünglichen Arbeiten vonstattengingen, lohnt nur noch **Höhle 26** eine nähere Betrachtung. Sie wurde in ähnlicher Form geplant wie der andere große *chaitya*, Höhle 19, aber nie fertiggestellt. Doch die bildhauerischen Arbeiten zählen zu den lebendigsten und faszinierendsten in Ajanta. Ein Fries namens **Maras Versuchung** (vom Höhleneingang links) zeigt Buddha unter einem Peepal-Baum sitzend, während sieben aufreizende Schwestern versuchen, ihn zu verführen. Ihr Vater, der teuflische Mara, beobachtet die Szene vom Rücken eines Elefanten in der oberen rechten Ecke. Die Finte zur Irreführung Buddhas schlägt natürlich fehl und zwingt den bösen Widersacher und seine Töchter schließlich zum Rückzug (unten rechts). Im Kontrast hierzu ist das riesige Bild **Parinirvarna**, auf der Wand gegenüber, das Siddhartha auf seinem Sterbebett zeigt, ein Quell der Ruhe. Am unteren Rand weinen die Trauernden, oben fliegen Engel und Musiker, um den Weisen zu begrüßen, als er ins Nirwana eingeht. Sanftes Sonnenlicht fällt vom Eingang über die feinen, gefühlvoll gemeißelten Züge Buddhas und vervollkommnet den überirdischen Effekt.

Der Aussichtspunkt

Der steile 30-minütige Aufstieg zum Aussichtspunkt, von dem aus die britische Jagdgesellschaft zum ersten Mal die Höhlen von Ajanta sah, lohnt sich unbedingt: Der Panoramablick über die Waghora-Schlucht und die umliegenden Wände aus nacktem Felsen ist atemberaubend. Der einfachste Weg zum Pfad führt durch die Souvenirstände, die außerhalb des Eingangs liegen, und dann durch die Furt im Fluss; alternativ kann man auch die Stufen zwischen den Höhlen 16 und 17 hinabsteigen und dem Weg bis zu einer Betonbrücke folgen. Auf der anderen Seite des Flusses links abbiegen und dann, wenn die Stufen den Berg hinauf abzweigen, rechts. Eine Rechtskurve am Ende der Brücke führt tiefer in die Schlucht, wo sich ein eindrucksvoller Wasserfall befindet. Dieser Weg ist während des Monsuns jedoch unbedingt zu meiden – der Wasserstand kann dann gefährlich hoch sein.

MTDC-Restaurant, gleich vor dem Eingang zu den Höhlen. Die einzige Verpflegungsmöglichkeit in Ajanta selbst ist dieses wenig aufregende Lokal mit Punjabi-Gerichten und *thalis* mit und ohne Fleisch. ⊙ bis 18 Uhr.
MTDC Holiday Resort, Fardapur. Das kleine Restaurant der Anlage bietet die gleiche Speisekarte wie das Restaurant bei den Höhlen und steht auch Nichtgästen offen.
Hotel Ajanta, 2 Fußminuten nördlich vom Holiday Resort an der Hauptstraße. Der regionaltypische *dhaba*-Imbiss am Straßenrand lockt mit ebenso frischen wie leckeren Spezialitäten für wenig Geld: köstlichen Masala-Gerichten mit Huhn, Fisch und Hammel sowie warmem *roti*-Fladenbrot direkt vom Kohlenbecken.

Übernachtung und Essen

Außer den neuen MTDC-Luxus-Gästezimmern des Besucherzentrums an der Abzweigung nach Ajanta (T-Junction) gibt es in Ajanta keine Unterkünfte. Die meisten Besucher übernachten in Aurangabad oder Jalgaon, um früh am nächsten Tag einen Zug zu nehmen. Wer in Höhlennähe nächtigen will, findet im Dorf Fardapur – einige Kilometer weiter an der Straße nach Jalgaon – verschiedene Quartiere:
MTDC Holiday Resort, ✆ 02438-244230. Komfortable Zimmer in einem schicken Neubaukomplex an der Hauptdurchgangsstraße. ❹–❺
Padmapani Park, ✆ 02438-244280 oder 09422 81838. Eine preiswertere Alternative in der Nähe des Holiday Resort ist diese nette und gut geführte Unterkunft, die schlichte, aber saubere Zimmer mit Bad vermietet. Wer bei der Ankunft von der Bushaltestelle aus anruft, wird sogar abgeholt. ❸
Murli Manohar, ✆ 02438-244289, 1 km nördlich vom MTDC Holiday Resort. Privates Gästehaus in einem schäbigen Block an der Straße, der bis vor Kurzem als preiswertere Außenstelle des MTDC diente. ❸
New Ajanta Hotel (alias „Mustak House"), ✆ 02438-244360. Der schlichte, freundliche, Familienbetrieb mit Bed&Breakfast-Angebot befindet sich im Dorfkern, in der Nähe der alten Festung an der Jama Masjid Road. ❹–❺

Transport

Wer kein eigenes Transportmittel hat, kommt nur mit dem Bus nach Ajanta.
Alle Fahrzeuge, auch Taxis, müssen an der Abzweigung nach **Ajanta (Ajanta T-Junction)** haltmachen, 5 km vor den Höhlen an der Hauptstraße von Aurangabad nach Jalgaon. Hier gibt es ein Besucherzentrum mit 5 schicken, klimatisierten Zimmern, die nur über die MYDC-Zentrale in Mumbai zu buchen sind. Hier gibt's Erfrischungen, Toiletten und Souvenirs. Der Eintritt zu diesem Komplex kostet Rs5. Vom Besucherzentrum pendeln umweltfreundliche grüne Busse regelmäßig zu den Höhlen (hin und zurück Rs12, mit AC Rs20). Alle MSRTC-Busse zwischen AURANGABAD, 108 km südwestlich, und dem nächsten Bahnhof in JALGAON, 58 km nördlich, halten auf Anfrage an der T-Junction.
Wer mit einem frühen Bus kommt, kann die Höhlen besichtigen, einen Happen essen und dann in eine der beiden Richtungen weiterfahren. Alternativ kann man die Fahrt von und nach Aurangabad auch mit einer der gehetzten **Touren** (S. 699) zurücklegen.

Jalgaon

Jalgaon ist ein wichtiger Verkehrsknotenpunkt in den Streckennetzen von Central und Western

Railway und liegt zudem an der Hauptstraße durch den Dekkan, dem NH-6. Der Ort dient als Marktzentrum für die Baumwoll- und Bananenbauern der Region und als wichtiger Stopp für Traveller auf dem Weg zu oder von den 58 km weiter südlich gelegenen Höhlen von Ajanta. Zwar bietet die Stadt selbst nichts Interessantes, Besucher sind jedoch oft gezwungen, hier zu übernachten, um früh morgens weiterreisen zu können.

Übernachtung

Eine Unterkunft ist in Jalgaon nicht schwer zu finden.
Aram Guest House, Station Rd, ✆ 0257-222 6549, bietet einigermaßen saubere, wenn auch beengte EZ/DZ mit Bad. ❷
Royal Palace, ✆ 0257-223 3888, 1 km vom Plaza Hotel, am Busbahnhof vorbei. Neues, feudales Mittelklassehotel. ❹–❺

Essen und Sonstiges

Es gibt kein besseres Restaurant als das **Silver Palace** neben dem Plaza Hotel, ein schickes Lokal mit klimatisiertem Speiseraum und offener Terrasse; leckere chinesische und indische Gerichte, vegetarische und nicht-vegetarische, inkl. Spezialitäten aus Hyderabad und Lahore; hier gibt es auch die einzige nicht-schmuddelige Bar.
Anjali, gleich vor dem Bahnhof auf der rechten Seite, serviert eine gute Auswahl an rein vegetarischen südindischen Snacks sowie ziemlich scharfe Punjabi-Mahlzeiten.

Eins der besten Budget-Hotels im Land

Plaza Hotel, 2 Min. vom Bahnhof auf der linken Seite der Station Rd, ✆ 0257-222 7354, ✉ hotelplaza_jal@yahoo.com. Sehr schmucke Unterkunft; besonders gut sind die billigen „Economy"-Zimmer mit hübscher Einrichtung und blitzsauberen, gefliesten Badezimmern. Außerdem gibt es einen sehr anständigen Schlafsaal mit AC (Rs150) und teurere Zimmer mit Kabel-TV. Wer frühmorgens abreist, bekommt Tee aufs Zimmer serviert. ❸–❹

Noch ein rein vegetarisches Restaurant ist das nordindische **Hotel Arya**, 5 Fußminuten vom Bahnhof, in der Nähe des Uhrenturms – am Kreisverkehr am oberen Ende der Station Rd links abbiegen, am Mandora Cyberpoint vorbei, die erste Straße links, dann auf der linken Seite.
Ein **Geldautomat** der UTI Bank steht 500 m vom Bahnhof Richtung Busbahnhof.
Internetanschluss bietet **Mandora Cyberpoint** neben dem Hotel Arya für Rs30/Std.

Transport

Busse

Busse nach Indore (257 km nördlich) und Pune (336 km südlich) fahren vom MSRTC-Busbahnhof ab, der eine 10-minütige Rikscha-Fahrt durch die Stadt vom Bahnhof entfernt liegt.
Privat betriebene Busse nach Mumbai, Indore, Pune und anderen Städten kann man bei Reisebüros buchen, z. B. bei **Shivalik Tours**, 4 Stadium Complex, schräg gegenüber vom Busbahnhof, ✆ 0257-223 8405.
Nach AJANTA kommt man am schnellsten mit einem der halbstündlichen Busse nach AURANGABAD, 160 km südlich, die alle an der Abzweigung nach Ajanta (T-Junction) halten.

Busse nach:
AJANTA (alle 30 Min., 1 Std.),
AURANGABAD (alle 30–60 Min., 4 Std.),
MUMBAI (1x tgl., 10 1/2 Std.),
NAGPUR (2x tgl., 8–9 Std.),
PUNE (5x tgl., 9 Std.).

Eisenbahn

Jalgaon hat hervorragende Zugverbindungen, da es auf der Hauptstrecke zwischen Delhi, Kolkata und Mumbai liegt, sowie gute Verbindungen zu den meisten Städten nördlich auf der Central-Railway-Strecke.

Züge nach:
AGRA (4–5x tgl., 15–18 1/4 Std.),
BANGALORE (1x tgl., 23 1/2 Std.),
BHOPAL (7x tgl., 7–8 1/2 Std.),
CHENNAI (1x tgl., 23 Std.),
DELHI (4x tgl., 18 1/4–23 Std.),
GWALIOR (4–5x tgl., 13 1/2–16 1/4 Std.),

MUMBAI (11–13x tgl., 7 3/4–9 1/2 Std.),
NAGPUR (8–9x tgl., 7 3/4–9 1/4 Std.),
PUNE (4x tgl., 8 3/4–11 1/4 Std.),
VARANASI (2–3x tgl., 19 1/2–23 1/4 Std.),
WARDHA (5–7x tgl., 6 1/2–7 3/4 Std.).

Süd-Maharashtra

Maharashtras Südzipfel, zwischen Mumbai und Goa, gehört zu den Gegenden Indiens, in die sich die wenigsten Besucher verirren. Dabei versprüht der Landstrich und seine verstreuten Orte und Städte traditionelle Maharashtra-Atmosphäre, und die Landschaft – schroffe Tafelberge und palmengesäumte Küsten mit unzähligen Flussmündungen – ist genauso vielfältig wie das übrige Südindien.

Bis ins 19. Jh. war dies die Heimat der kriegerischen **Marathen**, die auf dem Höhepunkt ihrer Macht im 18. Jh. einen breiten Streifen des Subkontinents – von den Ausläufern des Himalaya bis zum Südende des Dekkan-Plateaus – beherrschten und für Generationen von Mogul-Herrschern ein ständiges Ärgernis darstellten. Erst als die Briten die Marathen 1817 in der Schlacht von Khadki bezwangen, konnten sie sich die fruchtbaren Vulkanböden des Dekkan aneignen und eine Eisenbahnstrecke durch die Sayadhri-Berge bauen. Von hier aus versorgten sie dann die Welt mit Baumwolle, als die bisherige Hauptlieferquelle durch den amerikanischen Bürgerkrieg versiegt war.

Die Route, auf der heute ein achtspuriger „Expressway" und eine elektrifizierte Schnellzugstrecke verlaufen, war schon seit jeher eine strategisch wichtige Handelsverbindung. Eine Reihe prachtvoller, im 1. Jh. v. Chr. von Menschenhand geschaffener **Felsenhöhlen** – die meisten rund um die Bergstadt **Lonvala** – zeugt von ihrer damaligen Bedeutung. Neben der urigen Hill Station **Matheran** aus der Kolonialära lohnen diese archäologischen Stätten am ehesten einen Zwischenstopp auf dem Weg landeinwärts nach **Pune**, ehemals Hauptstadt der Marathen und heute ein boomendes modernes Industriezentrum. Einige der imposantesten **Festungen** der Region krönen die Bergkuppen rund um die Stadt, aber deren Hauptattraktionen – ein interessantes Museum und der Peshwa-Palast – liegen in den Gässchen der malerischen Altstadt, wo die meisten Männer immer noch traditionelle Nehru-Kappen und *dhotis* tragen.

Weitere Zitadellen der Marathen säumen den Weg nach Süden entlang der **Konkan-Küste**. Am spektakulärsten ist die von **Murud-Janira**, die direkt aus den Wellen aufragt und als Einzige nie von den Moguln erobert wurde. Noch weiter südlich liegt **Ganapatipule**, das wichtigste Pilgerziel der Region, wo kilometerlange, praktisch menschenleere Palmenstrände zu Wanderungen einladen. Wer in **Kolhapur** ankommt, der wichtigsten Stadt am Südende von Maharashtra, die vor allem für ihren Tempel und ihren Maharadscha-Palast aus der Kolonialära berühmt ist, fühlt sich längst Lichtjahre entfernt von Mumbai.

Matheran

Die kleine Hill Station Matheran, 108 km östlich von Mumbai, liegt in 800 m Höhe auf einem schmalen, in Nord-Süd-Richtung verlaufenden Berggrat der Sahyadri-Bergkette. Von Aussichtspunkten mit Namen wie Porcupine (Stachelschwein), Monkey oder Echo, am Rande nackter Felsen, die in tiefe Schluchten abfallen, kann man weit über die dunstigen Ebenen schauen – an einem schönen Tag angeblich sogar bis nach Mumbai. Matheran selbst ist den größten Teil des Jahres über in dichten Nebel gehüllt. Einzigartig ist, dass Autos, Busse, Motorräder und Motor-Rikschas in der Stadt verboten sind. Dieser Umstand sowie die Anreise mit einer **Schmalspurbahn**, die durch die spektakuläre Landschaft bis zum Bergkamm hinauftuckert, verleihen der Stadt eine angenehm ruhige, zeitlose Atmosphäre.

Matheran (wörtlich „Mutter Wald") ist schon seit dem 19. Jh. ein beliebter Zufluchtsort vor der Hitze Mumbais. Heutzutage finden nur noch wenige Touristen den Weg hier herauf, und diejenigen, die kommen, bleiben meist nur zwei oder drei Tage, um die Zeit bis zu einem Flug zu überbrücken oder den besonderen Charme der Kolonialhotels von Matheran zu genießen. Die Touristensaison dauert von Mitte September bis

Mitte Juni (zu anderen Zeiten regnet es oder ist neblig); am meisten Betrieb herrscht zwischen November und Januar, im April und Mai sowie praktisch an jedem Wochenende. Es gibt hier oben eigentlich nichts anderes zu tun als zu entspannen, die Wälder zu Fuß oder auf dem Pferderücken zu durchstreifen und die frische Luft und schöne Aussicht zu genießen. Die Luftlinie zwischen dem Bahnhof in Neral und Matheran beträgt nur 6,5 km, aber der Zug windet sich auf nicht weniger als 21 km Gleisstrecke hier herauf, mit ganzen 281 Kurven, die zu den engsten Eisenbahnkurven der Welt gehören sollen.

Aussichtspunkte und Waldwanderwege

Matheran liegt auf einem langen, schmalen, bogenförmigen Plateau, das fast auf ganzer Breite von steil abfallenden Felswänden begrenzt wird. Diese laufen an vielen Stellen in Bergrücken und Felsspitzen aus, die durch das Blätterdach wunderbare Panoramablicke auf ferne Gebirge und Ebenen zulassen. Kaum ein Besucher schafft mehr als ein halbes Dutzend davon bei einem einzigen Ausflug, aber um die Wintersonnenwende, wenn die Temperaturen angenehm kühl sind, lassen sich die meisten in einer langen Tageswanderung abklappern.

Eine erste Kostprobe bietet eine Wanderung vom Hauptbasar südwärts am Lord's Central Hotel an Matherans Ostflanke vorbei zum Alexander Point und von dort weiter zum Chowk Point – dem südlichsten Bergsporn. Das sollte hin und zurück nicht mehr als ein paar Stunden dauern. Eine weitere schöne Wanderstrecke ist die alte Karrenpiste, die sich um den Westrand des Plateaus an einer Reihe malerischer Bungalows aus der britischen Ära vorbei bis zum Louisa, Coronation und Porcupine Point schlängelt – die Tour hebt man sich am besten für den späten Nachmittag auf.

Exakte topografische Karten des Bergs und seiner vielen Wege sind praktisch nicht zu bekommen. Nur im Speisesaal des Lord's Central Hotel hängt noch ein wunderschönes altes Exemplar aus britischer Zeit aus; Wanderer dürfen gern vorbeischauen und sich orientieren.

Die zweistündige Zugfahrt ist ein echtes Vergnügen, vor allem, wenn man einen Fensterplatz ergattert; man wird aber ordentlich durchgerüttelt und sitzt auf harten Bänken.

1974 schnitt der landesweite Eisenbahnstreik Matheran von der Außenwelt ab. Als Reaktion darauf wurde der Weg von Neral hier herauf für Jeeps passierbar gemacht und 1984 sogar bis Dasturi Naka, 2 km vor der Stadt, geteert.

Übernachtung und Essen

Matheran hat zahlreiche Hotels, allerdings nur wenige billige. Die meisten liegen in der Nähe des Bahnhofs in der MG Rd und der Straße dahinter, der Kasturba Bhavan. Reduzierte Preise (bis zu 50 %) gibt es an Werktagen oder für längere Aufenthalte sowie während der Regenzeit (wenn viele Hotels geschlossen sind). Checkout-Zeit ist normalerweise um 10 oder 11 Uhr.

Für alleinreisende Männer kann sich die Zimmersuche ziemlich schwierig gestalten. 2005 hat die Gemeindeverwaltung die Hotels der Stadt angewiesen, Männern ohne weibliche Begleitung die Aufnahme zu verweigern. Der Grund: Es kamen zu viele Selbstmörder eigens aus Mumbai angereist, um sich hier oben das Leben zu nehmen. Am problematischsten sind die Unterkünfte am unteren Ende des Preisspektrums.

Praktisch alle Hotels bieten Voll- oder Halbpension zu akzeptablen Preisen, wer jedoch außerhalb des Hotels essen will oder sparen muss, ist mit den zahlreichen *thali*-Läden rund um den Bahnhof oder den leckeren Kebabs und *tikka*-Gerichten von **Hookahs'N'Tikkas**, ebenfalls in der MG Rd, gut bedient.

Bombay View, im Norden von Matheran, südwestlich des Paymaster Parks, ✆ 02148-230453. Die Herberge in einer großen, umgebauten Kolonialvilla ist das beste Budget-Quartier der Stadt – eine Spur teurer als die ganz schlichten Unterkünfte in Bahnhofsnähe, aber das Geld allemal wert. Die meisten Zimmer sind riesig, mit hohen Decken, Balkon und Aussicht auf Wald oder Garten, und das Personal ist freundlich und hilfsbereit. Fürs Wochenende besser reservieren. ❸–❹

Klassische Urlaubsidylle

Lord's Central, MG Rd, ✆ 02148-230228, 🖥 www.lordsmatheran.com. Mit ihren Veranden, braun gestrichenen Holzelementen, Wolldecken im Schottenkaro und einem zutraulichen Spaniel könnte diese Urlaubsidylle geradewegs Enid Blytons „Fünf Freunde"-Romanen entsprungen sein. Sie bietet spektakuläre Ausblicke vom Garten (wo es neuerdings auch einen Pool gibt), ist aber nicht so elegant wie The Verandah in the Forest. Nur mit Vollpension (Rs1500–2100/Nacht; 30 % Nachlass bei Aufenthalt ab 2 Nächten). Reservierung ist ratsam. ❽

Hope Hall, MG Rd, ✆ 02148-230253, gegenüber Lord's Central. Geräumige, saubere Zimmer mit Bad rund um einen abgeschiedenen Hof mit Badminton und Tischtennis am ruhigen Ende der Stadt. Eine der wenigen empfehlenswerten preiswerteren Unterkünfte in Bahnhofsnähe. ❹

Pramod Lodge, gleich südlich vom Bahnhof, ✆ 95 2148 230144. *Die* Empfehlung aller Gepäckträger und Touristenschlepper – weil sie hier Provision bekommen. Die Zimmer sind nicht toll, aber als Notquartier für eine Nacht durchaus brauchbar. ❸

The Verandah in the Forest, 2 km südwestlich vom Bahnhof, ✆ 95 2148 230296, 🖥 www.neemranahotels.com. Allein schon für diesen prachtvoll restaurierten Bungalow aus dem 19. Jh. lohnt sich ein Abstecher nach Matheran. Neben der stimmungsvollen Aufmachung und Möblierung im authentischen Stil der Zeit bezaubert vor allem die riesige, von dichtem Laub beschattete Westterrasse – ein traumhaftes Fleckchen für den Nachmittagstee findet sich in ganz Indien nicht (wer dazu etwas isst, muss sich allerdings vor den diebischen Affen hüten). Die Zimmerpreise sind vertretbar. ❽–❾

Sonstiges
Geld

Achtung: Es gibt **keinen Geldautomaten** in Matheran und auch keine Gelegenheit, Geld zu wechseln. Also unbedingt genügend Bargeld für die Dauer des Aufenthalts mitbringen.

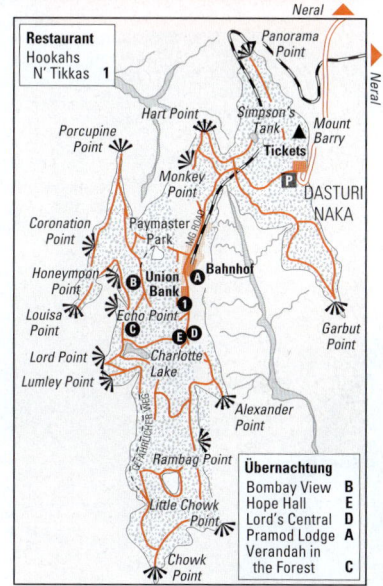

MATHERAN

Nahverkehr

Alle motorisierten Transportmittel, inkl. Sammeltaxis und Minibusse ab Neral (Rs60 p. P., Rs275 pro Wagen), halten am Taxistand neben dem MTDC Holiday Camp in Dasturi Naka, 2 km nördlich des Stadtzentrums. Von hier kann man einen Träger anheuern (Rs60–70) und zu Fuß gehen, sich auf einem Pferd führen lassen (Rs100–125) oder eine Riksha nehmen (Rs130–150) – Matheran ist der letzte Ort in Indien, wo mit Muskelkraft bewegte Rikshas noch erlaubt sind. Wer sein Gepäck selbst tragen kann, folgt einfach den Gleisen, die Matheran in der Mitte durchschneiden (die Straße ist viel kurviger). In jedem Fall ist bei Betreten der Stadt eine **Gebühr** (Rs25) zu zahlen, die für die gesamte Dauer des Aufenthalts gültig ist.

Transport

Um Matheran per Zug zu erreichen, muss man zunächst zur **Neral Junction** (1 1/2–2 1/4 Std. ab

Beim Besuch der Höhlen von Bedsa ist es gut möglich, keinem anderen Menschen zu begegnen.

Mumbai) fahren. Diese wird regelmäßig von Vorortzügen aus MUMBAI (CST oder Dadar) Richtung KARJAT (auch „Karghat" oder „Karzat" geschrieben) angefahren.

Der einzige Schnellzug, der in Neral hält, ist der tgl. Deccan Express Nr. 1007 (Abfahrt 7.10 Uhr); mit ihm spart man 45 Min. Fahrzeit gegenüber dem Vorortzug.

Aus der anderen Richtung, aus PUNE (2 1/2–3 Std.), hält außer dem Deccan Express Nr. 1008 (Abfahrt 15.30 Uhr) kein Schnellzug in Neral. Allerdings halten zahlreiche Schnellzüge aus dieser Richtung in Karjat, von wo Vorortzüge zurück nach Neral verkehren.

Zur Zeit der Recherche zuckelten tgl. wieder 3 Schmalspurzüge von NERAL nach Matheran (2 Std.) – um 8.50, 10.15 und 17 Uhr (Vorher war die Strecke längere Zeit durch Flutschäden unterbrochen). Zwei weitere Verbindungen sind in Planung; am Wochenende fährt meistens noch ein zusätzlicher Zug.

Alle Schmalspurzüge warten auf die ankommenden Expresszüge; man muss sich also keine Sorgen machen, den Anschlusszug zu verpassen, wenn der Zug, mit dem man kommt, Verspätung hat.

Der **Bahnhof** von Matheran liegt in der Ortsmitte an der MG Rd, die mehr oder weniger in Nord-Süd-Richtung verläuft. Stadtauswärts hat die Schmalspurbahn noch eine kleine Haltestelle in der Nähe des Dasturi-Naka-Taxistands, wo aber nur Reisende zusteigen dürfen, die schon einen Platz reserviert haben.

Lonavala und die Höhlen von Karla, Bhaja und Bedsa

Vor nur 30 Jahren war die Stadt Lonavala, 110 km südöstlich von Mumbai und 62 km nordwestlich von Pune, noch ein ruhiger Zufluchtsort in den Sahyadri-Bergen. Seitdem ist sie jedoch rasant gewachsen und inzwischen nur noch als Stützpunkt für Ausflüge zu den fantastischen buddhistischen Höhlen von Karla, Bhaja und Bedsa interessant, von denen einige noch aus der Satavahana-Periode (2. Jh. v. Chr.) stammen. Die drei Höhlenstätten gehören zu den kunstvollsten Beispielen der Felsarchitektur im nordwestlichen Dekkan. Sie können es an Größe zwar nicht mit Ajanta und Ellora aufnehmen, beherbergen aber einige besonders gut erhaltene Skulpturen.

Die drei Stätten liegen ein Stück voneinander entfernt, alle östlich von Lonavala. Karla, mit den spektakulärsten Skulpturen, hebt man sich am besten für den Schluss auf. Karla und Bhaja sind in Eigenregie per Bus oder Bahn gut an einem Tag anzuschauen, wenn man bereit ist, viel zu laufen. Wer außerdem auch nach Bedsa hinaus will, mietet sich für die Tour am besten eine **Motor-Rikscha** (ca. Rs300–400) oder ein **Auto** (Rs600–700 für 4 Std.) – beide sind normalerweise am Bahnhof von Lonavala zu finden. Wer die Höhlen in Ruhe und Frieden genießen will, sollte die Wochenenden meiden, denn dann wird vor allem Karla von Horden lärmiger Tagesausflügler überschwemmt.

Bhaja

Die 18 Höhlen von Bhaja liegen 1,5 km vom Dorf Malavli entfernt, das mit stündlich verkehrenden Passagierzügen von Lonavala (9 km weiter westlich) zu erreichen ist. Zu den Höhlen führt ein Weg bergauf vom Marktplatz neben dem Bahnhof.

Die Höhlen zählen zu den ältesten in ganz Indien: Sie stammen aus dem 2. bis frühen 1. Jh. v. Chr., der frühesten Phase des Buddhismus (Hinayana). Die meisten sind schlichte Klosterhallen *(viharas)* mit angrenzenden Zellen; vor vielen befinden sich einfache Veranden. **Höhle 12** ist dagegen ein *chaitya* und beherbergt einen Stupa, aber keine Figuren; 27 schlichte, angeschrägte Säulen neigen sich in Nachahmung eines Holzgebäudes leicht nach innen. Weiter südlich liegt die letzte Höhle, **Höhle 19**, ein mit fantastischen Kunstwerken verziertes *vihara*. Rätselhafterweise haben Experten die Figuren als die Hindugötter **Surya** und **Indra** identifiziert, die im *Rig Veda* (ca. 1000 v. Chr.) eine tragende Rolle spielen. ⓒ tgl. 8.30–18 Uhr, Eintritt US$2.

Karla

Karla (auch Karli oder Karle) liegt 3 km nördlich der **Karla Caves Junction** an der Mumbai–Pune-Straße, 11 km von Lonavala entfernt. Man nimmt einen beliebigen Bus oder ein Tempo zur

Abzweigung zu den Höhlen (von hier ist es noch eine kurze Rikscha-Fahrt, Rs30–40) oder einen der fünf täglichen Busse (6, 9, 12.30, 15 und 18.30 Uhr), die von Lonavala aus direkt zu den Höhlen fahren – der letzte fährt um 18.30 Uhr von Karla zurück.

Die in den Fels gemeißelte buddhistische chaitya-Halle aus dem 1. Jh. n. Chr., zu erreichen über eine 110 m hohe Treppe, ist die größte und besterhaltene in Indien. Man erreicht sie über einen großen Innenhof, der von der gigantischen, 14 m hohen Fassade der Halle überragt wird. Ganz oben befindet sich ein hufeisenförmiges Fenster, darunter drei Eingänge: einer für den Priester und die anderen für Gläubige. Links vom Eingang steht ein simhas stambha, eine hohe Säule, auf der vier Löwen thronen. Rechts befindet sich ein Hindu-Schrein für Ekviri, eine Orakelgöttin, die von den Koli-Fischergemeinden verehrt wird. Bei deren Bewohnern ist Karla ein beliebtes Ziel für Wochenendausflüge (was die vielen Puja-Opferstände und die einschlägigen politischen Plakate entlang der Treppe erklärt).

In der Vorhalle der Höhle trennen Figurenreliefs mit sechs Paaren – vermutlich die reichen Mäzene der Halle – die drei Eingänge voneinander. Es ist schwer vorstellbar, dass diese Gestalten mit ihren ausdrucksvollen Gesichtern und sinnlichen Körpern vor rund 2000 Jahren gemeißelt wurden. Zwei Reihen achteckiger Säulen trennen das Innere in drei Teile. In der Mitte liegt ein breiter Gang und im hinteren Teil ein Stupa, den die Gläubigen umkreisten. Über dem kannelierten Kapitell jeder Säule kniet ein kunstvoll gemeißelter Elefant mit zwei Reitern. Erstaunlicherweise sind sogar noch uralte Holzelemente aus der Nutzungszeit der Halle erhalten. ⊙ 8.30–18 Uhr, Eintritt US$2.

Bedsa

Es ist sehr gut möglich, dass man beim Besuch der Höhlen von Bedsa keinem anderen Menschen begegnet, und eben darin liegt ihr Reiz. Sobald man das Dorf, das 12 km hinter Bhaja am NH-4 liegt, nach einer 3 km langen Busfahrt von Kamshet erreicht, muss man sich den unbeschilderten Weg erfragen. Es sind immer Kinder aus dem Dorf da, die einen für ein Trinkgeld den steilen Berg hinauf begleiten.

Die chaitya-Halle von Bedsa wurde später geschaffen als die in Karla und ist wesentlich schlichter gestaltet. Über einen Vorbau mit vier achteckigen, mehr als 7 m hohen Säulen gelangt man durch einen extrem engen Eingang hinein. Im Inneren führen 26 schlichte, achteckige Säulen zu einem schmucklosen monolithischen Stupa. ⊙ tgl. 8.30–18 Uhr, Eintritt US$2.

Übernachtung

Lonavalas Auswahl an Unterkünften ist begrenzt und bis auf wenige Ausnahmen für das Gebotene völlig überteuert. Das liegt vor allem daran, dass den größten Teil des Jahres die Nachfrage das Angebot bei Weitem übersteigt. Von Oktober bis März sowie bei längeren Aufenthalten sinken die Preise. Auch an Werktagen ist mit Preisnachlässen zu rechnen. Aber kaum jemand wird sich hier länger als nötig aufhalten wollen.

Adarsh, hinter dem Busbahnhof, in der Shivaji Rd, ☎ 02114-272353. Saubere Zimmer mit oder ohne AC, z. T. mit Blick auf den Innenhof. Die beste Ausweichmöglichkeit in dieser Preiskategorie, falls beim Chandralok nichts mehr frei ist. ❻–❼

Chandralok, gegenüber vom Busbahnhof, Shivaji Rd, ☎ 02114-272294, 🖥 www.hotelchandralok.net. Das gut geführte Mittelklassehotel (etwas abseits der Marktstraße) vermietet geräumige, luftige, moderne Zimmer mit blitzblanken Fliesenböden. Dazu gibt es ein gutes Gujarati-Restaurant im Erdgeschoss. ❺

Ferreira Resort, D Shahani Rd, Ward C, Nr Telephone Exchange, 5 Rikschaminuten von Zug- und Busbahnhof, ☎ 02114-272689. Die einzig erwähnenswerte Billigherberge ist dieses auf nette Weise altmodische Hotel in einer ruhigen Nebenstraße außerhalb des Zentrums. Die ruhigen, sauberen Zimmer, alle mit Bad, haben kleine Balkone mit Blick auf ein grünes Grundstück hinter dem Haus. ❹

The Metropole, in der Nähe des Busbahnhofs, Shivaji Rd, ☎ 02114-273808, 🖥 www.hotelthemetropole.com. Das schicke neue 4-Sterne-Hotel ist Lonavalas komfortabelste Unterkunft – mit zentraler Klimaanlage, moderner Einrichtung, Pool auf der

Dachterrasse und Restaurant im Stil einer Pseudo-*dhaba*. ❼–❽

Shahani Health Home, D Shahani Rd, 5 Rikschaminuten östlich vom Bahnhof, ✆ 02114-272784. Die schrullige, nicht gewinnorientierte Bleibe bietet 62 große Zimmer in einem in die Jahre gekommenen, ziemlich anstaltsmäßigen Block in ruhiger Stadtrandlage. Sie ist einen Versuch wert, falls das viel sympathischere Ferreira Resort gegenüber ausgebucht ist. ❸–❹

Essen und Sonstiges

Die meisten Hotels in Lonavala bieten Vollpension oder einigermaßen brauchbare Restaurants. Frischer ist das Essen aber in verschiedenen Lokalen entlang der Hauptstraße, die den regen Durchgangsverkehr abfertigen. Außerdem bietet eine unüberschaubare Zahl von Geschäften die ortstypische Süßigkeit **chikki** an – eine köstliche Mischung aus getrockneten Früchten und Nüssen in steinhartem Honig-Karamell. Bei **Super Chikki** in der Hauptstraße darf man die vielen Varianten probieren, bevor man sie kauft. Ebenso empfehlenswert ist ihr Hauptkonkurrent, **National Chikki**, etwas weiter die Straße hinunter; dies ist auch die beste Adresse, um sich mit leckeren frittierten Knabbereien *(namkeen)*, einer anderen örtlichen Spezialität, einzudecken.

Mogulküche vom Feinsten

Kumar's, Mumbai–Pune Rd. Das große, betriebsame Lokal mit den surrealen Wandgemälden englischer Landhausszenen ist am Wochenende immer rappelvoll. Hier locken nämlich hervorragende Mogul- und Tandoori-Spezialitäten wie das köstliche *murg handi* (entbeintes Huhn nach Mogulart) mit ofenwarmem Naan-Brot zum Dippen. Die meisten Gerichte werden von den zackigen Kellnern mit schwarzen Krawatten und Schottenkaro-Schlabberwesten in glänzenden Kupfer-*karais* serviert. Zum Nachspülen dienen kaltes Bier und geniale Lassi-Mixturen mit Trockenfrüchten und Rosenaroma. Es ist mit Rs200–275 p. P. zu rechnen.

Lonavala und Umgebung

Lonavala und die Höhlen von Karla, Bhaja und Bedsa

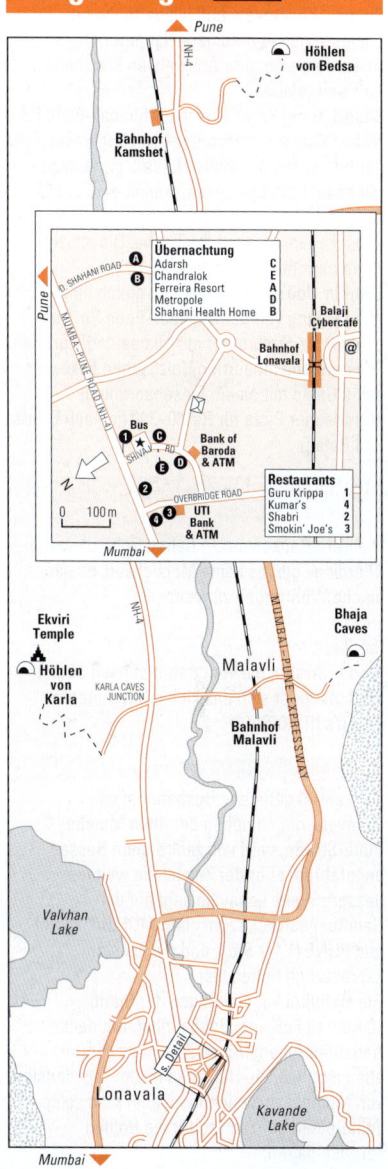

Guru Krippa, Mumbai–Pune Rd. Pieksauberes, rein vegetarisches Restaurant in der Hauptstraße: brutzelnd heiße südindische Snacks, Käsetoasts und billige *thalis* mit chinesischen und Punjabi-Hauptgerichten. Außerdem eine gute Auswahl an Eiscreme, *kulfi* und *falooda*.

Shabri, Hotel Rama Krishna, Mumbai–Pune Rd. Neben Kumar's ein weiteres Lieblingsrestaurant der betuchten Bombayer. In dem geräumigen, gut besuchten Speisesaal kommt eine große Auswahl nord- und südindischer Gerichte nebst kaltem Bier auf die Tische. Die meisten Hauptgerichte kosten unter Rs150.

Smokin' Joe's, Overbridge Rd, gleich hinter der Abzweigung von der Mumbai–Pune Rd. Das gemütliche Restaurant mit Klimaanlage, großen Fenstern und modernen Holztischen beköstigt seine Gäste mit einem Riesensortiment ofenfrischer Pizza für Rs100–300 (je nach Größe und Belag).

Sonstiges

Geld
Mehrere Banken im Ort haben Geldautomaten. Allerdings gibt es keine Möglichkeit, ausländische Währungen zu wechseln.

Internet
An der Straße, die vom Bahnhof nach Süden führt, befindet sich das kleine Internetcafé **Balaji's** (Rs40/Std.).

Transport
Der zentral gelegene Busbahnhof von Lonavala, gleich neben der alten Mumbai–Pune-Straße, wird von zahlreichen Bussen angefahren, aber der Zug ist die weitaus bessere Wahl. Lonavala liegt auf der Hauptbahnstrecke zwischen MUMBAI (3 Std.) und PUNE (1 1/2 Std.), und die meisten Expresszüge halten hier.

Der **Bahnhof** liegt im Süden der Stadt, 10 Min. zu Fuß vom Busbahnhof. Mit dem Auto oder einem frühen Zug ist es gerade eben möglich, die Höhlen in einem Tagesausflug von Mumbai zu besichtigen, aber man sollte lieber einen ganzen Tag für die Höhlen veranschlagen.

Pune (Poona)

Pune, die zweitgrößte Stadt Maharashtras, liegt in einer Höhe von 598 m in der Nähe der Westghats (bekannt als Sahyadri Hills) am Rande der Dekkan-Ebenen, die sich von hier in Richtung Osten erstrecken. Unter den Marathen des 16. Jhs. war Pune die Hauptstadt eines souveränen Staats, und 1820 wählten die Briten den Ort wegen seines kühlen, trockenen Klimas zu ihrem Zweitsitz neben Bombay.

Seit der Kolonialzeit hat sich Pune zu einer wichtigen Industriestadt entwickelt und gehört heute neben Hyderabad, Bangalore und Chennai zu den wachstumsstärksten Wirtschaftszentren Südindiens – mit boomenden Software-, Finanz- und Callcenter-Branchen. Der neue Wohlstand fällt überall ins Auge: von den riesigen Reklamewänden, die Apartmentblocks und abgeschottete Wohnanlagen für Besserverdiener anpreisen, bis zu den Cappuccino-Bars, klimatisierten Einkaufszentren und hippen Modeboutiquen.

Das total verwestlichte, von dichtem Verkehr geprägte Stadtzentrum ist ein Schock für alle, die Pune bisher nur mit Indiens notorisch relaxtem New-Age-Guru Bhagwan Rajneesh, alias Osho (1931–90), assoziierten. Der Ashram, den der spirituelle Lehrer 1974 im grünen Vorort Koregaon Park gründete, erregt mit seinen Aktivitäten heutzutage viel weniger Aufmerksamkeit als zu Rajneeshs Lebzeiten, zieht aber immer noch Anhänger aus aller Welt an. Zudem ist Pune spirituell Interessierten auch bekannt als Sitz des illustren Yoga-Zentrums von Yogacharya B. K. S. Iyengar – eine viel ernstere und seriösere Institution als der Osho-Ashram (s. S. 36, Reiseziele, und S. 726).

Orientierung

Das Zentrum von Pune grenzt im Norden an den Mula und im Westen an den Mutha – die beiden Flüsse vereinen sich im Nordwesten, an der Sangam-Brücke, zum Mutha-Mula. Die Haupteinkaufszone und die größte Konzentration von Restaurants und Hotels befindet sich in den Straßen südlich vom Bahnhof, besonders in der Connaught und, weiter südlich, der MG Road.

Pune

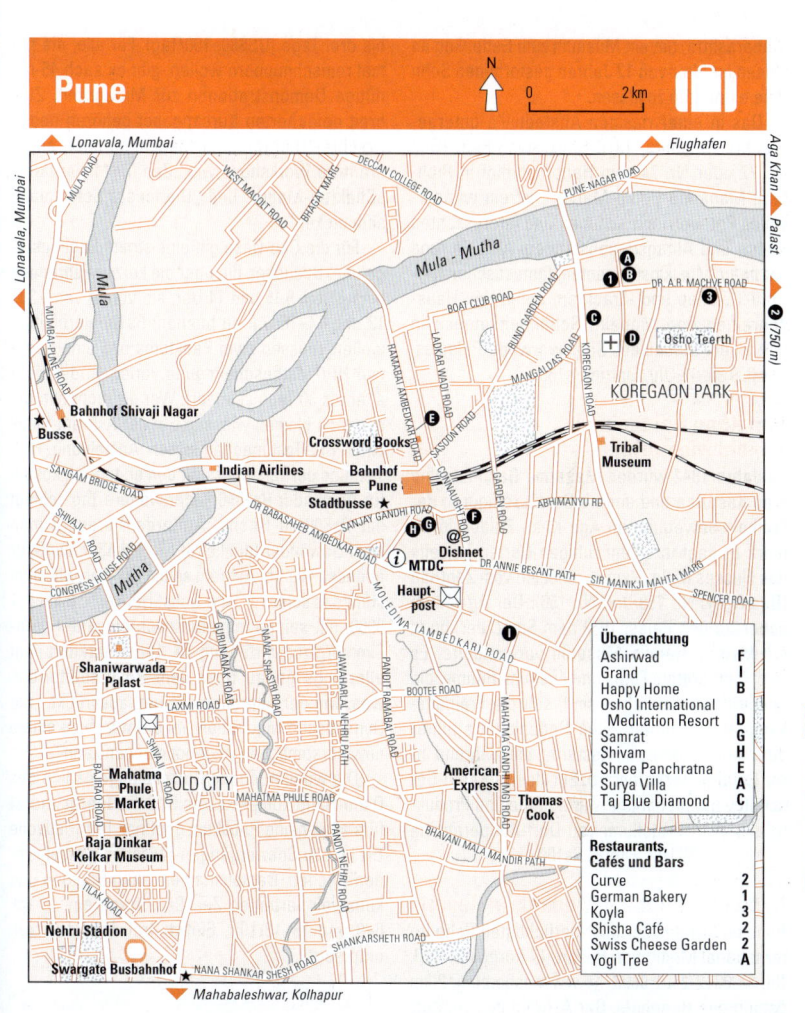

Übernachtung	
Ashirwad	F
Grand	I
Happy Home	B
Osho International Meditation Resort	D
Samrat	G
Shivam	H
Shree Panchratna	E
Surya Villa	A
Taj Blue Diamond	C

Restaurants, Cafés und Bars	
Curve	2
German Bakery	1
Koyla	3
Shisha Café	2
Swiss Cheese Garden	2
Yogi Tree	A

Die Altstadt, Peshwa, im Westen zwischen dem befestigten **Shaniwarwada Palace** und dem faszinierenden **Raja Dinkar Kelkar Museum**, ist der bei Weitem interessantere Teil der Stadt. Alte hölzerne *wadas*, palastartige Stadthäuser, sind in diesen engen, belebten Straßen erhalten geblieben, und der runde viktorianische **Mahatma Phule Market** ist ein pulsierendes Zentrum.

Raja Dinkar Kelkar Museum

Dinkar Gangadhar Kelkar (1896–1990) war nicht nur ein berühmter Marathi-Poet, der unter dem Namen Adnyatwass veröffentlichte, er verbrachte auch einen großen Teil seines Lebens damit, zu reisen und Kunst und Kunsthandwerk aus dem ganzen Land zusammenzutragen. 1975 spendete er seine Sammlung der Regierung von

Maharashtra, um ein Museum zum Gedenken an seinen im Alter von 12 Jahren gestorbenen Sohn Raja einrichten zu lassen.

Das in einer riesigen Altstadtvilla untergebrachte Museum, 1378 Shukrawar Peth (Bus Nr. 72 oder Nr. 74 vom Hauptbahnhof in Richtung Mahatma Phule Market), ist ein wundervolles Potpourri mit schönen und interessanten Kunst- und Alltagsgegenständen, Artikeln rund um *paan*, Musikinstrumenten, fantastischen Marathi-Textilien und -Trachten, Spielzeug, Hausschreinen und Möbeln, Schönheitsutensilien und einem Modell des Shaniwarwada-Palastes, ⏱ tgl. 9.30–18 Uhr, Eintritt Rs150.

Aga Khan Palace und Gandhi Memorial

Im Jahre 1942 wurden Mahatma Gandhi, seine Frau Kasturba und andere Schlüsselfiguren der Freiheitsbewegung im Aga Khan Palace interniert. Er liegt in einem ruhigen Garten jenseits des Flusses Mula, 5 km nordöstlich vom Zentrum (Bus Nr. 1, Nr. 158 und Nr. 156). Der Aga Khan schenkte den Palast 1969 dem Staat, der ihn in ein kleines Gandhi-Museum verwandelte. Es zeigt beschriftete Fotos und einfache Räume, die unverändert geblieben sind, seit die Freiheitskämpfer hier lebten. Eine Gedenkstätte hinter dem Haus erinnert an Kasturba, die während ihrer Gefangenschaft starb. Ein kleines Khadi-Geschäft verkauft handgewebte Stoffe und Produkte aus der Herstellung von Dorf-Kooperativen. ⏱ tgl. 9–17.30 Uhr, Eintritt Rs100.

Osho International Meditation Resort

Pune ist Sitz des berühmt-berüchtigten Osho International Meditation Resort, 17 Koregaon Park Rd, ☎ 0212-2401 9999, 🖥 www.osho.com, 2 km östlich des Bahnhofs. Der Ashram des verstorbenen New-Age-Gurus Shri Bhagwan Rajneesh (alias „Osho", siehe Kasten) auf einem 16 ha großen Garten- und Waldgrundstück ist eine verträumte Spielwiese mit Cafés, marmorgepflasterten Gehwegen, Swimmingpools, Saunen und Kliniken sowie einem Laden, der die unzähligen Bücher, DVDs und CDs des Meisters vertreibt. Seine **Multiversity** bietet alle möglichen Kurse zu verschiedenen Therapieformen und Meditationstechniken an; die meisten davon dauern ein bis drei Tage (US$80–100/Tag). Für alle, die nur mal reinschnuppern wollen, gibt es auch 45-minütige Demonstrationen zur Mittagszeit. Zum breit gefächerten Kursangebot gehören neben Urschrei-Therapie und Meditation auch abgedrehtere Workshops wie „Zen für Milliardäre", „Chakren-Magie" und „Die innere Schokolade schmecken".

Für die Öko-Oase gilt eine strikte Zugangsregelung: Besucher, die über die kurzen **Führungen** hinaus (tgl. 9.15 und 14 Uhr; am Vortag von 9.30–13 und 14–16 Uhr zu buchen; Rs10) hierbleiben wollen, müssen zwei Passfotos und eine negative HIV-Testbescheinigung vorlegen, die nicht älter als 30 Tage sein darf. Wer die nicht hat und dennoch bleiben will, muss in der Ashram-Klinik einen HIV-Test machen lassen. Anmeldung, HIV-Test und der Tagespass für den ersten Tag kosten für Ausländer Rs1350; jeder weitere Tag schlägt mit Rs500 zu Buche. Außerdem braucht man zwei Gewänder (dunkelrot für tagsüber, weiß für abends). Wer im Ashram selbst wohnen will, dem steht das schicke Osho Guest House, ☎ 020-6601 9900, mit seinen minimalistisch-eleganten Zen-Zimmern zur Verfügung ❽. Die Unterkunft liegt allerdings genau über dem Hauptauditorium, was, wie der Ashram es so nett ausdrückt, „die Dynamische Meditation um 6 Uhr früh zu einem unwiderstehlichen Angebot machen kann".

Die wunderschöne **Gartenanlage** östlich des Osho-Hauptkomplexes heißt **Osho Teerth** und ist fürs allgemeine Publikum geöffnet. Der friedvolle Ort lädt zu Spaziergängen zwischen plätschernden Bächen, Bambushainen, alten Bäumen und kunstvoll verteilten Zen-Skulpturen ein. ⏱ tgl. 6–9 und 15–18 Uhr, Eintritt frei, Fotografieren untersagt.

Übernachtung

Unabhängig von der Preiskategorie sind brauchbare Hotels in Pune dünn gesät. Das erklärt, warum (ähnlich wie in den meisten größeren Städten Maharashtras) die Preise unangemessen hoch sind und freie Zimmer Seltenheitswert haben. Besonders düster sieht es am unteren Ende des Preisspektrums aus, wo ohne Reservierung kaum etwas läuft. Infos zur Übernachtung im Osho International Meditation Resort gibt es auf S. 726.

Osho

Es ist fast 40 Jahre her, dass sich die ersten Sannyasins um Bhagwan Rajneesh scharten – jenen selbsternannten New-Age-Guru, der für Zehntausende von Anhängern in aller Welt kurz und schlicht **Osho** heißt. Auf seine Lehre, einen philosophischen Mischmasch aus Buddhismus, Sufismus, sexueller Befreiung, tantrischen Praktiken, Zen, Yoga, Hypnose, tibetischem Pulsing, Disco und ungeniertem Materialismus, gründete sich 1974 der erste Rajneesh-Ashram in Pune. Er zog rasch Scharen von Westlern und auch einige Inder an. Sie nahmen neue Sanskrit-Namen an und kleideten sich in orangefarbene oder dunkelrote Baumwollkleidung. An der Perlenkette (mala), die von den Anhängern um den Hals getragen wurde, hing ein Foto des erleuchteten Guru im klassischen Stil mit langem weißen Haar und Bart.

Viele der frühen Anhänger fühlten sich von Rajneeshs neuartigem Ansatz angezogen. Seine Kritik am Christentum mit seiner fixen Idee von Schuld und Sünde traf bei vielen den richtigen Nerv, ebenso wie sein Propagieren einer Befreiung durch Sex. Rajneesh versicherte seinen Gläubigen, dass materieller Luxus nicht zu verachten sei. Innerhalb weniger Jahre sprossen Ashram-Ableger in ganz Westeuropa aus dem Boden. Bis zum Jahr 1980 gab es 200 000 Anhänger, verteilt auf 600 Meditationszentren in 80 Ländern.

Um sich vor Umweltverschmutzung, Atomkriegen und AIDS zu schützen, steckte die Organisation Geld in ein utopisches Projekt namens **Rajneeshpuram**, auf rund 260 km² Ackerland in Oregon, USA. Zu diesem Zeitpunkt begannen Boulevardzeitungen und Fernsehteams wirkliches Interesse an Rajneesh zu entwickeln, der mittlerweile Multimillionär geworden war. Eingeschleuste Informanten verbreiteten Geschichten über merkwürdige Vorkommnisse in Rajneeshpuram, und es dauerte nicht lange, bis seine umtriebigen Geschäftsführerinnen das Interesse der Polizei erregten. Anzeigen wegen Steuerhinterziehung, Drogenmissbrauchs, Brandstiftung und einer Verschwörung, mehrere Leute in einer benachbarten Stadt zu vergiften, um die Kommunalwahlen zu beeinflussen, sorgten für weiteren Zündstoff. Obwohl er behauptete, nichts von alldem zu wissen, bekannte sich Rajneesh des Verstoßes gegen die Einwanderungsgesetze der USA schuldig und wurde 1985 abgeschoben. Nach langwierigen Versuchen, sich in 21 verschiedenen Ländern niederzulassen, kehrte der valiumsüchtige und an chronischem Erschöpfungssyndrom leidende Rajneesh schließlich in seine Heimatstadt Pune zurück, wo er 1990 im Alter von 59 Jahren starb.

Der Ashram litt in den 90er-Jahren unter internen Streitigkeiten und finanziellen Problemen. Vor seinem Tod bestimmte Rajneesh einen inneren Kreis von Personen, die die Führung der Gruppe übernehmen sollten. Einige von ihnen warfen jedoch das Handtuch, und die „Marke" Osho – die alljährlich rund 4 Mill. Bücher und dazu noch CDs, DVDs, Gemälde und Fotos vertreibt – wird heute von Zürich und New York aus kontrolliert. In Pune kam aber lange Zeit zu wenig von diesem Geld an, um die laufenden Kosten zu decken. Die Folge war ein Neustart mit Namensänderung (von Osho Commune International zu **Osho International Meditation Resort**). Auch das Leben im Ashram hat sich verändert: Während Besucher in den Hoch-Zeiten im Schnitt drei bis sechs Monate blieben, reisen die meisten heute nach höchstens zwei Wochen wieder ab, und nur noch wenige Anhänger leben ständig hier.

Ashirwad, 16 Connaught Rd, ☏ 0212-2612 8585, ✉ hotelash@vsnl.com. Das relativ neue Businesshotel ist trotz der Nähe zum Bahnhof wohltuend ruhig. Seine luftigen Zimmer erfreuen mit blank gewienerten weißen Fliesenböden und großzügig bemessenen Bädern. ❽

Grand, MG Rd, in der Nähe der Dr Ambedkar Statue am Ende der MG Rd, ☏ 0212-2636 0728. Das Hotel aus der Kolonialzeit hinter einem schummerig beleuchteten Biergarten war lange die erste Wahl für sparsame Traveller, hat aber in den letzten Jahren schwer nachgelassen.

Sympathisches Gästehaus

Happy Home, 294 Koregaon Park, ✆ 020-2612 2933, ✉ happyhomehostel@yahoo.co.im. Punes nettestes Gästehaus für Budget-Traveller ist vertrauenerweckender, hygienischer, freundlicher und gemütlicher als alles andere in dieser Preiskategorie. Es residiert in einem modernen Mietshaus in einer Seitenstraße außerhalb des Zentrums – einer Gegend, in der vor allem ausländische Osho-Jünger wohnen. Die sauberen Zimmer haben allesamt Bad und kleine Balkone. Wer länger als 2 Tage bleibt, bekommt Rabatt. ❸–❹

Trotz der maroden Sanitäreinrichtungen und der generellen Gammeligkeit sind die DZ im hinteren Anbau für ein, zwei Nächte erträglich. Um die stinkigen EZ mit Holztrennwänden und ohne Bad in der Nähe der Rezeption sollte man aber einen weiten Bogen machen. ❹

Samrat, 17 Wilson Garden, gegenüber vom Bahnhof, ✆ 020-2613 7964, ✉ thesamrathotel@vsnl.com. Schicker Hochhausblock mit zentraler Klimaanlage und großen, blitzblanken Zimmern an Galerien zum Innenhof. Das Ganze versteckt sich in einem Seitensträßchen nur einen Katzensprung vom Bahnhof entfernt, ist aber leicht aufzuspüren und bietet nach Pune-Maßstäben ein ausgezeichnetes Preis-Leistungs-Verhältnis. ❼

Shivam, 12 Wilson Garden, gegenüber vom Bahnhof, ✆ 020-2613 7593, ✆ 2605 3472. Von innen nicht halb so ansprechend wie das adrette Äußere erhoffen lässt, aber immerhin sauber genug für einen Kurzaufenthalt, und die Betten haben anständige dicke Matratzen. Einige Zimmer mit AC. ❺–❻

Shree Panchratna, 7 Tadiwala Rd, ✆ 020-2605 9999, 🖳 www.hotelshreepanchratna.in. Nicht weiter aufregendes, aber gepflegtes und gut geführtes Business-Hotel in einer ruhigen Seitenstraße in Bahnhofsnähe. Die Zimmer (alle mit AC) sind hell, frisch und schlicht möbliert, mit glänzenden Fliesenböden, kleinem Balkon und WLAN-fähigen Schreibtischen. ❽

Surya Villa, 284/1 Koregaon Park, ✆ 020-2612 4501. Großzügige, attraktiv eingerichtete Zimmer auf 4 Etagen eines ruhigen Vorort-Wohnblocks in der Nähe des Osho-Ashrams. Besonders beliebt bei ausländischen „Ashramiten" auf Dauerbesuch. ❺–❻

Taj Blue Diamond, 11 Koregaon Rd, ✆ 0212-2612 5555, 🖳 www.tajhotels.com, 2 km nordöstlich vom Hauptbahnhof, nicht weit vom Osho Ashram. Punes Top-Businesshotel bietet allen üblichen 5-Sterne-Komfort sowie ein indisches und ein Thai-Restaurant, einen 24-Std.-Coffeeshop, Pool und Geschäfte. ❾

Essen

Punes kaufkräftige Nachwuchsgeneration wirft derzeit mit dem Geld nur so um sich, und Monat für Monat eröffnen neue, innovative Ess- und Trinkadressen, um sie um ihre Infotech-Gehälter zu erleichtern. Die größte Ansammlung findet sich in Koregaon Park, wo ABC Farms, nur 10 Rikschaminuten vom Taj Blue Diamond entfernt, gleich 7 oder 8 der hippsten Cafés, Bars und Restaurants in einer Enklave vereint. Die besten davon sind hier besprochen, zusammen mit alteingesessenen Restaurants. Wie in den meisten indischen Boomstädten platzen die nennenswerten Lokale am Wochenende aus alle Nähten; dann heißt es auf jeden Fall rechtzeitig reservieren, wenn man nicht in die Röhre schauen will.

Curve, ABC Farms, Koregaon Park. Die Outdoor-Kneipe mit Kerzenlicht ist für ihre eigenwillige Architektur und die unverwechselbar geschwungene Bar mit Mosaikdeko bekannt. Die sympathische Atmosphäre leidet aber häufig unter der Beschallung mit westlichem Kitschpop. Cocktails Rs200, Spirituosen Rs50; dazu gibt's Grillfleisch und Kebabs nach individuellen Wünschen.

German Bakery, 291 Koregaon Park. Eine der ältesten Filialen einer Kette in die Jahre gekommener Hippiecafés. Sie versorgt eine gemischte Klientel aus handyverliebten, kettenrauchenden Studenten und gesundheitsbewussten Ashram-Jüngern mit leichten Mahlzeiten und sättigendem Gebäck und Brot.

Juice World, 2436/B East Street Camp. Frisch gepresste Obstsäfte (Rs25–40) und Shakes (unbedingt die superleckere Sorte mit

Trockenfrüchten und *badam* probieren) sind das Markenzeichen dieses zentral gelegenen Schuppens im Mumbai-Stil gleich östlich des oberen Endes der MG Rd. Außerdem gibt es hier heiße Snacks wie *aloo paratha* und den ganzen Nachmittag und Abend hindurch würziges *pao bhaji* nach Bombay-Art, das auf einer riesigen Theken-Grillplatte vor sich hin schmurgelt.

Koyla Mira, Nagar Corner, North Main Rd, Koregaon Park, ✆ 020-2612 0102. Das Restaurant mit dem extravagantesten Dekor von ganz Pune verblüfft mit spiegelglitzernden Wandbildern aus 1001 Nacht. Die Kellner in langen moslemischen *djellabas* und Fez tragen Hyderabadi-Küche auf, die dem Ambiente an Üppigkeit nicht nachsteht: aufwendige, cremige Curry-Gerichte und gewaltige, langsam geschmorte *biriyanis*, abgerundet durch traditionelle Desserts mit Safran, Kardamom und Pistazien. Für 3 Gänge sind locker Rs750–900 zu veranschlagen. Am Wochenende ist Tischreservierung ratsam.

The Place (Touche the Sizzler), 7 Moledina Rd. Saftig Gegrilltes (Gemüse, Fisch, Schwein oder Rind) und stattliche Steaks mit Bergen von hervorragenden Pommes frites und Salat sind die Spezialität dieses beliebten, von Parsen betriebenen Restaurants im Stadtzentrum. Hauptgerichte Rs200–300.

Ram Krishna, 6 Moledina Rd, gegenüber dem West End Theatre. Kellner mit schwarzen Krawatten servieren unter der hohen Decke des Speisesaals vegetarische Nord- und Südindien-Küche der Spitzenklasse und ein paar fantastische Punjabi-Tandoori-Spezialitäten zu erstaunlich zivilen Preisen (die meisten Hauptgerichte für Rs70–150). ⏰ 9–23.15 Uhr.

Swiss Cheese Garden, ABC Farms, Koregaon Park. Freitags bis sonntags kann man von Glück sagen, wenn man einen Tisch in diesem urigen, auf schweizerisch getrimmten Lokal ergattert. Zwischen anheimelnden roten Ziegelwänden und hübschen Glasmosaik-Laternen oder draußen im Garten voller Lichterketten lassen sich die Gäste leckere Rösti, Fondue (je nach Zutaten Rs425–600), Raclette (Rs450) und Holzofenpizza (Rs125–250) schmecken.

Yogi Tree, Erdgeschoss, Hotel Surya Villa, 284/1 Koregaon Park. Das Stammlokal der gesundheitsbewussten Osho-Jünger serviert reine, hygienische Fruchtsäfte, gegrillte Sandwiches, Tofu-Steaks (Rs150), köstliche *koftas* (Hackbällchen, Rs100) und extrem beliebten pfannengerührten *pak choi* (Rs150). Auch die Nachspeisen sind deliziös.

Sonstiges

Bücher

Manney's Booksellers, 7 Moledina Rd, Clover Centre, und **Crossword**, auf der 1. Etage der Sohrab Hall (neben dem Hotel Shree Panchratna), sind die besten Buchläden der Stadt.

Geld

Geldautomaten sind inzwischen überall in der Stadt zu finden.

Thomas Cook, 13 Thacker House, ganz in der Nähe der General Thimmaya Road, ✆ 0212-613 8188, wechselt Fremdwährungen und löst Reiseschecks ein. ⏰ Mo–Sa 9.30–18 Uhr

American Express hat ein Büro in der MG Road, ✆ 0212-2605 5337, Mo–Fr 9.30–18.30, Sa 9.30–14.30 Uhr

Informationen

Reiseinfos gibt es beim **MTDC Tourist Office**, ✆ 0212-2612 6867, im „I"-Block des Central Building der Stadtverwaltung (Eingang zwischen Ambedkar Chowk und Sadhu Vaswani Circle), ⏰ Mo–Sa 10–17.30 Uhr.

Persische Gaumenfreuden zu Kubaklängen

Shisha Café, ABC Farms, Koregaon Park. Aktuell Punes trendigste Kneipe: eine riesige Gastro-Bar auf Stelzen mit ausladendem Strohdach. Drinnen laden türkische Teppiche und niedrige Podeste mit Kissen zum Lümmeln ein. Auf der Speisekarte dominiert die persische Küche; die Musikberieselung besteht dagegen aus kubanischen Klängen und Bebop. Dazu werden Bier und Spirituosen kredenzt, und der Tabak der *hookahs* (Wasserpfeifen) schmeckt nach Erdbeere.

Das MTDC Tourist Office betreibt außerdem einen **Informationsschalter** am Hauptbahnhof, gegenüber dem 1.-Klasse-Schalter, ⏱ offiziell Mo–Fr 10–18 und Sa 10–13 Uhr, am 2. und 4. Sa jedes Monats geschl.

Internet
Internetzugänge werden vielerorts angeboten, z. B. im **24-Std.-Cybercafé** auf der 1. Etage des Hauptbahnhofs (Rs30/Std.), und bei **Dishnet**, Connaught Road, 5 Min. zu Fuß vom Hauptbahnhof (Rs30/Std.). Wer sich sowieso gerade in der Nähe des Osho Ashram in Korgaon Park herumtreibt, hält sich am besten an **Zorba Net Surfing** (nur Rs20/Std.) im Erdgeschoss des Hotels Surya Villa neben dem Yogi Tree Café.

Post
Die sehr effiziente **Hauptpost (GPO)** ist in der Sadhu Vasavani (Connaught) Rd.

Transport
Als bedeutendes Wirtschaftszentrum verfügt Pune eigentlich über ausgezeichnete Verkehrsverbindungen zu vielen Orten und Städten im übrigen Südindien. Die Nachfrage nach Flügen, Zug- und Busplätzen übersteigt das Angebot jedoch bei Weitem, weshalb man die gewünschten Verbindungen möglichst weit im Voraus buchen sollte.

Busse
Es gibt drei Busbahnhöfe in Pune:
Der **City Bus Stand** neben dem Hauptbahnhof ist zweigeteilt: Von einem Bereich verkehren Busse in die Stadt selbst (mit Beschilderung und Fahrplänen ausschließlich in Marathi); der Fernbusbereich ist für Busverbindungen nach Süden und Westen reserviert, z. B. nach Goa, Kolhapur, Lonavala, Mahabaleshwar und Mumbai.
Vom **Swargate Bus Stand**, ca. 5 km südlich in der Nähe vom Nehru-Stadion, fahren Busse nach Karnataka und (wie vom City-Busbahnhof) zu verschiedenen Orten Richtung Süden und Westen.
Vom **Shivaji Nagar Bus Stand**, neben dem gleichnamigen Bahnhof, 3 km westlich des Zentrums, verkehren Busse Richtung Norden.
Achtung: An den Busbahnhöfen hängen keine Informationen auf Englisch aus. Um herauszufinden, von welchem Busbahnhof Busse zum gewünschten Ziel fahren, erkundigt man sich am besten beim Informationsschalter am City Bus Stand. Informationen über staatliche Busse sind auch beim **MTDC-Tourist-Information-Schalter** im Hauptbahnhof zu erfragen.

Busse nach:
AURANGABAD (10x tgl.; 5 Std.),
BIJAPUR (1x tgl.; 11–12 Std.),
GOA (4x tgl.; 15–16 Std.),
KOLHAPUR (4x tgl.; 5 1/2–7 Std.),
MAHABALESHWAR (9x tgl.; 3 1/2–4 Std.),
NASIK (alle 30 Min.; 3–4 Std.).
ASIAD-Busse nach MUMBAI (4–4 1/2 Std.) fahren zwischen 5.30 und 23.30 Uhr alle 15 Min. vom City Bus Stand ab.
Auf den gefragtesten Strecken, u. a. nach Goa und Mahabaleshwar, verkehren auch Dutzende **privat betriebener Busse**.
Die Vertretungen der privaten Busunternehmen befinden sich gegenüber dem Hauptbahnhof und den Busbahnhöfen. Beim Buchen unbedingt nachfragen, wo der Bus abfährt.

Eisenbahn
Der **Hauptbahnhof** liegt im Stadtzentrum südlich des Flusses. Da Pune einer der letzten Stopps für rund 20 Langstreckenzüge nach Mumbai ist, sind die Zugverbindungen hervorragend. Viele dieser Züge fahren jedoch frühmorgens ab, und einige enden in Dadar oder (noch schlimmer) Kurla – also immer zuerst am Bahnhof nachfragen oder unter 🖥 www.indianrail.gov nachsehen.
Alle Zugverbindungen sollten so früh wie möglich beim neuen **Reservation Centre** neben dem Hauptbahnhof reserviert werden. ⏱ Mo–Sa 8–20, So 8–14 Uhr.

Empfehlenswerte Zugverbindungen
(besonders schnell und/oder praktische)
BANGALORE (Bengalaru) (Udyan Express Nr. 6529, tgl. 23.45 Uhr, 9 Std.)

CHENNAI (Chennai Express Nr. 2163,
tgl. 00.10 Uhr, 22 Std.)
ERNAKULAM (Kochi)/THIRVANANTHAPURAM
(Trivandrum) (Udyan Express Nr. 6529,
tgl. 19.25 Uhr, 33/39 Std.)
GOA (Goa Express Nr. 2780, tgl. 16.40 Uhr,
13 Std.)
HYDERABAD (Hyderabad Express Nr. 7031,
tgl. 16.40 Uhr, 13 Std.)
KOLHAPUR (Sahyadri Express Nr. 023 CST,
tgl. 22.05 Uhr, 8 Std.)
MUMBAI (Mumbai Express Nr. 6012,
tgl. 9.45 Uhr, 4 Std.)

Züge nach:
BANGALORE (2–5x tgl., 19 1/4–22 3/4 Std.),
CHENNAI (3x tgl., 20–25 3/4 Std.),
DELHI (3x tgl., 26 1/2–29 1/4 Std.),
HYDERABAD (3–4x tgl., 11–14 Std.),
JALGAON (3–4x tgl., 8 1/4–11 Std.),
KOLHAPUR (4x tgl., 7 1/2–8 Std.),
MARGAO (1x tgl., 14 Std.),
MUMBAI (20–23x tgl., 3 1/2–5 1/4 Std.),
NAGPUR (1–2x tgl., 17 1/4–19 Std.).

Flüge
Der **Lohagaon Airport** liegt 10 km nordöstlich des Zentrums. Für die je nach Verkehrsdichte 15- bis 30-minütige Fahrt zum Stadtzentrum stehen Festpreis-Taxis (ca. Rs200) und Motor-Rikschas (Rs100–150) zur Auswahl.

Flüge nach:
AHMEDABAD (IT, SG) (2x tgl., 1 1/4 Std.),
BANGALORE (DA, IA, 9W, IT und SG) (8–9x tgl.; 1 1/4–2 1/2 Std.),
CHENNAI (GO, 9W, IT und SG) (3–4x tgl., 1 1/2–3 1/4 Std.),
DELHI (IC, 6E, 9W, S2, IT und SG) (7–9x tgl., 2–5 Std.),
GOA (IC) (1x tgl., 3/4 Std.),
HYDERABAD (DA, IC, IT und SG) (4–5x tgl., 1–1 1/2 Std.),
INDORE (IT) (1x tgl., 1 1/4 Std.),
KOLKATA (9W, IT) (3x tgl., 4 1/2–6 1/4 Std.),
MUMBAI (9W) (2x tgl., 1/2 Std.),
NAGPUR (6E und S2 2x tgl., 1 1/4–2 1/2 Std.).
IA = Indian Airlines, **IT** = Kingfisher,
IX = Air India Express, **DA** = Air Deccan,
SG = Spicejet, **6E** = IndiGo, **S2** = JetLite,
9W = Jet Airways, **GO** = Go Air)

Taxis
Nach Mumbai fahren 24-Std.-Taxis verschiedener Agenturen vom Taxistand vor dem Hauptbahnhof. Sie verlangen etwa Rs300 p. P., bringen ihre Passagiere allerdings nur bis Dadar. Am gleichen Platz sind auch teurere „cool cabs" mit Klimaanlage (Rs360 p. P.) zu finden.

Mahabaleshwar

Mahabaleshwar, 250 km südöstlich von Mumbai, ist die meistbesuchte Hill Station in Maharashtra und am einfachsten von Pune (120 km nordöstlich) aus zu erreichen. Als höchster Punkt in den Westghats (1372 m) ist der Ort extremen Wetterbedingungen ausgesetzt. Der Juni bringt schwere Nebel sowie einen drastischen Temperaturrückgang, gefolgt von Überschwemmungen biblischen Ausmaßes: In den 100 Tagen bis Ende September fallen bis zu 7 m Regen. Touristen können daher nur zwischen November und Mai hierher kommen. Im Hochsommer, von April bis Mai, ist der Ort (Eintritt Rs10) völlig überfüllt.

Abgesehen von seiner günstigen Lage auf halbem Weg zwischen Mumbai und Goa ist die Hauptattraktion das Netz beschilderter **Wanderwege** durch die Wälder. Sie führen zu Wasserfällen und diversen Aussichtspunkten, von denen man über die Berggipfel und hinunter auf die Ebenen blickt. Man kann auch mit Booten auf dem zentralen **Yenna-See** fahren oder auf dem Markt Erdbeeren, Himbeeren, hausgemachte Marmelade und Honig kaufen.

Ein netter Spaziergang führt zum **Wilson's Point**, dem höchsten Punkt des Berggrats: Zum (befahrbaren) Weg hinauf gelangt man durch den Basar in Richtung Süden (weg vom Busbahnhof) und am Ende der Straße geradeaus über die Kreuzung, vorbei am Hotel Mayfair. Zehn Minuten weiter bergauf kommt man zu einem rot-weißen Schild, das von der Straße nach links zeigt. Wilson's Point liegt weitere zehn Minuten steil bergauf – er wird von einem gigantischen Radiosender gekrönt, der meilenweit sichtbar ist. Der Panoramablick bei Sonnenuntergang kann atemberaubend sein.

Übernachtung

Wie in vielen Hill Stations liegen die Übernachtungspreise in Mahabaleshwar trotz des großen Angebots an Hotels deutlich über dem Durchschnitt. Die billigsten Unterkünfte finden sich im Hauptbasar (offiziell Dr Sabne Rd) und der Parallelstraße Murray Peth, wo man unter der Woche oder in der Nebensaison – mit ein bisschen Handeln – Zimmer unter Rs400 bekommen kann. Während des Monsuns (Mitte Juni bis Mitte Sep), wenn die meisten Hotels schließen, und während der Hochsaison (an Diwali sowie über Weihnachten und Neujahr), wenn die Zimmerpreise sich verdoppeln, sind Unterkünfte schwer zu finden.
Blue Star, 114 Dr Sabne Rd, ✆ 02168-260678. Besonders günstige Nebensaisonpreise für schlichte Zimmer mit Bad in zentraler Lage – allerdings mit entsprechend bescheidenem Unterbringungsstandard. ❹
Deluxe, Dr Sabne Rd, ✆ 02168-260202. Saubere, relativ neue Lodge über einem Textilgeschäft. Eine der besseren Budget-Unterkünfte in direkter Reichweite des Busbahnhofs. ❹–❺
Dreamland, direkt unterhalb der staatlichen Busbahnhofs, 🖥 www.hoteldreamland.com, ✆ 02168-260228. Großes, etabliertes Resorthotel mit großem Garten. Das Zimmerangebot reicht von einfachen „Cottages" bis zu neuen, klimatisierten Apartments am Pool, die einen tollen Ausblick bieten. Das nette Gartencafé serviert guten Espresso und das Restaurant feine indische, europäische, mexikanische sowie chinesische Küche. ❻–❽
MTDC Holiday Camp, 2 km südwestlich vom Zentrum, ✆ 02168-260318. Breites Angebot an preiswerten, schmucklosen Unterkünften, darunter Cottages für 4 Pers., DZ und Gruppenunterkünfte, in ruhiger Randlage. ❸–❹
Paradise International, Main Rd, nicht weit vom Busbahnhof, ✆ 02168-260084. Etwas baufällige, aber noch akzeptable Unterkunft; erwähnenswert ist eigentlich nur der angenehme Innenhof. ❹–❺

Luxusherberge mit Traumpanorama

Valley View Resort, Valley View Rd (zweigt von der Murray Peth Rd ab), ✆ 02168-260066. Die sympathischste Nobelherberge von Mahabaleshwar ist diese moderne 80-Zimmer-Anlage mitten im Ortszentrum auf einem üppig grünen Gartengelände mit spektakulärer Aussicht. Zu ihren besonderen Annehmlichkeiten gehören ein schickes, rein vegetarisches (und alkoholfreies) Restaurant, ein großes Hallenschwimmbecken und ein Fitnesscenter. DZ ohne AC ab ca. Rs3000. ❽–❾

Essen und Sonstiges

Abgesehen von den Hotelrestaurants und den allgegenwärtigen *thali*-Buden, sind nur zwei Restaurants im Hauptbasar erwähnenswert: **Dragon Chinese Den** und **Tinklers-The Taste Bud**, das ausgezeichnete, wenn auch nicht ganz billige südindische und andere Snacks produziert.
Es gibt ein paar eher unzuverlässige **Internet-Läden** im Basar.
Geldautomaten finden sich bei der **Bank of Maharashtra** im Hauptbasar (Dr Sabne Rd) und bei der **State Bank of India**, Masjid Street.

Transport

Vom zentralen staatlichen Busbahnhof am Nordwestende des Basars fahren Busse nach PUNE, dem verkehrsgünstigsten Bahnhof, sowie KOLHAPUR und SATARA, 17 km vom Bahnhof Satara Road entfernt, der wiederum Anschluss nach Mumbai (via Pune) und Goa (via Miraj) bietet.
5x tgl. kommen Busse aus MUMBAI; am empfehlenswertesten ist der „semi-luxury" MSRTC-Bus (7 Std.), der jeden Morgen um 7 Uhr vom Central-Busbahnhof in Mumbai abfährt. Einmal tgl. um 9 Uhr fährt ein Bus direkt nach PANAJI in Goa (12 Std.).

Pratapgadh

Eine einstündige Busfahrt von Mahabaleshwar entfernt liegt die im 17. Jh. erbaute Festung Pratapgadh, die sich über die gesamte Länge eines hohen Bergkamms erstreckt und eine überwältigende Aussicht auf die Berge rundum bietet. 500 Stufen führen zu ihr hinauf. Geschichtlich wird sie mit dem Marathen-Führer **Shivaji** in Verbindung gebracht, der den Mogul-General Afzal Khan von Bijapur hierher lockte, um über einen Waffenstillstand zu verhandeln. Keiner von beiden schien sich an die Bedingung, unbewaffnet zu kommen, halten zu wollen. Khan versuchte, Shivaji zu erstechen, woraufhin dieser ihn mit dem schaurigen *wagnakh,* einer Art Handschuh aus eisernen Krallen, tötete. Die Besucher von heute erwartet hier Afzal Khans Grab, ein Gedenkstein an Shivaji und ein schöner Blick über die umliegenden Berge. ◷ tgl. Sonnenauf- bis Sonnenuntergang, Eintritt frei.

Ein Taxi nach Pratapgadh kostet etwa Rs750 zuzüglich Gebühr für die Wartezeit. Außerdem fährt täglich um 9.30 Uhr ein staatlicher Bus vom Busbahnhof in Mahabaleshwar hierher. Er wartet allerdings bis zur Rückfahrt nur eine Stunde.

Kolhapur

Kolhapur, am Ufer des Flusses Panchaganga, 225 km südlich von Pune, soll seit uralten Zeiten ein bedeutendes Zentrum des tantrischen Kults gewesen sein. Die Stadt entstand vermutlich rund um den **Mahalakshmi-Tempel**, der im Leben ihrer Bewohner immer noch eine wichtige Rolle spielt, obwohl es in der Region noch bis zu 250 weitere Heiligtümer geben soll. Mit über 500 000 Einwohnern ist Kolhapur zu einem bedeutenden Industriezentrum geworden, hat sich aber genug typischen Maharashtra-Charakter bewahrt, um einen Zwischenstopp zu rechtfertigen.

Der **Mahalakshmi-Tempel**, dessen cremefarbene Türme den Westen der Stadt überragen, wurde vermutlich im 7. Jh. vom Chalukya-König Karnadeva gegründet. Was heute von dem Gebäude zu sehen ist, stammt jedoch aus dem frühen 18. Jh.

Der Tempel wurde nach einem kreuzförmigen Grundriss aus bläulich-schwarzem Basalt gebaut; unter dem östlichen und größten der fünf Türme steht das Bildnis der Göttin Mahalakshmi.

Der **Rajwada** oder Old Palace am Platz gleich oberhalb des Mahalakshmi-Tempels wird bis heute von Mitgliedern der einstigen Herrscherfamilie Chhatrapati bewohnt. Besucher können die Eingangshalle besichtigen – der Weg führt unter einer säulengestützten Veranda hindurch, ◷ tgl. 10–18 Uhr, Eintritt frei.

Kolhapur ist als Zentrum für den traditionellen Ringkampf *kushti* berühmt. Wenn man hinter den Palasttoren rechts abbiegt und durch das niedrige Tor tritt, gelangt man auf einen Pfad, der an ein paar baufälligen Gebäuden vorbei zur eingefallenen *motibaug,* der **Ringkampfarena**, führt. Wer zwischen 5.30 und 17.30 Uhr hierher kommt, kann die Ringer beim Training beobachten. Die Hauptsaison ist zwischen Juni und September, während der kühlsten Zeit des Jahres, aber viele sind auch zu anderen Zeiten aktiv. Hindus und Moslems trainieren gemeinsam, fotografieren ist kein Problem.

Der **New Palace** des Maharadschas, 2 km nördlich des Zentrums, wurde 1884 nach einem Feuer im Rajwada erbaut. Der von Major Mant entworfene Bau kombiniert Jain- und Hindu-Elemente aus Gujarat und Rajasthan sowie lokale Einflüsse des Rajwada und bleibt dabei doch eindeutig viktorianisch – mit einem auffälligen Uhrenturm.

Der heutige Maharadscha lebt im ersten Stock, während das Erdgeschoss eine faszinierende Sammlung von Kostümen, Waffen, Spielen, Schmuck, Stickereien und silbernen Elefantensätteln zeigt. ◷ Di–So 9.30–13 und 14.30–18 Uhr, Eintritt Rs20

Übernachtung und Essen

Es gibt in Kolhapur ein ausreichendes Angebot an Unterkünften zu vernünftigen Preisen; die meisten liegen in der Station Rd und sind damit vom Busbahnhof aus leicht zu erreichen.

Hotel Maharaja, 514 Station Rd, ✆ 0231-265 0829. Einfache Lodge direkt gegenüber vom Busbahnhof mit Dutzenden einfacher, sauberer Zimmer zu guten Preisen und einem vegetarischen Restaurant. ❸

Sony, ✆ 0231-265 8585, schräg gegenüber auf der anderen Seite des Platzes im Mahalaxmi Chambers Komplex; wenn das Maharaja voll ist, kann man es hier probieren. ❷–❸

Zu Gast im Maharadscha-Palast

Shalini Palace, ✆ 0231-263 0401. Das Hotel in Stadtrandlage am Ufer des Rankala-Sees war einmal die Sommerresidenz des Maharadschas. Die Suiten verkörpern mit ihren wuchtigen Himmelbetten und Polstermöbeln einen nicht allzu gelungenen Spagat zwischen antik und modern, sind aber auf jeden Fall das bei Weitem luxuriöseste Nachtlager in Kolhapur. Die weitläufigen Grünanlagen laden zum ausgedehnten Abendspaziergang ein. Selbst für Nichtgäste lohnt sich ein Abstecher zum Shalini, um in seinem riesigen Restaurant in der ehemaligen Durbar Hall zu speisen. ❻

Hotel Woodlands, 204E Tarabai Park, ✆ 0231-265 0941, ✉ 263 3378, in ruhiger Vorortlage 5 Rikschaminuten vom Busbahnhof entfernt. Komfortable Unterkunft mit einer guten Auswahl an Zimmern mit TV, teils auch AC, 24 Std. geöffnetem Coffeeshop, Multikulti-Restaurant, Garten und Bar. ❺–❻

Abgesehen von den Hotels gibt es das beste Essen im **Subraya**, am oberen Ende des Station Square. Dieses komfortable Restaurant mit AC serviert abwechslungsreiche Speisen, u. a. gute Maharashtra-*thalis,* Frühstück und billigere Snacks nach südindischer Art, z. B. leckere *dosas, vada pao* und sättigende *pani puris.*

Sonstiges
Geld
Die einzige Möglichkeit, in Kolhapur Reiseschecks zu tauschen, bietet die State Bank of India bei der Dasara Chowk Bridge, nahe dem Shahamahar-Bahnhof. Sie hat auch einen Geldautomaten; weitere Geldautomaten sind bei den meisten größeren Banken zu finden, u. a. bei der zuverlässigen UTI Bank in der Station Rd.

Informationen
5 Min. zu Fuß vom Bahnhof entfernt (rechts abbiegen) liegt die **MTDC-Touristeninformation**, im Kedar Complex in der Station Rd, ✆ 0231-269 2935, ⏱ Mo–Sa 8.30–18.30 Uhr, wo man eine geführte Tour durch Kolhapur buchen kann (Mo–Sa 10–17.30 Uhr, Rs75).

Internet
Balaji Net Café, Station Rd, zwischen Bahnhof und Busbahnhof, ist verlässlich (Rs20/Std.).

Transport
Auf Kolhapurs Flughafen, 8 km südöstlich vom Stadtzentrum, landen tgl. Flieger aus MUMBAI. Der **Bahnhof** liegt 500 m vom Busbahnhof entfernt in der Station Rd, in der Nähe des Stadtzentrums.
Zwei direkte Expresszüge fahren jeden Abend vom MUMBAI CST über PUNE nach Kolhapur: der Mahalaxmi Express Nr. 1011 und der Sahyadri Express Nr. 1023. In Gegenrichtung fährt von Kolhapur tgl. um 19.35 Uhr der Mahalaxmi Express nach PUNE und MUMBAI.

Züge nach:
BANGALORE (Bengaluru) (1–3x tgl, 21–25 3/4 Std.),
MUMBAI (2–3x tgl., 11–12 1/4 Std.),
PUNE (4x tgl., 7 1/2–7 3/4 Std.).

Goa

Stefan Loose Traveltipps

Old Goa   Glockentürme und Barockkirchen zeugen von der einstigen kolonialen Pracht der ehemaligen Hauptstadt Goas. S. 749

Ingo's Night Bazaar, Arpora   Entspannter als der Flohmarkt von Anjuna, und auch die Waren sind von besserer Qualität. S. 765

Flohmarkt von Anjuna   Goas berühmter Touristenbasar ist der beste Ort, um sich mit angesagten Partyklamotten und Reisemitbringseln einzudecken. S. 766

Die Nine Bar am Ozran Vagator Beach In der Szenebar genießen die Traveller jeden Abend bei Trance-Musik den Sonnenuntergang. S. 773

Arambol   Ein alternativer Urlaubsort mit exquisiten Stränden und einigen der besten Budget-Restaurants in ganz Asien. S. 780

Braganza-Perreira-Haus, Chandor   Das extravaganteste koloniale Herrenhaus der Region steckt voller Antiquitäten. S. 787

12 Palolem   Romantischer als an diesem idyllischen, von Palmen gesäumten Strand im äußersten Süden können tropische Sonnenuntergänge kaum sein. S. 794

Die Essenz Goas lässt sich wunderbar mit einem einzigen Wort ausdrücken: dem portugiesischen *sossegado*, zu Deutsch „ruhig". In den letzten zwanzig Jahren stand die Zeit in dieser ehemaligen Kolonialenklave auf halber Höhe der indischen Südwestküste natürlich nicht still, doch trotz der zunehmend chaotischen Verhältnisse in der Hauptstadt, den Badeorten und den Marktstädten hat sich Goa seine beschauliche Atmosphäre erhalten, durch die es sich von jeher von anderen Landesteilen unterschied. Unter den 1,4 Mill. Einwohnern herrscht kein Zweifel daran, welchem Umstand sie diese Besonderheit verdanken: Während der Großteil des Subkontinents von den steifen, verschlossenen Briten kolonialisiert wurde, herrschten in Goa lange Zeit die **Portugiesen**, die den angenehmen Seiten des Lebens im Allgemeinen stärker zugewandt sind als ihre entfernten angelsächsischen Nachbarn.

Goa war das erste Standbein Portugals in Asien und diente über 450 Jahre lang als Dreh- und Angelpunkt des weitreichenden portugiesischen Handelsnetzes. Doch als das lusitanische Weltreich im 17. Jh. seinem Untergang entgegenging, sank auch der Glücksstern Goas. Durch eine Mauer von Bergen und Hunderte von Meilen unwegsamer Schwemmlandebenen vom Rest Indiens abgeschnitten, blieb es vom übrigen Subkontinent restlos isoliert. Dafür wurden hier, als im Anschluss an die Unabhängigkeit 1947 in Indien Mord und Totschlag herrschten, die Macheten nur zum Öffnen von Kokosnüssen geschwungen. Erst 1961, als der frustrierte indische Premierminister Jawaharlal Nehru nach vergeblichen Versuchen, mit dem portugiesischen Diktator Salazar zu einer gütlichen Einigung zu kommen, seine Armee schickte, wurde Goa schließlich ein Teil von Indien.

Die Besucher, die Ende der 60er- und Anfang der 70er-Jahre auf dem strapaziösen Landweg von Bombay nach Goa kamen, stellten fest, dass sich hier seit Jahrhunderten wenig verändert hatte. Portugiesisch war nach wie vor die Lingua franca der gebildeten Elite, und die Küstensiedlungen bestanden aus schlichten Fischerdörfern und Kokosplantagen. Erleichtert, nach der anstrengenden Reise durch Indien einen Ort gefunden zu haben, der billig war und keinen Kulturschock hervorrief, ließen sich die Traveller hier nieder, verbrachten die Zeit mit Kiffen, erfreuten sich an den traumhaften Sonnenuntergängen über dem Arabischen Meer und feierten in den Vollmondnächten wilde Partys. So entstand eine Urlaubskultur, die Goa schon bald zu einem Synonym für hedonistische **Hippies** machte.

Inzwischen hat der Bundesstaat seinen Ruf als Zufluchtsort für Aussteiger abgeschüttelt. Dennoch bevölkern jeden Winter Hunderttausende von Besuchern die wunderbaren **Strände**. Deren Erschlossenheitsgrad ist ganz unterschiedlich und reicht von weitläufigen, luxuriösen Urlaubsanlagen nach westlichem Muster bis zu Stränden, an denen gerade mal ein paar aus Palmblättern geflochtene Hütten stehen.

Das portugiesische Erbe ist in Goa noch überall spürbar. So erscheint dem Besucher aus dem Westen die Atmosphäre hier einerseits exotisch, andererseits seltsam vertraut. Dies gilt insbesondere für die **Küche** Goas, in der die Vorliebe der europäischen Südländer für Fleisch und Fisch eine Verbindung mit der indischen Liebe zu Gewürzen eingeht – das Ergebnis ist mit keiner anderen Regionalküche Asiens vergleichbar. Für Indien ansonsten ungewöhnlich ist auch die Tatsache, dass hier viel **Alkohol** getrunken wird. Bier ist billig, und mindestens 6000 Bars in Goa dürfen es ausschenken, zusammen mit dem traditionelleren *feni*, einem hochprozentigen Fusel, der aus der Cashew-Frucht oder aus Kokospalmschößlingen gewonnen wird.

Wenn man in Zentral-Goa mit seinen zahlreichen weiß getünchten Kirchen und Bildstöcken am Straßenrand unterwegs ist, fällt es schwer zu glauben, dass mehr als zwei Drittel der Einwohner des Bundesstaates dem **Hinduismus** angehören. Doch im Unterschied zu vielen anderen Teilen Indiens herrscht hier überwiegend Toleranz in Religionsfragen, traditionelle Bräuche vermischen sich problemlos mit moderneren Sitten. Wenn den Goanern eine Verschmelzung mit Nachbarstaaten drohte, haben sie bei Wahlen stets den regionalen Zusammenhalt über kommunale Differenzen gestellt. Das goanische Gemeinschaftsgefühl wurde auch durch eine Kampagne gefördert, **Konkani**, die Sprache der überwiegenden Mehrheit der Goaner, als

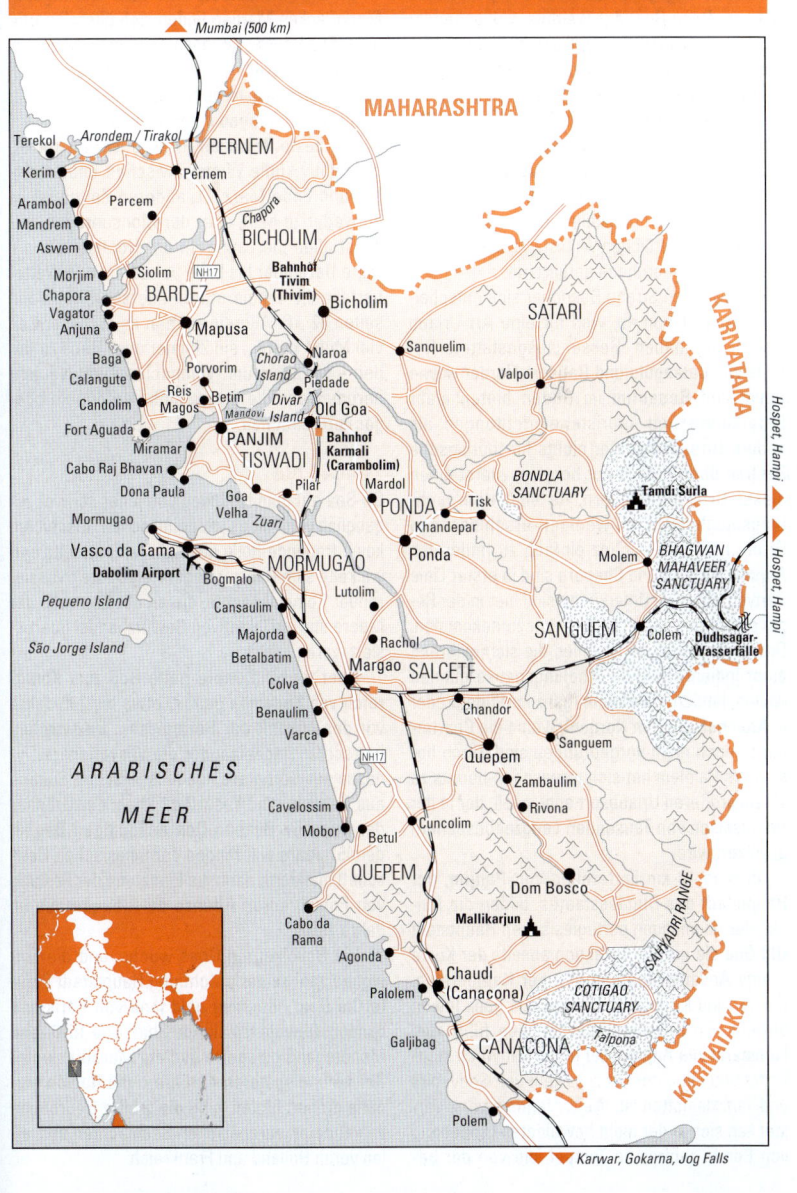

GOA

0   20 km

▲ Mumbai (500 km)

MAHARASHTRA

- Terekol
- Arondem / Tirakol
- Kerim
- **PERNEM**
- Pernem
- Arambol
- Parcem
- Mandrem
- Aswem
- Chapora
- **BICHOLIM**
- Morjim
- Siolim
- NH17
- **Bahnhof Tivim (Thivim)**
- Chapora
- **BARDEZ**
- Bicholim
- Vagator
- Mapusa
- Anjuna
- Naroa
- **SATARI**
- Baga
- Porvorim
- Chorao Island
- Sanquelim
- Calangute
- Reis Magos
- Piedade
- Valpoi
- Candolim
- Betim
- Divar Island
- Old Goa
- Fort Aguada
- Mandovi
- Cabo Raj Bhavan
- Miramar
- **PANJIM TISWADI**
- **Bahnhof Karmali (Carambolim)**
- Dona Paula
- Pilar
- Mardol
- *BONDLA SANCTUARY*
- Mormugao
- Goa Velha
- **PONDA**
- ▲ Tamdi Surla
- **Vasco da Gama**
- Zuari
- Tisk
- **Dabolim Airport**
- **MORMUGAO**
- Khandepar
- *BHAGWAN MAHAVEER SANCTUARY*
- Bogmalo
- Ponda
- Molem
- *Pequeno Island*
- Cansaulim
- Lutolim
- *São Jorge Island*
- Majorda
- Rachol
- Colem
- **Dudhsagar-Wasserfälle**
- Betalbatim
- **SANGUEM**
- Colva
- Margao **SALCETE**
- Benaulim
- Chandor
- Varca
- NH17
- Quepem
- Sanguem
- Zambaulim
- Cavelossim
- Rivona
- *ARABISCHES MEER*
- Mobor
- Betul
- Cuncolim
- **QUEPEM**
- Dom Bosco
- ▲ Mallikarjun
- Cabo da Rama
- *SAHYADRI RANGE*
- Agonda
- Chaudi (Canacona)
- *COTIGAO SANCTUARY*
- Palolem
- Galjibag
- Talpona
- **CANACONA**
- Polem

KARNATAKA

▶ Hospet, Hampi
▶ Hospet, Hampi

KARNATAKA

▼▼ Karwar, Gokarna, Jog Falls

www.stefan-loose.de/indien   Goa   737

offizielle Amtssprache einzuführen, was 1992 schließlich geschah. Seither steht das Thema **Einwanderung** ganz oben auf der politischen Agenda. Denn Goa, das weitaus wohlhabender ist als seine Nachbarn, wird seit zwei Jahrzehnten von Wirtschaftsflüchtlingen überschwemmt, was Ängste schürt, die kulturelle Eigenart der Region könne verschwinden. Zu einem der größten Arbeitgeber für Immigranten hat sich in den letzten Jahren die **Konkan Railway** entwickelt. 1997 wurde eine superschnelle Landverbindung nach Mumbai fertiggestellt – ein weiteres Indiz für den wirtschaftlichen Wohlstand, der zu nachhaltigen Veränderungen geführt hat.

Für welchen Strand Besucher sich entscheiden, hängt davon ab, was für eine Art Urlaub sie im Sinn haben. Besser ausgestattete Resorts wie **Calangute** und **Baga** im Norden sowie **Colva** und **Benaulim** im Süden bieten mehr Unterkünfte und Touristeneinrichtungen als andere Orte. Selbst wer nichts für touristische Zentren übrig hat, ist gut beraten, zuerst einen dieser Orte anzusteuern, da eine Übernachtungsmöglichkeit in weniger erschlossenen Orten nicht immer ganz einfach zu finden ist. **Anjuna**, **Vagator** und **Chapora** sind in erster Linie Partystrände. Die Unterkünfte sind hier in der Regel einfacher und nicht so leicht zu bekommen. Die meisten Budget-Traveller, die sich während einer Indienreise eine Erholungspause gönnen wollen, landen in **Palolem** (ganz im Süden) oder in **Arambol** (ganz im Norden), wohin die Charterbusse noch nicht vorgedrungen sind. Doch besonders Palolem hat sich inzwischen bereits zu einem größeren Urlaubsort entwickelt, der in der Hauptsaison von Tausenden Langzeitbesuchern bevölkert wird.

In rund 10 km Entfernung von **Panjim**, der Hauptstadt des Bundesstaates, bilden die Ruinen der ehemaligen portugiesischen Hauptstadt **Old Goa** die größte Attraktion abseits der Küste – eine Ansammlung katholischer Kathedralen, Klöster und Kirchen, die Pilger aus ganz Indien anzieht. Ein beliebter Tagesausflug führt zum **Flohmarkt von Anjuna**, der jeden Mittwoch stattfindet und ein guter Ort zum Kauf von Souvenirs und Tanzklamotten ist. Weiter landeinwärts verstecken sich in der dicht bewaldeten Umgebung von **Ponda** zahlreiche Tempel, die von der besonderen goanischen Art der Hindu-Architektur zeugen.

Im Distrikt Salcete mit dem wichtigsten Marktflecken **Margao** finden sich überall portugiesische Häuser, Kirchen und Priesterseminare. Wer sich für wilde Tiere begeistert, kann einen Abstecher zum ganz im Süden gelegenen Naturschutzgebiet **Cotigao** unternehmen.

Die beste **Reisezeit** für Goa ist der trockene, relativ kühle Winter zwischen Ende Oktober und Ende März. Zu anderen Zeiten ist es entweder zu heiß, oder der Monsunregen vermiest allen die Laune. In der Hochsaison von Mitte Dezember bis Ende Januar ist das Wetter perfekt, die Temperaturen überschreiten dann selten 32 °C. Allerdings kann es in dieser Zeit viel Mühe kosten, ein Zimmer oder Haus zu finden – vor allem um Weihnachten und Neujahr herum, wenn die Preise sich verdoppeln oder gar verdreifachen.

Geschichte

Da Goa auf dem Landweg von jeher schwer zugänglich war, hat es in der indischen Geschichte keine tragende Rolle gespielt. Andererseits entwickelte sich Goa zur begehrten Beute rivalisierender Kolonialmächte, die an der Kontrolle der Meere und am lukrativen Gewürzhandel interessiert waren.

Über tausend Jahre hatte Goa zum **Königreich von Kadamba** gehört, etwa bis 100 Jahre vor der Ankunft der Portugiesen. Dazwischen herrschten nacheinander die Vijayanagara-Dynastie aus Karnataka, die muslimischen Sultane aus Bahmani und Yusuf Adil Shah, der Gründer der Dynastie Bijapur. Den endgültigen Beginn der 451 Jahre währenden portugiesischen Herrschaft markierte dann die Einnahme der Festung von Panjim durch **Alfonso de Albuquerque** im Jahre 1510.

Die Bevölkerung Goas wuchs, und die Einwohnerzahl seiner prächtigen Hauptstadt (heute Old Goa) überstieg bald jene von Paris und London. Obwohl Ismail Adil Shah Goa 1570 zehn Monate lang belagerte und die Marathas unter Shivaji und späteren Anführern die Region beinahe erobert hätten, ging die größte Bedrohung von anderen europäischen Seemächten aus, allen voran Holland und Frankreich.

In der Zwischenzeit gründete **Franz Xaver** 1542 eine **Jesuitenmission**, und in der Folge bekehrten Franziskanermissionare immer mehr Einheimische zum Christentum. Als bald darauf die **Inquisition** einsetzte, wurden Gesetze erlassen, die sämtliche Literatur der Zensur unterwarfen und jeden anderen als den katholischen Glauben verboten. Hindu-Tempel wurden zerstört, und konvertierte Hindus führten fortan portugiesische Namen wie da Silva, Correa oder de Sousa, die noch heute in der Region verbreitet sind. Danach ging es mit der Kolonie, deren Handelsmonopol von den rivalisierenden Europäern gebrochen wurde, allmählich bergab, nicht zuletzt wegen der ungesunden, von Krankheiten geprägten Atmosphäre in der Hauptstadt.

Trotz einer gewissen Liberalisierung (den Hindus wurde wieder erlaubt, ihren Glauben zu praktizieren, und die Inquisition wurde 1820 endgültig abgeschafft) erlebte Goa im 19. Jh. schwere Bevölkerungsunruhen. Während der britischen Besetzung zogen viele Goaner nach Bombay und in andere Orte Britisch-Indiens, um Arbeit zu finden.

Dass Goa sich nach der Unabhängigkeit Indiens von der portugiesischen Herrschaft befreien konnte, ist sowohl den Bemühungen der indischen Regierung, die ihre diplomatischen Beziehungen mit Portugal einfror, als auch der Arbeit von Freiheitskämpfern wie **Menezes Braganza** und **Dr. Cunha** zu verdanken. Nachdem bei einem „Befreiungsmarsch" 1955 mehrere Menschen zu Tode gekommen waren, wurde eine Blockade gegen den Staat verhängt. Als der Handel mit Bombay zum Erliegen gekommen und der Schienenweg abgeschnitten worden war, bemühte sich Goa um internationale Bündnisse, besonders mit Pakistan und Sri Lanka. Das führte zum Bau des Dabolim-Flughafens und dem Entschluss, die landwirtschaftlichen Erträge zu steigern.

1961 riss dem indischen Premierminister Jawaharlal Nehru schließlich der Geduldsfaden mit seinem Gegner in Lissabon, dem rechten Diktator Salazar, und er entsandte Streitkräfte. Die einer Resolution der Vereinten Nationen zuwider handelnde **„Operation Vijay"** stieß nur auf symbolischen Widerstand, sodass die indische Armee Goa innerhalb von zwei Tagen eingenommen hatte. Danach wurde Goa (zusammen mit Portugals anderen beiden Enklaven, Daman und Diu) als autonomes **Unionsterritorium** ein Teil von Indien, allerdings mit einem Minimum an Einflussmöglichkeiten seitens Delhi.

Seit der Unabhängigkeit geht es Goa wirtschaftlich zusehends besser, vor allem dank der Gewinne aus Eisenerzexporten und der boomenden Tourismusindustrie. Themen wie Eigenstaatlichkeit, Status der Amtssprache Konkani und ständig steigende Einwanderungszahlen sorgen in Goa indes für chronische politische Instabilität. In den 90er-Jahren regierten nicht weniger als zwölf Ministerpräsidenten.

Im Mai 2004, nachdem ein Misstrauensvotum den Bundesstaat unregierbar gemacht hatte, sprang die Zentralregierung in die Bresche und rief die sogenannte „President's Rule" aus, wodurch die Legislative des Bundesstaats außer Kraft gesetzt wurde. Die verfahrene Situation zwischen der BJP und der Congress-Partei dominierte monatelang die nationalen Schlagzeilen, bis neue Wahlen organisiert werden konnten. Diese brachten schließlich Congress wieder an die Macht, mit **Pratapsingh Rane** als Chief Minister, und seit 2005 herrscht ein wackliger Frieden. Im Binnenland kam es mittlerweile zu bis dato in Goa praktisch ungekannten Ausbrüchen kommunaler Gewalt; im März 2006 erschütterten anti-muslimische Ausschreitungen das Bergbaustädtchen Sanvordem.

Seit Beginn des 21. Jahrhunderts machen die sich ständig verbessernden infrastrukturellen Verbindungen zum übrigen Indien die Grenzen Goas durchlässiger, und das Überleben des Bundesstaates als kulturell eigenständige Region hängt davon ab, bis zu welchem Grad sich seine Regierung dem Trend zur Kommunalpolitik widersetzen und demokratische Verhältnisse aufrecht erhalten kann. Nach den letzten zehn Jahren zu urteilen, stehen die Chancen dafür nicht gut, aber die Erklärung der President's Rule scheint den führenden Politikern Goas einen heilsamen Schock versetzt zu haben.

Reisen in Goa

Die weißen Maruti-**Sammeltaxis** stellen für die meisten ausländischen Touristen das wichtigste Transportmittel zwischen den Urlaubsorten dar. Man findet sie in einer langen Reihe vor den Touristenhotels, wo Schilder feste Tarife zu verschiedenen Fahrtzielen in und außerhalb der Region angeben. Diese Preise gelten aber nur in der Hochsaison, zu anderen Zeiten müsste es möglich sein, einen erheblichen Preisnachlass auszuhandeln.

Eine billigere Alternative ist das Mieten von **Fahrrädern**. Räder aus indischer Fertigung ohne Gangschaltung werden in allen Resorts für rund Rs75–100/Tag verliehen. Für längere Touren kann man sich auch **Motorräder** ausleihen. Auf einem Scooter oder Motorrad über die tropischen goanischen Nebenstraßen zu brausen, vermittelt ein echtes Gefühl von Freiheit, ist aber nicht ganz ungefährlich. In jeder Saison gibt es in Goa durchschnittlich einen Verkehrstoten pro Tag, nicht selten handelt es sich dabei um Touristen auf einem Motorrad. Daher sollte man unbedingt darauf achten, dass Beleuchtung und Bremsen intakt sind, und bei Nachtfahrten ist besondere Vorsicht geboten. Viele Straßen in Goa sind unbeleuchtet und mit Schlaglöchern übersät, außerdem können aus dem Nichts Kühe oder Ochsenkarren auftauchen.

Für das Mieten und Fahren sämtlicher Kraftfahrzeuge braucht man offiziell einen **internationalen Führerschein**. Aber in der Praxis reicht ein normaler Führerschein aus, wenn man von der Polizei angehalten und nach den Papieren gefragt wird. 2006 wurde in Goa ein neues Gesetz verabschiedet, wonach alle Miet-Motorräder mit einem besonderen, **gelb-schwarzen Kennzeichen** versehen sein müssen, für das die Besitzer ein paar Tausend Rupien extra bezahlen müssen. Dadurch sind die Preise etwas gestiegen (normalerweise rund Rs50/Tag), aber die neuen Schilder schützen vor Belästigungen durch Goas notorisch korrupte Verkehrspolizisten. Wer sich für eine billigere Maschine mit den üblichen schwarz-weißen Kennzeichen entscheidet, wird mit frustrierender Regelmäßigkeit an den Straßenrand gewunken.

Außerhalb von Ortschaften gilt inzwischen **Helmpflicht**. Der Motorradverleiher ist verpflichtet, einen Helm made in Indien zu stellen, aber es kann sein, dass er nicht passt und wahrscheinlich auch nicht von bester Qualität ist. Die Mietpreise sind je nach Saison, Mietdauer und Fahrzeugart unterschiedlich. Die meisten Vermieter fordern eine Kaution und/oder Hinterlegung des Reisepasses. Das billigste Motorrad, eine Scooter-ähnliche Honda Activa 100cc mit Automatikgetriebe kostet Rs200 pro Tag (mit gelben Kennzeichen). Oder man entscheidet sich für eine stilvolle Enfield Bullet 350cc, obwohl sie schwer und nicht gerade wendig und mit einer Gebühr ab Rs300 pro Tag auch am kostspieligsten ist. Am leichtesten manövrierbar sind die schnellen, leichten Honda Splendours und Baja Pulsars, die für Rs250–300 vermietet werden, je nach Zustand des Fahrzeugs und Mietdauer.

Benzin wird an Tankstellen („petrol pumps") in Panjim, Mapusa, Vagator/Anjuna, Margao, Chaudi und Arambol im hohen Norden verkauft. In kleineren Siedlungen wird es in Mineralwasserflaschen bei Gemischtwarenläden oder Zwischenhändlern verkauft. Letztere sollte man meiden, denn manche „strecken" das Benzin mit Kerosin oder Lösungsmitteln; die Folge sind Fehlzündungen und stinkende Abgaswolken.

Touren: Auf dem Papier erscheinen die geführten Touren, die die lokale Tourismusbehörde GTDC (www.goa-tourism.com) täglich von Panjim, Margao, Calangute und Colva aus für Rs200 anbietet, eine gute Möglichkeit, Goas Highlights in kurzer Zeit zu besichtigen. Die meisten ausländischen Touristen beklagen jedoch, dass das Programm viel zu hastig durchgeführt wird. Diese Touren sprechen in erster Linie indische Familien an, die einen oberflächlichen Blick auf die Resorts werfen möchten, um anschließend eine kurze Wallfahrt zu den Tempeln um Ponda zu unternehmen. Die meisten Touren beinhalten außerdem eine Fahrt zu einigen Orten im Landesinneren, die europäische Touristen in der Regel nicht interessieren. In jedem GTDC-Büro sind Broschüren mit dem Programmangebot erhältlich.

Panjim und Zentral-Goa

Die **Umgebung von Panjim** sieht weniger Besucher als die Küstenresorts, obwohl ihre Reisfelder und bewaldeten Täler einige Attraktionen bereithalten, die einen ein- oder zweitägigen Ausflug vom Strand rechtfertigen. Nach **Old Goa** ist es mit dem Bus nicht weit, ebenso zu den einzigartigen Tempeln in **Ponda**, etwa eine Stunde südöstlich, wo die Hindus während der Inquisition ihre Götterbilder versteckten. Weiter im Landesinneren beherbergen die bewaldeten unteren Hänge der Westghats, die von der Hauptstraße Panjim–Bengaluru (Bangalore) durchschnitten werden, die eindrucksvollen, nur per Geländewagen zu erreichenden **Dudhsagar-Wasserfälle**.

Panjim

An den Hängen eines saftig grünen, terrassierten Berghanges an der Mündung des Mandovi liegt **Panjim**, dessen Maharathi-Name **Panaji** („Land, das nicht überflutet wird") lautet. Jahrhundertelang bestand Panjim aus nicht viel mehr als einem unbedeutenden Landungssteg und einem Zollhaus, von einem auf einem Hügel gelegenen Fort beschützt und von stehenden Sümpfen umgeben. Zur Hauptstadt wurde es erst 1843, nachdem der Hafen in Old Goa verschlammt war und sowohl die Herrscher als auch die verarmten Einwohner vor der Pest geflohen waren. Obwohl der letzte portugiesische Vizekönig viele der nahe gelegenen Sümpfe erfolgreich trockenlegen und imposante öffentliche Gebäude in der neuen Hauptstadt erbauen ließ, erlangte sie doch nie die Pracht und Größe ihrer flussaufwärts gelegenen Vorgängerin. Das lag zum Teil daran, dass der portugiesische Adel seine Anwesen lieber auf dem Lande als in der Stadt errichtete.

Panjim breitete sich in den 60er- und 70er-Jahren des 20. Jhs. rasant aus, ohne jedoch die unkontrollierbaren Ausmaße anderer indischer Bundeshauptstädte zu erreichen. Im Vergleich mit Mumbai oder Bengaluru (Bangalore) wirken Panjims unverstopfte Straßen erfreulich provinziell. Sehenswürdigkeiten gibt es kaum, aber die Seitensträßchen des alten Viertels **Fontainhas** haben sich eine verblichene portugiesische Atmosphäre bewahrt – mit bunt getünchten Häusern, katholischen Kirchen und Geschäften mit Namen wie De Souza oder Pinto. Manche Touristen bekommen bedauerlicherweise nur den lauten Busbahnhof von Panjim zu Gesicht. Man kann zwar nach der Ankunft in Goa die Stadt völlig umgehen, indem man den Zug oder Bus in Margao (für Ziele im Süden) oder Mapusa (für die nördlichen Resorts) verlässt bzw. direkt in einen Lokalbus steigt, doch es lohnt sich, eine Zeit lang – und wenn auch nur ein paar Stunden auf dem Weg zu den Ruinen der ehemaligen Hauptstadt Old Goa sind – in Panjim zu verweilen.

Sehenswertes

Der grüne, rechteckige Park gegenüber dem India Government Tourist Office, **Church Square** oder auch Municipal Gardens genannt, bildet das Zentrum von Panjim. Südöstlich des Parks erhebt sich das Wahrzeichen der Stadt, die schneeweiße Barockfassade der **Church of Our Lady of the Immaculate Conception**. Die Kirche am Ende eines Lateritweges wurde 1541 für die aus Lissabon eintreffenden Seeleute errichtet. Die erschöpften Matrosen taumelten vom Kai zur Kirche, um für die erfolgreiche Überfahrt zu danken, und fuhren anschließend zur Hauptstadt Old Goa weiter – wo die riesige Glocke herstammt, die im Glockenturm der Kirche zu sehen ist.

Von der Kirche verläuft die Rua José Falcao in nördlicher Richtung zum Fluss und trifft dort auf Panjims Hauptstraße, die Avenida Dom Joao Castro mit dem ältesten noch erhaltenen Gebäude der Stadt. Mit seinen schrägen Ziegeldächern, in Stein gemeißelten Wappen und hölzernen Veranden sieht das robuste **Secretariat** wie ein typischer Kolonialbau aus. Ursprünglich war es jedoch der Sommerpalast des moslemischen Herrschers Adil Shah, der Goa im 16. Jh. regierte. Später war es unter den Portugiesen zeitweilig die Residenz des Gouverneurs des portugiesischen Territoriums (die hier auf dem Weg von und nach Europa übernachteten), und danach residierte hier der Vizekönig. Heute sind hier Behördenbüros untergebracht.

100 m weiter östlich steht die eigentümliche Statue eines Mannes, der seine Hände über den Körper einer entrückten, liegenden Frau hält. Es handelt sich um **Abbé de Faria** (1755–1819),

Panjim

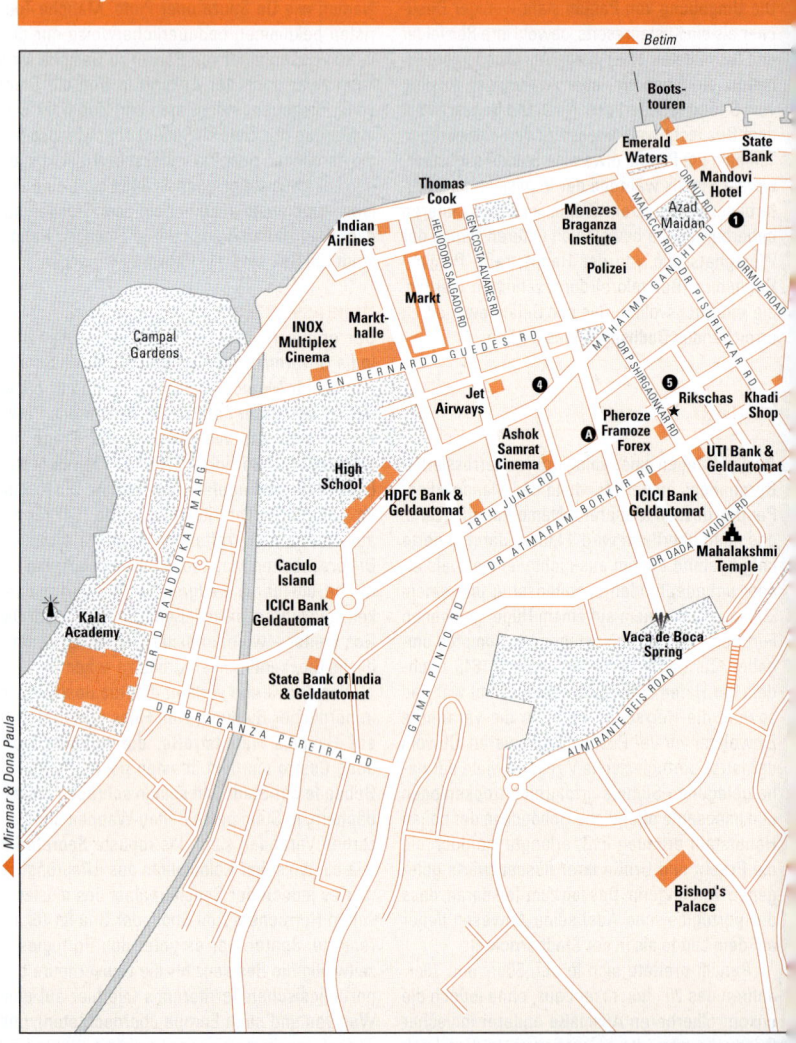

einen goanischen Priester, der nach Frankreich auswanderte, wo er einer der ersten professionellen Hypnotiseure wurde.

Unmittelbar hinter der Esplanade, 500 m westlich der Abbé-de-Faria-Statue, steht ein weiteres grandioses Zeugnis aus der Kolonialzeit, das **Menezes Braganza Institute**. Heute beherbergt es die städtische Zentralbibliothek, ⏱ Mo–Fr 9.30–13 und 14–17.30 Uhr. Das klassizistische Gebäude wurde Anfang des 19. Jhs. im

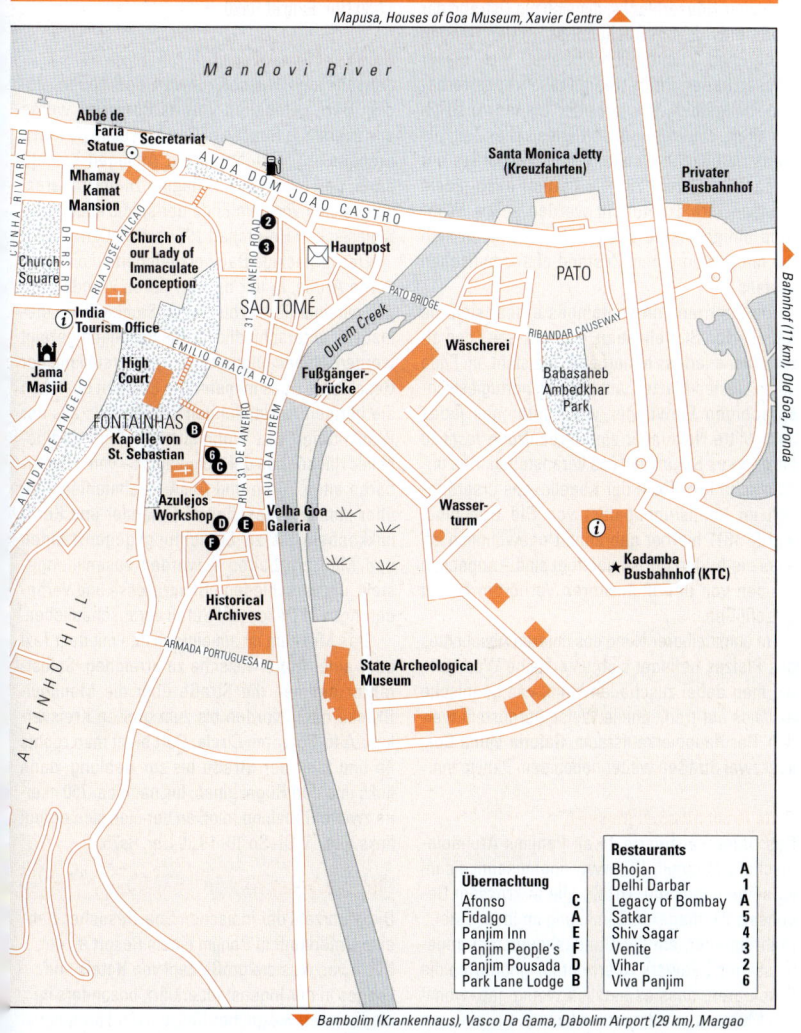

Übernachtung	
Afonso	C
Fidalgo	A
Panjim Inn	E
Panjim People's	F
Panjim Pousada	D
Park Lane Lodge	B

Restaurants	
Bhojan	A
Delhi Darbar	1
Legacy of Bombay	A
Satkar	5
Shiv Sagar	4
Venite	3
Vihar	2
Viva Panjim	6

Zuge der städtischen Neugestaltung errichtet, die vom Marquis of Pombal und von Dom Manuel de Portugal e Castro initiiert worden war. Das Foyer am Eingang in der Malacca Road wird von Wandbildern aus blauen und gelben Keramikkacheln geziert, sogenannten *azulejos*, die Szenen aus dem Epos *Os Luisiades* von Luis Vaz Camões darstellen.

Fontainhas

Fontainhas, Panjims ältestes und interessantestes Viertel, umfasst etwa ein Dutzend neoklassizistischer Häuserblocks, die sich am Ostrand der Stadt, unweit vom Busbahnhof, an den Hängen des grünen Altinho Hill hochziehen. Viele dieser Häuser haben ihren traditionellen ockerfarbenen, hellgelben, grünen oder blauen Anstrich behalten, ein Erbe aus portugiesischer Zeit, als jedes goanische Gebäude (mit Ausnahme der Kirchen, die weiß zu sein hatten) nach jedem Monsun farbig getüncht werden sollte. Während einige restauriert wurden, befinden sich die meisten in einem Zustand charismatischen Verfalls.

Im Zentrum von Fontainhas erhebt sich die Kapelle von **St. Sebastian**, die noch stets den alten Kolonialerlass beherbergt. Sie steht am Ende eines kleinen Platzes, auf dem die portugiesischsprachigen Einwohner von Fontainhas jedes Jahr Mitte November eine farbenfrohe *festa* zu Ehren ihres Schutzpatrons veranstalten. Das unheimliche Kruzifix in der Kapelle, das ursprünglich im Inquisitionspalast von Old Goa hing, wurde 1812 hierher gebracht. Ungewöhnlich ist, dass die Augen Christi geöffnet sind – angeblich um den von den Inquisitoren Verhörten Furcht einzuflößen.

In unmittelbarer Nähe des unteren Abschnittes des Platzes befindet sich eine kleine Werkstatt, wo man dabei zuschauen kann, wie goanische *azulejos* auf traditionelle Weise hergestellt werden. Der Hauptverkaufsraum, **Galeria Velha Goa**, liegt zwei Straßen weiter neben dem Panjim Inn.

State Archeological Museum

Das Bemerkenswerteste an Panjims Archäologischem Museum (🖥 www.goamuseum.nic.in) ist seine imposante Größe, die in krassem Gegensatz zur mageren Sammlung im Innern steht. In ihrem Eifer, ein der Bundeshauptstadt angemessenes Bauwerk zu errichten, ignorierten die Bürokraten, dass es herzlich wenig gab, womit das Museum gefüllt werden konnte. Die einzigen Kostbarkeiten unter der dürftigen Auswahl von Skulpturen und schmucklosen Exponaten aus der Kolonialzeit sind ein paar aus den Händen von Schmugglern beschlagnahmte Jain-Bronzen und im Erdgeschoss der berüchtigte Tisch mit den hochlehnigen, kunstvoll geschnitzten Originalstühlen, an dem die Herren der Inquisition zu Gericht saßen. ⏱ Mo–Fr 9.30–13.15 und 14–17.30 Uhr, Eintritt Rs20.

Houses of Goa Museum

Jenseits des Flusses, unweit des neuen, auf dem Berg gelegenen Vororts **Porvorim**, wurde das schrullige Houses of Goa Museum, 🖥 www.archgoa.org, errichtet. Sein Anliegen besteht darin, das Leben in der Region zu porträtieren, wie es sich vor dem Ende der schützenden portugiesischen Herrschaft 1961 präsentierte.

Das dreieckige Bauwerk erinnert an eine moderne Arche, in der auf vier durch Wendeltreppen miteinander verbundenen Stockwerken thematisch unterschiedliche Ausstellungen gezeigt werden. Neben einer grafischen Darstellung der Geschichte Goas in mehreren Etappen bestehen die übrigen Ausstellungen größtenteils aus der Präsentation von Wohnhäusern. Teile traditioneller Häuser aus der Kolonialzeit – von wunderbaren alten Türen und Austernschalenfenstern über kunstvoll geschnitzte Geländer und Keramikkacheln bis zu Einrichtungsgegenständen und Maurerarbeiten – wurden zusammengestellt, um verschiedene Bauprozesse und Veränderungen in Dekor und Stil zu veranschaulichen.

Das Museum ist am einfachsten mit dem Taxi oder einer Motor-Riksha zu erreichen. Selbstfahrer nehmen die Straße über die Mandovi-Brücke nach Norden bis zum großen Kreisverkehr Alto-Porvorim Circle. Dort biegt man rechts ab und folgt der Straße bis zur Gablung, dann links und den Hügel hinab, bis nach ca. 750 m eine zweite Gabelung folgt, an der man sich erneut links hält. ⏱ Di–So 10–19.30 Uhr, Rs25.

Übernachtung

Die Mehrzahl der indischen Goa-Besucher zieht eine Unterkunft in Panjim einem Resort an der Küste vor, was die große Zahl von **Hotels** und **Lodges** in der Innenstadt erklärt, besonders im moderneren westlichen Teil, wo der Lärmpegel sehr hoch ist. Ausländer übernachten hier vor allem, um etwas von der Atmosphäre des historischen Viertels Fontainhas zu schnuppern. Ein Zimmer zu finden gestaltet sich nur zu Dussehra (Sep/Okt), zum Fest zu Ehren des

Unterkunft im Kolonialstil

Afonso, St Sebastian Chapel Square, Fontainhas, ☏ 0832-222 359. Das renovierte Haus aus der Kolonialzeit in einer malerischen Seitenstraße ist die beste Wahl, wenn man sich das Panjim Inn in derselben Straße nicht leisten kann. Makellose Zimmer mit Bad, freundliche Besitzer und eine Dachterrasse mit schöner Aussicht. Auch Einzelbelegung möglich. Zu Weihnachten klettern die Preise für ein gewöhnliches DZ auf bis zu etwas überzogene Rs1000. ❹

heiligen Franz (24. Nov–3. Dez) und in der Hochsaison (Mitte Dez–Mitte Jan) schwierig; die nachfolgenden Preisangaben beziehen sich auf die Zeit von Oktober bis März (mit Ausnahme der oben genannten Zeiten, an denen sich die Preise verdoppeln oder verdreifachen können). Es ist zu beachten, dass die **Checkout-Zeiten** extrem variieren.

Fidalgo, 18th June Rd, ☏ 0832-222 6291, 🖥 www.hotelfidalgo-goa.com. Das erschwingliche, auf eine Business-Klientel ausgerichtete 4-Sterne-Hotel im lebhaften Geschäftsviertel der Stadt ist eine gute Wahl, was den Preis angeht. Zentrale AC, großzügiger Pool, ayurvedisches Spa, Buchladen und eine Filiale von „Food Enclave" im Erdgeschoss (s. „Essen"). ❼–❽

Panjim Inn, E-212, Rua 31 de Janeiro, Fontainhas, ☏ 0832-243 5628, 🖥 www.panjiminn.com. Das vornehme, 300 Jahre alte Stadthaus ist heute ein gemütliches Heritage-Hotel mit historischen Möbeln, alten Fotos, Balkonen und einer Veranda, auf der Speisen und Getränke serviert werden. Ein neuer, dreistöckiger Anbau mit Blick auf den Fluss verspricht ähnlich hohen Standard bei besserer Aussicht. ❻–❼

Panjim Peoples, Rua 31 de Janeiro, Fontainhas, ☏ 0832-222 1122, 🖥 www.panjiminn.com. Dieser Ableger des Panjim Inn liegt gegenüber dem Originalhaus in einer ehemaligen Schule und wirkt exklusiver als die anderen Gebäude. Die riesigen Zimmer sind mit antiken Rosenholzmöbeln, vergoldeten Blenden und Vorhängen mit Spitzenbesatz ausgestattet. Die Badezimmer werden von für die Sukhija-Familie typischen, ausgefallenen Mosaikfliesen geziert. Mitte der Saison beginnen die Preise bei ca. Rs5000 (US$110) pro Nacht. ❾

Panjim Pousada, Rua 31 de Janeiro, Fontainhas, ☏ 0832-243 5628, 🖥 www.panjiminn.com. In einem alten, charaktervollen Hindu-Haus, gehört ebenfalls zum Panjim Inn (auf der anderen Straßenseite). Tipp: Ein Zimmer im ersten Stock nehmen, wo ein Holzbalkon im Schatten eines Brotfruchtbaums den Innenhof überblickt! ❻–❼

Park Lane Lodge, nahe der Kapelle St. Sebastian, Fontainhas, ☏ 0832-222 7154, ✉ pklaldg@sancharnet.in. Enges, aber sauberes und freundliches Gästehaus in einem weitläufigen Wohnhaus aus den 1930er-Jahren. Pfeffer- und Kaffeepflanzen sorgen für Atmosphäre. Außerdem gibt es eine kleine Gemeinschaftsterrasse, ein Fernsehzimmer im Obergeschoss, einen Safe, Internet-Zugang und eine Wäscherei. Während der Saison sind die Preise hoch, ansonsten lassen sich Rabatte aushandeln. ❺

Essen

Auf die Massen von Touristen aus anderen Teilen Indiens sowie auf die preisbewussteren Einheimischen warten zahlreiche gute Esslokale. Die meisten gehören zu einem Hotel, aber es gibt auch genügend unabhängige Lokale, die hochwertige Kost für sehr viel weniger Geld auftischen, als in den Küstenresorts verlangt wird. Wer sich nicht sicher ist, welcher Regionalküche er den Vorzug geben soll, begibt sich am besten in die **The Fidalgo Food Enclave** im Hotel Fidalgo in der 18th June Rd, wo sich sechs verschiedene Esslokale niedergelassen haben, von goanisch bis zu Gujarati, darunter auch ein ausgezeichnetes pan-indisches (Mirch Masala).

Bhojan, Hotel Fidalgo, 18th June Rd. Authentisches, rein-vegetarisches Gujarati-*thali*-Lokal im Erdgeschoss eines gediegenen Hotels. Bessere indische vegetarische Küche

findet sich in ganz Goa nicht. Satt werden für Rs125.
Delhi Durbar, Mahatma Gandhi Rd, hinter dem Hotel Mandovi. Der Ableger des berühmten Restaurants in Mumbai ist die beste Adresse in Panjim (wenn nicht in ganz Goa) zum Genießen der traditionellen Mughlai-Küche, die vor allem durch Fleischgerichte in reichhaltigen, scharfen Soßen besticht. Tipp: das vorzügliche *rogan ghosh* oder das im Mund zergehende Hühnchen-*tikka*. Vegetariern bietet sich hier eine Riesenauswahl an frischen vegetarischen Gerichten, darunter köstliche *malai kofta*. Die meisten Hauptgerichte kosten Rs175–250.
Legacy of Bombay, Hotel Fidalgo, 18th June Rd. Im Grunde ein besseres Udupi, nur wurden hier die Baumwollkaftane durch schwarze Fliegen ersetzt. Auf der Karte stehen die üblichen *dosas*, südindische Snacks, *pao bhaji* und leckere Frühlingsrollen, außerdem gewürzte Tees und schmackhafte Lassis.
Satkar, 18th June Rd. Gut besuchtes südindisches Snack- und Obstsaftlokal. Es hat eine große Auswahl, darunter chinesische und nordindische Gerichte, aber die meisten Leute halten sich an die fantastischen *masala dosas* und höllisch scharfen, knusprigen Samosas – die besten der Stadt.
Shiv Sagar, Mahatma Gandhi Rd. Das überdurchschnittlich elegante Udupi-Café kommt wegen seiner durchweg sehr guten pan-indischen Küche und frischen Obstsäfte bei den Mittelständlern von Panjim sehr gut an. Die Gerichte aus dem Norden sind nicht so toll, aber das Udupi-Angebot ist superb (Tipp: *palak dosa* mit Spinat), und das herzhafte *pao bhaji* lockt am Wochenende ganze Heerscharen an. Kein Alkohol.

Die goanische Küche

Es versteht sich von selbst, dass die goanische Küche nach 451 Jahren Kolonialherrschaft einen starken portugiesischen Einfluss aufweist. Dabei spielen vor allem **Zutaten** wie der ansonsten in Indien unbekannte Palmessig, reichlich Kokosprodukte, Knoblauch, Tamarinden und scharfe einheimische Chilis eine Rolle. Goa ist die Heimat des berühmte **Vindaloo** (abgeleitet vom portugiesischen *vinho d'alho*, wörtlich übersetzt „Knoblauchwein"), ursprünglich ein extrascharfes und saures Schweinefleisch-Curry, das inzwischen aber auch mit anderen Fleischsorten und Fisch zubereitet wird. Weitere Schweinefleisch-Spezialitäten sind *chouriço* (Paprikawurst), *sorpotel* (ein scharfes Curry aus eingelegter Schweineleber und -herz), *leitao* (Spanferkel) und *balchao* (Schweinefleisch in deftiger brauner Soße). Eine köstliche Alternative ist *xacutti* (Ziegenfleisch mit einer Soße aus Zitronensaft, Erdnüssen, Kokos, Chili und Gewürzen). Die Auswahl an **Seafood**, oft als duftende Masala zubereitet, ist ausgezeichnet (z. B. Muscheln, Krabben, Hummer und Riesengarnelen). **Fisch** kommt je nach Art in saftigen Currys, vom Grill oder aus dem **Tandoori-Lehmofen**. *Sanna* ist (wie sein südindisches Pendant *iddli*) ein Kuchen aus fermentiertem Reismehl, wird in Goa aber mit Palm-*toddi* zubereitet. Wer Süßes liebt, wird sich an *bebinca* erfreuen, einem reichhaltigen, köstlichen Eipudding mit Kokosnuss.

Was **alkoholische Getränke** betrifft, sind lokale Weine, Spirituosen und Bier in Goa billiger als irgendwo sonst in Indien, da die Steuerabgaben hier niedriger sind. Das berühmteste und am weitesten verbreitete **Bier** ist Kingfisher, das hier weniger nach Konservierungsstoff schmeckt als in anderen Landesteilen. Es gibt auch das teurere Fosters, das in Mumbai gebraut wird, aber nichts mit dem Original gemein hat. Goanischer **Portwein**, eine süßere und minderwertigere Variante des portugiesischen Getränks, ist allgegenwärtig und wird gekühlt in großen Weingläsern mit einer Scheibe Zitrone serviert. Lokale **Spirituosen** (Whisky, Brandy, Rum, Gin und Wodka) gibt es in einer Vielfalt von Marken für Rs30–50 pro Glas, erfahren jedoch starke Konkurrenz durch die lokale Spezialität *feni,* einem aus destillierter Cashewnuss oder dem Saft der Kokospalme gewonnenen Schnaps. Cashew-*feni* wird meistens nach der ersten Destillation getrunken, man findet ihn aber auch doppelt destilliert als Likör mit Ingwer- oder Kümmelgeschmack.

Traditionell Goanisches

Viva Panjim, 178 Rua 31 de Janeiro, hinter der Mary Immaculate High School, Fontainhas. Hier gibt's traditionelle goanische Hausmannskost (*xacutis, vindaloo,* Garnelen-*balchao, cafreal, amotik* und köstlichen gegrillten Fisch), serviert von einer charmanten Dame in einem malerischen Seitensträßchen aus der Kolonialzeit. Die meisten Hauptgerichte kosten Rs80–150.

Venite, Rua 31 de Janeiro. Mit seinen Holzdielen und romantischen, kerzenbeleuchteten Balkontischen ist dieses auf Touristen ausgerichtete Restaurant eines der charmantesten in Panjim. Festland- und goanische Seafood-Gerichte bestimmen das Menü. Die meisten Hauptgerichte kosten Rs125–150.

Vihar. Um die Ecke vom Venite, in der Av Dom Joao Castro. Eines der besten südindischen Snackcafés in Panjim und für Leute, die in Fontainhas abgestiegen sind, günstiger gelegen als seine Konkurrenten. Unbedingt probieren: die superleckeren *rawa masala dosas* oder Käse-*uttapams*. Das einzige Minus ist der Verkehrslärm, deshalb sollte man den Laden während der Rush hour besser meiden.

Sonstiges

Apotheken
Hindu Pharma, neben dem Tourismusbüro am Church Square, ✆ 0832-222 3176. Panjims beste Apotheke führt ayurvedische, homöopathische und allopathische Medikamente.

Bücher
Broadway Book Centre, 18th June Rd, gegenüber dem Gulf-Supermarkt. Bietet die beste Auswahl an Büchern über Goa, eine große Auswahl an Faksimile-Editionen und jede Menge Architektur- und Fotobände als Hardcover zu reduzierten Preisen.

Geld
Thomas Cook, 8 Alcon Chambers, Devanand Bandodkar Rd, unweit des Büros von Indian Airlines, ⊙ Mo–Sa 9–18, Okt–März auch So 10–17 Uhr.

Pheroze Framroze Exchange Bureau, Dr P. Shirgaonkar Rd, ⊙ Mo–Sa 9.30–19, So 9.30–13 Uhr. Fast alle Banken in der Stadt haben auch einen Geldautomaten.

Informationen
GTDC, in der Halle des Hauptbusbahnhofes von Kadamba, ✆ 0832-222 5620, 🖥 www.goa-tourism.com. Nützlich zum Checken von Bahn- und Busfahrplänen, aber nicht viel mehr. ⊙ tgl. 9.30–13 und 14–17 Uhr.

India Tourism Office, Church Square, ✆ 0832-222 3412, 🖥 www.tourismofindia.com. Zuverlässigere Informationsquelle. ⊙ Mo–Fr 9.30–18, Sa 9.30–13 Uhr.

Internet
Hotels und Gästehäuser, darunter Park Lane Lodge und Panjim Inn (S. 745), bieten Internet-Zugang für Gäste. **Cozy Nook Travels**, Nr. 6 Municipal Bldg, 18th June Rd, verfügt über eine schnelle ISDN-Verbindung.

Kino
Inox, im Nordwesten der Stadt auf dem Gelände des alten Goa Medical College, Dayanand Bandodkar (DB) Marg, ✆ 0832-242 0999, 🖥 www.inoxmovies.com. Panjims protziges Multiplex-Kino mit 1272 Sitzen zeigt alle neuen Hindi-Blockbuster und einige Hollywood-Filme in Originalsprache. Der Lokalpresse oder der Inox-Website sind Einzelheiten zum Programm und zum Reservieren der Tickets zu entnehmen.

Medizinische Hilfe
Goa Medical College (GMC), 7 km südlich an der NH17 in Bambolim, ✆ 0832-245 8700–07. Das neue College ist das größte Krankenhaus des Bundesstaates und verfügt über eine rund um die Uhr geöffnete Apotheke. Mit einem normalen Taxi kommt man in der Regel wesentlich schneller hin als mit einem Krankenwagen (✆ 102). Die Verhältnisse sind nach westlichem Standard finster.

Vintage Hospital, neben der Hauptfeuerwache im Viertel St. Inez, ✆ 0832-564 4401–05. Für weniger schwerwiegende Fälle.

Musik und Tanz

Kala Academy, Devanand Bandodkar Rd, Campal, am äußersten westlichen Stadtrand, www.kalaacademy.org. Regelmäßig werden in Panjims Schule der darstellenden Künste klassische Konzerte indischer Musik und Tanzaufführungen geboten. Genaueres zu aktuellen Veranstaltungen ist den lokalen Zeitungen zu entnehmen.

Polizei

Zentrale in der Malacca Rd im Zentrum Panjims. **Notruf:** 100.

Post

Head Post Office, 200 m westlich der Pato Bridge, hat den zuverlässigsten Poste-restante-Schalter der Stadt. Zum Frankieren der Post geht man hinten um das Gebäude herum und fragt im Büro an der zweiten Tür rechts. Mo–Sa 9.30–13 und 14–17.30 Uhr

Deepak Stores, an der nächsten Straßenecke in nördlicher Richtung, macht Pakete versandfertig.

Reisebüros

AERO Mundial, Ground Floor, Hotel Mandovi, Dr D. Bandodkar Rd, 0832-222 3773.

Nahverkehr

Das beste Beförderungsmittel in Panjim sind **Motor-Rikschas**. Sie können an der Straße heran gewunken oder an einem der Halteplätze in der ganzen Stadt bestiegen werden. Wer mit leichtem Gepäck reist, findet in den **Motorrad-Taxis** – in Goa „pilots" genannt – eine billigere und schnellere Alternative.

Transport

Busse

Fern- und Lokalbusse nutzen Panjims geschäftigen **Kadamba-Busbahnhof**, 2 km östlich des Zentrums im Viertel Pato. Zehn Gehminuten von hier (über den Ourem Creek nach Fontainhas) liegen mehrere Budget-Hotels. Wer im moderneren Westteil der Stadt absteigen möchte, kann eine der Motor-Rikschas nehmen, die vor der Halle warten (Rs25–40).

Busse nach:
ARAMBOL (12x tgl., 1 3/4 Std.),
BAGA (alle 30 Min., 45 Min.),
BIJAPUR (7x tgl., 10 Std.),
CALANGUTE (alle 30 Min., 40 Min.),
CANDOLIM (alle 30 Min., 30 Min.),
CHAUDI (stdl., 2 1/4 Std.),
GOKARNA (2x tgl., 5 1/2 Std.),
HAMPI (2x tgl., 9–10 Std.),
HOSPET (3x tgl., 9 Std.),
HUBLI (stdl., 6 Std.),
HYDERABAD (1x tgl., 18 Std.),
KOLHAPUR (stdl., 8 Std.),
MAHABALESHWAR (1x tgl., 12 Std.),
MANGALORE (4x tgl., 10 Std.),
MAPUSA (alle 15 Min., 25 Min.),
MARGAO (alle 15 Min., 55 Min.),
MORJIM (6x tgl., 1 1/2–2 Std.)
MUMBAI (6x tgl., 14–18 Std.),
MYSORE (2x tgl., 17 Std.),
OLD GOA (alle 15 Min., 20 Min.),
PONDA (stdl., 50 Min.),
PUNE (7x tgl., 12 Std.).

Eisenbahn

In der Stadt selbst gibt es keinen Bahnhof. Der nächstgelegene der Konkan Railway befindet sich in **Karmali**, 11 km östlich von Panjim bei Old Goa. Von dort fahren staatliche Busse ins Zentrum von Panjim.

Flüge

Europäische Charter- und Inlandflüge landen auf dem **Dabolim-Flughafen**, 0832-254 0788, 29 km südlich von Panjim am Rande von Vasco da Gama, Goas zweitgrößter Stadt. Taxis in die Stadt (45 Min., Rs495), die am Schalter im Vorhof reserviert und bezahlt werden, können von bis zu 4 Pers. geteilt werden.

Fluggesellschaften

Alle Fluggesellschaften, die Goa anfliegen, haben einen Schalter am Flughafen Dabolim. Zu den Gesellschaften mit Büros in der Innenstadt von Panjim zählen:

Air France, **Air Seychelles**, **American Airlines**, **Biman Bangladesh**, **Cathay Pacific**, **Gulf Air**, **Kenyan Airways**, **Royal Jordanian**, **Sri Lankan Airlines**, alle c/o Jet Air, 102 Rizvi Chambers,

1st floor, H Salgado Rd, ✆ 0832-223172;
Air India, Colvacar Centaur, Campal, ✆ 0832-243 1100;
British Airways, DKI Airlines Service, DKI Travel Services Pvt Ltd 102, Shiv Towers, Plot 14, Patto Plaza, ✆ 0832-243 8055;
Alitalia, Globe Trotters International, G-7 Shankar Parvati Building, 18th June Rd, ✆ 0832-223 0940;
Indian Airlines, Dempo House, Dr D Bandodkar Rd, ✆ 0832-242 8787 oder 223 7826;
Jet Airways, Sesa Ghor, Patto Plaza, neben der GTDC Panjim Residency, Pato, ✆ 0832-243 8792.

Flüge nach:
BENGALURU (Bangalore) (DH, G8, IC, 9W, IT, SG; 6–8x tgl.; 1 Std.–4 Std. 20 Min.),
CHENNAI (IC, 9W, S2; 2–4x tgl.; 3 1/4–4 1/2 Std.),
DELHI (G8, 6G, IT, SG; 4–5x tgl.; 3 Std. 20 Min.);
HYDERABAD (6G;1x tgl.; 1 Std. 20 Min.),
KOLKATA (6G; 1x tgl.; 4 Std. 50 Min.);
KOZHIKODE (Calicut) (IC, IT; 1–2 tgl.; 1 Std.–2 Std. 35 Min.);
MUMBAI (DN, AI, G8, IC, 6G, 9W, S2, IT, SG; 14–15x tgl; 50 Min.–1 Std.);
PUNE (IC; 1x tgl.; 50 Min.);
THIRUVANANTHAPURAM (IT; 1x tgl.; 5 Std. 20 Min.).
(**AI** = Air India, **6G** = IndiGo, **IC** = Indian Airlines, **IT** = Kingfisher, **DN** = Air Deccan, **S2** = JetLite, **9W** = Jet Airways, **G8** = Go Air, **SG** = Spicejet)

Old Goa

Goas ehemalige Hauptstadt Old Goa, die einst mehrere Hunderttausend Einwohner zählte und als Inbegriff von Pracht galt, wurde nach zahlreichen Malaria- und Cholera-Epidemien, die die Stadt seit dem 17. Jh. heimsuchten, nahezu völlig aufgegeben. Heute braucht man schon einiges an Fantasie, um sich die Hauptstadt in ihrem einstigen Glanz vorzustellen. Das Gewirr aus verschlungenen Straßen, Plazas und ockerfarbenen Villen ist verschwunden, übrig geblieben sind allein einige cremefarbene Kirchen und Klöster.

Das von der Unesco in die Liste des Weltkulturerbes aufgenommene Old Goa zieht Busladungen ausländischer Touristen von der Küste und christliche Pilger aus ganz Indien an. Während Erstere kommen, um die gigantischen Fassaden und vergoldeten Altäre der wunderbar erhaltenen Kirchen zu bewundern, pilgern Letztere zum Grab des heiligen **Franz Xaver** (S. 751), jenes legendären Missionars aus dem 16. Jh., dessen sterbliche Überreste in der **Basilica of Bom Jesus** aufbewahrt werden.

Für alle, die von der Küste aus einen Tagesausflug ins Landesinnere machen möchten, ist Old Goa das lohnenswerteste und am einfachsten zu erreichende Ziel. Busse fahren alle Viertelstunde vom Kadamba-Busbahnhof in Panjim nach Old Goa, die Fahrt dauert nur 30 Minuten. Alternativ dazu kann man auch eine Motor-Riksha (Rs100) oder ein Miet-Taxi (Rs275–300) nehmen.

In Old Goa gibt es kein empfehlenswertes Restaurant. Wer einen Imbiss essen oder Kaffee trinken möchte, geht am besten ein paar Kilometer auf der Straße nach Panjim zurück bis zum Lifestylegeschäft **Casa de Goa**. Es ist in einem wunderschönen *palacio* aus dem späten 16. Jh. untergebracht und hat ein ausgezeichnetes Café.

Viceroy's Archway und Church of St. Cajetan

Wer die Stadt im 17. Jh. besuchte, durchschritt nach dem Verlassen des Bootes an der Anlegestelle im Norden zunächst den **Viceroy's Archway**, der 1597 zum Gedenken an Vasco da Gamas Ankunft in Indien errichtet wurde. Er besteht aus dem gleichen porösen roten Laterit, aus dem nahezu alle alten Häuser in Old Goa gebaut wurden. Auf dem Triumphbogen ist eine Figur mit einer Bibel in der Hand zu sehen, deren einer Fuß auf der gebeugten Figur eines „Eingeborenen" ruht. Die dem Fluss zugewandte Granitfassade zeigt eine Statue von da Gama.

Es fällt schwer, sich vorzustellen, dass die heute überwucherten Felder und einfachen Straßen einst der Mittelpunkt eines geschäftigen Marktes waren, den Seiden- und Juwelenverkäufer, Pferdehändler und Teppichknüpfer bevölkerten. Das einzige erhaltene Denkmal, der sogenannte **Adil Shah's Doorway**, wurde noch vor Ankunft der Portugiesen errichtet und geht möglicherweise sogar auf die vormoslemische Zeit zurück, denn im Stil ist es hinduistisch. Es besteht aus einem Türsturz, der von zwei schwarzen Basaltsäulen getragen wird. Man findet die Ruine, wenn man hinter dem Arch of the Viceroys an der nächsten Kreuzung nach links abbiegt.

Auf dem Weg kurz hinter dem Portal erreicht man die **Church of St. Cajetan** (1651) mit ihrer charakteristischen Kuppel. Mönche des Theatiner-Ordens erbauten sie nach dem Vorbild des Petersdoms in Rom. Das Äußere ist zwar korinthisch, doch sind in der Verzierung der Kirche auch einige nichteuropäische Einflüsse zu entdecken, z. B. weist das Schnitzwerk der Kanzel ein Cashew-Muster auf. Unter der Kirche ist eine Krypta versteckt, die einst die Bleisärge mit den einbalsamierten Leichnamen der portugiesischen Gouverneure beherbergte, bevor sie nach Lissabon verschifft wurden. Die letzten drei waren dreißig Jahre vergessen worden und wurden erst 1992 kurz vor dem Staatsbesuch des damaligen portugiesischen Präsidenten weggeschafft.

Sé (St. Catherine's) Cathedral

Es war der portugiesische Vizekönig Redondo (1561–64), der die südwestlich der St.-Cajetan-Kirche gelegene Sé oder St. Catherine's Cathedral in Auftrag gab. Sein Anliegen war eine „prächtige Kirche, würdig dem Wohlstand, der Macht und dem Ruhm der Portugiesen, die die Meere vom Atlantik bis zum Pazifik beherrschen". Die Kathedrale ist größer als jede Kirche Portugals, obwohl das Bauvorhaben anfangs angesichts vieler Schwierigkeiten gefährdet war, nicht zuletzt aufgrund fehlender Mittel und Portugals zeitweiligem Verlust der Unabhängigkeit an Spanien. So vergingen 80 Jahre, bis die Kirche schließlich 1640 eingeweiht werden konnte.

Das Äußere ist im toskanischen Stil gestaltet. Der einzige erhaltene Turm beherbergt die **Goldene Glocke**, die im 17. Jh. in Cuncolim (Süd-Goa) gegossen wurde. Während der Inquisition kündigte ihr Geläut den Beginn der grausigen Autodafés an, die auf dem Platz vor der Kirche abgehalten wurden. Dabei wurden der Ketzerei Verdächtigte öffentlich gefoltert und auf dem Scheiterhaufen verbrannt.

Die Ausmaße und Details des in korinthischem Stil gehaltenen Inneren sind überwältigend. Nicht weniger als fünfzehn **Altäre** finden sich ringsum an den Wänden, unter anderem einer zu Ehren Unserer Lieben Frauen der Hoffnung und einer für Unsere Liebe Frau der Bedrängnis. Ein Altar der heiligen Anna enthält die sterblichen Überreste der **Seligen Märtyrer von Cuncolim**, denen es nicht gelang, den Mogulkaiser Akbar zu bekehren, und die dabei ermordet wurden. In einer Kapelle hinter einem mit vielen Detaildarstellungen verzierten Lettner wird das **Wundertätige Kreuz** aufbewahrt, das sich in einem goanischen Dorf befand, bis eine Vision Christi darauf erschien. Das Kreuz steht in dem Ruf, Kranke heilen zu können, und wird von einem großen Kasten geschützt. Eine kleine Öffnung in der Seite erlaubt es den Gläubigen, das Kreuz zu berühren. Der reich verzierte, vergoldete **Hauptaltar** umfasst neun geschnitzte Rahmen und ein prächtiges Kruzifix. Auf Paneelen sind Episoden aus dem Leben der heiligen Katharina von Alexandria (gest. 307 n. Chr.) dargestellt, darunter ihr Gedankenaustausch mit dem heidnischen römischen Kaiser Maximus, der sie heiraten wollte, sowie ihr darauf folgendes Martyrium.

Archbishop's Palace

Neben der Sé-Kathedrale steht der um die gleiche Zeit erbaute **Erzbischofspalast**, das einzige noch erhaltene weltliche Gebäude aus den goldenen Jahren der Kolonialzeit in Goa. Das zweiflügelige Gebäude, das sein strenges Gesicht dem Fluss zeigt, war in früheren Zeiten das dominanteste Gebäude am Ufer. Heute beherbergt es in der Kristu Kala Mandir Art Gallery, ⌚ tgl. 10–18 Uhr, Eintritt frei – nicht zu verwechseln mit der gleichnamigen Galerie im Kloster Santa Monica (S. 752) – eine Sammlung zeitgenössischer christlicher Kunst, die man aber nicht unbedingt gesehen haben muss.

Church of St. Francis of Assisi und Archäologisches Museum

Südwestlich der Kathedrale liegen der nur noch als Ruine erhaltene **Palast der Inquisition**, in dem bis 1774 die Inquisition Angst und Schrecken verbreitete, und im Westen das **Convent of St. Francis of Assisi**, von Franziskanermönchen 1517 erbaut und Mitte des 18. Jhs. restauriert. Heute beherbergt es das **Archäologische Museum**, dessen Mittelpunkt eine Galerie mit Porträts

Old Goa

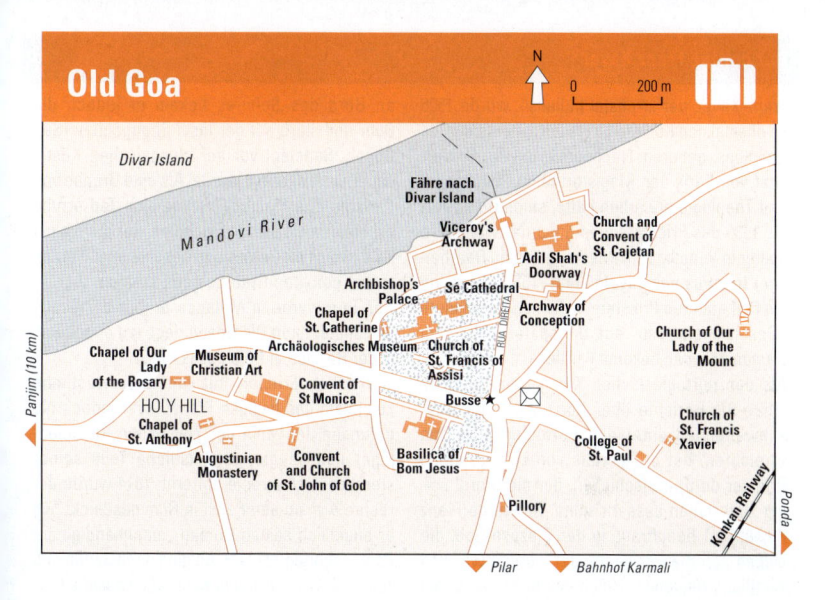

der portugiesischen Vizekönige bildet, die von lokalen Künstlern unter italienischer Anleitung angefertigt wurden. Weitere Ausstellungsstücke sind Münzen, christliche Holzskulpturen und – unten im Kreuzgang – Hinduskulpturen aus vorportugiesischer Zeit. ⏲ tgl. außer Fr 10–17 Uhr, Eintritt Rs5.

Nebenan sind in der **Church of St. Francis** (1521) dekorative Fresken, in den Boden eingelassene Grabsteine für Adlige und Gemälde auf Holz zu sehen, die das Leben des heiligen Franz von Assisi darstellen.

Basilica of Bom Jesus

Die 1605 erbaute Kirche des Bom Jesus (des „Guten" oder „Menino Jesus"), nahe dem Kloster des heiligen Franz, ist hauptsächlich für das **Grab des heiligen Franz Xaver** berühmt. 1946 wurde sie die erste indische Kirche, die den Status einer „Minor Basilica" zugesprochen bekam. Die dreistöckige Renaissancefassade im Westen weist korinthische, dorische, ionische und Kompositstile auf.

Der Weg ins Innere führt unter dem von Säulen gestützten Chor hindurch. An der nördlichen Wand, im Mittelschiff, befindet sich ein Ehrenmal in vergoldeter Bronze für **Dom Jeronimo Mascaranhas**, den Hauptmann von Cochin und Stifter der Kirche. Der verschwenderisch mit Gold verzierte Hochaltar zeigt das Jesuskind unter dem Schutz des heiligen Ignatius von Loyola, dem Gründer des Jesuitenordens; zu beiden Seiten befinden sich Nebenaltäre zu Ehren Unserer Lieben Frau der Hoffnung und des heiligen Michael. Im südlichen Querschiff ist die reich mit gewundenen, vergoldeten Säulen und blumigen Schnitzereien ausgeschmückte **Kapelle mit dem Grab des heiligen Franz Xaver** zu sehen. Die 1696 aus Marmor und Jaspis angefertigte Kapelle war das Geschenk eines Medici, Cosimo III., Großherzog der Toskana. Auf der mittleren Stufe befinden sich Paneele mit Szenen aus dem Leben des Heiligen, ein verzierter, gewölbter Reliquienschrein aus Silber enthält seine sterblichen Überreste. Um seinen Festtag, den 3. Dezember herum, begeben sich für eine Woche Zehntausende christliche und hinduistische Pilger in die Warteschlange zum *darshan* (rituelle Betrachtung) an den Sarg, bevor sie auf dem Platz vor der Kapelle einer Messe unter freiem Himmel beiwohnen. ⏲ Mo–Sa 9–18.30, So 10–18.30 Uhr.

Der heilige Franz Xaver

Franz Xaver, der „Apostel Indiens", wurde 1506 im ehemaligen Königreich Navarra, heute ein Teil Spaniens, geboren. Nachdem er an der Universität von Paris den Magistertitel in Philosophie und Theologie erworben hatte, studierte er dort bis 1535 das Priesteramt und wurde zwei Jahre später in Venedig zum Priester geweiht. Der (heilige) **Ignatius von Loyola** (1491–1556) nahm ihn mit fünf anderen Priestern in die neu gegründete „Gesellschaft Jesu" auf, die später unter dem Namen Jesuiten bekannt wurde.

Als den portugiesischen König Dom Joao III. (1521–57) Berichte über Korruption und Ausschweifungen unter den Portugiesen in Goa erreichten, bat er Ignatius von Loyola, einen Priester dort hinzuschicken, der die Moral seiner Untertanen bessern sollte. So wurde Franz Xaver 1541 beauftragt, in der Diözese Goa, die sieben Jahre zuvor gegründet worden war und sämtliche Regionen östlich des Kaps der Guten Hoffnung umfasste, tätig zu werden. Kaum war er nach einjähriger Fahrt in Goa angelangt, nahm er ein ehrgeiziges Projekt in ganz Südindien in Angriff. Trotz häufiger Behinderungen durch portugiesische Beamte gründete er zahlreiche Kirchen, bekehrte angeblich 30 000 Menschen und soll Wunder wie die Wiedererweckung von Toten und die Heilung von Kranken durch eine Berührung mit seinem Rosenkranz vollbracht haben. In der Folge dehnte er seine Missionierungsversuche auf Sri Lanka, Malacca (Malaysia), China und Japan aus, wo er jedoch weniger erfolgreich war.

Als Xaver Goa zum letzten Mal verließ, wollte er in China das Evangelium verkünden. Noch an Bord des Schiffes bekam er jedoch die Ruhr und starb auf der Insel Shangchuan (San Chuan, Sancian) vor der chinesischen Küste, wo er auch beerdigt wurde. Als eine Gruppe von Christen aus Malacca von seinem Tod erfuhr, exhumierte sie seinen Leichnam, der in dem mit Kalk (womit die Zersetzung beschleunigt werden sollte) gefüllten Grab bestens erhalten war ... Der Tote wurde in Malacca erneut beigesetzt und später nach Old Goa verlegt, wo er seitdem in der Basilica of Bom Jesus ruht.

Wirklichen Frieden hat der unverwüstliche Leichnam des heiligen Franz Xaver jedoch nie gefunden. Im Laufe der Zeit haben Reliquienjäger und neugierige Geistliche Teile seiner sterblichen Überreste entfernt: 1614 wurde der rechte Arm an den Papst in Rom geschickt (wo er angeblich seinen Namen „eigenhändig" auf Papier schrieb), eine Hand ging nach Japan und Teile seiner Eingeweide nach Südostasien. Eine portugiesische Frau, Dona Isabel de Caron, biss dem Leichnam 1534 sogar einen kleinen Zeh ab; dabei soll so viel Blut aus ihrem Mund gespritzt sein, dass sie eine Spur bis zu ihrem Haus hinterließ, die sie verriet.

Alle zehn Jahre wird der Körper des Heiligen in einer dreistündigen Zeremonie von der Basilica of Bom Jesus zur Sé-Kathedrale getragen, wo Besucher an ihm vorbeidefilieren, ihn berühren und fotografieren.

Anlässlich der letzten „Ausstellung" 2004/2005 strömten über 250 000 Pilger zur rituellen Betrachtung des Leichnams – heutzutage eine verschrumpelte und eher unansehnliche Erscheinung.

Holy Hill

Eine Reihe weiterer bedeutender religiöser Bauten und ein Museum stehen gegenüber der Bom Jesus auf dem Holy Hill. Das **Convent of St. Monica**, 1627 errichtet, 1636 von einem Feuer zerstört und im darauf folgenden Jahr wieder aufgebaut, war seinerzeit das einzige Kloster in Goa und das größte in Asien. Hier lebten ungefähr hundert Nonnen, die „Töchter der Heiligen Monika". Daneben bot das Kloster Frauen, deren Männer vorübergehend in andere Teile des Reiches geschickt wurden, Unterkunft.

Im Süden schließt sich die **Kirche** an das Kloster an. Da die Nonnen sich der Öffentlichkeit nicht zeigen sollten, verfolgten sie die Messe von der Chorempore aus. Im Innern erhebt sich über der Statue der heiligen Monika beim Altar ein **Wundertätiges Kreuz**. 1636 soll die Christusfigur ihre Augen geöffnet und sich angeschickt haben zu sprechen; dabei soll aus den durch die

Dornenkrone verursachten Wunden Blut geflossen sein. Die letzte „Tochter der Heiligen Monika" starb 1885. Seit 1964 beherbergt das Kloster das Mater Dei Institute für Nonnen.

Neben der Kirche steht das **Museum für Christliche Kunst**. Zu den Exponaten zählen Prozessionskreuze, Elfenbeinornamente, Priesterroben aus Damastseide und einige fein gearbeitete Holzikonen aus dem 16. und 17. Jh., darunter eine ungewöhnliche Statue von Johannes dem Täufer, der nach Art des Hindu-Gottes Shiva in ein Tigerfell gehüllt ist. ⏲ tgl. 9.30–17 Uhr, Eintritt Rs15.

Das nahe gelegene **Convent of St. John of God**, 1685 von dem Hospitaliterorden des heiligen Johannes gegründet, um Kranke zu versorgen, wurde 1953 wieder aufgebaut. Auf der Spitze des Hügels steht die 1526 im manuelischen Stil (so genannt nach dem portugiesischen König Manuel I., 1495–1521) errichtete **Chapel of Our Lady of the Rosary**. Sie weist ionische Stuckarbeiten, einen zweistöckigen Säulengang, zylindrische Türmchen sowie einen Turm auf, von dessen Terrasse sich eine schöne Aussicht auf den Fluss bietet. Von dort überwachte Albuquerque die entscheidende Schlacht von 1510. Das kreuzförmige Innere ist nicht weiter bemerkenswert, abgesehen von dem Marmorgrab von **Catarina a Piró**, der angeblich ersten Europäerin, die nach Goa kam. Sie war eine Bürgerliche, die in die Kolonie flüchtete, um dem Skandal zu entgehen, den ihre Romanze mit dem portugiesischen Adligen Garcia de Sá hervorgerufen hatte. Garcia de Sá brachte es später zum Gouverneur von Goa und heiratete Catarina schließlich unter dem Druck von Franz Xaver persönlich, allerdings nur *in articulo mortis* – als sie auf dem Sterbebett lag. Ihr kunstvoll geschnitztes Grab, eingelassen in die Wand hinter dem Hochaltar, schmücken erlesene Verzierungen im Gujarati-Stil, die möglicherweise aus dem portugiesischen Handelsposten Diu stammen.

Ponda und Umgebung

Ponda, 28 km südöstlich von Panjim und 17 km nordöstlich von Margao, ist die Verwaltungshauptstadt des Distrikts Ponda und beherbergt den größten Markt der Gegend. Die beiderseits des viel befahrenen Highway NH-4 zwischen Panjim und Bengaluru (Bangalore) gelegene Stadt lohnt im Grunde keinen Besuch. In den üppigen Tälern und Wäldern der **Umgebung von Ponda** befinden sich allerdings mehrere **Hindu-Tempel** aus dem 17. und 18. Jh., als diese hügelige Region ein christenfreier Zufluchtsort für vor der portugiesischen Verfolgung fliehende Hindus war. Die Tempel selbst sind zwar für indische Verhältnisse recht modern, doch die darin enthaltenen Gottheiten sind uralt und werden sowohl von den Einheimischen als auch von Tausenden Pilgern aus Maharashtra und Karnataka inbrünstig verehrt.

Die Tempel konzentrieren sich in zwei Hauptgruppen: Die erste liegt nördlich von Ponda am NH-4, die zweite versteckt in der Landschaft rund 5 km westlich der Stadt. Die meisten Besucher schaffen es nur zu den Anlagen **Shri Manguesh** und **Shri Mahalsa** (🖥 www.mahalsa.org) zwischen den Dörfern **Mardol** und **Priol**. Sie zählen zu den interessantesten Tempeln im Bundesstaat und liegen nur einen Steinwurf vom Highway entfernt, auf dem auch regelmäßig **Busse** der Linie Panjim–Margao verkehren. Die anderen Tempel sind abgelegener, mit dem Motorrad jedoch gut zu erreichen. Einheimische weisen einem den Weg, falls man sich verfahren hat.

Mardol und Priol

Der **Shri Manguesh-Tempel** stand ursprünglich an einem geheimen Ort in Cortalim und wurde im 16. Jh. an seinen jetzigen Standort zwischen Mardol und Priol verlegt. Das Bauwerk, das Besucher heute zu sehen bekommen, stammt jedoch aus dem 18. Jh. Ein Tor an der Straße führt zu einem Pflasterweg und weiter zu einem Hof, der auf ein Wasserbecken blickt und von dem weißen, auf einer Plattform stehenden Tempelgebäude überragt wird. Außerdem befindet sich in dem Hof ein siebenstöckiger *deepmal*, ein Turm für Öllampen. Der Fußboden im Innern ist aus Marmor, die weißen Wände werden von Streifen dekorativer Fliesen geziert. Silberne Türen mit fein gearbeiteten Blumenmustern, die zu beiden Seiten von großen *dvarpala* bewacht werden, führen zum Heiligtum, das einen *shivalingam* beherbergt.

Der **Mahalsa Marayani-Tempel** 2 km südlich wurde ebenfalls von seinem ursprünglichen Standort – dem *taluka* Salcete weiter südlich – im 17. Jh. umgesetzt. Der hiesige *deepmal* ist außergewöhnlich hoch: 21 Stufen ragen von einer Statue Kurmas, der Schildkröteninkarnation Vishnus, in die Höhe.

Zu den noch original erhaltenen Besonderheiten gehören eine hölzerne *mandapa* (Versammlungshalle) mit Marmorfußboden, geschnitzten Säulen, Darstellungen von Sittichen an der Decke und Skulpturen von Inkarnationen Vishnus am Dachgesims.

Dudhsagar-Wasserfälle

Die berühmten, insgesamt 600 m hohen Wasserfälle von Dudhsagar an der Grenze zu Karnataka zählen zu den größten Wasserfällen Indiens. Ihr Anblick ist spektakulär genug, um einen ständigen Besucherstrom von der Küste in die schroffen Westghats zu locken. Nachdem er durch die Dekkan-Ebene geflossen ist, bildet der Oberlauf des Mandovi einen schäumenden Sturzbach, der sich in drei Ströme teilt und dann kaskadenartig über einen fast senkrechten Felsen in ein tiefgrünes Becken stürzt.

Der Konkani-Name für die Wasserfälle, der wörtlich übersetzt „Milchmeer" heißt, rührt von den Schaumwolken her, die sich unten bilden, wenn der Wasserstand am höchsten ist. Dudhsagar liegt in einer atemberaubend schönen Landschaft am Rande eines tiefen, halbkreisförmigen Tals, das von tropischem Urwald bedeckt wird, und ist nur zu Fuß oder im Geländewagen erreichbar. Die Eisenbahnlinie Margao-Castle Rock führt auf einem alten Steinviadukt über die Wasserfälle, doch die Züge verkehren nur selten.

In Dudhsagar kann man nicht sehr viel unternehmen, außer die schönen Ausblicke genießen oder auf der Suche nach einem Becken zum Baden über die Felsen an den Wasserfällen zu klettern. Die beste **Reisezeit** für Dudhsagar ist nach dem Monsun, zwischen Ende Oktober und Mitte Dezember, wenn der Wasserstand am höchsten ist. Die Fälle führen aber noch bis in den April hinein Wasser.

Transport

Leider verkehren auf der spektakulären Bahnstrecke nur zwei **Züge** pro Woche in jeder Richtung, und keiner davon fährt am gleichen Tag zurück. Daher besteht die einzige Möglichkeit, an einem Tag hin und zurückzukommen, mit einem **Geländewagen** von **Colem** aus (erreichbar per Bahn von Vasco, Margao und Chandor oder per **Taxi** von den Resorts an der Nordküste für ca. Rs1300). Die Kosten für eine 30- bis 40-minütige **Jeeptour** von Colem zu den Wasserfällen, die über holperige Waldpfade und zwei oder drei Furten führt, liegen bei Rs700 p. P.; der Ausflug endet mit einer 10-minütigen, schönen Wanderung, für die man ein Paar robuste Schuhe braucht. Einen Jeep-*wallah* aufzutreiben, ist leicht: Man braucht nur in Colem nahe dem Bahnhof nach dem „Controller of Jeeps" Ausschau zu halten. Wer jedoch allein oder zu zweit unterwegs ist, muss entweder warten, bis der Wagen voll ist, oder den ganzen Jeep mieten.

Wer per **Motorrad** hergekommen ist, kann – sofern der Wasserstand es erlaubt – bis in die Nähe der Fälle weiterfahren: Enfields und Pulsars sind fürs Durchqueren der Flüsse geländegängig genug, nicht aber Honda Activas und andere Scooter mit schmalen Reifen. Wer auf einem solchen Zweirad bis nach Colem gefahren und wild entschlossen ist, kein Geld für eine Jeeptour auszugeben, sollte den Sandweg nehmen, der rund 8 km weit der Haupteisenbahnlinie folgt und auf die Jeeproute trifft. So umgeht man die Flussdurchquerungen. Die Händler, die einen Stand in der Stadt haben, legen diese Strecke jeden Tag zurück.

Nord-Goa

Hinter der Mündung des Mandovi zieht sich die goanische Küste nach Norden. Die Strände grenzen fast nahtlos aneinander, nur gelegentlich unterbrochen von einem Salzwasser führenden Wasserlauf, einer felsigen Landzunge und drei den Gezeiten unterworfenen Flüssen (von denen der nördlichste, der Arondem, noch mit einer Fähre überquert werden muss). Die

Bebauung konzentriert sich hauptsächlich auf den 7 km langen, weißen Sandstreifen, der sich vom Fuß des **Fort Aguada**, das östlich von Panjim über die Halbinsel thront, bis zum Flüsschen Braga im Norden zieht.

Mit den Ferienorten **Candolim**, **Calangute** und **Baga** ist diese Region Goas Pauschaltouristenhochburg, die von den meisten Individualreisenden gemieden wird.

Seit der Ankunft des Massentourismus in den 80er-Jahren hat sich die alternative Szene immer weiter nach Norden verlagert, weg von den Sonnenliegen nach **Anjuna**, Vagator – mit Stränden, die zu den schönsten der Region zählen – und **Chapora**, ein Fischerdorf am Fluss. Noch weiter nördlich liegt **Arambol**, das sich bislang einer größeren Bebauung entziehen konnte, trotz Fertigstellung der neuen Brücke über den Chapora. Der zusätzliche Verkehr hat in erster Linie die unauffälligen Urlaubsorte **Aswem** und **Mandrem** unmittelbar südlich von Arambol zum Ziel, deren Einrichtungen an europäischem Standard gemessen eher dürftig sind.

Die Marktstadt **Mapusa** ist der Hauptverkehrsknotenpunkt der Region. Es bestehen Busverbindungen in die meisten Urlaubsorte an der Küste.

Wer mit dem Zug der Konkan Railway ankommt, steigt am Bahnhof in **Tivim** aus (℡ 0832-229 8682), 19 km westlich von Margao. Von dort geht es dann mit dem Bus oder Taxi weiter.

Mapusa

Mapusa (ausgesprochen *Mapsa*) ist die Hauptstadt des *taluka* Bardez. Eine staubige Ansammlung heruntergekommener, größtenteils moderner Gebäude gruppiert sich um einen belebten zentralen Platz. Die Stadt ist nicht besonders interessant, wenn man einmal von dem lebendigen **Markt** am Freitagvormittag absieht. Der Markt von Anjuna eignet sich vielleicht besser für Souvenirs, aber der in Mapusa ist wesentlich authentischer. Zu den lokalen Spezialitäten gehören würzige goanische Würstchen *(chouriço)*, *toddi* (fermentierter Palmensaft) und große grüne Kochbananen aus dem benachbarten Moira.

Übernachten

Der Konkankanya Express Nr. KR0111 der Konkan Railway kommt um 9.30 Uhr in Tivim an, sodass genug Zeit bleibt, sich in den Urlaubsorten westlich von Mapusa eine Unterkunft zu suchen. Die Stadt selbst empfiehlt sich nicht zum Übernachten, doch wer hier hängen bleibt, kann die folgende Herberge ansteuern:
GTDC Mapusa Residency, am Kreisverkehr südlich des Parks, 🖥 www.goa-tourism.com, ℡ 0832-226 2794. Große, saubere Zimmer und ein Touristeninformationsschalter. ❹–❺

Essen

FR Xavier, im Municipal Market. Authentische goanische Speisen auf die Schnelle gibt es nirgendwo besser als in diesem kürzlich generalüberholten Café, das bereits seit der portugiesischen Ära besteht.
Ruchira, im Hotel Satyaheera an der Nordseite des Hauptplatzes. Serviert Standardgerichte aus verschiedenen Küchen und kaltes Bier.

Transport

Busse
Der Kadamba-Busbahnhof befindet sich 5 Gehminuten westlich des zentralen Platzes und wird auch von den staatlichen Bussen aus PANJIM genutzt.

Busse nach:
ANJUNA (stdl., 30 Min.),
ARAMBOL (12x tgl., 1 3/4 Std.),
BAGA (stdl., 30 Min.),
CALANGUTE (stdl., 45 Min.),
CHAPORA (alle 30 Min., 30–40 Min.),
MUMBAI (6x tgl., 13–17 Std.),
PANJIM (alle 15 Min., 25 Min.),
VAGATOR (alle halbe Std., 25–35 Min.).

Eisenbahn
Der Mapusa am nächstgelegene Bahnhof befindet sich in **Tivim**, 12 km östlich im Nachbardistrikt Bicholim. Dort stehen im Normalfall Busse nach Mapusa bereit.

Motorradtaxis / Taxis
Motorradtaxis warten am Hauptplatz, um leicht beladene Shopper und Traveller für Rs50–65 in

die Küstenresorts zu befördern. **Taxis** verlangen wesentlich mehr (um Rs150), aber man kann sich die Kosten mit bis zu 5 Pers. teilen.

Candolim und Fort Aguada

Verglichen mit dem 3 km weiter nördlich am Strand gelegenen Calangute ist **Candolim** ein erstaunlich ruhiger Urlaubsort, der vor allem von Pauschaltouristen aus Großbritannien und Skandinavien frequentiert wird. In den letzten Jahren sind allerdings zwischen den Hotels und Restaurants am Meer eine Reihe von Ferienanlagen entstanden, und in der Hochsaison verschwinden die wenigen Überreste traditioneller goanischer Kultur hinter den zahllosen Kashmiri-Kunstgewerbeständen, hell erleuchteten Caféterrassen und Ladenzeilen. Dafür bietet Candolim jedoch unzählige schöne Unterkünfte, viele an ruhigen Sandwegen gelegen und besser als vergleichbare Guesthouses im nahen Calangute. Deshalb empfiehlt sich Candolim als erste Station, wenn man gerade in Goa angekommen ist und beabsichtigt, nach kurzer Eingewöhnungszeit weiter nach Norden zu fahren.

Unmittelbar südlich thront auf einer abgeflachten, felsigen Landzunge am Ende des Strands das **Fort Aguada**. Es wurde 1612 gebaut, um den Küstenbereich nördlich der Mandovi-Mündung vor holländischen und marathischen Überfällen zu schützen. Die Festung umschließt einige natürliche Quellen, die den in Goa anlegenden Schiffen das erste Trinkwasser nach der langen Seereise von Lissabon lieferten. Die Ruinen des Forts sind über eine Straße zu erreichen: Von Candolim folgt man zunächst der Hauptstraße Richtung Süden, an der Abzweigung zum Taj Holiday Village vorbei und geht noch ca. 2 km weiter, bevor eine kleine Straße nach rechts bergauf zu einem kleinen Parkplatz abzweigt. Heutzutage dient der größte Teil der Anlage als Gefängnis und ist Besuchern daher nicht zugänglich. Dennoch lohnt das Fort einen Besuch, wenigstens um die wunderbare Aussicht von der Spitze des Hügels zu genießen. Hier blickt seit 1864 ein vierstöckiger portugiesischer **Leuchtturm**, der älteste seiner Art in Asien, über das weite Meer, den Sand und die Palmen. An der nördlichen Flanke der Festung ragt ein Schutzwall aus rotbraunem Laterit ins Meer hinaus. Diese malerische Stelle, bekannt unter dem Namen **Sinquerim Beach** (die südliche Spitze des Calangute Beach), zählte zu den ersten Orten in Goa, die für den exklusiveren Tourismus ausgewählt wurden. Die zu den teuersten Hotels Indiens zählenden Fort Aguada-Resorts der Taj Group beherrschen von den unteren Hängen der steilen Halbinsel aus den Strand.

Neben der nahe gelegenen Festung besitzt Candolim auch eine Reihe wunderschöner alter Villen und ein paar typische goanische Häuser. Einige der schönsten sind Bestandteil des hervorragenden Volkskunde- und Architekturmuseums **Calizz** in der südlichen Dorfhälfte nahe der Acron Arcade. Über mehrere Hektar verteilen sich liebevoll restaurierte Gebäude unterschiedlicher typisch goanischer Baustile. Sowohl christliche als auch hinduistische Bauten stehen hier. Von bescheidenen Lehmhütten aus vorkolonialer Zeit bis zu verschwenderischen portugiesischen *palacios* samt dazugehöriger Kapelle ist alles zu bewundern. Im Inneren der Häuser sind erlesene Möbel, religiöse Statuen und interessante Gegenstände des täglichen Gebrauchs zu sehen. Der Besuch beginnt mit einer spannenden, 90-minütigen Führung, anschließend gibt's ein traditionelles indo-portugiesisch-goanisches Festmahl mit Gerichten, die in jenen Häusern, die auf der Besichtigungstour besucht wurden, tatsächlich einmal genau so zubereitet wurden. ⏲ tgl. 10.30–23.30 Uhr; Eintritt Rs1200, inkl. einer Mahlzeit; 🖥 www.calizz.com.

Übernachtung

Candolim ist fest in den Händen der Pauschalreiseveranstalter, deshalb sind die Unterkünfte während der ganzen Saison eher teuer. Andererseits kann man hier, wenn wenig los ist, echte Schnäppchen finden. **Antonio**, Camotim Waddo, ☎ 0832-248 9735, 9822 3381214. Geräumige, gut ausgestattete Zimmer im Chalet-Stil, manche mit Küchenzeile, alle mit großen Balkonen, zwischen der Straße und dem Strand; in respektabler Entfernung von der Pauschalreisemeile. ❹

Yoga-Terrasse mit Meerblick

Dona Florina, an der Straße nach Monteiro, Sequeira Waddo, ✆ 0832-248 9051, 🖥 www.donaflorina.com. Dieses herrlich gelegene, große Gästehaus mit Strandblick befindet sich im abgeschiedensten Teil des Dorfes. Die luftige Dachterrasse mit Bodenfliesen eignet sich hervorragend für Yoga-Übungen. Wegen des idyllischen Meerblicks ist es die paar Euro mehr durchaus wert. Keine Zufahrt für Autos. ❹–❺

Casa Sea Shell, Fort Aguada Rd, nahe Bom Successo, ✆ 0832-247 9879. Ein moderner Block mit eigenem Pool, schön gelegen neben einer kleinen Kapelle. Die Zimmer sind groß und verfügen über geräumige, gekachelte Bäder. Personal und Management sind immer freundlich und zuvorkommend. Falls es voll sein sollte, fragt man am besten nach einem Zimmer im identischen und etwas billigeren Sea Shell Inn, ✆ 0832-248 9131, etwas weiter die Straße hinauf (ohne Pool). ❺

Dioro's, Camotim Waddo, ✆ 0832-329 0713, 09823 269376, ✉ diorosgoa@yahoo.com. Sehr große gefliese, makellose Zimmer mit großem Balkon und Kühlschrank. Die Unterkunft liegt in einem stillen Wohnviertel, weit ab von der Hauptstraße und nahe beim Strand, mit gepflegtem Garten. Angesichts der Lage und Ausstattung ein absolut stimmiges Preis-Leistungs-Verhältnis, selbst über Weihnachten. ❹

Marbella, Sinquerim, ✆ 0832-247 9551, 🖥 www.marbellagoa.com. Individuell gestaltete Suiten und geräumige Zimmer (ab Rs2600) in einem wunderbaren Haus im traditionell goanischen Herrenhaus-Baustil, bewacht von einem riesigen Mangobaum. Dekor und Einrichtung sind himmlisch, besonders im „Penthouse" (Rs4500) im obersten Stock. ❻–❽

Pretty Petal, Camotim Waddo, ✆ 0832-348 9184, 🖥 www.prettypetalsgoa.com. Sehr große, moderne Zimmer, alle mit Kühlschrank und Balkon, sowie gemütliche Gemeinschaftsbereiche mit Marmorfußboden und Blick auf den Rasen. Am schönsten, wenn auch kostspieliger, ist das Apartment unter dem

Candolim und Fort Aguada

Übernachtung
Antonio	D
Casa Sea Shell	F
Dioro's	C
Dona Florina	A
Marbella	G
Pretty Petal	E
Shanu	B

Restaurants und Bars
Amigo's	4
Bomra's	8
Café Chocolatti	5
Cinnabar Café	6
Pete's Shack	2
Sheetal	3
Stone House	7
Viva Goa	1

Dach, mit Fenstern zu allen vier Seiten hin und einem geräumigen Balkon. ❺–❻
Shanu, Escrivao Waddo, ☎ 832-248 9899. Geräumige, gut eingerichtete Zimmer mit kleinem Balkon direkt an den Dünen, einige mit ungehindertem Blick aufs Meer (eine echte Seltenheit). Tipp: Zimmer 120 (ansonsten 118, 111, 110 oder 107). Frühstück wird auf dem Zimmer serviert. ❹

Essen

Candolims zahlreiche Strandcafés sind etwas eleganter als die üblichen Seafood-Hütten – mit Topfpflanzen, Hightech-Anlagen und entsprechenden Preisen. Die Preise sinken, je weiter man sich vom Taj-Komplex entfernt.

Amigo's, 3 km östlich von Candolim an der Nerul-Brücke, ☎ 0832-240 1123, 9822-104920. Das abgelegene, roh gezimmerte Lokal liegt unter der Brücke, über die Jason Bournes Freundin in *Die Bourne Verschwörung* davonjagte. Es ist für sein ausgezeichnetes frisches Seafood bekannt, das direkt von den Booten kommt. Die Spezialität ist *tamoso* (roter Schnapper), es gibt aber auch gefüllten Pomfret-Fisch, Chilipfanne mit Calamari, Barramundi und vor allem gigantische Krebse in Butter-Knoblauch-Soße (einen Tag vorher bestellen). Der Spaß kostet inkl. Getränke ca. Rs250–350. Gäste können ihre Bestellung vor dem Besuch schon telefonisch aufgeben.

Café Chocolatti, nahe Acron Arcade. Der in Großbritannien aufgewachsene Eigentümer dieses freundlichen Cafés in Süd-Candolim, Nazneen, hat ein Mekka für Schokoholics geschaffen. Bei einer perfekten Tasse frisch gemahlenen Kaffees im Garten können Gäste in Trüffelpralinen nach belgischer Art schwelgen – gefüllt mit Chili, Mokka und Orange – oder italienisches Gebäck mit Mandelgeschmack knuspern.

Cinnabar Café, Acron Arcade, Fort Aguada Rd. Szene-Café mit Glas-Dekor und Holzvertäfelung. Serviert unserer Meinung nach den besten Cappuccino in Goa. Gelegentlich sorgen DJs für Stimmung. Warmes Frühstück ab 8 Uhr.

Pete's Shack, Sequeira Waddo. Eine Strandhütte, die Erwähnung verdient, weil dort immer professionell gearbeitet wird und tolle, gesunde Salate (Rs85–225) mit gutem Olivenöl, Mozzarella und Balsamico-Essig auf den Tisch kommen. Das Gemüse ist durchweg frisch und wird sorgfältig in gechlortem Wasser gewaschen, kann also unbedenklich verzehrt werden. Dasselbe gilt für die Seafood-*sizzler* und Tandoori-Hauptspeisen. Als Dessert empfiehlt sich die Schokoladenmousse oder ein kühler Minz-Lassi.

Sheetal, Murrod Waddo. Eines der wenigen Restaurants in Goa, die auf authentische Mogul-Cuisine spezialisiert sind. Flotte Kellner in traditionellen *salwars* servieren die Gerichte in Kupfergeschirr. Auf der umfangreichen Karte stehen Hühnchen-, Lamm- und vegetarische Gerichte in gehaltvollen Soßen. Pro Kopf muss man mit Rs300–400 rechnen, ohne Getränke.

Stone House, Fort Aguada Rd. Blues-Fan Chris D'Souza betreibt dieses lebhafte, schummrige Restaurant mit Bar vor einem herrlichen goanischen Lateritenhaus. Die beliebtesten Gerichte sind erlesene Stücke Rindfleisch und Kingfish mit leckeren Ofenkartoffeln. Blues-Fans sollten allein schon wegen der CD-Sammlung hierher kommen. Hauptgerichte meist unter Rs250.

Viva Goa!, Fort Aguada Rd. Saftige goanische Gerichte ohne Schnickschnack mit frischen Zutaten vom Markt: gebratene Muscheln, Barramundi *(chonok)*, Zitronenfisch *(modso)* und gebratene Haifischsteaks in Chili-Paste oder mit Hirse *(rawa)*. Gegessen wird auf einer Terrasse an der Straße. Touristen sind willkommen, aber hauptsächlich verkehren hier

---

> **Unscheinbarer Leckerbissen**
>
> **Bomra's**, Souza Waddo, Fort Aguada Rd, Süd-Candolim, ☎ 09822 149633 oder 09822 1306236. Entspanntes Lokal auf einer spärlich beleuchteten Schotterterrasse am Straßenrand. Von außen würde man niemals vermuten, dass es sich um eines der gastronomischen Highlights von Goa handelt, aber das Essen – moderne burmesische und Kachin-Küche – ist superb. Tipp: Spinat-Wraps in duftender Tahinisoße als Vorspeise oder Rindfleisch in Erdnusscurry.

Einheimische – die Preise sind auf deren Finanzkraft zugeschnitten.

Sonstiges

Geld
An der Hauptstraße (s. Karte S. 757) befinden sich mehrere Geldautomaten, und es gibt viele private Geldwechsler, doch die Kurse sind wahrscheinlich nicht so gut wie in Calangute.

Internet
Sify-I-Way, an der Hauptstraße am nördlichen Ende des Ortes, hat eine schnelle Breitband-Verbindung.

Nahverkehr und Transport

Im Gegensatz zu den allgegenwärtigen Taxis sind Mietmotorräder während der Saison oft rar. Interessenten müssen dann ihr Glück in Calangute versuchen.

Busse
Busse von und nach PANJIM halten ca. alle 10 Min. am Busbahnhof gegenüber der Casa Sea Shell im Zentrum von Candolim. Einige wenige fahren nach Süden bis zur Haltestelle beim Fort Aguada Beach Resort, von wo aus alle 30 Min. ein Bus via Nerul nach Panjim fährt; man kann die Busse auch überall an der Hauptstraße nach Calangute heranwinken.

Calangute

Das 45 Busminuten auf der Küstenstraße von Panjim entfernte Calangute war in portugiesischen Zeiten der Ort, an dem die besser betuchten Goaner im Mai und Juni ihre jährliche *mudança* („Luftveränderung") verbrachten, wenn die Hitze vor dem Monsun das Leben in den Städten unerträglich machte. Calangute ist zwar nach wie vor der belebteste Urlaubsort Goas. Es hat jedoch absolut nichts mehr mit dem Calangute gemein, in dem einst Musiker mit Strohhüten, portugiesischen *fados* und Konkani-*dulpods* auf der Tribüne an der Promenade die elegant gekleideten, flanierenden Urlauber beglückten.

In den späten 1960ern wurden die ersten weniger vornehmen Beachpartys veranstaltet, die bald nicht mehr von hier wegzudenken waren. Die Horden langhaariger Abendländer, die sich mit *feni* und billigem *charas* zudröhnten und nackt an den weiten Sandstränden herumlümmelten, wurden schnell selbst zu einer Touristenattraktion und zogen ganze Busladungen von Besuchern aus Mumbai, Bengaluru (Bangalore) und von noch weiter her an. Aber auch Calangutes Flower-Power-Zeit ist heute definitiv vorbei.

Jetzt schauen die Eigentümer der schicken Ferienhotels mit einer Mischung aus Amüsiertheit und Nostalgie auf die Hippie-Ära zurück. Doch sie und ihre Mitbürger haben für den neuen Wohlstand einen hohen Preis gezahlt. Die schlecht entwickelte Infrastruktur des Ortes ist den Massen von Pauschaltouristen und der steigenden Zahl indischer Besucher (für die Calangute *das* goanische Strandresort ist) nicht gewachsen. Besonders die Gegend um den Markt mit ihren vierstöckigen Bauten und dem chaotischen Verkehr sieht heute aus wie viele andere hastig zusammengeschusterte Siedlungen in Indien, vor denen viele Traveller eigentlich mal hierher geflüchtet sind.

Mit anderen Worten: Dies ist kein Ort zum Verweilen mehr. Trotzdem kommen die meisten Reisenden früher oder später hier durch, sei es um Geld zu wechseln oder um etwas dringend Benötigtes einzukaufen. Der einzige andere Grund, sich dem Chaos auszusetzen ist das Essen, denn in Calangute gibt es einige der besten **Restaurants** von ganz Goa.

Übernachtung

Trotz der chaotischen Zustände kommen jedes Jahr viele Budget-Traveller nach Calangute und übernachten in kleinen Familiengästehäusern im Fischerviertel, wo es noch bemerkenswert beschaulich zugeht.

Camizala, 5-33B Maddo Waddo, ✆ 0832-227 9530, 9822 986544. Hübsches, luftiges kleines Hotel mit nur 4 Zimmern, Gemeinschaftsveranden und Meerblick. Sehr ruhige Ecke und direkt am Strand. Angesichts der Lage erstaunlich billig. ❸–❹

Casa Leyla, Maddo Waddo, ✆ 0832-227 6478 oder 227 9068, 🖥 www.cocobanangoa.com.

Zimmer mit Dünenblick

Gabriel's, Gauro Waddo, ✆ 0832-227 9486. Das einladende Gästehaus, ganz nah beim Strand, auf halbem Weg zwischen Calangute und Candolim, wird von einer sehr gastfreundlichen, hilfsbereiten Familie geführt. Geboten werden große Zimmer mit leisen Ventilatoren, abschließbaren Stahlschränken und ordentlichen Matratzen; die nach hinten raus haben einen Balkon mit Aussicht auf die Dünen. ❹

Hervorragend geeignet für eine Familie auf der Suche nach einer geräumigen Unterkunft für einen längeren Aufenthalt
(d. h. mindestens eine Woche). Es gibt riesige, gut möblierte Zimmer mit Kühlschrank, kinderfreundlichen Betten und Stühlen sowie einer Grundausstattung für Selbstversorger. Das Haus liegt tief im abgeschiedenen Fischerviertel hinter dem ruhigsten Strandabschnitt. ❹–❻
CoCo Banana, 1195 Umta Waddo, in der Gasse hinter dem Restaurant Meena Lobo, ✆ 0832-227 6478 oder 227 9068, 🖥 www.cocobananagoa.com. Sehr komfortable, große Chalets, alle mit Bad, Moskitonetzen, extralangen Matratzen und Balkonen, rings um einen Garten, aber ohne AC. Die Anlage wird von dem goanisch-schweizerischen Paar Walter und Marina Lobo geleitet, die schon seit fast 20 Jahren in Goa leben. Zu Weihnachten verdoppeln sich die Preise. ❺
Indian Kitchen, hinter der Church of Our Lady of Piety, ✆ 0832-227 7555, ✉ ikitchen2602@yahoo.co.in. Poppig dekoriertes Gästehaus mit ausgefallenen Mosaikfliesen, hell gemusterten Wänden und Laternen. Alle Zimmer haben Bad, Kühlschrank und Stereoanlage. ❸–❹
Kerkar Retreat, Gauro Waddo, ✆ 0832-227 6017, 🖥 www.subodhkerkar.com. Thematisch nach Farben geordnetes „Boutiquehotel" mit goanischen *azulejos,* Designermöbeln und Originalgemälden von dem einheimischen Künstler und Besitzer Subodh Kerkar. Das Resultat ist modern, typisch Goa. Nachteil: die Lage an der Straße. ❼

Pousada Tauma, Porba Waddo, ✆ 0832-227 9061, 🖥 www.pousada-tauma.com.
Kleine Luxusferienanlage, bestehend aus zweistöckigen Bungalows rund um einen Pool; mitten in Calangute, aber hinter viel Grün verborgen. Unaufdringliches Dekor, auf antik gemachte Einrichtungsgegenstände und sehr exklusive Atmosphäre zu 5-Sterne-Preisen. Größter Anziehungspunkt ist das erstklassige ayurvedische Gesundheitszentrum (steht auch Nicht-Gästen offen). Ab US$360–550 pro Nacht (inkl. Steuern). ❾

Essen

Seit das Restaurant Souza Lobo in den 1930er-Jahren am Strand eröffnete, um für das leibliche Wohl goanischer Tagesausflügler zu sorgen, kommen die Leute ebenso gern zum Essen nach Calangute wie für einen Spaziergang am Strand. Selbst wer in anderen Küstenorten übernachtet, wird sich der kulinarischen Anziehungskraft der Stadt nur schwer entziehen können.
A Reverie, Gauro Waddo, nahe Hotel Goan Heritage, ✆ 09823 174927, 093261 14661. Erstklassiges Feinschmeckerlokal im Südteil von Calangute. Was das Gastronomische *und* das Ambiente angeht, ist es das extravaganteste Restaurant Goas. Preislich ist es aber sehr moderat (ca. Rs800 p. P., plus Getränke); Reservierung empfohlen.
Casandre, Beach Rd. Das beliebte Lokal am Straßenrand, in einem hübsch renovierten

Göttliches Hühnchen

Florentine's, 4 km östlich der Kirche von Calangute in Saligao, neben dem Ayurvedic Natural Health Centre. Das Florentine's ist auf jeden Fall die Fahrt, um Florence D'Costas legendäres Hühnchengericht *cafreal* zu probieren, das nach einem sorgsam gehüteten Familienrezept zubereitet wird und Einheimische wie Touristen aus ganz Nord-Goa anlockt. Ein schlichtes Restaurant mit moderaten Preisen. Es gibt nur Hühnchen, etwas Seafood und vegetarische Snacks.

ehemaligen portugiesischen Wohnhaus mit breiter Veranda, wird von drei goanischen Brüdern und ihren schweizerischen/englischen Ehefrauen mit viel Enthusiasmus betrieben. Die Speisekarte ist gigantisch, aber meistens sind die auf einer Wandtafel angeschriebenen Gerichte (Seafood, Steak und *sizzler specials*) am leckersten.

Infantaria Pastelaria, Baga Rd, neben der St. John's Chapel. Das Terrassencafé an der Straße ist besonders um die Frühstückszeit sehr gut besucht, denn dann gibt es Croissants, frisch gebackene Apfeltaschen und traditionelle goanische Süßigkeiten (u. a. *dodol* und hausgemachte *bebinca*). Besonders köstlich sind die mit Garnelen und vegetarischen Leckereien gefüllten Teigtaschen, mit denen sich die Einheimischen hier eindecken.

Oriental Royal Thai. 2 Min. zu Fuß südlich der Hauptkreuzung an der Strandstraße, im Hotel Mira, ℡ 0832-3292809 oder 98221 21549. Köstliche Thai-Küche, zubereitet von Küchenchef Chawee: 18 verschiedene von ihm kreierte Soßen werden zu ausgesuchtem Seafood, Fleisch und Geflügel sowie zahlreichen vegetarischen Speisen gereicht. Das Glanzstück der Küche, *soom tham* (Papayasalat), sollte man unbedingt probiert haben. Mit rund Rs800–1000 für drei Gänge angesichts des gebotenen Standards eine preiswerte Angelegenheit.

Plantain Leaf, beim Markt. Das beste Udupi-Restaurant außerhalb von Panjim, wenn nicht gar in ganz Goa, bietet die übliche Auswahl an leckeren *dosas* und anderen würzigen Snacks in einem sauberen, kühlen, marmornen Speiseraum, und im Hintergrund dudelt *filmi*-Musik. Tipp: *iddli-vada*-Frühstück, *masala dosas* oder die billigen, sättigenden *thalis* (Rs65).

Souza Lobo, am Strand. Eine Institution in Calangute, auch wenn das auf Gingham-Tischdecken von zahlreichen herumflitzenden Kellnern servierte Essen nicht immer das ist, was es einmal war. Spezialitäten des Hauses sind gefüllte Krebse, Baby-Kingfish und Crêpe Souza. Die meisten Hauptgerichte kosten Rs195–300.

Unterhaltung

In Calangute ist für einen Urlaubsort dieser Größe abends überraschend wenig los. Fast alle Bars schließen gegen Mitternacht, sodass Nachtschwärmern danach nur die Wahl zwischen dem eigenen Hotel, einer länger geöffneten Bierbude oder einer Fahrt nach Baga bleibt.

In Gauro Waddo am südliche Stadtrand von Calangute veranstaltet die **Kerkar Art Gallery**, ℡ 0832-227 6017, 🖥 www.subodhkerkar.com, jeden Di um 18.45 Uhr im Garten hinter dem Haus auf einer prächtig geschmückten Bühne Aufführungen aus den Bereichen **klassische Musik und Tanz** bei Weihrauchduft und Kerzenlicht (Eintritt Rs350). Die Stücke werden von Studenten und Lehrern der Kala Academy in Panjim dargeboten; zu Beginn gibt es jeweils eine kurze Einführung.

Sonstiges

Bücher

The Oxford Bookstore, im Südteil der Stadt, direkt gegenüber der St. Anthony's Chapel an der Hauptstraße nach Candolim, zählt zu den besten Buchhandlungen Goas.

Café Literrati, unten im Gauro Waddo nahe Gabriel's, am Rand von Candolim, ist ein bisschen ausgefallener und „bibliophiler". Seine Regale in einem umgebauten Haus aus der portugiesischen Ära sind mit einer beachtlichen Zahl von gebundenen und Taschenbüchern gefüllt. ⏰ 10–19 Uhr; Mi geschlossen.

Geld

Thomas Cook hat eine Filiale auf dem Hauptgelände des Markts, in der Geld gewechselt wird, ⏰ Mo–Sa 9.30–18 Uhr. Dort befindet sich auch eine effiziente **ICICI Bank** mit einem 24-Std.-Geldautomaten. Zu den privaten Geldwechslern in der gleichen Straße zählt z. B. **Wall Street Finances** – gegenüber der Tankstelle und im Shoppingkomplex am Strand – wo Bargeld und Reiseschecks zu den üblichen Bankkursen getauscht werden ⏰ Mo–Sa 9.30–18 Uhr. Die **Bank of Baroda**, unmittelbar nördlich vom Markt an der Straße nach Anjuna, erlaubt Barabhebungen mit Visa-

Karte, wobei eine Kommission von 1 % des Wechselbetrages und Rs125 für den erforderlichen Kontrollanruf einbehalten werden. ⏰ Mo–Fr 9.30–14.15, Sa 9.30–12, So 9.30–14 Uhr.

Internet

Zahllose Cafés in der ganzen Stadt bieten Breitband-Zugang an, darunter **Sify-I-Way**: Rs60/Std. für Gelegenheitsbesucher, Rs35/Std. für Mitglieder.

Transport

Busse aus MAPUSA und PANJIM kommen am kleinen Busbahnhof und Marktplatz im Zentrum von Calangute an. Einige fahren weiter bis BAGA und halten noch einmal an der Kreuzung hinter dem Busbahnhof.

Baga

Baga, 10 km westlich von Mapusa, ist im Grunde die Fortsetzung von Calangute. Der einzige Unterschied zwischen dem im Windschatten einer felsigen, bewaldeten Landzunge gelegenen Baga am nördlichsten Strandabschnitt und dem Zentrum von Calangute ist der, dass die hiesige Landschaft ein wenig abwechslungsreicher und schöner ist.

Vor der Kulisse eines felsigen, grünen Landstrichs fließt ein gezeitenabhängiger Fluss nördlich des Dorfs ins Meer, vorbei an einem Streifen weichen weißen Sandes, auf dem bunte Fischerboote liegen.

Seit dem Einsetzen des Pauschaltourismus wurde Baga schneller erschlossen als jeder andere Ort im Bundesstaat. Heute gleicht es mit seinen überwiegend jungen Pauschaltouristen eher einem kleinen Ferienort an der Costa Brava als dem goanischen Fischerdorf, das es Anfang der 90er-Jahre noch war.

Doch wer einen Bogen um die Touristenfallen und lautstarken Kneipen macht, wird feststellen, dass Baga seinen Nachbarn einiges voraus hat. Hier gibt es eine Reihe hervorragender **Restaurants** und ein aufregenderes **Nachtleben** als in allen anderen Orten Goas, wenn nicht sogar ganz Indiens.

Übernachtung

In Baga ist es schwieriger als in Calangute, eine Unterkunft auf gut Glück vor Ort zu organisieren, da Reiseveranstalter die meisten Hotels unter sich aufgeteilt haben. Selbst Zimmer in kleineren Gästehäusern sind oft schon vor Beginn der Saison ausgebucht. Die meisten familienbetriebenen Unterkünfte liegen am nördlichen Ende des Strandes, wo die Nächte wesentlich ruhiger geworden sind, seit Tito's, der größte Club Goas, schalldicht gemacht wurde.

Alidia (Alirio & Lidia), Baga Rd, Saunta Waddo, ✆ 0832-227 6835, ✉ alidia@rediffmail.com. Attraktive, moderne Zimmer im Chalet-Stil mit besonders bequemen Betten und geräumigen Veranden, die auf die Dünen blicken. Die meisten kosten Rs1000–1500, es gibt aber auch ein paar billigere im Erdgeschoss für Budget-Traveller. Pool vorhanden. ❹–❺

Andrade („Rita"), unmittelbar südlich von Tito's Lane, ✆ 0832-227 9087. Ein halbes Dutzend Zimmer mit Meerblick. Die im Erdgeschoss sind kleiner, haben aber größere Veranden als die wesentlich schöneren Zimmer im Obergeschoss. Freundliche Betreiber und nicht weit vom belebtesten Strandabschnitt entfernt. ❹

Cavala, Baga Rd, ✆ 0832-227 7587 oder 227 6090, 🖥 www.cavala.com. Modernes Hotel mit einem von Bananenpflanzen umsäumten Pool. Geräumige 2-Bettzimmer und separate Balkone; ein bisschen zu nah an der Straße, um richtig gemütlich zu sein. Die Bandbreite reicht von schlichten Zimmern ohne AC bis zu luxuriösen Suiten. ❺–❽

Preiswert und zentral

Angelina, Saunta Waddo, ✆ 0832-227 9145, ✉ angelinabeachresort@rediffmail.com. Geräumige, ordentliche Zimmer mit großen Kachelbädern und großem Balkon, manche mit AC. Das Ganze liegt günstig inmitten der Action in der Nähe der Tito's Lane. Die besten Zimmer sind im Obergeschoss des neuesten der drei Blocks, auf Wunsch mit AC. Unschlagbar preisgünstig für diese Ecke. ❸–❹

Calangute und Baga

Anjuna ▲ *Anjuna, Ingo's & Maly's Night Markets,* ❶, ❷ ▲

BAGA

Box Bridge

Übernachtung

Alidia (Alirio & Lidia)	D
Andrade (Rita)	G
Angelina	F
Camizala	M
Casa Leyla	L
Cavala	C
CoCo Banana	K
Divine	A
Gabriel's	O
Indian Kitchen	I
Kerkar Retreat	N
Nani's and Rani's	B
Nilaya Hermitage	H
Pousada Tauma	J
Zinho's	E

ARABISCHES MEER

TITO'S LANE

BAGA ROAD

Erson Viegas Yoga Studio

ARPORA

▶ *Anjuna, Chapora*

Wendell Rodrick's Shop

Our Lady of Piety Church

CALANGUTE

Geldautomat
Bushaltestelle
Taxis
Kathakali-Vorstellungen
Vanessa Cinema
ICICI Bank
Wall St Finances
Bushaltestelle
Thomas Cook & State Bank of India
Bank of Baroda
Busse nach Panjim
Markt

Restaurants, Cafés, Bars und Clubs

A Reverie	14
Casandre	9
Casa Tito's	1
Cuba Cubana	2
Fiesta	5
Florentine's	13
Infantaria Pastelaria	8
J&A's	3
Lila Café	4
Nisha's	7
Oriental Royal Thai	11
Plantain Leaf	12
Souza Lobo	10
Tito's	6

▶ *West End Club, Sangolda*
▶ *Sanligao, Mapusa*

St. Alex's Church

Goan Heritage Resort
Oxford Bookstore
St. Anthony's Chapel
Kerkar Art Gallery

▼ *Candolim, Panjim*

Goa

www.stefan-loose.de/indien

Divine, nahe Nani's & Rani's, nördlich des Flusses, ℡ 0832-227 9546. Unter Leitung eines gast- und tierfreundlichen Paares. Die Zimmer sind eher klein, aber tadellos sauber und z. T. mit Du/WC. Reizende Dachterrasse mit Liegen und Sonnenschirmen. Vorausbuchung erforderlich. ❹–❺

Nani's & Rani's, nördlich des Flusses, (House Nr. 164), ℡ 0832-227 6313, ✉ jeshuafern@yahoo.com. Eine Handvoll preisgünstiger, weißer Cottages mit roten Ziegeldächern in einem abgeschiedenen Garten hinter einem großen Haus aus der Kolonialzeit. Ventilatoren, einige Zimmer mit Bad, Brunnenwasser, Duschen im Freien und Internet-Zugang. ❺

Nilaya Hermitage, Arpora Bhati, ℡ 0832-227 6793, 🖳 www.nilayahermitage.com. Auf einem Hügel 6 km vom Strand landeinwärts mit beispielloser Aussicht über die Küstenebene. Zählt zu den exklusivsten Hotels Indiens und beherbergt den internationalen Jetset (Richard Gere, Giorgio Armani und Kate Moss haben hier schon übernachtet). Der Komplex ist ein Traum aus indischen Farben, raffinierten Eisenverzierungen, vergoldeten Säulen und einem herrlichen Pool. Die Preise liegen bei US$460 pro DZ (bzw. US$700 über Weihnachten/Neujahr) inkl. VP und Flughafentransfer. ❾

Zinho's, 7/3 Saunta Waddo, ℡ 0832-227 7383. Versteckt abseits der Hauptstraße gelegen, nahe dem Nachtclub Tito's. 17 saubere Zimmer über einer Familienwohnung. Die Zimmer im neuen AC-Block sind leicht übertetuert. ❹–❺

Essen

Nirgendwo in Goa gibt es eine so gute Auswahl an Qualitätsrestaurants wie in Baga. Die Gastronomen – darunter immer mehr Zuwanderer aus Europa und der Oberschicht von Mumbai – konkurrieren mit raffiniertesten Speisekarten und den romantischsten, stilvollsten Gärten und Terrassen um die zahlungskräftige Kundschaft. Das alles hat so gut wie nichts mehr mit der behelfsmäßigen Strandhüttenkultur zu tun, die hier noch vor knapp zehn Jahren vorherrschte.

Stilvoll Speisen mit Blick aufs Meer

Fiesta, Tito's Lane, ℡ 0832-227 9894, 🖳 www.fiestagoa.com. Das vom glamourösen Yellow and Maneck Contractor geführte, und – was die Einrichtung betrifft – extravaganteste Restaurant von Baga thront in bester Lage auf einer lang gestreckten Düne mit Meerblick. Gespeist wird auf der Veranda eines Hauses aus den 30er-Jahren. Die modernen Mittelmeergerichte sind ebenso geschmackvoll wie das Dekor. Tipp: Vorspeise Rindfleischcarpaccio und danach Meeresfrüchtelasagne oder eine üppig belegte Holzofenpizza (Rs200). Die meisten Vor- und Hauptgerichte kosten Rs250–300. Reservierung empfohlen.

Casa Tito's, gegenüber von Ingo's Night Market, Arpora. Schickes Restaurant in einem stilvoll renovierten portugiesischen *palacio* voller Erinnerungen an Titos Familie. Auf der Speisekarte überwiegt mediterrane Gourmet-Küche, serviert vom Gartengrill. Das Ganze ist auch eine Loungebar; die meisten Gerichte kosten Rs250–300.

J&A's, Anjuna Rd, ℡ 0832-227 5274, 09823 139488, 🖳 www.littleitalygoa.com. Leckeres, authentisches italienisches Essen (sogar der Parmesankäse, die sonnengetrockneten Tomaten und das Olivenöl sind importiert), serviert im herrlichen, kerzenbeleuchteten Garten eines alten Fischerhäuschens. Innovative Auswahl an Salaten und Antipasti, als Hauptgerichte hervorragende Pasta, Holzofenpizza und zarte Steaks (mit Rosmarinkartoffeln). Tipp zum Dessert: das im Munde zerlaufende, heiße Schokoladen-Soufflé. Bei drei Gängen ist mit mindestens Rs750 p. P. zu rechnen – ohne Getränke.

Lila Café, Baga Creek. Gemütliche Bäckerei mit Snackbar, betrieben von einem deutschen Pärchen, das hier seit Jahrzehnten ansässig ist. Hervorragende selbstgebackenen Brote, Kuchen und ausgefallener Mittagstisch mit Spinat à la crème, Auberginenpâté und geräuchertem Wasserbüffelschinken. ⏲ 8–20 Uhr.

Nisha's, Tito's Lane, ✆ 0832-227 7588. Das kleine Restaurant auf einer sandigen Terrasse unweit von Tito's ist unschlagbar, wenn es um einfaches, aber perfektes Seafood geht, das Küchenchef Frankie Almon und seine Crew vor den Augen der Gäste zubereiten; z. B. Snapper, Kingfish, Tigergarnelen und Hummer – über dem Feuer gegrillt oder als *tandoori* aus dem Ofen. Hier zählt Frische mehr als ausgefallene Soßen. Vorspeisentipp: Calamari in Chili-Öl mit Zitrone. Vernünftige Preise: für ein Hauptgericht ca. Rs275–350.

Unterhaltung

Dass Bagas Nachtleben in ganz Indien einen legendären Ruf genießt, hat die Stadt im Wesentlichen dem Club Tito's zu verdanken. Angelockt durch TV-Bilder von spärlichen Tanzklamotten und einer bombastischen Sound- und Lichtanlage finden sich Abend für Abend mehrere Hundert Partylustige auf der langen, schmalen Terrasse ein, um zu trinken, zu tanzen oder Leute zu beobachten. Die meisten sind Männer aus anderen indischen Bundesstaaten, die nach Goa kommen, um den moralischen Fesseln des Lebens zu Hause zu entkommen. Besonders von Frauen aus dem Westen wird die Atmosphäre bisweilen als unangenehm aufgeladen empfunden. Allerdings scheint der Club nach kürzlicher Renovierung und Erhöhung der Eintrittspreise die Ära der von Kingfisher begünstigten Raufereien hinter sich gelassen zu haben. Außerdem machen jedes Jahr neue Bars und Clubs auf und bieten zunehmend anspruchsvollere Alternativen. Wer im übrigen Indien gereist ist und dann in das Nachtleben von Baga stürzt, kann schnell eine Art Kulturschock erleiden. Weitere Infos über das Nachtleben in der Region finden sich in den Beschreibungen von Calangute (S. 761) und Anjuna (S. 770).

Bars und Clubs

Casa Tito's, Arpora, gegenüber von Ingo's Night Market. Schicke italienische Lounge in einem alten Haus aus der portugiesischen Ära mit traditionellen Möbeln, Resident-DJs, Cocktails und Gourmetküche. Perfekt zum Ausspannen nach einem Bummel über den Flohmarkt.

Flohmärkte am Samstagabend

Eine der wenigen echten Aufwertungen, die Nord-Goas Urlaubsküste in jüngerer Vergangenheit erfahren hat, ist der **Saturday Night Bazaar**, der auf einem Gelände auf halber Strecke zwischen Baga und Anjuna stattfindet. Der vom deutschen Einwanderer Ingo ins Leben gerufene Markt zeichnet sich durch effiziente Organisation und seinen Sinn für Spaß aus, der dem Flohmarkt in Anjuna inzwischen größtenteils abhanden gekommen ist. Außerdem laden die milden Abendtemperaturen und die hübsche Beleuchtung viel eher zum entspannten Stöbern ein als die brütende Mittagshitze am Strand von Anjuna. Zur relaxten Atmosphäre trägt auch die Vorschrift bei, dass nicht um den Preis gefeilscht werden darf.

Obwohl dieser Flohmarkt wesentlich kommerzieller ist als sein Pendant in Anjuna, bezeichnen viele Goa-Kenner ihn als authentischer. Viele Stände werden von Ausländern gemietet, die hier u. a. imitierte indische Pop-Kunst, alte Fotos, Klamotten für Trance-Partys, handpolierte Kokosschalenkunst und Demos von Techno-DJs anbieten. Abgerundet wird das Ganze durch eine köstliche Auswahl ethnischer Speisen und einer Bühne, auf der von 19 Uhr bis Mitternacht Livemusik geboten wird. Der Eintritt ist frei.

In die gleiche Kerbe versucht ein rivalisierender Markt namens **Macy's** zu schlagen, der ein Stück weiter Richtung Baga am Fluss eröffnet hat. Der von ausländischen Designern und Standbesitzern gemiedene Markt ist nicht ganz so gut besucht wie sein Nachbar, aber so langsam holt er auf, dank besserer Live-Unterhaltung und zunehmend mehr ausländischen Verkäufern.

Cuba Cubana, 82 Xim Waddo, Arpora Hill, 🖥 www.clubcubana.net. Glamour-Disco auf einem bewaldeten Hügel landeinwärts von Baga mit spärlich beleuchtetem Pool unter freiem Himmel. Der hohe Eintrittspreis – Rs700 für Männer (einzeln oder in Begleitung), Rs500 für Frauen (außer Mi bei der „Ladies Nite", dann Eintritt frei) – beinhaltet unbegrenzt Getränke von einer gut sortierten Bar und

soll weniger gut betuchte, zwielichtige Gestalten abhalten. Auf einer zweistufigen Tanzfläche läuft R&B, Hip-Hop und Garage (aber mit voller Absicht kein Techno).
◐ tgl. 21.30–5 Uhr.

Kamaki, Tito's Lane, Saunta Waddo. Sport auf Großbildschirmen und eine hypermoderne Karaoke-Anlage machen den Reiz dieser klimatisierten, von Engländern dominierten Bar aus. Manchmal werden Rs100 Eintritt verlangt.

Mambo's, Tito's Lane, Saunta Waddo. Große Kneipe, teils unter freiem Himmel, mit Holzeinrichtung und einem großen, kreisrunden Tresen. Während der Saison ist der Schuppen an den meisten Abenden rappelvoll mit einem gemischten Publikum, obwohl die Getränkepreise weit über dem Durchschnitt liegen und nach 23 Uhr, bzw. wenn es Live-Unterhaltung gibt, Rs400 *cover charge* kassiert werden. „Ladies Night" am Mi heißt: Eintritt und Getränke für Frauen kostenlos. Auch hier ist Karaoke der große Renner.

Tito's, Tito's Lane, Saunta Waddo, 🖥 www.titosgoa.com. Indiens berühmteste Disco bietet die ganze Saison über auch immer wieder Cabaret, Modenschauen und Gast-DJs. Bis 23 Uhr wird Lounge gespielt, danach Hip-Hop, House, Salsa und Trance. Am Anschlagbrett ist abzulesen, wann Oldie- und andere Themenabende stattfinden. Eintritt für Männer Rs700, inkl. Drinks, für Frauen frei (ebenfalls kostenlose Getränke), um Weihnachten bis zu Rs1500 je nach Programm.
◐ Nov–Dez 20 Uhr bis spät, außerhalb der Saison 20–23 Uhr. Di und Sa ist am meisten los.

Anjuna

Bis vor ein paar Jahren war Anjuna, der erste größere Küstenort nördlich von Baga, die letzte Bastion der schicken Alternativen in Goa. Hier fanden jede Saison die berühmten Vollmondpartys statt, und hier mietete das „Beautiful Set" für sechs Monate am Stück hübsche Häuser mit roten Ziegeldächern, mischte Trance-Musik, stellte ausgefallene Dance-Klamotten her, bemalte die Palmen in den Gärten mit Leuchtfarben und brutzelte monatelang in der Sonne am Strand. Ein kleiner Rest modisch gekleideter Hippies fortgeschrittenen Alters lässt sich immer noch blicken, aber dank des Verstärker-Verbots (S. 772) und des überwältigenden Erfolgs des Flohmarktes, der für Massenandrang sorgt, ist Anjuna komplett aus der Mode gekommen.

Das hat bewirkt, dass der Ort nach Jahrzehnten nun wieder fast so aussieht wie damals, bevor die Partyszene in großen Horden einfiel: verstreute alte portugiesische Häuser und weiß getünchte Kirchen in einem Labyrinth baumbestandener Gassen vor einem langen, goldenen Sandstrand. Da der Flughafen nur eine Autostunde entfernt ist, dürfte es lediglich eine Frage der Zeit sein, bis sich die Urlaubsanlagen vom benachbarten Baga bis hierher ausbreiten, aber noch genießt das Dorf seine wohlverdiente Ruhepause.

Der einzige Tag in der Woche, an dem die Stille und der Frieden brutal unterbrochen werden, ist der Mittwoch. Dann findet in Anjuna in einer Koskosnussplantage an der südlichen Strandseite der berühmte Flohmarkt statt. Die riesigen Treffen, die nach dem Markt in der Shore Bar abgehalten wurden, gehören der Vergangenheit an, aber ein perfekter Hippie-Sonnenuntergang ist immer noch zu haben: bei Zoori's (S. 770), mit Blick auf das nördliche Strandende. Und die Nine Bar in Vagator ballert immer noch jeden Abend Goa Trance mit 120 Beats per Minute in die Landschaft (S. 773).

Der Flohmarkt von Anjuna

Anjunas **Mittwochsflohmarkt**, der in einer Kokosnussplantage hinter dem südlichen Strandende abgehalten wird, ist zusammen mit Ingo's Night Market in Arpora der ideale Ort, um auf Souvenirjagd zu gehen. Vor zwei Jahrzehnten trafen sich bei dieser Veranstaltung nur Rucksacktouristen und andere Ausländer, die eine Saison lang hier ihre Zelte aufgeschlagen hatten. Man kam zusammen, um *chillums* zu rauchen und um Kleider und Schmuck zu kaufen und zu verkaufen: eine Art kleines Popfestival, nur ohne Bühne. Heute geht es hier viel organisierter und kommerzieller zu. Die Stände werden meterweise vermietet, und Drogen sind verboten. Die Zufahrtsstraßen zum Dorf sind den ganzen

Für Souvenirjäger gibt es kaum einen besseren Ort als den Flohmarkt von Anjuna. Leider auch kaum einen teureren.

Tag über brechend voll mit klimatisierten Bussen und Maruti-Taxis, die Touristen von den Resorts weiter südlich hierher karren. Selbst die Bettler müssen ein Bakschisch berappen, wenn sie sich hier aufhalten wollen.

Das **Warenangebot** hat sich vergrößert, was den zugewanderten Straßenhändlern und Budenverkäufern aus anderen Teilen Indiens zu verdanken ist. Jede Region oder Kultur konzentriert sich in einer eigenen Ecke. Am einen Ende versammeln sich die sich stetig lichtenden Reihen alternativer Westler um Stände mit fluoreszierenden Partyklamotten und Designerbademode, und im Mittelpunkt der Anlage wachen tibetische Schmuckverkäufer über ordentlich aufgereihte Türkisarmreifen und allerlei Schnickschnack aus dem Himalaja. Am auffälligsten von allen sind die Lamani-Frauen aus Karnataka. Sie sind von Kopf bis Fuß in traditionelle Kleider gehüllt und verkaufen fein gewebte, bunte Stoffe, die sie in alles Mögliche – von Jacken bis zu Geldgürteln – verwandeln und die selbst die westliche Partygarderobe wie Trauerkleidung aussehen lassen. An anderen Stellen stößt man auf blendende Spiegel und handgedruckte Tagesdecken aus Rajasthan, Holzschnitzereien aus Kerala, gelegentlich auf Applikationsstickereien aus Gujarat, Palmblatt-Manuskripte aus Orissa, ganze Pyramiden von Gewürzen und Räucherstäbchen, „export-surplus"-Jeans und Tops sowie auf ayurvedische Heilmittel für jedes erdenkliche Wehwehchen.

Die **Preise** für diese Waren hängen größtenteils vom Verhandlungsgeschick des Käufers ab. Gemessen am indischen Standard sind die Preise unverschämt hoch, weil Touristen, die den Umgang mit Rupien nicht gewohnt sind, fast jede Summe zahlen. Wer aber hartnäckig und vorsichtig bleibt, kann in der Regel einen fairen Preis aushandeln.

Yoga in Anjuna

Das **Brahmani Centre**, www.brahmaniyoga.com; 09370 568639, bietet in seinem Studio im Garten des **Granpa's Inn** Ashtanga-Yoga-Unterricht aller Stufen für Kurzentschlossene mit erfahrenen Lehrern. Wer sich allerdings in einem richtigen Ashram aufhalten oder einen Kurs belegen möchte, geht am besten ins Zentrum **Purple Valley**, zehn Autominuten weiter in Assagao, www.yogagoa.com. Dort gibt es Unterkünfte für bis zu 40 Gäste und eines der schönsten Yoga-*shalas* (Übungsgelände) Indiens.

Zu den herausragenden Lehrern zählen auch Manju Jois und Sharath Rangaswamy, der älteste Sohn und der Enkel des illustren Ashtanga

Guru Shri K. Pattabhi Jois. Siehe auch Morjim, S. 776.

Übernachtung

Nach jahrelanger Bettenknappheit haben Besucher in Anjuna jetzt die Qual der Wahl, vor allem diejenigen, die nicht jeden Cent zweimal umdrehen müssen.

Untere Preisklasse

Anjuna Villa, House Nr. 681/1 D'Mello Waddo, 4th Lane, ☏ 0832-227 4590, ✉ godfreymathia@hotmail.com. Angenehme Budget-Zimmer mit gefliesten Fußböden und hohen Decken führen auf eine lange Gemeinschaftsveranda. Die Zimmer im Obergeschoss sind erheblich hübscher. ❹

Manali, südlich von Starco's crossroads, ☏ 0832-227 4421. Anjunas begehrtestes und superbilliges Budget-Gästehaus bietet einfache Zimmer mit Gemeinschaftsbad und Ventilator, die auf einen Hof hinausgehen. Schließfach, Geldwechsel, Bibliothek, Internet und geselliges Terrassenrestaurant. Gutes Preis-Leistungs-Verhältnis, rechtzeitig buchen! ❶–❷

Martha's, 907 Montero Waddo, ☏ 0832-227 4194, ✉ mpd8650@hotmail.com. 11 tadellos saubere Zimmer mit Bad und zwei nette Häuser, geführt von einer gastfreundlichen Familie. Zur Ausstattung gehören Kochgelegenheiten, Ventilatoren und fließend Warmwasser aus Solarenergie. ❹

Sea Princess, House Nr. 649 Goenkar Waddo, Dando, ☏ 09890 449090. Einfaches Gästehaus in erstklassiger Lage in der Mitte des Strandes in Nachbarschaft der Shore Bar. Große Zimmer mit Bad und ordentlichen Sanitäranlagen, aber nicht ganz so gut in Schuss und voller Moskitos. Das Beste an dieser Unterkunft ist ihre Lage mitten in den Dünen. ❹

Starco's, Starco's Crossroads, kein Telefon. Eine der billigsten Unterkünfte in Anjuna, bietet sehr einfache, aber ordentliche Zimmer, sehr sauber und abgeschirmt vom Straßenlärm. Gutes Preis-Leistungs-Verhältnis, wenn man sich mit den spartanischen Bedingungen anfreunden kann. ❸

White Negro, 719 Praia de St Anthony, südlich des Städtchens, nahe St. Anthony's Chapel,

Gemütlich und günstig

Peaceland, Soronto Waddo, ☏ 0832-227 3700. Ein charmantes einheimisches Paar mit freundlicher Unterstützung zweier Hunde bietet hier einfache Zimmer mit Bad in zwei Blocks (Rs425–550). Hohe Decken, Moskitonetze, Rucksackablagen, Hängematten, Kleiderständer und weitere gemütliche Details machen diese Unterkunft zur mit Abstand besten in ihrer Preisklasse. ❸

☏ 0832-227 3326, ✉ dsouzawhitenegro@rediffmail.com. Zwölf tadellos saubere Chalets mit Meeresbrise, eigenem Bad, gefliesten Fußböden, Schließfächern und Moskitonetzen. Ruhig, gut geführt und gesundes Preis-Leistungs-Verhältnis. ❹

Mittlere und obere Preisklasse

Anjuna Beach Resort, De Mello Waddo, ☏ 0832-227 4499, ✉ fabjoe@sancharnet.com. 32 geräumige, komfortable Zimmer mit Balkon, Kühlschrank, Bad und Warmwasser durch Solaranlage (die im oberen Stockwerk sind die besten) in einem neuen Betonbau rings um einen gepflegten Pool. Daneben gibt es einen Apartment-Block für Langzeitgäste. Beide Varianten bieten ein sehr gutes Preis-Leistungs-Verhältnis. ❻–❼

Don João Resort, Soronto Waddo, ☏ 0832-227 4325 oder 222 2147, 🖥 www.goacom.org/hotels/donjoao. Großes, ehemaliges Pauschalhotel mit Pool mitten im Ort. Bereits ein wenig angeranzt, aber ausreichend Komfort und sehr gutes Preis-Leistungs-Verhältnis in diesem Marktsegment. ❻

Granpa's Inn, Gaun Waddo, ☏ 0832-227 3270, 🖥 www.granpasinn.com. Das ehemalige Bougainvillea befindet sich in einem reizenden, 200 Jahre alten Haus mit üppigen Gärten, Pool und schattiger Frühstücksterrasse. Zur Wahl stehen Zimmer in drei verschiedenen Kategorien, alle mit Bad. Sehr beliebt, also lange im Voraus buchen. ❺–❼

Laguna Anjuna, De Mello Waddo, ☏ 0832-227 4305, 🖥 www.lagunaanjuna.com. Alternatives „Boutique-Resort" mit 25 farbenfroh dekorierten

Anjuna

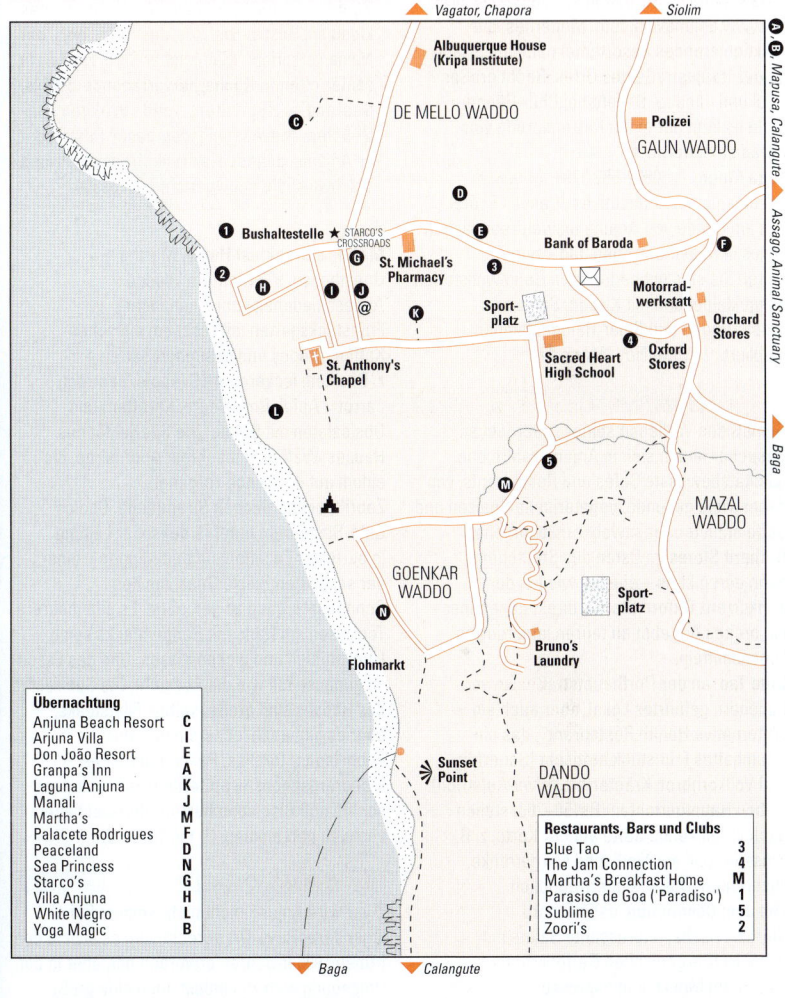

Übernachtung	
Anjuna Beach Resort	**C**
Arjuna Villa	**I**
Don João Resort	**E**
Granpa's Inn	**A**
Laguna Anjuna	**K**
Manali	**J**
Martha's	**M**
Palacete Rodrigues	**F**
Peaceland	**D**
Sea Princess	**N**
Starco's	**G**
Villa Anjuna	**H**
White Negro	**L**
Yoga Magic	**B**

Restaurants, Bars und Clubs	
Blue Tao	3
The Jam Connection	4
Martha's Breakfast Home	**M**
Parasiso de Goa ('Paradiso')	1
Sublime	5
Zoori's	2

Laterit-Cottages mit Dachbalken und Terrakotta-Fliesen hinter einem geschwungenen Pool. Restaurant, Poolbillard und Bar. Inzwischen ist der Lack ein bisschen ab, trotzdem sehr populär. DZ ab US$130 Mitte der Saison; um Weihnachten/Neujahr bis US$200. ❽

Palacete Rodrigues, nahe Oxford Stores, Mazal Waddo, ☏ 0832-227 3358. 200 Jahre alte Villa, die in ein Mittelklasse-Gästehaus umgewandelt wurde. Geschnitzte Holzmöbel und entspanntes, traditionell goanisches Ambiente. Auch Einzelbelegung möglich.

Die drei Einheiten in einem separaten Block bieten ein besonders gutes Preis-Leistungs-Verhältnis. ❺
Villa Anjuna, in Strandnähe, ✆ 0832-227 3443, 🖥 www.anjunavilla.com. Modernes, gut funktionierendes Resorthotel nahe am Strand an der Hauptstraße des Ortes. Recht großer Pool und Jacuzzi. Beliebt bei Club-Gängern, denn es liegt nur einen Katzensprung vom Paradiso entfernt. ❺
Yoga Magic, ✆ 0832-562 3796, 🖥 www.yogamagic.net. Innovatives „Canvas Ecotel", das am Rande von Anjuna umweltfreundlichen Luxus in rajasthanischen Jägerzelten bietet. Sie sind mit bedruckten Baumwollstoffen ausgekleidet und mit Kissen, Seidendrapierungen und Solar-Halogenlampen möbliert. ⏱ Mitte Nov–März. ❽

Essen

Gemäß den Vorlieben seiner „alternativen" Besucher finden sich in Anjuna zahlreiche qualitätsbewusste Cafés und Restaurants, von denen viele gesunde, vegetarische Speisen und Säfte anbieten. Heimwehkranke gehen zu **Orchard Stores** im Osten des Städtchens, denn dort gibt es – ebenso wie bei der Konkurrenz **Oxford Stores**, direkt gegenüber – ein breites Angebot an teuren importierten Lebensmitteln.
Blue Tao, an der Dorfhauptstraße. Ein von Italienern geführtes Lokal, aber auch ein „Alternative Health Restaurant", das ein traumhaftes Frühstück auftischt (Sauerteig- und Vollkornbrot, Kräutertee, *tahini*-Aufstrich). Neben Hauptgerichten (Rs150–200) stehen auch verlockende Säfte auf der Karte, z. B. Ginseng- und ayurvedische Mixgetränke. Nichtraucherlokal; kinderfreundlich.
The Jam Connection, nahe Oxford Stores. Frische, interessante Salate mit biologisch-organischen Gartenkräutern, außerdem Mokka und Espresso, hausgemachte Eiscreme und den ganzen Tag über Frühstück, das in einem reizenden Garten serviert wird. Entspannen kann man sich in Bambussesseln oder auf Bänken zwischen Bäumen. ⏱ tgl. außer Mi 11–19 Uhr.

Chris verwöhnt den Gaumen

Sublime, nahe Martha's Guesthouse, Montero Waddo, ✆ 093261 12006. Ausgezeichnetes kleines „Gastro-Bistro", das hält, was der Name verspricht: Küchenchef Chris zaubert in seiner offenen Küche hervorragende Steaks, Seafood-, Hühnchen- und Wokgemüse-Gerichte. Mit Abstand das beste Restaurant in Anjuna, dennoch erfreulich informell und erschwinglich; Hauptgerichte um Rs300.

Martha's Breakfast Home, Martha's Guesthouse, 907 Montero Waddo. Abgeschiedener, sehr freundlicher Frühstücksgarten mit frischem indischen Kaffee, Crêpes und gesunden Säften – z. B. einem leckeren ABC (apple, beetroot, carrot = Apfel, Rote Beete, Karotten) und Obstsalaten mit Sahne. Die Spezialität des Hauses: Waffeln mit echtem Ahornsirup, die einem auf der Zunge zergehen.
Zoori's, am nördlichen Strandende. Cooles Café-Restaurant unter israelischer Leitung in perfekter Location auf den Klippen – einer der schönsten Plätze Goas, um den Sonnenuntergang zu genießen. Es gibt mehrere Terrassen am Hang mit Sonnendecks samt Liegestühlen und dicken Kissen. Und das Essen ist genauso toll wie die Aussicht: Die Spezialität des Hauses sind große, saftige Filetsteaks, aber es gibt auch leckere mexikanische Enchilladas, Tortillas, Pasta und frische Kichererbsenpaste, außerdem Schokoladensoufflé und Biscuitkuchen, für den Liebhaber von weit herkommen. ⏱ tgl. 10–24 Uhr.

Unterhaltung

Zwar wird Anjuna nicht mehr seinem Ruf als legendärer Rave-Ort gerecht, den es sich in den frühen 1990er-Jahren erworben hat, aber in der Umgebung wird zumindest noch eine große **Party** veranstaltet: in der Zeit um Weihnachten und Neujahr bei Vollmond.
Die übrige Saison hindurch müssen sich Technofans mit dem ziemlich schäbigen, keineswegs ausgefallenen **Paraiso de Goa**, alias **Paradiso** begnügen. Es liegt oberhalb

des äußersten nördlichen Strandendes von Anjuna und verkörpert das neue, weniger glamouröse Gesicht von Goa Trance. Das Lokal hat eine Tanzfläche, umgeben von Statuen hinduistischer Götter und tantrischen Symbolen. Gast-DJs legen Trance nach Schema F für ein überwiegend indisches und russisches Publikum auf. Das Paradiso hat keine festen Öffnungszeiten, öffnet aber an den meisten Tagen gegen 22 Uhr; Eintritt Rs250–600, je nach Abend. Ähnlich, aber kostenlos ist die **Nine Bar** (S. 773) mit Blick auf den Vagator-Strand.

Sonstiges
Geld
Manali Guesthouse (S. 768) und **Oxford Stores** wechseln Geld (zu schlechten Kursen). Bei der **Bank of Baroda** an der Straße nach Mapusa bekommt man mit einer Visa-Karte Bargeld, aber ausländische Währungen kann man nicht eintauschen. Wertsachen sind hier nicht gut aufgehoben, denn Diebe sind schon durch ein offenes Fenster geklettert und haben eine Reihe von *safe custody*-Umschlägen gestohlen.

Internet
Das **Manali Guesthouse** verlangt für seine Breitband-Verbindung Rs40/Std., genau wie **Space Ride** neben Speedy Travel.

Post
Das Postamt an der Straße nach Mapusa hat einen zuverlässigen Poste-restante-Schalter.

Transport
Busse aus MAPUSA und PANJIM halten an verschiedenen Stellen entlang der durch den oberen Teil des Ortes führenden Asphaltstraße, die an der Hauptkreuzung nach Norden Richtung Chapora abzweigt. Wer ein Zimmer sucht, sollte hier aussteigen, denn von dort ist es nicht mehr weit zu den meisten Gästehäusern. An der Kreuzung befinden sich einige kleine Läden und ein Motorradtaxistand, außerdem bildet sie de facto das Ortszentrum und dient als Busbahnhof.

Vagator

Nur ein paar Kilometer Felsen und trockenes Grasland trennen Anjuna von den südlichen Ausläufern seines nächsten Nachbarn, Vagator. Dieser sich um ein Gewirr aus verwinkelten Gassen ausbreitende, noch wenig erschlossene Urlaubsort lockt vorwiegend israelische und südeuropäische Strandfreunde an, die jedes Jahr wiederkommen.

Der von dem roten Schutzwall des Chapora-Forts beherrschte, breite weiße Sandstrand – bekannt als **Big Vagator** – ist ohne Frage schön. Doch wer hofft, hier in aller Ruhe baden und am Strand faulenzen zu können, hat sich geschnitten, denn Vagator ist ein Hauptziel für ganze Busladungen einheimischer Touristen. Eine bessere Idee ist es, den Strand im Süden anzusteuern, auch wenn er immer noch eine ordentliche Portion Tagesausflügler anzieht.

Der hiesige, von einer steilen Mauer aus bröckeligem, palmenbestandenen Laterit begrenzte **Ozran** (oder **Little Vagator**) **Beach** ist eigentlich eine Aneinanderreihung von Höhlen. Um sie zu erreichen, muss man vom Busparkplatz, oberhalb des Big Vagator 10 Minuten zu Fuß gehen, oder man fährt zum Ende des Weges, der von der Hauptstraße zwischen Chapora und Anjuna (Richtung Nine Bar), abzweigt; von dort führen Fußwege steil nach unten zu einem weiten Streifen ebenmäßigen weißen Sandes (nach den Mopeds und Fahrrädern Ausschau halten, die oben auf der Klippe abgestellt sind). Die von Israelis und Italienern dominierte Szene in der südlichsten und schönsten Höhle konzentriert sich auf einen Streifen großer, etablierter Strandkneipen, an dessen Ende ein aus den Felsen gemeißeltes, gelassen gen Himmel blickendes Gesicht das auffälligste Wahrzeichen bildet. Was dieser Strand sonst noch zu bieten hat, sind Racquetball-Spieler, Trance-Sound aus fetten Anlagen und eine ziemlich große Herde umherstreifender Kühe.

Übernachtung
Die Unterkünfte in Vagator beschränken sich auf zwei teure Resorthotels, von Familien geführte Budget-Gästehäuser und Dutzende kleiner Privathäuser, die für längere Zeiträume

Das Ende für Goas Partyszene

Viele Leute reisen nach Goa in der Erwartung, jede Nacht eine Strandparty zu besuchen, und sind enttäuscht, wenn sie feststellen müssen, dass die einzigen Orte zum Tanzen Mainstream-Clubs sind, denen sie zuhause wohl keinen zweiten Blick gönnen würden. Aber mit den tollen Beachpartys von einst, als Zehntausende Nachtschwärmer unter bunt bemalten Palmen zu wummernden Bässen aus gewaltigen Soundsystems abtanzten und anschließend unter dem fantastischen Vollmond in der Brandung planschten, ist es definitiv vorbei – was in erster Linie dem Einschreiten der Lokalbehörden zu verdanken ist.

Die ersten großen Raves in Goas Küstendörfern fanden in den 60er-Jahren statt, als die ersten Hippies nach Calangute und Baga strömten. Zum Erstaunen der Einheimischen war die liebste Beschäftigung dieser Möchtegern-Sadhus, in Vollmondnächten zu lauter Rockmusik aus behelfsmäßigen Musikanlagen im *chillum*-Rauch nackt am Strand herumzuhüpfen. Zunächst schenkten die Dörfler diesen bizarren Zusammenkünften keine große Beachtung, aber mit jeder Saison etablierte sich die Szene mehr, und Ende der 70er-Jahre hatten sich insbesondere die Weihnachts- und Silvesterpartys zu riesigen Veranstaltungen gemausert, die Tausende ausländischer Besucher anzogen.

Ende der 80er-Jahre wurde die Partyszene jedoch von Grund auf umgekrempelt, als Acid House und Techno Einzug hielten. Die Dub-Reggae-Szene wich der Rave-Kultur, und damit begann der Vormarsch von Ecstasy als der maßgeblichen Tanzdroge. Die Feten wurden zunehmend von jungen Pauschaltouristen bestritten, die zur Saison in Massen anrückten. Bald hatte Goa einen ganz eigenen psychedelischen Musikstil hervorgebracht, den Goa Trance. Dieser hypnotische Sound aus vielfältigen Synthesizer- und tiefen Basstönen vereint harten Techno mit weicheren Klängen, die das goanische Ambiente widerspiegeln. Musiker wie Goa Gill, Juno Reactor und Hallucinogen kultivierten diese Musikrichtung, die jedoch erst weitere Verbreitung fand, als berühmte DJs wie Danny Rampling und Paul Oakenfold begannen, nach ihrer Rückkehr nach Großbritannien Goa Trance in englischen Clubs und im Radio zu verbreiten. So gewann dieser Musikstil eine große Anhängerschaft unter Musikbegeisterten, für die Goa bis dahin ein weißer Fleck auf der Landkarte gewesen war.

Die goldene Ära von Goa Trance und Goas Partyszene brach Anfang der 90er-Jahre an, als an sehr schönen Locations um Anjuna und Vagator zwei- bis dreimal wöchentlich große Raves veranstaltet wurden. Ein paar Jahre lang drückten die lokalen Behörden angesichts der wachsenden Szene beide Augen zu, bis sie urplötzlich den Stecker zogen. Jahrelang hatten Drogenrazzien und Bestechungsgelder für die als korrupt berüchtigten Polizisten eine lukrative Bakschisch-Quelle dargestellt. Doch nach mehreren Drogentoten, einer Reihe aufsehenerregender Zeitungsartikel in der Regionalpresse und dem Beschluss von Goa Tourism, künftig dem gehobenen Tourismus Vorrang vor den Rucksacktouristen zu geben, forderte die Polizei plötzlich unglaublich hohe Bestechungsgelder. Derartige Summen konnten die Organisatoren unmöglich wieder hereinbekommen. Die großen Weihnachts- und Silvesterveranstaltungen wurden zwar beibehalten, kleinere Partys dagegen, die bis dahin abseits der Trampelpfade an Orten wie dem „Disco Valley" hinter dem Strand von Middle Vagator und im „Bamboo Grove" in Süd-Anjuna, stattgefunden hatten, gingen allmählich ein – zum Leidwesen jener Einheimischen, die finanziell von den Feiern und den Schaulustigen, die davon in die Dörfer gelockt wurden, abhängig geworden waren.

Das im Jahr 2000 erlassene Verstärkeranlagenverbot zwischen 22 und 7 Uhr bedeutete das Aus für Goas Partyszene. Inzwischen ist sie praktisch völlig verschwunden, abgesehen von ein paar mittelmäßigen Clubs mit leistungsstarken Soundanlagen – allen voran die **Nine Bar** in Vagator und das **Paradiso** rund das Anjuna. Hin und wieder entgeht eine unter strenger Geheimhaltung abgehaltene House-Party dem wachsamen Auge der Polizei, aber wer in der Hoffnung nach Goa reist, eine Art Ibiza am Arabischen Meer vorzufinden, muss sich auf eine herbe Enttäuschung gefasst machen.

vermietet werden. Da in Vagator Wasserknappheit herrscht, tut man den Einheimischen einen großen Gefallen, wenn man sparsam damit umgeht. Zwischen Weihnachten und Neujahr verdoppeln sich die Preise.

Bethany Inn, direkt südlich der Hauptstraße, ✆ 0832-227 3731, 🖥 www.bethanyinn.com. 9 saubere Zimmer mit Minibar-Kühlschrank, Balkon und Bad (Rs600), plus 4 weitere mit AC in einem neuen Block, die über Flachbildschirm-TVs, größere Balkone und geräumigere Bäder verfügen. Rundum geschmackvoll eingerichtet und von zwei jungen Brüdern effizient gemanagt. ❹–❻

Boon's Ark, nahe Bethany Inn, ✆ 0832-227 4045. Angenehme, saubere und gut geführte Unterkunft mit modernen Zimmern, die auf kleine Veranden und in einen gepflegten Garten führen. Roomservice, Geldwechsel und Fahrradverleih. ❺

Dolrina, Vagator Beach Rd, ✆ 0832-227 3382, ✉ dolrina@hotmail.com. Vagators größtes und beliebtestes Budget-Gästehaus hat Zimmer mit oder ohne Bad, ein geselliges Gartencafé, Einzelschließfächer und Platz auf dem Dach. Einzelbelegung möglich, auf Wunsch auch Frühstück. ❹–❺

Jolly Jolly Lester, Vagator Beach Rd, ✆ 0832-227 3620, 09822 488536, 🖥 www.hoteljollygoa.com. 11 angenehme DZ mit gekachelten Bädern und Schließfächern, umgeben von einem schattigen Wäldchen. Die Eigentümer Lazarus und Remy achten sehr darauf, dass keine wilden Affen in den schönen Hotelgarten kommen. Einzelbelegung möglich, kleines Restaurant. ❸

Jolly Jolly Roma, Vagator Beach Rd, ✆ 0832-227 3005, 09822 488536. Sehr elegante und recht große Zimmer im Chalet-Stil mit hohen Decken, hübschen Möbeln und Veranda. Auch hier gibt es einen gepflegten Garten, außerdem Wäscherei, Geldwechsel und kleine Bibliothek. ❹

Julie Jolly, im Süden des Ortes, ✆ 0832-227 3357. Eine der angenehmsten Unterkünfte in Vagator. Lage am Rande eines Grüngürtels unweit vom Ozran Beach. Alle Zimmer sind gefliest und schön kühl. Für Selbstversorger stehen größere Suiten mit Wohnzimmer und Küchenzeile zur Verfügung. ❹–❺

Leoney Resort, an der Straße zum Disco Valley, ✆ 0832-227 3634, 🖥 www.leoneyresortgoa.com. Komfortable Unterkunft mit hübschen, pseudo-portugiesischen Chalets und teureren (aber geräumigeren) achteckigen „Cottages" im ruhigen Teil des Ortes. Netter kleiner Pool, Restaurant, Wäscherei, Schließfächer, Cybercafé und Geldwechsel. Dez und Jan keine Reservierung möglich. ❼–❽

Essen und Unterhaltung

Vagator bietet eine große Auswahl an Restaurants mit ganz unterschiedlichen Speisekarten und Preisen. Westliche Touristen halten sich meistens an die teureren Lokale am Rande der Dorfstraße, während indische Gäste die billigeren unten am Strand bevorzugen. Der angesagte Treffpunkt für einen Sundowner ist die **Nine Bar**, wo fette Trance-Sounds zum Sonnenuntergang Publikum anlocken, besonders mittwochs nach dem Flohmarkt.

Bean Me Up, in der Nähe der Tankstelle. Das einzige von Amerikanern geleitete Tofu-Restaurant Indiens ist das Nonplusultra, wenn es um gesunde Gourmet-Küche geht. Hauptgerichte (ca. Rs200–250) mit gedünstetem Spinat, Schwarzbrot und gründlich gewaschenen Salaten. Tipp: köstliches *tempeh* nach Thai-Art in würziger Cashew-Soße. Unter den verführerischen veganischen Desserts ragt der Bananenpudding mit Sojacreme heraus.

China Town, Chapora Crossroads, neben Bethany Inn. Das kleine Restaurant unmittelbar südlich des Hauptgeschehens ist die beliebteste Anlaufstelle für weniger betuchte Gäste. Leckeres Seafood, eine große Auswahl an chinesischen Gerichten und alles, wonach es die meisten Goa-Traveller gelüstet.

Nine Bar, auf den Klippen über dem Ozran Beach. Café mit hervorragender Stereoanlage (für Goa Trance, versteht sich) und herrlicher Aussicht von der Terrasse, auf der Kellner den Gästen kaltes Bier und die üblichen Budget-Traveller-Gerichte servieren. Getanzt wird ab

Einbruch der Dunkelheit bis gegen 22 Uhr. Der Eintritt ist frei, aber die Getränkepreise sind saftig (Rs175 für ein Bier). Am Eingang werden die Taschen nach Drogen und Feuerwerkskörpern durchsucht. Absolutes Fotoverbot.

Geld und Reisebüro

Bethany Inn, am Nordrand des Ortes, hat eine Lizenz zum Geldwechseln (Cash und Reiseschecks) und ein effizientes Reisebüro im Erdgeschoss.

Sonstiges

Busse aus Panjim und Mapusa (9 km weiter östlich) kommen etwa alle 15 Min. an der Kreuzung im äußersten Nordosten von Vagator an, nicht weit von der Abzweigung der Straße Richtung Chapora. Von hier läuft man ca. 1 km über den Hügel zum Strand.

Chapora

Das im Schatten einer portugiesischen Festung auf der Vagator gegenüberliegenden, nördlichen Seite der Landzunge gelegene Chapora (10 km von Mapusa) ist wesentlich geschäftiger als die meisten Orte an der Nordküste. Es stützt sich auf den Fischfang und Bootsbau und ist so weitgehend unabhängig vom Tourismus geblieben. Nach der Lockerung der Drogengesetze hat sich das Bild in den letzten fünf, sechs Jahren allerdings deutlich verändert. Während sich die Hauptstraße früher durch eine gewisse Gleichgültigkeit gegenüber der jährlichen Invasion von Westlern auszeichnete, finden sich dort heute größtenteils Cafés für Budget-Traveller, und zum Sonnenuntergang wird hier nach Herzenslust in aller Öffentlichkeit gekifft.

Dennoch erscheint es unwahrscheinlich, dass Chapora sich in nächster Zeit zu einem größeren Badeort entwickeln wird, denn dem versteckt unter Bäumen am Südufer des schlammigen Meeresarmes gelegenen Ort fehlt einfach der Platz und ein breiter, weißer Strand, der die Massen nach Calangute und Colva gelockt hat. Der größte Nachteil von Chapora sind die im Allgemeinen sehr schmuddeligen Unterkünfte, die in der Regel für längere Zeiträume von stark alkoholisierten, bekifften Hippies in Beschlag genommen werden.

Chaporas Wahrzeichen ist das ehrwürdige alte **Fort**, das am leichtesten von der Vagator-Seite aus zu erreichen ist. Bei Ebbe kann man auch unten um die Landzunge herumwandern, am Ankerplatz und den dahinter liegenden, abgeschiedenen kleinen Buchten vorbei bis nach Big Vagator, wo man den Berg hinaufklettern kann.

Die rote Laterit-Bastion auf der Felsenklippe wurde 1617 von den Portugiesen an der Stelle eines früheren muslimischen Baus errichtet (daher auch der Ortsname, der sich von *Shahpura* ableitet, „Stadt des Schahs"). Im 19. Jh. wurde das Fort aufgegeben, sodass heute nur noch Ruinen erhalten sind. Die **Aussicht** von den unkrautüberwucherten Wällen über die Küste ist aber nach wie vor einzigartig.

Einen Besuch lohnt auch der geschäftige kleine **Anlegeplatz für Fischerboote**, wo man abends in der Regel köstlichen, fangfrischen Tintenfisch direkt von den Booten kaufen kann.

Übernachtung

Casa de Olga, nahe der Fischerbootsanlegestelle, ☏ 0832-227 4355, 09822 157145. Wohl die einladendste Unterkunft in Chapora. Das makellose, rot und weiß gestrichene kleine Gästehaus wird mit viel Sachverstand und Hingabe von einem jungen Paar – Edmund

Altehrwürdige Luxusherberge

Siolim House, 5 km landeinwärts von Chapora, am Südufer des Flusses im Dorf Siolim, ☏ 0832-227 2138, 🖥 www.siolimhouse.com. Dies ist die einzige Luxusherberge in dieser Gegend. Das Hotel in dem 300 Jahre alten Gebäude zählt zu den wenigen in Goa, die noch echte Kolonialatmosphäre verströmen. Helle, schön möblierte Zimmer und Suiten mit Badewanne, Austernschalenfenstern und verzierten Himmelbetten aus Holz um einen arkadengesäumten Innenhof. 12 m langer Pool im Garten. ❽

Vagator und Chapora

Restaurants, Cafés und Bars	
Bean Me Up	7
China Town	5
Italian Pizza	1
Nine Bar	6
Sai Ganesh Café	4
Scarlet Cold Drinks	2
Welcome	3

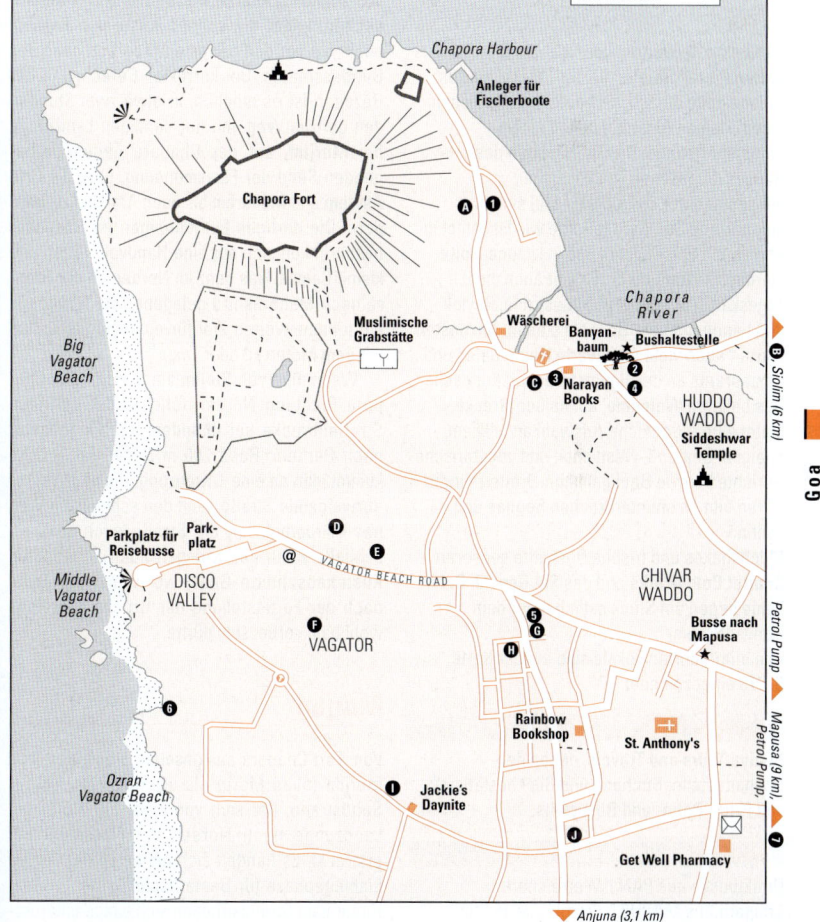

Übernachtung	
Bethany Inn	G
Boon's Ark	H
Casa de Olga	A
Dolrina	D
Jolly Jolly Lester	E
Jolly Jolly Roma	F
Julie Jolly	J
Leoney Resort	I
Shettor Villa	C
Siolim House	B

Chapora 775

und Elifa – geführt. Die schönsten Zimmer sind die 5 im neuen Block hinten. Sie haben alle ein Bad und großzügig geschnittene Balkone. ❸–❹

Shettor Villa, an der Westseite der Hauptstraße, ☎ 0832-227 3766, 98221 58154. Billig und schlicht. Ein halbes Dutzend der Zimmer liegt rund um einen Hinterhof, sie haben Ventilator und Bad. Die anderen 18 haben Gemeinschaftsduschen. Die beiden Häuser sind auf der Karte S. 775 eingezeichnet. ❷

Essen

Das beste Restaurant von Chapora ist **Italian Pizza**, draußen an der Straße, die zur Anlegestelle der Fischerboote führt. Es liegt in einem kleinen Innenhof neben einem Kampfsportstudio. Die Spezialitäten des Hauses, abgesehen von köstlicher, hausgemachter Pizza (Rs75–250) sind u. a. mediterrane Standardgerichte wie Fischfilet in Knoblauch und Olivenöl und in Limonensoße marinierter Tintenfisch. Es gibt auch eine Tageskarte, auf der z. B. Minestrone, Ravioli und handgemachte Gnocchi stehen. Ansonsten warten auch viele preiswerte kleine Cafés und Restaurants an der Hauptstraße auf Kundschaft. Das beliebte **Welcome**, auf halber Strecke, bietet eine ordentliche Auswahl an billigem, üppigem Seafood, westlichen und vegetarische Gerichten sowie Backgammon-Bretter; für die Ohren gibt es ununterbrochen Reggae und Techno.

Milchshakes und frische Obstsäfte servieren **Scarlet Cold Drinks** und das **Sai Ganesh Café**; beide liegen ein Stück östlich unter dem Banyan-Baum.

Alle aufgeführten Lokale sind auf der Karte S. 775 eingezeichnet.

Sonstiges

Soniya Tours and Travels, neben der Bushaltestelle. Buchung und Rückbestätigung von Flug-, Bahn- und Bustickets.

Transport

Direktbusse aus PANJIM erreichen Chapora aus MAPUSA (3x tgl., alle 15 Min.). Letzte Abfahrt gegen 19 Uhr von diversen Haltestellen an der Hauptstraße.

Motorradtaxis warten um den alten Banyan-Baum am Ende der Hauptstraße, nicht weit von der Bushaltestelle.

Der hohe Norden

Abgesehen von dem Fischerdorf **Arambol**, das im Winter viele Hippies anzieht, die eine ländlich-schlichte Alternative zu Anjuna und Vagator suchen, bildet die schöne Küste von Pernem nach wie vor den ruhigsten Meereszugang des Bundesstaates. Bei korrekter Berechnung der Gezeiten ist es möglich, in etwa zwei Stunden den ganzen Weg von der sandigen Landzunge bei **Morjim**, auf der Chapara gegenüberliegenden Seite der Flussmündung, über die Orte **Aswem** und **Mandrem** bis nach Arambol zu wandern. Die dortigen Einrichtungen für Besucher beschränken sich auf eine Handvoll Hütten und kleine Camps. Das ganz im Norden an der Grenze nach Maharashtra gelegene **Fort Terekol** ist ein lohnenswertes Ziel für einen Tagesausflug mit dem Motorrad oder Taxi.

Wenn man von **Siolim** am Südufer des Chapora Richtung Norden fährt, bildet die neue Straßenbrücke bei **Chopdem** das Eingangstor nach Pernem. Rund 200 m hinter der Brücke kommt man an eine T-Kreuzung: Die nach rechts abzweigende Straße stellt den schnellsten Weg nach Arambol dar, die Straße nach links erschließt einen der wenigen noch unbebauten Küstenabschnitte Goas, wo es mit der Ruhe nach der Fertigstellung der Brücke allerdings wohl bald vorbei sein dürfte.

Morjim

Vom Fort Chapora aus gesehen präsentiert sich Morjim (alias Morji) als spektakulärer, leerer Sandstrand, der sich von einer löffelförmigen Landzunge nach Norden zur Flussmündung erstreckt. Es handelt sich um einen der letzten Eiablageplätze für Bastardschildkröten in Goa. Hinter dem Strand erheben sich einige unterbrochene Dünen und dahinter ein dichter Flecken mit Palmen und Kasuarinen. In deren Schutz breitet sich Morjim aus, ein Ort mit gemischter Bevölkerung aus Hindus und Christen, dessen Bewohner noch überwiegend vom Fischfang und Reisanbau leben.

Da die Hauptstraße ein ganzes Stück weiter nördlich verläuft, hat sich dieser Ort noch ein äußerst provinzielles Ambiente bewahrt. Erst seit der Fertigstellung der Siolim-Brücke kommen immer mehr Touristen hierher, in der Mehrzahl junge Russen, deren frühmorgendliches Fitnessprogramm am Strand von den einheimischen, mit Handnetz und Strohhut bewaffneten Fischern noch immer mit einem amüsierten Kopfschütteln quittiert wird.

In einer Senke des bewaldeten Hügels hinter dem Strand von Morjim versteckt sich das **Yoga Village**, ✆ 0832-224 4546, 🖥 www.yogavillage.org, wo unter der Leitung von **Yogi Manmoyanand** Yogatechniken und -philosophie gelehrt werden. Der Yogalehrer erlernte seine Kunst während eines siebenjährigen Aufenthalts in einer Höhle im Himalaja. Bei einem zweiwöchigen Kurs werden zahlreiche Yogatechniken behandelt: **Pranayama**, **Mudras**, **Bandhas** und alle Stellungen (**Asanas**).

In der Kursgebühr sind neben Unterricht, Unterkunft (in hübschen Bambus- und Palmstrohhütten) und Verpflegung auch spirituelle Unterweisungen (unter einem alten Banyan-Baum) und entspannende ayurvedische Massagen enthalten. Näheres s. Website.

Übernachtung

Die Mehrzahl der Unterkünfte in Morjim besteht aus Privathäusern, die größtenteils bereits früh in der Saison belegt sind oder schon vorab von geschäftstüchtigen Moskauern reserviert werden, die sie dann mit anständigem Gewinn weitervermieten. Ein freies Zimmer findet sich aber meistens in einem der neuen kleinen Gästehäuser in der Nähe des Strandes. Auch zwei luxuriösere Unterkünfte wurden eröffnet.

Camp 69, Vithaldas Waddo, ✆ 0832-224 4458. Die älteste Unterkunft am Strand verfügt über große Holzhütten mit Betten, Sofas, Ventilatoren und eigenem Bad. ❺

Montego Bay, Vithaldas Waddo, ✆ 0832-224 4222, 🖥 www.montegobaygoa.com. Rund ein Dutzend elegante Rajasthani-Zelte an einem luftig-frischen Ort in den Dünen unter Kokospalmen, stilvoll eingerichtet mit aus Treibholz gefertigten Betten, Ventilatoren, Kokosmatten und Bädern mit fließendem Wasser. Die komfortabelste Option direkt am Strand, wenngleich überteuert. Frühstück inkl. ❼

Morjim Beach Resort, Temb Waddo, ✆ 08326 521994, ✉ rahul_goa@hotmail.com. Zu diesem Gästehaus gelangt man nach einem langen Fußmarsch am Strand entlang, auf halbem Weg zwischen dem Ortszentrum und der sandigen Landzunge am Ende. Man braucht mindestens ein Fahrrad, wenn man hier absteigen will. Die Lage ist allerdings sehr schön und die Einrichtung gut. Zur Auswahl stehen ordentliche Zimmer, Suiten, „Cottages" und Blätterdachhütten. ❻–❽

Naga Cottages. Rasal-Vithaldas Waddo, ✆ 09822 583240, 🖥 www.nagacottages.com. Geräumige Suiten mit großen, halbrunden Balkonen auf beiden Seiten und Blick auf Felder und Palmenhaine. Glänzende Bodenfliesen, Küchenzeile, Flachbildschirm-TV und Rattan-Schaukelstühle verleihen dem Ganzen für hiesige Verhältnisse mehr als einen Hauch von Luxus. ❻–❼

Tequila Sunset Hideout, Vithaldas Waddo, ✆ 9822-588003. Geräumige Zimmer mit Bad und großem, gefliesten Balkon mit Strandblick. Im 1. Stock gibt's ein Café-Restaurant mit tollem Blick aufs Meer. ❹

White Feather House, Nr. 694/A Morjim–Aswem Rd, ✆ 98502 42011 oder 94226 35465, ✉ whitefeather_gh1@yahoo.co.in. Bequemes Mittelklassehotel, abseits der Straße. Die Preise sind stark überhöht, aber die Zimmer sind groß, gut belüftet, nett und fast immer belegt. Die Dachterrasse bietet Ausblick über die Dünen aufs Meer. ❺–❻

Essen

Das beste Essen gibt es bei **Britto's**, einer kleinen, familiengeführten Hütte am Strand. Zu den Spezialitäten zählen Muscheln mit Hirse oder in würziger Kokossoße, gebratener Reis mit Gemüse und Chapora-Calamari in Limonensaft. Außerdem gibt es hier fantastische Lassis und frische Obstsäfte.

Sonstiges
Geld
Amigo's, an der Hauptabzweigung nach Vithaldas Waddo, 1 km vom Strand. Morjims Internet-Café mit Telefon und Fax wechselt auch Geld.

Internet
Amigo's (s. o.) verlangt Rs40/Std.

Transport
Ein halbes Dutzend Busse pro Tag verbindet Morjim mit PANJIM. Der erste fährt um 7 Uhr, in entgegengesetzter Richtung fährt um 17 Uhr ein Direktbus aus Panjim ab. Daneben bestehen häufige Verbindungen nach MAPUSA über SIOLIM. Die Busse halten an der Hauptstraße, fünf Gehminuten vom Strand entfernt in Vithaldas Waddo. Wer woanders unterkommt, sollte die Entfernungsangaben auf den Straßenschildern beachten und sich auf einen langen Fußmarsch einstellen, denn Rikschas verkehren in dieser weit nördlich gelegenen Region nur selten.

Aswem

Ein einsames, weißes Kruzifix erhebt sich aus den Felsen, durch die Morjim von Aswem getrennt wird, dem nächsten Ort in nördlicher Richtung. Abgesehen von dem einen oder anderen Nudisten hat man den ersten Strandabschnitt in der Regel für sich allein, bis auf halber Höhe des Strandes eine expandierende Ansammlung von Hütten und Camps erscheint. Die vom Dach eines sehr schönen Palmenhains geschützte, ad hoc entstandene Touristensiedlung breitet sich immer weiter aus, nachdem zwei Franzosen aus Baga hier das schicke Strandcafé **La Plage** (s. u.) eröffneten.

Bis auf das Lokal gibt es aber nur einfache Einrichtungen. Palmhütten sind die Norm, denn der Gemeinderat setzt rigoros das Bebauungsverbot in der sogenannten Coastal Protection Zone durch. Nicht zuletzt deshalb ist der Strand äußerst reizvoll: über einen Großteil der Saison sehr ruhig und – außerhalb der Vollmondperiode – auch für Kinder ungefährlich zum Baden. Lediglich am äußersten nördlichen Ende, wo ein den Gezeiten unterworfener Fluss bei Flut den Weg nach Arambol blockiert, hat der Pauschaltourismus Einzug gehalten: Maruti-Sammeltaxis bringen die Gäste in eigens errichtete Hüttencamps an der Küste, aber das alles hält sich noch in Grenzen.

Übernachtung
Change Your Mind, ✆ 0832-561 3716 oder 09822 389290. Einfache Hütten und Baumhäuser hinter einer betriebsamen Strandkneipe. ❷–❸
Gopal, ✆ 0832-224 4431, ✉ gopal@ingoa.com. Ähnlich wie Change Your Mind. ❷–❸
Palm Grove, ✆ 0832-224 7440. Die beste Wahl unter den Hüttencamps. Palm Grove liegt ein Stück weiter unten am Strand als die anderen Unterkünfte. Große Baumhäuser mit perfektem Meerblick. Die Besitzer Ratnagar und Nali akzeptieren telefonische Reservierungen. ❹

Essen und Unterhaltung
Wer in der Gegend abgestiegen ist und einen Ort sucht, wo man abends (wenn das La Plage geschlossen ist) abhängen kann, kann 10 Min. nach Norden spazieren, wo sich über dem Bachbett gegenüber von Aswem eine Reihe von Hüttencamps und Buden befindet. Mit seinen Laternen und bunten Lichtern zieht **Arabian Sea** normalerweise die meisten Gäste an. Auf der

---

Entspannen unter Kuppeln

Yab Yum, ✆ 0832-651 0392, 🖥 www.yabyumresorts.com. Eine Anlage mit schönen, kuppelförmigen Bauten aus Palmstroh, Mangobaumholz und Laterit mit Zementfußboden und -wänden. Die Häuser sind sehr groß und ansprechend möbliert, allerdings nicht gerade billig (DZ Rs3550, Suite Rs4700). Es stehen auch ein paar ähnlich stilvolle, pseudo-portugiesische Cottages und ein Holzdeck für Yogaübungen zur Verfügung. Frühstück inkl. ❽

Erfrischend anders

La Plage, ✆ 09850-258543. La Plage bietet leichte französisch-mediterrane Speisen, erfrischende Snacks und Drinks (kalte Spargelsuppe, Minze-Lassis, marokkanische Salate, frische Erdbeeren mit Sahne), außerdem üppige Seafood- und andere Gerichte vom Holzkohlegrill, serviert von Nepalis in schwarzen *lunghis*. Für goanische Verhältnisse kostspielig und ein surreales Gegenstück zum Fischerviertel am unteren Strandabschnitt, dennoch ein sehr angenehmer Ort zum Frühstücken oder Mittagessen.

Speisekarte stehen hier die üblichen Multikulti-Gerichte und fangfrische Meeresfrüchte.

Transport

Gelegentlich halten Busse aus PANJIM und MAPUSA an der ruhigen Hauptstraße. Von dort sind es fünf Gehminuten durch die Reisfelder bis zu den Kneipen am Strand (Schilder weisen den Weg). Mit Ausnahme der Cafés gibt es hier keinerlei Einrichtungen. Die meisten Gäste mieten sich ein Moped, um nach Aswem zu fahren. Die nächsten Geschäfte (und Internetzugang) gibt es in Morjim – ein idyllischer, halbstündiger Fußmarsch Richtung Süden.

Mandrem

Nördlich von Aswem erstreckt sich ein herrlicher, größtenteils menschenleerer Strand Richtung Arambol, unterbrochen lediglich von zwei größeren Hüttencamps und einem Pauschalhotel. Ob Mandrem auf Dauer der steigenden Flut von Touristen standhalten kann, wird sich zeigen, doch bislang hat auf jeden Fall die Natur noch die Oberhand.

Am ruhigsten Strandabschnitt legen Bastardschildkröten ihre Eier ab, und mit großer Wahrscheinlichkeit bekommt man hier auch die weißbäuchigen Fischadler zu Gesicht, die in den Kasuarinen nisten und in Pernem ihre letzte Bastion haben.

Jeder der Richtung Norden nach Arambol fahrenden Busse hält im nächsten Ort **Madlamaz-Mandrem**, einem für Nord-Goa typischen Marktflecken an der Hauptstraße, rund 1,5 km von der Küste entfernt. **Parsekar Stores**, mitten im Dorf, führt ein an Anjuna orientiertes Sortiment von Lebensmitteln und Waren für Touristen, darunter Müsli, Olivenöl, Nilgiri-Käse und natürliche Kosmetika. Eine kleine **Wäscherei** befindet sich über einem Juweliergeschäft in einem kleinen Innenhof unmittelbar östlich der Hauptstraße.

Übernachtung

Dunes, ✆ 0832-224 7219 oder 224 7071, 🖥 www.dunesgoa.com. Riesiges „Feriendorf" aus gelben Palmhütten mit je zwei Einzelbetten. Die Hütten liegen eine Spur zu dicht nebeneinander und stören mit ihrer hellen Beleuchtung die abendliche Strandatmosphäre, doch insgesamt handelt es sich um eine effizient geführte Unterkunft, die in der Hochsaison schnell ausgebucht ist. Teurere Zimmer mit Bad erhältlich. ❹–❺

Riva Resort, ✆ 0832-224 7088 oder 224 7612, 🖥 www.rivaresorts.com. Das zweite große

Romantischer Rückzugsort

Elsewhere, ✆ 022-2373 8757 oder 9820-037387, 🖥 www.aseascape.com. Diese exklusiven Cottages aus der portugiesischen Ära wurden auf exquisite Art und Weise in Traumunterkünfte mit herrlichen, dem Meer zugewandten Veranden und traditionellen Holzmöbeln verwandelt. Einen romantischeren Flecken hat die Küste Goas nicht zu bieten: auf der einen Seite ein leerer Strand, auf der anderen ein von den Gezeiten abhängiger Fluss – und das ganze völlig abgeschirmt! Die Mietkosten betragen $875–2415/Woche, je nach Haustyp und Jahreszeit. **Otter Creek**, auf dem gleichen Gelände, bietet weniger teure Übernachtungen in stilvollen Luxuszelten ($450/1200 pro Woche in der Nebensaison/Hochsaison), jedes mit Bambus-Himmelbett, Badezimmer und Freiterrasse. ❾

Hüttencamp neben Dunes ist exklusiver, hat schickere Hütten und höhere Preise. Im Zentrum der Anlage steht ein riesiges Bar-Restaurant mit Großbildschirm für Video. Gelegentlich legen Gast-DJs auf. ❸–❺

Villa River Cat, 🖥 www.villarivercat.com, ✆ 0822-224 7928, 09890 157060. Schrulliges Hotel am Fluss, durch Dünen vom Strand abgeschirmt, mit auffälliger Hippie-Einrichtung. Alle 16 Zimmer wurden individuell gestaltet, u. a. mit Mosaiken, Muscheln, religiösen Skulpturen und Hängematten. Der äußerst tierliebe Besitzer Rinoo Seghal hält sich eine ganze Menagerie aus Hunden und Katzen. Künstler und Musiker bekommen 10 % Rabatt. ❺–❽

Arambol (Harmal)

Das 32 km nordwestlich von Mapusa gelegene Arambol (manchmal auch Harmal genannt) ist der größte Küstenort im Distrikt Pernem. Wer keine großen Ansprüche stellt, aber gern ein bisschen Betrieb um sich hat, ist hier richtig. Die beiden Strände sind schön und noch relativ unberührt. Die Mehrheit der Ausländer, die nach Arambol kommen, lassen sich für die ganze Saison nieder. Mit der Zeit ist so eine eng verwobene Gemeinde alternder Hippies entstanden, die jedes Jahr wiederkommen, mit eigenen Einrichtungen für Alternativmedizin, Paragliding-Schule, Yoga-Gurus und Vollkost-Cafés.

Der von alten Holzbooten und Touristen-Cafés gesäumte, sanft geschwungene **Dorfstrand** eignet sich gut zum Schwimmen, ist aber bei Weitem nicht so malerisch wie der Nachbarstrand **Paliem** bzw. „Lakeside" Beach, der über einen Pfad auf der Landzunge Richtung Norden zu erreichen ist. Hinter einer felsigen Bucht öffnet sich der Weg zu einem breiten Streifen aus weichem, weißem Sand, der zu beiden Seiten von steilen Klippen gesäumt wird. Dahinter dehnt sich ein kleiner **Süßwassersee** über das Tal bis zu einem dichten Dschungel aus. Wenn man lange genug am Ufer dieses dunkelgrünen Teiches verweilt, sieht man früher oder später eine gelbe Gestalt aus dem Busch am anderen Ende des Sees auftauchen. Am Ufer des von kochend heißen Quellen gespeisten Gewässers sammelt sich schwefelhaltiger Schlamm, der, wenn man sich damit einreibt, im getrockneten Zustand eine butterfarbene Hülle ergibt. Die hier ansässigen Hippies schwören, der Schlamm tue ihnen gut, weshalb sie einen großen Teil des Tages damit zubringen, nackt und auf Zehenspitzen durch den Schlamm zu hüpfen – sehr zur Belustigung der indischen Touristen. Das Ufer wurde aber inzwischen von einem geschäftstüchtigen Einheimischen in Beschlag genommen, und wer jetzt ein bisschen was von dem noch verbliebenen Schlamm abkratzen will, muss dafür löhnen.

Übernachtung

Der Standard der Unterkünfte in Arambol hinkt dem anderer Ferienorte in Goa um einiges hinterher, auch wenn Zeichen der Besserung zu erkennen sind: Neue, von Familien geführte Gästehäuser finden sich im südlichen Ortsabschnitt in den *waddos* **Modlo** und **Girkar**, einer ruhigen Gegend, die aber recht weit vom Strand entfernt liegt – besonders für Frauen ist der Weg nicht immer angenehm. Das Labyrinth aus schmalen, sandigen Gassen hinter dem nördlichen Strandabschnitt namens **Khalcha Waddo** ist belebter, doch die dortigen Gästehäuser sind (mit Ausnahme der nachfolgend beschriebenen) in aller Regel beengt und schmuddelig.

Ave Maria, House Nr. 22, Modlo Waddo, ✆ 0832-224 2974. Arambols größtes Gästehaus erfreut mit gutem Preis-Leistungs-Verhältnis. Zimmer mit oder ohne Bad und geselliges Dachrestaurant in einem dreistöckigen, modernen Gebäude. Schwierig zu finden: links in einen *kutchha*-Weg einbiegen, wo die Hauptstraße im Süden des Ortes eine scharfe Rechtskurve macht. ❸

Famafa, Khalcha Waddo, ✆ 0832-229 2516, 🖥 www.travelingoa.com/famafa. Großer, hässlicher Betonklotz in unmittelbarer Nähe des Hauptpfads zum Strand. Beliebt bei Israelis und dementsprechend laut, hat aber meistens Zimmer frei und liegt sehr nah am Strand. ❸

God's Gift, House Nr. 411, Girkar Waddo, ✆ 0832-224 2318. Recht große Zimmer mit gefliesten Fußböden und komfortabler Veranda, einige auch mit Wohnzimmer und Küche. Günstige Preise und freundliche Betreiber. ❷

Arambol (Harmal)

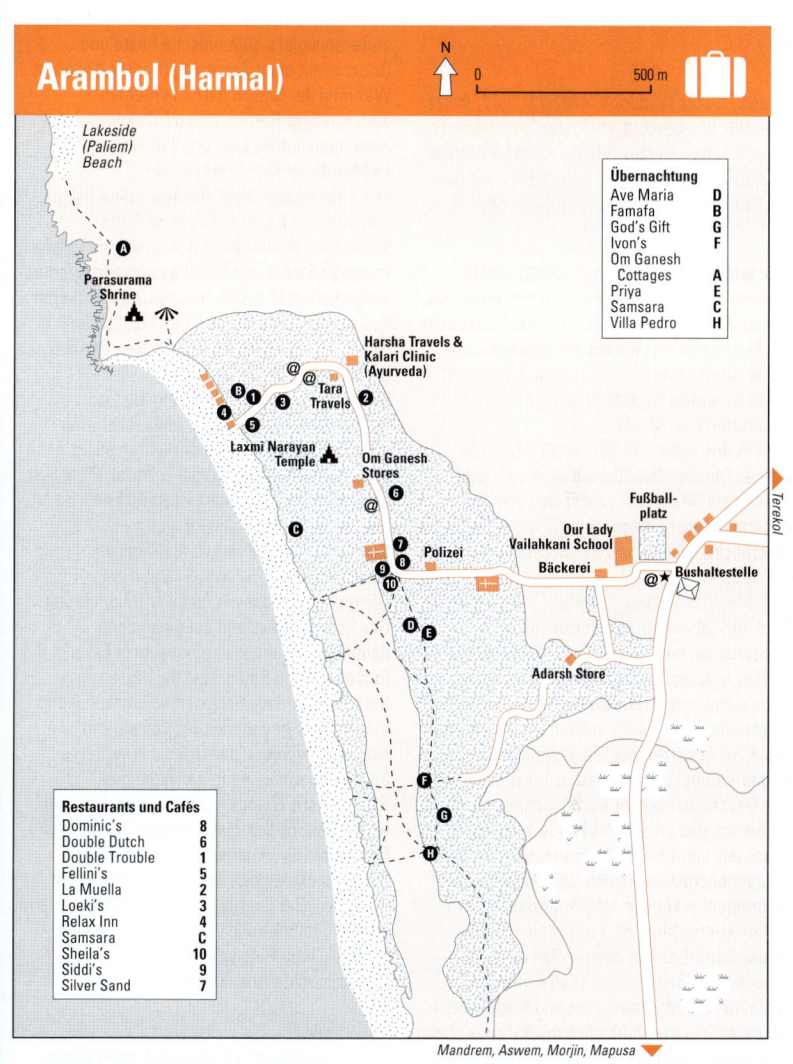

Übernachtung	
Ave Maria	D
Famafa	B
God's Gift	G
Ivon's	F
Om Ganesh Cottages	A
Priya	E
Samsara	C
Villa Pedro	H

Restaurants und Cafés	
Dominic's	8
Double Dutch	6
Double Trouble	1
Fellini's	5
La Muella	2
Loeki's	3
Relax Inn	4
Samsara	C
Sheila's	10
Siddi's	9
Silver Sand	7

Om Ganesh Cottages, in der Bucht zwischen Ort und Lakeside Beach, ☏ 0832-224 2957. Das hübscheste unter den „Cottages" an den Klippen unmittelbar südlich vom Lakeside Beach. Der Blick aufs Meer von den Veranden ist vorzüglich, aber einige empfinden die israelische Kifferszene in den umliegenden Cafés als abtörnend. Die Preise sind sehr unterschiedlich, und in der Hochsaison ist eine Vorausbuchung (gegen Pfand) so gut wie unumgänglich. Buchung bei Om Ganesh Stores, ☏ 0832-224 2957, an der Hauptstraße. ❹–❺

Priya, Modlo Waddo, ☏ 0832-224 2661. Das gastfreundliche Gästehaus mit zehn Zimmern ist eine gute Ausweichmöglichkeit, falls das nahe gelegene Ave Maria ausgebucht ist. ❸

Große Balkone mit Ausblick

Ivon's, Girkar Waddo, ✆ 0832-224 2672, 09822 127398. Die beste Wahl unter den hiesigen Unterkünften bietet saubere, gefliese Zimmer – alle mit Bad und geräumigem Balkon mit Blick auf die gepflegte Anlage oder die Dünen. ❹

Samsara, Arambol Beach, ✆ 09822 688471, 🖥 www.samsara.20m.com. Ferienhütten (mit Gemeinschaftsbad) und Zimmer (mit Bad) direkt am Strand unter italienischem Management. Beide Alternativen sind sauber und preiswert. Täglich werden Yogastunden angeboten. Restaurant s. u. ❷–❸

Villa Pedro, Girkar Waddo, ✆ 0832-224 7689. Kleines Familien-Guesthouse zwischen *toddi*-Palmen am Strand, aber recht weit vom Ort entfernt. Saubere, angenehme Zimmer, einige mit Meerblick. Gutes Preis-Leistungs-Verhältnis. ❷

Essen

Dank des jährlichen Zuwachses an gastronomischen Talenten aus dem Ausland verfügt Arambol inzwischen über ein Reihe unerwartet guter **Restaurants** – was man angesichts des im Allgemeinen faden Äußeren kaum vermuten würde. Die anspruchsvolle Hippie-Klientel vor Ort interessiert sich mehr für den Geschmack als für ein ausgefallenes Ambiente, und an den Preisen ist abzulesen, dass viele von ihnen ihr mühsam Erspartes zusammenkratzen, um den ganzen Winter hier verbringen zu können. Wer finanziell auf dem Tiefpunkt angelangt ist, sollte sich an die „Reistellerhütten" im unteren Teil des Ortes halten. Sheila's und Siddi servieren schmackhafte *thalis* mit *puri*, und beide bieten ein gutes Traveller-Frühstück mit Pancake, Eiern und Quark. **Dominic's**, im gleichen Ortsteil (dort wo die Straße einen 90-Grad-Knick macht), ist bekannt für seine Obstsäfte und Milchshakes.
Double Trouble, „Glastonbury Street". Der Ableger vom Double Dutch verwöhnt die Gäste mit klassischen italienischen und französischen Seafood-Gerichten für Rs160–180.
Fellini's, „Glastonbury Street". Italienisches Lokal mit köstlicher Holzofenpizza (Rs100–150); außerdem gibt's authentische Pasta und Gnocchi mit einer Auswahl aus über 20 Soßen. Während der Saison herrscht hier ein wahnsinniger Betrieb – also früh kommen, wenn man flott bedient werden möchte.
La Muella. Im Ort, direkt vor der Straßenbiegung. Bio-Café-Restaurant mit israelischem Besitzer. Eine ernsthafte Konkurrenz für Double Dutch: köstliche Quiches, knackige Salate und selbst gebackene Kuchen, außerdem *shak shuka*, Hummous, gebackene Auberginen in Pittabrot, Falafel und andere israelische Leckereien. Die meisten Gerichte kosten Rs80–150.
Relax Inn, am Strand. Spitzenmäßiges, fangfrisches Seafood und unglaublich authentische Pasta (hier verkehren sogar noch mehr Expat-Italiener als bei Fellini's). Preiswert, aber mit etwas Wartezeit ist zu rechnen, da alles frisch zubereitet wird.
Samsara, Arambol Beach. Sehr cooler „Doppeldecker"-Strandschuppen mit Hängematten, Kissen und toller Beleuchtung. Der Schwerpunkt liegt auf gesundem italienischem und makrobiotischem Essen – die Smoothies und Salate sind die besten im Städtchen und die Preise travellerfreundlich.
Silver Sand, gegenüber der Kapelle von Arambol, im Süden des Ortes. Ein weiteres unscheinbares, aber hervorragendes Straßencafé. Geboten wird frisches Seafood (u. a. Chapora-Calamari), hausgemachte Pasta, Ratatouille für Veganer und ein beliebter Schokoladenkuchen, täglich frisch aus dem Backofen. Der Espresso ist nicht zu toppen, und beim Frühstück kann es zu Warteschlangen kommen, weil viele scharf auf die hausgemachte Ananasmarmelade sind.

Unterhaltung

Das „Nachtleben" von Arambol spielt sich in erster Linie in den Café-Restaurants und in der einen oder anderen Bar mit **Livemusik** ab. Am So und Do finden abends bei **Loeki's**, unweit der „Glastonbury Street", kostenlose Jamsessions statt. Die Qualität hängt natürlich davon ab, wer gerade hereinschneit, aber im Laufe der letzten Jahre hat es schon ein paar denkwürdige *impromptu gigs* gegeben.

Alternativer Mittelpunkt

Double Dutch, etwa in der Mitte der Hauptstraße auf der rechten Seite (nach dem gelben Schild Ausschau halten). Das entspannte Café unter einem Palmendach mitten im Ort ist Dreh- und Angelpunkt der Alternativszene von Arambol. Es ist berühmt für seinen im Munde zergehenden Apfelkuchen, kredenzt aber auch verführerische Butterkekse, preisgekrönte Torten, gesunde Salate und aufwendige Hauptgerichte (ab Rs150), z. B. frisches Büffel-Steak und den stets beliebten „Mixed Stuff" (gefüllte Pilze und Pfefferschoten mit Sesam-Pesto).

Aktivitäten

Überall in Arambol werden auf Zetteln an Palmen und Pinbrettern in Cafés unzählige Aktivitäten angeboten, von Drachensurfen bis Reiki. Einen guten Überblick über das aktuelle Angebot verschafft die „Bullshit Info"-Ecke im Double Dutch. Hier findet man E-Mail-Adressen und Infos von so gut wie jedem, der etwas veranstaltet.

Abenteuerlustige können sich beim **Paragliding** von den Klippen über dem Lakeside Beach stürzen. Die Veranstalter sind ein deutsches und ein britisches Unternehmen, die schon fast zehn Jahre im Geschäft sind und zwischen Goa und Manali pendeln. Im Preis für den Flug ist die gesamte Ausrüstung und eine ausführliche Einweisung enthalten. Auskunft über **Drachensurf**-Kurse und Ausrüstungsverleih gibt es am Südende des Arambol Beach bei Surf Shack.

In jeder Reisesaison bietet eine ganze Armee von Anbietern ganzheitlicher Therapiemethoden ihre Dienste und Kurse an. Arambol ist der perfekte Ort, um sich auf diesem Gebiet weiterzubilden. Es lohnt sich, Ausschau nach dem Iyengar-zertifizierten Yogalehrer **Sharat**, 🖥 www.hiyogacentre.com, zu halten, der am Strand 5-tägige Kurse (Rs1000) sowie 2-wöchige Intensivkurse abhält. Potenzielle Schüler müssen sich normalerweise bis Mittwochmittag eingeschrieben haben.

Sonstiges

Im Ort gibt es viele Internet-Anbieter, außerdem Motorradverleiher und Geldwechselmöglichkeiten.

Transport

Busse von und nach PANJIM (via MAPUSA) halten bis 12 Uhr mittags alle halbe Stunde, danach alle 90 Min. an der kleinen Bushaltestelle an der Hauptstraße. Schnellere, private **Minibusse** aus PANJIM kommen tgl. gegenüber den *chai*-Ständen am Strandende des Dorfes an.

Terekol

Die winzige Enklave Terekol an der äußersten Nordspitze Goas erreicht man per Autofähre (alle 30 Min., 5 Min.) vom Anleger Querim aus (42 km von Panjim). Wenn Ebbe herrscht und der Fährbetrieb ruht, gibt es 5 km weiter Richtung Meer noch eine Fähre, oder man stellt das Fahrzeug ab und lässt sich von einem Bootsmann übersetzen (der Preis ist Verhandlungssache). Vor der Kulisse einer verrotteten Eisenerzfabrik beherrscht das alte **Fort** von Norden her die Flussmündung. Das ockerfarbene Bauwerk mit Schutzwällen und Türmen erinnert an ähnliche Bauten an der portugiesischen Küste und wurde Anfang des 18. Jhs. von den Marathas erbaut, aber schon bald danach von den Portugiesen übernommen. Heute dient es als dezentes Luxushotel (s. u.)

Übernachtung und Essen

The Fort Tiracol, ☎ 0832-227 6793, 02366 227631, 🖥 www.nilayahermitage.com; gestaltet von den Besitzern des eleganten Nilaya Hermitage in Arpora (S. 764). Sieben Zimmer in traditionellem Ocker und Weiß mit schwarzen Fußböden und rustikaler Einrichtung aus Holz und Schmiedeeisen. Preise ab US$150 pro Nacht. Nicht-Gäste sind im Restaurant mit stilvoller Lounge-Bar willkommen, wo es authentische Goa-Küche gibt. Ein wahrer Genuss ist der Ausblick auf einen der schönsten Küstenabschnitte Südindiens. ❾

Süd-Goa

Unterhalb der wenig einladenden Hafenstadt **Vasco da Gama** und ihrem nahe gelegenen Flughafen bietet der Süden des Bundesstaates einige der schönsten **Strände** der Region, üppige Kokosplantagen und grüne Hügel mit hübschen Dörfern. Den idealen Einstieg in die Region ermöglicht **Benaulim**, 6 km westlich von **Margao**, der zweitgrößten Stadt Goas. Benaulim ist das am besten auf Individualreisende eingestellte Resort der Gegend und liegt genau in der Mitte eines schneeweißen, 25 km langen Sandstreifens. Unternehmen aus Mumbai errichten hier zwar immer mehr Ferienwohnungen, doch es gibt noch zahlreiche gute und preiswerte Übernachtungsmöglichkeiten. Der Nachbarort **Colva** degenerierte dagegen in den letzten zehn Jahren zu einem wenig einladenden Pauschalurlauberziel ohne erkennbaren Reiz, um das man auch wegen der riesigen Zahl von Tagesausflüglern am besten einen Bogen macht.

Da sich der Pauschaltourismus an diesem Küstenstreifen immer weiter ausbreitet, streben viele Budget-Traveller inzwischen nach **Palolem**, zwei Autostunden auf der Hauptverkehrsstraße von Margao nach Süden, obwohl der Ort relativ schwierig zu erreichen ist.

Der dortige Strand, vor einer Kulisse aus bewaldeten Hügeln, ist spektakulär. In der Hochsaison ist aber auch Palolem inzwischen schon recht überlaufen.

Margao (Madgaon) und Umgebung

Margao, die Hauptstadt des florierenden *taluka* Salcete, ist Goas zweitgrößte Stadt. Auf Zugfahrplänen und einigen Landkarten ist sie mit dem offiziellen Regierungsnamen Madgaon verzeichnet. Die von Reisfeldern und Bananenhainen umgebene Stadt ist seit jeher ein wichtiger Agrarhandelsmarkt und war einst auch ein religiöses Zentrum mit Dutzenden wohlhabender Tempel und *dharamshalas;* die meisten wurden jedoch zerstört, als die Portugiesen das Gebiet im 17. Jh. ihren *Novas Conquistas* („Neue Eroberungen") einverleibten.

Heute gibt es hier immer noch mehr katholische Kirchen als hinduistische Schreine, aber Margao besitzt eine ausgesprochen kosmopolitische Atmosphäre, die vor allem den vielen Wanderarbeitern aus den Nachbarstaaten Karnataka und Maharashtra zu verdanken ist.

Wer mit der Konkan Railway nach Goa kommt und auf dem Landweg weiterreisen möchte, wird ziemlich sicher in Margao Halt machen müssen. Ein weiterer Grund, hierher zu kommen, ist der interessante **Markt**. Auf dem Basar mit einem labyrinthartigen, überdachten Bereich im Zentrum gibt es alles Mögliche zu kaufen. Wenn die Luft hier zu stickig wird, kann man auf die Straßen in der Umgebung des Marktes ausweichen, von denen eine ganz im Zeichen von Textil- und Schneidergeschäften steht.

Einen Besuch lohnt auch der kleine staatliche Laden **Khadi Gramodyog** am Hauptplatz, wo neben traditioneller indischer Konfektionsware auch handgesponnene Baumwoll- und Rohseide-Meterware verkauft wird.

Eine kurze Rikscha-Fahrt nach Norden, am Largo de Igreja-Platz, steht die **Church of the Holy Spirit**, das Wahrzeichen der malerischen kolonialen Enklave Margoas. Die 1675 von Portugiesen erbaute Kirche zählt zu den schönsten Beispielen spätbarocker Architektur in Goa. Das Innere wird von einem riesigen, vergoldeten Retabel beherrscht, das der Jungfrau Maria gewidmet ist.

Unmittelbar nordöstlich der Kirche steht mit Blick auf die Ponda Street einer der großartigsten *palacios* aus dem 18. Jh., **Sa Banzam Ghor** („Haus der Sieben Giebel"). Von den ursprünglich sieben Dächern sind nur noch drei erhalten, aber auch so ist das Bauwerk mit seiner kunstvoll verzierten Fassade und den riesigen Austernschalenfenstern ein beeindruckender Anblick.

Weitere Bespiele für Goas wunderbare traditionelle Kolonialarchitektur finden sich weiter landeinwärts in Dörfern wie **Lutolim**, **Racaim** und **Rachol** mit zahlreichen alten, im Verfall befindlichen portugiesischen Häusern, die größtenteils leer stehen, denn die traditionellen Erbschaftsgesetze der Region bewirken, dass sich die alten Familienhäuser im geteilten Besitz von mehreren Dutzend Nachkommen befinden, von denen zu-

Margao

Map labels:
- Pilar, Lutolim, Ponda
- Mumbai, Colva, Benaulim
- Vasco da Gama
- RAFAEL PEREIRA ROAD
- DA COSTA ROAD
- M MENEZES ROAD
- MIGUEL LOYOLA FURTADO ROAD
- LUIS MIRANDA ROAD
- J IGNACIO DE LOYOLA ROAD
- MARTIN DIAS ROAD
- FUA DE CONSTANCIO ROQUE DA COSTA
- RUA DA SAUDADES
- STATION ROAD
- BHARATKA HEGDE DESAI ROAD
- Karwar
- Bahnhof, Karnataka
- Hauptpost
- Bushaltestelle
- Praça Jorge Barreto
- Khadi Gramodyog
- Bank of Baroda & Geldautomat
- Lorenzo Mall (HDFC Bank & Geldautomat)
- Municipal Building
- Busse nach Colva und Benaulim
- State Bank of India
- Hindu Pharmacy
- Bazaar
- Bobcards
- Gandhi Market
- Alter Bahnhof (stillgelegt)

Restaurants
Café Coffee Day	1
Kamat	3
Longuinho's	4
Tato	2

Übernachtung
Nanutel	A

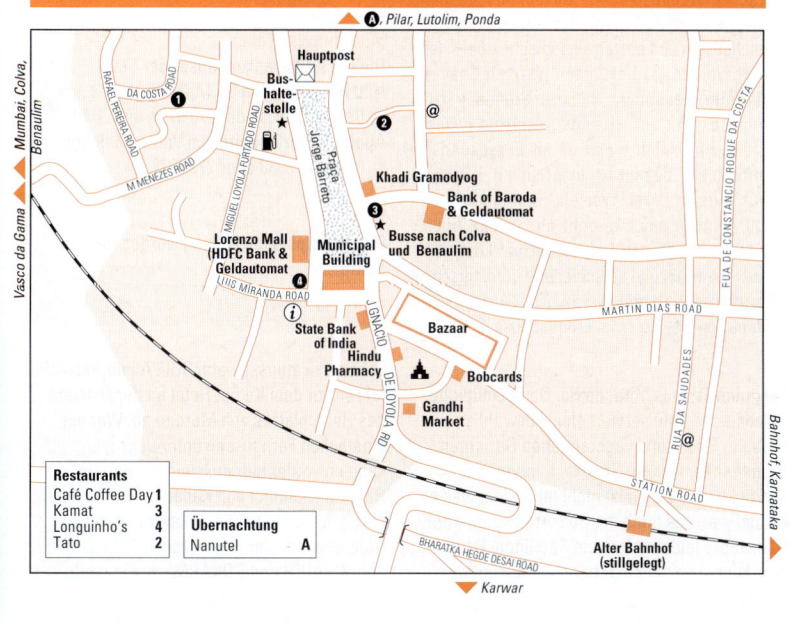

meist keiner den Willen oder die Mittel zur Instandhaltung aufbringt.

Übernachtung

Da es mit dem Bus nur 20 Min. bis Colva oder Benaulim sind, ist kaum vorstellbar, warum jemand in Margao absteigen sollte. Wer jedoch hier hängen bleibt, übernachtet am besten im 3-Sterne-Hotel **Nanutel**, ☏ 0832-270 0900, 🖳 www.nanuindia.com, einem vielstöckigen Block nördlich des Hauptplatzes in der Rua Padre Miranda. Es ist auf Geschäftsreisende ausgerichtet und hat 55 Zimmer mit zentraler AC sowie einen kleinen Pool. Ⓐ

Essen

Nach dem Marktbummel zieht es die meisten Leute ins **Longuinho's**, ein alteingesessenes Lokal für die Englisch sprechende Mittelschicht der Stadt. Bei schmaler Geldbörse empfiehlt sich eines der rein vegetarischen Cafés südindischer Art an der Station Road.

Café Coffee Day Shop, 18/19 Vasanth Arcade, in der Nähe der Popular High School. Goas Antwort auf Starbucks hat eine supercoole, klimatisierte Filiale, gut versteckt hinter dem Municipal Gardens-Platz und ist beliebt bei den Schülern der nahe gelegenen Schule. Abgesehen vom perfekten Latte gibt es gut gewürzte Leckerbissen (wie Minipizzas und Salatwraps) und, ganz besonders hervorzuheben, ein „sizzling brownie" (Rs75), für den Schokoladenfans jede Sünde begehen würden.

Kamat, Praça Jorge Barreto, neben der Haltestelle der Colva/Benaulim-Busse. Das meistbesuchte Udupi-Lokal der Stadt serviert die übliche südindische Speisenauswahl sowie warme und kalte Getränke. Das Ganze ist hygienischer als es aussieht, aber Tato, ein Stück weiter die Straße hoch, ist sauberer.

Köstliches auf zwei Etagen

Tato, versteckt in einer Gasse, die an der Ostseite der Praça Jorge Barreto abzweigt. In dem hellsten und besten südindischen Café der Stadt werden die bekannten warmen Snacks (darunter besonders leckere Samosas zur Frühstückszeit und ab mittags *masala dosas*) aufgetischt. Auch wenn es im Erdgeschoss ein bisschen beengt ist, lohnt sich die Suche nach diesem Lokal. Wer ein Hauptgericht zu sich nehmen möchte, geht die Treppe hoch in den klimatisierten Speisesaal, wo köstliche *thalis* (für Rs45) und verschiedene nordindische Gerichte angeboten werden, außerdem alle Udupi-Snacks, die es im Erdgeschoss gibt.

Longuinho's, Luis Miranda Rd. Das gemütliche, altmodische Café serviert eine Auswahl an Fleisch-, Fisch- und vegetarischen Gerichten, dazu frische, leckere Snacks, Kuchen und Getränke. Das Essen ist nicht mehr das, was es einmal war, und auch die Goa-Atmosphäre der 50er-Jahre leidet unter dem Satelliten-TV, doch man kann es hier immer noch gut aushalten.

Sonstiges

Geld
Im Stadtzentrum gibt es jede Menge Geldautomaten, z. B. bei **HFDC** in der Lorenzo Mall am Westrand der Praça Jorge Barreto, gleich hinter Longuinho's, oder die Bank of Baroda auf der gegenüberliegenden Seite des Platzes.
Im **Bobcard**-Büro in der Filiale der Bank of Baroda beim Markt, Luis Gomes Rd, bekommt man mit Visa-Karte Bargeld.

Informationen
GTDC, im Foyer des Hotels GTDC Margao Residency, in der südwestlichen Ecke des Hauptplatzes, ✆ 0832-222 5528, vergibt nützliche Bus- und Zugfahrpläne und verkauft Stadtpläne. ⏰ Mo–Fr 9.30–17.30 Uhr.

Kino
Osia Multiplex, im Norden der Stadt nahe dem Kadamba-Busbahnhof, ✆ 0832-270 1717. Das größte **Kino** Süd-Goas zeigt neue Hollywood- und Bollywood-Blockbuster. Eintrittskarten kosten Rs80–120.

Medizinische Hilfe
Die größten Krankenhäuser der Stadt sind **Hospicio**, Rua De Miranda, ✆ 0832-270 5664 oder 270 5754, und **Apollo Victor Hospital**, im Vorort Malbhat, ✆ 0832-272 8888 oder 272 6272.

Post
Das **Hauptpostamt** liegt im Norden des Stadtparks.

Transport

Busse
Lokale Privatbusse nach COLVA und BENAULIM fahren vor dem Kamat Hotel an der Ostseite des Hauptplatzes von Margao ab. Wer mit staatlichen Fernbussen unterwegs ist, kann entweder hier aussteigen oder am Hauptbusbahnhof von Kadamba, 3 km weiter nördlich am Stadtrand. Letzterer ist auch Abfahrtsstelle der Busse nach MANGALORE über CHAUDI und GOKARNA sowie nach PANJIM und Nord-Goa.
Die Luxusbusse von Paulo Travels von und nach HAMPI verkehren von einem Stand neben dem Nanutel Hotel, ca. 2 km südlich des Kadamba-Busbahnhofs in der Padre Miranda Rd.

Busse nach:
AGONDA (4x tgl., 2 Std.),
BENAULIM (alle 30 Min., 15 Min.),
CAVELOSSIM (8x tgl., 30 Min.),
CHANDOR (stdl., 45 Min.),
CHAUDI (alle 30 Min., 1 3/4 Std.),
COLVA (alle 15 Min., 20–30 Min.),
GOKARNA (2x tgl., 4 1/2 Std.),
HAMPI (1x tgl. Nachtbus, 10 Std.),
KARWAR (alle 30 Min., 2 Std.),
MANGALORE (5x tgl., 7 Std.),
MAPUSA (10x tgl., 2 1/2 Std.),
MOBOR (8x tgl., 35 Min.),
MUMBAI (2x tgl., 16–18 Std.),
PANJIM (alle 30 Min., 50 Min.),
PUNE (1x tgl., 12 Std.).

Eisenbahn

Margaos großer **Bahnhof** liegt 3 km südlich des Zentrums. Das Reservierungsbüro, ✆ 0832-271 2940, ⏲ Mo–Sa 8–16.30, So 8–14 Uhr, verteilt sich auf das Erdgeschoss und den 1. Stock. Fahrkarten nach MUMBAI sind sehr begehrt – deshalb so lange wie möglich im Voraus reservieren. Wer den 4x wöchentl. verkehrenden Zug nach HOSPET (und weiter nach HAMPI) nimmt, sollte früh kommen, um lange Warteschlangen zu vermeiden. Einige der wichtigsten Züge mit Aufenthalt in Margao kommen zu nachtschlafender Zeit hier an, es gibt aber einen Informationsschalter, ✆ 0832-271 2790, ⏲ 24 Std., und einen rund um die Uhr geöffneten Motor-Rikscha-Stand mit Vorauszahlungssystem vor dem Eingang.

Züge nach:
CHAUDI (3x tgl., 30–50 Min.),
COLEM (4x wöchentl., 55 Min.),
DELHI (1–2x tgl., 26–35 Std.),
ERNAKULAM / KOCHI (4x wöchentl., 12–15 3/4 Std.),
GOKARNA (2x tgl., 1 3/4 Std.),
HOSPET (für Hampi) (4x wöchentl.; 6 Std.),
MANGALORE (5x tgl., 4–6 Std.),
MUMBAI (4–5x tgl., 9 1/2–11 1/2 Std.),
PUNE (1x tgl., 14 Std.),
THIRUVANANTHAPURAM (1–2x tgl., 16 Std.),
UDUPI (4x tgl., 3 3/4 Std.).

Chandor

13 km östlich von Margao liegt das verschlafene Dorf Chandor, ein verstreutes Häufchen baufälliger Villen und Bauernhäuser inmitten schattiger Alleen. Hauptgrund für einen Besuch ist das prächtige **Braganza-Perreira/Menezes-Braganza House**, das als prachtvollstes koloniales Herrenhaus in Goa gilt. Das Haus an dem staubigen Dorfplatz wurde im 16. Jh. im Auftrag der wohlhabenden Braganza-Familie gebaut. Seine riesige, zweistöckige Fassade weist beiderseits des Eingangs 28 Fenster auf. Braganza de Perreira, der Urgroßvater des jetzigen Besitzers, war der letzte Ritter des Königs von Portugal. Später war Menezes Bragança (1879–1938), ein berühmter Journalist und Freiheitskämpfer, einer der wenigen goanischen Aristokraten, die sich aktiv der portugiesischen Herrschaft widersetzten.

Die Familie war gezwungen, Chandor 1950 zu verlassen, kehrte aber 1962 zurück und fand ihr Haus erstaunlicherweise unberührt vor. Die luftigen, gekachelten Innenräume beider Flügel beherbergen einen wahren Schatz an **Antiquitäten**.

Das Haus ist in zwei separate Flügel unterteilt, die sich im Besitz zweier unterschiedlicher Zweige der alten Familie befinden. Beide sind für die Öffentlichkeit zugänglich. Man betritt das Haus durch den Haupteingang, geht die Treppe hinauf und klopft an eine der Türen.

Wer sich für Möbel und vor allem für seltenes chinesisches Porzellan begeistert, kommt im Menezes-Braganza-Flügel (der rechte Flügel, wenn man vor dem Gebäude steht) voll auf seine Kosten. Im Braganza-Perreria-Flügel beherbergt eine schmuckvolle Kapelle den mit Diamanten verzierten Zehennagel des heiligen Franz Xaver, der im Tresorraum einer örtlichen Bank entdeckt wurde.

Das herausragende Merkmal des Hauses ist jedoch sein überwältigender Ballsaal, der **Große Salon**. Dessen größter Stolz sind zwei hochlehnige Stühle, die der portugiesische König Dom Luis der Familie Braganza-Perrerias schenkte. ⏲ tgl. außer in den Ferien, keine festen Öffnungszeiten, in der Regel 10–12 und 15–17 Uhr, erwartete Spende mindestens Rs100.

Colva

Colva war schon lange vor der Unabhängigkeit in der heißen Jahreszeit ein Zufluchtsort der reichen Mittelklasse von Margao. Es ist der älteste und größte – aber am wenigsten anziehende – Urlaubsort in Süd-Goa. Einige Viertel *(waddos)* mit ihren Villen im Kolonialstil und baufälligen Fischerhütten sind recht nett, doch der trostlose Strand präsentiert sich als öde Ansammlung von Hotelbauten aus Beton, Souvenirständen und von Fliegen umschwirrten Snackbars um einen kahlen Kreisverkehr. Die

Müllhaufen in dem stinkenden Graben hinter dem Strand und der üble Geruch von trocknendem Fisch, der vom nahe gelegenen Dorf herüberweht, tragen nicht eben zur Verbesserung der Atmosphäre bei. Das nur fünf Autominuten weiter südlich gelegene Benaulim bietet eine wesentlich bessere Auswahl an Unterkünften und ist insgesamt sauberer.

Benaulim

Der hinduistischen Mythologie zufolge wurde Goa geschaffen, als der weise Shri Parasurama, Vishnus sechste Inkarnation, von der Spitze der Westghats einen Pfeil ins Meer abschoss und dem Wasser befahl, sich zurückzuziehen. Die Stelle, an der die Pfeilspitze auf den Boden fiel, im Sanskrit als *Banali* („Ort, wo der Pfeil landete") bekannt und später von den Portugiesen zu Benaulim verfälscht, liegt im Zentrum von Colva Beach, 7 km westlich von Margao.

Noch vor 20 Jahren verirrte sich kaum ein Tourist in dieses von Fischerei und Reisanbau lebende Dorf, das zwischen der Hauptstraße von Colva nach Mobor und den Dünen liegt. Seit der Fertigstellung der in der Nähe vorbeiführenden Konkan Railway verbringen jedoch immer mehr zahlungskräftige Inder der Mittelklasse hier ihren Urlaub in den Luxushotels und Apartment-Komplexen, die zwischen den Reisfeldern aus dem Boden geschossen sind. Als Folge davon ist dem Ort einiges von seiner berühmten *sossegado*-Atmosphäre abhanden gekommen. Goa-Besucher, die nicht gerade um Diwali oder Weihnachten herum kommen, werden sich aber in Benaulim immer noch wohl fühlen und entspannen können.

Die Touristenszene ist weder besonders „alternativ" noch von übermäßigem Alkoholkonsum gekennzeichnet. Das Seafood ist köstlich, die Preise für Unterkünfte und Motorradverleih liegen deutlich unter denen in anderen Orten Goas, und die Strände sind atemberaubend, insbesondere bei Sonnenuntergang, wenn der strahlend weiße Sand und die schäumende Brandung mit ihrem changierenden Farbenspiel einen geradezu magischen Effekt erzeugen. Der fast bis nach Cabo da Rama am Horizont reichende Strand wird von der größten und farbenprächtigsten Flotte von Auslegerbooten gesäumt, die in Goa zu finden ist; in der Tageshitze spenden sie wohltuenden Schatten.

Der einzige Wermutstropfen sind die Straßenhändler: Trotz des rigorosen Einschreitens der Strandhüttenbesitzer müssen Touristen damit rechnen, alle fünf Minuten von Mädchen aus Karnataka gestört zu werden, die Lunghis und Obst verkaufen möchten – es ist nicht böse gemeint, nervt aber trotzdem.

Übernachtung

Abgesehen von den unansehnlichen Time-Share-Komplexen und 5-Sterne-Hotels, die aus den Feldern rings ums Dorf aufragen, sind die meisten Unterkünfte in Benaulim kleine Budget-Gästehäuser, die sich in den Gassen ca. 1 km vom Strand entfernt konzentrieren. Die meisten haben spartanische Zimmer mit Ventilator und in der Regel Du/WC; der einzige wesentliche Unterschied ist ihre Lage. Die angenehmeren der Mittelklasseunterkünfte verstecken sich nördlich von Benaulim in Sernabatim (genau genommen in Colva, aber mit dem Fahrrad leicht zu erreichen).

Untere Preisklasse

Antonette's, Jack Corner, House Nr. 1695 Vas Waddo, ☏ 0832-277 0358, 09922 312984. Für den Preis sehr große, gut ausgestattete Zimmer. Die besten liegen an der Rückseite des Gebäudes mit Blick auf die Felder. Im Obergeschosskorridor stehen Kühlschränke mit Bier und Mineralwasser. Eigentümer Geraldo Rodrigues ist außergewöhnlich freundlich und hilfsbereit. ❶–❷

Libra Cottages, Vas Waddo, ☏ 0832-277 0598. Spartanisch eingerichtete, aber saubere Zimmer mit Ventilator, Bad, guten Sanitäranlagen und Toiletten nach westlichem Standard. ❸

Oshin, Mazil Waddo, ✉ inaciooshin@rediffmail.com, ☏ 0832-277 0069. Großer, 3-stöckiger Komplex, in sicherem Abstand von der Straße. Geräumige, saubere Zimmer mit Bad und Balkon, die im Obergeschoss einen Blick

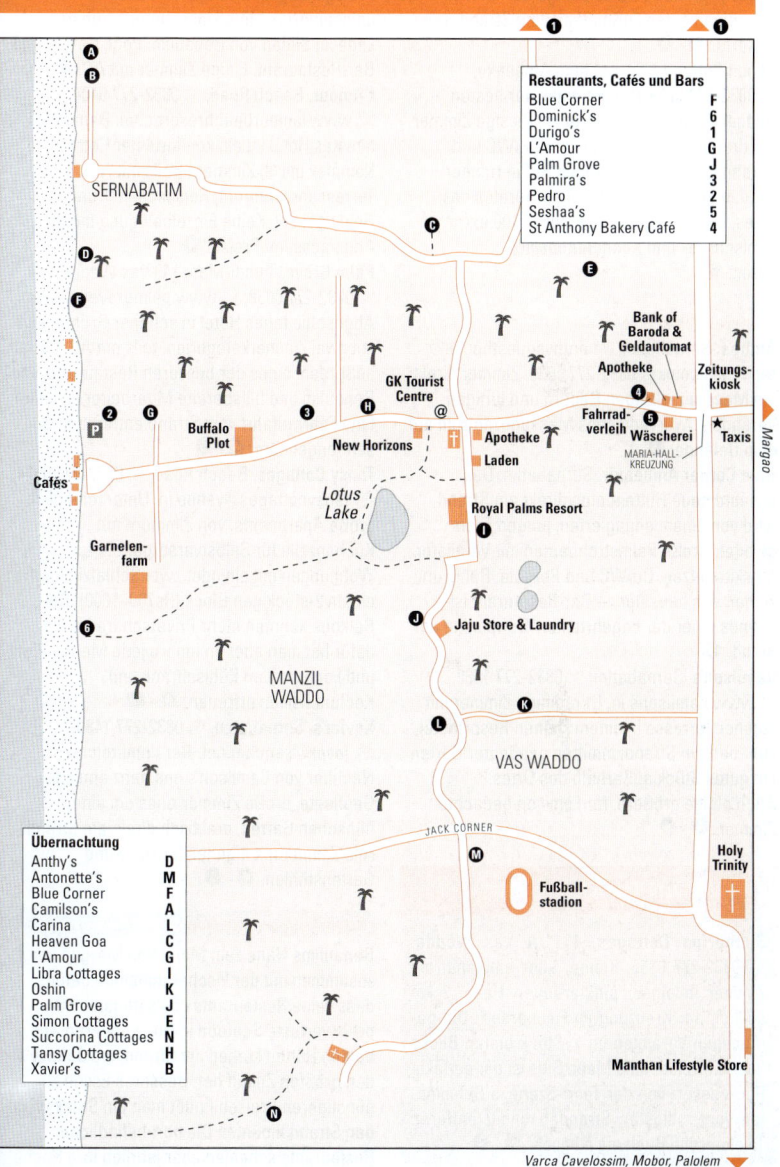

Benaulim

Restaurants, Cafés und Bars

Blue Corner	F
Dominick's	6
Durigo's	1
L'Amour	G
Palm Grove	J
Palmira's	3
Pedro	2
Seshaa's	5
St Anthony Bakery Café	4

Übernachtung

Anthy's	D
Antonette's	M
Blue Corner	F
Camilson's	A
Carina	L
Heaven Goa	C
L'Amour	G
Libra Cottages	I
Oshin	K
Palm Grove	J
Simon Cottages	E
Succorina Cottages	N
Tansy Cottages	H
Xavier's	B

SERNABATIM

Bank of Baroda & Geldautomat
Apotheke
Zeitungskiosk
Fahrradverleih
Wäscherei
Taxis
MARIA-HALL-KREUZUNG
Margao

GK Tourist Centre
Buffalo Plot
New Horizons
Apotheke
Laden
Lotus Lake
Royal Palms Resort
Cafés
Garnelenfarm
Jaju Store & Laundry

MANZIL WADDO
VAS WADDO
JACK CORNER
Fußballstadion
Holy Trinity
Manthan Lifestyle Store

Goa

Varca Cavelossim, Mobor, Palolem

www.stefan-loose.de/indien

über die Baumkronen erlauben. Einen Tick besser als die meisten Unterkünfte dieser Gegend; prima Preis-Leistungs-Verhältnis, aber einen guten Fußmarsch vom Strand entfernt. ❸–❹

Simon Cottages, Sernabatim Ambeaxir, ☎ 0832-277 1839. Derzeit eines der besten Budget-Angebote in Benaulim: Riesige Zimmer auf drei Stockwerken, alle mit Du/WC und Veranda, um einen sandigen Hof in ruhiger Lage im weniger touristischen Nordteil des Ortes. Besitzerin Tina stellt für Rs100 extra Kühlschrank und Küchenutensilien bereit. ❷

Mittlere Preisklasse

Anthy's, Sernabatim, ✉ anthysguesthouse@rediffmail.com, ☎ 0832-277 1680. Zimmer direkt am Meer mit winzigen Bädern und luftigen Veranden. Ayurvedisches Massagezentrum auf dem Gelände. ❺

Blue Corner Ambeaxir, Sernabatim. Das beliebte neue Hüttencamp direkt am Strand wird von einem engagierten, jungen Team geleitet. Große Palmstrohbauten mit Ventilator, Moskitonetzen, Du/WC und Pergola. Ruhig und sicher; das hauseigene Bar-Restaurant ist abends einer der begehrtesten Treffpunkte am Strand. ❺

Camilson's, Sernabatim, ☎ 0832-277 1582, 🖥 www.camilsons.in. Geräumige Zimmer mit eigener Terrasse in einem kleinen Resorthotel sehr nah am Strand, inmitten gepflegter Gärten ein gutes Stück außerhalb des Ortes. Auch einige größere, für Familien gedachte Zimmer. ❹–❺

Erholung vom Touristentrubel

Succorina Cottages, 1711/A Vas Waddo, ☎ 0832-277 0365. Kleine, aber einwandfreie Zimmer in einem pinkfarbenen Haus, 2 km südlich der Kreuzung im Fischerdorf. Die geräumigen Veranden im 1. Stock bieten Blicke über die Felder aufs Meer. Dies ist der perfekte Rückzugsort von der Touri-Szene, 5 Gehminuten vom ruhigsten Strandabschnitt entfernt. Telefonische Buchung möglich. ❶–❷

Carina, Tamdi-Mati, Vas Waddo, ☎ 0832-277 0413, 🖥 www.carinabeachresort.com. Preisgünstiges, wenngleich etwas uninspiriertes Mittelklassehotel in ruhiger Lage im Süden von Benaulim. Pool, Garten und Bar-Restaurant. Einige Zimmer mit AC. ❺

L'Amour, Beach Road, ☎ 0832-277 0404, 🖥 www.lamourbeachresort.com. Benaulims ältestes Hotel ist ein komfortabler Cottage-Komplex mit 30 Zimmern (teils mit AC), Terrassenrestaurant, Reiseschalter und Geldwechsel. Keine Einzelbelegung möglich. Angemessene Preise.

Palm Grove, Tamdi-Mati, 149 Vas Waddo, ☎ 0832-277 0059, 🖥 www.palmgrovegoa.com. Abgeschiedenes Hotel in schöner Grünanlage mit zwei Zimmerkategorien, teils mit AC. Es hat außerdem eines der besseren Restaurants von Benaulim und hilfsbereite Mitarbeiter zu bieten. Eine Fahrradfahrt vom Strand entfernt, aber sehr angenehm. ❹–❺

Tansy Cottages, Beach Road, ☎ 0832-277 0574, ✉ tansycottages@yahoo.in. Unterschiedlich große Apartments, von Zimmern mit Küchenzeile für Selbstversorger bis zu Wohnungen mit ein oder zwei Schlafzimmern in einem 2-stöckigen Block (Rs700–1000). Die Balkone könnten mehr Privatsphäre bieten, dafür hat man aber im Innern jede Menge Platz und kann sich an Kühlschrank und Kochutensilien erfreuen. ❹–❺

Xavier's, Sernabatim, ☎ 0832-277 1489, ✉ jovek@sanchar.net. Der unmittelbar Nachbar von Camilson's und ganz ähnlich. Gepflegte, große Zimmer rings um einen hübschen Garten, praktisch direkt am Strand. Alle Zimmer mit eigener Terrasse und Gartenstühlen. ❹–❺

Essen und Unterhaltung

Benaulims Nähe zum Markt von Margao sorgt zusammen mit der Fischergemeinde dafür, dass seine Restaurants das saftigste und preiswerteste Seafood in Goa servieren. Die besten Hütten stehen am Strand, wo **Johncy's** den größten Zulauf hat. Besseres Essen zu günstigeren Preisen findet man ein Stück weiter den Strand hinunter. Die dort befindlichen Restaurants scheinen aber jährlich ihre Köche

Der Himmel in Goa

Heaven Goa, 1 Ambeaxir Sernabatim, ☏ 0832-277 0365, 🖳 www.heavengoa.co.in. Der neue Hotelblock mit einem runden Dutzend Zimmer in bester Lage, 10 Min. vom Strand neben einem Wasserlilienteich voller Frösche, wird von einem gastfreundlichen schweizerisch-keralischen Paar geleitet. Die Zimmer sind geräumig und gut ausgestattet (Holzregale, Moskitonetze, gefliese Böden und Balkone mit Blick aufs Wasser); außerdem gibt's frische Pizza vom Holzofen. ❹–❺

zu wechseln, sodass man sich beim Vorbeigehen am besten anhand der Anzahl der Gäste orientiert, wo das Beste fürs Geld zu bekommen ist. Ein Langzeitfavorit ist **Dominick's**, dessen geselliger Besitzer an einem Tag in der Woche Lagerfeuerpartys mit Livemusik veranstaltet (traditionell donnerstags). Der Laden ist aber nicht ganz billig. **Pedro's** am Strand ist preislich etwas günstiger und veranstaltet auch Gigs (meistens am Samstagabend).

Blue Corner Ambeaxir, Sernabatim. Das tolle kleine Strandlokal ist spezialisiert auf Seafood und authentische chinesische Küche. Besonders zu empfehlen ist das „Super Special Steak". Das aufsehenerregende Speisenangebot umfasst auch leckere italienische Gerichte, *sizzlers* und für Vegetarier sehr guten mit Käse überbackenen Blumenkohl. Die meisten Hauptgerichte kosten Rs120–250.

Durigo's, Sernabatim, 2 km nördlich der Kreuzung Maria Hall am Rand von Colva. Das Lieblingsrestaurant der Einheimischen serviert traditionelles goanisches Seafood von einer Qualität, die in einfachen Strandhütten nur selten zu finden ist. Tipp: saftige Muscheln, Zitronenfisch *(modso)* oder Barramundi *(chonok)*, mariniert in würzig-saurer *rechead*-Soße und mit Hirse in der Pfanne gebraten. Einige empfinden die Atmosphäre als etwas zu ruppig (die Bedienung ist jedoch immer höflich), aber man kann es ja auch so machen wie die Besserverdienenden aus dem Ort und sich etwas zum Mitnehmen bestellen.

L'Amour, im gleichnamigen Hotel. Eines der eleganteren Restaurants in Benaulim, mit einer umfangreichen, gemischten Speisekarte (Hauptgerichte Rs150–200). Aufgrund der sehr gedämpften Geräuschkulisse auch ein angenehmer Ort für ein ruhiges Frühstück aus frischem Obst, Müsli, Joghurt und Pfannkuchen.

Palm Grove, im gleichnamigen Hotel. Überwiegend goanisches Seafood, auch einige indische und europäische Gerichte, serviert in einer eleganten neuen Gartenpagode vor einer Kulisse beleuchteter Bäume. Hauptgerichte Rs175–225.

Seshaa's / St Anthony Bakery Café, Kreuzung Maria Hall. Eine hiesige Institution. Das düstere und ziemlich beengte Café, das überwiegend von einheimischen jungen Männern bevorzugt wird, ist eine hervorragende Adresse für *pukka*, *channa bhaji* und köstlich-lockere vegetarische oder Rindfleisch-Teigtaschen. Die St Anthony Bakery auf der anderen Straßenseite ist genauso begehrt (besonders morgens) und verkauft die gleichen Regionalsnacks, wird aber weniger von Männern dominiert – und die Pasteten kommen direkt aus dem Ofen auf den Tisch.

Erste Adresse am Morgen

Palmira's, Beach Road. Hier gibt es Benaulims bestes Touristen-Frühstück: wundervoll cremiger Frischkäse, üppige Obstsalate mit Kokos, echter Espresso, warmes Brot aus lokaler Herstellung *(bajri)* und die Morgenzeitung. Jetzt ganztags geöffnet.

Sonstiges

Fahrräder / Motorräder

Ein Fahrrad zu mieten kostet rund Rs75–100 am Tag. Wer länger zu bleiben beabsichtigt, kann sich auch eins kaufen. Mehrere Geschäfte in Margao verkaufen indische Standardräder der Marke Hero für Rs2000–2500. Beim Wiederverkauf kann man etwa mit der Hälfte des Anschaffungspreises rechnen.

Schilder mit Angeboten für **Leihmotorräder** finden sich in der zum Meer hinunterführenden Gasse. Die Preise entsprechen dem Durchschnitt und werden bei längerer Mietdauer im Verhältnis günstiger. Wer nach Süden weiterfahren möchte, sollte wissen, dass Motorräder hier billiger vermietet werden (und meistens in besserem Zustand sind) als in Palolem. **Benzin** wird literweise an einem Tisch an der Straße Richtung Royal Palm Beach Resort verkauft, doch es ist meistens mit Lösungsmitteln versetzt und stinkt fürchterlich. Junge Männer aus dem Dorf bieten an, den Motorradtank in Margao aufzufüllen, stecken aber die Hälfte des Geldes in die eigene Tasche. Wer im Besitz eines gültigen Führerscheins ist und ein Motorrad mit gelbem Nummernschild auftreiben kann, sollte das lieber selbst erledigen (die größte Tankstelle von Margao befindet sich an der Westseite der Praça Jorge Barreto, S. 789, Karte).

Geld
Bank of Baroda, Maria Hall, besitzt einen (tückischen) Geldautomaten. Bargeld und Reiseschecks wechseln **G.K. Tourist Centre**, an der Kreuzung im Zentrum, und **New Horizons**, schräg gegenüber. Es kann sich lohnen, die Kurse der beiden zu vergleichen.

Internet
G.K. Tourist Centre (Rs40/Std.) und **New Horizons** haben eine Breitband-Verbindung (Rs40/Std.).

Transport
Busse aus MARGAO und COLVA halten etwa alle 15 Min. an der Kreuzung Maria Hall in Benaulim.
Um die betriebsame Kreuzung herum liegen zwei gut ausgestattete Gemischtwarenläden, ein paar Café-Bars, eine Bank, eine Apotheke, eine Wäscherei sowie der **Taxi- und Motor-Rikscha-Stand**, von dem man zum 1,5 km westlich gelegenen Strand kommt.

Busse nach:
CAVELOSSIM (stdl., 20 Min.),
COLVA (alle 30 Min., 20 Min.),
MARGAO (alle 30 Min., 15 Min.),
MOBOR (stdl., 25 Min.).

Der tiefe Süden: Canacona

Goas tiefer Süden, der Distrikt Canacona, wurde den Portugiesen vom Raja von Sund im Vertrag von 1791 überlassen. Es war eines der letzten Gebiete, das den *Novas Conquistas* einverleibt wurde, und konnte sich daher seine hinduistische Atmosphäre bewahren. Die Region umfasst einige der schönsten Landschaften des Bundesstaates. Vor dem Hintergrund der von Dschungel bedeckten Sahyadri Hills (eine Verlängerung der Westghats) erstreckt sich an der gezackten Küste eine Kette perlweißer Buchten und weiter Strände, eingerahmt von Lateritvorsprüngen und riesigen schwarzen Felsblöcken.

Mit Ausnahme des Ortes **Palolem**, dessen nahezu perfekter Strand in der Hochsaison einen steten Strom von Tagesausflüglern und länger bleibenden Touristen anzieht, sind die Küstensiedlungen (wie das unweit nördlich gelegene **Agonda**) dem traditionellen Fischfang und *toddi*-Zapfen verhaftet geblieben.

Allerdings droht die Konkan Railway der ländlichen Idylle ein Ende zu bereiten. Seit ein paar Jahren ist es möglich, Canacona direkt mit „superschnellen" Expresszügen von Mumbai, Panjim und Mangalore aus zu erreichen. Bulldozer und Betonmischmaschinen werden mit Sicherheit bald folgen.

Die Hauptverkehrsader der Region ist der NH-17, der über die Sahyadri und Karmali Ghats Richtung Karnataka verläuft. Auf dem Weg liegt die Distrikthauptstadt **Chaudi**, wo die Traveller mit Reiseziel Palolem aussteigen, das nur wenige Kilometer entfernt liegt. Der kleine Markt an dieser Stelle ist eine nützliche Versorgungsquelle für alles Lebensnotwendige. Zwischen Chaudi und Margao verkehren häufig Busse; auf allen anderen Straßen sind dagegen weit mehr Ochsenkarren und Fahrräder als motorisierte Fahrzeuge unterwegs. Um die Region zu erkunden, eignet sich ein Motorrad am besten, das man allerdings weiter nördlich (am besten in Benaulim) mieten sollte, da hier unten kaum welche zu bekommen sind.

Agonda

Das 10 km nördlich von Chaudi gelegene Agonda ist nur über die kurvenreiche Küstenstraße, die Cabo de Rama mit dem NH-14 bei Chaudi verbindet, zu erreichen. Kein Schild weist auf die Abzweigung hin, und nur wenige Touristen machen hier auf dem Weg nach Palolem Halt, obwohl der Strand hervorragend ist. Allerdings herrscht hier eine starke Unterströmung, vor der sich vor allem unerfahrene Schwimmer sehr in Acht nehmen sollten. Sicherer zum Baden ist die Bucht am äußersten südlichen Ende des Strandes, wo die Fischerboote anlegen.

Die Einrichtungen für Besucher sind schlicht, aber ausreichend. Da sie weit auseinander liegen, ist es in Agonda selbst in der Hochsaison nie zu voll. **Unterkünfte und Restaurants** liegen in einigem Abstand voneinander an der Straße hinter dem Strand, und in den letzten beiden Jahren haben am nördlichen Ende hinter der Kirche einige kleine Guesthouses und Baumhaus-Camps eröffnet.

Was das Essen anbelangt, ist das Dercy's immer noch die begehrteste Adresse, obwohl den Betreibern der Erfolg der letzten Jahre offenbar zu Kopf gestiegen ist, und anstelle von frisch vor Ort gefangenem Fisch neuerdings Tiefkühlware aufgetischt wird. La Dolce Vita, ein Stück weiter die Straße hoch, ist eine noblere Alternative – ein Terrassenrestaurant, das von einem temperamentvollen italienischen Paar geführt wird. In dem mit hübschen, pastellblauen Möbeln und passenden Markisen ausgestatteten Lokal gibt's echte Holzofenpizza, köstliche hausgemachte Pasta und Pesto sowie echten Schokoladenpudding und Tiramisu zum Nachtisch.

Wenn es um einen Sundowner geht, ist die Sun Set Bar auf einem Felsvorsprung über der Bucht unmittelbar südlich vom Dercy's kaum zu schlagen.

Übernachtung

Common Home, an der südlichen Strandseite, ☏ 0832-264 7890. Schickes Hotel mit britischem Eigentümer und einem Hauch Boutiquehotel-Atmosphäre (repro-Holztüren, interessante Möbel und wallende Moskitonetze). Nicht ganz die Art Unterkunft, die man hier erwarten würde, aber fachmännisch gemanagt und komfortabel, wenn auch ein wenig überteuert. ❻

Dercy's, an der Straße am Südende des Strandes, ☏ 0832-264 7503. Außergewöhnlich saubere und gemütliche Zimmer mit gefliestem Fußboden und geräumigem Bad. Die in der 1. Stock (Frontseite) teilen sich eine Gemeinschaftsveranda mit Meerblick und -brise. Wenn man im Bett liegt, kann man die nur 100 m entfernte Brandung krachen hören. Das Haus betreibt auch zwei Reihen (ziemlich überteuerter) Strandhütten auf der gegenüberliegenden Straßenseite. ❸-❹

Dunhill Beach Resort, ein kurzes Stück hinter Dercy's, ☏ 0832-264 7328, ✉ dunhill-resort@rediffmail.com. Alle Zimmer mit Bad und kleiner Veranda. Fürs leibliche Wohl sorgt in der Umgebung gefangener Fisch. Internetzugang (nur für Gäste). ❸

Fatima. Südliche Strandseite, neben La Dolce Vita, ☏ 0832-264 7477, 09423 332888. Billiges Gästehaus mit sehr gutem Preis-Leistungs-Verhältnis und geräumigen, sauberen Zimmern: gefliese Böden, Eimer mit Warmwasser und vom Obergeschoss Meerblick. Das Ganze bewacht eine freundliche Dänische Dogge, so groß wie ein Pferd. Die beste der Billigoptionen. ❸

Palm Beach Lifestyle Resort, hinter Dercy's, ☏ 0832-264 7783, 🖥 www.palmbeachgoa.com. Schlichte, aber sehr nette Chalets mit lackierten Holzfußböden, bequemen Schaumstoffmatratzen, Holzterrassen und unverstelltem Meerblick. Die komfortabelste Unterkunft in Agonda ist ihren Preis wert. ❺

Maria Paul, unmittelbar nördlich von Dercy's Richtung Kirche, ☏ 0832-264 7606. Sechs große, kühle Zimmer mit Marmorfußboden in einem modernen, pinkfarbenen Gebäude an der

Straße. Größer und etwas anonymer als die anderen Gästehäuser im Ort, was einigen ganz gelegen kommen dürfte. ❹

Sami, nahe der Kirche, direkt am Strand, ✆ 9850-453805. Das attraktivste Camp vor Ort bietet überdurchschnittlich große Hütten mit Balkon, die weit genug auseinander stehen; außerdem Radverleih. Einen Versuch wert ist auch das nahe gelegene, ähnliche **Madhu**, ✆ 0832-264 7116. Beide ❷–❸

12 HIGHLIGHT

Palolem

Es gibt keinen anderen Strand auf dem indischen Subkontinent, der so sehr dem typischen Bild eines paradiesischen Sandstrandes entspricht wie der von Palolem, 35 km südlich von Margao. Die von wogenden Kokospalmen gesäumte Bucht beschreibt einen nahezu perfekten Halbmond aus goldenem Sand und zieht sich von einer Ansammlung riesiger Felsblöcke nach Norden bis zum Sahyadri Ghat, der hier inmitten dichten Waldes ins Meer ausläuft. Für Traveller, die vor Mitte der 90er-Jahre den Weg hierher fanden, ist Palolem heute allerdings definitiv ein verlorenes Paradies. Während sich das übrige Goa zum größten Teil fest im Griff des Pauschaltourismus befindet, ist Palolem das bevorzugte Reiseziel für unabhängige Traveller, die hier in der Hochsaison in überwältigender Zahl einfallen. Dann tummeln sich buchstäblich Tausende Urlauber am Strand.

Dahinter erstreckt sich eine dichte Reihe aus Bambus- und Palmhütten mit Restaurants und Kneipen, die Jahr für Jahr schicker (und weniger ursprünglich) werden – nicht zuletzt deshalb, weil viele Lokale inzwischen von Ausländern betrieben werden. Dank eines örtlichen Gesetzes, das die Errichtung fester Gebäude in Strandnähe verbietet, hält sich die Bautätigkeit in Grenzen, doch mit der Idylle, die hier noch vor ein paar Jahren herrschte, ist es endgültig vorbei.

Palolem auf Hochtouren ist ein Ort, in den man sich auf den ersten Blick verliebt oder den man so schnell wie möglich wieder verlassen

möchte. Wer sich in der letzteren Kategorie wiederfindet, kann auf den kleineren, weniger überlaufenen **Patnem Beach** etwas weiter südlich ausweichen, wo die Hütten nicht so aufdringlich und der Strand nicht so übervölkert ist.

Noch weiter südlich liegt **Rajbag**, anderthalb Stunden Fußmarsch von Palolem entfernt. Dies war einer der letzten idyllischen Strände Goas, bis vor Kurzem direkt hinter dem Strand ein 5-Sterne-Luxushotel erbaut wurde.

Übernachtung

Cozy Nook, am nördlichen Strandabschnitt, in Inselnähe, ✆ 0832-264 3550. Eine der attraktivsten Anlagen in Palolem mit 25 Bambushütten (7 Gemeinschaftstoiletten, aber gute Matratzen, Moskitonetze, Schließfächer und Ventilatoren), mit der Lagune auf der einen und dem Strand auf der anderen Seite – eine unschlagbare Lage, wodurch sich die überdurchschnittlich hohen Preise erklären. ❻

Dream Catcher, am nördlichen Strandabschnitt hinter Cozy Nook, ✆ 0832-264 4873. 09822-137446, ✉ lalalandjackie7@yahoo.com. Die schicken, individuell gestalteten Hütten in Spitzenlage am Fluss bieten mehr Platz, bessere Matratzen, größere Fenster und ein robusteres

Familienfreundliche Ökounterkunft

Bhakti Kutir, am südlichen Strandende, auf dem Hügel zwischen Palolem und Colom, ✆ 0832-264 3469 oder 264 3472, 🖥 www.bhaktikutir.com. Diese umweltfreundlichen „Eco Huts" im indischen Dorfstil mit westlichem Standard (u. a. biologisch abbaubare Chemietoiletten) befinden sich inmitten üppiger Gärten, fünf Gehminuten vom südlichen Strandabschnitt entfernt. Wunderschön gelegen und von den deutsch-goanischen Besitzern mit viel Feingefühl passend zur Landschaft gestaltet. Die doppelstöckigen Units ❸ bieten viel Platz und eignen sich daher besonders für Familien. Gutes ayurvedisches Gesundheitszentrum auf dem Gelände. ❼–❽

Palolem

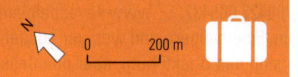

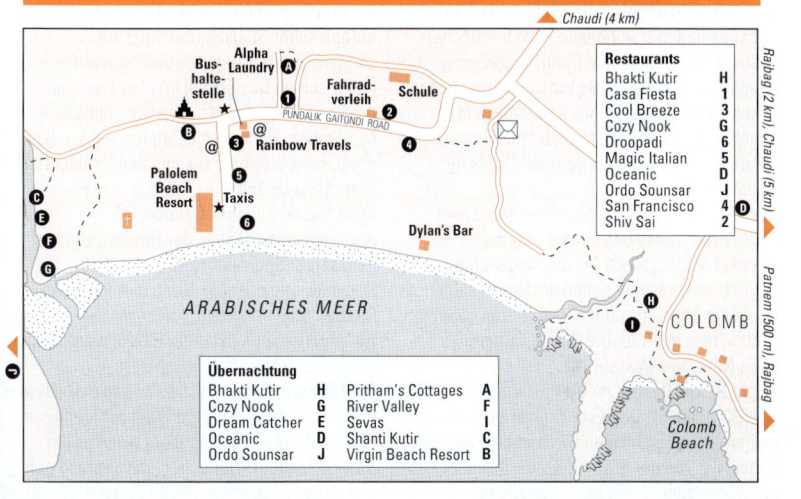

Chaudi (4 km)

Restaurants
Bhakti Kutir	H
Casa Fiesta	1
Cool Breeze	3
Cozy Nook	G
Droopadi	6
Magic Italian	5
Oceanic	D
Ordo Sounsar	J
San Francisco	4
Shiv Sai	2

Übernachtung
Bhakti Kutir	H	Pritham's Cottages	A
Cozy Nook	G	River Valley	F
Dream Catcher	E	Sevas	I
Oceanic	D	Shanti Kutir	C
Ordo Sounsar	J	Virgin Beach Resort	B

Fundament als der Durchschnitt. Yoga-Unterricht und Ambient-Bar zum Chillen. Die Preise sind recht hoch, um es vorsichtig auszudrücken, aber der Standard ist es ebenfalls. ❼–❽

Oceanic, Tembi Waddo, ☎ 0832-264 3059, 🖥 www.hotel-oceanic.com. Zehn Gehminuten landeinwärts vom Strand oder über die Nebenstraße nach Chaudi zu erreichen. Geschmackvoll eingerichtete Zimmer mit Moskitonetzen, Tagesdecken und Nachttischlampen. Außerdem Pool auf einer Holzterrasse und gutes Restaurant. Mindestaufenthalt 7 Nächte in der Hochsaison (15. Dez–31. Jan). ❽

Pritham's Cottages, in einer Gasse nördlich der Pundalik Gaitondi Rd, ☎ 0832-264 3320. Ruhiger, zweistöckiger Block im Ortszentrum. Überdurchschnittlich große Budget-Zimmer mit eigenem Bad und Gemeinschaftsveranda. ❸

River Valley, am nördlichen Strandabschnitt hinter Cozy Nook, ☎ 09822-155502, ✉ srmh2141@hotmail.com. Das kleine Hüttencamp des jungen Besitzers Manju ist eine der am längsten bewährten, gastfreundlichsten und angenehmsten Budget-Unterkünfte im Ort. Die zehn Bambushütten mit drei Gemeinschaftstoiletten liegen auf einem hübschen, offenen Grundstück mit sehr schönem Ausblick über die Mündung auf die Berge und den Wald. ❹

Sevas, am südlichsten Strandende auf dem Hügel zwischen Palolem und Colom,

Gastfreundliche Geschwister

Ordo Sounsar. Am südlichsten Ende vom Palolem-Strand, auf der anderen Seite der Furt (nach der schwingenden Fußgängerbrücke, wenn man auf die Insel zugeht, rechts, Ausschau halten), ☎ 09822 488769, 09422 639497, 🖥 www.ordosounsar.com. Das von einem gastfreundlichen Bruder-Schwester-Team geleitete Hüttencamp ist das idyllischste und freundlichste in Palolem. Es liegt versteckt an der stillen Seite des Flusses. Die Hütten sind großzügig geschnitten, einladend möbliert und haben tolle Veranden und lustige Strohdächer. Zur Anlage gehören eine gemütliche Bar und ein hervorragendes Restaurant. ❹

📞 09422 065437, 💻 www.sevaspalolemgoa. com. Eine billigere und weniger ausgefeilte Version des Bhakti Kutir, aber ebenfalls wunderschön angelegt und sehr ruhig. Die Cabañas haben traditionelle Reisstrohdächer, Fußböden aus Lehm und Dung, hygienische Plumpsklos und Eimer als Waschgelegenheiten. Es werden Massagen und Yogaunterricht angeboten, und in dem freundlichen Restaurant auf dem Gelände gibt es sehr gute *halis* für Rs100. ❹–❺

Shanti Kutir, am nördlichen Strandabschnitt hinter River Valley und Dream Catcher, 📞 09422 450392, 09960 917150. Angenehm abgeschiedenes und schön am Fluss gelegenes Camp mit 30 komfortablen, auf Stelzen gebauten Hütten, teils mit Bad. Die Preise variieren je nach Nähe zum Wasser. ❹

Virgin Beach Resort, im Ort Palolem, 📞 0832-264 3451. Gefliese Zimmer in einem modernen, dreistöckigen Block in der Nähe der Gasse, die von der größten Kreuzung im Städtchen zum nördlichen Strandende abzweigt. Nicht unbedingt die Art Architektur, die das natürliche Flair des Ortes aufwertet, aber komfortable und sichere Unterkunft abseits des Strandrummels. Gutes Preis-Leistungs-Verhältnis. ❸–❹

Essen

Paloloms **Restaurants** und **Bars** reflektieren die kosmopolitische Zusammensetzung ihrer Gäste. Jahr für Jahr öffnen neue, innovative und immer stilvollere Lokale, die zumeist von Ausländern geführt werden. Demzufolge ist nicht nur der Standard gestiegen – auch die Preise haben kräftig angezogen. Wer mit einem knappen Budget auskommen muss, findet zwei von Einheimischen betriebene Cafés (das hinduistische **Shiv Sai** und das christliche **San Francisco**) an der parallel zum Strand verlaufenden Straße. Dort gibt es ein sättigendes *pao bhaji*-Frühstück, frische Brötchen, Omelettes und *chai* zu Spottpreisen und ab mittags ebenso preiswerte Fisch-Curry-Reis-Mahlzeiten und Samosas. Im unmittelbar südlich von Palolem gelegenen *waddo* Colom gibt es ebenfalls einige gute Lokale.

Bhakti Kutir, am südlichen Strandende, auf dem Hügel zwischen Palolem und Colom. Gemütliches Terrassencafé und Restaurant mit Holztischen und gemischter indo-europäischer Speisekarte: Salat mit sonnengereiften Tomaten und Mozzarella (mit frischem Basilikum), frischer Fisch aus der Bucht und vegetarische Gerichte aus Nordindien, allesamt mit Zutaten aus lokalem, organischem Anbau. Die meisten Hauptgerichte kosten Rs175–250.

Casa Fiesta, Pundalik Gaitondi Rd. Abgefahrenes Lokal an der Hauptstraße mit gemischter Speisekarte aus aller Welt: Hummus, griechischer Salat, mexikanische Spezialitäten und Fisch-*pollichatu*. Die Hauptgerichte (meist unter Rs225) werden mit köstlichen Röstkartoffeln serviert.

Cool Breeze, Beach Rd. Das zu den exklusivsten in Palolem zählende Restaurant hat hier neue Standards gesetzt, besonders wenn es um Steaks, Tandoori-Hühnchen und Seafood geht – und das alles zu vernünftigen Preisen. Wer nicht früh genug kommt, muss möglicherweise lange auf einen Tisch warten. Hauptgerichte um Rs200–275.

Cozy Nook, am nördlichsten Strandende, 📞 0832-264 3550. Herzhafte goanische Speisen auf einer kleinen Terrasse mit herrlichem Blick auf die Insel am Ende der Bucht. Das einfallsreich und liebevoll präsentierte 4-Gänge-Menü (19–21 Uhr, Rs175–250) ist zu Recht ein Renner, bestehend u. a. aus Bratfisch, Aubergine mit Garnelen und frischen Bohnen; die leckere vegetarische Alternative kostet Rs130. Daneben gibt es Seafood, nordindische Currys und eine beliebte, hygienische Salatbar (*all-you-can-eat* für Rs150).

Magic Italian, Beach Rd, am geschäftigen Zugang zum Strand. Das beste italienische Restaurant in Süd-Goa serviert hausgemachte Ravioli und Tagliatelle sowie leckere Holzofenpizza (Rs175–250).

Oceanic, Tembi Waddo. Cooles Terrassenrestaurant ein gutes Stück abseits des Strands, den Fußmarsch aber durchaus wert wegen der überdurchschnittlich guten Speisen und der tollen Musik. Nord- und südindische

Goa wie aus dem Bilderbuch: die Bucht von Palolem.

Spitzenküche am Strand

Droopadi, am Strand. Das Restaurant profitiert von seiner Spitzenlage und dem besten indischen Chefkoch Palolems, zu dessen Spezialitäten cremige *mughlai*-Gerichte und Tandoori-Fisch gehören. Die meisten Hauptspeisen kosten Rs150–400, wirklich nicht zu viel angesichts der hervorragenden Qualität.

Gerichte sind die Stärke des Küchenchefs (besonders *dum aloo* nach Kashmir-Art und Butterhühnchen), aber es gibt auch ausgezeichnete rote und grüne Thai-Currys, verführerische Desserts (u. a. Zitronen-Ingwer-Käsekuchen und *Banoffi Pie*) und Mokkalikör.
Ordo Sounsar, am südlichsten Strandende von Palolem (Wegbeschreibung s. o., unter „Übernachtung"). Da die meisten Lokale heutzutage tiefgefrorenen statt frisch gefangenen Fisch zubereiten, ist dieses schlichte Restaurant auf einer Terrasse im gleichnamigen Hüttencamp etwas Besonderes. Seine Spezialität sind goanisches Seafood der Saison und Vegetarisches: mit grünem Chili gefüllter Pomfret, Papayacurry in Kokosmilch, grüne Bohnen *xacutti*, Weißkohl mit Limonendressing – alles aus erlesenen Zutaten, die jeden Tag frisch angeliefert werden. Für ein 2-Gänge-Menü ist mit Rs350–450 zu rechnen. Reservierung empfohlen.

Sonstiges

Fahrräder
Räder können von einem Stand in der Mitte der Hauptstraße für Rs15/Std. gemietet werden (bei längerer Mietdauer Preisnachlass).

Geld
Mehrere **Geldwechsler** werben in den Straßen von Palolem und an der Strandstraße um Kundschaft, wobei es sich lohnt, nach den besten Kursen Ausschau zu halten.
LKP Forex im Palolem Beach Resort (an der Strandstraße hinter dem Taxistand) war bei der letzten Recherche am günstigsten. Der nächste Geldautomat (für Barabhebungen mit Visa und Mastercard) befindet sich in Chaudi.

Gepäckaufbewahrung
Lalita Enterprises, an der Hauptstraße am Strand. Deponierung von Wertgegenständen für Rs35 pro Tag.

Internet
Über den Ort verteilt und in der Nähe des Busbahnhofs gibt es mehrere Internet-Cafés, weitere 3 oder 4 befinden sich in Patnem. Die Tarife bewegen sich durchweg um die Rs40/Std.

Telefon
Im Dorf gibt es mehrere öffentliche Telefone. Meiden sollte man das Beach Resort, denn hier wird mehr als das Doppelte des gängigen Tarifs für Auslandsgespräche verlangt. Am besten geht man zu **Bliss Travel**, links vom Hauptzugang zum Strand. Dort findet sich auch der schnellste Internet-Zugang von Palolem (Rs50/Std.) – einen Pullover o. Ä. mitnehmen, denn die AC verbreitet einen Eiseskälte.

Transport

Busverbindungen bestehen zwischen MARGAO und KARWAR (in Karnataka) via CHAUDI (alle 30 Min., 2 Std.), von wo man eine Motor-Riksha (Rs50–75) oder ein Taxi (Rs100–150) für die 2 km nach Palolem nehmen kann. Oder man steigt 1,5 km vor Chaudi an der Char Rastay („vier Wege")-Kreuzung aus und geht dann zu Fuß ins Dorf (ca. 1 km).
Es verkehren auch stdl. Direktbusse zwischen Margao und PALOLEM; sie halten am Ende des Weges, der von der Hauptstraße zum Strand führt. Der letzte Bus von Palolem nach Chaudi/Margao fährt um 16.30 Uhr ab – Abfahrtszeiten von Einheimischen bestätigen lassen, da sie sich von Saison zu Saison ändern!

Südlich von Palolem: Colom, Patnem und Rajbag

Über den Fluss und den felsigen Vorsprung, der die südliche Grenze des Strandes von Palolem bildet, erreicht man **Colom**, ein Hindu-Fischerdorf, das sich über mehrere felsige Buchten verteilt. Dutzende Zimmer für Langzeitgäste, Palmhütten und Privathäuser liegen versteckt zwischen den Palmenhainen und an der malerischen Landspitze, die sich Richtung Meer erstreckt. Hier empfiehlt es sich, mit der Suche nach einer Unterkunft zu beginnen – die jungen Männer im Ort wissen, wo etwas frei ist. Die meisten Zimmer hier sind allerdings sehr einfach. Alternativ dazu gibt es mehrere gute Guesthouses, die im Abschnitt Palolem beschrieben werden (S. 794).

Das **Nachtleben** ist hier ziemlich zahm und spielt sich in den Strandbars ab. Das einzige erwähnenswerte Lokal ist Neptune's Point, wo gut besuchte *silent disco nights* stattfinden. DJs, vorwiegend aus Großbritannien, legen bis 23 Uhr auf. Danach erhalten die Gäste hochwertige Kopfhörer (Rs500 Pfand) und die Musik geht weiter bis gegen 4 Uhr.

Ein Streifen kleiner Camps und Hütten säumt **Patnem**, den nächsten Strand weiter südlich. Der Strand zieht sich über etwa 1 km bis zu einem steilen Felsvorsprung. Er ist breit, bietet wenig Schatten und fällt bei bestimmten Gezeitenphasen recht steil ab, wenngleich die Unterströmung hier nur selten gefährlich wird.

Bei Ebbe kann man von Patnem aus um die steilwandige Landspitze herumwandern zum Nachbarstrand **Rajbag**, einen weiteren kilometerlangen Streifen aus weißem Sand. Bedauerlicherweise war es mit der Abgeschiedenheit abrupt vorbei, als hier vor kurzem das riesige 5-Sterne-Hotel Goa Grand Intercontinental (🖥 www.interconti nental.com ❾) errichtet wurde – sehr zum Ärger der Einheimischen, die sich vier Jahre lang erfolglos gegen das Projekt gewehrt hatten.

Es ist sogar möglich, von Rajbag noch weiter nach Süden vorzudringen, indem man den Talpona-Fluss mit einer von Hand gepaddelten Fähre überquert, die meistens vom gegenüberliegenden Ufer angefordert werden muss (es empfiehlt sich, im Voraus einen Festpreis für die Hin- und Rückfahrt auszuhandeln und erst zu bezahlen, wenn man wieder am Ausgangspunkt abgesetzt wurde, denn Gerüchten zufolge ist es schon vorgekommen, dass die Bootsmänner wohlhabende Touristen aus dem Goa Grand erst wieder ans Norduferufer übersetzten, nachdem sie ein sattes „Trinkgeld" berappt hatten). Auf der anderen Seite führt ein kurzer Fußmarsch zum **Talpona Beach**, der von niedrigen Dünen und Palmen gesäumt wird. Wer möchte, kann die Landspitze am Ende des Strandes überqueren und kommt nach **Galjibag**: eine abgeschiedene Bucht mit weißem Sandstrand und ein geschützter Eiablegeplatz für **Bastardschildkröten**. Aufgrund der starken Unterströmung ist das Schwimmen hier allerdings zu gefährlich.

Übernachtung und Essen

Hier gibt es viele gute Übernachtungs- und Essmöglichkeiten, aber Besucher seien gewarnt: In den letzten Jahren sind die Zimmerpreise steil nach oben geschossen.
Goyam, ☎ 09423 821181, 🖥 www.goyam.net, Richtung nördliches Strandende. Die teuerste Herberge hier bietet Unterkünfte in luxuriösen, doppelstöckigen, in Pastellfarben angestrichenen Holzbungalows direkt am Strand. Sie stehen teilweise im Schatten von Kasuarinabäumen, sind ansprechend eingerichtet und verfügen über Badezimmer, Moskitonetze und Balkone mit Meerblick und Schaukelstühlen. Im Restaurant, einem Ableger des beliebten Droopadi in Palolem, wird hervorragendes Seafood im reichhaltigen, nordindischen Kochstil serviert: Die Aushängeschilder sind Krabben-*makhini* und Tandoori-Seebarsch (Rs375–425). ❻–❼
Home, ein Stück weiter, in der Mitte des Strandes von Patnem, ☎ 0832-264 3916, ✉ homeispatnem@yahoo.com. Das schicke kleine Gästehaus unter schweizerisch-britischer Leitung, hat hübsch gestaltete Zimmer mit Bad in einem Anbau. Den Besitzern gehört auch das beste Strandcafé von Patnem, das *meze,* Salate, Espresso, frisch gebackenes Brot und wunderbare Desserts serviert (u. a. *banoffee pie,* warme Apfeltorte mit frischer Sahne oder Schoko-Walnuss-Kuchen). Besonders nett zum Frühstücken: Auf den Palmen zwitschern die Spatzen und im Hintergrund läuft Chopin. ❺–❼
Papayas, ☎ 99230-79447. Das beste Mittelklassehotel hier hat Zimmer aus Holz und Stroh, ähnlich gut ausgestattet wie die im

Goyam, aber ein klein wenig billiger – außerdem liegen sie den ganzen Tag im Schatten. ❺–❻
Namaste, Patnem, ✆ 09850 477189. Eines der Camps hinter den Strandhütten. Bewährte und beschwingte Budget-Unterkunft unter Leitung des liebenswürdigen Satay, dessen Kundschaft jedes Jahr wiederkommt. Die Preise liegen bei Rs600–1000, je nach Zimmergröße und Jahreszeit; alle mit Du/WC. ❹–❺
Casa Fiesta, ganz in der Nähe, ✆ 0832-647 0367. Ähnlich wie Namaste, verfügt über einige geräumige Hütten mit freiem Blick aufs Meer. ❹–❺
Shiva, kein Telefon. Shiva ist die billigste Unterkunft in Patnem und hat Hütten schon für

Weiterreise von Goa

Zu Diwali und Weihnachten schwanken die Ticketpreise für **Flüge** von Goa erheblich. Flugtickets sollten direkt über die Fluggesellschaft gebucht werden, da private Agenturen den Preis nach einem ungünstigen Wechselkurs berechnen. Adressen der Fluggesellschaften in Panjim S. 748.
Fahrkarten für alle **Zugverbindungen** der **Konkan Railway** können im Reservierungsbüro von KRC im 1. Stock des Kadamba-Busbahnhofs in Panjim (🕒 Mo-Sa 8-20, So 8-14 Uhr) gebucht werden oder im Hauptbüro von KRC im Bahnhof von Margao, ✆ 0834-271 2780, 🕒 Mo-Sa 8-16.30, So 8-14 Uhr. Es ist ratsam, früh zu reservieren und gleich nach Öffnung des Büros zu erscheinen. Sitzplätze im KR-Zug von Goa nach Mumbai sind knapp, und die Plätze sind zu Spitzenzeiten bereits bis zwei Monate im Voraus ausgebucht. Eine Möglichkeit zur Umgehung dieses Problems ist die **Online-Reservierung** unter 🖥 www.irctc.co.in, doch dort gibt es nur die relativ teuren Fahrkarten für die klimatisierten Waggons mit 3-stöckigen Betten (einfache Fahrt Rs1250), und die Buchung muss zwischen 7 und 2 Tagen vor dem Abfahrtsdatum erfolgen.
Fahrkarten für **Busse** der goanischen Transportgesellschaft Kadamba können in den Büros im Busbahnhof von Panjim oder Mapusa reserviert werden, 🕒 tgl. 9–11 und 14–17 Uhr. Private Busgesellschaften verkaufen Fahrscheine über Reiseagenturen beim Busbahnhof von Panjim und in Mapusa südlich des Hauptplatzes.

Nach Mumbai

Zwischen 14 und 15 Maschinen verlassen tgl. Goas Flughafen Dabolim. Die billigsten **Flüge** hat Air Deccan, 🖥 www.airdeccan.net; Tickets schon ab Rs600. Die Billigflugrivalen SpiceJet, 🖥 www.spicejet.com), IndiGo, 🖥 www.goindigo.in, und Kingfisher Airlines, 🖥 www.flykingfisher.com, bieten ebenfalls preisgünstige Tickets an. Ein Flug mit Indian Airlines, 🖥 www.indian-airlines.nic.in, kostet US$105, oder US$100 mit Jet Lite, 🖥 www.jetlite.com, und US$100 mit Jet, 🖥 www.jetairways.com.
Täglich fahren 4 bis 5 **Züge** der Konkan Railway nach Mumbai. Der günstigste ist der Nachtzug Konkankanya Express Nr. 0112. Er fährt um 18 Uhr in Margao (oder Karmali, nahe Old Goa, 11 km westlich von Panjim, um 18.30 Uhr ab und erreicht den CST-Bahnhof (auch „Victoria Terminus" oder „VT") am nächsten Morgen um 5.50 Uhr. Der andere Schnellzug von Goa nach Mumbai (CST) ist der Mandvi Express Nr. 0104, Abfahrt in Margao um 10.10 Uhr (oder Karmali um 10.37 Uhr), Ankunft 21.45 Uhr am gleichen Tag.
Die billigste, aber unbequeme Art nach Mumbai zu gelangen, ist per **Nachtbus**. Dieser legt die 500 km in halsbrecherischem Tempo zurück, braucht aber 14–18 Std. Die Fahrpreise unterscheiden sich je nach Komfort, wobei die Luxusbusse 2 bis 3 Stunden weniger brauchen. Die begehrtesten **Busse** sind die von Paulo Travels. Zum Fuhrpark gehören ganz einfache Busse für Rs350 und bequemere Volvotransporter mit AC und Schlafkojen (für evtl. zwei Fahrgäste) für Rs700; einige weibliche Passagiere beklagten sich über Belästigungen. Tickets gibt es bei Paulo Travels: am Paulo Travels-Schalter im Hotel Fidalgo in der 18th June Road in Panjim oder im Hauptbüro vor dem Kadamba-Busbahnhof in Panjim, ✆ 0832-222 3736, 🖥 www.paulotravels.com. Das PT-Hauptbüro in Süd-Goa befindet sich im Hotel Nanutel gegenüber dem Club Harmonia

Rs200 oder noch weniger, abhängig von der Nachfrage. ❶–❸

Tantra, eines der zahlreichen Bretterbudenlokale am Strand, tischt abends besonders üppige Portionen von Riesengarnelen, Hummer und frisch gefangenem Fisch auf. Vegetarier mit schmaler Börse sollten die Monster-*biriyanis* probieren, die im **Sealands** für rund Rs50 zu haben sind.

Transport

Busse nach PALOLEM und MARGAO halten in regelmäßigen Abständen an der parallel zum Strand verlaufenden Straße.

in Margao, ☎ 0834-272 1516. Informationen zu Abfahrtszeiten und Preisen s. Website.

Nach Pune

Indian Airlines fliegt tgl. vom Flughafen Dabolim nach Pune. Es gibt auch eine Bahnverbindung: mit dem Goa Express Nr. 2779, Abfahrt 15.10 Uhr, Ankunft am nächsten Morgen um 4.05 Uhr. Außerdem fahren zahlreiche private Nachtbusse von Panjim (Tickets im Voraus bei den Busgesellschaften vor dem Kadamba-Busbahnhof kaufen).

Nach Hampi

Die stressfreiste und preiswerteste Reise von Goa nach Hospi bietet die 4x wöchentl. verkehrende **Eisenbahn**. Der Vasco–Howrah Express (Nr. 2848) fährt jeden Di, Do, Fr und So um 7.50 Uhr, Ankunft 6 Std. später. Die Preise reichen von Rs190 für die *sleeper*-Klasse bis zu Rs650 für einen Platz im klimatisierten 2.-Klasse-Abteil.

Die Reise mit dem **Bus** ist nicht billiger als mit dem Zug (Schlafwagenklasse), aber anstrengender. Zwei oder drei klapprige Busse fahren jeden Morgen an Panjims Kadamba-Busbahnhof (Plattform Nr. 9) nach Hospet ab, der letzte um 10.30 Uhr. Passagiere sollten sich auf eine unbequeme Fahrt gefasst machen. Sie dürfte nicht länger als 9 bis 10 Std. dauern, doch Verspätungen und Pannen sind leider an der Tagesordnung; Tickets für Busse von Kadamba und KSRTC (Karnatakan State Road Transport Corporation) einen Tag im Voraus an den Schaltern im Busbahnhof reservieren.

Von Margao fährt auch ein moderner **Nachtbus** mit Schlafabteilen nach Hampi. Dieser **Bus** der Gesellschaft Paulo Travels, 🖳 www.paulotravels.com, fährt um 20 Uhr an einem Parkplatz neben dem Nanutel Hotel in der Rua da Padre Miranda ab und erreicht Hampi am nächsten Morgen um 7 Uhr. Die Tickets kosten Rs450–650, je nach Komfort, und können in jedem guten Reisebüro in Goa gekauft werden. Der Bus ist zwar bequem, doch die Abteile sind eng und heiß, so dass an Schlaf kaum zu denken ist; weibliche Passagiere klagten über Belästigungen.

Nach Gokarna, Jog Falls, Mangalore und Süd-Karnataka

Am schnellsten und angenehmsten ist die Reise von Goa an der Küste entlang nach Gokarna mit der Konkan Railway. Der **Passagierzug** (KR1 DN) von Verna nach Mangalore verlässt Margao um 14.25 Uhr und passiert unterwegs um 14.58 Uhr Chaudi, bevor er gegen 16 Uhr in Gokarna Road, dem Bahnhof von Gokarna, einfährt. Der Bahnhof liegt 9 km östlich der Stadt, doch ein Minibus bringt die Passagiere in die Stadt. Fahrkarten müssen nicht im Voraus gekauft werden, sondern sind 30 Min. vor Abfahrt am Fahrkartenschalter erhältlich. Es ist ratsam, sich vorab bei einer Touristeninformation, einem Reisebüro oder auf der KRC-Website (🖳 www.konkanrailway.com) zu erkundigen, ob sich der Fahrplan geändert hat.

Busse brauchen für dieselbe Strecke bis zu 2 1/2 Std. länger. Ein Direktbus nach Gokarna fährt tgl. um 13 Uhr am Interstate-Busbahnhof in Margao ab. Man kann auch einen der zwischen Goa und Mangalore verkehrenden Busse nehmen und in Ankola oder an der Gokarna-Kreuzung der Schnellstraße aussteigen, von wo aus in kurzen Abständen private Minibusse und Tempos in die Stadt fahren.

Cotigao Wildlife Sanctuary

Das Cotigao Wildlife Sanctuary, 12 km südöstlich von Palolem, wurde 1969 eingerichtet, um ein abgeschiedenes Waldgebiet an der Grenze von Goa und Karnataka zu schützen. Das 86 km² Mischwald umfassende Schutzgebiet wird zwar Baumliebhabern gefallen, viele Tiere sind jedoch nicht zu sehen. Die Tiger und Leoparden sind längst ausgerottet, und die Gazellen, Lippenbären, Stachelschweine, Panther und Hyänen, die angeblich in den Wäldern hausen, kommen nur selten zum Vorschein.

Dafür stehen die Chancen nicht schlecht, mindestens zwei Affenarten, ein paar Wildschweine, vielleicht einen Gaur (den urzeitlich aussehenden indischen Bison) und viele exotische Vögel (u. a. Nashornvögel) zu Gesicht zu bekommen.

Den friedlichen, landschaftlich schönen Park, der sich für einen angenehmen Tagesausflug von Palolem anbietet, besucht man am besten zwischen Oktober und März. Alle auf dem NH-14 via Chaudi Richtung Süden nach Karwar verkehrenden Busse lassen Passagiere in einer Entfernung von 2 km zum Parkeingang aussteigen. Um aber die weit im Innern liegenden Gebiete zu erkunden, braucht man ein eigenes Transportmittel. Die Ranger in dem kleinen **Interpretative Centre** am Haupttor, wo auch der Eintritt entrichtet wird (Rs15 p. P., plus Rs75 pro Auto, Rs20 pro Motorrad, Rs40 für Fotoerlaubnis) zeigen Besuchern, wie sie zu dem 25 m hohen Beobachtungsposten in einer Baumkrone gelangen. Von dort blickt man auf ein **Wasserloch**, das zum Sonnenauf- und -untergang einige Tiere anlockt.

Kolkata und Westbengalen

Stefan Loose Traveltipps

Victoria Memorial Das Symbol des britischen Empire in Kolkata weist eine ungewöhnliche Mischung architektonischer Stile auf. S. 811

Sunderbans Die Mangrovenwälder bieten einer Fülle von Wildtieren Lebensraum, darunter dem majestätischen Bengaltiger. S. 836

Shantiniketan In der ruhigen Universitätsstadt ist noch der Geist ihres Gründers Rabindranath Tagore zu spüren. S. 838

Toy Train Diese viktorianische Dampfeisenbahn schnauft aus der feucht-heißen Ebene hinauf in die Teeplantagen an den steilen Hängen von Darjeeling. S. 845

Darjeeling Die reizvolle Hill Station im Himalaya ist das Anbaugebiet eines weltberühmten Spitzentees. S. 846

Kalimpong Das Gartenbauzentrum des Nordostens mit ruhigen Spazierwegen, Orchideengärtnereien und farbenfrohen, buddhistischen Märkten. S. 855

Der einzige indische Bundesstaat, der sich von den Höhen des Himalaya bis hinunter zum Meer erstreckt, ist Westbengalen. Er wird nur von wenigen Reisenden ausführlich erkundet. Vielleicht liegt es am schlechten Ruf seiner Hauptstadt **Kolkata** (besser bekannt unter dem alten Namen **Kalkutta**), die eigentlich eine kultivierte und freundliche Stadt ist, aber ein Image als Brutstätte von Armut und Chaos besitzt. Bengalen bietet eine außergewöhnliche Mischung aus Natur und Kultur: von dem landschaftlich spektakulären **Darjeeling** mit Blick auf einige der höchsten Gipfel der Welt bis hin zu den weiten Mangrovensümpfen der **Sunderbans**, durch die Bengaltiger streifen. Der mächtige Ganges durchzieht auf seinem Weg von Bihar nach Bangladesch den schmalen Mittelstreifen des Bundesstaates, und der Stausee **Farrakha Barrage** kontrolliert die südwärts fließenden Wasserwege wie den Fluss Hooghly, die Lebensader Kolkatas.

Auf dem Höhepunkt der britischen Kolonialherrschaft im 19. und frühen 20. Jh. erlebte Bengalen eine kulturelle und wirtschaftliche Blütezeit. Es entwickelte sich eine einzigartige Mischung aus West und Ost. Die **bengalische Renaissance** brachte Denker, Schriftsteller und Künstler hervor wie Raja Ram Mohan Roy, Bankim Chandra Chatterjee und vor allem den Dichter, Komponisten und Maler **Rabindranath Tagore**, dessen Wirken auch 60 Jahre nach seinem Tod noch in der bengalischen Gesellschaft zu spüren ist.

Seit einiger Zeit weist eine von nepalischer Seite geführte Separatistenbewegung auf die krassen kulturellen Unterschiede innerhalb Bengalens hin. Das Ziel der Gurkha ist die Gründung eines halbautonomen Gurkhalandes im Raum von Darjeeling. Obwohl die hinduistischen Nepali seit dem 19. Jh. durch Migration Richtung Osten die einheimischen Stammesgruppen aus dem Norden größtenteils verdrängt haben, ist der lamaistische tibetische Buddhismus hier weiterhin stark verbreitet; ein Grund dafür ist der Zustrom tibetischer Flüchtlinge. Im Südwesten allerdings sind noch Stammesgruppen wie die Santhal und Munda anzutreffen. Umherziehende **Baul-Musiker**, die am häufigsten nahe Tagores Universität in **Shantiniketan** zu vernehmen sind, halten die regionalen Liedgut- und Tanz-Traditionen lebendig. Tangores besondere Musikform, *Rabindra Sangeet* ist eine populäre Verschmelzung diverser Einflüsse aus Volksmusik und Klassik. Weitere Besonderheiten Bengalens sind die reich verzierten **Terrakotta-Tempel** sowie die **Seidenproduktio** die sich um die letzte unabhängige Hauptstadt, Murshidabad, konzentriert.

Bengalens eigene Form des Hinduismus dreht sich um die **Muttergöttin**, die in der Gestalt der Furcht erregenden Kali oder Durga, der gütigen Saraswati oder der Göttin des Reichtums, Lakshmi, in Erscheinung tritt. Die mysteriöseste Göttin ist Tara. In ihrer Gestalt kommen die mittelalterlichen Verbindungen zum Buddhismus zum Ausdruck. Ihr Tempel in Tarapith ist das landesweit größte Zentrum des Tantrismus. In den letzten Jahren aber verliert die Religion gegenüber der Politik zunehmend an Bedeutung.

Geschichte

Bengalen war im 3. Jh. v. Chr. Teil des Maurya-Reiches. Es gewann erst unter den Gupta im 4. Jh. n. Chr. eine eigene Bedeutung. Nach einer kurzen Herrschaftsepoche der hoch kultivierten Sena, die von **Gaur** aus regierten, geriet Bengalen Ende des 12. Jhs. unter die moslemische Herrschaft des ersten Sultans von Delhi, Qutbud-din-Aibak. Große Leistungen für Bengalen erbrachte **Sher Shah Suri**, der Mitte des 16. Jhs. für kurze Zeit den Mogulen die Macht entriss. Unter seiner Ägide erreichte die „Grand Trunk Road", die Bengalen mit der Nordwestprovinz an der Grenze zu Afghanistan verbindet, höchste Bedeutung. 1574, also kurz vor der Ankunft der Europäer, eroberte **Akbar der Große** das Territorium zurück.

Die Portugiesen, die als Erste einen Handelsposten am Fluss Hooghly einrichteten, erhielten alsbald Gesellschaft von den Briten, Holländern, Franzosen und anderen Seenationen. Die Fremdmächte rivalisierten untereinander, denn alle besaßen in gewissem Maße die Zustimmung des Mogulhofs. Die **Briten** setzten sich schließlich durch, ihr letzter ernsthafter Gegner war der junge Siraj-ud-Daula, dem das Herrschaftsgebiet von Murshidabad unterstand. Dessen Angriff auf die britische Gemeinschaft von Kalkutta gipfelte 1756 im berüchtigten **Black-Hole-Zwischenfall**, bei dem britische Gefangene auf winzigem Raum eingekerkert wurden, so dass viele erstickten. Die

KOLKATA UND WESTBENGALEN

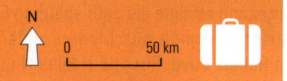

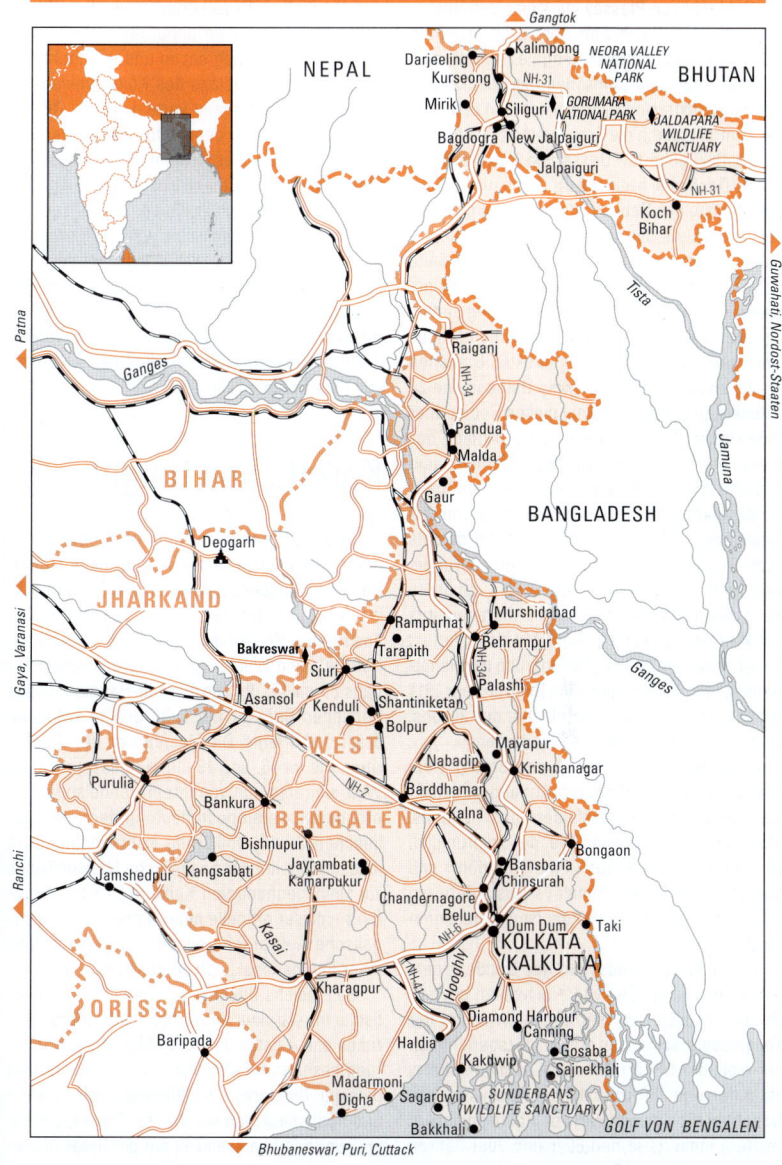

Kolkata und Westbengalen 805

Vergeltung erfolgte ein Jahr später in Form einer britischen Armee aus Madras unter Führung von **Robert Clive**. Siraj-ud-Daulas Niederlage in der **Schlacht von Plassey** markierte den Beginn der britischen Herrschaft über den gesamten indischen Subkontinent. Bengalen wurde zum Hauptstützpunkt der britischen Ostindienkompanie, deren lukratives Handelsimperium erst 1854 der Kontrolle durch die Krone unterstellt wurde.

Bis 1905 gehörten Orissa und Bihar zu Bengalen. Doch der britische Außenminister Lord Curzon teilte das Gebiet in der Mitte, so dass auf der einen Seite die neuen Verwaltungsgebiete Ostbengalen und Assam, auf der anderen Seite Orissa, Bihar und Westbengalen entstanden. Diese Maßnahme rief große Verbitterung hervor, und die so bewirkte Spaltung zwischen Hindus und Moslems gehörte zu den direkten Ursachen für die zweite Teilung 1947, als Ostbengalen zu Ostpakistan wurde – obwohl dieses Gebiet über 1500 km von Pakistan entfernt lag. Anfang der 70er-Jahre führte ein Krieg zwischen Indien und Pakistan zur Gründung des unabhängigen Staates **Bangladesch** (ehemals Ostpakistan). Von den nahezu zehn Millionen Menschen, die damals nach Westbengalen flüchteten, kehrten zwar die meisten in ihre Heimat zurück, doch auch heute ist noch ein stetiger Zustrom von Migranten aus Bangladesch zu verzeichnen. Mit dem Verlust seiner Provinzen und der Verlagerung der Hauptstadtfunktion von Kalkutta nach Delhi im Jahr 1911 schrieb sich Bengalens Geschichte des 20. Jhs. überwiegend als Chronik des Niedergangs.

Wirtschaftlich ist nach wie vor der **Reis** Westbengalens wichtigstes Anbauprodukt. Er wächst auf den Nassreisfeldern des Tieflands. Aber auch der Anbau von **Tee**, der ursprünglich von den Engländern aus China eingeführt und hauptsächlich in den Himalaya-Ausläufern um Darjeeling angepflanzt wurde, ist von besonderer Bedeutung.

Die politische Landschaft des Bundesstaats wurde über lange Zeit von – bisweilen gewalttätigen – Auseinandersetzungen zwischen der **Kongresspartei** und den großen linksgerichteten Parteien, der **CPI(M)** (Marxist Communist Party of India) und den marxistisch-leninistischen **Naxaliten** (Communist Party of India), dominiert. Letztere initiierte in den 60er und 70er-Jahren des 20. Jhs. eine blutige Revolution, die aber letztlich zum Scheitern verurteilt war.

Gestützt von einer starken Basis unter der ländlichen Bevölkerung trug die CPI(M) schließlich unter dem undurchsichtigen Jyoti Basu einen Wahlsieg davon und vermochte so dem weltweiten Kollaps des Kommunismus zu trotzen. Jahrzehntelang verteidigte die CPI(M) ihre Machtposition gegen Herausforderer wie Mamata Bannerjees **Trinamul Congress** und führte das Land in einen Zustand von Apathie und Verfall. Trotz immer wieder einmal spürbarer Ansätze von Optimismus war die Partei bislang nicht in der Lage, das Wachstum anzukurbeln. Immer wieder kommt es zu gewalttätigen Zusammenstößen zwischen Parteiaktivisten, während politische Gruppierungen im Norden des Bundesstaats weiter für die Unabhängigkeit von Westbengalen kämpfen.

Kolkata und Umgebung

Kolkata besitzt als eines der vier großen urbanen Zentren Indiens in den Augen seiner stolzen Bewohner mindestens ebenso viel Charme, Abwechslung und Reiz wie die anderen Metropolen des Landes. Wie Mumbai und Chennai hat auch Kolkata seine Wurzeln in der europäischen Expansion im 17. Jh. Die Parade-Hauptstadt des britischen Raj war einst die größte koloniale Stadt des Orients. Die Nachfahren der Glücksritter, die im 18. und 19. Jh. aus der gesamten Welt eintrafen, um von ihrem Handelsboom zu profitieren, treten noch heute in der kosmopolitischen Stadtbevölkerung in Erscheinung. In jüngster Zeit hat der bengalische Nationalismus zur Umbenennung von Kalkutta in Kolkata geführt – dieser offizielle neue Name gibt die bengalische Aussprache wieder, muss sich allerdings international noch durchsetzen.

Seit Indiens Unabhängigkeit wurde die städtische Infrastruktur wiederholt nach inneren Unruhen und Aufständen durch Masseneinwanderung besitzloser Flüchtlinge bis an die Grenzen belastet. Die daraus resultierenden Missstände und auch die Arbeit von Mutter Teresa, die die weltweite Aufmerksamkeit auf die Opfer richtete, haben Kolkata den Ruf eines **Armenhauses** beschert, den die Stadtbewohner selbst nicht für gerechtfertigt halten. Sie führen an, dass die Stadt trotz eines ständigen Zustroms von Flüchtlingen geringere Probleme habe als Mumbai oder andere Großstädte der Welt.

Mittlerweile verbreitet der Boom in der IT-Branche neuen Optimismus und fördert ein rasantes Wachstum; überall entstehen neue Einkaufszentren, Restaurants und Trabantenstädte. Die Kehrseite sind eine sehr hohe Luftverschmutzung, die zu zahlreichen Lungenerkrankungen geführt hat, und der zunehmende Verkehr, dem mehr Menschen (vor allem Fußgänger) zum Opfer fallen, als irgendwo sonst in Indien.

Die Stadtkultur wird besonders von der bengalischen Bevölkerung bestimmt. Stolz auf ihr Künstlererbe, betrachtet sie sich als Indiens **Intelligenz**. Ein alter Spruch besagt: „Was heute in Bengalen ist, wird morgen in Indien sein." Hier genießt die Kunst eine sehr hohe Anerkennung und es gibt zahlreiche **Kunstgalerien** und bedeutende klassische **Musikfestivals**, eine äußerst lebendige bengalischsprachige **Theaterszene** und eine **Kinotradition**, die durch den großen Filmemacher Satyajit Ray zu Weltruhm gelangte.

Das angenehmste **Klima** herrscht in der kurzen Winterzeit (Nov–Feb), wenn die tägliche Höchsttemperatur bei 27 °C liegt und die Märkte mit Gemüse und Blumen beladen sind. Vor Einbruch der Monsunzeit lastet die Hitze schwer auf der Stadt. Ende Juni bescheren einsetzende Regenfälle die ersehnte Linderung, doch ihre schweren Fluten verwandeln gleichzeitig die Straßen in Morast. Nach einer kurzen Hitzeperiode nach dem Monsun sind Oktober und November recht angenehme Monate. Dann ist auch das größte Fest der Stadt: **Durga Puja**.

Geschichte

Als der Brite **Job Charnock** 1690 das Hauptquartier der **Ostindienkompanie** in **Sutanuti** am Ostufer des Hooghly gründete, war das Flussufer bereits von den Handelsniederlassungen anderer europäischer Länder gesäumt. Neben den Briten, deren Basis zuvor in dem Ort Hooghly am Westufer lag, hatten sich die Franzosen in Chandernagore, die Holländer und Armenier in Chinsurah, die Dänen in Serampore, die Portugiesen in Bandel, die Griechen in Rishra und die Deutschen in Bhadeshwar eingerichtet.

Mit finanzieller Unterstützung der Armenier kaufte die Ostindienkompanie Land um Sutanuti und stellte 1699 ihre erste Festung in der Region fertig – **Fort William**. Nur wenige Jahre später wurde Sutanuti mit zwei weiteren Dörfern zur Stadt **Kalkutta** umgewandelt, ein Name, der sich wahrscheinlich von *Kalikutir* herleitet: „Haus bzw. Tempel der Kali" – eine Anspielung auf den Tempel in **Kalighat**.

Der Erfolg im Handel brachte ehrgeizige Entwicklungspläne mit sich: 1715 handelte eine Delegation am Mogulhof in Delhi weitere Handelsrechte und zu beiden Seiten des Hooghly ein je 15 km langes Uferterritorium aus. Die Ostindienkompanie legte rund um dieses Gebiet einen Wehrgraben an, um gegen mögliche Angriffe der Marathen gefeit zu sein. Der **Marathen-Graben** befand sich an der Stelle, wo heute die Circular Road verläuft. Dem Black-Hole-Zwischenfall (S. 804) folgte 1757 die Schlacht von Plassey, die die Briten zu Herrschern über Bengalen machte. Nachdem das Parlament in London 1773 das Handelsmonopol der Gesellschaft anerkannt hatte, verlegte diese Bengalens Hauptstadt von Murshidabad nach Kalkutta. Die Stadt war fortan Umschlagplatz vieler Handelssparten, zu denen auch der lukrative Opiumexport nach China gehörte.

Die Ostindienkompanie schaffte britische Junggesellen ins Land und machte sie zu Beamten. Die so genannten *writers* („Schreiber") lebten unter spartanischen Umständen in einfachen Lehmhütten, bis sie das eigens für sie errichtete **Writers' Building** beziehen konnten. Das war die Ära vor der Ankunft der britischen Memsahibs, als Beziehungen zu indischen Frauen zur Norm und immer mehr Misch-Ehen geschlossen wurden. So entstand eine neue eurasische Gesellschaftsschicht, die man als **„Anglo-Indians"** bezeichnete.

Nachdem das Monopol der Ostindienkompanie gebrochen war, trugen Kaufleute und Abenteurer – darunter Parsen, Juden aus Bagdad, Afghanen und Inder aus anderen Landesteilen – zur Entstehung eines Schmelztiegels bei. Der folgende wirtschaftliche Aufschwung hielt mehrere Jahrzehnte an und führte zur

Kolkata (Kalkutta)

Kolkata und Westbengalen

Restaurants und Bars

6 Ballygunge Place	12	India Coffee House	3
Amber	5	Kewpie's Kitchen	8
Banana Leaf	14	Kim Fa	10
Bay of Bengal	15	Mainland China	9
Bhojohori Manna	13	Royal	2
Comesum	1	Suruchi	6
Eau Chew	4	Underground	G
Haldiram Bhujiwala	7 & 11		

Übernachtung

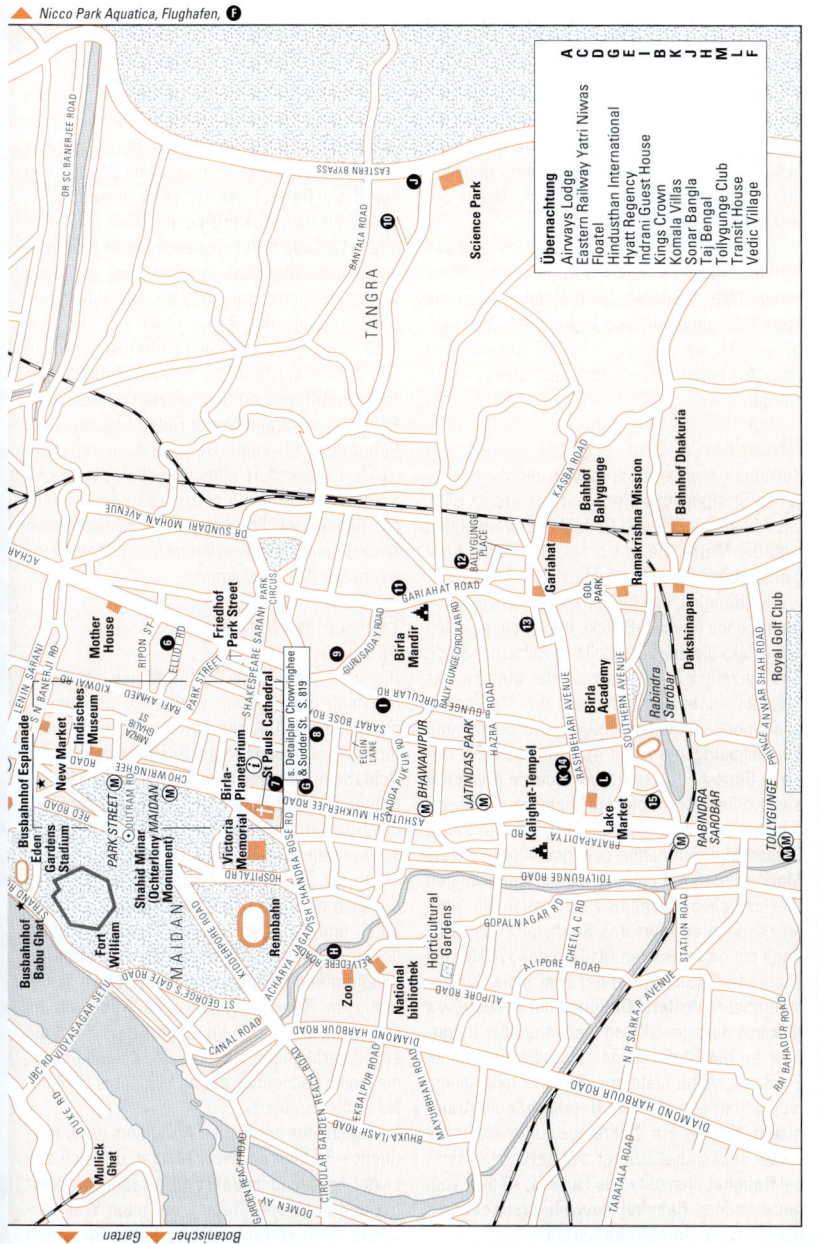

- Airways Lodge — A
- Eastern Railway Yatri Niwas — C
- Floatel — D
- Hindusthan International — G
- Hyatt Regency — E
- Indrani Guest House — I
- Kings Crown — B
- Komala Villas — K
- Sonar Bangla — J
- Taj Bengal — H
- Tollygunge Club — M
- Transit House — L
- Vedic Village — F

Kolkata und Westbengalen

www.stefan-loose.de/indien   Kolkata und Umgebung   809

Errichtung prächtiger Bauwerke wie Court House, Government House und St Paul's Cathedral, die Kalkutta im 19. Jh. den Namen „Stadt der Paläste" eintrugen. Doch das unangenehm feuchte Klima, die modrigen Salzsümpfe und die schäbigen Hütten, die rund um die Metropole aus dem Boden schossen, sorgten für unhygienische Verhältnisse und waren eine Quelle der Armut und Krankheit.

Kalkuttas Bedeutung als internationaler Hafen schwand mit der Eröffnung des Suezkanals 1869, der den Aufstieg Bombays und das Ende des Opiumhandels in Kalkutta zur Folge hatte. 1911 fand die glorreiche Zeit ihr definitives Ende, als Indiens Hauptstadt nach Delhi verlegt wurde.

Orientierung

Kolkatas verwitternde Gebäude und die chaotischen Straßen schüchtern auf den ersten Blick ein. Mit etwas Zeit und Geduld aber verwandelt sich die Metropole in ein faszinierendes Konglomerat aus Stilen und Einflüssen.

Der **Hooghly**, den bis vor kurzem lediglich die freitragende Howrah-Brücke überspannte, spielt keinesfalls die führende Rolle im Alltag der Stadt. Das Herzstück bildet vielmehr der **Maidan**, der Stadtbewohner aller Schichten zum Müßiggang und Sport, zu Ausstellungen und politischen Versammlungen anzieht. Am Südende der riesigen Rasenfläche steht das **Victoria Memorial** aus weißem Marmor, und nicht weit entfernt erheben sich die gotischen Türme der **St Paul's Cathedral**. Dicht neben dem geschäftigen **New Market** laden die umfangreichen Sammlungen des **Indischen Museums** zum Besuch ein. Weiter nördlich erinnert das Stadtviertel um **BBD Bagh** mit den massiven Mauern des 1780 für die „Schreiber" (Sekretäre) der East India Company erbauten **Writers' Building**, der **St Andrew's Kirk** und dem gewaltigen Säulenbau der **Hauptpost** an die Blütezeit der Ostindienkompanie. Ein Stück weiter steht am Rand des hektischen, labyrinthartigen Marktes **Barabazaar** die **Armenische Kirche**. Ein dicht besiedeltes Viertel weiter südlich beherbergt den berühmten Tempel **Kalighat**. Jenseits des Flusses, südlich vom fantastischen **Bahnhof Howrah**, erstreckt sich der friedliche **Botanische Garten**.

Das Gebiet um Maidan, New Market und Park Street

Der Maidan (auf Deutsch „Feld" oder „Wiese") erstreckt sich von Esplanade im Norden bis zur Rennbahn im Süden und wird im Osten begrenzt von der Chowringhee Rd sowie im Westen von der Strand Rd am Flussufer. Er ist eine der größten städtischen Parkanlagen der Welt. Das weite offene Gelände bildet einen scharfen Kontrast zu den chaotischen Straßen ringsherum und bietet mehreren Sportclubs Raum für ihre Aktivitäten. Die Ursprünge des Parks gehen auf das Jahr 1758 zurück, als das heute eher unauffällige Fort William in Flussnähe gebaut wurde und der britische Offizier und Gouverneur von Bengalen, Robert Clive, Waldgebiete roden ließ, um freie Schusslinie für seine Geschütze zu schaffen. Heute treiben dort allmorgendlich zahlreiche Stadtbürger Frühsport, am späten Nachmittag finden sich Freizeitsportler zu spontanen Kricket- und Fußballspielen oder zu *kabadi*-Wettbewerben (S. 87) zusammen.

Esplanade, New Market und Chowringhee

Die 46 m hohe Säule **Shahid Minar** (Märtyrerdenkmal) überragt am Esplanade genannten, nordöstlichen Teil des Maidan stark frequentierte Straßenbahn- und Bushaltestellen. Als **Ochterlony Monument** wurde die Säule 1828 errichtet, um an David Ochterlony zu erinnern, der die Truppen der Ostindienkompanie im Nepalischen Krieg 1814–16 zum Sieg geführt hatte.

An der Ostseite der Esplanade befindet sich die einst elegante Chowringhee Road mit ihren Villen und Palästen heute in einem bedauerlichen Zustand und wird ständig von Straßenhändlern und Einkäufern belagert. Nach schier endlosen Renovierungen und Wechseln im Management, ist das Victorian Grand Hotel die einzig verbliebene Bastion des Kolonialismus, mit einem Palmenhof, der an Singapurs berühmtes Raffles erinnert.

Östlich des nördlichen Abschnitts der Chowringhee Rd liegt der New Market, der sich seit seiner Eröffnung im Jahre 1874 kaum verändert hat und noch den Charme der alten Welt versprüht. Sein korrekter Name lautet **Sir Stuart**

Hogg Market, und angeblich streift noch heute Sir Stuarts Geist nachts durch die Korridore. Unter seinem gotischen Uhrturm aus roten Ziegeln bietet der Markt eine breite Auswahl an Haushaltsgegenständen, Stoffen, Kleidung, Schmuck, allerhand Nippes, Bücher aber auch Fleisch, Obst und Gemüse. Zu den besseren Geschäften gehört **Chamba Lama** mit tibetischen Souvenirs, Silberschmuck, Bronzen und einigen Antiquitäten.

Indisches Museum

An der Kreuzung Chowringhee Rd/Sudder St steht das Indische Museum. Das 1814 gegründete Museum ist das älteste und größte des Landes. Unter den Tausenden von Besuchern sind immer wieder Einheimische anzutreffen, die dem sogenannten *jadu ghar* („Haus der Magie") Opfergaben darbringen.

Prunkstück des Museums ist eine Sammlung von **Skulpturen**, in deren Mittelpunkt ein großartiges **Löwenkapitell** aus Sandstein aus dem 3. Jh. v. Chr. steht. Eine Abteilung beherbergt die Überreste des buddhistischen Stupas aus **Bharhut** in Madhya Pradesh aus dem 2. Jh. v. Chr. Die Steinmetzarbeiten zeigen menschliche und tierische Gestalten und Szenen aus den Jataka-Erzählungen über Buddhas Leben und Lehre. Eine weitere große Sammlung präsentiert buddhistische Schiefersklupturen aus der Region Gandhara, die auf das 1.–3. Jh. zurückgehen. Zu den weiteren Exponaten gehören Steinskulpturen aus **Khajuraho**, Bronzearbeiten aus Pala sowie Kupferarbeiten, Steinzeitwerkzeuge und Terrakotta-Figuren aus anderen Fundstätten.

Neben einer vorzüglichen Gemäldeausstellung tibetischer *thangkas* besitzt das Museum auch Gemälde im Kalighat-Pat-Stil sowie Bilder der **Company School**, einer Gruppe indischer Künstler des 19. Jhs., die mit westlichen Themen und Techniken für europäische Mäzene tätig waren. Außerdem wird eine stattliche Ansammlung von Fossilien und ausgestopften Tieren präsentiert, die ihrem Aussehen zufolge längst eine ehrbare Bestattung verdient hätten. ◷ Di–So 10–17 Uhr, Eintritt Rs150.

Park Street

Beim Indischen Museum um die Ecke befindet sich in der Park Street 1 die **Asiatic Society**. Die 1784 von Orientalisten um Sir William Jones gegründete Gesellschaft besitzt rund 150 000 Bücher und 60 000 Manuskripte, die zum Teil bis auf das 7. Jh. zurückgehen. Ein **Lesesaal** steht der Öffentlichkeit zur Verfügung (◷ Mo–Fr 10–20, Sa 10–17 Uhr, Eintritt frei). In einer **Galerie** sind Kunstwerke und Antiquitäten ausgestellt, darunter Gemälde von Rubens und Reynolds, eine umfangreiche Münzsammlung und eines der Felsedikte von Kaiser Ashoka.

Rund 2 km weiter östlich liegt an der Park Street ein alter und kürzlich restaurierter **Friedhof**, der zu den eindringlichsten Erinnerungen an die koloniale Vergangenheit gehört. Die 1767 geschaffene Begräbnisstätte ist die älteste ihrer Art in Kolkata. Viele berühmte Persönlichkeiten aus der Raj-Ära haben dort unter Pyramiden, Obelisken, Pavillons, Urnengräbern und Grabsteinen ihre letzte Ruhe gefunden.

Fort William

Vom Ende der Park St führt die Outram Rd westlich durch den Maidan zu den Toren von Fort William. Da es heute als Militärhauptquartier des Eastern Command dient, sind nicht alle Bereiche zugänglich. Die Festung wurde an der Stelle des alten Dorfes Govindapur nach der britischen Niederlage von 1756 in Auftrag gegeben, 1781 fertiggestellt und nach König William III. benannt.

Das achteckige Fort mit einem Durchmesser von rund 500 m hat massive, niedrige Wehrmauern und sechs Tore. Seine Anlage sollte die gesamte europäische Gemeinde der Stadt im Falle eines Angriffs aufnehmen können. Zu der einen Seite geht der Blick auf den Maidan, der für ein freies Schussfeld gerodet wurde, zur anderen Seite war die Kontrolle über den Fluss und die Schifffahrt gewährleistet. Vom Fluss wurde das Wasser für den umlaufenden Verteidigungsgraben abgezweigt. Zu den Gebäuden aus dem 18. und 19. Jh. gehören die St Peter's Church (heute Bibliothek), Kasernen und Stallungen, eine Waffenkammer, Tresorräume und ein Gefängnis.

Victoria Memorial und Calcutta Gallery

Das auffällige Victoria Memorial (🖳 www.victoriamemorial-cal.org) aus weißem Marmor am südlichen Ende des Maidan ist mit seinen formal gestalteten Gärten und Wasserläufen nach wie vor Kolkatas Stolz. Andere Kolonialbauten und Statuen im Stadtgebiet wurden umbenannt oder abgerissen, doch Queen Victorias Popularität scheint ungebrochen; alle Versuche, den Namen des „VM" zu ändern, blieben fruchtlos.

Dieses außergewöhnliche, von Sir William Emerson entworfene, Gebäude mit romanischen Statuen über dem Eingang, mogulischen Eckkuppeln und eleganten hohen Kolonnaden an den Seiten wurde von dem britischen Außenminister Lord Curzon geplant, um dem Empire zur Zeit seiner höchsten Blüte ein Denkmal zu setzen. Als es 1921, 20 Jahre nach Victorias Tod, fertiggestellt wurde, hatte sich die Raj-Hauptstadt nach Delhi verlagert. Flankiert von zwei dekorativen Becken starrt melancholisch eine Statue der Königin Victoria von einem Sockel, der mit Bronzepaneelen und Friesen verziert ist, über den Maidan. Das mit Makrana-Marmor aus Jodhpur verkleidete Gebäude selbst wird von einer Kuppel gekrönt, in deren Zentrum eine drehbare, 5 m hohe Victory-Bronzefigur steht.

Der zum Maidan hin gelegene Haupteingang führt in einen großen Innenraum unterhalb der Kuppel, wo in 25 Sälen Erinnerungen an den britischen Imperialismus ausgestellt sind. ⊙ des „VM": Di–So, 10–17 Uhr, jeden 2. Sa im Monat geschlossen, Eintritt Rs150.

Die angeschlossene **Calcutta Gallery** ist auf jeden Fall sehenswert. Anhand von Gemälden, Dokumenten und alten Fotografien vermittelt sie einen faszinierenden Einblick in Kolkatas Geschichte, das damalige Leben der Städter und den Unabhängigkeitskampf. Die abendliche **Sound and Light Show** auf dem Gelände, stellt dasselbe Thema dar, ⊙ Okt–Feb Di–So 19.15 Uhr, März–Juni 19.45 Uhr, Rs20.

Wenn die Tore der **Parkanlagen** geschlossen werden, wandelt sich das Bild rund um den Maidan: Eine brodelnde Menschenmasse versammelt sich draußen, um die frische Brise am Fluss zu genießen, Imbisse an Straßenständen zu kaufen oder eine Fahrt im offenen Wagen *(ikka)* zu unternehmen. ⊙ tgl. 5.30–19 Uhr, Rs4.

St Paul's Cathedral und Umgebung

Nicht weit vom Victoria Memorial und Birla-Planetarium entfernt steht die gotische St Paul's Cathedral, 1847 unter Major W. N. Forbes errichtet. Das Eisenträgerdach mit den Maßen 75 x 24 m war damals das weltweit längste seiner Art. Für eine bessere Belüftung erstrecken sich die Spitzbogenfenster bis auf Fußleistenniveau, und an den Decken hängen große Ventilatoren. Unter vielen gut erhaltenen Erinnerungsstücken und Gedenktafeln an verstorbene Imperialisten ragt das Buntglasfenster heraus, das Sir Edward Burne-Jones 1880 zu Ehren des britischen Generalgouverneurs Lord Mayo entwarf. Die ursprüngliche Kirchturmspitze wurde 1897 durch ein Erdbeben zerstört, nach einem weiteren Erdbeben 1934 wurde sie dem Bell Harry Tower der Kathedrale von Canterbury nachgestaltet.

Südlich der Kathedrale präsentiert die **Academy of Fine Arts** in der Cathedral Rd zeitgenössische bengalische Kunst. Neben Wanderausstellungen bietet sie Dauerausstellungen zu Werken von Künstlern wie Jamini Roy und Rabindranath Tagore. ⊙ Di–So 12–20 Uhr, Eintritt Rs5. Ein Café und schöne Grünanlagen tragen zum Ambiente bei. Der große Vortragssaal Rabindra Sadan hat regelmäßig klassische indische Musik auf dem Programm. Nebenan befindet sich das von dem berühmten Filmemacher Kolkatas, Satyajit Ray, gegründete Filmzentrum **Nandan** mit Archiv, Bibliothek und Vorführraum.

Kolkatas Zentrum

Das wirtschaftliche und administrative Zentrum Kolkatas und Westbengalens ist **BBD Bagh**, das eingefleischte Einheimische noch immer Dalhousie Square nennen. Der neue offizielle Name erinnert in feinsinnig bürokratischer Rhetorik an drei Revolutionäre, die nach einem Mordversuch an dem Generalgouverneur Lord Dalhousie gehängt wurden.

Das 1868 an der Stelle des einstigen Fort William errichtete GPO (Hauptpostamt) im Westen des Platzes verbirgt angeblich hinter seinen Mauern das berüchtigte **Black Hole von Kalkutta**. In einer heißen Juninacht des Jahres 1756 pferchten Siraj-ud-Daulas Schergen 146 englische Gefangene in eine kleine Kammer, die nur durch winzige Fensterschlitze belüftet wurde. Am nächsten Morgen waren die meisten erstickt. Die Wachen hatten die sich abzeichnende Tragödie offensichtlich nicht erkannt, und Siraj-ud-Daula war bestürzt, als ihn die Nachricht erreichte. Als Robert Clive die Macht über Kalkutta zurückgewann, ließ er das 1756 durch Siraj-ud-Daula zerstörte Fort an der heutigen Stelle auf dem Maidan wieder aufbauen.

Jenseits der Zentrale von Eastern Railways in der Netaji Subhash Rd befindet sich das Herz von Kolkatas **Geschäftsviertel**: die Calcutta Stock Exchange an der Ecke von Lyon's Range, die hier in den 1830er-Jahren als ein Treffen von Händlern unter einem Neem-Baum begann. Im Labyrinth der Bauwerke sind zahlreiche koloniale Handelsgesellschaften ansässig, unter ihnen einige mit schottischem Namen.

Über dieses Viertel verteilen sich drei britische **Kirchen** aus dem 18. und 19. Jh. Die interessanteste, **St John's**, steht unmittelbar südlich der Hauptpost. Das 1787 errichtete Bauwerk beherbergt Gedenktafeln an britische Einwohner ein Abendmahl-Gemälde von Johann Zoffany, auf dem prominente Bürger der Stadt als Apostel dargestellt sind. Auf dem ältesten Friedhof der Stadt befindet sich auch das Grab von Job Charnock, dem Gründer Kalkuttas.

Das Gebiet südlich des BBD Bagh wird vom **Government House** dominiert. Das nicht öffentlich zugängliche Gebäude überschaut den Norden des Maidan und die breite Prachtstraße Red Rd, die einst als Fluglandebahn fungierte. Bis 1911 diente das Gebäude den britischen Generalgouverneuren und Vizekönigen als Residenz, heute ist es unter dem Namen **Raj Bhavan** die offizielle Adresse des Gouverneurs von Bengalen. Nicht weit entfernt befinden sich gegenüber dem **Assembly House** *(Rajya Sabha)* für Westbengalens gesetzgebende Versammlung der Stammsitz von All India Radio und die **Eden Gardens** mit dem weltberühmten Kricketplatz (offizieller Name: Ranji Stadium).

Kolkatas Norden

Das planlos wirkende Gebiet im Norden war lange Zeit eher ein „einheimischer" Stadtteil, denn dort errichteten die reichen bengalischen Familien im 19. Jh. ihre kleinen Paläste (*„raj baris"*), von denen sich viele heute in einem fortgeschrittenen, aber faszinierenden Zustand des Verfalls befinden. Die Märkte blühen und hier und da erinnert eine Kirche an vergangene Zeiten.

Das nördlich vom BBD Bagh gelegene Gebiet **Barabazaar** war die Heimat vieler Händlergemeinden, von denen die Portugiesen die ersten waren. Die kleinen hektischen Straßen südlich der MG Rd sind von Geschäften und Ständen gesäumt. Im äußersten Nordwesten von Barabazaar steht in der Nähe der Howrah-Brücke Kolkatas älteste Kirche, die **Armenische Kirche** *(Armenian Church of Our Lady of Nazareth)*. Sie wurde 1724 von dem persischen Armenier Cavond gestiftet und entstand an der Stätte eines armenischen Friedhofs, dessen ältester Grabstein auf das Jahr 1630 zurückgeht. Die armenische Gemeinschaft übte bereits vor der Ankunft der Briten großen Einfluss am Hof von Bengalen aus und spielte auch eine wichtige Rolle in der Frühgeschichte der Ostindienkompanie. Später verhalf sie der lukrativen Jute-Industrie auf die Beine.

Östlich von Barabazaar ragen an der Rabindra Sarani (früher: Chitpore Rd) die stolzen Minarette der großen roten **Nakhoda-Moschee** in die Höhe. Sie ist die große Jami Masjid („Freitagsmoschee") der Stadt und wurde 1942 nach dem Vorbild von Akbars Grab in Sikandra bei Agra fertiggestellt. Ihre vier Stockwerke gewähren 10 000 Gläubigen Platz. Rund um die Moschee werden auf dem traditionellen moslemischen Markt religiöse Gegenstände, Kleidung und Süßigkeiten wie firni (aus Reis) angeboten.

Bis vor relativ kurzer Zeit gab es im chaotischen Straßengewirr südlich der Rabindra Sarani eine lebendige **Chinatown** mit Opiumhöhlen und anderen zwielichtigen Angeboten. Einige wenige chinesische Familien leben noch heute rund um Chhatawala Gully, wo frühmorgens auf einem Straßenmarkt (⏱ tgl. 6–7 Uhr) hausgemachte Wurst, Nudeln und Jasmintee angeboten werden.

Nördlich der MG Rd an der winzigen Muktaram Babu St, einer Seitenstraße der Chittaranjan Avenue, präsentiert der **Marble Palace** (Marmorpalast) seine Kostbarkeiten. Kostenlose Karten für die Teilnahme an einer der Führungen bieten die Touristenbüros am BBD Bagh oder in der Shakespeare Sarani (s. S. 816). In den marmorgefliesten Räumen des 1835 errichteten Palasts finden sich Statuen, europäische Antiquitäten, belgisches Glas, Kronleuchter, Spiegel und Ming-Vasen sowie Gemälde von Rubens, Tizian, Joshua Reynolds und Gainsborough beherbergen. ⓘ 10–16 Uhr, Mo & Do geschlossen, Eintritt frei, fotografieren verboten.

Nördlich des Marble Palace erstreckt sich Kolkatas größter Rotlichtbezirk **Sonagachi** mit seinen labyrinthartigen Gassen.

Ein kurzer Spaziergang führt vom Marble Palace nordostwärts zur Dwarkanath Tagore Lane. Hier befindet sich der kleine Campus von Rabindranath Tagores geisteswissenschaftlicher **Universität Rabindra Bharati** mit dem Haus, in dem er geboren wurde und auch starb. Das heutige **Rabindra Bharati Museum**, auch als Jorasanko Thakurbari oder Tagore House bekannt, ist ein schönes *raj bari*-Beispiel aus dem 19. Jh. und besitzt viele von Tagores Gemälden. ⓘ Di–So 10–16.30 Uhr, Eintritt Rs50, Schüler Rs25.

In der nahen College Street, die für ihre Bücherstände berühmt ist, findet man auch das **Ashutosh Museum of Indian Art** im Gebäude der University of Calcutta's Centenary. Hier dreht sich alles um bengalische Kunst: von Skulpturen der Pala-Dynastie aus dem 8. Jh. bis hin zu bemalten Schriftrollen und modernen Werken. ⓘ Mo–Fr 11–16.30 Uhr, Eintritt Rs10.

Der Straße weiter folgend, gelangt man zum India Coffee House, das als Treffpunkt der Intellektuellen-Szene gilt. In Nord-Kalkutta gibt es zwei wichtige Jain-Tempel; der **Parasnath**, 2 km nordöstlich der College St in Manicktolla, ist eine kitschige Hommage an den zehnten *tirthankara*. Der **Sitalnath** glänzt mit neoklassischen Statuen in einem Wassergarten und einem Innenraum mit Marmor-Dekor, Silber und Kronleuchtern. Der dritte Tempel in Belgachis ist relativ schlicht gehalten.

Howrah und der Fluss Hooghly

Obwohl Howrah eigentlich eine eigene Stadt ist, ist es ein integraler Teil Kolkatas. Dort befinden sich – neben dem **Bahnhof**, einem auffälligen roten Ziegelgebäude aus dem Jahre 1906 und täglich Durchgangsstation für Millionen Menschen – auch die meisten Industriebetriebe Kolkatas. Bis vor kurzem war die alte **Howrah-Brücke** die einzige Möglichkeit für den Verkehr, über den Fluss Hooghly zu gelangen. Nachdem die elegante zweite Hooghly-Brücke **Vidyasagar Setu** freigegeben wurde, veränderte sich das Westufer rapide. Die Vidyasagar Setu (auch: Neue oder Natun-Brücke) schafft Zugang nach Shibpur, zum **Botanischen Garten** und gen Südwesten zu den Hauptstraßen nach Orissa.

Bevor der Fluss Hooghly, ein Nebenfluss des Ganges, infolge Verschlammung für große Schiffe unpassierbar wurde, war Kolkata ein geschäftiger Hafen. Anders als in Varanasi haben die *ghats* am Ostufer keine heilige Bedeutung. Sie dienen nur als Anlegestellen und Plätze für rituelle Waschungen. Rund 1,5 km nördlich der Howrah-Brücke ist **Nimtolla Ghat**, eine der wichtigsten Verbrennungsstätten der Stadt, vor öffentlichen Blicken abgeschirmt. Die großen Treppenfluchten und ein Shiva-Tempel locken Sadhus an, die im Januar zum Fest Ganga Sagar Mela in die Stadt kommen. Weiter nördlich sind die Gassen hinter **Kumartuli Ghat** die Heimat von Kunsthandwerkern, die für wichtige Feste benötigte Statuen von Gottheiten herstellen. Vor allem an den Tagen vor großen Festen wie Durga Puja ist **Kumartuli** ein faszinierendes Zentrum der Betriebsamkeit. Weiter nördlich gelangt man zur **Baghbazaar Ghat**, wo überladene Frachtkähne Stroh für Kumartulis Brennöfen abladen. Baghbazaar, der Gartenmarkt, befindet sich an der Stätte der ehemaligen Sutanuti. Die stolzen, jedoch verfallenden Prachtbauten erinnern an den längst verblichenen Lebensstil der bengalischen Oberschicht *bhadra log*.

Südlich der Howrah-Brücke, hinter dem belebten Blumenmarkt von Mullick Ghat, herrscht an der großen **Armenian Ghat** bei Morgengrauen der meiste Betrieb. Zu dieser Stunde treiben zahlreiche traditionelle Turner und Ringer, Anhänger des Affengottes Hanuman, ihren Frühsport. Auf dem Weg nach Süden führt die durch die Schienen der Circular Railway vom Fluss getrennte Strand Rd an einigen Lagerhäusern, dem kürzlich eingeweihten **Millennium Park** und Fairly Place vorbei zu weiteren *ghats*. An der **Babu Ghat** mit ihrer zerbröckelnden Kolonnade sind morgens *pujari* (Priester) bei zeremoniellen

Howrah-Brücke

Rabindra Setu lautet der offizielle – aber wenig gebräuchliche – neue Name für eines von Kolkatas berühmtesten Markenzeichen, die 97 m hohe und 705 m lange Howrah-Brücke, (💻 www.howrahbridgekolkata.gov.in). Sie überwindet den Fluss in einer einzigen Spanne und ist damit die längste Auslegerbrücke der Welt. Sie wurde 1943 während des Zweiten Weltkriegs gebaut, um den alliierten Truppen Zugang zur burmesischen Front zu verschaffen und ersetzte eine ältere Pontonbrücke. Mit unzähligen Trägern, war sie die erste Brücke, die mit Hilfe von Nietverbindungen errichtet wurde. Noch heute wird sie von mehreren Millionen Pendlern überquert, und trotz der Beseitigung der Straßenbahngleise sind ihre acht Spuren ständig mit Fahrzeugen verstopft. In den 80er-Jahren war sie in einem so erbärmlichen Zustand, dass angeblich ein Mann, der sein liegen gebliebenes Fahrzeug schob, durch ein Loch gefallen und auf ewig verschwunden sein soll. Man sollte sich aber nicht abschrecken lassen: In den letzten Jahren wurden umfangreiche Ausbesserungsarbeiten durchgeführt, und das Erlebnis, sich im Strom der Fußgänger treiben zu lassen, hinterlässt einen nachhaltigen Eindruck.

Vidyasagar Setu, die zweite Brücke über den Hooghly, trägt nun 3 km weiter südlich zur Entspannung der Verkehrslage bei. Ihre Bauzeit betrug 22 Jahre. Sie ist eine riesige Mautbrücke, unter der Schiffe hindurchfahren können. Im Jahr 2006 machte die inkompetente Mautstelle einen Verlust von über US$7 Mio., was die Privatisierung zur Folge hatte.

Waschungen zugehen, und kräftige Masseure bieten ihre nicht unbedingt professionellen Dienste an. In der Nähe liegt der ebenso schmuddelige wie betriebsame Busbahnhof Babu Ghat, einer der Knotenpunkte für Überlandverbindungen, während wenige hundert Meter nördlich die Fähren (7.30–20 Uhr) an der **Chandpal Ghat** eine bequeme Alternative der Flussüberquerung bieten. Weiter südlich, zwischen Fort William und dem Fluss, offenbart sich die Strand Rd zunehmend als begrünte Promenade mit einem netten Café, Essensständen und Bootsausflügen (ca. Rs150/Std.) von einem kleinen Anleger in der Nähe des Cafés.

Botanischer Garten

Der Botanische Garten in Shibpur liegt 10 km südlich des Bahnhofs Howrah am Westufer des Hooghly. Erst nach Öffnung der zweiten Hooghly-Brücke haben die Stadtbürger die 109 ha große Anlage wiederentdeckt, die 1786 zur Entwicklung indischer Teesorten erschlossen wurde. Der Garten ist die Heimat von zahllosen Vogelarten, zu denen Watvögel, Kraniche und Störche gehören. Das große Gelände ist besonders im Winter und Frühling reizvoll. Beste Besuchszeit sind die frühen Morgenstunden, wenn es noch angenehm kühl ist. Berühmteste Sehenswürdigkeit ist der **weltweit größte Banyan-Baum**, der 24,5 m hoch ist und den erstaunlichen Umfang von 420 m aufweist. Sehenswert sind auch das Orchideenhaus, das Herbarium und die Farnhäuser. Am Fluss lädt ein Weg zum Spaziergang ein. 🕓 tgl. 7–17 Uhr, Eintritt frei.

Man erreicht den Garten in einer ermüdenden Fahrt von Esplanade mit dem Minibus oder einem der aschgrauen Busse Nr. C6. Von der Park St fährt die Nr. T9 ab, von Dharamtala (via Howrah) sind es die Minibusse Nr. 6. Von Chandpal Ghat setzen Fähren nach Shibpur über, wo Nahverkehrsmittel zu den Gärten abfahren. Ein Taxi von der zentralen Sudder St kostet für eine Strecke rund Rs100 und ist die bequemste Anfahrtsmöglichkeit.

Kolkatas Süden

Südlich von Maidan und Park St erstrecken sich Kolkatas **Vorstädte**, zu denen Alipore und Ballygunge gehören – beide in bequemer Distanz zum Zentrum. Die Verbindungsstraße nach Süden beginnt mit der Chowringhee Rd und verläuft südlich von Esplanade via **Kalighat** nach **Tollygunge** entlang der U-Bahn-Linie. Sie endet in der Nähe des vornehmen Tollygunge Club, dem Wohnsitz eines Indigo-Kaufmanns, der heute von makellosen Golfflächen und Reitpfaden umgeben ist (s. S. 821). Nordöstlich davon führt die Straße hinter einer weiß gekachelten, 1835 von Nachkommen Tipu Sultans gebauten Moschee zu den Parkanlagen von **Rabindra-Sarobar**. Sie werden auch einfach die „Seen" genannt und sind beliebt für Abendspaziergänge.

Alipore

Rund 3 km südlich der Park St verschwindet in Alipore der zerbröckelnde Glanz des 19. Jh. hinter einem Wald aus mehrstöckigen Gebäuden. Südlich des beliebten **Zoos** (⌚ tgl. außer Di 9–17 Uhr, Eintritt Rs5) führen elegante Tore mit Dreifachbögen zur früheren Residenz des Gouverneurleutnants von Bengalen, **Belvedere**. Heute ist hier die **Nationalbibliothek** untergebracht. Als die Hauptstadt nach Delhi verlegt wurde, blieb die Bibliothek in Kolkata und gewährt heute Einsicht in eine umfangreiche Büchersammlung, zahlreiche Zeitschriften, viele Nachschlagewerke und seltene Dokumente, die in einem klimatisierten Raum geschützt werden. ⌚ Mo–Fr 10–18 Uhr; separater Zeitungs- und Zeitschriften-Lesesaal am Esplanade: ⌚ Mo–Fr 9–14, Sa und So 10–18 Uhr, Eintritt frei.

Kalighat

Kolkatas wichtigster Tempel Kalighat (ca. 5 km südlich der Park St) ist über die Ashutosh Mukherjee Rd, eine Verlängerung der Chowringhee Rd, zu erreichen. Er steht im Herzen eines bunt gemischten, von Leben erfüllten Viertels aus Wohngebieten und Basaren. Die Zufahrtswege zum Tempel werden von Bettlern gesäumt, die auf Almosen von Pilgern hoffen, und auf den Hauptstraßen und Brücken bieten Prostituierte in einer erschreckend trostlosen Umgebung ihre Dienste an. Der typisch bengalische Tempel selbst wurde 1809 aus Ziegel und Mörtel errichtet und ist mit seiner gebogenen Dachform der **schwarzen Göttin Kali**, einer Erscheinungsform der Shakti, geweiht. Der Legende zufolge geriet Shiva nach dem Tod seiner Frau Sati in Raserei und begann mit ihrem toten Leib zu tanzen, so dass die gesamte Welt erbebte. Die Götter unternahmen mehrere Versuche, ihn zu bändigen, bis schließlich Vishnu seinen Sonnendiskus schleuderte und den toten Körper in 51 Teile zerstückelte. Jeder Ort, an dem eines dieser Teile zu Boden fiel, wurde zu *pitha*, einer Pilgerstätte für Anbeter des weiblichen Prinzips der Göttlichkeit – Shakti. Der Tempel Kalighat kennzeichnet den Ort, an dem ihr kleiner Zeh zu Boden fiel.

Der Tempel ist jederzeit geöffnet und stets gut besucht. Oft versuchen nach Bakschisch gierende Priester ausländische Besucher nach unten ins Kellergeschoss zu schieben, wo sie ein monolithisches Bildnis der Furcht erregenden Göttin mit den großen Augen und der blutigen Zunge anschauen können.

Im Hof hinter der Hauptversammlungshalle werden der Göttin zu bestimmten Anlässen wie Kali Puja Ziegen geopfert. Früher wurden dort angeblich sogar Menschenopfer dargebracht, um die Fruchtbarkeitsgöttin günstig zu stimmen. Im Norden des Tempelgeländes beten Frauen mit Kinderwunsch vor einem Lingam, und ringsum sorgen Läden für das Wohl der Pilger.

In der Nähe befindet sich Mutter Teresas Hort **Nirmal Hriday** für Arme und Sterbende.

Übernachtung

Wenn Ausländer in Kolkata eintreffen, mutmaßen Taxifahrer sofort, dass ihr Ziel die Sudder St nahe New Market ist. Diese aufregende Gegend mit einer Mischung aus Travellern, Geschäftsleuten und Bangladescher auf Durchreise bietet zahlreiche kleinere Budget- und Mittelklassehotels und liegt sehr zentral. Die meisten Hotels in der **Sudder St** gehören der unteren und mittleren Preisklasse an, wobei letztere oft übertuert sind und kein gutes Preis-Leistungs-Verhältnis bieten. Wer ein wenig mehr Luxus möchte, wird sich wohl woanders umschauen müssen. Wer einen Nachtflug gebucht hat, ist mit den einfachen *retiring rooms* (s. S. 99) am Flughafen ganz gut bedient (s. S. 834).

Kolkatas zahlreiche **Gästehäuser** (oft gemütliche Privathäuser oder Apartments mit Verpflegung) bieten Reisenden mit mittlerem Budget eine gute Alternative zur Sudder St.

Die **Guest Agency**, eine Abteilung von Travel & Cargo Service, 23 Shakespeare Sarani, ✆ 033-2290 9991, vermittelt Unterkünfte im gesamten Stadtgebiet.

Einige der **besten Hotels** der Stadt liegen ein wenig außerhalb, beispielsweise das luxuriöse Taj Bengal im südlichen Alipore, während am

Mutter Teresa

Kolkatas berühmteste Bürgerin, die am 19. Oktober 2003 von Papst Johannes Paul II. selig gesprochene Mutter Teresa (1910–97), wurde mit dem Namen Agnes Gonxha Bojaxhiu als Tochter albanischer Eltern geboren und wuchs in Skopje/Mazedonien auf. Nachdem sie sich dem irischen Orden Sisters of Loreto angeschlossen hatte, wurde sie als Lehrerin nach Darjeeling geschickt. Hier leistete sie im Mai 1931 ihr Gelübde und wurde Teresa. Bei ihrer Arbeit an der St Mary's School in Kolkata wurde sie der erschreckenden Armut um sich herum gewahr, und so legte sie 1948 mit Erlaubnis aus Rom ihr Nonnengewand ab, um sich fortan mit dem einfachen weißen Sari mit blauer Bordüre zu kleiden. Es wurde die Uniform der **Missionare der Barmherzigkeit**.

Die größte Berühmtheit unter Mutter Teresas zahlreichen Heimen und Kliniken erlangte Nirmal Hriday, 251 Kalighat Rd, ein Hospiz für Mittellose. Örtlichem Widerstand zum Trotz wählte Mutter Teresa Kolkatas wichtigstes hinduistisches Zentrum Kalighat zum Sitz dieser Einrichtung, weil sie wusste, dass sich viele Arme dorthin begeben, um in der Nähe einer heiligen tirtha (Furt) zu sterben. Ihr frommer und geradliniger Einsatz für die Armen trug ihr internationale Anerkennung ein, und 1979 erhielt sie für ihre Arbeit den Friedensnobelpreis. Später handelte sie sich wegen ihrer rigorosen Ablehnung der Abtreibung auch Kritik ein. Später wurde ihr auch vorgeworfen, Fortschritte der Medizin zu ignorieren, um die Seelen der Sterbenden und Verelendeten vor äußerer Einmischung zu retten. Die Kritik an ihrer Person aber erscheint im Licht ihrer ungeheuren Verdienste für die Menschlichkeit unangebracht.

Wer sich für die Arbeit der Missionaries of Charity interessiert, wendet sich an die Adresse Mother House, nahe Sealdah Station in 54A AJC Bose Rd, ✆ 033-2249 7115 (Do geschl.) wo es auch ein kleines Museum gibt. Gelegentlich werden Freiwillige, die hier arbeiten möchten, zwar abgewiesen, doch es werden Workshops als kurze Einführung in die Arbeit der Missionare veranstaltet (Mo, Mi und Fr 15–17 Uhr). In der Nähe befindet sich das Waisenhaus Shishu Bhavan, 78 AJC Bose Rd.

EM Bypass auf dem Weg zum Flughafen mehrere neue Hotels entstanden sind. Eine besondere Alternative ist der „Tolly" oder **Tollygunge Club**, der als einer der besten Clubs der Welt gilt.

Die unter „Sudder St, Park St und Chowringhee Rd" aufgeführten Unterkünfte sind auf der Karte „Chowringhee und Sudder St" verzeichnet (S. 818/819), alle anderen finden sich auf der Hauptkarte von Kolkata (S. 808/809).

Untere Preisklasse

Sudder St, Park St und Chowringhee Rd
Capital Guest House, 11B Chowringhee Lane, ✆ 033-2252 0598. Einfache Zimmer (teils AC) mit Warmwasser aus Eimern in einem großen Innenhof abseits des Rummels der Sudder St. ❸–❹

Centrepoint Guest House, 20 Mirza Ghalib St, ✆ 033-2252 8184. Freundliches, beliebtes Haus, etwas eng, mehrere Zimmer (z. T. mit AC) und zwei preiswerte, saubere, nach Geschlechtern getrennte Schlafsäle (Rs75). ❸–❹

Galaxy, 3 Stuart Lane, ✆ 033-2252 4565. Kleines Hotel mit nur vier sauberen Zimmern (Warmwasser, aber kein AC) und fairen Preisen. ❷–❸

Maria, 5/1 Sudder St, ✆ 033-2252 0860. Altes, verblichenes Gebäude mit hohen Decken und großen Zimmern (z. T. mit Bad), oft ausgebucht. Schlafsaal (Rs70), zuverlässiges Internet-Café und gemütliche Terrasse. ❷

Modern Lodge, 1 Stuart Lane, ✆ 033-2242 5960. Beengtes, trotz mürrischem – teils sogar unverschämtem – Personal schon seit den 60ern bei Rucksacktouristen beliebtes Hotel mit netter Dachterrasse. ❷

Oriental, 9A Marquis St, ✆ 033-2217 4536. Bescheidene Zimmer mit Kabel-TV, warmen Duschen (nur morgens) und Geldwechsel in einem sauberen, von Sikhs geführten Hotel. ❸–❹

Paragon, 2 Stuart Lane, ☏ 033-2252 2445. Beliebte und sehr Traveller-freundliche Unterkunft mit dunklen und etwas schmuddeligen Zimmern im Erdgeschoss und besseren Zimmern (z. T. mit Bad), die um eine Dachterrasse angeordnet sind. Auch Dorm-Betten (Rs80). ❷–❸

Salvation Army Red Shield Guest House, 2 Sudder St, ☏ 033-2252 0599. Gute Option, über Jahre hinweg kaum verändert. Schlafsäle (ab Rs70) und einige DZ (teils AC). Hinter dem großen Eingangstor lässt man Lärm und Dreck von draußen hinter sich. ❷–❹

Timestar, 2 Tottee Lane, ☏ 033-2252 8028. Große Zimmer in alter Villa mit Fan und Warmwasser aus dem Eimer, manche Zimmer mit TV. ❷–❸

Andere Stadtteile

Airways Lodge, No. 2 Airport Gate, Kolkata Airport, ☏ 033-2512 7280. Preiswerte Unterkunft in Flughafennähe mit einfachen, aber sauberen Zimmern. Bequem bei frühem Abflug und später Ankunft. ❷–❹

Eastern Railway Yatri Niwas, Howrah Station, ☏ 033-2660 1742. Großes Haus mit kleinen Schlafsälen (Rs100) und DZ (teils AC), nur für Reisende mit Langstrecken-Tickets. Höchstaufenthalt eine Nacht, Check-out 9 Uhr. Statt des langweiligen Restaurants empfiehlt sich der nahe gelegene Speisesaal **Comesum** in der South Station des Howrah-Bahnhofs. ❸–❹

Komala Villas, 73 Rashbehari Ave, Lake Market, ☏ 033-2464 1960. Sauberes und beliebtes Hotel unter südindischer Leitung mit ausgezeichnetem Restaurant und guter Auswahl an Unterbringungsmöglichkeiten, von Schlafsaalbetten (Rs150) bis zu Deluxe-Zimmern mit AC. ❸–❺

Mittlere Preisklasse

Sudder St, Park St und Chowringhee Rd

Astoria, Sudder St, ☏ 033-2252 9679. Gute Lage und ein Hauch von Komfort. Etwas überteuerte, simple AC-Zimmer mit Roomservice anstatt eines Restaurants. Beliebt bei Geschäftsreisenden. ❺–❻

Choudhurys' Guest House, 55 Chowringhee Rd, ☏ 033-2281 1817. Beliebt bei Geschäftsleuten und Dauergästen. Altmodische Zimmer mit hohen Decken und einigen Annehmlichkeiten. Ruhige Lage nahe dem Maidan. Zeitig reservieren. ❹–❻

Sikkim House, 4/1 Middleton St, ☏ 033-2281 5328. Staatliches Gästehaus in günstiger Lage mit kleiner Auswahl an sehr preiswerten Zimmern. Oft ausgebucht, also reichlich im Voraus reservieren. Das Restaurant Red Panda serviert hervorragende *thukpa*. ❺

Chowringhee und Sudder St

N, 0 100 m

Übernachtung

Astor	K
Astoria	O
Capital Guest House	S
Centrepoint Guest House	M
Choudhurys' Guest House	L
Fairlawn	N
Galaxy	W
Housez43	E
Kenilworth	J
Lytton	C
Maria	Q
Modern Lodge	V
Oberoi Grand	A
Oriental	D
Paragon	U
Park	F
Salvation Army Red Shield Guest House	P
Sikkim House	I
Sunflower Guest House	G
Super Guest House	R
Timestar	T
YMCA	B
YWCA	H

Restaurants und Bars

Aaheli	1
Arsalan	4
Astor	K
Baan Thai	A
Bar-B-Q	6
Barista	5
Blue and Beyond	19
Blue Sky Café	20
The Blue Potato	17
Chowringhee Bar	A
Fairlawn	N
Fire and Ice	14
Flury's	10
Fresh & Juicy	22
Gupta Brothers	9
Ivory	16
Marco Polo in China	13
Mocambo	7
Nahoum & Sons	3
Nizam's	2
One Step Up	8
Park	F
Peter Cat	11
Shisha	16
Sourav's	12
Sunset Bar	C
Tangerine	15
Venom	18
Zurich	21

Map: Kolkata und Westbengalen — Kolkata – Übernachtung

Inset (upper left):
- LINDSAY STREET
- MADGE LANE
- HARTFORD LANE
- MIRZA GHALIB STREET
- SUDDER STREET
- CHOWRINGHEE LANE
- TOTTEE LANE
- STUART LANE

Markers in inset: ⑲, N, P, @, ㉒, ⑳, ㉑, O, M, B, C, Q, R, S, T, U, V, W

Main map labels:
- Busbahnhof Esplanade ①
- New Market ③
- s. Ausschnitt
- LINDSAY STREET
- MADGE LANE
- HARTFORD LANE
- SUDDER STREET
- CHOWRINGHEE LANE
- MARKET STREET ②
- MARQUIS STREET
- MIRZA GHALIB STREET
- Indisches Museum
- CHOWRINGHEE ROAD
- DR M ISHAQUE ROAD
- Gandhi-Statue
- OUTRAM ROAD
- Asiatic Society
- PARK ST
- Oxford Bookshop
- RIPON STREET ④
- ROYD STREET
- RAFI AHMED KIDWAI ROAD
- PARK LANE
- PARK STREET
- Polizei
- Survey of India (Kartenverkauf)
- MAIDAN
- RUSSEL STREET
- MIDDLETON STREET
- MIDDLETON ROW
- British High Commission
- LITTLE RUSSEL STREET
- HO CHI MINH SARANI
- Everest House (ITDC-Büro)
- CAMAC STREET
- WOOD STREET
- SHORT STREET
- Nature park
- Pantaloons Department Store
- OUTRAM STREET
- India Tourism Office
- Birla Planetarium
- LORD SINHA ROAD
- SHAKESPEARE SARANI (THEATRE RD)
- Victoria Memorial
- St Paul's Cathedral
- CATHEDRAL ROAD
- PRETORIA ST
- HUNGER FORD STREET
- LOUDON ST
- British Council
- ALBERT RD
- MOIRA STREET
- Friedhof Park Street

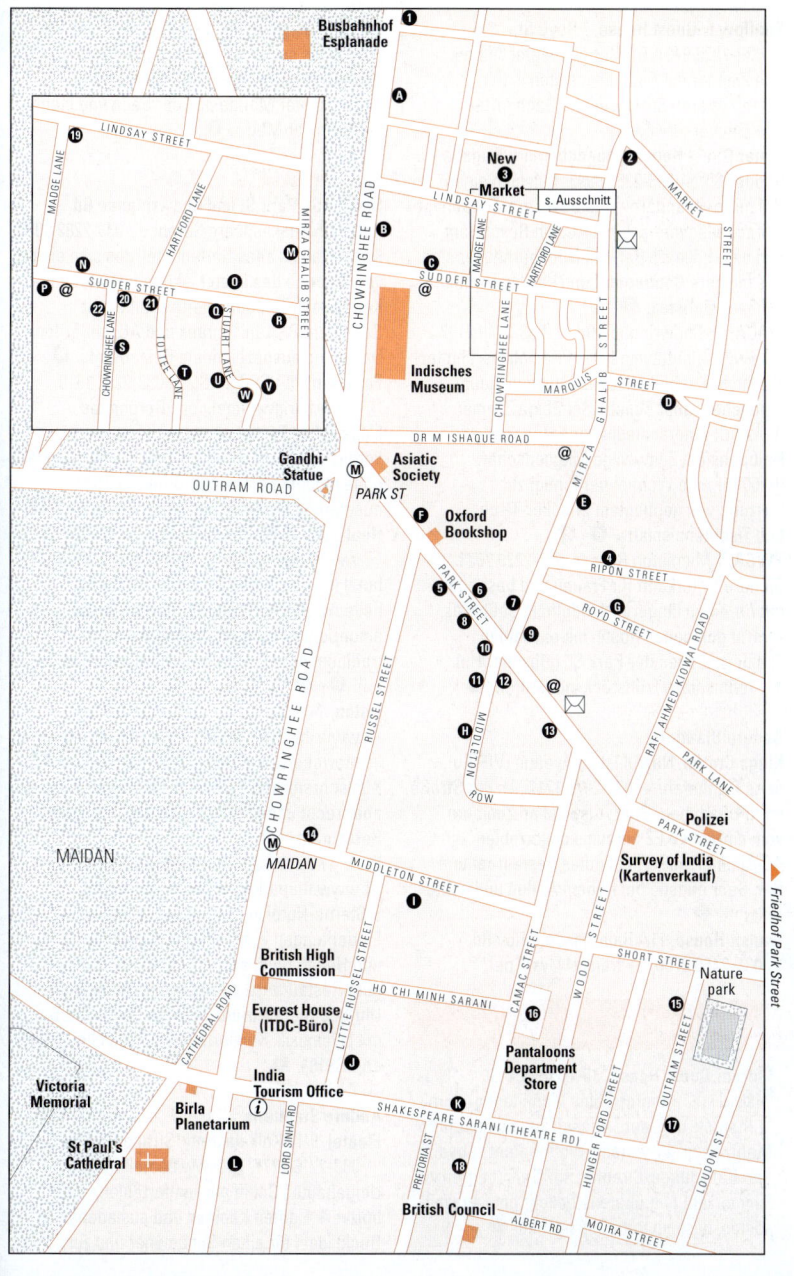

Markers on main map: A, ②, ③, B, C, @, D, M, F, E, ⑤, ⑥, ⑦, ⑧, ⑨, ⑩, ⑪, ⑫, G, @, ⑬, H, ⑭, M, I, J, ⑯, K, ⑮, ⑰, L, ⑱

Sunflower Guest House, 7 Royd St, ☏ 033-2229 9401. Großer gepflegter Altbau. Alle Zimmer mit Bad, die meisten in den beiden oberen Stockwerken. Dachgarten und Zimmerservice. ❹

Super Guest House, gegenüber Fire Brigade, Sudder ST, ☏ 033-2252 0995. Teilt sich einen Hof mit zwei anderen Gästehäusern. Geräumige, einfache Zimmer z. T. mit AC, ein Restaurant und eine beliebte Bar. Die Nachbarhäuser sind das billigere **Continental** und das kleine aber saubere **Gulistan**. ❸–❹

YMCA, 25 Chowringhee Rd, ☏ 033-2249 2192, 🖥 www.calcuttaymca.org. Ehemals berühmter Nachtclub nahe Indisches Museum, heute verblichen, aber beliebt. Schäbige Zimmer (teils AC) unterschiedlicher Kategorien mit Halbpension. Zeitweilige Mitgliedschaft (Rs50 für eine Woche) berechtigt zur Nutzung von gepflegtem Snooker-Tisch und Tischtennisplatte. ❹–❺

YWCA, 1 Middleton Row, ☏ 033-2229 7033. Sichere Unterkunft für Frauen und besonders gut für einen längeren Aufenthalt. Sauberes, zentral gelegenes Hostel mit passablen Zimmern unweit der Park St, hübscher Hof mit Tennisplatz. Frühstück inbegriffen. ❹

Andere Stadtteile

Kings Crown, Nazrul Islam Avenue (VIP Rd), nahe Flughafen, ☏ 033-2573 1712. An der Straße nach Ultadunga. Gute Auswahl an Zimmern, vom einfachen EZ bis zum komfortablen AC-Zimmer, außerdem gutes Restaurant und Bar. Sehr günstig bei frühem Abflug und später Ankunft. ❺

Transit House, 11A Raja Basanta Roy Rd, ☏ 033-2466 2700, ✉ transit1@vsnl.net.

Für Langzeitgäste

Indrani Guest House, 3B Lovelock St, ☏ 033-2486 6712. Komfortables Familienhotel mit Frühstück und auf Wunsch hausgemachten Mahlzeiten in einem Wohngebiet abseits der Ballygunge Circular Rd. Sehr begrenzte Zimmerzahl und überaus beliebt bei Langzeitgästen, deshalb frühzeitig buchen. ❺

Exzellentes, gemütliches Gästehaus, das für Frauen als sicher gilt. Geräumige Zimmer. Abseits des Zentrums, jedoch in der Nähe interessanter Märkte und der Seen und nicht weit von der Metro. ❺

Obere Preisklasse
Sudder St, Park St und Chowringhee Rd

Astor, 15 Shakespeare Sarani, ☏ 033-2282 9950. Komfortables altes Gartenhotel, das sich einiges vom Charme des alten Kalkutta bewahrt hat. Komfortable, modernisierte Zimmer mit Satelliten-TV, Kühlschrank und AC, außerdem Disco und ausgezeichnete Restaurants. ❽

Fairlawn, 13A Sudder St, ☏ 033-2252 1510, 🖥 www.fairlawnhotel.com. Berühmtes klassisches Familienhotel mit charmanter, verblichener und exzentrischer Raj-Atmosphäre ohne moderne Elemente. Drinks auch für auswärtige Gäste im üppig grünen Garten. ❽

Housez43, 43 Mirza Ghalib St, ☏ 033-2227 6020, 🖥 www.housez43.com. Reizendes Boutiquehotel in einem alten Gebäude. Moderne, helle AC-Zimmer, elegant-minimalistisch eingerichtet. Ein paar Zimmer weisen traditionellere Elemente – wie Himmelbetten – auf. ❽–❾

Lytton, 14 Sudder St, ☏ 033-2249 1872, 🖥 www.lyttonhotelindia.com. Modernstes und komfortabelstes Hotel in dieser Straße mit AC, Kühlschrank und Satelliten-TV in allen Zimmern, aber recht unpersönlich. Bar und zwei gute Restaurants. ❽

Park, 17 Park St, ☏ 033-2249 9000, 🖥 www.theparkhotels.com. Modernes 5-Sterne-Hotel in bester Lage, sämtliche Einrichtungen vorhanden, z. B. Swimming Pool und Health Club, später Check-out. Drei sehr gute Restaurants, darunter das rund um die Uhr geöffnete **Atrium**, beliebte Disco und Bar mit Livemusik. Komfortable und stilvolle Zimmer ab US$194. ❾

Andere Stadtteile

Floatel, 9/10 Kolkata Jetty, Strand Rd South, ☏ 033-2213 7777, 🖥 www.floatelhotel.com. Umgebautes Schiff mit komfortablen, holzverkleideten Kabinen und ausladendem Deck; ideal für einen Sundowner und zum

Leute-Beobachten. Das Essen ist jedoch ziemlich enttäuschend. Zimmer ab US$143. ⑨

Hindusthan International, 235/1 AJC Bose Rd, ℡ 033-4001 8000, 💻 www.hindusthan.com. Renoviertes, aber einfaches und etwas überteuertes Businesshotel in günstiger Lage. Komfortable, konservativ eingerichtete Zimmer. Ausgezeichnete Einrichtungen inkl. Reisebüro, Restaurants, Disco, Fitnesscenter und Freibad. Zimmer ab US$150. ⑨

Hyatt Regency, JA-1 Sector 3, Salt Lake City, ℡ 033-2335 1234, 💻 www.kolkata.regency.hyatt.com. Luxushotel am Eastern Bypass auf dem Weg zum Flughafen, aber auch in günstiger Lage zur Stadt. Eindrucksvoller Bau mit weitläufigen Foyers, Restaurants, palmengesäumtem Swimming Pool und sämtlichem Komfort. Zimmer ab US$197. ⑨

Sonar Bangla, Eastern Bypass, ℡ 033-2345 4545, 💻 www.itcwelcomgroup.in. Betriebsames Hotel, dessen Beliebtheit vor allem auf seiner lockeren, gastfreundlichen Atmosphäre und der günstigen Lage zwischen Stadt und Flughafen basiert. Ausgezeichnetes Angebot an Restaurants, Bars und Discos. Von außen nicht sehr ansprechend, aber mit sämtlichem Komfort und Service, den man von einem 5-Sterne-Hotel erwartet. Zimmer ab US$270. ⑨

Taj Bengal, 24B Belvedere Rd, Alipore, ℡ 033-2223 3939, 💻 www.tajhotels.com. Opulentes Paradehotel, das bengalische Elemente mit dem Prunk der Taj-Kette zu verschmelzen sucht. Ausgezeichnete Restaurants (darunter ein chinesisches und eine indisches), Swimming Pool und Discothek. Zimmer ab US$226. ⑨

Tollygunge Club, am südlichen Ende der U-Bahn-Linie, 120 Deshapran Sasmal Rd, ℡ 033-2473 2316. Dieser exklusive Club bietet eine Auswahl an Cottages und Zimmern in einem von zwei modernen, aber gesichtslosen Blocks. Der Preis schließt die vorübergehende Mitgliedschaft ein, inkl. Nutzungsberechtigung für den 18-Loch-Golfplatz, die Reit-, Schwimm-, Tennis- und Squash-Möglichkeiten. Außerdem stehen Außen- und Innenrestaurants, eine gute Bar und ein ayurvedisches Gesundheitszentrum zur Verfügung. Man sollte jedoch unbedingt im

Kolonialer Luxus

Oberoi Grand, 15 Chowringhee Rd, ℡ 033-2249 2323, 💻 www.oberoihotels.com. Von Grund auf renoviertes Haus mit viktorianischer Fassade aus dem Jahre 1938. Eine lokale Institution mit zuvorkommendem Service und komplett renovierten Zimmern in einem Stilmix aus Tradition und Moderne. Swimming Pool, thailändische und indische Restaurants. Zimmer ab US$246. ⑨

Voraus das Sekretariat kontaktieren, denn der Club ist außerordentlich beliebt und daher oft ausgebucht. ⑧

Vedic Village, Shikarpur, Rajahat, ℡ 03216-263180, 💻 www.thevedicvillage.com. Weitläufiges Gelände mit sehr hübschen, modernen Cottages um einen See, luxuriösen Zimmer im Hauptgebäude. Gutes Restaurant, Swimming Pool und ausgezeichnetes Gesundheitszentrum auf Naturheilbasis. 28 km vom Zentrum Kolkatas, aber nur 12 km vom Flughafen entfernt über enge und kurvenreiche Dorfstraßen. ⑧–⑨

Essen

Obwohl Kolkatas Einwohner gerne essen gehen, beschränkte sich die traditionelle bengalische Küche noch bis vor kurzem auf den heimischen Herd. Inzwischen gibt es jedoch einige ausgezeichnete Restaurants, die diese wunderbare, auf Fisch basierende Küche pflegen. Die beliebtesten Gerichte entstammen aber der chinesischen Küche und werden entsprechend dem lokalen Geschmack gewürzt und zubereitet. In dieser Hinsicht hat Kolkata eine reiche Tradition und sogar eine eigene Chinatown in Tangra an der Straße zum Flughafen (dort schließen die Restaurants aber schon gegen 22 Uhr). Gute südindische und moslemische Küche bieten Lokale wie *Roy*al; die vom Restaurant Nizam's erfundene *kathi roll* hat sich als integraler Bestandteil der Kolkata-Küche etabliert. Tibetische Cafés in der Suburban Hospital Rd nahe der U-Bahn-Station Rabindra Sadan servieren *momos* und *thukpa*.

Die Garküchen und Cafés in der Umgebung der **Sudder St** versorgen vor allem westliche Reisende, die in den Hotels der Umgebung wohnen. *Chai*-Stände und Snack-Buden an der Straße bieten eine appetitliche Alternative. In der betriebsamen Umgebung des **New Market** findet sich auch ein moslemisches Viertel mit guten Restaurants, die überwiegend Fleischgerichte servieren. Viele internationale Fastfood-Ketten sind hier vertreten.

New Market und Sudder St

Alle nachfolgend aufgeführten Lokale sind auf der Karte „Chowringhee und Sudder Street" verzeichnet (S. 818/819).

Aaheli, Peerless Inn, 12 Chowringhee Rd, ✆ 033-2288 0301. Hervorragendes bengalisches Restaurant mit Hausmannskost, aber auch festlichen Mahlzeiten, serviert von Kellnern in traditionellen dhotis. Sehr gut ist *maha thali* (großes *thali*). Rund Rs600 p. P. Keine Bar.

Arsalan, 119A Ripon St, ✆ 033-6569 9579. Großes, neues Restaurant mit guter Auswahl chinesischer u. a. Speisen. Berühmt ist es für seine Mogul-Küche mit Kebabs und exzellenten Biriyanis (rund Rs250).

Baan Thai, Oberoi Grand Hotel, 15 Chowringhee Rd, ✆ 033-2249 2323. Hier muss man zwar tief in die Tasche greifen – Rs1600 und aufwärts p. P. –, bekommt dafür aber die bei Weitem beste Thai-Küche der Stadt. Auf der Karte stehen z. B. *poo krapaw* (gefüllte Krabben) und Klassiker wie rotes Curry.

Blue and Beyond, 9th Floor, Hotel Lindsay, 8A Lindsay St. Dachrestaurant und Bar mit fantastischer Aussicht über New Market und die umliegende Stadt; vor allem bei Dämmerung. Es gibt gute indische und günstige chinesische Gerichte sowie Frühstück und Buffets.

Blue Sky Café, Sudder St, an einer Ecke inmitten der Szene. Treffpunkt der Budget-Reisenden mit allen beliebten Speiseangeboten. Sauber, gut geführt und beliebter Treffpunkt zum Informationsaustausch.

Fresh & Juicy, 2/7 Sudder St. Dieses kleine Café bietet nicht nur Fruchtiges, sondern auch abwechslungsreiche Menüs, Snacks und chinesisches *haka*.

Nahoum & Sons, F20, New Market. Sagenhafte jüdische Bäckerei und Konditorei, deren Angebot köstliche Obstkuchen, Cashew-Makronen, jüdisches Zopfbrot, Käsehappen, Hühnerpasteten und Teigtaschen mit Rahmkäse umfasst.

Nizam's, 22–25 Hogg Market, nördlich hinter New Market. Das Original-Restaurant hat die legendäre *kati roll* erfunden; Schischkebab in *paratha* (indisches Weißbrot). Unter anderer Leitung und mit greller Neuaufmachung ist von dem Mythos nicht mehr viel übrig, auf einen Snack vorbeizuschauen lohnt sich aber doch.

Zurich, 3 Sudder St. In der Nähe des Blue Sky Café, auf die Reiseszene ausgerichtet, gemütlich. Gutes Essen und entspannte Atmosphäre.

Umgebung Park St

Alle nachfolgend aufgeführten Lokale sind auf der Karte „Chowringhee und Sudder St" verzeichnet (S. 818/819).

Astor, 15 Shakespeare Sarani, ✆ 033/2242 9950. Bar und mehrere Restaurants, unter anderem das internationale *Serai* und das *Banyan Tree* mit bengalischer Küche. Beste Empfehlung aber ist *Kebab-e-Que* im Garten, das vorzügliches *tandoori* und leckeres sind *moti kebab* (Pilze und *paneer*) serviert.

Bar-B-Q, 43 Park St. Alteingesessener und beständiger Favorit mit chinesischer und viel gepriesener *tandoori*-Küche. Angenehmes Ambiente mit AC und Bar im Untergeschoss. Als Mittagsspecial gibt es persische Delikatessen wie *chelo kababs* auf Reis. Hauptgerichte Rs300.

Barista, 12D Park St. Der Kolkata-Ableger der modernen und beliebten landesweiten Kette serviert Snacks und guten Kaffee. Kleine Buchhandlung im Obergeschoss.

The Blue Potato, Outram St, 27 Shakespeare Sarani, ✆ 033-3259 7833. Elegantes Ambiente und ein britischer Promi-Koch machen dieses internationale Restaurant zum Stadtgespräch. Auf der Karte stehen Neuseeland-Lamm, Filets, Lachs, eine gemischte Grillplatte für Rs1100 sowie einige vegetarische Gerichte.

Flury's, 18 Park St, Ecke Middleton Row. Eine der bekanntesten Adressen Kolkatas und

Pasta und Pizza

Fire and Ice, Kanak Building, 41 Chowringhee Rd, ☏ 033-2288 4073, 🖥 www.fireandice pizzeria.com. Trendige Bistro-Bar mit kostenlosem WLAN-Anschluss. Auf der Karte stehen authentische, italienische Gerichte, Pizzas und *al fiumé* (frische Flußkrebs in Olivenöl); ein Menü kostet rund Rs600. Abends oft überfüllt.

legendäre schweizerische Teestube und Patisserie, inzwischen vollständig renoviert. Früher locker und entspannt, heute moderner aber niveauvoll. Gute Kuchen, Pasteten und Schweizer Torten, eigene Schokoladenherstellung. Besonders empfehlenswert sind die Rumkugeln und das Frühstück.
Gupta Brothers, 42A Park Mansions, Mirza Ghalib St. Ausgezeichnete, preiswerte vegetarische Snackbar mit Kuchentheke und gutes Rajasthani-Restaurant im Obergeschoss.
Ivory, Block D, 5th Floor, Pantaloons Department Store, 22 Camac St. Schickes Restaurant in der obersten Etage des Konsumtempels. Die vielseitige Speisekarte (ab Rs600) bietet einiges an indischen Gerichten, aber auch eine chinesische und „weltweite" Auswahl wie Kreolische Garnelen und Ratatouille.
Marco Polo in China, 24 Park St. Luxuriöses Restaurant, das die besten chinesischen Gerichte dieser Gegend, u. a. Dim Sum und Seafood-Spezialitäten wie Hummer und gedämpften Fisch, serviert. Außerdem gibt es ein empfehlenswertes Mittagsbuffet für Rs500.
Mocambo, 25B Park St, Ecke Mirza Ghalib St. Alteingesessenes Restaurant, das seine Qualität stetig verbessert. Inzwischen eine Institution mit eleganter, aber entspannter Atmosphäre und guter, gemischter Speisekarte, die von *chicken kiev* bis Pizza reicht.
One Step Up, 18A Park St. Helles neues Bistro mit großer Auswahl an Sandwiches und leichten Mahlzeiten bis zu *tandoori* und Gebäck. Zum Mittagessen besonders beliebt, aber auch für einen frühabendlichen Drink ideal.
Park, 17 Park St, ☏ 033-2249 3121. Dieses Luxushotel gilt als eine der besten kulinarischen Adressen der Stadt. Das Zen serviert Gerichte aus Thailand, China, Japan und Indonesien, das Saffron ist auf indische Küche spezialisiert, aber auch das rund um die Uhr geöffnete Café Atrium hat eine gute Speisekarte.
Sourav's, 20G Park St, Middleton Row, ☏ 033-2249 4646. Eigentümer ist der berühmte Kricketspieler Ganguly, dessen Fans in Scharen zu diesem ausgefallenen und modernen 4-stöckigen Restaurantkomplex pilgern, ganz oben mit pompöser Bar und Disco. Das One-Day serviert leichte Mahlzeiten wie Sandwiches, dosas und Pizza. Over-Boundary ist ein nobles und entsprechend teures internationales Restaurant, und schließlich gibt es noch das vegetarische Maharaj.
Tangerine, 2/1 Outram St, ☏ 033-2281 5450. Dank der Fenster im 1. Stock kann man hier die tolle, parknahe Lage optimal genießen. Neben dem einzigartigen Ambiente werden abwechslungsreiche Speisen geboten: Nudeln aus Singapur, *meen moilly* (Fischcurry aus Kerala) und gegrillter Hummer für Rs635.

Umgebung Chandni Chowk

Alle nachfolgend aufgeführten Lokale sind auf der Karte von Kolkata verzeichnet (S. 808/809).
Eau Chew, P32 Mission Row Extension, Ganesh Chandra Ave, ☏ 09830-141857. Dieses legendäre Familienrestaurant über einer Tankstelle erinnert an die Blütezeit von Chinatown und serviert authentisches chinesisches Essen. Der langsam gegarte Eintopf ist besonders lecker, muss aber im Voraus bestellt werden.
Amber, 11 Waterloo St, ☏ 033-2248 6520. Eine echte Institution Kolkatas, deren Beliebtheit nicht nachlässt. Hier gibt es legendäre *mughlai*- und *tandoori*-Gerichte. Etwas dunkle, vornehme Atmosphäre auf drei Stockwerken, Bar im Untergeschoss.
India Coffee House, 15 Bankim Chatterjee St (in unmittelbarer Nähe des College St). Café mit Atmosphäre und langer Geschichte mitten im Herzen des Universitätsviertels, in dem sich Studenten und Intellektuelle treffen.

Umgebung AJC Bose Rd

Alle nachfolgend aufgeführten Lokale sind auf der Karte von Kolkata verzeichnet (S. 808/809).

Bengalische Köstlichkeiten

Kewpie's Kitchen, 2 Elgin Lane, ✆ 033-2475 9880. Privathaus mit angegliedertem Restaurant. Üppige bengalische Spezialitäten: *lucci* sowie Fisch- und Krabbengerichte wie *malai chingri* (Krabben in Sahne) und *daber-chingri* (Krabben in grüner Kokosnuss). Mo geschlossen.

Oh! Calcutta, 4th Floor, Forum, 10/3 Elgin Rd. Elegantes Restaurant im obersten Stockwerk eines Einkaufszentrums mit Betonung auf bengalischen Fischgerichten.
Suruchi, 89 Elliot Rd. Betrieben von der All Bengal Women's Union, 🖳 www.abwu.org., einem Wohlfahrtsverein für ehemalige Prostituierte und deren Kinder. Großartige Adresse, um einfache bengalische Küche zu kosten. Ungezwungene Atmosphäre, niedrige Preise und zum Mittagessen sehr zu empfehlen. Sa und So abends geschlossen.

Kolkatas Süden

Alle nachfolgend aufgeführten Lokale sind auf der Karte von Kolkata verzeichnet (S. 808/809).
6 Ballygunge Place, Ballygunge Place, ✆ 033-2460 3922. Eines der beliebten Bengali-Restaurants der neuen Generation; geschmackvolle Einrichtung und traditionelles Ambiente. Tipp: Reis und *shuktoni* (eine bittere Gemüseart) zur Vorspeise, *doi bhekti* (Fisch in Joghurtsoße) als Hauptgang und *mishti doi* (süße Quarkspeise) zum Dessert.
Banana Leaf, 73 Rashbehari Ave, Lake Market. Äußerst beliebtes Restaurant mit schlichtem Dekor und effizientem Service. Hier gibt es mit die besten südindischen Speisen der Stadt.
Bay of Bengal, 6 Dr Satyananda Roy Rd, beim Kino Menoka. Gute Adresse für bengalische Hausmannskost mit Speisen à-la-carte und festen Menüs wie dem fürstlichen *Mahabhoj*. Zu den Spezialitäten zählen *ilish* (ein besonders delikater Fisch, den man am besten im Frühjahr genießt), *posto* (gedünstetes Gemüse mit Sesamsamen) oder *mangsho jhol* (Schafscurry).
Bhojohori Manna, 18/1A Hindustan Rd, ✆ 033-2466 3941. Beliebte bengalische Kette mit vorwiegend lokalen Speisen. Es sind aber auch Einflüsse anderer Landesteile erkennbar, z. B. gibt es Tandoori oder gegrilltes *masals bhekti*. Man muss mit Wartezeiten rechnen. In der Ekdalia Rd gibt es eine (kleinere) Filiale.

Übrige Bezirke

Alle nachfolgend aufgeführten Lokale sind auf der Karte von Kolkata verzeichnet (S. 808/809).
Comesum, South Station, Howrah-Bahnhof. Makellos sauberer Speisesaal in einem relativ ruhigen Anbau des Bahnhofs. Das Angebot reicht von Sandwiches und Pizza bis zu südindischen und chinesischen Gerichten. Der Stand Haldiram serviert heiße *kachori* und hervorragende Süßspeisen.
Haldiram Bhujiwala, 58 Chowringhee Rd. Snackbar, Konditorei und Café. Vegetarische Selbstbedienungskette mit guter aber wenig origineller Küche: Samosas, *thalis* (ab Rs56) und *dosas*, sowie Eiscreme. Weitere Filialen gibt es u. a. in Middleton Row und in einem mehrstöckigen Supermarkt in der Gariahat Rd in Ballygunge.
Kim Fa, 47 South Tangra Rd, ✆ 033-2329 2895. Eines der besten China-Restaurants in Tangra. Tipp: Thailändische Suppen, Garnelen mit Chili (scharf!) . Falls es zu voll ist, bietet Lily's Kitchen in derselben Straße eine Alternative.
Mainland China, 3A Gurusaday Rd, ✆ 033-2287 2206. Schickes chinesisches Restaurant mit gutem Service und ausgezeichnetem Seafood. Gilt weithin als das beste der Stadt, obwohl die Speisen z. T. etwas verkocht sind.
Royal, nahe Nakhoda Masjid, Rabindra Sarani. Bei einem Abstecher in diese Gegend ist das legendäre moslemische Restaurant ein Muss. Serviert werden Speisen wie *biriyani* oder aromatisch gewürztes Hähnchen- oder Ziegenfilet mit *rumali roti* (dünnem „Taschentuchbrot").

Unterhaltung

Neben den nachfolgend aufgeführten Adressen sind die großen Hotels gute Anlaufpunkte für einen Drink; einige verfügen auch über **Discos**.
Bar-B-Q, 43 Park St. Unterhalb des gleichnamigen Restaurants, eine der stilvolleren Bars dieser Gegend mit hervorragendem Essen.

Blue and Beyond, 9th Floor, Hotel Lindsay, 8A Lindsay St. Der Blick über die Stadt und den geschäftigen New Market unten auf den Sonnenuntergang, machen diese Bar zum idealen Plätzchen für einen Drink.
Chowringhee Bar, Oberoi Grand, Chowringhee Rd. Vornehm, ruhig, elegant – aber auch teuer.
Fairlawn, 13 A Sudder St. Dieser verwinkelte Biergarten inmitten herrlicher Grünanlagen ist wunderbar für einen abendlichen Drink.
Park Hotel, 17 Park St. Das Park Hotel bietet einiges an Bars und Discotheken. Im Tantra, dem gefragtesten Nachtclub der Stadt, wird unter der Woche ab 19 Uhr und am Wochenende ab 16 Uhr gefeiert. In der schummrigen Bar Someplace Else spielen Coverbands altbekannte westliche sowie indische Titel und im Aqua neben dem Pool – sowohl Bar als auch Restaurant – legt abends ein DJ auf.
Peter Cat, 18A Park St. Gute Adresse für einen Drink und umfangreiche Speisekarte in einem eleganten, angenehmen Ambiente.
Shisha, 5th Floor, Block D, 22 Camac St, im obersten Stockwerk eines Einkaufszentrums. Die Hookah Bar in der Disco gilt als *die* Szene-Adresse in Kolkata. Pseudo-Araber bieten würzige Wasserpfeifen an, und für weniger abenteuerlustige Gäste gibt es Zigarren. Der Haus-DJ legt zu Cocktails und Mocktails (alkoholfreien Drinks) auf.
Sunset Bar, Lytton Hotel, Sudder St. Freundlich und gemütlich, beliebter Treffpunkt für Touristen.
Underground, Hindusthan International Hotel, 235/1 AJC Bose Rd. Beliebte Disco, ⏱ 21–3 Uhr.
Venom, FortKnox, 6 Camac St. Angesagter Partytreff mit Lounge-Bar und Tanzfläche. Der DJ legt alles Mögliche von Bhangra bis Hip-Hop auf.

Galerien

Bengalen besitzt eine lange Tradition für zeitgenössische Kunst. Mit wachsendem Erfolg und Kunstspekulationen entstanden überall in der Stadt neue Galerien mit Werken von hoher Qualität. Ausstellungstermine listet das Stadtmagazin Cal Calling. Neben der Academy of Fine Arts sind folgende Adressen einen Besuch wert.

Birla Academy of Art und Culture, 108 Southern Ave, ☏ 033-2466 2843, 🖥 www.birlaart.com. Antike und moderne Kunst mit regelmäßigen Ausstellungen zeitgenössischer indischer Künstler. ⏱ Di–So 15–20 Uhr, Eintritt Rs5.
Chemould, 12 Park St, ☏ 033-2229 8641. Kunstgalerie mit gelegentlichen Ausstellungen und Bilderrahmung. ⏱ Mo–Sa 10–19 Uhr, Eintritt frei.
CIMA (Centre of International Modern Art), 2nd Floor, Sunny Towers, 43 Ashutosh Chowdhury Ave, ☏ 033-2474 8717, 🖥 www.cimaartindia.com. Renommierte Ballygunge-Galerie mit Werken zeitgenössischer Künstler. ⏱ Di–So 14–20 Uhr, Eintritt frei.
Galerie 88, 28B Shakespeare Sarani, ☏ 033-2247 2274. Privatgalerie mit zeitgenössischen indischen Gemälden, Sonderausstellungen und Verkauf von Künstlerbedarf. ⏱ Mo–Sa 10–19 Uhr, Eintritt frei.

Kinos

An der Chowringhee Rd nahe Esplanade und New Market zeigen Kinos mehrmals tgl. englischsprachige Filme. Alle sind klimatisiert, und manche – wie das **Lighthouse** am Humayan Place – sind schöne Beispiele für Art déco. Andere Adressen: **Inox**, ein modernes Multiplex im Forum, Elgin Rd; **Elite**, S. N. Banerjee Rd; **Chaplin**, Chowringhee Place. Das **Nandan** hinter Rabindra Sadan, AJC Bose Rd, ☏ 033-2223 1210, das führende Kino der Stadt, hat auch eine Bibliothek, ein Archiv und Vorführrräume.

Musik und Tanz

Manchmal gibt es in Kolkatas Bars und Restaurants westliche Livemusik, und die lebendige Kunstszene ist für ihre eigene Musik bekannt. Nirgendwo im Land soll das Publikum so anspruchsvoll sein wie hier. Konzert-Saison ist im Winter und Frühling. Ende Jan/Anfang Feb findet im Süden Kolkatas das große, einwöchige **Dover Lane Music Festival** statt, bei dem die besten Musiker des Landes auftreten. Weitere beliebte Veranstaltungsorte für ein- und mehrtägige Veranstaltungen sind **Rabindra Sadan**, an der Kreuzung zwischen AJC Bose Rd und Cathedral Rd sowie **Kala Bhavan** in der Theatre

Rd (Shakespeare Sarani). Eines der führenden Musikinstitute ist die **Sangeet Research Academy** in Tollygunge, ℡ 033-2471 3395, 🖥 www.itcsra.org, die Langzeitkurse in verschiedenen Musikrichtungen erteilt und mittwochs kostenlose Abendkonzerte anbietet.
All India Radio Calcutta ist eine gute Quelle für klassische indische Musik, Volksmusik und Rabindranath Tagores Musikform *Rabindra Sangeet*.

Einkaufen

Anders als Delhi bietet Kolkata wenige touristische Einkaufsmöglichkeiten. Dennoch gibt es viele bunte Märkte, von denen vor allem der ausgedehnte New Market und lokale Institutionen wie der Barabazaar im Norden Erwähnung verdienen.

Moderne **Einkaufszentren** für Bücher, Kleidung, Lederwaren und Schmuck sind über die gesamte Stadt verteilt. Zu ihnen gehören **Pantaloons**, 22 Camac St, **Forum**, 10/3 Elgin Rd, **Emami Shoppers City**, Lord Sinha Rd, das **Metro Shopping Centre** in 1 Ho Chi Minh Sarani und **Shree Ram Arcade** gegenüber Lighthouse in der Nähe des New Market.

Zum typisch bengalischen Kunsthandwerk gehören **Metallarbeiten** *(dokra)* aus dem Gebiet um Shantiniketan im Nordwesten der Stadt – im Wachsausschmelzverfahren hergestellte Objekte wie Tiergestalten oder Vögel. Fast zum Klischee geworden sind langhalsige und spitzohrige **Terrakotta-Pferde** aller Größen aus Bankura. **Kantha-Stoffe** tragen ein feines lineares Stickmuster mit dekorativen Formen, während bengalische **Lederwaren** eher schlichte Muster und dezente Farben aufweisen. Bengalen bietet einige gute Zentren für Baumwoll- und Seidenweberei, in denen legendäre **Saris** entstehen, z. B. im Baluchari-Stil aus Murshidabad.

Bücher

Die einen Monat andauernde **Kolkata Book Fair**, die im Jan/Feb auf dem Maidan nahe Park St stattfindet, ist landesweit eine der größten ihrer Art und bietet beste Möglichkeiten, interessante Schnäppchen zu entdecken. Die Geschäfte und Straßenstände in der **College Street** (s. S. 814) sind gute Adressen zum Stöbern, wobei einem auch schon mal ein seltenes Juwel in die Hände fallen kann.

Crossword, 8 Elgin Rd. Große, moderne Buchhandlung auf zwei Stockwerken mit guter Auswahl an Belletristik, Bildbänden und Reiseführern. Musikabteilung und Café.

Dey Bros, B47 New Market. Einer von mehreren Buchläden in diesem Marktbereich, bietet bekannte Bücher über Indien sowie Unterhaltungsliteratur an.

Earthcare Books, 10 Middleton St. Diese bescheidene kleine Buchhandlung in einem Hinterhof ist auf Bücher zum Thema Umweltschutz spezialisiert und hat bereits selbst einige Titel veröffentlicht.

Family Book Shop, 1A Park St. Am Chowringhee-Ende der Park St, klein und bis an die Decke mit Büchern gefüllt.

Landmark, Emami Shoppers City, 3 Lord Sinha Rd. Moderner und sehr gut bestückter Buchladen im populären neuen Einkaufszentrum.

Oxford Book & Stationery, 17 Park St. Anspruchsvoller AC-Buchladen inkl. kleiner Musikabteilung und dem Cha Bar Café im oberen Stock. Das Angebot an Belletristik, Bildbänden, Landkarten, Reiseführern, Zeitschriften, Postkarten und Schreibwaren ist jedoch gering.

Seagull, 31A SP Mukherjee Rd, ℡ 033-2476 5869, 🖥 www.seagullindia.com. Nette, kleine Buchhandlung in Besitz einer interessanten und kreativen Verlegerfamilie. Das Recherchezentrum eine Straße weiter beherbergt eine Bibliothek und bietet Sonderausstellungen und Veranstaltungen.

Emporien (Kaufhäuser)

Staatliche Emporien, von denen viele im großen Einkaufskomplex **Dakhsinapan** südlich der Dhakuria-Brücke nahe Gol Park und den Seen ansässig sind, führen eine gute Auswahl an kunsthandwerklichen Artikeln. Sie haben (etwas erhöhte) Festpreise und sind gute Ausgangspunkte, wenn man sich ein Bild über Angebot und Preise verschaffen möchte.

Assam, 8 Russel St. Teil des Assam House, führt Kunsthandwerk und Textilien aus Assam im Angebot, auch Seide.

Central Cottage Industries, 7 Chowringhee Rd, Esplanade. Teil der nationalen Kette, verkauft Kunsthandwerk, Schmuck, Silber und Stoffe aus ganz Indien, wenngleich das Angebot etwas nachlässt.

Gurjari, Dakhsinapan Complex. Hervorragende Auswahl an Textilien aus Gujarat, darunter handgewebte Stoffe und verspiegelte Polsterbezüge.

Nagaland, 13 Shakespeare Sarani. Gute Auswahl an Naga-Schals mit roten Bändern sowie weißen und blauen Streifen auf schwarzem Grund. Die Motive sind ein Hinweis auf den jeweiligen Stamm.

Sasha, 27 Mirza Ghalib St. Die Frauenselbsthilfegruppe verfügt über eine gute Sammlung an Kunsthandwerksobjekten und Textilien einschließlich *kantha*.

Musikinstrumente

Kolkata ist berühmt für seine Sitar- und Sarod-Hersteller. Gute Instrumente sind kaum unter Rs8000 zu haben, für Topqualität zahlt man noch deutlich mehr. Die Läden um die **Sudder St** sind eher auf westliche Instrumente spezialisiert. Die hier angebotenen traditionellen Instrumente sind durchweg von minderer Qualität und teilweise nicht einmal stimmbar. An der **Rabindra Sarani** (Chitpore Rd) konzentrieren sich Geschäfte von sehr unterschiedlicher Qualität. Viele von ihnen beliefern Hochzeitsbands.

Kolkata bringt mehr Tabla-Spieler als jede andere Stadt hervor. Tabla-Hersteller sind an der Kalighat-Brücke und in der **Keshab Sen St** (Nebenstraße der College St) zu finden.

Hemen Roy & Sons, Rashbehari Ave, Triangular Park. Einst Meister-Instrumentenbauer für Ali Akbar Khan, den Sarod-Maestro, hat aber in den vergangenen Jahren Boden gegenüber der Konkurrenz eingebüßt. Auch Sitar- und *tanpura*-Herstellung.

Manoj Kumar Sardar & Bros., 8A Lalbazaar St, gegenüber Lalbazaar Police Station. Ashok Sardar baut sehr gute Sitars und Sarods auf Bestellung und verschickt auf Wunsch auch Instrumente. Kleine Auswahl an Instrumenten aus dem Regal, darunter auch indische Gitarren.

Stoffe und Kleidung

In Kolkata kleidet man sich eher konservativ. Es werden jedoch viele Stoffe angeboten, und die entsprechenden Händler können einen generell auch auf sehr gute und sehr billige **Schneider** verweisen (auch in der Mirza Ghalib St, New Market und Sudder St). Gehobene Boutiquen wie **Burlington's** in der Mirza Ghalib St decken den Bedarf der wohlhabenden Schicht. Gleiches gilt für Kaufhäuser wie *Pantaloons*, die viele Designer-Labels von der Stange im Sortiment haben. **Ritu's**, 46A Rafi Ahmed Kidwai Rd, ist auf schicke *salwar* kamise spezialisiert. Maßgefertigte Schuhe sind in den noch verbliebenen chinesischen Schuhgeschäften rund um die Chittaranjan Avenue erhältlich.

Anokhi, 2nd Floor, Forum, 10/3 Elgin Rd. Die bekannte Kette verkauft schicke handbedruckte Baumwollstoffe.

Balaram Saha, 14/6 Gariahat Rd. *Tangail*-, *Baluchari*- und *Kantha*-Saris aus Bengalen.

Fabindia, 234/3A AJC Bose Rd. Diese trendige Boutique-Kette bietet eine gute Auswahl handbedruckter *kurtas* und *salwar* kamise sowie Shirts, Stoffe und Einrichtungsgegenstände. Es werden natürliche Färbemittel verwendet, die nur kalt und farbsortiert gewaschen werden dürfen. Eine weitere Filiale findet sich in 16 Hindusthan Park, nahe Gariahat.

Henry's, New Market. Eines der bekannteren chinesischen Schuhgeschäfte der Stadt.

Sonstiges

Apotheken

Angel, 151 Park St, ⓘ 24 Std.;

Dey's Medical Stores, 6 Lindsay St und 20A Nelly Sengupta Sarani;

Dhanwantary Clinic, 65 Diamond Harbour Rd, ⓘ 24 Std.;

Welmed, 4–1 Sambhunath Pandit St, ⓘ Mo–Di 24 Std.

Autovermietungen

Autoriders, 10A Ho Chi Min Sarani, ✆ 033-2282 3561, ✉ ail.cal@autoriders.snl.in;

Avis, Oberoi Grand Hotel, 15 Chowringhee Rd, ✆ 033-2217 0147;

Car-Cab, 2 Manook Lane, unweit der Ezra St, ℡ 033-2235 3535;
Wentz, 2 Beck Bagan Row, ℡ 033-3293 4634, Flughafen, ℡ 033-39587217

Bibliotheken
Asiatic Society Library, 1 Park St;
British Council Library, 16 Camac St (für eine monatliche Gebühr Buchausleihe, Katalogzugriff und preiswerte Internetnutzung); **National Library**, 1 Belvedere Rd; **Ramakrishna Mission Library**, Gol Park; **University of Kalkutta Library**, College Square.
Seagull Arts and Media Resource Centre, 36C SP Mukherjee Rd, unweit der Polizeistation Bhowanipur. Kleine, aber nette und organisierte Bibliothek mit Klimaanlage.

Geld
Am Flughafen unterhält die **State Bank of India** einen 24-Std.-Schalter, auch **Thomas Cook** ist im internationalen Terminal vertreten.
Zu den größeren Banken am BBD Bagh oder in der Chowringhee Rd gehören:
Bank of America, 8 India Exchange Place;
Banque Nationale de Paris, 4a BBD Bagh East;
Citibank, 43 Chowringhee Rd;
State Bank of India, 1 Strand Rd sowie am Flughafen;
Die Geldautomaten mancher Banken (die meisten Axis-Filialen sowie *HSBC*, 3A Shakespeare Sarani, *HDFC*, BBD Bagh East, und *ICICI*, 24B Camac St) akzeptieren Mastercard, Visa, Cirrus und Maestro.
Fremdwährungen wechseln außerdem:
Thomas Cook, Chitrakoot Building, 230 AJC Bose Rd, ℡ 033-2247 5378, und
American Express, 21 Old Court House St, in der Nähe des westbengalischen Touristenbüros, ℡ 033-2248 6283.
Es gibt einige private **Wechselstuben** in Sudder St und New Market.

Informationen
India Tourism, 4 Shakespeare Sarani, etwa auf halber Höhe der Chowringhee Rd, ℡ 033-2282 5813 oder 2282 7731, ✉ indtour@cal2.vsnl.net.in.
Die ausgezeichnete, freundliche Einrichtung ist die beste Informationsquelle über Kolkata, Westbengalen und entferntere Ziele und hilft auch mit Besichtigungsempfehlungen und Tourbuchungen weiter. ⏱ Mo–Fr 9–18 Uhr, Sa 9–13 Uhr.
Government of West Bengal Tourist Bureau, 3/2 BBD Bagh East, nahe Writers' Building, ℡ 033-2248 8271, organisiert Stadtrundfahrten und Rundreisen durch Westbengalen, stellt die erforderlichen Genehmigungen für die Sunderbans und den Jaldapara Wildlife Park aus und bucht die nötigen Transfers und Unterkünfte. ⏱ Mo–Sa 10.30–16.30 Uhr.
Die **Touristeninformationsschalter** in den beiden Terminals am Flughafen und im Bahnhof Howrah offerieren ähnliche Dienste.
Englischsprachige **Zeitungen** wie Statesman, Telegraph und Hindusthan Standard sind die wichtigsten Informationsquellen über aktuelle Ereignisse. Ausgezeichnete Hinweise und allgemeine Informationen über Kolkata bieten die monatlich erscheinenden Magazine Cal Calling (Rs30) und City Info (kostenlos), die in manchen Hotelzimmern ausliegen.
Nützliche Reiseinformationen halten insbesondere die Büros der nordöstlichen Bundesstaaten und das der Andamanen und Nikobaren bereit (Details über Permits s. S. 829):
Andamanen und Nikobaren, 3A Auckland Place, ℡ 033-2283 1932. Permits werden normalerweise bei der Ankunft ausgestellt, man sollte sich vor der Abfahrt aber noch einmal informieren;
Arunachal Pradesh, Block CE, 109 Sector 1, Salt Lake, ℡ 033-2321 3627;
Assam, 8 Russel St, ℡ 033-2229 5094;
Manipur, 26 Rowland Rd, ℡ 033-2475 8075;
Meghalaya, 120 Shantipally, EM Bypass, ℡ 033-2441 1932;
Mizoram, 24 Old Ballygunge Rd, ℡ 033-2461 5887;
Nagaland (Office of Deputy Resident Commissioner), 11 Shakespeare Sarani, ℡ 033-2282 5247;
Orissa, 41 und 55 Lenin Sarani, ℡ 033-2216 4556;
Sikkim, 4/1 Middleton St, ℡ 033-2281 5328;
Tripura, 1 Pretoria St, ℡ 033-2282 5703.
Eine weitere nützliche Touristeninformation ist das Büro des **Darjeeling Gurkha Hill Council**,

India Tourism, 4 Shakespeare Sarani,
☎ 033-2282 1715.

Internet
Internet-Zugang (ab Rs15 pro Std.) ist überall in der Stadt leicht zu finden. Die Kette **Reliance** ist am zuverlässigsten.
Unter den zahlreichen Anbietern um die Sudder St befinden sich das **Hotel Maria** und **Netfreaks**. **Sify iway** in der Mirza Ghalib St gehört zu einer zuverlässigen Kette. Ein Stück weiter südlich ist auch **Cyberia**, 8 Kyd St, zu empfehlen.

Konsulate
Bangladesch, 9 Circus Ave (Sheikh Mujib Sarani), ☎ 033-2247 5208;
Deutschland, 1 Hastings Park Rd, Alipore, ☎ 033-2479 1141;
Nepal, 1 National Library Ave, Alipore, ☎ 033-2479 1224;
Österreich, Industry House, 12th Floor 10, Camac St, ☎ 033-2282 2478;
Singapur, 7/1 Lord Sinha Rd, ☎ 033-2282 4106;
Sri Lanka, Nicco House, 2 Hare St, ☎ 033-2248 5102;
Thailand, 18B Mandeville Gardens, ☎ 033-2440 7836.

Kulturinstitute
Die internationalen Kulturinstitute haben Leseräume, zeigen Filme und bieten kulturelle Veranstaltungen. **British Council**, 16 Camac St, ☎ 033-2282 5370; russisches Kulturinstitut **Gorky Sadan**, Gorky Terrace, nahe Minto Park, ☎ 033-2283 2742; Goethe-Institut **Max Mueller Bhavan**, 8 Pramathesh Barua Sarani, ☎ 033-2486 6398 und **USIS American Centre**, 38A Chowringhee Rd, ☎ 033-2282 2336.

Medizinische Hilfe
Die billigen staatlichen Krankenhäuser haben in der Regel ein sehr schlechtes Management. Private Institute sind zwar teurer, doch sie bieten dafür auch wesentlich bessere Dienste. Im Falle einer schwerwiegenden Krankheit ist es ratsam, sich mit dem Konsulat des Heimatlandes in Verbindung zu setzen.
Gute Privatkliniken: **Belle Vue**, 9 Dr. U.N. Loudon St, ☎ 033-2287 2321;
Ruby General, EM Bypass, Kasba, ☎ 033-2442 0291;
Woodlands Nursing Home, 8/5 Alipore Rd, ☎ 033-2456 70-75 bis -79.
Homöopathische und Kräutermedizin:
King & Co, 90/6A MG Rd;
Sterling & Co, 91-C Elliot Rd;
Murli Homoeo, 30A Chowringhee Rd;
Tibetan Medical & Astro Institute, 9 East Rd, Jadavpur.
Krankentransporte: ☎ 102;
Dhanwantary Clinic, ☎ 033-2449 3734;
St Johns Ambulance Brigade, ☎ 033-2248 5277;
Bellevue Clinic, ☎ 033-2247 2321.

Permits und Visa
Foreigners' Registration Office,
237A AJC Bose Rd, ☎ 033-2247 3300, s. S.853.

Polizei
☎ 100. Zentrale in der Lal Bazaar St, BBD Bagh, ☎ 033-2241 3230. Eine weitere Station befindet sich in der Park St, ☎ 033-2226 8321.

Post
Das **GPO** (Hauptpostamt) im Westen des BBD Bagh hat einen Poste-restante-Schalter und eine Philatelie-Abteilung. Bequemer zur Sudder St liegt das Postamt am New Market, Mirza Ghalib St. Für Paketversand eignet sich am besten das große und freundliche Postamt an der Park St, wo unternehmerische Privatpersonen die gesamte Abwicklung gegen verhandelbare Preise erledigen. Schnelleren Service bieten mehrere **DHL**-Filialen, u. a. in 6 Kedia Villa, Marquis St, ☎ 033-2217 1675. Einen Schalter für **Poste restante** hat **India Tourism**, Embassy Building, 4 Shakespeare Sarani, Kolkata 700 071.

Reisebüros
Thomas Cook, Chitrakoot Building, 2nd Floor, 230 AJC Bose Rd, ☎ 033-2247 5378, bieten Rundreisen und internationale Flüge an. Nationale und internationale Flüge vermitteln zahlreiche Reisebüros in der Umgebung der Sudder St. **Chocks-Off**, 1 Cockburn Lane, nahe Royd St, ☎ 033-2246 8780, ✉ chocks@cal3.vsnl.net.in, ist sehr zuverlässig und effizient.

Warren Travels, 31 Chowringhee Rd, ✆ 033-2226 6-61, -13, kümmert sich um Flüge, Hotelbuchungen und Gruppenreisen.

Stadtführungen

Help Tourism, ✆ 033-2455 0917, 🖥 www.helptourism.com, veranstaltet Stadtrundgänge (4–5 Std., Rs250), die hervorragende Einblicke in das historische Herz der Stadt bieten: Die Dalhousie Square Tour findet in der Regel sonntags statt und führt durch die Umgebung der BBD Bagh; die preislich ähnliche North Kolkata Tour beginnt und endet beim Sovabazaar Rajbari, einem Herrenhaus in der Nähe der College St.

Kali Travel Home, 22/77 Raja Manindra Rd, ✆ 033-2558 7980, 🖥 www.traveleastindia.com. Das Unternehmen unter australischer Leitung organisiert maßgeschneiderte Stadtführungen (ab US$40 pro Tag), von Rundgängen mit Schwerpunkt Raj-Ära bis zu Spaziergängen am Flussufer mit Besuch bei den Kunsthandwerkern von Kumartuli. Außerdem stehen Kochkurse und Touren mit der Straßenbahn auf dem Programm.

ARCH (Action Research in Conservation of Heritage), ✆ 033-2359 6303, 🖥 www.centrearch.org, ist eine Denkmalschutz-Organisation, die Heritage Walks rund um den Dalhousie Square (BBD Bagh) organisiert. Gestartet wird an der Town Hall nahe High Court (Sa & So 9–11 Uhr, Rs250). Man sollte 15 Min. früher da sein oder im Voraus buchen.

Wer die Stadt lieber in Eigenregie erkunden möchte, kann sich den Stadtführer A Jaywalker's Guide to Calcutta von Soumitra Das kaufen, der in Buchhandlungen wie Oxford erhältlich ist.

Stadtrundfahrten

West Bengal Tourist Bureau, ✆ 033-2248 8271, Stadtführungen (7.30–17 Uhr, Rs200, u. a. nach Dakshineshwar und Belur) sowie *puja*-Touren. Am besten lässt sich die Stadt jedoch bei einer der Individual-Touren privater Anbieter erkunden.

Tourveranstalter

Help Tourism, ✆ 033-2455 0917, 🖥 www.helptourism.com bietet diverse Touren, z. B. nach Sunderbans und zur Wildtierbeobachtung in Nordbengalen.

Himalayan Footprints, ✆ 033-2243 1063, 🖥 www.trekinindia.com. Informative und flexible Wildbeobachtungstouren, Naturwanderungen und Touren zu den Sunderbans sowie nach Sikkim und Darjeeling.

Kali Travel Home (s. Stadtführungen) flexibler Anbieter von Touren durch Bengalen und den Nordosten.

Nahverkehr

Die **Metro** (Indiens erste U-Bahn) stellt ein rasches, sauberes und funktionierendes Mittel der Fortbewegung bereit. Die Benutzung fällt insofern leicht, da es nur eine einzige Nord-Süd-Linie gibt.

Auch der Fluss ist ins Transportsystem integriert. Dreh- und Angelpunkt der **Fähren** sind die *ghats* in der Nähe der Eden Gardens. Um dem Straßenverkehr zu entgehen, kann man mit einer der regelmäßigen **Fähren** von Chandpal Ghat nach Howrah Station übersetzen (Rs4), die zu den Stoßzeiten allerdings auch reichlich überfüllt sind. Unregelmäßigere Verbindungen bestehen zwischen Armenian Ghat, Chandpal Ghat oder Babu Ghat nach Shibpur in der Nähe des Botanischen Gartens. Geeigneter für Pendler als für Touristen ist eine **Ringbahn**, die vom Bahnhof Sealdah zunächst südwärts, dann stromauf an Strand und Princep Ghat vorbei zur Howrah-Brücke und weiter nach Dum Dum mit Anschluss zum Flughafen. In allen öffentlichen Verkehrsmitteln (vor allem in überfüllten Bussen) ist Vorsicht vor **Taschendieben** geboten.

Busse und Minibusse

Kolkata besitzt ein ausgedehntes und kompliziertes Busnetz (Fahrplaninformationen unter 🖥 www.calcuttaweb.com). Verkehrszeiten sind zwischen 5 und 23 Uhr. Die Busse sind oft überfüllt und ein Tummelplatz von Taschendieben.

Nützliche Buslinien sind **Nr. 8** von Howrah via Esplanade und Gariahat; **Nr. S17** von Chetla bei Kalighat via Esplanade nach Dakshineshwar; **Nr. 5** und **Nr. 6** via Howrah und dem Gebiet Esplanade-Chowringhee mit Stopp am

Indischen Museum am oberen Ende der Sudder St; **Nr. 5** fährt nach Garia im Süden über Rabindra Sadan und Kalighat. **Nr. C6** via Chowringhee, obere Park St und über die zweite Hooghly-Brücke (Vidyasagar Setu) zum Botanischen Garten. Busse mit vorangestelltem **S** bezeichnen spezielle Expresslinien, die geringfügig teurer als Normalbusse sind.
Von 6 Executive-Buslinien (Green Line) fährt **Nr. GL1** von Esplanade zum Flughafen. Seit kurzem verkehren Whiteliners, weiße AC-Busse, zwischen Tollygunge (via Gariahat) und Flughafen.
Private braun-gelbe Minibusse bedienen mit bahnbrechender Geschwindigkeit festgelegte Routen – die Ziele prangen meist in Bengali und Englisch an den Fahrzeugseiten; das Ein- und Aussteigen ist nicht ganz ungefährlich, da die wenigsten zum Halten an den Straßenrand fahren.

Metro

Trotz einiger kleiner Schwierigkeiten ist die 1984 eingeweihte Metro russischer Bauart mindestens so gut, wie die Stadtbewohner mit Stolz behaupten – mit im Minutentakt pünktlich verkehrenden Zügen. Fahrzeiten: Mo–Sa 7–21.45, So 15–21.45 Uhr. Die Fahrtkosten sind niedrig und beginnen bei Rs4. Die gesamte Fahrt vom Dum Dum unweit des Flughafens nach Tollygunge im Süden kostet nur Rs8. Die Linie folgt Kolkatas Hauptverkehrsadern einschließlich der Chowringhee Rd und hat zentrale Haltestellen wie Park St, Kalighat, Esplanade und Rabindra Sadan. Aktuelle Informationen über den Stand der Arbeiten gibt es unter 💻 www.kolmetro.com.

Straßenbahn

Kolkatas schwerfällige Straßenbahn, 💻 www.calcuttatramways.com, hat sich seit der Inbetriebnahme 1873 bis auf die eine oder andere Neulackierung kaum verändert. Die Linien werden nach und nach stillgelegt, aber bestimmte Strecken werden noch bedient. Obwohl die Waggons generell ziemlich ramponiert sind, strahlen sie einen gewissen Charme aus und bieten eine kurzweilige Alternative für die Stadterkundung. Weibliche Reisende schätzen vor allem zur Stoßzeit die *women-only*-Waggons.
Praktische Linien sind **Nr. 20** von Howrah-Brücke via Sealdah nach Park Circus, **Nr. 25** von BBD Bagh via Rafi Ahmed Kidwai Rd und Park Circus sowie **Nr. 29** von BBD Bagh nach Tollygunge über Maidan, Diamond Harbour Rd, Alipore Rd, Hazra Mor und Kalighat.

Taxis

Kolkatas schwarz-gelbe Taxis sind in der Regel sehr preiswert, besonders bei längeren Strecken wie zwischen Flughafen und Innenstadt (rund Rs200 für 20 km). Manche Fahrer lehnen kurze Fahrten oder bestimmte Fahrziele ab. Die Taxischlepper in der Sudder St sind mit Vorsicht zu genießen – besser hinter der nächsten Ecke einen Wagen heranwinken. Zwischen 22 und 6 Uhr wird Nachtaufschlag erhoben; zwei Gepäckstücke sind frei, für jedes weitere und für die Verstauung im Kofferraum wird zusätzlich kassiert.
Die meisten Taxis haben funktionierende **Taxameter**. Sie benutzen diese in Verbindung mit einer Umrechnungstabelle, die sie mit sich führen müssen. Digitale Taxameter – die alten Uhren werden immer seltener – starten bei Rs15 (plus Rs1,50 pro 200 m), die sich laut der Tabelle in *Cal Calling* jedoch fast verdoppeln können. Bei Fahrpreiserhöhungen verteilt die **Taxi Association** lieber neue Umrechnungstabellen, statt alle Taxameter neu eichen zu lassen.
An großen Bahnhöfen und am Flughafen stehen **vorausbezahlte Taxis** bereit und neue kastanienbraune **CNG Gas-Taxis** bieten eine gute Alternative zu den üblichen qualmenden Diesel-Vehikeln der Stadt. Die **Blue Arrow AC-Taxis**, 📞 13658 oder 📞 09239-244416, sind mit manipulationssicheren Taxametern ausgestattet und können auch Quittungen ausdrucken. Sie warten vor dem Flughafen, an Bahnhöfen und größeren Hotels. Das etablierteste private Taxiunternehmen ist Car-Cab, 📞 033-2235 3535.

Rikschas, Motor-Rikschas und Fahrrad-Rikschas

Obwohl sie offiziell verboten wurden, gibt es in Kolkata immer noch von Menschen gezogene **Rikschas**. Sie stehen jedoch nur in den zentralen Stadtgebieten zur Verfügung, besonders rund um New Market, wo viele Rikschamänner ihr mageres Einkommen als Zuhälter aufbessern. Die Rikschas sind vor allem im Monsun lukrativ, wenn Straßen hüfthoch überschwemmt sind und die Rikschamänner eine angemessene Geldsumme für ihre Anstrengungen fordern können. Die meisten Rikschamänner sind obdachlose Bihari, die ein kurzes und hartes Leben führen. Man sollte um realistische Preise feilschen, aber am Ende ein kleines Bakschisch geben.

Motor-Rikschas sind im Stadtzentrum selten. Man nutzt sie als Sammeltaxi auf bestimmten Strecken (z. B. von der Rashbehari Ave zur Gariahat Rd für Rs4,50) und als Verbindung zu den Metrostationen in Vorstädten. Nicht vorn sitzen, da immer wieder Frontalzusammenstöße geschehen. **Fahrrad-Rikschas** sind aus der Innenstadt verbannt worden und nur in Vorstädten zu finden.

Transport
Busse
Fernbusse von Süden nutzen den **Busbahnhof Babu Ghat** in der Nähe von Fort William am Ostufer des Flusses. An Babu Ghat befinden sich die Zentralen von Orissa Roadways und West Bengal State Transport, ✆ 033-241 6388. Busse fahren von dort nach BHUBANESWAR (4x tgl., 8–10 Std.) und PURI (4x tgl., 12 Std.) in Orissa. Außerdem gibt es regelmäßige Verbindungen nach BASANTI und zu den SUNDERBANS (die meisten in den frühen Morgenstunden) sowie weiter südlich nach DIAMOND HARBOUR und darüber hinaus. Die meisten anderen Busse, z. B. aus Darjeeling, verkehren hingegen vom **Busbahnhof Esplanade** knapp 500 m nördlich der Sudder St. Weitere Busse fahren von hier z. B. nach BEHRAMPUR (Richtung MURSHIDABAD), BISHNUPUR, MALDAH und RAMPURHAT (Richtung TARAPITH). Trotz einiger Ausbauarbeiten an der Hauptstraße westlich der Stadt, sind Bengalens Straßen sehr schlecht. Wer die 560 km lange Nachtfahrt nach SILIGURI (4x tgl., 12 Std.) – Umsteigestation nach Darjeeling und Sikkim – wagen will, ist mit dem Royal Cruiser Service (Abfahrt 18.30 Uhr am Esplanade Bus Stand, 12 Std., Rs740 im AC-Bus) am besten beraten. Die berühmteste Fernstraße, die in Kolkata beginnt, ist die **Grand Trunk Road**, die via Varanasi und Delhi bis nach Peshawar in Pakistan führt.

Busse nach:
BASANTI (4x tgl., 3 Std.),
BEHRAMPUR (alle 30 Min., 5 Std.),
BHUBANESWAR (4x tgl., 8–10 Std.),
BISHNUPUR (3x tgl., 5 Std.),
BONGAON (2x tgl., 4 Std.),
DHAKA (2x tgl., 12 Std.),
DIAMOND HARBOUR (12x tgl., 2 Std.),
DIGHA (8x tgl., 5 Std.),
MALDAH (7x tgl., 7 Std.),
MAYAPUR (4x tgl., 3 1/2 Std.),
PURI (4x tgl., 12 Std.),
RAMPURHAT (2x tgl., 6 Std.),
SILIGURI NJP (6x tgl., 12 Std.).

Eisenbahn
Kolkata hat zwei große Bahnhöfe; beide ohne U-Bahn-Anschluss. **Howrah** – Ankunftsort der wichtigsten Züge von Süden und Westen – befindet sich einige Kilometer westlich des Zentrums am anderen Hooghly-Ufer. Schlepper und Taxifahrer sollte man meiden: Es gibt einen Vorauszahlungs-Taxistand, an dem man ein Ticket für Rs65–90 zur Sudder St und Park St im Zentrum lösen kann.
Die **Minibusse** und **Busse** von Howrah bedienen Ziele in der ganzen Stadt und sind in der Regel sehr voll. Eine gute Alternative ist die **Fähre** (Rs4). Der Beschilderung vom Bahnhofstor folgen, über den Hooghly übersetzen zur Babu Ghat oder der benachbarten Chandpal Ghat in der Nähe der BBD Bagh, von wo man mit einem Taxi mit Taxameter, Bus oder Minibus weiterfahren kann.
Der Bahnhof **Sealdah**, Ziel der Züge von Norden, liegt wesentlich günstiger am Ostrand des Zentrums, so dass keine Flussüberquerung nötig ist. Am Parkplatz befindet sich ein Vorauszahlungs-Taxistand.
Fahrplaninfos gibt es unter ✆ 033-2230 35-45, -54 oder ✆ 033-2230 3535. **Reservierungen** erledigen die computerisierten Agenturen in der Stadt. Man kann auch über das Internet

Empfohlene Zugverbindungen ab Kolkata

Zielort	Name des Zuges	Nr.	Ab	Reisedauer
Allahabad	Kalka Mail	2311	Howrah / 19.40	13 1/2 Std.
Bhubaneswar	Dhauli Express	2821	Howrah / 6 Uhr	7 Std.
Bolpur	Shantiniketan Express	2337	Howrah / 20.10 Uhr	2 1/4 Std.
Chennai	Coromandel Express	2841	Howrah / 14.50 Uhr	26 1/2 Std.
Delhi	Rajdhani Express*	2301**	Howrah / 16.55 Uhr	17 1/2 Std.
	Rajdhani Express*	2313	Sealdah / 16.50 Uhr	18 Std.
Gaya	Poorva Express	2381***	Howrah / 8.20 Uhr	6 1/2 Std.
	Mumbai Mail	2321	Howrah / 22 Uhr	7 1/2 Std.
Guwahati	Saraighat Express	2345	Howrah / 16 Uhr	17 1/2 Std.
Mumbai	Gitanjali Express	2860	Howrah / 14.10 Uhr	31 1/2 Std.
New Jalpaiguri	Darjeeling Mail	2343	Sealdah / 22.05 Uhr	10 Std.
(nach Siliguri****)	Kanchenjunga Express	5657	Sealdah / 6.45 Uhr	11 1/2 Std.
Patna	Lal Qila Express	3111	Sealdah / 20.15 Uhr	10 1/4 Std.
	Jan Shatabdi Express*	2023	Howrah / 14.05 Uhr	8 1/4 Std.
Puri	Puri Express	2837	Howrah / 22.35 Uhr	8 3/4 Std.
Raxaul (nach Birganj in Nepal)	Mithila Express	3021	Howrah / 14.45 Uhr	16 3/4 Std.
Varanasi	Vibhuti Express	2333	Howrah / 20 Uhr	13 3/4 Std.

* nur AC; ** außer So; *** Mi, Do und So;
**** mit Anschluss nach Darjeeling, Kalimpong und Gangtok;
***** nach fahrplanmäßigem Anschluss an den Toy Train erkundigen.

oder einen Agenten buchen. Die beste Adresse zur Reservierung von Zugfahrkarten unter dem Touristenquotenprogramm ist das Touristenbüro im 1. Stock des Büros von **Eastern Railways** im Nordwesten von BBD Bagh, 6 Fairlie Place, ✆ 033-2222 4206. Es werden Reservierungen bis zu 60 Tage im Voraus getroffen. ⌚ Mo–Sa 10–13 und 13.30–17 Uhr, So und feiertags 10–14 Uhr. **Andere Buchungsstellen** mit denselben Öffnungszeiten:
Booking Office for Eastern and South Eastern Railways, Alexandra Court, 61 Chowringhee Rd, Rabindra Sadan; Howrah Station, 1st Floor;
Computerized Booking Office, 3 Koilaghat St; New Koilaghat, 14 Strand Rd; Sealdah Station, 1st Floor. Allgemeine Anfragen zu Reservierungen: ✆ 033-2230 3496, ✆ 1331 oder ✆ 135.
Züge nach:
AGRA (1x tgl., 30 Std.),
AHMEDABAD (1x tgl., 41 Std.),
BHUBANESWAR (7–8x tgl., 7–9 Std.)
BISHNUPUR (2x tgl., 3 1/2–4 Std.),
CHANDERNAGORE (20x tgl., 1/2 Std.),
CHENNAI (2–3x tgl., 27–32 1/4 Std.),
DELHI (9–10x tgl., 29 3/4–35 1/2 Std.),
GAYA (4–5x tgl., 5 1/2–7 1/2 Std.),
GUWAHATI (4–5x tgl., 18–24 1/2 Std.),
HARIDWAR (2x tgl., 27 1/4–32 1/2 Std.),
HOOGLY (20x tgl., 1/4 Std.),
KALKA (Shimla) (1x tgl., 33 Std.),
KRISHNAGAR (4x tgl., 2–3 Std.),
LUCKNOW (6–7x tgl., 18–30 Std.),
MUMBAI (3–4x tgl., 30–38 Std.),
NABADIP (6–8x tgl., 3–4 1/2 Std.),
PATNA (5–6x tgl., 7 1/4–11 1/4 Std.),
PURI (2x tgl., 8 3/4–10 Std.),
RAMPURHAT (5–6x tgl., 4 1/4–10 Std.),
RAXAUL (1x tgl., 16 3/4 Std.),
SHANTINIKETAN (6–7x tgl., 2 1/4–4 Std.),
SILIGURI NJP (7–8x tgl., 10–14 Std.),
THIRUVANANTHAPURAM (1x wöchentl., 46 1/2 Std.),
VARANASI (3x tgl., 12–15 Std.).

Flüge

Kolkatas 20 km nördlich des Zentrums gelegener Flughafen ist in einen nationalen und einen internationalen Bereich unterteilt. Der offizielle Name lautet "Netaji Subhash Bose International Airport", doch verbreiteter ist die alte Bezeichnung **Dum Dum**. Der trostlose **International Terminal** wird einer langwierigen Modernisierung unterzogen, bietet Geldwechselschalter (24 Std.), einen Schalter von Thomas Cook, einen **Vorauszahlungs-Taxistand** und eine Touristeninformation von India Tourism sowie *retiring rooms* (Rs750), buchbar im Büro des Airport Managers für internationale Flüge. Der 500 m südlich gelegene moderne **Domestic Terminal** ist dagegen viel besser ausgerüstet: Hier gibt es Touristenbüros von Kolkata, Westbengalen und Tripura, Buchungsschalter für Unterkünfte, Eisenbahn-Reservierung und Vorauszahlungs-Taxistand.

Informationen über Fluggesellschaften und Flüge vom Kolkata Airport unter ✆ 033-251 18787, Auskunft am Flughafen ✆ 033-2511 9272, allgemein ✆ 141, Band ✆ 1400, Ankunft ✆ 1402, Abflug ✆ 1403. Zur **Rückbestätigung** von Abflügen (mindestens 72 Std. vorher!) und Erfragung von Ankunftszeiten die jeweilige Fluggesellschaft (Adressen s. u.) kontaktieren.

Transport vom Flughafen

Ein **Taxi** zur Sudder St im Zentrum kostet rund Rs250. Als Alternative bietet sich eine Fahrt mit dem Shuttle-Bus oder Taxi (ca. Rs50) zur **Metro**-Station Dum Dum an, anschließend geht es weiter mit der U-Bahn in die Stadt; die Sudder St ist nur einen kurzen Fußmarsch von der Station Park St entfernt. Dabei ist zu beachten, dass keine sperrigen Gegenstände (Fahrräder, Sportausrüstung etc.) mit in die U-Bahn genommen werden können. Die Rundstrecke vom Flughafen führt über den Bahnhof Dum Dum bis zum Strand – die Züge fahren aber nur zweimal täglich, um die Pendler zu befördern.

Flüge nach:
AGARTALA (IC, 9W, IT, 6E, 3–4x tgl., 1 Std.),
AHMEDABAD (IC, IT, 2–3x tgl., 2 Std.),
BAGDOGRA/SILIGURI (IC, 9W, DN, IT, 4x tgl.,1 Std.),
BHUBANESWAR (S2, DN, IT, 3–4x tgl., 1 Std.),
CHENNAI (IC, 9W, DN, IT, 6E, 7–8x tgl., 2 Std.),
DELHI (IC, DN, 9W, S2, SG, 6E, IT, 15x tgl., 2–2 1/4 Std.),
DHAKA (BG, AI, 3–4x tgl., 1 Std.),
GUWAHATI (IC, 9W, S2, DN, 6E, It, 8–9x tgl., 1 1/4 Std.),
HYDERABAD (IC, DN, 9W, S2, SG, 6E, IT, 6–7x tgl., 2–3 Std.),
IMPHAL (IC, 9W, DN, 6E, IT, 6x tgl., 2–2 3/4 Std.),
JAIPUR (IC, 6E, 1–2x tgl., 2 1/2–4 Std.),
KATHMANDU (IC, 6x wöchentl., 1 1/2 Std.),
LUCKNOW (S2, 1x tgl., 2 1/4 Std.),
MUMBAI (IC, 9W, S2, AI, DN, SG, IT, AIE, 15x tgl., 2 1/2 Std.),
NAGPUR (6E, 3x wöchentl., 1 1/2 Std.),
PARO (BHUTAN) (KB, 4x wöchentl., 1 1/4 Std.),
PATNA (S2, DN, 2x tgl., 1–2 Std.),
PORT BLAIR (IC, DN, SG, 9W, 5–6x tgl., 2 Std.).
(**AI** = Air India Express, **BG** = Bangladesch Biman, **DN** = Air Deccan, **G8** = Go Air, **IC** = Indian Airlines, **IT** = Kingfisher, **KB** = Druk Air, **S2** = JetLite, **SG** = Spicejet, **6E** = IndiGo, **9W** = Jet Airways)

Internationale Fluggesellschaften:

* Fluggesellschaften, die Kolkata bedienen
Aeroflot, 1st Floor, Lords Building, 7/1 Lord Sinha Rd, ✆ 033-2282 3765;
Air France, 230 AJC Bose Rd, ✆ 033-2283 7982;
Air India, 50 Chowringhee Rd, ✆ 033-2242 2356–9*;
American Airlines, Chitrakoot Building, 230 AJC Bose Rd, ✆ 033-2280 1335;
Austrian Airlines, Vasundhara Building, 2/7 Sarat Bose Rd, ✆ 033-2474 5091;
Bangladesch Biman, 55B Mirza Ghalib St, ✆ 033-2227 6001*;
British Airways, ✆ 9831-377470* oder ✆ 033-2511 8424;
Cathay Pacific, 1 Middleton St, ✆ 033-2240 3211;
Continental Airlines, Stic Travels, East Anglia House, 3C Camac St, ✆ 033-2217 4913;
Druk Air, 51 Tivoli Court, 1A Ballygunge Circular Rd, ✆ 033-2280 5376*;
Emirates Airlines, Trinity Towers, 83 Topsia Rd (South), ✆ 1800-233 2030*
Gulf Air, Chitrakoot Building, 230A AJC Bose Rd, ✆ 033-2283 7996*;

KLM, Jeevan Deep, ✆ 033-2283 0151*;
Kuwait Airlines, Chitrakoot Building, 230 AJC Bose Rd, ✆ 033-2247 4697;
Lufthansa, T2 8A Millennium City, IT Park, Salt Link, ✆ 4002-42000 oder ✆ 033-2511 2266*;
North West Airlines, Jeevan Deep, 1 Middleton St, ✆ 033-2283 0151;
Qantas, 58 Chitrakoot Building, 230 AJC Bose Rd, ✆ 033-2280 7777;
Royal Brunei, East Anglia House, 3C Camac St, ✆ 033-2229 2092*;
Royal Jordanian Airlines, Vasudhara Building, 2/7 Sarat Bose Rd, ✆ 033-2474 5094*;
Singapore Airlines, DN62, Unit 9A Millennium City, IT Park, Salt Lake, ✆ 033-2367 5422*;
Thai Airways International, 8th Floor, Crescent Tower, 229 AJC Bose Rd, ✆ 033-2280 1630*.

Nationale Fluggesellschaften:
Air Deccan, ✆ 09831-677008
Indian Airlines, 39 Chittaranjan Ave, ✆ 1407 oder 033-2211 0730 ⏰ Touristenschalter 24 Std.;
Indigo, ✆ 09910-383838;
Jet Airways, 18D Park St, ✆ 033-3984 0000;
Jet Lite (Sahara), 2A Shakespeare Sarani, ✆ 033-3030 2020;
Kingfisher Airlines, ✆ 01800-1803333;
Spicejet, ✆ 0180-180333.

Von Kolkata nach Bangladesch

Kolkata ist das Eingangstor nach Bangladesch. Das benötigte Visum erteilt das **Konsulat von Bangladesch**, 9 Circus Ave, ✆ 033-2247 5208 App. 207 für die Visa-Abteilung, ⏰ Mo–Fr 9–17Uhr. Visa werden noch am gleichen Tag ausgestellt, wenn der Reisepass vor 10 Uhr vorgelegt wird.

Es gibt täglich mehrere Flüge von Kolkata nach Dhaka, aber keine direkten **Zugverbindungen**. Vom Bahnhof Sealdah gibt es Verbindungen bis Bongaon, von wo man mit einer Motor-Riksha ins 5 km entfernte Haridaspur und weiter mit einer Riksha nach Benapal an der Grenze gelangt. Dort stehen preiswerte Unterkünfte zur Verfügung. Am nächsten Morgen nimmt man einen der häufig verkehrenden Busse nach Dhaka über Jessore (8 Std.).

Busse fahren vom Busbahnhof Salt Lake International Karunamoyee (Taxifahrt vom Zentrum Rs120) nach Dhaka (Mo–Sa 6.30 und 7 Uhr, 12 Std., Rs1000). Mehrere Reisebüros in der Umgebung von Sudder St und Marquis St verkaufen Tickets für Privatbusse nach Dhaka. Abfahrt ist am Esplanade Bus Stand und an der Grenze muss man umsteigen.

Die Umgebung von Kolkata

Dakshineshwar und Belur Math

Am Rande Kolkatas, 20 km nördlich von Esplanade, steht am Ostufer des Hooghly der bekannte Tempel Dakshineshwar im Schatten der Bally-Brücke. Das 1855 errichtete Bauwerk ist ein Produkt der bengalischen Renaissance, das zu einer Zeit eingeweiht wurde, als immer mehr Hindus der Mittelschicht ihrem Glauben entsagten. Den Tempel zieren typisch bengalische Motive wie das geschwungene Dach nach Art einheimischer Dorfhütten, neun *chhatris* und Kuppeldächer, die an Bienenwaben erinnern. Der Mystiker und einflussreiche religiöse Philosoph **Ramakrishna** war hier einst in Amt und Würden; in seinem ehemaligen Zimmer neben dem Hauptportal ist seine persönliche Habe zu sehen.

Von Dakshineshwar gelangt man über die Brücke zum 3 km südlich am Westufer des Hooghly gelegenen, ruhigen 16 Hektar großen Campus von **Belur Math** 🖥 www.belurmath.org. 1938 von Ramakrishnas Schüler Swami Vivekananda gegründet und nach seinem Tod fertiggestellt, birgt das Kloster Tempel und Museen die der Mission gewidmet sind. Als Symbol des Wiederauflebens des bengalischen Hinduismus enthält er Elemente aus verschiedenen Weltreligionen. Das Portal ist von der frühen buddhistischen Skulptur inspiriert, die Fenster weisen deutliche Bezüge zur islamischen Architektur auf und der Grundriss basiert auf dem christlichen Kreuz.

Züge aus Kolkata fahren vom Bahnhof Sealdah nach Bally Bridge bei Dakshineshwar und von Howrah nach Belur Math. ⏰ April–Sep 6–11 und 14–19 Uhr; Okt–März 6.30–11 und 15.30–18 Uhr, Eintritt frei.

Südlich von Kolkata: die Sunderbans

Südlich von Kolkata bis zur Küste säumt der Hooghly die Sunderbans, eine der größten Deltaregionen der Welt. Es handelt sich um ein 10 000 km² großes Gebiet aus Sümpfen, Mangroven und kleinen Inseln, die von Schwemmsand aus dem Himalaya gebildet wurden. Die abgelegensten Abschnitte ganz im Süden sind als Naturreservat ausgewiesen, um die zahlreichen wilden Tiere dieser Region zu schützen. Ein weiteres beliebtes Ziel für einen Tagesausflug liegt näher bei Kolkata am Ostufer des Hooghly: der heilige Ort **Sagardwip**, wo der Ganges offiziell ins Meer mündet. Der bedeutende Pilgerort ist über den ehemaligen Kolonialhafen **Diamond Harbour** zu erreichen.

Sajnekhali und Sunderbans Tiger Reserve

Die mit Mangroven bedeckten Inseln der Sunderbans („schöne Wälder") liegen im Delta des Ganges, das sich von der Mündung des Hooghly bis nach Bangladesch erstreckt. Sie sind die Heimat des **Bengal-** oder **Königstigers**, der Menschen gefährlich werden kann und sich erstaunlich gut an seine feuchte Umgebung angepasst hat. Er schwimmt von Insel zu Insel und legt dabei Entfernungen von bis zu 40 km pro Tag zurück. Zu den anderen heimischen Tierarten gehören Wildschweine, Axishirsche, Bastardschildkröten, Haie, Delfine und große Salzwasserkrokodile.

Die etwa 500 000 Menschen, die sich das zerbrechliche Ökosystem mit den Großkatzen teilen, arbeiten als Honigsammler, Holzfäller und Fischer. Da ihre Berufe somit sehr risikoreich sind, legen die Ehefrauen den Ehestandschmuck ab, solange ihre Männer im Urwald sind. Das kennzeichnet sie bis zu deren Rückkehr als Witwen. Honigsammler und Holzfäller tragen Gesichtsmasken am Hinterkopf, um sich vor Tigern zu schützen, die angeblich von hinten angreifen. Während sie ihrem gefährlichen Tagewerk nachgehen, ziehen ihre Frauen und Kinder Fischernetze durch das seichte Delta, um Krabben zu fangen – und zwar in unmittelbarer Nachbarschaft zu Tigern, Krokodilen und Haien. Ungeachtet ihrer offiziellen Religion huldigen die Menschen Banbibi, der Göttin des Waldes, und ihrem moslemischen Gemahl Dakshin Rai, Oberherrscher über die Sunderbans.

Praktische Tipps zum Park

Ausländer benötigen für eine Reise in die Sunderbans ein (kostenloses) **Permit**, das von Tourveranstaltern besorgt wird. Wer die Gegend auf eigene Faust besuchen möchte, muss sich vorab einen Erlaubnisschein beim **Government of West Bengal Tourist Bureau in Kolkata** holen. Erforderlich ist außerdem die Reservierung einer Unterkunft im Hauptcamp des Sunderbans Tiger Reserve (Eintritt Rs15) n Sajnekhali, das durch einen Drahtzaun vom Dschungel abgetrennt ist.

Die **Sajnekhali Tourist Lodge**, ✆ 03219-52562 ❸–❺, ist eine große, baufällige, auf Pfählen stehende Unterkunft inkl. Mahlzeiten.

Im Rahmen des Tigerschutzprogramms „Projekt Tiger" wurden in der Nähe ein Minizoo zur Nachzucht von Schildkröten und Krokodilen, ein kleines Museum und ein Beobachtungsturm gebaut. Am späten Nachmittag wird Futter ausgelegt, das unweigerlich Rotwild und Affen, jedoch selten Tiger anlockt. Wegen der Tiger sind Streifzüge nach Einbruch der Dunkelheit nicht anzuraten. Weitere Beobachtungstürme wurden in Sudhannyakhali, Haldi und Netidhopani errichtet (dort in der Nähe eines 400 Jahre alten Tempels, der über abgezäunte Wege zu erreichen ist).

Innerhalb des Reservats fahren **Boote**, die in der Lodge für rund Rs1200 pro Tag gemietet werden können. Es muss ein Führer des „Project Tiger" engagiert (Rs200) und Eintritt bezahlt werden (Rs50).

Beste **Reisezeit** für die Sunderbans sind Winter und Frühling. Da die Anreise von Kolkata sehr mühsam ist, sollte man in Erwägung ziehen, sich einer All-inclusive-**Pauschaltour** anzuschließen, die beim West Bengal Tourist Centre, ✆ 033-2248 5917, gebucht werden kann. Die zwei- oder dreitägigen Touren mit Übernachtung auf einem Boot oder in der

> **Auf Moglis Spuren**
>
> Help Tourism (s. unten) hat mit dem **Sunderbans Jungle Camp** auf Bali Island am Rand des Reservats seine eigene Unterkunft. Sie besteht aus strohgedeckten Cottages, die traditionelle Architektur mit moderner Ausstattung kombinieren. In einem einzigartigen Rehabilitations- und Selbsthilfeprojekt beschäftigt das Camp einheimische Dorfbewohner – viele von ihnen ehemalige Wilderer – als Führer. Die Preise (ab Rs5000 für eine dreitägige Tour) sind gepfeffert, doch die Gelegenheit, tief in den Wald vorzudringen und einmalige Einblicke in die Kultur zu gewinnen, lohnen die Ausgabe.

Tourist Lodge gibt es ab Rs1150. Während der Fahrten auf den oft sehr vollen Booten ist nicht viel Ruhe zu erwarten, wodurch auch die Wahrscheinlichkeit von Tiersichtungen reduziert wird. **Maßgeschneiderte Touren**, die von privaten Veranstaltern wie Kali Travel Home oder Himalayan Footprints (S. 830) angeboten werden, gehen dagegen friedlicher und gemächlicher vonstatten.

Kommerzieller und weniger fantasievoll als das Sunderbans Jungle Camp ist das **Sunderbans Tiger Camp**, ✆ 033-3293 5749, ✉ sunderbanstigercamp@com ❼–❽ in Dayapur bei Gosaba im Zentrum des Schutzgebiets. Die meisten Übernachtungsgäste sind Teilnehmer der WBTC-Touren aus Kolkata. Die Unterbringung erfolgt in Zelten oder komfortablen AC-Cottages. Eine zweitägige Pauschaltour kostet inklusive Transport Rs2400 p. P.

Transport

Die Reise mit öffentlichen Verkehrsmitteln in die Sunderbans gestaltet sich kompliziert, egal ob per **Bahn** (vom Bahnhof Sealdah in Kolkata, die Route ist in umgekehrter Richtung weiter unten beschrieben) oder per **Bus**. Busse fahren von Esplanade nach **Basanti** (4x tgl., 3 Std.). Zu empfehlen ist die frühe Verbindung um 7 Uhr. Von Basanti setzt eine Fähre nach **Gosaba** über (Fahrtdauer durch das Delta 1 Std.). Sajnekhali liegt 6 km mit der Fahrrad-Riksha entfernt. Erst eine weitere Überquerung eines Deltaarms führt zum Gelände des „Projekt Tiger" und zur Tourist Lodge. Die Boote legen an der etwas entfernten und unauffälligen zweiten *ghat* ab. Da nicht viel Betrieb herrscht, sind Wartezeiten wahrscheinlich. Zur Not wird man aber sicher ein Boot chartern können.

Die **Rückfahrt nach Kolkata** nimmt ebenfalls viel Zeit in Anspruch. Der letzte Bus verlässt Basanti gegen 16 Uhr. Außerdem fahren Sammeltaxis zur Doc Ghat (1/2 Std.), wo ein Boot für die Überfahrt nach Canning wartet. Von dort fährt ein Zug via Ballygunge zu Kolkatas Bahnhof Sealdah.

Wenn in Canning Ebbe ist, muss man rund 500 m durch wadentiefen Schlamm waten. Ein kurzer Weg durch die Stadt führt zum Bahnhof, wo Wasserleitungen zur Verfügung stehen, an denen man den Dreck abwaschen kann. Die Zugfahrt, die schneller und bequemer als eine Busfahrt ist, entlohnt für die Mühen.

Am Ufer des Hooghly entlang zum Meer

Bei **Diamond Harbour**, 50 km südlich von Kolkata, mündet der Hooghly in den Golf von Bengalen. Der Hafen an dieser Stelle wurde früher von der Ostindienkompanie genutzt, und die Ruinen einer Festung gehen angeblich auf die Zeit portugiesischer Piraten zurück. Ende Januar findet hier alljährlich das Kulturfest **Ganga Utsav** mit Theater- und Tanzvorstellungen statt, für das in den Magazinen Cal Calling und City Info geworben wird. Die Fahrt von Kolkata nach Diamond Harbour per Bus oder Bahn vom Bahnhof Sealdah ist ein beliebter Tagesausflug für die Bewohner der Stadt. Es ist aber auch möglich, hier in der **Sagarika Tourist Lodge** ❷–❺ (Zimmer teils mit AC) zu übernachten; Buchung im Tourist Office in BBD Bagh, ✆ 033-2248 8271.

Mehr Luxus und fantastisches Erleben des Gangetic Delta bietet das **Fort Radisson Resort** im nahe gelegenen Raichak, ✆ 033-2280 0043, 🖥 www.ffort.com ❾. Zum Angebot gehören Bootsfahrten auf dem Fluss, ein luxuriöses Wellness-Spa und gutes Essen. Die Tagesausflüge sind beliebt bei Kolkatas Mittelschicht – besonders am Wochenende. Zimmerpreise ab US$231.

Der Ort **Sagardwip** an der Mündung des Hooghly ist per Fähre vom Harwood Point nahe Diamond Harbour aus zu erreichen und wird von Hindus verehrt, weil dort der Ganges ins Meer fließt. Der Zusammenfluss wird durch den **Tempel Kapil Muni** in Ehren gehalten. Er steht auf einer Insel, die häufig von besonders heftigen Tropenstürmen über dem Golf von Bengalen heimgesucht wird und langsam im Meer versinkt. Anlässlich des Festes Makar Sankranti (Mitte Januar) während des **Sagar Mela** strömen Hunderttausende Pilger aus ganz Indien auf die Insel und versammeln sich zum Baden im Wasser. Einige kleine Hotels, Ashrams und dharamshalas bieten einfache Unterkunft, während das **Larika Sagar Vihar**, ✆ 03210-240266 ❸–❹, mit etwas mehr Komfort aufwarten kann.

Zentralbengalen

Zentralbengalen hat nur wenig Sehenswertes zu bieten aber das an der Stätte des Ashrams von Rabindranath Tagores Vater entstandene **Shantiniketan** ist ein Ort des Friedens und ein Muss für jeden, der an bengalischer Musik, Kunst und Kultur interessiert ist.

Zu den anderen Höhepunkten der Region gehören die Paläste von **Murshidabad**, Bengalens letzter unabhängiger Dynastie, die von den Briten abgelöst wurde.

Shantiniketan und Umgebung

Das nur 136 km nordwestlich gelegene und dennoch eine ganze Welt von Kolkatas Lärm und Schmutz entfernte Shantiniketan ist ein Ort der Ruhe und des Friedens – trotz des schnellen Wachstums und des Vordringens in das Stammesgebiet der Santhal. Die 1921 von **Rabindranath Tagore** an der Stätte des Ashrams seines Vaters gegründete Siedlung und ihre geisteswissenschaftliche Universität **Vishwa Bharati** wurden mit dem Anspruch errichtet, das Beste der bengalischen Kultur zu fördern. Gegen Ende der bengalischen Renaissance hatten Tagores Visionen und sein ungeheures Talent eine eigene Lebensart und Kunst hervorgebracht, wovon die Universität bis zum heutigen Tage zehrt. Das Image der Universität nahm erheblichen Schaden, nachdem 2004 Rabindranath Tagores Nobelpreis aus dem Museum gestohlen wurde. Nach dem Dieb wird immer noch gefahndet.

Die Universität, um den von Tagore entworfenen Gebäudekomplex **Uttarayan** harmoniert gut mit ihrer Umwelt, obwohl der Ort in jüngster Zeit gewachsen ist, weil sich hier viele Städter aus Kolkata niedergelassen oder Ferienhäuser gebaut haben.

Das **Kala-Bhavan-Archiv** zeigt bengalische Skulpturen und Malereien des 20. Jhs., darunter Werke von Abanendranath und Gaganendranath Tagore, Nandalal Bose und Rabindranath Tagore, sowie eine Sammlung chinesischer und japanischer Kunst. ⏰ tgl. außer Di 10–17 Uhr,

Rabindranath Tagore

Der große bengalische Dichter Rabindranath Tagore (1861–1941) hat Generationen von Künstlern, Dichtern und Musikern inspiriert. Er entwickelte frühes Interesse am Theater und kleidete seine Gedichte in Musik – Rabindra Sangeet ist heute eine der populärsten Musiktraditionen Bengalens. Tagore, der im Westen durch den Maler William Rothenstein und den Dichter W. B. Yeats bekannt wurde, publizierte seine Gedichtsammlung Gitanjali erstmals 1912 in einer englischen Übersetzung und erhielt im folgenden Jahr den Literatur-Nobelpreis.

Obwohl er bevorzugt in Bengalisch schrieb und Autoren ermutigte, Werke in anderen indischen Sprachen zu verfassen, beherrschte er die englische Prosa ebenso meisterhaft. Erst im Alter von 70 Jahren offenbarte sich auch sein Talent als Künstler und Maler, das sich aus Kritzeleien an den Rändern seiner Manuskripte entwickelte. Tagore inspirierte viele Künstler, darunter den Maler Nandalal Bose und später den Filmemacher Satyajit Ray, der mehrere Filme auf der Grundlage von Tagores Werken drehte.

Eintritt frei (mit Sondergenehmigung durch den Fakultätsleiter).

Das auch als Rabindra Bhavan Museum bekannte **Vichitra Museum** stellt Tagores Leben und Werk mit einer Sammlung seiner Gemälde, Manuskripte und persönlichen Gegenstände dar. ⏱ tgl. 10.30–13 und 14–16.30 Uhr, Di nur vormittags, Mi geschlossen, Eintritt Rs5.

Rund 3 km westlich liegt **Shriniketan**, eine weitere bedeutende Einrichtung der Universität, die von Tagore gegründet wurde. Es handelt sich um ein ländliches Wiederaufbauprogramm zur Förderung der Selbstständigkeit mit Betonung auf lokalem Kunsthandwerk und Landwirtschaft. Die hier produzierten Kunsthandwerksobjekte und Keramikarbeiten werden in dem Geschäft Amarkutir in der Siuri Rd verkauft. Besonders hervorstechend sind die Lederwaren. ⏱ tgl. 10–16.30 Uhr, Di nur vormittags, Mi geschlossen, Eintritt frei.

Der große Markt **Poush Mela** (auch: Poush Utsav, 22.–25. Dez) auf dem Festplatz von Shantiniketan erinnert an die Aufnahme von Rabindranath Tagores Vater Maharishi Debendranath Tagore in den Brahmo Samaj, eine sozioreligiöse Bewegung der bengalischen Renaissance. Es wird mit Sport, Tanz und Musik der Santhal gefeiert. Berühmtheit genießen vor allem die Baul-Musiker, Bengalens Wandermusikanten, mit ihrem eigenen einzigartigen Volksmusikstil; Fakire, ihr moslemisches Pendant, treten hier ebenfalls auf. Auch auf dem *shanibarer haat*, dem Samstagsmarkt (15–17 Uhr) am Shriniketan Kanal, ist Baul-Musik zu vernehmen und Stammesangehörige verkaufen dort ihre Waren und Kunstwerke.

Übernachtung und Essen

Im Umkreis von Shantiniketan gibt es eine große Auswahl an Unterkünften, mehrere davon an der lärmenden Hauptstraße nach Bolpur, und einige ansprechendere Hotels in der Umgebung des Universitätsgeländes. Einige der besseren Restaurants bieten eine internationale Speisekarte, haben ihre Stärke aber in einheimischer Küche mit Betonung auf Fisch wie das Gartenrestaurant im **Park Guest House**. **Ghare Baire** im Gitanjali-Komplex in der Siuri Rd zählt mit seiner exklusiven Bengali-Küche zu den elegantesten Lokalen der Stadt.

Ethno-Cottages

Chhuti, 241 Charu Palli, Jamboni, ✆ 03463-252692, 🖥 www.chhutiresort.com. Komfortable und hübsche Cottages (teils AC) im Ethno-Look mit Restaurant. Die luxuriöseste Adresse von Shantiniketan. Kreditkarten werden akzeptiert. ❺–❻

Alcha das bezaubernde kleine Gartencafé in Ratanpalli dient gleichzeitig als Buchladen, Bibliothek (Mitgliedschaft Rs200), Galerie und eine kleine aber sehr gute Boutique für Kleidung und Einrichtungsgegenstände; außerdem ist es sehr schön für ein spätes Frühstück oder Mittagessen.

Bolpur Lodge, Bolpur, ✆ 03463-252662. Große, alteingesessene und gastfreundliche Lodge abseits des täglichen Rummels der Hauptstraße mit einem netten Innenhof. Große und schlichte Zimmer mit gutem Preis-Leistungs-Verhältnis und ordentliches Restaurant. ❷–❸

Bonpulak, Shyambati, ✆ 03463-261193. Drei angenehm luftige Zimmer in einem freundlichen Familienbetrieb mit kleinem buntem Garten; Essen nach Vorbestellung. ❸

Hotel Shantiniketan, Bhubandanga, ✆ 03463-254434. Helles, in Pink gehaltenes Hotel mit hübschem Garten in einer ruhigen Gasse. Die billigeren Zimmer bieten ein besseres Preis-Leistungs-Verhältnis, Warmwasser gibt es aber nur aus Eimern, und alle DZ haben zwei Einzelbetten. ❸–❹

Shantiniketan Tourist Lodge, Bolpur Tourist Lodge Rd, ✆ 03463-252699. Große, staatlich geführte Unterkunft mit einigen AC-Zimmern, Bungalows, Schlafsaal (Rs100) und sehr günstigen Cottages. Netter Garten und ein Restaurant Hat seine besten Tage hinter sich. ❸–❺

Sonstiges
Geld

Geld wechselt die **State Bank of India** an der Hauptkreuzung in Shantiniketan. An der Hauptstraße zwischen Bolpur und Shantiniketan gibt es mehrere Geldautomaten.

Internet
Es gibt mehrere langsame Internetcafés am Ratanpalli Market.

Reisebüros
Palataka Travels, Netaji Rd, Bolpur, ✆ 03643-254148, vermittelt Flugtickets und Mietwagen.

Nahverkehr
Im Nahverkehr sind vor allem **Fahrrad-Rikschas** unterwegs, am besten lässt sich Shantiniketan aber mit einem **Fahrrad** erkunden, das entwe der im Hotel oder in einem der Fahrradläden an der Hauptstraße geliehen werden kann.

Transport
Busse
Der **Haupt-Busbahnhof** befindet sich in Jamboni, 2 km westlich Richtung Surul.

Eisenbahn
3 km südlich von Shantiniketan liegt **Bolpur**, der nächste **Bahnhof** an der Hauptstrecke zwischen Kolkata und Darjeeling. Dort halten Züge aus Burddhaman (auch Burdwan). Der beste Zug von KOLKATA ist der Shantiniketan Express Nr. 2337, der Howrah um 10.10 Uhr verlässt, um 12.25 Uhr in Bolpur endet und eine halbe Stunde später wieder nach Howrah abfährt. In den Waggons der 2. Klasse musizieren gelegentlich Baul-Sänger, und für den regulären AC-Wagen der 1. Klasse ist ein Baul sogar fest engagiert. Bester der vielen Expresszüge von Shantiniketan nach DARJEELING ist der Darjeeling Mail Nr. 5657, der spät nachts (24.34 Uhr) in Bolpur hält und am nächsten Morgen um 8 Uhr in New Jalpaiguri (NJP) eintrifft. Der beste Zug tagsüber ist der Kanchenjunga Express Nr. 5657 um 9.40 Uhr mit Ankunft in NJP um 18.20 Uhr, was vor der Weiterfahrt nach Darjeeling oder Sikkim eine Übernachtung im Gebiet von Siliguri mit sich bringt.
Reservierungen können am entsprechenden Schalter unweit der Post vorgenommen werden, ⏲ Mo–Sa 10–15 Uhr. Die dort verfügbaren **Quoten** sind sehr gering, beinhalten aber einige Sitze in den oberen Klassen – es empfiehlt sich frühzeitige Buchung. Am Bahnhof Bolpur gibt es einen Reservierungsschalter mit Computeranschluss an das landesweite Netz und somit mehr Auswahl.
Züge nach:
KOLKATA (6–7x tgl., 2 1/2–4 Std.),
SILIGURI NJP (4–5x tgl., 8 1/2–9 1/4 Std.).

Tarapith

50 km nördlich von Shantiniketan liegt Tarapith, eines der bedeutendsten Zentren des **tantrischen Hinduismus**. Der Tempel und das Einäscherungsgelände in einem Hain am Fluss sind beliebte Aufenthaltsorte tantrischer Sadhus, bei deren Ritualen nicht selten Totenköpfe und Totenasche hinzugezogen werden. Der Tempel selbst ist ein einfaches Gebäude, der Shakti in Form der mysteriösen und gefürchteten Göttin Tara geweiht ist, die dort mit silbernem Gesicht und großen Augen in Erscheinung tritt. Schreine stehen über den Tempelbezirk verstreut, und der Hain wird von Affen bevölkert.

Übernachtung und Essen
Tarapith hat mehrere Hotels. Ein nettes *dharamshala* befindet sich in der Nähe des Tempels.
Sathi, ✆ 03461-253287. Das freundliche Hotel hat große Zimmer mit Bad. ❸–❺
Sonar Bangla, ✆ 03461-253827. Bietet etwas mehr Komfort und besitzt ein ausgezeichnetes Restaurant. ❸–❺

Transport
Die 10 km lange Strecke zwischen Tarapith und RAMPURHAT wird von Bussen, Sammel-Vikrams (Motor-Rikscha-Taxis) und normalen Taxis bedient. Gelegentlich fahren Direktbusse von Tarapith nach JASIDIH in Jharkand, ansonsten muss man in Rampurhat umsteigen. Der um 6.05 Uhr in Howrah abfahrende *Azimganj Express* Nr. 3017 ist eine von vielen Verbindungen und erreicht den 8 km nördlich von Tarapith gelegenen Bahnhof RAMPURHAT um 10.20 Uhr. Der Rampurhat Express Nr. 2348 fährt über Shantiniketan zurück.

Murshidabad

219 km nördlich von Kolkata, nahe der Handelsstatt **Behrampur**, liegt in sattgrüner Landschaft die historische Stadt Murshidabad mit einigen der letzten großen Zeugnisse Bengalens vor Ankunft der Briten. An den Ufern des Flusses Hooghly erinnern mehrere melancholische Bauwerke aus dem 18. Jh. an die Tage der letzten unabhängigen Hauptstadt Bengalens. Die im 18. Jh. vom Nawab **Murshid Quli Khan** gegründete Stadt verkam rasch, nachdem die Streitkräfte des Siraj-ud-Daula 1757 die Schlacht von Plassey gegen Robert Clive und seine britische Armee verloren hatten, denn die Briten kontrollierten Bengalen fortan von Kalkutta aus. Bekannt ist der Ort noch für seine Heimindustrien, allen voran für die Seidenweberei.

Murshidabads faszinierende kulturelle Mischung zeigt sich in der Architektur: vom romanischen Nawab-Palast **Hazarduari**, den General Duncan Macleod von den Bengal Engineers entwarf, bis hin zur **Katra-Moschee**, die Murshid Quli Khan im Stil der Moschee von Mekka errichten ließ. Der große U-förmige See **Moti Jheel** („Perlensee") schmiegt sich um die trostlosen Ruinen von Begum Ghasetis Palast, in dem Siraj-ud-Daula vor seiner Niederlage regierte. Weiter südlich liegt am anderen Flussufer **Khushbagh** („Garten der Freude"). Hier befinden sich unter den Gräbern vieler Nawab auch diejenigen von Alivardi Khan und Siraj-ud-Daula.

Übernachtung und Essen

Das Angebot an **Unterkünften** ist in Murshidabad begrenzt. Freundlich ist das Hotel Manjusha, ✆ 03482-270321 ❷–❹, in der Nähe des Hazarduari, das Zimmer mit Balkon und einen bunten Blumengarten direkt am Fluss zu bieten hat. Das leicht per Motor-Riksha (Rs10) oder Bus zu erreichende, 12 km entfernte **Behrampur** am verkehrsreichen Nord-Süd-Highway besitzt mehr Hotels, etwa die freundliche **Behrampore Lodge**, 30/31 R. N. Tagore Rd, ✆ 03482-252952 ❸–❹, die auch Mahlzeiten serviert. Das 3 km vom Zentrum an der Straße in Panchanantatala gelegene **Samrat**, ✆ 03482-251147 ❷–❺, ist günstig für den Abstecher nach Murshidabad; es bietet Zimmer unterschiedlicher Kategorien, vom einfachen Doppelzimmer bis zu AC-Zimmern mit Teppichen, ein klimatisiertes Restaurant mit Bar und einen schönen Garten.

Transport

Zwischen Behrampur und Murshidabad fahren Busse, Sammel-Vikrams und Autos. Zu den in Behrampur haltenden **Zügen** aus Kolkata (Bahnhof Sealdah, 4–6 Std.) gehört der Lalgola Passenger, der auch in Murshidabad hält; bessere Bahnverbindungen gibt es ab Azimganj – 20 km, bzw. Rs600 per Taxi – entfernt.
Von Behrampur fahren zahlreiche Busse zum Busbahnhof Esplanade in KOLKATA (5–6 Std.) und nach MALDA (3 1/2 Std.).

Der Norden von Westbengalen

Der Norden Westbengalens, wo sich die Berge des Himalaya aus der flachen Schwemmlandebene Richtung Nepal, Sikkim und Bhutan erheben, hat unvergessliche Bergpanoramen und eine berühmte Hill Station zu bieten. Die meisten Besucher reisen so rasch wie möglich über **Siliguri** weiter nach **Darjeeling**, **Kalimpong** und in den Gebirgskleinstaat Sikkim. Wer Zeit hat, sollte sich unbedingt die östlich von Siliguri gelegenen, sub-himalayischen Dooars mit ihren Teeplantagen und Wäldern anschauen. Dort findet sich auch der **Jaldapara Wildlife Sanctuary**, in dem Panzernashörner, Büffel und Wildschweine leben.

Siliguri und New Jalpaiguri

Westbengalens zweitgrößte Stadt, Siliguri, ist ein wichtiges und stetig wachsendes Wirtschaftszentrum. Bedeutend sind seine Teeauktionen. Die Stadt dient als Eingangstor nach Darjeeling, Kalimpong, Sikkim und Bhutan. Zusammen mit seinem Hauptbahnhof New Jalpaiguri – kurz NJP – und dem Flughafen in **Bagdogra** bildet es ein Schienen- und Luftdrehkreuz zwischen Kolkata, Delhi und den Bergen. Die nahe Grenze zu Nepal in **Kakarbhitta** ist nun für

Touristen geöffnet, aber die Busreise von dort nach Kathmandu ist anstrengend.

Die meisten Touristen lassen Siliguri links liegen, die Reiseverbindungen können allerdings eine Übernachtung erforderlich machen. Abgesehen von lebendigen Basaren wie dem **Bidhan Market** gibt es wenig Interessantes zu sehen. Eine kleine tibetische Enklave (rund 2 km vom Zentrum an der Sevoke Rd) beherbergt den imposanten **Tashi Gomang Stupa** (⏲ tgl. 5–12 und 13–17 Uhr) und ein traditionelles Zentrum zur Herstellung von Medikamenten aus Kräutern und Gewürzen, die ihren herrlichen Duft verströmen.

Übernachtung

Viele der Billighotels nahe dem Busbahnhof – insbesondere das Delhi und das Shere-e-Punjab – genießen einen recht zweifelhaften Ruf in Bezug auf die Behandlung ihrer weiblichen Gäste.

Apsara, 18 Patel Rd, in einer Gasse parallel zur Hauptstraße, gegenüber dem Busbahnhof Tenzing Norgay, ☎ 0353-251 4252. Freundliches tibetisches Budget-Hotel mit hilfsbereiten Angestellten und in günstiger Lage zu den Bahnhöfen und öffentlichen Einrichtungen. Einfache, saubere Zimmer, alle mit Bad. ❷–❸

Chancellor, Sevoke Mor, Sevoke Rd/Hill Cart Rd, ☎ 0353-243 2372. Freundliches und sicheres tibetisches Hotel im betriebsamen Stadtzentrum mit einem ruhigeren Block nach hinten raus. Schlichte, ordentliche Zimmer und ein Restaurant mit guter tibetischer, chinesischer und indischer Küche. ❷–❸

Manila, Pradhan Nagar, ☎ 0353-251 9342. Sauberes, modernes Hotel nahe Taxistand und Bushaltestelle. Zuvorkommender Service, komfortable Zimmer, Geldwechsel und ein gutes Restaurant. Falls ausgebucht, ist das ähnliche Heritage nebenan eine Alternative. ❹–❺

Holydon, NJP Station Rd, ☎ 0353-269 1335. Freundliches und preiswertes Hotel, das beste in Bahnhofsnähe. Einige AC-Zimmer, Restaurant und Bar, die abends sehr gut besucht ist. ❷–❺

Saluja, Hill Cart Rd, ☎ 0353-243 1684. Zentrumshotel für jedes Budget; einfache Zimmer mit Gemeinschaftsbad, aber auch komfortable DZ und das ausgezeichnete Restaurant Parivar. Noch mehr Komfort bietet das benachbarte Schwesterunternehmen Saluja Residency. ❷–❹

Sinclairs, Pradhan Nagar, ☎ 0353-251 7674, 🖥 www.sinclairshotels.com. Gehobenes, älteres Hotel das seine anhaltende Beliebtheit u. a. der guten Lage an der Straße nach Darjeeling verdankt. Komfortable, große, modernisierte Zimmer inkl. Frühstück, gutes Restaurant, Garten und Pool (nur im Sommer nutzbar) ❼–❽

Vinayak, Hill Cart Rd, ☎ 0353-243 1130. Gutes, verlässliches Mittelklassehotel im Zentrum nahe Taxistand. Ordentliche (teils AC-) Zimmer. Restaurant im Untergeschoss mit guter indischer Küche. ❸–❺

Essen

Die besten Restaurants befinden sich in den Hotels, wie dem Vinayak und Saluja an der Hill Cart Rd. Beide servieren gute chinesische und indische Küche. Am Nordende derselben Straße ist das vielseitige **Penguin** im Hotel Central Plaza besonders ansprechend. An der Pradham Nagar, gegenüber vom Bahnhof, bietet das ausgezeichnete Café **Khana Khazana** vielfältige Gerichte von *dosas* bis zu Pizzas. Das einfache, aber schon legendäre **Kalpataru Pice Hotel**, Rani Tanki More, Sevoke Rd, wartet mit bengalischer Küche auf und ist bekannt für seine Fischgerichte. Die Filiale **Kalpana Pice** befindet sich im Bidhan Market.

Sonstiges

Geld

Das Delhi Hotel gegenüber vom Busbahnhof in der Hill Cart Rd hat einen Geldwechselschalter. Ansonsten bietet sich die **State Bank of India**, Mangaldeep Building, Hill Cart Rd an. Es gibt mehrere **Geldautomaten**, die Visa, Cirrus, Maestro und Mastercard akzeptieren; u. a. einen der HDFC im Malhotra Towers Building, an der Straße Richtung Siliguri und weitere gegenüber dem Manila Hotel in der Hill Cart Rd und in der Umgebung der Sevoke Mor.

Informationen

Government of West Bengal Tourist Office, gegenüber dem Busbahnhof in der Pradhan

Nagar, ✆ 0353-251 1974. Reserviert Zimmer in Touristen-Lodges wie z. B. im Jaldapara Wildlife Sanctuary. ⏰ Mo–Fr 10.30–16, Sa 10.30–13 Uhr. An der NJP-Station und am Flughafen gibt es ebenfalls Touristeninformationen.

Gegenüber dem Busbahnhof bietet das **Sikkim Tourist Information Centre**, SNT Colony, ✆ 0353-251 2646, im selben Bereich wie Sikkim Nationalized Transport, Informationen und **Permits** (s. S. 878) für **Sikkim**. ⏰ Mo–Sa 10–16 Uhr.

Post

Die Hauptpost liegt in der Kacheri Rd, mit einer Filiale nahe dem Central Railway Booking Office und einer nahe dem Busbahnhof.

Touren

Help Tourism, First Floor, Malati Bhavan, 143 Hill Cart Rd, ✆ 0353-253 5892, 🖥 www.helptourism.com, umfangreiche und innovative Website. Siliguris bester privater Veranstalter organisiert Touren mit Wildtierbeobachtung und Übernachtung in dörflichen Homestays und Gästehäusern sowie Trekking-, Adventure- und andere Touren abseits der Pfade. Zudem betreibt Help Tourism Camps im Umfeld von Naturschutzgebieten und bietet der lokalen Bevölkerung damit Arbeitsplätze.

Nahverkehr

In Siliguri kämpfen sich **Motor-** und **Fahrrad-Rikschas** (Rs35 bzw. Rs90) durch den häufig verstopften Marktbereich zwischen dem Bahnhof New Jalpaiguri und Siliguri. Während **Sammel-Vikrams** (Auto-Taxis) p. P. Rs30 berechnen, nehmen Taxifahrer Rs300, obwohl es offiziell günstiger sein müsste. Für Kurz- und Langstrecken mit Motor-Rikschas und **Taxis** empfiehlt sich der Vorauszahlungsschalter vor dem Hauptbahnhof. Ein vorbestelltes Taxi nach Darjeeling kostet Rs1140 und nach Gangtok Rs1547, ein Platz im Jeep nach Siliguri ist für Rs90 zu haben.

Transport

Busse, Jeeps und Taxis

Die meisten Busse nutzen den **Busbahnhof Tenzing Norgay** in der Hill Cart Rd, Ecke Pradhan Nagar. Die Mehrzahl der Hotels und die Taxistände nach Darjeeling befinden sich in der Nähe. 6x tgl. fahren Busse nach KOLKATA.

Über Nacht fahrende „Luxus"-Busse nach Kolkata (Rs300, AC Rs740, 12 Std.) von Rocket Bus und Royal Cruiser sind billiger als der Zug und haben den Vorteil, dass man in Esplanade in der Nähe der zentralen Sudder St aussteigen kann. Die Straßen sind in einem desolaten Zustand, sodass man sich auf viel Rüttelei gefasst machen muss.

Busse fahren auch nach Patna und Guwahati. Außerdem gibt es regelmäßige Busverbindungen nach Darjeeling, Kalimpong (Rs80) und Gangtok (Rs120).

DARJEELING erreicht man am bequemsten per Sammeljeep mit Abfahrt am NJP-Bahnhof, Sevoke More und Tenzing Norgay-Busbahnhof in Siliguri. Dort haben die Jeep-Transportunternehmen eigene Ticketschalter mit festgelegten Preisen. **Taxis** nach Darjeeling fahren ab, sobald sie voll sind, benötigen 3–5 Std. und kosten Rs90 p. P. Für etwas mehr Komfort bucht man am besten zwei Frontsitze oder gleich ein ganzes Taxi (bei rückkehrenden Taxis kann man häufig über die Fahrpreise verhandeln).

Sikkim Nationalized Transport, gegenüber dem Busbahnhof in der Pradhan Nagar, ✆ 0353-251 1496, ⏰ tgl. 6–16 Uhr, fährt nach GANGTOK (Abfahrt 8.30, 9.30 und 11.30 Uhr) und in andere Orte in SIKKIM. Permits für Sikkim (s. S. 878) bekommt man nebenan bei Sikkim Tourism. Auf Anfrage werden Sammeltaxis vermittelt.

Busse fahren auch ins 160 km entfernte Phuntsoling an der Grenze zu BHUTAN und in die 176 km entfernte Hauptstadt Thimpu. Busse nach GUWAHATI in Assam gibt es, doch der Zug ist die bequemere Alternative. Nach Chalsa und Madarihat gibt es regelmäßige Verbindungen mit Anschluss in die Schutzgebiete.

Busse nach:
GANGTOK (4x tgl., 4 Std.),
GUWAHATI (4–5x tgl., 9 Std.),
KAKARBITTA (12x tgl., 40 Min.),
KOLKATA (6x tgl., 12 Std.),
PATNA (3–4x tgl., 10 Std.),
PHUNTSOLING (4x tgl., 4 Std.).

Eisenbahn

Alle wichtigen Züge, die überwiegend in Guwahati enden oder starten, bedienen nicht den Bahnhof von Siliguri, wo die Schmalspurbahn hält, sondern den 4 km östlich gelegenen Bahnhof **New Jalpaiguri** (NJP). Von dort besteht Anschluss nach KOLKATA, DELHI und ASSAM sowie zu Zielen in der näheren Umgebung. Reservierungen können im Bahnhof NJP oder im Central Railway Booking Office, Bidhan Rd, nahe dem Kanchenjunga-Stadion in Siliguri getroffen werden, ⏱ tgl. 8–16 Uhr. Der beste Zug nach KOLKATA (Bahnhof Sealdah) ist der Darjeeling Mail Nr. 3143/3144. Insgesamt fahren von NJP 6–7x tgl. Züge in 10 1/2–14 1/2 Std. nach Kolkata.

Nach DELHI fährt der zügige Rajdhani Express Nr. 2423 (25 1/2 Std.), der in PATNA hält, wo Anschluss nach Gaya und Bodhgaya besteht. Der Rajdhani Nr. 2435 (Mo, Di, Fr & Sa) hält in Varanasi, während man an den übrigen Tagen den Rajdhani Nr. 2423 nehmen und in Mughal Sarai umsteigen muss.

Wer DARJEELING auf dem Schienenweg erreichen will, ist auf die Schmalspurbahn (Toy Train) angewiesen (Abfahrt in Siliguri 9 Uhr, Ankunft in Darjeeling 15 Uhr, 2. Klasse Rs47, 1. Klasse Rs242).

Züge von New Jalpaiguri (NJP) nach:
DELHI (5–6x tgl., 21 3/4–30 1/2 Std.),
GUWAHATI (6–8x tgl., 7 1/2–10 1/2 Std.),
KOLKATA (7–8x tgl., 10–14 Std.),
PATNA (4–5x tgl., 8 1/2–12 1/4 Std.),
SHANTINIKETAN (BOLPUR) (4–5x tgl., 8 1/2–9 1/4 Std.),
VARANASI und MUGHAL SARAI (4–5x tgl., 11 3/4–19 Std.).

Flüge

Der 12 km westlich von Siliguri gelegene Flughafen **Bagdogra** bietet Flüge mit **Indian Airlines**, **Jet Airways**, **Kingfisher** und der Billiglinie **Air Deccan** nach DELHI, KOLKATA und GUWAHATI. Bei guter Wetterlage fliegen auch Hubschrauber nach GANGTOK in Sikkim (s. S. 880). Taxis, die am Vorauszahlungsschalter gebucht werden können, fahren direkt nach Siliguri (Rs310), Darjeeling (Rs1180), Kalimpong (Rs1040) und Gangtok (Rs1500). Die Preise sind am Schalter verhandelbar.

Von Bagdogra startet – wetterabhängig – gegen 13.30 Uhr ein **Helikopter** nach GANGTOK (Rs2200). Maximal zulässige Gepäcklast ist 10 kg.

Flüge nach:
DELHI (IC, 9W, DN, SG, IT, 5x tgl., 3–4 Std.),
GUWAHATI (IC, 9W, DN, SG, 3–4x tgl., 3/4 Std.),
KOLKATA (IC, 9W, DN, IT, 4x tgl., 1 Std.).
(DN = Air Deccan, IC = Indian Airlines, IT = Kingfisher, SG = Spicejet, 9W = Jet Airways)

Fluggesellschaften:
Jet Airways, im Hotel Vinayak, Hill Cart Rd, ✆ 0353-243 1495.
Tourist Service Agency (TSA), Pradhan Nagar, gegenüber vom Busbahnhof, ✆ 0353-251 0872. Einziger Anbieter in Siliguri für die Hubschrauberflüge nach Gangtok. Das hilfreiche Büro vermittelt auch andere Flugtickets z. B. nach Kathmandu.
Travel & Rental, Sevoke More, ✆ 0353-253 8749. Hier gibt es Tickets für Indian Airlines, Jet Airways, Kingfisher und Air Deccan.

Weiterreise nach Nepal

Nach **Kathmandu** in Nepal gelangt man – rund um die Uhr – über die indische Grenzstadt **Panitanki**. Nach **Kakarbitta** (⏱ Grenze 6–19 Uhr) auf der nepalesischen Seite bringen einen Fahrrad-Rikschas für Rs30. Sammeltaxis (Rs50), regelmäßige Busse vom Terminal (ab Rs20) und Taxis (Rs600) fahren nach Panitanki, wo man für US$30 in bar ein Nepal-Visum beantragen kann. Ein Aufenthalt in Kakarbitta hat den Vorteil, dass man für die Weiterreise nach Kathmandu mehr Busse zur Auswahl hat (17 Std., Nepalesische Rs 530). Agenturen wie die TSA in Siliguri bieten Direktverbindungen und für US$122 kann man sich mit Buddha Air oder Yet Airlines den Luxus eines Fluges von **Bhadrapur** (25 km oder eine 45-minütige Taxifahrt von Kakarbitta entfernt) nach Kathmandu gönnen. Buchen kann man die Flüge außer bei der TSA auch direkt in Kakarbitta.

Gorumara und Jaldapara

Der **Gorumara-Nationalpark**, 80 km östlich von Siliguri, ist eine der größten Attraktionen des Staates. Er ist berühmt für seine Elefantenpopulation und bietet Lebensraum für die vom Aussterben bedrohten Panzernashörner, indische Bisons sowie zahlreiche andere Tier- und Vogelarten. Während des Monsuns (Mitte Juni bis Mitte September) ist der nur 80 km² große Park geschlossen. Zusammen mit dem benachbarten **Chapramari Wildlife Sanctuary** bietet er ein sehr vielseitiges Gelände – von Steppenlandschaft bis zum tiefsten Urwald – wodurch viele Wildtiersichtungen möglich sind. Die besten Chancen hat man von den Aussichtstürmen wie z. B. dem bei Jatraprasad (Rs100). Zugänglich ist der Park vom Eingang in **Lataguri** aus mit einem Jeep (Eintritt Rs80).

Unterkunft bietet u. a. das ansprechende **Silver Ridge Resort**, ✆ 09932-904028 ❹ mit Garten und Cottages in der Nähe des Eingangs. Etwa 2 km von der belebten Stadt **Chalsa** entfernt, findet sich am Ost–West-Highway das **Gorumara Jungle Camp** ❼, eine Selbsthilfe-Initiative der Siliguri-Filiale von Help Tourism (s. S. 843) mit rustikalen Hütten, die um den Standort einer alten Sägemühle arrangiert sind. Verpflegung und Exkursionen in die Wälder sind im Übernachtungspreis inbegriffen. Mehr Luxus (z. B. einen Pool) bietet das abgezäunte **Sinclairs Retreat**, ✆ 03562-260282 ❼ bei Chalsa. Von Chalsa fahren regelmäßig Busse nach SILIGURI und LATAGURI. Chalsa hat auch Eisenbahnanschluss, während die Busverbindungen von der nahen New Mal Junction nach Siliguri besser sind.

124 km östlich von Siliguri wurde 1943 das **Jaldapara Wildlife Sanctuary** gegründet, um Wildtiere vor den Einflüssen des Teeanbaus zu schützen. Vor der Kulisse bewaldeter Gebirgsausläufer erstreckt sich am mit Elefantengras bewachsenen Flussufer des Torsa das 216 km² große Parkareal. Es gewährt rund 50 Panzernashörnern, wilden Elefanten sowie Sambar und Schweinshirschen Zuflucht. Besonders reizvoll ist die Parkerkundung auf dem Elefantenrücken (Rs120). Geöffnet ist der Park von Oktober bis Ende April, wobei der März der beste Beobachtungsmonat ist, da die Tiere dann durch frische Weidegründe streifen. Bus und Bahn fahren nach **Madarihat**,

Darjeeling Himalayan Railway oder Toy Train

Die Schmalspurbahn Darjeeling Himalayan Railway wurde 1881 als Erweiterung der North Bengal State Railway fertiggestellt und klettert von **New Jalpaiguri** via **Siliguri** über ein 88 km langes Gleis hinauf nach **Darjeeling**. Der Toy Train (wie die Bahn liebevoll genannt wird) gehört seit 1999 zum **Welterbe der Unesco** und folgt weitgehend der Hill Cart Rd. Der Zug überquert die Straße mehrfach und teilt sie sich anderswo mit dem übrigen Verkehr. Als Verkehrsmittel hat der Toy Train, gezogen von blauen Dampfloks, die teils über 75 Jahre alt sind, aufgrund seiner historischen Bedeutung und seiner Anziehungskraft auf Touristen bis heute überlebt.

Bei entsprechender Wetterlage bieten die 1.-Klasse-Waggons mit ihren großen Panoramafenstern tolle Ausblicke während der sechsstündigen Fahrt aus der Ebene in die Berge. Die 2. Klasse ist oft überfüllt. Am hohen Pass Jore Bungalow bei **Ghoom** (2438 m), 7 km vor Darjeeling, öffnet sich plötzlich das atemberaubende Panorama der Kanchenjunga-Kette. Kurz hinter Ghoom befährt der Zug die **Batasia-Schlaufe**, die spektakulärste der drei Schlaufen auf dieser Strecke. Eine andere Methode, rasch an Höhe zu gewinnen, sind die **Wendestationen**, an denen die Gleise einen Z-förmigen Verlauf nehmen.

Manche Reisende empfinden die entsetzlich langsame, klaustrophobische Fahrt als Härtetest, besonders nach einer Übernachtfahrt von Kolkata nach Siliguri. Als entspannendere Alternative bietet sich eine kurze Fahrt mit dem Toy Train von Darjeeling ins 7 km entfernte Ghoom an, wo man einige Klöster besuchen kann. Zurück nach Darjeeling geht es dann entweder zu Fuß oder per Taxi, Bus oder Zug.

Weitere Informationen über den Toy Train geben die Darjeeling Himalayan Railway Society in Newcastle-under-Lyme, UK, 🖥 www.dhrs.org, oder das Windamere Hotel in Darjeeling.

7 km vom Reservat und 1 km vom Parkeingang entfernt. Von dort gibt es auch Taxis nach **Hollong** im Herzen des Schutzgebiets (Rs150).

Unterkunft und Verpflegung bieten **Jaldapara Tourist Lodge** in Madarihat, ✆ 03563-262230 ❺, oder die **Hollong Forest Lodge**, ✆ 03563-262228 ❺. Beide müssen vorab in den westbengalischen Touristenbüros in Siliguri, Darjeeling oder Kolkata gebucht werden. Eine schöne Alternative ist die private **Traveller's Haven Tourist Lodge**, ✆ 03563-262230, ❹–❺ mit Hütten und einem eigenen Aussichtsturm am Waldrand. Am Parkeingang sind Rs100 Eintritt zu entrichten.

Darjeeling

Darjeeling (von: *Dorje Ling*, „Ort des Donnerkeils"), eine viktorianische Hill Station und bedeutendes Teeanbau-Zentrum, erstreckt sich fast 600 km nördlich von Kolkata über einen 2200 m hohen Rücken des Himalaya. Größte Attraktion sind die überwältigenden Ausblicke auf die Berge. Der Kanchenjunga (der dritthöchste Berg der Welt) und viele schneebedeckte Gipfel beherrschen in nördlicher Richtung den Horizont. Die bereits während der Raj-Ära errichtete Infrastruktur wird der ständig wachsenden Einwohnerzahl allerdings nicht mehr gerecht. Es herrscht akuter Mangel an Wasser und Strom, und auf den hoffnungslos unzureichenden Straßen herrscht Chaos. Dennoch ist Darjeeling noch immer eine farbenfrohe und lebendige Stadt mit guten Möglichkeiten zum Einkaufen und Essengehen, zahlreichen Wanderwegen durch die umliegenden Hügel, touristischen Attraktionen wie dem Toy Train und vielen florierenden buddhistischen Klöstern.

Darjeeling beherbergt eine große tibetische Minderheit und bietet daher wie Dharamsala beste Möglichkeiten, die **tibetische Kultur** kennenzulernen. Die beste **Reisezeit** (auch fürs Trekking nach Sandakphu, um den Mount Everest zu sehen) liegt zwischen Monsun und Winter (Ende Sep–Ende Nov) bzw. Frühling (Mitte Feb–Mai).

Bis ins 19. Jh. gehörte Darjeeling zu **Sikkim**, doch 1817 wurde Sikkim nach einem verlustreichen Krieg gegen Nepal gezwungen, die Stadt den Briten als Kurort abzutreten – als Lohn dafür, dass diese den Frieden für Sikkim ausgehandelt hatten. Rasch entwickelte sich Darjeeling zur beliebtesten **britischen Hill Station**, besonders nachdem 1839 die Hill Cart Rd als Verbindung nach Siliguri fertiggestellt war. Als wenige Jahre später der **Tee** eingeführt wurde, folgten alsbald ein Zustrom von nepalischen Einwanderern und die nahezu vollständige Zurückdrängung der Wälder, die zuvor die Berge bedeckt hatten. Die wachsende wirtschaftliche Bedeutung der Stadt veranlasste die Briten, Sikkim 1861 einen Vertrag aufzuzwingen, durch den Darjeeling und Kalimpong annektiert wurden. Anfang des 20. Jhs. lockte Darjeelings Ruf als einer der bezauberndsten und abgelegensten Vorposten des britischen Empire Prominente und Abenteurer. In der Folge entwickelte sich die Stadt zu einem Bergsteigerzentrum und spielte eine Schlüsselrolle bei der Besteigung der höchsten Gipfel des Himalaya.

Nach der Unabhängigkeit kam die Region zu Westbengalen und damit unter Kolkatas Verwaltung. Doch die Rufe nach Autonomie wurden lauter und gipfelten in der **Gurkhaland-Bewegung** der 80er-Jahre. Unter Subhash Ghising und seiner Gurkha National Liberation Front (GNLF) begann eine oft gewalttätige Kampagne, die erst in den späten 80er-Jahren mit einer Art Kompromiss unterbunden wurde. Die GNLF kontrolliert heute den Darjeeling Gurkha Hill Council-(DGHC), der der Ägide von Westbengalens Regierung untersteht, aber großen Einfluss hat.

Darjeeling ist eine relativ ruhige und sichere Stadt, die in erster Linie vom florierenden Tourismus lebt. Die Gründung der Gorhka Jana Mukti Morcha (GJMM) 2007 verlieh der Ghurka Bewegung neuen Aufschwung. Sie beschuldigte Ghising des Despotismus und stellt seine seit 20 Jahren andauernde Vorherrschaft in Frage.

Die Stadt

Herzstück des viktorianischen Darjeeling ist der verkehrsfreie Platz **Chowrasta** über dem Basar an der Hill Cart Rd. Zu den vier Straßen, die sich hier treffen, gehört **The Mall** (auch als Nehru Rd bekannt). Sie führt vom Chowrasta zur Clubside, wo der renommierte **Planter's Club** zu Hause ist. Die ehrwürdige Institution, 1868 gegründet und auch unter dem Namen **Darjeeling Club** bekannt, war das Zentrum von Darjeelings gehobenen Kreisen. Seit den Tagen, an denen

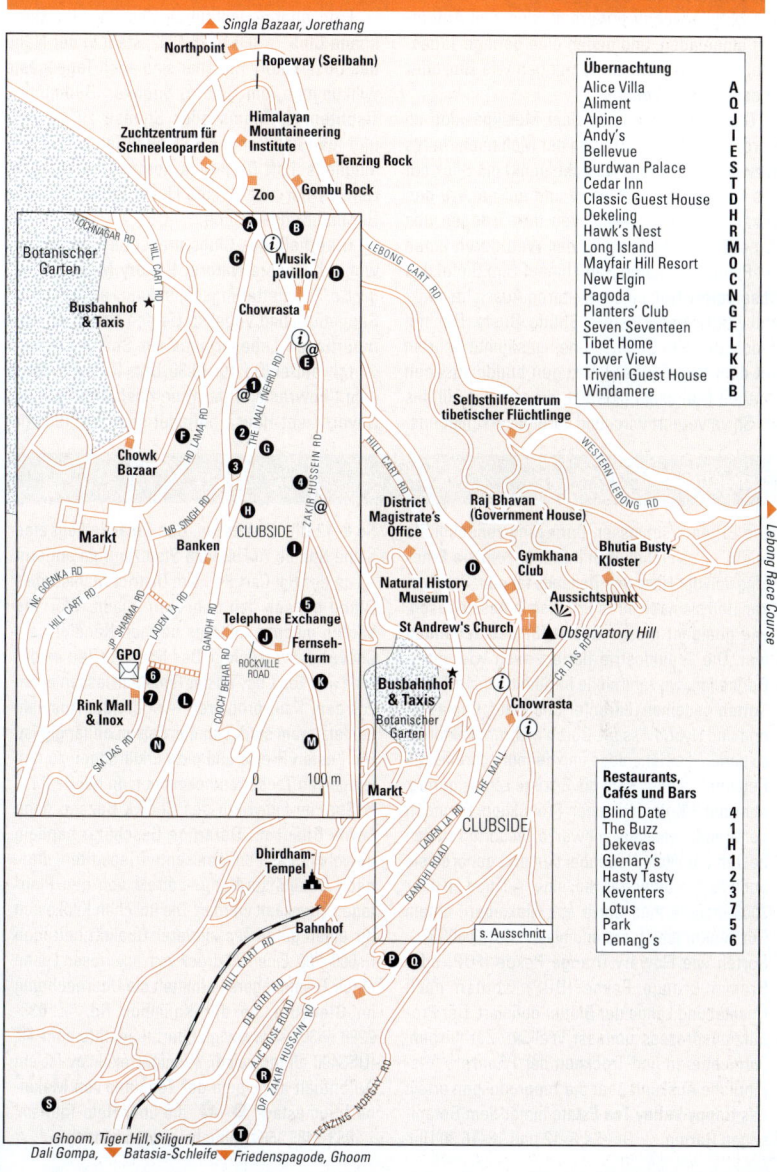

Darjeeling

▲ Singla Bazaar, Jorethang

Übernachtung	
Alice Villa	A
Aliment	Q
Alpine	J
Andy's	I
Bellevue	E
Burdwan Palace	S
Cedar Inn	T
Classic Guest House	D
Dekeling	H
Hawk's Nest	R
Long Island	M
Mayfair Hill Resort	O
New Elgin	C
Pagoda	N
Planters' Club	G
Seven Seventeen	F
Tibet Home	L
Tower View	K
Triveni Guest House	P
Windamere	B

Restaurants, Cafés und Bars	
Blind Date	4
The Buzz	4
Dekevas	H1
Glenary's	1
Hasty Tasty	2
Keventers	3
Lotus	7
Park	5
Penang's	6

Kolkata und Westbengalen

www.stefan-loose.de/indien   **Darjeeling**   847

sich dort Teepflanzer aus der gesamten Region zu geselligen Anlässen trafen, scheint sich nicht viel verändert zu haben. Besucher, die zeitweilige Mitgliedschaft erwerben, sind zum Aufenthalt eingeladen, und gegen eine geringe Tagesgebühr können sie Einrichtungen wie Bar oder Snooker-Raum benutzen.

Die Straße, die nahe dem Musikpavillon im Norden des Chowrasta von der Mall nach rechts abzweigt, führt zum **Aussichtspunkt** mit Blick auf das Kachenjunga-Massiv und auf nahezu den gesamten Staat Sikkim. Von den Treppen des Windamere Hotels steigt der Weg durch einen mit Pinien übersäten Hang hinauf zum Gipfel des **Observatory Hill**, einem weiteren Aussichtspunkt und Stätte des Klosters Bhutia Busty. Der mit buddhistischen Gebetsfahnen gesäumte Schrein auf dem Hügel ist der zornigen buddhistischen Gottheit Mahakala geweiht, die von den Hindus als Shiva verehrt wird, und vereint verschiedenste Stilrichtungen. Das malerische Bhutia Busty Kloster, 1 km unterhalb des Chowrasta, ist über die steile CR Das Rd erreichbar.

Eine andere Institution des Raj, der **Gymkhana Club**, ☎ 0354-225 4342, steht in der Nähe des Observatory Hill. Hier sind auch Tagesgäste willkommen, um Billard, Snooker, Badminton, Tischtennis, Tennis oder Squash zu spielen, und man kann sogar Rollschuh laufen (Tagesmitgliedschaft Rs50 plus normale Spielgebühren). Ferner gibt es eine kleine Bibliothek, eine Bar und Bridge-Tische.

Unterhalb des Clubs präsentiert das kleine, wenig besuchte **Natural History Museum** eine große Schmetterlingssammlung, ausgestopfte Säugetiere und Vögel sowie den Nachbau eines natürlichen Lebensraums mit Sound-Effekten. ⊙ tgl. außer Do 10–16.30 Uhr, Rs5. Ein Stück vom Chowrasta entfernt und tief unterhalb des Government House befindet sich das 1959 ge-

Darjeeling-Tee

Die Briten erschlossen Darjeeling zunächst als leicht zu erreichende Hill Station, wo sie Erholung von der Hitze des Tieflands fanden. Dann erkannten sie nach ihren Erfolgen in Assam rasch, wie geeignet dieses Gebiet für den **Teeanbau** war. Die Teeindustrie floriert nach wie vor in Darjeeling, wo zahlreiche berühmte chinesische Sorten gedeihen, darunter China Jat, China Hybrid und Hybrid Assam. Durch mehrere Faktoren, zu denen die Höhenlage und der nur sporadische Regenfall zählen, sind die Erträge relativ gering: nur rund 3 % der indischen Produktion. Dennoch gehören Darjeelings schwarze Teesorten zu den besten der Welt. Nebenbei bemerkt gehören sie auch zu den teuersten; bei einer Auktion im Jahr 2003 erzielte eine Sorte aus Makaibari, einem Gut bei Kurseong, astronomische Rs18 000/kg.

Sorten wie Flowery Orange Pekoe (FOP) oder Broken Orange Pekoe (BOP) werden nach Qualität und Länge der Blätter definiert. Der Produktionsprozess umfasst Welken, Zermürben, Fermentieren und Trocknen der Pflanzen. Ausführliche Auskunft über die Teeproduktion erteilt das **Happy Valley Tea Estate** hinter dem Botanischen Garten. ⊙ Do–Sa 8–12 und 13–16.30 Uhr, So 8–12 Uhr, Eintritt frei. Das Gelände liegt eine halbe Stunde zu Fuß vom Stadtzentrum entfernt – von der Hill Cart Rd beim District Magistrate's Office einfach den Schildern folgen. Wer **Tee kaufen** möchte sollte es bei den Händlern am Chowrasta versuchen. Das House of Tea an der Mall und Tea Cosy an der Rink Mall lassen einen vor dem Kauf probieren – wobei die Auswahl bei letzterem stark von der Saison abhängig ist. Die besten Preise und gute Erklärungen zu den jeweiligen Teesorten bekommt man bei Radhika & Son, im Labyrinth des Chowk Bazaar, nahe Laxmi Bhandar. Derartige Geschäfte handeln gewöhnlich mit unvermischten Teesorten, die – nach Qualitätsprüfung – direkt von den Plantagen angekauft werden. Die üblichen Kilokosten für einen guten Tee mittlerer Qualität betragen Rs600–700. Einen Eindruck vom luxuriösen Leben eines Teemanagers vermittelt die Übernachtung im **Glenburn**, an der Kalimpon Rd, ☎ 033-2288 5630, 🖳 www.glenburnteaestate.com ❾ (US$400 all inclusive). Weniger exklusiv ist der Aufenthalt auf einem der Teegüter von Makaibari Homestays ❺–❼, die über Help Tourism, ☎ 033-2485 4584 gebucht werden können.

gründete **Selbsthilfezentrum Tibetischer Flüchtlinge**. Dort leben 700 tibetische Flüchtlinge, die Teppiche und tibetische Kunstgegenstände herstellen, die man hier erwerben kann.

1 km weiter nördlich Richtung Gebirge liegt vor dem gotischen **St Joseph's College** der **Zoo**, der seinen Schwerpunkt auf den Erhalt der Arten legt und unbedingt einen Besuch wert ist. Das nicht für die Öffentlichkeit zugängliche Zuchtzentrum für Schneeleoparden wurde 1986 gegründet und ist weltweit das einzige, das diese gefährdete Art erfolgreich gezüchtet hat. Das Project Panda hat mehrere Exemplare des Kleinen Panda hervorgebracht, und auch die Zucht der gefährdeten tibetischen Wölfe gelang. ⏰ tgl. außer Do 8.30–16 Uhr, Eintritt Rs100 inkl. HMI-Ticket.

Das vom Zoo und mit derselben Eintrittskarte zugängliche **Himalayan Mountaineering Institute (HMI)** zählt zu den bedeutendsten Bergsteiger-Ausbildungszentren Indiens und bietet zahlreiche Kurse an. Erster Direktor war der verstorbene **Sherpa Tenzing Norgay**, der Sir Edmund Hillary bei dessen erfolgreicher Erstbesteigung des Mount Everest begleitete. Er lebte und starb in Darjeeling und wurde auf dem Institutsgelände beigesetzt.

Im Herzen des schönen, begrünten Komplexes widmet sich das **HMI Museum** der Geschichte des Bergsteigens. Zu sehen sind alte und neue Ausrüstungsgegenstände, eine Relief-Landkarte des Himalaya und eine Sammlung von Trachten der Bergvölker. ⏰ tgl. außer Do 9–16.30 Uhr.

Das in einem Anbau untergebrachte **Everest Museum** erzählt die Geschichte der Besteigungen des höchsten Bergs der Welt, von Mallory und Irvines Expedition 1924 über Tenzings und Hillarys Triumph 1953 bis zum Rekordaufstieg von Kaji Sherpa 1998 (20 Std. 24 Min.).

Vom Busbahnhof im Basar windet sich die Lochnagar Rd hinab zum **Botanischen Garten**. Hier wachsen Pinien, Weiden und Ahorn und gut zu begehende Zickzackwege führen zu den etwas ramponierten Treibhäusern mit Farnen und Orchideen.

Bemerkenswert ist nicht zuletzt der mit Stufendach versehene **Dhirdham-Tempel** unterhalb des Bahnhofs, der nach dem Vorbild des berühmten Shiva-Tempels Pashupatinath in Kathmandu errichtet wurde.

Bergsteigen in Darjeeling

In der Umgebung von Darjeeling besteht reichlich Gelegenheit zum Wandern, aber man kann auch noch einen Schritt weitergehen und einen Bergsteigerkurs beim **Himalayan Mountaineering Institute (HMI)**, ☎ 0354-225 4087 belegen. Die 28 Tage dauernden Kurse für Anfänger und Fortgeschrittene kosten US$650, werden mit militärischer Präzision durchgeführt und liefern eine anspruchsvolle Einführung zur Besteigung von Gipfeln in den Himalaya-Ausläufern von Sikkim. Nach kurzer Vorbereitungsphase wandern die Teilnehmer zum Basislager Chaurikhang am Fuße des Rathong-Gletschers, wo nach einem knüppelharten Akklimatisierungsprogramm mit Aufstiegen auf den Gletscher die Besteigung eines knapp unter 6000 m hohen Gipfels in Angriff genommen wird. Der lohnenswertere Kurs für Fortgeschrittene erfordert einige Bergsteigererfahrung. Beide Kurse können von Personen im Alter zwischen 17 und 40 Jahren belegt werden. Die Preise beinhalten Unterkunft, Verpflegung, Training, Basisausrüstung einschließlich Schlafsack und Transfer zum Ausgangspunkt der Wanderung und zurück. Das HMI verleiht auch billige Basisausrüstung für Interessierte, die nicht an den Kursen teilnehmen. Die Ausrüstung, die man bei Trek-Mate (S. 853) leihen kann, ist allerdings von besserer Qualität; andere Geschäfte im selben Komplex verkaufen billige Kopien großer Marken – z. B. neue Schlafsäcke ab Rs800.

Verlässt man die Stadt über die AJC Bose Rd, gelangt man zum diskret versteckten buddhistischen **Tempel Nipponjan Myohoji**, der meistens als Peace Pagoda bezeichnet wird und spektakuläre Ausblicke über das Tal auf den Kanchenjunga bietet. ⏰ tgl. 4.30–19 Uhr, Gebetsstunde um 4.30 und 16.30 Uhr.

Übernachtung

In Darjeeling gibt es über 500 Hotels, und ständig schießen neue aus dem Boden, was zur Belastung der ohnehin überbeanspruchten Infrastruktur beiträgt. Überall gilt es vor der Einquartierung auf die **Wasserversorgung** zu achten. Viele preiswerte Unterkünfte stellen nur Wasser im Eimer bereit und erheben Gebühren, wenn es heiß sein soll. In der Nebensaison (Ende Juni–Sep und Ende Nov–April) sind **Preisnachlässe** bis zu 50 % üblich.

Untere Preisklasse

Aliment, 40 Dr. Zakir Hussein Rd, ☏ 0354-225 5068. Unter Rucksackreisenden beliebter Treffpunkt, freundliches Management und Internet-Zugang. Schlichte, relativ teure Zimmer. Das Restaurant im Obergeschoss ist das Beste des Stadtteils. ❸–❹

Alpine, 104/1 Rockville Rd, ☏ 0354-225 6355. Gute Auswahl an sauberen Zimmern mit Bad, die (wie alle in dieser Umgebung) in der Hochsaison kein sonderlich gutes Preis-Leistungs-Verhältnis bieten. ❹–❺

Andy's, 102 Dr. Zakir Hussein Rd, ☏ 0354-225 3125. Die von einem Rentnerpaar geführte, sichere Unterkunft ist das beste Gästehaus am Grat. Makellos saubere Zimmer und herrliche Aussicht Richtung Kalimpong und Bhutan, aber kein Restaurant. ❷–❸

Long Island, 11/A/2 Dr. Zakir Hussein Rd, ☏ 0354-225 2043. Dicht unterhalb des Hotels Tower View, liegt dieses freundliche Haus mit einigen der besten Budget-Zimmern am Grat, die meisten mit Gemeinschaftsbad und Warmwasser aus Eimern. Das familienbetriebene Kimchi-Café serviert authentische koreanische Speisen und es gibt einen guten Trekking-Service. ❷–❹

Pagoda, 1 Upper Beechwood Rd, ☏ 0354-225 3498. Die Gegend hat bei Budget-Travellern an Beliebtheit eingebüßt, doch das Pagoda ist nach wie vor eine ruhige, zentrale Unterkunft nahe der Laden La Rd und dem Postamt. Lounge mit Kamin und kostenloses Warmwasser aus Eimern. Günstige Zimmerpreise. ❷–❸

Tibet Home Manjushree Centre, 12 Gandhi Rd, ☏ 0345-225 6714. Gemeinnütziges Kulturzentrum mit großen Zimmern unterschiedlicher Qualität; von einfachen fensterlosen Kellergeschoss-DZ mit Gemeinschaftsbad bis hin zu gut ausgestatteten DZ mit Bad und Warmwasser. ❸–❺

Tower View, 8/1 Dr. Zakir Hussein Rd, ☏ 0354-225 4452. Freundliche Budget-Unterkunft nahe Fernsehturm. Gutes Restaurant. Preiswerte Minikämmerchen, gemütliche holzverkleidete Zimmer und ein Schlafsaal (Rs70). ❷–❸

Triveni Guest House, 85/1 Dr. Zakir Hussein Rd, ☏ 0354-225 3878. Einfach und etwas geräumiger und günstiger als das Aliment gegenüber, doch nicht so beliebt. Freundliches Personal und gutes Restaurant. Schöne Aussicht von der Sonnenterrasse. ❷

Mittlere Preisklasse

Alice Villa, 41 HD Lama Rd, ☏ 0354-225 4181. Zentrales, alteingesessenes Hotel mit einem komfortableren neueren Block und zwei preiswerten Suiten im stilvollen älteren Flügel. Nebensaison-Rabatte möglich. ❹–❺

Bellevue, The Mall, ☏ 0354-225 4075. Dominiert oberhalb des Touristenbüros den Chowrasta. Weniger mondän als früher, doch nach wie vor angenehm. Unaufdringlicher Service, luftige Zimmer, Restaurant und Bar. ❹–❻

Classic Guest House, CR Das Rd, ☏ 0354-225 7025. Eine Hand voll sauberer gemütlicher und geräumiger Zimmer mit Veranda und fantastischem Ausblick. Günstige Lage wenige Minuten unterhalb Chowrasta mit herrlichem Ausblick. ❺–❻

Planters' Club, auch Darjeeling Club, The Mall, ☏ 0354-225 4348. Eines der Wahrzeichen Darjeelings mit altmodischen Zimmern, Kohlefeuer (Rs100), Billardsaal, Bar, Restaurant und Bibliothek. Übernachtungsgäste müssen eine zeitweilige Mitgliedschaft (Rs50) erwerben, Tagesgäste können die Einrichtungen für Rs100 nutzen. ❺–❻

Seven Seventeen, H. D. Lama Rd, ☏ 0354-225 5099. Großes gut geführtes Hotel

---

Tibetische Gastlichkeit

Dekeling, 51 Gandhi Rd, ☏ 0354-225 4159, ✉ norbu@darkeling.com. Oberhalb des populären Restaurant Dekevas. Beste zentrale Lage, auch Zimmer mit fließendem Heißwasser. Warme und behagliche Holzräume im Obergeschoss. Erheblich billiger in der Nebensaison. Die tibetischen Besitzer sind sehr hilfsbereit und es brennt ein einladendes Holzfeuer. ❹–❻

mit komfortablen luftigen Zimmern oberhalb vom Basar (kein Ausblick auf die Berge). Geldwechsel möglich, Kreditkarten werden nur für Zimmer ohne Preisnachlass akzeptiert; das billigere Nebengebäude liegt ein Stück weiter an derselben Straße. ❻–❼

Obere Preisklasse

Burdwan Palace, Rosebank, ☏ 09831-196161. Einen luxuriösen Aufenthalt verspricht dieser über eine sehr steile Straße zugängliche Palast mit blauer Kuppel unterhalb der Hill Cart Rd. Die riesigen Zimmer sind voller Antiquitäten und Jagdtrophäen und sprühen vor 1930er-Jahre-Charme. Die hohen Preise (ab US$350) beinhalten alle Mahlzeiten und Transportmittel einschließlich Abholung vom Flughafen. ❾

Cedar Inn, Jalapahar Rd (Dr Zakir Hussein Rd), ☏ 0354-225 4446, ✉ cedarinn@satyam.net.in. Neues Hotel im pseudo-gotischen Stil in ungewöhnlicher Lage hoch über der Stadt, zu erreichen nach einem steilen 15-minütigen Aufstieg vom Zentrum. Luxuriöse, holzgetäfelte Zimmer mit Kamin und großartiger Aussicht, ansprechende Lounge-Bar, Restaurant und Garten. ❽

Hawk's Nest, 2 AJC Bose Rd, ☏ 0354-225 3092, 🖥 www.dekeling.com. Vier geschmackvolle, tibetische Luxussuiten mit Kamin in hübscher Kolonialvilla, die Tibetern gehört. Allemal den kurzen Spaziergang über die Stadtgrenze wert. Gastfreundliche Atmosphäre, auf Wunsch Verköstigung durch die Familienküche. ❼

Mayfair Hill Resort, unterhalb des Government House, The Mall, ☏ 0354-225 6376, ✉ darjeeling@mayfairhotels.com. Einstiger Sommersitz eines Maharadschas, betont luxuriös mit zusätzlichen Bungalows und bester Einrichtung inkl. Restaurant, Wellness-Spa und herrlichen Gärten mit skurrilen Skulpturen. Zimmer ab US$210. ❾

Windamere, Observatory Hill, ☏ 0354-225 4041, 🖥 www.windamerehotel.com. Darjeelings vorbildliches und berühmtestes Hotel, das schon viele reiche und berühmte Gäste beherbergte. Gepflegte Bungalows mit Erinnerungsstücken aus der Raj-Epoche sowie ein neuer Flügel mit modernen und komfortablen Suiten. Teuer, doch zumindest einen Besuch

Der Geist Darjeelings

New Elgin, 32 H. D. Lama Rd, ☏ 0354-225 4114, 🖥 www.elginhotels.com. Stolz und vornehm, sehr gepflegt, altmodisch-formale Atmosphäre, die den Geist von Darjeeling einfängt, und gute Einrichtungen. Preise inkl. Vollpension und dem besten Tee-Service der Stadt. Zimmer ab US$142. ❾

wert für eine Tasse Tee auf dem Rasen oder für eins der gelegentlichen Abendkonzerte. Zimmer ab US$188. ❾

Essen

Viele Hotels wie Windamere und New Elgin bieten verschiedene Küchen an; letzteres bietet einen vorzüglichen Tee-Service. Budget-Hotels wie **Triveni** und **Aliment** servieren Traveller-Gerichte.

Blind Date, Fancy Market, 12 NB Singh Rd. Sehr beliebt bei Studenten, Einheimischen und Thais. Freundliches Dachrestaurant mit offener Küche; fantastische *momos*, *taipao* und knusprige Hühnchen.

Dekevas, 51 Gandhi Rd. Das bei Reisenden wie Einheimischen gleichermaßen beliebte Nichtraucherrestaurant mit hübscher tibetischer Einrichtung bietet die übliche gemischte Auswahl, dazu viele tibetische Gerichte und ein sehr gutes Frühstück.

Glenary's, The Mall. Das renommierteste Restaurant in Darjeeling serviert leckere *sizzlers* und die besten *tandoori*-Gerichte der Stadt. Hervorragendes Café und Patisserie mit Internet-Bereich. **The Buzz** im Untergeschoss ist eine Bar im amerikanischen Stil mit Poolbillard, Burgern und Pizza.

Hasty Tasty, The Mall. Das indische Fast Food in diesem Selbstbedienungsrestaurant ist sehr beliebt bei indischen Feriengästen. Leckere Käse-*dosas* und vorzügliche vegetarische *thalis*. Der überhastete Service ist ein Nachteil.

Keventers, Clubside. Allseits bekanntes Café, dessen Angebot Toast-Sandwiches und Frühstück mit Eiern, Speck und Schinken umfasst. Die Terrasse oberhalb der Kreuzung eignet sich dazu, das Treiben auf der Straße zu

beobachten. Die Bedienung ist nicht immer die beste. Ein Delikatessengeschäft im Erdgeschoss verkauft Käse, Schinken und Würstchen.
Lotus, Dr SM Das Rd. Gutes und günstiges chinesisches Essen; besonders zu empfehlen sind Schweinefleisch in Reiswein oder Hühnchen mit Shiitake-Pilzen.
Park, 41 Laden La Rd. Darjeelings beste nordindische und Tandoori-Küche serviert in luxuriösem Ambiente. Im Nebengebäude Lemon Grass gibt es gute thailändische Speisen.
Penang's, gegenüber GPO, oberhalb Laden La Rd. Billige und schmuddelige Kombination aus Bar und Café, aber ungemein beliebt für vorzügliche *momo* und *thukpa*.

Sonstiges

Apotheken
Frank Ross & Co., The Mall. Es gibt auch mehrere Apotheken rund ums Sadar Hospital oberhalb der Bushaltestelle.

Autovermietungen
Darjeeling Transport Corporation, Laden La Rd, ✆ 0354-225 2074, gehört zu den alteingesessenen Geschäften, doch es gibt noch viele andere Anbieter rund um Clubside.

Bücher
Oxford Books & Stationery, Chowrasta. Exzellente Auswahl an Romanen und Bildbänden.

Einkaufen
Kuriositäten und **Antiquitäten** kauft man am besten am Chowrasta, z. B. bei Habib Malik oder Jolly Arts. **Trekking-Ausrüstung** bieten S7 und S4 im Sinalila Market
Kunst und **Handwerk**, vorwiegend Teppiche gibt es bei Hayden Hall in der Laden La Rd und im Tibetan Refugee Centre.

Geld
Die **State Bank of India**, Laden La Rd, arbeitet schwerfällig und akzeptiert nur Reiseschecks von American Express oder Thomas Cook in US-Dollar und Pfund. ⏰ Mo–Fr 10–16, Sa 10–13 Uhr, Rs100 pro Transaktion.
Private Wechselstuben mit Lizenz sind flexibler, erheben jedoch rund 4 % höhere Gebühren als die Banken; zu ihnen gehören die Hotels **Mohit** und **Seven Seventeen**, beide in der HD Lama Rd. Geldauszahlungen gibt es bei **Poddar's**, 8 Laden La Rd, oder **Himalayan Travels**, 18 Gandhi Rd.
Laden La Rd und Rink Mall bieten mehrere **Geldautomaten**, u. a. von ICICI, HDFC und der State Bank of India, die am Chowrasta zudem einen praktischen Schalter unterhält.

Informationen
Tourist Bureau, 1 The Mall, am Chowrasta oberhalb von Indian Airlines, ✆ 0354-225 4102. ⏰ Mo–Fr 10–16.30 Uhr.
DGHC Tourism, Hauptbüro bei Silver Fir, Bhanu Sarani, 100 m nördlich des Chowrasta, ✆ 0345-225 4879. Der hilfsbereite Micky ist eine Quelle des Wissens über Touren, Wanderungen, Trekking-Hütten, Transportmöglichkeiten und Rafting auf dem Teesta-Fluss (ab Rs350). Hier gibt es auch eine sehr nützliche Broschüre mit einer Karte, auf der die Wanderwege von Sandakphu verzeichnet sind. Die DGHC-Schalter in Clubside und am Bahnhof sind nicht besonders nützlich. ⏰ tgl. 9–17 Uhr.

Internet
Die zentralsten und praktischsten unter den zahlreichen Internet-Cafés befinden sich im Glenary's und Hotel Bellevue (beide Rs30/Std.).

Kino
Cinema Inox, Rink Mall, ✆ 0354-225 7183. Ein modernes neues Multiplex-Kino mit drei Vorführräumen und dem Neuesten aus Bollywood und Hollywood.

Medizinische Hilfe
Planters' Hospital, Planter's Club, The Mall, ✆ 0354-225 4327; **Mariam Nursing Home**, The Mall, ✆ 0354-225 4327; **Tibetan Medical & Astro Institute**, Hotel Seven Seventeen, 26 H. D. Lama Rd, ✆ 0354-225 4735 (gehört zur medizinischen Organisation des Dalai Lama, Men-Tsee-Khang, und hat sowohl eine Klinik als auch eine gut bestückte Krankenhausapotheke); **Women's Clinic**, unter dem Hotel Springburn, 70 Gandhi Rd; ⏰ Mo–Sa 13.30–17 Uhr, So 10–13 Uhr.

Permits für Sikkim

Ausländer, die nach Sikkim weiterreisen wollen, benötigen ein Permit. Bei Fahrten nach Gangtok bekommt man am Grenzübergang **Rangpo** (aber nicht am Grenzübergang Naya Bazaar nach West-Sikkim) eine 2-Wochen-Erlaubnis, die am Naya Bazaar auf West-Sikkim ausgeweitet werden kann (s. S. 878). Wer das Permit bereits in Darjeeling beantragt, kann die haarsträubende 27 km lange Straße nach Jorethang nehmen und über Naya Bazaar direkt nach West-Sikkim einreisen. In Darjeeling erhält man Antragsformulare für das Permit beim **District Magistrate's Office** in der Hill Cart Rd nahe dem Nonnenkloster Loreto, ⊙ Mo–Fr 10–16 Uhr; es ist ein Stempel des **Foreigners' Registration Office** in der Laden La Rd (gegenüber der State Bank of India), ⊙ tgl. 10–18 Uhr, einzuholen, bevor man im DM Office den letzten nötigen Stempel erhält. Es handelt sich zwar um einfache Formalitäten, ist aber mit Lauferei verbunden.

Post

GPO (Hauptpostamt), Laden La Rd, ⊙ Mo–Fr 9–17, Sa 9–12 Uhr.

Reise- und Trekkingagenturen

Himalayan Adventures, Das Studios, 15 Nehru Rd, ℡ 0354-225 4090, 🖳 www.dastrek.com. Internationaler Veranstalter von Treks in Bhutan, Bhutan und Tibet. Ideal für anspruchsvollere Teilnehmer.
Clubside Tours und Travels, J. P. Sharma Rd, ℡ 0354-225 4646, ✉ clubside@satyam.net.in. Alteingesessene und zuverlässige Agentur für Flugtickets, Touren und Trekking.
Himalayan Travels, 18 Gandhi Rd, ℡ 0354-225 6956, ℡ 09434-209847. Die effiziente Organisation unter Leitung des freundlichen K. K. Gurung bietet Touren und Trekking in der Umgebung von Darjeeling, Sikkim und Bhutan an. Betreiber der Sandakphu-Wanderhütten und Organisator einer Toy-Train-Sonderfahrt ab Kurseong.
Pineride Travels, Nehru Rd, Chowrasta, ℡ 0354-225 3912. Spezialisiert auf In- und Auslandsflüge, u. a. ab Kakarbitta/Bhadrapur nach Kathmandu.
Sandakphu Sikkim Tours & Trek, Hotel Long Island, 11/A/2 Dr Zakir Hussein Rd, ℡ 09434-4674-43, -20, Chowrasta ℡ 09733-044986. Gute lokale Agentur für den Sandakphu-Trek; Eigentümer Pritam spendet einen Teil der Einnahmen an die Child Welfare Society.
Tenzing Norgay Adventures, D. B. Giri Rd, ℡ 0354-225 3058. Effizient arbeitende internationale Organisation von Tenzing Norgays berühmtem Sohn – sehr zu empfehlen für Trekking und Bergsteigen.
Trek-Mate, Singalila Arcade, Nehru Rd, ℡ 0354-225 6611, 09832-083241, ✉ chagpori@satyam.net.in. Sehr hilfsbereite, von Tsewang Trogawa geführte Agentur, die Trekkingtouren nach Sandakphu und West-Sikkim organisiert, Führer, Träger und Verpflegung bereitstellt sowie Schlafsäcke und Daunenjacken verleiht. Zum Angebot gehören auch Treks und Übernachtungen nahe Tukdah.

Tibetische Studien
Manjushree Centre of Tibetan Culture, 12 Gandhi Rd, ℡ 0354-225 6714, 🖳 www.manjushree-culture.org. Gegründet 1988 zur Pflege und Förderung tibetischer Kultur. Bietet Teilzeitkurse (Mo–Sa 16–18 Uhr) sowie 3-, 6- oder 9-monatige Intensivkurse (US$225, US$345 und US$462) in tibetischer Sprache an. Außerdem gibt es eine Bibliothek, regelmäßige Seminare, Gesprächsrunden, Videoshows und Ausstellungen. Ein Museum ist geplant.
Das Changpori Medical Institute in Takdha (Richtung Teesta) bietet ausgezeichnete Kurse in tibetischer Medizin an; im Manjushree anfragen.

Transport

Nahezu alle Besucher aus der Ebene treffen entweder mit dem Toy Train oder mit Sammeltaxi oder Bus via Siliguri ein. Jeeps und Busse halten an der **Bushaltestelle** im tieferen Teil der Stadt, von wo es bergauf zu den Vierteln mit den meisten Unterkünften geht. Die meisten Taxis und manche Jeeps bringen ihre Fahrgäste zur **Clubside** an der **Mall** (offiziell Nehru Rd). Am Busbahnhof und am Basar stehen auch Gepäckträger (ab Rs60) zur Verfügung, doch manche arbeiten als Schlepper für Hotels, wo sie Provision kassieren. Darjeeling lässt sich gut zu Fuß erkunden. Viele Bereiche (auch The Mall und Chowrasta) sind ohnehin Fußgängerzonen.

Busse, Minibusse und Taxis

Es verkehren Busse und Minibusse (Rs70) vom Busbahnhof nahe Chowk Bazaar nach SILIGURI. Sammeltaxis und Jeeps berechnen für dieselbe Strecke Rs80.
Langstreckenbusse nach KATHMANDU starten in der Grenzstadt **Kakarbitta** in Nepal (s. S. 844). Vor der Abreise sollte man sich (z. B. bei Himalayan Travels in Darjeeling oder anderen Agenturen in Siliguri) über die Sicherheitslage informieren.
Morgens verkehren regelmäßig Jeeps nach GANGTOK, SILIGURI, MIRIK, KALIMPONG und JORETHANG (Weiterreise nach West-Sikkim; Rs80). Dies ist ganz klar die bequemste Art zu reisen, vor allem wenn man sich zwei Vordersitze reserviert. Nach Möglichkeit am Jeep-Stand neben der Bushaltestelle im Voraus buchen. Die einzelnen Strecken werden von unterschiedlichen Betreibern bedient, teils auch von mehreren. Nach GANGTOK (4 1/2 Std., Rs130) gibt es zwischen 7 und 14 Uhr häufige Verbindungen.

Eisenbahn

Der **Toy Train** fährt nach SILIGURI und NEW JALPAIGURI, sofern das Wetter mitspielt und keine Erdrutsche die Fahrt verhindern. Die Fahrt nach NJP (1. Klasse Rs247, 2. Klasse Rs42) dauert gemächliche 7–8 Std. Abfahrtszeit ist 9.15 Uhr.
Zugreservierungen (☏ tgl. 8–14 Uhr) für die Weiterfahrt von NJP können einige Tage vorab in Darjeelings Bahnhof getroffen werden, wo begrenzte Touristenquoten für die Züge nach Delhi, Kolkata, Bengaluru (Bangalore), Cochin und Thiruvananthapuram zur Verfügung stehen. Wer keine Fahrkarte mehr bekommt, wendet sich am besten an **Gupta Tours & Travel**, 5 Chachan Mansion, unweit des Bahnhofs, ☏ 0354-225 4616, wo gegen eine zusätzliche Gebühr manchmal auch dann noch Tickets zu bekommen sind, wenn die Quoten angeblich ausgeschöpft sind.

Flüge

Der nächste Flughafen ist der von **Bagdogra**, 100 km südlich (S. 844). Für die Taxifahrt dorthin, muss man reichlich Zeit einkalkulieren. Tickets von **Jet Airways** verkaufen **Clubside Tours and Travels**, J. P. Sharma Rd, ☏ 0354-225 4646, und **Pineridge Travels**, Nehru Rd, Chowrasta, ☏ 0354-225 3912. Beide vermitteln auch Flugtickets mehrerer Gesellschaften von **Bhadrapur** in Nepal nach KATHMANDU (um US$120). **Indian Airlines** unterhält ein Büro an The Mall nahe Chowrasta, ☏ 0354-225 4230.-

Die Umgebung von Darjeeling

Tiger Hill

Ab 4 Uhr morgens fahren alltäglich mit Touristen voll gepackte Jeeps und Taxis von der Agentur Clubside in Darjeeling über Ghoom zum Tiger Hill, einem beliebten Aussichtspunkt. Bei Sonnenaufgang bietet der wundervolle Ort auf 2585 m Höhe am östlichen Rand der Singalila Range einen Rundblick: Im Süden erstrecken sich die dunstigen Ebenen an der Grenze zu Bangladesch, im Westen lugt die Spitze des Mount Everest über die Singalila-Kette, im Norden türmt sich der Kanchenjunga über Sikkim auf, und im Nordosten zieht sich der Himalaya nach Bhutan und Assam hinein. Wenn die Sonne aus der Ebene aufsteigt, taucht sie einen Gipfel nach dem anderen in ihr Licht, bevor die Berge vom Tagesdunst verschleiert werden.

Auf dem Höhepunkt der Hauptsaison verlassen bei gutem Wetter täglich bis zu 150 Jeeps Darjeeling und befördern über 2000 Menschen zum Aussichtspunkt. Mehrere Veranstalter in der Umgebung von Clubside vermitteln Jeep-Touren mit kurzen Stopps in Ghoom, beim Gurkha War Memorial (Rs5) und am Batasia Loop (Rs700 pro Fahrzeug bzw. ca. Rs75 pro Platz, in der Nebensaison günstiger).

Der **Aussichtsturm** hinter Glasscheiben bietet einen wärmeren, aber oft überfüllten Ort zum Beobachten des Sonnenaufgangs. Der Eintrittspreis beträgt Rs40 (inkl. Kaffee) für die oberste „Super Deluxe"-Etage, Rs30 für das Stockwerk darunter und für die Aussichtsplattform Rs20 plus Rs10 für den Transport. Die einfache Besteigung des Hügels kostet Rs5. Wer sich fit fühlt, kann vom Tiger Hill zu Fuß zurücklaufen und unterwegs die *gompas* in Ghoom besichtigen.

Ghoom

Das oft in Wolken gehüllte Ghoom (2438 m) mit seinem winzigen Basar am Rande des Jorebangla besitzt mehrere interessante Klöster. Das bedeutendste ist das **Yiga Choling** abseits der Hauptstraße über dem Sterling Resort.

Vom Bahnhof führt der ausgeschilderte Weg 200 m zurück Richtung Darjeeling bis zu einer Abzweigung nach links und dann rund 500 m durch einen Marktbereich. Das 1850 von dem berühmten Astrologen Sharap Gyatso errichtete Kloster besteht aus einer Tempelhalle und einigen Wohnhäusern. In der Gebetshalle steht eine große Statue von Maitreya, dem Buddha des künftigen Weltzeitalters, dessen bronzenes Gesicht außerordentlich kunstfertig gestaltet ist.

Mit dem Toy Train nach Ghoom

Im nur 7 km vor Darjeeling gelegenen Ghoom erklimmt der Toy Train seine größte Höhe. In der Saison starten täglich um 10.30 und 12.50 Uhr zwei dampfbetriebene Touristenzüge (hin und zurück Rs265) von Darjeeling nach Ghoom, mit gerade einmal 15 Minuten Aufenthalt – nicht genug für eine Besichtigung der Klöster. Danach geht es mit einem weiteren kurzen Zwischenstopp am Batasia Loop (Ausblicke auf den Himalaya) zurück nach Darjeeling.

Der reguläre Dieselzug mit Abfahrt um 9.15 Uhr in Darjeeling über Ghoom nach Siliguri ist billiger (1. Klasse Rs116, 2. Klasse Rs25). Nach individuellen Besichtigungen kann man bei dieser Variante alternative Transportmittel zurück nach Darjeeling nehmen oder gemütlich über die verkehrsarme Straße zurückspazieren und unterwegs die herrlichen Aussichten genießen sowie die **Friedenspagode** im Wald oberhalb der Dali Gompa besuchen.

Kalimpong und Umgebung

Auf den ersten Blick wirkt die 50 km östlich von Darjeeling gelegene, ruhige Hill Station Kalimpong schäbig. Doch sie hat einiges zu bieten: einen farbenprächtigen Markt, außerordentliche Orchideen und andere Blumen, großartige Ausblicke auf den Kanchenjunga, mehrere Klöster und mehrere Möglichkeiten für Wanderungen in die umliegenden Berge, die noch heute die Heimat der **Lepcha** sind. Wie Darjeeling gehörte auch Kalimpong früher zu Sikkim und später zu Bhutan. Im Gegensatz zu Darjeeling war Kalimpong aber niemals eine Teestadt oder ein Urlaubsort, sondern immer ein Handelszentrum an der belebten Route nach Tibet. Aufgrund ihrer Lage war die Stadt nach den chinesisch-indischen Konflikten der frühen 60er-Jahre mehrere Jahrzehnte lang für Touristen gesperrt.

Die Stadt

Kalimpong erstreckt sich über einen Bergkamm, der den **Marktbezirk Tenth Mile** umschließt. Hier gibt es zwar nicht so viele Souvenirläden und Touristenkaufhäuser wie in Darjeeling, aber dennoch zahlreiche Geschäfte, die buddhistische Kunsthandwerksobjekte und religiöse Mitbringsel verkaufen und Großeinkäufer aus ganz Indien anlocken. Besonders stark vertreten sind Seidenbrokatstoffe, für Mönche hergestellter tibetischer Weihrauch, und Silberschüsseln. Von den Touristenläden führt **Kaziratna Shakya** in der Rishi Rd eine besonders gute Auswahl eigener Werkstücke, während sich die Großhändler um die RC Mintri Rd konzentrieren. Mittwochs und samstags wird Tenth Mile äußerst lebendig, denn aus der gesamten Umgebung strömen dann Dorfbewohner zu den beiden wichtigsten Wochenmärkten. Unterhalb des Silver Oaks Hotels und der Printam Rd heißt die **Gangjong Paper Factory** Besucher willkommen. ⏰ mit Verkauf Mo–Sa 9–16.30 Uhr. **Himalayan Handmade Paper** im Panlook Compound nahe Thirpai in der KD Pradhan Rd ist leichter zugänglich und hat ebenfalls einen Direktverkauf.

Im Südwesten überragt der **Rinkingpong Hill** (auch als **Durpin Dara** bekannt) die Stadt. Er ist fest in Händen des Militärs, das Touristen in Taxis durchfahren lässt, aber gelegentlich Fußgänger zurückweist. Am höchsten Punkt steht, von der Armee umringt, das Kloster **Zong Dog Palri Phodrang Gompa**, auch als Durpin („Teleskop")

Kalimpong

nicht maßstabsgerecht

Übernachtung

Chinmoy	B
Cloud 9	G
Crown Lodge	D
Deki Lodge	A
Gompu's	C
Himalayan	F
Holumba Haven	I
Kalimpong Park	G
Komfort Inn	H
Silver Oaks	E

Restaurants, Cafés und Bars

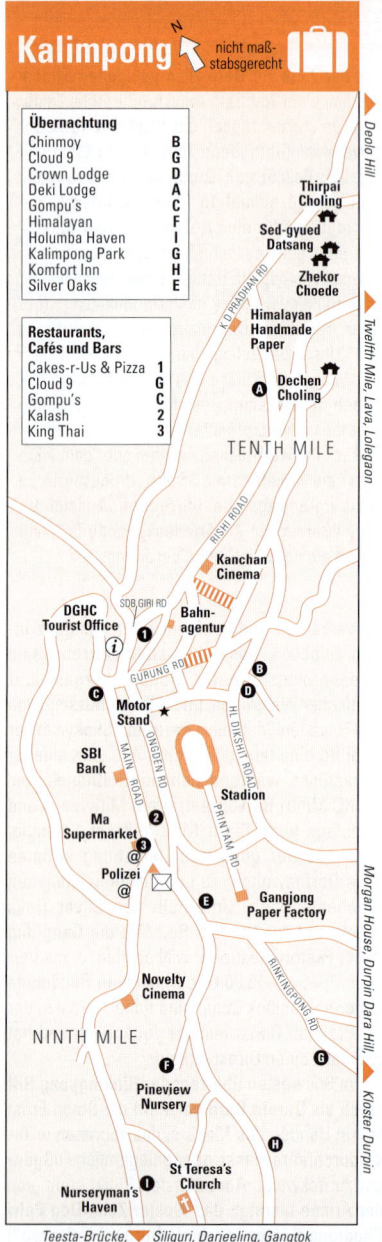

Cakes-r-Us & Pizza	1
Cloud 9	G
Gompu's	C
Kalash	2
King Thai	3

bezeichnet. Es wurde 1957 nach dem Vorbild von Guru Rinpoches mythischem Palast des „Reinen Königreichs" errichtet, um drei in den 40er-Jahren aus Tibet hergebrachte Kupferstatuen zu beherbergen. Das wunderschön bemalte Gebäude liegt rund 4 km vom Stadtzentrum entfernt inmitten einer schönen Landschaft, und trotz der Funkmasten ist das Dach ein hervorragender Ort zum Genießen des Sonnenaufgangs und der Mönchsgesänge unterhalb.

An den Waldsträßchen, die den Rinkingpong Hill hinauf führen, verbergen sich einige interessante alte Herrenhäuser. Das **Morgan House** wurde für einen Jutehändler erbaut und dient heute als Touristenunterkunft. Beim Tee auf dem Rasen kann man die Atmosphäre der damaligen Zeit und zugleich eine herrliche Aussicht genießen. Ein Stück weiter, etwa 2 km oberhalb der Stadt, steht die **St Teresa's Church**. 1929 von einem Schweizer Missionar erbaut, weist sie deutliche Einflüsse buddhistischer Klosterarchitektur auf und erinnert an ein bhutanisches *gompa*. Innen wie außen finden sich kunstvolle Schnitzereien. Besonders sehenswert sind die Türen mit den acht heiligen Symbolen des Buddhismus.

Ein Spaziergang in westliche Richtung aus der Stadt führt in einer halben Stunde auf den Berg Deolo mit der **Thirpai Choling Gompa**, einem 1892 gegründeten und kürzlich renovierten Kloster einer Gelugpa-Splittergruppe, in dem ein Bildnis der umstrittenen Gottheit Dorje Shugden zu sehen ist, die vom Dalai Lama verbannt wurde. Unterhalb und näher an der Stadt steht das kleine bhutanische Kloster **Thongsa Gompa** aus dem Jahr 1692, das der Nyingmapa-Schule gehört. Ihre Meditationshallen schmücken teils neue, teils verblassende Wandmalereien.

Der Gipfel des **Deolo Hill** (1704 m) ist ein beliebter Picknickplatz mit einer DGHC Tourist Lodge und Restaurant. Der herrliche Ausblick reicht vom diesigen Tal des Teesta bis über die Gipfel des Kanchenjunga, das Grenzgebirge und die Pässe Nathula und Jelepla hinaus bis nach Tibet. ⏰ tgl. 9–18 Uhr, Eintritt Rs5.

Kalimpong ist für seine **Gartenbaukultur** – vor allem Orchideen, Kakteen, Amaryllis Palmen und Farne – berühmt. Rund 50 Zuchtbetriebe wie Sri Ganesh Mani Pradhan (in der Twelfth Mile), Nurseryman'S Haven (im Holumba Haven Hotel;

s. Kasten) und Pineview (in der Atisha Rd; Rs5) haben sich auf exotische Kakteenarten spezialisiert. Zwar blühen die Pflanzen in Kalimpong ganzjährig, doch die beste Zeit für blühende Orchideen ist von Mitte April bis Mitte Mai. In diesen Wochen findet meist ein Blumenfest statt.

Die Umgebung von Kalimpong

Das kleine Dorf **Lava**, 35 km von Kalimpong entfernt am alten Handelsweg nach Bhutan gelegen und mit Sammeltaxi-Jeep zu erreichen, ist ein idealer Ausgangspunkt zur Erkundung des **Neura-Nationalparks** mit seinen Orchideen, Vögeln und Säugetieren. Lava liegt auch günstig zum **Rachela Pass** (3152 m) an der Grenze zwischen Sikkim und Bhutan. Von hier hat man schöne Ausblicke auf die Chola-Gebirgskette mit dem Chomalhari (7314 m), Bhutans heiligem Berg an der Grenze zu Tibet.

In Lava gibt es viele einfache Unterkünfte, darunter die Hütten des **Forest Rest House**, für das Buchungen beim **Forest Department**, abseits der Rinkingpong Rd, ℅ 03552-255780, 🖥 www.wbfdc.com, in Kalimpong getroffen werden können.

Leicht begehbare Pfade führen westlich von Lava Richtung **Budhabare**, einer Marktstadt im Tal des Flusses Git, in dem Lepcha-, Gurkha- und Bhutia-Dörfer liegen. Der Weg verläuft durch Wald weiter nach **Kafer**, wo eine alte Touristenlodge steht; große Zimmer ❹ und ein Schlafsaal (Rs100). Der Sonnenaufgang vom nahen **Lolegaon** aus ist legendär und es gibt einen fantastischen, unter dem Blätterdach des Heritage Forest entlangführenden Weg. Von Kalimpong führt eine holprige Straße hierher. Wer fit ist, nimmt den Fußpfad, der den Relli River nahe vom Dorf überquert und in einem Bogen wieder nach Kalimpong verläuft.

Übernachtung

Kalimpongs akuter Wassermangel beeinflusst die Wahl der Unterkunft; nur wenige Hotels der unteren Preisklasse haben fließendes Wasser. Die meisten Budget-Hotels befinden sich in der Tenth Mile und rund um den Motor Stand.

Chinmoy, nahe Motor Stand, ℅ 03552-256264. Angenehme, saubere Nichtraucher-Zimmer in zentraler, ruhiger Lage – trotz der Nähe zum Motor Stand. Warmwasser nur in Eimern. ❷–❸

Orchideentraum

Holumba Haven, 8.5 Mile, nahe der Feuerwehr, ℅ 03552-256936, 🖥 www.holumba.com. Komfortable, wunderschön eingerichtete Cottages in einer fantastischen Orchideen-Gärtnerei mit einer ganzen Menagerie von Vögeln und anderen Tieren. Teils mit Kochgelegenheit, aber auf Wunsch auch hausgemachte Mahlzeiten von den auskunftsfreudigen und extrem gastfreundlichen Besitzern. ❹–❻

Cloud 9, Rinkingpong Rd, ℅ 03552-259554. Hotel mit 5 geräumigen, komfortablen und gut belüfteten Zimmern über einem Restaurant mit Bar. Wird lebendig, wenn der Besitzer Binodh die Gitarre auspackt und Beatles-Songs spielt. ❺
Crown Lodge, unterhalb des Motor Stand, ℅ 03552-255846. Beliebte Unterkunft in guter Zentrumslage; ideal bei frühen Abfahrtszeiten. Funktionale, saubere Zimmer, fließend Warmwasser und gutes Restaurant. ❸–❹
Deki Lodge, Tirpai Rd, 10 Gehminuten vom Motor Stand, ℅ 03552-255095. Sauberes und sehr gastfreundliches, von einer Familie geführtes Hotel. Große Auswahl, von Budget-Zimmern mit Warmwasser aus Eimern bis zum komfortablen DZ mit fließend Warmwasser im neuen Flügel nach hinten raus. ❷–❹
Gompus, Damber Chowk, ℅ 03552-2558181. Legendäres, kürzlich renoviertes Zentrumshotel. Komfortable Zimmer und Suiten oberhalb eines beliebten Bar-Restaurants. ❹–❺
Himalayan, Upper Cart Rd, ℅ 03552-255248, 🖥 www.himalayanhotel.com. Gemütliches, familienbetriebenes Hotel mit historischem Bezug, vielen tibetischen Erinnerungsstücken und einem wunderschönen Garten; die modernen Cottages sind luxuriös, aber das Flair des alten Hauses fehlt. ❼
Kalimpong Park, Ringkingpong Rd, ℅ 03552-255305. Traditionelles Gartenhotel, über der Stadt und mit entsprechendem Ausblick. Mit der Erhabenheit des Himalayan kann es nicht mithalten, ist jedoch günstiger. Nette Bar und Restaurant. ❼
Komfort Inn, Upper Cart Rd, ℅ 03552-256207. Einladendes, familienbetriebenes Hotel in

ruhiger Lage über der Stadt. Einfache, geräumige und komfortable Zimmer mit fließend warmem Wasser und Zimmerservice. ❹–❺
Silver Oaks, Ringkingpong Rd,
☏ 03552-255296, 🖥 www.elginhotels.com. Eine der vornehmsten Adressen der Stadt in zentraler Lage. Geräumige, konservativ-luxuriöse Zimmer und ein gutes Restaurant. Übernachtunspreise ab US$124. ❾

Essen

Das beste Restaurant ist das im Hotel Kalimpong Park. In einem Komplex in der SBG Rd unweit des DGHC Office finden sich die Patisserie **Cakes-R-Us**, eine liebenswerte kleine Patisserie, sowie **Pizza**, ein helles kleines Bistro mit Snacks auf der Speisekarte. Das beste vegetarische Restaurant ist das **Kalash** an der Hauptstraße (nur auf Hindi angeschrieben). Das legendäre **Gompus** im gleichnamigen Hotel am Damber Chowk wurde nach einer umfassenden Renovierung wieder eröffnet und eignet sich perfekt für einen Longdrink, *momos* und *thukpa*. Das **King Thai**, im oberen Stockwerk des Ma Supermarkets nahe der Polizeiwache, ist ein beliebtes Bar-Restaurant mit gelegentlicher Livemusik und Tanzfläche. Bier gibt es im benachbarten Hotel Cloud 9 und Park (s. S. 857).

Sonstiges

Geld

Geld wechseln kann man im **Soni Emporium** an der Main Rd unweit des DGHC-Büros und nebenan bei **Kaziratna Shakya**. Der Geldautomat neben der State Bank of India in der Main Rd akzeptiert Kredit- und Bankkarten.

Informationen

DGHC Tourist Office, Damber Chowk,
☏ 03552-257992, bietet nützliche, allgemeine Infos, hält Broschüren bereit und organisiert Wildwasser-Rafting auf dem Teesta (ab Rs350). ⏲ tgl. 9.30–17 Uhr.

Internet

In der Stadt gibt es mehrere Internet-Cafés; u. a. das **Odyssey** im Ma Supermarket, nahe der Polizeiwache an der Hauptstraße

Post

Die Post liegt nahe dem Stadtzentrum oberhalb des Basars hinter der Polizeiwache.

Rafting

Einige Privatunternehmen haben diese zunehmend beliebte Aktivität im Angebot:
Johnny Gurkha, ☏ 09832-074341, und
White Water Action Adventure,
☏ 09832-097676, beide am Teesta, sowie
Murmi White Water Adventures,
☏ 03552-276071, am Melli.

Touren

Gurudongma Tours und Treks,
☏ 03552-255204, 🖥 www.gurudongma.com; der auf ornithologische, kulinarische und Trekking-Touren im ganzen Nordosten spezialisierte Veranstalter besitzt ein Bauernhaus auf der Samthar-Hochebene.
Holumba Travel Desk, ☏ 03552-256936, organisiert Individual-Touren; u. a. Tripps zum Neora Valley oder Dorfbesichtigungen in der gesamten Region.

Transport

Kalimpong ist nur über die Straße zu erreichen und wird regelmäßig von Bussen, Taxis und Jeeps aus Darjeeling, Siliguri und Gangtok bedient.
Die meisten Verkehrsmittel halten am
Motor Stand im Bereich des Zentralmarktes. Das soll sich jedoch bald ändern, da eine neue Haltestelle an der Hauptstraße nahe der Polizeiwache geplant ist. Jeeps und Busse nach DARJEELING (2 1/2–4 Std., Rs80), SILIGURI (2 1/2 Std., Rs80) und GANGTOK (3 Std., Rs70) warten ebenfalls hier.
Weitere Destinationen sind NJP, LAVA, KAKARBITTA, PELLING und GHEZING.
Bei der Abreise aus Kalimpong ist zu beachten, dass die letzten zuverlässigen Busse in den frühen Nachmittagsstunden zurückfahren.
Der perfekte Ansprechpartner für Flugtickets aller Art ist **Dynamic Solutions**, Jopa Complex, Hauptstraße, ☏ 03552-257874.
Zugtickets verkauft eine Bahnagentur in der Rishi Rd, ⏲ tgl. 10–16 Uhr, die aber nur über eine geringe Quote für NJP verfügt.

Bihar und Jharkhand

Stefan Loose Traveltipps

Sonepur Mela Einmal im Jahr findet in Sonepur ein großes Fest mit Viehmarkt statt. S. 866

Mahabodhi-Tempel, Bodhgaya Im Mittelpunkt steht ein Ableger des Baums, unter dem Buddha Erleuchtung fand. S. 869

Rajgir Buddhistische Pilgerstadt mit vielen Heiligtümern und einem der außergewöhnlichsten Hotels der Region. S. 873

Lalu und die Kastenkriege: Politik in Bihar

Die Entwicklung in Bihar – und im Nachbarstaat Jharkhand – hinkt dem übrigen Land in allen Bereichen hinterher. Beide bilden das Schlusslicht bei der Alphabetisierung und beim BIP, die Straßen sind in einem verheerenden Zustand, Busse und Züge uralt, Stromausfälle gehören zum Alltag und sogar in Patna muss man lange nach Straßenlaternen suchen. Der Autor William Dalrymple bezeichnete Bihar als „Indiens am schwersten regierbaren und anarchischsten Staat" und das, obwohl es nicht nur mit riesigen Kohle- und Eisenvorkommen, sondern auch mit ausgedehnten landwirtschaftlich nutzbaren Flächen gesegnet ist. Ursache des Problems ist die verheerende Kombination aus Kasten-Konflikten und einer korrupten Landesregierung.

Seit Erlangung der Unabhängigkeit wurde Bihar weitgehend von einer Grundbesitzer-Mafia aus den oberen Kasten beherrscht, die die Angehörigen der niederen Kasten – zusammen mit den „Unberührbaren" und den Volksstämmen immerhin über 70 % der Landesbevölkerung – marginalisierte und demütigte. All das schien sich 1991 zu ändern, als **Lalu Prasad Yadav**, ein Aufrührer aus der niederen Kaste der Büffelmelker, die „rückständigen Kasten", Moslems und Unberührbaren unter dem Banner der sozialen Gerechtigkeit vereinte und die Wahlen mit überwältigender Mehrheit gewann. Kaum an der Macht, stellte sich Lalu jedoch als mindestens genauso schlimm heraus wie seine Vorgänger.

Zu seinem Kabinett von Kastenbrüdern gehörten Männer, die wegen Mordes und Entführung gesucht wurden. Und Gewalt gehört nach wie vor zu den wichtigsten politischen Mitteln. Ein vielversprechender Kandidat meinte: „Ohne hundert bewaffnete Männer, kann man in Bihar nicht zum Wahlkampf antreten." Fast überall im Land fielen obere und niedere Kasten, maoistische Guerillas (Naxaliten), Polizei und Privatarmeen blutig übereinander her und zettelten regelrechte Bürgerkriege an.

Lalus Karriere schien beendet, als er 1997 wegen Veruntreuung von Milliarden Rupien eine kurze Haftstrafe verbüßen musste. Doch der gewiefte Politiker ernannte kurzerhand seine Ehefrau Rabri Devi, eine Analphabetin, zur Ministerpräsidentin.

Bei den Wahlen 2005 wurde die RJD gestürzt. Aber Lalu war noch längst nicht am Ende seiner politischen Karriere – inzwischen hat er sich in der Bundesregierung als Eisenbahnminister einen Namen gemacht. Er ist nach wie vor in Skandale verwickelt, engagiert sich jedoch für mehr politische Aufklärung der Unterschicht in Bihar (und anderen Regionen). Dieser Schachzug bescherte ihm Vergleiche mit der amerikanischen Menschenrechtsbewegung der 1960er-Jahre. Sein erklärtes Ziel, das Kastensystem vollständig abzuschaffen, scheint aber nach wie vor abwegig, und Indiens „Wirtschaftswunder" geht größtenteils an Bihar vorbei.

Bihar erstreckt sich zwischen Uttar Pradesh und Westbengalen über die östliche Gangesebene; Jharkhand im Süden wurde erst im Jahr 2000 von Bihar abgetrennt. Die heute bitterarme und rückständige Region blickt auf eine glanzvolle Vergangenheit zurück, die weit in die Zeit reicht, als dies das Land Buddhas war. Gautama Buddha wurde in Lumbini in Nepal geboren und wanderte einen Großteil seines Lebens durch die Königreiche des Ganges. Während des 6. Jhs. v. Chr. besuchte er auf seiner Suche nach der Wahrheit **Vaishali** und **Rajgir**, bevor er nach **Bodhgaya** weiterzog und unter dem Bodhi-Baum Erleuchtung erlangte. Heute zieht die Region buddhistische Pilger aus der ganzen Welt an. Bihar war nicht nur das erste Zentrum des Buddhismus in Nordindien, sondern auch seine letzte Bastion; die Universität von **Nalanda** erinnert auf eindringliche Weise an die einstige weite Verbreitung des Glaubens in Indien.

Im 6. Jh. v. Chr. war hier das Kernland des **Magadha-Reiches**, dessen König Bimbisara in seiner Hauptstadt Rajagriha (heute Rajgir) von Buddha bekehrt wurde. Kurz nachdem die Magadhas ihre Hauptstadt nach Patna verlegt hatten, wurden sie um 321 v. Chr. von **Chandragupta Maurya** gestürzt. Die nächste große Herrscherdynastie der Gegend waren um das 4. Jh. n. Chr.

BIHAR UND JHARKHAND

die **Guptas**, mit denen der Hinduismus dauerhaft zurückkehrte.

Doch selbst als das moslemische Sultanat gegen Ende des 12. Jhs. die Macht über das Land gewann und 300 Jahre später die Moguln von Delhi aus ganz Nordindien beherrschten, bestand das buddhistische Zentrum Bodhgaya bemerkenswerterweise fort.

Aufgrund der Korruption, der Gewalttätigkeiten zwischen den Kasten und der allgemeinen

Gesetzlosigkeit hat Bihar den Ruf, zu den am schlechtesten geführten Bundesstaaten des Landes zu gehören. Obgleich Ausländer von den häufigen Entführungen, Morden und anderen Verbrechen meist nicht betroffen sind, sind schon Touristen und buddhistische Pilger ausgeraubt worden, und kaum ein Besucher hält sich lange in Bihar auf. Was eigentlich schade ist, denn die abgelegene Region hat durchaus einige lohnende Attraktionen zu bieten. Bevor man Bihar bereist, sollte man sich jedoch beim Auswärtigen Amt und in der örtlichen Presse über die Sicherheitslage informieren; gute Dienste leisten auch die Websites ⌨ www.patnadaily.com und ⌨ www.bihartimes.com, allerdings tendieren die zuständigen Behörden dazu, die Sicherheitsrisiken herunterzuspielen. Meiden sollte man die Gegend auf jeden Fall, wenn Wahlen vor der Tür stehen und die Gemüter besonders erhitzt sind.

Patna

Bihars Hauptstadt Patna ist eine der ältesten Städte Indiens, deren Geschichte bis ins 6. Jh. v. Chr. zurückreicht. Heute kann man Patnas einstigen Glanz als Zentrum der Magadha- und Maurya-Reiche nur noch erahnen. Die ausgedehnte Metropole erstreckt sich über ca. 15 km am Südufer des Ganges. Ihre Gestalt hat sich seit der Verlegung der Hauptstadt des Magadha-Reiches durch Ajatasatru (491–459 v. Chr.) von Rajgir hierher kaum verändert.

Der erste Maurya-Herrscher **Chandragupta** ließ sich 321 v. Chr. im damals **Pataliputra** genannten Patna nieder und verschob die Grenzen seines Reiches bis zum Indus. Sein Enkel **Ashoka** (274–237 v. Chr.), einer der größten indischen Herrscher, konnte seine Macht über noch größere Gebiete ausbauen. Später erlebte die Stadt noch zweimal einen Aufschwung. Der erste Gupta-Herrscher, ebenfalls mit Namen **Chandra Gupta**, machte Patna Anfang des 4. Jh. n. Chr. zu seiner Hauptstadt, und tausend Jahre später wurde es unter dem afghanischen Herrscher **Sher Shah Suri** (1540–45) wiederaufgebaut, der auch die Sher Shahi-Moschee im Osten der Stadt errichten ließ. Ganz in der Nähe entstand der wunderschöne *gurudwara* **Har Mandir** zu Ehren des Geburtsortes des zehnten und äußerst militanten Sikh-Guru Gobind Singh. Ihm zu Ehren wird das alte Stadtviertel häufig **Patna Sahib** genannt. Im März findet das alljährliche **Pataliputra Mahotsava Festival** statt. Über Tage hinweg wird die Stadtgeschichte bei Musik, Tanz und öffentlichen Veranstaltungen lebendig.

Patnas bemerkenswertestes Bauwerk ist der **Golghar**, ein riesiger Getreidespeicher aus der Kolonialzeit und das Wahrzeichen der Stadt. Das „runde Haus" wurde 1786 erbaut, um eine Wiederholung der schrecklichen Hungersnot von 1770 zu vermeiden. Glücklicherweise ist der Speicher nie zum Einsatz gekommen. Geschmückt mit zwei Treppenkonstruktionen, die sich spiralförmig bis zum höchsten Punkt schlängeln, überblickt er den Fluss und den Gandhi Maidan. Auf der einen Treppe sollten die Kulis das Getreide nach oben tragen, dort ihre Last in die Öffnung abladen und über die andere Treppe wieder hinabsteigen. Heutzutage klettern Besucher hinauf, um die Aussicht über den mächtigen Fluss und die Stadt zu genießen.

Das etwas heruntergekommene **Patna Museum** in der Buddha Marg zeigt eine erlesene Skulpturensammlung. Das berühmteste Exponat ist eine *yakshi* aus poliertem Sandstein mit einem Fliegenwedel, die aus dem 3. Jh. v. Chr. stammt. Daneben gibt es jainistische Bilder aus der Kushana-Periode und eine Gruppe von Bodhisattvas aus Gandhara (im nordwestlichen Pakistan) zu sehen. ⏲ Di–So 10.30–16.30 Uhr, Eintritt Rs250.

Am interessantesten ist der ältere Stadtteil von Patna, 10 km östlich des Gandhi Maidan. Von hier führen verdreckte und überfüllte Gassen zum **Har Mandir Sahib**, der unter den vier heiligsten großen Sikh-Schreinen, genannt *takhts* (Throne), an zweiter Stelle rangiert. Er ist Guru Gobind Singh geweiht, der 1660 in Patna geboren wurde. Der strahlend weiße Marmortempel mit Zwiebeltürmchen steht in einem weitläufigen Innenhof abseits der Hauptstraße. Besucher können sich im Innenhof umsehen und hineingehen, um den religiösen Klängen zu lauschen, die hier meist ertönen. Vor dem Betreten die Schuhe auszuziehen und den Kopf bedecken – kostenlose Schließfächer für Schuhe gibt es am Rande des Innenhofs. Gemeinschafts-Motor-Rikschas kosten etwa Rs10 vom Gandhi Maidan.

In Gulzaribagh steht im ehemaligen **Old Opium Warehouse** der East India Company eine Druckerpresse der Regierung.

Auf halbem Weg zwischen Har Mandir Sahib und Gandhi Maidan erhebt sich die **Saif Khan-Moschee** („Moschee aus Stein"), die von Parwez Shah, dem Sohn des mächtigen Mogulkaisers Jahangir erbaut wurde.

Übernachtung

Die meisten besseren Hotels findet man in der Fraser Rd und ihren Nebenstraßen im Zentrum.
Akash, Hotel Lane, nahe Fraser Rd, ✆ 0612-223 9599. Eines der besten Billighotels der Stadt mit kleinen, sauberen Zimmern. Sollte es belegt sein, kann man sein Glück nebenan im New Amar versuchen. ❷

Chanakya Beer Chand, Patel Path, ✆ 0612-222 3141, 🖳 www.hotelchanakyapatna.in. Großes Hotel mit geschmackvollen Zimmern in Beige und Apricot; alle mit Bad und netten Extras wie Minibar. Es gibt auch eine schicke Bar, Geldwechsel und zwei Toprestaurants mit einem köstlichen Mix aus indischer, chinesischer, afghanischer und Mogul-Küche. ❽

Garden Court Club, SP Verma Rd, ✆ 0612-320 2279. Kleines Hotel in einem Einkaufszentrum, das über einen alten Aufzug erreichbar ist. Nette, saubere Zimmer und TV. Allein das tolle Terrassenrestaurant rechtfertigt einen Aufenthalt. ❸–❺

Kautilya Vihar Tourist Bungalow, Beer Chand Patel Path, ✆ 0612-222 5411, ✉ bstdc@sancharnet.in. Weitläufiges Hotel der Bihar State Tourism Development Corp. Helle, aber etwas überteuerte DZ, günstiger Schlafsaal (Rs75) und gemütliches Dachrestaurant. ❸–❹

Maurya Patna, Fraser Rd, South Gandhi Maidan, ✆ 0612-220 3040, 🖳 www.maurya.com. 5-Sterne-Hotel mit etwas unpersönlichem Service, aber sehr luxuriösen Zimmern mit Bad (US$150), die in unterschiedlichsten Stilrichtungen – kolonial bis orientalisch – eingerichtet sind. Toller Pool (Rs350 für Tagesgäste) und ausgezeichnete Restaurants. Besonders beliebt bei Touristen aus Fernost. ❾

President, nahe Fraser Rd, ✆ 0612-220 9203, ✆ 220 9206. Trotz der Einrichtung aus den 1970er-Jahren eine gute Wahl. Etwas spießige, aber saubere Zimmer mit bunten Tagesdecken. Das Management gibt gerne Fahrplan- und andere Auskünfte. ❸–❹

Windsor, Exhibition Rd, ✆ 0612-221 3250, 🖳 www.hotelwindsorpatna.com. Gut geführtes Mittelklassehotel mit modernen Zimmern und Bad. Zuverlässiges Reisebüro und ein ausgezeichnetes Tandoori-Restaurant im Haus. ❺

Essen

In der Fraser Rd gibt einige gute Restaurants, von denen die meisten abends als Bar dienen (dann sind nur noch Männer dort). Das schummrige **Bansi Vihar** ist ein kleines, bei Einheimischen beliebtes Lokal mit südindischen Snacks und 20 *dosas*-Variationen (Rs28–80). Ebenfalls an der Fraser Rd findet sich das **Gandhi's**, ein elegantes, supersauberes vegetarisches Restaurant mit guten *thalis* (Rs45–60), *paneer butter masala* und *galub jamun*, die man unter deplatziert wirkenden Mini-Kronleuchtern genießen kann. Dann gibt es noch eine Reihe guter Hotel-Restaurants wie das **Bellpepper** im Hotel Windsor (Details unter Unterkunft) und in der Stadt verkaufen Straßenhändler eine Spezialität aus Bihar, *littis* – würzige Kichererbsen im Teigmantel.

Sonstiges

Geld

In der **State Bank of India** auf dem West Gandhi Maidan, ✆ 0612-222 6134 kann man Geld wechseln, während Geldautomaten über die ganze Stadt verteilt sind.

Informationen

Die **Bihar State Tourism Development Corporation** im Kautilya Vihar Tourist Bungalow, Beer Chand Patel Path, ✆ 0612-222 5411, 🖳 http://bstdc.bih.nic.in, bietet Tagestouren an. ⏱ Mo–Sa 10–17 Uhr. Einen weiteren Infostand gibt es in Patna Junction, ✆ 0612-220 5755, ⏱ tgl. 8–20 Uhr.

Das etwas ungünstig gelegene **India Tourim Office** nahe der Eisenbahnbrücke am Sudama Place, Kankar Bagh Rd, ✆ 0612-234 5776, vermittelt Fremdenführer, ⏱ Mo–Fr 9.30–18, Sa 9–13 Uhr.

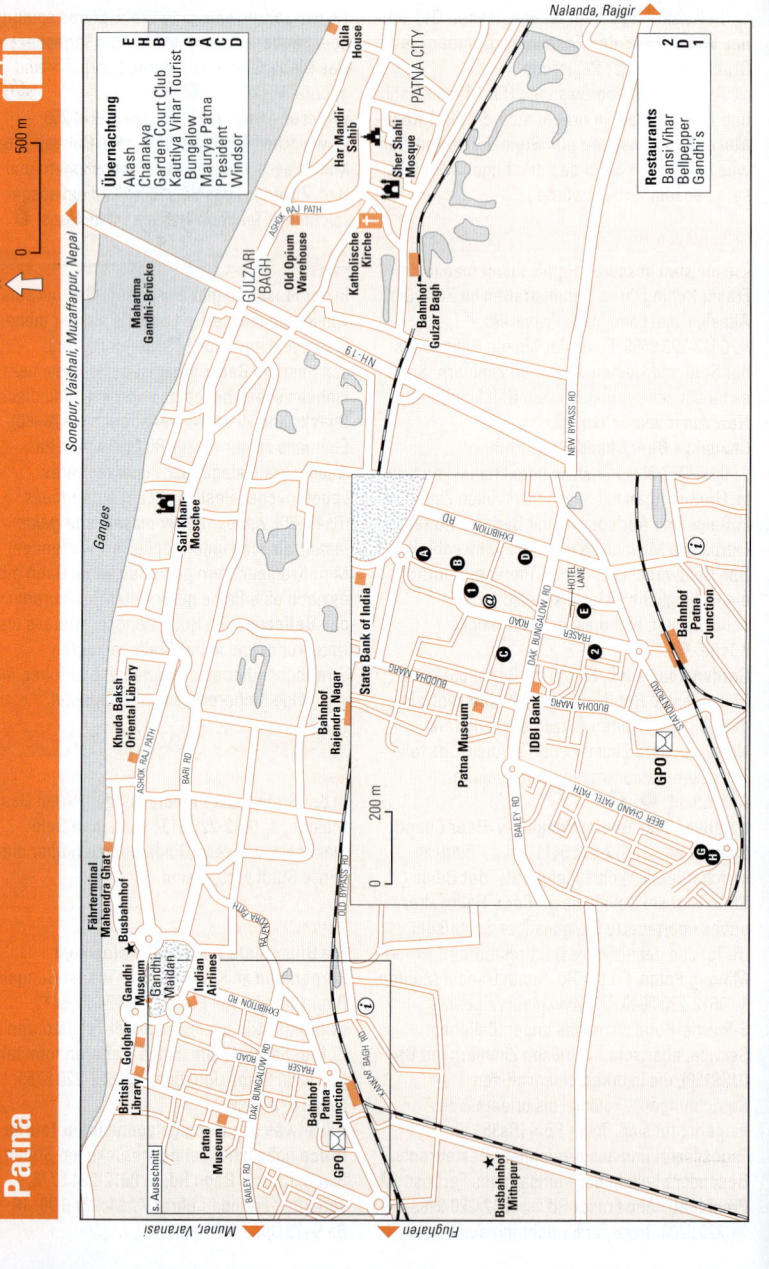

Patna

Bihar

Übernachtung
- Akash — E
- Chanakya — H
- Garden Court Club — B
- Kautilya Vihar Tourist Bungalow — G
- Maurya Patna — A
- President — C
- Windsor — D

Restaurants
- Bansi Vihar — 2
- Bellpepper — D
- Gandhi's — 1

864 Patna

www.stefan-loose.de/indien

Sicherheitshinweis

Zur Zeit der Recherche häuften sich in Patna Überfälle und Schießereien. Die Gewalt scheint auf dem Vormarsch, und es wird dringend davon abgeraten, nach Einbruch der Dunkelheit ohne Begleitung in der Stadt umherzulaufen.

Internet

Internetzugang bieten das **Broadband Internet Café** (Rs15 pro Std.) im 2. Stock des Jagat Trade Centre, Fraser Rd und das **Cyber Café** im Hotel Windsor (Rs25 pro Std.).

Post

Das **Hauptpostamt** (GPO) befindet sich in der Buddha Marg.

Reisebüros

Zuverlässige Reisebüros sind:
Ashok Travel & Tours, Hotel Pataliputra Ashok, 0612-222 3238.
Travel Corporation of India, Hotel Maurya Patna, 0612-222 1699.
Mehrere Reisebüros arrangieren **Mietwagen**, allerdings lehnen viele Fahrer es ab, Besucher in die entlegeneren Gegenden zu bringen, weil sie Angst vor Banditen haben und die Straßen so schlecht sind.

Nahverkehr

Fahrrad- und Motor-Rikschas sind die meistgenutzten Kurzstrecken-Beförderungsmittel in der Stadt. Zurzeit wird an mehreren großen, unansehnlichen Überführungen gebaut, die die verstopften Straßen entlasten sollen.

Transport

Busse

Der wichtigste Busbahnhof ist der chaotische **Mithapur-Busbahnhof** 2 km südlich vom Bahnhof Patna Junction. Von hier gibt es Verbindungen nach GAYA, RANCHI, VAISHALI, RAJGIR, über MUNER nach VARANASI und nach RAXAUL an der **nepalesischen Grenze**. Die Busse nach Raxaul kann man kaum verfehlen, da man von lautstarken Schleppern zum Bus geführt wird. Private Reisebüros verkaufen auch Bustickets inklusive Voucher für den Bus über die Grenze nach KATHMANDU. Es ist jedoch nicht weniger aufwändig – und häufig sicherer – einen der vielen Busse in die Grenzstadt Raxaul (s. S. 867) zu nehmen und sich in Nepal selbst um die Weiterreise zu kümmern. Einige Busse nach VAISHALI fahren auch vom **Gandhi Maidan-Busbahnhof** nördlich der Fraser Rd ab, den staatliche Busse zu Reisezielen im ganzen Bundesstaat nutzen. Direktverbindungen nach Nalanda oder Pawapuri gibt es nicht, sodass man über BIHAR SHARIF fahren muss. Für alle Destinationen gilt, dass die Fahrt bei Tage sicherer ist als bei Nacht. Die Bihar State Tourism Corporation hat täglich zwei Busse nach RANCHI (8 und 20 Uhr) und BODHGAYA (7 und 14 Uhr). Abfahrt ist am Kautilya Vihar Tourist Bungalow.

Busse nach:
BODHGAYA (2–4x tgl., 4 1/2–5 1/2 Std.),
GAYA (stdl., 3 1/2–4 1/2 Std.),
RAJGIR (stdl., 4 Std.),
RANCHI (4–6x tgl., 10–14 Std.),
RAXAUL (18x tgl., 8 Std.),
VAISHALI (2x tgl., 3 Std.),
VARANASI (4x tgl., 6 1/2 Std.).

Eisenbahn

In Patna gibt es drei Bahnhöfe: Die wichtigsten Züge halten am Eisenbahnknotenpunkt **Patna Junction** im Westen der Stadt, dem Hauptbahnhof der Region mit Zugverbindungen nach Gaya, Delhi, Varanasi, New Jalpaiguri, Guwahati, Kolkata, Mumbai und Chennai. Für Ausländer gibt es einen Reservierungsschalter (Nr. 7) im 1. Stock des Fahrkartenbüros. Der beste Zug nach KOLKATA (Howrah) ist der Shatabdi Express Nr. 2024 (Mo–Sa 5.45 Uhr, Ankunft 13.25 Uhr); alternativ kann man den Vibhuti Express Nr. 2334 (tgl. 22.30 Uhr, Ankunft 7.55 Uhr) nehmen. Nach VARANASI ist der Shramjeevi Express Nr. 2401 (tgl. 10.50, Ankunft 15 Uhr) eine gute Wahl.
Nach DELHI fahren u. a. der Rajdhani Express Nr. 2309 (tgl. 20.55 Uhr, Ankunft 9.50 Uhr) und der Poorva Express Nr. 2303 (Mo, Do, Fr & Sa 16.15 Uhr, Ankunft 7.05 Uhr). Der Guwahati-Dadar Express Nr. 5646 verkehrt nach MUMBAI und in die andere Richtung nach GUWAHATI mit Halt in NEW JALPAIGURI, wo es gute Anbindungen

nach Darjeeling, Kalimpong und Sikkim gibt. Nach PURI kommt man mit dem Baidyanathdham Express Nr. 8450 (Mi 8.55 Uhr, 18 1/2 Std.) oder dem besseren Delhi–Puri Express Nr. 2816 (Mo, Mi, Do und Sa 21.08 Uhr, Ankunft 13.15 Uhr), der in Gaya abfährt. Das kurze Stück bis dort hin bringt einen der Patna-Hatia Nr. 8625 (tgl. 11.40 Uhr, Ankunft 13.45 Uhr) mit Weiterfahrt nach RANCHI (Ankunft 20.35 Uhr).

Züge nach:
AGRA (1x tgl., 18 1/2 Std.),
ALLAHABAD (8–9x tgl., 5–8 3/4 Std.),
CHENNAI (3x wöchentl., 38 1/2–40 Std.),
DELHI (8x tgl., 12 3/4–24 Std.),
GAYA (3–4x tgl., 2 1/2 Std.),
GUWAHATI (3x tgl., 19–27 Std.),
KOLKATA (3–4x tgl., 8 1/4–13 Std.),
LUCKNOW (4–5x tgl., 5 1/2–15 Std.),
MUMBAI (2–3x tgl., 30–36 Std.),
PURI (1x wöchentl., 18 1/2 Std.),
RANCHI (3x tgl., 9–13 1/2 Std.),
VARANASI (2–3x tgl., 3–5 Std.).

Flüge

Der **Patna Airport** liegt 5 km westlich der Stadt und ist per Taxi (Rs150–200) oder Motor-Riksha (Rs80) erreichbar. Er bietet regelmäßige Flüge nach BAGDOGRA, DELHI, GUWAHATI, KOLKATA, LUCKNOW, MUMBAI, RANCHI und VARANASI. Das Büro von **Indian Airlines** liegt am South Gandhi Maidan, ✆ 0612-222 2554.

Die Umgebung von Patna

Patna eignet sich hervorragend als Ausgangspunkt für Touren nach Nalanda und Rajgir sowie Vaishali im Norden, aber auch in der näheren Umgebung gibt es Interessantes zu sehen. Der sagenhafte *dargah* 1 km westlich von **Muner** ist die Hauptattraktion: Dieses imposante, aber verwahrloste Mausoleum des Sufi-Heiligen Yahia Muneri aus rotem Sandstein überblickt einen See, der 27 km westlich von Patna an der vielbefahrenen Straße nach Varanasi liegt und von Muner aus gut mit dem Bus zu erreichen ist. Das Heiligtum selbst, das 1605 von Ibrahim Khan, dem Herrscher von Gujarat unter Jahangir, erbaut wurde, steht oben auf einem kleinen Hügel. Die wunderschönen Gärten unterhalb des Mausoleums werden von den engagierten Sufi-Verwaltern liebevoll gepflegt. Alljährlich um den Februar lockt ein dreitägiges *urs* (Fest) zu Ehren des Heiligen viele Pilger von überall her an, darunter auch *qawwals*, die berühmten Sufi-Sänger der Chistia-Orden aus Delhi und Ajmer. Wer nach Muner kommt, sollte wissen, dass die Stadt für ihre **Süßigkeiten** berühmt ist, insbesondere die aus Linsen gemachten *ladoos*. Wenn man zwischen Anfang November und Anfang Dezember in der Gegend von Patna ist, darf man auf keinen Fall das **Sonepur Mela** verpassen – den riesigen, einen Monat andauernden **Viehmarkt** auf der anderen Seite der großen Mahatma Gandhi Bridge, 25 km nördlich von Patna am Zusammenfluss von Gandak und Ganges. Hier werden Rinder, Elefanten, Kamele, Sittiche und andere Tiere zum Verkauf angeboten. Der Markt ist auch ein Treffpunkt für Sadhus und Pilger, die das Geschäftliche mit einem Bad im Ganges verbinden. Zu den Feierlichkeiten gehören Lieder und Tanzaufführungen sowie ein großer Jahrmarkt mit Ständen und einem Zirkus.

Die Touristenbüros in Bihar organisieren Touren und unterhalten während des Mela ein **Touristendorf ❶–❹** in Sonepur.

Vaishali

55 km nördlich von Patna, inmitten von Reisfeldern, liegt das stille Dorf Vaishali, in dem **Buddha** seine letzte Predigt gehalten hat.

Benannt nach König Visala, der im Ramayana erwähnt wird, soll Vaishali einigen Historikern zufolge außerdem der erste Stadtstaat der Welt gewesen sein, in dem eine demokratische, republikanische Regierungsform praktiziert wurde. Nachdem Prinz Gautama Nepal verlassen und der Welt entsagt hatte, studierte er hier, bevor er schließlich die Lehren seiner Meister ablehnte und seinen eigenen Weg zur Erleuchtung fand. Dreimal kam er noch nach Vaishali – beim letzten Besuch 483 v. Chr. verkündete er seine endgültige Erlösung, *Mahaparinirvana,* und seinen Abschied von der Welt. Hundert Jahre später, also 383 v. Chr., wurden in Vaishali das zweite buddhistische Konzil abgehalten und zwei Stupas errichtet.

Ein kleines, aber schön hergerichtetes **Archäologisches Museum** vermittelt einen kurzen Einblick in die alte Welt des Buddhismus, ⊙ tgl. außer Fr 10–17 Uhr, Rs2. Neben dem **Coronation Tank** (Abhishekh Pushkarni) führt ein kurzer Weg zu den Überresten eines Stupas, in dem angeblich die Asche Buddhas in einer silbernen Urne gefunden wurde.

2 km weiter nördlich in **Kolhua** steht die gut erhaltene, über 18 m hohe **Ashoka-Säule** aus poliertem rotem Sandstein. Sie wurde von dem Maurya-Kaiser Ashoka (273–232 v. Chr.) errichtet, um des Ortes, an dem Buddha seine letzte Predigt hielt, zu gedenken. Auf der Säule thront auf einer umgekehrten Lotusblüte sitzender Löwe, dessen Blick gen Norden Richtung Kushinagar, Buddhas Sterbeort, gewendet ist. In den Feldern 1 km östlich von Kolhua haben Jainas der Svetambara-Sekte einen Schrein errichtet. Sie glauben, dass der Gründer der Jaina-Religion, **Mahavira**, im Jahre 599 v. Chr. in Vaishali geboren wurde.

Reisebüros in Patna bieten organisierte Touren nach Vaishali an. Man kann aber auch den Bus nach Sonepur oder Hajipur nehmen und dann in ein Taxi umsteigen. Obwohl die meisten Besucher von Patna aus nur Tagestouren hierher unternehmen, gibt es Übernachtungsmöglichkeiten. Das **Amrapali Vihar**, ✆ 0612-222 2622, hat passable DZ, Schlafsaal (Rs70) und ein brauchbares Restaurant. ❷

Die Straße nach Nepal

Reisende von Patna auf dem Weg nach Nepal überqueren die Grenze bei **Raxaul**, das eine achtstündige Busfahrt entfernt liegt.

Raxaul selbst ist eine unattraktive, schmutzige Stadt, in der es von Moskitos nur so wimmelt. Deshalb empfiehlt sich eine Übernachtung in Birganj hinter der nepalesischen Grenze. Muss man dennoch übernachten, ist das zweckmäßige **Ajanta Hotel** in der Ashram Road, ✆ 06255-222 019, noch das kleinste Übel. ❷–❸

An der Hauptstraße gibt es ein Café beim Kino, das Kebab mit *muri* (Puffreis) als hiesige Delikatesse im Angebot hat.

Die Grenze zwischen Raxaul und der nepalesischen Stadt **Birganj**, die 5 km davon entfernt liegt (Rs20 mit Motor-Riksha), ist für Ausländer rund um die Uhr geöffnet, stellt aber nur zwischen 5.30 und 20 Uhr Visa aus (US$30 in bar, zwei Passfotos). Früh- und Nachtbusse fahren von Birganj nach Kathmandu (8–12 Std.) und Pokhara (10–12 Std.). Minibusse sind schneller, aber auch teurer – wenn möglich sollte man einen Platz im Voraus buchen. Die Wechselstube in Raxaul tauscht nur indische in nepalesische Rupien, aber in Birganj kann man Reiseschecks und US-Dollar wechseln.

Gaya

Die von unzähligen Fliegen heimgesuchte Stadt Gaya, 100 km südlich von Patna, ist ein Durchgangsort auf dem Weg zum 13 km entfernten Bodhgaya. Gaya selbst ist zwar eher unattraktiv, für Hindus jedoch von großer Bedeutung. Sie kommen hierher, um ihre Eltern ein Jahr nach deren Tod zu ehren. Zu diesem Zweck opfern sie im gewaltigen **Vishnupad-Tempel**, zu dem Nicht-Hindus keinen Zutritt haben, kleine Reisbällchen *(pinda)*. Viele Pilger kommen auch, um in den *ghats* am Flussufer zu baden. 1 km südöstlich des Vishnupad-Tempels liegt der **Brahmajuni Hill**, wo Buddha seine Feuerpredigt gehalten haben soll. Ansonsten lässt sich in Gaya kaum etwas unternehmen, und trotz der Scharen von Touristen gibt es erstaunlich wenige touristische Einrichtungen und Informationsmöglichkeiten.

Übernachtung

Die meisten Hotels in Gaya stehen an der Station Rd in Bahnhofsnähe.

Ajitsatru, Station Rd, ✆ 0631-243 4584, ✉ 243 4202. Die einfacheren Zimmer sind verdreckt und haben Plumpsklos, die AC-Zimmer nur wenig besser. Wirklich gut ist hier nur das Restaurant (Rs25–80). ❷–❹

Akash, Laxman Sahay Rd, ✆ 0631-222 2205. Ganz in der Nähe des Ajatsatru gelegen, aber eine deutlich bessere Wahl. Einfache, saubere Zimmer mit Plumpsklos und Mini-TV, angeordnet um einen islamischen Hof. ❷

Die *retiring rooms* im Bahnhof sind sauber und z. T. mit AC ausgestattet, werden aber nur gegen Vorlage eines Zugtickets vermietet (Rs75–125).

Gaya

Übernachtung
Ajatsatru	B
Akash	A

Transport

Die meisten Reisenden erreichen Gaya mit dem Zug und werden hier von Schleppern umlagert. Um ihnen zu entkommen, nimmt man am besten eine Fahrrad-Rikscha zum Kacheri-Busbahnhof, von wo aus man mit Motor-Rikscha oder Bus (stdl., 3/4 Std.) nach **Bodhgaya** fahren kann. Wenn es schon dunkel ist, sollte man besser die Nacht in Gaya verbringen, denn die Straße zwischen den beiden Orten ist gefährliches Banditenterritorium.

Busse

Busse nach Bodhgaya fahren vor Gayas Bahnhof und (häufiger) vom weiter südlich gelegenen **Kacheri-Busbahnhof** ab. Per Motor-Rikscha muss man für die Strecke mit Rs90–100 rechnen.

Busse nach:
BODHGAYA (stdl., 3/4 Std.),
MUGHAL SARAI (6x tgl., 5 Std.),
PATNA (stdl., 3 1/2–4 1/2 Std.),
RANCHI (8x tgl., 8 Std.),
RAJGIR (stdl., 2 1/2–3 Std.),
SASARAM (8x tgl., 3 Std.),
VARANASI (6x tgl., 5 1/2 Std.).

Eisenbahn

Gaya ist ein wichtiger Eisenbahnknotenpunkt mit vielen guten Verbindungen zwischen Kolkata, Varanasi und New Dehli.

Züge nach:
DELHI (9x tgl., 12 – 15 Std.),
HARIDWAR (1x tgl., 23 Std.),
KOLKATA (5–6x tgl., 6–13 Std.),
LUCKNOW (3x tgl., 12–13 Std.),
MUGHAL SARAI (13x tgl., 2 1/2–5 Std.),
MUMBAI (1x tgl., 31 Std.),
PATNA (3–4x tgl., 2 1/2 Std.),
PURI (1–2x tgl., 14–18 1/4 Std.),
RANCHI (2–3x tgl., 4–8 1/2 Std.),
SASARAM (10x tgl., 1–3 Std.),
VARANASI (3x tgl., 4–5 1/2 Std.).

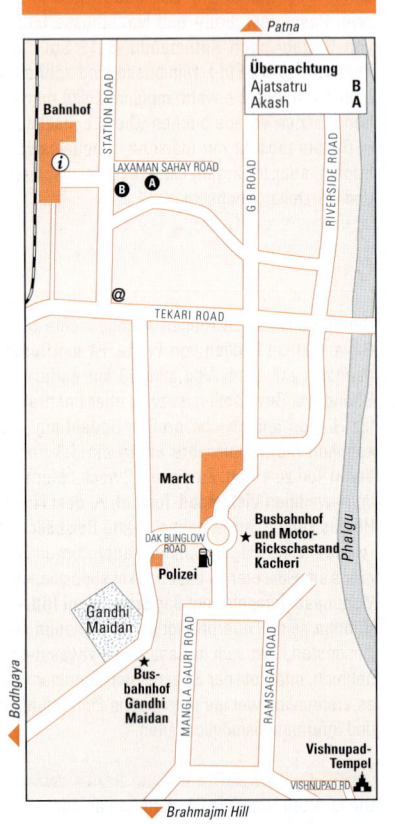

Sonstiges

Informationen

Die Angestellten des **Tourist Office** am Bahnhof, ℡ 0361-242 0155, sind ausgesprochen ahnungslos. Allerdings hat die Stadt touristisch gesehen auch wenig zu bieten. ⊕ Mo–Sa 8–20 Uhr.

Internet

Vishal Cyber World, in einer schmalen Seitenstraße der Station Rd, bietet Internetanschluss (Rs30 pro Std.).

Flüge

Von Gayas Internationalem **Flughafen**, ℡ 0631-428081, sind es 12 km bis Bodhgaya. Diese können für Rs70–80 mit einer Motor-Rikscha zurückgelegt werden.

Flüge nach:
BANGKOK (IC, 3x wöchentl., 6 Std.),
GUWAHATI (IC, 1x wöchentl., 1 1/4 Std.),
KOLKATA (IC, 1x wöchentl., 1 Std.),
YANGON (IC, 1x wöchentl., 3 1/4 Std.).

Bodhgaya

Die bedeutendste buddhistische Pilgerstätte weltweit, Bodhgaya, liegt 13 km südlich von Gaya. Herzstück dieser herrlich verschlafenen Stadt ist der **Mahabodhi-Tempel** und der dort befindliche heilige Baum, in dessen Schatten Buddha einst Erleuchtung fand. Der Tempel stammt aus dem 7. Jh. und florierte bis ins 16. Jh. Dann fiel er in die Hände von Hindu-Priestern, die später beteuerten, nichts von seinem Ursprung gewusst zu haben. Erst Anfang des 19. Jhs. kam Bodhgayas Bedeutung dank britischer Archäologen wieder ans Licht und wurde in der Folge von Buddhisten aus Übersee um zahlreiche Klöster, Tempel und Schreine erweitert.

Von November bis Februar ist Bodhgaya Gastgeber für eine lebhafte Gemeinschaft von Exiltibetern, darunter häufig sogar der Dalai Lama selbst, sowie für Scharen von Tibetfreunden aus aller Welt. Es gibt Meditationskurse (s. S. 870) und große Klöster von Orten wie Darjeeling lassen ihre Schüler an Zeremonien und Vorlesungen unter dem Bodhi-Baum teilnehmen. Von Mitte März bis Mitte Oktober wird es hier drückend heiß und dann kehrt wieder Ruhe ein.

Leider gibt es auch in Bodhgaya immer wieder Probleme. Der Mahabodhi-Tempel ist nämlich auch den Hindus, die in Buddha eine Reinkarnation Vishnus sehen, heilig und trotz massiver Proteste der buddhistischen Welt, dominieren sie das für den Tempel zuständige Verwaltungskomitee. Der Konflikt wird durch die gegensätzliche Art der Verehrung zusätzlich angeheizt: Die Buddhisten praktizieren ihren Glauben eher nach innen gerichtet, während die Hindus zu öffentlichen und lautstarken Zeremonien neigen.

Der Mahabodhi-Tempel und der Bodhi-Baum

Die elegante, 55 m hohe Turmspitze des Mahabodhi-Tempels ist vom gesamten Umland aus sichtbar. Innerhalb des Tempelkomplexes, auf dem überall kleine Stupas und Heiligtümer verstreut stehen, befindet sich der Haupttempel aus Backstein, umgeben von einer steinernen Einfriedung aus dem 2. Jh. v. Chr.

Anders als die meisten Tempel Indiens strahlt diese Weltkulturerbe-Stätte eine friedliche und ruhige Atmosphäre aus. Im 19. Jh. weitgehend restauriert, soll er angeblich eine Kopie des Baus aus dem 7. Jh. sein, der wiederum an der Stelle stand, wo sich das ursprüngliche Heiligtum von Ashoka aus dem 3. Jh. v. Chr. befand. In einem Raum im Inneren des Tempels wird eine große vergoldete Buddhastatue aufbewahrt, während sich oben ein Balkon und eine kleine einfache Meditationskammer befinden.

Hinter dem Tempel in westlicher Richtung wächst der große **Bodhi-Baum**, der sowohl Gelehrte als auch Meditierende anzieht. Streng genommen handelt es sich um einen entfernten Ableger des Originals, denn der eigentliche Baum wurde von Ashoka vor seiner Bekehrung vernichtet. Seine Tochter Sanghamitra brachte einen Schössling nach Sri Lanka und pflanzte ihn in Anuradhapura ein. Später wurde einer seiner Ableger zurückgebracht und wieder hier angepflanzt. Pilger binden bunte Fäden an seine Zweige.

Ein Sandsteinsockel neben dem Baum wird für den **Vajrasana** (auch „Donnerblitz-Sitz") gehalten, auf dem Buddha nach Osten gewandt gesessen haben soll.

Der kleine weiße **Animesh Lochana-Tempel** rechts am Eingang zum Komplex befindet sich genau dort, wo Buddha stand, als er den Bodhi-Baum voller Dankbarkeit anschaute. Unzählige reich verzierte Stupas aus der Pala-Periode (7.–12. Jh. n. Chr.) verteilen sich über das Gelände und nahe dem Tempelkomplex im Süden liegt ein rechteckiger Lotus-Teich, in dem Buddha gebadet haben soll.

Zugang zum Tempelkomplex bekommt man von der Ostseite. Schuhe, die auf dem Gelände toleriert, im Inneren des Tempels jedoch nicht erlaubt sind, kann man gegen eine kleine Spende am Eingang lassen. Hier bieten **Fremdenführer** ihre Dienste an (Rs100 pro Std.). ⏲ tgl. 5–21 Uhr, Fotoapparat Rs20, Videokamera Rs300, Audioführung Rs20.

Tempel und Klöster

Das kunterbunte Sammelsurium moderner Klöster und Tempel hat die öde Landschaft um den Mahabodhi-Tempel verändert. Alle Gebäude sind von 7–12 und von 14–18 Uhr geöffnet. Einige sind ganz schlicht, andere – wie der **Thai-Tempel** mit seinem charakteristischen Dach – richtiggehende Kunstwerke. Das tibetische **Gelugpa-Kloster** *(gompa)* befindet sich innerhalb des tibetischen Viertels nordwestlich des großen Heiligtums. Zum Komplex gehören ein zentraler Gebetssaal, eine große Gebetsmühle und Wohnhäuser. Das größere der beiden übrigen tibetischen Klöster weiter westlich gehört der **Kagyu-Schule**. Sein weitläufiger Hauptgebetssaal ist mit schönen, modernen Wandmalereien, Buddha-Bildern und einem großen Dharma Chakra (Rad des Gesetzes) geschmückt. Die anderen beiden bedeutendsten tibetischen Schulen sind hier ebenfalls durch Klöster vertreten – es gibt ein neues **Nyingma-Kloster** neben dem chinesischen Tempel sowie ein kleines **Sakya Gompa** nahe dem Hotel Buddha International.

Neben dem Kagyu-Kloster steht der **Daijokyo-Tempel** aus Beton, der einige Elemente eines traditionellen japanischen Tempels erkennen lässt und der Nichiren-Schule gehört. Der **Indosan Nipponji-Tempel** gegenüber mit seinem eleganten, schlichten Dach bewahrt in seiner Haupthalle ein wunderschönes Bildnis von Buddha auf. Nebenan zeigt das sehr schöne **Bhutanische Kloster** feine Wandmalereien und Mandalas an der Decke. In einem herrlich gestalteten Garten am Ende der Straße steht die imposante, 25 m hohe, im japanischen Stil gehaltene **Buddhastatue**, die 1989 vom Dalai Lama enthüllt wurde.

Das **Archäologische Museum** von Bodhgaya, westlich des Mahabodhi-Tempelkomplexes, zeigt eine Sammlung in dieser Gegend entdeckter Skulpturen und Bronzestatuen von buddhistischen und Hindu-Gottheiten aus dem 9. Jh. ⊙ tgl. außer Fr 10–17 Uhr, Eintritt Rs2.

Übernachtung

Außerhalb der Pilgersaison (Nov–Feb) sind in den meisten Hotels Preisnachlässe von bis zu 50 % möglich. Touristen sind fast in allen den Klöstern angeschlossenen Gästehäusern

Meditationskurse in Bodhgaya

Besonders in der winterlichen Hochsaison werden Meditationskurse in Mahayana (Großes Fahrzeug) und Hinayana (auch Theravada) angeboten. Hinweistafeln in den Cafés beachten und beim Root Institute oder dem burmesischen Kloster nachfragen.

Das **Root Institute for Wisdom Culture**, ☏ 0631-220 0714, 🖥 www.rootinstitute.com, ist ein wahrer Zufluchtsort, ein halbklösterliches Dharma-Zentrum, 2 km westlich des Haupttempels, mit gepflegten Gärten, einem Schreinraum, einer Bibliothek und Unterkünften. Es organisiert von Okt–März Kurse, die der Mahayana-Tradition folgen. Ein achttägiger Kurs inkl. Unterkunft und Verpflegung kostet gewöhnlich US$100 und sollte möglichst frühzeitig gebucht werden. Das Institut ist stets auf der Suche nach Freiwilligen (für mindestens 3 Monate) zur Übernahme allgemeiner Aufgaben und als Aushilfen in der Schule und den Kliniken.

Das **Dhamma Bodhi International Meditation Centre**, ☏ 0631-220 0437, ist ein Vipassana-Zentrum, das sich wenige Kilometer außerhalb der Stadt in der Nähe der Magadha University an der Dobi Rd. befindet. Es organisiert das ganze Jahr hindurch regelmäßig Kurse. Genauere Angaben zu den Vipassana-Kursen bekommt man bei der International Academy in Maharashtra, ☏ 02553-228 4076, oder dem Vipassana Meditation Centre in Großbritannien, ☏ 0044-1989-730234, 🖥 www.dhamma.org.

Das **International Meditation Centre**, ☏ 0631-220 0707, wenige hundert Meter hinter dem chinesischen Tempel, gibt ebenfalls Vipassana-Kurse für Anfänger und Fortgeschrittene. Spenden sind willkommen, denn es gibt keine festen Gebühren.

Ein weiteres Veranstaltungszentrum ist das **Burmesische Vihar**. Obwohl es gegenwärtig keine Meditationskurse anbietet, stellt man hier nützliche Informationen bereit und ist an Projekten für freiwillige soziale Arbeit beteiligt. **Insight Meditation**, 🖥 www.bodhgayaretreats.org, veranstaltet im Thai-Kloster sieben- bis zehntägige Vispassana-Kurse mit westlichen Lehrern.

Bodhgaya

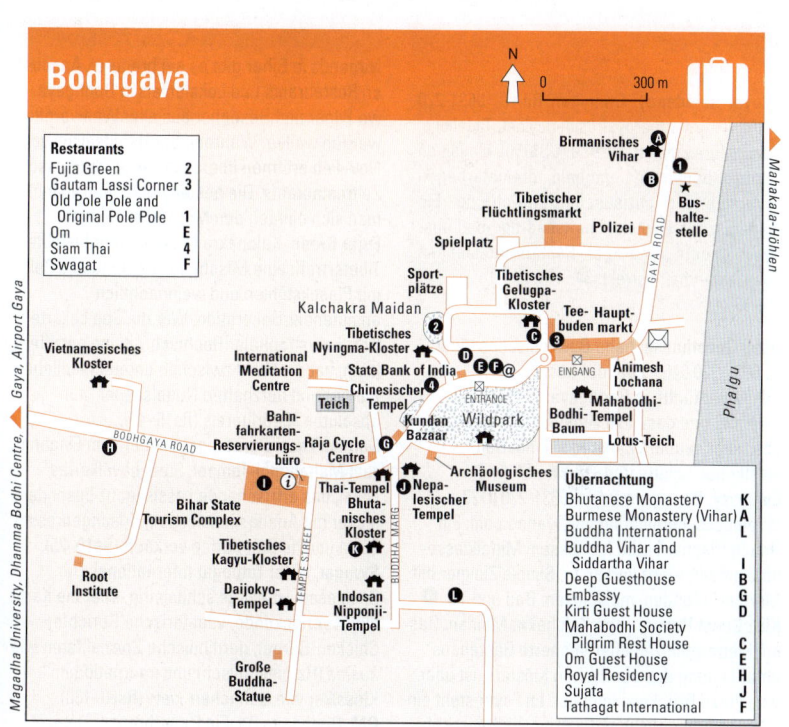

Restaurants
Fujia Green	2
Gautam Lassi Corner	3
Old Pole Pole and Original Pole Pole	1
Om	E
Siam Thai	4
Swagat	F

Übernachtung
Bhutanese Monastery	K
Burmese Monastery (Vihar)	A
Buddha International	L
Buddha Vihar and Siddartha Vihar	I
Deep Guesthouse	B
Embassy	G
Kirti Guest House	D
Mahabodhi Society Pilgrim Rest House	C
Om Guest House	E
Royal Residency	H
Sujata	J
Tathagat International	F

willkommen, doch erwartet man von ihnen, dass sie die Regeln genauso befolgen wie die Pilger. Das bedeutet vor allem Verzicht auf Rauchen, Alkohol und Sex. Klöster und Tempel haben keine festen Übernachtungspreise; die unten angegebenen Preiskategorien beziehen sich auf angemessene Spenden.

Klöster und Tempel

Bhutanese Monastery, Buddha Marg. Altes Gästehaus neben dem Kloster mit viel Charakter; EZ und Familienzimmer, einige mit Bad und Heißwasser. ❶–❷

Burmese Monastery (Vihar), Gaya Rd. Die Zimmer sind eng und spartanisch, aber billig. Es gibt keinen Ventilator und eine Armada blutgieriger Insekten, die eine Herausforderung für jedwede buddhistische Gelassenheit darstellen. Gepflegter Garten. ❶

Mahabodhi Society Pilgrim Rest House (Sri Lankan Guest House), Bodhgaya Rd, ☏ 0631-220 0742. Beliebt bei Pilgern und oft ausgebucht. Schlafsaal und einige Zimmer; Kantine mit recht gutem vegetarischem Essen.

Hotels

Buddha International, nahe Indosan Nipponji-Tempel, ☏ 0631-220 0506, ✉ buddha_int@yahoo.com. Eindrucksvolles Marmor-Foyer mit einer etwas schrägen Mini-Tropfstein-Decke. Geräumige Zimmer mit Bad, Balkon, TV und Telefon. Deutlich günstigere Preise in der Nebensaison. ❺–❻

Buddha Vihar and Siddartha Vihar, Bihar Tourist Complex, ☏ 0631-220 0445. Ersteres hat ordentliche 3- bis 10-Bett-Schlafsäle (Rs75–100), Letzteres etwas schäbige, aber günstige DZ mit Bad. Gleichbleibende Preise in der Hauptsaison, aber teils recht barsches Management. ❸–❹

Zen meets India

Royal Residency, Domuhan Rd, ☎ 0631-220 1156, 🖥 www.theroyalresidency.net. Tadellose, aber teure Zimmer mit Bad (US$150), eleganten Holzfußböden und -möbeln, cremefarbenen Wänden und puristischer Einrichtung. Ein japanisches Gemeinschaftsbad und das ausgezeichnete Amarapali-Restaurant machen den Aufenthalt perfekt. ❾

Deep Guesthouse, nahe Burmesisches Vihar, ☎ 0631-220 0463. Eine der besten Billigunterkünfte in Bodhgaya. Herzlicher Empfang und gesellige Atmosphäre, kleine, aber sehr saubere Zimmer, z. T. mit Bad, westlicher Toilette und TV. ❶–❷

Embassy, Bodhgaya Rd, ☎ 0631-220 0127, ✉ embassyhotelbodhgaya@yahoo.com. Ein Hauch frischer Farbe hat diesem Mittelklassehotel neuen Glanz verliehen. Simple Zimmer mit Marmorfußböden, makellosem Bad und TV. ❹

Kirti Guest House, nahe Kalchakra Maidan. Das mit Kletterpflanzen überwucherte Gästehaus unter Leitung des tibetischen Klosters, ist über eine kurze Brücke erreichbar. Im Foyer steht ein riesiges Aquarium und die Atmosphäre ist sehr gelassen. Etwas überteuerte, holzverkleidete DZ mit grünen Teppichen und preiswertere 3-Bettzimmer. ❺

OM Guest House, Bodhgaya Rd, ☎ 09934-057498. Nichts für Klaustrophobiker und ohne den Gemeinschaftssinn anderer örtlicher Unterkünfte. Die Zimmer sind jedoch tadellos – alle mit Bad und hellen, gelben Wänden – und der Preis ist kaum zu schlagen. ❸

Sujata, Buddha Marg, ☎ 0631-220 0481, 🖥 www.sujatahotel.com. Schlichte AC-Zimmer (US$75) mit tollem Bad (inkl. Badewanne), Balkon und goldbestickten Tagesdecken. Restaurant und 24 Std. geöffnetes Café. ❽

Tathagat International, Bodhgaya Rd, ☎ 0631-220 0106 , 🖥 www.hoteltathagatbodhgaya.net. Auffälliges, weiß getünchtes Gebäude gegenüber vom Wildpark. Etwas enge, aber komfortable Zimmer mit kleinen Sofas, karierten Vorhängen und Balkon. Die Rezeption übernimmt die Buchung von Zug- und Flugtickets. ❺–❻

Essen

Nirgends in Bihar gibt es ein breiteres Angebot an Restaurants und Lokalen als in Bodhgaya, wo Pilger und Besucher aus aller Welt verpflegt werden wollen. Während der Hauptsaison von Nov–Feb eröffnen überall in der Stadt tibetische Zeltrestaurants. Die besten findet man, indem man sich einfach den Massen anschließt.

Fujia Green, Kalchakra Maidan. Sehr beliebter Tibetertreff: eine Mischung aus Hütte und Zelt mit Plastikstühlen und weihnachtlich anmutender Dekoration. Wer die Speisekarte trotz katastrophaler Rechtschreibung entziffern kann, hat die Wahl zwischen unterschiedlichen *momos* und herzhaften Nudelsuppen zum absoluten Niedrigpreis (Rs15–40).

Gautam Lassi Corner, gegenüber vom Eingang zum Mahabodhi-Tempel. Stets bevölkertes Lokal, das erfrischende Lassis (ganz besonders lecker mit Ananasgeschmack), frischgepresste Säfte und heißen Kaffee verkauft (Rs10–25).

Swagat, Hotel Tathagat International. Der Speisesaal ist etwas schummrig, aber die Karte bietet verlockende, vegetarische Gerichte, Chicken-Burger, nordindische Spezialitäten wie *keema* (Hammelfleisch) und internationale Klassiker wie Hähnchen-*kiew* (Rs50–130).

OM, Bodhgaya Rd. Ein Dauerbrenner unter Backpackern – allerdings eher etwas für den kleinen Hunger als für ein ausgiebiges Schlemmen. Das Angebot reicht von günstigen Gerichten aus Japan, Korea, China und Indien über *dosas*, Schokokekse und Apfelkuchen (Rs20–70).

Old Pole Pole und **Original Pole Pole**, gegenüber vom Burmesischen Vihar. Die beiden benachbarten Zeltrestaurants servieren ähnliche, auf Traveller ausgerichtete Speisen, und streiten darüber, wer von ihnen zuerst da

Essen wie in Thailand

Siam Thai, Bodhgaya Rd. Authentisches Thai-Restaurant mit üppigen Portionen *red chicken curry* oder Riesengarnelen in einer Suppe aus gelben Bohnen (Rs90–300). Wer nicht gerne scharf isst, sollte das bei der Bestellung unbedingt sagen.

war. Beide bieten ausgiebiges Frühstück, Bananen-Pfannkuchen und Zimtgebäck (Rs25–70).

Sonstiges
Fahrräder
Gut ist das **Raja Cycle Centre** neben dem Embassy Hotel.

Geld
Die **State Bank of India** hat eine kleine Wechselstube und einen Geldautomaten, ⏰ Mo–Fr 10.30–16, Sa 10.30–13.30 Uhr.
Niranjana Tours and Travels, nahe Mahabodhi-Tempel, wechselt Reiseschecks und Bargeld, aber zu etwas schlechteren Kursen als die Banken.

Informationen
Das **Tourist Office** im Bihar State Tourism Corporation Complex, ✆ 0631-220 0672 ist nicht sonderlich hilfreich. Nebenan gibt es aber einen computerisierten **Reservierungs-Schalter** für Zugtickets.

Internet
Lotus Gems and Travel, nahe dem Hotel Tathagat International, bietet Internetzugang für Rs30 pro Std.

Reisebüros
Middle Way Travels, nahe dem Eingang zum Mahabodhi-Tempel, ✆ 0631-220 0648, arrangiert lokale Ausflüge und Mietfahrzeuge sowie Zug-, Bus- und Flugtickets.
Das Personal der **Sri Lankan Mahabodhi Society**, nordwestlich vom Mahabodhi-Tempel, ✆ 0631-220 0742, hilft bei der Suche nach einer Unterkunft und dem passenden Meditationskurs.

Transport
Die meisten Fernbusse fahren ab Gaya. Vom Bihar State Tourism Corporation Complex gibt es jedoch zwei täglich verkehrende Direktbusse nach PATNA (7 und 14 Uhr). Am Kalchakra Maidan gibt es mehrere Privatunternehmen mit Destinationen wie Varanasi und Siliguri.

Busse nach:
GAYA (stdl., 45 Min.),
PATNA (2–4x tgl., 4 1/2 – 5 1/2 Std.),
RAJGIR (stdl., 2 1/2 Std.),
RANCHI (1–2x tgl., 9 Std.),
SILIGURI (1–2x tgl., 15–17 Std.),
VARANASI (1–2x tgl., 6–7 Std.).

Rajgir

80 km nordöstlich von Bodhgaya schmiegt sich die kleine Marktstadt Rajgir an die Hügel, die zum Schauplatz der Meditationen und Predigten von Buddha und Mahavira, dem Begründer des Jainaglaubens, wurden. Hier in der Hauptstadt des Königreiches Magadha vor Pataliputra trat König Bimbisara zum Buddhismus über. Neben ihrer religiösen Bedeutung wird die Stadt, wegen ihrer **heißen Quellen** – die allerdings unangenehm überfüllt sein können – auch als Kurort geschätzt.

In einem Park steht ein japanisches Heiligtum an der Stelle, wo einst als Wohnort für Buddha ein Kloster errichtet wurde, das **Venuvana Vihara**, und auf dem **Griddhakuta** („Geier-Gipfel"), 3 km vom Stadtkern entfernt, predigte Buddha seinen Anhängern. Die riesige, von den Japanern erbaute, moderne **Peace Pagoda** (Friedenspagode) dominiert den Ratnagiri Hill und ist mit einem klapprigen Sessellift erreichbar (tgl. 8.15–13 und 14–17 Uhr, letzter Ticketverkauf 16.30 Uhr, Rs30). Griddhakuta liegt auf halbem Weg den Berg hinunter, daher geht man vielleicht lieber zu Fuß von hier ins Tal, als wieder zum Sessellift hochzuklettern. Es lohnt sich, auf diesen Hügeln nach den 26 Jaina-Schreinen Ausschau zu halten, die auf einem schwierigen Treck zu erreichen sind, der fast ausschließlich von Anhängern des Jainismus unternommen wird. Auf einem angrenzenden Hügel, in der **Saptaparni-Höhle**, kam das erste buddhistische Konzil zusammen, das die Lehren Buddhas nach seinem Tode aufzeichnete.

Übernachtung
Siddharth, Kund Market, 2 km südlich vom Busbahnhof, ✆ 06112-255 616. Einladende Unterkunft. Komfortable Zimmer mit Teppichböden und sauberen Bädern. ❹

Japanische Eleganz

Indo Hokke, 2 km vom Kund Market entfernt, ☏ 0631-220 1156, 🖥 www.theroyalresidency.net. Hier verschmelzen japanische und indische Architekturstile. Die Zimmer (US$160–180) sind japanisch oder westlich eingerichtet, es gibt ein japanisches Gemeinschaftsbad und das ausgezeichnete Lotus Restaurant (Hauptgerichte Rs75–400). ❾

Gautam Vihar, 300 m vom Busbahnhof an der Straße nach Nalanda, ☏ 06112-255 273. Betrieben vom staatlichen Fremdenverkehrsamt. Geräumige Zimmer mit malerischer Veranda, annehmbarer Schlafsaal (Rs75) und Gartenrestaurant von schwankender Qualität. Vor dem Hotel serviert das Green Restaurant auf seiner relaxten Terrasse günstige indische und chinesische Speisen (Rs25–60). ❸–❹

Transport

Von Rajgir verkehren **Busse** nach GAYA, BODHGAYA und PATNA; letztere z. T. mit Umsteigen im 25 km entfernten BIHAR SHARIF. Rajgir kann auch auf einer langen und ermüdenden Tagestour von Patna oder Bodhgaya aus besucht werden, in der auch Nalanda enthalten ist.

Nalanda

Im 5. Jh. n. Chr. von den Guptas gegründet, war die große klösterliche **Buddhistische Universität** von Nalanda Lehranstalt für Tausende internationaler Studenten und Dozenten. Ihre Blütezeit dauerte so lange, bis sie im 12. Jh. von dem afghanischen Eindringling Bhaktiar Khilji geplündert wurde.

Zum Lehrangebot gehörten Philosophie, Logik, Theologie, Grammatik, Astronomie, Mathematik und Medizin. Die Ausbildung war kostenlos und wurde durch Einnahmen aus den umliegenden Dörfern und Wohltäter wie dem König von Sumatra aus dem 8. Jh. unterstützt.

Bei Ausgrabungen im Ort sind neun Stadien unterschiedlicher Besiedlung entdeckt worden, die bis in das 6. Jh. v. Chr. und somit in die Zeit Buddhas und Mahaviras zurückreichen. Ein Großteil besteht heute aus Ruinen, doch die Ordnung und der Maßstab der Überreste liefern den Beweis für die erstaunliche Stärke der buddhistischen Zivilisation in ihrer Blütezeit. Überall liegen die Überreste von Stupas, Tempeln und elf Klöstern verstreut, deren dicke Mauern noch immer intakt sind

Heute gehört Nalanda zur modernen buddhistischen Pilger-Rundreise, doch jeder Tourist wird den Rundgang durch die ausgedehnte Anlage oder den Aufstieg auf den riesigen, 31 m hohen **Stupa** mit seiner eindrucksvollen Aussicht genießen. Am Ticketschalter erhältliche Informationsbroschüren machen die zahlreichen Führer vor Ort überflüssig. An der kleinen Freiluft-Bar auf dem Gelände bekommt man Tee, Kaffee und Soft Drinks.

Das **Nalanda Museum** zeigt Antiquitäten, die hier und in Rajgir gefunden wurden, darunter buddhistische und hinduistische Bronzestatuen sowie einige unversehrte Buddhastatuen; ⏱ tgl. außer Fr 10–17 Uhr, Eintritt Rs5.

Nava Nalanda Mahavihara, das Pali-Institut für weiterführende Forschungsarbeiten, beherbergt viele seltene buddhistische Manuskripte und widmet sich dem Studium und der Erforschung der Pali-Literatur und des Buddhismus.

Sammel-Jeeps verkehren regelmäßig zwischen Rajgir und Bihar Sharif, 35 km nordöstlich; sie halten an der Abzweigung nach Nalanda, von wo aus verschiedene Beförderungsmittel für die restlichen 2 km bis zu den Toren der Ausgrabungsstätte zur Verfügung stehen. Eine alte Kolonialvilla 300 m hinter der Anlage ist zu einem **Rest House** ❶ umfunktioniert worden. Es gibt kein Telefon, aber geräumige Doppelzimmer mit Veranda, eine Lounge, Gärten und einfaches Essen.

Sikkim

Stefan Loose Traveltipps

Chaam Der geheimnisvolle und farbenprächtige Maskentanz der Lamas wird in vielen Klöstern anlässlich des Erntefestes Losung (Anfang Dezember) aufgeführt. S. 880 und S. 891

Rumtek Eines der meistverehrten Klöster von Sikkim und die Heimat der Schwarzhutschule. Im Februar findet hier ein spektakuläres Festival statt. S. 887

Der Berg Maenam Eine Tagestour führt durch einen uralten Wald bis zum Gipfel. Mit etwas Glück kann man Hirsche und Kleine Pandas (Katzenbären) beobachten. S. 889

Pemayangtse Das wunderschöne Kloster aus dem 17. Jh. thront auf einem hohen Bergkamm mit Blick auf Darjeeling. S. 891

Tashiding Der Klosterkomplex auf einem kegelförmigen Berg bietet märchenhafte Aussichten. S. 895

Der kleine und wunderschöne Bundesstaat Sikkim liegt unmittelbar südlich von Tibet zwischen Nepal im Westen sowie Bhutan im Osten. Obwohl er nur 65 x 115 km groß ist, umschließt er eine Vielfalt an Landschaften – von heißen, nur 300 m über dem Meeresspiegel gelegenen Tälern bis zu hoch aufragenden, schneebedeckten Bergen wie dem 8586 m hohen Kanchenjunga (von den Einheimischen Kanchendzonga genannt), dem dritthöchsten Gipfel der Welt. Ein noch sehr begrenztes, aber ständig wachsendes Netzwerk kurvenreicher Straßen führt in die zerklüftete Wildnis des Himalayas, und mit jedem Monsun kommt es zu schweren Schäden durch Erdrutsche.

Jahrhunderte lang war Sikkim ein isoliertes und unabhängiges buddhistisches Königreich, bis der Krieg mit China Anfang der 60er-Jahre dazu führte, dass die indische Regierung diese Region als einen wichtigen Korridor zwischen Tibet und Bangladesch ansah und sie daher 1975 annektierte. Heute ist Sikkim ein eigenständiger indischer Bundesstaat und wird vornehmlich von Hindus bewohnt. Ca. 75 % der Bevölkerung sind **nepalesische Gurungs**, während die **Lepchas**, die einstigen Herrscher, weniger als 20 % stellen. Es gibt nur noch wenige **Bhutias**, Einwohner tibetischer Abstammung, und **Limbus**, wahrscheinlich ebenfalls tibetischer Herkunft, die dem Staat seinen Namen – sukh-im („glückliche Heimat") – gaben.

Der jüngste Bürgerkrieg jenseits der Grenze in Nepal und die unberechenbare nepalesische Gurkha-Bewegung im benachbarten Darjeeling in Westbengalen gefährden das ethnische Gleichgewicht. Die Herrscher im benachbarten Bhutan, dessen Bevölkerungsmehrheit von tibetischstämmigen Bhotia gestellt wird, beobachteten diesen Wechsel mit Besorgnis und nahmen gegenüber der nicht unerheblichen nepalesischen Minderheit im eigenen Land einen unnachgiebigen und aggressiven Standpunkt ein, der zur Vertreibung aller Nepalesen aus Bhutan führte.

Andererseits gibt die vor Kurzem erfolgte Wiedereröffnung der lukrativen Handelsroute bei Nathu La an der tibetischen Grenze für Sikkim Anlass zur Hoffnung. Es genießt weiterhin einen Sonderstatus innerhalb der Indischen Union, ist einkommensteuerbefreit und erhält staatliche Subventionen.

Seine stärksten Bindungen hat Sikkim in historischer, kultureller und spiritueller Hinsicht zu Tibet. Neben Trekking stehen die vielen Klöster für Besucher im Mittelpunkt des Interesses. Es gibt über 200 Klöster, von denen die meisten der uralten **Nyingmapa-Schule** zuzuordnen sind. **Pemayangtse** in West-Sikkim ist historisch gesehen das bedeutendste. Das heiligste Nyingmapa-Kloster ist **Tashiding**, das 1717 erbaut wurde, von Gebetsfahnen und chorten umgeben ist und zu den schneebedeckten Gipfeln hinüberblickt. Doch das wohl einflussreichste Kloster von Sikkim ist **Rumtek**, der Sitz des **Gyalwa Karmapa**, des Oberhauptes der **Karma Kagyu-Schule**.

Die gigantischen Bergwände und bewaldeten Hänge, von denen reißende Flüsse wie der **Teesta** und der **Rangit** herabstürzen, sind der Traum eines jeden Botanikers. An niederen Hängen wachsen **Orchideen** im Überfluss, der Waldboden ist von Kardamom bedeckt und überall gibt es Apfelplantagen, Orangenhaine und terrassenförmige Reisfelder (die Tibeter nannten das Gebiet **Denzong**, „Reis-Land"). In höheren Lagen finden sich riesige, von Flechten überwucherte und in Monsunnebel gehüllte Waldgebiete. In den noch höheren Lagen, in Richtung des Hochlands von Tibet, weichen die Wälder aus Lärchen und Zwergrhododendren allmählich blumenübersäten Wiesen. Die Wälder von Sikkim werden von einer reichen Fauna bevölkert, darunter scheue Schneeleoparden, Tahr (Wildesel aus dem Hochland von Tibet), bharal (Blauschafe) und das Wahrzeichen von Sikkim, der gefährdete Kleine Panda (Ailurus fulgens).

Die **beste Zeit für einen Besuch** Sikkims liegt zwischen Mitte März und Juni: Am schönsten sind die Monate März, April und Mai, wenn die Rhododendren und Orchideen blühen – die Temperaturen können dann allerdings besonders in den Tälern hoch sein. Vorher, wenn noch Schnee liegt, ist das Trekking im Hochgebirge zu schwierig. Während der Monsunzeit von Ende Juni bis Anfang September werden die Straßen und Flüsse unpassierbar. Die Pflanzen allerdings entwickeln, von dem unaufhörlichen Regen genährt, gegen Ende August nochmals ihre volle Blütenpracht. Im Oktober, wenn die Orchideen

SIKKIM

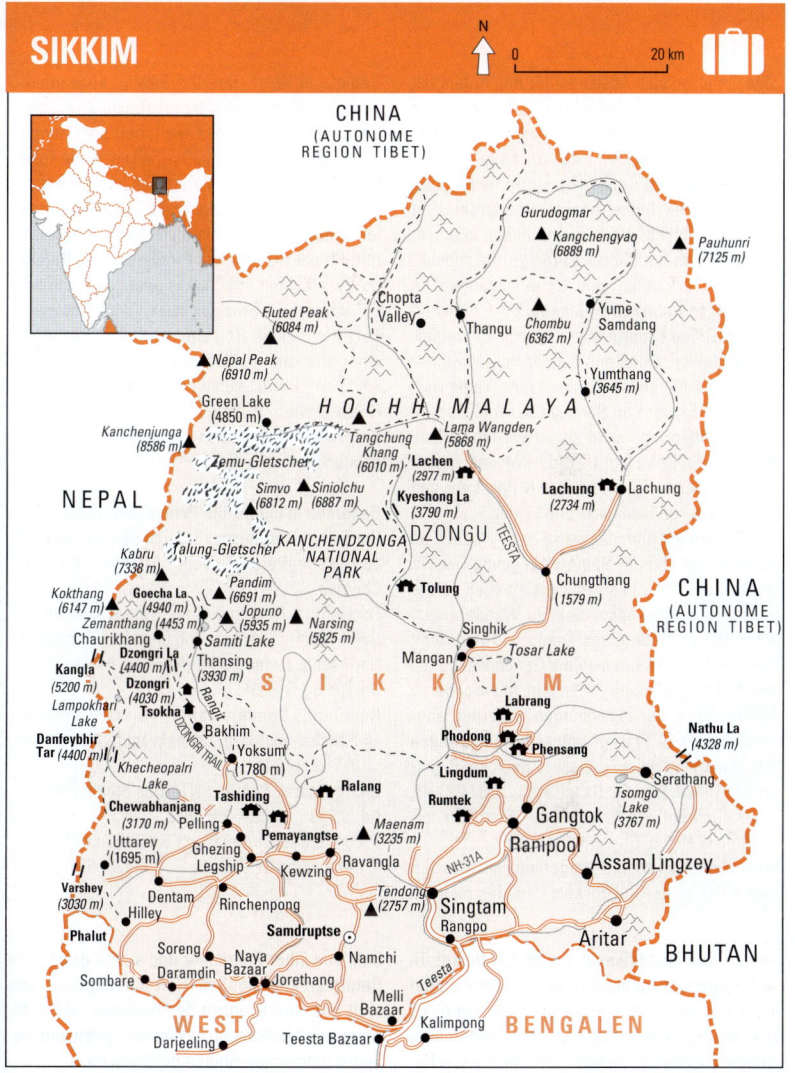

erneut blühen, und im November herrscht das klarste Wetter des Jahres. Das farbenprächtige Erntefest Losung findet Anfang Dezember statt. Doch schon kurz darauf wird es (besonders in den höheren Lagen) bitterkalt, woran sich bis Anfang März nur wenig ändert.

Geschichte

Niemand weiß genau, wann oder wie die **Lepchas** – bzw. die Rong, wie sie sich selbst nennen – nach Sikkim gekommen sind, doch ihre Wurzeln können bis zu den Nagas an der indisch-burmesischen Grenze zurückverfolgt

Genehmigungen und Einschränkungen

Zwar müssen sich Ausländer für den Aufenthalt in Sikkim eine Genehmigung besorgen, ein **Inner Line Permit (ILP)**, doch das ist eine reine, wenn auch lästige Formalität. Am besten fordert man gleich eine Genehmigung an, wenn man das Visum für Indien beantragt; allerdings ist es auch möglich, ein Permit in Indien in einem der unten aufgeführten Büros zu bekommen. Ebenfalls erhältlich sind Genehmigungen an der Grenze zu Sikkim in **Rangpo**: Beim örtlichen Tourist Office besorgt man sich ein Antragsformular, das anschließend bei der Polizei auf der gegenüberliegenden Straßenseite registriert wird. Die Fahrer von Sammeltaxis und Bussen werden allerdings nicht immer warten wollen, bis das erledigt ist (ca. 1/2 Std.). Wer sein Permit in Indien beantragt, benötigt zwei Passfotos und Fotokopien von Reisepass und Visum.

Das Permit gilt normalerweise zwei Wochen ab Einreise nach Sikkim. Damit bleibt genug Zeit, die Städte und Dörfer in einem einigermaßen geruhsamen Tempo zu besuchen. Für Wanderungen kann die Zeit allerdings knapp werden, doch für gewöhnlich kann man die Genehmigung um weitere zwei Wochen verlängern. In besonderen Fällen – z. B. für Expeditionen – werden aber auch bis zu 60 Tage gewährt. **Verlängerungen** bekommt man beim Foreigners Regional Registration Office, Kazi Rd, Gangtok, ☏ 03592-223041, aber auch bei der Polizei in den Distrikthauptstädten Mangan, Ghezing und Namchi.

Wie für Gangtok und Umgebung gilt das ILP auch für ganz Süd-Sikkim und die meisten Gebiete in West- und Ost-Sikkim, abgesehen von den Hochgebirgstreks. Heikle Grenzgebiete wie der Tsomgo Lake (auch als Changu oder Tsangu bekannt) in Ost-Sikkim, weite Teile Nord-Sikkims (außer Mangan und seiner näheren Umgebung) und alle Treks im Hochgebirge (einschließlich Singalila Ridge und Dzongri) erfordern ein zusätzliches **Protected Area Permit (PAP)** (s. Kasten S. 879). Ausländer dürfen diese Gebiete nur in Gruppen von mindestens zwei Personen und in Begleitung mit dem Vertreter einer anerkannten Reiseagentur, die sich auch um die Permits kümmert, besuchen. Einige Gebiete, wie z. B. Nathu La in Ost-Sikkim an der Grenze zu Tibet, bleiben für Ausländer komplett gesperrt.

Behörden in Indien, die Permits ausstellen:
Die Einwanderungsbehörde an den vier Haupteinreiseflughäfen – Delhi, Mumbai, Kolkata, Chennai.
Foreigners Regional Registration Offices in Delhi, Mumbai, Kolkata und Chennai wie auch in Darjeeling, Laden La Rd (Näheres im Abschnitt Darjeeling, S. 853).
Resident Commissioner, Sikkim House, 14 Panchsheel Marg, Chanakyapuri, New Delhi, ☏ 011-2611 5346.
Sikkim Tourist Centre, SNTC Bus Stand, Hill Cart Rd, Siliguri, ☏ 0354-251 2646.
Sikkim Tourist Information Centre, Sikkim House, 4/1 Middleton St, Kolkata, ☏ 033-2281 5328.

---

werden. Der **Buddhismus**, der im 13. Jh. aus Tibet herüberkam, nahm vier Jahrhunderte später seine charakteristische sikkimische Form an: Drei tibetische Mönche des alten Nyingmapa-Ordens, die über die Machtübernahme der reformistischen Gelugpas verdrossen waren, zogen nach Süden und trafen sich in Yoksum. Nachdem sie das Orakel befragt hatten, schickten sie nach einem gewissen Phuntsog Namgyal in Gangtok, den sie 1642 zum ersten **Chogyal** („Gerechten König") von Denzong krönten. Als weltliches und religiöses Oberhaupt von Sikkim wurde dieser bald von Tibet anerkannt und setzte drastische Reformen in Gang. Sein Herrschaftsgebiet ging weit über die Grenzen des heutigen Sikkim hinaus, auch Kalimpong in Westbengalen und Teile des westlichen Bhutan gehörten dazu.

Mit den Jahrhunderten verlor das Land Gebiete an Bhutan, Nepal und an die **Briten**. Zunächst musste es 1817 Darjeeling an die East India Company abtreten, und 1861 wurde das gesamte Königreich zum Protektorat der Briten erklärt. **Tibet**, das Sikkim als Vasallenstaat betrachtete, erhob Einspruch und marschierte

1886 in das Gebiet ein. Den Briten gelang es jedoch, ihre Kontrolle über Sikkim wieder zu festigen, indem sie 1888 eine Truppe nach Lhasa entsandten. Durch den Import von Arbeitskräften aus Nepal für die Teeplantagen von Sikkim, Darjeeling und Kalimpong gelang es ihnen, den starken tibetischen Einfluss zu schwächen und die ethnische Zusammensetzung der Region zu verändern, sodass die neuen Zuwanderer der einheimischen Bevölkerung zahlenmäßig bald überlegen waren.

Tashi Namgyal, der Reformer und ausgesprochen spirituelle elfte Chogyal, kämpfte seit der Unabhängigkeit Indiens bis zu seinem Tod im Jahre 1962 gegen die Auflösung seines Königreiches. Offiziell war Sikkim ein indisches Protektorat, und seine Rolle wurde im Zuge des chinesischen Truppenaufmarsches entlang der nördlichen Grenzen, der Anfang der 60er Jahre in einer Invasion gipfelte, immer entscheidender. Namgyals Sohn, **Palden Thondup**, der letzte Chogyal, heiratete eine Amerikanerin namens Hope Cook, doch deren Reformen als Gyalmo (Königin) erwiesen sich als unpopulär und wurden auch für die indische Regierung zum Ärgernis. Schließlich beugte sich der Chogyal den Forderungen der nepalesischen Mehrheit, und so wurde Sikkim 1975 nach einem Volksentscheid mit der überwältigenden Zustimmung von 97 % der Stimmberechtigten von Indien annektiert.

Trekking in Sikkim

Trotz der fantastischen Möglichkeiten wird Hochgebirgstrekking in Sikkim noch immer eingeschränkt und künstlich verteuert. Ein Kartell aus Veranstaltern in Gangtok und der Regierung hat ein striktes Permit-System durchgesetzt, das Trekkern verbietet, örtliche Guides und Einrichtungen zu nutzen. Da Ausländer zudem die Leistungen der Veranstalter in US-Dollar bezahlen müssen, sind manche Gebiete nur zahlungskräftigen Reisenden vorbehalten.

Trekking-Genehmigungen (Protected Area Permits) für das Hochgebirge sind ausschließlich in den Büros von Sikkim Tourism in Gangtok und Delhi erhältlich. Trekking- und Reiseveranstalter in Gangtok (S. 885, Touren) können die notwendigen Vorkehrungen treffen. Vor dem Aufbruch sollte man die Papiere unbedingt aufmerksam durchsehen, denn schon der kleinste Fehler kann später zu Problemen führen. Trekking-Gruppen setzen sich aus mindestens zwei Personen zusammen; die Veranstalter berechnen abhängig von der Route einen offiziellen Tagessatz von US$35–150 p. P.

Zurzeit werden vor allem zwei **Hochgebirgstreks** angeboten: die Route Dzongri–Goecha La (und die Variante ab Uttarey) und jene durch die Singalila-Gebirgskette. Die Hauptlast der Trekking-Industrie im Staat trägt momentan noch Dzongri, und der Druck auf die Umwelt wird langsam deutlich spürbar.

Eine angenehme Alternative sind die weniger extremen Treks durch die Rhododendronwälder um Varshey, für die man nur eine lokale Genehmigung für geschützte Wälder braucht.

Für die meisten Gipfel sind zwar spezielle Bergsteiger-Permits sowie eine Genehmigung der Indian Mountaineering Foundation in Delhi erforderlich, doch die Regierung von Sikkim vergibt über entsprechende Veranstalter in Gangtok Permits für den Frey's Peak (5830 m) nahe Chaurikhang in der Singalila Ridge, für den Thingchenkang (6010 m) und den Jopuno (5935 m) in West-Sikkim sowie für den Lama Wangden (5868 m) und den Brumkhangse (5635 m) in Nord-Sikkim.

Zu den eigentlichen Reisekosten kommen Gebühren ab US$350 je nach Gruppengröße. Empfehlenswerte Agenturen in Gangtok sind z. B. Namgyal und Yak & Yeti (s. S. 885). Für den Antrag braucht man sechs Passbilder und Kopien von Pass und Visum – und man muss die Tour mindestens drei Monate im Voraus planen.

Die Ecotourism and Conservation Society of Sikkim (ECOSS), State Archives Annexe, Zero Point, Gangtok, ✆ 03592-228211, 🖳 www.sikkiminfo.net/ecoss, ist eine unabhängige Organisation mit dem Ziel, den Tourismus zu fördern, während gleichzeitig Umwelt und traditionelle Kultur geschützt werden.

Der Chogyal blieb bis zu seinem Tod im Jahre 1981 die Galionsfigur von Sikkim.

Der Bundesstaat wird von der indischen Regierung nach wie vor mit großer Vorsicht behandelt, einerseits wegen des Unmuts in der unzufriedenen sikkimischen Minderheit, und andererseits – und das ist der Hauptgrund – weil Sikkim nach wie vor als Zankapfel zwischen Indien und China gilt. Heute wird die sikkimische Regierung von der **Sikkim Democratic Front** gebildet.

Gangtok und Umgebung

An einem Hang im Südosten von Sikkim, an der einst belebten Handelsroute nach Tibet, liegt Gangtok (1870 m), die Hauptstadt des Staates. Zwar ist das moderne Gangtok ein Spiegelbild der jüngsten Veränderungen in der sikkimischen Kultur und Politik, doch sein wahrer Reiz für Besucher besteht in seiner buddhistischen Vergangenheit. Das zeigt sich nicht nur in der Sammlung des **Institute of Tibetology**, sondern auch in dem bezaubernden **Enchey-Kloster** und dem eindrucksvollen **Rumtek-Kloster**, das 24 km östlich der Stadt liegt. Der von den Chogyals zwischen 1894 und 1975 genutzte **Palast** liegt heute im Sperrgebiet. Er wird von dem neuen Regime besetzt und nicht als Teil des sikkimischen Erbes anerkannt. **Orchideen**, der Stolz von Sikkim, werden an verschiedenen Orten in und um Gangtok gezüchtet und an einem schönen Tag kann man bei Spaziergängen in die Umgebung den Kanchenjunga und die Pyramide des Siniolchu sehen.

Gangtok

Das Zentrum von Gangtok – was übersetzt „Bergspitze" bedeutet – konzentriert sich unmittelbar unterhalb des Palastes. Der größte Teil der Stadt selbst blickt nach Westen.

Die besten Einkaufsgegenden der Stadt sind der **Main Market**, der sich etwa 1 km entlang der Fußgängerzone MG Marg erstreckt, und der **Kanchenjunga Shopping Complex**, wo einheimische Erzeugnisse wie getrockneter Fisch, Yakkäse *(churpi)* und Hefe für das hiesige Bier *(tomba)* angeboten werden. In dem großen, vom **Government Institute of Cottage Industries** geführten Komplex am National Highway nördlich des Zentrums können Besucher dabei zusehen, wie Sikkimer Teppiche, handgewebte Stoffe, *thangka*-Malereien und Holzobjekte fertigen; die Kunstwerke kann man zu Festpreisen erwerben. Läden in der MG Marg und an der Paljor Stadium Road bieten Schmuck aus Türkisen und Korallen sowie religiöse Objekte wie rituelle Silbergefäße und Rosenkränze an.

Am oberen Ende der Stadt, gleich unterhalb eines gewaltigen Fernsehturms, der 3 km vom Stadtzentrum entfernt liegt und über verschiedene Straßen zu erreichen ist (die malerischste führt an der Westseite des Bergrückens entlang), liegt das **Enchey-Kloster**, ein kleines zweistöckiges *gompa* des Nyingmapa-Ordens mit gut hundert Mönchen. Es wurde Mitte des 19. Jhs. an einer Stelle erbaut, die von Druptob Karpo gesegnet worden war. Besucher sind gern gesehen, am besten kommt man zwischen 7 und 8 Uhr morgens, wenn es im Kloster geschäftig zugeht und das Licht gut ist. Es wurde vom Chogyal im traditionellen tibetischen Stil errichtet. Seine wunderschön bemalte Veranda zeigt Wandgemälde von Schutzgottheiten und dem Rad des Gesetzes. Während des Losung-Fests Anfang Dezember findet in Enchey ein *chaam* (Maskentanz der Lamas) zur Vertreibung böser Geister statt.

Der Weg von Enchey bergab führt am **Flower Show Complex** am nördlichen Ende der Ridge Road in der Nähe der White Hall vorbei, wo ein großes und gut gepflegtes Gewächshaus eine umfangreiche Sammlung von Orchideen und anderen Pflanzen des Himalaya zeigt. Der Komplex, in dessen Laden man Samen, Pflanzen und Blumenzwiebeln kaufen kann, war früher im März und April Schauplatz des International Flower Festivals, das heute in Saramsa bei Ranipul, 14 km von Gangtok entfernt, stattfindet. ⏱ tgl. 10–17 Uhr, Eintritt Rs5.

Obwohl die Wachposten jedem Besucher ohne Genehmigung den Zutritt zum **Royal Palace** verwehren können, kommt man gelegentlich ohne Kamera in die etwas abseits gelegene **Tsuklakhang** mit ihrem gelben Dach und den be-

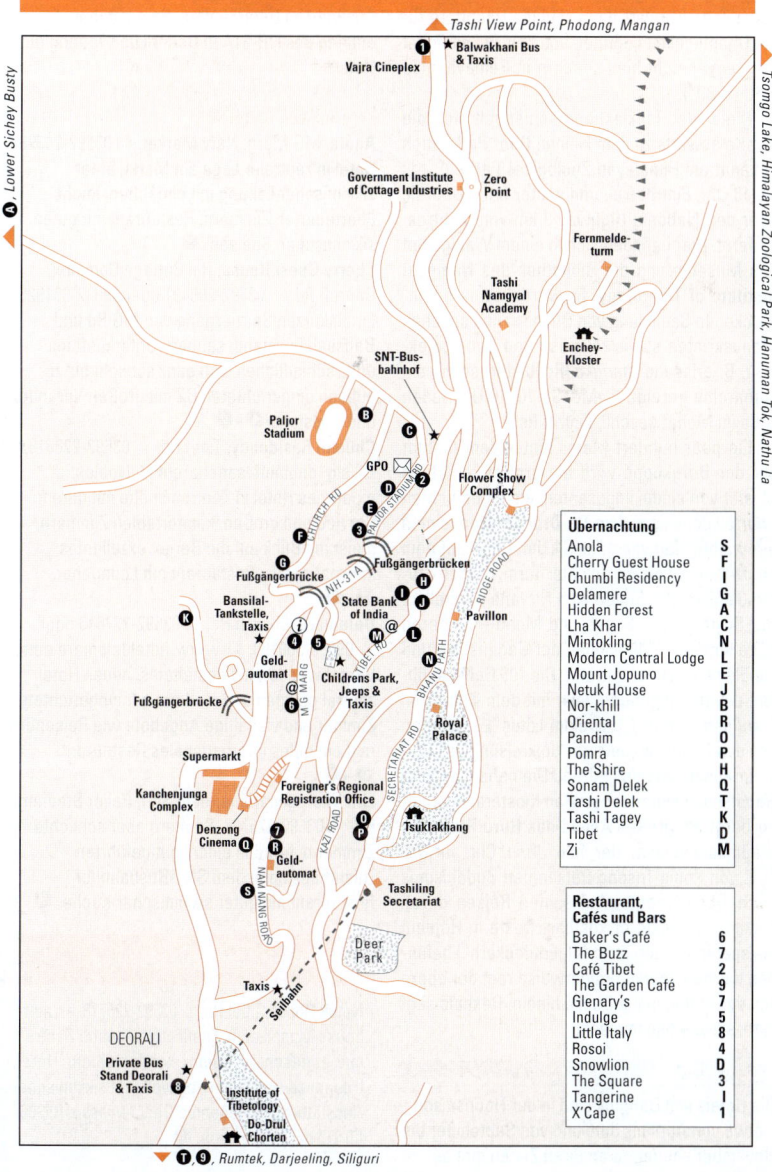

Gangtok

Tashi View Point, Phodong, Mangan

Übernachtung	
Anola	S
Cherry Guest House	F
Chumbi Residency	I
Delamere	G
Hidden Forest	A
Lha Khar	C
Mintokling	N
Modern Central Lodge	L
Mount Jopuno	E
Netuk House	J
Nor-khill	B
Oriental	R
Pandim	O
Pomra	P
The Shire	A
Sonam Delek	H
Tashi Delek	Q
Tashi Tagey	T
Tibet	K
Zi	D
	M

Restaurant, Cafés und Bars	
Baker's Café	6
The Buzz	7
Café Tibet	2
The Garden Café	9
Glenary's	
Indulge	5
Little Italy	8
Rosoi	4
Snowlion	D
The Square	3
Tangerine	1
X'Cape	1

Sikkim

www.stefan-loose.de/indien   Gangtok   881

eindruckenden Wandmalereien, buddhistischen Bildern sowie der riesigen Manuskriptsammlung. Auch hier gibt es Ende Dezember einen Lama-Tanz *(kagyat),* dann sind die Haupttore für die Öffentlichkeit geöffnet. Von Zeit zu Zeit findet der *kagyat* nicht hier, sondern in Pemayangtse statt (S. 891).

Hinter der Tsuklakhang schlängelt sich die Straße abwärts zu dem kleinen **Deer Park** (auch bekannt als Himalayan Zoological Park), ⏱ tgl. 10–16 Uhr, Eintritt frei, und weiter nach Deorali, über den National Highway 3 km vom Zentrum entfernt. Hier befinden sich in einem Waldgebiet das Museum und die Bibliothek des **Namgyal Institute of Tibetology**. Es werden eine beeindruckende Sammlung von Büchern und seltenen Manuskripten sowie religiöse und Kunstobjekte, z. B. erlesene *thangka* (Rollbilder) sowie ein Fotoarchiv gezeigt, ⏱ Mo–Sa 10–16 Uhr, jeden 2. Sa im Monat geschl., Eintritt Rs5.

Ein paar hundert Meter hinter dem Institut auf der Bergkuppe wird ein großes, belebtes Kloster von einem imposanten, weiß getünchten *chorten* dominiert, dem **Do-Drul Chorten**, einem der wichtigsten von ganz Sikkim. Oben auf dem *chorten* glänzt ein vergoldeter Turm, dessen Stufen die dreizehn Stufen zum Nirvana darstellen. Die Symbole von Sonne und Mond am oberen Ende stehen für die Einheit der Gegensätze und die Elemente Äther und Luft. Die 108 Gebetsmühlen, die ihn umgeben – jede mit dem großen *Om mani padme hum* („Juwel im Lotus") –, werden von den Gläubigen bei ihrer Umkreisung des Stupa im Uhrzeigersinn gedreht. Die nahe gelegene Gebetshalle hinter der großen Klosteranlage beherbergt ein großes Abbild des **Guru Rinpoche** (Padmasambhava), der im 8. Jh. n. Chr. auf Geheiß von König Trisong Detsen den Buddhismus nach Tibet brachte. Auf seinen Reisen durch Sikkim versteckte er kostbare Texte in Höhlen, die später von den *tertons* („Entdeckern") gefunden wurden. Merkwürdigerweise ragt der obere Teil der Statue in die Decke hinein. Deshalb sagt man, sie wachse langsam.

Übernachtung

Die Hotels von Gangtok sind in der Hochsaison – etwa von April bis Juni und von September bis November – teuer, zu anderen Zeiten gibt es jedoch Preisnachlässe. Zimmer mit Aussicht sind immer teurer als ohne. Doch je mehr die Stadt wächst, desto größer wird auch die Auswahl an Unterkünften. So entstehen entlang des NH-31A in Deorali und Tadong gute Hotels.

Zentrum von Gangtok

Anola, MG Marg, New Market, ☏ 03592-203238. Hotel in zentraler Lage am Markt; unter sikkimischer Leitung mit einfachen, leicht überteuerten Zimmern; Restaurant mit guten sikkimischen Speisen. ❺

Cherry Guest House, Rai Cottage Complex, Church Rd, ☏ 03592-205431 oder 09932-351925. Einen kurzen Spaziergang von MG Rd und Bansilal-Taxistand; saubere Unterkunft mit unterschiedlichen, von ganz schlicht bis zu hübsch eingerichteten DZ mit großen Veranden und Aussicht. ❹–❼

Chumbi Residency, Tibet Rd, ☏ 03592-226618, ✉ slg_chumbi@sancharent.in. Nobles, modernes Hotel in Zentrumsnähe mit gutem Service und großen, komfortablen Zimmern, meist mit Blick auf die Berge; exzellentes internationales Restaurant mit Loungebar. ❼–❽

Delamere, Church Rd, ☏ 03592-227646 oder ☏ 09233-500158, 🖥 www.hoteldelamere.com. Verschwenderisch gestaltetes, neues Hotel, zentral gelegen und modern; gut eingerichtete Zimmer und vielfältige Angebote wie Reisebüro und ein gutes internationales Restaurant. ❻–❼

Lha Khar, gegenüber dem SNT, Paljor Stadium Rd, ☏ 03592-225708. Saubere aber schlichte Zimmer mit Bad in einem gut geführten Gästehaus nahe dem SNT-Busbahnhof, Restaurant mit guter sikkimischer Küche. ❸

Wohnen mit Familienanschluss

Netuk House, Tibet Rd, ☏ 03592-226778, ✉ netukhouse@gmail.com. Familienhaus nahe Zentrum mit angeschlossenem, komfortablem Hotel, freundlich und stimmungsvoll, mit sikkimischer Ausstattung, angenehme Dachterrasse. Rs3960 für DZ mit Vollpension. ❽

Mintokling, Bhanu Path (Tashiling Rd), ✆ 03592-204226, 🖥 www.mintokling.com. Sikkimisches Gästehaus mit einem herrlichen Garten, ruhige Lage, in der Nähe des Palastes, weit oberhalb des Marktes und mit Ausblick. ❺–❻

Modern Central Lodge, Tibet Rd, ✆ 03592-224670. Etwas in die Jahre gekommen, aber immer noch beliebt und auf Rucksacktouristen eingestellt; einige Zimmer mit Bad und fließend Warmwasser, Traveller-freundliches Restaurant; Schlafsaalbetten ab Rs50. ❷–❸

Mount Jopuno, Paljor Stadium Rd, ✆ 03592-223502. Staatlich geführtes Hotel, 12 Zimmer mit Bad und Warmwasser, Dachterrasse, gepflegt, gutes Preis-Leistungs-Verhältnis (besonders außerhalb der Saison); Restaurant und Bar. ❹–❻

Nor-khill, Paljor Stadium Rd, ✆ 03592-225637, 🖥 www.elginhotels.com. Luxuriöses, ehemaliges königliches Gästehaus des Chogyal. Wahrzeichen und beste Adresse der Stadt; luxuriöse Zimmer im Stil des Adels von Sikkim, exzellenter Service und gutes Restaurant; die Lage mit Blick aufs Stadion lässt jedoch zu wünschen übrig; Zimmer ab US$152 inkl. VP. ❾

Oriental, MG Marg, ✆ 03592-221180, 🖥 www.orientalsikkim.com. Kleine, tadellose Unterkunft mit gutem Multi-Kulti-Restaurant. ❼

Pandim, Secretariat Rd, ✆ 03592-227540. Freundliches und angenehmes Budgethotel mit einfachen, teils düsteren Zimmern und Dachterrassen-Restaurant in großartiger Lage hoch über der Stadt. ❸–❹

Pomra, Secretariat Rd, ✆ 03592-226648. Etwas komfortabler und teurer als das Pandim nebenan und in derselben herrlichen Lage; auch Schlafsaalbetten; das Restaurant ist etwas öde (besser im Pandim). ❺

Sonam Delek, Tibet Rd, ✆ 03592-202566. Zuverlässiges, unlängst renoviertes Hotel weit oberhalb des Basars; komfortable, saubere Zimmer, gutes Restaurant und Terrasse mit sensationellem Blick übers Tal bis zu den Bergen. ❹–❺

Tashi Delek, MG Marg, ✆ 03592-202991, 🖥 www.hoteltashidelek.com. Versteckt liegender Eingang von der Marktgegend, der zu einem von Gangtoks legendären Hotels führt – einem exklusiven, weitläufigen und renovierungsbedürftigen Komplex mit geräumigen, altmodischen Zimmern. Restaurant Blue Poppy mit Gerichten aus verschiedenen Regionen, Café auf dem Dach mit sikkimischen wie auch tibetischen Gerichten. ❽

Tibet, Paljor Stadium Rd, ✆ 03592-222523 und 223468. Preisgekröntes Hotel mit tibetischer Einrichtung. Sämtliche Deluxe-Zimmer blicken auf den Kanchenjunga, die Zimmer zur Straße sind klein und überteuert. Das Restaurant Snowlion ist ausgezeichnet. ❻–❽

Zi, nahe Sadar Thana, Tibet Rd, ✆ 03592-205481. Von Bengalis geführte Unterkunft in einem beliebten, aber teils etwas düsteren Viertel nahe dem Zentrum; schlichte, saubere Zimmer, manche mit westlicher Toilette; in der Hauptsaison überteuert. ❸–❹

> ### Tibetische Gastlichkeit
>
> **Tashi Tagay**, NH-31A, nahe der State Bank of India, Tadong, ✆ 03592-231631, 🖥 www.tashitagey.com. Kleines und freundliches tibetisches Familienhotel, 4 km vom Zentrum. Sauber und gemütlich mit einem bei Einheimischen beliebten, guten Restaurant; 15-minütiger, steiler Aufstieg zum Do-Drul-Chorten; das Taxi ins Zentrum von Gangtok kostet nur Rs12. Empfehlenswert. ❸–❺

Umgebung von Gangtok

Hidden Forest, Lower Sichey Busty, ✆ 03592-205197, 🖥 www.hiddenforestretreat.com. Eine Taxifahrt von 2 km vom SNT-Busbahnhof; komfortable Cottages, ruhig und idyllisch im Grünen gelegen. ❻

The Shire, Tshugshing House, Arithang Rd, ✆ 03592-202217 oder ✆ 09832-075920. In der Nähe des Zentrums und doch in einer ganz anderen Welt, mit kleinem Garten und Zimmern in einem modernen Chalet hinter dem Wohnhaus; schlichte, geräumige Zimmer, gute Sikkim-Küche; zu Fuß sind es 15 Min. steil hinauf zum Zentrum, aber man kann sich ein Taxi rufen lassen. ❹–❺

Essen und Unterhaltung

Sikkimisches Essen ist eine Mischung aus nepalesischer, tibetischer und indischer Küche. Reis ist ein Grundnahrungsmittel, und *dhal* bekommt man überall, während die traditionelle Suppe *gyakho* nur zu besonderen Anlässen gereicht wird. Zu den hiesigen Delikatessen gehören *shisnu* (Brennnesselsuppe), *phing* (Glasnudeln) und *churpi* (Yakkäse) mit Chili. Am allerbesten isst man in den Hotelrestaurants, z. B. im Tibet, es stehen aber auch mehrere Fastfood-Restaurants und Patisserien zur Auswahl.

In den meisten Restaurants bekommt man auch **Alkohol**. „Ausländische" alkoholische Getränke wie Weinbrand oder Bier sind recht billig, doch muss man unbedingt ein **Tomba** probieren, das traditionelle Getränk, das zum großen Teil aus fermentierter Hirse und ein paar Reiskörnern für den Geschmack besteht. Man bekommt es in einem Becher aus Bambus oder Holz und trinkt es in kleinen Schlucken durch einen Bambusstrohhalm. Der Becher wird immer wieder mit heißem Wasser aufgefüllt und nach ein paar Minuten hat man ein schönes, milchiges Bier. *Tomba* gibt es eher in den weniger vornehmen Lokalen, bessere Qualität bieten die teureren Hotels. Bei Vollmond legen die Sikkimer übrigens ein paar alkoholfreie Tage ein.

Baker's Café, MG Marg. Moderne, saubere Konditorei nicht weit vom Tourist Office; verlockende Auswahl an Kuchen, Pizza, Filterkaffee und Fruchtsäften; Filiale in der Nähe vom Private Bus Stand.

Café Tibet, NH-31A, hinter dem Krankenhaus, gehört zum Hotel Tibet. Lebhaft und bei Studenten beliebt, es gibt Pizza und Burger, Croissants, Kuchen und Eis.

Glenary's und **The Buzz**, MG Marg. Die Konditorei ist nicht mehr so gut, aber das Café im 1. Stock ist berühmt für seine Pizza und Gebäck; ein Stockwerk höher befindet sich The Buzz, eine moderne, gemütliche Kneipe.

Indulge, Children's Park. Das schicke, neue Lokal im oberen Stock ist der angesagteste Treff im Zentrum. Trotz Schummerbeleuchtung, Nirvana-Postern und Bar-Atmosphäre ist das Essen erstaunlich gut; geboten wird indische, chinesische und regionale Küche.

Asiatische Küche vom Feinsten

Snowlion, Hotel Tibet, Paljor Stadium Rd, 03592-222523 oder 223468. Immer noch das beste Restaurant in Gangtok. Das erstklassige tibetische und indische Speisenangebot samt den verschiedenen sikkimischen und japanischen Gerichten ist nach örtlichen Maßstäben teuer (ab Rs600 für ein Essen), aber wärmstens zu empfehlen.

Little Italy, Deorali, neben der Tankstelle im Obergeschoss; beliebte Bar mit Restaurant, wo man gutes italienisches Essen, vor allem Pizza, bekommt. Gelegentlich Livekonzerte.

Rosoi, MG Marg, beim Tourist Office. Das seit langem beliebte Lokal im Zentrum wurde inzwischen als vegetarisches Restaurant mit verschiedenen Küchenstilen neu eröffnet; am besten sind die indischen Gerichte; keine Bar.

The Square, Paljor Stadium Rd, neben Hotel Mount Jopuno. Schmuckes Café-Bistro mit kleiner, aber erlesener Speisekarte: europäische, nepalesische und gute Thai-Gerichte; Bar und tolle Aussicht.

Tangerine, Chumbi Residency Hotel, Tibet Rd. Vornehmes und doch bezahlbares Restaurant mit indischer, chinesischer und Sikkim-Küche, z. B. verlockendes *churpi ningro* (Käse mit Farn). Die Loungebar daneben ist gut für einen gemütlichen Drink.

Die beste Disko in Gangtok ist das **X'Cape**, Vajra Cineplex, Balwakhani (Mi–So 19–24 Uhr; Rs200) im gleichen Gebäude wie ein Kino; ein weiteres Kino ist das Denzong im Lall Market.

Sonstiges

Geld

Geldwechsel ist nur bei der **State Bank of India (SBI)** in der Nähe des Tourist Office an der Kreuzung NH-31A und MG Marg (fast alle Währungen und Reiseschecks) und ein paar zugelassenen privaten Stellen möglich, darunter **Silk Route Tours & Travels** im Green Hotel in der MG Marg und **Namgyal Treks & Tours** etwas abseits der Tibet Rd.

Es gibt mehrere **Geldautomaten**, die Visa, Mastercard und Maestro akzeptieren: die **Axis**

Bank hat welche gegenüber vom Tashi Delek Hotel, beim Green Hotel nahe Sikkim Tourism sowie in Deorali und Tadong. Weitere Banken mit Geldautomaten sind die HDFC und die State Bank. Wer weiter ins Landesinnere reist, sollte sein Geld in Gangtok wechseln, da sich außerhalb der Hauptstadt Wechselstellen und Geldautomaten rar machen.

Informationen

Das **Tourist Information Centre** von Sikkim Tourism in der MG Marg, ✆ 03592-221634, stellt Landkarten zur Verfügung und berät bei der Organisation von Reisen, ⏱ Mitte März bis Anfang Juni und Mitte Sep bis Nov tgl. 9–19 Uhr; Mitte Juni bis Mitte Sep und Dez bis Feb Mo–Sa 10–16 Uhr.

Sikkim Tourism verkauft Tickets für seine spektakulären **Helikopterflüge** (Rs1200–7000 pro Platz auf Anfrage oder per Charter für den ganzen Hubschrauber Rs850 pro Minute), u. a. nach West-Sikkim, Yumthang, Gangtok und, der umwerfendste Trip von allen, zum Zemu-Gletscher am Kanchenjunga (90 Min.). Auf den meisten Flügen sind keine Kameras erlaubt.

Internet

Die Stadt ist voll von Internetcafés mit Preisen von etwa Rs30/Std., z. B. **Web Centre**, NH-31A, nicht weit vom Café Tibet.

Medizinische Hilfe

Das **STN Memorial Hospital**, NH-31A, Ecke Paljor Stadium Rd, hat einen 24-Stunden-Notdienst und Krankenwagen, ✆ 03592-222944.

Polizei

Notruf ✆ 100

Post

Das **Hauptpostamt** liegt gleich hinter dem Hotel Tibet in der Paljor Stadium Rd.

Touren

Sämtliche **Hochgebirgstreks** in Sikkim sind nur in Gruppen erlaubt und werden von folgenden Agenturen oder Reiseveranstaltern in Gangtok arrangiert, die sich auch um die nötigen Permits kümmern. Die Preise variieren: Eine Trekkingtour im Hochgebirge für 2–5 Pers. kostet US$45–150 p. P. und Tag. Treks in niederen Regionen kosten US$35–80 p. P. und Tag je nach Gruppengröße. Es gibt auch billigere Angebote; aber man muss darauf achten, ob das nicht zu Lasten der Qualität geht.

Blue Sky Tours & Travels, Tourism Building, MG Marg, ✆ 03592-225113. Sehr hilfreich, spezialisiert auf Jeeptouren durch Nord-Sikkim.

Himalayan Footprints, Pineli Cottage, Upper Syari ✆ 09832-091078, 🖥 www.abouthimalayas.com. Ausgezeichnete Wahl für naturkundliche Wanderungen und Treks abseits der Hauptrouten; Spezialist für Village-Homestays.

Khangri Tours & Treks, Tibet Rd, ✆ 03592-226050, 🖥 www.khangri.com. Der Inhaber Tsering Dorjee, ein erfahrener Trekkingführer und eifriger Amateurbotaniker, arrangiert Klostertouren mit kulturellem Schwerpunkt sowie Treks in ganz Sikkim. Er hat Routen wie den Soft Trek zum Tosar Lake erschlossen. Empfehlenswert.

Marcopolo World Travels, PS Rd, ✆ 03592-204116, 🖥 www.worldmarcopolo.com. Der erfahrene Karma Tashi ist ein flexibler und verlässlicher Veranstalter, der Hochgebirgstreks und Jeepsafaris in Nord-Sikkim durchführt.

Namgyal Treks & Tours, Tibet Rd, ✆ 03592-203701 oder Mobiltelefon 09434-033122, 🖥 www.namgyaltreks.net. Namgyal Sherpa ist ein höchst kompetenter Veranstalter von Treks und Expeditionen in große Höhen und obendrein ein Nepal-Experte.

Pardick, PS Road, ✆ 09434-444837. Preisgünstiger aber zuverlässiger Anbieter, der oft als Subunternehmer für größere Agenturen arbeitet.

Sikkim Adventure, 6th Mile, Tadong, ✆ 03592-251250, ✉ sikkimorchid@hotmail.com. Sailesh Pradhan ist ein sehr kompetenter Botaniker und Spezialist für Touren mit Schwerpunkt auf der reichen Flora Sikkims.

Sikkim Tours & Travels, Church Rd, ✆ 03592-202188, 🖥 www.sikkimtours.com. Der Inhaber Lukendra ist äußerst hilfsbereiter und erfahrener Spezialist für Natur-Touren, Fotografieren, Vogelbeobachtung und Treks.

Siniolchu, Limbu Bhavan, DPH Road ✆ 09434-024572. Seit langem bewährter Veranstalter, der

sich auf Monsun-Treks auf der Singalila Ridge spezialisiert hat.
Tashila Tours and Travels, unterhalb TNSS School Hall, ✆ 03592-229842, 🖥 www.tashila.com. Erfahrener Veranstalter mit Trekking-, Mountainbike- und Rafting-Angeboten sowie Yak-Safaris, Angeltouren und Exkursionen zu Klöstern.
Vajra Adventure Tours, Kyitsel House, Arithang Rd, ✉ slg_vatours@sancharnet.in, ✆ 03592-229676. Preiswerter, verlässlicher Veranstalter, hilfreich bei allen Transportfragen und beim Trekking; der Besitzer stammt aus Tsokha bei Dzongri und ist auf Treks in dieser Region spezialisiert.
Yak & Yeti, Zero Point, NH-31A, ✆ 09233-522344, 🖥 www.yaknyeti.com. Erfahrener, zuverlässiger und gut ausgerüsteter Spezialist für Bergexpeditionen, der auch Treks anbietet.

Nahverkehr

Die neue **Seilbahn** (tgl. 8–18 Uhr) hat Haltestellen an der Secretariat Rd, in Nam Nang und Deorali und bietet eine fantastische Aussicht über die Südstadt, ist aber für lokale Verhältnisse relativ teuer (hin und zurück Rs60, keine einfachen Tickets) und für die meisten Unterkünfte auch nicht gerade günstig gelegen. Fahrplanmäßig sollte die Bahn alle 12 Min. verkehren, meist wartet man aber, bis sie voll ist.
Die zahlreichen lokalen **Sammeltaxis** sind das übliche Transportmittel auf der Hauptstraße; eine Fahrt vom Zentrum in den Vorort Deorali kostet Rs8 pro Person. Nach 21 Uhr sind Sammeltaxis nur noch selten unterwegs.
Private Taxis findet man an Halteplätzen in der Nähe von SNT-Busbahnhof, am Private Bus Stand Deorali, am Supermarkt, am Children's Park zwischen MG Marg und Tibet Road sowie an der Bansilal-Tankstelle. Alle Taxis haben eine Preisliste aushängen.

Transport

Die meistbefahrene Strecke in Sikkim ist die Straße von Gangtok nach Siliguri in Westbengalen, wo sich der nächstgelegene Flughafen und ein Bahnhof befinden (s. S. 841). Während der Monsune ist auf den Straßen von Sikkim durchweg mit Behinderungen zu rechnen. Busse sind etwas billiger als Jeeps, aber sehr viel langsamer und in der Regel erheblich unbequemer.

Busse

Diejenigen, die auf Busse angewiesen sind, können zwischen SNT (Sikkim Nationalized Transport) und einigen privaten Betreibern wählen.
Die staatlichen Busse halten am **SNT-Busbahnhof** in der Paljor Stadium Rd, am NH-31A hinter dem Hotel Tibet, doch können Fahrgäste auch schon früher an der großen Kreuzung mit der MG Marg in der Nähe der State Bank of India aussteigen, die näher am Tourist Office und den Hotels in der Basargegend und an der Tibet Rd liegt. Die anderen Busse halten am **Private Bus Stand** am National Highway (NH-31A) bei Deorali, 2 km südlich des Zentrums.
Es gibt Busverbindungen nach KALIMPONG, DARJEELING und SILIGURI in Westbengalen sowie JORETHANG in Süd-Sikkim.

Jeeps

Sammeljeeps sind wegen der schlechten Straßen in Sikkim die meistgenutzten und sparsamsten Transportmittel. Die Jeeps nach SIILIGURI (5–6 Std., Rs120), NEW JALPAIGURI (NJP, Rs125), KALIMPONG (3–4 Std., Rs85) und DARJEELING (5–6 Std., Rs120) fahren vom Private Bus Stand am NH-31A bei Deorali ab. Sammeltaxis und Jeeps nach KALIMPONG, DARJEELING, SILIGURI, NJP und BAGDOGRA fahren ebenfalls am National Highway (NH-31A) bei Deorali, 2 km südlich vom Zentrum ab; Jeeps und Taxis nach West- und Süd-Sikkim – z. B. nach GHEZING (Rs120), PELLING (Rs150), JORETHANG (Rs98) und RUMTEK (Rs30) – halten an der Bansilal-Tankstelle beim National Highway NH-31A unterhalb von MG Marg. Taxis und Jeeps nach Nord-Sikkim halten bei Balwakhani, 1,5 km nördlich des Zentrums nahe der Vajra Cinema Hall. Für diese Verbindungen gibt es einen Fahrplan und **Vorausbuchungen** sind erforderlich (am Schalter am Taxistand). Alle Taxis und Jeeps haben eine Preisliste.

Eisenbahn

Gangtok liegt nicht an einer Eisenbahnstrecke; die meisten Reisenden kommen mit dem Jeep aus SILIGURI in Westbengalen (S. 841), dem Verkehrszentrum für den Endpunkt der Bahnstrecke in NEW JALPAIGURI.
Zugreservierungen von New Jalpaiguri sind beim SNT-Busbahnhof in der Paljor Stadium Rd, ✆ 03592-222016, möglich, doch das Reservierungskontingent für Gangtok ist völlig unzureichend, weshalb man besser in Siliguri bucht. ⓘ Mo–Sa 8–14, So 8–11 Uhr.

Flüge

Der nächste Flughafen ist in BAGDOGRA, in der Nähe von Siliguri. Flüge von Bagdogra können bei **Josse & Josse**, MG Marg, ✆ 03592-224682, die auch Vertreter für Jet Airways sind, oder bei **Silk Route Tours and Travels** im 1. Stock des Green Hotels, MG Marg, ✆ 03592-223354, gebucht werden. Letztere verkaufen außerdem Tickets für die verschiedenen Fluggesellschaften, die von Biratnagar (2 Std. von Siliguri) im östlichen Nepal nach Kathmandu fliegen.

Ein **Helikopter**-Service (Rs2200), der in Zusammenarbeit mit Sikkim Tourism geführt wird (wo auch die Tickets verkauft werden), verbindet den Bagdogra Airport mit Gangtok. Doch es ist nur 10 kg Freigepäck erlaubt. Hubschrauber nach BAGDOGRA fliegen bei geeignetem Wetter tgl. um 10.30 Uhr (Rs 2000) und bieten dort Anschluss an die Indian Airlines- und Jet-Flüge.

Die Umgebung von Gangtok

In der Nähe von Gangtok gibt es drei beliebte Aussichtspunkte mit Blick auf die **Kanchenjunga-Gebirgskette**. Am einfachsten erreichbar ist **Ganesh Tok**, ein steiler Aufstieg (1–2 Std.) vom Fernsehturm und Enchey-Kloster. Ein kleines Ganesha-Heiligtum sowie die Aussicht auf Gangtok und die Berge belohnen jene, die die Kletterei auf sich genommen haben. Am **Hanuman Tok** (2300 m), 7 km außerhalb der Stadt an der Straße zum Tsomgo Lake, befindet sich ein Hanuman-Tempel und der Platz, auf dem die Mitglieder der königlichen Familie eingeäschert werden. Hier stehen *chorten*, in denen die Reliquien der Verstorbenen aufbewahrt werden. An der Straße nach Phodong bietet der **Tashi View Point**, 6 km hinter Gangtok, Ausblicke auf die Ostseite des Kanchenjunga sowie auf die verschneite Pyramide des Siniolchu (6888 m), die der Bergsteiger-Pionier Eric Shipton zu den schönsten der Erde zählte.

Tsomgo Lake, 35 km nordöstlich von Gangtok und nur 20 km vor der tibetischen Grenze am **Nathu La**, ist ein sehr schöner Ort auf 3750 m Höhe, der bei indischen Besuchern sehr beliebt ist. Unterwegs kann man das **Kyongnosla Alpine Sanctuary** (3350 m) besuchen, wo zwischen Mai und August wilde Blumen in Hülle und Fülle blühen und wo Zugvögel auf ihrer jährlichen Reise von Sibirien nach Indien einen Zwischenstopp einlegen. Einige Hotels und viele Reiseveranstalter von Gangtok (s. S. 885) bieten Exkursionen nach Tsomgo, Serathang und Nathu La und kümmern sich um die Permits.

Rumtek

Von Gangtok aus fährt man 24 km auf der Straße in Richtung Südwesten, bis man das große *gompa* Rumtek erreicht, den Hauptsitz der **Karma Kagyu-Schule**, auch **Schwarzhutschule** genannt. Die Schule wurde im 12. Jh. von Gyalwa Karmapa Dusun Khyenpa (1110–1193) in Zentral-Tibet in der Nähe von Lhasa gegründet, wo sie bis zur chinesischen Invasion in Tibet im Jahre 1959 ihr zentrales Kloster hatte. Der 16. **Karmapa**, Rangjung Rigpe Dorje, flüchtete aus Tibet nach Sikkim, wo man ihn einlud, im alten *gompa* von Rumtek zu bleiben. Innerhalb weniger Jahre hatte der Karmapa damit begonnen, auf vom sikkimischen König Chogyal Tashi Namgyal gestiftetem Land in Rumtek ein neues Kloster zu bauen, das sein neuer Wohnsitz werden sollte. Als einer der großen tibetischen Persönlichkeiten des 20. Jahrhunderts hatte der 16. Karmapa großen Einfluss auf die Verbreitung des tibetischen Buddhismus im Westen. Er errichtete über 200 Karma Kagyu-Zentren. Als er 1981 starb, hinterließ er ein wohlhabendes Kloster von internationalem Ruf, der jedoch unter den heftigen Streitigkeiten um seine Nachfolge gelitten hat.

Das neue Rumtek-Kloster, das angesichts möglicher Überfälle verfeindeter Gruppen heute bewacht wird, ist ein großer Komplex mit einem Haupttempel, einem goldenen Stupa und dem Karma Shri Nalanda Institute, einigen kleineren Schreinen und einem Gästehaus außerhalb des Klosterhofs. Der **Haupttempel**, dessen Fassade reich verziert ist und bunt bemaltes, hölzernes Gitterwerk aufweist, überblickt den weitläufigen Innenhof. Rote Säulen stützen das hohe Dach der **Gebetshalle**, deren Wände mit Wandmalereien und *thangka* geschmückt sind. Besucher können an den täglichen Ritualen teilnehmen, wenn die Gesänge der Mönche erklingen. Eine Kammer neben der Halle, die für Tantra-Rituale genutzt wird, ist mit Gold auf schwarzem Hintergrund bemalt und stellt zornige Schutzgottheiten dar (Fotografieren nicht gestattet).

Während Losar, dem tibetischen Neujahr (im Februar), finden im großen Innenhof *chaam*-Tanzspektakel statt, in denen **Schwarzhüte** zeremonielle Tänze aufführen, begleitet von Horn-, Trommel- und Beckenklängen.

Das **Karma Shri Nalanda Institute of Buddhist Studies** hinter dem Haupttempel, das 1984 im traditionellen tibetischen Stil erbaut wurde, ist das prunkvollste aller Gebäude von Rumtek. Der große Saal in der dritten Etage beherbergt wundervolle Wandmalereien und Bilder, u. a. von Buddha Sakyamuni und dem 16. Karmapa.

Die Asche des 16. Karmapa wird in einem vergoldeten, 4 m hohen *chorten* aufbewahrt, der mit Türkisen und Korallen besetzt ist und sich in der Halle des **Goldenen Stupa** gegenüber dem Institut befindet. Die Tür zum Saal und zum *chorten* ist geschlossen, man sollte daher laut klopfen oder einen Mönch suchen, der einen mit hinein nimmt.

Einen halben Kilometer hinter dem neuen Kloster und dem Dorf Rumtek führt ein Weg zu dem schlichten **alten Gompa von Rumtek**, das 1740 gegründet und unlängst renoviert wurde. Es steht auf einer bewaldeten Lichtung und ist von leer stehenden Nebengebäuden im traditionellen sikkimischen Gebirgsstil mit hölzernen Gitterfenstern umgeben. Hinter den Statuen in der großen Gebetshalle auf der rechten Seite gibt es einen kleinen Schreinraum, der Mahakala, dem Beschützer der Karma Kagyu-Schule, geweiht ist. Aufgrund seiner starken Wirkung ist das Bild stets verschleiert.

Die angenehmste Route nach Rumtek ist die Strecke über das imposante, neue **Kloster von Lingdum**. Es wurde 1998 fertig gestellt und liegt, bequem per Taxi zu erreichen, 14 km (Rs25) vom Zentrum Gangtoks entfernt. Die Oase des Friedens inmitten tiefer Wälder ist ein großartiges Beispiel moderner Klosterbaukunst mit einer großen Terrasse und einem weiten Hof.

Übernachtung und Essen

Es gibt nur wenige billige Übernachtungsmöglichkeiten in Rumtek, aber eine stetig wachsende Zahl von Resorts der oberen Preisklasse.

Sangay, bei zwei Verkaufsständen, 100 m vom Klostertor, ist stimmungsvoll, aber schlicht; Zimmer ohne eigenes Bad; ❶–❷. Nebenan gibt es ein traditionelles Restaurant mit ein paar einheimischen Gerichten wie *momos*.

Sun-Gay Rumtek Guesthouse, nahe dem Haupttor zum Kloster, ✆ 03592-252221, mit Abstand die beste Budget-Unterkunft und freundlich, saubere Zimmer mit Aussicht in einem Garten. Die Küche zaubert Bananenpfannkuchen und andere beliebte Speisen. ❷–❸

Martam Village Resort, ✆ 03592-223314, 🖳 www.sikkim-martam-resort.com. 7 km hinter Rumtek in idyllischer ländlicher Lage inmitten von wunderschönen Reisterrassen; Cottages mit Veranda in einem parkähnlichen Garten; Restaurant, Mountainbikes und geführte Wanderungen. ❼

Bamboo Resort, ✆ 0353-220 2049, Mobiltelefon 09832-061986, ✉ info@sikkim.ch; Eine Kombination aus schickem, Schweizer Boutiquehotel und Eleganz im Stil Sikkims vor einer Waldkulisse und mit Ausblicken auf Gangtok und Nathu La in der Ferne. Kräutergarten, Kräuterbad, Bibliothek und Meditationsraum; DZ mit Halbpension ab US$102. ❽

Nudeln und *chai* bekommt man in den Teashops in der Nähe des Klostertors und des Checkpoints, wo Ausländer ihre

Ausweispapiere vorlegen müssen, ehe sie ins Kloster eingelassen werden.

Transport

Rumtek lässt sich gut als Tagesausflug von Gangtok besuchen. Wenn man nicht mit dem eigenen Fahrzeug anreist, kommt man am besten mit einem der Sammeljeeps, die in Gangtok bei der Bansilal-Tankstelle abfahren (Rs30 p. P., abends Rs50). Das ist auf Anfrage auch in Gegenrichtung möglich.

Phodong und Labrang

Das Kloster **Phodong**, 38 km nördlich von Gangtok an der Straße nach Mangan, liegt auf einem Bergvorsprung, 1 km oberhalb der Hauptstraße, und eröffnet märchenhafte Aussichten. Es besteht aus einem schlichten, quadratischen Haupttempel, mehreren Nebengebäuden und Wohnhäusern. Zu Beginn des 18. Jhs. erbaut, war dies die herausragendste Kagyu-Klosteranlage von Sikkim – bis zur Entstehung von Rumtek in den 60er-Jahren. Auch hier werden alljährlich im Dezember farbenprächtige Lama-Tänze aufgeführt, ähnlich den *chaam* von Rumtek. Auf einer holprigen Straße erreicht man nach 4 km ein weiteres renoviertes altes Kloster, das ungewöhnliche, achteckige **Labrang**. Zahlreiche *chorten* zwischen diesen beiden Klöstern markieren die Ruinen von **Tumlong**, das fast das gesamte 19. Jh. hindurch die Hauptstadt von Sikkim war.

Süd- und West-Sikkim

Dieses wunderschöne Land mit seinen riesigen unberührten Waldgebieten und tiefen Flusstälern lockt mit uralten Klöstern wie **Pemayangtse** und **Tashiding** und dem reizvollen, aber ständig größer werdenden Städtchen **Pelling**. In **Ravangla** lädt der bewaldete Gipfel des Maenam zu einem herausfordernden Tagestrek ein. Die alte Hauptstadt **Yoksum** liegt am Ausgangspunkt der Strecke nach Dzongri und zum Kanchenjunga. Tief im Westen, entlang der nepalesischen Grenze, erhebt sich die Wasserscheide der Singalila Range entlang eines einzelnen Bergrückens mit Giganten wie dem Rathong und dem Kabru und weiter oben dem Kanchenjunga. Derzeit werden nur zwei Hochgebirgstreks angeboten, man kann aber auf verschiedene Wanderungen in niederere Regionen ausweichen, auf denen man die Gelegenheit hat, terrassierte Landschaften, Wasserfälle und Wälder zu genießen.

In den **Permits** (Genehmigungen, s. S. 878) ist festgeschrieben, dass Wanderer nur die ausgetretenen Wege nutzen dürfen und dass ihnen nur eine bestimmte Zeitspanne zur Verfügung steht. Wenn man aus Darjeeling kommt und sich um die Genehmigungen und Reiserouten bereits im Voraus gekümmert hat, könnte man über **Jorethang** nach Sikkim einreisen, sich direkt auf den Weg nach Pelling oder Yoksum begeben und so kostbare Zeit sparen.

Ravangla

Die verschlafene Marktstadt Ravangla (auch Ravang oder Rabang) liegt über einen hohen Bergsattel verstreut, 65 km westlich von Gangtok und 52 km östlich von Pelling. Sie gilt als bequemer Zwischenstopp auf dem Weg nach West-Sikkim, vor allem für jene, die einen der letzten verbliebenen **Rhododendronwälder** im südlichen Zentral-Sikkim durchwandern wollen. Das fantastische **Maenam Sanctuary** an dem gigantischen Berg, der sich über der Stadt auftürmt, ist bislang noch ein Traum für jeden Botaniker. Die Stadt selbst hat eine größere tibetische Siedlung mit einem Zentrum für Handarbeiten und einem Geschäft im Kheunpheling Carpet Centre im Flüchtlingslager oberhalb der Stadt.

Der Gipfel des **Maenam** mit seiner kleinen Kapelle für Guru Rinpoche (Padmasambhava) erhebt sich bis auf eine Höhe von 3235 m. Der steile, ca. 10 km lange und 1000 m hohe Aufstieg vom Basar hat es in sich, bietet aber, sofern das Wetter mitspielt, unübertreffliche Aussichten vom Gipfel. Die als Tagestrip zu schaffende **Besteigung des Maenam** (2 1/2–4 Std.) beginnt mit Stufen, die vom Basar zu dem *gompa* (meist geschlossen) hoch führen, bevor sie sich von der Straße entfernen und durch das Schutzgebiet ansteigen. Die Route durch den Wald ist keineswegs einfach zu finden (vor allem beim Abstieg, wenn eine falsche Abzweigung den Wanderer auf die andere Seite des Berges führt), daher ist ein ortskundiger Führer (Rs300) zu empfehlen. Man findet sie 1 km oberhalb der Stadt am Tor, wo man auch den Eintritt in das Schutzgebiet (Rs25) bezahlt.

Übernachtung und Essen

Ravangla bietet eine recht vernünftige Auswahl an Übernachtungsmöglichkeiten.
Hotel 10Zing, am Platz in der Nähe des Taxistandes und der Hauptkreuzung, ✆ 03595-260705. Schlichte, kleine Zimmer über einem beliebten Restaurant. ❷
Reegyal, auf der gegenüberliegenden Seite des Platzes, ✆ 03595-260221. Etwas komfortabler als das 10Zing und mit einem ein ordentlichen Restaurant. ❸
Zumthang, an der Straße nach Legship, ✆ 03595-260870, ✉ zumthang@yahoo.com. Eine von mehreren Unterkünften an der Straße nach Kewzing und Legship; wird von einer netten tibetischen Familie geführt, ist freundlich und bietet große, saubere Zimmer – einige mit Balkon; Ermäßigungen für Besucher der tibetischen Siedlung von Ravangla. ❹–❺
Mt Narsing Village Resort, 3 km außerhalb an der Straße nach Kewzing, ✆ 03595-260558, ✉ yuksom@gmail.com. Blockhäuser und Cottages in ruhiger Lage. ❹–❺

Die meisten Hotels haben eigene Restaurants; doch die besten *momos* der Stadt bekommt man sowohl im **Florida Café** als auch im **Karma Café**, die sich an der Marktstraße gegenüber liegen.

Einsiedelei mit Ausblick

Mt Narsing Village Resort Annexe, ✆ 03595-260558, ✉ yuksom@gmail.com. Wer auf noch größere Abgeschiedenheit Wert legt, ist hier goldrichtig. Das Nebengebäude liegt einen steilen 20-minütigen Fußmarsch (oder eine abenteuerliche Jeep-Fahrt) oberhalb der Straße zu einem Plateau und trumpft mit fantastischen Ausblicken. Komfortable Chalets gruppieren sich rings um die Haupt-Lodge, in der es einen Kamin und ein Restaurant gibt. ❹–❼

Transport

Sammeljeeps fahren von der Haltestelle an der Kreuzung in Richtung des südlichen Endes des Marktes nach GANGTOK (Rs80) und NAMCHI (Rs35) sowie nach LEGSHIP und GHEZING. Nur wenige Taxis fahren direkt nach PELLING (Rs60), sodass man meist in Ghezing umsteigen muss. Man sollte sich nicht darauf verlassen, dass nachmittags noch etwas fährt. **Busse** nach Ghezing fahren gegen 11 Uhr und nach Gangtok gegen 9 Uhr. Außerdem fahren zwei Busse nach Namchi (9 und 13 Uhr).
Der kürzeste Weg nach DARJEELING führt über Namchi, wo man gegebenenfalls in einen Jeep oder Bus nach JORETHANG umsteigt. Von dort gelangt man dann nach Darjeeling.

Jorethang

Die geschäftige Marktstadt Jorethang liegt ganz im Süden des Staates auf einem riesigen Felsplateau. Der Ort ist ein nützlicher Verkehrsknotenpunkt und hat paar nette Budget-Hotels. Das Namgyal, ✆ 03595-276852 ❸, neben der Brücke und nahe der Station der SNT-Busse nach Darjeeling, hat ordentliche DZ mit fließend Warmwasser (einige mit Flussblick) und ein Restaurant. Gutes chinesisches und indisches Essen bekommt man im Walk-In an der Street No. 2, das auch als Bar sehr beliebt ist.

Von Jorethang gibt es gute Busverbindungen ins übrige Sikkim und einen Direktbus nach Siliguri (tgl. 9.30 Uhr). Busse fahren auch nach Gangtok (tgl. 7.30 Uhr, 4–5 Std.), Ghezing (2 Std.) und Legship (1 Std.). Busse nach Pelling fahren um 15 Uhr und nach Namchi um 8.30 Uhr. Nur Sammeljeeps wagen die ungemein steile, 25 km lange Tour nach Darjeeling (Rs90) und fahren regelmäßig nach Legship, wo man Richtung Pelling, Ravangla, Yoksum und Tashiding umsteigen kann, sowie nach Namchi.

Regelmäßig fahren auch Jeeps nach Gangtok (Rs98) und Siliguri (Rs100). Seltener sind Verbindungen nach Ghezing und Varshey.

Nur wenige Jeeps verlassen Jorethang später als 13 Uhr.

Ghezing

Die Marktstadt Ghezing (manchmal auch Gyalshing oder Geyzing genannt), 110 km westlich von Gangtok, ist das administrative Zentrum und der Verkehrsknotenpunkt von West-Sikkim. Hier kann man seine Vorräte auffüllen. Permits verlängert der Superintendent of Police (© Mo–Sa 10–16 Uhr) in Tikjuk, auf halber Strecke zwischen Ghezing und Pelling. Außerdem gibt es rund um den Hauptplatz im Zentrum von Ghezing ein paar einfache **Hotels** und das komfortablere Attri, ✆ 03595-250602 ❸. Etwas Luxus bekommt man im Tashigang Resort in spektakulärer Lage in Deecheling, 3 km von Ghezing, ✆ 03595-250340 ❺–❽, das mit DZ, Cottages und großartigen Aussichten über Täler und einen Landschaftsgarten lockt. Das Denkhang, wenige Schritte vom Markt an der Tashigang Straße, ist eines der besseren Restaurants in Ghezing.

Das kleine **Hin Shan-Kloster**, in dem bhutanische Mönche leben, ist eine 30-minütigen Fußmarsch von der Stadt entfernt und eröffnet sagenhafte Ausblicke auf den Kanchenjunga.

Sammeljeeps fahren nach Gangtok (Rs120) und Siliguri (Rs125). Tickets im Voraus am Schalter in der Nähe des Spielplatzes buchen, ✆ 03595-250121. Regelmäßige Verbindungen gibt es auch nach Legship und Jorethang (Umsteigen nach Darjeeling). Taxis und Jeeps nach Pelling (Rs25) und zu anderen Zielen fahren vom Hauptplatz ab. Nur die Jeeps nach Pelling verkehren bis Sonnenuntergang, die anderen sind spätestens bis Mittag abgefahren. Ein SNT-Bus nach Gangtok fährt um 8 Uhr ab. Der Bus nach Siliguri fährt ebenfalls um 8 Uhr, und zwar via Jorethang, von wo es Verbindungen und Jeeps nach Darjeeling gibt.

Pemayangtse

Am Ende eines Gebirgskamms, der parallel zu dem von Darjeeling verläuft (und von dort sichtbar ist), thront das eindrucksvolle Kloster Pemayangtse. 118 km von Gangtok und nur 2 km von Pelling entfernt, schwebt es hoch über dem Fluss Rangit, der sich in Richtung des Teesta schlängelt, mit dem er sich an der Grenze zu Westbengalen vereint. Von Ghezing fährt man zum Kloster 9 km auf der Hauptstraße, oder man nimmt die steile, 4 km lange Abkürzung durch die Wälder, vorbei an einer Reihe von *chorten* und den uninteressanten Ruinen von **Rabdantse**, der zweiten Hauptstadt von Sikkim.

Das auch „Perfect Sublime Lotus" (etwa „vollkommener erhabener Lotus") genannte Kloster wurde im 17. Jh. von Lhatsun Chempo, einem der drei Lamas von Yoksum und Schutzheiligen von Sikkim, gegründet und im Jahre 1705 erweitert. Es ist heute eines der bedeutendsten *gompa* in Sikkim und gehört zur Nyingmapa-Schule. Der weite Ausblick auf das Kanchenjunga-Massiv und die Wälder der Umgebung schaffen eine Atmosphäre meditativer Einsamkeit. Im Vergleich zu den ausnehmend schönen Nebengebäuden in seinem Umkreis mit ihren raffinierten Holzschnitzereien an den Balken, Gitterfenstern und Türen wirkt das große *gompa* selbst eher bescheiden. Der Bau mit seinen drei Etagen umschließt eine große Halle mit Bildern von Guru Rinpoche und Lhatsun Chempo sowie erlesenen *thangka* und Wandgemälden. Ganz oben stellt eine herrliche Holzskulptur, die von dem ehemaligen Abt von Pemayangtse, Dungzin Rinpoche, geschnitzt und bemalt wurde, Sang Thok Palri dar, den himmlischen Aufenthaltsort von Guru Rinpoche. Für die außergewöhnlich detailgenaue Darstellung der Dämonen, Tiere, Vögel, Buddhas und Bodhisattvas, *chorten* und fliegenden Drachen brauchte er fünf Jahre. Alljährlich zum Neujahrsfest Losar im Februar/März wird hier ein Guru Drogma *chaam* aufgeführt, der Besucher aus ganz Sikkim anzieht. Höhepunkt ist die Umhüllung des Klosters mit einem riesigen Thangka.

1980 richtete das Kloster die **Denjong Padma Choeling Academy** für mittellose Kinder und Waisen ein. Gegenwärtig wohnen hier etwa 300 Kinder, die mit Kleidung, Essen und Bildung versorgt werden. Großzügige Spenden haben den weiteren Aufbau und Projekte wie die Molkerei mit Yaks und Dris in der Nähe von Dzongri ermöglicht. Die ehrenamtlichen Lehrer erhalten freie Unterbringung im Kloster sowie die Gelegenheit zum Studium von Meditation und Buddhismus und zum Erlernen hiesiger Handwerkskunst. Darüber hinaus bietet das Kloster Kurse im **International Heritage Meditation Centre** an, wo den Schülern und allen, die das Klosterleben kennen lernen möchten, neun gut ausgestattete Räume zur Verfügung stehen. Anfragen an Sonam Yongda, Pemayangtse Gompa, West Sikkim 737113, ✆ 03595-250760 oder 250141.

Pelling und Umgebung

Der ruhige und relativ junge, aber schnell wachsende Ort Pelling, der 2085 m über dem Meeresspiegel und nur 2 km hinter Pemayangtse liegt, blickt nordwärts auf die Gletscher und Gipfel des Kanchenjunga. Hoch über den bewaldeten Bergen überblickt man die gesamte Route von Yoksum über den Dzongri La zum Rathong-Gletscher.

Glücklicherweise geht durch den Bauboom nicht der ganze Zauber von Pelling verloren: Hotelterrassen bieten die Möglichkeit, den dritthöchsten Gipfel der Erde voller Ehrfurcht zu bestaunen, und leichte Wanderungen erschließen das reizvolle Hinterland. An den Sport- und Spielplätzen gleich oberhalb von Pelling beginnt eine 4 km lange Tour, die bergan zu dem kleinen Kloster **Sanga Choling** führt, einem der ältesten *gompa* von Sikkim. Dieses *gompa* wurde von Lhatsun Chenpo errichtet und wird insbesondere von den Nyingmapa-Anhängern sehr geschätzt. Es wurde nach einem verheerenden Brand wiederaufgebaut und beherbergt noch einige der originalen Tonfiguren. Ein Pfad führt am Kloster vorbei und durch Orchideenwälder den Hang hinauf. Weiter passiert er einen riesigen, hohlen Baum und führt dann zu dem heiligen Felsen Thikchuyangtse, der auch als Rani Dunga bekannt ist (9 km).

In Pelling beginnt ein landschaftlich schöner **Trek** durch niedrigere Regionen zum Khecheopalri Lake, nach Tashiding und Yoksum. Von Yoksum und Tashiding fahren Jeeps nach Legship, von wo aus man nach Ghezing und schließlich wieder nach Pelling gelangen kann.

Übernachtung und Essen

Die Hotels von Pelling, deren Preise in der Saison (März–Mai und Sept–Nov) sprunghaft steigen, liegen am 2 km langen Straßenabschnitt zwischen Upper, Middle und Lower Pelling. Während die Hotels am „Bengali Boulevard" von Lower Pelling mehr auf indische Besucher ausgerichtet sind, haben die Unterkünfte in Upper Pelling die bessere Aussicht – besonders jene in der Nähe des Hubschrauberlandeplatzes. Die meisten **Restaurants** findet man in Hotels. Da die bengalischen Einflüsse hier sehr stark sind findet man hier eher *dhal bhat* als traditionelle Sikkim-Küche.

Blue Hills, unterhalb des Hubschrauberlandeplatzes in Upper Pelling, ✆ 09733-076211. Das freundliche Hotel gehört zu den preiswerteren Unterkünften in dieser gefragten Lage oberhalb der Stadt; die meisten Zimmer haben eine schöne Aussicht; es gibt einen Schlafsaal und Schließfächer (Rs100). ❹

Dubdi, nicht weit vom Hubschrauberlandeplatz, ✆ 03595-258349. Dieses kleine Hotel in hübscher, ruhiger Lage über der Stadt und an der Pforte zum Norbu Ghang ist viel billiger als seine Nachbarn und hat sehr angenehme, große und saubere Zimmer, teils mit schöner Aussicht. ❹–❺

Garuda, an der Kreuzung, ✆ 03595-258319. Beliebter und empfehlenswerter Treffpunkt für Reisende; das gut geführte Familienhotel wurde kürzlich umfassend renoviert und bietet mehrere EZ, DZ und Schlafsäle (Rs70) sowie nützliche Gästebücher mit aktuellen Trekkinginformationen. Restaurant mit hervorragendem Essen, Bier und unaufdringlicher Bedienung. ❶–❸

Zimmer mit Aussicht

The Elgin, Mount Pandim, unterhalb des Pemayangtse-Klosters, ✆ 03595-250756, 🖥 www.elginhotels.com. Seine neuen Besitzer haben das ehemalige Regierungshotel im eleganten Darjeeling-Stil renoviert und zur luxuriösesten Adresse in West-Sikkim gemacht. Jedes Zimmer bietet Ausblick auf die Schneegipfel, das ausgezeichnete Restaurant serviert Spezialitäten verschiedener Regionen und die ruhige, ursprüngliche Lage macht das Hotel zu einer erstklassigen Basis für die Erkundung der Region; Zimmer ab US$152. ❾

Kabur, 200 m vor der Kreuzung, ☎ 03595-258504. Freundliche Unterkunft mit Internet-Zugang und einem hilfreichen Reise- und Trekking-Veranstalter. DZ mit Teppichen und Warmwasser, große Dachterrasse mit Liegestühlen und herrlicher Aussicht. Das Restaurant hat eine gute Auswahl verschiedener Gerichte, darunter auch Spezialitäten von Sikkim. ❷–❸

Norbu Ghang Resort, in der Nähe des Hubschrauberlandeplatzes, ☎ 03595-258245, 🖥 www.sikkiminfo.net/norbughang. Effizientes Hotel der oberen Preislage mit komfortablen Cottages in einer geschniegelten Gartenanlage; die Einrichtung kombiniert Lokalkolorit mit modernem Komfort und jede der Hütten hoch über der Stadt hat eine Veranda mit schönem Ausblick. ❼–❽

Sonstiges

Geld
In der Nähe der Post gibt es einen **Geldautomaten** der State Bank of India, aber keine offizielle Möglichkeit zum Geldwechsel.

Informationen
Das neue **Tourist Information Centre** nicht weit vom Hubschrauberlandeplatz ist gut für allgemeine Infos (🕓 tgl. 10–16 Uhr) ebenso wie die örtliche Website 🖥 www.gopelling.com. **Trekking-Informationen** finden sich in den Büchern des *Hotel Garuda*.

Post
Es gibt ein **Postamt** in Upper Pelling oberhalb der Straßenkreuzung

Touren
Reiseveranstalter wie Simvo Tour and Travels, ☎ 03595-258549, in Upper Pelling, und Father Jeep Service, ☎ 03595-258219, arrangieren Tagestouren mit Jeeps für bis zu 8 Personen für Rs1600. Ein zuverlässiger Trekking- und Reiseveranstalter ist auch Himalayan Heritage, ☎ 09733-076469, in Upper Pelling.

Transport
Sammeljeeps verkehren regelmäßig von der Kreuzung in Upper Pelling: nach GHEZING (6–16 Uhr), 2x tgl. nach GANGTOK über Ravangla (7 und 12 Uhr; Rs150), 1x tgl. nach SILIGURI (7 Uhr; Rs150). Ein Bus (Rs105) fährt um die gleiche Zeit via Jorethang nach SILIGURI (Reservierung bei SNT, Hotel Pelling, Lower Pelling, ☎ 03595-250707).

Die Straße von Pelling über Rimbi nach Yoksum ist schlecht und erfordert viel Zeit. Es gibt keine fahrplanmäßigen Verbindungen, aber Jeeps fahren von Ghezing und Legship nach TASHIDING und YOKSUM.

Khecheopalri Lake

Der Khecheopalri Lake liegt 33 km nordwestlich von Pelling in 2000 m Höhe und ist von dichten Wäldern umgeben. Der auch als „Wishing Lake" (Zaubersee) bekannte See ist den Lepchas heilig. Der Legende nach wird das Laub, das auf die Oberfläche des Sees fällt, von einem Vogel aufgesammelt und so die Reinheit des Wassers erhalten.

Von der Straße von Pelling nach Yoksum führt eine Abzweigung („Zero Point") nach 11 km nach Khecheopalri, eine nur selten von Jeeps befahrene Strecke, sofern die Erdrutsche es überhaupt zulassen. Wenn man von Pelling zum Khecheopalri wandern möchte, bietet sich eine Abkürzung an, die erst abwärts in das Flusstal, dann steil bergan bis zur Straße Pelling–Yoksum und schließlich zum See hoch führt (5 Std. einplanen).

Man kann auch bis nach Yoksum weitergehen. Der Weg dorthin ist 18 km lang und nimmt etwa vier Stunden in Anspruch. Auf dem Markt von Ghezing oder in einem der kleineren Läden in Pelling sollte man sich mit Verpflegung eindecken. Im Hotel Garuda in Pelling gibt es Informationen und eine nützliche Karte zu dieser Wanderung.

Das Kloster Khecheopalri, 2 km vor dem See auf dem Bergkamm, bietet faszinierende Ausblicke auf den Mount Pandim (6691 m). In den Bergen liegen mehrere heilige Höhlen verstreut. **Führer** für einen Besuch dieser Höhlen und für Treks nach Yoksum vermittelt Trekker's Hut, ☎ 09733-076995 ❶, eine der wenigen Übernachtungsmöglichkeiten von Khecheopalri, 300 m vor

Naturschutz im Kanchenjunga-Nationalpark

Das **Khangchendzonga Conservation Committee** (KCC), eine auf kommunaler Ebene aktive NGO mit Sitz in Yoksum, wurde 1996 mit Hilfe des Sikkim Biodiversity and Ecotourism Project ins Leben gerufen. Sein Ziel besteht in der Förderung des Umweltbewusstseins bei Einheimischen und Besuchern. Schwerpunkt der Arbeit des KCC ist es, die Auswirkungen des Tourismus auf den Kanchenjunga National Park gering zu halten. Zu seinen Methoden gehören Baumpflanzungen, die Mitwirkung der Einheimischen bei der Planung von Ökotourismusprojekten und die Organisation von Säuberungsaktionen.

Eine wichtige KCC-Aktion ist die Säuberung der Wanderwege in den Gegenden um Yoksum, Dzongri und Thangsing. Andere KCC-Programme fördern die Veröffentlichung von Broschüren zur Schaffung eines Umweltbewusstseins, die Schulung von Arbeitskräften wie Trägern und Führern in der Ökotourismusindustrie und den Aufbau von Selbsthilfegruppen. Weitere **Informationen** zum KCC gibt es bei dessen Koordinator Pema Chewang Bhutia im Hotel Wild Orchid, Yoksum, ✆ 09832-452527, ✉ kcc_sikkim@hotmail.com.

---

dem Dorf. Die **Unterkunft** ist freundlich, aber bescheiden und bietet Gästen einfache Speisen. Hier bekommt man nützliche Informationen über die Umgebung. In den Teashops am Parkplatz gibt es *chai* und einfaches Essen.

Yoksum

Das verschlafene und weit verstreute Dörfchen Yoksum, auf einem großen Felsplateau am Eingang zur Rathong Chu-Schlucht, 40 km nördlich von Pemayangtse gelegen, hat einen besonderen Platz in der sikkimischen Geschichte. Hier kamen aus verschiedenen Richtungen über den Himalaya im Jahre 1642 drei Lamas zusammen, um das erste religiöse Oberhaupt von Sikkim, Chogyal Phuntsog Namgyal, zu inthronisieren. Einer der drei, Lhatsun Chenpo, soll in dem großen weißen Norbugang Chorten von Yoksum Opfergaben vergraben haben.

Hoch über dem Städtchen wehen vor dem 1701 erbauten **Kloster Dubdi** des Nyingma-Ordens Gebetsfahnen. Vom Ende der Straße am Krankenhaus windet sich ein Pfad an Wasserrädern und einem kleinen Fluss vorbei und steigt durch den Wald an, bis er das *gompa* in spektakulärer Lage mit Blick über Yoksum erreicht. Aber wahrscheinlich wird niemand da sein, der einem Einlass zu einer Besichtigung gewährt.

Der **Kathok Lake**, ein kleiner schmutziger Teich am oberen Ende der Stadt, ist in keiner Weise mit der unberührten Schönheit des Khecheopalri Lake vergleichbar, bietet aber herrliche Aussichten auf die schneebedeckten Gipfel in der Ferne.

Die größte Bedeutung hat Yoksum heute als Ausgangspunkt des 8-tägigen **Dzongri Trail**, der durch riesige Waldgebiete führt und traumhafte Blicke auf den Kanchenjunga gewährt. Der Trek darf nur im Rahmen einer Gruppenwanderung unternommen werden, die von anerkannten Reiseveranstaltern organisiert wird. Besucher sind in Yoksum willkommen, doch um sich von hier aus noch weiter vorzuwagen, braucht man die Erlaubnis für den Dzongri-Trek.

Die Polizei ist sehr wachsam, also stehen die Chancen für einen heimlichen Hochgebirgstrek schlecht, doch solange man nicht mit einem großen Rucksack herumläuft, wird sie einem eine Tagestour auf dem Hauptweg zum Parekh Chu und dessen Zusammenfluss mit dem Rathong Chu – eine Rundwanderung von 28 km – wohl nicht verwehren. Dabei bekommt man zwar nicht den Hohen Himalaya zu Gesicht, doch wandert man durch wunderschöne Waldlandschaften.

Übernachtung, Essen und Sonstiges

Unterkünfte sind knapp. Budget-Optionen findet man um den kleinen Markt herum.

Pemathang, am Weg zum Markt, ✆ 03595 241221. Saubere, luftige Zimmer mit Bad und ein kleiner, malerischer Garten. ❹

Tashi Gang, ✆ 03593-241202, das nobelste Hotel von Yoksum mit buddhistisch gestalteten Zimmern und einem passablen Restaurant. ❺
Wild Orchid, am Markt, ✆ 03595-241212, mit einfachen Zimmern ohne Bad in einem schönen traditionellen Haus. ❷
Yangri Gang, neben Pemathang, ✆ 03595-241217. Nicht halb so schön, aber billiger; die meisten Zimmer sind klein, doch die besseren haben ein eigenes Bad mit Warmwasser; zudem gibt es ein Traveller-freundliches Restaurant. ❷
Neben den Hotelrestaurants kann man nur in den Cafés entlang der Hauptstraße essen (z. B. im **Guptas** oder im freundlichen **Yak**); sie bieten Snacks und einfache Speisen.
Internet-Service findet man im **Community Information Centre** oberhalb vom Basar für Rs50/Std.

Transport

Es gibt keine Busse von/nach Yoksum selbst. **Jeeps** fahren ab 6 Uhr nach LEGSHIP via Tashiding; außerdem gibt es unregelmäßige Verbindungen nach GHEZING und JORETHANG; allerdings wird es schwierig, nach 13 Uhr noch ein Sammeltaxi zu bekommen.

Tashiding

Das wunderschöne *gompa* von Tashiding, das heiligste von ganz Sikkim, thront auf einem kegelförmigen Berg, 19 km südöstlich von Yoksum, hoch oben über dem Zusammenfluss von Rangit und Rathong. Es wurde 1717 erbaut, nachdem man einen Regenbogen gesehen hatte, der den Ort mit dem Kanchenjunga verband. Inzwischen wurde zwar eine neue Straße durch den Wald bis zum Kloster gebaut, doch der Aufstieg lohnt sich immer noch. Ein gut markierter Weg führt von der Hauptstraße, in der Nähe einer eindrucksvollen *mani*-Mauer (mit einer silbernen Inschrift des Mantra *Om mani padme hum*) an rustikalen Häusern und Feldern vorbei steil aufwärts. Das letzte Stück ist mit Fahnen markiert. Der große Komplex besteht aus einer bunten Mischung von Gebäuden, *chorten*, mehreren Kapellen und dem bescheidenen Haupttempel. Am Ende des Tempelkomplexes befindet sich eine stattliche Reihe von *chorten* mit Reliquien der Chogyals und Lamas von Sikkim.

Am 15. Tag des ersten Monats des tibetischen Kalenders kommen Anhänger aus ganz Sikkim in Tashiding zusammen, um das **Nyingmapa Bhumchu-Fest** zu begehen. Hierbei werden die Pilger mit heiligem Wasser aus einer uralten Schale gesegnet, die der Legende nach niemals austrocknet. Orakel befragen den Wasserstand nach der Zukunft.

Rund 2 km unterhalb des *gompa* liegt der winzige Basar von Tashiding, bekannt als Senik Basar. Zu den einfachen **Übernachtungsmöglichkeiten** im Basar zählen das freundliche und gemütliche, aber sehr schlichte Blue Bird (kein Tel.) ❶, mit einem Schlafsaal (Rs40) und einem Restaurant, das einfache, gesunde Kost anbietet, und das größere und etwas teurere Mount Siniolchu Guesthouse (kein Tel.) ❷, weiter oben am Berg. Die Dhakkar Tashiding Lodge, ✆ 03595-243249, zwischen dem Markt und dem Tor, ist komfortabler hat, aber auch nur Zimmer ohne Bad. ❷

Ein bis zwei nach Fahrplan fahrende Jeeps (7–9 Uhr) und ein paar unregelmäßig verkehrende Jeeps und Trucks verbinden Tashiding mit Yoksum (Rs30), Legship (Rs20) und Ghezing (Rs50); der letzte Sammeljeep fährt um 9 Uhr.

Eine Alternative ist die Wanderung nach Legship auf den Wegen durch die Wälder und entlang der Hauptstraße, für die man etwa 2 1/2 Std. braucht.

Nord-Sikkim

Die spektakulären Gegenden von Nord-Sikkim sind für Besucher schwer zugänglich. Man braucht spezielle Permits und manche Grenzgebiete sind ganz gesperrt. Gruppen mit einem Protected Area Permit (S. 879) können bis nach **Thangu** am Rande des Hochlands von Tibet gelangen. Im Allgemeinen sind die **Permits** für Nord-Sikkim nur für 5 Tage gültig, plus weitere 7 Tage fürs Trekking; verlängerbar ist das Permit bei der Polizei in Mangan. **Jeepsafaris** können mitunter sehr strapaziös sein und lohnen sich wegen des Zeitmangels und der miserablen Infrastruktur kaum. In der Monsunzeit verschütten **Erdrutsche** alljährlich ganze Straßenabschnitte und führen zu ernsthaften Verkehrsbehinderungen.

Die Straße nördlich von Gangtok folgt der tiefen Teesta-Schlucht, vorbei an Phodong und über die angeblich höchste Brücke Asiens (Fotografieren nicht gestattet), bis sie die ruhige kleine Stadt **Mangan** erreicht, die Distrikthauptstadt Nord-Sikkims. Mangan ist der Ausgangspunkt für einige gute Treks, darunter der Tosar Lake Trail, eine sehr lohnende 8-tägige Tour durch Bambus-, Silberfichten- und Rhododendron-Wälder zum Tosar Lake, einem smaragdgrünen See in einem Bergtal auf 4500 m Höhe. Der Trek bietet einige fantastische Ausblicke und zeigt die schönsten Seiten von Sikkim. Guides und Permits arrangiert Khangri Treks & Tours aus Gangtok, ✆ 03592-226050.

Mangan selbst bietet wenig Interessantes außer einem kleinen Markt und ein paar Hotels und Cafés. Das Lachen Valley, ✆ 03592-234333 ❷, und das Ganga, ✆ 03592-234333 ❷, haben sehr einfache Zimmer und Gemeinschaftsbad, während das Arcady InHouse, ✆ 03592-234224 ❹, mehr Komfort und Zimmer mit Bad und Warmwasser bietet.

Die Fahrt nach **Namprikdang** hinunter, einem Anglerparadies am Zusammenfluss von Rangit und Teesta ist sensationell und haarsträubend zugleich. Von dem kleinen *gompa* **Singhik**, 4 km nördlich von Mangan – dem nördlichsten Punkt, zu dem Touristen ohne Sonderpermit gelangen –, bieten sich besonders in der Frühe faszinierende Aussichten auf die gewaltige Ostseite des Kanchenjunga.

Singhik ist ein ruhiger Ort, um sich ein, zwei Tage zu entspannen, besonders im passend benannten Friendship Guest House, ✆ 03592-234278, ❸, mit einfachen Zimmern in einem Dorfhaus.

Das nordwestlich von Mangan in Richtung Kanchenjunga abzweigende wunderbare Dzongu-Tal wurde erst kürzlich für Touristen geöffnet.

40 km nördlich von Mangan, in einem tiefen Tal am Zusammenfluss von Lachen und Lachung, liegt die düstere und schmuddelige Stadt **Chungthang**. Dahinter teilt sich das Tal. Die Straße auf der rechten Seite steigt schnell bis zur kleinen Siedlung **Lachung** an, zum „großen Pass", nur 15 km westlich von Tibet. Jenseits des Flusses liegt ein zweistöckiges *gompa*, das im tibetischen Stil erbaute **Lachung-Kloster**, das dem Nyingmapa-Orden gehört. Die Unterkünfte hier, wie das Lecoxy, eine große komfortable Lodge aus Holz, und der Apple Valley Inn, werden schon von den Reiseveranstaltern in Gangtok gebucht; das Essen ist einfach.

24 km weiter nördlich zeigt sich das Tal noch eindrucksvoller. Zerklüftete, verschneite Gipfel ragen auf beiden Seiten von **Yumthang** (3645 m) bis in 6000 m Höhe empor. Das malerische bewaldete Tal bietet heiße, schwefelhaltige Quellen, aber keine Übernachtungsmöglichkeiten. Die Straße führt weiter das Tal hinauf und erreicht bei Yumesamdong bzw. Zero Point auf 4770 m das Hochplateau. Dort ändert sich die Landschaft schlagartig: Schneegipfel wie der Pauhunri (7125 m) überragen das offene Grasland.

Die andere Straße von Chungthang führt nach 26 km in den Ort **Lachen** und nach weiteren 36 km nach **Thangu**, empfindlich nah an der Grenze zu Tibet und der nördlichste Punkt Sikkims, den Ausländer besuchen dürfen. In beiden Orten gibt es einfache Unterkünfte.

Inzwischen sind einige **Hochgebirgstreks** in dieser abgeschiedenen Region für Gruppenwanderungen offen, darunter der anspruchsvolle Trek von Lachen nach Green Lake (4850 m), für den etwa 9 Tage eingeplant werden müssen (hin und zurück) und der überwältigende Blicke über den Zemu-Gletscher auf den Mount Siniolchu (6887 m) zu bieten hat. Trekking-Genehmigungen für den Norden sind bei Sikkim Tourism in Delhi zu beantragen und Bergsteiger-Genehmigungen bei der Indian Mountaineering Foundation, ebenfalls in Delhi; beide Arten von Permits sollten mindestens 3 Monate im Voraus beantragt werden, am besten durch eine der Trekking-Agenturen in Gangtok. Das letzte Wort hat jedoch der Armeeposten in Gangtok, der die Genehmigung manchmal ohne nähere Gründe verweigert. Wegen logistischer Probleme verlangen die Veranstalter enorme Preise (ab US$150 p. Pers. und Tag); besonders für Green Lake.

Der Nordosten

Stefan Loose Traveltipps

13 Kaziranga-Nationalpark, Assam
Bei einem Elefantenritt in der Morgendämmerung kann man dem seltenen Panzernashorn begegnen. S. 907

Majuli Island, Assam Auf der größten Flussinsel der Welt stehen faszinierende hinduistische Vishnuiten-Klöster *(sattras)*. S. 910

Khasi-Gebirge, Meghalaya Zwischen den sanften Hügeln dieses malerischen Bundesstaats laden beeindruckende Höhlen und spektakuläre Wasserfälle zur Erkundung ein. S. 914

Kloster Tawang, Arunachal Pradesh
Das eindrucksvolle tibetisch-buddhistische Kloster liegt in absoluter Abgeschiedenheit auf einem hohen Bergkamm. S. 921

Namdapha-Nationalpark, Arunachal Pradesh Der wunderschöne Nationalpark liegt in einer atemberaubenden Umgebung mit klarer Luft, prähistorischen Bäumen und ursprünglicher Vegetation. S. 923

Kohima, Nagaland Die stolze Hauptstadt von Nagaland beherbergt ein faszinierendes Museum über das Leben der Naga und eine ergreifende Gedenkstätte zum Zweiten Weltkrieg. S. 925

Die am wenigsten erforschte und sicher schönste Region Indiens, der Nordosten, ist mit dem Rest des Landes durch einen schmalen Landstreifen zwischen Bhutan und Bangladesch verbunden. Bis in jüngere Zeit war dieser Landstrich noch völlig von der Außenwelt abgeschnitten. Der indische Bundesstaat Arunachal Pradesh liegt an der hoch sensiblen Grenze zum chinesisch besetzten Tibet, aber auch – gemeinsam mit Nagaland, Manipur und Mizoram – an der 1600 km langen Grenze zu Myanmar.

Seit Erlangung der Unabhängigkeit wird die Region immer wieder von Unruhen heimgesucht. Ethnische Gruppen kämpfen nicht nur gegeneinander, sondern auch für ihre Autonomie. Für zusätzlichen Zündstoff sorgen der gewaltige Zustrom von Flüchtlingen aus Bangladesch und die Umsiedelung der ursprünglich ansässigen Bewohner. In den letzten Jahren hat sich die Lage etwas entspannt, doch Tripura und Manipur können nach wie vor nicht als sichere Reiseziele empfohlen werden, und für vier der sieben Bundesstaaten sind noch immer die als *Restricted* bzw. *Protected Area Permits* bezeichneten Genehmigungen erforderlich (S. 902/903, Kasten). Touristen sind allerdings in keinem der Staaten das Ziel von Gewalt, und diese faszinierende Ecke Indiens öffnet sich zunehmend für Traveller. Die außergewöhnliche Vielfalt an Volksgruppen und spektakulären Landschaften macht einen Abstecher in diese Region zu einer lohnenden Angelegenheit.

Als einer der feuchtesten Monsungürtel der Erde bietet der Landstrich zudem eine erstaunlich vielfältige Flora und Fauna, die Schätzungen zufolge 50 % aller in Indien vorkommenden Arten umfasst.

Bis in die 60er-Jahre hinein bestand der Landesteil aus nur zwei Staaten: der North East Frontier Agency (NEFA), heute Arunachal Pradesh, und Assam. Auf Druck der Separatisten wurde die Region in sieben Staaten geteilt, „die sieben Schwestern". Das Territorium von **Assam** umfasst heute nur noch das flache, tief liegende Flusstal des Brahmaputra. Die Hauptstadt **Guwahati** beherbergt zwei der bedeutendsten alten Tempel Indiens und ist das Tor zum Nordosten. Und die Begegnung mit einem Panzernashorn im Morgengrauen im großartigen **Kaziranga-Nationalpark** zählt zu den absoluten Highlights einer Tour in den Nordosten.

Die anderen sechs Bundesstaaten erstrecken sich über die umliegenden Berge und unterscheiden sich von der Landschaft, dem Klima und den Menschen her deutlich vom restlichen Indien. Der Staat **Meghalaya** mit seinen wunderschönen Seen ist der regenreichste Ort der Erde. Seine Hauptstadt **Shillong** hat sich die koloniale Atmosphäre aus ihrer Zeit als Sommerhauptstadt Ostindiens noch teilweise bewahrt. Das majestätische **Arunachal Pradesh**, einer der abgelegensten Bundesstaaten Indiens, ist Heimat einer faszinierenden Palette unterschiedlicher Völker, von denen viele aus Tibet stammen. Ganz im Westen steht das von beeindruckenden Bergen umgebene buddhistische Kloster Tawang, während die nordöstliche Ecke des Staates von der abgeschiedenen Wildnis des **Namdapha-Nationalparks** eingenommen wird. Die saftig grünen Berge von **Nagaland** im Süden sind die Heimat von 14 großen ethnischen Gruppen, allesamt mit einem ausgeprägten Sinn für ihre Herkunft und Traditionen.

Mizoram in den Lushai-Bergen war zur Zeit der Recherche der friedlichste Staat im Nordosten. Mizoram ist vorwiegend von Christen bewohnt und seine Analphabetenquote ist eine der niedrigsten von ganz Indien.

Manipur und **Tripura** galten bei Drucklegung noch als unsichere Reiseziele und wurden daher für diese Ausgabe nicht aktualisiert (s. S. 910 und 931, Kästen). Touristen sind zwar nicht direkt von Gewalt betroffen, doch in beiden Staaten kommt es nach wie vor zu Stammeskonflikten und Aufständen mit Entführungen, Banditentum, Überfällen auf Dörfer, Brandstiftung und Mord. Manipur war einst ein unabhängiges Fürstentum und liegt dort, wo die Kulturen des Subkontinents und Südostasiens aufeinander treffen. Die Menschen stehen den Nachbarn in Myanmar näher als den Ariern aus dem Westen. **Tripura** grenzt auf drei Seiten an Bangladesch, von dem es bei der Teilung 1947 abgeschnitten wurde.

Die empfohlene **Reisezeit** für den Nordosten liegt zwischen November und April, wobei es zum Dezember hin in den Bergregionen extrem kalt werden kann. Von Mai bis Ende September ist mit schweren Regenfällen zu rechnen. Für

DER NORDOSTEN

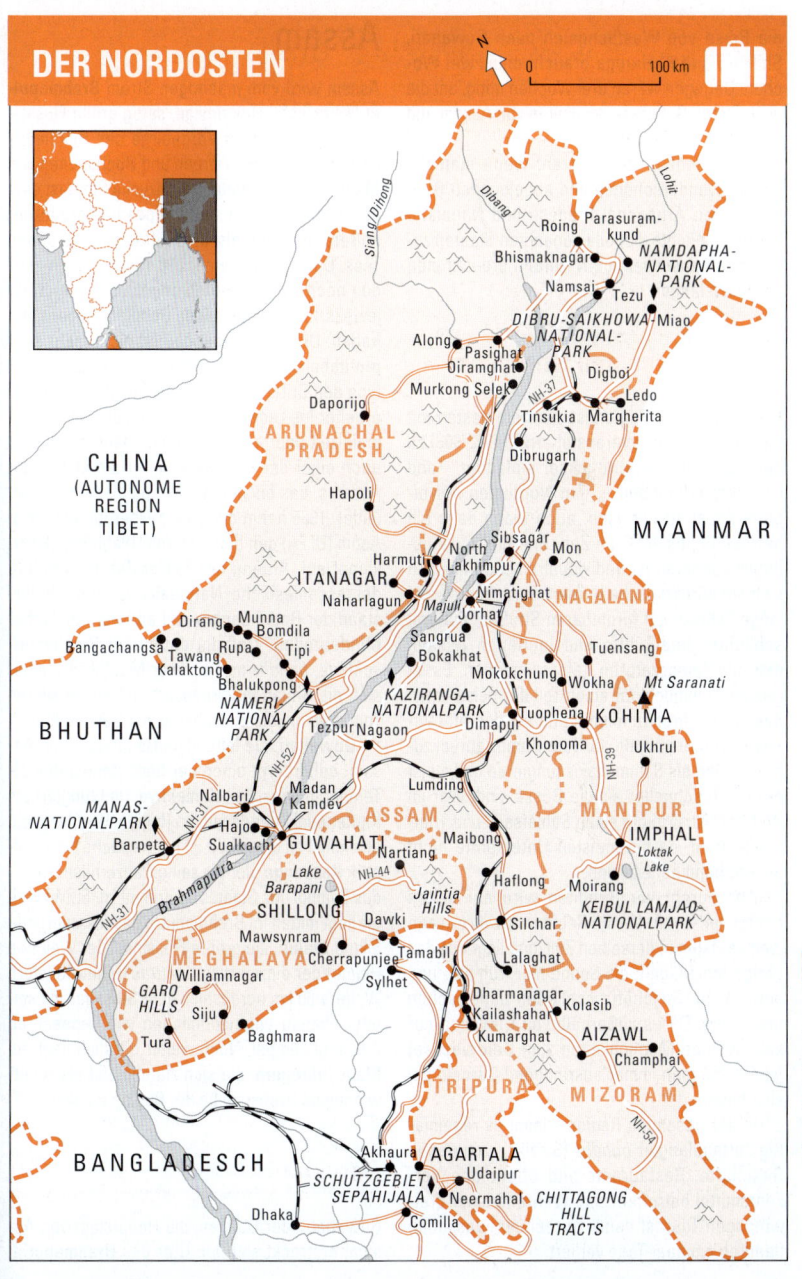

die Reise von Westbengalen nach Guwahati, Shillong und Kaziranga braucht man zwei Wochen. Dagegen wären drei Wochen nötig, um die wichtigsten Sehenswürdigkeiten von Assam und Meghalaya zu besuchen.

Ein Monat ist anzusetzen, wenn man die beiden wunderschönen und abgelegenen Bundesstaaten Arunachal Pradesh und Nagaland bereisen möchte. Für alle genannten Staaten zusammen (einschließlich Mizoram) braucht man erheblich länger.

Reisen durch den Nordosten

Ein Großteil der Region ist zwar am besten mit der Hilfe von Reiseveranstaltern (S. 902/903) zu bereisen, aber es wird immer einfacher – und ist überaus lohnend –, den Nordosten auf eigene Faust zu bereisen, auch wenn dazu ein beträchtliches Maß an Zeit, Energie und Ausdauer vonnöten ist. Individualreisende müssen sich auf bürokratische Hürden, Sprachbarrieren, lange Fahrten auf furchtbaren Straßen, äußerst schlichte Unterkünfte und (außer in Assam) extreme Temperaturen gefasst machen. Es ist ratsam, zumindest für einen Teil der Reise einen **Jeep mit Fahrer** zu mieten und bei den öffentlichen Verkehrsmitteln auf Tata **Sumos** zurückzugreifen, die als Sammeltaxis fungieren und meist erheblich schneller als die Busse sind. Wer im Winter reist, braucht einen Schlafsack und Thermokleidung, da die meisten Unterkünfte nicht ausreichend beheizt sind.

Aus Furcht vor Banditen wird nur selten nachts gefahren. Da die Region trotz ihrer Lage weit im Osten in derselben Zeitzone liegt wie das übrige Indien, geht die Sonne hier früh auf- und unter. Viele Geschäfte schließen daher schon um 18 Uhr. Da es außerhalb von Guwahati nur sehr wenige Möglichkeiten zum **Geldwechsel** gibt, sollte man immer ausreichend Bargeld bei sich haben.

In der gesamten Region kommt es regelmäßig zu tagelangen *bandhs* (Streiks), von denen Geschäfte, Restaurants und öffentliche Verkehrsmittel betroffen sind. Während einer dreiwöchigen Tour ist damit zu rechnen, dass man dadurch ein paar Tage verliert.

Assam

Assam wird vom mächtigen Strom **Brahmaputra** beherrscht. Das riesige, saftig grüne Flusstal liegt zwischen dem Vorgebirge des Himalayas im Norden und den Bergen und Hochebenen von Meghalaya im Süden. Der reizvolle Staat ist eine der wenigen Ölregionen Indiens und produziert außerdem mehr als die Hälfte des indischen Tees. Die meisten seiner 800 Teeplantagen wurden noch von den Briten angelegt, die auch für jeweils 15 Plantagen einen Golfplatz eingerichtet haben. Doch der Teeanbau ist nicht mehr sehr profitabel und für die Adivasis der Unterschicht (von den Briten aus Zentralindien als Plantagenarbeiter ins Land gebracht) hat sich seit der Kolonialzeit deprimierend wenig geändert. Das ist auch einer der Hauptgründe für die Instabilität Assams, das bis heute unter politischer Gewalt leidet. 1985 nahm die United Liberation Front of Asom (ULFA) den bewaffneten Unabhängigkeitskampf auf. Anfang der 1990er-Jahre entfachte der assamesische Nationalismus den Widerstand der Bodo, Cachar und anderer ethnischer Minderheiten. Trotz fortdauernder Bombenanschläge, *bandhs* und interner Machtkämpfe hat sich die Situation verbessert und bisher waren Touristen nie die Zielscheibe von Gewalttaten.

Guwahati, die lebendige Hauptstadt von Assam, beherbergt einen der bedeutendsten Kali-Tempel Indiens, den **Kamakhya**, und fungiert als Knotenpunkt der gesamten Region. Von der Stadt aus leicht zu erreichen ist der herrliche Nationalpark **Kaziranga**, der für seine Panzernashörner – das Symbol des Staates – berühmt ist. Etwas weiter liegt mitten im Brahmaputra das faszinierende Eiland **Majuli**, die größte Flussinsel der Welt und Heimat der einzigartigen *sattras* (Hindu-Klöster). Weitere 60 km nordöstlich liegt **Sibsagar** mit seinem ebenso ungewöhnlichen wie imposanten Shivadol-Tempel. Noch weiter nördlich liegt die Stadt **Dibrugarh**, die sich zunehmend als zweitwichtigste Drehscheibe der Region etabliert.

Guwahati

Guwahati oder Gauhati, die Hauptstadt von Assam, erstreckt sich am Ufer des **Brahmaputra**, dessen sandiges Flussbett so breit ist, dass das gegenüberliegende Ufer oft gar nicht zu sehen ist. Die Stadt ist dicht besiedelt und dreckig, dient aber als wichtiges Sprungbrett für die Region, sodass sehr viele Touristen hier wenigstens ein bis zwei Nächte verbringen.

Das belebte Marktviertel in der Innenstadt steht in starkem Kontrast zu den ländlichen Vororten am Flussufer nordöstlich des Zentrums und den dahinter aufragenden Bergen. Hauptattraktion sind die Tempel **Kamakhya**, **Navagraha** und **Umananda**. Nordwestlich von Guwahati liegen das berühmte Seidendorf **Sualkachi**, die Pilgerstätte **Hajo** und der wunderschöne **Manas-Nationalpark**.

Die Stadt

Die betriebsamen Märkte **Paltan Bazaar**, **Pan Bazaar** und **Fancy Bazaar**, die Haupteinkaufsbezirke von Guwahati, findet man allesamt im Zentrum zu beiden Seiten der Eisenbahnstrecke. Die älteren Wohngebiete liegen nördlich der Gleise. Auf den Basaren wird vorwiegend mit Lebensmitteln gehandelt. Assamesische **Seide**, Korbwaren und anderes Kunsthandwerk wird in verschiedenen guten Läden in der GNB Road angeboten. Mit einem Bummel am Ufer des Brahmaputra lässt sich eine Auszeit vom Trubel der Stadt nehmen.

Das Hauptgeschäft von Assam ist **Tee**, und Touristen können mit Genehmigung des Senior Managers, ✆ 0361-233 1845, das **Assam Tea Auction Centre** im Vorort Dispur besuchen. ⏱ Di 9.30–13 und 14.30–18 Uhr.

Assams **State Museum** in der GNB Road lohnt einen Besuch wegen seiner Stammestrachten und religiösen Skulpturen. ⏱ tgl. außer Mo 10–16.15 Uhr, Eintritt Rs5, Kamera Rs10, Videokamera Rs250.

Srimanta Sankaradeva Kalakshetra ist ein Kunstzentrum in der Shillong Road im Bezirk Panjabari, das sich aus einem Museum, einer Kunstgalerie, einer Freileichtbühne und dem traditionellen Vishnuiten-Tempel zusammensetzt. Der Name stammt von dem Dichter und Philosophen Sankaradev, der im 15. Jh. die Tradition der *sattras* (Hindu-Klöster) gründete.

Der Shiva-Tempel **Umananda** steht auf Peacock Island mitten im Brahmaputra. Seine Lage am oberen Ende einer steilen Treppe ist eigentlich spektakulärer als der Tempel selbst, auch wenn man dort mit etwas Glück einige seltene Goldlangurenaffen zu Gesicht bekommt. Von Kachari und Umananda Ghat legen regelmäßig Fähren ab.

Auf dem alles beherrschenden Nilachal-Berg, 8 km westlich des Zentrums (Busse fahren die MG Road entlang) und mit Blick auf den Fluss, thront der bedeutende Kali-Tempel **Kamakhya**. Er ist mit seinem bienenstockförmigen *shikhara* ein gutes Beispiel für den unverwechselbaren assamesischen Architekturstil. Das Tantra-Zentrum markiert den Ort aus der hinduistischen Mythologie, wo Satis *yoni* (weibliches Geschlechtsteil) gelandet sein soll, als ihr Leichnam in 51 Teilen auf die Erde fiel. Kamakhya ist einer der drei bedeutendsten tantrischen Tempel Indiens. Für die rituellen Tieropfer werden junge Ziegen in dem Zeremonienbecken gebadet, bevor man sie zum Schlachten führt. Ein kurzer Fußmarsch bergauf führt zu einem kleineren Tempel mit wunderschönem Blick auf Stadt und Fluss.

Östlich des Stadtzentrums steht auf einem anderen Berg der stimmungsvolle **Navagraha-Tempel** – der „Tempel der neun Planeten". Die uralte Stätte der Astrologie und Astronomie besitzt eine herrliche Akustik. Unter einer roten Kuppel wird der zentrale Lingam von weiteren acht umringt. Sie stellen die Planeten dar und werden jeweils von mehreren Kerzen beleuchtet.

Übernachtung

Guwahati lockt mit einem umfangreichen Angebot an Übernachtungsmöglichkeiten in allen Preislagen.

Dynasty, SS Rd, Fancy Bazaar, ✆ 0361-251 6021, 🖥 www.hoteldynastyindia.com. Der imposante Eingang mit Palmen, Wasserspiel und luxuriöser Lobby weckt Erwartungen, welche die schicken, aber übertreuerten Zimmer mit Bad nicht ganz erfüllen; gute Bar und ausgezeichnetes Tandoori-Restaurant. ❽

Nandan, GS Rd, Paltan Bazaar, ✆ 0361-254 855, 🖥 www.hotelnandan.com. Hotel der gehobenen Mittelklasse, blitzsaubere Zimmer mit Bad, hilfreiches Personal und ein Restaurant mit mexikanischer Küche bietet. ❺–❼

Einreise, Genehmigungen und Reiseveranstalter

Die Region öffnet sich zwar zunehmend für den Tourismus, trotzdem können sich die Vorschriften je nach aktuellem Sicherheitsstand ändern. Vor der Reise sollte man daher bei der indischen Botschaft Erkundigungen einholen.

Für **Assam**, **Meghalaya** und **Tripura** gibt es derzeit keinerlei Einschränkungen. Für den Besuch von **Manipur, Mizoram, Nagaland und Arunachal Pradesh** benötigen Ausländer Genehmigungen für Sperrgebiete, sogenannte Restricted bzw. Protected Area Permits. Zur Zeit der Recherche warnte das britische Außenministerium vor Reisen nach Tripura und Manipur. Während Arunachal Pradesh der einzige Bundesstaat ist, der für die Ausstellung einer Genehmigung eine Gebühr verlangt (US$50), berechnet Manipur eine „Lizenzgebühr" von Rs1500. In bestimmten Fällen ist eine Verlängerung, der üblicherweise zehn Tage gültigen Genehmigung, möglich – am besten fragt man schon bei der Antragstellung danach oder erkundigt sich vor Ort bei einem Reiseveranstalter.

Alle genannten Staaten dürfen offiziell nur in Gruppen von mindestens vier Personen bereist werden, mit Ausnahme von Nagaland, wo bisweilen auch Genehmigungen an verheiratete Paare ausgestellt werden (manchmal sogar auch an zwei gemeinsam reisende Freunde, wenn der Antrag von einem Reiseveranstalter gestellt wird, s. S. 906). Für Arunachal Pradesh können kleinere Gruppen, die den Antrag über einen Veranstalter stellen, ebenfalls ein Permit bekommen, wenn sie die volle Gebühr für vier Personen (US$200) bezahlen. Die Behörden von Mizoram sind flexibler und erteilen oft sogar Einzelreisenden ein Permit. Bei der Einreise nach Arunachal Pradesh oder Mizoram muss man den Grenzposten unter Umständen glaubhaft versichern (egal, was man wirklich vorhat), dass sich die anderen – frei erfundenen – Personen auf dem Permit „verspätet" haben und man sich am Zielort mit ihnen bei einem örtlichen Guide treffen würde. Wer mit einem Veranstalter reist, muss pro Person und Tag mit mindestens US$50 zusätzlich rechnen.

Einzelreisende sollten sich die Genehmigungen bei den Foreigners' Registration Offices, (oder beim Superintendent of Police) in den Hauptstädten bestätigen lassen.

Die Genehmigungen werden beim Grenzübertritt nicht mit einem Datumstempel versehen. In dem (wahrscheinlichen) Fall, dass man bei seiner Reise einen Bundesstaat mehrmals betritt und wieder verlässt, kann es demnach zu Kontroversen kommen, ob eine erneute Einreise rechtens ist oder nicht. Permits gelten für den gesamten ausgestellten Zeitraum – egal wie oft man einen Staat betritt und wieder verlässt –, doch in der Praxis wird man möglicherweise mit Grenzbeamten konfrontiert, die Bakschisch verlangen. In einem solchen Fall sollte man versuchen, standhaft zu bleiben.

Genehmigungen (Permits)

Für Mizoram, Nagaland und Arunachal Pradesh erhält man am schnellsten und einfachsten eine Genehmigung, wenn man sich vier bis sechs Wochen im Voraus an einen renommierten Reiseveranstalter für den Nordosten wendet (s. S. 906). Es wird eine geringe Bearbeitungsgebühr fällig (und manchmal auch ein paar Rupien, um den bürokratischen Prozess zu beschleunigen), aber die Veranstalter helfen auch dabei, eine Gruppe von vier Personen zusammenzustellen. Alternativ kann man einen Antrag bei

---

Nova, SS Rd, Fancy Bazaar, ✆ 0361-251 1464. Unauffälliges, aber zuverlässiges Hotel und eine willkommene Oase im chaotischen Fancy Bazaar; die Zimmer sind etwas fade, aber dafür groß und sauber. ❺

Pragati Manor, GS Rd, 500 m südlich des Bharalu River, ✆ 0361-234 1261, 🖥 www.pragatimanor.com. Das Beste unter den teureren Hotels, wenngleich etwas weit außerhalb des Zentrums. Hinter der glänzenden Goldfassade liegen noble, moderne Zimmer mit Bad, roten Lampen und Bildern der Ureinwohner. Gutes Restaurant und Reisebüro. ❻–❽

Raj Mahal, AT Rd, Paltan Bazaar, ✆ 0361-254 9141, 🖥 www.rajmahalhotel.com. Großes Hotel

der Ausländerabteilung (Foreigners' Division) des Ministry of Home Affairs, Lok Nayak Bhavan, Khan Market, New Delhi, stellen oder beim Foreigners' Regional Registration Office, AJC Bose Road, Kolkata.

Genehmigungen erteilen auch die indischen Botschaften im Ausland. Da sie jedoch zunächst grünes Licht aus Delhi einholen müssen, sollte man den Antrag mindestens zwei Monate im Voraus stellen. In allen Fällen müssen die Anträge (Formular mit zwei Passfotos) mindestens vier Wochen vor dem Reisetermin eingereicht werden. Eine Einladung von einem Bewohner dieser Staaten bringt in jedem Fall Vorteile.

Regierungsbehörden der Bundesstaaten

Arunachal Pradesh: Arunachal Bhawan, Kautilya Marg, Chanakyapuri, Delhi, ✆ 011-2301 3915; Block CE-109, Sector 1, Salt Lake, Kolkata, ✆ 033-2334 1243.

Manipur: Manipur Bhawan, 2 Sardar Patel Marg, Chanakyapuri, Delhi, ✆ 011-2687 3311; Manipur Bhawan, 26 Rowland Rd, Kolkata, ✆ 033-2475 8075.

Mizoram: Mizoram Bhawan, Circular Rd (hinter der Botschaft von Sri Lanka), Chanakyapuri, Delhi, ✆ 011-2301 0595; Mizoram House, 24 Old Ballygunge Rd, Kolkata, ✆ 033-2475 7034.

Nagaland: 29 Aurangzeb Rd, Delhi, ✆ 011-301 2296; Nagaland House, 12 Shakespeare Sarani, Kolkata, ✆ 033-2242 5269.

Reiseveranstalter im Nordosten

Ashoka Holidays, Sanmati Plaza, GS Road, Guwahati, Assam, ✉ nwttghy@satyam.net.in, ✆ 0361-245 7600. Organisiert Abenteuer- und Kulturreisen.

Cultural Pursuits, c/o Hotel Alpine Continental, Thana Rd, Shillong, Meghalaya, ✆ 09436-303978, 🖥 www.culturalpursuits.com. Das freundliche und kompetente kanadische Unternehmen veranstaltet Reisen abseits der üblichen Routen in der gesamten Region, darunter auch maßgeschneiderte Touren für Budget-Traveller.

Gurudongma Tours & Treks, Gurudongma Lodge, Hilltop, Kalimpong, West Bengal, ✆ 03552-255 204, 🖥 www.gurudongma.com. Das hochprofessionelle Team arrangiert maßgeschneiderte Jeep-, Trekking- und Mountainbike-Touren, Besuche bei indigenen Stämmen und Touren zur Wildtier- und Vogelbeobachtung in Assam, Meghalaya, Nagaland und Arunachal Pradesh. Spezialität dieses Veranstalters ist die Vogelbeobachtung, 🖥 www.allindiabirding.com.

Himalayan Holidays, ABC Building, Main Market, Bomdila, Arunachal Pradesh, ✆ 03782-222017, 🖥 www.himalayan-holidays.com. Örtlicher Reiseveranstalter mit Schwerpunkt auf Kultur- und Angeltouren im Nordosten.

Jungle Travels India, GNB Road, Silpukhuri, Guwahati, Assam, ✆ 0361-266 0890, 🖥 www.jungletravelsindia.com. Organisiert anspruchsvolle Gruppen- und maßgeschneiderte Individualreisen, darunter eine viertägige Luxuskreuzfahrt von Guwahati nach Kaziranga.

Purvi Discovery, Jalannagar, Dibrugarh, Assam, ✆ 0373-230 1120, 🖥 www.purviweb.com. Veranstalter mit seinen ausgezeichneten Guides maßgeschneiderte Touren mit den Schwerpunkten Wildtiere, Angeln, Golf, Reiten, Kriegsdenkmäler, Volksstämme und Teeplantagen in der Umgebung von Dibrugarh und im gesamten Nordosten.

mit hellen und gut ausgestatteten, wenngleich etwas nüchternen Zimmern; die „De-luxe"-Zimmer sind den Zuschlag von Rs100–200 wert. Der Pool ist nicht gerade der sauberste. ❻–❼

Siroy Lily, Solapara Rd, Paltan Bazaar, ✆ 0361-260 8492, 🖥 www.hotelsiroylily.com. Etwas besser als die anderen Hotels der gleichen Preislage; gemütliche Zimmer in Türkis mit zuverlässiger Warmwasserversorgung, gutem Service und kostenlosem Frühstück; einige der Badezimmer sind allerdings etwas feucht. ❹–❺

Tibet, AT Rd, Paltan Bazaar, ✆ 09864-023296, ✉ hoteltibet@redimail.com. Eine der besten der Billigunterkünfte an der Busstation; saubere Zimmer, allerdings etwas laut. ❷–❹

Keine Angst vorm Zahnarzt

Sundarban Guest House, ME Rd, Paltan Bazaar, ✆ 0361-273 0722, ✉ kuljitbaruah_sgh@rediffmail.com. Die beliebteste Backpacker-Unterkunft von Guwahati hat preiswerte, tadellose Zimmer mit buntem Dekor und kenntnisreiches Personal. Kurioserweise wird jedem Gast eine kostenlose zahnärztliche Untersuchung angeboten. ❸–❹

Tourist Lodge, Station Rd, ✆ 0361-254 4475. Das freundliche, grün-weiße Hotel von Assam Tourism hat einen Aufzug mit Muzak-Musik und ordentliche, wenngleich etwas vernachlässigte Standardzimmer sowie bessere AC-Zimmer mit Bad und TV. ❸–❹

Vishwaratna, AT Rd, nahe Fancy Bazaar, ✆ 0361-260 7712, 🖥 www.vishwaratnahotel.com. Nobles Hotel mit AC-Zimmern mit Bad, kleinem Kühlschrank und Flachbild-TV; Dach-Pool, angesehene Reiseagentur und Restaurant mit Bar. ❼

Essen

Frühstück mit Tee und Omelette wird schon sehr früh in Lokalen nahe dem Busbahnhof angeboten. Die meisten Hotels der mittleren und oberen Preisklasse haben gute Restaurants.

Café Coffee Day, Taybullah Rd, am Zeremonienbecken. Bietet das internationale Flair einer Café-Kette und serviert neben ausgezeichnetem Kaffee, Sandwiches und Gebäck (Rs30–70); Filiale im Hub Shopping Centre an der GS Rd.

Delikatessen des Nordostens

Delicacy, GS Rd, 2 km südlich vom Bharalu River. Trotz der eher bescheidenen Lage unter eine Überführung bietet das Delicacy eine herausragende Küche mit Spezialitäten des Nordostens: Ente, Taube, Schweinefleisch, Huhn oder Süßwasserfisch in riesigen Portionen, serviert mit Bananenblättern, Sesam oder Bambussprossen (Rs60–120). Besonders zu empfehlen ist *payash*, ein süßer Reispudding.

Floating Island, MG Rd, südlich von Sukreswar Ghat. Das beste Restaurantschiff auf dem Brahmaputra bietet herzhafte Rajasthan-*thalis* (Rs50–90) und eine entspannte Atmosphäre.

JBs, MG Rd, nahe dem Hauptfähranleger mit Blick auf den Brahmaputra. Im ersten Stock gibt es ein angenehmes, klimatisiertes Restaurant mit vegetarischen Gerichten aus Nord- und Südindien, Mexiko und Italien (Rs60–90). Unten befindet sich eine beliebte Bäckerei und Konditorei.

Mainland China, Dona Planet Mall, GS Rd, 700 m südlich des Bharalu River. Guwahatis elegantestes Restaurant könnte sich auch im Zentrum von Mumbai sehen lassen. Es bietet exquisite und entsprechend teure chinesische Küche (Rs90–450) – u. a. mit Hummer, Zackenbarsch und Krebsen – vollendet serviert in vornehmer Atmosphäre.

Royal Woodland, GNB Rd, nahe dem State Museum. Bescheidenes südindisches Lokal mit *dosas* – besonders zu empfehlen ist *rawa mysore masala dosa* –, *vadas* und *uttappam* sowie schmackhaftem Assam-*thali* (Rs25–55).

Sagar Ratna, MD Shah Rd, Paltan Bazaar. Modernes AC-Restaurant mit Milchglas, grünen Lederstühlen und schnellem Service. Auf der Karte stehen überwiegend südindische Gerichte – 22 Arten von *dosas* – aber es gibt auch ausgezeichnete *paneer*-Gerichte und köstliche Früchteeisbecher (Rs40–90).

Sangai, Hotel Siroy Lily. Unterschätztes Restaurant mit scharfer Manipuri-Küche und hervorragendem Hyderabad-*biryani* (Rs35–120).

Sonstiges

Apotheken

Life Pharmacy, GS Rd, gleich südlich der B Barua Rd, 🕐 8–22.30 Std.
An der GS Rd gibt es beim Hotel Nandan noch weitere Apotheken.

Bücher

Mehrere Buchläden befinden sich am Pan Bazaar, darunter **Western Book Depot**, Josovanta Rd, nahe HB Rd, mit großem Romansortiment und Büchern über den Nordosten;

Modern Book Depot, HB Rd nahe MN Rd.

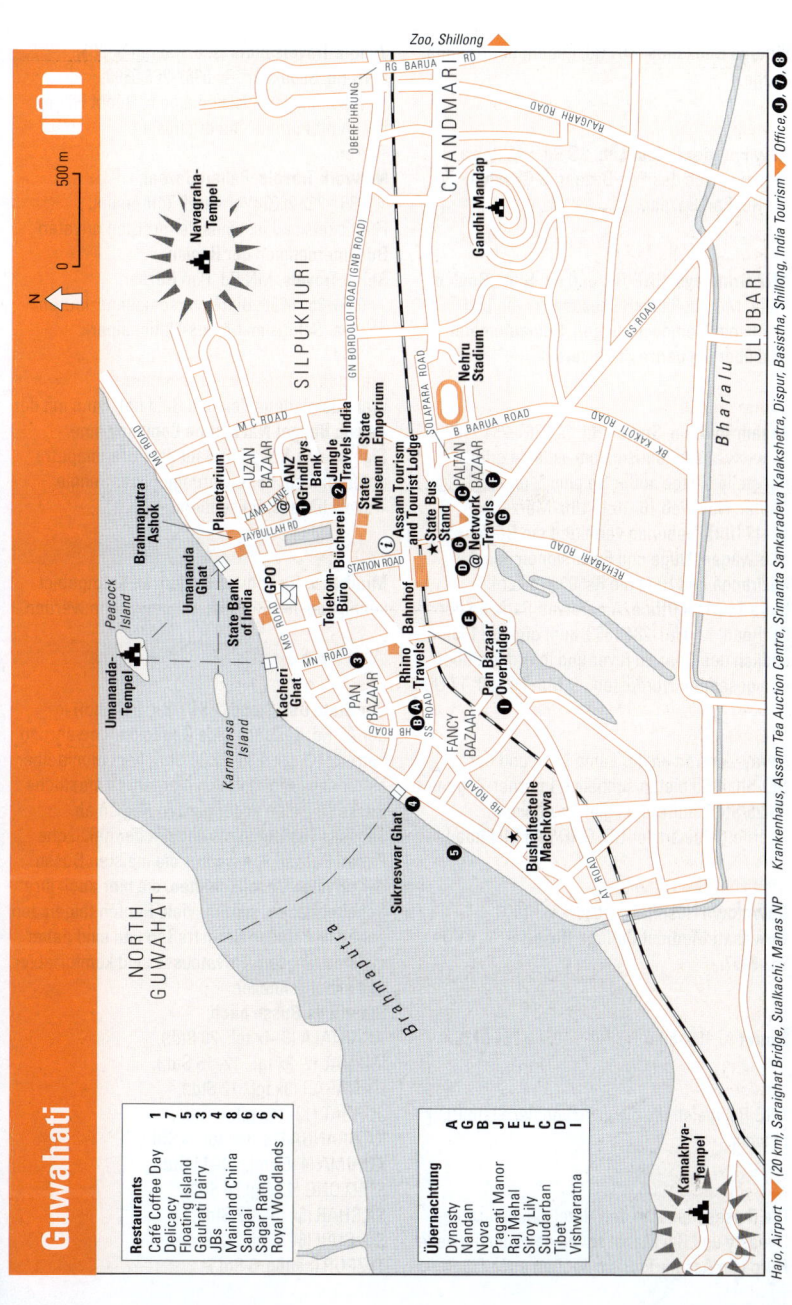

Guwahati

Restaurants
- Café Coffee Day 1
- Delicacy 7
- Floating Island 5
- Gauhati Dairy 3
- JBs 4
- Mainland China 8
- Sangai 6
- Sagar Ratna 6
- Royal Woodlands 2

Übernachtung
- Dynasty A
- Nandan G
- Nova B
- Pragati Manor J
- Raj Mahal E
- Siroy Lily F
- Suudarban C
- Tibet D
- Vishwaratna I

Hajo, Airport ▶ (20 km), Saraighat Bridge, Sualkuchi, Manas NP   Krankenhaus, Assam Tea Auction Centre, Srimanta Sankaradeva Kalakshetra, Dispur, Basistha, Shillong, India Tourism ▶ Office, J, 7, 8

www.stefan-loose.de/indien

Der Nordosten

Guwahati 905

Vintage Bookshop, MN Rd, gegenüber Ananda Lodge.

Fotoausrüstung
New Frontier Colour Lab, SS Rd, Lakhtokia, 50 m westlich des Pan Bazaar; **S Ghoshal**, HB Rd, Pan Bazaar.

Geld
ANZ Grindlays, GNB Rd, und die **State Bank of India**, MG Rd, lösen Reiseschecks ein und wechseln Fremdwährungen. Geldautomaten sind über die ganze Stadt verteilt.

Informationen
Assam Tourism, Station Rd, ✆ 0361-254 7102, 🖳 www.assamtourism.com, ist eine gute Infostelle (🕓 tgl. außer So plus 2. und 4. Sa im Monat: Nov–Feb 10–16.15 Uhr, März–Okt 10–17 Uhr). Nebenan vermittelt ein Büro Mietwagen, Flüge und Exkursionen nach Kaziranga und Hajo (ab Rs500 pro Tag).
India Tourism Office, Amarawati Path, an der GS Road, ✆ 0361-234 1603, liegt günstig 1 km südlich des Bharalu River und informiert über den gesamten Nordosten, 🕓 Mo–Fr 9.30–17 Uhr.

Internet
I-Way-Zentren an der Lamb Lane und der MD Shah Rd bieten schnellen Internet-Zugang (Rs25/Std.); außerdem gibt es zahllose Internetcafés an der GS, GND und MN Road.

Medizinische Hilfe
Downtown Hospital, ✆ 0361-233 1003.
Guwahati Medical College Hospital, ✆ 0361-252 9457.

Polizei
Notruf ✆ 100, oder HB Rd ✆ 0361-254 0138.

Post
ARB Rd, gleich um die Ecke von der State Bank of India.

Reisebüros
Die Reiseschalter in den Hotels Vishwaratna, Dynasty und Raj Mahal sowie das kommerzielle Büro von Assam Tourism buchen auch Flüge.

Jungle Travels India (s. a. Kasten S. 903), GNB Rd, Silpukhuri, ✆ 0361-266 0890, 🖳 www.jungletravelsindia.com. Bucht Flüge, beschafft Permits und organisiert Touren.
Network Travels, Paltan Bazaar, ✆ 0361-252 2007. Vermittelt Touren und Flugtickets und ist eines der größten privaten Busunternehmen der Region.
Rhino Travels, MN Rd, Pan Bazaar, ✆ 0361-254 0666. Bietet verschiedene Touren da, u. a. Safaris im Manas-Nationalpark.

Kreuzfahrten auf dem Brahmaputra
Wer ausreichend Zeit und Geld hat, kann mit der **Assam Bengal Navigation Company** eine Sightseeing-Kreuzfahrt auf dem Brahmaputra unternehmen; Reservierungen über Jungle Travels India (s. Reisebüros).

Nahverkehr
Minibusse für Fahrten im ganzen Stadtgebiet können an der Straße herangewunken werden.

Transport
Busse
Der **State Bus Stand** (ASCT-Busbahnhof) in der AT Rd, der auch eine Gepäckaufbewahrung betreibt (🕓 tgl. 4.30–22.30 Uhr), liegt unmittelbar hinter dem Bahnhof. Von hier fahren staatliche Busse zu Zielen in der ganzen Region ab. Jenseits des Bahnhofs beginnt der hektische Paltan Bazaar, von wo aus die meisten Busse der **privaten Gesellschaften**, die hier auch ihre Schalter haben, starten. Viele Routen folgen den engen und steilen Bergstraßen und sind daher quälend langsam. Privatbusse sind komfortabler und meist schneller.

Staatliche Busse nach:
AGARTALA (3–4x tgl., 20 Std.),
IMPHAL (2–3x tgl., 12–16 Std.),
ITANAGAR (3x tgl., 12 Std.),
JORHAT (12–14x tgl., 7 Std.),
KAZIRANGA (14–16x tgl., 4 Std.),
KOHIMA (4–5x tgl., 11–14 Std.),
SHILLONG (12x tgl., 4 Std.),
SILCHAR (5x tgl., 12 Std.),
SILIGURI (6–7x tgl., 12 Std.),
TEZPUR (häufig, 5 Std.).

Eisenbahn

Der Bahnhof liegt im Stadtzentrum. Es gibt mehrmals täglich Verbindungen von Guwahati nach DELHI; die schnellste davon ist der Rajdhani Express Nr. 2423 (tgl. 7 Uhr, 27 1/2 Std.). Nach KOLKATA (Howrah) ist der Kamrup Express Nr. 5960 (tgl. 7.45 Uhr, 23 1/2 Std.) zu empfehlen. Nach JORHAT bietet der Shatabdi Express Nr. 2067 (tgl. außer So 6.30 Uhr, Ankunft 13.10 Uhr) die schnellste Verbindung; er hält auch in LUMDING (9.15 Uhr) und DIMAPUR (10.50 Uhr).

Züge nach:
CHENNAI (6x wöchentl., 41–56 1/2 Std.),
DELHI (4–5x tgl., 27 1/4–43 Std.),
DIBRUGARH (3–4x tgl., 11 3/4–12 1/4 Std.),
DIMAPUR (5–6x tgl., 4 1/4–7 Std.),
JORHAT (1–2x tgl., 6 3/4–9 1/2 Std.),
KOLKATA (2–4x tgl., 18 3/4–23 1/2 Std.),
MUGHAL SARAI/VARANASI (3–4x tgl., 20 1/2–29 Std.),
MUMBAI (3x wöchentl., 30 1/4–34 Std.),
PATNA (3x tgl.; 19–27 Std.).

Flüge

Vom **Lok-Priya-Flughafen**, 20 km südwestlich von Guwahati, gehen regelmäßig Flüge nach DELHI, KOLKATA, IMPHAL, AGARTALA und BAGDOGRA.
Ein Taxi zum Flughafen kostet Rs400. Minibusse (Rs100) fahren sobald sie voll sind vor dem Hotel Mahalaxmi, beim Hotel Nandan an der GS Rd ab.
Helikopter von **Pawan Hans**, ☎ 0361-241 6720, fliegen von Guwahati nach SHILLONG, TURA, NHARLAGUN (bei Itanagar) und nach TAWANG in Arunachal Pradesh.

Flüge nach:
AGARTALA (IC, DN, IT, 9W, 4–5x tgl., 3/4–1 Std.),
AIZAWL (DN, 1x tgl., 1 1/4 Std.),
BAGDOGRA (IC, DN, 9W, 1–2x tgl., 1 Std.),
DELHI (IC, DN, 9W, S2, 4–6x tgl., 2–2 1/4 Std.),
DIBRUGARH (DN, S2, 1–2x tgl., 50 Min.),
DIMAPUR (IC, 6x wöchentl.; 50 Min.)
IMPHAL (IC, 9W, DN, 2–3x tgl., 50 Min.),
JORHAT (IC, 9W, 1–2x tgl., 1/2 Std.),
KOLKATA (IC, 9W, IT, 5–6x tgl., 1 1/4 Std.),
MUMBAI (9W, 1–2x tgl., 4 3/4 Std.),
PUNE (S2, 1x tgl., 1 1/4 Std.),
SILCHAR (IC, DN, 3–4x tgl., 3/4 Std.).
(IC = Indian Airlines, DN = Air Deccan, IT = Kingfisher, S2 = JetLite, 9W = Jet Airways)

Büros von Fluggesellschaften in Guwahati:
Air India, im Brahmaputra Ashok,
☎ 0361-260 2281.
British Airways, c/o Pelican Travels, Brahmaputra Ashok Hotel, MG Rd, Uzan Bazaar
☎ 0361-260 1605.
Indian Airlines, GS Rd, Ganeshguri Charili, nahe Assam Assembly, Dispur, ☎ 0361-226 4425.
Jet Airways, GNB Rd, Silpukhuri,
☎ 0361-266 8255.

Die Umgebung von Guwahati

13 HIGHLIGHT

Kaziranga-Nationalpark

Am Südufer des Brahmaputra, 217 km östlich von Guwahati, bedeckt der als Weltkulturerbe ausgewiesene Kaziranga-Nationalpark vor dem Hintergrund der Karbi-Anglong-Berge ein riesiges Gebiet über eine Fläche von 430 km^2. Seine Bäche, seichten Seen und die semi-immergrünen, bewaldeten Berge gehen in Sumpfland und Tiefebenen über, die mit hohem Elefantengras bewachsen sind.

Ein Besuch des Parks ist ein Erlebnis, denn hier begegnet man Elefanten, Rotwild, wilden Büffeln und dem berühmten **Panzernashorn**. Die besten Chancen, Nashörner zu sehen, hat man vom Rücken eines Elefanten aus früh am Morgen im Winter. Mit Jeeps gelangt man tiefer in das Schutzgebiet, aber längst nicht so nahe an die Rhinos heran. Die Tiger sind äußerst scheu, aber schon die Fahrt durch die zwischen offener Savanne und dichtem Dschungel wechselnden Landschaften des Parks ein großartiges Erlebnis.

Kaziranga ist von November bis Anfang April geöffnet. Am Sonntag sollte man den Park meiden, denn dann tummeln sich dort lautstarke Gruppen indischer Touristen. Während des Monsuns zwischen Juni und September tritt der Brahmaputra über seine Ufer, überschwemmt das tief liegende Grasland und drängt damit die Tiere in höher gelegene Abschnitte des Parks.

2005 hat der Park sein hundertjähriges Bestehen gefeiert, doch noch immer ist er durch unerlaubte Landnutzung und Wilderer bedroht. 2007 wurden mindestens 21 Nashörner getötet, weitere drei im Januar 2008. Die Parkverwaltung hat zu wenig Personal, um die Rhinos zu schützen, deren Horn als Aphrodisiakum astronomische Summen einbringt. Immerhin wurde der Park inzwischen im Rahmen des Project Tiger zum Tigerschutzgebiet erklärt, was ihn finanziell stärken sollte. Ob das aber ausreicht, um wirklich etwas zu ändern, bleibt abzuwarten.

Ein Besuch in Kaziranga ist teuer: Rs250 plus Extragebühren für Fotoapparate (Rs500) und Camcorder (Rs1000).

Übernachtung und Essen

Die vier staatlichen Lodges liegen alle am Haupteingang (Bonoshree und Kunjaban werden über Bonani gebucht):

Aranya, ☎ 03776-262429. Die komfortabelste Lodge mit sauberen, aber sterilen Zimmern mit Bad und Balkon, einem passablen Restaurant und einer Bar plus großem, gepflegtem Rasen. ❹

Bonani, ☎ 03776-262423. Fünf günstige und luftige Zimmer, einige mit AC. ❸

Bonoshree, hat etwas betagte aber akzeptable DZ. ❷

Kunjaban ist die einfachste Unterkunft mit Dorm-Betten (Rs50 bzw. Rs75 mit Bettzeug).

Neben den Tourist Lodges existieren zwei ausgezeichnete und teurere Alternativen:

Bon Habi Jungle Resort, abseits der Hauptstraße NH-37, 2 km vom Parkeingang, ☎ 03776-262675, 🖥 www.bonhabiresort.com. Große Cottages am Waldrand mit DZ, Sofa und Balkon. Das Personal ist sehr nett und es gibt ein sympathisches Restaurant; der „Jungle Plan" zu US$50–80 umfasst Unterkunft, Parkeintritt und Safaris. ❺

Wildgrass, am Fuß der Karbi-Berge, 4 km östlich von Kohora, 1,5 km abseits der Straße, ☎ 03776-262085, 🖥 www.oldassam.com. Umweltfreundliches Resort; Zimmer mit Bad im gemütlichen Kolonialstil und billigere strohgedeckte Häuschen sowie fest aufgebaute Zelte in einem üppigen Garten mit Pool und 200 Pflanzenarten. ❻–❼

Wildgrass und Bon Habi vermitteln Touren zu den Mising- und Karbi-Dörfern in der Umgebung. **Network Travels** und **Aranya** bieten billiges Essen. Das **Ashyana GreenResort** an der NH-37 in Richtung Baguri Range hat ein großes Restaurant mit indischen und chinesischen Gerichten und Snacks.

Sonstiges

Informationen

Tourist Office, ☎ 03776-262423 in der Bonani Lodge (s. o.).
Field Director, ☎ 03776-268095.

Touren

Jeeps kann man im Parkbüro in Kohora mieten (ab Rs550) oder vom Hotel (s. o.) arrangieren lassen. Ein bewaffneter **Begleiter** (Rs50) ist obligatorisch. Ein **Elefantenritt** kostet Rs750.

Transport

Kaziranga ist problemlos mit dem Bus zu erreichen. Es bestehen Verbindungen von und nach TEZPUR (80 km), JORHAT (97 km), GUWAHATI (220 km) und DIBRUGARH (220 km) in Assam, ITANAGAR in Arunachal Pradesh und KOHIMA in Nagaland. Staatliche und private Busse halten alle in **Kohora**, dem Haupteingangstor am NH-37 (AT Rd). Den Weitertransport übernimmt Network Travels.

Nord-Assam

Rund 310 km flussaufwärts liegt nordöstlich von Guwahati die Stadt **Jorhat** mit einem Flughafen und Straßenverbindungen nach Kaziranga, Nagaland und in den Norden von Arunachal Pradesh. In ihrer Umgebung findet man die einzigartige Vishnuiten-Kultur auf **Majuli**, der größten Flussinsel der Welt, und **Sibsagar**, die ehemalige Hauptstadt der Ahom. Noch weiter nördlich liegt **Dibrugarh**, das sich zunehmend als Sprungbrett für das nördliche Nagaland und das östliche Arunachal Pradesh etabliert. Der **Nationalpark Dibru-Saikhowa** lohnt wegen seiner vielfältigen Vogelwelt und der Wildpferde einen Abstecher. Zu den Attraktionen der Stadt **Digboi** zählen ein interessantes Ölmuseum und eine Kriegsgedenkstätte.

Jorhat

Die über gute Eisenbahnverbindungen verfügende Stadt Jorhat ist zwar nicht sehr interessant, aber ein guter Ausgangspunkt für eine Erkundung von Majuli, Kaziranga und Sibsagar. Im Februar veranstaltet der Jorhat Gymkhana Club, ✆ 0376-231 1303, Pferderennen und Polowettkämpfe. Eine Attraktion sind die *mising*-Reiter, die ohne Sattel reiten.

Das bescheidene **Museum** (◷ Di–So 10–16.30 Uhr) im Postgraduate Training College hat eine mäßig interessante Sammlung örtlicher Handarbeiten.

Übernachtung

Heritage, Solicitor Rd, bei der Busstation, ✆ 0376-232 7393. Brauchbare Wahl mit luftigen Mittelklasse-Zimmern zu Billigpreisen – mit Marmorfußböden, TV und kleinen aber tadellosen Badezimmern. ❸–❺

Sangsua Tea Estate Burra Bungalow, 25 km südwestlich von Jorhat. Die friedliche Teepflanzervilla mit einer Veranda im Kolonialstil und komfortablen, geräumigen Zimmern befindet sich unter derselben Leitung wie Thengal Manor (Kontakt s. dort). Gäste können den nahen Golfplatz nutzen, Krocket spielen, im See baden und die Teeplantagen besichtigen. ❼

Thengal Manor, 17 km südlich von Jorhat, ✆ 0376-233 0268, 🖳 www.heritagetourismindia.com. Entzückende Unterkunft im Kolonialstil im ehemaligen Feriendomizil der örtlichen Barooah-Familie. Das Haus mit einer imposanten Säulenfassade bietet fünf Zimmer mit Kamin, Himmelbetten und Louis-XV-Möbeln. Die Qualität des Essens variiert. ❼

Tourist Lodge, ✆ 0376-232 1579. Ruhige Lage und sehr saubere Zimmer mit Fliesenböden, kleinen Balkonen (aber ohne Aussicht) und Bad. Moskitos können hier zur Plage werden, aber die Betten haben ein Moskitonetz. ❸

Essen

Das Angebot an Speiselokalen in Jorhat ist sehr übersichtlich. Das **Heritage** mit schlichtem Speisesaal und professionellem Service ist das beste der Hotelrestaurants an der Solicitor Rd. Besonders köstlich sind *chicken tikka butter masala* und der gebratene Pomfret-Fisch (Rs45–140). **Naffy**, an der AT Rd, 100 m westlich der Busstation, ist recht farbenfroh (oder grell) in Gelb und Orange gehalten und serviert gute und günstige chinesische und nordindische Gerichte (Rs30–130); besonders zu empfehlen sind die regionalen Fischspezialitäten.

Sonstiges

Geld

State Bank of India, AT Rd, gleich östlich der Busstation hat einen Geldautomaten und wechselt Bargeld und Reiseschecks.

Informationen

Assam Tourism, Tourist Lodge, MG Road, ✆ 0376-232 1579. ◷ Mo–Sa 10–17 Uhr, 2. und 4. Sa im Monat geschlossen. Von der Busstation die AT Rd nach Osten und dann die dritte Straße rechts.

Internet

Computer Link Cyber Café, AT Rd, 100 m westlich der Busstation, bietet Internet-Zugang (Rs15/Std.).

Transport

Busse

Der staatliche **Busbahnhof** befindet sich an der AT Road, einen halben Block nördlich der Büros und Haltestellen der privaten Busgesellschaften.

Staatliche Busse nach:
DIMAPUR (5–6x tgl., 5 Std.),
GUWAHATI (12–14x tgl., 7 Std.),
ITANAGAR (1–2x tgl., 9 Std.),
KAZIRANGA (häufig, 1 1/2 Std.),
SIBSAGAR (häufig, 1 1/2 Std.),
TEZPUR (14–15x tgl., 4 Std.),
TINSUKIA (häufig, 5–6 Std.).

Eisenbahn

Der **Bahnhof** liegt 3 km südöstlich vom Busbahnhof. Es besteht eine Verbindung von Jorhat nach GUWAHATI (1–2x tgl., 6 3/4–9 1/2 Std.).

Spannungen im Nordosten

Seit Erlangung der Unabhängigkeit werden die Nordost-Staaten von Konflikten und Aufständen heimgesucht. Daher gilt diese Region Indiens als eher instabil. Hauptursache der Streitigkeiten ist das allseitige Streben nach **Autonomie** und Souveränität. Der Nordosten hat lange Zeit unter der politischen Vernachlässigung durch Delhi gelitten. Hinzu kommt, dass der dominante Staat Assam die Bergstämme noch weiter an den Rand der Gesellschaft drängt. Diese beiden Faktoren haben den Nährboden für separatistische Bewegungen gebildet. Die Geringschätzung, mit der man in Delhi den Forderungen begegnet, gab mehrfach Anlass zu gewaltsamen Aufständen.

Auch die **ethnischen Rivalitäten** zwischen den Menschen in den Bergen und denen in den Ebenen, vor allem in Manipur und Teilen von Assam, war ein treibender Keil der Unruhen. Die größten Konflikte wurden schließlich durch die Einwanderung der Bengalen verursacht – eine enorme Belastung für die Region, in der Land ohnehin knapp ist. Die Überbevölkerung von Bangladesch und der Platzmangel haben zu einer anhaltenden und illegalen Einwanderung in großem Stil nach Tripura und weiter ins Land hinein geführt. Heute bilden die Bengalen eine Mehrheit und in Bangladesch haben bengalische Moslems die vorwiegend buddhistischen Chakma aus der Chittagong-Hill-Tract-Region im Südosten Bangladeschs vertrieben. Die unaufhörlich wachsende Anzahl von **Flüchtlingen** stellt im Verbund mit den zuwandernden bhutanischen Nepalesen eine weitere Belastung des Nordostens dar.

Die **United Liberation Front of Asom** (ULFA), eine der größten und mächtigsten aufständischen Gruppen der Region, begann einst mit der Forderung nach der Ausweisung der Bengalen und konzentrierte sich dann zunehmend auf den Kampf für die assamesische Unabhängigkeit. Die ULFA unterhält Verbindungen zu anderen militanten Kräften der Region, insbesondere zum National Socialist Council of Nagaland (NSCN), der ältesten aufständischen Gruppierung, sowie zu Rebellen in Myanmar. Erfahrungen und Waffen werden untereinander ausgetauscht, die Ausbildung gemeinsam getragen.

In der Hoffnung, dass der Einfluss der indischen Regierung im Nordosten geschwächt wird, verschließen Pakistan, China und Bangladesch oft bewusst die Augen vor den separatistischen Rebellen. Sie dulden, dass die Aufständischen innerhalb ihrer Grenzen ausgebildet werden und versorgen sie sogar mit Waffen und Geld. Selbst in Indien unterhalten lokale politische Parteien und staatliche Behörden Kontakte zu den Rebellen. Vor allem die ULFA und der NSCN pflegen enge Kontakte zu staatlichen und lokalpolitischen Kräften.

Die Abkommen zwischen Rebellen und Regierung funktionieren nur selten. Kommt es mal zu einem Deal, brechen ihn Extremisten, und der Teufelskreis der Gewalt geht weiter. Lediglich in Mizoram sind die extremistischen Aktivitäten eingeschlafen.

Flüge

Der **Flughafen** befindet sich 5 km außerhalb der Stadt; Anfahrt mit den Bussen oder per Motor-Rikscha. Indian Airlines und Jet Airways haben ihr Büro im Hotel Paradise gleich neben dem Hotel Heritage (s. o.).

Flüge nach:
GUWAHATI (IC, 9W, 1–2x tgl., 1/2 Std.),
KOLKATA (IC, 9W, 1–2x tgl., 1– 2 1/4 Std.).
(IC = Indian Airlines, 9W = Jet Airways)

Majuli

Das beliebteste Ausflugsziel von Jorhat ist Majuli, die größte Flussinsel der Welt, die inzwischen zum Weltkulturerbe zählt.

Die Insel ist ein faszinierender Ort, vor allem wegen ihrer einzigartigen Vishnuiten-Klöster *(sattras)*, und ein lohnendes Ziel für Vogelfreunde.

Auf Majuli gibt es 22 *sattras*. Sie sind Tempel, Kloster, Schule und Kunstzentrum zugleich und bestehen aus einer Gebetshalle *(namghar)*,

Wohnquartieren für die Mönche und *ghats* für rituelle Bäder.

An einem Tag lassen sich die *sattras* **Natun Kamalabari** und das 1,5 km weiter gelegene **Utter Kamalabari** besichtigen, wo Michael Palin in der BBC-Fernsehserie Himalaya seine Zelte aufschlug. Die Mönche servieren den Gästen Tee und gestatten ihnen manchmal, Gebetstreffen beizuwohnen. 4 km weiter westlich, in **Auniati**, beherbergt ein weiteres *sattra* Relikte aus dem Königreich der Ahom und eine interessante Sammlung assamesische Kunsthandwerks. Das 4 km östlich von Auniati gelegene **Bengenati** ist Anfang des 17. Jhs. erbaut worden. **Shamaguri**, 6 km hinter Bengenati, ist für seine Ton- und Bambusmasken berühmt. Zu den weiteren sehenswerten *sattras* gehören **Bongaori**, 8 km hinter Shamaguri, und **Dakhinpat**, 5 km weiter südlich.

Übernachtung und Essen

Natun Kamalabari Guesthouse, ☎ 03775-273302, ist eine bescheidene, aber passable Alternative mit acht recht sauberen, aber nüchternen Zimmern. ❶

Transport

Die **Fähre** nach Majuli legt 2x tgl. (10.30 und 15 Uhr, 2 1/2 Std., Rs12) vom Hafen **Nimatighat** ab, der von Jorhat mit einem Bus oder Taxi (Rs300, 1 Std.) erreichbar ist. Da die Fahrpläne nur rund eine Stunde Aufenthalt auf der Insel zulassen, lohnt sich ein Tagesausflug kaum. Man kann auch ein eigenes Boot chartern (hin und zurück Rs4000, Kontakt und Infos über Mönch Dulal Saikia, ☎ 03775-273037), aber man hat definitiv mehr von der Insel, wenn man dort übernachtet. Die Transportmöglichkeiten auf der relativ kleinen Insel beschränken sich auf gelegentliche Busse, die das Dorf **Kamalabari** (5–6x tgl., ca. 5 km) und danach die „Inselhauptstadt" **Garamur** ansteuern. Darüber hinaus verkehren ein paar Taxis und Motor-Rikschas. Wer viel Zeit hat, dem sei eine Wander- oder Fahrradtour empfohlen.
Es fahren zwei Fähren täglich (7.15 und 14 Uhr, 2 1/2 Std.) zurück nach Nimatighat; die Fahrt von Jorhat nach Garamur dauert insgesamt etwa 5 Stunden. Um die Insel zu verlassen, kann man auch den Weg nach Norden einschlagen und eine der beiden Fähren von Luhitghat, 3 km nördlich von Garamur, nach Khabalughat am Nordufer nehmen, von wo aus Busse nach North Lakhimpur verkehren. Von dort geht es mit dem Bus weiter nach Itanagar in Arunachal Pradesh, nach Tezpur im Süden oder mit dem Zug nach Guwahati. Dafür braucht man aber ein dickes Zeitpolster.

Bambus-Träume

La Maison de Ananda, ☎ 03775-274768. „Das Haus der Freude", erbaut von einem französischen Architekten-Ehepaar ist die beste Unterkunft: zauberhafte, traditionelle Bambus-Bungalows auf Pfählen inmitten friedvoller Gärten. Bettbezüge, Leintücher und Vorhänge wurden von örtlichen Webern gefertigt – und der örtliche Führer (und Dichter) Danny Gam sorgt dafür, dass alles glatt läuft. ❷–❸

Sibsagar und Umgebung

Die einstige Hauptstadt der Ahom und eine der ältesten Städte von Assam ist Sibsagar („Ozean Shivas") liegt 60 km nordöstlich von Jorhat. Diese Ansammlung von Monumenten aus sechs Jahrhunderten Ahom-Herrschaft ist für die assamesische Kultur bis heute von großer Bedeutung.

Im Herzen des Komplexes befindet sich ein riesiges Wasserbecken, das Königin Madambika 1734 erbauen ließ. An dessen Südufer erhebt sich der gewaltige, 32 m hohe **Shivadol**. Der höchste Shiva-Tempel Indiens wird von zwei kleineren Tempeln flankiert, die Durga und Vishnu geweiht sind.

Knapp 4 km westlich des Stadtzentrums befinden sich der königliche Pavillon **Rang Ghar** und die Ruinen des **Talatal Ghar**, dem beeindruckenden, siebenstöckige Palast der Ahom.

Übernachtung und Essen

Sibsagar lässt sich am besten im Rahmen eines Tagesausflugs besichtigen, doch es gibt auch Übernachtungsmöglichkeiten.

Kareng, Temple Rd, ✆ 03772-222713. Eine der besseren Budget-Unterkünfte mit recht sauberen und gemütlichen Zimmern. ❷

Shiva Palace, AT Rd, 200 m vom Busbahnhof, ✆ 03772-225184. ✉ hotel_shiva_palace@rediffmail.com, fraglos das komfortabelste Hotel der Stadt mit sparsam möblierten Zimmern mit Bad und riesigen Marmorflächen. Zum Haus gehört das klimatisierte Sky Chef Restaurant, dessen umfangreiche Karte hauptsächlich nordindische Küche umfasst; z. B. Hühnerschaschlik, *paneer makhani* und ganz exzellentes *paratha* mit Mohnsamen (Rs40–130). Einen Besuch lohnt auch das dortige Fahrenheit, eine traumhafte Retrobar im Stil der 80er Jahre voller Chrom und schwarzem Leder, in der man sich beim Cocktail wie in einem Duran-Duran-Video vorkommt. ❹–❻

Dibrugarh und Umgebung

Die staubige, wenig touristische Stadt Dibrugarh liegt 443 km nördlich von Guwahati im Herzen eines Teeanbaugebiets und ist von neun Golfplätzen umgeben. Die Stadt selbst hat kaum Sehenswertes zu bieten, etabliert sich jedoch langsam aber sicher als Ausgangspunkt für Touren in den Osten und Norden von Arunachal Pradesh sowie ins nördliche Nagaland.

Dibrugarh ist ein guter Ort, um sich über die Herstellung von **Tee** zu informieren. Purvi Discovery (S. 902/903, Kasten „Einreise, Genehmigungen und Reiseveranstalter") veranstaltet Touren durch eine Teeplantage.

Übernachtung und Essen

Chang Bungalows, auf einer Teeplantage 5 km vom Bahnhof und 15 km vom Flughafen; Buchung über Purvi Discovery. Die beiden ruhigen, 150 Jahre alten Bungalows sind die beste Übernachtungsmöglichkeit in Dibrugarh und Umgebung. Sie wurden von britischen Teepflanzern zum Schutz gegen Überschwemmungen und wilde Tiere auf Stelzen errichtet, haben polierte Holzfußböden, elegante Möbel aus dunklem Holz und bieten ausgezeichneten Service. ❽

Indsurya, RKB Path, ✆ 0373-232 6322, 🖥 www.hotelindsurya.com. Kühle und luftige Zimmer. ❹–❺

Mona Lisa, Mancotta Rd, ✆ 0373-232 0416, ✉ paneijonki@sancharnet.in. Große Zimmer, netter Innenhof und Bar. ❺

H2O, im 1. Stock der Amrit Mansion, RNC Path. In dem Trend-Restaurant mit Bar serviert Englisch sprechendes Personal thailändische, indische, chinesische und assamesische Gerichte (Rs50–120).

Sonstiges

Autovermietungen

Autos mit Fahrer bieten **Monikanchan Travel Agency**, nahe Chowkidinghee, ✆ 0373-232 5879, und **Purvi Discovery** (s. S. 903).

Geld

Die **State Bank of India**, im zentralen Geschäftsviertel Thanka Charali, wechselt Reiseschecks.

Transport

Es bestehen gute Bahn- und Busverbindungen nach GUWAHATI und in den übrigen Nordosten.

Busse

Die Busbahnhöfe liegen im Zentrum der Stadt: der staatliche in Chowkidinghee und der private unweit davon in der Phool Bagan.
Staatliche Busse nach:
DIGBOI (7–8x tgl., 4 Std.),
DIMAPUR (2–3x tgl., 10 Std.),
GUWAHATI (8–9x tgl., 10 Std.),
JORHAT (10–14x tgl., 4 Std.),
KAZIRANGA (6–7x tgl., 6 Std.),
MIAO (3x tgl., 6–8 Std.),
TEZPUR (6–7x tgl., 7 Std.).

Eisenbahn

Züge nach:
CHENNAI (1x wöchentl., 45 Std.),
DELHI (1x tgl., 51 Std.),
DIMAPUR (2–3x tgl., 5 3/4–8 Std.),
GUWAHATI (3–4x tgl., 11 3/4–12 1/4 Std.),
KOLKATA (1x tgl., 37 Std.).

Schiffe

Täglich verkehrt eine Fähre nach OIRAMGHAT, in der Nähe von Pasighat (Abfahrt 9 Uhr, 7–8 Std., Rs67 p. p., Rs1500 pro Jeep). Man sollte mindestens eine Stunde vor Abfahrt am Hafen sein, um sich einen Platz zu sichern.

Flüge

Vom 16 km außerhalb der Stadt gelegenen **Flughafen** starten Direktflüge nach KOLKATA und GUWAHATI. Buchung von Inlandflügen bei **Crown Travels**, Mancotta Rd, ✆ 0373-232 0007.
Flüge nach:
DELHI (DN, S2, 4x wöchentl., 3 3/4 Std.),
GUWAHATI (DN, S2, 1–2x tgl., 50 Min.),
KOLKATA (IC, 1x tgl., 1 1/2 Std.).
(IC = Indian Airlines, DN = Air Deccan, S2 = JetLite)

Dibru-Saikhowa-Nationalpark

Rund 60 km nördlich von Dibrugarh liegt der Nationalpark Dibru-Saikhowa, der sich wegen seiner vielfältigen Vogelwelt und seiner Wildpferde großer Beliebtheit erfreut. Informationen beim Range Officer unter ✆ 0374-233 7569.

Übernachtung und Essen

Der Park kann in einem Tagesausflug von Dibrugarh besucht werden, doch es gibt auch einen Campingplatz ✆ 0374-233 7666, und einige weitere Übernachtungsmöglichkeiten:
Inspection Bungalow, in Guijan, ✆ 0374-233 7569. ❷
Purvi Discovery (S. 903), hat einen einfachen Bungalow, der manchmal auch Individualreisenden angeboten wird.

Transport

Eisenbahn

Es bestehen gute Verbindungen vom **Bahnhof New Tinsukia**, 10 km südlich vom Eingangstor des Parks in Guijan.
Züge nach:
DIMAPUR (3x tgl., 6–7 Std.),
GUWAHATI (3x tgl., 15–17 Std.),
LUMDING (3x tgl., 9–10 1/2 Std.).

Silchar

Die unscheinbare Stadt Silchar ist der Hauptverkehrsknotenpunkt des südlichen Assam. Tibetische Händler betreiben hier in den Wintermonaten einen kleinen Wollmarkt in der Central Road.

Übernachtung und Essen

Geetanjali, Club Rd, ✆ 03842-231738. Die Zimmer sind schäbig, aber das Restaurant ist gut. ❷–❹
Kanishka, in Narsingtola, ✆ 03842-246764. Das komfortabelste Hotel in Silchar hat helle, luftige Zimmer mit Bad. ❹
Sudakshina, Shillong Patty, ✆ 03842-230156. Vernünftige Zimmer und eine recht zuverlässige Versorgung mit Warmwasser. ❸–❹

Transport

Busse / Jeeps

Der **staatliche Busbahnhof** in der Nähe des Devdoot Cinema ist der Halt für die staatlichen Busse von und nach Assam, Meghalaya und Tripura. Die meisten **Privatbus-** und **Sumo-Unternehmen** bedienen Silchar ebenfalls und haben Vertretungen überall in der Stadt. Die Straße nach Imphal ist wegen ihres schlechten Zustands und der vielen Armeekontrollpunkte nicht zu empfehlen.

Eisenbahn

Der Bahnhof liegt 3 km außerhalb in Tarapur, doch zur Zeit der Recherche waren die Verbindungen eingeschränkt.

Flüge

Der Flughafen von Silchar liegt 13 km außerhalb. Tickets vermittelt **Moti Travels**, Hospital Rd, ✆ 03842-233716.
Flüge nach:
AGARTALA (IC, 3x wöchentl., 50 Min.),
GUWAHATI (IC, DN, 3–4x tgl., 1/2 Std.),
IMPHAL (IC, 5x wöchentl., 1/2 Std.),
KOLKATA (IC, 1-2x tgl., 1 1/2 Std.),
(IC = Indian Airlines,
DN = Air Deccan)

Meghalaya

Meghalaya zählt zu den kleinsten Staaten Indiens und erstreckt sich über die Ebene und die sanft ansteigenden Berge zwischen Assam und Bangladesch. Seine Bewohner sind vorwiegend Christen und gehören den drei großen ethnischen Gruppen Khasi, Jaintia und Garo an. Die Analphabetenquote im Staat ist gering, und der Unterricht wird in englischer Sprache abgehalten.

Meghalaya, das „Land der Regenwolken", ist zu großen Teilen von üppigen Wäldern bedeckt, in denen wunderschöne Orchideen blühen. Die „blauen Berge" bekommen den Großteil der schweren Monsunwinde aus dem Golf von Bengalen ab und gehören zu den regenreichsten Gebieten der Erde. Im Umland der Hauptstadt **Shillong** gibt es gewaltige Wasserfälle, die spektakulärsten donnern um **Cherrapunjee** herab. Die Berge von Meghalaya erreichen knapp 2000 m Höhe. Dadurch herrscht hier das ganze Jahr über ein angenehmes Klima. Die **Jaintia-Berge** im Osten bieten gute Möglichkeiten zum Wandern und zur Besichtigung von Höhlen, doch es gibt auch historische Sehenswürdigkeiten, wie **Nartiang** in der Nähe von **Jowai**, wo eine beeindruckende Sammlung von Monolithen zu bestaunen ist.

Am 21. Januar 1972, nach 18-jährigem Kampf um die Unabhängigkeit von Assam, wurde Meghalaya zum selbstständigen Staat erklärt. Die aus dem Untergrund operierende Rebellenbewegung HNLC ruft trotzdem regelmäßig zu *bandhs* auf und fordert die Unabhängigkeit von Indien.

Shillong und Umgebung

Die sanften Hügel und Pinienwälder von Shillong haben die Briten veranlasst, diese Region als „Schottland des Ostens" zu bezeichnen. Insbesondere gilt dies für den fantastischen **Barapani** (oder **Umiam**) **Lake** am Stadtrand und den Anblick der einheimischen Khasi-Frauen, die in Gingan und Tartan-Schals gehüllt sind. In einer Höhe von 1500 m wurde Shillong zu einer beliebten Hill Station für die Briten. Sie errichteten es über einer 1000 Jahre alten Khasi-Siedlung und machten es 1874 zur Hauptstadt des damaligen Assam. Leider hat die Stadt viel von ihrem Zauber verloren und die umliegenden Berge leiden unter drastischem Kahlschlag. Der Zustrom neuer Siedler aus den Ebenen geht mit einer erheblichen Belastung der natürlichen Ressourcen einher, was sich besonders in Wassermangel äußert, und der generelle Organisationsmangel hat zu einem planlosen Wachstum geführt. Der ursprüngliche viktorianische Stil der Stadt ist hingegen noch weithin erkennbar.

Das Leben in Shillong dreht sich um den herrlichen **Ward Lake**, ⏰ Mo–Sa 5.30–17.30 Uhr, Eintritt Rs5, Kamera Rs10. Im angrenzenden exklusiven European Ward mit seinen Gartenanlagen und Kiefernwäldern befindet sich u. a. das Government House, die offizielle Residenz des Gouverneurs. Die Atmosphäre steht hier im krassen Gegensatz zu den engen, von Händlern dicht gesäumten Straßen des **Police Bazaar** oder des weiter westlich gelegenen **Bara Bazaar**, wo alle acht Tage der älteste Markt von Meghalaya, **Iewduh**, stattfindet. Das schäbige **State Museum** von Meghalaya in Lachumiere (⏰ Mo–Sa 10–16 Uhr, 2. und 4. Sa im Monat geschlossen) dokumentiert die regionalen Bräuche, doch wesentlich interessanter ist das nagelneue **Don Bosco Museum** im Sacred Heart Theological College. Es bietet einen faszinierenden Einblick in die Welt der regionalen Stammesgruppen mit Ausstellungen über Kultur, Musik, Kunst, Geschichte und Religion. Man findet das Museum, wenn man von den Polo Towers dem Fluss 1,5 km nach Westen folgt bis man die Schilder entdeckt, die den Weg hinauf zum Museum weisen. ⏰ Winter: Mo–Sa 9.30–17.30 Uhr, So 13.30–17.30 Uhr; Sommer: Mo–Sa 9.30–16.30, So 13.30–16.30 Uhr, Eintritt Rs150.

Das **Museum of Entomology** (Schmetterlingsmuseum) befindet sich 2 km nordwestlich von Police Bazaar. ⏰ Mo–Fr 11–16 Uhr, Eintritt Rs25.

Überall in Shillong gibt es kleine Stände an denen man Wetten auf *siat khnam* abschließen kann. Bei diesem unglaublich populären Sport schießen Khasi-Männer Pfeile auf eine Zielscheibe und die Zuschauer wetten auf die insgesamt erzielten Punkte. Beginn ist täglich um 15.30 Uhr gegenüber vom Nehru-Stadion hinter dem Golfplatz.

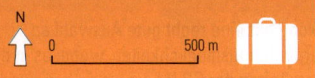

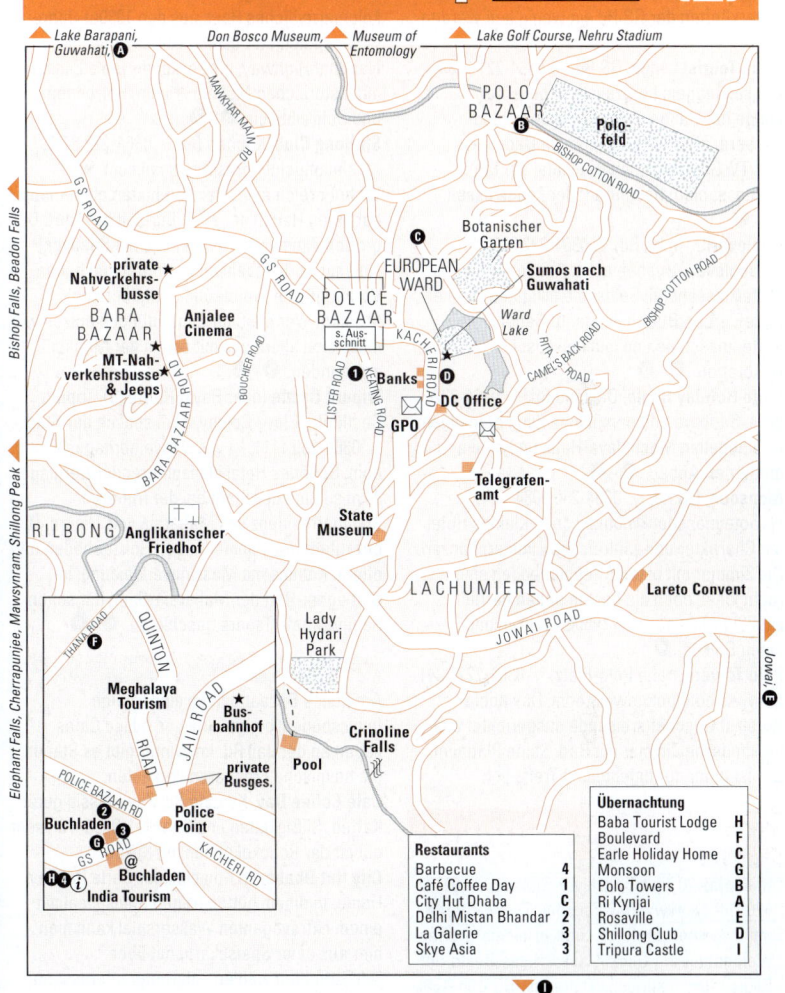

Shillong

Restaurants
Barbecue	4
Café Coffee Day	1
City Hut Dhaba	C
Delhi Mistan Bhandar	2
La Galerie	3
Skye Asia	3

Übernachtung
Baba Tourist Lodge	H
Boulevard	F
Earle Holiday Home	C
Monsoon	G
Polo Towers	B
Ri Kynjai	A
Rosaville	E
Shillong Club	D
Tripura Castle	I

Ein wenig Erholung von der Stadt bietet Tripura Castle (S. 916), von wo ein kurzer Anstieg in die Kiefernwälder der Berge hinaufführt. Großartige Ausblicke bietet der Shillong Peak (1965 m), 10 km westlich der Stadt, mit den vier letzten Exemplaren des *ilek khasima*, eines einst im Hochgebirge heimischen Baums, der am Aussterben ist.

www.stefan-loose.de/indien   **Shillong und Umgebung**   915

Übernachtung

Shillong hat eine recht gute Auswahl an Übernachtungsmöglichkeiten, wobei es in den Unterkünften der GS Rd ein wenig laut werden kann.

Baba Tourist Lodge, GS Rd, ✆ 0364-221 1285. Die seit langem bei Travellern beliebte Lodge hat Gänge voller Krimskrams und saubere, aber enge Zimmer mit Bad und TV. Gäste müssen (!) einmal am Tag im (passablen) Restaurant der Lodge essen. ❷–❸

Boulevard, Thana Rd, ✆ 0364-222 9823, ✉ boulevard@yahoo.co.in. Ausgezeichnetes Mittelklassehotel: Selbst die billigsten Zimmer bieten große Betten, elegante Bäder, Kaffeemaschine und minimalistische Dekoration. ❹–❻

Earle Holiday Home, Oakland Rd, ✆ 0364-222 8614. Saubere und gemütliche Zimmer in einem traditionellen Meghalaya-Haus und einem modernen Anbau. ❸–❺

Monsoon, GS Rd, ✆ 0364-250 0084, ✉ hotelmonsoon@hotmail.com. Kleines Hotel mit Charakter und zahlreichen Zimmerpflanzen. Die Zimmer mit blauem Teppichboden sind recht klein, doch die besten haben herrlich kitschige TVs aus den 1960er-Jahren und einen Balkon. ❹

Polo Towers, nahe Polo-Platz, ✆ 0364-222 2341, 🖥 www.hotelpolotowers.com. Das noble Hotel ist Geschäftsreisende ausgerichtet und hat moderne Zimmer mit Bad. Seine Platinum Bar ist einer der belebtesten Treffs von Shillong, die Qualität des Restaurants schwankt hingegen. ❼

Rosaville, ✆ 0364-222 1622. Gemütliches, kolonialzeitliches Haus aus den 1930er-Jahren wenige Kilometer östlich von Shillong am National Highway; große, komfortable Zimmer mit historischen Möbeln, Kamin, Holzböden und Schreibtisch. ❻–❼

Shillong Club, Kacheri Rd, ✆ 0364-222 5497, ✉ shillongclubltdresi@hotmail.com. Der Wohnbereich eines der berühmten alten Clubs hat einen Hauch der alten Raj-Zeit bewahrt. Die großen Zimmer mit Bad (einige mit Seeblick) sind mit Korbmöbeln ausgestattet und haben Vorhänge, die Wohn- und Schlafbereich trennen. Wer die Club-Einrichtungen nutzen will, muss sich allerdings mit einem der Mitglieder anfreunden. ❺–❻

Tripura Castle (oder Royal Heritage), Tripura Castle Rd, Cleve Colony, 3 km südlich der Stadt, ✆ 0364-250 1111, 🖥 www.royalheritageshillong.com. Schönes Hotel in inspirierender Berglage 3 km südlich der Stadt bei der früheren Sommerresidenz des Maharaja von Tripura. Die bezaubernden Zimmer haben Holzfußböden und offene Kamine mit Messingverkleidung; im Mahagoni-Bett der Maharaja-Suite hat schon Rabindranath Tagore geschlafen. ❻–❽

Essen

Am Police Bazaar gibt es eine Menge Imbissbuden; einige gute und billige Cafés liegen an der Jail Rd. Im Winter gibt es Stände, die heimische Erdbeeren verkaufen.

Café Coffee Day, Keating Rd. Zuverlässig guter Kaffee, Süßigkeiten und Snacks. (Rs30–70); sehr gut ist der Schokokuchen mit Kakao.

City Hut Dhaba, im Komplex des Earle Holiday Home. In einem hüttenartigen Speisesaal mit einem extravaganten Wasserspiel kann man hier aus einer Speisekarte mit über 300 Gerichten wählen – darunter interessante Kreationen wie scharfe Enten *chatpata* und deftige *thalis* (Rs55–140). Warm anziehen, denn abends kann es empfindlich kühl werden.

Delhi Mistan Bhandar Police Bazaar Rd. Der beliebte und gut besuchte Treff bietet eine klassische Auswahl an indischem Frühstück, Snacks und Süßigkeiten (Rs10–40). Es gibt keine

---

Bungalows in paradiesischer Lage

Ri Kynjai, 20 km nördlich von Shillong, ✆ 09862 420300, 🖥 www.rikynjai.com. Das 5-Sternehotel in spektakulärer Lage in einem großen Waldgebiet am Umiam-See ist das Beste der Region. Die luxuriösen Cottages (US$100–150) auf Pfählen und mit den traditionellen Dächern in der Form umgekehrter Boote sind mit Kiefernholz ausgekleidet und haben offenen Kamin und Jacuzzi. Das exzellente Restaurant serviert die Küche des Nordostens und bietet oft Liveauftritte mit Folklore. ❾

Authentisch chinesisch

Barbecue, GS Rd. Herrliches, authentisches und sehr beliebtes Chinarestaurant mit Papierlampen und fernöstlicher Dekoration. Das Schweinefleisch mit gebratenem Reis und das Ingwerhuhn (Rs65–110) sind ausgezeichnet.

Karte und das Personal spricht wenig Englisch, so dass man auf das zeigen muss, was man möchte.
Baba Tourist Lodge, GS Rd. Preiswertes und sauberes Restaurant mit leckerem indischem Essen.
Delhi Mistan Bhandar, Police Bazaar Rd. Klassische indische Snacks und Süßspeisen. Sehr billig, immer voll, ausgezeichnetes südindisches Frühstück.
La Galerie, Hotel Centre Point, Police Bazaar. Schlichte Kantine für einen schnellen Imbiss (Rs30–75) wie die leckeren *cholle bhatura* (lockere Teigtaschen mit Kichererbsen in Bratensauce).
Skye Asia, Hotel Centre Point, Police Bazaar. In der Etage über La Galerie gelegenes besseres Restaurant mit besonders guter Thai-Küche (Rs80–200). Abends mutiert es zum Nachtclub und dann kann es dort hoch her gehen.
Tripura Castle, Tripura Castle Hotel, ✆ 0364-250 1111. Gute Adresse für ein gemütliches Essen in angenehmer Atmosphäre. Abends Reservierung erforderlich; Khasi-Gerichte (Rs150–300) müssen vorbestellt werden.

Sonstiges
Bücher
Die Buchhandlung gegenüber dem ITDC-Büro hat Stadtpläne und Bücher über die Region im Angebot.

Geld
State Bank of India, Kacheri Rd, bietet Geldwechselservice. **Geldautomaten** gibt es in der ganzen Stadt.

Informationen
Meghalaya Tourism, Jail Rd, gegenüber der Busstation, ✆ 0364-226220, 🖥 www.meghalayatourism.in. Arrangiert gute Tagesausflüge nach Cherrapunjee (ab Rs200) und Barapani (ab Rs210) sowie eine Stadtrundfahrt (ab Rs100). ⓘ tägl. 6.30–20 Uhr. Das **India Tourism Office**, GS Rd, ✆ 0364-222 5632), ist nicht weit von Meghalaya Tourism entfernt. ⓘ Mo–Fr 9.30–17.30 Uhr, Sa 9.30–14 Uhr.

Internet
Internet-Anbieter gibt es in der ganzen Stadt, z. B. **Alfies**, gegenüber vom Hotel Centre Point in Police Bazaar (Rs20/Std.).

Post
Das **GPO** (Hauptpost) liegt an der Kacheri Rd.

Touren
Das sehr empfehlenswerte **Cultural Pursuits**, c/o Hotel Alpine Continental, Thana Rd, ✆ 09436-303978, 🖥 www.culturalpursuits.com, vermittelt Homestays in den Khasi-Dörfern der Umgebung, Trekking-Touren und Gruppenreisen, darunter auch Touren zu den religiösen Festen Garo Wangala und Khasi Nongkrem Dance im Oktober. Wer die eindrucksvollen **Höhlen** von Meghalaya erkunden möchte, setze sich mit der **Meghalaya Adventurers Association** am Mission Compound in der Nähe des Synod Complex in Verbindung, ✆ 0364-254 5621.

Transport
Das Zentrum von Shillong kann gut zu Fuß erkundet werden, es verkehren aber auch Motor-Rikschas und Taxis.

Busse und Jeeps
Busse von außerhalb des Bundesstaats kommen am **Police Bazaar** im Stadtzentrum an. **Nahverkehrsbusse** fahren vom Bara Bazaar ab, **Jeeps** mit denselben Reisezielen fahren vom Anjalee Cinema ab, sobald sie voll sind.
Staatliche Busse fahren vom Busbahnhof an der Jail Rd nach GUWAHATI (stdl.) – aber die **Sumos** von der Kacheri Road dorthin sind schneller.
Private Busgesellschaften verkehren im gesamten Nordosten, die Tickets bekommt man

bei deren Vertretungen rings um Police Point. Reisende nach Aizawl fahren besser erst nach Silchar und dann weiter mit dem Jeep; Busverbindung nach AIZAWL (3x wöchentl., 18 Std.) Verbindungen nach Nagaland und Manipur gehen über Guwahati. Der **Grenzübergang nach Bangladesch** in Dawki, südöstlich von Cherrapunjee, wird von privaten Bussen ab Bara Bazaar und einer ganzen Flotte von Tata Sumos angefahren, die auch Cherrapunjee und Mawsynram ansteuern.
Staatliche Busse nach:
AGARTALA (2–3x tgl., 20 Std.),
AIZAWL (3x wöchentl., 18 Std.),
CHERRAPUNJEE (2–3x tgl., 2 Std.),
GUWAHATI (12x tgl., 3–4 Std.),
JOWAI (2–3x tgl., 3–4 Std.),
MAWSYNRAM (2x tgl., 3 Std.),
SILCHAR (3–4x tgl., 10 Std.),
TURA (4–5x tgl., 12 Std.).

Flüge

Shillong (alias Umroi) **Airport** liegt 34 km westlich vom Stadtzentrum und ist mit regelmäßig verkehrenden Bussen zu erreichen (1 1/2 Std.). Es gibt Flüge nach KOLKATA; Buchung bei **Sheba Travels**, Police Bazaar, ✆ 0364-222 3015. Wegen des Wetters kommt es aber oft zu Verspätungen.

Hubschrauber, ✆ 0364-222 3129 fliegen nach GUWAHATI und TURA. Infos unter ✆ 0364-222 3129, Buchungen an der Busstation.
Flüge nach:
KOLKATA (IC, 3x wöchentl., 3 1/2 Std.),
JORHAT (IC, 2x wöchentl., 50 Min.).
(IC = Indian Airlines)

Cherrapunjee

Die 56 km südlich von Shillong im Khasi-Gebirge gelegene Stadt Cherrapunjee gelangte dank durchschnittlicher jährlicher Niederschläge von 12050 mm als regenreichster Ort der Erde zu Ruhm. Die höchste Niederschlagsmenge, die jemals an einem einzigen Tag verzeichnet wurde, nämlich 1040 mm, fiel hier im Jahr 1876 zu Boden. Heute teilt sich Cherrapunjee diesen nassen Superlativ fast mit dem nahe gelegenen Mawsynram, dessen durchschnittliche Niederschlagsmenge bei sagenhaften 11873 mm liegt. Die zahlreichen Wasserfälle in der Umgebung sind besonders in der schwülheißen Monsunzeit beeindruckend, wenn die sintflutartigen Regenfälle in die Ebenen von Bangladesch herabstürzen.

Cherrapunjee erstreckt sich über mehrere Kilometer. Alle acht Tage findet hier ein Markt statt, auf dem Stammesschmuck und orangefarbener Honig aus einheimischer Produktion angeboten werden. Die Sehenswürdigkeiten der Umgebung – der Wasserfall Noh Kalikai, der Bangladesch-Aussichtspunkt sowie das Dorf und die Höhle von Mawsmai – liegen alle im Umkreis weniger Kilometer von Cherrapunjee in alle Himmelsrichtungen verstreut. Sie lassen sich gut im Rahmen einer (etwas gehetzten) **Tagestour** mit Meghalaya Tourism besichtigen (S. 917).

Alternativ dazu fahren täglich um 7 Uhr staatliche Busse und Sumos am Anjalee-Cinema-Busbahnhof ab, wobei der letzte allerdings schon um 14.30 Uhr zurückfährt.

In **Mawphlang** mit seinem alten, heiligen Wäldchen beginnt eine Tageswanderung nach Cherrapunjee über den David Scott Trail. Einer der Anbieter ist Impulse Inc, NGO Network, Lachumiere, Shillong, ✆ 0364-250 0587.

Wanderstützpunkt vom Feinsten

Eine gute Adresse für Übernachtung und Essen ist das faszinierend gelegene **Cherrapunjee Holiday Resort**, ✆ 03637-264218, 🖥 www.cherapunjee.com. Es steht am Rand der östlichen Khasi-Berge mit ausgezeichneten Ausblicken auf die Ebenen von Bangladesch und hat gemütliche, saubere Zimmer. Von hier aus lassen sich auch einige faszinierende, 150 Jahre alte Brücken aus lebenden Wurzeln, frische Quellen, Wasserfälle, Höhlen und Khasi-Dörfer besichtigen. Oder man kann an Canyoning-Touren und Exkursionen zur Vogelbeobachtung teilnehmen. ❹

Arunachal Pradesh

Arunachal Pradesh, „das Land der Gipfel in der Morgenröte", gehört zu den letzten verbliebenen, unberührten Landstrichen Indiens. Es ist mit einem Reichtum faszinierender Kulturen und Völker gesegnet, die in diesem Lebensraum aus Gletscherzone, Hochgebirgswiesen und subtropischem Regenwald heimisch sind. Außerdem gedeihen hier 500 Orchideenarten.

Die Staatshauptstadt **Itanagar** liegt nördlich des Brahmaputra, gegenüber von Jorhat. Im entlegenen Westen des Bundesstaats klettert die Straße von **Bhalukpong** an der assamesischen Grenze nach **Tawang** stetig über zerklüftete Berge und an Gletscherflüssen vorbei durch dichten Urwald, bevor sie auf halber Strecke den ebenso öden wie spektakulären **Sela Pass** (4300 m) erreicht. An der Strecke liegen die buddhistischen Städte **Bomdila**, **Rupa** und **Dirang** mit ihren farbenfrohen tibetischen Klöstern. Ganz in Nordosten von Arunachal beherbergt der ursprüngliche **Namdapha-Nationalpark** Nebelparder, Schneeleoparden, Tiger und Elefanten. In der Nähe liegt **Parasuramkund**, eine der bedeutendsten und am schwierigsten zugänglichen Hindu-Pilgerstätten.

Trotz der Schönheit des Landes wird von Reisen nach Arunachal Pradesh abgeraten. Das liegt an den extrem sensiblen Grenzen zum chinesisch besetzten Tibet im Norden und zu Myanmar im Osten. 1962 fielen die Chinesen in Arunachal Pradesh ein und drangen über 300 km bis nach Tezpur in Assam vor – ein Feldzug, den Indien nicht vergessen hat. Seitdem herrscht in der Gegend hohe Militärpräsenz. Besucher brauchen eine **Genehmigung**, um in den Bundesstaat einzureisen und sollten das unbedingt mit einem **Reiseveranstalter** tun, nicht zuletzt weil die meisten Orte nur per Jeep erreichbar sind (s. S. 802/803, Kasten).

Zwischen Dezember und März ist es in den meisten Bergstädten der Region extrem kalt und die Unterkünfte sind nicht entsprechend ausgerüstet. Ein wintertauglicher Schlafsack gehört ins Gepäck, eine Wärmflasche ist ebenfalls anzuraten, ebenso wie eine Taschenlampe wegen der häufigen Stromausfälle.

Volksgruppen in Arunachal Pradesh

Arunachal Pradesh ist die Heimat einer beeindruckenden Vielfalt von 26 größeren Volksgruppen, die wiederum eine Vielzahl von Untergruppen umfassen. Die meisten gehören zwar der tibetisch-mongolischen Rasse an, doch jede unterscheidet sich hinsichtlich Kultur, Dialekt, Kunst, Trachten, Sozialstruktur und Traditionen gründlich von den anderen. Bei vielen ist die Polygamie noch sehr verbreitet – ebenso wie die in diesem Staat charakteristische Mischung aus Hinduismus, Buddhismus und Animismus. Die wichtigsten Gruppen, denen man am ehesten begegnet, sind die Wanchos, Noctes, Tangsas, Singphos, Khamptis, Mishmis, Mijis, Galos, Padams, Miwongs, Membas, Tagins und Puroiks. Allerdings sind die Traditionen durch moderne Einflüsse überall am Verblassen – insbesondere bei der jüngeren Generation, die zunehmend westliche Kleidung trägt, Bollywood-Hits hört und chinesisch isst.

Itanagar

Knapp 400 km nordöstlich von Guwahati entfernt liegt Itanagar, die Hauptstadt von Arunachal Pradesh. Für Besucher gibt es hier wenig Sehenswertes, doch da die Stadt Hauptverkehrsknotenpunkt der Region ist, verbringen hier viele Traveller eine Nacht.

Das **Jawaharlal Nehru State Museum** informiert über Feste, Tänze, Behausungen und Lebensstil der hiesigen Volksgruppen und zeigt im 1. Stock eine beeindruckende ethnographische Sammlung mit Holzschnitzereien, Musikinstrumenten, fantasievollem Schmuck und esoterischen Objekten, wie Penisbedeckungen aus Bambusrohr. ◌ tgl. außer Mo 9.30–17 Uhr, Eintritt Rs50.

Das schummrig beleuchtete staatliche Kaufhaus **Sales Emporium**, oberhalb von Zero Point, unweit des Donyi-Polo Ashok (s. u.), verkauft interessante Kunsthandwerksobjekte und Rohrmöbel.

10 km außerhalb liegt der **Gyakar Sinyi** (Ganga-See, Eintritt Rs5, Kamera Rs10). Der dichte

Dschungel an seinen Ufern liefert einen Vorgeschmack auf die wunderschönen Landschaften des Bundesstaates. Gute Ausblicke auf die umliegende Landschaft eröffnen sich von dem kleinen, auf einem Berg unmittelbar oberhalb der Stadt gelegenen **tibetisch-buddhistischen Tempel**.

Ein **staatliches Touristenbüro** befindet sich hinter dem Akash Deep Complex.

Übernachtung und Essen

Arun Subansiri, unmittelbar unterhalb von Zero Point, ✆ 0360-221 2806. Ein besseres Hotel mit kühler Marmoreinrichtung, riesigen Zimmern mit Warmwasser und TV, freundlichem Personal und einem Generator zur Überbrückung der unvermeidlichen Stromausfälle. ❹

Blue Pine, APST Rd, ✆ 0360-221 1118. Hier gibt es billige, schlichte und saubere Zimmer. ❷–❹

Donyi-Polo Ashok, oberhalb von Zero Point, ✆ 0360-221 2626, 🖥 www.theashokgroup.com. Das teuerste Hotel in Itanagar gehört zu einer glanzlosen, staatlichen Kette. Der Ausblick ist großartig, doch die komfortablen Zimmer sind abgenutzt, fade und übertreuert; abends sorgt eine Disco-Bar oft für viel Lärm. ❼

Samsara, im Akash Deep Complex, ✆ 0360-221 1266. Haus unter buddhistischer Leitung mit annehmbaren, aber etwas mitgenommenen Zimmern. Große Dachterrasse zum Ausspannen sowie ein Innen- und Außenrestaurant. ❸–❹

Das **Restaurant Bhismak** im Donyi-Polo serviert die übliche nordindische Küche sowie überraschend gute Gerichte aus dem Punjab; das Buffet am Mittag und Abend kostet Rs300.

Das **Aane Hotel** an der Banktinali Rd und das **Dragon**, 1. Stock Akash Deep, sind billigere Alternativen; beide servieren einfache indische und chinesische Gerichte.

Transport

Busse und Jeeps

Staatliche und private Busse verbinden Itanagar mit GUWAHATI (10–11 Std.) und Orten im ganzen Staat: HAPOLI (5 Std.), BOMDILA (7–8 Std.), PASIGHAT (6–7 Std.) und ALONG (10 Std.). Sumos sind allerdings wesentlich schneller. Tickets gibt es bei Büros am Ganga Market.

Eisenbahn

Die Züge von Guwahati fahren nur bis Harmuti, 33 km weiter östlich in Assam. Derzeit ist jedoch ein Ausbau der Bahnlinie bis nach Itanagar im Gespräch.

Flüge

Der nächstgelegene Flughafen befindet sich 67 km entfernt in **Lilabari**, unmittelbar außerhalb von North Lakhimpur in Assam. Es soll aber auch bei Itanagar einer gebaut werden. Pawan Hans, in Naharlagun, ✆ 0361-284 0300, bietet tgl. außer So einen **Helikopter-Service** (Rs3000) nach GUWAHATI sowie unregelmäßige Shuttle-Flüge in der gesamten Region. Die Helikopter starten vom 10 km entfernten Naharlagun.

Bomdila

Bomdila ist ein freundliches Städtchen im Westen von Arunachal, das auf 2500 m Höhe auf einem Felsvorsprung des Thagla-Gebirgskamms liegt. Das Gebirge trennt die Regenwälder im Süden von den subalpinen Tälern im Norden. Es gibt einige **tibetisch-buddhistischen Klöster**: Das größte, ein Gelugpa-*gompa* (tibetisches Kloster) hoch oberhalb der Stadt, wurde 1997 vom Dalai Lama eingeweiht. Das ältere *gompa* weiter unterhalb beherbergt eine blaue Statue des Medizin-Buddhas Sangye Menhla.

Wenige Kilometer hinter Bomdila an der Straße nach Tawang kommen die schneebedeckten Gipfel des Gori Chen (6488 m) und des Kangto (7042 m) zum Vorschein.

Übernachtung

Die meisten Budget-Hotels von Bomdila liegen an der Hauptstraße beim Markt.

Him-Land, ✆ 03782-790001. Nahe dem Passang, ist eine gute Alternative dazu und hat kleine, aber saubere Zimmer mit Toilette. ❷

Passang, ✆ 03782-222627. Beste Wahl mit einfachen, sauberen Zimmern mit Bad. ❶–❷

Tourist Lodge, von der Haupt-Marktstraße 1 km den Hang hinauf, nahe dem Stadion, ✆ 03782-22049. Eine Klasse besser als die anderen Hotels, mit großen, aber verwohnten Zimmern um einen Teich herum; die Heizungen sind den Aufpreis von Rs100 absolut wert. ❸

Essen

China Town, an der Haupt-Marktstraße 100 m südlich von Himalayan Holidays, ist ein einladendes Lokal mit gutem *chow mein*, Brathähnchen, Schweinefleisch und Suppen (Rs30–60).
Himalaya, 150 m unterhalb des China Town. Winziges Lokal mit nur drei Tischen, so dass man das Gefühl hat, bei jemand zu Hause zu essen. Es serviert scharfe *thukpas* (dicke Nudelbrühe), *momos* (Klöße), Nudeln und Bratfisch (Rs20–40).
Siphiyang Phong, gegenüber dem Stadion, serviert leckere Currys und Suppen (Rs30–70); es hat länger geöffnet als andere Lokale, nämlich bis 21 Uhr.

Sonstiges

Informationen
Tourist Office, in der Tourist Lodge (s. o.), ☏ 03782-222049.

Internet
Wanges Computer World, an der großen Marktstraße, neben Himalayan Holidays (Rs30/Std.).

Touren
Himalayan Holidays, an der großen Marktstraße, 🖥 www.himalayan-holidays.com, ☏ 03782-222017, organisiert lokale **Sightseeing-Touren**. Zum Programm gehören auch Treks in die Region, etwa zum Basislager Gori Chen.

Transport

Nur zwei Möglichkeiten führen aus Bomdila heraus: weiter aufwärts in Richtung TAWANG oder zurück bergab nach BHALUKPONG.
Staatliche Busse fahren von der Haltestelle im unteren Stadtteil nach TEZPUR (1–2x tgl., 7–8 Std.). Die etwas schnelleren **Privatbusse** nach Tezpur (1–2x tgl.) halten vor Himalayan Holidays, doch das beste und bequemste Transportmittel auf den steilen Serpentinenstraßen der Region sind Tata **Sumos**. Es gibt tägliche Verbindungen früh am Morgen nach Tezpur über Rupa und Richtung Norden nach Tawang; Tickets vorher bei den Büros an der Haupt-Marktstraße reservieren.

Tawang

Rund 180 km von Bomdila entfernt liegt das eindrucksvolle buddhistische Kloster Tawang, das größte Indiens. Es ist durch einen hohen Gebirgskamm vom restlichen Arunachal abgeschnitten. Man gelangt nur über eine Serpentinenstraße dorthin, die über den spektakulären Sela-Pass führt. Das Kloster dominiert das Land der Monpa. In etwa 3500 m Höhe steht es umgeben von Bergen, die fast das ganze Jahr über mit Schnee bedeckt sind. Tawang *ist* nicht nur das Ende der Welt – man fühlt sich auch so. Da es hier meistens sehr kalt ist, gehört warme Kleidung ins Gepäck.

Das **Kloster Tawang** (tgl. Sonnenauf- bis -untergang; Fotoapparat Rs20, Video Rs100) liegt ein paar Kilometer hinter der Stadt. Erbaut wurde es im 17. Jh., als diese Gegend noch zu Großtibet gehörte. Es ist die Geburtsstätte des sechsten Dalai Lama. Der farbenfrohe Komplex mit Festungscharakter liegt ein paar Kilometer außerhalb, wird von ca. 500 Mönchen bewohnt und ist für seine Manuskriptsammlung und seine tibetische *thangka*-Kunst berühmt. Dort gibt es ein kleines **Museum** (Eintritt Rs20) mit buddhistischen Ziergegenständen und Reliquien, darunter auch Schmuck aus dem Besitz der Mutter des 6. Dalai Lama. Der große Schreinraum ist reich verziert und beherbergt mehrere Statuen, darunter eine ausnehmend schöne 1001-armige Chenresig (auch Avalokitesvara). Wenn man Glück hat, laden einen die Mönche zu gesalzenem Tee mit Yakbutter ein.

Vom Haupttor aus sind zwei *ani gompas* (Nonnenklöster) sichtbar, die sich in der Ferne an die Steilhänge klammern. Erreichbar sind sie entweder in ein paar Stunden Fußmarsch oder mit dem Auto über eine Straße, die durch militärisches Sperrgebiet führt und daher genehmigungspflichtig ist.

Tawang ist eine freundliche Stadt, in der das ganze Jahr über Feste gefeiert werden. Jeden Januar findet im Kloster das dreitägige *torgya* statt, um böse Geister und Naturkatastrophen fern zu halten. Das einwöchige *losar* (tibetisches Neujahrsfest) wird im Februar oder Anfang März mit Tänzen und Festlichkeiten begangen.

Hinter Tawang und sehr nah an der Grenze zu Tibet liegt das Seengebiet Bangachangsa. Mit seinen unberührten Hochgebirgsseen, den winzigen *gompas* und Guru Rinpoche-Höhlen ist der Ort sowohl tibetischen Buddhisten als auch den Sikhs heilig – Guru Nanak besuchte die Region zweimal, daher der kleine *gurudwara* (Sikh-Tempel).

Es gibt keine öffentlichen Verkehrsmittel hierher, aber anspruchsvolle Trekking-Touren mit Camping können über das Hotel Pemaling in Dirang oder im Touristenbüro in Bomdila gebucht werden.

Übernachtung

Gorichen, an der Haupt-Marktstraße, 03794-224151. Gute Alternative zum Tawang Inn mit großen, holzverkleideten DZ, unzuverlässiger Elektroheizung, großen Betten und Plastikblumen. ❹

Shangri La, nahe der Busstation, 03794-222275. Hält nicht, was der Name verspricht, ist aber eine passable Unterkunft für Backpacker: spartanische, aber saubere Zimmer mit Bad. ❶–❸

Tawang Inn, in einem rosa Gebäude 400 m südwestlich der Haupt-Marktstraße, 03794-224096. Das beste Hotel bietet komfortable Zimmer mit Bad; die im obersten Stock haben eine herrliche Aussicht. ❹–❻

Tourist Lodge, von der Haupt-Marktstraße 300 m den Berg hinauf, 03794-222359. Etwas heruntergekommen, aber es gibt große Zimmer mit grünen Teppichen, kleinen Heizkörpern und Bad – die Betten befinden sich in einer erhöhten Nische und sind über wackelige Stufen zu erreichen. ❸–❹

Essen

Das **Gorichen** besitzt ein bescheidenes Restaurant mit Avril-Lavigne-Postern und serviert *chow mein*, *momos*, Chicken Curries und *thalis* (Rs30–70). Das **Dragon**, an der Haupt-Marktstraße, hat eine schicke Rauchglas-Fassade und serviert das wohl beste chinesische Essen in Tawang (Rs40–70). Schräg gegenüber bringt das **Hotel Snowland** ordentliche chinesische, indische und tibetische Gerichte auf den Tisch, u. a. deftige *thukpas* (Rs20–50). Geschäfte und Restaurants schließen meist gegen 18 Uhr.

Sonstiges

Informationen

Die **Tourist Lodge** hat ein kleines Tourist Office, aber **Himalayan Holidays**, 03794-223151, gegenüber vom Gorichen, ist die bessere Infoquelle.

Internet

Das **Manyul Cyber Café**, an der Haupt-Marktstraße gleich östlich der Gebetsmühlen, bietet Internet-Zugang (Rs50/Std.).

Transport

Beim Hotel Gorichen (s. o.) gibt es einen **Taxistand**; die einfache Fahrt zum Kloster kostet Rs50. Es lohnt sich jedoch, den Fahrer zu bezahlen, damit er wartet, denn sonst könnte es schwierig sein, jemand für die Rückfahrt zu finden.

Sumos und **private Busse** verkehren tgl. von Tawang nach BOMDILA, DIRANG und TEZPUR. Tickets kann man im Voraus bei den entsprechenden Vertretungen in der Nähe des Platzes am Busbahnhof kaufen.

2x wöchentl. fliegen **Hubschrauber**, 0361-284 0300, von Lumla, 27 km westlich von Tawang, nach GUWAHATI; sie sollen zukünftig tgl. verkehren.

Zentral-Arunachal

Der Luftkurort **Hapoli** (ehemals Ziro), 1780 m über dem Meeresspiegel, liegt 150 km nördlich von Itanagar entfernt. Die ehemals von den Briten als Sommerresidenz genutzte Stadt hat nicht viel zu bieten, doch auf dem Markt herrscht ein geschäftiges Treiben. In mehreren Dörfern der Umgebung, die auch zu Fuß erreichbar sind, trifft man noch auf Apatani-Männer mit beeindruckenden Gesichtstätowierungen und Frauen mit Nasenschmuck aus Bambus. Nach **Old Ziro** führt eine landschaftlich schöne Route vom Zentrum in Hapoli aus. Dorthin gelangt man auch mit den halbstündlich verkehrenden Bussen. Übernachten lässt es sich in Hapoli im angenehmen Arunachal Guest House, ✆ 03788-24196 ❷, und im komfortableren Hotel Blue Pine, ✆ 03788-224812 ❸, 2 km außerhalb des Zentrums, das auch ein gutes Restaurant hat.

Sumo-Jeeps fahren nach Itanagar, Daporijo, Along und Pasighat. Peak Tour and Travels, ✆ 03788-225221, hilft bei der Buchung von Touren in der Umgebung.

Im Norden und Osten bieten **Along** und **Pasighat**, die jeweiligen Distrikt Hauptverwaltungen von West und East Siang, Trekking- und Angel-Touren an. In der Nähe von Along lassen sich einige Adi-Dörfer besichtigen, während die Bevölkerung in der Umgebung von Pasighat, der ältesten Stadt in Arunachal Pradesh, vorwiegend aus Mishmi besteht.

Zimmer bietet in Along das Hotel Holiday Cottage, Hospital Hill, ✆ 03783-222463 ❸, eine beliebte Unterkunft mit neun komfortablen DZ. In Pasighat gibt es das zentral gelegene Oman Hotel im Oman Complex, ✆ 0360-222 4464 ❸, mit schlichten, sauberen Zimmern mit Bad und Warmwasser aus Eimern.

Beide Städte erreicht man von Itanagar aus auf dem NH-52 (7 Std. nach Along, 9 Std. nach Pasighat). Die Fahrt geht über **North Lakhimpur**, das sich mit einer Reihe interessanter Marktstände und Geschäfte für einen Zwischenstopp anbietet.

Eine halbe Taxistunde von Pasighat entfernt liegt **Oiramghat**, wo täglich eine Fähre nach Dibrugarh (S. 912) ablegt.

Ost-Arunachal

Im östlichen Arunachal werden die abgelegenen Flusstäler des Dibang und des Lohit von den Stämmen der Mishmi, Singhpo und Khampti bewohnt. Die Landschaft geht von schneebedeckten Pässen in subtropische Wälder am Brahmaputra über. Zu den Highlights vor Ort zählen das hinduistische Pilgerzentrum **Parasuramkund**, eine Festung aus dem 12. Jh. in **Bhismaknagar** und der **Namdapha-Nationalpark**.

Parasuramkund

Die heilige Hindu-Stätte **Parasuramkund** am Ufer des Lohit findet in der Chronik *Kalika Purana* als der Ort Erwähnung, an dem Parasuram sich von seinem Muttermord reinwusch. Zu Makar Sankranti (Mitte Januar), dem günstigsten Tag im Jahr, um sich von allem negativen Karma reinzuwaschen, nehmen Tausende Pilger die beschwerliche Reise hierher auf sich. Die nächstgelegene Stadt ist **Tezu** (ca. 20 km südwestlich), wo man auch Unterkünfte findet, darunter das schlichte Osen, ✆ 03804-222776, ❸ und der Inspection Bungalow, ✆ 03804-223666 ❶.

Bhismaknagar

In Bhismaknagar, nordwestlich von Tezu, stehen die Ruinen einer Bergfestung aus dem 12. Jh., die von dem aus der Mongolei stammenden Volk der **Chutiya** erbaut worden sein soll. Sie gelten als die älteste archäologische Stätte in Arunachal Pradesh. Die am nächsten gelegene größere Stadt ist das rund 25 km entfernte **Roing**, wo man im Circuit House, ✆ 03803-222636 ❷, oder 3 km außerhalb im Sally Lake Guest House, ✆ 03803-223061 ❷, übernachten kann.

Namdapha-Nationalpark

Der fantastische, abgelegene Namdapha-Nationalpark, bedeckt eine Fläche von fast 2000 km² nahe der Grenze zu Myanmar. Er ist einzigartig wegen seiner enormen Höhenunterschiede (200–4500 m) und bildet einen Lebensraum für Tiger, Nebelparder, Schneeleoparden, Elefanten, Kleine Pandas (Katzenbären), Hirsche, und den gefährdeten Hulock-Gibbon. Allerdings sind die Chancen gering, bei einem Kurzbesuch Großwild zu sehen. Aufgrund der langwierigen und unbequemen Anreise ist es ratsam, den Park mit einem Reiseveranstalter und einem eigenen Jeep zu besuchen. Auf der anderen Seite sorgen die Abgeschiedenheit, die schwierige Erreichbarkeit und die Dichte der Wälder dafür, dass große Teile des Parks noch unerforscht sind. ⏱ Okt–April, Eintritt Rs50, Jeep Rs100, Fotografieren Rs100, Videokamera Rs500.

Die Parkverwaltung hat ihren Sitz in **Miao**, ✆ 03807-222249, ✉ 222249, und erledigt auch die Buchung einer Übernachtung im Forest Rest House, ❸–❹ im Hauptcamp Deban, wo man einen herrlichen Blick auf das Tal genießt. Die beiden Zimmer mit Veranda im obersten Stockwerk sind am komfortabelsten und haben ein eigenes Bad.

Tagsüber werden kurze Elefantenritte angeboten. Daneben besteht die Möglichkeit, an einem mehrtägigen geführten Elefanten-Trek mit Camping im Park teilzunehmen (Kontakt über den Field Director in Miao). Alternativ dazu haben Purvi Discovery und Gurudongma Tours & Treks (S. 903) gut organisierte Camping- und Vogelbeobachtungstouren im Programm.

Busse von und nach Miao kommen durch **Margherita**, 64 km südwestlich, und **Tinsukia**, 40 km südwestlich in Assam, wo es einen Bahnhof gibt. Züge fahren nach Dimapur (3x tgl., 7 Std.), Guwahati (3x tgl., 16–17 Std.) und Lumding (3x tgl., 9–10 1/2 Std.). **Dibrugarh** liegt noch 47 km hinter Tinsukia.

Nagaland

An der Grenze zu Myanmar, südlich von Arunachal Pradesh und östlich von Assam, liegt Nagaland – das äußerste Ende des Subkontinents. Die Berge und Täler der von den ausgesprochen unabhängigen Naga bewohnten Region wurden erst im Jahr 2000 für den Tourismus geöffnet.

Nagaland mit seinen nebelverhangenen Naga-Bergen zählt für viele zu den schönsten Bundesstaaten Indiens. Die Naga waren einst als aggressive Kopfjäger gefürchtet (S. 925, Kasten). Heute besteht die Bevölkerung des Bundesstaats zu 90 % aus Christen.

Als die **Briten** Mitte des 19. Jhs. das benachbarte Assam erreichten, ließen sie anfangs die kriegerischen Stämme in Nagaland tunlichst in Ruhe. Nach fortwährenden Angriffen der Naga auf assamesische Dörfer jedoch versuchten die Briten die Stämme in ihre Berge zurückzudrängen. Die Angami-Krieger siegten zweimal über die Briten, bis sie sich schließlich 1879 endgültig geschlagen geben mussten und ein Waffenstillstand geschlossen wurde. Die Naga verhielten sich den Briten gegenüber loyal und kämpften gemeinsam mit ihnen im Zweiten Weltkrieg gegen die japanischen Invasoren. Als die Unabhängigkeit Indiens bevorstand, erbaten sie sich von den Briten die Zusicherung eines eigenen Staates. Stattdessen jedoch wurde ihr Stammesland geteilt und der größere Part fiel an Myanmar. Gandhi bat die Naga um ihren Verbleib in der neu gegründeten Indischen Union für die kommenden zehn Jahre und versprach, dass sie danach ihr Schicksal selbst bestimmen könnten. Nach dem Attentat löste sich dieses Versprechen in Luft auf.

Sechzig Jahre später kämpfen die Naga noch immer für eine Heimat. Obwohl seit einigen Jahren ein offizieller Waffenstillstand in Kraft ist, geht die Gewalt in Nagaland weiter: Ende 2004 wurden bei einem Bombenanschlag in Dimapur 70 Menschen getötet. Das Reisen bei Dunkelheit gilt als unsicher. Viele Naga sind zwar der Überzeugung, dass sie unabhängig von Indien nicht überleben würden, doch sie fühlen keine Verbundenheit mit ihren Nachbarn in Assam und weiter westlich.

Der Besuch in einem Naga-Dorf vermittelt faszinierende Einblicke in eine Lebensweise, wie sie wohl nicht mehr lange existieren wird. Die meisten Reiseveranstalter bieten derartige Touren an, indem sie auf ein Netzwerk lokaler Guides zurückgreifen. Es ist jedoch zu berücksichtigen, dass es einige Naga gibt, die keine Lust mehr haben, ihre Häuser für Touristen zur Schau zu stellen. Wer die Dörfer besucht (für die der Tourismus übrigens zu einer überlebenswichtigen Einnahmequelle geworden ist), sollte vielleicht ein kleines Geschenk von zu Hause mitbringen und sich vergewissern, dass der Guide den entsprechenden Dialekt beherrscht. Außerdem ist es keine schlechte Idee, dem Häuptling (oder *angh*) bei der Ankunft eine Geldspende für das Dorf anzubieten.

In der Umgebung der Regionalhauptstadt **Kohima** gibt es einige traditionelle Angami-Dörfer, wie **Khonoma**. Von **Mon** aus lassen sich diverse Konyak-Dörfer besichtigen, darunter **Shangnyu** mit einer beeindruckenden Fruchtbarkeitsskulptur und einem Opium rauchenden *angh*. Der Stamm der Ao lebt in **Mokokchung**, **Tuensang** ist die Heimat von sechs verschiedenen Stämmen. Der Bundesstaat eignet sich außerdem ideal für Trekking und andere Aktivitäten. Gurudongma Tours & Treks (S. 903) vermittelt z.B. ausgezeichnete Mountainbike-Touren. Für den Besuch von Nagaland ist allerdings ein Permit erforderlich (s. S. 902/903, Kasten „Einreise, Genehmigungen und Reiseveranstalter").

Kohima und Umgebung

Die angenehme, geschäftige Stadt Kohima, Hauptstadt von Nagaland, wurde im 19. Jh. von den Briten zu administrativen Zwecken gegründet. Traditionelle Naga-Dörfer, die von Stämmen wie den Rengma, Zeliang, Kuki und Angami bewohnt werden, liegen in der unmittelbaren Umgebung, darunter das 20 km entfernte **Khonoma** sowie **Jakhema** und **Kigwema**.

Kohima stellt einen Pass dar, der im Zweiten Weltkrieg eine strategisch wichtige Rolle spielte. Der Highway von Imphal nach Dimapur – die Strecke, auf der die Japaner bis zum indischen Tiefland vorzudringen hofften – überquert den Bergrücken am Soldatenfriedhof aus dem Zweiten Weltkrieg, entworfen von Edwin Lutyens, in friedlicher Lage mit Blick auf die Stadt. Der Ort ist eine ergreifende Gedenkstätte für die 10000 Soldaten, die 1944 in der dreimonatigen Schlacht von Kohima ums Leben kamen.

Unterhalb des Friedhofs, in der alten NST Road im Zentrum von Kohima, verkaufen kleine Geschäfte Naga-Schals, Zierspeere, Taschen und Kunsthandwerksobjekte aus Rohr und Bambus.

Hinter dem Busbahnhof erstreckt sich ein **Lebensmittelmarkt**, auf dem alles Mögliche angeboten wird, vom toten Vogel über Bananenkuchen bis zu lebenden Maden. Auf dem Weg vom Zentrum Richtung State Museum steht die **Kathedrale** mit dem größten Holzkruzifix Indiens.

Das faszinierende **State Museum** in der Bayavu Hill Colony, gute 20 Minuten zu Fuß vom Centre Point, ist sehr übersichtlich gestaltet und gepflegt. Es beherbergt eine ausgezeichnete Sammlung mit Naga-Schmuck, Trachten, Speeren und Kunsthandwerk. Draußen neben dem beeindruckenden Eingangstor ist eine Holztrommel zu besichtigen, die traditionell bei rituellen Handlungen, Festen und zum Übermitteln von Nachrichten über die Berge zum Einsatz kam. ⏲ Di–So 10–16 Uhr, Eintritt Rs5.

Die Naga

Vierzehn große Stammesgruppen gibt es in Nagaland. Die meisten von ihnen leben in Dörfern hoch oben auf den Bergkämmen. Naga-Krieger waren lange Zeit im ganzen Nordosten gefürchtet und respektiert – die **Kopfjäger** sind noch immer in lebendiger Erinnerung. Ursprünglich kamen die Naga aus dem nordöstlichen Tibet, wanderten dann durch den Südwesten Chinas nach Myanmar, Malaysia, Indonesien und in das östliche Assam. Sie sind erfahrene Bauern, die 20 verschiedene Arten von Reis anbauen.

Die Naga unterscheiden zwischen der Seele, dem himmlischen Körper und dem Geist, einem übernatürlichen Wesen. Die menschliche Seele wohnt im Nacken, im Kopf der Geist, der über große Macht verfügt und Glück bringt. Die Häupter der Feinde und der gefallenen Kameraden wurden einst gesammelt und zu jenen der Vorfahren gelegt. Einige Stämme schmückten ihre Gesichter mit tätowierten gewundenen Hörnern als Zeichen ihrer Kopfjagderfolge. Die Köpfe wurden in dem Haus des Dorfes aufbewahrt, in dem sich die Männer versammelten (morung). Fantastische Tierschnitzereien, Elefantenköpfe und Stoßzähne gehörten ebenfalls zur Ausstattung – Beispiele dafür sieht man noch in vielen Dörfern. Die Naga bauten Megalithen, die an den Zugängen zu ihren Dörfern errichtet wurden. Sie verkörperten ihre Erbauer nach deren Tod. Menhire, unbehauene Steinsäulen, wurden zu Ehren des Ruhmes und der Großzügigkeit oder zur Verbesserung der Fruchtbarkeit eines Feldes aufgestellt. Die Beziehungen zwischen den Geschlechtern werden traditionell mit großer Offenheit und Gleichberechtigung geführt.

Obwohl jeder Stamm einen eigenen Dialekt pflegt, ist aus den verschiedenen lokalen Sprachen und dem Assamesischen eine Mischform entstanden: die gemeinsame Sprache **Nagamesisch**.

Die große **Angami-Siedlung Kohima** überschaut von einem hohen Berg aus das moderne Kohima. Sie wurde größtenteils modernisiert. Von den traditionellen Bauten mit Schrägdach gibt es nur noch wenige, doch das enge Labyrinth von Gassen und Häusern verleiht dem Dorf ein typisches Naga-Ambiente. Getreidekörbe vor den Häusern und Tröge, in denen Reisbier hergestellt wird, gehören zu den charakteristischen Merkmalen. Die weniger modernisierten Dörfer **Jakhema**, ein paar Kilometer südlich an der Straße nach Manipur, und **Kigwema**, noch ein Stück weiter, lassen sich mit einem Guide besuchen, der von etablierten Reiseveranstaltern vermittelt wird.

Übernachtung

Kohima bietet nur wenige Übernachtungsmöglichkeiten.
Capital, gegenüber der Busstation, ✆ 0370-222 4365. Hier gibt es saubere, aber absolut spartanische Zimmer. ❶
Fira, in der Nähe vom Japfu, ✆ 0370-224 0940. Budget-Hotel mit vernünftigen, etwas altmodischen Zimmern und einem Restaurant. ❸
Japfu, am PR Hill am oberen Stadtrand, ✆ 0370-224 0211, ✉ hoteljapfu@yahoo.co.in. Zweifellos das Vorzeigehotel im Ort. Geräumige, saubere Zimmer mit großen Fenstern, ungewöhnlich leistungsstarke Heizlüfter, freundliches Personal, ordentliches Restaurant und großartiger Ausblick. ❺
Pine, am Phool Bari, ✆ 0370-224 3129. Acht ordentliche DZ mit Bad und TV. ❹

Essen

Die Diät der Naga bietet eine Abwechslung von der scharf gewürzten indischen Küche. Sie besteht hauptsächlich aus Reis, Gemüse und viel Fleisch, das mit Ingwer oder Chili gekocht wird. Pomelos, eine Art Grapefruit, sind in der Region weit verbreitet.
Naga-Küche wird in den Hotels **Bamboo Shoot** und **Sema** serviert.
China Town in der Old NST Rd und das nahe **Rendez Vous** bieten ordentliche indische und chinesische Gerichte.
Die meisten Restaurants und *dhabas* schließen gegen 18 Uhr, nur das **Japfu** hat länger geöffnet.

Sonstiges
Informationen
Das **Tourist Office**, ⊙ Mo–Fr 10–16 Uhr, National Highway, ✆ 0370-224 3124, befindet sich unterhalb des Japfu-Hotels.

Touren
Peak Travels, PR Hill, ✆ 0370-224 2993, ✉ peaktravels@rediffmail.com. Vermittelt Transport, Sightseeing in der Umgebung und Touren durch Nagaland.

Transport

Die Innenstadt kann gut zu Fuß erkundet werden, aber es gibt auch Taxis und Minibusse.

Busse
Von Kohima führen Straßen in westlicher Richtung zum nächsten Bahnhof und Flughafen in Dimapur, Richtung Norden nach Mokokchung und in südlicher Richtung nach Imphal. Von Mokokchung kommt man weiter nach Jorhat in Upper Assam.
Die meisten Privatbusse von Imphal fahren nach Dimapur durch und halten nicht im Zentrum – man muss den Fahrer bitten, dass er einen am Japfu-Hotel (s. o.) aussteigen lässt. Staatliche Busse verkehren von der Station im Zentrum.
Staatliche und private Busse fahren in alle Richtungen. Die staatlichen nutzen den Busbahnhof **Nagaland State Transport** im Zentrum. Tickets für Privatbusse gibt es bei den Reisebüros in der Innenstadt und am Phool Bari. Die staatlichen Busse nach DIMAPUR fahren etwa alle 30 Min. (6–16 Uhr), außerdem gibt es tgl. Verbindungen nach MOKOKCHUNG und IMPAHL.
Staatliche Busse nach:
DIMAPUR (12–14x tgl., 3 Std.),
GUWAHATI (4–5x tgl., 11–14 Std.)

Jeeps
Vom 200 m oberhalb des Busbahnhofs gelegenen Taxistand fahren regelmäßig Sumo-Jeeps nach DIMAPUR, sobald sie voll sind.

Khonoma und Tuophema

In Khonoma, 20 km nordwestlich von Kohima, haben die Angami-Krieger 1879 ihren letzten Kampf gegen die Briten ausgetragen. Herrliche Reisterrassen umgeben das Dorf. Sie sind von einem komplizierten Wasserrohrsystem aus Bambus durchzogen.

Durch einen geschnitzten Torbogen und über eine Treppe gelangt man zum höchsten Punkt des Dorfes, wo sich zauberhafte Blicke über die Naga-Berge und die Nachbardörfer Mezoma und Secuma eröffnen.

Auf der anderen Seite des dicht bewaldeten Bergrückens liegt das malerische Dzoukou-Tal, das zu dem mit Wasserfällen und wunderbaren Aussichtspunkten gesegneten Schutzgebiet **Khonoma Nature Conservation and Tragopan Sanctuary** gehört. In Khonoma bieten Führer ihre Dienste für den beliebten 4-Tages-Treck ins Schutzgebiet an.

Staatliche **Busse** fahren 3x tgl. vom NST-Busbahnhof in Kohima nach Khonoma, Privatbusse jeden Nachmittag vom TCP Gate. Außerdem kommt täglich ein Bus aus Dimapur an. Khonoma bietet ein **Gästehaus**, das über Peak Travels in Kohima reserviert werden kann (S. 926). Für einen Tagesausflug ist am ehesten ein Taxi zu empfehlen, denn die Busse sind mitunter unzuverlässig.

41 km nördlich von Kohima, an der Strecke nach Mokokchung, liegt das authentische Angami-Dorf **Tuophema**; das Tourist Village daneben haben die Einheimischen erbaut. Es bietet ein kleines Museum mit Artefakten, Schmuck und Kleidung der Naga. Vor Ort kann man sich auch geführten Wanderungen in die Umgebung anschließen.

Übernachtungsmöglichkeiten bieten zwölf komfortable Naga-Hütten mit heißen Duschen, ✆ 0370-227 0786, 🖳 www.touristvillage.biz. ❺.

Es bestehen regelmäßig **Busverbindungen** nach Kohima (1 1/2 Std.) und Dimapur (2 Std.), für einen Tagesausflug ist aber auch hier das Taxi vorzuziehen.

Dimapur

Dimapur, die „Stadt der Flussanwohner", 74 km nordwestlich von Kohima, ist die größte Industriestadt in Nagaland. Die lärmende und verschmutzte Stadt zeigt wenig Ähnlichkeit mit dem restlichen Nagaland und dient als Tor zum Bundesstaat.

Wer genügend Zeit hat, kann die **Kachari-Ruinen**, das sind außerhalb am Flussufer stehende Fruchtbarkeitssymbole aus den Tagen des Kachari-Königreichs, besichtigen.

Übernachtung

Fantasy, am Nagaland-Busbahnhof, ✆ 03862-232013. ❸
Saramati, ✆ 03862-234761. Das Schwesterhotel des Japfu in Kohima ist die beste Unterkunft der Stadt. ❹–❺
Tourist Lodge, neben dem Fantasy, ✆ 03862-226355. ❶

Transport

Busse und Jeeps

Staatliche und private Busse fahren vom **Busbahnhof Nagaland** nach KOHIMA (3 Std.) ab. In der Hauptstraße außerhalb halten Sumo-Jeeps mit Ziel Kohima (2–2 1/2 Std.). Private Busse nach JORHAT, GUWAHATI und ITANAGAR halten an der **Busstation Assam** an der Golaghat Rd jenseits der Gleise.

Eisenbahn

Als einziger Bahnhof von Nagaland wird Dimapur von Zügen nach Simaluguri (in Richtung Sibsagar), Tinsukia und Dibrugarh in Upper Assam angefahren. Die beste Verbindung nach GUWAHATI ist der Shatabdi Express Nr. 2068 (tgl. außer So, Abfahrt 16.15 Uhr, Ankunft 20.40 Uhr).
Züge nach:
DIBRUGARH (2–3x tgl., 5 3/4–8 Std.),
GUWAHATI (5–6x tgl., 4 1/2–7 Std.).

Flüge

Der Flughafen von Dimapur liegt 6 km außerhalb der Stadt.

Flüge nach:
GUWAHATI (IC, 6x wöchentl., 50 Min.),
IMPHAL (IC, 4x wöchentl., 50 Min.),
KOLKATA (IC, DN, 2x tgl., 1 Std. 5 Min.).
(IC = Indian Airlines, DN = Air Deccan*)*

Mon und Umgebung

Im äußersten Nordosten von Nagaland, 200 km südlich von Dibrugarh in Assam, liegt Mon, die Regionalhauptstadt des Konyak-Stammes. Hauptattraktion ist ihre günstige Lage als Ausgangspunkt für Besichtigungen der umliegenden Dörfer. Hie und da sieht man noch ältere Konyaks mit aufwendigen Gesichtstätowierungen und Ohrringen aus Ziegenhorn. Sennunger Imsong aus Mokokchung (s. u.) ist ein zuverlässiger junger Guide, der Touristen auf Tagesausflüge begleitet.

Ein typisches Dorf ist **Shangnyu**, 23 holprige Straßenkilometer von Mon entfernt. Ein kleines Museum beherbergt faszinierende Artefakte, darunter eine beeindruckende Fruchtbarkeitsskulptur aus Holz. Vor dem Museum steht eine riesige Holztrommel, wie sie die Dorfbewohner bei Festen und zum Austausch von Nachrichten verwendeten.

Zu besichtigen ist auch eine Reihe unheimlicher, hoher Steine, auf denen die Dorfbewohner einst ihre Kopftrophäen präsentierten. Der freundliche, Opium rauchende *angh* lädt gelegentlich Gäste zum Tee in sein Haus ein, vor dem stapelweise Hörner und Tierschädel seinen Status repräsentieren.

Das einzige **Hotel** in Mon ist das Mountain View, an der lauten Hauptstraße, ✆ 03869-221730, ✉ phejin@yahoo.com; ❸–❹. Es bietet große, saubere Zimmer in einem hässlichen Gebäude. Ein Restaurant gibt es nicht, aber leckere Mahlzeiten werden auf Wunsch gebracht.

Nach Mon fahren **Busse** aus Dibrugarh über Sibsagar in Assam, doch es empfiehlt sich die Fahrt mit dem Jeep eines Reiseveranstalters, der sieben Stunden von Dibrugarh benötigt und damit erheblich schneller ist als der Bus. Ende März bzw. Anfang April wird in der ganzen Region das **Frühlingsfest** gefeiert.

Mokokchung und Umgebung

Südwestlich von Mon und 160 km (5 Std. mit dem Jeep) nördlich von Kohima liegt Mokokchung, eine pulsierende Stadt in den Bergen und ein guter Ort, um am kleinstädtischen Leben der Naga zu schnuppern. Das kleine **Museum** lohnt einen Besuch, die örtlichen Geschäfte verkaufen Naga-Schals und aus Bambus geflochtene Schemel.

Mokokchung eignet sich gut als Basis für Abstecher in die umliegenden Ao-Dörfer, darunter das 17 km entfernte **Longkhum**, wo es ein kleines Museum zur Kultur der Ao und ein Guesthouse gibt. Der Guide Sennunger Imsong bietet Tagesausflüge an, unter anderem nach Tuensang (s. u.). Seine Tante Apokla vermietet ein nettes DZ mit Bad (Mahlzeiten inkl.) im Tongpok Abode, ihrem Haus im Dilong Ward von Mokokchung, ✆ 0369-222 7030, ✉ imsong2003@rediffmail.com. ❸

115 km südöstlich von Mokokchung liegt die Stadt **Tuensang** im Zentrum einer Region, die von sechs verschiedenen Stämmen bewohnt wird. Zu besichtigen sind Dörfer der Phom, Khiamniungan, Chang, Yimchunger und Sangtam.

Von Tuensang führt eine zweitägige Fahrt nach **Thanamir**, Ausgangspunkt für eine atemberaubende, zweitägige Trekking-Tour über Dörfer verschiedener Stämme zum **Mount Saramati**, dem höchsten Gipfel in Nagaland (3826 m) an der Grenzregion zu Burma. Unterwegs gibt es einfache Übernachtungsmöglichkeiten in **Kiphere** (Kontakt über die Familie Imsong, s. o.).

80 km südlich von Mokokchung liegt **Wokha**, ein günstiger Zwischenstopp am NH-61 auf dem Weg nach Kohima. Direkt am Fuße des Hügels hinter der Ortseinfahrt serviert das kleine Tea Hotel gute *samosas, momos,* Omelettes und ordentlichen Tee. Gurungdoma Tours & Treks (S. 903) veranstaltet Kulturreisen und Mountainbike-Touren in der Region.

Mizoram

Schlägt man von Assam die südliche Richtung ein, gelangt man in die Berge des Staates Mizoram – „das Land der Hochländer", wo eine kurvenreiche Bergstraße in die mit Bambuswäldern überzogenen Berge führt. Mizoram ist eine freundliche, ländliche Region und die **Mizo** sind gastfreundliche Menschen, die nur selten mit Touristen in Kontakt kommen. Überall stehen weiß getünchte christliche Kirchen in der Landschaft, ein Bild, das den Besucher eher an Mittelamerika erinnert als an einen indischen Bundesstaat zwischen Myanmar und Bangladesch.

Die Mizo, die aus den Chin-Bergen in Myanmar kamen und auch Lushai heißen, überfielen bis ins späte 19. Jh. hinein regelmäßig die Teeplantagen des Assam Valley. Erst 1924 konnte die britische Verwaltung wenigstens den Anschein einer Kontrolle erwecken. Sie öffneten die Region für Missionare, die mit Eifer und Entschlossenheit die Mehrheit der Bevölkerung zum Christentum bekehrten. **Aizawl**, die geschäftige Hauptstadt von Mizoram, erstreckt sich an unvorstellbar steilen Hängen. Hier müssen die Häuser auf Pfählen stehen. Im Herzen des Staates bewohnen traditionelle Mizo-Gemeinden die Gebirgskämme. Jedes Dorf wird von dem Haus seines Oberhauptes und dem *zawlbuk* (Heim für Junggesellen) dominiert. Die Mizo sind ein egalitäres Volk ohne Klassenunterschiede und Geschlechtsdiskriminierung. Es ist Brauch, dass niemandem aufgrund seines Geschlechts oder seiner Klasse Nachteile entstehen dürfen, und die Mizo sind sehr stolz auf ihren uralten *tlawmgaihna*-Brauch, ein Ehrenkodex der Gastfreundschaft. Die Mizo flechten traditionell Kostüme mit weißen, schwarzen und roten Streifen. Die Alphabetisierungsrate liegt bei 95 %, und viele sprechen sowohl Mizo als auch Englisch: Sie sind zudem kulturell stärker vom christlichen Westen beeinflusst als das übrige Indien.

Aufgrund der heiklen Situation an der Grenze zu Myanmar bleibt der Tourismus beschränkt, Genehmigungen sind nach wie vor erforderlich (s. S. 902/903). Die Eröffnung des Flughafens von Lengpui hat den Staat leichter erreichbar gemacht.

Aizawl

Eine der abgelegensten Landeshauptstädte Indiens ist Aizawl. Die Stadt verteilt sich weitläufig über die Steilhänge eines Gebirgskamms, der die Wasserscheide zwischen den Flusstälern des Tlawng und des Tuirial überspannt. Aufgrund der Lage in 1250 m Höhe herrscht hier das ganze Jahr über ein angenehmes Klima. Obwohl man rundherum auf sanfte Hügel – und nicht auf schneebedeckte Berge blickt –, vermittelt die Stadt eher den Eindruck einer Hill Station im Himalaya. Monumente oder Tempel sucht man vergebens, die Märkte aber sind sehenswert. Sämtliche Einrichtungen (auch Restaurants) haben am Sonntag geschlossen, wenn hier fast jeder in die Kirche geht. Die ländliche Umgebung von Aizawl ist leicht per Bus oder zu Fuß erreichbar.

Zarkawt ist das zentrale Innenstadtviertel. Preiswerte Hotels findet man an der oberen der beiden Parallelstraßen, die zu dem komplizierten Straßennetz gehören. Verbunden sind sie durch eine Reihe von irrsinnig langen und steilen Treppen. Die Hauptattraktion in Aizawl ist der **Bara Bazaar** („Großer Basar"), auf dem alle möglichen Waren angeboten werden, von Mizo-Musik bis zu maßgefertigten Schuhen von chinesischen Schustern. ⏰ tgl. außer So 6–15 Uhr.

Etwas weiter oben befindet sich der Hallenmarkt Solomon's Cave am **Zodin Square**, wo Stoffe, Textilien und Musik verkauft werden. Wer Traditionelles sucht, wird hier enttäuscht. Das District Industries Centre am Upper Bazaar bietet Kunsthandwerk wie Tücher und Taschen an. Eine kleine, aber feine Sammlung von traditioneller Mizo-Kleidung zeigt das **Mizoram State Museum** am MacDonald Hill. ⏰ Mo–Fr 11–15.30, Sa 9–13 Uhr, Eintritt Rs5.

Wegen seiner Steilhang-Lage sehen große Teile von Aizawl nur wenig Sonne, und die Betonhochhäuser, die sich an die Hänge klammern, machen es nicht gerade schöner. Doch gibt es viele Aussichtspunkte mit unglaublichen Blicken über die üppig grünen Hügel des Umlands, unter ihnen besonders sehenswert **Chaltlang Hill**, weit oberhalb von Chandmari im Norden, und das Theological College, hoch über dem enormen Spalt an der Straße nach Aizawl.

Die **Durtlang-Berge**, unmittelbar nördlich von Aizawl, und das Kunsthandwerkszentrum **Luangmual**, 7 km westlich, eignen sich als Wanderziele – beide können im Rahmen einer Tagestour vom Zentrum aus erreicht werden. Die Busse nach Luangmual fahren vor dem Salvation Army Temple ab.

Übernachtung

Aizawl verfügt über mehrere Budget- und Mittelklassehotels, aber Hotels der gehobenen Klasse machen sich rar.

Ahimsa, Zarkawt, ✆ 0389-234 1133. Eines der besseren Hotels von Aizawl mit passablem Restaurant, zentral gelegen, komfortable Zimmer mit Bad, Blick über die Dächer. ❸–❹

Berawtlang Tourist Complex, Zemabawk, 6 km außerhalb, ✆ 0389-235 2067. Rustikale Cottages auf einem Hügel in ländlicher Umgebung mit herrlicher Aussicht; sehr gutes Restaurant. ❸–❹

Capital Guest House, Zarkawt, ✆ 0389-234 1721. Unterhalb *Capital Travels*, saubere Zimmer und Warmwasser aus dem Eimer. ❸

Chawlhna, Zarkawt, ✆ 0389-234 6418. Beliebtes Budget-Hotel mit akzeptablen, billigen Zimmern mit und ohne Bad. ❶–❹

Luangmual Tourist Lodge, 7 km vor der Stadt, ✆ 0389-233 2263. Freundliche Budget-Lodge mit sauberen Zimmern um einen grünen Innenhof, auch Schlafsaalbetten (Rs30). ❶

Ritz, Bara Bazaar, nahe Machhunga Point, ✆ 0389-231 0409. Gutes, bei Geschäftsleuten beliebtes Hotel; freundliches und hilfsbereites Personal, Zimmer teils mit Bad und TV, empfehlenswertes Restaurant. ❸–❹

State Guest House, Chaltlang, ✆ 0389-234 9979. Eine der besten Unterkünfte der Gegend; moderne Zimmer mit Bad; beliebtes indisch-chinesisches Restaurant. ❹

Essen

Einige einfache Restaurants in der Gegend von Bara Bazaar servieren traditionelle **Mizo-Gerichte** wie Linsen, Fisch, Reis und Bambussprossen, die meist mild gewürzt sind. Billige und freundliche *dhabas* findet man am Zodin Square.

David's Kitchen, Zarkawt, ist das beste Restaurant der Gegend. Es bereitet eine Mischung indischer und internationaler Gerichte (Rs70–200), z. B. köstliches *rogan josh* mit Hammelfleisch.

Hotel Chief, Zarkawt. Die Zimmer hier kann man vergessen aber es gibt ein gutes Restaurant mit abwechslungsreicher Küche (Rs50–100).

Sonstiges

Geld

Die **State Bank of India** hat einen Geldwechsel-Schalter, ist aber nicht immer bereit, Geld zu wechseln.

Informationen

Die **Touristeninformation** im Chandmari District, ✆ 0389-231 2475, berät, informiert, unterhält eigene Transportmittel und kann Unterkünfte in ganz Mizoram buchen. ⏱ Mo–Fr 9–17 Uhr.

Post

Das **GPO** (Hauptpostamt) ist ein Wahrzeichen der Stadt und liegt am Treasury Square.

Nahverkehr

Die nützlichsten Strecken der Minibusse liegen zwischen der Innenstadt von Aizawl und den Vororten. Sie fahren von oberhalb der Stadt am GPO und Zodin Square ab nach Chandmari im Norden – die Alternative ist ein 2 km langer Fußmarsch.

Transport

Die einzig empfehlenswerte Route aus Mizoram heraus führt nach **Silchar**, das 180 km weiter nördlich in Assam liegt. Die besten Verkehrsmittel nach Silchar (4–6 Std.), Shillong und Guwahati sind die **Jeeps**. Es gibt mehrere Vertretungen am Sumkuma Point in Zarkawt.

Busse

Zu den privaten Busgesellschaften, die von Aizawl nach SILCHAR (3–4x tgl., 12 Std.) fahren, gehören **Capital Travels**, ✆ 0389-234 0166, und **Jagannath Travels**, ✆ 0389-234 2092, beide mit Sitz im Zarkawt. Es gibt auch direkte Verbindungen nach SHILLONG und GUWAHATI. **Mizoram State Transport** bietet billigere, aber auch langsamere und weniger komfortable Busfahrten an.

Flüge

Vom Flughafen in Lengpui, 35 km westlich, gehen Flüge nach GUWAHATI, IMPHAL und KOLKATA. Buchungen bei **Quality Tour & Travels**, A-51, Chanmari, ✆ 0389-234 1265, nur ein paar Gehminuten bergab vom Touristenbüro.

Ein Taxi zum Flughafen kostet Rs500. Um 9 Uhr fährt auch ein Bus (Rs100) vor dem Ritz (s.S. 930) ab.
Flüge nach:
GUWAHATI (DN, 1x tgl., 3/4 Std.),
IMPHAL (IC, 3x wöchentl., 1/2 Std.),
KOLKATA (DN, 2xtgl., 1 1/2 Std.).
(IC = Indian Airlines, DN = Air Deccan)

Tripura

Die grünen Berge und Täler Tripura grenzen auf drei Seiten an Bangladesch. Seit 1949 gehört es zu Indien und ist eng mit dem Schicksal von Bengalen verbunden.

Die Teilung von 1947 und die Gründung Ostpakistans (heute Bangladesch), der nachfolgende Krieg, die Hungersnöte und die Militärregime trieben Millionen Bangladescher zur Flucht nach Tripura. Dort sind sie heute der einheimischen Bevölkerung zahlenmäßig im Verhältnis 4:1 überlegen. So verwundert es nicht, dass sich die Urbevölkerung um ihr Land und ihre Reichtümer betrogen fühlt.

Tripura ist indischer als die anderen nordöstlichen Bergstaaten, seine Bindungen an die Ebenen von Bangladesch sind stark. Die größten ethnischen Gruppen sind die Tripuri mit mehr als der Hälfte der Stammesbevölkerung und die Reang, die ursprünglich aus den Chittagong Hill Tracts kamen.

Agartala, die Hauptstadt des Staates, ist eine Stadt mit gelassener Stimmung. Sie besitzt einen Palast und einige Tempel. Von hier aus lassen sich einfache Tagestouren nach **Udaipur** und zum märchenhaften Wasserpalais von **Neermahal** unternehmen. Die Wälder von Tripura waren einst berühmt für ihre Elefanten. Leider haben unkontrollierte Brandrodungen und Umweltverschmutzung dazu geführt, dass die wild lebenden Tiere ernsthaft bedroht sind. In wenigen Schutzgebieten wie Gumti, Rowa, Trishna und Sepahijala versucht man, die letzten Wälder zu erhalten.

Die **Geschichte** des Königreiches Tripura und seiner Manikya-Herrscher, die behaupten, von den weit entfernten Kshatriya-Rajputen abzustammen, wird in der bengalischen Chronik *Rajmala* erzählt. Udai Manikya (1585–96) gründete die Stadt Udaipur an der Stelle, wo sich die alte Hauptstadt von Rangamati befunden hatte, und stattete sie mit herrlichen Seen, Bauten und Tempeln aus. Der Tempel Tripura Sundari zählt heute zu den bedeutendsten *shakti pithas* Indiens, jenen 51 heiligen Stätten, an denen Kör-

Sicherheit in Tripura

Zwar hat sich Tripura dem Fremdenverkehr geöffnet, doch stellen Unruhen und **ethnische Konflikte** weiterhin ein Problem dar, insbesondere im Norden des Staates. Zur Zeit der Recherche galt Tripura als **unsicher**, und das britische Auswärtige Amt riet von Reisen in den Bundesstaat ab. Die Informationen in diesem Abschnitt wurden daher für diese Ausgabe nicht aktualisiert. Wer die Region zu besuchen beabsichtigt, sollte sich vor der Abreise unbedingt über die aktuelle Sicherheitslage informieren. Die Busse von Silchar nach Agartala fahren im Konvoi und werden von Kumarghat bis Teliamura von Militär eskortiert. Obgleich die touristischen Orte von den Unruhen weitgehend verschont bleiben, sollte man unbedingt die Ratschläge der Einheimischen beherzigen.
Die **NLFT** (National Liberation Front of Tripura) und die **ATTF** (All Tripura Tiger Force) kämpfen für ihre Stammesrechte, für Autonomie, Unabhängigkeit und die Vertreibung der Bangladescher. Den Rebellen geht es aber teilweise auch um finanzielle Vorteile. Mit Entführungen und Erpressungen verdienen sie besonders vor den Wahlen riesige Summen Geld und erkaufen so politische Macht. Beispielsweise verspricht eine erfolgreiche Gruppierung zugunsten ihrer Gegner von den Wahlen zurückzutreten, wenn sie dafür entsprechend bezahlt wird. Ein weit verbreitetes Phänomen nach Wahlen ist auch die Massenkapitulation militanter Kräfte, die sich anschließend in gut bezahlten Jobs wiederfinden. Die **UBLF** (United Bengal Liberation Front) mischte sich mit grausamen Vergeltungsmaßnahmen in die Auseinandersetzungen ein, um die Aktivitäten der NLFT und der ATTF zu unterdrücken.

perteile der Göttin Shakti niederfielen. Nachdem die Manikya die moslemischen Herrscher von Bengalen abgewehrt hatten, unterwarfen sie sich schließlich den Mogulu, herrschten aber weiterhin über das Königreich, bis es in Britisch-Indien eingegliedert wurde.

Der Maharadscha Birchandra Manikya bestieg 1870 den Thron. Er stand kulturell und spirituell unter dem Einfluss von Bengalen sowie seines engen Freundes des Rabindranath Tagore. Bengali wurde zur Gerichtssprache bestimmt. Es gibt viele Tonskulpturen von Kali, der Lieblingsgottheit der Bengalen.

Agartala und Umgebung

Agartala, die Hauptstadt von Tripura, ist ein ruhiges Verwaltungszentrum und erinnert stark an die nahen Städte in Bangladesch, dessen Grenze nur 2 km entfernt ist. Ihre Hauptattraktion ist der strahlend weiße **Ujjayanta-Palast**, der 1901 fertig gestellt wurde. Inmitten eines formal gestalteten Parks mit künstlich angelegten Seen nimmt dieser riesige Komplex eine Fläche von gut 3 km² ein. Im Hauptblock des Gebäudes hat heute die State Legislative Assembly ihren Sitz. Auf Wunsch bekommt man eventuell einen Besucherpass für diesen Gebäudeteil. Einer der vielen öffentlich zugänglichen Tempel in der Nähe ist der **Jagannath-Tempel** mit seinem orangefarbenen Turm. Er erhebt sich jenseits der Straße über einem achteckigen Sockel.

Die meisten Einrichtungen sowie die Basare, Bushaltestellen und Behörden von Agartala konzentrieren sich im Zentrum, unmittelbar südlich des Palastes. Gegenüber dem GPO zeigt das **State Museum** ethnographische und archäologische Exponate. ◷ Mo–Sa 10–17 Uhr, Eintritt frei. Das **Tribal Cultural Research Institute and Museum** in Supari Bagan liegt gut versteckt in einer Seitenstraße des Krishna Nagar-Distrikts in der Nähe des Jagannath-Tempels. ◷ 11–13 Uhr.

An der Grenze zu Bangladesch, 27 km südlich von Agartala, liegt an dem großen See **Kamala Sagar** ein kleiner, aber bedeutender Kali-Tempel. Vor seinem aus dem 12. Jh. stammenden Sandsteinabbild von Mahishasuramardini, einer Erscheinungsform von Durga, befindet sich ein Lingam. Busse zum See fahren vom Busbahnhof Battala in Agartala ab (5x tgl., 1 Std.).

An der Straße nach **Udaipur**, 35 km südlich von Agartala, erstreckt sich das Naturschutzgebiet von **Sepahijala** mit See, Zoo und botanischem Garten über eine Fläche von 18 km². Hier sind Primaten wie der Hulock-Gibbon und der Goldlangur sowie rund 150 Vogelarten heimisch. Im schönen **Abasarika Bungalow** gibt es komfortable Zimmer im Dschungelambiente, die im Voraus beim Forestry Office, Agartala, 2 km die Airport Road hinauf auf der linken Seite, ✆ 0381-222 2224, gebucht werden können. Sämtliche Busse nach Udaipur kommen am Park-Eingang vorbei.

Übernachtung und Essen

Die Auswahl an Hotels in Agartala ist nicht groß, aber gut. Alle Unterkünfte stellen Moskitonetze zur Verfügung.
Ambar, SD Barman Sarani, ✆ 0381-222 3587. Zentral gelegen, angemessene Preise. ❷
Brideway, JB Rd, nahe der Westseite des Palastes, ✆ 0381-220 7298. Freundlich, passable Zimmer mit großen Bädern. ❸
Deep Guest House, LN Bari Rd, ✆. Kleines, heimeliges Hotel in der Hauptstraße, Zimmer mit Teppich und Bad, EZ ohne Fenster. ❷
Moonlight, LNB Rd, ✆ 0381-220 0813. Schlicht und freundlich, aber etwas laut. Zimmer mit Bad und gutes, preiswertes vegetarisches Restaurant. ❶
Rajarshi Badshah, Airport Rd, stadtauswärts durch das Nordtor, ✆ 0381-220 1034. Gepflegte, ruhige Zimmer, Rasen, Garten und Restaurant. ❸–❺
Rajdhani, BK Rd, nahe der Vertretung von Indian Airlines, ✆ 0381-222 3387. Freundliches, komfortables Mittelklassehotel in Palastnähe. ❷–❺
Royal Guest House, Palace Compound West, in Palastnähe, in einer Seitenstraße, ✆ 0381-222 5652. Geräumig und komfortabel, gutes Restaurant. ❸–❹
Welcome Palace, HGB Rd, ✆ 0381-238 4940, ✉ abanik@sancharnet.in. Das beste Hotel der Stadt. Restaurant Kurry Klub mit thailändischen, chinesischen und indischen Speisen. ❺
Das beste Restaurant der Stadt mit Tischen drinnen und im Garten ist das **Abhishek**, Durga

Agartala

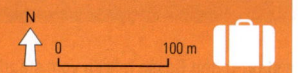

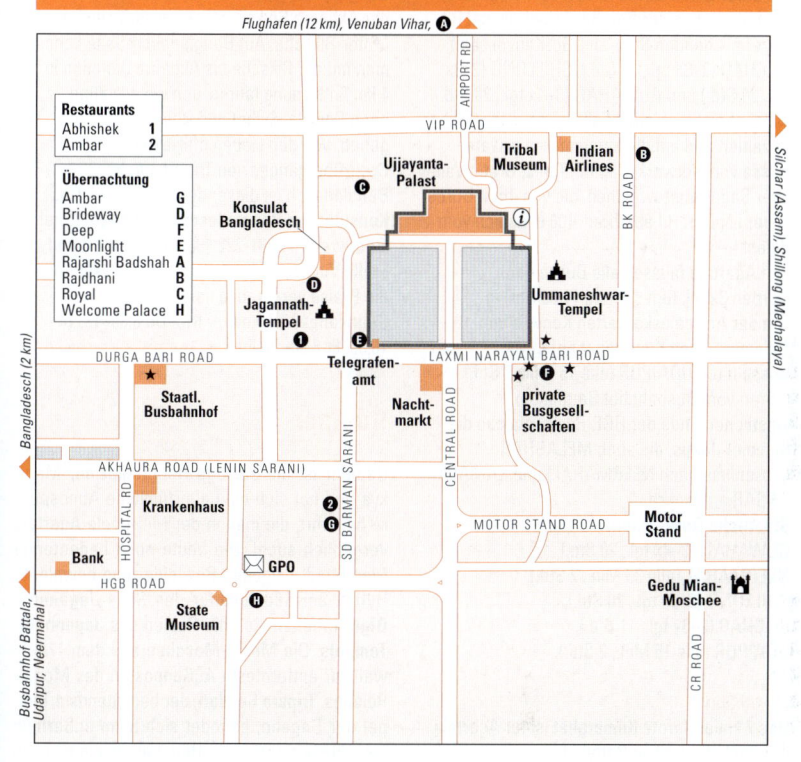

Flughafen (12 km), Venuban Vihar, **A**

Restaurants
Abhishek	1
Ambar	2

Übernachtung
Ambar	G
Brideway	D
Deep	F
Moonlight	E
Rajarshi Badshah	A
Rajdhani	B
Royal	C
Welcome Palace	H

Bari Rd, ⊙ 10–21 Uhr. Sonst gibt es noch das **Ambar** neben dem gleichnamigen Hotel, es serviert einfache und sättigende nicht-vegetarische Gerichte für wenig Geld (Rs150–350).

Sonstiges

Geld

Es gibt gegenwärtig keine Geldwechselmöglichkeit in Agartala.

Informationen

Das örtliche **Touristenbüro**, ✆ 0381-222 5930, findet man in dem Flügel des Palastes. Es organisiert auch Touren und **Stadtrundfahrten**. ⊙ Mo–Sa 10–17, So 15–17 Uhr.

Internet

Internetzugang gibt es bei **Star Graphics** in der BK Rd, 50 m hinter dem Hotel *Rajdhani,* oder bei **Cyber Masti** in der Durga Bari Rd, neben dem Telegrafenamt.

Post

Das **Postamt** befindet sich am Post Office Chowmuhani. ⊙ Mo–Sa 7–18 Uhr.

Nahverkehr

Fahrrad- und Motor-**Rikschas** gibt es massenweise, **Jeeps** kann man am Busbahnhof chartern – sie sind schnell, aber auch voll.

www.stefan-loose.de/indien   **Agartala und Umgebung**

Transport
Busse
Die **staatlichen Busse** fahren vom staatlichen Busbahnhof an der Bari Rd, Ecke Hospital Rd, im zermürbenden Stop-and-Go-Konvoi nach SILCHAR (2–3x tgl., 11 Std.), SHILLONG (2–3x tgl., 20 Std.) und GUWAHATI (3–4x tgl., 20 Std.). Es lohnt sich auf jeden Fall, etwas mehr Geld zu zahlen und auf die bequemeren **privaten Busse** von Network, Capital, Tania, Green Valley oder Sagar auszuweichen, die von ihren Büros in der LN Bari Rd abfahren, 100 m östlich vom Palast.

Von Agartala müssen alle Busse nach Norden 3x tgl. (um 6, 8 und 11.30 Uhr) in von der Armee eskortierten Konvois von Teliamura nach Kumarghat abfahren.

Busse nach UDAIPUR (alle 15 Min., 2 Std.) fahren vom Busbahnhof Battala am westlichen Ende der HGB Rd ab, ebenso die Sammel-**Jeeps**, die auch MELAGHAR (Anschluss nach NEERMAHAL) und KAMALA SAGAR ansteuern.

Staatliche Busse nach:
GUWAHATI (3–4x tgl., 20 Std.),
NEERMAHAL (alle 30 Min., 2 Std.),
SHILLONG (2–3x tgl., 20 Std.),
SILCHAR (2–3x tgl., 11 Std.),
UDAIPUR (alle 15 Min., 2 Std.).

Eisenbahn
Das 7 km entfernte **Kumarghat** ist für Agartala der nächstgelegene Bahnhof.

Flüge
Der **Flughafen** von Agartala, 12 km nördlich des Zentrums, ist ab dem Motor Stand per Bus oder Taxi sowie per Bus ab Anfang der Airport Rd oder aber per Motor-Riksha zu erreichen. Das Büro von **Indian Airlines** befindet sich in der VIP Rd, gleich westlich der BK Rd, ℡ 0381-222 5470.

Flüge nach:
Guwahati (IC, DN, IT 9W 4–5x tgl., 40–55 Min.),
Kolkata (IC, DN, IT, 9W 5–6x tgl., 50–65 Min.),
Silchar (IC, 3x wöchentl., 50 Min.).
(DN = Air Deccan, IC = Indian Airlines, IT = Kingfisher, 9W = Jet Airways)

Weiterreise nach Bangladesch
Agartala liegt nur 2 km von der **Grenze zu Bangladesch** entfernt. Zum Checkpoint an der Akhaura Rd kommt man zu Fuß oder mit der Motor-Riksha. Auf Bangladesch-Seite kann man mit der Riksha bis Akhaura Junction in 4 km Entfernung fahren, von wo aus Züge nach Comilla, Sylhet und Dhaka (2 1/2 Std.) gehen. Von den sieben offiziellen Grenzübergängen von Tripura nach Bangladesch ist dieser der bequemste. Das **Konsulat von Bangladesch**, neben dem Hotel Brideway, ℡ 0381-222 4807, stellt an Ort und Stelle Visa aus. Man braucht zwei Passfotos, die Preise variieren je nach Staatsangehörigkeit. ⊙ Mo–Do 8.30–13, 14–16.30, Fr 8.30–12Uhr.

Udaipur

Udaipur ist die einstige Hauptstadt der Manikya und hat sich eine altertümliche Atmosphäre bewahrt, die man in der Metropole Agartala vergeblich sucht. Die heute noch bedeutende Marktstadt umgeben Reisfelder und bewaldete Hügel, am Südwestufer des Sees **Jagannath Dighi** erheben sich die Ruinen des **Jagannath-Tempels**. Die Mogul-Moschee aus dem 17. Jh. war der entfernteste Außenposten des Mogul-Reiches. **Tripura Sundari**, der bedeutendste Tempel der Gegend, befindet sich 5 km außerhalb von Udaipur auf einem Hügel an einem heiligen See, in dem es von Karpfen und Schildkröten so wimmelt. Im typisch bengalischen Stil erbaut, gehört der Tempel zu den 51 *shakti pithas*. Er steht genau an der Stelle, wo der Legende nach das rechte Bein von Sati herabgefallen sein soll, als Shiva ihren Körper vom Scheiterhaufen trug. Jeden Tag werden hier Tiere geopfert.

Die meisten Besucher kommen nach Udaipur im Rahmen einer langen Tagestour von Agartala aus, doch es gibt auch Übernachtungsmöglichkeiten in der Pantha Niwas Tourist Lodge. Eine kleine **Touristeninformation**, ℡ 0381-222432, steht ebenfalls bereit. Alle 30 Min. kommen **Busse** aus Agartala an (2 Std.), außerdem verkehren häufige Sammel-**Jeeps**.

Neermahal

Das romantische Wasserpalais von Neermahal im **Rudrasagar Lake**, 55 km südlich von Agartala, ist 1930 als Sommerresidenz des Maharadschas Bir Bikram Kishore Manikya erbaut worden. Der von der Mogul-Architektur inspirierte Palast wirkt innen eher heruntergekommen, doch das Äußere und die Gärten sind schön instand gesetzt worden. Die Kuppeln und Pavillons spiegeln sich hübsch im See, vor allem am frühen Abend, wenn sie angestrahlt werden – ein unvergesslicher Anblick. ⊙ tgl. 9–18 Uhr.

Gleich gegenüber der Tourist Lodge am Ufer des Sees kann man Boote mieten (Motorboote Rs125 pro Std., Stakkähne Rs60 pro 1/2 Std.). Auf einer herrlichen Überfahrt zwischen Wasserpflanzen, Libellen, Enten und Kormoranen hindurch gelangt man zum Wasserpalais.

Der See liegt 1 km von der Stadt Melaghar entfernt, von wo aus **Busse** nach Agartala (alle 30 Min., 2 Std.) und Udaipur (alle 30 Min., 1/2 Std.) verkehren. Neermahal kann wie Udaipur im Rahmen einer Tagestour von Agartala aus besucht werden, vorausgesetzt man ist für einen langen, harten Tag gewappnet, denn auf der Rundfahrt sind tiefe Schlaglöcher über eine Länge von 130 km zu ertragen. Möchte man die Reise unterbrechen, so bietet am See die Sagarmahal Tourist Lodge, ✆ 0381-264418, geräumige Zimmer an, von denen einige schöne Ausblicke über den See eröffnen. Auch Mehrbettzimmer stehen zur Verfügung (Rs60) ❸. Essen gibt es in der Lodge und in dem nahe gelegenen Restaurant der Fischereigenossenschaft.

Manipur

Manipur erstreckt sich entlang der Grenze zu Myanmar über eine weite Ebene, die von dem südlich seiner Hauptstadt **Imphal** gelegenen Seensystem bewässert wird. In dieser fast vergessenen Region sind die **Meithi** zu Hause. In der Abgeschiedenheit haben sie ihre eigene, faszinierende Version des Hinduismus entwickelt. Manipur erinnert von der Atmosphäre eher an Südostasien als an Indien, und viele Einheimische sprechen weder Englisch noch Hindi.

Obwohl in der Gegend um Imphal heute kaum ein Baum zu sehen ist, sind die entlegenen Berge noch immer bewaldet und bieten exotischen Vögeln und Tieren ein Zuhause, z. B. den Fasanenarten Blyth-Tragopan und Hume-Fasan, dem Plumplori, dem Burmesischen Pfau und dem wunderschön gezeichneten Nebelparder, einer Katzenart, sowie einer noch nicht klassifizierten, ungemeinen Vielfalt von Orchideen. Der einzigartige **Loktak Lake** mit seinen vegetationsreichen schwimmenden Inseln ist der natürliche Lebensraum des Manipur-Leierhirsches.

Die **Geschichte** von Manipur kann bis zur Gründung der Stadt Imphal im 1. Jh. v. Chr. zurückverfolgt werden. Trotz regelmäßiger Invasionen aus Myanmar hat sich das Land langer unabhängiger und stabiler Herrschaftsphasen erfreut.

1826 fiel es dann an Indien. Unter britische Kontrolle geriet es 1891 nach der Schlacht von Kangla. Während des Zweiten Weltkrieges besetzten die Japaner einen Großteil von Manipur, 250 000 britische und indische Soldaten waren während der Belagerung drei Monate lang in Imphal eingeschlossen und hätten ohne die Luftbrücke der Royal Air Force von Agartala aus sicher nicht überlebt. Als die japanischen Truppen den Befehl zur Beendigung der Imphal-Offensive erhielten, bedeutete dies auch das Ende ihres Eroberungszuges in Indien. 1972 wurde Manipur selbstständiger indischer Bundesstaat. Seither erschüttern es immer wieder Wellen von Gewalt, wenn es um den Kampf für mehr Selbstbestimmung und Konflikte zwischen Kuki und Naga geht.

Unruhen sind an der Tagesordnung, und zur Zeit der Recherche riet das britische Auswärtige Amt von Reisen in die Region ab. Die folgenden Abschnitte wurden daher für die vorliegende Ausgabe nicht aktualisiert.

Touristen sollten sich zuvor über die aktuelle Sicherheitslage informieren und sich bei einer Reise auf keinen Fall zu weit von der Hauptstadt entfernen. Anforderungen für Genehmigungen, s. S. 902/903.

Feste und Veranstaltungen in Manipur

Im **Manipuri-Tanz** finden sich wie in den ähnlich farbenfrohen Traditionen Myanmars, Indonesiens und Thailands viele Hindu-Themen und -Einflüsse wieder. Er ist heute als eine der wichtigsten klassischen Tanzformen Indiens anerkannt. Der Tanz rankt sich um die Geschichte von Krishna und sein Spiel mit den *gopis* (Kuhhirtinnen). Die *gopis* tragen kunstvoll gearbeitete krinolinenartige Röcke, die Musik dazu, wird von rhythmischem Getrommel angeheizt. Dabei hängt die große Fasstrommel auf den Schultern der Spieler. Die Jawaharlal Nehru Manipur Dance Academy in Imphal, North AOC, ✆ 0385-222 0297, ist die bedeutendste Tanzinstitution von Manipur. Sie veranstaltet gelegentlich Aufführungen und richtet jedes Jahr ein Tanzfestival aus.

Die **asiatischen Kampfsportarten** werden in Manipur in choreographischer Form auf der Bühne dargeboten, sie erleben derzeit eine Art Comeback. **Thang-Ta** ist eine sehr dynamische Form, die sich des *thang* (Schwert) und des *ta* (Speer) bedient. Schnell, heftig und scheinbar lebensgefährlich sind die Darbietungen, die jedes Jahr im Mai während des **Lai Haraoba**, eines Festivals ritueller Tänze in Moirang, gezeigt werden.

Schließlich ist da noch das alljährlich im September ausgetragene Bootsrennen **Heikru Hitongba**. Es ist Teil der Festlichkeiten zur Erinnerung an die Errichtung der beiden großen Vishnuiten-Tempel von Imphal, Bijoy Govinda und Govindjee. Dann treten zwei Ruderteams in langen Einbaumkanus in dem Wassergraben des Thangapat in der Nähe des Tempels Bijoy Govinda gegeneinander an.

Imphal und Umgebung

Von fernen Hügeln umringt, liegt Imphal, die Hauptstadt von Manipur, auf einem Plateau in 785 m Höhe. Spektakuläres sollte man hier nicht erwarten, aber die breiten Straßen geben der Stadt einen angenehm offenen Charakter.

Langthabal, das 8 km südlich von Imphal an der Straße nach Myanmar auf einem kleinen Hügel thront, überblickt die University of Manipur und lockt Besucher mit einer Palastruine, Tempeln und Zeremonienbauten an. Das **Khonghampat Orchidarium**, 12 km nördlich von Imphal am NH-39 (Straße nach Dimapur), zeigt über 100 Orchideenarten, die ihre Farbenpracht im April und Mai voll entfalten.

Das Zentrum von Imphal liegt eingezwängt zwischen der Prachtstraße Kanglapat im Osten und dem trägen Fluss Nambu im Westen. Dominiert wird es von einem **Polofeld**. Einer Legende zufolge ist das Manipuri-Spiel *sagol kangjei* der Ursprung des modernen Polospiels. Das Ehrenmal **Shaheed Minar** erinnert an den Meithei-Aufstand gegen die britischen Besatzer im Jahr 1891.

Gleich südöstlich liegt das **Manipur State Museum** mit Schwerpunkt auf Trachten, Schmuck und Waffen sowie einer geologischen, archäologischen und naturgeschichtlichen Dokumentation der Region. ⏰ tgl. außer Mo 10–16.15 Uhr, Eintritt Rs2.

Entlang der Kangchup Road im Herzen von Imphal findet jeden Tag der **Khwairamband-Markt** – auch Nupi Keithel und Ima Bazaar („Markt der Mütter") genannt – statt. Über 3000 Meithei-Frauen bieten hier ihre Waren feil. Damit ist dieser Markt der größte seiner Art in ganz Asien. Ein Bereich ist ausschließlich Textilien vorbehalten. In einem anderen Marktabschnitt verkaufen Händler Fisch, Gemüse und andere Lebensmittel. Auf kleineren Märkten in der Nähe findet man Handwerkskunst, z. B. Korbwaren. Wer nicht zum Feilschen aufgelegt ist, dem stehen auch ein paar Geschäfte mit Festpreisen zur Verfügung, darunter **Eastern Handloom and Handicrafts**, GM Hall, in der Nähe des Glockenturms, und das **Handloom House** am Paona Bazaar.

Südlich des alten Palastkomplexes ist zwischen den Palmen die goldene Kuppel des **Shri Govindjee** zu sehen. Der herausragende Vishnuiten-Tempel von Manipur zeichnet sich durch eine große Gebetshalle und eine angenehme Atmosphäre aus. Die frühmorgendlichen *pujas* mit Prozession, begleitet von Schneckenhaus-Bläsern und Trommlern, sind einen Besuch wert. Doch sollte man versuchen, bis 7.30 Uhr da zu sein.

Übernachtung und Essen

Im Marktbezirk gibt es ein paar einfache Hotels, etwas außerhalb auch Mittelklassehotels.
Anand Continental, Khoyathong Rd, ✆ 0385-222 3422. Das beste Hotel der Stadt, Zimmer mit Teppich, Dusche, Warmwasser und TV, ausgezeichnetes Restaurant. ❸–❹
ITDC Imphal, North AOC, Dimapur Rd, ✆ 0385-222 0459. Prachtvolles, staatlich geführtes Hotel mit geräumigen Zimmern, Rasenfläche und Restaurant. ❸–❹
Nirmala, MG Avenue, ✆ 0385-222 9014. Gute Wahl, Zimmer mit Teppich, Dusche mit Warmwasser, Seife und Handtücher. ❸–❺
Pintu, North AOC, Dimapur Rd, ✆ 0385-222 4172. Großer rosafarbener Bau neben dem Kino, sauber und freundlich. Das Restaurant wirbt mit schneller Küche. ❷–❸
Tampha, North AOC, Dimapur Rd, ✆ 0385-222 1486. Schlichte Unterkunft in der Nähe der *dhabas* und des Busbahnhofs. ❶
White Palace, MG Avenue, ✆ 0385-222 0599. Passables Hotel mit größeren Zimmern in der Nähe des großen Marktes. ❶–❸
Die Auswahl an **Restaurants** ist begrenzt. Als bestes sei das **Host** im Hotel Anand Continental empfohlen. Bars sucht man vergebens.

Sonstiges

Geld
Die **State Bank of India** in der MG Avenue hat einen Geldwechselservice.

Genehmigungen
Individualreisende bekommen Genehmigungen beim **Foreigners' Registration Office**, ein Stück weg vom GPO.

Informationen
Manipur Tourism hat seinen Sitz im Hotel Imphal nördlich des Palastes an der großen Dimapur Rd, ✆ 0385-222 0802. ⏲ April–Sep Mo–Sa 9.30–17, Okt–März 9.30–16.30 Uhr, 2. Sa im Monat geschlossen. Das Büro von **India Tourism** in der Jail Rd, ✆ 0385-222 1131, stellt Informationen und Karten zur Verfügung. ⏲ Mo–Sa 9.30–17.30 Uhr.

Internet
Internetzugang zu bekommen ist kein Problem. **Millennium Link**, Paona Bazaar, bietet meistens gute Verbindungen.

Post
Das GPO ist in der Secretariat Rd am Südrand des Palastkomplexes. ⏲ Mo–Sa 9–17 Uhr.

Transport

Das wichtigste Transportmittel innerhalb von Imphal sind **Motor-** und **Fahrrad-Rikschas**.

Busse
Staatliche Busse halten neben dem Polofeld, private Busse vor ihren jeweiligen Vertretungen, von denen die meisten in der MG Avenue, 200 m nördlich des Khwairamband Bazaar, zu finden sind.
Die Busverbindung nach GUWAHATI geht 2–3x tgl., die rund 580 km lange Fahrt dauert etwa 12–16 Stunden. Mehrere private Busgesellschaften fahren von der MG Avenue in der Nähe der State Bank of India ab und halten zusätzlich an der DM Rd vor dem Hotel Tampha. Der NH-39, die Burma- (oder Myanmar-) Straße, verbindet Imphal mit Kohima in Nagaland und führt weiter nach DIMAPUR, dem 215 km entfernten nächstgelegenen Bahnhof. Auf dieser Strecke ist eine Genehmigung für Nagaland erforderlich. Tägliche Busse nach Dimapur fahren um 6 Uhr ab und halten nach 6 Stunden in Kohima, allerdings am Stadtrand und nicht am zentralen Busbahnhof. Nach weiteren 3 Stunden hält der Bus in Dimapur. Reisenden nach Silchar mag die 200 km lange Fahrt über die Grenze bei Jiribam verlockend erscheinen, doch Militärkontrollpunkte und Busdurchsuchungen lassen sie zu einem 14-Stunden-Albtraum werden. Das Flugzeug ist hier unbedingt vorzuziehen (2x wöchentl., 30 Min.).
Staatliche Busse nach:
DIMAPUR (3–4x tgl., 9 Std.),
GUWAHATI (2–3x tgl., 12–16 Std.),
KOHIMA (2x tgl., 6 Std.).

Flüge
Der Flughafen von Imphal, 6 km südlich der Stadt, wird von Indian Airlines und Jet Airways

angeflogen. Die Vertretung von **Indian Airlines** befindet sich in der MG Avenue, ☎ 0385-223 0835, **Jet Airways** ist in derselben Straße im Hotel *Nirmala,* ☎ 0385-223 0835.
Flüge nach:
AIZAWL (IC, 3x wöchentl., 1/2 Std.),
DELHI (IC, 2x wöchentl., 3 Std. 3/4 Std.),
DIMAPUR (IC, 4x wöchentl.; 50 Min.),
GUWAHATI (IC, 9W, DN, 2–3x tgl., 50 Min.),
KOLKATA (9W, 6x wöchentl., 3/4 Std.)
MUMBAI (9W, 5x wöchentl.; 6 1/4 Std.),
SILCHAR (IC, 5x wöchentl., 35 Min.).
(IC = Indian Airlines, 9W = Jet Airways)

Loktak Lake

Südlich von Imphal wird das gewaltige, weit verzweigte Seengebiet Loktak Lake von zahlreichen Flüssen gespeist. Hier lebt eine einzigartige Gemeinschaft von Fischern auf großen Flößen aus Schilfrohr. Der See ist großflächig von schwimmenden Vegetationsinseln bedeckt. Unter den seltenen und vom Aussterben bedrohten Tierarten, die auf den Inseln leben, sind der Manipur-Leierhirsch und der Schweinshirsch. Der See gehört größtenteils zum **Keibul Lamjao-Nationalpark**, der 53 km vor Imphal liegt und zwischen November und März riesige Scharen von Wasser- und Zugvögeln anlockt. Auf einem Hügel auf **Sendra Island**, 48 km von Imphal entfernt, bietet der Tourist Bungalow, ☎ 0385-222 0802, 40 Zimmer (Rs10 pro Bett) und einen guten Ausblick über den See. Buchungen beim Touristenbüro in Imphal, das auch die Touren zum Loktak Lake organisiert.

Orissa

Stefan Loose Traveltipps

Bhubaneswar Am Stadtrand versteckt liegen ungefähr 500 architektonisch einzigartige Tempel mit kunstvollen Steinmetzarbeiten. S. 943

Rath Yatra, Puri Tausende von Pilgern strömen im Hochsommer, wenn das berühmte „Wagenfest" gefeiert wird, zum hiesigen Jagannath-Tempel. S. 958

Similipal-Nationalpark Tiger, Leoparden und Elefanten durchstreifen die bewaldeten Megasani Hills. S. 970

14 Konark Der elegante Sonnentempel aus dem 13. Jh. wurde in Form eines riesigen Wagens erbaut. S. 966

Olive-Ridley-Schildkröten Die gefährdeten Tiere kommen in einer Nacht im Februar zur Eiablage an den Strand von Gahirmatha – ein unvergessliches Schauspiel. S. 969

Der Bundesstaat Orissa zählt zu den ärmsten Regionen Indiens, kann aber gleichwohl auf ein reiches kulturelles Erbe zurückblicken. Die größte Konzentration historischer und religiöser Monumente – Orissas Touristenattraktion Nummer eins – findet man in den Küstenebenen. Puri, die Stätte des berühmten Jagannath-Tempels und Schauplatz einer der spektakulärsten religiösen Prozessionen auf der ganzen Welt, verbindet gekonnt die intensive, fast schon berauschende Atmosphäre eines hinduistischen Pilgerzentrums mit den eher hedonistischen Vergnügungen eines Badeortes. Die Stadt selbst liegt nur einen Katzensprung von der Bahnlinie und Hauptstraße zwischen Kolkata (Kalkutta) und Chennai entfernt und zieht neben Pilgern auch viele Rucksacktouristen an, die am oder in der Nähe des Strandes unzählige Billigunterkünfte finden und das lässige Szeneleben genießen. Etwas weiter die Küste hinauf rühmt sich Konark der Ruinen von Orissas prächtigstem mittelalterlichen Tempel. Das jahrelang unter einer gigantischen Sanddüne verborgene Bauwerk wird von hervorragend erhaltenen Reliefs verziert, darunter einige aufsehenerregende erotische Darstellungen. Die uralten Felsenhöhlen und kunstvollen Sandsteintempel von Bhubaneswar – der Hauptstadt von Orissa, die von Besuchern leider nur allzu oft ausgelassen wird – gehen auf eine Ära zurück, in der von hier aus ein Königreich regiert wurde, das sich vom Ganges-Delta bis zur Mündung des Godavari erstreckte.

Außerhalb des zentralen „goldenen Dreiecks" an Sehenswürdigkeiten trifft man nur noch selten ausländische Touristen an – mit Ausnahme zahlreicher Großfamilien aus Bengalen, die während der Ferienzeit die Küste bevölkern. Wer in diesen abgelegenen Gegenden unterwegs ist, verfolgt meist ein ganz bestimmtes Interesse, sei es an der faszinierenden Tierwelt, den unzähligen Tempeln oder den verschiedenen Stammeskulturen. Der **Nationalpark Similipal**, inmitten der ausgedehnten Sal-Wälder des äußersten Nordostens gelegen, wartet nicht nur mit spektakulären Landschaften, sondern auch mit einem ebensolchen Tierleben auf: Hier gibt es noch Tiger, Elefanten sowie Hunderte anderer Spezies wie Vögel und Reptilien zu sehen.

Zur Winterzeit verwandeln sich die kleinen Inseln im **Chilika Lake** südlich von Bhubaneswar in eine riesige Salzwasserlagune – ein Paradies für Ornithologen. Weiter nördlich, im Bhitarkanika-Park, dient ein abgeschiedenes Strandareal am Ende des Flussdeltas, den seltenen Olive-Ridley-Wasserschildkröten als Eiablageplatz und wird zwischen Februar und März von ihnen bevölkert.

In Anbetracht der großen Anzahl von Tempeln in Orissa ist man versucht zu denken, der brahmanische Hinduismus sei die allein herrschende Religion im Staat. Tatsächlich aber sind fast ein Viertel der Bewohner **Adivasi** (wörtlich: die „Ersten"), die von den prä-arischen Ureinwohnern dieses Gebietes abstammen sollen. In einigen abgelegeneren Ecken des Staates haben viele Gruppen bis heute ihre einzigartigen Traditionen und Sprachen bewahrt. Der sogenannte „Ethnotourismus" ist der jüngste Eingriff in den Lebensstil der Adivasi, nachdem sie sich in der Vergangenheit schon gegen Einflüsse von Missionaren, Staudammprojekten und „Förderprogrammen" der Regierung hatten behaupten müssen. In Puri werden auf Werbeplakaten „Tribal Tours" zu saftigen Preisen angeboten, von denen nur wenige Dollars die Adivasi-Dörfer jemals erreichen.

Orissa erfreut sich fast das ganze Jahr über eines recht angenehmen **Klimas**. Zwischen November und März liegen die Durchschnittstemperaturen bei 17 °C und im Sommer – mit seiner hohen, aber durchaus erträglichen Luftfeuchtigkeit – bei 32 °C. Gegen Mitte Juni hält der Monsun Einzug, gerade rechtzeitig zum **Rath Yatra**, dem weltberühmten Wagenfest. Für einen Besuch eignen sich am besten die kühleren Wintermonate, insbesondere rund um Makar Sankranti im Januar, wenn die Landbewohner Orissas mit farbenprächtigen Festen das Ende der Erntezeit begehen. Wer lediglich die stärker besiedelten Küstengebiete bereist, dürfte kaum Transportprobleme haben. Die Hauptarterien dieser Region sind der National Highway 5 sowie die Southeast Railway, die beide durch die Küstenebene via Bhubaneswar führen. Der Ort Puri liegt an einer Nebenlinie und wird regelmäßig von direkten Expresszügen aus Delhi, Kolkata und Chennai angesteuert. Im restlichen

ORISSA

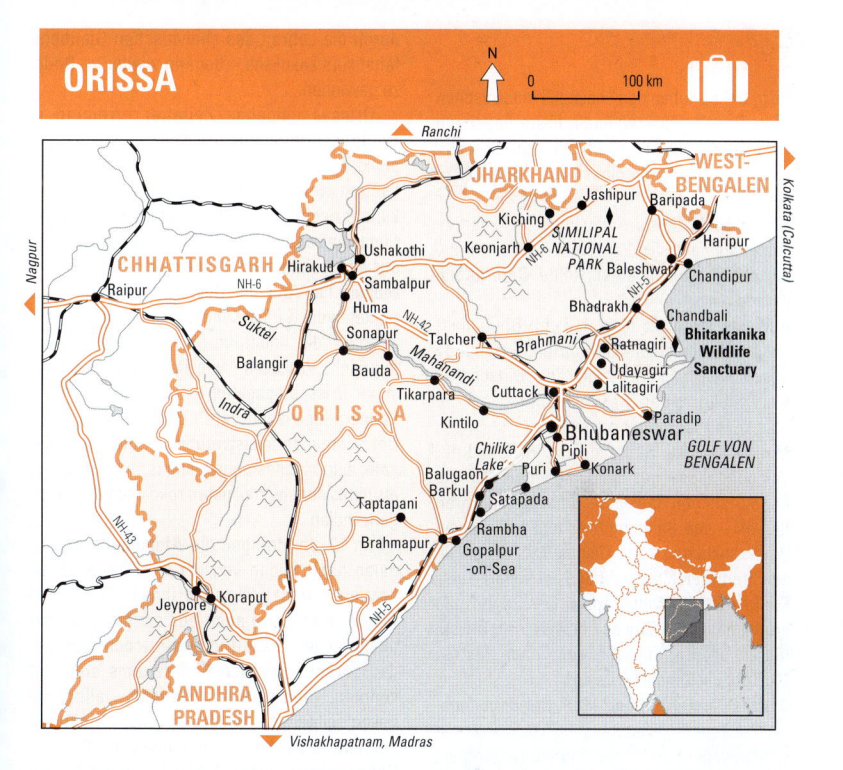

Staat stellen Busse das beste Transportmittel dar. Staatliche Busse sowie ein immer größer werdendes Netz privater Busse (die in der Regel schneller und komfortabler sind) bedienen nicht nur die Hauptrouten, sondern auch viele entlegenere Gebiete.

Geschichte

Mit Ausnahme einiger verstreuter Spuren prähistorischer Besiedlung datieren die frühesten archäologischen Funde Orissas aus dem 4. Jh. v. Chr. Die befestigte Stadt **Sisupalgarh**, nahe dem modernen Bhubaneswar, war einst die Hauptstadt der **Kalinga-Dynastie**, über die allerdings nur wenig bekannt ist. Im 3. Jh. v. Chr. überfiel der ehrgeizige Maurya-Herrscher **Ashoka** mit seiner kaiserlichen Armee die Kalinga und besiegte das Königreich in einer überaus brutalen Schlacht. Angeblich soll dieses Blutbad der Auslöser für Ashokas legendäre Bekehrung zum **Buddhismus** gewesen sein. Im gesamten Reich ließ er in Felsen gehauene Edikte aufstellen, welche die Tugenden und Grundlehren seines neuen Glaubens (Dharma) priesen, den Ashoka den besiegten neuen Untertanen nahe zu bringen hoffte. Mit dem Niedergang der Maurya erlebte das Kalinga-Reich eine Art Renaissance. Unter der **Chedi-Dynastie**, die dem Jainismus anhing, wurden immense Summen zur Erweiterung der Hauptstadt und zur Schaffung der kunstvoll ausgestalteten Klosterhöhlen von **Khandagiri** und **Udaigiri** ausgegeben. Im Laufe des 2. Jhs. v. Chr. jedoch zerfiel das Königreich allmählich in mehrere kriegerische Fürstentümer und schlingerte in eine Art finsteres Mittelalter hinein. Der Einfluss des Buddhismus wurde schwächer, der Jainismus verschwand fast gänzlich von der Bildfläche, und der **Brahmanismus** – verbreitet

Feste in Orissa

Da in Orissa neben den üblichen hinduistischen Festen auch viele regionale Feste begangen werden, stehen die Chancen für Besucher gut, zumindest bei einem dieser Anlässe dabei zu sein.

Makar Mela (Mitte Jan): Pilger strömen zu einem kleinen Eiland im Chilika Lake, wo sie der Göttin Kali in einer Höhle Opfergaben darbringen.

Adivasis Mela (26. Jan–1. Feb): Bhubaneswars „Stammesfest" ist eine enttäuschende Mischung aus Jahrmarkt und Landwirtschaftsausstellung; einen Besuch lohnen nur die Musik- und Tanzaufführungen.

Magha Saptami (Jan und Feb): Während der Vollmondphase des hinduistischen Monats Magha suchen Tausende Gläubige zu Ehren Suryas – des Sonnengottes und Heilers von Hautkrankheiten – ein kleines Wasserbecken am Strand von Chandrabhaga bei Konark auf.

Chaitra Parba (Mitte April): Die Santal (die größte ethnische Gruppe der Adivasi in Orissa) führen bei Baripada im nördlichen Distrikt Mayurbhunj Chhou-Tänze auf.

Ashokastami (April und Mai): Bei Bhubaneswars eigenem „Wagenfest" (Prozession von Tempelwagen) nimmt die Gottheit Lingaraj ein kurzes Bad im Bindu Sagar-Teich.

Sitalasasthi (Mai und Juni): Feierlichkeiten in Sambalpur und Bhubaneswar zu Ehren der Vermählung von Shiva und Parvati.

Rath Yatra (Juni und Juli): Orissas größtes und prächtigstes Fest. Riesige Bilder des Gottes Jagannath, seines Bruders Balabhadra und seiner Schwester Subhadra treten die heilige Reise vom Jagannath-Tempel zum Gundicha Mandir in Puri an.

Bali Yatra (Nov und Dez): Fest in Erinnerung an die Schiffsreisen der Händler aus Orissa in den malaiischen Archipel. Es findet bei Vollmond am Ufer des Flusses Mahanadi in Cuttack statt.

Konark Festival (Anfang Dez): Tanz-Festival im Sonnentempel von Konark, bei dem klassische Tänze aus Orissa sowie andere regionale Tänze aufgeführt werden.

---

durch die Lehren des shaivitischen Glaubensfanatikers Lakulisha – begann wieder an Boden zu gewinnen.

Orissas goldenes Zeitalter erreichte im 12. Jh. mit den **östlichen Ganga** seinen Höhepunkt, als hier unter den wohlhabenden hinduistischen Herrschern einige der großartigsten künstlerischen und architektonischen Werke Südasiens entstanden. Dank immenser Gewinne aus ihrem blühenden Handelsnetz, das bis in den Malaiischen Archipel (Gewürzinseln) reichte, errichteten die Ganga-Könige wundervolle Tempel, in denen die Anbetung Shivas sowie geheime tantrische Praktiken – wie sie die früheren Herrscher Orissas ausgeübt hatten – durch neuere Formen der Vishnu-Verehrung ersetzt wurden. Der Schrein der meistverehrten Gottheit, **Jagannath**, eine Manifestation Vishnus, in Puri galt nun als eines der vier heiligsten religiösen Zentren in ganz Indien.

Im 15. Jh. drangen die **Afghanen** von Bengalen nach Süden vor, um die Region zu annektieren, und 1592 folgte ihnen Man Singhs **Mogul-Heer**. Dass auch nur ein paar der mittelalterlichen Hindu-Monumente den Exzessen des darauf folgenden Bildersturms entgehen konnten, grenzt an ein Wunder – allerdings durfte seitdem nie wieder ein Nicht-Hindu seinen Fuß in die heiligsten Tempel von Puri und Bhubaneswar setzen. 1751 wurden die Moguln von den **Marathen** aus dem Westen Indiens als herrschende regionale Macht verdrängt. Die britische East India Company drang unterdessen entlang der Küste vor. 28 Jahre nach Clives Sieg bei Plassey im Jahre 1765 fiel Orissa unter **britische Herrschaft**.

Seit der **Unabhängigkeit** hat der Staat eine rasche Entwicklung durchlaufen. Die Entdeckung von Kohle, Bauxit, Eisenerz und anderen Mineralien führte zu einem beträchtlichen industriellen Wachstum sowie zu einer Verbesserung der Infrastruktur.

Dieser städtische Fortschritt kann jedoch nicht darüber hinwegtäuschen, dass Orissa im Grunde ein armer Agrarstaat ist, der in hohem Maße von der Landwirtschaft abhängt, um die Grundbedürfnisse seiner 37 Mill. Einwohner zu stillen.

Bhubaneswar und Umgebung

Bhubaneswar

Mit seiner nichtssagenden 50er-Jahre-Architektur erscheint Bhubaneswar auf den ersten Blick überraschend verschlafen für eine Stadt mit nahezu einer halben Million Einwohner und angesichts einer über 2000 Jahre zurückreichenden Siedlungsgeschichte. Dieses Bild ändert sich jedoch, sobald man die Grenzen der modernen, planmäßig angelegten Stadt hinter sich gelassen hat, denn die Nebenstraßen und das Ödland am südlichen Stadtrand beherbergen die Überreste von einigen der prächtigsten mittelalterlichen Tempel Indiens. Sie sind ganz klar die Hauptattraktionen der Stadt und ihre, ohnehin faszinierende Ausstrahlung gewinnt durch das lebhafte religiöse Leben, das hier – vor allem zu Festzeiten – nach wie vor stattfindet, zusätzlich an Reiz.

Geschichte

In der Geschichte taucht Bhubaneswar erstmals im 4. Jh. v. Chr. als Hauptstadt des alten **Kalinga-Reiches** auf. Hier war es, wo Ashoka eines der heute besterhaltenen Felsenedikte des Subkontinents aufstellte. Es steht 5 km südlich von **Dhauli** noch immer an seinem ursprünglichen Platz. Unter den **Chedi** gewann das alte Kalinga die Kontrolle über den blühenden Handelsmarkt in der Region und avancierte zur größten Macht an der Nordostküste. Die kunstvolle Bildhauerkunst der Jain-Höhlen von **Khandagiri** und **Udaigiri**, welche die Stadt noch immer überblicken, gestattet einen Einblick in die militärische Stärke und den opulenten Lebensstil ihrer Herrscher.

Nach einer Phase des Verfalls machte sich Bhubaneswar als regionales Machtzentrum erst im 5. Jh. n. Chr. wieder einen Namen, denn damals war die Stadt Stützpunkt der revolutionären Pasupata-Sekte und ein bedeutendes Zentrum der Shaiviten. Gepaart mit dem außerordentlichen Reichtum der zwei Jahrhunderte später herrschenden **Sailodbhava-Dynastie**, brachte der wachsende religiöse Eifer eine außergewöhnliche Flut an Tempelbauten hervor. Zwischen dem 7. und 12. Jh. sollen allein in der heiligen Enklave um den Teich **Bindu Sagar** rund 7000 Tempel errichtet worden sein. Die meisten wurden während der muslimischen Invasionen im Mittelalter dem Erdboden gleichgemacht, doch viele bleiben auch verschont und vermitteln selbst bei einem Kurzbesuch eine gute Vorstellung von der Entwicklung der Orissa-Architektur – von den bescheidenen Anfängen bis zum gigantischen, vor Selbstbewusstsein strotzenden **Lingaraj-Tempel**, dem Sitz von Trimbhubaneshwara ("Herr der drei Welten" und dem Namensgeber der Stadt). In der Folge fristete die Stadt ihre Existenz als abgelegenes Provinznest, bis sie nach der Unabhängigkeit zur neuen Hauptstadt des Bundesstaats ernannt wurde, weil die Nachbarstadt Cuttack in den 50er-Jahren des 20. Jhs. aus allen Nähten zu platzen drohte.

Die Tempel

Von den rund 500 Tempeln, die es in Bhubaneswar heute noch gibt, lohnt eigentlich nur eine Handvoll den Besuch – es sei denn, man ist hoffnungslos der Tempelsucht verfallen. Diese Bauwerke verteilen sich über den Süden der Stadt, die bedeutendsten können jedoch per Motor-Rikscha innerhalb eines Tages besichtigt werden (mit Rs200–250 inkl. Wartezeit ist zu rechnen).

Ein Besuch in chronologischer Abfolge vermittelt nicht nur ein Gefühl für die interessante Entwicklung der Stile, sondern bewahrt die beeindruckendsten Monumente bis zum Schluss auf. Da die meisten Tempelanlagen auch heute noch aktive Stätten der Verehrung einer Gottheit sind, sollte man entsprechend gekleidet sein, seine Schuhe (und alle Lederartikel) am Eingang ablegen und vor dem Fotografieren um Erlaubnis bitten, insbesondere innerhalb des Gebäudes. Der zuständige Priester erwartet nach einer Führung eine Spende, die jedoch in der Regel nichts mit den astronomischen Summen zu tun hat, die im Gästebuch aufgeführt sind. Der Eintritt zu allen Tempeln, außer Rajarani, ist kostenlos.

Die zentrale Tempelgruppe

Die zentrale Tempelgruppe an der Lewis Road umfasst einige von Bhubaneswars berühmtesten Tempeln. Der am besten erhaltene und schönste von Bhubaneswars frühen Tempeln, der verschwenderisch verzierte Parasuramesvara

Die Tempel von Orissa

Die Tempel von Orissa repräsentieren einen regionalen Stil sakraler Architektur, der zu den eindrucksvollsten in ganz Südasien gehört. Wie ihre Gegenstücke in anderen Teilen des Subkontinents wurden sie gemäß strenger Vorlagen errichtet, die bereits Jahrtausende zuvor in einer Sammlung kanonischer Texte mit dem Titel Shilpa Shastras festgeschrieben worden waren. Diese beschreiben mit akribischer Genauigkeit nicht nur jeden einzelnen Aspekt der Tempelbauweise – von den Proportionen des Turms bis zum kleinsten bildhauerischen Detail –, sondern auch die symbolische Bedeutung des Gebäudes insgesamt.

Im Gegensatz zu Kirchen oder Moscheen dienen Hindu-Tempel nicht nur als Stätte der Andacht, sondern sind selbst ein Objekt der Verehrung. Es handelt sich um Verkörperungen der „Göttlichen Kosmischen Schöpfergestalt" oder der Gottheit, für die sie errichtet wurden. Für jeden Hindu ist der Gang durch den Tempel wie der Eintritt in den Körper des Gottes, auf den man im Schreinzimmer während des kurzen darshan (rituelles Anschauen einer Gottheit) einen Blick erhaschen kann. In Orissa findet diese Vorstellung Ausdruck in den technischen Begriffen, die in den Shastras für die Gebäudeteile verwendet werden: der Fuß (pabhaga), das Schienbein (jangha), der Rumpf (gandi), der Nacken (kantha), der Kopf (mastaka) usw.

Die meisten Tempel gliedern sich in zwei Hauptbestandteile, das innere Heiligtum mit Turm (deul) und die Versammlungshalle (jagamohana). Der Turm ist ein nach oben hin abgerundeter Bau mit einem viereckigen Sockel und pilasterartigen Vorsprüngen, der den Meru, den heiligen Berg im Zentrum des Universums, symbolisiert. Auf der Rundung des Turms befindet sich ein eine tropische Frucht darstellendes amla – eine gerillte dicke Scheibe, die als Unterlage für das Gefäß der Unsterblichkeit (kalasha) dient. Der kalasha wird wiederum von der heiligen Waffe der herrschenden Gottheit gekrönt: einem Rad (Vishnus chakra) oder einem Dreizack (Shivas trishul). Die Gottheit des Tempels residiert in einem Zimmer im Deul. Dieses innerste Heiligtum – auf Oriya garbha griha genannt („Mutterschoß") – ist in Dunkelheit getaucht, damit der Geist des Gläubigen sich auf das göttliche Bildnis konzentrieren kann.

Die jagamohana, eine überdachte Vorhalle mit pyramidenförmigem Dach, grenzt an den Deul. In ihr versammelt sich die Gemeinde zur Lesung religiöser Texte und zu anderen bedeutenden Zeremonien. Bei größeren Tempeln wie dem Lingaraj in Bhubaneswar und dem Jagannath in Puri sind der Vorhalle weitere Anbauten hinzugefügt, in denen die Musik- und Tanzdarbietungen stattfinden konnten, die damals häufig Teil von Tempelritualen waren. Wie beim jagamohana sind auch die Dächer des Tanzsaales (nata mandir) und der Opferhalle (bhoga-mandapa) in Form einer Pyramide konstruiert. Das ganze Ensemble, inklusive kleinerer Nebenschreine (häufig früher errichtete Tempel), ist üblicherweise von einer Mauer umgeben. Mit Verfeinerung der Bautechniken und der künstlerischen Fertigkeiten wurden die Tempel von Orissa im Laufe der Jahrhunderte zunehmend größer und prächtiger. Besucht man die Tempel in chronologischer Reihenfolge, so lässt sich diese Entwicklung gut beobachten. Zwischen den frühen Gebäuden in Bhubaneswar und dem architektonischen Höhepunkt der Region, dem Sonnentempel von Konark, scheinen Welten zu liegen: Die Türme strebten immer höher in den Himmel, die Dächer erhielten immer mehr Stufen und die Bildhauerkunst, für die die Tempel berühmt sind, erreichte ein nie da gewesenes Maß an Vollkommenheit.

Mandir (um 650 n. Chr.), steht im Schatten eines riesigen Banyan-Baumes. Mit seiner schlichten, viereckigen Versammlungshalle (jagamohana), seinem einfach gestuften Dach und seinem untersetzten Turm (deul) in Form eines Bienenstocks verkörpert der Tempel den klassischen Stil des späten 7. Jhs. in Orissa. Parasuramesvara ist jedoch nicht nur wegen seiner qualitativ hochwertigen Bildhauerkunst an den Außenwänden von Bedeutung, sondern markiert zugleich den Übergang vom Buddhismus zum Hinduismus. Interessant sind die Abbildungen von **Lakulisha**, einem shaivitischen Heiligen, dessen Sekte im 5. Jh. maßgeblich an

944 Bhubaneswar

Bhubaneswar

Übernachtung:

Aristo Lodge	L
Bhagwat Niwas	N
Eden	O
Ginger	B
Grand Central	I
Jajati	G
Janpath	F
Keshari	J
Mayfair Lagoon	A
Meghdoot	D
New Marrion	E
OTDC Panthaniwas	Q
Padma	M
Richi	K
Sishmo	P
Swosti	H
Trident Bhubaneswar	C

Restaurants:

Bhuvanashree	5
Dalema	3
Dalma	1
Fahien and Mohini	Q
Hare Krishna	4
Maurya Gardens	6
Rice Bowl	2
Sishmo	P
Swosti	H

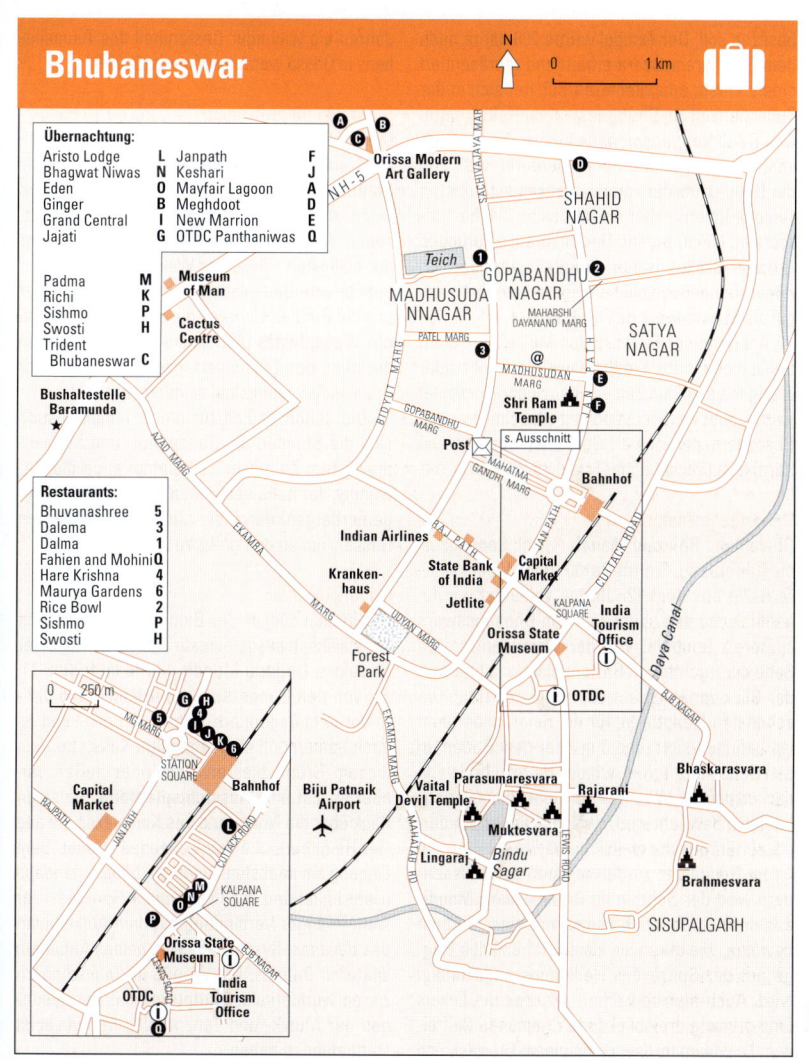

der Konversion Orissas zum Hinduismus beteiligt war.

In den Ecken des Deul kommt der Überlegenheitsanspruch des Hinduismus zum Ausdruck; hier entdeckt man z. B. bedrohlich aussehende **Löwen**, die über Elefanten (die Symbole des buddhistischen Glaubens) hocken oder stehen.

Der Mitte des 10. Jhs. errichtete **Muktesvara Mandir** wird dank seiner kompakten Bauweise und exquisiten bildhauerischen Details häufig als das Juwel der Orissa-Architektur bezeichnet. Er steht in einem ummauerten Innenhof, neben dem kleinen Teich **Marichi Kund**, dessen trübgrünes Wasser Heilkräfte gegen Unfruchtbarkeit besitzen soll. Der Tempel wurde 200 Jahre nach dem Parasuramesvara erbaut und repräsentiert einen neuen, ausgefeilteren Stil, der sich in der Zwischenzeit in Bhubaneswar entfaltet hatte. Das Dach des *jagamohana* besitzt die für Orissas Tempel typische Pyramidenform, während der Deul – trotz der Formähnlichkeit mit früheren Tempeltürmen – eher die vertikalen als die horizontalen Linien betont. Der dekorative **Torbogen** *(torana)* direkt vor dem Haupteingang, der von zwei ruhenden weiblichen Figuren gekrönt wird, gilt als Meisterwerk des Muktesvara.

Am Rand der Terrasse des Muktesvara steht der unvollendete **Siddhesvara**, der mehr oder weniger zur selben Zeit wie der Lingaraj errichtet wurde, aber weniger imposant ist. Seine einzigen Besonderheiten sind die Gottheiten Ganesha und Karttikeya (Shivas Söhne) rund um den Turm.

Die östliche Tempelgruppe

Obwohl der **Rajarani Mandir** (◎ tgl. Sonnenauf- bis -untergang, Eintritt Rs100 (Rs5), Videokamera Rs25) aus dem 12. Jh. nie vollendet wurde, gehört er zu den schönsten von Bhubaneswars späteren Tempeln. Von der weiter entfernten Seite der fruchtbaren Gartenanlagen richtet sich der Blick zunächst auf das Profil des Deul. Die schönsten Skulpturen, für die Rajarani berühmt ist, befinden sich rund 3 m über dem Boden an den Seiten des Turms, wo der Hauptschrein von den *dikpalas* („Wächter der acht Himmelsrichtungen") bewacht wird, zwischen denen wiederum verführerische weibliche *nayikas* stehen.

Im Gegensatz zu den meisten seiner Nachbarn wird der Schrein im **Brahmesvara Mandir** aus dem 11. Jh. noch immer von einer Gottheit bewohnt, wie durch die kleine, safrangelbe Flagge auf der Spitze des Heiligtums angekündigt wird. Auch hier bewachen *dikpalas* die Ecken. Eine grimmig dreinblickende Chamunda (auf einem Leichnam thronend, mit einem Dreizack und einem abgetrennten Kopf in den Händen) prangt an der Westfassade, und wohlgeformte Mädchen bewundern sich in Spiegeln oder schäkern mit ihren männlichen Gefährten. Gemäß einer Inschrift, die heute leider verschwunden ist, soll eine gewisse Königin Kovalavati dem Tempel einst „viele wunderschöne Frauen" gespendet haben – ein frühes Beispiel der *devadasis*, die in späteren Jahren ein wichtiger Bestandteil des Tempellebens in Orissa werden sollten (s. S. 967).

Die Bindu Sagar-Gruppe

Die größte Tempelansammlung gruppiert sich rund um den **Bindu Sagar**, 2 km südlich des Stadtzentrums. In diesem kleinen, künstlichen Teich, der in den Puranas Erwähnung findet, sollen der Nektar, der Wein und das Wasser der heiligsten Flüsse der Welt fließen. Er ist der begehrteste Badeplatz für Bhubaneswars Pilger und die Gottheit Lingaraj, die alljährlich während des **Wagenfestes** (Ashokastami) zum Pavillon in der Mitte des Teichs getragen wird, um dort ihr rituelles Reinigungsbad zu nehmen.

Die schönste Zeit für einen Tempelbesuch sind die Stunden um Sonnenauf- und Sonnenuntergang. Zu dieser Zeit ziehen auch die Bewohner der nahe gelegenen *dharamshalas* (Pilgerherbergen) durch die rauchgeschwängerten Gassen, um an den *ghats* zu beten.

Lingaraj Mandir

Unmittelbar südlich des Bindu Sagar erhebt sich der stilistisch ausgefeilteste Tempel Orissas. Der gewaltige Lingaraj Mandir wurde im frühen 11. Jh. von den Ganga-Königen erbaut – 100 Jahre vor dem Jagannath-Tempel in Puri – und ist auch heute noch eine lebendige Kultstätte. Aus diesem Grund bleiben Ausländer außen vor, aber es gibt eine **Aussichtsplattform**, die einen Blick über die Nordwand des Komplexes auf alle vier Hauptbereiche des Gebäudes erlaubt. Dem Eingang am nächsten liegen die *bhoga-mandapa* (Opferhalle) und der *nata mandir* (Tanzsaal – steht in enger Verbindung mit dem Aufkommen des *devadasi*-Systems; S. 944), beides Anbauten späteren Datums. Die Wände im Tempelinnern zieren wundervolle **Skulpturen** mit Darstellungen der Musik- und Tanzrituale, die hier einst stattgefunden haben.

Der riesige, 45 m hohe Deul ist nicht nur der tatsächliche, sondern auch der ästhetische Höhepunkt des Lingaraj. An der abgerundeten Turmseite symbolisiert wieder eine Löwenskulptur über einem unterlegenen Elefanten, den Triumph des Hinduismus über den Buddhismus. Die Spitze des Deul ziert das typische Motiv Orissas, das abgeflachte, gerippte *amla*, das von Shivas

Dreizack gekrönt wird. Wie im Brahmesvara-Tempel auch weist eine lange, safrangelbe Flagge darauf hin, dass hier eine Gottheit wohnt.

Außergewöhnlich präsentiert sich der **Schrein** im Innern. Sein gewaltiges, 2,5 m dickes Svayambhu (wörtlich „selbstseiend") – einer der zwölf *jyotirlingas* in Indien – wird als halb Shiva, halb Vishnu betrachtet. Diese ungewöhnliche Verschmelzung rührt vermutlich von der Überlegenheit des Vaishnavismus über den Shaivismus im 12. und 13. Jh. her. Anders als bei anderen Lingas, die jeden Tag in einem Hemlock-Gebräu gebadet werden, bieten die Brahmanen Svayambhu ein Opfer aus Reis, Milch und Bhang dar.

Vital Deul Mandir

Der Vaital Deul ist, eines der ältesten Gebäude der Tempelgruppe ist ein wahrer Hochgenuss tantrischer Kunst. Der um 800 n. Chr. erbaute Tempel zeigt eindeutige Anlehnungen an die alte buddhistische Kunst, weshalb sich sein Stil erheblich von dem seiner Altersgenossen in Bhubaneswar unterscheidet. Unter den Friesen hinduistischer Gottheiten an den Außenwänden finden sich Beispiele der frühesten **erotischen Skulpturen** Indiens.

Nachdem man die viergesichtigen Lingam-Pfosten (zum Anbinden von Opfergaben) am Haupteingang passiert hat, gewöhnen sich die Augen schnell an die Dunkelheit im Innern, wo groteske Bildnisse die makabre Natur der esoterischen Riten vermitteln, die hier einst ausgeführt wurden. Aus dem Halbdunkel hinter dem Gitter am anderen Ende der Halle erscheint Durga in ihrer furchtbarsten Gestalt als **Chamunda** – ihr welker Körper erhebt sich über einer verrottenden Leiche. Ihr Haupt ist mit Totenschädeln bekränzt und sie wird von einer Eule und einem Schakal flankiert. Vor ihr ist ein Mann dargestellt, der sich vom Boden aufrichtet, wo er einen als Tasse dienenden Schädel mit dem Blut eines in seiner Nähe liegenden Enthaupteten gefüllt hat. Der grausame Fries ist gänzlich mit abgetrennten Köpfen und an Leichen nagenden Schakalen übersät.

Weitere Sehenswürdigkeiten

Am oberen Ende der Lewis Road befindet sich das **Orissa State Museum**, zu dessen Ausstellungsstücken Gebrauchsgegenstände von Adivasi, Manuskripte und diverse archäologische Funde gehören. Die Galerien im Erdgeschoss zeigen Objekte religiöser Bildhauerkunst einschließlich buddhistischer Statuen aus der Zeit vor dem 12. Jh. Im Obergeschoss wird ethnographisches Material der indigenen Völker Orissas zur Schau gestellt: schwerer Schmuck, darunter Nachbildungen von *chitra muriya* und volkstümliche Wandmalereien, wie man sie in den Dorfhäusern rund um Puri entdecken kann. Das Highlight des Museums ist jedoch seine Sammlung antiker Gemälde und Palmblatt-Manuskripte (S. 960) – nur das Nationalmuseum in New Delhi verfügt über prächtigere Exemplare dieser traditionellen Kunstform Orissas. ⏱ Di–So 10–17 Uhr; Rs50

Nahe dem Busbahnhof Baramunda am NH-5, im Nordwesten der Stadt, liegt das **Museum of Man** des Tribal Research Institute. Die dortigen Exponate veranschaulichen die Kulturen und Kunststile der 62 Stammesgruppen von Orissa, die zumeist aus dem südlichen Hinterland stammen. In den Gärten befinden sich leicht idealisierte Nachbauten von Adivasi-Behausungen, die mit authentisch aussehenden Wandmalereien dekoriert sind. Mo–Sa 10–17 Uhr; Eintritt frei.

Hinter dem Hauptgebäude des Instituts liegt die Bibliothek, in der angeblich Kopien aller Bücher und Zeitschriften zu finden sind, die jemals über die Adivasi von Orissa verfasst wurden.

Gegenüber dem Museum of Man ist Asiens größte **Kakteensammlung** zu bewundern. Auf einer Fläche von fast 20 000 m² gedeihen im Acharya-Vihar-Gebäude mehr als 1000 Arten. ⏱ tgl. 10–17 Uhr; Eintritt frei

Die **Orissa Modern Art Gallery**, 132 Forest Walk, in Surya Nagar zeigt die Werke der besten und größtenteils unterprivilegierten, zeitgenössischen Künstler des Landes. Originale werden zu Preisen von Rs200 bis Rs15,000 verkauft. ⏱ Mo–Sa 11–13 und 16–20 Uhr; Eintritt frei.

Übernachtung

Bhubaneswar bietet die für die Hauptstadt eines Bundesstaats typische Auswahl an Übernachtungsmöglichkeiten. Während die Unterkünfte der oberen Kategorie gleichmäßig über die Stadt verteilt sind, konzentrieren sich die billigen Hotels eher rund um den Bahnhof sowie um den geschäftigen Kalpana

Square am Ende der Cuttack Rd, etwa 5 Min. per Rikscha vom Bahnhof entfernt. Wer gar nicht mehr weiterweiß, kann auf die
Retiring Rooms im Bahnhof zurückgreifen; Reservierungen hierfür müssen zuvor am Schalter in der Bahnhofshalle vorgenommen werden.
Aristo Lodge, Kalpana Square, ☎ 0674-231 1093. Sehr einfach, aber nett; einige Zimmer mit TV, alle mit Bad. ❶–❷
Bhagwat Niwas, 9 Buddha Nagar ☎ 0674-231 3708. Unter Leitung eines Aurobindo-Anhängers; sicher und freundlich. Mehrere einfache, saubere Zimmer, z. T. mit Balkon und AC; ISD-Telefon für Auslandsgespräche und gutes Restaurant im Haus. ❷–❺
Eden 77, Buddha Nagar ☎ 0674-231 1178. Eine der saubersten und geräumigsten Billigunterkünfte in Bahnhofsnähe. Mit Restaurant und Bar ❶–❹
Ginger Jaidev Vihar, ☎ 0674-230 3933, 🖥 www.hotelgrandcentral.com. Ultramodernes, etwas farbloses Hotel, 4 km vom Bahnhof. Große, makellos saubere Zimmer, alle mit Flat-TV und WLAN-Anschluss. Freundliches und hilfsbereites Personal. ❻
Grand Central Old, Station Road ☎ 0674-231 3411, 🖥 www.hotelgrandcentral.com. Günstige Lage; alle Zimmer mit Minibar und WLAN-Anschluss, z. T. mit Balkon. Reiseagentur und hervorragendes Restaurant (die besten Masala Dosas) im Haus. Sehr empfehlenswert. ❻–❼
Jajati, MG Marg, ☎ 0674-240 0352. Modernes Hotel nahe dem Station Square, das einen leicht verschlissenen Eindruck macht; die Zimmer (mit AC) sind jedoch komfortabel und bieten ein gutes Preis-Leistungs-Verhältnis. ❷–❹

Gut gelaunter Service

Janpath, 29 Jan Path ☎ 0674-253 1547, ✉ hoteljanpath@gmail.com. 1 km nördlich des Bahnhofs. Hotel mit gutgelauntem und hilfsbereitem Personal. Zum Service gehören Internetzugang sowie ein Reisebüro und ein gutes Restaurant. Große und komfortable Zimmer, die besten mit Ausblick auf den Tempel Shri Ram. Kostenlose Tageszeitung. Gutes Preis-Leistungs-Verhältnis. ❸–❺

Keshari, Station Square, ☎ 0674-253 4994, ✆ 0674-253 5553, ✉ keshari@orissaindia.com. Die Nähe zum Bahnhof ist der Pluspunkt dieses Hotels mit freundlichem Personal. Dunkle, aber saubere und gemütliche Zimmer, Restaurant mit einheimischen Spezialitäten und gutes Reisebüro. ❹–❺
Mayfair Lagoon, 8B Jaydev Vihar, ☎ 0674-236 0101, 🖥 www.mayfairhotels.com. Luxuriöse Villen und Ferienhäuschen rund um einen idyllischen See. In der reizvollen Anlage stehen lebensgroße Modelle von Krokodilen, Rehen und anderen Tieren. Das Ganze erinnert an einen Freizeitpark, ist aber sehr geschmackvoll und gut ausgestattet. Ferienhäuser ab US$80, Villen ab US$310. ❾
Meghdoot, 5-B Sahid Nagar, ☎ 0674-254 5710, ✆ 0674-251 2168. Im Norden der Stadt, aber gut ausgeschildert. Alle Zimmer – von sehr guten DZ bis zu luxuriösen Suiten – mit Badewanne und Farbfernseher. Guter Pool, Restaurant, Café und Geldwechsel. ❼
New Marrion, 6 Jan Path, ☎ 0674-238 0850, ✆ 0674-238 0860, ✉ marrion@sancharnet.in. Freundliches Hotel mit Pool, Geldwechselmöglichkeit, Reisebüro und 2 guten Restaurants, eines davon serviert chinesische Speisen. Die rund um die Uhr geöffnete Bar ist mit beeindruckenden Fresken geschmückt und steht auch Nicht-Gästen offen. ❼–❽
OTDC Panthaniwas, Lewis Rd, ☎ 0674-243 2314. Alteingesessenes staatliches Hotel in der Nähe des Museums und der Tempel. Nichts Besonderes, aber die Zimmer sind groß und komfortabel. Die ohne AC allerdings überteuert, besonders in der Hochsaison (Okt–Feb). 2 gute Restaurants. Checkout ist um 8 Uhr – allerdings verhandelbar, sofern nicht zu viel los ist. ❸–❺
Padma, Kalpana Square, ☎ 0674-231 3330, ✆ 0674-231 0904. Das kleine, geschäftige Hotel mit billigen und einfachen Zimmern ist eine gute Ausweichmöglichkeit, wenn die anderen Unterkünfte voll sind. Kein Restaurant. ❶
Richi, Station Square, ☎ 0674-253 4619, ✆ 0674-539 418. Großes, gut funktionierendes Hotel gegenüber dem Bahnhof, Kabel-TV in allen Zimmern; Frühstück inkl. ❸–❹
Sishmo, 86/A-1 Gautam Nagar, ☎ 0674-243 3600, 🖥 www.hotelsishmo.com. Schickes 4-Sterne-

Hotel im Stadtzentrum mit angenehmen Zimmern, Bar, Pool, rund um die Uhr geöffnetem Café und exzellentem Restaurant. Preise inkl. Morgentee und Frühstück. ❽
Swosti, 103 Jan Path, ☎ 0674-253 4678, 🖥 www.swosti.com. Prächtiges 4-Sterne-Hotel direkt im Stadtzentrum. Luxuriöse Zimmer, Reisebüro, 2 Top-Restaurants und Bar. DZ ab US$125. ❾
Trident Bhubaneswar, Nayapalli, im nördlichen Zentrum, ☎ 0674-230 1010, 🖥 www.trident-hilton.com. Das zur Oberoi-Kette gehörende Haus ist unbestreitbar das Top-Hotel der Stadt. Wunderschön ausgestattet; exzellentes Restaurant, effizientes Reisebüro, Geldwechsel, Internet-Zugang und Pool. DZ ab US$140. ❾

Essen

Von ein, zwei Ausnahmen abgesehen, beschränkt sich das Essengehen in Bhubaneswar auf die komfortablen, klimatisierten Restaurants in 5-Sterne-Hotels wie dem Sishmo oder dem Swosti, oder man begnügt sich mit den billigen und scharfen südindischen Gerichten, die in Cafés wie dem Venus Inn serviert werden. Die wenigen Restaurants, die sich auf die traditionelle Küche Orissas spezialisiert oder zumindest das eine oder andere einheimische Gericht auf der Karte haben, lohnen sich unbedingt. In den großen Hotels muss man jedoch mindestens 8 Std. im Voraus einen Tisch reservieren. Seafood-Gerichte, bestehend aus Garnelen oder köstlichem *pomfret* mit Reis, frischem Gemüse, Kokosnuss, Joghurt und Gewürzen, entdeckt man häufig in den Küstendörfern, aber nur selten in der Stadt.

Bhuvanashree, am oberen Ende des Station Square, neben dem Jajati Hotel. Ausgezeichnetes, sauberes veg. Restaurant mit einigen südindischen Gerichten auf der Speisekarte sowie einer Auswahl an *thalis* und gutem Kaffee. Di geschlossen.

Dalema, Bhouma Nagar. Das dunkle, schlichte Lokal serviert authentische Orissa-Gerichte wie *macha bhaja* (Fisch-Curry), *chengudli tarkari* (Garnelen-Curry), *dahi machho* (Flussfisch in Joghurtsoße) und vielfältiges Gemüse. Preiswerte Hauptgerichte um die Rs45.

Original Orissa-Küche

Dalma Sachivalaya Marg. Berühmtes, aber bescheidenes Lokal, benannt nach dem verbreitetsten vegetarischen Gericht Orissas. Dies ist eines von wenigen Lokalen in Bhubaneswar, die komplette Oriya-Mahlzeiten authentisch zubereiten. Neben *dalma* (Kartoffeln, Auberginen und andere Gemüsesorten, gegart in *dal*) stehen *bharta* (gemischtes Gemüsecurry), *besara* (sehr scharfes Curry) und verschiedenste Fischgerichte auf der Karte. Es gilt bei vielen Einheimischen als *das* Lokal für regionale Küche. Hauptgerichte ab Rs60. Sehr empfehlenswert.

Fahien und **Mohini**, im OTDC Panthaniwas, Lewis Rd. Das Fahien und das Mohini besitzen eine identische internationale Speisekarte, doch das Fahien ist etwas gemütlicher.

Hare Krishna, Jan Path, wenig nördlich der Kreuzung mit MG Marg, der Eingang befindet sich am Ende einer Treppenflucht in einem kleinen Markt. Recht teuer, die Kellner tragen keine *dhotis*, sondern Smokingjacken; das Essen wird strikt nach den Regeln der Hare-Krishna-Bewegung – ohne Knoblauch oder Zwiebeln – zubereitet; vegetarisch und einfach köstlich.

Maurya Gardens, 122A Station Square, neben dem Richi und unter derselben Leitung. Hübsche Inneneinrichtung und passable Preise. Indische und chinesische Küche, spezialisiert auf Tandoori-Gerichte.

Rice Bowl Shahid Nagar, Ausgezeichnete Krabben- und Fisch-Currys sowie chinesische Küche über dem Niveau der Billigkonkurrenz. Hauptgerichte ab Rs70.

Sishmo, Sishmo Hotel. Qualitativ hochwertiges Essen mit sehr großer Auswahl an indischen Tandoori-Gerichten, die man in einer schicken Umgebung genießen kann. Nicht ganz so teuer wie es aussieht (ca. Rs1000 p. P. inkl. Wein).

Swosti, Swosti Hotel. Zuverlässiges Restaurant für gutes Essen zu moderaten Preisen; u. a. authentische Gerichte aus Orissa, wie z. B. *dahi machho*. Mindestens 2–3 Std. im Voraus bestellen.

Einkaufen

Wer auf der Suche nach typischen Mitbringseln aus Orissa wie Handwebstühlen, Kunsthandwerk und Schmuck ist, der sollte unbedingt über den **Capital Market** schlendern. Die in einem Wohngebiet am Jan Path angesiedelten Stoff-Läden behaupten fast alle, offizielle Verkaufsstellen der Regierung zu sein – was sich sehr positiv auf die Preise für die wunderschön gewebten Stoffe und die Konfektionskleidung auswirkt.

Bücher

Modern Book Depot, Station Square. Bietet u. a. ein Regal mit Trivialliteratur und Themenbereiche wie Geschichte, Tanz, Wirtschaft, Geografie und Naturgeschichte von Orissa.
The Bookshop, auf der anderen Seite des Platzes im Ashoka Market; große Auswahl an westlicher Literatur, Übersetzungen indischer Literatur sowie Bücher über Politik, Religion und Geschichte.

Sonstiges

Fotoausrüstung
Fotomakers, 28 West Tower New Market
Photo Express, 44 Ashok Nagar
Unicolor Fotolabor, 133 Ashok Nagar

Geld
State Bank of India, Raj Path. Effizienter Geldwechselschalter, Annahme aller bedeutenden Währungen. ⏰ Mo–Fr 10–16, Sa 10–14 Uhr, 2. Sa im Monat geschl.
Thomas Cook, 130 Ashok Nagar, Jan Path. Annahme aller bedeutenden Währungen. ⏰ Mo–Fr 9–17, Sa 10–14 Uhr, 2. Sa im Monat geschl.
Zahlreiche Geldautomaten in der Gegend von Kalpana Square, Jan Path und an anderen Orten der Stadt.

Informationen
OTDC Tourist Office, Lewis Rd, neben dem Panthaniwas Hotel, ☎ 0674-243 1299, 🖥 www.orissa-tourism.com. Außenstellen im Bahnhof (24 Std.) und im Flughafen, ☎ 0674-240 4006. Vermittlung von Taxis für Stadtrundfahrten und Hilfe bei Hotelbuchungen.
Das Büro in der Lewis Rd veranstaltet zudem eine eher hektische Stadtrundfahrt (Di–So 9–17.30 Uhr, Rs150, AC Rs180) und eine nicht minder gehetzte Tour nach Puri, Konark und Pipli (tgl. 9–18.30 Uhr, Rs150, AC Rs180). ⏰ Mo–Sa 10–17 Uhr
ITDC Tourist Office, B-21 BJB Nagar, hinter dem Museum, ☎ 0674-243 2203. Hier erhält man auch Broschüren und Karten für andere Ecken des Landes. ⏰ Mo–Fr 10–17 Uhr.

Internet
Es gibt reichlich Internet-Cafés in der Umgebung von Station Square, Cuttack Rd und Jan Path.
Iway, neben dem Swosti Hotel, am Ausstellungsgelände unweit des Tempels Shri Ram. Schnelle Verbindung für Rs35/Std.

Medizinische Hilfe
Capital Hospital and Homeopathic Clinic, nahe dem Flughafen, ☎ 0674-240 1983, Notfallnummer ☎ 0674-259 1237.
Notaufnahme des Stadtkrankenhauses, Lingaraj Square, ☎ 0674-259 1237.
Zwischen dem Panthaniwas Hotel und dem Ramesvara-Tempel gibt es ein Krankenhaus, das nach ayurvedischen Gesichtspunkten behandelt, ☎ 0674-243 2347.
Ambulanz des Roten Kreuz ☎ 0674-240 2384.
Notruf ☎ 0674-240 0688.

Post
GPO, MG Marg, Ecke Sachivalaya Marg. Postlagernde Sendungen bekommt man am mittleren Schalter („Enquiries").
Um das Verpacken von Paketen kümmert sich ein pan-*wallah* am Haupteingang. ⏰ Mo–Sa 9–19 Uhr.

Polizei
Raj Path, nahe der State Bank of India, ☎ 0674-253 3732.

Reisebüros
Die Hotels Keshari, New Marrion, Meghdoot, Sishmo und Trident Bhubaneswar und Marrion besitzen alle eine hauseigene Reiseagentur.
Swosti Travels, im Swosti Hotel, 103 Jan Path, ☎ 0674-250 8738. Verkauft Flugtickets für Indian

Airlines und Jet Airways und bietet exklusive Pauschaltouren nach Bhubaneswar, Puri und Konark.
Discover Tours, 463 Lewis Road, ✆ 0674-243 0477, 🖥 www.orissadiscover.com. Wohl der zuverlässigste Anbieter von Kultur-/Stammes- und Wildnistouren.
Prime Tours and Travels, im Pushpak Complex, Kalpana Square. Vermittlung von Mietwagen sowie Flugtickets und Zugreservierungen.

Tanz
Orissa Dance Academy, 64 Kharwal Nagar, Unit 3, ✆ 0674-234 0124. Organisiert Besuche von Veranstaltungen und Unterrichtsstunden.
Rabindra Mandap Auditorium, Sachivalaya Marg, ✆ 0674-241 7677
Succhana Bhavan Building nahe der alten Bushaltestelle, ✆ 0674-22253 0794
Utkal Sangeet Mahavidayalaya, Orissas Kunsthochschule, Sachivalaya Marg, ✆ 0674-241 0234
Sie alle veranstalten regelmäßig Musik-, Tanz- und Theateraufführungen.

Nahverkehr

Die moderne Stadt ist zu ausgedehnt, um sie zu Fuß zu erkunden; als Transportmittel für eine Rundtour eignen sich am besten Fahrrad- oder Motor-Rikschas.
Sehenswürdigkeiten außerhalb von Bhubaneswar wie beispielsweise Dhauli oder die Höhlen von Udaigiri und Khandagiri können mit Nahverkehrsbussen (von der Haltestelle in der Altstadt nahe dem Capital Market), Motor-Rikschas oder auf einer organisierten Tour der OTDC mit Luxusbussen besucht werden. Die privaten Ambassador-Taxis lassen sich über Reisebüros und teure Hotels vermitteln (Rs900–1200 pro Tag), doch die Taxis am OTDC Tourist Office sind wesentlich günstiger.

Transport
Busse und Minibusse
Vom Flughafen Biju Patnaik gibt es keine regelmäßige Busverbindung in die Stadt, die 2–3 km werden von Taxis und Motor-Rikschas abgedeckt. Langstreckenbusse beenden ihre Fahrt am etwas ungünstig gelegenen **Baramunda-Busbahnhof**, 5 km außerhalb des Zentrums am westlichen Stadtrand; zuvor drehen sie allerdings eine Runde durchs Zentrum und lassen die Passagiere auf Zuruf aussteigen. Am besten lässt man sich am Station Square (nach einer Pferdestatue inmitten eines großen Kreisverkehrs Ausschau halten) absetzen, der in der Nähe vieler Hotels liegt.
Die Busse von Orissa State Transport fahren vom Busbahnhof Baramunda ab. Nach Puri, Pipli und Cuttack gelangt man auch von Jayadev Nagar, gegenüber dem Kalinga Ashok Hotel, und vom nahe gelegenen Bahnhof. Busse und Minibusse starten nach Puri, sobald sie voll sind (Rs23 p. P.). Allerdings sind sie meist hoffnungslos überfüllt und fahren gefährlich schnell.

Busse nach:
BALESHWAR (Balasore: 6–8x tgl., 3 1/2–5 Std.),
BRAHAMPUR (Berhampur: 6–8x tgl., 4 Std.),
CUTTACK (alle 15 Min., 3/4–1 Std.),
KOLKATA (4x nächtl., 10 Std.),
KONARK (stdl., 1 1/2–2 Std.),
PIPLI (alle 15–20 Min., 1/2 Std.),
PURI (alle 15–20 Min., 2 Std.).

Eisenbahn
Bhubaneswar liegt an der Hauptlinie von Howrah (Kolkata) nach Chennai und verfügt über einen regelmäßigen Zugverkehr, einschließlich des empfehlenswerten Coromandel Express Nr. 2841.
Nach DELHI gibt es u. a. den Rajdhani Express Nr. 2421 (Do und Mo, der schnellste und praktischste) sowie eine tägliche Verbindung mit dem New Delhi Express Nr. 2815 (Mo, Mi, Do und Sa) bzw. mit dem Neelachal Express Nr. 2875 (Di, Fr und So) ab Puri.
Der schnellste Zug nach KOLKATA ist der Jan Shatabdi Express Nr. 2074 (Mo–Sa, 7 Std.); die Nachtfahrt des langsameren Sri Jagannath Express Nr. 8410 fährt um 0.05 Uhr ab und erreicht Kolkata um 8.10 Uhr.

Züge nach:
AGRA (1–2x tgl., 27 1/2–36 Std.)
BALESHWAR (Balasore: 12–15x tgl., 3 1/4–4 Std.),

Bangalore (1–3x tgl., 28–29 Std.),
Brahmapur (Berhampur; 10–11x tgl.,
2 1/2–3 1/4 Std.),
Chennai (2–4x tgl., 20–21 1/2 Std.),
Cochin (3x wöchentl., 34–35 Std.),
Cuttack (14–15x tgl., 1/2–3/4 Std.),
Delhi (2–3x tgl., 23 1/4–33 1/2 Std.),
Gaya (1–2x tgl., 11 1/4–15 Std.),
Guwahati (1–3x tgl., 25 1/2–33 1/2 Std.),
Hyderabad (1x tgl., 23 Std.),
Kolkata (10–13x tgl., 7–8 1/4 Std.),
Mumbai (1x tgl., 36 Std.),
Puri (7–9x tgl., 1 3/4–2 3/4 Std.),
Raipur (1x tgl., 13 1/2 Std.),
Thiruvananthapuram (Trivandrum)
(5x wöchentl., 36 3/4–42 Std.),
Varanasi (3x wöchentl., 19 Std.)

Flüge

Jetlite fliegt landesweit ab Bhubaneswar,
z. B. nach Chennai, Delhi, Goa, Hyderabad,
Jaipur, Kolkata (Kalkutta) und Mumbai.
Air Deccan und **Indian Airlines** fliegen nach
Mumbai, Delhi und Bangalore.
Kingfisher Airlines fliegt nach Kolkata
(Kalkutta).

Flüge nach:
CHENNAI (3x tgl., 2 1/2 Std.),
DELHI (4x tgl., 2 Std.),
GOA (1–2x tgl., 5 Std.)
HYDERABAD (2–3x tgl., 1 1/2 Std.),
KOLKATA (Kalkutta) (5x tgl., 1 Std.),
MUMBAI (4x tgl., 2 Std.)

Die Höhlen von Udaigiri und Khandagiri

6 km westlich von Bhubaneswar, erhebt sich über der Küstenebene ein Duo sanfter Hügel. Vor über 2000 Jahren haben hier **Jain-Mönche** ihre Wohnhöhlen in den weichen, gelben Sandstein geschlagen. Heute klettern nur noch Languren und gelegentlich Touristengruppen darin herum. Obwohl die Höhlen nicht annähernd mit denjenigen des Dekkan mithalten können, gehören sie zu Orissas bedeutendsten historischen Monumenten.

Laut einiger Inschriften war die **Chedi-Dynastie** – die ab dem 1. Jh. v. Chr. das alte Kalinga-Reich regierte – für den Großteil der Arbeiten verantwortlich. Neben einfachen Mönchszellen für Meditation und Gebet gibt es auch prächtige Räume, deren Eingangshallen, Veranden und Außenfassaden reich mit Steinmetzarbeiten verziert sind, darunter Abbildungen von Jagdausflügen, Schlachten oder Tanzdarbietungen, aufwendigen Prozessionen, höfischen Szenen sowie vielen häuslichen Details aus dem Alltagsleben von Kalingas oberer Gesellschaftsschicht. Die später hinzugefügten Skulpturen (aus dem Mittelalter, als der Jainismus in Orissa nicht länger unter königlichem Schutz stand) sind nüchterner und zeigen die 24 heroischen Jain-Propheten *(tirthankaras)*.

Von Bhubaneswar kann man die Höhlen auf einer Straße erreichen, die der Route eines alten **Pilgerpfads** folgt. Vor Ort (die Straße im Rücken) liegt Khandagiri („Broken Hill") zur Linken und Udaigiri („Sunrise Hill") zur Rechten. ◷ tgl. 8–17 Uhr, Eintritt Rs100, Videokamera Rs25.

Udaigiri

Die Höhlen von Udaigiri verteilen sich über ein recht kleines Gebiet am Südhang. **Höhle 1** (Rani Gumpha oder „Höhle der Königin"), rechter Hand des Hauptpfades, ist die größte und beeindruckendste der Gruppe. Ein langer, quer über die Rückwand verlaufender Fries zeigt tobende Elefanten, in Panik geratene Affen, Schwertkämpfe und die Entführung einer Frau – vielleicht Episoden aus dem Leben von Kalingas König Kharavela. Die **Höhlen 3 und 4** enthalten Skulpturen eines Löwen mit seiner Beute sowie von Elefanten, die von Schlangen umschlungen sind; die Säulen werden von Paaren eigentümlicher geflügelter Tiere gekrönt. Läuft man den Hügel hinauf und dann rechts herum, stößt man auf **Höhle 9** mit einem beschädigten Relief, auf dem Figuren zu sehen sind, die ein schon lange verschwundenes Jain-Symbol anbeten. Die gekrönte Figur soll den Chedi-König Vakradeva darstellen, dessen Stiftungsinschrift noch immer nahe dem Dach ausgemacht werden kann. Im Innern der Schlafzellen aller Höhlen verlaufen in der hinteren Steinwand und im Boden tiefe Rinnen, in denen das Regenwasser vom

Dach abgeleitet wurde – eine Art frühe Klimaanlage.

Um **Höhle 10** zu erreichen, muss man zu den Haupttreppen zurückkehren und den Hügel hinaufsteigen. Der volkstümliche Name der Höhle („Ganesha Gumpha") geht auf die Erscheinung des elefantenköpfigen Ganesha an der rechten hinteren Zellenwand zurück. Von Höhle 10 folgt man dem Pfad hinauf zu dem Felsvorsprung ganz oben auf dem Hügel. Zum einen bietet sich hier eine schöne Aussicht, und zum anderen kann man die Ruinen einer alten **chaitya-Halle** besichtigen. Vermutlich war dies einst der wichtigste Andachtsort für die Jain-Mönche, die unterhalb von ihr lebten.

Unterhalb der Ruinen liegen **Höhle 12** in Form eines Tigerkopfes und **Höhle 14** oder Hathi Gumpha, die bekannt ist für ihre lange **Inschrift** in altem Magadhi. Sie erinnert mit überschwänglichen Worten an die Lebensgeschichte von König Kharavela, dessen Heldentaten – auf dem Schlachtfeld wie anderswo – das Vermögen einbrachten, welches man für die Ausschachtung der Höhlen benötigte.

Khandagiri

Die Höhlen auf dem gegenüberliegenden Hügel, Khandagiri, können entweder über die lange Treppe von der Straße her erreicht werden oder aber über eine Abkürzung von Höhle 14 über die Stufen, die von Höhle 17 hinunterführen. Letztere Route führt direkt zu den **Höhlen 1 und 2**, die wegen ihrer Vogelverzierungen an den Eingangsbögen unter dem Namen Tatowa Gumpha („Papageienhöhlen") bekannt sind. Höhle 2 wurde im 1. Jh. v. Chr. ausgehoben und ist die größere und interessantere der beiden. An der Rückwand einer ihrer Zellen lassen sich gerade noch ein paar Zeilen in roter Brahmi-Schrift erkennen, die von einem Mönch stammen sollen, der hier vor 2000 Jahren seine Handschrift geübt hat. Die Reliefs in **Höhle 3**, der Ananta Gumpha („Schlangenhöhle"), weisen die besten Steinmetzarbeiten des Hügels auf, wenngleich sie mancherorts schwer beschädigt sind. Linker Hand der Haupttreppe liegen die **Höhlen 7 und 8**, ehemals Schlafquartiere, aber im 11. Jh. zu Heiligtümern umfunktioniert. Beide Höhlen beherbergen sowohl Reliefs von *tirthankaras* als auch von Hindu-Gottheiten, die in das Jain-Pantheon aufgenommen wurden.

Vom **Jain-Tempel** aus dem 19. Jh. auf der Hügelspitze bieten sich schöne Ausblicke über Bhubaneswar bis zur weißen Kuppel von Dhauli.

Dhauli

8 km südlich von Bhubaneswar Richtung Pipli erhebt sich auf dem **Dhauli-Hügel** der strahlend weiße **Vishwa Shanti Stupa**. Er überblickt den Ort, an dem der Maurya-Herrscher **Ashoka** um 260 v. Chr. in einer entscheidenden Schlacht die Kalinga besiegte.

Abgesehen davon, dass Ashoka damit das blühende Königreich Orissa in die Knie zwang und die Kontrolle über die östlichen Seehäfen gewann, hatte der blutige Sieg noch andere Folgen für ihn: Die Ermordung von 150 000 Menschen in der Schlacht soll bei Ashoka hernach so starke Schuldgefühle ausgelöst haben, dass er von da an den Weg der gewalttätigen Eroberung aufgab und den von Gautama Buddha gepredigten spirituellen Pfad einschlug. Der moderne, 1972 von einem Verband japanischer Buddhisten errichtete Stupa, der seinen älteren Nachbarn in den Schatten stellt, fungiert als Gedenkstätte für Ashokas legendären Gesinnungswandel und die von ihm ausgelöste radikale Veränderung.

Nach seiner Bekehrung machte sich Ashoka daran, die Grundsätze seines neuen Glaubens zu verbreiten, indem er sie in **Felsenedikte** einmeißeln und diese an Schlüsselstellen im Reich aufstellen ließ (s. S. 116, „Geschichte"). Eine dieser Inschriften – in der alten **Brahmi-Schrift**, dem Vorläufer aller nicht-islamischen indischen Schriften – kann noch immer am Fuße des Hügels bestaunt werden. Sie ist in einen Felsen gemeißelt, der zu einem wunderschönen Elefanten (dem Symbol des Buddhismus) gestaltet wurde.

Das Edikt von Dhauli enthält eine Mischung aus weitschweifigen philosophischen Bemerkungen, Abhandlungen über die Rechte der Tiere und Ratschläge, wie man seine Sklaven zu behandeln habe. Besonders bemerkenswert sind die Zeilen, dass die buddhistische

Doktrin der Gewaltlosigkeit von „den Königen Ägyptens, von Ptolemäus, von Antigonos und von den Magas" anerkannt wurde, womit erstmals die Existenz einer Verbindung zwischen den alten Zivilisationen Indiens und des Westens nachgewiesen werden konnte. Wie viele Menschen unter Kalingas Ashokas Schwert sterben mussten, ehe er „das Licht erblickte", verschweigt die Inschrift allerdings.

Jeden Februar findet am Stupa das Kriegstanz-Festival statt, bei dem Tanzszenen der Schlachten nachgespielt und traditionelle Kampfkunstformen aus Manipur, Orissa, Maharashtra und Kerala aufgeführt werden.

Wer nicht mit dem eigenen Fahrzeug oder einer organisierten Tour unterwegs ist, muss die letzten 2 km zum Hügel laufen. Mit dem Bus geht's bis zum Dhauli Chowk, der Kreuzung auf der Hauptstraße von Puri nach Bhubaneswar und dann entlang einer, von Cashew-Bäumen flankierten, Straße zum Felsenedikt und weiter, den Hügel hinauf.

Pipli

Rund 20 km südlich von Dhauli liegt an der Straße nach Puri der kleine Ort Pipli, bekannt für seine Applikationsarbeiten und farbenfrohen Lampenschirme (s. Kasten S. 960). Vieles, was die Kunsthandwerker heute auf ihren handbetriebenen Nähmaschinen kreieren, ist geschmackloser Kitsch – zumindest verglichen mit den detailversessenen Arbeiten, die traditionell für den Jagannath-Tempel ausgeführt wurden. Wer ausreichend Interesse bekundet, bekommt auch einige der edleren Stücke zu Gesicht, denen Pipli seinen Ruf verdankt. Zu den authentischsten Waren gehören Tagesdecken, Wandbehänge und kleine *chhatris* (Baldachine, die man normalerweise über Haus- und Tempelschreine hängt).

Die Läden öffnen generell erst recht spät am Tag, sodass die beste Zeit für einen Bummel der Abend ist, zumal das schummrige Licht der Gaslampen und die religiöse Musik dann eine ganz besondere Stimmung schaffen.

Ratnagiri, Udayagiri und Lalitigiri

Eingebettet zwischen malerisch grünen Hügeln, 95 km nordöstlich von Bhubaneswar, stehen die Ruinen von drei buddhistischen Universitäten: Ratnagiri, Udayagiri und Lalitgiri. Sie liegen etwa 10 km auseinander und lassen sich am besten von Bhubaneswar per Tagesausflug mit einem OTDC-Mietwagen (Rs900) erkunden. Mit öffentlichen Verkehrsmitteln sind sie kaum zu erreichen. Dazu müsste man mit dem Bus via NH-5 nach Norden bis Chandikohl (60 km) fahren und dann eine Motor-Riksha via NH-5a nach Südosten zu den drei Ruinen nehmen. Von Chandikohl zu den Sehenswürdigkeiten und zurück sind es rund 60 km. Die OTDC Panthasala, bietet östlich der Ratnaigiri-Abzweigung einfache Unterkünfte an der Hauptstraße. Buchung und Essensvorbestellung durch OTDC Cuttack ✆ 0671-231 2225; ❷. ⏱ tgl. 9 – 17 Uhr; Rs100 (Rs5), Videokamera Rs25.

Ratnagiri

Ratnagiri ist die eindrucksvollste der drei Stätten. 20 km von der Hauptstraße entfernt thront es auf einer Anhöhe über dem Fluss Keluo. Als der chinesische Chronist Hiuen T'sang die Lehrstätte 639 n. Chr. besuchte, war sie bereits ein bedeutendes buddhistisches Zentrum mit mindestens 200-jähriger Geschichte. Zu dieser Zeit reichte das Meer weiter ins Landesinnere hinein, sodass es von Ratnagiri aus zu sehen war – vielleicht mit ein Grund für die Wahl des Standorts. Hier wurden Missionare unterrichtet, ehe man sie nach China und Südostasien aussandte, um die Lehre Buddhas zu verbreiten.

Unterhalb des enormen Stupa auf der Bergkuppe befinden sich zwei Klosterruinen aus dem 17. Jh. Die größere und besser erhaltene hat einen gepflasterten Innenhof, umgeben von Mönchszellen, und einen prunkvoll gemeißelten Torbogen aus dem blaugrünen Chloritgestein der Region. Im Inneren steht ein Schrein mit einer majestätischen Buddhafigur aus Khondalit, und das Museum zeigt Antiquitäten und Überreste von allen drei Lehrstätten. ⏱ Sa–Do 10 – 17 Uhr, Fr geschl., Eintritt Rs2.

Udayagiri

10 km zurück in Richtung Hauptstraße liegt Orissas größter buddhistischer Komplex. Sein wichtigstes Bauwerk ist ein großer Stupa, der besser erhalten ist als der von Ratnagiri. Zwischen dem 7. und 12. Jh. existierten hier zwei Klöster, von denen jedoch nur eines ausgegraben wurde. Zu seinen Besonderheiten gehören der zentrale Schrein mit einer großen, sitzenden Buddhafigur, der kunstvoll gearbeitete Eingang und ein Stufenbrunnen mit Inschrift. Weitere Steinskulpturen schmücken die Hügelkuppe hinter dem Kloster.

Lalitgiri

Die Abzweigung zu den Ruinen von Lalitgiri liegt 10 km weiter an der Hauptstraße Richtung Paradip. Die vier Klöster sollen aus dem 9. Jh. stammen, obwohl Inschriften an einem Nebentempel darauf hindeuten, dass sie bereits im 1. Jh. n. Chr. bewohnt gewesen sein könnten. Ausgrabungen des riesigen Stupa förderten 1982 eine goldene Schatulle mit einem Knochenfragment zutage, das als Buddha-Reliquie gilt. Die Hügelkuppe bietet einen tollen Blick über die Ebene mit sattgrünen Reisfeldern zu den beiden anderen Klosterstätten auf dem Nachbarhügel.

Puri

Ein aufrichtiger Pilger hat keine Angst, mit seinen lahmen Füßen ganze Königreiche zu durchmessen.

Altes Hindu-Sprichwort

Als Heimat des Gottes Jagannath und seiner Geschwister zählt Puri zu den bedeutendsten heiligen Stätten Indiens und wird Jahr für Jahr von riesigen Pilgermassen besucht. Die größten Menschenansammlungen sind während des Monsuns zum Fest **Rath Yatra** zu verzeichnen, dem berühmten „Car Festival", zu dem Millionen Pilger in die Stadt strömen, um drei riesige, bunte Festwagen zu bestaunen, die durch die Hauptstraße gezogen werden. Im Zentrum des Trubels thront der **Jagannath-Tempel** wie eine deplatzierte Weltraumrakete über dem mittelalterlichen Herzen der Stadt mit ihren Vororten aus der Kolonialzeit. Das belebte Tempelgelände ist ausschließlich Hindus vorbehalten, wovon man sich aber nicht abhalten lassen sollte, die Stadt zu besuchen. Die Straßen und der Strand von Puri stehen das ganze Jahr über im Mittelpunkt intensiver religiöser Aktivitäten, und in den Basaren wimmelt es von Sammelobjekten im Zusammenhang mit dem Jagannath-Kult.

Nach Puri kommen drei unterschiedliche Besuchertypen: Bengalen der Mittelschicht, welche die Möglichkeit, *puja* und Strandvergnügen zu verbinden, zu schätzen wissen. Junge Rucksacktouristen aus dem Westen und aus Japan werden von Puris kleiner Traveller-Szene angezogen, während Tausende von Pilgern vor allem aus ländlichen Regionen Ostindiens herbeiströmen, um Jagannath zu huldigen. Im Laufe der Zeit hat jede dieser Gruppen eine bestimmte Ecke der Stadt für sich abgesteckt und ist dieser bis heute treu geblieben. All das trägt zu einer recht bizarren und berauschenden Atmosphäre bei, die sich innerhalb weniger Schritte ändern kann: Sobald man sich ein wenig von der Intensität des hinduistischen Indiens gelöst hat, geht es zum weltlichen Vergnügen ans Meer und anschließend zurück in die relative Stille der Hotelveranden.

Geschichte

Bis zum 7./8. Jh. war Puri nicht viel mehr als ein provinzieller Außenposten entlang der Küstenhandelsroute, die Ostindien mit dem Süden verband. Dank ihrer Beziehung zu dem hinduistischen Reformer **Shankara** begann die Stadt schließlich auf der religiösen Landkarte aufzutauchen. Shankara erkor Puri zu einem seiner vier *mathas*, sprich Zentren zur Ausübung einer radikal neuen, asketischeren Form des Hinduismus. Vom ganzen Subkontinent strömten heilige Männer hierher, um über die neue Philosophie zu debattieren – eine Tradition, die bis zum heutigen Tag in den Innenhöfen der Tempel gepflegt wird. Mit Eintreffen der **Ganga** Anfang des 12. Jhs. wuchs diese religiöse und politische Bedeutung noch weiter. Im Jahre 1135 gründete Anantavarman Chodaganga den prächtigen Tempel in Puri und widmete ihn Purushottama (einer der unzähligen Namen Vishnus). Unter der **Gajapati-Dynastie** änderte sich Purushottamas Name im 15. Jh. zu **Jagannath** („Herr des Universums"), und der Tempel wurde zu einem Zentrum des Vaishnavismus und der Verehrung Krishnas, einer Inkarnation von Vishnu. Heutzutage ist Puri eines der vier größten Pilgerzentren Indiens.

Der **Freizeittourismus** im westlichen Stil, der sich hauptsächlich um den langen Sandstrand konzentriert, ist ein vergleichsweise junges Phänomen. Zuallererst entdeckten die Briten Puris Potenzial als Badeort. Nach ihrem Verschwinden wurden die Bungalows von den Bengalen in Besitz genommen, die sich den Strand jedoch mit zugewanderten jungen Westlern teilen mussten, auf die das Haschisch im Überfluss nicht ohne Anziehungskraft geblieben war. Heute gibt es nur noch wenige Überbleibsel dieser Ära. Infolge einer konzertierten Kampagne der Stadtverwaltung zur Besserung von Puris Image ist die „Szene" auf eine Handvoll Cafés zusammengeschrumpft und hat nichts mehr mit dem wilden Hippieparadies zu tun, das einige immer noch zu finden hoffen.

Der Jagannath-Tempel

Puris mächtiger Jagannath-Tempel ist einer der vier heiligen geografischen Kardinalpunkte Indiens *(dham)* – neben Dwarka im Westen, Badrinath im Norden und Rameshwaram im Süden. Er zieht Pilger an, die drei glückliche Tage und Nächte in der Nähe der hier residierenden Gottheit Jagannath verbringen wollen. Das gegenwärtige Tempelgebäude wurde Anfang des 12. Jhs. vom Ganga-Herrscher Anantavarman Chodaganga nach dem Vorbild des älteren Lingaraj-Tempels in Bhubaneswar errichtet.

Nicht-Hindus dürfen die Vorgänge nur vom Flachdach der **Raghunandan-Bibliothek**, direkt gegenüber dem Haupteingang, ⏱ Mo–Sa 10–12, 16–18 Uhr, beobachten.

Einer der Angestellten geleitet die Besucher über die Treppen zum Aussichtspunkt hinauf. Für diesen Service wird eine Spende erwartet, wobei man den hohen, im Besucherbuch verzeichneten Summen keinen Glauben schenken sollte.

Vom Dach bietet sich ein schöner Blick auf den riesigen Deul – mit seinen 65 m das bei Weitem höchste Gebäude der gesamten Region. Archäologen haben den weißen Mörtel vom Turm entfernt, um die kunstvollen, an den Lingaraj erinnernden Steinmetzarbeiten sichtbar zu machen. Die Spitze des Turms zieren eine lange, scharlachrote Flagge und das achtspeichige Rad *(chakra)* von Vishnu. Sie verweisen auf die Anwesenheit Jagannaths im Innern.

Die pyramidenförmigen Dächer der an den Tempel angrenzenden Mandapas streben Stufe für Stufe dem Turm entgegen. Dem Heiligtum am nächsten befindet sich das *jagamohana* (Versammlungshalle), welches Teil des ursprünglichen Gebäudes ist. Die anderen beiden, der kleinere *nata mandir* (Tanzsaal) und die *bhogamandapa* (Opferhalle) nahe dem Eingang wurden im 15. und 16. Jh. hinzugefügt. In diesen Hallen ist nach wie vor einiges los: Tagsüber marschieren die Gläubigen zum *darshan* hindurch; abends wird in den Räumen andächtige Musik gespielt. Hier wurden zur Unterhaltung von Jagannath einst Tänze aufgeführt, die Episoden aus Jayadevs *Gita Govinda* (die beliebte Geschichte von Krishnas Leben) nachstellten. Heutzutage ersetzen Lieder aus dem Lautsprecher das traditionelle Theater.

Außerhalb des Hauptgebäudes, am linken Ende des ummauerten Tempelareals, befinden sich die **Küchen**. Das hier zubereitete Essen, *mahaprashad* genannt, wird von Jagannath gesegnet. Es soll so rein sein, dass sogar ein Bissen aus dem Munde eines Hundes, den ein *harijan* („Unberührbarer") einem Brahmanen reicht, den Körper von Sünden befreit.

Gläubige laufen mit kaputten Schüsseln voller *dhal* und Reis herum; sie können der Gottheit nur Essen aus einem beschädigten Gefäß anbieten, da in dieser Welt allein Jagannath vollkommen ist.

Die 6000 **Tempeldiener** werden unterteilt in 96 erbliche und hierarchische Kategorien, *chhatisha niyoga* genannt, und umfassen sowohl die Priester, welche für die Bedürfnisse der Gottheiten sorgen (Zähneputzen, Anziehen, Füttern, Zurechtmachen für den Nachmittagsschlaf usw.), als auch die einzelnen Handwerkszünfte, die all die Objekte für die täglichen Rituale produzieren.

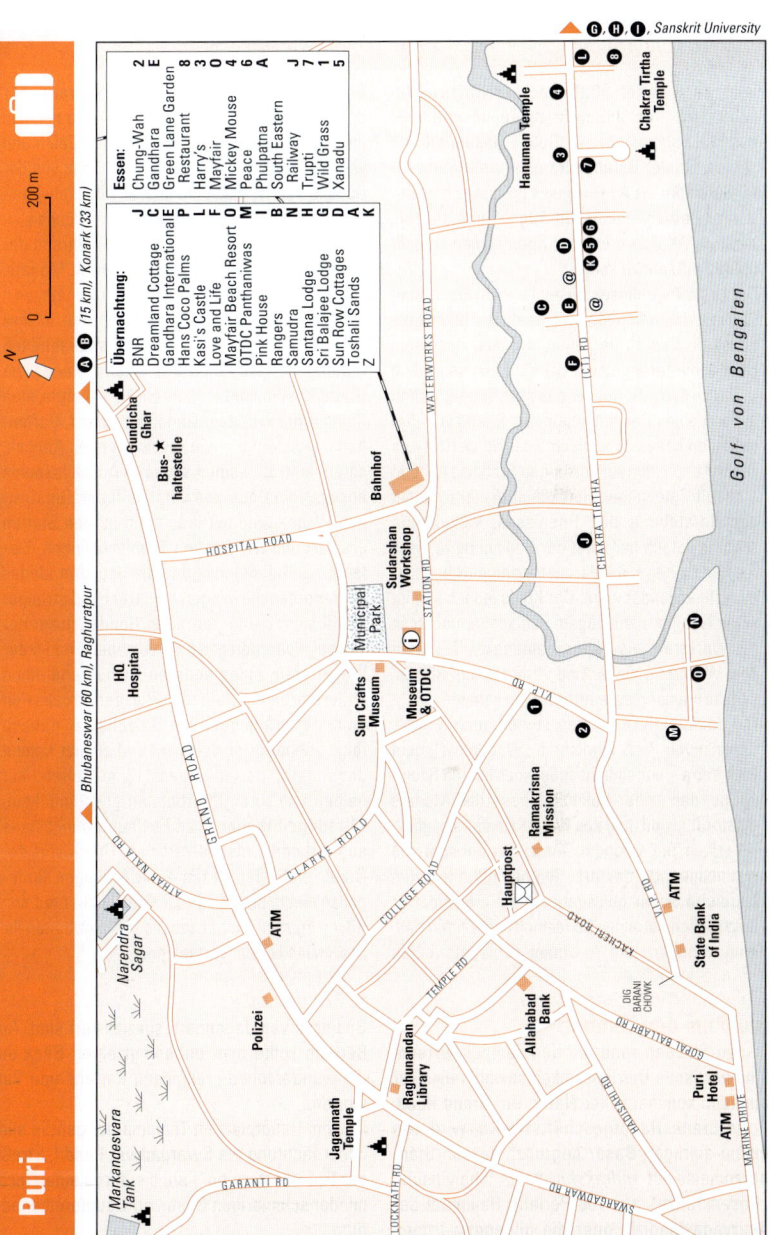

Puri

Übernachtung:
BNR — J
Dreamland Cottage — C
Gandhara International — E
Hans Coco Palms — P
Kasi's Castle — L
Love and Life — F
Mayfair Beach Resort — O
OTDC Panthaniwas — M
Pink House — I
Rangers — B
Samudra — N
Santana Lodge — H
Sri Balajee Lodge — G
Sun Row Cottages — D
Toshali Sands — A
Z — K

Essen:
Chung-Wah — 2
Gandhara — E
Green Lane Garden Restaurant — 8
Harry's — 3
Mayfair — O
Mickey Mouse — 4
Peace — 6
Phulpatna — A
South Eastern Railway — J
Trupti — 7
Wild Grass — 1
Xanadu — 5

Golf von Bengalen

Orissa

www.stefan-loose.de/indien

Puri 957

Die Jagannath-Gottheiten und das Rath Yatra

Egal, an welcher Straßenecke in Orissa man auch steht – es fällt meistens irgendein Bildnis des schwarzgesichtigen Gottes **Jagannath** mit seinem Bruder **Balabhadra** und seiner Schwester **Subhadra** ins Auge. Dieses groteske Familientrio mit seinen funkelnden Augen, untersetzten, beinlosen Körpern und winzigen Armen scheint überall präsent zu sein.

Die Ursprünge dieses besonderen Symbols sind von Legenden umwoben. Eine davon erklärt die seltsame Gestalt Jagannaths damit, dass sein Bildnis nie fertiggestellt wurde: Einst soll König Indramena, ein Herrscher des alten Orissa, Vishnu in Form eines Baumstumpfes am Strand von Puri gefunden haben. Er schleppte das Stück Holz zum Tempel und – den Anweisungen Brahmas folgend – beauftragte seinen Hoftischler Visvakarma mit der Herstellung des Bildnisses. Visvakarma stimmte jedoch nur unter der Bedingung zu, dass niemand einen Blick darauf werfen dürfte, bevor es nicht vollendet wäre. Der König jedoch konnte seine Neugier nicht zügeln und spähte nachts in die Werkstatt. Visvakarma entdeckte ihn, legte sein Werkzeug nieder und verhexte das Bildnis, sodass niemand es je fertigstellen konnte.

Die Jagannath-Gottheiten stehen auch im Mittelpunkt von Puris jährlichem „Wagenfest", dem **Rath Yatra** – nur eine Episode eines langen Ritualzyklus, der in der Vollmondphase des Monats *djesto* (Juni und Juli) des Oriya-Kalenders beginnt. Im ersten Teil, Chandan Yatra, werden spezielle Nachbildungen der drei Tempelgottheiten von Narendra Sagar getragen, wo sie drei Wochen lang täglich mit einer Sandelholzpaste *(chandan)* eingeschmiert und in einem schwanförmigen Boot herumgerudert werden. Während der Schlusszeremonie namens Snana Yatra nehmen die drei Gottheiten ein kurzes Bad im Teich und verschwinden anschließend für 15 Tage von der Bildoberfläche, damit sie in aller Abgeschiedenheit auf Rath Yatra vorbereitet werden können.

Das eigentliche Wagenfest findet während der Vollmondphase des darauf folgenden Monats, Asadho (Juli und August), statt. Jagannath, sein Bruder und seine Schwester werden in ihre Wagen „gesetzt" und von 4200 angesehenen Gläubigen durch die versammelte Menge die Grand Road hinunter zu ihrem 1,5 km entfernten Sommerdomizil, dem Gundicha Ghar („Gartenhaus"), gezogen – ein faszinierender Anblick, sofern man sich einen sicheren Aussichtspunkt abseits vom Gedränge verschafft hat. Die riesigen Wagen sind mit leuchtend bunten Stoffen drapiert und werden von Trommelklängen, Elefanten und dem hiesigen Raja begleitet. Jedes Jahr werden die Wagen entsprechend strenger Richtlinien, die in den alten Handbüchern der Tempel niedergelegt sind, neu gebaut, und jeder Wagen trägt einen anderen Namen und einen andersfarbigen Überzug. Bei der Prozession führt der grüne *rath* von Balabhadra, danach folgt Subhadra in Schwarz und zuletzt kommt Jagannath, der in einem 13 m hohen, mit gelben und roten Stoffbahnen geschmückten, 18-rädrigen Wagen sitzt. Es dauert mindestens acht Stunden, bis die *raths* am Urlaubsort der Götter eintreffen. Nach einer 9-tägigen Ruhepause macht sich die Prozession wieder auf den Rückweg zum Tempel, wo die drei Gottheiten ihr „normales Leben" fortsetzen.

Rund um den Tempel

In den Straßen rund um den Tempel herrscht eine hektische Betriebsamkeit sowohl religiöser als auch kommerzieller Natur. Die **Grand Road**, Puris breite Hauptgeschäftsstraße, wird von einem quirligen **Basar** begrenzt, dessen Stände zumeist auf *rudraksha malas* (shaivitische „Rosenkränze" aus 108 Perlen), Heilmittel der Ayurveda-Medizin oder die allgegenwärtigen Bildnisse von Jagannath spezialisiert sind. Außerdem sollte man unbedingt einen Blick auf die wundervollen „religiösen Karten" von Puri werfen.

Vom Hauptplatz im Tempelareal geht in südlicher Richtung die **Swargadwar Road** („Straße der Feuerbestattung") ab, die durch einen nicht minder schmierigen Basar zur Hauptpromenade führt.

Beim jährlichen Wagenfest in Puri dreht sich alles um die drei Jagannath-Gottheiten

Der Ort der Feuerbestattung selbst liegt übrigens weit im Süden des Strandes. Neugierige Touristen sind hier nicht willkommen.

Ein etwas vergnüglicherer Ausflug führt vom Hauptplatz des Tempels aus zu den **heiligen Wasserbecken** im Norden der Stadt und wird am besten per Fahrrad unternommen. Zunächst folgt man der Nordmauer des Jagannath-Tempels bis zu einer Straßenkreuzung, wo man rechts in eine gewundene Nebenstraße abbiegt und nach 1 km zum **Markandesvara-Teich** gelangt.

Hier soll Vishnu einst in Form eines *neem*-Baumes ansässig gewesen sein, während sein Tempel tief unter einer Sanddüne begraben wurde. Von dem Baum ist nichts zu sehen, aber die Tempel an der Südseite lohnen einen Blick, insbesondere der kleinste in der Gruppe, der Bildnisse des Jagannath-Trios beherbergt.

Museen und Sudarshan Workshop

Das **Sun Crafts Museum** verspricht einen Einblick in den kommerziellen Aspekt des Jagannath-Phänomens. Es steht unter der Leitung eines Hare-Krishna-Anhängers und birgt eine große Sammlung von Bildnissen des Gottes und seiner Geschwister in diversen Erscheinungsformen. In einer Werkstatt werden kleine hölzerne Repliken geschnitzt und bemalt, bevor sie an ISKON-Zentren in der ganzen Welt gehen. Ein umstritteneres Bildnis der Gottheit Jagannath zeigt ihn in auf einem christlichen Kreuz, das mitunter als symbolische Forderung nach mehr religiöser Toleranz interpretiert wird – angesichts von Feindseligkeiten in jüngerer Vergangenheit zwischen Hindus und Christen in Orissa. Auf diskrete Nachfrage bekommt man das Kruzifix möglicherweise gezeigt. ⏲ tgl. 6–22 Uhr, Eintritt frei.

Orissas Kunst und Künstler

Nur wenige Regionen Indiens verfügen über eine solche Vielfalt an traditionellen Kunstformen wie Orissa. Während man bei einem Bummel durch die Basare und Einkaufszentren von Puri und Bhubaneswar einen guten Überblick über die regionalen Stile und Techniken erhält, macht der Souvenirkauf in den Dörfern, wo die Waren hergestellt werden, wesentlich mehr Spaß. Die heutige hohe Nachfrage nach Souvenirs hat vielen alten Kunstformen zu einem zweiten Frühling verholfen.

- **Bildhauerei**: Da viele der modernen Tempel aus Stahlbeton erbaut werden, haben die Steinmetze in Orissa zunehmend zu kämpfen. In der Pathuria Sahi ("Gasse der Steinmetze") oder im bekannten Sudarshan Workshop in Puri (S.589) kann man ihnen bei der Arbeit zuschauen. Dort stellen Meisterhandwerker und ihre Lehrlinge noch immer nach alten Anleitungen Hindugötter und andere Votivobjekte her.

- **Malerei**: Die klassische Malerei Orissas, patta chitra genannt, ist eng mit dem Jagannath-Kult verbunden. Traditionell wurden die Künstler angestellt, um das Innere von Tempeln in Puri zu gestalten und die Überzüge für die Götter und Wagen für das Rath Yatra zu bemalen. Später übertrug man dieselben Motive auf Stoffe oder Palmblätter und verkaufte sie als heilige Souvenirs an Pilger. In dem kleinen Dorf Raghurajpur nahe Puri, wo ein Großteil der verbliebenen Künstler (chitrakaras) heute lebt, werden Farben verwendet, die aus Mineralen der Umgebung gewonnen werden.

- **Palmblatt-Manuskripte**: Palmblätter (chitra pothi) werden in Orissa seit Jahrhunderten als Schreibmaterial genutzt. Mit einem stiftartigen Gegenstand (lohankantaka) kratzt der Künstler zunächst den Text oder die Verzierung auf die Oberfläche des Palmblatts und bestreicht es danach mit einer Paste aus Gelbwurz, getrockneten Blättern, Öl und Kohle – nach Abtragen dieses Belags sind die Zeichen besser zu erkennen. In der Raghunandan-Bibliothek von Puri kopieren Schüler sorgfältig alte Manuskripte, um sie anschließend an Touristen zu verkaufen. Die besten antiken Originalbücher aus Palmblättern sind im Nationalmuseum von New Delhi und im Orissa State Museum von Bhubaneswar zu bestaunen.

- **Textilien**: Überall in Orissa kann man beobachten, wie auf Handwebstühlen die unterschiedlichsten Stoffe produziert werden. Am berühmtesten sind die Seidensaris aus Brahmapur und Sambalpur. Ebenfalls sehr typisch ist ikat, das ursprünglich durch die alten Handelsverbindungen mit Südostasien nach Orissa gelangte. Seine Herstellungsweise beruht auf einer Art Knüpfbatik (bandha), die auch von den Webern aus dem Dorf Nuapatna (70 km von Bhubaneswar entfernt) angewandt wird: Sie stellen Seiden-ikats mit Versen aus den religiösen Schriften des Jagannath-Tempels her.

- **Applikationsarbeiten**: Pipli (S. 954) besitzt ein Monopol auf Applikationsarbeiten – ein weiteres Handwerk, das im Jagannath-Kult verwurzelt ist. Geometrische Motive sowie stilisierte Vögel, Tiere und Blumen werden aus bunten Stoffen ausgeschnitten und anschließend auf einen dunklen Hintergrund aufgenäht. Die Künstler von Pipli sind sowohl die Urheber der bunten Überzüge für die Wagen beim Rath Yatra als auch für die kleinen Baldachine oder chhatris, die in Orissa über den jeweiligen Tempelgottheiten angebracht werden.

- **Metallarbeiten**: Orissas bekannteste Metalltechnik ist tarakashi (wörtlich „gewebter Draht"), d. h. Filigranarbeiten aus Silber. Produziert werden Schmuck sowie Utensilien zum Gebrauch in religiösen Zeremonien. Die Muster sollen mit den Moguln aus Persien nach Indien gekommen sein, aber die Existenz einer identischen Kunstform in Indonesien (mit dem die ehemaligen Königreiche Orissas Handel trieben) lässt den Schluss zu, dass die Technik bereits um einiges älter ist. Eine nennenswerte Produktion von tarakashi findet heute nur noch in Cuttack statt, zweifellos handelt es sich um eine aussterbende Kunstform. Dies ist einerseits auf die Vorliebe der Hindus für Goldschmuck zurückzuführen und andererseits auf die mangelnde Bereitschaft der Künstler, ihre Designs zu verändern.

Über der Touristeninformation in der Station Road liegt versteckt Puris kleines, insgesamt wenig sehenswertes **Museum** mit geschmacklosen Nachbildungen von den Zeremonialgewändern der Jagannath-Gottheiten sowie Modellen der *raths*, wie sie beim Wagenfest benutzt werden. ⏲ Di–So 10–17 Uhr, Eintritt frei.

Läuft man von hier in Richtung Bahnhof, so stößt man in der Nähe des Shinto-Schreins auf den **Sudarshan Workshop**, eine der wenigen traditionellen Steinmetzwerkstätten, die es in Puri heute noch gibt. Ausnahmsweise scheinen die hiesigen Meister und ihre Lehrlinge ein größeres Interesse daran zu haben, ihrer Kunst nachzugehen, als sie an Touristen zu verkaufen; sie verweisen potenzielle Kunden aber freudig auf den Laden nebenan. Viele der Objekte sind große religiöse Statuen, die aus jenem Sandstein, aus dem auch der Sonnentempel in Konark erbaut ist, herausgemeißelt wurden.

Der Strand

Wer nach Puri kommt, um vorwiegend friedlich in der Sonne zu liegen und zu baden, wird enttäuscht sein. Der Strandabschnitt vor dem Fischerdorf im Osten ist zu einer 3 km langen öffentlichen Toilette und Müllhalde verkommen. Hygienischeres Eintauchen erlaubt der ruhigere Strandabschnitt hinter der Sanskrit University, 3 km weiter östlich.

Am Westende der Stadt, entlang der **Marine Parade**, lässt die Atmosphäre dagegen beinahe an einen britisch-viktorianischen Badeort denken. Dieser Abschnitt ist fest in der Hand der einheimischen Tourismusindustrie, und auch der Strand präsentiert sich hier wesentlich sauberer. Man kann hier schön bummeln, besonders nach Sonnenuntergang, wenn der Souvenir-Markt zum Leben erwacht. Zum Essen bieten sich unzählige Fast-Food-Lokale entlang der Promenade an, in den Nebenstraßen dahinter findet man auch viele *chai*-Stände und kleine Restaurants.

Der Strand selbst steht unter Aufsicht einheimischer Fischer, die in Funktion von **Lebensrettern** auf und ab patrouillieren. Zu erkennen sind sie an ihren dreieckigen Strohhüten und *dhotis*. Die **Unterströmung** ist hier so stark, dass jedes Jahr Menschen ertrinken – schlechte Schwimmer sollten daher sehr vorsichtig sein. Sofern sie nicht gerade Leben retten, sind die Fischer damit beschäftigt, sich traditionelleren Aufgaben wie dem Ausbessern von Netzen und Booten zu widmen (am Ende des Strandes, nahe der CT Road). Das **Fischerdorf** gehört zu den größten in Orissa. Dutzende winziger Segelboote kreuzen tagsüber vor der Küste hin und her. Nach ihrer Rückkehr an den Strand wird der Fang in Körben zum Verkauf auf den **Fischmarkt** ins Dorf gebracht.

Übernachtung

Praktisch alle Hotels in Puri befinden sich am oder in unmittelbarer Nähe zum Strand, wobei es einen elementaren Unterschied gibt: Während die Unterkünfte für einheimische Touristen hinter dem Marine Drive (der Promenade am westlichen Strandende) liegen, befinden sich die Billighotels für ausländische Besucher weiter östlich in der Umgebung der CT Road, eingezwängt zwischen den Hochhausbauten der teuren Resorthotels und dem Fischerdorf.

Dieser Distrikt wird von den Einheimischen Pentakunta genannt. Die weniger teuren Hotels sind während der Sommermonate relativ ruhig, die teureren dagegen schon lange vor Rath Yatra ausgebucht, was u. a. an der Ferienzeit der Bengalen liegt, die in diese Periode fällt. Da viele Züge bereits am frühen Morgen in Puri ankommen, gilt für die meisten Hotels als Checkout-Zeit 8 Uhr, in der Nebensaison wird diese Regel allerdings etwas lockerer gehandhabt.

BNR (South Eastern Railway Hotel), CT Rd, ✆ 06752-222063, ✉ bnr@hotmail.com. Auch frisch renoviert hat es sich noch jede Menge von dem nostalgischen Charme bewahrt, der es einst zum beliebtesten Schlupfwinkel für Kolkatas Burra- und Memsahibs gemacht hat. Träger mit Turban und breitem Gürtel huschen barfüßig über die breiten Veranden. Ein Muss für Liebhaber des Raj-Stils – und sei es nur zum Abendessen. ❹–❺

Dreamland Cottage, nahe der CT Rd, ✆ 06752-224122. Sehr heimelig; entspannte Atmosphäre; ruhiger Garten mit vielen Vogelkäfigen. 5 Zimmer, alle mit Bad, aber ohne AC. ❶

> **Für jeden etwas dabei**

Gandhara International, CT Rd, ☎ 06752-224117, 🖥 www.hotelgandhara.com. Zimmer für jeden Geldbeutel, alle mit Dusche, TV und die meisten mit tollem Ausblick. Es gibt Schlafsäle (Rs50) rund um einen Innenhof, 2 Dachterrassen, ein Restaurant mit authentischen japanischen Gerichten auf Nachfrage, Internet, Reiseagentur und einen kostenlosen Poste-restante-Service. Die Angestellten sind freundlich und hilfsbereit, der Strand gegenüber ist einigermaßen sauber. ❶–❻

Hans Coco Palms, Marine Drive, ☎ 06752-230038, 🖥 www.hanshotels.com. Moderner Komplex in herrlicher Lage 2 km westlich des Zentrums; alle Zimmer mit AC und Meerblick, schöner Strand, Pool, Bar und Restaurant. ❽

Kasi's Castle, CT Road, ☎ 06752-224522. Einladender Familienbetrieb mit unregelmäßiger, aber ausgezeichneter Küche. 9 einfache und makellose Zimmer, alle mit Bad. ❷–❹

Love and Life, CT Rd, ☎ 06752-224433, ✆ 06752-226093, ✉ loveandlife@hotmail.com. Besonders bei jungen Japanern beliebt, entspannte Atmosphäre und gutes Restaurant. Saubere Zimmer, alle mit Bad, entweder im Hauptgebäude oder in Cottages im Garten. Schlafsaal Rs50 p. P. ❶–❺

Mayfair Beach Resort, nahe der CT Rd, ☎ 06752-227800, 🖥 www.mayfairhotels.com. Luxus-Chalets und Zimmer mit Blick durch einen Palmenhain zum Pool und Strand. 5-Sterne-Einrichtungen, darunter Massagesalon, Bar und exzellentes Restaurant. Sehr empfehlenswert. ❽

OTDC Panthaniwas, nahe der CT Rd, ☎ 06752-222562, 🖥 www.panthanivas.com. Gutes Preis-Leistungs-Verhältnis; schlichte, aber geräumige Zimmer, einige davon mit angenehmer Meeresbrise; das alte Gebäude aus der Raj-Ära hat mehr Charakter. Nettes Restaurant, Bar und Garten. ❷–❺

Pink House, nahe der CT Rd, am Rande des Fischerdorfes, ☎ 06752-222253. Lässige, pinkfarbene Herberge direkt am Strand mit angeschlossenem Restaurant. ❶–❷

Rangers Puri-Konark, Marine Drive, ☎ 06752-211057, ✉ freethinker.sanjay@gmail.com. Zwei Ferienhäuschen (Rs450) und ein Campingplatz (Stellplätze; Rs200), versteckt zwischen Bäumen und doch in Strandnähe; 15 km von Puri (Rs100 mit der Motor-Riksha) und 20 km von Konark entfernt. Näher kann man der Vorstellung vom einsamen Strandparadies in dieser Gegend kaum kommen, die Anbindung nach Puri oder Konark lässt jedoch zu wünschen übrig. Es gibt ein Restaurant mit chinesischen und indischen Speisen. Der kenntnisreiche und freundliche Besitzer, Herr Samantaray verleiht Fahrräder, Drachen, Parasail- und Angelausrüstung. ❷–❸

Samudra, nahe der CT Road, ☎ 06752-222705, ✆ 06752-228654. Eines der besten Mittelklassehotels in Puri mit luftigen, hellen Zimmern; alle mit Balkon und Meerblick. In der Stille des Abends hört man wie sich die Wellen am Ufer brechen. Gutes Restaurant, das zum Frühstück ausgezeichnetes Puri bhaji serviert. ❸–❺

Santana Lodge, am östlichen Ende der CT Rd, ☎ 06752-251491, ✉ hotelsantana@hotmail.com. Kleines, angenehmes und auf Traveller ausgerichtetes Hotel, besonders beliebt bei Japanern. Preis inkl. Frühstück und gemeinschaftlichem Abendessen. ❶–❷

Sri Balajee Lodge, CT Rd, ☎ 06752-223388. Etwas abseits der anderen Hotels; kleine Lodge mit einfachen Zimmern rund um einen farbenfrohen Innenhof. ❶–❸

Sun Row Cottages, CT Rd, gleich nach dem Gandhara International, ☎ 06752-223259, ✉ chitranjan@hotmail.com. Kleine Cottages, jedes mit Bad sowie einer eigenen Veranda und großen Korbstühlen. Bei längerem Aufenthalt werden Rabatte gewährt. ❶–❷

Toshali Sands, Konark Rd, ☎ 06752-250571, 🖥 www.toshalisands.com. Nachgebautes „ethnisches Dorf" 9 km nördlich der Stadt, bestehend aus Cottages (mit AC) rund um einen Garten und Pool, gutem Restaurant, Fitness-Studio und Sauna; ideal für Familien. DZ ab US$45. ❽–❾

Z, CT Rd, ☎ 06752-222554, 🖥 www.zhotelindia.com. Eine Institution – das Z („dsched" ausgesprochen) hat sich seinen guten Ruf mit billigen, sauberen und gemütlichen Zimmern erworben. Die Preise sind zwischenzeitlich etwas angestiegen, aber die Räumlichkeiten noch immer sehr angenehm, darunter ein Gemeinschaftsraum mit TV; großer Garten. Schlafsäle nur für Frauen (Rs75). ❷–❸

Essen

Viele der Restaurants und Cafés entlang der CT Road servieren *thalis* und fast alle guten frischen Fisch. Die nahe gelegenen Ferienhotels sind jedoch meist die bessere Wahl. Eine interessante Alternative zur Restaurantkost ist das heilige Essen oder Mahaprasad das von 400 Tempel-Köchen in den Küchen des Jagannath zubereitet und an den Ständen des nahen Anand-Basars verkauft wird.

Chung-Wah, Hotel Lee Garden, VIP Rd. Das von einer chinesischen Familie aus Kolkata geführte Lokal zählt zu den beliebtesten chinesischen Restaurants der Stadt. Schneller, effizienter Service und gute Auswahl an Fischgerichten.

Gandhara, Gandhara International Hotel, CT Rd. In erster Linie für Hotelgäste, wenn man jedoch rechtzeitig reserviert, kommt man auch als Außenstehender in den Genuss der authentischen japanischen Küche. Und nichts geht über ein kaltes Bier auf der Dachterrasse mit Blick übers Meer.

Green Lane Garden Restaurant, nahe der CT Rd. Sehr gute Seafood-Gerichte, die nicht alle auf der Karte stehen. Sollte ein bestimmter Fisch zu Mittag nicht dabei sein, stehen die Chancen gut, dass er zum Abendessen erhältlich ist.

Harry's, CT Rd. Das rein vegetarische Restaurant zählt zu den beliebtesten Billiglokalen der Stadt und serviert leckere indische Gerichte ohne Zwiebeln oder Knoblauch in alter Hare-Krishna-Tradition; außerdem gute, frisch gepresste Säfte.

Mayfair, Mayfair Beach Resort, nahe der CT Rd. Kultiviertes Hotel mit AC-Restaurant drinnen und Essbereich auf der Veranda. Die beste Option in Puri für einen extravaganten Abend abseits von *dhal* und Reis. Der Starkoch des Hotels wartet mit einer ungewöhnlich abenteuerlichen Auswahl köstlicher Speisen auf, darunter Seafood-Spezialitäten aus Orissa (8 Std. im Voraus bestellen).

Die Einheimischen lieben es

Wild Grass, VIP Rd, Ecke College Rd, 2 km von dem Gebiet um die CT Rd entfernt. Das bei Einheimischen beliebte Lokal bietet exzellente Tandoori-Gerichte, Meeresfrüchte, veg. Speisen und einheimische Spezialitäten zu sehr vernünftigen Preisen. Die Tische stehen in einem herrlich schattigen Garten. Geöffnet zum Mittag- und Abendessen.

Mickey Mouse, CT Rd. Sehr beliebt für einen Drink am späten Abend. Hier gibt's die lauteste Musik und die originellsten Lampenschirme, außerdem kann man Schach spielen.

Peace, CT Rd. Das freundliche Lokal mit Tischen im Garten serviert alle üblichen Gerichte mit Betonung auf Seafood.

Phulpatna Toshali Sands, Konark Rd. Das Besondere am Phulpatna ist, dass es zum Teil nach Rezepten des alten Kalinga-Reiches kocht. Die Gerichte sind sehr lecker, und die Tische an den großen Fenstern bieten eine tolle Aussicht auf die Gärten.

South Eastern Railway, BNR Hotel, CT Rd, im Hotel gleichen Namens. Typisch kolonialer Charme mit karierten Tischdecken, silbernen Butterdosen und Kellnern mit Turbanen auf dem Kopf; die Menüs sind dagegen weniger beeindruckend. Nicht-Hotelgäste sollten sich ein paar Stunden zuvor ankündigen.

Trupti, CT Rd. Veg. indisches Restaurant mit einer guten Auswahl regionaler *thalis* und Verkauf von Süßspeisen. Mittags sehr voll.

Xanadu, CT Rd. Mit Abstand das beste der Billigrestaurants, schöner Garten, große Speisenauswahl (inkl. Frühstück speziell für Kinder).

Einkaufen

Utkalika und die anderen staatlichen Kunsthandwerksläden – alle nahe der Post in der Temple Rd – haben eine große Auswahl an einheimischen Erzeugnissen zu festen Preisen. Nachbildungen der Gottheit Jagannath kauft man am besten im Basar rund um den Tempel. Am Marine Drive, südlich des Puri Hotel, gibt es einen lebhaften Nachtmarkt, der jeden Abend

bis etwa 22 Uhr geöffnet hat. Am Marine Drive verkaufen viele Geschäfte traditionelle, handgewobene *ikat saris* und andere Textilien.
Antique India, neben dem Holiday House, CT Rd. Gute Adresse für Antiquitäten und Schmuck.
Patta Chitra Centre, Nabakalebar Rd. Verkauft klassische Gemälde aus Orissa.
Surdarshan, Station Rd, nahe der OTDC-Touristeninformation. Eignet sich hervorragend zum Kauf traditioneller Steinskulpturen.

Sonstiges

Bücher
Loknath Bookshop, CT Rd, neben dem Restaurant Raju. An- und Verkauf von Büchern sowie gut ausgestattete Bibliothek (Rs300 Pfand), wo man für Rs12 pro Tag ein Buch ausleihen kann.

Fahrräder und Motorräder
Puri ist recht weitläufig und flach, so dass Fahrräder (Rs25–30 pro Tag) das ideale Transportmittel sind, um beispielsweise das Straßengewirr rund um den Jagannath-Tempel zu erkunden. Verleihmöglichkeiten gibt es in der Chakra Tirtha (CT) Rd, in der Traveller-Enklave zwischen Gandhara International und Love and Life, z. B. **Unique Tours** gegenüber dem Z Hotel. In derselben Straße findet man auch mehrere Verleiher von Mopeds (Rs180 pro Tag) und Enfield-Motorrädern (Rs250–300 pro Tag) – praktisch für Ausflüge entlang der Küste nach Konark.

Geld
State Bank of India, VIP Rd, hinter dem Nilachal Ashok Hotel. Tauscht American Express-Reiseschecks und Bargeld in Euro und US-Dollar und hat einen Geldautomaten. ⊙ Mo–Fr, 10.30–16, Sa 10.30–13 Uhr
Weitere Möglichkeiten zum Geldwechsel:
Allahabad Bank, Temple Rd, 200 m vom Hauptpostamt Richtung Tempel. ⊙ Mo–Fr, 10–17, Sa 10–13 Uhr
Trade Wings, über dem Travellers Inn in der CT Rd.
Ein Geldautomat der ICCI Bank steht unweit der Polizeistation in der Grand Rd, ein weiterer der Andhra Bank befindet sich in der Nähe des Hotels Puri. Beide akzeptieren auch ausländische Karten.

Informationen
OTDC Tourist Office, Station Rd, ✆ 06752-222664, freundlich und hilfsbereit; ⊙ Mo–Sa 10–17 Uhr, jeden 2. Sa im Monat geschl. Die rund um die Uhr geöffnete Zweigstelle am Bahnhof dagegen kann man sich sparen.

Internet
Es gibt mehrere Anbieter in der CT Rd und der VIP Rd, doch die Verbindungen sind mitunter langsam und unzuverlässig. Das **Gandhara Hotel** bietet mit Rs30 pro Std. ein gutes Preis-Leistungs-Verhältnis, **Nanako.com** stellt bessere Verbindungen als die meisten Konkurrenten in dieser Gegend bereit.

Medizinische Hilfe
Puris großes **HQ Hospital**, ✆ 06752-223742, liegt recht weit außerhalb des Zentrums in der Grand Rd. Hotels wie das Panthaniwas oder die Reiseagentur Heritage Tours im Mayfair sind gern bereit, im Notfall einen Arzt zu besorgen.

Polizei
Die Hauptdienststelle liegt in der Grand Rd, nahe dem Jagannath-Tempel. Eine weitere Filiale befindet sich in der Kacheri Rd, Ecke VIP Rd, ✆ 06952-222025.

Post
GPO, Kacheri Rd. Der Poste-restante-Service, ⊙ Mo–Fr 10.30–12 und 16–17.30, Sa 9–12 Uhr, ist durch eine Nebentür auf der linken Seite des Gebäudes zu erreichen.

Reisebüros / Touren
Adventure Odyssey, CT Rd, ✆ 06752-2226642, ✉ pulak_odessey@hotmail.com. Vermittelt ausgezeichnete Touren in die Umgebung, u. a. zum Chilika Lake, und sogenannte „tribal tours". Einer der wenigen Anbieter in Orissa, denen der Einfluss der Tourismusindustrie auf die *adivasi*-Gemeinden wirklich bewusst zu sein scheint.
Gandhara Travel, im Hotel Gandhara International, CT Rd. Verkauf von Tickets

jeglicher Art sowie Organisation von Trips nach Konark zum Tanzfestival.
Heritage Tours, im Mayfair Beach Resort, 06752-223656, www.heritagetoursorissa.com. Äußerst zuverlässig, Buchung von Flügen, Bus- und Zugtickets, Auto-, Motorrad- und Fahrradverleih sowie unterschiedliche Touren, z. B. 6–10-tägige „tribal tours" in Orissa oder spezielle Touren für Hobbyarchäologen und -ornithologen.
Die **OTDC** unterhält Tourbusse, die vor dem Panthaniwas starten und nahe gelegene Sehenswürdigkeiten ansteuern, z. B. Bhubaneswar mit Umgebung und Konark (Di–Sa 6.30–18.30 Uhr, Rs130 bzw. Rs160 im AC-Bus) oder Chilika Lake (tgl. 7–17.30 Uhr, Rs110).

Transport

Busse, Minibusse und Jeeps

Nach BHUBANESWAR verkehren stdl. Busse, am leichtesten gestaltet sich die Fahrt jedoch mit Minibussen, die bis 17 Uhr sehr häufig hin und her pendeln (beide Rs19). Die Fahrt dauert etwa eine Stunde – allerdings nur, wenn man eine der Direktverbindungen nimmt. Das Gleiche gilt für die Minibusse nach KONARK (Rs15), die, sobald sie voll sind, vom Busbahnhof im Nordosten der Stadt (nahe dem Gundicha Ghar) losfahren. Jeeps bedienen dieselbe Route zum selben Preis, Abfahrtsort ist ebenfalls der Busbahnhof.
Wer die Südküste Orissas erkunden möchte, kann mit dem Bus nach Satapada am CHILKA LAKE (2–3 Std.) fahren, Abfahrt alle 30 Min. vom Busbahnhof; einige fahren auch vor dem OTDC-Buchungsschalter am Marine Drive ab.

Busse nach:
BHUBANESWAR (alle 15–20 Min, 2 Std.),
KOLKATA (2x tgl., 12 Std.),
KONARK (stdl., 3/4–1 Std.),
SATAPADA (alle 30 Min., 1 Std.).

Eisenbahn

Puris Kopfbahnhof ist über eine Nebenlinie an die Hauptstrecke Kolkata–Chennai angeschlossen, sodass gute Verbindungen in andere indische Städte bestehen.

Nach DELHI verkehrt der Puri–New Delhi Express Nr. 2815; er startet um 9.30 Uhr (Mo, Mi, Do und Sa) und hält in Bhubaneswar, Gaya und Mughalsarai (Umsteigemöglichkeit nach Varanasi); Ankunft in Delhi um 17 Uhr am folgenden Tag. Der langsamere Neelachal Express Nr. 2875 (Di, Fr und So) verlässt Puri zur selben Zeit, stoppt an den gleichen Bahnhöfen, erreicht Delhi aber erst um 21.40 Uhr.
Ein schneller und bequemer Zug nach KOLKATA ist der Jagannath Express Nr. 8410, der um 22.30 Uhr in Puri abfährt und 10 Std. später sein Ziel erreicht.
Für Destinationen in Zentralindien wie NAGPUR nimmt man einen der Ahmedabad-Express-Züge (Di, Do, Fr und So Nr. 2843 und Mi Nr. 8405). Wer nach MUMBAI reisen möchte, muss in BHUBANESWAR (5–6x tgl., 1 1/2–2 Std.) umsteigen und mit einer Fahrtzeit von rund 40 Std. rechnen.
Touristen auf dem Weg nach Südindien sollten nach Bhubaneswar oder Khurda Road (44 km von Puri entfernt) fahren, wo man einen der Züge nach CHENNAI (20–21 1/2 Std.) nehmen kann, z. B. den Coromandel Express Nr. 2841 oder den etwas langsameren Howrah–Chennai Mail Nr. 2603 (beide tgl.). Von den 5 wöchentl. Zügen von Bhubaneswar nach THIRUVANANTHAPURAM in Kerala, ist der Shalimar – Nagercoil Gurudev Express Nr. 2660 (Fr; 37 Std.) der schnellste.
Reservierungen per Computer können im Bahnhof in Puri, Mo–Sa 8–20, So 8–14 Uhr, oder in einem Reisebüro vorgenommen werden.

Weitere Züge nach:
AHMEDABAD (tgl. außer Mi, 43 1/2–49 Std.),
AGRA (1x tgl., 38 Std.),
BALESHWAR (Balasore; 5–6x tgl., 4 3/4–5 3/4 Std.),
BHUBANESWAR (7–9x tgl., 1 3/4–2 3/4 Std.),
DELHI (2x tgl., 29 3/4–34 1/4 Std.),
GAYA (2x tgl., 14 3/4–16 1/2 Std.),
KOLKATA (2–3x tgl., 8 3/4–10 Std.),
MUGHALSARAI (1–2x tgl., 20 1/2–21 Std.),
NAGPUR (5x wöchentl., 20 1/4–21 1/4 Std.),
VARANASI (3x wöchentl, 20 1/2 Std.)

14 HIGHLIGHT

Konark

Wer in Orissa nur Zeit für einen einzigen Tempel hat, sollte sich unbedingt für Konark entscheiden, eines der meistbesuchten Baudenkmäler Indiens. Der majestätische Gebäudekomplex aus oxidierendem Sandstein erhebt sich 35 km nördlich von Puri gebieterisch aus einer Grünanlage und wird nicht nur als Höhepunkt der Architektur Orissas betrachtet, sondern als eines der prächtigsten Sakralbauwerke weltweit.

Der Tempel ist umso bemerkenswerter, als er seit seiner Aufgabe vor rund 300 Jahren unter einer riesigen Sanddüne verborgen war. Erst Anfang des letzten Jahrhunderts, als man die Stätte von Sand und heruntergefallenem Mauerwerk zu säubern begann, wurde die ganze Schönheit dieses ehrgeizigen Bauprojektes ersichtlich. 1924 beschrieb der Earl of Ronaldshay den neu enthüllten Tempel als „eines der erstaunlichsten Bauwerke Indiens ... ein Monument überragender Pracht, selbst in seinem Verfall". Die sieben galoppierenden Pferde und 24 kunstvoll herausgearbeiteten Räder, welche die Seiten des erhöhten Sockels zieren, machten deutlich, dass der Tempel in Form eines riesigen Prozessionswagens für den Sonnengott **Surya** geplant worden war. Nicht minder sensationell war die Entdeckung einiger außergewöhnlicher **erotischer Skulpturen** in den Ruinen. Wie Khajuraho verfügt auch Konark über unzählige Stuckarbeiten von Paaren, die in fantasievollen Liebesstellungen aus dem *Kamasutra* festgehalten sind – was Abul Fazl, einen Abgesandten Kaiser Akbars aus dem 16. Jh., möglicherweise zu dem folgenden Kommentar veranlasste: „Selbst jene, die nur schwer zu befriedigen sind," schwärmte er, „sind von diesem Anblick überwältigt."

Abgesehen von dem Tempel, einem kleinen Museum und einem Strand hat das Dorf Konark kaum etwas zu bieten. An Sonn- und Feiertagen ist hier besonders viel los: Man sollte unbedingt bis kurz vor Sonnenuntergang bleiben, wenn die meisten Besucher das Areal bereits wieder verlassen haben und das intensive Abendlicht den bunten Sandstein so richtig zur Geltung bringt.

Geschichte

Inschrifttafeln sprechen die Tempelgründung dem Ganga-Monarchen **Narasimhadeva** aus dem 13. Jh. zu, der damit vermutlich seinen militärischen Erfolgen gegen die eindringenden Muslime ein Denkmal setzen wollte. Wie dem auch sei – der Tempel vermittelt auf jeden Fall eine Aura der Macht.

Der 70 m hohe Tempelturm war zugleich ein Orientierungspunkt für europäische Seefahrer, welche die flachen Gewässer vor der Küste Orissas befuhren. Sie nannten das Bauwerk **Schwarze Pagode** und schrieben die häufigen Schiffsunfälle entlang der Küste dem Einfluss von zwei angeblich in den Turm eingebauten starken Magneten auf die Gezeiten zu. Der Turm erwies sich auch als naheliegendes Ziel für Überfälle. Im 15. Jh. wurde Konark von der moslemischen Yavana-Armee eingenommen, die das Gebäude so stark beschädigte, dass es fortan den Elementen eine Angriffsfläche bot. Als das Meer zurückwich, wurde das Gebäude langsam vom Sand verschlungen und die salzigen Winde begannen ihre Arbeit an dem porösen Sandstein – die Oberflächen erodierten und der gesamte Bau wurde geschwächt.

Gegen Ende des 19. Jhs. hatte sich der Turm komplett in seine Bestandteile aufgelöst, und die überdachte Vorhalle war bis zur Hälfte verschüttet – was einen damaligen Kunsthistoriker zu der Äußerung veranlasste, der Tempel sei „eine enorme Masse von Steinen, aus der hin und wieder ein paar Pipal-Bäume herausragen".

Mit einer ernsthaften **Restaurierung** wurde erst 1901 begonnen, als britische Archäologen sich daran machten, die tadellos erhaltenen, verborgenen Teile des Gebäudes auszugraben und zu retten, was von den restlichen Trümmern zu retten war. Zu guter Letzt wurden Bäume gepflanzt, damit die Anlage besser vor den zerstörerischen Winden geschützt ist.

In einem neu erbauten **Museum** wurden jene Skulpturen untergebracht, die nicht nach Delhi, Kolkata (Kalkutta) oder London gingen.

Der Tempel

Nach Betreten des Tempelkomplexes durch den Haupteingang auf der östlichen, zum Meer ausgerichteten Seite gelangt man direkt zur **Bhoga-**

Mandapa („Opferhalle"). Kunstvolle Darstellungen von Liebespaaren, Musikern und Tänzern verzieren den Sockel und die Säulen und lassen vermuten, dass der heute dachlose Pavillon, ein späterer Tempelanbau, ursprünglich für rituelle Tanzvorführungen genutzt wurde.

Um ein Gefühl für das ganze Ausmaß des Komplexes zu bekommen, bietet sich vor dem Besuch der eigentlichen Ruinen ein Spaziergang entlang der niedrigen, die Südseite begrenzenden Mauer an. In Form von Suryas Kriegswagen erbaut, fungierte der überdimensionale Tempel als Opfergabe für den vedischen Sonnengott und zugleich als Symbol für den Lauf der Zeit. Die sieben **Pferde** (nur eins davon ist noch intakt), welche die Sonne unter großem Kraftaufwand über das Firmament gen Osten – dem Sonnenaufgang entgegen – ziehen, repräsentieren die Wochentage, während die zwölf Paar achtspeichiger **Räder** rund um den Sockel für die zwölf Monate stehen.

Von dem einst stolzen **Turm** ist nur noch ein Haufen Sandsteinplatten übrig, die am Westflügel herumliegen. So avancierte die **Vorhalle** *(jagamohana)* zum neuen Mittelpunkt von Konark.

Der Odissi-Tanz

Selbst Besucher, die normalerweise kein Interesse an klassischen Tänzen haben, lassen sich von der Eleganz und Leichtigkeit des Odissi, Orissas eigenständigem Tanzstil, verzaubern. Wie Friese der Rani Gumpha-Höhle von Udaigiri (S. 952) zeigen, begeisterte man sich an den Höfen Orissas bereits im 2. Jh. v. Chr. für derartige Darbietungen. Während des „goldenen Zeitalters" der Hindus in der Region hatten die Tänze einen festen Platz bei religiösen Ritualen – spezielle Tanzsäle *(nata mandapas)* wurden den Tempeln angefügt und Mädchentanztruppen eingestellt. Die Devadasis (wörtlich „Ehefrauen des Gottes") wurden in jungem Alter von ihren Eltern dem Tempel übergeben und symbolisch mit der Gottheit „vermählt". Man lehrte sie lesen, singen, tanzen und – wie es ein missbilligender Chronist aus dem frühen 19. Jh. formulierte – männlichen Tempelbesuchern „die eigenen Reize offen anzubieten". Allmählich verkam der rituelle Geschlechtsverkehr (ein Vermächtnis des Tantra-Einflusses auf den mittelalterlichen Hinduismus) zu bloßer Prostitution und der Tanz, früher eine Kulthandlung, zu wenig mehr als einer Art kommerzieller Unterhaltung. Mit Beginn der Kolonialzeit war der Odissi-Tanz fast verloren gegangen.

Erst der Fund des Abhinaya-Chandrika-Handbuchs aus dem 15. Jh. erweckte den klassischen Tanz in Orissa zu neuem Leben. Wie der Bharatanatyam, Indiens bekanntester Tanzstil, verfügt auch der Odissi über seine ganz eigene, hoch komplexe Körper- und Schrittsprache. Die Bewegungen des Körpers, der Hände und der Augen bringen bestimmte Gefühle zum Ausdruck und stellen Episoden aus bekannten religiösen Texten dar – zumeist aus der Gita Govinda, der Lebensgeschichte Krishnas. Mithilfe des Abhinaya und der Tempelskulpturen konnten Tänzer und Choreographen diese „Grammatik" rekonstruieren, und im Laufe eines Jahrzehnts hatte der Odissi sich erneut zu einer blühenden Kunstform entwickelt. Heutzutage gehören Tanzstunden bei einem namhaften Guru zum guten Ton für die jungen Töchter aus Orissas Mittelklasse – eine amüsante Wende, wenn man die frühere Rolle der devadasis bedenkt.

Allein des Stils wegen können nur wenige andere Tanztypen mit dem Odissi verglichen werden. Die Tänzer putzen sich mit extravaganten Kostümen aus plissierten Seidenbrokatstoffen, Silberschmuck, Glocken, Jasminblüten und speziellen *dhotis* heraus, während die Musiker und Sänger vor der Bühne eingängige *talas* rezitieren – Zyklen religiöser Dichtung, die von Musik untermalt werden. Eine solche Livedarbietung zu erleben, hängt leider davon ab, ob man sich zur rechten Zeit am rechten Ort befindet. Die einzigen regelmäßigen Aufführungen finden im Jagannath-Tempel statt. Für Nicht-Hindus stellt das jährliche Tanzfestival (erste Dezemberwoche) in Konark eine gute Gelegenheit dar, Orissas Topkünstler zu erleben. Für Lernbegierige bieten diverse Tanzakademien in Bhubaneswar Kurse für Anfänger an (S. 951).

Ihr beeindruckendes, pyramidenförmiges Dach, das eine Höhe von 38 m erreicht, wird von mehreren Reihen lebensechter Statuen – zumeist Musiker und Tänzer, die dem Sonnengott auf seinem Weg über das Firmament ein Ständchen bringen – in drei Stufen unterteilt. Der riesengroße würfelförmige **Innenraum** der Vorhalle, heute verschlossen, gilt als Wunder mittelalterlicher Architektur. Als seine ursprünglichen Erbauer die mit Ornamenten beladene Decke anbringen wollten, sahen sie sich mit erheblichen Statikproblemen konfrontiert, die man schließlich mit 10 m hohen Eisenstangen löste – eine für die damalige Zeit recht bemerkenswerte Ingenieursleistung.

Kunstvolle **Skulpturen** zieren die Außenwände des Tempels mit einer verschwenderischen Fülle an Göttern, Tieren, Blumenmustern, mit Edelsteinen geschmückten Pärchen, sinnlichen Mädchen, Fabeltieren und Seeungeheuern. Einige der schönsten **Erotika** findet man auf den Wänden der Vorhalle, etwa auf halber Höhe zwischen Boden und Decke. Bei genauerem Hinsehen entdeckt man die Sadhus, die ihrem Keuschheitsgelübde abtrünnig geworden sind, aber die Situation offensichtlich zu genießen wissen. Über die Jahre hinweg wurden viele Theorien laut, um die erotischen Szenen hier und an anderen Stellen im Tempel zu erklären. Die überzeugendste Erklärung ist die, dass sie als eine Art Metapher für die ekstatische Glückseligkeit diente, welche die Seele bei ihrer Vereinigung mit dem göttlichen Kosmos empfand – ein zentraler Gedanke des **Tantra** und der damit verbundenen Verehrung des weiblichen Prinzips, **Shakti**, das im mittelalterlichen Orissa vorherrschend war.

Läuft man von der Südseite der Haupttreppe im Uhrzeigersinn um den Tempel, passiert man zunächst die detailversessenen **Räder** und die außergewöhnlichen **Friese**, die in schmalen Bändern darüber und darunter verlaufen. Sie stellen Militärprozessionen (angeregt von den Auseinandersetzungen zwischen König Narasimhadeva und den Muslimen) und Jagdszenen sowie Tausende wilder Elefanten dar. Auf dem oberen Fries an der Südseite des Sockels bezeugt die Darstellung einer Giraffe, dass bereits im 13. Jh. Handel mit Afrika getrieben wurde.

Nach der Vorhalle gelangt man zu einer Doppeltreppe, die zu einem Schrein mit einer **Statue von Surya** hinaufführt. Das aus grünem Chlorit herausgemeißelte Bildnis – eines von dreien rund um die Basis des verfallenen Turms – gilt als eines der Meisterwerke von Konark. Auch die anderen beiden Statuen in der Reihe sollten eines Blickes gewürdigt werden, und sei es nur, um ihren Gesichtsausdruck zu beobachten, der sich mit dem Sonnenverlauf um den Tempel von Wachsamkeit am Morgen (Süden) zu Müdigkeit am Abend (Norden) verändert. Am Fuße der Westwand befindet sich eine altarähnliche Plattform, die mit Steinmetzarbeiten verziert ist: Die kniende Figur auf der mittleren Tafel soll König Narasimhadeva darstellen. ⏰ tgl. 9–18 Uhr, Eintritt Rs250 (Rs19)

Jedes Jahr Anfang Dezember findet am Tempel außerdem eines von Indiens besten **Tanzfestivals** statt, das eine beeindruckende Auswahl sowohl klassischer als auch folkloristischer Tanzgruppen aus dem ganzen Land anzieht. Die genauen Termine erfährt man bei der OTDC in Bhubaneswar, ☎ 0674-243 1299, oder Delhi, ☎ 011-2336 4580, die auch Ticketreservierungen vornehmen.

Übernachtung

Da Puri nur eine Stunde Fahrt von Konark entfernt ist, bleiben nur wenige Leute über Nacht. Es gibt dennoch einige Unterkünfte, die sich anbieten, wenn man eine friedliche Nacht verbringen und sich in aller Ruhe die Tempelanlage anschauen möchte.

OTDC Panthaniwas, nahe dem Haupteingang zum Tempel, ☎ 06758-236831. Dunkle, aber saubere Zimmer (mit AC und Warmwasser) zu fairen Preisen. ❷–❷

OTDC Yatri Niwas, ebenfalls nahe dem Tempeleingang, ☎ 06758-236820. Zimmer mit Moskitonetzen (wichtig); Restaurant, Brunnen im Garten. Der Manager weiß unglaublich viel über die Geschichte und den Tempel zu erzählen. ❷–❷

Travellers' Lodge, hinter dem OTDC Yatri Niwas, ☎ 06758-236820. Ebenfalls unter Leitung der OTDC und recht angenehm. ❷–❷

Labanya Lodge, etwas außerhalb des Dorfes am Meer, ☎ 06758-236824, ✉ labanyalodge1@

rediffmail.com. Das Backpacker-freundlichste Hotel am Ort hat einen kleinen Garten und Internet-Zugang. ❶

Essen

Beim Essengehen hat man die Wahl zwischen den *thali-* und Teeständen gegenüber dem Tempel oder einer etwas gehaltvolleren Mahlzeit in einem der Hotelrestaurants.
Das überaus beliebte und günstige **Geetanjali Café** im Panthaniwas serviert die übliche Auswahl an veg. und Reisgerichten.
Im **Yatri Niwas**, das nicht nur den Hotelgästen offen steht, tummeln sich zur Mittagszeit meist unzählige Tourgruppen, die sich das gute *thali* nach Orissa-Art schmecken lassen.
Das **Sun Temple Hotel** gilt als das beste der *dhabas*.

Sonstiges

Informationen

OTDC Tourist Office, im Hotel Yatri Niwas, ✆ 06758-236821. Das Personal hilft mit Informationen über lokale Feste und Touren weiter. ⏱ Mo–Sa 10–17 Uhr.

Touren

Die OTDC hat Tagestouren im Programm: Abfahrt vor dem Hotel Panthaniwas in Bhubaneswar und Zwischenstopps in Konark und Dhauli (Di–So 6.30–18.30 Uhr, Rs130 bzw. Rs160 im AC-Bus).

Transport

Von PURI gelangt man am einfachsten per Bus oder Jeep ins 33 km entfernte Konark. In beide Richtungen gibt es regelmäßige Verbindungen, und da die Fahrt nur etwa 1 Std. dauert, lässt sich der Ausflug gut an einem Tag bewerkstelligen – der letzte Bus von Konark nach Puri startet um 18.30 Uhr. Eine Motor-Riksha fährt hin und zurück für Rs275–350 einschließlich Wartezeit.
Busse von BHUBANESWAR fahren seltener und brauchen für die 65 km sage und schreibe 2–4 Std., je nachdem, ob man den einen direkten Expressbus für Touristen erwischt, der um 10 Uhr von der Haltestelle in Bhubaneswars Zentrum abfährt. Ansonsten muss man auch noch in Pipli umsteigen.

Der Norden von Orissa

Nördlich von Bhubaneswar erstreckt sich beiderseits des Flusses Mahanadi die zweitgrößte Stadt Orissas, **Cuttack**, deren chaotisches Betonzentrum auf eine Insel im Fluss gepackt wurde. Mangels beachtenswerter historischer Denkmäler und mit einem ungewöhnlich tristen Basar ausgestattet, vermag die Stadt nur wenige Traveller auf der langen Reise von oder nach Kolkata aufzuhalten. Jenseits der unter Umweltverschmutzung leidenden Vororte befindet sich der Reisende jedoch schon bald in flachen Reisfeldern, Palmenhainen und den von Lehmmauern umgebenen Dörfern des **Mahanadi-Deltas** wieder.

Durch das Delta schlängelt sich eine Hauptverkehrsader Indiens. Sowohl die wichtige Bahnlinie als auch die NH-5 folgen dem berühmten **Pilgerpfad** Jagannath Sadak, der einst von Kolkata nach Puri führte.

Die beiden Attraktionen, die hier einen Abstecher von der Hauptstraße lohnen, sind der **Simlipal-Nationalpark** nahe der Grenze zu West Bengalen und das **Bhitarkanika-Schutzgebiet** 130 km nördlich von Bhubaneswar. Beide bieten außergewöhnliche Landschaften, eine reiche Tier- und Pflanzenwelt und die Möglichkeit, den Menschenmassen in Orissas Städten zu entfliehen.

Bhitarkanika Wildlife Sanctuary

Das Bhitarkanika Wildlife Sanctuary mit Mangrovenwäldern und Feuchtgebieten erstreckt sich über eine Fläche von 672 km² mitten im Brahmani-Baitarani-Delta. Sein Ökosystem ist eines der reichhaltigsten Indiens und umfasst u. a. über 200 Vogelarten sowie viele Reptilien und Säugetiere, darunter Salzwasserkrokodile, Warane und Rhesusaffen. Außerdem legen an den Stränden von **Gahirmatha**, Rushikulya und Devi die Olive-Ridley-Schildkröten ihre Eier.

Bhitarkanika ist ganzjährig geöffnet. Die beste Besuchszeit ist zwischen November und März, da dann viele Zugvögel anzutreffen sind, die hier überwintern. Allerdings endet die Nistsaison der Reiher gewöhnlich gegen Mitte November. Wer die Ankunft der **Olive-Ridley-Schildkröten** erleben will, sollte bei der OTDC-Touristeninformation in Bhubaneswar nachfragen, ob und wann sie erwartet werden. Weitere Highlights sind das Krokodil-Schutzprogramm auf Dangmar Island und das Bagagahana-Brutgebiet der Reiher.

Da es recht aufwändig ist, selbst zu einem der Eingänge zu gelangen, einen Permit (Rs1000) zu bekommen und die Bootsüberfahrten (Rs2000 pro Tag) plus – falls man im Schutzgebiet übernachten will – die Unterkünfte zu organisieren, lohnt es sich, eine geführte Tour zu buchen. Discover Tours in Bhubaneswar bietet ein viertägiges Pauschalprogramm. ✆ 0674-243 0477, 💻 www.orissadiscover.com. Auch Heritage Tours in Puri ist zuverlässig. ✆ 06752-223656, 💻 www.heritagetoursorissa.com.

Um Geld zu sparen, können von **Chandbalis** kleinem Hafen Tagesausflüge ins Schutzgebiet unternommen werden. Er ist von Bhubaneswar (190 km) und Bhadrak (nächster Bahnhof; 60 km) mit dem Bus zu erreichen. Am Pier gibt es verschiedene Anbieter, die Genehmigungen einholen und Transporte organisieren. Wer die Formalitäten lieber selbst macht, muss sich mit dem Assistant Conservator of Forests am Pier in Verbindung setzen. ✆ 06786 220372. Chandbalis beste Unterkunft ist das OTDC Ayanyaniwas mit günstigen Schlafsälen (Rs90) und einem guten Restaurant. ✆ 06786-220397, ❶–❸. Die Swagat Lodge ist eine gute Alternative mit winzigen aber akzeptablen Zimmern. ✆ 06786-220225, ❶–❷. Im Schutzgebiet selbst kommen die Besucher in den Lodges von Dangmal, Ekakula, Gupti oder Habalikathi unter. Alle haben Dorms oder Doppelzimmer mit Gemeinschaftsbad. ❶–❸. Die Besucher bringen Lebensmittel und Wasser mit, aus denen der *chowkidar* dann das Essen bereitet. Wer nicht über eine Agentur bucht, muss die Unterkunft beim Divisional Forest Officer in einem schwer zugänglichen Außenbezirk von Rajnagar reservieren. ✆ 06729-272460

Similipal-Nationalpark

Westlich von Baripada geht die Landschaft plötzlich von offenen Feldern in die dicht bewaldeten Hänge und Bergketten der Ostghats über. Mit über 1000 m ist der **Khairbhuru**, den man vom Stadtrand aus sehen kann, die höchste Erhebung der Region und zugleich eines der letzten echten Wildnisgebiete Ostindiens. Der gemischte Laubwald, die beständig Wasser führenden Flüsse und die Lichtungen mit Grassavanne an seinen Flanken ließen eine ungewöhnlich reiche Tier- und Pflanzenwelt gedeihen.

1979 wurde ein Gebiet von 2750 km^2 westlich der Stadt Baripada zur Schutzzone erklärt, vor allem weil man der Dezimierung der Tigerpopulation (s. S. 109 im Kapitel Land & Leute) entgegenwirken wollte. Davor hatte hier der Maharadscha von Mayurbhunj das Sagen, der die Wälder für die Jagd und zum Holzabbau nutzte. 1985 schließlich erhob man Similipal offiziell in den Rang eines Nationalparks, und im darauf folgenden Jahr avancierte die Stätte zu einem der ersten indischen Reservate des „Projekt Tiger".

Als eines der letzten echten Wildnisgebiete Ostindiens hätte Similipal es durchaus verdient, eine Hauptattraktion zu sein. Dass dem nicht so ist, hat weniger mit der Anzahl an Tieren innerhalb seiner Grenzen zu tun als mit seiner schlechten **Erreichbarkeit** und den Schwierigkeiten, eine der wenigen einfachen Unterkünfte im Park zu buchen. Wem es gelingt, diese Hürden zu nehmen, der wird reich belohnt. Abgesehen von den **Tigern** (die Ranger sprechen etwas zu optimistisch von knapp 100 Exemplaren und einer etwas größeren Zahl an nicht minder scheuen Leoparden) leben im Reservat auch Lippenbären, Sambar- und Axishirsche, Indische Muntjaks, Gaur, Rhesusaffen und Languren. Bei Abendspaziergängen in Waldnähe zeigen sich mit etwas Glück Mungos, Dachse, Stachelschweine, Zibetkatzen, Dschungelkatzen, Füchse und Schakale. Herden wilder **Elefanten** durchstreifen das Gebiet und die Gewässer des Parks bieten Sumpfkrokodilen, Pythons, Fischkatzen und Bindenwaranen einen idealen Lebensraum. Nachweislich 231 **Vogelarten** bevölkern den Luftraum, darunter bunte Trogons, Bart- und Nashornvögel, Drosseln, Pirole, Spechte, Sittiche, Bienenfresser sowie Sporn- und Dschungelhühner. Die Landschaft selbst ist ebenso vielfältig – mit einer Kulisse schöner Granitberge und einem friedlichen, uralten Salwald. Außerdem hat man im Park nicht weniger als 1076 Pflanzenarten gezählt, davon allein 87 verschiedene **Orchideen**.

Die Mehrzahl der Tiger und Leoparden halten sich gewöhnlich in der „Kernzone" (845 km²) auf, zu der die Besucher nur beschränkten Zutritt haben, aber die zahlreichen Wasserfälle, Weidegebiete und Wasserlöcher in der „Pufferzone" (1905 km²), die über unbefestigte aber befahrbare Sträßchen mit den Hütten verbunden sind, bieten hervorragende Beobachtungsmöglichkeiten.

Der Zutritt über einen der beiden Eingänge (Pithabata, 25 km von Baripada, und Tulsibani, 15 km von Jashipur) erfordert eine **Tageskarte** (die nur am Tag des Besuchs erworben werden kann) bzw. eine Übernachtungserlaubnis, die zu maximal drei Übernachtungen in einer der Hütten berechtigt (alle Hütten bis auf eine müssen im Voraus reserviert werden). Tageskarten sind von 6 Uhr bis mittags an den Eingängen erhältlich und berechtigen zum Aufenthalt bis maximal 17 Uhr. Der Tageseintritt für den Park kostet Rs1000. Pro Fahrzeug oder Kamera fallen zusätzlich je Rs100 an. Einen Jeep zu mieten (ohne eigenes Auto die einzige Alternative) kostet pro Tag Rs1000–1500 und ein Parkführer verlangt weitere Rs400–600. ⏱ Nov–Juni tgl. 6–12 Uhr, ideal vor Ende Feb.

Sich einer geführten Tour anzuschließen ist bedeutend einfacher, da dann die Reiseagentur sämtliche Genehmigungen einholt und Anreise, Essen sowie Unterkunft organisiert. **Heritage Tours** in Puri, ✆ 06752-223656, 🖥 www.heritagetoursorissa.com oder **Discover Tours** in Bhubaneswar, ✆ 0674-243 0477, 🖥 www.orissadiscover.com bieten Komplettpakete an, müssen jedoch 30 Tage vor Reiseantritt beauftragt werden.

Tagestour von Baripada oder Jashipur

Sofern man nicht mit dem Auto von Kolkata aus anreist, ist **Baripada** auf der Westseite der bessere Ausgangspunkt für die eintägige Parkerkundung. Baripada selbst besitzt nur wenige Sehenswürdigkeiten, eignet sich aber gut, um etwas Kleinstadtluft in Orissa zu schnuppern. Es gibt hier einen heruntergekommenen Basar und einen weiß getünchten **Jagannath-Tempel**. Am Stadtrand überleben noch einige langsam verfallende Villen und Bürgerhäuser aus den Tagen des Raj, als Mayurbhunj ein halbautonomer Fürstenstaat war (der sich übrigens als letzter dem unabhängigen Indien anschloss). Jahrhundertelang stand Mayurbhunj unter Führung der **Bhanja**, einer angeblich „fortschrittlichen" Herrscherfamilie, die von den Briten begünstigt wurde. Ihr heutiger Vertreter residiert im Norden der Stadt in einer wenig in die Landschaft passenden, neoklassischen Villa am Fluss.

Die Zentrale des Distrikts **Mayurbhunj** („marvunj" ausgesprochen) in Baripada, ist von der Küstenstraße aus nicht schwer zu erreichen. Die Bhubaneswar-Baripada Expresslinie Nr. 2892 (So, Mi, Fr; 5 Std.) trifft um 22.30 Uhr ein. Alternativ fahren regelmäßig Busse von Baleshwar nach Baripada (1–2 Std.). Bei der Ankunft in Baripada passieren die Busse den Tempel am Fuße der breiten Hauptstraße und fahren dann den Hügel hinauf zum Busbahnhof und zum Markt. Von hier sind es rund fünf Minuten zu Fuß zu den meisten Hotels (s. u.). Das **OTDC Tourist Office**, ✆ 06792-252710, befindet sich fünf Minuten vom Busbahnhof entfernt, in entgegengesetzter Richtung des Tempels, ⏱ Mo–Fr 10–17 Uhr. Es ist die beste Anlaufstelle für Fahrten und Führer zum Similipal; aber auch der Manager des Hotels Ambika kann hier behilflich sein.

Alternativer Ausgangspunkt für eine Tagestour in den Park ist **Jashipur**, drei Stunden Busfahrt westlich von Baripada. Es liegt näher an vielen der beliebten Ziele innerhalb des Parks. Da aber Jashipur keine Touristeninformation hat, muss man sich für eine Besuchserlaubnis direkt an den Assistant Conservator of Forests wenden ✆ 06797-232474.

Übernachtung

Im Park

Die Übernachtung in einer der 7 Hütten (alle ❷–❹) gibt einem Gelegenheit, mehr vom Park zu sehen. Mit Ausnahme der letztgenannten Lodge Aranya Niwas, bedürfen aber alle Unterkünfte einer schriftlichen Anfrage, die spätestens 30 Tage vor dem geplanten Parkbesuch an folgende Adresse gerichtet werden muss: Field Director, Similipal Tiger Reserve, Bhanjpur, Baripada, Mayurbhanj, Orissa, 757002, ✆ 06792-252593, ✉ bid_smitig@bsnl.in. Für jede Person in der Reisegruppe müssen der volle Name, Alter, Geschlecht, Staatsangehörigkeit, Passnummer und Gültigkeit des Visums angegeben werden. Daraufhin erhält man einen „Letter of Advice", der zur Bezahlung mit einem Sichtwechsel auffordert.

Die besten Chancen zur Tierbeobachtung bietet **Chahala** (83 km ab Baripada, 35 km ab Jashipur), eines der ehemaligen Jagdhäuser des Maharadschas, das kurz hinter der Grenze zur „Kernzone" nahe einer Salzlecke liegt, wo sich die Tiere zur Abendzeit versammeln. Wie bei allen anderen Unterkünften im Park ist die Ausstattung sehr einfach. Man muss sein eigenes Essen mitbringen, das jedoch vom *chowkidar* zubereitet wird.

Die anderen Lodges sind **Barehipani** (73 km ab Baripada, 52 km ab Jashipur), eine kleine Holzhütte mit einer breiten Rundum-Veranda in der Nähe eines Wasserfalls, der einen beeindruckenden Ausblick freigibt; **Newana** (60 km ab Jashipur), das in einem tiefen Tal liegt; **Gudugudia** (25 km ab Jashipur, angeblich besonders schön zur Beobachtung von Vögeln und Orchideen) und **Joranda** (64 km ab Baripada, 72 km ab Jashipur), das von allem etwas hat und dazu noch einen Wasserfall. Die einzige Lodge, in der man ohne vorherige Anmeldung auftauchen kann, heißt **Aranya Niwas** (35 km von Baripada, in Lulung). Sie kann bei der OTDC Touristeninformation in Baripada (s. o.) gebucht werden. Nur 10 km von der Parkgrenze entfernt, wird man hier zwar nicht viele Tiere sehen, doch die Zimmer sind recht nett, es gibt einen billigen Schlafsaal (Rs90) und ein recht annehmbares Restaurant.

Baripada

Von den Hotels in Baripada ist das **Ambika** (✆ 06792-252557, ❶–❹) das beste. Es hat Zimmer in unterschiedlichen Preiskategorien, alle mit Bad und Befestigungsmöglichkeit für das absolut notwendige Moskitonetz. Auch das **Sibaprya** (✆ 06792-259103, ❶–❹) ist eine gute Alternative, und das einfache **Bishram** (✆ 06792-253535, ❶–❷) ist eines der besten Billighotels. Baripades bestes Restaurant befindet sich im Erdgeschoss des Ambika.

Jashipur

Das kleine Städtchen hat nur 4 Hotels: Das komfortabelste ist ganz klar das **Sairam**, das auch bei der Organisation von Fahrzeugen und Führern helfen kann. Es liegt an der Hauptstraße, ✆ 06797-232827. ❶–❹

Der Süden von Orissa

Entlang der Küste zwischen Puri und Andhra Pradesh laden eine Reihe landschaftlich schöner Abstecher dazu ein, die lange Reise Richtung Süden für eine Weile zu unterbrechen. Drei Stunden südlich der Hauptstadt, am Fuße eines kahlen Ausläufers der östlichen Ghats liegt Indiens größter Salzwassersee. Zu den Hauptattraktionen des **Chilika Lake** gehören die rund eine Million Zugvögel, die hier im Winter nisten, sowie Bootsfahrten zu den Inseln. 70 km weiter trifft man auf den Ort **Gopalpur-on-Sea**, der abgelegen genug ist, um sich den Charme eines ruhigen Badeorts bewahrt zu haben.

Chilika Lake

Besäße der Chilika Lake nicht seine glasartige Oberfläche, so könnte man Asiens größte Lagune durchaus für das Meer halten. Von dem schlammigen Küstenvorland lassen sich der schmale Streifen sumpfiger Inseln und die Sandflächen, die den 1100 km^2 großen Brackwassersee vom Golf von Bengalen trennen, kaum ausmachen. Zwischen Dezember und Februar zeigt sich allerdings eine Vielfalt von **Vögeln**, darunter Flamingos, Pelikane, Buntstörche, Fischadler und Milane, vielfach handelt es sich um Zugvögel aus Sibirien, Iran und dem Himalaja. Chilika ist zudem einer der wenigen Orte in Indien, wo man Irawadi-Delfine beobachten kann. Am besten lassen sich See und Vögel im Rahmen einer **Bootsfahrt** erkunden. Viele Boote machen auch auf Chilikas **Inseln** fest, von denen einige unbewohnt und andere von sich selbst versorgenden Fischerfamilien besiedelt sind. Der beste Ort zur Vogelbeobachtung ist die als Vogelschutzgebiet ausgewiesene Insel Nalabana.

Die Fischerdörfer und das sagenumwobene „Inselkönigreich" **Parikud** an der Ostseite des Gewässers werden jedoch meist zugunsten einer Bootsfahrt zum Devi-Schrein auf **Kalijai** ignoriert. Der Legende nach ist einst ein einheimisches Mädchen auf dem Weg zu ihrer Hochzeit am anderen Seeufer ertrunken; seine Stimme soll später aus der Tiefe des Sees gehört worden sein. In dem Glauben, dass die zukünftige Braut sich in eine Göttin verwandelt hat, errichteten die Einheimischen ihr zu Ehren einen Tempel, der über die Jahre mit **Kali** (Shivas Gemahlin Parvati in ihrem furchterregenden Aspekt) in Verbindung gebracht wurde. Seitdem strömen zu Makar Sankranti, nach der Ernte, alljährlich Pilger aus ganz Orissa und Westbengalen zu dem winzigen Eiland, um in der heiligen Höhle vor dem Schrein der Göttin Votivgaben darzubringen.

Die **OTDC** organisiert ab Barkul und Satapada Ausflüge in Motor- oder Ruderbooten (Rs500/Std. für ein 7-sitziges Motorboot), oder man bucht einen Platz auf einem Boot mit 20 oder 30 Sitzen. Die Fahrt nach **Kalijai Island** (Rs50), bei einheimischen Touristen am beliebtesten, nimmt insgesamt etwa 2 Std. in Anspruch, während für eine Kombitour nach Kalijai und **Nalabana Island** (Rs175) 4 Std. zu veranschlagen sind. Ausflüge in Ruderbooten werden auch von Rambha aus angeboten, allerdings scheinen die Fischer hier eher an ihren Netzen interessiert zu sein als daran, ihre Kunden zu den Inseln zu schippern.

Satapada, auf der Küstenseite und nur 45 km von Puri entfernt, hat mehrere Busverbindungen pro Tag und ist die beste Übernachtungsmöglichkeit am See. Die umgebenden Gewässer bieten beste Chancen, Delfine zu beobachten. Außerdem befindet sich hier das informative Besucherzentrum der Chilika Development Authority (Mo–Sa 10–17 Uhr; Rs5). Landschaftlich hat **Barkul** nicht so viel zu bieten wie Satapada und ist weiter entfernt von den meisten Inseln. Die Unterkünfte sind jedoch die besten am ganzen See.

Übernachtung und Transport

Yatri Niwas, Satapada, ✆ 06752-262077. Beherbergt die Touristeninformation (◷ Mo–Sa, 10–17 Uhr) und ist die beste Unterkunft Satapadas. Die Zimmer haben teils einen eigenen Balkon mit Blick auf den gepflegten Garten, der bis ans Seeufer reicht. Im Restaurant kann man köstliche *thalis* und nach vorheriger Ankündigung auch frische Meeresfrüchte genießen. Reservierung über die Touristeninformation in Puri. ❶–❹

OTDC Panthaniwas, Barkul, ✆ 06756-222 0488. Bietet großzügige, luftige Räume in kürzlich renovierten Chalets. Es hat auch ein gutes Restaurant, das verschiedene leckere Fischgerichte serviert. Besonders empfehlenswert ist Chinguri Charchari (Shrimps mit frittiertem Gemüse). Für die Anreise nimmt man in Puri oder Bhubaneswar einen Bus Richtung Brahmapur, steigt in Balugaon aus und legt die letzten 7 km nach Barkul in einer Motor-Riksha zurück. Bei einem Aufenthalt zwischen September und März wird eine Reservierung über die OTDC-Touristeninformation in Bhubaneswar empfohlen. ❹–❻

Saga Camp, auf Sonakada Island, eine kurze Bootsfahrt von Rambha entfernt, ✆ 06810-278518, ✉ info@naturesafariindia.com. „Luxus-Dschungel-Camp" mit Zelten, komfortablen Feldbetten und eigenem Bad. Die Kosten betragen gesalzene Rs6000 pro Tag für 2 Pers. inkl. aller Mahlzeiten und zwei Bootsfahrten tgl. Eine Alternative zum öffentlichen Transport ist ein Tagestrip nach Chilika mit **Gandhara Travel** in Puri. Abfahrt um 8 Uhr, Kosten pro Kopf Rs550, inklusive Mittagessen und Bootsfahrt.

Gopalpur-on-Sea

Vor 2000 oder mehr Jahren, als die Kalinga aus dem Perlen- und Seidenhandel mit Südostasien ordentlich Profit schlugen und fleißig ihren Reichtum anhäuften, muss Gopalpur-on-Sea – ehemals der alte Hafen von Paloura – ein recht umtriebiger Ort gewesen sein. Heute dagegen präsentiert sich das Städtchen eher ruhig und füllt sich nur während der Feiertage und Ferien mit Leben, wenn die Bengalen hier ihren Urlaub verbringen. Das restliche Jahr über steht die planlose Ansammlung heruntergekommener Bungalows und Strandhotels praktisch leer, wären da nicht die paar Rucksackreisenden, die dem Versprechen auf ein noch unentdecktes Strandparadies gefolgt sind, und die vielen fleißigen Fischer *(katias)* mit ihren traditionellen, spitzen Strohhüten, die vor Gopalpurs langer, einsamer Küste mit ihren Netzen auf Beutezug gehen. Eines steht fest: Das Paradies findet man hier nicht, wer jedoch entlang der Küste nach einem Ort zum Entspannen und Genießen der lauen Meeresbrise sucht, kann mit Gopalpur nicht viel falsch machen. Wer zum Sonnenbaden kommt, steht ruckzuck im Mittelpunkt der Aufmerksamkeit von Einheimischen. Für einen entspannten Spaziergang sind die langen Sandstrände mit Kokoshainen, verschlafenen Lagunen und Minibuchten jedoch ideal.

Übernachtung und Essen

Die Unterkünfte in Gopalpur kosten meist etwas mehr als anderswo, und ein bisschen Handeln kann nicht schaden. Eine rechtzeitige Reservierung ist nur in Ferienzeiten nötig. Die unten aufgeführten Preise gelten für die Nebensaison zwischen Okt und März.
Der Mangel an Meeresfrüchten in den Restaurants überrascht doch ein wenig – ein paar lassen sich aber durchaus beschwatzen, nach rechtzeitiger Vorankündigung einen *pomfret* oder Garnelen-Curry zuzubereiten. Die Hütte **Seashell** mit Blick auf den Strand serviert in entspannter Atmosphäre gute und günstige Speisen und kaltes Bier.
Holiday Inn, nahe dem Leuchtturm, ✆ 0680-224 2694. Könnte nicht weniger mit seinem nordamerikanischen Namensvetter gemein haben: eine Handvoll einfacher Zimmer rund um einen netten Innenhof und eine Gemeinschaftsküche. ❶–❷
Kalinga, an der Hauptstraße zum Meer, ✆ 0680-224 2067. Saubere, nette und luftige Zimmer mit Balkon und TV. ❷–❺
Mermaid, am nördlichen Strandende, ✆ 0680-224 2050. Freundliche Unterkunft, die auf wohlhabende Touristen aus Kolkata abzielt. Schlichte Zimmer mit Balkon und Meerblick. Nach vorheriger Anmeldung können Nicht-Gäste die köstlichen *thalis* nach bengalischer Art genießen. ❹

Meerblick und gutes Essen

Sea Side Breeze, ebenfalls am Strand, am Ende der Hauptstraße, ✆ 0680-224 2075. Tolle Lage – als einziges Hotel wirklich am Strand –, große, makellos saubere Zimmer, größtenteils mit Meerblick. Einfaches aber günstiges Restaurant mit freundlichem Personal. Auf Vorbestellung werden auch Meeresfrüchte serviert. Der Manager organisiert Ausflüge an Bord von Fischerbooten in der nahen „Blue Bay". Gutes Preis-Leistungs-Verhältnis. ❷–❹

OTDC Panthaniwas, am Tempel, ✆ 0680-224 3931. Saubere Zimmer ohne Meerblick, aber mit eigenem Bad, und ein Schlafsaal (Rs70). Restaurant mit hervorragendem Küchenchef, der schmackhafte indische Gerichte und auf Nachfrage auch ein Frühstück zubereitet. Das freundliche Personal erteilt auch Touristeninformationen. ❷–❷
Rosalin, ebenfalls am Strand, ✆ 0680-224 2071. Etwas chaotischer, aber billiger und freundlicher Familienbetrieb. Einfache, kleine Zimmer rund um einen Hof im Garten und ein Restaurant. ❶
Swosti Palm Beach, nahe Holiday Inn, ✆ 0680-224 2453. Eines der vornehmsten Hotels in Gopalpur. Geräumige, komfortabel eingerichtete AC-Zimmer mit Garten-, aber ohne Meerblick. Das Restaurant serviert gutes indisches Seafood wie *chenguli malai* (Garnelen in Kokoscreme) und *macha tarkari* (Meeresfisch-Curry). DZ ab US$80. ❾

Transport

Nach Gopalpur-on-Sea gelangt man am einfachsten über BRAHMAPUR (Berhampur). Vom Haupt-Busbahnhof fahren regelmäßig Minibusse und Jeeps in den 16 km entfernten Badeort (alle 15 Min., 30 Min.). Endstation ist das obere Ende von Gopalpurs „Hauptstraße", rund 10 Min. zu Fuß von den meisten Hotels und vom Meer entfernt.

Andhra Pradesh

Stefan Loose Traveltipps

Hyderabad Die stark islamisch geprägte Stadt bietet eine faszinierende Mischung aus imposanten Bauwerken, Museen und lebendigen Basaren. S. 978

Golconda Fort Die ehemalige Hauptstadt der Qutb-Shahi-Dynastie mit ihrer spektakulären Festung liegt in üppiger Landschaft unmittelbar westlich von Hyderabad. S. 982

Warangal Die Stadt hat mit ihrer mittelalterlichen Festung und dem „1000 Säulen" umfassenden Shiva-Tempel zwei bedeutende Hindu-Stätten. S. 989

Amaravati Der kleine Ort am Ufer des Krishna beherbergt die Überreste eines buddhistischen Stupa mit prachtvollen Bildwerken. S. 993

Tirumala Hill, Tirupati Der vom Venkateshvara-Tempel gekrönte Tirumala Hill ist der am meisten besuchte Wallfahrtsort der Welt. S. 994

Puttaparthy Der Haupt-Ashram von Guru Sai Baba zieht moderne Pilger aus aller Welt an und bildet das Zentrum einer wachsenden Gemeinde. S. 996

Andhra Pradesh umfasst einen ausgedehnten Landstrich im Osten Indiens, der sich auf einer Länge von über 1200 km an der Küste entlang von Orissa bis Tamil Nadu erstreckt und von den fruchtbaren Deltas der Flüsse Godavari und Krishna weit ins Binnenland bis zur Halbwüste des Dekkan-Plateaus reicht, aber es ist keine Gegend, die viele Touristen anzieht. Die meisten ausländischen Besucher streifen sie nur auf der Durchreise zu den attraktiveren Nachbarstaaten, und man kann es ihnen nicht verdenken, da es hier nur wenige und weit auseinander liegende sehenswerte Orte gibt. Doch die dünn gesäten Sehenswürdigkeiten von Andhra Pradesh sind beeindruckend und lohnen während einer längeren Indien-Reise zumindest ein paar Aufenthalte.

Die gegen Ende des 16. Jhs. gegründete und heute als großes Hightech-Zentrum florierende Bundeshauptstadt **Hyderabad** besitzt einen besonderen Reiz. Mit ihren ausgedehnten Basaren, dem ausgezeichneten Salar Jung Museum und dem wuchtigen, nahe gelegenen **Golconda Fort** stellt sie einen bezaubernden Aufenthaltsort für ein, zwei Tage dar. Die moderne Zwillingsschwester dagegen, die Handelsstadt **Secunderabad**, zeichnet sich durch einen eklatanten Mangel an Atmosphäre aus. In **Warangal**, 150 km nordöstlich von Hyderabad, findet man sowohl islamische als auch hinduistische Überbleibsel des 12. und 13. Jhs., und das buddhistische Erbe der Region – insbesondere meisterhafte Skulpturen – wird in Museen von Städten wie **Nagarjunakonda** und **Amaravati**, der ehemaligen Hauptstadt der längst vergangenen Satavahana-Dynastie, bewahrt.

Für einen Besuch der Großstadt **Vijayawada** im Osten spricht wenig, doch ist sie immerhin ein gutes Sprungbrett nach Amaravati. Dagegen ist die im äußersten Südwesten gelegene Tempelstadt **Tirupati** (am einfachsten von Chennai in Tamil Nadu aus zu erreichen) eine der ganz großen Hindu-Stätten Indiens und ein faszinierender Pilgerort, an dem sich unglaubliche Menschenmassen drängen – angeblich sogar mehr Pilger als in Mekka oder im Vatikan. Die kleine Stadt **Puttaparthy** im Südwesten des Bundesstaates ist Ziel einer internationalen Pilgerschar, die in der Hoffnung auf religiöse Unterweisung durch den spirituellen Lehrer Sai Baba herkommt.

Rings um die Hauptstadt hat sich eine moderne Industrie angesiedelt, und an der Küste spielen Schiffbau, Eisen- und Stahlindustrie eine wichtige Rolle, doch die meisten Menschen in Andhra Pradesh leben immer noch in Armut. Abgesehen von den Mündungen des Godavari und Krishna, wo der Boden reichhaltig genug ist, um den Anbau von Reis und Zuckerrohr zu ermöglichen, ist das Land größtenteils unfruchtbar und zwingt viele Bauern zu einem verzweifelten Kampf ums Überleben (s. S. 977).

Geschichte

Die frühesten Überlieferungen aus der Region datieren aus der Zeit von **Ashoka** (3. Jh. v. Chr.) und beziehen sich auf ein Volk namens Andhras. Von ihrer zweiten Hauptstadt Amaravati am Krishna aus erlangte die **Satavahana-Dynastie** (2. Jh. v. Chr.–2. Jh. n. Chr.) der Andhras die Kontrolle über einen großen Teil Zentral- und Südindiens. Die Andhras unterhielten intensive Handelsbeziehungen mit Ostasien und Europa und waren strenge Anhänger des Buddhismus. Nach ihnen kamen sukzessive die Pallavas aus Tamil Nadu, die Chalukyas aus Karnataka und die Cholas an die Macht. Um das 13. Jh. herum sahen sich die Kakatiyas von Warangal der ständigen Bedrohung einer moslemischen Machtübernahme ausgesetzt, und später, nach dem Fall ihrer Stadt bei Hampi, verlegten die hinduistischen Vijayanagars ihre Geschäfte nach Chandragiri in der Nähe von Tirupati.

Der nächste historisch bedeutsame Einschnitt vollzog sich in der Mitte des 16. Jhs. mit dem Emporkommen der moslemischen **Qutb Shahi-Dynastie**. 1687 nahm der Sohn des Mogul-Kaisers Aurangzeb Golconda ein. Fünf Jahre nach Aurangzebs Tod im Jahre 1707 erklärte der Vizekönig von Hyderabad die Unabhängigkeit und errichtete die Asaf Jahi-Dynastie der **Nizam**. Im Gegenzug für ihre Allianz mit den Briten gegen Tipu Sultan, den Herrscher von Mysore, wurde der Nizam-Dynastie nach der britischen Machtübernahme über ganz Indien sogar etwas Autonomie eingeräumt.

Im Laufe des Unabhängigkeitskampfes begann die Harmonie zwischen Hindus und Moslems in Andhra Pradesh zu bröckeln. Die **Spaltung** erreichte ihren Höhepunkt zur Zeit der Landesteilung

ANDHRA PRADESH

(partition), als sich die Nizam ihren muslimischen Glaubensbrüdern in dem noch zu gründenden Staat **Pakistan** anschließen wollten. Als 1949 Unruhen in der Hauptstadt Hyderabad ausbrachen, wurden die indischen Streitkräfte entsandt, die das Ihrige dazu beitrugen, dass das Gebiet schließlich Teil der Republik Indien wurde. 1956 wurden die telugusprachigen Regionen (nur in Hyderabad wird fast überall Urdu gesprochen), die zuvor Teil der Madras Presidency an der Ostküste und des Fürstentums Hyderabad im Westen gewesen waren, zum Bundesstaat Andhra Pradesh. Heute sind fast 90 % der Bevölkerung Hindus; die Moslems wohnen überwiegend in der Hauptstadt.

Ab Ende der 80er-Jahre gewann die unternehmerfreundliche **Telugu-Desam-Partei** (TDP) an Stimmen und löste 1999 schließlich die lange regierende **Kongresspartei** ab. In den fünf Jahren danach sorgte Ministerpräsident Chandrababu Naidu für einen gewaltigen Entwicklungssprung in der Region Hyderabad. Sein besonderer Liebling war dabei Hitec City. Gleichzeitig vernachlässigte er jedoch die ländlichen Gebiete, wo Dürren und Missernten Hunderte von **Bauern in den Selbstmord** trieben. 2004 gelangte die Kongresspartei erneut an die Regierung und festigte in den beiden folgenden Jahren ihre Macht durch Siege in den kommunalen und den *panchayat*-Wahlen. Allerdings wurde auch ihr vorgeworfen, nicht genug für die Bauern zu tun, und die alarmierende Selbstmordrate brach nicht ab. Zusätzlich kompliziert wurde die Lage dadurch, dass die in der Minderheit befindliche Partei **Telangana Rashtra Samithi** (TRS), die seit 2004 mit der Kongresspartei koaliert, weiter eine Abspaltung von **Telangana**, dem nordwestlichen Teil von Andhra Pradesh, fordert.

Hyderabad und Secunderabad

Die Hauptstadt von Andhra Pradesh, ein Schmelztiegel moslemischer und hinduistischer Kultur, besteht aus den Zwillingsstädten Hyderabad und Secunderabad mit insgesamt fast 7 Mill. Einwohnern. Das für Besucher wenig interessante Secunderabad ist eine moderne, von den Briten gegründete Verwaltungsstadt; die alte Stadt Hyderabad hat dem Besucher dagegen eine Menge zu bieten, darunter ihre von Menschen wimmelnden **Basare**, **islamische Denkmäler** und das **Salar Jung Museum**. Dessen ungeachtet ging es mit Hyderabad nach der Unabhängigkeit unaufhaltsam bergab, immer wieder drohte die Situation aufgrund fehlender finanzieller Mittel zu eskalieren. Obwohl die alte Stadt nach wie vor unter Übervölkerung und unzureichenden öffentlichen Einrichtungen leidet, präsentiert sich das Ballungsgebiet inzwischen aber insgesamt als florierende Region. Hyderabad hat sogar die Stadt Bengaluru (Bangalore) als Südindiens Hightech-Hauptstadt überflügelt und konnte sich zum Zentrum der indischen Computer- und Informationstechnologie aufschwingen. Als Folge davon fließen große Einnahmen in die Stadt, die vielfach schon als „Cyberabad" bezeichnet wird.

Hyderabad wurde 1591 von **Mohammed Quli Shah** (1562–1612) am Fluss Musi gegründet, 8 km östlich von Golconda, der befestigten Hauptstadt des Golconda-Reiches, die um jene Zeit unter Übervölkerung und Wassermangel litt. Für die damalige Zeit ungewöhnlich, wurde die neue Stadt gitterförmig angelegt, mit gewaltigen Steingebäuden und Bögen, darunter das berühmteste Wahrzeichen von Hyderabad, der **Charminar**. Ursprünglich gab es keine Stadtmauer; diese wurde erst 1740 als Verteidigungsanlage gegen die Marathen gebaut. Man erzählt sich, ein Geheimtunnel habe die Stadt mit dem mächtigen **Golconda Fort** verbunden. Die bedauernswerten Boten, die hindurchgeschickt wurden, konnten dank der in regelmäßigen Abständen angelegten Gewölbe wenigstens gelegentlich frische Luft schöpfen.

Während der 300-jährigen moslemischen Herrschaft lebten die Hindu-Mehrheit und die Moslem-Minderheit harmonisch zusammen. Damals war Hyderabad das oberste moslemische Machtzentrum Südindiens. Der sagenhafte Reichtum des Königshauses beruhte vor allem auf den wunderbaren Edelsteinen, vor allem Diamanten, die aus Bergwerken im Kistna-Tal bei Golconda zutage gefördert wurden. Hier wurde der historische **Koh-i-Noor** gefunden – er wurde nur einmal geraubt, und zwar vom Mogulkaiser Aurangzeb, als sein Sohn 1687 das Golconda Fort einnahm. Er endete, in Stücke geschnitten, in der britischen Königskrone.

Orientierung

Die alte Stadt **Hyderabad** liegt beiderseits des Musi. Die meisten Sehenswürdigkeiten befinden sich südlich des Flusses, die meisten Unterkünfte dagegen nördlich davon. Noch weiter nördlich, am gegenüberliegenden Ufer des Hussain-Sagar-Sees, erstreckt sich die moderne Stadt **Secunderabad**, Endbahnhof mancher Fernzüge; hier müssen auch alle Besucher Hyderabads aussteigen, die mit weiterfahrenden Zügen ankommen.

Sehenswürdigkeiten

Hyderabad besteht aus drei recht unterschiedlichen Teilen: der eigentlichen Stadt Hyderabad, bestehend aus Altstadt und den neuen Vierteln bei Hitec City, der modernen Stadt Secunderabad (ursprünglich Hussain Shah Pura genannt) und Golconda, der alten Festung. Die beiden Städte sind nur durch einen See getrennt, den **Hussain Sagar**.

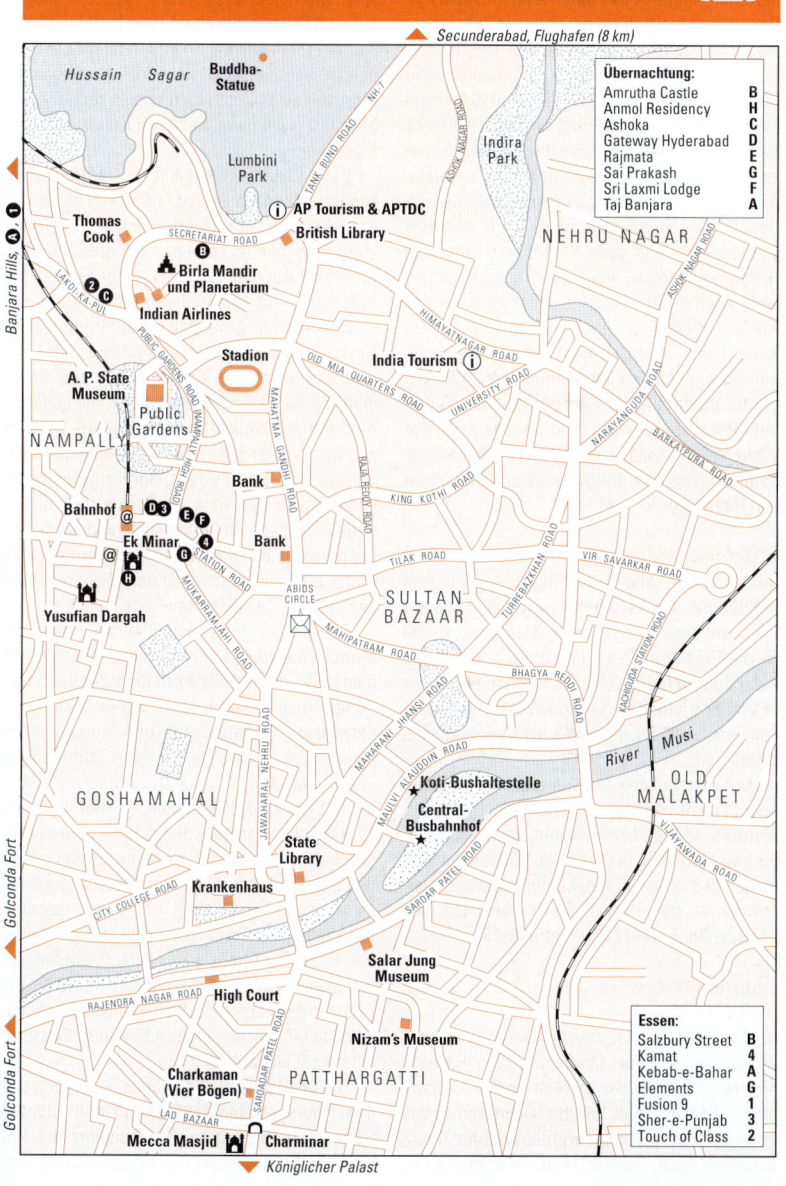

Hyderabad

Secunderabad, Flughafen (8 km)

Übernachtung:
Amrutha Castle	B
Anmol Residency	H
Ashoka	C
Gateway Hyderabad	D
Rajmata	E
Sai Prakash	G
Sri Laxmi Lodge	F
Taj Banjara	A

Hussain Sagar
Buddha-Statue
Lumbini Park
Indira Park
NEHRU NAGAR
Thomas Cook
AP Tourism & APTDC
British Library
Birla Mandir und Planetarium
Indian Airlines
Banjara Hills
Stadion
India Tourism
A. P. State Museum
Public Gardens
NAMPALLY
Bank
Bahnhof
Ek Minar
Bank
Yusufian Dargah
SULTAN BAZAAR
GOSHAMAHAL
River Musi
OLD MALAKPET
Koti-Bushaltestelle
Central-Busbahnhof
State Library
Krankenhaus
Golconda Fort
Salar Jung Museum
High Court
Nizam's Museum
Charkaman (Vier Bögen)
PATTHARGATTI
Mecca Masjid
Charminar
Königlicher Palast

Andhra Pradesh

Essen:
Salzbury Street	B
Kamat	4
Kebab-e-Bahar	A
Elements	G
Fusion 9	1
Sher-e-Punjab	3
Touch of Class	2

www.stefan-loose.de/indien   **Hyderabad und Secunderabad**   979

Die interessanteste Gegend ist jene südlich des Flusses Musi, hier befinden sich die **Basare**, der **Charminar** und das **Salar Jung Museum**. Die Breite des Musi beträgt nur etwa ein Zehntel der zur alten Stadt hinüberführenden Brücke und präsentiert sich selbst nach Regenfällen eher als tröpfelndes Rinnsal. Ein Großteil des Flussbetts ist mit Palmen und Reis bepflanzt. Nördlich des Flusses, zehn Minuten östlich des Bahnhofes, liegen die wichtigsten Einkaufsgebiete: **Abids Circle** und **Sultan Bazaar** (Textilien, Obst, Gemüse und Seide). Vom Abids Circle erstreckt sich die MG Road nach Norden und trifft beim Hussain-Sagar-See auf die Tankbund Road, die weiter nach Secunderabad führt. Südlich des Abids Circle mündet die MG Road in die Nehru Road. Neue, moderne Geschäfte, Restaurants und Bars entstehen vor allem in dem schicken Viertel **Banjara Hills**, 4 km westlich des Bahnhofs Hyderabad, sowie rund um das exklusive Wohngebiet Jubilee Hills. Weitere 6 km außerhalb erheben sich die glanzvollen Hochhäuser von **Hitec City**.

Salar Jung Museum

Das unbedingt sehenswerte Salar Jung Museum am Südufer des Musi beherbergt einen Teil der umfangreichen Sammlung von Salar Jung, einem Nizam-Premierminister, und dessen Vorfahren. Salar Jung war ein wohlhabender, weit gereister Mann. Er erstand in Ost und West, was immer ihm gefiel, vom Erlesenen bis hin zum manchmal Kitschigen.

Die erstaunliche Ausbeute seiner Sammelleidenschaft umfasst indische Jadestücke, Miniaturen, Möbel, Lackarbeiten, Mogul-Kristallwaren, Textilien, Bronzen, buddhistische und hinduistische Skulpturen, Manuskripte und Waffen. Am Wochenende ist das Museum überfüllt.
⊙ tgl. außer Fr 10–17 Uhr, Eintritt Rs150.

Charminar, Lad Bazaar und Mecca Masjid

Im Herzen der aus quirligen Basaren bestehenden Altstadt steht der **Charminar** („Vier Türme"), ein Triumphbogen, der im Zentrum von Mohammed Quli Shahs Stadt 1591 zum Gedenken an das Ende der Pest errichtet wurde. Wie der Name vermuten lässt, besteht er aus vier graziösen, jeweils 56 m hohen Minaretten, deren obere Stockwerke über Wendeltreppen zu erreichen sind. Die mittlerweile geschlossene Moschee auf dem Dach ist die älteste von Hyderabad. Sie wurde erbaut, um die Königskinder im Koran zu unterweisen. Die gelbliche Farbe des Gebäudes rührt von einem Spezialmörtel aus zerstoßenem Marmor, *gram* (eine hiesige Hülsenfrucht) und Eigelb her.

Beim Charminar beginnt der faszinierende **Lad Bazaar**, der so alt ist wie die Stadt selbst und zum Mahboob Chowk führt, einem Marktplatz mit einer Moschee und einem viktorianischen Glockenturm. Auf dem Lad Bazaar gibt es alles nur Erdenkliche für eine hyderabadische Hochzeit: Es wimmelt von Armreifenverkäufern und alten Geschäften, in denen Rosenwasser, Kräuter und Gewürze angeboten werden. Außerdem findet man hier filigranen Silberschmuck, Antiquitäten, *bidri*-Waren, *hookah* (Wasserpfeifen)-Zubehör mit kunstvollen Silber- und Messingintarsien. Von den Märkten in der Umgebung des Charminar haben sich viele auf **Perlen** spezialisiert – die Nizam liebten Perlen so sehr, dass sie sie nicht nur als Schmuck trugen, sondern auch zu Puder zerrieben und verzehrten! Hyderabad ist das Zentrum des indischen Perlenhandels.

Südwestlich, hinter dem Charminar, steht die **Mecca Masjid**, die sechstgrößte Moschee Indiens. Sie wurde 1598 im Auftrag des sechsten Königs, Abdullah Qutb Shah, aus einheimischen schwarzen Granitblöcken und kleinen roten Ziegeln aus Mekka, die über den Zentralbogen verteilt wurden, erbaut. Die Moschee selbst bietet Platz für 3000 Gläubige, der Hof für bis zu 10 000; linker Hand des Hofes liegen die Gräber der Nizam. Im Mai 2007 erschütterte eine mächtige **Bombe** die Moschee. Bei dem Vorfall kamen 14 Menschen ums Leben, fünf davon fielen im nachfolgenden Chaos den Schüssen der Polizei zum Opfer. Die Täter sind nie gefasst worden. Zusammen mit weiteren Anschlägen führte dieses Attentat dazu, dass die Sicherheitsmaßnahmen an allen öffentlichen Plätzen der Stadt drastisch verschärft wurden.

Die **Charkaman** („Vier Bögen"), nördlich des Charminar, wurden 1594 erbaut und bildeten früher den Eingang zum Paradeplatz der Königspaläste (die längst nicht mehr stehen). Der

Der Charminar mitten in der Altstadt erinnert an das Ende der Pest im 16. Jh.

Westbogen **Daulat-Khan-e-Ali**, der ursprünglich zum Palast führte, soll einst von teuren, mit Goldfäden durchwirkten Teppichen geschmückt gewesen sein.

Nördlich des Flusses

In einem begrünten Innenhof unweit südlich des Bahnhofs steht der von einer beeindruckenden gelben Kuppel gekrönte **Yusufian Dargah**, ein aus dem 17. Jh. stammender Schrein für einen Sufi-Heiligen. Besucher, die eine Kopfbedeckung tragen, können die Grabstätte betreten und das mit Blumen geschmückte Grab betrachten. Rund 1 km nördlich des Bahnhofs, im geruhsamen Stadtpark von Hyderabad, zeigt das **AP State Museum** eine bescheidene, aber gut ausgeschilderte Sammlung von Bronzen, prähistorischen Stücken, behauenen Kupferplatten, Waffen und Haushaltsgegenständen. Der Anbau beherbergt eine Galerie für moderne Kunst. ⊕ tgl. außer Fr und 2. Sa im Monat 10.30–17 Uhr, Eintritt Rs10.

Der Tempel **Birla Venkateshvara** am Kalapahad („Schwarzer Berg"), nördlich des Stadtparks, steht allen offen. Er wurde 1976 aus weißem Rajasthani-Marmor erbaut. Der Tempel selbst ist nicht überragend, die Aussicht dagegen schon. ⊕ tgl. 7–12 und 15–21 Uhr.

Ganz in der Nähe und ebenfalls aus Geldern des Birla Trust errichtet, befindet sich das **Planetarium** (Englisch: tgl. außer Do 11.30, 16 und 18 Uhr, Eintritt Rs20, und ein **Science Centre**, das u. a. eine kleine Dinosaurierausstellung und jede Menge Satellitenausrüstung beherbergt. ⊕ tgl. 10.30–20 Uhr, Eintritt Rs17.

Hussain Sagar

Hussain Sagar, die ausgedehnte Wasserfläche, die Hyderabad von Secunderabad trennt, stellt eine willkommene Oase der Ruhe inmitten des Trubels der Stadt dar. Besonders zum Sonnenuntergang ist das Seeufer ein beliebtes Ziel für Spaziergänger. Mitten im See erhebt sich eine große Steinstatue des Buddha Purnima („Vollmond-Buddha"), die 1992 errichtet wurde. Vom Lumbini Park, an der Secretariat Road, fahren regelmäßig **Boote** (Hin- und Rückfahrt Rs30) ab.

APTDC veranstaltet auf seinen beiden Luxusdampfern *Bhageerathi* und *Bhagmati* einstündige **Kreuzfahrten** über den See mit glanzvollen Tanzshows: tgl. 11–15 und 18–20 Uhr (Rs60–90). Der Park war leider Schauplatz eines der beiden Bombenanschläge vom August 2007, die zusammen 42 Menschenleben forderten.

Golconda-Festung und Qutb Shahi-Königsgräber

Golconda, 122 m über der Ebene und 11 km westlich des alten Hyderabad gelegen, war von 1518 bis Ende des 16. Jhs., als der Hof nach Hyderabad verlegt wurde, die Hauptstadt der sieben Qutb Shahi-Könige. Die gepflegte, inmitten üppiger grüner Büsche gelegene Festung zählt zu den spektakulärsten Indiens. Die Zitadelle umfasste sage und schreibe 87 halbrunde Bastionen und acht mächtige Tore, von denen vier noch benutzt werden und mit schaurigen Nägeln zur Abwehr von Elefanten gespickt sind.

Zur Besichtigung der Festung, die sich über ein ca. 4 km² großes Gelände erstreckt, sollte man sich einen ganzen Tag Zeit nehmen. Man betritt das Fort durch das Balahisar-Tor und gelangt in den Grand Portico, wo die Fremdenführer in die Hände klatschen, um die Akustik der Festung zu demonstrieren; das Echo ist sogar in der Durbar-Halle noch deutlich zu vernehmen. Rechter Hand befindet sich das **Leichenbad**, in dem die Körper der verstorbenen Adligen vor der Bestattung rituell gebadet wurden. Wenn man den Wegweisern entgegen dem Uhrzeigersinn folgt, gelangt man zur zweistöckigen Residenz der Minister Akkana und Madanna und zum Fuß einer Treppe, die zur Durbar-Halle führen. Auf halber Höhe liegt eine kleine, düstere Zelle, die den Namen des Schatzmeisters **Ramdas** trägt, der während seiner Gefangenschaft die unbeholfenen Bildhauereien und Gemälde in dem Verlies anfertigte. Kurz vor dem oberen Ende der Treppe erreicht man die schöne kleine **Ibrahim Qutb Shah-Moschee**. Ein Stückchen weiter steht unter zwei riesigen Granitblöcken ein noch kleinerer **Tempel**, der Durga in ihrer Manifestation als Mahakali geweiht ist.

Ganz oben befindet sich die dreistöckige **Durbar-Halle** der Qutb Shahs, auf deren Plattformen die Monarchen zu sitzen pflegten, um ihren Herrschaftsbereich gut überblicken zu können. Im Gegensatz zum immerwährenden Lärm, der heute von unten hoch brandet, erfreuten sie sich damals an den zarten Saitenklängen der Hofmusikanten. Der Rückweg hinunter zu den Palästen und Harems führt an den zur Versorgung des Forts angelegten Wasserspeichern vorbei.

Die Ruine des einst von zahlreichen kunstvollen Kuppeln gekrönten **Palastes der Königin** steht in einem Hof mit einem Kupferbrunnen in der Mitte, der früher mit Rosenwasser gefüllt war. Spuren der einstigen „Halsketten"-Verzierung sind noch an einem der Bögen zu erkennen. Dessen oberes Ende schmückt eine Lotusblüte unter einer sich öffnenden Blume mit einem Loch, das einmal einen Diamanten enthielt. Blüten- und Stängelblätter sind mit winzigen Löchern übersät, in denen einst Rubine und Diamanten funkelten. Heutige Besucher müssen ihre Fantasie bemühen, um sich vorstellen zu können, wie prächtig das Ganze gewesen sein muss, vor allem nachts, wenn Fackeln die glitzernde Pracht beleuchteten.

Vier dem Palast vorgelagerte Räume schützten vor ungebetenen Gästen. Nachdem man durch zwei Zimmer gewandert ist, das zweite davon von Gras überwuchert, gelangt man zum **Shahi Mahal**, dem königlichen Schlafzimmer. Es besaß ursprünglich eine gewölbte Decke und Nischen in den Wänden, in denen Kerzen oder Öllämpchen standen; angeblich stiegen die Bediensteten auf silberne Leitern, um sie anzuzünden. ⏰ tgl. 9–17 Uhr, Eintritt Rs100.

Die **Licht- und Ton-Show** des Golconda Forts (in englischer Sprache; März–Okt tgl. 19 Uhr, Nov–Feb 18.30 Uhr, Rs40) wird mit gebührendem Pomp veranstaltet – eine gute Möglichkeit für Ausländer, sich billig Zugang zum Fort zu verschaffen, doch von der gesamten Anlage bekommt man so nur einen Bruchteil zu sehen.

Zur Festung gelangt man mit Bus Nr. 119 von der Nampally High Rd, und sowohl der Direktbus Nr. 66G vom Charminar als auch Bus Nr. 80D von Secunderabad halten vor dem Haupteingang.

Rund 1 km nördlich der Außenmauer, in einer ruhigen Grünanlage, liegen 82 **Gräber**. Hier ruhen Heeresführer, Verwandte der Könige, Tänzer, Sänger und Hofärzte sowie – mit zwei Ausnahmen – alle Qutb Shahi-Könige. Die inzwischen

Golconda-Festung

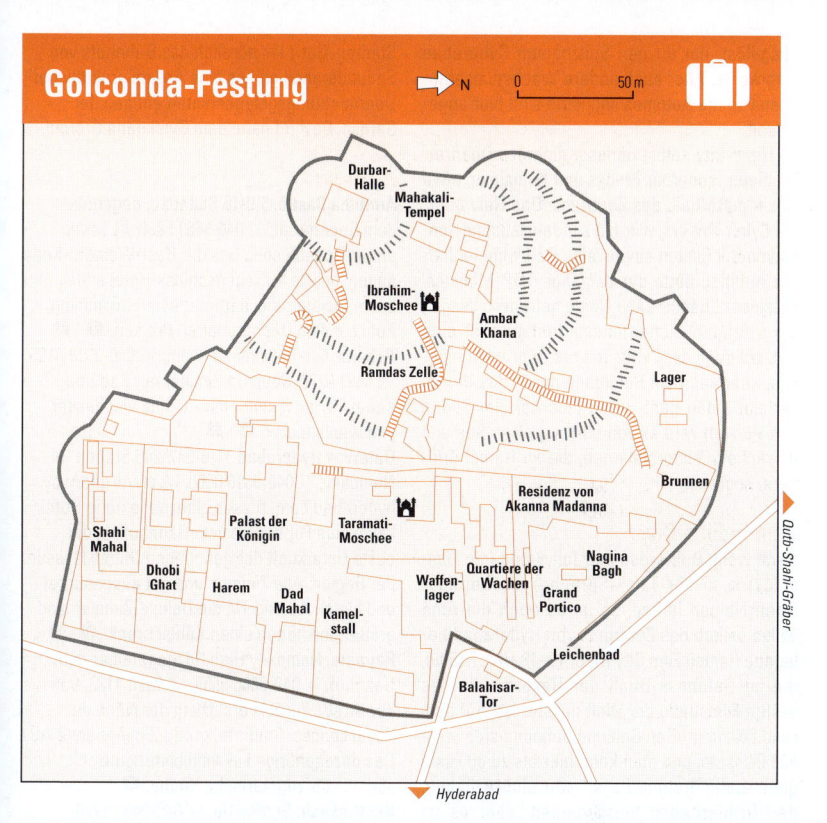

Map labels: Durbar-Halle, Mahakali-Tempel, Ibrahim-Moschee, Ambar Khana, Ramdas Zelle, Lager, Residenz von Akanna Madanna, Brunnen, Shahi Mahal, Palast der Königin, Taramati-Moschee, Dhobi Ghat, Harem, Dad Mahal, Kamelstall, Waffenlager, Quartiere der Wachen, Nagina Bagh, Grand Portico, Leichenbad, Balahisar-Tor, Qutb-Shahi-Gräber, Hyderabad

verblichenen Grabstätten waren in leuchtendem Türkis und Grün gestrichen und besitzen alle eine Kuppel sowie Zierbögen. Vom Fort aus lassen sich die Gräber entweder über die Straße oder (angenehmer) zu Fuß über die Rasenflächen und Felder unterhalb der Festungsmauer erreichen.
⏰ tgl. außer Fr 9.30–16.30 Uhr, Eintritt Rs10.

Vom Charminar fahren die Busse Nr. 123 und 142S zu den Gräbern. Von Secunderabad nimmt man die Buslinie Nr. 5, 5S oder 5R nach Mehdipattanam, wo man in den Bus Nr. 123 umsteigen muss. Man kann aber auch eine Rikscha nehmen und im Voraus einen Preis für die Wartezeit aushandeln.

Die westlichen Vororte

Der neue Reichtum von Hyderabad konzentriert sich überwiegend in den westlichen Vororten. Der dem Zentrum am nächsten liegende ist **Banjara Hills**, rund 4 km von Nampally. Hier gibt es großzügige Wohnanlagen an ruhigen Straßen rings um die betriebsame Main Road No 1, ein schickes Geschäftsviertel mit vielen angesagten Shops, Bars und Restaurants sowie den luxuriösesten Hotels der Stadt. Die westliche Aufmachung und Kleidung besonders der jungen Frauen, die hier die Juweliere und Cafés besuchen, stehen in scharfem Kontrast zu den Burkas und Saris, die in der Altstadt allgegenwärtig sind. Einige Kilometer weiter westlich beginnt das noch grünere und luxuriösere Viertel Jubilee Hills, das abgesehen von ein paar luxuriösen Shopping-Zentren nur Wohngebiete zu bieten hat.

Der wirtschaftliche Aufschwung von Hyderabad wurde in den späten 1990er-Jahren durch die Entwicklung der Stadt zum Hightech-Zentrum ausgelöst, der ihr den Spitznamen Cyberabad einbrachte. Aber auch andere Wachstumsbranchen wie die Automobilindustrie sind hier angesiedelt.

Hitec City selbst umfasst mehrere Quadratkilometer moderner Blocks und Komplexe, etwa 10 km außerhalb des Zentrums. Das Herzstück, die **Cyber Towers**, wurden zur Jahrtausendwende von Bill Clinton eingeweiht. Den kometenhaften Aufstieg hatte der damalige TDP-Ministerpräsident Chandrababu Naidu gefördert. Wegen der strengen Sicherheitsmaßnahmen ist eine Besichtigung der Cyber Towers zwar nicht möglich, aber auch ein Rundgang durch das Viertel verleiht einen ganz guten Eindruck. Im Süden und Westen wird es von einem großen See und herrlichen Felsformationen, die an Hampi erinnern, begrenzt.

Ramoji Film City

Auch wenn Bollywood und Tollywood (die Filmindustrie in der Tamil-Sprache) die berühmteren Namen haben, so ist es doch die rund 25 km östlich des Zentrums von Hyderabad gelegene Ramoji Film City (RFC; 10–18 Uhr; Rs300), die im Guinness-Buch der Rekorde als das größte Filmstudio der Welt gelistet ist. Auf dem rund 800 ha großen Gelände befinden sich etwa 500 Filmsets, und man kann hier bis zu 60 Filme gleichzeitig drehen. Es ist zwar nicht möglich, den Dreharbeiten beizuwohnen, aber es ist erlaubt, einige der Kulissen zu besichtigen, ein paar Spektakel wie das simulierte Ramoji-Tower-Erdbeben mitzuerleben, bei Tanzproben und einer Stunt Show dabei zu sein und an den überraschend preisgünstigen Ständen etwas zu essen.

Übernachtung

Die billigsten Übernachtungsmöglichkeiten befinden sich vor dem Bahnhof von Hyderabad (Nampally), aber eine Unterkunft ist kaum für weniger als Rs250 zu haben. Die 5 finsteren, dicht beieinanderstehenden Lodges, in deren Namen das Wort „Royal" auftaucht, sind normalerweise ausgebucht und alles andere als einladend. Besser aufgehoben ist man in den Hotels mittlerer und oberer Preisklasse, die preiswerter sind als jene in anderen großen Städten. Gut 1 km nördlich des Bahnhofs von Secunderabad gibt es eine Anzahl ordentlicher Übernachtungsgelegenheiten entlang der Sarojini Devi Rd nahe dem Gymkhana Ground.

Hyderabad

Amrutha Castle, 5-9-16 Saifabad, gegenüber dem Secretariat, ☏ 040-5663 3888, ▭ www.amruthacastle.com. Das der Best-Western-Kette angegliederte Märchenschloss-Hotel bietet beste Ausstattung, darunter einen Swimming Pool auf dem Dach, zu fairen Preisen. ❼–❾
Ashoka, 6-1-70 Lakdi-ka-Pulm, ☏ 040-2323 0105, ℻ 5551 0220. Saubere Zimmer mit Bad und Kabel-TV, die Zimmer mit AC sind viel besser und wenig teurer. ❹–❺
Gateway Hyderabad 11-6-242-245 Station Rd, Nampally, ☏ 040-6610 0000, ▭ www.gatewayhyderabad.com. Dieses glänzende neue Hotel, kaum eine Fußminute vom Bahnhof, ist die beste Unterkunft der gehobenen Mittelklasse in der Region. Alle Zimmer sind gut ausgestattet und bieten AC und TV; die Deluxe-Zimmer sind größer und haben einen Kühlschrank. ❻–❼
Rajmata, Nampally High Rd, gegenüber dem Bahnhof, ☏ 040-6666 5555, ℻ 2320 4133. Von der Straße zurückversetzt, in der Nähe der Royal Lodges. Saubere, große Zimmer ohne AC. Das dazugehörige Lakshmi bietet gute südindisch-vegetarische Küche. ❹
Sai Prakash, Station Rd, ☏ 040-2461 1726, ✉ hotelsaiprakash@rediffmail.com. Modernes Hotel, nur 5 Gehminuten vom Bahnhof. Komfortable Zimmer mit Teppichen und Kabel-TV. Die Zimmer ohne AC bieten ein prima Preis-Leistungs-Verhältnis und sind sehr begehrt. Gutes Restaurant und Bar. ❻

Verkehrsgünstig und preiswert

Anmol Residency, neben der Ek Minar Moschee, Nampally, ☏ 040-2460 8116. Freundliche Unterkunft mittlerer Preisklasse in günstiger Lage zum Bahnhof und mit ausgezeichnetem Preis-Leistungs-Verhältnis; alle Zimmer mit eigenem Bad und TV. Die Deluxe-Eckzimmer sind nicht teurer, aber wesentlich größer und haben an zwei Wänden Fenster. ❹–❺

Sri Laxmi Lodge, Gadwal Compound, Station Rd, ✆ 040-5563 4200. Ruhige Unterkunft in einer kleinen Gasse gegenüber dem Hotel Sai Prakash. Recht saubere Zimmer und sehr preisgünstig, besonders die EZ. ❷

Taj Banjara, Main Road No 1, Banjara Hills, 4 km vom Zentrum, ✆ 040-6666 9999, 🖳 www.tajhotels.com. In reizvoller Lage jenseits eines kleinen Sees und mit allen Annehmlichkeiten der Luxusklasse, darunter 3 Restaurants und ein rund um die Uhr geöffnetes Café. Die Angebote im Internet sind oft günstiger als die offiziellen Preise, die bei $255 beginnen. ❾

Secunderabad

Baseraa, Sarojini Devi Rd, ✆ 040-2770 3200, 🖳 www.baseraa.com. Das komfortabelste Hotel unter denjenigen, die zu Fuß vom Bahnhof zu erreichen sind (15 Min.). Die 77 modernen Zimmer und Suiten bieten sämtliche Annehmlichkeiten. ❼–❾

National Lodge Annexe, gegenüber dem Bahnhof Secunderabad, ✆ 040-2770 5572. Schlichte Lodge inmitten der bunt zusammengewürfelten Unterkünfte in dieser Gegend. Sehr einfache Zimmer, die meisten mit eigenem Bad. ❷

Ramakrishna, St. John's Rd, ✆ 040-2783 4567, ✆ 27820933. Das eleganteste Hotel in unmittelbarer Bahnhofsnähe ist eine komfortable Unterkunft der mittleren Preisklasse mit einigen AC-Zimmern. ❹–❺

Sri Vinayak, in der Nähe des Regimental Bazaar, ✆ 040-2771 0146, ✆ 2780 2146. Ordentliche Unterkunft mittlerer Preisklasse mit einigen AC-Zimmern in einer ruhigen Gasse hinter einem großen, weißen *sikh gurudwara*, nur wenige Minuten vom Bahnhof entfernt. Alle Zimmer mit AC. ❸–❺

Essen und Nachtleben

Neben den Hotelrestaurants bieten zahlreiche „meals"-Lokale in allen Teilen der Stadt hyderabadische Küche, wie authentische *biriyanis,* oder die berühmten, scharf mit Chili gewürzten Andhra-Spezialitäten. Die Küche von Hyderabad geht auf Mogul-Spezialitäten (d. h. reichlich bemessene, mit nordindischen Zutaten wie Zimt, Kardamom, Gewürznelken und Knoblauch zubereitete Fleischgerichte) und traditionelle südindisch-vegetarische Speisen zurück, denen Ingredienzen wie Erdnüsse, Kokosnuss, Tamarindenblätter, Senfkörner und rote Chilis die richtige Würze verleihen.

In Hyderabad gibt es mittlerweile auch mehrere **Bars**, in denen nicht nur Männer verkehren – wenngleich noch nicht im gleichen Ausmaß wie in Bengaluru (Bangalore). Die meisten konzentrieren sich in der Main Road No 1 in Banjara Hills: **Liquids** bietet bequeme weiße Ledersofas und Indo-Euro-Pop, **Cinnabar Redd** (über Fusion 9) lockt mit thematisch unterschiedlichen Disco-Abenden, und in der Kellerbar **Easy Rider** wird Rockmusik gespielt. Das **Touch**, ein futuristischer Popmusik- und Tanzclub über einem neuen Kaufhaus an der Main Road No 12 in Richtung Jubilee Hills, ist ein weiterer angesagter Treff.

Hyderabad

Element's Sai Prakash, Station Rd. Das schickere und teurere der beiden Hotelrestaurants bietet komfortable Sessel und fantasievolle Spezialitäten des Tages wie Krebse und Garnelen plus Spezialitäten wie indonesisches Nasi Goreng für etwa Rs200. Das vegetarische Sukha Sagara im unteren Geschoss serviert billigere südindische Snacks und nordindische Gerichte.

Sher-e-Punjab, Nampally High Rd, Ecke Bahnhofseingang. Beliebtes Souterrainlokal mit leckerem nordindischen Essen (auch vegetarisch) zu Niedrigpreisen (Rs40–80).

Touch of Class Central Court, Lakdi-ka-Pul. Gute indische und chinesische Küche mit einigen internationalen Gerichten wie Chicken Nuggets für Rs100–150. Das zweite Lokal des Hotels, das Salt & Pepper, bietet gute Buffets zu verschiedenen Tageszeiten (Rs130–275).

Secunderabad

Akbar, 1-7-190 MG Rd. Schöne Auswahl preiswerter hyderabadischer Gerichte, darunter *biryanis* in Spitzenqualität.

Paradise-Persis, MG Rd. Gut besuchter Restaurantkomplex mit sehr guter Hyderabadi-Küche zu moderaten Preisen.

Sonstiges
Apotheken
Apollo Pharmacy, ✆ 040-2323 1380, und **Health Pharmacy**, ✆ 040-2331 0618, beide rund um die Uhr geöffnet.

Autovermietungen
Autos mit oder ohne Fahrer vermieten rund um die Uhr: **Air Travels**, Banjara Hills, Hyderabad, ✆ 040-2335 3099;
Classic Travels, Secunderabad, ✆ 040-2775 5645.

Bücher
A.A. Hussian & Co, 5-8-551 Arastu Trust Building, Abid Rd, Hyderabad;
Akshara, 8-2-273 Pavani Estate, Road No.2, Banjara Hills, Hyderabad;
Higginbothams, 1 Lal Bahadur Stadium, Hyderabad;
Gangarams, 62 DSD Rd, nahe dem Garden Restaurant in Secunderabad;
Kalaujal, Hill Fort Rd, gegenüber den Public Gardens (Stadtpark), ist auf Kunstbände spezialisiert.

Einkaufen
Lepakshi, das staatliche Kaufhaus von AP, MG Rd, hat eine große Auswahl an Kunsthandwerk, darunter *bidri*-Arbeiten, sowie Schmuck und Seide.
Utkalika (Government of Orissa Handicrafts), Haus Nr. 60-1-67, zwischen dem Ravindra Bharati-Gebäude und dem Hotel Ashoka, verkauft Silberfiligranschmuck, handgewebte Stoffe, *ikhat*-Färbearbeiten, Jagannath-Pappmaché-Figuren und Schnitzereien aus Büffelknochen.
Cheneta Bhavan ist ein modernes Einkaufszentrum, etwas südlich des Bahnhofs, das jede Menge Textilgeschäfte mit handgefertigten Waren aus verschiedenen Staaten beherbergt, darunter Andhra Pradesh.
Meena Bazaar, **Pochampally Silks and Sarees** und **Pooja Sarees**, alle an der Tilak Rd, verkaufen Seidenstoffe und Saris.

Geld
Die Zahl der **Geldautomaten** nimmt ständig zu, z. B. bei der Bank **SBI** in der Nampally High Rd, der **Syndicate Bank** in der Station Rd und der **Oriental Bank** am Bahnhof Secunderabad sowie an vielen Stellen in Banjara Hills. Im Gegensatz dazu sind überraschend wenige Banken darauf vorbereitet, ausländisches Geld zu wechseln. Zwei Ausnahmen:
Federal Bank, 1st Floor, Orient Estate, MG Rd, ⊕ Mo–Fr 10.30–14.30 und Sa 10.30–12.30 Uhr.
State Bank of Hyderabad, MG Rd, ⊕ Mo–Fr 10.30–14.30 Uhr.
Am einfachsten geht die Prozedur aber wahrscheinlich bei einer der folgenden Agenturen (beide ⊕ Mo–Sa 9.30–17.30 Uhr):
L.K.P. Forex, Public Gardens Rd, nur 10 Gehminuten nördlich der Nampally Station, ✆ 040-2321 0094;
Thomas Cook, Nasir Arcade, Secretariat Rd, ✆ 040-2329 6521.

Informationen
AP Tourism, Secretariat Rd, unmittelbar bevor sie in die Tank Bund Rd übergeht, unweit der Überführung, ✆ 040-2345 3110, 🖥 www.aptourism.com. Dies ist die Haupt-Touristen-information von Hyderabad, ⊕ tgl. 7–19 Uhr.
APTDC, nebenan, ✆ 040-2345 3036, 🖥 www.tourisminap.com, und der APTDC-Ableger in Secunderabad, Yatri Nivas, Sardar Patel Rd, fungieren in erster Linie als Buchungsbüros der eigenen Touren (s. u.), ⊕ tgl. 7–20 Uhr.
India Tourism Office, 2. Stock, Netaji Bhavan, Liberty Road, Himayatnagar, ✆ 040-2763 1360, vergibt ein paar Broschüren. ⊕ Mo–Fr 9–17 Uhr. Die beste lokale Informationsquelle ist das monatlich erscheinende Veranstaltungsmagazin Channel 6 (🖥 www.channel6magazine.com), das an den meisten Buchständen für Rs15 verkauft wird.

Internet
Internet-Cafés gibt es in beiden Städten zuhauf, z. B. **Modi Xerox**, gegenüber der Ek Minar Moschee (Rs20/Std.). Mehrere Net2phone-Anbieter konzentrieren sich hinter dem großen Medwin Hospital in der Nampally High Rd.

Medizinische Hilfe
Gandhi Hospital, staatliches Krankenhaus in Secunderabad, ✆ 040-2770 2222.

CDR Hospital, Privatkrankenhaus in Himayatnagar, Hyderabad, ✆ 040-2322 1221.
Tropical Diseases Hospital, in Nallakunta, ✆ 040-2766 7843.

Polizei

✆ 040-2323 0191. Notruf ✆ 100.

Reisebüros

Flug- und Privatbustickets bieten z. B. **Travel Club Forex**, ✆ 040-2323 4180, Nasir Arcade, Saifabad, nahe Thomas Cook, und **Kamat Travels**, im Komplex des Sai Prakash Hotel, ✆ 040-2461 2096.
Büros zahlreicher privater Busgesellschaften befinden sich an der Nampally High Rd vor dem Bahnhof von Hyderabad.

Zahnarzt

Kakade's Dentistree, gegenüber dem Hotel Taj Banjara, Rd No.1, ✆ 040-2330 2633.

Touren

APTDC bietet verschiedene geführte Touren an. Alle nachstehend genannten Zeiten beziehen sich auf die Abfahrt beim Büro in Secunderabad; Abholung in Hyderabad jeweils 15–20 Min. später.
Die **Stadtrundfahrt** (tgl. 7–18.30 Uhr, Rs240) führt zum Golconda Fort (extra Eintritt), den Qutb-Shahi-Gräbern (außer Fr), zum Lumbini Park, zum Birla Mandir und zum Planetarium, zum Salar Jung Museum (außer Fr) und Charminar. Es wird auch eine Tour zur **Licht- und Ton-Show im Golconda Fort** (tgl. 14–21 Uhr, Teilnahme Rs155 inkl. Eintritt) angeboten, die auch am Botanischen Garten und an der Hitec City vorbeiführt.
Die vom APTDC angebotene **Nagarjuna Sagar Tour** (Sa und So 7–21.30 Uhr, Rs360 zzgl. Eintritt) legt insgesamt 360 km zurück und bietet dabei die Möglichkeit einer (oberflächlichen) Besichtigung dieser faszinierenden Gegend.
Die längeren Touren nach **Tirupati/Tirumala**, d. h. zu Orten, die sich leichter von Chennai aus erreichen lassen, und zu noch entlegeneren Zielorten in Südindien, sind wenig empfehlenswert.

Transport

Busse

Der übersichtliche **Central Bus Stand** befindet sich auf einer Insel inmitten des Musi, 3 km südöstlich des Bahnhofs von Hyderabad. Von hier fahren Linienbusse zu zahlreichen Zielorten innerhalb des Bundesstaats und darüber hinaus.
Vor der Nampally Station befinden sich Büros vieler Privatbusgesellschaften, darunter National Travels, ✆ 040-2320 3614, deren **Deluxe- und Video-Busse** nach BENGALURU (BANGALORE), CHENNAI, MUMBAI und zu anderen wichtigen Zielorten fahren.

Busse nach:
AMARAVATI (2x tgl., 7 Std.),
BENGALURU (stdl., 13 Std.),
BIDAR (alle 30–60 Min., 4 Std.),
CHENNAI (3x tgl., 16 Std.),
MUMBAI (7–10x tgl., 17 Std.),
PUTTAPARATHY (3x tgl., 10 Std.),
TIRUPATI (8x tgl., 12 Std.),
VIJAYAPURI (stdl., 4 Std.),
VIJAYAWADA (alle 15 Min., 6 Std.),
WARANGAL (alle 15–30 Min., 3 Std.)

Eisenbahn

Der **Bahnhof Hyderabad** (Nampally Station) liegt zentral und ist relativ gut organisiert. Zu den tgl. von hier abfahrenden Zügen zählen der Charminar Express Nr. 2760 nach CHENNAI (18.30 Uhr; 13 3/4 Std.), der Hyderabad–ERNAKULAM Sabari Express Nr. 7230 (12 Uhr, 25 3/4 Std.), der Hyderabad–MUMBAI Express Nr. 7032 (20.40 Uhr, 16 1/2 Std.), der East Coast Express Nr. 8646 nach KOLKATA (10 Uhr, 30 1/4 Std.) via VIJAYAWADA, VISHAKAPATNAM und BHUBANESHNAR sowie der Rayasaleema Express Nr. 7429 nach TIRUPATI (17.25 Uhr, 15 1/2 Std.).
Fast alle Züge zu Zielorten im Nordosten halten in Warangal und Vijayawada.
Von Secunderabad fahren einige dort eingesetzte Züge und viele Durchgangszüge in alle Himmelsrichtungen, z. B. der Konark Express Nr. 1020 nach MUMBAI (11.45 Uhr, 16 1/4 Std.). Der praktische BANGALORE Express Nr. 2785 (19.05 Uhr, 11 1/2 Std.) fährt

vom Bahnhof Kacheguda, rund 6 km nordwestlich von Nampally.
Wenn man in Secunderabad den Zug verlassen muss, gilt das Bahnticket für jeden Anschlusszug nach Hyderabad; falls die Wartezeit auf den fahrplanmäßig nächsten zu lange ausfällt, kann man auch einen von zahlreichen Bussen nehmen, die zwischen den beiden Bahnhöfen pendeln, z. B. Nr. 5, Nr. 8 und Nr. 20.
Das **Fahrkartenreservierungsbüro in Hyderabad** befindet sich, wenn man den Bahnhof betritt, auf der linken Seite. ⏲ Mo–Sa 8–14 und 14.30–20, So 8–14 Uhr. Schalter Nr. 211 (neben dem *enquiry counter*) ist eigentlich für Reservierungen zuständig, kümmert sich aber auch um Buchungen von Gruppenreisen und verloren gegangene Fahrkarten.
Das **Fahrkartenreservierungsbüro in Secunderabad** befindet sich an der großen Kreuzung mit der St. John´s Rd, wenn man aus dem Bahnhof kommt, rund 400 m weiter auf der rechten Seite. Schalter 34 ist für Ausländer zuständig.

Von Hyderabad/Secunderabad bestehen gute **Zugverbindungen** nach:
BENGALURU (3–5x tgl.; 11 Std.–13 1/2 Std.);
BHUBANESWAR (4x tgl.; 18 3/4–22 1/4Std.);
CHENNAI (2x tgl.; 13 3/4–14 1/4Std.);
DELHI (3–4x tgl.; 22 1/2–32 Std.);
KOLKATA (2–3x tgl.; 26 3/4–31 Std.);
MUMBAI (4–5x tgl.; 13 1/4–16 1/2 Std.);
TIRUPATI (4–6x tgl.; 11 1/2–15 1/2 Std.);
VARANASI (2x wöchentl.; 30 1/2 Std.);
VIJAYAWADA (10–12x tgl.; 5 1/2–7 1/2 Std.);
WARANGAL (9–11x tgl.; 2–3 1/2 Std.).

Flüge
Der neue Flughafen, eine Folge des wirtschaftlichen Wachstums von Hyderabad, wird wohl einer der betriebsamsten Verkehrsknoten in Südostasien werden. Sowohl die Zahl der Inlandsflüge als auch die internationalen Flüge (es gibt bereits Verbindungen zu verschiedenen Städten Europas, der Golfregion und in Südostasien) werden erheblich zunehmen. Derzeit bieten bereits alle großen und Billig-Gesellschaften vom neuen Terminal aus Flüge zu zahlreichen Orten in Indien an, darunter Delhi, Mumbai, Chennai, Bengaluru, Kolkata, Ahmedabad, Kochi, Goa, Tirupati, Coimbatore und Pune.

Fluggesellschaften:
National
Air Deccan, Flughafen, ✆ 09849 677008
Go Air, Bollywood Tours & Travels, 176 1. Stock, B Block, Babukhan Estate, Basheerbagh, ✆ 040-5546 4560
Indian Airlines, gegenüber Assembly, Hill Fort Rd, Saifabad, ✆ 040-2343 0334
IndiGo, 2. Stock, 5-9-86/1 Chapel Rd, ✆ 040-2321 1635
Jet Airways, 6-3-1109/1 GF Nav Bharat Chambers, Raj Bhavan Rd, ✆ 040-3982 4444
Kingfisher Airlines, gebührenfrei, ✆ 1800 180 0101
Paramount Airways, Flughafen, ✆ 040-2790 4964
SpiceJet, gebührenfrei, ✆ 1800 180 3333.

International
Air France, Gupta Estate 1. Stock, Basheerbagh, ✆ 040-2323 0947
Air India, 5-9-193 HACA Bhavan, gegenüber dem Park, Saifabad, ✆ 040-2338 9719
British Airways, Nijhawan Travel Services, 5-9-88/4 Ainulaman Fateh Maidan Rd, ✆ 040-2324 1661
Emirates, Floor F, Reliance Classic Bldg 3 & 4, Main Rd No. 1, Banjara Hills, ✆ 040-2332 1111
Gulf Air, Jet Air, Flat 202, 5-9-58 Gupta Estate, Basheerbagh, ✆ 040-2324 0870
KLM, Ashok Bhoopal Chambers, gegenüber Anand Talkies, SP Rd, ✆ 040-2772 0940
Lufthansa, 3-5-823 Shop B1–B3, Hyderaguda, ✆ 040-2323 5537
Malaysia Airlines, 5th Floor, 502 White House, Kundanbagh, ✆ 040-2341 0292
Qantas, Transworld Travels, 3A 1. Stock, 5-9-93 Chapel Rd, ✆ 040-2329 8495
Singapore Airlines/Swissair, Aviation Travels, Navbharat Chambers, 6-3-1109-1 Raj Bhavan Rd, ✆ 040-2340 2664.

Flüge nach:
AHMEDABAD (IC, DN, IT, SG; 4x tgl.; 1 3/4 Std.);
BENGALURU (IC, 6E, 9W, S2, DN, IT, I7, SG; 22x tgl.; 1–1 1/2 Std.);

CHENNAI (IC, 6E, 9W, S2, DN, IT, G8, I7, SG; 19x tgl.; 1–1 1/2 Std.);
DELHI (IC, 6E, 9W, S2, DN, IT, SG: 15x tgl.; 2–4 1/4 Std.);
GOA (6E, DN; 2x tgl. 1 3/4 Std.);
KOLKATA (6E, 9W, S2, DN, IT, SG; 8x tgl.; 2–3 Std.);
MUMBAI (IC, AI, 9W, S2, DN, IT, G8, SG; 19x tgl.; 11/4–3 1/2 Std.);
PUNE (S2, DN, IT, SG; 5x tgl.; 1 Std.);
TIRUPATI (IC, DN; 2x tgl.; 1 Std.).
(**AI** = Air India, **IC** = Indian Airlines,
DN = Air Deccan, **6E** = IndiGo,
9W = Jet Airways, **S2** = Jetlite,
IT = Kingfisher, **G8** = Go Air,
I7 = Paramount Airways, **SG** = Spicejet)

Die Umgebung von Hyderabad

Von Hyderabad nach Norden, in Richtung der Grenzen zu Maharashtra und Madhya Pradesh, wird die Landschaft grüner und hügeliger und weist hier und da fotogene schwarze Granitformationen auf. Es gibt nicht viel, was einen Aufenthalt lohnt, abgesehen von der kleinen Stadt **Warangal**, direkt an der Eisenbahnlinie und ein guter Ausgangspunkt für die Besichtigung der nahe gelegenen mittelalterlichen Festung und des Shiva-Tempels. Fährt man von der Bundeshauptstadt nach Süden, erstreckt sich eine riesige, landschaftlich genutzte Ebene, die bis ins Zentrum des Staates hinein reicht; dort ist durch den Bau des Nagarjuna Sagar-Dammes ein großer See entstanden, in dessen Mitte sich auf einer Insel (einst ein Hügel) die bedeutsame Buddhisten-Stätte **Nagarjunakonda** befindet.

Warangal

Warangal („ein Stein"), 150 km nordöstlich von Hyderabad, war im 12. und 13. Jh. die Hindu-Hauptstadt des Kakatiyan-Königreiches. Wie andere Städte im Dekkan wurde sie abwechselnd von Hindus und Moslems beherrscht, was sich in der Architektur der noch verbliebenen Baudenkmäler spiegelt.

Die Besonderheit der **Festung** von Warangal (⏲ tgl. 9–17 Uhr, Rs100), 4 km südlich der Stadt, ist ihr doppelter Festungsring: Der äußere besteht aus Lehmziegeln und hat einen Graben, der innere wurde aus Stein errichtet. Vier Torwege treffen sich in der Mitte bei den Ruinen des 1162 erbauten **Swayambhu-Tempels**, der Shiva geweiht ist. Am südlichen, frei stehenden Torweg steht ein weiterer, viel besser erhaltener Shiva-Tempel aus dem 14. Jh.; die Reste eines enormen Lingam im Inneren stammen aus dem Svayambhu-Schrein. Innerhalb der Zitadelle befindet sich auch die **Shirab Khan** (Audienzhalle), ein Bauwerk aus dem frühen 11. Jh., das große Ähnlichkeit mit dem Hindola Mahal in Mandu aufweist.

Der überwiegend aus Basalt im Chalukya-Stil errichtete, „1000 Säulen" umfassende **Shiva-Tempel** liegt gleich bei der Hauptstraße am Fuß des Hanamkonda-Hügels (6 km nördlich) und wurde 1163 im Auftrag von König Rudra Deva erbaut. Das flach gedeckte, auf mehreren, über Stufen erreichbaren Ebenen gelegene und wunderbar verzierte Gebäude umfasst drei Schreine für Vishnu, Shiva und den Sonnengott Surya. Sie gehen von der Mandapa aus, deren zahlreiche kunstvoll geschnitzte Säulen dem Tempel seinen Namen gaben. Davor steht ein glatt polierter Nandi-Stier, der aus einem einzigen Steinblock gehauen wurde. Oben auf dem Hügel thront ein Bhadrakali-Tempel. ⏲ tgl. 6–18 Uhr.

Übernachtung und Essen

Die Übernachtungsmöglichkeiten sind begrenzt. Einfache Unterkünfte an der Station Rd sind z.B.:
Vijaya Lodge, ☏ 0870-225 1222, ✉ 0870-244 6864). Liegt dem Bahnhof am nächsten und ist am preiswertesten. ❶–❸
Vaibhav Lodge, ☏ 0870-694 2895), gleich jenseits der JPN Road. Mit einigen AC-Zimmern ❷–❸
Hotel Surya, ☏ 0870-244 1834. Ein neues Mittelklassehotel noch näher beim Bahnhof an der Station Road ❸–❹
Hotel Ashoka, ☏ 0870-285491, 🖥 www.hotelashoka.in, nicht weit jenseits des

tausendsäuligen Tempels an der Main Road, Hanamkonda. Etwas besser als Surya; Zimmer mit AC, ein Restaurant und eine Bar. ❸–❹
Entlang der Station Rd gibt es ein paar ordentliche Esslokale:
Das **Surabhi Restaurant** im Hotel Surya serviert gute vegetarische und nicht-vegetarische Gerichte in entspannter Atmosphäre.
Etwas weiter auf der linken Seite liegt jenseits des Postamtes das weit einfachere **Bharati Mess**, das eine Selbstbedienungstheke mit vegetarischen Gerichten bietet, die man mit Huhn oder Schafsfleisch ergänzen kann.

Internet

Internetzugang bietet **Durga Xerox** an der Station Rd, fast gegenüber der Vijaya Lodge.

Transport

Wenn man früh genug aufbricht, kann man Warangal im Rahmen eines Tagesausflugs von HYDERABAD aus besuchen. Zu der Stätte fahren tgl. mehrere Busse und Züge (ca. 3 Std.). Die Bushaltestelle und der Bahnhof von Warangal liegen einander gegenüber. Hier fahren Lokalbusse sowie Motor- und Fahrrad-Rikschas ab. Am einfachsten lässt sich die Stätte mit einem Mietfahrrad besuchen, das man an einem der Stände an der Station Rd für Rs5/Std. ausleihen kann.
Um zur **Festung** zu gelangen, folgt man vom Bahnhof zunächst der Station Rd, biegt dann gleich hinter der Post links ab, unter der Eisenbahnbrücke durch, dann an der nächsten größeren Straße wieder links.
Nach **Hanamkonda** folgt man vom Bahnhof aus zunächst derselben Route, biegt aber an der ersten größeren Kreuzung hinter der Post rechts in die JPN Rd, bei der nächsten größeren Kreuzung links in die MG Rd und am Ende wieder rechts auf die Hauptstraße von Hanamkonda. Tempel und Hügel liegen rechter Hand.

Nagarjunakonda

Nagarjunakonda oder „Nagarjuna´s Hill", 166 km südlich von Hyderabad und 175 km westlich von Vijayawada, ist das Einzige, was von dem weitläufigen, an archäologischen Stätten reichen Gebiet, das dem Bau des gewaltigen Nagarjuna Sagar-Dammes über den Krishna 1960 zum Opfer fiel, übrig geblieben ist. Die ersten frühgeschichtlichen Niederlassungen in diesem Tal wurden 1926 entdeckt. Großflächige Ausgrabungen zwischen 1954 und 1960 förderten mehr als hundert Stätten zutage, deren Ursprünge von der frühen Steinzeit bis ins späte Mittelalter reichen. Nagarjunakonda war ehemals die Spitze eines Hügels, auf dem 200 m über der Talsenke eine Festung thronte. Heute ist es nur noch eine kleine, per Boot erreichbare Insel ungefähr in der Mitte des Sees Nagarjuna Sagar.

In einer Aktion ähnlich jener von Abu Simbel in Ägypten wurden mehrere buddhistische Denkmäler rekonstruiert und ein Museum eingerichtet, in dem die sehenswertesten Überreste aus dem Tal zu sehen sind. **Vijayapuri**, das Dorf am Seeufer, schaut über den fast 2 km langen Damm. Die tosenden Wasser seiner 26 Schleusen produzieren den Strom für die gesamte Region und bewässern ein fast 800 km² großes Gebiet. Als das Tal überflutet wurde, mussten viele Dörfer auf höher gelegenes Gelände umgesiedelt werden.

Insel und Museum

Die Ausflugsboote legen am Nordostufer der Insel Nagarjunakonda (⏱ tgl. 9–17 Uhr) an und entlassen ihre Passagiere bei den Überresten eines der Festungstore. Das **Fort** wurde im 14. Jh. erbaut und Mitte des 16. Jhs. von den Vijayanagar-Königen umgestaltet. Niedrige Steinmauerruinen auf der Insel markieren die Umrisse der Festung, und man kann noch die Grundmauern der Hindu-Tempel sehen, in denen die Festungsbewohner ihren Glauben zelebrierten.

Zwischen der Anlegestelle und dem Museum, neben dem neun buddhistische Denkmäler aus unterschiedlichen Orten im Tal neu erbaut wurden, erstrecken sich gepflegte Grünanlagen. Westlich der Anlegestelle befindet sich eine rekonstruierte **Treppenanlage** *(ghat),* die während der Herrschaft der Ikshvaku-Könige (3. Jh. n. Chr.) gänzlich aus Kalkstein erbaut wurde und zum Wasser hinab führt.

Der *maha-chaitya* oder **Stupa**, der während der Regierungszeit von König Chamtula im Auftrag seiner Schwester im 3. Jh. n. Chr. erbaut wurde, ist das älteste Buddha-Denkmal der Gegend. Er wurde über sterblichen Überresten des Buddha – ein Zahn soll auch darunter gewesen sein – errichtet und im Südwesten der Insel aufs Neue zusammengesetzt. In der Nähe ragt eine in kostbare Gewänder gehüllte **Buddhastatue** auf. Sie steht neben einem nur noch im Grundriss erhaltenen Kloster, das einen kleineren **Stupa** umschließt. Unweit davon gibt es noch andere Stupas; die Ziegelmauern des *svastika chaitya* wurden in Form einer Swastika angelegt, ein gebräuchliches Emblem der frühen buddhistischen Ikonografie.

Das **Museum** beherbergt buddhistische Bildhauereien, darunter große Steinpaneele mit künstlerischen Darstellungen von Szenen aus dem Leben von Buddha, und Statuen zeigen Buddha in verschiedenen Posen.

Zu den frühgeschichtlichen Fundstücken zählen Steinwerkzeuge und Töpferwaren aus dem Neolithikum (3. Jahrtausend v. Chr.) sowie Axtspitzen und Messer (1. Jahrtausend v. Chr.). Aus späterer Zeit datieren mehrere mit Inschriften versehene Säulen der Ikshvaku-Dynastie, auf denen buddhistische Klöster und Statuen zu sehen sind. Zu den aus dem Mittelalter stammenden Skulpturen zählen ein *tirthankara* (Jain-Heiliger) des 13. Jhs., ein Ganesh und ein Nandi aus dem 17. Jh. und zwei Statuen aus dem 18. Jh., die Shiva und Shakti darstellen. Im Museum ist auch ein Modell der Ausgrabungsstätten im Tal zu sehen. ⏲ gleiche Öffnungszeiten, Eintritt Rs100 (Rs5).

Tickets für **Boote** zu den Inseln (tgl. 9 und 13.30 Uhr; 45 Min.; Rs60) werden 25 Minuten vor Abfahrt verkauft. Rückfahrt ist jeweils 90 Minuten nach Ankunft, was Zeit lässt für eine Besichtigung des Museums und einen raschen Rundgang durch die Monumente. Wer sich Zeit lassen und die Atmosphäre genießen will, nimmt das Boot am Morgen und fährt am Nachmittag zurück.

Übernachtung und Essen

In Vijayapuri gibt es nur wenige Unterkünfte, und man sollte beim Ausstieg aus dem Bus schon wissen, welche man ansteuert, denn der Ort besteht aus zwei 6 km voneinander entfernten Teilen dies- und jenseits des Dammes. Die Ausgrabungsstätten lassen sich von den Hotels in der Nähe der Anlegestelle am rechten Dammufer aus leichter erreichen – den Busfahrer bitten, an der *launch station* zu halten!
Nagarjuna Motel Complex, ✆ 08642-278188. Ein von außen wenig einladender Betonklotz, jedoch durchaus mit annehmbaren Zimmern, z. T. mit AC. ❷–❸
Golden Lodge, 500 m weiter im Dorf, ✆ 08642-278148. Viel primitiver. ❶
Die beiden APTDC-Hotels kann man über 🖥 www.tourisminap.com reservieren:
das voll klimatisierte **Punnami Vijay Vihar**, ✆ 08680-277362, vor dem Damm, wenn man von Hyderabad kommt ❺–❻ und das **Punnami Ethipothala**, ✆ 08680-276540, bei den Wasserfällen, mit einfachen Zimmern mit und ohne AC ❸–❹.

Transport

Die von der APTDC organisierten Wochenend-Touren von Hyderabad nach Nagarjunakonda (S. 987) umfassen auch die nahe gelegenen Ethiopothala-Wasserfälle (Eintritt Rs20) und einen mit einer Inschrift versehenen buddhistischen Monolithen, Pylon genannt. Das Programm wird relativ schnell durchgeführt. Wer mehr Zeit hier verbringen möchte, nimmt einen **Bus** in HYDERABAD (4 Std.; alle regulären Busse mit Ziel Macherla halten in Vijayapuri) oder von VIJAYAWADA (6 Std.; ein Direktbus fährt tgl. um 11 Uhr ab, außerdem zahlreiche Busse von Guntur aus).

Das östliche Andhra Pradesh

Die vielleicht am wenigsten besuchte Ecke Indiens ist das zwischen dem Golf von Bengalen im Osten sowie der roten Erde und den hohen Gipfeln der Eastern Ghats im Norden eingebettete östliche Andhra Pradesh. Seine einzige architektonische Sehenswürdigkeit ist die altehrwürdige Buddhisten-Stätte **Amaravati**, in der Nähe der Stadt **Vijayawada**, deren vereinzelte historische

Tempel von unpersönlichen, modernen Bauten bei Weitem in den Schatten gestellt werden.

Besucher mit ungebremstem Forscherdrang können allerdings entlang der Küste und in den Hügeln des östlichen Andhra Pradesh landschaftlich sehr reizvolle Ecken ausfindig machen.

Vijayawada und Umgebung

Fast 450 km nördlich von Chennai liegt Vijayawada, ein belebtes Handelszentrum am Rande des Krishna-Deltas, 90 km von der Küste entfernt vor einer Bergkulisse aus nackten Granitfelsen. Die Stadt mit einigen Parks sieht nur wenige Touristen, ist jedoch der angewiesene Umsteigeort für einen Besuch der 60 km westlich gelegenen, im 3. Jh. erbauten buddhistischen Stätte **Amaravati**.

Eine Handvoll Tempel in Vijayawada sind einen kurzen Blick wert. Der wichtigste, auf der Anhöhe Indrakila im Osten, ist der Schutzpatronin der Stadt, der Göttin **Kanaka Durga** (auch Vijaya genannt) geweiht, Göttin des Reichtums, der Macht und der Wohltätigkeit.

Jenseits des Flusses, rund 3 km außerhalb der Stadt, steht bei **Undavalli**, einem bäuerlichen Weiler abseits der Hauptstraße, ein uralter, unveränderter Höhlentempel (mit jedem Bus Richtung Guntur oder dem Lokalbus Nr. 13 zu erreichen).

Übernachtung und Essen

Als wichtige Handelsstadt verfügt Vijayawada über eine gute Auswahl an Hotels mittlerer Preisklasse, alle nicht mehr als 2 km vom Busbahnhof und Bahnhof entfernt.
Monika Lodge, gleich bei der Elluru Rd ca. 300 m nordöstlich der Bushaltestelle, ✆ 0866-257 1334, eines der Budget-Hotels, sehr einfach und etwas schäbig. ❷
Hotel Narayana Swamy, Atchutaramaiah St, ✆ 0866-257 1221, ✆ 257 2489. Tadellos saubere Zimmer mit Kabel-TV, z. T. mit AC ❸–❹
Sri Ram, ✆ 0866-257 9377, ✆ 257 7721, ähnlich wie Narayana Swamy. ❸–❹
Raj Towers, Elluru Rd, ✆ 0866-257 1311, ✆ 556 1714, modernes Hochhaus mit guten, erschwinglichen Zimmern und ordentlichem **Restaurant**. ❸–❻
Palace Heights, im Hotel Swarna Palace, Atchutaramaiah St, Ecke Elluru Rd. Das 4-stöckige Restaurant serviert indische, chinesische und kontinentale Gerichte in großen Portionen und hat eine Bar. Preiswerte Lokale mit „Andhra-Küche" gibt es in der ganzen Stadt.

Sonstiges
Geld
Zen Global Finance, 40-6-27 Krishna Nagar, in Labbipet, wechselt Geld.
Am Busbahnhof und an der Atchutaramaiah St zwischen Bahnhof und Elluru Rd gibt es **Geldautomaten**.

Informationen
Tourist Office, beim Busbahnhof, ✆ 0866-252 3966. Erteilt Auskünfte über Hotels und Sehenswürdigkeiten vor Ort.
APTDC unterhält ein zentral gelegenes Büro im Hotel Ilapuram Complex, Gandhi Nagar, ✆ 0866-257 0255.

Transport
Busse
Die aus AMARAVATI (stdl., 1 1/2–2 Std.), GUNTUR (alle 15 Min.; 1–1 1/4 Std.), HYDERABAD (alle 15 Min., 6 Std.) und CHENNAI (1x tgl., 13–16 Std.) ankommenden Busse halten am **Busbahnhof Pandit Nehru**, 1,5 km westlich des Bahnhofs, jenseits des mitten durch die Stadt fließenden Ryes-Kanals.

Eisenbahn
Der an der Hauptstrecke Chennai–Kolkata gelegene Bahnhof von Vijayawada steht in der Stadtmitte.

Züge nach:
CHENNAI (7–11x tgl., 6 1/2–9 Std.),
DELHI (4–6x tgl., 23 1/4–32 3/4 Std.),
HYDERABAD/SECUNDERABAD (10–12x tgl., 5 1/4–8 1/4 Std.),
KOLKATA (5–7x tgl., 21 1/4–33 1/4 Std.),
TIRUPATI (3–5x tgl., 6 1/2–8 1/2 Std.)

Amaravati

In Amaravati, einer kleinen Stadt am Ufer des Krishna, 30 km westlich von Vijayawada, befindet sich die buddhistische Niederlassung, die ehemals Chintapalli hieß (tgl. außer Fr 10–17 Uhr; Rs100). Hier wurde im 3. Jh. v. Chr., während der Ashoka-Herrschaft, über den Gebeinen von Buddha ein Stupa errichtet, größer als jener von Sanchi. Der Stupa steht zwar nicht mehr, doch seine Ausmaße lassen sich noch an dem gewaltigen Hügel ermessen, der seinen Sockel bildete. Ursprünglich stand an jedem der Kardinalpunkte ein Tor, von denen eins rekonstruiert wurde. Die sorgfältigst ausgeführten Verzierungen stellen Szenen aus Buddhas Leben dar. Im Januar 2006 hat der Dalai Lama hier anlässlich des 2550. Geburtstags des Buddha eine zweiwöchige Kalachakra-Initiationsfeier abhalten.

Die Ausstellungsstücke in dem kleinen, aber faszinierenden **Museum** reichen vom 3. Jh. v. Chr. bis ins 12. Jh. n. Chr. Sie umfassen Statuen von Buddha mit Lotussymbolen an den Füßen, dicht gekräuseltem Kopfhaar und langen Ohrläppchen, alles traditionelle Attribute eines erleuchteten Meisters. Weitere Bildhauereien zeigen buddhistische Symbole wie *chakra* (Dharma-Rad, das Rad des Lebens), Thron, Stupa und Bodhi-Baum. Spätere, aus Kalkstein gehauene Skulpturen stellen unter anderem die Göttin Tara und den Bodhisattva Padmapani dar; sie beweisen, dass der Mahayana-Buddhismus die frühere Hinayana-Lehre abgelöst hatte. ⏱ tgl. außer Fr 10–17 Uhr, Rs2

Ausgrabungsstätte und Museum liegen rund 1 km vom Busbahnhof entfernt. Trishaws (kleine Dreiräder mit Anhänger und grellen Bildern von Filmstars) befördern Besucher durch die Stadt.

Die APTDC-Unterkunft **Punnami**, ☎ 08645-255332, am Ufer des Krishna hat nur vier Zimmer mit AC und einen Schlafsaal (Rs100) ❹. Die einzige andere Unterkunft ist das saubere und moderne **Sindura Residency**, ☎ 08645-254100, an der Mitte der Hauptstraße ❸–❹.

Neben der üblichen APTDC-Kantine gibt es eine Reihe einfacher Imbissstände an der Main Street.

Mindestens einmal in der Stunde fahren **Busse** von Vijayawada nach Amaravati (1 3/4–2 Std.), und noch öfter von Guntur (alle 15 Min.; 3/4–1 Std.), einer recht öden Marktstadt dazwischen.

Das südliche Andhra Pradesh

Je weiter man nach Süden vorstößt und sich von den fruchtbaren, durch die breiten Ströme Krishna und Godavari bewässerten Gegenden entfernt, desto unwirtlicher wird das Terrain, insbesondere im steinigen Südwesten des Staates. Für Hindus gibt es allerdings einen sehr wichtigen Ort im südlichen Andhra Pradesh: den aus dem 10. Jh. stammenden **Venkateshvara-Tempel**, außerhalb von **Tirupati**. Er zählt zu den meistbesuchten Vishnu-Schreinen Indiens und zieht Tag für Tag Tausende Pilger zum *darshan* an. **Puttaparthy**, die Heimatstadt des spirituellen Lehrers Sai Baba, ist der einzige andere Ort in der Region, der eine nennenswerte Zahl von Besuchern sieht.

Sowohl Tirupati als auch Puttaparthy liegen näher bei Chennai in Tamil Nadu und Bengaluru (Bangalore) in Karnataka als andere Zielorte von Andhra Pradesh, und für viele Touristen ist ein Abstecher zu einem der beiden (oder zu beiden) der einzige Vorstoß in den Bundesstaat.

Tirupati und Tirumala Hill

Inmitten einer wunderbaren Landschaft bei Tirumala (170 km nordwestlich von Chennai) liegt, umgeben von bewaldeten Hügeln, die ein Ring schroffer roter Felsen krönt, der **Tempel Shri Venkateshvara**. Als angeblich reichste und begehrteste Pilgerstätte der Welt zieht er mehr Gläubige an als Rom oder Mekka. Mit ihren vielen Schreinen und *dharamshalas* bietet die ganze Umgebung des Tirumala Hill, der nach einer strapaziösen Fahrt durch die Venkata-Berge mit 700 m Höhenunterschied erreicht ist, einen faszinierenden Einblick in den zeitgenössischen Hinduismus. Der Tirumala Hill liegt 12 km Luftlinie von seinem Versorgungszentrum **Tirupati** ent-

Govindarajaswamy-Tempel

Nur fünf Gehminuten vom Bahnhof entfernt liegt der einzige Tempel in Tirupati, der einen Besuch unbedingt lohnt, der Govindarajaswamy, dessen moderner grauer *gopura* von vielen Stellen der Stadt aus deutlich zu erkennen ist. Die Nayaks begannen im 16. Jh. mit dem Bau der interessanten Anlage, die über große, offene, mit Löwenstandbildern verzierte Höfe und einige kunstvoll geschnitzte Holzdächer verfügt. Das Tempelinnere steht auch Nicht-Hindus offen und beherbergt einen wunderbaren, großen, schwarzen, zurückgelehnten Vishnu in bronzener Rüstung, der von Blumen überhäuft ist. Anlässlich des Darshan (tgl. 10–20.45 Uhr, Eintritt Rs5) können Besucher die Gottheit betrachten und an Feuerweihen im Haupt- und in den Nebentempeln teilnehmen.

Ein eigener Komplex am Nebeneingang beherbergt das kleine, aber schöne **Venkateshvara Museum of Tempel Arts**. Der sehenswerte Tempelteich liegt 200 m weiter östlich. ⊙ tgl. 8–20 Uhr, Rs1.

Tirumala Hill, Venkateshvara-Tempel und Kapilateertham

Die Fahrt hinauf zum Tirumala Hill hat viel von ihrem Schrecken verloren, seit dem die Strecke eine Einbahnstraße ist. Besonders Eifrige erklimmen den Hügel natürlich auf Schusters Rappen.

Der **Wanderweg** beginnt in Alipuri, 4 km außerhalb des Zentrums von Tirupati. Alle Pilgerbusse halten in dem Ort, der an einer großen Garuda-Statue und dem hoch aufragenden *gopura* des ersten Tempels zu erkennen ist. Die erste Stunde des Weges besteht aus Stufen einer Betontreppe, die manches Knie knirschen lassen und von den Pilgern beim Aufstieg mit gelber, orangefarbener und roter *tikka*-Paste beschmiert wird. Glücklicherweise führt der Weg danach durch relativ flaches Gelände, bevor etwa zwei Stunden später der abschließende Aufstieg beginnt. Bis zum Gipfel sind insgesamt mindestens vier Stunden zu veranschlagen – bei ausgeprägter Fitness vielleicht eine halbe Stunde weniger. Der Weg ist größtenteils überdacht und bietet daher Schutz gegen die glühende Sonne, außerdem gibt es zahlreiche Getränkestande entlang der gesamten Strecke. Es empfiehlt sich, früh aufzubrechen. Oben angelangt sieht man Frisöre damit beschäftigt, Pilgern Tonsuren zu schneiden, denn eine Tonsur ist ein Zeichen von Frömmigkeit.

Mit dem Bau des Vishnu geweihten **Venkateshvara-Tempels** (auch Sri Vari genannt) wurde im 10. Jh. begonnen. Vor Kurzem wurde er renoviert, um Einrichtungen für die vielen tausend Pilger zu schaffen, die täglich herbeiströmen. Ein unübersehbarer Wirrwarr aus Durchgängen und Warteräumen durchzieht die Anlage, in der sich ein ständiger Pilgerstrom auf das innerste Heiligtum zuschiebt; an Wochenenden, in den Ferien und an Feiertagen ist das Gedränge noch dichter. Am besten folgt man gleich nach Erreichen des Tempels den Wegweisern zum *special darshan* (tgl. 6–10 und 12–21 Uhr; Rs50). Dadurch reduziert sich die Wartezeit um mehrere Stunden. Man muss eine Erklärung unterschreiben, dass man an den Herrn Venkateshvara glaubt, und die Passnummer angeben. Die Tickets gibt es auch im **Temple Tourism Office** in der Nähe der Haltestelle des Tempelbusses in der Station Road. Elektronische Geräte sind im Tempelbereich nicht erlaubt. Man muss sie entweder im Hotel lassen oder zusammen mit den Schuhen abgeben.

Am Eingang befindet sich eine mit lebensgroßen Kupfer- oder Steinplastiken königlicher Schutzpatrone gesäumte Kolonnade. Der zum Innenhof führende *gopura*-Torgang ist mit Silbergaufré bespannt. Außerhalb des innersten Heiligtums, neben einem in Gold gefassten Lotusblütensockel, steht ein goldener *stambha* (Fahnenmast).

Außerhalb, gegenüber dem Tempel, gibt es ein kleines Museum, die **Hall of Antiquities**, ⊙ tgl. 8–20 Uhr. Wer im Besitz eines *darshan*-Tickets ist, darf die Riesenwarteschlange umgehen und sich in die kürzere einreihen, die sich gegenüber dem Ausgang bildet, und zwei kostenlose *laddu*-Süßigkeiten einstecken. Von den Tempeleinkünften werden eine Universität, ein Krankenhaus, Waisenhäuser und Schulen in Tirupati sowie billige, teilweise auch kostenlose Unterkünfte für Pilger finanziert.

Der am Fuß eines Hügels in Kapilateertham gelegene Tempel **Sri Kapileswaraswami** ist der einzige Tirumala-Tempel, der Shiva geweiht ist. Am Eingang liegt ein kleiner Hindu-Lustgarten, und ein heiliger Wasserfall stürzt in ein großes, von Bögen gesäumtes Becken, wo sich die Pilger in Massen zum reinigenden Bad einfinden.

Chandragiri Fort

Im 16. Jh. wurde 11 km südwestlich von Tirupati **Chandragiri**, die dritte Hauptstadt der Vijayanagars gebaut, deren Macht im Anschluss an den Fall der Stadt Vijayanagar (Hampi) in Karnataka im Niedergang begriffen war. Hier war es auch, wo die Briten den Landkauf aushandelten, um Fort St George zu erbauen, die erste Niederlassung an der Stelle des heutigen Chennai. Die ursprüngliche Festung, die wahrscheinlich um 1000 n. Chr. datiert, wurde 1782 von Haider Ali und 1792 von den Briten besetzt. Im Hauptgebäude, dem indo-sarazenischen Raja Mahal, ist ein kleines **Museum** mit Skulpturen, Waffen und Memorabilien untergebracht. ⏱ tgl. außer Fr 10–17 Uhr, Eintritt Rs100.

Ganz in der Nähe befindet sich ein weiteres Gebäude, das **Rani Mahal**, und dahinter liegt ein Hügel mit zwei freistehenden Steinblöcken, die zu Vijayanagar-Zeiten als öffentliche Hinrichtungsstätte dienten. Oben auf dem Hügel stehen ein kleiner Tempel aus der Krishna Deva Raya-Periode und eine Zisterne.

Abends wird eine 45-minütige Licht- und Ton-Show geboten (auf Englisch Nov–Feb 19.30, März–Okt 20 Uhr, Rs30).

Übernachtung und Essen

Nur echte Pilger übernachten in den *dharamshalas* beim Tempel. Ansonsten befinden sich alle zumutbaren Unterkünfte in Tirupati, in der Nähe des Bahnhofs und Busbahnhofs. Es steht eine Riesenauswahl an Hotels und Lodges in allen Preisklassen zur Verfügung. Die Restaurants sind fast ausschließlich vegetarisch, selbst in den Hotels, während es in der Stadt und auf dem Tirumala Hill viele billige „meals"-Lokale gibt. Fleischgerichte und Alkohol werden im Biergarten Yalamuri serviert, am Kreisverkehr gegenüber dem Busbahnhof.

Annapurna, 349 G Car St, gegenüber dem Bahnhof, ☏ 0877-225 0666. Nettes, modernes Hotel mit sauberen, schlicht ausgestatteten Zimmern und einer guten Snackbar im Erdgeschoss. ❸–❹

Apsara, 213 TP Area, praktisch gegenüber dem Busbahnhof, ☏ 0877-557 8062. Standard-Unterkunft mit einfachen, aber sauberen Zimmern unterschiedlicher Größe. ❶

Balaji Deluxe, 291 Railway Station Rd, ☏ 0877-222 5930. Nicht so luxuriös, wie der Name verspricht, aber okay für eine Nacht; eine typische Lodge mit kleinen aber sauberen Zimmern mit Bad. ❶

Bhimas Deluxe, 34-38 G Car St, nahe dem Bahnhof, ☏ 0877-222 5521, 🖥 www.hotelbhimas.com. Ordentliche, gemütliche Zimmer, zentrale Klimaanlage und so genannte „Transit Rooms" für 12 Std. Aufenthalt zum halben Preis. Das hauseigene, vegetarische Restaurant Maya serviert nord- und südindische Spezialitäten und abends ein paar chinesische Gerichte. ❹

Durga Residency, 164 TP Area, ☏ 0877-222 9111. Mittelklasse-Unterkunft mit großen Zimmern (einige mit AC) an einer ruhigen Nebenstraße zwischen Bahnhof und Busbahnhof. ❸–❹

Mayura, 209 TP Area, ☏ 0877-222 5925, ✉ mayura@nettlinx.com. Das beste und teuerste unter den zahlreichen Hotels gegenüber vom Busbahnhof: eher durchschnittliche Zimmer der mittleren Preisklasse mit ordentlichem Bad und TV. ❹–❺

Super Aussicht und Vegi-Gerichte

Sindhuri Park, neben dem Badeteich, ☏ 0877-225 6430, 🖥 www.hotelsindhuri.com. Das eleganteste Hotel im Zentrum zeichnet sich durch eine zentrale Klimaanlage, hervorragende Einrichtungen und eine herrliche Aussicht auf Teich und Tempel aus. Das Restaurant Vrinda im Tiefgeschoss serviert ausgezeichnete vegetarische Gerichte, inkl. verschiedener *thalis*; am Wochenende gibt es ein Abendbuffet für Rs100. ❺–❼

Sonstiges

Geld
Die Banken **Syndicate** und **ICICI** haben Geldautomaten in der Netaji Rd, 2 weitere gibt es oben auf dem Tirumala Hill.

Informationen
APTDC, 2. Stock Sri Devi Komplex, Tilak Road, ✆ 0877-225 5385, die Haupt-Touristeninformation vor Ort. ⏱ tgl. 6.30–21 Uhr. Im Bahnhof direkt im Zentrum gibt es ebenfalls einen **Touristen-Informationsschalter** der APTDC (tgl. 8–21 Uhr; ✆ 0877-228 9129).

Internet
Es gibt einige Internet-Anbieter in Tirupati, z. B. **Net Hill**, im Einkaufszentrum an der Ecke des Busbahnhofs.

Nahverkehr

Die lokalen Beförderungsmittel sind neben Motor-Rikschas liebevoll verzierte Fahrrad-Rikschas.
An der Rückseite des Busbahnhofs fährt alle paar Minuten ein **Bus** nach Tirumala und zum Venkateshvara-Tempel ab. Weitere Busse fahren von einer Haltestelle am Bahnhof auf den Berg. Außer am Wochenende und an Feiertagen dürfte die Warteschlange bei beiden nicht allzu lang sein.
Ein **Taxi** bestellt man am besten ein vom APTDC-Touristen-Informationsschalter im Bahnhof – die unlizenzierten Taxis vor dem Bahnhof sind nicht zu empfehlen.

Transport

Busse
Der APSRTC-Zentralbusbahnhof von Tirupati – mit 24-Std.-Gepäckaufbewahrung – ist rund 1 km vom Bahnhof entfernt. Von hier fahren in kurzen Abständen Busse nach CHENNAI (3 1/2 bis 4 Std.), aber die Bahnfahrt ist erheblich bequemer. Wer jedoch Richtung Süden unterwegs ist und Chennai umgehen möchte, kann einen der stdl. verkehrenden Busse nach KANCHIPURAM (3 1/2 Std.) nehmen, von denen 3 weiter nach MAHABALIPURAM (7 Std.) fahren. Außerdem verkehren Busse nach PUTTAPARTHY (2x tgl., 10–11 Std.), BENGALURU (stdl.; 7 Std.); MAMALLAPURAM (3x tgl.; 5 1/2 Std.) und HYDERABAD (8x tgl., 12 Std.).

Eisenbahn
Im Bahnhof gibt es einen **Infoschalter** (s. o.), erreichbar von der Eingangshalle und vom Bahnsteig 1, wo sich eine rund um die Uhr geöffnete **Gepäckaufbewahrung** und eine vegetarische **Cafeteria** mit Selbstbedienung befinden.
Am einfachsten gelangt man per Zug von CHENNAI aus nach Tirupati; bei Abfahrt mit dem ersten der 3x tgl. verkehrenden Züge (3–3 1/4 Std.) ist die Fahrt an einem Tag machbar.

Züge nach:
CHENNAI (3x tgl., 3–3 1/4 Std.),
HYDERABAD/SECUNDERABAD (4–6x tgl., 12 1/4–16 1/4 Std.),
KOLKATA (1x tgl., 38 1/4 Std.),
MUMBAI (1–2x tgl., 24 1/2–25 1/2 Std.),
VARANASI (1x wöchentl.; 39 3/4 Std.),
VIJAYAWADA (3–5x tgl.; 7–8 1/2 Std.).

Flüge
Der Flughafen liegt 14 km außerhalb von Tirupati.
BENGALURU (DN, IT: 2x tgl.; 3/4 Std.),
HYDERABAD (IC, DN, IT; 3x tgl.; 1 Std.).
(**IC** = Indian Airlines, **DN** = Air Deccan, **IT** = Kingfisher)

Puttaparthy

Im tiefsten Südwesten des Staates, zwischen den kargen, steinigen Hängen an der Grenze zu Karnataka, ist rund um das ehemals unbedeutende Dorf Puttaparthy eine blühende Gemeinde entstanden, denn es ist der Geburtsort von Guru Sai Baba, dessen Anhänger ihn für die jüngste Inkarnation Gottes halten.

Puttaparthy besitzt Schulen, eine Universität, ein Krankenhaus und ein Sportzentrum, deren moderne Einrichtungen jedem offen stehen, sowie einen kleinen Flugplatz. Die Kleinstadt konzentriert sich um **Prasanthi Nilayam** (Wohnsitz des Friedens), den Ashram, in dem Sai Baba von Juli bis März residiert. Dieser Ashram ist ein Riesenkomplex mit Platz für Tausende. Er beherbergt Lokale, Geschäfte, ein Museum und eine Bücherei sowie einen großen Saal, in dem Sai Baba zweimal täglich (um 7.45 und 15 Uhr) *darshan* abhält. Schon eine Stunde vorher bilden sich Warteschlangen, und das Los entscheidet, wer am weitesten vorn sitzen darf.

Das **Museum** zeigt eine detaillierte, spannende Ausstellung über die großen Glaubensrichtungen aus aller Welt mit Illustrationen und Auszügen aus ihren jeweiligen heiligen Schriften, versehen mit Kommentaren von Guru Sai Baba. ⏱ tgl. 10–12 Uhr.

Übernachtung und Essen

Viele Besucher übernachten in den Ashram-Unterkünften, wo die Unterbringung streng nach Geschlechtern getrennt ist (außer bei Familien). Der Kostenbeitrag ist minimal. Zwar werden keine Reservierungen entgegengenommen, doch man kann sich im Sekretariat, ✆ 08555-287583, nach freien Plätzen erkundigen.

Viele der einfachen Unterkünfte außerhalb des Ashram verlangen unangemessene Preise. Eine rühmliche Ausnahme:

Sai Ganesh Guest House, in der Nähe der Polizeistation, ✆ 08555-287079. Freundliche Unterkunft. ❷

Sri Sai Sadan, am entlegenen Ende der Hauptstraße, ✆ 08555-287507. Bietet ebenfalls ein ordentliches Preis-Leistungs-Verhältnis. Alle Zimmer mit Kühlschrank, TV und Balkon mit Blick auf die Landschaft oder den Ashram, Meditationsraum und Dachrestaurant. ❹

Shri Satya Sai Baba

Satya wurde am 23. November 1926 als Satyanarayana Raju in Puttaparthy geboren, damals ein völlig unbekanntes Dorf in der Madras Presidency. Von frühester Kindheit an verfügte Satya über hellseherische Kräfte, hegte eine ungewöhnliche Wahrheitsliebe und zeigte viel Mitgefühl. Seine offensichtlich übersinnlichen Fähigkeiten machten seiner Familie anfänglich Sorgen, man brachte ihn zu vedischen Ärzten und ließ schließlich eine Teufelsaustreibung durchführen. Nachdem festgestellt worden war, dass er nicht vom Bösen, sondern vom Göttlichen besessen war, erklärte Satya im Alter von vierzehn Jahren ruhig, er sei die neue Inkarnation von Sai Baba, einem Heiligen aus Shirdi in Maharashtra, der acht Jahre vor Satyas Geburt gestorben war.

Allmählich verbreitete sich sein Ruhm, und eine große Gefolgschaft wuchs heran. 1950 wurde der **Ashram** eingeweiht, und ein Jahrzehnt später erregte Sai Baba auch international Aufmerksamkeit. Heute besitzt er Millionen Anhänger in aller Welt, von denen eine beträchtliche Anzahl zu seiner Geburtstagsfeier in Puttaparthy anreist. An diesem Tag verkündet er seinen Jüngern eine Botschaft.

Poster, gerahmte Fotografien und Wandgemälde überall in Südindien zeigen Sai Babas nur 1,50 m große, lächelnde, in Safrangelb gekleidete Gestalt mit einer verblüffenden Afro-Frisur. Zu seinen **Wundergaben** zählt Berichten zufolge auch die Fähigkeit, *vibhuti* – geheiligte Asche – mit Heilkräften zu versehen.

Doch für Sai Baba ist dies nicht die zentrale Aufgabe der Asche, sondern nur eine nebensächliche, die sich an diejenigen richtet, die fest im Materiellen verhaftet sind. Stattdessen stellt er seine Botschaft der **universellen Liebe** in den Vordergrund.

In den letzten Jahren erhoben ehemalige Anhänger schwere Vorwürfe gegen Satya wegen Nötigung und sogar sexuellen Missbrauchs, die jedoch vom Guru vehement zurückgewiesen wurden. Wie immer man auch zur Heiligkeit von Sai Baba steht, die Atmosphäre rings um den Ashram ist zweifellos eine friedliche, und dass eine dermaßen lebendige Gemeinde in dieser früher gottverlassenen Ecke entstehen konnte, ist an sich schon Wunder genug. Informationen über den Guru gibt es im Internet unter 🖥 www.saibabalinks.com.

Sai Towers, nahe dem Eingang zum Ashram, ℡ 0855-287270, 🖳 www.saitowers.com. Verlangt ziemlich viel Geld für die eher kleinen Zimmer (teils mit AC), hat aber ein gutes Restaurant im Erdgeschoss.
⑤–⑧

Auch wer nicht im Ashram wohnt, kann in der dortigen Cafeteria essen. Die am Ashram vorbeiführende Hauptstraße wird von einfachen Essenständen gesäumt. Ebenfalls sehr empfehlenswert sind die köstlichen tibetischen Speisen im Restaurant **Bamboo Nest**, Chitravathi Rd, und im **Little Tibet Kitchen**, einem netten Treff im oberen Stock gleich unterhalb der Sai Towers. Entsprechend der kosmopolitischen Atmosphäre gibt es hier auch jede Menge Wechselbüros, Bankautomaten und Internetstellen entlang der ganzen Hauptstraße.

Transport

Busse

Busse von BENGALURU (BANGALORE), HYDERABAD und CHENNAI halten an der Station vor dem Eingang zum Ashram.

Zug

Der neue **Bahnhof Sri Satya Sai Prasanti Nilayam** liegt 8 km außerhalb an der Hauptstraße in Nordsüd-Richtung. Eine Sammel-Auto-Riksha zum Ashram kostet um Rs10. Außerdem gibt es Verbindungen von und nach DHARMAVARAM, 42 km entfernt, wo regelmäßig Busse nach PUTTAPARTHY abfahren.

Flüge

Indian Airlines bietet vom Flughafen, 6 km vom Ashram, tgl. Flüge nach MUMBAI (IC; 1x tgl.; 2 Std.) und CHENNAI (IC; 1x tgl.; 3/4 Std.).

Die Andamanen

Stefan Loose Traveltipps

Wandoor Die weißen Sandstrände und winzigen Inseln des Mahatma Gandhi National Marine Park sind das beliebteste Tagesausflugsziel von Port Blair und ein guter Einstieg für entlegenere Gegenden. S. 1013

Tauchen Traumhafte Korallenriffe mit einer bunt schillernden Unterwasserwelt laden zu ausgiebigen Tauchgängen ein. S. 1016

Havelock Die am besten erschlossene Andamanen-Insel bietet die schönsten Tauchgelegenheiten und Partys und ist dabei entspannt und sympathisch geblieben. S. 1017

Little Andaman Nur wenige Urlauber besuchen die südlichste Insel des Archipels, an deren spektakulären, mit Wäldern gesäumten Stränden man noch völlig allein sein kann. S. 1024

Indiens abgeschiedenster Staat, die Andamanen, liegt mehr als 1000 km vor der Ostküste mitten im Golf von Bengalen und ist vom Festland aus per Flugzeug oder Fähre von Kolkata, Chennai und Vishakapatnam zu erreichen. Der mit üppigen, dunkelgrünen Tropenwäldern überzogene Archipel erfreut sich einer reichhaltigen Fauna, darunter einige äußerst seltene Vogelarten, doch die Hauptattraktion für Touristen sind die Strände und fast unberührten Riffe rings um die meisten der Inseln. Die kristallklaren Gewässer der **Andamanensee** zählen mit ihren bunten Fischen und ihrer Korallenvielfalt zu den reichhaltigsten und unverdorbensten Meeresschutzgebieten der Erde – ein Paradies zum **Schnorcheln** und **Tauchen**. Manche Teile der Inselgruppe sind touristisch noch relativ unerschlossen. Da aber immer mehr Flüge zu immer günstigeren Preisen angeboten werden, haben sich die Andamanen mittlerweile ihren festen Platz im Tourismusgeschäft erkämpft. Bei der wachsenden Zahl von Flügen aus Thailand und anderen Ländern Südostasiens ist es wahrscheinlich ratsam, die idyllischen Inseln bald zu besuchen, ehe sie von Touristenströmen heimgesucht werden.

Aus verwaltungstechnischen Gründen wurden die Andamanen mit den **Nikobaren** zusammengefasst, einer Inselgruppe 200 km weiter südlich, die für Ausländer nicht zugänglich ist – und selbst für Inder gesperrt ist, die dort nicht zu tun haben. Die Andamanen bestehen aus annähernd 200 unterschiedlich großen Inseln, die Nikobaren aus 19. Sie sind die Spitzen eines Unterwasser-Gebirgszuges, der sich auf einer Länge von 755 km von der Arakan-Yoma-Kette in Myanmar (Burma) bis zu den Ausläufern Sumatras im Süden erstreckt. Mit Ausnahme der abgeschiedensten werden sie von **indigenen Volksgruppen** bewohnt, deren Zahl aufgrund europäischer Niederlassungen im 19. Jh. und in jüngerer Zeit wegen der erbarmungslosen **Abholzung** drastisch zurückgegangen ist. Inzwischen wurde dem Kahlschlag angeblich ein Riegel vorgeschoben – die Abholzung wird streng kontrolliert und beschränkt sich auf ausgewachsene Bäume bestimmter Arten, die mindestens 2 km von der Küste entfernt sind. Wie genau diese Vorschriften in der Praxis befolgt werden, ist allerdings kaum einschätzbar.

Ausländische Touristen dürfen nur bestimmte Teile der durch den tiefen Ten-Degree-Kanal von den Nikobaren getrennten Andamanen besuchen. Anlaufpunkt der Schiffe und Flugzeuge ist **South Andaman** mit der kleinen, aber betriebsamen Hauptstadt **Port Blair**, deren überwiegend tamilische und bengalische Gemeinde schon fast die Hälfte der Gesamtbevölkerung ausmacht. Näheres zu den Transportverbindungen s. S. 94 und S. 1010, Port Blair.

Die schönsten Strände und Korallenriffe findet man bei den weiter draußen gelegenen Inseln. Wer diese erkunden möchte, braucht eine gesunde Portion Abenteuerlust, denn auf die Verbindungen und Transportmöglichkeiten ist wenig Verlass, und vor allem auf den kleineren Inseln sind Letztere oft unbequem und äußerst begrenzt. Hat man sich von den Siedlungen entfernt, sind eigene Campingausrüstung und Proviant unerlässlich. Und noch ein Hinweis: Erstaunlich viele Traveller werden auf den Andamanen krank; die dichte Vegetation, die Sümpfe und die starken Regenfälle bilden zusammen eine hervorragende Brutstätte für Moskitos, und selbst in den abgelegensten Siedlungen herrscht **Malaria**. In bestimmten Gegenden stellen Sandfliegen eine wahre Plage dar; die aufgekratzten Stiche entwickeln sich nicht selten zu Geschwüren.

Das **Klima** ist das ganze Jahr über tropisch, mit Temperaturen zwischen 24 und 35 °C und einer Luftfeuchtigkeit, die nie unter 70 % liegt. Die mit Abstand beste Zeit für einen Besuch ist Januar bis April. Ab Mitte Mai bis in den Oktober hinein gehen über den Inseln heftige Regengüsse nieder, die nicht selten gewaltige Wirbelstürme mit sich bringen. Dann sind die Strände an der Westküste mit umgeknickten Bäumen übersät. Während des Nordostmonsuns im November und Dezember gibt es weniger dramatische Regenfälle. Obwohl sie so weit östlich liegen, gilt auf den Inseln indische Zeit, d. h. die Sonne geht im Sommer schon um 4.30 Uhr auf und kurz nach 17 Uhr bricht bereits die Dunkelheit herein.

Geschichte

Die erste Erwähnung der Andamanen und Nikobaren findet sich in geografischen Abhandlungen von **Ptolemäus** aus dem 2. Jh. n. Chr. Berichten des chinesischen Buddhistenmönches

ANDAMANEN

Die Andamanen 1001

www.stefan-loose.de/indien

I'Tsing aus dem 7. Jh. n. Chr. und arabischer Reisender, die im 9. Jh. vorbeikamen, zufolge waren die Bewohner wüste Kannibalen. Im 13. Jh. bereiste **Marco Polo** die Gegend und hatte ebenfalls keine freundlichere Beschreibung der Eingeborenen zu bieten: „Die Menschen besitzen keinen König und sind Götzenanbeter, nicht besser als wilde Tiere. Alle Männer auf der Insel Angamanian haben Köpfe wie Hunde … sie sind von grausamster Wesensart und verspeisen jeden, den sie einfangen …" Allerdings ist es eher unwahrscheinlich, dass die Andamaner Kannibalen waren, denn die lebhaftesten Schilderungen ihrer Grausamkeit wurden von malaiischen Piraten verbreitet, die in den umliegenden Gewässern ihr Unwesen trieben und ein ausgesprochenes Interesse daran hatten, andere von den Handelsschiffen, die zwischen Indien, China und dem Fernen Osten hin und her segelten, fernzuhalten.

Im 18. und 19. Jh. richteten **europäische Missionare** und Handelsgesellschaften im Hinblick auf eine mögliche Kolonialisierung ihr Augenmerk auf die Inseln. Franzosen, Niederländer und Dänen unternahmen eine Reihe erfolgloser Versuche, die Nikobaren zum Christentum zu bekehren, und alle mussten angesichts schrecklicher Krankheiten und ernster Nahrungsmittel- und Wasserknappheit ihre Pläne aufgeben. Den Missionaren selbst widerfuhr selten Gewalt, aber mehrere Handelsflottenschiffe, die vor den Inseln anlegen wollten, wurden von Nikobaren gekapert und die Besatzung ermordet.

1777 erwählte der britische Lieutenant Blair den Hafen von South Andaman, das heutige **Port Blair**, zum passenden Ort für eine **Sträflingskolonie**.

Nach dem Tsunami

Im Gegensatz zu den Gerüchten, die sich nach den spärlich fließenden Informationen in den Folgetagen der verheerenden Killerwelle vom 2. Weihnachtsfeiertag 2004 verbreiteten, ist die Inselkette der totalen Zerstörung knapp entgangen, und es gab glücklicherweise auch nicht so viele Todesopfer zu beklagen wie zunächst befürchtet. Die größten Schäden und die meisten Toten hatten die Nikobaren zu verzeichnen, die sehr viel näher am Epizentrum des Seebebens vor der Küste Indonesiens lagen. Besonders schwer getroffen wurden die Inseln Car Nicobar, Katchall und Great Nicobar. Insgesamt sind dort etwa 3000 Todesopfer offiziell bestätigt worden, weitere 4500 Personen gelten als vermisst. Auf den Andamanen wurde nur die Insel Little Andaman von der Flutwelle schwer getroffen (S. 1024).

Die wenigen Todesopfer und die materiellen Schäden in der Umgebung von Port Blair – wo hauptsächlich einige alte Gebäude der Stadt sowie der Schiffsanleger und der Wassersportkomplex am Aberdeen Jetty betroffen waren – gingen auf das **Beben** selbst zurück und weniger auf die darauf folgenden Tsunami. Die Austin-Brücke zwischen Middle und North Andaman musste für Reparaturarbeiten gesperrt werden.

Diejenigen Ausländer, die sich zur Zeit der Katastrophe auf den Inseln aufhielten, trugen keine weiteren Schäden davon als ein paar ins Meer gespülte Habseligkeiten. Einige Strandhütten auf der Haupttouristeninsel Havelock wurden überflutet, doch am schlimmsten für die Andamanen war, dass in den Monaten nach dem Tsunami praktisch keine Touristen aus dem In- und Ausland mehr auf die Inseln kamen, was für die vom Fremdenverkehr abhängigen Inselbewohner schwere Einbußen mit sich brachte.

Ein **positiver Aspekt** ist die Tatsache, dass nicht ein einziger Angehöriger der indigenen Volksgruppen, die auf den Inseln nach wie vor ihren traditionellen Lebensstil führen (s. S. 1004/1005, Kasten), bei dem Tsunami ums Leben kam – auch nicht auf den Inseln, die am schwersten getroffen wurden.

Das wird darauf zurückgeführt, dass die Stämme etwas von der bevorstehenden Katastrophe ahnten, weil ihnen die Panik der wilden Tiere nicht verborgen geblieben war, und sie daraufhin in höhere Lagen flüchteten – ein Lehrbeispiel an die Adresse von uns „zivilisierteren" Völkern für ein Leben im Einklang mit der Natur.

Dieser Plan (sowie ein 1867 unternommener Versuch, die Nikobaren zu besiedeln) scheiterte jedoch an den unwirtlichen Bedingungen der Wälder. 1858 wurde Port Blair aber schließlich doch eine Sträflingssiedlung. Politische Aktivisten, die für den Aufstand von 1857 verantwortlich waren, mussten das Land roden und ihr eigenes Gefängnis bauen. Von 773 Gefangenen wurden innerhalb der ersten zwei Monate 292 gehängt, starben auf andere Weise oder flohen. Viele verloren ihr Leben auch bei Angriffen der andamanischen Völker, die sich der Waldrodung widersetzten, doch die Siedlung erhielt immer neuen Nachschub vom indischen Festland. Um 1864 belief sich die Zahl der Verbannten bereits auf 3000. Im Jahr 1896 wurde mit den Bauarbeiten an dem Gefängnis begonnen, das aus Hunderten winziger Zellen bestand. Es steht noch heute und ist Port Blairs wichtigste „Touristenattraktion".

1919 beschloss die britische Regierung in Indien die Schließung der Strafkolonie, doch kurz darauf wurde sie wieder gebraucht, um eine neue Generation von Freiheitskämpfern aus Indien, Malabar und Burma zu beherbergen. Im Zweiten Weltkrieg waren die Inseln von **japanischen Soldaten** besetzt, die Hunderte Ureinwohner, die der Kollaboration mit den Briten verdächtigt wurden, folterten und ermordeten und die Wohnstätten der Jarawa-Stämme bombardierten. 1945 kehrten die britischen Streitmächte zurück und lösten zumindest das Straflager auf.

Nach der Teilung Indiens erhielten **Flüchtlinge**, vorwiegend Hindus niedriger Kasten aus Bengalen, Land in Port Blair und North Andaman, wo der Waldbestand abgeholzt wurde, um Platz für Reisfelder, Kakaoplantagen und Fabriken zu schaffen. Seit 1951 ist die Bevölkerungszahl um mehr als das Zehnfache gestiegen. Hinzu kommen repatriierte Tamilen aus Sri Lanka, Tausende von Arbeitern aus dem armen Bihar, ehemalige Armeeangehörige, denen Grundbesitz zugesprochen wurde, Wirtschaftsflüchtlinge aus ärmeren indischen Staaten und Legionen von Staatsdienern, die hier einen zweijährigen „Strafdienst" ableisten müssen. Die Zahl dieser Zugewanderten übertrifft bei Weitem die der andamanischen Urbevölkerung (s. Kasten S. 1004/1005), die derzeit ungefähr ein halbes Prozent der Gesamtbevölkerung ausmacht. Zudem herrscht innerhalb von Port Blair eine klare Trennung zwischen den relativ neu Hinzugekommenen und den so genannten „pre-42s" – Abkömmlingen der freigelassenen Sträflinge und Freiheitskämpfer, deren Familien sich hier noch vor dem starken Zustrom vom Festland niederließen. Diese kleine, aber einflussreiche Minderheit, die sich um den exklusiven Browning Club in der Hauptstadt konzentriert, verlangt seit einiger Zeit eine Zuzugsbeschränkung und neue Eigentumsgesetze, um die fortschreitende Besiedlung zu verlangsamen, was an sich keine schlechte Sache wäre.

Da die Tage der gewinnbringenden Edelholzfällerei gezählt sind, hofft man jetzt auf den **Tourismus** als neue Haupteinkommensquelle. Allerdings werden die anvisierten Zahlen die jetzt schon unzureichende Infrastruktur über Gebühr strapazieren und die saisonal bedingte Wasserknappheit sowie das Problem der Müllbeseitigung noch verschärfen. Angesichts Indiens bisheriger Vorgehensweise in Sachen Tourismusförderung müssen die Prognosen eher düster ausfallen. Delhi erteilte bereits grünes Licht für Flüge aus Südostasien und schließlich auch für Charterflüge aus Europa, die auf der erst kürzlich erweiterten Piste des Flughafens landen sollen. Wird zukünftig auch nur ein Bruchteil der zwischen Thailand und Indien fließenden Touristenströme über die Andamanen geleitet, könnten die Folgen für diese kulturell und ökologisch fragile Region verheerend sein.

Transport zu den Andamanen

Touristen können sich das erforderliche, einen Monat gültige **Permit** auf dem Flughafen von Port Blair besorgen; Schiffspassagiere sollten sich vor Verlassen des indischen Festlandes eines beim Foreigners' Registration Office abholen. Teilweise sind die **Permits** um 15 Tage verlängerbar, beschränken den Aufenthalt dann aber häufig auf Port Blair.

Schiffe

Für die Anreise mit dem Schiff ist CHENNAI (s. S. 1048) besonders geeignet; von hier laufen die Schiffe alle 7 bis 10 Tage aus, von KOLKATA maximal alle 2 Wochen und von VISHAKAPATNAM sogar nur 1-mal im Monat. Nähere Infos gibt das **Shipping Office**,

Indigene Völker der Andamanen und Nikobaren

Wo genau die Urbevölkerung der Andamanen und Nikobaren herstammt, ist ein Rätsel, das Ethnologen beschäftigt, seit Alfred Radcliffe-Brown Anfang des 20. Jhs. eine Feldforschung unter den Andamanern durchführte. Asiatisch anmutende Gruppen wie die Shompen könnten von Osten und Norden her eingewandert sein, als die Inseln mit Myanmar (Burma) verbunden waren, oder vielleicht war das Meer seicht genug, um in Kanus herzugelangen, doch dies erklärt nicht den Ursprung der schwarzen Bevölkerung, die auf afrikanische Wurzeln hindeutet. Woher auch immer sie kamen, die ersten Inselbewohner wurden lange durch Händler und Kolonisten bedroht, die Krankheiten einschleppten und durch Waldrodungen ihre Territorien zerstörten. Außerdem gingen Tausende an Alkohol und Opium – gegen wertvolle Muscheln von Chinesen, Japanern und Briten eingetauscht – zugrunde. Auf vielen Inseln ging die Zahl der Ureinwohner zurück, auch wenn sich einige Völker, wie die der Nikobaren, der modernen Kultur anpassten und den christlichen Glauben annahmen.

Die Ureinwohner der Andamanen, unterteilt in *eramtaga* (Dschungelbewohner) und *ar-yuato* (Küstenbewohner), lebten traditionell als Jäger und Sammler von Fisch, Schildkröten, Schildkröteneiern, Schweinefleisch, Obst, Honig und Wurzelgemüse. Zu Beginn der Kolonialisierung der Inseln stellten die Großen Andamanesen die größte Volksgruppe dar; heute hat sie nur noch rund 40 Angehörige. In den 1860er-Jahren errichtete Reverend H. Corbyn den Stammesangehörigen auf Ross Island ein „Heim", um ihnen Englisch beizubringen. Er bestand darauf, dass sie Kleider trugen und Lesen und Schreiben lernten. Fünf Kinder und drei Erwachsene aus Corbyns Schule wurden 1864 als Kuriositäten nach Kolkata gebracht. Diese Erfahrung war für die Massen, die die „Affenmenschen" beäugten, zweifellos anregender als für die Andamesen, von denen die Organisatoren berichteten, dass sie „… nie über irgendetwas, das sie erlebten, Staunen oder Bewunderung zeigten, egal um welche wunderbare Neuigkeit es sich in unseren Augen für sie auch handeln mochte".

Bei den Siedlern steckten sich die Andamesen mit Krankheiten wie Syphilis, Masern, Mumps und Grippe an und wurden opiumabhängig. Innerhalb von drei Jahren war fast die gesamte Gruppe ausgelöscht. Vor wenigen Jahren wurden die Überlebenden nach Strait Island, nördlich von South Andaman, zwangsumgesiedelt und dadurch völlig von staatlicher Versorgung abhängig gemacht. Nach dem Tsunami wurden sie dann wieder nach Port Blair geschickt – auf unbestimmte Zeit.

Die heute etwa 270 Mitglieder umfassende Gruppe der Jarawas musste flüchten, als ihre Heimat für den Bau von Port Blair gerodet wurde. Sie leben heute an den abgeschiedenen Westküsten von Middle und South Andaman, jenseits der Andaman Trunk Road (ATR), die sie seit den 70er-Jahren von Jagdgründen und Süßwasserquellen abschneidet. In den 1980er- und 90er-Jahren leisteten die Bewohner gegen Holzfäller, Straßenbauer und bengalische Siedler erbitterten Widerstand. Bei Zusammenstößen sind vielleicht

---

0891-256 5597. Eine Schiffsreise ist zwar billiger als ein Flug, doch die Überfahrt dauert lang (3–5 Tage), ist unbequem und wird oft durch schlechte Witterung verzögert.

Flüge

Mittlerweile wird Port Blair auf South Andaman von KOLKATA und CHENNAI aus tgl. von etwa einem halben Dutzend Flugzeugen (**Jet Airways**, **Kingfisher**, **Air Deccan**, **SpiceJet** und **Indian Airlines**) angesteuert.

South Andaman: Port Blair und Umgebung

South Andaman ist die am dichtesten bevölkerte Insel der Andamanen – insbesondere die Gegend rings um die Hauptstadt **Port Blair** –, was teilweise auf die drastische Baumrodung zurückzuführen ist. Irgendwann muss man in der Stadt mit ziemlicher Sicherheit ein bisschen Zeit totschlagen, während man auf ein Schiff wartet

Hunderte Menschen umgekommen. Die meisten Zwischenfälle ereigneten sich an der ATR, daher steigen an mehreren Punkten der Busfahrt von Port Blair nach Mayabunder bewaffnete Eskorten zu.

Ein Kontakt zwischen Siedlern und Stämmen kam Ende der 90er-Jahre zustande. Pakete mit Kokosnüssen, Bananen und roten Stoffen wurden einer Gruppe von Jarawas auf einem Boot übergeben, doch diese Initiative wurde wieder abgebrochen. Die Treffen trugen trotzdem dazu bei, dass einige Jarawas mit Neugier auf die „Zivilisation" reagierten, indem sie die Insassen vorbeikommender Fahrzeuge um Geschenke baten und indische Siedlungen am Rande ihres Territoriums besuchten. Als die anfänglich freundliche Aufnahme in Irritation umschlug, kam es wiederholt zu Raubüberfällen, die im März 1998 im Angriff auf eine Polizeistation gipfelten. Seit diesem Zwischenfall reduziert die Regierung die Kontakte auf ein Minimum und hat das Territorium der Jarawas um 180 km² erweitert. Internationale Proteste führten 2002 zu einem Urteil des Obersten Indischen Gerichtshof, die ATR in diesem Abschnitt zu sperren. Es wurde allerdings bis 2008 noch immer nicht umgesetzt.

Die Beziehungen mit den Onge, die sich selbst Gaubolambe nennen, verliefen, abgesehen von ein paar Zusammenstößen mit Seeleuten im 19. Jh., relativ friedlich. Sie sind an ihrer Körperbemalung zu erkennen, leben nach wie vor in gemeinschaftlichen Unterkünften *(bera)* und errichten temporäre Strohhütten *(korale)* auf Little Andaman. Die ungefähr 100 verbliebenen Onge gehen in zwei kleinen Reservaten ihrer alten Lebensweise nach. Die indische Regierung hat ihnen Hütten aufgestellt, einen Lehrer geschickt, der Hindi-Unterricht geben soll, und den Anbau von Kokospalmen angeregt, doch mit wenig Erfolg. Die Kontakte mit der Außenwelt beschränken sich auf Fahrten in die Stadt, um Alkohol zu kaufen, und seltene Besuche von Ethnologen. Die Reservate sind für Ausländer tabu, doch wer sich für die Onge interessiert, dem sei die hervorragende Ethnografie *Above the Forest* von Vishvajit Pandya empfohlen.

Sehr begrenzte Kontakte bestehen mit dem Stamm der Shompen auf Great Nicobar mit rund 380 Mitgliedern. Am isoliertesten lebt die Gruppe der Sentineler auf North Sentinel Island, westlich von South Andaman. Nach einem ersten Zusammentreffen mit indischen Siedlern im Jahr 1967 kam es 1990 zu einem erneuten Kontakt, nachdem ein Team der Lokalverwaltung zwei Jahre lang Geschenke am Strand deponiert hatte, doch alle Folgebesuche endeten in einem Pfeilhagel. Seit Anfang der 90er-Jahre hat die AAJVS, die staatliche Behörde für Stammesfragen, es aufgegeben, sich den Sentinelern, deren Zahl auf 50 bis 200 geschätzt wird, nähern zu wollen. Wenn man mit dem Flugzeug von oder nach Port Blair kommt, überfliegt man ihre Insel, und es ist gut zu wissen, dass die Menschen, die an den Feuern sitzen, deren Rauch durch die Baumwipfel dringt, schon so lange der „Zivilisation" die Stirn bieten. Weitere Informationen zu den Ureinwohnern der Inseln gibt's auf der Internetseite von Survival International; www.survival-international.org.

oder darauf, dass der Ticketverkauf beginnt. Anstatt Däumchen zu drehen, empfiehlt sich ein Abstecher an die Küste von South Andaman, die zwar erheblich dichter bevölkert ist als andere Inseln des Archipels, aber eine Handvoll leicht zugänglicher schöner Stellen und historischer Stätten besitzt. Ausländische Touristen dürfen nur den Süden und den mittleren Osten der Insel besuchen, darunter die Strände von **Corbyn's Cove** südöstlich der Stadt und den abgeschiedeneren **Chiriya Tapu**, beide innerhalb eines Tagesausflugs mit einem geliehenen Moped oder per Taxi leicht zu besuchen. Die lohnendste Tagesfahrt ist jedoch die mit dem Ausflugsschiff von **Wandoor** (35 km südwestlich von Port Blair) zur **Jolly Buoy** oder **Red Skin Island** im **Mahatma Gandhi Marine Reserve**, einem der besten Schnorchelgebiete der Andamanen. Die andere lohnenswerte Gegend ist jene um **Mount Harriet**, jenseits der Bucht nördlich von Port Blair.

Zu den historisch interessanten Orten zählen die Kolonialruinen auf **Viper Island** und **Ross**

Island, die im Rahmen der täglich stattfindenden Hafenrundfahrten oder mit einer regulären Fähre von der Hauptstadt aus erreichbar sind.

Mit einem eigenen Fahrzeug findet man sich auf den schmalen, holprigen Straßen gut zurecht. Sie verbinden die kleinen Dörfer miteinander und führen, an den Sümpfen und Felsausläufern, die die Küstenlinie bilden, vorbei durch Wälder und Kokospalmenhaine.

Port Blair

Port Blair, eine erfrischend vegetationsreiche, aber langweilige Ansammlung von wellblechgedeckten Gebäuden, die sich nach Norden, Osten und Westen hin zum Meer erstrecken und nach Süden in Felder und Wälder übergehen, lohnt nur einen kurzen Aufenthalt. Es gibt wenig zu sehen – nur das Cellular Jail und ein paar kleine Museen –, aber da dies der Anlaufpunkt der Inseln und der einzige Ort mit Bank, Touristeninformationen und anderen Einrichtungen ist, führt kein Weg daran vorbei. Wer zu den abgeschiedeneren Inseln aufbrechen will, kauft am besten hier die notwendige Ausrüstung und Proviant.

Straßennamen sind eine Seltenheit in Port Blair; meistens wird als Adresse einfach der Ortsteil angegeben. Das belebteste und zentralste Viertel ist **Aberdeen Bazaar**, wo sich die Polizeistation (zum Verlängern des Permits), die State Bank of India (◐ Mo–Fr 9–13, Sa 9–11 Uhr) und die meisten anderen Einrichtungen befinden.

Das einzige sichtbare Zeichen der dunklen Vergangenheit Port Blairs ist das wuchtige, aus Ziegelsteinen erbaute Gefängnis **Cellular Jail**, das von einer kleinen Anhöhe im Nordosten der Stadt aufs Meer blickt. Es wurde zwischen 1896 und 1905 erbaut. Seine winzigen Einzelzellen waren weit schlimmer als die Gemeinschaftszellen anderer, früher errichteter Gefängnisblocks. Von den ursprünglich sieben Flügeln, die vom Turm in der Mitte ausgingen, sind nur noch drei erhalten. Besucher können in die 3 x 3,5 m messenden Zellen spähen und sich die grausamen Bedingungen vorstellen, unter denen die Häftlinge hier lebten. Die Zellen waren dreckverkrustet und schlecht belüftet, Trinkwasser war auf zwei Gläser pro Tag rationiert, und waschen mussten sich die Gefangenen im Regen, während sie mit dem Roden von Wäldern und dem Bau von Sträflingsunterkünften beschäftigt waren. Die vom Festland gelieferten Lebensmittel wurden in Fässern aufbewahrt, und so wimmelte es im Reis und in den Hülsenfrüchten von Maden. Mehr als die Hälfte der Gefängnisinsassen starb lange vor Ablauf ihrer zwanzigjährigen Strafe. Aus Protest gegen die Haftbedingungen kam es zu mehreren Hungerstreiks. An den Galgen, die immer noch in viereckigen Holzverschlägen in den Höfen stehen, wo sie von den Zellen aus gut zu sehen waren, fanden häufig Hinrichtungen statt. ◐ Di–So 9–12 und 14–17 Uhr, Rs5.

Die **Sound and Light Show** (auf Englisch Mo, Mi & Fr 6.45 Uhr, Rs20) erzählt die Geschichte des Gefängnisses. In einem kleinen **Museum** beim Eingangstor (gleiche Öffnungszeiten wie das Gefängnis) sind Gefangenenlisten, Fotos und schreckliche Folterwerkzeuge ausgestellt.

Im **Aquarium**, etwa 300 m östlich vom Gefängnis in der Nähe des erstaunlich gut ausgestatteten Water Sports Complex, gibt es dunkle Becken mit Fischen und Korallen von den Riffen der Inseln. ◐ Di–So 9–13 und 14–16.45 Uhr, 2. Sa im Monat geschl., Rs5.

An der Küstenstraße Richtung Corbyn's Cove liegt 3 km außerhalb die neueste Attraktion von Port Blair, das nicht besonders interessante **Science Centre**. Für die Hauptausstellungen (Observatorium, „Science Magic" und andere interaktive Exponate) bezahlt man Rs2 zusätzlich. ◐ Di–So 10–17.30 Uhr, Rs5.

Im südlichen Teil des Centres, unweit des Directorate of Tourism, steht das **Anthropological Museum**, das sich mit den Volksgruppen der Andamanen und Nikobaren beschäftigt. Zu den Ausstellungsstücken zählen Waffen, Werkzeuge und seltene Fotos der Ureinwohner, die in den 60er-Jahren aufgenommen wurden, darunter eine Serie, auf denen Sentineler zu sehen sind. Sie wurde am 26. April 1967 geschossen, als eine Abordnung indischer Staatsdiener zum ersten Mal mit dieser Volksgruppe in Kontakt trat. Nachdem sie die Ureinwohner eingeschüchtert hatten, marschierten die Besucher in eines ihrer Jagdcamps und machten sich mit den Pfeilen, Bogen und anderen, jetzt im Museum ausgestellten Stücken davon. ◐ Mo–Sa 9–12 und 13–16 Uhr, Eintritt frei.

Port Blair

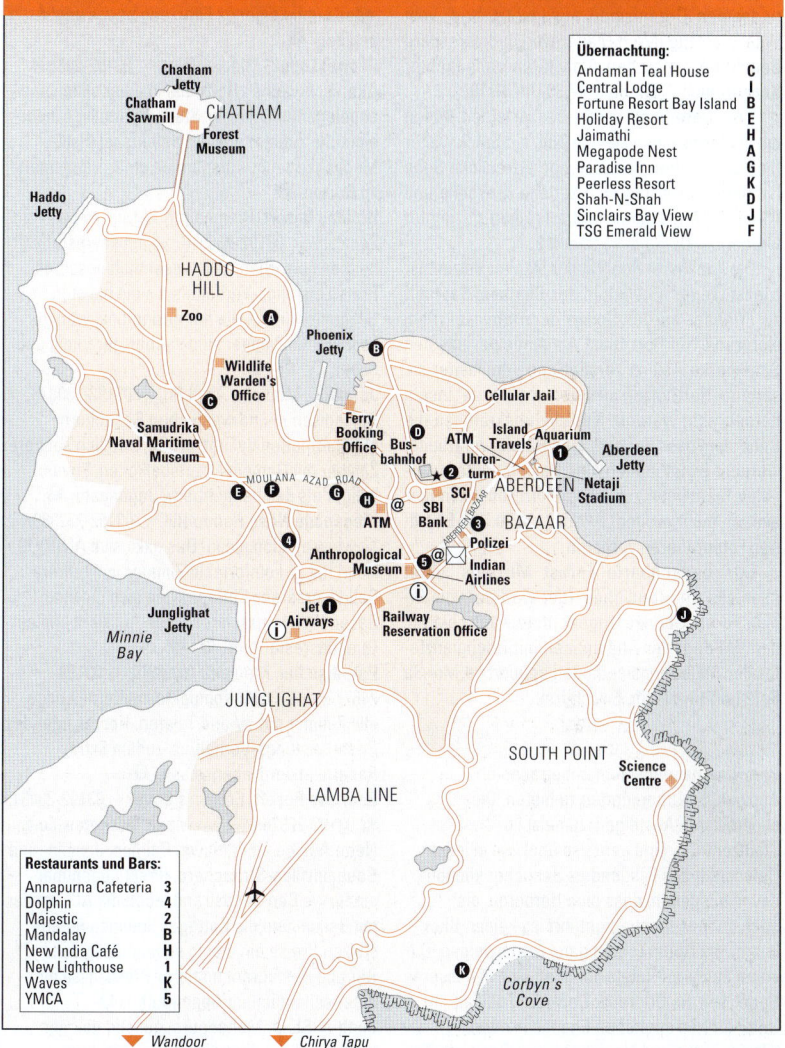

Übernachtung:
Andaman Teal House	C
Central Lodge	I
Fortune Resort Bay Island	B
Holiday Resort	E
Jaimathi	H
Megapode Nest	A
Paradise Inn	G
Peerless Resort	K
Shah-N-Shah	D
Sinclairs Bay View	J
TSG Emerald View	F

Restaurants und Bars:
Annapurna Cafeteria	3
Dolphin	4
Majestic	2
Mandalay	B
New India Café	H
New Lighthouse	1
Waves	K
YMCA	5

▼ Wandoor ▼ Chirya Tapu

Weiter nordwestlich, in Delanipur, gegenüber dem Teal House Hotel von T&N Tourism, befindet sich das **Samudrika Naval Maritime Museum**, eine ausgezeichnete Vorbereitung auf den Besuch abgelegener Inseln. Es verfügt über eine sagenhafte Muschelsammlung und informative Ausstellungen zu verschiedenen Aspekten der hiesigen Meeresbiologie. Eine Abteilung befasst sich mit den vielfältigen Korallen, die man an den Riffen der Andamanen sehen kann, sowie den zahlreichen Gefahren, denen diese empfindsamen Organismen ausgesetzt sind, vom Wasserentzug durch Mangroven und parasitäre Seesterne bis zu den Aktivitäten unbedachter Schnorchler. ⏱ Di–So 9–17.30 Uhr, Rs10.

Wer Tiere liebt, macht besser einen Bogen um den armseligen kleinen **Zoo**, ein Stück weiter Richtung Haddo. Seine einzige erfreuliche Seite ist, dass hier erfolgreich seltene Krokodile und Affen zur Entlassung in die Freiheit gezüchtet werden. ⏱ Di–So 8–17 Uhr, Rs2.

Die knallharte Realität der lokalen Holzindustrie ist weiter nördlich in der **Chatham Sawmill** zu erleben, an der Spitze der Halbinsel, dem Nordrand von Port Blair. Als eines der ältesten Sägewerke Asiens zersägt und verarbeitet sie seltene Harthölzer, die von mehreren Inseln hergebracht werden. Natürlich bekräftigen die Behörden, dass nur gefallene Bäume verarbeitet werden. Es ist jedoch klar, dass die internationalen Richtlinien zur Tropenholzproduktion hier einfach nicht greifen. ⏱ tgl. 7–14.30 Uhr, Eintritt frei, Fotografieren verboten.

Das benachbarte **Forest Museum** bietet ebenfalls Unerfreuliches: Hier wird der vom Indian Forest Service angerichtete Kahlschlag in den Wäldern der Andamanen mit Hochglanzfotos der Abholzungsmethoden gefeiert. ⏱ Mo–Sa 8–12 und 14–17 Uhr, Eintritt frei.

Übernachtung

Port Blair hat eine nicht unbeträchtliche Auswahl an Unterkünften zu bieten. Die superbilligen Absteigen, zumeist im Stadtzentrum, sind genauso übel wie in jeder Hafenstadt des Festlandes. Besucher können davon ausgehen, dass eine Herberge, die nachstehend nicht aufgeführt ist, keinen Blick lohnt, vom Übernachten ganz zu schweigen. Die angenehmeren Hotels befinden sich in besseren Gegenden am Ortsrand. Dank der Fülle an Unterkünften entstehen Engpässe nur um Weihnachten und Neujahr herum. Dann werden auch die Preise angehoben; während der Monsunzeit werden sie wieder gesenkt.

Andaman Teal House, Delanipur, hoch oben auf dem Hügel über dem Haddo Jetty, ✆ 03192-234060. Unterkunft des A&N Tourism mit herrlicher Aussicht, geräumigen und freundlichen Zimmern. Äußerst preiswert, jedoch ohne eigenes Fahrzeug etwas ungünstig gelegen. ❹

Central Lodge, Middle Point, ✆ 03192-233634. Altersschwaches Holzhaus in einer stillen und abgelegenen Ecke der Stadt. Spottbillige, sehr einfache Zimmer und ein Schlafsaal (Rs80). Möglichkeit zum Aufspannen einer Hängematte im Garten. ❷

Holiday Resort, Premnagar, 15 Min. zu Fuß vom Zentrum, ✆ 03192-230516, ✉ holidayresort88@hotmail.com. Bietet ein wesentlich besseres Preis-Leistungs-Verhältnis als die meisten Billigunterkünfte, die nur geringfügig weniger kosten. Alle Zimmer sind sauber, geräumig und haben TV. ❸–❹

Jaimathi, Moulana Azad Rd, ✆ 03192-230836. Bei indischen und westlichen Besuchern gleichermaßen beliebt; große, ziemlich saubere Zimmer mit Gemeinschaftsbalkonen. Etwas billiger als das benachbarte Jagannath. ❸

Megapode Nest, Haddo Hill, ✆ 03192-232380, 🖳 www.aniidco.nic.in. Das exklusive ANIIDCO-Hotel hat 25 komfortable Zimmer und teurere Selbstversorger-Cottages, die sich um eine Rasenfläche gruppieren. Gute Aussicht und ein Qualitätsrestaurant. ❻–❼

Paradise Inn, Moulana Azad Rd, ✆ 03192-245772, 📠 233479. Kompakte, moderne Lodge, alle Zimmer mit TV und Telefon. Hervorragendes Preis-Leistungs-Verhältnis; zudem Extra-Rabatte in der Nebensaison. ❸

Peerless Resort, Corbyn's Cove, ✆ 03192-33461, 📠 03192-229263, 🖳 www.peerlesshotels.com. Nette Anlage inmitten von Palmen, Jasmin- und Bougainvillea-Sträuchern, direkt gegenüber einem weißen Sandstrand, doch die AC-Zimmer mit Balkon und die Cottages kommen für ihre stolzen Preise ein wenig schmuddelig daher. Bar und Restaurant mittlerer Preisklasse mit durchschnittlichem Abendbuffet. ❽

Shah-N-Shah, Mohanpura, günstig gelegen zwischen Busbahnhof und Phoenix Jetty, ✆ 03192-233696. Einfaches, aber freundliches und komfortables Plätzchen. Vorwiegend Zimmer mit Bad, gut besuchte Gemeinschaftsterrasse. ❸–❹

Bunt und komfortabel

TSG Emerald View, 25 Moulana Azad Rd, ✆ 03192-246488, 🖥 www.andamantsghotels.com. Schickes neues Hotel der mittleren bis oberen Preisklasse mit geräumigen, farbenfroh eingerichteten Zimmern (teils AC) mit allem Komfort. ❹–❺

Sinclairs Bay View, an der Küstenstraße Richtung Corbyn's Cove, ✆ 03192-227824, 🖥 www.sinclairhotels.com. Das auf einem Felsen gelegene Hotel bietet makellose Zimmer mit Teppich, Balkon, großem Bad und atemberaubender Aussicht. Bar und Restaurant. Bis zu US$150 für die Suiten im neuen Flügel. ❽–❾

Essen

Port Blairs Restaurants bieten Gerichte aus Nord- und Südindien sowie eine große Auswahl an Seafood. Es gibt ein paar sehr anspruchslose und billige „meals"-Cafés im Aberdeen Bazaar: Die besten davon sind **Gagan** und **Milan** an der AB Road. Das für seine schlechte Küche berüchtigte Lokal des Dhanalakshmi sollte man dagegen meiden. Alkohol ist zunehmend leichter zu bekommen, entweder in den besseren Hotels oder in einigen weniger ersprießlichen Bars wie der unterhalb der Jaimathi Lodge (s. unten).
Dolphin, im Marthoma Church Complex, Golghar. Das hübsch eingerichtete Restaurant erfreut durch liebevoll zubereitete, indische und chinesische, aber auch ein paar westliche Gerichte sowie Spezialitäten des Hauses wie Hühnchen und Seafood. (ca. Rs80–100)

Gewaltige Dosas

Annapurna Cafeteria, Aberdeen Bazaar, Richtung Postamt. Mit Abstand das beste südindische Speiselokal von Port Blair, bietet riesige, knusprige *dosas*, nordindische und chinesische Gerichte, ausgezeichneten Kaffee und köstliches *pongal* (mild gewürzter Reis mit Joghurt) zum Frühstück. Auch leckere *thalis* um die Mittagszeit. Hauptgerichte Rs30–80. So geschlossen.

Majestic Aberdeen Bazaar, oberhalb des Busbahnhofs. Einfache Kantine mit gutem Angebot nord- und südindischer Gerichte für Rs20–60.
Mandalay, Fortune Resort, Marine Hill. Speisen à la carte oder an einem ordentlichen Abendbuffet (Rs350) unter freiem Himmel mit tollem Blick auf die Bucht. Der Service ist mitunter etwas lax für das angestrebte Niveau. Die Nico Bar nebenan ist eine gute Adresse für einen Drink.
New India Cafe, Moulana Azad Rd, im Tiefgeschoss der Jaimathi Lodge. Billiges, bei Einheimischen und Touristen gleichermaßen beliebtes Lokal. Große Auswahl an vegetarischen und fleischhaltigen Speisen (Rs40–80); manchmal lange Wartezeit.
New Lighthouse, nahe Aberdeen Jetty. In dem beliebten Restaurant kann man bei sanfter Meeresbrise Hummer und Seafood (Rs150–259) schlemmen, und das so preisgünstig wie sonst kaum irgendwo in Indien.
Waves, Peerless Resort, Corbyn's Cove. Nicht ganz billiges, aber sehr gemütliches Hotelrestaurant im Freien unter schattigen Palmen; eines der wenigen Lokale der Stadt, in denen man zum Essen ein Bier bestellen kann. Die meisten Gerichte um Rs100–150.
YMCA, in der Nähe der Post. Nord- und südindische Standardgerichte für unter Rs50 auf einer netten, überdachten Terrasse. Die vegetarischen *thalis* sind besonders gut.

Sonstiges

Geld

State Bank of India, Aberdeen Bazaar, ⏱ Mo–Fr 9–13, Sa 9–11 Uhr.

Manche Hotels wechseln Reiseschecks, aber schneller und günstiger ist es bei **Island Travels**, ✆ 03192-233034. Besitzt eine Lizenz zum Geldwechseln, ein paar Schritte auf der Straße vom Uhrenturm des Aberdeen Bazaar nach Nordosten, ⏱ Mo–Sa 9–18 Uhr.
Ein **Geldautomat** der ICICI Bank steht am unteren Ende der Moulana Azad Rd, ein weiterer der UTI Bank befindet sich beim Netaji Stadium.

Informationen

Am **Informationsschalter** im Flughafen, ✆ 03192-232414, bekommt man eine nützliche Broschüre mit allgemeinen Infos.

A&N Directorate of Tourism Office, schräg gegenüber Indian Airlines, ✆ 03192-232747, 🖳 www.andaman.nic.in. Dem Personal im Foyer sind allenfalls Basisinformationen über Touren und Hotels zu entlocken. ⏲ Mo–Fr 10–17, Sa 10–13 Uhr.

India Tourism Office, südwestlich des Stadtzentrums an der Junglighat Main Rd, ✆ 03192-233006, 🖳 www.incredibleindia.org. Auch nicht viel besser, ⏲ Mo–Fr 8.30–17 Uhr. Vor einem Besuch auf Interview Island (S. 1022) muss zunächst eine kostenlose Genehmigung vom **Chief Wildlife Warden** eingeholt werden, dessen Büro, ✆ 03192-233270, sich neben dem Zoo in Haddo befindet.

Internet

Internet ist in der Stadt vielerorts verfügbar: Zwischen Busbahnhof und Turmuhr gibt es mehrere namenlose Internet-Cafés, auf der anderen Seite des Busbahnhofs das **CyberNet** und dann noch das **Holiday Resort** (S. 1008)

Polizei / Permit

Superintendent of Police, im Aberdeen Bazaar, ist die zuständige Stelle für Verlängerungen der Aufenthaltsgenehmigung.

Touren

Die ANIIDCO-Stadt-Touren sind reine Zeitverschwendung, die **Hafenrundfahrten** (tgl. 15–17 Uhr, Rs65) von der Phoenix-Anlegestelle nach **Viper Island** und **Ross Island** (S. 1012) hingegen sind sehr interessant.

Nahverkehr

Im hügeligen Port Blair herumzuspazieren ist dermaßen schweißtreibend und zeitraubend, dass man wirklich einen fahrbaren Untersatz benötigt.

Taxis / Motor-Rikschas

Taxis, zu erkennen an den gelben Autodächern, warten vor dem Busbahnhof im Zentrum Port Blairs. Sie sind zwar mit Taxameter versehen, doch ist es üblich, den Fahrpreis vor Abfahrt auszuhandeln. Die Fahrt vom Stadtzentrum nach Corbyn's Cove kostet mindestens Rs60; **Motor-Rikschas** versuchen immer wieder, ähnlich viel zu verlangen, innerhalb der Stadt sollte man aber nicht mehr als Rs30 zahlen.

Busse

Lokalbusse fahren in unregelmäßigen Abständen nach Wandoor und Chiriya Tapu und sind ganz brauchbar für Tagesausflüge, doch das bei Weitem beste Fortbewegungsmittel auf South Andaman ist ein eigener fahrbarer Untersatz.

Fahrräder

gibt es im Aberdeen Bazaar für Rs5/Std.

Motorroller / Motorräder

Die Straßen zu den Küsten lassen sich besser mit einem Motorroller oder einem Motorrad als per Rad bewältigen.

GDM Tours, Moulana Azad Rd, ✆ 03192-232999, verleiht beides für Rs200–250 pro Tag.

Karishma Tours & Travels, 22 MG Rd, Middle Point, ✆ 09434-274 314; Führerschein und Rs1000 Kaution erforderlich.

Tankstellen gibt es an der Kreuzung westlich des Busbahnhofs und an der Straße Richtung Flughafen. Da es außerhalb schwierig ist, Benzin aufzutreiben, sollte man hier den Tank füllen.

Transport

Port Blair ist der Ausgangspunkt sämtlicher Flüge und Fähren zum indischen Festland und der Verkehrsknotenpunkt aller Bus- und Fährverbindungen zwischen den Inseln. Leider kann die Reservierung von Tickets (insbesondere zurück nach Chennai, Kolkata oder Vishakapatnam) einige Zeit brauchen, daher sehen sich viele Traveller gezwungen, eine ganze Weile vor Ablauf des Permits hier zu erscheinen, um die Rückreise sicherzustellen.

Weiterfahrt per Bahn

Ein Hinweis für Traveller, die nach der Ankunft auf dem Festland per Bahn weiterreisen möchten: In Port Blair gibt es ein effizientes, ans Computernetz angeschlossenes **Southern Railways Reservation Office** in der Nähe des Secretariat, ⏲ Mo–Sa 8.30–13 und 14–16 Uhr.

Vom / zum Festland
Schiffe
Wer mit dem Schiff auf die Andamanen gekommen ist, kann ein Lied davon singen, wie hart eine Überfahrt von 3 (oder noch mehr) Tagen in der „bunk class" sein kann und wie schwierig die Tickets zu bekommen sind. Es kann also nicht schaden, sich mit anderen Travellern über die aktuellen Bedingungen auszutauschen, die sich von Jahr zu Jahr und von Schiff zu Schiff ändern. Absolut sicher ist nur, dass die Fähre mit ca. Rs1550 das billigste Transportmittel ist. Nachteile sind die unzuverlässigen Fahrpläne und Schwierigkeiten beim Einholen akkurater Informationen – ärgerlich, wenn man nur eine 30 Tage gültige Aufenthaltsgenehmigung in der Tasche hat. Tickets für alle 3 Festland-Häfen werden von **DSS** verkauft. Sie sind normalerweise eine Woche vor Abfahrt an den jeweiligen Schaltern des computerisierten Reservierungszentrums am Phoenix Jetty erhältlich, ⏱ Mo–Fr 9–13 und 14–16 Uhr. Es ist ratsam, den Termin zeitig in Erfahrung zu bringen und sofort zu kaufen. Wer ein paar Tagesreisen von der Hauptstadt entfernt ist und nur noch ein Permit für eine Woche oder weniger besitzt, sollte bedenken, dass die hiesige Polizei mit Ausländern, die ihre Aufenthaltsgenehmigung überschreiten, nicht gerade freundlich umspringt. Die Schiffe vom Festland legen am **Haddo Jetty** an, fast 2 km nordwestlich des Phoenix Jetty, wo auch die zwischen den Inseln verkehrenden Fähren einlaufen. Beim Director of Shipping Services am Phoenix Jetty erhält man aktuelle Informationen zu Schiffen und Fähren. Näheres über bevorstehende Schiffsabfahrten kann man auch in der Kolumne Shipping News der lokalen Tageszeitung *Daily Telegrams* nachlesen. (Rs1,50).

Flüge
Der moderne Flughafen **Veer Savarkar** liegt 4 km südlich der Stadt in Lamba Line. Man gelangt mit Taxis oder Motor-Rikschas in die Stadt (Rs50), doch auf Gäste, die ein Zimmer in einem Hotel der mittleren oder oberen Preisklasse reserviert haben oder am Flughafenschalter eine Reservierung tätigen, wartet vor dem Flughafengebäude normalerweise ein Shuttle-Bus. Häufig verkehrende Busse in die Stadt halten knapp 100 m vom Terminal entfernt vor dem Geschäft am Ende der Hauptstraße.
Die Rückkehr aufs Festland per Flugzeug erspart eine Menge Zeit, denn sie dauert nur 2 statt 72 Std. Sie ist zwar noch immer nicht gerade billig, die neue Konkurrenz wie **Air Deccan**, **SpiceJet** und **Kingfisher**, hat die Flugpreise jedoch gedrückt. Für Oneway-Flüge nach Chennai und Kolkata zahlt man derzeit Rs4000– 6000. Da diese Städte tgl. bis zu 6-mal angeflogen werden, sind die Tickets – außerhalb der Stoßzeiten wie Diwali, Weihnachten und Neujahr – gewöhnlich auch kurzfristig verfügbar.

Fluggesellschaften:
Indian Airlines, schräg gegenüber dem ANIIDCO Office, ✆ 03192-234744.
Jet Airways, 1. Stock, 189 Main Rd, Junglighat, neben dem GITO Office, ✆ 03192-236922.
Andere Airlines können über eines der zahlreichen Reisebüros wie Island Travels (s. S. 1009) gebucht werden.

Flüge nach:
CHENNAI (IC, 9W, IT, SG, DN, 5–6x tgl., 2 Std.), KOLKATA (IC, 9W, IT, SG, DN, 4–5x tgl., 2 Std.). (**IC** = Indian Airlines, **IT** = Kingfisher, **9W** = Jet Airways, **DN** = Air Deccan, **SG** = Spicejet)

Zwischen den Inseln
Busse
Busse verbinden Port Blair mit den meisten größeren Niederlassungen auf South und Middle Andaman, hauptsächlich auf dem Weg über die Andaman Trunk Road. Vom leicht chaotischen Busbahnhof im Zentrum fahren 2 staatliche Busunternehmen nach RANGAT (5.45 und 11.45 Uhr), MAYABUNDER (5 und 9.45 Uhr) und DIGLIPUR (4 und 4.30 Uhr). Mehrere Privatgesellschaften, darunter **Geetanjali Travels** (Tickets im Tillai Teashop am Busbahnhof) und die billigere **Ananda**, ✆ 03192- 233252, betreiben Deluxe- oder Videobusse (Ohrstöpsel erforderlich), die die selben Zielorte ansteuern. Abfahrt ist gewöhnlich gegen 5 Uhr vor dem Busbahnhof.

Busse nach:
CHIRIYA TAPU (3x tgl., 1 1/4 Std.),
DIGLIPUR (2–3x tgl., 11–12 Std.),
MAYABUNDER (2–4x tgl., 9–12 Std.),
RANGAT (5x tgl., 6–7 Std.),
WANDOOR (4x tgl., 1 1/4 Std.).

Schiffe
Die meisten der für ausländische Touristen zugelassenen Inseln lassen sich auch per Schiff von der Phoenix-Anlegestelle aus erreichen. Details zu den Schiffsverbindungen sind der Zeitung *Daily Telegrams* zu entnehmen, werden jedoch erst 2 Tage vor Auslaufen bekanntgegeben. Wer sich nicht auf Restposten-Tickets verlassen will, die kurz vor der Abfahrt direkt am Pier feilgeboten werden, muss bei Inter-Island im Buchungszentrum des Phoenix Jetty reservieren. Die langen Warteschlangen können hier ganz schön Nerven kosten. Manchmal kann man sie umgehen, in dem man eine Agentur wie Islands Travels dafür bezahlt: Die **Fährkosten** sind staatlich subventioniert und überaus günstig, sodass man z. B. für die 6-stündige Fahrt nach LITTLE ANDAMAN nur Rs20 bezahlt. Selbst in touristischen Regionen wie HAVELOCK mit unterschiedlichen Preisen für In- und Ausländer bezahlt man lediglich Rs150–200. Mit Fahrplanänderungen ist jederzeit zu rechnen, in der Hauptsaison fahren jedoch mindestens 2 Schiffe täglich nach Havelock, ein bis zwei nach NEILL, eines nach RANGAT und HUT BAY auf Little Andaman sowie vier pro Woche nach LONG ISLAND und fünf nach ARIAL BAY (zur Weiterreise nach Diglipur). Die Schiffe selbst sind häufig überfüllt und wenig komfortabel. Auf Deck mangelt es an Schatten und im Inneren an Platz. Man sollte ausreichend Proviant und Trinkwasser mitnehmen, da auf den Schiffen nur ein Minimalangebot erhältlich ist.

Schiffe nach:
ARIAL BAY (5x wöchentl., 8–12 Std.),
CHENNAI (alle 7–10 Tage, 2 1/2–3 Tage),
HAVELOCK ISLAND (2x tgl., 2–4 1/2 Std.),
KOLKATA (alle 2 Wochen, 3–5 Tage),
LITTLE ANDAMAN (1x tgl., 6–8 Std.),
LONG ISLAND (4x wöchentl., 5–7 Std.),
NEILL ISLAND (1–2x tgl., 2–3 1/2 Std.),
RANGAT BAY (1x tgl., 6–8 Std.),
VISHAKAPATNAM (1x monatl., 3–3 1/2 Tage).

Viper Island und Ross Island

Erste Anlaufstelle der Hafenrundfahrt von Port Blair aus (s. S. 1010) ist für gewöhnlich **Viper Island** (Eintritt Rs5), nicht nach den zahlreichen Schlangen benannt, die zweifellos im tropischen Unterholz leben, sondern nach einem Frachter, der hier im 19. Jh., in der Anfangszeit der Kolonie, auf Grund lief. Die nur ein kurzes Stück vom Anleger Haddo entfernte Insel diente als Isolationsgelände des Hauptgefängnisses. Hierher wurden entlaufene Sträflinge und andere Verbrecher (dazu zählten Hungerstreikende) strafversetzt. Vom Foltergelände, zu erreichen von der Anlegestelle aus auf einem gewundenen Ziegelsteinpfad, sind noch Strafböcke und eingefallene Wände erhalten, und an der von allen Seiten am besten einsehbaren Stelle stehen noch die alten Galgen.

Nicht weniger gruselig sind die Ruinen auf **Ross Island** (Eintritt Rs20), an der Hafeneinfahrt von Port Blair, wo die Briten ihre erste Gefangenensiedlung auf den Andamanen errichteten. Die Insel wurde von Häftlingen gerodet, die eiserne Fußfesseln trugen (die meisten wurden im Anschluss an den Aufstand von 1857, dem Ersten Unabhängigkeitskrieg, nach Ross verbannt). Hier ereigneten sich einige der grausamsten Ausschreitungen der britischen Kolonialgeschichte, Ursprung der unrühmlichen Bezeichnung des Gefängnisses als **Kalapani**, „Schwarzes Wasser": Die Mehrheit der zahlreichen, hierher verbannten Verurteilten, die mit Brandzeichen auf der Stirn gekennzeichnet wurden, starb an Krankheiten oder unter der Folter, noch ehe 1860 die Inselrodung beendet war.

Danach befand sich hier kurzzeitig Rev. Henry Corbyns **Andaman Home** – ein Gefangenenlager zum Zwecke der „Zivilisierung" der Urbevölkerung – und schließlich das Hauptquartier der umgemodelten Strafkolonie, mit Theatersaal, Tennisplätzen, Swimmingpool, Krankenhäusern und prächtigen Villen. Der Eintritt der Japaner in den Zweiten Weltkrieg, der sich unmittelbar nach einem heftigen Erdbeben 1941 ereignete, zwang die Briten schließlich zum Abzug von der Insel.

Abgesehen von der anglikanischen Kirche und dem dazugehörigen, überwucherten Friedhof oben auf einem Hügel ist fast alles der tropischen Vegetation zum Opfer gefallen. Ein Ausflug auf die Insel stellt daher eine friedliche Abwechslung zum lauten Port Blair dar. Zu erreichen mit einem der in regelmäßigen Abständen an der Phoenix-Anlegestelle ablegenden Boote (tgl. 8.30, 10.30, 12.30 Uhr, Rückfahrt 8.45, 10.45, 12.40 Uhr, Rs60).

Corbyn's Cove und Chiriya Tapu

Der beste Strand in Reichweite der Hauptstadt liegt 6 km südöstlich bei **Corbyn's Cove**, ein kleiner, gebogener Streifen weißen Sandes vor der Kulisse sich wiegender Palmen. Hier steht ein großes Hotel, doch das Wasser ist nicht besonders sauber, und spärlich bekleidete Sonnenanbeter müssen damit rechnen, reges Interesse bei ganzen Trupps einheimischer Arbeiter zu erwecken.

Wer mehr Abgeschiedenheit sucht, nimmt ein Moped oder Taxi und fährt 30 km Richtung Süden nach **Chiriya Tapu** („Vogel-Insel") an der Spitze von South Andaman. Der befahrbare Weg, der hinter diesem kleinen Fischerdorf durch dichten Dschungel führt, endet bei einer großen Bucht, in der die Sümpfe in mit Muscheln übersäte Strände übergehen. Außer um die Mittagszeit, wenn oft ganze Busladungen ihre Pause machen, ist der Strand, von dem aus Waldpfade landeinwärts führen, ruhig und friedlich, und in leicht erreichbarer Nähe befindet sich ein vorgelagertes Riff.

Allerdings ist das Wasser hier nicht annähernd so klar wie an manchen anderen Stellen des Archipels. Von hier aus gelangt man nach **Cinque Island** (S. 1024), ein paar Stunden weiter südlich.

Wandoor und Mahatma Gandhi National Marine Park

Der weitaus begehrteste Ausflug von Port Blair ist die Bootsfahrt von Wandoor, 35 km südwestlich, zur einen oder anderen der 15 Mini-Inseln, die den **Mahatma Gandhi National Marine Park** ausmachen. Es ist zwar eine reine Touristenattraktion, doch die Fahrt lohnt sich, denn sie führt zu einem der artenreichsten Korallenriffe der Region – Nachteil: Der Eintritt zum Park kostet für Ausländer Rs500 (Rs50); Abfahrt der Boote in Wandoor tgl. außer Mo um 10 Uhr, Rs100–300 plus Eintrittsgebühr. Man kann im Rahmen einer **Tour** von A&N Tourism oder mit einem Lokalbus zur Ablegestelle von Wandoor gelangen, aber am meisten Spaß macht es, wenn man mit einem Leih-Moped hinfährt.

Der lange weiße Strand von **Wandoor** ist mit knorrigen, verdorrten Baumästen übersät – Hinterlassenschaft der alljährlichen Wirbelstürme –, und nicht von Palmen, sondern von dichtem Wald gesäumt, in dem unzählige Vögel nisten. Schnorcheln sollte man hier nur bei Flut, denn die Korallen nehmen schnell Schaden, wenn das Wasser zu seicht ist. Von der Anlegestelle aus schippern die Boote durch von Mangrovensümpfen und unberührten Wäldern eingerahmte Wasserwege manchmal zur **Red Skin Island**, öfter jedoch nach **Jolly Buoy**. Letztere, eine idyllische, menschenleere Insel, bietet einen makellosen Muschelsandstrand, umringt von einer traumhaften Korallenbank. Leider hält das Boot hier nur rund eine Stunde, längst nicht lange genug, um die Küste und das Riff zu erkunden. Beim Schnorcheln abseits der Riffkanten ist auf **gefährliche Strömungen** zu achten.

Mount Harriet

An den dicht bewaldeten Hängen des Mount Harriet lässt es sich im Rahmen eines Tagesausflugs von Port Blair gut wandern. Man kann eine der Passagierfähren (alle 30 Min.) von Chatham Jetty nach **Bamboo Flats** oder eine der achtmal täglich zwischen 5.30 und 20.30 Uhr ablegenden Autofähren von der Phoenix Bay nehmen. Von Bamboo Flats führt eine hübsche, 7 km lange Wanderung an der Küste entlang Richtung Osten und dann auf einem Waldpfad nach Norden zum 365 m hohen Gipfel hinauf, wo sich herrliche Ausblicke über die Bucht eröffnen. Ab und zu befährt ein Bus die Strecke zwischen Bamboo Flats und **Hope Town**, dem Ausgangspunkt des Pfades; die Busfahrt erspart 3 km Fußmarsch. Jeeps und Taxis befördern Passagiere bis ganz nach oben, verlangen aber mindestens Rs300. Der Eintritt zum **Mount Harriet National Park** kostet Rs250 (Rs25), doch der Schlagbaum befindet sich an der Straße – wer den Pfad nimmt, wird daher möglicherweise nicht zur Kasse gebeten.

Inseln nördlich von Port Blair

Auf der Permit-Karte, die man bei der Ankunft auf den Andamanen ausgehändigt bekommt, ist eine Liste sämtlicher Inseln des Archipels abgedruckt, die besucht werden dürfen. Die meisten befinden sich nördlich von Port Blair. Angesichts der erheblichen Entfernungen, die es zu überbrücken gilt und der bisweilen unzulänglichen Verkehrsverbindungen zwischen den Inseln ist es äußerst ratsam, gleich bei der Ankunft zu wissen, wohin die Reise gehen soll, statt die erstbeste Fähre zu nehmen, die an der Phoenix-Anlegestelle ausläuft.

Nachdem sie den weiten Weg zu den Andamanen gemacht haben, ist es eigentlich erstaunlich, wie viele Touristen schnurstracks die einzigen beiden erschlossenen Inseln des Archipels ansteuern: **Neill** und **Havelock**, beide von Port Blair aus unschwer zu erreichen. Eine unternehmungslustige Minderheit nimmt dann sogar noch eine Fähre auf die wenig erschlossene **Long Island**. Um weiter nach Norden zu gelangen, wo der Tourismus eine untergeordnete Rolle spielt, nimmt man am besten den Bus entlang der berüchtigten **Andaman Trunk Road** („ATR"). Er bringt einen in die maroden Ortschaften Rangat oder Mayabunder am Süd- bzw. Nordzipfel Middle Andamans oder auch direkt nach Diglipur in North Andaman. Alternativ gibt es auch Fähren nach Rangat und Arial Bay, dem Hafen von Diglipur.

Auf Middle und North Andaman sowie deren kleineren Nebeninseln sind Unterkünfte absolute Mangelware. Abgesehen von einer Handvoll neuer A&N Tourism-Hotels (im Voraus in Port

Blair zu buchen), bieten einige einfache und mitunter düstere Übernachtungsmöglichkeiten. Vorzuziehen sind aber die Rest Houses von APWD (S. 1020, Kasten).

Wer sich außerhalb bewohnter Gegenden bewegen möchte, muss auf harte Bedingungen eingestellt sein, d. h. Fortbewegung in Fischkuttern, Schlafen am Strand oder in der Hängematte und Essenszubereitung auf dem Campingkocher. Doch dafür wird man reich entschädigt. Die Strände, Buchten und Riffe der äußeren Andamanen, eingerahmt von dichten Wäldern, der Heimat in allen Farben schillernder Vögel und Insekten, wimmeln nur so von Riesenkrabben, Pythons und Schildkröten bis zu Delfinen, Haien, Teufelsrochen und der einen oder anderen urtümlichen Seekuh (Dugong).

Unabdingbare Voraussetzungen für Abstecher in die Wildnis sind ein strapazierfähiges Moskitonetz, eine Schlafmatte (oder Hängematte), ein großer Plastik-Wasserkanister, ein hoch dosiertes Antiseptikum für Schnittwunden und Stiche (an vielen Stränden herrscht eine echte Sandfliegenplage) und vor allem Jodtabletten zur Wasserentkeimung – in Flaschen abgefülltes Wasser gibt es so gut wie nirgendwo. Überall sollte man allergrößte Rücksicht auf die Einheimischen nehmen, indem man ihnen keinerlei Müll hinterlässt (mitnehmen oder verbrennen) und sich angemessen kleidet (Nacktheit ist tabu).

Neill

Die winzige, dreieckige Insel Neill, knapp zwei Stunden nordöstlich von Port Blair gelegen und mit einer schnellen Fähre zu erreichen, ist die südlichste bewohnte Insel des **Ritchie's Archipelago** und fungiert als wichtigster Obst- und Gemüselieferant der Hauptstadt. Ihr von riesigen Tropenbäumen eingerahmtes, fruchtbares Zentrum besteht aus saftig grünen Reisfeldern, durchsetzt mit kleinen Gehöften und Bananenplantagen. Nach hiesigem Standard sind die Strände eher mittelmäßig, lohnen aber durchaus ein oder zwei Tage Aufenthalt entlang der Strecke von oder nach Havelock.

Auf Neill gibt es drei Strände, alle per Fahrrad leicht erreichbar (vom Anleger beim kleinen Basar die Gasse hoch). **Räder** gibt es an einigen Marktständen ab Rs40–50 pro Tag zu mieten.

Der beste Ort zum Schwimmen ist **Neill Kendra**, ein sanft geschwungener weißer Sandstrand beiderseits der Anlegestelle, vor dem Fischerboote dümpeln. Der Ort geht fließend in **Lakshmangar** über, das sich 3 km weiter nach Norden erstreckt; Anfahrt vom A&N-Hotel (s. u.) rund 20 Minuten der Straße folgen, bis sie in einen asphaltierten Weg übergeht, dann rechts ab. Hier schmiegt sich ein breiter Streifen weißen Muschelsandes um die Landspitze. Die Bedingungen zum Schnorcheln sind gut, doch das Wasser ist so seicht, dass man nur bei Flut problemlos hineingehen kann. Der Strand **Sitapur**, 6 km südlich am Südzipfel der Insel, ist ungeschützt, daher sind hier die Wellen höher. Er ist aber sehr reizvoll und bietet den Vorteil, dass der sandige Boden bis ins Wasser reicht. Die Fahrt durch die Reisfelder im Landesinneren von Neill (mit dem Fahrrad oder dem stündlich verkehrenden Bus) ist recht angenehm, doch Tagesproviant muss mitgenommen werden, solange bis die Betreiber des Wild Orchid auf Havelock (s. S. 1018) hier 2009 ihr neues Lokal eröffnen.

Übernachtung

Die Insel verfügt inzwischen über 4 Unterkünfte: **A&N Tourism's Hawabill Nest**, 2 Min. zu Fuß von der Anlegestelle, ☏ 03192-282630, 🖥 www.and.nic.in. Ein Dutzend AC-Zimmer mit Sitzgelegenheiten im Freien rings um einen Hof und Restaurant, Buchung in Port Blair ratsam. ❹
Die 3 nichtstaatlichen Unterkünfte befinden sich alle in Lakshmangar oder auf dem Weg dorthin: **Cocon Huts**, vor dem Tango, gut 500 m vom Anleger, ☏ 03192-282528, ✉ coconhuts@yahoo.com. Ähnliche Auswahl an Hütten, doch die Bar lockt bisweilen ungehobelte Gäste aus dem Dorf an. ❶–❸

Hütten aus Bambus

Tango Beach Resort, direkt am Strand, ☏ 03192-282634, ✉ tangobeachresort@rediffmail.com. Das beste Hotel dieser Gruppe ist eine freundliche Unterkunft mit 2 Luxus- und 10 erheblich schlichteren Bambushütten. ❶–❹

Tauchen auf den Andamanen

Die Gewässer rund um die Andamanen und Nikobaren zählen zu den unberührtesten der Welt. Sie beherbergen eine reiche Unterwasserwelt. In einem einzigen Riff leben schätzungsweise 750 verschiedene Fischarten. Papageienfische, Hornfische und Engelbarsche tummeln sich zwischen Manta-Rochen, Riffhaien und Karettschildkröten. Viele Fisch- und Korallenarten kommen nur in dieser Gegend vor. Ein faszinierendes Kleinstlebewesensystem findet sich in den Asche- und erstarrten Lavabetten rings um die Vulkaninsel **Barren Island**. Einen Vorgeschmack auf das bunte Leben unter Wasser bekommt man schon beim Schnorcheln. Die meisten Hotels verleihen Masken und Schnorchel, doch die Ausrüstung ist bisweilen arg mitgenommen. Richtig nah heran und hinaus in tiefere Gewässer gelangt man allerdings nur beim Tauchen. Es ist ein unvergessliches Erlebnis, sich durch Korallenbetten zu schlängeln, Fischen direkt ins Auge zu schauen und Seite an Seite mit Delfinen und Barrakudas zu schwimmen.

Neben einem **Tauchveranstalter** in Wandoor (s. u.) beschränkt sich das Angebot derzeit auf Havelock, wo drei lizenzierte Tauchführer aktiv sind. Es lohnt sich aber zu fragen, ob woanders ein neuer aufgemacht hat. Preislich unterscheiden sie sich kaum; Teilnehmer mit Tauchschein zahlen für einen Tauchgang etwa Rs2000, für zwei Rs3000 und für drei Rs4000. Es gibt Sparpakete für unterschiedlich viele Tauchgänge, häufig mit Unterkunft und Verpflegung, sowie Discover-Scuba-Einführungskurse für Rs4500. Ein vier- bis fünftägiger PADI-Open-Water-Kurs kostet für Anfänger Rs16 000 und für Fortgeschrittene Rs12 000. Für 30 000 kann man es bis zum Divemaster bringen.

Anbieter:
Andaman Dive Club, 500 m vom Pier, ✆ 09932-17479. Indische Leitung. Ein voll ausgestattetes Schiff mit 12 Kabinen ermöglicht längere Exkursionen zu entlegenen Inseln.
Barefoot Scuba, Café del Mar bei Beach Nr. 3, weiter unten am Strand, ✆ 03192-282181, 🖥 www.barefootindia.com. Britische Leitung, vorwiegend westliche Lehrer. Professionellste Aufmachung, größtes und neuestes Ausrüstungs-Sortiment.
Dive India, ✆ 09831-802204, 🖥 www.diveindia.com, etwas weiter bei Island Vinnie's, ist der zweitgrößte Anbieter des Havelock-Trios.
Luca Diving, Wandoor, ✆ 09474-204508, geführt vom legendären Ex-Navytaucher Captain Bhart, ist der einzige Anbieter im Gebiet um Port Blair.

In der Unterwasserwelt der Andamanen stößt man nicht selten auf Schwärme von **Riffhaien**, die in den seltensten Fällen aggressiv reagieren, aber Vorsicht vor der schwarz-weißen **Seeschlange**. Sie greift zwar nicht oft an – und da sich ihre Fangzähne hinten im Kiefer befinden, ist die Wahrscheinlichkeit nicht sehr groß, dass sie ein menschliches Wesen zu packen bekommt –, doch ihr Biss ist 20-mal tödlicher als der einer Kobra.

Die steigenden Touristenzahlen wirken sich leider unweigerlich negativ auf das empfindliche ökologische Meeresgleichgewicht aus, und die finanziell unterversorgten Naturschutzorganisationen können wenig gegen die Schäden ausrichten, die von achtlosen Besuchern angerichtet werden.

Um sicherzustellen, dass man die Korallen nicht beschädigt, sollte man sich beim Tauchen oder Schnorcheln unbedingt an den **Green Coral Code** halten:

- Niemals eine lebende Koralle berühren oder darauf treten, sonst stirbt sie.
- Die Füße möglichst vom Riff weghalten, wenn man Flossen trägt: Die plötzliche Welle, die bei einem Fußstoß entsteht, kann schon ausreichen, um eine Koralle zu zerstören.
- Beim Abtauchen immer auf die Geschwindigkeit achten; Taucher, die hart auf einem Korallenbett landen, richten enorme Schäden an.
- Keine Korallen abbrechen, und nicht vergessen: Es ist verboten, tote Korallen als Souvenir mitzunehmen, selbst wenn es sich um Stücke handelt, die am Strand gefunden wurden.

Pearl Park Hotel, 2 km nördlich vom Tango, ☏ 03192-282510. Einige kleine Hütten und schickere, aber krass überteuerte AC-Bungalows. ❶–❺

Essen

Viele Gäste halten sich an die Restaurants ihrer Strandhäuschen, doch das bei Weitem beste Lokal ist das entzückende, freundliche **Gyan Garden**, 500 m außerhalb an der Straße nach Lakshmangar gegenüber dem Fußballplatz. Zu den Spezialitäten zählen frischer Fisch und veg. Gerichte mit Zutaten aus eigenem Anbau. Unter den wenigen, winzigen Lokalen im Basar serviert das Hotel Chand das leckerste Essen, auch wenn es ein bisschen fettig ist.

Transport

Tgl. legen in PORT BLAIR Schiffe nach Neill ab, die alle weiter nach HAVELOCK und teilweise auch nach RANGAT fahren.

Havelock

Havelock ist die größte und am intensivsten landwirtschaftlich genutzte Insel des Ritchie's Archipelago. Hier haben sich – wie auf vielen Inseln der Region – nach der Landesteilung zahlreiche Flüchtlinge aus Bengalen niedergelassen. Dank der regelmäßigen Fährverbindung mit der Hauptstadt ist auch der Zustrom von Touristen größer als anderswo auf den Andamanen. In den letzten Jahren tummelten sich hier während der Hochsaison weit über 400 Touristen, was allerdings erst 2007 offensichtlich wurde, als die Mietpreise in die Höhe schnellten und erste Touristenläden eröffneten.

Die Haupt-Schiffsanlegestelle befindet sich am Nordrand der Insel bei einem Dorf namens **Beach Nr. 1**.

Nach der polizeilichen Meldung beim Verlassen des Schiffs macht man sich am besten auf eigene Faust auf den Weg zur gewünschten Unterkunft. Bei Vorausbuchung organisieren die meisten Hotels aber auch einen Abholservice. Zur Zeit der Recherche baute die Barefoot-Gruppe gerade ein großes Umwelt- und Informationszentrum am Hafen. Täglich fahren 5 Busse nach **Radhnagar** (Beach Nr. 7) aber nur einer – am frühen morgen – an die Ostküste, wo die meisten Unterkünfte zu finden sind. Dorthin gelangt man auch mit einer Motor-Riksha (Rs40–50), oder man mietet sich für ein paar Tage einen Roller, ein Motorrad (beides Rs200–250 pro Tag) oder ein Fahrrad (Rs50 pro Tag). Die einzige Möglichkeit zum Geldwechseln auf der Insel bietet die State **Cooperative Bank** am Hauptbasar, 2 km landeinwärts. ⏱ Mo–Fr 9–13, Sa 9–11 Uhr.

Die Insel

Havelocks gesellschaftlicher Mittelpunkt ist nicht das Städtchen um den Pier, das außer ein paar Ständen, schäbigen Hütten, einem einzelnen Restaurant und der Polizeistation nicht viel zu bieten hat – sondern der Haupt-Basar, 2 km vom Pier entfernt, jenseits von Beach Nr. 2. Hier ist die Auswahl an Geschäften und Lokalen deutlich größer, es gibt eine Bank (die einzige) und die wichtigste Kreuzung der Insel. Um nach **Radhnagar** (alias Beach Nr. 7) zu gelangen, biegt man von der Ostküstenstraße beim Beach Nr. 3 nach rechts ab. Der Weg führt an mehreren, von Bananenhainen und Reisfeldern eingerahmten Weilern vorbei durch wunderschönes Waldgelände zu einem 2 km langen Bogen perfekten weißen Sandstrandes hinab, der von riesigen *mowhar*-Bäumen gesäumt wird und häufig als schönster ganz Indiens beschrieben wird. Das Wasser ist herrlich türkisfarben, und obwohl es nur wenige Korallen gibt, findet man eine bunte Unterwasserwelt vor, insbesondere zwischen den Felsen um die Ecke vom Hauptstrand (bei Ebbe zugänglich). Der größte Nachteil sind die nervtötenden Sandfliegen, die das Sonnenbaden zu einem zweifelhaften Vergnügen machen können.

Da Radhnagar Brutplatz einer Kolonie von **Bastardschildkröten** ist, steht der Ort unter dem Schutz des Forest Department. Die Tierhüter achten streng darauf, dass Touristen nicht am Strand schlafen oder Lagerfeuer entzünden. An der Straße zum Strand werden **Elefantenritte** für Rs20 pro Person angeboten. Es verkehren fünfmal täglich (10–16 Uhr; Rs40) Busse zwischen Radhnagar und Anleger. Etwa 2 km bevor die Straße nach Radhnagar hinabführt, zweigt rechts ein Pfad ab, der über einen Hügel und durch verstreute Siedlungen zum ursprünglicheren **Elephant Beach** führt. Hier gibt es Korallenriffe, die vom Ufer aus erreichbar sind, und man kann herrlich schnorcheln. Es ist jedoch nicht ganz einfach, auf eigene Faust hierher zu finden. Die Abzweigung von der Hauptstraße liegt in einer scharfen Kurve an einer kleinen Lichtung mit einer Anschlagtafel des Forest Department. Weiter fragt man sich am besten bei den Einheimischen durch.

Biegt man nach links ab und fährt durch die belebteren Teile des Hauptbasars, führt die Straße zu Beach Nr. 3 und 5, wo die meisten Strandhütten und Hotels zu finden sind. Wie vor Neill sind diese Oststrände mit goldweißem Sand absolut malerisch, aber sehr schmal. Schwimmen ist bei Ebbe fast unmöglich, da sich das Wasser über Korallentrümmer und Felsen zurückzieht. Hinter Beach Nr. 5 führt die Straße mehrere Kilometer weiter nach Süden, schwenkt dann etwas landeinwärts, um sich schließlich bei **Kalapathar Beach** zu verlieren. Hier kann das Elefanten-Trainingscamp des Forest Department besichtigt werden. Es ist aber nicht gerade schön anzusehen, wie die sanften Riesen mit schweren Knüppeln „trainiert" werden. Die ganze Südhälfte von Havelock besteht aus undurchdringlichen Wäldern.

Übernachtung

Als einziges, voll erschlossenes Touristengebiet in den Andamanen bietet Havelock fast 30 Unterkünfte von einfachsten Hütten bis zu luxuriös ausgestatteten Landhäusern. Nur Hotels im eigentlichen Sinn gibt es keine. Die Preise sind stark saisonabhängig; Mitte Dezember bis Mitte Januar können sie um bis zu 50 % steigen, während sie zwischen Mai und Oktober deutlich sinken.

Ostküste

Barefoot at Havelock, ✆ 03192-220191, 🖥 www.barefootindia.com. Havelocks luxuriöseste Anlage mit lüftergekühlten Doppelhäusern, „Nicobari"-Hütten und klimatisierten „Andaman"-Villen. Größtenteils ansprechende Holzbauten mit Reetdach. ❽–❾

Café del Mar, ✆ 03192-282343, 🖥 www.barefootindia.com. Billigfiliale und Tauch-Center von Barefoot. Vermietet feste Hütten mit Bad oder kleine Zelte. ❷–❺

Hütten mit eigenem Bad

Pristine Beach Resort, hinter Café del Mar, ✆ 03192-282344, 🖥 www.pristinebeachresort.com. Eine sehr freundliche und gesellige Option mit vielen Hütten (meist mit eigenem Bad), einem Doppelhaus und Internet-Café. ❶–❺

Dolphin Resort, ✆ 03192-282411, 🖥 www.and.nic.in. Ordentlichstes Hotel von A&N Tourism. Die freistehenden Betonbauten sind geräumig und komfortabel, es mangelt ihnen allerdings etwas an Atmosphäre. Bei Indern beliebter als bei Ausländern. ❹–❻

Eco Villa, Beach Nr. 2, ✆ 03192-282071. Alle Hütten mit Dusche, die meisten ziemlich klein. Einige sind 2-stöckig. Internetzugang. ❸

Emerald Gecko, Beach Nr. 5, ✆ 03192-282170, 🖥 www.emerald-gecko.com. Beste Budget- bis Mittelklasseunterkunft mit 10 einfachen Hütten (mit oder ohne Bad) und einem halben Dutzend schön gestalteter Häuschen. Inkl. Frühstück. ❸–❻

Happy Resort, Beach Nr. 2, ✆ 03192-282061, ✉ rajhavelock@yahoo.in. Eine der besten Billigalternativen. Mehrere einfache Hütten, alle mit Gemeinschaftsbad. Die Atmosphäre macht dem Namen alle Ehre. ❶

Harmony Resort, Knapp 1 km landeinwärts, an der Hauptstraße, ✆ 03192-282120. Hütten mit gemeinsamen Sanitäranlagen; etwas überteuert aber die einzige Billigoption in Strandnähe. ❷

Island Vinnie's, Beach Nr. 3, ✆ 03192-282187, 🖥 www.islandvinnie.com. Große, ansprechende Rajasthani-Zelte, z. T. mit Bad, machen einen Aufenthalt einzigartig und komfortabel. ❸–❺

Pooja Paradise, Kalapathar, ✆ 094742-10549. Teils einfache Hütten aber auch Betonhäuser. Dieses abgeschiedene Plätzchen ist eine tolle Alternative, wenn die bekannteren Hotels ausgebucht sind. ❶–❺

Wild Orchid, Beach Nr. 5, ✆ 03192-282472, 🖥 www.wildorchidandaman.com. Das mit Abstand exklusivste Resorthotel. Stilvolle Häuschen (teils mit AC), ein hervorragendes Restaurant und eine Lounge in entspannter Atmosphäre. ❽

Essen

Das **Restaurant**-Angebot auf Havelock hat sich deutlich verbessert. Einige der besseren Lokale haben sogar sehr gute ausländische Köche eingestellt. Alle Strandhütten-Cafés verkaufen westliche Speisen und einfache Currys, während wirklich authentische Gerichte (vorwiegend bengalisch) vor allem in den Siedlungs-Restaurants angeboten werden. **Bier** und gängige Spirituosen sind in den Touristengegenden erhältlich, aber nicht gerade billig – und der Nachschub aus Port Blair kommt ziemlich unregelmäßig.

Arati, Radhnagar. Der beste der einfachen Schuppen entlang des letzten Wegstücks zum Strand. Billige und gesunde bengalische Speisen für Rs40–80.

Mahua, hinter Radhnagar Beach. Gehört zu Barefoot, wird aber von einem sympathischen, italienischen Pärchen geführt und bietet schmackhafte, mediterrane Küche wie Pasta und griechischen Salat. Hauptgerichte ab Rs250.

Nala's Kingdom, Main Jetty. Das empfehlenswerteste Lokal am Pier bietet indische, chinesische und Fischgerichte für Rs50–100.

Poseidon, Pristine Beach Resort, Beach Nr. 3. Gutes, gastliches Restaurant, das verschiedene indische und westliche Gerichte sowie Seafood zubereitet; das in einer Kokosnussschale zubereitete Fisch-Special für Rs120 ist gut und günstig.

Red Snapper, Wild Orchid, Beach Nr. 5. Exzellente, gehobene Küche mit Seafood, sowie veg./nicht.-veg. Speisen, serviert in vornehmem Ambiente. Die meisten Dinergerichte kosten Rs200–300.

Bistro mit Liveunterhaltung

Blackbeard's Bistro, Emerald Gecko, Beach Nr. 5. Offener Essbereich mit Bar und Möbeln aus Recyclingholz. Für Rs120–200 werden hier ungewöhnliche Gerichte wie Ceviche und frischer Fisch in köstlich-kreativen Soßen aufgetischt. Es gibt auch eine Bühne mit regelmäßigen Liveauftritten.

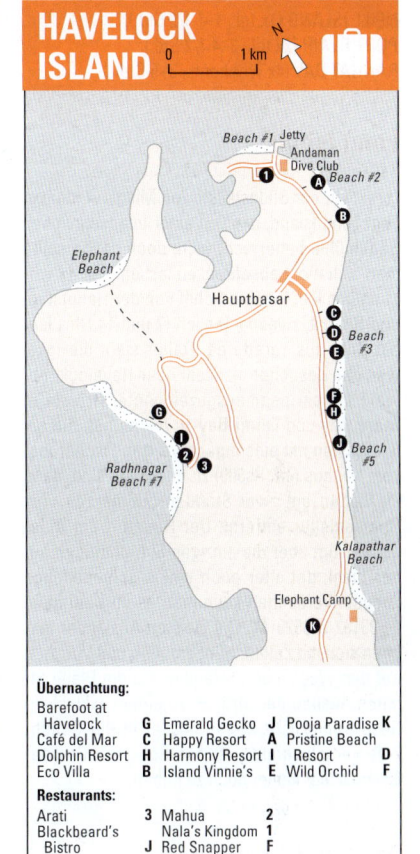

HAVELOCK ISLAND

Übernachtung:
Barefoot at Havelock		Emerald Gecko	J	Pooja Paradise	K
Café del Mar	C	Happy Resort	A	Pristine Beach Resort	D
Dolphin Resort	H	Harmony Resort	I		
Eco Villa	B	Island Vinnie's	E	Wild Orchid	F

Restaurants:
Arati	3	Mahua	2	
Blackbeard's Bistro	J	Nala's Kingdom	1	
		Red Snapper	F	

Sonstiges

Internet

Seit 2006 gibt es auf der Insel Internetanschluss. Zugänge bieten das etwas unglücklich benannte **Anus Internet** im Basar, der Laden an der Ecke nahe dem Dolphin Resort (s. S. 1018) und zwei der oben aufgeführten Gästehäuser. Alle verlangen überzogene Rs100–120 für eine langsame Verbindung, die hoffentlich bald durch Breitband ersetzt sein wird.

Transport

Schiffe von Havelock nach:
LONG ISLAND (4x wöchentl., 2–3 Std.),

NEILL ISLAND (1x tgl., 1–1 1/2 Std.),
PORT BLAIR (2x tgl., 2–4 1/2 Std.),
RANGAT BAY (4x wöchentl., 3–5 Std.).

Long Island

Direkt vor der Südostküste von Middle Andaman liegt Long Island, das von einer unansehnlichen Sägemühle beherrscht wird, doch davon sollte man sich nicht abschrecken lassen. Nur 4x wöchentlich legt hier ein Schiff von der Hauptstadt und Rangat, zweimal täglich (7 und 14 Uhr) legt ein Boot aus Yeratta ab. Daher sieht die Insel weniger Besucher als Neill oder Havelock, obwohl sie ein paar ausgezeichnete Strände in **Marg Bay** und **Lalaji Bay** zu bieten hat, die am leichtesten mit einem gecharterten Fischerboot vom Kai aus (ca. Rs500) zu erreichen sind, denn sie liegen gut zwei Stunden Fußmarsch vom Bootsanleger entfernt. Der Hauptort am Anleger verfügt über die einzigen Einrichtungen auf der Insel, darunter auch einige schmuddelige Lodges. Versuchen kann man es im **Kaniappa**, ✆ 03192-278529 ❶. Die meisten Ausländer machen sich mit Zelten, Hängematten und Vorräten auf den Weg zu den Stränden. Da die Pläne für einen Ausbau der Strände zu einem exklusiven Resort glücklicherweise wieder in der Schublade verschwanden, ist das Robinson-Crusoe-Erlebnis hier immer noch zu haben.

Middle Andaman

Für die meisten Traveller stellt Middle Andaman nur eine unvermeidliche Durchgangsstation auf dem Weg nach Norden oder zurück dar. Die berühmt-berüchtigte Andaman Trunk Road, beiderseits von Wald begrenzt, windet sich über lange Strecken durch Dschungel und überquert mittels einer rostzerfressenen Fähre die Meeresenge, die die Insel von Baratang trennt.

Die Grenzgebiet-Atmosphäre der Insel wird noch durch die Anwesenheit bewaffneter Busbegleiter und das Bewusstsein verstärkt, dass in den undurchdringlichen Wäldern westlich der ATR das **Jarawa Tribal Reserve** (S. 1004/1005) liegt.

Die nördlichere der beiden Hauptsiedlungen, **Mayabunder**, ist der Hafen des verführerischen Eilands **Interview Island** und aufgrund ihrer hübschen Lage am Meer ein kleines bisschen einladender als die weiter landeinwärts gelegene Ortschaft **Rangat**, doch keine lädt zum Verweilen ein.

Rangat und Umgebung

Die in der Südostecke von Middle Andaman gelegene Ortschaft **Rangat** besteht aus wenig mehr als zwei Reihen durch die ATR getrennte unhygienische *chai*- und Krämerläden. Da es sich jedoch um einen größeren Versorgungsort entlang der Strecke nach Norden handelt, führt kein Weg daran vorbei. Sofern irgend möglich, sollte man nicht in Rangat verweilen.

Am besten steigt man in den nächsten Bus nach Norden oder versucht, eine Mitfahrgelegenheit in einem Jeep zum **Amakunj Beach** – 9 km weiter nördlich und ideal zum Schwimmen oder Schnorcheln – oder nach Cutherbert Bay (alias Pro) – 6 km weiter in dieser Richtung – zu bekommen.

Rest Houses

Obwohl sie offiziell Regierungsbeamten und Ingenieuren vorbehalten sind, nehmen die APWD Rest Houses auch Traveller auf. Sie sind die besten und manchmal auch einzigen Unterkünfte in Middle und North Andaman. Um dort einkehren zu können, besorgt man sich am besten zunächst ein Empfehlungsschreiben vom **APWD Office in Port Blair**, vom Hotel Blair ein Stück die Straße hinauf, ✆ 03192-232294. Dabei müssen die genauen Reisedaten angegeben werden. Wer ohne dieses Schreiben auftaucht, wird möglicherweise abgewiesen. Die Chancen erhöhen sich erheblich, wenn man Fotokopien der Aufenthaltsgenehmigung, des Visums für Indien und des Reisepasses vorlegen kann. Einzelheiten zu bestimmten Unterkünften finden sich in den folgenden Abschnitten. Alle Rest Houses haben Standardpreise, in punkto Komfort bestehen allerdings Unterschiede. Alle haben DZ, die aber pro Bett abgerechnet werden (Rs200/400 mit/ohne AC) – gut für Alleinreisende.

Übernachtung und Essen

APWD Rest House, hübsche Lage auf einem Hügel nahe dem Basar mit Blick auf das Tal, ✆ 03192-274237. Die beste Adresse zum Übernachten und Essen (gute und sättigende Fisch-*thalis*). ❸–❹

Hawksbill Nest, A&N Tourism-Hotel, ✆ 03192-279159. Charakterlose aber komfortable Zimmer. Nie voll ausgebucht. ❸–❹

RG Lodge, an der Hauptstraße, ✆ 03192-274237. Recht neue und ordentliche Lodge. ❷

Sea Shore Lodge, nahe dem Pier, ✆ 03192-274464. Ideal, wenn man am nächsten Morgen eine Fähre erwischen muss. Am Weg zum Pier kann man sich an den bunt gemischten Ständen mit allerlei einfachen Gerichten verpflegen. ❷

Die besten Restaurants

Hotel MK, an der Hauptstraße, bietet einfache indische und chinesische Gerichte.
Hotel Star, an einer Straße zum kleinen Marktplatz, hat indische vegetarische und nicht-vegetarische Gerichte.

Transport

Busse
Täglich fahren staatliche Busse nach PORT BLAIR (5x tgl., 6–7 Std.) und nach MAYABUNDER (stündl., 2 1/2–3 1/2 Std.). Außerdem verkehren auf derselben Strecke einige Busse privater Unternehmen, die morgens auf ihrer Route nach Norden vorbeikommen.

Schiffe
Die 5 bis 6 Fähren, die tgl. von und nach PORT BLAIR (4x wöchentl., 9 Std.) fahren, legen an der Rangat Bay (alias Nimbutala), 8 km weiter östlich an. Manche laufen auch HAVELOCK ISLAND und LONG ISLAND an. Außerdem legen 2x tgl. Boote vom nahe gelegenen Yeratta nach LONG ISLAND ab.

Schiffe nach:
HAVELOCK ISLAND (4x wöchentl., 3–4 Std.),
LONG ISLAND (2–3x tgl., 1–1 1/2 Std.),
NEILL ISLAND (1–2x wöchentl., 4–6 Std.),
PORT BLAIR (1x tgl., 6–8 Std.).

Mayabunder

Rund 70 km nördlich von Rangat liegt auf einer langen Landspitze genau am oberen Rand der Insel die von Mangrovensümpfen umgebene Ortschaft Mayabunder, das Sprungbrett für einen Besuch der abgeschiedenen nördlichen Andamanen. Die Fahrt von Rangat dauert aber oft mehr als drei Stunden, weil der Bus immer wieder an der überraschend dicht besiedelten Strecke hält. Der Ort wird von einer großen Minderheit ehemaliger burmesischer **Karen** bewohnt, die ursprünglich von den Briten als billige Holzfäller hergebracht wurden. Mayabunder ist weitläufiger und netter als Rangat. Dort wo der Hügel zum Pier hin abfällt, befindet sich eine kleine, sechseckige Holzstruktur; das **Forest Museum/Interpretation Centre**, mit einem bunten Mix an Exponaten wie Schildkrötenpanzern, in Formaldehyd konservierten Schlangen, toten Korallen, dem Schädelknochen eines Krokodils und vielen wertvollen kleinen Infos.

Übernachtung

APWD Rest House, neben dem (relativ uninteressanten) Forest Museum, ✆ 03192-273211. Weitläufig und sehr nett, hübsche Gartenanlage mit Meerblick sowie ein Speiselokal, in dem gute Tagesgerichte angeboten werden. ❸–❹

Die einzigen anderen annehmbaren Unterkünfte in der Nähe:

Anmol Lodge, ✆ 03192-262695. Einige der Zimmer mit Bad haben auch TV. ❷

S&S Lodge, mitten im Basar, ✆ 03192-273449. Saubere Zimmer mit Gemeinschaftsbad. ❶

Die heruntergekommene und verwanzte **Lakshminarayan Lodge** sollte auf jeden Fall gemieden werden!

Swiftlet Nest, am Karmateng Beach, 14 km südöstlich, ✆ 03192-273495. Außer diesem A&N-Tourism-Hotel gibt es hier nichts. Theoretisch fährt 2x tgl. ein Bus dorthin (30 Min.); wenn er nicht auftaucht, muss ein Taxi oder eine Motor-Riksha her. ❸–❹

Transport

Busse
Die Busse aus PORT BLAIR fahren jetzt mindestens 2x tgl. weiter über die neue Brücke

nach DIGLIPUR auf North Andaman. In Richtung Hauptstadt verkehren auch einige Privatbusse, z. B. von Geetanjali Travels, sowie ein staatlicher Bus. Alle fahren morgens in aller Frühe ab.

Busse nach:
KARMATENG BEACH (2x tgl., 1/2 Std.),
PORT BLAIR (2–4x tgl. 9–10 Std.),
RANGAT (stündl., 1 1/2–3 Std.).

Schiffe
Es besteht eine Verbindung nach KALIGHAT (1x tgl., 2 1/2 Std.).

Interview Island

Mayabunder ist der Ausgangspunkt zur Interview Island, einem windgepeitschten Naturschutzgebiet vor der äußersten Nordwestküste von Middle Andaman. Wer der **Tierwelt** wegen auf die Andamanen gekommen ist, sollte Interview ganz oben auf seine Liste setzen. Abgesehen von einer Handvoll bemitleidenswerter Waldarbeiter, Küstenwachen und Polizisten, die nach hier abkommandiert wurden, um Wilderern das Handwerk zu legen, ist die große und überwiegend flache Insel unbewohnt. Ausländer dürfen hier nicht übernachten, und für einen Tagesausflug benötigt man zunächst eine Genehmigung vom Chief Wildlife Warden in Port Blair (S. 1010). Die Insel lässt sich nur mit einem privaten Fischerboot von der Anlegestelle in Mayabunder aus erreichen (ca. Rs500). Man organisiert dies am Vortag und sticht beim ersten Morgenlicht in See. Man sollte versuchen, den Bootsmann dazu zu bringen, den **Strand** an der Südspitze der Insel anzulaufen, wo sich in einer Höhle eine Süßwasserquelle befindet. Einer Legende nach hat diese Quelle, Nistplatz von Salanganen, keinen Boden.

Bei dem Waldposten, wo man ein Besucherformular ausfüllen muss, kann man die Wildhüter nach dem Aufenthaltsort der wilden **Elefanten** von Interview fragen, Nachkommen abgerichteter Arbeitselefanten, die in den 50er-Jahren von einem in Kolkata beheimateten Forstwirtschaftsbetrieb zurückgelassen wurden, nachdem das Unternehmen Bankrott gemacht hatte. An der Ostküste der Insel leben Salzwasserkrokodile.

North Andaman

Die mit dichtem Dschungel bewachsene Insel North Andaman ist die am spärlichsten besiedelte der großen Inseln in der Region. Nur einzige Straße verbindet die verstreuten Bengali-Siedlungen. In einigen Abschnitten wurde der Kahlschlag mächtig vorangetrieben, doch da es absolut keine befahrbaren Wege in die nördlichen und westlichen Gebiete gibt, wurde ein ausgedehntes Küstenwaldstück verschont, das sich von der Austin Strait im Südosten bis zum Nordzipfel Cape Price erstreckt; so bleibt immerhin ein Stück unberührter Wildnis auf den Andamanen erhalten. Die Fertigstellung des letzten Abschnitts der ATR und die 2002 eröffnete Brücke nach Middle Andaman werden möglicherweise einen neuen Zustrom von Siedlern mit sich bringen, nachdem der Hauptort **Diglipur** und der nahe gelegene Hafen **Arial Bay** bislang ein abgeschiedenes Dasein fristeten.

Kalighat

Durch die neue Brücke droht der Ort Kalighat, bislang Anlaufpunkt für Reisende aus Middle Andaman, in der Bedeutungslosigkeit zu verschwinden. Am Ende des Bootsstegs liegt eine kleine, bunte Ansammlung von Marktständen. Nichts spricht dafür, hier länger zu verweilen. Man kann nur hoffen, dass ein Bus wartet, mit dem es weiter nach Diglipur geht. Wenn nicht, kann man sich in eine der finsteren kleinen *chai*-Buden begeben und sich aufs Warten verlegen.

Das einzige besuchenswerte Plätzchen in der Umgebung ist **Ramnagar**, 10 km südöstlich von Kalighat und stündlich mit einem Bus zu erreichen. Hier gibt es einen schönen Sandstrand vor einem unberührten Wald, in dem man zelten kann. Allerdings sollte man besser versuchen, an einem der Stände in Kalighat ein **Fahrrad** zu mieten, denn der Strand liegt 2 km außerhalb des Basars von Radhnagar, der am nächsten gelegenen Stelle, wo Erfrischungen erhältlich sind.

Diglipur, Arial Bay und Umgebung

Diglipur, zu Kolonialzeiten Port Cornwallis genannt, die größte Ortschaft von North Andaman, ist ein weiterer trostloser Marktflecken, an dem sich Traveller wahrscheinlich nur so lange aufhalten, bis sie einen Kurzstreckenbus Richtung Norden und Küste erwischen. Besser setzt man seine Fahrt fort bis zum 9 km entfernten **Arial Bay**.

Noch empfehlenswerter ist es, sich weitere 9 km nach **Kalipur** zu begeben, das mehrmals tgl. per Bus erreichbar ist, denn nur fünf Minuten vom ANIIDCO Turtle Resort (s. u.) entfernt liegt ein malerisches, von Bäumen gesäumtes und mit Treibholz übersätes Stück Strand, zu erreichen auf dem Pfad, der an der scharfen Straßenkurve beim Hotel abzweigt. Schwimmen kann man dort am besten bei Flut, wenn die Gezeitentümpel überflutet sind.

Die Einheimischen beteuern, dass es möglich ist, von Kalipur aus den **Saddle Peak** zu besteigen, mit 737 m die höchste Erhebung der Andamanen. Er erhebt sich, von Dschungel eingerahmt, majestätisch im Süden. Die Erlaubnis zu der drei- bis viertägigen Bergwanderung muss beim Range Officer am Forest Check Post am Startpunkt des Wanderweges eingeholt werden, doch ohne einen ortskundigen Führer und viel Trinkwasser sollte man sich nicht auf den Weg machen.

Viele Touristen, die den Weg hier hoch finden, tun dies in der Absicht, die verschiedenen Inseln im Golf nördlich von Arial Bay zu erkunden, vor allem **Smith** und **Ross** (nicht zu verwechseln mit dem Namensvetter bei Port Blair). Auf beiden gibt es wunderschöne weiße Sandstrände, herrliche Korallenriffe und eine faszinierende Pflanzenwelt. Keine der beiden ist offiziell in der Aufenthaltsgenehmigung enthalten, doch Tagesausflüge werden nach Zahlung von Rs500 vom **Forestry Department** in Arial Bay genehmigt. Zur Zeit der Recherche war vorgesehen, auf Smith ein Gästehaus zu errichten und die Insel für Übernachtungen zuzulassen. Solange noch keine Fähre verkehrt, muss man, um auf die Inseln zu gelangen, für rund Rs400 ein Boot chartern. Ross soll weiterhin nur Tagesausflüglern zugänglich bleiben.

Übernachtung und Essen

Arial Bay
APWD Rest House, ☎ 03192-271230. Recht kleines Rest House auf einem Hügel mit Blick auf den kleinen Basar. ❸–❹
Während man auf das Schiff nach Port Blair (5x wöchentl., 8–12 Std.) wartet, ist der Gemischtwarenladen **Annu** die beste Adresse für einen Snack oder ein Bier.

Kalighat
APWD Rest House, ☎ 03192-273360. 3 Zimmer auf der Anhöhe am entlegenen Straßenende. ❸–❹
Essen kann man nur an den *chai*-Ständen im Basar.

Kalipur
Pristine Jungle Resort, auf der gegenüberliegenden Seite der unterhalb des Turtle Resorts vorbeiführenden Straße, ☎ 03192-271793. Neue Anlage mit Bambushütten. ❶–❹

Diglipur
APWD Rest House, auf dem Hügel oberhalb der Hauptstraße, ☎ 03192-272203. Die netteste Unterkunft im Ort. ❸–❹
Maa Yashoda Lodge, an der Hauptstraße, ☎ 03192-272258. Eine billigere Alternative. ❷
Das zentral gelegenen Restaurant **Ganga Devi** bietet vernünftige veg. und nicht-veg. Gerichte.
Ice Cube, an der Straße nach Norden, serviert chinesische und Tandoori-Gerichte.

Transport

Busse
Normalerweise fahren 4x tgl. Busse von Kalighat Richtung Norden nach DIGLIPUR. Sie sind bis unters Dach vollgestopft, aber die Fahrt dauert nur 45 Min.

Busse nach:
ARIAL BAY (alle 1–2 Std., 1/2 Std.),
KALIGHAT (4x tgl., 3/4 Std.),

> **Gut logieren im Niemandsland**
>
> **ANIIDCO Turtle Resort**, ☎ 03192-272553. In herrlicher Lage auf einer Anhöhe mit wunderbarer Aussicht landeinwärts und aufs Meer. Das für diese gottverlassene Gegend unglaublich große Hotel hat geräumige, saubere Zimmer mit Ventilator und ein Restaurant (nur für Hotelgäste). ❸–❹

KALIPUR (alle 1–2 Std., 3/4 Std.),
PORT BLAIR (2–3x tgl., 11–12 Std.).

Schiffe

Obwohl man mittlerweile per Straße über die Austin Bridge nach Diglipur gelangt, tuckert immer noch eine kleine Fähre durch eine schmale Mangrovenmündung von MAYABUNDER nach KALIGHAT (Abfahrt 1x tgl. 9.30 Uhr, Rückfahrt 12.30 Uhr) – eine langsamere, aber entspanntere Form der Anreise.
Von Arial Bay kehrt das Schiff aus PORT BLAIR normalerweise direkt in die Hauptstadt zurück (3x wöchentl., 13–14 Std.).

Weitere Inseln

Die übrigen, für ausländische Touristen zugänglichen Inseln der Andamanen lassen sich alle nur sehr mühsam erreichen und sind mit Ausnahme von **Little Andaman** – wo ein Grüppchen vom Stamm der Onge (s. S. 1004/1005) sich gegen die massive Zuwanderung indischer Tamilen und einheimischer Nikobaren behaupten konnte – unbewohnt. Die zwei Bootsstunden südlich von Chiriya Tapu auf South Andaman gelegene **Cinque Island** bietet traumhafte Tauchgelegenheiten.

Cinque Island

Cinque besteht genau genommen aus zwei Inselchen, bei Ebbe verbunden durch eine reizvolle, sandige Landenge, die bei Flut völlig überschwemmt wird. Hauptanziehungspunkt sind die sagenhaften Tauch- und Schnorchelgründe bei den Riffen. Allerdings zeugen Haufen toter Korallen am Strand von den Verwüstungen, die vor einiger Zeit von der indischen Kriegsmarine beim Bau der schicken „Cottages" mit Ausblick auf den Strand angerichtet wurden. Angeblich entstanden sie anlässlich des Besuches einer thailändischen VIP 1996, doch jetzt werden sie von Regierungsbeamten aus Port Blair als Feriendomizile genutzt.

Es gibt zwar keine **Fährverbindung** nach Cinque, aber in dem Dorf Chiriya Tapu auf South Andaman (S. 1013) lässt sich für rund Rs1000 pro Tag der Transport per Fischerkahn organisieren. Außerdem fahren die beiden Tauchveranstalter in Port Blair mit ihren Kunden regelmäßig hierher. Derzeit ist es verboten, auf der Insel zu übernachten.

Little Andaman

Mit ihrem Touristenvisum können Ausländer nicht weiter nach Süden reisen als bis Little Andaman. Der Großteil der Insel wird von einem Reservat der **Onge** eingenommen und ist daher für Besucher tabu. Es handelt sich zudem um die einzige für Ausländer geöffnete Insel, die 2004 von dem **Tsunami** schwer getroffen wurde. Obwohl einige Gebäude zerstört und 64 Menschen getötet wurden, hat sich Little Andaman gut erholt. Touristen sind allerdings selten anzutreffen. Täglich laufen Schiffe aus Port Blair (Rs20–50) in Hut Bay ein, von denen die schnelleren unter 6 Stunden Fahrzeit benötigen. Der Hauptort **Indira Bazaar** befindet sich 2 km nördlich und hat die einzigen Übernachtungsmöglichkeiten.

Sealand Tourist Home, ✆ 03192-284306, die beste Wahl im Ort, ist ein zweistöckiges Hotel in bester Uferlage aber ohne Meerblick, da alle Fenster ins landeinwärts blicken ❶. Das **Vvet Guest House**, ein Stück weiter, ✆ 03192-284155, hat einfache Zimmer, die etwas teurer, aber nicht besser sind als im Sealand. Ein netter kleiner Garten lädt zum Relaxen ein und etwa 500 m weiter gibt es – für den unwahrscheinlichen Fall, dass beide ausgebucht sein sollten – noch den kleinen Ableger **Cozy Cave** ❷.

Einfache Gerichte sind in Hotels wie dem **Snehu** oder **AG Bengali** erhältlich. Snacks – pikant und süß – gibt's am Kurinchi Parotta Stall.

Zwischen den beiden Gästehäusern gibt es einen Fahrradverleih. Die Räder für Rs40 pro Tag sind allerdings häufig alle im Einsatz.

Tamil Nadu

Stefan Loose Traveltipps

15 Mamallapuram Mit ihren Steinmetzwerkstätten, dem langen Sandstrand und der eindrucksvollen Pallava-Felsenkunst ist die Stadt das begehrteste Touristenziel des Bundesstaates. S. 1048

Puducherry Die ehemalige französische Kolonie hat das Flair einer französischen Hafenstadt bewahrt. S. 1063

Thanjavur Die Stadt wird von dem kolossalen Brihadishwara-Tempel beherrscht und darf sich einiger der schönsten Chola-Bronzen der Welt rühmen. S. 1078

16 Madurai Im Liebesnest von Shiva und seiner Gemahlin Meenakshi, dem bedeutendsten Tempel dieser lebendigen Stadt, finden im Laufe des Jahres zahlreiche bunte Feste statt. S. 1089

Kanyakumari Die heilige Stadt liegt an der Südspitze des Subkontinents, wo der Golf von Bengalen, der Indische Ozean und das Arabische Meer aufeinander treffen. S. 1102

Die Ghats Von den erfrischend kühlen Bergstationen Kodaikanal und Ooty aus lassen sich herrliche Wanderungen durch Bergwälder und Teeplantagen unternehmen. S. 1105 und S. 1111

Wenn Inder vom „Süden" sprechen, meinen sie gewöhnlich Tamil Nadu. Während Karnataka und Andhra Pradesh im Wesentlichen kulturelle Übergangszonen an der Grenze zum Hindi sprechenden Norden darstellen und Kerala wie Goa jeweils eine eigenständige, durch die Mischung unterschiedlicher Kulturen entstandene Identität haben, ist der große, Tamil sprechende Bundesstaat der Halbinsel Indiens dravidisches, hinduistisches Kerngebiet. Traditionell durch die weite Entfernung vom Norden und die militärische Stärke der Dekkan-Königreiche geschützt, war die Region über die Jahrhunderte den nördlichen Einflüssen weniger stark ausgesetzt als seine Nachbarn. Infolgedessen konnten die drei mächtigen Dynastien, die den Süden beherrschten – die Cholas, die Pallavas und die Pandyas –, im Laufe von über tausend Jahren weitgehend unbehelligt von moslemischen Feldzügen ihre eigenen religiösen und politischen Institutionen entwickeln. Das auffälligste Vermächtnis dieser langen kulturellen Blüte ist eine Reihe beeindruckender Tempel, deren gigantische Eingangstore *(gopuras)* noch immer nahezu jeden Ort, dessen Größe eine Bahnanbindung rechtfertigte, überragen. Den Anblick dieser riesigen pyramidenförmigen Bauten, die dichte Palmenhaine oder saftig grüne Reisfelder überblicken, beschrieb der britische Landschaftsmaler und Dichter Edward Lear als „überwältigend und unglaublich". Auch heute noch bleiben die in leuchtenden Farben erstrahlenden Gottheiten und mythologischen Figuren in den Nischen der Türme am längsten in der Erinnerung des Reisenden haften. (Näheres zu den Tempeln von Tamil Nadu s. S. 1052/1053, Kasten).

Die tamilischen Tempel sind lediglich die größten Landmarken in einem weiten Netz **heiliger Stätten** – Schreine, Badestellen, heilige Bäume, Felsen und Flüsse –, miteinander verbunden durch ein Geflecht alter Pilgerrouten. Tamil Nadu beherbergt 274 von Indiens heiligsten Shiva-Tempeln und 108 Tempel sind Vishnu gewidmet. Außerdem finden sich hier neben fünf Schreinen, die den fünf vedischen Elementen (Erde, Wind, Feuer, Wasser und Äther) geweiht sind, acht zu Ehren der Planeten. Hinzu kommen viele von Christen und Moslems verehrte Stätten. Diese Stätten, die sich von den hellorangefarbenen Felsen und Wäldern der Westghats über die fruchtbaren Deltas der Flüsse **Vaigai** und **Kaveri** bis zur Coromandel-Küste am Golf von Bengalen verteilen, wurden schon vor ein- bis zweitausend Jahren in den Hymnen der tamilischen Heiligen besungen. Bis heute hat sich so wenig verändert, dass diese religiösen Lieder in der Region nahezu unverfälscht noch weithin gesungen und verstanden werden.

Die lebendige Bindung der Tamilen an ihre alte dravidische Vergangenheit hat eine starke **nationalistische Bewegung** hervorgebracht. Mit einigen kurzen Unterbrechungen ist hier seit den 50er-Jahren stets eine der pro-dravidischen Parteien an der Macht, die ihre gegen das Hindi gerichtete, anti-brahmanische, proletarische Botschaft in erster Linie durch das Medium Film unters Volk bringen.

Tatsächlich entstammt die Mehrheit der politischen Führer Tamil Nadus seit der Unabhängigkeit der produktiven **Filmindustrie** des Bundesstaates. Inder aus anderen Teilen des Landes verspotten ihre südlichen Verwandten gern als „reaktionäre Reispflanzer", angeführt von „fanatischen Filmstars". Solche Stereotypen sind zwar mit Vorsicht zu genießen, unbestritten ist jedoch, dass die tamilische Lebensweise, die auf einer seit prähistorischen Zeiten ungebrochenen Tradition fußt, sich vom Rest des Subkontinents deutlich abhebt. Diese Gegend ist eine der letzten auf der Welt, wo eine klassische Kultur bis in die Gegenwart überlebt hat.

Die Hauptstadt des Bundesstaates, **Chennai** (ehemals **Madras**), ist der Festung am Meer, den Herrschaftshäusern und ihrem Ruf als herausragendes Zentrum der darstellenden Künste zum Trotz eine heiße, chaotische und laute indische Metropole mit verblassenden Überbleibseln aus der Zeit des Raj. Dennoch eignet sich die Stadt gut als Basis für eine Tour nach **Kanchipuram**, ein bedeutendes Pilgerzentrum und Stadt der Sari-Webkunst mit einer Fülle an Erinnerungsstücken aus ihrer glanzvollen Vergangenheit.

Einer der besten Ausgangspunkte für eine Tempeltour ist der nahe gelegene Küstenort **Mamallapuram**, der neben einigen hervorragenden, in Felsen gehauenen Beispielen der Pallava-Felsarchitektur auch einen langen, sehr schönen Strand bietet. Weiter südlich an der Küste liegt

TAMIL NADU

Puducherry (früher Pondicherry), eine ehemalige französische Kolonie und Heimat des berühmten Ashram Sri Aurobindo, während sich das benachbarte Wohnexperiment **Auroville** einen Namen als esoterisches Zentrum gemacht hat. Auf der Straße von Puducherry nach Süden gelangt man zurück auf die Tempelroute. Diese führt mit den außergewöhnlichen Bauten von **Chidam-**

baram, **Gangaikondacholapuram**, **Kumbakonam** und **Darasuram** in das ehemalige Reich der Cholas aus dem 10. Jh. Um jedoch einen Blick auf die besten Chola-Bronzen und die einmalige Bildkunst, die unter den Maratha-Rajas im 18. Jh. blühte, werfen zu können, muss man nach **Thanjavur** fahren. Einst vier Jahrhunderte lang die Chola-Hauptstadt, beherbergt die Stadt fast hundert Tempel. Hier ist auch die in ganz Tamil Nadu berühmte Tanzform Bharatanatyam entstanden.

Mitten im Herzen von Tamil Nadu liegt **Tiruchirapalli**. Die Handelsstadt nordwestlich von Thanjavur war für die Cholas von einigem Interesse, erreichte ihre Blütezeit aber erst unter späteren Dynastien, als der Tempelkomplex im benachbarten **Srirangam** zu einem der größten Südindiens ausgebaut wurde. Er wurde von den Nayaks aus dem weiter südlich gelegenen **Madurai** erheblich erweitert. Deren einstige Hauptstadt, der Pilger, Priester, Straßenverkäufer, Schneider und Touristen Leben verleihen, ist ein unvergessliches Reiseziel.

Rameshwaram auf der langen Landzunge Richtung Sri Lanka und **Kanyakumari** an der Südspitze Indiens (der Glück verheißende „Treffpunkt" des Golfs von Bengalen, des Indischen Ozeans und des Arabischen Meeres) sind bedeutende Pilgerzentren, die noch dazu eine willkommene kühle Brise und Meerblick bieten.

Tamil Nadus Tempel sind zwar eindeutig die Hauptattraktion des Bundesstaates, doch auch die Hill Stations **Kodaikanal** und **Udhagamandalam** (Ooty) im Westen des Bundesstaates sind beliebte Reiseziele auf den Touristenrouten zwischen Kerala und Tamil Nadu. Die üppig bewachsene Hügellandschaft bietet Ausblicke auf die Berge und sanfte Wanderwege durch Wälder, Tee- und Kaffeeplantagen. In den Teakholz-Wäldern des **Mudumalai Wildlife Sanctuary** und den Bambushainen des **Indira Gandhi Wildlife Sanctuary** in den Palani Hills lassen sich Wildtiere beobachten.

Die **Temperaturen** liegen in Tamil Nadu gewöhnlich um 30 °C, im Mai und Juni klettern sie im Binnenland jedoch oft auf über 40 °C an. Zu dieser Zeit gestattet die drückende Hitze nur das Herumsitzen in einem schattigen Café. Vom Südwestmonsun, der von Juni bis September weite Teile des Landes heimsucht, ist der Bundesstaat kaum betroffen: Die meisten Niederschläge fallen hier zwischen Oktober und Dezember, einer Zeit, in der auch gelegentlich Tropenstürme zu verzeichnen sind. Kühlere und regnerische Tage haben aber auch ihre Schattenseiten: Weiträumige Überflutungen unterbrechen oft Straßen- und Zugverbindungen, und die alles durchdringende Nässe kann unangenehm werden. Der verheerende **Tsunami** vom Dezember 2004 hat Tamil Nadu schwer getroffen (s. S. 1030). Dessen ungeachtet war die touristische Infrastruktur schnell wieder aufgebaut und die Besucherzahlen pendelten sich auf Normalniveau ein.

In ganz Tamil Nadu gibt es gute und vielfältige **Übernachtungsmöglichkeiten**. Alle Orte, außer den ganz kleinen Dörfern, bieten Unterkünfte für jeden Geldbeutel. Die meisten Hotels verfügen über **Restaurants**, die ebenso wie die örtlichen Speiselokale meistens üppige *thalis* (die hier einfach als „meals" bezeichnet werden) servieren – mit einer Spur Tamarinde und auf Bananenblättern dargereicht. Die einheimische Küche ist fast ausschließlich vegetarisch. Wer Appetit auf nordindisches oder westliches Essen verspürt, sollte eines der größeren Hotels oder der gehobeneren Restaurants in den Städten ansteuern.

Geschichte

Seit dem 4. Jh. v. Chr. wird Tamil Nadu von seiner mehrheitlich dravidischen Bevölkerung geprägt, deren Ursprünge im Dunkeln liegen und die sich äußerlich von der Nordindiens unterscheidet. Die Sprache entwickelte sich ebenso wie die Gesellschaftsordnung unabhängig. Die Trennung zwischen hochkastigen Brahmanen und niedrigkastigen Arbeitern war hier schon immer schärfer als im Norden – und diese Kastenunterschiede beherrschen bis heute das politische Leben des Bundesstaates.

Der Einfluss der mächtigen *janapadas* (Stammeskönigtümer), die sich im Norden im 4. bis 3. Jh. v. Chr. etabliert hatten, erstreckte sich nach Süden bis zum Dekkan, sie fielen jedoch nur selten in **Dravidadesa** (das Tamilenland) ein. Dieses Gebiet, das die heutigen Bundesstaaten Kerala und Tamil Nadu umfasste, wurde von drei Dynastien regiert: den **Cheras**, die über den größten Teil der Malabar-Küste (Kerala) herrschten, den **Pandyas** im tiefen Süden und den **Cholas**, deren Reich sich entlang der östlichen Coromandel-

Küste erstreckte. Der indo-römische Handel mit Gewürzen, Edelsteinen und Metallen blühte zu Beginn der christlichen Ära, als der heilige Thomas im Süden eintraf, ließ jedoch nach, als Handelsbeziehungen mit Südostasien geknüpft wurden.

Im 4. Jh. errichtete die **Pallava-Dynastie** ein mächtiges Königreich, das sich in **Kanchipuram** konzentrierte. Im 7. Jh. waren die Nachfolger des ersten Pallava-Königs, Simhavishnu, in Kämpfe mit den südlichen Pandyas und den Armeen der weiter westlich in Karnataka ansässigen Chalukyas verwickelt. Die Jahrhunderte der Pallava-Herrschaft sind jedoch nicht nur von Schlachten und territorialer Expansion gekennzeichnet: Ihre Regierungszeit war auch eine Ära der gesellschaftlichen Entwicklung. Brahmanen wurden zur herrschenden Bevölkerungsschicht, in deren Verantwortung die den Tempeln geschenkten Ländereien und Reichtümer lagen. Mit dem Auftreten von *bhakti* (frommer Andacht) rückten Tempel ins Zentrum des religiösen Lebens, und die *sangam*-Literatur der Dichterheiligen begründete die Tanz- und Musiktradition, die zu Tamil Nadus kulturellem Markenzeichen wurde. Im 10. und 11. Jh. gewannen die **Cholas** wieder an Macht und beherrschten bald den größten Teil von Tamil Nadu sowie Andhra Pradesh. Sie unternahmen sogar Übergriffe auf Karnataka und Orissa. Von ihren glorreichen Siegen beflügelt, investierten die Cholas ihren neuen Reichtum in die Erbauung prächtiger und imposanter Tempel wie jenen in Gangaikondacholapuram, Kumbakonam oder Thanjavur.

Die **Vijayanagars**, die im 14. Jh. in Hampi (Karnataka) Fuß fassten, konnten moslemische Einfälle aus dem Norden abwehren und breiteten sich bis zum 16. Jh. über den größten Teil Südindiens aus. Sie läuteten eine neue Phase architektonischer Entwicklung ein, indem sie neue Tempel errichteten, ältere erweiterten und riesige *gopuras* (Tempeltürme) einführten. In Madurai gründeten Vijayanagar-Regenten, Nayaks, ein unabhängiges Königreich, dessen Einfluss bis nach Tiruchirapalli reichte.

Zur gleichen Zeit erfuhr der Süden seine erste bedeutende Einwanderungswelle aus **europäischen Siedlungen**. Zunächst kamen die Portugiesen, die in Kerala landeten und über ein Jahrhundert lang das indische Handelsmonopol innehatten, bevor Engländer, Holländer und Franzosen auf der Bildfläche erschienen. Die westlichen Mächte standen zwar mit den Indern überwiegend auf freundschaftlichem Fuße, sahen sich aber bald in territoriale Streitigkeiten verwickelt. Am heftigsten waren jene zwischen den in **Pondicherry** ansässigen Franzosen und den Briten, deren Hochburg seit 1640 Fort St. George in **Madras (Chennai)** war. Nach Schlachten auf See und zu Lande mussten die Franzosen sich mit Pondicherry begnügen, während die Ambitionen der Briten ihren Höhepunkt im 18. Jh. erreichten, als die East India Company Bengalen (1757) besetzte und ihre Stützpunkte in Bombay und Madras ausbaute.

Neben Aufständen gegen die Kolonialherrschaft erlebte Tamil Nadu auch anti-brahmanische Proteste, insbesondere die in den 20er und 30er-Jahren von der Justice Party angeführten. Mit der **Unabhängigkeit** 1947 ergab sich die Notwendigkeit von Bundesstaatsgrenzen, und 1956 wurde das Land auf der Basis von Sprachregionen unterteilt. Neben Andhra Pradesh und Kerala entstanden Mysore (später Karnataka) und die **Madras Presidency**. 1965 wurde die Madras Presidency zum Bundesstaat Tamil Nadu. Der zweite Teil des Namens stammt von den landwirtschaftlichen Verwaltungseinheiten der Cholas *(nadus)*.

Seit der Unabhängigkeit hat sich Tamil Nadus Industriesektor kontinuierlich erweitert. Bis 1976 war der Staat eine Hochburg der Kongress-Partei, doch dann errang die **DMK (Dravida Munnetra Kazhagam)**, die sich für die unteren Kasten einsetzt und die tamilische Identität beschwört, einen erdrutschartigen Sieg. Die gegen das Hindi und die Zentralmacht gerichtete DMK war sehr erfolgreich, bis der Filmstar **MGR** (M. G. Ramachandran) ausstieg, um die **AIADMK (All India Anna Dravida Munnetra Kazhagam)** zu gründen, mit der er bei den Wahlen 1977 einen leichten Sieg errang. Von seinen Fans geradezu vergöttert (und folglich auch gewählt), blieb MGR bis zu seinem Tod 1987 an der Spitze. Seither wechseln sich AIADMK – inzwischen geführt von **Srimati Jayalalithaa Jayaram**, einem Ex-Film- und Tanzstar und Protegée von MGR – und DMK an der Regierungsspitze ab. Aktuell ist letztere an der Macht und stellt den Ministerpräsidenten **M. Karunanidhi**. Mehr Infos zu diesem spannenden Polit-Drama stehen im Kasten auf S. 1035.

Der Tsunami und Tamil Nadu

Als am 26. Dezember 2004 die verheerende Flutwelle über Indien hereinbrach, bekam die Küste von Tamil Nadu die volle Wucht der Katastrophe ab. Die Wellen erreichten hier im Durchschnitt eine Höhe von 7–10 m und fraßen sich bei Puducherry rund 3 km landeinwärts, wo sie riesige Verwüstungen anrichteten. Etwa 8000 Todesopfer waren zu beklagen, Hotels und Restaurants in beliebten Ferienorten wie Mamallapuram trugen schwerste Schäden davon. Erschwerend wirkte sich aus, dass der Tourismus nach der Katastrophe praktisch zum Erliegen kam, sodass diejenigen, die vom Fremdenverkehr leben, doppelt getroffen wurden. Die Aufräumarbeiten gingen jedoch rasch voran, und bei Drucklegung waren fast alle Urlaubsziele und Attraktionen in Tamil Nadu wieder funktionsfähig. Besitzer und Betreiber zeigen sich optimistisch, dass die Region mithilfe der zurückkehrenden Einnahmen aus dem Tourismus wieder vollständig aufgebaut werden kann.

Chennai (Madras)

Chennai (oft ist noch der alte britische Name Madras zu hören) im Nordosten von Tamil Nadu im Golf von Bengalen ist mit einer Bevölkerungszahl von fast 6 1/2 Millionen Indiens viertgrößte Stadt. Die heiße, hektische, verkehrsreiche und laute Metropole ist der wichtigste Verkehrsknotenpunkt des Südens. Der internationale Flughafen ist ein etwas weniger stressiger Ankunftsort auf dem Subkontinent als Mumbai oder Delhi. Die meisten Touristen bleiben aber nur so lange, wie man braucht, um eine Fahrkarte in einen anderen Ort zu kaufen. Die Stadt selbst wartet nur mit wenigen Attraktionen auf, bietet jedoch schöne Beispiele von **Raj-Architektur**, christliche Pilgerstätten, hervorragende **Chola-Bronzen** im Government Museum sowie zahlreiche **klassische Musik- und Tanzveranstaltungen**.

Chennai ist wie Mumbai und Kolkata vergleichsweise modernen Ursprungs. Die Stadt wurde 1639 von der **British East India Company** auf einem 5 km langen Landstreifen zwischen den Flüssen Cooum und Adyar gegründet, einige Kilometer nördlich des alten tamilischen Hafens **Mylapore** und der portugiesischen Siedlung San Thome. Der befestigte Handelsposten, der am Tag des heiligen Georg 1640 fertiggestellt wurde, erhielt den Namen **Fort St. George**. Bis 1700 hatten die Briten benachbarte Territorien erworben (darunter Triplicane und Egmore). Im Laufe des folgenden Jahrhunderts breitete sich die Stadt als Hauptstadt der **Madras Presidency** – die den größten Teil Südindiens umfasste – weiter aus und sog viele umliegende Dörfer auf. Die Franzosen griffen die Briten wiederholt an, und 1746 gelang es ihnen schließlich, einen großen Teil der Stadt zu zerstören. **Robert Clive** („Clive of India"), damals ein Sekretär, wurde gefangen genommen, eine Erfahrung, die ihn dazu bewogen haben soll, Feldherr zu werden. Clive war unter den Ersten, die Madras bei der Rückeroberung durch die Briten drei Jahre später wieder betraten. Er machte die Stadt zu seinem Stützpunkt und ließ in der Folge die Befestigungen verstärken. (1759 überlebten die Briten so eine ein Jahr währende französische Belagerung.) Die Arbeiten wurden schließlich 1783 beendet. Zu dieser Zeit befand sich jedoch Kolkata (Kalkutta) bereits auf dem aufsteigenden Ast und Madras verlor seine nationale Bedeutung.

Die Renaissance der Stadt setzte nach der Unabhängigkeit ein, als sie sich zum Zentrum der tamilischen **Filmindustrie** und einer Brutstätte des **dravidischen Nationalismus** entwickelte. Die zwecks Betonung ihrer vorkolonialen Identität 1997 in Chennai umbenannte Metropole boomt, seit die indische Wirtschaft sich in den frühen 90er-Jahren unter den ehemaligen Premierministern Rajiv Gandhi und Narasima Rao ausländischen Investitionen geöffnet hat. Die Kehrseite dieses schnellen wirtschaftlichen Wachstums ist eine städtische Infrastruktur, die kurz vor dem Zusammenbruch steht. Armut, erdrückende Hitze und Umweltverschmutzung (Monat für Monat steigt die Zahl der Fahrzeuge um erschreckende 5000 Stück) hinterlassen wahrscheinlich einen stärkeren Eindruck von Chennai als der ins Auge stechende Reichtum seiner modernen, marmornen Einkaufspassagen.

> **Chennai oder Madras?**
>
> Der alte Stadtname „Madras" ist nicht der einzige, der in den letzten paar Jahren von pro-dravidischen Politikern ausradiert wurde. Mehrere Hauptstraßen der Stadt sind ebenfalls im Zuge eines anhaltenden Versuchs, die tamilische Hauptstadt zu „dravidisieren", umbenannt worden (die meisten neuen Namen ehren frühere nationalistische Politiker). Jedoch sind bei Weitem nicht alle Einwohner der Stadt für die jüngsten Änderungen – einige (vor allem ein großer Teil der Motor-Riksha-wallahs) scheinen sie gar völlig zu ignorieren. Das verwirrende Ergebnis ist, dass sowohl alte als auch neue Namen in Gebrauch sind. Wir haben in diesem Kapitel durchgehend die neuen Namen gebraucht.
> Die **Mount Road**, die Haupteinkaufsstraße durch das Zentrum, heißt jetzt Anna Salai; die **Triplicane High Road** im Osten, nahe dem Broadlands Hotel, wurde zur Quaide Milleth Salai; die **Poonamallee High Road**, die den Norden der Stadt von Ost nach West durchquert, heißt jetzt Periyar EVR High Road; die **North Beach Road**, entlang der östlichen Hälfte von George Town, wurde zu Rajaji Salai; die **South Beach Road**, der südliche Abschnitt der Küstenstraße, heißt jetzt Kamaraj Salai; die nach Westen verlaufende **Edward Elliot's Road** wurde in Dr Radha Krishnan Salai umbenannt; die **Mowbray's Road** ist auch als TTK Road bekannt; die C-in-C Road wurde zur Ethiraj Salai, und die **Nungambakkam High Road** heißt nunmehr Uttamar Gandhi Salai.
> Aus Gründen der politischen Korrektheit werden in diesem Buch die neuen Namen verwendet, doch die alten werden noch weithin verstanden und erregen keinen Anstoß – es sei denn, man unterhält sich gerade mit einem pro-dravidischen Aktivisten.

Orientierung

Chennai gliedert sich in drei Hauptgebiete. Der nördliche Bezirk, der von den anderen durch den Cooum-Fluss getrennt ist, beherbergt den Standort des ersten britischen Außenpostens in Indien, **Fort St. George**, sowie das Geschäftszentrum **George Town**, das sich während der britischen Besetzung entwickelte. Am südlichen Ende der Rajaji Salai liegt **Parry's Corner**, das Wahrzeichen von George Town und eine wichtige Bushaltestelle – immer nach dem grauen, als „Parry's" ausgewiesenen Hochhaus Ausschau halten.

Central Chennai, zwischen den Flüssen Cooum und Adyar gelegen und diagonal durchschnitten von der Hauptverkehrsader der Stadt, **Anna Salai**, ist das moderne Geschäftszentrum der Metropole. Östlich davon liegen das stimmungsvolle alte Moslemviertel **Triplicane** sowie eine lange, gerade **Marina**, wo Fischer ihre Netze ausbessern und mit kleinen Booten in See stechen und indische Touristen Saris und Hosen hochkrempeln, um ein bisschen im Wasser zu plantschen. Südlich von hier liegt nahe der Küste **Mylapore**, das im 16. Jh. von Portugiesen bewohnt wurde und den **Kapalishvara**-Tempel sowie die **San Thome Cathedral** beherbergt, beides Touristenattraktionen und Pilgerstätten.

Fort St. George

Anders als jedes andere Fort in Indien steht das im Osten der Stadt, gleich südlich von George Town in der Kamaraj Salai, mit Blick zum Meer gelegene Fort St. George mitten unter Verwaltungsgebäuden. Es gleicht eher einem Komplex gut erhaltener Kolonialhäuser als einer Festung, und in der Tat werden viele seiner Gebäude heute als Büros genutzt. Das Fort war das erste Bauwerk der Stadt Madras und der erste britische Besitz in Indien. Mit dem Bau wurde 1640 begonnen, die meisten Originalgebäude ersetzte man jedoch noch im 17. Jh., nachdem sie während französischer Belagerungen beschädigt worden waren. Das beeindruckendste Bauwerk ist das in Weiß und tiefem Schiefergrau angestrichene **Fort House** aus dem 18. Jh. mit seinen Kolonnaden. Daneben beherbergt das **Exchange Building** von bescheideneren Ausmaßen – der Sitz der ersten Bank von Madras – das hervorragende **Fort Museum**. Die Sammlung dokumentiert anhand von Porträts, Regimentsfahnen, Waffen, Münzen der East India Company, Orden, Briefmarken und Uniformen die wichtigsten Ereignisse während der britischen Besetzung von Madras. Der nied-

Chennai

Tamil Nadu

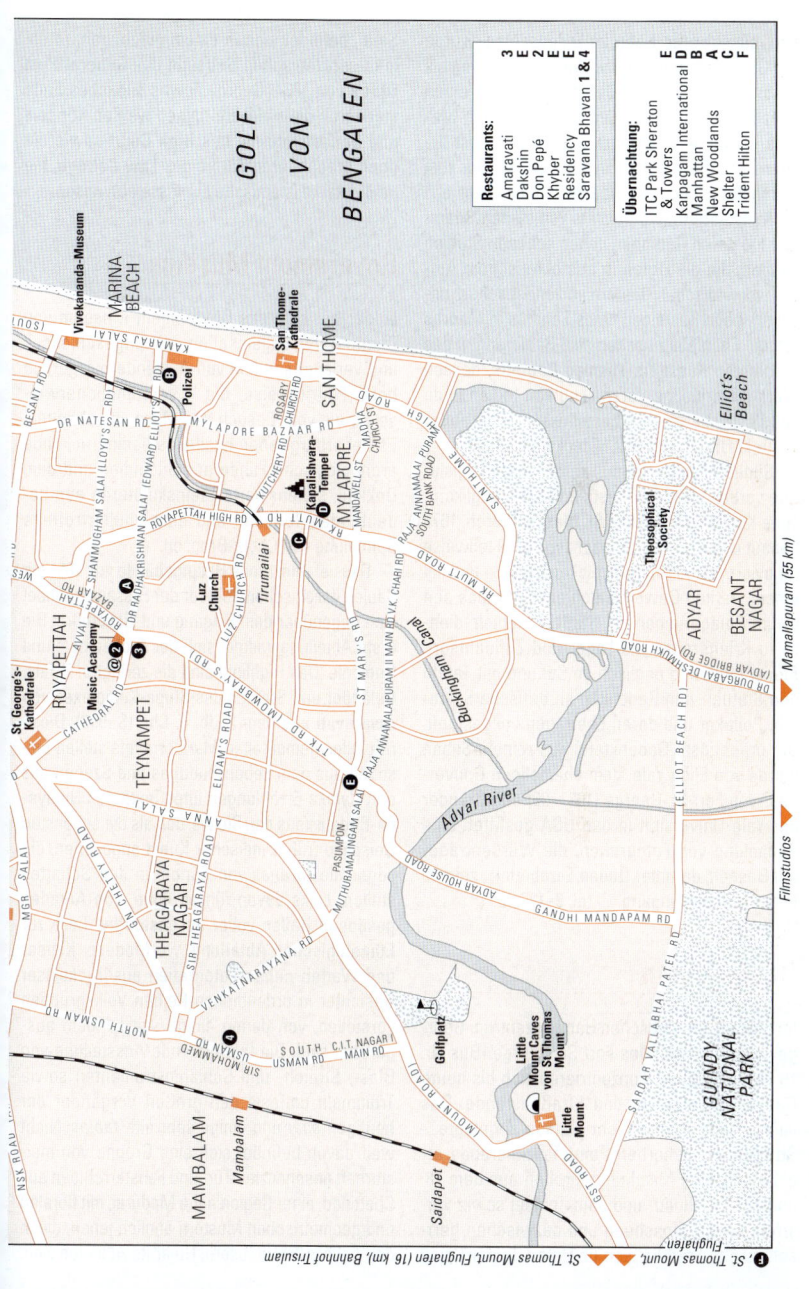

Restaurants:	
Amaravati	3
Dakshin	E
Don Pepé	2
Khyber	E
Residency	E
Saravana Bhavan 1 & 4	

Übernachtung:	
ITC Park Sheraton & Towers	E
Karpagam International	D
Manhattan	B
New Woodlands	A
Shelter	C
Trident Hilton	F

Tamil Nadu

Chennai (Madras)

rige, gusseiserne Käfig im Erdgeschoss wurde von China, wo er im 19. Jh. über ein Jahr lang als besonders sadistische Gefängniszelle für einen britischen Hauptmann gedient hatte, nach Madras gebracht. Das obere Stockwerk, einst die öffentliche Tauschhalle, in der sich Händler zum Geschäftemachen und Plaudern trafen, dient jetzt als **Kunstgalerie**, wo Porträts von steifen Beamten und deren Gattinnen neben schönen Studien hängen, die die Briten in aristokratischem Aufzug, von indischen Dienern im Lendenschurz begleitet, beim Besteigen eines Schiffes in Madras zeigen. Ebenfalls zu sehen sind Radierungen des berühmten Künstlers **Thomas Daniells**, dessen Werk die britische Vorstellung von Indien Ende des 18. Jh. maßgeblich beeinflusste. ⏲ tgl. außer Fr 10–17 Uhr, Eintritt Rs2, Videokamera Rs25.

Südlich des Museums, an der State Legislature vorbei, steht die älteste erhaltene anglikanische Kirche in Asien, die **St. Mary's Church**, 1678 gebaut und nach der Schlacht von 1759 teilweise renoviert. Die Kirche, aus dicken Mauern und einem starken Gewölbedach errichtet, das den vielen Belagerungen der Stadt standhielt, diente zu Kriegszeiten als Lager und Zufluchtsort. Sie ist eindeutig englisch im Stil und mit Tafeln und Statuen zum Gedenken an britische Soldaten, Politiker und deren Ehefrauen vollgestopft. Die prächtigste Gedenktafel aus reinem Silber, wurde von Elihu Yale, dem ehemaligen Gouverneur von Fort St. George (1687–96) und Gründer der Yale-Universität in den USA gestiftet. Eine Sammlung von Fotografien, die Würdenträger auf Besuch, darunter Queen Elizabeth II., zeigen, findet sich am Eingang. ⏲ tgl. 9–17 Uhr.

George Town

Im ehemaligen britischen Handelszentrum George Town, nördlich des Fort St. George (Bus Nr. 18 ab Anna Salai), konzentrieren sich bis heute Banken, Reedereien und Straßenstände. Das verwirrende – aber nicht planlos angelegte – Straßennetz beherbergt eine faszinierende architektonische Mischung: Kirchen aus dem 18. und 19. Jh., Hindu- und Jain-Tempel sowie verstreut einige Moscheen und dazwischen herrschaftliche Stadthäuser. Im Osten, in der Rajaji Salai, befindet sich in einem mächtigen, roten, indo-sarazenischen Gebäude das **General Post Office** von 1884. George Towns südliches Ende markieren die zwiebelförmigen weißen Kuppeln und Sandsteintürme des **High Court** sowie die noch prächtigeren Türme des **Law College**, die beide starke islamische Einflüsse aufweisen.

Government Museum

Leider hat sich das Government Museum von Chennai der Organisation ASI angeschlossen und verlangt seitdem von Ausländern ärgerlich hohe Eintrittpreise, die – verständlicherweise – viele vom Besuch des Museums abhalten. Es beherbergt aber zweifellos beeindruckende archäologische Funde aus Südindien und dem Dekkan, sehenswerte Steinskulpturen aus bedeutenden Tempeln und eine unübertroffene Sammlung von Chola-Bronzen.

Das tief rote, runde **Hauptgebäude** von 1851 mit Säulen italienischen Stils vor der Fassade befindet sich gegenüber dem Eingang und Ticketbüro. Die erste Abteilung widmet sich der Archäologie und Geologie. Das Highlight sind die zerlegten Tafeln, Geländer und Statuen des Stupa-Komplexes von **Amaravati** aus dem 2. Jh. n. Chr. (S. 993). Diese reizvollen gemeißelten Marmorreliefs stellen Episoden aus dem Leben Buddhas und Szenen aus den *Jataka*-Erzählungen alter Texte des Hinayana-Buddhismus dar. Sie werden als die schönsten Beispiele früher indischer Kunst angesehen, die sogar die *toranas* von Sanchi in den Schatten stellen. Links davon führen hohe, von Arkaden gesäumte Hallen voller ausgestopfter Tiere zur **Ethnologischen Abteilung**, wo Modelle, Kleider und Waffen neben Fotografien ausdrucksloser Gesichter in ordentlichen Reihen Volksgruppen vorstellen, von denen einige seit Langem ausgerottet sind. Die faszinierende Ausstellung von Blas-, Streich- und Schlaginstrumenten sowie Trommeln umfasst den großen Vorgänger der heutigen *sitar* und einige sehr alte *tablas*. Nicht weit davon befindet sich eine Gruppe von meisterhaft geschnitzten Tür- und Fensterrahmen aus Chettinad, einer Region nahe Madurai, mit floralen und geometrischen Mustern ähnlich jenen, die in den *havelis* (Holzhäusern) Gujarats zu finden sind.

Von Filmstars und Ministern

Ein bemerkenswerter Unterschied zwischen der Filmindustrie von Chennai und jener in Mumbai ist der Einfluss der Politik auf tamilische Filme – eine Verquickung, die auf die Ursprünge des regionalen Kinos zurückgeht, als die Geschichten, Themen und Charaktere traditioneller Volksballaden über Helden niederer Kasten, die Schurken höherer Kasten besiegen, entlehnt wurden. Diese Millionen bereits vertrauten, Robin Hood ähnelnden Stereotypen eigneten sich hervorragend als Propagandawerkzeuge für die im Entstehen begriffene tamilische nationalistische Bewegung, die Dravida Munnetra Kazhagam oder **DMK**. Es ist kein Zufall, dass der Parteigründer, **C. N. Annadurai**, ein erstklassiger Drehbuchautor war. Wie prominente Führer der tamilischen Kongress-Partei und Filmemacher der 30er- und 40er-Jahre auch nutzten er und seine Kollegen beliebte Filmgenres ihrer Zeit, um den Massen ihre politischen Ideen zu vermitteln. Aus dieser Politisierung der großen Leinwand entwickelten sich **Fangemeinden**, *rasigar manrams,* die zu Wahlzeiten eine Schlüsselrolle im Gewinnen von Anhängern für die nationalistischen Parteien spielten.

Der einflussreichste Fanclub aller Zeiten war jener, der gegründet wurde, um den Superstar Marudur Gopalamenon Ramachandran, Millionen einfach als **MGR** bekannt, zu unterstützen. Indem er behutsam ein politisches Image pflegte, das die Rolle des Volkshelden widerspiegelte, die er in Filmen spielte, gewann das einzelgängerische Idol der Nachmittagsvorstellungen fanatische Anhänger in der Landbevölkerung des Bundesstaates, insbesondere unter den Frauen, und stieg 1977 zum Ministerpräsidenten auf. Seine elf Jahre währende Regierungszeit wird von Liberalen noch immer als dunkles Kapitel in der Geschichte des Bundesstaates betrachtet (Korruption, Gewalttätigkeiten der Polizei, politische Säuberungen und organisiertes Verbrechen waren damals weit verbreitet). Als er 1987 verstarb, nahmen 2 Mill. Trauernde an seiner Beisetzung teil, und 31 vom Kummer überwältigte Anhänger verübten rituellen Selbstmord. Selbst heute noch wird MGRs Statue mit seinen Markenzeichen – Sonnenbrille und Mütze aus Lammwolle – in Zehntausenden von Straßenschreinen in Tamil Nadu verehrt.

MGRs politischer Schützling und spätere Nachfolgerin war ein Teenage-Filmsternchen namens **Jayalalitha**, die in einem Kloster erzogene Tochter eines Brahmanen, die MGR bei einer Tanzvorführung ihrer Schule entdeckte und, trotz des Altersunterschieds von über 30 Jahren, zu seiner Hauptdarstellerin und Geliebten machte. Das Paar trat zusammen in 25 Filmfolgen auf, und als MGR in die Politik ging, folgte ihm Jayalalitha und wurde mit seiner Witwe die Führerin der **AIADMK** (der Partei, die MGR gegründet hatte, nachdem er 1972 von der DMK ausgeschlossen worden war). Die mittlerweile wohlbeleibte Puratchi Thalavi („Revolutionäre Führerin"), überlebensgroß, in massigen Silberumhängen und mit schwerem Goldschmuck behangen, trieb den Kult um ihre Persönlichkeit selbst für indische Verhältnisse unverschämt weit. Jayalalithas erste Amtszeit als Ministerpräsidentin wurde jedoch mit den Wahlen 1996 nach Betrugs- und Korruptionsvorwürfen in einem ihr gemäßen, gewaltigen Ausmaß ein schmachvolles Ende bereitet. Trotz Verurteilung durch den High Court drängte sie ihren Erzrivalen **M. Karunanidhi**, Parteichef der DMK, aus dem Amt und gewann ihren alten Posten als Premierministerin von Tamil Nadu zurück, den sie dann für zwei Legislaturperioden – 2001 und 2002 bis 2006 – innehatte. Eine ihrer ersten Amtshandlungen bestand darin, sich an Karunanidhi zu rächen, indem sie ihn mit Tausenden seiner Anhänger unter Korruptionsvorwürfen inhaftieren ließ. Vorhersehbarerweise kehrte er zurück und schlug seine Rivalen in den Wahlen von 2006.

Der größte Schatz des Museums ist jedoch die moderne, gut beleuchtete Abteilung links des Hauptgebäudes, die die weltweit umfangreichste und beeindruckendste Sammlung an **Chola-Bronzen** (S. 1081) beherbergt. Im Zentrum stehen große Statuen von Shiva, Vishnu und Parvati, flankiert von Glaskästen mit kleineren Figuren, darunter mehrere Skulpturen von Shiva als **Nataraja**, dem Herrn des Tanzes, umgeben von einem Ring aus Feuer, seine Arme und Beine balancierend und den Kopf kokett in die Höhe gerichtet. Eine der schönsten Figuren ist **Ardhanarishvara**, die androgyne Form von Shiva (mit Shakti gemein ist ihr die transzendente Dualität), die linke Körperhälfte ist weiblich, die rechte männlich. Erstaunlich ist die Detailfreude: Eine runde Brust, eine zarte Hand und ein graziler, geschmückter Fuß bilden einen Kontrast zu den sehnigeren, kräftigeren Gliedern und dem Torso der anderen Seite, außerdem krönen die männliche Kopfhälfte verfilzte Haarmassen und Schlangen.

Ein **Kindermuseum** demonstriert anhand von nur wenig unterhaltsamen Modellen das Prinzip der Elektrizität und der Bewässerung, während die hervorragende indo-sarazenische **Kunstgalerie** alte britische Porträts, z. B. von Clive und Hastings, Miniaturmalereien aus der Rajputen- und Mogul-Zeit sowie eine kleine Sammlung von Elfenbeinschnitzereien zeigt. ⏱ Government Museum tgl. außer Fr 9.30–17 Uhr, Eintritt Rs250 (Rs10), Fotokamera Rs200, Videokamera Rs500. Zu erreichen mit Bus Nr. 11H von der Anna Salai bis Pantheon Road, südlich des Bahnhofs Egmore.

St. Andrew's Kirk

Gleich nordöstlich des Egmore-Bahnhofs, von der Periyar EVR High Road ab, steht die St. Andrew's Kirk. Die 1821 eingeweihte Kirche ist ein schönes Beispiel georgianischer Architektur. Nach dem Vorbild von Londons St. Martin-in-the-Fields errichtet, ist sie eine von nur drei Kirchen in Indien mit kreisförmiger Sitzanordnung, darüber eine riesige, blaue Kuppel mit goldenen Sternen, die von einer Reihe korinthischer Säulen gestützt wird. Eine Treppe führt zum Flachdach hinauf, das die Kuppel umgibt und von wo aus man an der massiven Glocke vorbei noch weiter hinauf zu einem winzigen Balkon klettern kann: Von hier hat man eine wunderbare Aussicht auf die Stadt.

Marina Beach

Die Marina (Kamaraj Salai), einer der längsten Stadtstrände der Welt, erstreckt sich vom Hafen am südöstlichen Ende von George Town über 5 km bis zur San Thome Cathedral. Die Anregung, Chennais Strand in eine attraktive und belebte Promenade umzuwandeln, geht auf Mountstuart Elphinstone Grant-Duff, Madras' Gouverneur von 1881 bis 1886 zurück. Im Laufe der Jahre sind zahlreiche Bauwerke entstanden, darunter moderne, surreal anmutende Gedenkstätten für die politischen Helden und Freiheitskämpfer Tamil Nadus. Weiter südlich passiert man das indo-sarazenische **Presidency College** (1865–71), eines von mehreren unverwüstlichen viktorianischen Gebäuden, aus denen sich die **Universität** zusammensetzt. Nebenan befindet sich das interessante Vivekananda Museum, im Gebäude eines Madras-Depots der Tudor Ice Company aus dem 19. Jh. Es ist Swami Vivekananda gewidmet, einem Heiligen des 19. Jhs. Der großartige Rundbau zeigt bestens erläuterte Fotografien aus dem Leben des rastlosen Hindu-Meisters, u. a. aus seiner Studienzeit in Ramakrishna, von seiner Teilnahme am Weltparlament der Religionen in Chicago und seiner späteren Lehrtätigkeit. ⏱ tgl. 10–12 und 15–19 Uhr, Mi geschl., Eintritt frei.

Der Strand selbst ist ein von Spaziergängern, Ausflüglern und Ponyreitern bevölkerter Streifen. Jeden Nachmittag versammelt sich eine bunte Menschenmenge auf dem hiesigen Markt. Allerdings leidet dieser Strandabschnitt sehr unter seiner Lage wenig südlich des Hafens, von dem Abfälle und übel riechende Rauchschwaden herüberwehen, und auch seine Funktion als Toilette für die Fischer trägt nicht gerade zur Betonung seiner Schönheit bei. Demzufolge sind Schwimmen und Sonnenbaden hier nicht zu empfehlen. Der Strand spielte außerdem eine tragische Rolle in der neueren Geschichte, da der Tsunami 2004 hier mehrere spielende Kinder mitgerissen hat.

Mylapore

Mylapore, südlich der Marina (Bus Nr. 4, 5 oder 21 vom LIC-Gebäude in der Anna Salai), war lange vor der Gründung von Madras eine bedeutende Siedlung. Der griechische Geograf Ptolemäus erwähnte sie im 2. Jh. n. Chr. als aufstrebende Hafenstadt. In der Pallava-Zeit (5.–9. Jh.) wurde sie an Bedeutung nur von Mamallapuram übertroffen.

Tamil Nadu

Die **San Thome Cathedral**, wie der Little Mount ein wichtiger Halt auf dem St.-Thomas-Pilgerpfad, markiert die östliche Grenze von Mylapore und liegt in Küstennähe am südlichen Ende der Marina. Der gegenwärtige neogotische Bau stammt von 1896, zuvor standen aber an derselben Stelle bereits zwei frühere Kirchen (die erste wurde möglicherweise im 10. Jh. von nestorianischen Christen aus Persien errichtet), die über dem Grab des heiligen Thomas erbaut wurden. Dessen sterbliche Überreste werden im Innern aufbewahrt und sind über einen unterirdischen Gang vom Museum im hinteren Bereich des Hofs zugänglich. ⏲ tgl. 6–20 Uhr.

Knapp 1 km westlich der Kathedrale steht der große, Shiva gewidmete **Kapalishvara-Tempel**. Tamilische Dichterheilige aus dem 7. Jh. sangen Loblieder auf ihn, doch das heutige Bauwerk stammt wahrscheinlich erst aus dem 16. Jh. Bis dahin nahm der Tempel vermutlich einen Standort an der Küste ein – Meereserosion oder eine Zerstörung durch Portugiesen führten zu seinem Wiederaufbau weiter landeinwärts. Der riesige (40 m hohe) *gopura* mit seinen vielen Stuckfiguren, der über den Haupteingang im Osten wacht, wurde 1906 hinzugefügt. Im Hof, der eine Ansammlung betriebsamer Schreine umfasst, in denen Priester Gläubigen wie Nicht-Hindus ihren Segen anbieten, steht ein alter Baum, wo ein kleiner, Shivas Gefährtin Parvati gewidmeter Schrein selbige in der Form einer Pfauhenne *(mayil)* zeigt, die einen Lingam verehrt.

Etwas weiter westlich, bevor man zur TTK Road kommt, steht in der Luz Church Road die **Luz Church**. Sie wurde im 16. Jh. von den Portugiesen errichtet und gilt als älteste Kirche Chennais. Mit der Gründung der Kirche ist ein Wunder verbunden: Portugiesischen Matrosen in Seenot wurde einst von einem Licht der Weg an Land und in Sicherheit gewiesen. Als sie dessen Quelle suchten, verschwand es. Die Kirche, Unserer Lieben Frau des Lichtes gewidmet, wurde dort errichtet, wo der Lichtschein sie verließ.

Little Mount Caves und St. Thomas Mount

Der Heilige Thomas soll in den Höhlen des Little Mount Zuflucht vor seinen Verfolgern gesucht haben. Der Hügel, 8 km südlich des Stadtzentrums ist mit Bus Nr. 18, B oder 52C von der Anna Salai aus zu erreichen. Der Eingang zu den Höhlen befindet sich neben den Stufen, die zu einer Statue von Our Lady of Good Health führen. Im Innern sind neben einem kleinen natürlichen Fenster im Felsen Abdrücke zu sehen, die angeblich die Hände des heiligen Thomas hinterließen, als dieser durch diese winzige Öffnung flüchtete.

Hinter der neuen runden Kirche Our Lady of Good Health mit hell angemalten Repliken der Pietà und des Heiligengrabes befindet sich eine natürliche **Quelle**. Der Überlieferung zufolge entstand sie, als Thomas gegen den Felsen schlug, damit die Massen, die kamen, um ihn predigen zu hören, ihren Durst stillen konnten. Proben dieses heiligen Wassers werden zum Kauf angeboten.

Der Überlieferung nach wurde der Heilige Thomas mit dem Speer erstochen, als er 11 km südlich des Stadtzentrums vor einem steinernen Kreuz auf dem St. Thomas Mount betete. Erreichbar ist die Stelle per S-Bahn – bis zum Bahnhof Guindy – und dann weiter zu Fuß. Die Kirche Our Lady of Expectation (1523) auf dem Gipfel des Berges ist über einen Kreuzweg mit 134 Granitstufen oder ein Serpentinensträßchen zugänglich. Oberhalb der Stufen steht ein riesiger alter Banyan-Baum, der den fastenden, betenden und singenden Gläubigen Schatten spendet.

Der Hauptsitz der Theosophical Society

Die Theosophical Society wurde 1875 in New York von dem Amerikaner Henry S. Olcott, einem Bürgerkriegsveteranen, gescheiterten Farmer und Journalisten, zusammen mit der exzentrischen russischen Aristokratin Madame Helena Petrovna Blavatsky, die behauptete, über magische Kräfte und telepathische Verbindungen zu den „Mahatmas" in Tibet zu verfügen, gegründet. Der Gesellschaft liegt der grundsätzliche Glaube an die Gleichheit und Wahrheit aller Religionen zugrunde. Tatsächlich propagierte sie aber eine moderne Form des Hinduismus, indem sie alles Indische rühmte und christliche Missionare mied. Deshalb wurden die beiden Gründer auch begeistert empfangen, als sie den Sitz der Gesellschaft 1882 nach Madras verlegten und ihre Zentrale nahe dem Elliot's Beach in Adyar einrichteten (Busse Nr 5, 5C und 23 C von George Town/Anna Salai).

Die Gebäude der Gesellschaft stehen immer noch. Sie beherbergen mehrere Schreine und eine hervorragende **Bibliothek** mit Literatur zu Religion und Philosophie, ⓒ Mo–Sa 8.30–10 und 14–16 Uhr. Die Sammlung, die von Olcott 1886 angelegt wurde, umfasst 165 000 Bände und fast 200 000 Palmblatt-Manuskripte aus der ganzen Welt, eine Auswahl ist in einem Ausstellungsraum im Erdgeschoss untergebracht. Darunter befinden sich 800 Jahre alte Rollen mit der Darstellung Buddhas, seltene tibetische Holzstiche, edle Korane, eine riesige Ausgabe von Martin Luthers *Biblia,* die vor 300 Jahren in Nürnberg gedruckt wurde, und eine Miniaturausgabe der Bibel in sieben Sprachen. Jeder ist eingeladen, sich umzuschauen, die volle Nutzung der Bücherei ist jedoch registrierten Mitgliedern vorbehalten (Rs30 Jahresbeitrag plus Rs200 Pfand).

Die 108 ha Wälder und Gärten, die den Hauptsitz der Gesellschaft umgeben, laden zum Ausruhen und Verweilen fern vom Lärm und von der Hitze der Stadt ein. Im Zentrum des Grundstücks steht ein riesiger, 400 Jahre alter **Banyan-Baum**, der der zweitgrößte der Welt sein soll. Er kann bis zu 3000 Menschen gleichzeitig Schatten spenden.

Übernachtung

In Chennai eine Übernachtungsmöglichkeit zu finden, kann schwierig werden, da die Hotels oft bereits gegen Mittag ausgebucht sind. Die Nachfrage hat die Preise in die Höhe getrieben, sodass nur einige wenige Unterkünfte unter Rs250 verlangen, wobei die billigsten jedoch einen besseren Standard aufweisen als in anderen Städten. Wer sparen möchte, sollte spätestens vom Bahnhof oder Flughafen aus telefonisch reservieren.

Die meisten Hotels der unteren und mittleren Preisklasse konzentrieren sich in Egmore um den Bahnhof und weiter östlich in **Triplicane**, einem moslemischen Markt- und Wohnviertel mit viel Atmosphäre. Die meisten Tophotels liegen im Süden der Stadt und bieten teilweise kostenlose Shuttle-Busse vom und zum Flughafen. Außerdem verfügen die meisten über ein eigenes südindisches bzw. internationales Restaurant. Aufgrund häufiger Wasserknappheit sollten Besucher so sparsam wie möglich mit dem kostbaren Nass umgehen.

Die unter „Außerhalb des Zentrums" aufgeführten Unterkünfte sind auf der Hauptkarte von Chennai verzeichnet (S. 1032/1033), alle anderen finden sich auf der Karte „Egmore, Anna Salai und Triplicane" (S. 1040).

Egmore

Masa, 15/1 Kennet Lane, ✆ 044-2819 3344, 📠 044-2819 1261. Zimmer mit Bad und TV zu verschiedenen Preisen in einem sauberen, modernen Gebäude nahe dem Bahnhof; gutes Preis-Leistungs-Verhältnis. Das ähnliche Regal dahinter ist geringfügig billiger. ❸

Nest Inn, 55/31 Gandhi Irwin Rd, ✆ 044-2819 2919, 💻 www.hotelnestinn.co.in. Renoviertes und neu benanntes Business-Hotel, jetzt mit zentraler AC. Es bietet kleine aber komfortable und liebevoll eingerichtete Zimmer, ein Restaurant mit verschiedenen Küchen und Bar. ❻

Pandian, 15 Kennet Lane, ✆ 044-2819 1010, 💻 www.hotelpandian.com. Angenehme, saubere und moderne Mittelklasseunterkunft in Spaziernähe zum Bahnhof. Nach einem Zimmer zum Church Park hin fragen (wegen der Aussicht). Die Zimmer mit AC sind überteuert. ❹–❻

Regent, 11 Kennet Lane, ✆ 044-2819 1347, 📠 044-2819 0170. Ruhige Lodge um einen friedvollen Hinterhof. Die angemessen großen Zimmer ohne AC sind etwas schäbig, die Bäder jedoch makellos. ❸

Viel Platz für wenig Geld

Chandra Park, 55 Gandhi Irwin Rd, ✆ 044-2819 1177, 💻 www.hotelchandrapark.com. Kürzlich renoviertes Businesshotel mit zentraler AC, Geldwechsel, rund um die Uhr geöffnetem Café, Bar und Dachrestaurant. Die geräumigen, hellen und gut möblierten Standard-Zimmer sind besonders zu empfehlen. ❹–❻

Egmore, Anna Salai und Triplicane

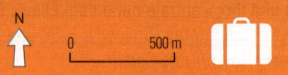

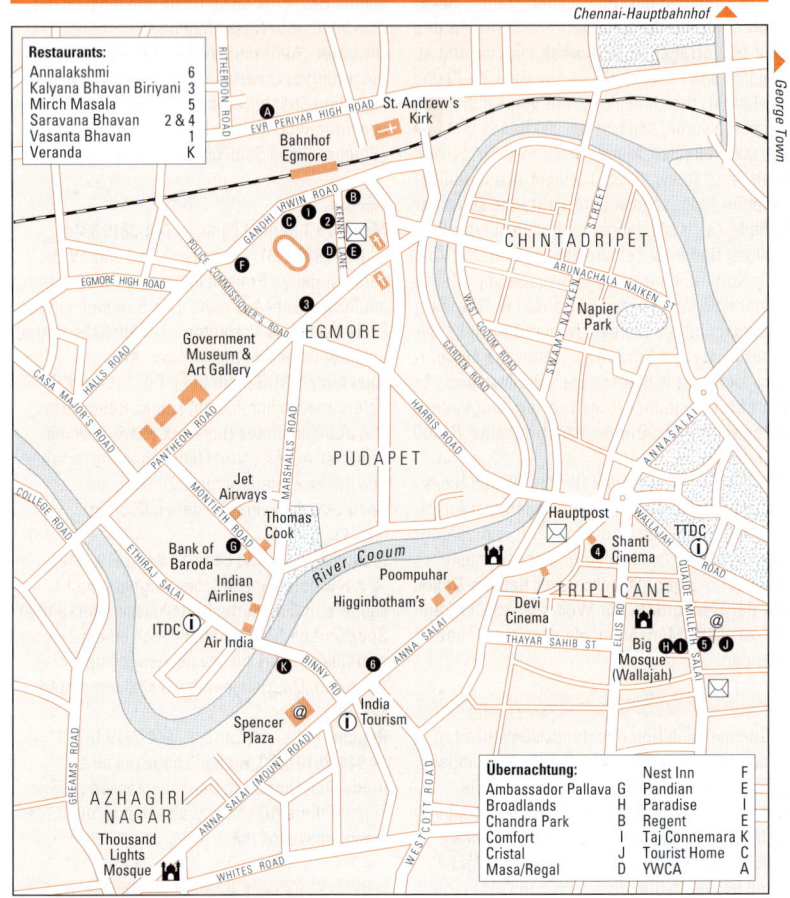

Restaurants:
Annalakshmi	6
Kalyana Bhavan Biriyani	3
Mirch Masala	5
Saravana Bhavan	2 & 4
Vasanta Bhavan	1
Veranda	K

Übernachtung:
Ambassador Pallava	G	Nest Inn	F
Broadlands	H	Pandian	E
Chandra Park	B	Paradise	E
Comfort	I	Regent	E
Cristal	J	Taj Connemara	K
Masa/Regal	D	Tourist Home	C
		YWCA	A

Tourist Home, 43 Gandhi Irwin Rd, ☎ 044-2819 4679. Das beliebte Hotel direkt gegenüber dem Bahnhof könnte durchaus einen Frühjahrsputz vertragen, bietet aber dennoch ein gutes Preis-Leistungs-Verhältnis und ist oft ausgebucht. Die Zimmer (teils AC) haben Duschen und TV, saubere Bettwäsche und Handtücher. Es gibt ein Zimmer mit 3 und ein weiteres mit 6 Betten. Die nach hinten liegenden sind besonders morgens ruhiger. ③

YWCA, 1086 Periyar EVR High Rd, ☎ 044-2532 4234, ✉ ywcamadras@sancharnet.in. Attraktives, sicheres und gastfreundliches Hotel in einem ruhigen Garten hinter dem Egmore-Bahnhof. Einwandfreie, großzügig geschnittene Zimmer, sichere Verwahrung von

1040 Chennai (Madras) – Übernachtung

www.stefan-loose.de/indien

Wertsachen, gutes Restaurant. Sehr zu empfehlen. Im Voraus buchen. Preise inkl. Frühstücksbuffet. ❹–❺

Anna Salai und Triplicane
Ambassador Pallava, 30 Montieth Rd, ☎ 044-2855 4476, 🖥 www.ambassadorindia.com. Gewaltiges 4-Sterne-Hotel, nahe der Anna Salai, mit viel weißem Marmor und toller Aussicht von den oberen Stockwerken. Sportkomplex mit Pool und Wellness-Club. Hübsch eingerichtete Zimmer, alle mit Kühlschrank; die großen Suiten kosten über US$200. ❽–❾

Broadlands, 18 Vallabha Agraham St, Triplicane, ☎ 044-2854 5573, ✉ broadlandshotel@yahoo.com. Weiß getünchtes altes Haus mit bröckeligem Stuck und buntem Fensterglas, um einen grünen Hof angelegt; die Sorte von Budget-Traveller-Enklave, die man entweder liebt oder verabscheut. Mit riesiger Dachterrasse und sauberen Zimmern, einige mit Bad, Balkon und Blick auf die Moschee. ❷–❸

Comfort, 22 Vallabha Agraham St, Triplicane, ☎ 044-2858 7661, ✉ hotel-comfort@hotmail.com. Die Zimmer des neueren Blocks sind schlicht, haben aber alle ein Bad und sind den geringen Aufpreis auf jeden Fall wert, da die düsteren Flure des alten Teils ziemlich chaotisch sind. ❹

Cristal, 34 CNK Rd, nahe Quaide Milleth Salai, Triplicane, ☎ 044-2858 5605. Sicheres und freundliches Hotel in modernem Gebäude unter Leitung zweier Brüder. Im Empfangsbereich wimmelt es den ganzen Tag über von Kaffee trinkenden Einheimischen. Saubere, gefliese Zimmer ohne AC, alle mit Dusche, TV Rs25 extra. Billiger geht es nicht in Chennai. ❶

Günstig und zuverlässig

Paradise, 17/1 Vallabha Agraham St, Triplicane, ☎ 044-2859 4252, ✉ paradisegh@hotmail.com. Die sehr freundliche und zuverlässige Unterkunft bietet preiswerte Zimmer mit Bad, TV und wahlweise westliche oder indische Toiletten. Große Dachterrasse, Zimmerservice und gutes Preis-Leistungs-Verhältnis. ❷–❸

Taj Connemara, Binny Rd, ☎ 044-5500 0000, 🖥 www.tajhotels.com. Das aus der Raj-Ära stammende, weiß getünchte Art-déco-Luxushotel unweit der Anna Salai ist eine Institution in Chennai. Die großen „Heritage"-Zimmer verfügen über viktorianisches Dekor, Ankleideraum und Veranda mit Blick auf den Pool. Wellness-Club, 24 Std. geöffnetes Café, 2 ausgezeichnete Restaurants und eine Bar. Zimmerpreise ab ca. US$200. ❾

Außerhalb des Zentrums
ITC Park Sheraton & Towers, 132 TTK Rd, ☎ 044-2499 4101, 🖥 www.welcomgroup.com. Auf dem Laufenden darüber, welchen Luxus amerikanischen Stils leitende Angestellte zu schätzen wissen, aber nicht übertrieben protzig. 3 hervorragende Restaurants, 24 Std. geöffnetes Café und weitere 5-Sterne-Einrichtungen. Geräumige, vornehm möblierte Zimmer machen es zu einer ausgezeichneten Wahl für Geschäftsreisende, Zimmerpreise über US$300. ❾

Karpagam International, 41 South Mada St, Mylapore, ☎ 044-2495 9984, 📠 2646 2299. Sehr gewöhnliches Hotel, dessen einziges herausragendes Merkmal die Lage mit Blick auf den Kapalishvara-Tempel ist. Relativ nah beim Flughafen (12 km). Preisgünstige EZ. ❸–❹

Manhattan, 1 Dr Radhakrishnan Salai, ☎ 044-2844 4546, 🖥 www.thehotelmanhattan.com. Nur ein paar Fußminuten vom Marina Beach entfernt. Komfortables und modernes Hotel mit zentraler AC, hübschen Zimmern und Dachterrassen-Restaurant mit Meerblick. ❻

New Woodlands, 72–75 Dr Radhakrishnan Salai, ☎ 044-2811 3111, 🖥 www.newwoodlands.com. Ausladender Komplex mit sauberen, nicht zu kleinen Zimmern und geräumigen, Selbstversorger-Appartements („Cottages"). Außerdem hat es 2 Restaurants und einen Pool. Zimmer ❺, Cottages ❻–❼

Shelter, 19–21 Venkatesa Agraharam St, Mylapore, ☎ 044-2495 1919, 🖥 www.hotelshelter.com. Blitzsauberes Luxushotel mit zentraler AC, einen Steinwurf vom Kapalishvara-Tempel entfernt. Die komfortablen und sauberen AC-Zimmer bieten ein besseres Preis-Leistungs-Verhältnis als die meisten anderen Nobelhotels

mit vergleichbar guten Restaurants und Bar, sind allerdings etwas kitschig. ❼
Trident Hilton, 1/24 GST Rd, ☎ 044-2234 4747, 🖳 www.trident-hilton.com. Komfortables 5-Sterne-Hotel in einer bezaubernden Gartenanlage mit Pool. Nahe dem Flughafen (3 km), aber eine 12 km lange (wenngleich kostenlose) Fahrt bis in die Stadt. Luxuriöse Zimmer (DZ ab US$200), Swimming Pool und gute Restaurants, eines davon serviert Thai-Küche. ❾

Essen

In Chennai findet man vor allem preiswerte einheimische Fast-Food-Restaurants und „meals" (*thalis*)-Lokale, darunter die legendäre Kette Saravana Bhavan, die hervorragendes südindisches Essen zu einem Preis bietet, für den man in einem der Luxushotels nicht einmal einen Kaffee bekommt. Es gibt aber auch zahlreiche Mittelklasse-Optionen.
Soweit nicht anders angegeben, sind die im Folgenden aufgelisteten Restaurants in der Karte Egmore, Anna Salai und Triplicane (S. 1040) oder Chennai (S. 1032/1033) eingezeichnet.
Amaravati, Cathedral, Ecke TKK Rd. (s. Karte Chennai S. 1032/1033) Eine von 4 vertrauenswürdigen Optionen in einem Restaurantkomplex mit regionalen Spezialitäten. Bereitet vorzügliches Andhra-Essen zu, darunter leckere Biriyanis für Rs100–150.
Annalakshmi, 804 Anna Salai. Die Einnahmen dieser Einrichtung, die von freiwilligen Shivenanda-Anhängern geleitet wird, gehen an die Gemeinde. Teure Mahlzeiten (rund Rs300 pro Person) in sehr schöner Atmosphäre. Auswahl zwischen mehreren festen Menüs mit unterschiedlichen ayurvedischen Eigenschaften.
Kalyana Bhavin Biriyani, 424 Pantheon Rd, Egmore. Wie der Name schon verrät, gibt es hier vor allem Biriyani – ganz einfach, mit Huhn oder mit Lamm, serviert auf Bananenblättern mit Auberginen-Soße und zum Nachtisch eine süße Grießspeise.
Mirch Masala, Triplicane High Rd, nahe Broadlands. Makellose aber einfache Kantine, die für Rs50–100 sättigende, vegetarische Speisen, Lamm-Biriyani und diverse Gerichte mit Huhn auftischt. Vielleicht die beste Wahl in Triplicane.

Drei Spitzenlokale

Dakshin/Khyber/Residency ITC Park Sheraton & Towers, 132 TTK Rd (s. Karte Chennai S. 1032/1033), ☎ 044-2499 4101. Eine Adresse, 3 hervorragende Edelrestaurants: Das **Residency** serviert indische, westliche und chinesische Küche, im **Khyber** werden leckere Grillgerichte, direkt am Pool zubereitet und das beste von allen ist das **Dakshin**, eines der besten südindischen Nobelrestaurants im ganzen Land. Es besticht mit einer riesigen Auswahl ungewöhnlicher Gerichte, wie würzig marinierten Seafood- und Fischgerichten, Lamm-Biriyani à la Karnataka oder frisch zubereiteten *iddiappam* und *appam*. Abends spielt karnartische Livemusik. Rechtzeitig reservieren; p. P. ist mit Rs600 (inkl. Vorspeise und Getränk) zu rechnen.

Saravana Bhavan, Thanigai Murugan Rathinavel Hall, 77 Usman Rd, T Nagar (s. Karten Chennai und Egmore, Anna Salai & Triplicane S. 1032/1033 und S. 1040). Diese berühmte südindische Fastfood-Kette ist eine Institution für die Mittelklasse von Chennai, Filialen gegenüber dem Busbahnhof in George Town, Egmore und im Vorraum des Shanti-Kinos (am oberen Ende der Anna Salai). Probieren sollte man die köstlichen *rawa iddlis* oder die verschiedenen *thalis*, abzurunden mit frisch zubereitetem *ladoo* oder *barfi* von der Süßwarentheke vor der Tür. Hauptgerichte Rs30–80.
Don Pepés, über dem Hot Breads, Cathedral Rd. (s. Chennai Karte S. 1032/1033) Flottes Tex-Mex-Lokal mit AC, serviert die üblichen Fajitas, Enchiladas, Tortillas, Burritos usw. sowie nicht überwältigende Pastagerichte (als „Euro-Mex" bezeichnet). Hauptgerichte um Rs120. Das Hot Breads selbst ist ein fantastisches Café mit eigener Bäckerei.
Vasanta Bhavan, 20 Gandhi Irwin Rd. Mit Abstand das beste der zahlreichen „meals"-Lokale rings um den Egmore-Bahnhof; aufmerksame Bedienung, hervorragender Kaffee und Süßes, zudem köstliches, rein vegetarisches Essen. Makellos sauber und billig, immer voll.

Sonstiges

Geld

In Chennai gibt es zahlreiche Banken, und viele größere Hotels bieten Geldwechsel – häufig allerdings nur für Hausgäste. Günstig im Zentrum liegt **American Express**, G-17, Spencer Plaza, 769 Anna Salai, ⏰ Mo–Fr 9.30–17.30, Sa 9.30–14.30 Uhr.

Thomas Cook unterhält Büros im Ceebros Centre, 45 Montieth Rd, Egmore; im G-4 Eldorado Building, 112 Uttar Gandhi Salai (beide ⏰ Mo–Sa 9–18 Uhr) sowie am Flughafen (geöffnet bei Ankunft von Flügen). Für Barauszahlungen mit Visa-Karte wendet man sich an **Bobcards**, neben der Bank of Baroda in der Montieth Rd, nahe dem Ambassador Pallava Hotel. In der ganzen Stadt werden immer mehr rund um die Uhr zugängliche Geldautomaten aufgestellt; z. B. in der **Citibank**, 766 Anna Salai, am Flughafen und an beiden großen Bahnhöfen.

Informationen

Das äußerst effiziente und sehr hilfreiche **India Tourism Office**, 154 Anna Salai, ☎ 044-2846 0285, gibt Broschüren heraus und hilft bei der Unterkunftssuche. Außerdem bekommt man hier Adressen geprüfter Führer. ⏰ Mo–Fr 9–18, Sa 9–13 Uhr.

Tamil Nadu Tourism Development Corporation (TTDC), in einem schicken neuen Komplex in der Wallajah Road, nahe Anna Park, Triplicane, ☎ 044-2538 3333. Hier befinden sich auch die Touristenbüros zahlreicher anderer Bundesstaaten einschließlich Kerala (☎ 044-2536 9789). TTDC übernimmt auch die Reservierung für Touren oder ihre über den ganzen Staat verteilten Hotels. ⏰ Mo–Sa 10–17.30 Uhr.

India Tourist Development Corporation (ITDC), 29 Dr PV Cherian Crescent, Ethiraj Salai, ☎ 044-2827 8884, 🖥 www.theatershokgroup.com. Buchung von ITDC-Hotels und Touren im ganzen Land. ⏰ Mo–Fr 10–17.30 Uhr.

Die seit langem existierende Monatszeitschrift **Hallo! Madras** (Rs10) ist ein zuverlässiger Touristenführer für alle Angebote der Stadt, mit Angabe der Vollmondtage (nützlich, um den Zeitpunkt von Tempelfesten zu bestimmen), Reisetipps für Tamil Nadu, umfassender Auflistung von Flug- und Zugverbindungen und einem Abriss der Busfahrpläne von Chennai. Vierteljährlich erscheint das neuere, noch umfassendere **Madura Welcome** Tamil Nadu (Rs100), in dem noch umfassendere Fahrpläne, Unterkünfte und Touristeninformationen für Chennai und den Rest Tamil Nadus aufgelistet sind. Beide Zeitschriften werden in Buch- und Schreibwarenläden verkauft. Leider informiert keine der beiden über aktuelle Musik- und Tanzveranstaltungen. Die findet man in dem Magazin **Chennai: This Fortnight**, das in allen besseren Hotels der Stadt kostenlos ausliegt. Alternativ kann man sich auf den Internetseiten
🖥 www.explocity.com/chennai.asp oder
🖥 www.chennaionline.com informieren.

Internet

Internet ist vielerorts verfügbar. Cybercafés berechnen pro Stunde rund Rs20, die Geschäftszentren der Hotels in der Regel etwas mehr. Die schickste Wahl ist das – über dem Durchschnittspreis liegende – **Net Café**, 101/1 Kanakasri Nagar, eine schmale Gasse von der Cathedral Rd ab, mit eigenem ISDN-Anschluss. Nach dem @-Neonschild Ausschau halten.

SRIS Netsurfing Café im ersten Stock des Spencer Plaza ist eine billigere, wenngleich kleinere Alternative.

Gee Gee Net, neben dem Hotel Comfort, Triplicane, ⏰ 24 Std. Eine Möglichkeit in Egmore ist der 24-Std.-Service im Hotel **Pandian**.

Konsulate

Deutschland (Generalkonsulat), 49 Ethiraj Rd, MICO-Bldg, ☎ 044-2827 17 47, 2827 35 93 oder 2827 76 37, 📠 2827 3542,
✉ germanychennai@eth.net.
Österreich (Konsulat ohne Passbefugnis), c/o Kothari Building, 115 Mahatma Gandhi Salai, ☎ 044-2833 45-13, -14, -40 oder -56, 📠 2833 45-60 oder -04, auscon_chen@yahoo.co.in.
Sri Lanka, 196 TTK Rd, ☎ 044-2498 7896,
✉ sldehico@md3.vsnl.net.in.

Medizinische Hilfe

Das am besten ausgestattete, private Krankenhaus in Chennai ist das **Apollo**,

21/22 Greams Rd, ✆ 044-2829 3333. Eine Ambulanz erreicht man über ✆ 102, aber meistens ist es schneller, ein Taxi zu nehmen.

Post

Die **Hauptpost** befindet sich gegenüber dem Shanti-Theater in der Anna Salai. ⓘ tgl. Mo–Sa 8–20, So 10–17 Uhr. Wer es für Poste restante nutzen will, sollte sicherstellen, dass der Absender auf den Umschlag „Head Post Office, Anna Salai" schreiben. Kleinere Filialen gibt es sowohl in Egmore als auch in Triplicane. ⓘ Mo–Sa 7–15 Uhr.

Reisebüros

Zu den zuverlässigen Reisebüros gehören:
American Express Travels, 5th Floor, Phase 2, Spencer Plaza, 768–769 Anna Salai, ✆ 044-2852 3592
Surya Travels, F-14 1st Floor, Spencer Plaza, ✆ 044-2852 3937
Thomas Cook, Eldorado Building, 112 Nungambakkam High Rd, ✆ 044-2827 5052
Welcome Tours and Travels, 150 Anna Salai, ✆ 044-2846 0908.

Souvenirs

Die Spencer Plaza an der Anna Salai bietet eine ausgezeichnete Auswahl an Boutiquen, Textilgeschäften und kleinen Souvenirläden. Das **Indian Arts Emporium**, gegenüber in der 152 Anna Salai, führt ein gutes Sortiment an Kunsthandwerksobjekten, Einrichtungsgegenständen und Metallarbeiten.

Nahverkehr

Chennais Sehenswürdigkeiten und Einrichtungen sind über ein so großes Gebiet verstreut, dass man nicht umhin kommt, öffentliche Transportmittel zu benutzen. Die meisten Besucher nehmen Motor-Rikschas, aber außerhalb der Rushhour kann man auch gut mit Bussen oder Vorortzügen fahren.

Busse

An der Anna Salai und anderen großen Durchgangsstraßen gibt es spezielle Haltestellen – in kleineren Straßen hält man einen Bus per Handzeichen an oder stellt sich zu der wartenden Menge. Busse in Egmore versammeln sich gegenüber dem Bahnhof. Die Nummern der Busse zu bestimmten sehenswerten Orten der Stadt sind in dem entsprechenden Abschnitt im Text angegeben. Eine Übersicht über sämtliche Buslinien der Stadt findet man im *Madura Welcome* (S. 1043, Informationen).

Vorortbahnen

Wer vom Zentrum Chennais nach Süden Richtung Guindy (Deer Park) oder Flughafen fahren will, nimmt am besten den Zug. Die Züge verkehren durchschnittlich alle 15 Min. zwischen 4.30 und 23 Uhr, die Preise sind niedrig, und man kann sich jederzeit außer zur Rushhour (gegen 9 und 17 Uhr) einen Platz sichern. Die Wagen der 1. Kl. haben gepolsterte Sitze anstelle von Holzbänken und sind etwas sauberer. Den Fahrschein kauft man vor dem Einstieg in den Zug.
Die Stadtzüge verkehren zwischen Beach (gegenüber dem GPO), Fort, Park (für den Central-Bahnhof), Egmore, Nungambakkam, Kodambakkam, Mambalam (für T Nagar und Seidengeschäfte), Saidapet (für die Little Mount Church), Guindy, St. Thomas Mount und Trisulam (Richtung Flughafen).

Taxis und Rikschas

Chennais Ambassador-**Taxis** mit gelbem Dach warten vor den Bahnhöfen Egmore und Central sowie am Flughafen. Alle verfügen über Taxameter, aber häufig weigern sich die Fahrer, sie zu benutzen, sodass man feilschen muss. Bei einem Preis von Rs150 für die Strecke von Central Station nach Triplicane manövrieren sie sich praktisch selbst aus dem Geschäft. Aus eben diesem Grund werden zuverlässigere und günstigere **Funktaxis** wie **Bharati Call Taxi**, ✆ 044-2814 2233, immer beliebter.
Die Motor-Rikschafahrer in Chennai sind berüchtigt dafür, sowohl von Einheimischen als auch von Touristen hohe Fahrpreise zu verlangen. Eine Rikschafahrt von Triplicane zu einem der beiden Busbahnhöfe, zur Egmore oder zur Central Station sollte nicht mehr als Rs50 kosten, aber auch hier werden die Taxameter kaum eingesetzt. Wer früh am

Morgen am Flughafen oder Bahnhof sein muss, sollte am Abend zuvor eine Riksha buchen und den Preis aushandeln.

Fahrrad-Rikshas sollte man nur in kleinen Straßen benutzen, denn eine Fahrt auf einem wackligen Dreiradsitz mitten im Verkehrschaos von Chennai kann zum Horrortrip werden.

Auto- und Motorradvermietungen

Mietwagen mit Fahrer werden von den meisten besseren Hotels der Stadt, aber auch von privaten Anbietern wie **Welcome Tours & Travels**, 150 Anna Salai, ℡ 044-2846 0908, 🖥 www.allindiatours.com vermittelt. Die Preise für einen Mietwagen liegen pro Tag um die Rs1000–1200 (AC-Fahrzeuge Rs1600–1900) und sind häufig verhandelbar.

Mopeds oder **Motorräder** bekommt man bei **U-Rent Services**, 1st Main Rd, Gandhinagar, Adayar, ℡ 044-2491 0838, ⏱ Mo–Sa 8–19, So 9–18 Uhr. Die Preise reichen von Rs200 bis Rs400 pro Tag plus Rs200 für eine Jahresmitgliedschaft, die unabhängig von der Mietdauer abgeschlossen werden muss.

Bustouren

Eine gute Möglichkeit, die Sehenswürdigkeiten von Chennai zu besichtigen, bietet die Bustour von TTDC. Reservierungen erledigen die entsprechenden Büros (s. S. 1043). Man hat zwar wenig Zeit für die einzelnen Orte, aber die Tour lohnt dennoch, und die Führer können eine große Hilfe sein.

Die halbtägige Tour von TTDC (tgl. 8–13 oder 13.30–18.30 Uhr; Rs120/170 ohne/mit AC) beginnt am TTDC-Büro in der Periyar EVR High Road. Sie umfasst das Fort St. George, das Government Museum, den Snake Park, den Kapalishvara-Tempel, Elliot's Beach und zum Schluss Marina Beach (freitags ist das Government Museum geschlossen, weshalb die Tour stattdessen zum Birla Planetarium führt).

TTDC bietet außerdem einige preiswerte **Tagesausflüge** inkl. Mahlzeiten, z. B. nach Mamallapuram, Kanchipuram und Puducherry. Routen und Preise können im TTDC-Büro erfragt werden.

Transport

Busse

Sämtliche Fernbusse nutzen den riesigen Busbahnhof **Moffussil**, der ungünstig mehr als 10 km westlich des Zentrums im Vorort Koyambedu liegt. Die sechs Plattformen sind jeweils in ca. 30 Haltebuchten unterteilt, wo zahlreiche Busse in andere Städte Tamil Nadus und benachbarte Bundesstaaten abfahren. Ein beliebtes Reiseziel ist MAMALLAPURAM, für das sich als schnellste Verbindungen die Busse Nr. 188, 188A und alle mit der Aufschrift „East Coast Express" anbieten (alle 15–30 Min., Fahrtzeit unter 2 Std.). Die Busse Nr. 19A, 19C, 119 und 119A brauchen länger, der Bus Nr. 108b (über Flughafen und Chengalpattu) sogar sehr viel länger.

Die chaotischen alten Busbahnhöfe **Express** und **Broadway** im Zentrum wurden zusammengelegt und werden nur noch von regionalen Bussen angefahren. Moffussil ist mit diesen und anderen Teilen Chennais durch Stadtbusse verbunden, die von den gut organisierten Haltestellen vor dem Hauptterminal abfahren. Die Busse Nr. 27, 15B, 15F und 17E fahren nach Egmore/Zentrum und Parry's Corner, Nr. 27B fährt weiter bis Triplicane, Nr. 70 und 70A bedienen den Flughafen. Es ist zu beachten, dass die meisten Busse aus Mamallapuram, Puducherry und anderen südlich von Chennai gelegenen Städten am Vorortbahnhof Guindy Halt machen, wo man in den Zug umsteigen und damit viel Zeit sparen kann.

Busse nach:
BENGALURU (BANGALORE) (alle 15–30 Min.; 8–11 Std.),
CHENGALPATTU (alle 5–10 Min.); 1 1/2–2 Std.),
CHIDAMBARAM (20x tgl., 5–7 Std.),
COIMBATORE (alle 30 Min., 11–13 Std.),
KANCHIPURAM (alle 20 Min., 1 1/2–2 Std.),
KANYAKUMARI (10x tgl., 16–18 Std.),
KODAIKANAL (1x tgl., 14–15 Std.),
KUMBAKONAM (alle 30 Min., 7–8 Std.),
MADURAI (alle 20–30 Min., 10 Std.),
MAMALLAPURAM (alle 15–30 Min., 2–3 Std.),
PUDUCHERRY (alle 15–30 Min., 4–5 Std.),
RAMESHWARAM (3x tgl., 14 Std.),

THANJAVUR (20x tgl., 8 1/2 Std.),
THIRUVANANTHAPURAM (6x tgl., 20 Std.),
TIRUCHIRAPALLI (alle 15–30 Min., 8–9 Std.),
TIRUPATI (alle 30 bis 60 Min., 4–5 Std.),
TIRUVANNAMALAI (alle 20–30 Min., 4–5 Std.),
UDHAGAMANDALAM (Ooty) (2x tgl., 15 Std.).

Eisenbahn

Wer mit dem Zug in Chennai ankommt, landet an einem der beiden Fernbahnhöfe, 1,5 km voneinander entfernt an der Periyar EVR High Road, nördlich vom Zentrum. Die **Egmore Station**, im Herzen des geschäftigen Egmore-Bezirks, ist der Ankunftsort der meisten Züge aus Tamil Nadu und Kerala; in der Regel kommen alle anderen an der **Central Station** weiter östlich, am Rande von George Town an. Dort gibt es mehrere Imbisse, eine 24 Std. geöffnete Gepäckaufbewahrung und im Voraus bezahlbare Taxi- und Riksccha-Stände. Links des Hauptgebäudes, im 1. Stock des Moore Market Komplex, verkauft der zuverlässige **Tourist Reservation Counter** (◷ Mo–Sa 8–20, So 8–14 Uhr) Tickets für Züge von beiden Bahnhöfen. Das Reservierungsbüro im Bahnhof Egmore, links des Haupteingangs die Treppen hoch (gleiche Öffnungszeiten), erledigt ebenfalls Buchungen für beide Bahnhöfe, verfügt aber über keinen Touristenschalter.

Züge nach TIRUCHIRAPALLI (Trichy), THANJAVUR, KODAIKANAL ROAD, MADURAI und zu den meisten anderen Zielorten im südlichen Tamil Nadu fahren von der Egmore Station ab, einige fahren aber auch vom Vorortbahnhof **Tambaram** ab.

Züge nach:
BENGALURU (BANGALORE) (7x tgl., 5–8 1/2 Std.),
CHENGALPATTU (9–10x tgl.**, 1–1 1/2 Std.),
COIMBATORE (3x tgl., 7 3/4–8 Std.),
ERNAKULAM (mit Anschluss nach Kochi) (2–3x tgl., 11–14 1/4 Std.),
HYDERABAD (2x tgl.; 14–14 1/2 Std.),
KANYAKUMARI (1–2x tgl., 13–17 Std.),
KODAIKANAL Road (3–4x tgl.*, 7 1/2–8 1/2 Std.),
KUMBAKONAM (2x tgl.**, 7 3/4–8 1/2 Std.),
MADURAI (6–8x tgl.*, 7 3/4–10 1/2 Std.),

Empfohlene Züge von Chennai

Zielort	Name des Zuges	Nr.	Ab	Uhrzeit	Reisedauer
Bengaluru	Shatabdi Express*	2007	Central	6 Uhr**	4 3/4 Std.
(Bangalore)	Bangalore Express	6523	Central	11.30 Uhr	6 1/2 Std.
Coimbatore	Kovai Express	2675	Central	6.15 Uhr	7 3/4 Std.
	Cheran Express	2673	Central	22.10 Uhr	8 Std.
Hyderabad	Charminar Express	2759	Central	18.10 Uhr	13 3/4 Std.
Kanyakumari	Kanniyakumari Express	2633	Egmore	17.25 Uhr	13 Std.
Kochi	Alleppey Express	6041	Central	20.15 Uhr	11 3/4 Std.
Ernakulam	Trivandrum Mail	2623	Central	20 Uhr	11 Std.
Kodaikanal Road	Pandyan Express	2637	Egmore	21.30 Uhr	7 3/4 Std.
Madurai	Vaigai Express	2635	Egmore	12.25 Uhr	7 3/4 Std.
Mettupalayam (für Ooty)	Nilgiri Express	2671	Central	21 Uhr	9 1/4 Std.
Mumbai	Mumbai Express	6012	Central	11.45 Uhr	26 Std.
	Dadar Express	1064	Central	7 Uhr	23 Std.
Mysore	Shatabdi Express *	2007	Central	6 Uhr**	7 Std.
	Mysore Express	6222	Central	21.30 Uhr	10 1/2 Std.
Thanjavur	Rock Fort Express	6177	Egmore	22.30 Uhr	7 3/4 Std.
Thiruvananthapuram	Trivandrum Mail	2623	Central	20 Uhr	1/4 Std.
Tirupati	Sapthagiri Express	6057	Central	6.25 Uhr	3 Std.

* nur AC; ** außer Di; *** nur Mo und Sa

METTUPPALAYAM (1x tgl., 9 1/4 Std.),
MUMBAI (3x tgl., 23–28 1/2 Std.),
MYSORE (1–2x tgl., 7–10 1/2 Std.),
PUNE (3x tgl., 19–24 1/4 Std.),
THANJAVUR (1x tgl.*, 7 3/4 Std.),
THIRUVANANTHAPURAM (2–3x tgl.***;
15 3/4–18 1/4 Std.),
TIRUCHIRAPALLI (9–10x tgl.*, 5 1/4–6 3/4 Std.),
TIRUPATI (3x tgl., 3–3 1/2 Std.),
VIJAYAWADA (10–11x tgl., 6 1/2–8 1/2 Std.).
* Züge von Egmore; ** Züge von Tambaram; *** Züge von Egmore und Tambaram; **** Züge von Egmore und Central; alle anderen von Central

Flüge

Der **Chennai Airport** in Trisulam, 16 km südwestlich des Stadtzentrums am NH-45, wird umfassend von internationalen und nationalen Flügen bedient, und die beiden Terminals (der nationale wird auch als **Meenambakkam** bezeichnet) liegen zu Fuß nur eine Minute voneinander entfernt. In der Haupthalle befinden sich ein 24 Std. geöffnetes Postamt, Geldwechselschalter sowie eine Reihe von Snackbars. Sollte der Stand des **Government of Tamil Nadu Tourist Information Centre** beim Ausgang der Ankunftshalle besetzt sein, kann man von hier oder dem „Free Fone"-Schalter in der Nähe eine Unterkunft reservieren. Eine gute Anlaufstelle für alle, die Chennai mit dem Zug verlassen wollen, ist außerdem der vernetzte Reservierungsschalter von Southern Railways, direkt vor dem Ausgang des Inlandterminals, ⏲ Mo–Sa 8–14 und 14.15–20, So 8–14 Uhr. Beim Ausgang der internationalen Ankunftshalle gibt es Schalter für Minibus- und Taxicoupons. **Taxis** berechnen für die 35-minütige Fahrt zu den großen Hotels oder Bahnhöfen um die Rs300; **Rikschas** verlangen Rs150–200, aber man muss das Gepäck bis zur Hauptstraße schleppen, da sie nicht direkt vor dem Flughafen parken dürfen. Ein Taxi nach **Mamallapuram** kostet um Rs900. Am günstigsten und schnellsten gelangt man mit einer Vorortbahn in die Stadt. Die **Züge** verkehren alle 10–15 Min. (4.30 – 23 Uhr) ab dem Bahnhof **Trisulam**, 500 m vom Flughafen am anderen Ende der Straße, in 30–40 Min. zu den Bahnhöfen Park, Egmore und North Beach. Wer Chennai direkt mit dem Bus verlassen möchte, fährt mit dem Stadtbus Nr. 70 oder 70a zum Busbahnhof Moffussil (S. 1045).

Flüge nach:
BENGALURU (BANGALORE) (IC, 9W, S2, DN, IT, I7, SG, 24x tgl. 1 Std.),
COIMBATORE (IC, 9W, I7, DN, 8–10x tgl., 2 Std.),
DELHI (IC, 9W, S2, DN, IT, 12x tgl., 2 1/2–3 1/2 Std.),
HYDERABAD (IC, 9W, DN, IT, 6E, 17, SG, 20x tgl., 1 Std.),
KOCHI (IC, DN, IT, I7, 6 – 7x tgl., 1–2 1/4 Std.),
KOLKATA (IC, 9W, S2, DN, 6x tgl., 2 Std.),
MADURAI (IC, 9W, DN, I7, 8x tgl., 1–1 1/4 Std.),
MUMBAI (IC, 9W, DN, IT, SG, 22–24x tgl., 1 3/4–3 3/4 Std.),
PORT BLAIR (IC, 9W, DN, IT, SG, 5x tgl., 2 Std.),
THIRUVANANTHAPURAM (IC, 9W, DN, I7, 2x tgl., 1 1/4 Std.),
TIRUCHIRAPALLI (IC, DN, 2–4 x tgl., 3/4 Std.).
(**IC** = Indian Airlines, **6E** = IndiGo, **9W** = Jet Airways, **S2** = JetLite, **DN** = Air Deccan, **IT** = Kingfisher, **G8** = Go Air, **I7** = Paramount Airways, **SG** = Spicejet)

Nationale Fluggesellschaften:
Air Deccan, Deshabandu Plaza, 47 Whites Rd, ✆ 044-3297 8596;
Go Air, ✆ 1800/222 111;
Indian Airlines, 19 Rukmani Lakshmipathy Rd, ✆ 044-2855 5201 oder 1800-180 1407;
IndiGo Airlines, Malavika Centre, 144–145 KH Rd, ✆ 044-6527 2272;
Jet Airways, Thaper House, 43–44 Montieth Rd, ✆ 044-3987 222;
Kingfisher Airlines, Spencer Travel Service Ltd, 124 Marshalls Rd, ✆ 044-2858 4366;
Paramount Airways, 2nd Floor, Alexander Square, Guindy, ✆ 044-4390 9050;
SpiceJet, ✆ 1600180 3333.

Internationale Fluggesellschaften:
Air Canada, Travel Pack, 101 Eldams Rd, Teynampet, ✆ 044-6571 3413;
Air France, Thaper House, 43–44 Montieth Rd, ✆ 044-2855 4916;
Air India, 19 Rukmani Lakshmipathy Rd, ✆ 044-2855 4477, Flughafen ✆ 044-2256 0747;
Alitalia, Ajantha Travels, 634 Anna Salai, ✆ 044-2434 9822;

American Airlines, G-1 Prince Centre, 248 Pathari Rd, ✆ 044-3988 7300;
British Airways, 10–11 Dr Radhakrishnan Salai, ✆ 9840 377470;
Gulf Air, Thapper House, 43–44 Montieth Rd, ✆ 044-2855 4417;
Indian Airlines, 19 Rukhmani Lakshmipathy Rd, ✆ 044-2855 5201;
KLM/Northwest, Spencer Travel Services Ltd., 124 Marshalls Rd, ✆ 044-2852 4427;
Lufthansa, 167 Anna Salai, ✆ 044-2854 3500;
Malaysian Airlines, Arihant Nico Park, 90 Dr RK Salai, ✆ 044-4219 9999;
Qantas, Eldorado Building, 112 Nungambakkan High Rd, ✆ 044-2827 8680;
Singapore Airlines, 108 Radhakrishnan Salai, ✆ 044-2847 3995;
Sri Lankan Airlines, Vijaya Towers, Kodambakkam High Rd, ✆ 044-4392 1100;
Swissair, Hamid Building, 191 Anna Salai, ✆ 044-2852 4783;
Thai Airways, 31 Haddows Rd, Nungambakkam, ✆ 044-4217 3311.
⏱ für die meisten Büros: Mo–Fr 10–17, Sa 10–13 Uhr

Schiffe

Boote verlassen Chennai alle 7 bis 10 Tage in Richtung PORT BLAIR, Hauptstadt der **Andamanen**. Ein Ticket zu bekommen kann allerdings Nerven kosten, auch wenn die Fähren jetzt mit größerer Regelmäßigkeit verkehren. Zunächst kontaktiert man das Directorate of Shipping in der Rajaji Salai, George Town, um zu erfahren, wann das nächste Schiff ausläuft und ab wann die Tickets erhältlich sein werden (gewöhnlich eine Woche vor Abfahrt). Am Tag der Abfahrt werden allerdings keine Tickets mehr verkauft.

Der Nordosten

Angesichts der drückenden Hitze und Luftverschmutzung in Chennai fliehen die meisten Besucher so schnell sie können die Coromandel-Küste hinunter zum indischen Steinmetzzentrum **Mamallapuram**, zu dessen alten Bauwerken der berühmte Shore Temple und eine Reihe außergewöhnlicher Felsskulpturen zählen. Unterwegs lohnt es sich, den Bus für einen Besuch des Museumsdorfes **Dakshina Chitra**, 30 km südlich von Chennai, zu verlassen. Letzteres ist ein herausragendes Volkskundemuseum, wo traditionelle Gebäude aus ganz Südindien rekonstruiert wurden.

Weiter im Landesinneren liegt **Kanchipuram**, ein wichtiger Wallfahrtsort und ein Zentrum der Herstellung von Seidensaris. Von dort kann man in südwestlicher Richtung nach **Tiruvannamalai** fahren, einer Tempelstadt mit viel Atmosphäre am Fuße des heiligen Berges Arunachala. An der Küste lädt die ehemalige französische Kolonie **Puducherry (Pondicherry)** mit Croissants und Espresso zum Frühstücken ein. Eine kurze Fahrt nach Norden führt zur Zukunftsstadt **Auroville**, einer utopischen Siedlung, die von Anhängern der spirituellen Nachfolgerin Sri Aurobindo Ghoses, „The Mother", gegründet wurde. Der Ort hat sich als New-Age-Enklave für Westler auf Seelensuche etabliert und bringt der lokalen Wirtschaft willkommene Einnahmen.

Sowohl Mamallapuram als auch Puducherry verfügen über gute Busverbindungen nach Chennai; die Busse verkehren auf der ebenmäßigen East Coast Road. Man kann Puducherry auch per Bahn erreichen, muss dafür jedoch gewöhnlich in **Villupuram** umsteigen, von wo die Verbindungen langsam und relativ selten sind.

15 HIGHLIGHT

Mamallapuram (Mahabalipuram)

Die kleine Küstenstadt Mamallapuram (auch Mahabalipuram), 58 km südlich von Chennai, liegt am Fuße eines riesigen Felsenhügels am Golf von Bengalen. Von morgens bis abends ist in den sandigen Straßen der Klang der Meißel zu hören, die Granit hauen – Indiz für eine Steinmetztradition, die sich seit der Zeit, als dies ein wichtiger Hafen der Pallava-Dynastie war (zwischen dem 5. und 9. Jh.), gehalten hat. Über das damalige Leben in der Stadt ist nur wenig

Mamallapuram

Chennai, Sculpture College, Tiger Cave, Crocodile Bank, Dakshina Chitra

Restaurants und Bars:

Garden View	H
Golden Palette/Waves	I
La Vie En Rose	9
Le Yogi	3
Luna Magica	1
Mamalla Bhavan	8
Moonrakers	4
Nautilus	6
New Café	7
Rose Corner	2
Village Inn	5

GOLF VON BENGALEN

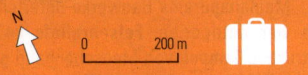

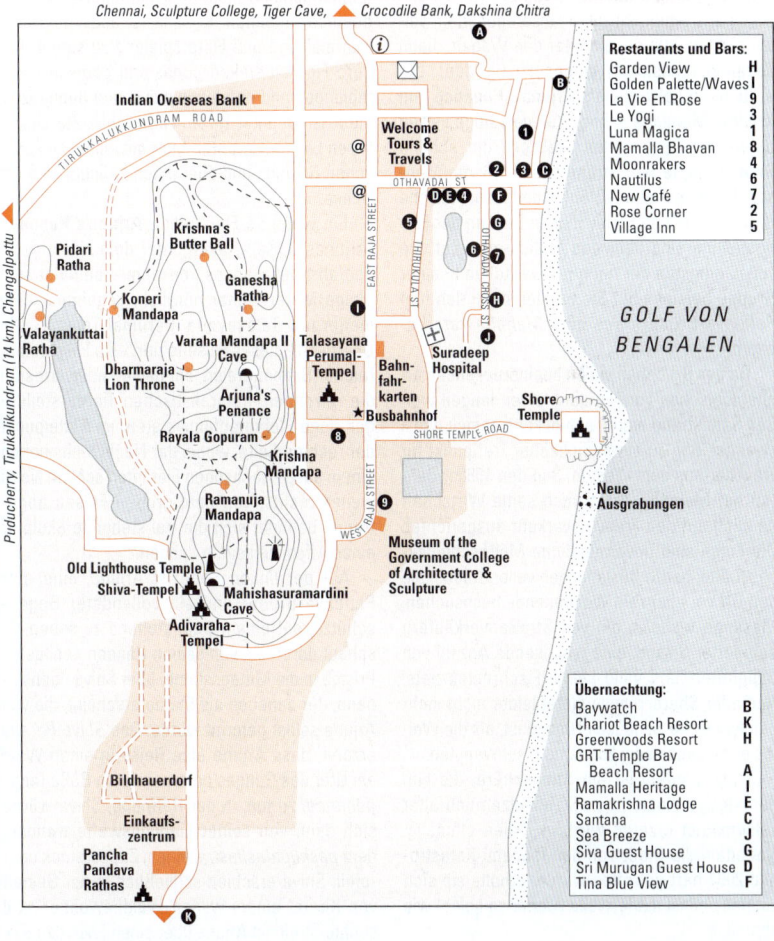

Übernachtung:

Baywatch	B
Chariot Beach Resort	K
Greenwoods Resort	H
GRT Temple Bay Beach Resort	A
Mamalla Heritage	I
Ramakrishna Lodge	E
Santana	C
Sea Breeze	J
Siva Guest House	G
Sri Murugan Guest House	D
Tina Blue View	F

bekannt, und auch über den Sinn und Zweck der meisten Felsmonumente, darunter der **Shore Temple**, eines der meistfotografierten Bauwerke Indiens, lässt sich nur spekulieren. Es scheint jedoch, als wären die Friese und Schreine gar nicht für die Andacht bestimmt, sondern eher als ein Aushängeschild für das Können lokaler Künstler gedacht gewesen. Insbesondere aufgrund des ausgedehnten Seehandels der Pallavas hatte ihr Kunst- und Architekturstil einen weit reichenden Einfluss, und zwar von Südindien nach Norden bis Ellora und sogar bis nach Südostasien. Dieser internationalen kulturellen Bedeutung wurde 1995 Rechnung getragen, als Mamallapuram von der Unesco der Status einer Stätte des Weltkulturerbes zuerkannt wurde.

www.stefan-loose.de/indien

Mamallapuram (Mahabalipuram) 1049

Mamallapurams Bauwerke unterteilen sich in vier Kategorien: **Felsenreliefs** im Freien, struktive **Tempel**, von Menschenhand geschaffene **Höhlen** und **Rathas** („Wagen": An Ort und Stelle aus einem einzigen Felsen gehauen, sollen sie Tempeln ähneln oder den Wagen, die in Tempelprozessionen eingesetzt werden). Die berühmten Felsenreliefs **Arjuna's Penance** und **Krishna Mandapa** schmücken gewaltige Felsen nahe dem Dorfzentrum, während der schöne **Shore Temple** den Strand säumt. 16 von Menschenhand gehauene Höhlen und monolithische Bauwerke in unterschiedlichen Stadien der Fertigstellung sind über das Gebiet verstreut; die vollständigsten der neun *rathas* stehen in einer Gruppe beieinander. Sie wurden nach den fünf Pandava-Brüdern aus dem *Mahabharata* benannt.

Da der Ort neben vielen beeindruckenden archäologischen Funden auch einen langen weißen Sandstrand bietet, entwickelte er sich quasi zwangsläufig zu einem beliebten Treffpunkt für Traveller aus dem Westen. Seit den 1980er-Jahren hat Mamallapuram auch seine Wirtschaft deutlich auf den Fremdenverkehr ausgerichtet. Die Folge sind unvermeidliche Modeschmuckgeschäfte, ganze Busladungen voller Städter, die den Ort vor allem am Wochenende heimsuchen, Massage-*wallahs,* ein von Straßenverkäufern belagerter Strand, eine wachsende Anzahl von Billighotels und viele kleine Fischrestaurants. Auch der Shore Temple bietet leider nicht mehr das exotische Schauspiel von einst, als die Wellen noch gegen sein Fundament schwappten.

Trotz alledem ist die Atmosphäre, die von den stetig hämmernden Steinmetzen und alter Felsenkunst erzeugt wird, in Indien einmalig. Nachdem die Stadt von der Tsunami-Katastrophe 2004 hart getroffen wurde, erholte sie sich schnell und ist mittlerweile wieder so belebt wie eh und je.

Krishna Mandapa und Arjuna's Penance

Etwas westlich des Dorfzentrums, unweit der Shore Temple Road, zeigt das riesige, unter dem Namen **Krishna Mandapa** bekannte Flachrelief Krishna, wie er den Berg Govardhana mit einer Hand emporhebt. Nach der ursprünglichen Absicht des Künstlers sollte wohl der Felsen über Krishna den Berg darstellen, doch die von den Vijayanagars im 17. Jh. hinzugefügte Mandapa (Eingangshalle) lässt das Bildhauerwerk nicht deutlich erkennen. Krishna ist außerdem eine Kuh melkend und Flöte spielend zu sehen. Andere Figuren stellen *gopas* und *gopis* dar, Hirtenjungen und -mädchen aus seiner Jugendzeit, die Krishna unter Hirten verbrachte. Zur Linken sitzen Löwen, darunter einer mit einem menschlichen Gesicht, und über ihnen befindet sich ein Ochse.

Ein weiteres Flachrelief, **Arjuna's Penance** (Arjunas Buße) – auch unter dem Namen „Erdenfahrt des Ganges" bekannt – befindet sich einige Meter weiter nördlich, gegenüber dem modernen Talasayana Perumal-Tempel. Die Oberfläche dieses Felsens ziert eine Fülle detailreicher Bildhauereien, am bemerkenswertesten die reizenden, naturalistischen Tierdarstellungen. Eine Elefantenfamilie steht im Mittelpunkt der rechten Seite, wobei der Nachwuchs neben einem ausgewachsenen Elefanten schläft. Noch weiter rechts, von dem großen Felsen abgetrennt, befindet sich die frei stehende Skulptur eines Affen mit seinen Jungen.

Auf der linken Seite ist Arjuna, einer der Pandava-Brüder und ein vollendeter Bogenschütze, auf einem Bein stehend zu sehen. Er schaut durch ein von seinen Händen gebildetes Prisma in die Mittagssonne, über Shiva nachsinnend, der daneben als Statue erscheint, die von Arjuna selbst geformt wurde. Das *Shiva Purana* erzählt, dass Arjuna eine Reise in einen Wald am Ufer des Ganges unternahm, um Buße (engl. *penance)* zu tun, in der Hoffnung, Shiva würde sich dann von seiner Lieblingswaffe trennen, dem *pashupatashastra*, einem Zauberstock oder -pfeil. Shiva erschien schließlich in der Gestalt von Kirata, einem wilden Waldbewohner, und suchte Streit mit Arjuna über einen Eber, den beide erlegt zu haben behaupteten. Arjuna erkannte erst, als seine Versuche, den wilden Mann zu verprügeln, sich als unwirksam erwiesen, dass es sich um die Gottheit handelte. Nachdem er nur knapp dem Tod entronnen war, belohnte ihn Shiva schließlich mit der kostbaren Waffe. Nicht weit von hier steht eine abgemagerte (vermutlich asketische) Katze auf ihren Hinterpfoten, die

Arjunas andächtige Haltung nachahmt und von Mäusen umringt ist.

Rechts von Arjuna stellt eine natürliche Spalte den **Ganges** dar, samt *nagas* – Wassergeistern in Form von Kobras. Nahe dem Boden wurde ein Riss im Felsen, der eine *naga* durchbrach, in den 20er-Jahren mit Zement gefüllt. Oben sind Spuren einer Zisterne und von Tunneln erhalten, die wohl einst Wasser die Spalte hinunter leiteten, um so den großen Fluss zu imitieren. Es ist nicht bekannt, ob das Ganze irgendeinen rituellen Zweck erfüllte oder lediglich Besucher beeindrucken sollte.

Ganesha Ratha und Varaha Cave

Gleich nördlich von Arjuna's Penance führt ein Pfad zu einem einzelnen Monolithen, dem **Ganesha Ratha**. Die hiesige Darstellung von Ganesh stammt aus dem 20. Jh. Es wird mitunter behauptet, dass sie auf Anregung des englischen Königs George V. angefertigt worden sei. Die Skulptur eines Schutzdämonen mit einem Dreispitz als Kopfschmuck am einen Ende des *ratha* erinnert an die 4000 Jahre alte gehörnte Figur der Industalkultur, die auch als „Proto-Shiva" bezeichnet wird.

Hinter Arjuna's Penance, südwestlich des Ganesha Ratha, liegt die **Varaha Mandapa II Cave**, in deren Eingangshalle sich zwei Säulen mit gehörnten Löwen als Basen und eine von zwei *dvarpalas* (Wächtern) flankierte Kammer befinden. Eines der vier Paneele zeigt Vishnu in der Inkarnation eines Ebers, dessen einer Fuß auf dem *naga*-Schlangenkönig ruht, während er eine kleine Prithvi – die Erde – aus dem Urozean hebt.

Ein weiteres stellt Gajalakshmi dar, die Göttin Lakshmi auf einem Lotus sitzend, während sie von zwei Elefanten gebadet wird. Trivikrama, Vishnu in der Inkarnation als Zwerg, der die Welt in drei Schritten überbrückt, um den Dämonenkönig Bali zu bezwingen, ist auf einem weiteren Paneel zu sehen, und auf dem vierten schließlich sieht man eine vierarmige Durga.

Etwas nördlich von Arjuna's Penance balanciert oben auf einem Bergkamm ein gewaltiger, natürlicher, fast kugelförmiger Felsen namens **Krishna's Butter Ball**. Ausflügler und Ziegen ruhen sich oft in seinem Schatten aus.

Der Shore Temple (Ufertempel)

Östlich des Dorfes hebt sich der Ufertempel von Mamallapuram als auffällige Silhouette vom tosenden Ozean ab. Er stammt aus dem frühen 8. Jh. und gilt als ältester Steintempel Südindiens. Die Gestaltung seiner beiden kunstvoll gearbeiteten Türme war so wegweisend, dass sie nach ganz Südindien und schließlich Südostasien exportiert wurde. Ein großer Teil der detailreichen Bildhauereien ist den vereinten Kräften von Wind, Salz und Sand zum Opfer gefallen, was dem Komplex einen weichen, abgerundeten Charakter verleiht.

Der größere der beiden Türme erhebt sich über einer Kammer mit Blick auf das Meer – nicht erschrecken, wenn kecke Affen darin kauern! Der Tempel, dem man sich von Westen durch zwei niedrige, mit kleinen Nandi (Stier)-Figuren gesäumte Ummauerungen nähert, umfasst zwei Lingam-Schreine (einer blickt gen Osten, der andere gen Westen) sowie einen dritten Schrein dazwischen, der das Bildnis eines liegenden Vishnu beherbergt. Kürzliche Ausgrabungen haben ein Becken zutage gefördert, das eine struktive Steinsäule enthält, die vermutlich eine Laterne darstellte, und eine riesige Varaha (Vishnu in der Inkarnation eines Ebers), ausgerichtet nach dem Vishnu-Schrein. Der Fund legt nahe, dass die Gegend schon lange, bevor die Pallavas sie als Tempelstätte wählten, ein heiliger Ort war. ⏰ tgl. Sonnenauf- bis -untergang, Eintritt Rs250 (Rs10) inkl. Pancha Pandava Rathas, wenn sie am selben Tag besucht werden.

Die Leuchttürme und die Mahishasuramardini Cave

Am höchsten Punkt bietet südlich von Arjuna's Penance das von steilen Pfaden, unvollendeten Tempeln, Ruinen, herumtollenden Affen und gewaltigen Felsen umgebene **New Lighthouse** schöne Ausblicke nach Osten zum Shore Tempel und nach Westen über Reisfelder und mit Felsen übersätes Flachland. Daneben steht der **Olakanesvara** („flammenäugige" Shiva)- oder **Old Lighthouse Temple**, der bis zum Beginn des 20. Jhs. als Leuchtturm diente und aus der Rajasimha-Zeit (674–800 n. Chr.) stammt, jedoch kein Bildnis enthält.

Die Tempel von Tamil Nadu

Kein indischer Staat wird stärker von seinen Tempeln dominiert als Tamil Nadu, dessen Tempelarchitektur durch die Geschmäcker der aufeinanderfolgenden Dynastien führt und die zentrale Rolle der Religion im südindischen Alltag widerspiegelt. Die Mehrzahl wurde zu Ehren Shivas, Vishnus und deren Gefährtinnen errichtet. Für alle charakteristisch sind nicht nur die Anlage und die Skulpturen, sondern auch das ständige Treiben – Gebete, Tanz, Gesang, *pujas*, Feierlichkeiten und Festessen. Jeder Tempel wird von brahmanischen Priestern geleitet, die an ihren *dhotis* (Lendentuch), einer heiligen Schnur um die rechte Schulter und Zeichen auf der Stirn zu erkennen sind. Ein bis drei waagerechte Striche (gewöhnlich weiß) kennzeichnet Shaivas; senkrechte Striche (gelb oder rot), die oft fast in einer V-Form zusammenlaufen, sind dagegen unter Vaishnavas üblich.

Dravida, die Tempelarchitektur Tamil Nadus, entstand im Pallava-Hafen von **Mamallapuram**. Die frühesten Pallava-Bauwerke waren **Mandapas**, in Felsen gehauene Schreine mit Säulen am Eingang. Sie stehen eine Entwicklungsstufe über den Höhlenschlupfwinkeln von Hindu- und Jain-Asketen. Das einmalige Flachrelief **Arjuna's Penance** zeigt die Steinmetzkunst der Pallavas in ihrer vollendeten Form. Diese bildhauerischen Fertigkeiten wurden auf frei stehende Tempel, **Rathas**, übertragen, die aus einem einzigen Stein gehauen wurden und die wesentlichen Elemente der Hindu-Tempel vereinten: ein dunkles inneres Heiligtum *(garbhagriha)*, gekrönt von einem einfachen Spitzturm, der sich wiederholende architektonische Motive aufweist. Der Shore Temple von Mamallapuram wurde dann mit drei Schreinen gebaut und von einem den hohen Dächern der *rathas* ähnlichen vimana (ein Tempelturm mit Stufendach) gekrönt; Statuen von Nandi, Shivas Stier, überragen seine niedrigen Mauern.

Im schönsten Pallava-Tempel, dem Kailasanatha-Tempel in **Kanchipuram**, steht das Heiligtum in einem von hohen Mauern eingeschlossenen Hof. Die Bildnisse Shivas, seiner Gefährtin und grausiger mythischer Löwen *(yalis)* dienten als Vorbild für spätere Stile.

Die Pallava-Formen wurden in Karnataka von den Chalukyas und Rashtrakutas entwickelt, doch die nächste architektonische Phase führten im 10. Jh. die shaivitischen **Cholas** Tamil Nadus an. In **Thanjavur** schuf Rajaraja I. den Brihadeshwara-Tempel in erster Linie als Statussymbol. Seine Proportionen übertreffen bei Weitem jene der Bauwerke der Pallavas. Das Heiligtum, das in

---

Zwischen den beiden Leuchttürmen schmiegt sich die **Mahishasuramardini Cave** in den Felsen. Ihr zentrales Bildnis zeigt Shiva und Parvati mit dem Kind Murugan auf Parvatis Schoß. Shivas rechter Fuß ruht auf dem Rücken des Stieres Nandi, und Parvati sitzt entspannt da, auf ihre linke Hand gestützt. An der linken Wand, hinter einer leeren Kammer, stellt ein Paneel Vishnu auf der Schlange liegend dar; seine ruhende Haltung steht in Kontrast zu den Waffen schwingenden Dämonen Madhu und Kaithaba. Andere Figuren bitten Vishnu um Erlaubnis, die Monster jagen zu dürfen.

Gegenüber zeigt ein raffiniert gestaltetes Paneel die achtarmige Göttin **Durga** als Mahishasuramardini, die „Bezwingerin" des Büffeldämonen **Mahishasura**, auf einem Löwen reitend mitten im Kampf. Sie wird von *ganas* (Zwergen) begleitet und trägt einen Bogen und andere Waffen. Rechts ist Mahishasura mit einem Knüppel in Begleitung anderer Ungeheuer auf der Flucht zu sehen.

Das winzige **Government College of Architecture and Sculpture Museum** in der West Raja St, nahe dem Leuchtturm, beherbergt eine recht bunte Sammlung unbeschrifteter Pallava-Skulpturen, die in und um Mamallapuram gefunden wurden. ⓒ Mo–Sa 10–17 Uhr, Eintritt Rs2, Fotoerlaubnis Rs10.

Pancha Pandava Rathas (Fünf Rathas)

Auf einem sandigen Gelände 1,5 km südlich des Dorfzentrums steht die beeindruckende Gruppe von Monolithen, die aus unerfindlichem Grund Pancha Pandava Rathas, die „fünf Wagen der Pandavas", genannt wurde. Sie stammen aus der

einem großen, ummauerten Hof liegt und vor dem sich eine kleine *mandapa* befindet, steht unterhalb eines über 60 m hohen, mit Bildhauerarbeiten verzierten Vimana. Die meisten Skulpturen stellen auch hier Shiva dar, doch die *gopura* (Türme) zu beiden Seiten des östlichen Tores zum Hof waren eine Neuheit, ebenso wie die in den unteren Teil der Wände des Heiligtums gemeißelten Löwen und der über Nandi errichtete Pavillon vor dem Sanktuarium. Der zweite große Chola-Tempel wurde von Rajendra I. in **Gangaikondacholapuram** errichtet. Anstelle eines mächtigen *vimana* führte er neue Elemente ein. So fügte er Nebenschreine hinzu und platzierte eine erweiterte Mandapa, um deren Säulen sich Tänzer und Gottheiten winden, vor dem zentralen Heiligtum.

Zu Zeiten der **Vijayanagar-Könige** des 13. Jhs. stand der Tempel im Mittelpunkt des Stadtlebens. Er bildete das Zentrum der Stadtversammlungen, der Bildung, des Tanzes und Theaters. Die Vijayanagars erweiterten frühere Bauwerke, indem sie eine Reihe von *prakaras* (Höfe) ummauerten und frei stehende Mandapas als Versammlungshallen, Elefantenställe, Bühnen für Musik und Tanz sowie Hallen für Hochzeitszeremonien errichteten. Diese Mandapas mit wunderbar verzierten Säulen wurden als **1000-Säulen-Hallen** (*kalyan mandapas*) bekannt. **Becken**, die sowohl als Wasserreservoirs als auch als Waschbereiche dienten, wurden hinzugefügt. Sie fanden auch bei Festen Verwendung, wenn Götterstatuen in Booten auf dem Wasser treiben gelassen wurden.

Unter den Vijayanagars wurden die *gopura* vergrößert und in allen vier Himmelsrichtungen über den hohen Toren zu jedem Prakara aufgebaut, um zum augenfälligsten Merkmal zu werden. Der Grundriss ist rechteckig, und die Türme sind mit Bildnissen von Tieren, lokalen Heiligen oder Herrschern sowie Gottheiten verziert. Gopura werden regelmäßig in Rosa, Blau, Weiß und Gelb frisch angestrichen, was einen fröhlichen Kontrast zu den Braun- und Grautönen der dahinter liegenden Hallen und Heiligtümer bildet.

Madurai ist der Ort für ein Studium der Vijayanagar-Architektur. Die Tempel beleben sich regelmäßig zu Festzeiten, wenn Gläubige Shiva und seine „fischäugige" Gefährtin auf schweren Holzwagen durch die Stadt ziehen. Der Tempel in **Srirangam**, außerhalb von Tiruchirapalli, wurde von den Vijayanagar-Nayaks erweitert und damit zum größten Tempel Südindiens. Anders als der in Madurai integriert er frühere Chola-Grundmauern, aber die Ausschmückung mit Säulen in Form von sich aufbäumenden Pferden ist einzigartig.

Zeit Narasimhavarmans I. (ca. 630–670 n. Chr.) und bestehen aus fünf frei stehenden Skulpturen, die Tempel und einige wunderschön gearbeitete, lebensgroße Tiere nachbilden. Sie wurden entweder aus einem einzigen großen schrägen Felsblock oder aus drei verschiedenen gehauen.

Die „Architektur" der *rathas* spiegelt die Vielfalt der Stile wider, die beim damaligen Tempelbau Verwendung fanden, und stellt geradezu ein Modell für einen Großteil der folgenden Entwicklung des **Dravida-** (südlichen) Stils dar. Es wurde immer von oben nach unten gemeißelt, sodass der Künstler am oberen Teil arbeiten konnte, ohne befürchten zu müssen, Darunterliegendes zu beschädigen. Alle unfertigen Abschnitte befinden sich daher stets am Sockel.

Verblüffenderweise geht man davon aus, dass die *rathas* nie der Andacht dienten. Ein Hindu-Tempel ist erst dann vollendet, wenn die unentbehrliche, gefäßförmige Spitze, *kalasha*, angebracht ist – das wäre jedoch für die Kunsthandwerker nicht zu bewerkstelligen gewesen, da die *kalasha* in dem Falle als Erstes hätte gemeißelt werden müssen. *Kalashas* sind neben zweien der *rathas* (Dharmaraja und Arjuna) zu sehen, als hätten sie vielleicht später an ihren richtigen Platz gebracht werden sollen.

Der südlichste und größte *ratha*, nach dem ältesten der Pandava-Brüder benannt, ist der pyramidenförmige **Dharmaraja**. Er steht auf einem quadratischen Sockel. Jede Stufe des mehrstöckigen Pyramidendaches ist mit einer Reihe Vorbauten versehen. Vier Eckblöcke, jeweils mit zwei Paneelen und Statuen verziert, werden von zwei Säulen und Stützpfeilern unterbrochen, die von sitzenden Löwen getragen werden. Zu den

Figuren auf den Paneelen gehören Ardhanarishvara (Shiva und seine Gefährtin in einer Gestalt), Brahma, König Narasimhavarman I. und Harihara (Shiva und Vishnu in einer Person). Die mittlere Stufe zeigt u. a. Bildhauereien von Shiva Gangadhara, der einen Gebetskranz hält, mit der ihn bewundernden Flussgöttin Ganga an seiner Seite, und eine der ältesten Darstellungen Tamil Nadus von dem tanzenden Shiva, Nataraja, der in der Region eine wichtige Stellung einnehmen sollte. Der **Bhima Ratha** daneben, der größte der Gruppe, ist am unvollkommensten: Überall sind noch Spuren von Bearbeitungen zu erkennen. Die oberen Stufen, die keinerlei Skulpturen zieren, weisen wie der Dharmaraja, falsche Fenster und Vorbauten auf. Der rechteckige Sockel ist für einen Schrein sehr ungewöhnlich.

Die Arjuna- und Draupadi-*rathas* haben einen gemeinsamen Unterbau. Hinter dem **Arjuna**, dem vollständigsten der gesamten Gruppe und dem Dharmaraja sehr ähnlich, steht eine hervorragende, unvollendete Plastik von Shivas Stier Nandi. **Draupadi** ist innerhalb der Felsenarchitektur einmalig mit seinem Dach, das so aussieht, als ruhe es auf einer strohgedeckten Hütte (der Entwurf wurde später in Chidambaram nachgeahmt). Im Innern befindet sich ein Bildnis von Durga. Die Figur ihres Löwenreittiers draußen ist allerdings auf der gleichen Seite angeordnet, nicht mit Blick auf die Göttin, was ein überzeugendes Argument dafür ist, dass dies kein echter Tempel war. Im Westen steht nahe einer lebensgroßen Elefantenskulptur der nach den Zwillingsbrüdern **Nakula** und **Sahadeva** benannte *ratha*.

⏱ tgl. Sonnenauf- bis -untergang, Eintritt Rs250 (Rs10) inkl. Shore Temple, wenn er am selben Tag besucht wird.

Auf der Straße zu den *rathas* hallt einem von den Werkstätten der Bildhauer unaufhörlich der Lärm der schlagenden Meißel entgegen. Viele Arbeiten sind hervorragend und lohnen einen Blick – die Bildhauer stellen Statuen für Tempel auf der ganzen Welt her und sind damit vertraut, große Stücke zu verschiffen. Einige Bildhauer sind erschreckend jung; Kinder übernehmen oft die körperlich schweren groben Arbeiten an großen Stücken, während der Meister die Skulptur anschließend fertigstellt.

Übernachtung

In Mamallapuram herrscht kein Mangel an Unterkünften, und die Preise sind – von der Weihnachtszeit abgesehen – durchaus verhandelbar. Alle preiswerten und Mittelklassehotels (sowie eines der gehobenen Mittelklasse) befinden sich im Ortskern und 2 teurere Ressorthotels im Außenbezirk. Alle hier gelisteten Unterkünfte liegen entweder am Strand oder zumindest in unmittelbarer Nähe, die älteren sind nicht besonders zu empfehlen. Mamallapuram leidet sehr unter aggressiven Schleppern, die für einige wenige Hotels arbeiten. Am besten ignoriert man sie einfach und begibt sich direkt zum Ziel seiner Wahl.

Baywatch, Fishermens Colony, ☏ 09840 297152, ✉ hotelbaywatch@yahoo.co.in. Neues Hotel mit elegant eingerichteten Zimmern; die im oberen Stock sind teurer. Nur eine Häuserzeile vom Strand entfernt; teilweise Meerblick. ❸–❹

Chariot Beach Resort, 69 Five Rathas Rd, ☏ 044-2498 6364, 🖥 www.chariotbeachresorts.com. Brandneue Unterkunft mit uneingeschränktem Meerblick. Zentraler 57 m langer Pool und nur 5 Fußminuten zu den Five Rathas. Große, traumhaft möblierte Zimmer (US$175), luxuriösere Häuschen (US$225) und Suiten mit Meerblick (US$400). ❾

GRT Temple Bay Beach Resort, abseits der Kovalam Rd, 2 km nördlich der Stadt, ☏ 044-2744 2251, 🖥 www.grttemplebay.com. Tolle Lage am Strand mit Blick auf den Shore Temple. Die strohgedeckten Cottages am Wasser haben Balkone mit Meerblick, daneben gibt es riesige Zimmer im Hauptgebäude. Swimming Pool und Restaurant. Preise ab US$160. ❾

Nette Gastgeberfamilie

Greenwoods Resort, Othavadai Cross St, ☏ 044-2744 3318, ✉ greenwoods_resort@yahoo.com. Die sehr freundliche Unterkunft in Familienbesitz liegt in einem Garten, der von den vielen Frauen des Hauses liebevoll gepflegt wird. Auswahl an Zimmern mit und ohne AC, alle mit Bad, einige mit eigenem Balkon. Sehr gutes Preis-Leistungs-Verhältnis. ❷–❺

Mamalla Heritage, 104 East Raja St, ☏ 044-2744 2060, ✆ 044-2744 2160. Das effiziente, moderne Hotel an der Hauptstraße bietet komfortable und makellos saubere AC-Zimmer mit Kühlschrank, TV und Blick auf einen Innenhof. Sehr gutes Restaurant (s. unten). ❺

Ramakrishna Lodge, 8 Othavadai St, ☏ 044-2744 2331. Saubere, gepflegte Zimmer im Herzen der Touristenenklave, alle mit Bad, aber ohne AC, um einen Hof mit vielen Topfpflanzen. Die neuesten Zimmer befinden sich im obersten Stockwerk und bieten Meerblick. Außerdem gibt es einen Hilfsgenerator. Hier ist oft noch ein Zimmer zu haben, wenn alle anderen Hotels ausgebucht sind. ❶

Sea Breeze, Othavadai Cross St, ☏ 044-2744 3035, ✉ seabreezehotel@hotmail.com. Das einzige echte Strandhotel der Stadt mit gemütlichen, großen AC-Zimmern (EZ mit besonders gutem Preis-Leistungs-Verhältnis), gepflegtem Pool (Nicht-Hotelgästen für RS200 zugänglich) und Ayurveda-Center. ❻–❽

Santana, Othavadai St, ☏ 09444 290832. 6 ansehnliche und makellos saubere Zimmer im 1. Stock, das zum Meer hin gelegene ist ein Traum. Beliebtes Strandrestaurant und Dachterrasse. ❸–❹

Siva Guest House, 2 Othavadai Cross Rd, ☏ 044-2744 3234, ✉ sivaguesthouse@hotmail.com. Die gepflegte Lodge bietet eine Auswahl an Zimmern (teils mit AC) zu günstigen Preisen. ❷–❸

Sri Murugan Guest House, 42 Othavadai St, ☏ 044-2744 2552. Kleine und ruhige Unterkunft mit zuvorkommendem Service. Saubere Zimmer ohne AC und ein Dachrestaurant. Eine der nettesten Übernachtungsmöglichkeiten in dieser Gegend. ❸–❹

Tina Blue View, Othadavadai St, ☏ 044-2744 2319, 🖥 www.tinablueview.com. Alteingesessener Familienbetrieb mit einfachen, türkisen und gekalkten Zimmern, alle mit Bad und Moskitonetz. Günstiges Dachterrassen-Restaurant. ❷–❹

Essen und Trinken

In Mamallapuram wimmelt es von kleinen Restaurants. Die meisten sind auf Seafood wie Tigergarnelen, Butterfisch, Thun- und Haifisch sowie Hummer spezialisiert, das größtenteils mariniert und gegrillt mit Pommes und Salat serviert wird. Wo man auch isst – man sollte vorher klären, was der Fisch oder Hummer kosten soll, um am Ende keine Überraschung zu erleben. Da es sich um ein beliebtes Ziel für Traveller handelt, gibt es in Mamallapuram auch zahlreiche Lokale, die westliche Speisen wie Pasta, Pancakes, dunkles Brot und vergleichsweise fade indische Gerichte anbieten. Wem es nach echt indischem Essen gelüstet, z. B. nach *dosas* oder günstigem Bratfisch, der sollte es an den Ständen am Busbahnhof oder auf der Südseite des Shore-Tempel-Komplexes versuchen. **Bier** ist vielerorts zu haben, aber recht teuer (Rs100 und mehr). Die beste Adresse für einen Drink am späten Abend ist das angenehme und freundliche Rose Corner, oberhalb des Geschäfts in der Othavadai Street.

Garden View, Greenwoods Resort, Othavadai Cross St. Freundliches Terrassen-Restaurant mit leckeren Pfannengerichten, Seafood und Currys – auf Wunsch auch wirklich scharf. Man kann am ruhigen Garten oder an der belebten Straße sitzen. Hauptgerichte RS50–100.

Golden Palette, Mamalla Heritage Hotel, 104 East Raja St. Das angenehm kühle AC-Café mit getönten Fensterscheiben, serviert das beste vegetarische Essen im Ort – Mittagsgerichte für Rs60, abends im Innenhof nordindische Tandoori – und wunderbare Eisbecher. Das neue Dachterrassen-Restaurant Waves serviert auch am Abend Fisch- und Seafood-Gerichte.

La Vie en Rose, West Raja St. Nettes Gartenrestaurant mit westlicher Speisekarte, darunter ungewöhnliche Salate, tolle Spaghetti und Geflügelgerichte für RS80–120.

Le Yogi, Othavadai St. Einladendes und entspanntes Plätzchen, geführt von einem französisch-indischen Paar. Leckere Pasta und Salate. Dazu guten Kaffee oder Lassis. Die meisten Gerichte kosten RS100–150.

Luna Magica, 100 m nördlich der Othavadai St, direkt am Strand. Erstklassiges Seafood, vor allem Tigergarnelen und Hummer, die lebend in einem Becken gehalten werden. Große Exemplare kosten Rs600–800, sind aber köstlich,

„Französische" Küche

Nautilus, Othavadai Cross St. Gutes und günstiges Lokal mit einem liebenswerten, französischen Koch. Auf der Karte stehen köstliche Suppen, Fleisch, Seafood und vegetarische Gerichte – entweder gegrillt oder in vielfältigen Soßen – sowie die typischen Traveller-Favoriten. Die Preise liegen bei RS70–150.

dazu gibt es Tomaten-, Butter- und Knoblauchsoße. Bietet auch eine ganz passable Sangria mit süßem Rotwein aus Chennai und kaltes Bier sowie eine Reihe weniger teurer Gerichte, z. B. gutes Fisch-Curry und *sizzlers*.
Mamalla Bhavan, Shore Temple Rd, gegenüber dem Busbahnhof. Sehr beliebtes und entsprechend gut besuchtes, rein vegetarisches „meals"-Restaurant. Gut für ein *iddli-wada*-Frühstück, *dosas* am Abend und andere Snacks. Unbegrenzte Mittagsmenüs kosten um die Rs30.
Moonrakers, Othavadai St. Coole Jazz- und Bluesklänge, großartiges frisches Seafood, Schachspiele und ein flotter Service stellen sicher, dass dieses Lokal das ganze Jahr über mit ausländischen Touristen gefüllt ist. Die Besitzer sprechen überdies fortwährend Passanten an, um sie in ihr Lokal zu locken. Für ein gutes Fischgericht zahlt man rund Rs250.
New Café, Lakshmi Lodge, Othavadai Cross St. Belebtes Restaurant im 1. Stock. Standard-Auswahl indischer und chinesischer Gerichte sowie Fisch und westliches Frühstück. Serviert manchmal bis spät nachts Getränke. Hauptgerichte meist Rs100–200.
Village Inn, Thirukula St. Das winzige Lokal mit Strohdach serviert auf Holzkohle gegrillten Fisch und vorzügliches, in Butter gebratenes Huhn mit Tomaten-Knoblauch-Soße. Hauptgerichte mit Fleisch oder Fisch Rs150–200.

Sonstiges

Geld
Sofern man nicht in einem der teuren Hotels wohnt, gibt es nur 2 offizielle Geldwechsler im Dorf: die **Indian Overseas Bank**, in der TK Kunda Rd, und die effizientere **LKP Forex** in der East Raja St, ⏱ Mo–Sa 9.30–19 Uhr.

Informationen
Das **Government of Tamil Nadu Tourist Office**, Kovalam Rd, ✆ 044-2744 2232, ist eines der ersten Gebäude, die man im Dorf sieht – wenn man aus Chennai ankommt, auf der linken Seite. Es bietet gute Informationen über lokale Feste, Busfahrpläne und ordentliche Hotels. ⏱ Mo–Fr 10–17.45 Uhr.

Internet
Der Durchschnittspreis der ständig zunehmenden Internet-Läden liegt bei Rs40 pro Std., wobei Verbindungsgeschwindigkeit und Zuverlässigkeit variieren. Die meisten Anbieter konzentrieren sich in der Othavadai St und der Othavadai Cross St.

Medizinische Hilfe
Suradeep Hospital, Thirukula St, ✆ 044-2744 2390, sehr gutes Krankenhaus.

Nahverkehr

Mamallapuram selbst besteht nur aus ein paar Straßen. Um zu den interessanten Punkten außerhalb des Zentrums zu gelangen, mietet man am besten ein Fahrrad von einem der Läden in der East Raja St oder dem jeweiligen Hotel für ca. Rs30–40 pro Tag.
Motorroller und Enfield-**Motorräder** (für Rs200–300 pro Tag) vermieten **Poornima Travels**, neben dem Restaurant Moonraker's, und einige Gästehäuser. **Welcome Tours and Travels**, Othavadai St, ✆ 044-2846 0908, vermittelt Mietwagen.

Transport

Busse
Der Busbahnhof befindet sich im Dorfzentrum. Tgl. verkehren zahlreiche Busse von und nach CHENNAI, TIRUVANNAMALAI, KANCHIPURAM und PUDUCHERRY.

Eisenbahn
Der nächste Bahnhof ist Chengalpattu (Chingleput), 29 km nordöstlich, auf der Busstrecke nach Kanchipuram. Er liegt auf der Nord-Süd-Hauptstrecke, ist aber kein besonders günstiger Zusteigeort.

Taxis / Motor-Rikschas
Ein Taxi nach CHENNAI kostet Rs1000–1200 (bzw. Rs750–800 vom Flughafen); zu buchen über das Büro vor Ort oder in Chennai oder am Vorauszahlungsschalter am Flughafen von Chennai.

Die Umgebung von Mamallapuram

Das sandige Hinterland und die flachen Reisfelder um Mamallapuram beherbergen eine Handvoll Sehenswürdigkeiten, die einige Ausflüge von der Küste lohnen. Das **Government College of Sculpture** und die kunstvoll in den Felsen gehauene **Tiger Cave** sind leicht mit dem Fahrrad zu erreichen (eine kurze Fahrt auf der Hauptstraße nach Norden). Um zur **Crocodile Bank** zu gelangen, wo seltene Reptilien aus ganz Südasien gezüchtet werden, um anschließend in die Wildnis entlassen zu werden, oder zum **Dakshina Chitra**, einem Museum, das sich südindischer Architektur und Kunsthandwerk widmet, muss man hingegen mehrere Busse nehmen oder sich für einen Tag ein Moped mieten.

Government College of Sculpture und Tiger Cave

Ein Besuch des **Government College of Sculpture**, 2 km nördlich von Mamallapuram an der Kovalam (Covelong) Road, ✆ 044-2744 2261, gewährt faszinierende Einblicke in den Prozess der Bildhauerei. Von den ersten Zeichnungen nach strengen Regeln der Proportion und Ikonografie bis zur Ausführung der Plastik, sowohl aus Holz als auch aus Stein in klassischer Hindu-Tradition, ist alles zu sehen. Zwecks Besichtigung muss man die Verwaltung des College kontaktieren. Eintritt frei.

Rund 3 km nördlich vom College an der Straße nach Kovalam versteckt sich inmitten von Hainen nahe dem Meer die außergewöhnliche **Tiger Cave**. Sie enthält einen Durga gewidmeten Schrein, dem man sich über eine Treppe an zwei Nebenkammern vorbei nähert. Die Höhle folgt der Gestalt eines unregelmäßig geformten Felsens und ist für ihr kunstvoll gearbeitetes Äußeres berühmt, das mehrere Löwenköpfe um den Eingang zur Hauptkammer zieren. Wenn man lang genug hinschaut, erinnert der Abschnitt auf der linken Seite (mit den sitzenden Figuren in den Nischen über zwei Elefanten) an eine riesige Eule. ⏲ Sonnenauf- bis -untergang, Eintritt frei.

Crocodile Bank

Die Crocodile Bank in Vadanemmeli, 14 km nördlich des Ortes, an der Straße nach Chennai, wurde 1976 von dem amerikanischen Zoologen Romulus Whittaker eingerichtet, um einheimische Krokodile zu schützen und zu züchten. Die Einrichtung ist derart erfolgreich (von anfänglich 15 Krokodilen auf 5000 in den ersten 15 Jahren angewachsen), dass sie sich inzwischen auch um bedrohte Arten aus der ganzen Welt, wie z. B. Schildkröten und Echsen, kümmert.

In niedrigen Gehegen in der Gartenanlage leben hunderte Krokodile, die in Teichen baden oder sich auf Sandbänken sonnen. Zu den Züchtungen zählen der Fisch fressende, knollennasige Gavial (auch Gharial) und die größte Krokodilart der Welt, das im Salzwasser lebende Leistenkrokodil *(Crocodylus porosus),* das bis zu 8 m lang werden kann. Montags oder donnerstags gegen 16.30 Uhr können die Reptilien bei der Fütterung beobachtet werden, gegen eine Gebühr von Rs20 darf man sie jederzeit selbst füttern. Beim Anblick der hungrigen Reptilien, die übereinander klettern und fast bis ans obere Ende des Zauns kommen, um nach den Fleischbrocken zu schnappen, vergeht aber manchem die Lust, Fotos zu schießen.

Ein weiteres wichtiges Projekt wird in Zusammenarbeit mit dem einheimischem Irula-Volk durchgeführt, das seit jeher für seine Schlangenkenntnisse berühmt ist. Zur Sammlung von Schlangengift, das für die Behandlung von Schlangenbissen wichtig ist, werden Kobras hierher gebracht. Andernorts werden die Schlangen zu diesem Zweck wiederholt „gemolken", bis sie sterben. Hier wird jeder Schlange nur eine bestimmte Menge abgenommen, sodass sie anschließend wieder in die Wildnis zurückkehren kann. Dieser Abschnitt kostet Rs5 extra.

⏲ Di–So 8–18 Uhr, Eintritt Rs20, Fotoerlaubnis Rs10, Videokamera Rs75. Die Busse der Küstenroute Nr. 117 und Nr. 118 halten am Eingang.

Dakshina Chitra

Das Dakshina Chitra, wörtlich „Vision des Südens", nimmt einen Streifen Sanddünen auf halbem Weg zwischen Chennai und Mamallapuram ein und ist eines der besten Volkskundemuseen Indiens. Es widmet sich dem reichen architektonischen und künstlerischen Erbe Keralas, Karnatakas, Andhra Pradeshs und Tamil Nadus. Das von der Chennai Craft Foundation eingerichtete Museum bringt dem Besucher viele im Verschwinden begriffene Traditionen der Region nahe, die man ansonsten wahrscheinlich nicht kennen lernen würde, von Fruchtbarkeitsriten und Feldgöttern bis zu Töpferei und ledernen Schattenfiguren.

Eine Auswahl traditioneller Häuser aus verschiedenen Gegenden der Halbinsel wurde unter Verwendung von Originalmaterialien mühsam rekonstruiert. Die begleitenden Ausstellungen vermitteln ein Bild von der Vielfalt der Landschaft und Kultur des Südens, welche am anschaulichsten in der wunderbaren Textilsammlung zum Ausdruck kommt, die alte Seiden- und Baumwollsaris verschiedener Kasten und Regionen umfasst. ⏱ tgl. außer Di 10–18 Uhr, Eintritt Rs175 (Rs50), Mittagessen Rs175. Anfahrt mit einem der Busse nach Chennai oder mit einem Mietmoped von Mamallapuram (S. 1056). Snacks sind vor Ort erhältlich. Näheres unter 💻 www.dakshinanchitra.net.

Kanchipuram

Fragt man einen Tamilen, wofür Kanchipuram (abgekürzt „Kanchi") berühmt ist, wird man wahrscheinlich „Seidensaris, Schreine und Heilige" – in dieser Reihenfolge – zur Antwort bekommen. Das ganze Mittelalter hindurch war der Ort königliche Hauptstadt. Bis heute ist Kanchipuram eine der sieben heiligsten Städte des Subkontinents, sowohl für Shaivas als auch Vaishnavas, und eines der wenigen verbliebenen Zentren des Göttinnenkultes im Süden.

Das ganze Jahr über strömen Pilger auf der Tirupati-Rundtour zu einer kurzen *puja* und, falls sie es sich leisten können, einer Einkaufstour durch die Sari-Läden in den Ort. Für Nicht-Hindus ist Kanchipuram jedoch weniger reizvoll. Die Tempel sind zwar zweifelsohne beeindruckend, aber die Stadt selbst ist unerträglich heiß und verfügt nur über einfache Unterkünfte und Einrichtungen. Manch einer zieht es daher vor, Kanchipuram im Rahmen eines Tagesausflugs von Chennai oder Mamallapuram (jeweils 2 Std. Busfahrt) aus zu besuchen.

Kanchipuram wurde von den **Pallava-Königen** im 4. Jh. n. Chr. gegründet und diente ihnen 500 Jahre lang als Hauptstadt. Auch in der Chola-, Pandya- und Vijayanagar-Zeit florierte der Ort weiterhin. Unter den Pallavas war er ein bedeutendes Lehrzentrum. Hier trafen jainistische, buddhistische und hinduistische Kultur zusammen. Die **Tempel** legen beredtes Zeugnis ab von dieser andauernden politischen Vormachtstellung der Stadt. Ihre Ursprünge reichen vom Höhepunkt der Pallava-Bauzeit bis ins 17. Jh., als die Ausschmückung der *gopuras* und Säulenhallen am kunstvollsten war (Näheres zu Tamil Nadus Tempeln, s. S. 1052/1053, Kasten). Alle sind leicht zu Fuß, per Fahrrad oder Rikscha zu erreichen und zwischen 12 und 16 Uhr geschlossen. Bisweilen gehört etwas Entschlossenheit dazu, den hartnäckigen Puja-*wallahs* zu trotzen, die Ausländer in übertreuerte Zeremonien zu locken versuchen. Wer Seide kaufen möchte, sollte sich in die Läden in der Gandhi Street und der Thirukatchininambi Street begeben.

Ekambareshvara-Tempel

Nördlich von Kanchipuram liegt der größte Tempel und wichtigste Shiva-Schrein der Stadt (Fotoapparat Rs10, Videokamera Rs20), der Ekambareshvara-Tempel, auch unter dem Namen Ekambaranatha bekannt und leicht an seinen weißen, fast 60 m hohen *gopuras* zu erkennen. Der Haupttempel enthält einige Pallava-Arbeiten, wurde aber überwiegend im 16. und 17. Jh. errichtet. Er steht innerhalb einer Umfriedungsmauer neben einigen kleineren Schreinen und einem großen, mit Fischen gefüllten Wasserbecken.

Den Eingang bildet ein hochbogiger Durchgang unterhalb eines kunstvoll gearbeiteten *gopura* in der Südmauer. Er führt zu einem offenen Hof und einer majestätischen „Tausend-Säulen-Halle" *(kalyan mandapa)*. Sie blickt auf das Wasserbecken im Norden und das Heilig-

Kanchipuram

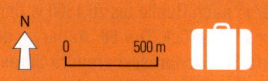

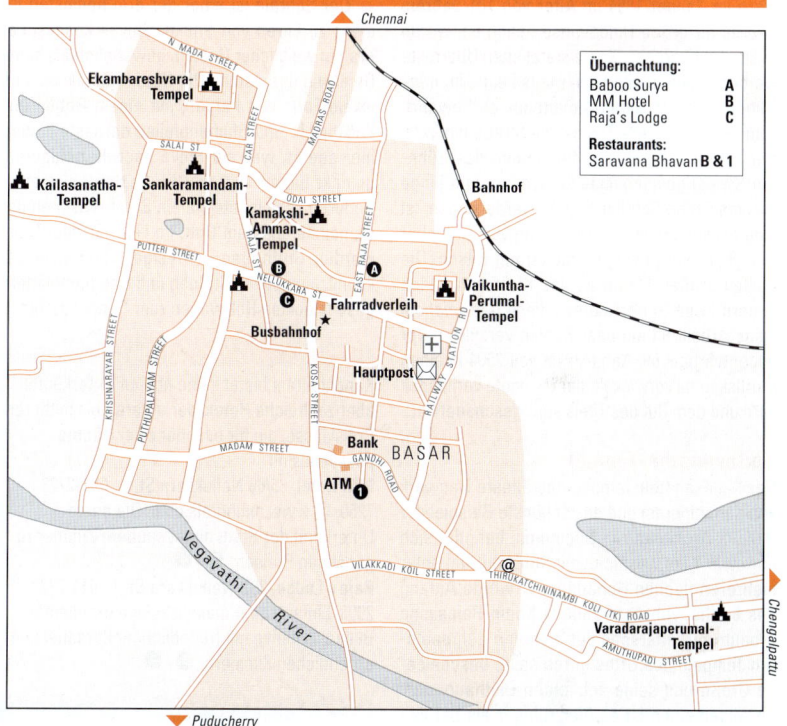

Übernachtung:
Baboo Surya **A**
MM Hotel **B**
Raja's Lodge **C**

Restaurants:
Saravana Bhavan **B & 1**

tum im Westen, das ein Symbol Shivas – hier in seiner Form als **Kameshvara** („Herr des Verlangens") – enthält, einen „Erd"-Lingam (einer der fünf Lingams in Tamil Nadu, die die Elemente darstellen). Die Legende bringt ihn mit der Göttin **Kamakshi** (Shivas Gefährtin, „die Liebäugige") in Zusammenhang, die Shiva erzürnte, indem sie aus Spaß seine Augen bedeckte und so die Welt in Dunkelheit tauchte. Shiva bestrafte sie, indem er sie aussandte, ihm zu Ehren einen Lingam aus Erde zu formen. Als dieser vollendet war, stellte Kamakshi fest, dass sie ihn nicht bewegen konnte. Lokale Mythen erzählen von einer großen Flut, die Kanchipuram überrollte und die Tempel zerstörte, die jedoch den Lingam, gegen den sich Kamakshi derart stark stemmte, dass sie Abdrücke ihrer Brüste und Armreifen darauf hinterließ, nicht von der Stelle bewegte.

Hinter dem Heiligtum, das von dem es umgebenden überdachten Gang aus zugänglich ist, liegt eine kahle Halle unterhalb eines verschwenderisch behauenen *gopura*. Ein ehrwürdiger **Mangobaum** repräsentiert den Baum, unter dem Shiva und Kamakshi vermählt wurden. Dieser Vereinigung wird jeden April mit einem Fest gedacht, wenn viele Paare in der *kalyan mandapa* getraut werden.

Sankaramandam

Kanchipuram ist der Sitz einer Reihe heiliger Männer, die den Titel **Acharya** tragen. Ihre Linie reicht bis auf den Heiligen Adi Sankaracharya (der je nach Quelle bis zu 1300 v. Chr. gelebt haben soll) zurück. Der 68. Acharya, der hochverehrte Sri Chandrasekharendra Sarasvati Swami, starb im Januar 1994 im Alter von 101 Jahren. Wie es für große Hinduweise üblich ist, wurde er sitzend begraben. Seine sterblichen Überreste werden in einem *samadhi* (Mausoleum) im *math* (Hindu-Kloster) **Sankaramandam** aufbewahrt, vom Ekambreshvara-Tempel die Straße hinunter. Der mit alten Fotos aus dem Leben des früheren Swami geschmückte Tempel, in dem junge brahmanische Schüler Sanskritverse singen, ist eine typisch tamilische Mischung von einfacher Heiligkeit und protzigem modernen Kitsch. Die beiden großen Elefanten des Klosters erteilen Pilgern ihren Segen, sofern diese dem *mahout* seine Arbeit mit ein paar Rupien versüßen. Der gegenwärtige, 69. Acharya ist seit 2004 in einen Mordskandal verwickelt, der bis heute verhandelt wird und dem Ruf des Titels sehr geschadet hat.

Kailasanatha-Tempel

Der Kailasanatha-Tempel, das älteste Bauwerk von Kanchipuram und das schönste Beispiel der Pallava-Architektur in Südindien, befindet sich nur etwa 1 km westlich vom Stadtzentrum unter mehreren flachen Gebäuden. Er wurde Anfang des 8. Jhs. von dem Pallava-König Rajasimha erbaut und unterscheidet sich von den späteren Tempeln des Ortes durch seine bescheidene Größe und seine schlichten Bildhauereien. Im Allgemeinen ist es hier ruhiger als bei den Nachbartempeln, nur während des **Mahashivratri**-Festes jeden März wird der Schrein zum Mittelpunkt ausgelassenen Feierns. Wie der etwa zeitgleich entstandene Shore Temple in Mamallapuram wurde auch dieser Tempel aus weichem Sandstein errichtet, doch hat seine geschützte Lage ihn vor Wind- und Sanderosion geschützt, sodass er bemerkenswert intakt geblieben ist, trotz einiger eher ungeschickter Renovierungsarbeiten in jüngerer Zeit.

Kamakshi-Amman-Tempel

Der Kamakshi-Amman-Tempel, nordwestlich des Busbahnhofs, wurde während der Vorherrschaft der Pallavas gebaut und im 14. und 17. Jh. verändert. Er vereint mit seinem alten zentralen Schrein, Toren aus der Vijayanagar-Zeit und wesentlich später über den Toreingängen errichteten, hohen, kunstvoll behauenen *gopuras* verschiedene Stile.

Der Schrein ist einer der drei heiligsten Indiens zu Ehren von Shakti, Shivas kosmischer Kraft in weiblicher Gestalt, gewöhnlich als seine Gefährtin dargestellt. Die Göttin Kamakshi, lokale Form von Parvati, mit einem Bogen aus Zuckerrohr und Blumenpfeilen dargestellt, wird hier geehrt, weil sie Shiva nach Kanchipuram gelockt haben soll, wo die beiden heirateten. Dadurch schmiedete sie ein Band zwischen der Gemeinde und dem Gott. Im Februar oder März werden Gottheiten in riesigen, kunstvoll geschnitzten und mit Statuen und Bananenblättern geschmückten Holzwagen zum Tempel gerollt.

Übernachtung und Essen

Kanchipuram bietet keine noblen Unterkünfte, aber zahlreiche Hotels der unteren bis mittleren Preisklasse, die für ein oder zwei Nächte passabel sind.

MM Hotel, 65/66 Nellukkara St, ☎ 044-2723 7250, 🖳 www.mmhotels.com. Die beste Unterkunft der Stadt bietet saubere Zimmer zu günstigen Preisen. ❸–❹

Raja's Lodge, 20B Nellukkara St, ☎ 044-2722 2603. Einfach aber makellos. Eine exzellente Billigalternative mit freundlichem Personal und ordentlichen Zimmern. ❶–❸

Geld

In der Gandhi Rd gibt es einen Geldautomaten; die nächsten offiziellen Geldwechselstuben befinden sich in Chennai und Mamallapuram.

Internet

Net4U, Stadtende der TK Rd. Schnelle Internetverbindung.

Mit Tempelblick

Baboo Surya, 85 East Raja St, ☎ 04112-222556, 🖳 www.hotelbaboosoorya.com. Hier gibt's makellos saubere Zimmer mit Bad (teils AC) und Blick auf den Tempel sowie ein hauseigenes Restaurant. Ausgezeichnetes Preis-Leistungs-Verhältnis in der Mittelklasse. ❸–❹

Nahverkehr

Da die meisten Straßen breit sind und der Verkehr selten chaotisch ist, erkundet man den Ort am besten per Fahrrad – von Ständen westlich und nordöstlich des Busbahnhofs zu Spottpreisen (Rs3/Std.) zu mieten. Die Gemüsemärkte, Hotels, Restaurants und Basare befinden sich alle im Zentrum, nahe dem Busbahnhof.

Transport

Busse

Kanchipuram liegt am Vegavathi-Fluss, 70 km südwestlich von Chennai und etwas weniger von Mamallapuram an der Küste entfernt. Busse aus CHENNAI, MAMALLAPURAM (2–2 1/2 Std.) und CHENGALPATTU (1 Std.) halten am Busbahnhof in der Raja St (nahe Kosa St) im Zentrum.

Busse nach:
CHENNAI (alle 10 Min., 1 1/2–2 Std.),
COIMBATORE (3x tgl., 9–10 Std.),
MADURAI (4x tgl., 10–12 Std.),
PUDUCHERRY (10x tgl., 3–4 Std.),
TIRUCHIRAPALLI (3x tgl., 7 Std.),
TIRUVANNAMALAI (alle 1/2–1 Std., 3–4 Std.).

Eisenbahn

In den verschlafenen Bahnhof im Nordosten fahren tgl. nur 4 Züge aus CHENGALPATTU ein – 3 kommen aus CHENNAI und 2 aus ANAKKONAM.

Vedanthangal

Vedanthangal, eine Ansammlung niedriger, brauner Häuser inmitten eines Flickenteppichs von Reisfeldern 30 km von der Ostküste und 86 km südwestlich von Chennai, ist ein winziger, entspannter Ort mit nur zwei *chai*-Buden, den eine einzige Straße durchteilt. Etwa 1 km östlich des Dorfes liegt eines der hervorragendsten **Vogelschutzgebiete** Indiens. Die meisten Vögel zeigen sich hier zwischen Dezember und Februar, wenn das flache Gebiet von weniger als 1 km² Größe völlig überflutet wird. Mit den Niederschlägen des Nordostmonsuns, der im Oktober oder November hier durchfegt, kommen einheimische Wasservögel, die hier nisten und bis zur Trockenzeit (gewöhnlich April) bleiben, um dann feuchtere Gebiete aufzusuchen. Unzählige Bäume auf kleinen Hügeln über dem Wasserspiegel geben perfekte Nistplätze ab, in denen ab Januar der Nachwuchs aufgezogen wird.

Besucher können das Treiben von einem Pfad am Rande des Wassers oder einem Beobachtungsturm (mit starken Ferngläsern ausgerüstet) aus beobachten. Man sollte möglichst zum Sonnenuntergang kommen, wenn die Vögel von der Nahrungsaufnahme zurückkehren. Verbreitete indische Arten, nach denen man Ausschau halten sollte, sind Silberklaffschnabel *(Anastomos oscitans)*, Löffelenten, Pelikane, Kormorane und verschiedene Reiher. Eventuell sieht man auch Ibisse, Graupelikane, Kuckucke, Flussuferläufer, Silberreiher, die in den Reisfeldern schwimmen, und winzige, vorbeihuschende Spinte. Einige Zugvögel kommen hier auf ihrem Weg zu dauerhaften Plätzen vorbei; Schwalben, Seeschwalben und Rotschenkel werden häufig gesichtet, gelegentlich auch Wanderfalken und Tauben.

Übernachtung

Vedanthangals einzige Unterkunft ist die **Forest Lodge** nahe dem Busbahnhof, der Schule und der *chai*-Bude. Die 4 großen, bequemen Zimmer (teils AC) mit Bad müssen über den Wildlife Warden in Chennai gebucht werden, ✆ 044-2432 1471 oder ✆ 09541 520006. Wer ohne Reservierung auftaucht, hat u. U. Pech, besonders an Wochenenden, im Dez und Jan. ❸–❹

Transport

Nach Vedanthangal zu gelangen, kann schwierig werden. Die nächste Stadt ist MADURANTHAKAM, 8 km östlich, am NH-45 zwischen Chengalpattu und Tindivanam, von wo aus stdl. Busse zum Vogelschutzgebiet fahren. Alternativ gibt es direkte Verbindungen ab Chengalpattu, die alle 1 bis 2 Std. verkehren. Taxis verlangen für die Fahrt von Maduranthakam Rs300–350, können aber nicht von Vedanthangal aus bestellt werden.

Tiruvannamalai

Tiruvannamalai, 100 km südlich von Kanchipuram, zählt zusammen mit Madurai, Kanchipuram, Chidambaram und Trichy zu den fünf heiligsten

Stätten in Tamil Nadu. Der Name bedeutet „Roter Berg" und bezieht sich auf den großartigen erloschenen Vulkan **Arunachala**, der sich hinter dem Ort erhebt und in der Morgendämmerung in einem unwirklichen Karmesinrot leuchtet. Diese Ehrfurcht erregende natürliche Kulisse macht Tiruvannamalai zusammen mit dem kolossalen **Arunchaleshvara-Tempel** im Zentrum zu einem der eindrucksvollsten Ziele der Region. Der Ort liegt ein gutes Stück abseits der Touristenpfade und eignet sich daher hervorragend für einen Einblick in das kleinstädtische Leben in Tamil Nadu. Wer sich für den Hinduismus interessiert, wird sich für die zahlreichen Schreine, heiligen Becken, Ashrams und gepflasterten Pilgerpfade um den heiligen Berg (von den Scharen zottelhaariger *babas*, die vor den Hauptstätten um Almosen betteln, ganz zu schweigen) sicher begeistern.

In der Mythologie wird Arunachala als der Ort angegeben, an dem Shiva seine Macht gegenüber Brahma und Vishnu behauptete, indem er sich als Lingam des Feuers, Agni-Lingam, manifestierte. Die beiden geringeren Götter hatten gerade darüber gestritten, wer dem anderen überlegen sei, als Shiva sein Kunststück mit dem Urfeuer vollführte und seine Gegner dazu aufforderte, oberes und unteres Ende seiner lodernden Säule auszumachen. Dies gelang ihnen nicht (Vishnu soll jedoch so getan haben, als hätte er das Kopfende gefunden). Daraufhin fielen sie in einer Geste der absoluten Unterwerfung auf ihre Knie. Dieses Ereignisses wird jedes Jahr zum Vollmond im November/Dezember gedacht, wenn die Brahmanen auf dem Gipfel des Arunachala ein riesiges Fass *ghee* und Paraffin anzünden. Es symbolisiert die Erfüllung von Shivas Versprechen, jedes Jahr zu erscheinen, um mit Hilfe des Feuers die Kräfte der Dunkelheit und Unwissenheit zu besiegen.

Der Rote Berg steht auch in Verbindung mit Sri Ramana Maharishi, einem berühmten Heiligen des 20. Jhs., der ihn als Rückzugsort für seine 23 Jahre während Meditation wählte. Am Stadtrand unterhalb der Sri Ramana's Cave sind ein paar kleine Ashrams entstanden, einige davon authentischer als andere. In weiße Baumwolle gehüllte Ausländer, die zwischen ihnen herumlaufen, sind zu einem alltäglichen Anblick in Tiruvannamalai geworden.

Arunachaleshvara-Tempel

Der unter Hindus auch als der „Tempel des ewigen Sonnenaufgangs" bekannte, riesige Arunachaleshvara-Tempel wurde über einen Zeitraum von fast 1000 Jahren gebaut. Er besteht aus drei konzentrischen Höfen, deren Tore von spitz zulaufenden *gopuras* gekrönt werden. Die beiden größten zieren das östliche und das nördliche Tor. Die beste Aussicht über die Anlage – atemberaubend vor dem Hintergrund der weiten Ebenen und des klobigen Granitgesteins der Shevaroy Hills – bietet der Pfad zu Sri Ramana Maharishis Meditationshöhle Virupaksha (s. unten), an den niederen Hängen des Arunachala, hinauf. Um den Tempel zu erreichen, geht man zum großen Osttor, das durch die dicken, mit Statuen von lokalen Heiligen, Göttern und Lehrmeistern verzierten Außenmauern führt. Im Untergeschoss einer erhöhten Halle rechts, bevor man den nächsten Hof betritt, befindet sich der Parthala Lingam. Hier soll Sri Ramana Maharishi im Zustand des Absoluten Bewusstseins gesessen haben, während Ameisen sein Fleisch anfraßen.

Die Höhlen und der Sri Ramanashramam Ashram

Gegenüber dem Westeingang des Tempelkomplexes führt ein Pfad einen heiligen Hügel hinauf zur **Virupaksha-Höhle** (15 Min.), wo Sri Ramana zwischen 1899 und 1916 weilte. Er selbst baute die Bank davor sowie den Lingam in Form eines Hügels und die Plattform im Innern, wo jeder zur Meditation willkommen ist. Als diese Höhle zu klein wurde, da sie ständig mit Verwandten und Anhängern überfüllt war, zog Sri Ramana in eine andere, in einer Baumgruppe versteckte Höhle (ein paar Minuten weiter den Hügel hinauf) um. Diese und das darauf errichtete kleine Haus nannte er **Skandasraman**. Hier lebte er von 1916–22. Auch das Innere dieser Höhle steht für die Meditation zur Verfügung. Der Vorhof bietet einen herrlichen Ausblick über den Tempel, die Stadt und die Umgebung.

Die Höhlen können auch über einen Pilgerpfad, der sich vom **Sri Ramanashramam Ashram** 2 km südlich des Tempels an der Hauptstraße den Hügel hinaufwindet, erreicht werden. In diesem einfachen Komplex lebte der Heilige, nachdem er von seiner Klause auf dem Arunachala zurückgekehrt war. Hier wird auch sein Leichnam aufbewahrt. Das Mausoleum *(samadhi)* ist ein beliebter Wallfahrtsort für Sri Ramanas Anhänger, aber auch andere interessierte Besucher dürfen in den Schlafsälen übernachten, ✆ 01475-237292, 🖳 www.ramana-maharshi.org. Es gibt hier einen hervorragenden Buchladen mit einer Riesenauswahl an Büchern über das Leben und die Lehren des Gurus sowie zahlreichen schönen Postkarten, Kalendern und religiösen Bildern. ⊙ tgl. 7.30–11 und 14.30–18.30 Uhr.

Übernachtung

Für einen derart bedeutenden Pilgerort hat Tiruvannamalai überraschend wenige passable Hotels, doch die der mittleren Preisklasse sind recht komfortabel, und auch die Billighotels sind für einen kurzen Aufenthalt akzeptabel.
Arunachala, 5 Vada Sannathi St, ✆ 04175-228300. Großes und sauberes Komfort-Hotel, direkt vor dem Haupteingang zum Tempel. Nicht gerade ruhig aber definitiv atmosphärisch. ❸–❹
NS Lodge, 47 Thiruvoodal St, ✆ 04175-225388. Unterkunft mit Blick auf den Südeingang des Arunachaleshvara-Tempels. Saubere Zimmer mit Bad (teils mit AC) und Kabel-TV, vom Dach herrliche Aussicht auf den Tempel. ❷–❹
Park, 26 Kosmadam St, ✆ 04175-222471. Zuverlässiges Budget-Hotel 2 Fußminuten nordöstlich des Tempels. Einfache, aber saubere Zimmer ohne AC. EZ ab Rs70. Betriebsames vegetarisches Lokal im Erdgeschoss. ❶
Ramakrishna, 34-F Polur Rd, 3 Gehminuten nördlich vom Busbahnhof, ✆ 01475-250005, ✉ info@hotelramakrishna.com. Eine der besten Unterkünfte der Stadt hat große Zimmer mit Bad (z. T. mit AC) und ein gutes Restaurant. 5 Fußminuten nördlich des Busbahnhofs: der Chinnakadai St nach Norden folgen, an der Gabelung links biegen, dann taucht es nach 200 m rechts auf. ❶–❹
SASA Lodge, Chinnakadai St, schräg gegenüber vom Busbahnhof, ✆ 04175-253431. Dieses blau und weiß gestrichene Hotel hat recht akzeptable Zimmer (z. T. mit AC) und gehört zu den besten Billighotels der Stadt. ❶–❸

Essen

Es gibt etwa ein Dutzend typische südindische „meals"-Lokale nahe dem südlichen Ende der Car St. Hier werden den ganzen Nachmittag über leckere heiße *ghee chappatis* sowie die üblichen Reisspezialitäten serviert.
Udipi Brindhavan und **Deepam** in der Car St gegenüber dem Osteingang des Tempels sind typische *udipi*-Restaurants, die u. a. hervorragende *parottas* für unter Rs10 servieren. Letzteres verfügt über einen Eissalon, in dem auch Milchshakes zu haben sind.
Das Hotel **Trisul** besitzt ein vornehmes Restaurant im Erdgeschoss, das ein nordindisches Buffet für ca. Rs100 und abends Tandoori bietet. Das Hotelrestaurant im **Ramakrishna** serviert mittags ausgezeichnete *thalis* und abends eine Auswahl an nord- und südindischen Gerichten.

Internet

Internetanschluss bieten **Image Computer Centre**, 52 Car St und **Sri Sai**, 14A, Kadambarayam St.

Transport

Tiruvannamalai wird regelmäßig von Bussen aus BANGALORE (via Vellore), CHENNAI, PUDUCHERRY und TRICHY angefahren. Wer von der Küste kommt, nimmt am besten einen der zahlreichen Busse von TINDIVANAM hierher. Der **Busbahnhof** der Stadt befindet sich etwas über 1 km nördlich des Tempels an der Hauptstraße nach Gingee.
500 m weiter östlich liegt der **Bahnhof**, von wo jeweils 1x tgl. ein Zug nach TIRUPATI und MADURAI fährt.

Puducherry (Pondicherry) und Auroville

Der erste Eindruck von Puducherry (Pondicherry, häufig auch nur Pondy genannt), der ehemaligen Hauptstadt Französisch-Indiens, kann enttäuschen. Als Erstes sieht man schmutzige Vororte und einen Busbahnhof, die ebenso überfüllt und chaotisch sind wie in jeder typisch tamilischen Stadt. Zum Meer hin wird die Atmosphäre jedoch spürbar französischer, die Basare weichen Reihen von Häusern mit Fensterläden und bunten Fassaden, die auch in Montpellier nicht fehl am Platz wären. Wer sich an die britische koloniale Prägung gewöhnt hat, erlebt vielleicht einen kleinen Kulturschock beim Anblick reich verzierter katholischer Kirchen, französischer Straßennamen und Polizisten mit *képis* (Schirmmützen) im De-Gaulle-Stil. Auf den Straßen wird noch Französisch gesprochen und auf den staubigen Plätzen Boule gespielt. Durch den Tsunami im Dezember 2004 verloren hier viele Menschen ihr Leben, und zahlreiche nah am Wasser stehende Gebäude wurden schwer beschädigt, doch Puducherrys touristische Infrastruktur blieb unversehrt.

Puducherry, griechischen und römischen Geografen als „Poduke" bekannt, war im 2. Jh. ein wichtiger Zwischenhalt auf dem Seehandelsweg zwischen Rom und dem Fernen Osten (im nahe gelegenen Arikamedu wurde ein römisches Amphitheater ausgegraben). Mit dem Niedergang des Römischen Reiches übernahmen die Pallavas und Cholas die Kontrolle über den Hafen. Auf sie folgte eine Reihe von Kolonialmächten, von den Portugiesen im 16. Jh. bis zu den Franzosen, Dänen und Briten, zwischen denen nach den verschiedenen Schlachten und Verträgen der Karnatischen Kriege im frühen 18. Jh. die Enklave mehrmals wechselte. Puducherrys Blütezeit beginnt jedoch erst mit der Ankunft des Franzosen **Joseph-François Dupleix**, der 1742 den Gouverneursposten annahm und sich sofort daranmachte, die von ihren ehemaligen britischen Besatzern beschädigte Stadt wieder aufzubauen. Er war es auch, der das Straßennetz anlegen ließ: ein zentrales Gitter, das von einem breiten, langen Boulevard umrundet und von Nord nach Süd von einem inzwischen unterirdisch verlaufenden Kanal durchschnitten wird, der die „Ville Blanche" im Osten von der „Ville Noire" im Westen trennte.

Diese Trennung wurde zwar 1954 aufgehoben – als die Stadt zum Hauptsitz des **Union Territory of Puducherry** wurde, das die drei anderen, über Südindien verstreuten ehemaligen kolonialen Enklaven Frankreichs verwaltete –, dennoch ist der gespaltene Charakter der Stadt geblieben. Westlich des Kanals erstreckt sich ein geschäftiges indisches Marktviertel, während die Straßen im Osten, zur Küste hin, leerer, sauberer und deutlich europäischer sind.

Die Meerespromenade, **Goubert Salai** (ehemals Beach Road), mit dem weißen Hôtel de Ville (Rathaus) erinnert an einen verlassenen französischen Badeort außerhalb der Saison. Gebräunte Sonnenanbeter teilen sich den Ort mit ernsten, in weißen indischen Gewändern umherwandelnden Europäern, die ihre spirituelle Suche voll und ganz in Anspruch nimmt. Hier fand **Sri Aurobindo Ghose** (1872–1950), eine führende Gestalt des Befreiungskampfes in Bengalen, Zuflucht, nachdem es für ihn riskant geworden war, in der Nähe der Briten in Kolkata zu leben. Sein **Ashram** zieht Tausende Anhänger aus der ganzen Welt an, vor allem aber aus Bengalen.

Das 10 km nördlich gelegene, utopische Wohnexperiment **Auroville** wurde von Aurobindos Schülerin, der charismatischen Mirra Alfassa, einer Pariser Malerin, Musikerin und Mystikerin, besser bekannt unter dem Namen „The Mother", angeregt. Heute wird der leicht surreale Ort von zahlreichen Ausländern bewohnt und von europäischen Langzeiturlaubern auf der Suche nach innerem Frieden besucht.

Sehenswürdigkeiten

Puducherrys **Strandpromenade** Goubert Salai ist ein beliebter Ort für einen Bummel, obwohl es hier nicht viel mehr zu tun gibt, als die Zeit an sich vorüberziehen zu lassen. Das Hôtel de Ville, das die Kommunalverwaltung beherbergt, bietet jedoch immer noch einen imposanten Anblick, und ein 4 m hohes Gandhi-Denkmal, umgeben von alten Säulen, beherrscht das nördliche Ende. In der Nähe erinnert ein Denkmal an die Franko-Inder, die ihr Leben im Ersten Weltkrieg lassen mussten.

Gleich nördlich des Hôtel de Ville, ein paar Straßen von der Promenade weg, liegt der alte begrünte Platz im französischen Stil namens **Government Place**. Auf der Nordseite liegt das eindrucksvolle, strahlend weiße **Raj Nivas**, die offizielle Residenz des gegenwärtigen Vizegouverneurs des Puducherry Territory. Es wurde Ende des 18. Jhs. für Dupleix gebaut.

Das **Puducherry Government Museum** in der Ranga Pillai Street, gegenüber dem Government

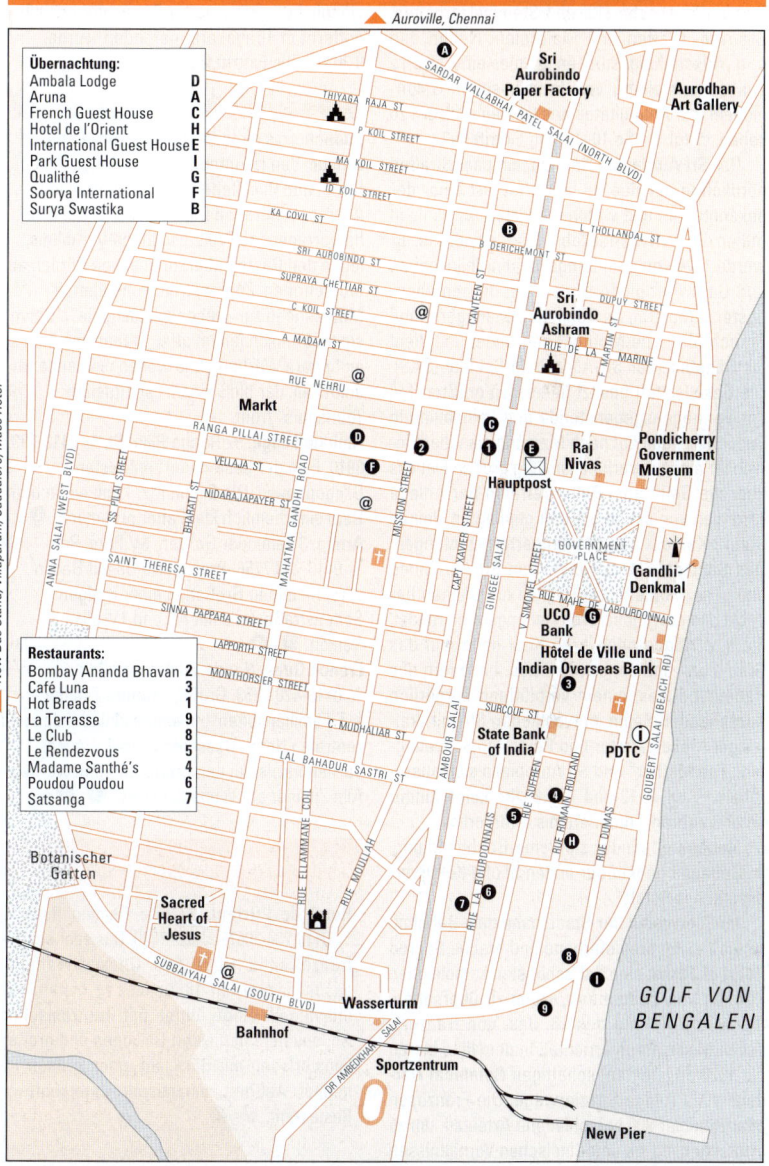

Puducherry (Pondicherry)

N ↑   0 — 200 m

▲ Auroville, Chennai

Übernachtung:
Ambala Lodge	D
Aruna	A
French Guest House	C
Hotel de l'Orient	H
International Guest House	E
Park Guest House	I
Qualithé	G
Soorya International	F
Surya Swastika	B

Restaurants:
Bombay Ananda Bhavan	2
Café Luna	3
Hot Breads	1
La Terrasse	9
Le Club	8
Le Rendezvous	5
Madame Santhé's	4
Poudou Poudou	6
Satsanga	7

Sri Aurobindo Paper Factory
Aurodhan Art Gallery
THIVAGA RAJA ST
P KOIL STREET
MA KOIL STREET
ID KOIL STREET
KA COVIL ST
L THOLLANDAL ST
SRI AUROBINDO ST
B DERICHEMONT ST
SUPRAYA CHETTIAR ST
DUPUY STREET
C. KOIL STREET
Sri Aurobindo Ashram
A. MADAM ST
RUE DE LA MARINE
RUE NEHRU
Markt
RANGA PILLAI STREET
VELAJA ST
Pondicherry Government Museum
NIDARAJAPAYER ST
Raj Nivas
Hauptpost
BHARATI ST
ST PILAI STREET
ANNA SALAI (WEST BLVD)
MAHATMA GANDHI ROAD
MISSION STREET
CAP XAVIER STREET
GINGEE SALAI
SAINT THERESA STREET
GOVERNMENT PLACE
SINNA PAPPARA STREET
Gandhi-Denkmal
RUE MAHE DE LABOURDONNAIS
Y SIMONEL STREET
UCO Bank
LAPPORTH STREET
Hôtel de Ville und Indian Overseas Bank
MONTHORSIER STREET
SURCOUF ST
C. MUDHALIAR ST
State Bank of India
PDTC
LAL BAHADUR SASTRI ST
AMBOUR SALAI
RUE SUFFREN
RUE ROMAIN ROLLAND
RUE DUMAS
GOUBERT SALAI (BEACH RD)
RUE DE BOURBONNAIS
Botanischer Garten
Sacred Heart of Jesus
RUE ELLAMMANE COIL
RUE MOULLA
SUBBAIYAH SALAI (SOUTH BLVD)
Wasserturm
Bahnhof
DR AMBEDKAR SALAI
Sportzentrum

GOLF VON BENGALEN

Tamil Nadu

New Pier

◀ New Bus Stand, Villupuram, Cuddalore, Mass Hotel

www.stefan-loose.de/indien   **Puducherry (Pondicherry) und Auroville 1065**

Place, beherbergt eine archäologische Sammlung – neolithische und 2000 Jahre alte Funde aus Arikamedu, ein paar Pallava- (6.–8. Jh.) und buddhistische (10. Jh.) Steinmetzarbeiten, Bronzen, Waffen und Malereien. Neben den o. g. Ausstellungsstücken ist hier eine bizarre Zusammenstellung von französischen Salonmöbeln und Antiquitäten aus lokalen Häusern zu sehen. ⏱ tgl. Di–So 10–17 Uhr, Eintritt Rs2.

Der **Sri Aurobindo Ashram**, ein paar Straßen nördlich in der Rue de la Marine, ist einer der bekanntesten und wohlhabendsten Ashrams in Indien, 🖥 www.sriaurobindosociety.org.in. Er wurde 1926 von dem bengalischen Philosophen und Guru Aurobindo Ghose und dessen wichtigster Schülerin, persönlichen Managerin und Sprachrohr „The Mother" gegründet und dient als Hauptsitz der Sri Aurobindo Society (SAS). Die Gesellschaft besitzt heute den größten Teil der Vermögensgegenstände und Immobilien in Puducherry und übt nach Meinung mancher Einwohner einen unverhältnismäßig großen Einfluss über die Stadt aus. Beim Betreten der Anlage wird man von einem äußerst gepflegten kleinen Stein-, Kaktus- und Blumengarten empfangen. Das **Samadhi** (Mausoleum) von Sri Aurobindo und „The Mother" wird täglich mit Blumen bedeckt und gewöhnlich von Anhängern umrundet, die ihre Hände oder ihren Kopf dabei auf das Grab legen und um etwas bitten. Im Innern des Hauptgebäudes, einem verblüffend bürgerlich aussehenden Raum im westlichen Stil mit dreiteiliger Möbelgarnitur und Perserteppich, pflegten „The Mother" und Sri Aurobindo sich auszuruhen. ⏱ tgl. 8–12 und 14–18 Uhr; keine Kinder unter 3 Jahren; Fotoerlaubnis erforderlich.

Nebenan befindet sich eine Buchhandlung, im Gebäude gegenüber finden häufig Kulturveranstaltungen statt.

Im Südwesten der Stadt, nahe dem Bahnhof, ist die riesige cremefarbene und braune **Sacred Heart of Jesus**, eine der schönsten katholischen Kirchen von Puducherry, kaum zu übersehen. Sie wurde Anfang des 18. Jhs. von französischen Missionaren errichtet. In der Nähe bieten die 1826 angelegten, schattigen **Botanical Gardens** viele ruhige Spazierwege. Die Franzosen pflanzten hier 900 verschiedene Arten an, um zu erforschen, ob sie unter indischen Verhältnissen gedeihen würden. Der afrikanische Mahagonibaum *(Khaya senegalensis)* hat eine Höhe von 25 m erreicht. Zu sehen ist auch ein außergewöhnlicher, versteinerter Baum, der etwa 25 km entfernt in Tiravakarai gefunden wurde. ⏱ tgl. 9.30–18 Uhr, Eintritt frei.

Übernachtung

Puducherrys einfache Lodges konzentrieren sich um den Hauptmarkt in der Ranga Pillai Street und Rue Nehru. Dem Sri Aurobindo Ashram gehörende Gästehäuser bieten ein hervorragendes Preis-Leistungs-Verhältnis, legen den Gästen aber auch einige Bürden auf (Vorschriften, Zapfenstreich und überall Mitteilungen zur „Lebensphilosophie"). Obwohl sie theoretisch jedem offen stehen, machen sie nicht gern Werbung und wollen niemanden anlocken, der bloß einem „spirituellen Tourismus" frönt.

Ambala Lodge, 92 Ranga Pillai St, ☏ 0413-233 8910. Eine der besten und zentralsten Billigoptionen. Die Zimmer (z. T. mit einfachem Bad) sind ziemlich klein aber ordentlich. ❶

Aruna, 3 Zamindar Garden, SV Patel Rd, ☏ 0413-233 7756. Preiswerte DZ mit Bad in verschiedenen Größen in einer ruhigen Seitenstraße; teils mit AC und TV, alle mit Balkon. ❷–❹

French Guest House, 38 Ambour Salai, ☏ 0413-420 0853. Große, saubere Zimmer – z. T. Familiensuiten – in einem einladenden und zentralen Hotel. Besseres Preis-Leistungs-Verhältnis als bei den größeren Mitbewerbern. Alle Zimmer auf Wunsch mit AC. ❸–❹

Französisches Flair

Hotel de l'Orient, 17 Rue Romain Rolland, ☏ 0413-234 3067, ✉ 222 7829. Das sehr schöne französische Haus (als Unesco-Welterbe ausgewiesen) hat 16 Zimmer zu bieten, alle individuell eingerichtet mit französischen Antiquitäten, gefliesten Balkonen und großen Fensterläden mit Blick auf einen grünen Innenhof. Äußerst romantische Unterkunft mit Restaurant. ❼–❾

International Guest House, 47 Gingee Salai, ✆ 0413-233 6699, ✉ ingh@vsnl.net. Die größte Aurobindo-Unterkunft, Dutzende sehr großer, sauberer Zimmer, teils mit AC. Empfehlenswerte Budget-Unterkunft, aber typisch Herberge mit Zapfenstreich um 22.30 Uhr. ❷–❸

Park Guest House, Goubert Salai, ✆ 0413-233 4412, ✉ parkgh@sriaurobindoashram.org. Eine weitere Unterkunft der Sri Aurobindo Society mit strikten Regeln (kein Alkohol oder Fernsehen) und Sperrstunde ab 22.30 Uhr. Die Zimmer sind makellos und sehr komfortabel. Neue Moskitonetze und Sitzgelegenheiten im Freien mit Blick auf Garten und Meer. Fahrradverleih, Wäscherei und Restaurant. ❸

Qualithé, 3 Rue Mahé de Labourdonnais, ✆ 0413-233 4325, ✉ rajarathnam8@engineer.com. Pondys stilvollste Budget-Lodge in einem etwas baufälligen, alten französischen Gebäude. Im Obergeschoss große und sehr saubere Zimmer für 4 Personen rund um einen Balkon mit Korbstühlen und tollem Blick über den Government Place, außerdem ein billiges EZ. ❸

Soorya International, 55 Ranga Pillai St, ✆ 0413-233 6856, ✉ sooryainternational@hotelstamilndu.com. Zentral gelegenes Hotel mit sehr großen, einwandfreien Zimmern. Protziges Äußeres, aber vernünftige Preise. Inkl. Frühstück. ❹–❺

Surya Swastika, 11 ID Koil St, ✆ 0413-234 3092, ✉ suryaswastika@sify.com. Traditionelles tamilisches Gästehaus in einer ruhigen Gegend der Stadt, 9 einfache Zimmer um einen zentralen Hof, der mittags zugleich als Pilgerlokal fungiert. Sehr billig und sauberer als die meisten der Basar-Unterkünfte. ❶–❸

Essen

Wer schon eine Weile unterwegs ist und sich nach gesunden Salaten, frischem Kaffee, knusprigem Brot, Kuchen und echtem Feingebäck sehnt, hat in Puduchery die Qual der Wahl. Anders als die meisten Traveller-Lokale in anderen Teilen des Landes sind die hiesigen westlichen Restaurants auf eine überwiegend in der Stadt ansässige ausländische Kundschaft mit kritischem Gaumen und dickem Geldbeutel ausgerichtet. Bier ist fast überall erhältlich (außer in den Lokalen der SAS) und kostet bei Rs45–50 pro Flasche nur etwa die Hälfte dessen, was andernorts in Tamil Nadu üblich ist. Die große Bar des Qualithé ist einer der lokalen Lieblingstreffs.

Bombay Ananda Bhavan, 199 Mission St. Gutes, ruhiges und sehr sauberes südindisches Vegetarier-Lokal mit besonders leckeren Masala Dosas für rund Rs20.

Café Luna, Rue Suffren, nahe der State Bank of India. Winziges Lokal, in dem alte Männer Kaffe trinken und den Tag vertrödeln. Der Kaffee wird mit viel Tamtam gebrüht, und der supergünstige Mittagsteller mit Zitronenreis und *vada* ist prima.

Hot Breads, 42 Ambour Salai. Knusprige Croissants, frische Baguettes und leckeres Gebäck, dargereicht in einem blitzsauberen französischen Boulangerie-Café, in dem sehr viele Franzosen verkehren.

La Terrasse, 5 Subbiyah Salai. Unter europäischen Backpackern, die es sich hier bei Croissants und Kaffee im Freien gut gehen lassen, ist La Terrasse das beliebteste französische Restaurant. Serviert werden exzellente Garnelen-Gerichte für Rs80, Pizzas für Rs70–175 und eine Auswahl an indischen, chinesischen und französischen Gerichten. Mi geschlossen.

Le Club, 33 Rue Dumas. Eins der bekanntesten Lokale der Stadt und nicht so teuer, wie man vielleicht erwarten könnte. Auf der überwiegend französischen Speisekarte stehen *coq au vin*, *steak au poivre*, viele Seafood-Gerichte (jedes um die Rs200) und eine umfangreiche Auswahl an Weinen und Cocktails (Rs150). Der Komplex bietet außerdem ein Bistro im Erdgeschoss (prima zum Brunch am So; Mo geschlossen) sowie ein gutes vietnamesisches und südostasiatisches Restaurant.

Le Rendezvous, 30 Rue Suffren. Sättigendes Seafood, fantastische Pizzas und Tandoori-Spieße sind die Spezialität dieses beliebten, auf Puducherrys ausländische Gemeinde ausgerichteten Restaurants. Es serviert auch frische Croissants und Espresso zum Frühstück. Speisen kann man drinnen oder auf der romantischeren Dachterrasse, wo man sich abends bei verschiedenen Musikrichtungen entspannt, genießen. Die meisten Hauptgerichte kosten Rs120–250.

Die perfekte Mischung

Madame Santhé's, Rue Romain Rolland. Gekonnt gestaltete, stilvolle Dachterrasse. Serviert wird eine ausgesprochen leckere Mischung französischer, indischer und chinesischer Gerichte um Rs100–200. Das Steak mit Pilzsoße ist ein Genuss. Entspanntere Atmosphäre und ein besseres Preis-Leistungs-Verhältnis als in den alteingesessenen Qualitätsrestaurants.

Poudou Poudou, 31 Rue Labourdonnais, Vornehmer Newcomer mit trendigem Dekor und vielseitigem *menu du jour* aus 6 kleinen Vorspeisen für Rs450. Es gibt eine authentische Sushi-Bar, und die Gourmet-Sandwiches sind lecker und sättigend.

Satsanga, 30 Rue Labourdonnais St. Die Speiseauswahl des französischen Besitzers wird in der alten Kolonialvilla mit größter Sorgfalt zubereitet: Salate aus biologisch-organischem Anbau mit frischen Kräutern, Tsatsiki und Knoblauchbrot, *tagliatelle alla carbonara* und köstliche Pizzas, dazu gekühltes Bier. Ausprobieren sollte man die Tagesgerichte *(plat du jour)* mit frischem Fisch. Für 3 Gänge plus Getränke zahlt man etwa Rs400.

Sonstiges

Geld
Es gibt zahlreiche empfehlenswerte Geldwechselstellen, etwa die **Indian Overseas Bank** im Hôtel de Ville, die **State Bank of India** in der Surcouf St und die **UCO Bank**, Rue Mahé de Labourdonnais.

Informationen
Puducherry Tourism Development Corporation, 40 Goubert Salai, ℡ 0413-233 9497, 🖥 tourism.pondicherry.gov.in. Das äußerst hilfsbereite Personal verteilt Broschüren und Stadtpläne und bietet Informationen über Auroville. Außerdem bucht es die eigenen **Stadtrundfahrten** (halber Tag 13.30–17.30 Uhr für Rs90, ganzer Tag 9.30–18 Uhr für Rs110) und **Mietwagen** (Rs650 pro Tag).
🕐 tgl. 8.45–17 Uhr.

Internet
Zugang bieten zahlreiche Internet-Läden im Zentrum von Puducherry, u. a. in der Ranga Pillai St, Rue Nehru und Mission St. Vielerorts ist auch Internettelefonie möglich, etwa in der iWay-Filiale in 26 Nidarajapayar St. 🕐 in der Regel 10–22 Uhr, Verbindungspreis Rs20/Std.

Post
Das **GPO** befindet sich in der Ranga Pillai St, 🕐 Mo–Sa 10–19.30 Uhr.

Nahverkehr

In Puducherry sind viele Motor-Rikschas im Einsatz, doch die meisten Touristen mieten sich während ihres Aufenthalts ein Fahrrad von einem der zahlreichen über die Stadt verstreuten Stände (Rs25 pro Tag, plus Rs200 Pfand). Wer im Park Guest House wohnt, sollte dort eins leihen (sie sind alle bestens gepflegt). Für Ausflüge ins Umland (z. B. nach Auroville) kann man ein Moped oder einen Motorroller mieten. Die beiden Vermietungen, **Sri Ganesh Cycle Store**, 39 Mission St, ℡ 0413-222 2801, und **Sri Sri Durga Pharameshwari Cycle Store**, verleihen neue Modelle wie z. B. Honda Kinetics für Rs100 pro Tag plus Rs500 Kaution.

Transport

Busse
Alle Busse nutzen den New Bus Stand am westlichen Stadtrand. Von dort bringen einen Motor-Rikschas für Rs50 in die Altstadt. Taxis verlangen gut das Doppelte. Mit einem Tempo hingegen gelangt man für nur Rs5–10 ins Zentrum von Ambour Salai.

Busse nach:
BENGALURU (Bangalore) (4x tgl., 10–12 Std.),
CHENNAI (alle 10–20 Min., 2 1/2–3 Std.),
CHIDAMBARAM (alle 20 Min., 2 Std.),
COIMBATORE (10x tgl., 9 Std.),
KANCHIPURAM (10x tgl., 3–4 Std.),
MADURAI (stdl., 9–10 Std.),
MAMALLAPURAM (10–20 Min., 1 1/2–2 Std.),
THANJAVUR (stdl., 5 Std.),
TIRUCHIRAPALLI (alle 30 Min., 5–6 Std.),
TIRUVANNAMALAI (alle 20 Min., 2 Std.).

Auroville

10 km nördlich von Puducherry liegt teils im Union Territory, teils in Tamil Nadu Auroville, die auf dem Reißbrett geplante „Stadt der Morgendämmerung" und wohl das größte esoterische Zentrum in ganz Indien. Die 1968 gegründete Stadt geht auf eine Idee von „The Mother", der spirituellen Nachfolgerin von Sri Aurobindo, zurück. Etwa 1700 Menschen (davon zwei Drittel Ausländer) leben hier in Kommunen mit Namen wie Fertile, Certitude, Sincerity, Revelation und Transformation zusammen, in einem Ort, der irgendwann eine ideale Stadt mit 50 000 Einwohnern sein soll. Die Gebäude, architektonische Experimente, die moderne westliche und traditionell indische Elemente kombinieren, liegen inmitten einer ländlichen Szenerie schmaler Wege, tiefroter Erde und üppigen Grüns. Das Einkommen stammt aus Landwirtschaft, Kunsthandwerk, alternativen Technologien, Bildungs- und Entwicklungsprojekten und dem Software-Unternehmen Aurolec.

Wenn man bedenkt, wie wenig es hier zu sehen gibt, zieht Auroville eine unverhältnismäßig große Zahl von Tagesausflüglern an – sehr zum Leidwesen seiner Einwohner, die zu Recht darauf hinweisen, dass man nur dann versteht, worum es der Gemeinde eigentlich geht, wenn man eine Weile hier bleibt. Interessierte Besucher sind als zahlende Gäste in den meisten Kommunen (s. rechts oben) willkommen und können zusammen mit den dortigen Anwohnern arbeiten.

Mit dem Bau des futuristischen **Matri Mandir**, einem gigantischen, fast kreisrunden Hightech-Meditationszentrum im Herzen der Siedlung, wurde 1970 begonnen. Es war als „ein Symbol der Göttlichen Antwort auf den menschlichen Sinn für Perfektion" gedacht. Erde aus 124 Ländern wurde symbolisch in eine Urne getan und wird in einem ans Matri Mandir angrenzenden Amphitheater aufbewahrt, wo ein Redner ohne Mikrofon zu 3000 Zuhörern sprechen kann. Den Mittelpunkt im Innern des Matri Mandir bildet eine Kristallkugel von 70 cm Durchmesser, welche die neutralen und göttlichen Eigenschaften von Licht und Raum symbolisiert. Besucher werden unter strengen Verhaltensregeln für eine Stippvisite hereingelassen.

Übernachtung und Essen

Der Informationsschalter im Visitors Centre gibt Auskunft über die Unterbringung als zahlender Gast in einer der ca. 30 Kommunen von Auroville. Offiziell gibt es keinen Mindestaufenthalt, doch werden Besucher dazu ermuntert, mindestens eine Woche zu bleiben und derweil an kommunalen Projekten mitzuarbeiten. Die Preise reichen von Rs100–500 pro Tag, abhängig vom jeweiligen Komfort der Unterkunft. Als Alternative kann man auch in einem der 4 klimatisierten Gästehäuser unterkommen, die Zimmer für Rs1500 bieten. Betten in den Gästehäusern und Kommunen sind insbesondere während der Hochsaison von Dez bis März und Juli bis Aug schwer zu bekommen. Es ist daher ratsam, lange im Voraus zu reservieren: ✆ 0413-262 2704, ✉ avguests@auroville.org.in.
Satsanga Guest House, 500 m vom Strand entfernt, ✆ 0413-222 5867, ✉ pierre_satsanga@yahoo.com. Zimmer mit oder ohne Bad und Apartments mit 2 Schlafzimmern. ❹
Zu Essen gibt es nichts Besseres als die einfachen, sättigenden vegetarische „meals" in Auroville selbst.

Sonstiges

Das **Visitors Centre** im Zentrum der Anlage – nahe der Kommune Bharat Niwas, die eine Dauerausstellung über die Geschichte und Philosophie der Siedlung zeigt – vergibt Tickets für das Matri Mandir (🕐 tgl. 10–12 und 14–16 Uhr). Bei Erhalt der Tickets wird ein kurzes Video über das Dorf gezeigt.
✆ 0413-262 2239, 🖥 www.auroville.org, 🕐 tgl. 9.30–17.30 Uhr, Ticketausgabe 9.45–12.45 und 13.45–16 Uhr.
Preiswerte Literatur zu Auroville findet man im angegliederten **Buchladen**. Auf dem Schwarzen Brett stehen Informationen über **Aktivitäten**, an denen Besucher sich beteiligen können (dazu zählen üblicherweise Yoga, Reiki und Vipassana-Meditation für Rs100 pro Sitzung). Darüber hinaus gibt es einige qualitativ gute **Kunsthandwerksläden** und mehrere nette kleine vegetarische **Cafés**, die Snacks, „meals" und kalte Getränke servieren.

Transport

Auroville liegt 10 km nördlich von Puducherry an der Hauptstraße nach Chennai. Man kann es auch über die neue Küstenschnellstraße erreichen, wenn man beim Dorf Chinna Mudaliarchavadi abbiegt. Auf beiden Strecken verkehren häufig Busse, aber da Auroville sich über ca. 50 km^2 ausdehnt, kommt man am besten mit einem eigenen Transportmittel, notfalls mit Fahrrad. Die meisten mieten in Puducherry einen Motorroller oder ein Motorrad. Ansonsten kann man sich auch einer der tgl. von Puducherry Tourism Development Corporation angebotenen, halbtägigen Touren von Puducherry anschließen (s. S. 1068).

Zentral-Tamil-Nadu: Im Herzen des Chola-Reichs

Sich am Ufer des Cauvery zu befinden und karnatische Musikklänge zu hören, ist ein Vorgeschmack auf die ewige Glückseligkeit.
Tamilisches Sprichwort

Reist man von Puducherry an der Coromandel-Küste nach Süden, kommt man ins Flachland des **Kaveri** (oder Cauvery)-**Deltas**, einer Wasserlandschaft aus Kanälen, Staudämmen, Gräben und Bächen, in der seit Urzeiten Ackerbau betrieben wird. Mit einem Durchmesser von nur 160 km ist dies die fruchtbare, von über 30 Flüssen und unzähligen Bächen durchzogene Reisschüssel Tamil Nadus. Der Kaveri ist der größte Fluss und heißt auf Tamil *Ponni*, „Die Herrin aus Gold" (eine Erscheinungsform der Muttergöttin). Er wird als „Beförderer" von flüssiger *shakti* verehrt, jener weiblichen Energie, die die Millionen Bauern ernährt, die an seinen Ufern und Zuflüssen leben. Die Landschaft besteht aus endlosen grünen Reisfeldern, die nur von Palmen und kleinen Dörfern mit strohgedeckten Häusern und Marktständen unterbrochen werden. In einer der heißen und chaotischen Städte anzukommen, wirkt danach fast wie ein Schock.

Das riesige Delta bildete das Herzstück des **Chola-Reiches**, das seine höchste Blüte zwischen dem 9. und 13. Jh. erlebte, eine Ära, die oft mit dem klassischen Griechenland und der italienischen Renaissance verglichen wird, sowohl ihres kulturellen Reichtums als auch ihrer bombastischen Architektur wegen. Wie von den Cholas beabsichtigt, erstarren Besucher beim ersten Anblick ihrer gewaltigen Tempel vor Ehrfurcht, nicht nur in Städten wie **Chidambaram**, **Kumbakonam** und **Thanjavur**, sondern auch auf dem Lande, an Orten wie **Gangaikondacholapuram**, wo von einer ehemals mächtigen Stadt nur noch der prachtvolle Tempel erhalten ist.

Wer die Gegend ein paar Tage lang erforscht, wird auch die weniger pompösen künstlerischen Seiten der Chola-Herrschaft kennenlernen, z. B. die wunderbaren **Bronzen** von Thanjavur und die **Heiligenhymnen** des *Sangam* und *Tevaram*, in Gesang übertragene mündlich überlieferte Dichtung, die vor über 1000 Jahren im Delta entstand.

Chidambaram

Um Chidambaram, 58 km südlich von Puducherry, kreisen so viele Mythen, dass es fast unmöglich ist, historische Fakten von Legenden zu trennen.

Der Ort, wo *tandava*, der kosmische Tanz Shivas als **Nataraja**, König des Tanzes, stattfand, zählt zu den heiligsten Stätten Südindiens. Ein Besuch des **Sabhanayaka-Tempels** erlaubt einen faszinierenden Einblick in uralte tamilische Glaubenspraktiken. Der legendäre König **Hiranyavarman** soll von Kaschmir aus eine Wallfahrt hierher unternommen haben, um durch ein Bad im Shivaganga-Tempelteich von der Lepra geheilt zu werden. Zum Dank für die erfolgte Heilung ließ er die Tempelanlage erweitern. Er brachte auch 3000 Brahmanen der Dikshitar-Kaste her, deren Nachkommen bis zum heutigen Tage die Tempelrituale leiten (zu erkennen an den Haarknoten oberhalb der Stirn).

Von den 50 *maths*, (Klöstern) die hier standen, haben nur wenige überdauert, doch der Tempel steht immer noch im Mittelpunkt des Geschehens sowie zahlreicher **Feste**. Die zwei wichtigsten dauern 10 Tage und enden in einem spektakulären Finale: Jeweils am 9. Tag ziehen Tempelwagen beim Wagenfest in einer Prozession durch die vier Car Streets, und am 10. wird mit dem *abhishek-*

ham in der Raja Sabha (Tausend-Säulen-Halle) den wichtigsten Gottheiten gehuldigt. Die genauen Daten (das eine findet im Mai/Juni, das andere im Dez/Jan statt) erfährt man in jedem TTDC Tourist Office. Man sollte den Besuch aber rechtzeitig organisieren, da die Feste eine Menge Schaulustiger anziehen. Anlässlich anderer Lokalfeste gibt es Feuerläufe und *kava-di*-Volkstänze (bei denen die Tänzer verzierte Holzmodelle auf dem Kopf tragen) im Thillaiamman Kali- (April/Mai) und Keelatheru Mariamman (Juli/Aug)-Tempel.

Die Stadt besitzt auch einen gut besuchten Markt und beherbergt eine große Studentengemeinde, die die im Ostteil der Stadt gelegene Annamalai-Universität besucht, ein Zentrum für Tamil-Studien. Den Stadtkern bilden der Sabhanayaka Nataraja-Tempel und das ihn umgebende quirlige Marktviertel entlang der North, East, South und West Car Streets.

Der Tempel Sabhanayaka Nataraja

Der Sabhanayaka Nataraja, in dem Shiva als Herr des kosmischen Tanzes, Nataraja, inthronisiert wurde, ist für die südindischen Shaivas das heiligste aller Heiligtümer. Seine unübersehbaren *gopuras,* deren Lichter Seeleuten weit draußen im Golf von Bengalen zur Orientierung dienen, überragen einen 16 ha großen, durch vier konzentrische Mauern abgetrennten Tempelkomplex. Die ältesten noch erhaltenen Teile wurden zur Zeit der Cholas erbaut, die den Gott Nataraja zu ihrem Lieblingsgott erwählten und hier mehrere Könige krönten. Der äußerste, rechteckige Tempelwall, an sich wenig interessant, erlaubt den Zugang von allen vier Seiten. Am besten beginnt man die Erkundung beim westlichen *gopura* des dritten Walles und begeht die Anlage im Uhrzeigersinn. Es ist nicht schwer, einen **Guide** zu finden, doch meistens drängen sie Besucher viel zu schnell in Richtung Zentralschrein. Man kann sein Tempo auch selbst bestimmen und sich durch kleine Spenden an *puja* erkenntlich zeigen. Es gab diesbezüglich einige Probleme mit gierigen Priestern, die Ausländern enorme Summen abknöpfen wollten. Auch wenn sich das mittlerweile etwas gelegt hat, ist es besser, Priester höflich abzuweisen, die einen zu einem Eintrag im Gästebuch des Tempels auffordern.

Im innersten Sanktuarium finden zahlreiche **Zeremonien** statt, die bestbesuchten um 12 und 18 Uhr, wenn ein Feuer entfacht und riesige Gongs geschlagen werden. Am Freitagabend, kurz bevor der Tempel schließt, wird Nataraja während einer besonders aufwendigen *puja* auf einer Sänfte zu Musik und in Begleitung Fackeln schwenkender Tempeldiener herumgetragen. Zu anderen Zeiten sind alte Hymnen aus dem *Tevaram* zu hören. ⏰ tgl. 4–12 und 16–22 Uhr.

Der westliche *gopura* ist der belebteste Eingang, außerdem der am kunstvollsten gearbeitete und wahrscheinlich der älteste (1150 v. Chr.). Biegt man von hier nach Norden (links) ab, gelangt man zu dem von Bogengängen gesäumten **Shivaganga-Teich**, der von sieben natürlichen Quellen gespeist wird. Von der zerbrochenen Säule am Rande des Teichs aus sind alle vier *gopura* zu sehen.

In der Nordostecke erhebt sich das größte Bauwerk des Komplexes, **Raja Sabha** (14.–15. Jh.), auch „Tausend-Säulen-Halle" genannt, obwohl die Überlieferung besagt, dass es nur 999 von Menschenhand errichtete Pfeiler sind – der tausendste ist das Bein Shivas. Bei Festen werden die Gottheiten Nataraja und Shivakamasundari zur Salbungszeremonie *abhishekha* hergebracht.

Die Bedeutung, die der **Tanz** in Chidambaram genießt, unterstreichen die Reliefs tanzender Figuren im östlichen *gopura,* eine Darstellung von 108 *karanas* (eine ähnliche befindet sich im westlichen *gopura*). Ein *karana* (auf Tamil *adavu*) ist ein bestimmter Punkt in einer Bewegungsphase, die von der komplizierten Sanskrit-Vorgabe zur darstellenden Kunst vorgeschrieben wird, dem *Natya Shastra* (200 v. Chr.–200 n. Chr.) – der Basis aller klassischen indischen Tanz-, Musik- und Theaterdarbietungen. Jede *karana*-Nische ist mit einer Überschrift aus dem *Natya Shastra* versehen. Vier weitere Nischen zieren bildliche Darstellungen von Schutzherren und *stahapatis* – den für die Ikonografie und Positionierung der Gottheiten verantwortlichen Bildhauern. Den quadratischen zweiten Wall betritt man am besten durch den **Westeingang** (gleich nördlich des westlichen *gopura* in der dritten Mauer), der zu einem Rundwandelgang führt. Ab hier kann man leicht die Orientierung verlieren, denn in die überdachte, von Kolonnaden getragene Anlage fällt wenig Licht. Die Atmosphäre wird jetzt sehr viel religiöser.

Der innerste **Govindaraja-Schrein** ist Vishnu geweiht – eine Überraschung in dieser absolut shaivitischen Umgebung. Den Govindaraja versorgen Brahmanen, die nicht der Dikshitar-Kaste entstammen und mit den Dikshitars angeblich nicht immer auf freundschaftlichem Fuß stehen. Von außerhalb des Schreins können Nicht-Hindus bis zum Allerheiligsten des Tempels durchschauen: **Kanaka Sabha** und **Chit Sabha**, miteinander verbundene, auf Sockeln ruhende Hallen mit Dächern aus Kupfer- und Goldplatten. Letztere beherbergt Bronzestatuen von Nataraja und seiner Gefährtin Shivakamasundari. Hinter und links von Nataraja trennt ein aus Blättern des Bilvabaumes gefertigter, Shiva geweihter Vorhang den machtvollsten Raum ab. Darin befindet sich **Akashalingam**, das *rahasya* („Geheimnis") von Chidambaram genannt: Der aus Äther *(akasha),* dem subtilsten aller Elemente, aus dem Luft, Feuer, Wasser und Erde hervorgehen, bestehende Lingam ist unsichtbar – als Symbol für die unsichtbare Präsenz Gottes in den Herzen der Menschen. Ein kristallener Lingam, der aus dem Licht des Halbmondes auf Shivas Augenbraue hervorgegangen sein soll, und eine kleine Nataraja-Figur aus Rubinen werden in der Kanaka Sabha verehrt. Sechsmal am Tag werden sie in den Flammen der priesterlichen Kampferfeuer oder Öllampen rituell gebadet. Hier, im Innersten der Anlage, ist die Chance am größten, *oduvar* zu hören, Sänger aus mittleren, nicht-brahmanischen Kasten, die Verse alter tamilischer Dichtung vertonen. Die Lieder, mit denen sie die Gottheiten zu *puja*-Zeiten erfreuen, stammen aus Sammelbänden wie dem *Tevaram* oder dem früher entstandenen *Sangam* und sollen über 1000 Jahre alt.

Übernachtung

Als Ziel zahlreicher Touristen und Pilger besitzt Chidambaram eine Menge billiger Unterkünfte. Einige wenige sind Mittelklassehotels.

Akshaya, 17/18 East Car St, ☎ 04144-222592, ✉ akshayhotel@hotmail.com. Nettes, sauberes Mittelklassehotel mit einem an die Tempelwand grenzenden Rasen und 2 Restaurants. Die Zimmer (teils AC) sind geräumig, wobei die nicht klimatisierten billiger sind und mehr fürs Geld bieten. ❸–❹

Gute Preise direkt am Tempel

Mansoor Lodge, 91 East Car St, gegenüber dem Tempel, ☎ 04144-221072. Freundliche Budget-Unterkunft mit gutem Preis-Leistungs-Verhältnis. Alle Zimmer sind frisch gestrichen, haben makellose Fliesenböden, ein sauberes Bad und viele auch TV. ❶–❷

Raja Rajan, 162 West Car St, nahe dem Westtor des Tempels, ☎ 04144-222690. Saubere Zimmer mit Kachelbad; die mit AC bieten ein gutes Preis-Leistungs-Verhältnis. ❶–❸

Ritz, 2 VGP St, nahe dem Busbahnhof, ☎ 04144-223312, ✆ 221098. Eine der besseren Unterkünfte der Stadt mit großen, komfortablen Zimmern (alle mit TV, z. T. mit AC). Top Lage und ein gutes Restaurant. ❸–❹

Sabanayagam, 22 East Sannathi St, abseits der East Car St, ☎ 04144-220896. Von außen nobler als von innen, mit sauberen Zimmern (teils AC), die von dunklen Fluren abgehen. Einige Zimmer haben kein Fenster. Wahlweise westliche oder indische Toiletten. Gutes vegetarisches Restaurant im Untergeschoss. ❷–❹

Saradharam, 19 Venugopal Pillai St, gegenüber dem Busbahnhof, ☎ 04144-221336, 🖥 www.hotelsaradharam.co.in. Große und gepflegte Zimmer (teils mit AC und/oder Balkon) in einem modernen Gebäude mit 3 ordentlichen Restaurants (ein nicht-vegetarisches), kleinem Garten, Bar, Wäscherei und Geldwechsel. ❸–❹

Essen

In und um die Car Streets gibt es viele einfache „meals"-Lokale.

Sri Ganesa Bhavan, West Car St, bei den Einheimischen am beliebtesten.

Sri Aishwarya, östlich des Sabhanayaka-Tempels am Uhrenturm beim Busbahnhof. Ein sauberes, modernes Restaurant mit vegetarischen Gerichten aus Südindien und China.

Ganz in der Nähe bietet das **Dachterrassenrestaurant** des RK Residency indische und chinesische nicht-vegetarische Gerichte.

Middle Eastern Dubai Restaurant, Venu Gopal Pillai (VGP) St. Winziges Lokal, das leckere Kebabs, Fisch und andere nicht-vegetarische Gerichte serviert.

Sonstiges
Geld
Keine der Banken in Chidambaram wechselt Geld, wohl aber das Hotel Saradharam in der Nähe des Busbahnhofs, das auch über einen Geldautomaten der ICICI Bank verfügt.

Informationen
TTDC Tourist Office, neben dem Vandayar Gateway Inn, Railway Feeder Rd, ☏ 04144-238739. Die Angestellten sind hilfsbereit, können Besuchern jedoch nur eine kleine Broschüre mitgeben.

Internet
Internetverbindung bieten das Saradharam und das I-Castle am Osteingang zum Tempel.

Transport
Busse
Busse aus Chennai, Thanjavur und Madurai halten am Busbahnhof im Südosten des Zentrums, ca. 500 m vom Tempel entfernt.

Busse nach:
CHENGALPALTTU (alle 20–30 Min., 4 1/2–5 Std.),
CHENNAI (alle 20–30 Min., 5–6 Std.),
COIMBATORE (6x tgl., 7 Std.),
KANCHIPURAM (stdl., 7–8 Std.),
KANYAKUMARI (3x tgl., 10 Std.),
KUMBAKONAM (alle 10 Min., 2 1/2 Std.),
MADURAI (6x tgl., 8 Std.),
PUDUCHERRY (alle 15–20 Min., 2 Std.),
THANJAVUR (alle 15–20 Min., 4 Std.),
TIRUCHIRAPALLI (alle 30 Min., 5 Std.),
TIRUVANNAMALAI (stdl., 3 1/2 Std.).

Kumbakonam

Kumbakonam, 74 km südwestlich von Chidambaram und 38 km nordöstlich von Thanjavur, liegt zwischen den Flüssen Kaveri (Cauvery) und Arasalar. Nach hinduistischem Glauben ist dies der Ort, wo ein Wassergefäß *(kumba)* mit *amrit*, dem Nektar der Unsterblichkeit, das von einer riesigen Flutwelle vom Gipfel des heiligen Berges Meru im Himalaja gerissen worden war, angeschwemmt wurde. Aus irgendeinem Grund schoss Shiva, der gerade in Gestalt eines Waldbewohners und Jägers vorbeikam, einen Pfeil auf das Behältnis, sodass es zerbrach. Aus den Scherben bildete er den Lingam, der sich jetzt im **Kumbareshwara-Tempel** befindet. Dessen *gopuras* überragen heute zusammen mit jenen der 17 anderen großen Schreine die Stadt.

Kumbakonam, eine ehemalige Hauptstadt der Cholas, die hier einen gut bewachten Schatz gelagert haben sollen, ist das Handelszentrum der Thanjavur-Region. Der Hauptbasar, **TSR Big Street**, genießt einen besonderen Ruf für hochwertigen Modeschmuck.

Der Hauptgrund für einen Besuch besteht darin, einen Blick auf die wunderbaren Statuen im **Shiva-Tempel Nageshwara Swami** zu werfen, der die erlesensten, noch an Ort und Stelle befindlichen Chola-Steinskulpturen beherbergt. Von der Stadt aus lassen sich auch die faszinierenden, jahrhundertealten und wenig besuchten Tempel von Darasuram und Gangaikondacholapuram leicht erreichen. Es ist zu beachten, dass alle Tempel in dieser Gegend zwischen 12 und 16 Uhr schließen.

Abwechslung bietet ein Abstecher in das nahe gelegene Dorf Swamimalai, das wichtigste traditionelle **Bronzegießereizentrum** von Tamil Nadu.

Sehenswertes
Der aus dem 17. Jh. stammende **Kumbareshwara-Tempel**, überragt vom farbenfrohen *gopura* am Osteingang, beherbergt den berühmten Lingam, dem die Stadt ihren Namen verdankt. Man erreicht ihn auf dem Weg durch einen überdachten Markt, auf dem das hiesige Spezialprodukt, nämlich Kochtöpfe, sowie allerlei Haushaltsgegenstände angeboten werden. Am Eingangstor steht manchmal der Tempelelefant mit bemalter Stirn und Glockenhalsband. Hinter dem Fahnenmast ist in einer Mandapa eine interessante Sammlung silberner *vahanas*, bei Festen benutzter Fahrzeuge der Gottheiten, und *pancha-loham*-Figuren (mit einer Legierung aus fünf Metallen) der 63 Nayanmar Dichterheiligen zu sehen.

Der wichtigste und größte Vishnu-Tempel in Kumbakonam ist der aus dem 13. Jh. stammende **Sarangapani-Tempel**, zu betreten durch einen zehnstöckigen, pyramidenförmigen, über 45 m hohen *gopura*. Der Zentralschrein datiert aus der späten Chola-Ära und weist zahlreiche spätere Arbeiten auf. Seinen im innersten Hof befindlichen Eingang bewachen riesige *dvarpalas*. Zwischen ihnen stehen *jali* (durchbrochene Steingitter), jedes anders gestaltet, und vor ihnen befindet sich das heilige, viereckige *homam* (Feuerstelle). Tagsüber wird das düstere Sanktuarium in Form eines Tempelwagens mit Pferde-, Elefanten- und Radreliefs durch die kleinen Deckenfenster ein wenig beleuchtet. Auf einer bemalten Anrichte ist ein Spiegel angebracht, in dem sich Vishnu betrachten kann, wenn er das Allerheiligste verlässt.

Der kleine **Shiva-Tempel Nageshwara Swami** mitten in der Stadt ist der älteste Tempel von Kumbakonam, sein Grundstein wurde 886 gelegt. Ein Paar Jahre später, während der Regierungszeit von Parantaka I. (907 bis ca. 940 n. Chr.), erfolgte die Fertigstellung. Auf den ersten Blick wirkt er nicht viel versprechend, da ein Großteil des Originalbauwerkes von späteren, bonbonfarbenen Anbauten zugebaut wurde, doch hinter dem Haupthof mit seiner großen Mandapa führt eine kleine, mit einem *gopura* gekrönte Zugangshalle zu einem überdachten Innenraum, in dem der älteste aller Chola-Schreine steht. In geräumigen Nischen ringsum an den Wänden des Heiligtums sind eine Reihe kunstvoller Steinfiguren zu sehen, die als die kostbarsten noch erhaltenen Stücke **frühzeitlicher Bildhauerei** Südindiens gelten. In ihren trägen Posen und mit dem hypnotischen Halblächeln auf den Lippen übertreffen diese Kunstwerke bescheidener Größe die monumentaleren von Thanjavur und Gangaikondacholapuram bei weitem. Die Figuren zeigen Dakshinamurti (Shiva als Lehrer; Südwand), Durga und eine dreiköpfigen Brahma (Nordwand) sowie das androgyne Wesen Ardhanari (Westwand). Sie befinden sich in Begleitung fast lebensgroßer, üppiger junger Frauen, wahrscheinlich Königinnen oder Prinzessinnen vom Hof Königs Adityas.

Der berühmteste und am meisten verehrte mehrerer heiliger **Teiche** in Kumbakonam ist der **Mahamakham** im Südosten der Stadt, in dem sich die Ambrosia *(amrit)* aus dem von Shiva zerbrochenen Gefäß gesammelt haben soll. Alle 12 Jahre, wenn Jupiter das Sternzeichen des Löwen passiert, fließt angeblich Wasser aus dem Ganges und acht anderen heiligen Flüssen in diesen Teich, daher ist er ein *tirtha*, d. h. ein sakraler Flussübergang. Bei dieser Gelegenheit versammeln sich bis zu 4 Mill. Gläubige zum reinigenden Bad, zuletzt Anfang 2004.

Übernachtung

Kumbakonam ist kein ausgesprochenes Touristenziel und bietet nicht viele Unterkünfte, darunter nur ein schickes Hotel, das Sterling Swamimalai, über 5 km südöstlich der Stadt am Dorfrand von Swamimalai (S. 1077). Eine gute Nachricht für Budget Traveller: Die meisten billigen Unterkünfte sind sauber und ordentlich.

ARK, 21 TSR Big St, ✆ 0435-242 1234. Die farblose, aber ausreichend komfortable Unterkunft bietet 50 große, saubere Zimmer (teils AC) auf 5 Stockwerken, alle mit Fenstern, auf Wunsch auch mit TV. In der klimatisierten Bar werden Snacks serviert. ❸–❹

Balaji Lodge, 64 Nageshwarem N St., ✆ 0435-243 0546. Budget-Hotel mit gutem Preis-Leistungs-Verhältnis. Saubere – aber ziemlich dunkle – Zimmer mit Bad und TV. ❶

Chela, 9 Ayekulam Rd, ✆ 0435-243 0336, ✉ 243 1592. Große Mittelklasseunterkunft zwischen Busbahnhof und Zentrum, zu erkennen an der scheußlichen pseudo-klassischen Fassade. Seife, frische Handtücher und TV gehören zur Grundausstattung. 2 Restaurants (darunter ein vegetarisches) und eine Bar. ❸–❹

Green Park, 10 Lakshmi Vilai St, ✆ 0435-240 3912, ✉ hotelgreenpark@dataone.in. Business-Hotel mit tadellosen DZ, teils mit AC und alle mit TV, bei hervorragendem Preis-Leistungs-Verhältnis. Zum Komplex gehören ein Café und das nicht-vegetarische Restaurant Peacock. ❹

Shiva International, 101/3 TSR Big St, ✆ 0435-242 4013, ✉ hotelsiva@rediff.com. Nach den Tempel-*gopura* ist dieser riesige Hotelkomplex das höchste Gebäude der Stadt. Sehr preisgünstig sind die Standardzimmer ohne AC (am besten ist Nr. 301, mit toller Aussicht), aber auch die geräumigen, luftigen DZ sind günstig.

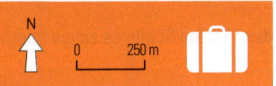

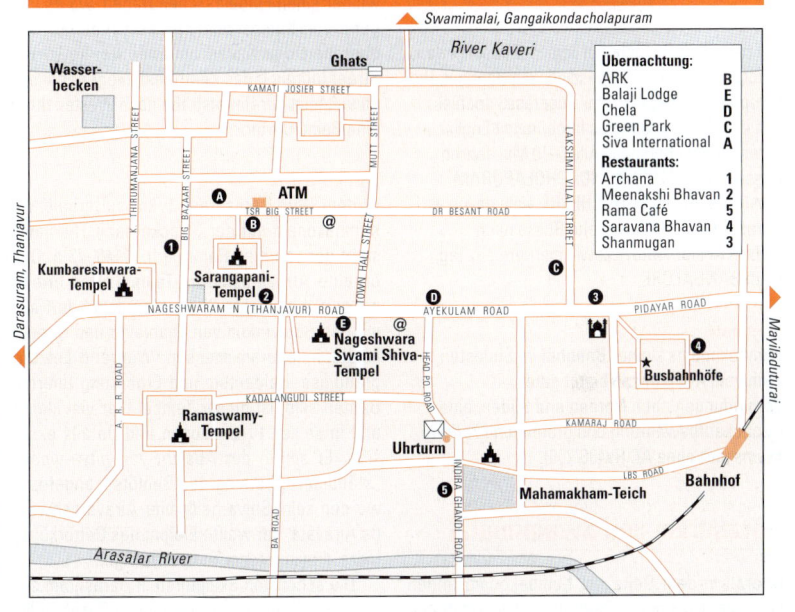

Kumbakonam

Swamimalai, Gangaikondacholapuram
River Kaveri

Übernachtung:
ARK	B
Balaji Lodge	E
Chela	D
Green Park	C
Siva International	A

Restaurants:
Archana	1
Meenakshi Bhavan	2
Rama Café	5
Saravana Bhavan	4
Shanmugan	3

Vom Dach bieten sich traumhafte Ausblicke auf den Sonnenuntergang hinter den gopuras. ❷–❹

Essen

Das Angebot an Speiselokalen ist nicht überwältigend, und die meisten Besucher essen in ihren Hotels. Zur Abwechslung bieten sich aber an:

Archana, Big Bazaar St, mitten im Basar. Bei Marktbesuchern wegen der preiswerten südindischen „meals" (Rs30) und hervorragenden *uttapams* beliebt; drinnen kann es allerdings heiß und stickig werden. Ausländer erregen hier noch Aufsehen, werden aber mit viel Gastfreundschaft aufgenommen.

Meenakshi Bhavan, Nageshwaram N St. Hervorragendes und sauberes südindisches Vegetarier-Lokal. Hier gibt es ungewöhnliche Snacks, wie *adai* – ein würziges Reisgebäck – und ausgezeichnete Dosas für gerade mal Rs20.

Rama Café, Indira Shanti Rd. Einfache und gesunde vegetarische „meals" (Rs20–40) und Snacks. Großartige Lage am Mahamakham-Teich.

Saravana Bhavan, unmittelbar östlich des Busbahnhofs. Südindisches Vegetarier-Restaurant, das *iddlis*, Gemüsegerichte und zu Mittag *thalis* serviert. Es gibt Tee, Kaffee und ein zeitiges Frühstück. Hier wird man für unter Rs50 satt.

Shanmugan, Pidar Rd, gegenüber der Moschee. Eines der wenigen Lokale, die nichtvegetarische-Gerichte wie Hühnchen-Chili oder gebratenes Huhn mit Reis servieren. (Rs60–90)

Sonstiges

Geld

Ein Geldautomat der ICICI Bank befindet sich in der TSR Big St, 100 m östlich vom Shiva International.

Gepäckaufbewahrung

Im Bahnhof, rund um die Uhr geöffnet.

Internet
In der TSR Big St gibt es einige Internet-Cafés.

Transport
Busse
Der hektische Busbahnhof liegt im Südosten der Stadt, unmittelbar nordwestlich vom Bahnhof. Die Fahrpläne sind alle in Tamil abgefasst, doch es gibt ein 24 Std. geöffnetes Infobüro mit Englisch sprechendem Personal. Alle 5–10 Min. fahren Busse nach GANGAIKONDACHOLAPURAM, THANJAVUR und PUDUCHERRY, viele davon via Darasuram. Auch zahlreiche Busse nach CHENNAI und TRICHY sowie mehrere pro Tag nach BANGALORE.

Eisenbahn
Kumbakonams kleiner **Bahnhof** im Südosten, 2 km vom Hauptbasar, bietet gute Verbindungen nach Norden und Süden, eine Gepäckaufbewahrung und ordentliche *retiring rooms* (mit/ohne AC Rs400/200).

Darasuram und Swamimalai

Überall in dem Delta um Kumbakonam finden sich eindrucksvolle Zeugnisse des goldenen Zeitalters der Cholas, doch das sehenswerteste ist wahrscheinlich der im Zerfall begriffene Airavateshwara-Tempel in Darasuram, 6 km südwestlich von Kumbakonam. Die Bronzegießereien von Swamimalai, 8 km westlich von Kumbakonam, bilden ein direktes, lebendiges Verbindungsglied zu jener Kultur, die dieses außergewöhnliche Bauwerk hervorbrachte. Die Werkstätten schaffen seit der Zeit, als Darasuram eine blühende mittelalterliche Stadt war, graziöse Hindu-Götterbilder im traditionellen Wachsausschmelzverfahren („Guss in der verlorenen Form").

Beide Sehenswürdigkeiten zusammen lassen sich unschwer im Rahmen eines Halbtagsausflugs von Kumbakonam her besuchen. Die flache Landschaft eignet sich bestens zum Radfahren, allerdings ist auf der stark befahrenen Hauptstraße Richtung Thanjavur Vorsicht geboten. Um von Darasuram nach Swamimalai zu kommen, kehrt man vom Tempel aus auf die Hauptstraße zurück und fragt im Basar nach dem Weg. Swamimalai liegt nur 3 km weiter nördlich, doch unterwegs zwischen den beiden Orten muss man mehrmals abbiegen, d. h. wahrscheinlich immer wieder einen Einheimischen fragen, wo es lang geht. Von Kumbakonam ist es einfacher: Man überquert den Kaveri am Ende der Town Hall Street (nördlich des Zentrums), biegt nach links ab und folgt der Hauptstraße nach Westen durch eine Reihe Dörfer.

Darasuram
In dem Dorf Darasuram, 5 km außerhalb von Kumbakonam auf der Strecke nach Thanjavur, steht der von King Rajaraja II. (1146–73 n. Chr.) erbaute **Airavateshwara-Tempel**. Das erlesene, selten besuchte Chola-Monument darf sich mit den Bauwerken von Thanjavur und Gangaikondacholapuram messen: Während Letztere grandiose, Heldentum und Eroberung feiernde Bauten sind, ist dieser Tempel hier viel kleiner und in seinen Proportionen und Details exquisiter. Er soll in der Absicht von *nitya-vinoda*, „ständiger Erbauung des Gemüts", angefertigt worden sein. Shiva heißt hier Airavateshwara, da Airavata, der weiße Elefant des Götterkönigs Indra, ihm in diesem Tempel huldigte.

Die schönsten Skulpturen in Darasuram sind die Chola-Statuen aus schwarzem Basalt in den Wandnischen der Mandapa und des inneren Schreins. Dazu zählen Bildnisse von Nagaraja und Dakshinamurti, der „nach Süden blickende" Shiva als Lehrer unter einem Banyan-Baum. Nicht minder berühmt sind die einzigartigen Tafeln, die schwer zu erkennen sind, wenn man nicht auf den Sockel steigt. Sie bilden ein Band an der Oberseite der Plattform der geschlossenen Mandapa und zeigen Szenen aus Sekkilars **Periya Purana**, einem der ganz großen Werke tamilischer Literatur.

Swamimalai
Swamimalai wird als eine der sechs geheiligten Erscheinungsformen von Murugan verehrt, Shivas Sohn, der nach hinduistischer Mythologie auf einem hiesigen Hügel *(malai)* der religiöse Unterweiser *(swami)* seines Vaters wurde. Der Ort dieses epischen Rollentausches beherbergt nun einen der heiligsten Schreine von Tamil Nadu, den auf dem Gipfel des Hügels mitten im Dorf stehen-

den **Swaminatha-Tempel**. Für Nicht-Hindus sind wahrscheinlich die **Bronzegießereien** im Basar und den umliegenden Weilern interessanter.

Die sthapathis genannten Gießer von Swamimalai arbeiten immer noch mit dem Wachsausschmelzverfahren, das von den Cholas perfektioniert wurde, um die begehrtesten Tempel-Idole Südindiens herzustellen. Ihre Produkte sind in zahlreichen Ausstellungsräumen entlang der Hauptstraße zu bewundern, von wo aus sie in die ganze Welt exportiert werden. Doch noch interessanter ist es, den sthapathis bei der Arbeit zuzusehen, wenn sie die Originale aus Bienenwachs formen und später die Schale aufbrechen, um die fertigen Metallarbeiten innen freizulegen. Näheres zur tamilischen Bronzegießereikunst s. S. 1081, Kasten.

Im nahe gelegenen Dörfchen **Thimmakkudy**, 2 km dahinter, Richtung Kumbakonam, steht das teuerste Hotel der Region, das **Sterling Swamimalai**, ℡ 0435-2420044, 🖳 www.sterling swamimalai.net. Das liebevoll restaurierte Brahmanen-Wohnhaus aus dem 19. Jh. bietet allen modernen Komfort in den Zimmern, außerdem Yoga-Unterricht, ayurvedische Massage und lebendige kulturelle Darbietungen am Abend. ❼

Gangaikondacholapuram

Der majestätische Brihadishwara-Tempel, geplant als das Herzstück einer vom Chola-König Rajendra I. (1014–42) zum Ruhme seiner Eroberungen erbauten Stadt, steht in dem kleinen Dorf Gangaikondacholapuram im Distrikt Trichy, 35 km nordöstlich von Kumbakonam. Der komplizierte Name bedeutet „die Stadt des Chola, der den Ganges einnahm". Unter Rajendra I. erstreckte sich das Chola-Reich in der Tat bis zu dem breiten Strom des Nordens hin – was keiner anderen südindischen Dynastie gelang. Der Tempel und die Ruinen von Rajendras Palast, 2 km weiter östlich bei Tamalikaimedu, sind alles, was von der Stadt erhalten blieb. Dennoch zählt sie zu den sehenswertesten archäologischen Stätten Südindiens, nur übertroffen von Thanjavur. Dass sie meistens menschenleer ist, verleiht ihr einen zusätzlichen Reiz.

Das Dorf wird vom **Brihadishwara-Tempel** beherrscht, der in einem gepflegten, begrünten Hof von einer geschlossenen Mandapa flankiert wird. Über dem Sanktuarium auf der rechten Seite thront ein 55 m hoher, pyramidenförmiger Turm (vimana) mit neun sich nach oben hin verjüngenden Stockwerken. Der Turm ist zwar kleiner als der von Thanjavur, doch durch seine graziöse Bauweise besonders elegant. Am Eingang lohnt es sich, den ASI-Hausmeister als Führer zu gewinnen, besonders wenn man aufs Dach steigen möchte, um die schöne Aussicht auf die Landschaft und den Turm zu genießen.

Im Hof steht ein kleiner Schrein zu Ehren der Göttin **Durga** mit einem Bildnis von Mahishasuramardini bei der Tötung des Büffeldämonen. Biegt man vor dem Schrein nach rechts (Norden) ab, gelangt man an einen kleinen Brunnen, der von der Löwenstatue Simha-kinaru bewacht wird. Rajendra soll diesen mit Wasser aus dem Ganges gefüllt haben, das zur rituellen Salbung des Lingam im Haupttempel verwendet wurde.

Unmittelbar vor dem Osteingang zum Tempel steht ein kleiner Opferaltar. Zwei parallel verlaufende Treppen führen auf die mukhamandapa oder Veranda, wo zwei große Wächtergottheiten den Eingang zu einer langen, mit Säulen bestandenen mahamandapa (Wandelhalle) bewachen. Im Innern des Tempels weisen Führer den Weg zum Turm, der über eine steile Treppe erklommen werden kann. Zu beiden Seiten des Tempeleingangs stehen Skulpturen von Shiva in seinen verschiedenen mildtätigen (anugraha) Manifestationen, darunter als Segner Vishnus, Devis, Ravanas und des Heiligen Chandesha. In der Nordostecke befindet sich ein ungewöhnlicher quadratischer Steinblock mit Darstellungen der neun Planeten (navagraha). Auf der Plattform stehen mehrere **Chola-Bronzen**; von besonderer Bedeutung soll die Figur Karttikeyas, des Kriegsgottes mit Keule und Schild, sein.

Den Sockel des Haupttempelheiligtums schmücken Löwen und Schneckenverzierungen. Darüber verläuft vom Süd- bis zum Nordeingang der ardhamandapa (Vorhalle zum Schrein) eine Reihe von Nischen, in denen unterschiedliche Shiva-Statuen untergebracht sind. Die berühmteste ist die am Nordeingang; sie zeigt Shiva und Parvati, die den Heiligen Chandesha bekränzen, der hier manchmal als Rajendra I. gilt. ⊙ tgl. 6–12 und 16–20 Uhr, Eintritt frei. Näheres zu den Tempeln von Tamil Nadu s. S. 1052/1053.

Zwei Minuten zu Fuß auf der Hauptstraße nach Nordosten (vom Parkplatz nach rechts abbiegen) steht das winzige **Archäologische Museum**, in dem alle möglichen, in der Gegend gefundenen Chola-Gegenstände ausgestellt sind, darunter Terrakottalampen, Münzen, Waffen, Manuskripte auf Palmblättern und ein altes chinesisches Gefäß. ⏲ tgl. außer Fr 10–13 und 14–17.45 Uhr, Eintritt frei.

Obwohl Chidambaram eigentlich etwas näher ist, sind die Busverbindungen nach Kumbakonam besser; etwa alle 15 Minuten fährt hier ein Bus. Auch einige Busse der Strecke Trichy–Chidambaram halten hier. Allerdings sollte man vermeiden, zwischen 12 und 16 Uhr, wenn der Tempel geschlossen ist, einzutreffen. Einige Teile im Inneren sind sehr düster, daher ist eine Taschenlampe nützlich. Die minimalen Einrichtungen im Dorf beschränken sich auf ein paar Buden mit Erfrischungsgetränken.

Thanjavur

Thanjavur (alias Tanjore), 55 km östlich von Tiruchirapalli und 35 km südwestlich von Kumbakonam, eine der belebtesten Handelsstädte des Kaveri-Deltas, wird von Reisenden oft links liegen gelassen. Doch seine Geschichte und historischen Schätze – darunter der atemberaubende **Brihadishwara-Tempel**, eines der eindrucksvollsten Chola-Bauwerke Tamil Nadus – verleihen dem Ort eine tragende Bedeutung für die südindische Kultur. In der Stadt befinden sich neben der erlesensten Chola-Bronzen-Sammlung der Welt weitere Sehenswürdigkeiten, die Besucher mindestens zwei volle Tage beschäftigen. Außerdem bietet sie sich als Ausgangspunkt für Ausflüge nach Gangaikondacholapuram, Darasuram und Swamimalai an.

Thanjavur wird durch den **Grand Anicut Canal** grob in zwei Hälften geteilt. Die **Altstadt** nördlich des Kanals, früher vollständig von einem Festungswall umschlossen, war vom 9. bis zum Ende des 13. Jhs. mit einer Ausnahme die Wahlhauptstadt aller mächtigen Chola-Reiche. Keiner ihrer weltlichen Bauten hat überlebt, doch sind immerhin noch 90 Tempel erhalten, unter denen der Brihadishwara das überwältigendste Beispiel für die Macht von Rajaraja I. (985–1014) ist. Durch dessen Feldzüge breitete sich der Hinduismus bis auf die Malediven, nach Sri Lanka und Java aus. Unter den Cholas sowie später auch den Nayaks und Marathen blühten hier Literatur, Malerei, Bildhauerei, klassische karnatische Musik und Bharatanatyam-Tanzkunst. Der an sich schon sehenswerte **Nayak-Königspalast** beherbergt auch eine Bibliothek und Museen, darunter eine berühmte Bronzesammlung.

Die imposantesten Feierlichkeiten während der zahlreichen **Feste** im Brihadishwara-Tempel finden anlässlich des Geburtstags von König Rajaraja im Oktober statt. Im Januar wird der Panchanateshwara-Tempel im 13 km entfernten **Thiruvaiyaru** ein achttägiges Festival **klassischer karnatischer Musik** zu Ehren des begnadeten Komponisten-Heiligen Thyagaraja abgehalten.

Brihadishwara-Tempel

Die Dächer von Thanjavur werden vom riesigen Turm des Brihadishwara-Tempels überragt, der trotz seiner Größe nicht so pompös ist wie die Bauten späterer Perioden. Mit der Stelle, der er errichtet wurde, hat es keine besondere Bewandtnis. Der Tempel wurde zum einen als Zeichen der Macht seines Erbauers, König Rajaraja I. erbaut, und zum anderen, um einen leicht erreichbaren Ort zur Verehrung Shivas zu haben. **Inschriften** am Sockel des Hauptschreines liefern ungemein detaillierte Informationen über die Organisation des Tempels. Aus ihnen geht hervor, dass dieser sowohl reich an Geldmitteln als auch rituellen Aktivitäten war. Zu den schriftlich festgehaltenen, aus Beutezügen stammenden **Geschenken** von Rajaraja gehören 270 kg Silber, 230 kg Gold und 110 kg Juwelen sowie beachtliche Einkünfte aus Ländereien in allen Teilen des Chola-Reiches. Nicht weniger als 400 Tänzerinnen, *devadasis* (wörtlich „Sklaven der Götter", da mit dem Gott verheiratet), waren fest angestellt und jede von ihnen erhielt ein eigenes Haus. Weitere Tempeldiener – noch einmal 200 Personen – waren Tanzlehrer, Musiker, Schneider, Töpfer, Wäscher, Goldschmiede, Zimmerleute, Astrologen, Buchhalter und Bedienstete für alle möglichen Rituale und Prozessionen.

Der Eingang zum Komplex befindet sich im Osten und besteht aus zwei ein Stück voneinan-

Thanjavur

▲ Chennai

Map labels:
- NORTH MAIN STREET
- Lebensmittelmarkt
- Königlicher Palastkomplex
- Durbar-Halle
- Eingang
- Royal Museum
- H. H. Raja Serfoji II Memorial Hall und Museum
- Tamil University Museum
- Saraswati Mahal Library und Museen
- Thanjavur Art Gallery
- WEST MAIN STREET
- EAST MAIN STREET
- MARKET ROAD
- Canara Bank
- SOUTH MAIN STREET
- SOUTH RAMPART STREET
- ★ City Bus Stands
- Long-Distance State Bus Stands
- HOSPITAL ROAD
- Seppunalkan-Teich
- Teich
- Archäologisches Museum
- Brihadishwara-Tempel
- GANDHIJI ROAD
- GRAND ANICUT CANAL ROAD
- Grand Anicut Canal
- KUTCHERY ROAD
- TRAIN STATION ROAD
- TTDC
- MKM ROAD
- Bahnhof
- Hauptpost
- SRINIVASAM PILLAI ROAD
- TRICHY ROAD
- Tamil Nadu

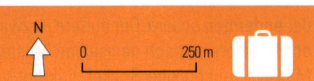

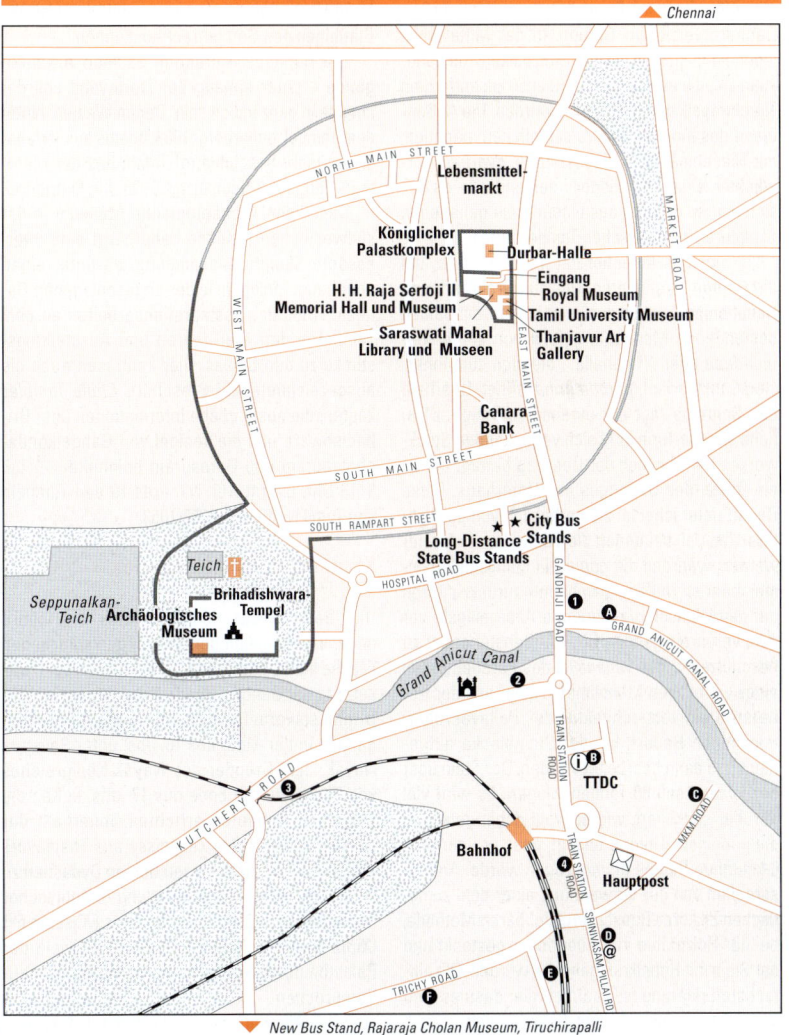

▼ New Bus Stand, Rajaraja Cholan Museum, Tiruchirapalli

Übernachtung:				Essen:			
Oriental Towers	D	TTDC Tamil Nadu	B	Annam	3	New Thewar	4
Parisutham	A	Valli	C	Meenakshi Bhavan	2	Sathar's	1
Sangam	F	Yagappa	E	King's	E	Thillana	F

www.stefan-loose.de/indien

Thanjavur 1079

der entfernten *gopura*. Der äußere ist zwar größer, doch beide sind nach demselben Muster erbaut: Massive rechteckige Sockel, gekrönt von pyramidenförmigen, mit Figuren und geschwungenen Dächern verzierten Türmen. In der Mitte weist jeder einen monolithischen Stützbalken aus Sandstein auf, die angeblich vom über 50 km entfernten Tiruchirapalli herbeigeschafft wurden. Die Außenwand des inneren *gopura* schmücken mächtige, mit Riesenmäulern ausgestattete *dvarpala*-Torwächter, einer das Ebenbild des anderen. Es soll sich um die größten aus einem Stein gehauenen Skulpturen aller indischen Tempel handeln.

Im riesigen **Innenhof** hat man viel Platz, um die Bauten zu studieren. Der aus Granit erbaute **Haupttempel** besteht aus einer langen, mit Säulen bestandenen Mandapa, gefolgt von der *ardhamandapa* oder „Halbhalle", die sich zum innersten Sanktuarium, *garbha griha*, öffnet. Oberhalb des Schreins ragt der pyramidenförmige, 61 m hohe *vimana*-Turm in 13 sich verjüngenden Stockwerken gen Himmel; der Oberbau beträgt genau ein Drittel des Umfanges des Unterbaus. Diese Bauart unterscheidet sich erheblich von der späterer Tempel, bei denen die Türme immer kleiner werden, während die *gopura*-Eingangshallen immer mehr an Umfang gewinnen – zurückzuführen auf den Wunsch, das innerste Allerheiligste vor dem verunreinigenden Blick Außenstehender zu beschützen. Diese *vimana* ist das Paradebeispiel eines „struktiven Monolithen", einer aus der früheren Steinmetzarchitektur der Pallavas übernommenen Bauart, bei der Steinblöcke aufgehäuft und dann bearbeitet werden. Der Stein über der *vimana* soll 80 Tonnen wiegen. Es wird viel darüber spekuliert, wie er wohl dahin gelangte; die gängigste Theorie besagt, dass er über eine 6 km lange Rampe hochgezogen wurde. Andere sprechen von der Verwendung einer dem sumerischen Zikkurat-Baustil vergleichbaren Methode, bei der Holzpfähle in Mauerlöcher gesteckt und der Stein mit Hebelkraft gehoben wurden. Die einfachste Erklärung ist natürlich die, dass es sich gar nicht um einen einzigen Stein handelt.

Der schwarze, über 3,5 m hohe *shivalingam* im **innersten Sanktuarium** trägt den Namen Adavallan, „Derjenige, der gut tanzen kann", und bezieht sich auf Shiva als Nataraja, den König des Tanzes, der in Chidambaram residiert und *ishtadevata*, die auserwählte Gottheit des Königs war. Der Lingam ist nicht immer zu sehen, doch während der *puja*-Zeremonie (um 8, 11, 12 und 19.30 Uhr) wird ein Vorhang gelüftet, damit die Gläubigen den Gott betrachten können.

Die Hofmauern draußen säumen **Arkadengänge** – jener entlang der Nordwand soll der längste in ganz Indien sein. Der im Westen, hinter dem Tempel, beherbergt 108 Lingams aus Varanasi und (sehr beschmierte) Tafeln aus der Marathen-Periode. ⏱ Tempel: tgl. 6–20 Uhr, Eintritt frei.

Das kleine **Archäologische Museum** in der südwestlichen Hofecke beherbergt eine interessante Skulpturensammlung, darunter einen ungeheuer molligen, leider angeschlagenen Ganesh, Fotos der Restaurationsarbeiten an dem Tempel in den 40er-Jahren und Ausstellungsstücke zu den Cholas. Hier kann man auch die ausgezeichnete ASI-Broschüre *Chola Temples* kaufen, die ausführliche Informationen über Brihadishwara und die Tempel von Gangaikondacholapuram und Darasuram beinhaltet. ⏱ tgl. 9–18 Uhr, Eintritt frei. Näheres zu den Tempeln von Tamil Nadu s. S. 1052/1053.

Königlicher Palastkomplex und Umgebung

Das Gelände des Königspalastes, wo immer noch Nachkommen der ehemaligen königlichen Familie leben, liegt an der East Main Street (Fortsetzung der Gandhiji Road), 2 km nordöstlich des Brihadishwara-Tempels. Die Bauarbeiten begannen in der Mitte des 16. Jhs. unter Sevappa Nayak, dem Gründer des Nayak-Königreiches von Thanjavur. Ab Ende des 17. Jhs. ließen die Marathen Anbauten errichten. Innerhalb der Anlage sind mehrere Zeugnisse aus Thanjavurs Vergangenheit unter diesen beiden Dynastien zu sehen, darunter eine Ausstellung orientalischer Manuskripte und ein überragendes Museum mit **Chola-Bronzen**. Leider befinden sich viele der Palastbauten – trotz zahlreicher Wiederaufbau-Versprechen – nach wie vor in traurigem Zustand. ⏱ Alle Sehenswürdigkeiten tgl. 9–18 Uhr

Die **Durbar Hall** (Audienzsaal) wurde 1684 von Shaji II. umgebaut und beherbergt einen Thron, dessen Baldachin mit dem für Thanjavur typischen Spiegelglas verziert ist. Die Decken und Wände sind zwar beschädigt, aber kunstvoll bemalt.

Chola-Bronzen

Die Chola-Bronzen, ursprünglich heilige Tempelobjekte, sind die einzige Kunstform aus Tamil Nadu, die den weltweiten Kunstmarkt erobert hat. Die eindrucksvollsten Bronzestatuen sind die Natarajas, die tanzenden Shivas. Das Bild Shivas, auf einem Bein stehend, von Flammen umgeben, mit wilden, fliegenden Locken, ist fast ebenso ein Erkennungszeichen für Indien geworden wie der Taj Mahal.

Die wichtigsten Tempelstatuen stehen gewöhnlich fest an einem Ort und sind aus Stein. Für Zeremonien braucht man jedoch häufig ein Götterbild, das in einer Prozession aus dem inneren Heiligtum geholt und auch durch die Straßen getragen werden kann. Den als Agamas bekannten kanonischen Texten zufolge sollten diese beweglichen Statuen aus Metall sein. Indische Bronzen werden im **Wachsausschmelzverfahren** („Guss in verlorener Form"), im Sanskrit als *madhuchchistavidhana* bezeichnet, hergestellt. Drei Schichten von Lehm, gemischt mit gebrannten Getreidehülsen, Salz und gemahlenen Baumwollpflanzen, werden um eine aus Bienenwachs geformte Figur gelegt, wobei an jedem Ende eine Wachsröhre herausragt. Wenn diese erhitzt wird, schmilzt das Wachs und fließt aus, wodurch ein Hohlraum entsteht, in den durch die Röhren flüssiges Metall – eine reichhaltige Legierung *(panchaloha)* aus Kupfer, Silber, Gold, Messing und Blei, gegossen werden kann. Nachdem das Metall sich abgekühlt hat, werden die Tonhülle zerschlagen und die Röhrenenden abgefeilt. Das Ergebnis ist eine einzigartige, vollständige Figur, die der Bronzegießer und Künstler *(sthapathi)* bearbeitet, um Schönheitsfehler auszumerzen und feine Details zu ergänzen. Die Beherrschung des Bronzegusses in Indien geht mindestens auf die Industalkultur (2500–1500 v. Chr.) und das berühmte „Tanzende Mädchen" aus Mohenjo Daro zurück. Die ältesten Werke im Süden wurden von den Andhras hergestellt, deren Technik von den Pallavas, den direkten Vorgängern der Cholas, fortgeführt wurde.

Die wenigen erhaltenen **Pallava-Bronzen** zeigen einen gekonnten Umgang mit der Form; die Figuren kennzeichnen breite Schultern, grobe Gesichtszüge und insgesamt eine Schlichtheit, die vermuten lässt, dass alle Details bereits im Wachsstadium abgeschlossen waren. Die schönsten Bronzen sind die aus der **Chola-Zeit**, vom Ende des 9. bis zum Anfang des 11. Jhs. Da die Cholas überwiegend Shaivas waren, sind die beliebtesten Gestalten Nataraja, Shiva und seine Gefährtin Parvati (oft als Familiengruppe mit Sohn Skanda) sowie die 63 Nayanmar-Dichterheiligen. Die Chola-Bronzen weisen einen größeren Detailreichtum auf als ihre Vorgänger. Menschliche Figuren sind ausnahmslos elegant und haben eine schmale Taille, wobei die männliche Form kräftig und muskulös, die weibliche hingegen anmutig und zart ist.

Gestaltung, Ikonografie und Proportionen jeder Figur werden von strengen Regeln bestimmt, die in den zwischen Kunst, Wissenschaft und Religion nicht unterscheidenden Shilpa Shastras niedergelegt sind. Die Messung beginnt stets mit den Proportionen der Hand des Künstlers und der daraus resultierenden Gesichtslänge der Figur als Basiseinheit. Danach folgt die Gestaltung einem Schema, das an die nicht weniger wissenschaftlichen Regeln der klassischen Musik erinnert, im Besonderen *tala* oder Rhythmus. Menschliche Figuren bestehen aus insgesamt acht Gesichtslängen (acht als grundlegende rhythmische Maßeinheit), Darstellungen von Gottheiten aus neun Gesichtslängen.

Die Bronzen, die von den wenigen heute tätigen Künstlern hergestellt werden, folgen ausnahmslos dem Chola-Modell. Das Hauptzentrum ist jetzt **Swamimalai**. Originale Chola-Bronzen befinden sich in vielen tamilischen Tempeln, aber da das Tempelinnere oft dunkel ist, sieht man sie nicht immer richtig. Zu wichtigen **öffentlichen Sammlungen** gehören die Thanjavur Art Gallery (s. S. 1082), das Government State Museum in Chennai (s. S. 1034) und das National Museum in New Delhi.

Wer sich für den Kauf von Bronzen und anderen Kunsthandwerksobjekten interessiert, wendet sich an die **Chola Art Gallery Thanjavur**, 78/79 East Main St, zwei Gehminuten südlich vom Palasteingang, ✆ 04362-277355.

Fünf Kuppeln schmücken rote, grüne und gelbe Streifen, und an den Wänden zeugen Friese im Blätter- und Ananasmuster und Posaune spielende Engel vor einem nächtlichen Himmelshintergrund von europäischem Einfluss. Der Hofraum der Durbar Hall wurde zum Schauplatz eines ergreifenden Moments in Thajavurs turbulenter Geschichte: Hier unterwarf sich 1683 der letzte Nayak-König dem König von Madurai. Das imposanteste Bauwerk ist der Sarja Madi, der „siebenstöckige" Glockenturm, 1800 von Serfoji II. erbaut. Aufgrund seiner Instabilität ist er der Öffentlichkeit allerdings nicht zugänglich. Eintritt Rs50 (Rs10), Fotoapparat Rs30, Videokamera Rs100.

Saraswati Mahal Library Museum

Die Bibliothek Saraswati Mahal, eine der bedeutendsten Sammlungen orientalischer Manuskripte Indiens, wird von Gelehrten aus der ganzen Welt genutzt. Die Bibliothek ist nicht öffentlich zugänglich, aber in einem kleinen **Museum** ist eine bunte Mischung von Büchern und Bildern aus der Bibliothekssammlung zu sehen. Unter den Palmblattmanuskripten befindet sich ein wahres kalligrafisches Wunderwerk: ein Mantra mit der Inschrift „Shiva", wobei jeder einzelne Buchstabe wiederum in mikroskopisch winziger Handschrift den Namen des Gottes wiederholt. Die meisten der vom Ende des 17. Jhs. stammenden Maratha-Schriften sind auf Papier verfasst, darunter eine wunderschön illustrierte Ausgabe des Mahabharata. Sadisten werden mit Freude feststellen, dass die Bibliothek eine Kopie des mit detaillierten Darstellungen versehenen Buches *Punishments in China,* erschienen 1804, besitzt. Daneben finden sich die Fantasiegestalten des französischen Künstlers **Charles Le Brun** (1619–90), Studien über Physiognomie. Tiere wie Pferd, Wolf, Bär, Kaninchen und Kamel wurden in liebevollen Details über eine Reihe menschlicher Gesichter gezeichnet, die ihnen unglaublich ähnlich sehen. Eintritt frei. Postkarten dieser wissenschaftlichen Arbeiten und Ausstellungsstücke aus den anderen Palastmuseen gibt es in dem **Geschäft** gleich daneben zu kaufen.

Thanjavur Art Gallery

Eine sagenhafte Sammlung von **Chola-Bronzen** – die kostbarsten darunter aus den Tiruvengadu-Ausgrabungen der 50er-Jahre – ist in der Thanjavur Art Gallery zu besichtigen, einem Audienzsaal mit hohen Decken und massiven Säulen aus dem Jahr 1600. Die Eleganz der Figuren und die Feinheiten der Details sind unübertrefflich. Eine Statue von Kannappa Nayannar (Nr. 174) aus dem 10. Jh., ein Jäger und Gläubiger, weist minutiöse Einzelheiten bis in die spitzenbesetzte Kleidung, Fingernägel und feinsten Linien der Finger auf. Die älteste Bronze, vier Schaukästen links vom Haupteingang (Nr. 58), zeigt Vinadhra Dakshinamurti („Nach Süden blickender Shiva") mit einem Reh auf einer der linken Hände, der ursprünglich die Vina spielte – das dazugehörige Instrument ist längst verschwunden. Das unumstrittene Meisterstück der Sammlung jedoch zeigt Shiva als den Herrn der Tiere (Nr. 86), erotisch in einem winzigen Lendenschurz dargestellt, mit einem Turban aus Schlangen. Neben ihm steht eine gleichermaßen anrührende Parvati (Nr. 87), doch die allerschönste der weiblichen Figuren ist eine sitzende, halb zurückgelehnte Parvati (Nr. 97) an der gegenüberliegenden Wand. Eintritt Rs20, Foto- und Videokamera Rs30.

Übernachtung

Die meisten Hotels konzentrieren sich im neueren Stadtviertel in Bahnhofsnähe: Sie sind in der Regel teurer als andernorts im Bundesstaat, und in den unteren Preislagen lässt die Auswahl zu wünschen übrig.
Oriental Towers, 2889 Srinivasam Pillai Rd, ✆ 04362-230724, 🖥 www.hotelorientaltowers.com. Riesiges Hotel mit Einkaufszentrum, kleinem Pool im 4. Stock und luxuriösen Zimmern. Gutes Preis-Leistungs-Verhältnis. Internetanschluss und 3 Restaurants mit den

Luxus und Kunstgenuss

Sangam, Trichy Rd, ✆ 04362-239451, 🖥 www.hotelsangam.com. Internationales 4-Sterne-Hotel mit luxuriösen AC-Zimmern (ab US$165), ausgezeichnetem Restaurant (s. S. 1088), Pool (Rs150 für Tagesgäste) und schönen Tanjore-Gemälden (das in der Lobby lohnt einen Ausflug hierher). ❾

üblichen indischen, chinesischen und westlichen Speisen. ❻–❽

Parisutham, 55 Grand Anicut Canal Rd, ☏ 04362-231801, 🖥 www.hotelparisutharm.com. Luxushotel mit Zimmern mit zentraler AC (US$130), großem Pool (nur für Hotelgäste), internationalem Restaurant, Kunsthandwerksladen, Geldwechsel und Reisebüro. Beliebt bei Reisegruppen, daher rechtzeitig reservieren. ❾

TTDC Tamil Nadu, Gandhiji Rd, 10 Min. zu Fuß vom Busbahnhof und Bahnhof, ☏ 04362-231325, 🖥 www.ttdconline.com. Ehemaliges Gästehaus des Raja, heute eines der typisch heruntergekommenen staatliches Hotels, aber mit mehr Charakter als die moderneren Alternativen. Große, gemütliche Zimmer mit Teppichboden (teils AC) rings um einen umzäunten, grünen Garten. ❸–❺

Valli, 2948 MKM Rd, ☏ 04362-231580, ✉ arasu_tnj@rediffmail.com. Außerordentlich freundliche Unterkunft mit absolut sauberen Zimmern (teils AC), die von hellen Fluren abgehen. Die beste Billigherberge der Stadt hat auch eine Dachterrasse und ein beliebtes Restaurant im Erdgeschoss. ❷–❹

Yagappa, 1 Trichy Rd, ☏ 04362-230421. Gut ausgestattete Zimmer, Kachelbäder, freundliche Angestellte; Bar und Restaurant. In der Lobby sind interessante Bilderrahmen aus Kaffeebaumholz zu sehen. Gutes Preis-Leistungs-Verhältnis. ❸–❹

Essen

In der Stadt gibt es die üblichen „meals"-Lokale, aber außer den schicken Hotel-Restaurants nur wenige nicht-vegetarische Lokale.

Meenakshi Bhavan, nahe Ecke Gandhiji und Kutchery Rd. Makelloses vegetarisches Restaurant mit ausgezeichneten Dosas und ungewöhnlicheren, südindischen Vegi-Snacks wie *adai*. Für Rs20–40 kann man hier gut essen.

King's, Yagappa, Trichy Rd. Die beste Adresse für ein gemütliches Bier: 7 verschiedene Biersorten in schummriger Umgebung oder im Hinterhof, zu dessen Ausschmückung ausgestopfte Eidechsen und Plastikblumen in Fischteichen gehören. Auch leckere Hühnchen- und *pakora*-Snacks für Rs40–60.

Gute Currys und Nudelgerichte

New Thewar, Train Station Rd. Sehr sauberes AC-Lokal. Zu seinem breiten Angebot gehören vegetarische und nicht-vegetarische Currys sowie Nudelgerichte für Rs40–80.

Sathar's, Gandhiji Rd. Das begehrteste nicht-vegetarische Speiselokal der Stadt bietet verschiedene Gerichte mit Huhn. Tische für die überwiegend männliche Kundschaft im Untergeschoss oder auf einer überdachten Terrasse. Ein Gericht kostet Rs60–80.

Thillana, Sangam, Trichy Rd. Angesagtes, elegantes Restaurant mit multikultureller Küche, berühmt für hervorragende südindische *thalis* zur Mittagszeit (11–15 Uhr, Rs105). Abends gibt es ein umfangreiches Menü à la carte (besonders lecker sind die *chettinad*-Spezialitäten). Lohnt einen tieferen Griff in die Tasche – schon allein der karnatischen Livemusik wegen (19.30–22 Uhr, entweder Vina, Flöte oder Gesang mit Percussion). Mit Rs300–400 p. P. ist zu rechnen.

Sonstiges

Geld

Canara Bank, South Main St. Neben einigen Geldautomaten in der Stadt – darunter einer am Bahnhof – ist dies eine weitere Möglichkeit, Geld zu wechseln.

Informationen

TTDC Tourist Office, auf dem Gelände des TTDC Tamil Nadu in der Gandhiji Rd, ☏ 04362-230984, ⏰ Mo–Fr 10–17.45 Uhr.

Internet

Gemini Soft, im 1. Stock des Oriental Towers, Srinivasam Pillai Rd.

Post

Das **GPO** befindet sich in der Gandhiji Rd (Train Station Rd).

Transport

Busse

Einige Busse aus CHENNAI und PUDUCHERRY halten am alten **State Bus Stand**, gegenüber dem City Bus Stand im Süden der Altstadt. Andere Busse aus MADURAI, TIRUCHIRAPALLI und KUMBAKONAM halten am **New Bus Stand**, ungünstige 4 km südwestlich der Innenstadt mitten im Niemandsland. Rikschas in die Stadt kosten von hier Rs50. Man kann auch den Bus Nr. 74 nehmen, der alle paar Minuten zwischen Zentrum und Busbahnhof pendelt.

Eisenbahn

Der **Bahnhof** unmittelbar südlich der Innenstadt verfügt über ein Computerbuchungssystem, ⓒ Mo–Sa 8–14 und 15–17, So 8–14 Uhr, zur Reservierung von Bahnfahrkarten nach CHENNAI, TIRUCHIRAPALLI und RAMESHWARAM (wenn die Strecke nach Gleisarbeiten wieder freigegeben wird).

Tiruchirapalli (Trichy) und Umgebung

Tiruchirapalli – meistens Trichy genannt – liegt im Flachland zwischen den Shevaroy- und Palani-Bergen, knapp 100 km nördlich von Madurai. Die vom Rock Fort beherrschte Stadt ist ein im Anwachsen begriffenes, modernes Handelszentrum. An Sehenswürdigkeiten hat sie wenig zu bieten, doch liegt sie an der Haupt-Pilgerroute zum spektakulären, 6 km nördlich gelegenen **Ranganathaswamy-Tempel** in Srirangam.

Das genaue Gründungsdatum von Trichy ist nicht belegt, doch muss, obwohl nur wenig frühe Architektur erhalten geblieben ist, angenommen werden, dass die Oberherrschaft über die Stadt zwischen 200 und 1000 n. Chr. von den Pallavas an die Pandyas überging. Die Chola-Könige, die im 11. Jh. an die Macht gelangten, nahmen ambitiöse Bauvorhaben in Angriff, deren Höhepunkt mit dem Ranganathaswamy-Tempel erreicht war. Im 12. Jh. mussten die Cholas den Vijayanagar-Königen von Hampi weichen, die sich gegenüber den vordringenden Moslems behaupteten, bis sie schließlich 1565 den Sultanen des Dekkan Platz machen mussten. Keine 50 Jahre später gelangten die Nayaks von Madurai an die Macht, erbauten die Festung und etablierten Trichy als mächtige Handelsstadt. Nach fast einem Jahrhundert des Widerstandes gegen die Franzosen und Briten, die beide nach Landbesitz im Südosten Tamil Nadus strebten, fiel die Stadt unter britische Kontrolle, bis sie 1947 zu einem Teil des Bundesstaates Tamil Nadu erklärt wurde.

Das Geschäftszentrum von Trichy befindet sich im Südteil der Stadt, **Trichy Junction**. Die größten Sehenswürdigkeiten liegen hingegen mindestens 4 km weiter nördlich. Auf den unmittelbar nördlich des Zentrums befindlichen **Basaren** gibt es jede Menge frisch gerollter Zigarren, Textilien und unechter Edelsteine, die zu teuren Schmuckstücken verarbeitet werden, zu kaufen. Dank der häufigen, billigen Flugverbindungen nach Sri Lanka gibt es hier auch geschmuggelten Scotch und Filme für Fotoapparate zu kaufen. Geht man auf der Big Bazaar Road nach Norden, erblickt man das beeindruckende **Rock Fort**, gekrönt von dem Vinayaka (Ganesh)-Tempel aus dem 17. Jh.

Nördlich der Festung bildet der Fluss Kaveri die Grenzlinie zwischen den dicht bevölkerten Geschäftsvierteln Trichys und ihren ruhigeren Tempeln. Der **Ranganathaswamy-Tempel** ist so riesig, dass seine Höfe fast das gesamte Dorf Srirangam umschließen. Ebenfalls nördlich des Kaveri liegt der herrliche **Tempel Sri Jambukeshwara**, während mehrere britische **Kirchen** in der Stadt für interessante Kontraste sorgen. Die bemerkenswerteste ist **Our Lady of Lourdes** westlich vom Rock Fort, die der Basilika von Lourdes nachempfunden ist.

Rock Fort

Die im Norden der Stadt über den Basaren thronende „Felsenfestung" lässt sich am besten mit Bus Nr. 1, der vor dem Bahnhof abfährt, oder von der Dindigul Road aus erreichen; Rikschafahrer werden versuchen, für die Fünfminutenfahrt Rs50 oder noch mehr zu kassieren.

Der mächtige, sandfarbene Fels, auf dem die Festung liegt, erreicht eine Höhe von über 80 m, seine unregelmäßigen Flanken sind von Wind und Regen abgeschliffen. Schon die Pallavas bearbeiteten ihn, doch erst die Nayaks erkannten sein Wehrpotenzial – sie brauchten nur ein paar Mauern und Bastionen hinzuzufügen. Vom Eingang in der Nähe des China Bazaar führen zahlreiche, rot und weiß gestrichene Stufen steil nach oben, an einer Reihe von in den Felsen ge-

Tiruchirapalli (Trichy)

N ←→ 0 500 m

Übernachtung:

Ajanta	E
Ashby	F
Breeze Residency	D
Femina	B
Sangam	A
TTDC Hotel Tamil Nadu	C

Restaurants:

Abhirami	3
Chembian	A
Gajapriya	1
Sree Krishna's	4
Vincent's	2

Sri-Jambukeshwara-Tempel, Srirangam, Chennai (315 km)

River Kaveri — NAVAB STREET — KARUR ROAD — Bahnhof Trichy Town — MADURA RD — Rock Fort — Our Lady of Lourdes — SALAI ROAD — CHINNA BAZAAR — Teppakulam-Teich — Bahnhof Trichy Fort — SHASTIRI RD — MADRAS TRUNK RD — WEST BOULEVARD ROAD — OLD CITY — BIG BAZAR ROAD — EAST BOULEVARD ROAD — Woyakondan Channel — THANJAVUR ROAD — Thanjavur — MUNICIPAL OFFICE RD — HEBER ROAD — COLLECTOR'S OFFICE ROAD — s. Ausschnitt — CONVENT RD — CLEVELAND ROAD — DINDIGUL ROAD — RACE COURSE ROAD — BYPASS ROAD — Bahnhof Trichy Junction — Indian Airlines — Madurai (129 km) — Central-Busbahnhof — WILLIAMS ROAD — RACQUET COURT LANE — ROYAL ROAD — BIROADS ROAD — Jenne Plaza — S.B.I. — ROCKINS ROAD — MADURAI ROAD — State Express-Busbahnhof — St. Johns — Bahnhof Trichy Junction — Flughafen (6 km)

Tamil Nadu

www.stefan-loose.de/indien

Tiruchirapalli (Trichy) und Umgebung 1085

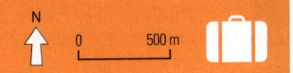

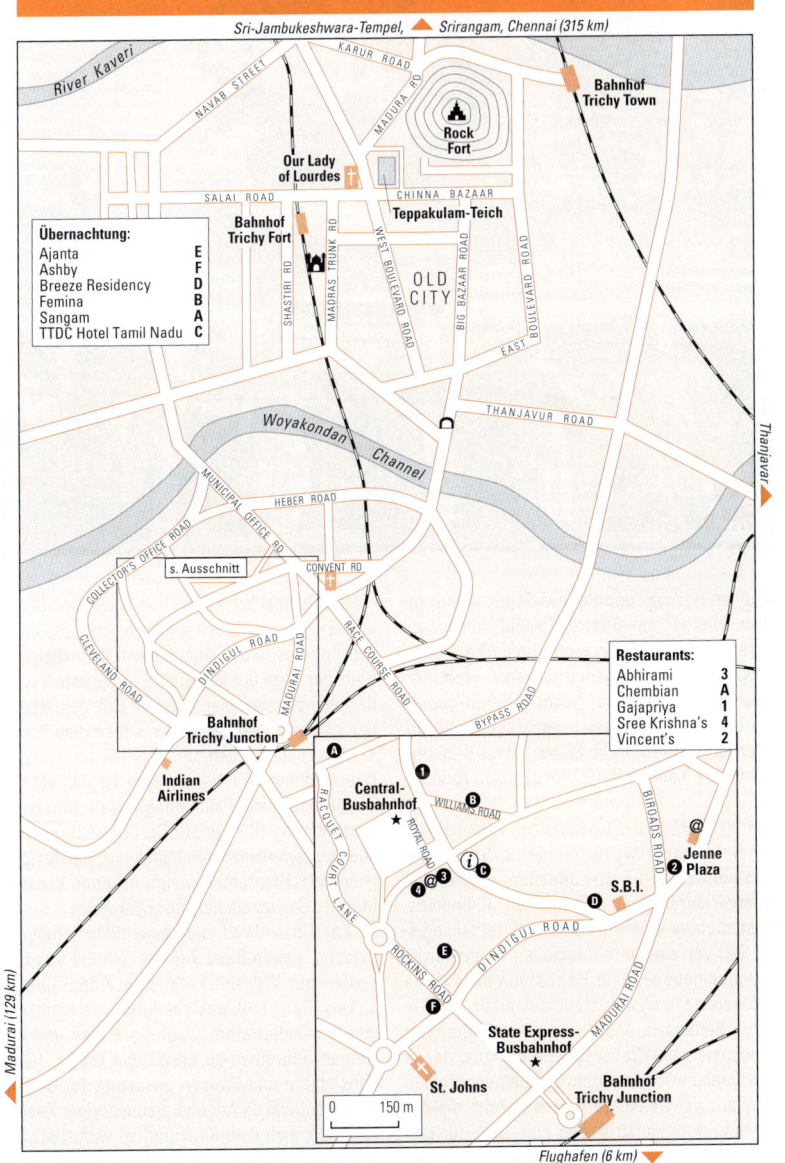

Sri Ranganathaswamy-Tempel, einer der meistverehrten Vishnu-Schreine in Südindien

hauenen Pallava- und Pandya-Tempeln (nur für Hindus) vorbei, zum **Ganesh-Tempel**. Von dessen Terrasse aus eröffnen sich wunderbare Ausblicke über den Ranganathaswamy- und Jambukeshwara-Tempel im Norden, deren *gopura* aus einem Palmenmeer herausragen, und die Innenstadt von Trichy im Süden. ⏲ tgl. 6–20 Uhr, Eintritt Rs1, Kamera Rs10, Videokamera Rs50.

Der Sri Ranganathaswamy-Tempel

Der Ranganathaswamy-Tempel in **Srirangam**, 6 km nördlich von Trichy Junction, zählt zu den meistverehrten Vishnu-Schreinen Südindiens. Er ist auch einer der größten und betriebsamsten. Der von sieben rechteckigen, ummauerten Höfen umgebene, eine Fläche von über 60 ha umfassende Komplex steht auf einer Insel in einem Seitenarm des Kaveri. Dieser Standort symbolisiert die Transzendenz Vishnus, der in dem Sanktuarium auf dem zusammengerollten Schwanz der Schlange Adisesha ruht, die der Legende nach im Ur-Ozean eine Insel für den Gott bildete.

Den Tempel betritt man von Süden her. Durch eine Eingangshalle mit einem wuchtigen, reich verzierten *gopura* in leuchtendem Pink, Blau und Gelb, der Ende der 80er-Jahre fertiggestellt wurde, gelangt man in den äußeren Hof, dem letzten der insgesamt sieben, die zwischen dem 5. und 17. Jh. erbaut wurden. Der Großteil der heutigen Bauten datiert aus dem späten 14. Jh., als der Tempel nach einer Plünderung im Jahr 1313 renoviert und vergrößert wurde. Die drei äußeren Höfe oder *prakaras* bilden den Mittelpunkt der Tempelgemeinde: Hier tummeln sich Asketen, Priester, Musiker, Souvenirläden und sogar Autos.

Am vierten Wall, dem eigentlichen Tempeleingang, ziehen Besucher die Schuhe aus und kaufen auf Wunsch Foto- und Videokamera-Tickets (Rs50/100), ehe sie durch das hohe, mit einem wunderbaren *gopura* gekrönte und mit kleinen Schreinen zu Ehren von Gurus, Hymnensängern und Weisen gesäumte Tor gehen. Vor Zeiten war es Angehörigen niedriger Kasten verboten, sich dem Sanktuarium weiter als bis zu dieser vierten *prakara* (Umfassungsmauer) zu nähern. Innerhalb dieser Mauern befinden sich einige der schönsten und ältesten Bauten der Anlage, darunter ein Tempel zu Ehren der Göttin **Ranganayaki** in der Nordwestecke, in dem die Gläubigen beten, ehe sie den Vishnu-Schrein betreten. Die an der Ostseite der *prakara* gelegene, verschwenderisch verzierte „1000-Säulen-Halle" *(kalyan mandapa)* geht auf die späte Chola-Periode zurück. Die Pfeiler der faszinierenden **Sheshagiriraya Mandapa**, südlich der *kalyan mandapa*, sind mit sich aufbäumenden Pferden und Jägern geschmückt – als Sinnbild für den Sieg des Guten über das Böse.

Rechts vom Durchgang in den vierten Hof zeigt ein kleines **Museum** eine bescheidene Sammlung von Stein- und Bronzeskulpturen sowie einige zierliche Elfenbeingemmen. ⏲ tgl. 9–13 und 14–18 Uhr, Rs1. Für Rs10 kann man von einer Seite des Museums auf das Dach des vierten Walls steigen. Von dort bietet sich ein schöner Ausblick auf die Tempeldächer und *gopuras*, die vom Zentrum nach außen hin immer größer werden. Der zentrale Turm krönt das innerste Heiligtum und ist auf allen vier Seiten mit Blattgold und gemeißelten Bildnissen von Vishnus Inkarnationen verziert.

Hinter dem Tor zum fünften Hof – dem letzten für Nicht-Hindus geöffneten Abschnitt – steht eine Säulenhalle, die **Garuda Mandapa**, ringsum im typischen Nayak-Stil bearbeitet. Die Pfeiler, die den Zentralschrein für Garuda, die Mensch-Adler-Reittier Vishnus, umgeben, zieren Jungfrauen, wohltätige Spender und Nayak-Herrscher.

Der schwach beleuchtete innerste (sechste) Hof, der heiligste Teil des Tempels, beherbergt Vishnu in seiner Gestalt als Ranganatha, auf der Schlange Adisesha ruhend. Der Zugang zum Schrein erfolgt gewöhnlich von Süden her, doch einmal im Jahr, während des **Vaikuntha-Ekadasi-Festes**, wird das Nordportal geöffnet; wer diesen „Himmelseingang" durchschreitet, darf mit dem Wohlwollen der Götter rechnen. Innerhalb dieser Umfriedung werden die meisten der täglichen Tempelfeste abgehalten, allmorgendlich beginnend mit Vina-Spiel und Hymnen-Singen, um Vishnu im Beisein einer Kuh und eines Elefanten zu wecken; die letzte Feierlichkeit endet kurz nach 21 Uhr mit ähnlichen Zeremonien. Näheres zum Ranganathaswamy und anderen wichtigen Tempeln von Tamil Nadu s. S. 1052/1053.

Am Südtor des Ranganathaswamy-Tempels halten zahlreiche **Busse** von und nach Trichy.

Übernachtung

Trichy ist mit zahlreichen Hotels für den Ansturm von mehreren Tausend Pilgern gerüstet. Die vielen Unterkünfte in der Umgebung der Busbahnhöfe bieten ein gutes Preis-Leistungs-Verhältnis. Die meisten sind ziemlich gleichförmige Lodges, es gibt aber auch ein paar elegantere Hotels. In dieser Ecke tost der Verkehr, daher ist es ratsam, beim Einchecken um ein Zimmer nach hinten zu bitten.

Ajanta, Rockins Rd, ☎ 0431-241 5504. Riesenkomplex mit 85 Zimmern rings um einen eigenen Vijayanagar-Schrein herum und mit einer opulenten Tirupati-Gottheit im Empfangsbereich, beliebt bei Pilgern. Die Zimmer (teils AC, Handtücher werden gestellt) sind einfach und sauber. Besonders preisgünstig sind die EZ. ❷–❹

Ashby, 17A Rockins Rd, ☎ 0431-246 0652, 🖥 www.ashbyhotel.com. Das stimmungsvolle Gebäude aus der Raj-Ära ist äußerst begehrt bei ausländischen Besuchern, hat allerdings schon bessere Tage gesehen. Große, meist saubere Zimmer mit Kabel-TV und Moskitospirale. Ordentliches, kleines Restaurant im Hof. ❸–❹

Femina, 109 Williams Rd, ☎ 0431-241 4501, ✉ feminahotel@yahoo.com. Gut geführtes Haus östlich des zentralen Busbahnhofs. Zimmer und Suiten, manche mit Balkon und

Frischer Wind im Breeze

Breeze Residency, 3/14 McDonald's Rd, ☎ 0431-241 4414, 🖥 www.breezehotel.com. Großes, frisch renoviertes Hotel, das unter neuem Namen und Management zentrale AC, gemütlich eingerichtete Zimmer (die billigeren mit hervorragendem Preis-Leistungs-Verhältnis), ein ansprechendes Foyer und einen Pool (Rs100 für Nicht-Gäste) bietet. Es gibt auch ein sehr gutes Restaurant (s. S. 1088). ❹–❽

Blick auf das Rock Fort. Schicke Restaurants sowie Reiseagenturen, Geschäfte, Pool, Fitness-Zentrum und 24 Std. geöffnetes Café. ❹–❻
Sangam, Collector's Office Rd, ✆ 0431-241 4700, 🖥 www.hotelsangam.com. Trichys Tophotel verfügt über alle Annehmlichkeiten, darunter ein ausgezeichneter Pool (Rs100 für Nicht-Gäste) und ein vorzügliches Restaurant (s. unten) mit Livemusik am Wochenende. Zimmer ab US$165. ❾
TTDC Tamil Nadu, McDonald's Rd, ✆ 0431-241 4346, 🖥 www.ttdconline.com. Eines der besseren Hotels dieser Organisation und weit genug vom Busbahnhof entfernt, um dem größten Krach zu entgehen. Am preisgünstigsten sind die DZ ohne AC, obwohl sie sich kaum mit denen der Konkurrenz messen können. Alle AC-Zimmer mit Kabel-TV. ❸–❹

Essen

Wer in Trichy gut speisen möchte, braucht sich nicht weit vom zentralen Busbahnhof, wo die beliebtesten „meals"-Lokale der Stadt liegen, zu entfernen.
Abhirami, 10 Rockins Rd, gegenüber dem zentralen Busbahnhof, Trichys bekanntestes südindisches Restaurant, serviert superpreiswerte Mittags-„meals" (Rs20) und den restlichen Tag über kleine Gerichte. Hat auch einen „Fast Food"-Schalter, an dem jederzeit *dosas* und *uttapams* verkauft werden.
Chembian, Hotel Sangam, Collector's Office Rd. Ausgezeichnetes Restaurant mit leckeren indischen und ungewöhnlichen westlichen und chinesischen Speisen. Stilvoll eingerichteter Speisesaal. Hauptgerichte ca. Rs200. Am Wochenende karnatische Livemusik.
Gajapriya, Royal Rd, im Erdgeschoss des Gajapriya Hotel. Die Spezialität dieses kleinen, aber herrlich AC-gekühlten, sauberen Restaurants sind nicht-vegetarische nordindische und Nudelgerichte. Gut zum Entspannen bei einer Tasse Kaffee.
The Madras, Breeze Residency, 3/14 McDonald's Rd. Fantastisches Abendbuffet mit gutem Preis-Leistungs-Verhältnis (Rs200). Vorwiegend indische und chinesische Gerichte, aber auch Ungewöhnliches wie z. B. mexikanische Küche.
Sree Krishna, 1 Rockins Rd, gegenüber dem zentralen Busbahnhof. Leckeres und sehr sättigendes Frühstück im amerikanischen oder südindischen Stil, unbegrenzte Bananenblatt-*thalis* zum Mittag (Rs35) und südindische Spezialitäten am Abend – alles mit einem freundlichen Lächeln serviert.
Vincent's, Dindigul Rd, neben der Bäckerei. Von der Straße zurückgesetztes Restaurant im orientalischen Stil mit falschen Pagoden und multikultureller Speisekarte, darunter leckeres Hühnchen-*tikka* und andere Tandoori-Gerichte. Etwas schäbig, aber ein guter Ort, um der Hektik des Busbahnhofs zu entkommen. Kein Alkohol. ⏱ nur abends.

Sonstiges

Geld
State Bank of India, Dindigul Rd; löst Reiseschecks von American Express und Thomas Cook ein.
Highway Forex, im Jenney Plaza Building, einer eleganten Mall in der Dindigul Rd, ist deutlich effizienter ⏱ Mo–Sa 10–18 Uhr.
Es gibt mehrere Geldautomaten nahe dem Busbahnhof.

Informationen
Tourist Office, gegenüber dem Central-Busbahnhof, direkt vor dem Hotel Tamil Nadu, ✆ 0431-246 0136, hat eine Menge Infos, aber keine Pläne. ⏱ Mo–Fr 10–17.45 Uhr.

Internet
Netpark, Jenney Plaza Building, Dindigul Rd, ⏱ tgl. 8–22.30 Uhr, Rs20/Std.
Weitere Internet-Cafés finden sich gegenüber vom Central-Busbahnhof.

Nahverkehr
Der effiziente Stadtbus Nr. 1, der an der Haltestelle in der Rockins Rd (gegenüber dem Restaurant Shree Krishna) startet, ist das beste Transportmittel, um zum Rock Fort, zu den Tempeln und nach Srirangam zu gelangen. Auch Motor-Rikschas sind überall zu haben.

Transport

Busse

Es gibt 2 nah beieinander liegende Busbahnhöfe – Central und State Express –, aber keine Regeln, wo ein bestimmter Bus abfährt. Private Unternehmen nutzen jedoch vorwiegend den Central. Die State-Express-Busse fahren in regelmäßigen Abständen rund um die Uhr größere Städte wie Madurai, Kodaikanal und Puducherry an.

Busse nach:
CHENGALPATTU (alle 20–30 Min., 7–8 Std.),
CHENNAI (alle 20–30 Min., 8 1/2–9 1/2 Std.),
COIMBATORE (alle 30 Min., 5 Std.),
KANCHIPURAM (3x tgl., 7 Std.),
KANYAKUMARI (alle 30 Min., 10–12 Std.),
KODAIKANAL (8–10x tgl., 5 Std.),
MADURAI (alle 30 Min., 4–5 Std.),
PUDUCHERRY (alle 30 Min., 5–6 Std.),
THANJAVUR (alle 10 Min., 1–1 1/2 Std.),
TIRUVANNAMALAI (5x tgl., 6 Std.).

Eisenbahn

Von Trichys Hauptbahnhof **Trichy Junction**, der dem Südbezirk der Stadt seinen Namen gegeben hat und in Reichweite der meisten Hotels, Restaurants und Banken sowie des Busbahnhofs liegt, bestehen zahlreiche Bahnverbindungen.

Züge nach:
BENGALURU (BANGALORE) (1x tgl., 9 Std.),
CHENGALPATTU (6–7x tgl., 4–5 1/2 Std.),
CHENNAI (7–9x tgl., 5 1/4–7 Std.),
COIMBATORE (2x tgl., 5–5 1/4 Std.),
KANYAKUMARI (1–2x tgl., 7 1/2–9 Std.),
KOCHI (1x tgl., 9 1/2 Std.),
KODAIKANAL ROAD (2–4x tgl., 1 3/4–2 1/4 Std.),
MADURAI (8–9x tgl., 2 3/4–3 1/2 Std.),
THANJAVUR (2x tgl., 1 1/4–1 1/2 Std.).

Flüge

Trichys **Flughafen**, 8 km südlich der Innenstadt, bietet tgl. Flüge von und nach CHENNAI, mehrere wöchentl. nach THIRUVANANTHAMPURAM und KOZHIKODE sowie regelmäßige Verbindungen nach SRI LANKA und in die Golf-Staaten. Auskünfte und Buchung bieten **Indian Airlines**, 4A Dindigul Rd, ✆ 0431-248 0233 und die Agenten von Air Deccan oder den internationalen Linien. Die Fahrt in die Stadt per Taxi (Rs200) oder Bus (Nr. 7, 28, 59, 63 oder K1) dauert keine halbe Stunde.

Flüge nach:
CHENNAI (IC, DN, 2–3x tgl., 1–1 1/4 Std.),
KOZHIKODE (IC, 2x wöchentl., 1 Std.),
THIRUVANANTHAPURAM (IC, 4x wöchentl., 3/4 Std.).
(**IC** = Indian Airlines, **DN** = Air Deccan)

Der Süden

16 HIGHLIGHT

Madurai

Madurai, an den Ufern des Flusses Vaigai, ist eine der ältesten Städte Südasiens und ein wichtiges Religions- und Handelszentrum, seitdem die Zivilisation in Südasien Einzug gehalten hat – die Stadt wurde sogar lange als „Athen des Ostens" bezeichnet. So überrascht es nicht, dass der griechische Botschafter Megasthenes, der im Jahr 302 v. Chr. hierher kam, ihre Pracht beschrieb und ihre Königin Pandai als „eine Tochter von Herakles" rühmte, während der römische Geograf Strabo sich darüber beklagte, dass die Seide, Perlen und Gewürze der Stadt große Löcher in die kaiserlich-römischen Staatskassen rissen. Dieser lukrative Handel erlaubte es den Pandya-Herrschern, den mächtigen **Tempel Meenakshi-Sundareshwarar** zu erbauen. Zwar umgibt ihn mittlerweile ein Meer moderner Betonklötze, doch die gewaltigen *gopura* dieser riesigen Anlage, mit unzähligen mythologischen Figuren in allen Farben und gekrönt von goldenen Spitzen, sind nach wie vor die größte von Menschenhand geschaffene Sehenswürdigkeit des Südens. An jedem Tag der Woche passieren nicht weniger als 15 000 Menschen die Tempeltore. Freitags (der Freitag ist der Göttin Meenakshi heilig) steigt die Zahl auf bis zu 25 000. Die Tempelrituale breiten sich in einer fast ununterbrochenen Folge von Prozessionen über die umliegenden Straßen aus. Kaum ein Reisender lässt sich die Möglichkeit entgehen, eine religiöse Zeremonie mitzuerleben, die seit der Zeit der alten Ägypter immer noch nahezu unverändert durchgeführt wird.

Das inner- und randstädtische Wachstum der Stadt hat zu einem Verkehrschaos geführt, das dem der in dieser Hinsicht schlimmsten indischen Städte in nichts nachsteht. Das Gewühl in den schmalen, mit Schlaglöchern übersäten Straßen wird noch durch politische Demonstrationen, religiöse Prozessionen und heilige Kühe – die ihr Straßenrecht notfalls mit einem nicht gerade zimperlichen Nasenstüber behaupten – verstärkt. Die von allen Seiten bedrängten Fußgänger werden zudem durch eine wachsende Zahl von Straßenhändlern vom Gehweg vertrieben. Garküchen breiten sich vor *chai*-Buden aus, an denen *paratha-wallahs* mit Löffeln auf Pfannen schlagend buchstäblich nach Käufern für ihre leckeren, frischgebackenen Brote trommeln. Doch angesichts der Verkehrsprobleme erkundet man Madurai immer noch am besten zu Fuß.

Geschichte

Die Geschichte und der Ruhm Madurais – wenn auch untrennbar mit Mythen verwoben – lassen sich über gut 2000 Jahre zurückverfolgen. Zahlreiche **Höhlen** in den hiesigen Hügeln und Felsen, die oft einfache Steinbetten hauen wurden, dienten sowohl prähistorischen Menschen als auch Asketen wie den Ajivikas und Jains, die sich in Abkehr von der Welt und Buße übten, als Unterschlupf.

Madurai scheint mindestens 1000 Jahre lang ohne Unterbrechung die **Hauptstadt des Pandya-Reiches** gewesen zu sein. Sie entwickelte sich zu einer einflussreichen Kaufmannsstadt, die Handelsbeziehungen mit den Griechen, Römern und Chinesen unterhielt, während *yavanas* (generelle Bezeichnung für Ausländer) in den Häfen der Pandyas ein normaler Anblick waren. Tamilische Epen berichten, dass sie mit vor Erstaunen weit aufgerissenen Augen und Mündern durch die Stadt spazierten – nicht unähnlich heutigen Touristen. Unter der Pandya-Dynastie etablierte sich Madurai als Zentrum der tamilischen Kultur. Hier gab es drei **Sangams** („Literatur-Akademien"), die Tausende von Jahren bestanden und rund 8000 Dichter unterstützt haben sollen.

Die Hauptstadt der Pandyas fiel schließlich im 10. Jh., als der **Chola**-König Parantaka die Macht über die Stadt an sich riss. Die Pandyas erlangten während des 13. Jhs. noch einmal kurzzeitig die Herrschaft, bis der berüchtigte **Malik Kafur**, der „Lieblingssklave" des Delhi-Sultanates, während eines Raubzugs durch den Süden die Stadt angriff und sie weitgehend zerstörte. Der Pandya-König Sundara, der gewarnt worden war, ergriff zusammen mit seiner engsten Familie und der Schatztruhe die Flucht und überließ es seinem Onkel und Rivalen Vikrama Pandya, sich Kafur entgegenzustellen. Trotzdem kehrte Kafur mit einer Beute von angeblich „612 Elefanten, Bergen von Gold, mehreren Kisten voller Juwelen und Perlen sowie 20 000 Pferden" nach Delhi zurück. Kurz nach dieser Plünderung wurde Madurai ein unabhängiges Sultanat; 1364 schloss es sich dem hinduistischen **Vijayanagar**-Reich an, beherrscht von Vijayanagar/Hampi und verwaltet von Gouverneuren, den **Nayaks**. 1565 erlangten die Nayaks ihre Unabhängigkeit. Unter ihrem Schutz erlebte Madurai eine Renaissance und wurde im Lotusblütenmuster rund um den Meenakshi-Tempel wieder aufgebaut. Teile des berühmtesten Palastes der Nayaks, des **Thirumalai** (1623–55), sind noch erhalten.

Die Stadt verblieb bis Mitte des 18. Jhs. unter der Kontrolle der Nayaks, bis die **Briten** allmählich das Ruder übernahmen. Hundert Jahre später rissen diese die Festung von Madurai nieder und schütteten den Burggraben zu, wodurch die vier Veli-Straßen entstanden, die heutzutage die Begrenzung der Altstadt bilden.

Orientierung

Obwohl im Laufe der Jahre erheblich vergrößert und ausgebaut, ist die Anlage von Madurais **Altstadt**, südlich des Vaigai, seit den ersten Jahrhunderten n. Chr. größtenteils erhalten geblieben. Sie besteht aus mehreren runden Plätzen, die um den gewaltigen **Meenakshi-Tempel** angeordnet sind. Der nach den Kardinalpunkten ausgerichtete Straßenplan bildet ein riesiges *mandala* (magisches Diagramm), dessen Sakral-

Madurai

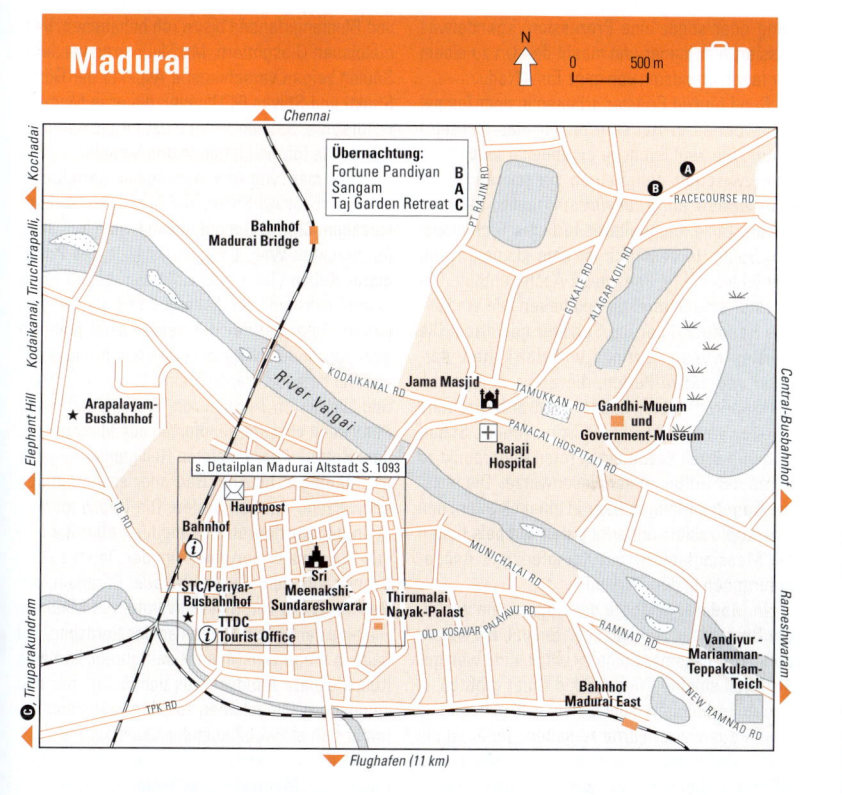

Übernachtung:
Fortune Pandiyan — B
Sangam — A
Taj Garden Retreat — C

kräfte dem Glauben zufolge während der Massenumrundungen des zentralen Tempels (immer im Uhrzeigersinn) aktiviert werden.

Nördlich des Flusses präsentiert sich Madurai erheblich moderner und unübersichtlicher. Den Vaigai überquert wahrscheinlich nur, wer zu den teureren Hotels der Stadt oder zum Gandhi-Museum gelangen will.

Der Sri-Meenakshi-Sundareshwarar-Tempel

Der von einer quadratischen, 6 m hohen Mauer in der Art eines bewehrten Palastes umgebene Tempel Sri Meenakshi-Sundareshwarar zählt zu den größten Tempelkomplexen Indiens. Ein Großteil entstand während der Nayak-Ära zwischen dem 16. und 18. Jh., doch einige Teile sind sehr viel älter. Die bedeutendsten Schreine (nur für Hindus) sind die für Sundareshwar (Shiva) und seine Gefährtin Meenakshi (eine Erscheinungsform von Parvati). Ungewöhnlich ist, dass hier die Göttin Vorrang genießt und ihr immer zuerst gehuldigt wird.

Die Vielzahl von Schreinen, Skulpturen und Kolonnaden ist auf den ersten Blick und ohne Kenntnis der Logik, die hinter ihrer Anordnung steht, äußerst verwirrend. Doch wer Zeit hat, sollte sich davon nicht abschrecken lassen. Abgesehen von den schätzungsweise 33 000 Götterdarstellungen aus Stein und Stuck, ist das Tempelleben so fesselnd, dass viele Besucher gleich mehrmals am Tag herkommen. Seien es die endlosen *puja*-Zeremonien, laute *nagaswaram*- und *tavil*-Musik, Hochzeiten, Brahmanen-Jungen, die in den Veden unterwiesen werden, der endlose Strom von Gläubigen, die Marktstände hinter dem Osteingang oder sogar eine Prozession, irgendetwas passiert hier immer und macht den Ort zu einem der faszinierendsten von ganz Tamil Nadu.

Rund fünfzig Priester arbeiten in dem Tempel und wohnen in Häusern unweit des Nordeingangs. Sie sind leicht zu erkennen – jeder trägt eine zwischen den Beinen zusammengebundene weiße *dhoti (veshti* auf Tamil); darüber, um die Taille, ein weiteres farbiges Tuch, meist aus Seide. In das Tuch ist eine kleine Tasche gewickelt, die heilige weiße Asche enthält. Die Priester sind barbrüstig und haben alle ein kleines Handtuch über die Schulter geworfen. Die meisten tragen Ohrringe und Halsketten, darunter *rudraksha*-Perlen, die Shiva heilig sind. Als Shaiva-Priester haben sie drei horizontale Streifen weißer Asche auf Stirn, Armen, Schultern und Brust sowie einen roten Puderpunkt zu Ehren der Göttin an der Nasenwurzel. Die meisten tragen ihr langes Haar in einem Knoten, den Oberkopf rasiert. Innerhalb des Tempels halten sie Messingtabletts mit Kampfer- und Ascheopfergaben in den Händen.

In Madurai gelangte der **Gopura**, ein wichtiger Bestandteil südindischer Tempel, zur Vollendung. Der gesamte Komplex weist nicht weniger als zwölf solcher Türme auf; die vier größten, in den Außenmauern, sind bis etwa 46 m hoch und schon aus weiter Ferne zu sehen. Jeder ist mit zahllosen farbenfroh bemalten Stuckgöttern und -dämonen bedeckt, und zwischen den Gottheiten tummeln sich nicht selten höchst lebendige, plappernde Affen. Nach einem in den 50er-Jahren abgehaltenen Referendum wurden die damals im Zerfall begriffenen *gopura*, von denen die Farbe abblätterte, in leuchtenden Grün-, Blau- und Rottönen angestrichen. Manchmal kann man gegen eine geringe Gebühr auf den südlichsten, größten Turm klettern, um den tollen Blick über die Stadt zu genießen. Erlaubnis dazu erteilen die Wärter an den Eingängen.

Der beliebteste **Eingang**, der an der Ostseite, führt direkt zum Shiva-Schrein. In der Nähe befindet sich ein weiterer Eingang durch ein turmloses Zugangstor, das direkt auf den tief im Inneren der Anlage befindlichen Meenakshi-Schrein zuführt. In der **Ashta Shakti Mandapa** („Acht-Göttinnen-Durchgangshalle") werden auf einem Markt *puja*-Gaben und Souvenirs verkauft, von Blumengirlanden bis zu roh behauenen, himmelblauen Gipsgöttern. Mit Skulpturen verzierte Säulen zeigen verschiedene Aspekte der Göttin Shakti und Shivas 64 Wunder, die er in Madurai vollbrachte. Südlich hinter dieser Halle befinden sich Ställe für die Elefanten und Kamele.

Geht man von hier aus immer geradeaus, über die East Ati Street und durch den siebenstöckigen **Chitrai Gopura**, gelangt man auf einen überdachten Weg, der zum Ostende des **Pottamarai Kulam** (Teich des Goldenen Lotus) führt, in dem Indra vor der Anbetung des *shivalingam* badete. Vom Ostufer des Teichs sieht man die goldglänzenden *vimana*-Türme des Meenakshi- und Sundareshwarar-Schreins. Von den Arkaden ringsum führen Treppen zum Wasser, und in der Mitte steht ein Laternenpfosten aus Messing. Vor dem Betreten der innersten Heiligtümer nehmen die Gläubigen hier ein Bad oder sitzen einfach schwatzend auf den Stufen. Die Deckengemälde in den Korridoren sind modern, aber die Nayak-Wandmalereien rings um den Teich zeigen Szenen aus dem *Gurur Vilayadal* Puranam, der Beschreibung von Shivas Wundern in Madurai. Die eine der beiden Figuren an der Nordseite, auf halbem Wege zum Meenakshi-Schrein, ist König Kulashekhara Pandyan aus dem 8. Jh., der den Tempel gegründet haben soll; ihm gegenüber befindet sich ein wohlhabender Kaufmann.

An der Westseite des Teiches liegt der Eingang zum **Meenakshi-Schrein** (Nicht-Hindus unzugänglich), in der Umgangssprache Amman Koyil, „Mutter-Tempel", genannt. Das unbewegliche, grüne Steinbildnis der Göttin wird zwischen zwei weiteren Umfriedungen, die zwei Wandelgänge bilden, aufbewahrt. Mit Blick auf Meenakshi, gleich hinter dem ersten Eingang und vor dem Allerheiligsten, steht Shivas Reittier, der Stier Nandi. Gegen 21 Uhr werden die tragbaren Statuen des Gottes und der Göttin in das **Schlafgemach** gebracht. Hier findet die letzte *puja*-Zeremonie des Tages, *lalipuja*, statt, wobei die Priester ungefähr eine halbe Stunde lang Schlaflieder (*lali*) singen, ehe der Tempel für die Nacht geschlossen wird.

Der Korridor außerhalb des Meenakshi-Schreines heißt **Kilikkutu Mandapa** oder „Papageienkäfig-Korridor". Denn unmittelbar südlich des Schreins wurden einst Papageien als Op-

Madurai Altstadt

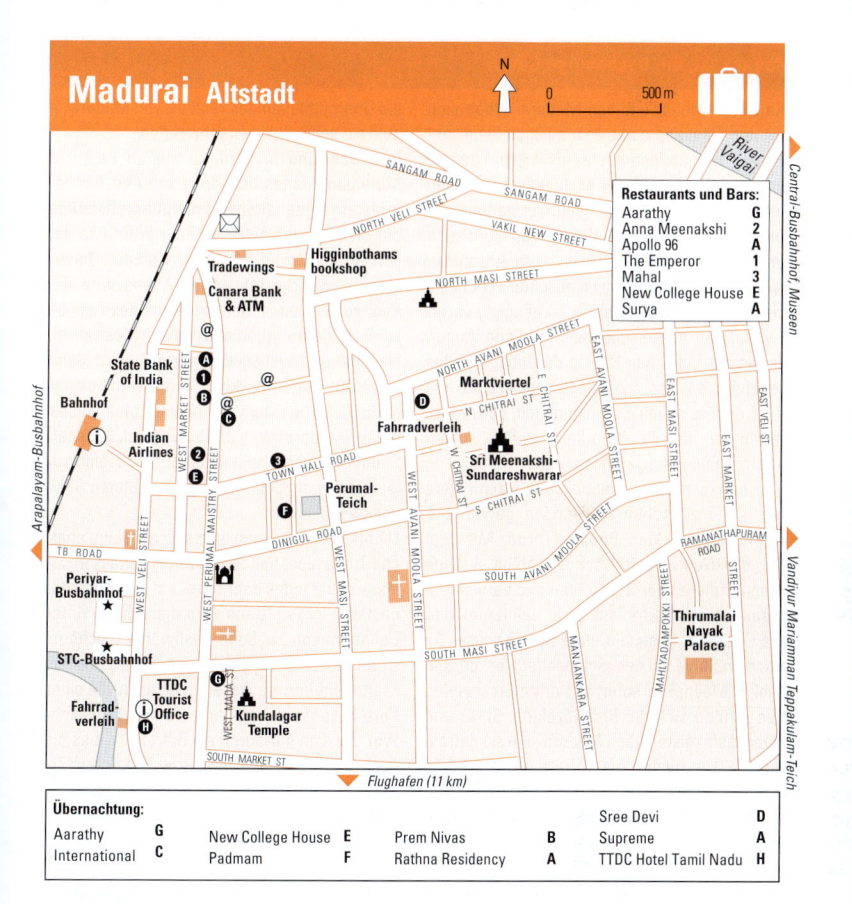

Restaurants und Bars:

Aarathy	G
Anna Meenakshi	2
Apollo 96	A
The Emperor	1
Mahal	3
New College House	E
Surya	A

Übernachtung:

Aarathy	G	New College House	E	Prem Nivas	B	Sree Devi	D
International	C	Padmam	F	Rathna Residency	A	Supreme	A
						TTDC Hotel Tamil Nadu	H

fergaben für Meenakshi gehalten. Dies wurde jedoch Mitte der 80er-Jahre abgeschafft, da die Vögel „schlecht gehalten" worden waren. Sundareshwar und Meenakshi werden jeden Freitag (18–19 Uhr) zu der etwas weiter entfernten **Oonjal Mandapa** aus dem 16. Jh. gebracht, auf eine Schaukel *(oonjal)* gesetzt und mit Ständchen von Mitgliedern der besonderen Musikerkaste, den Oduvars, erfreut. Die in Schwarz und Gold gehaltene Verzierung der Mandapa datiert von 1985.

Die kleine **Rani Mangammal Mandapa** auf der anderen Seite des Korridors, neben dem Teich, schmückt ein detailfreudiges Deckengemälde aus dem 18. Jh., das die Hochzeit von Meenakshi und Sundareshwar zeigt, umgeben von Löwen und Elefanten, vor einem blauen Hintergrund. Die Skulpturen in der Eingangshalle zeigen Figuren wie die kriegerischen Affenkönige aus dem *Ramayana,* die Brüder Sugriva (Sukreeva) und Bali (Vahli) und den unbezähmbaren Pandava-Prinzen Bhima aus dem Mahabharata, der so stark war, dass er einen Baum ausriss, um ihn als Stock zu benutzen. Geht man in nördlicher Richtung zurück, am Meenakshi-Schrein vorbei und durch einen mit einem Turm versehenen Eingang, gelangt man auf das Gelände des Sundareshwarar-Schreins. Direkt dahinter steht eine gewaltige Figur von Ganesh, **Mukkuruni Vinayaka**, die bei der Aushebung des Mariamman Teppakulam-Teichs gefunden worden sein soll.

Meenakshi, die fischäugige Göttin

Die Göttin Meenakshi von Madurai erhob sich aus den Flammen eines dem heiligen Feuer geopferten dreijährigen Kindes als Antwort auf die Bitte des **Pandya-Königs Malayadvaj** um einen Sohn. Der Fürst war nicht nur erstaunt beim Anblick eines weiblichen Wesens, sondern auch erschrocken, da es drei Brüste hatte. Ansonsten aber war das Mädchen eine absolute Schönheit, wie der Name **Meenakshi** („fischäugig") verrät – weibliche Wesen mit fischförmigen Augen sind in der indischen Poesie der Inbegriff alles Begehrlichen. Eine mysteriöse Stimme teilte ihm außerdem zu seiner Beruhigung mit, dass Meenakshi die dritte Brust verlieren würde, sobald sie ihren Ehemann gefunden hätte.

In Ermangelung eines männlichen Nachfolgers kam die inzwischen erwachsen gewordene Meenakshi auf den Pandya-Thron. Mit dem Ziel, die Welt zu beherrschen, schlug sie eine Reihe erfolgreicher Schlachten und vernichtete sogar Shivas Heere auf dem Heimatgelände des Gottes im Himalaja, dem Berg Kailash. Da erschien **Shiva** auf dem Schlachtfeld, bei dessen Anblick Meenakshi sofort ihre dritte Brust verlor. Nun erfüllte sich die Prophezeiung: Shiva und Meenakshi reisten nach Madurai, wo sie getraut wurden. Die beiden waren jetzt sowohl König und Königin des Pandya-Reiches (worauf Shiva den Titel des Sundara Pandya annahm) als auch die Obergottheiten des Tempels von Madurai, in dem sie schließlich verschwanden.

Ihre **Schreine** in Madurai stehen heute im Mittelpunkt eines beliebten, von den Tempelpriestern abgehaltenen **Fruchtbarkeitskultes**, der sich um das göttliche Paar dreht und den Fortbestand und die Regeneration des Universums gewährleistet. Jeden Abend wird das Paar zusammen im Schlafgemach des Tempels zu Bett gebracht, wobei zuvor Meenakshis Nasenring vorsichtig abgenommen wird, damit sie ihren Gatten in der Glut der Leidenschaft nicht verletzen kann. Ihr himmlisches Liebesleben ist durchweg erdbewegend, weshalb Sundareshwarar seiner Gefährtin absolut treu ist (für den als Schürzenjäger bekannten Shiva ungewöhnlich).

Nichtsdestotrotz kann man sich auf seine eheliche Treue nicht hundertprozentig verlassen. Sie muss daher jedes Jahr rituell auf den Prüfstand gestellt werden. Dann wird die schöne Göttin Cellattamman zu Sundareshwarar („schöner Bräutigam", d. h. Shiva) gebracht, „um ihre Kräfte erneuern zu lassen". Nachdem sie einen Korb bekommen hat, gerät sie in schreckliche Wut, die sich nur durch ein Büffelopfer besänftigen lässt – nur eine von Dutzenden uralter Zeremonien, die in Madurais Tempeln abgehalten werden.

Der rundliche Ganesh ist für seinen Hang zu Süßigkeiten bekannt. Anlässlich des jährlichen **Vinayaka-Chaturthi-Festes** (Sep) wird eine besondere *prasad* (Lebensmittel-Opfergabe) zubereitet, bei der u. a. 300 kg Reis, 10 kg Zucker und 110 Kokosnüsse verwendet werden.

Um eine Ecke steht auf einer Säule ein kleines Abbild des Affenkönigs **Hanuman**, gesalbt mit *ghee* und rotem Pulver. Die Gläubigen nehmen eine Fingerspitze davon für *tilak*, ein Zeichen, das auf die Stirn gemalt wird. Ein Nandi und zwei mit Blattgold überzogene kupferne Fahnenmaste bewachen den Eingang zum **Sundareshwar-Schrein** (nur für Hindus). Von hier aus lässt sich fast der hinter einem blauen und roten tamilischen Om-Neonschild verborgene *shivalingam* erspähen.

Für einige Erheiterung sorgen die Figuren von Shiva und Kali in einem Tanzwettbewerb nördlich der Fahnenmasten. An einem nahe gelegenen Stand werden aus einem Wasserbehälter winzige Butterbällchen verkauft, die Besucher auf den Gott und die Göttin werfen, um sie „abzukühlen". Geht man hier durch das Tor, sieht man in der Nordostecke die aus dem 15. Jh. stammende Ayirakkal Mandapa (Tausend-Säulen-Halle), inzwischen zum **Kunstmuseum** des Tempels umfunktioniert; ⊙ tgl. 10–17.30 Uhr, Eintritt Rs5, Kamera Rs25. In gewisser Hinsicht wird die Schönheit des Bauwerks durch seine gegenwärtige Funktion als Galerie beeinträchtigt, denn Trennwände und staubige Ausstellungsstücke verstellen den Blick auf diese riesige Halle.

Allerdings gibt es auch eine schöne, etwas mitgenommene Sammlung an Holz-, Kupfer-, Bronze- und Steinskulpturen sowie eine original erhaltene, 9 m hohe Tempeltür aus Teakholz zu sehen. Überall in der Halle stehen dicke Steinsäulen mit großen Skulpturen seltsamer mythischer Wesen und kosmischer Gottheiten.

Näheres zu den Tempeln von Tamil Nadu s. S. 1052/1053.

Der Tempelteich Vandiyur Mariamman Teppakulam und das Floating Festival

Früher wurde der große Vandiyur Mariamman Teppakulam südöstlich der Stadt (Bus Nr. 4 oder Nr. 4A; 15 Min.) ständig über unterirdische Kanäle aus dem Vaigai gespeist. Aufgrund mehrerer Unglücksfälle ist er heute jedoch nur noch zum spektakulären **Teppam Floating Festival** (Jan/Feb) mit Wasser gefüllt, bei dem Pilger auf Booten zu dem Göttinnenschrein in der Mitte des Teichs hinausfahren.

Vor ihrer Hochzeitszeremonie werden Shiva und Meenakshi in einer Prozession zum Wasser geleitet und auf ein mit Lichtern geschmücktes Floß gesetzt, das Gläubige an Stricken dreimal um den Schrein ziehen. Die Bootsfahrt bildet nach hinduistischem Glauben das Vorspiel zu einer Liebesnacht, die ihren leidenschaftlichen Höhepunkt in derselben Nacht im Tempel findet. Teppa ist daher traditionellerweise das begehrteste Datum für Eheschließungen.

Das restliche Jahr über bleiben der Teich und der Schrein in seiner Mitte leer. Der Beckenboden ist über Treppen erreichbar und wird meistens als behelfsmäßiger Kricketplatz genutzt. Als das Gelände ausgehoben wurde, um Ziegel für den Thirumalai Nayak-Palast zutage zu fördern, wurde das riesige Bildnis von Ganesh, Mukkuruni Vinayaka, das jetzt im Meenakshi-Tempel steht, entdeckt – so jedenfalls geht die Sage.

Der Thirumalai-Nayak-Palast

Rund ein Viertel des im 17. Jh. erbauten Thirumalai-Nayak-Palastes, 1,5 km südöstlich des Meenakshi-Tempels, ist noch erhalten. Ein großer Teil davon wurde von Thirumalais Enkel Chockkanatha Nayak abgetragen und zum Bau eines neuen Palastes in Tiruchirapalli verwendet. Was übrig blieb, ließ der Gouverneur von Chennai, Lord Napier, 1858 restaurieren. Anlässlich der Tamil World Conference von 1971 wurde das Bauwerk erneut überholt. Der Palast bestand ursprünglich aus zwei Wohngebäuden, einem Theater, einem Privattempel, einem Harem, einer Musiktribüne, einem Waffenlager und Gärten.

Das übrig gebliebene Gebäude, der **Swargavilasa** („Himmelspavillon"), besteht aus einem quadratischen Hof, flankiert von 18 m hohen Arkaden. Neben hin und wieder stattfindenden Livemusik- und Tanzdarbietungen veranstaltet das Tourism Department hier allabendlich eine **Sound and Light Show** (auf Englisch 18.45–19.30 Uhr, Rs10), in der das tamilische Epos *Shilipaddikaram* und die Geschichte der Nayaks nacherzählt werden. Die Reaktionen darauf sind unterschiedlich; einige Zuschauer beklagen sich über die schlechte Tonqualität.

In einer angrenzenden Halle ist das **Palastmuseum** untergebracht, in dem unbeschriftete Pandya-, Jain- und buddhistische Statuen, Terrakotten und eine Zeichnung, die den im Zerfall begriffenen Palast im 18. Jh. zeigt, zu sehen sind. ⏱ Palast tgl. 9–13 und 14–17 Uhr, Eintritt Rs50 inkl. Museum.

Tamukkam-Palast, Gandhi Museum und Government Museum

Auf der gegenüberliegenden Seite des Vaigai, 5 km nordöstlich des Zentrums in der Nähe des Central Telegraph Office, steht der **Tamukkam** (Bus Nr. 1, 2, 11, 17 oder 24, Fahrtdauer 20 Min.), der mit zahlreichen Säulen und Bogen versehene Palast von Königin Rani Mangammal aus dem 17. Jh. Er wurde für königliche Freizeitvergnügungen wie Elefantenkämpfe erbaut und später von den Briten übernommen, die den Tamukkam als Gerichtsgebäude und Steuereintreiberbüro nutzten; 1955 wurden hier das Gandhi und Government Museum untergebracht.

Madurais **Gandhi Memorial Museum** erzählt die Geschichte Indiens seit der Ankunft der ersten Europäer unter dem Gesichtspunkt des Freiheitskampfes. Die Perspektive ist zumeist eine nationale, doch wo angebracht, wird auch die Rolle der Tamilen behandelt. Aus der Kritik an den Briten wird kein Hehl gemacht, und die Verachtung des Engländers John Sullivan für das beleidigende Verhalten seiner Landsleute gegenüber den Indern deutlich beschrieben.

In einem schwarz gestrichenen Raum wird ein schreckliches Ausstellungsstück aufbewahrt: die blutbesudelte *dhoti*, die Mahatma Gandhi trug, als er ermordet wurde. ⏲ tgl. 10–13 und 14–17.30 Uhr, Eintritt frei.

Die **Gandhi Memorial Museum Library**, gleich neben dem Museum, beherbergt 15 000 Bücher, Zeitschriften, Briefe und Mikrofilme mit Material von und über Gandhi. ⏲ tgl. außer Mi 10–13 und 14–17.30 Uhr, Eintritt frei.

Es lohnt nicht wirklich, den hohen Eintrittspreis zum kleinen **Government Museum** gegenüber zu berappen, in dem u. a. Stein- und Bronzeskulpturen, Musikinstrumente, Gemälde (darunter Beispiele der Tanjore- und Kangra-Schulen) und Kunsthandwerk wie bemalte Terrakottatiere und festliche Trachten ausgestellt sind. Außerdem gibt es eine Sammlung von Schattenpuppen, deren Ursprung in der Gegend von Thanjavur liegen soll und die möglicherweise während der Chola-Periode nach Südostasien gelangten. In einem Garten auf dem Gelände steht ein kleines Haus, in dem Gandhi wohnte. ⏲ tgl. 9–17 Uhr, Eintritt Rs100.

Übernachtung

Die Bandbreite an Unterkünften in Madurai reicht von superbilligen Herbergen bis zu guten Mittelklassehotels für die zahlreichen Pilger und Touristen. Sehr viele Hotels befinden sich an der W Perumal Maistry St. Luxuriösere Unterbringungsmöglichkeiten findet man ein paar Kilometer außerhalb der Innenstadt nördlich des Vaigai-Flusses.

Sofern nicht anders angegeben, sind die nachfolgend aufgeführten Hotels auf der Karte „Madurai: Altstadt" verzeichnet (S. 1093).

Aarathy, 9 Perumal Koil, unweit der South Masi St, ✆ 0452-233 1571, 📠 0452-233 6343. Tolle Lage mit Blick auf den Kundalagar-Tempel. Die Zimmer (alle mit TV, einige mit AC und Balkon) unterscheiden sich erheblich, sodass man sich ruhig ein paar anschauen sollte, bevor man sich entscheidet. Ausgezeichnetes AC-Restaurant, das in den Innenhof führt, wo jeden Morgen und Nachmittag der Tempelelefant vorbeigeführt wird. Häufig ausgebucht. ❸–❹

Fortune Pandyan, Racecourse Rd, nördlich des Flusses (s. Karte Madurai, S. 1091), ✆ 0452-253 7090, 💻 www.fortunepandiyanhotel.com. Schickes Hotel mit zentraler AC. Große Zimmer mit TV und antiken Möbeln. Ruhige Lage außerhalb der Stadt. Außerdem Bar, gutes Restaurant, Geldwechsel, Reiseschalter und hübscher Garten. ❽–❾

International, 46/80 West Perumal Maistry St, ✆ 0452-537 7463. Kürzlich renoviert. Der Service ist nachlässig, aber die Zimmer (z. T. mit AC) sind nett und alle haben Kabel-TV. ❷–❸

New College House, 2 Town Hall Rd, ✆ 0452-234 2971, ✉ info@newcollegehouse.com. Riesiges, labyrinthisches Hotel mit über 200 Zimmern (teils AC) und einem der besten „meals"-Lokale der Stadt im Erdgeschoss (s. u.). Die billigsten Zimmer sind ausgesprochen dreckig, aber hier gibt es wahrscheinlich noch ein freies Bett, wenn alle anderen Unterkünfte ausgebucht sind. ❷–❹

Padmam, 1 Perumal Tank West St, ✆ 0452-234 0702, ✉ hotelpadmam@hotmail.com. Sauberes, komfortables und modernes Hotel mit Dachrestaurant in zentraler Lage. Der Ausblick von den Zimmern an der Vorderseite über die Ruinen des Perumal-Teichs ist etwas mehr Geld wirklich wert. ❹

Prem Nivas, 102 West Perumal Maistry St, ✆ 0452-234 2532, ✉ premnivas@eth.net. Macht von außen mehr her als von innen, die geräumigen Zimmer mit Bad (teils AC) gehören dennoch zu den besten mittlerer Preisklasse in der Stadt. EZ zu besonders gutem Preis-Leistungs-Verhältnis. ❸–❹

Rathna Residency, 109 West Perumal Maistry St, ✆ 0452-537 4444, 💻 www.hotelrathnaresidency.com. Standardhotel der Budget-/Mittelklasse. Saubere Zimmer (mit oder ohne AC – letztere allerdings mit besserem Preis-Leistungs-Verhältnis) und 2 Restaurants; eines auf der Dachterrasse. ❸–❹

Sangam, Alagar Koil Rd (Hauptkarte Madurai, S. 1091), ✆ 0452-253 7531, 💻 www.hotelsangam.com. Frei stehendes, vornehmes Hotel mit zentraler AC am nördlichen Stadtrand. Komfortable Zimmer (ab US$165), 24 Std. Zimmerservice, Bar, Geldwechsel, Pool und schöne Gärten. Zimmer ab US$125. ❾

Ausblick de luxe

Sree Devi, 20 West Avani Moola St, ℡ 0452-234 7431. Sehr preiswerte, makellose DZ ohne AC direkt neben dem Tempel und daher immer mit ausländischen Gästen belegt. Wer sich etwas Besonderes gönnen möchte, steigt im „Deluxe"-Zimmer mit AC ganz oben ab, das eine unvergleichliche Aussicht über den westlichen *gopura* bietet. Kein Restaurant, aber auf Wunsch Essen und Bier von außerhalb. ❶–❹

Supreme, 110 West Perumal Maistry St, ℡ 0452-234 3151, 🖳 www.supremehotels.com. Großes, gepflegtes und zentral gelegenes Hotel mit tollem Dachrestaurant, AC-Restaurant im Erdgeschoss und einer Auswahl an komfortablen Zimmern (teils AC) in einem 7-stöckigen Hochhaus. Die teureren Zimmer bieten Aussicht auf den Tempel. Leicht übeteuert, aber gute Einrichtungen einschließlich 24-Std.-Geldwechsel, Internet-Zugang und Reiseschalter. Von den DZ aus Blick auf die Yanna Malai-Hügel. Rechtzeitige Reservierung empfohlen. ❹–❺

Taj Garden Retreat, 40 TPK Rd, Pasumalai Hills (s. Karte Madurai, S. 1091), ℡ 0452-260 1020, 🖳 www.tajhotels.com. Die exklusivste Herberge von Madurai ist ein wunderschön renoviertes Kolonialhaus auf einem über 10 ha großen Gelände mit gepflegten Gärten in den Bergen mit Aussicht auf die Stadt und Tempel, allerdings 6 km außerhalb. Unter den 3 Zimmerkategorien sind die der Klasse „Superior" im alten Kolonialgebäude am stimmungsvollsten, die der Klasse „Deluxe" bieten den besten Ausblick. Gourmetrestaurant, Pool, Bar und Tennisplatz. Zimmerpreise ab US$150. ❾

TTDC Hotel Tamil Nadu I, West Veli St, ℡ 0452-233 7471, 🖳 www.ttdconline.com. Abseits der stimmungsvollen Gegend um Tempel und Basar, dafür geräumige Zimmer (teils AC) mit Blick über einen grünen Innenhof. Die billigsten bieten besonders viel fürs Geld. ❷–❹

Essen

An Verköstigungsmöglichkeiten aller Art fehlt es in Madurai nicht, und die Qualität ist fast überall ausgezeichnet, ob in einem der zahlreichen „meals"-Lokale rund um den Tempel oder in den besseren Hotels. Wer jedoch die faszinierende Skyline betrachten möchte, wählt ein Dachrestaurant. Wenn die Mittagshitze zu stark wird, geht man am besten in eine der Saftbars im Zentrum, wo es frisch gepressten Ananas-, Karotten- oder Orangensaft für rund Rs15 gibt. Madurai ist nicht gerade eine Stadt für Trinker, aber die meisten besseren Hotels haben eine Bar. Besonders unterhaltsam ist **Apollo 96**, eine Sci-Fi-Extravaganza im Supreme Hotel (s. oben).

Aarathy, Aarathy Hotel, 9 Perumal Koil, West Mada St. Leckere *tiffin (dosas, iddlis* und scharfe *wada sambar),* serviert an niedrigen Tischen in einem Hotelvorhof, wo 2-mal tgl. der Tempelelefant vorbeimarschiert. Sättigendere, überraschend preiswerte und ausgezeichnete *thalis* (Rs40) gibt es mittags im angenehm klimatisierten Restaurant.

The Emperor, Chentoor Hotel, 106 West Perumal Maistry St. Die Aussicht ist mit der des Surya nicht zu vergleichen, aber die multi-nationale Küche ist besser und bietet auch nichtvegetarische Optionen wie die leckeren Grillgerichte. Rs80–150.

Mahal, 21 Town Hall Rd. Das hübsch dekorierte Restaurant serviert kleine, aber leckere Portionen Fish 'n' Chips, Tandoori-Gerichte und südindische vegetarische Snacks für Rs40–80.

New College House, New College House Hotel, 2 Town Hall Rd. Weitläufiger „meals"- und *tiffin*-Saal in einem altmodischen Hotel. Um die Mittagszeit werden turmhohe Portionen vegetarischer Gerichte (Rs30) auf

Anspruchsvolles für Vegetarier

Anna Meenakshi, West Perumal Maistry St. Schicker, kleinerer und hellerer Ableger des traditionelleren New College House. Der Laden serviert der anspruchsvollen, rein vegetarischen Kundschaft das wohl am hygienischsten zubereitete und preiswerteste Essen im Zentrum. Neben *tiffin* gibt es ganztägig *coconut*- oder *lemon-rice*-„meals" und billige *banana leaf thalis*. Schon für unter Rs50 kann man sich hier gut satt essen.

Bananenblättern an lange Schlangen Einheimischer ausgeteilt; eine echte Erfahrung des tiefen Südens. Ausgezeichneter Coorg-Kaffee.

Surya, Supreme Hotel, 110 West Perumal Maistry St. Eines der beliebtesten Dachrestaurants, mit weitem Blick über die Stadt und den Tempel. Der Service ist zwar nicht der beste und das (rein vegetarische) Essen eher durchschnittlich, aber für einen Sundowner ist das Lokal nicht schlecht. Hauptgerichte Rs80–120.

Einkaufen

Kunsthandwerk

Madurai ist ein ausgezeichneter Ort, um südindisches Kunsthandwerk zu kaufen. Zu den besten Adressen für handgewebte Stoffe zählen **All India Handicrafts Emporium**, 39–41 Town Hall Rd; **Co-optex**, W Tower St, **Pandiyan Co-op Supermarket**, Palace Rd, und für keralisches Handwerk **Surabhi**, W Veli St. Souvenirs wie Sandelholz, Tempelmodelle, geschnitzte Kästchen und Öllampen gibt es bei **Poompuhar**, 12 W Veli S.

Tamilnad Gandhi Smarak Nidhi Khadi Gramodyog Bhavan, W Veli St, gegenüber dem Bahnhof, verkauft Kunsthandwerk, Öllampen, Meenakshi-Skulpturen sowie *khadi*-Stoffe und -Hemden.

Märkte

Auf dem alten, von hölzernen Säulen bestandenen **Obst- und Gemüsemarkt**, zwischen North Chitrai St und North Avani Moola St, spielt sich das Leben von Madurai in einer Weise ab, die sich seit Jahrhunderten kaum verändert hat. Dahinter befindet sich im 1. Stock des rückwärtigen Betonbaus der **Blumenmarkt** (24 Std. geöffnet), eine Sinfonie aus Farben und Gerüchen. Waagen quellen von winzigen weißen Blütenblättern über, und überall hängen Reihen dicker, pinkfarbener Girlanden. Die verschiedenen Blumensorten, wie orangefarbene, gelbe oder weiße Ringelblumen *(samandi)*, pinkfarbener Jasmin *(arelli)* und heilige Tulsi stammen u. a. aus den Bergregionen von Kodaikanal und Kumili. Sie werden in Wagenladungen zum Gebrauch in den Tempeln oder als Haarschmuck herangeschafft. Manche werden zu kunstvollen Hochzeitsgirlanden *(kalyanam mala)* verwoben. Die ausgesprochen freundlichen Verkäufer zeigen Besuchern jede Blume und erwarten oft geradezu, fotografiert zu werden.

Textilien

In Old Madurai wimmelt es von Stoffgeschäften und Schneidereien, insbesondere in den Straßen West Veli, Avani Moola und Chitrai sowie in der Town Hall Rd. Die Schneidereien in der Umgebung des Tempels offerieren einheimische Stoffe und sind überaus günstig. Die Schneider rühmen sich, in wenigen Stunden getreue Kopien von Lieblingskleidungsstücken anfertigen zu können. Zahlreiche Souvenirläden in der unmittelbaren Nachbarschaft gehen auf Kundenfang, indem sie Zugang zu ihren Dächern mit Ausblicken auf den Meenakshi-Komplex ermöglichen. In diesem Viertel treiben ganze Schwärme von Schleppern ihr Unwesen, die es einzig darauf abgesehen haben, Touristen zu schröpfen. Die Ausblicke vom Dach sind zwar lohnenswert, doch danach dürfte es schwierig werden, einen dieser völlig übertreuerten Läden mit leeren Händen zu verlassen.

Sonstiges

Fahrräder

SV, W Tower St, nahe dem westlichen Tempeleingang, vermietet Räder zu günstigen Preisen. Man kann es auch an dem Stand in der W Veli St, gegenüber dem Tamil Nadu Hotel, versuchen.

Geld

Tradewings, schräg gegenüber vom Postamt in 168 North Veli St. Beste Möglichkeit zum Geldwechseln.

State Bank of India, 6 West Veli St.
Canara Bank, West Perulam Maistry St. und **UTI Bank**, Station Rd. bieten rund um die Uhr zugängliche Geldautomaten.

Informationen

TTDC Tourist Office, West Veli St, ✆ 0452-233 4757, ⏰ Mo–Fr 10–17.45, und während Festivals

Sa 10–13 Uhr, bietet Landkarten und allgemeine Infos, organisiert **Mietwagen** und **Stadtführungen**. Wer die abgelegenen Sehenswürdigkeiten lieber mit einem gecharterten **Taxi** abklappert, bekommt am Taxistand vor dem Hauptbahnhof ein Fahrzeug, das sich an staatlich festgelegte Gebühren hält und für eine 5-stündige Tour Rs600–700 berechnet.

Internet

Drei von zahlreichen Anbietern:
Friends, 13/8 Kaka Thoppu St.
Net Tower, neben dem Hotel International.
iWay, West Perumal Maistry St, 2 Filialen; beide mit Internettelefonie.

Post

GPO, West Veli St, Ecke North Veli St. Briefmarken usw. hinter dem Eingang Scott Rd, ◷ Mo–Sa 8–19.30, So/feiertags 9–16.30 Uhr; Eilpost 10–19 Uhr.

Transport

Busse

Der **Central-Busbahnhof** liegt 7 km vom Zentrum entfernt an der Ostseite des Flusses. Eine von mehreren Verbindungen ins Zentrum bieten die Stadtbusse Nr. 700 und 75. Vom Central fahren Fernbusse nach CHENNAI, TTC- bzw. SRTC-Busse nach BANGALORE in Karnataka sowie Richtung Norden, u. a. nach THANJAVUR, TIRUCHIRAPALLI, KUMBAKONAM, und Süden, u. a. nach RAMESHWARAM, KANYAKUMARI und THIRUVANANTHAPURAM. Am Central halten alle Busse, die nicht aus Richtung Westen kommen. Letztere, z. B. aus Kodaikanal, Coimbatore und Kerala, nutzen den **Arapalayam-Busbahnhof** im Nordwesten der Stadt, ca. 2 km vom Bahnhof entfernt. Es bestehen u. a. Verbindungen nach COIMBATORE, KODAIKANAL, KUMILY (zum Periyar Wildlife Sanctuary), PALAKAAD und ERNAKULAM/KOCHI via KOTTAYAM. Eine Direktverbindung von Madurai nach Ooty gibt es nicht.

Direkt im Zentrum liegen der **STC-Busbahnhof** und der benachbarte **Periyar-Busbahnhof**, wo jeweils nur Stadtbusse abfahren. Beide liegen in der West Veli St im Westteil der Altstadt, ganz nahe dem Bahnhof und den meisten Unterkünften.

Busse nach:
CHENGALPATTU (alle 20–30 Min., 9 Std.),
CHENNAI (alle 20–30 Min., 11 Std.),
CHIDAMBARAM (6x tgl., 8 Std.),
COIMBATORE (alle 30 Min., 5–6 Std.),
KANCHIPURAM (4x tgl., 10–12 Std.),
KANYAKUMARI (alle 30 Min., 6 Std.),
KOCHI (9x tgl., 10 Std.),
KODAIKANAL (stdl., 4 Std.),
KUMBAKONAM (8x tgl., 6–6 1/2 Std.),
KUMILY (stdl., 5 Std.),
MYSORE (5x tgl., 10 Std.),
PUDUCHERRY (stdl., 9–10 Std.),
RAMESHWARAM (alle 30–60 Min., 4 Std.),
THANJAVUR (alle 30 Min., 4–5 Std.),
THIRUVANANTHAPURAM (stdl., 7 Std.),
TIRUCHIRAPALLI (alle 30 Min., 4–5 Std.),
TIRUPATI (4x tgl., 15 Std.).

Eisenbahn

In der Bahnhofshalle hat das Tourism Department Information Centre (tgl. 6.30–20.30 Uhr) eine sehr hilfreiche Filiale. Das Reservierungsbüro findet man in einem neuen Gebäude links der Haupthalle. Am Bahnsteig 1 gibt es eine kleine vegetarische **Cafeteria** und außerhalb des Haupteinganges einen Schalter für vorausbezahlte im Voraus zu zahlende **Motor-Rikschas** und **Taxis**, der bei Zugankunft geöffnet hat.

Madurai liegt an der verkehrsreichen Bahnlinie, die die meisten wichtigen Städte Südindiens miteinander verbindet.

Nach THIRUVANANTHAPURAM, ERNAKULAM (zur Weiterfahrt nach Kochi), KOLLAM und METTUPALAYAM (Abfahrtsbahnhof der Nilgiri Blue Mountain Railway; s. S. 1115) fährt man zunächst über Coimbatore (s. S. 1109). Der einzige Expresszug nach KANYAKUMARI fährt unchristlich früh um 2.10 Uhr, sodass man mit dem schnellen Passagierzug um 15 Uhr oder einem Bus wohl besser beraten ist. Während unserer Recherchen wurde die Strecke nach Rameshwaram gerade ausgebaut und sollte frühestens Ende 2008 wieder freigegeben werden.

Züge nach:
BENGALURU (BANGALORE) (1x tgl., 10 1/2 Std.),
CHENGALPATTU (6–7x tgl., 7–9 Std.),
CHENNAI (7–9x tgl., 8–10 1/2 Std.),
COIMBATORE (1–2x tgl., 6 1/4 Std.),
KANYAKUMARI (1–2x tgl., 4–6 Std.),
KODAIKANAL ROAD (2–4x tgl., 1/2–3/4 Std.),
TIRUCHIRAPALLI (7–8x tgl., 2 1/4–3 1/4 Std.),
TIRUPATI (3x wöchentl., 11 1/2 Std.).

Flüge
Madurais kleiner Inlandflughafen liegt 12 km südlich des Zentrums, ✆ 0452-269 0433. Theoretisch müssten Touristeninfos am Schalter des **Government of Tamil Nadu Tourist Information Centre** beim Ausgang erhältlich sein, doch hat dieser nicht bei Ankunft jedes Flugzeuges geöffnet. Es gibt auch einen Buchladen und eine Filiale der Indian Bank.
Taxis verlangen Festpreise von ca. Rs200 für Fahrten innerhalb der Stadt und zum Flughafen. Alternativ dazu fährt der Stadtbus Nr. 10A vom Periyar-Busbahnhof ab.
Indian Airlines Das Büro in der 7a West Veli St. unweit der Post, ✆ 0452-234 1234, ist effizient und hilfsbereit.
Jet Airways, am Flughafen ✆ 0452-269 0771.

Flüge nach:
BENGALURU (BANGALORE) (I7, 1x tgl., 2 1/4 Std.),
CHENNAI (IC, 9W, DN, PA, 7x tgl., 1–1 1/2 Std.),
MUMBAI (IC, 1x tgl., 3 1/4 Std.).
(**IC** = Indian Airlines, **9W** = Jet Airways, **DN** = Air Deccan, **I7** = Paramount Airways, **SG** = Spicejet)

Rameshwaram

Die heilige Insel Rameshwaram, 163 km südöstlich von Madurai und weniger als 20 km von Sri Lanka jenseits des Golfs von Mannar entfernt, ist zusammen mit Madurai die wichtigste Wallfahrtsstätte Südindiens. Hindus sind im Allgemeinen entweder Anhänger Vishnus oder Shivas, doch Rameshwaram bringt sie zusammen, denn hier, so besagt das Ramayana, huldigte der Gott Rama, eine Inkarnation Vishnus, Shiva. Der berühmteste Tempel der Insel ist der **Tempelkomplex Ramalingeshwara** mit seinen wunderbaren, säulenbestandenen Wandelgängen, doch gibt es hier noch mehrere interessante kleinere Tempel, wie den **Gandhamadana Parvatam**, der Ramas Fußabdrücke beherbergt, und den für seine Heilkräfte berühmten **Tempel Nambunayagi Amman Kali**. In **Danushkodi**, „Ramas Bogen", am östlichen Ende soll Rama ein Bad genommen haben, und die Felsbrocken im Meer zwischen hier und Sri Lanka, „Adams Brücke" genannt, gelten als die Trittsteine, die Hanuman auf der Suche nach Ramas Frau Sita benutzte, nachdem sie von Ravana, dem dämonischen König von Lanka, entführt worden war. Die Stadt hat auch einige kaum erschlossene **Strände** zu bieten (die aber keineswegs zu den schönsten Indiens zählen). Dennoch kann man hier gut ausspannen und sogar ein wenig schnorcheln.

Die Straßen von Rameshwaram gehen strahlenförmig von dem riesigen Komplex ab, von dem der Ramalingeshwara umschlossen wird. In der Stadt wimmelt es ständig von Tagesausflüglern und zerlumpten Bettlern, die außerhalb des Ramalingeshwara und **Ujainimahamariamman**, dem kleinen, einer Göttin geweihten Ufertempel, kampieren. Wichtiger Bestandteil der Wallfahrt ist ein Bad in den heiligen Teichen des Haupttempels und im Meer. Den schmalen Strandstreifen teilen sich Badende, Kühe und Mantras rezitierende, neben Lingams aus Sand sitzende Swamis. Abgesehen vom Fischfang – Krabben und Hummer, die verpackt und nach Japan exportiert werden – sind Muscheln in den Küstenorten eine bedeutende Einnahmequelle.

Ramalingeshwara-Tempel
Der größte Teil des Ramalingeshwara (oder Ramanathaswamy)-Tempels wurde im 12. Jh. von den Cholas erbaut, um zwei hochverehrte, mit dem *Ramayana* in Zusammenhang stehende **Shiva-Lingams** unterzubringen. Nachdem Rama seine Gattin Sita aus den Klauen von Ravana befreit hatte, erhielt er den Rat, zur Vernichtung des bösen Königs Shiva zu huldigen. Daraufhin wurde Ramas Affenheerführer Hanuman in den Himalaja abkommandiert, um einen *shivalingam* zu besorgen, doch als er nicht zum festgesetzten Datum zurückkam, fertigte Sita einen Lingam aus Sand (den *ramanathalingam*), damit die Zeremonie ihren Lauf nehmen konnte. Hanuman tauchte

schließlich doch noch mit seinem Lingam auf, und um den beschämten Affen zu beschwichtigen, ordnete Rama an, dass in Zukunft von den beiden Lingams jener von Hanuman Vorrang genießen sollte. Beide Lingams sind jetzt in der innersten Abteilung des Ramalingeshwara, die nur Hindus zugänglich ist, untergebracht. Ein Großteil dessen, was auch Nicht-Hindus offen steht, stammt aus dem 17. Jh., als der Tempel großzügige Zuwendungen aus den Kassen der Sethupathi-Rajas von Ramanathapuram erhielt.

Hohe Mauern umschließen den Tempel und bilden ein Rechteck mit riesigen, pyramidenförmigen *gopura*-Eingängen an jeder Seite. Alle Eingangstore führen zu einem weitläufigen, überdachten Wandelgang, der zu beiden Seiten von Plattformen mit mächtigen Säulen am Rande flankiert wird. Diese **Korridore** sind der berühmteste Teil des Tempels, und ihre extreme Länge – jeder misst 205 m, insgesamt ruhen sie auf 1212 reich verzierten Granitpfeilern an der Nord- und Südseite – vermittelt den Eindruck, als erstreckten sie sich bis ins Unendliche.

Von Pilgern wird erwartet, dass sie vor Betreten des innersten Heiligtums in jedem der 22 **Tirthas** (Tempelteiche) baden – daher die Gruppen triefend nasser Wallfahrer, die meisten völlig bekleidet, die von einer Wasserstelle zur anderen wandern, um von einem Tempelwächter mit einem Eimer Wasser übergossen zu werden. Jeder Teich besitzt seine besondere Kraft: Der Rama Vimosana Tirtha befreit von Schuld, der Sukreeva Tirtha spendet „absolute Weisheit" und der Draupadi Tirtha sichert Frauen ein langes Leben und „die Liebe ihrer Gatten".

Der Montag ist Ramas „Lieblingstag", dann findet die *puja*-Zeremonie des Padilingam statt. Zu den besonders wichtigen **Festen** im Tempel zählen **Mahashivaratri** (10 Tage im Feb/März), **Brahmotsavam** (10 Tage im März/April) und **Thirukalyanam** (Juli/Aug), wenn die Hochzeit von Shiva und Parvati gefeiert wird.

Übernachtung

Abgesehen vom TTDC-Komplex beschränken sich die Unterkünfte in Rameshwaram auf einfache Lodges und bescheidene Hotels, fast alle in den Car Streets rings um den Tempel. Der Tempel unterhält einige Zimmer für Pilger;

Bestes Hotel in Rameshwaram

TTDC Hotel Tamil Nadu, in Strandnähe, 700 m nordöstlich des Haupttempels, ✆ 04573-221277, 🖳 www.ttdconline.com. Die beste Unterkunft in Rameshwaram ist hübsch gelegen, hat eine Bar und ein Restaurant, außerdem komfortable Zimmer (teils AC) mit Meerblick. Die besten sind erstaunlicherweise die billigeren im neuen Block, mit angenehmen Sitzbereichen im Freien. ❸–❺

Genaueres im Devasthanam Office, E Car St, ✆ 04573-221223.

Chola Lodge, North Car St, ✆ 04573-221307. Einfache, aber adäquate Unterkunft in der ruhigsten der Car Streets. Die meisten Zimmer sind nicht klimatisiert, einige haben TV. ❶–❹

Maharaja's, 7 Middle St, ✆ 04573-221271, ✉ hotelmaharajas@sancharnet.in. Komfortable, saubere Zimmer mit Blick auf die Tempel, Bad und TV (teils AC). ❷–❹

Shriram Hotel Island Star, 41a South Car St, ✆ 04573-224172, 📠 239332. Großes Hotel mit nett ausgestatteten Zimmern (teils AC), die meisten mit Meerblick. Die nicht klimatisierten Zimmer bieten ein sehr gutes Preis-Leistungs-Verhältnis, die AC-Zimmer sind übeteuert. ❷–❹

Venkatesh, South Car ST, ✆ 04573-221296. Modernes und funktionales 3-stöckiges Hotel mit relativ großen, sauberen Zimmern, die meisten mit TV und manche mit AC. ❷–❹

Essen

Verköstigung in Rameshwaram hat mehr mit Survival- als mit Geschmacksknospentraining zu tun – zumeist muss man sich mit nicht gerade umwerfenden vegetarische „meals" für Rs30–50 begnügen.

Abhirami, Shore Rd, nahe dem Osteingang des Haupttempels. Recht sauberes, südindisches Vegi-Lokal an der Straße zum Strand. Tische mit Blick auf die Straße.

Ashoka Bhavan, West Car St. Das billige südindische Vegetarier-Restaurant serviert eine Vielfalt regionaler *thalis*.

Chola Hotel, West Bazaar St. Reines Speiselokal, nicht zu verwechseln mit dem gleichnamigen Hotel. Biriyani und andere Gerichte mit Huhn, Schaf und Leber, sowie das „Kopf-Curry" machen es zu einer guten Wahl für Fleischesser. Rs50–80.

Ganesh Mess, Middle St. Eines der besseren „meals"-Lokale serviert mittags *thalis* und den ganzen Tag über klassische südindische Snacks.

TTDC Hotel Tamil Nadu. Das riesige, laute Glashaus in Strandnähe serviert gute südindische Snacks und „meals" mit Huhn und gelegentlich Fisch (Rs60–80). Außerdem gibt es eine Bar im Hauptgebäude.

Sonstiges

Informationen

TTDC Tourist Office, am Busbahnhof, ✆ 04573-221371, informiert über Guides, Unterkünfte und Bootsausflüge, nimmt es mit den Öffnungszeiten aber nicht allzu genau. ⏱ tgl. 10–17.45 Uhr. TTDC betreibt auch einen Schalter im Bahnhof, ✆ 04573-221373, der bei Zugankunft geöffnet hat.

Post

Das Postamt befindet sich neben dem Busbahnhof in der Pamban Rd.

Nahverkehr

Der gelbgrüne Stadtbus Nr. 1 fährt alle 10 Min. vom Busbahnhof zum Haupttempel; ansonsten gibt es Fahrrad- und Motor-Rikschas ohne Taxameter. Jeeps kann man in der Nähe des Bahnhofs mieten und Fahrräder in den Läden entlang der vier Car Streets rund um den Tempel.

Transport

Der NH-49, die Hauptstraße von Madurai her, verbindet Rameshwaram mit Mandapam auf dem Festland über die beeindruckende, 2 km lange Indira Gandhi-Brücke, ursprünglich von den Briten 1914 als Eisenbahnbrücke gebaut und 1988 durch Rajiv Gandhi für den Straßenverkehr wieder eröffnet.

Busse

Busse von/nach MADURAI (alle 30 Min., 4 Std.), KANYAKUMARI (4x tgl., 9–10 Std.), TRICHY, THANJAVUR und CHENNAI halten am **Busbahnhof**, der 2 km westlich der Innenstadt liegt.

Eisenbahn

Der 1 km südwestlich des Zentrums gelegene **Bahnhof** ist die Endstation der Züge aus CHENNAI, MADURAI und allen dahinter liegenden Städten. Voraussichtlich bis Ende 2008 ist der Bahnverkehr jedoch wegen Gleisarbeiten eingestellt.

Kanyakumari

Eine Fahrt nach Kanyakumari am südlichsten Zipfel Indiens ist für Hindus beinahe genauso zwingend wie nach Rameshwaram. Der Ort ist nicht nur seiner Verbindung mit der jungfräulichen Göttin Kanya Devi wegen bedeutsam, sondern auch aufgrund der Tatsache, dass hier der Golf von Bengalen, der Indische Ozean und das Arabische Meer aufeinandertreffen. Die größte Attraktion ist das Betrachten des Sonnenauf- und -untergangs, insbesondere bei Vollmond im April, denn dann kann man die untergehende Sonne und den aufgehenden Mond zusammen am selben Horizont sehen. Obwohl Kanyakumari im Bundesstaat Tamil Nadu liegt, kommen die meisten ausländischen Tagesbesucher aus Thiruvananthapuram oder Kovalam, einige Autostunden nordwestlich. Die Stadt ist von ungebrochener Anziehungskraft für Pilger und Touristen, die nur einmal die Südspitze Indiens gesehen haben wollen. Mancher Besucher hingegen gelangt vielleicht eher zu der Ansicht, dass die Atmosphäre und der Zauber durch hässliche Betonbauten und aufdringliche Straßenhändler, die Muscheln und Krimskrams verkaufen, verdorben wurden.

Kanyakumari wurde 2004 schwer von dem verheerenden Tsunami getroffen. Tausende verloren ihr Leben, viele davon Pilger, die sich in der Hochsaison auf einer Busrundreise zu Tamil Nadus heiligen Stätten befanden. Uferbereich und Anleger wurden vollständig verwüstet, sind mittlerweile aber wieder aufgebaut.

Der **Kumari Amman-Ufertempel** ist der jungfräulichen Göttin **Kanya Devi** geweiht, die ursprünglich die hiesige Küstenschutzgöttin gewesen sein könnte, später jedoch in der Gestalt von Devi oder Parvati, der Gefährtin Shivas, aufging. Das Bildnis von Kanya Devi im Tempel ziert ein dermaßen glitzernder Diamantschmuck, dass er vom Meer aus zu sehen sein soll. Männliche Besucher dürfen den Tempel nur mit nacktem Oberkörper und *dhoti* betreten; das innerste Heiligtum ist Hindus vorbehalten. Pilger müssen sich unbedingt an der hiesigen *ghat* waschen. ⏲ tgl. 4.30–11.30 und 16–20 Uhr.

Das Gebäude des **Gandhi Mandapam**, 300 m nordwestlich des Kumari Amman-Tempels, sollte ein moderner Nachbau eines Orissa-Tempels werden und ist so konstruiert, dass an Gandhis Geburtstag, dem 2. Oktober, die Sonnenstrahlen kurz vor Sonnenuntergang im Meer jene Stelle berühren, an der seine Asche bestattet wurde. ⏲ tgl. 7–19 Uhr.

Im sakralen Mittelpunkt von Kanyakumari standen ursprünglich wahrscheinlich zwei Felsen. Rund 60 m voneinander entfernt und 500 m vor der Küste halb im Meer versunken, sind sie über die Poompuhar-Fähre von der Schiffsanlegestelle im Osten der Stadt aus zu erreichen (alle 30 Min., tgl. 7–16 Uhr; Rs20). Bekannt als **Pitru** und **Matru** *tirthas*, zogen sie 1892 die Aufmerksamkeit des hinduistischen Reformers Vivekananda (1862–1902) auf sich, der zu den Felsblöcken hinausschwamm, um dort über die Lehren seines kurz zuvor verstorbenen Gurus Ramakrishna Paramahamsa zu meditieren. Das 1970 erbaute **Vivekananda Memorial** weist aus dem ganzen Land entlehnte Stilelemente auf und beherbergt eine Statue des Heiligen. Außerdem sind hier, an der Stelle, an der sie ihre Bußübungen verrichtete, die Fußabdrücke von Kanya Devi zu sehen. ⏲ tgl. 7–16 Uhr, Eintritt Rs10. Auf dem anderen Felsen steht eine 40 m hohe Statue des alten tamilischen Heiligen Thiruvalluvar.

Näheres über das Leben und die Lehre von Vivekananda erfährt man im **Wandering Monk Museum (Vivekananda Puram)** unmittelbar nördlich des Tourist Office in der Hauptstraße. 41 Tafeln auf Englisch, Tamil und Hindi informieren detailliert über die Odyssee des Swami durch den Subkontinent gegen Ende des 19. Jhs. ⏲ tgl. 8–12 und 16–20 Uhr, Eintritt Rs2.

Übernachtung

Da Kanyakumari sowohl bei indischen Touristen als auch bei Pilgern als „absolutes Muss" gilt,

> **Tipp: Zimmernummer 408**
>
> **Lakshmi Tourist Home**, East Car St, ✆ 04652-246333, 📠 246627. Hier gibt's schicke Zimmer, einige mit Meerblick, und eine zentrale Klimaanlage. Die bessere Aussicht hat man allerdings aus denen ohne AC (vor allem aus Nr. 408). Ausgezeichnetes Restaurant. ❷–❹

können die Hotelbetten schon mittags belegt sein. Daher ist es ratsam, im Voraus zu reservieren. Allerdings haben zahlreiche Hotelneubauten – darunter viele identische Unterkünfte der mittleren Preisklasse – zu einer Verbesserung des Angebots beigetragen.

Maadhini, East Car St, ✆ 04652-246787, 📠 246657. Großes Hotel direkt am Meer, oberhalb des Fischerdorfes. Gute Aussicht, gemütliche Zimmer und eines der besten Restaurants der Stadt (s. S. 1104). ❹–❺

Manickam Tourist Home, North Car St, ✆ 04652-246387. Geräumige, einfache und saubere Zimmer, z. T. mit Balkon und Meerblick. Sicht auf den Sonnenaufgang und den Vivekananda-Felsen. ❷–❹

Samudra, Sannathi St, ✆ 04652-246162, 📠 246 627. Schickes Hotel nahe dem Tempeleingang, hübsch möblierte Deluxe-Zimmer mit Satelliten-TV, Blick auf den Sonnenaufgang und vegetarischem Restaurant. ❸–❺

TTDC Hotel Tamil Nadu, Seafront, ✆ 04652-246257, 🖥 www.ttdconline.com. Cottages (teils AC) und saubere Zimmer (im 1. Stock mit AC), zumeist mit Meerblick. Billigere und sehr einfache „Mini"-DZ im rückwärtigen Teil sowie Schlafsaal (Rs50). Gutes, sättigendes Essen in schlichter Umgebung. ❸–❺

Essen

Saravana Bhavan, nördlich des Kumari Amman-Tempels am Hauptbasar. Angeblich das beste von Kanyakumaris vielen „meals"-Restaurants serviert vormittags und abends die üblichen Snacks und zur Mittagszeit „meals". Auch guten Kaffee gibt es hier. Eine weitere Filiale befindet sich ein Stück weiter vom Tempel entfernt.

Eiscreme bis zum Umfallen

Archana, Maadhini Hotel (s. S: 531), East Car St. Umfangreiches vegetarisches und nichtvegetarisches Angebot verschiedener Küchen, serviert in einem gut belüfteten Speisesaal oder im Hof (nur abends). Außerdem gibt es hier die größte Auswahl an Eiscreme der Stadt.

Sree Devi Tiffin Stall ist einer von zahlreichen kleinen Ständen rings um die Hauptstraße, die für Rs25 gebratenen Fisch und Hühnchen anbieten.
Red Sun, S Car St. Sehr empfehlenswerte, klimatisierte Bar. Ideal für einen Drink.

Sonstiges
Informationen
Tamil Nadu Tourist office, Main Rd, ☏ 04652-246276, ⏲ Mo–Fr 10–17.30 Uhr

Internet
Internetzugang gibt es ein Stück weiter an der Main Rd oder an der Beach Rd.

Transport
Busse
Der neue, gut organisierte **Express**-Busbahnhof liegt unweit des Leuchtturms im Westteil der Stadt und bietet regelmäßige Verbindungen nach Thiruvanantapuram, Madurai, Rameshwaram und Chennai. Taxis und Motor-Rikschas sorgen für den Nahverkehr.

Busse nach:
CHENNAI (stdl. 16–18 Std.),
KOVALAM (10–12x tgl., 2 Std.),
MADURAI (alle 30 Min., 6 Std.),
PUDUCHERRY (stdl., 12–13 Std.),
RAMESHWARAM (3x tgl., 10 Std.),
THIRUVANANTHAPURAM (alle 30 Min., 6 Std.)
TIRCHIRAPALLI (alle 30 Min., 10–12 Std.).

Eisenbahn
Züge aus dem ganzen Subkontinent (sogar Jammu – mit 86 Std. die längste Bahnstrecke Indiens) halten am **Bahnhof** im Norden der Stadt, 2 km von der Küste entfernt.

Züge nach:
BENGALURU (BANGALORE) (1x tgl., 19 1/2 Std.),
CHENNAI (2–3x tgl., 13–15 1/2 Std.),
COIMBATORE (1x tgl., 12 Std.),
KOCHI (2x tgl., 6 1/4–6 1/2 Std.),
MADURAI (1–2x tgl., 4 1/2–5 1/4 Std.),
MUMBAI (1x tgl., 44 1/4 Std.),
THIRUVANANTHAMAPURAM (2x tgl., 1 1/2–2 Std.),
TIRUCHIRAPALLI (1–2x tgl., 7 1/4–8 1/4 Std.).

Die Ghats

Vor 60 oder mehr Mill. Jahren war die heutige indische Halbinsel eine separate Landmasse, die nordwestwärts über den Ozean Richtung Zentralasien driftete. Gegenwärtige geologische Annahmen gehen davon aus, dass sich diese Landmasse ursprünglich vom afrikanischen Kontinent abtrennte. Diese Trennlinie ist heute sichtbar als eine von Norden nach Süden verlaufende Kette vulkanischer Berge, der **Westghats**, die sich 1400 km entlang der Westküste Indiens hinziehen. Die Gipfel erreichen bis zu 2500 m Höhe. Damit ist diese Gebirgskette die zweithöchste Indiens nach dem Himalaja.

Die Ghats (wörtlich: Stufen) stellen eine natürliche Barriere zwischen dem tamilischen Flachland und den an der Küste gelegenen Regionen Kerala und Karnataka dar und nehmen den Großteil des südwestlichen Monsuns auf, der über die riesigen Flussgebiete des Kaveri und des Krishna ostwärts zum Golf von Bengalen zieht. Die Unmenge an Niederschlägen (zweieinhalb Meter), die hier zwischen Juni und Oktober fallen, bringt eine unglaubliche **biologische Vielfalt** hervor. Fast ein Drittel aller Blüten tragenden Pflanzen Indiens finden sich in den dichten Wäldern, von denen die Ghats verhüllt werden. Das Unterholz ermöglicht die Existenz des artenreichsten Tierlebens auf dem Subkontinent.

Anfangs waren es der Überfluss an Wild und die kühleren Temperaturen der hoch gelegenen Täler und Weiden, die sonnenmüde Briten anzogen. Sie erkannten schnell das wirtschaftliche Potenzial des gemäßigten Klimas, fruchtbaren Bodens und vielen Regens. Die Wälder mussten

Teeplantagen weichen; die zahlreichen Volksgruppen der Region – unter ihnen die Todas – wurden immer höher in die Berge getrieben und dauerhafte **Hill Stations** angelegt. Sie bieten heute ebenso wie zu Zeiten des Raj den Mittelklasse-Tamilen und ausländischen Touristen, die sich eine derartige Pause leisten können, eine willkommene Zuflucht vor der glühenden Sommerhitze.

Der bekannteste der Bergorte – bekannter und stärker besucht, als er es eigentlich verdient – ist **Udhagamandalam** (ehemals Ootacamund und meistens einfach nur „Ooty" genannt) in den **Nilgiris** (von *nila-giri*, „blaue Berge"). Die Fahrt mit der **Miniatureisenbahn** über Coonoor nach Ooty macht Spaß, und die Aussicht ist atemberaubend. Das Stadtzentrum leidet jedoch sehr unter Luftverschmutzung durch den Straßenverkehr und hat dem Besucher wenig zu bieten. Vor den Toren der Stadt gibt es einige landschaftlich schöne Wanderwege und mehrere Aussichtspunkte, die in Kombination mit Bootsfahrten und Ausritten für die typische Bollywood-Atmosphäre sorgen, von der sich ganze Schwärme indischer Touristen angezogen fühlen.

Weiter südlich und über eine landschaftlich reizvolle Berg- und Talstraße zu erreichen, liegt **Kodaikanal**, die zweite bedeutende Hill Station dieser Region. Bei Wanderungen durch den Ort lassen sich reizende Ausblicke und viel frische Luft genießen, während das geschäftige Treiben indischer Touristen rund um den See für eine nette Abwechslung vom Stadtleben sorgt.

Die Waldgebiete entlang der Bundesstaatsgrenze beherbergen die bedeutendsten Tierreservate Tamil Nadus: **Indira Gandhi** und **Mudumalai**. Sie bilden zusammen mit Wayanad in Kerala und Nagarhole sowie Bandipur in Karnataka das ausgedehnte **Nilgiri-Biosphärenreservat**, das größte Gebiet geschützten Waldes im ganzen Bundesstaat. Straßenbau, illegale Holzfällerei, Wasserkraft-Projekte und Überweidung haben große Teile dieses Wildnis-Areals vernichtet, doch bietet es immer noch Lebensraum für viele Tierarten.

Die Hauptroute zwischen Mysore und den Städten des tamilischen Flachlandes windet sich durch die Nilgiris, sodass viele für ein oder zwei Nächte unterwegs pausieren, und sei es nur, um die kühle Luft und die klare Landschaft der Teeterrassen zu genießen. Egal, in welche Richtung man reist, ein kurzer Aufenthalt in der langweiligen Textilstadt **Coimbatore** lässt sich kaum vermeiden.

Kodaikanal

Hoch oben auf der Palani-Bergkette, ca. 120 km nordwestlich von Madurai, liegt Kodaikanal, auch als **Kodai** bekannt. Der sehr beliebte Ausflugsort auf einem Gipfel in über 2000 m Höhe bietet atemberaubende Ausblicke über die blaugrünen Weiten der Vaigai-Ebene. Bungalows aus der Raj-Ära und Blumengärten tragen zur Atmosphäre bei, und kurze Spaziergänge führen vom Zentrum aus zu Felsen, Wasserfällen und dichtem Shola-Wald. Da die weiter nördlich gelegenen Reservate und Waldgebiete der Ghats für Besucher geschlossen sind, stellt Kodais wunderschönes Hinterland auch Südindiens bestes **Wandergebiet** dar. Selbst wen die Aussicht auf offene Wege und frische, kühle Luft nicht lockt: Die atemberaubende **Busfahrt** vom Flachland herauf lohnt den Umweg zu diesem östlichsten Ausläufer der Ghats. Plant man, einige Tage in Kodai zu verbringen, lohnt es sich, einen Tagesausflug nach Palani zu unternehmen.

Hat man einige Zeit im südindischen Flachland verbracht, ist ein Rückzug auf die Höhen Kodais mehr als willkommen. Im Hochsommer jedoch (Juni–Aug), wenn die Temperaturen mit denen im Flachland durchaus mithalten können, lohnt sich das Herkommen nicht. Auch während des Monsuns (Okt–Dez) ist ein Besuch nicht ratsam, denn dann ist der Ort in Nebel gehüllt und es fallen heftige Regengüsse. Ende Februar und Anfang März sind die Nächte kühl. Touristische **Hochsaison** herrscht von April bis Juni; dann steigen die Preise.

Kodais Mittelpunkt ist sein **See**, der sich wie eine riesige Amöbe über 24 ha direkt westlich des Stadtzentrums ausbreitet. Dies ist ein beliebter Ort für Spaziergänge oder Fahrradfahrten auf dem 5 km langen Pfad, der das Ufer säumt. Am östlichen Ufer können Tret- und Ruderboote geliehen werden (Rs30–100 für 30 Min.; wer sich rudern lassen will, zahlt Rs25 mehr). Reitausflüge sind ebenfalls im Angebot, allerdings relativ teuer; für Rs50 wird man 500 m am See entlang geführt, während ein einstündiger Ausritt Rs200 kostet. Läden, Restaurants und Hotels liegen dicht beieinander in einer etwas überfüllten Gegend aus Backstein-, Holz- und Wellblechgebäuden östlich des Sees. Die einzigen Zeugen der Kolonialzeit sind einige gepflegte britische Bungalows am See und die Law's Ghat Road in der Oststadt. Die Briten kamen 1845 hierher. Ihnen folgten amerikanische Missionare, die Schulen für europäische Kinder errichteten. Eine dieser Schulen, die Kodai International School, steht bis heute, wird allerdings – anders als der Name vermuten lässt – vorwiegend von Einheimischen besucht und veranstaltet gelegentlich Konzerte auf der Grünfläche östlich des Sees.

Weiter südlich liegt der **Bryant's Park** mit Blumenrabatten vor einem Hintergrund aus Pinien, Eukalypten, Rhododendren und Akazien. Er erstreckt sich südwärts bis zur Shola Road, weniger als 1 km von dem Punkt entfernt, wo der Berg abrupt zum Flachland hin abfällt. ⏱ tgl. 8.30–18.30 Uhr, letzter Einlass um 18 Uhr; Eintritt Rs5, Fotokamera Rs25, Videokamera Rs500.

Ein als **Coaker's Walk** bekannter Pfad (Rs2, Kamera Rs5) windet sich den Berg entlang vom Villa Retreat zum Greenland's Youth Hostel (10 Min.). Unterwegs bieten sich bezaubernde Ausblicke, die an klaren Tagen bis nach Madurai reichen können.

Eine von Kodais beliebtesten natürlichen Attraktionen sind die **Pillar Rocks**, 7 km südlich der Stadt. Eine Reihe von Granitfelsen, die über 100 m die Bergwand hinauf ragen. Um dorthin zu kommen, folgt man der westwärts führenden, steilen Observatory Road vom nördlichsten Punkt des Sees aus bis zu einer Kreuzung. Die von hier Richtung Süden verlaufende Straße führt auf dem Weg zu den Pillar Rocks an den zahmen **Fairy Falls** vorbei. Auf der Observatory Road gelangt man dagegen von der Kreuzung weiter Richtung Westen zum **Astrophysical Observatory**, das für die Öffentlichkeit mittlerweile gesperrt ist. ⏱ tgl. (in der Nebensaison nur Fr) 10–12 und 14–17 Uhr, Eintritt frei. Etwa 2 km westlich des Sees liegen die gut ausgeschilderten „Wasserfälle" **Bear Shola Falls**, von denen es allenfalls noch tröpfelt, die aber nach wie vor als beliebter Picknickplatz und Fotomotiv von lokalen Touristen angesteuert werden.

Südöstlich vom Stadtzentrum, die Law's Ghat Road ungefähr 3 km nach Süden (in Richtung Flachland), zeigt das **Shenbaganur Natural Science Museum** eine wenig einladende Sammlung ausgestopfter Tiere. ⏱ Mo–Sa 9–17 Uhr, Eintritt Rs5. Das sehenswerte Orchideenhaus beherbergt dagegen eine der besten Sammlungen Indiens, die aber nur nach vorheriger Absprache besichtigt werden kann (Anfragen kann man ans Tourist Office richten, s. S. 1108). Weiter auf der Law's Ghat Road erreicht man nach 2 km den Wasserfall **Silver Cascade**, wo das überlaufende Wasser aus dem Kodai Lake einen schönen Badepool geschaffen hat.

Der **Chettiar Park**, am Nordostrand der Stadt, ca. 3 km vom See entfernt am Ende einer ansteigenden Straße, hat ganzjährig blühende Bäume und Blumen zu bieten. Alle zwölf Jahre wird er von einem Schleier aus zartblauen **Kurunji-Blüten** bedeckt (nächste Blüte nicht vor 2018). Diese ungewöhnlichen Blumen werden mit dem Gott Murugan, der tamilischen Form des Kriegsgottes Karttikeya (Shivas zweiter Sohn) und Gott von Kurinji, einer von fünf alten Regionen des tamilischen Landes, in Verbindung gebracht. Ein ihm geweihter Tempel steht direkt außerhalb des Parks.

Übernachtung

Kodaikanals billige Unterkünfte liegen am unteren Ende der Anna Salai. Es ist ratsam, sich gut umzusehen und immer zu fragen, ob Decken und warmes Wasser zur Verfügung stehen (letzteres sollte kostenlos sein, doch in Budgetunterkünften wird häufig eine Extragebühr verlangt). Die Hotels mittlerer Preisklasse sind meistens ihren Preis wert, besonders wenn die Zimmer mit Aussicht sind. Aber sie erhöhen ihre Preise während der Hochsaison (April–Juni) drastisch. Die nachfolgenden Preisangaben gelten von Juli bis März.

Anjay, Anna Salai, ☎ 04542-241089, ✆ 04542-242636. Einfache Billigunterkunft im Zentrum; gepflegter, als man von außen vermuten würde (alle Zimmer mit Balkon, in der Kategorie „Deluxe" auch mit Ausblick), aber die Zimmer

Kodaikanal

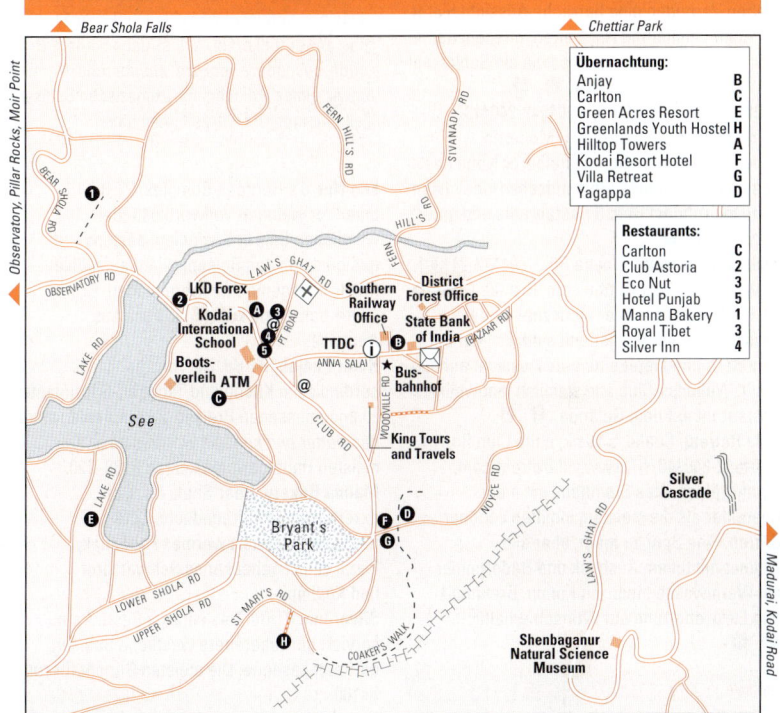

Übernachtung:
Anjay	B
Carlton	C
Green Acres Resort	E
Greenlands Youth Hostel	H
Hilltop Towers	A
Kodai Resort Hotel	F
Villa Retreat	G
Yagappa	D

Restaurants:
Carlton	C
Club Astoria	2
Eco Nut	3
Hotel Punjab	5
Manna Bakery	1
Royal Tibet	3
Silver Inn	4

zur Straße hin sind recht laut. Falls ausgebucht, kann man es auch beim dahinter liegenden, ebenfalls preisgünstigen Jaya probieren. ❷–❸

Carlton, abseits der Lake Rd, ✆ 04542-240056, 🖳 www.krahejahospitality.com. Das luxuriöseste Hotel in Kodaikanal. Großzügiges, geschmackvoll renoviertes Kolonialgebäude mit Seeblick, Bar und gemütlichem Aufenthaltsraum. Die Zimmer mit Raj-Ära-Charme sind ab US$150 zu haben, auf dem Gelände gibt es aber auch teurere Cottages. Alle Preise inkl. Verpflegung. ❾

Green Acres, Resort 11/213 Lake Road, ✆ 04542-242384, 🖳 www.greenacresresort.biz. Ansprechende, neue Unterkunft in toller Lage an einer ruhigen Ecke des Sees. Zimmer und Suiten unterschiedlicher Größe (alle mit Bad und gut ausgestattet). Gepflegtes Grundstück. ❺–❽

Zimmer mit grünem Innenhof

Yagappa, Noyce Rd, ✆ 04542-241235. Kleine, saubere Budget-Unterkunft mit dem besten Preis-Leistungs-Verhältnis der Stadt. Die alten Gebäude sind um einen grünen Hof herum angelegt und bieten eine schöne Aussicht. Die Zimmer sind einfach, aber sauber, und es gibt eine tolle kleine Bar mit Korbstühlen und ein winziges Restaurant, das vegetarisches „meals" und Frühstück serviert. ❷

Greenland's Youth Hostel, Nähe St Mary's Rd, ℡ 04542-241099, ✉ greenlandsyh@rediffmail.com. Attraktives altes Steinhaus, das von seinen breiten Veranden eine herrliche Aussicht bietet. Einfache Zimmer mit Holzbetten, offenem Kamin (Holz kostet Rs50) und Bad sowie ein Schlafsaal (Rs100). Im Voraus buchen! ❷–❹

Hilltop Towers, Club Rd, ℡ 04542-240413, ✉ httowers@sancharnet.in. Moderne, gemütliche Zimmer in unmittelbarer Nähe des Sees und der Schule. Romantische Honeymoon-Suite mit rundem Bett. 3 Restaurants und guter Service. ❹–❺

Kodai Resort Hotel, Noyce Rd, ℡ 04542-241301, 🖳 www.kodairesorthotel.com. Großes Gelände mit 50 Chalets, die zwar nicht zueinander passen, aber sehr einladend sind. Es liegt auf dem Berg und bietet eine gute Aussicht auf die Stadt. Wellness-Club und ziemlich langweiliges Restaurant auf dem Gelände. ❺–❻

Villa Retreat, Coaker's Walk, nahe Club Rd, ℡ 04542-240940, 🖳 www.villaretreat.com. Komfortables altes Steinhaus mit mehr Charakter als die meisten, inmitten schöner Gärten. Eine Spur zu teuer, aber alle Zimmer mit tollem Ausblick und Badezimmer mit Warmwasser, teils mit Kamin. Brennholz und Elektroheizung auf Wunsch erhältlich. ❹–❻

Essen

Wer nicht in einem Hotelrestaurant essen will, kann zu den Essenständen entlang der PT Road, nordwestlich des Busbahnhofs, gehen. Sie bieten indische, chinesische, westliche und tibetische Gerichte, und einige kochen nur für Vegetarier.

Auch nach den Bäckereien mit knusprig frischem Brot und Kuchen jeden Morgen Ausschau halten!

Carlton, Carlton Hotel, von der Lake Rd ab. Kodais Tophotel stellt ein Abendbuffet (Rs330) zusammen, abgerundet mit einem Gläschen IMFL-Scotch in der Bar.

Club Astoria, Lake Rd. Helles und luftiges, internationales Restaurant mit großer Terrasse und Seeblick. Für Snacks oder Drinks eher zu empfehlen als für richtige Mahlzeiten (Rs150), die recht durchschnittlich ausfallen.

Selbst gebackenes Brot und Momos

Royal Tibet, PT Rd. Das freundlichste von 3 kleinen tibetischen Lokalen in dieser Straße, das außer lockerem, selbst gebackenem Brot auch besonders leckere *momos* und Nudeln sowie einige indische und chinesische Speisen (alle für unter Rs100) zu bieten hat.

Eco Nut, J's Heritage Complex, PT Rd. Einer der wenigen Vollwertkostläden westlichen Stils in Südindien, bestens geeignet, um den Reiseproviant aufzufüllen: Müsli, hausgemachte Marmeladen, Brote, „nutri-balls" und köstlicher Käse aus Auroville.

Hotel Punjab, PT Rd. Hervorragende nordindische Küche und Tandoori-Spezialitäten zu angemessenen Preisen. Zu empfehlen sind das *butter chicken* und warmes *naan*. Die meisten Hauptgerichte kosten Rs80–120.

Manna Bakery, Bear Shola Rd. Das exzentrische, ökofreundliche Café-Restaurant serviert warmes Frühstück, Pizza, selbst gebackenes Schwarzbrot und Kuchen.

Silver Inn, PT Rd. Das winzige Restaurant serviert gut zubereitete westliche Speisen, darunter Lasagne. Die meisten Gericht für rund Rs100.

Sonstiges

Fahrräder

Zahlreiche Stände in der Anna Salai vermieten Fahrräder für Rs10 pro Tag oder Rs75 pro Tag. Es mag Spaß machen, bergab freie Fahrt zu haben, die meisten Strecken erfordern aber auch eine Fahrt bergauf.

Geld

Die **State Bank of India** und die **Canara Bank**, beide in der Anna Salai, wechseln Geld. Ein SBI-Geldautomat steht in der Nähe vom Carlton Hotel.

Informationen

Das **Tourist Office**, Anna Salai (Bazaar Rd), ℡ 04542-241675, organisiert Touren ab

4 Teilnehmern; 5-stündige Führungen kosten Rs300, für längere Strecken, z. B. nach Munnar in Kerala, ist der Preis verhandelbar (pro Tag muss man inkl. Übernachtung mit rund Rs1700 rechnen). ⓘ Mo–Fr 10–17.45 Uhr.

Internet
Q Internet, Club Rd.
Flashnet, PT Rd, nahe dem Royal Tibet Restaurant. Etwas langsamer.

Reisebüros
King Tours and Travels in der Woodville Rd reservieren Zug-, Bus- und Flugtickets für Reisen innerhalb Südindiens.

Nahverkehr
Wartende Taxis entlang der Anna Salai im Stadtzentrum bieten zu hohen Festpreisen Besichtigungstouren an. Die meisten Touristen ziehen es jedoch vor, die Gegend auf eigene Faust zu erforschen. Kodaikanal lässt sich am besten zu Fuß oder per Fahrrad erkunden.

Transport
Wer nicht von so weit her wie Chennai oder Tiruchirapalli kommt, reist besser per Bus als Bahn: Der nächste Bahnhof, Kodai Road, liegt 3 Busstunden entfernt. Zwei Strecken führen nach Kodaikanal: Die weniger genutzte von Palani aus ist spektakulärer und während der Monsunzeit manchmal die einzig befahrbare.

Busse
Die Busse aus Madurai und Dindigul, die die landschaftlich reizvolle Straße den Berg hinauf nach Kodai befahren, halten am Busbahnhof im Zentrum.

Eisenbahn
Fahrkarten für die Weiterreise per Bahn von Kodaikanal Road aus gibt es im **Southern Railway Office**, in einer Gasse neben dem Anjay Hotel, ⓘ Mo–Sa 8–12 und 14.30–17, So 8–12 Uhr.

Indira Gandhi (Anamalai) Wildlife Sanctuary

Das Indira Gandhi (Anamalai) Wildlife Sanctuary (Rs15) umfasst 958 m² Waldfläche entlang der Südausläufer der Cardamom Hills, 37 km südwestlich der belebten Stadt Pollachi. Die Vegetation reicht von trockenen sommergrünen Gewächsen bis hin zu immergrünen Tropenpflanzen. Hier leben Tiere wie Bartaffen, Krokodile, Gaurs, Sambarhirsche, Muntjaks und Axishirsche, Faultiere und eine Handvoll Tiger. Ein Highlight des Parks ist, sich mit einem der Führer durch die gigantischen Bambushaine zu schlagen (7–15 Uhr; Rs150 für eine 3-stündige Tour mit bis zu 4 Pers.). Auf Anfrage bietet das Forestry Department Minibus- (Rs675 für einen Van) und 40-minütige Elefantensafaris (10–16 Uhr, Rs100 p. P.).

Es gibt sechs **Rasthäuser**, angefangen beim einfachen Hornbill ❶ bis hin zum luxuriösen Pillar Top ❼. Die meisten sind vom Eingang her bequem zu Fuß zu erreichen und sollten beim Wildlife Warden in Pollachi, ☏ 04259-225356, im Voraus reserviert werden. Im Eingangsbereich gibt es eine Kantine und einen Laden, beide mit sehr eingeschränktem Verpflegungsangebot.

Transport
Pollachi hat gute Busverbindungen nach Palani und Coimbatore. Der Park, ☏ 04253-245002, wird von der Stadt aus nur 3-mal angefahren (Hinfahrt um 6, 11 & 15 Uhr; Rückfahrt um 9.30, 13 & 18.30 Uhr). Die Busse fahren über den offiziellen Eingang am Sethumadai Checkpost.

Coimbatore

Die meisten Besucher kommen in die geschäftige Industriestadt Coimbatore, um einen Zwischenaufenthalt auf dem Weg ins 90 km nordwestlich gelegene Ooty einzulegen. Nachdem man auf die Dachterrasse seines Hotels geklettert ist, um den blauen, wolkenbedeckten Schleier der Nilgiris im Westen zu bewundern, lässt sich die Zeit nur totschlagen, indem man durch die Basare schlendert, in denen sich immer gleiche Textilstände, „General Traders" und Verkaufsstände für Motorteile aneinanderreihen.

Übernachtung

Die meisten Übernachtungsmöglichkeiten von Coimbatore befinden sich in der Umgebung des Busbahnhofs. Die billigsten Hotels liegen entlang der Nehru und Shastri Rd, aber die allerbilligsten Absteigen gegenüber dem Busbahnhof sollte man meiden, da hier ab 4 Uhr morgens der Verkehrslärm einsetzt.

Blue Star, 369 Nehru St, ✆ 0422-223 0635, ✉ 0422-223 3096. Sehr saubere Zimmer, einige mit Balkon, leisen Ventilatoren und Badezimmer in einem modernen, mehrstöckigen Gebäude, 5 Min. Fußweg vom Busbahnhof; beste Adresse unter den Hotels mittlerer Preisklasse in dieser Gegend. ❸–❹

City Tower, Sivasamy Rd, 2 Min. zu Fuß nach Süden vom zentralen Busbahnhof, ✆ 0422-223 0681, 🖳 www.hotelcitytower.com. Elegantes, teureres Hotel mit moderner Einrichtung (u. a. Kunstleder und Vinyl). Die „executive"-Zimmer sind geräumiger. Manche Zimmer mit AC. ❺–❻

KK Residency, 7 Shastri Rd, ✆ 0422-223 2433, ✉ 0422-437 8111. Hotel in Hochhausblock, um die Ecke vom Busbahnhof. Sehr sauber, 2 gute Restaurants. ❸–❹

New Vijaya Lodge, 8/24 Geetha Hall Rd, ✆ 0422-230 1794. Einfache aber anständige Unterkunft mit relativ kleinen, sauberen Zimmern in unmittelbarer Bahnhofsnähe. ❷–❸

TTDC Tamil Nadu, Dr Nanjappa Rd, ✆ 0422-230 2176, 🖳 www.ttdconline.com. Gegenüber dem zentralen Busbahnhof. Günstig gelegen, sauber und zuverlässig, teils AC. Besser als die meisten Hotels in dieser Ecke und oft ausgebucht; möglichst vorher anrufen. ❸–❹

Essen

Zum Essengehen sind die großen Hotels (s. oben) die besten Adressen. Hauptgerichte kosten um Rs100.

Cloud 9, im City Tower, exzellentes Dachterrassenrestaurant, vorwiegend von Geschäftsleuten besucht, bietet eine erstklassige, internationale Auswahl an Gerichten.

Gayathri Bhavan, gegenüber dem Hotel Blue Star in der Nehru St., ultramodern und die beste Wahl für südindisches vegetarisches Essen.

KR, gegenüber dem Bahnhof. Knusprige Brathähnchen und eine sehr gute Bäckerei.

Malabar, im 1. Stock des KK Residency, eine weniger teure Alternative, wegen ihrer nicht-vegetarischen Kerala-Küche beliebt.

Sonstiges

Geld

Geldwechsel bei der **State Bank of India** und **Bank of Baroda** in der Nähe des Bahnhofs oder bei **American Express Foreign Exchange** in der Avanashi Rd., 5 Min. Motor-Riksha-Fahrt nordöstlich des Bahnhofs. Es gibt auch jede Menge Geldautomaten.

Informationen

Ein **Tourist Office** befindet sich in der Haupthalle des Bahnhofs, ⏰ tgl. 10–17.45 Uhr.

Internet

Internet ist hier vielerorts verfügbar; **Blazenet**, Nehru St, nahe dem Blue Star Hotel. **Net Hut**, Geetha Hall Rd, nahe Park Inn.

Transport

Busse

Coimbatore hat 4 große Busbahnhöfe, von denen 3 im Norden der Stadt, wenige Kilometer vom Bahnhof entfernt relativ dicht beieinander liegen. Thiruvalluvar ist der wichtigste Stopp für Nah- und Fernverbindungen; der Central wird von Bussen aus OOTY, COONOOR und METTUPALAYAM Bedient und genau dazwischen liegt die hektische Haltestelle für die Stadtbusse. In der Südstadt findet sich der vierte Busbahnhof, Ukkadam (mit Verbindungen nach PALANI, POLLACHI, MADURAI und NORD-KERALA). Die Stadtbusse halten an der Straße zwischen Busstation und Bahnhof.

Busse nach:
BENGALURU (BANGALORE) (stdl., 8–9 Std.),
CHENNAI (alle 30 Min.–1 Std., 10–12 Std.),
KODAIKANAL (4x tgl., 6 Std.),
MADURAI (alle 30 Min., 5–6 Std.),
MYSORE (3x tgl., 6 Std.),

UDHAGAMANDALAM (OOTY) (alle 15 Min., 3 1/2–4 Std.),
PALAKAAD (stdl., 2 Std.),
PALANI (stdl., 2 1/2–3 Std.),
POLLACHI (alle 30 Min., 1 Std.),
PUDUCHERRY (10x tgl., 9 Std.),
RAMESHWARAM (2x tgl., 14 Std.),
THRISSUR (stdl., 5 Std.),
TIUCHIRAPALLI (alle 30 Min., 5 Std.).

Eisenbahn

Nach OOTY nimmt man den Nilgiri Express Nr. 2671 (tgl. 5.15 Uhr), mit Anschluss via Schmalspurzug (s. S. 1115) ab Mettupalayam

Züge nach:

BENGALURU (BANGALORE) (2–3x tgl., 6 3/4–9 Std.),
CHENNAI (alle 30–60 Min., 10–12 Std.),
ERNAKULAM (mit Anschluss nach Kochi) (7–8x tgl., 4 1/4–5 1/2 Std.),
HYDERABAD (1x tgl., 21 1/4 Std.),
KANYAKUMARI (1x tgl., 11 3/4 Std.),
MADURAI (1–2x tgl., 6 1/4–6 1/2 Std.),
METTUPALAYAM (mit Anschluss nach Ooty) (1x tgl., 1 Std.),
MUMBAI (2x tgl. 31 1/4–32 3/4 Std.),
THIRUVANANTHAPURAM (4–5x tgl., 9–10 1/2 Std.),
TIRUCHIRAPALLI (2x tgl., 5 1/4–5 3/4 Std.).

Flüge

Der **Flughafen** von Coimbatore liegt 12 km nordöstlich der Innenstadt und besitzt Verbindungen vom und zum Stadtbusbahnhof (Taxis kosten ca. Rs200).

Flüge nach:

BENGALURU (BANGALORE) (S2, DN, IT, 4x tgl., 3/4–1 Std.),
CHENNAI (IC, 9W, I7, DN, 8–10x tgl, 1–1 1/4 Std.),
HYDERABAD (I7, 1x tgl, 1 1/2 Std.),
KOCHI (IC, 1x tgl., 1/2 Std.),
KOZHIKODE (IC, 1x tgl., 1/2 Std.),
MUMBAI (IC, 9W, DN, GO, 5x tgl., 1 3/4 Std.).
(**IC** = Indian Airlines, **6E** = IndiGo, **9W** = Jet Airways, **S2** = JetLite, **DN** = Air Deccan, **IT** = Kingfisher, **G8** = Go Air, **I7** = Paramount Airways, **SG** = Spicejet)

Udhagamandalam (Ootacamund)

John Sullivan hieß der britische Burrasahib, dem die „Entdeckung" von Udhagamandalam – englisch „Ootacamund" und gewöhnlich als „Ooty" abgekürzt – zugeschrieben wird. Als er im frühen 19. Jh. zum ersten Mal durch die Hulikal-Schlucht in diese Ecke der Nilgiris kletterte, war dieses Gebiet das traditionelle Heimatland der **Todas**, eines Bergvolks von Hirten, die in fast völliger Isolation von den Städten des umliegenden Flachlands und der Dekkan-Hochebenen lebten.

Sullivan erkannte rasch das landwirtschaftliche Potenzial der Gegend, erwarb von den Todas Boden für Rs1 pro Morgen und begann, Flachs, Hanf, Kartoffeln, Obst und vor allem **Tee** anzubauen. In dem milden Klima gedieh alles prächtig, und so machte der ehemalige Sekretär der East India Company innerhalb von 20 Jahren ein Vermögen. Es versteht sich von selbst, dass er schon bald Gesellschaft von weiteren Glücksrittern bekam, sodass hier schließlich eine Stadt entstand – mit einem künstlichen See und Kirchen und Steinhäusern, die auch in Surrey oder den schottischen Highlands stehen könnten. In der Folge entwickelte sich **Ooty** zur „Königin der Hill Stations" und zum beliebtesten Bergkurort auf der indischen Halbinsel.

Nur durch die Ironie der Geschichte haben die Todas die Siedler überdauert, deren Landbau sie ursprünglich verdrängt hatte, wenn auch nur mit knapper Not. Sie zogen sich mit ihren Büffeln in die umliegenden Berge und Waldtäler zurück und führten dort ein weitgehend traditionelles Leben, auch wenn ihre Zahl stark schrumpfte.

Bis Mitte der 70er-Jahre blieb „Snooty Ooty" das Zuhause vieler versnobter Briten, die sich nach der Unabhängigkeit zum Bleiben entschlossen hatten. Bis heute fühlen sich Reisende von Ootys kühlem Klima, den friedlichen grünen Hügeln, Wäldern und Weiden angezogen. Kommt man jedoch in der Hoffnung, Spuren des Raj zu finden, wird man wahrscheinlich enttäuscht, denn aufgrund der rücksichtslosen Erschließung und der Urlauberströme gibt es nur noch wenige.

Die **beste Reisezeit** ist zwischen Januar und März; die Hochsaison (April–Juni und Sep–Okt)

sollte man besser meiden. Im Mai zieht das Sommerfestival Unmengen von Leuten an und verursacht viel Lärm. Dann ist Ooty meilenweit vom friedlichen Zufluchtsort der Sahibs entfernt. Von Juni bis September und im November ist es regnerisch und neblig, was manchem Besucher durchaus gefällt. Von Oktober/November bis Februar können die Nächte sehr kalt werden.

Ooty breitet sich über ein weites Areal gewundener Straßen und steiler Hänge aus. Der unübersehbare Mittelpunkt ist **Charing Cross**, eine geschäftige Kreuzung in der staubigen **Commercial Road**, der relativ flachen Hauptgeschäftsstraße, die südwärts durch den großen Basar und städtischen Gemüsemarkt läuft. Verkauft wird alles, von riesigen Plastiktüten mit Kardamom und Orange Pekoe-Tee bis hin zu Proben von Ölessenzen (darunter der natürliche Mückenschutz Citronella). Ein Stück nördlich von Charing Cross liegt der **Botanische Garten**, die 1847 von Gärtnern der Londoner Kew Gardens angelegt wurden. Hier finden sich 20 ha makelloser Rasenflächen, Lilienteiche und Beete mit mehr als tausend verschiedenen Arten von Büschen, Blumen und Bäumen. Es gibt einen Erfrischungsstand im Park, und die Stände auf dem kleinen tibetischen Markt verkaufen Eiscreme und Snacks. ⏱ tgl. 8.30–18.30 Uhr, Eintritt Rs10, Fotoerlaubnis Rs30, Video Rs300.

Nordwestlich von Charing Cross befindet sich die kleine **St. Stephen's Church** im gotischen Stil. Sie war eine der ersten kolonialen Bauten in Ooty und wurde in den 20er-Jahren des 19. Jhs. an der Stelle eines Toda-Tempels errichtet. Das Holz für das geschwungene Teakdach wurde vom Palast Tipu Sultans in Srirangapatnam beschafft und mit Elefanten heraufgebracht. Die Gegend um die Kirche vermittelt eine Vorstellung davon, wie die Hill Station in den Tagen des Raj ausgesehen haben muss. Rechter Hand der Kirche liegt der große und recht baufällige **Spencer's Store**, der 1909 eröffnete und alles verkaufte, was das britische Siedlerherz begehrte. Heute ist in dem Gebäude eine Computerschule untergebracht. Hinter dem nächsten Hügel liegt in westlicher Richtung die protzigste Institution von Ooty, der 1830 gegründete exklusive **Club**. Das ursprüngliche Wohnhaus von Sir William Rumbold wurde 1843 zum Club umgebaut und später erweitert. Weiter entlang der Mysore Road steht das bescheidene **Government Museum**, das einige dürftige Stammesobjekte, Skulpturen und Kunsthandwerk beherbergt. ⏱ tgl. außer Fr und jeden 2. Sa im Monat 10–17.30 Uhr, Eintritt frei.

Westlich des Bahnhofs und der Rennbahn (Rennen von Mitte April bis Mitte Juni) liegt der Anfang des 19. Jhs. angelegte **See**. Er ist eine der wichtigeren Touristenattraktionen, obwohl er stark verschmutzt ist. Man kann sich hier ein Boot leihen (tgl. 9–18 Uhr; Paddelboote Rs60–100, Ruderboote Rs80–100, Chartermotorboote mit 8–15 Sitzplätzen Rs250) oder einen Ausritt machen (Rs250–450).

Übernachtung

Ooty ist wesentlich teurer als die meisten Orte in Indien. Im April und Mai können die unten angegebenen Preise um 30–100 % steigen. Es kann auch sehr voll werden, sodass man möglicherweise lange suchen muss, um das Gewünschte zu finden. Bei Weitem die beste Wahl stellen die Hotels aus der Raj-Ära dar (vor allem das Nilgiri Woodlands, falls es bereits wiedereröffnet hat), ansonsten kann man nur unter mittelmäßigen Hotels mit überdurchschnittlich hohen Preisen auswählen. Im Winter (Nov–Feb), wenn es sehr kalt werden kann, stellen die meisten Hotels auf Wunsch Decken und Eimer mit Warmwasser zur Verfügung, man sollte sich aber zuvor erkundigen, ob diese Dienste kostenfrei sind.

Co-operators Guest House, Commercial Rd, Charing Cross, ☎ 0423-244 4046. L-förmiges Gebäude aus der Raj-Ära mit sauberen Zimmern und Balkonen in Gelb und Türkis, die auf einen Innenhof blicken. Etwas von der Hauptstraße zurückversetzt und daher relativ ruhig. ❷

Fernhills Palace, nahe High Level Rd, ☎ 0423-244 3097, 🖥 www.welcomheritagehotels.com. Luxushotel in ehemaligem Palast des Maharadscha von Mysore. Die Fassade ist noch original erhalten, das Innere wurde geschmackvoll renoviert. Ausnahmslos moderne Zimmer (US$120–300) mit Bad und Whirlpool. Regency Villas, auf dem selben Gelände, ist deutlich günstiger. ❾

Udhagamandalam (Ooty)

Übernachtung:

Co-operators Guest House	G
Fernhills Palace	F
Glyngarth Villa	A
Hills Palace	H
King's Cliff	B
Reflections Guest House	D
Sherlock	C
YWCA Anandagiri	E

Restaurants:

Chandan	2
Iranis	3
Preethi Palace	4
Shinkows	1
Willy's	5

Hills Palace, Commercial Rd, Charing Cross, ✆ 0423-244 6483, ✉ hillspalace@sify.com. Modernes Hotel direkt unterhalb des größten Basars, aber dennoch ruhig und absolut sauber. Gutes Preis-Leistungs-Verhältnis in der Nebensaison. ❸

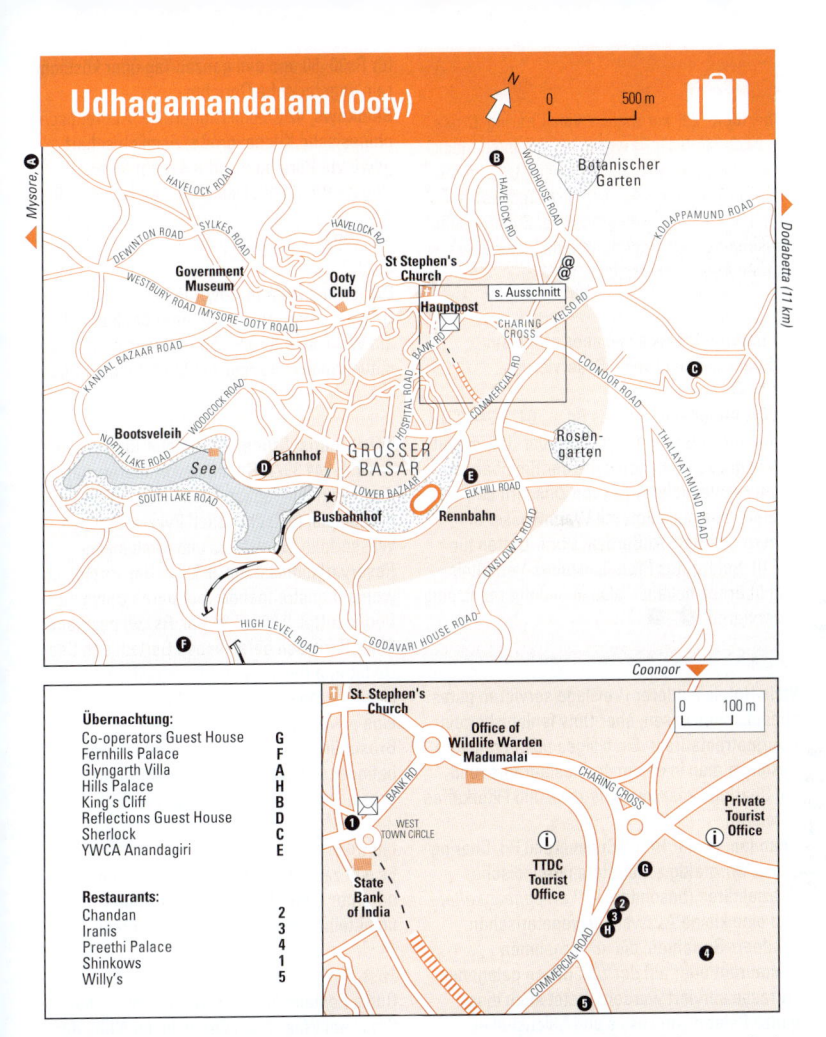

King's Cliff, Havelock Rd, ✆ 0423-245 2888, 🖥 www.kingscliff-ooty.com. Imposanter Herrensitz mit aufwendig eingerichteten Zimmern in 4 Kategorien, jedes unter einem anderen Shakespeare-Motto. Sehr gutes Preis-Leistungs-Verhältnis. Angeschlossener Speisesaal und Lounge mit hervorragendem Essen und einem hauseigenen Sänger/Gitarristen. ❹–❻

Reflections Guest House, North Lake Rd, ✆ 0423-244 3834, ✉ reflectionsin@yahoo.co.in. Heimelige Unterkunft am See, 5 Min. zu Fuß vom Bahnhof, mit Zimmern, die auf eine kleine Terrasse gehen. Mit Abstand das beste Hotel

Tamil Nadu

Udhagamandalam (Ootacamund)

Very British

Sherlock, 2,5 km östlich von Charing Cross, ✆ 0423-244 1641, 🖥 www.littlearth.in/sherlock. Die viktorianische Villa in toller Lage bietet Sherlock-Holmes-Atmosphäre und herrliche Ausblicke vom Gelände. Alle Zimmer sind geschmackvoll eingerichtet; die luxuriösesten haben Außensitzbereiche.

der unteren Preisklasse, aber sehr klein und daher schnell voll – Reservierung nötig. ❸

YWCA Anandagiri, Ettines Rd, ✆ 0423-244 2218. Einladendes Gebäude aus den 20er-Jahren auf einem großen Gelände nahe der Rennbahn. 7 unterschiedliche Arten von Zimmern und Chalets, alle makellos, mit Warmwasser in Eimern und Bad. Außerdem Dorm-Betten für Rs110. Sehr gutes Preis-Leistungs-Verhältnis und überaus beliebt – also unbedingt rechtzeitig reservieren. ❷–❹

Essen

Viele Hotels mittlerer Preislage servieren gutes südindisches Essen, aber Ooty fehlt bisher ein Gourmetrestaurant. Ein billiges *udipi*-Frühstück bekommt man in einem der Restaurants rund um Charing Cross, die *iddli-dosa* und Filterkaffee servieren.

Chandan, Nahar Hotel, Commercial Rd, Charing Cross. Sorgfältig zubereitete nordindische Spezialitäten (besonders lecker: *paneer kofta*) und eine kleine Auswahl an vegetarischen Tandoori-Gerichten, die im vornehmen Restaurant oder auf der zum Rasen gelegenen Terrasse serviert werden. Bietet auch eine ganze Palette von Lassis und Milchshakes. Hauptgerichte für Rs60–100.

Iranis, Commercial Rd. Düsteres, altmodisches persisches Lokal, absolut nicht-vegetarisch (v. a. Ziege, Leber und Hirn). Zu empfehlen aber auch für eine Tasse Kaffee in besonderer Atmosphäre; beliebter Treffpunkt sowohl für Männer als auch Frauen. Die meisten Gerichte für Rs60–80.

Preethi Palace, Ettines Rd. Mittags ausgezeichnete nord- und südindische *thalis* für Rs30–50 und den ganzen Tag über köstliche, rein vegetarische Gerichte.

Shinkows, 42 Commissioners Rd. Authentische chinesische Küche: große, ziemlich scharf gewürzte Portionen, jedoch recht teuer. Hauptgerichte mit Fleisch kosten Rs120–150.

Sonstiges

Geld

Die einzige Bank in Ooty, die Reiseschecks und Bargeld wechselt, ist die **State Bank of India** am West Town Circle. Außerdem gibt es mittlerweile in der ganzen Stadt Geldautomaten.

Informationen

TTDC Tourist Office, TTDC Hotel Tamil Nadu II, ✆ 0423-244 3977. Buchung von Touren, darunter eine Mammut-Tagestour, die Ooty, Pykara und Mudumalai (einschließlich Pykara-Stausee, Wasserfälle, Bootshaus und Mudumalai-Reservat) umfasst (tgl. 9.30–19 Uhr, Rs210). Eine weniger anstrengende Tour durch Ooty und Coonoor (tgl. 9.30–17.30 Uhr, Rs130) beinhaltet Sim's Park, den botanischen Garten, den See, Dodabetta Peak, Lamb's Rock und Dolphin's Nose. ⏱ Mo-Sa 10–17.45 Uhr.

Eine private Touristeninformation, die Broschüren und zuverlässige Infos ausgibt, befindet sich im Gebäude des Uhrturms, Charing Cross, ✆ 09443 345258. ⏱ tgl. 10–19 Uhr.

Internet

Es gibt zahlreiche Internet-Läden in der Stadt, darunter **Cyber Link** und **Cyber Planet**, unmittelbar nördlich von Charing Cross.

Post

Ootys Postamt liegt nordwestlich von Charing Cross am West Town Circle, in der Nähe der St. Stephen's Church.

Nahverkehr

Motor-Rikschas und Taxis warten auf ankommende Züge bzw. Busse oder sind in der Commercial Road um Charing Cross zu finden.

Transport

Die meisten Besucher erreichen Ooty entweder per Bus von Mysore in Karnataka (die malerischere, aber auch steilere Route führt über Masinagudi) oder mit der Nilgiri Blue Mountain Railway (s. Kasten) von Coonoor und Mettupalayam. Busbahnhof und Bahnhof liegen nahe beieinander am westlichen Ende des großen Basars und der Rennbahn.

Busse

Busfahrkarten gibt es am Busbahnhof im Reservierungsbüro für staatliche Busse (⏰ tgl. 9–12.30 und 13.30–17.30 Uhr) bzw. jenem für die lokale Gesellschaft Cheran Transport (⏰ tgl. 9–13 und 13.30–17.30 Uhr).
Eine Kombination aus lokalen Bummelbussen und staatlichen „super-deluxe"-Bussen fährt nach BENGALURU (BANGALORE) und MYSORE (jeweils via Mudumalai), KODAIKANAL, THANJAVUR, THIRUVANANTHAPURAM und KANYAKUMARI sowie COONOOR und COIMBATORE in der näheren Umgebung.
Privatbusse nach Mysore, Bengaluru (Bangalore) und Kodaikanal können in den Hotels oder bei den Reisebüros in Charing Cross gebucht werden; aber selbst wenn sie als „super-deluxe" angepriesen werden, stellen sich viele Busse als enge Minibusse heraus.

Eisenbahn

Der Bahnhof von Ooty hat einen Reservierungsschalter, ⏰ tgl. 8–12.30 und 14.30–16 Uhr, und einen Buchungsschalter, ⏰ tgl. 6.30–19 Uhr, an dem man die Fahrkarten für die Nilgiri Blue Mountain Railway sowie Anschlusstickets zu den meisten anderen Fahrtzielen im Süden kaufen kann.
Von Ooty fahren in der Hochsaison tgl. 4 Züge auf der Schmalspurbahn nach COONOOR (9.15, 12.15, 15 und 18 Uhr), von denen nur einer (der um 15 Uhr) bis METTUPALAYAM fährt, wo Anschluss an das Breitspurnetz besteht.
Wenn man nach CHENNAI gelangen will, nimmt man den Zug nach Mettupalayam mit Anschluss an den tgl. verkehrenden Nilgiri Express Nr. 2672 (Abfahrt 19.45, Uhr, Ankunft in Chennai Central 5.15 Uhr).

Die Nilgiri Blue Mountain Railway

Die berühmte Schmalspurbahn Nilgiri Blue Mountain Railway klettert von **Mettupalayam** im Flachland über Hillgrove (17 km) und Coonoor (27 km) nach **Udhagamandalam**. Die 46 km lange Fahrt geht durch 16 Tunnel, 11 Bahnhöfe und über 19 Brücken. Es handelt sich um ein langsames, viereinhalbstündiges Getuckere – manchmal ist der Zug kaum schneller als ein Fußgänger und braucht in jedem Fall mindestens doppelt so lange wie der Bus –, aber die **Aussicht** ist absolut fantastisch, besonders entlang der steilsten Abschnitte der Hulikal-Schlucht.

Die Strecke wurde zwischen 1890 und 1908 gebaut und von den Teepflanzern und anderen britischen Bewohnern der Nilgiris finanziert. Sie unterscheidet sich von Indiens zwei weiteren vergleichbaren Schmalspurlinien nach Darjeeling und Shimla durch den Gebrauch eines **Schweizer Zahnstangensystems**, das es den kleinen Lokomotiven ermöglicht, extreme Steigungen zu bewältigen. Zwischen die Schienen ist eine spezielle Zahnstange montiert, deren Zahnräder im Kontakt mit den Rädern des Zugs wie ein Reißverschlussmechanismus funktionieren. Aufgrund dieser ungewöhnlichen Konstruktion können die steilsten Abschnitte nur von den Original-Lokomotiven befahren werden. Die Strecke zwischen Mettupalayam und Coonoor ist deswegen eine der letzten **Dampflokstrecken** in Südasien. Das Schnaufen und Pfeifen, das über die Täler schallt, während die blau- und cremefarbenen Waggons nach Coonoor hochfahren (wo eine Diesellokomotive die Fahrt übernimmt), gehört zu den romantischsten Klängen in Südindien und beschwört den betont vornehmen Lebensstil der Raj-Ära herauf. Selbst wenn man sich nicht zu den Eisenbahnfans zählt, gehört die Ruckelfahrt mit der Blue Mountain Railway zu den Höhepunkten einer Überquerung der Nilgiris zwischen dem südlichen Karnataka und dem tamilischen Flachland. Details zum **Fahrplan** für diese Strecke s. unter Transport Coimbatore und Ooty. Fahrplaninfos im Transport-Kapitel auf S. 88.

Mudumalai Wildlife Sanctuary

Das 1140 m hoch in den Nilgiri Hills gelegene Mudumalai Wildlife Sanctuary umfasst 322 km² Laubwälder und wird von der Straße zwischen Ooty (64 km südöstlich) und Mysore (97 km nordwestlich) durchschnitten. Dank seiner Lage in den dicht bewaldeten nördlichen Ausläufer der Berge besitzt es eine der größten Populationen wilder Elefanten in Indien. Hier leben auch Wildhunde, der Gaur (indische Büffelart), Hanuman- und Nilgiri-Languren, Schopfmakaken (Affen), Schakale, Hyänen und Faultiere. Sogar einige Tiger und Leoparden sind hier noch heimisch. In der reichhaltigen Flora sind die leuchtend roten Blüten des Palasabaums besonders eindrucksvoll. Nachdem der Park nun wieder in Betrieb ist, kann man ihn zu Fuß oder per Fahrzeug erkunden. Die beste Zeit für einen Besuch ist während und nach den Monsunregen.

Hauptattraktion am Parkeingang bei **Theppakkadu** sind die Vorführungen im Elephant Camp (tgl. 8–9.30 und 17.30–18.30 Uhr; Eintritt frei), bei denen man erlebt, wie die zahmen Dickhäuter des Schutzgebiets gefüttert und gebadet werden. Hier beginnt auch die offizielle Safaritour (7–9 und 16–18 Uhr; 40 Min.; Rs35 p. P., Fotoapparat Rs25, Videokamera Rs150), die einzige Möglichkeit, den Park selbst zu erkunden. Trotzdem kann es sein, dass man bei einer von privaten Unternehmen organisierten Jeeptour oder geführten Wanderung in nicht staatlich kontrollierte Gebiete des Parks mehr Tiere sieht. Diese Exkursionen können über jedes Guesthouse oder direkt bei Nature Safari in Masinagudi, 0423-252 6340, saveelephasmaximus@yahoo.co.in, gebucht werden.

Auf der Hauptroute von Ooty nach Mudumalai, die auch die meisten Busse in Richtung Mysore und Bengaluru nehmen, braucht man 2 1/2 Stunden bis Theppakkadu. Die Alternativroute ist eine anstrengende Fahrt über steile Straßen und enge Haarnadelkurven, die nur für kleine Fahrzeuge geeignet ist – etwa für die Minibusse von Cheran. Sie brauchen etwa eine Stunde und fahren bis Masinagudi, das am nächsten bei der wachsenden Zahl von **Unterkünften** in der Region liegt.

Übernachtung

Wild Haven, Chadapatti, 6 km südlich von Masinagudi, 0423-252 6490, karimjohn@hotmail.com. Bietet schlichte aber geräumige Zimmer in Betonbauten, die in offenem Gelände mit herrlichem Blick auf die Berge liegen. ❹

Das **TTDC Hotel Tamil Nadu**, 0423-252 6580, www.ttdconline.com, ❷ Theppakkadu und die spartanische **St Xavier's Lodge**, 0423-252 6371, ❷, in Masinagudi mit 2 einfachen „meals"-Restaurants sind die einzigen wirklichen Billigunterkünfte, aber beide sind etwas schmuddelig.

Schlafen im Baumhaus

Jungle Retreat, bei Bokkapuram, 6 km südwestlich von Masinagudi, 0423-252 6469, www.jungleretreat.com. Beste Übernachtungsmöglichkeit in der Umgebung, mit einem umweltfreundlichen Swimmingpool. Die Unterkünfte reichen von Betten in geräumigen Schlafsälen für Rs400 bis zu 2 eleganten Baumhäusern; im Preis von Rs700 sind 3 üppige Buffet-Mahlzeiten sowie Tee und Kaffee eingeschlossen. ❻–❽

Kerala

Stefan Loose Traveltipps

17 Varkala In einem Café auf dem Clifftop entspannen, am Strand in der Sonne faulenzen und die Atmosphäre am Tempelteich genießen. S. 1136

18 Backwaters Die wunderschönen Wasserwege des dicht besiedelten Küstenstreifens auf einem traditionellen Reisboot oder mit einem Stak-Kanu erkunden. Schmale und dicht bewachsene Kanäle führen mitten durch die Dörfer. S. 1149

Cardamom-Berge Die Teeplantagen, Pfefferhaine und grasbewachsenen Hügel um Kumily und Munnar sind der perfekte Ausgleich zur Hitze und Schwüle an der Küste. S. 1155 und S. 1160

Kochi Holländische, portugiesische, britische und traditionelle Kerala-Häuser säumen die Straßen dieses alten Hafens an der Malabar-Küste. S. 1164

Thrissur Puram Umzüge mit prächtig geschmückten Elefanten, Trommlern und Feuerwerk stehen im Mittelpunkt des größten Tempelfestes in Kerala. S. 1180

Rituelles Theater Die traditionsreichen Formen des Tanztheaters wie Kathakali und Theyyam mit ihren aufwändigen Kostümen sollten zu jeder Reise nach Kerala gehören. S. 1182/1183 und S. 1188

Der Bundesstaat Kerala ist ein von üppiger Vegetation geprägter Landstrich zwischen dem Arabischen Meer und den bewaldeten Bergen der Westghats. Er erstreckt sich über rund 550 km Länge an Indiens Südwestküste und misst an seiner breitesten Stelle nur 120 km. Seit die alten Sumerer und Griechen auf der Suche nach Gewürzen an die Malabar-Küste kamen, fasziniert die tropische Landschaft, die zweimal im Jahr vom Monsunregen gewässert wird, ihre Besucher. Auch die uralten Riten und mitreißenden Feste Keralas, von denen sich viele seit den Anfängen des brahmanischen Hinduismus kaum verändert haben, üben einen starken Reiz aus.

Reisende, die von den stressigen Großstädten Indiens genug haben, ziehen sich zur Erholung gerne in das überschaubare und geruhsame Kerala zurück. Das beliebteste Touristenziel ist zweifellos die große Hafenstadt **Kochi** (Cochin), in deren malerischen Altstadtvierteln Mattancherry und Fort Cochin Keralas lange Geschichte friedlicher Begegnungen mit der Fremde deutlich spürbar ist. Die Hauptstadt **Thiruvananthapuram** (Trivandrum), ganz im Süden, das Sprungbrett zu den nahe gelegenen, palmenbestandenen Stränden von **Kovalam**, bietet zahllose Möglichkeiten, das bunte kulturelle und künstlerische Leben von Kerala kennenzulernen.

Einer der größten Reize eines Aufenthalts in Kerala besteht im Reisen an sich, insbesondere auf den Wasserwegen der bezaubernden Region **Kuttanad** mit den historischen Orten **Kollam** (Quilon) und **Alappuzha** (Alleppey) in der Nähe. Touristenschiffe und die schönen, als *kettu vallam* („gebundene Boote") bezeichneten Holzboote schippern Besucher durch die **Backwaters** und sorgen für interessante Impressionen dörflichen Lebens im am dichtesten besiedelten Bundesstaat Indiens. Überdies ist es ein Leichtes, der Hitze in den flachen Landesteilen zu entfliehen, indem man in die **Berge** ausweicht, deren höchster Gipfel hier 2695 m erreicht. Kirchen und Tempel säumen hier Straßen, die durch Waldgebiete, Gewürz-, Tee-, Kaffee- und Gummiplantagen zu Wildreservaten wie dem **Periyar** führen, in denen Elefantenherden frei umherstreifen.

In Kerala sind weniger historische Bauwerke erhalten als im übrigen Indien, und die noch vorhandenen alten Tempel sind zudem Nicht-Hindus oft verschlossen (wobei es selbstverständlich möglich ist, sie von außen zu betrachten und die andachtsvolle Atmosphäre zu genießen). Einem ungeschriebenen Gesetz zufolge sind nur wenige Gebäude, ob Häuser oder Tempel, höher als die sie umgebenden Bäume; auch in Wohngebieten wähnt man sich häufig vom Erdboden aus gesehen von Wald umgeben. Sowohl Wohnhäuser als auch Tempel sind zumeist mit Säulenveranden und langen, abgerundeten Giebeldächern versehen, die am besten vor Regen und Sonne schützen. Ein besonders eindrucksvolles Beispiel dieser Architektur ist der **Padmanabhapuram Palace**, im benachbarten Tamil Nadu gelegen und von Thiruvananthapuram aus gut zu erreichen.

Enorme Geldsummen werden für die zahlreichen, oft die ganze Nacht dauernden **Tempelfeste** ausgegeben, wenn prächtige Feuerwerke den Himmel erleuchten und Prozessionen goldbehangener Elefanten, begleitet von den ohrenbetäubenden Klängen enthusiastischer Trommlergruppen, durch die Straßen ziehen. Am berühmtesten und aufwendigsten ist das **Puram-Fest** in Thrissur (April/Mai), doch überall in Kerala finden mitreißende Veranstaltungen statt (oft im Freien), bei denen jedermann willkommen ist.

In Kerala sind viele verschiedene Theater- und Tanzstile entstanden, nicht nur die klassische weibliche Tanzart, der **Mohiniattam** („Tanz der Zauberin"), sondern auch das vom Kampfsport beeinflusste Tanzdrama **Kathakali**, das schon seit vier Jahrhunderten die Götter und Dämonen aus dem Mahabharata und Ramayana in die Dörfer Keralas bringt. Sein 2000 Jahre alter Vorgänger, das Sanskrit-Drama **Kutiyattam**, wird immer noch von einigen Künstlern vorgeführt, und im ländlichen nördlichen Kerala spielt ein bestimmtes Ritual namens **Theyyam**, bei dem Tänzer dekorative Masken und Hüte tragen und von Tempelgöttern „besessen" werden, noch immer eine wichtige Rolle. Nur wenige Besucher kommen jemals in den Genuss, diese eine ganze Nacht lang dauernden Vorstellungen mitzuerleben. Doch zwischen Dezember und März könnte man Wochen allein damit zubringen, von einem farbenfrohen Dorffest in Nord-Kerala zum anderen zu fahren und eine Lebensweise kennen-

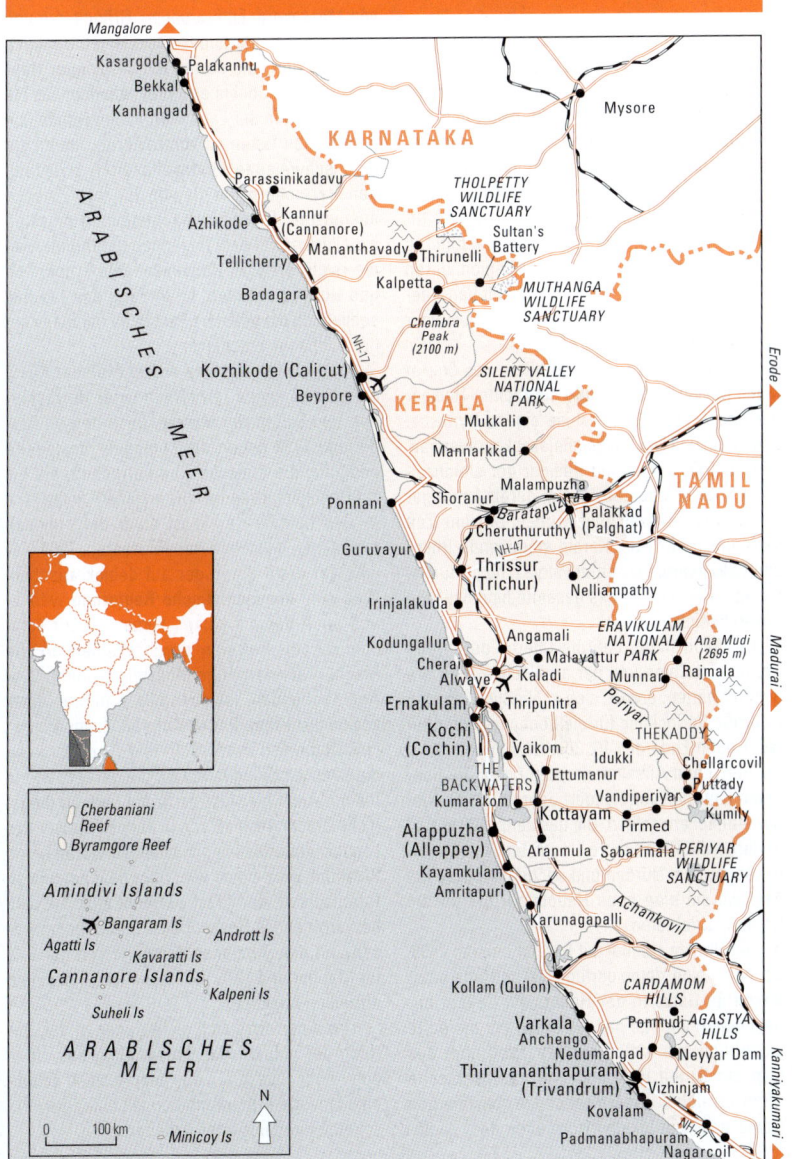

KERALA

Kerala 1119

Geschichte

Das **altertümliche Kerala** wird in einem Ashoka-Edikt des 3. Jhs. v. Chr. als „Land der Cheras" erwähnt und kommt auch in mehreren noch älteren Sanskrittexten vor, einschließlich des Mahabharata. Plinius und Ptolemäus berichteten von einem schwunghaften Handel zwischen der alten Hafenstadt Muziris (heute Kodungallur) und dem Römischen Reich. Nur spärliche Informationen existieren über die Geschichte der frühen Machthaber in dieser Region, deren Herrschaftsbereich mit der Hauptstadt Vanji, deren Standort bis dato nicht geklärt ist, ein sehr großes Gebiet umfasste.

Zu Beginn des 9. Jhs. gründete der Chera-König Kulashekhara Alvar – ein Dichter-Heiliger der *bhakti*-Vaishnavas – eine eigene Dynastie. Sein Sohn und Nachfolger, Rajashekharavarman, war wahrscheinlich ein Heiliger der gleichzeitigen Shaivitischen Strömung, deren Anhänger als *nayannars* bezeichnet wurden. Um jene Zeit lebte der große, aus Kerala stammende Philosoph **Shankara**, dessen *advaitya* („nicht-dualistische") Philosophie das gesamte hinduistische Indien beeinflusste.

Der Wohlstand, den die Cheras durch den Handel mit China und der arabischen Welt angehäuft hatten, erwies sich schließlich als eine zu große Verlockung für die benachbarten **Cholas**: Gegen Ende des 10. Jhs. begannen sie mit kriegerischen Auseinandersetzungen, die über einen Zeitraum von hundert Jahren immer wieder aufflackern sollten. Um das Jahr 1100 herum verloren die Cheras ihre Hauptstadt bei Mahodayapuram im Norden und wichen nach Süden aus, wo sie eine neue Hauptstadt bei Kollam (Quilon) errichteten.

Der direkte Handel mit Europa begann 1498, nachdem eine kleine portugiesische Flotte unter **Vasco da Gama** in der Hauptstadt Calicut angekommen war. Es handelte sich um die erste Expedition, die Indien auf dem Weg über das Kap der Guten Hoffnung und das Arabische Meer erreichte. Die Beziehungen zwischen da Gama und dem lokalen Herrscher, dem Zamorin, waren zunächst von Höflichkeit geprägt, verschlechterten sich aber in der Folge schnell. Da Gamas zweite Reise vier Jahre später war von Massakern, Entführungen, Gräueltaten und schamloser Piraterie gekennzeichnet. Dennoch wurde schon bald darauf ein befestigter Handelsposten in Cochin errichtet, von dem aus die Portugiesen in der Lage waren, den Handel mit dem Nahen Osten zu kontrollieren, indem sie lang schwelende Feindseligkeiten zwischen den Herrschern der Region für ihre Zwecke ausnutzten. Diese Vormachtstellung mussten sie allerdings in dem folgenden Jahrhundert an die rivalisierenden Kolonialmächte Frankreich und Holland abtreten, bis Anfang des 17. Jhs. schließlich die britische East India Company auf der Bildfläche erschien.

In der Folge entstand an der Malabar-Küste ein unabhängiges Territorium unter Herrschaft des Tipu Sultan von Mysore, doch dessen Niederlage 1792 gegen die Engländer besiegelte endgültig die britische Oberherrschaft, die bis zur Unabhängigkeit Indiens andauern sollte.

Das heutige Kerala ist einer der politisch radikalsten indischen Bundesstaaten. 1957 war dies der erste Staat, der auf demokratischem Weg eine **kommunistische Regierung** wählte, und auch danach kamen immer wieder kommunistische Parteien durch Wahlen an die Macht – der derzeitige Ministerpräsident, V. S. Achuthanandan, ist ebenfalls Anführer einer kommunistischen Partei. Aufgrund kompromissloser Reformen in den 60er und 70er-Jahren ist die Landverteilung in Kerala die gerechteste in Indien. Auch hier gibt es Armut, jedoch längst nicht in dem Ausmaß wie in anderen Teilen des Landes, außerdem liegen Lebenserwartung und Pro-Kopf-Einkommen weit über dem nationalen Durchschnitt. Kerala ist zu Recht stolz auf sein hervorragendes Gesundheits- und Bildungswesen und eine Analphabetenquote von nur 9 % für Männer und 12 % für Frauen (zumindest laut offiziellen Angaben).

Weniger erfreulich sieht dagegen der Bereich der industriellen Entwicklung aus, denn potenzielle Investoren aus dem Ausland scheuen sich vor der Konfrontation mit einer gewerkschaftlich organisierten Arbeiterschaft.

Thiruvananthapuram und Umgebung

Die Hauptstadt Keralas, die Küstenstadt Thiruvananthapuram (immer noch besser als **Trivandrum** bekannt), erstreckt sich über sieben Hänge, 87 km von der Südspitze Indiens entfernt. Trotz ihrer verwaltungstechnischen Bedeutung – auf die breite Straßen, vielstöckige Bürogebäude und makellos weiße Kolonialbauten hinweisen – handelt es sich um eine ausgesprochen geruhsame Stadt mit einer Mischung aus schmalen Nebenstraßen, traditionellen roten Ziegelhäusern, zahlreichen Palmen und Parks gleich abseits des geschäftigen, modernen Zentrums. Echte Baudenkmäler sind eher selten, aber ein oder zwei Tage kann man in Thiruvananthapuram problemlos ohne Langeweile verbringen. Der älteste und interessanteste Stadtteil ist das Gebiet um die **Festung** im Süden mit dem **Tempel Shri Padmanabhaswamy** und dem **Palast Puttan Malika**. Im Norden stehen dicht beieinander in einem Park zwei sehenswerte „Schaufenster" der Malerei, Bildhauerei und des Kunsthandwerks, die **Kunstgalerie Shri Chitra** und das **Napier-Museum**. Außerdem zeugen auf die Kampfsportart Kalarippayattu und die Tanz- bzw. Theaterkunstrichtungen Kathakali und Kutiyattam spezialisierte Schulen von der für Kerala typischen Begeisterung für Körperbeherrschung.

Die **keralische Küste** wird praktisch auf ihren gesamten 550 km Länge von Sandstränden, Felsvorsprüngen und Kokospalmen gesäumt. Dennoch ist **Kovalam** einer der wenigen Orte, die Übernachtungsmöglichkeiten für jeden Geldbeutel bieten und wo das Baden im Meer von den Einheimischen nicht als exzentrisch empfunden wird. Um den indischen Alltag abseits der Strandszene von Kovalam zu erkunden, bieten sich kleine Spaziergänge durch die Palmenhaine zu den Dörfern Pachalloor und Vizhinjam an.

Leicht zu erreichen, da nur 63 km südlich von Thiruvananthapuram, steht außerdem ein Schmuckstück keralischer Architektur: der großartige Palast von **Padmanabhapuram**, der ehemaligen Hauptstadt von Travancore.

Thiruvananthapuram

Das Zentrum lässt sich gut zu Fuß erkunden, aber für den Rückweg von den Museen und Parks in der Nähe des nördlichen Endes der MG Road wird man vielleicht eine Rikscha bevorzugen.

Historisches und geistiges Zentrum der Stadt ist die Umgebung des **Forts** am Südende der langen **MG Road**, der Nord-Süd-Ader, die die Stadt in zwei Hälften teilt. Auf dem Festungsgelände liegt auch der Tempel Shri Padmanabhaswamy Vishnu. Folgt man der MG Rd nach Norden, gelangt man mitten in das Haupteinkaufsviertel, das den ganzen Tag über sehr belebt ist und besonders verstopft, wenn eine der zahlreichen, aber zumeist friedlich verlaufenden politischen Demonstrationen stattfindet, deren Ziel das auf mittlerer Höhe der Straße gelegene elegante Kolonialgebäude des **Secretariat** ist.

Tempel Shri Padmanabhaswamy

Ein neoklassizistischer Festungsweg führt vom westlichen Ende des Chalai Bazaar zum **Tempel Shri Padmanabhaswamy**, der immer noch unter der Oberhoheit der königlichen Travancore-Familie steht. Für Kerala unüblich, ist er im dravidischen Tamil Nadu-Stil mit einem mächtigen siebenstöckigen *gopura*-Torturm erbaut und von hohen, festungsähnlichen Mauern umgeben. Nicht-Hindus ist der Zutritt verboten, deswegen bekommen nicht viele ausländische Besucher den Tempel zu sehen. Die Gottheit im Allerheiligsten, ein spektakulär großer liegender Vishnu, besteht aus 12 008 heiligen Steinen *(salagrams)*, die mit Elefanten aus dem Flussbett des Gandhaki in Nepal herbeigeschafft wurden.

Auf der Hauptzugangsstraße zum Tempel, wo sich Gläubige in einem riesigen Wasserbecken reinigen, reihen sich Stände aneinander, an denen religiöse Mitbringsel zum Verkauf stehen. Die Gegend ist perfekt für einen stimmungsvollen Bummel, besonders am frühen Morgen.

Puttan Malika Palace

Der **Palast** Puttan Malika, unmittelbar südöstlich des Tempels, wurde zum Sitz der Rajas von Travancore, nachdem diese Ende des 19. Jhs.

Padmanabhapuram verlassen hatten. Er wurde von Raja Ravi Thirunal Varma in Auftrag gegeben, der nur ein Jahr nach der Fertigstellung des Palasts im zarten Alter von 30 Jahren verstarb. Kühle Räumlichkeiten mit glänzend polierten Steinböden, gesäumt von meisterhaft geschnitzten Wandschirmen, beherbergen zahlreiche staubige Travancore-Erbstücke, darunter ein solider Kristallthron, der ein Geschenk der Holländer war.

Die größte Sehenswürdigkeit ist jedoch die elegante Kerala-Architektur selbst. Unter geschwungenen, mit roten Ziegeln gedeckten Dächern stützen Hunderte Holzpfeiler in der Form sich aufbäumender Pferde die Traufen („Puttan Malika" bedeutet „Pferdepalast"), und luftige Veranden gehen auf die Rasenflächen ringsum hinaus. ◐ Di–So 8.30–12.30 und 15–17.30 Uhr, Eintritt Rs20, Fotoerlaubnis Rs15 extra.

Die Königsfamilie ist von jeher eine Förderin der Künste, und in dieser Tradition steht auch das alljährlich abgehaltene **Swathi Sangeetotsavam Festival**, das während des Navaratri-Festes (Okt/Nov) auf dem Gelände stattfindet. Die Musiker sitzen auf der erhöhten Plattform des Palasts und die Zuschauer auf dem Rasen. Im Mittelpunkt des Programms stehen von Raja Swathi Thirunal (1813–1846), dem „Musikerkönig", komponierte Lieder. Näheres zum Festival beim KTDC Tourist Office.

CVN Kalari und Chalai Bazaar

Die CVN Kalari Sangam in einem Backsteingebäude etwa 500 m südwestlich des Tempels in East Fort zählt zu den bedeutendsten **Kalarippayattu**-Schulen in Kerala. Sie lockt Schüler aus der ganzen Welt an und wurde 1956 von C. V. Narayanan Nair begründet, einer der Persönlichkeiten, die für die Wiederbelebung des Kampfsports verehrt werden. Hier kann man den Sportschülern bei ihren Übungen in der in die Erde eingelassenen Kampfarena (*kalari*) zusehen, ◐ Mo–Sa 6.30–8 Uhr. Ausländer können an den vom Haupttrainer, dem *gurukkal,* organisierten Kursen teilnehmen, allerdings wird Erfahrung in einer Kampfsportart und/oder im Tanz vorausgesetzt. Wer an traditioneller **ayurvedischer Massage** interessiert ist, kann sich der Schlange von Einheimischen anschließen, die die erfahrenen Ayurveda-Doktoren der Schule aufsuchen, ◐ Mo–Sa 10–13 und 17–19.30, So 10–13 Uhr.

Der Haupthandelsplatz für Textilien in der Stadt ist der **Chalai Bazaar**, der große Markt, der sich östlich des Festungsbezirks erstreckt. In kleinen Läden werden hier Stoffballen, Blumen, Weihrauch, Gewürze, Glockengutlampen und Feuerwerkskörper verkauft – ein reizender Ort für einen netten Bummel.

Margi-Theaterschule

Thiruvananthapuram ist seit Jahrhunderten ein Zentrum der klassischen Künste Keralas, und die Margi-Theaterschule, ✆ 0471-247 8806, 🖥 www.margitheatre.org, am westlichen Rand des Festungsbezirks hält die Traditionen des Ritualtheaters der Region am Leben. Auf dem Lehrplan stehen vor allem das Tanzdrama **Kathakali** und die seltener zur Aufführung gebrachte Theaterform **Kutiyattam** (s Kasten S. 1182/1183). Die meisten Besucher kommen hierher, um sich eine der authentischen Kathakali- oder Kutiyattam-Vorstellungen anzuschauen, die im kleinen Theater der Schule aufgeführt werden; Anfangszeiten sind der Schulwebsite zu entnehmen. Der Weg zur Schule führt vom SP-Fort-Krankenhaus westlich des Forts 200 m Richtung Norden. Die Schule befindet sich etwas abseits der Westseite der Hauptstraße in einem großen Gebäude mit roten Ziegeln und Blechdach hinter der Highschool (das Schild der Schule ist auf Malayalam).

Napier Museum und Shri Chitra Art Gallery

Geht man vom Nordende der MG Road (gegenüber dem Informationsbüro von Kerala Tourism) eine Minute in östlicher Richtung, erreicht man den Eingang zu Thiruvananthapurams **Public Gardens**. Abgesehen davon, dass dies die grüne Lunge der Stadt ist, befinden sich in diesem öffentlichen Park auch die besten Museen der Stadt.

Das verstaubte und wenig informative Naturkundemuseum kann man allerdings getrost auslassen, stattdessen sollte man das interessantere **Napier Museum** für Kunst und Kunsthandwerk (◐ Di–So 10–17 Uhr, Eintritt Rs5) ansteuern. Das

Thiruvananthapuram
(Trivandrum)

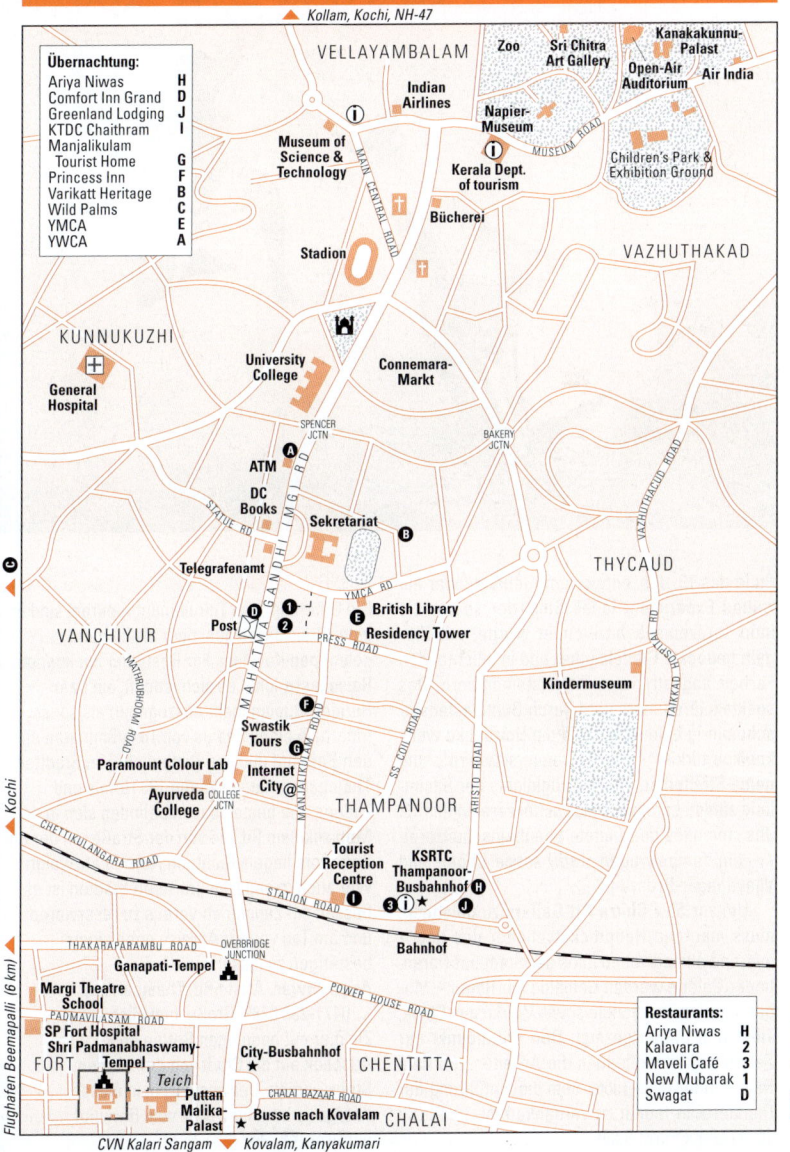

N • 0 — 250 m

Übernachtung:
Ariya Niwas	H
Comfort Inn Grand	D
Greenland Lodging	J
KTDC Chaithram	I
Manjalikulam Tourist Home	G
Princess Inn	F
Varikatt Heritage	B
Wild Palms	C
YMCA	E
YWCA	A

Kollam, Kochi, NH-47

VELLAYAMBALAM
Zoo
Sri Chitra Art Gallery
Kanakakunnu-Palast
Indian Airlines
Open-Air Auditorium
Air India
Museum of Science & Technology
Napier-Museum
MUSEUM ROAD
Kerala Dept. of tourism
Children's Park & Exhibition Ground
Bücherei
MAIN CENTRAL ROAD
Stadion
VAZHUTHAKAD

KUNNUKUZHI
General Hospital
University College
Connemara-Markt
SPENCER JCTN
BAKERY JCTN
STATUE ROAD
ATM
DC Books
Sekretariat
VAZHUTHACAUD ROAD
Telegrafenamt
YMCA RD
THYCAUD
VANCHIYUR
Post
British Library
Residency Tower
PRESS ROAD
Kindermuseum
MATHRUBHOOMI ROAD
Swastik Tours
MAHATMA GANDHI (MG) RD
HOSPITAL ROAD
Paramount Colour Lab
Internet City @
MANJALIKULAM ROAD
THAMPANOOR
Ayurveda College
COLLEGE JCTN
SS COIL ROAD
ARISTO ROAD
TAIKAUD ROAD
CHETTIKULANGARA ROAD
Tourist Reception Centre
KSRTC Thampanoor-Busbahnhof
Kochi
STATION ROAD
Bahnhof
THAKARAPARAMBU ROAD
OVERBRIDGE JUNCTION
Ganapati-Tempel
Flughafen Beemapalli (6 km)
PADMAVILASAM ROAD
POWER HOUSE ROAD
Margi Theatre School
SP Fort Hospital
Shri Padmanabhaswamy-Tempel
City-Busbahnhof
CHENTITTA
FORT
Teich
CHALAI BAZAAR ROAD
Puttan Malika-Palast
Busse nach Kovalam
CHALAI

CVN Kalari Sangam ▼ Kovalam, Kanyakumari

Restaurants:
Ariya Niwas	H
Kalavara	2
Maveli Café	3
New Mubarak	1
Swagat	D

Kerala

www.stefan-loose.de/indien

Thiruvananthapuram 1123

> Besser nur zugucken: In Thiruvananthapuram gibt es eine der besten Kalarippayattu-Schulen Keralas

Ende des 19. Jhs. entworfene Gebäude war ein frühes Experiment jenes Stils, der später als indo-sarazenisch bezeichnet wurde: mit Ziegeln gedeckte Giebeldächer und in leuchtenden Farben angestrichene Ziegelsteinmauern. Das spektakuläre Innere wird durch Buntglasfenster schummrig beleuchtet, und die Holzdecke weist knallige türkis- und pinkfarbene sowie rote und gelbe Streifen auf. Zu den Highlights der Sammlung zählen keralische Holzschnitzereien des 15. Jhs., minutiös gearbeitete Elfenbeinschnitzereien, ein Tempelwagen *(rath)* sowie Chola- und Vijayanagar-Bronzen.

Um zur **Shri Chitra Art Gallery** zu gelangen, muss man den Hauptticketschalter des deprimierend altmodischen Zoos der Stadt passieren. In der Galerie werden Gemälde der Rajput-, Mogul- und Tanjore-Schule sowie Werke aus China, Tibet und Japan gezeigt. Den Mittelpunkt der Sammlung bilden jedoch die Arbeiten von Raja Ravi Varma (1848–1906), dem die Einführung der Ölmalerei in Indien zu verdanken ist. ⏱ Di–So 10–17 Uhr, Eintritt Rs50.

Übernachtung

Die Unterkünfte in Thiruvananthapuram sind in jeder Preisklasse günstiger als im nahe gelegenen Kovalam. Für Besucher mit knapper Reisekasse lohnt es sich jedoch, ein paar Hundert Rupien mehr auszugeben als sonst. Innerhalb eines Radius von 10 Fußminuten um den Bahnhof und den Busbahnhof im Stadtteil Thampanoor liegen knapp 100 Hotels und Lodges. Die besten davon befinden sich in der Manjalikulam Rd, die von der Straße, an der die Bahnhöfe liegen, Richtung Norden abzweigt. Wie auch in anderen größeren Städten ist es besser, ein Zimmer im Voraus zu reservieren und am Tag vor der Anreise noch einmal bestätigen zu lassen.

Ariya Niwas, Aristo Rd, Thampanoor, ✆ 0471-233 0789. Große, makellos saubere Zimmer mit bequemen Betten und Ausblick auf die Stadt von den oberen Stockwerken. Der beste Deal in dieser Kategorie und nur 2 Min. vom Bahnhof entfernt. ❹–❺

Comfort Inn Grand, gegenüber dem Secretariat, MG Rd, ℅ 0471-247 1286, 🖥 www.comfortinngrand.in. Schickes neues Hotel für Geschäftsreisende im Stadtzentrum, 2005 komplett neu ausgestattet. Größere und vornehmere „executive"-Zimmer mit dem besten Ausblick befinden sich im obersten Stockwerk. Gutes vegetarisches Restaurant mit AC. ❻–❽

Greenland Lodging, Aristo Rd, Thampanoor, ℅ 0471-232 8114. Große, gut geführte Unterkunft, die beste in der Nähe von Busbahnhof und Bahnhof. Makellos saubere Zimmer mit Du/WC für Rs270 – reservieren oder vor 12 Uhr herkommen! ❷

KTDC Chaithram, Station Rd, ℅ 0471-233 0977, 🖥 www.ktdc.com. Großes staatliches Hotel in einem Hochhaus beim Bahnhof und beim Busbahnhof von Thampanoor. Unterschiedlich teure geräumige Zimmer (einige mit AC), Restaurants, Reisebüro, Autovermietung, Schönheitssalon, Internet-Café, Buchladen und Bar. ❹–❻

Manjalikulam Tourist Home, Manjalikulam Rd, Thampanoor, ℅ 0471-233 0776. Das glitzernde Erdgeschoss mit viel Glas und Marmor täuscht – oben erwartet die Gäste eine einfache Budget-Unterkunft mit verschieden teuren Zimmern, alle sauber und mit guten, bequemen Matratzen. ❹

Princess Inn, Manjalikulam Rd, Thampanoor, ℅ 0471-233 9150, ✉ princess.inn@yahoo.com. Sehr saubere, respektable Budget-Unterkunft in der Nähe der Bahnhöfe. Eines der einladenderen und preisgünstigeren kleinen Hotels in dieser geschäftigen Gegend. ❸

Varikatt Heritage, Poonen Rd, Nähe Cantonment Police Station, hinter dem Secretariat (braune Tore!), ℅ 9895 239055 oder ℅ 0471-233 6057, 🖥 www.varikattheritage.com. Die einzige Unterkunft in Thiruvananthapuram in einem historischen Privathaus, geführt von dem entgegenkommenden pensionierten Colonel K. K. Kuncheria – ein echtes Juwel! Wunderschöner Kolonialbungalow aus den 1830er-Jahren mit stimmungsvollen Suiten vorne (US$125) und weniger ansehnlichen DZ hinten (US$110). ❾

Wild Palms, Mathrubhoomi Rd, ℅ 0471-247 1175, 🖥 www.wildpalmsonsea.com. Vornehmes

Günstig, aber oft ausgebucht

YMCA, YMCA Rd, Nähe Secretariat, ℅ 0471-233 0059, ✉ ymcatvm@sancharnet.in. Adrette, schick eingerichtete Zimmer, viel Komfort für wenig Geld. Riesige „Luxus"-Zimmer mit großen Bädern, EZ ab Rs220; einige mit AC. Sehr preisgünstig, muss aber mindestens zwei Wochen im Voraus gebucht werden. ❸–❹

Gästehaus in einem modernen Wohnhaus zehn Fußminuten von der MG Rd entfernt. Sehr große, preisgünstige Zimmer mit Bad. Dieselben Betreiber führen auch das Wild Palms on Sea ℅ 0471-275 6781, mit Cottages rund um einen Pool, 20 km westlich der Stadt in einem Kokosnusshain am Strand. ❺–❼

YWCA, Spencer Junction, ℅ 0471-247 7308. Makellos saubere DZ mit Bad im 4. Stock eines schmuddeligen, heruntergekommenen Bürogebäudes. Einige Zimmer ohne AC. Sicher und zentral gelegen, wird pünktlich um 22.30 Uhr zugesperrt. Hauptsächlich für Frauen, aber auch Paare und Männer sind willkommen. ❸–❹

Essen

In Thiruvananthapuram finden sich an fast jeder Ecke gut frequentierte, saubere Lokale, in denen frische *dosas, iddli-vada-sambar* und andere traditionelle Udipi-Snacks auf den Tisch kommen. Außerdem gibt es oft wunderbare *thalis* („meals") im Kerala-Stil.

Kalavara, Press Rd. Eines der beliebtesten Restaurants der Stadt mit gemischter Küche in einer Seitenstraße der MG Rd. Der Speisesaal im 1. Stock ist unansehnlich, ab 18.30 Uhr öffnet aber zusätzlich eine attraktivere Dachterrasse unter einem zeltartigem Schutzdach. Plastikmöbel, aber schmackhaftes und günstiges Essen, zumeist nicht-vegetarisch. Auf der Karte stehen vor allem Fisch, Rind-, Hammel- und Schweinefleisch, außerdem gibt es von 12.30 bis 14 Uhr Fischcurry-Mahlzeiten.

Maveli Café, neben dem Busbahnhof an der Station Rd, Thampanoor. Diese Filiale der Kette Indian Coffee House in einem ausgefallenen, spiralförmigen Bau (entworfen vom kürzlich

Einheimische lieben es!

Arya Niwas, im Hotel Arya Niwas, Aristo Junction, Thampanoor. Ausgezeichnete südindische vegetarische *thalis* auf Bananenblättern in einem tadellos sauberen Speisesaal im Erdgeschoss des Hotels. Zuerst muss man ein Ticket kaufen (Rs40 pro Kopf), aber der Laden ist zu Recht äußerst beliebt bei den Einheimischen. Beste Essgelegenheit in der Stadt!

verstorbenen britisch-indischen Architekten Laurie Baker) ist eine Institution in Thiruvananthapuram. Kellner mit Turbanen servieren *dosas, vadas,* fettige Omeletts, große Portionen Biryani und den üblichen (schwachen und süßlichen) Kaffee. Ein Muss, wenn auch etwas schmuddelig.
New Mubarak, Nähe Press Rd, Statue. Tolles kleines schnörkelloses Lokal in einer Seitenstraße, das für seine wunderbaren moslemischen Gerichte von der Malabar-Küste berühmt ist, vor allem für sein Seafood. Es gibt Masalas mit Seebrasse, Königsdorsch, indischen Fadenfisch und Perlleuchtfisch, außerdem riesige Garnelen, Tintenfisch und Krebse, serviert mit echtem Maniok-Curry und dem berühmten hauseigenen Seafood-Pickle – und das zu Preisen, von denen man in Kovalam nur träumen kann (die meisten Hauptgerichte kosten Rs75–150). Das Lokal ist allerdings schwer zu finden: Man muss sich durch eine schmale Gasse quetschen, die von der Press Rd abgeht – am besten einfach im Residency Tower Hotel fragen!
Swagat, Comfort Inn Grand, MG Rd. Gute vegetarische nord- und südindische Speisen, serviert von Kellnern mit schwarzen Krawatten in einem wunderbar kühlen AC-Speisesaal mit getönten Fensterscheiben und leiser karnatischer Musik im Hintergrund – genau das Richtige für Leute, die genug haben vom Chaos und der Hitze draußen. Für besonders Hungrige zu empfehlen: das „Swagat Special" für Rs100.

Sonstiges

Fotoausrüstung
Paramount Colour Lab, Ayurveda College Junction, MG Rd, allerneueste Digitaldruckgeräte, Andenkenkarten, Datentransfer auf CD.

Geld
An der MG Rd gibt es eine Reihe von Banken, die Geldautomaten haben und Reiseschecks und Bargeld umtauschen, z. B. HDFC, SBI, UTI und ICICI.
Thomas Cook hat einen Schalter am Flughafen und ein Reisebüro im Erdgeschoss des Soundarya Building (beim großen Bekleidungsgeschäft Raymond), MG Rd, ⏲ Mo–Sa 9.30–18 Uhr.

Informationen
Die Informationsschalter am **Flughafen**, ✆ 0471-250 1085, haben zu den Flugzeiten geöffnet.
Kerala Tourism (KTDC) unterhält auch Informationskioske mit Infos und Plänen im Hauptgebäude des **Busbahnhofs Thampanoor**, ✆ 0471-232 7224, ⏲ Mo–Sa 10–17 Uhr. Ein weiterer Schalter befindet sich im **Bahnhof**, ✆ 0471-233 4470.
Das theoretisch rund um die Uhr geöffnete **Hauptbesucherzentrum** der staatlichen Tourismusbehörde befindet sich 150 m südlich des Napier-Museums in der Museum Rd, ✆ 0471-232 1132, 🖥 www.keralatourism.org. Außerdem gibt es noch ein Besucherzentrum der KTDC neben dem KTDC Chaitram Hotel an der Station Rd, ✆ 0471-233 0031, 🖥 www.ktdc.com. Hier werden auch Buchungen für die preiswerten Hotels der KTDC-Kette erledigt und Tickets für verschiedene geführte Touren verkauft (siehe Touren).

Internet
Internet City, Manhalikulam Rd (s. Karte S. 1123), Thampanoor, Rs20/Std.
Winziges und enges Cybercafé hinten in der Lobby des **KTDC Chaithram Hotel** beim Busbahnhof (Rs30/Std.).

Medizinische Hilfe
SP Fort Hospital, bei der Margi-Schule in West Fort, ✆ 0471-245 0540, 24-Std.-Notaufnahme und Orthopädie-Fachklinik.
Cosmopolitan Hospital, in Pattom, ✆ 0471-244 8182, privates Krankenhaus, auch zu empfehlen.

Post
GPO, MG Rd, südlich vom Secretariat, mit Poste-restante-Schalter, ⏰ tgl. 8–18 Uhr.

Touren
Die meisten der **KTDC-Touren**, auch die Stadtrundfahrten (tgl. 8.30–19 Uhr für Rs130; 1/2 Tag 8.30–13 Uhr bzw. 14–19 Uhr für Rs70/80), werden viel zu schnell abgehandelt, doch wer wenig Zeit hat und zur Südspitze Indiens möchte, kann sich der **Kanyakumari-Tour** anschließen (tgl. 7.30–21 Uhr für Rs250), die zum Padmanabhapuram-Palast (außer Mo), zum Suchindram-Tempel und nach Kanyakumari führt.

Nahverkehr

Motor-Rikschas
Eine Fahrt nach Kovalam kostet ca. Rs100–150.

Busse
Halten am städtischen Busbahnhof, dem City Bus Stand, in East Fort, 10 Gehminuten südlich vom KSRTC-Busbahnhof und dem Bahnhof (z. B. nach Kovalam).

Taxis
Eine Fahrt nach Kovalam kostet ca. Rs250–275 (Vorsicht vor überhöhten Preisforderungen).

Transport
Thiruvananthapuram ist der Hauptverkehrsknotenpunkt der Küsten- und Binnenlandrouten.

Busse
Busse nach KOVALAM starten alle 20–30 Min. von einer Haltestelle etwas südlich des City-Busbahnhofs in East Fort (s. o.). Alle anderen Busse verkehren vom **KSRTC-Fernbusbahnhof in Thampanoor**.
Busse nach VARKALA fahren in unregelmäßigen Abständen, und einige Verbindungen sind quälend langsam, da sie durch Dutzende von Dörfern führen; die Fahrt dauert dann 2 1/2 Std. statt der 90 Min. in den „superschnellen" Bussen, die die Nationalstraße benutzen.
Für die Fahrt nach Norden (Kollam, Alleppey, Ernakulam und Thrissur) sind die besten Verbindungen die „super-deluxe a/c"-Busse um 6 und 17.30 Uhr.
Tickets für diese Busse wie für alle anderen Fernbusse können im Voraus am Reservierungsschalter in der Haupthalle des Busbahnhofs gekauft werden, ⏰ tgl. 6–22 Uhr. Die staatliche Busgesellschaft von Tamil Nadu, TNSRTC, unterhält in derselben Halle einen eigenen Schalter.
Zahlreiche private Busgesellschaften bieten Fernverbindungen in andere Bundesstaaten an. Die meisten Reisebüros konzentrieren sich in der Aristo Rd unweit vom Hotel Greenland Lodging.

Busse nach:
ALAPPUZHA (5x tgl., 4 Std.),
CHENNAI (4x tgl., 18 Std.),
KANYAKUMARI (9x tgl., 2 1/2 Std.),
KOCHI / ERNAKULAM (alle 2 Std., 5–6 Std.),
KOLLAM (alle 2 Std., 1 1/2–2 Std.),
KOTTAYAM (alle 30 Min., 4 Std.),
KOZHIKODE (8x tgl., 11–12 Std.),
KUMILY (1x tgl., 9 Std.),
MADURAI (5x tgl., 7–8 Std.),
MANGALORE (1x tgl., 16 Std.),
MUNNAR (3x tgl., 9–10 Std.),
NEDUMANGAD (stdl., 3/4–1Std.),
NEYYAR DAM (stdl., 1 1/4 Std.),
PONMUDI (6x tgl., 2–2 1/2 Std.),
THRISSUR (stdl., 8–9 Std.),
VARKALA (10x tgl., 1 1/2–2 1/2 Std.).

Eisenbahn
Keralas Hauptstadt besitzt sehr gute Bahnverbindungen zu anderen größeren und kleineren Städten des Landes. Allerdings kann es problematisch sein, kurzfristig eine Fahrkarte für eine lange Strecke zu bekommen. Die **Reservierung** sollte daher so früh wie möglich am (mit Computer versehenen) Reservierungsschalter im Bahnhof erfolgen, ⏰ Mo–Sa 8–14 und 14.15–20, So 8–14 Uhr.

Züge nach:
ALAPPUZHA (3–5x tgl., 2 3/4–3 1/4 Std.),
BENGALURU (1x tgl., 18 Std.),
CHENNAI (4–5x tgl., 16 1/2–18 3/4 Std.),
KANYAKUMARI (2x tgl., 2 Std.),
KOCHI / ERNAKULAM (12–16x tgl., 4–5 Std.),

Die schnellsten und / oder praktischsten Züge ab Thiruvananthapuram

Zielort	Name	Nr.	Häufigkeit	Abfahrt	Fahrtdauer
Alapuzzha	Netravati Express**	6346	Tgl.	10 Uhr	2 3/4 Std.
Bengaluru	Bangalore Express	6525	Tgl.	12.55 Uhr	18 Std.
Chennai	Chennai Mail*	2624	Tgl.	14.30 Uhr	16 1/2 Std.
Delhi	Rajdhani Express**	2431	Di u. Do	19.15 Uhr	42 1/2 Std.
	Kerala Express	2625	Tgl.	11.15 Uhr	52 1/2 Std.
Ernakulam/Kochi	Kerala Express	2625	Tgl.	11.30 Uhr	4 Std.
Kanyakumari	Kanyakumari Express	1081	Tgl.	11.30 Uhr	1 Std.
Kollam	Kerala Express	2625	Tgl.	7.30 Uhr	1 1/2 Std.
Kottayam	Cape–Mumbai Express	1082	Tgl.	8.10 Uhr	2 1/2 Std.
Madgaon (Goa)	Netravati Express	6346	Tgl.	10 Uhr	19 3/4 Std.
Madurai	Anantapuri Express	6124	Tgl.	16.20 Uhr	6 3/4 Std.
	Madurai Passenger	728	Tgl.	8.20 Uhr	9 Std.
Mangalore	Mangalore Express	6347	Tgl.	20.45 Uhr	14 1/2 Std.
	Parasuram Express**	6349	Tgl.	6.10 Uhr	13 1/2 Std.
Mumbai	Netravati Express**	6346	Tgl.	10 Uhr	30 3/4 Std.

* via Kollam, Varkala, Kottayam, Ernakulam und Palakkad
** via Kollam, Ernakulam, Thrissur, Kozhikode und Kannur

KOLLAM (13–16x tgl., 1–1 1/2 Std.),
KOTTAYAM (9–10x tgl., 2–2 3/4 Std.),
KOZHIKODE (3–5x tgl., 9–10 1/2 Std.),
MADGAON (Goa) (1–3x tgl., 15 1/4–20 1/4 Std.),
MADURAI (3x tgl.; 6 3/4–9 Std.),
MUMBAI (2–3x tgl., 30 3/4–42 1/4 Std.),
THRISSUR (10–12x tgl., 5 3/4–7 Std.),
VARKALA (12–13x tgl., 3/4–1 Std.).

Flüge

Der **Flughafen East Beemapalli** (mit Verbindungen zu den meisten größeren Städten Indiens sowie nach Sri Lanka, zu den Malediven und in den Nahen Osten) liegt 6 km südwestlich der Stadt. Es besteht eine Direktverbindung per Flughafenbus oder Bus Nr. 14 zwischen dem Flughafen und dem City Bus Stand (Stadtbusbahnhof). Die Fahrt ins Zentrum kostet mit einer Motor-Rikscha ca. Rs80. Außerdem gibt es auch einen praktischen Schalter, an dem man Taxis im Voraus bezahlen kann (zum Bahnhof Rs180, zum Lighthouse Beach in Kovalam Rs385). Kurz vor dem Ausgang der Ankunftshalle gibt es einen Informationskiosk von Kerala Tourism und einen Geldwechselschalter von Thomas Cook.

Fluggesellschaften

Indian Airlines, Air Centre, Mascot Junction, ✆ 0471-231 4781,
am Flughafen ✆ 0471-233 1063;
Jet Airways, Akshaya Towers, First Floor, Sasthamangalam Junction, ✆ 0471-272 8864;
am Flughafen ✆ 0471-250 0710;
Air India, Museum Rd, Vellayambalam Circle, ✆ 0471-231 0310;
am Flughafen ✆ 0471-250 0585;
IndiGo, Krishna Commercial Complex, First Floor, Bakery Junction, ✆ 0471-233 0227;
Sri Lankan Airlines, Spencer Building, Palayam, MG Rd, ✆ 0471-247 1815,
Flughafen ✆ 0471-250 1140.

Flüge nach:

BENGALURU (DN, IC, IT, 9W, 9x tgl., 1 Std.),
CHENNAI (9W, DN, IC, I7, 13–15x tgl., 1–1 3/4 Std.),
COIMBATORE (DN, 1x tgl., 3/4 Std.),
DELHI (1–3x tgl., 3 Std.),

GOA (IT, 1x tgl.; 5 1/4 Std.),
HYDERABAD (I7, 1x tgl.; 2 1/2 Std.),
KOCHI (DN, IX, IC, IT, S2, 10x tgl.; 1/2 Std.),
MANGALORE (IT, 1x tgl.; 3 3/4 Std.),
MUMBAI (DN, IC, 9W, 5–6x tgl., 2 Std.),
TIRUCHIRAPALLI (IC, 4x wöchentl., 1 Std.),
TIRUPATI (IT, 4x wöchentl., 2 3/4 Std.).
(**AI** = Air India, **I7** = Paramount Airways,
IC = Indian Airlines, **IT** = Kingfisher,
IX = Air India Express, **DN** = Air Deccan,
S2 = JetLite, **9W** = Jet Airways, **G8** = Go Air)

Kovalam und die Strände

Das Küstendorf Kovalam liegt zwar nur 14 km südlich von Thiruvananthapuram, aber da es sich um den touristisch am besten erschlossenen Urlaubsort Keralas handelt, unterscheidet es sich erheblich vom Rest des Bundesstaates. Bereits vor drei Jahrzehnten begannen Hippie-Traveller den Ort zu bevölkern, doch erst Anfang der 90er-Jahre, als die ersten Pauschaltouristen in Kerala eintrafen, kam der Boom richtig ins Rollen. Seitdem hat sich der Ort so sehr verändert, dass er kaum wiederzuerkennen ist. Die Preise klettern immer höher, die Bautätigkeit nimmt kein Ende, und in der Hochsaison wird der Strand von Pauschaltouristen übervölkert.

Kovalam besteht aus vier recht kleinen Sandstränden. Der südlichste, **Lighthouse Beach**, ist das Ziel der meisten Besucher. Um von einem Ende zum anderen zu gelangen, braucht man rund zehn Minuten, entweder direkt am Wasser entlang oder über eine von zahllosen Schleppern bevölkerte Betonpromenade vor der Kulisse eines langen Streifens aus Resorthotels, Gästehäusern und Restaurants. Auf dem Felsvorsprung am südlichen Ende des Strandes steht das auffälligste Wahrzeichen der Gegend, der rot-weiß gestreifte **Leuchtturm**. Er ist jeden Nachmittag für zwei Stunden geöffnet, und dann kann man die 142 Stufen der Wendeltreppe und zwölf Leitersprossen hinauf zur Aussichtsplattform erklimmen.

An klaren Tagen eröffnet sich von oben ein Blick über die Strände bis zur Moschee von Beemapally im Norden und bis nach Poovar im Süden.

Südlich des Leuchtturms hinter einer winzigen Bucht mit weißem Sand erstreckt sich ein viel größerer Strand, wo es einige vereinzelte, teurere Hotels gibt. Er ist über einen Pfad zu erreichen, der vor Varma's Beach Resort von der Lighthouse Rd abzweigt (s. Karte S. 1130/1131). Viele Touristen halten diesen Bereich für Privatgelände, er ist aber frei zugänglich.

Richtung Norden, jenseits eines kleinen Felsvorsprungs liegt der **Hawah Beach** – fast ein Spiegelbild des volleren Lighthouse Beach, aber größtenteils von menschenleeren Palmenhainen gesäumt. Morgens, bevor die Sonnenanbeter eintrudeln, versammeln sich hier die Fischer, um riesige Netze von Hand durch das seichte Wasser zu ziehen, wobei sie ihre Arbeit mit rhythmischen Gesängen begleiten.

Nördlich der nächsten Landspitze schließt sich der **Kovalam Beach** an, über dem die winkeligen Chalets des Leela-Luxushotels thronen. Der Strand, an dem auch eine kleine Moschee steht, wird gleichermaßen von Urlaubern und einheimischen Fischern genutzt. Um hierher zu gelangen, folgt man der Straße hinter dem Busbahnhof, die bergab führt. Einen kurzen Spaziergang weiter Richtung Norden liegt der **Samudra Beach**, der besonders bei Flut sehr wenig Fläche bietet. Dort konzentriert sich um einen kleinen Tempel eine Gruppe von Resorthotels für Pauschaltouristen.

Warnung!

Aufgrund tückischer Gezeitenwechsel und einer reißenden Strömung, insbesondere während des Monsuns, ist das Schwimmen im Meer vor Kovalam nicht immer ungefährlich. Durch den Einsatz von Rettungsschwimmern (zu erkennen an den blauen Hemden) wurde die Zahl der Todesfälle zwar reduziert, dennoch ertrinken hier jedes Jahr einige Touristen und viele andere bringen sich in Lebensgefahr. Daher muss man sich unbedingt und zu jeder Zeit nach den Warnfähnchen richten und Kinder nicht aus den Augen lassen. Auf halber Höhe des Lighthouse Beach befindet sich eine Erste Hilfe-Station.

Kovalam

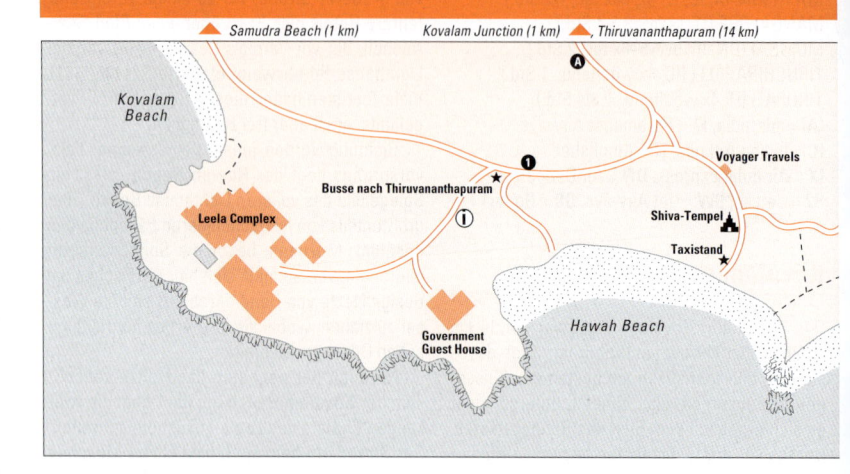

Samudra Beach (1 km)   Kovalam Junction (1 km)   Thiruvananthapuram (14 km)

Kovalam Beach
Leela Complex
Busse nach Thiruvananthapuram
Voyager Travels
Shiva-Tempel
Taxistand
Government Guest House
Hawah Beach

Tagsüber ist der Strand wenig einladend. Das ändert sich jedoch abends, dann locken hier zahlreiche Restauranttische.

Übernachtung

In Kovalam wimmelt es von Unterkünften, wobei gute billige Zimmer schwierig zu finden sind, denn praktisch alle Budget-Gästehäuser sind auf Vordermann gebracht worden, um den vielen Touristen gerecht zu werden, die um Weihnachten und Neujahr hier einfallen. Die Hotelzimmer sind außerdem schon Wochen vorher ausgebucht, deshalb unbedingt reservieren.

Die Preise sind, verglichen mit dem restlichen Kerala, exorbitant, und in der Hochsaison (Dez bis Mitte Jan) kann von Glück sagen, wer ein schlichtes Zimmer für unter Rs500 bekommt. Zu anderen Zeiten kann man ein bisschen handeln (20–50 % Nachlass), vor allem bei einem Aufenthalt von über einer Woche. Die nachfolgend angegebenen Preiskategorien gelten für die Hochsaison.

Blue Sea, 100 m vor der Abzweigung zum Hawah Beach, ℡ 0471-248 1401, ℡ 09439 991992, 🖥 www.hotelskerala.com/bluesea. Ein halbes Dutzend ungewöhnlicher runder Gebäude im Garten hinter einer Villa aus der Kolonialzeit an der Hauptstraße, mit jeweils drei geräumigen, kühlen und preisgünstigen Zimmern, die auf verschiedenen Etagen um einen ziemlich schäbigen Pool herum gruppiert sind. ❺–❻

Green Shore, Lighthouse Rd, ℡ 0471-248 0106, 🖥 www.thegreenshore.com. Gut ausgestattete Zimmer in einem modernen Gebäude beim Leuchtturm. Ein bisschen eingezwängt, aber drinnen schön gestaltet. Große Gemeinschaftsveranden zum Relaxen. ❹–❺

Moon Valley Cottage, hinter dem Lighthouse Beach, ℡ 09446 100291, ✉ sknairkovalam@yahoo.com. Einfaches Budget-Gästehaus am Pfad vom Lighthouse Beach zum Avaduthura Devi-Tempel. Relativ große, nett eingerichtete Zimmer mit Moskitonetzen und gutem Bettzeug. ❸–❹

Rockland, Lighthouse Rd, ℡ 0471-248 0588. Das Rockland gehört zu einer Gruppe von drei zusammengehörenden Budget-Hotels am Weg oberhalb des Südendes des Lighthouse Beach. 6 gemütliche Zimmer mit Bad und Balkon und Ausblick durch die Palmen aufs Meer. Preisgünstig für die Lage. ❹

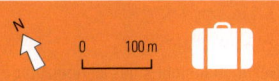

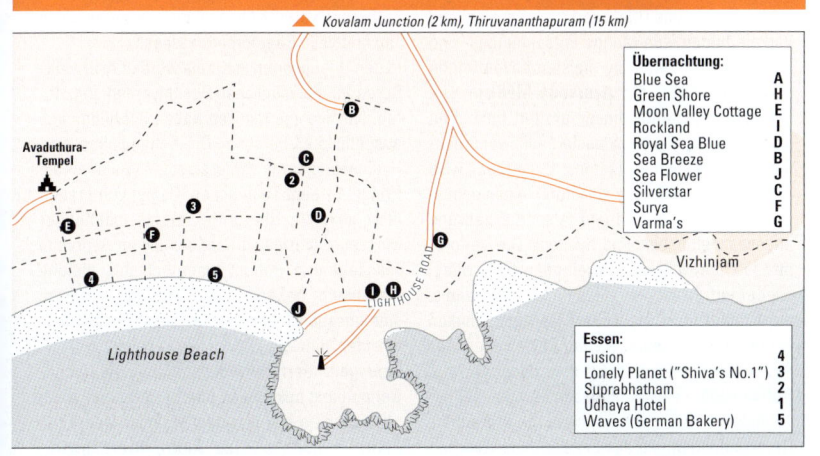

Übernachtung:	
Blue Sea	A
Green Shore	H
Moon Valley Cottage	E
Rockland	I
Royal Sea Blue	D
Sea Breeze	B
Sea Flower	J
Silverstar	C
Surya	F
Varma's	G

Essen:	
Fusion	4
Lonely Planet ("Shiva's No.1")	3
Suprabhatham	2
Udhaya Hotel	1
Waves (German Bakery)	5

Royal Sea Blue, hinter dem Lighthouse Beach, ℡ 0471-212 7857. Neu errichtetes 3-stöckiges Gebäude abseits der Straße in den Palmenhainen, sehr friedliche Lage. Blitzsaubere Zimmer mit Marmorböden und Garten davor; TV, Kühlschrank und optionale AC. ❺–❻

Sea Breeze, hinter dem Lighthouse Beach, ℡ 0471-248 0024. Eine der preisgünstigeren Budget-Unterkünfte, ruhig und abgeschieden in einem Palmenhain gelegen. Große und sonnige Gemeinschaftsbalkone mit Blick auf einen gepflegten tropischen Garten und saubere, für den Preis große Zimmer mit Bad. Yoga-Schule im obersten Stock. ❸–❹

Sea Flower, ℡ 0471-248 0554, 🖳 www.seaflowerbeachresort.com. Näher ans Meer als im orangefarbenen Sea Flower geht es nicht – die Unterkunft erhebt sich am Südende des Lighthouse Beach direkt aus dem Sand. Geräumige, luftige und komfortable Zimmer zum Meer hin auf zwei Etagen; die Zimmer oben kosten Rs350 mehr, sind den Aufpreis wegen des besseren Blicks aber wert. ❹

Silverstar, hinter dem Lighthouse Beach, ℡ 0471-248 2883, ℡ 09895 673443, 🖳 www.silverstar-kovalam.com. Relativ neu, versteckt in den Palmenhainen ein paar hundert Meter vom Strand. Sehr große Zimmer mit Moskitonetzen und Balkonen oder Terrassen um einen schattigen Innenhof; sehr ruhig für Kovalam. ❼

Surya, Lighthouse Beach, ℡ 0471-248 1012, ✉ kovsurya@yahoo.co.in. Sicheres, ruhiges, gut geführtes Gästehaus an einem schmalen Weg, der vom Meer wegführt. Nette Zimmer (mit und ohne AC), einige der Veranden blicken direkt auf benachbarte Gebäude, aber drinnen gibt es viel Platz. ❹ Eine Alternative ist das ebenso adrette White House, ℡ 0471-248 3388, nebenan. ❹

Varma's, Lighthouse Beach Rd, ℡ 0471-248 0478, ✉ varmabeach@hotmail.com. Eine der wenigen Unterkünfte in Kovalam, die versucht haben, traditionelle keralische Architekturformen in die Neugestaltung miteinzubeziehen. Das Ergebnis ist eine attraktive Mischung aus modernem Komfort und dem traditionellen Holz- und Messingdesign der Malabar-Küste. Alle 12 Zimmer mit Seeblick, gute Lage nahe der ruhigeren Bucht südlich des Lighthouse Beach. ❽

Ayurveda in Kerala

Gesundheitstourismus ist heutzutage sehr angesagt in Kerala, und Urlaubsorte wie Kovalam und Varkala bieten jede Menge Entspannungs- und Entgiftungszentren – die meisten davon folgen den Grundsätzen der **Ayurveda-Medizin**. Die keralische Variante dieser uralten indischen ganzheitlichen Heilkunst basiert auf zwei grundlegenden Elementen. Erstens: Der Körper wird von Giften gereinigt, die sich durch einen unausgewogenen Lebensstil und falsche Ernährung angesammelt haben; und zweitens: Das verlorene Gleichgewicht wird durch pflanzliche Mittel wiederhergestellt, vor allem durch Pflanzenöle, die mithilfe unterschiedlicher **Massagetechniken** verabreicht werden. Die erste Anweisung eines Ayurveda-Praktikers ist oft eine *panchakarma*-Behandlung – eine Fünfphasentherapie, bei der schädliche Verunreinigungen durch Erbrechen, Darmspülungen und das Einleiten von medizinischen Ölen durch die Nasenöffnungen beseitigt werden. Andere, weniger beschwerliche Teile der Therapie sind je nach Patient *dhara*, wobei Öle mit geklärter Butter oder Milch gemischt und dann auf die Stirn gegossen werden, *pizhichi*, eine Anwendung, bei der ein Team aus vier Masseuren verschiedene Öle gleichzeitig appliziert, und *sirovashti*. Bei letzterer Behandlung werden die Öle in eine hohe, oben offene und auf den Kopf des Patienten gestülpte Lederkappe gegossen, was recht merkwürdig aussieht. Außerdem wird den Patienten eine spezielle, ausgleichende Ernährung verschrieben, und sie erhalten jeden Tag kraftvolle Ganzkörpermassagen.

In den Urlaubsorten in Kerala werden Ayurveda-Kuren für alle möglichen Beschwerden angeboten. Nur wenige Kliniken haben allerdings voll ausgebildetes Personal. Die Behandlungs- und Hygienestandards variieren stark, wie auch die Preise. Es sind auch schon Klagen von Frauen über sexuelle Übergriffe seitens männlicher Masseure laut geworden, obwohl im Ayurveda Masseur und Patient eigentlich das gleiche Geschlecht haben sollten. Ein anderes Risiko sind unsaubere Öle, die Hautbeschwerden hervorrufen können.

Eine garantiert zufriedenstellende Ayurveda-Behandlung bekommen Interessierte nur, wenn sie sich eine Kur in einem staatlich geprüften Zentrum gönnen. Das **Akkreditierungsprogramm** von Kerala Tourism teilt die Zentren in zwei Klassen: **Green Leaf** bedeutet höchste Hygienestandards, ausgebildetes Personal, keine gemischt-geschlechtlichen Massagen sowie beste Öle und Mittel; **Olive Leaf** bedeutet gleichermaßen verlässliche Qualitätsstandards, aber in traditionellerer keralischer Umgebung. Dies sind die Zentren, die sich normalerweise „Ayurvedic Spa" nennen und meistens einem vornehmen Strandhotel oder Heritage-Resorthotel angeschlossen sind.

Essen und Unterhaltung

Am **Lighthouse Beach** reiht sich ein gleichförmiges Café und Restaurant ans andere. Die meisten sind auf Seafood spezialisiert: Der Gast sucht sich unter den ausgestellten frischen Fischen (z. B. Blue Marlin, Seelachs, Barrakuda und köstlicher indischer Fadenfisch), Hummern, Garnelen, Krabben und Muscheln etwas aus, das dann gewogen, über Holzkohlenfeuer gegrillt oder in einem *tandoor* gegart und mit Reis, Salat oder Pommes serviert wird.

Für indische Verhältnisse sind die Mahlzeiten teuer – normalerweise rund Rs175–350 p. P. für frischen Fisch und das Doppelte für Hummer oder Garnelen – und die Bedienung ist oft ausgesprochen langsam, doch dafür entschädigen das meist sehr gute Essen, das lockere Ambiente und der Blick aufs Meer. Traditionelles keralisches Frühstück bieten die **Teeläden beim Busbahnhof**. Frisch zubereitete köstliche *appams* und *egg masala* gibt es außerdem an einem behelfsmäßigen Unterstand am Weg, der vom Lighthouse Beach zum Avaduthura-Tempel führt. Etwas weiter den selben Weg entlang steht rechts, wo der Pfad auf ein geteertes Sträßchen trifft, eine namenlose schäbige Hütte, wo sich die Einheimischen leckere **Reis-thalis** für etwa Rs20 schmecken lassen – ein etwas provisorisch wirkendes und raues Lokal, aber das Essen ist wirklich köstlich.

Das **Nachtleben** von Kovalam ist nicht gerade aufregend und spielt sich in Strandnähe ab, wo sich Besucher aus dem Westen versammeln, nachdem die Lokale geschlossen haben. In den meisten Cafés gibt es Bier und Spirituosen, wegen der strengen Alkoholbeschränkungen allerdings in diskreten Porzellantassen. Ein paar Restaurants veranstalten auch Filmabende, bei denen Raubkopien der letzten amerikanischen Leinwandhits gezeigt werden.

Fusion, Lighthouse Beach. Das neben dem Waves derzeit „szenigste" Restaurant am Lighthouse Beach bietet auf einer Terrasse im ersten Stock mit Blick auf die Bucht drei kreative Speisekarten („Eastern", „Western" und „Fusion", Hauptgerichte Rs180–225). Empfehlenswert ist besonders der *fish creole* in Orangenvinaigrette mit Kreuzkümmelkartoffeln. Außerdem gibt es eine gute Getränkeauswahl, aus der kraftvollen Anlage tönt indo-westliche Musik, und die Toiletten muss man einfach gesehen haben.

Lonely Planet („Shiva's No.1"), hinter dem Lighthouse Beach. Überdachte Terrasse neben einem Teich voller quakender Frösche, seit langem sehr beliebtes Restaurant einer familiengeführten Budget-Unterkunft. Nord- und südindische vegetarische Standardgerichte. Nichts Aufregendes, für Kovalam aber recht günstig (zumeist Rs50–100). Kulturshow mit *all-you-can-eat*-Buffet mittwochabends (19.30–21 Uhr; Rs175; vorbuchen!).

Suprabhatham, beim Silverstar. Einfaches, beliebtes vegetarisches Café-Restaurant in einem schattigen Garten, günstiges indisches Frühstück, frische Säfte, Lassis und Milchshakes, umfangreiche gemischte Karte – besonders populär: *Bengali aubergine* und *chunky avocado salad*.

Waves (German Bakery), Lighthouse Beach. Schattige Dachterrasse, auf der tagsüber kleine Mahlzeiten, Snacks, deutscher Kuchen und köstlicher, frisch gemahlener Kaffee serviert werden. Nach Sonnenuntergang gibt's anspruchsvollere

Frühstück im Teashop

Udhaya Hotel, beim Busbahnhof. In diesem hinter einem winzigen Gemischtwarenladen versteckten schmalen Teashop mit blau gestrichenen Wänden gibt es das beste keralische Frühstück weit und breit. Riesige Tabletts mit dampfenden *iddiappam* (Reismehl-Vermicelli), *puttu* (Reisrollen) und *appam* (gedämpften Pfannkuchen aus fermentiertem Reisteig) werden zusammen mit *egg masala* und köstlichem *chana vada* serviert. Auch der *chai* ist hervorragend. Wer hier mehr als Rs25 pro Kopf ausgeben will, muss sich schon anstrengen.

Küche in schöner Atmosphäre: Thai- und Kerala-Seafood-Currys, Hummer in Wodka, Fischsteaks mit Sesam-Koriander-Kruste, gedämpfte Garnelen mit Chili und Kokosmilch. Hauptgerichte Rs195–250.

Sonstiges

Bücher

In Kovalam gibt es keinen größeren Buchladen, aber viele der Schneider und Bekleidungsstände führen ein buntes Angebot an gebrauchten Büchern. Eine gute Auswahl bietet ein Stand oben im Waves (German Bakery).

Geld

In Kovalam gibt es viele Geldwechselmöglichkeiten, die privaten haben jedoch meist unterschiedliche Kurse, daher lohnt es sich, ein bisschen herumzufragen. Die **Central Bank of India** hat eine Filiale im Kovalam Beach Resort, die **Andhra Bank** im KTDC Samudra.

Geldautomaten findet man nur in Kovalam Junction, 3 km im Landesinneren an der Nationalstraße (Motor-Rikscha Rs80–100 hin und zurück, S. Karte 390/391).

Informationen

Das freundliche **Tourist Office**, gleich hinter dem Eingang zum Leela Kempinski (ganz in der

Nähe der Stelle, wo auch der Bus hält), ✆ 0471-248 0085, 🖳 www.keralatourism.org, führt zahlreiche Broschüren und informiert über aktuelle (Kultur-)Veranstaltungen. 🕒 tgl. 10–17 Uhr, außerhalb der Saison So geschlossen.

Internet
Zahlreiche Einrichtungen bieten Internet-Zugang für rund Rs40/Std. an.

Reisebüros
Western Travels, nahe Busbahnhof, ✆ 0471-248 1334. Erledigt zuverlässig Flugbestätigungen und vermittelt **Mietwagen**.
Voyager Travels, an dem Weg, der vom Ende des Hawah Beach bergauf führt, ✆ 0471-2481993, vermietet **Motorräder** zu günstigen Preisen (eine Enfield Bullet kostet rund Rs350–500 am Tag, ein Motorroller Rs250–275). Als Sicherheit muss der Führerschein oder Pass hinterlegt werden.
Alternativ dazu kann man für ca. Rs300 eine Fahrt mit einem traditionellen **kettumaran** (*kettu* = „verbunden", *maran* = „Holzklotz") unternehmen, dem übrigens der Katamaran seinen Namen verdankt. Diese bei den Fischern von Kovalam beliebten einfachen Boote bestehen aus fünf Balken, die mit Kokosfaserseilen zusammengebunden werden. Die Boote machen selbst bei nur leicht unruhiger See einen sehr instabilen Eindruck – wenn eine Schwimmweste angeboten wird, zugreifen!

Transport

Busse
Busse aus THIRUVANANTHAPURAM (30–45 Min.) fahren zuerst eine Schleife durch den oberen Teil des Dorfes, bevor sie vor den Toren des Leela Kempinski auf dem Felsvorsprung zwischen den Stränden Hawah und Kovalam halten. Wer nicht hier am nördlichen Ende des Ortes übernachten möchte, sollte schon unmittelbar hinter dem Hotel Blue Sea aussteigen – dort wo die Straße eine Kurve macht. Hier führt ein Weg nach links steil hinunter zum Hawah Beach.

Motor-Rikschas / Taxis
Man kann für die 14 km lange Strecke von/nach THIRUVANANTHAPURAM auch eine Motor-Rikscha (Rs100–125) oder ein Taxi (Rs350–400) nehmen.

Nördlich von Kovalam: Pozhikkara

Wer eine Verschnaufpause vom Kommerz in Kovalam benötigt, findet ganz in der Nähe einige Alternativen. Geht man vom Samudra Beach rund 4 km nach Norden, kommt man an einer Reihe von Fischerweilern vorbei und gelangt schließlich an jenen Punkt, wo sich das Meer und die Backwaters treffen.

Der weiße Sandstreifen an der Flussmündung, der **Pozhikkara Beach**, bildet eine angenehme, viel ruhigere alternative Basis für die Gegend.

Übernachtung und Essen
Lagoona Davina, ✆ 0471-238 0049, 🖳 www.lagoonadavina.com. Kleines, exklusives Hotel an der Flussmündung; kleine, individuell eingerichtete Zimmer mit indischen Stoffen und mit Schnitzereien verzierten Betten. ❾
Beach and Lake Resort, ✆ 0471-238 2086, 🖳 www.beachandlakeresort.com. Gegenüber vom Lagoona (man muss mit dem Boot übersetzen). Es ist etwas einfacher, hat aber eine bessere Lage: näher beim Fischerstrand. ❼
Wer in einem der beiden Hotels gebucht hat, wird vom Flughafen abgeholt, ansonsten stehen Taxis und Motor-Rikschas bereit (6 km auf der Nationalstraße von Thiruvananthapuram Richtung Kovalam, dann hinter der Thiruvallam-Brücke auf die Schilder auf der rechten Seite achten).

Südlich von Kovalam: Vizhinjam bis Poovar

Das Dorf **Vizhinjam** (sprich „Virinjam") auf der Südseite der Landzunge mit dem Leuchtturm ist eine Ansammlung eng zusammenstehender ziegelgedeckter Fischerhütten und war einst die Hauptstadt der Ay-Könige, der frühesten Herrscherdynastie im südlichen Kerala. Aus diesen Zeiten hat eine Handvoll einfacher kleiner Schreine überlebt, die auf einem angenehmen Nachmittagsspaziergang durch die Palmenhaine leicht zu erkunden sind, am besten vom Dorfzentrum statt von der Küstenstraße aus – der Kontrast zwischen der genusssüchtigen Touristenwelt und dem Alltag im Fischerdorf könnte nicht größer sein.

Auf der Südseite der Fischerbucht in der Dorfmitte, nach 50 m auf einer Straße gegenüber der Polizeistation, steht ein kleiner, unvollendeter Felsenschrein aus dem 8. Jh. mit einer Statue eines bewaffneten Shiva. Der Tali-Shiva-Tempel in der Nähe, der über einen kleinen Pfad hinter der staatlichen Grundschule zu erreichen ist, markiert möglicherweise das ursprüngliche Zentrum von Vizhinjam. Die Gruppe von *naga*-Schlangenstatuen an dem kleinen Schrein erinnert an den weiterhin in Kerala lebendigen Kult der Schlangenanbetung, ein Überbleibsel aus vorbrahmanischer Zeit.

Den Küstenabschnitt **südlich von Vizhinjam** säumen goldene Strände, hier und da unterbrochen von einem Felsvorsprung oder einer Flussmündung. Diese eindrucksvolle Landschaft mit ihren dichten Kokosplantagen sieht – verglichen mit Kovalam – friedlich aus, ist aber tatsächlich eine der am dichtesten besiedelten Ecken von Kerala. In den vergangenen zehn Jahren ist so gut wie jeder Meter Land an diesem wunderschönen Küstenstreifen aufgekauft und bebaut worden. Trotzdem lohnt es sich, einen Motorroller zu mieten und die Nebenstraßen und abgelegeneren Strände zu erkunden, wo arme christliche Fischerdörfer neben Luxus-Resorthotels und Ayurveda-Zentren stehen.

Einer der schönsten Ausblicke in dieser Gegend eröffnet sich beim Dorf **Chowara**, 8 km südlich von Kovalam: Von hier ziehen sich die Sandstrände, auf denen Hunderte von Holzbooten liegen, endlos bis zum Horizont.

Übernachtung

Surya Samudra, Pulinkudi, ✆ 0471-248 0413, 🖥 www.suryasamudra.com. Das verträumteste Heritage-Hotel in der Gegend: alte Giebelvillen

Exklusiver Rückzugsort

Karikkathi Beach House, Pulinkudi, ✆ 0471-240 0956, 🖥 www.karikkathibeachhouse.com. Die exquisite kleine Unterkunft inmitten von Palmen oberhalb einer kleinen Bucht liegt nur einen Katzensprung vom Strand entfernt. Es dominiert ein dezenter Stil mit weißen Wänden, Terrakottafliesen und Holzmöbeln, aber man zahlt eher für die Lage als für den Luxus. Eine der begehrtesten Unterkünfte in Südindien, die Exklusivität hat jedoch ihren Preis: DZ US$300, US$585 für das ganze Haus. ⑨

auf einer 8,5 ha großen Landzunge zwischen zwei ruhigen Stränden. US$185–530 pro Nacht. ⑨

Somatheeram, Chowara, ✆ 0471-226 6501, 🖥 www.somatheeram.org. Unterkunft mit Häusern im traditionellen Kerala-Stil mit AC und anderen modernen Annehmlichkeiten, auf Terrassen oberhalb eines Strandes. Das Ayurveda-Zentrum hier zählt zu den besten des Landes. DZ US$125–250. ⑨

Travancore Heritage, ✆ 0471-226 7828, 🖥 www.thetravancoreheritage.com. Den Mittelpunkt dieser extravaganten Anlage bildet ein großartiges, 150 Jahre altes Herrenhaus mit nierenförmigem Pool und Sonnenterrasse. Unterhalb des Hauses stehen 60 alte Bungalows, die hierher versetzt wurden und alle ein eigenes Tauchbecken haben. Zimmer US$125–345. ⑨

Friday's Place, Poovar Island, ✆ 0471-213 3292, 🖥 www.kukimedia.com/fridaysplace. Vier schöne Öko-Cottages aus Teak und Mahagoni mit jeweils eigener Veranda, Solarstromversorgung und bequemen Betten in einem weitläufigen Palmen- und Akaziengarten tief in den Backwaters. DZ US$200 pro Nacht. ⑨

Padmanabhapuram

Die 63 km südöstlich von Thiruvananthapuram gelegene Stadt Padmanabhapuram gehört zwar offiziell zu Tamil Nadu, war jedoch zwischen 1550 und 1750 Hauptstadt von Travancore und ist geschichtlich sehr stark mit Kerala verbunden, von wo sie auch verwaltet wird. Wer sich auch nur ansatzweise für keralische Architektur interessiert, sollte den kleinen **Padmanabhapuram-Palast** aufsuchen, eine unwiderstehliche Attraktion und mit seinen exquisiten Holzschnitzereien, den Böden aus Kokosnuss und Kalk und den alten Möbeln und Wandmalereien das faszinierendste Gebäude weit und breit – allerdings besser nicht an einem Wochenende, denn dann wuseln hier Busladungen von Besuchern herum. ⏱ Di–So 9–16.30 Uhr, Eintritt Rs50, Fotoerlaubnis Rs20.

Transport

Von THIRUVANANTHAPURAM und KOVALAM fahren zahlreiche Busse nach Padmanabhapuram. Man nimmt irgendeinen Bus nach Süden Richtung Nagercoil oder Kanyakumari und steigt in THAKKALY (manchmal Thuckalai geschrieben) aus.

17 HIGHLIGHT

Varkala

Der alte keralische Hindu-Pilgerort Varkala (54 km nordwestlich von Thiruvananthapuram) ist mit seinem spektakulären Strand und den roten Klippen heute ein wesentlich attraktiverer Ferienort als das gnadenlos kommerzialisierte Kovalam. Die Touristenszene konzentriert sich um eine Reihe von Budget-Gästehäusern und palmstrohgedeckten Cafés oben auf den Felsen. Es geht noch relativ geruhsam zu, wenngleich in den letzten Jahren auch hier die ersten Pauschalreisegruppen und Luxushotels Einzug gehalten haben. Es steht zu befürchten, dass sie Vorboten eines kommenden Baubooms sind, denn landeinwärts und an beiden Enden des Strandes schreitet die Bautätigkeit bereits kräftig voran.

Auf Malayalam heißt Varkalas herrlicher weißer Sandstrand Papa Nashini („Sündenvernichter"); er ist aber auch bekannt unter dem Namen **Papanasam Beach**. Schon seit Langem ist der Strand ein wichtiger Ort für die Ahnenverehrung. Nachdem die Gläubigen im angeblich über 2000 Jahre alten Tempel **Janardhana Swamy** gebetet haben, kommen sie hierher, um die Asche ihrer verstorbenen Angehörigen zur letzten Ruhe zu betten. Nicht-Hindus dürfen den Innenhof des Tempels betreten, nicht aber das Allerheiligste.

Der Strand mit seiner Kulisse aus steilen, roten Laterit-Klippen und der Brandung des Arabischen Meeres ist landschaftlich äußerst reizvoll und sogar noch relativ ruhig. Man sollte aber beachten, dass wegen der religiösen Bedeutung des Ortes die Einstellung gegenüber jeder Form von Nacktheit (besonders bei Frauen) hier sehr viel weniger tolerant ist als in anderen Badeorten Indiens. Sonnenanbeter aus dem Westen sollten sich daher auf den nördlichen Strandabschnitt abseits des Hauptgebetsbereichs, der den Bestattungszeremonien vorbehalten ist, beschränken. Hier wird man auch von einer Endlosparade einheimischer Händler versorgt, und Strandwächter achten darauf, dass die Badenden in den sicheren Bereichen innerhalb der Markierungen bleiben: Die Unterströmungen können hier sehr stark sein, und jedes Jahr ertrinken Menschen. Oft sind recht nahe an der Küste Delfine zu sehen, und wer eine Fahrt mit einem Fischerboot arrangiert, kann mit etwas Glück vielleicht sogar mit ihnen schwimmen. Auch Seeotter sind gelegentlich zu beobachten, wenn sie sich auf den Felsen am Meer tummeln.

Nur wenige der Hindu-Pilger stoßen bis zum Gebiet auf den Klippen vor, der **Clifftop Area**, wo sich die Touristenszene konzentriert, die sich in den letzten zehn bis zwölf Jahren hier etabliert hat. Mit Palmenwedeln gedeckte Bambus-Cafés, Restaurants und Andenkenläden drängeln sich am Rand der Klippen, die steil hinunter zum Strand abfallen; am schönsten sind sie bei Sonnenuntergang, wenn der rote Fels wie flüssige Lava glüht. Strand und Clifftop sind durch mehrere steile Treppen im Fels miteinander verbunden.

Entlang der Klippen sind zahlreiche **Ayurveda-Zentren** und **Yoga-Schulen** entstanden. Wie in Kovalam machen sich aber auch hier viele nicht ausgebildete Ayurveda-Anbieter den Trend zunutze. Man sollte sich also erst ein wenig umschauen und auf die Erfahrungen anderer Reisender hören, bevor man sich einer Behandlung unterzieht (s. S. 77). Zwei Ayurveda-Kliniken, die einen guten Ruf genießen, sind Kairali beim Gästehaus Silver Star hinter dem Funky Art Café, ✆ 0470-329 4660, 🖥 www.kala.com, und Prana im Preeth Beach Resort, ✆ 0470-260 0942. Ein Yoga-Lehrer, der beständig von Lesern gelobt wird, ist Vasu, der seine Dienste am Nordende des Clifftop hinter dem Restaurant Papaya anbietet.

Das unverblümt auf den Tourismusmarkt abzielende **Varkala Cultural Centre** hinter dem Restaurant Sunrise am North Clifftop, ✆ 0470-608793, veranstaltet täglich **Kathakali-** und **Bharatanatyam-Tanzvorführungen** (Maske 17–18.45 Uhr, Vorstellung 18.45–20.15 Uhr, Eintritt Rs150), bei denen die Musik live gespielt wird und nicht vom Band kommt. Es handelt sich um eine recht authentische Einführung in diese Kunstformen – ideal für jene, bei denen Kochi (S. 1164) nicht auf dem Reiseplan steht. Das Center bietet außerdem kurze Kurse zu Kathakali-Schminktechniken und -Tanz, Bharatanatyam-Tanz, religiösem Gesang *(bhajan)* und karnatischer Percussion *(mridamgan)*.

Übernachtung

Varkalas zahlreiche Unterkünfte sind fast ausschließlich auf ausländische Gäste ausgerichtet und daher für indische Verhältnisse vergleichsweise teuer. Die Hotels auf den Klippen sind die erste Wahl der meisten Besucher, da hier die Ausblicke besser sind als in den Unterkünften an der Straße zum Strand. Motor-Rikschas fahren vom Bahnhof und vom Tempelteich in Varkala bis zum Hubschrauberlandeplatz oder hinten herum zum North Cliff. Unterwegs lohnt es sich, beim **Government Guest House** haltzumachen, um zu fragen, ob dort vielleicht ein Zimmer frei ist. In der Hauptsaison (Ende Nov–Mitte Feb) kann es Engpässe geben, daher sollte man vorab reservieren. Außerhalb der Saison, etwa ab Mitte April, sind viele Unterkünfte geschlossen. **Hilltop**, North Clifftop, ✆ 0470-260 1237, 🖥 www.hilltopvarkala.com. Herrliche Lage, freundliche, luftige Zimmer mit Du/WC. Teurere Zimmer im OG mit Meerblick (Rs2000), Standardzimmer ohne Aussicht Rs1200, ältere Zimmer im hinteren Erdgeschoss Rs800. ❺–❻

Varkala Beach

Odayam (2 km)

Restaurants:
Café Italiano	2
Funky Art Café	1
Sea Rock	3
Shri Padmam	4
Suprabhatam	5

Kairali Ayurvedic Centre
Durga-Tempel
Prana Ayurvedic Centre
KURAKANNI JUNCTION
NORTH CLIFF
Papanasam Beach
Varkala Cultural Centre

Übernachtung:
Government Guesthouse	K
Hilltop	J
Oceanic	F
Preeth Beach Resort	I
Puthooram	D
Sea Breeze	A
Sea Win Resort	C
Silver Sand	G
Taj Garden Retreat	L
Thiruvambadi Beach Retreat	B
Villa Anamika	H
The Village	E
Villa Jacaranda	M

BEACH ROAD
SOUTH CLIFF
Teich
Janardhana-Swamy-Tempel
Kinetic Garage

❺, M, South Cliff

Edava (6 km)
Varkala Village (3 km), Anchengo (9 km), Thiruvananthapuram (54 km), Sivagiri Mutt (2,5 km)
Kerala

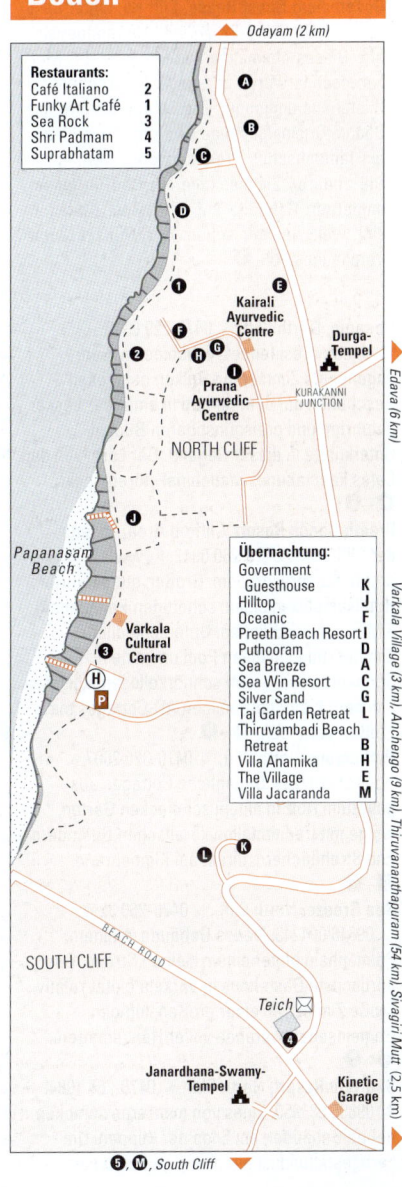

Wohnen wie ein Maharadscha

Government Guest House, Cliff Rd, hinter dem Taj, ✆ 0470-260 2227, 🖥 www.keralatourism.org. Dieses ehemalige Feriendomizil der Maharadschas wurde zu einem ansprechenden Gästehaus umgebaut. Die beiden Zimmer mit Bad im Originalgebäude sind riesig und bieten ein fantastisches Preis-Leistungs-Verhältnis. Die anderen Zimmer (alle mit Bad) in einem modernen Gebäude auf demselben Gelände sind weit weniger schön. Auf Wunsch auch Verpflegung. ❷–❸

Oceanic, North Cliff, ✆ 0470-229 0373, ✉ oceanicresidence@yahoo.co.im. Sehr angenehme Zimmer mit Balkon nahe beim Geschehen auf dem Clifftop in einer der besser geführten und preisgünstigeren Budget-Unterkünfte in dieser Gegend. Der Lärm von den Cafés kann abends manchmal störend sein. ❹–❺

Preeth Beach Resort, Clifftop Area, abseits der Cliff Rd, ✆ 0470-260 0942, 🖥 www.preethbeachresort.com. Großer, gut geführter Hotelkomplex in einem schattigen Palmenhain 5 Min. von den Klippen. Unterschiedliche Zimmer rund um einen Pool und eine Sonnenterrasse – von schnörkellosen billigeren Zimmern bis zu geräumigen AC-Cottages mit großen Veranden. ❹–❽

Puthooram, North Cliff, ✆ 0470-320 2007, ✆ 09895 232209. Behagliche Cottages aus poliertem Holz in einem schmucken Garten, einige mit traditionellen keralischen Geländern und Strohdächern, direkt am Klippenrand. ❹–❼

Sea Breeze, North Cliff, ✆ 0470-260 3257, ✆ 09846 004243. Neues Gebäude in einem Palmenhain hinter einem kleinen Strand. Das nördlichste Gästehaus in Varkala bietet relativ große Zimmer an einer großen, luftigen Gemeinschaftsveranda voller Hängematten. ❺–❼

Sea Win Resort, North Cliff, ✆ 0470-260 1084, ✆ 09895 083950. Eines von mehreren schicken neuen Gebäuden am Ende der Klippen. Die Farbgestaltung ist ein wenig gewöhnungsbedürftig, aber die Zimmer sind groß und haben auf der einen Seite eine geräumige Gemeinschaftsveranda und auf der anderen getrennte Sitzbereiche mit Blick aufs nahe Meer. ❹–❺

Silver Sand, North Cliff, ✆ 09846 826144 oder ✆ 09846 478432. Budget-Gästehaus 200 m von den Klippen entfernt hinter dem Funky Art Café; unschlagbares Preis-Leistungs-Verhältnis. Die 8 marmorverkleideten, einfach möblierten Zimmer sind für den Preis groß und komfortabel, sie haben dicke Matratzen und Türen, die hinaus auf eine gesellige Gästeveranda führen. ❹

Taj Garden Retreat, Cliff Rd, ✆ 0470-260 3000, 🖥 www.tajhotels.com. Nicht das einladendste der Luxushotels der Taj-Kette – die Architektur erinnert eher an spanische Pauschalurlauberhotels als an Kerala –, aber es ist die luxuriöseste Unterkunft in Varkala. Frühstück und Abendbuffet im eleganten Hotelrestaurant im Preis (ab US$250 pro Nacht) inbegriffen. ❾

Thiruvambadi Beach Retreat, North Clifftop, ✆ 0470-260 1028. 🖥 www.thiruvambadihotel.com. Eigenwilliges, familiengeführtes Gästehaus am ruhigen Ende der Klippen mit 15 Zimmern, darunter AC-Suiten auf 2 Ebenen mit großen Balkonen mit Meerblick und kitschiger Einrichtung im Mogul-Stil. ❻–❽

Villa Anamika, North Cliff, ✆ 0470-260 0095, 🖥 www.villaanamika.com. Das einladende Haus 200 m von den Klippen entfernt, wird von einer Künstlerin aus Kerala und ihrem deutschen Ehemann geführt. 5 Zimmer zu unterschiedlichen Preisen, aber alle sind hell, luftig, kühl und schön eingerichtet. Die Gäste können den schönen Garten auf der Rückseite nutzen. Frühstück u. a. mit deutschem Brot und Marmelade aus Eigenproduktion. ❹–❺

The Village, North Cliff, ✆ 09947 155442. Drei neue, schön ausgestattete achteckige Cottages abseits der Straße in einem kleinen Garten. Jedes Cottage mit eigenem Sitzbereich draußen und Kochnische. Gut für Familien. ❻–❼

Villa Jacaranda, South Cliff, ✆ 0470-261 0296. Ein Juwel von einem Gästehaus am ruhigen South Cliff. Geführt von 2 Londonern, die nur 4 Zimmer mit entspannender Farbgestaltung (in meeresblau und violett), stilvollen

Holzmöbeln und frischer weißer Bettwäsche anbieten. Es gibt einen duftenden Garten, einen Seerosenteich und eine Dachterrasse mit Meerblick. Frühstück wird auf den schattigen Veranden serviert. ⑧–⑨

Essen

Die Cafés und Restaurants auf dem Clifftop sind auf Meeresfrüchte spezialisiert, die direkt vor der Küste gefischt und unterschiedlich zubereitet werden. Für Kerala sind die Preise hier recht hoch, und die Bedienung ist eher langsam, aber die tolle Lage macht das wieder wett, besonders abends, wenn auf dem Meer die Lichter weit entfernter Fischerboote glitzern. Außer dem Shri Padman und dem Suprabhatam sind die unten aufgeführten Lokale außerhalb der Saison, also von Ende April bis Okt, geschlossen.

Café Italiano, North Clifftop. Authentische italienische Speisen mit vielen Pizza- und Pasta-Variationen (Rs125–250); die *frutti di mare* nach Art des Hauses sind fast unschlagbar.

Funky Art Café, North Clifftop. Die beliebteste Szene-Kneipe auf dem Clifftop ist von Sonnenuntergang bis in die frühen Morgenstunden immer voll. Es gibt die gewöhnlichen Gerichte für Reisende, aber die meisten Leute kommen hierher, um abzuhängen, zu trinken, zu rauchen und Leute zu treffen, während die Musikanlage ihnen das Trommelfell erschüttert.

Sea Rock, Clifftop, neben dem Hubschrauberlandeplatz. Serviert eine durchschnittliche Auswahl an indischen und westlichen Gerichten und leckeres südindisches Frühstück von 8.30 bis 15 Uhr mit *iddlis* und *masala dosas*. Abends gibt es frischen Fisch, danach Filme auf DVD.

Schlemmen mit Blick auf den Tempelteich

Shri Padman, Temple Junction. Das schmuddelig wirkende Café im Ort macht äußerlich nicht viel her, doch die vegetarischen Gerichte sind billig und ausgezeichnet (Mittags-„meals" für Rs25). Die große Terrasse hinter dem Haus bietet einen Blick auf den Tempelteich – besonders stimmungsvoll zur Frühstückszeit.

Suprabhatam, Varkala-Dorf, 4 km östlich des Strands. Das beste und billigste vegetarische Restaurant in Varkala etwas abseits der Hauptkreuzung im Ort hat einen Speisesaal mit Kokosfasermatten und schmuddeligen rosa Wänden. Die *dosas* und die anderen gebratenen Snacks sind nicht so gut, aber die keralischen Reisplatten-„meals" (12–15 Uhr; Rs20) locken mittags zahllose Einheimische und Reisende hierher.

Sonstiges

Geld

Es gibt verschiedene Geldwechselmöglichkeiten auf den Klippen.

City Tours and Travels, vor dem Hilltop Beach Resort, wechselt Bargeld und Reiseschecks und tätigt gegen eine kleine Gebühr Barauszahlungen auf Kreditkarten. Die nächsten **Geldautomaten** sind die der Banken im Dorf in der Nähe der Kreuzung.

Internet

In Varkala gibt es zahlreiche Internet-Anbieter, die alle Rs40/Std. verlangen.

Motorräder

Werden überall in Varkala vermietet; der gängige Preis beträgt Rs250–300 für eine Enfield Rs350–400. Wer nur ein verlässliches Gefährt sucht, um ein bisschen in der Gegend herumzufahren: die Motorroller der **Kinetic Garage** sind gut in Schuss.

Transport

Busse

Es bestehen regelmäßige Busverbindungen mit dem Thampanoor-Busbahnhof von THIRUVANANTHAPURAM (1 1/2 Std.) und mit KOLLAM (1 1/2 Std.). Manche Busse fahren bis zum Strand, doch die meisten halten 5 Motor-Riksccha-Minuten (Rs40–50) entfernt im Ortszentrum. Wer keinen Direktbus bekommt, sollte einen „superfast"- oder „limited stop"-Bus am NH-47 nach Kallamballam 15 km östlich von Varkala nehmen und dort in einen Minibus (Rs10) nach Varkala umsteigen oder eine Motor-Riksccha (Rs80–100) bzw. ein Taxi (Rs150–175) nehmen.

Eisenbahn

Am Bahnhof von Varkala, 500 m nördlich des eigentlichen Ortes (der wiederum 4 km östlich des Strands um eine geschäftige Straßenkreuzung herum liegt), halten Express- und Passenger-Züge aus THIRUVANANTHAPURAM (6x tgl., 38–55 Min.), KOLLAM (stdl., 45 Min.) und den meisten anderen keralischen Städten entlang der Hauptküstenlinie.

Zwischen Kollam und Cochi

Kollam (Quilon)

Einer der ältesten Handelshäfen an der Malabar-Küste ist Kollam (*„Koillam"* ausgesprochen, hieß früher Quilon), 74 km nordwestlich von Thiruvananthapuram und 85 km südlich von Alappuzha, früher einmal der Hauptumschlagplatz des internationalen Gewürzhandels. Dies war seit frühesten Zeiten ein blühender Hafen, wo freundschaftlicher Handel mit den Phöniziern, Arabern, Persern, Griechen, Römern und Chinesen getrieben wurde. Er wird im persischen *Buch der Reisewege und Königreiche*, das 844–48 von Ibn Khordadbeh zusammengestellt wurde, erwähnt, und dann erneut im 14. Jh. in den Aufzeichnungen des marokkanischen Reisenden Ibn Battuta, der hier in den 1330er-Jahren chinesische Dschunken Pfeffer laden sah.

Heutzutage ist Kollam in erster Linie als einer der Zugangspunkte der **Backwaters** von Kerala bekannt, und die meisten Reisenden verbringen hier nur eine Nacht auf dem Weg von oder nach Alappuzha. Die Stadt, zwischen dem Meer und dem Ashtamudi („Acht Buchten")-See eingepfercht, ist weniger aufregend als ihre Geschichte vermuten lässt. Die weitläufige Marktstadt besitzt ein paar alte, mit glasierten Ziegeln verzierte Holzhäuser und verschlungene Nebenstraßen, in denen die Menschen vom Handel mit Kokosfasern, Cashewnüssen (sind hier sehr günstig), Keramikwaren und Meereserzeugnissen leben.

Von den wenigen übrig gebliebenen Spuren der Kolonialzeit ist die einzige, die einen Umweg lohnt, die ehemalige britische **Residency**, ein großartiges 250 Jahre altes Gebäude am Ufer des Sees, das jetzt als staatliches Gästehaus (s. unten) genutzt wird. Es ist eines der letzten Zeugnisse der Anfangszeiten des britischen Raj in Indien und symbolisiert auf perfekte Art und Weise die damalige Offenheit für einheimische Einflüsse – typisch keralische Giebeldächer thronen über von Säulen gesäumten britischen Veranden. Ein großer Teil des Bauwerks fällt buchstäblich in sich zusammen, aber Besucher sind immer willkommen: Man kann einfach aufkreuzen und den Manager fragen, ob man sich umschauen darf.

Nützliche Einrichtungen wie Wechselbüros, Geldautomaten und Internet-Anbieter finden sich in dem schicken, modernen Einkaufskomplex **Bishop Jerome Nagar** unmittelbar südlich der Hauptstraße zwischen Anleger und Uhrenturm.

Übernachtung

Angesichts der vielen Reisenden, die in der Saison in die Stadt kommen, sind Unterkünfte in Kollam überraschend spärlich gesät – wer spät am Tag eintrifft, sollte also vorausbuchen.
ATDC Beach Retreat, 3 km südlich des Zentrums, ☏ 0474-275 276 3793, 🖳 www.atdcalleppey.com. Typisches staatliches Hotel mit fleckigen Wänden und durchschnittlich großen Zimmern (einige mit AC) direkt am Strand; gutes Preis-Leistungs-Verhältnis. Auf Wunsch Transfer vom Bahnhof (Rs50). ❸–❹
Karthika, abseits der Main Road, nahe der Moschee, ☏ 0474-275 1821. Beliebtes Budget-Hotel in zentraler Lage mit schlichten Zimmern, manche mit AC, rings um einen Patio. ❷

Schlafen wie im Museum

Government Guest House, am Ashtamudi-See, 2 km nordöstlich des Zentrums, ☏ 0474-274 3620. Eine Übernachtung in der ehemaligen britischen Residency (s. links) ist wie eine Nacht in einem Museum. Die Zimmer sind für den Preis gigantisch (die AC-Zimmer im 1. Stock sind am besten). Wie die meisten anderen staatlichen Gästehäuser nimmt auch dieses selten Buchungen entgegen, sodass ein Zimmer nur mit Glück zu ergattern ist. Frühstück und Abendessen erhältlich. ❷–❸

Shah International, Chinnakkada Rd, ℡ 0474-274 2362, ✉ hotelshah@hotmail.com. Moderner Hotelblock in Innenstadtnähe mit Zimmern verschiedener Kategorien. Nicht gerade sehr stimmungsvoll, aber recht komfortabel. ❸–❻

Sudarsan, Parameswar Nagar, ℡ 0474-274 4322. Zentral und beliebt. Sudarsan hält aber nicht, was die elegante Lobby verspricht; verschiedene Zimmer, wobei die AC-Zimmer sauberer und ruhiger sind und ihre Renovierung nicht so lange zurückliegt. ❹–❺

Summerhouse (Nr. 1, 2 & 3), Thirumallawaram und Thankasseri, ℡ 0474-279 4518, ℡ 09895 662839, ✉ contactsummerhouse@hotmail.com. Diese drei Häuser werden vom zuverlässigen Mr. Shashi geführt und bieten reizende einfache Unterkünfte in Seenähe oder direkt am See am nordwestlichen Stadtrand. Das schönste der Häuser ist die Nr. 3, ein behagliches Holzhaus mit nur 2 Zimmern (wer ungestört sein möchte, sollte beide buchen) und einer Veranda direkt am See. ❹

Essen

Im Zentrum von Kollam bieten sich die folgenden Restaurants an:

All Spice, beim Hauptbasar. In dieses entschieden westlich orientierte, hell erleuchtete Fast-Food-Lokal über einer Bäckerei kommt die Mittelschicht der Stadt, um einen Abend mit der Familie zu verbringen. Die Hamburger, Pizzas und Brathähnchen sind weniger ansprechend als die nordindischen und chinesischen Hauptgerichte (Rs100–150).

Guruprasad, Main Bazaar. Enges und volles Lokal an der Hauptstraße des Markts, aber es bietet wunderbar altmodische „meals". Blaue Wände, alte Fotos und religiöse Hindu-Kunst bilden den Rahmen für vegetarische Reisplatten und Udipi-Snacks.

New Mysore Café, Bootsanleger, gegenüber dem KSRTC-Busbahnhof. Das beliebteste der „meals"-Lokale beim Busbahnhof und Bootsanleger. *All-you-can-eat*-Reisplatten mittags für nur Rs19, dann für den Rest des Tages typische Udipi-Snacks.

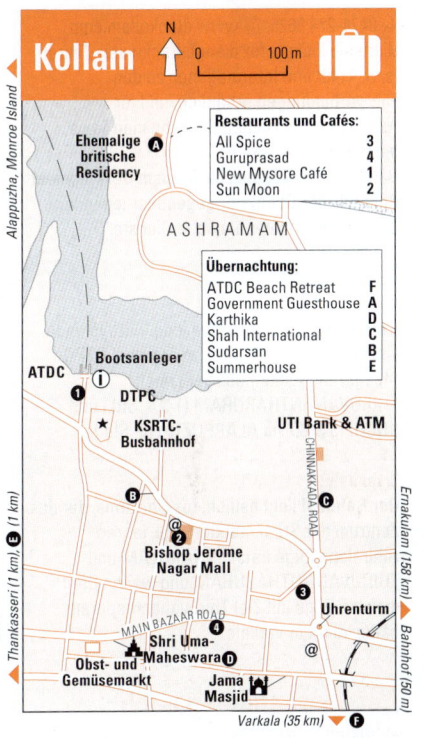

Kollam

Restaurants und Cafés:
All Spice	3
Guruprasad	4
New Mysore Café	1
Sun Moon	2

Übernachtung:
ATDC Beach Retreat	F
Government Guesthouse	A
Karthika	D
Shah International	C
Sudarsan	B
Summerhouse	E

Sonstiges

Informationen

Der District Tourism Promotion Council (DTPC) unterhält an der Bootsanlegestelle am Ashtamudi-See ein **Tourist Office**,

Das Beste in Kollam

Sun Moon, Bishop Jerome Nagar Mall, oberstes Stockwerk, ℡ 0474-301 3000, 🖥 www.zeez.info. Hier wird traditionelle Kerala-Küche – *meen polichattu* (in Bananenblättern gedämpfte Maräne) und *masala-fried calamari* – sowie europäische Gerichte und ein großes Buffet geboten – das beste Essen der Stadt! Kühles AC-Dachrestaurant mit toller Aussicht. Etwa Rs300 für drei Gänge.

📞 0474-274 5625, 🖥 www.dtpckollam.com. Hier sind Tickets für die tgl. Backwater-Touren (s. S. 1149) und Informationen zu den Fährverbindungen erhältlich, und für Ausflüge in die Umgebung kann man Taxis bestellen. ⏱ Mo–Sa 9–18 Uhr.

Das Büro des **Alappuzha Tourism Development Council** (ATDC) auf der gegenüberliegenden Straßenseite bietet ähnliche Dienste.

Transport

Busse

Expressbusse fahren etwa jede Viertelstunde vom KSRTC-Busbahnhof (neben dem DTPC-Anleger am Ashtamudi-See) nach THIRUVANANTHAPURAM (1 3/4 Std.) und KOCHI (3 Std.) via ALAPPUZHA (2 Std.).

Eisenbahn

Der **Bahnhof** liegt östlich des Uhrturms, der das Zentrum der Stadt markiert. Tgl. fahren zahlreiche Züge nach ERNAKULAM und THIRUVANANTHAPURAM und weiter. Die meisten Züge mit Ziel Thiruvananthapuram halten nicht in Varkala.

Auf dem Landweg nach Alappuzha

Die meisten Reisenden bewältigen die Strecke zwischen Kollam und Alappuzha auf dem Wasserweg – entweder mit den Booten der örtlichen Touristeninformationen oder mit privat gecharterten *kettu vallam*-Reisebooten. Wer diese Strecke jedoch auf dem etwas weniger reizvollen NH-47 oder mit der Bahn zurücklegt, kann unterwegs bei mehreren Sehenswürdigkeiten Zwischenstopps einlegen.

Der Mata Amritanandamayi Math

Der Mata Amritanandamayi („MA") Math, oder **Amritapuri**, wie er meist genannt wird, ist der Heimat-Ashram der berühmtesten lebenden spirituellen Persönlichkeit Keralas: „Amma". Der Ashram steht im Dorf Vallikkavu, 10 km nordwestlich von Karunagapalli – eine auffällige Ansammlung rosafarbener, von Betonkuppeln gekrönter Hochhäuser, die sich auf einer Landzunge unerwartet zwischen dem Meer und den Backwaters über den Palmenwipfeln erhebt. Hier halten sich zu jeder Zeit Tausende von Besuchern und Bewohnern auf, aber wenn Amma selbst anwesend ist, werden es noch mehr – von Januar bis April und von August bis Mitte November stehen dafür die Chancen am besten.

Amma bietet Besuchern ihre berühmten Umarmungen während der *darshan*-Versammlungen, die mittwochs, donnerstags und freitags ab 12 Uhr mittags und am Wochenende ab 10 Uhr morgens stattfinden. Für die Unterbringung von Besuchern stehen einfache Zimmer bereit (es wird erwartet, dass die Besucher ein paar Stunden freiwillige Arbeit leisten), und dreimal täglich werden kostenlose vegetarische Mahlzeiten serviert. Es gibt auch ein paar Hausregeln: Enthaltsamkeit, sittsame Kleidung und leises Sprechen sind Vorschrift, und Drogen, Alkohol und nichtvegetarisches Essen sind verboten.

Kayamkulam

Kayamkulam wird von Kollam und Alappuzha aus von Nahverkehrsbussen angesteuert und war einst das Zentrum eines eigenen kleinen Königreiches, das nach einer Schlacht im Jahr 1746 unter die Kontrolle von König Marthanda Varma von Travancore kam. Im 18. Jh. war die Gegend berühmt für ihre Gewürze, besonders für Pfeffer und Zimt. Das einzige Überbleibsel des früheren Ruhms ist der **Krishnapuram-Palast** aus dem 18. Jh. in einem friedvollen Garten am Stadtrand etwas abseits der Nationalstraße. Er besteht hauptsächlich aus Holz und verfügt über Giebeldächer und Zimmer, die sich um schattige Innenhöfe gruppieren – ein graziles Gebäude, das typisch ist für die traditionelle Architektur Keralas. Drinnen ist das Interessanteste ein riesiges Wandgemälde im Stil der klassischen Kerala-Schule in gedämpften Ockerrot- und Blaugrüntönen; dargestellt ist die Errettung des Königs der Elefanten, Gajendra. ⏱ Di–Sa 10–16.30 Uhr; Eintritt Rs5, Kamera Rs15.

Mannarsala

Mannarsala in der Nähe des Dorfes Haripad, 25 km südlich von Alappuzha am NH-47, ist Keralas wichtigstes Zentrum der Schlangenanbetung. Rund 30 000 steinerne Kobras in Drohhaltung füllen eine schattige Waldlichtung, die zum Nagaraja-Tempel gehört, der dem „Gott der Schlangen" geweiht ist. Der Schrein wird von einer älteren Naboodiri-Priesterin verwaltet – was für Südindien ungewöhnlich ist –, die jeden Morgen und Abend Gebetsprozessionen von ihrem benachbarten Haus leitet. Der Tempel ist besonders bei kinderlosen Paaren beliebt: Sonntags kommen viele hierher, um die Gottheit mit Opfergaben in Form von Gelbwurz und Salz günstig zu stimmen. Wenn sie ihren Wunsch gerade geäußert haben, halten sie eine Metallurne *(uruli)* verkehrt herum; wenn ihr Wunsch in Erfüllung gegangen ist, halten sie sie richtig herum.

Alappuzha (Alleppey)

Die in britischer Zeit als „Alleppey" bekannte Stadt Alappuzha war ab der Mitte des 19. Jhs. die bedeutendste Hafenstadt der Backwater-Region. Gewürze, Kaffee, Tee, Cashewnüsse, Kokosbast und andere Produkte wurden über ein Netz aus Kanälen und per Eisenbahn von den Wasserwegen im Landesinneren zum Meer transportiert. In der Reiseliteratur wird Alappuzha heute gern als „Venedig des Ostens" bezeichnet, doch dieser Vergleich ist wenig schmeichelhaft für Venedig. Neben ein paar Lagerhäusern, Villen aus der Kolonialzeit und einem verfallenen Pier, der von einem sonnenüberströmten Strand hinaus ins Meer reicht, haben nur wenige historische Monumente die Zeiten überdauert, und an den alten Kanälen drängen sich nur die üblichen provisorischen keralischen Basare und lärmender Verkehr.

Trotzdem ist Alappuzha schön genug, um hier einen Abend auf der Route von oder zu den Backwaters zu verbringen. Genau das machen in der Wintersaison Heerscharen von Besuchern, nicht zuletzt weil sich die Stadt zum Zentrum des Reisboot-Tourismus in Kerala gemausert hat – etwa 400 *kettu vallam* liegen an den Ufern der nahen Seen Vembanad und Punnamada vertäut. Um auch ein Stückchen vom Tourismuskuchen abzubekommen, lassen die örtlichen Fremdenverkehrsbüros in der Hochsaison eine Flotte von Ausflugsbooten für Tagesexkursionen umherschippern. Mitte Dezember findet an

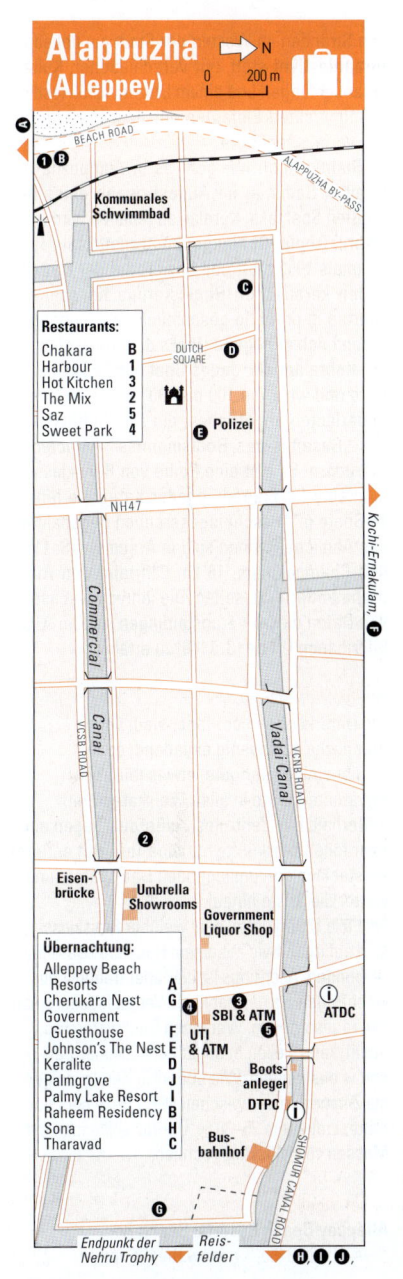

Alappuzha (Alleppey) → N
0   200 m

Restaurants:
Chakara	B
Harbour	1
Hot Kitchen	3
The Mix	2
Saz	5
Sweet Park	4

Übernachtung:
Alleppey Beach Resorts	A
Cherukara Nest	G
Government Guesthouse	F
Johnson's The Nest	E
Keralite	D
Palmgrove	J
Palmy Lake Resort	I
Raheem Residency	B
Sona	H
Tharavad	C

den Stränden im Westen der Stadt ein beliebtes **Strandfestival** statt, mit verschiedenen Kulturveranstaltungen und einem Umzug mit 50 festlich geschmückten Elefanten vor dem Hintergrund des verfallenen Piers.

Richtig hoch her geht es in Alappuzha am zweiten Samstag im August, wenn eines der größten Spektakel Keralas abgehalten wird – die **Nehru Trophy-Schlangenbootregatta**. Sie fand erstmals 1952 statt und basiert auf der traditionellen keralischen Begeisterung für schnelle Fahrten in prächtig geschmückten Langbooten, deren hoch gebogene Hecks dem Halsschild einer Kobra ähneln. Jedes Boot hat 25 Sänger an Bord und wird von 100 bis 130 enthusiastischen Ruderleuten angetrieben, die alle im Rhythmus des „Gesangs des Bootsmannes" *(Vanchipattu)* rudern. Es gibt eine Reihe von Rennklassen, u. a. eine für Frauen; in jeder Kategorie fahren 16 Boote in Ausscheidungsrennen gegeneinander. Ähnliche Rennen sind in Aranmula (S. 1153) und Champakulam, 16 km Fährfahrt von Alappuzha entfernt, zu sehen. Die jährlich wechselnden Daten dieser Veranstaltungen sind im ATDC Information Office (S. 1146) zu erfahren.

Übernachtung

Die Unterkünfte in der Innenstadt von Alappuzha sind wenig einladend, doch es gibt einige sehr gute, etwas teurere Privatunterkünfte in allen Preiskategorien außerhalb des Zentrums. Außerdem liegen ein paar tolle Unterkünfte nur eine Taxifahrt entfernt versteckt in den umliegenden Backwaters und weiter die Küste hinauf.

Fast alle Unterkünfte, egal welcher Preisklasse, sind auf irgendwie mit einem Hausboot-Betreiber verbunden: Allerdings ist hier eher freundliches Nachfragen als hartnäckiges Verkaufsgebaren an der Tagesordnung. Wer einen Backwater-Trip bucht, kann vielleicht sogar beim Zimmerpreis etwas aushandeln. Wie überall in Kerala steigen die Zimmerpreise zwischen Mitte Dezember und Mitte Januar um 25–30 %. Überall sollte man mit Massen von Moskitos rechnen.

In der Stadt

Alleppey Beach Resorts, Beach Rd, ☏ 0477-226 3408, 💻 www.thealleppey beachresorts.com. Das exzentrische Hotel ist das einzige in Alappuzha am Strand. Große, etwas überteuerte Zimmer, aber vielleicht wegen der entspannenden Lage das Geld wert. Und das Essen bekommt immer bessere Kritiken! ❻–❼

Cherukara Nest, 9/774 Cherukara Bldgs, ☏ 0477-225 1509, ☏ 09947 059628. Historisches Haus aus dem 19. Jh. an einer ruhigen Kanalstraße gleich um die Ecke vom KSRTC-Busbahnhof. Umweltfreundliche Hausbootfahrten werden angeboten. ❹–❺

Government Guesthouse, neben KTDC Yatri Niwas, am NH-47, ☏ 0477-224 6504. Modernes staatliches Gästehaus mit Zimmern auf 2 Etagen rund um einen Innenhof; schmucklos und ein bisschen im Stil eines Krankenhauses, aber toll für den Preis und mit großen, sauberen Badezimmern. ❷–❸

Johnson's The Nest, Lalbagh, Convent Square, 2 km westlich des Zentrums, ☏ 09961 466399, 💻 www.johnsonskerala.com. Herrliche und extrem freundliche Privatunterkunft an einer ruhigen Vorortstraße, besonders beliebt bei Rucksackreisenden. 6 strohgedeckte große Zimmer mit rosa Moskitonetzen, die meisten mit kleinen Außensitzbereichen mit Schaukeln. ❷–❹

Keralite Vadakekalam House, nördlich des Dutch Sq, ☏ 0477-224 3569, ✉ alice_t@rediffmail.com. Reizende Privatunterkunft in einem 100 Jahre alten syrisch-christlichen Haus. Gästezimmer mit antiken Betten und viel Atmosphäre, einige aber ohne Bad, daher der günstige Preis. Mahlzeiten erhältlich. ❸–❹

Palmgrove, Punnamada Kayal, Punnamada, ☏ 0477-223 5004 oder ☏ 09847 430434, 💻 www.palmgrovelakeresort.com. Rund 3,5 km von der Anlegestelle entferntes, relaxtes Resorthotel in ruhiger Lage, das urige Bambus-Cottages mit Giebeldächern in einem Garten am See zu bieten hat. ❺–❻

Palmy Lake Resort, Thathampally, 2 km nördlich des Bootsanlegers, ☏ 0477-223 5938 oder ☏ 09447 667888, 💻 www.palmyresort.com. Geräumige, schön gestrichene, ziegelgedeckte Cottages (mit und ohne AC) hinter einem modernen Privathaus am nordöstlichen Stadtrand. Das Preis-Leistungs-Verhältnis ist super, und das Haus ist sehr gastfreundlich. Gäste können sich kostenlos aus der Stadt abholen lassen. ❹–❺

Raheem Residency, Beach Rd, ☏ 0477-223 9767, 🖳 www.raheemresidency.com. Heritage-Hotel in einem 140 Jahre alten Herrenhaus am Strand. Es wurde vor dem endgültigen Verfall gerettet, liebevoll restauriert und mit sechs gut ausgestatteten AC-Zimmern versehen. Zum Entspannen gibt es einen importierten französischen Pool sowie Hängematten auf der luftigen Dachterrasse. US$200–300 pro Nacht. ❾

Sona, Shomur Canal Rd, Thathampally, ☏ 0477-223 5211, 🖳 www.sonahome.com. Elegantes altes Kerala-Haus mit graziem Giebeldach an der Straße zum See. Die 4 Zimmer im Originalgebäude sind viel schöner (und billiger) als die 3 frech in den Garten gezwängten neuen. Der ältere Betreiber teilt gerne sein Wissen über die Stadt und die Backwaters. ❹–❺

In der Umgebung

Arakal Heritage, Mararikulam, 16 km nördlich von Alappuzha, ☏ 0478-286 5545 oder ☏ 09847 268661, 🖳 www.arakal.com. Unterkunft am Strand in einem sandigen Palmenwäldchen mit keralischer Dorfatmosphäre. Fünf 200 Jahre alte Häuser mit schönen Giebeldächern, antiken Möbeln, schattigen Veranden und versteckten Außenbädern. Eine der reizendsten Unterkünfte in ganz Kerala! ❽

Zu Besuch in der Vergangenheit

Tharavad, westlich der North Police Station, Sea View Ward, ☏ 0477-224 4599, 🖳 www.tharavadheritageresort.com. Nur wenige der Unterkünfte in historischen Gebäuden können die Vergangenheit so unverfälscht wachrufen wie dieses ehemalige Wohnhaus eines Arztes im Schatten eines alten Mangobaumes auf der ruhigen Westseite der Stadt. Man betritt das Haus über eine typische Veranda der Kolonialzeit, und drinnen wartet es dann mit polierten Böden, reich verziertem Rosenholzmobiliar und metallenen Antiquitäten auf. Die unterschiedlich teuren Zimmer sind alle großzügig und mit Bad. ❹–❼

Casa del Fauno, Muhamma, 8 km nördlich von Alappuzha, ☏ 0478-286 0862, 🖳 www.casadelfauno.com. Wenn Fellini je einen Film in Kerala gedreht hätte, hätte das Filmset vielleicht wie diese traumhafte Privatunterkunft am Vembanad-See ausgesehen. Atemberaubende Fusion-Architektur mit poliertem Marmor und Fragmenten alter tamilischer Steinskulpturen. Helle, kühle und exquisit möblierte Gästezimmer. Gourmet-Mahlzeiten erhältlich. ❽

Emerald Isle, Kanjooparambil–Manimalathara, 8 km östlich von Alappuzha, ☏ 0477-270 3899 oder ☏ 09447 077555, 🖳 www.emeraldislekerala.com. Authentisches, 150 Jahre altes *tharavad* zwischen einem Fluss und Reisfeldern tief in den Backwaters. 4 Teakholz-Zimmer sind für Gäste umgebaut worden, mit antiken Türen, schönem Holzmobiliar und privaten Außenbädern. Im Preis (Rs4200–4800) sind alle Mahlzeiten inbegriffen. ❽

VJ's Rice Garden, Pallathurthy, 6 km südöstlich von Alappuzha, ☏ 0477-270 2566 oder ☏ 09446 118931, 🖳 www.ricegardenkerala.com. Wer gerne abgeschieden in den Backwaters nächtigen möchte, sich aber keine der Privatunterkünfte in historischen Häusern leisten kann, könnte es mit diesem urigen kleinen Gästehaus probieren. Einfache Zimmer in traumhafter Lage am Flussufer vor ausgedehnten Reisfeldern. Zu erreichen per Kanu. ❹

Essen

Neben den hier aufgeführten Restaurants bieten auch die meisten Privatunterkünfte und Gästehäuser Mahlzeiten für ihre Gäste – normalerweise köstliche keralische Hausmannskost, die dem sensiblen westlichen Gaumen angepasst ist. Essen zum Mitnehmen gibt es jeden Abend beim staatlichen Getränkeladen im Hauptmarkt in der Nähe der Mullackal Rd.

Chakara Raheem Residency, Beach Rd, ☏ 0477-223 0767. Alappuzhas bestes Restaurant. Spezialitäten sind z. B. die Fischcurrys nach Art der regionalen Küche und indischer Fadenfisch in schmackhafter Kokosnusssauce. Außerdem gibt es viele ansprechende gesunde europäische Gerichte, alles höflich serviert auf einer erhöhten Terrasse mit Blick auf den Strand. 4-Gänge-Menü etwa Rs650–700, à la carte etwas teurer.

Harbour, Beach Rd. Die Speisen, die in diesem blitzsauberen Restaurant am Meer auf den Tisch kommen, stammen alle aus den Küchen des vornehmen Hotels Raheem Regency nebenan, sodass Qualität und Frische gewährleistet sind – gegrillte Garnelen, Hühner-Curry nach Alappuzha-Art, Fisch nach Kuttanad-Art, Chilihuhn, außerdem leichte europäische Gerichte, Snacks und Sandwiches. Die meisten Hauptgerichte kosten unter Rs100.

Hot Kitchen, Mullackal Rd. Das Restaurant für vegetarische südindische „meals" mit dem besten Ruf in der Stadt wird von einer tamilischen Familie geführt, die hier seit Generationen ansässig ist. Die *masala dosas*, *vadas* und anderen gebratenen Snacks sind nicht so gut, aber die *thalis* sind verdientermaßen populär.

The Mix Arcadia Regency, nahe der Iron Bridge, NH-47, 0477-223 0414. Restaurant mit gemischter Küche in Alappuzhas einzigem Business-Hotel im westlichen Stil. Erwähnenswert ist es wegen seiner knallroten Einrichtung wie auch für die Buffets (Rs135) mit vielen verschiedenen chinesischen, nordindischen und keralischen Spezialitäten.

Saz, VCSB Rd, nahe der Ladder Bridge. In diesem schnörkellosen nicht-vegetarisches Restaurant am Vadai-Kanal finden mittags Fischcurry-Reis-„meals" (Rs30) reißenden Absatz, während abends die Touristen das Restaurant füllen, um sich an saftigem Grill- und Tandoori-Hühnchen gütlich zu tun. Draußen gibt es einen geschäftigen Döner-Stand. Es ist ein bisschen schmuddelig, aber hygienisch genug und billig (Hauptgerichte zumeist Rs100–130).

Sweet Park, neben der UTI Bank, Mullackal Rd. Offenes Café an einer der Hauptkreuzungen im Marktbereich. Frischgebackene Makronen, Chili- und Cashew-Kekse, Samosas, vegetarische Schnitzel und flockige Garnelen-Küchlein, dazu heißer Kaffee und Tee – der perfekte Imbiss im Hauptbasar.

Sonstiges

Geld
UTI, Mullakal Rd, Mo–Sa 9.30–16.30 Uhr. Die Bank hat auch einen verlässlichen Geldautomaten, ebenso wie die **State Bank of India** gegenüber.

Informationen
Alappuzha besitzt mehrere miteinander konkurrierende Tourist Departments:
ATDC, Ecke Mullackal Rd & Vadai Canal North Bank Rd, im 2. Stock des Municipal Shopping Complex, 0477-224 3462, www.atdcalleppey.com. tgl. 8–20 Uhr.
DTPC Office, VCSB (Vadai Canal South Bank) Rd, an der Bootsanlegestelle, 0477-225 1796. tgl. 7.30–21 Uhr.
Sowohl ATDC als auch DTPC verkaufen Tickets für ihre **Fähren**, **Backwater-Touren** und **Charterboote** und helfen dabei, einen Pfad durch den Dschungel der Fährfahrpläne zu schlagen.
Kerala Tourism Office, am DTPC-Bootsanleger, www.keralatourism.org, 0477-226 0722. Mo–Sa 10–17 Uhr.

Internet
Internetzugang für Rs30–40/Std. bieten mehrere Läden in der Straße am Bootsanleger.

Transport

Busse
Vom dreckigen KSRTC-Busbahnhof im Osten der Innenstadt, eine Minute zu Fuß von der Anlegestelle entfernt, bestehen gute Lang- und Kurzstreckenverbindungen.
Nach FORT COCHIN gelangt man am besten mit einem der Schnellbusse mit Ziel Ernakulam, steigt dann aber in Thoppumpady 7 km südlich der Stadt in einen Nahverkehrsbus um.

Busse nach:
KOCHI / ERNAKULAM (alle 30 Min., 1 1/2 Std.),
KOLLAM (alle 45 Min., 2 Std.),
der Jan Shatabdi Express mit Umstieg in Ernakulam an, da der Alleppey–Cannanore Express (Nr. 6307), der nachmittags abfährt, erst sehr spät nachts an diesen Zielen ankommt. Er ist aber eine gute Verbindung für Leute, die nur bis THRISSUR fahren möchten.

Die schnellsten und / oder praktischsten Züge ab Alappuzha

Zielort	Name	Nr.	Häufigkeit	Abfahrt	Fahrtdauer
Chennai	Alleppey–Chennai Express*	6042	Tgl.	16.10 Uhr	14 Std.
Ernakulam (Kochi)	Jan Shatabdi Express	2076	Tgl.	20.40 Uhr	1 1/4 Std.
	Alleppey–Chennai Express*	6042	Tgl.	16.10 Uhr	1 1/4 Std.
Thiruvananthapuram	Ernakulam–Trivandrum Expr.	6341	Tgl.	7.20 Uhr	3 Std.
	Jan Shatabdi Express	2075	Tgl.	18.33 Uhr	2 3/4 Std.
Thrissur	Alleppey–Chennai Express*	6042	Tgl.	16.10 Uhr	3 Std.

* fährt auch nach Irinjalakuda und Palakkad

Schiffe

Die wichtigste Bootsanlegestelle liegt zu Fuß nur eine Minute westlich des Busbahnhofs am **Vadai-Kanal**. Dies ist der Abfahrts- und Startpunkt der täglichen Touristenfähre nach Kollam sowie der Boote nach Kottayam. Die ATDC- und DTPC-Boote nach KOLLAM verkehren nach einem ähnlichen Fahrplan: Abfahrt um 10.30 Uhr, Ankunft in Kollam um 18.30 Uhr.

Von dem **Bootsanleger beim KSRTC-Busbahnhof** fahren erheblich billigere Nahverkehrsfähren nach KOTTAYAM (Service P380; 5x tgl., Abfahrt zwischen 7.30 und 14 Uhr, 2 1/2 Std.; Rs12) sowie zu einer Vielzahl von Dörfern in den Backwaters. Es bestehen regelmäßige Verbindungen nach CHAMPAKULAM, wo es Anschluss an weniger häufig verkehrende Boote nach NEERETTUPURAM und KIDANGARA und von dort zurück nach ALAPPUZHA gibt. Die Rundstrecke zählt zu den klassischen Routen in Kuttanad, aber man braucht ein wenig Hilfe beim Lesen der Fahrpläne. Die Touristeninformationen können helfen.

Kottayam und Umgebung

Die betriebsame Handelsstadt Kottayam, 76 km südöstlich von Kochi und 37 km nordöstlich von Alappuzha, liegt strategisch günstig zwischen den Backwaters im Westen und den Bergen des Periyar Wildlife Sanctuary im Osten. Die vielen Kautschuk-Plantagen rund um die Stadt, die auf britische Missionare der 1820er-Jahre zurückgehen, bildeten mehr als ein Jahrhundert lang das Rückgrat der boomenden Wirtschaft der Stadt, zumeist kontrolliert von syrisch-christlichen Familien. Schon vor langer Zeit haben sich in Kottayam **Christen** niedergelassen, wovon zwei auf einem Hügel stehende Kirchen aus dem 13. Jh. zeugen, 5 km nordwestlich der Innenstadt und per Rikscha erreichbar. Zwei nestorianische Steinkruzifixe aus dem 8. Jh. mit Inschriften in Palavi und Syrisch beiderseits eines kostbar verzierten Altars in der **Valliapalli-Kirche** („große" Kirche) zählen zu den ersten, handfesten Beweisen für das Vorhandensein des Christentums in Indien. Die Einträge im Gästebuch reichen bis in die 90er-Jahre des 18. Jhs. zurück und stammen u. a. von dem äthiopischen Kaiser Haile Selassie und einem britischen Vizekönig. Das Innere der nahe gelegenen **Cheriapalli-Kirche** („kleine" Kirche) bedecken lebhafte Malereien, die angeblich von einem portugiesischen Künstler aus dem 16. Jh. stammen. Falls die Türen verschlossen sind, kann man im Kirchenbüro nach dem Schlüssel fragen. ⏲ tgl. 9–13 und 14–17 Uhr.

Neben Kautschuk und gut ausgebildeten Arbeitskräften – dies war die erste Stadt in Indien, die den Analphabetismus ausmerzen konnte – hat Kottayam einen weiteren bedeutenden Exportartikel: die wichtigste Zeitung Keralas, *Malayala Monorama*, die sich mit 1,5 Mill. Lesern brüsten kann. Es gibt auch eine englische Ausgabe, 🖥 www.manoramaonline.com.

Übernachtung

Das Angebot an Unterkünften ist für eine Stadt dieser Größe sehr begrenzt. Die meisten

Reisenden, die hier nächtigen, tun das normalerweise in einem der Resorthotels oder in einer der Privatunterkünfte in der Umgebung. Es gibt aber auch in der Stadt eine Handvoll von Unterkünften, die für eine Nacht okay sind.

Aida, TB Junction, MC Rd, ✆ 0481-256 8391, 🖥 www. hotelaidakerala.com. Großes Hotel mit unansehnlichen braunen Zimmern, z. T. mit AC; auch relativ preiswerte EZ. ❹

Arcadia, TB Rd, ✆ 0481-256 9999, 🖥 www. arcadiahotels.net. Das beste Hotel der Stadt mit preisgünstigen Zimmern, einem tollen Pool auf dem Dach und dem schicken Restaurant Déjà Vu mit gemischter Küche und einem tollen Ausblick über die Stadt (Hauptgerichte Rs100–150). ❻–❼

Homestead, KK Rd, ✆ 0481-256 0467. Die beste der Mittelklasse-Unterkünfte, obwohl die Betten in den billigeren Zimmern steinhart sind – es lohnt sich also, Rs130 mehr für ein „deluxe"-Zimmer auszugeben. ❸–❻

Essen

Kottayam ist an sich kein besonders einladendes Reiseziel, es hat aber eine Handvoll sehr guter Restaurants zu bieten.

Anand, Anand Lodge, KK Road, beim Hauptplatz. Köstliche, frisch zubereitete vegetarische *Thalis*. Der AC-Familienspeisesaal ist der entspannendere der beiden Flügel, und die Gerichte kosten hier nur Rs10 mehr.

Meenachil, beliebtes Restaurant des Homestead, sehr gute nicht-vegetarische Kerala-Küche wie Hühnchencurry nach Kuttanad-Art, außerdem Tandoori-Gerichte, chinesische Entengerichte und keralische „meals" (Rs50 vegetarisch, Rs60 nicht-vegetarisch).

Karimpunkala, 6 km südlich der Stadt an der MC Road, in Nattakom-Palam, per Motor-Riksha oder Taxi zu erreichen. Legendäres Straßenlokal mit opulenten Seafood-*sadyas*, z. B. *karimeen pollichadu* (würziger in Bananenblättern gedämpfter Fisch), *kakairachi* (Austern) und Maniok. Etwa Rs100–150 für eine Mahlzeit.

Sonstiges
Geld
Der beste Anlaufpunkt zum Geldwechseln ist die **Canara Bank** in der KK Road. Um den Hauptplatz herum gibt es mehrere Geldautomaten.

Informationen
DTPC, winzige Touristeninformation am Anleger, ✆ 0481-256 0479, 🕐 tgl. 9–17 Uhr.

Internet
Zugang bietet **Intimacy**, unmittelbar nördlich vom KSRTC-Busbahnhof in der KK Rd (Rs30/Std.).

Transport
Busse
Kottayams **KSRTC-Busbahnhof**, 500 m südlich der Innenstadt an der TB Rd (nicht zu verwechseln mit dem Privatbusbahnhof an der MC Rd), stellt eine wichtige Haltestelle entlang der Route von und zu Hauptreisezielen Südindiens dar. 4 der zahlreichen, tgl. verkehrenden Busse nach KUMILY / PERIYAR (3–4 Std.) fahren weiter nach MADURAI in Tamil Nadu (7 Std.). Außerdem gibt es regelmäßige Verbindungen mit Thiruvananthapuram, Kollam und Ernakulam.

Eisenbahn
Am Bahnhof (2 km nördlich der Innenstadt) halten zahlreiche Züge auf dem Weg nach Thiruvananthapuram und zu weiter nördlich gelegenen Zielorten.

Schiffe
Fähren aus Alappuzha und anderen Orten legen am algenverseuchten Bootshafen 2 km südlich der Stadt an. Näheres zu Backwater-Touren von Kottayam s. S. 1150/1151.

Kumarakom

Kumarakom ist wohl das ideale Ziel für einen Tagesausflug von Kottayam, denn es liegt nur 15 km westlich davon. Es breitet sich auf einer Gruppe von Inseln im Vembanad-See inmitten dicht bewachsener Wasserwege und tief liegender Reisfelder aus. Hier legte der britische Missionar Henry Baker in den 1820er-Jahren Land für eine kleine Kautschuk- und Obstfarm trocken, die in der Folge von seinen Nachfahren vergrößert wurde. Nach der Unabhängigkeit Indiens gelangte das gesamte Anwesen in staatlichen Besitz, und das Kernstück der Farm am See wurde zum Naturschutzgebiet erklärt. Da Kumarakom von Kottayam aus leicht per Straße zu erreichen ist, ist der Ort zu einem Zentrum des Backwater-Tourismus geworden, und am See sind nebeneinander mehrere große Luxus-Resorthotels entstanden.

18 HIGHLIGHT

Kuttanad: Die Backwaters von Kerala

Eines der denkwürdigsten Erlebnisse einer Indienreise – und selbst bei äußerst knapper Kasse machbar – ist eine Bootsfahrt auf den Backwaters von Kerala. Dieses Gebiet namens **Kuttanad** (Schauplatz des preisgekrönten Romans *Der Gott der kleinen Dinge* von Arundhati Roy) erstreckt sich auf 75 km Länge von Kollam im Süden bis Kochi im Norden. Das faszinierende Labyrinth schimmernder Wasserflächen – Seen, Kanäle, Flüsse und Bäche – wird von dichter tropischer Vegetation gesäumt und birgt ein ländliches Kerala, das von der Straße aus völlig unsichtbar ist. Unterwegs eröffnen sich ständig neue Ausblicke, von schmalen Kanälen und undurchdringlichem Grün bis zu offenem Gelände und leuchtenden Reisfeldern. Zwischen den Bäumen blitzen Häuser, Farmen, Kirchen, Moscheen und Tempel auf, hier und da, wie ein blauer Blitz, ein Eisvogel oder das Grün eines Papageien. Nach Beute Ausschau haltende Fischadler schweben über den Gewässern und Kormorane hocken auf gefällten Baumstämmen, um ihre Flügel trocknen zu lassen. Wer mit einem Boot ohne Motor unterwegs ist, hört oft nichts als das Zwitschern der Vögel und zuweilen die Melodiefetzen eines Filmsongs aus einem entfernten Radio.

Einige Familien leben auf winzigen Landflecken, auf denen gerade mal ein Häuschen, ein Hof und ein Boot Platz haben. Sie baden und waschen die Wäsche, manchmal auch einen ihrer Büffel, im seichten Wasser. Schwer beladene keralische Langboote, die *kettu vallam*, gleiten von einem Bootsmann gestakt vorbei. Fischer fischen von winzigen Einbaum-Kanus und langen Ruderbooten aus oder in Ufernähe mit riesigen chinesischen Fischernetzen.

Manchmal fährt man unter einfachen Brücken hindurch, an einigen Stellen befinden sich Zugbrücken aus Stricken, aber größere Brücken gibt es kaum. Die meisten Bewohner lassen sich von einem Bootsmann übersetzen, um Straßen und Busse zu erreichen, daher herrscht von früh bis spät ein reges Hin und Her auf den Gewässern (meisterhaft dargestellt in dem Film *Piravi* des keralischen Regisseurs Shaji). Aus dem Wasser ragende Pfähle weisen auf gefährliche Sandbänke hin.

Das **Afrikanische Moos**, das oft die Oberfläche schmaler Wasserwege bedeckt, sieht vielleicht ganz hübsch aus, stellt jedoch eine Gefahr für kleinere Boote dar und beraubt die Unterwasserwelt ihres notwendigen Lichtes. Es ist auch Ausdruck der zahlreichen, ernsten **Umweltprobleme**, unter denen die Region mittlerweile zu leiden hat, denn die Bevölkerungsdichte ist zwei bis vier Mal so hoch wie die anderer Küstengebiete Südindiens. Sie hat dazu geführt, dass dem Boden mehr abverlangt werden muss, was zum vermehrten Einsatz von Düngemitteln führt, die schließlich ins Wasser gelangen und das Moos entstehen lassen. Die größte Bedrohung geht jedoch von illegalem Bodengewinn durch **Trockenlegung** aus. Innerhalb von etwas über hundert Jahren ist die Gesamtwasserfläche von Kuttanad um zwei Drittel geschrumpft, und die Mangrovensümpfe sowie der Fischbestand sind aufgrund von Umweltverschmutzung und der Ausbreitung von Städten und Dörfern am Rande der Backwater-Region stark zurückgegangen.

Kuttanad: Die Backwaters von Kerala (Fortsetzung)

Leider leistet inzwischen auch der Tourismus seinen Beitrag zur Verschärfung dieser Problematik, denn die hiesigen Gewässer werden von kaum sichtbaren Ölfilmen belastet, die von den motorisierten Fähren und Hausbooten zurückgelassen werden. Als Folge davon sterben noch mehr Fische, und die Zahl der Vogelarten in der Region ist um mehr als die Hälfte zurückgegangen. Einige Tourveranstalter setzen als Reaktion darauf umweltfreundlichere Schiffe ein (s. S. 1149).

Der begehrteste Ausflug in der Region Kuttanad ist die Ganztagsfahrt **zwischen Kollam und Alappuzha**. Viele Privatleute bieten ihre Dienste an, doch die größten sind die tgl. abwechselnd verkehrenden Doppeldeckerschiffe des Alleppey Tourism Development Co-op (ATDC) und des District Tourism Promotion Council (DTPC). Sie fahren tgl. sowohl in Kollam als auch in Alappuzha um 10.30 Uhr ab (Check-in ist um 10 Uhr). Tickets kosten Rs300 und können im Voraus oder am Abfahrtstag an den ATDC/DTPC-Schaltern (S. 1146), bei Reisebüros und in einigen Hotels gekauft werden. Beide Gesellschaften legen während der 8-stündigen Fahrt 3 Stopps ein, darunter einen zum Mittagessen und einen weiteren am berühmten **Mata Amritananda Math** in Amritapuri (S. 1142), ca. 3 Std. nördlich von Kollam.

Praktische Tipps

Wer keine Zeit für einen Tagesausflug hat, kann **kürzere Fahrten nach Kapapuzha und Guhanandapuram** (2 Std.) unternehmen. Es ist aber auch nicht jedermanns Sache, mit vielen anderen Touristen, zusammen in einem Boot zu sitzen, während Horden von Kindern sich um das Schiff drängen und „One pen, one pen!" brüllen. Eine Alternative ist es, über die DTPC oder ATDC für etwa Rs300/Std. ein 4- bis 6-sitziges Motorboot zu chartern. Außerdem kann man ab Rs250–275/Std. auch ein langsameres und schwerfälligeres Doppeldeckerboot mieten.

Dorftouren und Kanus

Ganz abgesehen von der Belastung für das Ökosystem der Backwaters, die sie darstellen, sind die meisten Hausboote viel zu breit, um sich durch die schmaleren Wasserwege zwischen den kleinen Dörfern zu zwängen. Um diese idyllischen, abgelegenen Gegenden zu erreichen, sollte man deshalb ein **gestaktes Kanu** mieten (s. unten). Aufgrund der geringeren Geschwindigkeit kann man natürlich nicht so große Distanzen zurücklegen, aber das Erlebnis ist entsprechend intensiver – und jeder Führer hat seine eigene Lieblingsstrecke. Es werden auch größer angelegte **Dorftouren** in der Region Kuttanad angeboten, bei denen man Kokosbastmachern, Reisbauern und Schiffsbauern bei der Arbeit zusehen und in einem traditionellen keralischen Dorf eine Mahlzeit einnehmen kann.

Kettu vallam (Hausboote)

Wer immer die Idee hatte, Touristen auf alten Reisbooten, den *kettu vallam*, durch die Backwaters zu schippern, hätte sich wohl nie träumen lassen, dass 20 Jahre später mehr als 500 dieser Boote auf den Wasserwegen von Kuttanad kreuzen. Diese Hausboote aus dunklem, geöltem Jackbaumholz mit Schutzdächern aus geflochtenen Palmwedeln und Kokosbast stellen heute eine wichtige Einnahmequelle dar, und fast jede Unterkunft scheint eines zu besitzen. Geschätzte 400 sind allein in Alappuzha stationiert, und die nobelsten haben AC-Zimmer, Seidenkissen auf dem Teakholz-Sonnendeck,

---

Baker selbst wurde als „Kari Saippu" (schwarzer Sahib) in Arundhati Roys Roman *Der Gott der kleinen Dinge* verewigt – die Autorin wuchs in einem Dorf in der Nähe auf –, während sein Haus, das im Roman als geisterhaftes „History House" auftaucht, von der Taj-Hotelgruppe in ein Luxushotel verwandelt wurde.

Kumarakom ist leicht per Bus von Kottayam (alle 20–30 Min.) zu erreichen. Die beste Zeit für einen Besuch des **Vogelschutzgebiets** ist zwischen November und März, wenn viele Zug-

importierten Wein im Kühlschrank und Whirlpools. Eines dieser Boote, das *Vaikundam*, verfügt über 10 Schlafzimmer und lichtet erst ab Rs25 000 die Anker. Am anderen Ende der Preisskala stehen schnörkellose Transportboote mit lauten Dieselmotoren, engen Schlafzimmern und nur minimalen Waschmöglichkeiten.

Was man für seine Hausboottour bezahlt, hängt von einigen Faktoren ab. Größe und Qualität von Boot und Einrichtung, Zahl und Ausstattung der Schlafzimmer (mit AC etwa 50–75 % teurer) und vor allem auch die Jahreszeit sind dabei entscheidend. Über Weihnachten und Neujahr verdoppeln sich die Preise, während des Monsuns fallen sie um die Hälfte. Normalerweise ist jedoch Anfang Dezember oder Mitte Januar Rs4500–8000 der normale Preisrahmen für eine Fahrt auf einem Boot mit zwei Schlafzimmern ohne AC und mit richtigem Bad (bzw. Rs11 000–14 000 mit AC), inkl. dreier Mahlzeiten. Die Fahrzeiten sind sorgfältig kalkuliert, um Treibstoff zu sparen. Eine Tour sollte mindestens 22 Std. dauern, auch wenn man dann nicht erwarten kann, die gesamte Zeit unterwegs zu sein. Nach Sonnenuntergang ist das Boot am Flussufer vertäut, wahrscheinlich am Rand des Ortes, in dem die Tour begonnen hat.

Wer sich für ein umweltfreundlicheres **gestaktes *kettu vallam*** entscheidet, spart eine Menge Geld und tut dem fragilen Ökosystem einen großen Gefallen. Mit der traditionellen Form der Fortbewegung der Reisboote ist man natürlich viel langsamer unterwegs. Dafür sind solche Fahrten viel ruhiger und entspannender und somit gut für die Beobachtung von Tieren.

Es gibt Hausbootbetreiber in Kollam, Karunagapalli und Kumbakonam, die meisten jedoch in Alappuzha, wo die Preise am niedrigsten sind, der Verkehr auf den schönen Strecken aber auch am dichtesten ist. Wer Interesse hat, sollte sich zunächst einen Tag lang umsehen (der Besitzer des Gästehauses oder Hotels ist ein guter erster Anlaufpunkt) und auf jeden Fall vor der Fahrt das Boot in Augenschein nehmen. Außerdem sollten die Vereinbarungen schriftlich festgehalten werden und ein Teil der Gebühr erst am Ende der Tour beglichen werden, für den Fall, dass es Probleme gibt.

Fährboote

Die Reisboote sind vielleicht die bequemste Art und Weise, die Backwaters zu erkunden, aber einen viel lebendigeren Eindruck vom Leben in der Region vermittelt eine Fahrt mit einer der Fähren, die die Städte und Dörfer miteinander verbinden. Besonders zu empfehlen ist die Fahrt **von Alappuzha nach Kottayam** (5x tgl., 2 1/2 Std.; Rs12) über weite Lagunen und durch enge Kanäle, vorbei an Kokospalmenwäldchen und Inseln. Die erste Fähre legt um 7.30 Uhr ab; wer sich einen Platz mit guter Aussicht sichern möchte, sollte früh kommen.

Außerdem verkehren zahlreiche Fährboote auf anderen Strecken, bei denen man beliebig ein- und aussteigen kann, obwohl es oft schwierig ist, die Besonderheiten der Fahrpläne und die Ortsnamen auf Malayalam ohne die Hilfe der Touristeninformationen zu entschlüsseln. Gute Ziele ab Alappuzha sind Neerettupuram, Kidagara und Chambakulam. Alle drei werden regelmäßig von Fähren angefahren. Eventuell ist ein- oder zweimaliges Umsteigen erforderlich, wobei sich Gelegenheit zur Erkundung der örtlichen Cafés und Schnapsläden bietet – was das Ganze natürlich noch interessanter macht. Auf jeden Fall sollten ein Sonnenhut und viel Wasser mitgenommen werden.

vögel, von denen manche von so weit her wie Sibirien kommen, ihr Winterquartier aufschlagen. Man kann hier Schlangenhalsvögel, Zwergscharben, Nachtreiher, Orangespechte, Wallich-Fasane, Weißbrust-Kielrallen und Baumelstern zu Gesicht bekommen.

Die Morgendämmerung ist die ruhigste und beste Zeit, um Vögel zu beobachten. Es ist zwar nicht groß, aber ein Guide, vermittelt von einem der Hotels, ist dennoch von Nutzen. ◉ tgl. von Sonnenauf- bis Sonnenuntergang, Eintritt Rs45.

Auch bei wenig Zeit und knapper Kasse ein Muss: eine Bootstour auf den Backwaters von Kerala

Darstellungen von Vögeln bilden den Schwerpunkt in einer der bizarrsten Touristenattraktionen der Region, dem **Bay Island Driftwood Museum**, an der Hauptstraße am Ortsrand von Kumarakom, 🖥 www.bay-island-museum.com. In dieser eigenwilligen Galerie ist Treibholz ausgestellt, das von einem ehemaligen Lehrer auf den Andamanen-Inseln gesammelt wurde. Für die Besichtigung ist etwa eine Stunde einzuplanen. ⏱ tgl. 10–18 Uhr; Eintritt Rs50.

Übernachtung

In den Backwaters um Kumarakom herum gibt es einige besonders schöne **Privatunterkünfte**, die meisten in Häusern syrisch-christlicher Familien. Die folgenden sind die besten:
GK's Riverview, Thekkakarayil, Kottaparambil, bei Pulikkuttssery, 4 km auf dem Wasser von Kumarakom, ☏ 0481-259 7527 oder ☏ 09447 197527, 🖥 www.gkhomestay-kumarakom.com. Preisgekrönte Privatunterkunft tief in den Backwaters zwischen Kottayam und Kumarakom. 4 komfortable Gästezimmer in einem separaten Gebäude hinter dem Wohnhaus der Familie mit Blick auf Reisfelder. Gäste werden in Kottayam abgeholt. ❺
Philip Kutty's, Pallivathukal, bei Ambika Market, Vechoor, 20 km nordwestlich von Kottayam, ☏ 04829-276529, ☏ 09895 075130, 🖥 www.philipkuttysfarm.com. Luxus-Privatunterkunft auf einer Inselfarm, 40 Fahrminuten von Kottayam entfernt in den abgelegenen Backwaters des Vembanad-Sees. Fünf schön ausgestattete Villen im traditionellen Stil liegen ungestört in Wassernähe in genügender Entfernung zum Farmhaus. US$250–300 in der Hochsaison. ❾
Serenity, Kanam Estate, 20 km östlich von Kottayam an der Kumily/Periyar (KK) Rd in Payikad, bei Vazhoor, ☏ 0481-245 6353, 🖥 www.malabarhouse.com. Stilvolles kleines Hotel in einem umgebauten Bungalow aus den 1920er-Jahren auf einem Hügel inmitten von Kautschuk-Plantagen und Gewürzgärten. Von Kakaobäumen umgebene Pool, Fitnessraum, Yoga-Schule, Ayurveda-Zentrum und Mountainbikes. Wer möchte, kann auch einen Tag mit dem Elefanten des Anwesens verbringen. DZ ab US$250. ❾

Traditionell wohnen am Fluss

Akkara Mariathuruthu, ☏ 0481-251 6951, 🖥 www.akkara.in. Privatunterkunft an einer Biegung des Flusses Meenachil 5 km nordwestlich von Kottayam. Sie bietet traditionelle Architektur, komfortable Zimmer mit Möbeln aus den 1930–50er-Jahren und wunderbare syrisch-christliche Küche in idyllischer, typisch keralischer Lage. Zu erreichen per Einbaum-Kanu. ❼–❽

Aranmula

Das Dorf Aranmula 30 km südlich von Kottayam ist ebenfalls ein lohnendes Tagesausflugsziel – wenn man sich früh auf den Weg macht. Seine 1800 Jahre alte Tempelstätte ist eine Station auf dem Pilgerweg der Vishnu-Anhänger in Kerala und der Startpunkt einer gut besuchten **Schlangenboot-Regatta**, die jedes Jahr gegen Ende des Onam (Aug/Sep) stattfindet, ähnlich der in Alappuzha (S. 1143).

Aranmula ist auch als Produktionsstätte der außergewöhnlichen *kannadi*-**Metallspiegel** *(Aranmula valkannadi)* bekannt, die im Wachsausschmelzverfahren mit einer Legierung aus Kupfer, Silber, Messing, Zinn und Bronze angefertigt werden. Früher waren diese verzierten Spiegel unabdingbarer Bestandteil eines königlichen Haushaltes, doch mittlerweile besitzen sie Seltenheitswert. Nur noch eine Handvoll Handwerksmeister stellen die Spiegel her. Einfache Ausgaben kosten ca. Rs300–400, ein nach Wunsch angefertigter Spiegel Rs50 000 oder mehr.

Das **Vijana Kala Vedi Cultural Centre**, 🖥 www.vijnanakalavedi.org, bietet jeden Tag Unterricht in Kathakali, Mohiniyattam und Bharatanatyam-Tanz sowie in Holz- und Wandmalerei, Kochen, Kalarippayattu, Ayurveda-Medizin und mehreren indischen Sprachen. Die Kurse kosten Rs10 200 pro Woche, bei längeren Aufenthalten gibt es Preisnachlässe.

Ettumanur

Der herrliche Mahadeva-(Shiva-)Tempel in Ettumanur, 12 km nördlich von Kottayam an der Straße nach Ernakulam, umschließt einen runden Schrein, auserlesene Holzschnitzarbeiten und eine der ältesten (16. Jh.) und berühmtesten **Wandmalereien** Keralas.

Das Sanktuarium ist zwar nur Hindus zugänglich, doch Ausländer dürfen die Wandgemälde im Innenhof besichtigen (Fotoerlaubnis Rs20, Videokamera Rs50, Tickets am Schalter links vom Eingangstor). Auf zwei 4 m hohen Wandgemälden auf der Rückseite des Haupteingangs ist u. a. Nataraja dargestellt – Shiva, der den kosmischen Tanz *tandava* ausführt, wobei er das Böse in Form eines Dämonen unter seinen Füßen zertrampelt.

Periyar Wildlife Sanctuary und Cardamom-Berge

Das Periyar Wildlife Sanctuary ist eines der größten und meistbesuchten Tierschutzgebiete Indiens. Es umfasst ein 777 km^2 großes Gelände der Cardamom-Berge in den Westghats. Die meisten Besucher kommen in der Hoffnung, **Tiger** und **Leoparden** zu sehen – und ziehen enttäuscht wieder ab, denn die wenigen noch lebenden Exemplare dieser Gattungen halten sich in kluger Distanz und lassen sich selbst auf dem Höhepunkt der Trockenzeit (April/Mai) höchst selten blicken. Hier leben aber noch viele andere Tiere, z. B. Elefanten, Sambars, Malabar-Hörnchen, Gaur, Indische Mungos, Wildschweine und über 323 Vogelarten, darunter Nilgiri-Tauben, Nilgiri-Schnäpper, Sittiche und Baumelstern.

Da der Park in unmittelbarer Nähe zur Grenze nach Tamil Nadu und nur ein paar Kilometer abseits der Nationalstraße liegt, eignet er sich hervorragend für einen Zwischenstopp auf der langen Reise über die Ghats zwischen Madurai und der Küste. Der Park betreibt eine besonders weitsichtige Naturschutzpolitik. Damit sich die ortsansässigen Manna ihren Lebensunterhalt nicht mit Wilderei und illegalem Sandelholzabbau verdienen müssen, werden sie vom Forstministerium angestellt, um besonders empfindliche Teile des Schutzgebietes zu schützen. Ökotourismus-Initiativen, bei denen Besucher die Stammesangehörigen bei ihrer Arbeit begleiten, fördern den Wohlstand der Gemeinschaft und bringen gleichzeitig Geld für die Naturschutzarbeit ein. Indigene Dorfbewohner arbeiten außerdem als Führer für Waldspaziergänge und Ochsenkarrenfahrten. Für die Buchung dieser Touren müssen Interessenten allerdings die Thekaddy Road hinunter zum **Eco-Tourism Centre** an der Ambadi Junction, ✆ 04869-224571, 🖥 www.periyartigerreserve.org, laufen. ⏲ tgl. 8–18 Uhr, letzter Ticketverkauf um 17.30 Uhr.

Das Periyar Wildlife Sanctuary liegt in luftiger Höhe von 900–1800 m, wo die Temperaturen zwischen 15 und 30 °C betragen. Das Schutzgebiet konzentriert sich gut 100 km östlich von Kottayam um einen großen **See**, den die Briten 1895 anlegten, um die trockeneren Teile des benachbarten Tamil Nadu, d. h. die Umgebung von Madurai, mit Wasser zu versorgen. Die Königsfamilie von Travancore, darauf bedacht, ihr beliebtestes Jagdgebiet vor den sich ausbreitenden Teeplantagen zu retten, ernannte das Gelände zum Waldreservat und ließ 1899 zur Unterbringung ihrer Gäste den Edapalayam Lake-Palast erbauen. 1933 wurde die Fläche erweitert und zum Tierschutzgebiet ernannt. 1979, als Periyar Teil des **Projekt Tiger** wurde, kam erneut etwas Gelände hinzu (s. Land und Leute S. 109).

70 % des Schutzgebietes, das in ein Kerngelände, eine Puffer- und eine Touristenzone eingeteilt wurde, ist mit immergrünem und regengrünem Wald bedeckt. Die Besuchern zugängliche **Touristenzone** umgibt den See und besteht überwiegend aus Wald auf Hügeln und in Tälern, hier und da von Grasflächen unterbrochen. Viele Leute begnügen sich mit einer Fahrt auf dem See (entweder in Booten mit Dieselmotor oder auf gepaddelten Bambusflößen), doch lohnender ist eine **Wanderung** in Begleitung eines ortskundigen Führers abseits der Massen. Die Zeit direkt nach dem Monsun sollte man jedoch meiden, denn dann wimmelt es von **Blutegeln**, die das Wandern praktisch unmöglich machen.

Um in das Naturschutzgebiet zu gelangen, muss man den Ort **Kumily** anlaufen, 1,5 km nördlich des Parkeingangs bei **Thekkady**.

Kumily

Da in dem Naturschutzgebiet nur wenige Gästebetten bereitstehen, übernachten die meisten Besucher in der Kleinstadt Kumily, einem typischen Bergort rund um einen geschäftigen Straßenmarkt. In den vergangenen Jahren haben sich die Hotels und die Läden mit Kunsthandwerk aus Kaschmir fast bis zum Parkeingang ausgebreitet, und der Tourismus ist heute neben dem Gewürzhandel die Haupteinkommensquelle des Ortes. Fast jedes Geschäft in der Hauptstraße verkauft Kräuter aus der Gegend, ätherische Öle und Gewürze.

In einem Innenhof hinter dem Hotel Spice Village befindet sich die wichtigste **Kardamom-Sortierung** der Region. Hier sieht man Stammesfrauen die duftenden grünen Körner in herzförmige Körbe sortieren.

Übernachtung

In Kumily gibt es Übernachtungsmöglichkeiten für jeden Geldbeutel. Ein besonders gutes Preis-Leistungs-Verhältnis findet man in den unteren Preissegmenten, da in letzter Zeit an den Ortsrändern einige kleine private Gästehäuser eröffnet haben. Am anderen Ende der Skala gibt es tief in den Bergen ein paar wirklich traumhafte Unterkünfte aus der Kolonialzeit, die nur mit Auto und Fahrer zu erreichen sind, aber für die Erkundung nicht so stark besuchter Bereiche der High Range stimmungsvolle Ausgangspunkte sind. Für Unterkünfte im Schutzgebiet selbst siehe S. 1158.

Ambadi, Ambadi Junction, Thekkady Rd, ✆ 04869-222193, 🖥 www.hotelambadi.com. Holz und Ziegel prägen den Charakter dieses Hotels, das sich an der Straße zum Park ziemlich chaotisch ausbreitet. Zimmer in drei Kategorien, alle sehr preisgünstig und mit viel keralischem Flair. ❺–❻

Chrissie's, Bypass Rd, ✆ 04869-224155, ✆ 09447 601304, 🖥 www.chrissies.in. Schickes neues 4-stöckiges Hotel unterhalb des Basars. Teurer als die meisten Privatunterkünfte in der Gegend, dafür aber mit mehr Ruhe und besseren Ausblicken. Beliebtes Café im Erdgeschoss. ❺–❻

Green View, Bypass Rd, ✆ 04869-211015. Eine der beliebtesten Privatunterkünfte in Kumily in einem neueren Haus abseits der Thekkady Rd. Es gibt 17 Zimmer; die besten bieten Ausblick über das Tal. Falls es voll ist, bietet sich das Rose Garden, ✆ 04869-223146, nebenan an; ähnliche Preise. ❸–❺

Jungle View, am östlichen Ortsrand, ✆ 04869-223582, ✆ 09446 136407. Der beste Deal unter den Budget-Privatunterkünften in Kumily, 10 Min. zu Fuß (bzw. eine Rikschafahrt für Rs15) vom Busbahnhof entfernt. Saubere, helle, gemütlich eingerichtete Zimmer mit Bad. Kostenlose nächtliche Waldspaziergänge zur Tierbeobachtung inkl. ❹–❺

Mickey's Cottage, Bypass Rd, ✆ 04869-222196, ✆ 09447 284160. Eines der ältesten Gästehäuser in Kumily bietet verschiedene Zimmer, alle mit Balkon oder Außensitzbereich. ❸–❹ Falls es voll ist: Nebenan ist das etwas billigere **Blue Mangoes**, ✆ 04869-224603, ✆ 09895 187789. ❷–❸

Oasis, Thamarakandam Rd, ✆ 04869-223544, ✆ 09447 907890, ✉ oasisthekkady@yahoo.com. Große, neue Zimmer, Gemeinschaftsveranden mit Blick auf die Baumwipfel am östlichen Ortsrand. Sauber, ruhig, sicher und preisgünstig. ❸–❹

Shalimar Spice Garden, Murikkady, 6 km von Kumily, ✆ 04869-222132, 🖥 www.shalimarkerala.net. Teakholzhütten im traditionellen Kerala-Stil am Rand einer alten

Fusion aus Alt und Neu

Kairali Palace, Bypass Rd, ✆ 04869-224604, ✆ 09895 187789. Sehr attraktive Privatunterkunft in einem Gebäude, das eine Mischung aus Tradition und Moderne darstellt. Die Zimmer mit Bad sind hervorragend ausgestattet für den Preis. ❸–❺

Kardamom- und Pfefferplantage, mit Elefantengrasdächern, weiß getünchten Wänden, schicker Innenausstattung und Veranden mit direktem Blick auf den Wald. Zur Ausstattung gehören ein schönes Ayurveda-Zentrum, Außenpool und ein offenes Restaurant. US$200–250. ❾

Wildernest, Thekkady Rd, ☎ 04869-224030, 🖥 www.wildernest-kerala.com. 10 urige Zimmer, trotz der Nähe zur Hauptstraße die besten in dieser Preiskategorie. Die Unterkünfte mit ihren hölzernen Treppen, Terrassentüren und separaten Gärten wirken mehr wie kleine Wohnungen als einfache Zimmer. Großzügiges Frühstück im Preis inbegriffen. ❼

Essen

Die meisten Reisenden essen zwar in ihrem Gästehaus oder Hotel, aber für etwas Abwechslung sorgen die folgenden Restaurants in Gehnähe zum Basar:

Ayur, Westseite des Hauptmarktes. Sehr gute südindische *thalis* (Rs55), jeden Tag frisch zubereitet und von einem Buffet auf einem Bananenblatt serviert. Der Laden ist hygienischer und weniger chaotisch als die Konkurrenz weiter unten an der Hauptstraße. Das Restaurant Ginger im Obergeschoss ist die schickere AC-Alternative mit einer umfassenden Karte mit indischen, chinesischen und europäischen Gerichten.

Chrissie's Café, Bypass Rd. Entspannendes, von Ausländern geführtes Café im Erdgeschoss des gleichnamigen Hotels, den ganzen Tag und Abend gut gefüllt mit ausländischen Reisenden. Es gibt köstliche Pizzas und Nudelaufläufe mit Kodai-Mozzarella (Rs130–175); Tagesangebote beachten! Außerdem wird gesundes Frühstück mit Müsli, frischem Obst, knusprigen Frühstücksflocken, Toast aus hausgemachtem Brot und Kuchen gereicht, dazu gibt es tollen Kaffee.

Pepper Garden Coffee House, Thamarkandam Rd. In einem Garten voller Kardamom-Büsche hinter einem hübschen blaugrünen Haus gibt's verlockendes Frühstück (Dattel-Rosinen-Pfannkuchen, Porridge mit Waldhonig, frischen Kaffee und Nilgiri-Tee), außerdem Mittagessen (vegetarische Reispfannen, Currys und *dhal*), zumeist mit Zutaten aus biologischem Anbau. Hauptgerichte Rs30–100.

Wildernest, Thekkady Rd. Café im Erdgeschoss eines stilvollen kleinen Hotels. Sättigendes europäisches Frühstücksbuffet (Obst, Säfte, Frühstücksflocken, Eier, Toast, Erdnussbutter, hausgemachte Marmelade und frisch gemahlener Kaffee; Rs125). Nachmittags gibt es außerdem Tee und Kuchen (z. B. warmen Pflaumenkuchen).

Sonstiges
Fahrräder

Das Gelände ist zwar hügelig, doch in und um Kumily und Thekkady kann man gut Rad fahren; Räder werden an Ständen auf dem Markt vermietet.

Geld

Die **State Bank of Travancore**, nahe dem Busbahnhof, und die **Thekkady Bankers** im Hauptbasar wechseln Bargeld und Reiseschecks. Die State Bank of Travancore hat auch einen Geldautomaten.

Informationen

Idduki State Tourist Office, unmittelbar südlich des Busbahnhofs, ☎ 04869-222620, ⏰ Mo–Sa 10–17 Uhr. Das neue Büro liefert Informationen über die Region und organisiert geführte Touren, darunter auch eine Spice Valley Tour nach Munnar und zu mehreren Gewürzplantagen: tgl. 6.30–21.30 Uhr, Rs250.
TTDC Office, im Rolex Tourist Home, ☎ 04869-222081. Eine weitere Informationsquelle vor Ort.

Internet

Mehrere Anbieter konzentrieren sich in der Umgebung der Thekkady Junction und verlangen ca. Rs40/Std.

Kathakali-Tanz

Mudra Kathakali, unweit des Hotels Woodlands, bietet tgl. Vorstellungen um 16 und 19 Uhr.

Touren

Neben Ausflügen in das Wildschutzgebiet, einem der besten Indiens für die Beobachtung von Elefanten, sind **Touren zu Teefabriken und Gewürzplantagen** die Hauptattraktion dieser Gegend. Alle Hotels und Reisebüros in Kumily bieten ähnliche Touren an. Leider sind einige Veranstalter infolge des hohen Andrangs inzwischen sehr kommerziell und teuer geworden, sodass man sich erst ein wenig umschauen sollte.

Oft ist die beste Art, eine Tour zu arrangieren, im Hotel zu fragen. Der übliche Preis für eine dreistündige Tour mit Führer und Fahrzeug liegt bei Rs300–500 p. P.

Auf den windigen, grasbewachsenen Bergkuppen und in den Wäldern um Periyar gibt es viele schöne Wandermöglichkeiten mit tollen Ausblicken über die High Range. Ehemalige Parkwächter und andere Ortsansässige, die nicht mehr vom Forstministerium beschäftigt werden, da diese Jobs jetzt für Stammesangehörige reserviert sind, bieten ihre Dienste über Gästehäuser, Hotels und Restaurants an. Es kann sich durchaus lohnen, für einen oder zwei Tage einen Führer zu engagieren, der einem die besten Wege und Aussichtspunkte zeigt.

Trotz der Berge ist die Gegend auch ein gutes Radfahrgebiet. Mehrere Stände auf dem Markt vermieten Fahrräder. Für anstrengendere Touren in die Berge hat Touromark, 04869-224332, www.touromark.com, auf halbem Weg zwischen Kumily und Thekkady, Mountainbikes mit 21 Gängen importiert. Sie bieten auch geführte Touren an: von 4-stündigen, 15 km langen Touren durch die Gewürzgärten, Kaffeeplantagen und Wälder der Umgebung bis zu 4-Tages-Touren über die Cardamom Hills von Periyar nach Munnar.

Das Forstministerium startet am Eco-Tourism Centre an der Ambadi Junction eine Exkursion zu einer abgelegenen Stammessiedlung in Tamil Nadu (6–14.30 Uhr; Rs750). Zunächst fährt man 10 km per Taxi zum Beginn der eigentlichen Strecke, dann per Ochsenkarren und Flechtboot durch verschiedene Habitate und über Ackerland.

Die Gewinne kommen dem örtlichen Gemeinwesen zugute.

Transport

Die Busse halten an dem schäbigen Busbahnhof östlich des Basars von Kumily. Dort warten Motor-Rikschas, die für die Fahrt zum Besucherzentrum im Innern des Parks ca. Rs50–60 kassieren. Sie halten am Parkeingang, wo die Fahrgäste ihr Eintrittsgeld zu entrichten haben. Wer spät ankommt, muss wissen, dass die Tore um 18 Uhr geschlossen und danach nur die eingelassen werden, die eine Unterkunftsreservierung nachweisen können.

Das letzte **Boot** zum KTDC Lake Palace legt offiziell um 16 Uhr ab, aber wenn es noch nicht dunkel ist, können die Angestellten noch eines schicken.

Busse nach:
ALAPPUZHA (tgl., 6 Std.),
KOCHI / ERNAKULAM (10x tgl., 6 Std.),
KOTTAYAM (alle 30 Min., 4 Std.),
MADURAI (mind. alle 30 Min., 10x tgl., 5 1/2 Std.),
MUNNAR (4x tgl., 4 Std.),
THIRUVANANTHAPURAM (6x tgl., 8–9 Std.).

Periyar Wildlife Sanctuary

Die KTDC-Bootsfahrten auf dem See (Abfahrt tgl. um 7, 9.30, 11.30, 14 und 16 Uhr, Dauer 2 Std., Oberdeck Rs100, Unterdeck Rs45) finden in Booten mit lauten Dieselmotoren statt. Das Oberdeck ist normalerweise nicht so voll und bietet die bessere Aussicht. Auch das Forstministerium führt eigene Bootstouren durch (Abfahrt 9.30, 11.30, 14 und 16 Uhr; Rs35); die Boote sind kleiner und schäbiger, können aber näher ans Seeufer (und damit an die Tiere) heranfahren. Für beide Touren gibt es Tickets beim **Forest Department**, oberhalb des Hauptbesucherzentrums am Ende der Straße, die in den Park führt, 04869-222027, tgl. 7–18 Uhr.

Von den Booten aus wird man allerdings kaum Tiere beobachten können – dies verhindern der Motorenlärm und die Gesellschaft von rund 100 Menschen –, aber es ist nicht ausgeschlossen, dass man am Ufer eine Elefantenfamilie, Wildschweine und Sambar erblickt. Um Tiere in freier Wildbahn zu sehen, eignen sich die Oberdecks am besten, doch die Sitzplätze sind häufig von den Gästen teurer Hotels belegt. Am besten stehen die Chancen, wenn man das erste Schiff mit Abfahrt um 7 Uhr nimmt (warme Kleidung ratsam) – der frühmorgendliche Nebel sorgt dabei für eine sehr stimmungsvolle Atmosphäre.

Noch besser ist es, sich einer der hervorragenden Bambusfloßfahrten des Forest Department anzuschließen, die mit einer kurzen Wanderung am Bootsanleger um 8 Uhr morgens beginnen und um 17 Uhr enden; mindestens drei Stunden werden dabei auf dem Wasser verbracht. Da die Flöße, auf denen vier bis fünf Personen Platz finden, mit Paddeln fortbewegt werden, können sie sich den Tieren und Vögeln am Seeufer lautlos nähern. Die Fahrten kosten Rs1000 p. P. und können im Eco-Tourism Centre an der Ambadi Junction (s. Karte S. 1159) gebucht werden.

Das ins Gemeinwesen vor Ort eingebundene Ökotourismus-Programm der Periyar Tiger Reserve bietet eine Vielzahl von unterschiedlichen **Wanderungen** an, von kurzen Spaziergängen bis zu dreitätigen Expeditionen, die alle von Angehörigen des Manna-Stammes geführt werden. Tickets sollten im Voraus im Eco-Tourism Centre an der Ambadi Junction, ✆ 04869-224571, 🖥 www.periyartigerreserve.org, gekauft werden, wo es auch Broschüren zu den einzelnen Touren gibt. ⏲ tgl. 8–18 Uhr, letzter Ticketverkauf um 17.30 Uhr.

Der *Nature Walk* (7, 11 und 14 Uhr; Rs100 p. P.) ist die einfachste Wanderung und führt auf ebenem Terrain 4 bis 5 km weit durch immergrünen und feuchten Laubwald. Ein Führer erklärt den bis zu fünf Teilnehmern Bäume, Pflanzen und Tiere. Ein ähnlicher Spaziergang findet auch in der Dunkelheit statt: Die *Jungle Patrol* (19–22 und 22–1 Uhr, Rs500 p. P.) ist aber eher wegen der Atmosphäre im nächtlichen Wald interessant, denn Tiere bekommt man dabei kaum zu Gesicht – abgesehen von dem einen oder anderen wachsamen Tierauge, das vom Schein der Taschenlampe reflektiert wird. Wer vor allem die Landschaft genießen möchte, für den eignet sich die ganztägige *Border Hiking Tour* (8–17 Uhr; Rs1000 p. P.), die auf einer Höhe zwischen 900 und 1300 m über Grasland und durch dichten Dschungel führt. Der *Periyar Tiger Trail* (2 Tage/1 Nacht oder 3 Tage/2 Nächte; Rs3000–5000) ist etwas für geübte Wanderer. Er wird von ehemaligen Wilderern geführt und von bewaffneten Wächtern begleitet. Die Wanderung führt über 35 km durch Bergland, dichten Wald und Grasland zu den besten Tierbeobachtungsstellen im Schutzgebiet von Periyar.

Übernachtung

Die Buchung der KTDC-Unterkünfte Lake Palace, Periyar House und Aranya Nivas sollte am besten im Voraus bei den Büros in Thiruvananthapuram oder Ernakulam vorgenommen werden – fällt der Besuch auf ein Wochenende, einen öffentlichen Feiertag oder in die Hochsaison (Dez–März), ist eine Reservierung sogar zwingend.

Forest Department Jungle Inn, 3 km östlich von Kumily in Kokkara, abseits der Mangaladevi Temple Rd. Diese 3 km innerhalb des Parks gelegenen einfachen „Waldhütten" stehen auf einer Lichtung, die gern von Languren und riesigen Eichhörnchen besucht wird. Eng und überteuert, aber die Lage ist ruhig und ermöglicht es, früh zur Tierbeobachtung aufzubrechen. Zu buchen über das Eco-Tourism Centre an der Ambadi Junction. ❼

KTDC Aranya Nivas, nahe der Bootsanlegestelle von Thekkady, ✆ 04869-222282, 🖥 www.ktdc.com. Schicker als das Periyar House ist diese Kolonialvilla mit ein paar riesigen Zimmern (US$100–150), gepflegtem Garten, Pool, Restaurant, Bar und wilden Affen, die für Unterhaltung sorgen. VP und 2 Bootsfahrten auf dem Oberdeck im Übernachtungspreis enthalten. ❽–❾

KTDC Lake Palace, am gegenüberliegenden Seeufer vom Besucherzentrum, ✆ 04869-222023, 🖥 www.ktdc.com. Die luxuriöseste Unterkunft des Reservats mit 6 Suiten in einer umgebauten Jagd-Lodge des Raj, von Wald umgeben, mit herrlichen Ausblicken. Heimelige, altmodische Zimmer und gepflegte Rasenanlage. Einer der ganz wenigen Orte Indiens, wo tatsächlich noch die Möglichkeit besteht, beim Teeschlürfen auf der Veranda einen Tiger oder Elefanten in freier Wildbahn zu Gesicht zu bekommen. Nur VP bei US$210 pro DZ. ❾

Periyar

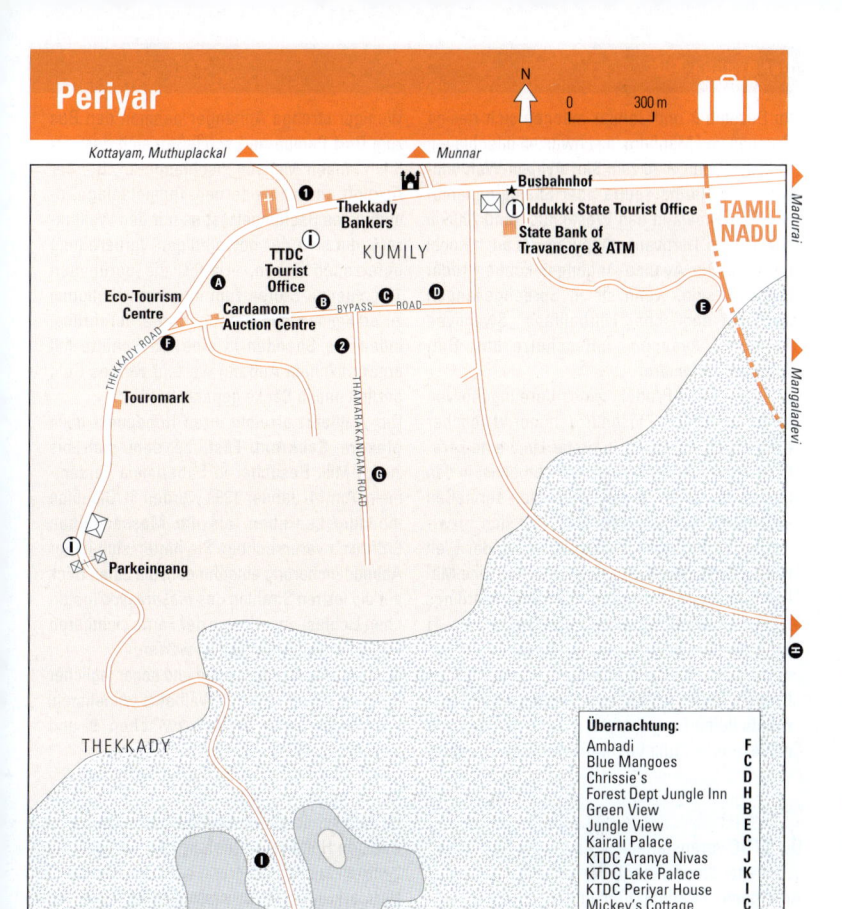

Kottayam, Muthuplackal — Munnar — Busbahnhof

Thekkady Bankers
Iddukki State Tourist Office
KUMILY
State Bank of Travancore & ATM
TTDC Tourist Office
TAMIL NADU
Eco-Tourism Centre
Cardamom Auction Centre
BYPASS ROAD
Madurai
THAMARAKANDAM ROAD
Mangaladevi
Touromark
Parkeingang
THEKKADY
Periyar Lake
Forest Department Visitors' Centre
Bootsanleger

Übernachtung:

Ambadi	F
Blue Mangoes	C
Chrissie's	D
Forest Dept Jungle Inn	H
Green View	B
Jungle View	E
Kairali Palace	C
KTDC Aranya Nivas	J
KTDC Lake Palace	K
KTDC Periyar House	I
Mickey's Cottage	C
Oasis	G
Wildernest	A

Restaurants:

Ayur	1
Chrissie's Café	D
Pepper Garden Coffee House	2
Wildernest	A

KTDC Periyar House, auf halber Strecke zwischen den Parkeingängen und der Bootsanlegestelle in Thekkady, ☎ 04869-222026, 🖳 www.ktdc.com. Gut ausgestattetes Mittelklassehotel in Seenähe mit Restaurant, Bar und Balkon mit Blick über die von Affen bewohnten Wälder. Nicht ganz so schön gelegen wie das benachbarte Aranya Nivas, aber viel billiger. Nach einem Zimmer mit Sicht auf den See fragen. ❺–❼

Kerala

www.stefan-loose.de/indien   **Periyar Wildlife Sanctuary 1159**

Der Ayappa-Kult

Im Dezember und Januar machen sich riesige Gruppen von Männern in schwarzen oder blauen *dhotis* auf den Weg zum **Shri Ayappa-Waldtempel** (auch Hariharaputra oder Shasta genannt) von Sabarimala in den Westghats, rund 200 km sowohl von Thiruvananthapuram als auch Kochi entfernt. Die Ayappa-Anhänger können recht lautstark sein, wenn sie in Sprechgesängen nach Art englischer Fußballfans „Swamiyee Sharanam Ayappan" („Beschütze uns, Gott Ayappa!") intonieren.

Ayappa – das Produkt einer Vereinigung von Shiva und Mohini, Vishnus schöner weiblicher Inkarnation – ist zwar in erster Linie eine keralische Gottheit, doch seine Beliebtheit ist in den letzten 30 Jahren in ganz Südindien dermaßen sprunghaft angestiegen, dass es sich inzwischen um den zweitgrößten Pilgerzug der Welt handeln soll, dem sich alljährlich bis zu eine Million Gläubige anschließen. Die Pilger allerdings müssen sexuell abstinent bleiben, dürfen 41 Tage vor dem Beginn des viertägigen Marsches durch den Wald von dem Dorf Erumeli (61 km Luftlinie nordwestlich) zum **Heiligtum bei Sabarimala** keine Rauschmittel zu sich nehmen und müssen eine strikt vegetarische Diät einhalten.

Weniger strenge Anhänger nehmen den Bus zum Dorf Pampa und schließen sich dort der 5 km langen Menschenschlange an. Bei der Ankunft an der modernen Tempelanlage inmitten des Dschungels ist es nur den Wallfahrern, die sich der notwendigen Vorbereitung unterzogen haben, erlaubt, die berühmten 18 goldenen Stufen zum innersten Heiligtum zu erklimmen. Sie bezeugen ihre Verehrung, indem sie Spenden in eine Art Schütte mit unterirdischem Auffang werfen, wo das Geld gezählt und in Säcke gepackt wird.

Die Wallfahrt erreicht ihren Höhepunkt beim **Makara Sankranti-Fest**, zu dem sich bis zu 1,5 Mill. Besucher in Sabarimala versammeln. Am 14. Januar 1999 wurden 51 Gläubige lebendig begraben, als die Massen einen Erdrutsch verursachten. Sie hatten sich in der Abenddämmerung eingefunden, um einen Blick auf die letzten Strahlen des *makara jyoti* (göttlichen Lichtes) über dem in der Ferne sichtbaren Hügel Ponnambalamedu zu werfen.

Männer aller Altersgruppen und sogar jeglicher Religion können an der Wallfahrt teilnehmen, doch weiblichen Wesen zwischen 9 und 50 Jahren ist dies verwehrt.

Transport

Die **KTDC** veranstaltet von Kochi aus hektische Wochenendtouren nach Periyar, mit Aufenthalt in Kadamattom und am Idukki-Staudamm (Sa 7.30–So 20 Uhr), und eine noch anstrengende von Thiruvananthapuram – nichts für Leute, die nicht in Videobussen eingepfercht sein möchten. Zahlreiche andere Veranstalter in Thiruvananthapuram, Kovalam und Kochi bieten maßgeschneiderte Pauschaltouren. Transport von Kumily s. S. 1157.

Munnar und Umgebung

Die 130 km östlich von Kochi und 110 km nördlich (4 1/2 Busstunden) des Periyar Wildlife Sanctuary gelegene Stadt Munnar ist das Zentrum von Keralas wichtigster Teeanbauregion. Die Stadt ist eine schäbige Ansammlung von wellblechgedeckten Hütten und Teefabriken, und das Stadtzentrum auf dem Talgrund wird der touristischen Vermarktung als *hill station* in keinster Weise gerecht. Aber es gibt in den umliegenden Bergen viel Schönes zu entdecken: Die niedrigeren Hänge sind mit üppigen Teeplantagen überzogen und mit urigen alten Kolonialbungalows gespickt. Darüber erheben sich die grasbewachsenen Bergrücken und die Felsspitzen der High Range – zu der auch der höchste Gipfel Südindiens, der **Ana Mudi** (2695 m), zählt – mit tollen Wanderwegen, von denen sich viele für Tageswanderungen ab Munnar anbieten.

Es ist unschwer zu sehen, weshalb sich die schottischen Pflanzer-Pioniere, die dieses versteckte Tal in den 1870er- und 1880er-Jahren erschlossen, sich hier wie zu Hause fühlten. Die in rund 1600 m Höhe gelegene Stadt besitzt ein erfrischendes Klima mit kalten Morgen und sonnigem blauem Himmel im Winter und heftigen Regenfällen während des Monsuns. Wenn sich der Flussnebel verzieht, stellen die schroffen Gipfel rundum einen malerischen Kontrast zu den gepflegten Plantagen dar, die die Hänge überziehen.

Munnars Grün und die frische Luft ziehen hauptsächlich gut betuchte Flitterwöchner und Wochenendausflügler aus den Metropolen Südindiens an. Es machen hier aber auch immer mehr Ausländer ein paar Tage Halt. Sie wählen die atemberaubende Busfahrt von Periyar, die über die Hochpässe und durch die Tropenwälder der Cardamom-Berge führt, oder die gleichermaßen spektakuläre Anreise über die Ghats von Madurai, um herzugelangen. In den letzten Jahren sind hier einige wunderbare Unterkünfte in historischen Häusern sowie Privatunterkünfte entstanden, viele davon in restaurierten britischen Bungalows, wo man vor der Kulisse der sanft geschwungenen Teeplantagen und Berge auf gepflegtem Rasen regional angebauten Tee genießen kann.

Munnar

Munnar liegt am Zusammenfluss dreier Bergbäche und ist ein typischer Ort rund um einen Bergmarkt mit planloser Besiedlung und überfüllten Marktstraßen – die meisten zieht es so schnell wie möglich von hier fort. Die einzige Sehenswürdigkeit ist das **Teemuseum**. Es liegt 2 km nordwestlich des Zentrums an der Nallathany Rd und beherbergt zahlreiche technische Gerätschaften und eine Fotoausstellung zur Geschichte der Teeproduktion in der Region, von den Anfängen in den 1880er-Jahren bis zur heutigen Kanan-Devan-Ära unter der Ägide des Tata-Teekonglomerats. ⏱ Di–So 9–16 Uhr, Eintritt Rs50.

Der berühmte **High Range Club**, zur Kolonialzeit das Zentrum des sozialen Lebens der Gegend und heute eine wichtige kulturelle Ikone, liegt oberhalb des Flusses am südöstlichen Stadtrand. Inder durften den Club offiziell erst ab 1948 betreten, aber heute dürfen Nicht-Mitglieder jedweder Herkunft das typische Kolonialgebäude besuchen, vielleicht um eine Runde Golf zu spielen oder um sich von den uniformierten Bediensteten auf dem Rasen einen Gin Tonic servieren zu lassen. In der ausschließlich Männern vorbehaltenen Bar zieren Jagdtrophäen und Tropenhelme die Wände. Im ganzen Club gelten Bekleidungsvorschriften: keine T-Shirts und Sandalen, samstags ab 19 Uhr formelle Abendkleidung.

Die Umgebung

Einige der Berggipfel rund um die Stadt sind im Rahmen von **Tageswanderungen** durch die Teeplantagen zu erreichen. Eine erste gute Anlaufstelle für Informationen ist das Gästehaus Green View im Süden der Stadt (s. Karte S. 1159), dessen Betreiber, Deepak, ☎ 09447 825447, eine Gruppe von enthusiastischen jungen Bergführern leitet. Für die Besteigung des **Ana Mudi**, des höchsten Gipfels Südindiens, benötigt man eine Erlaubnis des Forest Officer in Munnar, der sein Büro oberhalb des Taxistands hat ⏱ Mo–Fr 10–13 und 14–17 Uhr. Während der Paarungszeit der Tahr (s. unten) von Ende Januar bis Ende Februar werden allerdings keine Genehmigungen erteilt.

Ein beliebtes Ausflugsziel auch das winzige, 1600 m hoch gelegene Dörfchen **Top Station** an der Grenze zwischen Kerala und Tamil Nadu, zu erreichen nach einer 34 km langen, stetig bergauf führenden Busfahrt durch Teeplantagen, die zu den am höchsten gelegenen des Subkontinents gehören. Die Siedlung verdankt ihren Namen einer alten Drahtseilbahn, von der noch vereinzelt Überreste zu sehen sind. Neben der fantastischen Aussicht auf die Ebenen Tamil Nadus ist der Ort die äußerst seltene Pflanze **Neelakurunji** (Strobilanthes) berühmt, die an den Berghängen gedeiht, jedoch nur alle zwölf Jahre blüht, und dann unzählige Besucher anlockt, die sich am Anblick des mit violetten Blumen übersäten Berges erfreuen. Die nächste Blüteperiode wird im Oktober/November 2018 erwartet. Top Station ist per **Bus** von Munnar (10x tgl. ab 5.30 Uhr, 1 1/2 Std.) zu erreichen oder mit Taxi-Jeeps für Rs900 hin und zurück. Die Aussicht ist am besten, bevor es ab 9 Uhr morgens dunstig wird.

In den Westghats, 13 km nordöstlich von Munnar liegt der 100 km² große **Eravikulam-Nationalpark**, 🖥 www.eravikulam.org. Er schützt immergrünen Feuchtwald und grasbewachsene Höhen und ist der letzte Lebensraum einer der seltensten Bergziegen der Welt, der **Nilgiri-Tahr**. Ihre Zutraulichkeit machte sie während der jagdbesessenen Kolonialära zur viel zu leichten Beute. Inzwischen hat sich ihre Zahl jedoch wieder auf ein gesundes Maß erholt, und die Ziegen sind so wenig misstrauisch wie eh und je. Das ist vor allem der Arbeit des amerikanischen Biologen Clifford Rice zu verdanken, der die Tiere hier in den 1980er-Jahren erforschte. Er konnte ihnen nicht nahe genug kommen, um sie genau beobachten zu können, und folgte dem Rat der Einheimischen, die Tiere mit Salz anzulocken. Bald versammelten sich ganze Herden um sein Lager. Die Salzsucht der Tahr erklärt auch, warum sich so viele an den Parkzugängen in Vaguvarai aufhalten, wo sie die Besucher entgegen den Anweisungen der Ranger mit salzigen Snacks füttern. ⏲ tgl. 7–18 Uhr; Eintritt Rs200.

Obwohl sie an den Eravikulam-Nationalpark grenzt, wird die **Chinnar Wildlife Sanctuary**, 🖥 www.chinnar.org, sehr viel seltener besucht, nicht zuletzt deshalb, weil der Eingang zum Schutzgebiet 58 km von Munnar – zwei Fahrstunden auf kurvigen Bergstraßen – entfernt liegt. Das Gebiet befindet sich im Regenschatten der High Range und ist somit erheblich trockener als der benachbarte Park. Es ist eines der besten Vogelbeobachtungsreviere in Kerala – bisher wurden 225 Arten dokumentiert. ⏲ tgl. 6–19 Uhr; Eintritt Rs100.

Übernachtung

Munnar hat mehr Unterkünfte als andere Orte in der High Range, da die Stadt bei den Besuchern aus den Großstädten beliebt ist. Billige Unterkünfte sind allerdings rar und laut. Die wenigen, die es gibt, liegen sehr nah an Busbahnhof und Basar, und sind hier nicht aufgelistet.

Green View, Shri Parvati Amman Kovil St, beim KSRTC-Busbahnhof, ☎ 04865-230189, ☎ 09447 825447. Sauberes, freundliches Budget-Gästehaus auf dem Talgrund, an einer Seitenstraße der Hauptstraße. Unterschiedlich große Zimmer, auf ausländische Rucksackreisende ausgerichtet. ❶–❸
High Range Club, Kannan Devan Hills, ☎ 04865-230253, ✉ hrcmunnar@sify.com. Der alte britische Club aus der Raj-Ära vermietet Zimmer und Cottages in 3 Kategorien. Uriges verblichenes Kolonialambiente. Nur Vollpension. ❼–❽
Hillview, Kanan Devan Hills, ☎ 04865-230567, ☎ 09447 740883, 🖥 www.hillviewhotel.com. Verlässliches Mittelklassehotel im südlichen Teil der Stadt. Von außen ist es eher unansehnlich, aber drinnen gibt es Holzböden und Wandpaneele mit traditionellen Schnitzereien. ❻–❼
JJ Cottage, Shri Parvati Amman Kovil St, nahe KSRTC-Busbahnhof, ☎ 04865-230104. Direkt neben dem Green View und diesem sehr ähnlich, nur älter, teurer und schneller voll. ❸–❹
Kanan Devan Hills Club, Kanan Devan Hills Rd, ☎ 04865-230252, ✉ kdhclub@rediffmail.com. Das Gegenstück des High Range Club für Leute mit kleinerer Reisekasse: ein typischer Kolonialbungalow, der 1983 im Raj-Stil errichtet wurde. Für Munnar preisgünstige Zimmer mit Bad. ❹
Olive Brook, PO Box 62, Pothamedu, ☎ 04865-230588, 🖥 www.olivebrookmunnar.com. Reizend altmodische Privatunterkunft auf einer Kardamom-Plantage an einem Hang oberhalb des südlichen Stadtrands von Munnar. Im Preis inbegriffen sind VP, Kochunterricht, Wanderungen, abendliches Grillen und Lagerfeuer. ❽
Windermere Estate, PO Box 21, Pothamedu, ☎ 04865-230512, 🖥 www.windermeremunnar.com. Alpen-Chalets hoch auf einem Berg oberhalb der Stadt, inmitten von Kardamom- und Teeplantagen mit tollem Ausblick über das Tal. Die Zimmer (ab US$125) im umgebauten

Logieren wie ein Teepflanzer

The Tea Sanctuary KDHP House, ☎ 04865-230141, 🖥 www.theteasanctuary.com. 5 ehemalige Pflanzerbungalows liegen verstreut über die 240 km² großen Teegärten der Kanan Devan Hill Plantations Company. Jeder Bungalow ist liebevoll in seinen ursprünglichen Zustand zurückversetzt worden, und zu jedem gehören ein Hausdiener und Koch. Am schönsten ist vielleicht „Chockanad East", 4 km hinter dem High Range Club (US$150/Nacht für 2 Pers., inkl. VP). ❾

Farmhaus und in neueren Cottages sind alle schön ausgestattet mit viel Holz und Stein und Stoffen in warmen Farben. ❾
Zina Cottage, Kad, ✆ 04865-230349, ✆ 09447 190954. Hübscher Steinbungalow aus britischer Zeit inmitten von Teegärten am Hang oberhalb von Munnar. Tolle Ausblicke von der blumengeschmückten Terrasse vor dem Haus über die Stadt hinüber zum Ana Mudi. Gastgeber Joseph Iype erteilt bei einem Tässchen Tee gerne Ratschläge über Wanderungen in der Gegend. Hauptsächlich empfehlenswert wegen der schönen Atmosphäre. ❹

Essen

Die **Essensstände** gleich südlich vom Hauptbasar, gegenüber dem Taxistand, erwachen ab etwa 19.30 Uhr zum Leben; hier gibt es köstliche, heiß servierte keralische Speisen – *dosas, parottas, iddiappam,* Bohnen-Curry, *egg masala* – auf Blechtellern, mit denen man es sich auf einfachen Holztischen auf der Straße gemütlich machen kann. Das hygienischste Lokal im Hauptbasar ist **Food Court** im Erdgeschoss des Munnar Inn, mit Samosas, vegetarische Koteletts, Sandwiches und leichten Gerichten. **Guru Bhavan**, Mutapatty Road, Ikka Nagar, ist das verlässlichste der südindischen „meals"-Lokale in Munnar. Es liegt 10 Fußminuten vom Hauptbasar entfernt, aber der Weg lohnt sich: Auf der täglich wechselnden Karte stehen leckere keralische vegetarische Gerichte, dazu gibt es heiße *parottas,* unheimlich knusprige hauchdünne *dosas* und andere Udipi-Snacks.

Sonstiges
Geld
Die **State Bank of Travancore** und die **State Bank of India** wechseln Geld.
Außerdem gibt es zahlreiche Geldautomaten in der Stadt.

Informationen
DTPC Tourist Information, Old Munnar, ✆ 04865-231516. Nicht sehr hilfreich. ◷ Mo–Sa 8.30–19 Uhr.
Wer Informationen über Transportmittel, Hotels oder Tagestouren (auch nach Eravikulam) benötigt, wendet sich besser an Joseph Iype, den hilfsbereiten Leiter des effizienten **Tourist Information Service** im Hauptbasar, ✆ 04865-231136, ✆ 09447 190954; keine festen Öffnungszeiten. Der selbst ernannte Tourist Officer verteilt nicht nur nützliche Pläne und Zeitungsartikel, sondern organisiert auch Ausflüge und bombardiert Ratsuchende mit Hintergrundinformationen über die Region.

Internet
Es gibt einige Anbieter in der Stadt, darunter das **Alpha Computer Centre** neben dem Tamil-Nadu-Busbahnhof (Rs50/Std.).

Transport
Busse
Staatliche und private Busse fahren den Busbahnhof im modernen Hauptbasar an, unweit des Zusammenflusses der beiden Flüsse in der Nähe der Tata-Zentrale. Die staatlichen fahren noch weiter bis zum anderen Busbahnhof, knapp 3 km südlich. Die meisten Hotels liegen in Old Munnar, 2 km südlich des Zentrums, nahe der DTPC Tourist Information. Man kann den Fahrer bitten, dort anzuhalten.

Busse nach:
KOCHI / ERNAKULAM (6x tgl., 4 1/2–5 Std.),
KOTTAYAM (5x tgl., 5 Std.),
KUMILY (4x tgl., 4 Std.),
MADURAI (6x tgl., 5 Std.),
THIRUVANANTHAPURAM (5x tgl., 8–9 Std.).

Kochi / Ernakulam und Umgebung

Die altehrwürdige Stadt Kochi (lange Zeit Cochin genannt), Keralas Touristenziel Nummer eins, erstreckt sich über Inseln und Landzungen zwischen dem Arabischen Meer und den Backwaters. Ihre wichtigsten Viertel – das moderne **Ernakulam** und die alten Stadtteile **Mattancherry** und **Fort Cochin** auf einer Halbinsel im Westen – sind durch ein dichtes Netz an Fähren und Brücken miteinander verbunden. Während einige Besucher nach wie vor im günstiger gelegenen Ernakulam übernachten, entscheiden sich immer mehr Touristen für Fort Cochin, wo sich Kochis interessante Geschichte in einer Vielfalt architektonischer Stilrichtungen manifestiert. Exotische Gewürzmärkte, eine Synagoge, ein portugiesischer Palast, die erste europäische Kirche Indiens und holländische Wohnhäuser aus dem 17. Jh. lassen sich hier bei einem gemächlichen Rundgang besichtigen. Kochi ist auch eine der wenigen Städte in Kerala, wo man garantiert **Kathakali-Tanzvorstellungen** geboten bekommt, wobei es sich teils um authentische, teils um gekürzte Touri-Versionen handelt.

Kochi (Cochin)

Kochi entstand 1341, als eine Überschwemmung die Mündung des Periyar verschob und so ein sicherer Naturhafen geschaffen wurde, der Muziris (jetzt Kodungallur, 50 km nördlich gelegen) als Haupthafen der Malabar-Küste verdrängte. 1405 verlegte die königliche Familie ihren Hof von Muziris hierher, und die schnell wachsende Stadt zog christliche, arabische und jüdische Siedler aus dem Nahen Osten an. Die Geschichte der Europäer in Kochi beginnt im frühen 16. Jh. mit den Portugiesen, denen zunächst die Holländer und später die Briten folgten. Sie alle stritten um die Kontrolle des Hafens und seines einträglichen Gewürzhandels. Von 1812 bis zur Unabhängigkeit 1947 unterlag die Verwaltung der Stadt einer Reihe von *diwans* (Finanzministern). In den 1920er-Jahren bauten die Briten den Hafen aus, um ihn für die neuen Ozeanriesen schiffbar zu machen. Durch Aufschüttung des Materials aus den umfangreichen Ausbaggerungsarbeiten entstand Willingdon Island zwischen Ernakulam und Fort Cochin.

Mattancherry und Fort Cochin

In Old Kochi, der daumenförmigen Halbinsel, an deren Nordspitze der Eingang zum Hafen der Stadt liegt, konzentrierten sich ab dem 16. Jh. die Handelsaktivitäten der Europäer. Da Hochhäuser nur auf der einen Seite des Hafens in Ernakulam erlaubt sind, haben in den beiden Bezirken Fort Cochin auf der Westseite und Mattancherry auf der Ostseite der Halbinsel zahlreiche architektonische Zeugnisse aus den frühen Kolonialzeiten überlebt: portugiesische, niederländische und britische Bauten – eine historische Hinterlassenschaft, wie sie für Indien einmalig ist. Wer sich der Halbinsel mit der Fähre nähert, erblickt gleich am Ufer die pastellfarbenen *godoowns* (Warenhäuser) mit ihren Ziegeldächern – ein Anblick, der sich im Laufe der letzten Jahrhunderte wohl nur wenig verändert hat.

Aus der Nähe betrachtet hat die historische Patina von Old Kochi aber inzwischen einige Kratzer davongetragen. Der Gewürzhandel, dem die Stadt ihren ursprünglichen Aufstieg verdankte, ist immer noch überall präsent. Aber der enorme Anstieg der Besucherzahlen in den vergangenen zehn Jahren hat unübersehbare Spuren hinterlassen.

Im Winter kommen täglich Tausende von Touristen auf die Halbinsel, und da es keine Planungs- oder Denkmalschutzbehörde gibt, die den Bauboom kontrolliert, drohen viele neue Gebäude genau die Atmosphäre zu zerstören, die die Besucher anzieht. Aber der Tourismus hat auch positive Auswirkungen – viele Häuser sind renoviert worden, die ansonsten langsam weiter verfallen wären.

Fort Cochin

In Fort Cochin, einem Viertel mit altehrwürdigen Straßen an der Nordwestspitze der Halbinsel, errichteten die Portugiesen ihre erste Festung, **Fort Immanuel**. Von den alten Befestigungsanlagen sind nur ein paar spärliche Überreste geblieben, die in der Nähe der chinesischen Fischernetze ins Meer bröckeln. Dutzende anderer portugiesischer, holländischer und britischer Bauten haben jedoch die Zeiten überdauert.

Gute Möglichkeiten, in die vielschichtige Geschichte von Fort Cochin einzutauchen, bieten die kostenlosen Karten mit Rundgängen, die von Kerala Tourism und vom privaten Tourist Desk herausgegeben werden (s. S. 1174). Die Rundgänge führen zu den wichtigsten Sehenswürdigkeiten des Viertels, z. B. zum **holländischen Friedhof** aus dem 18. Jh., dem angeblichen **Haus von Vasco da Gama** und verschiedenen Kaufmannsresidenzen.

Kochi und Ernakulam

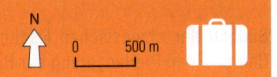

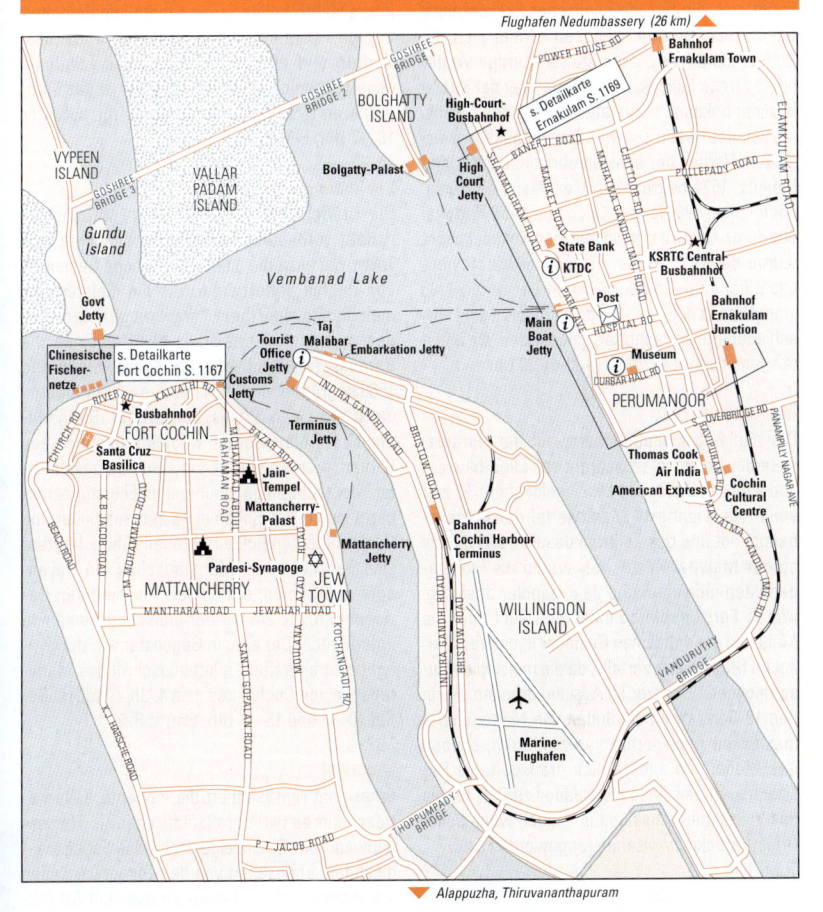

Chinesische Fischernetze

Die riesigen chinesischen Fischernetze, die das Nordufer von Fort Cochin säumen, den Ausblick verschönern und wahrscheinlich das einzige Fotomotiv von Kerala sind, das jeder auf Anhieb wiedererkennt, sollen ursprünglich Händler vom Hof Kublai Khans mitgebracht und in der Region Malabar eingeführt haben. Sie heißen auf Malayalam *cheena vala* und sind auch überall in den Backwaters weiter südlich zu sehen. Mindestens vier Mann sind notwendig, um die an gebogenen Hölzern befestigten und mittels Zugschnüren und Gewichten zu bewegenden Netze zu bedienen.

Auf dem winzigen hiesigen Markt kann man frischen Fisch kaufen und ihn an einem der provisorischen Stände in der Nähe mit Meersalz, Knoblauch und Zitrone grillen lassen.

St. Francis Church und Umgebung

Südlich der chinesischen Fischernetze in der Church Road (Verlängerung der River Road) befindet sich ein typisch englischer Exerzierplatz, der **Parade Ground**. Daneben erhebt sich die St. Francis Church, die erste von Europäern gebaute Kirche Indiens. Das genaue Alter der Kirche ist nicht bekannt, dürfte aber Anfang des 16. Jhs. anzusiedeln sein. Die Rundbogenfassade wurde zum Vorbild der meisten christlichen Kirchen Indiens. 1524 begrub man hier Vasco da Gama, doch später wurde sein Leichnam nach Portugal überführt. Unter der holländischen Kolonialmacht wurde die Kirche renoviert und 1663 protestantisch, danach – mit der Ankunft der Briten 1795 – anglikanisch. In die Wände im Inneren sind verschiedene Grabinschriften eingelassen, die älteste stammt von 1562. ◷ tgl. 8.30–18.30 Uhr.

Mattancherry

Der alte Bezirk Mattancherry auf der Nordostseite der Halbinsel ist geprägt von Lagerhäusern und anderen Gebäuden mit Ziegeldächern. Er war einst das wichtigste Marktviertel der Kolonialhauptstadt und das Zentrum des Gewürzhandels an der Malabar-Küste. Hier waren die wohlhabendsten jüdischen und Jain-Händler ansässig. Wie in Fort Cochin befindet sich auch hier die Mehrzahl der stattlichen Gemäuer in unterschiedlichen Stadien des Verfalls, da die meisten der ursprünglichen Besitzer im Ausland arbeiten. Als in den 1940er-Jahren die Juden von Mattancherry in Massen nach Israel auswanderten, blieben ihre Möbel und andere nicht-transportable Besitztümer in den Antiquitätenläden zurück, für die das Viertel heute bekannt ist – auch wenn echte Originalstücke inzwischen rar geworden sind.

Mattancherry Palace

Der Mattancherry-Palast steht nur ein kleines Stück zu Fuß vom Mattancherry Jetty entfernt, etwa 1 km südöstlich von Fort Cochin. Obwohl er hier unter der Bezeichnung **Dutch Palace** bekannt ist, wurde der zweistöckige Palast von den Portugiesen als ein Geschenk an den Raja von Cochin, Vira Keralavarma (1537–61), erbaut – die Holländer fügten erst später einige Details hinzu. Von außen scheint er nicht sehr vielversprechend, doch das Innere lohnt einen Besuch.

Die **Wandgemälde**, die einige Zimmer zieren, zählen zu den schönsten Beispielen der keralischen Malschule. Die Sammlung umfasst auch interessante holländische Stadtpläne des alten Cochin, Krönungsroben von Maharadschas, Waffen und elegante Möbel. Ohne Erlaubnis des Archaeological Survey of India ist das Fotografieren strengstens verboten. ◷ tgl. außer Fr 10–17 Uhr; Eintritt Rs2.

Die Judenstadt

Die Straße, die Richtung Süden am Mattancherry Jetty vorbeiführt, führt in die sogenannte **Jew Town**, die einst die blühende jüdische Gemeinde von Cochin beherbergte. Bis die meisten Gemeindemitglieder nach Israel emigrierten, war das wichtigste Gotteshaus der Gemeinde die **Pardesi- (weißjüdische) Synagoge**. Sie wurde 1568 gegründet und 1664 neu erbaut. Ihr Inneres weist originelle Stilmischungen auf. Die handbemalten, blau-weißen Kacheln stammen aus Kanton, jede ein Unikat. Ein kunstvoll geschnitzter Thoraschrein gegenüber dem Eingang beherbergt vier Thora-Rollen in Kästen aus Silber und Gold, auf denen goldene Kronen ruhen. Letztere sind Geschenke der Maharadschas von Travancore und Cochin, ein Beweis für die guten Beziehungen, die sie mit der jüdischen Gemeinde unterhielten. Der älteste Gegenstand in der Synagoge ist eine Kupferplatteninschrift des Maharadscha von Cochin aus dem 4. Jh. ◷ tgl. (außer Sa) 10–12 und 15–17 Uhr, Eintritt Rs2.

Ernakulam

Ernakulam repräsentiert die moderne Seite Keralas, und es wirkt großstädtischer als Thiruvananthapuram. Es gibt eigentlich keine Sehenswürdigkeiten, abgesehen von den zeitgenössischen Kunstwerken in der kleinen **Durbar Hall Art Gallery** in der Durbar Hall Road, ◷ tgl. 11–19 Uhr, Eintritt frei. Die hauptsächlichen Aktivitäten auf der belebten, langen und schnurgeraden **Mahatma Gandhi (MG) Road**, die mehr oder weniger mitten durch Ernakulam verläuft, sind Einkaufen, Essen und Kinobesuche. Besonders groß ist das Angebot an Stoffen verschiedenster Farben – die neuesten Sarimoden sind auf jeden Fall vertreten.

Im **Shiva-Tempel**, Durbar Hall Road, findet alljährlich (Jan/Feb) ein achttägiges **Fest** mit Ele-

Fort Cochin

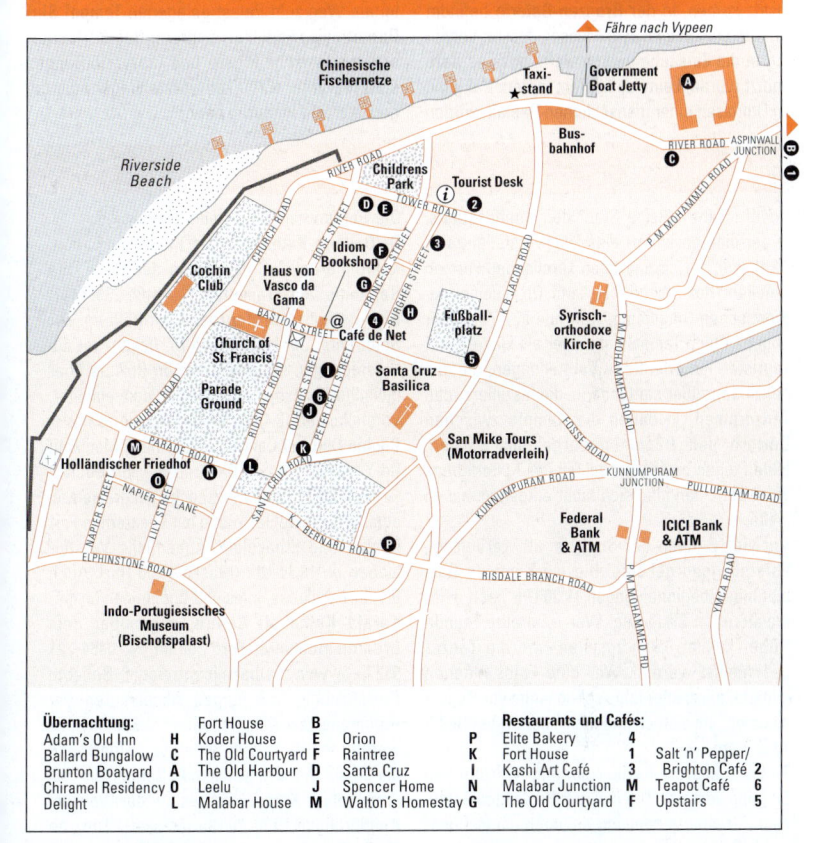

Übernachtung:						Restaurants und Cafés:			
Adam's Old Inn	H	Fort House	B	Orion	P	Elite Bakery	4		
Ballard Bungalow	C	Koder House	E	Raintree	K	Fort House	1	Salt 'n' Pepper/	
Brunton Boatyard	A	The Old Courtyard	F	Santa Cruz	I	Kashi Art Café	3	Brighton Café	2
Chiramel Residency	O	The Old Harbour	D	Spencer Home	N	Malabar Junction	M	Teapot Café	6
Delight	L	Leelu	J	Walton's Homestay	G	The Old Courtyard	F	Upstairs	5
		Malabar House	M						

fantenprozessionen und *panchavadyam* (Trommel- und Trompetenkapellen) in den Straßen statt. Teil der Festveranstaltungen sind üblicherweise auch nächtliche Kathakali-Vorstellungen. Der Tempel wird dann fantasievoll mit elektrischen Lampen erleuchtet.

Umgebung von Kochi und Ernakulam

Rund 12 km südöstlich von Ernakulam liegt die Kleinstadt **Thripunitra**, zu erreichen per Bus oder Motor-Riksha vom Busbahnhof in der MG Road, unmittelbar südlich von Jos Junction. Hier lohnt ein Besuch des baufälligen, im Kolonialstil erbauten **Hill Palace**, der inzwischen ein gemischtes Museum beherbergt. Die Königsfamilie von Cochin unterhielt einst um die 40 Paläste – dieser hier wurde nach der Unabhängigkeit von der Regierung konfisziert und verkam im Laufe des vergangenen Jahrzehnts zu einem staubigen und vernachlässigten Objekt.

Eines der schönsten Museumsstücke ist eine hölzerne Mandapa aus dem frühen 17. Jh. mit prächtigen Schnitzereien, die Geschichten aus dem Ramayana zeigen. Interessant sind auch die fein gearbeiteten silbernen Schmuckkästchen, die goldenen und silbernen Zierobjekte und die rituellen Gegenstände, die bei großen Zeremonien zum Einsatz kamen. In der **Bronzen-Galerie** befindet sich auch ein *kingini katti*-Messer, dessen Verzierungen die Tatsache verschleiern, dass es dazu benutzt wurde, Leute zu köpfen. In dem Käfig mit den Umrissen einer menschlichen Gestalt wurden Verurteilte aufgehängt, damit die Vögel sie zu Tode picken konnten. ⏲ Di–So 9–17 Uhr, Eintritt Rs10.

Anlässlich des jährlichen **Festes** (Okt/Nov) im am Weg zum Palast gelegenen **Tempel Shri Purnatrayisa** finden an mehreren Tagen Theater- sowie klassische Musik- und Tanzvorführungen statt, darunter Kathakali-Vorstellungen, die die ganze Nacht hindurch dauern.

Kathakali in Kochi

Kochi ist die einzige Stadt des Bundesstaats, in der man garantiert eine Live-Vorstellung von Kathakali, der einzigartigen keralischen Formen rituellen Theaters, erleben kann. Ob in seiner authentischen Umgebung, während der im Winter abgehaltenen Tempelfeste, oder als kürzere, auf Touristen hin orientierte Vorstellungen, die das ganze Jahr über stattfinden – die faszinierenden Tanzdramen, in denen die Kämpfe zwischen Göttern und Dämonen dargestellt werden, bilden einen wesentlichen Teil des Kulturlebens von Kochi, den man sich nicht entgehen lassen sollte.

Auf vier Bühnen der Stadt (s. u.) werden tgl. Vorstellungen geboten. Die einstündigen Darbietungen beginnen gegen 18.30 Uhr nach einer einleitenden Erklärung. Wer rund eine Stunde früher kommt, kann zusehen, wie die Tänzer geschminkt werden. Wer gute Fotos machen möchte, muss allerdings schon lange vor Beginn kommen, um sich einen Platz in der ersten Reihe zu sichern.

Tickets kosten Rs100–150 und werden am Eingang verkauft. Die meisten Reisenden sehen sich nur eine Vorstellung an, doch ein viel besseres Gefühl dafür, was Kathakali eigentlich ist, bekommt man nach mindestens zwei Darstellungen und im Idealfall anschließend dem Besuch eines die ganze Nacht dauernden Tempelfestes, oder wenigstens einer der Vorstellungen im Ernakulam Kathakali Club: Hier wird einmal im Monat ein eine Nacht dauerndes Drama zur Aufführung gebracht, entweder in der TDM Hall in Ernakulam (s. Karte S. 1169) oder in der Ernakulathappan Hall im wichtigsten Shiva-Tempel der Stadt. Näheres beim Tourist Desk am Main Boat Jetty, Ernakulam.

Die vier größten Veranstaltungsorte sind:
Dr Devan's Kathakali, See India Foundation, Kalathiparambil Cross Rd, in der Nähe des Bahnhofs von Ernakulam, ☏ 0484-236 6471. Die etablierteste Touristen-Vorstellung der Stadt unter der Leitung von Dr. Devan, der die Vorstellungen mit einem langen Diskurs über indische Philosophie und Mythologie einleitet. Vorstellungen 18.45 bis 20 Uhr, Maske 18 Uhr.
Cochin Cultural Centre, Soudartham, Manikath Rd, Ernakulam, und KB Jacob Rd, Fort Cochin, ☏ 0484-235 7153, 🖥 www.cochinculturalcentre.com. Preisgekrönte Truppe mit Theatern in Fort Cochin und Ernakulam. Abendliche Vorstellungen ab 18.30 Uhr (Maske 16.30 Uhr). Auch Einführungskurse. Infos und Buchungen online.
Kerala Kathakali Centre, gegenüber dem Brunton Boatyard, Fort Cochin, ☏ 0484-221 5827, 🖥 www.kathakalicentre.com. Beliebte Aufführungen mit jungen Absolventen der renommierten Kalamandalam Academy. Es werden meistens drei Rollen vorgeführt, und die Musik wird live gespielt. Außerdem ein- bis dreiwöchige Kurse, Näheres auf der Website. Aufführungen 18.30–20 Uhr (Maske 17 Uhr); ab 20.45 Uhr klassische indische Musik.
Rhythms Theatre (Greenix), gegenüber dem Fort House, Fort Cochin, ☏ 0484-654 9444, 🖥 www.greenix.in. Mit Rs450 ist dies die teuerste Aufführung, aber es werden Ausschnitte aus Kathakali-Dramen mit Vorführungen von Mohiniyattam-Tanz, dem Kampfsport Kalaripayattu und sonntags Theyyattam kombiniert, entweder mit Livemusik oder Musik vom Band. Die Aufführungen sind nicht erstklassig, aber ein Abend hier ist auf jeden Fall interessanter für Kinder, da er lebendig und abwechslungsreich ist.

Ernakulam

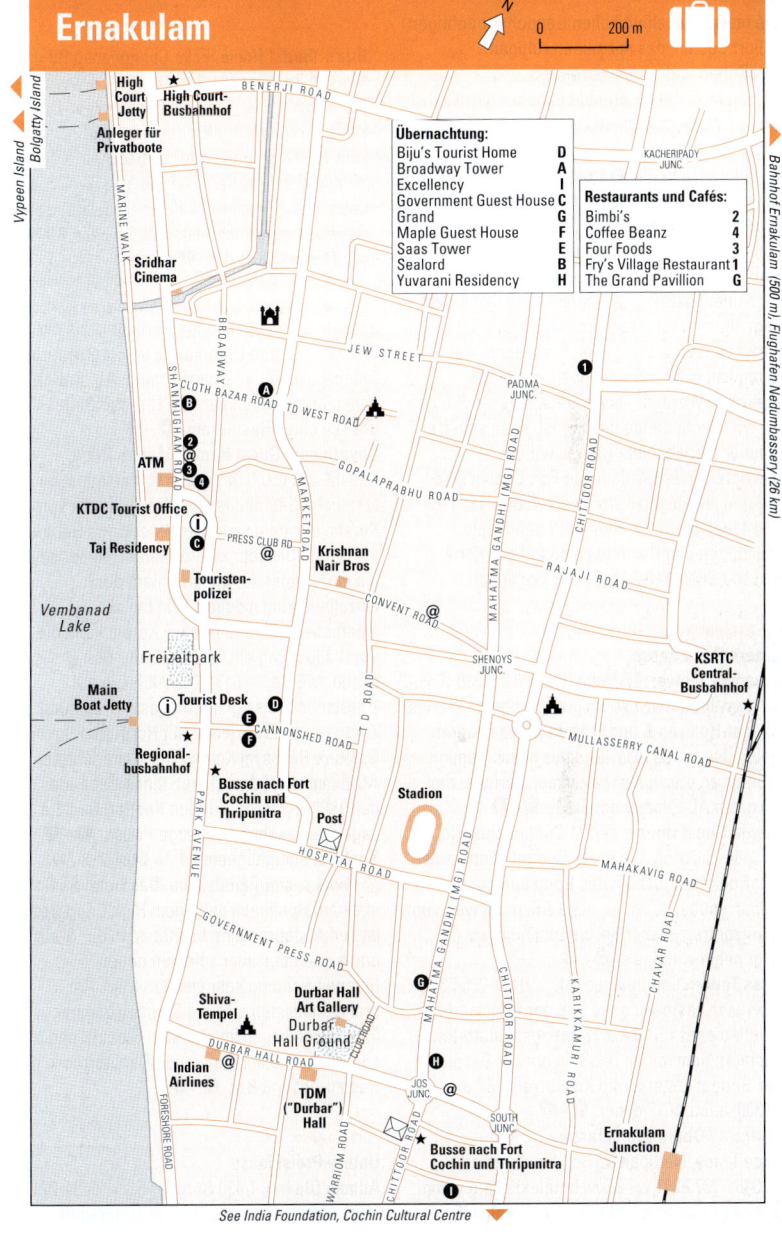

Übernachtung:
Biju's Tourist Home	D
Broadway Tower	A
Excellency	I
Government Guest House	C
Grand	G
Maple Guest House	F
Saas Tower	E
Sealord	B
Yuvarani Residency	H

Restaurants und Cafés:
Bimbi's	2
Coffee Beanz	4
Four Foods	3
Fry's Village Restaurant	1
The Grand Pavillion	G

www.stefan-loose.de/indien

Kochi (Cochin) 1169

Übernachtung

Die meisten ausländischen Besucher nächtigen in Fort Cochin, das mit seinen ruhigen Sträßchen und seiner reizenden Kolonialarchitektur erheblich mehr Charme versprüht als das chaotisch-moderne Ernakulam. Jedoch hat Fort Cochin auch Nachteile: Die Zimmerpreise sind völlig überhöht, besonders in der Zeit um Weihnachten und Neujahr, und es gibt nur wenige Budget-Unterkünfte. Außerdem treten sich die Touristen hier gegenseitig auf die Füße. Ernakulam hat zwar weniger Kolonialambiente, liegt aber verkehrstechnisch günstiger und bietet viel Auswahl in allen Preislagen. Auf jeden Fall sollten Zimmer weit im Voraus reserviert werden – besonders, falls ein Besuch für ein Wochenende geplant ist, dann sind freie Zimmer hier absolute Mangelware.
Die Hotels in Ernakulam und Fort Cochin sind auf den jeweiligen Karten verzeichnet (S. 1169 und 1167). Die Unterkünfte auf den Inseln Willingdon und Bolghatty sind auf der Karte KOCHI / ERNAKULAM (S. 1165) zu finden.

Ernakulam
Untere Preisklasse
Broadway Tower, TD West Rd, ☏ 0484-236 1645, 🖥 www.broadwaytowers.com. Sauberes kleines Budget-Hotel im 2. und 3. Stock eines neueren Gebäudes mitten in Ernakulams geschäftigem Stoffbasar, preisgünstige Zimmer, darunter die billigsten AC-Zimmer der Stadt. ❸–❹
Maple Guest House, XL/271 Cannonshed Rd, ☏ 0484-235 5156. Die beste Budget-Wahl in den Straßen gleich östlich des Bootsanlegers: billige, saubere Zimmer ohne AC, nicht weit vom Stadtzentrum – aber bei weitem nicht so angenehm wie Biju's. ❷–❸
Saas Tower, Cannonshed Rd, ☏ 0484-236 5319, 🖥 www.saastower.com. Seit der Renovierung macht dieses Hotel mit 72 gut ausgestatteten Zimmern dem nahen Biju's im oberen Bereich der Budget-Unterkünfte Konkurrenz. EZ ab Rs300, auch AC-Zimmer. ❸–❹
Mittlere / Obere Preisklasse
Excellency, Nettipadam Rd, Jos Junction, ☏ 0484-237 8251, 🖥 www.hotelexcellency.com. Schickes modernes Mittelklassehotel mit

Schnörkellos gut

Biju's Tourist Home, Ecke Cannoshed Rd und Market Rd, ☏ 0484-238 1881, 🖥 www.bijustouristhome.com. Die beste der Budget-Unterkünfte: freundlich, effizient, nur 2 Fußminuten vom Bootsanleger entfernt. Geboten werden 30 makellos saubere, luftige und großzügig bemessene Zimmer auf 4 Etagen. Telefonische Reservierungen am besten direkt beim Manager Thomas Panakkal. ❹

besserem Preis-Leistungs-Verhältnis als die meisten anderen Unterkünfte im Stadtzentrum. Die meisten der 49 Zimmer haben AC. Außerdem gibt es ein rund um die Uhr geöffnetes Café und ein gutes Restaurant. ❹–❺
Government Guest House, Marine Drive, ☏ 0484-236 0502. Das äußerst preisgünstige staatliche Gästehaus des Maharadscha von Kerala, in einem neuen achtstöckigen Gebäude am Hafen. Die sehr komfortablen Zimmer sind um ein riesiges Atrium gruppiert, auch Einzelbelegung möglich. Wie bei allen staatlichen Gästehäusern in Kerala kann die Vorausbuchung ein Problem sein. ❺
Grand, MG Rd, ☏ 0484-238 2061. Die auf klassische Weise glamouröseste Unterkunft im Zentrum von Ernakulam. Mit Holzfußböden und Bambus-Rollos im Kolonialstil eingerichtete AC-Zimmer auf drei Etagen eines Gebäudes aus den 1960er-Jahren. Für den Komfort und die Lage überraschend günstige Preise. ❼–❽
Sealord, Shanmugham Rd, ☏ 0484-238 2472, 🖥 www.sealordhotels.com. Das Hotel Sealord in einem Hochhaus nahe dem High Court Jetty ist seit 40 Jahren eine Institution in der Stadt und bietet mit seiner schönen neuen Inneneinrichtung sehr viel fürs Geld. Am preisgünstigsten sind die Standardzimmer (die besten liegen im obersten Stock!), und es gibt auch eine entspannende Dachterrasse mit Restaurant und Bar. ❺–❻

Fort Cochin
Untere Preisklasse
Adams Old Inn, 1/430 Burgher St, ☏ 0484-221 7595. Alteingesessene Budget-Unterkunft,

jetzt mit neuer Leitung. Diese will auch die harten Kokosbastmatratzen ersetzen und den Schlafsaal auf dem Dach schließen, aber zurzeit ist das Haus noch eine der wenigen superbilligen Unterkünfte in Fort Cochin. ❶–❹
Leelu, Queiros St, ✆ 0484-221 5377, ✆ 09846 055377, 🖳 www.leeluhomestay.com. Sehr einladende kleine Privatunterkunft in einem ehemaligen, völlig modernisierten Wohnhaus in einer ruhigen kleinen Straße. Freundlich eingerichtete, geräumige Zimmer mit weichen Matratzen, großen Bädern und wahlweise AC (Rs500 extra). Gastgeberin Leelu Roy bietet außerdem täglich Kochunterricht. Besonders für weibliche Reisende zu empfehlen. ❹–❺
Orion, 926 KL Bernard Rd, ✆ 0484-321 9312, ✆ 09895 524797, ✉ mail@orionhomestay.com. Makellose kleine Privatunterkunft in einem neuen Haus auf der ruhigen Südseite von Fort Cochin. Die Preise variieren je nach Zimmergröße. Nicht alle Zimmer haben einen Balkon, aber alle sind blitzsauber. ❹–❺
Santa Cruz, Peter Celli St, ✆ 0484-221 6250, ✆ 09847 518598. Die Hälfte der Zimmer in diesem kleinen Gästehaus hinter der St. Francis' Church haben Fenster, die auf einen geschlossenen Flur hinausgehen, aber die anderen sind gut belüftet. Alle sind makellos sauber, nett gefliest, frisch gestrichen und haben neue Betten. Preisgünstig. ❸–❹

Wohnen am Cherai Beach

Cherai Beach Resort, Vypeen Island, ✆ 0484-248 1818, 🖳 www.cheraibeachresorts.com. Die Häuschen am besten Strand in der Nähe von Kochi (35 km nach Norden) sind mit natürlichen Materialien im keralischen Stil errichtet worden; sie stehen auf Stelzen oder auf eigenen kleinen Inselchen und sind durch Brücken miteinander verbunden, das Ganze nur einen Katzensprung vom Wasser entfernt. Zu erreichen per Bus von der High Court Jetty in Ernakulam oder mit Fähre nach Vypeen Island und dann mit Bus. ❽–❾

Mittlere Preisklasse
Ballard Bungalow, River Rd, ✆ 0484-221 5854, 🖳 www.cochinballard.com. Preisgünstiges, von der örtlichen Diözese umgebautes Hotel in einem holländischen Haus aus dem 18. Jh. – mitOriginal-Holzböden, aber ziemlich seltsamen Möbeln. Freundliches, hilfsbereites Personal. ❻–❼
Chiramel Residency, 1/296 Lilly St, ✆ 0484-221 7310, 🖳 www.chiramelhomestay.com. Sehr schönes, denkmalgeschütztes Haus aus dem 17. Jh. mit 5 liebevoll restaurierten Zimmern ohne AC, alle mit großen Holzbetten, Teakböden und modernen Badezimmern. Sehr gastfreundliche Besitzer. ❻
Delight, Ridsdale Rd, gegenüber dem Parade Ground, ✆ 0484-221 7658, 🖳 www.delightfulhomestay.com. 7 geräumige, komfortable, luftige Privatzimmer in einem Anbau an einer wunderschönen, 300 Jahre alten portugiesischen Villa; alle mit neuen Bädern und leisen Deckenventilatoren. ❹–❼
Fort House, 2/6A Calvathy Rd, ✆ 0484-221 7103, 🖳 www.hotelforthouse.co.in. Stilvoll einfache Zimmer um einen sandigen, mit Blumentöpfen und Statuen übersäten Innenhof herum. Die Zimmer im viel schöneren Originalgebäude (Nr. 1–5) haben weiße Wände und rote Böden und schicke kleine Bäder – nur die Klimaanlagen können etwas laut sein. Frühstück inbegriffen. ❻
The Old Courtyard, 1/371–2 Princess St, ✆ 0484-2216302 🖳 www.oldcourtyard.com. Ein Juwel von einem Heritage-Hotel mit 8 Zimmern rund um einen malerischen Innenhof aus dem 17. Jh. mit portugiesischen Bögen und Kachelbändern. Die Einrichtung und die antiken Möbel passen genau zum Gebäude – einigen Gästen sind sie vielleicht etwas zu dunkel und altbacken. ❽–❾
Raintree, 1/618 Peter Celli St, ✆ 0484-325 1489, ✆ 09847 029000, 🖳 www.fortcochin.com. 5 äußerst schicke, modern eingerichtete Zimmer in einem behaglichen Gästehaus in Gehnähe zu den Sehenswürdigkeiten, aber dennoch versteckt gelegen. Das Schönste an der Unterkunft ist aber die Dachterrasse mit einem tollen Ausblick über das Viertel. ❻
Spencer Tourist Home, 1/298 Parade Rd, ✆ 0484-221 5049. Stilvolle Unterkunft in einem

alten portugiesischen Wohnhaus, das mit Veranden mit Holzpfeilern und glänzenden Keramikfliesenböden ausgestattet ist. 11 makellos saubere Zimmer, alle mit Blick auf einen hübschen Garten. Ruhig und preisgünstig für die Gegend. ❹–❻

Walton's Homestay, Princess St, ☏ 0484-221 5309, ☏ 09249 721935, ✉ cewalton@rediffmail.com. Hervorragende, stimmungsvolle Privatunterkunft unter Leitung des Philosophen und Lokalhistorikers Christopher Edward Walton. Am Schönsten ist das „Gartencottage". ❺–❻

Obere Preisklasse

Brunton Boatyard, Bellar Rd, neben Fort Cochin Jetty, ☏ 0484-221 8221, 🖥 www.cghearth.com. Kettenhotel der Luxusklasse, das in Stil und Einrichtung an die Zeit der britischen Herrschaft anschließen möchte, mit antiken *punkah*-Fächern, die von der Lobbydecke hängen, und Porträts von alten Würdenträgern an den Wänden. Es gibt Zimmer in 3 Kategorien, alle mit Hafenblick – die zum Pier hinaus sind allerdings recht laut; 3 Restaurants, Ayurveda-Zentrum und Pool am See. US$240–350. ❾

Koder House, Tower Rd, ☏ 0484-221 8485, 🖥 www.koderhouse.com. Eines der neuesten Boutiquehotels in Fort Cochin in einem 200 Jahre alten Haus, das einst einem prominenten jüdischen Kaufmann gehörte. Die breite Fassade sieht weniger einladend aus als das Innere des Hauses mit seinen langen Fluren aus dunklem Holz, der Originalkunst und den antiken Möbeln. Es gibt 6 Suiten ab ca. US$300. ❾

Heritage-Luxus

The Old Harbour, 1/328, Tower Road, ☏ 0484-221 8006, ☏ 09847 029000, 🖥 www.oldharbourhotel.com. Eines der besten Heritage-Hotels in Kerala in einem 300 Jahre alten ehemaligen portugiesischen Hospiz – voller grazilier lusitanischer Bögen, gedrechselter Holzpfeiler und Teakholzböden. 13 individuell gestaltete Zimmer liegen an einem Innenhof oder Garten mit großem Außenpool. Tolle Lage in der Nähe der chinesischen Fischernetze. US$115–230. ❾

Malabar House, 1/268 Parade Rd, ☏ 0484-221 6666, 🖥 www.malabarhouse.com. Cochins erstes und stilvollstes Boutiquehotel in einer historischen Villa aus dem 18. Jh. am Ende des Parade Ground. Äußerst geschmackvolle Mischung aus Alte-Welt-Charme und europäischem Designerchic, voller Antiquitäten und zeitgenössischer Kunst aus Kerala, rund um einen Hofpool im Tempelstil. US$270–460, Frühstück inkl. ❾

Essen

Kochi verfügt über ein hervorragendes Angebot an Speiselokalen – von rustikalen Fischständen bei den chinesischen Fischernetzen bis zu eleganten Restaurants mit Hafenblick. Ernakulam ist auch, was das Essen angeht, billiger, die Lokale hier haben aber weniger Atmosphäre.
Falls nicht anders angegeben, sind die Restaurants unter „Ernakulam" und „Fort Cochin" auf den jeweiligen Stadtplänen verzeichnet (S. 1169 und 1167).

Ernakulam

Bimbi's, Shanmugham Rd. Ableger einer Fast-Food-Kette im südindischen Stil in der Nähe des Sealord-Bootsanlegers im Zentrum. Ungemein beliebt sind die preiswerten Udipi-, nordindischen und chinesischen Snacks und „meals". Hier gibt es die besten *vada-sambars* der Stadt. Auch eine gute Auswahl an Milchshakes und Eiscremes.

Coffee Beanz, Shanmugham Rd. Trendige AC-Espressobar, meist von gut situierten Studenten frequentiert, die in ihre Handys brüllen, während im Hintergrund laut MTV läuft. Trotz des Lärms kann man hier gut der Hitze entfliehen und eine schnelle Mahlzeit (Hamburger, Pommes frites, gegrillte Sandwiches, *dosas*, Fischcurrys, *appams* und Samosas) zu sich nehmen. Der Kaffee ist frisch gemahlen und köstlich, aber der Service ist nicht ganz so zackig, wie es durch die Fast-Food-Uniformen suggeriert werden soll.

Four Foods, Shanmugham Rd. Gut besuchtes, sauberes Straßenrestaurant mit vegetarischer und nicht-vegetarischer Küche, darunter große

Hygienisch und lecker

Fry's Village Restaurant, Chittoor Rd, neben dem Mymoor Cinema. Authentische ländlich-keralische Gerichte in gemütlicher, hygienischer Umgebung. Am vollsten ist es mittags: Dann genießen die Gäste sehr preisgünstige *thalis* (vegetarisch Rs35, nicht-vegetarisch Rs40), großzügig bemessene Biryanis (vegetarisch oder mit Garnelen, Hammel oder Huhn; Rs30–40), köstliche frische gebratene Königsdorsch-Steaks oder diverse keralische gedämpfte Reiskuchen.

Portionen *thalis,* Fischgerichte und preiswerte Tagesspezialitäten.

The Grand Pavillion, MG Rd, ✆ 0484-238 2061. Eine Institution in Ernakulam und berühmt für keralische Gourmet-Küche, besonders für das *karimeen pollichadu* mit *appam,* das sonntagabends wahre Heerscharen hierher lockt. Außerdem gibt es viele fernöstliche, nordindische und europäische Gerichte, von flinken Kellnern mit schwarzen Krawatten und Westen an Tischen mit weißen Tischdecken serviert. 3 Gänge etwa Rs500–600, Reservierung empfohlen.

Fort Cochin

Elite Bakery, Ground Floor, Erdgeschoss, Elite Lodge, Princess St. Eines der letzten Cafés in Fort Cochin, die von Einheimischen betrieben werden, außerdem sehr preisgünstig. Es gibt keralisches und westliches Frühstück, mittags frisch zubereitete vegetarische und nicht-vegetarische *thalis* sowie den ganzen Tag und Abend über anglo-indische Snacks wie Blätterteigtaschen (vegetarisch, Rindfleisch oder Ei), gebratene Kartoffelschnitzel, Frühlingsrollen und Pastetchen.

Fort House, Fort House Hotel, 2/6A Calvathy Rd. Ein verstecktes Juwel in Fort Cochin: sorgfältig zubereitete keralische Spezialitäten – u. a. köstliches *meen pollichathu* (gegrilltes Fischsteak) – auf einem romantischen, kerzenbeleuchteten Pier am Hafen. Hauptgerichte zumeist Rs175–245.

Kashi Art Café, Burgher St. Schickes Kunst-Café, das fast nur von westlichen Reisenden besucht wird. Köstlich duftender Espresso, dazu die berühmten Kuchen des Cafés, außerdem den ganzen Tag über leichte Mahlzeiten und herzhafte Snacks.

Malabar Junction, Malabar House Hotel, 1/268 Parade Rd, ✆ 0484-221 6666, 🖵 www.malabarhouse.com. Gourmet-Fusion-Küche auf einer schicken Gartenterrasse in einem der stilvollsten exklusiven Hotels in Kerala. Berühmt für die Meeresfrüchteplatte (Rs980) mit saftigem Hummer, Riesengarnelen, Tintenfisch und ausgewähltem Fisch aus der Lagune. Außerdem gibt es preiswertere italienische und südindische Gerichte (Rs250–450).

The Old Courtyard, 1/371–2 Princess St. Nur wenige Esslokale bieten so viel lebendiges historisches Ambiente wie dieses Restaurant in einem Innenhof, wo unter portugiesischen Gewölbebögen kerzenbeschienene Tische stehen. Das Essen ist so gut wie die Atmosphäre: z. B. gebackene Seafood-Spaghetti und gegrillter Fisch mit Korianderbutter – und der Küchenchef ist ein Meister der Desserts. Hauptgerichte zumeist Rs200–275.

Salt 'n' Pepper/Brighton Café, Tower Rd. Diese beiden Terrassencafés unter den Regenbäumen an der Nordseite der Tower Rd füllen sich nach Sonnenuntergang und bleiben in der Hochsaison bis in die frühen Morgenstunden geöffnet. Es gibt einfache Gerichte, aber die Hauptattraktion ist das Bier, das heimlich aus Porzellankannen ausgeschenkt wird.

Teapot Café, Peter Celli St. Dieses schäbig-schick eingerichtete Café in einer Seitenstraße ist vollgestopft mit Teekannen und seit ein paar Jahren eine Konkurrenz für das Kashi Art Café. Es gibt vor allem erstklassige Tees und guten Kaffee, aber auch kleine Gerichte und leckeren hausgemachten Kuchen.

Upstairs, Santa Cruz Rd. Dies ist derzeit der Favorit unter den Rucksackreisenden: eine von einem indisch-italienischen Paar betriebene, urige kleine Trattoria gegenüber der Basilika. Einfaches, frisches, authentisches italienisches Essen (mit importiertem Olivenöl und Parmesan): Blattsalat (Rs80), leckere

Bruschetta (Rs150), knusprige Pizzen (Rs175–225), frische Nudelaufläufe und *lasagna al forno* (Rs275).

Sonstiges
Bücher
Idiom, gegenüber dem Palast, Jew Town, Mattancherry, und in der Bastion St nahe Princess St, Fort Cochin. Eine der besten Buchhandlungen hinsichtlich Reiseliteratur, indischer und keralischer Kultur, Flora und Fauna, Religion und Kunst.

Geld
An der MG Rd in Ernakulam gibt es zahlreiche Bankfilialen, z. B. eine der **State Bank of India**. Reiseschecks tauscht man am besten bei **Thomas Cook**, nahe dem Air India Building in den Palal Towers, MG Rd, ◷ Mo–Sa 9.30–18 Uhr (es gibt auch einen Schalter am Flughafen). In Fort Cochin gibt es an der Kanupuram Junction einen Geldautomaten der **Canara Bank** (s. Karte S. 1167). Das Wilson Info Centre und Destinations, beide an der Princess St, wechseln Bargeld und Reiseschecks zu etwas schlechteren Kursen als Thomas Cook, ◷ tgl. 9–21 Uhr.

Informationen
Das Hauptinformationsbüro von **India Tourism** liegt unpraktischerweise auf Willingdon Island, zwischen Taj Malabar Hotel und Tourist Office Jetty, ✆ 0484-2668352, 🖳 www.india-tourism.com. Es bietet zuverlässige Infos, vermittelt ausgebildete Führer und besitzt auch einen Schalter am Flughafen. ◷ Mo–Fr 9–17.30, Sa 9–12 Uhr.

Das **KTDC Reception Centre** an der Shanmugham Rd, Ernakulam, ✆ 0484-235 3234, 🖳 www. ktdc.com, erledigt Buchungen für KTDC-Hotels und veranstaltet Sightseeing- und Backwater-Touren (s. S. 1150/1151). ◷ tgl. 8–19 Uhr. Ein weiterer KTDC-Schalter befindet sich am Flughafen.

Kerala Department of Tourism, Government Jetty, Fort Cochin, 🖳 www.keralatourism.com, kein Telefon. Neues Büro mit ausgezeichneten Stadtplänen und Karten der Backwaters. ◷ Mo–Sa 10.15–17 Uhr.

Der winzige, private **Tourist Desk** am Eingang zum Main Boat Jetty in Ernakulam, ✆ 0484-237 1761, ✉ touristdesk@satyam.net.in, ist sehr hilfsbereit und freundlich und die zuverlässigste Stelle, um Fähr- und Busfahrzeiten zu erfahren. Außerdem bekommt man hier kostenlose Stadt- und Backwater-Pläne. Eine Filiale, ✆ 0484-221 6129, befindet sich in der Tower Road in Fort Cochin. ◷ beide tgl. 8–18.30 Uhr.

Eine praktische **Publikation** ist der monatliche Jaico Timetable (Rs10) mit vielen Infos über Bus-, Bahn-, Fähr- und Flugzeiten, erhältlich bei den meisten Zeitungshändlern.

Sowohl die KTDC als auch der Tourist Desk geben kostenlose Karten für Rundgänge sowie Broschüren über Fort Cochin heraus.

Internet
Café de Net, Bastion Rd, Fort Cochin, 9 Computer, Rs30/Std.; ansonsten mehrere kleinere Internet-Cafés rund um das südliche Ende der Princess St. In Ernakulam bieten sich **Net Park** in der Convent Rd oder **Mathsons** in der Durbar Hall Rd an (beide Rs30/Std.).

Medizinische Hilfe
Medical Trust Hospital, MG Rd, ✆ 0484-235 8001, 🖳 www.medicaltrusthospital.com. Eines der besten Privatkrankenhäuser Keralas mit 600 Betten, 24-Std.-Notaufnahme und Ambulanz.

The Emmanuel Dental Centre, Noble Square, Kadavanthara, ✆ 0484-220 7544, 🖳 www.cosmeticdentalcentre.com. Praxis auf internationalem Niveau: Routinebehandlungen und schwierigere kosmetische Eingriffe.

Musikinstrumente
Manuel Industries, Banerji Rd, Kacheripady Junction: Der beste Laden für klassische indische und westliche Instrumente. Traditionelle Kerala-Trommeln gibt es im Thripunitra-Basar (S. 1167).

Musikgeschäfte
Sargam, XL/6816 GSS Complex, Convent Rd, gegenüber der Public Library. Hat die beste Auswahl im Bundesstaat, überwiegend indische Musik (Hindi-Film-Musik und religiöse

keralische Musik), aber auch ein paar Regale mit westlicher Rock- und Popmusik.

Polizei
Die städtische **Tourist Police** hat einen Schalter am Bahnhof und einen weiteren neben dem KTDC Tourist Office am südlichen Ende der Shanmugam Rd.

Post
GPO, Hospital Rd, nahe Main Jetty.

Reisebüros
Flugtickets gibt's bei **Kapitan Air Travel and Tours**, 1/430 Burgher St, Fort Cochin (im Erdgeschoss des Adam's Old Inn: es ist das einzige IATA-Reisebüro in Fort Cochin.
Wild Kerala Tours, VI/480 KVA Bldgs, Bazaar Rd, Mantancherry, ℡ 0484-309 9520, ℡ 09846 162157, 🖥 www.wildkeralatours.com, wird für Tierbeobachtungs- und Abenteuer-Safaris zu einigen der abgelegensten Ecken Keralas empfohlen; alle Touren unter fachkundiger örtlicher Leitung.

Touren
Die halbtägige KTDC-Bootsrundfahrt (tgl. 9–12.30 und 14–17.30 Uhr; Rs100) ist eine gute Möglichkeit, sich zu orientieren; die Aufenthalte in Mattancherry oder Fort Cochin sind allerdings kurz. Buchung beim KTDC Reception Centre in der Shanmugham Rd, ℡ 0484-235 3234.
Das KTDC Tourist Office und ein paar Privatunternehmen veranstalten von Kochi aus auch begehrte, ganztägige **Backwater-Touren**. Die Fahrt auf den kleinen, motorlosen Kanus stellt eine entspannte Art dar, das ländliche Kerala kennen zu lernen. Die täglichen Fahrten der KTDC kosten Rs350, inkl. der Auto- oder Busfahrt zur 30 km nördlich gelegenen Anlegestelle und Bereitstellung eines sachkundigen Führers. Mehr fürs Geld erhält man bei den ausgezeichneten Fahrten, die der private Tourist Desk am Main Boat Jetty in Ernakulam veranstaltet (tgl. 8.30– 17 Uhr, Rs550). Enthalten sind die Abholung vom Hotel, Fahrten durch die Backwaters auf verschiedenen Booten, eine Dorfbesichtigung und ein ausgezeichnetes keralisches Mittagsbuffet an Bord eines *kettu vallam*.

Kochi per Fähre

Ein Besuch von Kochi macht erst richtig Spaß, wenn man die billigen städtischen Fähren benutzt, die von den auf der Karte verzeichneten Jettys ablegen (S. 1167). Eine Broschüre mit den genauen Abfahrtszeiten gibt es an den Ticketschaltern bei den Jettys sowie beim Tourist Desk am Main Boat Jetty in Ernakulam.

Ernakulam nach Bolghatty Island: Von Ernakulam (High Court Jetty). Überfahrt 10 Min. 6 Fähren tgl., früheste Fähre um 6.30 Uhr, letzte um 21 Uhr; es verkehren auch Schnellboottaxis (nur für Gäste des Bolgatty Palace Hotels).

Ernakulam nach Fort Cochin: Ab Ernakulam (Main Jetty) nach Fort Cochin (Customs Jetty). Überfahrt 15 Min. Früheste Fähre um 5.55 Uhr, danach alle 20–55 Min. bis 21.30 Uhr.
Ein weniger häufig verkehrendes Express-Boot fährt vom High Court Jetty in Ernakulam zum Government Jetty in Fort Cochin.

Ernakulam nach Mattancherry: Ab Ernakulam (Main Jetty) via Fort Cochin (Customs Jetty) und Willingdon Island (Terminus Jetty) zum Mattancherry Jetty. Überfahrt 20 Min. Früheste Fähre um 5 Uhr, alle 90 Min. bis 17.45 Uhr.

Ernakulam nach Vypeen: Ab Ernakulam (Main Jetty). Die Schiffe bedienen 2 Routen: via Willingdon Island (Embarkation Jetty; 25 Min.) und eine schnelle Verbindung nach Vypeen (Government Jetty; 15 Min.). Früheste Fähre um 7 Uhr, danach alle 1/2–1 Std. bis 21.30 Uhr.

Fort Cochin nach Vypeen: Von Fort Cochin (Government Jetty) nach Vypeen (Government Jetty; 10 Min.). Früheste Fähre um 6.30 Uhr, danach alle 10 Min. bis 21 Uhr.

Willingdon Island nach Fort Cochin: Von Willingdon Island (Tourist Office Jetty) nach Fort Cochin (Customs Jetty). Überfahrt 10 Min. Früheste Fähre um 6.30 Uhr, danach alle 30 Min. bis 18.15 Uhr.

Die schnellsten und/oder günstigsten Zugverbindungen von Kochi/Ernakulam

Zielort	Name	Nr.	Bahnhof	Häufig
Bengaluru	Kanyakumari–Bangalore Express	6525	ET	Tgl.
Chennai	Trivandrum–Chennai Mail	2624	ET	Tgl.
Delhi	Rajdhani Express*	2431	EJ	Di u. Do
	Kerala Express	2625	EJ	Tgl.
Kozhikode (Calicut)	Netravati Express	6346	EJ	Tgl.
Madgaon/Margao (Goa)	Rajdhani Express*	2431	EJ	Di u. Do
	Mangala–Lakshadweep Express	2617	EJ	Tgl.
Madurai	Guruvayur–Chennai Express	6128	EJ	Tgl.
Mangalore	Malabar Express	6629	ET	Tgl.
	Parasuram Express	6349	ET	Tgl.
Mumbai	Netravati Express	6346	EJ	Tgl.
Thiruvananthapuram	Parasuram Express	6350	ET	Tgl.
Varkala	Parasuram Express	6350	ET	Tgl.

EJ = Ernakulam Junction; ET = Ernakulam Town; * = nur AC, Mahlzeiten inkl.

Nahverkehr

Es gibt zahlreiche zuverlässige Motor-Rikschas in Ernakulam, die in Mattancherry und Fort Cochin sind dagegen übermäßig teuer. Fast alle Leute nehmen aber ohnehin die hervorragenden und sehr billigen Fähren (s. Kasten S. 1175). **Leihräder** gibt es in vielen Hotels und Guesthouses in Fort Cochin.

Transport

Busse

Der KSRTC-Central-Busbahnhof, neben den Bahnschienen ein Stück östlich der MG Road und nördlich der Ernakulam Junction, ✆ 0484-237 2033, ist die Station für staatliche Fernbusse. Daneben existieren die beiden privaten Busbahnhöfe Kaloor (für ländliche Zielorte im Süden und Osten), gegenüber dem Bahnhof Ernakulam Town (auf der anderen Seite der Brücke) an der Alwaye Rd und High Court (für Busse nach KUMILY, zum PERIYAR WILDLIFE RESERVE und Richtung Norden nach THRISSUR, GURUVAYUR und KODUNGALLU).

Der **Busbahnhof Fort Cochin** wird von Touristen- und Stadtbussen mit Ziel Ernakulam angefahren. Vom **Central** fahren Busse fast jede Stadt von Kerala (manche noch weiter) an; die meisten, jedoch nicht alle, kann man im Voraus am Busbahnhof reservieren.

Busse nach:
ALAPPUZHA (alle 30 Min., 1 1/2 Std.),
KANYAKUMARI (6x tgl., 9 Std.),
KOLLAM (alle 30 Min., 3 Std.),
KOTTAYAM (alle 30 Min., 1 1/2–2 Std.),
KOZHIKODE (stdl., 5 Std.),
KUMILY (PERIYAR) (10x tgl., 6 Std.),
MUNNAR (6x tgl., 4 1/2–5 Std.),
THIRUVANANTHAPURAM (alle 2 Std., 5–6 Std.),
THRISSUR (alle 30 Min., 2 Std.).

Eisenbahn

Es gibt 2 große Bahnhöfe: **Ernakulam Junction**, unweit der Innenstadt, und **Ernakulam Town**, 2 km weiter nördlich.
Der **Cochin Harbour Terminus** auf Willingdon Island dient nur zum Erreichen der Luxushotels auf der Insel.
Kochi liegt an Keralas Breitspur-Eisenbahnlinie. Es fahren regelmäßig Züge die Küste hinab nach THIRUVANANTHAPURAM via KOTTAYAM, KOLLAM und VARKALA. Nach Norden gibt es viele Züge nach THRISSUR und weiter nach Nordosten über Tamil Nadu bis CHENNAI, doch nur ein paar fahren direkt nach MANGALORE. Seit der Eröffnung der Konkan Railway fahren einige Expresszüge die Küste entlang nach GOA und MUMBAI mit Zwischenstopp in der Nähe von Mangalore.

Abfahrt	Fahrtdauer
18.05 Uhr	13 Std.
19.15 Uhr	11 3/4 Std.
22.35 Uhr	38 Std.
15.40 Uhr	48 1/4 Std.
14.15 Uhr	4 3/4 Std.
22.35 Uhr	12 Std.
12.45 Uhr	14 1/2 Std.
22.30 Uhr	11 1/2 Std.
22.45 Uhr	10 1/2 Std.
11.05 Uhr	9 1/4 Std.
14.15 Uhr	26 1/2 Std.
13.30 Uhr	5 Std.
13.30 Uhr	3 3/4 Std.

Das **Hauptreservierungsbüro**, das Fahrkarten für die an allen 3 Bahnhöfen abfahrenden Züge verkauft, befindet sich in Ernakulam Junction. Wer nach ALAPPUZHA unterwegs ist, um an der Backwater-Tour nach Kollam teilzunehmen, sollte den Bus nehmen, denn der einzige Zug, mit dem man laut Fahrplan rechtzeitig ankommen soll, hat immer Verspätung.

Züge nach:
ALAPPUZHA (5–7x tgl., 1 1/4–1 3/4 Std.),
BENGALURU (1–2x tgl., 13 Std.),
CHENNAI (5–7x tgl., 11 3/4–16 1/4 Std.),
DELHI (2–4x tgl., 38–48 1/4 Std.),
KANYAKUMARI (2–3x tgl., 7 1/2–10 Std.),
KOLLAM (12–15x tgl., 2 3/4–4 1/2 Std.),
KOTTAYAM (9–11x tgl., 1–1 1/4 Std.),
KOZHIKODE (4–6x tgl., 4 3/4–5 1/2 Std.),
MUMBAI (2–3x tgl., 26 1/2–37 1/2 Std.),
THIRUVANANTHAPURAM (11–15x tgl., 5–5 1/2 Std.),
THRISSUR (15–18x tgl., 1 1/4–2 1/2 Std.).

Flüge
Kochis **internationaler Flughafen**,
✆ 0484-261 0113, 🖥 www.cochinairport.com, einer der modernsten und effizientesten Indiens, liegt bei Nedumbassery, nahe Alwaye (alias Alua), 26 km nördlich von Ernakulam. Ein vorab zu bezahlendes Taxi in die Stadt kostet etwa Rs425; die Fahrt dauert je nach Verkehr ca. 30–40 Min. Mit dem Bus in die Stadt zu fahren ist nicht zu empfehlen. Der Flughafen dient in erster Linie für Flüge in die Golfstaaten, z. B. von und nach Doha, Sharjah, Kuwait und Muscat. Indische Fluggesellschaften bieten zudem Inlandsflüge nach z. B. Bangalore, Chennai, Goa, Mumbai und Trivandrum.

Flüge nach:
AGATTI (Lakshadweep) (IC, IT, 9x wöchentl., 1 1/4–1 1/2 Std.),
BENGALURU (DN, S2, IT, 9W, G8, IC, 8–10x tgl., 1 1/4–2 1/4 Std.),
CHENNAI (DN, I7, IT, 9W, 6–7x tgl., 1–2 Std.),
COIMBATORE (DN, 1x tgl., 1/2 Std.),
GOA (AI, IT, 2–3x tgl., 1 1/4 Std.),
HYDERABAD (DN, SA, 2x tgl., 1 1/2 Std.),
KOZHIKODE (IX, IT, 2–5x tgl.; 1/2 Std.),
MANGALORE (IT, 3x tgl.; 3/4 Std.),
MUMBAI (DN, IX, IC, IT, G8, IT, 9W, 12–15x tgl., 1 3/4–2 1/2 Std.),
THIRUVANANTHAPURAM (DN, IX, IC, IT, S2, 10x tgl., 1/2 Std.).
(**AI** = Air India, **I7** = Paramount Airways, **IC** = Indian Airlines, **IT** = Kingfisher, **IX** = Air India Express, **DN** = Air Deccan, **S2** = JetLite, **9W** = Jet Airways, **G8** = Go Air)

Fluggesellschaften:
Air India, Collis Estate, MG Rd,
✆ 0484-235 1295, Flughafen ✆ 0484-261 0040;
Air India Express, Collis Estate, MG Rd,
✆ 0484-238 1885, Flughafen ✆ 0484-261 0050;
Indian Airlines, Durbar Hall Rd, ✆ 0484-237114, Flughafen ✆ 0484-2610101;
Go Air, c/o UAE Travel Services, Chettupuzha Towers, PT Usha Rd Junction,
✆ 0484-235 5522;
Jet Airways, 39/4158, Elmar Square Bldg, MG Rd, ✆ 0484-235 9212, Flughafen ✆ 2610037;
JetLite, Flughafen ✆ 0484-261 1340;
Kingfisher Airlines, K.B Oxford Business Centre, 39/4013, Free Kandath Rd, MG Rd,
✆ 0484-235 1144;
Paramount Airways, Flughafen ✆ 0484-2610404.

Thrissur und Umgebung

Die geschäftige Markt- und Tempelstadt Thrissur (Trichur) am NH-47, ungefähr auf halber Strecke zwischen Kochi (74 km südlich) und Palakkad (79 km nordöstlich), ist eine günstige Ausgangsbasis zur Erkundung der Kulturschätze von Zentral-Kerala. Dank seiner günstigen Lage in der Nähe des Palghat (Palakkad) Gap – einer Öffnung in der vom Gebirgszug der Westghats gebildeten natürlichen Grenze – beherrschte Thrissur die Haupthandelsroute in die Region von Tamil Nadu und Karnataka her und war jahrelang die Hauptstadt des Staates Cochin. Über die Stadt herrschten zu unterschiedlichen Zeiten sowohl der Zamorin von Kozhikode als auch Tipu Sultan von Mysore.

Heute bezieht Thrissur den größten Teil seines Einkommens aus Geldsendungen von Auswanderern, die in den Golfstaaten arbeiten – daher auch die vielen protzigen modernen Wohnhäuser in den umliegenden Dörfern. Als Sitz mehrerer namhafter Kunsteinrichtungen versteht sich Thrissur als Kulturhauptstadt von Kerala. Die Hauptattraktion ist Keralas größte Tempelanlage **Vaddukanatha**, umgeben von einem *maidan* (Grünanlage) und Veranstaltungsort für Keralas pompösestes, lautstärkstes und überschwänglichstes Fest, **Puram**.

Die Hauptattraktion der Umgebung von Thrissur besteht darin, dass sie die Möglichkeit bietet, Keralas kulturelles Erbe kennenzulernen.

Thrissur

Der wichtigste Orientierungspunkt in Thrissur ist **The Round**, eine in Nord, Süd, Ost und West unterteilte Straße, die rund um den Vaddukanatha-Tempel und den *maidan* führt.

Das **State Art Museum** (🕘 Di–So 10–17.30 Uhr, Eintritt Rs8) liegt an der Museum Road, zehn Minuten zu Fuß von der Round im Nordosten der Stadt. Das Museum beherbergt jedoch eine Sammlung von verblassten lokalen Bronzen, Schmuck, Holzschnitzereien von Tempelwächtern und Öllampen aus Glockenmetall. Der Zoo nebenan (🕘 wie das Museum, kostenlos) ist eine eher deprimierende Angelegenheit.

Fünf Minuten mit der Motor-Riksha entfernt liegt gegenüber dem Busbahnhof Priya Darshini das **Archäologische Museum**. Es ist im 200 Jahre alten Shaktan Thampuran Palace untergebracht, der ehemaligen Residenz der königlichen Familie von Kochi. Das Innere des Palasts ist wunderschön mit feinen Holz- und Kachelarbeiten geschmückt; in der Mitte gibt es einen säulengesäumten Innenhof. Zu den Ausstellungsstücken zählen eine Furcht einflößende Sammlung von Scharfrichterbeilen und eine große eisenbesetzte Schatztruhe, die immer noch an ihrem ursprünglichen Platz steht, wahrscheinlich weil niemand die 1,5 t schwere Kiste von der Stelle bewegen konnte. Das Highlight ist aber das königliche Bettgemach *(palliyara)* mit traditionellem Himmelbett und bunten Keramikfliesen. 🕘 Di–So 9.30–13 und 14–16.30 Uhr; Eintritt Rs10.

Übernachtung

In Thrissur gibt es ziemlich viele Mittelklassehotels, jedoch nur wenige zumutbare Budget-Unterkünfte. Fast alle Hotels in Thrissur haben ein System mit 24-Std.-Check-out.
Wer einen Aufenthalt während des **Puram**-Festes plant, sollte weit im Voraus reservieren und berücksichtigen, dass die Zimmerpreise dann in astronomische Höhen klettern – einige exklusivere Hotels verlangen das Zehnfache des normalen Preises.

Elite International, Chembottil Lane, abseits der Round South, ✆ 0487-242 1033, ✉ mail@hoteleliteinternational.com. „I-leit" ausgesprochen. Mittelklassehotel im Stadtzentrum; einige Zimmer haben Balkone mit Blick über den Park. Sehr freundliche und hilfsbereite Angestellte, gutes Restaurant und schöner Garten. Frühstück inkl. ❹–❺

Grand Park Regency, Mullassery Tower, Kuruppam Rd, ✆ 0487-242 8247, 🖥 www.grandparkregency.com. Gut geführtes Hotel für Geschäftsreisende in einem rosafarbenen Hochhaus direkt im Zentrum, in der Nähe von Busbahnhof, Bahnhof und Tempelanlage. Moderne AC-Zimmer, Fitnessstudio, Dachgarten. ❺–❻

Gurukripa Lodge, Chembottil Lane, abseits der Round South, ✆ 0487-242 1895. Große Auswahl an einfachen Zimmern mit Bad um einen

angenehmen langen Innenhof, darunter einige sehr preiswerte EZ. Einige mit AC. ❷–❸
Pathans, Round South, ☏ 0487-242 5620. Der Eingang dieses zentral gelegenen Hotels sieht nicht sehr vielversprechend aus, aber die recht großzügigen Zimmer mit ihren reich verzierten Teak- und Rosenholzmöbeln verströmen eine nette Kolonialatmosphäre und sind recht preisgünstig. ❸–❹
Sidartha Regency, Veliyannur Rd, Kokkalai, ☏ 0487-242 4773. Dieses moderne, preisgünstige, komfortable Hotel im Südwesten der Stadt in der Nähe des Bahnhofs zählt zu den einladendsten Unterkünften in Gehnähe zum Zentrum. Swimmingpool im Garten hinter dem Hotel, dazu Fitnessstudio, Wellness-Club, Restaurant und Bar im 7-stöckigen Gebäude. ❺–❻

Essen

Dank der vielen Hotels und gut besuchten Lokale an der Round herrscht in Thrissur kein Mangel an verlässlichen Essmöglichkeiten. Abends kann man sich ab etwa 20.30 Uhr außerdem den Motor-Riksha-*wallahs*, Krankenhausbesuchern, Ayappa-Anhängern und Studenten anschließen, die sich auf dem beliebten Markt für warmes Essen *(thattukada)* an der Ecke Round South und East, gegenüber dem Medical College Hospital, versammeln. Hier gibt es rustikales keralisches Essen – Omeletts, *dosas, parottas, iddiappam,* Bohnen-Currys und *egg masala* – alles frisch zubereitet, köstlich und unglaublich billig.
Ambady, Round West. Abseits des Verkehrslärms der Round in einer Gasse gelegen, gute Auswahl an keralischen Spezialitäten sowie Mittags-*thalis* und Dutzende von Milchshakes und Eiscremes.
Bharath Lodge, Chembottil Lane, 50 m vom Elite Hotel. Ausgezeichnetes südindisches Frühstück und mittags keralische Mahlzeiten nach dem Motto *all-you-can-eat* (Rs24–35).
Indian Coffee House, Round South. Hier gibt's die üblichen billigen und beliebten südindischen Snacks sowie starken *chai* und schwachen Kaffee, serviert von ernst dreinblickenden Kellnern mit altmodischen Turbanen und Curry-befleckten Uniformen.

Zentrale Suiten

Ramanilayam Government Rest House, Palace Rd, ☏ 0471-233 2016. Das Ramanilayam liegt inmitten gepflegter Gärten im Nordosten der Stadt in der Nähe des Zoos und des Museums. Es ist sehr preiswert und hat sehr große Suiten mit Balkon und kleinere DZ mit und ohne AC. Wie bei allen staatlichen Gästehäusern erhalten staatliche Bedienstete den Vorzug (selbst in letzter Minute), sodass auf Buchungen kein Verlass ist. ❷–❸

Ming Palace, Pathan Building, Round South. Preiswertes „chindian"-Lokal; Chop Suey, Nudeln, zahlreiche Hühner- und vegetarische Gerichte, aufgetragen bei gedämpftem Licht und zu den Klängen von Kaufhausmusik.
Pathan's, Round South. Zu Recht beliebtes vegetarisches Restaurant mit gemütlichem AC-Familienanbau und weitläufigem Speiseraum. Großzügige Portionen und gute Auswahl an *koftas, kormas* und Tandoori sowie keralischen *thalis* und kaschmirischem *naan.*

Sonstiges
Geld
Die beste Adresse zum Wechseln von Geld und Reiseschecks ist die **UTI Bank** im City Centre Shopping-Komplex, Round West, ⏰ Mo–Fr 9.30–15.30, Sa 9.30–13.30 Uhr.
UAE Exchange & Financial Services, im Untergeschoss des Casino Hotel, ⏰ Mo–Sa 9.30–18, So 9.30–13.30 Uhr, wechselt ebenfalls Bargeld und Reiseschecks. Beide verfügen auch über Geldautomaten, aber es gibt noch einige andere Banken im Zentrum.

Informationen
Das **DTPC Tourist Office**, Palace Rd, gegenüber dem Rathaus, 5 Gehminuten von der Round East, ☏ 0487-232 0800, wird von Freiwilligen unterhalten, und sein Hauptziel ist die Werbung für das Elefantenfest Puram, aber es werden auch Stadtpläne von Thrissur ausgegeben. ⏰ Mo–Sa 10–17 Uhr.

Puram

Thrissur ist im Ausland als Ort bekannt, an dem einmal im Jahr an einem Tag in April/Mai Keralas größtes Fest stattfindet, das Puram, heutzutage das prunkvollste Fest von Kerala. In kleinerem Rahmen wird es praktisch überall in den Tempeln Keralas gefeiert und heißt dann *utsavam*. Unverzichtbare Bestandteile sind geschmückte **Elefanten, Trommelklänge und Feuerwerk**.

Puram findet vor allem in der Gegend um die Straße Round South statt, mit zwei großartigen **Prozessionen**, mit denen der Tiruvambadi- und der Paramekkavu-Tempel darum wetteifern, wer den mitreißendsten Umzug veranstaltet. Sie treffen schließlich am Ende des Weges wie zwei Armeen aufeinander. Beide Züge umfassen 15 überreich mit Gold geschmückte Dickhäuter, auf deren Rücken jeweils drei Brahmanen reiten, in den Händen Wedel aus Yakhaaren, runde Fächer aus Pfauenfedern und bunte Seidenschirme mit Silberfransen. Im Mittelpunkt jeder Gruppe befindet sich der größte Tempelelefant, der ein Bildnis der Tempelgottheit auf dem Rücken trägt. Drum herum explodieren Feuerwerkskörper, und vor ihnen spielt ein riesiges Orchester.

Die durch und durch keralische **Musik**, genannt *chenda melam*, wird von bis zu hundert lauten, zylindrischen *chenda*-Trommeln, Becken und Blasinstrumenten produziert, wobei die wechselnden Klänge den Fortgang der Prozession beschreiben. Die Trommler bilden Reihen: Die zahlenmäßig stärksten hinten schlagen oft nur einen einzigen Ton; in vorderster Linie versuchen die Meistertrommler, die Stars der Kerala-Musik, einander in Schnelligkeit, Improvisation sowie fesselnder Gestik und Mimik gegenseitig zu übertreffen. Mit dem Gesicht den Trommlern zugewandt, blasen Musiker auf langen, Oboeartigen *kuzhals* (ähnlich der nordindischen *shehnai*) und c-förmigen Trompeten aus Glockenmetall (*kompu*). Der Grundton wird von *elatalam* angegeben – mittelgroßen, schweren Handbecken aus Messing, die präzise das Tempo bestimmen.

Über einen langen Zeitraum hinweg durchläuft *melam* vier Tempophasen, jede doppelt so schnell wie die vorangegangene, von majestätischen Klängen bis hin zu einem frenetischen Orkan.

An diesem Punkt haben sich die Elefantenreiter aufgerichtet, um ihre Federfächer und Haarwedel in abgestimmten Bewegungen durch die Luft wirbeln zu lassen, während dahinter aufgespannte, in einem Meer von Farben schillernde Schirme gedreht werden. Jetzt dröhnen die oft über den Kopf hoch gehobenen Becken. Die Meistertrommler spielen so schnell und so laut sie können und werden dabei nacheinander von einzelnen Spielern angefeuert. Ein Trompetenchor begleitet das Getöse. Das Ganze wird von dem Geschrei der Menge begrüßt. Viele Leute hüpfen und springen vor Begeisterung, während andere unverkennbare Rhythmus-Besessene sind, die mit jeder Nuance der Musik mitgehen. Wenn die höchste Stufe an Schnelligkeit erreicht ist, geht es wieder zum gemächlichsten Tempo zurück, die Prozession setzt sich in Bewegung und die *mahouts* führen die Elefanten bei den Stoßzähnen. Beim nächsten Halt beginnt die ganze Vorstellung wieder von vorn.

Wer Thrissur zum Puram besucht, muss sich auf überquellende Busse und Züge gefasst machen. Eine **Unterkunft** bekommt natürlich nur, wer lange im Voraus ein Zimmer reserviert hat. Es ist ratsam, einen Schirm oder Hut als Sonnenschutz mitzubringen.

Leider dient das Puram-Fest einigen Männergruppen als Rechtfertigung dafür, sich sinnlos zu betrinken. Frauen ist anzuraten, sich konservativ zu kleiden und nur am Vormittag hinzugehen oder sich einer Gruppe indischer Frauen anzuschließen.

Ähnliche, jedoch weniger prunkvolle Veranstaltungen finden für gewöhnlich ab September in Thrissur statt, die meisten im Sommer (April und Mai). Näheres beim Tourist Office oder im Hotel. Man kann auch jemanden bitten, in der Lokalausgabe der Zeitung *Mathrabhumi* nach einer Vorführung von *chenda melam* und anderen Trommelorchestern wie *panchavadyam* und *tyambaka* zu schauen.

Internet
Internetzugang bieten **Hugues Net**, oberstes Stockwerk, City Centre Shopping-Komplex, und **SS Consultants**, neben dem Hotel Luciya Palace. Die Preise liegen bei ca. Rs20/Std.

Post
Das **GPO** befindet sich am Südrand der Stadt in der Nähe des Casino Hotel, abseits der TB Rd.

Transport

Busse
Der KSRTC-Fernbusbahnhof liegt nahe dem Bahnhof. Der Priya Darshini (auch „North", „Shoranur" und „Wadakkancheri Bus Stand" genannt) befindet sich in der Nähe der Round North und bietet Verbindungen nach SHORANUR (zur Kalamanadalam Academy). Vom Shakthan Thampuran-Busbahnhof an der TB Rd, gut 1 km von der Round South, fahren Busse Richtung Süden in die nähere Umgebung von Thrissur, z. B. nach IRINJALAKUDA, KODUNGALLUR und GURUVAYUR.

Busse nach:
CHENNAI (4x tgl., 12–14 Std.),
GURUVAYUR (10x tgl., 3/4 Std.),
KOCHI (alle 10 Min., 2 Std.),
KOZHIKODE (alle 30 Min., 2 1/2 Std.),
MYSORE (5x tgl., 8 Std.),
PALAKKAD (alle 20 Min., 2 Std.),
THIRUVANANTHAPURAM (alle 20 Min., 7–8 Std.).

Eisenbahn
Thrissurs **Bahnhof** liegt 1 km südwestlich der Round South. Die Stadt liegt an der Hauptstrecke nach CHENNAI und zu anderen Städten in Tamil Nadu und hat gute Verbindungen nach KOCHI und THIRUVANANTHAPURAM.

Züge nach:
CHENNAI (3–4x tgl., 10 1/2–11 3/4 Std.),
KOCHI / ERNAKULAM (15–17x tgl., 1 1/2–2 1/4 Std.),
THIRUVANANTHAPURAM (10–12x tgl., 6–7 1/4 Std.).

Irinjalakuda

Im Dorf Irinjalakuda, 20 km südlich von Thrissur, ist **Natana Kairali**, ⏰ Mo–Sa 11–13 und 15–19 Uhr, ansässig, ein wichtiges Kulturzentrum, das sich dem Erhalt von Keralas weniger bekannten Theaterkünsten widmet, darunter Kutiyattam, Nangiar Koothu (weibliches Solo-Schauspiel), Schatten- und Puppentheater. Das Zentrum befindet sich im Haus einer der berühmtesten Schauspielerfamilien Keralas, Ammanur Chakyar Madhom (wer nach dem Weg fragen möchte, braucht nur diesen Namen zu nennen). Natana Kairalis Direktor Shri G. Venu, ☎ 0488-282 5559, ✉ venuji@satyam.net.in, kennt sich bestens in keralischer Kunst aus und kann Tipps zu anstehenden Veranstaltungen geben. Irinjalakuda erreicht man am besten per **Bus** vom Shakthan Thampuran-Busbahnhof in Thrissur und nicht per Bahn, denn der Bahnhof liegt ungünstige 8 km östlich des Ortes.

Das **Udupi Woodlands Hotel**, ☎ 0488-282 0149, beim Busbahnhof in der Bharata Temple Rd, bietet saubere, große DZ, die meisten davon mit Marmorböden und kraftvollen Deckenventilatoren. ❸–❹

Das Dorf **Nadavaramba**, 5 km von Irinjalakuda an der Straße nach Kodungallur, ist ein bedeutendes Zentrum für die Herstellung von traditionellen keralischen Öllampen und großen Kochbehältern, den *uruli* bzw. *varppu*. Die dafür verwendeten Glockenmetalllegierungen werden aus Kupfer und Zinn hergestellt – anders als Messing, das eine Mischung aus Kupfer und Zink ist – und haben einen volltönenden Klang, wenn sie angeschlagen werden.

Eine sehr gute Auswahl dieser Erzeugnisse bietet die Bellwics Handicrafts Cooperative unmittelbar nördlich der Nadavaramba Church, wo Besucher sich auch die verschiedenen Stadien des Produktionsprozesses anschauen können – von der Herstellung der Sand- und Wachsformen bis zum Gießen des Metalls und dem arbeitsintensiven Feilen und Polieren. Die Preise hängen vom Gewicht der Produkte ab und beginnen bei Rs600/kg.

Cheruthuruthy

Das Dorf Cheruthuruthy, 29 km nordwestlich von Thrissur, ist als Sitz der **Kerala Kalamandalam** berühmt, der renommiertesten Schule Keralas für Kathakali und andere indigene keralische Formen der darstellenden Kunst. Sie wurde 1927 von dem berühmten keralischen Dichter Vallathol (1878–1957) ins Leben gerufen und hatte entscheidenden Anteil an der Wiederbelebung des Interesses für Kathakali und andere, rein keralische Kunstformen.

Nicht-Hindus können Kathakali, Kutiyattam und auch weniger bekannte Kunstformen im herrlichen Theatersaal der Schule verfolgen, der den aus Holz erbauten, mit einem geschwungenen Dach versehenen traditionellen Theatern, den sogenannten *kuttambalam*, wie man sie in Kerala-Tempeln findet, gleicht. Wer Interesse hat, kann auch bei Unterrichts-

Rituelles Tanztheater in Kerala

Die berühmteste Form der uralten Ritualdramen ist das Tanzdrama Kathakali. Zu den weniger bekannten Volkskünsten, von denen Kathakali deutlich beeinflusst wurde, zählt das Sanskrit-Tanzdrama Kutiyattam. Ein Hauptziel jedes Darstellers besteht darin, das Weltliche pantomimisch in das Reich der Götter und Dämonen zu übertragen. Voraussetzung dafür ist eine ritualisierte Vorbereitung unter Einsatz fantasievoller Kostüme und eines maskenähnlichen Make-ups. Im Kathakali und Kutiyattam ist diese Vorbereitung ein rigoros kodifizierter Teil der klassischen Tradition. Einmalige **Vorstellungen** diverser Ritualformen finden im ganzen Bundesstaat statt und erreichen ihren Höhepunkt im April und Mai, bevor während des Monsuns (Juni bis Aug) eine Pause eingelegt wird. Auskünfte erteilen die Touristeninformationen, alternativ dazu kann man auch eine in Malayalam verfasste Tageszeitung wie *Malayalam Manorama* kaufen und einen Sprachkundigen bitten, die Hinweise auf **Tempelfeste** durchzugehen. Kathakali für Touristen wird täglich in Kochi geboten (s. Kasten S. 1168), doch wer an authentischen Darbietungen interessiert ist, sollte Kontakt zu **Schauspielschulen** aufnehmen, z. B. Margi in Thiruvananthapuram (S. 1122), Kerala Kalamandalam in Cheruthuruthy oder Natana Kairali in Irinjalakuda (S. 1181).

Kathakali

"Hier geht es um die Tradition der Trance-Tänzer, um die absolute Unterwerfung des Körpers unter den Geist, um die kosmische Transformation des Menschlichen zum Göttlichen."
  Mrinalini Sarabhai, klassischer Tänzer

Das Bild von einem Kathakali-Darsteller im Kostüm mit riesiger Goldkrone und Maske ist zum Markenzeichen Keralas geworden. Es gibt nach wie vor viele **traditionelle Vorführungen**, die meistens auf einer Freifläche vor einem Tempel stattfinden. Sie beginnen um 22 Uhr und dauern bis zum Morgengrauen, wobei das Flackern einer großen Öllampe aus Messing im Zentrum der Bühne für die Beleuchtung sorgt. Sowohl die männlichen als auch die weiblichen Rollen werden von Männern gespielt.
Im hinteren Bereich der Bühne begleiten zwei **Musiker** das Schauspiel mit Rhythmen – einer auf einem Bronze-Gong, der andere auf Becken aus Glockenmetall. Die Musiker übernehmen auch den Gesang der Dialoge. Die Darsteller geben keine Geräusche von sich, abgesehen von dem einen oder anderen Schrei. Das Erlernen der komplizierten Handbewegungen und choreografischen Details erfordert eine harte Ausbildung, die manchmal bereits im Alter von acht Jahren beginnt und zehn Jahre dauert. Mindestens zwei weitere Trommler stehen zur Linken der Bühne: Einer spielt mit schmalen, leicht gebogenen Stöcken die senkrecht stehende *chenda*, der andere die *maddalam*, eine horizontale, fassförmige Handtrommel. Sobald ein weiblicher Charakter „spricht", wird die *chenda* durch die einer Sanduhr ähnelnde *ettaka* ersetzt, eine „sprechende Trommel", auf der auch Melodien gespielt werden können. Die Trommler behalten die Darsteller stets im Auge und verstärken jede Geste mit ihren Instrumenten.
Kathakali (wörtlich übersetzt „Geschichtenspiel") wurde von Kutiyattam und indigenen

stunden und Wandmalerei-Demonstrationen zusehen und Kostümausstellungen besuchen – und zwar im Rahmen des faszinierenden Kulturprogramms „Ein Tag mit den Meistern" (Mo–Sa 9.30–13.30 Uhr; Kosten US$20 p. P. inkl. Mittagessen).

Transport

Busse
Vom Busbahnhof Priya Darshini in Thrissur fahren Busse Richtung Shoranur durch Cheruthuruthy.

Eisenbahn
Der am nächsten gelegene Bahnhof ist Shoranur Junction, 3 km südlich. Expresszüge von und nach MANGALORE, CHENNAI und KOCHI.

Ritualen beeinflusst, als es sich im Laufe des 17. Jhs. als eigene Theaterform herauskristallisierte. Die behandelten Stoffe werden hauptsächlich den hinduistischen Epen Mahabharata, Ramayana und Bhagavata Purana entnommen. Die beliebtesten **Charaktere** sind diejenigen, die den Schauspielern den größten Spielraum ermöglichen, nämlich die bösen, als *katti* („Messer") bezeichneten Antihelden. Jene Charaktere, darunter die Könige Ravana und Duryodhana, sind von Lust, Habgier, Neid und Gewalt besessen. Der vielerorts in Kerala erhältliche *Guide to Kathakali* von David Bolland ist eine Quelle für Hintergrundinformationen und beschreibt die populärsten Stücke.

Wer einer Vorführung beiwohnen möchte, sollte früh erscheinen, auch wenn das erste Stück kaum vor 22 Uhr beginnt. Wer sich ruhig verhält, darf vor und während der Aufführung einen Blick in den Schminkraum werfen. Farbe und Gestaltung der **Make-ups** sind entscheidend für die Darstellung der Persönlichkeit. Das Wort *pacha* kann sowohl „grün" als auch „rein" bedeuten, daher handelt es sich bei einer *pacha*-Figur mit grünem Gesicht um einen edlen Menschen oder einen Gott. Rot versinnbildlicht *rajas* (Leidenschaft und Aggression), Schwarz bedeutet *tamas* (Dunkelheit und negative Einstellung), und Weiß steht für *sattvik* (Licht und Intellekt). Nach Fertigstellung der Maske werden dem Tänzer aufwendig gestaltete Röcke um die Hüfte gebunden, und an der linken Hand werden silberne Krallen angebracht. Ihren Abschluss findet die Verwandlung durch ein Gebet, das Anlegen einer Perücke und das Aufsetzen einer Krone. Wer nicht mit den Inhalten des Kathakali vertraut ist, wird sich während des Programms langweilen, denn es geht teilweise sehr schleppend voran. Es stehen nicht immer ausreichend Unterkünfte zur Verfügung, sodass man die ganze Nacht über aushalten muss. Daher sollte man darauf vorbereitet sein, viele Stunden auf dem Boden sitzend zu verbringen. Der halbe Spaß besteht darin, beim ersten Sonnenstrahl Zeuge zu werden, wie einem Schurken auf grausame Weise der Bauch aufgeschlitzt wird.

Kutiyattam
Drei Familien der Chakyar-Kaste und einige zusätzliche Darsteller bringen das **Sanskrit-Drama** Kutiyattam zur Aufführung, die älteste fortlaufend gespielte Theaterform der Welt. Bis vor Kurzem wurden diese Stücke nur in Tempeln aufgeführt, in Gegenwart der höchsten Kasten. Optisch ähnelt es sehr stark dem Kathakali, die Atmosphäre ist jedoch ungleich archaischer. Die Schauspieler beherrschen den vedischen Singsang der Brahmanen, der sich seit 1500 v. Chr. nicht verändert hat.

Ein Akt eines Kutiyattam-Dramas kann zehn Nächte dauern, das ganze Stück nimmt 40 Nächte in Anspruch. Ein Spitzenschauspieler, der die Gestensprache perfekt beherrscht, benötigt manchmal eine halbe Stunde für einfache Aktionen, z. B. ein zu Boden sinkendes Blatt zu beschreiben. Im Gegensatz zu Kathakali beinhaltet Kutiyattam auch komische Sanskriten und Stücke. Der Erzähler und Clown **Vidushaka** ähnelt einem Hofnarren und besitzt traditionell das Recht, auch die höchsten Würdenträger in aller Offenheit zu kritisieren.

Kozhikode (Calicut)

Die 225 km nördlich von Kochi gelegene Küstenstadt Kozhikode (Calicut) zählte einst zu den wohlhabendsten Handelsstädten in ganz Asien und spielt eine außerordentlich wichtige Rolle in der keralischen Mythologie und Geschichte. Sie ist auch insofern bedeutsam, als Vasco da Gama 1498 ganz in der Nähe an Land ging.

Nach Jahrhunderten des Niedergangs infolge der Zerstörung der Stadt durch die Portugiesen geht es Kozhikode heute wieder besser, dank der Geldüberweisungen von ausgewanderten Indern, die in den Golfstaaten arbeiten. Diese Verbindung nach Arabien ist wohl ein Erbe der mächtigen moslemischen Moppila-Handelsgemeinschaft, die für den hiesigen Herrscher die Kriegsflotte und den Handel betrieb. Der Bauboom der letzten Jahre hat jedoch fast alle Reste der Baudenmäler aus der alten Zeit vernichtet. Übrig geblieben ist z. B. ein paar großartige Moppila-**Moscheen**, die durch ihre typisch keralischen mehrstufigen Dächer hervorstechen. Die drei beeindruckendsten dieser Moscheen liegen abseits einer Seitenstraße in Thekkepuram, dem moslemischen Viertel von Kozhikode, 2 km südwestlich des *maidan* (alle Rikschafahrer kennen den Weg). Die 1100 Jahre alte Macchandipalli Masjid, zwischen der Francis Road und dem Kuttichira Tank, verfügt über Decken, die mit schönen bunten Stuckarbeiten und verschlungenen Koran-Zitaten geschmückt sind. Ein Stückchen weiter Richtung Norden steht die Juma Masjid, deren Hauptgebetshalle Platz für 1200 Gläubige bietet; die Moschee stammt aus dem 11. Jh. und wartet ebenfalls mit einer reich geschmückten Decke auf. Das großartigste Exemplar des Trios ist jedoch die Mithqalpalli (auch Jama'atpalli) Masjid, die an einer Gasse hinter dem Kuttichira Tank versteckt liegt. Das vierstufige Dach der vor über 700 Jahren erbauten Moschee stützt sich auf 24 hölzerne Pfeiler.

Übernachtung

Kozhikodes relativ preiswerte Innenstadthotels haben fast alle 24-Std.-Check-out und sind oft schon mittags ausgebucht. Das Strandgebiet und Kappad, 16 km nördlich, stellen ruhige Ausweichmöglichkeiten dar.

Günstig wohnen im Club

Beach Heritage, Beach Rd, 3 km nördlich des Zentrums, ☎ 0495-236 5363, 🖥 www.beachheritage.com. Dies ist die ehemalige Anlage des Malabar English Club aus der Kolonialzeit (von 1890) mit gepflegten Rasenflächen und spitzen Ziegeldächern. Heute ist es ein reizend exzentrisches Heritage-Hotel mit viel Atmosphäre. Erstaunlich preisgünstig. ❹–❺

Harivihar, Bilathikulam, 4 km nördlich des Zentrums, ☎ 0495-276 5865, 🖥 www.harivihar.com. Die ehemalige Residenz der königlichen Familie von Kadathanadu wurde in eine besonders schöne Heritage-Privatunterkunft umgebaut. Schöne Gärten, traditionelle keralische Villa mit weiß getünchten Wänden, antikem Mobiliar und säulengesäumten Innenhöfen. Unterricht in Yoga, Astrologie, Kochen und indischer Mythologie erhältlich, außerdem erstklassiges Ayurveda-Zentrum. ❽

Hyson Heritage, Bank Rd, beim KSRTC-Busbahnhof, ☎ 0495-276 6423, 🖥 www.hysonheritage.com. Sauberes, schön kühles AC-Hotel für Geschäftsreisende in Zentrumsnähe. Besonders die Budget-Zimmer ohne AC bieten ein sehr gutes Preis-Leistungs-Verhältnis. ❹–❺

Malabar Palace, Manuelsons Jn, ☎ 0495-272 1511, 🖥 www.malabarpalacecalicut.com. Schickes komfortables Hotel mitten im Zentrum. Reich ausgestattete Zimmer mit bequemen Betten, dicken weinroten Teppichen und Holzschreibtischen; die Zimmer nach hinten raus bieten schöne Ausblicke über einen Palmenhain. ❻–❽

Sasthapuri, MM Ali Rd, ☎ 0495-272 3281, 🖥 www.sasthapuri.com. Kompakte Budget-Unterkunft in der Nähe des Palayam-Busbahnhofs und des Marktes, mit gepflegten, nett eingerichteten Zimmern (darunter einige der billigsten AC-Zimmer der Stadt), schönes kleines Dachgartenrestaurant mit Ethno-Wandmalereien und Bar. Sehr gutes Preis-Leistungs-Verhältnis. ❶–❹

Essen

Kozhikode ist berühmt für seine Moppila-Küche, die ihre Ursprünge in den kulinarischen Traditionen der alten arabischen Händler der Stadt hat. Duftende Hühner-Biryanis und Seafood-Currys mit für die Malabar-Küste typischen Gewürzmischungen tauchen auf fast allen Karten nicht-vegetarischer Restaurants auf. Auch Muscheln sind hier beliebt; in der Saison (Okt–Dez) werden sie überall in einem Knuspermantel aus gewürzter Hirse frittiert serviert. Und schließlich ist kein Festessen in Kozhikode komplett ohne das legendäre *halwa* der Stadt, eine klebrige Malabar-Süßigkeit aus Reismehl, Kokosnuss, Rohrzucker und *ghee*. Am besten war diese Spezialität immer in der stimmungsvollen Mithai Theruvu – oder SM („Sweet Market") Street – zu bekommen, aber die meisten Läden hier wurden im April 2007 durch ein verheerendes Feuer zerstört. Falls die Läden in dieser Gegend noch nicht wieder offen sein sollten, kann man auf Nandhinee Sweets (s. u.) ausweichen.

Dwaraka, gegenüber dem Sasthapuri Hotel. Gut besuchtes, bodenständiges nicht-vegetarisches Esslokal mit günstigen frischen Muscheln, gebratenem Fisch und einheimischen Seafood-Currys.

Nandhinee Sweets, MM Ali Rd. Superhygienische Konfiserie, die *halwa*, Nüsse und Snacks verkauft, aber auch leckere frische Obstsäfte, *badam*-Milch und *falooda*-Mixgetränke.

Seit 1939 eine Institution

Paragon, Nähe Kannur Rd, eine kurze Riksch-Fahrt vom *maidan* entfernt. Seit der Eröffnung im Jahr 1939 eine Institution in der Stadt. Die Lage unter einer Hochstraße ist nicht besonders einladend, aber der Laden hat hervorragendes Essen in einem Speisesaal mit hoher Decke und gusseisernen Säulen: *fish moilee* und *fish kombathu*, die Spezialität des Hauses, dazu köstlich leichte *appams*, *porotta* und krümelige *puttoo*. Hauptgerichte zumeist Rs70–125.

Sagar, neben KSRTC-Busbahnhof, Mavoor Rd. Ein weiteres Lieblingslokal der Mittelschicht von Kozhikode, inmitten der Hochhäuser und des Verkehrschaos der Mavoor Rd. Die meisten ignorieren die auswärtigen Speisen und bestellen stattdessen echte Malabar-Gerichte wie *egg roast, fish korma* und – das Beste von allem das äußerst geschmacksintensive *chicken porichathu*, knochenlose Hühnchenteile, in Gewürzen mariniert und dann knusprig gebraten.

Zains, Convent Cross Rd. Das bescheidene pinkfarbene Wohnhaus im Westen der Stadt sieht wahrlich nicht wie ein Gourmet-Tempel für Moppila-Küche aus, aber das Essen ist nicht zu übertreffen. Für die Uneingeweihten sind die Gerichte des Tages auf einem Tisch in der Mitte ausgestellt. Normalerweise haben die Gäste die Auswahl aus Biryanis, verschiedenen feurigen Seafood-Currys und diversen *pathiris* – dem definitiven Malabar-Reismehlbrot. Hauptgerichte zumeist Rs100–125.

Sonstiges

Geld

Bargeld und Reiseschecks tauschen z. B. problemlos **PL Worldways**, Semma Towers, 3rd Floor, Mavoor Rd, und **UAE Exchange**, Bank Rd, neben Hyson Heritage, ⏱ Mo–Sa 9.30–13.30 und 14–18, So 9.30–13.30 Uhr.

Viele größeren Bankfilialen verfügen über Geldautomaten, z. B. die **Union Bank of India** und die **State Bank of India**, MM Ali Rd.

Gepäckaufbewahrung

In der 24 Std. geöffneten Gepäckaufbewahrung am Bahnhof werden, wie üblich, nur abgeschlossene Gepäckstücke angenommen.

Informationen

KTDC Tourist Information, im Bahnhof, ☏ 0495-270 0097. Hier erfährt man Näheres zu Verkehrsverbindungen und Sehenswürdigkeiten in der Umgebung von Kozhikode. ⏱ nicht zuverlässig, in der Regel tgl. 9–19.30 Uhr.

KTDC Tourist Office, im KTDC Malabar Mansion Hotel, an der Ecke der SM St, ☏ 0495-272 2391, bietet begrenzte Infos über die Stadt und Umgebung.

Internet

The Hub, im 1. Stock des Gebäudes rechts von Nandhinee Sweets, MM Ali Rd;
Internet Zone, unweit der KTDC Malabar Mansion (beide Rs30/Std.).

Transport
Busse

Der wichtigste der 3 Busbahnhöfe ist der KSRTC-Busbahnhof, Mavoor Rd (alias Indira Gandhi Rd). Alle staatlichen Fernbusse halten hier.

Private Fernbusse nutzen den 500 m weiter gelegenen **Busbahnhof New Mofussil**, auf der anderen Seite der Mavoor Rd.

Der **Palayam-Busbahnhof** bei der MM Ali Rd ist für Stadtbusse zuständig.

Busse nach:
KANNUR (alle 30 Min., 2–2 1/2 Std.),
KOCHI / ERNAKULAM (stdl., 5 Std.),
MYSORE (2x tgl., 9–10 Std.),
OOTY (4x tgl., 6–7 Std.),
THIRUVANANTHAPURAM (12–15x tgl., 11–12 Std.),
THRISSUR (stdl., 3 1/2–4 Std.).

Eisenbahn

Der Bahnhof, ✆ 0495-270 1234, an dem Küstenschnellzüge und langsamere *passenger*-Züge abfahren, liegt in der Nähe der Innenstadt. Superschnelle Expressverbindungen bestehen nach DELHI, MUMBAI, KOCHI und THIRUVANANTHAPURAM.

Züge nach:
KANNUR (9–11x tgl., 2–2 1/2 Std.),
KOCHI / ERNAKULAM (7–9x tgl., 4 1/4–5 1/4 Std.),
MANGALORE (6–9x tgl., 4 3/4–5 1/2 Std.),
MUMBAI (2x tgl. über MADGAON, 26 Std.),
THIRUVANANTHAPURAM (4–6x tgl., 9 3/4–10 1/2 Std.),
THRISSUR (6–9x tgl., 2 1/2–3 1/2 Std.).

Flüge

Kozhikodes **Flughafen** liegt in Karippur, 23 km südlich der Stadt. Er dient vor allem den Indern, die in den Golfstaaten arbeiten, bietet aber auch ein paar Flüge in andere indische Städte. Eine Taxifahrt in die Stadt kostet etwa Rs300.
Flugtickets verkaufen:
PL Worldways, Seema Towers, 3rd Floor, Bank Rd, unmittelbar nördlich der CSI Church.
Indian Airlines, ✆ 0495-276 6243, ◷ Mo–Sa 10–13 und 13.45–17.30 Uhr, und **Air India**, ✆ 0495-276 0715, ◷ Mo–Sa 9.30–17.30 Uhr, beide im Eroth Centre, gegenüber vom Hyson Heritage an der Bank Rd. Alle anderen Gesellschaften haben Schalter am Flughafen.

Flüge nach:
BENGALURU (IC, 3x wöchentl., 1 1/4 Std.),
CHENNAI (IC, 7x wöchentl., 1–2 1/2 Std.),
GOA (IC, IT, 1–2x tgl., 1 Std.),
KOCHI / ERNAKULAM (IC, IT, 2–3x tgl., 1/2 Std.),
MANGALORE (IT, 1x tgl., 1 Std.),
MUMBAI (9W, IC, AI, 3–4x tgl., 1 3/4–3 Std.),
TIRUCHIRAPALLI (IC, 2x wöchentl., 1 Std.),
THIRUVANANTHAPURAM (IC, IT, 1–2x tgl., 3/4–2 Std.).
(**AI** = Air India, **IC** = Indian Airlines, **IT** = Kingfisher, **9W** = Jet Airways, **G8** = Go Air)

Wayanad

Die Bergregion Wayanad, 70 km östlich von Kozhikode am Südende der Dekkan-Hochebene, ist einer der schönsten Gebiete Keralas. Auf einer Höhe zwischen 750 und 2100 m erstrecken sich die unterschiedlichsten Landschaften: von üppigen Reisfeldern an Flussläufen bis zu halbtropischen Savannen, von Gewürz-, Tee- und Kaffeeplantagen bis zu steilen, mit Dschungel überzogenen Berghängen. Die wenigen Ortschaften hier sind die typischen provisorisch wirkenden indischen Bergmarktflecken, die den weit verstreut liegenden Dörfern und deren 200 000 Bewohnern – meist **Stammesangehörigen** *(adivasi)* – als Versorgungszentren dienen. Wegen ihrer relativen Isolation und des Mangels an guten Straßen konnten sich ethnische Minderheiten wie die Kurumbas, Adiyas und Paniyas trotz des langsamen Eindringens der Moderne ihre traditionelle Identität bisher bewahren.

Die einzige echte Sehenswürdigkeit der Region ist das **Wayanad Wildlife Sanctuary** – ein in zwei Teile, Muthanga und Tholpetty, gesplittetes Schutzgebiet. Beide Teile liegen an der Grenze zu Tamil Nadu und gehören zum ausgedehnten Nilgiri-Biosphärenreservat. Das 72 km östlich von Kozhikode gelegene **Kalpetta** ist der Hauptort der Region sowie der Ausgangspunkt für den Besuch beider Parkteile. Dschungelführer (Rs50/Tag) und Jeeps (Rs8/km plus Rs100 Zufahrtsgebühr für das Fahrzeug) können beim **Kerala Tourism Office**, ✆ 04936-204441, gebucht werden, ⊙ Mo–Sa 10–17 Uhr, jeden zweiten Samstag im Monat geschlossen.

Der südliche Teil des Wayanad-Schutzgebietes liegt etwa 40 km östlich von Kalpetta und trägt den Namen **Muthanga Wildlife Sanctuary**. Er ist für die Elefanten bekannt, die hier leben, aber er beherbergt auch Hirsche, Wildschweine, Bären und Tiger. Wanderungen sind im Schutzgebiet nur vormittags erlaubt, und auch nur mit Führer und auf einer festgelegten Route (3 Std.; Rs150). ⊙ tgl. 6–10 und 15–17 Uhr; Eintritt Rs100, Kamera Rs25.

Tholpetty, 25 km nordöstlich von Mananthavady, ist der nördliche Teil des Wayanad-Schutzgebietes und bietet eine der besten Gelegenheiten in Südindien, Elefanten zu beobachten, außerdem Bisons, Wildschweine, Sambar, Axishirsche, Makaken und Languren; es gibt auch Tiger, die sich aber nur selten zeigen. Das Forstministerium veranstaltet zweistündige Jeeptouren (tgl. 7–9 und 15–17 Uhr, Rs300 für bis zu 5 Pers., plus Rs200 für den obligatorischen Führer). Außerdem gibt es geführte **Wanderungen** (tgl. 8–13 Uhr; Rs750 für bis zu 4 Pers.).

Mit 2100 m ist der **Chembra Peak** der höchste Gipfel in der Region Wayanad, und er thront meilenweit über der Landschaft. Das Bergmassiv kann von dem kleinen Ort Meppadi, 18 km südlich von Kalpetta, in etwa zehn Stunden bestiegen werden; Meppadi ist von Kalpetta mit Bussen, die vom KSRTC-Busbahnhof Richtung Süden fahren, in einer halben Stunde zu erreichen. Für die Wanderung auf den Berg muss vorher beim Forest Ranger Office, 1 km westlich von Meppadi, eine Genehmigung eingeholt werden; die Genehmigung ist kostenlos, der Zugang zum Beginn des Weges 7 km eine befestigte Straße hinunter auf dem Chembra Tea Estate kostet Rs10, und einer der beiden Parkranger muss die Wanderer begleiten (Rs200).

Übernachtung und Essen

Kalpetta und die benachbarten Dörfer Vythiri und Lakkidi an der Straße nach Kozhikode etablieren sich langsam als eigenständige Bergferienorte mit einigen teureren Resorthotels und Plantagen-Unterkünften für gut situierte Inder und Ausländer, die der klebrigen Hitze der Küstenstädte entfliehen wollen. Neben der Unterbringung bieten diese Unterkünfte gute regionale Küche.

Das **Hotel New Palace**, südlich des Busbahnhofs, mit der zur Straße hin offenen Küche, ist ein Lieblingslokal einheimischer Familien; es gibt hauptsächlich nicht-vegetarische nordindische Gerichte, Gemüse-Biryanis und köstlichen *ghee*-Reis, dazu schwere Malabar-Currys z. B. mit Wachtel *(kada)*.

Edakkal Hermitage, Ambalavayal, ✆ 04936-221860, 🖳 www.edakkal.com. Sechs nett eingerichtete Cottages auf kleinen Felsplattformen in einem Garten mit Rasen und mit atemberaubenden Ausblicken über das Tal und die Ebene. Ein noch besseres Panorama bietet sich vom Baumhaus, in dem die Bewohner vom Wind sanft in den Schlaf geschaukelt werden. Restaurant mit Kerzenlicht in einer künstlichen Höhle. ❽

Green Magic, Vythiri, zu buchen unter ✆ 0495-652 1163, 🖳 www.jungleparkresorts.com. Das ultimative Öko-Resorthotel in Kerala auf einem 200 ha großen Anwesen tief in den Wäldern, nur per Allradfahrzeug zu erreichen (und die letzten 1 1/2 km zu Fuß). Unterkünfte in Luxus-Baumhäusern (ab US$250) 20 m über der Erde unter den Wipfeln des üppigen Tropenwaldes. ❾

Harita Giri, Emily Rd, Kalpetta, ✆ 04936-203145, 🖳 www.hotelharitagiri.com. Konventionelles Hotel mit Zimmern in 6 Kategorien (auch EZ), von Budget-Zimmern bis Deluxe-AC-Suiten; Garten, Restaurant, Bar, Dachterrasse und ein recht großer Pool. ❺–❼

Pachyderm Palace, Tholpetty; zu buchen über den Tourist Desk in Kochi, ✆ 0484-237 1761. Traditionelles Kerala-Bungalow unmittelbar vor dem Parkeingang mit 5 komfortablen Zimmern mit VP. Köstliche authentische keralische Küche, freundliche Aufnahme garantiert. ❼

Rain Country Resort, Lakkidi, 22 km von Kalpetta, ✆ 04936-251 1997, ✆ 09447 004369, 🖳 www.raincountryresort.com. Acht schön restaurierte alte keralische *tharavads* auf einer abgeschiedenen Waldlichtung mit Blick auf das Lakkidi-Tal. Zu erreichen über einen 3 km langen Weg von der Hauptstraße. ❽

Vythiri Resort, zu buchen beim Büro in Kochi, ☏ 0484-4055250, 💻 www.vythiriresort.com. Resorthotel auf einem 3 ha großen Waldgrundstück, das von drei Bergbächen voller Felsbrocken durchflossen wird; ähnelt einem Bergdorf im Dschungel, mit Terrakotta-Dächern und Hängebrücke. Unterkünfte in Luxus-Cottages oder renovierten Plantagenarbeiter-Zimmern. VP. ❽–❾

Der hohe Norden

Die schöne Küstenlandschaft nördlich von Kozhikode erscheint als eine endlose Abfolge von Kokospalmen, bewaldeten Bergen und fast verlassenen Stränden.

Die kleinen Fischerorte an der Küste bieten Reisenden wenig Interessantes – in der Tat lassen die meisten Besucher diese Region links liegen und verpassen so die Chance, **Theyyam**, die außergewöhnlichen Maskentrancetänze, zu erleben, die zwischen November und Mai in den Dörfern der gesamten Region aufgeführt werden.

Theyyam

Theyyam (oder Theyyattam), jene spektakulären **Geister-Zeremonien**, die in der nördlichen Malabar-Region in den Wintermonaten an Dorfschreinen durchgeführt werden, gehören zu den außergewöhnlichsten Schauspielen in Kerala. Allein in der Umgebung von Kannur gibt es mehr als 400 verschiedene Formen dieses uralten Rituals, mit unterschiedlichen Kostümen, raffiniertem Schmuck, Körperbemalungen, Gesichtsmasken und riesigem Kopfschmuck *(mudi)*.

Im Gegensatz zu Kathakali und Kutiyattam, bei denen Schauspieler Göttinnen und Götter spielen, werden die Schauspieler beim Theyyam zu den angerufenen Gottheiten und erhalten deren magische Kräfte. Dadurch werden sie befähigt, Übermenschliches zu vollbringen, sich z. B. in heißer Asche zu wälzen oder mit einer Krone auf dem Kopf zu tanzen, die so hoch wie eine Kokospalme sein kann. Zuschauer, die dem Ritual beiwohnen, glauben, ebenso an den Kräften der Gottheiten teilzuhaben, sodass sie vielleicht von einer Krankheit geheilt werden, ein Kind zeugen oder einen vorteilhaften Geschäftsabschluss tätigen können.

Die Theyyam-Rituale werden traditionell auf kleinen Lichtungen *(kaavus)* aufgeführt, die zu Dorfschreinen gehören, und die **Schauspieler** entstammen immer niederen Kasten; Angehörige höherer Kasten können als Zuschauer teilnehmen, um die Gottheit zu ehren – eine einzigartige Umkehr der sozialen Hierarchie.

Das Ritual besteht normalerweise aus drei klar voneinander getrennten Phasen: *thottam*, bei der der Tänzer, der einen kleinen roten Kopfschmuck trägt, von den Tempelmusikern begleitet ein einfaches religiöses Lied singt, dann *vellattam*, bei der er eine Abfolge komplizierterer Rituale und langsamer eleganter Posen durchläuft, und schließlich *mukhathezhuttu*, dem Hauptteil der Aufführung, bei dem er im Kostüm vor dem Schrein auftaucht. Von diesem Punkt bis zum Ende der Aufführung, die die ganze Nacht dauern kann, tanzt der besessene Tänzer in grazilen, rhythmischen Schritten durch die Arena, die mit fortschreitender Dauer immer schneller und energischer werden und schließlich kurz vor Sonnenaufgang in einen frenetischen Ausbruch münden, bei dem der Tänzer oft von Krämpfen geschüttelt wird.

Mehr und mehr Reisende kommen nach Kannur, um Theyyam zu erleben, aber eine passende Aufführung zu finden kann Zeit, Geduld und Beharrlichkeit erfordern. Die beste Informationsquelle ist die **Touristeninformation** am Bahnhof (S. 1190). Wenn man höflich darum bittet, durchforstet das Personal vielleicht die örtliche Tageszeitung nach baldigen Aufführungsterminen.

Alternativ dazu kann man auch bei Costa Malabari (S. 1189) nächtigen; die Betreiber sind Theyyam-Experten.

Kannur (Cannanore)

Kannur (Cannanore), eine kleine, hauptsächlich moslemische Fischer- und Marktstadt 92 km nördlich von Kozhikode, war jahrhundertelang die Hauptstadt der Maharadschas von Kolathiri, die dank ihres blühenden überseeischen Gewürzhandels zu Reichtum gelangten. Im Jahr 1505 nahm der erste portugiesische Vizekönig in Indien, Francisco de Almeida, die Stadt ein und hinterließ die imposante dreieckige Festung **St. Angelo's Fort**. Diese wurde im 17. Jh. von den Niederländern eingenommen, die sie etwa 100 Jahre später an die Maharadschas von Arakkal verkauften, die einzige moslemische Herrscherdynastie Keralas. Heute können Besucher die Festungsmauern erklimmen, auf denen noch britische Kanonen herumstehen, und den Blick auf den Fischerhafen der Stadt genießen.

Die noch unerschlossenen Strände um Kannur bilden an sich schon ein spektakuläres Reiseziel, aber die meisten Reisenden wählen Kannur als Etappe, um mehr über **Theyyam** (s. Kasten S. 1188) zu erfahren. In der Theyyam-Saison sind die Aufführungen der nächsten Tage in der Zeitung *Malayala Manorama* oben links auf der zweiten Seite aufgelistet – man braucht dann nur noch jemanden, der einem die Informationen aus dem Malayalam übersetzt. Reisende mit sehr wenig Zeit können zumindest das täglich stattfindende Ritual in **Parassinikadavu** (S. 1190) oder dem Sree Muthappam-Tempel neben dem Bahnhof (tgl. 16 Uhr) besuchen.

Übernachtung und Essen

Billiges Essen gibt es im **Indian Coffee House** in der Fort Rd, 50 m südlich des City Centre Shopping-Komplexes. Das trendige **Can Café** hinter dem Gebäude bietet eine gute Auswahl an Biryanis sowie Huhn- und Fischgerichte im Malabar-Stil. Das Restaurant **Hot Stone** über dem Malabar Palace (s. u.) genießt bei den Einheimischen einen guten Ruf. Außerdem gibt es in Kannur reichlich Süßigkeitenläden (vor allem an der Station Rd), in denen man die örtlichen *kinnathappam*- und *kalathappam*-Kuchen probieren kann, die mit Reismehl und Rohrzucker gemacht werden.

Costa Malabari, 10 km südlich der Stadt im Dorf Tottada, Reservierung am Tourist Desk in Kochi, ☎ 0484-237 1761, 🖥 www.costamalabari.com. Das zwischen Cashew-Bäumen und Kokospalmen versteckte Gästehaus ist äußerst gastfreundlich und wird von den fachkundigsten Theyyam-Enthusiasten der Gegend geführt. Es gibt 5 luftige und komfortable Zimmer, und das hauseigene Restaurant serviert ausgezeichnete keralische Mahlzeiten in riesigen Portionen. Nur 10 Gehminuten entfernt befinden sich 5 unberührte Sandstrände. Die Betreiber bieten auch gute Backwater- und Tierbeobachtungstouren in der Gegend. Preise inkl. VP; die Besitzer holen Gäste nach Absprache für Rs150 aus Kannur ab. ❺

Government Guest House, Cantonment Area, auf einer Klippe mit Blick aufs Meer, ☎ 0497-270 6426. Geräumige einfache Zimmer mit und ohne AC, riesige Balkone mit unverstelltem Seeblick. Überwiegend für VIPs reserviert, hat aber normalerweise dennoch ein paar Zimmer frei. Vorausbuchungen können ein Problem sein, am besten anrufen, wenn man in der Stadt ankommt. Günstige vegetarische Mahlzeiten. ❷–❹

Malabar Residency, Thavakkara Rd, ☎ 0497-276 5456. Schickes Hotel in zentraler Lage; komfortable AC-Zimmer mit Bad. Zwei Restaurants, darunter das internationale Grand Plaza, und 24 Std. geöffnetes Café. ❺

Mascot Beach Resort, 300 m vorm Baby Beach, ☎ 0497-270 8445, 🖥 www.mascotresort.com. Oberhalb eines felsigen Küstenabschnitts, mit großen Zimmern und Cottages und herrlicher Aussicht aufs Meer und den Leuchtturm. Pool, Geldwechsel und gutes Restaurant, aber keine Bar. ❺–❼

Meridian Palace, Bellard Rd, zwei Blocks vom Bahnhof, ☎ 0497-270 1676, 🖥 www.hotelmeridianpalace.com. Kompaktes Hotel mit großer Auswahl an komfortablen, sauberen Zimmern, beliebtes kleines Restaurant mit vegetarischen und Seafood-Gerichten. ❷–❺

Sweety International, 200 m nördlich vom Bahnhof bei Munisheeran Kovil, ☎ 0497-270 8283. Standard-Hotel in einem Hochhaus mit „ordinary", „executive" und AC-Zimmern, allesamt recht preiswert. ❷–❸

Sonstiges

Geld
State Bank of India, Fort Rd, und **UAE Exchange**, im City Centre Shopping Complex, 500 m östlich vom Busbahnhof, ⊙ Mo–Sa 9.30–13.30 und 14–18 Uhr, tauschen Bargeld und Reiseschecks.

Informationen
Tourist Information Centre, am Bahnhof, ✆ 0497-270 3121, ⊙ beide Mo–Sa 10–17 Uhr.

Internet
Es gibt zahlreiche Internet-Lokale.

Transport

Busse
Da an der Hauptküstenstrecke zwischen Mangalore und Kochi/Thiruvananthapuram gelegen, hat Kannur gute Bus- und Bahnverbindungen zu den meisten größeren Städten in Kerala sowie nach MANGALORE in Karnataka. Außerdem fahren Busse nach MYSORE, die die bewaldeten Hänge der Ghats nach VIRAJPET in Kodagu erklimmen.

Eisenbahn
Der Bahnhof liegt nur fünf Gehminuten südwestlich vom Busbahnhof.

Parassinikadavu

Der einzige Ort, an dem man fast garantiert **Theyyam** zu sehen bekommt, ist das Dorf Parassinikadavu, 20 km nördlich von Kannur am Fluss Valapatanam, wo der Oberpriester oder *madayan* des **Parassini Madammpura**-Tempels dieses Ritual im Winter zweimal am Tag vor den Gläubigen durchführt (6.30–8.30 und 17.45–20.30 Uhr). In kostbare Gewänder gekleidet und von einer traditionellen Trommelgruppe begleitet, wird er vom Geist der höchsten Tempelgottheit – dem Herrn Muthappan, d. h. Shiva in seiner Erscheinungsform als *kiratha* (Jäger) – besessen und führt eine Reihe komplizierter Opfer durch. Höhepunkt der zweistündigen Zeremonie ist der Moment, wenn der Priester/Gott nach vorne tanzt, um Auserwählte aus den Reihen der Gläubigen zu segnen. Dies ist selbst für keralische Verhältnisse etwas Außergewöhnliches und lohnt eine Unterbrechung der Reise entlang der Küste.

Ein Lokalbus fährt in Kannur tgl. gegen 7 Uhr nach Parassinikadavu ab und lässt Passagiere am nördlichen Ende des Dorfes aussteigen. Wer jedoch rechtzeitig zum in der Morgendämmerung stattfindenden Theyyam kommen will, muss eines der Ambassador-Taxis nehmen, die vor dem Busbahnhof von Kannur warten (ca. Rs400 hin und zurück). Die Fahrer schlafen in ihren Fahrzeugen, deshalb braucht man nur einen aufzuwecken. Es ist auch möglich, ein Taxi über eines der Hotels zu bestellen. In jedem Fall muss man gegen 4.30 Uhr startklar sein. Eine andere Möglichkeit ist, im praktisch gelegenen **Thai Resort**, ✆ 0497-278 4242, zu übernachten, 80 m vom Tempel entfernt auf der linken Seite, wenn man den Tempeleingang vor sich hat. Im Schatten von Kokospalmen stehen in einem gepflegten Garten sieben runde Stein-Cottages mit kühlen, komfortablen Zimmern. ❺–❻

Karnataka

Stefan Loose Traveltipps

Bengaluru (Bangalore) Das indische Silicon Valley bietet tolle Geschäfte, Bars, Restaurants und Parks. S. 1196

Mysore Die Sandelholz-Stadt wartet mit einem bunten Markt und dem märchenhaften Maharadschapalast auf. S. 1211

Halebid und Belur In diesen beschaulichen Orten des ländlichen Karnataka befinden sich zwei wundervoll verzierte Hoysala-Tempel. S. 1225 und S. 1226

Gokarna Diese heilige Stadt der Hindus bietet halbmondförmige Strände, an denen es sich herrlich ausspannen lässt. S. 1241

19 Hampi In einer vom Tungabhadra-Fluss in zwei Hälften geteilten und mit Felsblöcken übersäten Landschaft liegen die Überreste des berühmten Vijayanagar-Königreiches. S. 1248

Bijapur Das „Agra des Südens" besticht durch überwältigende islamische Baudenkmäler, nicht zuletzt das gewaltige Golgumbaz-Mausoleum. S. 1262

Bidar Der moslemische Außenposten im abgelegenen Nordosten ist berühmt für seine als *bidri* bezeichnete Metallkunst und prachtvolle Monumente aus dem Mittelalter. S. 1269

Der 1956 aus dem ehemaligen Fürstentum Mysore hervorgegangene Bundesstaat Karnataka – der Name leitet sich von der Kannada-Sprache ab, die von praktisch allen 53 Mill. Einwohnern, den Kannadigas, gesprochen wird – markiert eine Übergangszone zwischen Nordindien und dem dravidischen Süden des Landes. Entlang seiner Grenzen zu Maharashtra und Andhra Pradesh erinnert eine Reihe mittelalterlich befestigter Städte mit Mausoleen und Minaretten an die Zeit, als dieser Teil des Dekkan-Hochplateaus unter moslemischer Herrschaft stand. Dagegen sind die Küsten- und Bergregionen, die sich in Kerala fortsetzen, mit ihrer üppigen Tropenvegetation und den hoch aufragenden Tempelbauten durch und durch südindisch-hinduistisch. Dazwischen liegen einige äußerst sehenswerte historische Stätten, insbesondere die ehemalige Stadt der Vijayanagar-Herrscher Hampi, deren verlassene Tempel und verfallene Paläste inmitten einer kargen, mit Felsbrocken übersäten Landschaft von geradezu unwirklicher Schönheit stehen.

Karnataka ist eine der feuchtesten Regionen Indiens. Das **Klima** wird vom Monsunregen bestimmt, der im Juni von Südwesten heranfegt und der Küste eine durchschnittliche Niederschlagsmenge von 4 m beschert, ehe er sich Ende September verabschiedet. Die Bergkette der mit dichten Wäldern bedeckten **Westghats**, die sich entlang der palmenbestandenen Küste erstreckt, lässt die Regenwolken nicht nach Osten abziehen. Daher ist das Landesinnere – bestehend aus dem Südausläufer des dreieckigen Dekkan, der hier **Mysore Plateau** genannt wird – erheblich trockener: Im Norden besteht der Boden aus dunkler Vulkanerde, im Süden herrscht unfruchtbarer Quarzgranitboden vor. Durch dieses sonnenverbrannte Gebiet fließen zwei der heiligsten Flüsse Indiens, der Tungabhadra und der Krishna, nach Osten in den Golf von Bengalen.

Grob gesagt, konzentrieren sich die Hauptanziehungspunkte von Karnataka am nördlichen und südlichen Ende des Staates, während es entlang der Küste zwischen Goa und Kerala noch eine Handvoll seltener besuchter Stätten gibt.

Der Verlauf der Straßen und Eisenbahnschienen macht es erforderlich, dass auf der Reiseroute fast immer die Bundesstaatshauptstadt **Bengaluru (Bangalore)** liegt, eine schnelllebige, moderne Stadt, die mit ihren eleganten Einkaufszentren, Fastfood-Lokalen und einem Nachtleben, das sich außer in Mumbai sonst nirgendwo findet, die Ambitionen des neuen Mittelstandes von Indien verkörpert. Die zweitgrößte Stadt Karnatakas, **Mysore**, besticht mehr durch ihr Ambiente, das an die Zeit der britischen Herrschaft erinnert, die Paläste aus dem 19. Jh. und die lebhaften Märkte. Zudem liegt sie in Reichweite mehrerer wichtiger historischer Denkmäler. Die nahe gelegene befestigte Insel **Srirangapatnam** war Schauplatz der blutigen Schlacht von 1799, die den Ausschlag dafür gab, dass der Staat Mysore in die Hände der Briten fiel, nachdem diese den moslemischen Feldherrn **Tipu Sultan** geschlagen hatten. Hier sind noch Teile des Forts, ein Mausoleum und Tipus Sommerpalast erhalten.

Weiter nordwestlich befindet sich eine Ansammlung unbedingt sehenswerter Stätten rings um die nicht weiter bemerkenswerte Eisenbahnstadt **Hassan**. Vor rund neun Jahrhunderten erbauten die Hoysala-Herrscher hier, in den mittlerweile gottverlassenen Dörfern **Belur** und **Halebid**, ihre Herrscherstädte, von denen noch mehrere überaus kunstvoll gestaltete Tempel zu sehen sind. Noch eindrucksvoller, und eine der ungewöhnlichsten heiligen Stätten Indiens, ist der 18 m hohe Jain-Koloss von **Sravanabelagola**, der sich majestätisch aus der idyllischen Landschaft des Dekkan erhebt.

Westlich von Mysore ragen die Ghats als eine Mauer undurchdringlichen Dschungels empor, durchzogen von tiefen Schluchten und verborgenen Tälern. In diesen Bergen lockt die Kaffee- und Gewürzanbauregion **Kodagu (Coorg)** mit einer ganz eigenen Kultur und herrlichen Aussichten auf üppige, nebelverhangene Hügel und Täler.

Die meisten landwirtschaftlichen Produkte werden über **Mangalore** – auf halbem Wege zwischen Goa und Kerala – aus verschifft. Der etwas langweilige Ort ist ein praktischer Zwischenstopp auf der Route entlang der wunderschönen **Karavali-Küste** von Karnataka. An der 320 km langen roten Laterit-Küste des Staates, die von zahllosen mangrovengesäumten Trich-

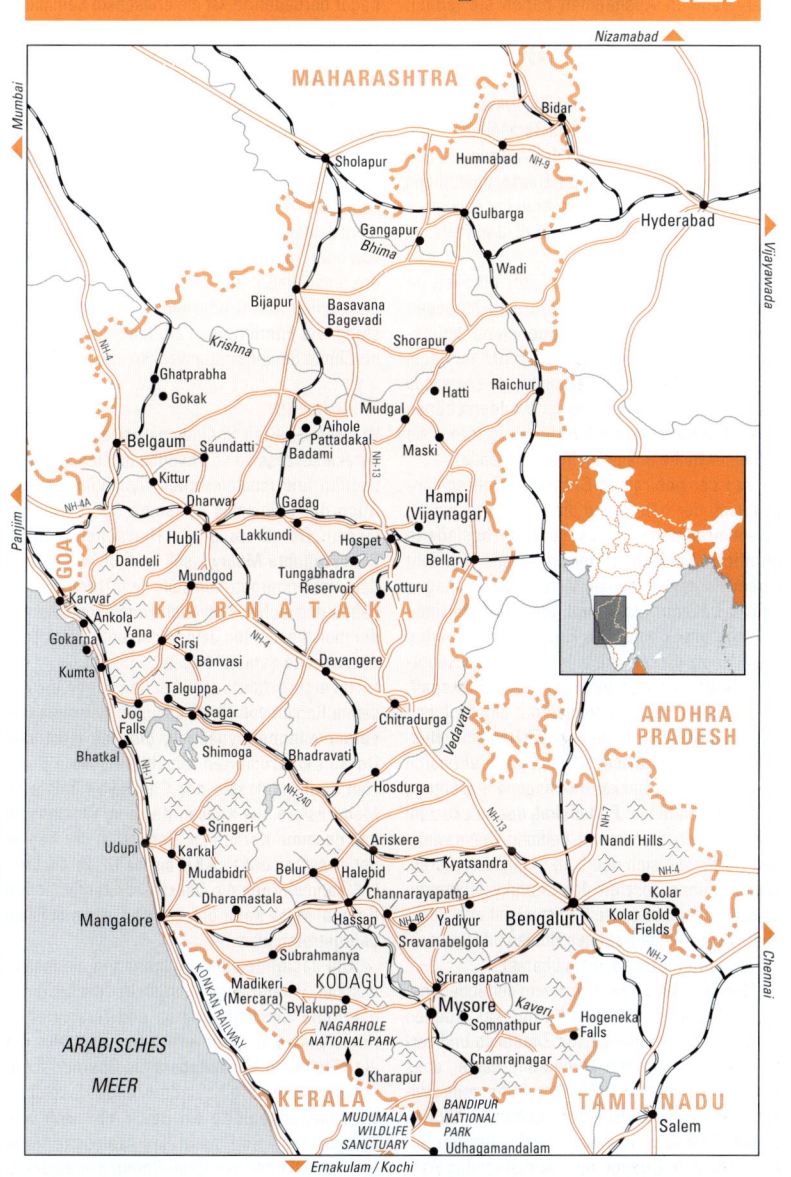

Karnataka

0 — 100 km

Nizamabad

MAHARASHTRA

Mumbai • Bidar
Sholapur • Humnabad — NH-9
Gangapur • Gulbarga • Hyderabad
Bhima • Wadi — Vijayawada
Bijapur • Basavana Bagevadi • Shorapur
Krishna • Raichur
Ghatprabha • Mudgal • Hatti
Gokak • Aihole • Maski
Belgaum • Saundatti • Pattadakal • Badami
Kittur • Dharwar • Gadag • Hampi (Vijaynagar)
Hubli • Lakkundi • Hospet • Bellary
Dandeli • Mundgod • Tungabhadra Reservoir • Kotturu
GOA • Karwar • Ankola
Gokarna • Yana • K A R N A T A K A
Kumta • Sirsi • Banvasi • Davangere
Panjim • Talguppa • NH-4 • *Vedavati*
Jog Falls • Sagar • Chitradurga
Bhatkal • Shimoga • Bhadravati **ANDHRA PRADESH**
NH-7 • NH-240 • Hosdurga
Udupi • Sringeri • Ariskere • NH-13 • Nandi Hills
Karkal • Belur • Halebid • Kyatsandra • NH-4
Mudabidri • Channarayapatna • Kolar
Dharamastala • Hassan • NH-48 • Yadiyur • Bengaluru • Kolar Gold Fields
Mangalore • Sravanabelgola • NH-7
Subrahmanya • Srirangapatnam — Chennai
KODAGU • Mysore • *Kaveri*
Madikeri (Mercara) • Somnathpur • Hogenekal Falls
Bylakupe • NAGARHOLE NATIONAL PARK
ARABISCHES MEER • Chamrajnagar
Kharapur • BANDIPUR NATIONAL PARK • **TAMIL NADU**
KERALA • MUDUMALA WILDLIFE SANCTUARY • Salem
KONKAN RAILWAY • Udhagamandalam

Ernakulam / Kochi

www.stefan-loose.de/indien

Karnataka 1193

termündungen unterbrochen ist, gibt es sehr viele schöne Badestrände. Abgesehen von ein paar wenigen Ausnahmen haben sie jedoch keinerlei Einrichtungen, und nicht selten sind die Einheimischen beim Anblick eines Ausländers sehr erstaunt.

Bislang besuchen nur wenige westliche Touristen den berühmten Krishna-Tempel bei **Udipi**, ein wichtiges Pilgerzentrum der Vaishnavas, und noch weniger erklimmen die Berge, um Indiens höchsten, in einer der reizvollsten Landschaften der Region gelegenen Wasserfall, **Jog Falls**, zu bewundern.

Der nette Ort **Gokarna**, weiter nördlich an der Küste gelegen, entwickelt sich hingegen zu einem bei Travellern zunehmend beliebten Badeort. Diese Hindupilgerstätte aus dem 17. Jh. besitzt einen der berühmtesten *shivalinga* Indiens und erfreut sich einer wunderschönen landschaftlichen Lage: Ein Hügelzug trennt sie von einer Reihe ausgezeichneter Strände.

Von der gebirgigen Grenze zu Goa schlängeln sich der NH-4A und die Eisenbahnlinie als Hauptverkehrsadern ins spärlich besiedelte **nördliche Karnataka**. Unbestrittenes Highlight dieser Region ist die Geisterstadt Vijayanagar, besser bekannt als **Hampi**, auf einem felsigen Gelände am Südufer des Flusses Tungabhadra. Die Ruinen dieser ehemals blühenden Hauptstadt liegen inmitten einer bizarren Landschaft, und im alten Basar kann man gut ein Weilchen ausspannen. Ausgangspunkt für Hampi ist **Hospet**, von wo aus Busse die holprige Straße nach Norden über die Dekkan-Hochebene in Richtung **Badami**, **Aihole** und **Pattadakal**, das seit kurzem Unesco-Weltkulturerbe ist, nehmen. Diese winzigen Dörfer, die sich heute im Gelände verlieren, waren früher Zentren der Chalukya-Dynastie (6. bis 8. Jh.). Das ganze Gebiet ist mit altertümlichen, in Felsen gegrabenen Höhlen und wunderbar verzierten Steintempeln übersät.

Noch weiter nördlich, in einem der entlegensten und ärmsten Distrikte Karnatakas, künden auf Anhöhen die Ruinen von Zitadellen und zerfallene Grabmäler am Wegesrand davon, dass sich hier einmal die umkämpfte Pufferzone zwischen dem moslemisch dominierten nördlichen Dekkan und dem dravidisch-hinduistischen Süden befand. In **Bijapur**, der Hauptstadt des Bahmani-Sultanats, jener muslimischen Dynastie, die schließlich den Zusammenbruch von Vijayanagar herbeiführte, ist die erlesenste Sammlung islamischer Architektur Südindiens zu sehen, darunter das gewaltige Mausoleum Golgumbaz.

Die erste Hauptstadt des Bahmani-Reiches, **Gulbarga**, in der sich eine berühmte Freitagsmoschee und eine Religionsschule befinden, hat einiges von ihrem früheren Glanz eingebüßt, doch das abgelegenere **Bidar**, wohin die Bahmani-Herrscher im 16. Jh. übersiedelten, lohnt unbedingt einen Abstecher auf dem Weg von oder nach Hyderabad. Seine Festungsmauern umschließen mosaikverzierte Moscheen im persischen Stil, Gräber und eine mächtige Festung, die Erinnerungen an Samarkand und die berühmte Seidenstraße wecken.

Geschichte

Wie ein Großteil Südindiens wurde auch Karnataka sukzessive von buddhistischen, hinduistischen und moslemischen Dynastien regiert. Auch der Jainismus hat seine Spuren hinterlassen: Der erste große Herrscher Indiens, **Chandragupta Maurya**, soll im 4. Jh. v. Chr. zum Jainismus übergetreten sein, dem Thron entsagt haben und sich in Sravanabelagola, heute eines der meistbesuchten Jain-Pilgerzentren des Landes, zu Tode gefastet haben.

Im ersten Jahrtausend n. Chr. wurde die gesamte Region von Machtkämpfen zwischen den verschiedenen Dynastien, die das westliche Dekkan kontrollierten, erschüttert. Vom 6. bis zum 8. Jh. umfasste das Chalukya-Königreich Maharashtra, die Konkan-Küste im Westen und das gesamte Karnataka. Den Osten der Region beherrschten etwa ab 870 bis ins 13. Jh. die Cholas, dann wurden die Dekkan-Fürstentümer von General Malik Kafur unterworfen, der zum Islam übergetreten war.

Um das Mittelalter herum hatten die moslemischen Vorstöße von Norden her die bis dahin untereinander verfeindeten und zersplitterten Hindustaaten zu einer Allianz gedrängt, aus der die mächtigen **Vijayanagars** als Oberherrscher hervorgingen. Ihre beeindruckende Hauptstadt Vijayanagar regierte ein Reich, das sich vom bengalischen Golf bis in das Arabische Meer und nach Süden bis Cape Comorin erstreckte.

Doch im Jahr 1565 triumphierte in der Schlacht von Talikota die militärische Stärke der Moslems. Die **Bahmanis** belagerten Vijayanagar, legten die Stadt in Schutt und Asche und plünderten die mit Reichtümern überladenen Paläste und Tempel.

Danach beherrschten eine Reihe moslemischer Sultanate nacheinander den Norden, während sich im Süden des Staates die unabhängigen **Wodeyar Rajas** von Mysore, deren Territorium vergleichsweise klein war, erfolgreich gegen die Marathas zur Wehr setzten. Doch 1761 bemächtigte sich der brillante moslemische Feldherr **Haider Ali** mit Unterstützung der Franzosen des Thrones. Sein Sohn **Tipu Sultan** verwandelte Mysore in eine wichtige Streitmacht des Südens, ehe er 1799 von den Briten während der **Schlacht von Srirangapatnam** getötet wurde.

Nach Tipus Tod setzten die Briten die Familie Wodeyar wieder auf den Thron, doch Aufstände im Jahr 1830 veranlassten sie dazu, eine Kommission zu bilden, die anstelle der Wodeyars regierte. 50 Jahre später ging der Thron wieder an die Wodeyars zurück. Sie blieben an der Macht, bis 1956 durch den Zusammenschluss der Staaten Mysore und Madras der Bundesstaat Karnataka entstand. Nach der Unabhängigkeit wurde die politische Szene weitgehend von der Kongress-Partei beherrscht, die ihre Vormachtstellung in den 90er-Jahren vorübergehend abgeben musste – zunächst an eine wiedervereinigte Janata Dal und später an die hindunationalistische BJP-Allianz. Bei den Wahlen im Frühjahr 2008 konnte sich die BJP erneut als stärkste politische Kraft behaupten.

Bengaluru (Bangalore) und Umgebung

Bengaluru (Bangalore), das politische Zentrum der Region, steht in krassem Gegensatz zum restlichen Karnataka und ist wohl die westeuropäischste Stadt Indiens. Als Indien unabhängig wurde, war das ehemalige Bangalore eine charmante, üppig-grüne „Gartenstadt" mit etwa 600 000 Einwohnern. Heute, nach einem zehn Jahre währenden Technologieboom, hat sich die Metropole in ein angesagtes, hektisches Businesszentrum und einen geschäftigen, von Abgasen verseuchten Moloch mit 8 Mill. Einwohnern verwandelt. Die Zeichen der Verwestlichung sind nicht zu übersehen: An fast jeder Ecke sprießen Starbucks-ähnliche Cafés der Kette Coffee Day aus dem Boden, es gibt einen schicken neuen Flughafen, und 2011 soll eine ultramoderne S-Bahn fertiggestellt werden. Immer mehr junge Leute in Designer-T-Shirts und Miniröcken, die ihr hart verdientes Geld ausgeben wollen, prägen das Bild in den Straßen.

Die wenigen Sehenswürdigkeiten der Stadt können sich nicht mit denen anderer Orte im Staat messen, und was Inder anlockt, ist für Besucher aus dem Westen weniger interessant. Dafür ist Bengaluru ein Verkehrsknotenpunkt mit sehr guten Flug- und Busverbindungen, und aufgrund der Lage der Stadt auf etwa 1000 m Höhe ist das Klima hier relativ mild. Die erstklassigen Einkaufsmöglichkeiten, Restaurants und Nightlife-Angebote machen Bengaluru außerdem zu einem lohnenswerten Ziel für Reisende, die sich vom anstrengenden Herumreisen in Südindien etwas erholen möchten.

Geschichte

Eine Steininschrift in der Nähe eines Tempels aus dem 10. Jh. im östlichen Teil der Stadt beschreibt eine Schlacht, die 890 an einem Ort namens Bengaval-uru (Ort der Wachen) ausgefochten wurde. Dies ist der älteste historische Hinweis auf die Stadt Bangalore, die 2006 in Bengaluru umbenannt wurde. 1537 erbaute **Magadi Kempe Gowda**, ein gläubiger Hindu und Feudalherr des Vijayanagar-Reiches, eine Lehmfestung, errichtete außerhalb des Dorfes vier Wachtürme und verkündete, die Siedlung werde eines Tages bis dorthin reichen. Die heutige Stadt geht natürlich weit über diese Grenzen hinaus. In der ersten Hälfte des 17. Jhs. fiel Bangalore an das moslemische Sultanat Bijapur, wechselte mehrmals den Besitzer und geriet schließlich unter den **Wodeyar-Rajas** von Mysore wieder unter hinduistische Herrschaft. 1758 wurde Chikka Krishnaraja Wodeyar II. von dem Moslemführer **Haider Ali** gestürzt, der hier Musketen, Geschosse und andere Waffen für seine berühmten Feldzüge gegen die Briten herstellen ließ. Unter seiner und der Herrschaft seines Sohnes **Tipu Sultan** wurde Bangalore erheblich vergrößert und durch eine Steinfestung besser geschützt.

1799 machten die Briten Bangalore nach ihrem Sieg über Tipu zu einer wichtigen Garnisonsstadt und beauftragten 1881 den Maharadscha von Mysore mit der Verwaltung der Stadt. Als der Bundesstaat Karnataka 1956 geschaffen wurde, ernannte man den damaligen Maharadscha zum Gouverneur und Bangalore zur Hauptstadt.

Lange nach der Unabhängigkeit Indiens zog es zahlreiche Politiker, Filmstars und Prominente in die Stadt, die hier Häuser kauften oder bauten. Die sogenannte „Garden City" lockte mit ihren vielen Parks und ruhigen Grünanlagen sowie Theatern, Kinos und einer lockeren Alkoholgesetzgebung. In den 1940er- und 50er-Jahren verlagerte die indische Regierung dann ihre Telekommunikations- und Militärforschung in die Gegend. Angelockt von einem schier unerschöpflichen Angebot an hoch qualifizierten, Englisch sprechenden Arbeitskräften, folgten ein paar Jahrzehnte später einige Computerfirmen aus Mumbai und lösten einen Riesenboom und ein explosionsartiges Wachstum der Stadt aus – die Wachstumsraten gehörten zu den höchsten in ganz Asien. Gleichzeitig wurden in die städtische Idylle gewaltige Schneisen geschlagen. In den 90er-Jahren entstanden im Stadtzentrum Wolkenkratzer, schicke Läden und Einkaufszentren. Da jedoch kaum in den Ausbau der städtischen Infrastruktur investiert wurde, hatte die Stadt schon bald unter den Folgen der massiven Zuwanderung, starker Umweltverschmutzung und Stromausfällen zu leiden. Diese chaotischen Zustände hatten zur Folge, dass sich mehrere multinationale Unternehmen entschlossen, ihren Sitz ins aufstrebende Technologiezentrum Hyderabad zu verlegen und Bangalore zeitweilig um seinen Ruf als Computer-Hauptstadt Indiens bangen musste. In den letzten Jahren hat sich die Metropole aber wieder erholt, dank eines rapiden Wachstums in der internationalen Telekommunikations- und Callcenter-Branche.

Heute droht in den breiten Straßen mehr denn je der Verkehrsinfarkt, und angesichts der Luftverschmutzung, der überlasteten Infrastruktur und des Mangels an Wasser und Strom fragen sich viele alteingesessene Bewohner Bengalurus, was aus ihrer geliebten „Garden City" bloß geworden ist.

Bengaluru

Das **Zentrum** des modernen Bengaluru liegt rund 4 km östlich des Kempe Gowda Circle, in dessen Umgebung sich der Bahnhof und der Busbahnhof befinden, entlang der **MG Road**. Hier liegen die meisten Unterkünfte mittlerer Preislage, Restaurants, Geschäfte, die Touristeninformation und Banken.

Der schattige **Cubbon Park** und seine eher langweiligen Museen liegen am Ostrand des Zentrums. Der älteste, „indischste" Teil der Stadt erstreckt sich vom Stadtbahnhof nach Süden, ein Wirrwarr verwinkelter Gassen, am belebtesten im Umkreis des **City** und **Gandhi Markets**.

Bengalurus Touristenattraktionen liegen ziemlich verstreut; Baudenmäler wie **Tipus Sommerpalast** und der **Bull Temple** befinden sich ein gutes Stück südlich der Innenstadt. Die meisten, wenn nicht sogar alle, lassen sich im Rahmen einer Halbtagestour (s. S. 1206) besuchen.

Cubbon Park und Museen

Im Herzen der Stadt, vom Westende der MG Road her zugänglich, liegt der grüne, von dichten Bambussträuchern beschattete **Cubbon Park**, dessen Eingang eine Statue Queen Victorias schmückt. An der Kasturba Rd, die am südöstlichen Parkrand verläuft, steht das nicht besonders gut instand gehaltene, mit dürftigen Erklärungen versehene **Government Museum**, das Vijayanagar-, Hoysala- und Chalukya-Skulpturen, Musikinstrumente, Thanjavur-Gemälde und Miniaturen aus dem Dekkan und aus Rajasthan beherbergt. ⏲ Di–So 10–17 Uhr, Eintritt Rs5.

Zu dem Museum gehört auch die **Venkatappa Art Gallery** gleich daneben, in der Landschaftsmalereien des 20. Jhs., Porträts, abstrakte Kunst, Holzskulpturen und manchmal eine zeitgenössische Ausstellung zu sehen sind.

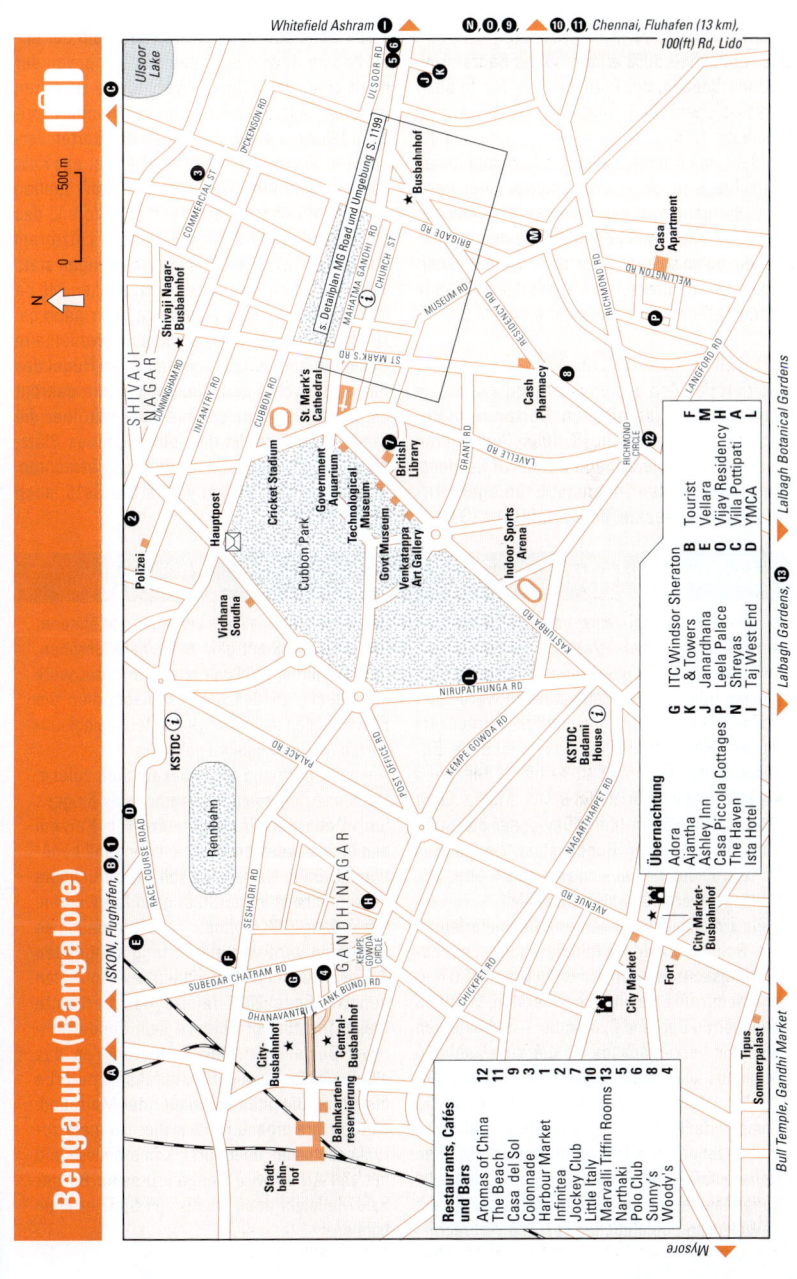

Bengaluru (Bangalore)

Restaurants, Cafés und Bars

- Aromas of China 12
- The Beach 11
- Casa del Sol 9
- Colonnade 3
- Harbour Market 1
- Infinitea 2
- Jockey Club 7
- Little Italy 10
- Maravalli Tiffin Rooms 13
- Narthaki 5
- Polo Club 6
- Sunny's 8
- Woody's 4

Übernachtung

- Adora G
- Ajantha K
- Ashley Inn J
- Casa Piccola Cottages P
- The Haven N
- Ista Hotel I
- ITC Windsor Sheraton & Towers
- Janardhana B
- Leela Palace E
- Shreyas O
- Taj West End D
- Tourist F
- Vellara M
- Vijay Residency H
- Villa Pottipati A
- YMCA L

Karnataka

www.stefan-loose.de/indien

Bengaluru 1197

Vidhana Soudha

Das weitläufige, 1956 erbaute **State Secretariat**, Vidhana Soudha, der nordwestlich des Cubbon Parks gelegene Regierungssitz, ist das größte staatliche Gebäude seiner Art in ganz Indien. Der damalige Premierminister K. Hanumanthaiah wünschte sich einen „Volkspalast", der nach dem Übergang von der Wodeyar-Dynastie zur Demokratie „die Macht und Würde des Volkes" widerspiegeln sollte. Theoretisch ist die Bauweise ganz und gar indisch, sie erinnert jedoch stark an den sogenannten indo-sarazenischen Stil.

Lalbagh Botanical Gardens

Inspiriert von den Gärten der Mogule und dem französischen botanischen Garten von Puducherry in Tamil Nadu (S. 1066), ließ Sultan Haider Ali 1760 die Lalbagh Botanical Gardens, 4 km südlich der Innenstadt, anlegen. Ursprünglich bedeckte der botanische Garten eine Fläche von 16 ha direkt außerhalb der unter Kempe Gowda errichteten Festung, von der noch einer der Original-Wachtürme zu sehen ist. Unter Alis Sohn Tipu, der zahlreiche exotische Pflanzen einführte, wurde der Garten vergrößert. 1856 ließen die Briten Gärtner aus Kew kommen und eine Tribüne für Militärkapellen sowie ein Gewächshaus nach dem Vorbild des Londoner Crystal Palace bauen. In Letzterem finden sehenswerte Blumenausstellungen statt. Tagsüber ist ein Besuch des inzwischen 240 ha großen Gartens sehr angenehm, aber nach ca. 18 Uhr treiben sich dort manchmal zweifelhafte Gestalten herum. Von dem zentralen Hügel des Parks, der von einem kleinen Schrein gekrönt ist, bietet sich eine schöne Aussicht über die Stadt. Außerdem ist dies ein hübsches Plätzchen, um den Sonnenuntergang zu betrachten. ⏰ tgl. 8–20 Uhr, Eintritt vor 18 Uhr Rs15, nach 18 Uhr Rs10.

Rückschläge in Bengaluru

In den vergangenen Jahrzehnten hat Bengaluru umwälzende soziale Veränderungen erlebt, vor allem dank der gewaltigen Zahl an Arbeitsplätzen, die von der Computer-Software- und Back-Office-Industrie geschaffen wurden. Im letzten Jahrzehnt des 20. Jhs. wuchs die Bevölkerungszahl um fast 40 % auf 5,7 Mill., und sie stößt momentan an die 8-Mill.-Marke. Ende 2007 stammte jeder fünfte Bewohner der Stadt aus einem anderen Bundesstaat. Bengalurus Softwareindustrie hat sich zu einem 8 Mrd. US-Dollar schweren Giganten entwickelt.

Viele Einheimische geben den Computerleuten die Schuld an den explodierenden Lebenshaltungskosten, der Umweltverschmutzung und dem Aufkommen einer liberalen, westlich orientierten Bar- und Diskokultur – und natürlich auch am Verkehrschaos, an den regelmäßigen Stromausfällen und dem jedes Jahr wiederkehrenden Wassermangel. Außerdem haben die Computerfachkräfte mit ihren höheren Gehältern und exzellenten Karriereaussichten am Heiratsmarkt klar die Nase vorn. In den vergangenen Jahren wurde diese Situation für die IT-Welt immer gefährlicher: Fast 700 Verbrechen wurden an Informatikern verübt, in den ärmeren Gebieten der Stadt gab es kleinere Unruhen, und im Februar 2008 wurde ein Terrornetzwerk aufgedeckt, zu dessen Anschlagszielen die Einrichtungen mehrerer großer Technologieunternehmen in Bengaluru gehörten.

Aber die Hoffnung stirbt bekanntlich zuletzt. Nach mehr als zwei Jahrzehnten des Ringens und Debattierens begannen vor Kurzem endlich die Arbeiten an einem dringend benötigten S-Bahn-Netz. Damit soll das berüchtigte Verkehrschaos in der Stadt gelindert werden. Der Anfang 2008 eröffnete neue internationale Flughafen wird von einer stetig steigenden Zahl von Geschäftsreisenden und Touristen genutzt. Ende 2008 feierte das berühmte Indian Institute of Science sein hundertjähriges Bestehen – eine Erinnerung an das akademische, weniger materialistische Erbe der Stadt. Die alten Bewohner der Metropole werden ihre urbane Idylle sicher nie mehr zurückbekommen, aber durch Kompromisse und mit viel Arbeit wird Bengaluru seine Bürger bald vielleicht doch wieder mit Stolz erfüllen können.

MG Road und Umgebung

Übernachtung		Restaurants und Bars					
Brindavan	A	Amaravati & Seashell	12	Guzzlers Inn	11	Pecos	10
Empire International	B	Barista	2	Hard Rock Café	5	The Pub World	13
Shangrila	C	Coco Grove	6	Indian Coffee House	3	Taka	7
		Coconut Grove	6	Kaati Zone	8	Ulla's	4
		Couch	1	Koshy's	9	13th Floor	2
		Fuga	14				

Jama Masjid und Tipus Sommerpalast

Unmittelbar südöstlich des City Market erhebt sich die märchenhafte, weiß getünchte riesige Jama Masjid (Freitagsmoschee), die auch heute noch als Gotteshaus dient. Ganz in der Nähe steht Tipus Sommerpalast, ein zweistökkiges, größtenteils hölzernes Bauwerk aus dem Jahr 1791. Der Palast ähnelt dem Daria Daulat Bagh in Srirangapatnam (S. 1219), befindet sich aber in einem viel schlechteren Zustand; die meisten Wandgemälde sind verschwunden. ⏱ tgl. 9–17 Uhr, Eintritt US$2. Der Venkataramanaswamy-Tempel nebenan stammt aus dem frühen 18. Jh. und wurde von den Wodeyar-Rajas erbaut. Der *gopura* wurde 1978 errichtet.

Bull Temple

Rund 6 km südlich des städtischen Busbahnhofes, im Viertel Basavanagudi, steht Kempe Gowdas Stier-Tempel aus dem 16. Jh. Er beherbergt einen gewaltigen Nandi-Monolithen, dessen grauer Granitstein mit Kohle und Öl geschwärzt wurde. Zum Tempel führt ein langer, mit Bettlern und Schlangenbeschwörern gesäumter Pfad. Im Inneren kann man dem Priester für ein paar Rupien eine Kette aus duftenden Jasminblüten abkaufen. ⏱ auch für Nicht-Hindus tgl. 7.30–13.30 und 14.30–20.30 Uhr. Zu erreichen mit Bus Nr. 34 oder 37.

ISKCON-Tempel

Der neue ISKCON (International Society of Krishna Consciousness)-Tempel **Sri Radha Krishna Mandir** – eine Mischung aus ultramodernem Glasbau und altertümlicher südindischer Tempelarchitektur –, Hare Krishna Hill, Chord Rd, 8 km nördlich der Innenstadt, bietet mit seiner goldenen Kuppel einen beeindruckenden Anblick. Sperren zwingen den Besucher, ohne Umkehrmöglichkeit durch den riesigen, bestens organisierten Komplex ins innerste Heiligtum durchzumarschieren, wo sich Statuen des Gottes Krishna und seiner Gefährtin Radha befinden. Überall wird um Spenden gebeten, und der Weg nach draußen ist der reinste Kaufladen – Zeichen der äußerst erfolgreichen Kommerzialisierung der Organisation. ⏲ tgl. 7–13 und 16–20.30 Uhr. Am Stadtbusbahnhof und am Busbahnhof Shivaji Nagar fahren in regelmäßigen Abständen Busse zum Tempel ab.

Übernachtung

Wegen der großen Zahl von Geschäftsreisenden gibt es in Bengaluru ein breites Angebot an exklusiveren Hotels und Apartments mit Service. Daneben sind aber auch preiswerte Unterkünfte im Angebot. Diese konzentrieren sich um den zentralen Busbahnhof und den Stadtbahnhof. Die besseren der hiesigen Unterkünfte findet man im Osten, in der Umgebung der Dhanavanthri (Tank Bund) Rd und der parallel zu dieser verlaufenden Subedar Chatram Rd.

Beim Stadtbahnhof und Central-Busbahnhof

Hotel Adora, 47 SC Rd, ☎ 080-2287 2280. Hervorragende Budget-Unterkunft über einem sehr guten vegetarisches Restaurant mit südindischer Küche. Einfache, aber saubere und relativ geräumige Zimmer; beliebt bei Backpackern. ❷–❸

Tourist, Ananda Rao Circle, ☎ 080-2226 2381-8. Vom Bahnhof entfernt und gut zu Fuß erreichbar. Eine der besten Budget-Unterkünfte von Bengaluru, kleine Zimmer, lange Veranden, freundliche Familienleitung. Keine Reservierung möglich und schnell ausgebucht. ❷

Vijay Residency, 18 3rd Cross, Main Rd, in unmittelbarer Bahnhofsnähe, ☎ 080-2220 3024, 🖥 www.vijayresidency.net. Schickes und komfortables Hotel der Kette Comfort Inn mit zentraler Klimaanlage, Geldwechselschalter und gutem Restaurant, jedoch leicht überteuert. ❼–❽

Racecourse und Cubbon Park

ITC Windsor Sheraton & Towers, 25 Golf Course Rd, ☎ 080-2226 9898, 🖥 www.sheraton.com. Der luxuriöse Pseudo-Palast der Kette Starwood richtet sich in erster Linie an Geschäftsleute aus Übersee (ab US$270). Internetzugang, Fitnessclub, Jacuzzi und Pool. Gutes Restaurant und ein beliebter irischer Pub. ❾

Janardhana, Kumara Krupa Rd, ☎ 080-2225 4444, ✆ 225 8708. Saubere, geräumige Zimmer mit Bad und Balkon. Weit ab vom städtischen Chaos und den Preis wert. ❸–❺

Taj West End, Race Course Rd, ☎ 080-2225 5055, 🖥 www.tajhotels.com. Dieses Hotel mit traumhafter, neu gestalteter Gartenanlage und langen Arkadengängen begann sein Dasein 1887 als britische Pension. Am meisten Charakter hat der alte Flügel, der über breite Veranden mit schönen Ausblicken auf die weitläufige Anlage verfügt. Ab US$300 pro Nacht. ❾

Villa Pottipati, 142 4th Main, 8th Cross, Malleswaram, ☎ 080-2336 0777, 🖥 www.neemranahotels.com. Ein verträumtes Heritage-Hotel im Nordwesten der Stadt, umgeben von einem Garten voller Jakaranda-Bäume und blühender Sträucher. Zimmer mit altmodischem Charme, säulengesäumten Veranden, tiefen Badewannen und direktem Zugang zu einem Pool. Das Hotel gehört zur wunderbaren Neemrana-Kette; beim Service ist also höchste Qualität garantiert. Außerdem werden Gourmet-Mahlzeiten serviert, zubereitet von einem französischen Koch aus Puducherry. ❽

YMCA, Nirupathunga Rd, Cubbon Park, auf halbem Weg zwischen dem Central-Busbahnhof und der MG Rd, ☎ 080-2221 1848. Eine der besten Budget-Unterkünfte der Stadt, mit großen, hellen Zimmern und einer tollen Lage in der Nähe des Parks. Billigere Schlafsaalbetten (Rs150) sind auch erhältlich. Oft ausgebucht, deshalb vorher anrufen. ❸

Umgebung der MG Road

Ajantha, 22-A MG Rd, ☎ 080-2558 4321, ✆ 2558 4780 (s. Karte S. 1197). Einfache, überdurchschnittlich große Zimmer mit Bad. Auch einige geräumige 3-Zimmer-Cottages. Am Ende einer ruhigen Gasse, in der Nähe von Geschäften, oft voll. Vegetarisches Restaurant, Internet, Bäckerei, Reiseagentur und kleiner

Laden auf dem Gelände. Die beste Wahl in dieser Gegend. ❸–❺

Ashley Inn, Nähe MG Rd, neben dem Ajantha (s. Karte S. 1197), ☎ 80-4123 3415. Charmantes Guesthouse, mit hellen, farbenfrohen Zimmern. Frühstück inbegriffen, WLAN. ❻–❽

Brindavan, 40 MG Rd, ☎ 080-558 4000. Zumeist ruhige Zimmer etwas abseits der Hauptstraße, verdientermaßen sehr beliebt bei Rucksackreisenden. Reservierung empfohlen! ❸–❺

Empire International, 36 Church St, ☎ 080-2559 3743, 🖳 www.hotelempireinternational.com. Sehr komfortable Zimmer mit moderner Einrichtung und guter Ausstattung in einem eleganten neuen Hotel. Beliebtes Restaurant. ❻–❼

Hotel Empire, Schwesterhotel des Empire International ein paar Blocks nördlich der MG Rd: ähnlich, aber weniger elegant. ❹–❺

Hotel Vellara, 283 Brigade Rd, gegenüber Brigade Towers, ☎ 080-2536 9116. Kein schlechter Deal für diese Gegend: saubere, recht geräumige Zimmer, alle mit AC und TV. Die „Luxus"-Zimmer im Obergeschoss sind größer und bieten weite Ausblicke auf die Stadt. Wenn das Vellara voll ist: Das **Palms Residency** nebenan hat ähnliche Preise, 🖳 www.palmsresidency.com, ☎ 080-2554 7807. ❹–❼

Ista Hotel, 1/1 Sami Vivekananda Rd, ☎ 080-2555 888, 🖳 www.istahotels.com. Fantastisches neues superluxuriöses Hotel mit großzügiger Safari-Bar, Pool, Whirlpool und Fitnessstudio. Eine Oase abseits der lauten MG Rd! Es gibt geräumige Zimmer mit neuester Ausstattung, einige mit tollen Ausblicken auf den Ulsoor Lake und Marmorbädern, außerdem Suiten mit großen Gartenbalkonen. Das tropische Terrassenrestaurant Lido, ⏱ 6–2 Uhr, ist ein tolles Plätzchen zum Schlemmen am frühen Morgen oder nach Mitternacht – tolle Pfannkuchen! Zimmer ab US$360. ❾

Shangrila, 182 Brigade Rd, ☎ 080-5112 1622. Gastfreundliche Lodge unter tibetischer Leitung mitten im Zentrum. Gemütliche Standardzimmer zu sehr vernünftigen Preisen. ❹–❻

Andere Stadtgebiete

Casa Piccola Cottages No. 2, Clapham St, Nähe Richmond Rd, ☎ 080-2227 0754, 🖳 www.casapiccola.com. Ruhige Cottages in einer schönen Anlage etwa 1 km südlich der MG Rd. Die Cottages und Apartments sind sehr geräumig, komfortabel und gut eingerichtet. Ein hervorragendes Frühstück ist inklusive, WLAN ist vorhanden. Eine Ausweichmöglichkeit sind die Casa Piccola Apartments um die Ecke mit ähnlichen Preisen (A-002 Wellington Park in der Wellington St). ❼

Leela Palace, 23 Airport Rd, ☎ 080-2521 1234, 🖳 www.theleela.com. Riesiges palastartiges Luxushotel mit goldenen Kuppeln auf einem 3,6 ha großen, begrünten Gelände 5 km südöstlich des Zentrums. Wellness-Center, 256 riesige, schön ausgestattete Zimmer – die meisten mit Blick auf die Gartenanlage (ab US$400). Der Royal Club bietet köstlichen französischen Käse, Trüffel, Havanna-Zigarren und perfekt gereifte Scotch-Whiskys. ❾

Shreyas Santoshima Farm, Nelamangala, ☎ 080-2773 7102, 🖳 www.shreyasretreat.com. Schicke indische Wellness-Anlage etwa 35 km nordwestlich des Zentrums und 20 km vom neuen Flughafen. Das Ganze ist eine tolle Kombination aus Natur und Hightech. Ayurveda-Anwendungen und Yoga-Kurse inmitten von

> ### Der Name ist Programm
>
> **The Haven**, 148 2nd Cross, Domlur 2nd Stage, Indiranagar, ☎ 080-2535 2020, 🖳 www.aranhahomes.com. Der Name dieser kleinen Unterkunft ist sehr treffend. Sie liegt inmitten von Tempeln, Villen und schattigen Gärten an einer ruhigen Seitenstraße in der Nähe der angesagten 100 Feet Rd. Eines von mehreren exzellenten Boutique-Guesthouses von Aranha Homes mit geräumigen, gut ausgestatteten Zimmern mit AC, Kabel-TV, kostenlosem WLAN und einem tollem Service. ❺–❽

Gemüse- und Kräuterbeeten. Nur über das superschnelle WLAN auf dem gesamten 10 ha großen Areal können die Probleme der modernen Welt eindringen. Acht Luxuszelte, kein TV, kein Alkohol und nur 14 Zimmer (ab US$480), also weit im Voraus buchen. ❾

Essen

In Bengaluru könnte man die meiste Zeit nur mit Schlemmen verbringen. Sehenswürdigkeiten sind hier dünn gesät, dafür gibt es aber an jeder Ecke ein interessantes Café oder Restaurant. Eine solche gastronomische Vielfalt ist nirgendwo sonst in Südindien zu finden.
In der Umgebung der **MG Rd** drängen sich Pizzerias, einladende Eisdielen und französische Gourmetrestaurants neben Regionalküchen aus Andhra Pradesh und Kerala, *chaat*-Cafés nach Mumbai-Vorbild und Snackbars, in denen *thalis* schon ab Rs30 als „executive mini-lunches" gepriesen werden. Falls nicht anders angegeben, sind die nachfolgend aufgeführten Lokale in der Karte auf S. 1197 verzeichnet.

Aromas of China, G3–4 Shiva Shankar Plaza, 19 Lalbagh Rd, Richmond Circle (Karte S. 1197). Eines der besten chinesischen Restaurants der Stadt. Auf der Speisekarte stehen Dim Sum, Ente und Haifischflossensuppe sowie qualitativ überdurchschnittliche Varianten aller bekannten Gerichte. Hauptgerichte für etwa Rs150–300.

Barista, unten vor dem Ivory Tower, MG Rd, versteckt eine nette, große Terrasse hinter einer Reihe von Blumenkübeln. Gute Kaffees und Tees, Sandwiches, Gebackenes, köstliche Milchshakes.

Casa del Sol, 3rd floor, Devatha Plaza, 131 Residency Rd (Karte S. 1197). Chefkoch Bakshi ist das Genie in der Küche. Das Mittagsbuffet für Rs200 ist jede Paisa wert. Sonntags gibt es einen festlichen Brunch mit unbegrenzten Getränken. Auch ein abendlicher Cocktail auf der kühlen, gemütlichen Terrasse ist ein echtes Highlight.

Coconut Grove, Church St. Hervorragende Gourmetgerichte aus Kerala, Chettinad und Coorg zu annehmbaren Preisen: vegetarische, aber auch Fisch- und Fleischgerichte, serviert in kupfernen *thalis* auf einer schattigen Terrasse. Großes Angebot an Seafood-Gerichten.

Harbour Market, 37 Crescent Rd, im Hotel 37th Crescent, Nähe Race Course Rd (Karte S. 1197), ✆ 080-4113 6262. Schickes elegantes Restaurant mit exzellentem Angebot an Seafood-Gerichten aus Goa, Kerala und Mangalore sowie Pasta und japanischem Essen. Besonders zu empfehlen sind die gebratenen Garnelen. Reservierung empfohlen.

Indian Coffee House, MG Rd. Dieses schnörkellose Lokal, dessen Kellner Turban tragen, ist eine Institution aus der Zeit des britischen Raj. Es gibt schmackhafte kleine Speisen (Rs20–70) und guten Filterkaffee (Rs8). Hier hat sich seit der Unabhängigkeit nichts verändert. Das Obergeschoss ist geräumiger und weniger hektisch. Tolles Frühstück, z. B. mit perfekt schaumigen Rühreiern.

Infinitea, Cunningham Rd (Karte S. 1197). Hier gibt's alle nur erdenklichen Teesorten (Rs60–90). Das moderne und relaxte Infinitea ist besonders bei Studenten beliebt und den ganzen Tag geöffnet. Verschiedene Snacks und asiatische Speisen.

Kaati Zone, Church St. Dieser Laden ist geschäftig, sauber und billig. Die *kaati*-Rollen (Rs40–60) sind hier fast so gut wie in Kalkutta.

Koshy's, St. Mark's Rd, Ecke Church St. Geräumiges, altmodisches Café, das besonders auch bei jüngerem Publikum beliebt ist. Es ist der beste Treffpunkt der Stadt und serviert seit über 80 Jahren köstliche indische Spezialitäten und erfrischendes Bier.

Little Italy, 1135 100 Feet Rd, Indiranagar (Karte S. 1197), ✆ 080-2528 9126. Fantastisches italienisches Essen auf der bambusgesäumten Terrasse oder in einem eleganten Speisesaal. Besonders gute Risottos und Nudelgerichte auf Tomatenbasis. Große Weinkarte.

Marvalli Tiffin Rooms, Lalbagh Rd (Karte S. 1197). Erstklassiges südindisches Essen im Cafeteria-Stil in einem alternden, schnörkellosen Lokal. In die Jahre gekommene Kellner in weißen *lunghis* und gestreiften Hemden servieren den zahlreichen Einheimischen an den Gemeinschaftstischen 12-teilige *thalis*. Wer es den Indern gleichtun möchte, gönnt sich nach dem Dessert ein kühlendes *paan*.

> ### Warten lohnt
>
> **Amaravati**, Residency Rd Cross, MG Rd. Ausgezeichnete Andhra-Küche, *thalis* („meals") auf Bananenblättern, außerdem Spezialitäten wie Biryanis und gegrillter Fisch. Um die Mittagszeit hektisch, aber das Warten lohnt sich.

Narthaki, unweit der Subedar Chatram Rd (Karte S. 1197). Bestes Restaurant in Bahnhofs-/Busbahnhofsnähe; unten gibt es Sättigendes, oben eine gute Auswahl an indischen und chinesischen Gerichten. Hervorragendes *chicken chilli*.

Seashell, 44/4 Residency Cross Rd, neben dem Amaravati. Köstliche Seafood-Spezialitäten aus Mangalore sowie nordindische Küche im eleganten Restaurant unten und der lockereren und geräumigeren Bar oben.

Sunny's, 34 Vittal Mallya Rd (Karte S. 1197), ✆ 080-2224 3642. Elegantes, aber relaxtes Restaurant mit schattiger Terrasse. Äußerst frische, gut verarbeitete Zutaten kommen an leckere westliche Spezialitäten wie Grillhühnchen. Das Ganze wäre auch in Los Angeles nicht fehl am Platz und ist besonders bei westlichen Ausländern beliebt. Recht teuer.

Ullas, über dem Kino, MG Rd. Hervorragendes, rein vegetarisches Restaurant mit Terrasse. Mittags sehr gute thalis (Rs30–90) und eine breite Auswahl an Currys (etwa Rs50).

Woody's, Commercial St (Karte S. 1197). Sehr beliebtes vegetarisches Restaurant im Cafeteria-Stil, ideal für eine Pause vom Shoppen. Der Laden bietet eine riesige, hauptsächlich südindische Karte. Er ist aber vor allem bekannt für seine Eisbecher, Milchshakes und Pralinen.

Unterhaltung

Die gebildeten jungen Leute der Stadt haben viel Geld in den Taschen, und deshalb gibt es in Bengaluru ein Nachtleben, das sich sehen lassen kann. Ein nächtlicher Streifzug beginnt normalerweise mit einem Kneipenzug in der Brigade Rd, Residency Rd oder Church St (s. Karte S. 1197), wo jede Menge flotte Pubs auf Kundschaft warten. Alkohol ist hier nicht so verpönt wie andernorts in Indien; man kann sogar junge indische Frauen beim Biertrinken in fröhlicher Runde sehen. Zu beachten ist allerdings, dass die meisten Clubs nur Paare einlassen. Gedämpfter und eleganter geht es in den Bars der Luxushotels wie dem **Jockey Club** im Taj Residency oder dem **Polo Club** im Oberoi zu, und wer Kolonialatmosphäre schnuppern möchte, begibt sich ins **Colonnade** im Taj West End.

Bengaluru ist eine große **Kino**-Stadt mit einer blühenden Filmindustrie und Dutzenden Filmtheatern, in denen die jüngsten in- und ausländischen Produktionen gezeigt werden. Das Kinoprogramm findet man z. B. im *Deccan Herald*. Das majestätisch und etwas baufällige Kino Elgin Talkies in der Agsar Rd in Shivajinagar ist eine örtliche Institution, in der immer noch Filme gezeigt werden, und auch die einfacheren, aber trotzdem lebendigen Kinos Majestic und Triveni am **Kempe Gowda Circle** bieten viel indische Kinoatmosphäre. Der Besuch eines Filmstudios lässt sich nach telefonischer Anfrage (✆ 080-2226 8642) beim Chamundeshwari Studio arrangieren.

Pubs und Clubs

The Beach, 1211 100 Feet Rd, Indiranagar, ✆ 080-4126 1114. Am Wochenende kann die Musik hier etwas laut sein, dafür entschädigen aber fachkundig gemixte Mojitos und der Sand unter den Füßen.

Coco Grove, Church St. Gartenterrasse an der Straße, gut zum Leutebeobachten bei einem Bier oder Cocktail.

Couch, 1st floor, SAI Complex, westliches Ende der MG Rd. Coole, riesige Lounge auf zwei Etagen mit Steinböden und stilvollem Retromobiliar, das aber etwas fehl am Platze wirkt. In einer der Sitznischen an den Fenstern zur Straße kann man bei einem gut gemixten Cocktail wunderbar das vorbeiziehende Leben beobachten. Internationale Küche; ⏰ tgl. 11–23 Uhr.

Fuga, 1 Castle St, am Südende der Brigade Rd. Eine glänzende Marmortheke, schwarz-weiße Lederbänke, bekannte Gast-DJs und

Absinth machen Fuga zu Bengalurus schickstem Club.

Guzzlers Inn, 48 Rest House Rd, Nähe Brigade Rd. Recht gute indische Version eines englischen Pubs mit MTV, Star Sport, Billard und gutem Bier vom Fass.

Pecos, Rest House Rd, abseits der Brigade Rd. Mit ihren feuchten Räumen auf drei Etagen voller Rockposter und altem Holz macht diese Kneipe einen wunderbar spelunkigen Eindruck. Die Musik kann schon mal etwas lauter sein, das Bier ist billig, und das indische Essen ist auch nicht schlecht.

The Pub World, gegenüber dem Kino Galaxy, Residency Rd. Stilvoller Pub mit vielen Fernsehern und intimen Sitznischen. Beliebt bei den Yuppies der Stadt.

Taika, 206–209 The Pavilion, 62 MG Road. Geräumiger und etwas verlebter Club im obersten Stockwerk. Unter Studenten gehört er zu den beliebtesten Clubs. Es gibt einen großen, lauten Tanzsaal und eine relaxte Lounge mit Sofas.

13th Floor, 13th floor, Ivory Tower, MG Road. Von der Bar aus lässt sich das chaotische Treiben der Stadt mit einem Cocktail in der Hand aus der Vogelperspektive genießen – sehr stilvoll und weltstädtisch! Es gibt tolle Ausblicke auf die Stadt besonders bei Sonnenuntergang und ein cooles postmodernes Dekor. Dieser Laden ist ein echtes Highlight. Man muss aber früh da sein, da die Bar sich schnell füllt.

Aus Alt mach Neu

Hard Rock Café, 40 St an der Mark's Rd, Ecke Church St, ☏ 080-4124 2222. Nach ihrer Eröffnung Anfang 2008 entwickelte sich diese wunderschöne Kneipe mit mehreren Räumen in einem alten steinernen Bibliotheksgebäude schnell zum Mittelpunkt des Nachtlebens von Bengaluru und zur besten Kneipe der Stadt. Die hohen Gewölbedecken, grauen Steinwände und dezent gesetzten Einrichtungsakzente sorgen für eine attraktive Mischung aus Alt und Neu. Zu essen gibt es z. B. gute Grillgerichte.

Einkaufen

Cauvery Arts and Crafts Emporium, MG Rd, Ecke Brigade Rd. Der staatliche Laden bietet Spielzeug und andere Artikel aus Holz, sehr feine Sandelholzskulpturen, schöne Rosenholz-Kaffeetischchen und Hunderte andere Geschenkartikel.

Die 1 km lange **100 Feet Rd** in Indiranagar ist die Einkaufsmeile für die Jungen und Schönen der Stadt.

Bücher

Entlang der MG Rd und der Church St gibt es ein halbes Dutzend recht guter Buchläden, an Letzterer außerdem zwei gute Zeitschriftenstände.

Crossword, ACR Towers, 32 Residency Rd, hinter dem Autohändler. Riesige moderne Buchhandlung auf zwei Etagen. Sie bietet alle Neuerscheinungen sowie CDs, DVDs, Zeitschriften und ein Café der Kette Coffee Day.

Motilal Banarsidas, 16 St. Mark's Rd, nahe der Kreuzung mit der MG Rd. Der Laden des gleichnamigen, renommierten Verlagshauses, bietet eine große Anzahl anspruchsvoller Werke über Indien und philosophische Literatur.

Musikgeschäfte

Die besten Geschäfte im Zentrum für indische, westliche und Weltmusik sind:

Music World, Brigade Rd,
Planet M, ebenfalls Brigade Rd,
Rhythms, 14 St Mark's Rd, unter dem Hotel Nahar Heritage.

Sonstiges

Apotheken

Al-Siddique Pharma Centre, gegenüber der Jama Masjid nahe dem City Market, und **Janata Bazaar**, im Victoria Hospital, nahe dem City Market, haben rund um die Uhr geöffnet.

Autovermietungen

Avis, im Oberoi Hotel, 37–39 MG Rd, ☏ 080-2558 5858, 🖥 www.avis.com, und **Hertz**, Unit 12 Raheja Plaza, 17 Commissariat Rd, ☏ 080-2559 9408, 🖥 www.hertz.com, haben beide auch Filialen am Flughafen.

Wagen mit Fahrer für größere Entfernungen und individuell zugeschnittene Ausflugsfahrten bieten:
Gullivers Tours & Travels, South Black 201/202 Manipal Centre, 47 Dickenson Rd, ✆ 080-2558 8001, **Clipper Holidays**, 406 Regency Enclave, 4 Magrath Rd, ✆ 080-2559 9032, und jedes KSTDC-Büro sowie der ITDC-Schalter im Bahnhof.

Fotoausrüstung
Adlabs, Mission Rd, Subbaiah Circle, verkauft Filme.
GG Welling, 113 MG Rd und GK Vale, 89 MG Rd, hat auch Polaroidfilme.

Geld
Thomas Cook, 55 MG Rd, Ecke Brigade Rd. Zuverlässiger Ort zum Geldwechseln, doch wenn die Warteschlange zu lang ist, begibt man sich besser zum genauso effizienten und weniger überlaufenen **Weizmann Forex Ltd**, 56 Residency Rd, nahe der Brigade Rd und **Wall Street Finances**, 3 House of Lords, 13/14 St. Mark's Rd. ⏲ alle Mo–Sa 9.30–18 Uhr. Bessere Kurse bieten die Banken, von denen die State Bank of Mysore in der MG Rd am günstigsten liegt. Es gibt immer mehr Geldautomaten in der ganzen Stadt, besonders in der Umgebung der MG Rd.

Informationen
India Tourism Office, KSFC Building, 48 Church St (parallel zur MG Rd zwischen Brigade Rd und St. Mark's Rd), ✆ 080-2558 5417, 🖳 www.incredibleindia.org. Hervorragende Touristeninformation mit Infos über Bengaluru, Karnataka und die Nachbarstaaten. Man bekommt einen kostenlosen Stadtplan, und die Angestellten beraten bei der Planung von Ausflügen. ⏲ Mo–Fr 9.30 –18, Sa 9–13 Uhr. Abgesehen von ihren Schaltern im Stadtbahnhof und Flughafen, unterhält die **Karnataka State Tourist Development Corporation mit** zwei Büros in der Stadt: eines im Badami House, NR Square, ✆ 080-2227 5883, ⏲ tgl. 6.30–22 Uhr, wo man Ausflüge buchen kann, und das Zentralbüro im Khanija Bhavan, 2nd Floor, Race Course Road, ✆ 080-2235 2901–3, 🖳 www.kstdc.nic.in, ⏲ Mo–Sa 10–17.30 Uhr, 2. Sa im Monat geschlossen. Die Organisation teilt ihre schicken neuen Büros mit **Karnataka Tourism**, das keine persönlichen Auskünfte erteilt, aber über eine ordentliche Website verfügt: 🖳 www.karnatakatourism.com.
Aktuelle Veranstaltungshinweise enthält das durch Anzeigen finanzierte kostenlose Magazin *City Info*, 🖳 www.explocity. com, das alle zwei Wochen erscheint und in den meisten Hotels und Touristeninformationen ausliegt.
Wer plant, einen der **Nationalparks** von Karnataka zu besuchen, wendet sich telefonisch ans **Wildlife Office**, Forest Department, Aranya Bhavan, Malleswaram, ✆ 080-2334 1993, oder besser noch an:
Jungle Lodges & Resorts, Floor 2, Shrungar Shopping Centre, Nähe MG Road, ✆ 080-2559 7021, 🖳 www.junglelodges.com. Die halbstaatliche Organisation hat sich dem Ökotourismus verschrieben und vermittelt Übernachtungsmöglichkeiten in exklusiven Forest Lodges, darunter auch die viel gelobte Kabini River Lodge (S. 1223) bei Nagarhole.

Internet
Bei der letzten Zählung verfügte Bengaluru über die beachtliche Zahl von 700 Internet-Lokalen, die im Allgemeinen Rs10–30/Std. verlangen und vielfach rund um die Uhr geöffnet sind. Einige Internet-Lokale verfügen auch über **Net2Phone**-Einrichtungen, z. B. das vor dem **Hotel Brindavan**, nahe MG Rd.
Cyber Café, 13–15 Brigade Rd, zählt zu den beliebtesten Internet-Cafés.

Kulturinstitute
British Council Library, 23 Kasturba Rd Cross, ✆ 080-2221 3485, hat englische Zeitungen und Zeitschriften, die Besucher im klimatisierten Lesesaal durchblättern können, ⏲ Mo–Sa 10.30–18.30 Uhr.
Das **Goethe-Institut**, Max Mueller Bhavan, 716 CMH Rd, ✆ 080-2520 5305, ✆ 2520 5309, ✉ info@bangalore.goethe.org, mit Medienzentrum und Café organisiert auch Ausstellungen. ⏲ Mo–Fr 9–17.30 Uhr, Café

⏱ Di–Sa 9–22, So 12–16 Uhr.

Medizinische Hilfe
Victoria Hospital, nahe dem City Market, ☎ 080-2670 1150;
Sindhi Charitable Hospital, 3rd Main St, S R Nagar, ☎ 080-2223 7318.
Dr. Suresh Nao, ☎ 09845 021614. Allgemeinmediziner im Zentrum von Bengaluru, der Behandlungen oder Krankenhäuser empfehlen kann.

Polizei
☎ 100

Post
Raj Bhavan Rd, Ecke Cubbon St, am Nordausläufer des Cubbon Park, ca. zehn Gehminuten von der MG Rd, ⏱ Mo–Sa 10–19, So 10.30–13.30 Uhr.

Reisebüros
Gullivers Tours & Travels, South Black 201–202 Manipal Centre, Dickenson Rd (etwas nördlich der MG Rd), ☎ 080-2558 8001.
Sahara Global, Unit G2, 35 Church St, neben Hotel Empire International, ☎ 080-6535 0001.
Via, MG Rd, neben Hotel Brindavan.

Schwimmen
Einen Hotelpool, der auch Nicht-Gästen zugänglich ist, hat nur das **Taj West End** (Rs500, inkl. Benutzung von Sauna, Jacuzzi und Fitnessclub).

Touren
Die **KSTDC** bietet von Bengaluru aus eine Reihe von Touren an. Sie werden sehr zügig durchgeführt und sind in erster Linie für Besucher mit wenig Zeit von Interesse. Die 2x tgl. stattfindende City Tour (7.30–13.30 oder 14–19.30 Uhr, Rs105) umfasst das Museum, Vidhana Soudha, Ulsoor Lake, Lalbagh Gardens, den Bull Temple und Tipus Sommerpalast, den Abschluss bildet ein langer Stopp im staatlichen Kunstgewerbeladen.
Die **New Bangalore Tour** (Mi–So 7.15–20 Uhr, Rs185) führt zu den „sieben neuen Wundern" der Stadt, darunter ISKCON-Tempel, Planetarium und Musikbrunnen. **Längere Ausflüge** sind z. B. die Tagestour nach Srirangapatnam und Mysore und die Tour nach Belur/Halebid/Sravanabelagola. Diese sind jedoch nur zu empfehlen, wenn es einem nichts ausmacht, mindestens 8 Std. im Bus zu sitzen.

Nahverkehr
Busse
Im Zentrum von Bengalurus ausgedehntem Busnetz steht der **City-Busbahnhof** (alias Kempe Gowda Bus Stand), ☎ 080-222 2542, in der Nähe des Bahnhofs. Die meisten am Bussteig 17 abfahrenden Busse kommen an der MG Rd vorbei.
Neben den regulären Bussen betreibt die Gesellschaft auf mehreren festgelegten Strecken auch bequemere Expressbusse, sogenannte **Pushpak** (der Bus mit der Aufschrift P109 fährt bis zum Whitefield Ashram) und ein paar Nachtbusse.
Weitere wichtige lokale Busbahnhöfe sind der **City Market-Busbahnhof**, ☎ 080-670 2177, südlich des Bahnhofs und der **Busbahnhof Shivaji Nagar**, ☎ 080-286 5332, nördlich des Cubbon Park – der hier abfahrende Bus Nr. P2 Jayanagar ist sehr praktisch für einen Besuch der Lalbagh Botanical Gardens.

Motor-Rikschas
Bis im Jahr 2011 die S-Bahn fertig ist, bewegt man sich in Bengaluru am einfachsten mit einer mit Taxameter versehenen Motor-Rikscha; der Preis beträgt Rs10 für den ersten Kilometer und Rs5 für jeden weiteren. Die meisten Taxameter funktionieren tatsächlich und werden normalerweise auch ohne große Debatte eingeschaltet. Manchmal wird jedoch ein Pauschalpreis verlangt, insbesondere während der Rushhour.

Taxis/Wagen mit Chauffeur
Einen Wagen mit Fahrer oder ein Taxi kann man u. a. über folgende Agenturen buchen:
Cab Service, Sabari Complex, 24 Residency Rd, ☎ 080-2558 6121,
Dial-a-Car, ☎ 080-2526 1737,
✉ dialacar@hotmail.com, 24-Std.-Service.

Die Preise liegen normalerweise bei ca. Rs150 pro Std., Rs400 für 4 Std. (inkl. 40 km) und Rs550 für 8 Std. (inkl. 80 km); jeder weitere Kilometer kostet rund Rs5.

Transport

Bengaluru ist der wichtigste Verkehrsknotenpunkt Südindiens. Dank effizienter Computerbuchungen gestaltet sich die Weiterfahrt relativ unproblematisch, doch sollte man sich nie darauf verlassen, noch in letzter Minute ein Ticket zu bekommen, sondern so lange wie möglich im Voraus buchen. Der moderne neue Flughafen von Bengaluru ist der verkehrsreichste Südindiens. Es gibt täglich mehr als ein Dutzend Flüge nach Mumbai, Chennai und Hyderabad sowie Verbindungen zu zahlreichen anderen Zielen (Näheres S. 1208).

Busse

Zahllose Fernbusse laufen den riesigen, betriebsamen **Central-Busbahnhof (KSRTC)** gegenüber dem Bahnhof an. Im Zentrum der Haupthalle informiert ein ausführlicher Fahrplan in englischer Sprache. Jenseits der Brücke liegt der **City-Busbahnhof**, der von den Lokalbussen genutzt wird.

Sitzplätze in den meisten der am Central abfahrenden Überlandbussen kann man im Voraus am nahe gelegenen, mit Computer versehenen Schalter nahe Bussteig Nr. 13 kaufen, ⏱ tgl. 7.30–19.30 Uhr.

An staatlichen Busgesellschaften sind neben der des Staates Karnataka (KSRTC) u. a. die von Andhra Pradesh, Kerala, Maharashtra, Tamil Nadu und Goa vertreten. Fahrpläne und Anzahl der freien Plätze für die kommende Woche sind auf einem großen Brett links vom Haupteingang angeschlagen. Allgemeine Auskünfte gibt es unter, ☎ 080-2287 3377.

Mehrere **Privatbusgesellschaften** unterhalten Luxusbusse z. B. nach Mysore, Bijapur, Ooty, Chennai, Kochi/Ernakulam, Thrissur, Kollam und Thiruvananthapuram. Tickets für Privatbusse werden in den Büros an der Tank Bund Rd gegenüber dem Busbahnhof verkauft, z. B. von Sharma, ☎ 080-2670 2447, National, ☎ 080-2660 3112, und Shama, ☎ 080-2670 5855, die für Luxus-Nachtbusse nach GOA, für Busse mit Schlafliegen und Busverbindungen nach MUMBAI und CHENNAI werben.

Das zuverlässigste private Busunternehmen ist **Vijayanand Travels**, das auch eine Filiale an der Tank Bund Rd unterhält; die auffälligen gelb-schwarzen Luxusbusse fahren z. B. nach MANGALORE, GOKARNA/GOA und HOSPET (Ausgangspunkt für Hampi).

Busse nach:
BIDAR (2x tgl., 16 Std.),
BIJAPUR (4x tgl., 13 Std.),
CHENNAI (stdl., 8 Std.),
COIMBATORE (2x tgl., 9 Std.),
GOA (4x tgl., 14 Std.),
GOKARNA (2x tgl., 13 Std.),
GULBARGA (6x tgl., 15 Std.),
HASSAN (alle 30 Min., 4 Std.),
HOSPET (3x tgl., 8 Std.),
HUBLI (3x tgl., 9 Std.),
HYDERABAD (6x tgl., 16 Std.),
JOG FALLS (1x tgl., 8 Std.),
KARWAR (3x tgl., 13 Std.),
KODAIKANAL (1x tgl., 13 Std.),
KOCHI (Ernakulam) (6x tgl., 12–13 Std.),
MADIKERI (stdl., 6 Std.),
MADURAI (2x tgl., 12 Std.),
MANGALORE (alle 30 Min., 10 Std.),
MUMBAI (2x tgl., 24 Std.),
MYSORE (alle 15 Min., 3 Std.),
OOTY (6x tgl., 7 1/2 Std.),
PONDICHERRY (2x tgl., 9–10 Std.).

Eisenbahn

Der **Stadtbahnhof Bangalore City** liegt östlich der Innenstadt in der Nähe des Kempe Gowda Circle und auf der gegenüberliegenden Seite des Busbahnhofes. (Wer in den Norden der Stadt möchte, steigt besser am Bangalore Cantonment-Bahnhof aus).

Wenn man von den Bahnsteigen her in die Bahnhofshalle kommt, befindet sich ganz links in der Ecke ein Schalter von **ITDC**, ☎ 080-2220 4277, zuständig für Mietwagen und Touren; außerdem vermittelt die Agentur gegen 10 % Aufschlag ein Hotelzimmer, ⏱ tgl. 8–16 Uhr.
Im **KSTDC Tourist Information Office**, ☎ 080-2287 0068, weiter rechts gelegen, kann

man ebenfalls Touren buchen und Auskünfte einholen, ⏲ tgl. 7–20 Uhr.
Wer eine Motor-Riksha nehmen möchte, kauft sich am besten gegen Rs1 Gebühr im Voraus ein Ticket am Schalter – eine Fahrt zur MG Rd kostet je nach Tageszeit normalerweise Rs25–40.

Da **Southern Railways** den Schienenverkehr auf Breitspurbahnen umstellt, ist die Strecke von Bijapur nach Gadag wahrscheinlich bis Ende 2008 unterbrochen. Interessierte sollten sich vor einer Buchung nach dem Stand der Dinge erkundigen.

Das **Reservierungsbüro** der City Station von Bengaluru befindet sich in einem gesonderten Gebäude östlich der Bahnhofshalle (wenn man davor steht, links), ☏ 132, ⏲ Mo–Sa 8–14 und 14.15–20, So 8–14 Uhr. Schalter 14 ist für Ausländer zuständig. Wer im Besitz eines Indrail-Passes ist, begibt sich zum Chief Reservations Supervisor's Office im 1. Stock (oben an der Treppe nach links gehen), wo „Reservierungen garantiert werden". Die Züge nach GOA und zu einigen anderen Zielen fahren ab dem Bahnhof Yeshwanthpur im Norden der Stadt, ☏ 080-2337 7161.

Der erste **Luxusreisezug** Südindiens („Golden Chariot") nahm im März 2008 seinen Betrieb auf und fährt jeden Montag um 9 Uhr in Bengaluru ab. Die siebentägige Reise kostet etwa US$350 pro Nacht. Dafür bekommen die Reisenden wunderschöne, auf Alt getrimmte Suiten mit Satelliten-TV und WLAN geboten. Auf der Fahrt nach Goa hält der Zug an allen wichtigen Orten in Karnataka.

Züge nach:
CHENNAI (6–7x tgl., 5–7 3/4 Std.),
DELHI (2–4x tgl., 34 3/4–49 3/4 Std.),
GULBARGA (2–3x tgl., 11 1/2–12 1/4 Std.),
HOSPET (1x tgl., 9 1/2 Std.),
HUBLI (2–4x tgl., 7–13 Std.),
HYDERABAD/SECUNDERABAD (1–3x tgl., 12 1/4–14 1/4 Std.),
KOCHI (Ernakulam) (1–2x tgl., 12–13 Std.),
KOLKATA (3x wöchentl., 37 1/4 Std.),
MUMBAI (2–3x tgl., 23 1/2–25 Std.),
MYSORE (6–7x tgl., 2–3 1/4 Std.),
PUNE (2–4x tgl., 19 1/4–21 1/2 Std.),
THIRUVANANTHAPURAM (1–3x tgl., 17–18 Std.).
Tabelle zu den schnellsten und/oder praktischsten Zügen ab Bengaluru siehe S. 1209.

Flüge
Wer mit dem Flugzeug anreist, kommt am neuen **Bengaluru International Airport** (BIA; wwww.bialairport.com) an, 35 km nordöstlich der Stadt in Devanahalli. Der BIA soll der teuerste Flughafen Asiens sein. Er bietet Schalter zum Selbsteinchecken, schicke Bars und Cafés, eine gute Touristeninformation sowie Hubschraubertransfers in die Stadt (Rs3500). Bis die heiß diskutierte schnelle Bahnverbindung ins Zentrum fertig ist, müssen diejenigen, denen ein Hubschrauberflug etwas zu teuer ist, zwischen den Shuttles einiger ausgewählter Fluggesellschaften (Rs70–150), den städtischen (BMTC-)Flughafenbussen (Rs100–150) oder im Voraus bezahlten Taxis (Rs500–600) wählen. Die Fahrt bis zur Gegend um die MG Rd dauert etwa 1–1 1/2 Std.

Flüge nach:
CHENNAI (DN, G8, IT, SG, S2, 9W, 6E, I7, 20–24x tgl., 3/4–1 Std.),
DELHI (DN, G8, IT, SG, S2, 9W, 6E, IC, 24–27x tgl., 2 1/2–3 1/2 Std.),
GOA (IC, IT, SG, 9W, 4x tgl., 1–2 1/2 Std.),
HYDERABAD (DN, IC, S2, 6E, 9W, 20–23x tgl., 1–1 1/2 Std.),
KOCHI (Cochin) (6E, DN, 9W, 5x tgl., 1 Std.),
KOLKATA (Kalkutta) (IT, SG, 6E, DN, 9W, 10–12x tgl., 2 1/4–3 1/2 Std.),
MANGALORE (DN, IT, 9W, 6x tgl., 1 Std.),
MUMBAI (DN, G8, IT, SG, S2, 9W, 6E, IC, 25–30x tgl., 1 1/2–1 3/4 Std.),
PUNE (DN, SG, 6E, 9W, IT, 6x tgl., 1 1/4 Std.),
THIRUVANTHAPURAM (IT, 9W, 3x tgl., 2 Std.).
(**AI** = Air India, **AIE** = Air India Express, **DN** = Air Deccan, **G8** = Go Air, **I7** = Paramount, **IC** = Indian Airlines, **IT** = Kingfisher, **S2** = JetLite, **SG** = Spicejet, **6E** = IndiGo, **9W** = Jet Airways)

Nationale Fluggesellschaften
Air Deccan, ☏ 0984 577 7008;
Air India, Unity Building, JC Rd, ☏ 080-2227 7747;
Indian Airlines, Cauvery Bhavan, Kempe Gowda Rd, ☏ 080-2297 8423; Flughafen 080-2522 6233;

Die schnellsten und/oder praktischsten Züge ab Bengaluru

Zielort	Name	Nummer	Abfahrt	Fahrtdauer	
Chennai	Shatabdi Express*	Nr. 2008	tgl. außer Di	16.25 Uhr	5 Std.
	Lalbagh Express	Nr. 2608	tgl.	6.30 Uhr	5 1/2 Std.
Ernakulam (Kochi)	Kanniyakumari Express	Nr. 6526	tgl.	21.45 Uhr	12 1/4 Std.
Hospet (nach Hampi)	Hampi Express	Nr. 6592	tgl.	22.20 Uhr	9 1/2 Std.
Hyderabad (Secunderabad)	Rajdhani Express*	Nr. 2429	4x wöchentl.	20.20 Uhr	11 Std.
Mumbai	Udyan Express	Nr. 6530	tgl.	20.05 Uhr	24 Std.
Mysore	Shatabdi Express*	Nr. 2007	tgl. außer Di	11 Uhr	2 Std.
	Tipu Express	Nr. 2614	tgl.	14.15 Uhr	2 1/2 Std.
	Chamundi Express	Nr. 6216	tgl.	18.15 Uhr	3 Std.
Thiruvananthapuram	Kanniyakumari Express	Nr. 6526	tgl.	20.45 Uhr	17 1/2 Std.

*= nur AC

Jet Airways, 1–4 M Block, Unity Building, JC Rd, ✆ 080-2522 1929, Flughafen 080-2522 0688;

Internationale Fluggesellschaften

Air France, Sunrise Chambers, 22 Ulsoor Rd, ✆ 080-2558 9397;
Alitalia, 44 Safina Plaza, Infantry Rd, ✆ 080-2559 1936;
American/Austrian/Biman Bangladesh/ Royal Jordanian, 22 Sunrise Chambers, Ulsoor Rd, ✆ 080-2559 4240;
British Airways, 7 Sophia's Choice, St Mark's Rd, ✆ 080-2227 1205;
Gulf Air, Sunrise Chambers, 22 Ulsoor Rd, ✆ 080-2558 4702;
KLM/Northwest Airlines, Taj West End, Race Course Rd, ✆ 080-2226 5562;
Lufthansa, 44/2 Dickenson Rd, ✆ 080-2558 8791;
Pakistan International Airlines, 108 Commerce House, 911 Cunningham Rd, ✆ 080-2226 0667.

Die Umgebung von Bengaluru

Viele Bengaluru-Besucher fahren geradewegs nach Mysore oder kommen von dort. Das Janapada Loka Folk Arts Museum, zwischen diesen beiden Städten, bietet einen faszinierenden Einblick in die Kultur von Karnataka. Wer klassischen Tanz in ländlicher Umgebung sehen oder erlernen möchte, sollte das Nrityagram Dance Village besuchen.

Janapada Loka Folk Arts Museum

Das Janapada Loka Folk Arts Museum, 53 km südwestlich von Bengaluru an der Straße nach Mysore, beherbergt eine erstaunliche Anzahl an Landwirtschaftsgeräten, Jagd- und Fischereizubehör, Waffen, Haushaltsgegenständen, Masken, Puppen, holzgeschnitzten *bhuta*- (Geisterbeschwörungs-) Skulpturen und großen Prozessionsfiguren, Manuskripten, Musikinstrumenten und *Yakshagana*-Theaterkostümen aus Karnataka. Außerdem kann man auf Wunsch eine der zahllosen **Hörspiel- und Videokassetten** über Musik, Tanz und Rituale des Staates (insgesamt 1600 Stunden Spielzeit) hören bzw. sehen. ⏲ tgl. 9–18 Uhr, Eintritt frei.

Zum Museum gelangt man mit einem der zahlreichen langsamen Mysore-Busse (keinen Nonstop-Bus nehmen) von Bengaluru. Nach der Ortschaft Ramanagar steigt man am Kilometerstein 53 am Straßenrand aus. In einem kleinen **Restaurant** gibt es einfaches Essen; es besteht auch die Möglichkeit, in einem **Schlafsaal** (Rs150) zu übernachten.

Nähere Auskünfte beim Karnataka Janapada Trust, 7 Subramanyaswami Temple Rd, 5th Cross, 4th Block, Kumara Park West, Bengaluru.

Nrityagram Dance Village

Das Nrityagram Dance Village ist ein hübsches, am Reißbrett entworfenes Modelldorf 30 km westlich von Bengaluru. Es wurde von dem preisgekrönten Architekten Gerard de Cunha gestaltet und von Protima Gauri gegründet. Gauri hatte eine Aufsehen erregende Karriere in Film und Medien gemacht und brachte es schließlich zu einer anerkannten Darstellerin des Odissi-Tanzes (S. 967, Kasten). Die Schule wird jetzt ohne sie weitergeführt und zieht Schüler aus allen Teilen der Welt an.

Hier finden regelmäßig Vorführungen und Vorträge zu indischer Mythologie und Kunst statt. Außerdem werden Kurse in verschiedenen indischen Tanzstilen angeboten. ⏲ Di–So 10–17.30 Uhr, Eintritt Rs20.

Führungen durch den Komplex kosten Rs850 p. P. (mindestens sechs Teilnehmer), einschließlich Mittagessen und einer Vorführung. Bei längerem Aufenthalt ist eine **Unterbringung** ❼ möglich, sie verspricht „weder Fernseher noch Telefon, Zeitungen oder Lärm". Näheres im Büro in Bengaluru, ☎ 080-2846 6313, 🖥 www.allindia.com/nritya.

Mysore und Umgebung

Mysore, die ehemalige Hauptstadt der Wodeyar-Rajas und ein Zentrum der Sandelholzschnitzerei, Seiden- und Räucherstäbchenmanufaktur, etwa 160 km südwestlich von Bengaluru, ist eine der beliebtesten Attraktionen Südindiens. Doch angesichts der Lobeshymnen, die über die Stadt gesungen wurden und werden, kann der erste Eindruck enttäuschend sein. Wie an allen anderen Orten auch wird der Besucher, wenn er aus dem Zug oder Bus steigt, nicht von Jasmin- und Sandelholzdüften begrüßt, sondern vom üblichen Verkehrslärm und -gewimmel. Dennoch ist Mysore eine absolut bezaubernde, altmodische Stadt, die weder durch den IT-Boom der letzten Jahre noch durch den neu erworbenen Status als internationales Top-Reiseziel für Yoga-Enthusiasten ihr Wesen verändert hat. Nach ein paar Tagen zieht Mysore normalerweise auch die abgebrühtesten Reisenden in den Bann. Vor kurzem wurde die Stadt von einer überregionalen Zeitschrift zu einer der Städte Indiens mit den besten Bedingungen für Wirtschaftsunternehmen erklärt. Mit 2,5 Mill. Besuchern jährlich ist sie außerdem bei weitem das beliebteste Reiseziel in Karnataka.

Mysore ist zudem ein idealer Ausgangspunkt für einige der beliebtesten Sehenswürdigkeiten Karnatakas. Die Festung, der Palast und das Mausoleum in **Srirangapatnam** datieren aus der Zeit von Tipu Sultan, dem „Tiger von Mysore", der den Briten ein beständiger Dorn im Auge war.

Der wunderbare **Hoysala-Tempel** von **Somnathpur** im Südosten der Stadt ist ein architektonisches Meisterwerk. Im Süden, Richtung Ooty, stellt die hügelige, bewaldete Landschaft des **Bandipur-Nationalparks** eine angenehme Abwechslung zum städtischen Treiben dar, doch die Chance, seltenen Tieren in freier Wildbahn zu begegnen, ist gering.

Dasselbe gilt für den **Nagarhole-Nationalpark**, drei Stunden südwestlich von Mysore in der Coorg-Region.

Geschichte

Im 10. Jh. hieß Mysore „Mahishur" – „die Stadt, in der der Büffeldämon getötet wurde" (durch die Göttin Durga). Von ungefähr 1400 bis zur Unabhängigkeit wurde die über zahlreiche Dörfer gebietende Stadt von den hinduistischen **Wodeyars** regiert. Die Herrschaft der Wodeyars wurde 1761 vorübergehend unterbrochen, als der Moslem Haider Ali und sein Sohn Tipu Sultan die Macht übernahmen. Zwei Jahre danach schleiften die neuen Herrscher die labyrinthische alte Stadt und legten das elegante, breite, von Bäumen gesäumte Straßennetz und die öffentlichen Parks an, die man heute sieht. Doch nachdem Tipu Sultan 1799 durch den britischen Colonel Arthur Wellesley (den späteren Duke of Wellington) im Kampf getötet wurde, erhielt die Wodeyar-Dynastie ihre Macht zurück. Danach war Mysore die Hauptstadt des Staates Mysore und kontrollierte einen beachtlichen Teil Südindiens. 1956, als Bangalore zur Hauptstadt des neu gegründeten Karnataka ausgerufen wurde, setzte man den Maharadscha von Mysore als Gouverneur ein.

Mysore

Mysore bietet nicht nur touristische Sehenswürdigkeiten, allen voran der **Maharadscha-Palast**, sondern lädt geradezu zum Bummeln ein. Die stilvollen, wenn auch heruntergekommenen Gebäude aus der Zeit vor der Unabhängigkeit, die Einkaufsgegenden wie die **Ashok Road** und **Sayaji Rao Road** umrahmen, verleihen dem Gewimmel der Innenstadt das Flair verblichener Eleganz.

Die Souvenirläden quellen von dem berühmten **Sandelholz** über; den besten Eindruck davon, was man alles kaufen könnte, bekommt man im Government Cauvery Arts und Crafts Emporium, Sayaji Rao Road (Do geschlossen), das ein breites Angebot an lokalem Kunsthandwerk bietet (es wird auf Wunsch nach Übersee verschifft).

Der bekannte **Devaraja Market** an der Sayaji Rao Road ist einer der buntesten Lebensmittelmärkte Südindiens: ein Riesenkomplex aus überdachten Ständen, überladen mit Bananen (von der leckeren Sorte *nanjangod),* saftigen Mangos, klebrigem *jaggery* und zu Kegeln geformtem, zerstoßenem *kumkum*.

Maharadscha-Palast (Amba Vilas)

Im Zentrum von Mysore liegt der von Festungswällen umgebene Maharadscha-Palast, ein märchenhaftes Bauwerk, überragt von einer schimmernden Messingkuppel. Besonders eindrucksvoll ist das Ganze, wenn es am Sonntagabend und zu Feiertagen von fast 100 000 Glühlampen erleuchtet wird. Der Bau wurde 1912 für den 24. Wodeyar Raja fertig gestellt und steht an der Stelle des ehemaligen Holzpalastes, der 1897 einem Brand zum Opfer fiel. Nach einem langwierigen Rechtsstreit sprachen die Gerichte den Hauptpalast 1998 offiziell der Staatsregierung von Karnataka zu, doch die Königsfamilie erhält ihren Anspruch aufrecht und will Berufung einlegen.

Die Residenz umgeben zwölf Tempel, manche davon sehr viel älteren Datums als der Palast. In der Mauer befinden sich sechs Tore, doch der Zutritt ist nur an der Südseite möglich. Schuhe und Kameras müssen an der Garderobe abgegeben werden.

Das prachtvolle Innere birgt eine außergewöhnliche Mischung von indischen und anderen Stilen aus aller Welt. Der Eintritt erfolgt durch den Gombe Thotti oder **Dolls' Pavilion**, in dem früher die Figuren ausgestellt waren, die während der berühmten Dussehra-Prozession durch die Stadt getragen werden. Jetzt befindet sich hier eine Galerie für europäische und indische Kunst.

Auf halber Höhe liegt das aus Messing geschmiedete **Elephant Gate**, das den Haupteingang zum Palastinneren bildet und durch das der Maharadscha zu seinem Fahrzeugpark fuhr. Es ist mit stilisierten Blumen verziert und weist das Mysore-Königssymbol auf, einen doppelköpfigen Adler, das heutige Staatswappen. Weiter nördlich, hinter dem Tor, steht ein hölzerner *howdah* in Form eines Elefanten. Er ist mit 84 kg schwerem, 24-karätigem Gold bedeckt und scheinbar von roten und grünen Edelsteinen unterbrochen – in Wirklichkeit sind die blinkenden Lichter batteriebetriebene Signale, die dem *mahout* anzeigten, wann der Maharadscha stehen bleiben oder weiterfahren wollte.

Die zum achteckigen **Kalyana Mandapa**, dem königlichen Hochzeitssaal, führenden Mauerwände bedeckt ein kunstvolles Fries von Ölgemälden, die das gewaltige Mysore Dussehra-Fest (S. 1212) im Jahr 1930 zeigen. An der Herstellung arbeiteten vier indische Künstler 15 Jahre lang. Die pompöse Halle selbst weist aus Eisen gegossene Pfeiler aus Glasgow, böhmische Lüster und am Deckengewölbe ein vielfarbiges Mosaik aus belgischem Glas in Form von Pfauen auf. Die englischen Bodenfliesen greifen das Pfauenmotiv auf. Hinter dem Saal liegen kleine, herrschaftlich möblierte Räume, in denen u. a. zwei Silberstühle und Sitzmöbel aus belgischem geschliffenen Kristall zu sehen sind, die eigens für den Maharadscha und Lord Mountbatten, den letzten indischen Vizekönig, angefertigt wurden. Eines der Zimmer besitzt eine wunderbare Decke aus burmesischem Teakholz.

Über eine mit italienischen Marmorbalustraden gesäumte Treppe, an einer lebensgroßen Plastik von Krishnaraja Wodeyar IV. vorbei, gelangt man in die **Public Durbar Hall**, die geradewegs aus Tausendundeiner Nacht entsprungen zu sein scheint. Die mit in leuchtenden Farben bemalten, goldverzierten Säulen bestandene, gewaltige Empfangshalle ist an einer Seite offen und bietet Aussicht auf den Exerzierplatz und die Parkanlagen bis zum Chamundi Hill. Hier, auf seinem mit 280 kg Blattgold aus Karnataka überzogenen Thron, hielt der Maharadscha Audienz. Heutzutage wird der Saal nur noch während des Dussehra-Festes als Veranstaltungsort klassischer Konzerte genutzt.

In der kleineren **Private Durbar Hall** sind besonders schöne Glasmosaike und Blattgoldmalereien zu sehen. Die beiden Silbertüren am Ausgang sind das Einzige, was noch von der alten Residenz übrig geblieben ist. ◐ tgl. 10–17.30 Uhr, Eintritt Rs100.

Jaganmohan Palace: Jayachamarajendra Art Gallery

Der 1861 erbaute Jaganmohan Palace, 300 m westlich des Maharadscha-Palastes, diente als königliche Residenz, bevor er 1915 von dem Maharadscha Krishnaraja Wodeyar IV. in eine Gemäldegalerie und Museum verwandelt wurde. Die meisten der „zeitgenössischen" Werke stammen aus den 30er-Jahren, als die indische Malerei unter dem Einfluss von E. B. Havell und den Tagore-Brüdern Rabrindrath und Gaganendranath in Bengalen einen neuen Aufschwung erlebte.

Den ersten Stock nehmen **Gemälde** aus dem 19. und 20. Jh. ein, darunter Werke des Pioniers der Ölmalerei Raja Ravi Varma, der moderne Maltechniken in die indische Kunst eingeführt hat. Im Obergeschoss sind Spiele ausgestellt, darunter runde *ganjifa*-Spielkarten mit Bildnissen von Herrschern oder Gottheiten und kostbare, mit Elfenbein eingelegte Brettspiele. Außerdem gibt es zahlreiche Musikinstrumente zu sehen, darunter ein gläsernes Xylophon. Ein weiterer Ausstellungsraum rings um einen großen hölzernen, auf einer Schildkröte sitzenden Ganesh, zeigt zahlreiche Gemälde, darunter eines von Krishnaraja Wodeyar, wie er sich während des Holi-Festes mit den Bewohnerinnen seiner *zenana* (Frauenabteilung des Palastes) vergnügt. ◐ tgl. 8–17 Uhr, Eintritt Rs10; Kameras müssen abgegeben werden.

Chamundi Hill

Auf der Spitze des Chamundi Hill, 3 km südöstlich der Stadt, steht ein Tempel zu Ehren der Lieblingsgöttin der Rajas von Mysore: der Göttin Durga, in Mysore Chamundi genannt, die den Büffeldämonen Mahishasura besiegte. Nach oben gelangt man mühelos mit Bus Nr. 201 vom Stadt-Busbahnhof aus; der Rückweg zu Fuß, an einem mächtigen Nandi (Shivas Stier) vorbei dauert ungefähr eine halbe Stunde. Es ist ratsam, viel Trinkwasser mitzunehmen, besonders in der Mittagshitze.

Besonders anstrengend ist der Aufstieg zwar nicht, doch nach der Bewältigung von mehr als 1000 Stufen kann man schon wacklige Knie bekommen.

Auch Nicht-Hindus steht der im 12. Jh. erbaute **Tempel** offen. Die Chamundi-Statue im Innern ist aus purem Gold, und draußen im Hof steht eine Grauen erregende, aber farbenfrohe Statue des Dämonen Mahishasura. ◐ tgl. 7–14, 15.30–18 und 19–21 Uhr.

Das Dussehra-Fest von Mysore

Einer von den Vijayanagar-Herrschern begonnenen Tradition folgend, wird während der zehntägigen Dussehra-Feierlichkeiten (Sep/Okt) mit großem Aufwand der Sieg der Göttin Durga über den Büffeldämonen Mahishasura gefeiert. In dieser Zeit findet eine ununterbrochene Reihe kultureller Veranstaltungen statt, darunter auch klassische südindische (karnatische) Musik- und Tanzvorführungen in der Durbar Hall des Maharadscha-Palastes. An Vijayadasmi, dem 10. und letzten Tag des Festes, wird auf der 5 km langen Strecke vom Palast bis Banni Mantap eine großartige Prozession mit berittener Garde und Reitelefanten abgehalten – einer davon trägt die Palastgottheit Chaamundeshwari auf einer goldenen *howdah*. Außerdem gibt es ein Wasserfest auf dem Tempelteich am Fuße des Chamundi Hill und einen Wagenumzug rund um den Tempel oben auf dem Hügel. Abends wird eine Fackelparade abgehalten, gefolgt von einem gewaltigen Feuerwerk.

Mysore

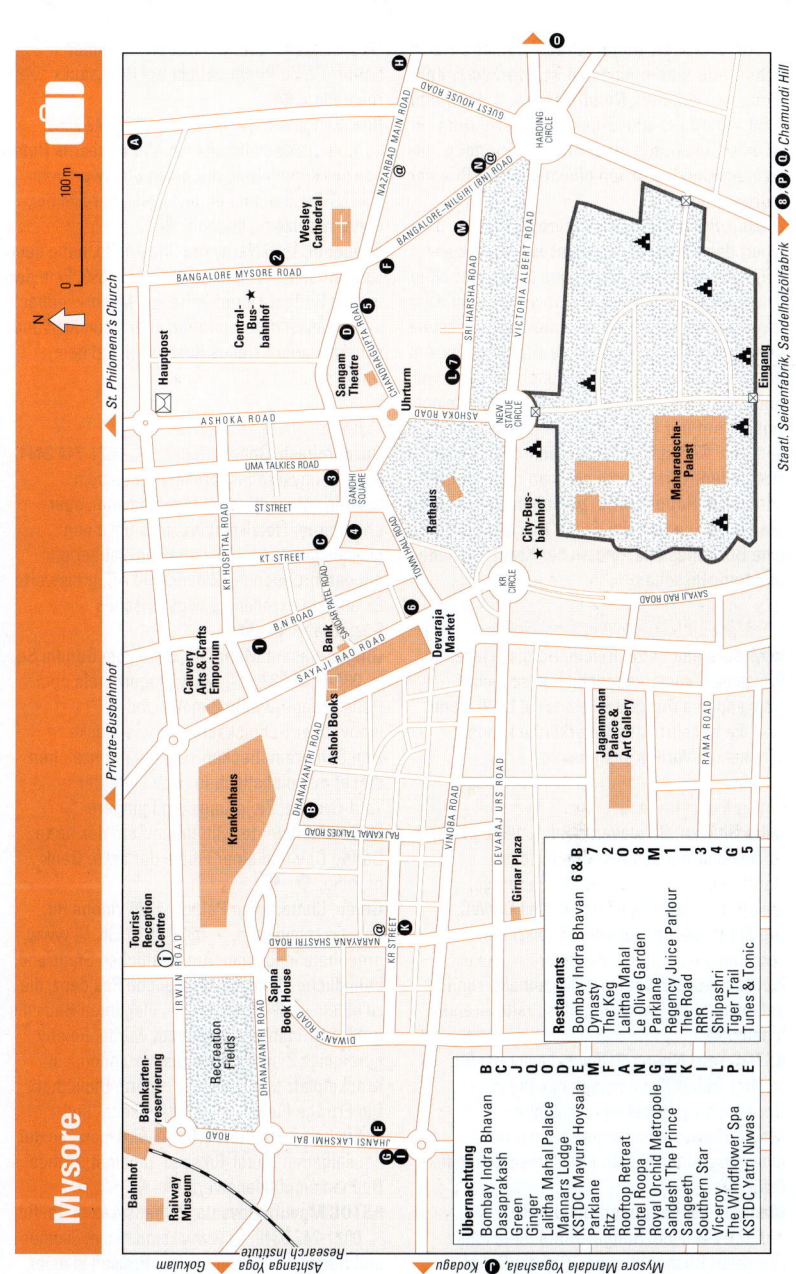

Übernachtung

- Bombay Indra Bhavan — B
- Dasaprakash — C
- Green — J
- Ginger — D
- Lalitha Mahal Palace — O
- KSTDC Mayura Hoysala — M
- Mannars Lodge — F
- Parklane — A
- Ritz — N
- Rooftop Retreat — Q
- Hotel Roopa — H
- Royal Orchid Metropole — G
- Sandesh The Prince — K
- Sangeeth — I
- Southern Star — P
- Viceroy — L
- The Windflower Spa — E
- KSTDC Yatri Niwas —

Restaurants

- Bombay Indra Bhavan — 6 & B
- Dynasty — 7
- The Keg — 2
- Lalitha Mahal — O
- Le Olive Garden — 8
- Parklane — M
- Regency Juice Parlour — 1
- The Road — 3
- RRR — 4
- Shilpashri — G
- Tiger Trail — L
- Tunes & Tonic — 5

Karnataka

Am Weg den Hügel hinunter steht ein 5 m hoher, aus einem einzigen schwarzen Granitblock gemeißelter **Nandi-Stier** aus dem Jahr 1659, ebenfalls ein Objekt der Verehrung. Er ist mit Glöckchen und Blumengirlanden geschmückt und wird von einem eigenen Priester betreut.

Den Pfad säumen kleinere Schreine, u. a. einer, der Chamundi geweiht ist, und einer für den Affengott Hanuman; ganz unten, bei einer Teebude, steht einer zu Ehren von Ganesh. Hier kann man normalerweise eine Motor-Riksha oder einen Bus zurück in die Stadt finden. Am Wochenende sind Letztere jedoch meistens voll. Geht man zu Fuß weiter Richtung Stadt, an einem Tempel auf der linken Seite mit einem See (auf dem die Wasserfestspiele während Dussehra stattfinden) vorbei, erreicht man nach zehn Minuten die Hauptstraße zwischen dem Lalitha Mahal Palace und der Stadt. Hier befindet sich eine Bushaltestelle, und an der Kreuzung halten oft Motor-Rikshas.

Übernachtung

In Mysore gibt es zahlreiche Hotels in jeder Preislage. Zimmerknappheit herrscht nur während des Dussehra-Festes (S. 1212), dann sind die begehrtesten Unterkünfte schon Wochen im Voraus ausgebucht.

Untere Preisklasse

Indra Bhavan, Dhanavantri Rd, ✆ 0821-242 3933, ✉ hotelindrabhavan@rediffmail.com. Baufällige, charaktervolle alte Herberge, beliebt bei Tibetern, EZ und DZ mit Du/WC. Die Standard-Zimmer sind ein bisschen schmuddelig, aber die preiswerten „Luxus"-Zimmer besitzen saubere Fliesenböden und gehen auf eine breite Gemeinschaftsveranda hinaus. ❷

KSTDC Yatri Niwas, 2 Jhansi Laxmi Bai Rd, ✆ 0821-242 3492, 💻 www.kstdc.nic.in. Der Economy-Flügel des staatlichen Mayura Hoysala; schlichte Zimmer um einen begrünten Hof und Schlafsaalbetten für Rs75. ❷

Mannars Lodge, Chandragupta Rd, ✆ 0821-244 8060. Budget-Hotel nahe dem zentralen Busbahnhof und Gandhi Square. Sehr schlicht, aber die teureren Zimmer haben TV. Zu Recht beliebt bei Rucksackreisenden. ❷

Ritz, Bangalore–Nilgiri Rd, ✆ 0821-242 2668, ✉ hotelritz@rediffmail.com. Wunderbares Hotel aus der Kolonialzeit, nur einen Steinwurf vom KSRTC-Busbahnhof entfernt. Nur vier Zimmer, daher rechtzeitig buchen! ❸

Sangeeth, 1966 Narayana Shastry Rd, nahe dem Udipi Krishna-Tempel, ✆ 0821-242 4693. Eine der besten Budget-Unterkünfte von Mysore: einfach und ein bisschen verwohnt, aber freundlich und sehr preiswert. Neues Restaurant auf dem Dach. ❷

Mittlere / Obere Preisklasse

Dasaprakash, Gandhi Square, ✆ 0821-244 2444, 💻 www.mysoredasaprakashgroup.com. Großer, schon etwas mitgenommener, aber charmanter Hotelkomplex rings um einen geräumigen Innenhof. Lebendig, sauber und gut geführt. Manche Zimmer mit AC, preiswerte EZ und ein exzellentes vegetarisches Restaurant. ❷–❹

Ginger, Vasant Mahal Rd, 3 km vom Gandhi Sq, ✆ 080-6666 3333, 💻 www.gingerhotels.com. Helle orange-weiße Zimmer und innovativer Schnickschnack wie Kioske zum Selbereinchecken sind die Kennzeichen dieser minimalistischen Hotelkette der Tata-Gruppe. Zielgruppe sind jüngere IT-Geschäftsleute. Mit einem Café der Kette Coffee Day und einer Filiale der State Bank of India. ❺–❼

Green, Chittaranjan Palace, 2270 Vinoba Rd, Jayalakshmipuram, ✆ 0821-251 2536, 💻 www.greenhotelindia.com. Am westlichen Stadtrand befindliche ehemalige königliche Residenz, die zu einem umweltbewussten, eleganten Haus mit großer Grünanlage umgebaut wurde. Relativ geräumige Zimmer, Lounges, Veranden, ein Krocketplatz und eine gut sortierte Bibliothek. Die Erträge fließen in Wohltätigkeits- und Umweltprojekte. Auf Anfrage wird man von der hauseigenen Motor-Riksha abgeholt. Frühes Buchen empfehlenswert. ❼–❾

KSTDC Mayura Hoysala, 2 Jhansi Laxmi Bai Rd, ✆ 0821-242 5349, 💻 www.kstdc.nic.in. Zimmer und Suiten zu angemessenen Preisen in einer

Der Maharadscha-Palast vereint hinduistische mit anderen Elementen

Kolonialvilla mit Terrassenrestaurant und Biergarten. Das Essen ist allerdings nicht umwerfend. ❸–❺

Lalitha Mahal Palace, T Narasipur Rd, ☎ 0821-247 0470, 🖳 www.lalithamahalpalace.com. Der neoklassizistische Palast an einem Hang über der Stadt wurde 1931 zur Unterbringung der ausländischen Gäste des Maharadschas erbaut. Er ist schön mit antikem Mobiliar eingerichtet und heute sehr beliebt bei Pauschalgruppen. Die Preise reichen von US$200 (Turmzimmer) bis zu US$900 für die Viceroy Suite. Teelounge, Restaurant und Pool (Rs150) stehen auch Besuchern offen. ❾

Metropole, 5 Jhansi Lakshmi Bai Rd, ☎ 0821-425 5566, 🖳 www.royalorchidhotels.com. Luxuriöses Heritage-Hotel, das 1920 vom Maharadscha von Mysore inmitten hübscher Gärten errichtet wurde. Die Zimmer haben hohe Decken und verströmen eine erhabene Atmosphäre. Mit kleinem Außen-Pool, Fitnessstudio, gutem Restaurant namens Tiger Trail im mittleren Hof mit gemischter Küche. ❾

Parklane, 2720 Sri Harsha Rd, ☎ 0821-243 0400. Nach einer Komplettüberholung ist das Parklane jetzt ein schickes, aber erschwingliches Boutiquehotel. Sympathisch unförmige Zimmer liegen rund um ein Tageslicht-Atrium, alle mit Balkonen und moderner Ausstattung. Zwei exzellente Restaurants – eins unten von Bäumen umgeben, das andere auf dem Dach, mit Tauchbecken, Bar und schönen Ausblicken auf den Chamundi Hill – bieten jeden Abend Livemusik, meist mit Tabla- oder Flötenspielern. ❺–❼

Hotel Roopa, 2724c Bangalore–Nilgiri Rd, ☎ 0821-244 3770, 🖳 www.hotel-roopa.com. Funkelnagelneuer Hotelblock mit kompakten, aber bequemen Zimmern zu überraschend vernünftigen Preisen. Sehr günstige Lage zum Palast. ❸–❺

B&B auf Indisch

Rooftop Retreat, 3 km vom Busbahnhof in Gayathripuram, ☏ 0821-2450483, ✉ divyanivya@rediffmail.com. Diese reizende Apartment-Unterkunft in einer ruhigen Gegend ermöglicht ein indisches B&B-Erlebnis. Helle Blau- und behagliche Cremetöne sowie viel Holz sorgen für eine schöne Atmosphäre, eine Dachveranda für angenehme Stunden am Morgen und Abend. Divya ist eine zuvorkommende Gastgeberin und wie ihre Schwester eine exzellente Köchin. Buchungen im Voraus sind erforderlich; Gäste werden vom Bahnhof oder Busbahnhof abgeholt. ❸

Sandesh The Prince, 3 Nazarbad Main Rd, ☏ 0821-243 6777, 🖥 www.sandeshtheprince.com. Schickes, stilvolles Hotel mit komfortablen, gut ausgestatteten Zimmern und einem beeindruckenden, von Tageslicht durchfluteten Foyer. Reisbüro, Geldwechselstube, Außen-Pool mit Grillplatz, ein hervorragendes Ayurveda-Zentrum und ein Schönheitssalon gehören zur Anlage. Am besten sind die Zimmer ganz oben mit Balkon. ❽–❾

Southern Star, Vinobha Rd, ☏ 0821-242 6426, 🖥 www.ushashriramhotels.com. Modernes und luxuriöses Riesenhotel der Kette Quality Inn mit zwei Restaurants, Bar und Swimming Pool. Zimmer ab Rs4200.

Viceroy, Sri Harsha Rd, ☏ 0821-242 4001, 🖥 www.theviceroygroup.com. Makelloses, auf Geschäftsreisende spezialisiertes Hotel mit vielen Annehmlichkeiten, darunter zwei ausgezeichneten Restaurants. Ziemlich überteuert, aber überwiegend mit AC, und von den Zimmern nach vorn hat man einen tollen Blick über den Park zum Palast. ❻–❼

The Windflower Spa, Maharanapratap Rd, 3 km südöstlich der Stadt, ☏ 0821-252 2500, 🖥 www.thewindflower.com. Weiß getünchte Cottages im balinesischen Stil rund um eine kleine Lagune. Wunderschöne, weitläufige Anlage am Fuß des Chamundi Hill. Wellness und Massagen, Billard und Tischfußball, eine elegante Bar, ein Lagunen-Restaurant und einen Außen-Pool mit Wasserfall werden hier geboten. ❼–❾

Essen

In Mysore mangelt es nicht an Speiselokalen, von zahlreichen südindischen „meals"-Lokalen beim Markt bis zum traumhaften Lalita Mahal Palace, wo man sich beim Schwimmen im Pool Appetit holen kann.

Wer die Spezialität von Mysore, nämlich *pak*, eine süße, schwere, krümelige Mischung aus *ghee* und Maismehl kosten möchte, reiht sich in die Schlange vor dem **Guru Sweet Mart** ein, einem kleinen Stand am KR Circle, der als bester Süßwarenladen der Stadt gilt. Eine weitere Spezialität dieser Region ist *malligi iddli*, ein leckeres *iddli* mit Jasmingeschmack, das üblicherweise morgens und zur Mittagszeit angeboten wird.

In den letzten Jahren haben mehrere neue Clubs und Bars neu eröffnet.

Bombay Indra Bhavan, Savaji Rao Rd. Gemütliches, gut besuchtes vegetarisches Restaurant mit süd- und nordindischer Küche und Süßspeisen. Die Filiale in der Dhanavanthri Rd. ist mindestens genauso beliebt und verfügt auch über eine Abteilung mit AC.

Dynasty, Palace Plaza Hotel, Sri Harsha Rd. Gutes Restaurant im Erdgeschoss des Hotels. Abends gibt's außerdem ein weitläufiges, überdachtes Dachrestaurant mit umfangreicher Karte, Bar und einer angenehmen Einrichtung.

The Keg, Maharaja Shopping Complex, Bangalore–Mysore Rd. Dunkler, winziger Pub. Hier wird ganztägig exzellentes Kingfisher vom Fass für Rs140 pro Pitcher ausgeschenkt.

Lalitha Mahal, T Narasipur Rd. Die Gaumenfreuden dieses Gourmet-Restaurants kann man entweder mit einem heißen Getränk in der Tee-Lounge oder bei einem Lunch à la carte im eleganten Speisesaal genießen, begleitet von Live-Sitarmusik. In der altmodischen Bar steht auch ein Billardtisch.

Le Olive Garden, Windflower Spa. In einer dschungelartigen Anlage mit viel Holz und Flechtwerk werden hier hervorragende indische, chinesische und westliche Gerichte zu vernünftigen Preisen angeboten. Ein Wasserfall und quakende Frösche sorgen für die Begleitmusik.

Parklane, Sri Harsha Rd. Freundliches Restaurant in einem Hof plus Bierbalkon, vegetarisches und nicht-vegetarisches Essen zu erschwinglichen Preisen. Jeden Abend klassische indische Live-Musik. Außerdem gibt's ein tolles Hotelrestaurant auf dem Dach mit Bar, Pool und fantastischen Ausblicken. Gleichermaßen beliebt bei Travellern und Einheimischen.

Regency Juice Parlour, B.N. Street, etwas südlich der K.R. Hospital Rd. Neben den üblichen Säften und Snacks werde hier fantastische Milchshakes in unterschiedlichen Geschmacksrichtungen angeboten, von Litschi bis Butterbonbon (Rs10).

The Road, Sandesh The Prince. In diesem Restaurant fühlen sich die Gäste wie in einem amerikanischen Roadmovie: plüschige Sitznischen, einige davon sind Auto-Klassikern nachempfunden. Serviert wird eine sehr gutes Mittagsbuffet und Abendessen mit gemischter Küche, danach gibt's Disco auf der runden Holztanzfläche, normalerweise mit Gast-DJs. Die Kebab- und Tandoori-Spezialitäten sind vom Feinsten. Am Wochenende Rs300–400 Aufschlag pro Gedeck.

RRR, Gandhi Square. Erstklassiges Lokal im Andhra-Stil mit einem kleinen, gemütlichen Hinterraum mit AC, der zur Mittagszeit und am Wochenende gedrängt voll ist. Das Warten lohnt sich der ausgezeichneten Tagesgerichte auf Bananenblättern, des Hühnchen-Biryani und gebackenen Fisches wegen.

Tiger Trail, Royal Orchid Metropole. Kühler, ruhiger Hofgarten mit hervorragenden indischen Abendgerichten und einem tollen westlichen Frühstücksbuffet mit z. B. Frühstücksspeck, Würstchen, Omeletts, frischem Obst und Croissants (Rs190).

Tunes & Tonic, Hotel Adhi Manor, Chandragupta Rd. Schwarze Tische und Bänke, rote Farbtupfer und tolle Poster (Hendrix, Doors und Beyonce über der Bar) – Mysores stilvollste Lounge wird von einem vielgereisten Coorgi betrieben. Exzellenter Service, sehr gute Cocktails.

Egal ob morgens oder abends

Shilpashri, Gandhi Square. Diese Dachterrasse mit Schatten spendenden Kübelpflanzen ist eines der besten Lokale der Stadt für ein sonniges Frühstück oder einen kühlen abendlichen Cocktail. Qualitätsbewusste nordindische Küche, besonders schmackhafte Tandoori (hervorragende Hühnchen-*tikka*). Auch gutes Angebot an vegetarischen Gerichten, darunter viele *dhals*.

Sonstiges

Geld
Es gibt **Geldautomaten** am K.R. Circle und am Bahnhof.

Informationen
Das freundliche **Tourist Reception Centre**, fünf Gehminuten östlich vom Bahnhof an einer Ecke der Irwin Rd im Old Exhibition Building, ℡ 0821-242 2096, hilft mit Rat und Tat und vergibt Broschüren und Landkarten. ⏲ Mo–Sa 10–17.30 Uhr.

Das **KSTDC Office** im KSTDC Hotel Mayura Hoysala, 2 Jhansi Laxmi Bai Rd, ℡ 0821-242 3652, ist nur von Interesse, wenn man eine der Stadtrundfahrten (7.30–20.30 Uhr, Rs160), die an allen Sehenswürdigkeiten der Stadt vorbeiführen, buchen möchte, ⏲ tgl. 6.30–20.30 Uhr. Die Mindestteilnehmerzahl liegt bei zehn Personen, daher ist beim Ticketkauf nicht unbedingt gewährleistet, dass die Tour tatsächlich stattfindet.

Die **Mietwagen**-Preise (inkl. Fahrer) sind mit Rs4,50 pro km (Mindestkilometerzahl pro Tag 250 km) recht interessant für Leute, die ihr eigenes Besichtigungsprogramm zusammenstellen möchten.

Die private **Tourist Corporation of India** in der Rajabhadra Lodge am Gandhi Square, ℡ 0821-526 0294, arbeitet mit KSTDC zusammen und arrangiert Touren und Mietwagen.

Internet
Zuverlässigen Internetzugang bieten z. B. **Netzone** (Rs20), gegenüber dem Sangeeth Hotel, und **Internet Online** (Rs25) über einem

Gemischtwarenladen zwischen Gandhi Sq und Clock Tower.

Post

Das **Hauptpostamt** (mit poste restante) befindet sich an der Ashoka Rd, Ecke Irwin Rd, ⏰ Mo–Sa 10–19, So 10.30–13.30 Uhr.

Yoga

Der 92-jährige Sri Pattahbi Jois – der bereits eine Reihe von Prominenten wie Madonna unterrichtet hat – gibt weiterhin Yoga-Unterricht am weltbekannten **Ashtanga Yoga Research Insitute**, 🖥 www.ayri.org, 2,5 km nordwestlich der Stadt. Die *shala* (Schule) hat sich zu einem bedeutenden Pilgerzentrum für Yoga-Anhänger entwickelt, und das umliegende Viertel ist zu einem geschäftigen Ausländertreffpunkt voller Cafés, Guesthouses, Restaurants und Internet-Cafés geworden. Zu beachten ist allerdings, dass man zu den Yoga-Klassen hier nicht einfach unangemeldet auftauchen kann. Die Schüler müssen sich mindestens zwei Monate im Voraus für mindestens einen Monat anmelden (Rs27 000, jeder weitere Monat Rs19 000).

Die **Mysore Mandala Yogashala**, 581 Dewans Rd, Laxmipuram, Sa & Mo geschlossen, 📞 0821-425 6277, 🖥 mandala.ashtanga.org, ist ein spirituelles Zentrum mit einem Öko-Café, schönen Gärten, Kulturveranstaltungen und hervorragendem Unterricht, für den man sich nicht vorher anmelden muss, was in Mysore einzigartig ist. Ashtanga-Unterricht (Rs400) findet um 6 und 17 Uhr statt, die etwas weniger anstrengenden Hata-Klassen (Rs350) um 8.15 Uhr.

Transport

Busse

Mysore hat drei Busbahnhöfe: Central, Private und City. Der Private-Busbahnhof befindet sich jetzt an einem neuen Standort ca. 2 km nordwestlich der Stadt.

Regionalbusse, darunter die nach CHAMUNDI HILL und SRIRANGAPATNAM (alle 15 Min., 20 Min.) halten am **City-Busbahnhof**, nahe der Nordwestecke des Maharadscha-Palastes. Fernbusse fahren am **Central-Busbahnhof** in der Nähe der Innenstadt ab, wo es einen KSTDC-Reservierungsschalter gibt. Hier kann man an einem mit Computer versehenen Schalter bis zu drei Tage im Voraus Fahrkarten kaufen. An der Wand in der Busbahnhofshalle ist ein Fahrplan in englischer Sprache angeschlagen. Der freundliche KSTDC-Touren-Reservierungsschalter gibt auch Auskunft über Busfahrzeiten.

Es fahren reguläre Busse nach HASSAN (3–4 Std.), nach CHANNARAYAPATNA/SRAVANABELAGOLA und nach HUBLI (Richtung HOSPET/HAMPI) ab.

Die Busse Richtung Süden nach OOTY/UDHAGAMANDALAM (8x tgl., 5 Std.) halten alle beim Bandipur National Park. Direktbusse fahren in mehrere Städte Keralas, darunter KANNUR, KOCHI und KOZHIKODE.

Die einzige Möglichkeit, auf direktem Weg nach GOA zu kommen, bieten die um 16 bzw. 17 Uhr abfahrenden Nachtbusse, die um 21 bzw. 10 Uhr in PANJIM ankommen. Die meisten Reisenden legen diese Strecke allerdings etappenweise zurück, fahren erst nach MANGALORE und arbeiten sich von dort aus nach Norden vor, für gewöhnlich via GOKARNA – auch per Direktbus erreichbar KSTDC – oder JOG FALLS. Busse mit Ziel Mangalore fahren meistens durch MADIKERI, die Hauptstadt von Kodagu (Coorg) – die meisten kommen auf dem Weg durch die tibetische Enklave BYLAKUPPE.

Zahlreiche Reisebüros übernehmen Buchungen für **Privatbusse** in viele Zielorte. Die Tourist Corporation of India in der Rajabhadra Lodge zählt zu den besten.

Busse nach:
BENGALURU (alle 15 Min., 3 Std.),
CHANNARAYAPATNA (alle 30 Min., 2 Std.),
JOG FALLS (via Shimoga) (alle 90 Min., 7 Std.),
KANNUR (8x tgl., 7 Std.),
KOCHI (Ernakulam) (6x tgl., 12 Std.),
KOZHIKODE (6x tgl., 5 Std.),
MADIKERI (stdl., 3 Std.),
MANGALORE (stdl., 7 Std.),
SRIRANGAPATNAM (alle 15 Min., 20 Min.).

Eisenbahn

Der **Bahnhof** liegt 1,5 km nordwestlich der Innenstadt. Für längere Strecken empfiehlt sich eine Bahnfahrt. Die meisten Ziele, die innerhalb einer Tagesreise von Mysore aus besucht werden können, lassen sich hingegen nicht auf dem Schienenweg erreichen.

Tgl. fahren 6–7 Schnellzüge und sechs Nahverkehrszüge in die Hauptstadt BENGALURU (2–3 1/2 Std.). Der schnellste von ihnen, der mit AC versehene Shatabdi Express (Nr. 2008, tgl. außer Di 14.20 Uhr, 2 Std.) fährt weiter nach CHENNAI (ca. 7 Std.).

Die meisten anderen Züge von Mysore enden in Bengaluru, wo man Anschlusszüge zu zahlreichen anderen indischen Städten bekommt (s. S. 1207 und S. 1209, Kasten).

Reservierungen kann man an dem mit Computer versehenen Schalter im Bahnhof tätigen, ⏱ Mo–Sa 8–14 und 14.15–20, So 8–14 Uhr.

4x tgl. besteht Verbindung nach HASSAN (2 1/4–4 Std.), wobei der Shimoga Express Nr. 268 (Abfahrt 10.15 Uhr, 2 Std.) am schnellsten ist.

Srirangapatnam

Die Insel Srirangapatnam im Fluss Kaveri (Cauvery), 14 km nordöstlich von Mysore, misst ganze 5 x 1 km. Die alte Hindu-Wallfahrtsstätte wurde nach ihrem aus dem 10. Jh. stammenden Vishnu-Tempel Sriranganathaswamy benannt. Die Vijayanagars erbauten hier 1454 eine Festung, und 1616 wurde dies die Hauptstadt der Wodeyar Rajas von Mysore.

Allerdings wird Srirangapatnam eher im Zusammenhang mit **Haider Ali** genannt, der die Wodeyars 1761 stürzte, und noch berühmter wurde der Ort durch dessen Sohn **Tipu Sultan**. Dieser widersetzte sich während seiner 17-jährigen Regentschaft heftiger als jeder andere indische Herrscher den britischen Plänen zur Unterwerfung Indiens. Er starb 1799, als der spätere Duke of Wellington die Festung in der blutigen Schlacht von „Seringapatnam" einnahm.

Tipu Sultan wurde 1750 geboren (seine Mutter war hinduistisch) und trat erfolgreich in die Fußstapfen seines militärisch begabten Vaters Haider Ali. Er war jedoch auch ein gebildeter und kultivierter Mann, dessen sehnlichster Wunsch es war, die verhassten Briten aus Indien zu vertreiben, wodurch er zu einem natürlichen Verbündeten der Franzosen wurde. Er war äußerst stolz auf seinen Beinamen **Tiger von Mysore** und umgab sich mit Tigersymbolen und -darstellungen. Vieles aus seinem Nachlass ist mit einer Tiger-Abbildung oder Tigerstreifen verziert, und er soll sogar Tiger gehalten haben, denen Verbrecher zum Fraß vorgeworfen wurden.

Im ehemaligen Sommerpalast **Daria Daulat Bagh**, wörtlich übersetzt: „Reichtum des Meeres", wurden die Gäste von Tipu Sultan unterhalten. Auf den ersten Blick wirkt das niedrige, säulenbestandene Holzgebäude inmitten einer gepflegten Grünanlage nicht besonders eindrucksvoll. Das hervorragend erhaltene Innere mit Zierbögen, Tigerstreifen-Pfeilern und üppig dekorierten Teakholzwänden- und -decken verfehlt jedoch seine Wirkung nicht. Ein mehrmals aufgefrischtes Wandgemälde an der Ostmauer berichtet detailgetreu von Haider Alis Sieg über die Briten bei Pollilore im Jahre 1780. ⏱ tgl. außer Fr 10–17 Uhr, Eintritt US$2.

Eine Zypressenallee führt von einem kunstvoll gearbeiteten Tor zum **Gumbaz-Mausoleum**, 3 km östlich des Palastes. Tipu Sultan ließ es 1784 zum Gedenken an Haider Ali und als seine eigene Ruhestätte erbauen. Die niedrigere Hälfte des grauen Granitbauwerks ziert eine weiße Kuppel, die einen spektakulären Kontrast zu dem blauen Himmel bildet. Durch Rosenholztüren, die mit Elfenbeineinlagen verziert sind, geht es zu den Grabstätten von Haider Ali und Tipu Sultan, jede mit einem Grabtuch bedeckt. Eine Gedenktafel auf Urdu erinnert an Tipus Martyrium. ⏱ tgl. außer Fr 9–17 Uhr, Eintritt frei.

Im Herzen der Festung steht immer noch der herrliche Tempel von **Sriranganathaswamy**, stolz und so gut wie unberührt von der turbulenten Historie, die sich rings um ihn vollzog. Für viele Gläubige stellt er nach wie vor den Hauptanziehungspunkt dar. Der von mehreren aufeinander folgenden Dynastien erweiterte Tempel besteht aus drei verschiedenen Abteilungen und ist über einen imposanten, fünfstöckigen Toreingang und eine Halle, die im Auftrag von Haider Ali erbaut wurden, zu erreichen. Das Allerheiligste in der Mitte, der älteste Teil des Tempels, beherbergt eine Statue des ruhenden Vishnu.

Ranganathittu Bird Sanctuary

Rund 2 km südwestlich von Srirangapatnam liegt das Ranganathittu Bird Sanctuary, ein absolutes Muss für Ornithologen, insbesondere im Okt/Nov, wenn der vom Kaveri-Fluss gespeiste See unzählige Zugvögel anlockt.

Zu anderen Zeiten ist es ein ruhiges Tagesausflugsziel, das die Möglichkeit einer Bootsfahrt bietet, bei der man Ausschau nach Krokodilen, Ottern und Dutzenden hier beheimateter Stelzvögel, Wildenten und Waldvögel halten kann. ⏲ tgl. 8.30–18 Uhr, Eintritt Rs60. Am einfachsten zu erreichen mit einer Rikscha von Srirangapatnam.

Übernachtung und Essen

Mayura River View, in hübscher Lage am Kaveri-Fluss, 3 km von der Bushaltestelle, ✆ 08236-252114, KSTDC-Hotel mit Restaurant. ❹–❺

Fort View Resorts, nicht weit vom Eingang zur Festung entfernt, ✆ 08236-252777, gute, elegante Alternative. ❺–❻

Transport

In der Nähe des Tempels und Forts halten zahlreiche **Busse** (darunter die Nr. 313 und 316), die am City-Busbahnhof von Mysore abfahren, sowie die Züge der Strecke Mysore–Bangalore.
Srirangapatnam ist eine kleine Insel, doch die Sehenswürdigkeiten liegen weit auseinander. Tongas, Motor-Rikschas und Fahrräder findet man in der Hauptstraße in der Nähe der Bushaltestelle.

Somnathpur

Der wunderschöne, 1268 erbaute **Keshava Vishnu-Tempel** in dem verschlafenen Weiler Somnathpur war der letzte wichtige Tempel, den die Hoysalas errichten ließen. Er ist auch der am besten erhaltene und in mehrerer Hinsicht das sehenswerteste Beispiel dieser einmaligen Bauweise.

Somnathpur selbst, nur neunzig Autominuten von Mysore entfernt, besteht aus wenig mehr als ein paar ordentlichen Wegen und netten, einfachen Häusern mit auf Pfeilern ruhenden Veranden.

Wie andere Hoysala-Tempel ist auch der Keshava auf einem sternförmigen Sockel erbaut. ASI-Angestellte führen Besucher auf Wunsch herum und erlauben ihnen auch, auf die Außenmauer zu klettern, von wo aus sich ein schöner Rundblick über die Anlage bietet. Man sollte dies allerdings früh am Morgen tun, denn später werden die Steine, die man nur mit nackten Fußsohlen betreten darf, sehr heiß.

Der Tempel ist im Stil eines *trikutachala*, „Hügel mit drei Gipfeln", erbaut, d. h. jedes Heiligtum wird von einem Turm gekrönt. Auf der hohen, ebenfalls sternförmigen Plattform *(jagati)* des Keshava-Tempels kann man eine Runde drehen, um die überreich verzierten Mauern zu bewundern. Auffallend an den zahlreichen, kunstvoll gemeißelten Bildnissen ist ein für einen Vishnu-Tempel erstaunlich hoher Anteil von Shaiva-Figuren.

Wie in Halebid erzählt ein lebendiger Fries unzählige Geschichten aus den Epen Ramayana, Bhagavata Purana und *Mahabharata*. Geht man im Uhrzeigersinn herum, kann man sie wie ein Buch „lesen". Ungewöhnlich ist auch, dass die Bildhauereien signiert wurden: Sie sind das Werk eines einzigen Künstlers namens Malitamba.

Vor dem Tempel steht eine *dvajastambha*-Säule, auf der sich früher vielleicht eine Plastik von Vishnus „Reit-Vogel" Garuda befand. ⏲ tgl. 9–17 Uhr, Eintritt US$2.

Übernachtung und Essen

In der Umgebung des Tempels gibt es keinerlei Übernachtungsmöglichkeiten, und das Angebot an Verpflegung beschränkt sich auf Kekse oder Früchte und Samosas, die am Straßenrand verkauft werden.
25 km südöstlich liegt versteckt an einem aufgestauten Abschnitt des Kaveri-Flusses das exquisite Resorthotel **Talakadu Jaladhana**, ✆ 08227-271196, ✉ jaladhana@hotmail.com. Es bietet abgeschiedene Cottages, einige mit Badewanne auf dem Dach, Kräuter-gärten und Wassersport-Aktivitäten. Zu erreichen mit einem direkten Privatbus aus Mysore. ❽

Transport

Von Mysore aus fahren keine Busse direkt nach Somnathpur. Busse vom Private-Busbahnhof fahren bis zum Ort T NARASIPUR (1 Std.), wo regelmäßig Busse nach SOMNATHPUR (20 Min.) abfahren.
Alle Welt kennt dieses Ziel, und man braucht daher nur herumzufragen, um in den richtigen Bus verfrachtet zu werden.
Man kann sich aber auch einer geführten Tour der KSTDC ab Mysore (S. 1217) anschließen.

Die Nationalparks Bandipur und Nagarhole

In der Nähe von Mysore liegen die drei großen Tierschutzgebiete Bandipur, Nagarhole und Mudumalai (jenseits der Grenze in Tamil Nadu). Sie bilden zusammen das weitläufige **Nilgiri Biosphere Reserve**, eines der ausgedehntesten Waldschutzgebiete Indiens.

Ein paar teure, private Resorthotels am Rande der Parks und ein oder zwei Touristenanlagen bieten in der für ihre **Elefanten** berühmten Gegend Unterkunft. Ansonsten muss man die Unterkünfte des Forest Department in Bandipur (s. unten) und Nagarhole (S. 1222) so früh wie möglich buchen, und zwar bei einem der folgenden Büros: Aranya Bhavan, Ashokapuram, ✆ 0821-248 0901, 6 km südlich des Zentrums von Mysore, zu erreichen mit Bus Nr. 61 vom City-Busbahnhof, oder Aranya Bhavan, 18th Cross, Malleswaram, Bengaluru, ✆ 080-2334 1993. Informationen über Mudumalai s. S. 1116.

Bandipur-Nationalpark

An den Ausläufern der Westghats liegt 80 km südlich von Mysore der Bandipur-Nationalpark. Er umfasst eine 880 km^2 große Fläche Laubwald südlich des Flusses Kabini. Das Naturschutzgebiet wurde in den 30er-Jahren auf einem Teil des Jagdgeländes des hiesigen Maharadschas eingerichtet und 1941 erweitert. Doch trotz der hübschen Unterkünfte und gut in Schuss gehaltenen Jeep-Pfade ist Bandipur kein besonders empfehlenswertes Ziel für die Beobachtung wilder Tiere. Außerhalb des eingezäunten Geländes, das für Besucher tabu ist, wird man kaum ein aufregenderes Tier als einen Langur oder Axishirsch zu sehen bekommen, und die wenigen übrig gebliebenen Tiere ergreifen vor den lauten Dieselbussen, mit denen das Forest Department Touristen durch die zugänglichen Teile des Parks kutschiert, die Flucht.

Andererseits ist Bandipur eines der wenigen Reservate Indiens, wo man eventuell frei lebende **Elefanten** zu Gesicht bekommen kann, vor allem während der Regenzeit (Juni–Sep), wenn es reichlich Wasser und Futter gibt und die Tiere sich verteilen.

Gegen Ende des Monsuns versammeln sie sich in großen Herden am Ufer des Kabini, im äußersten Norden des Parks. Bandipur besitzt auch landschaftliche Reize: Bei **Gopalswamy Betta** (9 km vom Park-Hauptquartier und für Besucher geöffnet), einem hohen Felsausläufer, bietet sich eine herrliche Aussicht nach Norden auf das Mysore Plateau und die angrenzenden Hügel.

Im Süden hat man von den **Rolling Rocks** einen weiten Blick auf den zerfurchten, 260 m tiefen Graben **Mysore Ditch**.

Die beste Besuchszeit ist die Regensaison (Juni–Sep), denn im Unterschied zu den benachbarten Parks werden die Wege in Bandipur nicht von Überschwemmungen weggewaschen, und während dieser Zeit halten sich hier zahlreiche Elefanten auf. Gegen November/Dezember sind die meisten Tiere über die Bundesstaatsgrenze nach Mudumalai abgewandert, wo es mehr Wasser gibt. Wochenenden sollte man meiden, denn dann ist der Park das Ziel ganzer Busladungen voller lautstarker Tagesausflügler. Eintritt Rs150, Kamera Rs20.

Übernachtung

Reservierungen für die Unterkünfte innerhalb des Schutzgebietes können beim Forest Department Reception Centre vorgenommen werden. Der Komfort variiert von Betten in großen, anstaltsähnlichen Schlafsälen über „VIP" Gajendra Cottages bis zu Zimmern mit Bad und Veranda. Zu den Luxus-Unterkünften zählen:
Bandipur Safari Lodge, ✆ 080-2559 7021, 🖥 www.junglelodges.com. In der zu

Jungle Lodges & Resorts gehörigen Unterkunft zahlen Ausländer US$50 extra pro Nacht. ❼

Tusker Trails, Mangala Village, 3 km von Bandipur, Buchung über Hospital Cottage, Bangalore Palace, Bengaluru, ✆ 080-2353 0748, ✉ 2334 2862, ist ein Resort, das von Mitgliedern der königlichen Familie von Mysore geleitet wird. Es bietet Cottages, einen Swimming Pool, Tennisplatz und organisierte Ausflüge in den Nationalpark. ❼

Bush Betta, abseits der Hauptstraße nach Mysore, Reservierung über Gainnet, Raheja Plaza, Richmond Rd, Bengaluru, ✆ 080-2551 2631, luxuriöse Cottages, organisiert geführte Touren. ❺–❻

Transport

Innerhalb des Parks

Wer kein eigenes Transportmittel besitzt, ist auf den nicht sehr angenehmen Bus des Forest Department angewiesen, der 2x tgl. seine Runde dreht (6–9 und 16–18 Uhr, Rs25) und Fahrgäste beim Reception Center aufsammelt. Wer sich dem halbstündigen Elefantenritt (Rs50) rund um das Eingangsgelände anschließt, bekommt vielleicht ein, zwei Rehe zu sehen, mehr aber nicht.

Besucher, die nach Gopalswamy Betta fahren, müssen wissen, dass es in Bandipur keinen Mietwagenverleih gibt, wohl aber in Gundulapet; der dortige Anbieter wird versuchen, einen sehr viel höheren als den offiziellen Preis von Rs500 herauszuschlagen. Vor Einbruch der Dunkelheit muss man den Park verlassen.

Zum Park

Es ist einfach, mit dem Bus nach Bandipur zu kommen: Alle KSRTC-Busse nach OOTY, die am Central-Busbahnhof in MYSORE abfahren (12x tgl., 2 1/2 Std.), kommen durch das Naturschutzgebiet (Abfahrt des letzten Busses zurück nach Mysore um 17 Uhr) und halten vor dem Forest Department Reception Centre, ⏱ tgl. 9–16.30 Uhr. Wer die Abfahrt des letzten Busses von Mysore verpasst hat, kann ins 18 km entfernte GUNDULAPET fahren und dort ein Taxi zum Main Reception Centre nehmen (Rs220).

Nagarhole-Nationalpark

Bandipurs Nachbar im Norden, der Nagarhole („Schlangen-Fluss")-Nationalpark, bedeckt eine Fläche von 640 km^2 nördlich des Flusses Kabini, der zu einem malerischen, künstlichen See eingedämmt wurde. Während der Trockenzeit (Feb–Juni) zieht diese ganzjährig gefüllte Wasserquelle zahlreiche Tiere an und ist dadurch ein ausgezeichneter Ort, um Tiere in freier Wildbahn zu beobachten.

Der hiesige Regenwald – dichter Dschungel mit 30 m hohen Baumwipfeln – ist eindrucksvoller als das eher trockene Strauchwerk im Bandipur-Nationalpark.

1992 ereignete sich jedoch in Nagarhole eine Umweltkatastrophe: Bei einer Auseinandersetzung zwischen hier ansässigen, Viehzucht betreibenden „Stämmen" und Parkwächtern um Weiderechte und Wilderei kam es zu Ausschreitungen und tausende Hektar Wald gingen in Flammen auf. An manchen Stellen sind schon wieder Bäume nachgewachsen, doch wird es noch Jahrzehnte dauern, bis sich der Tierbestand wieder restlos erholt haben wird. Eine zusätzliche Bedrohung für den Waldbestand stellt eine berüchtigte weibliche Holzschmugglerbande aus Kerala dar, die sich einen beinahe legendären Ruf erworben hat. Bislang lohnt sich ein Besuch von Nagarhole nur auf dem Höhepunkt der Trockenzeit, wenn die sumpfigen Flussufer und grasbewachsenen Sümpfe oder *hadlus* gute Möglichkeiten zum Sichten eines Gaur (indischer Büffel), Elefanten, *dhole* (Wildhund), Hirsches, Ebers und vielleicht sogar eines Tigers oder Leoparden bieten.

Nagarhole ist das ganze Jahr über geöffnet, doch während des Monsuns ist der Besuch nicht zu empfehlen, da die meisten Pisten dann weggespült sind, und die durstigen Blutegel machen Wanderungen unmöglich.

Das **Visitors Centre** verlangt Rs150 Eintritt plus Rs20 pro Kamera. Es organisiert Elefantenritte (Rs50) und Bustouren rund um das Reservat (6–9 und 15.30–18 Uhr, Rs50).

Übernachtung

Eine Übernachtung in den beiden **Rest Houses** der Forstbehörde muss so früh wie möglich bei den Forest Department-Büros in Mysore oder Bengaluru (S. 1205) gebucht werden. Außerdem ist es unerlässlich, rechtzeitig vor Einbruch der Dunkelheit an den Parktoren zu sein, denn nach 18 Uhr wird die Zugangsstraße zu den Lodges geschlossen und mit „Elefantensperren" unpassierbar gemacht.

Kabini River Lodge, in der Nähe von Nagarhole (Buchung über Jungle Lodges & Resorts), ✆ 080-2559 7021, 🖳 www.junglelodges.com, ist über das Dorf Karapura, 3 km vom Südeingang des Parks, zu erreichen. Die Luxusherberge auf einem schattigen Gelände am See, eine ehemalige Jagd-Lodge des Maharadschas, bietet All-inclusive-Pauschalpakete inkl. Mahlzeiten und Transport durch den Park in Begleitung fachkundiger Guides. Mit öffentlichen Verkehrsmitteln ist sie nicht zu erreichen, daher muss man ein Auto mieten. Rechtzeitig im Voraus reservieren. ❼–❽

Jungle Inn, Veerana Hosahalli, in der Nähe des Parkeingangs, ✆ 08222-252781. Teuer, aber nicht ganz so schick wie die River Lodge, arrangiert Safaris. ❻–❽

Transport

Nach NAGARHOLE gelangt man mit einem der zwei tgl. am Central-Busbahnhof in Mysore abfahrenden Busse nach HUNSUR (3 Std.), das 10 km vom nördlichen Parkeingang entfernt liegt. Von hier bekommt man ein Transportmittel zu den beiden Rest Houses des Forest Department. Nicht vergessen: Die Lodges schließen um 18 Uhr.

Hassan

Die 118 km nordwestlich von Mysore gelegene, wenig ansprechende Stadt Hassan selbst hat nicht viel zu bieten, stellt jedoch einen günstigen Ausgangspunkt für Besuche der eindrucksvollen Hoysala-Tempel von **Belur** und **Halebid**, beide nordwestlich der Stadt, und der berühmten Jain-Pilgerstätte **Sravanabelagola** im Südosten dar. Manche Reisende bleiben sogar ein paar Nächte hier hängen, doch bei einigermaßen guter Planung braucht man sich hier nicht lange aufzuhalten. Belur, Halebid und Sravanabelagola sind sehr viel freundlichere Orte.

Übernachtung

Obwohl sich die Qualität der Unterkünfte in den letzten Jahren enorm verbessert hat, sind viele Budget-Hotels nach wie vor fast unzumutbar. Die wenigen Ausnahmen befinden sich in Spaziernähe des Busbahnhofs. Im Gegensatz dazu gibt es mehrere gute Hotels der mittleren Preisklasse. Für welches Hotel man sich auch entscheidet: Man sollte unbedingt vorher anrufen, da die meisten am Spätnachmittag ausgebucht sind.

The Ashok Hassan, 121 BM Rd. Ein neues Highlight unter den Unterkünften in Hassan: ein weiß getünchtes Hotelgebäude in üppiger Gartenanlage mit großen Zimmern mit schicker moderner Ausstattung und einem erstklassigen Restaurant mit Bar. ❼–❾

DR Karigowda Residency, BM Rd, 1 km vom Bahnhof, ✆ 08172-264506. Makelloses Budget-Hotel: freundlich, angenehm und erstaunlich preiswert. Auch EZ, keine AC. ❷

Hoysala Village Resort, Belur Rd, 6 km nordwestlich vom Zentrum, ✆ 08172-256764, 🖳 www.karnatakatourism.com. Luxus-Cottages unter staatlicher Leitung in friedlicher ländlicher Umgebung. Feines internationales Restaurant und der einzige Pool weit und breit, der auch Tagesgästen offen steht (Rs75/Std.). ❼–❽

Southern Star, BM Road, 500 m vom Bahnhof, ✆ 08172-251816. Neues Hotel mit allen Annehmlichkeiten, jedoch preiswerter als die meisten anderen. ❻–❼

Suvarna Regency, PB 97, BM Rd, ✆ 08172-264006, 🖳 www.hotelsuvarnaregency.com. Schickes, helles Hotel mit glitzernder Marmorlobby, komfortablen Zimmern und einem der beliebtesten Restaurants der Stadt. Tolles Preis-Leistungs-Verhältnis. ❸–❹

Vaishnavi Lodging, Harsha Mahal Rd, ✆ 08172-263885. Hassans beste Budget-Lodge mit großen, sauberen Zimmern (alle mit Telefon und TV) und vegetarisches Restaurant. Reservierung empfohlen. Die Zimmer nach hinten raus sind ruhiger. ❷

Hassan

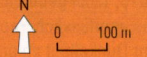

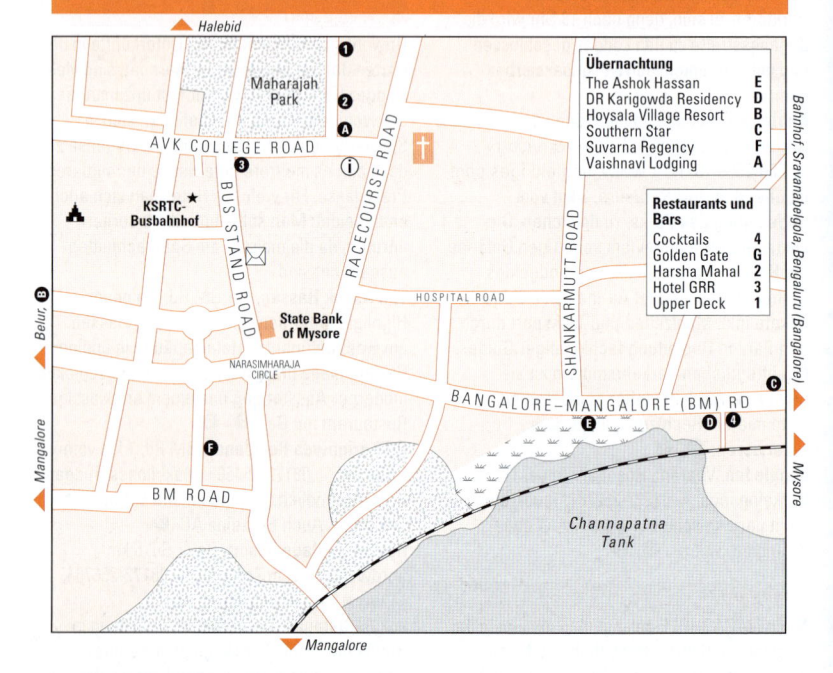

Übernachtung

The Ashok Hassan	E
DR Karigowda Residency	D
Hoysala Village Resort	B
Southern Star	C
Suvarna Regency	F
Vaishnavi Lodging	A

Restaurants und Bars

Cocktails	4
Golden Gate	G
Harsha Mahal	2
Hotel GRR	3
Upper Deck	1

Essen

Die meisten der oben genannten Hotels verfügen über recht ordentliche Restaurants, ansonsten kann man sich auch in den billigen Esslokalen und *thali*-Buden vor dem Busbahnhof verpflegen.

Cocktails, BM Rd nahe dem Suvarna Regency. Restaurant auf drei Ebenen mit Bar und luftiger Dachterrasse. Am besten für einen abendlichen Drink unter freiem Himmel.

Golden Gate, Suvarna Regency, PB 97, BM Rd. Schickes Restaurant und Bar mit Garten; eines der besten Esslokale am Ort. Große Auswahl, aber nicht ganz billig. Currys kosten etwa Rs200.

Harsha Mahal, unterhalb der Harsha Mahal Lodge, Harsha Mahal Rd. Hervorragendes vegetarisches Lokal, bietet frisch zubereitete *iddlis* und tolle dicke *dosas* zum Frühstück (ab 7.30 Uhr).

Hotel GRR, gegenüber dem Busbahnhof. Breites Angebot an vegetarischen und nicht-vegetarischen würzigen „Mini-meals" aus Andra Pradesh auf Bananenblättern, außerdem leckere Eiscreme, alles sehr günstig.

Upper Deck, Harsha Mahal Rd. Kleines, modernes Café auf einem Balkon im ersten Stock. Kaffee, Eiscreme und köstliche *chaats*. Beliebt bei Studenten.

Sonstiges

Geld

Shenoy Tours & Travels, nahe Busbahnhof, 08172-269729. Wechselt Geld, aber keine Reiseschecks von Thomas Cook.

Informationen

Tourist Office, AVK College Road, weniger als fünf Gehminuten vom Busbahnhof,

📞 08172-268862. Freundlich und informativ.
🕐 Mo–Sa 10–17.30 Uhr.

Nahverkehr

Die örtlichen Motor-Rikschas besitzen keine Taxameter und verlangen mindestens Rs10.

Transport

Die einzige Möglichkeit, SRAVANABELAGOLA (53 km), BELUR (37 km) und HALEBID (30 km) innerhalb eines Tages zu besuchen, stellt – abgesehen von der Teilnahme an einer Tour – ein Mietwagen dar, den sich mehrere Leute teilen; die meisten Hotels können dies arrangieren (rund Rs1000 p. T. oder Rs4,50 pro km bei einem Minimum von 250 km).
Mit dem Bus (s. u.) benötigt man dafür mind. zwei Tage.

Busse

Der **KSRTC-Busbahnhof** liegt mitten in der Stadt, am Nordende der Bus Stand Rd.
Belur und Halebid lassen sich leicht an einem Tag besichtigen. Am besten nimmt man den ersten (um 6 Uhr) der stdl. nach HALEBID (1 Std.) fahrenden Busse und fährt von dort aus weiter nach BELUR (30 Min., 16 km). Von Belur fahren nachmittags öfter Busse zurück nach HASSAN (6.30–18.15 Uhr, 1 1/4 Std.) als von Halebid. SRAVANABELAGOLA liegt jedoch in der entgegengesetzten Richtung, und kein Direktbus fährt dorthin. Man muss nach CHANNARAYAPATNA alias „CR Patna" (stdl. ab 6.30 Uhr, 1 Std.) fahren, das an der Hauptstraße nach Bengaluru liegt, und dort in einen Linienbus (30 Min.) steigen oder einen der zahlreichen Minibusse nehmen. Wer zeitig genug nach Sravanabelagola gelangen will, um die Stätte zu besichtigen und am gleichen Tag weiterzufahren (nach Mysore oder Bengaluru), sollte versuchen, einen der privaten Luxusbusse nach Bengaluru zu erwischen, die an der Straße direkt unterhalb der Vaishnavi Lodge vor Sonnenaufgang (5.30–6 Uhr) abfahren. Sie halten alle kurz in Channarayapatna. Und nicht vergessen: Es gibt sowohl in Belur als auch Halebid Übernachtungsmöglichkeiten. Wer also früh genug in Hassan ankommt, kann noch vor Einbruch der Dunkelheit zu den Tempelstädten weiterfahren – aber unbedingt vorher anrufen und fragen, ob ein Zimmer frei ist!

Busse nach:
CHANNARAYAPATNA, Richtung Sravanabelagola (stdl., 1 Std.),
HALEBID (stdl., 1 Std.),
HOSPET (1x tgl., 10 Std.),
MANGALORE (stdl., 4 Std.),
MYSORE (alle 30 Min., 3 Std.).

Eisenbahn

Der **Bahnhof**, wo tgl. ein Express und drei langsame Passenger-Züge nach MYSORE (4x tgl., 2–4 Std.) abfahren, befindet sich 2 km vom Busbahnhof entfernt an der Bus Stand Rd. Nach MANGALORE (1x tgl., 4 Std.) verkehrt ein Nachtzug, ein weiterer soll 2009 folgen. Außerdem gibt es eine Verbindung nach HUBLI (1x tgl., 5 Std.).

Halebid

Heute ist es nur eine winzige Ansammlung schäbiger Ziegelsteinhäuser und *chai*-Buden, doch früher einmal war Halebid, 32 km nordwestlich von Hassan, die Hauptstadt der mächtigen Hoysala-Dynastie, die vom 11. bis zum 14. Jh. das südliche Karnataka beherrschte. Der ursprüngliche Name der Stadt **Dora Samudra** wurde 1311 in Hale-bidu, d.h. „tote Stadt", umgewandelt, nachdem ein Sultanatsheer aus Delhi unter dem Kommando von Ala-ud-din-Khalji sie in Schutt und Asche gelegt hatte.

Dennoch sind mehrere große Hoysala-Tempel erhalten geblieben, von denen zwei äußerst sehenswerte, der Hoysaleshvara und der Kedareshvara, mit wunderbaren Steinmetzarbeiten versehen sind. Ein kleines **archäologisches Museum** neben dem Hoysaleshvara-Tempel beherbergt Hoysala-Kunstgegenstände und andere Ausgrabungsstücke der Gegend, 🕐 tgl. außer Fr 10–17 Uhr.

Hoysaleshvara-Tempel

Mit dem Bau des Hoysaleshvara-Tempels wurde 1141 begonnen, und nach rund vierzig Jahren Bautätigkeit blieb er unvollendet, was möglicherweise das Fehlen solcher Türme erklärt, wie sie beispielsweise in Somnathpur zu sehen sind. Welchen Gottheiten hier ursprünglich gehuldigt wurde, ist unbekannt, doch Fachleute nehmen an, dass der Doppel-Tempel irgendwann Shiva und seiner Gemahlin geweiht war. Jedenfalls enthalten beide Sanktuarien *shivalinga* und sind durch zwei halb offene Mandapa-Säulengänge, in denen Nandi-Figuren stehen, miteinander verbunden.

Der Hoysaleshvara weist auch zahlreiche Vaishnava-Figuren auf. Die **Skulpturen**, die fließender gearbeitet sind als frühere Darstellungen in Belur (s. unten), zeigen Brahma auf seinem „Gänse-Reittier" Hamsa, Krishna, der den Berg Govardhana in der Hand hält, Krishna beim Flötenspiel und Vishnu (Trivikrama), wie er mit drei Schritten die ganze Welt durchquert.

Eine der beeindruckendsten Figuren ist die des Dämonenkönigs **Ravana**, der an Shivas Berg Kailash rüttelt; der Berg ist mit Tieren und Fantasiegestalten bevölkert, und Shiva sitzt mit Parvati oben auf dem Gipfel. Weltliche Figuren, darunter Tänzer und Musiker, stehen Seite an Seite mit Göttern, und auch erotische Szenen mit üppigen, reich geschmückten Frauen sind zu sehen. Ein Fries, der im sechsten Abschnitt um die Außenmauern herumführt, erzählt Geschichten aus den Hindu-Epen. ☉ Sonnenauf- bis -untergang, Eintritt frei.

Übernachtung und Essen

KSTDC Mayura Shantala, ☏ 08177-773224, gegenüber dem Haupttempel in einem kleinen Garten an der Straße, ist die einzige Unterkunft im Dorf. Sie bietet zwei angenehme DZ mit Veranda sowie ein 4-Bett-Zimmer. Reservierung dringend empfohlen. ❷
Nach 18 Uhr, wenn die Teebuden an der Straßenkreuzung schließen, gibt es nur noch im **Mayura Shantala** der KSTDC etwas zu essen.

Nahverkehr

Fahrräder

Die Baudenkmäler liegen nahe genug beieinander, um zu Fuß besichtigt zu werden, doch wer Abstecher in die sie umgebende Landschaft machen möchte, sollte sich an den Ständen beim Busbahnhof ein Fahrrad (Rs3/Std.) ausleihen. Die Straße, die südlich der Tempel verläuft, führt durch herrliches Gelände und bietet die Möglichkeit, über Nebenpfade auf Anhöhen gelegene Heiligtümer zu besuchen, und auch die Straße nach Belur (16 km) eignet sich gut für eine Fahrradtour.

Minibusse

Die privaten Minibusse, die an der Straßenkreuzung vor dem Hoysaleshvara-Tempel abfahren, brauchen viel länger als die großen Busse und fahren erst los, wenn sie bis unters Dach voll sind.

Transport

Es verkehren zahlreiche Busse von Halebid nach HASSAN (letzte Abfahrt um 20.30 Uhr) und nach BELUR (letzte Abfahrt um 20 Uhr).

Belur

Belur, 37 km nordwestlich von Hassan am Ufer des Yagachi, war im 11. und 12. Jh. vor Halebid die Hauptstadt der Hoysala-Dynastie. Wer die Hoysala-Region genauer erforschen möchte, sollte lieber hier als in Halebid seine Zelte aufschlagen, denn Belur hat etwas bessere Einrichtungen und ist insgesamt ein freundlicherer Aufenthaltsort.

Das **Car Festival**, das im März oder April stattfindet und 12 Tage dauert, ist ein eher ländliches Vergnügen. Es zieht Bauern der Umgebung an, die in einer Rinderkarrenprozession durch die Straßen zum Tempel ziehen.

Berühmter ist Belur aber für den noch immer genutzten **Chennakeshava-Tempel**, der ein schönes Beispiel des einzigartigen Hoysala-Baustils ist (☉ tgl. 7.30–20.30 Uhr, Eintritt frei). König Vishnuvardhana ließ diesen Tempel 1117 anlässlich seiner Konversion vom Jainismus zum Hinduismus, des Sieges über die Chola-Streitmächte bei Talakad und der Unabhängigkeit von den Chalukyas erbauen. Heute thront sein aus grauem Stein erbauter *gopura* (Eingangsturm) über einer kleinen, belebten Marktstadt. Der Ort ist von Oktober bis Dezember, wenn ganze Busladungen von Anhängern des Gottes Ayappa auf dem Weg nach Sabarimala (S. 1160, Kasten) hier durchströmen, eine beliebte Wallfahrtsstätte.

Der **Chennakeshava** steht in einem von einer hohen Mauer umgebenen Hof, von kleineren Schreinen und Mandapa-Eingangshallen gesäumt. Da kein Oberbau vorhanden ist, hat der Tempel anscheinend ein Flachdach besessen. Falls er jemals einen Turm besaß, müsste dieser um die Vijayanagar-Periode (16. Jh.) verschwunden sein. Sowohl Sanktuarium als auch Mandapa ruhen auf dem üblichen Sockel *(jagati)*. Stufenreihen, flankiert von kleineren, mit Türmen gekrönten Schreinen, führen an drei Seiten zur Mandapa. Diese war ursprünglich offen, doch um 1200 wurden mit geometrischen Figuren und Szenen der *puranas* verzierte Platten zwischen den gedrechselten Säulen eingesetzt. Der Hauptschrein ist viermal täglich zum Gebet geöffnet (8.30–10, 11–13, 14.30–17 und 18.30–20.30 Uhr). Es lohnt sich, einen der Guides, die bei den Toren warten, zu engagieren (Rs40), um sich die Einzelheiten des Bauschmuckes erklären zu lassen.

Der **Kappe Channigaraya-Tempel** auf demselben Gelände besitzt ein paar kunstvoll gemeißelte Nischenbildnisse und eine Darstellung von Narasimha (Vishnu als Löwenmensch), der den Dämonen Hiranyakashipu tötet. Der kleinere, weiter westlich gelegene **Viranarayana-Schrein** beherbergt einige schöne Skulpturen, darunter eine Szene aus dem *mahabha-rata* (Bhima bei der Ermordung des Dämonen Bhaga).

Übernachtung

Mayuri Velapuri, in der Straße zum Tempel, ✆ 08177-722209. Das KSTDC-Hotel ist die beste Unterkunft. Pieksaubere, luftige Zimmer in einem neuen Block, verwohntere im alten Flügel. Die beiden Schlafsäle sind selten voll (Rs35 pro Bett), außer zwischen März und Mai, wenn das Hotel meist mit Pilgern belegt ist. ❷
Annapurna, ein Stück die Straße hinab, ✆ 08177-722039. Schlichte, annehmbare Zimmer über einem einfachen Restaurant. ❷
Swagath Tourist Home, ✆ 08177-722159, weiter oben an der Straße Richtung Tempel. Sehr einfach, kein Warmwasser, aber für den Notfall ausreichend. ❶

Vishnu Lodge, ✆ 0817-722263. Das beste der Hotels in Busbahnhofsnähe, über einem Restaurant und Süßwarengeschäft gelegen, geräumige Zimmer mit winzigem Bad, Warmwasser nur morgens, z. T. mit TV. ❷–❸

Essen

Das **Mayuri Velapuri** verfügt über ein gutes Restaurant mit begrenztem Angebot. Es gibt auch verschiedene Esslokale, viele davon in den Hotels entlang der Hauptstraße. **Indian Coffee House**, an der Hauptstraße bei den Tempeleingängen, serviert vegetarische *dhabas*.

Informationen

Das **Tourist Office** befindet sich auf dem Gelände des KSTDC Mayuri Velapuri in der Nähe des Tempels. Die Angestellten kennen die genauen Busfahrpläne, und manchmal betätigt sich der Büroleiter auch als Guide. ⏲ Mo–Sa 10–17 Uhr.

Nahverkehr

In der Stadt verkehren **Motor-Rikschas**, doch eine gute Möglichkeit, die Umgebung einschließlich Halebid zu erkunden, bietet ein **Fahrrad**, das es für Rs3/Std. an den Ständen beim Busbahnhof zu mieten gibt.

Transport

Busse von HASSAN und HALEBID halten an dem kleinen Busbahnhof mitten in der Stadt, zehn Minuten zu Fuß auf der Hauptstraße vom Tempel. Manche Fernbusse laufen nicht den Busbahnhof an, sondern halten an der nahe gelegenen Landstraße.

Sravanabelagola

Der kleine Ort Sravanabelagola mit seiner heiligen Jain-Stätte, 49 km südöstlich von Hassan und 93 km nördlich von Mysore, liegt zwischen zwei Hügeln an einem großen See.

Auf einem der Hügel, dem Indragiri (auch Vindhyagiri genannt), steht eine außergewöhnliche, 18 m hohe Monolithstatue der nackten männlichen Figur **Gomateshvara**. Dieser aus dem

10 Jh. stammende Koloss, der im Umkreis vieler Meilen zu sehen ist, soll die höchste frei stehende Skulptur Indiens sein und macht Sravanabelagola zu einer wichtigen Wallfahrtsstätte, doch überraschend wenige Besucher aus der westlichen Welt finden den Weg hier heraus. Wer ein, zwei Nächte im Ort verbringt, kann vor Tagesanbruch auf den Indragiri Hill steigen und das herrliche, unvergessliche Schauspiel der über den Zuckerrohrfeldern und Granitblöcken unten in der Ebene aufgehenden Sonne genießen.

Auf dem zweiten Hügel von Sravanabelagola soll sich der Maurya-Herrscher Chandragupta gegen 300 v. Chr. zu Tode gefastet haben, eine dem Jainismus nicht fremde Praktik. Sein Ruhm begründete die Verbreitung des Jainismus in Südindien, und der Hügel wurde in Chandragiri umbenannt. In diese Zeit fällt auch eine Kontroverse über die Lehren von Mahavira, dem letzten der 24 Jain-*tirthankaras* (wörtlich: „Furtbereiter", sie helfen dem Jünger dabei, das „Meer der Wiedergeburten" zu überwinden). Der Lehrstreit teilte den Jainismus in zwei Glaubensrichtungen. *svetambara*, „weiß gekleidete" Jains, kommen mehr in Nordindien vor, während *digambara*, „luftgekleidete", meistens im Süden anzutreffen sind. In tiefster Askese lebende *digambara* gehen völlig nackt, allerdings nur wenige auch außerhalb der Heiligtümer.

Die Plastiken in Sravanabelagola stammen möglicherweise erst aus dem 10. Jh., als ein gewisser General Chamundaraya auf der Suche nach einer Maurya-Statue von Gomateshvara nach Chandragiri gekommen sein soll. Da er sie aber nicht fand, gab er selbst eine in Auftrag. Vom Gipfel des Chandragiri schoss er einen Bogen zum Indragiri Hill hin ab; dort, wo der Pfeil zur Erde fiel, ließ er einen neuen Gomateshvara aus einem einzigen Steinblock anfertigen.

Indragiri Hill

620 in den Granitstein des Indragiri-Hügels gehauene Stufen führen vom See aus an zahlreichen Inschriften vorbei zum ummauerten **Gomateshvara** hoch. Schuhe müssen an dem Stand links der Treppe deponiert werden, Taschen kann man in dem nahe gelegenen Büro abgeben. Es ist wichtig, viel Wasser mitzunehmen, besonders an heißen Tagen, denn auf dem Hügel gibt es nichts zu trinken. Durch einen kleinen *gopura* gelangt man zum **Tempel**, der vollkommen von seiner gewaltigen Gomateshvara-Figur beherrscht wird. Dessen überlange Arme und extrem breite Schultern sind alles andere als naturgetreu dargestellt.

Die weiche Oberfläche des weißen Granitgesteins wurde meisterhaft behauen – man achte besonders auf Hände, Haar und Gesicht. Der Legende entsprechend befinden sich zu seinen Füßen Ameisenhaufen und ringeln sich Schlangen, und an seinen Gliedmaßen klettern Schlingpflanzen hoch.

Bhandari Basti und Kloster

Auf der Straße, die unterhalb der Treppenstufen des Chandragiri nach Osten führt, gelangt man zu zwei sehenswerten Jain-Bauten der Ortschaft. Auf der rechten Seite befindet sich der Bhandari Basti (1159), der einen Schrein mit Statuen der 24 *tirthankaras* beherbergt und von Hullamaya, dem Schatzmeister des Hoysala Raja Narasimha erbaut wurde. Den Tempel und den an der Rückseite gelegenen Schrein betritt man durch zwei Mandapas, wo manchmal nackte *digambara*-Jains im Gespräch mit weiß gekleideten Anhängern zu sehen sind.

Das Kloster *(math)* am Ende der Straße war die Heimstätte von Sravanabelagolas oberstem *acharya* oder Guru. Dreißig Mönche und Nonnen, die auch „in alle Himmelsrichtungen ausziehen", gehören dem Kloster an. Normalerweise ist ein Klosterbewohner zur Stelle, der Besucher gern herumführt.

Die kostbaren, auf Palmblättern geschriebenen Manuskripte der Bibliothek – manche über tausend Jahre alt – umfassen Werke zu Mathematik und Geografie sowie das Mahapurana, die Heiligengeschichten der *tirthankaras*. Nebenan ist der überdachte, von einer Mauer umschlossene Hof an drei Seiten von einer erhöhten Plattform umgeben, auf der sich eine Sitzgelegenheit für den *acharya* befindet. Hier ist auch eine Sammlung von *tirthankara*-Bronzefiguren aus dem 12. Jh. untergebracht, und Wandgemälde zeigen die verschiedenen Inkarnationen von Parshvanath. Außerdem ist ein Modell der Hügel zu sehen, auf denen die *tirthankaras* standen, um *moksha* zu erlangen.

Chandragiri Hill

Bevor man die in den Fels gehauenen Stufen zum kleineren Chandragiri Hill hochsteigt, müssen die Schuhe unten beim Wächter abgestellt werden. Bald bleiben die Geräusche der Radios und Rikschas zurück, und es eröffnet sich ein schöner Ausblick nach Süden auf den Indragiri und in die andere Richtung über einen Fluss, Reis- und Zuckerrohrfelder und das Dorf **Jinanathapura**, wo ebenfalls ein reich verzierter Hoysala-Tempel steht, der Shantishvara-*basti*.

Chandragiri besteht anders als Indragiri nicht aus einem einzigen weitläufigen Schrein, sondern aus einer Gruppe von *bastis,* die im späten Dravida-Stil der Chalukya im Schutz eines Mauerwalls erbaut wurden. Wächter zeigen Besuchern die Anlage und öffnen die ansonsten verschlossenen Heiligtümer. Abgesehen von Stützpfeilern und Brüstungen sind die Tempel von außen alle schmucklos. Der nach seinem Schutzpatron benannte **Chamundaraya** aus dem 10. Jh. ist der größte der Tempel, er ist Parshvanath geweiht. Im **Chandragupta** (12. Jh.) erzählen kunstvoll gearbeitete Paneele in einem kleinen Schrein die Geschichte von Chandragupta und seinem Lehrer Bhadrabahu. Es sind noch Spuren geometrischer Zeichnungen erhalten, und die Säulen weisen feine Verzierungen auf. Innerhalb der Mauern steht auch ein 24 m hoher *manastambha*, ein „Berühmtheiten-Pfeiler", verziert mit Darstellungen von Geisterwesen. Nicht weniger als 576 Inschriften, datierend vom 6.–19. Jh., finden sich in der Stätte, auf Säulen und Felswänden.

Übernachtung und Essen

Zahlreiche, von den Tempelbesitzern geführte *dharamshalas* bieten einfache, sehr saubere Zimmer, viele davon mit Bad und Sitzgelegenheiten im Freien, meist für weniger als Rs150.
Im **SP Guest House** neben dem Busbahnhof (zu erkennen an dem Glockenturm) gibt es eine 24 Std. geöffnete **Zimmervermittlung**, ✆ 08176-657258.
Hotel Raghu, gegenüber dem Hauptteich, beherbergt das beste der zahlreichen kleinen **Restaurants** im Ort.

Sonstiges

Fahrräder
Die idyllische (und zumeist flache) Landschaft um Sravanabelagola ist ausgezeichnetes Radfahrgelände.
Saleem Cycle Mart, in der Masjid Rd, gegenüber der Nordostecke des Teiches, verleiht Räder für Rs3/Std.

Informationen
Das **Tourist Office**, ✆ 08176-657254, am Fuß der Stufen hat wenig zu bieten, ⏰ Mo–Sa 10–17.30 Uhr. Das **Management Committee Office** eine Tür weiter nimmt nur Spenden entgegen und verkauft Tickets für die *dolis*.

Transport

Sravanabelagola steht zusammen mit Belur und Halebid auf dem in Bengaluru und Mysore (S. 1206 und S. 1217) angebotenen Tourenprogramm. Wer sich jedoch lieber in Ruhe umschauen möchte, kommt besser auf eigene Faust her.
Um nach HASSAN zurück zu gelangen, muss man zunächst per Bus oder mit einem der Minibusse, die ständig auf dieser Strecke verkehren und erst abfahren, wenn sie voll besetzt sind, nach CHANNARAYAPATNA alias „CR Patna" fahren und dort in einen Bus nach Hassan oder Mysore umsteigen.

Kodagu (Coorg)

Die gebirgige Region Kodagu, früher Coorg genannt, liegt 100 km westlich von Mysore in den Westghats, deren Ostausläufer in das Mysore Plateau übergehen. Das hügelige, mit Dschungel, Kaffeeplantagen und Reisfeldern gesprenkelte Gebiet zählt zu den schönsten Landschaften Südindiens. Dervla Murphy verbrachte hier in den 70er-Jahren zusammen mit ihrer Tochter einige Monate (beschrieben in ihrem Reisebuch-Klassiker *On a Shoestring to Coorg,* dt. *Unter der Sonne von Coorg*) und ließ sich von der Naturschönheit und den Einheimischen, deren Gebräuche, Sprache und äußere Erscheinung sich von den benachbarten Gebieten stark unterscheidet, bezaubern. Seitdem hat sich hier wenig verändert.

Wer vorhat, die Ghats zwischen Mysore und der Küste zu überqueren, sollte die Route durch Kodagu ernstlich ins Auge fassen. Einige Kaffeeplantagenbesitzer haben ihre Pforten für Besucher geöffnet, Näheres dazu bei der Codagu Planters Association, Mysore Road, Madikeri, ✆ 08272-229873. Ein Besuch lohnt sich vor allem während der Festivalsaison Anfang Dezember oder während der **Blossom Showers** gegen März, April, wenn die Kaffeepflanzen in weißen Blüten stehen; manchen ist der schwere Duft jedoch zu heftig.

Kodagu ist relativ unerschlossen, und es gibt nur wenige „Sehenswürdigkeiten", aber die Landschaft ist idyllisch und das Klima selbst im Sommer angenehm kühl. Viele Wanderfreunde finden inzwischen den Weg nach Kodagu, um die hiesigen Wald- und Bergpfade zu erkunden. An der Ostgrenze von Kodagu haben **tibetische Siedler** in der Umgebung von Kushalnagar das vormalige öde Gelände in fruchtbares Ackerland verwandelt und Klöster erbaut, von denen manche Tausend Mönche beherbergen.

Geschichte

Die ersten konkreten Hinweise auf das Königreich Kodagu datieren aus dem 8. Jh., als es durch den Salzhandel zwischen der Küste und den Städten des Dekkan zu Wohlstand gelangte. Unter den hinduistischen **Haleri Rajas** gelang es ihm, Invasionen seiner mächtigeren Nachbarn abzuwehren, darunter jene von Haider Ali und dessen Sohn Tipu Sultan, dem berüchtigten Tiger von Mysore (s. S. 1219). Dank seines gebirgigen Geländes, den fehlenden Straßen (die von den Kodagu-Königen aus verteidigungstaktischen Gründen absichtlich nicht angelegt wurden) und der Streitlust seines bestens ausgebildeten Heeres war Kodagu das einzige indische Königreich, das niemals von feindlichen Mächten erobert wurde.

1834 ersuchten die Minister schließlich die Briten, ihren despotischen König Vira Raja aus dem Weg zu räumen. Anschließend wurde Kodagu ein Fürstentum mit nomineller Unabhängigkeit, was es bis zur Gründung von Karnataka im Jahr 1956 blieb.

Während des Raj wurde der **Kaffeeanbau** eingeführt, und trotz sinkender Preise auf dem Weltmarkt ist Kaffee immer noch der Dreh- und Angelpunkt der lokalen Wirtschaft, gefolgt von Pfeffer und Kardamon.

Zwar ist Kodagu die reichste Region Karnatakas mit den höchsten Steuereinnahmen, doch die Erträge werden nicht gerecht verteilt – beispielsweise haben 53 % der Dörfer keinen Stromanschluss.

Zusammen mit dem ausgeprägten Bewusstsein einer eigenen Identität und der freiheitsliebenden Natur der Kodavas führten derlei Missstände zur Gründung der Autonomiebewegung **Kodagu Rajya Mukti Morcha**. Zu den Aktionen der KRMM zählen Kulturprogramme und hin und wieder Streiks. Zu Gewalttakten wird bisher selten Zuflucht genommen.

Madikeri (Mercara)

Madikeri (Mercara), die Hauptstadt von Kodagu, liegt rund 1300 m hoch in den Westghats, ungefähr auf halbem Wege zwischen Mysore und der Küstenstadt Mangalore.

Immer mehr Ausländer besuchen diese recht nette Stadt mit ihren roten Ziegelsteinhäusern und gewundenen Straßen, die in einen lebhaften Basar münden, doch die Meisten zieht es relativ schnell in die Gästehäuser und auf die Plantagen in der üppig-grünen Landschaft von Coorg.

Der 1820 erbaute **Omkareshwara Shiva-Tempel** stellt eine seltsame Mischung aus roten Ziegeldächern, keralischer Hinduarchitektur, gotischen Elementen und islamischen Kuppeln dar. Die Festung und der Palast, von Tipu Sultan 1781 umgebaut und im 19. Jh. wieder aufgebaut, beherbergen heute Büroräume und ein Gefängnis. Innerhalb des Komplexes beherbergt die **St. Mark's Church** ein kleines **Museum** mit britischen Memorabilien, Figuren von Jain, Hindu- und Dorfgottheiten sowie Waffen, ⏱ Di–So (außer 2. Sa im Monat) 9–17 Uhr, Eintritt frei.

Einen Besuch lohnen die mächtigen, viereckigen **Gräber der Rajas**, deren vergoldete Kuppeln und Minarette die Häuser der Stadt überragen. Der **Rajas' Seat**, ein Belvedere am westlichen Stadtrand in der Nähe des Hotels Valley View, verdankt seine Existenz einem pfiffigen Kodagu-Raja vom Beginn des 18. Jhs.

Die Kodavas

Die Herkunft der Kodavas oder Coorgis, die heute weniger als ein Sechstel der Bevölkerung der hügeligen Region ausmachen, ist immer noch umstritten. Da sie hellhäutig sind, eine eigene Sprache und eigene Gebräuche besitzen, wird angenommen, dass sie aus Kurdistan, Kaschmir oder sogar Griechenland nach Südindien eingewandert sind, doch niemand weiß genau, warum. Eine im Volk verbreitete Theorie besagt, dass dieses ausgesprochen martialische Volk, aus dem seit der Unabhängigkeit mehrere führende indische Militärs hervorgegangen sind, von römischen Söldnern abstammt, die nach dem Zusammenbruch der Pandyan-Dynastie im 8. Jh. hierher flüchteten. Manche vermuten sogar verwandtschaftliche Beziehungen mit dem Invasionsheer von Alexander dem Großen. Egal, wo ihre Wurzeln liegen – die Kodavas unterscheiden sich bis heute unverkennbar von den freigelassenen Plantagensklaven, den moslemischen Moplah-Händlern und anderen Immigranten, die sich hier niederließen. Ihre Sprache, die mehr dem Tamil als dem Kannada ähnelt, ist dravidisch, doch ihre religiösen Bräuche, basierend auf Ahnenverehrung und Animismus, haben kaum etwas mit denen des allgemein verbreiteten Hinduismus gemein. Auch die Landbesitzverhältnisse sind in Kodagu anders geregelt, und Frauen steht das Erb- und Besitzrecht zu; zudem ist Witwen die Wiederheirat erlaubt.

Das spirituelle und gesellschaftliche Leben traditioneller Kodavas dreht sich um **Ain Mane**, den Wohnsitz der Ahnen. Diese großen Häuser mit ihren wundervoll geschnitzten Holztüren und dem gestampften Lehmboden stehen auf einer erhöhten Plattform mit Blick über den Grundbesitz der Familie. Sie verfügen in der Regel über vier Flügel und Höfe zur Unterbringung der verschiedenen Zweige der weitläufigen Familie sowie über Schreine, sogenannte Karona Kalas, die den am meisten verehrten Vorfahren des Clans geweiht sind. Wichtige religiöse Zeremonien und Übergangsriten finden immer im Ain Mane, nicht im örtlichen Tempel, statt. Man kann jedoch durch Kodagu reisen, ohne jemals ein Ain Mane zu Gesicht zu bekommen, denn sie stehen alle weit von der Straße entfernt, in dichtem Wald versteckt.

Größer ist die Chance, traditionelle **Kodava-Trachten** zu sehen, die bei allen feierlichen Anlässen angelegt werden. Die Männer tragen knielange Mäntel, *kupyas* genannt, die in der Taille mit einer scharlachroten und goldenen Schärpe zusammengehalten werden, und Dolche *(peechekathis)* mit Elfenbeingriffen. Noch prächtiger ist die Kleidung der Kodava-Frauen: lange, farbenfrohe Seidensaris, im Rücken gefältelt, und ein um die Schulter drapierter *pallav,* dazu jede Menge schwerer Gold- und Silberschmuck und Edelsteine. Die Frauen tragen sowohl auf dem Feld als auch bei wichtigen Ereignissen Kopftücher, die im kaschmirischen Stil an der Rückseite des Kopfes gebunden werden.

Dies ist eine der besten Stellen zum Betrachten des Sonnenuntergangs in ganz Südindien. Heute befindet sich hier ein beliebter Park, der sich kurz vor Sonnenuntergang füllt. Um 19 Uhr lassen sich die Besucher dann von einer kitschigen Wasser- und Lichtshow mit Bollywood-Filmmusik-Untermalung verzaubern. ☉ Morgendämmerung–20 Uhr, Eintritt Rs2.

Madikeri ist der Hauptumschlagplatz des lukrativen Kaffeehandels. Zwar gelangt man für rund Rs185 per Motor-Riksha zu den **Abbi Falls** (8 km) und zurück, doch zu Fuß lässt sich das Kaffeeanbaugebiet besser kennenlernen.

Die Straße zu den Wasserfällen, auf der keine Busse verkehren, führt durch eine hügelige Landschaft an Plantagen vorbei und eignet sich hervorragend für eine schöne Tageswanderung. Von dem Parkplatz am Ende der Straße gelangt man durch ein Tor und über das Gelände einer privaten Kaffeeplantage zum Fuß des Wasserfalles, der zur Monsunzeit und direkt danach am eindrucksvollsten ist.

Übernachtung

Es ist im Allgemeinen nicht schwierig, in Madikeri eine Unterkunft zu finden, außer gelegentlich in der unteren Preislage. Die meisten Budget-Hotels liegen im Umkreis des Basars und Busbahnhofs.

Anchorage Guest House, Kohinoor Rd, ✆ 08272-228939. Absolut schlichte Zimmer mit Bad, aber in einer ruhigen Nebenstraße in der Nähe des Busbahnhofs. ❷

Cauvery, School Rd, ✆ 08272-225492. Unterhalb des Private-Busbahnhofs, groß und freundlich, verschwindet fast vor dem ausgezeichneten hauseigenen Restaurant Capitol, wo es gute scharfe Versionen der regionalen Spezialität *pondhi curry* (Schweinefleisch-Curry) gibt. ❸

Chitra, School Rd, ✆ 08272-225372. Preiswerteste Unterkunft in der Stadt. Saubere, gepflegte Zimmer; die etwas teureren mit Kabel-TV. Ausgezeichnetes nicht-vegetarisches Restaurant mit Bar im Erdgeschoss. ❷

Coorg International, Convent Rd, ✆ 08272-228071. Zehn Riksha-Minuten westlich vom Zentrum, eines der wenigen luxuriöseren Hotels; weitläufig, nicht besonders stilvoll, angenehme Zimmer nach westlichem Standard, Restaurant mit multikultureller Küche, Geldwechsel und Einkaufsmöglichkeiten. ❽–❾

East End, General Thimaya (alias Mysore) Rd, ✆ 08272-229996. Große, schlichte, in ein Hotel verwandelte Kolonialvilla, nicht ohne Flair, aber besser bekannt für ihre gut besuchte Bar und das Restaurant. ❹

Mitten im Regenwald

Mojo Rainforest Retreat, 13 km nördlich von Madikeri beim Dorf Galibeedu, ✆ 08272-265636, ✉ anugoel@bsnl.in. Die kenntnisreichen Gastgeber Sujata und Annu haben sich inmitten der Plantagen von Kodagu eine schöne Idylle geschaffen. Exzellente Bio-Mahlzeiten (inklusive), freundlich eingerichtete Cottages und Zelte umgeben von üppigem Regenwald. Alle Gewinne fließen an die Naturschutzorganisation der Gastgeber, die sich für mehr Umweltbewusstsein und nachhaltige Landwirtschaft in der Region starkmacht. ❺–❼

Mayura Valley View Hotel, ✆ 08272-228387. KSTDC-Hotel ein gutes Stück abseits der Hauptstraße, hinter dem Rajas' Seat, mit herrlicher Aussicht. Die Zimmer sind riesig, und im Restaurant (mit schöner Terrasse) wird Alkohol ausgeschenkt. Vom Busbahnhof aus nur nach einem schweißtreibenden, 20-minütigen Anstieg zu erreichen, daher besser eine Riksha nehmen. ❸

The School Estate, 15 km von Madikeri, ✆ 082-74258358. Charmante Unterkunft inmitten von Kaffee-, Kardamom- und Vanilleplantagen. Betreiberin Rani Aiyapa ist eine wunderbare Gastgeberin und exzellente Köchin und bietet jede Woche Kochkurse für die Coorg-Küche an. Riesige Zimmer mit Rosenholz-Betten und gemütlichen Akzenten, die dem Ganzen die Atmosphäre eines edlen englischen B&B verleihen. Schön gestaltetes Gelände. So entspannend wie kaum eine andere Unterkunft in Südindien. US$100–200, inkl. aller Mahlzeiten. ❽–❾

Essen

Fast alle besseren Hotels besitzen ein Restaurant, einige auch eine Bar.

Das **Choice Hotel** in der School Rd serviert Frühstück sowie verschiedene vegetarische und Fleischgerichte.

Tao, in der Nähe des Forts, ist ein authentisches Chinarestaurant. Das angrenzende **Sri Ambica** bietet vegetarische Vollwert-Snacks und größere Mahlzeiten.

Sonstiges

Informationen

Das kleine **Tourist Office**, ✆ 08272-228580, befindet sich 5 Minuten zu Fuß vom Thimaya Circle in der Straße nach Siddapura, neben dem PWD Travellers' Bungalow, und ist bei der Planung von Ausflügen behilflich, hat aber ansonsten nicht viel zu bieten. ⏱ Mo–Sa (außer 2. Sa im Monat) 10.30–17.30 Uhr.

Der **Conservator of Forests**, Deputy Commissioners Office im Fort, ✆ 08272-225708, informiert über die Wälder und Wald-Unterkünfte in Kodagu.

Kaffee
Athithi Coffee Works, Nähe Indira Gandhi Chowk. Wer es nicht hinaus auf die Plantagen schafft, kann sich hier mit frischem Coorg-Kaffee (Rs170–240/kg) und anderen regionalen Leckereien eindecken.

Touren
Wer **Trekkingtouren** in Kodagu unternehmen möchte, wendet sich an Ganesh Aiyanna im Hotel Cauvery (s. Übernachtung). Er ist sehr hilfsbereit und organisiert Tagesausflüge und Touren für diverse Budgets.

Coorg Travels, neben der Rajdarshan Lodge, ✆ 08272-225817, ebenfalls flexibel und freundlich, hilft bei der Tourplanung.

Dhanasri Associates, Indira Gandhi Chowk, ✆ 09448 184829, hilft bei der Planung von Touren, der Buchung von Unterkünften und dem Leihen von Fahrrädern und gibt allgemeine Auskünfte.

Transport
Madikeri ist nur auf dem Straßenweg zu erreichen, doch ist es vom 120 km weiter südöstlich gelegenen MYSORE aus eine landschaftlich schöne, 3 Std. lange Busfahrt via Kushalnagar (es sei denn, man steigt versehentlich in einen der wenigen Busse, die über Siddapura fahren und mehr als eine Std. länger brauchen).

Linienbusse, darunter auch Deluxe-Busse, verbinden Madikeri außerdem mit MANGALORE (4 Std.), 135 km nordwestlich jenseits der Ghats, sowie HASSAN (4x tgl., 4 Std.).

Der **KSTRC**-Busbahnhof befindet sich am nördlichen Ende der Stadt, unterhalb des Hauptbasars. Die Busse privater Unternehmen aus den umliegenden Dörfern halten an einem Parkplatz am Ende der Hauptstraße.

Mangalore und Umgebung

Viele Besucher von Mangalore befinden sich eigentlich nur auf der Durchreise nach Goa oder Kerala. Die Stadt liegt gar nicht weit von der hügeligen Kodagu (Coorg)-Region entfernt und ist die den Hoysala- und Jain-Stätten in der Nähe von Hassan, 172 km weiter östlich, am nächsten gelegene Küstenstadt.

Mangalore besaß einen der berühmtesten Häfen Südindiens. Schon im 6. Jh. war die Stadt in anderen Gegenden der Welt als wichtiger Pfefferlieferant bekannt, und im 14. Jh. berichtete der moslemische Geschichtsschreiber Ibn Batuta von ihrem regen Pfeffer- und Ingwerhandel und der Anwesenheit von Händlern aus Persien und dem Jemen. Mitte des 15. Jhs. bezeichnete der persische Konsul Abdu'r-Razzaq Mangalore als die „Frontstadt" des Vijayanagar-Reiches – weshalb sich die Portugiesen 1529 ihrer bemächtigten.

Heutzutage ist der moderne, 10 km nördlich der eigentlichen Stadt gelegene Hafen in erster Linie für die Verarbeitung und den Export von Kaffee und Kakao (zum Großteil aus Kodagu stammend), Cashew-Nüssen (aus Kerala) bekannt. Außerdem werden hier *bidi*-Zigaretten hergestellt.

Die Stadt und die Strände

Der deutlich spürbare christliche Einfluss geht bis auf die Ankunft des heiligen Thomas an einer Stelle südlich von Mangalore zurück. Rund 1400 Jahre später, im Jahr 1526, errichteten die Portugiesen eine der ersten Kirchen an der Küste. Die heutige **Rosario Cathedral** mit ihrer dem Petersdom in Rom nachempfundenen Kuppel datiert allerdings erst von 1910. Liebevoll restaurierte Fresken und Wandgemälde, das Werk des italienischen Künstlers Antonio Moscheni, zieren die 1885 im romanischen Stil erbaute **St. Aloysius College Chapel** in der Lighthouse Road in der Nähe des Stadtkerns.

Am Saum des Kadri Hill, 3 km nördlich des Zentrums, steht Mangalores **Manjunatha-Tempel** aus dem 10. Jh. Dieser Tempel ist ein wichtiges Zentrum des shaivitischen und tantrischen **Natha-Pantha-Kultes**. Dieser Kult, von dem angenommen wird, dass er seine Wurzeln im Vajrayana-Buddhismus hat, stellt eine besondere Spielart des Hinduismus dar und ähnelt gewissen Kulten in Nepal. Das Heiligtum beherbergt mehrere wunderbare **Bronzen**, darunter einen 1,5 m hohen, sitzenden Lokeshvara (Matsyendranatha) von 958, der als die kunstvollste südindische Bronzestatue außerhalb

Tamil Nadus gilt. Ihre nähere Besichtigung ist nur während des *darshan* (6–13 und 16–20 Uhr) möglich. Besonders lohnend ist der Besuch um 8, 12 oder 20 Uhr, denn dann findet *mahapuja* statt, d. h., der Priester segnet, von lautstarker Musik begleitet, die Gläubigen mit Feuer. Gegenüber dem Osteingang führen Stufen über einen Laterit-Pfad zu einer eigenartigen Ansammlung kleinerer Schreine. Dahinter steht rings um zwei Höfe das **Shri Yogishwar Math**, eine Herberge für tantrische Sadhus.

Wer der Stadt ein paar Stunden den Rücken kehren möchte, kann ins 10 km weiter südlich gelegene Dorf **Ullal** fahren, wo es einen kilometerlangen, von Kiefern gesäumten **Sandstrand** gibt. Besonders gegen Sonnenuntergang finden sich hier viele Spaziergänger ein, aber ein starker, nicht selten gefährlicher Sog erschwert das Schwimmen, daher sollte man besser den Pool des ausgezeichneten Summer Sands Beach Resort (s. u.) direkt hinter dem Strand (Rs100) aufsuchen.

Vom Summer Sands aus führt eine mit Banyan-Bäumen bestandene Straße nach 2 km zu dem im Kerala-Stil erbauten Shiva-Tempel von **Someshwar** und einem weiteren, besonders bei der Dorfjugend beliebten Strand. In Richtung des Ortskerns von Ullal und rund 700 m von der Haupt-Bushaltestelle entfernt, liegt das *dargah* (Grabgewölbe) von **Seyyid Mohammad Shareeful Madani**, einem Heiligen des 16. Jhs., der aus dem arabischen Medina gekommen und auf einem Taschentuch übers Meer gesegelt sein soll. In dem seltsamen, mit Zwiebeltürmen verzierten Bauwerk aus dem 19. Jh. ruht das Grab des Heiligen. Es handelt sich um einen der am höchsten verehrten Sufi-Schreine Südindiens. Besucher sollten sich unbedingt an die Regeln halten, d. h. Kopf, Arme und Beine bedecken und vor dem Betreten die Füße waschen. An der Kreuzung am Südende der KS Rao Road fahren **Nahverkehrsbusse** (Nr. 44A) nach Ullal ab. Unterwegs, bei der Überquerung des Netravathi, sieht man am Ufer bei der Flussmündung eine Ansammlung von Fabrikschornsteinen. Hier wird der ausgezeichnete, aus den Bergen flussabwärts verschiffte Lehm zu den berühmten terrakottaroten **Mangalore-Dachziegeln** gebrannt, die überall in Südindien zu sehen sind.

Übernachtung

Der Standard der Unterkünfte scheint stetig zu steigen. Die meisten befinden sich an der KS Rao Rd, die vom Busbahnhof nach Süden verläuft. Man kann auch außerhalb der Stadt, am Strand in Ullal, 10 km südlich der Stadt, Quartier beziehen.

Adarsh Lodge, Market Rd, ✆ 0824-244 0878. Recht kleine, aber saubere Zimmer mit Bad. Ordentliche Preise, besonders bei Einzelbelegung. ❷

Hotel Manjuran, Old Port Rd, ✆ 0824-242 0420, ✆ 0824-242 0585. Modernes Business-Hotel. Alle Zimmer AC, einige auch mit Meerblick. Reiseschalter, Geldwechsel, Pool, Bar, zwei Nobelrestaurants und 24 Std. geöffnetes Café. ❻–❾

Navaratna Palace, ✆ 0824-244 1104, ✉ nish77772000@yahoo.com. Zu bevorzugen gegenüber dem älteren Navaratna nebenan; bessere Zimmer, manche mit AC, für ein kleines bisschen mehr Geld. Außerdem zwei gute, klimatisierte Restaurants: *heera Panna* und *palimar* (rein vegetarisch). ❸–❺

Poonja International, KS Rao Rd, ✆ 0824-244 0171, 🖥 www.hotelpoonjainternational.com. Schicker Hotelturm, überwiegend AC, alle Annehmlichkeiten, tolle Aussicht von den oberen Stockwerken. Südindisches Frühstücksbuffet inkl. ❹–❽

Summer Sands Beach Resort, Chotan Mangalore, Ullal, ✆ 0824-246 7690, 🖥 www.summer-sands.com. Geräumige Zimmer und Cottages (z. T. mit AC) in Strandnähe, mit Pool und Bar-Restaurant, das hiesige Spezialitäten, indische und chinesische Gerichte bietet. Geldwechsel für Hotelgäste. Von der Stadt aus zu erreichen mit Bus Nr. 44A. ❺–❾

Vishwa Bhavan, KS Rao Rd, ✆ 0824-244 0822. Einfache Zimmer mit Bad rings um einen Hof, zentrale Lage. Die beste der Billigherbergen. ❶

Woodside, KS Rao Rd, ✆ 0824-244 0296. Altmodisches Hotel, unterschiedliche Zimmer (am preiswertesten sind die Economy-DZ), manche mit AC. ❸–❺

Essen

Die besten Speiselokale befinden sich in den größeren Hotels. Bei knapper Kasse empfehlen

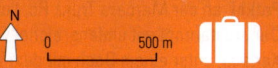

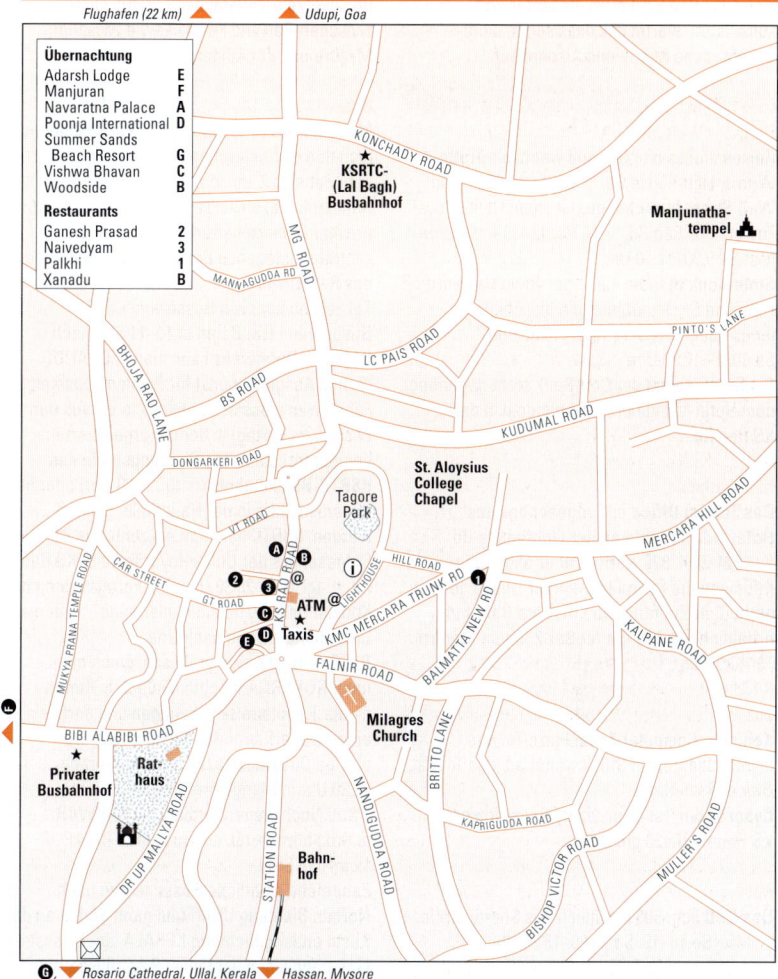

Mangalore

Flughafen (22 km) ◄   ▲ Udupi, Goa

Übernachtung
Adarsh Lodge	E
Manjuran	F
Navaratna Palace	A
Poonja International	D
Summer Sands Beach Resort	G
Vishwa Bhavan	C
Woodside	B

Restaurants
Ganesh Prasad	2
Naivedyam	3
Palkhi	1
Xanadu	B

G ▼, Rosario Cathedral, Ullal, Kerala ▼ Hassan, Mysore

sich die preiswerten Café-Restaurants gegenüber vom Busbahnhof oder die hervorragende Cafeteria im Busbahnhofsgebäude, die leckere *dosas* und andere südindische Snacks anbietet.
Ganesh Prasad, in der Gasse neben dem Vasanth Mahal, bietet köstliche, frisch zubereitete „meals" für wenig Geld.
Naivedyam, im Mangalore International, KS Rao Rd. Eines der besten Hotelrestaurants, rein vegetarisch. Schicke klimatisierte und gemütliche Abteilung ohne AC.

www.stefan-loose.de/indien   **Mangalore und Umgebung 1235**

Karnataka

Palkhi, an der Mercara Trunk Rd. Luftiges Dachrestaurant mit umfangreicher Speisekarte.
Xanadu, unter einem Dach mit dem Woodside Hotel, KS Rao Rd. Etwas eleganter und klimatisiert, wartet mit klassischer, nicht-vegetarischer Küche und Alkohol auf.

Sonstiges
Geld
Reiseschecks und Bargeld wechseln **Trade Wings**, Lighthouse Rd, ☏ 0824-242 6225, und **Wall Street Interchange**, 1st Floor, Utility Royal Towers, KS Rao Rd, ☏ 0824-242 1717, ⊙ beide Mo–Sa 9.30–17.30 Uhr.
State Bank of India, nahe der Town Hall am Hamilton Circle, arbeitet ein bisschen langsamer, ⊙ Mo–Fr 10.30–14.30 und Sa 10.30–12.30 Uhr.
Ein **Geldautomat** der CorpBank steht gegenüber dem Hotel Mangalore International in der KS Rao Rd.

Informationen
Das **Tourist Office** im Erdgeschoss des Hotel Indraprashta an der Lighthouse Rd, ☏ 0824-244 2926, verfügt über allgemeine Infos und die Fahrpläne einiger Busse, jedoch nicht über Zugfahrpläne (nur am Bahnhof erhältlich). ⊙ Mo–Sa (außer 2. Sa im Monat) 10–17.30 Uhr.

Internet
Kohinoor Computer Zone, Plaza Towers, Lighthouse Rd, ein Stück weiter als das Tourist Office (Rs25/Std.).
Cyber Zoom, 1st Floor, Utility Royal Towers, KS Rao Rd (Rs20 pro Std.).

Post
Das **GPO** liegt 500 m südlich des Shetty Circle, ⊙ Mo–Sa 10–19, So 10.30–13.30 Uhr.

Nahverkehr
Hampankatta, in der Nähe der KS Rd, ist der städtische Verkehrsknotenpunkt. Hier kann man einen Stadtbus oder eine Motor-Riksha nehmen – die Fahrer schalten aber nur ungern den Zähler ein.

Transport
Mangalore ist ein touristischer Hauptverkehrsknotenpunkt für den Reiseverkehr entlang der Konkan-Küste zwischen Goa und Kerala sowie zwischen Mysore und der Küstenregion.

Busse
Mangalores betriebsamer **KSRTC-Busbahnhof** (von den Einheimischen „Lal Bagh" genannt) befindet sich 2 km nördlich des Stadtzentrums Hampankatta, am Fuße des Kadri Hill. Die Busse privater Gesellschaften benutzen einen zentraler gelegenen Busbahnhof in der Nähe des Rathauses.
Tgl. fahren nur zwei Busse vom KSRTC-Busbahnhof (Lal Bagh) in 10–11 Std. nach PANJIM. Unterwegs kann man in CHAUDI (8 Std., Ausgangspunkt für Palolem) aussteigen. Fahrkarten müssen möglichst im Voraus (am besten am Vortag) in der gut organisierten, computergesteuerten **Buchungshalle des KSRTC-Busbahnhofs** (⊙ tgl. 7–20 Uhr) oder im Kadamba-Büro in der Haupthalle gekauft werden. KSRTC hat auch ein zentrales Büro im Erdgeschoss der Utility Royal Towers, KS Rao Rd, ⊙ tgl. 8.30–20.30 Uhr. Seit Fertigstellung der Konkan Railway nehmen allerdings immer mehr Reisende die Bahn nach Goa.
Die Goa-Busse sind praktisch, wenn man nach GOKARNA möchte: Einfach in Kumta an der Hauptstraße aussteigen und dort einen weiterführenden Bus nehmen. Der einzige Direktbus nach Gokarna fährt um 13.30 Uhr in Mangalore ab und braucht 7 Std. Noch weiter nördlich bis KARWAR (8 Std.) fährt 9x tgl. ein Bus, nach BIJAPUR 1x tgl. (16 Std.).
Zahlreiche staatliche Busse fahren nach Norden Richtung UDIPI und nach Süden an der Küste entlang Richtung KERALA, doch es ist einfacher, einen der vielen Privatbusse zu nehmen, die auf den gleichen Strecken verkehren.
MYSORE und BENGALURU sind stdl. per Direktbus zu erreichen. Die Busse nach MYSORE halten in MADIKERI, ebenso einige Luxusbusse mit Ziel Bengaluru.

Die empfehlenswerteste Privatbusgesellschaft ist **VRL** mit den auffallenden gelben Luxusbussen. Sie unterhält zwei Nachtbusse nach BENGALURU (22 Uhr, 7–8 Std., Rs250); die Fahrkarten erhält man bei Vijayananda Travels, PVS Centenary Building, Kodiyalbail, Kudmulranga Rao Rd, ✆ 0824-249 3536.
Zu den Reiseveranstaltern in der Falnir Rd zählen **Anand Travels**, ✆ 0824-244 6737, und **Ideal Travels**, ✆ 0824-242 4899, die auch Luxusbusse nach BENGALURU (6–7 Std., Rs240) und zwei Busse nach KOCHI/ERNAKULAM (20 und 21 Uhr, 9–10 Std., Rs340) unterhalten.

Busse nach:
BENGALURU (alle 30–60 Min., 8 Std.),
BIJAPUR (1x tgl., 16 Std.),
CHAUDI (2x tgl., 8 Std.),
GOKARNA (1x tgl., 7 Std.),
KANNUR (stdl., 3 Std.),
KARWAR (9x tgl., 8 Std.),
KASARGODE (alle 30–60 Min., 1 Std.),
KOCHI (Ernakulam) (1x tgl., 9 Std.),
MADIKERI (stdl., 3 1/2 Std.),
MYSORE (stdl., 7 Std.),
PANJIM (1x tgl., 10–11 Std.),
UDIPI (alle 10 Min., 1 Std.).

Eisenbahn

Der **Bahnhof** liegt an der Südseite der Innenstadt. Obwohl es Zugverbindungen von Mangalore nach GOA (5x tgl.) und MUMBAI gibt, ist zu beachten, dass die Durchgangszüge hier nicht halten. Bessere Zugverbindungen bieten sich in beide Richtungen im rund 10 km nördlich gelegenen KANKANADI oder in KASARGODE, eine kurze Busfahrt über die Kerala-Grenze. Der schnelle Verna Passenger Nr. KR2 verlässt Mangalore tgl. um 7.10 Uhr Richtung Norden und braucht 6 1/4 Std. für die Fahrt nach MARGAO (Goa) via UDIPI und GOKARNA. Der geringfügig schnellere Matsyagandha Express (Nr. 2620), Abfahrt 14.40 Uhr, fährt über GOKARNA und PANJIM nach MUMBAI (Lokmanya Tilak Station, 14 Std.). Die Bahnverbindungen nach Süden sind gut, und wer nach KERALA reist, ist mit dem Zug schneller und besser bedient als per Bus. Der zu nachtschlafender Zeit, d. h. um 4.15 Uhr abfahrende Parsuram Express (Nr. 6350) ist der schnellere der beiden, dafür ist der Nachtzug Malabar Express (Nr. 6330), Abfahrt 16.30 Uhr, praktischer für eine Fahrt nach THIRUVANANTHAPURAM (Ankunft um 9.25 Uhr). Nach CHENNAI fährt der Nachtzug Mangalore–Chennai Mail (Nr. 6602), Abfahrt 12.30 Uhr. Er folgt der Kerala-Küste bis SHORANUR, biegt dort nach Osten nach PALAKAAD und später nach ERODE ab und kommt um 6.25 Uhr in CHENNAI an. MADIKERI ist nicht auf dem Schienenweg erreichbar.
MYSORE und BENGALURU sind über HASSAN zu erreichen.

Züge nach:
CHENNAI (1x tgl., 18 Std.),
HASSAN (tgl., 4 Std.),
KOCHI (Ernakulam) (2x tgl., 9 1/2–10 Std.),
KOLLAM (2x tgl., 12 3/4–13 1/2 Std.),
MARGAO, Goa (2x tgl., 5 3/4–6 1/4 Std.),
GOKARNA (2x tgl., 3–3 3/4 Std.),
THIRUVANANTHAPURAM (2x tgl., 14 3/4–15 1/2 Std.).

Flüge

Der **Bajpe Airport**, 22 km nördlich der Stadt, ist mit Bus Nr. 22 oder 47A, dem Indian Airlines City Bus oder einem Taxi für Rs300–350 erreichbar. Mangalore bietet gute Flugverbindungen nach MUMBAI und BENGALURU.
Das Büro von Indian Airlines befindet sich im Airlines House, Hathill Rd, Lalbagh, ✆ 0824-245 1046, das von Jet Airways im DS Ram Bhavan Complex, Kodiabail, ✆ 0824-244 1181. Air Deccan ist nur mobil unter ✆ 09845 777008 oder im Internet unter 🖳 www.airdeccan.net zu erreichen.

Flüge nach:
BENGALURU (DN, IT, 9W, 6x tgl., 3/4–1 Std.),
MUMBAI (DN, IC, 9W, 5x tgl., 1 1/2 Std.),
GOA (IT, 1x tgl., 1 Std.).
(**DN** = Air Deccan, **IC** = Indian Airlines,
IT = Kingfisher, **9W** = Jet Airways)

Die Küste nördlich von Mangalore

Egal ob Reisende die Konkan Railway oder den viel befahrenen NH-14, die beste Fernstraße Südindiens, für die Fahrt entlang der Karnataka (Karavali) Küste wählen: Die Strecke zwischen Goa und Mangalore zählt zu den landschaftlich schönsten des ganzen Landes. Die Straße – vom hiesigen Fremdenverkehrsamt als „The Sapphire Route" betitelt – durchquert zahllose von Palmen und Mangroven gesäumte Flussmündungen und mehrere Ausläufer der Westghats, die hier bis einen Steinwurf ans Meer heranreichen, während die Eisenbahnstrecke relativ flach verläuft. Unterwegs eröffnen sich traumhafte Ausblicke über lange, menschenleere Strände und tiefblaue Buchten.

Die Highlights sind der Pilgerort **Udipi** mit einem berühmten Krishna-Tempel und **Gokarna**, ein weiteres bedeutendes hinduistisches Zentrum, das Zugang zu wunderbaren, unerschlossenen Stränden bietet. Ein paar holprige Nebenstraßen führen durchs Binnenland und über die Berge zu den **Jog Falls**, dem höchsten Wasserfall Indiens, der allerdings meistens von Osten her besucht wird.

Udipi

An der Westküste, 60 km nördlich von Mangalore, liegt Udipi (auch Udupi geschrieben), eines der heiligsten Vaishnava-Zentren Südindiens. Hier wurde der Hindu-Heilige **Madhva** (1238–1317) geboren. Der **Krishna-Tempel** sowie die *maths* (Klöster), die er gründete, sind alljährlich Ziel Hunderttausender von Pilgern. Am größten ist das Gedränge im Spätwinter, wenn in der Stadt mehrere aufwendige **Car Festivals** veranstaltet werden, bei denen mit riesigen Aufbauten geschmückte Wagen durch die Straßen und den Tempel gezogen werden. Aber auch wenn gerade kein Fest stattfindet, lohnt Udipi eine Unterbrechung auf der Fahrt entlang der Karavali-Küste. In der von *pujaris* und Pilgern wimmelnden Tempelanlage herrscht eine wundervolle Atmosphäre, und man kann vom nahe gelegenen Fischerdorf **Malpé** ein Boot zur **St. Mary's Island** nehmen, wo Vasco da Gama vor seinem ersten Landgang in Indien ein Kruzifix aufstellte. Übrigens darf sich Udipi auch rühmen, Geburtsort des landesweit begehrten *masala dosa* zu sein; die knusprigen, gefüllten Pfannkuchen aus fermentiertem Reismehl wurden in Udipis Brahmanen-Hotels erfunden.

Der Krishna-Tempel und die Maths

Udipis **Krishna-Tempel**, umgeben von den acht *maths*, die Madhva im 13. Jh. errichtete, liegt zu Fuß fünf Minuten östlich der Hauptstraße. Die Statue im Inneren soll der Heilige selbst entdeckt haben, nachdem er einen Schiffbruch verhinderte. Der dankbare Kapitän bot Madhva daraufhin seine ganze wertvolle Schiffsladung an, doch der heilige Mann bat nur um einen Ballastklotz. Er brach diesen auf und enthüllte ein perfektes Bildnis von Krishna. Dieses Götterbild, das nach Überzeugung der Gläubigen die Essenz (*sannidhya*) des Gottes enthält, zieht einen ständigen Pilgerstrom an und steht im Mittelpunkt fast ununterbrochener Rituale. *Acharyas*, d. h. Hohepriester aus einem der *maths*, bedienen den Gott. Sie führen außerdem *pujas* (5.30–20.45 Uhr) durch, die auch Nicht-Hindus zugänglich sind. Männer dürfen den Haupttempel nur mit nacktem Oberkörper betreten.

Die Angestellten des **Regional Resources Centre for the Performing Arts** im MGM College informieren über hiesige Feste und Veranstaltungen fernab vom üblichen Tourismusgeschehen. Die Sammlung des Zentrums umfasst Filme, Videos und Audioarchive. Eine weitere gute Informationsquelle ist die Broschüre *Udipi: an Introduction*, die an Ständen rund um die Tempelanlage verkauft wird und Hintergrundwissen zum Tempel und seinen vielfältigen Ritualen bietet.

Malpé, St. Mary's Island und Thottam

Udipis Wochenendausflugsziel **Malpé Beach**, 5 km nordwestlich der Innenstadt, ist nicht gerade umwerfend und wird durch einen verwaisten Betonklotz verunziert, der einmal ein staatliches Hotel werden sollte. Nachdem man ein Weilchen über den geruchsintensiven Fischmarkt am Hafen geschlendert ist, kann man den Preis für ein Boot aushandeln (Rs800) und sich zur **St. Mary's**

Island bringen lassen, einer ungewöhnlichen, sechseckigen Basaltformation. Vasco da Gama soll hier im 15. Jh., vor seiner geschichtsträchtigen Landung bei Kozhikode in Kerala, ein Kreuz aufgestellt haben.

Aus der Ferne scheint der Sandstrand von **Thottam**, 1 km nördlich von Malpé und von der Insel zu sehen, sehr einladend, er liegt jedoch direkt an einem offenen Abwasserkanal.

Übernachtung und Essen

Udipi besitzt eine gute Auswahl an Übernachtungsmöglichkeiten sämtlicher Kategorien, die meisten davon nur wenige Gehminuten vom Tempel und Stadtzentrum entfernt.

Wie vom Geburtsort der *masala dosa* nicht anders zu erwarten, gibt es hier viele gute und einfache südindische Restaurants (darunter das **Adarsha** unter dem Hotel Janardhana), wo diese und andere vegetarische Favoriten auf der Speisekarte stehen. Wen es nach nichtvegetarischen Speisen oder Alkohol gelüstet, der muss auf eines der vornehmen Hotelrestaurants wie **Pisces** in der Sriram Residency zurückgreifen.

Durga International, unmittelbar westlich vom City-Busbahnhof, ✆ 0820-253 6977, ✉ durga-hotel@yahoo.com. Luftige und gut geführte Lodge mit großer Auswahl an Zimmern (alle mit Bad und TV, einige auch mit AC) in den oberen Stockwerken eines Neubaublocks. ❸–❻

Hotel Sharada International, 2 km außerhalb am NH-17, ✆ 0820-252 2910. Hotel der mittleren Preisklasse mit unterschiedlichen Zimmern, vom EZ bis zum AC-Zimmer mit Teppichboden; außerdem ein vegetarisches und ein nichtvegetarisches Restaurant sowie eine Bar. ❸–❻

Janardhana, südlich vom KSRTC-Busbahnhof, ✆ 0820-252 3880, ✆ 252 3887. Einfache, unterschiedlich große Zimmer mit Bad (größtenteils auch mit Kabel-TV) in einem recht schicken Hotel. ❷–❹

Sriram Residency, gegenüber dem Head Post Office, ✆ 0820-253 0761, ✉ sriramresidency@indiatimes.com. Die nobelste Herberge im Zentrum mit schickem Foyer, komfortablen AC-Zimmern, zwei Restaurants und einer Bar. ❸–❼

Sri Vidyasamudra Choultry, gegenüber dem Krishna-Tempel, ✆ 0820-252 0820. Die extrem einfache Lodge richtet sich vor allem an Pilger, aber auch Ausländer sind willkommen. Die vorderen Zimmer mit Blick auf den Tempel und den Teich bieten unglaublich viel Atmosphäre. ❶

Vyavahar Lodge, Kankads Rd, ✆ 0820-252 2568. Einfache, aber gastfreundliche und saubere Lodge zwischen Busbahnhöfen und Tempel. ❷

Sonstiges

Geld
Geld wechselt die KM Dutt-Filiale der **Canara Bank** in der Hauptstraße gleich südlich der Busbahnhöfe.

Informationen
Das bescheidene **Tourist Office** befindet sich unweit des Tempels im Krishna Building, Car St, ✆ 0820-252 9718, ⏱ Mo–Sa 10–17.30 Uhr.

Internet
Internetzugang bietet u. a. **Netpoint** (Rs30/Std.), ganz in der Nähe der Busbahnhöfe.

Transport

Busse
Udipis drei Busbahnhöfe liegen unweit des öden Platzes im Stadtzentrum: Der KSRTC- und der private Busbahnhof bilden zusammen einen kaum voneinander zu unterscheidenden Sammelplatz für zahlreiche Busse nach MANGALORE und weitere Fernbusse nach MYSORE, BENGALURU, GOKARNA, JOG FALLS und in andere Städte zwischen Nord-Kerala und Goa. Der City-Busbahnhof liegt etwas weiter nördlich und dient Zielen in der näheren Umgebung, darunter auch MALPÉ.

Eisenbahn
Der **Bahnhof** befindet sich in Indrali an der Manipal Road, 3 km außerhalb der Innenstadt; hier kommen täglich mindestens fünf Züge in Richtung MANGALORE bzw. GOA durch.

Jog Falls

In einer abgeschiedenen, dicht bewaldeten Ecke der Westghats, 240 km nordöstlich von Mangalore, liegen die Jog Falls, der höchste Wasserfall Indiens. Heutzutage ist er aber längst nicht mehr so spektakulär wie vor dem Bau des gewaltigen, flussaufwärts gelegenen Damms, der den Strom des Sharavati-Flusses über die senkrechten rotbraunen Sandsteinklippen gezähmt hat. Die Landschaft ist jedoch nach wie vor wunderschön: Dichtes Strauchwerk und Dschungel überziehen das spärlich bewohnte, gebirgige Terrain wie ein Teppich. An der gegenüberliegenden Seite der Schlucht hat man eine tolle Aussicht auf den Wasserfall, außer zur Monsunzeit, wenn Nebel und Regenwolken die Sicht trüben. Es ist aber sowieso nicht ratsam, in der Regenzeit herzukommen, denn die zusätzliche Wassermenge und die zahlreichen Blutegel lassen die ansonsten herrliche **Wanderung** ins Tal hinab zu einer echten Herausforderung werden. Wenn möglich, sollte man zwischen Oktober und Januar kommen. Der steile Wanderpfad beginnt gleich unterhalb des Busparkplatzes und schlängelt sich zum Wasser hinab, das zu einem erfrischenden Bad einlädt. Das dem Wasserfall gegenüberliegende Gelände wurde komplett neu gestaltet und bietet nunmehr attraktive Aussichtsmöglichkeiten, ein hübsch gestaltetes Empfangszentrum und ein beeindruckendes Eingangstor (Eintritt Rs2 p. P., unterschiedliche Preise für Fahrzeuge).

Übernachtung

Die Übernachtungsmöglichkeiten im Ort sind beschränkt und zum größten Teil ein Monopol von KSTDC, ☎ 08186-244732.
KSTDC Mayura Shraravathi, große, ziemlich ramponierte Zimmer mit ebensolchen Badezimmern in einem hässlichen Betonklotz, aber schöne Aussicht. ❸
KSTDC Tunga Tourist Home, näher am Empfangszentrum, ist bescheidener und bietet einfache DZ mit Bad. ❷
Karnataka Power Corporation, gegenüberliegende Straßenseite, ☎ 08186-244742. Vermietet vier gemütliche Gästezimmer mit AC, sofern sie nicht von Firmenangehörigen belegt sind. ❹
Shimoga District PWD Inspection Bungalow, auf einem Hügel ca. 400 m westlich, ☎ 08186-244333. AC-Zimmer in hübscher Lage, bei denen ebenfalls Firmenangehörige Vorrecht haben. ❸
Youth Hostel, ☎ 08186-244251, 10 Min. zu Fuß die Straße nach Shimoga entlang. Sehr einfach, wurde aber vor Kurzem renoviert. ❶
Der **PWD Inspection Bungalow**, ☎ 08389/222103, am Nordrand der Schlucht, bietet von seinen geräumigen, angenehmen Zimmern aus umwerfende Ausblicke, ist jedoch ständig ausgebucht und muss im Voraus im Assistant Engineer's Office der staatlichen Baubehörde PWD in Siddapur reserviert werden. ❶ – ❷

Essen

Die KSTDC-Kantine **Jaladarshini** neben dem Tunga Tourist Home serviert wie üblich ordentliche, aber nicht gerade aufregende Kost. Die übrigen Möglichkeiten beschränken sich auf eine Ansammlung kleiner *chai*-Stände und Geschäfte, die sich beim Empfangszentrum befinden. Die beste Adresse zum Essen ist das **Hotel Rashmita**.

Informationen

Tourist Office, im Obergeschoss des neuen Empfangszentrums, liefert Informationen über Transportmöglichkeiten und Fahrzeugverleih, ⏰ unregelmäßig, im Allgemeinen Mo–Sa 10–13.30 und 14–17.30 Uhr.

Transport

Busse
Mit dem Bus sind die Jog Falls seit der Fertigstellung des über die Ghats führenden NH-206 wesentlich leichter zu erreichen. Die Fahrzeit nach HONAVAR (6x tgl., 2 1/2 Std.), mit Anschluss an die Konkan Railway, und weiter nach KUMTA (4x tgl., 3 Std.), mit Anschluss nach GOKARNA, hat sich damit ebenfalls erheblich verringert. Derzeit fahren von den Jog Falls aus zwei Busse tgl. nach UDIPI und weiter nach MANGALORE (8.30 und 20.30 Uhr, 7 Std.), einer tgl. nach KARWAR (11.30 Uhr, 6 Std.), einer nach GOKARNA (17.30 Uhr, 5 Std.) und stdl. einer nach

SHIMOGA, wo man in einen Bus nach Hospet und Hampi umsteigen kann.
Zwei Direktbusse fahren von Jog Falls nach BENGALURU, der „semi-deluxe" um 19.30 Uhr (9 Std.), der *ordinary* um 8.30 Uhr. Ein Bus nach PANAJI hält hier gegen Mitternacht.
Bessere Verbindungen bietet Sagar (30 km südöstlich), von wo aus Busse nach Shimoga, Udipi, Mysore, Hassan und Bengaluru fahren.

Gokarna

An einem breiten weißen Sandstrand vor der Kulisse der bewaldeten Ausläufer der Westghats liegt Gokarna, sieben Busstunden nördlich von Mangalore und Sitz eines der landschaftlich reizvollsten Heiligtümer Indiens. Dennoch blieb die kleine Küstenstadt – seit mehr als zwei Jahrtausenden ein Zentrum der Shaivas – lange Zeit vom westlichen Tourismus „verschont", bis es Anfang der 90er-Jahre alternative Neo-Hippies auf der Flucht vor der zunehmenden Kommerzialisierung Goas anzuziehen begann. Jetzt hat es einen festen Platz auf der touristischen Landkarte, aber die Zahl der Hindu-Wallfahrer übersteigt immer noch bei Weitem die der vor dem europäischen Winter geflohenen Ausländer, und der Ort hat sich seinen ureigenen Charakter bisher weitestgehend bewahren können.

Selbst wer die Aussicht auf verlassene Strände nicht reizvoll findet, sollte einen kurzen Abstecher nach Gokarna einplanen. Wie Udipi ist es ein uraltes Pilgerziel mit einer sehr langen Tradition.

Die Stadt

Gokarna besteht aus einer Ansammlung von Häusern mit Holzfronten und roten Terrakotta-Dächern rund um einen langen, L-förmigen Basar. Seine breite Hauptstraße – die **Car Street** – führt nach Westen zum Stadtstrand, einem sakralen Ort. In der Hindu-Mythologie ist dies die Stelle, an der Rudra (eine andere Bezeichnung für Shiva) nach einer geraumen Bußzeit durch das Ohr einer Kuh aus der Unterwelt wiedergeboren wurde. Gokarna beherbergt auch einen der mächtigsten *shivalinga* Indiens – den **Pranalingam**, den Ravana, der teuflische König von Lanka, hier abstellte, nachdem er ihn aus Shivas Heimstatt auf dem Berg Kailash im Himalaya entwendet hatte.

Bis zum heutigen Tag thront der *pranalingam* nun in Gokarna, im Innersten des mittelalterlichen **Tempels Shri Mahabaleshwar** am Westrand des Basars. Er gilt als dermaßen wunderkräftig, dass schon ein Blick genügt, um sich von hundert Sünden reinzuwaschen, sogar vom Mord an einem Brahmanen. Nach lokalem Hindu-Glauben kann man die reinigende Wirkung des Lingam noch verstärken, indem man sich den Kopf kahl rasiert, fastet und vor dem *darshan* ein heiliges Bad im Meer nimmt. Daher beginnt ein Wallfahrtsbesuch in Gokarna traditionellerweise mit einem Gang zum Strand. Jedem Pilger steht dabei als geistiger Führer ein eigener Familien-*pujari* zur Seite. Anschließend erfolgt ein Besuch des **Tempels Shri Mahaganpati**, gleich östlich des Shri Mahabaleshwar, um dem elefantenhäuptigen Gott Ganesh Achtung zu erweisen. Da ein paar ausländische Besucher die Anstandsregeln verletzten, ist Touristen nun der Zutritt zu den Tempeln verwehrt, doch die Vorgänge im kleineren Shri Mahaganpati lassen sich gut vom Eingang des Tempels aus einsehen.

Die Strände

Ungeachtet der zahlreichen Tempel, Heiligtümer und Seen kommen die meisten westlichen Besucher der herrlichen Strände südlich des belebten Stadtstrandes wegen nach Gokarna. Viele hängen hier wochenlang ab, um sich der laxen Einstellung zu erfreuen und harte *bhang*-Lassis zu kippen.

Um zum Strandpfad zu gelangen, biegt man hinter Mahalaxmi links von der Car Street ab und geht dann weiter hügelaufwärts durch den Wald. Nach 20 Minuten erreicht man den zu Füßen eines Felsplateaus gelegenen **Kudlee Beach** – ein traumhafter, langer weißer Sandstrand im Schutze zweier steiler Felsvorsprünge. Dies ist der längste und breiteste der Strände um Gokarna; es gibt hier auch eine gute Brandung, aber das Schwimmen kann gefährlich sein. Die Cafés, die im Winter aufmachen, bieten etwas Schutz vor der Mittagshitze. Einige von ihnen vermieten sehr einfache Bambushütten.

Vom Kudlee sind es mindestens 20 Minuten Fußmarsch über die Landspitze bis zum nächsten Strand, dem wunderschönen **Om Beach**. Seinen Namen verdankt er den beiden halbmondförmigen Buchten, die dem Glück verheißenden Om-Symbol gleichen. Bislang gibt es in den Palmenhainen aber nur Hängematten, schlichte Hütten ❶ und ein rundes Dutzend entspannter *chai*-Buden, von denen viele neben Essen und Getränken auch Unterkünfte anbieten. Das Nirvana hat dazu noch Yoga-Unterricht im Programm.

Die beiden abgelegensten Strände Gokarnas liegen weitere 30 Minuten Fußmarsch und Kletterei über die felsigen Hügel entfernt: Die Strände **Half-Moon** und **Paradise** sind – trotz der wenigen Restaurants und äußerst einfachen Unterkünfte – in erster Linie etwas für Sonnenanbeter, die bereit sind, alles Lebensnotwendige hinzuschleppen. Wer die fast totale Einsamkeit sucht, ist hier richtig.

Übernachtung

Gokarna hat einige vernünftige Hotels und eine kleine Auswahl an Gästehäusern. Im Notfall lässt sich fast immer ein Bett in einer der Pilgerherbergen, den *dharamshalas* auftreiben. Die Schlafsäle, klosterzellen-ähnlichen Zimmer und einfachen Waschgelegenheiten sind zwar vorwiegend für Hindus gedacht, aber wenn etwas frei ist, sind westliche Touristen willkommen: z. B. im Prasad Nilaya, in der Gasse hinter dem Om Hotel.

Einen halben Kilometer nördlich der Stadt gibt es beim Fischerdorf am Strand ein paar sehr einfache Hütten (Rs50–75).

Wer am Strand übernachten möchte, sollte Gepäck und Wertsachen wegen der nächtlichen Diebstähle dort besser in Gokarna lassen (in den meisten Gästehäusern gegen Gebühr abzugeben).

CGH Earth Resort, oberhalb des Om Beach, ✆ 0484-301 1711, wwww.cghearth.com. Das erste Luxus-Resorthotel in Gokarna, schöne Holzvillen auf Terrassen an einem Hügel oberhalb der Bucht. Pool, Yoga-Kuppel und Ayurveda-Zentrum, alles in weitläufigen Gärten. ❾

Gokarn International, an der Hauptstraße in den Ort, ✆ 08386-256622, 🖥 www.geocities.com/hotelgokarn. Beliebtes preisgünstiges Hotel mittlerer Größe in einem vierstöckigen Gebäude am Stadtrand. Schnörkellose EZ bis Luxus-DZ mit AC und Teppichfußboden. Die besseren Zimmer haben Balkone mit Blick auf die Palmen. ❷–❹

Gokarn International Beach Resort, Kudlee Beach; zu buchen über das Gokarn International in der Stadt (s. o.). Kompaktes neues Hotel in eigenem Garten etwas zurückgesetzt vom Strand, komfortable Zimmer mit Kochnischen und Veranden, einige mit Blick aufs Meer. ❺

Hotel Look Sea, Kudlee Beach, ✆ 0838-657521. Einfache Hütten und Zimmer ohne Bad, einige mit tollem Strandblick. Morgens tolles Müsli, abends Fußball im TV und Bier. ❶

Namaste, Om Beach, ✆ 08386-257141. Eine der populäreren Unterkünfte am Strand mit gut gebauten Zimmern mit Bad. Alle Zimmer haben ein anderes Motto: In einem ist alles rund (inklusive Bett), ein anderes ähnelt einer Blockhütte. Telefon und Internet vorhanden. Außerdem gibt's ein nettes, schattiges Restaurant. ❶–❸

Nimmu House, in der Stadt, etwas südlich der Hauptstraße Richtung Kudlee Beach, ✆ 08386-256730, ✉ nimmuhouse@yahoo.com. Favorit der ausländischen Besucher. Die Unterkunft trägt den Namen der freundlichen, hilfsbereiten Dame, die sie leitet. Gepflegte DZ mit ordentlichen Matratzen im modernen Betonblock. Der ältere Teil ist heruntergekommener mit durchgelegenen Betten und schmutzigen Wänden. Viele der Zimmer oben bieten schöne Ausblicke auf Strand und Meer. Außerdem gibt es einen ruhigen Hof zum Entspannen. ❸–❺

Om Beach Resort, 1,5 km östlich der Stadt, ✆ 0944-857 9395, 🖥 www.ombeachresorts.com. Trotz des Namens liegt diese Anlage mit einem Dutzend neu erbauter Chalets im Kolonialstil ganz in der Nähe der Stadt, hoch auf einem sonnengetränkten Hügel, 45 schattenlose Fußminuten von den Stränden entfernt. Primär als Ayurveda-Gesundheitshotel konzipiert, mit ausgebildeten Ärzten und Masseuren von der bekannten Ayurveda-Einrichtung Kairali in Kerala. ❽–❾

Gokarna

Ankola, Kumta, Bahnhof

Restaurants
Ganga	7
Green Gate	1
Kamat Hotel	3
Mahalaxmi	5
Old La Pizzeria	10
Pai Restaurant	2
Prema Restaurant	4
Sea Green Café	C
Shree Shakti Cold Drinks	6
The Spanish Place	8
Sunset Café	9

Übernachtung
CGH Earth Resort	H
Gokarn International	A
Gokarn International Beach Resort	I
Hotel Look Sea	G
Namaste	J
Nimmu House	E
Om Beach Resort	F
Seabird Resort	C
Shastri Guest House	D
Vaibhav Nivas	B

Seabird Resort, 3 km östlich der Stadt, ✆ 08386-257689. Preisgünstige Unterkunft auf dem Hügel oberhalb von Gokarna, moderne Zimmer mit oder ohne AC, alle mit Sitzbereichen draußen. Tolle Ausblicke über die Hänge, Restaurant mit gemischter Küche, kleiner Pool. ⑤–⑥

Shastri Guesthouse, 100 m östlich vom KRSTC-Busbahnhof, versteckt hinter der Shastri Clinic an der Hauptstraße, ✆ 08386-256220. Ruhige Zimmer, manche mit Bad; superbillige Einzelbelegung. ①–②

www.stefan-loose.de/indien

Gokarna 1243

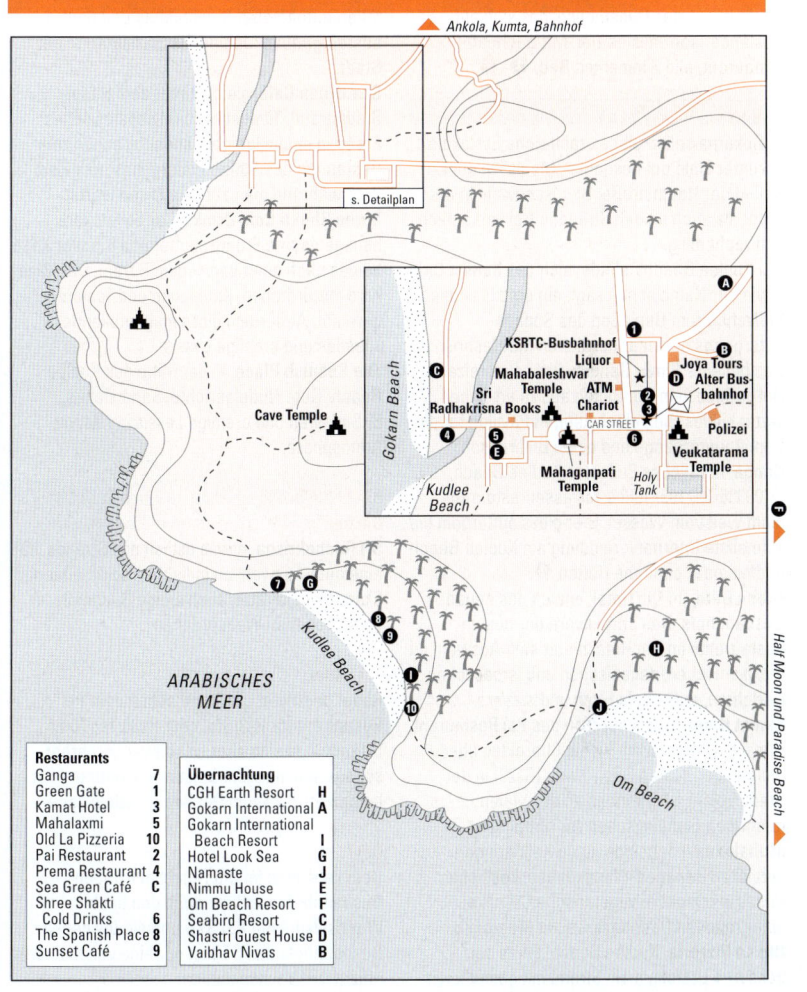

Karnataka

Vaibhav Nivas, abseits der Hauptstraße, weniger als 5 Min. vom Busbahnhof, ℡ 08386-256714. Freundliches, billiges und zu Recht begehrtes Guesthouse, das sich auf Ausländer spezialisiert hat. Mit Dachcafé-/restaurant, alle Zimmer mit Bad. ❶–❸

Essen

In Gokarna selbst gibt es zahlreiche Esslokale, darunter viele gut besuchte „Meals" in der Car St und der Hauptstraße. Bier ist sowohl in der Stadt als auch an den Stränden frei verkäuflich und recht billig.

Am Kudlee Beach befindet sich das **Sunset Café** – wie der Name schon sagt, ein erstklassiges Plätzchen zum Genießen des Sonnenuntergangs bei einer herrlichen Meeresbrise. Das beliebte **Shree Ganesh**, über eine reizende Holzbrücke vom Om Beach aus zu erreichen, bietet kühles Bier, einen luftigen Pavillon für die Sonnenuntergänge und einen Billardtisch.

Ganga, nördliches Ende des Kudlee Beach, ℡ 08386-257195. Tolles Terrassenrestaurant nicht weit vom Wasser. Hier gibt's außerdem die schnellste Internetverbindung am Kudlee Beach und ein paar einfache Hütten ❶.

Green Gate, im Om Hotel, unweit des neuen Busbahnhofs. Das attraktivere der beiden Restaurants im Om Hotel bietet eine Auswahl an mexikanischen, italienischen und israelischen Gerichten, außerdem Fisch und *sizzlers*.

Kamat Hotel, etwas nördlich des Pai Restaurant. Winzige Cafeteria mit wenig Charakter, aber einigen der besten Fisch-*thalis* (Rs23) in der Stadt. Leicht zu erkennen an den vielen hungrigen Einheimischen zur Mittagszeit.

Mahalaxmi. Lächelnde junge Kellnerinnen servieren Bananen-Pfannkuchen, köstliche *dosas* und leckere vegetarische Currys auf einer relaxten Dachterrasse mit Meerblick.

Old La Pizzeria, Kudlee Beach. Eines der besseren Esslokale am Strand mit gemütlicher Atmosphäre drinnen und ein paar Tischen draußen im Sand. Eine der besten Pizzen Südindiens!

Pai Restaurant, Main Rd. Toll für frische, köstliche vegetarische *thalis, masala dosas,* knusprige *vadas,* Tee und Kaffee. Bis spät abends geöffnet.

Prema Restaurant, etwas nördlich der Car St, in Strandnähe. Einladendes vegetarisches Lokal mit köstlichen *dosas,* tollen getoasteten Sandwiches und dem besten *gadbad* (üppige Eisspezialität) in der Stadt.

Sea Green Café, gleich hinter dem Hauptstadtstrand. Tibetisches und nepalesisches Essen in einem luftigen Innenhof, schön zum Bestaunen des Sonnenuntergangs bei einem Bier, während man auf sein Essen wartet.

Shree Shakti Cold Drinks, Car St. Leckere hausgemachte Erdnussbutter und frischer Käse, beides nach amerikanischem Rezept. Der Käse wird mit Brötchen, Knoblauch und Tomaten gereicht. Außerdem gibt's magenfüllende Toasties und cremige Lassis.

The Spanish Place, in der Mitte des Kudlee Beach. Gute Nudelgerichte, Sandwiches, Süßigkeiten und cremige Lassis in relaxter Atmosphäre.

Sonstiges

Bücher

Sri Radhakrisna, etwas östlich des Strands, hat eine gute Auswahl an indischer, spiritueller und fiktionaler Literatur, auch einige Bücher in verschiedenen Weltsprachen.

Fahrräder

Räder vermietet ein Stand neben dem Pai Restaurant für Rs3/Std. oder Rs30/Tag. Die Strandwege sind aber so schwer befahrbar, sodass man nur zum Stadtstrand oder auf der langen Strecke zum Om Beach radeln kann.

Geld

Geld kann man im Om Hotel beim neuen Busbahnhof tauschen, doch den besten Wechselkurs hat **Pai STD** unweit des neuen Busbahnhofs; Pai STD ist nur eine von mehreren offiziellen Wechselstuben.

Der **Geldautomat** der Karnataka Bank gegenüber vom Busbahnhof in der Nähe der Car St akzeptiert nur Visa-Karten.

Joya Tours and Travels hinter dem Busbahnhof und gegenüber der Ram Dev Lodge tätigt gegen eine bescheidene Gebühr von 2 % Barauszahlungen auf Mastercard und Visa.

Internet
Im Ort gibt es zwar verschiedene Internet-Lokale (Rs40/Std.), aber keines davon verfügt über einen wirklich zuverlässigen Netzanschluss. Am besten ist noch das winzige Internet-Café **Mahalaxmi**.

Medizinische Hilfe
Dr. Shastri, ✆ 08386-256220. Englisch sprechender Arzt, der von Langzeitgästen wärmstens empfohlen wird.

Post
Das Postamt befindet sich am östlichen Ende der Car St über einem kleinen Markt.

Transport
Busse
Der neue **KSRTC-Busbahnhof**, 300 m von der Car Street und in Spaziernähe der dünn gesäten Unterkünfte gelegen, sorgt dafür, dass die Busse mittlerweile nicht mehr durch die schmalen Basarstraßen fahren müssen. Es kann gut sein, dass mit dem Bus ankommende Passagiere, besonders wenn sie aus größeren Touristenzentren wie Goa und Hampi anreisen, am Ortseingang beim neuen Polizeikontrollposten abgesetzt werden, wo sie sich registrieren müssen. Es handelt sich dabei nur um eine neuartige Präventivmaßnahme gegen Strandkriminalität und ist nichts, worüber man sich aufregen müsste.
Es gibt gute tägliche Direktbusverbindungen nach GOA (5 Std.) sowie zu mehreren Städten in Karnataka, darunter BENGALURU (13 Std.), HOSPET/HAMPI (10 Std.) und MYSORE (14 Std.) via MANGALORE (7 Std.) und UDIPI (6 Std.).
Die Küste hoch nach KARWAR (2 Std.) nahe der Grenze zu Goa fahren von hier aus zwar nur drei Direktbusse, aber man kann in ANKOLA an der Hauptküstenstraße umsteigen, wo die Verbindungen besser sind.
Weitere Busse nach HOSPET/HAMPI sowie die besten Verbindungen zu den Jog Falls findet man in KUMTA (32 km); auf der Strecke zwischen Gokarna und Kumta sowie Ankola verkehren regelmäßig Tempos.
Die aktuellen Busfahrpläne sind am KSRTC-Schalter im neuen Busbahnhof zu erfragen.

Eisenbahn
Vom **Bahnhof Gokarna Road** verkehren mindestens zwei Züge täglich Richtung Norden und Süden. Die Züge nach MANGALORE (4 1/2 Std.) fahren um 1.45 und 16 Uhr, die Züge Richtung Norden nach GOA und MUMBAI um 10.45 und 19 Uhr. Ein paar Expresszüge halten hier einmal pro Woche, häufigere Expressverbindungen gibt es von Kumta und Ankola. Zugfahrkarten kann man bei Joya Tours and Travels (siehe „Geld") buchen.

Hubli

Das 418 km nordwestlich von Bengaluru gelegene Hubli ist Karnatakas zweitgrößte Industriestadt. Neben den Verkehrsverbindungen nach Mumbai, Goa, an die Küste von Uttar Kanada (Nord-Karnataka), nach Hampi und zu anderen Zielen im Landesinneren hat die Stadt für Touristen nur wenig zu bieten. Aber sie ist eine gute Basis für die Erkundung der Sehenswürdigkeiten der Umgebung.

Übernachtung
Hotel Ajanta, JC Nagar, in Bahnhofsnähe, ✆ 0836-236 2216. Verschiedene Zimmer, darunter sehr billige EZ ohne Bad. ❶–❸
Kailash, Lamington Rd zwischen Bahnhof und Busbahnhof, ✆ 0836-235 2732, 🖥 www.hotelkailash.com. Angenehmes, effizient geführtes Hotel für Geschäftsleute mit preisgünstigen Zimmern mit AC und gutem Restaurant. ❷–❹
Shri Renuka Lodge, gegenüber City-Busbahnhof, ✆ 0836-225 3615. Groß und ordentlich geführt; eine gute Auswahl an guten Zimmern, einige mit AC; vegetarisches Restaurant. ❷–❹
Vipra, gegenüber vom Kailash, ✆ 0836-236 2336, ✉ vipratravels@satyam.net.in. Einfache Zimmer. ❶–❷.

Essen
Shri Renuka, im gleichnamigen Hotel. Zwei Bereiche, einer mit südindischer vegetarischer Küche und einer mit chinesischer und nordindischer Küche.

Hubli

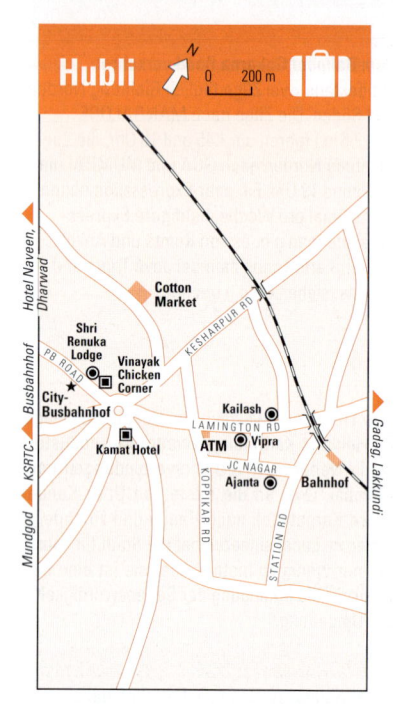

Kamat Hotel, in der Nähe der Verkehrsinsel an der Lamington Rd Richtung Busbahnhof. Das beste der unabhängigen Restaurants, Filiale der verlässlichen Kette mit vegetarischen Restaurants. Eine weitere Filiale befindet sich gegenüber dem Bahnhof.

Vinayak Chicken Corner, gegenüber vom City-Busbahnhof. Gut für billiges nicht-vegetarisches Essen und Bier.

Sonstiges
Geld
Am Bahnhof und auf halbem Weg die Lamington Rd hinunter Richtung City-Busbahnhof gibt es **Geldautomaten** der ICICI Bank.

Internet
E-Mails checken kann man im **I-way**, schräg gegenüber vom Ajanta, und im **Cybercafé** im Sri Naradmuni Complex, beide in JC Nagar, Rs20/Std.

Nahverkehr
Die besten Fortbewegungsmittel in der Stadt sind die Motor-Rikschas (mit Taxameter). Vor dem Bahnhof gibt es einen effizienten Kiosk für Rikschas, die im Voraus zu bezahlen sind.

Transport
Busse
Der effiziente **KSRTC-Busbahnhof** liegt 2 km südlich des Stadtzentrums und ist vom chaotischen City-Busbahnhof 1 km westlich des Bahnhofs und vom Bahnhof selbst mit dem Bus zu erreichen.

Eisenbahn
Hublis **Bahnhof** liegt ganz in der Nähe des Stadtzentrums und ist nicht weit von mehreren Hotels entfernt. Von Hubli gibt es gute Verbindungen nach Bengaluru, Mumbai, Puna, Hassan und Hospet.

Flüge
Kingfisher (IT) bietet Flüge nach BENGALURU (1x tgl., 1 1/2 Std.) und MUMBAI (4x tgl., 1 1/2 Std.).

Hampi und Umgebung
Hospet

Die jeweils rund zehn Stunden von Bengaluru und Goa entfernt gelegene Stadt Hospet ist in erster Linie als Ausgangspunkt für einen Besuch der überwältigenden Ruinenstadt Hampi (Vijayanagar) 13 km nordöstlich von Interesse. Bei später Ankunft oder falls man einen gewissen Luxus nicht missen möchte, ist es sinnvoll, hier zu übernachten und am nächsten Morgen einen Bus oder ein Taxi zu den Ruinen zu nehmen.

Übernachtung und Essen
Die Übernachtungsmöglichkeiten in Hospet konzentrieren sich um die MG (Station) Rd. **Shanbhog**, ein ausgezeichnetes kleines Udipi-Restaurant beim Busbahnhof, bestens geeignet für eine Essenspause bzw. zum Frühstücken vor der Weiterfahrt nach Hampi, da es schon früh öffnet.

Zu Recht beliebt

Malligi Tourist Home, 6/143 Jambunatha Rd, 2 Min. zu Fuß östlich der MG Rd (Wegweiser beachten) und des Busbahnhofs, ✆ 0839-228101, ✉ malligihome@hotmail.com. Mit Abstand das beliebteste Hotel, freundlich und gut geführt; saubere, billigere Zimmer (z. T. mit AC) im alten Block und luxuriösere mit AC sowie Suiten in zwei neueren Flügeln. Das schicke, aber erschwingliche hauseigene Terrassenrestaurant Waves ist *der* Abendtreff und bietet Tandoori sowie eiskaltes Bier von 19–23 Uhr (viel Mückenschutzmittel mitbringen). Unterhalb der Restaurant-Bar befindet sich ein toller Swimming Pool (Rs25/Std. für nicht im Hotel wohnende Besucher), außerdem gibt's Billard, Massage, einen kleinen Buchladen, Internet und einen zuverlässigen Reisebüro-Service. ❷–❽

Priyadarshini, MG Rd, 🖥 www.priyainnhampi.com, ✆ 0839-428838. Superbillige EZ und DZ mit TV und AC (manche mit Balkon). Groß und schmucklos, aber sehr sauber und preiswert. Außerdem gibt's zwei gute Restaurants: das vegetarische Naivedyam und im Garten das exzellente nicht-vegetarische Manasa mit Bar. ❸–❻

Pushpak Lodge, MG Rd, ✆ 0839-421380. Einfache, aber saubere Zimmer mit Bad, die beste Unterkunft der untersten Preisklasse. ❷

Shivananda, neben dem Busbahnhof, ✆ 0839-420700. Gut geführtes Hotel; makellos sauber, alle Zimmer mit Kabelfernsehen, manche mit AC. Sehr preisgünstig. ❷–❸

Sonstiges
Geld

State Bank of Mysore, neben dem Tourist Office, wechselt Reiseschecks und Bargeld, ⏲ Mo–Fr 10.30–14.30, Sa 10.30–12.30 Uhr.

State Bank of India, MG (Station) Rd, gleiche Öffnungszeiten, wechselt nur Bares.

Im **Malligi Tourist Home** werden Reiseschecks und Bargeld umgetauscht.

Sneha Travels, beim Elimanchate Complex neben dem Hotel Priyadarshini an der MG Rd, ✆ 08394-225838, wechselt sämtliche Währungen sowie Reiseschecks und zahlt gegen Kreditkarte Bargeld aus. Hat auch Filialen in Hampi.

Informationen

Das **Tourist Office** am Rotary Circle, ✆ 08394-228537, bietet in beschränktem Umfang Informationen und verkauft Tickets für die KSTDC-Touren (s. u.). ⏲ Mo–Sa, Juni–März 10–17.30, April und Mai 8–13.30 Uhr.

Internet

Cybernet, neben dem Hotel Shivananda, bietet Zugang für Rs40/Std.

Reisebüros

Sneha Travels (s. o.) reserviert Flug- und Bahntickets, Mietwagen und unterhält private Luxusbusse nach Goa, die eigentlich vom Nachbarn Paulo Travels, ✆ 08394-225867, betrieben werden (s. u., Transport).

Transport
Busse

Der Fernbusbahnhof liegt im Stadtzentrum, abseits der MG (Station) Rd, die vom Bahnhof nach Süden führt.

Busse nach:
BADAMI (3x tgl., 5 Std.),
BENGALURU (3x tgl., 8 Std.),
BIDAR (2x tgl., 10 Std.),
GOKARNA (2x tgl., 9–10 Std.),
HAMPI (alle 30 Min., 20 Min.);
HYDERABAD (4x tgl., 12 Std.),
MARGAO (4x tgl., 9 Std.),
MYSORE (2x tgl., 10–11 Std.),
PANJIM (4x tgl., 10 Std.),
VASCO DA GAMA (4x tgl., 10–11 Std.).

Reservierungen für Fernbusse erledigt das Fahrkartenbüro in der Haupthalle des Busbahnhofs, ⏲ tgl. 8–12 und 15–18 Uhr, wo sich auch eine Gepäckaufbewahrung befindet.

Sneha Travels, ✆ 08394-225838, Adresse s. o., unterhält private **Luxusbusse nach** Goa. Der Nachtbus mit Liegesitzen fährt tgl. um 19 Uhr ab, kostet Rs450 und braucht 10 Std. Weitere Sneha-Luxusbusse fahren nach

BENGALURU (10 Std., Rs200), Abfahrt zwischen 22 und 23 Uhr.

Eisenbahn

Am **Bahnhof**, 1,5 km nördlich des Stadtzentrums, halten der Nachtzug Hampi Express Nr. 6592 aus BENGALURU und Züge von HYDERABAD, via Guntakal Junction. Nach Westen führen die Schienen bis HUBLI, dort Anschluss zur Küste und nach Goa. Wer nach BADAMI und BIJAPUR möchte, fährt nach Gadag und steigt dort in die Bummelbahn Richtung Norden um. (Auch wenn die Umbauarbeiten Ende 2008 abgeschlossen sein sollten – lieber vorher erkundigen, ob sie auch wirklich fährt!)

Transport nach Hampi

Die täglich stattfindende geführte **KSTDC-Tour** besucht nur drei der Stätten in Hampi und hält sich viel zu lange am längst nicht so interessanten Tungabhadra-Staudamm auf. Abfahrt in Hospet beim Tourist Office am Rotary Circle (Taluk Office Circle), östlich des Busbahnhofs, um 9.30 Uhr, Rückkehr 17.30 Uhr, Rs100 inkl. Mittagessen.

Zwischen 6.30 und 19.30 Uhr fahren am Busbahnhof zahlreiche **Busse** nach Hampi ab (alle 30 Min., ca. 30 Min.). **Taxis** (Rs120–150) und **Rikschas** (Rs60–80) für die Fahrt nach Hampi warten am Bahnhof. Man kann auch einen Bus nach **Kamalapuram** (am Südrand der Stätte) nehmen, die Ruinen von dort aus besichtigen und am Ende des Tages am Hampi Bazaar in einen Bus zurück nach Hospet steigen. An mehreren Ständen entlang der Hauptstraße werden **Fahrräder** vermietet, aber in der Hitze ist eine Radtour kein Vergnügen. Bharat Motors, ☎ 08394-224704, nahe Rama Talkies, verleiht (oder verkauft) **Motorräder** an Abenteuerlustige. Manche Hotels in Hospet vermitteln sogar **ausgebildete Fremdenführer** in Hampi – im Malligi oder Priyadarshini fragen. Oder man kann direkt mit Herrn Basappa, ☎ 09448 007211, oder Nagaraj, ☎ 09480 510871, Kontakt aufnehmen, die Wanderungen führen, das Mieten eines Autos vermitteln und auch ansonsten bei der Planung helfen können.

Am Bahnhof warten meistens viele Motor-Rikschas, aber auch Fahrrad-Rikschas, die für die Fahrt in die Stadt Rs10 verlangen. Wer mit leichtem Gepäck reist, kann auch zu Fuß gehen.

Züge nach:
BENGALURU (1x tgl., 10 1/2 Std.),
GADAG (3x tgl., 1 1/4–1 1/2 Std.),
HUBLI (3x tgl., 2 1/2–3 1/4 Std.).

19 HIGHLIGHT

Hampi (Vijayanagar)

Die Tempelruinenstadt Vijayanagar, die „Stadt des Sieges" (nach dem Hauptort auch Hampi genannt), erstreckt sich vom Südufer des Tungabhadra über ein surreal anmutendes Gelände mit riesigen goldbraunen Felsbrocken und grünen Bananenfeldern.

In der zweiten Hälfte des 16. Jhs. wurde die einst prächtige Hauptstadt eines Hindu-Reiches nach einer sechs Monate langen Belagerung durch moslemische Truppen zerstört. Nur Steine, Ziegel und Stuck – Götterfiguren, zerfallene Häuser und verlassene, von *gopuras* überragte Tempel – sowie das ausgeklügelte Bewässerungssystem überstanden die Brandschatzung.

Die meisten Baudenkmäler von Hampi sind in erbärmlichem Zustand und sehen viel älter als ihre 400 oder 500 Jahre aus. Doch die malerische Lage am Fluss und der Zauber, der über dieser seit Jahrhunderten, schon vor dem Bau der Stadt heiligen Stätte liegt, machen Vijayanagar zu einer der beeindruckendsten Sehenswürdigkeiten von ganz Indien. Viele können sich kaum mehr von hier losreißen und verbringen Wochen damit, in den Cafés herumzusitzen und zu den weißen Tempeln oben auf den Hügeln zu pilgern, um die traumhaften Sonnenuntergänge zu bewundern.

Die **beste Reisezeit** für Hampi liegt zwischen Ende Oktober und Anfang März, wenn die Tagestemperaturen auch lange Fußmärsche durch die Ruinen erlauben. Über Weihnachten und Neujahr und generell im Januar wird die Stätte von

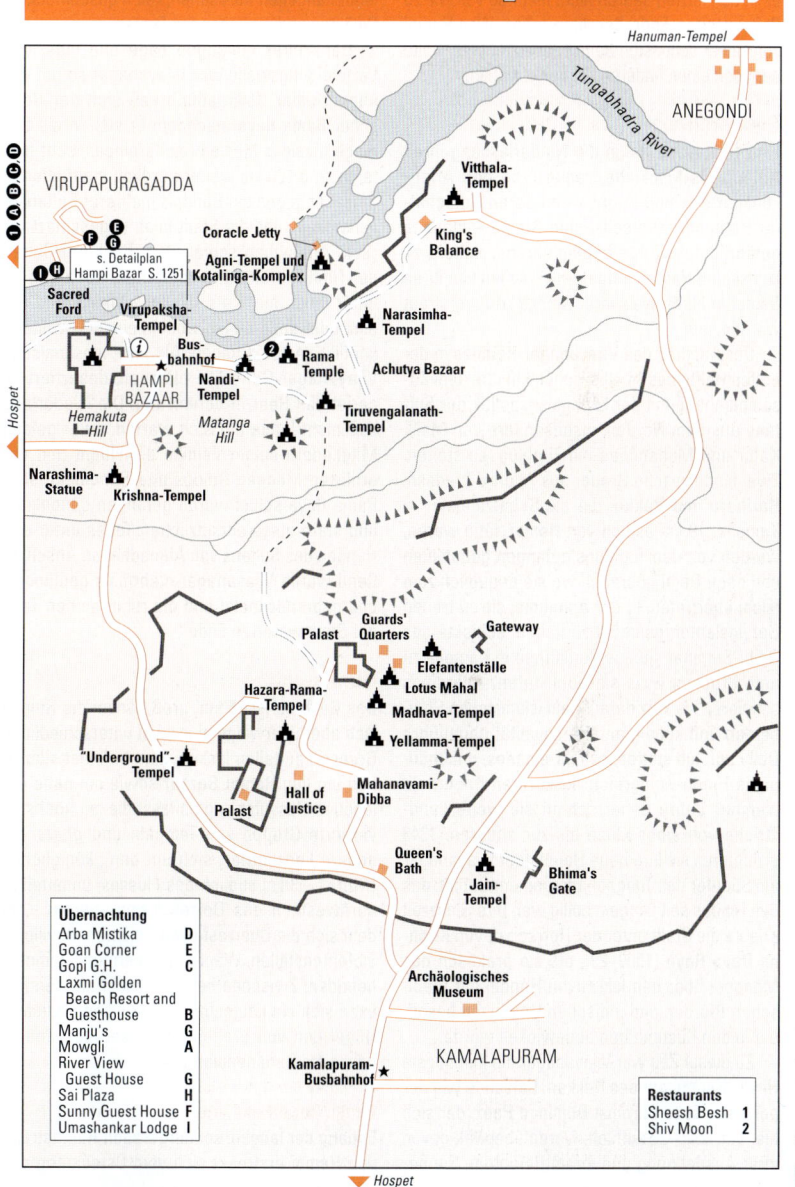

Hampi / Vijayanagar

nicht maßstabsgerecht

Hanuman-Tempel

ANEGONDI

Tungabhadra River

VIRUPAPURAGADDA

Vitthala-Tempel

Coracle Jetty

King's Balance

s. Detailplan Hampi Bazar S. 1251

Agni-Tempel und Kotalinga-Komplex

Narasimha-Tempel

Sacred Ford

Virupaksha-Tempel

Bus-bahnhof

Rama Temple

Achutya Bazaar

Hospet

HAMPI BAZAAR

Nandi-Tempel

Tiruvengalanath-Tempel

Hemakuta Hill

Matanga Hill

Narashima-Statue

Krishna-Tempel

Guards' Quarters

Palast

Gateway

Elefantenställe

Hazara-Rama-Tempel

Lotus Mahal

Madhava-Tempel

"Underground"-Tempel

Yellamma-Tempel

Palast

Hall of Justice

Mahanavami-Dibba

Queen's Bath

Jain-Tempel

Bhima's Gate

Übernachtung	
Arba Mistika	D
Goan Corner	E
Gopi G.H.	C
Laxmi Golden Beach Resort and Guesthouse	B
Manju's	G
Mowgli	A
River View Guest House	G
Sai Plaza	H
Sunny Guest House	F
Umashankar Lodge	I

Archäologisches Museum

KAMALAPURAM

Kamalapuram-Busbahnhof

Restaurants	
Sheesh Besh	1
Shiv Moon	2

Hospet

Karnataka

www.stefan-loose.de/indien

Hampi (Vijayanagar) 1249

Travellern aus Goa regelrecht überschwemmt, infolge des allgemeinen Touristenrückgangs war es in den letzten Jahren nicht mehr so voll wie zu Spitzenzeiten Ende der 90er-Jahre. Wer Hampi von seiner schönsten Seite erleben möchte, sollte dennoch einen anderen Zeitpunkt wählen.

Geschichte

Laut Ramayana nahm die Niederlassung ihren Anfang als Kishkinda, regiert von den Affenkönigen Bali und Sugriva und deren Botschafter Hanuman. Die seltsamen Steine – manche gefährlich auf Bogen balancierend, andere zu kolossalen Haufen aufgetürmt – sollen von ihren Soldaten als Beweis ihrer Muskelkraft verstreut worden sein.

Der Aufstieg des **Vijayanagar-Reiches** in der ersten Hälfte des 14. Jhs. scheint in direktem Zusammenhang mit der Expansionspolitik der Sultane aus dem Norden, insbesondere von Malik Kafur und Mohammed-bin-Tughluq, zu stehen. Zwei hinduistische Brüder aus Andhra Pradesh, **Harihara und Bukka**, die als Schatzmeister in Kampila, 19 km östlich von Hampi, tätig waren, wurden von den Tughluqs gefangen genommen und nach Delhi gebracht, wo sie angeblich zum Islam übertraten. In der Annahme, sie zu treuen Gefolgsleuten gemacht zu haben, schickte das Delhi-Sultanat sie aus, Aufstände in Kampila zu unterdrücken, was sie auch taten. Allerdings schworen sie kurz darauf dem islamischen Glauben ab und kündigten ihre Loyalität gegenüber Delhi auf, um stattdessen ihr eigenes, unabhängiges Hindu-Königreich auszurufen. Innerhalb weniger Jahre beherrschten sie weite Landstriche von einer Küste bis zur anderen. 1343 errichteten sie ihre neue Hauptstadt Vijayanagar am Südufer des Tungabhadra, einem Gebiet, das den Hindus seit Langem heilig war. Ihre Glanzzeit erlebte die Stadt unter der Herrschaft von **Krishna Deva Raya** (1509–29), als sie praktisch das Monopol über den lukrativen Handel mit arabischen Pferden und indischen Gewürzen besaß, der in den Küstenhäfen abgewickelt wurde.

Zu dieser Zeit war Vijayanagar die mächtigste Hindu-Hauptstadt des Dekkan. Reisende wie der portugiesische Chronist Domingo Paez, der sich hier von 1520–22 aufhielt, waren überwältigt von ihrer Ausdehnung und ihrem Reichtum. Sie berichteten von Märkten, die von Seide und Edelsteinen überquollen, von wunderschönen, juwelenbehangenen Kurtisanen, reich geschmückten Palästen und rauschenden Festen.

Dank ihrer günstigen Lage und massiven Verteidigungswälle war Vijayanagar so gut wie unangreifbar. 1565 jedoch ließ sich der Herrscher **Rama Raya**, nachdem er sich in die Belange hiesiger Moslemreiche eingemischt hatte, in eine 100 km weiter nördlich stattfindende Schlacht gegen ein Bündnis mehrerer Sultanate verwickeln, und die Stadt blieb ungeschützt zurück. Anfänglich schien das Glück auf Seiten der Hindu-Streitkräfte zu stehen, doch gab es unter ihnen mehr als 10000 Moslems, und der eine oder andere mag wohl in einem Loyalitätskonflikt gesteckt haben. Als zwei moslemische Vijayanagar-Generäle plötzlich desertierten, geriet das Heer in Verwirrung. Die Niederlage ließ nicht lange auf sich warten. Zwar gelang Mitgliedern seiner Familie die Flucht (mit unerhörten Mengen Goldes und Schmuck), aber Rama Raya selbst wurde gefangen genommen und starb eines entsetzlichen Todes unter den Händen des Sultans von Ahmadnagar. Anschließend wurde Vijayanagar mehrmals geplündert und gebrandschatzt und die ruhmreichen Tage der Stadt waren zu Ende.

Die Ruinen

Das Gelände ist 26 km^2 groß, wobei die Ruinen sich aber überwiegend in zwei unterschiedliche Gruppen aufteilen lassen: Eine befindet sich im und um den **Hampi Bazaar** sowie am nahe gelegenen Flussufer und umfasst die am höchsten verehrte Gruppe von Tempeln und *ghats;* die andere konzentriert sich um den „königlichen Bezirk" – 3 km südlich des Flusses, unmittelbar nordwestlich des Dorfes **Kamalapuram** –, in dem sich die Überreste von Palästen, Pavillons, Elefantenställen, Wächterhäusern und Tempeln befinden. Zwischen beiden Abschnitten erstrecken sich ein langer, mit Felsbrocken übersäter Hügel und von uralten Bewässerungskanälen gespeiste Bananenplantagen.

Hampi Bazaar und Virupaksha-Tempel

Entlang der langen, schnurgeraden Hauptstraße von Hampi erstreckt sich vom Osteingang des

Hampi Bazaar / Virupaksha-Tempel

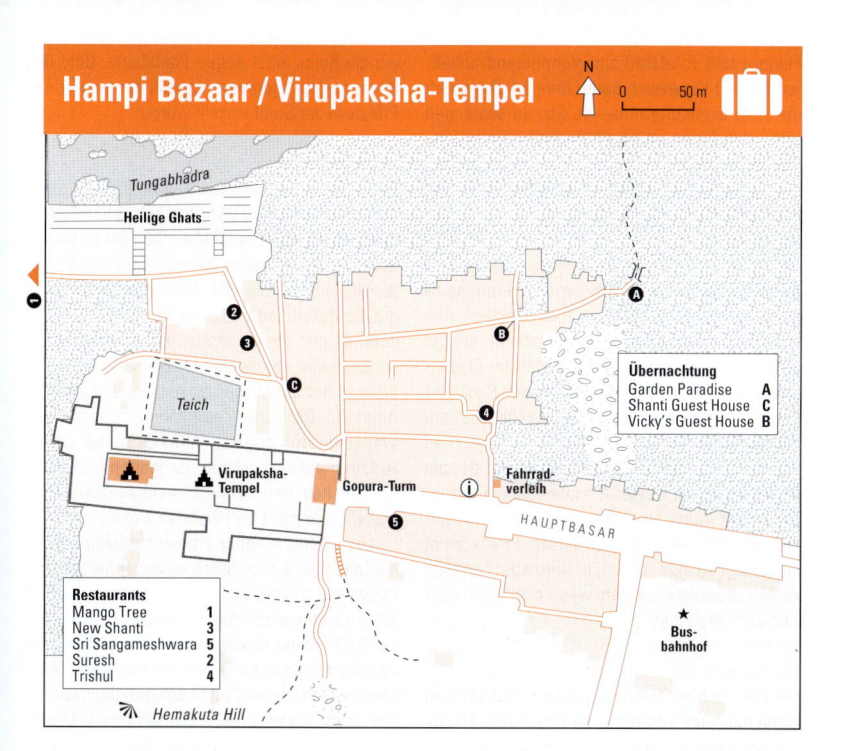

Übernachtung
Garden Paradise — A
Shanti Guest House — C
Vicky's Guest House — B

Restaurants
Mango Tree — 1
New Shanti — 3
Sri Sangameshwara — 5
Suresh — 2
Trishul — 4

Virupaksha-Tempels her in östlicher Richtung der **Hampi Bazaar**, wo man immer noch die Überreste des ehemaligen, säulenbestandenen Basars von Vijayanagar ausmachen kann, der heutzutage teilweise von dem belebten Marktplatz eingenommen wird. In vielen der 500 Jahre alten Häuser leben jetzt landlose Bauern.

Das Dorf beherrscht der **Virupaksha-Tempel**, der einen ständigen Pilgerstrom aus ganz Südindien anzieht. Er ist einer lokalen Erscheinungsform von Shiva, Virupaksha oder Pampapati genannt, gewidmet. Der Zutritt zu dem auch unter dem Namen **Sri Virupaksha Swami** bekannten Tempel ist für all jene Besucher kostenlos, die zu den *arati* (Gebetszeiten: tgl. 6.30–8 und 18.30–22 Uhr) kommen, während derer der Tempel am stimmungsvollsten ist. Die Anlage besteht aus zwei Höfen, jeder mit einem *gopura* versehen.

Eine Kolonnade umgibt den innersten Hof, in dem sich meistens dösende oder religiöse Lieder singende Pilger aufhalten. Wenn der Tempelelefant Lakshmi zugegen ist, erhalten Besucher seinen Segen, nachdem sie ihm eine Rupie in den Rüssel gelegt haben. Den in der Hofmitte befindlichen Haupttempel betritt man durch eine Mandapa, deren Säulen mit Tierfiguren verziert sind. Kostbare Zeichnungen aus der Vijayanagar-Ära schmücken die Decke der Mandapa und zeigen unter anderem Erscheinungsformen von Shiva, eine Prozession mit dem Weisen Vidyaranya, die zehn Inkarnationen Vishnus und Szenen aus dem Mahabharata. ⏲ tgl. 8–12.30 und 15–18.30 Uhr, Eintritt Rs2.

Die **Heilige Furt** im Fluss erreicht man vom nördlichen *gopura* des Virupaksha her oder aber, indem man dem Weg um den Tempel herum folgt, der an dem beeindruckenden **Tempelteich** vorbeiführt. Eine Mandapa überragt die Stufen, die früher zum Fluss führten – inzwischen ist er ein Stück entfernt. Am hiesigen Ufer fahren wie schon vor 500 Jahren die runden geflochtenen **Coracle-Boote** ab, die Dorfbewohner zu den

Feldern und Touristen zum zunehmend beliebten Ortsteil **Virupapuragaddi** bringen. Die durch die linke Ortshälfte führende Straße schlängelt sich schließlich zu einem 5 km östlich gelegenen Hanuman-Tempel hoch und weiter bis Anegondi – ein empfehlenswerter Rundgang, Beschreibung s. unten.

Matanga Hill

Der beste Ort zum Genießen des Sonnenaufgangs ist der Felshügel unmittelbar östlich vom Hauptbasar. Am Ende der Hauptstraße windet sich ein uralter, inzwischen asphaltierter Pfad eine Anhöhe hinauf, auf deren höchstem Punkt der herrliche Tempel Tiruvengalanatha thront. Noch schönere Ausblicke entfalten sich im Verlauf des weiteren Aufstiegs auf den Matanga Hill, dessen Gipfel mit einem kleinen Steintempel ein ausgezeichneter Aussichtspunkt ist. Das Problem frühmorgendlicher Überfälle an diesem Pfad scheint nicht mehr so akut zu sein, es wird aber dennoch zur Wachsamkeit geraten, wenn man allein oder zu zweit unterwegs ist.

Der Uferweg

Um zum Vitthala-Tempel zu gelangen, geht man zunächst vom Virupaksha-Tempel den Hampi Bazaar entlang, wo eine riesige, monolithische **Nandi-Statue** auf den Haupttempel blickt. Unmittelbar davor folgt ein nach links abzweigender Weg, der regelmäßig von auf Trompetenschnecken blasenden Sadhus und in Lumpen gehüllten Bettlern bevölkert wird, dem Lauf des Flusses. Er führt an zwei Cafés und zahlreichen Heiligtümern vorbei, darunter ein Rama-Tempel, in dem sich Horden furchtloser Affen tummeln. Nach Passieren mehrerer Vishnu-Tempel führt ein asphaltierter Säulengang geradewegs nach Süden zum **Achyutharaya-Tempel**, dessen wunderschöne Steinverzierungen, darunter einige der berühmten erotischen Darstellungen Hampis, momentan restauriert werden. Zurück auf dem Hauptweg führt ein kleiner Umweg durch die Felsen zum Fluss, wo der selten besuchte **Agni-Tempel** am Wasser steht. Der benachbarte Kotalinga-Komplex besteht aus 108 (eine Glückszahl) sehr kleinen *lingas,* die in den glatten Fels gemeißelt sind. Auf dem Weg zum Vitthala-Tempel steht südlich der Torbogen **King's Balance**, wo die Rajas einst gegen Edelsteine, Gold und Silber aufgewogen wurden, das dann unter den Priestern der Stadt verteilt wurde.

Vitthala-Tempel

Das Gebiet des Vitthala-Tempels weist zwar nicht dieselben Spuren früher kultischer Bedeutung auf wie der Virupaksha, doch die zerfallene Brücke nach Westen ist wahrscheinlich älter als Vijayanagar. Die *ghat*-Badestelle könnte aus der Chalukya- oder Ganga-Periode stammen, doch da der Tempel längst nicht mehr benutzt wird, scheint der hiesige Flussübergang *(tirtha)* nicht so heilig gewesen zu sein wie der beim Virupaksha. Der inzwischen von der Unesco zum Weltkulturerbe erklärte Vitthala-Tempel wurde zu Ehren Vishnus erbaut, der jedoch (so will es die Legende) von dessen Pracht so überwältigt war, dass er nicht dort wohnen wollte.

Die offene Mandapa besitzt schlanke Granitpfeiler aus einem Stück, sogenannte *musical pillars,* die so konstruiert wurden, dass die Tonleiter erklang, wenn man sie anstieß. Inzwischen achten Wächter streng darauf, dass niemand die von der Erosion und zerstörungswütigen Besuchern malträtierten Säulen berührt, doch Guides führen die Klangkörper gern auf einem Modell vor. Die äußeren Säulen zieren charakteristische Vijayanagar-Darstellungen sich aufbäumender Pferde. Die Friese mit Löwen, Elefanten und Pferden an dem zerbröckelnden Gebäudesockel sind Beispiele bildhauerischer Sinnestäuschung – wenn man einen Teil des Tieres bedeckt, verwandelt es sich in ein anderes.

Östlich vor dem Tempel steht die steinerne Nachbildung eines Tempelwagens *(rath)* mit dem Bildnis von Garuda, Vishnus „Reit-Vogel". Die inzwischen einzementierten Räder des Vehikels drehten sich früher. ⏲ tgl. 6–18 Uhr, Eintritt US$5. Die Eintrittskarte gilt auch für das Lotus Mahal, allerdings nur am selben Tag.

Anegondi und Umgebung

Wer genügend Zeit und Unternehmungsgeist hat, kann über den Tungabhadra nach Anegondi, im 14. Jh. Hauptquartier der Stadt, übersetzen. Hier befindet sich eine Festung aus der Prä-Vijayanagar-Zeit. Die beste Transportmöglichkeit ist ein rundes Binsenkorb-Coracle bei der Furt

1500 m östlich des Vitthala-Tempels; die Coracle-Boote werden mittlerweile mit Plastik verstärkt und befördern auch Fahrräder, mit denen sich die vielen Sehenswürdigkeiten in Hampi gut erkunden lassen.

Verlassene Tempel und Festungsanlagen überziehen das Dorf und dessen verträumte Umgebung. Der verfallene **Tempel Huchchappamatha** in der Nähe der Anlegestelle lohnt seiner schwarzen gedrechselten Steinsäulen und kunstvollen Tänzerfriese wegen einen Blick. Der **Aramani**, ein in Trümmern liegender Palast im Zentrum, befindet sich gegenüber dem Wohnhaus eines Abkömmlings der königlichen Familie. Der **Ranganatha-Tempel**, ebenfalls im Zentrum der Anlage, wird immer noch von Gläubigen genutzt. Die einzige **Übernachtungsmöglichkeit** hier bieten einige Privathäuser im Ort. Einfache Snacks gibt es im Hoova Café.

Auf dem Dorfplatz steht ein riesiger hölzerner Tempelwagen. Zum Abschluss einer 5 km langen Rundstrecke von Hampi (die einfachste Route, wenn man über einen fahrbaren Untersatz verfügt) wendet man sich an der Abzweigung unmittelbar nördlich des Dorfes nach links (Westen), fährt zwischen Zuckerrohrfeldern hindurch und kommt schließlich wieder in Virupapuragadda an. An der Strecke liegt auch der heilige **Pampla Sarovar**, erkennbar an einem Wegweiser, der nach links auf einen unbefestigten Weg zeigt. Der kleine Tempel oberhalb dieser rechteckigen Badestelle unter der Obhut eines *swami* (Heiligen), der voller Stolz die Fotos seiner Wallfahrt zum Mt. Kailash hervorkramen wird, ist der Göttin Lakshmi gewidmet und umfasst eine Höhle, in der ein Fußabdruck von Vishnu zu sehen ist. Wer in der Umgebung von Anegondi übernachtet, besucht diesen stillen, verzauberten Ort am besten in den frühen Abendstunden zum *arati* (Gebet).

Ein weiterer lohnenswerter Abstecher von der Straße führt zum kleinen, weißen **Hanuman-Tempel** hoch, der am Rand eines Hügels nördlich des Flusses klebt, von wo aus sich eine herrliche Aussicht über Hampi eröffnet, insbesondere bei Sonnenauf- oder -untergang. Der steile Anstieg dauert ungefähr eine halbe Stunde. Eine Alternative für den Rückweg besteht darin, dem Weg weitere 2 km zu folgen, bis man eine sehenswerte alte **Steinbrücke** aus der Vijayanagar-Zeit erreicht. Die Brücke führt nicht mehr ganz über den Fluss, doch unmittelbar westlich davon befördern Coracle-Boote Passagiere ans andere Ufer zu einem Anleger auf halber Strecke zwischen Vitthala-Tempel und Hampi Bazaar. Diesen empfehlenswerten Weg kann man natürlich auch in umgekehrter Richtung zurücklegen. In jedem Fall sind für die Rundwanderung mindestens drei Stunden zu veranschlagen, also ausreichend Wasser mitnehmen!

Hemakuta Hill und Umgebung

Direkt über dem Hampi Bazaar erhebt sich der von Tempeln aus der Prä-Vijayanagar-Zeit überzogene **Hemakuta Hill**. Die Tempel wurden wahrscheinlich zwischen dem 9. und 11. Jh. (späte Chalukya- oder Ganga-Periode) erbaut. Der Hauptgrund, hier hochzuklettern, ist abgesehen von der Architektur die herrliche Aussicht über die Ruinen und die sie umgebende Landschaft. Der steil abfallende Westrand des Hügels, von dem sich ein schöner Ausblick eröffnet, ist bei Sonnenuntergang Hampis Treffpunkt Nummer eins und zieht fast jeden Abend eine Menge verzückter Touristen, ein paar geschäftstüchtige *chai-wallahs* und kleine Jungen an, die in Hanuman-Kostümen für Fotos posieren.

An der Straße nach Süden, zur wichtigsten südlichen Ruinenansammlung hin, liegen ein paar interessante Bauwerke. Das erste davon, der von Mauern umgebene **Krishna-Tempelkomplex** westlich der Straße, datiert von 1513. Er liegt zwar stellenweise in Trümmern, weist aber einige sehenswerte Ornamente und Sakralbauten auf.

Hampis begehrtestes Fotomotiv steht gleich südlich des Krishna-Tempels inmitten einer Umzäunung. Es ist eine bildhauerische Darstellung von Vishnu in seiner Inkarnation *(avatar)* als Mensch-Löwe. Die aus einem Stück gehauene **Narashima-Statue** mit hervorquellenden Augen und im Lotussitz gekreuzten Beinen ist einer der größten Schätze von Vijayanagar.

Die südlichen Bauwerke

Die beeindruckendsten Überreste von Vijayanagar, die königlichen Bauwerke, liegen rund 3 km südlich des Hampi Bazaar über eine weitläufige Freifläche verstreut. Vor der Besichtigung ist es ratsam, sich in dem kleinen **Archäologischen Museum** in Kamalapuram sachkundig zu machen, das per Bus von Hospet oder Hampi aus erreichbar ist. Nach Verlassen des Busbahnhofes in Kamalapuram geht man nach rechts und nimmt dann die erste Querstraße rechts: Das Museum liegt auf der linken Seite – zwei Minuten Fußweg. Es zeigt Skulpturen, Waffen, Palmblattmanuskripte und Malereien aus Vijayanagar und Anegondi, doch das Highlight ist ein ausgezeichnetes, maßstabsgetreues Modell der Stadt, das einen hervorragenden Überblick über die Stätte gibt. ⏱ tgl. außer Fr 10–17 Uhr, Eintritt frei.

Um vom Museum in die Stadt zu kommen, geht man zur Hauptstraße zurück und biegt in die nahe gelegene, mit „Hampi 4 km" ausgeschilderte Straße ein. Nach ungefähr 200 m erreicht man die teilweise eingestürzte, wuchtige **innere Stadtmauer**, die auf einer Länge von 32 km um die Stadt herum verläuft und an manchen Stellen bis zu 10 m hoch ist. Die äußere Stadtmauer war fast doppelt so lang. Früher soll es einmal sieben Stadtmauern gegeben haben, die zusammen mit undurchdringlichen Waldgebieten und dem Fluss im Norden die Stadt praktisch uneinnehmbar machten.

Das **Zitadellen-Viertel**, unmittelbar hinter der Mauer, war ursprünglich von einer weiteren Mauer mit Toren umschlossen, von denen nur noch einige Spuren zu sehen sind. Östlich davon steht ein kleiner **Jain-Tempel** aus dem 14. Jh., eine schlichte, schmucklose Pyramide. Dahinter befindet sich **Bhima's Gate**, eines der wichtigsten Stadttore, nach dem titanenhaften Pandava-Prinzen und Helden des *Mahabharata* benannt. Wie viele der Eingangstore bildet auch dieses keine gerade Front, sondern verlangt als besondere Schutzmaßnahme von jedem Hereinkommenden eine zweimalige Drehung um 90 Grad. Basreliefs zeigen religionsgeschichtliche Episoden, z. B. wie Bhima die versuchte Vergewaltigung seiner Frau Draupadi rächt, indem er General Kichaka tötet. Draupadi hatte geschworen, ihr Haar nicht zu frisieren, solange Kichaka am Leben wäre; ein Fries zeigt, wie sie ihre Locken zusammenbindet, nachdem Kichaka tot ist.

Wieder zurück auf dem Pfad, ragt westlich die schmucklose Fassade des 15 m hohen, rechteckigen **Queen's Bath** auf, hinter der sich ein verschwenderisches Inneres verbirgt, zum Himmel hin offen und von Korridoren mit 24 verschiedenen Kuppeln eingerahmt. Acht Balkone gehen auf das ehemals mit Wasser gefüllte Becken hinaus, und es sind noch Spuren islamisch beeinflusster Stuckarbeiten erhalten. Hier pflegten die Damen des Königshauses zu baden, vor der Sonne durch Schirme geschützt, die in Halterungen auf dem Boden des Beckens befestigt wurden. Draußen ist die Wasserleitung zu sehen, die das Bad versorgte.

Geht man weiter nach Nordwesten, gelangt man zum **Mahanavami-Dibba**, dem „Haus des Sieges", das anlässlich eines erfolgreichen Feldzuges in Orissa erbaut wurde. In diesem 12 m hohen, pyramidenförmigen Gebäude auf viereckiger Grundmauer soll der König Geschenke ausgeteilt und Ehrenbezeugungen und Tribute entgegengenommen haben. Und von hier aus betrachtete er die glanzvollen Paraden, Musik- und Tanzdarbietungen, die Vorführungen martialischer Künste, Elefantenkämpfe und Tieropfer, mit denen das zehntägige, im ganzen Land berühmte Dussehra-Fest gefeiert wurde (eine Tradition, die in Mysore weitergeführt wird; s. S. 1212, Kasten). Die Sockelwände werden von Steinfriesen geschmückt. Eine andere, weiter westlich gelegene Plattform – die größte von Vijayanagar – trug wahrscheinlich die **King's Audience Hall**. Die steinernen Sockel von hundert Säulen sind noch erhalten, in einer Anordnung, die Fragen über den Zweck des Gebäudes offen lässt, denn es gibt weder Durchgänge noch offene Flächen.

Das zweistöckige **Lotus Mahal**, etwas nördlich gelegen und Teil der **Zenana**, d.h. Frauengemächer, war Krishna Deva Rayas königlicher Gemahlin vorbehalten: ein Ort, an dem sie lustwandeln und sich zurückziehen konnte, vor allem im Sommer. Der Pavillon, der einen stark indoislamischen Einfluss aufweist, ist zu ebener Erde offen; das Obergeschoss (nicht mehr über Treppen zugänglich) ist mit Fenstern und Freibalkonen versehen. Der Graben rings um das Gebäude hat wahrscheinlich für Kühlung gesorgt. ⏱ tgl. 6–18 Uhr, Eintritt US$5. Die Eintrittskarte berechtigt auch zum Besuch des Vitthala-Tempels am selben Tag.

Hinter dem Lotus Mahal liegen die **Elefantenställe**, eine Reihe hoher, mit Kuppeln versehener Räumlichkeiten mit Bogeneingängen. Es handelt sich dabei um die wichtigsten noch erhaltenen Sakralbauten Vijayanagars – sie belegen den hohen Stellenwert, der Elefanten zugemessen wurde, sowohl bei religiösen Zeremonien als auch in kriegerischen Auseinandersetzungen.

Wandert man vom Lotus Mahal nach Südwesten, kommt man vor Erreichen der Straße zum Hemakuta Hill an zwei Tempeln vorbei. Die rechteckige Begrenzungsmauer des kleinen **Hazara Rama** („Eintausend Ramas")-Tempels, der wahrscheinlich der private Palasttempel war, schmücken steinerne Medaillons und Friese, die Geschichten aus dem Ramayana erzählen.

Übernachtung

Wer keine großen Ansprüche stellt, ist in Hampi viel besser aufgehoben als in Hospet, denn hier gibt es ordentliche Unterkünfte und jede Menge Cafés, in denen man sich am Ende eines heißen Tages ausruhen kann. Das Übernachten im Dorf hat auch den Vorteil, dass man früh aufstehen und den traumhaften Sonnenaufgang über den Ruinen miterleben kann.

Allerdings hat sich Hampi dank der stetig wachsenden Zahl von Andenkenläden und der immer teurer werdenden Gästehäuser ein wenig zur Touristenfalle entwickelt. Einen großen Teil seines alten Charmes hat es an Virupapurgaddi auf der anderen Flussseite abgegeben, das noch unverdorben wirkt, seine Infrastruktur für Reisende derzeit schnell erweitert und immer beliebter wird (s. Kasten S. 1257).

Außerhalb der Hochsaison, die kurz vor Weihnachten beginnt und ca. 6 Wochen dauert, lassen sich z. T. erhebliche Preisnachlässe aushandeln. Es ist zu beachten, dass in der Regel um 10 Uhr Checkout-Zeit ist.

Arba Mistika, Virupapurgaddi, westliches Ende der Hauptstraße, hinter dem Mowgli rechts in eine kurze Straße. Acht recht einfache Zimmer ohne Bad, schmackhaftes Essen aus frischen Zutaten, auffällige Tipi-Lounge im Sinti-Stil – perfekt für relaxte Abende. ❷

Gut versorgt

Mowgli, ganz am westlichen Ende der Hauptstraße, ☏ 08394-329844, ✉ hampimowgli@hotmail.com. Verschiedene Zimmer mit gemütlichen Außensitzbereichen und Balkonen; einige bieten eine fantastische Aussicht. Es gibt ein einladendes Restaurant mit tollem Ausblick auf Reisfelder und den Fluss sowie jede Menge Service für Reisende (Internet, Waschen, Reisebuchungen, Geldwechsel). Preisgünstigste Unterkunft in Viru. Vorausbuchen! ❶–❺

Garden Paradise, am äußersten östlichen Ortsrand, ☏ 08394-652539. Vier beengte, aber niedliche Hütten in ausgezeichneter Lage am Fluss. Gemeinschaftsbäder und ein cooles Restaurant. ❹

Goan Corner, 500 m östlich des Coracle-Anlegers, Virupapurgaddi, ☏ 09448 718951. Großer Komplex inmitten von Reisfeldern unweit der Felsen. Gute Auswahl an Zimmern und Hütten, einige mit Bad, und betriebsames Restaurant. ❶–❷

Gopi GH, Virupapurgaddi, 200 m westlich der Flussquerung, ☏ 09480 474861. Eine der relaxteren Unterkünfte in Viru mit strohgedeckten Hütten verschiedener Größe rund um einen Garten mit Brunnen. ❶–❷

Laxmi Golden Beach Resort and Guesthouse, Virupapurgaddi, 400 m westlich der Flussquerung an der Hauptstraße, ☏ 08394-287008, 🖥 www.laxmigoldenbeach.com. Luxuriöses Resorthotel mit Bambus-Restaurant auf zwei Ebenen und riesigen Zimmern mit Blick auf Reisfelder; ziemlich überteuert. Die Gästehaus-Zimmer hinten sind erheblich billiger und kein schlechter Deal. Guesthouse ❷–❹, Resort ❼–❾

Manju's, östlich der Flussquerung hinter den Reisfeldern, ☏ 09449 247712. Friedlicher und entspannter Komplex mit vier Hütten mit Lehmwänden, Bad und zwei Zimmern. Reizendes Laubenrestaurant, Internet. ❷

River View Guest House, neben Manju's, ☏ 09448 441880. Sechs einfache Hütten ohne eigenes Bad mit toller Aussicht auf den Fluss. Schöne, reizende Budget-Unterkunft. ❶

Sai Plaza, Virupapurgaddi, ✆ 08533-287017, ✉ santoshgvt@yahoo.com. 15 einladende Bungalows rund um einen schönen Hofgarten; Restaurant mit köstlichen Lassis und Sandwiches und tollem Ausblick auf den Fluss. ❸

Shanti Guest House, gleich nördlich des Virupaksha-Tempels, ✆ 08394-241568. Die äußerst beliebte Unterkunft bietet ca. ein Dutzend winziger 2-Bett-Zimmer auf zwei Stockwerken rings um einen grünen Innenhof: einfach (Gemeinschaftsbad), aber makellos sauber, alle Zimmer mit Ventilator und Fenster. ❶

Sunny Guest House, Virupapurgaddi, ✆ 08533-287005. Schön gestaltete Grünanlage mit Bungalows und mehreren kleinen Zimmern. ❷–❸

Umashankar Lodge, Virupapurgaddi, ✆ 08533-287067. Gemütliche, beliebte Unterkunft mit kleinen, aber sauberen Zimmern mit Bad rings um einen grünen Innenhof. Die Zimmer oben sind etwas zu teuer. ❶–❸

Vicky's Guest House, am Ende der vom Nordeingang des Virupaksha-Tempels nach Osten führenden Gasse, ✆ 08394-241694. Kleine, saubere Zimmer, z. T. mit Bad. Freundlich und beliebt, vor allem wegen des Dachrestaurants. ❷–❸

Essen

Hampi besitzt viele auf Traveller zugeschnittene Restaurants, die in der Regel einfache, aber ordentliche Speisen anbieten. Einige der beliebtesten sind dem Gästehäusern im Basar angegliedert, andere befinden sich in dem aufstrebenden Ortsteil Virupapurgaddi. Da Hampi eine heilige Stätte ist, herrscht überall Fleisch- und Alkoholverbot, aber einige wenige Lokale setzen sich darüber hinweg und bedienen auch hartnäckige Fleischesser, andere servieren heimlich ein paar Bier.

Immer gut für einen Snack

Mango Tree, 300 m hinter der Heiligen Furt. Das entspannte Lokal am Fluss auf einer Reihe von Steinterrassen ist ein herrlicher Anlaufpunkt für einen Snack oder ein Getränk. Gute indische und westliche vegetarische Gerichte.

New Shanti, am Weg vom Virupaksha-Tempel den Fluss hinunter. Am besten bekannt wegen seiner köstlichen Kuchen und Brote, serviert aber auch indische und westliche Standardgerichte.

Sheesh Besh, Virupapurgaddi, 350 m auf der Hauptstraße nach Westen, neben Sai Plaza. Beliebtes Restaurant und französische Bäckerei mit luftigen Croissants und hervorragenden Zimtrollen.

Shiv Moon, am Flussufer östlich des Ortes. Guter Ort zum Einkehren auf dem Weg zum oder vom Vitthala-Tempel. Auf der Speisekarte stehen Pasta und Standard-Currys.

Sri Sangameshwarar, im Hauptbasar. Eines der authentischeren indischen Restaurants mit den besten *thalis* und *masala dosas* und ein paar westlichen Snacks.

Suresh, am Weg vom Virupaksha-Tempel den Fluss hinunter. Altbekanntes Restaurant mit Schwerpunkt auf Thunfisch, goanischen Gerichten und *momos* (tibetische Klöße).

Trishul, in der neben dem Tourist Office abzweigenden Gasse. Bietet eine der umfangreichsten Speisekarten in Hampi, u. a. Hühnchen, Thunfisch, Lasagne, Pizza und leckere Desserts. Auch Bier ist manchmal erhältlich.

Sonstiges

Fahrräder / Motorräder

Fahrräder werden an Ständen im Umkreis der Unterkünfte angeboten und kosten Rs5/Std. bzw. Rs30–40 für 24 Std. Radfahren ist auf Hampis holprigen Straßen allerdings eine anstrengende Angelegenheit, sodass ein motorisiertes Zweirad vorzuziehen ist.

Motorräder und -roller können für ca. Rs150 pro Tag am **Raju**-Stand (beim Tourist Office um die Ecke) gemietet werden.

Geld / Reisebüro

Sneha Travels, Hauptbüro D131/11 Main St, nahe dem Virupaksha-Tempel, ✆ 08394-241590. Wechselt Bargeld, allerdings nicht zum besten Kurs, gibt Vorschuss auf Kreditkarten, verkauft Flug- und Bahn-**Tickets** und unterhält **Luxus-Busse** nach Bengaluru sowie nach Goa. Wer einen dieser Busse nehmen möchte, muss sich allerdings „dank" der mächtigen Taxi-/Rikscha-Mafia nach Hospet begeben. Achtung: Wer den Bus nach GOKARNA nimmt, muss mitten in der Nacht in Ankola umsteigen, auch wenn bisweilen Gegenteiliges behauptet wird. Es ist also besser, einen der drei frühmorgendlichen Expresszüge von Hospet nach Hubli zu nehmen (Abfahrt des letzten um 8 Uhr; 2 Std.); in Hubli kann man in einen Bus nach GOKARNA (5 1/2 Std.) oder ins nahe bei Gokarna gelegene ANKOLA (4 1/2 Std.) umsteigen. Dadurch spart man sowohl Zeit als auch Geld. ⏱ tgl. 9–21 Uhr.

Informationen

Das **Tourist Office**, vom Busbahnhof ein Stück Richtung Virupaksha-Tempel, ☏ 08394-241339, hat nicht viel zu bieten, kann aber immerhin für Rs500 pro Tag einen **Guide** vermitteln. ⏱ tgl. außer Fr 10–17.30 Uhr. Die meisten aus Hospet kommenden Besucher schließen sich dort einer Tour an.

Internet

In Hampi gibt es mindestens ein Dutzend Internet-Läden (und weitere auf der anderen Seite des Flusses), die sich fast alle auf einen einheitlich hohen Preis von Rs50/Std. verständigt haben.

Yoga

Im Shivananda Yoga Ashram mit Blick über den Fluss, hinter der neuen Fußgängerbrücke und Coracle-Anlegestelle, geleitet von Shri Swamy Sadashiva Yogi, werden **Yoga- und Meditationskurse** sowie homöopathische Behandlungen, Magnet-Therapie und **ayurvedische Behandlungen**, v. a. von Schlangenbissen, angeboten.

Transport

Die Endhaltestelle der Busse aus HOSPET liegt etwa auf halber Höhe der staubigen Hauptstraße von Hampi Bazaar, an der Ecke der Straße von/nach Hospet.

Chalukya-Bauten

Heute sind **Badami**, **Aihole** und **Pattadakal** – letzteres seit 1987 Weltkulturerbe – nur noch ruhige Dörfer, doch früher waren sie die Hauptstädte der Chalukyas, die zwischen dem 6. und 8. Jh. einen Großteil des Dekkan beherrschten. Die Zahl der **Tempel** in dieser Gegend ist unglaublich hoch.

Die Felsentempel von Badami und Aihole, stilverwandt mit jenen von Ellora in Maharashtra, zählen zu den wichtigsten ihrer Art. Unter den zahlreichen frei stehenden Tempeln befinden sich einige der frühesten Indiens, und nur hier kann man sowohl nördliche *(nagari)* als auch südliche *(dravida)* architektonische Stile Seite an Seite sehen.

Der erste maßgebliche Chalukya-König war Pulakeshin I. (535–66), doch es war **Pulakeshin II.** (610–42), der die Pallava-Hauptstadt Kanchipuram in Tamil Nadu eroberte und das Reich so weit ausdehnte, dass es im Norden Maharashtra, im Westen die Konkan-Küste und das gesamte heutige Karnataka umfasste. Ein Großteil dieses Gebiets (einschließlich der Hauptstadt Badami) wurde ihnen zwischenzeitlich wieder abgenommen, doch die Chalukyas eroberten es

---

Unverdorbenes Viru

Hampi ist in den letzten Jahren von Schleppern, Gurus, Andenkenläden und überteuerten Gästehäusern überflutet worden, wodurch es viel von seinem Charme eingebüßt hat. Gleichzeitig hat das Dorf **Virupapurgaddi** auf der anderen Seite des Flusses sein Angebot für Reisende erweitert und verbessert. Es konnte sich aber seinen ursprünglichen Charme weitestgehend erhalten. Viru, wie das Dorf allgemein kurz genannt wird, hat Ähnlichkeit mit Goa vor dem großen Reiseboom, nur die Strände fehlen hier. Es ist auf natürliche Weise schön, stimmungsvoll, billig und noch ein wenig ungehobelt. Dazu gibt es Extras wie kostenlose abendliche Filmvorführungen, regelmäßige Lagerfeuer am Fluss sowie Fleisch und Bier (beides ist in Hampi Bazaar absolut tabu). Daher kehren in letzter Zeit viele Reisende Hampi Bazaar den Rücken und wagen den Schritt über den Tungabhadra.

wieder zurück und sicherten ihre Vorherrschaft bis Mitte des 8. Jhs. Es wäre denkbar, dass die südlichen Elemente der Tempel auf das vorübergehende Eindringen der Pallavas zurückzuführen sind.

Badami

Die von flachem Ackerland umgebene ehemalige Hauptstadt (543–757 n. Chr.) der Chalukyas Badami reicht nach Osten in eine Schlucht zwischen zwei roten Sandsteinhügeln hinein, überragt von zwei alten Festungsanlagen. Im Süden liegen zahlreiche Höhlentempel und im Norden stehen frühe Steintempel. Außerhalb von Badami liegt im Osten der künstliche See **Agastya**, der im 5. Jh. angelegt worden sein soll.

Dank seiner kleinen Auswahl an Hotels und Restaurants ist Badami eine ideale Ausgangsbasis zur Erkundung des Chalukya-Erbes in Mahakuta, Aihole und Pattadakal sowie des 5 km südöstlich gelegenen Tempeldörfchens Banashankari. Das Shivas Gefährtin Parvati gewidmete Heiligtum mit seinem großen Badeteich ist der bedeutendste aktive Tempel der Region und zieht einen ständigen Pilgerstrom an. Das gilt besonders für das Chariot-Festival, das hier je nach Mondkalender alljährlich im Januar oder Februar stattfindet. Der vermutlich aus dem 6. Jh. stammende Tempel ist von seiner Architektur her weniger interessant, besticht aber durch seine Atmosphäre. Große Teile der Anlage wurden während der Maratha-Periode im 18. Jh. hinzugefügt. In und um Badami tummeln sich zahlreiche Affen-„Banden", insbesondere bei den Tempeln. Wer so unvorsichtig ist, etwas Essbares – oder was danach aussieht – aus der Tasche zu ziehen, muss mit einem recht unerfreulichen Massenansturm der putzigen Tierchen rechnen.

Südfestung: Höhlentempel

Die ältesten Baudenkmäler Badamis, in der Umgebung der südlichen Festung gelegen, bestehen aus einer Gruppe in den roten Felssandstein gehauener Tempel aus dem 6. Jh., die über Stufen im Hang miteinander verbunden sind. Die ca. 15 m hoch gelegene **Cave 1**, ein Shiva-Tempel, ist wahrscheinlich der älteste Bau. Man betritt ihn durch eine dreifache Öffnung auf einen lang gestreckten Vorbau, der auf einem mit Darstellungen von Shivas Zwergen, den *ganas,* verzierten Sockel ruht.

Davor, links des Vorbaus, steht neben einem Nandi-Stier ein *dvarpala* (Torwächter). Rechts sieht man die wunderbare, 1,5 m hohe Statue eines 16-armigen, tanzenden Shiva, der eine Vina trägt.

Die etwas höher gelegene, ähnliche **Cave 2**, ein Vishnu-Tempel, beherbergt einige beeindruckende Skulpturen und Malereien. Stufen und Abschrägungen führen weiter nach oben, vorbei an einer natürlichen Höhle, in der sich eine kaputte Statue des buddhistischen Bodhisattva Padmapani („Der die Lotusblüte hält") befindet, und rechts über eine Felsspalte zur Festung hoch.

Cave 3 (578 n. Chr.) liegt unterhalb eines 30 m hohen Felsvorsprungs. Mit einer Fassade von 21 m Länge ist dies der größte Tempel der Gruppe. Er gilt seiner wunderbaren Skulpturen wegen auch als der schönste. Die Säulen sind ganz besonders kunstvoll gearbeitet; sie weisen männliche und weibliche Figuren, Lotusmotive und Medaillons mit Darstellungen von Liebespaaren auf.

Östlich von den anderen steht ein Jain-Tempel, **Cave 4**, der auf den See Agastya und die Ortschaft hinabschaut. Der sehr schlichte Tempel stammt aus dem 6. Jh., seine Wände zieren die 24 *tirthankaras,* zumeist ohne die ihnen zugeordneten Embleme.

Nach Besichtigung der Höhlen kann man zur Festung hochklettern und in östliche Richtung gehen, wo sich in den Felsen versteckt eine Steinplatte befindet, die neben einer Vielzahl von Göttern und Weisen Vishnu, auf die Schlange Adisesha gestützt, zeigt. Von hier aus kann man am Rand der Schlucht entlang und dann zu den **Bhutanatha-Tempeln** am See hinabwandern. Die Felstempel sind tgl. von Sonnenauf- bis -untergang geöffnet, Eintritt US$2.

Nordfestung

Nördlich des Agastya-See befinden sich mehrere frei stehende, über Stufen erreichbare Tempel. Das kleine, in der Nähe gelegene **Archäo-**

Badami

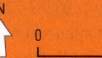

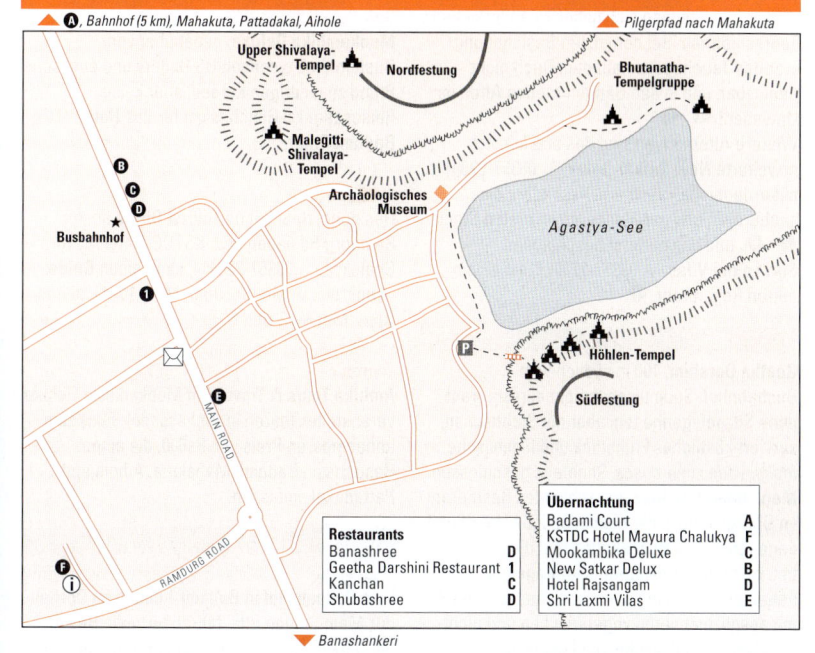

A, Bahnhof (5 km), Mahakuta, Pattadakal, Aihole — Pilgerpfad nach Mahakuta

Restaurants
Banashree	D
Geetha Darshini Restaurant	1
Kanchan	C
Shubashree	D

Übernachtung
Badami Court	A
KSTDC Hotel Mayura Chalukya	F
Mookambika Deluxe	C
New Satkar Delux	B
Hotel Rajsangam	D
Shri Laxmi Vilas	E

Banashankeri

logische Museum beherbergt Statuen aus der Region, ⊙ tgl. außer Fr 10–17 Uhr, Eintritt Rs2.

Der leider überwiegend in Trümmern liegende **Upper Shivalaya-Tempel** ist eines der frühesten Bauwerke der Chalukya-Periode. Seine Grundmauern zieren Szenen aus dem Leben Krishnas, und an den Mauern sind zwischen Pfeilern verschiedene Darstellungen von ihm zu sehen. Vom **Lower Shivalaya** sind nur das Sanktuarium und der Turm erhalten. Der an einen Felsen geklebte **Malegitti Shivalaya** (spätes 7. Jh.) ist der sehenswerteste der im südlichen Stil erbauten frühen Chalukya-Tempel. An den Schrein grenzt ein Säulengang mit kleinen, durchbohrten Steinen und je einer Statue an beiden Seiten: Vishnu im Norden und Shiva im Süden.

Übernachtung

Badami Court, 2 km nördlich der Ortschaft Richtung Bahnhof, ✉ badamicourt@nivalink.com, ✆ 08357-220230. Mit Abstand die beste Adresse in Badami für Unterkunft und Verpflegung. Die 27 rings um einen Garten gelegenen Zimmer mit Bad sind schlicht, aber geräumig; es gibt Mahlzeiten und teures Bier. Der Swimming Pool steht Gästen, die nicht im Hotel wohnen, gegen eine Gebühr von Rs80/Std. zur Verfügung. ❻–❽

KSTDC Hotel Mayura Chalukya, am Südrand der Ortschaft, an der Ramdurg Rd, ✆ 08357-220046. Erheblich billiger, 10 einfache Zimmer mit bröckelndem Putz und wackligen Wasserrohren. Restaurant und angenehmer Garten (trotz kleptomanischer Affen). ❷

Mookambika Deluxe, gegenüber dem Busbahnhof, ✆ 08357-220067, ✆ 220106. Einfache DZ im Erdgeschoss bis zu komfortablen neuen Zimmern mit AC im Obergeschoss. ❸–❻

The Hotel Rajsangam, ✆ 08357-221991. Teuerstes Hotel im Ort mit geräumigen EZ, Deluxe-DZ und Suiten mit Balkon. Aber vielleicht sollte man sich lieber woanders etwas Teures gönnen: Bei der letzten Besichtigung war das Tauchbecken auf dem Dach nicht benutzbar, und in den Gängen trieben Affen ihr Unwesen! ❹–❼

Weitere Alternativen sind das erst kürzlich erweiterte **New Satkar Delux**, ✆ 08357-220417, mit ordentlichen Zimmern, besonders die saubereren und geräumigeren im ersten Stock, ❷–❺, und das äußerst bescheidene **Shri Laxmi Vilas**, ✆ 08357-220077, mit einem netten Restaurant. ❶

Essen

Geetha Darshini, 100 m südlich vom Busbahnhof. Südindisches Schnellrestaurant ohne Sitzgelegenheiten, aber mit Stehtischen, serviert köstliches Frühstück und himmlische *iddlis*, *vadas* und *dosas*. Sonntags geschlossen.
Mookambika Deluxe, ein schlichtes Restaurant im Obergeschoss der gleichnamigen Unterkunft gegenüber dem Busbahnhof, und die betriebsamere Restaurant/Bar **Kanchan** nebenan bieten eine umfangreiche Speisekarte mit ausgezeichneten vegetarischen und nicht-vegetarischen indischen und chinesischen Gerichten. Im **Hotel Rajsangam** gibt es zwei weitere gute Restaurants: Das **Banashree** bietet vegetarisches Essen, das **Shubashree** nicht-vegetarisches, und es hat außerdem eine Bar.

Das Gartenrestaurant des **New Satkar Deluxe** ist wohl das beste in Badami: guter Service, hervorragendes Essen (besonders zu empfehlen: Chicken Mughlai) und ein schattiger Innenhof – eine Oase der Stille abseits des Chaos auf der Hauptstraße.

Sonstiges

Fahrräder

Eine der besten Möglichkeiten, die in der näheren Umgebung von Mahakuta gelegenen Stätten sowie das Tempeldorf Banashankari zu besuchen, stellt ein Mietfahrrad dar, erhältlich an Ständen vor dem Busbahnhof für Rs3/Std. Eine Tages-Radtour nach Aihole und Pattadakal ist aber nur geübten, hitzeresistenten Radlern zu empfehlen.

Geld

Mookambika Deluxe, gegenüber vom Busbahnhof, wechselt US Dollars und englische Pfund zu niedrigen Kursen, aber keine Reiseschecks; Gleiches gilt für das **Hotel Badami Court**.

Informationen

Das neue, freundliche **Tourist Office** an der Ramdurg Rd neben dem KSTDC-Hotel Mayura Chalukya, ✆ 08357-220414, kann einen **Guide** vermitteln. ⏱ Mo–Sa, Juni–März 10–17.30 und April–Mai 8–13 Uhr.

Touren

Ambika Tours & Travels im Mookambika Deluxe veranstaltet Touren in Ambassador-Taxis zum annehmbaren Preis von Rs600, die einen Besuch von Badami, Mahakuta, Aihole und Pattadakal umfassen.

Transport

Busse

Vom **Busbahnhof** in Badami – mitten im Dorf an der Main Station Rd – fahren tgl. viele Busse nach GADAG (2 Std.), HUBLI (3 Std.), BIJAPUR (4 Std.) und KOLHAPUR, außerdem zahlreiche weitere nach AIHOLE (1 1/2 Std.) und PATTADAKAL (45 Min.).
Die Direktbusse nach HOSPET (5 Std.) fahren alle vor 8.30 Uhr ab. Danach ist es am besten, einen Bus nach Gadag (alle 30 Min.; 3 Std.) zu nehmen, dann eine Motor-Riksha (Rs20) zum neuen Busbahnhof (New Bus Stand) von Gadag und von hier einen Bus nach Hospet (2 1/2 Std.).

Eisenbahn

Der Bahnhof liegt 5 km nördlich des Zentrums an einer mit Niembäumen gesäumten Straße. Für den Transport in den Ort stehen meistens Tongas (Rs30 oder Rs5 p. P. bei gemeinschaftlicher Nutzung) sowie Busse und Motor-Rikschas bereit.
Die Schmalspurstrecke von BIJAPUR über Badami nach GADAG wurde zur Zeit der Recherche umgerüstet; die erneuerte Strecke

sollte Ende 2008 wieder betrieben werden, mit drei Zügen täglich in beide Richtungen.

Aihole

Das Dörfchen Aihole (Aivalli), in der Nähe des Flusses Malaprabha, besitzt nicht weniger als 125 Tempel aus der Chalukya- und der nachfolgenden Rashtrakuta-Ära (6.–12. Jh.). Sie stehen in Grüppchen innerhalb des Dorfes, in den Feldern ringsum und auf Felsausläufern. Viele von ihnen sind erstaunlich gut erhalten, obwohl sie als Unterstände und Viehställe genutzt werden. Aufgrund seiner geografischen Lage und der damals herrschenden architektonischen Experimentierfreudigkeit weist Aihole sowohl nördliche *(nagari)* als auch südliche *(dravida)* Tempel auf.

Zwei der Tempel sind Höhlentempel aus dem 6. Jh. Der hinduistische **Ravanaphadigudi**, nordöstlich der Dorfmitte, ein Shiva-Schrein mit einem dreifachen Eingang, enthält schöne Statuen von Mahishasuramardini, einem zehnarmigen Nateshan (der Vorläufer von Shiva Nataraja), der mit Parvati, Ganesh und den Sapta Matrikas („sieben Müttern") tanzt. Ein Stück weiter den das Dorf überschauenden Hügel im Südwesten hoch befindet sich ein zweistöckiger Höhlentempel, der abgesehen von Verzierungen am Eingang und einer Steinplatte an der oberen Veranda, die Buddha zeigt, schmucklos ist. Oben auf diesem Hügel steht der jainistische **Meguti-Tempel**, der vielleicht nie vollendet wurde; eine Inschrift an einer Außenmauer trägt die Jahreszahl 634. Man kann ins Obergeschoss hochklettern und die herrliche Aussicht über Aihole und die Landschaft genießen.

Der aus dem späten 7./frühen 8. Jh. stammende **Durga-Tempel**, einer der ungewöhnlichsten, kunstvollsten und größten von Aihole, steht in der Nähe anderer Tempel auf einem Freigelände der Archeological Survey-Anlage unweit der Dorfmitte. Er bezieht seinen Namen nicht von der Göttin Durga, sondern von dem Kannada-Wort *durgadagudi* („Tempel in der Nähe der Festung"). Eine Reihe von Säulen – viele mit Darstellungen von Liebespaaren – bildet einen offenen Wandelgang um das ganze Bauwerk herum. Weitere bildhauerische Meisterleistungen sind die Verzierungen am Eingang zur Mandapa sowie die Statuen in den Nischen an den Außenmauern des jetzt leeren, halbrunden Allerheiligsten. ◷ tgl. 6–18 Uhr, Eintritt US$2.

In dem nahe gelegenen **Archäologischen Museum** kann man frühe Chalukya-Skulpturen betrachten und die Broschüre *Glorious Aihole* kaufen, die eine Übersichtskarte sowie nähere Erklärungen zu den Bauten enthält. ◷ tgl. außer Fr 10–17 Uhr, Eintritt frei.

Noch weiter südlich, hinter verschiedenen anderen Tempeln, liegt der **Ladh Khan** (benannt nach einem Moslem, der sich darin wohnlich niederließ), der vielleicht berühmteste Tempel von Aihole. Heute wird angenommen, dass er irgendwann zwischen dem Ende des 6. und dem 8. Jh. erbaut wurde. Früher glaubte man, er stamme aus der Mitte des 5. Jhs., und hielt seine Bauweise für eine der wegweisenden Indiens. Im Innern steht ein Nandi-Stier, neben der Rückwand befindet sich ein kleines Sanktuarium mit einem *shivalingam*. Sowohl der Lingam als auch der Nandi könnten erst später entstanden sein und das ursprüngliche Allerheiligste in der Mitte des Tempels gelegen haben.

Übernachtung und Essen

KSTDC Tourist Rest House, rund 5 Min. zu Fuß auf der Hauptstraße Richtung Norden vom Dorf weg, neben den Büros des ASI, ✆ 08351-234541. Klein, sauber und spartanisch; die einzige Übernachtungsmöglichkeit in Aihole. Es verfügt über ein „VIP"-Zimmer, zwei DZ mit Bad sowie 2 DZ und 4 EZ mit Gemeinschaftsbad. Auf Wunsch einfache, leckere Gerichte – während der häufigen Stromausfälle bei Kerzenschein. ❷
Kiran Bar, an der gleichen Straße, aber im Dorf, serviert Bier und härtere Sachen und hat auch ein Restaurant.

Transport

Busse fahren zwischen 5.30 und 21 Uhr 6x tgl. von BADAMI (1 1/2 Std.) via Pattadakal (45 Min.) nach AIHOLE; letzter Bus zurück um ca. 18 Uhr.

Pattadakal

Die Ortschaft Pattadakal, an einer Biegung des Flusses Malaprabha, 22 km von Badami entfernt, war im 7. und 8. Jh. die Krönungsstätte der Chalukya-Herrscher. Es ist denkbar, dass sie überhaupt nur zu Krönungszeremonien genutzt wurde. Wie in Badami und Aihole finden sich auch in dieser Gegend erlesene Chalukya-Bauwerke, darunter besonders große, stilistisch vollendete Beispiele; und ebenso wie in Aihole sind sowohl nördliche als auch südliche Baustile vertreten. Die Haupt-Tempelgruppe von Pattadakal steht innerhalb einer gepflegten Anlage in Dorfnähe und wurde vor Kurzem zur Weltkulturerbe-Stätte ernannt. ⊙ tgl. 6–18 Uhr, Eintritt US$5.

Der älteste Tempel von allen, der **Sangameshvara**, zum Gedenken an seinen Erbauer Vijayaditya Satyashraya (696–733) auch **Shri Vijayeshvara-Tempel** genannt, weist typisch südliche Elemente auf. Die südlichen, Seite an Seite stehenden Tempel, der **Mallikarjuna** und der gewaltige **Virupaksha**, wurden beide im südlichen Stil von zwei Schwestern erbaut, die einander auf den Thron von Vikramaditya II. (733–46) folgten. Zusammen mit dem Kanchipuram-Tempel in Tamil Nadu war der Virupaksha wahrscheinlich einer der größten und prächtigsten seiner Zeit in Indien. Die Säulen im Inneren zieren Szenen aus dem Ramayana und *Mahabharata,* während die im Mallikarjuna Geschichten aus dem Leben Krishnas erzählen.

Der größte im nördlichen Stil erbaute Tempel ist der weiter südlich gelegene **Papanatha**, der vermutlich nach dem Virupaksha im 8. Jh. erbaut wurde. Die Außenmauern zieren Flachreliefs (von denen einige, entgegen hiesiger Gepflogenheiten, mit den Initialen des Künstlers versehen sind) mit Darstellungen aus dem Ramayana, darunter Hanumans Affenarmee, an der Südmauer.

Rund 1 km südlich des Dorfes befindet sich ein sehenswerter **Jain-Tempel** aus der Rashtrakuta-Ära (9.–10. Jh.) mit einem Vorbau und zwei Mandapas mit zwei identischen, aus Stein gehauenen Elefanten am Eingang.

Von Pattadakal fahren regelmäßig staatliche Busse und stündlich Privatbusse nach Badami (45 Min.) und Aihole (45 Min.).

Es gibt keine touristischen Einrichtungen, abgesehen von ein paar Teebuden und Ständen, an denen kalte Getränke und Kokosnüsse verkauft werden.

Jedes Jahr Ende Januar findet in Pattadakal ein dreitägiges **Tanzfestival** statt, an dem Tänzer aus dem ganzen Land teilnehmen.

Bijapur und der äußerste Norden

Bijapur

Bijapur besitzt einige der schönsten islamischen Bauten des Dekkan und wird oft als „Agra des Südens" bezeichnet – nicht zu Unrecht, denn über 300 Jahre lang war es die Hauptstadt einer Reihe mächtiger Herrscher, deren Mausoleen, Moscheen, prächtige Verwaltungsgebäude und Festungen von einer Zeit unerhörten Wohlstands und künstlerischer Spitzenleistungen erzählen. Doch hier hören die Gemeinsamkeiten auch schon auf. Zwischen dem provinziellen Marktstädtchen Bijabur mit ganzen 210 000 Einwohnern und dem hektischen Treiben von Agra liegen Welten. Mit Ausnahme des mächtigen **Golgumbaz**, das Busladungen voller Tagesausflügler anzieht, verirren sich nur wenige Touristen zu seinen historischen Stätten, und das verwinkelte Stadtzentrum mit Grünflächen und Moscheen ist erstaunlich ruhig.

In der ersten Februarwoche findet in Bijapur jedes Jahr ein **Musikfestival** statt, das berühmte Interpreten der klassischen karnatischen (südindischen) und hindustanischen (nordindischen) Musiktradition anzieht.

Geschichte

Bijapurs Geschichte begann im 10. Jh. als **Vijayapura**, die „Stadt des Sieges" der Chalukyas. Zunächst von den hinduistischen Vijayanagars eingenommen, ging sie erstmals im 13. Jh. mit der Ankunft des Sultans von Delhi in moslemische Hände über. So wurde die Gegend einige Zeit von den Bahmanis verwaltet, doch erst nachdem die hiesigen Herrscher, die **Adil Shahis**, die Oberherrschaft von Bidar abschüttelten, indem sie die Bahmani-Garnison überwältigten und Bijapur zu ihrer Hauptstadt erklärten, begann der Aufstieg der Stadt.

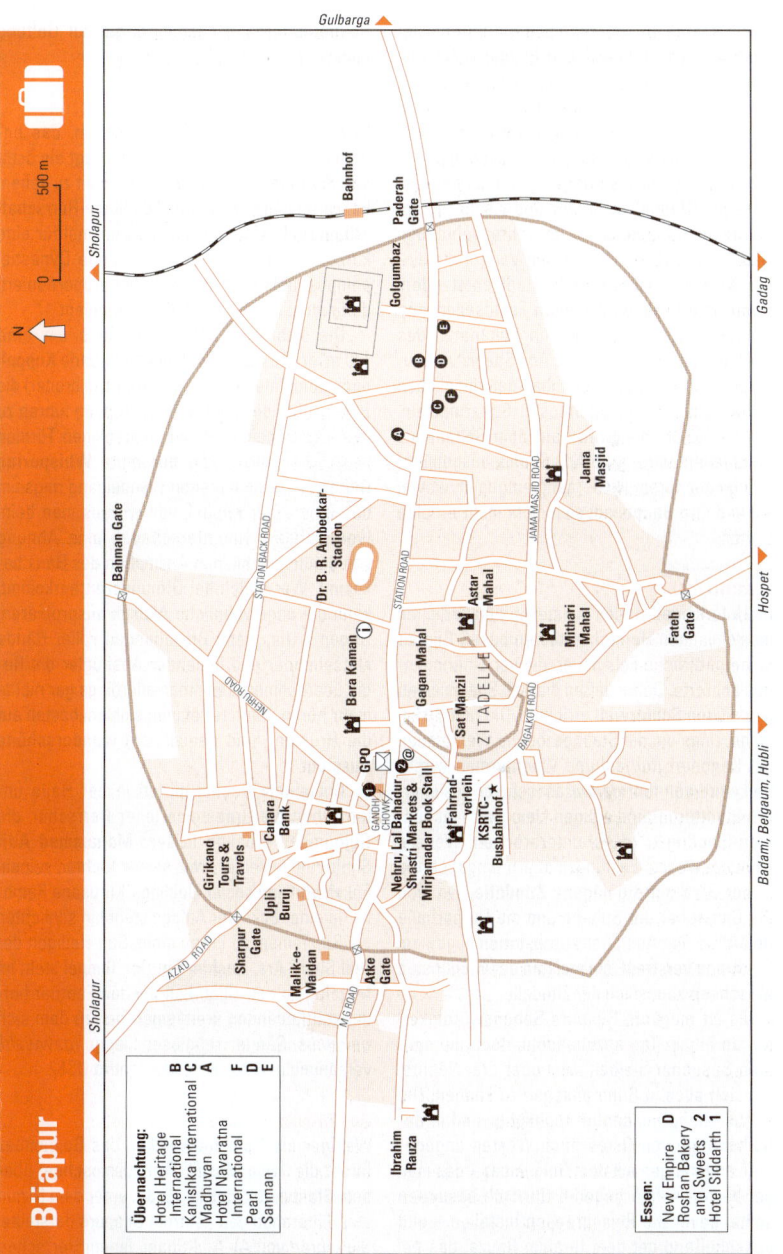

Bijapur

Karnataka

Map labels

- Gulbarga
- Sholapur
- Bahnhof
- Paderah Gate
- Golgumbaz
- Bahman Gate
- STATION BACK ROAD
- NEHRU ROAD
- Dr. B. R. Ambedkar-Stadion
- STATION ROAD
- Bara Kaman
- GPO
- Canara Bank
- Girikand Tours & Travels
- Upli Buruj
- Sharpur Gate
- Malik-e-Maidan
- Atke Gate
- AZAD ROAD
- MG ROAD
- Ibrahim Rauza
- Gandhi Chowk
- Nehru, Lal Bahadur Shastri Markets & Mirjamadar Book Stall
- Fahrrad-verleih
- KSRTC-Bushahnhof
- Gagan Mahal
- Sat Manzil
- ZITADELLE
- BAGALKOT ROAD
- Astar Mahal
- JAMA MASJID ROAD
- Jama Masjid
- Mithari Mahal
- Fateh Gate
- Hospet
- Gadag
- Badami, Belgaum, Hubli

Übernachtung:
- Hotel Heritage International — B
- Kanishka International — C
- Madhuvan — A
- Hotel Navaratna International — F
- Pearl — D
- Sanman — E

Essen:
- New Empire — D
- Roshan Bakery and Sweets — 2
- Hotel Siddarth — 1

500 m

www.stefan-loose.de/indien

Bijapur 1263

Im späten 16. Jh. begruben die fünf moslemischen Dynastien – neben Bijapur Golconda, Ahmednagar, Bidar und Gulbarga – für kurze Zeit ihre Differenzen und schlossen einen Militärpakt mit dem Ziel der Abschaffung der Bahmani-Herrschaft und der Vernichtung der Vijayanagars.

Der Erfolg dieses Kriegszuges, bei dem Vijayanagar (Hampi) in Schutt und Asche gelegt wurde, begründete einen 200 Jahre währenden Bauboom in Bijapur, in dessen Verlauf die eindrucksvollsten Bauten der Stadt entstanden. Doch bald brachen die alten Feindseligkeiten zwischen den rivalisierenden Sultanaten des Dekkan wieder aus, und die Adil Shahis vergeudeten nach und nach den Inhalt der königlichen Schatzkammern in fruchtlosen Scharmützeln. Als im 18. Jh. die Briten auf dem Schauplatz erschienen, waren die Adil Shahis ausgeblutet und gingen ihrem Niedergang entgegen, wovon sie und ihre Hauptstadt sich nicht mehr erholen sollten.

Orientierung

Im Unterschied zu den meisten mittelalterlichen moslemischen Herrscherstädten besaß Bijapur keine natürliche Felsmauer, die vor Eindringlingen schützte. Daher ließen die Adil Shahis einen gewaltigen **Schutzwall** errichten. Die rund 10 km lange, rings um die Stadt gezogene Wehrmauer, mit Kanonen *(burjes)* und Wachtürmen versehen, wird von fünf *darwazas* (schwer gesicherten Stadttoren) und einigen kleineren Wachposten-Eingängen *(didis)* unterbrochen. Weitere zinnenbewehrte Festungsmauern umgaben die in der Stadtmitte gelegene **Zitadelle**, wo sich die Gemächer der Sultane und die Durbarhalle befanden. Die Adil Shahi-**Grabstätten** liegen am Stadtrand verstreut, die meisten der wichtigsten **Moscheen** südöstlich der Zitadelle.

Es ist möglich, Bijapurs Sehenswürdigkeiten an einem Tag abzuhandeln, doch die meisten Besucher bleiben zwei oder drei Nächte, um sich alles in Ruhe ansehen zu können. Die nachstehend genannten Highlights sind in der Reihenfolge von Osten nach Westen angegeben, angefangen mit dem Golgumbaz – das man am besten schon gegen 6 Uhr früh besuchen sollte, bevor die Reisegruppen einfallen – und abschließend mit dem Ibrahim Rauza, das bei Sonnenuntergang besonders gut zur Geltung kommt.

Golgumbaz

Das riesige Golgumbaz-Mausoleum, das berühmteste Bauwerk Bijapurs, überragt die östliche Stadtmauer und ist kilometerweit zu sehen. Es wurde gegen Ende der Adil Shahi-Herrschaft erbaut und ist ein passendes Denkmal für die kurz vor dem Niedergang stehende Dynastie: pompös, dekadent und schlecht proportioniert, dafür im ganz großen Maßstab angelegt.

Die kubische Grabstätte rings um eine 170 m^2 große Halle krönt eine halbrunde **Kuppel**, nach dem Petersdom in Rom (nur 5 m breiter) die zweitgrößte der Welt. Wendeltreppen führen zu den vier siebenstöckigen, achteckigen Türmen hoch. Sie stützen die berühmte **Whispering Gallery**, einen 3 m breiten Wandelgang rings um das Innere der Kuppel, von wo aus man beim (vorsichtigen) Hinunterschauen eine Ahnung von den unglaublichen Ausmaßen des Baus bekommt. Wer gleich bei Öffnungszeit herkommt, kann die ungewöhnliche Akustik ausprobieren. Gegen 7 Uhr, wenn Busladungen voller Hände klatschender und johlender Ausflügler die Regie übernehmen, kann man allerdings gar nichts mehr hören. Dann rettet man sich am besten auf die Brüstung und genießt die wunderschöne **Aussicht**.

Auf einem Sockel mitten in der Halle unten ruhen die Grabsteine jener Herrscher, die Golgumbaz erbauen ließen: **Mohammed Adil Shahi** neben seiner Frau, seiner Tochter, seinem Enkelsohn und seiner Lieblings-Kurtisane Rambha. In einer Ecke der Anlage steht ein schlichter, weißer Tempel zu Ehren eines Sufi-Heiligen der Adil Shahi-Ära, **Hashim Pir**. Der Tempel steht im Mittelpunkt des alljährlich um den Februar herum stattfindenden dreitägigen *urs*, zu dem sich *qawwals*, Sänger religiöser Lieder *(qawwali)*, versammeln. ⏰ tgl. 6–18 Uhr, Eintritt US$2.

Jama Masjid

Weniger als 1 km südwestlich des Golgumbaz thront die Jama Masjid (Freitagsmoschee) über dem Stadtviertel, das im 19. Jh. unter dem Nizam von Hyderabad das Zentrum Bijapurs darstellte. Sie wurde von Ali Adil Shahi, jenem Herrscher, der die Stadtmauer und die Wasserleitung erbauen ließ, zum Gedächtnis an seinen Sieg über die Vijayanagars während der Schlacht von Talikota 1565 in Auftrag gegeben und gilt als eine der schönsten Moscheen Indiens. Da es sich um eine aktive Gebetsstätte handelt, ist entsprechend dezente Kleidung vorgeschrieben (keine Shorts, keine Röcke).

Die mit Bogengängen und Reihen dicker Säulen versehene Gebetshalle besticht durch Schlichtheit und Zurückhaltung. Der einzige Schmuck, abgesehen von geometrischen Mustern hier und da und Spuren gelber, blauer und grüner Kacheln, findet sich im *mihrab,* der nach Westen (Mekka) gewandten Gebetsnische, die mit Blattgold und erlesener Kalligrafie ausgestaltet ist. In den Marmorfußboden der Halle ist ein Netz aus 2500 Rechtecken eingelassen, die sogenannten *musallahs* (nach den Gebetsmatten, *musallah,* die die Gläubigen in die Moschee mitbringen). Diese ließ der Mogul-Kaiser Aurangzeb anbringen, angeblich als Entschädigung für die Samtteppiche, die lange Goldkette und andere Wertsachen, die sich in der Gebetshalle befanden und mit denen er sich aus dem Staub machte.

Mithari Mahal und Asar Mahal

Geht man von der Jama Masjid nach Westen, ist das erste Bauwerk von Bedeutung ein kleines, kunstvoll gearbeitetes Wächterhaus am Südrand der Straße. Ungeachtet seines bescheidenen Umfangs ist das zierliche, dreistöckige **Mithari Mahal** mit seinen reich verzierten Fenstern und den Minaretten in jeder Ecke eines der schönsten Gebäude von Bijapur. Es geht ebenfalls auf Ali Adil Shahi zurück, der es zusammen mit der dahinter befindlichen Moschee unter Verwendung von Geschenken errichten ließ, die er anlässlich eines Staatsbesuchs in Vijayanagar erhielt. Die Großzügigkeit der hinduistischen Rajas wurde ihnen schlecht vergolten: Ein paar Jahre später löschten Adil Shahi und seine vier moslemischen Verbündeten die Stadt aus und ermordeten fast alle ihre Bewohner.

Auf der Gasse, die gegenüber dem Mithari Mahal nach Norden führt, gelangt man zum verfallenen **Asar Mahal**, einer großen, vorne offenen Halle mit einem großen Wasserbecken davor. Das 1646 von Mohammed Adil Shahi als Gericht erbaute Gebäude wurde später dazu auserkoren, Haare aus dem Bart des Propheten zu beherbergen und erlangte so den Titel **Asar-i-Sharif**, „Ort illustrer Reliquien". Frauen ist der Eintritt und der Zugang zum Obergeschoss, wo sich 15 Nischen mit mittelmäßigen Malereien befinden, theoretisch untersagt, doch gegen etwas Bakschisch schließt eines der sich hier aufhaltenden Mädchen die Türen auf.

Die Zitadelle

Die Zitadelle in der Mitte der Stadt ist außer an der Nordseite von Brustwehren umschlossen. Die meisten Bauten im Inneren sind eingefallen oder wurden in staatliche Büros verwandelt, aber es ist immer noch genug erhalten, um eine Vorstellung der ehemaligen Pracht zu vermitteln.

Die am besten erhaltenen Bauten liegen an oder in der Nähe der Haupt-Nord-Süd-Achse, der Anand Mahal Road, zu erreichen entlang der südöstlichen Mauer vom Asar Mahal her. Auf letzterer Strecke gelangt man zuerst zum **Gagan Mahal**. Der heute in Trümmern liegende ehemalige „Himmlische Palast" von Ali Adil Shahi diente später den Sultanen als Empfangshalle. Sie präsentierten sich im Hofstaat, auf der Plattform an der offenen Nordseite sitzend, vor der auf dem gegenüberliegenden Gelände versammelten, staunenden Menge. Der westlich, abseits der Anand Mahal Road gelegene, fünfstöckige **Sat Manzil** war das Lustschlösschen der Kurtisane Rambha, die zusammen mit Mohammed Adil Shahi und dessen Familie im Golgumbaz ihre letzte Ruhestätte fand. Vor dem Gebäude steht (mittlerweile auf dem Trockenen) der reich verzierte Wasserpavillon **Jal Mandir**.

Malik-i-Maidan und Upli Buruj

Den westlichen Hauptzugang zur Stadt bewacht eine von mehreren Bastionen *(burje)* in Bijapurs Wehrmauer. Diese hier, das Burj-i-Sherza („Löwen-Tor") ist mit einer gewaltigen Kanone, der sogenannten **Malik-i-Maidan**, wörtlich übersetzt „Herr der Ebenen", versehen. Sie wurde im 16. Jh. als Kriegsbeute hierher gebracht. Man brauchte 400 Ochsen, zehn Elefanten und eine ganze Heereseinheit, um sie die Treppen hoch und an ihren Bestimmungsort zu befördern. Auf Inschriften steht zu lesen, dass die Kanone, deren Lauf mit einen einen Elefanten verschlingenden Ungeheuer verziert ist, im Jahr 1551 in Ahmednagar gegossen wurde.

Auf einem Wachturm, ein paar Schritte weiter nordwestlich, sind noch weitere, ausrangierte Kanonen zu sehen. Um die Außenwand der ovalen **Upli Buruj**, „Oberen Bastion", herum führen Treppenstufen zu einem Geschützstand, von wo aus sich ein ungehinderter Blick über die Stadt und die Ebene bietet.

Ibrahim Rauza

Auf einem ummauerten Gelände, keinen Kilometer westlich des Schutzwalles, ist das Ibrahim Rauza ein leuchtendes Beispiel der architektonischen Kunstfertigkeit von Bijapur. Während das Golgumbaz vor allem durch seine gewaltigen Ausmaße imponiert, besticht diese Grabstätte durch ihre Anmut und Schlichtheit. Und da sie von den meisten Tourbussen verschont bleibt, ist sie auch eine Oase des Friedens, mit luftigen, säulenbestandenen Veranden und bunt schillernden Nektarvögeln, die zwischen den moosbewachsenen Kuppeln, Minaretten und goldenen Turmspitzen umherschwirren.

Die Fachleute streiten darüber, ob das Grabmal von Ibrahim Adil Shah (1580–1626) oder seiner Lieblingsfrau Taj Sultana in Auftrag gegeben wurde, aber sicher ist, dass Letztere zuerst hier begraben wurde, in einer düsteren Kammer, deren einzige Lichtquelle eine Reihe kunstvoll durchbrochener Steinfenster *(jali)* ist. Sie stellen in Stein gemeißelte Koranverse dar und sind die erlesensten ihrer Art in ganz Indien. Das Äußere des Mausoleums zieren weitere, wunderbare Werke vollendeter Steinmetzarbeit, ebenso die gleichermaßen sehenswerte Moschee gegenüber. Die beiden mit zahlreichen Minaretten und Kuppeln versehenen Gebäude stehen sich auf einer rechteckigen, erhöhten Plattform gegenüber. Dazwischen befinden sich ein kleines Wasserreservoir und ein Springbrunnen. Wer oben auf den Mauern rings um die Anlage steht und nach unten blickt, wird verstehen, weshalb der Erbauer Malik Sandal über dem Südeingang des Grabmals eine Inschrift in seiner persischen Muttersprache anbringen ließ, die sein Meisterwerk als „eine Schönheit, vor der das Paradies erschauert" feiert. ⏲ tgl. 6–18 Uhr, Eintritt $2.

Übernachtung

Bijapur kann mit relativ vielen preisgünstigen Unterkünften aufwarten.

Hotel Heritage International, Station Rd, ☎ 08352-221006. Etwas steriles, neues Hotel mit riesigen, preisgünstigen Zimmern. Das benachbarte vegetarische Restaurant bietet gutes Essen zu bemerkenswert niedrigen Preisen. ❸–❹

Kanishka International, Station Rd, ☎ 08352-223788, 🖥 www.kanishkabijapur.com. Bequeme Zimmer mit guter Ausstattung und ebensolchem Service zu vernünftigen Preisen. Zwei anständige Restaurants (ein vegetarisches und ein nicht-vegetarisches). ❸–❺

Madhuvan, Station Rd, ☎ 08352-255571, 📠 256201. Die eleganteste Unterkunft der Stadt bietet unterschiedliche Zimmer, von schlichten, zu teuren DZ bis zu luxuriösen mit AC. Das hauseigene Restaurant bietet zur Mittagszeit jedoch preiswerte *thalis*. Hotelgäste können hier Geld wechseln. ❺–❻

Hotel Navaratna International, Nähe Station Rd, ☎ 08352-222771. Ruhiges Hotel mit riesigen, gefliesten Zimmern; sehr preisgünstig. Geboten wird ein guter Service, ein vegetarisches und ein nicht-vegetarisches Restaurant sowie ein beliebter Ess- (und Trink-) Bereich unter Schatten spendenden Palmen. ❸–❹

Pearl, Station Rd, ☎ 08352-256002, 📠 243606. Helles, modernes Hotel mit sauberen und geräumigen Zimmern. Die nach vorn gelegenen haben Balkone, die oberen bieten Ausblicke auf den Golgumbaz. Besseres Preis-Leistungs-Verhältnis als das *Madhuvan* und ausgezeichnetes Restaurant. ❸–❺

Sanman, Station Rd, ☎ 08352-251866. Bestes Preis-Leistungs-Verhältnis der Budget-Unterkünfte, in gut erreichbarer Nähe des Bahnhofs. Hier gibt's saubere, geräumige Zimmer, einige mit AC; Dachrestaurant/Bar mit wunderschönem abendlichem Ausblick auf das Mausoleum. ❷–❹

Essen

Das Essensangebot beschränkt sich vor allem auf die Hotelrestaurants, darunter das New Empire im Hotel Pearl, sowie das eine oder andere Speiselokal. Die meisten unabhängigen Lokale sind rein vegetarisch.

Shrinidhi Hotel, am Gandhi Chowkh, serviert gute vegetarische südindische Gerichte, ebenso das **Priyadarshini**, an der Hauptstraße gegenüber vom Gagan Mahal.

Roshan Bakery and Sweets, MG Rd, ist beliebt u. a. wegen seiner perfekten flockigen, köstlichen vegetarischen Croissants z. B. mit Ei (Rs6).

Hotel Siddarth, über dem Hauptmarkt, ✆ 08352-220338. Großes Dachrestaurant mit Bar, das schmackhafte nicht-vegetarische indische Küche und ein breites Alkoholangebot hat.

Sonstiges

Fahrräder

Bijapur ist flach, und die Straßen sind nicht so sehr verstopft wie anderswo. An mehreren Ständen vor dem Busbahnhof werden wacklige Heros für ca. Rs3/Std. vermietet. Auch das Personal des KSTDC Mayura Adil Shahi vermittelt Leihräder.

Geld

Bargeld und Reiseschecks wechselt am zuverlässigsten **Girikand Tours and Travels**, 1. Stock, Nishant Plaza, Rama Mandir Rd, ✆ 08352-220510. Wer möchte, kann auch zur nahe gelegenen **Canara Bank** in der Azad Rd gehen, doch die Formalitäten dauern sehr lang und es werden Fotokopien der maßgeblichen Seiten des Reisepasses verlangt.

Informationen

Das **Tourist Office**, hinter dem Hotel Adil Shahi Annexe nahe der Station Rd, ✆ 08352-250359, hat die üblichen Broschüren auf Lager, hilft bei der Reiseplanung und vermittelt Guides. ◷ Mo–Sa 10–17.30 Uhr.

Internet

Internetzugang bieten **Friends Cyber Zone** und **Cyber Park**, gegenüber dem Postamt (beide Rs25/Std.).

Nahverkehr

Motor-Rikschas

Die meisten Busreisenden nehmen am Busbahnhof eine Motor-Riksha zum Hotel. Diese haben keinen Gebührenzähler und verlangen mindestens Rs10; für Rs30 kann man zwar fast überall innerhalb der Stadt hinkommen, für Besuche der Sehenswürdigkeiten sind sie jedoch teuer: Eine 4-stündige Sightseeingtour kostet ca. Rs200.

Taxis

Warten in der Nähe des Busbahnhofs und verlangen Rs5,50/km.

Tongas

Am Busbahnhof stehen auch von Pferden gezogene Tongas bereit. Sie kosten in etwa so viel wie eine Motor-Riksha.

Transport

Busse

Am **KSRTC-Busbahnhof** am Südwestrand der Innenstadt halten Busse, die aus Mumbai und Aurangabad kommen. Die Fahrzeiten muss man am Informationsschalter erfragen, denn die Fahrpläne sind alle auf Kannada.

Gute private Busgesellschaften, wie z. B. VRL (die gelb-schwarzen Luxusgefährte), unterhalten Busse nach BENGALURU (3x tgl., von 19 Uhr an) und Nachtbusse nach MANGALORE via Udipi und Mumbai.

VRL-Busse kann man bei Vijayanand Travel, Terrace Floor, Shastri Market, Gandhi Circle, ✆ 08352-251000, oder in der Filiale unmittelbar südlich des Busbahnhofs, buchen.

KSRTC hat ebenfalls Luxus-Busse nach BENGALURU, MUMBAI und HYDERABAD. Nach BADAMI geht es häufig schneller, wenn man den ersten Bus nach BAGALKOT nimmt und dort umsteigt.

Busse nach:
AURANGABAD (4x tgl., 12 Std.),
BADAMI (4x tgl., 4 Std.),
BENGALURU (5x tgl., 13 Std.),
BIDAR (4x tgl., 8 Std.),
GULBARGA (stdl., 4 Std.),
HOSPET (12x tgl., 5 Std.),

HUBLI (stdl., 6 Std.),
HYDERABAD (6x tgl., 10 Std.),
MUMBAI (10x tgl., 12 Std.),
PUNE (10x tgl., 8 Std.).

Eisenbahn

Der **Bahnhof** liegt einen Steinwurf vom Golgumbaz entfernt, 3 km nordöstlich des Busbahnhofs, und empfängt den Besucher freundlicher als Letzterer. Seit die Strecke nach Norden auf Breitspur umgestellt wurde, verkehren drei Züge wöchentlich nach MUMBAI und YESVANTPUR (BENGALURU). Weitere Ziele sind HYDERABAD (1x tgl.) und SOLAPUR (3x tgl.), wo Anschluss zu weiteren Zielen besteht. Der Umbau der Strecke Richtung Süden soll Ende 2008 beendet sein.

Gulbarga

Gulbarga, 165 km nordöstlich von Bijapur, war die Gründungshauptstadt der Bahmani-Dynastie und die wichtigste Stadt der Region, bevor der Hof 1424 nach Bidar zog. Später wurde sie von den Adil Shahis und den Moguln eingenommen. Sie hat sich ihren ausgeprägten islamischen Charakter bewahrt: Zwiebeltürme und Minarette ragen überall zwischen den baufälligen Betonklötzen hervor.

Trotz Gulbargas religiöser und historischer Bedeutung sind die Baudenkmäler der Stadt, verglichen mit denen von Bijapur oder auch Bidar, eher unscheinbar. Nur wenige lohnen eine Reiseunterbrechung, es sei denn, man interessiert sich brennend für mittelalterliche islamische Architektur. Eine Ausnahme gibt es allerdings: den Begräbniskomplex **Dargah** am Nordostrand der Stadt. Nach einem Gang durch einen breiten Basar erreicht man die wettergegerbten Marmorwände, die das Grab von Hazrat Gesu Daraz (1320–1422) umgeben, von seinen Anhängern liebevoll **Bandah Nawaz** („der Langhaarige, der anderen Trost spendet") genannt. Der Heilige war der spirituelle Mentor der Bahmani-Herrscher, die ihm das wunderbare, zweistöckige Mausoleum errichten ließen, das alljährlich Hunderttausende moslemische Pilger besuchen. Frauen ist der Zugang verwehrt.

Männer können hineingehen – müssen aber lange Hosen tragen –, um Opfergaben zu bringen oder die kunstvolle Spiegelmosaikdecke zu bewundern. Die gleiche Geschlechtertrennung gilt auch für die benachbarte Grabstätte, deren Inneres gut erhaltene, prächtige persische Malereien schmücken.

Nach dem Gedränge am Dargah kann man quer durch die Stadt zur stillen **Festung** flüchten. Die von einer 16 m dicken, zinnenbewehrten Mauer, fünfzehn Wachtürmen und einem übel riechenden Schlossgraben eingerahmte, einst mächtige Zitadelle liegt heute in Trümmern hinter dem künstlichen See der Stadt. Das einzige noch erhaltene Bauwerk ist die schöne, aus dem 14. Jh. stammende **Jama Masjid**, die wahrscheinlich von einem maurischen Baumeister nach dem Vorbild der prächtigen spanischen Moschee in Cordoba gestaltet wurde.

Übernachtung und Essen

An preiswerten Unterkünften mangelt es in Gulbarga nicht, und auch Reisende mit schmaler Börse dürften ein sauberes Zimmer mit einem kleinen Balkon finden.

Alle hier aufgeführten Hotels verfügen über **Restaurants**, zumeist rein vegetarische Lokale ohne Alkoholausschank (um keine Trinkgesellen aus dem „trockenen" Andhra Pradesh jenseits der Grenze anzulocken).

Kamat, die Restaurantkette, hat mehrere Filialen in Gulbarga, darunter eine freundliche am Station Chowk, deren Küche sowohl vegetarische „meals" als auch *iddlis* und *dosas* zu bieten hat. Unbedingt probieren: *joleata roti*, eine hiesige Brotspezialität, entweder hart und knusprig oder weich wie Chapati. In der Nähe vom Bahnhof servieren mehrere winzige Lokale Brathähnchen und Fisch.

Adithya, 2-244 Station Rd, gegenüber den Public Gardens, ☎ 08472-224040, ✆ 235661. Die vornehmeren AC-Zimmer hier kosten kaum mehr als die nicht klimatisierten. Das makellos saubere, vegetarische Udipi-Restaurant Pooja im Erdgeschoss bietet leckere *thalis* und Snacks. ❹–❺

Hotel Prashant, aus dem Bahnhof kommend die 1. Gasse links, ☎ 08472-221456. Ordentliche Zimmer unterschiedlicher Größe und

Ausstattung in überraschend ruhiger Lage. ❷–❹
Kapila Lodge, an der Nordseite des Busbahnhofs. Große, saubere Zimmer, einige mit Balkon; sehr preisgünstig. ❶–❹
Raj Rajeshwari, Vasant Nagar, Mill Rd, nur 5 Min. vom Busbahnhof, ✆ 08472-225881. Freundliches, gepflegtes Hotel in einem modernen Gebäude mit großen Zimmern inklusive Bad und Balkon sowie einem recht ordentlichen vegetarisches Restaurant. Absolutes Alkoholverbot. ❸–❹
Southern Star, nahe der Festung, Super Market, ✆ 08472-224093. Teure Zimmer, einige mit Blick auf die Festung, großer Restaurantbereich draußen für entspanntes Speisen und zur Beobachtung des Sonnenuntergangs hinter der Festung bei einem Bier. ❷–❺

Geld

Die Filiale der **Syndicate Bank** in der Station Rd wechselt Fremdwährung und hat einen Geldautomaten.

Nahverkehr

Da die Sehenswürdigkeiten von Gulbarga weit auseinander liegen, muss man **Motor-Rikschas** nehmen; Preise im Voraus festlegen!

Transport

Busse
Am staatlichen Busbahnhof am Südwestrand der Stadt halten tgl. KSRTC-Busse aus BIJAPUR, BIDAR, HOSPET und HYDERABAD. Am gegenüberliegenden Straßenrand fahren private Minibusse ab, deren Fahrer auch auf dem Busbahnhofsgelände lautstark nach Passagieren rufen. Man sollte aber trotz aller Beteuerungen keinen dieser Minis nach Bidar nehmen. Sie fahren nämlich nur bis zur gottverlassenen Straßenkreuzung von Humnabad, 40 km vor Bidar, wo man stundenlang warten muss, bis sich eine Gelegenheit zum Weitertransport ergibt.

Eisenbahn
Der Bahnhof, von dem Züge nach MUMBAI, PUNE, HYDERABAD, BENGALURU und CHENNAI fahren, liegt 1,5 km östlich des Busbahnhofs in der Mill Rd. Nördlich des Bahnhofs verläuft die Station Road, die andere Hauptstraße der Stadt, über die man am See vorbei bis zur belebten Straßenkreuzung **Chowk** mitten im Basar gelangt.

Bidar

Bidar, im entlegenen Nordwesten Karnatakas, 284 km nordwestlich von Bijapur gelegen, ist heute ein ländliches Städtchen, besser als Ausbildungsstätte für Kampfpiloten als für die langsam in sich zusammenfallenden Baudenkmäler bekannt. Der Stadt, deren 140 000 Einwohner immer noch zur Hälfte Moslems sind, ist ein gewisser Charme jedoch nicht abzusprechen. Die gekachelten Grabstätten, Festungsanlagen und alten Moscheen lohnen einen kurzen Abstecher, wenn man zwischen Hyderabad (150 km östlich) und Bijapur unterwegs ist. Allerdings muss mit wenig Komfort im westlichen Sinne und mehr Neugierde vonseiten der Einheimischen als üblich gerechnet werden. Besonders Letzteres kann allein reisenden Frauen den Besuch verderben.

1424, im Anschluss an die Aufsplitterung der Bahmani-Dynastie in fünf rivalisierende Fraktionen, verlegte Ahmad Shah I. seinen Hof von Gulbarga ins weniger bedrängte Bidar. Eine Rolle soll dabei auch seine Trauer über den Tod seines geliebten spirituellen Führers Bandah Nawas Gesu Daraz gespielt haben. Die Stadt wurde mit einer neuen Festung, herrlichen Palästen, Moscheen und Ziergärten versehen. Die Bahmanis regierten hier bis 1487, als die Barid Shahis die Macht übernahmen. Ihnen folgten die Adil Shahis aus Bijapur auf den Thron und später die Moguln unter Aurangzeb, die 1656 die Region annektierten, ehe sich schließlich die Nizam von Hyderabad im frühen 18. Jh. des Territoriums bemächtigten.

Die Altstadt

Das Herzstück von Bidar bildet die mittelalterliche **Old Town**, umgeben von zinnenbewehrten Mauern und acht imposanten Stadttoren *(darwazas)*. In diesem überwiegend moslemischen Viertel stehen zahlreiche Moscheen, *haveli-*

Häuser und *khanqahs* – „Klöster" aus der Bahmani-Ära –, doch die größte Sehenswürdigkeit sind die Ruinen der **Mahmud Gawan's Madrasa**, des theologischen Seminars, dessen einziges Minarett weit über die Dächer der Innenstadt hinausragt. Das im persischen Stil erbaute Gebäude beherbergte ursprünglich eine weltberühmte Bibliothek. Diese verbrannte jedoch, als 1696 der Blitz einschlug, und mehrere Mauern und Kuppeln flogen in die Luft, als das von Aurangzebs Besatzungsmacht hier gelagerte Schießpulver sich entzündete und explodierte. Von der *madrasa* ist eigentlich nur noch das „Gehäuse" erhalten, doch ihre elegante, gewölbte Fassade weist noch große, mit glasierten persischen Kacheln verzierte Flächen auf, die früher fast die gesamten Außenmauern bedeckten.

Das Fort

Die riesige Festung am Nordende der Straße, die an der *madrasa* vorbeiführt, ist ein vor sich hinbröckelndes Zeugnis des Bahmani-Reiches des 15. Jhs., hat sich aber seine heitere, schnörkellose Schönheit bewahrt. Obwohl sich die Einheimischen das ausgedehnte gewellte Gelände für ihren Alltag nutzbar gemacht haben – Jungen spielen auf dem Gras Kricket, auf den Terrassen wird Reis angepflanzt, und kleine Lkws rumpeln durch die Straßen –, versprüht es immer noch einen gewissen Charme.

Das Fort wurde von den hinduistischen Chalukyas errichtet und im frühen 15. Jh. von den Bahmanis verstärkt. Sie trotzte mehreren Belagerungen und ist immer noch weitgehend intakt. Ein 10 km langer Schutzwall, der dank eines Felsens im Norden und Westen 300 m tief abfällt, umgibt die Festung. Das größte Stadttor nach Süden hin schützt eine nicht weniger eindrucksvolle, von Menschenhand gemachte Wehranlage: gewaltige Tore und ein dreifacher Burggraben, über den früher eine Reihe von Zugbrücken führte. Das erste bemerkenswerte Gebäude im Inneren (links hinter dem dritten und letzten Eingangstor) ist das **Rangin Mahal**. Mahmud Shah ließ diesen bescheidenen „Farbigen Palast" erbauen, nachdem ihn ein – erfolgloser – Aufruhr abessinischer Sklaven im Jahr 1487 gezwungen hatte, sich tiefer in den Schutz der Zitadelle zu flüchten. Die relativ geringen Ausmaße des Palastes spiegeln die schwindenden Finanzen der Bahmanis wider. Nichtsdestotrotz umfasst seine Innenarchitektur einige der kostbarsten noch erhaltenen islamischen Kunstwerke des Dekkan, darunter wunderbare Holzschnitzereien über den Türbögen und Perlmuttintarsien auf poliertem schwarzen Granit. Falls die Palasttüren verschlossen sind, kann man im nahe gelegenen **Museum** des ASI, das eine kümmerliche Sammlung von hinduistischen Tempelstatuen, Waffen und Gegenständen aus der Steinzeit beherbergt, um die Schlüssel bitten. ⏱ tgl. 8–13 und 14–17 Uhr, Eintritt frei.

Eine Geröllfläche gegenüber dem Museum ist alles, was von den königlichen Parkanlagen übrig blieb. Am Rande steht die schlichte **Solah Khamb-Moschee** (1327), Bidars ältestes islamisches Bauwerk, dessen kunstvolle Stein-Kalligrafie *(jali)* rings um die zentrale Kuppel besondere Beachtung verdient. Geht man von hier aus nach Westen durch die Ruinen der ehemaligen königlichen Behausungen – ein Gelände voller halb zerfallener Paläste, Bäder, *zenanas* (Frauen-Gemächer) und Versammlungshallen –, gelangt man zur Westmauer der Festung.

Ein gemächlicher Rundgang, bei dem man auch die Ausblicke über die roten Felsen und die Ebenen genießen kann, dauert ungefähr 90 Minuten.

Grabmäler bei Ashtur

Beim Blick von der Ostmauer der Festung sind in einiger Entfernung über den Baumwipfeln acht dicht beieinanderstehende wuchtige weiße Kuppeln zu sehen. Die aus dem 15. Jh. datierenden Mausoleen bei Ashtur, 3 km östlich von Bidar (wenn man die Altstadt durch das Dulhan Darwaza-Tor verlässt), sind die letzten Ruhestätten der Bahmani-Sultane und ihrer Familien, darunter auch der Sohn des Herrschers, der als Erster von Gulbarga hierher kam, Allauddin Shah I. Sein **Grabmal** ist das bei Weitem eindrucksvollste. Seine gewölbte Fassade zieren Stellen mit bunten, glasierten Kacheln, und es besitzt eine große Kuppel, deren Inneres verschwenderisch mit persischen Malereien ausgestaltet ist. Mithilfe eines Taschenspiegels, in dem sich das Sonnenlicht fängt, weist der *chowkidar* auf die Höhepunkte hin, darunter einen Diamanten, der zwischen all den Fledermausexkrementen kaum zu sehen ist.

Das mit persischen Inschriften versehene Grab von Allaudins Vater, dem 9. und berühmtesten Bahmani-Sultan Ahmad Shah I., befindet sich neben dem seines Sohnes. Dahinter stehen noch zwei kleinere Mausoleen, gefolgt von dem zum Teil eingefallenen Grab von Humayun dem Grausamen (1458–61).

Während man die Reihe abschreitet, kann man den allmählichen Niedergang der Bahmanis anhand der zunehmend kleiner werdenden Grabmäler verfolgen. Am Ende stehen nur noch ein paar kümmerliche, Anfang des 16. Jhs. angelegte Gräber. Zu dieser Zeit waren die Sultane nicht viel mehr als die Marionetten-Herrscher der Barid Shahis.

Bidri

Bidar ist berühmt als Heimat einer einzigartigen Metallbearbeitungskunst namens *bidri*. Sie wurde von persischen Silberschmieden entwickelt, die sich zusammen mit dem Bahmani-Hof im 15. Jh. hier ansiedelten. Die äußerst geschickten Künstler stellten eine Metallmischung aus Blei, Kupfer, Zink und Zinn her, die sie mit traditionellen persischen Gravuren und Einlegearbeiten verzierten und anschließend schwärzten und polierten. Das Resultat – filigrane Blütenmotive, eingerahmt von geometrischen Mustern und gegen einen schwarzen Untergrund abgehoben – gilt seither als *das* Markenzeichen künstlerischer islamischer Metallbearbeitung Indiens.

Bidri-Kunstgegenstände sind in Museen und Kunstgalerien im ganzen Land ausgestellt. Wer jedoch *bidri-wallahs* bei der Arbeit sehen möchte, geht die Siddiq Talim Road in Bidar entlang, die die Südseite der Altstadt durchschneidet. Kunsthandwerker stellen hier neben Vasen, Tellern, Gewürzgefäßen, Betelnusstöpfchen und reich verzierten *hookah*-Pfeifen auch moderne Gegenstände wie Aschenbecher und Kettchen her, die (für erheblich mehr Geld) sogar in Geschäften weit entfernter Städte wie Delhi und Kolkata angeboten werden.

Barid Shahi-Grabmäler

Die Gräber der Barid Shahi-Herrscher, die zu Beginn des 16. Jhs. die Bahmanis an der Macht ablösten, stehen am westlichen Stadtrand an der Straße nach Udgir, 200 m vom Busbahnhof und von dort aus sichtbar. Sie sind zwar nicht so beeindruckend wie die ihrer Vorgänger, doch die auf erhöhten Plattformen erbauten Mausoleen liegen in einer reizvollen Umgebung. Das interessanteste ist das Grab von **Ali Barid** (1542–79), die nach Mekka gewandte Seite wurde offen gelassen. Ein Stückchen weiter südwestlich befindet sich die massive Grabplattform seiner 67 Konkubinen, die dem Oberherrscher über den Dekkan von Vasallen aus dem gesamten Königreich als Tributgaben „überreicht" wurden.

Die Anlage ist eigentlich nur nachmittags geöffnet, doch wenn der Torwächter da ist, lässt er Besucher auch schon früher ein. ⏱ tgl. 16.30–19.30 Uhr, Eintritt Rs2.

Übernachtung

Keine der vier, fünf heruntergekommenen „Lodges" im Zentrum sollte auch nur in Erwägung gezogen werden.

Ashoka, 1,5 km vom Busbahnhof, hinter dem Dr Ambedkar Chowk, ✆ 08482-227621. Ein etwas älteres, ordentliches Hotel mit gut ausgestatteten, preisgünstigen Zimmern, manche mit AC. ❷–❹

Hotel Kailash, Udgir Rd, im Stadtzentrum, ✆ 08482-227727. Ein wenig schmuddelig, aber superbillig. ❶

Hotel Mayura, ✆ 08482-228142. Neue Unterkunft gegenüber dem Busbahnhof; große Zimmer mit und ohne AC. ❷–❹

Sapna International, 300 m nördlich vom Busbahnhof, ✆ 08482-220991. Beste Unterkunft in Bidar mit großen, sauberen Zimmern. Gutes nicht-vegetarisches Restaurant. ❸–❺

Essen

In Bidar etwas Gutes zu essen zu bekommen ist kein Problem, denn es gibt die Restaurants im **Mayura** und **Ashoka**, die beide eine gute Auswahl an nordindischen und Fleischgerichten bieten und kaltes Bier ausschenken.

Udupi Krishna, mit Blick über den Chowk, ebenfalls zu empfehlen und viel billiger, serviert zum Mittagessen unbegrenzt rein vegetarische *thalis*, hat auch eine Abteilung nur für Frauen *(family room)* und öffnet früh (gegen 7.30 Uhr) zum chilischarfen südindischen Frühstück. **Jyothi Udupi**, gegenüber dem neuen Busbahnhof, bietet große, köstliche *dosas* und leckere *thalis*.

Sonstiges

Geld / Informationen
Es gibt im Ort keine Möglichkeit zum Geldwechseln und auch keine Touristeninformation.

Internet
Es gibt mehrere Internet-Lokale, z. B. **Swamy's Cyber Park**, 100 m südöstlich des Busbahnhofs in der Udgir Rd (Rs15/Std.).

Medizinische Hilfe
Etwas südlich der *madrasa* befindet sich eine kleine Klinik, Gawan Chowk, ✆ 09448 410636, ⏲ 10–13 und 14–21 Uhr.

Nahverkehr
Die Sehenswürdigkeiten von Bidar liegen zu weit auseinander, als dass man sie leicht zu Fuß besichtigen könnte. Abseits der Hauptstraßen sind Motor-Rikschas dünn gesät, und sie warten auch nicht gern auf Passagiere, die sich ein Bauwerk näher ansehen möchten. Daher empfiehlt es sich, bei Rouf's, nur 50 m östlich des Busbahnhofs, neben dem ausgezeichneten Karnatak Juice Centre für einen Tag ein **Fahrrad** zu mieten (Rs3/Std.).

Transport

Busse
Die meisten der wenigen Besucher landen am KSRTC-Busbahnhof am entlegenen Nordwestrand der Stadt.

Eisenbahn
Bidar liegt an einer Nebenstrecke der Haupt-Eisenbahnlinie Mumbai–Secunderabad–Chennai und ist nur mit Bummelzügen zu erreichen.

Anhang

Bücher S. 1274
Reisemedizin zum Nachschlagen S. 1281
Sprachführer S. 1287
Glossar S. 1296
Index S. 1303
Bildnachweis S. 1317
Impressum S. 1318
Kartenverzeichnis S. 1319

Bücher

Im Folgenden findet sich lediglich eine Auswahl jener Werke, die sich bei der Vorbereitung dieses Reiseführers als besonders nützlich oder unterhaltsam erwiesen haben. Die meisten sind in Deutschland, der Schweiz und Österreich, die englischen oft auch in Indien erhältlich, wo sie in der Regel erheblich billiger sind. Sofern ein Buch nur in Indien erschienen ist, steht dies hinter dem Verlag vermerkt. Aufgeführt sind auch Bücher, die nicht mehr verlegt werden, aber immer noch empfehlenswert sind. Sie sind eventuell in der Bibliothek oder übers Internet zu finden. Mit * gekennzeichnete Titel sind besondere Empfehlungen der Autoren.

Geschichte

Jad Adams u. Phillip Whitehead *The Dynasty: The Nehru-Gandhi Story*. Eine meisterhafte, spannende Beschreibung der berühmtesten Familie Indiens. Allerdings nicht ganz aktuell: So fehlt die Darstellung von Sonia Gandhis Auftritten auf der Politbühne.

A. L. Basham *The Wonder That Was India*. Eine veritable Enzyklopädie von einem der führenden Historiker Indiens. Ein Begleitband von **S. A. Rizvi**, *The Wonder That Was India: Part II*, erzählt den weiteren Geschichtsverlauf bis zur Ankunft der Briten.

William Dalrymple *The Last Mughal*. In dieser meisterhaften Beschreibung der Rolle Delhis im Aufstand von 1857 übertrifft Dalrymple sich selbst. Unter Verwendung von Urdu- und englischen Quellen erzählt er, wie sich die Ereignisse für die Aufständischen, die Briten, den Mogulhof und vor allem die Bewohner von Delhi darstellten. Spannend zu lesen und ein ausgezeichnetes Stück historischer Recherche.

William Dalrymple *White Mughals*. Das Buch erzählt die vergessene Geschichte von James Achilles Kirkpatrick, einem Briten, der Ende des 18. Jhs. in Hyderabad lebte und eine Großnichte des Nizam-Premierministers heiratete. Ein außergewöhnliches Buch, das durch umfangreiches Hintergrundwissen besticht und den Leser in den Bann zieht wie ein großer Roman.

A. T. Embree u. Friedrich Wilhelm *Indien. Geschichte des Subkontinents von der Induskultur bis zum Beginn der englischen Herrschaft* (Fischer Verlag). Eine solide Einführung auf Deutsch aus der Reihe Fischer Weltgeschichte.

Patrick French *Liberty or Death*. Darstellung der letzten Jahre des britischen Raj. Material aus bis dahin unveröffentlichten Geheimdiensttakten zeigt, wie Churchills „ausgeprägte Inkompetenz" und Atlees „klägliche Uneinsicht" zu dem Debakel der Teilung führten. Alles in allem eine vernichtende Anklage gegen die Rolle Großbritanniens, die mit vielen Mythen aufräumt.

Bamber Gascoigne *The Great Moghuls*. Interessante Biografie der ersten sechs Mogulherrscher, erlaubt einen faszinierenden Einblick sowohl in die politische als auch die private Seite der berühmtesten Dynastie Indiens.

Lawrence James *Raj: the Making and Unmaking of British India*. Eine 700 Seiten umfassende Geschichte der britischen Herrschaft in Indien, basierend auf kürzlich freigegebenen offiziellen Dokumenten und persönlichen Erinnerungen. Die aktuellste und fundierteste Veröffentlichung dieser Art und eine hervorragende Lektüre zur Einführung.

John Keay *The Honourable Company: A History of the English East India Company*. In seinem typisch flüssigen Stil findet Keay den goldenen Mittelweg zwischen denjenigen, die die Ostindienkompanie als habgierige Institution mit bösen Absichten betrachten, und denjenigen, die die Aneignung des indischen Reiches als unbeabsichtigten, ja beinahe zufälligen Prozess bewerten.

***John Keay** *India: A History*. Das derzeit beste Geschichtsbuch. Keay gelingt eine klare, unparteiische und gut lesbare Darstellung von 5000 Jahren indischer Geschichte.

John Keay *India Discovered*. Dieses faszinierende Buch erzählt, wie eine Gruppe von Indologen aus der Raj-Ära die Geheimnisse von Monumenten wie Sanchi, Ajanta und den Ashoka-Edikten lüftet, wobei die Biografien dieser Männer bisweilen ebenso faszinierend anmuten wie die Geschichte ihrer Forschungsobjekte.

Hermann Kulke u. Dietmar Rothermund *Geschichte Indiens* (Kohlhammer). Eines der wenigen umfassenden Geschichtswerke über Indien, das auch den Süden in angemessener Länge behandelt. Von Rothermund ist auch eine Analyse des modernen Indiens erschienen: *Weltmacht indien – Die neue Herausforderung* (C.H. Beck, 2008).

Dominique Lapierre u. Javier Moro *Five Past Midnight in Bhopal.* Die ultimative Darstellung der schlimmsten Industriekatastrophe der Menschheitsgeschichte mit Porträts von Opfern, Helden und Tätern. Ein faszinierendes Stück Enthüllungsjournalismus.

Heinz Mode *Das frühe Indien* (Phaidon Verlag 1985). Entwirft anhand archäologischer Funde ein Bild der Kulturen des frühesten Indiens, also der zwei Jahrtausende vor dem Auftreten Buddhas; viele Abbildungen auf Tafeln.

Geoffrey Moorhouse *India Britannica.* Eine ausgewogene und lebendige Untersuchung über Aufstieg und Fall der britischen Herrschaft in Indien mit zahlreichen Abbildungen. Besonders für Einsteiger zu empfehlen, denn das Buch präsentiert sich knapp und bündig und leichter lesbar als *Raj* von Lawrence James – allerdings auch entsprechend weniger detailliert.

Romila Thapar u. Percival Spear *Indien – von den Anfängen bis zum Kolonialismus* (Kindler Verlag 1966). Aus der Reihe „Kindlers Kulturgeschichte"; das voluminöse Werk beginnt mit der Kultur der Indoarier und schließt mit dem Niedergang des Großmogulreichs.

Gesellschaft

B.K.S. Iyengar *Yoga: Der Weg zu Gesundheit und Harmonie* (Dorling Kindersley, 2008). Der ultimative Führer durch die Welt des Yoga vom größten Lehrer der Welt, empfohlen von Praktizierenden aus allen Bereichen des Yoga-Spektrums. Eine leichtere (und wesentlich billigere) Version ist *Yoga: the Iyengar Way* von Silva, Mira und Shyan Mehta.

Zia Jaffrey *The Invisibles.* Eine wissenschaftliche Untersuchung der *hijras* (Eunuchen) in Delhi. Mittels anthropologischer und journalistischer Recherchetechniken analysiert Jaffrey die vielschichtigen Mythen und Märchen, die sich um diese geheimnisvolle Subkultur ranken.

John Keay *Into India.* Als umfassende Einführung zu Indien wird dieses Buch (1973 verfasst und 1999 neu aufgelegt) immer wieder von Kennern der Materie empfohlen. Nach Regionen unterteilt, legt der Autor ein breites Mosaik der indischen Geschichte und Kultur vor, das er durch anschauliche persönliche Beobachtungen zusammenfügt.

Stefan Klein *Heilige Kühe und Computerchips. Indische Gegensätze* (Picus). Der Autor, langjähriger Asien-Korrespondent der Süddeutschen Zeitung, schreibt fesselnde Reportagen und Porträts über Indiens VIPs, das Schicksal der Parsen oder auch die Lage Surats nach der Lungenpest im Jahre 1994.

*****Edward Luce** *In Spite of the Gods.* Der derzeit fachkundigste Bericht zum Stand der Nation auf dem Buchmarkt, voll ernüchternder Statistiken und Fakten, die mit zahlreichen gängigen Mythen über das Land aufräumen; sehr gut zu lesen.

Gita Mehta *Karma Cola.* Satirische Betrachtung der psychedelischen Freakszene der 70er-Jahre in Indien, mit einigen vergnüglichen Anekdoten und vielen sarkastischen Einblicken in die verschrobeneren Auswüchse des spirituellen Tourismus. Auf Deutsch liegt vor *Und immer wieder neue Himmel finden. Betrachtungen einer Inderin über ihr Land* (Droemersche Verlagsanstalt / Bertelsmann), das untersucht, wie Indien die ersten 50 Jahre seiner Unabhängigkeit erlebt hat.

*****V. S. Naipaul** *Indien. Ein Land im Aufruhr* (dtv). Dieser düstere politische Reisebericht, recherchiert und geschrieben während und kurz nach dem Ausnahmezustand, brachte Naipaul, einem Trinidad-Inder, den Ruf eines der strengsten Kritiker Indiens ein. Zwei Jahrzehnte später kehrte er zurück, um zu sehen, was passiert war, seit seine Eltern das Land verlassen hatten. Das Ergebnis, *Land der Finsternis. Fremde Heimat Indien* (Hoffmann und Campe), ist insgesamt ein freundlicheres und abgerundeteres Porträt – ein hervorragend zusammengestelltes Mosaik individueller Lebensgeschichten aus verschiedenen Gegenden des Subkontinents. Eines der besten Bücher, die je über Indien geschrieben wurden.

*****Anita Nair** (Hrsg.) *Where the Rain is Born.* Eine erlesene Anthologie von Essays, Kurzgeschichten, Gedichten und Auszügen aus Werken (sowohl auf Englisch als auch Malayalam) über Kerala. Zu den ausländischen Beiträgen zählen solche von Rushdie, Dalrymple und Frater, während eine Reihe einheimischer Autoren – darun-

ter Arundhati Roy – über das sich verändernde Gesicht des modernen Kerala reflektieren.
Amartya Sen *The Argumentative Indian.* Eine provozierende, scharfsinnig geschriebene Sammlung von Essays zur Identität, Religion, Geschichte, Philosophie und – besonders interessant – dazu, was es bedeutet, Inder zu sein; zusammengestellt von dem Nobelpreisträger und Ökonomen Sen.
Ilija Trojanow *Der Sadhu an der Teufelswand* (Sierra Taschenbuch, 2008). Reportagen über alle möglichen Facetten des modernen Indiens, von Protestbewegungen bis zur Kricketleidenschaft, erstmals erschienen in der Frankfurter Rundschau und anderen Zeitungen und für diesen Band überarbeitet.
Mark Tully *No Full Stops in India.* Der ehemalige BBC-Korrespondent erzählt Anekdoten und politische Begebenheiten aus dem Indien der letzten 25 Jahre. Seine späteren Bücher, *India in Slow Motion* und *India's Unending Journey*, beschäftigen sich mit einer ähnlich vielfältigen Themenauswahl, u. a. Hindu-Extremismus, Kinderarbeit, Sufi-Mystizismus und Agrarkrise.

Reiseberichte

Richard Christ *Mein Indien* (Aufbau Verlag 1986). Der lebendig geschilderte Reisebericht, das Ergebnis von drei Reisen kreuz und quer durch den Subkontinent in den 80er-Jahren des 20. Jhs., entwirft ein facettenreiches Bild Indiens mit vielen Hintergrundinformationen.
William Dalrymple *City of Djinns.* Dalrymples preisgekrönter Bericht über seinen einjährigen Aufenthalt in Delhi befasst sich mit den verschiedenen Geschichtsepochen der Stadt. Jede wird durch eine Mischung aus minutiöser historischer Forschungsarbeit und Spurensuche im heutigen Indien äußerst lebendig veranschaulicht. Ein Meisterwerk.
Robyn Davidson *Desert Places.* Spannender Bericht über Davidsons lange und mühevolle Reise durch Rajasthan und Gujarat in Gesellschaft von Angehörigen des nomadischen Kamelzüchtervolkes der Rabari. Verschafft einen einmaligen Einblick in eine Lebensweise, die inzwischen fast verschwunden ist.

Trevor Fishlock *Cobra Road.* Der Reisebericht des ehemaligen *Times*-Korrespondenten Fishlock aus dem Jahre 1999 ist ein Allround-Klassiker über Indien. Humorvoll und ausgewogen beschreibt er allerlei Widersprüchliches und Komisches aus dem modernen Indien.
Alexander Frater *Regenragga. Eine Reise mit dem Monsun* (dtv). Fraters Spritztour in der Regenzeit, die Westküste entlang und nach Shillong, führte ihn durch ein Indien der Schlammpfützen und grauen Wolken: eine eindringliche Beschreibung des Landes, wie es kaum ein Besucher zu sehen bekommt, und inzwischen eine Art Klassiker.
Justine Hardy *Bollywood Boy.* In einer frechen Reise durch die überlebensgroße Filmwelt von Bombay erlebt die Autorin ein schrilles Ensemble aus abgetakelten Filmstars, Prostituierten aus der Grant Road, Gangstern und bemerkenswerten Stammgästen in ihrem Schönheitssalon.
Dervla Murphy *Unter der Sonne von Coorg.* Dervla Murphy bereiste 1975 mit ihrer kleinen Tochter die tropischen Berge von Coorg, Karnataka. Vermutlich der berühmteste moderne Reisebericht zu Indien und ein Manifest für allein erziehende Budget-Reisende.
Tahir Shah *Der Zauberlehrling von Kalkutta* (Droemer/Knaur, 2004). Eine Reise durch die kuriose Unterwelt des okkulten Indien. Singh, der als Schüler eines Zauberers unterwegs ist, trifft Henker, Skeletthändler, Sadhus und Scharlatane.
Mark Shand *Travels on My Elephant.* Spannender, humorvoller Bericht über einen mehr als 900 km langen Elefantenritt von Konarak in Orissa nach Bihar in Begleitung eines ständig betrunkenen Mahout.
Eric Shipton u. H. W. Tilman *Nanda Devi: Exploration and Ascent.* Zwei Klassiker der Bergsteiger-Literatur in einem Band. Erzählt wird von den berühmten Himalaya-Expeditionen 1934 und 1936, bei denen ein Weg über die Rishi Gorge auf den höchsten Berg Britisch-Indiens gefunden wurde. Besonders Shiptons Buch ist ein Meisterwerk des Genres – wunderschön geschrieben und absolut fesselnd von Anfang bis Ende.
Jean Baptiste Tavernier *Reisen zu den Reichtümern Indiens. Abenteuerliche Jahre beim Großmogul 1641–1667* (Edition Erdmann). Tavernier beschreibt seine abenteuerlichen Erlebnisse im Indien der moslemischen Blütezeit, u. a. in Goa

und Golconda. Ebenfalls bei Edition Erdmann erschien **Vasco da Gama** *Die Entdeckung des Seewegs nach Indien*.

Belletristik

Mulk Raj Anand *Der Unberührbare* (Unionsverlag, 2002) und *Coolie*. Einer der ersten auf Englisch schreibenden indischen Autoren, der eine internationale Leserschaft für sich gewonnen hat. Mulk Raj Anands Werk dreht sich um diejenigen, die ganz unten auf der gesellschaftlichen Leiter Indiens stehen. *Untouchable*, erstmalig 1935 erschienen, vermittelt einen Einblick in das schreckliche Leben eines unberührbaren Straßenfegers; *Coolie* (1936) beschreibt den Tod eines 15-jährigen Arbeiters.

Anita Desai *Feasting, Fasting*. Der Roman einer der führenden indischen Schriftstellerinnen beschreibt eindringlich die Frustration einer sensiblen jungen Frau, die in der muffigen Atmosphäre des Elternhauses „gefangen" ist, während ihr verhätschelter Bruder zum Studium nach Amerika geschickt wird. In deutscher Sprache von A. Desai erhältlich sind z. B. *Reise ins Licht* (Limes): In der Hoffnung, die Erleuchtung zu finden, geht ein junger, zivilisationsmüder Italiener mit seiner deutschen Frau nach Indien und gerät dort in einem Ashram vollkommen in den Bann der mysteriösen „Mutter". In *Der Hüter der wahren Freundschaft* (List) bricht ein indischer College-Lehrer aus dem Kleinstadtleben und seiner unglücklichen Ehe aus und zieht in der Hoffnung auf eine Karriere als Dichter nach Delhi. *Berg im Feuer* (List) ist ein psychologisch fein gesponnener Roman über drei indische Frauen in unterschiedlichen Lebensphasen.

Kiran Desai *Erbin des verlorenen Landes* (Bvt Berliner Taschenbuch Verlag, 2007). Warmherzig, weise und wunderschön erzählte Familiengeschichte, die in den 1980er-Jahren in Indien und den USA spielt, hauptsächlich aber in der Nähe von Kalimpong vor dem Hintergrund des nepalesischen Aufstandes.

Chitra Banerjee Divakaruni *Die Prinzessin im Schlangenpalast* (Diana Verlag). Fesselnde Geschichte zweier Freundinnen in Kolkata, ihrem Lieben und Leiden im Konflikt zwischen Tradition und Moderne. Die Autorin lebt mittlerweile in den USA und thematisiert in anderen Werken das Leben dortiger indischer Migranten.

Leslie Forbes *Bombay Ice* (Ullstein) Ein fesselnder Krimi. Bombay kurz vor dem Einsetzen des Monsuns: Die Journalistin Roz Bengal versucht inmitten der Intrigen der glitzernden Filmwelt und der brutalen Realität sich prostituierender Transvestiten ein Familiengeheimnis zu lüften.

E.M. Forster *Auf der Suche nach Indien* (Fischer Tb). Der hoch gelobte Roman Forsters, eine leidenschaftliche Kolonialismuskritik, spielt im Indien der 20er-Jahre, zeichnet ein einfühlsames Porträt der indischen Mittelklasse und deckt kulturelle Missverständnisse auf.

Thomas Hoover *Der Mogul* (Lübbe Tb). Historischer Roman über einen englischen Kapitän, der sich in eine Inderin verliebt. Hintergrund der Liebesgeschichte sind die Machtkämpfe der Mogulherrscher.

Veena Kade-Luthra (Hrsg.) *Sehnsucht nach Indien*. Ein Lesebuch von Goethe bis Grass (Beck'sche Reihe).

Rudyard Kipling *Kim* (dtv). Obwohl stellenweise so kolonialistisch, dass es fast weh tut, spricht aus jeder Zeile dieser Geschichte eines weißen Waisenjungen (die Vorlage für *Das Dschungelbuch*) Kiplings Liebe zu Indien. Weitere maßgebliche Werke des Autors zu Indien sind: *Drei Soldaten* und *In Schwarz und Weiß*. Erschienen in: Rudyard Kipling, Gesammelte Werke, Paul List Verlag, München, Band 2.

Kamala Markandaya *Nektar in einem Sieb* (Unionsverlag). Die südindische Autorin behandelt anhand der Geschichte einer indischen Bäuerin die Konflikte des Landes zwischen Tradition und Moderne. Um die Landflucht eines Jungen, der in der Großstadt gegen Hunger und Armut kämpfen muss, geht es in *Eine Handvoll Reis* (Unionsverlag).

Gita Mehta *Die Maharani* (Bertelsmann). Leicht lesbare Unterhaltung und Vermittlung interessanten wie fundierten Hintergrundwissens. Eine wohl behütete, traditionell erzogene indische Prinzessin wird Anfang des 20. Jhs. von ihrem Vater aus politischen Erwägungen mit einem sehr westlich orientierten Maharadscha verheiratet.

Rohinton Mistry *Das Gleichgewicht der Welt* (W. Krüger). Zwei Freunde versuchen, ihrem niedrigkastigen Leben auf dem Lande in die Glitzerwelt der Großstadt (einem fiktionalisierten Mumbai) zu entkommen. Mistrys *So eine lange Reise. Ein Indien-Roman* (Fischer) ist die hoch gelobte Schilderung des Kampfes eines Parsen aus Mumbai, angesichts von Verrat und Enttäuschungen seine persönliche Integrität zu wahren.

Anita Nair *Kathakali* (Hoffmann & Campe, 2006). Lebensgeschichte eines Kathakali-Tänzers in Kerala, verbunden mit einer leidenschaftlichen Liebesgeschichte um dessen Nichte und einen Reiseschriftsteller. Ebenfalls auf Deutsch erschienen sind *Das Salz der drei Meere* (Porträts mehrerer Frauen, die einander auf einer Zugfahrt ihre Lebensgeschichten erzählen) und *Ein besserer Mann*, die Geschichte eines Mannes, der nach seiner Pensionierung in sein Dorf zurückkehrt und dort mit seiner Vergangenheit konfrontiert wird (beide dtv, 2006).

R.K. Narayan *Gods, Demons and Others.* Viele der Bücher von Narayan – voll subtil gezeichneter Charaktere und gutmütigem Humor – spielen im fiktiven südindischen Gebiet Malgudi. In diesem Buch leiht Narayan einem dörflichen Geschichtenerzähler seine Stimme, der klassische indische Märchen und Volksmythen erzählt. In deutscher Übersetzung erhältlich ist z. B. *Der Fremdenführer* (Unionsverlag): Der großtuerische Raju versucht sich als Fremdenführer und sieht sich plötzlich gegen seinen Willen in die Rolle eines Märtyrers versetzt.

Dieter Riemenschneider (Hrsg.) *Shiva tanzt. Das Indien-Lesebuch* (Unionsverlag). Eine Sammlung von Texten indischer Autoren und Autorinnen zu den verschiedensten Themenbereichen. Ein guter Einstieg.

Arundhati Roy *Der Gott der kleinen Dinge* (btb, Goldmann Verlag). Mit dem Booker Prize ausgezeichneter, beklemmender Roman über eine wohlhabende südindische Familie, gefangen in den versnobten Traditionen der höheren Kasten, der kolonialen Vergangenheit und den verschiedenen persönlichen Lebensgeschichten ihrer Mitglieder.

Salman Rushdie *Mitternachtskinder* (Kindler). Diese Geschichte eines Mannes, dessen Geburtsstunde mit der Ausrufung der Unabhängigkeit zusammenfällt und dessen Leben das des modernen Indiens widerspiegelt, brachte Rushdie den Booker Prize und die Feindschaft Indira Gandhis ein, die das Buch auf den Index setzen ließ. *Des Mauren letzter Seufzer* (Knaur) spielt in Kerala und Mumbai. Rushdie legt hier auf typisch finstere Art die Widersprüche der Hauptstadt Maharashtras bloß, womit er sich vom Shiv Sena-Führer Bal Thackeray eine Verleumdungsklage einfing.

Vikram Seth *Eine gute Partie* (Heyne Tb, 1999). Ein umfangreicher, zahlreiche Schlüsselthemen umfassender Schmöker, spielt kurz nach der Unabhängigkeit; mit seinen wunderbaren Persönlichkeitsbeschreibungen und der überzeugenden Darstellung jener Zeit eine hervorragende Lektüre für lange Bahnfahrten.

Khushwant Singh *Delhi* (Dölling & Galitz, 1999). Ein erschöpfter Delhi-*wallah* und sein *hijra*-Liebhaber stellen Betrachtungen über den Charakter historischer Persönlichkeiten in richtungsweisenden Momenten der Geschichte Delhis an. Ein weiteres Werk Singhs ist z. B. *Der Zug nach Pakistan* (Insel, 2008). Beklemmend realistisches Porträt vom Leben in einem Dorf an der Grenze zwischen Indien und Pakistan im Sommer 1947.

Indra Sinha *Animal's People*. Wurde 2007 für den Booker Prize nominiert. Fiktiver Bericht über die Auswirkungen der Bhopal-Katastrophe von 1984 aus der Perspektive eines schlauen, aber zynischen Teenagers.

William Sutcliffe *Meine Freundin, der Guru und ich* (Knaur). Witziger Bericht eines jungen Briten über die Backpackerszene in Indien.

Tarun J. Tejpal *The Alchemy of Desire*. Im Mittelpunkt der überwiegend im Himalaya spielenden Geschichte stehen zwei Verliebte und ihre leidenschaftliche sexuelle Beziehung.

Shashi Tharoor *Der große Roman Indiens* (Suhrkamp). Mit Witz und Verstand geschriebene, messerscharf beobachtete, respektlose Parodie der Geschichte des Subkontinents im 20. Jh.

Altindische Literatur

G. L. Chandiramani (Übers.) *Pantschatantra – Das Fabelbuch des Pandit Wischnu Scharma* (Eugen Diederichs 1971). Märchenhafte, belehrende Fabeln mit politischem Akzent, um junge Prinzen zu unterweisen, entstanden in Kaschmir um 300 n. Chr.

Dandin *Die zehn Prinzen – Die merkwürdigen Erlebnisse und siegreichen Abenteuer des Prinzen von Magadha und seiner neun edlen Jugendgefährten* (C.H. Beck 1985). Ein altindischer Roman, aus dem Sanskrit übertragen von Johannes Hertel; der Dichter Dandin hat mit großer Wahrscheinlichkeit Ende des 7. und Anfang des 8. Jhs. im südindischen Kanchipuram gelebt.

Manfred Hesse (Übers.) *Vom guten König Vikrama – Die Erzählungen der zweiunddreißig Thronstatuetten* (Verlag Die Waage 1985). Noch heute sehr populäres Erzählwerk der Sanskrit-Literatur, das wie das Pantschatantra märchenhafte, belehrende Geschichten enthält; Entstehungszeit und Autor sind unbekannt, wahrscheinlich stammt es aus dem 13. Jh. n. Chr.

J. Hertel, Ch. Krause u. A. Weber (Übers.) *Der Prinz als Papagei* (Erich Röth Verlag 1976). „Märchenhafte Berichte von wunderbaren Glücks- und Unglücksfällen zur Belehrung und Erbauung, erzählt von indischen Jaina-Mönchen"; wie das buddhistische Jatakamala vor über 2000 Jahren entstanden.

Else Lüders (Übers.) *Buddhistische Märchen aus dem alten Indien* (Eugen Diederichs 1991). Eine Auswahl von Jataka (Märchen) aus dem Jatakamala, das mehr als 500 Geschichten enthält, übersetzt aus dem Pali.

Klaus Mylius (Übers.) *Älteste indische Dichtung und Prosa* (VMA-Verlag 1981). Vedische Hymnen, Legenden, Zauberlieder, philosophische und ritualistische Lehren; in deutscher Prosa, übersetzt aus dem Vedischen.

Dusan Zbavitel u. Heinz Mode (Übers.) *Bengalische Balladen* (Insel Verlag 1976). Die 14 langen Balladen wurden in den 20er-Jahren des vergangenen Jahrhunderts gesammelt. Diese Art weltlicher Volksdichtung ist längst ausgestorben; ursprünglich wurden die Balladen von *Gajen*, umherziehenden Sängern, mit Musikbegleitung vorgetragen und nur mündlich überliefert.

Biografien und Autobiografien

Charles Allen *Plain Tales from the Raj*. Ehemalige Sahibs und Memsahibs berichten vom Alltag Britisch-Indiens, nach Themen geordnet („Der Club", „Die Kasernen", „Die Hitze" usw.).

James Cameron *An Indian Summer*. Der britische Journalist beschreibt auf liebevolle und humorvolle Weise seinen Aufenthalt in Indien 1972 und seine Heirat mit einer Inderin. Etwas veraltet, aber nach wie vor ein Klassiker.

Gayatri Devi *A Princess Remembers*. Die nostalgischen Erinnerungen an das Leben als Maharani von Jaipur und als Politikerin, von „einer der schönsten Frauen der Welt".

Louis Fischer *Das Leben des Mahatma Gandhi* (Büchergilde Gutenberg, 1953). Die erstmals 1950 erschienene Biographie wurde mehrmals neu aufgelegt. Der erfahrene amerikanische Journalist kannte Gandhi persönlich, und sein Buch ist eine faszinierende Darstellung des Mahatma als Mensch, Politiker und Propagandist.

M.K. Gandhi *Eine Autobiographie oder Die Geschichte meiner Experimente mit der Wahrheit* (Hinder & Deelmann). Die faszinierende Autobiografie, die u. a. Gandhis spirituelle und moralische Suche, seine wechselhafte Beziehung zur britischen Regierung in Indien und sein allmähliches Vordringen an die politische Front behandelt.

Hans Wolfgang Schumann *Der historische Buddha* (Eugen Diederichs 1982). Buddhas 80 Lebensjahre in geschichtlich gesicherter Chronologie und psychologisch vertieft; eine entmythologisierte Biografie Gautamas im Zusammenhang mit den politischen, sozialen und wirtschaftlichen Strömungen seiner Zeit.

Mala Sen *Die Geschichte der Phoolan Devi* (Goldmann). Biografie über Phoolan Devi, die legendäre Räuberbandenführerin und Protagonistin von Shekar Kapurs Film *Bandit Queen*.

Dorothee Wenner *Zorros blonde Schwester. Das Leben der indischen Kinolegende Fearless Nadia* (Ullstein Metropolis). Mary Evans, Tochter schottisch-griechischer Eltern, wächst in Indien auf und wird in den 30er- und 40er-Jahren zur unumstrittenen Königin des indischen Kinos. Eine spannende Biografie über die als „Fearless Nadia" gefeierte Schauspielerin.

Entwicklung und Umweltschutz

Rainer Hörig *Auf Gandhis Spuren. Soziale Bewegungen und ökologische Tradition in Indien* (Beck'sche Reihe). Das schmale Buch enthält mehr, als der Titel ahnen lässt: Zwar geht es in erster Linie um Bürgerinitiativen gegen Waldrodung, Großstaudämme u. Ä., aber der Ethnologe und Indologe beschäftigt sich z. B. auch mit dem Deutschlandbild der Inder und dem Sinn der deutschen Entwicklungshilfe.

Palagummi Sainath *Everybody Loves a Good Drought*. Klassischer Bericht über Dörfer in den ärmsten Gegenden Indiens, die im Gewirr der Entwicklungsstatistiken in der Regel untergehen. Seine Entsetzen erregenden Fallstudien riefen in der Hauptstadt eine solche Empörung hervor, dass sich die Regierung gezwungen sah, ein paar drastische Hilfsprogramme zu starten.

Kunst und Architektur

Roy Craven *Indian Art*. Umfassende allgemeine Einführung in die indische Kunst, von Siegeln der Harappa bis zu Miniaturmalereien der Mogul, mit vielen Illustrationen.

Rachel Dwyer u. Divia Patel *Cinema India: The Visual Culture of Hindi Film*. Der ultimative Bollywood-Führer verfolgt die Entwicklung des indischen Films ab 1913 mit reich bebilderten Kapiteln zu den Veränderungen bei Kostümen, Kulissen und Werbetrends.

Klaus u. Christa Fischer *Indische Baukunst islamischer Zeit* (Holle Verlag 1976). Beschäftigt sich mit den verschiedenen Bauformen einer Epoche, die vom 12. bis zum 20. Jh. reicht: Moscheen und Minarette, imposante Grabmale und Torbauten; Fotos in Farbe.

Klaus-Peter Gast *Moderne Traditionen: Zeitgenössische Architektur in Indien* (Birkhäuser 2007). Nicht ganz billiges Buch eines Architekten und Bauhistorikers über die indische Baukunst seit der Unabhängigkeit.

Hermann Goetz *Indien – Fünf Jahrtausende indischer Kunst* (Holle Verlag 1958/1979). Ein Band aus der bewährten Reihe „Kunst der Welt", der in knapper Form die Entwicklung der indischen Kunst über einen Zeitraum von 5000 Jahren darstellt, mit vielen Abbildungen.

Mohan Khokar *Traditions of Indian Classical Dance*. Dieses großzügig bebilderte Buch zeigt die religiösen und sozialen Ursprünge des indischen Tanzes auf, mit Abschnitten zu regionalen Traditionen. Tolle Einführung ins Thema.

George Michell *Der Hindu-Tempel. Baukunst einer Weltreligion* (DuMont). Vorstellung hinduistischer Tempel, ihrer Bedeutung und architektonischen Entwicklung. Der ideale Einstieg.

Giles Tillotson *Mughal India*. Ausgezeichneter architektonischer Führer durch die herrlichen Mogul-Monumente von Delhi, Agra und Fatehpur Sikri, akademisch, aber verständlich, und mit interessanten kleinen historischen und biografischen Einsprengseln.

Eckard Schleberger *Die indische Götterwelt – Gestalt, Ausdruck und Sinnbild* (Eugen Diederichs 1986). Ein Handbuch der hinduistischen Ikonographie (im Lexikonformat), das die vielen Gottheiten des Hindu-Pantheons, ihre Aspekte, Attribute und Biografien, ihre Körperhaltungen, Gesten, Kleider, Schmuckstücke und Tragtiere vorstellt; mit 246 Abbildungen.

Bonnie C. Wade *Music in India: The Classical Traditions*. Ein genaues Verzeichnis zur indischen Musik, mit einem Abriss der gebräuchlichsten Instrumente, Illustrationen und Partituren.

Religion

*Diana L. Eck *Benares – Stadt des Lichts* (Insel, 2006). Ausführliche Beschreibung der religiösen Bedeutung von Varanasi; eine gute Einführung in die hinduistische Kosmologie. Ein zweiter Band, *Encountering God*, nimmt das Christentum als Ausgangspunkt für die Erforschung der Gemeinsamkeiten von Hinduismus und Buddhismus.

Alois Essigman (Übers.) *Mahabharata* (Müller & Kiepenheuer 1982). Das große Epos Indiens aus dem 2. Jh. v. Chr., die Geschichte vom Kampf der Pandavas gegen die Kauravas; stark komprimierte, deutsche Prosagestaltung der Haupthandlung, übersetzt aus dem Sanskrit.

Helmuth von Glasenapp *Indische Geisteswelt* (Emil Vollmer Verlag). Eine umfangreiche Auswahl indischer Texte von den Veden bis Gandhi in deutscher Übersetzung; ein ursprünglich zweibändiges Werk (1958) als Sonderausgabe in einem Band: Bd. 1) Glaube und Weisheit der Hindus, Bd. 2) Weltliche Dichtung, Wissenschaft und Staatskunst. Weitere Bücher des Tübinger

Indologen v. Glasenapp (1891–1963): *Die Weisheit des Buddha* (R. Löwit Verlag 1946); die Lehre Buddhas in allgemeinverständlicher Form. *Pfad zur Erleuchtung* (Eugen Diederichs 1956/1980); Übersetzungen buddhistischer Grundtexte.

Stephen P. Huyler *Meeting God.* Das von der Kritik hoch gelobte Buch liefert einen einzigartigen Überblick über die Glaubensvorstellungen und Praktiken des modernen Hinduismus. Die Texte beschreiben allgemeine Grundsätze anhand einzelner Akte der Verehrung, und Huylers Fotografien sind eine Klasse für sich – durchflutet von vollendeten Farben, magischem Licht und einem sehr intimen Gespür für Spiritualität.

Anneliese und Peter Keilhammer *Die Bildsprache des Hinduismus. Die indische Götterwelt und ihre Symbolik* (DuMont). Für alle, die die Götterbildnisse leichter einordnen und interpretieren können möchten. Mit zahlreichen Illustrationen.

David Kinsley *Die indischen Göttinnen. Weibliche Gottheiten im Hinduismus* (Insel). Umfasst Porträts der wichtigsten Göttinnen und bietet eine Einführung in die indische Mythologie, da weibliche Gottheiten laut Kinsley in keiner anderen Religion eine so große Rolle spielen wie im Hinduismus.

Heinrich Zimmer *Philosophie und Religion Indiens* (Suhrkamp). Standardwerk des bedeutendsten deutschen Indologen (1890–1943) überhaupt, das eine wissenschaftlich fundierte Grundlage zum Thema bietet.

Reisemedizin zum Nachschlagen

AIDS

Die schnelle Zunahme von HIV/AIDS-Fällen *(acquired immune deficiency syndrome)* ist erst seit kurzem von der indischen Regierung als nationales Problem erkannt worden. Die zögerliche Haltung liegt teilweise daran, dass die Krankheit mit Sex in Verbindung gebracht wird, einem Thema, das in Indien traditionell tabu ist. Bisher sind es nur Nichtregierungs- und ausländische Organisationen, wie z. B. die WHO, die Informations- und Präventionskampagnen gestartet haben. Eigentlich müsste längst bekannt sein, dass ungeschützter Geschlechtsverkehr mit Zufallsbekanntschaften ein unverantwortliches und lebensgefährliches Spiel ist – man sollte im Falle eines Falles Kondome dabeihaben (am besten von zu Hause, da die indischen weniger zuverlässig sind; außerdem muss man bedenken, dass die Hitze die Haltbarkeitsdauer der Kondome beeinflussen kann) und auf deren Gebrauch bestehen.

Wer in Indien eine Injektion oder Bluttransfusion braucht, sollte sich nach Möglichkeit vergewissern, dass neue, sterile Spritzen benutzt werden, oder eigene mitbringen; das Blut sollte besser von Freiwilligen als von kommerziellen Spenderunternehmen kommen. Wer sich beim Herrenfrisör rasieren lässt, sollte darauf achten, dass eine saubere Klinge benutzt wird. Auch auf Piercing, Akupunktur und Tätowierungen sollte man verzichten, sofern nicht sicher ist, dass das eingesetzte Gerät steril ist.

Bisse

Wanzenbisse sind sehr unangenehm; ein Hinweis darauf sind zerquetschte Exemplare im Umkreis billiger Hotelbetten. Eine von Wanzen befallene Matratze kann man den ganzen Tag in der heißen Sonne liegen lassen, um das Ungeziefer loszuwerden, aber oft hausen die Wanzen auch im Bettrahmen oder sogar in Wänden und Böden. Andere berüchtigte Quälgeister sind **Sandfliegen**, deren Bisse unerträglich jucken können. **Läuse** sind ebenfalls unangenehm, aber medizinische Seife und Shampoo (vorzugsweise von zu Hause) vertreibt sie meistens. Bisse sollte man nicht kratzen, da das zu Infektionen führen kann, manchmal mit so gefährlichen Folgen wie einer Blutvergiftung oder einem Geschwür. **Zecken- und Lausbisse** können Typhus übertragen, der sich durch Fieber, Muskel- und Kopfschmerzen sowie später rote Augen und masernähnlichen Ausschlag bemerkbar macht. Wer glaubt, darunter zu leiden, sollte sich behandeln lassen.

Die meisten **Schlangen** sind harmlos. Um überhaupt ein Exemplar zu Gesicht zu bekommen, muss man schon suchen – wenn man schwer auftritt, verschwinden sie meist. Die weit verbreitete Angst steht in keinem Verhältnis zur realen Gefahr, denn Giftschlangen greifen nur dann an, wenn sie attackiert werden. Gefährlich ist evtl. die Zeit nach Sonnenuntergang zwischen 18 und 20 Uhr, vor allem bei Regen. Einige Schlangen töten durch ein Blutgift, in diesem Fall benötigt man sofort ein Serum; andere töten durch ein Nervengift, dann ist außerdem eine künstliche Beatmung wichtig. **Skorpionstiche** sind in dieser Region generell nicht tödlich.

Blutegel, die sich in Dschungelgebieten an einem festsaugen, sollte man mit Salz oder der Glut einer Zigarette entfernen – nicht versuchen, sie herauszuziehen!

Cholera

Cholera wird auf demselben Weg verbreitet wie Hepatitis A und Typhus. Die Symptome sind plötzlicher, wässeriger Durchfall mit Krämpfen und ein allgemeines Schwächegefühl. Cholera-Epidemien treten immer wieder in der Ganges-Ebene auf. Wer an Cholera erkrankt, sollte sich so schnell wie möglich in ärztliche Behandlung begeben und viel mit Kochsalz (2 Teelöffel auf 1 Liter) versetztes Wasser trinken. Bislang gibt es keinen effektiven Impfstoff gegen diese Krankheit.

Dengue-Fieber

Diese Viruskrankheit tritt überall in Asien auf und wird durch die *Aedes aegypti*-Mücke übertragen, die an ihren schwarz-weiß gebänderten Beinen zu erkennen ist. Sie sticht während des ganzen Tages. Nach der Inkubationszeit von bis zu einer Woche kommt es zu plötzlichen Fieberanfällen, Kopf- und Muskelschmerzen. Nach 3–5 Tagen kann sich ein Hautausschlag über den ganzen Körper verbreiten. Bei Stufe 1 klingen die Krankheitssymptome nach 1–2 Wochen ab.

Ein zweiter Anfall (Stufe 2) kann zu Komplikationen (inneren und äußeren Blutungen) führen. Wie bei der Malaria sind ein Moskitonetz und der Schutz vor Mückenstichen der beste Weg der Vorsorge. Es gibt keine Impfung oder spezielle Behandlung. Schmerztabletten, Fieber senkende Mittel und kalte Wadenwickel lindern die Symptome. Ein einfacher Test kann Dengue-Fieber verifizieren: 5 Minuten den Oberarm abbinden, öffnen und in der Armbeuge nachsehen – falls rote Flecken erscheinen, ist es zu 90 % Dengue-Fieber.

Durchfallerkrankungen

Durchfall ist das häufigste Leiden unter Touristen. Ist er nur leicht und kommen keine weiteren Symptome hinzu, handelt es sich vermutlich lediglich um eine Reaktion des Magens auf ungewohntes Essen. Wird er von Krämpfen und Erbrechen begleitet, kann dies ein Hinweis auf eine Lebensmittelvergiftung sein. In beiden Fällen verschwindet der Durchfall wahrscheinlich nach 24–48 Stunden auch ohne Behandlung. Derweil ist es wichtig, dass man verlorene Flüssigkeit und Salze ersetzt, deshalb sollte man eine Elektrolytlösung trinken (in Indien Electrolyte genannt). Ist sie nicht zu bekommen, sollte man einen halben Teelöffel Salz und acht Teelöffel Zucker in einem Liter Wasser auflösen.

Zur Not, z. B. vor langen Fahrten, kann auf *Imodium*, das die Darmtätigkeit ruhig legt, zurückgegriffen werden (aber nur in geringen Dosen, da die Ausscheidung von Krankheitserregern verzögert wird). Zudem hilft eine Bananen- oder Reis-und-Tee-Diät, *kitchri* (ein einfaches *dhal*- und Reisgericht) und Cola in Maßen, denn Letztere enthält Zucker, Spurenelemente, Elektrolyte und ersetzt das verloren gegangene Wasser. Generell sollte man viel trinken und die Zufuhr von Salz nicht vergessen.

Wenn der Durchfall Blut oder Schleim enthält und Symptome wie faulig riechendes Aufstoßen und Blähungen hinzu kommen, kann es sich auch um eine bakterielle oder Amöben-**Ruhr** oder um Lambliasis handeln. Bei Verdacht ist bei einer dieser Krankheiten und bei länger andauernden Durchfällen unbedingt einen Arzt aufsuchen!

Nicht vergessen darf man, dass Malaria- und andere Tabletten sowie die Pille bei Durchfall weitgehend ihre Wirksamkeit einbüßen.

Häufiger als Durchfälle sind **Verstopfungen**, die man einfach durch eine große Portion geschälter Früchte (z. B. Ananas) verhindert.

Erkältungen

Erkältungen kommen in den Tropen häufiger vor als man denkt. Schuld sind vor allem Ventilatoren und Klimaanlagen, die krasse Temperaturwechsel und zu viel Zugluft bescheren. Nass geschwitzt in klimatisierte Räume zu flüchten, ist nicht ratsam, wenn man nicht etwas zum Wechseln oder Überziehen dabeihat.

Hinweis

Manche der Krankheiten und Parasiten, die man sich in Indien einfangen kann, zeigen sich nicht unbedingt sofort. Wer innerhalb eines Jahres nach Rückkehr erkrankt, sollte dem behandelnden Arzt von dem Indienaufenthalt und dem Zeitpunkt der Reise berichten.

Gelbsucht

Hepatitis A ist nicht die schlimmste Krankheit, die man sich in Indien einfangen kann, aber da sehr viele Touristen davon betroffen sind, ist eine Impfung ratsam. Hepatitis A wird durch infizierte Lebensmittel, Wasser oder Speichel übertragen, kann monatelange Erschöpfung, Fieber und Durchfall zur Folge haben – und manchmal Leberschäden hervorrufen. Die *Havrix*-Impfung hat sich als sehr wirksam erwiesen (auch als Kombi-Impfung *Twinrix* für Hepatitis A und B erhältlich); sie ist zwar teuer, hält aber bis zu zehn Jahre vor. Der Schutz durch Gammaglobulin, das traditionelle Serum für Hepatitis-Antikörper, hält nicht lange an, weshalb man die Injektion möglichst kurz vor Reisebeginn bekommen sollte: Je länger die geplante Reise, desto höher sollte die Dosis sein. Während in Indien die meisten Menschen nach einer harmlosen Hepatitis A-Infektion im Kindesalter gegen diese Krankheit immun sind, trifft dieses nur auf ein Drittel aller Europäer zu. Ob die Impfung notwendig ist, zeigt ein Antikörpertest.

Die schwere Lebererkrankung **Hepatitis B** wird vor allem durch sexuellen Kontakt und durch Blut (ungenügend sterilisierte Injektionsnadeln, Bluttransfusionen, Tätowierung, Akupunktur) übertragen. Eine rechtzeitige vorbeugende Impfung, z. B. mit *Gen H-B-Vax,* ist sehr zu empfehlen.

Geschlechtskrankheiten

Gonorrhoe und die gefährlichere **Syphilis** sind in Asien weit verbreitete Infektionskrankheiten, vor allem bei Prostituierten. Dass der Verkehr mit Prostituierten ohne Kondom ein großes Risiko darstellt, muss mittlerweile nicht mehr betont werden. Bei den ersten Anzeichen einer Erkrankung (Ausfluss / Geschwüre) unbedingt ein Krankenhaus zum Anlegen einer Kultur und zur Blutentnahme aufsuchen.

Giardiasis Lambliasis

Giardia lamblia ist eine Protozoenart, die schwere Durchfälle, Übelkeit und allgemeine körperliche Schwäche verursacht, jedoch kein Blut im Stuhl oder Fieber. Giardiasis Lambliasis ist weltweit verbreitet, besonders in Regionen mit mangelhaften Hygienebedingungen. Die Symptome ähneln der einer Amöben-Ruhr, doch bestehen einige wichtige Unterschiede: Glücklicherweise greift Giardiasis weder die Leber noch andere Organe an, aber sie bleibt im Darm und verursacht daher auf lange Sicht schleichende Krankheiten. Mit Antibiotika oder Papayakernen ist diesem Tierchen nicht beizukommen. Hier helfen nur Amöben abtötende Medikamente wie *Flagyl* und *Fasigyn*, die schon nach einmaliger Behandlungsdosis wirksam sein können. Allerdings darf während der Einnahme auf keinen Fall Alkohol getrunken werden. Wer sich nicht kurieren lässt, kann durchaus nach einer Weile wieder einigermaßen fit sein und sich gesund fühlen, aber die Krankheit wird immer wieder ausbrechen und die Lebensfreude erheblich beeinträchtigen.

Hauterkrankungen

Bereits vom Schwitzen kann man sich unangenehm juckende Hautpilze holen. Gegen zu starkes Schwitzen hilft Körperpuder, der angenehm kühlt und in Apotheken oder Supermärkten erhältlich ist. Für andere Erkrankungen sind häufig Kopf-, Kleider-, Filzläuse, Flöhe, Milben oder Wanzen verantwortlich. Die beste Vorbeugung ist eine ausreichende Hygiene – möglichst 2x täglich den Körper waschen und so häufig es geht die Wäsche wechseln. Zudem hilft gegen Hautpilze Baumwollwäsche, gegen Kopfläuse *Organoderm*, oder, wenn man wieder in Deutschland ist, *Goldgeist*.

Höhenkrankheit

Tatsache ist, dass fast jeder in über 4000 m Höhe leichte Symptome von **akuter Höhenkrankheit** (AMS) entwickelt. Ernste Fälle sind jedoch selten, und die einfachste Behandlung, der sofortige Abstieg, bringt nahezu immer unverzügliche Heilung.

Die akute Höhenkrankheit entsteht dadurch, dass in großen Höhen weniger Sauerstoff vorhanden und der Luftdruck niedriger ist, was den Organismus auf unterschiedliche Weise belasten kann. Die **Symptome** sind bei jedem anders und treten unabhängig von der individuellen Kondition auf. Zu den milderen Beschwerden gehören Kopfschmerzen, Schwindelgefühl, Schlaflosigkeit, Übelkeit, Appetitlosigkeit und Kurzatmigkeit. Ernstere Krankheitszeichen sind z. B. Orientierungsverlust, Schwindel und schaumiger, rosafarbener Auswurf.

Die meisten Menschen können sich an große Höhen anpassen, doch der Prozess braucht Zeit und muss schrittweise erfolgen. Die goldene Regel lautet: **Nicht zu schnell aufsteigen!** Über 3000 m sollte der tägliche Höhengewinn nicht mehr als 500 m betragen.

Die allgemeinen Symptome der AMS lassen sich mit Acetazolamidum (Markenbezeichnung **Diamox**) behandeln, doch dieses Medikament ist wenig ratsam, denn durch die Einnahme werden die Frühsignale einer wirklich ernsten Erkrankung verschleiert – die Folgen können fatal sein. Empfehlenswerter ist es, einen oder zwei Ruhetage einzulegen, kohlenhydratreiche Kost zu sich zu nehmen, viel Wasser zu trinken (am besten 3 Liter pro Tag), gegen Kopfschmerzen Paracetamol oder Aspirin einzunehmen und den Rückweg anzutreten, falls die Symptome andauern oder sich verschlimmern. Wer direkt in einen Hochgebirgsort wie Leh fliegt, sollte seinem Körper unbedingt Zeit für die Anpassung gönnen, d. h. mindestens drei Tage lang unnötige Anstrengung vermeiden. Weitere Gesundheitstipps für den Aufenthalt im Hochgebirge sind: Alkohol meiden, keine Schlaftabletten einnehmen und ein Sonnenschutzmittel mit hohem UV-Filter verwenden.

Kinderlähmung (Polio)

Selbst in Europa treten immer noch Epidemien auf. Wer während der letzten 10 Jahre die Schluckimpfungen versäumt hat, sollte sich vom Hausarzt den Schluckimpfstoff verschreiben lassen.

Klimatische Belastungen

Sonne und Hitze können Touristen unerwartet zu schaffen machen, vor allem im tropischen Süden. Viele bekommen **Hitzepickel**, bevor sie sich akklimatisiert haben. Dabei handelt es sich um eine juckende Infektion der Schweißdrüsen, die durch exzessives Schwitzen verursacht wird. Eine kalte Dusche, *Prickly Heat Powder* oder Zinkoxidpuder (wird in Indien verkauft) oder Körperpuder und lockere Baumwollkleidung helfen.

Dehydrierung ist ein weiteres Gesundheitsrisiko, deshalb sollte man unbedingt genug Flüssigkeit (mit Elektrolytlösung) trinken, vor allem, wenn einem heiß ist und/oder man sich schlapp fühlt. Ein Gefahrenzeichen ist unregelmäßiges Wasserlassen (z. B. nur einmal am Tag), aber auch dunkler Urin könnte bedeuten, dass der Körper mehr Flüssigkeit braucht (könnte allerdings auch ein Hinweis auf Hepatitis sein, s. o.).

Die **Sonne** kann einen Sonnenbrand oder -stich verursachen. Ein Sonnenschutzmittel mit hohem Lichtfaktor ist unerlässlich, vor allem in der ersten Zeit. Ein Sonnenhut ist ebenfalls zu empfehlen, insbesondere wenn man viel herumläuft.

Eine Überhitzung des Körpers kann zu einem tödlichen **Hitzschlag** führen. Anzeichen sind eine sehr hohe Körpertemperatur ohne Fiebergefühl, begleitet von Kopfschmerzen und Desorientierung. Ein erster Schritt zur Besserung besteht darin, die Körpertemperatur zu senken (z. B. durch eine lauwarme Dusche) und sich in einem klimatisierten Zimmer auszuruhen. Außerdem sollte man viel Flüssigkeit zu sich nehmen und einen Arzt aufsuchen, wenn sich der Zustand nach 24 Std. nicht gebessert hat.

Malaria

Malaria ist eine der häufigsten tödlichen Krankheiten des Subkontinents. Daher muss vor der Reise unbedingt ein Arzt konsultiert werden, der entscheidet, ob es notwendig ist, auf der Reise Anti-Malaria-Medikamente einzunehmen.

Die Mücke *Anopheles*, die den Malariaerreger *Plasmodium falciparum* übertragen kann, kommt in vielen Teilen Indiens vor, besonders im Nordosten. In den Hochregionen des Himalaya gibt es sie allerdings nicht (eine nützliche Malaria-Karte Indiens findet sich unter 🖥 www.fitfortravel.scot.nhs.uk/destinations/malaria maps/india.htm).

Malaria hat eine **Inkubationszeit** von ein paar Tagen bis zu mehreren Wochen. Man kann also noch lange, nachdem man gestochen wurde, daran erkranken. Deshalb ist es wichtig, die Tabletten auch nach der Rückkehr weiter einzunehmen.

Über die geeignete **Malariaprophylaxe** gehen die Meinungen weit auseinander. Auf jeden Fall sollte man sich vor der Reise von Experten darüber beraten lassen, welche Art der Vorbeugung für einen am besten ist. Alarmierend ist, dass die Resistenz des Erregers gegen bekannte Malariamittel zunimmt – keines der folgenden bietet 100%-igen Schutz, deshalb ist es nach wie vor wichtig, Mückenstiche zu vermeiden. Chloroquin- und Proguanil-resistente Malariaerreger sind insbesondere in Assam und im Nordosten verbreitet; Wer dorthin reist, sollte daher lieber Malarone, Doxycyclin oder Mefloquin nehmen.

Am gängigsten ist eine Kombination aus Chloroquin – wöchentlich eingenommen – und einer täglichen Dosis Proguanil (Paludrine). Mit dieser Prophylaxe muss man eine Woche vor der Reise in ein Malariagebiet beginnen und nach der Reise noch vier Wochen fortfahren. Chloroquin ist in Indien leicht zu bekommen – im Gegensatz zu Proguanil (also einen Vorrat davon mitnehmen). Mefloquin (Lariam) ist ein neueres und stärkeres Mittel. Zur Prophylaxe braucht man nur eine Tablette pro Woche einzunehmen; man beginnt zwei Wochen vor der Reise ins Malariagebiet und endet vier Wochen nach der Rückkehr. Mefloquin ist ein sehr wirksames Antimalariamittel, das allerdings wegen seiner starken Nebenwirkungen nicht unumstritten ist.

Wer sich für Doxycyclin entscheidet, nimmt ab einem Tag vor der Reise und bis vier Wochen danach eine Tablette täglich. Dieser Wirkstoff ist jedoch für Kinder unter zehn Jahren nicht geeignet und kann bei Frauen Scheidenpilze hervorrufen. Doxycyclin beeinträchtigt außerdem die Wirkung der Pille und führt zu Lichtempfindlichkeit, weshalb es für Strandurlauber weniger gut geeignet ist (Sonnenbrandgefahr). Malarone (eine Kombination aus Atovaquon und Proguanil) ist das neueste Mittel auf dem Markt. Der Vorteil ist, dass man es erst einnehmen muss, wenn man in ein Malariagebiet fährt, und es schon eine Woche nach der Rückkehr wieder absetzen kann. Es ist zwar teuer, kommt aber für kürzere Reisen letztendlich günstiger. In Deutschland ist es ohnehin nur für eine Reise von maximal 28 Tagen zugelassen.

Die Mücke sticht während der Nacht, also zwischen Abenddämmerung und Sonnenaufgang. Am Abend schützen helle Kleidung (lange Hosen, langärmlige Hemden, engmaschige Socken) und ein **Mückenschutzmittel**, das auf die Haut aufgetragen wird. Ein sehr wirksames indisches Mittel ist das überall erhältliche *Odomos*, das einen angenehmen Zitronengeruch hat. Die meisten Touristen bringen jedoch eines von zu Hause mit. Eine gute Alternative für Leute mit empfindlicher Haut sind Bänder, die man an Hand- und Fußgelenken anbringt; sie sind genauso wirksam wie ein Spray.

Man sollte möglichst unter einem **Moskitonetz** schlafen oder elektrische Pyrethoid-Verdampfer einsetzen. Bei niedrigen Temperaturen in klimatisierten Räumen sind die Mücken zwar weniger aktiv, aber keineswegs ungefährlich. Notfalls hilft auch eine Räucherspirale, ein **Coil**, das Risiko zu verringern. Coils sind grüne Spiralen, die wie Räucherstäbchen abbrennen und für ca. 8 Stunden die Luft verpesten. Oft werden sie abends in offenen Restaurants unter die Tische gestellt, um die herumschwirrenden Moskitos zu vertreiben. (Es gibt allerdings gesundheitliche Bedenken, wenn Coils in schlecht durchlüfteten Räumen eingesetzt werden, und Asthmakranke sollten sie gänzlich meiden).

Wer aus Indien zurückkehrt und an einer nicht geklärten fieberhaften Erkrankung leidet, auch wenn es sich nur um leichtes Fieber und Kopfschmerzen handelt und die Symptome erst Monate nach der Rückkehr auftreten, sollte dem Arzt unbedingt über den Tropenaufenthalt berichten und auf einem Bluttest bestehen. Die ersten Symptome einer Malaria können denen eines banalen grippalen Infektes ähneln und werden häufig verkannt, was schon nach wenigen Tagen das Leben bedrohen kann.

Meningitis

Die meisten Mediziner empfehlen eine Impfung gegen Meningitis (Hirnhautentzündung). Sie wird durch Bakterien in der Luft übertragen (z. B. durch Husten und Niesen) und greift die Hirnhaut an. Meningitis kann tödlich sein; Symptome sind Fieber, starke Kopfschmerzen, ein steifer Hals und ein Ausschlag auf Bauch und Rücken.

Pilzinfektionen

Frauen leiden im tropischen Klima häufiger unter Pilzinfektionen. Vor der Reise sollten sie sich daher entsprechende Medikamente verschreiben lassen. Eine Creme oder Kapseln sind besser als Zäpfchen, die bei der Hitze schmelzen.

Tollwut

Da Tollwut in Indien häufig vorkommt, ist es ratsam, um Hunde und Affen einen Bogen zu machen und nicht mit Tieren zu spielen, auch wenn sie noch so süß aussehen. Ein Biss, ein Kratzer, selbst der Speichel eines infizierten Tieres kann die Krankheit verbreiten. Die Stelle sofort mit Seife oder einem Reinigungsmittel sanft waschen und möglichst mit Alkohol oder Jod desinfizieren. Man sollte so viel wie möglich über das Tier herausfinden und möglichst auch die Adresse des Besitzers. Falls das Tier infiziert sein könnte oder die Wunde zu brennen und zu eitern anfängt, muss man sofort handeln – Tollwut ist tödlich, sobald die Symptome aufgetreten sind.

Es gibt zwar eine Impfung, aber sie ist sehr teuer und nur maximal 3 Monate wirksam. Sie ist jedoch empfehlenswert, wenn man vorhat, in ländlichen Regionen zu arbeiten.

Typhus / Paratyphus

Typhus, der durch infiziertes Essen oder Wasser übertragen wird, ist zwar in Indien verbreitet, tritt aber außerhalb der Monsunzeit selten auf. Typische Symptome: über 7 Tage hohes Fieber einhergehend mit einem eher langsamen Puls und Benommenheit. Empfehlenswert ist die gut verträgliche Schluckimpfung mit *Typhoral L* für alle Reisende. Drei Jahre lang schützt eine Injektion des neuen Typhus-Impfstoffs *Typhim VI*, dann muss er wieder aufgefrischt werden.

Wundinfektionen

Unter unhygienischen Bedingungen können sich schon aufgekratzte Moskitostiche zu beträchtlichen Infektionen entwickeln, wenn sie unbehandelt bleiben. Wichtig ist, dass jede noch so kleine Wunde sauber gehalten, desinfiziert und evtl. mit Pflaster geschützt wird. Antibiotika-Salben unterstützen den Heilprozess. Wer mit nesselnden Quallen in Kontakt gekommen ist, sollte ein Antihistaminicum oder Cortisonsalbe auftragen (als Erste-Hilfe-Maßnahme hilft Essig) und sofort einen Arzt aufsuchen.

Wundstarrkrampf (Tetanus)

Wundstarrkrampf-Erreger findet man überall auf der Erde. Verletzungen kann man nie ausschließen, und wer evtl. noch keine Tetanusimpfung hatte, sollte sich unbedingt zwei Impfungen im 4-Wochen-Abstand geben lassen, die nach einem Jahr aufgefrischt werden müssen. Danach genügt eine Impfung alle 10 Jahre. Am besten ist die Impfung mit dem Tetanus-Diphterie-(Td-)Impfstoff für Personen über 5 Jahre, um gleichzeitig einen Schutz vor Diphterie zu erhalten.

Wurmerkrankungen

Winzige oder größere Exemplare, die überall lauern können, setzen sich an den verschiedensten Körperstellen bzw. -organen fest und sind oft erst Wochen nach der Rückkehr festzustellen. Die meisten sind harmlos und durch eine einmalige Wurmkur zu vernichten, andere sind gefährlich, z. B. Hakenwürmer. Sie bahnen sich den Weg durch die Fußsohlen, deshalb sollte man auf feuchten Böden unbedingt Sandalen tragen.

Nach einer Reise in abgelegene Gebiete ist es empfehlenswert, den Stuhl auf Würmer untersuchen zu lassen. Notwendig ist das, wenn man über längere Zeiträume auch nur leichte Durchfälle hat.

Sprachführer

In Indien werden nicht weniger als 18 verfassungsmäßig anerkannte Hauptsprachen gesprochen. Daneben gibt es noch zahlreiche Sprachen kleinerer Bevölkerungsgruppen und über tausend Dialekte.

Als Indien nach der Unabhängigkeit neu strukturiert wurde, zog man die Bundesstaatsgrenzen größtenteils nach linguistischen Regionen. Angesichts der Tatsache, dass man sich so gut wie überall im Land auf Englisch verständigen kann, besteht für Reisende keine zwingende Notwendigkeit, eine der indischen Sprachen zu erlernen, doch wer ein wenig Hintergrundwissen besitzt und ein paar Worte in einer oder zwei Lokalsprachen parat hat, trägt an diesem Wissen nicht schwer und wird davon nur profitieren.

Nützliche Wörter und Sätze auf Hindi

Grußformeln

Gruß *namaste* (mit in Brusthöhe zusammengepressten Handflächen wie zum Gebet gesprochen – nicht gegenüber Moslems)
Hallo *namaskar* (nicht gegenüber Moslems)
Gruß *as salaam alaykum* (gegenüber einem Moslem)
Antwort *alaykum as salaam*
Auf Wiedersehen *Namaste*
Bis später *phir milenge*
Auf Wiedersehen (zu einem Moslem) *khudaa haafiz* (Gott segne dich)
Wie geht es Ihnen? (förmlich) *Aap kaise hai?*
Wie geht es dir? (vertraut) *Kya hal hai?*
Bruder (informell; keine Anrede für ältere Männer) *bhaaii* oder *bhaiyaa*
Schwester (informell; keine Anrede für ältere Frauen) *didi*
Herr *saahib*
Herr *hazur* (nur für Moslems)

Grundwortschatz

ja *haa* oder *ji haa*
nein *nahi* oder *ji nahi*
in Ordnung/gut *acha* oder *tiika*
ich *mai*
Sie *aap* (formal, üblich)
du *tum* (sehr familiär; auch zu Kindern)
und/mehr *aur*
wie *kaise*
danke/bitte *dhanyavad/shukriya* (formell; Inder sagen bei alltäglichen Handlungen, z. B. wenn sie etwas kaufen, normalerweise nicht danke. Es gibt übrigens keine direkte Entsprechung für das deutsche „bitte", das auf „danke" folgt).
gut *acha*
sehr gut *bahot acha*
schlecht *buraa*
groß *barra*
klein *chota*
heiß *garam*
kalt *thanda*
scharf *mirchi*
sauber *saaf*
schmutzig *gandaa*

offen *khulaa*
teuer *mahagaa*
bitte komm! *aiiye*
geh! *jao*
verschwinde! *Bhaago*
genug *bas*

Einfache Sätze

Mein Name ist …
Mera naam … hai.
Wie heißen Sie? (förmlich)
Aapka naam kya hai?
Wie heißt du? (vertraut)
Tumhara naam kya hai?
Ich komme aus…
Mai…se hu.
Wir kommen aus…
Hum…se hai.
Woher kommen Sie?
Aap kaha se aate hai?
Ich verstehe.
Samaj gayaa.
Ich verstehe nicht.
Samaj nahin aayaa.
Ich weiß nicht.
Maluum nahin.
Ich spreche kein Hindi.
Mai Hindi nahi bol sakta hu.
Bitte sprechen Sie langsam!
Dhiire se boliye!
Entschuldigung.
Ma af kiijiiye.
Ist das in Ordnung?
Tiika hai?
Wie viel?
Kitna?
Was kostet das?
Yeh kya hai?
Das brauche ich nicht
Nahi chai'iya (wörtlich: "wird nicht gebraucht"); nützliche Redewendung, wenn sich Schlepper nicht abschütteln lassen wollen.
Haben Sie …?
… hai?
Mir/uns gefällt es
Acha lugta hai.
Wie geht´s?
Kya haal hai?

Es geht mir gut
Tiika hai.
Was sind Sie von Beruf?
Kya kam karte hai?
Haben Sie Brüder oder Schwestern?
Bhaai behan hai?

Transport

Wo ist… ?
… kaha hai?
Ich möchte nach …
Mai …jaana chaata hu.
Wo ist das?
Kaha hai?
Wie weit?
Kitna duur?
Welcher Bus fährt nach Agra?
Agra kaa bas kahaan hai?
Wann fährt der Zug ab?
Gaarii kab jayegi?

Halt! *Ruko!*
Warte! *Thehero!*

Übernachtung

Ich brauche ein Zimmer.
Mujhe kamra chai'eeya.
Wie viel kostet das Zimmer?
Kamra kitne ka hai?
Ich bleibe für eine Nacht.
Mai ek raat ke liiye theheroonga.

Gesundheit

Ich habe Kopfschmerzen.
Sir me dard hai.
Ich habe Magenschmerzen.
Mere pate me dard hai.
Hier tut es weh.
Dard yaha hai.
Wo ist die Arztpraxis?
Daktar ka clinic kaha hai?
Wo ist das Krankenhaus?
Haspitaal kaha hai?
Wo ist die Apotheke?
Dawaaii khana kaha hai?

Medizin *dawaaii*
krank *bimar*
Schmerz *dard*

Magen	*pate*
Auge	*aank*
Nase	*naakh*
Ohr	*kaan*
Rücken	*piith*
Fuß	*paao*

Zahlen

0	*shunya*
1	*ek*
2	*do*
3	*tiin*
4	*char*
5	*paanch*
6	*che*
7	*saat*
8	*aat*
9	*nau*
10	*das*
11	*gyaarah*
12	*baarah*
13	*terah*
14	*chaudah*
15	*pandrah*
16	*solah*
17	*satrah*
18	*athaarah*
19	*unniis*
20	*biis*
30	*tiis*
40	*chaaliis*
50	*pachaas*
60	*saath*
70	*sattar*
80	*assii*
90	*nabbe*
100	*ek sau*
1000	*ek hazaar*
100 000	*ek lakh*
10 Millionen	*ek crore*

Zeitangaben

heute	*aaj*
morgen/gestern	*kal*
Tag	*din*
Nachmittag	*dopahar*
Abend	*shaam*
Nacht	*raat*
Woche	*haftaah*
Monat	*mahiinaa*
Jahr	*saal*
Montag	*somvaar*
Dienstag	*mangalvaar*
Mittwoch	*budhvaar*
Donnerstag	*viirvaar*
Freitag	*shukravaar*
Samstag	*shanivaar*
Sonntag	*ravivaar*

Kulinarisches Glossar

Allgemeines

khaana	Essen
chawaal	Reis
chamach	Löffel
chhoori	Messer
kanta	Gabel
plate	Teller
chini	Zucker
chini nahi	bitte ohne Zucker (z. B. im Tee)
jaggery	Rohzucker
namak	Salz
mirch	Pfeffer
mirchi	scharf (Chili)
mirchi kam	weniger scharf
garam	heiß
thanda	kalt

dahi Joghurt

dhal Linsencurry, manchmal auf eine Art Eintopf reduziert; traditionell eine Beilage zu allen indischen Gerichten

garam masala jede Art von Gewürzmischung

ghee geklärte Butter; oft anstelle von Öl zum Kochen benutzt oder um dem Essen Geschmack zu verleihen

gravy jede Art von Currysauce; hat nichts mit dem engl. *gravy* zu tun

jeera Kumin

lal mirch roter Pfeffer

masala Allgemeinbegriff für eine Gewürzmischung oder etwas Würziges

methi Ingwer

paan verdauungsförderndes Mittel; S. 62

paneer unfermentierter Käse

sabji jedes Gemüsecurry

Getränke

bhang lassi mit *bhang* (Cannabis) versetzter *lassi*
botal vaala paani Mineralwasser
chai Tee
doodh Milch
falooda traditionelles moslemisches Getränk, normalerweise aus Milch, Eis, Sahne, Tapioka und Zucker hergestellt
kavhaa oder kaafi Kaffee
lassi Joghurtgetränk, entweder ohne Zusatz oder mit Salz oder Obst verfeinert
pani Wasser
peenay ka pani Trinkwasser (kein Mineralwasser)

Fleisch und Fisch

chingri	Garnelen
gosht	Fleisch, meist Lamm
keema	Hackfleisch
macchi	Fisch
murg	Huhn

Gemüse und Obst

aam	Mango
alu	Kartoffeln
baingan	Auberginen
bhindi	Okraschoten
chana	Kichererbsen
gaajar	Karotte
gobi	Blumenkohl
kaddoo	Kürbis
kela	Banane
palak	Spinat
piaz	Zwiebeln
sabji	Gemüse (wörtlich: "Grünzeug")
santaraa	Orange
sev	Apfel
sag	Spinat
tamatar	Tomate

Gerichte und Zubereitungsarten

alu baingan Kartoffeln und Auberginen; meistens mild bis mittelscharf
alu gobi Kartoffeln und Blumenkohl; meistens mild
alu methi Kartoffeln mit Kari-Blättern; normalerweise mittelscharf
alu muttar Kartoffeln- und Erbsencurry; meistens mild
baingan bharta Püree aus gebackenen Auberginen, mit Zwiebeln gemischt
bhindi bhaji gebratene Okraschoten; mild gewürzt
bhuna gebratenes, anschließend angedicktes Curry; mittelscharf
biriyani Reis mit Safran oder Kurkuma, ganzen Gewürzen, Fleisch (manchmal auch Gemüse) und oft einem hart gekochten Ei
Bombay duck getrockneter südasiatischer Wels
channa masala gewürzte Kichererbsen, normalerweise mittelscharf
cutlet Hacksteak – oft Hackfleisch oder kleingehacktes Gemüse, das in Form eines flachen Kuchens gebraten wird
dahi maach Fisch-Curry mit Joghurt, Ingwer und Kurkuma; ein mildes bengalisches Gericht
dhal bati churma klassisches Rajasthani-Gericht, besteht aus *dhal, bati* (gebackene Weizenmehlbällchen) und *churma* (eine Süßigkeit aus mit *ghee* und Zucker gekochtem, grob gemahlenem Weizenmehl)
dhal gosht mit Linsen gekochtes Fleisch; meistens scharf
dhal makhania in Sahne gekochte Linsen
dhansak Currysauce aus eingedickten Linsen; normalerweise mittelscharf
dopiaza Zwiebelsauce; mittelscharf
dum in einer Kasserole gedämpft; das am weitesten verbreitete Gericht ist
dum aloo mit Kartoffeln
jalfrezi Gericht, das mit Tomaten und grünen Chilis gekocht wird; mittelscharf
karahi gusseiserner Wok und Fleischgerichte, die darin zubereitet werden; mittelscharf
karhi *dhal*-ähnliches Gericht aus Joghurt und Kichererbsenmehl; beliebt im Norden, insbesondere im Punjab und in Gujarat
keema Hackfleisch
kofta Gemüse- oder Hackfleischbällchen in einer Currysoße
korma milde Sauce, mit Sauerrahm (oder Sahne) zubereitet
maacher jhol milder Fischeintopf, oft aus dem ganzen Fisch gemacht – eine Delikatesse aus Bengalen

malai kofta Gemüsebällchen (Lotuswurzelbällchen) in einer sämigen Sahnesoße; normalerweise eher mild

molee Curry mit Kokosnuss und zumeist Fisch, ursprünglich malaiisch (daher der Name), inzwischen eine Spezialität von Kerala; scharf

mughlai masala milde, sahnige Sauce nach Mogul-Art

murg makhani in Butter gebratenes Hühnchen

muttar paneer Curry aus *paneer* und Erbsen

palak paneer *paneer* und Spinat

pathia angedicktes Curry mit Limonensaft; scharf

pomfret ein in Mumbai und Kolkata (Kalkutta) beliebter Plattfisch

pulau Reis, sanft gewürzt und vorgebacken

raita gekühlter Joghurt, verfeinert mit milden Gewürzen, manchmal auch noch mit kleinen Gurken- und Tomatenstücken; wird normalerweise als Beilage zu einem Hauptgericht gereicht

rasam würzige, südindische Suppe

rogan josh Lamm-Curry, ein klassisches Mughlai-Gericht; mittelscharf

sambar Linsen- und Gemüse-Curry mit Asafoetida und Tamarinde; eine Beilage zu *dosas*, *iddlis* und *vadas*

shahi paneer "königliches" *paneer*, etwas luxuriösere Version eines gewöhnlichen *paneer*-Currys, manchmal zusätzlich mit Obst und Nüssen

seekh kebab an einem Spieß gegrilltes Lammhackfleisch

shami kebab kleine Hacksteaks aus Lammfleisch

sizzler Fleisch, Fisch oder Gemüse, serviert auf Metalltellern in heißem Öl *brutzelnd* – daher der Name

stew oder estew Schmorgericht mit unverkennbar keralischem Einschlag (enthält Chili und Kokosnuss); existiert auch noch in einer nordindisch-moslemischen Version

subje weißes Kokosnuss-Chutney, wird oft zusammen mit *vadas* serviert

tarka dhal Linsen mit einer *masala* aus Knoblauch, Zwiebeln und Gewürzen

thali Kombination von vegetarischen Gerichten, Chutneys, Pickles, Reis und Brot, alles auf einem Tablett serviert

vindaloo goanisches Fleisch- (mit Essig gewürzt), manchmal auch Fisch-Curry, ursprünglich aus Schweinefleisch; sehr scharf

Brote und Pfannkuchen

appam* südindischer Reispfannkuchen mit Löchern, in der Mitte weich, wird im Wok gebacken; eine Spezialität der Malabar-Küste von Kerala

bhatura weiches Weißbrot, wird traditionell zu *chana* gereicht; weit verbreitet in Delhi

chapati ungesäuertes Brot aus Vollkornmehl, gebacken auf einem runden, *tawa* genannten Blech

dosa* knuspriger, südindischer Reispfannkuchen, kann auf verschiedene Arten zubereitet werden, am bekanntesten ist *masala dosa*, d. h. ein mit herzhaftem Kartoffelcurry gefüllter *dosa*

iddli* gedämpfter südindischer Reiskuchen, gewöhnlich mit *sambar* serviert

kachori kleine, dicke Küchlein aus salzigem, frittiertem Brotteig

loochi *puri* aus Weizenmehl; Spezialität von Bengalen

Mughlai paratha *paratha* mit Ei

naan "aufgeblähtes", fladenartiges Weißbrot, mit Joghurt zubereitet und im Tandoor gebacken

papad oder pappadam knuspriges, dünnes, rundes Knäckebrot aus Kichererbsenmehl

paratha oder parantha Vollkornbrot, zu dünnen Scheiben gerollt und auf dem Blech gebraten; schmeckt ein bisschen wie ein zäher Pfannkuchen, manchmal auch mit Fleisch oder Gemüse gefüllt

phulka direkt auf der Herdplatte gebackenes *chapati*

puri knuspriges, frittiertes Vollkornbrot

roti ungenauer Begriff; oft lediglich ein anderer Name für *chapati*, obgleich es dicker und zäher sein und im Tandoor gebacken werden sollte

uttapam* dicker, südindischer Reispfannkuchen, oft mit Zwiebeln gebacken

Snacks (chaat), Süßigkeiten und Nachspeisen

barfi oder burfi traditionelle, aus Milch hergestellte Süßigkeit

bhaji oder bhajia in einer Panade aus Kichererbsenteig gebackene Gemüsesticks, als Hauptgericht oder an Straßenständen als Snack serviert

bhel puri eine Mischung aus Puffreis, frittierten Reisnudeln, Kartoffeln und knusprigen *puri* mit Tamarindensauce; eine Mumbai-Spezialität, inzwischen aber landesweit beliebt

gulab jamun klassische indische Süßigkeit: in Sirup getauchte gebackene Teigbällchen

halwa traditionelle Süßigkeit aus Linsen, Nüssen und Obst, wird in einer großen Backform gebacken und dann in kleine Vierecke geschnitten

jalebi frittierte Kringel aus orangefarbenem Zuckersirup; einer der begehrtesten Straßensnacks Indiens

raj kachori knuspriges *puri*, normalerweise mit Kichererbsen gefüllt und mit Rahm und Sauce übergossen

kheer leckerer Reispudding nach Mogul-Art

kulfi indische Eiscreme, oft mit Pistaziengeschmack

ladoo (oder ladu) Süßspeise aus kleinen Grießbällchen

mirchi bada große Chilis, in einer dicken Panade aus Weizengrieß und Kartoffeln gebacken; eine Spezialität von Jodhpur

pakora in einer Panade aus Kichererbsenteig gebackene Gemüsestücke; gern gekaufter Straßensnack

rasgulla mit Rosenwasser verfeinerte Rahmkäsebällchen; beliebtes Dessert

samosa mit Gemüse und Kartoffeln (und manchmal Fleisch) gefüllte dreieckige, frittierte Teigtaschen

vada* auch als *vadai, vade, wadi* etc. bekannt, ein frittierter Linsenkuchen in der Form eines Doughnuts (mit einem Loch in der Mitte)

vada pao* *vada* mit Chutney in einem Brötchen

*südindische Bezeichnung; alle anderen Namen sind entweder Hindi-Wörter oder stammen aus der nordindischen Küche.

Tamil

Grundwortschatz

ja	*aamaam*
nein	*illai*
bitte	*koncham dhayavuseydhu*
danke	*nauri*
dies	*Idhu*
jenes	*Adhu*
Verzeihung	*Mannikkavum*
Auf Wiedersehen	*varavaanga*
Vielen Dank	*Romba nanringa*
Entschuldigen Sie	*Enga*
Was ist dies/jenes?	*Idhu/adhu ennaanga*
sehr gut	*romba nallayirukkudhu*
nicht schlecht	*paravaayillai*
Kommen Sie (jmd. einladend)	*Vaanaga*
Halt	*Neruthu*
diese (Pl.)	*evaikal*
groß	*pareya*
klein	*sarreya*
viel	*athekam*
wenig	*kuvrairu*

Zeit

heute	*enrru*
morgen	*naalai*
gestern	*neerru*
Tag	*pakal/kezhamai*
Nacht	*eravu*
früher Morgen	*athekaalai*
Morgen	*kaalai*
Nachmittag	*matiyam*
Abend	*maalai*
Montag	*thengal*
Dienstag	*chavvaay*
Mittwoch	*buthan*
Donnerstag	*veyaacha*
Freitag	*valle*
Samstag	*chane*
Sonntag	*gnaayetrru/kezhama*

Verständigung

Ich verstehe nicht. / Ich verstehe.
Enakku puriyavillaiye / Enakku puriyudhu.
Ich kann kein Tamil.
Enakku thamizh theriyaathunga.
Kennen Sie jemanden, der Englisch spricht?
Inge aangilam therinchavanga yaaraavadhu irukkiraangalaa?
Würden Sie bitte langsam sprechen?
Koncham methuvaa pesuveengalaa?
Würden Sie bitte lauter sprechen?
Koncham balamaa pesunga?
Was sagt er?
Avar enna sollugiraar?

Essen und Einkaufen

Ich habe Hunger.
Enakku pasikkudhu.
Ich habe Durst.
Enakku dhagamaayirukkudhu.
Was kostet das?
Athanudaiya vilai enna?
Ich möchte nur Kaffee.
Enakku kaapi maththiram than vendum.
Bitte zeigen Sie mir …
Koncham kanpikkireengalaa …

Kaffee	*kaapi*
Tee	*teyneer*
Milch	*paal*
Zucker	*sakkaray*
Wasser	*neer*
Reis	*arese*
gekochter Reis	*satham*
Gemüse	*kaaykarikal*
gekochtes Gemüse	*kane*
Quark/Joghurt	*thayer*
Kokosnuss	*thaenkaay*

Ortsangaben

weit	*turam*
nah	*arukkil*
Post	*anja lagam*
Tempel	*kohvil*

Wo ist … ?
Enge irukkuthunga?
Ist es nah von hier?
Athu ingeyirundhu pakkam thaane?
Wie weit ist es von hier?
Athu ingeyirundhu evvalavu dhooramay irukkunga?
Wo bekomme ich ein Auto?
Enga auto enga kidaikunga?
Was kostet es bis dorthin?
Empaa, anga povad hukku evvalavu?
Wo ist die Bank?
Vangi enge irukkuthunga?
Wo ist die Bushaltestelle?
Bas staandu enge irukki radhu?
Wo ist der Bahnhof?
Tireyn staashan enge irukkuthunga?
Wo ist die Toilette?
Kakkoos enge irukkudhu?
Wo ist die Auskunft / Information?
Visaranai enge irukkiradhu?
Wo ist die … Straße?
… Theru enge irukkiradhu?

Zahlen

1	onru
2	eranndu
3	mundru
4	naangu
5	iyendhu
6	aaru
7	aezshu
8	ayttu
9	nbathu
10	patthu
11	pathenonrru
12	panereynndu
13	pathemoonrru
14	pathenaangu
15	pathenainthu
16	pathenaaru
17	pathnaezshu
18	pathenayttu
19	paththonbathu
20	erapathu
30	muppathu
40	naarpathu
50	iymbathu
60	arupathu

70	*azhupathu*
80	*aennapathu*
90	*thonnoorru*
100	*noorru*
1000	*aayeram*
100 000	*latcham*

Malayalam

Grundwortschatz

ja	*aanaate*
nein	*alla*
Hallo	*namaste*
bitte	*dayavuchetu*
danke	*nanni*
Entschuldigung	*ksamikkuu*

Was kostet das?
 Etra?
Ich verstehe nicht.
 Enikka arriyilla.
Sprechen Sie Englisch?
 Ninal englisha samsaarikkumo?
Mein Name ist …
 Ente pero …
Wo ist … ?
 Eviteyaannaa?

Kaffee	*kaappi*
Tee	*chaaya*
Milch	*paalu*
Zucker	*panchasara*
Medikament	*marunnu*
Wasser	*vellam*
Gemüse	*pachakkari*
Fisch	*meen*
Quark/Joghurt	*tairu*
Reis	*ari*
Banane	*eyttappalam*
Kokosnuss	*teynna*

Zahlen

1	*onnu*
2	*randu*
3	*muunu*
4	*naalu*
5	*anchu*
6	*aaru*
7	*eylu*
8	*ettu*
9	*ombatu*
10	*pattu*
11	*pationnu*
12	*pantrantu*
13	*pati-muunu*
14–18	*pati- …*
19	*pattonpattu*
20	*irupatu*
21	*irupattonnu*
22	*irupatti-randu*
30	*muppatu*
31	*muppati-yonnu*
40	*nalpatu*
50	*anpatu*
60	*arupatu*
70	*elapatu*
80	*enpatu*
90	*tonnuru*
100	*nuura*
1000	*aayiram*
100 000	*laksham*

Telugu

Grundwortschatz

ja	*awunu*
nein	*kaadu*
bitte	*dayatesi*
danke	*dhanyawadalu*
Entschuldigung	*Ksamiynchannddi*

Auf Wiedersehen
 namaskaram
Was kostet das?
 Enta?
Wie heißen Sie?
 Ni peru eymitti?
Mein Name ist …
 Naa peru …
Ich verstehe nicht.
 Naadu artham kaawattamleydu.
Sprechen Sie Englisch?
 Miku angalam vaacha?

Wo ist … ?
  Ekkada undi?
Wie weit ist … ?
  … enta duram?

groß	*pedda*
klein	*tsinna*
heute	*iroju*
Tag	*pagalu*
Nacht	*raatri*
Kaffee	*kaafii*
Tee	*tti*
Milch	*palu*
Zucker	*chakkera*
Salz	*uppu*
Wasser	*nillu*
Reis	*biyyamu*
Fisch	*chepa*
Gemüse	*kuragayalu*

Zahlen

1	*okatti*
2	*renddu*
3	*muddu*
4	*naalugu*
5	*aaydu*
6	*aaru*
7	*eyddu*
8	*enimidi*
9	*tommidi*
10	*padi*
11	*pada-kondu*
12	*pad-rendu*
13–19	*pad- …*
20	*iruvay*
21	*iruvay-okatti*
30	*muppay*
31	*muppay-okati*
40	*nalapay*
50	*yaabay*
60	*aruvay*
70	*debbay*
80	*enabay*
90	*tombay*
100	*nuru/wanda*
200	*renddu-wanda*
1000	*veyi*
100 000	*laksha*

Kannada

Grundwortschatz

ja	*havdu*
nein	*illa*
Hallo	*namaskara*
bitte	*dayavittu*
danke	*vandanegallu*
Entschuldigung	*Kshamisi*
Halt	*Nillisu*

Was kostet das?
  Eshttu?
Wie heißen Sie?
  Nimma hesaru eynu?
Mein Name ist …
  Nanna hesaru …
Wo ist … ?
  Ellide?
Ich verstehe nicht.
  Nanage artha aagalla.
Sprechen Sie Englisch?
  Neevu english mataaddtiiraa?

Tag	*hagalu*
Nacht	*raatri*
heute	*ivattu*
Kaffee	*kaafi*
Tee	*tea*
Milch	*haalu*
Zucker	*sakkare*
Wasser	*neeru*
Reis	*akki*
Gemüse	*tarakari*
Fisch	*massali*
Kokosmilch	*yella-neeru*

Zahlen

1	*ondu*
2	*eradu*
3	*mooru*
4	*naalku*
5	*aydu*
6	*aaru*
7	*eylu*
8	*entu*
9	*ombhattu*
10	*hattu*
11	*hannondu*

www.stefan-loose.de/indien

12	hanneradu
13	hadi- mooru
14–18	hadi- …
19	hattombhattu
20	ippattu
21	ippattondu
30	muvattu
31	muvattondu
40	naalvattu
50	aivattu
60	aravattu
70	eppattu
80	embattu
90	tombattu
99	tombattombattu
100	nooru
1000	ondu saavira
100 000	laksha

Konkani

Grundwortschatz

ja	hoee
nein	na
Hallo	paypadta
bitte	upkar kor
danke	dio borem korunc
Entschuldigung	Upkar korkhi

Auf Wiedersehen
 Miochay
Wie viel?
 Kitlay?
Wie viel kostet das?
 Kitlay poisha lakthele?
Ich möchte es nicht.
 Mhaka naka tem.
Ich verstehe nicht.
 Mhaka kay samzona na.
Wo ist … ?
 Khoy aasa?

Strand	prayia
Straße	rosto
Kaffee	kaafi
Tee	chai
Milch	dudh
Zucker	shakhar
ohne Zucker	shakhar naka
Reis	tandul
Wasser	oodak
Kokosnuss	nal

Zahlen

1	ek
2	dohn
3	teen
4	char
5	paanch
6	soh
7	saht
8	ahrt
9	nou
10	dha
20	vees
30	tees
40	cha-ees
50	po-nas
100	chem-bor
1000	ek-azaar
100 000	laakh

Wochentage

Montag	somvaar
Dienstag	mangalvaar
Mittwoch	budhvaar
Donnerstag	viirvaar
Freitag	shukravaar
Samstag	shanivaar
Sonntag	ravivaar

Glossar

A

Aarti abendliche Tempel-Puja mit Lichtern
Acharya religiöser Lehrer, Meister
Adivasi Ureinwohner, Stammesangehöriger
Ahimsa Gewaltlosigkeit
Akhand Path ununterbrochene Lesung aus dem heiligen Buch der Sikhs, dem *Adi Granth*
Amalaka oder amla flacher, kreisrunder Stein in Form einer tropischen Frucht auf einem nordindischen Tempelturm, dient als Unterlage für den *kalasha*.

Amrit(a) der Nektar der Unsterblichkeit
Anda wörtlich „Ei": Kuppelaufbau eines Stupa
Angrezi Sammelbegriff für Menschen aus dem Westen
Anna Münze, die nicht mehr im Umlauf ist (16 Annas entsprechen dem Wert einer Rupie)
Apsara himmlische Nymphe
Arak aus Reis oder Kokosnuss gewonnenes alkoholisches Getränk
Asana yogische Sitzhaltung; eine kleine Matte, die beim Gebet und zur Meditation benutzt wird
Ashram spirituelles Lehrzentrum, Ort der religiösen Praxis
Asura Dämon
Atman Seele
Avatar Reinkarnation Vishnus auf der Erde, in Menschen- oder Tiergestalt
Ayah Kinderfrau
Ayurveda altindische Medizin, die Kräuter, Minerale und Massagen anwendet

B

Baba respektvoller Name für einen Sadhu
Bagh Garten, Park
Baithak Empfangsraum in einem Privathaus
Baksheesh Trinkgeld, Spende; manchmal auch „erwartetes" Bestechungsgeld
Bandh Generalstreik
Bandhani Knüpfbatik
Baniya ein anderer Begriff für einen Vaishya; Geldverleiher
Banyan großer Feigenbaum, dient traditionell als Treffpunkt oder Schattenspender für Unterricht und Meditation. In Südindien auch Bezeichnung für eine Baumwollweste
Baoli Stufenbrunnen in Gujarat und in Westindien
Bastee Slumgegend
Baul bengalischer Sänger
Bazaar Geschäftsviertel der Stadt; Markt
Beedi aus einem Tabakblatt gerollte Zigarette, der „Glimmstengel des armen Mannes"
Begum islamische Prinzessin; Mosleminnen der Oberschicht
Betel Blatt, das im *paan* mit der Nuss der Areka-Palme gekaut wird: bezieht sich im weiteren Sinne auch auf die Nuss
Bhajan Gesang zur Ehre Gottes
Bhakti religiöse Hingabe, die in einer persönlichen oder emotionalen Beziehung zu einer Gottheit zum Ausdruck kommt
Bhang Marihuana-Blatt, wird oft in *lassi* aufgelöst getrunken
Bharat mata wörtlich: "Mutter Indien"; eine Repräsentation von Indien in Person einer Muttergöttin
Bharat Hindi-Bezeichnung für Indien
Bhavan (auch *bhawan*) Gebäude, Haus, Palast oder Residenz
Bhotia tibetischstämmiges Volk im Himalaya
Bhumi Erde oder Erdgöttin
Bhumika Stockwerk, Stufe
Bindu Samen; der rote Punkt (auch *bindi*), den Frauen zur Zierde auf der Stirn tragen
Biradiri Sommerhaus, Pavillon
Bodhi Erleuchtung
Bodhi-Baum / Bo-Baum Pipal-Baum (*Ficus religiosa*), steht in Zusammenhang mit Buddhas Erleuchtung
Bodhisattva buddhistischer Heiliger, der seine Buddhaschaft aufschiebt, um anderen zur Erlösung zu verhelfen
Burka oder burqa ein den Körper verhüllender Umhang, den orthodoxe Mosleminnen tragen
Burra-Sahib Kolonialbeamter, Chef oder wichtige Person

C

Cantonment Bezirk einer Stadt, in dem sich die Militärkasernen befinden
Chaat Snack
Chaddar Tuch zur Kopfbedeckung
Chaitya buddhistischer Tempel
Chakra Scheibe; Zentrum spiritueller Kraft; Energiepunkt im Körper; Rad, das oft den Kreislauf von Tod und Wiedergeburt darstellt
Chandan Sandelholzpaste
Chandra Mond
Chang Ladakh-Bier aus fermentierter Hirse, Weizen oder Reis
Chappal Sandalen
Charas Haschisch
Charbagh Garten, der im Mogulstil in Viertelsegmente unterteilt ist
Charpoi indisches Bett: mit Stoffgurten bespannter Holzrahmen

Chaumukh Darstellung von vier Gesichtern, Hinterkopf an Hinterkopf
Chauri Fliegenwedel; königliches Symbol
Chela Schüler
Chhatri Grab; Tempelpavillon mit Kuppel
Chikan Lucknow-Stickerei
Chillum zylindrische Pfeife aus Ton oder Holz zum Rauchen von *charas* oder *ganja*
Chishti ein Sufi-Orden in Nordindien
Choli kurze, eng anliegende Bluse, die unter einem Sari getragen wird
Chor Räuber, Bandit
Chorten tibet. für Stupa
Choultry Unterkünfte für Pilger, die einem südindischen Tempel angegliedert sind
Chowgan Grünfläche im Zentrum eines Ortes oder Dorfes
Chowk öffentlicher Platz, Kreuzung oder Hof
Chowki Polizeiwache
Chowkidar Wächter/Hausmeister
Coolie (Kuli) Gepäckträger/Arbeiter
Crore zehn Millionen

D

Dabba Lunchpaket
Dacoit Bandit
Dalit „unterdrückt", „ausgestoßen". Von Dr. B. R. Ambedkar eingeführter Begriff, der von den so genannten „Unberührbaren" zur Beschreibung ihrer gesellschaftlichen Stellung bevorzugt wird.
Dargah Sufi-Schrein
Darshan das Anschauen einer Gottheit oder eines Heiligen; religiöse Unterweisung erhalten
Darwaza Eingang, Tür
Dawan Diener
Deul Tempelheiligtum in Orissa
Deva Gott
Devadasi Tempeltänzerin
Devi Göttin
Devta Gottheit von Himachal Pradesh
Dham wichtige religiöse Stätte oder theologisches Seminar
Dharamshala Pilgerherberge
Dharma religiöses und soziales Pflichtgefühl (Hinduismus); das Gesetz der Natur, Lehre, Wahrheit (Buddhismus)
Dhobi Wäscherei

Dholi Sänfte, die von Trägern zu Bergtempeln hinauf getragen wird
Dhoti weißes, knöchellanges, von Männern getragenes Kleidungsstück, um die Taille gebunden und manchmal durch die Beine hoch gezogen
Digambara wörtlich „luft-gekleidet": eine Jain-Sekte, bekannt für die Sitte ihrer Mönche, nackt herumzulaufen, was allerdings nicht mehr verbreitet ist
Dikpala Wächter der vier Himmelsrichtungen
Diwan-i-Am öffentliche Audienzhalle
Diwan-i-Khas private Audienzhalle
Dravidisch der südlichen Kultur angehörend
Du-Khang Haupttempel in einem *gompa*
Dukka Teich und Brunnen im Hof einer Moschee
Dupatta Schleier, der von Mosleminnen zusammen mit der *salwar kamise* getragen wird.
Durbar oder darbar Gerichtsgebäude; Audienzsaal; Regierungstreffen
Dvarpala Wächterstatue am Eingang zu einem Heiligtum
Dzo domestiziertes Nutztier; Kreuzung von Yak und Hausrind

F

Fakir moslemischer Bettelasket
Feni Goanisches alkoholisches Getränk, das aus der Cashewfrucht oder aus Kokospalmschößlingen abgezapftem Saft gewonnen wird.

G

Gada Keule, eine der Waffen Vishnus
Gadi Thron
Ganda schmutzig
Gandharvas Indras himmlische Musiker
Ganj Markt
Ganja Marihuana
Garbha Griha Tempelheiligtum, wörtlich „Mutterschoß"
Garh Festung
Gari Fahrzeug oder Wagen
Ghat Berg, Anlegestelle oder Treppenanlage, die zum Wasser führt
Ghazal melancholisches Urdu-Lied
Ghee geklärte Butter
Godown Lagerhaus
Go-Khang Schutzgöttern geweihter Tempel eines *gompa*

Gompa buddhistisches Kloster Tibets oder Ladakhs
Goncha knöchellanges Wollkleid der Frauen aus Ladakh
Gopi junges, Kühe hütendes Mädchen, taucht als Krishnas Spielgefährtin und Liebhaberin in der Volksmythologie auf
Gopura Turm als Eingang zu einem Tempel, in Südindien weit verbreitet
Gumbad Kuppel einer Moschee oder einer Grabstätte
Guru Religions-, Musik-, Tanz-, Astrologie- etc. Lehrer
Gurudwara Gebetshaus der Sikhs

H

Haj die Pilgerfahrt eines Moslems nach Mekka
Hajji ein Moslem, der die *haj* unternimmt bzw. unternommen hat
Hammam Dampfbad im persischen Stil
Harijan „Kinder Gottes", von Gandhi eingeführter Name für die „Unberührbaren".
Hartal einen Tag dauernder Streik
Haveli kunstvoll verziertes Haus
Hijra Mann, der sich wie eine Frau kleidet und dem der Penis und die Hoden operativ entfernt wurden. Hijras verehren eine Form der Muttergöttin und treten u. a. bei Hochzeiten und Tempelfesten auf.
Hill Station Von den Briten als Sommerfrische eingerichteter Ort in den Bergen
Hinayana wörtlich „Kleines Fahrzeug": der Name, der der ursprünglichen buddhistischen Schule von späteren Sekten gegeben wurde
Hookah Wasserpfeife, mit der man starken Tabak oder Marihuana raucht.
Howdah wuchtiger Elefantensattel, manchmal aus reinem Silber und oft von einem Baldachin überdacht

I

Idgah Gebiet im Westen der Stadt, das während des islamischen Festes Id-ul-Zuha für Gebete reserviert ist.
Imam islamischer Führer oder Lehrer
Imambara Grab eines shiitischen Heiligen
IMFL *Indian-made foreign liquor* (in Indien hergestellter Alkohol)

Indo-sarazenisch überladene Architektur der Raj-Zeit, die islamische, hinduistische, Jain- und westliche Elemente kombiniert
Ishwara Gott; Shiva
Iwan der Haupt- (oft zentrale) Bogen in einer Moschee

J

Jaghidar Landbesitzer
Jali durchbrochenes Steingitter
Janapadas kleine Republiken und Fürstentümer; wörtlich: „Clan-Territorium"
Jangha Figurenszene an Tempelwand
Jataka Volkserzählungen über Leben und Lehre Buddhas
Jati Geburtsgruppe (j*ata* = „geboren"), Unterkaste, bestimmt durch Familie und Beruf
Jhuta durch Lippen besudelt: Essen oder Trinken, das durch Berührung verunreinigt ist.
-ji Suffix, das zum Zeichen des Respekts an einen Namen angehängt wird.
Jihad arab. „Anstrengung", auch „Kampf", bezeichnet das Streben danach, sich den Gesetzen des Islam gemäß zu verhalten
Jina eine andere Bezeichnung für die Jain-tirthankara
Johar oder **jauhar** alte Praxis der Selbstopferung von Frauen in Kriegszeiten, um nicht in die Hände des Feindes zu fallen
Jyotrilinga die zwölf „großen Linga", die durch ihre Verbindung mit Shiva heilig sind

K

Kailasa oder **Kailash** Berg in West-Tibet: Shivas Aufenthaltsort und in der Mythologie Ursprung des Ganges und Brahmaputra, der Weltenberg im Zentrum des Universums, Meru
Kalam Malereischule
Kalasha Tempelbekrönung in Form einer steinernen Vase
Kama Begehren, Verlangen
Kangyu Lang Bibliotheksgebäude in einem Gompa, Aufbewahrungsort heiliger tibetischer Schriften
Karma die Summe aller guten und schlechten Taten, die den Status der Wiedergeburt bestimmt
Kaste der mit der Geburt erworbene soziale Status

Katcha das Gegenteil von *pukka;* unannehmbar
Kathakali traditionelles keralisches Tanzdrama
Kavad verzierte Schachtel, die sich in einen kleinen tragbaren Schrein verwandeln lässt
Kenotaph leeres Grab zum Gedenken an einen Toten
Khadi handgesponnene Baumwolle; Gandhis Symbol der indischen Selbstgenügsamkeit
Khan moslemischer Ehrentitel
Khejri kleiner Baum, gedeiht in der Wüste Thar in Rajasthan
Kirtan das Singen von Hymnen
Kohl schwarzer Eyeliner, auch als *surma* bekannt
Kot Fort
Kothi Residenz
Kotla Zitadelle
Kotwali Polizeidienststelle
Kovil Bezeichnung für Tempel in Tamil Nadu
Kshatrya Kaste der Krieger und Herrscher
Kumkum rotes Zeichen auf der Stirn einer Hindu-Frau (Witwen sollen es nicht tragen)
Kund Teich, See, Wasserreservoir
Kurta langes Männerhemd, das über weiten *pajamas* getragen wird

L

Lakh 100 000
Lama tibetischer buddhistischer Mönch und Lehrer
Lathi schwerer Stock, den die Polizei einsetzt
Lingam Phallussymbol in heiligen Stätten, das den Gott Shiva repräsentiert
Loka Reich oder Welt, z. B. *devaloka,* Götterreich
Lunghi männliches Kleidungsstück; langes Tuch zum Umbinden, wie ein *dhoti,* aber gewöhnlich bunt

M

Madrasa islamische Schule
Maha- Präfix mit der Bedeutung „groß"
Mahadeva wörtlich „Großer Gott", ein gebräuchlicher Beiname Shivas
Mahal Palast; herrschaftliches Haus
Mahalla Stadtviertel, Wohngebiet
Maharadscha (*Maharana, Maharao*) König
Maharani Königin
Mahatma große Seele
Mahayana „Großes Fahrzeug": buddhistische Schule, die sich in ganz Südostasien verbreitet hat.
Mahout Elefantenhalter oder -führer
Maidan großes offenes Gelände, Grünanlage
Makara Krokodil-ähnliches Tier auf Tempeltüren, symbolisiert den Ganges; auch das Reittier Varunas, des vedischen Meeresgottes
Mala Halskette, Blumengewinde oder Rosenkranz
Mandala religiöses Diagramm
Mandapa Halle, oft mit vielen Säulen, die verschiedenen Zwecken dient: z. B. *kalyan(a) mandapa* für Hochzeitszeremonien und *nata mandapa* für Tanzdarbietungen
Mandi Markt
Mandir Tempel
Mani-Stein Stein, in den Tibeter buddhistische Gebetsformeln einritzen
Mantra Gebetsformel; dient, wenn ununterbrochen wiederholt, auch als Meditationshilfe
Marg Straße
Masjid Moschee
Mataji weiblicher Sadhu
Math Hindu- oder Jain-Kloster
Mayur Pfau
Medhi Terrasse
Mela Fest
Memsahib respektvolle Anrede für europäische Frauen
Mendi Henna
Mihrab Nische in der Wand einer Moschee, die die Gebetsrichtung (nach Mekka) anzeigt. In Indien befindet sich der *mihrab* in der Westwand.
Mimbar Kanzel in einer Moschee, von der aus die Freitagspredigt gehalten wird
Mithuna sexuelle Vereinigung oder Liebespärchen in der hinduistischen und buddhistischen Bildkunst
Moksha glückseliger Zustand der Befreiung vom Wiedergeburtszyklus, den Hindus und Jains anstreben
Mor Pfau
Mridangam zweifellige Fasstrommel; „König des Rhythmus und Königin der Melodie" genannt
Mudra Geste, die in vedischen Ritualen sowie in Kunst und Tanz von Hinduismus, Buddhis-

mus und Jainismus ausgeführt wird; im Buddhismus symbolisieren die *mudras* bestimmte Aspekte Buddhas und seiner Lehre
Muezzin islamischer Gebetsrufer
Mullah islamischer Lehrer und Gelehrter
Mutt Hindu- oder Jain-Kloster

N

Nadi Fluss
Naga mythische Schlange; auch: Einwohner aus Nagaland
Natak Tanz
Natya Drama
Nautch Vorführung von Tänzerinnen
Nawab moslemischer Landbesitzer oder Prinz
Nirvana (oder *Nibbana*) die buddhistische Entsprechung von *moksha*
Nizam Titel der Herrscher von Hyderabad

O

Om (auch *Aum*) Symbol, das den Ursprung aller Dinge bezeichnet, die höchste göttliche Essenz, wird von Hindus und Buddhisten in der Meditation gebraucht

P

Paan Betelnuss, Kalk, Kalzium und Anis, in ein Blatt gewickelt und zur Verdauungsförderung gekaut; leichtes Suchtmittel (s. S. 62).
Pachisi ein dem Schach und Mühlespiel verwandtes Brettspiel
Padma Lotus; ein anderer Name für die Göttin Lakshmi
Paise 100 Paisa entsprechen einer Rupie
Pali die Ursprache der frühen buddhistischen Schriften
Panchayat Dorfrat
Panda Priester der Pilger
Parikrama rituelles Umschreiten eines Tempels, Schreins oder Berges
Parse Anhänger des Zoroastrismus
Pind Trauerfeier am 13. Tag nach dem Tod eines Elternteils
Pir moslemischer Heiliger
Pol Wohnviertel, in Gujarat üblich
Pradakshina Patha Prozessionsweg um ein Denkmal oder Heiligtum
Prakara Umfriedung oder Hof in einem südindischen Tempel
Pranayama Kontrolle des Atems, in der Meditation angewandt
Prasad Essen, das in Tempelheiligtümern gesegnet und unter die Gläubigen verteilt wird
Prayag Glück verheißendes Zusammenfließen zweier oder mehrerer Flüsse
Puja Andacht, Ritual der Götterverehrung, Opfergabe im Tempel
Pujari Priester
Pukka korrekt, recht, wie es sich gehört
Punya religiöses Verdienst
Purnima Vollmond

Q

Qabr moslemisches Grab
Qawwali fromme Lieder, unter Sufis verbreitet
Qibla Mauer in einer Moschee, die nach Mekka hin zeigt
Qila Festung

R

Raag oder Raga Folge von Noten, die die Grundlage einer Melodie bildet
Raj -Herrschaft; Monarchie; besonders die Zeit der britischen Kolonialherrschaft 1857–1947
Raja König
Rajputen Adlige, die früher einen Großteil Nord- und Westindiens beherrschten
Rakshasa Dämon (Dämonin: *rakshasi*)
Rangoli geometrisches Muster aus Reispulver, das vor Häusern und Tempeln ausgelegt wird
Rath Tempelwagen für Prozessionen in Südindien
Rawal Oberpriester (Hinduismus)
Rishi „Seher"; philosophischer Weiser oder Dichter
Rudraksha Perlen, die benutzt werden, um Shiva-Gebetskränze herzustellen
Rumal (besticktes) Taschentuch

S

Sadhak ein Mensch, der sich der Spiritualität verschrieben hat, um mit Gott eins zu werden
Sadhu hinduistischer Heiliger ohne Kasten- oder Familienbindungen
Sagar Stausee
Sahib respektvoller Titel für Männer; allgemeine Anrede für männliche Europäer
Salabhanjika Waldnymphe

Salwar kamise langes Oberteil und weite, knöchellange Hosen, von Inderinnen getragen
Samadhi letzte Stufe der Erleuchtung; Todes- oder Begräbnisstätte eines Heiligen
Samsara Kreislauf von Tod und Wiedergeburt
Sanadarsanan besondere Zeit für *darshan,* das Erblicken der Welt der Götter
Sangam heiliger Zusammenfluss zweier oder mehrerer Flüsse; Akademie
Sangeet Musik
Sannyasin besitzloser, heimatloser Asket (Hinduismus)
Sarai Raststätte für Karawanen und Reisende auf den Handelsrouten durch Asien
Sati eine Frau, die in Nachahmung von Shivas Frau ihr Leben auf dem Scheiterhaufen ihres verstorbenen Mannes opfert. Nicht mehr üblich und offiziell verboten.
Satsang Unterweisung durch einen religiösen Führer
Satyagraha Gandhis Kampagne für gewaltlosen Protest, wörtlich „die Wahrheit begreifen"
Scheduled Castes offizielle Bezeichnung für „Unberührbare"
Sepoy ein indischer Soldat in europäischen Diensten
Seth Händler oder Geschäftsmann
Seva freiwilliger Dienst in einem Tempel oder einer Gemeinde
Shaiva ein Hindu, der Shiva als obersten Gott betrachtet
Shankha Muschel, Symbol Vishnus
Shastra Abhandlung
Shikar Jagd
Shikhara Turm oder Spitze nordindischer Tempel
Shishya Schüler
Shri respektvolles Präfix; ein anderer Name für Lakshmi
Shudra die niedrigste der vier *varna;* Diener
Shulab öffentliche Toilette
Singh/Singha Löwe
Sit-out Veranda
Sthala eine Stätte, die als heilig gilt, da sie mit legendären Ereignissen in Zusammenhang steht
Stupa großer, runder Hügel, der Buddhas Gegenwart repräsentiert und oft Reliquien Buddhas oder eines buddhistischen Heiligen bewahrt

Sulab öffentliche Toilette
Surya Sonne oder Sonnengott
Sutra (*sutta*) Verse in Sanskrit- und Palitexten (wörtlich „Leitfaden").
Svetambara „weiß gekleidet", Jain-Sekte, die im Gegensatz zu den Digambara (S. 1298) Nacktheit ablehnt und Nonnen zulässt
Swami Titel für einen heiligen Mann
Swaraj „self rule"; Synonym für die Unabhängigkeit, von Gandhi eingeführter Begriff

T
Tala ein Stockwerk
Tala -rhythmischer Zyklus in der klassischen Musik; in der Bildhauerei bedeutet ein *tala* eine Gesichtslänge.
Taluka Distrikt, Bezirk
Tandoor Lehmofen
Tank Teich; im Tempel wird er für rituelle Waschungen benutzt
Tapas wörtlich „Hitze": körperliche und geistige Entbehrungen
Tempo dreirädriges Taxi
Terma wertvolles Manuskript (Begriff aus dem tibetischen Buddhismus)
Thakur Landbesitzer
Thali Kombination vegetarischer Gerichte, Chutneys, Eingelegtes, Reis und Brot, vor allem in Südindien als eine Mahlzeit serviert; der Metallteller, auf dem ein Gericht dargereicht wird.
Thangka tibetisches religiöses Rollbild
Theravada „Doktrin der Älteren": die ursprüngliche Bezeichnung des frühen Buddhismus, der noch heute in Sri Lanka und Thailand verbreitet ist
Thug Mitglied eines nordindischen Bundes professioneller Räuber und Mörder
Tiffin Carrier Blechbehälter zum Transport von Mahlzeiten, eine Art Henkelmann
Tiffin leichte Mahlzeit
Tilak roter Punkt, während der Andacht auf die Stirn geschmiert
Tirtha Flussüberquerung, die unter Hinduisten als heilig gilt, auch der Übergang von der Erde in den Himmel; eine Pilgerstätte der Jain
Tirthankara „Furtbereiter": einer der 24 erleuchteten, vergöttlichten Jain-Lehrer
Tola das Gewicht einer Silberrupie: 180 Gran, etwa 11,6 g

Tonga zweirädriger Pferdewagen
Torana Eingang; frei stehendes Tor aus zwei Säulen, die durch einen fein gearbeiteten Bogen miteinander verbunden sind
Trimurti die hinduistische Trinität (Brahma, Vishnu, Shiva)
Trishula Shivas Dreizack
Tuk befestigte Umfriedung eines Jain-Schreins oder Tempels

V

Vahana das „Fahrzeug" (Reittier) einer Gottheit: der Stier Nandi ist Shivas *vahana*
Vaishya Angehöriger der Händler- und Kaufmannskaste
Varna wörtlich „Farbe"; eine der vier hierarchischen Gesellschaftskategorien: Brahmanen, Kshatryas, Vaishyas und Shudras
Vav Stufenbrunnen, in Gujarat üblich
Veden die heilige Schriften des frühen Hinduismus
Vedika Geländer um einen Stupa
Vihara buddhistisches oder Jain-Kloster
Vimana Turm über einem Tempelheiligtum
Vina oder Veena Langhalslaute mit sieben Saiten

W

Waddo südindische Bezeichnung für ein Stadtviertel innerhalb eines Distrikts

-wallah Suffix, das auf einen Beruf hinweist, z. B. Rikscha-*wallah*

Y

Yagna vedisches Opferritual
Yaksha prä-vedische Gestalt aus dem Volksglauben, die mit Fruchtbarkeit assoziiert wird und später in die Hindu-Ikonographie übernommen wurde
Yakshi weiblicher *yaksha*
Yali mythischer Löwe
Yantra kosmologisches Piktogramm oder Modell, das in einer Sternwarte steht
Yatra Wallfahrt
Yatri Pilger
Yogi -Sadhu oder Priester mit magischen Kräften, die er durch Yoga erworben hat (weibl.: *yogini*)
Yoni Symbol des weiblichen Geschlechtsorgans, findet sich um den unteren Teil eines Lingam in Tempelschreinen
Yuga die vier Weltzeitalter: das gegenwärtige, *kali-yuga,* ist das letzte des Zyklus, ein „schwarzes Zeitalter" der Degeneration und des spirituellen Niedergangs

Z

Zamindar Landbesitzer
Zenana Frauenabteilung; für Frauen abgegrenzter Bereich in einer Moschee

Index

A

Adalaj Vav 605
Adinath 639
Agartala 932
Agni 117
Agonda 793
Agra 314
  Agra Fort 320
  Chini-ka-Rauza 324
  Einkaufen 328
  Essen 326
  Informationen 329
  Itmad-ud-Daulah 323
  Jami Masjid 323
  Nahverkehr 330
  Sikandra 324
  Taj Mahal 316
  Transport 330
  Übernachtung 324
Ahmedabad 595
  Bhadra 596
  Calico Museum of Textiles 599
  Dada Hari-ni Vav 598
  Essen 602
  Geschichte 596
  Informationen 603
  Jami Masjid 598
  LD Institute of Indology 600
  Manek Chowk 598
  Moschee Ahmed Shah 598

Moschee Sidi Sayyid 597
Nahverkehr 603
Orientierung 596
Sabarmati (Gandhi) Ashram 599
Schwingende Minarette 598
Shreyas Folk Art Museum 600
Transport 603
Tribal Museum 600
Übernachtung 600
Aihole 1261
Aizawl 929
Ajanta 709
Ajmer 245
Akbar 205
Akbar, Großmogul (reg. 1556–1605) 124, 205
Alappuzha 1143
Alchi 541, 560
Allahabad 347
Alleppey 1143
Almora 407
Along 923
Alwar 234
Amaravati 993
Amar Sagar 277
Amber 223
Amritsar 150, 580
Andamanen 999
Andamanensee 1000
Andhra Pradesh 975
Anhilawada Patan 608
Anjuna 766
Anreise 54
Applikationsarbeiten 960
Arambol 780
Aranmula 1153
Arial Bay 1022
Arier 113
Arjuna 114
Arunachal Pradesh 919
Ashoka, Kaiser 116, 624, 976
Ashrams 34 *siehe* Yoga und Ashrams
Ashtur 1270
Assam 900
Aswem 778
Aufstand von 1857 127
Auli 396
Aurangabad 695
Aurangzeb, Großmogul (reg. 1658–1707) 126, 205, 703

Auroville 1064, 1069
Auslandskrankenversicherung 103
Autos 94
Axishirsch 404, 461
Ayappa-Kult 1160
Ayodhya 115
Ayurveda 77, 619
  Kovalam 1132
  Thiruvananthapuram 1122
  Varkala 1136

B

Babur, Großmogul (reg. 1526–1530) 124
Bachchan, Abhishek 160
Bachchan, Amitabh 160
Backwaters 1149, 1150
Bada Bagh 277
Badami 1258
Badrinath 396
Baga 762
Bakschisch 72
Bandhavgarh-Nationalpark 463
Bangalore 1195
Bangladesch 835, 931
Banken 71
Barasingha-Zackenhirsch 460
Barid, Ali 1271
Bastardschildkröten 799
Baul 158
Beachpartys 772
Bear Shola Falls 1106
Bedsa 722
Behinderungen 83
Belur 1226
Belur Math 835
Benares, siehe Varanasi
Benaulim 788
Bengalen 804
Bengaluru 1195
  Bull Temple 1199
  Cubbon Park 1196
  Einkaufen 1204
  Essen 1202
  Informationen 1205
  International Society of Krishna Consciousness-Tempel 1199
  Jama Masjid 1199
  Lalbagh Botanical Gardens 1198
  Museen 1196

Nahverkehr 1206
Tipus Sommerpalast 1199
Touren 1206
Transport 1207
Übernachtung 1200
Unterhaltung 1203
Vidhana Soudha 1198
Bergsteigen 35
    Darjeeling 849
Besnagar 430
Bhadrapur 844
Bhagavad Gita 114
Bhagirathi 391
Bhagwan 727
Bhaja 721
Bhakti-Kult 140
Bhangra 158
Bharatanatyam 39
Bharatiya Janata-Partei 133
Bharatpur 238
Bhavnagar 635
Bhimbetka 431
Bhismaknagar 923
Bhitarkanika Wildlife Sanctuary 969
Bhopal 416
Bhubaneswar 943
Bhuj 610
Bhutan 876
Bibi-ka-Maqbara 696
Bidar 1269
Bidri 1271
Bihar 859
Bijapur 1262
Bikaner 279
Bildhauerei 960
Bineshwar 410
Binsar 410
Birganj 867
Bodhgaya 869
Bollywood 158, 676
Bombay *siehe* Mumbai
Bomdila 920
Bootstouren
    Allahabad 350
    Andamanen 1011, 1012
    Brahmaputra 906
    Backwaters 1149
    Kochi 1175
Botschaften 54

Brahma 251
Brahmaputra 900
Brihadishwara-Tempel 1078
Bryant's Park 1106
Buddha 147
Buddhismus 115, 147, 427, 527, 878
    Bodhgaya 869
    Mahayana 147
    Theravada 147
    tibetischer 496, 502, 530, 876, 921
Bundi 309
Busse 93

C

Calangute 759
Calicut 1184
Canacona 792
Candolim 756
Cannanore 1189
Cardamom-Berge 1154
Chalukya 120
Chalukya-Dynastie 1257
Chamba 506
Champaner 640, 644
Chandigarh 574
Chandor 787
Chandra Gupta 119
Chandragupta Maurya 116
Chapora 774
Chauragarh 432
Chembra Peak 1187
Chennai 1030
    Essen 1042
    Fort St. George 1031
    George Town 1034
    Government Museum 1034
    Informationen 1043
    Little Mount Caves 1038
    Marina Beach 1036
    Mylapore 1036
    Nahverkehr 1044
    Orientierung 1031
    St. Andrew's Kirk 1036
    St. Thomas Mount 1038
    Theosophical Society 1038
    Transport 1045
    Übernachtung 1039
Cherrapunjee 918
Cheruthuruthy 1182

Chidambaram 1070
Chila 385
Chilika Lake 972
Chiriya Tapu 1013
Chittaurgarh 305
Chola 121
Chola-Reich 1070
Chowara 1135
Christentum 151, 929
Cinque Island 1024
Cochin 1164
Coimbatore 1109
Colom 798
Colva 787
Coorg 1229
Corbett-Tigerreservat 404
Corbyn's Cove 1013
Cotigao Wildlife Sanctuary 802
Cricket 675
Crocodile Bank 1057
Curzon Trail 400

D

Dabawallahs 661
Dakshina Chitra 1058
Dakshineshwar 835
Dalai Lama 148, 496, 498
Dalhousie 505
Daman 645
Darasuram 1076
Dargah des Sayeed Burhan-ud-din 702
Dargah des Sayeed Zain-du-din 702
Darjeeling 845, 846
Darjeeling Himalayan Railway 845
Darjeeling-Tee 848
Darshan 144
Daulatabad 700
Dehra Dun 373
Delhi 161
  Akshardham-Tempel 178
  Baha'i-Tempel 176
  Connaught Place 166
  Crafts Museum 170
  Felsen-Edikt von Kaiser Ashoka 176
  Gedenkmuseen 170
  Geschichte 164
  Humayun-Mausoleum 174
  Informationen 193
  Jama Masjid 172
  Jantar Mantar 169
  Lodi Gardens 175
  National Gallery of Modern Art 170
  National Museum 169
  New Delhi 166
  Nizamuddin 175
  Old Delhi 171
  Orientierung 166
  Paharganj 169
  Purana Qila 174
  Qutb Minar-Komplex 177
  Raj Ghat 172
  Rajpath 166
  Rashtrapati Bhavan 166
  Rotes Fort 171
  Safdarjang-Mausoleum 176
  Shahjahanabad 171
  South Delhi 174
  Transport 196
  Tughluqabad 176
  Übernachtung 178
Delhi-Sultanate (1206–1526) 122
Deogiri 700
Devanagari-Schrift 152
Dharamsala 494
Dhauladhar-Berge 498, 504
Dhauli 953
Dhikala 406
Dhrtarashtra 114
Dhrupad 155
Diamond Harbour 837
Dibrugarh 912
Diglipur 1022
Dimapur 927
Diu 630
Dora Samudra 1225
Draupadi 114
Drogen 86
Dudhsagar-Wasserfälle 754
Dundlod 230
Durga 141
Dutt, Sanjay 160
Dwarka 620

E

East India Company 126, 1030
Einkaufen 56
Eisenbahn 31, 88
  Darjeeling Himalayan Railway 845

Kalka–Shimla 487
Nilgiri Blue Mountain Railway 1115
Reservierungen 90
Eklingji 297
Elefanten 108, 404, 407, 1116
  Mysore 1221
Elektrizität 59
Ellora 703
E-Mail 80
Englisch 152
Ernakulam 1166
Essen 59
Ettumanur 1154

F

Fahrpläne 90
Fahrräder 96
Fatehpur Sikri 333
Fauna 108
Feiertage 66
Feste 66
  Astomi-Fest (Sarahan) 493
  Car Festival (Belur) 1226
  Dussehra-Fest (Mysore) 1212
  Elefantenfest (Jaipur) 208
  Gangaur (Rajasthan) 208
  Orissa 942
  Kamelmarkt (Pushkar) 255
  Kumbh Mela (Haridwar) 381
  Kumbh Mela (Ujjain) 474
  Makara Sankranti-Fest (Sabarimala) 1160
  Mewar-Fest (Udaipur) 208
  Nagaur Cattle Fair (Rajasthan) 208
  Nyingmapa Bhumchu-Fest (Tashiding) 895
  Pataliputra Mahotsava Festival (Patna) 862
  Puram (Thrissur) 1180
  Rajasthan 208
  Rani Sati Mela (Jhunjhunu) 208
  Rath Yatra (Puri) 958
  Shivaratri Mela (Junagadh) 622
  Shivratri Mela (Pachmarhi) 432
  Strandfestival (Alappuzha) 1144
  Swathi Sangeetotsavam Festival (Thiruvananthapuram) 1122
  Teppam Floating Festival (Madurai) 1095
  Tilwara Cattle Fair (Rajasthan) 208
  Urs Mela (Ajmer) 245
  Wüstenfest (Jaisalmer) 275

Film 158
  Filmmusik 158
Flüge 92
Fluggesellschaften 93
Fort Aguada 756
Fort Cochin 1164
Fotografieren 67
Fremdenverkehrsämter 78

G

Galjibag 799
Gandhi, Indira 131
Gandhi, Mahatma 129, 489, 590, 595, 615, 621, 660, 726, 1095
Gandhi Mandapam 1103
Gandhi Memorial Museum 1095
Gandhi, Rajiv 132
Gandhi, Sonia 134, 138
Gangaikondacholapuram 1077
Gangotri 391, 392
Gangotri-Gletscher 392
Gangtok 880
Garhwal 372
Gateway of India 656
Gaurikund 394
Gaya 867
Gayitri 251
Geld 70
Gemälde 57
Gepäck 72
Geschichte 112
  Frühgeschichte 112
  Industal-Kultur 112
Gesellschaft 118, 142
Gesundheit 74
Ghats 1104
Ghazal 155
Ghezing 891
Ghoom 845, 855
Giftschlangen 111
Gir-Nationalpark 628
Goa 735
Godhra 594
Goethe-Institute
  Bengaluru 1205
  Delhi 189
  Kalkutta 829
  Mumbai 680
Gokarna 1241

Golconda-Festung 982
Golgumbaz-Mausoleum 1264
Gomukh 392
Gondal 617
Gopalpur-on-Sea 973
Gopalswamy Betta 1221
Gorakhpur 367
Gorumara 845
Götter 140
Government College of Sculpture 1057
Grenzübergänge
  BANGLADESCH: Agartala 934
  BANGLADESCH: Dawki 918
  BANGLADESCH: Benapal 835
  NEPAL: Panitanki – Kakarbitta 844
  NEPAL: Raxaul – Birganj 867
  NEPAL: Sonauli 369
  PAKISTAN: Attari – Wagha 587
Grüne Revolution 132
Gujarat 589
  Permit 613
  Reisezeit 591
  Unruhen 594
Gulbarga 1268
Gupta-Dynastie (320–650 n. Chr.) 119
Gurkha 483, 804
Guru Angad 150
Guru Arjan 150
Guru Gobind Singh 150
Guru Nanak 149
Guru Rinpoche 882
Guwahati 900
Gwaldam 399
Gwalior 435

H

Halebid 1225
Hampi 1248
Handeln 56
Hanuman 117
Hapoli 922
Harappa 113, 591
Harappa-Kultur 606
Haridwar 381
Harmal 780
Haryana 571
Hassan 1223
Havelis
  Jaisalmer 268
  Shekhawati 227
Havelock 1017
Hawah Beach 1129
Hemis 557
Hemkund 398
Himachal Pradesh 481
Himalaya 482
Hinduismus 139
  Bräuche 144
  Gottheiten 143
  Schulen 144
  Wallfahrten 145
Hindustani 152
Hippies 736
Hirschziegenantilope 638
Höhenkrankheit 543
Höhlen
  Ajanta 709
  Aurangabad 696
  Bedsa 720, 722
  Bhaja 721
  Ellora 703
  im Dekkan 706
  Karla 721
  Khandagiri 953
  Pachmarhi 432
  Udaigiri 952
Höhlenmalerei 711
Hooghly 837
Hospet 1246
Hoysala 121
Hubli 1245
Hyderabad und Secunderabad 978
  Charminar 980
  Die westlichen Vororte 983
  Essen 985
  Golconda-Festung 982
  Hussain Sagar 981
  Informationen 986
  Lad Bazaar 980
  Mecca Masjid 980
  Nagarjunakonda 990
  Qutb Shahi-Königsgräber 982
  Ramoji Film City 984
  Salar Jung Museum 980
  Touren 987
  Transport 987
  Übernachtung 984
  Yusufian Dargah 981

I

Impfungen 74
Imphal 936
Indi-Pop 158
Indira Gandhi (Anamalai) Wildlife Sanctuary 1109
Indore 466
Industal-Kultur 112, 606
Internet 80
Interview Island 1022
Irinjalakuda 1181
Islam 145, 590
Islamische Liga 128
Itanagar 919

J

Jabalpur 456
Jagannath-Gottheiten 958
Jageshwar 410
Jahangir, Großmogul (reg. 1605–1627) 125
Jain 608, 618, 622, 639
Jainismus 115, 148
Jaipur 208
Jaisalmer 267
Jaldapara 845
Jalgaons 715
Jamnagar 617
Janapada Loka Folk Arts Museum 1209
Janki Chatti 390
Jatashankar-Höhle 432
Jhansi 340
Jhunjhunu 230
Jodhpur 257
Jog Falls 1240
Jorethang 890
Jorhat 909
Joshimath 395
Junagadh 622

K

Kailash-Tempel 703, 706, 707
Kalarippayattu-Schulen
  Thiruvananthapuram 1122
Kali 493
Kalighat 1022
Kalimpong 855
Kalkutta. *siehe* Kolkata
Kamelsafaris
  Bikaner 280
  Jaisalmer 272
Kanauj 120
Kanchenjunga 887
Kanchenjunga-Nationalpark 894
Kanchipuram 1058
Kanha-Nationalpark 460
Kannur 1189
Kanyakumari 1102
Kargil 563
Karla 721
Karnataka 1191
Karsha Gompa 569
Karttikeya 141
Kashmir 28, 135, 136
Kastenkriege, Bihar 860
Kathakali 39, 1182
Kathiawar-Halbinsel, *siehe* Saurashtra
Kathmandu 844
Kaurava 114
Kausani 410
Kayamkulam 1142
Kaza 529
Kaziranga-Nationalpark 907
Kedarnath 394
Keechen 279
Keibul Lamjao-Nationalpark 938
Keoladeo-Nationalpark 238
Keylong 527, 532
Khajuraho 445
Kham 695
Khan, Salman 160
Khan, Shahrukh 160
Khandagiri 953
Khecheopalri Lake 893
Khonoma 927
Khuhri 278
Khuldabad 702
Khyal 155
Kibber 530
Ki Gompa 530
Kinder 80
Kisli 460
Kleidung 58
Klima 48
Klimawandel 55
Kochi 1164
Kodagu 1229
Kodaikanal 1105
Kodavas 1231
Kohima 925

Kolhapur 733
Kolhua 867
Kolkata 806
   Alipore 816
   Botanischer Garten 815
   Calcutta Gallery 811
   Einkaufen 826
   Esplanade 810
   Essen 821
   Fort William 811
   Geschichte 807
   Howrah-Brücke 815
   Indisches Museum 811
   Informationen 828
   Kalighat 816
   Maidan 810
   Nahverkehr 830
   New Market 810
   Norden 813
   Orientierung 810
   Park Street 811
   St Paul's Cathedral 812
   Süden 815
   Transport 832
   Übernachtung 816
   Unterhaltung 824
   Victoria Memorial 811
   Zentrum 812
Kollam 1140
Kolonialzeit, britische 127
Konark 966
Kongresspartei 128, 138, 694, 977
Konsulate 54, 680
   Chennai 1043
   Delhi 192
   Kalkutta 829
   Mumbai 680
Kosala 115
Kottayam 1147
Kovalam 1129
Kovalam Beach 1129
Kozhikode 1184
Kreditkarten 71
Krishna 140
Krokodile 111
Kuari-Pass 400
Küche 746, 1289
Kuh, heilige 141
Kuldara 277

Kullu 510
Kullu-Tal 508
Kumaon 399
Kumarakom 1148
Kumbakonam 1073
Kumbalgarh 299
Kumily 1155
Kunsthandwerk 516, 609, 613, 678, 960
Kuschan 118
Kushinagar 369
Kutch 609
Kutiyattam 39, 1183
Kuttanad 1149

L

Labrang 889
Lachung 896
Ladakh 523, 530, 535
   Geschichte 542
   Sperrgebiete 537
Lahaul 527
Lakshmi 141
Laksmana 117
Lalitgiri 955
Lalu Prasad Yadav 860
Lamayuru 541, 562
Landkarten 79
Le Corbusier 574
Lederwaren 58
Leh 534, 543
Leoparden 461
Lepchas 877
Lesben 83
Likkir 541, 559
Little Andaman 1024
Lodurva 277
Loktak Lake 938
Lonavala 721
Long Island 1020
Lothal 606
Löwe 629
Lucknow 342

M

Madarihat 845
Madgaon 784
Madhya Pradesh 413
   Norden 434
   Orientierung 414

Osten 456
Westen 465
Madikeri 1230
Madras 1030
Madurai 1089
Maenam 889
Magadha-Reich 860
Mahabaleshwar 731
Mahabalipuram 1048
Mahabharata 114, 115
Maha-janapadas 115
Maharashtra 691
Mahatma Gandhi National Marine Park 1013
Mahavira 148
Mahmud von Ghazni 122
Majuli 910
Malaria 686
Malerei 960
Malpé 1238
Mamallapuram 1048
Manali 516
Manali–Leh Highway 531
Mandawa 232
Mandor 265
Mandrem 779
Mandu 470
Mandvi 614
Mangalore 1233
Mangan 896
Manikaran 512
Mani-Mauern 546
Manipur 935
Manipuri-Tanz 936
Mannarsala 1142
Mapusa 755
Marathenkriege 127
Marble Rocks 459
Mardol 753
Margao 784
Markha-Tal 540
Mata Amritanandamayi Math 1142
Matheran 717
Mathura 336
Matri Mandir 1069
Maurya-Dynastie (320–184 v. Chr.) 116
Maurya-Reich 591
Mayabunder 1021
McLeod Ganj 494
Medien 81
Meditation 34
Meditationskurse
  Bodhgaya 870
  Dharamsala 503
  Rishikesh 386
Meenakshi 1094
Meghalaya 914
Meherangarh Fort (Jodphur) 258
Mehsana 607
Meithi 935
Menschenopfer 493
Mercara 1230
Metallarbeiten 57, 960
Middle Andaman 1020
Mitgift 144
Mizo 929
Mizoram 928
Mobiltelefone 88
Modhera 607
Mogli 837
Mogulreich (1526–1858) 124
Mohammed 145, 702
Mohammed von Ghor 122
Mohenjo Daro 113
Mokokchung 928
Mon 928
Morjim 776
Motorräder 95
Mount Abu 300
Mount Girnar 622
Mount Harriet 1013
Mount Saramati 928
Mountainbiking 518
Mukki 460
Mulbekh 563
Mumbai 649
  Chhatrapati Shivaji Museum 658
  Chowpatty Beach 660
  Colaba 654
  Crawford Market 665
  Dharavi 664
  Dr Bhau Dadji Lad Museum 663
  Einkaufen 677
  Elephanta 665
  Essen 671
  Informationen 680
  Kala Ghoda Art Galleries 658
  Mahalakshmi Dhobi Ghats 663
  Mahalakshmi-Tempel 663

Malabar Hill 662
Mani Bhavan Mahatma Gandhi Museum 660
Marine Drive 660
Medizinische Hilfe 680
Nahverkehr 681
Orientierung 654
Oval Maidan 660
St. Thomas' Cathedral 660
Transport 682
Übernachtung 666
Mumtaz Mahal 316
Munnar 1160
Murshidabad 841
Musik 153
Musikinstrumente 156
Mussoorie 377
Mutter Teresa 817
Mysore 1210
  Chamundi Hill 1212
  Devaraja Market 1211
  Jaganmohan Palace 1212
  Maharadscha-Palast 1211

N

Nadavaramba 1181
Naga 925
Nagaland 924
Nagda 297
Naggar 513
Nahverkehr 97
Nainital 399
Nalanda 874
Namdapha-Nationalpark 923
Namprikdang 896
Nanda Devi Sanctuary 398
Nanda-Dynastie (5./4. Jh. v. Chr.) 116
Nandanvan 393
Narendra Modi 594
Nashorn 907
Nathdwara 297
Nationalparks und Reservate
  Bandhavgarh-Nationalpark 463
  Bandipur-Nationalpark 1221
  Bhitarkanika Wildlife Sanctuary 969
  Chapramari Wildlife Sanctuary 845
  Chinnar Wildlife Sanctuary 1162
  Corbett-Tigerreservat 404
  Cotigao Wildlife Sanctuary 802
  Dibru-Saikhowa 913
  Eravikulam-Nationalpark 1161
  Gir-Nationalpark 628
  Gorumara-Nationalpark 845
  Indira Gandhi (Anamalai) Wildlife Sanctuary 1109
  Jaldapara Wildlife Sanctuary 845
  Kanchenjunga-Nationalpark 894
  Kanha-Nationalpark 460
  Kaziranga-Nationalpark 907
  Keibul Lamjao-Nationalpark 938
  Keoladeo-Nationalpark 238
  Kumarakom 1148
  Mahatma Gandhi National Marine Park 1013
  Mudumalai Wildlife Sanctuary 1116
  Muthanga Wildlife Sanctuary 1187
  Nagarhole-Nationalpark 1222
  Namdapha-Nationalpark 923
  Nanda Devi Sanctuary 398
  Neura-Nationalparks 857
  Nilgiri Biosphere Reserve 1221
  Panna-Nationalpark 455
  Periyar Wildlife Sanctuary 1157
  Rajaji-Nationalpark 384
  Ranganathittu Bird Sanctuary 1220
  Ranthambore-Nationalpark 241
  Sariska-Tigerreservat 237
  Satpura-Nationalpark 431
  Simlipal-Nationalpark 970
  Sunderbans Tiger Reserve 836
  Velavadar Blackbuck-Nationalpark 638
  Wayanad Wildlife Sanctuary 1186
Nawalgarh 226
Naxaliten 860
Neermahal 935
Nehru, Jawaharlal 129
Neill 1015
Nepal 347, 369, 844, 867
New Jalpaiguri 841
Nikobaren 1000
Nilgiri Blue Mountain Railway 1115
Nordosten 897
  Genehmigungen 902
  Individualreisen 900
  Politik 910
  Reiseveranstalter 903
  Reisezeit 898
  Sicherheit 898, 931
North Andaman 1022

Nrityagram Dance Village 1210
Nubra-Tal 537

O

Old Goa 749
Old Ziro 922
Omkareshwar 479
Ootacamund 1111
Ooty 1111
Orchha 441
Orissa 939
Osho 727
Osian 266
Ostindienkompanie 595

P

Paan 62
Pachmarhi 431
Pachmarhi Hill 432
Padmanabhapuram 1135
Padum 541, 568
Pakistan 587
Palden Thondup 879
Palitana 639
Pallava 120
Palmblatt-Manuskripte 960
Palolem 794
Pandavas 114
Pandya 120
Pangerchuli 400
Pangong Tso 537
Panikhar 566
Panjim 741
Parasrampura 230
Parassinikadavu 1190
Parasuramkund 923
Parvati-Tal 512
Pasighat 923
Patan 608
Patna 862
Patnem 799
Pattadakal 1261
Pavagadh 644
Pelling 892
Pemayangtse 891
Permits 1003
  Sikkim 878
  Spiti 529
Pferderennen 677

Pflanzenwelt 876
Phalodi 279
Phodong 889
Pillar Rocks 1106
Pipli 954
Pithoragarh 411
Pokaran 278
Ponda 753
Pondicherry 1063
Poona 724
Porbandar 620
Portugiesen 595, 630
Porvorim 744
Post 82
Pozhikkara 1134
Pratapgadh 732
Priol 753
Puducherry 1063
Puja 144
Pune 724
Punjab 571
Puri 955
Pushkar 250
Puttaparthy 996

R

Rabri Devi 860
Radfahren
  Manali–Leh Highway 532
Rafting 37
  Manali 518
Raga 153
Rai, Aishwarya 160
Raj 128
Rajasthan 203
  Geschichte 205
  Reisen in Rajasthan 204
Rajbag 799
Rajgir 873
Rajkot 615
Rajputen 482
Rama 117
Ramayana 115, 117
Rameshwaram 1100
Ramnagar 405
Ranakpur 298
Rangat 1020
Rangjung Rigpe Dorje 887
Ranjitsinhji, K.S. 618

Ranthambore-Nationalpark 241
Rashtrakuta 121
Rath Yatra 942, 955, 958
Ratnagiri 954
Rauza 702
Ravana 117
Ravangla 889
Ravi Shankar 154
Raxaul 867
Reiseapotheke 76
Reisegepäckversicherung 104
Reisekosten 51
Reiserouten 40
Reiserücktrittskostenversicherung 104
Reiseschecks 71
Reisezeiten 48
  Goa 738
  Sikkim 876
  Tamil Nadu 1028
Reiseziele 27
Religionen 139
Reptilien 111
Restaurants 59
Rishikesh 385
Roerich, Nicholas 514
Rohtang-Pass 526, 532
Ross Island 1012
Rudrasagar Lake 935
Rumtek 887
Rupshu 537

S

Sajnekhali 836
Sambar 404
Samode 224
Samudra Beach 1129
Sanchi 424
Sanganer 225
Sarahan 493
Sarchu Serai 533
Sariska-Tigerreservat 237
Sarkhej 606
Sarnath 365
Satavahana-Dynastie 976
Satpura-Nationalpark 431
Saturday Night Bazaar 765
Säugetiere 108
Saurashtra 614
Savitri 251

Schiffe 94
Schlacht von Kurukshetra 115
Schlacht von Plassey 806
Schlepper 201
Schnorcheln 38
Schwule 83
Secunderabad 978
Seidenstraße 118
SEWA 599
Shah Jahan, Großmogul (reg. 1628–1657) 125, 316
Shaka 118
Shantiniketan 838
Shatrunjaya 639
Shekhawati 225
  Geschichte 225
  Havelis 227
  Transport 226
Shey 555
Shillong 914
Shimla 486
Shiva 140
Shriniketan 839
Shri Satya Sai Baba 997
Sibsagar 911
Sicherheit 84
Sikh 483, 513
Sikhismus 149
Sikh-Krieg 483
Sikkim 875
  Permits 483, 878, 895
  Reisezeit 876
Silchar 913
Siliguri 841
Singhik 896
Singh, Manmohan 138
Sinquerim Beach 756
Sita 117
Skifahren 518
Somnath 627
Somnathpur 1220
South Andaman 1004
Spiti 528
Spitok 559
Sport 86
Sprachen 151, 1287
Sravanabelagola 1227
Sri Ranganathaswamy-Tempel 1086
Sri Meenakshi Sundareshwarar-Tempel 1091

Srirangam 1086
Srirangapatnam 1219
Stadtpläne 79
St. Mary's Island 1238
Stok 555
Stok-Kangri 541
Stupas 427
Sufis 146
Sunderbans Tiger Reserve 836
Suru-Tal 566
Swamimalai 1076

T

Tabo 530
Taglang La 533
Tagore 838
Taj Mahal 316
Tala 153
Talpona Beach 799
Tamil Nadu 1025
Tantrismus 140
Tanz 39, 674
  Bhubaneswar 950
  Kochi 1168
  Kumily 1156
  Orissa 967
  Thiruvananthapuram 1122
  Varkala 1137
  Vijana Kala Vedi Cultural Centre 1153
Tanzkurse
  Cochin Cultural Centre 1168
  Nrityagram Dance Village 1210
  Varkala Cultural Centre 1137
  Vijana Kala Vedi Cultural Centre 1153
Tanztheater 39, 1182
Tapovan 393
Taranga 608
Tarapith 840
Tashi Namgyal 879
Tashiding 895
Tauchen 38, 1016
Tawang 921
Tee 900
Teeanbau
  Assam 900
  Cardamom-Berge 1154
  Darjeeling 848
Telefon 87
Temisgang 541

Teppiche 58
Terekol 783
Textilien 960
Thangu 896
Thanjavur 1078
Theyyam 1188
Thiruvananthapuram 1121
Tholpetty 1187
Thottam 1238
Thrissur 1178
Thumri 155
Tibet 483, 876
Tibeter 494, 504, 519
Tiger 109, 237, 241, 404, 431, 460, 463, 836, 1154
Tiger Cave 1057
Tiger Hill 854
Tikse 556
Tirthankara 148
Tiruchirapalli 1084
Tirumala Hill 993
Tirupati 993
Tiruvannamalai 1061
Transport 88
Trekking 35
  Ana Mudi 1161
  Curzon Trail 400
  Darjeeling 853
  Dharamsala 498, 504
  Dzongri Trail 894
  Gaurikund 394
  Himachal Pradesh 482
  Indira Gandhi (Anamalai) Wildlife Sanctuary 1109
  Jog Falls 1240
  Kedarnath 394
  Kodaikanal 1105
  Ladakh 540
  Madikeri 1233
  Mahabaleshwar 731
  Manali und Kullu-Tal 524
  Matheran 718
  Mount Abu 305
  Mudumalai Wildlife Sanctuary 1116
  Naggar 515
  Nanda Devi Sanctuary 398
  Nord-Sikkim 896
  Pachmarhi 432
  Pangi-Tal 507
  Parvati-Tal 512

Periyar Wildlife Sanctuary 1158
Sikkim 879
Wayanad Wildlife Sanctuary 1187
Zanskar 540
Trichy 1084
Tripura 931
Trivandrum 1121
Tropenmedizinische Institute 74
Tschörten 546
Tso Moriri 537, 557
Tsomgo Lake 887
Tsunami 1002, 1024, 1028, 1030
Tuophema 927

U

Übernachtung 97
Udaigiri 430, 952
Udaipur 286, 934
Udayagiri 955
Udhagamandalam 1111
Udipi 1238
Ujjain 474
Unberührbare 142
Upanishaden 142
Urdu 152
Uttarakhand 371
Uttarkashi 391
Uttar Pradesh 313

V

Vadodara (Baroda) 640
Vagator 771
Vaishali 866
Vajpayee, Atal Bihari 594
Valley of the Flowers 398
Varanasi 351
Varkala 1136
Varna 142
Vashisht 523
Vedanthangal 1061
Veden 113
Velavadar Blackbuck-Nationalpark 638
Veraval 627
Verfassung 130
Verhaltenstipps 101
Versicherungen 103
Vijayanagar 1248
Vijayapuri 990
Vijayawada 992
Viper Island 1012
Virupapurgaddi 1257
Visa 105
Vishnu 140
Vizhinjam 1134
Vögel 111
Volksmusik 156
Vrindavan 336

W

Walbeobachtung 621
Wandern, *siehe* Trekking
Wandoor 1013
Wankaner 617
Warangal 989
Wäsche waschen 73
Wasser 75, 543
Wayanad 1186
Wechselkurse 70

X

Xaver, Franz 752

Y

Yadava 121
Yamunotri-Tempel 390
Yoga und Ashrams 34, 36
 Anjuna 767
 Ashtanga Yoga Research Insitute 1218
 Dharamsala 503
 Mata Amritanandamayi Math 1142
 Morjim 777
 Mumbai 679
 Mysore Mandala Yogashala 1218
 Osho International Meditation Resort 726
 Rishikesh 386
 Sri Aurobindo Ashram (Puducherry) 1066
 Varanasi 363
 Varkala 1136
Yoksum 894
Yüe-Chi 118
Yumthang 896

Z

Zanskar 567
Zeitverschiebung 106
Zoll 106
Zoroastrismus 150

Bildnachweis

Umschlag:
Titelfoto: Nilagiri Express, **mauritius images/age**
Klappe vorn: Bengal Tiger (Panthera tigris tigris), **LOOK-foto/age fotostock**
Klappe hinten: Rajastan/Udaipur City/Jagdish Temple, **LOOK-foto/age fotostock**

Farbteil:
laif/Reiner Harscher: S. 2, 3
Rough Guides: S. 4 oben
dpa/Hausjell/CHROMORANGE: S. 4 unten
corbis/Martin Harvey: S. 5 oben
gettyimages/Chris Caldicott: S. 5 unten
LOOK-foto/age fotostock: S. 6 oben
laif/Jean-Baptiste Rabouan/hemis.fr: S. 6 unten
laif/hemis: S. 7
gettyimages/Martin Gray: S. 8, 9
laif/Zuder: S. 10
corbis/Christophe Boisvieux: S. 11 oben
dpa/Bildagentur Huber/R. Schmid: S. 11 unten
corbis/Theo Allofs: S. 12
corbis/Frédéric Soltan: S. 13 oben
corbis/Massimo Borchi: S. 13 unten
corbis/Bennett Dean: S. 14
gettyimages/Michele Falzone: S. 15 oben
laif/hemis: S. 15 unten
laif/Hemispheres: S. 16

schwarz/weiß:
alle **Rough Guides**, außer:
dinodia/Dinodia BPM-28353: S. 959
dpa/Bandphoto: S. 481
Diethelm Hofstra: S. 589
Indisches Fremdenverkehrsamt S. 51, 999, 1014
Fred Krüger: S. 535
laif/hemis: S. 859
laif/Hub: S. 897
laif/Tomas Munita: S. 371
Lehtikuva_Oy/Jussi Nukari: S. 875
Renate Loose: S. 571
Andrew Lyons: S. 691
NHPA/photoshot/Martin Wendler: S. 939
Picture-Alliance/Uwe S. Meschede: S. 803
Andreas Pröve : S. 975, 981, 1215
Siegfried Reetz: S. 27, 291, 413, 1117, 1037

www.stefan-loose.de/indien

Impressum

Indien
Stefan Loose Travel Handbücher
3., vollständig überarbeitete Auflage **2010**
© DuMont Reiseverlag, Ostfildern

Alle Rechte vorbehalten – insbesondere die der Vervielfältigung und Verbreitung in gedruckter Form sowie die zur elektronischen Speicherung in Datenbanken und zum Verfügbarmachen für die Öffentlichkeit zum individuellen Abruf, zur Wiedergabe auf dem Bildschirm und zum Ausdruck beim Nutzer (Online-Nutzung), auch vorab und auszugsweise.

Die in diesem Buch enthaltenen Angaben wurden von den Autoren nach bestem Wissen erstellt und vom Lektorat im Verlag mit großer Sorgfalt auf ihre Richtigkeit überprüft. Trotzdem sind, wie der Verlag nach dem Produkthaftungsrecht betonen muss, inhaltliche und sachliche Fehler nicht vollständig auszuschließen.
Deshalb erfolgen alle Angaben ohne Garantie des Verlags oder der Autoren. Der Verlag und die Autoren übernehmen keinerlei Verantwortung und Haftung für inhaltliche und sachliche Fehler. Alle Landkarten und Stadtpläne in diesem Buch sind von den Autoren erstellt worden und werden ständig überarbeitet.

Das Buch basiert auf der englischsprachigen Originalausgabe
India von David Abram, Nick Edwards, Mike Ford, Devdan Sen, Beth Wooldridge
unter Mitarbeit von Daniel Jacobs, Joshua Goodman, Anil Mulchandani, Laura Stone Caroline Sylge
ISBN 1-84353-501-7
© Rough Guides Ltd, 80 Strand, London, WC2R ORL, UK

Gesamtredaktion und -herstellung
Bintang Buchservice GmbH
Zossener Str. 55/2, 10961 Berlin
www.bintang-berlin.de
Übersetzung: Rainer Höh, Silvana Höh, Silvia Mayer, Gunter Mühl, Inga-Brita Thiele
Redaktion: Hans-Joachim Aubert, Sabine Bösz, Jan Düker, Oliver Fülling, Oliver Kiesow, Jessika Zollickhofer
Karten: The Rough Guides, Katharina Grimm, Anja Krapat, Klaus Schindler
Grafisches Konzept: Groschwitz, Hamburg
Layout und Herstellung: Gritta Deutschmann
Farbseitengestaltung: Anja Linda Dicke
Umschlaggestaltung: Anja Linda Dicke, Gritta Deutschmann

Printed in China

Kartenverzeichnis

Reiserouten 42/43

Agartala 933
Agra 317
  Agra Fort 321
Ahmedabad 597
  Zentrum 601
Ajanta 713
Ajmer 247
Alappuzha 1143
Allahabad 348
Alwar 235
Amritsar 581
Andamanen-Inseln 1001
Andhra Pradesh 977
Anjuna 769
Arambol (Harmal) 781
Aurangabad 697
Badami 1259
Bengaluru (Bangalore) 1197
  MG Road und Umgebung 1199
Benaulim 789
Bharatpur 239
Bhavnagar 637
Bhopal 417
Bhubaneswar 945
Bihar und Jharkhand 861
Bijapur 1263
Bikaner 281
Bodhgaya 871
Braj 337
Bundi 311
Calangute und Baga 763
Candolim und Fort Aguada 757
Chandigarh 575
Chennai 1032/1033
  Egmore, Anna Salai und Triplicane 1040
Chittaurgarh 307
Corbett-Tigerreservat 406
Daman 646
Darjeeling 847
Delhi 162/163
  Connaught Place 168
  New Delhi 167
  Old Delhi 173
  Paharganj 181
Dharamsala und McLeod Ganj 495

Diu Island 631
  Diu Town 633
Ellora 705
Fatehpur Sikri 332
Gangtok 881
Gaya 868
Goa 737
Godaulia 356
Gokarna 1243
Gujarat 592/593
Guwahati 905
Gwalior 437
Hampi / Vijayanagar 1249
  Hampi Bazaar /
    Virupakscha-Tempel 1251
Haridwar 383
Haryana und Punjab 573
Hassan 1224
Havelock Island 1019
Himachal Pradesh 484/485
Hubli 1246
Hyderabad 979
  Golconda Festung 983
Indore 467
Jabalpur 457
Jaipur 210/211
Jaisalmar 269
  Jaisalmar Fort 271
Jodhpur 259
Junagadh 625
Kalimpong 856
Khajuraho 447
Kanchipuram 1059
Karnataka 1193
Kerala 1119
Kochi und Ernakulam 1165
  Ernakulam 1169
  Fort Cochin 1167
Kodaikanal 1107
Kolkata (Kalkutta) 808/809
  Chowringhee und Sudder St 819
Kolkata und Westbengalen 805
Kollam 1141
Kovalam 1130/1131
Kullu 511
Kullu-Tal 509
Kumbakonam 1075

Fortsetzung Kartenverzeichnis

Ladakh 538/539
Leh 545
Lonavala und Umgebung 723
Lucknow 343
Madhya Pradesh und Chhattisgarh 415
Madurai 1091
   Altstadt 1093
Maharashtra 693
Mamallapuram 1049
Manali und Vashisht 517
Manali-Leh-Highway 533
Mandawa 233
Mandu 471
Mangalore 1235
Margao 785
Matheran 719
Mathura und Vrindavan 337
McLeod Ganj 497
Mount Abu 303
Mumbai 652/653
   Churchgate und Fort 659
   Colaba 655
   Großraum 683
Mussoorie 379
Mysore 1213
Nainital 401
Nawalgarh 229
Nordosten 899
Old Goa 751
Orissa 941

Palolem 795
Panjim 742/743
Patna 864
Periyar 1159
Port Blair 1007
Puducherry 1065
Pune 725
Puri 957
Pushkar 253
Rajasthan 206/207
Rishikesh 387
Sanchi 425
Sarnath 366
Shillong 915
Shimla 488
Sikkim 877
Taj Ganj 319
Tamil Nadu 1027
Thanjavur 1079
Thiravananthapuram (Trivandrum) 1123
Tiruchirapalli (Trichy) 1085
Udaipur 289
Udhagamandalam (Ooty) 1113
Ujjain 475
Uttar Pradesh 315
Uttarakhand 374/375
Vadodara 643
Vagator und Chapora 775
Varanasi 352/353
Varkala Beach 1137